ZEUGE DER
HOFFNUNG

George Weigel

ZEUGE DER HOFFNUNG

JOHANNES PAUL II.
Eine Biographie

übersetzt von
Christiana Goldmann, Wilfried Hof,
Karl Nicolai, Ingrid Proß-Gill

Ferdinand Schöningh
Paderborn · München · Wien · Zürich

Umschlagabbildung:
Papst Johannes Paul II.
© L'Osservatore Romano

Die Deutsche Bibliothek – CIP-Einheitsaufnahme

Ein Titeldatensatz für diese Publikation
ist bei der Deutschen Bibliothek erhältlich.

Umschlaggestaltung: Anna Braungart, Regensburg

Gedruckt auf umweltfreundlichem, chlorfrei gebleichtem
und alterungsbeständigem Papier ⊗ ISO 9706

Amerikanische Originalausgabe:
Witness to Hope. The Biography of Pope John Paul II
(HarperCollins, 1999; paperback edition 2001)

Copyright © 1999 by George Weigel
Published by Arrangement with George Weigel
Dieses Werk wurde vermittelt durch die Literarische Agentur Thomas Schlück GmbH, 30827 Garbsen.

Deutsche Übersetzung:
© 2002 Ferdinand Schöningh, Paderborn
(Verlag Ferdinand Schöningh GmbH, Jühenplatz 1, D-33098 Paderborn)

Internet: www.schoeningh.de

Alle Rechte vorbehalten. Dieses Werk sowie einzelne Teile desselben sind urheberrechtlich geschützt. Jede Verwertung in anderen als den gesetzlich zugelassenen Fällen ist ohne vorherige schriftliche Zustimmung des Verlages nicht zulässig.

Printed in Germany. Herstellung: Ferdinand Schöningh, Paderborn

ISBN 3-506-79723-9

*Für Joan,
Gwyneth, Monica und Stephen*

Inhaltsverzeichnis

Vorwort zur deutschen Ausgabe

Prolog
Der Jünger

Das Drama eines Lebens *2*   Ein Paradoxon *4*   Verstehen „von innen" *8*   Der Jünger *9*   Überraschungen *11*   Eine relevante Frage *12*   Eine große Spurweite *14*   Der Gegenstand und der Autor *16*

1
Ein Sohn der Freiheit (1920-1939)
Polonia semper fidelis

Ein Kreuzungspunkt *20*   Katholisch und katholisch *22*   Die Nachbarn *23*   Eine andere Vorstellung von „Geschichte" *24*   Die Heimat *25*   Die Wurzeln *29*   Der Schüler *33*   Das lebendige Wort *35*   Alma Mater: Die Jagiellonische Universität *41*   Ein Sohn des freien Polen *44*

2
Aus dem Untergrund (1939-1948)
Das Dritte Reich gegen das Reich der Wahrheit

Im Feuer gehärtet *48*   Schlachtfelder *49*   „Polen wird ausradiert werden" *53*   Der Arbeiter *56*   Ein spiritueller Bergsteiger *61*   Kultur als Widerstand: Das Rhapsodische Theater *65*   Politik und Moral *69*   Seminarist im Versteck *70*   „Ein ungebrochener Fürst" *75*   Zweifacher Verlierer: Polen unter kommunistischer Besetzung *79*   Der Priester *82*   Römische Lektionen *85*   Lektionen *91*

3
„Sagt Wujek zu mir" (1948-1953)
Ein Priester sein

Harte Zeiten *94*   Der Landvikar *96*   Der Studentenkaplan *98*   Das Evangelium im Kajak *107*   Stets offen *109*   Der Reichtum der Freundschaft *112*   Der junge Essayist *113*   Der Dramatiker und Dichter *117*   Der engagierte Asket *124*

4
DIE DINGE SEHEN, WIE SIE SIND (1951-1960)
Der Werdegang eines Philosophen

Geänderte Pläne *129* Auf der Suche nach der Wahrheit der Wirklichkeit *131* Das Projekt Lublin *136* Der Professor *141* Verantwortliche Liebe *146*

5
EIN NEUES PFINGSTEN (1958-1965)
Das II. Vatikanische Konzil und die Krise des Humanismus

Nachfolger der Apostel *153* Polens jüngster Bischof *156* Der Kapitelvikar *158* Das Wagnis des II. Vatikanischen Konzils *159* Ein Sohn des Konzils *162* Ausgangspunkt *165* Den Prozeß gestalten *167* Die Kirche und die Welt von heute *173* Vom hl. Petrus zum hl. Stanislaus *176* Sicherung der Fundamente *179* Die Krise und das Angebot *184* Heimkehr *186*

6
NACHFOLGER DES HL. STANISLAUS (1964-1978)
Umsetzung des Konzils in Krakau

Unerwartete Folgen *192* „Mein geliebtes Krakau" *195* Prioritäten *196* Ein Erzbischof besonderer Art *209* Umsetzung des II. Vatikanischen Konzils: Die Synode von Krakau *213* Die Auseinandersetzung um *Humanae vitae* *216* Ein Kardinal im Gespräch *220* *Wujek* bleibt *Wujek* *225* Test der Weltbühne *230* Der Verteidiger *237* Amtsausübung durch persönliche Ausstrahlung *245*

7
EIN PAPST AUS EINEM FERNEN LAND (1978)
Die Wahl Johannes Pauls II.

Die zunehmende Last des Alters *248* Das „September-Pontifikat" von Papa Gianpaolo *253* Ein weiteres Interregnum *259* Wer ist das? *263* „*Wujek* ist gerade Papst geworden!" *268*

8
„Fürchtet euch nicht!" (1978-1979)
Ein Papst für die Welt

Zur Führung entschlossen *275* Erdbeben in der Kurie *278* Der Aktivist *279* Änderung der Routine *286* Sturmsignale in Moskau *290* Puebla und die christliche Befreiung *294* Programmnotizen für ein Pontifikat *300*

9
„Wie viele Divisionen hat der Papst?" (1979-1980)
Gegen ein Reich der Lügen

Der nachkonstantinische Papst *308* Einsatz von Ressourcen *312* Die Rückkehr des Landessohns *314* Schaffung der Voraussetzungen *316* Neun Tage, die die Welt veränderten *318* Lektion in Würde *334* Von der Solidarität zur Solidarność *338*

10
Die Wege der Freiheit (1979)
Persönliche und öffentliche Wahrheiten

Erneuerungen *342*
Die Sprache des Körpers und das Gespräch über Gott *347*
Der Papst der Menschenrechte *358* Unvollendete Angelegenheiten *370* Petrus und Andreas *374* Das Schattenreich *376*

11
Petrus unter uns (1980-1981)
Der universelle Hirte als apostolischer Zeuge

Petrus und die Apostel *380* Kollegialität und Krisenmanagement *382* Junge Kirchen *387* Erneuter Besuch des Areopags *391* Schwierige Fälle: Brasilien und Westdeutschland *394* Die Gemeinschaft der Familie *398* Vaterschaft und Erbarmen *403* Konversion von oben nach unten *405* Die Pilgerreise nach Asien *407*

12
IM AUGE DES TAIFUNS (1980-1982)
Monate der Gewalt und Meinungsverschiedenheiten

Das Auge des Taifuns *415*
Die Krise der Solidarność *417* Das Kainsmal *429* Fortdauer der Krise *434* Das Evangelium der Arbeit *437* Das Geheimnis um Agca *440* Die Intervention bei den Jesuiten *443* Kriegszustand *449* Politische Krise – evangelische Lösung *453*

13
DIE BEFREIUNG DER BEFREIUNGSBEWEGUNGEN (1982-1984)
Die Grenzen der Politik und die Verheißung der Erlösung

Keine Zufälle *458* Der universale Ruf zur Heiligkeit *460* Konfrontation in Nicaragua *469* Die Instruktionen zur Befreiungstheologie *476* „Er ist traurig (...) er versteht." *478* Die Bischöfe und die Bombe *483* Die Intellektuellen *486* Befreiung und Erlösung *490* Die Welt und die Kirche *496*

14
DAS KONZIL NEU ERFAHREN (1984-1986)
Die Religion und die Erneuerung einer noch jungen Welt

Rückkehr zum II. Vatikanischen Konzil *505* Der Papst des Konzils *511* Stärke durch Widerstand *522* Ein Aufruf zur Bestätigung: Die außerordentliche Bischofssynode von 1985 *524* Jenseits, nicht außerhalb der Politik *528* Die Begegnung mit den Weltreligionen *534* Wiederaufnahme eines alten Gesprächs *537* Das Leben im Geist *539* Schwierigkeiten mit der anglikanischen Kirche *541* Der Weg in die Zukunft *545*

15
VORWÄRTS ZU DEN GRUNDLAGEN (1987-1988)
Freiheit und die Würde der Pflicht

Evangelium, Menschenrechte, Demokratie *554* „Eine Tochter des jüdischen Volkes" *561* Noch einmal: Solidarität *567* Apostel für „die Welt" *573* Hier und jetzt *580* Der Pole und die Russen *594* Das Marianische Jahr und die Würde der Frau *603*

16
NACH DEM REICH DER LÜGEN (1988-1991)
Wunder und die Gebote der Gerechtigkeit

Geschichte im Schnelldurchgang *612* „Habt keine Angst, Heilige zu sein!" *615* Gedenken an den Zweiten Weltkrieg *625* Die messianische Befreiung *626* Die Kapitulation *628* Die sanfte Revolution der hl. Agnes *634* Die neue Politik *636* Unterschiedliche Auffassungen *640* Das „Neue" *642* Der Golfkrieg *649* Aus dem Herzen der Kirche *655*

17
„BIS ZU DEN ENDEN DER ERDE" (1991-1993)
Versöhnung einer unversöhnten Welt

Weiter auf Kurs *663* Der Missionsauftrag *664* Ökumenische Probleme *670* Spannungen in Polen *674* Die Europa-Synode von 1991 *677* In einer Welt ohne die Sowjetunion *682* Priester für ein neues Jahrtausend *687* Wieder in der Gemelli-Klinik *692* Die Symphonie der Wahrheit *694* Wieder Europa *699* Erneute Annäherung an die Orthodoxen *706* Der Papst gegen den Terror *709*

18
DIE SCHWELLE DER HOFFNUNG (1993-1994)
Ein Appell an unsere besseren Kräfte

Die „große Überraschung" *716* Die moralische Wahrheit und das Drama der Freiheit *722* Solidarität in einer Zeit der Ausgrenzung *731* Der Heilige Stuhl und Israel: Endlich ein Grundvertrag *734* Sixtinisches Zwischenspiel *751* Konfrontation in Kairo *753* Die Kirche als Braut *765* Ein päpstlicher Bestseller *773*

19
EINE EINZIGE WELT (1994-1996)
Menschliche Solidarität und das Evangelium vom Leben

Die Heiligung der Zeit *782* Weltliches *786* Asien: Triumph und Spannungen *789* Das Evangelium vom Leben und die Zukunft der Freiheit *796* Die Einheit der Christen *801* „Eine Stimme für die an den Rand Gedrängten und Stummen": Die Weltfrauenkonferenz in Peking *807* Auf der dunklen Seite der Geschichte *813* Ein Zeuge für die Hoffnung *816* Das Geschenk der Weihe *823*

20
EIN VERNÜNFTIGER GLAUBE (1996-1998)
Nach einem Jahrhundert der Illusionen

Der Vorrang der Kultur *835* Verabredung in Havanna *849* Ungelöste Probleme *859* Berühmtheit und Heiligkeit *863* Die Mühen des Dialogs *864* Umstrukturierung *874* Ein Sommer der apostolischen Schreiben *880* Der erstaunliche Heilige Geist *884* Noch einmal: Fürchtet euch nicht! *886*

Epilog
DAS DRITTE JAHRTAUSEND
„Die Sonne aufgehen sehen"

In Zahlen *891* Die Wirkung *893* Kritische Beurteilungen *897* Schwieriges und Unmögliches *906* Der Nachfolger *908* Der Langstrecken-Jünger *910*

Nachtrag
EINE KIRCHE FÜR DAS NEUE JAHRTAUSEND (1999-2000)
Das Große Jubeljahr 2000

Auf den Spuren von Patriarchen, Propheten und Aposteln *916* Die universale Berufung zur Heiligkeit *925* Sich selbst treu bleiben *931* Die Einheit der Kirche und die Würde des Menschen *933* Der Wächter *936*

ANMERKUNGEN
937

BIBLIOGRAPHIE
1047

DANKSAGUNG
1063

REGISTER
1067

Vorwort zur deutschen Ausgabe

Es ist mir eine Freude, daß ich diese Biographie von Papst Johannes Paul II. einer deutschsprachigen Leserschaft vorlegen kann. Gleichzeitig möchte ich damit einen Dank aussprechen.

Die Weltkirche des 21. Jahrhunderts hat dem deutschen Katholizismus des 20. Jahrhunderts für vieles zu danken: für seine bemerkenswerte Freigebigkeit gegenüber den jungen Kirchen der dritten Welt, für seine pastoralen Initiativen, doch wohl vor allem für seine geistigen Beiträge zum katholischen Glauben und Glaubensleben. Ob es um Bibelexegese, systematische Theologie, Moraltheologie, liturgische Erneuerung oder die katholische Soziallehre geht – der deutsche Katholizismus hat in dem weltweiten Bemühen, das katholische Zeugnis in der Gegenwart zu erneuern und zu reformieren, eine führende Rolle gespielt. Eine maßgebliche Deutung des II. Vatikanischen Konzils bezeichnete jenes epochale Ereignis in der Geschichte der katholischen Kirche nicht umsonst als einen Zeitabschnitt, in dem der Rhein in den Tiber floß.

Angesichts dieser eindrucksvollen Tatsachen ist es um so rätselhafter, daß das Pontifikat Johannes Pauls II. – das der katholischen Kirche einen beispiellosen moralischen Einfluß im Weltgeschehen verschafft und gleichzeitig die Kirche selbst zu einem erneuerten Verständnis ihres Wesens und ihrer Sendung herausgefordert hat – in Deutschland, ja in allen deutschsprachigen Ländern, so kritisch beurteilt wird. Wie ist es dazu gekommen?

Die übliche Erklärung lautet, dieses Pontifikat spiegle eine „vor-moderne" Geisteshaltung wider, die zu der Welt von heute nicht mehr passe. Doch ein kurzer Blick auf das Leben Karol Wojtyłas vor seinem Pontifikat läßt erkennen, daß die gängige Meinung in diesem Fall gewaltig irrt.

„Vor-modern" ist keine angemessene Kategorie, um die geistige Entwicklung eines Mannes zu verstehen, dem Ende der 40er Jahre gewisse Aspekte der neuscholastischen Theologie, die er im Priesterseminar und während des Studiums kennengelernt hatte, eindeutig mißfielen. „Vor-modern" ist keine angemessene Charakterisierung eines jungen Wissenschaftlers, der sich bewußt dafür entschied, für seine Habilitation die Phänomenologie Max Schelers zu untersuchen, und der sich während der ganzen 50er Jahre tatkräftig an Bemühungen beteiligte, die philosophische Anthropologie zu erneuern. Es erscheint auch unangebracht, einen Mann als „vor-modern" zu bezeichnen, der in den Jahren unmittelbar vor und nach dem II. Vatikanum zu den geistig aktivsten Bischöfen Europas zählte: der bewußt den Gedankenaustausch mit Philosophen, Theologen, Historikern, Naturwissenschaftlern und Künstlern ganz unterschiedlicher geistiger Richtungen suchte; der als Seelsorger und Wissenschaftler tiefes menschliches Mitgefühl für diejenigen empfand, die von der modernen Glaubenskrise erfaßt waren; der seit über einem halben Jahrhundert ein eifriger Leser zeitgenössischer philosophischer Literatur ist.

Außerdem sind die Leistungen seines Pontifikats zu beachten. Hätte ein Papst mit einem „vor-modernen" geistigen Blickwinkel die erste päpstliche Enzyklika zur christlichen Anthropologie geschrieben und dadurch die Erneuerung des christlichen Humanismus zum Leitmotiv und Programm seines Pontifikats gemacht? Wohl kaum. Hätte ein „vor-moderner" Papst 1979 und 1995 vor der UNO-Vollversammlung die universale Geltung der Menschenrechte verteidigt und die katholische Kirche zu jener Institution gemacht, die vielleicht mehr als irgendeine andere auf der Welt das demokratische Programm fördert? Wohl kaum. Hätte ein „vor-moderner" Papst in einer Enzyklika über die Notwendigkeit christlicher Mission betont, wie wichtig dabei ein freiheitliches Vorgehen ist, indem er schrieb: „Die Kirche schlägt vor; sie drängt nichts auf"?[1] Hätte ein Papst, der geistig in der „Vor-moderne" lebt, der Kirche ein empirisch-sensibles Lehramt gegeben, das nicht die geringste Spur von Sehnsucht nach der Welt des Ancien régime aufweist? Hätte ein „vor-moderner" Papst einen internationalen Bestseller geschrieben, in dem er die „Wende der Philosophie zum Subjekt" offen als unumkehrbar bezeichnet, oder in einer Enzyklika scharfsinnig die Lage analysiert, in der die menschliche Vernunft sich drei Jahrhunderte nach jener historischen „Wende" befindet? Das alles ist sehr unwahrscheinlich.

Unwahrscheinlich ist auch, daß ein „vor-moderner" Papst die Synagoge in Rom und die Omaijadenmoschee in Damaskus besucht, zweimal Vertreter der Weltreligionen zu einem Gebetstreffen nach Assisi eingeladen und (gegen beträchtlichen Widerstand in der Kurie) volle diplomatische Beziehungen zwischen dem Heiligen Stuhl und dem Staat Israel durchgesetzt hätte. Ein „vor-moderner" Papst hätte nicht darauf bestanden, daß die katholische Kirche sich ehrlich dem Fall Galilei und den daraus folgenden Konsequenzen für den Dialog zwischen der Kirche und den Naturwissenschaften stellt. Ein „vor-moderner" Papst hätte nicht in der päpstlichen Sommerresidenz Castel Gandolfo Seminare durchgeführt, zu denen agnostische und atheistische Philosophen, Historiker und Naturwissenschaftler eingeladen wurden. Ein „vor-moderner" Papst hätte die sexuelle Liebe innerhalb des Ehebundes ganz sicher nicht als ein Symbol für das innere Leben des dreifaltigen Gottes bezeichnet. Und ein „vor-moderner" Papst hätte vor den Spitzen der Kurie niemals erklärt, die nach dem Bild einer Frau – Maria – geformte Kirche der Jüngerschaft habe einen gewissen theologischen Vorrang vor der nach dem Bild eines Mannes – Petrus – geformten Kirche der Autorität und der Gesetzlichkeit.

All dies macht es notwendig, nach einer plausibleren Erklärung dafür zu suchen, warum das Pontifikat Johannes Pauls II. in den deutschsprachigen Ländern so kritisch beurteilt wird. Die Fakten passen einfach nicht zu dem konventionellen Bild eines „vor-modernen" Papstes, dessen Mentalität und Lehre dem modernen Bewußtsein kraß zuwiderlaufen.

Um zur Lektüre dieser Untersuchung über das Leben und Denken von Papst Johannes Paul II. einzuladen, möchte ich eine andere Erklärung des Sachverhalts vorlegen.

In mehr als zwei Jahrzehnten hat Papst Johannes Paul II. keine Rückkehr zur „vor-modernen" Welt vorgeschlagen. Vielmehr schlägt er eine völlig moderne *alternative* Deutung der Moderne vor. Das Denken und die Lehre Johannes Pauls sind eine Herausforderung, die moderne Welt, ihre Triumphe und ihre Kämpfe, durch eine andere und vielleicht schärfere Brille zu betrachten. Die vorliegende Biographie wird, so hoffe ich, deutschsprachige Leser dazu bewegen, sich auf diese Herausforderung einzulassen.

Wer sich dieser Herausforderung stellen will, tut vielleicht gut daran, mit *Fidei depositum* zu beginnen, der apostolischen Konstitution von 1992, die Johannes Paul II. zusammen mit dem *Katechismus der katholischen Kirche* herausgab. In diesem sehr persönlichen Text spricht der Papst von der „Symphonie der Wahrheit". Diese Wendung erfaßt genau einen wesentlichen Aspekt seines Denkens und Handelns. Denn als Mensch, der vor allem ein Jünger Jesu Christi ist, und als Wissenschaftler, der die Ansprüche des katholischen Glaubens mit zeitgenössischen intellektuellen Methoden untersucht hat, ist Karol Wojtyła davon überzeugt, daß der christliche Glaube eine Einheit bildet. Das Glaubensbekenntnis ist weder eine zufällige Bestandsliste von Wahrheitsbehauptungen noch ein von menschlicher Erfindungsgabe konstruiertes „System". Für Johannes Paul ist der katholische Glaube vielmehr eine einheitliche Deutung der *conditio humana*, die mit Gottes Offenbarung – der Quelle der Lehre und dem Ausgangspunkt der Theologie – beginnt. Hier drückt der Papst ein altes katholisches Empfinden aus. In der „Symphonie der Wahrheit", das heißt in dem einst den Heiligen anvertrauten Glauben, spielen die „Instrumente" des Ensembles nicht willkürlich oder unzusammenhängend, sondern sie unterstützen einander in einem wohlklingenden Arrangement, das gerade aufgrund seiner Natur als ein Ganzes erfaßt werden muß.

Diese Überzeugung und natürlich das Bild von der „Symphonie der Wahrheit" sind zweifellos Herausforderungen für die komplexe Strömung des zeitgenössischen Denkens, die man gewöhnlich als „Postmoderne" bezeichnet.

Diese Überzeugung fordert jene Form der Postmoderne heraus, die (weil ihre Interpretation alter Texte mit der historisch-kritischen Methode beginnt und endet) behauptet, heutige Christen könnten keinen Zugang zu den Ursprüngen der Kirche gewinnen. Das Lehramt Johannes Pauls bejaht zwar die historisch-kritische Forschung als ein wichtiges Werkzeug der Bibelexegese, schlägt aber trotzdem eine andere Deutung unserer Situation vor: Die Kirche ist nie von den Quellen ihres Glaubens abgeschnitten, weil der lebendige Christus für die Kirche immer gegenwärtig ist.

Das Bild von der „Symphonie der Wahrheit" provoziert natürlich auch jene radikalen Pluralisten, die in der Diskontinuität ein Kennzeichen der Menschheitsgeschichte sehen. Nicht nur durch seine Beschäftigung mit Geschichte, sondern auch aufgrund persönlicher Erfahrungen weiß Johannes Paul II. genau, daß das menschliche Planen, selbst im Verlauf eines einzigen Menschenlebens, häufig unerwartete Richtungen einschlägt. Dennoch lehrt der Papst eine andere Deutung unserer Verhältnisse. Obwohl der christliche Glaube symphonisch – eher ein Ensemble von Wahrheiten als ein Soloinstrument – ist, bewahrt er trotzdem über Raum und Zeit hinweg seine Einheit. Trotz Unterschieden in der Sprache, in der Kultur und in der historischen Bedeutsamkeit ist die authentische christliche Wahrheit, wie sie heute gepredigt wird, die

Wahrheit, die einst den Aposteln anvertraut wurde. Auch das ist eine Gegebenheit der Offenbarung, denn sie spiegelt die Verheißung Christi wider, der Heilige Geist werde die Kirche in der Wahrheit Christi bewahren. Diese Gegebenheit der Offenbarung läßt sich außerdem durch jene Formen zeitgenössischer historischer Forschung bestätigen, die nicht von der ungerechtfertigten Annahme einer radikalen Diskontinuität der menschlichen Erfahrung ausgehen.

Ferner gibt es jene Elemente der moralischen Wahrheit, die zur „Symphonie der Wahrheit" – das heißt zum katholischen Glauben in seiner Fülle – gehören. Seit seinen Anfängen als Dozent für Moralphilosophie bis heute fordert Karl Wojtyła (dessen Einstellung zur Moral nicht nur auf intensivem Nachdenken, sondern auch auf einer umfassenden seelsorgerlichen Erfahrung beruht) jene radikalen Relativisten heraus, die erklären, daß es bei moralischen Fragen „deine" Wahrheit und „meine" Wahrheit geben mag, daß es aber so etwas wie „die Wahrheit" streng genommen nicht gibt. Johannes Paul II. hat eine andere Auffassung von unserer moralischen Situation. Er ist seit langem überzeugt, daß sorgfältiges philosophisches Nachdenken über das sittliche Handeln des Menschen Wahrheiten enthüllt, die der Welt und den Menschen angeboren sind: Diese Wahrheiten sind notwendige Nahrung für den Geist und die Seele des Menschen, und wenn wir sie ignorieren, bringen wir uns und die Zukunft des Menschengeschlechts in schwere Gefahr.

So fordert Johannes Paul postmoderne Theorien über die „Inkohärenz" des Wissens heraus durch eine schlüssige Interpretation des christlichen Angebotes, in der die verschiedenen Aussagen des Glaubensbekenntnisses in ihrer Beziehung zueinander und zum Ganzen erklärt werden. Moderne Männer und Frauen sind, so glaubt er, nicht dazu verurteilt, in einer Welt zu leben, die zusammenhanglos, von der Vergangenheit abgeschnitten und im Grunde unverständlich ist. Es gibt eine andere Deutung der Moderne, nämlich diejenige, die die Kirche nach Auffassung Johannes Pauls aufgrund des II. Vatikanischen Konzils verkünden sollte: eine neue Deutung der zeitgenössischen Lage, in der das intensive Nachdenken der Moderne über die menschliche Person neu belebt wird durch eine Begegnung mit Christus, der das Antlitz des gnädigen Vaters *und* den wahren Sinn unseres Menschseins offenbart.

Das blutige 20. Jahrhundert bewies zweifellos, daß das große humanistische Projekt der letzen Jahrhunderte scheiterte. Die Kirche kann der spätmodernen Welt einen großen Dienst erweisen: Sie kann dazu beitragen, das humanistische Projekt durch einen auf Christus ausgerichteten Humanismus zu retten. Das schrieb Bischof Karol Wojtyła 1960 an die Vatikanische Kommission, die die Tagesordnung für das II. Vatikanum vorbereitete. Das war Karol Wojtyłas Auffassung vom Konzil, wie er es von 1962 bis 1965 erlebte. Dieses Programm förderte er, als er das II. Vatikanum in Krakau umsetzte. Und diese Auffassung vom II. Vatikanum hat sein Pontifikat bestimmt. Johannes Paul II. ist in keiner Weise an der „Restauration" einer „vor-modernen" Kirche interessiert. Er engagiert sich leidenschaftlich für das Verkünden eines ganz modernen christlichen Humanismus, indem die Kirche sich der Kulturkrise der Gegenwart zuwendet.

Johannes Pauls andere Deutung der Moderne zeigt sich auch in seiner spezifisch slawischen Geschichtsauffassung, die Parallelen aufweist zu derjenigen eines anderen großen slawischen Zeugen für die Menschenwürde: Alexander Solschenizyn. In seiner Rede anläßlich der Verleihung des Templeton-Preises 1983 versuchte Solschenizyn, die Wurzel der Übel des 20. Jahrhunderts aufzudecken. Warum verfiel ein Jahrhundert, das mit einem selbstbewußten Vertrauen auf die Zukunft des Menschen begonnen hatte, so schnell in das größte Gemetzel der Menschheitsgeschichte? Wie war es zu erklären, daß ein so hoffnungsvolles Jahrhundert in seiner ersten Hälfte zwei Weltkriege, drei totalitäre Systeme und einen kalten Krieg hervorbrachte, der mit einer Katastrophe globalen Ausmaßes, Meeren von Blut und Bergen von Leichen drohte? Dazu trugen offenkundig sehr viele Faktoren bei, aber hinter ihnen allen erkannte Solschenizyn eine tiefe Wahrheit: „Die Menschen haben Gott vergessen." Im 21. Jahrhundert, in dem verzerrte religiöse Überzeugungen wiederum zu Rechtfertigungen für Grausamkeit und Terrorismus verdreht werden, könnte es scheinen, als empfehle diese Diagnose eine Kur, die noch schlimmer ist als die Krankheit. Aber das hieße, Solschenizyns spezifisch slawisches Geschichtsverständnis, das Johannes Paul II. teilt, mit einer stark vereinfachenden (oder „vor-modernen") Religiosität zu verwechseln – und dabei etwas äußerst Wichtiges zu übersehen.

In einer slawischen Weltsicht ist die Kultur – nicht die Politik und nicht die Wirtschaft – die dynamische Triebkraft im Geschichtsverlauf. Und das Herz der „Kultur" ist der „Kult": was wir schätzen, was wir lieben, was wir anbeten. Wenn wir falsche Götter anbeten (und die Behauptung, ein völlig moderner Geist brauche keine Anbetung, ist selbst die Anbetung eines falschen Gottes: des sich selbst konstituierenden Ich), wird die Kultur zwangsläufig verdorben. Und wenn eine verdorbene Kultur, die auf einem völlig falschen Menschenbild basiert, sich mit moderner Technologie verbündet, führt das zu menschlichem Leiden in einem noch nie dagewesenen Ausmaß. Das ist der eigentliche Grund, warum das 20. Jahrhundert sich so entwickelte, wie es geschah. Die Menschen vergaßen Gott, und indem sie Gott vergaßen, vergaßen sie, wer und was sie waren – und sein konnten.

Johannes Paul stimmt mit jenen deutschen Bischöfen überein, die schon seit Jahren erklären, daß die Säkularisation kein wertneutrales Phänomen ist. Eine völlig säkularisierte Welt ist eine Welt ohne Türen, Fenster und Oberlichter: eine Welt der Klaustrophobie, in der man letzten Endes erstickt. Eine völlig säkularisierte Kultur, aus der transzendente Bezugspunkte für menschliches Denken und Handeln verschwunden sind, ist schlecht für die menschliche Freiheit und die Demokratie, denn Demokratie beruht letztlich auf der Überzeugung, daß der Mensch eine unveräußerliche Würde und einen unveräußerlichen Wert besitzt und daß Freiheit nicht bloße Selbstbestimung ist. Doch schon ehe man zu diesen öffentlichen und systembedingten Fragen kommt, ist eine völlig säkularisierte Welt schlecht für die Menschen. „Schweigen", sagte mir einmal ein prominenter deutscher Bischof, „ist erstickend. Das Schweigen ist für Menschen unerträglich."

Das führt uns zurück zu Johannes Pauls anderer Auffassung von der modernen *conditio humana* und zu seinem christlichen Humanismus. In seiner Vision vom Menschen und von der Geschichte ist die Frage nach Gott eben deshalb zentral, weil die Frage nach dem Menschen zentral ist. Wer nach dem Menschen fragt, stellt unvermeidlich die Frage nach Gott. Wer versucht, den Gang der Geschichte ohne Gott zu verstehen, versteht die Geschichte nur oberflächlich, denn Gottes Suchen nach dem Menschen und die menschliche Antwort auf dieses göttliche Suchen ist die zentrale Wirklichkeit der Geschichte. Wer fragt: „Was ist der Mensch, und was ist die Funktion der menschlichen Person in der Geschichte?", ist mit der Gottesfrage konfrontiert. Eine wahre Anthropologie, ein wahrer Humanismus, spricht von „Gott und Mensch" und befreit so Männer und Frauen aus dem erstickenden Gefängnis des „Schweigens".

Während ich diese Biographie schrieb, vertiefte ich mich in das Leben und Denken Karol Wojtyłas und führte mit ihm über ein Jahrzehnt hinweg stundenlange persönliche Gespräche. Dabei gewann ich die Überzeugung, daß die „Leidenschaft für den Menschen", die ihn antreibt, schon sehr früh entstand: im Hexenkessel des Zweiten Weltkriegs. Dort und damals entschloß er sich, sein Leben der Verteidigung der Würde und des Wertes jedes Menschenlebens zu weihen – und zwar als Priester der katholischen Kirche. Dort und damals verpflichtete er sich, mitzuhelfen beim Aufbau einer „Kultur des Lebens" gegen die vielen Manifestationen der „Kultur des Todes" in der Spätmoderne – und er verpflichtete sich, das nicht „gegen" die Moderne zu tun, sondern durch einen authentischeren, völlig modernen Humanismus. 1944 konnte er noch nicht wissen, wohin diese Verpflichtung ihn führen würde. Aber daß sie beständig blieb, während sein Lebensweg sich in einer manchmal überraschenden Richtung entwickelte, kann niemand bestreiten, der sein Leben genau studiert.

Dieser auf Christus ausgerichtete Humanismus ist der Schlüssel zum Verständnis der Wirkung Johannes Pauls II. auf die Geschichte unserer Zeit. Oft hat man den Eindruck, manche Kommentatoren würden den Papst gern „aufspalten", indem sie dem „guten" Papst, der für Menschenrechte eintritt, den „störenden" Papst gegenüberstellen, der die Lehre der katholischen Kirche verteidigt. Doch diese „gespaltene" Persönlichkeit ist eine grobe Mißdeutung eines Menschen, der nach dem Urteil von Freunden wie Kritikern eine bemerkenswert integrierte Persönlichkeit ist. Außerdem ist es eine Mißdeutung unserer Zeit.

Gerade wegen seiner Überzeugungen über Gott, Christus, Kultur und Geschichte konnte der Papst die Revolution des Gewissens in Mittel- und Osteuropa auslösen, die wir als „Revolution von 1989" kennen. Gerade weil Johannes Paul II. glaubt, daß Gott die Mitte der menschlichen Geschichte ist, konnte er Männer und Frauen zu einer religiösen und moralischen Bekehrung aufrufen und ihnen damit Werkzeuge des Widerstands geben, gegen die der Kommunismus machtlos war. Gerade weil Johannes Paul begriff, daß das Christentum nicht irgendein religiöser Idealismus ist, der irgendwo außerhalb der Geschichte existiert, konnte er die Menschen zur Solidarität in der Geschichte auffordern und dadurch den Lauf der Geschichte verändern. Der berühmten höhnischen Herausforderung Stalins – „Wie viele Divisionen hat der Papst?" – trat ein Mann entgegen, der die Macht der Wahrheit in der Geschichte (man könnte auch sagen: die Macht Gottes in der Geschichte) erkannte und verstand. Und deswegen wurde, wie Michail Gorbatschow zugab, Stalins Imperium gewaltlos demontiert und Deutschland wiedervereinigt.

Der Glaube an Gott kann tatsächlich die Welt verändern. Der Glaube an Gott, der in der Welt durch die Person und das Werk Jesu Christi erschien, ist befreiend. Es gibt eine Wahrheit hinter dem „Schweigen", und es ist eine befreiende Wahrheit.

Johannes Pauls andere Auffassung der Moderne hat noch einen weiteren wichtigen Aspekt. Viele moderne und postmoderne Denker lehren uns, der Königsweg zum menschlichen Glück sei die Selbstbehauptung. Karol Wojtyła hat ein anderes Verständnis vom Weg zum menschlichen Gedeihen; er glaubt, es liege auf dem Weg der Selbsthingabe. Daß niemand von uns die Ursache seiner eigenen Existenz ist, ist für Johannes Paul II. weit mehr als eine elementare biologische Tatsache. Es ist eine biologische Tatsache, die – wenn man kritisch und gewissenhaft darüber nachdenkt – eine tiefe Wahrheit über die menschliche Person enthüllt: daß wir die Wahrheit über uns selbst finden, indem wir uns zu einem Geschenk für andere machen, so wie unser eigenes Leben ein Geschenk für uns ist. Das sich hingebende, nicht das sich selbst behauptende Ich, ist das wahrhaft menschliche Ich.

Wojtyła glaubt, daß diese Tiefen-Wahrheit der *conditio humana* philosophisch bewiesen werden kann; aber gleichzeitig glaubt er, daß sie eine absolut zentrale Überzeugung des christlichen Glaubens ist. Daher ist für ihn der Märtyrer die höchste Verkörperung des christlichen Zeugen, denn im Märtyrertum fällt die völlige Hingabe des Ich in der denkbar radikalsten Weise mit den Überzeugungen zusammen, für die ein Mensch sein Leben gegeben hat. Diese Überzeugung Johannes Pauls von der zentralen Bedeutung der Selbsthingabe für ein wahres Verständnis der *conditio humana* sollte eine deutsche Kirche tief berühren, deren kostbarstes Erbe aus dem 20. Jahrhundert unter anderem jene Hunderte von Deutschen sind, deren Namen das deutsche Martyrologium des 20. Jahrhunderts[2] verzeichnet.

Trotz der Zersplitterung, die das Leben jedes Menschen bedrängt, hat jeder Mensch das Bedürfnis, mit einem ungeteilten Herzen leben. Die vorliegende Biographie lädt dazu ein, einem Mann mit einem solchen Herzen zu begegnen. Johannes Paul ist ein durch und durch moderner Mensch; er kennt die Bosheit der Menschen und die andauernde Macht des Bösen in der Geschichte; er ist weder ein naiver Tor noch ein romantischer Träumer. Vor allem ist er ein Jünger Christi, der glaubt, daß Jesus Christus die Antwort auf die Frage ist, die jedes Menschenleben darstellt. Dieser Glaube, der ihn dazu geführt hat, sein Leben dem Dienst an anderen zu weihen, hat ein ungeteiltes und sehr großes Herz geformt. Es ist das Herz eines Menschen, der es verdient, daß man ihm in seiner ganzen Fülle begegnet.

Am Ende dieses Vorworts muß ich in tiefer Dankbarkeit die Unterstützung anerkennen, die mehrere prominente deutsche Kirchenmänner der deutschen Ausgabe dieser Biographie zuteil werden ließen: Joachim Kardinal Meisner, Johannes Joachim Kardinal Degenhardt, Friedrich Kardinal Wetter, Karl Kardinal Lehmann und Georg Kardinal Sterzinsky. Dies ist die zehnte Übersetzung meiner Biographie Johannes Pauls II.; ihr Erscheinen wäre ohne die großzügige Unterstützung dieser Männer und die große Hilfsbereitschaft von Professor Manfred Spieker nicht möglich gewesen.

Danken möchte ich auch Dr. Hans J. Jacobs vom Verlag Ferdinand Schöningh für Rat und Hilfe bei der Herstellung der deutschen Ausgabe.

Ein letzter Hinweis für den Leser zur Gliederung des Buches: Die gebundene englische Originalausgabe von 1999 schloß mit dem „Epilog". Die amerikanische Paperback-Ausgabe, die 2001 erschien, enthielt einen zusätzlichen „Nachtrag", der die Biographie bis zum Ende des Jubeljahres 2000 weiterführt. Dieser Nachtrag ist auch in der vorliegenden deutschen Ausgabe enthalten.

George Weigel
23. April 2002
Fest des hl. Adalbert und des hl. Georg

PROLOG

Der Jünger

Das Publikum und die Schauspieler, die spielen sollten, schlichen still durch die verdunkelten Straßen Krakaus, von der alten Wawelburg über die zugefrorene Weichsel, zu einer Wohnung im Stadtbezirk Dębniki. Es war der 1181. Abend in der langen, dunklen Nacht der polnischen Seele, und sie gaben sich größte Mühe, den bewaffneten Patrouillen auszuweichen, die das nächtliche Ausgehverbot der deutschen Besatzungsmacht überwachten. Denn was sie taten, war ein Akt des Widerstandes, der im Falle einer Entdeckung jeden Beteiligten in ein Todeslager gebracht hätte. An diesem besonderen Abend, dem 28. November 1942, spielte das „Rhapsodische Theater" – eine avantgardistische Truppe ohne Requisiten und kunstvolle Kostüme, die sich einem „Theater des lebendigen Wortes" verschrieben hatte – eine Bearbeitung des epischen Gedichtes *Pan Tadeusz* von Adam Mickiewicz, eines klassischen Werkes der polnischen Romantik.

Die Jalousien der Wohnung waren heruntergelassen, die Beleuchtung spärlich; so begann ein heimlicher Akt kulturellen Widerstandes. Er wurde allerdings bald gestört. Während der Vorstellung begannen Nazi-Lautsprecher dröhnend die Nachricht von einem weiteren Sieg der unbesiegbaren deutschen Wehrmacht zu verkünden. Manche Zuschauer sahen in dieser krächzenden, aufdringlichen Propaganda, die eine kurze Ruhepause in dem schrecklichen Leben im besetzten Polen unterbrach, eine passende Metapher für die Hoffnungslosigkeit ihrer Lage.

Der 22jährige Schauspieler, der gerade sprach, ein Student des untergetauchten Priesterseminars namens Karol Wojtyła, beachtete den von außen hereindringenden Lärm nicht im geringsten. Gelassen trug er weiter seinen Text vor, als existiere die rauhe atmosphärische Störung durch die „Fürstentümer und Gewalten" (Römer 8,38) der Zeit überhaupt nicht ...

Nahezu 37 Jahre später, am 2. Juni 1979, redete Karol Wojtyła vor einem anderen Publikum, der größten Menschenansammlung in der Geschichte Polens bis zu diesem Zeitpunkt. Der ehemalige Schauspieler sprach nicht mehr in einer verdunkelten Wohnung. Er sagte vielmehr das, was er zu sagen hatte, vor einer Million seiner Landsleute, die sich in Warschau auf dem riesigen Siegesplatz und in dessen Nähe versammelt hatten. In mancher Hinsicht war es jedoch eine in seltsamer Weise ähnliche Situation. Wieder trat Karol Wojtyła, nunmehr Papst Johannes Paul II., einem brutalen Versuch, die Freiheit der

Menschen zu unterdrücken, entgegen: dem Kommunismus, der den Nationalsozialismus als Usurpator der Freiheit Polens abgelöst hatte. Wieder tat er das nicht mit dem, was die Welt als „Macht" anerkannte, sondern mit dem, was er als die Wahrheit verstand, die sein Volk wirklich befreien konnte: die Wahrheit von der Würde, der Berufung und der Bestimmung der Menschen, die nach seiner Überzeugung in Jesus Christus offenbart worden war.

Und wieder wurde er während seiner Rede unterbrochen – diesmal nicht durch dröhnende Nazi-Lautsprecher, sondern durch die spontanen, rhythmischen Sprechchöre seiner Landsleute: „Wir wollen Gott! Wir wollen Gott ..."

Das Drama eines Lebens

Das reine Drama von Karol Wojtyłas Leben übertrifft die Vorstellungskraft des phantasievollsten Drehbuchautors.

Wenige Monate nachdem sein Land als Folge des Ersten Weltkriegs seine Unabhängigkeit zurückgewonnen hat, wird er als Sohn polnischer Eltern in einer kleinen Provinzstadt geboren. Seine Mutter stirbt noch vor seinem zehnten Geburtstag. Erzogen von seinem frommen Vater, einem pensionierten Offizier und Gentleman der alten Schule, ist der Knabe der beste Schüler der Stadt, ein begeisterter Sportler und Amateurschauspieler. Zu seinen engsten Freunden gehört der Sohn des Vorstehers der örtlichen jüdischen Gemeinde.

Er zieht mit seinem pensionierten Vater nach Krakau und immatrikuliert sich an der alten Jagiellonen-Universität, aber seine verheißungsvolle Karriere als Akademiker und Schauspieler wird durch den Zweiten Weltkrieg jäh unterbrochen. Während der deutschen Besatzung arbeitet er in einem Steinbruch und als Hilfsarbeiter; er trägt nur einen blauen Anzug und Holzschuhe, wenn er bei klirrendem Frost zur Arbeit geht. Der Rücksichtslosigkeit der deutschen Besatzungstruppen trotzend, schließt er sich einer kulturellen Widerstandsgruppe im Untergrund an und beteiligt sich an der Gründung eines geheimen Theaters. Nachdem die örtlichen Gemeindepriester ins KZ Dachau abtransportiert worden sind, macht er seine ersten tieferen spirituellen Erfahrungen, angeleitet von einem Laienmystiker, der junge Leute in den Gebetszirkel „Lebendiger Rosenkranz" aufnimmt.

Als sein Vater stirbt, wird das Ringen des jungen Mannes um seinen Beruf intensiver. Ist er für die Bühne oder für den Altar bestimmt? Schließlich tritt er in das geheime Priesterseminar ein, das der heroische Erzbischof von Krakau leitet – ein Aristokrat, der dem hochmütigen deutschen Generalgouverneur Hans Frank trockenes Brot und Ersatzkaffee (die Nahrung der einfachen Leute) servieren läßt, als dieser darauf besteht, ins erzbischöfliche Palais eingeladen zu werden. In der chemischen Fabrik, in der Wojtyła immer noch arbeitet, liest er heimlich philosophische und theologische Literatur. Der Seminarist lebt von einem Tag zum anderen in einer Welt, in welcher der Schulkamerad und Mitministrant von gestern morgen vor einem Exekutionskommando zum Märtyrer wird.

Nach dem Warschauer Aufstand versuchen die Deutschen, einem ähnlichen Ausbruch offenen Widerstandes in Krakau vorzubeugen, indem sie alle jungen Männer verhaften. Unserem Helden gelingt es, den Fahndern der Gestapo zu entkommen und sich quer durch die Stadt zum erzbischöflichen Palais durchzuschlagen, wo das verbotene Priesterseminar im Untergrund weiter existiert. Nach der „Befreiung" seines Landes durch die Rote Armee wird er zum Priester geweiht und zu weiteren theologischen Studien nach Rom geschickt. Nachdem er in Frankreich und Belgien Arbeiterpriester besucht hat, kehrt er nach Polen zurück und übernimmt ein Priesteramt an der Krakauer Universität. Das bedeutet innovative Gottesdienste, intensive Gespräche, zahllose Stunden im Beichtstuhl und einen scharfen Bruch mit dem herkömmlichen Beziehungsmuster zwischen polnischen Priestern und ihren Gläubigen.

Nach dem Abschluß einer zweiten Dissertation wird er Fakultätsmitglied der einzigen katholischen Universität hinter dem Eisernen Vorhang; mit dem Nachtzug fährt er von Krakau nach Lublin, um dort seine Kurse abzuhalten. In seinen Vorlesungen drängen sich so viele Studenten, daß es oft nur noch Stehplätze gibt. Sein erstes Buch, über die Ethik des Ehelebens, wird von manchen Geistlichen mit Skepsis betrachtet, denn es preist die menschliche Sexualität als eine Gabe Gottes zur Heiligung von Mann und Frau. Mit 38 Jahren zum Bischof geweiht, wird er, als der Erzbischof stirbt und Staat und Kirche sich nicht auf einen Nachfolger einigen können, zum Kapitelvikar der Erzdiözese Krakau gewählt. Von 1962 bis 1965 besucht er alle vier Sitzungen des II. Vatikanischen Konzils; dabei spielt er bei der neuen Öffnung des Katholizismus gegenüber der modernen Welt eine führende Rolle und unterstützt das Konzil bei dem großen Ringen, die Religionsfreiheit als ein grundlegendes Menschenrecht zu definieren.

Unter begeisterter Zustimmung der kommunistischen Regierung zum Erzbischof von Krakau ernannt, ruft er bei den Funktionären, die seine Ernennung befürwortet haben, Bestürzung hervor, als er unermüdlich und weltklug für die Religionsfreiheit und andere Bürgerrechte seines Volkes eintritt. Der Erzbischof, im Alter von 47 Jahren zum Kardinal erhoben, führt in seiner Diözese die Bestimmungen des II. Vatikanums in größerem Umfang durch als viele seiner Kollegen, lehnt es jedoch ab, sich so zu verhalten, wie es von einem Kirchenfürsten erwartet wird: Er fährt Schi und Kajak, er verbringt seinen Urlaub zusammen mit Laien. Er bleibt auch ein aktiver Intellektueller, indem er in seinem Palais Doktorandenseminare durchführt und bei internationalen Konferenzen wissenschaftliche Vorträge hält.

Im Alter von 58 Jahren wird er zum 264. Bischof von Rom gewählt, als erster nicht-italienischer Papst seit 455 Jahren und als erster slawischer überhaupt. Jurij Andropow, der Chef des sowjetischen KGB, warnt das Moskauer Politbüro vor drohenden Gefahren, und seine Einschätzung wird bestätigt, als der polnische Papst im Juni 1979 sein Heimatland besucht und jene Revolution des Gewissens auslöst, die schließlich zum gewaltlosen Zusammenbruch des Sowjetimperiums im östlichen Mitteleuropa führt. Dramatisch verleiht der slawische Papst der ältesten Institution der Welt, dem Papsttum, wieder Leben – durch Pastoralreisen in jeden Winkel der Erdkugel, durch eine dynamische Ausnutzung aller modernen Kommunikationsmittel und durch eine Fülle lehramtlicher Texte, die sich nicht nur mit praktisch allen Aspekten des katholischen

Lebens, sondern auch mit den wichtigsten Fragen befassen, die auf der Tagesordnung der Welt stehen.

Er überlebt ein Attentat, definiert das Verhältnis der katholischen Kirche zum Judentum neu, lädt orthodoxe und protestantische Christen ein, sich mit ihm zusammen ein Papsttum vorzustellen, das den Bedürfnissen aller Christen dienen könnte, predigt in einem überfüllten Stadion in Casablanca vor muslimischen Jugendlichen und beschreibt die intimen Beziehungen in der Ehe als ein Gleichnis des inneren Lebens des dreieinigen Gottes. Als er mit einer Reihe gesundheitlicher Probleme konfrontiert wird, verkünden die Medien, er sei ein heroischer, aber todkranker Mann, der den Höhepunkt seiner Laufbahn überschritten habe. Innerhalb der nächsten sechs Monate veröffentlicht er einen internationalen Bestseller, der in 40 Sprachen übersetzt wird, spricht auf den Philippinen vor der größten Menschenmenge, die sich jemals dort versammelt hat, fordert die Kirche auf, vor dem Anbruch eines neuen Jahrtausends ihr Gewissen zu läutern, und ändert fast im Alleingang den Verlauf einer wichtigen internationalen Konferenz über Bevölkerungsprobleme. 1995 tritt er vor der UNO-Vollversammlung für die Universalität der Menschenrechte ein und bezeichnet sich am Ende eines Jahrhunderts beispielloser Verbrechen als einen „Zeugen für die Hoffnung". Zwei Tage später, während einer Messe im Central Park, liefert der unverwüstliche Papst eine überzeugende Imitation des amerikanischen Komikers Jack Benny, und die zynische New Yorker Presse applaudiert.

Dieser Lebenslauf würde als erfundene Geschichte allen außer ein paar ganz romantisch veranlagten Gemütern viel zu reißerisch erscheinen. Was sollen wir dann mit einer solchen Geschichte als Faktum anfangen? Und wie können wir diesen durch und durch modernen Menschen verstehen, der behauptet, in den Plänen der Vorsehung gebe es keine reinen Zufälle?

Ein Paradoxon

Das Pontifikat von Papst Johannes Paul II. ist eines der wichtigsten – für die Kirche und für die Welt – seit Jahrhunderten. Manche behaupten sogar, Johannes Paul II. sei der bedeutendste Papst seit der Reformation und Gegenreformation im 16. Jahrhundert. Wie jene Epoche das Verhältnis der katholischen Kirche zu der in Erscheinung tretenden modernen Welt bestimmte, so stellten das II. Vatikanische Konzil und das Pontifikat Johannes Pauls II. eine Reihe von Wegweisern auf, die den Kurs des Weltkatholizismus wahrscheinlich über die „Moderne" hinaus und bis ins dritte Jahrtausend des Christentums bestimmen werden.

Johannes Paul II. ist auch unbestreitbar der sichtbarste Papst in der Geschichte. Es spricht sogar vieles dafür, daß er überhaupt der sichtbarste Mensch in der bisherigen Geschichte ist. Er ist fast sicher von mehr Menschen in natura gesehen worden als irgendein anderer Mensch vor ihm. Berücksichtigt man zusätzlich die multiplizierende Wirkung des Fernsehens, dann wird es fast unmöglich, die Weite seines Aktionsradius innerhalb der gesamten Menschheit zu erfassen.

Hier liegt jedoch ein Paradoxon vor: Dieser sichtbarste aller Menschen ist vielleicht zugleich die am wenigsten verstandene bedeutende Gestalt des 20. Jahrhunderts. Zweifellos sind die Urteile über diesen Mann und seine Leistung – vorsichtig ausgedrückt – widersprüchlich.

Für viele Millionen Menschen, die bei weitem nicht alle römisch-katholisch sind, ist er die größte Gestalt unserer Zeit, der Verfechter und die höchste Verkörperung einer moralischen Kraft, welche die Menschheit sicher durch dieses blutigste aller Jahrhunderte geführt hat. Nach dieser Auffassung ist Johannes Paul II. der Paladin, der Vorkämpfer, der menschlichen Freiheit. Für andere, darunter viele Mitglieder seiner eigenen Kirche, ist Johannes Paul II. unnachgiebig und autoritär, ohne Kontakt zu den Erwartungen derjenigen, die er zu führen beansprucht und zu belehren wagt; nach ihrer Meinung kehrt er zu einer Epoche zurück, welche die Kirche seit dem II. Vatikanischen Konzil vermeintlich hinter sich gelassen hat. Wieder andere, innerhalb und außerhalb der Kirche, bewundern sein Eintreten für die Menschenrechte, sein Zugehen auf das Judentum und seinen Einsatz für den Frieden, beklagen jedoch seine Theologie und seine Urteile in moralischen Fragen.

Das amerikanische Magazin *Time* verlieh ihm 1994 den Titel „Mann des Jahres". Michael Gorbatschow, von dem man hätte erwarten können, daß er die Situation eher bedauerte, erklärte, Johannes Paul II. sei für die friedliche Beendigung des kalten Krieges unerläßlich gewesen. Fidel Castro sagte in vertrauter Runde, bei seiner ersten Begegnung mit Johannes Paul II. habe er sich wie im Familienkreis gefühlt. Diejenigen, die täglich mit dem Papst zusammenarbeiten, bezeugen einhellig – selbst wenn sie mit manchen seiner Entscheidungen oder mit der Art seiner Amtsführung nicht einverstanden sind – seine persönliche Frömmigkeit, seine Freundlichkeit und seine anscheinend unbegrenzte Fähigkeit, zuzuhören.

Doch Journalisten mit viel Erfahrung und Historiker von literarischem Rang haben ihn mit Schmähungen überhäuft. Einer der letzteren, der zugab, er bete täglich für das Ableben des Papstes, warf ihm vor, er plane eine Achse Rom–Riad, eine unheilige katholisch-islamische „Allianz zur Abschaffung der Aufklärung", um gemeinsam einen Dschihad, einen „letzten Krieg gegen die Gottlosen" zu führen.[1] Ein Biograph des Papstes schrieb, Johannes Paul II. sei mit zunehmendem Alter „bei der Betrachtung der Welt und ihrer Übelstände immer emotionaler geworden" und habe „sich mehr und mehr auf Kollisionskurs begeben"; er sei ein zorniger alter Mann, der die Welt, zu deren Entstehen er beitrug, nicht mehr begreifen könne.[2] Zwei andere Biographen behaupteten, er umzäune die Kirche mit Stacheldraht.[3] Ein erfahrener Journalist gab zu: „Mein Glaube an Gott ist intakt (...), aber meine Treue zur römischen Kirche habe ich suspendiert, solange ich dieses kurze polnische Intermezzo in ihrer langen Geschichte untersuche."[4] Die Londoner Tageszeitung *The Independent*, die 1995 in einem Leitartikel Johannes Paul II. als die einzige globale Führungspersönlichkeit bezeichnete, die es heute noch gebe, warf ihm anderthalb Jahre früher vor, sein Pontifikat sei „gekennzeichnet durch Intoleranz (...) und einen autoritären Charakter, der zu einer Entfremdung zwischen ihm und vielen Katholiken des Westens geführt hat".[5] Dumme Gerüchte über die vermeintlichen Absichten Johannes Pauls II. (z. B. seine angeblichen Pläne, ein neues Dogma zu verkünden, nach dem die Jungfrau Maria in dem geweihten Brot und Wein der Eucharistie präsent sei) wurden ungeniert verbreitet von Zeitungen, die sonst stolz darauf sind, nur Tatsachen zu berichten (in diesem Fall die Londoner *Sunday Times*).

Warum gerät dieser sichtbarste aller Prominenten nie klar ins Blickfeld? Warum weichen die Urteile über seine Leistung so stark voneinander ab? Einige Gründe berühren die Oberfläche des Problems, sind aber trotzdem bedeutsam.

Zunächst einmal ist Papst Johannes Paul II. stets ein Mensch mit einem tief verwurzelten Gefühl für das Private gewesen und hat erst neuerdings begonnen, gewisse Aspekte seiner Jugend und seiner Entwicklung in veröffentlichten autobiographischen Betrachtungen zu enthüllen.[6] Ein weiterer Faktor der Zurückhaltung Karol Wojtyłas ist seine Mystik. Wie andere Mystiker würde er es praktisch unmöglich finden, seine tiefsten religiösen Erfahrungen zu beschreiben, die ihn zu dem Menschen machen, der er ist. Diejenigen, die Johannes Paul II. beim Gebet vor der Morgenmesse in seiner Privatkapelle stöhnen hörten, wissen, daß es in seinem Leben eine Dimension gibt, in der Gott sein einziger Vertrauter und Gesprächspartner ist bei einem Gespräch, das Worte buchstäblich übersteigt.

Der polnische Hintergrund Johannes Pauls ist eine weitere Barriere, die es dem Westen erschwert, ihn zu verstehen. Die Polen mögen wegen ihres romantischen Heldentums bewundert werden. Aber ein tief verwurzeltes Vorurteil, durch fehlendes historisches und geographisches Wissen verstärkt, macht es für viele westliche Intellektuelle und Autoren schwierig, sich Polen in der Vorhut des geistigen und kulturellen Lebens der Welt vorzustellen. Ja, der bloße Begriff eines „polnischen Intellektuellen" erscheint allzu vielen im Westen als ein Widerspruch in sich. Was einst ein Vorteil war – Johannes Paul II., der Papst aus dem slawischen Grenzgebiet, eine unbestreitbar romantische Gestalt –, verwandelte sich ziemlich rasch quasi in einen Vorwurf. Konnte dieser Pole, dieser Slawe, dieser Mann aus einem Land, das aus der Geschichte verschwunden war, das höchste Ziel der Moderne – Freiheit – überhaupt begreifen?

Ein weiterer Sachverhalt macht es schwierig, Johannes Paul II. zu verstehen: die traditionelle Verschwiegenheit und der gewohnheitsmäßige Argwohn, die typisch sind für die Beziehungen zwischen denjenigen, die im Vatikan arbeiten, und denen, die dessen Aktivitäten analysieren. Die in vielen Amtsträgern des Heiligen Stuhles tief verankerte Gewohnheit der Vorsicht ist nicht unbegründet. Da die Männer des Vatikans in einem kulturellen Milieu leben, in dem der Journalismus noch mehr als in der übrigen Welt als eine nicht exakte Wissenschaft gilt, haben sie – vielleicht allzu gut – gelernt, daß Schweigen oft sicherer ist als der Versuch, dem Interviewer einen Standpunkt zu erklären. Infolgedessen bleibt die Öffentlichkeitsarbeit des Heiligen Stuhles, obwohl sie sich während des Pontifikates von Johannes Paul II. beträchtlich verbessert hat, nach den meisten Maßstäben der Gegenwart unterentwickelt. Kombiniert man die Arbeitshypothese des modernen Journalisten, daß alle Personen des öffentlichen Lebens bis zum Beweis des Gegenteils Dreck am Stecken haben, mit der notorischen Vorsicht des Vatikans, dann ist das Endergebnis eine Berichterstattung, die vatikanischen Amtsträgern nur allzu oft von vornherein Doppelzüngigkeit unterstellt. Obwohl Johannes Paul II. den Medien in bisher einmaliger Weise entgegenkommt, wird er regelmäßig in diese unglückseligen Beziehungen mit hineingezogen.

Wenn man jedoch tiefer sondiert, werden die interessanteren Gründe für die gegensätzlichen Einschätzungen Johannes Pauls II., des Menschen und des Papstes, deutlicher. Johannes Paul II. wird häufig völlig verschieden verstanden; er ist tatsächlich ein „Zeichen, dem widersprochen wird" (Lukas 2,34). Sein Leben, seine Überzeugungen und seine Lehren sind eine unmißverständliche Herausforderung für seine Zeit, an die er sich in vieler Hinsicht scheinbar so gut angepaßt hat:

Gegenüber einer Spätmoderne, in der das Lustprinzip und die persönliche Selbstbestimmung dominieren, behauptet er, daß Leiden erlösende Kraft haben kann und daß Verpflichtung in der biblischen Religion eine zentrale Bedeutung hat.

In einem geistigen Milieu, in dem bestritten wird, daß der Mensch irgendetwas mit Sicherheit wissen kann, lehrt er, daß es universale Wahrheiten gibt, daß wir sie zu erkennen vermögen und daß uns durch ihre Kenntnis gewisse moralische Pflichten auferlegt werden.

In einer Zeit, in der die „Persönlichkeit" als unbegrenzt formbar gilt und in der die „menschliche Natur" (wenn ihre Existenz überhaupt anerkannt wird) als kulturelles Konstrukt betrachtet wird, tritt er für die Idee einer universalen menschlichen Natur ein und besteht auf der *Gegebenheit* der *conditio humana*.

In einer Kultur, in der das Glück mit Talent und seiner Durchsetzung identifiziert wird, lehrt er, das Glück werde gefunden, indem Talent und Wille sich gehorsam der transzendenten Wahrheit und Liebe unterwerfen.

Gegenüber der Versuchung, die Nützlichkeit als einzigen Maßstab für den Wert eines Menschen zu betrachten, besteht er darauf, daß jedes menschliche Wesen eine Würde und einen Wert besitzt, die angeboren und unveräußerlich sind.

In einem historischen Augenblick, der das Verfolgen des eigenen Interesses feiert, lehrt er, daß wir Gott anbeten und nach Heiligung streben sollen – nicht, weil das „gut für uns" ist, sondern weil diese Dinge geboten sind.

In einer Welt, die in der Geschichte ein Produkt unpersönlicher wirtschaftlicher und politischer Kräfte sieht, verteidigt er die Priorität der Kultur und die weltverändernde Kraft des menschlichen Geistes.

Zweifellos ist Johannes Paul II. in der modernen Welt ein „Zeichen, dem widersprochen wird". Das bedeutet jedoch nicht, daß er ein Papst *gegen* die Modernität und ihr Streben nach Freiheit, ein Papst des „Rollback" und der „Restauration" ist. Man kann sogar das Gegenteil behaupten: daß die durch Johannes Paul II. verkörperten „Gegensätze" in Wirklichkeit dem menschlichen Glück dienen, welches das Ziel der Freiheit ist.

Um das zu demonstrieren, müssen wir von der herkömmlichen Analyse abgehen und diese bekannte Persönlichkeit des öffentlichen Lebens aus einem ganz anderen Blickwinkel betrachten – von *innen*, von den Überzeugungen und Bindungen her, die diesen Mann zu dem machen, der er ist.

Verstehen „von innen"

In einer kurzen Einführung in sein Drama *Bruder unseres Gottes* schrieb Karol Wojtyła, zwischen jedem Menschen und unseren Versuchen, ihn zu verstehen, liege „eine für die Geschichtsschreibung unüberschreitbare Grenze".[7] Die Geschichtsschreibung, die zu den fundamentalen Wahrheiten über einen Menschen nicht vordringen kann, kennt als Handwerkszeug des zeitgenössischen Historikers nur Dokumente, Statistiken und sonstige Materialien. Diese sind wichtig. Sie sagen uns Dinge, die teilweise recht bedeutsam sind. Aber sie können uns keine zuverlässige Antwort geben auf die Fragen: „Wer *ist* er? Wer *war* sie?" Bezug nehmend auf andere biographische Versuche und deren Hervorhebung seiner Rolle als Politiker sagte Papst Johannes Paul II. einmal: „Sie versuchen mich von außen zu verstehen. Aber ich kann nur von innen verstanden werden."[8]

Was ist dieses „Innen", und wie können wir uns ihm nähern?

Vielleicht ist es hilfreich, Karol Wojtyła zunächst als einen Menschen zu betrachten, der sehr schnell erwachsen wurde. Die traumatischen Ereignisse, die seine Jugend formten, hätten ihn zu der Schlußfolgerung führen können, das menschliche Leben sei irrational, ja sinnlos. Wojtyła gelangte zu einer anderen Schlußfolgerung. Seit den Jahren der deutschen Besatzung (sie begann, als er 19 Jahre alt war) kam er allmählich zu der Überzeugung, die Krise der modernen Welt sei vor allem eine Krise der *Ideen*, besonders eine Krise des Menschenbildes. Die Triebkräfte der Geschichte waren die Kultur und die Ideen, die Kulturen formten. Ideen hatten Konsequenzen. Und wenn das *Menschenbild*, das eine Kultur beherrschte, falsch war, mußte eine von zwei Konsequenzen eintreten: Entweder brachte diese Kultur destruktive Ziele hervor, oder sie war unfähig, ihre kühnsten Hoffnungen zu verwirklichen, selbst wenn sie diese in die Begriffe eines edlen Humanismus kleidete.

Karol Wojtyłas frühe Erkenntnisse über die Wurzeln der Krise des modernen Zeitalters wurden durch Erfahrungen verfeinert. Seit Jahrhunderten hat kein Papst eine so umfassende seelsorgerliche Erfahrung mit den realen Problemen gewöhnlicher Männer und Frauen in sein Amt mitgebracht. Seine Überzeugungen wurden auch philosophisch weiterentwickelt, als Wojtyła an der Katholischen Universität Lublin an einem kühnen Experiment teilnahm, das die geistigen Grundlagen der modernen Kultur zu rekonstruieren suchte. Durch Tausende von Stunden im Beichtstuhl, in Hunderten von Seminaren, Büchern, Vorlesungen und Artikeln und während eines Pontifikates, das sich praktisch mit allen wichtigen Problemen der Menschheit befaßte, ist seine fundamentale Überzeugung konstant geblieben: Die Greueltaten des 20. Jahrhunderts, ob nun begangen von Nationalsozialisten, Kommunisten, Rassisten, Nationalisten oder Verfechtern des Nützlichkeitsprinzips, sind die Produkte falscher Menschenbilder.

Die Moderne ist stolz auf ihren Humanismus und proklamiert als ihr erhabenstes Ziel die Freiheit. Karol Wojtyła teilt diesen Stolz und dieses Ziel, aber nach seiner Überzeugung besitzt weder der gegenwärtige Humanismus noch die von ihm angestrebte Freiheit ein sicheres Fundament. Und die Risse im Fundament interessieren nicht nur den Philosophen; sie haben für Millionen von Menschen eine entscheidende Bedeutung. Denn ein Humanismus, der seinen höchsten Wert, die Freiheit, nicht hinreichend begründen kann, wird selbstzerstörerisch. Freiheit entartet zu Willkür, es droht Anarchie, und in dieser Anarchie wird eine Heerschar von Teufeln entfesselt, die durchweg Sicherheit inmitten des Chaos versprechen: Dämonen wie die Überlegenheit einer Rasse (Hitler) oder einer Klasse (Marx), die messianische Verführung einer utopischen Politik (Lenin) – ein blutiges Kapitel nach dem anderen, und infolge der zunehmenden technischen Errungenschaften der Menschheit wächst die Zahl der Opfer ständig.

Schon sehr früh in seinem Leben begann Karol Wojtyła über eine Frage von historischer Bedeutung nachzudenken: Wie können wir in einem Zeitalter, in dem die Produkte unserer eigenen Schöpferkraft die Existenz der Menschheit bedrohen, unsere Menschlichkeit verwirklichen? Während er über dieses Problem nachdachte, wuchsen in ihm gewisse Überzeugungen. Eine davon war, daß der Mensch *als solcher* ein moralisches Wesen ist: Moral ist kein von der Kultur entwickeltes und historisch bedingtes Anhängsel an eine bloße Chiffre. Mensch sein heißt, *moralische Entscheidungen treffen können*. Dies bedeutete wiederum, daß wir in einem menschlichen Universum leben, dessen Struktur *dramatisch* ist. Und das große Drama jedes Lebens ist ein Ringen, bei dem das „Ich, das ich bin" vor dem „Ich, das ich sein soll" kapitulieren soll. Dieses Ringen bedeutete, der Realität nicht auszuweichen, sondern sich ihr zu stellen. Das Böse hatte sich unverkennbar enthüllt – in der Welt in so ausgesprochen modernen Unternehmen wie dem Holocaust und dem Archipel Gulag; im täglichen Leben in der wirtschaftlichen, politischen oder sexuellen Ausbeutung des einen Menschen durch den anderen. Aber das Böse behält nicht das letzte Wort, denn im Mittelpunkt des menschlichen Dramas steht Christus, dessen Menschwerdung und dessen Überwindung des Todes bedeuten: Die Hoffnung ist weder eine leere Illusion noch ein schützendes Phantasiegebilde, das gegen die Angst im Herzen der modernen Finsternis aufgebaut wurde.

Karol Wojtyła glaubt, daß die auf Christus gerichtete Hoffnung die universale Wahrheit ist.[9]

DER JÜNGER

Wenn man Karol Wojtyła „von innen" verstehen will, darf man ihn nicht in den üblichen Kategorien von „links" oder „rechts" betrachten, welche die Berichterstattung der Medien über sein Pontifikat geprägt haben. Diese auf die Französische Revolution zurückgehenden politischen Kategorien beherrschen zweifellos das moderne Denken weithin. Sie beleuchten zwar einige Aspekte verschiedener politischer Probleme, politischer Parteien und ideologischer Richtungen, aber die Klassifizierung „links-rechts" ist völlig ungeeignet, um zum „Inneren" Johannes Pauls II., des Menschen und des Papstes, vorzudringen. Ja, Johannes Paul scheint die Regeln dieser Klassifizierung zu durchkreuzen, weil er in dem herkömmlichen Spektrum mehrere Positionen einnimmt. So liest man häufig, er sei „im Bereich der Lehre konservativ" und „auf sozialpolitischem Gebiet liberal".

Es gibt jedoch keine zwei Wojtyłas, den „Fundamentalisten" in Fragen der kirchlichen Lehre und den „Sozial-Progressiven" in politischen und wirtschaftlichen Fragen. Es existiert nur ein einziger Karol Wojtyła: ein Christ, der von der Wahrheit des Christentums so völlig überzeugt ist, daß diese Überzeugung buchstäblich alles, was er tut, inspiriert. Manche behaupten, die Tiefe dieser Überzeugung und ihre Eigenart würden Johannes Paul II. als „Sektierer" kennzeichnen. Johannes Paul glaubt jedoch, daß dieser christliche Radikalismus ihn zu einem intensiven Gespräch mit Nichtglaubenden und Gläubigen verschiedener theologischer und philosophischer Richtungen verpflichtet. Dieses Gespräch hat ihn dazu geführt, eine Reihe moralischer Voraussetzungen für die Verwirklichung der Freiheit zu formulieren, die wahrhaft transkulturell sind. Zu den Vertretern der weltlichen Macht sagte er bei einer Vollversammlung der Vereinten Nationen 1995:

> Als Christ richte ich meine Hoffnung und mein Vertrauen auf Jesus Christus (...). Jesus Christus ist für uns Gott, der Mensch wurde, der in die Geschichte der Menschheit eingetreten ist. Gerade deshalb erstreckt sich die christliche Hoffnung für die Welt und ihre Zukunft auf jeden Menschen: Wegen der ausstrahlenden Menschlichkeit Christi gibt es nichts wirklich Menschliches, das die Herzen der Christen nicht rührt. Der Glaube an Christus treibt uns nicht zu Intoleranz. Im Gegenteil, er verpflichtet uns, mit anderen einen respektvollen Dialog zu führen. Die Liebe zu Christus hält uns nicht davon ab, uns für andere zu interessieren, sondern gebietet uns vielmehr, uns um sie zu kümmern, ohne irgend jemanden auszuschließen (...).[10]

Die Universalität der Interessen und Anliegen Karol Wojtyłas ergibt sich somit aus seinem besonderen und radikalen christlichen Engagement.

Es ist wichtig, hier die Bedeutung des Begriffes „radikal" zu klären, denn auf Karol Wojtyła angewandt bedeutet er nicht „weiter links" (im herkömmlichen Links/rechts-Spektrum), sondern *tiefer*. Das Wort „radikal" geht zurück auf das lateinische *radix*, „Wurzel". Wer Wojtyła als einen „christlichen Radikalen" betrachtet, sollte daher seinen Radikalismus als ein Beispiel dafür verstehen, was der amerikanische Philosoph Alfred North Whitehead einmal als die Einfachheit auf der anderen Seite der Komplexität bezeichnete. Wojtyła hat nie bestritten, daß die Lage des Menschen in der modernen Welt manchmal verwickelt und komplex ist. Das Besondere bei Wojtyła ist gewissermaßen, daß er sich durch diese Komplexität nie lähmen ließ. Beim geistigen Durcharbeiten dieser Komplexitäten kam er zu der Überzeugung, daß gewisse Dinge einfach *wahr* sind.

Eher biblisch ausgedrückt: Karol Wojtyła wurde früh in seinem Leben von dem „besseren Weg" ergriffen, den Paulus den Korinthern empfiehlt (1. Korinther 12,31): von dem Weg der christlichen Liebe, die der Apostel als die größte der geistlichen Gaben bezeichnet. Und nachdem er von ihr ergriffen war, weihte er ihr sein Leben. Von dem „besseren Weg" ergriffen zu werden – letztlich von Christus ergriffen zu werden – war eine lebenverändernde Wahrheit, deren Verherrlichung er sein eigenes Leben weihte. Seit seiner Zeit im Priesterseminar ist Karol Wojtyłas Leben eine ständige Begegnung mit Menschen, die den „besseren Weg" verstehen, und solchen, die ihn nicht verstehen; mit Menschen, denen er helfen möchte, ihren Eifer für den „besseren Weg" zu verstärken, und solchen, die er dafür gewinnen möchte. Nichts in seinem Leben geschieht außerhalb der Wahrheit des „besseren Weges". Sein Glaube ist nicht ein besonderer Aspekt seiner Persönlichkeit oder eine besondere Dimension seines Intellekts. Sein Glaube *ist* Karol Wojtyła in der tiefsten Schicht seiner Persönlichkeit.

Diese starke Verwurzelung kann überraschen, ja sogar beunruhigen in einer Welt, in der das Zusammenbauen einer Persönlichkeit aus den „Brocken" verschiedener Überzeugungen – hier Religion, dort Politik; hier Moral, dort Ästhetik – ein Kennzeichen der Modernität ist. Aber gerade diese Verwurzelung gestattet es Papst Johannes Paul II., ohne Bedenken und ohne Angst vor dem Vorwurf der Heuchelei, zu verkünden: „Fürchtet euch nicht!" Sein Leben, geschmiedet im Schmelzofen der großen politischen und geistigen Konflikte des 20. Jahrhunderts, verkörpert jene Verkündigung, wie seine Lehre die Quellen seiner Furchtlosigkeit erklärt und sein öffentliches Amt die daraus entspringende Tat ist. Die Grundlage jener Verkündigung, die in ihrer Absicht universal ist, bildet die Überzeugung: Jesus Christus ist die Antwort auf die Frage jedes Menschenlebens.

Kurz, wer Karol Wojtyła „von innen" verstehen will, muß ihn als *Jünger* verstehen.

ÜBERRASCHUNGEN

Zugegeben, es ist einigermaßen überraschend, daß Johannes Paul II. gerade am Ende des 20. Jahrhunderts auftrat. Schließlich glaubte man, dieses Jahrhundert erlebe das Absterben der Religion, da eine reifer werdende Menschheit, von der Wissenschaft angeleitet, ihr „Bedürfnis" nach den seelischen Stützen eines religiösen Glaubens überwunden habe. Doch an der Wende zum dritten Jahrtausend ist die überzeugendste Persönlichkeit der Welt, der Mann mit der wohl schlüssigsten und umfassendsten Vision von den Möglichkeiten des Menschen in der Zukunft, ein Mensch, den man am besten als den vollkommenen Christen bezeichnet.

Viele Menschen der Spätmoderne nehmen an, die Abhängigkeit von Gott sei ein Zeichen menschlicher Unreife und ein Hindernis für die Freiheit des Menschen. Das Leben Karol Wojtyłas und seine Leistung als Papst Johannes Paul II. weisen auf eine dramatische Alternative hin: daß ein Mensch, der vom „besseren Weg" ergriffen und verwandelt worden ist, den Lauf der Geschichte verändern und damit die Sache der Freiheit fördern kann.

Daß der Papst jemand ist, der mit Recht als ein radikaler Christ bezeichnet wird, ist auch innerhalb der katholischen Kirche einigermaßen überraschend. Nicht als ob die jüngste Geschichte des Papsttums eine Neuauflage der Schändlichkeiten und Skandale der Renaissance wäre. Seit der Gegenreformation im

16. Jahrhundert war die Ausübung des ältesten Amtes der Welt in eine bestimmte Schablone eingefügt worden, hauptsächlich durch und für die Italiener, die das Leben im Vatikan beherrschten. Brillante und engagierte Italiener, viele von ihnen Heilige, retteten im 16. Jahrhundert den Katholizismus: Männer wie Carlo Borromeo, Roberto Bellarmino und Antonio Ghislieri, den die Geschichte als Papst Pius V. kennt. Im Lauf der Zeit sah man jedoch in diesem historisch und kulturell bedingten Modell des Papsttums ein Spiegelbild der ewigen Pläne Gottes für das Petrusamt der Kirche. Und in diesem Modell – besonders wie es sich nach dem Verlust des Kirchenstaates 1870 entwickelte – galten als die wichtigsten Aufgaben des Papstes das effektive Management der römischen Kurie, des zentralen bürokratischen Apparates der katholischen Kirche, und das sorgfältige Management der Beziehungen der Kirche zu souveränen Staaten durch eine nach den Prämissen des modernen Staates geführte Diplomatie.

Theoretisch sollte der Papst die permanente Bürokratie der Kirche leiten, aber die Bürokraten dachten oft, sie müßten den Papst leiten. Über 400 Jahre lang glaubten die Leiter der römischen Kurie nicht ohne Grund, sie wüßten, „wie man es macht" (so sagten sie häufig), und kluge Päpste würden sich an die gängige Praxis gewöhnen. Die Päpste, die sich daran gewöhnten (und das taten, mehr oder weniger, alle), waren häufig geistig hochstehende und persönlich fromme Männer. Aber indem sie einwilligten, ihr Amt nach den Vorschriften der Kurie zu führen, billigten sie ein Papsttum, das seinem Wesen nach eher geschäftsführend und bürokratisch als dem Evangelium gemäß war.

Karol Wojtyła war in dieser Hinsicht ein Außenseiter. Man könnte sagen, er sei von seiner Sozialisation her auf das Amt des Papstes nicht vorbereitet worden. Er war jedoch einer der dynamischsten, innovativsten und erfolgreichsten Ortsbischöfe der ganzen Welt gewesen. Und das gerade deshalb, weil er ein Seelsorger, ein Prediger des Evangeliums und ein radikaler Christ war. Er sagte einmal, wenn der Heilige Geist es für richtig gehalten habe, den Bischof von Krakau in das Amt des römischen Bischofs und zum Hirten der Gesamtkirche zu berufen, müsse in dessen Erfahrung etwas gewesen sein, was für andere nützlich sei.[11] So hat nicht nur die Welt, sondern auch die Kirche lernen müssen, mit einem ganz andersartigen Pontifikat zu leben, dessen unverwechselbare Kennzeichen von Karol Wojtyła stammen, dem Jünger, der aus der Kirche in der modernen Welt hervorging – nicht aus der römischen Bürokratie.

Eine relevante Frage

Weil Wojtyła im Grunde seines Herzens ein Jünger Christi ist, könnte es scheinen, als sei seine Geschichte nur für Christen, vielleicht nur für Katholiken, interessant. Doch die Welt hat auf Johannes Paul II. nicht so reagiert, wie es manche vielleicht erwarteten. Überdies versteht sich Johannes Paul II. in der Weise, daß er der gesamten Welt ein Angebot macht im Hinblick auf die Natur des Menschen, die moralischen Voraussetzungen für eine menschliche Gemeinschaft, den Sinn der Geschichte und die Bahn der menschlichen Bestimmung.

Dieses Angebot – die öffentlichen Konsequenzen des „besseren Weges", welcher der Leitstern von Wojtyłas Leben ist – kommt zu einem Zeitpunkt, da die Sache der Freiheit, die oft mit der Sache der Demokratie gleichgesetzt wird, in der Geschichte zu triumphieren scheint. Eine genauere Untersuchung verweist jedoch auf die Möglichkeit einer bedrohlicheren Situation.

Das weltliche Argument für die Freiheit des Menschen, das vor bald dreihundert Jahren unter der Rubrik der „Naturrechte" vorgebracht wurde, ist oft auf eine Kalkulation von Wahrscheinlichkeiten reduziert worden: Die Demokratie und die durch sie geschützten persönlichen Freiheiten seien nicht deshalb gut, weil sie anderen Formen der gesellschaftlichen Organisation von Natur aus überlegen sind, sondern weil sie in einer Welt dramatischer Konflikte die am wenigsten chaotische Alternative sind. Tolerant, höflich, und – kurz gesagt – „demokratisch" zu sein ist einfach bequemer, als launisch und aggressiv zu sein; es verhindert sozusagen das Schlimmste. Wenn sich aber der Druck des Pluralismus und der sozialen Konflikte verschärft, kann die Antwort auf die Frage „*Warum* soll man tolerant, höflich und demokratisch sein?" nicht einfach lauten: „Weil es dann besser läuft." Diese im Prinzip pragmatische Antwort läßt sich nicht mehr halten, wenn ein rassischer, ethnischer oder religiöser Konflikt den Siedepunkt erreicht. Nur ein moralisches Engagement für Toleranz und demokratische Umgangsformen, das getragen wird von Normen, die unsere unmittelbaren Verhältnisse transzendieren, kann ein Engagement für die Freiheit des „anderen" aufrechterhalten, wenn dieser „andere" gefährlich wird. Und das ist die Situation einer Welt, in der das „andere" dank den Revolutionen des Verkehrs- und Nachrichtenwesens täglich auf uns einstürmt.

Vielleicht noch bedrohlicher: Beim Anbruch des dritten Jahrtausends ist die prometheische Versuchung, den Göttern das Feuer zu stehlen und die *conditio humana* zu verändern, abermals aufgetaucht, diesmal nicht von seiten rassistischer oder klassenkämpferischer Fanatiker, sondern von seiten der Naturwissenschaften. Die Frage, wer als menschliches Wesen gilt, wird heutzutage in einer Weise erörtert, wie es sich unsere Großeltern nicht vorstellen konnten. Ist ein geklontes menschliches Wesen Teil der menschlichen Gemeinschaft? Wie sollen wir die gesellschaftlich Unproduktiven und Unbequemen, die Schwerbehinderten, die Alten, die Ungeborenen behandeln? Wenn unsere Kulturen und unsere Gesetze nur noch die Frage „*Wozu* sind diese vermeintlichen Menschen nützlich?" zulassen, dann leben wir wirklich in der Schönen neuen Welt von Aldous Huxley, und die Diktatur kann nicht mehr weit entfernt sein.

Unter diesen Umständen gilt Johannes Pauls II. Angebot hinsichtlich der moralischen Grundlagen der freien Gesellschaft, das auf seiner unverwechselbaren Auffassung von der Natur und der Würde des Menschen basiert, gewiß nicht nur für Katholiken. Es hat Konsequenzen für die Mitchristen des Papstes, für Juden, für Muslime, für Angehörige der anderen großen Weltreligionen und für „alle Männer und Frauen, die guten Willens sind" (wie es in seinen Enzykliken heißt). Das Papsttum hat schon immer einen universalen Einflußbereich beansprucht. Das Pontifikat Johannes Pauls ist das erste in der Geschichte, in dem dieser Anspruch empirisch bestätigt worden ist. Selbst die unbekanntesten Winkel unseres Planeten sind vom Leben dieses Papstes und von seinen Anregungen zur Zukunft der Menschheit in irgendeiner Weise berührt worden.

EINE GROSSE SPURWEITE

Trotz unseres modernen Selbstbewußtseins können wir uns weder selbst konstituieren noch selbst definieren. Die Familie, die Erziehung, der Körperbau, die Sprachen, die wir sprechen, die Kultur, in die wir hineingeboren werden, der Beruf, die Hobbys, religiöse und philosophische Überzeugungen – das sind einige der vielen Schienen, auf denen unser Leben verläuft. Es ist eine Grundtatsache der *conditio humana*, daß das Leben aller Menschen auf solchen Schienen verläuft, aber ihre Spurweite ist verschieden.[12] Manche Leben haben eine enge Spurweite, andere eine breite. Eine Möglichkeit, das Leben Karol Wojtyłas „von innen" zu betrachten, ist die Annahme, daß es auf einem Unterbau mit einer besonders breiten Spur verläuft:

Er ist ein Intellektueller, der nicht den Parolen der Professorenschaft verpflichtet ist und der einen tiefen Respekt vor der schlichten Volksfrömmigkeit hat.

Er ist ein vielseitig gebildeter Philosoph, der von seinesgleichen in der ganzen Welt anerkannt wird, obwohl er nie offiziell Philosophie studierte.

Er ist ein Mystiker, der fast 70 Jahre lang ein eifriger Sportler war.

Er lebt im Zölibat und hat doch einen bemerkenswerten Einblick in die menschliche Sexualität, vor allem aus dem Blickwinkel und aus der Erfahrung von Frauen.

Er lebte von seinem 19. bis zu seinem 58. Lebensjahr unter totalitären Regimen, hat jedoch überzeugend über die kulturellen Faktoren geschrieben, welche die Demokratie ermöglichen.

Er ist ein Pole mit einem ausgeprägten Einfühlungsvermögen gegenüber den Juden und dem Judentum.

Er übt einen beträchtlichen Einfluß auf die Angelegenheiten der Welt und das Leben der Kirche aus, obwohl er sich für die Theorie des Managements und die Gepflogenheiten der Politik nie im geringsten interessiert hat.

Er ist wohl der am besten informierte Mensch auf der Welt, liest jedoch selten Zeitungen.

Er ist ein ausgesprochen erfolgreicher Politiker, obwohl er auf diese Tätigkeit nicht umfassend vorbereitet worden ist.

Er hatte das Glück, als junger Mensch großartige Mentoren zu finden, ist aber vor allem ein Autodidakt, der rasch aus Erfahrungen lernt.

Er kann sich in seine Gesprächspartner so gut hineinversetzen, daß diese häufig ihre Entscheidungen ihm überlassen wollen, aber sein bezeichnender Satz als Beichtvater und geistlicher Berater lautet stets: „Sie müssen entscheiden."

Er hat bewiesen, daß er die Leidenschaften der größten Menschenmassen in der Geschichte zu erregen vermag, hat jedoch nie den Demagogen gespielt.

Er ist ein Jünger, der wie der Apostel Johannes für die Stärke seiner Liebe bekannt ist, aber wie der Apostel Petrus dazu berufen wurde, in der Kirche das Amt eines Leiters und Richters auszuüben.

Diese auffallenden Eigenschaften haben seinem Leben eine bemerkenswert reiche Struktur verliehen. Sie bestätigen die These, daß man zum „Inneren" von Karol Wojtyła, Papst Johannes Paul II., nicht vordringen kann, wenn man darauf besteht, sein Denken und Handeln in die üblichen Kategorien „liberal/konservativ" zu zwängen. Er läßt sich nur erfassen und beurteilen, wenn man ihn als das versteht, was er nach seiner eigenen Aussage ist: ein Mann des Glaubens, der mit seinem Glauben *identisch* ist.

Dieser Glaube hat in Karol Wojtyła auch eine große Hoffnung für die Menschheit geweckt. An der Schwelle zum 21. Jahrhundert stand Papst Johannes Paul II. vor den Vertretern der Nationen der Welt, und nachdem er im Laufe seines 75jährigen Lebens praktisch in jede große Finsternis seiner Zeit hineingeblickt hatte, bot er ein Gegenmittel an gegen die Angst, die sein Jahrhundert in den Wahnsinn getrieben hatte:

> Eine der großen Paradoxien unserer Zeit ist, daß der Mensch, der die Epoche, die wir „Moderne" nennen, mit der zuversichtlichen Behauptung begann, er sei nun „mündig" und „autonom", am Ende des 20. Jahrhunderts Angst vor sich selbst hat. Er hat Angst vor dem, wozu er fähig sein könnte, er hat Angst vor der Zukunft. Tatsächlich hat die zweite Hälfte des 20. Jahrhunderts das nie gekannte Phänomen erlebt, daß die Menschheit sogar zweifelt, *ob eine Zukunft überhaupt noch möglich ist.* (...)
>
> Damit das auf uns zukommende neue Jahrtausend eine neue, durch eine wahre Kultur der Freiheit vermittelte Blüte des menschlichen Geistes erleben kann, (...) müssen wir lernen, die Angst zu überwinden. *Wir müssen lernen, keine Angst zu haben,* und zu einem Geist der Hoffnung und der Zuversicht zurückfinden. Hoffnung ist kein oberflächlicher Optimismus, welcher der naiven Zuversicht entspringt, die Zukunft werde notwendigerweise besser sein als die Vergangenheit. Hoffnung und Zuversicht sind die Voraussetzungen verantwortlichen Handelns, und sie wachsen in jenem innersten Heiligtum des Gewissens, wo der Mensch „allein ist mit Gott" und so erkennt, daß er *nicht alleingelassen ist* mit den Rätseln des Daseins, weil er von der Liebe des Schöpfers umgeben ist![13]

Um Papst Johannes Paul II. „von innen" zu verstehen, muß man verstehen, daß nach seiner Überzeugung die Hoffnung für die Zukunft des Menschen im Glauben verwurzelt ist. Und dieser Glaube ist nicht die Behauptung einer bestimmten religiösen Alternative in einem Supermarkt möglicher Wahrheiten. Er ist, für ihn, die universale Wahrheit. Er ist die Wahrheit, die ihn in seiner Jugend ergriff und sein Leben als Erwachsener formte. Er ist die Wahrheit, für die er Zeugnis ablegen muß.

Wie Karol Wojtyła zu dieser Einsicht kam, wie er sie vertiefte und wie er lernte, sie auszudrücken und zu verteidigen, wie er sie als Papst Johannes Paul II. bezeugt hat, und was das alles für die katholische Kirche und die Welt im 21. Jahrhundert bedeuten könnte – das soll in dieser Untersuchung dargelegt werden.

DER GEGENSTAND UND DER AUTOR

Dieses Werk ist der Höhepunkt meines Forschens und Schreibens über Johannes Paul II. seit 20 Jahren. Ich begann über den Papst kurz nach seiner Wahl zu schreiben, zunächst in Zeitschriften und Zeitungen, später in Büchern. Eines dieser Bücher, *The Final Revolution: The Resistance Church and the Collapse of Communism*[14], war die erste ausführliche Darlegung der These, daß Johannes Paul II. beim Zusammenbruch des europäischen Kommunismus eine entscheidende Rolle spielte, und lieferte den Anlaß zu unserer ersten persönlichen Begegnung. Ich war in Rom, um einen Vortrag über die Thesen des Buches zu halten, und begegnete dem Heiligen Vater, als er mich zu einer Messe in seiner Privatkapelle einlud.

Im Laufe der folgenden Jahre war ich mehrfach zu Vorträgen und Konferenzen in Rom, und oft lud mich der Papst zu seiner Frühmesse, zum Mittag- oder Abendessen ein, gewöhnlich zusammen mit anderen amerikanischen oder polnischen Freunden. Im späten Frühjahr 1995 war ich zur Feier meines 20. Hochzeitstages in Rom, und im Verlauf dieses Besuches wurde zum ersten Mal die Frage angeschnitten, ob ich eine Biographie des Heiligen Vaters schreiben sollte. Als ich im Dezember jenes Jahres in Rom war, um bei einer internationalen Konferenz zum 30. Jahrestag der *Erklärung über die Religionsfreiheit* des II. Vatikanischen Konzils die programmatische Rede zu halten, lud mich der Heilige Vater zusammen mit einem Freund zum Abendessen ein. An diesem Abend tauchte im Laufe der lockeren Unterhaltung, zu der die Offenheit Johannes Pauls einlädt, erneut die Frage einer Biographie auf. Und bei gebratenem Huhn und einem guten italienischen Wein sagte der Papst klipp und klar, er wäre dankbar, wenn ich diese Aufgabe übernehmen würde.

Im März 1996 flog ich nach Rom, um die technischen Details und die Grundregeln des Projekts mit dem Heiligen Vater, seinem geistlichen Sekretär und anderen Amtsträgern des Heiligen Stuhles zu erörtern. Der Papst erklärte sich bereit, mir regelmäßig zur Verfügung zu stehen und zusätzlich zu unseren persönlichen Gesprächen Fragen zu beantworten, die ich ihm schriftlich vorlegen sollte. Ferner wurde vereinbart, Amtsträger des Heiligen Stuhles über das Interesse des Heiligen Vaters an diesem Werk zu informieren, damit ich den notwendigen Zugang zu Personen und Dokumenten bekäme, der es mir ermöglichen würde, die Geschichte richtig darzustellen.

Gleichzeitig wurde eindeutig festgelegt, daß dies meine persönliche Darstellung seiner Geschichte sein sollte. Die Biographie sollte so authentisch sein, wie der beispiellose Zugang zum Papst und seinen engsten Mitarbeitern es ermöglichen würde, aber sie sollte nicht „autorisiert" werden; der Heilige Vater behielt sich keine Genehmigungsrechte vor. Als ich ihn besser kennenlernte, wurde deutlich: Johannes Paul II. respektiert andere so sehr, daß er nie auf den Gedanken käme, eine redigierende Kontrolle über das Werk eines anderen ausüben zu wollen. Wir waren uns beide von Anfang an darüber einig, daß dies ein Vorhaben war, bei dem er behilflich sein, für das ich jedoch die volle Verantwortung tragen würde.

Die Unfehlbarkeit, die nach katholischem Glauben der Heilige Geist dem Bischof von Rom verleiht, wenn er bindende Entscheidungen in Glaubens- und

Sittenfragen trifft, gewährleistet nicht den Schutz vor Irrtümern, wenn es um Personalentscheidungen, Strategie und Taktik geht; sie ist auch keine Garantie für Heiligkeit. Johannes Paul II. wäre der letzte, der behaupten würde, jede seiner Entscheidungen sei durch die späteren Ereignisse bestätigt worden. Wie jede andere Führergestalt verdient er so verstanden zu werden, wie er die Probleme und die vorhandenen Möglichkeiten zum Zeitpunkt der Entscheidung sah. Im Unterschied zu manchen anderen verdient Johannes Paul II. wegen der Gewissenhaftigkeit und Frömmigkeit, mit denen er die außergewöhnlichen Befugnisse seines Amtes ausübt, hohen Respekt. In einer Epoche, in der sich auf der welthistorischen Bühne weitgehend Führerfiguren tummelten, die wohl kleiner waren, als ihre Aufgaben es erforderten, ist er wirklich eine große Gestalt: nicht bloß wegen der Macht, über die er verfügt, sondern wegen der Integrität, mit der er – sogar nach dem Urteil seiner unerbittlichsten Kritiker – diese Macht ausübt.

Melchior Cano, der große Theologe des Dominikanerordens auf dem Konzil von Trient, hatte völlig recht, als er im Hinblick auf das päpstliche Amt sagte:

> Petrus ist nicht auf unsere Lügen oder Schmeicheleien angewiesen. Gerade diejenigen, die jede Entscheidung des Papstes blind und unkritisch verteidigen, tragen am meisten dazu bei, daß die Autorität des Heiligen Stuhles untergraben wird – sie stärken seine Fundamente nicht, sondern zerstören sie.[15]

Das ist die Losung für unser Projekt gewesen.

1

Ein Sohn der Freiheit

Polonia semper fidelis

18. Mai 1920	Karol Józef Wojtyła wird in Wadowice geboren und dort am 20. Juni getauft.
16.-17. August 1920	Der Einfall der Roten Armee wird durch das „Wunder an der Weichsel" zurückgeschlagen.
15. September 1926	Karol Wojtyła, genannt „Lolek", wird eingeschult.
13. April 1929	Emilia Kaczorowska Wojtyła, Loleks Mutter, stirbt.
Mai 1929	Lolek empfängt die Erstkommunion.
September 1930	Lolek tritt ins Gymnasium ein.
5. Dezember 1932	Edmund Wojtyła, Loleks älterer Bruder, stirbt.
Herbst 1934	Lolek tritt zum ersten Mal auf einer Provinzbühne auf.
Februar 1936	Karol Wojtyła beginnt die enge Zusammenarbeit mit Mieczysław Kotlarczyk, einem avantgardistischen Theaterregisseur.
3. Mai 1938	Karol Wojtyła erhält die Firmung.
27. Mai 1938	Wojtyła macht das Abitur als Klassenbester.
August 1938	Wojtyła zieht mit seinem Vater nach Krakau und beginnt ein aktives Studentenleben an der Jagiellonischen Universität.
Frühjahr 1939	Wojtyła schließt den unveröffentlichten Gedichtband „Renaissance Psalter" ab.
Juni 1939	Lolek legt erfolgreich die Zwischenprüfung ab und wird zum weiterführenden Studium der polnischen Philologie zugelassen.
Juli 1939	Karol Wojtyła beendet seine militärische Ausbildung in der Akademischen Legion.

Die Marne, Tannenberg und Verdun, die Schlacht um England und die bei den Midway-Inseln, Stalingrad, die Landung in der Normandie, dies sind nach gängigem Verständnis die entscheidenden Schlachten des 20. Jahrhunderts. Nur Polen und Historiker erinnern sich an den August 1920 und die Schlacht an der Weichsel oder, wie fromme Polen betonen, an das „Wunder an der Weichsel". Und doch hing so vieles von ihr ab, auch das Schicksal des drei Monate alten Knaben Karol Józef Wojtyła, der am 18. Mai jenes Jahres in der kleinen Provinzstadt Wadowice geboren wurde.

Im Sommer 1920 schien es, als sollte sich die Geschichte Polens auf besonders schreckliche Weise wiederholen. Die Zweite Polnische Republik, der erste unabhängige polnische Staat seit 1795, war dabei, noch in der Wiege vom Reitergeneral der Roten Armee, Semjon Budjonny, erwürgt zu werden, als dieser von der Ukraine nach Westen zog und alles überrannte. Für die Polen rief dies die Erinnerung an andere Einfälle aus der Steppe und vergangene Auftakte zur nationalen Katastrophe wach. Für Lenin, der vorhatte, „Europa mit dem Bajonett der Roten Armee zu sondieren"[1], war die junge polnische Republik weder moralisch noch historisch von Bedeutung. Sie war bloß die Hauptstraße, auf der Trotzkis Rote Armee nach Deutschland marschieren wollte, um überall in Europa die Revolution auszulösen. Um sicherzugehen, daß jeder Widerstand schnell erstickt würde, sollte Felix Dserschinski, der Vorsitzende der Tscheka (der sowjetischen Geheimpolizei) und der gefürchtetste Mann im bolschewistischen Rußland, das Provisorische Polnische Revolutionskomitee anführen, jenes Marionettenregime, das nach dem unvermeidlichen Sieg der Roten Armee eingesetzt werden sollte.

Am 12. August war, wie ein Historiker sagte, „den meisten Beobachtern in Warschau deutlich, daß die letzte verzweifelte Woche des wiedererstandenen Polen angebrochen war." Das gesamte diplomatische Korps floh mit einer Ausnahme: Erzbischof Achille Ratti, der Vertreter des Heiligen Stuhls, blieb. Eine polnische Delegation brach nach Minsk auf, wo sie hoffte, mit den Sowjets in Waffenstillstands- oder Kapitulationsverhandlungen einzutreten. Dserschinski war nach Wyszków (50 Kilometer vor Warschau) geeilt und wartete darauf, von dort am 17. August in die eroberte Hauptstadt einzuziehen.

Doch Marschall Józef Piłsudski, der starke Mann der Zweiten Polnischen Republik von ihrer Ausrufung bis zu seinem Tod 1935, wollte die Niederlage nicht einfach hinnehmen. Seine militärische Aufklärung hatte eine Lücke zwischen den beiden Korps von Trotzkis Armee ausgemacht. In einem gewagten Manöver zog er einige der besten polnischen Divisionen von ihren Frontlinien ab und verlegte sie heimlich, um die Lücke zwischen den Sowjetkräften auszunutzen. Am 16. August griffen die Polen an, und bis zur Nacht des 17. August war die Rote Armee, die am 14. mit ihrem Sturm auf Warschau begonnen hatte, nur noch ein ungeordneter, Hals über Kopf fliehender Haufen. Auf seiten der Polen waren nicht einmal 200 Mann gefallen.[2]

Westeuropa, das im selben Jahr von einer entsetzlichen Grippeepidemie heimgesucht wurde und noch immer vom Gemetzel des Weltkrieges geschwächt war, schien überhaupt nicht wahrzunehmen, daß die Rote Armee, wären die Polen nicht gewesen, ebensogut am Ärmelkanal hätte in Stellung gehen wie nach Großrußland zurückweichen können. Lenin hingegen begriff sehr wohl, daß die Weltgeschichte gerade eine entscheidende Wende genommen hatte. Am 20. September nahm er in einer geheimen und weitschweifigen Rede vor den kommunistischen Führern Zuflucht zu dialektischen Dithyramben, um zu erklären, warum „der polnische Krieg nicht nur in der Politik Sowjetrußlands, sondern in der Weltpolitik ein höchst wichtiger Wendepunkt" sei. In Deutschland, erklärte er, „gäre" es. Und das englische Proletariat habe „ein ganz neues revolutionäres Niveau erreicht". Alles sei reif, um erobert zu werden. Doch Piłsudski und seine Polen hatten der Sache der Weltrevolution eine „ungeheure und unerhörte Niederlage" beigebracht. Am Ende seiner Rede schwor Lenin, daß er immer wieder von der defensiven zur offensiven Strategie übergehen werde, „bis wir sie endgültig geschlagen haben".[3] Fürs erste aber war der Vorstoß des Bolschewismus nach Westen zurückgeschlagen.

Piłsudskis überraschender Sieg bedeutete unter anderem, daß Karol Wojtyła als freier Mann in einem freien Polen aufwuchs, als Angehöriger der ersten Generation von Polen, die seit 150 Jahren in Freiheit geboren war. Diese Erfahrung vergaß er niemals; sie wurde Teil der Grundlage, auf der er selbst die Geschichte des 20. Jahrhunderts verändern sollte.

EIN KREUZUNGSPUNKT

Die Nation, in die Karol Wojtyła hineingeboren wurde, war einst die größte Macht in Ostmitteleuropa. Die polnisch-litauische Personalunion, gegründet durch die 1386 geschlossene Ehe zwischen der polnischen Königin Jadwiga und dem litauischen Großfürsten Władysław Jagiełło, brachte einen Großstaat hervor, der 1410 mit seinem Sieg bei Tannenberg über den Deutschen Ritterorden, die führende Militärmacht der Zeit, die Voraussetzungen dafür schuf, daß Polen sich 200 Jahre lang ausdehnen konnte. Ein Jahrzehnt nachdem Kolumbus die Neue Welt entdeckt hatte, erstreckte sich Polens Herrschaft vom Schwarzen Meer im Süden bis zur Ostsee im Norden, von der deutschen Grenze im Westen bis vor die Tore Moskaus im Osten. In jener Zeit hatte von allen europäischen Nationen allein Frankreich eine größere Bevölkerung als Polen. Polens Macht und seine weltberühmte schwere Reiterei, die schnellen Husaren, spielten eine entscheidende Rolle in der Weltgeschichte. 1683 verhinderten polnische Truppen unter König Johann III. Sobieski in der legendären Schlacht vor Wien ein weiteres Vordringen der Türken nach Europa. Sobieski sandte Papst Innozenz XI. das grüne Banner des Propheten, das er dem türkischen Großwesir abgenommen hatte. Ihm beigefügt war die Botschaft „Veni, vidi, Deus vicit" [Ich kam, ich sah, Gott siegte].[4]

Polens spätere Geschichte fiel, wenn wir die typischen Maßstäbe der Historiker für nationale Erfolgsgeschichten anlegen, weniger glanzvoll aus. Erinnerungen an die vergangene Größe blieben jedoch lebendig, so auch in der unverrückbaren Überzeugung, daß Polen an die europäische Tafel *gehöre*. Diese Überzeugung hatte sehr viel mit Polens Bewußtsein seiner geographischen Lage zu tun.

Eine ursprünglich stalinistische, aber auch im Westen weitverbreitete Sprachregelung ordnet Polen „Osteuropa" zu. Polen würden niemals so von sich reden. Polen liegt, fragt man Polen, in Mitteleuropa, und jede Landkarte Europas wird ihnen sofort recht geben. Für Polen ist das Bewußtsein, in der Mitte Europas zu leben, ebenso eine Sache der Geschichte und der Kultur wie der Geographie.

Gewiß, Polen ist eine slawische Nation mit einer slawischen Sprache. Daß Polen jedoch das lateinische und nicht das kyrillische Alphabet übernommen hat, ist mehr als eine orthographische Eigentümlichkeit. Es verrät uns, wie wir die Achse der polnischen Kultur festlegen müssen.

In ihrer gesamten frühen Geschichte stand die polnische Nation in Kontakt zur Kultur Westeuropas. Mehr als ein Jahrhundert vor den Jagiellonen, noch unter der Dynastie der hochmittelalterlichen Piasten, finden wir polnische Gelehrte im Westen. Martin der Pole, ein Historiker, arbeitete in Paris, und der schlesische Philosoph Witelo war ein Kollege von Thomas von Aquin.[5] Polnische Renaissancehumanisten wie Nikolaus Kopernikus, Jan Kochanowski und Jan Zamoyski promovierten an der Universität Padua, der damals führenden Hochschule in Europa; 1563 war Zamoyski sogar ihr Rektor.[6] Polens beständiger Austausch mit dem Westen blieb nicht auf die Gelehrtenkreise beschränkt. Der Krakauer Hauptmarkt war mit seinen 200 Metern Länge und Breite der größte auf dem Kontinent und ein Knotenpunkt für Handel und Kultur in Europa. Es gab kaum eine Ware, die man nicht hätte kaufen können, in das Stimmengewirr mischte sich jede europäische Sprache, und alle Welt begegnete sich dort. Hier lebte man nicht am Rande der Zivilisation, sondern mittendrin.

Sich im Zentrum Europas zu befinden hieß auch, im Zentrum seiner Streitigkeiten zu stehen, von denen die religiösen im 16. Jahrhundert die blutigsten waren. Polen war nicht gegen religiöse Konflikte gefeit, zeichnete sich aber durch eine für die damalige Zeit bemerkenswerte Tradition der Toleranz aus. Während der Religionskriege finden wir nirgendwo in Europa etwas jenem Schwur Vergleichbares, den Polens Herren am 28. Januar 1573 leisteten: „Wir, die wir in religiösen Fragen voneinander abweichen, sind gewillt, untereinander Frieden zu halten, und wegen Glaubensstreitigkeiten oder unterschiedlicher Kirchen weder Blut zu vergießen noch einander durch die Konfiskation von Gütern, den Verlust der Ehre, Inhaftierung oder Verbannung zu schädigen."[7] Natürlich geht es im Leben nie so einfach wie in Verlautbarungen zu, und Norman Davies, ein ausgewiesener Fachmann für polnische Geschichte, meint, auch wenn Toleranz die offizielle Norm war, konnte ihr Geist unter einzelnen Polen knapp bemessen sein. Der Unterschied, so Davies, war jedoch, daß Toleranz tatsächlich in Polen vorherrschte – auch wenn das Volk nicht immer Toleranz übte. Polen „war tatsächlich ein ‚Land ohne Scheiterhaufen'. Es gab keine erzwungenen Glaubensübertritte; keine Religionskriege, keine Autodafés, keine Bartholomäusnacht, keinen Oliver Cromwell." Als Polen den Einfluß einer Weltmacht hatte, waren der religiösen Freiheit in Polen Grenzen gesetzt, die wir heute unannehmbar finden würden, doch diese „Einschränkungen (...) waren, verglichen mit den Schrecken, die in den meisten Ländern Europas herrschten, harmlos."[8]

Katholisch und katholisch

Von allen geistigen, kulturellen, architektonischen und politischen Verbindungen Polens zum Westen hat sich keine so stark auf das polnische Schicksal in der Neuzeit ausgewirkt wie die engste Verbindung der Nation zum lateinischen Europa: die zur römisch-katholischen Kirche.

Im allgemeinen läßt man die polnische Geschichte mit der Taufe des Piastenherzogs Mieszko I. im Jahre 966 beginnen. Mieszkos Entscheidung für das lateinische und gegen das östliche, im Machtbereich Konstantinopels entstandene Christentum bestimmte die polnische Geschichte für mehr als ein Jahrtausend. Mieszkos Beweggründe waren nicht nur lauter: Indem er sich nach dem lateinischen Ritus taufen ließ, verschaffte er sich den nötigen Spielraum, um angesichts der Ambitionen des Heiligen Römischen Reiches zu lavieren.[9] So vielschichtig Mieszkos Motive auch gewesen sein mögen, seine Taufe nach dem römischen Ritus verankerte jedenfalls seine aufstrebende Nation fest in der westlichen Kultur. Vermutlich wurde Polen im Laufe der Zeit zur glühendsten katholischen Nation der Welt.

Mieszkos Entscheidung richtete den Blick eines slawischen Landes und seiner Bevölkerung zum lateinischen Westen. Der katholische Glaubenseifer des Landes und seiner Menschen schloß daher ein ökumenisches oder universales Element ein. Die römisch-katholischen Slawen schlugen die Brücke zwischen den beiden kulturellen Hälften Europas; sie konnten „die Sprache zweier geistiger Welten sprechen".[10] Polens Katholizismus und seine geographische Lage brachten einen eigentümlichen Kulturkatholizismus hervor.

Das Gewebe des polnischen Katholizismus war von ganz eigener Struktur und einer der leuchtendsten Fäden war seine von jeder Kriecherei ungetrübte Treue zu Rom. Gleichwohl machte Polen über die Jahrhunderte verschiedene Erfahrungen mit „Rom". Vom polnischen Standpunkt aus konnte „Rom" die Ziele Polens mißverstehen, ja sogar verraten – etwa als die Kirche polnische Versuche ignorierte, das Joch der Unterdrückung abzuschütteln, nachdem die letzte Teilung Polens 1795 den Staat „Polen" von der europäischen Landkarte getilgt hatte. Rom konnte aber auch die Treue wahren und für Polen eintreten. Während der dritten und letzten Teilung Polens weigerte sich der Vertreter des Heiligen Stuhls nach der vollendeten Leichenfledderei, seinen Posten zu verlassen, so wie der apostolische Nuntius, Erzbischof Ratti, 1920 angesichts der Roten Armee.

Der Salzstock bei Wieliczka ist ein Symbol für den spezifischen Charakter des polnischen Katholizismus und dessen Beziehung zur Nationalgeschichte. Seit der Jungsteinzeit, etwa um 3500 v. Chr., förderte man aus diesem Bergwerk in der Nähe von Krakau Salz zutage. Im tiefsten Stollen, ca. 180 Meter unter der Erde, befindet sich die größte einer Reihe von Kapellen, die von frommen Bergarbeitern in das Salz gehauen wurde – die Kapelle der sel. Kinga, der Frau Bolesławs des Keuschen, der im 13. Jahrhundert Fürst von Krakau war. Tausende von Kubikmetern Salz wurden für die Errichtung der Kapelle weggeschafft. Fünf große Salzleuchter hängen von der Decke des Gewölbes herab, und zündet man die Wachskerzen an, glaubt man in einem von der Sonne erleuchteten Diamanten zu stehen. Das Land über dem Bergwerk ist eben, ein natürlicher

Einfallsweg von Ost nach West, auf dem räuberische Banden seit Jahrhunderten Not und Elend über das Land brachten. Tief unten in der polnischen Erde, die Ornamente aus heimischem Material gehauen und Licht verbreitend, wo man Finsternis erwartet, schlägt standhaft das Herz einer großen spirituellen Kultur, der oft das fehlte, was in den Augen der Welt Macht heißt.[11]

DIE NACHBARN

Nicht immer wird Polen so gewürdigt. Tatsächlich hegen viele den Verdacht, daß die Polen aus dem einen oder anderen Grund ihr Unglück verdient haben.[12] Polens Fluch steht aber weder in den Sternen, noch ist er vom polnischen Volk zu verantworten. Der Fluch sind seine Nachbarn.

Mehr als tausend Jahre haben das polnische Volk und sein Staat eine weite Ebene bevölkert, die an große, aggressive und materiell überlegene Nachbarn grenzte. Ob nun die Deutschen Ordensritter, die Vasallen des Heiligen Römischen Reiches, Preußens Soldatenkönige oder die Armee von Hitlers Tausendjährigem Reich, immer lauerten die Deutschen im Westen, und fast immer waren sie aggressiv. Die deutsch-polnische Feindschaft erreichte ihren Höhepunkt im Zweiten Weltkrieg, als die Nazis versuchten, die polnische Nation aus der Geschichte zu streichen.

Die größte, in ihrer Heftigkeit nie nachlassende Feindseligkeit der Polen richtete sich jedoch nach Osten, auf Rußland und die Russen. Jahrhunderte lang betrachteten die Polen die Russen „als fremdartige Barbaren, die außerhalb der Christenheit leben". Früher – und gelegentlich auch heute noch – witzelte man in Polen, falls die Deutschen und die Russen gleichzeitig das Land überfallen sollten, müßte die polnische Armee, nach dem alten Grundsatz „Erst die Arbeit, dann das Vergnügen", zunächst die Deutschen erschießen.[13] Dieser Haß wurde von den Russen erwidert, und das beschränkte sich keineswegs nur auf populäre Vorurteile. Im 17. Jahrhundert konnte man im Kloster Zagorsk, einem der geistigen Zentren der russischen Orthodoxie, auf einer Tafel lesen: „Drei Plagen – Typhus, Tataren, Polen".[14] Als die russische Autokratie nach der Teilung Polens im 18. Jahrhundert daranging, die Polen zu russifizieren, vertiefte sich der gegenseitige Haß, und die Polen trugen mit ihren aufrührerischen Verschwörungen ihren Teil zum Untergang des zaristischen Reiches bei.

Nicht allein die geographische Lage lastete auf Polens Geschichte, hinzu kam oft eine gewisse politische Handlungsunfähigkeit. Im 15. Jahrhundert drang über die Krakauer Jagiellonische Universität ein Begriff von Freiheit nach Polen, der stark von der Philosophie des William von Ockham geprägt war: Freiheit ist die Fähigkeit, seinen Willen gegen den Eigenwillen anderer zu behaupten. Im Laufe der Zeit gebar diese Vorstellung die großen Freiheitskämpfer Polens, die ihre Freiheit zwar *gegen* einen Feind verteidigten, es aber nicht so recht verstanden, mit ihrer Freiheit *für* etwas umzugehen.[15] Da gab es zum Beispiel das *liberum veto* des polnischen Adels, mit dessen Hilfe ein einziger Adliger die Verabschiedung eines Gesetzes verhindern konnte. Zwischen 1652 und 1764, als eine starke Zentralregierung die nötigen Maßnahmen zur Verteidigung Polens gegen seine räuberischen Nachbarn hätte ergreifen können, wurden 48 von 55 Zusammenkünften des polnischen Parlaments, des Sejm, aufgelöst, weil irgend jemand ausrief: *Nie pozwalam*, „Ich stimme nicht zu."

Doch Polens „Adelsrepublik", d. h. die Herrschaft der vergleichsweise großen Adelsklasse, vermied so die schlimmsten Auswüchse des Absolutismus, wenn auch um den Preis einer demokratischen Anarchie. Ihre Mängel entsprangen nicht allein dem Eigenwillen und dem Egoismus. Der moralische Anspruch des Adels, an Polens Regierung beteiligt zu werden, gipfelte in dem berühmten Satz *Nic o nas bez nas:* „Nichts ohne uns über uns." Als moralische Rechtfertigung für den unverantwortlichen Gebrauch des *liberum veto* im 18. Jahrhundert mutet der Ausdruck seltsam an. Einen ganz anderen Klang sollte er erhalten, als „Nichts über uns ohne uns" 1980 zu einer Parole von Solidarność, der Solidaritätsgewerkschaft und politischen Opposition, wurde.

Eine andere Vorstellung von „Geschichte"

Polens Lage am Schnittpunkt des lateinischen und des byzantinischen Europa, seine Geographie und seine wiederholte Erfahrung mit kriegerischen Einfällen, Besatzung, Widerstand und Auferstehung führten zu einer spezifisch polnischen Geschichtsbetrachtung. Die Teilungen Polens 1773, 1793 und 1795 waren im neuzeitlichen Europa beispiellos. Ein historischer Staat wurde „kaltblütig [...] durch Verstümmelung, Amputation und am Ende vollständige Zerstückelung"[16] zerstört. Während ihr Staat unterging, überlebte die polnische Nation, denn die Polen kamen zu der Auffassung, daß geistige Macht auf die Dauer in der Geschichte das letzte Wort über brutale Gewalt haben wird. Eine Nation, die ihrer politischen Selbstbestimmung beraubt war, konnte sich durch ihre Sprache, ihre Literatur, ihre Musik, ihre Religion, kurz durch ihre Kultur als Nation behaupten. Kultur, nicht Politik oder Wirtschaft, war die Triebkraft der Geschichte.

Aus der Perspektive des Weichselbeckens präsentierte sich Geschichte ganz anders. Die Polen mögen Romantiker gewesen sein, aber nur wenige ließen sich von der *Realpolitik* des „Blut und Eisen" verführen, die aus Europa im 20. Jahrhundert ein Leichenhaus machte und dem faschistischen und kommunistischen Totalitarismus den Weg bereitete. Auch schlug der polnische Nationalismus, trotz seines patriotischen Feuers, nie in eine engstirnige Fremdenfeindlichkeit um. Tadeusz Kościuszko kämpfte unter dem Wahlspruch „Für eure Freiheit und die unsere" für Polens Unabhängigkeit von Rußland. Die Polen, die 1944 bei Monte Cassino fielen, hatten eine ähnliche universalistische Einstellung. Die Grabinschrift auf ihrem Friedhof in Italien lautet: „Wir Soldaten Polens/gaben für eure Freiheit und die unsere/unsere Leiber der Erde Italiens/unsere Seelen Gott/unsere Herzen aber Polen."[17]

Die Polen begegneten auch der Begeisterung für jene utopisch revolutionäre Gewalt, die 1789 in Europa Mode wurde, mit gesunder Skepsis. Ihre politischen Umstände, unter denen für sie die Frage des nationalen Überlebens entscheidend war, erlaubten es ihnen nicht, in allzu viel utopischer Spekulation und erst recht nicht in utopischem Aktionismus zu schwelgen. Polens vergleichsweise große Immunität gegen dieses spezifisch neuzeitliche Virus spiegelt indes auch die Überzeugung, daß in der Geschichte der Geist langfristig mehr zählte als das, was weltliche Realisten oder auch utopische Revolutionäre für Tatsachen hielten. Was Realisten so als „Realität" ausgaben, bestimmte keineswegs ausschließlich, was „real" war – etwa die Auslöschung Polens –, sofern man sich nur weigerte, ihre Behauptungen zu glauben. Dies war eine eigentümlich polnische Art der Starrköpfigkeit, die in der christlichen Kultur wurzelte. Zwischen 1775 und 1919, in den Jahren, die die Polen als ihre „Babylonische Gefangenschaft" oder ihre „Zeit am Kreuz"[18] bezeichnen, half sie der Nation, zu überleben. Ohne diese Starrköpfigkeit wäre der Staat Polen vielleicht nie wieder auf der europäischen Landkarte aufgetaucht.

Die Zweite Polnische Republik, das Polen, in dem Karol Wojtyła aufwuchs, erblickte unter schweren Geburtswehen am Ende des Ersten Weltkriegs das Licht der Welt. Der neue Staat hatte keine international anerkannten Grenzen. Auf dem Gebiet, aus dem schließlich „Polen" wurde, waren sieben verschiedene Währungen im Umlauf, wurden vier verschiedene Rechtssysteme praktiziert. Die Industrie lag am Boden, die Hälfte der Eisenbahnen, Brücken und der sonstigen Infrastruktur des modernen Transportwesens war während des Krieges zerstört worden. 1918 lag die Hälfte der landwirtschaftlichen Flächen brach, ein Drittel des Viehbestands war von den im Weichselbecken kämpfenden Armeen weggetrieben worden. Die Grippe wütete und Hungersnöte drohten, bis Schiffe aus den Vereinigten Staaten Versorgungsgüter ins Land brachten. Wenige Polen waren mit der Führung einer modernen Regierung vertraut.[19] In den ersten Monaten der neu gewonnenen Unabhängigkeit wurde Polens Bekenntnis zum Vorrang des menschlichen Geistes in der Geschichte auf eine harte Probe gestellt. All diesen Schwierigkeiten zum Trotz war „Polen" nun eine Realität, und als die Polen den Vorstoß der Roten Armee nach Westen zurückschlugen, veränderten sie den Lauf der Geschichte. So wurde Karol Wojtyła am 18. Mai 1920 in einem freien Polen geboren, das zwar von Problemen geschüttelt wurde, aber dennoch hoffnungsvoll in seine unabhängige Zukunft blickte.

DIE HEIMAT

Wadowice, wo Karol Wojtyła seine Knabenzeit verbrachte, war eine alte, Mitte des 13. Jahrhunderts gegründete Stadt an der Skawa, in den Ausläufern der

Beskiden. Das Kirchspiel Wadowice entstand 1325. 1564, in den letzten Jahren der Jagiellonen-Herrschaft, wurde Wadowice gemeinsam mit dem übrigen Herzogtum Auschwitz dem Königreich Polen einverleibt.

1819 wurde Wadowice Mittelpunkt eines Verwaltungsbezirks in Galizien und Garnison eines österreichisch-ungarischen Regiments. Im späten 19. und frühen 20. Jahrhundert erwarb die Stadt sich in der Literatur- und Theaterwelt einen gewissen Ruf. Auf die etwa 10.000 Einwohner Wadowices vor dem Zweiten Weltkrieg kamen nur ein halbes Dutzend Automobile. Pferdekutschen prägten ebenso wie die Bauern in ihrer traditionellen Tracht das Bild. Aber Wadowice war kein Provinzkaff. Die kulturellen Interessen der Stadt und die Zufälle seiner Geschichte ließen das Städtchen eher nach Wien und Krakau, Polens kultureller Hauptstadt, blicken als nach Warschau. Wie die meisten Polen in Galizien hegten die Bewohner Wadowices keine glühende Feindschaft gegen das Habsburgische Reich, doch als polnische Patrioten, die sie waren, begrüßten sie die Wiedergeburt eines unabhängigen Polen nach dem Ersten Weltkrieg. Die ältere Generation in Wadowice mag vielleicht gedacht haben, die Leiden der Vergangenheit seien nun endlich vorbei und Polen sei nicht länger eine durch die Wüste der Geschichte irrende Nation im Exil.

Die Bewohner Wadowices waren kleine Geschäftsleute, Anwälte, Händler, Bauern und Beamte der örtlichen Provinzverwaltung. Sie arbeiteten in den Fabriken der Stadt, in denen Zwieback und Stahlteile hergestellt wurden. Eine dampfbetriebene Sägemühle, zwei Ziegeleien und eine Fabrik, die mit Hilfe von Schwefelsäure aus Tierknochen Dünger produzierte, vervollständigten die Kleinindustrie der Stadt.[20] Nachdem Polen seine Unabhängigkeit wiedergewonnen hatte, zog das 12. Infanterieregiment der neuen polnischen Armee in die österreichischen Kasernen ein. Die Regimentsoffiziere spielten im gesellschaftlichen Leben der Stadt eine wichtige Rolle. Die eher nüchtern gekleideten Städter begegneten regelmäßig den farbenprächtiger geputzten Bauern der Gegend. Gedichte aus der Gegend – Wadowices Schulkinder pflegten sie auswendig zu lernen – beschreiben das harte Leben jener, die versuchten, dem steinigen Boden der Region ihren Lebensunterhalt abzuringen. Das Land, der Katholizismus des Volkes und die Welt der Kultur verschmolzen in der Person „Wawros", eines örtlichen Bauern, Philosophen und Bildhauers, dessen volkstümliche und naive Plastiken – Vögel, traurige Christus- und Heiligenfiguren – Ausdruck eines einfachen Menschen waren, der die gebildeteren Städter beeindruckte, weil er seine Kunst ernst nahm.[21] Die Verachtung, die moderne Künstler und Intellektuelle häufig der Volksfrömmigkeit entgegenbringen, wurde in Wadowice nicht gepflegt.

Die Zweite Polnische Republik, in der die Polen 65 Prozent der Gesamtbevölkerung stellten, war in ethnischer Hinsicht bunt zusammengewürfelt.[22] In Wadowice spiegelte sich dieser Pluralismus vor allem in dem hohen jüdischen Bevölkerungsanteil, der bei 2000 lag. Wie Jerzy Kluger, Karol Wojtyłas Jugendfreund, sagt, betrachteten sich die Juden ganz natürlich als Polen. Mehr als siebzig Jahre nach ihrer ersten Begegnung äußerte Papst Johannes Paul II., daß Klugers Vater, ein Anwalt und Vorstand der jüdischen Gemeinde von Wadowice, ein „großer polnischer Patriot" war.[23] Die Juden von Wadowice sprachen ursprünglich deutsch und waren kulturell weitgehend assimiliert; sie kleideten sich und redeten wie die anderen Bewohner der Stadt. Nicht, daß Wadowice keine ethnischen und religiösen Spannungen kannte; doch es war auch ein Ort, in dem viele Katholiken das Wort des polnischen Dichters Adam Mickiewicz, die Juden seien die „älteren Brüder" der Christen, beherzigten. Karol Wojtyła schrieb später:

> Ich habe immer noch das Bild vor Augen, wie sich die Juden jeden Samstag in die hinter unserem Gymnasium gelegene Synagoge begaben. Beide Religionsgruppen, Katholiken und Juden, bildeten eine Einheit, und dies, so vermute ich, deswegen, weil sie sich bewußt waren, denselben Gott anzubeten.[24]

Wadowices Juden hatten ihrerseits neue und gute Gründe, sich ganz als Polen zu fühlen. Einige hatten in Piłsudskis Polnischer Legion, in der Klugers Vater Offizier war, gekämpft, und andere dienten als Offiziere in der neuen polnischen Armee.

Die Militärgarnison trug zur toleranten Atmosphäre in der Stadt bei. Auf dem jährlichen Regimentsball tanzte der befehlshabende Oberst die erste Mazurka stets mit Jerzy Klugers Mutter.[25] Auch die Gemeindepfarrer traten für religiöse Toleranz ein. Pater Leonard Prochownik, der seit 1915 als Seelsorger in Wadowice tätig war und 1929 offiziell zum Pfarrer der Stadt ernannt wurde, lebt in der Erinnerung der Leute immer noch als ein Mann, dessen Engagement für religiöse Toleranz es zu verdanken war, daß die Stadt weitgehend vom Antisemitismus verschont blieb.[26] Klugers Großmutter Huppert war mit dem Gemeindepfarrer befreundet, und der städtische Polizist pflegte die Lauscher zu verscheuchen, wenn die jüdische Matrone und der polnische Pfarrer, beide ein wenig schwerhörig, in lebhaftem Gespräch unter den Birken und Tannen des Marktplatzes spazierengingen.[27]

Der räumliche und kulturelle Mittelpunkt von Wadowice war die Marienkirche, die an einer der Kopfseiten des rechteckigen Marktplatzes lag. Seit mehr als 550 Jahren prägt sie das städtische Leben. Jeden Sonntag strömten die Stadtleute und die Bauern aus der Umgebung in ihrem besten Staat in die Messe. Im Hauptschiff der weitgehend im Barock gestalteten Kirche mit ihren Zwiebeltürmen fanden die Gläubigen einen kunstvollen Hochaltar sowie sechs kleinere Altäre. Die Taufkapelle, in der im Laufe der Jahrhunderte Tausende von Kindern getauft wurden, enthielt eine Kopie von Polens größter Nationalikone, der „Schwarzen Madonna". Der Legende nach soll der hl. Lukas sie auf eine Tafel gemalt haben, die der Heiligen Familie gehörte. Auf den Fliesen des Fußbodens standen dunkle Kirchenbänke, die für etwa 200 Kirchenbesucher ausreichten. Stehplätze waren genügend vorhanden, und sie wurden auch gebraucht.

Die Gemeinde von Wadowice hatte mit ihren Geistlichen Glück; es waren fromme und gelehrte Männer. Pfarrer Prochowniks Kaplan, Edward Zacher, war 1927 geweiht und zum weiteren Theologiestudium nach Rom geschickt worden. Nachdem er 1929 nach Polen zurückgekehrt war und zwei Jahre in Zakopane in der Hohen Tatra verbracht hatte, wurde er als Katechet oder Religionslehrer in die beiden örtlichen Gymnasien geschickt. Vor den Toren der Stadt, aber noch leicht zu Fuß zu erreichen, lag ein Karmeliterkloster, Heimstatt eines der strengsten religiösen Orden. Sein berühmtester Mönch war Rafał Kalinowski. Wegen seiner Beteiligung am polnischen Aufstand gegen den Zarismus 1863 war er zunächst zum Tode verurteilt, dann aber für acht Jahre nach Sibirien verbannt worden. Nach einer Zeit des selbstgewählten Pariser Exils trat er mit vierzig Jahren dem Orden der Unbeschuhten Karmeliter bei und starb 1907 im „Kloster auf dem Hügel", wie es im Volksmund hieß. 1991 wurde er von Johannes Paul II. heiliggesprochen.[28]

Wenn man von dort zehn Kilometer weiter Richtung Krakau geht, kommt man zu einem der großen Wallfahrtsorte Polens, Kalwaria Zebrzydowska; er war, solange Karol Wojtyła in Polen lebte, für sein spirituelles Leben von enormer Bedeutung. Als weiträumiges Heiligtum auf dem freien Feld wurde Kalwaria ursprünglich von Mikołaj Zebrzydowski, dem Gouverneur von Krakau, errichtet, der 1600 den Bau einer Kirche zum Heiligen Kreuz auf dem Berg Żarek in Auftrag gab. Einer Legende zufolge tat er dies, nachdem seiner Ehefrau Christus erschienen war. Als die neue Kirche im Oktober 1601 eingeweiht wurde, beschloß Zebrzydowski, in ihrer Nähe eine weitere Kapelle nach dem Vorbild der Grabeskirche in Jerusalem zu errichten, und lud franziskanische Mönche ein, sich um den Ort zu kümmern. Auf einer Pilgerfahrt ins Heilige Land entdeckte er eine gewisse Ähnlichkeit zwischen dessen Topographie und seinem Landbesitz. So kam dem frommen Edelmann die Idee, auf seinem Grund und Boden eine ganze Reihe von Kapellen zu bauen, vergleichbar denen, die er in Jerusalem gesehen hatte. Sie sollten an die verschiedenen Stationen des Leidens, des Todes und der Auferstehung Christi erinnern. 1617 zogen sich 24 Kapellen, eine erweiterte Form des traditionellen „Kreuzwegs", viele Kilometer weit durch die hügelige Landschaft.

„Zebrzydowskis Kalvarienberg" wurde bald zu einem Wallfahrtsort für Katholiken aus ganz Polen, vor allem, wenn jedes Jahr in der Karwoche ein großes Passionsspiel unter freiem Himmel stattfand. Oft zog es 100.000 Pilger nach Kalwaria Zebrzydowska. Das Fortschreiten des Spiels von einer Kapelle zur anderen und die emotionale Intensität des Ereignisses waren so stark, daß die Pilger das Drama des Leidens und Sterbens Jesu praktisch miterlebten. An dem mehrere Tage dauernden Passionsspiel nahmen sowohl Schauspieler aus der Gegend als auch freiwillige Berufsschauspieler aus entfernten Städten teil, die bei diesem bedeutenden nationalen Ritual dabeisein wollten.

Das Passionsspiel von Kalwaria bildet den Auftakt zu Krzysztof Zanussis Film *Aus einem fernen Land,* der auf fiktive Weise das Leben von Papst Johannes Paul II. darstellt. Zu Beginn des Films schaut der zukünftige Papst, hier noch ein kleiner Junge, zu, wie das Passionsspiel in den schneebedeckten Hügeln von Kalwaria Zebrzydowska seinen Lauf nimmt. Eines Nachts wird er von seinem Vater getrennt, der ihn von Zelt zu Zelt laufend sucht. Schließlich entdeckt er ihn in einem verräucherten Zelt, in dem einige Schauspieler eine Pause machen. Der Mann, der an jenem Nachmittag den Jesus gespielt hatte, trinkt ein Bier, während der Junge ihn mit aufgerissenen Augen anstarrt. Johannes Paul II. wurde einmal gefragt, ob diese Szene irgend etwas mit der Wirklichkeit zu tun habe. Bevor der Papst antworten konnte, schnitt ihm sein Sekretär lachend das Wort ab: „Ja, ja, da stand nun *piccolo Carlo* und war empört, weil Jesus ein Bier trank ..." Der Heilige Vater lächelte, vielleicht mit einer Spur Wehmut, und meinte, Regisseur Zanussi, ein Freund, habe sich einige künstlerische Freiheiten mit seiner Biographie herausgenommen.[29]

Michołaj Zebrzydowskis Sohn Jan erweiterte nach dem Tod seines Vaters den Wallfahrtsort und baute eine zweite Reihe von Kapellen, die Stationen aus dem

Leben Marias, der Muttergottes, geweiht waren. Am Fest Mariä Himmelfahrt (15. August) kamen bald weitere große Pilgerscharen aus ganz Südpolen nach Kalwaria.

Im frühen 20. Jahrhundert gab es in Kalwaria Zebrzydowska 45 Kapellen: 24 bildeten den „Weg unseres Herrn" und 21 den „Weg Unserer Lieben Frau". Zehn Kapellen, die beiden „Wegen" gemeinsam waren, symbolisierten die Stationen, an denen das Leben Jesu und Marias miteinander verwoben waren. Der Grundriß der Kapellen wies auf die Bedeutung der biblischen Szenen hin, an die sie erinnerten. Die Kapelle zu Ehren der Kreuzaufnahme Jesu ist kreuzförmig, und jene, die der Begegnung zwischen Jesus und Maria auf seinem Weg zur Kreuzigung geweiht ist, hat die Form eines Herzens. So sollen die Pilger daran denken, daß der sterbende Christus, als er Maria seinem Lieblingsjünger Johannes anvertraute, sie allen seinen Jüngern gab, die immer einen Platz im Herzen Mariens finden würden. Wie sehr sich die Marienanbetung in Kalwaria um die Gestalt Christi rankt, wird am eindringlichsten durch das Zusammenlaufen beider Wege an einer der größten Kirchen der Stätte symbolisiert: an der Kapelle zur Himmelfahrt Mariä. Ihr Ort und ihre Architektur nahmen die Lehre des II. Vatikanischen Konzils vorweg, daß Maria, die erste Gläubige, die erste Frucht des Erlösungswerks Christi ist.

DIE WURZELN

Weder der ältere Karol Wojtyła, Reserveoffizier im 56. Infanterieregiment der österreichisch-ungarischen Armee, noch seine Frau Emilia hatten zu Wadowice, dem Ort, wo sie nach ihrer Heirat 1904 ihre Kinder großzogen, familiäre Beziehungen.[30]

Die Vorfahren von Karol Wojtyłas Familie waren in dem Dorf Czaniec (etwa 60 Kilometer südwestlich von Krakau) zu Hause, das heute mit einer Vorstadt von Bielsko-Biała verschmolzen ist. Im Tauf- und Heiratsregister werden die Wojtyłas oft als *hortulani*, kleine Bauern, bezeichnet, obwohl die Kirchenbücher von Biała einige Wojtyłas als Kaufleute führen und auch Gestalten wie „Wojtyła den Vagabunden" und „Wojtyła den Bettler" nennen, deren Verwandtschaft mit Papst Johannes Paul II. jedoch nicht nachzuweisen ist. Maciej Wojtyła, der Großvater des Papstes, verließ Czaniec und zog in das Dorf Lipnik, wo er als Schneidermeister und Bauer arbeitete. Karol Wojtyła, der Vater des Papstes, wurde am 18. August 1879 als Sohn des Maciej und seiner Frau Anna, geborene Przeczek, der Tochter eines Bäckers, geboren. Anna starb, als Karol noch ein Kind war. Karols Stiefschwester Stefania wurde 1891 in Maciejs zweiter Ehe mit Maria Zalewska, der Tochter eines Schneiders, geboren. Maciej Wojtyła starb am 23. September 1923, als sein Enkel, der zukünftige Papst, noch nicht einmal dreieinhalb Jahre zählte.

Die ältesten vorhandenen Dokumente über Emilia Kaczorowska Wojtyłas Familie stammen ebenfalls aus der Gegend von Bielsko-Biała. Emilias Vater, Feliks

Kaczorowski, wurde am 26. Juni 1849 in Biała geboren und arbeitete als Sattler. 1875 ehelichte er Maria Scholz, die dritte Tochter eines Flickschusters. Emilia, ihr fünftes Kind, kam am 26. März 1884 zur Welt. Ein Jahr später zog die Familie nach Krakau, wo vier weitere Kinder geboren wurden. 1897 verschied Maria Scholz Kaczorowska; Feliks ging eine zweite Ehe ein und starb 1908, nachdem ihm seine zweite Frau Joanna noch vier Kinder geschenkt hatte. Die Kaczorowskis wohnten in Krakau, in der Smolensker Straße 15, wo Feliks eine Sattlerei betrieb, die sich vor allem auf das Ausstatten von Pferdekutschen spezialisierte. Emilia soll acht Jahre eine Schule bei den Barmherzigen Schwestern besucht haben. Obwohl immer schon von zarter Gesundheit, half sie bis zu ihrer Heirat mit Karol Wojtyła, den Haushalt zu führen und ihre jüngeren Geschwister zu versorgen.[31]

Karols und Emilias Sohn Edmund, von der Familie „Mundek" genannt, wurde am 27. August 1906 geboren. Er wuchs zu einem hübschen jungen Mann heran, war ein guter Student und aktiver Sportler, dessen außergewöhnlicher Charme vielen im Gedächtnis blieb. Von 1924 bis 1929 studierte er an der Jagiellonischen Universität Krakau und machte dort am 28. Mai 1930 seinen Doktor in Medizin. Danach praktizierte er im Krankenhaus von Bielsko.[32]

Emilia gebar einige Jahre nach Edmund eine Tochter. Weder über ihre Geburt noch über ihre Taufe und ihren frühen Tod gibt es irgendwelche Aufzeichnungen. Doch in Wadowice erinnert man sich daran, daß sie einige Wochen alt wurde. Vermutlich wurde sie zu Hause getauft, möglicherweise von ihren Eltern, was die Kirche in Notfällen erlaubt, und wahrscheinlich wurde sie auf dem örtlichen Friedhof begraben, wenn auch – dem damaligen Brauch entsprechend – ohne Grabstein.[33]

Seit 1919 wohnten Karol und Emilia mit ihrem Sohn Edmund im zweiten Stock des Hauses Rynek-Straße 2, heute Koscielna-Straße 7. Es lag gegenüber der Marienkirche und gehörte Chaim Blamuth. Dort wurde am 18. Mai 1920 das dritte Kind des Ehepaares geboren. Lolek, wie ihn Familie und Freunde später nannten, wurde von dem Militärkaplan Franciszek Zak am 20. Juni 1920 in der Marienkirche getauft und erhielt offiziell die Namen Karol Józef, aus Pietät für die alte Habsburger Monarchie, in deren Diensten sein Vater gestanden hatte.[34]

Loleks Kinderfotos zeigen einen pausbäckigen Knaben mit einem breiten slawischen Gesicht. Ein Foto, auf dem er und seine Mutter zu sehen sind, läßt die große Ähnlichkeit zwischen den beiden erkennen. Über die Kindheit des jungen Karol Wojtyła kursieren mittlerweile zahllose Geschichten, und es ist praktisch unmöglich, Wahrheit von frommer Phantasie und Ausschmückung zu unterscheiden. Die Geschichte, daß Emilia ihren Sohn im Kinderwagen durch Wadowice schob und ihren Nachbarn erzählte: „Wartet nur, mein Lolek wird eines Tages ein großer Mann sein", wurde so oft bestätigt, daß vielleicht etwas Wahres daran ist.

Karol Wojtyła der Ältere setzte seine Laufbahn als Leutnant in der polnischen Armee fort, bis er 1927 im Rang eines Hauptmanns und mit einer Pension ausschied.[35] Als Lolek älter war, nahm Emilia, eine geschickte Stickerin, Näharbeiten an, um das Familieneinkommen aufzubessern. Die Wohnung der Wojtyłas war bescheiden, machte aber deutlich, daß sie zum Kleinbürgertum gehörten. Sie lag in einem soliden Backsteinhaus mit Stuckverzierungen; das Haus selbst war um einen Innenhof herum gebaut, in dem Emilia sitzen und mit ihren Nachbarn plaudern konnte, während Lolek spielte. Die Wohnung hatte mehrere Zimmer und eine Küche. Das noch erhaltene Mobiliar, Porzellan, Besteck und die Innenausstattung deuten auf eine gediegene, fromme und einfache, aber keineswegs ärmliche Lebensführung hin. Bis Edmund 1924 nach Krakau auf die Universität ging, muß es ein wenig eng gewesen sein. Eine persönliche Tragödie sollte der Familie schon bald ein weiteres Mitglied rauben.

Karol Wojtyłas Jugendfreund Jerzy Kluger erinnert sich, wie die beiden Knaben auf einem Platz nicht weit von der Wohnung der Wojtyłas spielten. Als sie „etwa sechs oder sieben Jahre" waren, setzten sie sich in den Kopf, daß der Stadtpolizist Ćwięk nur einen hölzernen Säbel trage. Eines Tages – Ćwięk hielt auf dem Marktplatz ein Schläfchen – beschlossen die beiden, ihre Theorie zu überprüfen, und zogen den Säbel aus der Scheide. Sie verloren das Gleichgewicht, stolperten und fielen auf den bestürzten Ordnungshüter, der wahrscheinlich mehr über die Störung seines Schlafes aufgebracht war als über den Versuch, das Symbol seiner Autorität zu entwenden.[36] Wenn sie nicht in der Stadt oder zu Hause spielten, konnten die Jungen im Sommer in der Skawa schwimmen oder im Winter, wenn sie zugefroren war, auf ihr Schlittschuh laufen und eine einfache Art Eishockey spielen. Ein anderes, das ganze Jahr über mögliches Vergnügen war Wandern. Fußball war ihr beliebtestes Gruppenspiel. Pilger, die heute nach Wadowice kommen, können den Platz bestaunen, auf dem „Lolek der Tormann" glänzte; oft in einer Mannschaft, die hauptsächlich aus den jüdischen Knaben der Stadt bestand.

Am 15. September 1926 wurde Karol Wojtyła in die erste Klasse der Volksschule aufgenommen, die sich im ersten Stock des Rathauses auf dem Marktplatz befand, eine Minute von seinem Zuhause entfernt. Die Klassen waren groß, mehr als sechzig Schüler füllten den Raum. Auf dem Lehrplan standen Polnisch, Religion, Rechnen, Zeichnen, Singen und seinen Zeugnissen zufolge auch „Spiele und Leibesübung" sowie „Werken". Lolek war von Anfang an ein begabter Schüler.[37] Die sorglose Unschuld, die wir gemeinhin mit den ersten Volksschuljahren assoziieren, sollte jedoch nicht lange dauern. Am 13. April 1929 (Lolek beendete gerade die dritte Klasse) starb seine schon immer kränkelnde Mutter an Nierenversagen und einem angeborenen Herzfehler.[38] Emilia Kaczorowska Wojtyła wurde am 16. April nach einer von Pfarrer Prochownik in der Gemeindekirche gefeierten Totenmesse begraben; sie war erst fünfundvierzig Jahre alt.

Viel ist darüber geschrieben worden, wie sich der frühe Tod seiner Mutter auf Karol Wojtyła ausgewirkt haben mag. So wird häufig spekuliert, ob Wojtyłas Marienverehrung nicht ein Ersatz für Mutterliebe sei. Andere behaupten sogar, die päpstlichen Lehraussagen über Frauen und das Priesteramt spiegelten eine problematische Haltung zu Frauen wider, die mit dem Tode Emilias begonnen habe.[39] Solche Mutmaßungen, die oft auf laienhafter Psychoanalyse beruhen, sind für jemanden, der sich ernsthaft mit Wojtyłas Leben beschäftigt, völlig wertlos. Zudem wahren Johannes Paul II. jüngste biographische Schriften praktisch Stillschweigen über seine Mutter. Er bemerkt lediglich, daß er „keine klare Kenntnis von dem sicherlich großen Beitrag [hat], den sie zu meiner religiösen Erziehung geleistet hat".[40]

Sein Schweigen über den Tod der Mutter verrät sicherlich sein Bedürfnis nach Privatsphäre, es mag aber auch bedeuten, daß der erwachsene Karol Wojtyła nur wenig Erinnerungen an die Frau hat, die starb, als er erst neun Jahre alt war. In einer Zeit, in der Freud zum Gemeingut geworden ist, haftet einfachen Erklärungen oft der Makel der Ausflucht an. Aber die Jungfrau von Michelangelos *Pieta* blickt ihrem toten Sohn nur deshalb nicht ins Gesicht (so lautet eine Interpretation), weil der Bildhauer, der seine Mutter bereits in seinem sechsten Lebensjahr verlor, sich nicht an den Blick einer Mutter erinnerte. Johannes Pauls Schweigen über seine Mutter bedeutet vielleicht nur, daß er verhältnismäßig wenig Erinnerungen an sie hat, wie einer seiner engsten Vertrauten einmal meinte.[41] Auf einem Tisch in seinem Schlafzimmer, sowohl in den päpstlichen Räumen des Vatikans wie auch in seiner Sommerresidenz in Castel Gandolfo, steht ein kleines Foto, das seine Eltern nach ihrer Hochzeit zeigt. So erinnert er sich an seine Mutter.

Karol Wojtyła hatte in seiner Kindheit und Jugend viele Mentoren, deren einflußreichster wohl sein Vater war. Der ältere Karol Wojtyła – in Wadowice sprach man allgemein nur vom „Hauptmann" – war ein Kavalier der alten Schule und ein Mann von unerschütterlicher Rechtschaffenheit, dessen militärische Laufbahn nach dem Urteil seiner vorgesetzten Offiziere auf einer Mischung aus Intelligenz, Sorgfalt, Zuverlässigkeit und vor allem Ehrlichkeit beruhte.[42] Seine hervorstechendste Charaktereigenschaft war nach Jerzy Kluger sein „Gerechtigkeitssinn". Er glaubte, er müsse auch seinen Sohn dazu erziehen, stets und überall gerecht zu sein.[43]

Wojtyła, der zunächst als Schneider arbeitete, diente 27 Jahre lang in einer der bemerkenswertesten Schöpfungen des Habsburger Reichs, in einer Armee, die vermutlich die erste große multinationale Einrichtung der Welt war. Da sie die Truppen eines Vielvölkerstaates befehligten, wurde von den Offizieren erwartet, daß sie mehrere Sprachen beherrschen und mit den ihnen unterstellten Männern fließend in deren Muttersprache reden konnten.[44] Einst eine Domäne des Adels, bestand das habsburgische Offizierskorps zur Zeit Karol Wojtyłas überwiegend aus Bürgerlichen. Während in Europa die Dreyfus-Affäre hohe Wellen schlug und der Antisemitismus blühte, zählte das Offizierskorps der Doppelmonarchie eine beträchtliche Zahl Juden in seinen Reihen. Sicherlich hatte es seine Schwächen, doch Karol Wojtyłas Beförderungen und den von seinen Vorgesetzten geschriebenen Beurteilungen nach zu schließen, war die Armee der Doppelmonarchie eine Truppe, in welcher der Charakter, das Verantwortungsgefühl und der persönliche Anstand, die man dem jungen polnischen Soldaten bescheinigte, geschätzt und belohnt wurden.[45]

Der Hauptmann war nicht überschwenglich, aber auch kein Eremit. Jerzy Kluger hat ihn als einen Mann in Erinnerung, den man weder als vertraulich noch als kühl, sondern eher als „zugänglich" bezeichnen konnte.[46] Fremden gegenüber konnte er hart erscheinen, in seiner Kindererziehung jedoch war er gerecht, wenn auch streng.[47] Da er nur die Volksschule besucht hatte, war er in erster Linie Autodidakt. Deutsch sprach er ebenso fließend wie Polnisch, und zu Hause unterrichtete er Lolek in der deutschen Sprache, die der Papst mit einem österreichischen Akzent spricht.[48] Karol Wojtyła war zudem ein von jeder Fremdenfeindlichkeit freier Patriot, der die polnische Literatur sehr gut kannte und sie seinem Sohn nahebrachte. Der Hauptmann führte Lolek und Jurek Kluger auch in die polnische Geschichte ein, die er mit Schriften des Dichters Cyprian Norwid aus der Zeit der polnischen Teilung lebendig gestaltete.[49]

Sein Sohn erinnert sich daran, daß sein Vater ein „Leben ständigen Gebets" führte.[50] Ob in der Nacht oder am frühen Morgen, stets fand der junge Karol seinen Vater kniend und still ins Gebet versunken vor. Vater und Sohn lasen zusammen die Bibel und beteten den Rosenkranz. Aber was, außer den Gebetsformeln, lehrte der Hauptmann seinen Sohn über den Glauben?

Hauptmann Karol Wojtyła, der sowohl durch sein Vorbild als auch durch Ermahnung und religiöse Unterweisung wirkte, lehrte seinen Sohn, daß die Kirche mehr als eine sichtbare Institution ist. Das „Geheimnis der Kirche", ihre „unsichtbare Dimension", ist „größer als die sichtbare Struktur der Kirche und ihre Organisation", die „dem Mysterium dienen".[51] Dem Zeugnis des Sohnes zufolge war es die Lebensweise des Vaters, die in den künftigen Papst den Keim des Gedankens senkte, daß ein Leben im Glauben vor allem aus innerer Umkehr besteht.

Johannes Paul II. schreibt auch, wie sehr ihn seit seiner Jugend das Wort Jesu berührt habe: „Fürchte dich nicht, du kleine Herde! Denn euer Vater hat beschlossen, euch das Reich zu geben" (Lukas 12,32). Die Ermahnung, jede Furcht abzustreifen, legt nahe, daß es Dinge gibt, vor denen die Jünger sich zu Recht ängstigen können: Verfolgungen, verstockte Herzen warten auf sie. *„Er bereitete sie nicht auf leichte Erfolge vor"*, schreibt Johannes Paul. Doch genau das ist der Kern des Evangeliums:

> Das Evangelium verspricht keinen leichten Erfolg. Es verspricht niemandem ein bequemes Leben. Es stellt Ansprüche. Doch gleichzeitig ist es eine *große Verheißung*: die Verheißung des ewigen Lebens für den Menschen, der dem Gesetz des Todes unterliegt; es ist die Verheißung des Sieges durch den Glauben, die an den Menschen gerichtet ist, dem so viele Niederlagen drohen."[52]

Anspruch und Verheißung, erst das Kreuz, dann die Krone – angesichts der Behauptung Johannes Pauls, der spirituelle Gehalt des erlösenden Leidens sei ihm schon in früher Jugend als Kern des Evangeliums erschienen, erkennen wir hier eine weitere Spur der Lehren und des Beispiels seines einflußreichsten religiösen Erziehers in jenen frühen Jahren: seines Vaters, der ihn – im Jahr nach dem Tode seiner Frau – zum ersten Mal auf die Pilgerfahrt nach Kalwaria Zebrzydowska mitnahm.[53]

In seinen kurzen biographischen Erinnerungen über seine frühe religiöse Erziehung schrieb Johannes Paul II. daß er „vor allem" seinem Vater dankbar sei. „Von Berufung zum Priestertum war zwischen uns allerdings nie die Rede gewesen, doch *sein Beispiel war für mich in gewisser Weise das erste Seminar*, eine Art Hausseminar."[54] Aus dem Munde eines Mannes, der noch bei seinem goldenen Jubiläum ehrfürchtig auf das Geschenk des Priesteramts blickt, kann es kein höheres Lob geben.

Der Schüler

Nach Abschluß der vierten Volksschulklasse trat Karol Wojtyła 1930 in das nach Marcin Wadowita benannte staatliche Knabengymnasium ein. Seit Emilias Tod im Jahr zuvor und Edmunds Aufenthalt in Krakau, wo er seinem Medizinstudium nachging, hatten Hauptmann Wojtyła und sein Sohn eine strenge Alltagsroutine entwickelt. Da die Schule um 8 Uhr begann, erhoben sie sich früh, beteten und frühstückten gemeinsam. Nachdem der junge Karol Meßdiener geworden war, besuchten sie oft die Frühmesse in der Marienkirche um 7 Uhr. Die Vormittage verbrachte Karol in der Schule, danach, am frühen Nachmittag, nahmen Vater und Sohn ihre Hauptmahlzeit im Restaurant von Maria Banas ein, deren Sohn Bogusław Loleks Schulkamerad und deren Mann ein Freund des Hauptmanns war. Die nächsten beiden Stunden durfte Karol spielen, dann machte er Hausaufgaben und nahm ein leichtes, vom Vater zubereitetes Abendessen ein. Manchmal machten Vater und Sohn noch einen Abendspaziergang. Die Vereinbarung mit der Familie Banas machte das Leben für den Witwer und seinen Sohn leichter, führte aber auch zu einem haarsträubenden Zwischenfall. Ein Polizist der Stadt pflegte nach seinem Dienst ein Gläschen im Lokal der Banas' zu trinken. Hatte er ein wenig über den Durst getrunken, legte er seine Pistole in die Kasse und ließ sie zur Aufbewahrung bei der Familie Banas. Als Karol Wojtyła etwa 15 Jahre war, nahm Bogusław Banas die Pistole aus der Kasse, zielte im Spiel auf den etwa zwei Meter entfernten Lolek und rief: „Hände hoch, oder ich schieße!" Irgendwie löste sich ein Schuß, die Kugel ging um Haaresbreite an Lolek vorbei und durchschlug ein Fenster. Herr Banas wurde aus dem Schlaf gerissen, stürzte in den Schankraum, riß Bogusław die Pistole aus der Hand und legte sie in die Kasse zurück. Niemand sagte ein Wort. Alle wußten, daß nicht viel gefehlt hatte.[55]

1930 kam Kazimierz Figlewicz, ein junger Priester, nach Wadowice, um an der Volks- und Mittelschule Religionsunterricht zu erteilen. Die Gemeindemeßdiener wurden ebenfalls seiner Aufsicht unterstellt. Er erinnert sich, daß der junge Karol Wojtyła „recht groß, aber auch etwas rundlich war", ein „sehr lebhafter, sehr begabter, sehr scharfsinniger und sehr guter Junge", der sowohl mit seinen Freunden als auch mit seinen Lehrern gut auskam.[56] Figlewicz wurde Loleks Beichtvater, also der Mann, bei dem er seine Beichte ablegte und von dem er die Absolution erhielt. Die Begegnungen und Gespräche der beiden beschränkten sich nicht nur auf den Beichtstuhl, und selbst als Pfarrer Figlewicz an den Dom nach Krakau versetzt wurde, brach ihr Kontakt nicht ab. In Loleks letzten Gymnasialjahren lud ihn Figlewicz ein, an den feierlichen Messen zur Karwoche im Dom teilzunehmen, die, wie Johannes Paul II. später schrieb, in dem Jugendlichen „tiefe Spuren" hinterließen.[57] Kazimierz Suder, der Karol Wojtyła nach dem Zweiten Weltkrieg im Krakauer Priesterseminar kennenlernte, meint, Pfarrer Figlewicz sei das „Idol" des zukünftigen Papstes gewesen.[58] Sicherlich trug auch er dazu bei, daß die Saat der Priesterberufung in Karol Wojtyła aufging.

In seiner letzten Volksschulklasse und seinen ersten Gymnasialjahren schloß Lolek sich eng an seinen Bruder Edmund an. Während Edmunds Studium in Krakau hatten sich die beiden nicht oft gesehen, doch nachdem Edmund nun am Krankenhaus von Bielsko arbeitete, war es leichter, die Familie zu besuchen, und so kam Edmund häufiger. Mundek nahm seinen jüngeren Bruder mit zu Fußballspielen, und manchmal ließ er ihn auf seinen Schultern sitzen, damit der Kleine besser sehen konnte. Lolek seinerseits suchte das Krankenhaus in Bielsko auf und spielte den Spaßmacher für Mundeks Patienten. Diese aufblühende Freundschaft zwischen den Brüdern sollte nicht lange dauern: Am 5. Dezember 1932 starb Dr. Edmund Wojtyła, nachdem er sich bei einem seiner Patienten mit Scharlach infiziert hatte. Er wurde nur 26 Jahre alt. Für Edmunds Vater und jüngeren Bruder muß es ein schwerer Schlag gewesen sein. Pfarrer Kazimierz Suder glaubt sogar, der unerwartete Tod seines Bruders habe Lolek härter getroffen als der Tod der Mutter.[59] Die Inschrift auf Edmunds Grabstein in Krakau bezeichnet ihn als „Opfer seines Berufs, der sein junges Leben im Dienste der Menschheit hingab".[60] Der 12jährige Lolek sah darin den Willen Gottes; ihm schrieb er die Selbstaufopferung seines Bruders zu, wenn Nachbarn ihn zu trösten suchten.[61]

Loleks Gymnasium bot einen hervorragenden Unterricht in den alten Sprachen. Latein und Griechisch waren neben den Stunden in polnischer Sprache und Literatur, Geschichte und Mathematik die Hauptsäulen des Lehrplans. Mit 13 Jahren begann Wojtyła Latein zu lernen; die damals gewonnene Liebe zur lateinischen Sprache verließ ihn zeitlebens nicht mehr. Ein Jahr später kam Griechisch dazu. In seiner gesamten Gymnasialzeit, selbst als seine außerschulischen Aktivitäten zunahmen, war er ein ausgezeichneter Schüler. Er wurde Mitglied der Bruderschaft Mariens, einer Vereinigung junger Männer, die die Verehrung der Mutter Christi fördern wollte. Dabei lernte er auch ihren Kaplan, Pater Zacher, näher kennen. In den letzten beiden Gymnasialjahren wurde er zweimal zum Vorsitzenden der Bruderschaft gewählt. Im Sommer 1937 nahm er, wie es in Polen Pflicht war, an einer militärischen Ausbildung in einem nationalen Kadettenlager teil. Im letzten Jahr vor dem Abitur bereitete sich Karol Wojtyła auf das Sakrament der Firmung vor, das er am 3. Mai 1938 empfing.

Kurz darauf besuchte der Erzbischof von Krakau, Adam Stefan Sapieha, das Marcin-Wadowita-Gymnasium. Als Primus der Schule wurde Wojtyła dazu ausersehen, eine Begrüßungsansprache zu halten. Offenbar war Sapieha davon sehr angetan, und er fragte Kaplan Zacher, ob es wohl möglich sei, aus dem jungen Mann einen Priester zu machen. Zacher entgegnete, das sei eher unwahrscheinlich, denn der junge Wojtyła wolle die Jagiellonische Universität besuchen, um dort Literatur und Theaterwissenschaft zu studieren. „Wie schade", soll der Erzbischof geantwortet haben.[62]

Es war nicht die letzte Begegnung zwischen Karol Wojtyła und dem adeligen Erzbischof, der, neben seinem eigenen Vater, vermutlich den dauerhaftesten Einfluß auf den Mann ausübte, der aus ihm werden sollte.

Das lebendige Wort

Als er Erzbischof Sapieha so herb enttäuschte, hatte Karol Wojtyła nach eigenem Bekunden ganz anderes im Kopf: Er war „vollständig von seiner Leidenschaft für die Literatur, insbesondere für die dramatische Kunst und das Theater, besessen."[63] Diese Leidenschaft hatten ihm sein Zuhause, seine schulische Ausbildung und seine Vaterstadt eingeflößt, dort hatte er die Literatur und die

Dramen der polnischen Romantik gleichsam mit der Muttermilch eingesogen. Ihre Themen sollten sein Denken in den kommenden Jahrzehnten bestimmen.[64]

Im 19. Jahrhundert war Europa überreich an revolutionärer Literatur. Doch die patriotischen Literaten, die Polens Romantik schufen, waren aus anderem Holz. Sie waren eher Dichter, Erzähler und Dramatiker als Verfasser von Pamphleten; und Revolution war für sie etwas ganz anderes als für die Westeuropäer. Für viele politische Theoretiker auf dem europäischen Kontinent bedeutete „Revolution" den radikalen Bruch mit der Vergangenheit, mit einem Ancien régime, zu dem gewöhnlich auch das Christentum als eine Bastion des ungerechten Status quo gezählt wurde. Die polnische Romantik hingegen sah in der Revolution die Wiederherstellung eines verlorengegangenen Wertes, der für die Entstehung der Nation entscheidend gewesen war. Die Vergangenheit sollte nicht überwunden, sondern als Werkzeug der nationalen Erneuerung gerettet werden. Die polnische Romantik pries den Katholizismus als die Hefe, die Polens spezifischen Nationalcharakter hatte aufgehen lassen. Sich in dieser einzigartigen Tradition als Revolutionär zu verstehen, schloß daher eine intensive Beschäftigung mit der christlichen Lehre und Moral ein.

Vermutlich begegnete Karol Wojtyła der polnischen Romantik zum ersten Mal, als sein Vater ihm Henryk Sienkiewicz' berühmte Trilogie vorlas, in der kühne Ritter durch die Steppen des polnisch-litauischen Reiches reiten, um im Kampf für Glauben und Vaterland Ruhm zu erwerben. Sienkiewicz erhebt keinen Anspruch auf literarische Tiefe. Der meisterhafte Erzähler wollte mit seinen fiktiven Geschichten aus den Tagen von Polens Größe in einer Zeit, in der die Zukunft am dunkelsten schien, den Mut seiner Landsleute stärken. Mit ziemlicher Sicherheit hörte Karol Wojtyła bei Sienkiewicz zum ersten Mal die heldenhafte Rede des Abts Augustyn Kordecki an die Verteidiger des Klosters Jasna Góra bei Tschenstochau, Heimstatt der Schwarzen Madonna. Diese Verteidigung brachte den Einfall der Schweden 1655 zum Erliegen, der in der polnischen Geschichte als „die Sturmflut" bezeichnet wird:

> Wer weiß, ob nicht Gott und seine heilige Mutter den Feind mit Blindheit schlagen wollten, (...) damit er in seiner Gesetzlosigkeit und Raubgier so weit geht. Sonst hätte er es wohl nie gewagt, das Schwert gegen diesen heiligen Ort zu erheben (...).
> Der Feind verhöhnt und verachtet uns, er fragt, wo denn unsere früheren Tugenden geblieben seien. Und ich sage ihm dies: Wir haben sie alle verloren, nur eine nicht, unseren Glauben und die Ehre, die wir der Heiligen Mutter erweisen, und mehr brauchen wir auch nicht, damit alles andere wiedererersteht (...). [Unsere Feinde] wissen wohl, was hier auf dem Spiel steht (...). Hätte Gott sie nicht willentlich geblendet, würden sie es nicht wagen, Jasna Góra anzugreifen. Denn dieser Tag wäre der Anfang vom Ende ihrer Herrschaft und der Beginn unseres Erwachens.[65]

Als großer Volksschriftsteller vermittelte Sienkiewicz (1846-1916) einem Massenpublikum mehrere Schlüsselideen der polnischen Geschichte aus der Sicht der polnischen Romantik: Geschichte hatte einen geistigen Kern; der Niedergang der althergebrachten nationalen Tugenden war der Grund für Polens Sturz; die polnische Unabhängigkeit war nur wiederherzustellen, wenn diese Tugenden zum Fundament des neuen polnischen Staates gemacht würden. Karol Wojtyła vertiefte sein Verständnis dieser einzigartigen Geschichtsdeutung durch seine jugendliche Lektüre der großen romantischen Dichter und Dramatiker Polens, darunter Adam Mickiewicz, Juliusz Słowacki und Cyprian Kamil Norwid.

Mickiewicz (1798-1855) – Dichter, Dramatiker und politischer Kämpfer – war die Galionsfigur der polnischen Romantik und die größte literarische Gestalt im damaligen Polen. In Litauen geboren, setzte er nie einen Fuß nach Krakau oder Warschau und starb in der Nähe von Konstantinopel. Doch Mickiewicz war das „nachgeborene Kind" des alten polnisch-litauischen Reiches und nahezu das ganze 19. Jahrhundert über der unbestrittene Meister der polnischen Literatur.[66] Sein geistiges Leben und sein literarisches Werk waren voller Leidenschaft, vor allem wenn es um die Unabhängigkeit Polens ging. Und er verlieh dieser Leidenschaft eine ganz individuelle Gestalt, die aus der Spannung zwischen dem rationalistischen Stolz der Aufklärung und der vom Glauben geforderten Demut, dem romantischen Lobpreis der Intuition – der „Wahrheit des Herzens" – und dem christlichen Beharren auf objektiver Wahrheit entstand.[67] In Epen wie *Pan Tadeusz*, in visionären dramatischen Dichtungen wie *Die Totenfeier* – die die Zuschauer so sehr in den Bann schlug, daß zaristische Zensoren sie mitunter verboten – und in didaktischen Schriften wie *Bücher des polnischen Volkes und der polnischen Pilgerschaft* verfocht Adam Mickiewicz die These, daß die Geschichte zutiefst vom Geist durchdrungen sei und daß das Leiden die Seele auf die Herrlichkeit vorbereite. Das war ein altes christliches Thema: erlösendes Leiden als persönliche spirituelle Disziplin. Für Mieckiewicz war Erlösung durch Leiden auch das Schicksal der Nation. Das geteilte Polen war ein Messias unter den Völkern, ein leidender Knecht, dessen Zeit auf Golgota die Welt erlösen und dem westlichen Materialismus den Weg zu einer neuen, geistigeren Form der Freiheit weisen würde.[68]

Mickiewicz war politisch fortschrittlich und philosemitisch eingestellt; die revolutionäre Tradition von „Freiheit, Gleichheit und Brüderlichkeit" legte er entsprechend seinem christlichen Glauben so aus, daß die Fleischwerdung Christi, des zweiten Adam, alle Menschen gleich gemacht habe, ungeachtet dessen, wie sie über Christus dachten.[69] Sollte die Welt die von Mickiewicz ersehnte revolutionäre Verwandlung erfahren, würden die schlichten Intuitionen der Frommen und Demütigen zuverlässigere Wege zur Wahrheit sein als die Spekulationen der Intellektuellen oder das, was die Mächtigen der Welt für Klugheit hielten.[70]

Juliusz Słowacki (1809-1849) wetteiferte mit Mickiewicz um die Rolle des führenden Intellektuellen in einer Nation ohne Staat. Sein Drama *Kordian*, ganz bewußt als Gegenstück zu Mickiewisz' *Totenfeier* konzipiert, ist ein weiteres Versepos über das, was die Geschichte ausmacht. Veranschaulicht wird das in einer Reihe von Szenen aus der geistigen Entwicklung des Helden, der, hoch oben auf einem Alpengipfel, sich für die Sünden seines Landes opfert – ein Märtyrer der Geschichte.[71]

Słowacki war von der Frage fasziniert, wie die Welt Adam erschienen sein muß. Sein literarisches Werk war in gewisser Hinsicht der Versuch, sich die Welt, ihre Ursprünge und ihre Bestimmung neu vorzustellen. Wie andere polnische Romantiker war er der Überzeugung, daß das leidende, geteilte Polen eine einzigartige Rolle im Drama der Weltgeschichte spiele. Für Słowacki bedeutete das: Der Geist, der die Welt geschaffen hatte und alle Epochen der Geschichte lenkte, wohnte nun in Polen. Dort würde er einen Mann hervorbringen, der die Menschheit aus ihren gegenwärtigen Leiden heraus in eine neue und bessere Zukunft führte. In dieser letzten, mystischen Periode seiner Laufbahn schrieb Słowacki ein Gedicht über einen „slawischen Papst", der ein „Bruder" der ganzen Menschheit sein würde.[72] Das Hauptwerk aus dieser Lebensphase ist das unvollendete Epos *Geist-König*, eine Dichtung, die „die Wanderungen des Geistes darstellt, wie er durch die Jahrhunderte der europäischen Kultur (...) Führer, Könige und Heilige beseelt."[73] Słowacki spricht hier am eindrucksvollsten in jenem mystischen Ton, in dem er, nach den Worten des Nobelpreisträgers Czesław Miłosz, „historische Ereignisse geradezu kosmisch überhöhte und in der Geschichte übermenschliche, mystische, die Geschicke der Menschheit formende Kräfte am Werk sah".[74] Die schöpferische Verkündigung des Wortes, *Słowo*, vermochte die Geschichte in die Richtung zu lenken, in die der Geist sie führte.

Karol Wojtyła lernte *Pan Tadeusz* auswendig und spielte in einer Aufführung von *Kordian* mit, doch der für sein Denken entscheidende Dichter der polnischen Romantik war Cyprian Kamil Norwid (1821-1883), der, wie Miłosz sagt, „danach strebte, ein Don Quichotte, ein Ritter der Wahrheit, zu sein".[75] „Ein Mensch wird auf diesem Planeten geboren, um die Wahrheit zu bezeugen", schrieb Norwid ganz im Geiste des Johannesevangeliums, und die große Wahrheit, als deren Zeuge er auftreten soll, war, daß „Christus die Menschen aus dem Reich des blinden Schicksals ins Reich der Freiheit geführt hat".[76] Norwids Dichtung bemühte sich, die Wahrheit durch die Kunst zu erforschen, und verwarf entschieden die Vorstellung, die Kunst sei um der Kunst willen da.

Norwid schrieb auch ausführlich über die Würde der Arbeit und das Gebot, arbeitende Menschen und ihre Arbeit zu achten. Arbeit, so meinte er, sei die Folge der Erbsünde, des menschlichen Sündenfalls. Doch „die mit Liebe ausgeführte Arbeit ist die höchste Form menschlicher Freiheit" und daher erlösend.[77] Andererseits geißelte Norwid den, wie er meinte, krassen Materialismus der westlichen Welt, vor allem in den Vereinigten Staaten. Technischer Fortschritt an sich sei geistlos; eine echte Kultur, eine wirkliche Geschichte, lasse sich auf diesem Fundament allein nicht errichten.[78]

Es ist eine Sache, die literarischen Klassiker einer Tradition gründlich zu lesen, wie Karol Wojtyła es zu Hause und auf dem Gymnasium tat. Noch tiefere Bekanntschaft aber machte er mit der polnischen Romantik durch seine Laienschauspielerei.

Wadowice war stolz auf seinen Ruf, ein regionales Zentrum der literarischen Kultur zu sein; dazu gehörten auch Laien- und städtische Bühnen. Diese noch aus den Zeiten der Teilungen stammende Tradition – in privaten Zirkeln deklamierte man Mickiewicz' Gedichte, Schulen und Kirchen organisierten Theateraufführungen der nationalen Klassiker – blühte im kurzen Leben der Zweiten Polnischen Republik. In seiner Gymnasialzeit schloß Karol Wojtyła sich begeistert diesen literarischen Kreisen am Ort an. Gemeinsam mit dem Mädchenlyzeum führte Wojtyłas Gymnasium im Herbst 1935 die antike Tragödie *Antigone* auf. Wojtyła spielte an der Seite der besten Schauspielerin der Mädchenschule, Halina Królikiewicz, deren Vater Jan von 1934 bis 1938 Direktor des Gymnasiums war. Halina und Lolek überredeten einmal die berühmte Schauspielerin Kazimiera Rychterówna, als Preisrichterin am jährlichen Rezitationswettbewerb der Wadowicer Oberschulen teilzunehmen, bei dem die beiden Jugendlichen die Favoriten waren. Wojtyła wählte Norwids Gedicht *Promethidion* und rezitierte es auf eine der in-sich-gekehrten Geistigkeit des Dichters durchaus angemessene Weise, während sich Halina für ein dramatisches Gedicht entschied. Sie wurde Siegerin. (In den endlosen Spekulationen über mögliche Jugendromanzen Karol Wojtyłas wird er gewöhnlich mit Halina Królikiewicz zusammen genannt. Halina hat ihrerseits jede ernsthafte Verliebtheit vor ihrer Verheiratung Jahre später bestritten. Johannes Paul II. schrieb 1996, er habe zwar unter den Mädchen, mit denen er zur Schule ging und Theater spielte, viele Freundinnen gehabt, doch sei keine darunter gewesen, die ein emotionales Hindernis für seinen Eintritt ins Priesterseminar hätte sein können.[79])

1937 führte die Schule Słowackis *Balladyna* auf, ein szenisches Theaterstück, in dem Charaktere und Situationen aus polnischen Balladen mit solchen aus Shakespeare gemischt werden: aus dem *Sommernachtstraum*, *Macbeth*, *König Lear* usw.[80] Bei einer Vorstellung hatte Wojtyła gleich zwei Rollen zu übernehmen, über Nacht mußte er den zuvor von einem Jungen gespielten Part auswendig lernen, der wegen eines Schulstreichs suspendiert worden war.[81] Wie gut diese und die drei anderen Inszenierungen waren, die 1937-1938 in der Schule realisiert wurden, zeigt die Tatsache, daß das Schülertheater von Wadowice durch das Land reiste und auf anderen Laienbühnen der Region, auch in Kalwaria Zebrzydowska, auftrat.

Sogar die Kirche förderte Theateraufführungen. Unter der Leitung von Kaplan Zacher spielte Wojtyła den Grafen Henryk, die zweite Hauptrolle in einem der allegorischen Dramen der polnischen Romantik, in Zygmunt Krasińskis *Die ungöttliche Komödie*, die Mickiewicz als „die größte Leistung des slawischen Theaters" bezeichnete.[82] In dieser apokalyptischen Fabel setzt sich Krasiński mit den beiden von ihm verworfenen Möglichkeiten auseinander, die sich aus der Geschichte zu ergeben scheinen: entweder eine blutleere Geistigkeit oder der harte Materialismus der modernen, rationalistischen Revolution. Der Hauptgedanke seiner Fabel ist, daß nur Christus die Revolution zum Heil führen kann.[83] Daß Wadowice – und seine Gemeindekirche – ein so leidenschaftliches und symbolisch aufgeladenes Stück aufführte, sagt einiges über das kulturelle Klima der Zeit und des Ortes, und daß ein Jugendlicher die Rolle des Grafen Henryk spielen konnte, ist ebenfalls aufschlußreich.

In den Tagen seiner Schauspielerei auf dem Gymnasium lernte Karol Wojtyła Mieczysław Kotlarczyk kennen, der seine, Karols, Gedanken zum Verhältnis zwischen verkündetem Wort und historischen Kräften tief prägte.

Bei ihrer Begegnung lehrte Kotlarczyk Geschichte am Mädchenlyzeum von Wadowice, wo er geboren und aufgewachsen war. Sein Vater war ein „Theaternarr", dem „nachts eine Idee für das Theater kam und der dann die ganze Familie aus dem Schlaf riß, um sie daran teilnehmen zu lassen".[84] Der ältere Kotlarczyk leitete eines der Theater in Wadowice, in dem auch sein Sohn spielte. Mieczysław studierte an der Jagiellonischen Universität, schärfte sein Verständnis für die besonderen Qualitäten der polnischen Dichtung und schrieb seine Doktorarbeit über die Theaterkritik des frühen 19. Jahrhunderts. Danach kehrte er als Lehrer nach Wadowice zurück.[85] Sein innigster Wunsch war jedoch, das Familientheater dafür zu nutzen, seine persönlichen, ja radikalen Ideen über das Drama und seine Beziehung zum Leben mit theatralischem Fleisch zu versehen.

Obwohl die mehr technischen Aspekte seiner Vision sich erst mit der Zeit entwickelten, wußte Kotlarczyk schon in seiner Wadowicer Periode ganz genau, was er wollte. Wie eine seiner erfolgreichsten Schülerinnen es Jahre später formulierte, war Kotlarczyk sowohl ein „glühender Christ" als auch „ein Mensch, der nur einen Gedanken hatte, das Theater". Für ihn war das Drama das Wichtigste im Leben überhaupt, da es einen „Weg der Vollkommenheit" darstellte, eine Möglichkeit, „Gottes Wort zu vermitteln" – die Wahrheit über das Leben.[86] Er war ergriffen von der Kraft des Wortes, nicht nur Gedanken zu übermitteln, sondern auch Gefühle zu erwecken, die sowohl ganz und gar subjektiv als auch durch und durch objektiv oder wahr waren. Nach seiner Überzeugung wurde das Wort lebendig in jenem innigen Verhältnis, das zwischen dem Sprecher und dem Zuhörer entstand. Die Aufgabe des Schauspielers lag nun darin, den Zuhörer in dieses Verhältnis zu locken, indem er sich selbst soweit zurücknahm, daß die Wahrheit des gesprochenen Wortes den Zuhörer erreichen und berühren konnte.[87] Kotlarczyk wollte ein „Theater des inneren Wortes" schaffen, bei dem Handlung, Kostüme, Dramatik der Darstellung und die übrige Ausstattung, die wir für gewöhnlich vom Theater erwarten, auf ein Mindestmaß reduziert waren. Nur eines zählte: das, was sich dank der bemerkenswerten, sich selbst verleugnenden Disziplin von Kotlarczyks Schauspielern im Bewußtsein des Publikums ereignete.[88]

Die Aufgabe des Schauspielers ließ sich in Kotlarczyks Augen durchaus mit derjenigen des Priesters vergleichen: Beide sollten durch die Materie dieser Welt die transzendente Wahrheit sichtbar machen.[89] Sein „Theater des inneren Wortes" sollte allgemeingültige Wahrheiten und moralische Werte darstellen, die über das Hier und Jetzt ihr Urteil fällten und der Welt die Möglichkeit einer echten Veränderung boten. Dieser „radikale Mann", „eigensinnig und fanatisch", besuchte 1937 das Mozartfestival in Salzburg und war erschüttert, wie sehr dort Bühnenzauber und Showwert triumphierten. Nur wenn „das Wort" unangefochten den Vorrang hatte, konnte das Theater ein Weg der Vollkommenheit sein.[90]

1936 nahm der zwölf Jahre ältere Kotlarczyk den 16jährigen Karol Wojtyła unter seine Fittiche. Lolek war schon bald ein regelmäßiger Gast im Hause Kotlarczyk, wo er und Halina Królikiewicz vom Regisseur persönlich in die Kunst eingeweiht wurden, ein Gedicht oder ein Prosastück zu rezitieren. Kotlarczyks Schwester erzählt, wie Mieczysław in der Familienwohnung auf und ab zu gehen pflegte, während er einen Gedichtabschnitt vortrug. Lolek schritt hinter ihm her und versuchte (nicht immer mit Erfolg), so zu sprechen, wie Kotlarczyk es für richtig hielt. Dann ließ Kotlarczyk Lolek und Halina zusammen in seinen Theaterproduktionen auftreten.[91]

Am Ende seiner Laufbahn als Laienschauspieler und gelegentlicher Regisseur, in der sein Vater ihn bestärkt hatte, war Karol Wojtyła mit etwas in Berührung gekommen, was beträchtlich über die ästhetischen und intellektuellen Grenzen der typischen Provinzbühne hinausging.[92] Die sich zunehmend herauskristallisierenden Theorien Kotlarczyks und das Sichversenken Wojtyłas in die Literatur der polnischen Romantik hatten den Keim gelegt für sein späteres Nachdenken über die Beziehung zwischen Gefühl und Geist sowie zwischen unserer Wahrnehmung der Wirklichkeit und der Wahrheit. Auch hatte der junge Karol Wojtyła erste Überlegungen zur Kraft des Wortes angestellt, den Gang der Geschichte allen materiellen Hindernissen zum Trotz zu verändern.

Theater war für Wojtyła auch ein Gemeinschaftserlebnis, das disziplinierte Handeln einer Gruppe von Individuen, die, indem jeder einzelne sein Talent mit dem der anderen verschmolz, mehr wurde als die Summe ihrer Teile. Daß der Ruf zum Theater, vor allem so wie Kotlarczyk es verstand, derart stark empfunden wurde, war möglicherweise der Anfang anderer Ideen, die später weitergeführt wurden. Wenn das Drama die tiefere Wahrheit der Wirklichkeit enthüllen konnte, war es dann nicht denkbar, daß jedes Menschenleben – ja die ganze Wirklichkeit – eine dramatische Struktur besaß?

Alma Mater: Die Jagiellonische Universität

Nachdem Józef Piłsudski, der starke Mann der Zweiten Polnischen Republik, 1935 gestorben war, wurde der Antisemitismus in der Öffentlichkeit spürbarer. Im ganzen Lande wurde, unterstützt von Zeitungen und ehrgeizigen Politikern, der Boykott jüdischer Geschäfte organisiert. Ginka Beer, eine andere aufstrebende junge Schauspielerin aus Wadowice, ging, nachdem sie durch eine antisemitische Disziplinarmaßnahme aus der medizinischen Fakultät in Krakau vertrieben worden war, nach Palästina. Lolek Wojtyła und Jerzy Kluger besuchten sie vor ihrem Weggang. „Habt ihr gesehen, was mit den Juden in Deutschland passiert?" fragte sie. „Nun, etwas Ähnliches geschieht jetzt auch hier. Und ich halte es nicht mehr aus (...). Mir scheint, als könne ich nicht mehr atmen. Deshalb habe ich mich entschlossen, wegzugehen." Sie begleiteten sie zum Bahnhof. Viele Jahre später erinnerte sie sich, daß der ältere Wojtyła, als sie Wadowice verließ, zu ihr sagte: „Nicht alle Polen sind Antisemiten. Sie wissen, daß ich keiner bin!" Der 18jährige Lolek war zu aufgewühlt, um irgend etwas zu sagen.[93]

1938 bemerkte Jerzy Kluger, daß sein Vater dem Schild vor seinem Anwaltsbüro seinen hebräischen Namen hinzugefügt hatte, wie es ein neues, die Boykottbewegung unterstützendes Gesetz wollte. Während ihres letzten Jahres auf dem Gymnasium erlebten Lolek und Jerzy, wie einige ihrer Mitschüler sich antisemitischen Parteien anschlossen. Gelegentlich kam es in der Schule zu Schlägereien. Lolek trat für seine jüdischen Freunde ein und berief sich in den anhaltenden Streitigkeiten auf Pfarrer Prochowniks Ausspruch, daß Antisemiten keine Christen seien. Eines Nachts veranstaltete eine Gruppe übler Raufbolde eine Demonstration auf dem Marktplatz und schlug die Scheiben mehrerer Geschäfte und Häuser ein, während sie brüllte: „Wirtschaftsboykott ist eine patriotische Tat!" Am nächsten Tag betrat Gebhardt, der streng auf Zucht und Ordnung haltende Geschichtslehrer, seltsam befangen die Klasse. Nach einer fahrigen Unterrichtsstunde, in der er meistens schwieg, wandte er sich an die Schüler und sagte: „Ich hoffe, daß keiner meiner Schüler unter den gestrigen Rüpeln zu finden war. Ich spreche jetzt nicht als Geschichtslehrer, sondern als

Pole. Was da geschah, hat nichts mit der Tradition unseres Vaterlandes zu tun." Dann las er ihnen Adam Mickiewicz' Manifest von 1848 vor, in dem den Juden als den älteren Brüdern im Glauben Abrahams Respekt zugesichert und ein Polen mit gleichen Rechten für alle Bürger verheißen wurde. An jenem Tag wartete der Hauptmann auf Loleks Rückkehr aus der Schule. Er schloß Jerzy Kluger heftig in die Arme und fragte: „Wie geht es deinem Vater? Überbring ihm bitte meine Grüße! Vergiß es nicht!"[94]

Am 27. Mai 1938 machten Karol Wojtyła, Jerzy Kluger und ihre Klassenkameraden ihr Abitur: Lolek als Klassenbester. Auf dem Abiturball tanzten die frischgebackenen Abiturienten bis in den Morgen hinein, Karol Wojtyła und Halina Królikiewicz mitten unter ihnen. Der Abschied wurde von bösen Vorahnungen überschattet. In diesem Sommer leistete Lolek seinen Pflichtdienst beim Straßenbau in der Stadt Zubrzyca Gorna ab. Wenn er später daran zurückdachte, sah er sich die meiste Zeit Kartoffeln schälen.[95]

Im Sommer 1938 verließ Karol Wojtyła mit seinem Vater Wadowice und zog nach Krakau, wo er im Wintersemester sein Studium an der Jagiellonischen Universität beginnen wollte. Sie lebten in der Souterrainwohnung eines Hauses, das Emilias Bruder am Ende des Ersten Weltkrieges gebaut hatte; zwei noch lebende Schwestern Emilias bewohnten die beiden oberen Stockwerke.[96] Das Haus in der Tyniecka-Straße 10, im Dębniki-Viertel, lag idyllisch am Südufer der Weichsel, von wo man einen faszinierenden Blick auf den Burgberg und den Dom hatte, hinter dem sich die Kirchtürme der Altstadt abzeichneten. Bis zum Marktplatz des Viertels war es nur ein kurzer Gang. Auch die Gemeindekirche, St. Stanislaus Kostka, in diesem eher schmucklosen Arbeiterviertel der einzige Bau in der Art-déco-Architektur, war nicht weit entfernt. Bis zur Universität ging man etwa zwanzig Minuten über die Dębniki-Brücke und zur Altstadt.

Von der günstigen Lage abgesehen war die Wohnung selbst, die von Freunden oft als „die Katakomben" bezeichnet wurde, wenig reizvoll. Der Eingang lag an der Seite des Hauses und führte in einen Flur, der die Wohnung in zwei Hälften teilte. Links lagen die Zimmer von Lolek und seinem Vater, rechts die Küche und ein Bad. Die Wohnung war dunkel und feucht, und der altmodische Kachelofen konnte die winterliche Kälte nicht vertreiben.[97]

Daß die Wohnung nur wenig Komfort bot, wird dem jungen Karol Wojtyła kaum aufgefallen sein. Er war einen kargen Lebensstil gewohnt, und überhaupt wurde er schon bald vom vielfältigen Studentenleben absorbiert. Die 1364 gegründete Jagiellonische Universität zählte zu Europas führenden Zentren der Gelehrsamkeit. 1413 war Paweł Włodkowic, der Rektor der Universität, von Krakau zum Konzil nach Konstanz gereist, um dort seine Stimme gegen die Zwangsbekehrung der heidnischen Litauer zu erheben.[98] Hier hatte Kopernikus, der das Weltbild der Antike zerstören sollte, studiert. Hier hatten Dutzende von Studentengenerationen die Inschrift über dem Eingang zur großen Halle des Collegium Maius betrachtet: *Plus ratio quam vis* – „Vernunft vermag mehr als Gewalt". Sechs Jahrhunderte war die Jagiellonia ein Kreuzungspunkt christlicher und humanistischer Kultur. Man konnte an dieser Universität, wie Karol Wojtyła Jahre später schrieb, nicht studieren, ohne emotional berührt zu sein; durch ihre Hallen konnte man „nur mit Andacht" gehen.[99]

In seinem ersten Semester mutete sich Lolek eine beachtliche Anzahl von Seminaren und Vorlesungen zu: zur polnischen Etymologie, Phonetik und Flexion sowie zur Interpretation literarischer Texte, Vorlesungen über mittelalterliche, neuzeitliche und zeitgenössische Dichtung, Dramen und Romane in Polen; Einführungskurse ins Russische, in die Grammatik des alten Kirchenslawisch und in die historische Grundlage moderner slawischer Sprachen. Um ihre Studien fortsetzen zu dürfen, mußten polnische Philologiestudenten wie Wojtyła am Ende ihres ersten Jahres zwei anspruchsvolle Prüfungen in polnischer Grammatik und altem Kirchenslawisch ablegen. Beide galten als unerläßliches Fundament für weitere philologische Studien.

Im Laufe dieses Grundstudiums erkannte Karol Wojtyła, wie er selbst bekundete, „immer deutlicher, was Sprache eigentlich ist". Er hatte seit langem eine „Leidenschaft für die schöngeistige und vor allem für polnische Literatur".[100] Nun drang er allmählich in „das eigentliche Geheimnis des Wortes ein" und begriff, daß es „ohne Sprache keine Literatur gäbe":[101] Erst das Sprachvermögen des Menschen machte eine menschliche Welt, auch die der Literatur, möglich. Der Studienanfänger war bereits auf dem besten Wege, richtig polyglott zu werden. Er war von einem mächtigen Staunen angesichts der reichen Vielfalt der Weltsprachen ergriffen und begierig, sich tiefer in ihre gemeinsamen Strukturen und ihre Eigentümlichkeiten zu versenken. Jahrzehnte später meinte er, der junge Philologe hätte durchaus die akademische Laufbahn der Sprachwissenschaft einschlagen können.[102]

Wojtyła widmete sich auch wieder seiner Theaterleidenschaft. Am Ende des Wintersemesters 1938/39 spielte er den Schützen (Sagittarius) in dem phantastischen Stück *Der Mondschein-Kavalier,* aufgeführt von einer Experimentaltheatertruppe, die später unter dem Namen „Studio 39", bekannt wurde. Das Stück, das Gestalten aus dem Tierkreis und einige improvisierte Satiren über lokale Persönlichkeiten und Streitfragen auf die Bühne brachte, wurde im Innenhof des Collegium Maius aufgeführt. Polens führender Schauspieler, Juliusz Osterwa, saß im Publikum. Beeindruckt von ihrem Spiel, lud er die Studenten danach in seine Wohnung ein und sagte ihnen, sie müßten mit ihm in Verbindung bleiben.

In diesem Jahr schloß Lolek sich auch verschiedenen Studentenzirkeln an, in denen Gedichte rezitiert wurden, und trat dem „Kreis der Studenten der polnischen Sprache" bei, einer Vereinigung, die literarische Lesungen durchführte, Studienreformen erörterte und gegen die Einschränkungen für Juden beim Studium an der Jagiellonischen Universität protestierte. Darüber hinaus nahm er private Französischstunden. Sein Schauspielerfreund Juliusz Kydryński hatte ihn in die Familie Szkocki eingeführt, die ebenfalls in Dębniki wohnte. Deren Untermieterin, Jadwiga Lewaj, lehrte Französisch, und Lolek wollte auch diese Sprache beherrschen, um seine literarischen Studien zu erweitern. Inmitten dieser stürmischen Aktivitäten schrieb Karol Wojtyła weiter Gedichte und arbeitete freiwillig als Bibliothekar.

Gegen Ende September 1938, kurz vor Beginn seines Studiums an der Jagiellonischen Universität, absolvierte Karol Wojtyła sechs Tage lang eine militärische Pflichtübung in der Akademischen Legion. Am 28. November, als Polen sich auf das drohende Unheil vorzubereiten begann, erhielt er einen Brief des Kreisrates von Wadowice, durch den er aufgrund seines Studiums vom aktiven Militärdienst befreit wurde. Im Februar 1939 wurde den Kadetten der Akademischen Legion befohlen, sich dienstags und freitags zwischen 8 und 9 Uhr abends in der örtlichen Sporthalle zu ertüchtigen.

Die Wolken, die über der Zweiten Polnischen Republik hingen, wurden immer drohender. Im Herbst 1938 hatte Jerzy Kluger sein Ingenieurstudium an der Warschauer Universität nach einem Monat abgebrochen. Ein Ausbruch heftiger antisemitischer Agitation an der Universität hatte ihn nach Wadowice zurückgetrieben. Seine Familie hoffte nun, ihn zum Studium nach England schicken zu können.[103] Lolek und seine Freunde, deren Ernsthaftigkeit in diesen späten Jugendjahren erstaunlich war, wurden noch ernster. Im April 1939, am Gründonnerstag, ging er in den Dom, wo Erzbischof Sapieha, zur Erinnerung an Jesu Dienst an seinen Jüngern beim Letzten Abendmahl, das alte Ritual der Fußwaschung vollzog. Im Mai pilgerte er mit anderen Studenten zum Altar der Schwarzen Madonna von Tschenstochau, wobei viele an die schwedische „Sturmflut" von 1655 und den jetzt drohenden Einfall der Nazis gedacht haben müssen.

Mitte Juni legte Lolek die beiden Prüfungen ab, die es ihm ermöglichten, sein Studium der polnischen Philologie fortzusetzen. Am 24. Juni 1939 feierten er und seine Freunde den erfolgreichen Abschluß des ersten Studienjahres in der Wohnung ihrer Kommilitonin Anna Nawrocka. Es gab Wein, und ein Grammophon lud zum Tanzen ein, aber man kann sich gut vorstellen, daß es Lolek und allen anderen mehr um das Gespräch ging.[104] Vor ihnen lag eine herrliche Zeit an der Universität. Die Wahrscheinlichkeit, daß sie andauern würde, nahm im Sommer 1939 dramatisch ab. Während Wojtyła eine weitere Ausbildungsrunde in der Akademischen Legion einlegte – ein Foto aus dieser Zeit, auf dem er entschieden unbehaglich dreinblickt,[105] zeigt ihn beim Befehl „Präsentiert das Gewehr" –, zögerten und lavierten Polens Verbündete. Die deutsche Wehrmacht trieb ihre Vorbereitungen für den „Fall Weiß" entschlossen voran. Und in Moskau wurden bislang unvorstellbare Verhandlungen zwischen den beiden totalitären Riesen Europas aufgenommen.

Ein Sohn des freien Polen

Erinnerungen an die frühen Jahre von Männern und Frauen, die später zu Größe gelangen, laufen immer Gefahr, im Rückblick von Freunden und Weggefährten gefiltert zu werden. Die Versuchung, spätere Vorzüge und Leistungen schon in den Charaktereigenschaften und Erfolgen der Jugend zu erkennen, ist oft unwiderstehlich. Aber alles, was wir an Aussagen von Zeitgenossen haben, deutet darauf hin, daß Karol Wojtyła in der Tat ein musterhafter Sohn, Student und Freund war.

Jedermann war von seinen geistigen Fähigkeiten beeindruckt; wofür andere Stunden brauchten, das lernte er im Nu.[106] Er machte nicht viel Aufhebens von seinen Erfolgen. Niemand weiß davon zu berichten, daß er unter seinen

Gleichaltrigen Eifersucht hervorrief, vielleicht auch deshalb nicht, weil er anderen immer bereitwillig half, sich in einer für sie schwierigen Materie zurechtzufinden.[107] Er wuchs in einer Umgebung auf, für die Frömmigkeit ganz normal war, und wenn er frommer als andere seines Alters war, sah man das nicht als anomal, sondern als bewundernswert an.

Lolek war keineswegs ein Streber. Sein Leben wich nicht von dem anderer Jugendlicher seiner Zeit ab; unter Mädchen wie Jungen hatte er gute Freunde. Als begeisterter Sportler konnte er kilometerweit laufen, um einen besseren Skihang zu finden. Ohne die kontemplative Seite seiner Persönlichkeit zu verbergen, hatte er sich praktisch in allen sozialen Schichten seiner Stadt Freunde gemacht. Mit seinem Nachahmungstalent brachte er seine Freunde unweigerlich zum Lachen, wenn er seine Gymnasiallehrer imitierte.[108] Er lebte sich gut in das anspruchsvolle Milieu einer berühmten Universität und einer großen, kulturell lebendigen Stadt ein.

Seine Liebe und Achtung für seinen verwitweten Vater waren starke Magnete für die Grundausrichtung seines moralischen Kompasses. Einigen mag der Hauptmann wie ein Mann erschienen sein, der das Unglück, welches das Leben ihm beschert hatte, mit stoischer Ergebenheit trug. Die moralische Lektion, die der Sohn vom Vater lernte, hieß jedoch nicht: „Lebe wie ein Stoiker", sondern: „Lebe wie ein Christ – der Glaube wird dein Leiden verwandeln." Sein Vater lebte bescheiden, wie sein Sohn später sagte, aber die Bescheidenheit des älteren Karol Wojtyła war nicht einfach eine Folge der Sparsamkeit, zu der eine kleine Rente zwingt.[109] Sie entsprang dem Bekenntnis zur christlichen Askese und auch der unerschütterlichen Gewißheit, daß der Wert eines Menschen nicht in seinem Reichtum, sondern in seinem Charakter begründet ist.

Von seinem Vater lernte Lolek auch, daß Männlichkeit und Beten einander nicht widersprechen. Vor allem aber übermittelte der Hauptmann seinem Sohn einen Sinn dafür, was Vaterschaft bedeutet. Später sollte er diese theologisch begreifen: Der Sinn für Vaterschaft und deren Verpflichtungen sind ein Bild für Gott und seine Beziehung zur Welt. Vaterschaft heißt, die Ketten der Selbstsucht abzuschütteln; Vaterschaft bedeutet, „von der Liebe ergriffen zu werden". Im letzten von ihm verfaßten Theaterstück schreibt Karol Wojtyła, die Liebe dränge uns, in Akten der Selbsthingabe „zu gebären".[110]

Karol Wojtyła war das Kind einer besonderen Zeit, eines besonderen Ortes und einzigartiger zwischenmenschlicher Beziehungen. Jene, die ihn lehrten, sein Land sowie dessen Geschichte und Literatur zu lieben, lehrten ihn auch, daß die wahre Tradition seines Vaterlandes keinen Platz für Engstirnigkeit bot. Die polnische Erfahrung, wie sie ihm nahegebracht wurde, war vielmehr eine Metapher für die *conditio humana* im 20. Jahrhundert: Das Streben nach Freiheit war etwas allgemein Menschliches. In diesem Streben war die Wahrheit stärker als das, was die Welt gemeinhin unter handfester Macht verstand. Der menschliche Geist, folgte er der Wahrheit, war eine unwiderstehliche Kraft. *Das* zu verstehen, hieß ein Sohn des freien Polen zu sein.

Er war ein junger Mann, von dem man sich in der Zukunft noch viel erhoffen durfte, und zwar in einer Laufbahn, von der Karol Wojtyła meinte, sie würde sich um Sprache, Literatur und Theater drehen. Die Geschichte und, wie er betonte, die Vorsehung hatten andere Pläne.[111]

2

Aus dem Untergrund

Das Dritte Reich gegen das Reich der Wahrheit

1. September 1939	Beginn des Zweiten Weltkrieges mit dem Überfall der Deutschen auf Polen.
6. November 1939	184 Professoren der Jagiellonischen Universität werden verhaftet und nach Sachsenhausen verschleppt; Karol Wojtyła setzt seine Studien heimlich fort und schließt sich dem kulturellen Untergrund an.
Februar 1940	Lolek lernt Jan Tyranowski kennen, der ihn in die karmelitische Mystik und die Jugendgruppe „Lebendiger Rosenkranz" einführt.
Fastenzeit 1940	Wojtyła schreibt *Hiob: Ein Drama aus dem Alten Testament*.
Sommer 1940	Wojtyła schreibt *Jeremia: Drama einer Nation in drei Akten*
September 1940	Karol Wojtyła beginnt als Hauer im Steinbruch von Zakrzówek zu arbeiten.
18. Februar 1941	Loleks Vater, der ältere Karol Wojtyła, stirbt.
23. Mai 1941	Wojtyłas Gemeindepfarrer werden von der Gestapo verhaftet.
22. August 1941	Mieczysław Kotlarczyk beginnt mit dem „Rhapsodischen Theater".
Oktober 1941	Karol Wojtyła nimmt die Arbeit in der Chemiefabrik Solvay auf.
1. November 1941	In der ersten Untergrundaufführung des Rhapsodischen Theaters spielt Wojtyła Bolesław den Kühnen in Słowackis *Geist-König*.
Herbst 1942	Karol Wojtyła wird vom Erzbistum Krakau als heimlicher Priesteramtskandidat akzeptiert und beginnt im Untergrund ein Philosophiestudium.
29. Februar 1944	Wojtyła wird von einem deutschen Lastwagen angefahren und muß ins Krankenhaus.
April 1944	Jerzy Zachuta, Wojtyłas Kommilitone im Untergrundseminar, wird von der Gestapo festgenommen und erschossen.

6. August 1944	Erzbischof Adam Stefan Sapieha richtet in seiner Residenz ein Untergrundseminar ein.
Januar 1945	Die deutschen Besatzer verlassen Krakau und die Rote Armee zieht ein.
1. November 1946	Karol Wojtyła wird von Kardinal Sapieha zum Priester geweiht.
15. November 1946	Wojtyła geht nach Rom, um weiter Theologie zu studieren.
Sommer 1947	Wojtyła besucht Frankreich, Belgien und die Niederlande.
Juni 1948	Wojtyła schließt seine erste Promotion ab.

Hoch auf dem Wawel, dem Burgberg über Polens alter Hauptstadt, thront der Dom von Krakau. Nördlich davon liegt die Altstadt mit ihrem riesigen Marktplatz, der von der Marienkirche beherrscht wird, von deren Türmen ein Trompeter die Stunde verkündet. Der Ruf der Trompete bricht mitten im Ton ab – zur Erinnerung an jenen Wächter aus dem 13. Jahrhundert, dessen Kehle von einem Pfeil durchbohrt wurde, als er die Stadt vor einem drohenden Einfall der Tataren warnen wollte. Südlich vom Dom liegt seit alters her das jüdische Viertel Kazimierz. Im Herbst 1939 war seinen Bewohnern der Name Oskar Schindler noch unbekannt. Westlich von Kazimierz liegt Skałka, wo der hl. Stanislaus, Krakaus erster Bischof, 1079 von König Bolesław dem Kühnen mit dem Schwert erschlagen wurde.

Seit Jahrhunderten war der Dom auf dem Wawel Kristallisationspunkt für die nationalen Gefühle Polens, denn dort wurden seine Könige gekrönt, und viele Persönlichkeiten aus Politik, Kirche und Kultur liegen dort begraben. Seit seiner Erbauung in der gegenwärtigen Gestalt im Jahr 1320 hatte er viele Überfälle und Plünderungen erlebt. Tataren und Schweden waren brandschatzend durch das Land gezogen; die Österreicher hatten die Befestigungen und Mauern der Altstadt geschleift; mehr oder weniger brutale Besatzungsmächte hatten Polens Könige und Königinnen aus dem Königsschloß auf dem „polnischen Zion" vertrieben. Doch nun, am 1. September 1939, stand dem Dom auf dem Burgberg eine Erfahrung bevor, die die Vorstellungskraft aller überstieg, die seit Jahrhunderten unter seinem gotischen Gewölbe ihre Andacht verrichtet hatten.

An jenem Morgen verließ Karol Wojtyła in der Frühe seine im Dębniki-Viertel gelegene Wohnung in der Tyniecka-Straße 10, um zum Dom zu gehen. Es war der erste Freitag im Monat, und so wollte er, nach der katholischen Sitte und seiner persönlichen Gewohnheit, bei Pfarrer Kazimierz Figlewicz beichten und ihm bei der Messe assistieren. Nachdem er den Dom noch in der Morgendämmerung betreten hatte, ging er am Grab des Königs Władysław Jagiełło und am silbernen Reliquiar des hl. Stanislaus vorbei. Er sah das weiße Marmordenkmal der seligen Königin Jadwiga, Jagiełłos Frau und Mitregentin des vereinten polnisch-litauischen Reichs, und kam zu jenem Altar im Nordschiff, wo Jadwigas sterbliche Überreste verehrt wurden. Oft hatte die junge Königin im Gebet versunken vor dem großen schwarzen Kreuz des Altars gekniet, und von diesem Kreuz herab soll „nach der Überlieferung unserer Vorväter", wie es auf einer Inschrift heißt, Christus zu ihr gesprochen und sie an ihre Pflicht erinnert haben.

Während jener Frühmesse ließen sich andere, unfreundlichere Töne im Dom vernehmen. Zuerst zerrissen die schrillen Warnrufe der Sirenen die Stille. Dann folgten das Geknatter der Flugabwehr und die Explosionen von Bomben der deutschen Luftwaffe. Die Gläubigen stürzten fluchtartig aus der Kirche, aber Pfarrer Figlewicz und sein Meßdiener lasen die Messe, wenn auch etwas schneller als gewöhnlich, zu Ende. Dann wandte sich Karol Wojtyła an den Priester, den er in allen spirituellen Fragen um Rat bat und dem er seine tiefsten persönlichen Geheimnisse anvertraute, und sagte: „Ich muß schnell nach Hause, mein Vater ist allein." Während er über die Weichselbrücke eilte, begannen Stukas der Luftwaffe die Vorstädte zu beschießen.

Im Feuer gehärtet

Der Zweite Weltkrieg, von dem die Polen manchmal sagen, sie hätten ihn zweimal verloren, war für Polen eine verheerende Katastrophe. Von 35 Millionen Polen vor dem Krieg kamen sechs Millionen im Krieg um oder wurden ermordet, das heißt 18 Prozent der Bevölkerung starben. Polen wurde zu dem Land, in dem der Holocaust am schlimmsten wütete. Und am Ende verfügte eine andere totalitäre Macht über Polens politische Zukunft.

Der Krieg war das entscheidende Bildungserlebnis für den späteren Papst Johannes Paul II. Die Schrecken des Krieges und die unerwartete Begegnung mit der Laienmystik während der Besatzung formten Karol Wojtyłas eigentümlich karmelitische Spiritualität, in der das Krcuz der Mittelpunkt des christlichen Lebens, ja der Mittelpunkt der Menschheitsgeschichte ist. Erst während der Okkupation – und teilweise wegen der Okkupation – fühlte er immer stärker, daß er zum Priester berufen war.

Das Ringen um moralische Integrität zwischen September 1939 und Januar 1945 führte dem jungen Karol Wojtyła vor Augen, wie heldenhaft einige ihrer Priesterberufung nachkamen. Eines dieser Vorbilder, der Franziskaner Maximilian Kolbe, gab sein Leben im Hungerbunker von Auschwitz für einen Mithäftling hin. Ein anderes war Adam Stefan Sapieha, jener Erzbischof, der es bedauert hatte, daß der kluge junge Mann aus Wadowice sich für die Philologie statt für die Theologie entschieden hatte.

In der Besatzungszeit machte Karol Wojtyła seine intensivsten Erfahrungen mit der Arbeitswelt. Ihnen verdankte er viel Wasser für seine literarische Mühle, und sie sollten die Soziallehre der katholischen Kirche auf der ganzen Welt entscheidend beeinflussen. In der langen dunklen Nacht der Okkupation begann Karol Wojtyła zu erkennen, wie wichtig kulturelle Aktivitäten und die Verteidigung der kulturellen Identität einer Nation für den politischen Widerstand und die Befreiung sind – ein spezifischer Zugang zu den revolutionären Kräften, die 40 Jahre später den Lauf des 20. Jahrhunderts ändern sollte.

Der Krieg war eine Feuerprobe, eine sechs Jahre währende Zeit unaussprechlicher Grausamkeit, aber auch eines unvorstellbaren Heldentums. 1995 schrieb Johannes Paul II.:

Nach einem halben Jahrhundert bewahren Einzelpersonen, Familien und Völker noch immer die Erinnerung an jene sechs schrecklichen Jahre: Erinnerungen an Angst, Gewalt, große Not, Tod; dramatische Erfahrungen schmerzvoller Trennung in einer Zeit, in der es keine Sicherheit und keine Freiheit gab; unauslöschliche Erschütterungen durch grenzenlose Vernichtung.[1]

Einige, die durch diese von Menschen geschaffene Hölle gingen, schlossen daraus, daß das Leben absurd sei. Karol Wojtyła kam zu einem anderen Schluß und reifte sehr schnell als Mann, Denker und Jünger.

SCHLACHTFELDER

Die kommunistische Geschichtsschreibung der Nachkriegszeit, die von westlichen Kommentatoren nur allzu oft übernommen wird, stellte die Zweite Polnische Republik in der Regel als einen von faschistischen Obersten regierten Operettenstaat dar. Die Wahrheit ist vielschichtiger.

Die polnischen Regierungen zwischen den Kriegen behandelten politische Gegner mit einer Härte, die in heutigen Demokratien undenkbar wäre. Dennoch entstanden während der 20er und 30er Jahre des 20. Jahrhunderts eine Reihe politischer Oppositionsparteien, und als 1939 der Krieg ausbrach, standen sie in voller Blüte. Die einzige Ausnahme bildete die kommunistische Partei Polens. Allerdings wurde sie auf Befehl Moskaus liquidiert, nicht von polnischen Obersten. Versuche der Regierung, die Presse zu knebeln, schlugen gewöhnlich fehl, die Gerichtsbarkeit konnte ihre Unabhängigkeit behaupten und die Rechtsprechung war im allgemeinen unparteiisch, Kritiker der Regierungen wurden nicht von ihren Universitätsposten vertrieben.[2] Kurz gesagt, das Regime war nicht faschistisch oder auch nur halbfaschistisch.

Was die kulturelle Situation betraf, waren die Dinge komplizierter. Marschall Piłsudski, ein Philosemit, vertrat eine Auffassung von polnischem Nationalismus, in der es reichlich Platz für kulturelle und religiöse Vielfalt gab. Andere bestanden, häufig sehr plump, darauf, daß ein freies Polen in ethnischer Hinsicht polnisch und katholisch zu sein habe. Zu denen, die dieser Ansicht huldigten, gehörte ein großer Teil der ländlichen Geistlichkeit. Ihre Vorurteile wurden zweifellos noch bestärkt, als der Primas der Zwischenkriegsjahre, Kardinal Augustyn Hlond, in einem Hirtenbrief klassische antisemitische Klischees ins Feld führte und schrieb: „Es ist eine Tatsache, daß die Juden die katholische Kirche bekämpfen."[3] Die Haltung, die Wadowices Priester gegenüber ihren jüdischen Mitbürgern einnahmen, beweist, daß solche Gefühle nicht allgemein geteilt wurden. Nach Piłsudskis Tod hob der Antisemitismus immer offener sein Haupt. Auch die beträchtliche ukrainische Minderheit war in den Zwischenkriegsjahren vielen Repressalien ausgesetzt, und die politische Gewalt lauerte dicht unter der Oberfläche des öffentlichen Lebens.[4]

Das wiedergeborene Polen konnte auf manche kulturelle Leistung verweisen, doch fehlte es nicht an politischen, ethnischen und religiösen Spannungen und Streitigkeiten. Das Analphabetentum wurde drastisch reduziert. Die Armee, in der jeder junge Mann dienen mußte, wurde zu einer hervorragenden technischen Schule.[5] Das geistige Leben Polens, vor allem in Philosophie und Mathematik, blühte.[6] Die Künste erlebten einen kreativen Aufschwung. Polens katholische Intellektuelle wurden zu einer unabhängigen kulturellen Kraft, die sowohl den polnischen Messianismus als auch den polnischen Chauvinismus bekämpfte – eine Entwicklung, die sich auf Polens Zukunft entscheidend auswirken sollte.[7]

Ein ausgewogenes Urteil ist hier angebracht. Gewiß gab es zwischen den Kriegen in Polen Armut und Ungerechtigkeit, doch verglichen mit den riesigen Hungersnöten und Massenexekutionen, von denen die Geburt und Konsolidierung des bolschewistischen Regimes in der Sowjetunion begleitet waren, fiel das kaum ins Gewicht. Der Antisemitismus war, wie die amerikanischen Einwanderungsquoten in den 30er Jahren und später das französische Vichy-Regime bewiesen, keine polnische Besonderheit. Und obwohl die Polen große Schwierigkeiten hatten, eine stabile moderne Regierung einzurichten, fielen sie nicht im Rausch brudermörderischer Kämpfe übereinander her wie ihre spanischen Zeitgenossen. Im Zweiten Weltkrieg war Polen das einzige Land, in dem es den Nazis nicht gelang, auch nur ein fadenscheiniges Kollaborationsregime zu errichten.[8] Das alles scheint darauf hinzuweisen, daß die Zweite Polnische Republik, wie groß ihre Probleme auch gewesen sein mögen, es in den Augen ihrer Bürger wert war, verteidigt zu werden.

Polens Diplomatie zwischen den Kriegen war nicht sehr klug beraten. Daß sie sich auf Kosten der Tschechoslowakei Land aneignete, während diese von den Nazis verschluckt wurde, war nicht nur ein schmutziges Geschäft, es zeugte zudem von geopolitischer Blindheit. Ein polnisch-tschechoslowakisches Bündnis vor dem Münchner Abkommen hätte möglicherweise den Lauf der Geschichte am Ende der 30er Jahre geändert.[9] Letztlich hätte Polen jedoch durch keine noch so kreative Diplomatie vor seinem alten Fluch bewahrt werden können: seiner geographischen Lage.

Adolf Hitler kündigte dem deutschen Oberkommando der Wehrmacht im März 1939 an, daß es an der Zeit sei, das „polnische Problem" mit militärischen Mitteln zu lösen. Am 1. April befahl er den Einfall am 1. September und löste damit einseitig den 1934 zwischen Deutschland und Polen geschlossenen Nichtangriffspakt. Die letzte Entscheidung über den Angriff fiel am 23. Mai 1939, nachdem die polnische Regierung es abgelehnt hatte, sich den deutschen Forderungen bezüglich des Anschlusses der Freistadt Danzig an das Dritte Reich und der Lage der Deutschen in Polen zu beugen.[10] Diese Forderungen sollten nur Nebel verbreiten, hinter dem sich eine eiskalte Strategie verbarg. Im privaten Kreis hatte Hitler bereits geäußert, Danzig sei „keineswegs der Hauptgrund des Konflikts". „Das oberste Ziel ist es, neuen Boden für Deutschland im Osten zu gewinnen, um neuen Nachschub für Nahrungsmittel zu kontrollieren und zu sichern. Die Frage nach einer Schonung Polens stellt sich erst gar nicht."[11]

Einen Monat nach Hitlers Entscheidung vom 23. Mai legte das Oberkommando der Wehrmacht dem Führer die Operationspläne für den „Fall Weiß" vor, den Überfall auf Polen und dessen Eroberung. Am 15. August – in Polen pilgerte man zum Fest Mariä Himmelfahrt nach Kalwaria Zebrzydowska,

Tschenstochau oder zu anderen Orten des Landes – wurden Mobilisierungsbefehle für die Deutsche Reichsbahn ausgegeben.[12]

Eine Woche später sprach der deutsche Außenminister Joachim von Ribbentrop in Moskau vor, um den Nichtangriffspakt zu schließen, der das Schicksal der Zweiten Polnischen Republik besiegelte und das Land erneut teilte. Zwei alte Widersacher schlossen sich im Zeichen des Totalitarismus zusammen. Ein urkatholisches Land sollte von zwei radikal säkularen Ideologien zerstückelt werden. Deutschlands alter *Drang nach Osten* traf sich mit Stalins Streben nach einer Pufferzone, die er, wie er wohl wußte, bald als Schutz vor seinem deutschen „Verbündeten" brauchen würde. Unterdessen lavierten Polens westliche Bündnispartner. Englands Premierminister Neville Chamberlain übermittelte der deutschen Regierung verspätete Protestnoten, die nach dem Münchener Abkommen des Vorjahres nicht den geringsten Eindruck machten.

Polens Plan für den Fall des Kriegsausbruches, der „Plan Z", war nicht unvernünftig. In der Annahme, daß die Deutschen von Schlesien und der Slowakei aus vorstoßen würden, und wohl wissend, daß sie die Wehrmacht nicht aus eigener Kraft schlagen konnten, ließen die Polen sieben Armeegruppen in einem Halbkreis an ihren westlichen und südlichen Grenzen aufmarschieren. Der Gedanke war, daß man dem ersten Angriff widerstehen müsse, um dann einen geordneten Rückzug ins Landesinnere anzutreten und dabei die Flüsse des Landes als Verteidigungslinien zu nutzen. Bei diesem Stand der Dinge würden dann England und Frankreich von Westen her Deutschland angreifen, so daß die Wehrmacht gezwungen war, Kräfte abzuziehen, um diese tödliche Bedrohung abzuwehren. Mittlerweile würden der Winter und das naßkalte Wetter einsetzen, das stark motorisierte deutsche Heer würde im Schlamm versinken, die Polen würden zur Offensive übergehen und so die Deutschen im Osten von den Polen und im Westen von deren Verbündeten in die Zange genommen werden.

Doch schon bald zeigte sich, daß die große polnische Armee auf die Angriffswucht des Blitzkrieges nicht vorbereitet war. Die tödliche Verbindung deutscher Panzer mit motorisierter Infanterie sowie die praktisch sofortige Kontrolle des polnischen Luftraums durch die deutsche Luftwaffe machten den geplanten Rückzugskampf unmöglich. Der polnische Plan war zwar tapfer, aber den neuen Realitäten der Kriegführung nicht gewachsen.[13] Außerdem war das Land aufgrund seiner Geographie – seiner weiten Ebene – ein ideales Testgelände für die Taktik des Blitzkrieges. Und schließlich hatten die Polen nicht damit gerechnet, daß sie vom Westen *und* vom Osten angegriffen werden könnten, wie es durch den Hitler-Stalin-Pakt möglich wurde.

Da Polens englische und französische Verbündete ihrer Verpflichtung, Deutschland zu Land anzugreifen, nicht nachkamen, war Polens Verteidigungsstrategie ohnehin fragwürdig. Die Vereinbarungen mit England und Frankreich sahen vor, daß Polen etwa zwei Wochen durchhalten müsse, damit die Franzosen Zeit hätten, „90 Divisionen, 2500 Panzer und 1400 Flugzeuge über die praktisch entblößte Rheinlinie zu werfen". Die Polen hielten sogar das Doppelte dieser Zeit durch, doch abgesehen von einem Ablenkungsangriff im Wald von Warndt an der deutsch-französischen Grenze unternahm die französische Armee nichts, was von strategischer Bedeutung gewesen wäre, und „die RAF begnügte sich damit, über deutschen Städten Flugblätter abzuwerfen".[14]

Indem sie Polen seinem Schicksal überließen, verspielten Großbritannien und Frankreich ihre beste Chance, Hitlers Aggression zu stoppen, ohne in einen Weltkrieg zu geraten.

Trotz dieses Verrats kämpften die Polen im Zweiten Weltkrieg entschlossen an der Seite der Alliierten. Polnische Truppen fochten gemeinsam mit britischen in Norwegen und mit französischen und britischen im Frühjahr 1940 in Frankreich. Polens Piloten in der RAF waren im Herbst 1940 für 12 Prozent der deutschen Verluste in der Schlacht um England verantwortlich.[15] Das 2. Polnische Korps gewann die vierte und entscheidende Schlacht bei Monte Cassino in Italien. Die 1. Polnische Panzerdivision leistete einen wichtigen Beitrag zum Durchbruch der Alliierten im August 1944 in der Normandie – in der Kesselschlacht von Falaise stießen polnische Einheiten auf deutsche Truppenteile, gegen die sie bereits 1939 in den Karpaten gekämpft hatten.[16] Der polnische Geheimdienst, der schon vor Kriegsausbruch mit den Alliierten zusammenarbeitete, gelangte in den Besitz der deutschen „Enigma-Maschine" und spielte sie mit „ungeheurem Mut", wie Churchills Privatsekretär sagte, den Briten zu, für die es vermutlich der größte Geheimdienstcoup des Krieges war, konnten sie doch jetzt die deutschen Heeresbefehle entschlüsseln.[17] Die an der Seite der Alliierten kämpfenden Polen wurden, besonders nach dem Krieg, häufig abschätzig als Emigranten bezeichnet. In Wahrheit handelte es sich um Polen, die von ihrer eigenen Heimaterde und ihren Schlachtfeldern abgeschnitten worden waren. In dieser Eigenschaft waren sie, wie Johannes Paul II. es einmal ausdrückte, „die Lebenskraft jenes Polens, das für seine Unabhängigkeit kämpfte, getreu dem Motto: Für eure Freiheit und für unsere."[18]

Das entscheidende Datum war der 17. September 1939. Während sich die Franzosen ängstlich hinter der Maginotlinie verschanzten, wohl immer noch von den Erinnerungen an den Ersten Weltkrieg gelähmt, fiel die Sowjetunion von Osten her in Polen ein. Mit jener feinfühligen moralischen Sensibilität, für die Sowjetrußlands Diplomatie bekannt war, bestellte der stellvertretende Außenminister Wladimir Potemkin Polens Botschafter Wacław Grzybowski in den Kreml, um ihm mitzuteilen, der polnisch-deutsche Krieg habe „den internationalen Bankrott des polnischen Staates offenbart". Daher sehe sich die Sowjetunion verpflichtet „um der auf polnischem Territorium lebenden ukrainischen und weißrussischen Brüder willen einzugreifen".[19] Daß Stalin nicht nur daran dachte, den Frieden zwischen den Volksgruppen zu schützen, wurde sofort deutlich, als die vorrückenden Sowjetkräfte anfingen, die in Gefangenschaft geratenen polnischen Offiziere zu erschießen. Das war ein düsterer Vorgeschmack auf das Massaker im Wald von Katyn im Mai 1940, als der NKWD, der Vorläufer des KGB, kaltblütig mehr als 10 000 polnische Offiziere ermordete und damit die zukünftige Elite einer unabhängigen polnischen Armee beseitigte.[20]

In der Nacht vom 17./18. September floh die polnische Regierung im Auto über den Fluß Czeremosz nach Rumänien; der Primas, Kardinal Hlond, begleitete sie. In der Absicht, den Krieg von Frankreich aus fortzusetzen, folgte ihnen am nächsten Tag der Oberbefehlshaber der polnischen Armee, Marschall Edward Rydz-Śmigły. Infolgedessen erging an die polnischen Truppen kein allgemeiner Kapitulationsbefehl, ja es fand nie eine offizielle Kapitulation statt. Warschau hielt sich bis zum 27. September und gab den Widerstand erst auf, nachdem die Luftwaffe und die deutsche Artillerie die Wasserversorgung zerstört hatten und die Lebensmittelvorräte aufgebraucht waren. Unverzüglich ging die polnische Untergrundbewegung, die später mit der legitimen polnischen Exilregierung in London Verbindung aufnahm, zu heftigen und hartnäckigen Widerstandsaktionen über.[21] Am 5. Oktober nahm Adolf Hitler die Siegesparade der deutschen Truppen in Warschau ab. Der polnische Widerstand hatte auf der Zuschauertribüne genug Sprengstoff versteckt, um den Führer samt seinem ganzen Gefolge in die Luft zu sprengen. Der Anschlag schlug fehl, als der für die Zündung verantwortliche Mann auf deutschen Befehl vom Schauplatz entfernt wurde.[22]

Die vierte Teilung Polens war vollzogen. Wieder einmal war der polnische Staat ausgelöscht worden. Sein Volk nahm einen verzweifelten Kampf ums Überleben auf, während seine Nazibesatzer entschlossen waren, ihm genau das zu verwehren.

„POLEN WIRD AUSRADIERT WERDEN"

Die Geschichtsschreibung des Westens stellt für gewöhnlich die Schlacht um England, die Feldzüge in Afrika und Italien, die Landung in der Normandie und den Vorstoß der alliierten Armeen zum und über den Rhein in den Mittelpunkt „der Geschichte" des Zweiten Weltkriegs. Dagegen läßt sich überzeugend argumentieren, daß die entscheidenden europäischen Kriegsschauplätze in Osteuropa und Ostmitteleuropa lagen.

Die Deutschen verloren mehr Soldaten an der Ost- als an der Westfront, und ohne dieses Ausbluten hätte sich der Krieg im Westen gewiß anders entwickelt. Polens zentrale Lage im kontinentalen Kampf und die wahnwitzigen Rassentheorien der Nazis waren der Grund dafür, daß die deutsche Besatzung Polens von einer beispiellosen Brutalität gekennzeichnet war. Rousseaus berühmter Rat an die Polen – „Könnt ihr eure Feinde nicht daran hindern, euch ganz zu verschlucken, dann sorgt wenigstens dafür, daß sie euch nicht verdauen"[23] – wurde noch nie auf eine so harte Probe gestellt.

Polens östliche Provinzen wurden von der Sowjetunion annektiert, während Mittel- und Westpolen in zwei deutsche Besatzungszonen geteilt wurden. Teile Polens, darunter auch Wadowice, wurden dem Dritten Reich einverleibt. Der Rest wurde zum „Generalgouvernement" erklärt und der Leitung Hans Franks unterstellt, der das Königsschloß auf dem Wawel von Krakau zu seiner Residenz machte. Der Rechtsstaat – und alles, was ihm auch nur entfernt ähnelte – wurde abgeschafft und ein Reich des Terrors errichtet.

Frank, ein Gangster, der sich für einen Intellektuellen hielt, betrat das Schloß durch das Portal mit der lateinischen Inschrift: *Si Deus nobiscum quis contra nos* [Wenn Gott mit uns ist, wer kann dann gegen uns sein?]. Aus der Residenz von Polens Königen erließ er an seine Untergebenen Anordnungen, die den Polen zeigen sollten, daß Gott, ob er jetzt mit ihnen war oder nicht, keine Bedeutung mehr hatte:

Der Pole hat keine Rechte. Er hat nur eine Pflicht: zu gehorchen, wenn wir ihm etwas befehlen. Er muß unaufhörlich daran erinnert werden, daß es seine Pflicht ist zu gehorchen.

Eines unserer Hauptziele besteht darin, so schnell wie möglich alle unruhestiftenden Politiker, Priester und Führer, die in unsere Hände fallen, zu vernichten. Ich sage ganz offen, daß einige tausend sogenannter bedeutender Polen mit ihrem Leben bezahlen müssen, aber Sie dürfen sich durch Ihre Sympathie für einzelne nicht hinreißen lassen, Ihre Pflicht zu versäumen, die den Zielen des Nationalsozialismus zum Sieg verhelfen und dafür sorgen soll, daß die polnische Nation nie wieder Widerstand leisten kann.

Jedes Überbleibsel der polnischen Kultur ist auszulöschen. Solche Polen, die nordische Gesichtszüge haben, sind zur Arbeit in unseren Fabriken nach Deutschland zu bringen. Kinder mit nordischen Gesichtszügen sind ihren Eltern wegzunehmen und als deutsche Arbeiter aufzuziehen. Die übrigen? Sie werden arbeiten. Sie werden wenig essen. Und am Ende werden sie aussterben. Polen wird es nie wieder geben.[24]

In Hans Franks Generalgouvernement gab es für „Verbrechen" oder Widerstand nur zwei Strafen: die Todesstrafe oder die Deportation in ein Konzentrationslager. Und ein „Verbrechen" konnte es schon sein, wenn man einer deutschen Patrouille auf dem Bürgersteig nicht auswich.[25] Die Leute mußten von 900 Kalorien am Tag leben. Gymnasien und Universitäten wurden geschlossen. Polen sollten nur noch lernen, bis 100 zu zählen, und gerade soviel lesen können, daß sie einfache Anweisungen verstanden. Die polnische Kultur zu pflegen galt als Schwerverbrechen. Krakaus großes Słowacki-Theater wurde in „Staatstheater" umbenannt und blieb den Deutschen vorbehalten. Die Werke Chopins oder Szymanowskis aufzuführen war verboten. Die Deutschen zerstörten systematisch Bibliotheken und andere Stätten, in denen Polens historisches Gedächtnis aufbewahrt war.[26] Die Statue des Nationaldichters Adam Mickiewicz auf dem Marktplatz der Krakauer Altstadt wurde zerschlagen, und das gleiche geschah mit dem Denkmal für den polnisch-litauischen Sieg über die Deutschen Ordensritter im Jahr 1410. Der riesige holzgeschnitzte Altar von Veit Stoß in der Marienkirche wurde zerlegt und nach Nürnberg gebracht.

Die katholische Kirche wurde zum besonderen Angriffsziel der Naziherren in Polen, die erkannten, daß die Kirche die historische Hüterin der nationalen Kultur und Identität war. Wer die polnische Gesellschaft enthaupten wollte, mußte bei der Kirche anfangen. Vor dem Krieg war die Kirche wohlhabend gewesen. Sie besaß etwa 400 000 ha Land sowie Pfarrhäuser, Klöster, Kranken- und Waisenhäuser, kleine Landwirtschafts- und Handwerksbetriebe. 20 Millionen Katholiken besuchten die Messe in 5100 Pfarreien, in denen 11 300 Priester und fast 17 000 Nonnen tätig waren. Jetzt bewies die katholische Kirche in Polen, daß sie auch zu leiden verstand.

Polens Bild der Kirche wurde durch die Opfer, die der Klerus während des Krieges brachte, unauslöschlich geprägt. Neben unzähligen Laien wurden 3646 Priester in Konzentrationslager eingesperrt, 2647 von ihnen wurden umgebracht; von 1117 verhafteten Nonnen wurden 238 getötet und 25 starben an anderen Ursachen. Das Konzentrationslager Dachau bei München wurde zum größten Kloster der Welt, in dem zeitweilig 1474 Priester aus Polen und Hunderte aus anderen besetzten Ländern gefangen saßen. Etwa 120 polnische Priester wurden für verbrecherische medizinische Experimente mißbraucht. Ende

1939 wurde das Domkapitel, der höhere Klerus der Diözese Pelplin, summarisch hingerichtet. Bischof Michał Kozal von Włocławek starb 1943 in Dachau, wo auch Pater Hilarius Paweł Januszewski, der frühere Abt des Krakauer Karmeliterklosters, 1945 an Typhus starb, mit dem er sich bei der freiwilligen Pflege der Lagerkranken infiziert hatte. Ein anderer Priester aus Krakau, Piotr Dańkowski, starb am Karfreitag 1942 in Auschwitz; seine Schultern hatte man an einem Holzklotz festgebunden. Alfons Maria Mazurek, der Abt des Klosters der Unbeschuhten Karmeliter in Czerna, wurde am 28. August 1944 zu Tode geprügelt, nachdem man ihn aus dem Kloster herausgeholt hatte. In Karol Wojtyłas Gemeinde in Dębniki wurde im Mai 1941 der Salesianer Józef Kowalski festgenommen und nach Auschwitz gebracht. Da er sich weigerte, die Perlen des Rosenkranzes mit seinen Füßen in den Schmutz zu treten, wurde er geschlagen und in der Nacht des 3. Juli 1942 in Fäkalien ertränkt.[27]

Kurz nach ihrem Eintreffen in Bydgoszcz, also bereits zu Beginn des Krieges, fingen die Deutschen an, als Vergeltung für den Widerstand der polnischen Armee Priester zu erschießen. Ein Priester im besetzten Polen konnte schon dafür erschossen werden, daß er eine nicht genehmigte Prozession um seine Kirche herum führte. Altäre am Wegesrand wurden zerstört. Bei ihren Versuchen, die polnische Sprache zu unterdrücken, machten die Deutschen nicht einmal vor der Beichte halt. Weil er die Beichte in der Sprache seines Beichtkindes abgenommen hatte, wurde ein Priester aus Chojnice so heftig geschlagen, daß er später im Gefängnis starb.[28] Hans Frank schloß den Dom auf dem Wawel, gestattete aber später, daß Pfarrer Figlewicz unter der Aufsicht deutscher Wachen wöchentlich zwei Messen las.[29] Am Ende des Krieges war etwa ein Drittel des polnischen Klerus unmittelbar ermordet worden oder in Konzentrationslagern gestorben. Oft waren es gerade die aufgeklärten und engagierten Priester, die ihr Leben ließen.[30]

Es war verboten, sich katholischen Jugendgruppen anzuschließen, und wer sich über das Verbot hinwegsetzte, mußte einen hohen Preis zahlen, vor allem wenn die Gruppe mit dem polnischen Widerstand zusammenarbeitete. Wanda Półtawska, eine junge Katholikin und Kurier für den Widerstand, war mehrere Jahre lang Versuchskaninchen im KZ Ravensbrück, wo ihr Krankheitskeime ins Knochenmark gespritzt wurden. Dort setzte sie ihren Widerstand fort, denn sie erkannte „den selbstmörderischen Mut von Menschen, die tun konnten, wozu sie sich heute entschieden, weil sie wußten, daß sie schon morgen tot sein konnten".[31] Andere Mitglieder des Widerstands hatten mehr Glück. Stefan Wyszyński, ein junger, für sein Engagement in der Arbeiterbewegung bekannter Priester, überlebte eine Verhaftung durch die Gestapo und arbeitete während der Kriegsjahre im Untergrund. Sein Deckname in dieser Zeit, in der er heimlich seinem Priesteramt nachging, war „Schwester Cäcilia".[32]

In den Jahren von 1939 bis 1945 hatte das Leben in Polen einen bizarren, ja geradezu surrealen Anstrich. Die Frage war nicht, ob man nächstes Jahr noch leben würde. Angesichts des willkürlichen Terrors, den die Besatzer ausübten, war die Frage eher, ob man morgen noch lebte. Der Druck ließ nie nach: „Sie" konnten so viele Fehler machen, wie „sie" wollten; man selbst konnte nur einen machen. Früher einmal hatten Verbrecher so gedacht; nach drei Monaten Okkupation dachten praktisch alle Polen so. Die offizielle Lebensmittelration reichte nicht zum Überleben, also wurde jeder notgedrungen ein Gesetzesbrecher, der vom Schwarzmarkt lebte. Als sich die Nachricht verbreitete, daß die Franzosen vor der Wehrmacht kapituliert hatten, ging eine Selbstmordwelle durch Warschau, Krakau und die Herrensitze der polnischen Intelligenz. Hilfe war nicht mehr zu erwarten. Der Frühling würde nicht mehr kommen. Ein scheinbar endloser Winter war angebrochen. Polen war eine Nation unter der Eisdecke.[33]

DER ARBEITER

Bei Kriegsausbruch verließen Karol Wojtyła und sein Vater ihre Wohnung in Dębniki und zogen, wie Tausende anderer Polen, nur mit einem abgenutzten Koffer nach Osten. Die Straßen waren von Flüchtlingen verstopft, viele von ihnen Juden. Sie schoben die Kinder in Kinderwagen, die Alten gingen gestützt auf die Enkel. Bauern trieben ihr Vieh vor sich her. Die Leute beteten, sangen und fluchten. Sie hatten kein Ziel, nur den einen verzweifelten Gedanken: weg von der vordringenden Wehrmacht. Der ältere Wojtyła, schwach und krank, konnte gelegentlich auf einem Karren oder einem Lastwagen mitfahren. Manchmal ließen sich Lolek und sein Vater in den Straßengraben fallen, um Schutz vor Tiefffliegern der deutschen Luftwaffe zu suchen. Sie passierten Tarnów und erreichten etwa 180 Kilometer von Krakau entfernt den San, als sie erfuhren, daß die Russen von Osten in Polen eingefallen waren. Bedroht von summarischer Exekution oder Deportation durch die vorstoßende Rote Armee, schien ihnen Krakau, selbst unter deutscher Besatzung, das kleinere Übel zu sein. Krakau war trotz allem ihr Zuhause. Sie kehrten um und gingen zurück.[34]

Bei ihrer Rückkehr sahen sie das Hakenkreuz auf dem Wawel wehen. Während der Wochen, in denen die Wojtyłas zu fliehen suchten, hatten die Deutschen ein hartes und effizientes Regime errichtet. Fleisch, frisches Gemüse, das beste Brot und Butter gab es bloß in Spezialgeschäften mit dem Schild „Nur für Deutsche". Wenn Lolek seine „Katakombenwohnung" in Dębniki verließ, sah er, daß die Polen trotz Kälte schon um vier Uhr morgens Schlange standen, um Schwarzbrot zu kaufen.[35] Dennoch mochte die Besatzung einem kühnen jungen Mann zunächst eher als Abenteuer denn als Reich des Schreckens erscheinen. Mitte September schrieb Wojtyła an Mieczysław Kotlarczyk, der noch immer in Wadowice weilte:

> *Vita Cracoviensis* [Krakauer Leben]. Denk Dir nur, denk! Es besteht aus Schlangestehen, um Brot zu bekommen, oder aus (seltenen) Expeditionen, um Zucker aufzutreiben. Ha! Und auch aus einer dunklen Sehnsucht nach Kohle – und Lektüre. Einst bestand das Leben für uns aus Abenden auf der Długa-Straße, aus feinsinnigen Gesprächen, aus Träumen und Sehnsüchten. Manch einen Abend verträumten wir bis Mitternacht oder noch später, und jetzt ...[36]

In seinem Brief an Kotlarczyk erwähnt Lolek auch seine Versuche, stundenweise Arbeit am Słowacki-Theater zu finden. Da die Deutschen dieses große Schauspielhaus ausschließlich für ihren eigenen Gebrauch beschlagnahmt hatten, endete abrupt jede Hoffnung, seine Schauspielerkarriere offen fortzusetzen. Das war natürlich ein Schlag, doch die brutale Fratze des Terrors zeigte sich erst richtig zu Beginn des November 1939.

Wie eh und je öffnete die Jagiellonische Universität ihre Pforten im Oktober. Einige Professoren hatten mit ihren Seminaren sogar schon vor dem offiziellen Semesteranfang begonnen, vielleicht weil sie ahnten, was auf sie zukam. Die Studenten, unter ihnen auch Karol Wojtyła, schrieben sich für ihre Herbstseminare ein. Es sollte ein sehr kurzes Semester werden.

Für den 6. November hatte SS-Obersturmbannführer Müller einen Vortrag im Szujski-Saal des Collegium Novum für alle Professoren und den gesamten Lehrkörper angekündigt. Da sie eine Falle witterten, ließen sich einige entschuldigen, doch 184 Akademiker kamen. Als Müller in Begleitung eines Trupps Soldaten den Vorlesungssaal betrat, wußten sie, daß ihr Schicksal besiegelt war. Bei dieser „Sonderaktion Krakau" wurde die gesamte Gruppe, darunter 18 gegenwärtige oder frühere Rektoren, 50 Dekane oder stellvertretende Dekane, verhaftet und ins Konzentrationslager Sachsenhausen transportiert, wo viele von ihnen umkamen. Die Strategie der Nazis, das Land kulturell zu enthaupten, wurde an der zweitältesten Universität Ostmitteleuropas in aller Härte durchgeführt.[37] Nach der Verhaftung des Lehrkörpers plünderten die Deutschen die Jagiellonische Universität, zerstörten Bibliotheken und Laboratorien.[38] Vier Tage vor der Festnahme der Professoren hatte Lolek an Mieczysław Kotlarczyk von seiner Hoffnung auf ein „athenisches Polen" geschrieben, das dank der „grenzenlosen Unermeßlichkeit des Christentums" noch „vollkommener als Athen" sein würde.[39] Diese überschwengliche Vision eines jungen Mannes mußte nun im geheimen verfolgt werden.

Zu Beginn des Jahres 1942 hatte sich die Jagiellonische Universität in einem trotzigen Akt der Selbsterhaltung im Untergrund neu gegründet und fünf Fakultäten sowie alle Abteilungen eingerichtet, die es vor dem Krieg gab. In den drei Jahren ihrer Untergrundexistenz setzten 136 Professoren ständig ihr Leben aufs Spiel, indem sie 800 Studenten, darunter auch Karol Wojtyła, oft nachts bei sich zu Hause unterrichteten. Juliusz Kydryński, dessen Familie sich dauernd der Gefahr einer Verhaftung aussetzte, weil sie ihre Wohnung für das heimliche Studium zur Verfügung stellte, fängt in seinen Erinnerungen die Atmosphäre jener Zeit ein:

„Wir hatten verabredet, daß eine dieser Versammlungen in einer Stunde stattfinden sollte. Die Stühle für etwa 30 Leute standen schon im Zimmer bereit. Da kam die Gestapo. Sie erkundigte sich nach jemandem, den wir möglicherweise kannten, und sah die ganzen Stühle. Meine Mutter sagte, wir wollten ein Fest feiern. Damit schienen sie sich zufrieden zu geben und gingen. Aber es war sehr knapp. (...) Wäre die Gestapo erschienen, als die Leute schon da waren, dann könnte ich heute nichts mehr sagen."[40]

In der Zwischenzeit galt es auch den Körper zusammenzuhalten. Mieczysław Maliński, wie Karol Wojtyła ein Bewohner des Dębniki-Viertels und bald dessen Freund, beschrieb die täglichen Lebensbedingungen im besetzten Krakau mit grimmigen Worten:

„Das Aufgreifen der Menschen auf den Straßen, der Abtransport in ein KZ, zur Zwangsarbeit nach Deutschland oder gänzlich ins Ungewisse und auch die

Erschießungen auf offener Straße und das Verprügeltwerden von SS-Leuten, all das gehörte einfach zur Tagesordnung. Nachts kam es häufig zu Schießereien auf der Straße. Nach der Polizeistunde griffen die Patrouillen alle auf, die ohne Passierschein unterwegs waren; sie schossen auf Fliehende, die auf den Zuruf ‚Halt' nicht stehenblieben. (...) Fünf Jahre lang haben wir gehungert und fünf Winter lang gefroren."[41]

Die Wojtyłas ernährten sich hauptsächlich von Kartoffeln, die manchmal mit ein paar Zwiebeln oder Margarine verfeinert waren.[42] Nicht nur die Ernährung war ein Problem. Karol Wojtyła brauchte unbedingt eine Arbeitskarte, um in Krakau bleiben zu können. Jeder arbeitsfähige Mann im Generalgouvernement zwischen 14 und 60 mußte einer Arbeit nachgehen. Die Alternative war, in ein KZ deportiert oder ohne langes Federlesen hingerichtet zu werden. Im ersten Kriegsjahr fand Lolek eine Arbeit als Laufbursche für ein Restaurant. Es war eine verhältnismäßig leichte Arbeit, die es Wojtyła erlaubte, seine Ausbildung fortzusetzen, weiter Theater zu spielen und am kulturellen Widerstand teilzunehmen, in dem er immer aktiver wurde. Während andere „an Langeweile sterben", schrieb er Ende 1939 an Kotlarczyk, „habe ich mich mit Büchern eingedeckt, mich in die Künste und Wissenschaften vergraben".[43] Er lernte auch wieder verstärkt Französisch.[44] Zur selben Zeit las er für sich zum ersten oder auch zum wiederholten Mal Conrad, Słowacki, Mickiewicz, Wyspiański und daneben die Bibel, vor allem das Alte Testament.[45]

Im Herbst 1940 gingen die Nazis dazu über, die Arbeitsschraube noch fester anzuziehen, und so schuftete Karol Wojtyła fast vier Jahre lang als Hilfsarbeiter im Chemieunternehmen Solvay. Ein Jahr lang ging er jeden Tag von seiner Wohnung in Dębniki zum Solvay-Steinbruch in Zakrzówek und wieder zurück. Es war zwar nur ein halbstündiger Fußweg, aber bei winterlichen Minusgraden war es keine Kleinigkeit, denn dann mußten er und sein Freund und Arbeitskollege Juliusz Kydryński sich das Gesicht dick mit Vaseline einschmieren, um ihre Haut vor Erfrierungen zu schützen.

Der Steinbruch in Zakrzówek, eine über 100 Meter tiefe Grube, förderte Kalkstein, den notwendigen Rohstoff für die Herstellung von Soda in der Chemiefabrik Solvay, die in Borek Fałęcki, einem anderen Krakauer Vorort, lag. Den ganzen bitterkalten Winter 1940/41, in dem das Thermometer auf minus 30° fiel, schaufelte Lolek am Grund der Grube Kalkstein in Loren. Gelegentlich arbeitete er auch als Bremser für die Transportzüge. Im Frühjahr erhielt er eine Art Beförderung und wurde Gehilfe von Franciszek Łabuś, einem erfahrenen Sprengmeister. Łabuś schloß den jungen Mann, den nichts in seinem bisherigen Leben auf die Härten des Steinbruchs vorbereitet hatte, ins Herz und riet Lolek zu einer anderen Laufbahn. „Weißt du, Karol, du solltest Priester werden", sagte er zu dem Sprenglehrling. „Du hast eine gute Stimme und wirst gut singen; dann bist du ein gemachter Mann."[46]

Auch wenn Karol Wojtyła später seine Erfahrung im Steinbruch für seine literarischen, philosophischen und theologischen Zwecke zu nutzen wußte, darf man nicht vergessen, daß es eine harte und gefährliche Arbeit war. Tag für Tag mußte jeder Arbeiter eine der Loren mit Kalkstein füllen. Die studentischen Neulinge schaffen es nicht, diese Norm zu erfüllen, doch die mitfühlende Grubenleitung konnte die Norm lediglich senken. Der Kalkstein mußte noch immer Stunde um Stunde gebrochen und geschaufelt werden. Es gab nur eine

Arbeitspause am Tag: das Frühstück. Das Essen mußte von zu Hause mitgebracht werden und bestand für gewöhnlich aus hartem Brot mit Marmelade und Ersatzkaffee. Manchmal gelang es Lolek und Kydryński, sich in eine kleine Hütte in der Grube zurückzuziehen. Dort stand ein eiserner Ofen, an dem sie sich und ihren Kaffee kurz aufwärmen konnten. Nach den Vorschriften durften sie am Tag nur 15 Minuten Pause machen, tatsächlich aber gelang es ihnen, sich alle paar Stunden davonzustehlen, um sich ein wenig zu wärmen. Die Leute im Steinbruch waren, wie Kydryński sich erinnert, gute Polen, die die Studenten nicht verächtlich behandelten, sondern eher Mitleid mit ihnen hatten, weil sie zu dieser Knochenarbeit gezwungen waren, um der Deportation nach Deutschland zu entgehen.[47]

Ein Arbeitstag in Zakrzówek dauerte vom frühen Morgen bis um drei Uhr nachmittags. Danach ging Lolek, in Drillichhosen und Arbeitsschuhen, heim, in der Tasche, was immer er für seinen Vater und sich im Steinbruch oder anderswo hatte ergattern können: etwas Kohle, ein paar Kartoffeln, vielleicht ein wenig Kohl oder Erbsen. Seit die Nazis die Pension des Hauptmanns gestrichen hatten, war der magere Lohn des jungen Arbeiters im Steinbruch das einzige Einkommen der beiden.

Im Oktober 1941 wurde Karol Wojtyła in die Chemiefabrik Solvay in Borek Fałęcki versetzt. Sein Arbeitsweg war nun etwas länger, die Arbeitsbedingungen aber wesentlich besser. In Borek Fałęcki arbeitete er in der Kläranlage der Fabrik, oft in der Nachtschicht. Dann war es leichter, zwischendurch zu lesen, während er Kalkeimer schleppte, die an einem hölzernen Joch über seinen Schultern hingen. Die Fabrikarbeiter konnten in der Kantine auch ein bescheidenes Essen bekommen, das pro Schicht aus einem halben Liter Suppe und einer Schnitte Brot bestand.

Obwohl die allgegenwärtige Bedrohung durch die Gestapo die Leute schweigsam machte, ermöglichten die Arbeitsbedingungen in Borek Fałęcki Gespräche zwischen Lolek und seinen Arbeitskollegen. Manchmal diskutierte er religiöse Fragen mit einem Mann namens Mankowski, einem Atheisten und Mitglied der Sozialistischen Partei Polens. Seine Arbeitskollegen erinnern sich auch, daß Karol Wojtyła ohne Angst vor dem Spott anderer in der Fabrik niederkniete, um zu beten. Offenbar konnte er den Lärm um sich herum ganz vergessen, wenn er mit Gott sprach. Häufig unterbrach er seinen Heimweg nach Dębniki in der von den Redemptoristen geleiteten Gemeindekirche von Podgórze, um dort zu beten oder nach Beendigung seiner Nachtschicht der Frühmesse beizuwohnen. „Hier", erinnerte er sich 30 Jahre später, „gewann ich die Kraft, um die schwierigen Zeiten der Besatzungsjahre zu überstehen."[48]

In den langen Nächten in Borek Fałęcki lernte Karol Wojtyła, die für den polnischen Katholizismus seit langem charakteristische Marienfrömmigkeit neu zu schätzen. Später schrieb er, in seinen frühen Mannesjahren habe er geglaubt, sich ein wenig von der Art der Marienverehrung seiner Jugend „distanzieren" zu müssen, um sich „mehr auf Christus zu konzentrieren".[49] Während er die Kläranlage in der Fabrik Solvay bediente, las er die Werke des hl. Louis Grignon de Montfort, eines französischen Predigers aus dem 18. Jahrhundert, der ihn lehrte, daß „wahre Marienverehrung" sich immer auf Christus richte.[50] Maria war der erste Jünger, ja ihre Ergebenheit („Mir geschehe, wie du es gesagt hast" [Lukas 1,38]) und ihre besondere Rolle bei der Fleischwerdung des Gottessohnes ermöglichten erst die Jüngerschaft für andere. Ein Jünger Christi zu sein, hieß Maria zu gleichen, bereit zu sein, sich ganz dem Willen Gottes zu beugen. Marienfrömmigkeit war dann echt, wenn sie über Maria hinaus zu einer innigen Beziehung mit Christus führte, und damit zur Dreifaltigkeit selbst. Marienverehrung war ein besonderer Weg zu „den Geheimnissen der Fleischwerdung und der Erlösung".[51]

Im Steinbruch von Zakrzówek und in der Fabrik Solvay lernte Karol Wojtyła eine ihm bis dahin fremde Welt kennen, die Welt des Industriearbeiters, des „robotnik", wie er in Polen hieß. Die Männer, denen er hier begegnete – von Łabuś, dem Sprengmeister, bis zu den Arbeitern im Klärwerk, die ohne große Worte verstanden, daß auch das Studium Arbeit war, und ihn deckten, damit er bei seiner heimlichen Lektüre nicht gestört wurde –, waren anders als die Menschen, die er in Wadowice oder in den akademischen und literarischen Kreisen Krakaus kennengelernt hatte. Zwar gab es unter ihnen manch rohen Burschen, aber der junge Wojtyła war doch sehr erstaunt über ihre natürliche Würde, die sich trotz ihrer eigenen harten Lebensbedingungen in Freundlichkeit und Hilfsbereitschaft gegenüber anderen äußerte. Andere mochten theoretische Abhandlungen über Wesen und Bestimmung des städtischen Proletariats schreiben. Dank der vier Jahre, in denen er in Zakrzówek Steine gebrochen und in Borek Fałęcki Kalkeimer geschleppt hatte, kannte Karol Wojtyła diese Männer, „ihre Lebensbedingungen, ihre Familien, ihre Interessen, ihren menschlichen Wert" von innen.[52]

Aus dieser intimen Kenntnis heraus kam der junge Steinbrucharbeiter zu tieferen Einsichten über den Sinn der Arbeit. Die katholische Frömmigkeit, in der er aufwuchs, sah in der Arbeit einen Fluch der Erbsünde, eine dauerhafte Strafe für Adam und Evas Aufbegehren gegen Gott. Seine Erfahrungen im Steinbruch aber ließen in Karol Wojtyła eine andere Auffassung heranreifen. Arbeit, mit all ihren Härten und Nöten, war eine Teilhabe an Gottes Schöpferkraft, berührte sie doch das Wesen des Menschen, des Geschöpfes, das Gott zum Herrn über die Erde bestellt hatte. 15 Jahre später versuchte er, diese Dimension seiner Erfahrungen in der Grube von Zakrzówek dichterisch zu gestalten:

> Höre, wenn ich das rhythmische Pochen der Hämmer, so sehr mein eigen,
> die Schlagkraft zu prüfen, ins Menscheninnere hebe –
> höre, wie der elektrische Strom den steinernen Fluß zerschneidet –
> in mir aber wächst der Gedanke, er wächst in mir Tag für Tag:
> Die ganze Größe der Arbeit steckt im Innenleben.[53]

Das „Innenleben" eines Menschen ist natürlich ein vielschichtiger Ort. Wojtyłas Gedicht von 1956 über seine Erfahrung als Arbeiter handelt von der Spannung zwischen Liebe und Zorn, die, nach seiner reiferen Auffassung, Kette und Schuß der Arbeit als einer spezifisch menschlichen Tätigkeit waren. Tiere sind emsig, aber nur der Mensch arbeitet. Wir arbeiten, weil wir lieben: unsere Familie, unsere Kinder, all jene, für die wir arbeiten und die von unserer Arbeit abhängig sind. Arbeit bedeutet aber auch, mit dem widerspenstigen Stoff der Erde zu ringen, und dieses Ringen kann das gebären, was Wojtyła bezeichnet als

Zornesschweiß,
der wie ein windschiefer Fluß den Atem der
Menschen rafft.⁵⁴

Zorn entspringt aber auch der Ausbeutung und dem illoyalen Verhalten von Arbeitskollegen.

In der Arbeitswelt sind Liebe und Zorn voneinander untrennbar, und wer die menschliche Erfahrung der Arbeit macht, lebt in dieser unausweichlichen Spannung, in diesem „Hebel von Zorn und Liebe". Die Spannung gehört zur „Innenstruktur" der Welt. So sind die Dinge nun einmal beschaffen.

Das Leben und sein Sinn sind etwas höchst Persönliches, und selbst der Mann, der auf tragische Weise stirbt (wie jener Arbeitskamerad, dessen Unfalltod beim jungen Wojtyła einen „tiefen Eindruck" hinterließ⁵⁵), hat die Gleichgültigkeit des bloßen Proletarierdaseins transzendiert, denn auf eine nur ihm eigene Weise „nahm [er] die Innenstruktur der Welt mit sich fort,/wo Liebe desto höher ausbricht, je größerer Zorn sie stiftet".⁵⁶ Die der Arbeit innewohnende Spannung findet ihre Auflösung in der über sich hinausweisenden Würde des Arbeiters, der stets mehr ist als ein bloßes Rädchen im Getriebe.

Ein spiritueller Bergsteiger

Mystik ist eine Dimension religiöser Erfahrung, die magnetisch anzieht und doch nur schwer zugänglich ist. Mystiker beschreiben ihre Erfahrungen, aber auf dem Grunde jedes echten mystischen Erlebnisses liegt etwas, das einem Dritten versperrt bleibt. In der karmelitischen Tradition beispielsweise ist es die höchste Stufe der mystischen Erkenntnis, wenn man weiß, daß man über Gott nichts sagen kann.

In seinem zweiten Jahr im besetzten Krakau lernte Karol Wojtyła diese Welt intensiver religiöser Kontemplation kennen. Das war ein direktes Resultat des Angriffs der Nazis auf den katholischen Klerus Polens.

Die Gemeinde St. Stanislaus Kostka in Dębniki wurde von Salesianern betreut, einem vom hl. Johannes Bosco gegründeten Orden. Es war eine lebendige Gemeinde, in der die Salesianer großen Wert auf die Jugendarbeit legten. Unter Lebensgefahr versuchten die Priester auch in den ersten Jahren der Besatzung, ihrem Apostolat nachzukommen, und hielten insgeheim Religionsunterricht für Volksschüler und Gymnasiasten ab. Die Deutschen beraubten die Gemeinden systematisch ihrer Priester. Am 23. Mai 1941 verhafteten sie bis auf zwei alle noch übrig gebliebenen Salesianer und verschleppten sie ins KZ, wo elf von ihnen starben, darunter der Pfarrer, Pater Jan Świerc. Als der Druck der Nazis auf die Jugendarbeit in St. Stanislaus Kostka immer mehr zunahm, appellierten die Salesianer an Laien, die geistliche Betreuung nun im Untergrund weiterzuführen. Der beste Mann, den sie fanden, war Jan Tyranowski, der von seinem Beichtvater einmal als „spiritueller Alpinist" bezeichnet wurde.⁵⁷

Der am 9. Februar 1901 geborene Tyranowski beendete die Volksschule und wurde nach dem entsprechenden Berufsschulabschluß Buchhalter. Wegen seiner nervösen Veranlagung eignete er sich nicht für diesen Beruf; deshalb erlernte er, wie schon sein Vater und sein Großvater vor ihm, das Schneiderhandwerk und arbeitete im Familiengeschäft. Er war von mittlerem Wuchs, hatte einen dichten lockigen Haarschopf und einen Schnurrbart. Er war stets korrekt, ja sogar elegant gekleidet.

Eher scheu und von zarter Gesundheit hätte er gut das konventionelle Leben eines Einsiedlers führen können. Doch 1925 hörte der damals schon fromme Tyranowski in der Kirche St. Stanislaus Kostka eine Predigt, in der einer der Salesianer erklärte: „Es ist nicht schwierig, ein Heiliger zu sein." Dieser einfache Satz blieb bei ihm haften, und der Schneider von Dębniki begann, sein spirituelles Leben systematisch zu gestalten. Obwohl mindestens eine Frau in der Gemeinde ihm ihre Heiratswilligkeit signalisiert hatte, weihte er sich dem Zölibat. Als Polen besetzt wurde, hielt er täglich feste Stunden des Gebets und der Meditation ein, und das strikter als viele religiöse Orden.[58] Als methodischer Mensch hielt Tyranowski die den Meditationen gewidmeten Stunden in Notizbüchern fest, die er in einer schönen, geradezu kalligraphischen Schrift führte. Aber Ordnung und Methode im Gebet waren für ihn nicht Selbstzweck. Das Ziel seines kontemplativen Betens war für Tyranowski, sich von Gedanken und Vorstellungen zu befreien, um nur in der Gegenwart Gottes zu *sein*.[59]

Karol Wojtyła lernte Tyranowski 1940, möglicherweise im Februar, kennen, vermutlich bei einer der wöchentlichen Samstagsversammlungen der Gemeindejugend. Tyranowski, der weitgehend Autodidakt und in den Schriften der katholischen Spiritualität sehr belesen war, besaß in seiner bescheidenen Wohnung in der Różana-Straße eine beeindruckende Bibliothek spiritueller Klassiker in verschiedenen Sprachen. Dieser Mann wurde schnell einer der führenden Laienköpfe in den Diskussionen.[60] Den jungen Männern aus Dębniki muß Tyranowski zuerst recht förmlich erschienen sein, da er wie ein wandelnder Katechismus sprach. Doch irgendwie gelang es dem freundlichen Schneider-Mystiker, der sich intensiv mit Psychologie beschäftigt hatte, den jungen Männern klarzumachen, daß die von ihnen gemeinsam erörterten Fragen der Lehre für ihn nichts Abstraktes, sondern Gegenstand seiner täglichen Erfahrung waren.[61] Das war seine starke, fast unwiderstehliche Begabung.[62] Nach einer Razzia der Gestapo im Mai 1941 baten ihn die verbliebenen Salesianer der Gemeinde St. Stanislaus Kostka, eine Gruppe junger Männer aufzubauen, die in Abwesenheit der Priester die geistliche Jugendarbeit in der Gemeinde weiterführen konnte. Das war die Geburtsstunde des „Lebendigen Rosenkranzes", und Karol Wojtyła war einer seiner ersten Gruppenleiter.

Der von Tyranowski gegründete Lebendige Rosenkranz bestand aus Gruppen von je 15 jungen Männern, die jeweils von einem reiferen Kameraden geleitet wurden. Diese erhielten ihre persönliche spirituelle Anleitung und Unterweisung von dem mystisch veranlagten Schneider. Tyranowski traf sich mit der gesamten Vereinigung des Lebendigen Rosenkranzes jeden dritten Sonntag im Monat, war aber auch für jedes Mitglied einer Gruppe da, wenn er gebraucht wurde. Schlossen sich neue Mitglieder dem Kreis an, wurden neue Gruppen gebildet und aus den herausragenden Mitgliedern einer schon bestehenden Gruppe ein neuer Leiter gewählt. In wöchentlichen stundenlangen Treffen in seiner Wohnung führte Tyranowski seine Gruppenleiter in die Grundlagen des spirituellen Lebens ein und lehrte sie, ihr tägliches Leben methodisch und systematisch zu prüfen und zu läutern. Tyranowskis Haltung zur christlichen Innerlichkeit hatte einen apostolischen Zug. Er erklärte seinen jungen Schutzbefohlenen, daß die Versenkung in die Gegenwart Gottes den Anstoß zu einem intensiveren Leben im Dienste anderer geben sollte. Die Mitglieder des Lebendigen Rosenkranzes verpflichteten sich zu einem intensiven Gebetsleben als Brüder in Christo, die einander in allen Lebenslagen beistehen würden: als Arbeiter, als Studenten – Karol Wojtyła brachte beispielsweise Mieczysław Maliński nach ihrer Begegnung im Lebendigen Rosenkranz Latein bei – und in allen Schwierigkeiten ihres Familienlebens.

1943 gehörten etwa 60 junge Männer der Vereinigung des Lebendigen Rosenkranzes an, der jüngste von ihnen war 14. Vier Gruppenleiter, darunter Karol Wojtyła, waren Tyranowski verantwortlich. All das spielte sich im geheimen ab, denn die Deutschen waren besonders empfindlich, wenn es um Jugendgruppen ging, in denen sie mögliche Brutstätten des Widerstands gegen die Besatzung sahen. Einmal durchsuchte die Gestapo Tyranowskis Wohnung während eines Treffens des Lebendigen Rosenkranzes. Keiner weiß, was der Schneider zu den Eindringlingen sagte, aber offenbar überzeugte er sie davon, daß keine Verschwörung im Gange sei, und die Deutschen zogen wieder ab.[63]

Natürlich handelte es sich um eine Verschwörung, auch wenn sie von anderer als der vermuteten Art war. Im Lebendigen Rosenkranz sprach man darüber, wie Polen nach dem Krieg als christliche Gesellschaft neu erstehen könne. In diesen Diskussionen kam es mitunter zu hitzigen Auseinandersetzungen mit Vertretern von Partisanengruppen, die sich für einen bewaffneten Widerstand gegen die Deutschen aussprachen. Wie Mieczysław Maliński sich erinnert, verschwand hin und wieder ein Mitglied des Lebendigen Rosenkranzes in den Wäldern.[64]

Für den jungen Karol Wojtyła und seine Freunde in den ersten Gruppen des Lebendigen Rosenkranzes repräsentierte der Laie Tyranowski eine einzigartige Mischung aus persönlicher Heiligkeit und apostolischem Eifer, eine Lebensform, „die uns bis dahin ganz unbekannt war". Was die jungen Menschen zu ihm hinzog, war seine Fähigkeit, „Seelen zu formen", indem er ihnen zeigte, daß „religiöse Wahrheiten keine Verbote [oder] Einschränkungen" waren, sondern die Möglichkeit boten, „ein Leben [zu gestalten], das durch die Gnade zur Teilhabe am Leben Gottes wird". Jugendliche, die sich in diesen Lebensjahren ebenso durch Selbstsicherheit wie Selbstzweifel auszeichnen, zu dieser Erkenntnis zu führen, war keine geringe Leistung. Anscheinend war es nicht nur eine Sache der Unterweisung, sondern vor allem des persönlichen Vorbilds. Wie Karol Wojtyła später schrieb, bewies Tyranowskis Lebensführung, „daß man Gott nicht nur mit dem Verstand erfassen, sondern auch mit ihm leben konnte".

Tyranowski war der Basisapostel par excellence. Er hatte etwas Aufstachelndes an sich, eine „Art seltsamer Unnachgiebigkeit", die eine „Bogensehne der Spannung" zwischen Meister und Schüler schuf. Es war freilich eine Unnachgiebigkeit der Liebe, in der die Tiefe der persönlichen Hinwendung zu Christus die entscheidende Meßlatte für das Erreichte darstellte.[65]

Eine Gruppe des Lebendigen Rosenkranzes leiten zu müssen, wozu ein gewisses Maß an Verantwortung für das Leben von 15 jungen Männern gehörte, trug wesentlich zum schnellen Heranreifen Karol Wojtyłas bei. Zudem demonstrierte die persönliche Heiligkeit Jan Tyranowskis die apostolischen Möglichkeiten der Laienberufung und bestätigte Wojtyła in seiner Auffassung, daß Heiligkeit nicht nur hinter den Chorschranken oder im Pfarrhaus wohnte. Man konnte nicht Stunden mit Jan Tyranowski verbringen, der (wie Johannes Paul II. später einmal sagte) „eine sehr persönliche Gotteserfahrung lebte", ohne auf den Gedanken zu kommen, daß jeder Christ zur Heiligkeit aufgerufen war.[66] Tyranowski vertiefte auch das Gebetsleben des jungen Wojtyła. Karol hatte immer gebetet. Nun aber betete er, um in die Gegenwart Gottes einzutreten, so daß dieses Erleben jede Phase seines Lebens, nicht nur die Augenblicke der Kontemplation, durchdrang.

Tyranowskis dauerhaftester Beitrag zu Karol Wojtyłas Leben und Denken bestand darin, daß er den jungen Studenten und Arbeiter auf den hl. Johannes vom Kreuz aufmerksam machte, auf den spanischen Reformer des Karmeliterordens im 16. Jahrhundert, der 1926 unter die Kirchenlehrer aufgenommen wurde. (Der Katholizismus kennt keine größere Anerkennung für schöpferische Theologie als diese.) Der Schneider muß gespürt haben, daß die Dichtung des spanischen Mystikers den jungen Wojtyła faszinieren würde. Schon die ersten Kostproben der literarischen Früchte des mystischen Karmeliters veranlaßten Karol, die theologischen Hauptwerke des hl. Johannes zu lesen: *Der Aufstieg zum Berg Karmel, Die dunkle Nacht der Seele, Geistlicher Lobgesang* und *Lebendige Liebesflamme*.[67]

Die karmelitische Mystik ist die Spiritualität der Verlassenheit. In der „dunklen Nacht" muß die Seele sich reinigen, um Gemeinschaft mit Gott zu erreichen. Man lernt, die Hoffnung auf Belohnung beiseite zu schieben und sich allein von der göttlichen Gnade um ihrer selbst willen leiten zu lassen. In der dunklen Nacht mag es scheinen, als sei Gott abwesend. In der dunklen Nacht läßt man wie Jesus in der Wüste und am Kreuz jede andere Gewißheit fahren und taucht in eine Art radikaler Leere ein, an deren Ende der innige Frieden der mystischen Vereinigung mit Gott selbst steht, einer Vereinigung der geteilten „Gegenwart", in der es keine Bilder und keine Begriffe gibt. In dieser spirituellen Tradition ist der lebendige, liebende Gott jenseits des Gefühls, der Einbildungskraft oder des Denkens. Gott kann nur erfahren werden, wenn wir in der vollkommenen Selbsthingabe, die zugleich ein Akt der vollkommenen Liebe ist, alle menschlichen Anstrengungen aufgeben, Gott zu „erreichen".

Diese Einstellung zur *conditio humana* war dem nationalsozialistischen Willen zur Macht diametral entgegengesetzt. Unter der Mentorschaft des unerwarteten Apostels Jan Tyranowski und mitten im Irrsinn der Besatzungsherrschaft war Karol Wojtyłas Einbildungskraft gebannt von der Imitatio Christi, in der auf jede weltliche Sicherheit verzichtet und alles dem gnädigen Willen Gottes anheimgestellt wird. Im Laufe der Zeit sollte dies zum charakteristischen Kennzeichen seiner eigenen Christusnachfolge werden.[68]

Kultur als Widerstand:
Das Rhapsodische Theater

In dieser Zeit, in der er seine erste Bekanntschaft mit körperlicher Arbeit machte und mit der Mystik in Berührung kam, wurde Karol Wojtyła mehr denn je von der Theaterleidenschaft ergriffen.

Karol und seine literarischen Freunde waren entschlossen, sich von den Versuchen der Deutschen, die polnische Kultur auszulöschen, nicht abschrecken zu lassen. Im Gegenteil, die bewußten Bemühungen, Polen geistig zu vernichten, schienen diese jungen Schauspieler und Autoren nur um so mehr vom Sinn ihres Tuns zu überzeugen. Im Oktober 1939, ein paar Wochen nachdem er von seiner Flucht an die östlichen Grenzen Polens zurückgekehrt war, trafen sich Karol und seine Kommilitonen Juliusz Kydryński und Tadeusz Kwiatkowski gemeinsam mit Danuta Michałowska, einer theaterbegeisterten Gymnasiastin, im Hause der Kydryńskis, um mit verteilten Rollen Polens Klassiker zu lesen.[69] Zwei Monate später verfaßte Karol sein erstes, verlorengegangenes Drama *David*. In einem Brief an Mieczysław Kotlarczyk heißt es, es sei „ein dramatisches Gedicht, oder Drama, zum Teil biblisch, zum Teil in der polnischen Geschichte wurzelnd", in dem der angehende Dramatiker „vieles, viele Dinge [s]eines Herzens enthüllte".[70]

In den folgenden Monaten schrieb er zwei weitere von der Bibel inspirierte Dramen. *Hiob*, verfaßt im Frühjahr 1940, behandelte – angeregt durch die Besatzungserfahrung – die Gerechtigkeit in der Geschichte. Der Erzählfaden des Stückes hält sich ziemlich eng an die biblische Geschichte, wobei die Lage Hiobs für das Leiden Polens unter den Nazis steht: eine Anknüpfung an die polnische Romantik und deren Gleichsetzung des zerstückelten Polens mit dem leidenden „Christus der Völker".[71]

Im Sommer 1940, der 21jährige Wojtyła hatte gerade intensiv das Alte Testament gelesen, vollendete er das Stück *Jeremia*. Die Anregung für das Drama lieferte die Bibel, doch der Schauplatz ist das Polen des späten 16. Jahrhunderts, als der Jesuitenprediger und Gegenreformator Piotr Skarga um die Seele der Nation rang. Wojtyła konstruierte eine Parallele zwischen Skargas leidenschaftlichen Predigten, um die Nation zur Umkehr zu bewegen, und Jeremias biblischen Prophezeiungen, in denen das Königreich Juda zur Buße aufgerufen wird. *Jeremia*, in literarischer Hinsicht dem *Hiob* sicherlich überlegen, vermischt die historische Zeit mit der „dramatischen Zeit" und verflicht biblisches Material geschickt mit Skargas Predigten und seinem eigenen Text.[72] Thematisch verfolgt Jeremia die Frage des jungen Dramatikers weiter, *warum* Polen leiden muß.[73]

Ein anderer Aspekt von Karols gesteigertem Interesse am Theater hatte etwas mit dem berühmten polnischen Schauspieler und Regisseur Juliusz Osterwa zu tun, dem die Nazis die Ausübung seines Berufs verboten hatten. Wie für Mieczysław Kotlarczyk war das Theater für Osterwa nicht nur Beruf, sondern Berufung. In der Zweiten Polnischen Republik hatte er die Theatertruppe Reduta gegründet, um die Klassiker der polnischen Bühnenkunst einem größeren Publikum zu erschließen. Die Mitglieder der Truppe lebten in einer fast klösterlichen Gemeinschaft und fühlten sich den Idealen der romantischen Literatur Polens aus dem 19. Jahrhundert tief verpflichtet.[74] Wojtyła, der Osterwa durch Juliusz Kydryński kennengelernt hatte, sah sich bald in verschiedene Pläne des älteren Schauspielers verwickelt, zu denen auch neue Übersetzungen klassischer Dramen der Weltliteratur in zeitgenössisches Polnisch gehörten. Karols Beitrag zu diesem Unternehmen bewies, welch ausgezeichnete Schulbildung er in Wadowice genossen hatte. Er übersetzte den *Ödipus* des Sophokles neu aus dem griechischen Original, während Osterwa sich an die *Antigone* und den *Hamlet* machte.[75] Osterwa besuchte mindestens eine Aufführung Karols und seiner Freunde, die in der Wohnung der Kydryńskis im zweiten Stock der Felicjanek- Straße 10 stattfand: Es handelte sich um den zweiten Akt von Stefan Żeromskis *Die Wachtel*, eines Dramas um Liebe und Pflicht. Wojtłya spielte die Rolle des Dorflehrers, Danuta Michałowska die seiner Ehefrau und Kydryński den Mann, der sie begehrte.[76]

Nach der Aufführung von *Die Wachtel* scheint Osterwa das Interesse an Kydryński, Wojtyła und ihren Freunden verloren zu haben. Vielleicht dämpfte die Schwierigkeit, auf einer improvisierten Bühne vor einem Publikum von nur 30 Leuten aufzutreten, die Begeisterung des alten Schauspielers für das Untergrundtheater. Auch gab es offenbar künstlerische Spannungen zwischen den jungen Leuten und dem älteren Mann. Nachdem Osterwa Krakau verlassen hatte, gestand Karol, er sei „nicht mehr so beeindruckt von ihm" wie früher. Osterwas Berühmtheit stand der dramatischen Erforschung des Innenlebens im Wege, von der Karol und seine jungen Mitstreiter so fasziniert waren.[77]

Osterwas Abreise hinterließ eine Lücke, die jedoch voll ausgefüllt wurde, als Mieczysław Kotlarczyk im Juli 1941, einen Monat nach dem Überfall der Deutschen auf die Sowjetunion, nach Krakau zog. Der Boden in Wadowice, das (wie das jetzt wieder in Auschwitz umbenannte Oświęcim) dem Dritten Reich angegliedert worden war, wurde für einen so bekannten Intellektuellen wie Kotlarczyk zu heiß. Deshalb zogen er und seine Frau Zofia in die Wohnung der Wojtyłas in Dębniki.[78] Obwohl Kotlarczyk als Straßenbahnfahrer arbeitete, brannte er darauf, seine Idee vom „Theater des Wortes" zu verwirklichen. Diese neue Form des Dramas war ein künstlerisches Experiment, doch er sah darin auch den „Protest gegen die kulturelle Auslöschung der polnischen Nation auf ihrem eigenen Boden, eine Art Widerstandsbewegung gegen die Nazibesatzung".[79] Was unter dem Namen *Rhapsodisches Theater* bekannt werden sollte, wurde, wie der Papst später einmal erzählte, „in jenem Raum geboren", den Karol Wojtyła den Flüchtlingen Kotlarczyk zur Verfügung stellte.[80]

Die entscheidende Gründungssitzung fand am 22. August 1941 in der Wohnung der Familie Dębowski in der Komorowskiego-Straße 7 statt. Zu der Gruppe, vor der Kotlarczyk an jenem Nachmittag seine Ideen darlegte, gehörten Karol Wojtyła, Halina Królikiewicz – sie war im vergangenen Herbst mit Kohl und Kartoffeln im Tausch gegen eine Unterkunft in Krakau eingetroffen[81] –, Tadeusz Kwiatkowski, Halinas zukünftiger Ehemann, der im Untergrund Bücher verlegte, Juliusz Kydryński, Danuta Michałowska, das Gastgeber-Ehepaar, dessen Töchter Krystyna und Irena sowie mehrere andere. Kotlarczyk erklärte unverblümt, daß es sein Unternehmen sei und daß man sich an seine Grundsätze halten müsse. Er konnte, wo es um seine Prinzipien ging, starrköpfig, ja geradezu fanatisch sein. Mehr als ein halbes Jahrhundert später meinte seine alte

Freundin Danuta Michałowska, Savonarola sei geradezu harmlos gewesen, verglichen mit Kotlarczyk, wenn er gnadenlos seine Vision verfolgte.[82] Ohne Zweifel war das mit ein Grund dafür, daß er Schüler anzog. Doch die Beharrlichkeit, mit der dieser Visionär seine Ideen kompromißlos durchsetzte, führte zum Bruch. Kotlarczyks Vorstellungen, welchen künstlerischen Weg man einzuschlagen habe, unterschieden sich deutlich von denen Juliusz Kydryńskis. So trennten sich denn die Wege dieser beiden starken und hartnäckigen Persönlichkeiten.[83]

Nachdem Kydryński sich zurückgezogen hatte, stutzte Kotlarczyk die Gruppe vom 22. August schnell auf die Schauspieler zurück, die dann in den Kriegsjahren den Kern des Rhapsodischen Theaters bildeten: auf ihn, den Regisseur, Krystyna Dębowska, Halina Królikiewicz, Danuta Michałowska und Karol Wojtyła.[84] Tadeusz Ostaszewski, ein Bildhauer und der Verlobte von Krystyna, schuf die Bühnenbilder. Von Kotlarczyk abgesehen waren alle anderen um die 20 Jahre alt.

Geprobt wurde mittwochs und samstags, am späten Nachmittag zwischen Arbeitsschluß und Sperrstunde. Oft probten die jungen Schauspieler in der „Katakombe" in Dębniki, manchmal, wenn der Strom abgestellt worden war, bei Kerzenschein. Auf ihrem Weg in die Tyniecka-Straße 10 kamen sie an Plakaten vorbei, die eine immer länger werdende Liste von Erschießungen bekanntmachten – ein Schicksal, das auch sie mit Sicherheit ereilt hätte, wenn sie erwischt worden wären.[85]

Ihre erste Aufführung fand in der Wohnung der Familie Szkocki statt, mit der Karol Wojtyła in seinem ersten Studienjahr durch Vermittlung Juliusz Kydryńskis Freundschaft geschlossen hatte. Als Stück hatten sie passenderweise Słowackis *Geist-König* gewählt. Es wurde, beginnend mit dem 1. November 1941 (Allerheiligen), viermal aufgeführt. Karol Wojtyła spielte König Bolesław den Kühnen, der den Mord am hl. Stanislaus befahl. Unterstützt von Kotlarczyk, aber von anderen mißbilligt, gab Wojtyła der Gestalt des Schurken eine ganz neue Interpretation. Er spielte den König, als wäre dieser dabei, sich Jahre nach seinem Verbrechen auf die Beichte vorzubereiten.[86]

Das Programm des Rhapsodischen Theaters wurde in den Jahren 1942/43 immer reichhaltiger. *Beniowski,* eine andere Dichtung Słowackis, wurde im Februar aufgeführt. Im März folgte ein Gedichtzyklus von Jan Kasprowicz, *Hymnen,* den die Gruppe als Passionsoratorium interpretierte. *Wyspiańskis Stunde,* eine Zusammenstellung aus drei Stücken Wyspiańskis, wurde viermal aufgeführt, einmal in Anwesenheit von Juliusz Osterwa, der sich höchst beeindruckt zeigte. Eine ähnliche Gedichtmontage, *Norwids Stunde,* erlebte drei und Mickiewics *Pan Tadeusz* zwei Aufführungen. Die letzte Produktion des Rhapsodischen Theaters, in der Wojtyła auftrat, war Słowackis *Samuel Zborowski.* Er spielte darin die Titelrolle, einen polnischen Adligen aus dem 16. Jahrhundert, der sich gegen das Establishment seiner Zeit auflehnte. Auf die Premiere am 16. März 1943 folgten zwei weitere Darbietungen.[87]

Angesichts der Arbeitsbedingungen – Probe- und Aufführungsorte mußten ständig gewechselt werden, um die Gestapo nicht auf sich aufmerksam zu machen – war das Rhapsodische Theater während der Besatzung bemerkenswert produktiv: Es zeigte sieben verschiedene Stücke in insgesamt 22 offiziellen Aufführungen, für die über 100 Proben abgehalten wurden – alles im geheimen.

Drei weitere Stücke waren in Vorbereitung, wurden aber nie aufgeführt, darunter Sienkiewicz' *Quo Vadis* und eine Bühnenfassung von Dantes *Göttlicher Komödie*.[88] Für die Mitglieder dieser einzigartigen Truppe war das Untergrundtheater nicht nur eine Möglichkeit, ihre Zeit auszufüllen, um der Langeweile zu entgehen. Danuta Michałowska und Halina Kwiatkowska zufolge waren die jungen Schauspieler des Rhapsodischen Theaters „sicherlich" davon überzeugt, daß ihre Tätigkeit Teil des Widerstands war.[89] Der Sinn ihres Tuns war ihnen genauso deutlich: Sie wollten „[ihre] Kultur vor der Besatzung retten" und dazu beitragen, die Seele der Nation wiederzubeleben – was eine Voraussetzung für deren politische Auferstehung war.[90]

Neben den lebenslangen Freundschaften, die daraus hervorgingen, trug das Rhapsodische Theater in verschiedener Hinsicht dazu bei, Karol Wojtyła zu dem Mann zu machen, der er werden sollte.

Unter Kotlarczyks strengen Regieanweisungen verfeinerte er seine Sprechweise, sein Timing, sein Gespür dafür, wie man ein Publikum fesselt. Ein junger Mann, der in aller Ruhe eine heimliche Aufführung des *Pan Tadeusz* fortsetzen konnte, während unten auf den Straßen dröhnende Lautsprecher NS-Parolen propagierten, war vermutlich auch fähig, öffentlich in dramatischen Situationen die Fassung zu wahren.[91] Die von Kotlarczyks „innerem Theater" behandelten Themen hinterließen ebenfalls ihre Spuren. Sie vertieften Wojtyłas Aneignung der polnischen Romantik und reinigten sie gleichzeitig von einigen ihrer messianischen Auswüchse. Daß Słowacki während des Krieges im Rhapsodischen Theater einen so hohen Rang einnahm, war kein Zufall. Der Dichter, der durch die Macht des „Wortes" [Słowo] Polen wieder auferstehen lassen wollte, fand in Kotlarczyk und dessen Überzeugung, daß die Macht des Theaters im gesprochenen und vernommenen Wort und nicht im Bühnenzauber liege, einen posthumen Träger seiner Hoffnungen. Bei Karol Wojtyła hinterließ dies einen tiefen und bleibenden Eindruck. Seine literarischen Instinkte hatten sich schon immer der Ansicht zugeneigt, daß „das Wort", sofern es nur klar, aufrichtig und überzeugend genug verkündet wurde, zu verändern vermochte, was die Welt der Macht für unveränderlich hielt.

Dieser christliche Grundtenor des Rhapsodischen Theaters, in dem sich die Vorstellung des Neuen Testaments spiegelte, daß die Welt durch den Logos, das Wort, geschaffen worden war, und daß dieses bei Gott und Gott selbst war (vgl. Johannes 1,1-3), kam auch in Kotlarczyks Auffassung vom rituellen Charakter des Theaters zum Ausdruck. In Mieczysław Kotlarczyks Welt ging man nicht einfach zur Unterhaltung ins Theater. Vielmehr gestaltete Kotlarczyk die dramatische Methode des Rhapsodischen Theaters bewußt so, daß in einer gleichsam liturgischen Atmosphäre Empfindungen der Transzendenz und des Patriotismus beschworen wurden.

Das öffentliche, ja nahezu liturgisch verkündete Wort der Wahrheit war für das Rhapsodische Theater das Gegenmittel gegen die brutalen Lügen der Besatzungsmacht. Wer gegen das Böse kämpfen wollte, mußte der Macht auch die Wahrheit entgegenhalten. Das war der lebendige, Tat gewordene Glaube Kotlarczyks und seines Rhapsodischen Theaters. Dieser Glaube und diese Erfahrung machten auf Karol Wojtyła einen unauslöschlichen Eindruck. Er erinnerte sich daran, als er auf einer anderen Bühne erneut einer totalitären Macht gegenüberstand.[92]

Manche meinen, Karol Wojtyła habe sich angesichts der Schrecken des von den Nazis besetzten Polen in einen religiösen Quietismus zurückgezogen.[93] So wie die Dinge lagen, mußte er eine Entscheidung treffen. Mancher junge Pole wählte den bewaffneten Widerstand oder die geheime Sabotage. Das Quellenmaterial macht deutlich, daß Karol Wojtyła sich bewußt für die Kultur als Mittel des Widerstands entschied, für die Macht des Wortes, und zwar in der Überzeugung, daß das „Wort" – und im christlichen Sinne *das* Wort – die Welt bewegt. Wer seine Entscheidung in Frage stellt, zweifelt auch dieses Urteil über die Macht des Wortes und der Worte an.

POLITIK UND MORAL

Das Rhapsodische Theater gehörte einer breiteren kulturellen Widerstandsbewegung an, der UNIA [Union], deren Mitglied Karol Wojtyła war. Die UNIA ging 1940 aus der Vereinigung dreier bestehender Untergrundorganisationen hervor. Hinzu kamen noch Angehörige der mittlerweile verbotenen katholischen Jugendgruppen und der landesweiten Katholischen Aktion.[94] Die neue Organisation war nach Bezirken gegliedert und hatte auch eine Abteilung in Krakau. Die Mitglieder der UNIA rekrutierten oder empfahlen neue Kandidaten. Nachdem diese von der örtlichen UNIA-Führung durchleuchtet worden waren, schworen sie den feierlichen Eid, die Grundsätze der Organisation und die Regeln der Konspiration zu beachten.

Die UNIA versuchte, christliche Moralprinzipien und die katholische Soziallehre zu einer Zeit auf das öffentliche Leben anzuwenden, als es offiziell so etwas wie ein „öffentliches Leben" für Polen nicht mehr gab. Ihr Name „Union" brachte die Vision zum Ausdruck, daß Polen nach dem Kriege eine Nation sein sollte, in der ethnische, religiöse und soziale Unterschiede durch zwei allgemeine Überzeugungen überwunden werden sollten: Politik und Wirtschaft sollten sich vom universalen Moralgesetz, der einzig legitimen Quelle öffentlicher Autorität, leiten lassen, und freie Individuen sollten in ihrem öffentlichen Wirken dem Gemeinwohl den Vorrang einräumen.

In einer Hinsicht war die UNIA der Versuch, eine politische Philosophie zu formulieren, die fähig war, die Neigung zu jenem Parteienstreit zu überwinden, der aus Polens Geschichte ein Tollhaus gemacht und die polnische Nation ihren Feinden wehrlos ausgeliefert hatte. In anderer Hinsicht war die UNIA bestrebt, im Untergrund die Fundamente für einen neuen polnischen Staat zu schaffen, der in seinen Gesetzen, seiner Wirtschaft und seiner sozialen Kultur die kommunitaristischen Ideale der von Leo XIII. und Pius XI. entwickelten katholischen Soziallehre verkörpern sollte: Förderung der Familie als Kernzelle der Gesellschaft, Bekenntnis zum antitotalitären Prinzip der Subsidiarität, demzufolge Entscheidungen möglichst auf unteren Ebenen der Gesellschaft (statt von einem alles regulierenden Staat) gefällt werden sollten, und schließlich „Selbstverwaltung", der Begriff der UNIA für den katholischen Personalismus und seine Betonung der unantastbaren Würde der individuellen Person, die nach dem Bilde Gottes geschaffen ist. In diesen Grundsätzen sah die Führung der UNIA einerseits ein solides Fundament für einen demokratischen Staat und andererseits ein Bollwerk gegen die totalitäre Auslöschung der Individualität, aber auch gegen den radikalen Individualismus als einer Richtung des modernen politischen Denkens.

Die UNIA hatte auch einen bewaffneten Arm, von dessen 20 000 Mitgliedern viele beim Warschauer Aufstand vom August 1944 in der polnischen Heimatarmee mitkämpften. Außerdem betrieb die UNIA noch eine andere gefährliche Form des Widerstands gegen die Naziherrschaft. Ihr Rat für die Judenhilfe, mit dem Codenamen „Zegota", versah etwa 50 000 Juden mit falschen Papieren, um sie vor Hitlers Endlösung zu retten, versteckte in Warschau etwa 2500 jüdische Kinder vor nationalsozialistischen Menschenjägern und unterstützte annähernd 4000 Juden regelmäßig mit Geld.

Die UNIA war jedoch in erster Linie ein Werkzeug des ideologischen und kulturellen Widerstands gegen den Versuch der Nazis, Polen aus den Annalen der Geschichte zu streichen. Zu Forschungszwecken unterhielt sie im Untergrund das Institut für Mitteleuropa und förderte eine Reihe von „Säulen": Vereinigungen, die bestrebt waren, die Arbeiter, die Kulturschaffenden, die Jugend und die Frauen zu organisieren und zu unterrichten. Sie veranstaltete Vorlesungen und Diskussionen, veröffentlichte die Untergrundzeitung *Kultur von Morgen* und richtete Bibliotheken ein, um das zu ersetzen, was die Nazis systematisch vernichteten. Die UNIA förderte auch eine Reihe von Untergrundtheatern, darunter das Rhapsodische Theater, denn Kotlarczyk hatte eine Zeitlang der UNIA angehört.

Was die UNIA leistete, war eine ungeheure Pionierarbeit. Inmitten der vom Totalitarismus angerichteten Verheerungen bemühte sie sich, etwas aufzubauen, was spätere Generationen eine „Zivilgesellschaft" genannt hätten. Ihre Prinzipien der „Selbstbestimmung" und der „Vereinigung" wollten den polnischen Freiheitsdrang („Nichts über uns ohne uns") mit einer vom Katholizismus geprägten kommunitaristischen Vorstellung vom Gemeinwohl versöhnen. Die Geschichte in der Person Stalins verurteilte die Träume der UNIA für ein Nachkriegspolen zum Scheitern. Doch ihre kommunitaristischen Ideen einer gerechten Gesellschaft und einer wiederhergestellten europäischen Gemeinschaft blieben zeitlebens Pfeiler des geistigen Rüstzeugs von Karol Wojtyła.[95]

Seminarist im Versteck

Der Tod war im besetzten Krakau eine stets gegenwärtige Realität. Noch vor seinem 21. Geburtstag hatte Karol Wojtyła viele Menschen sterben sehen. Er hatte erlebt, wie die Flüchtlinge auf der Straße nach Tarnów umkamen. Seine Professoren, kultivierte und gelehrte Männer, waren kurzerhand festgenommen und in Konzentrationslager verschleppt worden. Die Gestapo hatte die Gemeinde von Dębniki ihrer Priester beraubt, von denen dann viele Märtyrer wurden. Das seit Jahrhunderten in Krakau pulsierende jüdische Leben wurde systematisch ausgelöscht; die Juden wurden ins Ghetto gesperrt, wo sie zu Tausenden starben, sie wurden in die Vernichtungslager transportiert oder in das Arbeitslager Płaszów geschickt, wo einige gerettet wurden, weil ihre Namen auf „Schindlers Liste" standen.

Obwohl der ältere Karol Wojtyła zusehends schwächer wurde, war „der Hauptmann" seinem Sohn in diesen dunklen Zeiten eine Stütze. Lolek hatte seine Freunde, sein Studium im Untergrund, seine geheim betriebene Schauspielerei, und in Jan Tyranowski hatte er einen neuen spirituellen Mentor gefunden. Sein Vater aber war der einzige, der von seiner engeren Familie noch lebte, und so war er das letzte lebende Bindeglied zu einer fast unvorstellbar einfacheren Vergangenheit. Vater und Sohn teilten sich weiterhin die Wohnung in der Tyniecka-Straße 10, und der ältere Wojtyła besuchte die geheimen Aufführungen und Lesungen seines Sohnes.[96] Als Lolek seine Arbeit im Steinbruch von Zakrzówek begann, ging er jeden Tag mit Juliusz Kydryński zur Stadt zurück; dessen Mutter bereitete ihnen ein spätes Mittagessen und gab Lolek dann eine Portion für den Hauptmann mit, denn dieser war seit Weihnachten 1940 bettlägerig.

Der 18. Februar 1941 begann wie jeder andere Tag in dieser Zeit. Nach seiner Arbeit im Steinbruch ging Karol wie üblich zu den Kydryńskis, nahm etwas Essen und Arznei für seinen Vater mit und kehrte heim. Begleitet von Juliusz Kydryńskis Schwester Maria, die das Essen für den Hauptmann aufwärmen wollte, eilte er durch die bittere Kälte nach Dębniki. Maria begab sich unverzüglich in die kleine Küche, während Karol zu seinem Vater ging, dessen Zimmer links am Ende des dunklen Flurs lag. Der Hauptmann war tot.

Maria Kydryńska erzählte später, daß Karol in Tränen ausbrach und sich Vorwürfe machte, weil er nicht da war, als sein Vater starb. Dann eilte er nach St. Stanislaus Kostka, um einen Priester zu holen. Dieser kam und spendete dem toten Mann die Sterbesakramente. Lolek verbrachte die ganze Nacht neben dem Leichnam seines Vaters auf den Knien. Er betete und sprach mit Juliusz Kydryński, der ihm zur Seite stand. Jahrzehnte später sagte Johannes Paul, er habe sich trotz des anwesenden Freundes „nie so allein gefühlt".[97]

Pfarrer Figlewicz hielt am 22. Februar die Totenmesse auf dem Friedhof Rakowice, in dessen Militärabteilung Karol Wojtyła an einem bitterkalten Tag beerdigt wurde. Die Kydryńskis, die sich um den nun allein lebenden 21jährigen Karol Sorgen machten, luden ihn ein, zu ihnen zu ziehen. Er nahm das Angebot an und kehrte erst im Spätsommer 1941, nachdem Mieczysław und Zofia Kotlarczyk von Wadowice nach Krakau geflüchtet waren, in die Wohnung in Dębniki zurück. Juliusz Kydryński berichtet, daß sein Freund in dieser Zeit ungewöhnlich nachdenklich war; manchmal lag er ausgestreckt auf dem Boden und betete.[98]

Für den Katholizismus ist das Priesteramt kein Beruf, sondern eine Berufung, ein Ruf oder eine Aufforderung Gottes, auf eine besondere Weise „Jesus Christus anzuziehen". Die Berufung zum Priester ist daher das subtile Werk des Heiligen Geistes, dessen innere Dynamik sich nicht auf psychologische Kategorien reduzieren läßt. Das Erlebnis, noch vor seinem 21. Geburtstag verwaist zu sein, hat ohne Zweifel dazu beigetragen, daß Karol Wojtyła den Ruf zum Priesteramt verspürte. Daß fast noch anderthalb Jahre verstrichen, bis die Entscheidung reif wurde, deutet darauf hin, daß dem endgültigen Schritt ein starkes inneres Ringen vorausging. Als er später Freunden und Kollegen diese Jahre schilderte, sprach er von einer Entwicklung, einer allmählichen Klärung oder „inneren Erleuchtung".[99] Gedemütigt durch die Besatzungsmacht und beeindruckt von dem heroischen Widerstand dagegen, spürte Karol Wojtyła, wie sich im Laufe des Jahres 1941 und in der ersten Hälfte des Jahres 1942 ein „Prozeß der Abkehr von (...) früheren Plänen" in ihm vollzog.[100] Das Priesteramt ragte immer deutlicher als eine Möglichkeit vor ihm auf, sich der Erniedrigung menschlicher Würde durch eine brutale Ideologie zu widersetzen.

Auch andere Einflüsse waren am Werk, und so bildete sich ein Muster von Begegnungen heraus, die sonst als eine Reihe von Zufällen hätten erscheinen können. Der Hauptmann und Lolek hatten nie über eine mögliche Berufung zum Priester gesprochen, aber in späteren Jahren bezeichnete der Sohn das von Gebet und Aufopferung geprägte Leben seines Vaters als „eine Art Hausseminar".[101] Dasselbe könnte man von den Arbeitern im Steinbruch und der Chemiefabrik Solvay sagen, von den heldenhaften Salesianern der Gemeinde in Dębniki, den Krakauer Karmelitern, bei denen er einmal in den Kriegsjahren Exerzitien hielt, vom Lebendigen Rosenkranz und Jan Tyranowski wie auch von der ständigen geistlichen Führung Pfarrer Figlewicz'.

Lehrer und Bekannte in Wadowice und Krakau hatten ihm wiederholt gesagt, er sei für den Altar bestimmt. Aber er hatte sich immer gegen diese Vorstellung gesträubt. Jetzt begann ein Gedanke Gestalt anzunehmen, der schließlich zu einer seiner tiefsten Überzeugungen wurde: In den manchmal verwirrenden Plänen der Vorsehung gibt es keine bloßen Zufälle. Daß er noch vor seiner Volljährigkeit verwaist war, seine intellektuellen Gaben und seine schon früh einsetzende Neigung zu einem Leben im Gebet, die Härten, die er während der Besatzung zu erdulden hatte, seine Theaterleidenschaft: Das waren – ebenso wie die Menschen, die ihn am stärksten beeinflußt hatten – nicht fragmentarische Ereignisse seines Lebens, sondern Wegmarken auf einem Weg, der auf das Priesteramt wies. Es war nicht so, daß er diesen Weg gewählt hätte. Während des Frühjahrs und Sommers 1942 wuchs in ihm die Überzeugung, daß er auserwählt sei. Und darauf konnte es nur eine einzige Antwort geben.[102]

Im Herbst 1942 ging Karol Wojtyła zur Residenz des Erzbischofs von Krakau. Das aus dem 17. Jahrhundert stammende Gebäude lag in der Franciszkańska-Straße 3, ein paar Häuserblocks vom altstädtischen Marktplatz entfernt. Dort bat er, als Priesteramtskandidat aufgenommen zu werden. Der Rektor des Seminars, Pater Jan Piwowarczyk, nahm ihn auf, und so begann Karol Wojtyła ein neues Doppelleben.

In den ersten Besatzungstagen hatte die Gestapo versucht, das Priesterseminar zu kontrollieren, in der Absicht, es auf eine Art klerikaler Handelsschule ohne Universitätsniveau und ohne Professoren herabzustufen. Mit Zustimmung des Erzbischofs setzte sich das Seminar einfach über diese Anweisungen hinweg. Die nächste Maßnahme der Gestapo war, die Aufnahme neuer Seminaristen zu verbieten. Der Erzbischof reagierte darauf so, daß er neue Anwärter als „Gemeindesekretäre" einstellte, sie auf die Ortsgemeinden verteilte und heimlich im Krakauer Seminar unterrichten ließ. Razzien waren keine Seltenheit. Einmal wurden fünf Studenten festgenommen und sofort vor ein Erschießungskommando gestellt oder nach Auschwitz transportiert.

Danach beschloß der Erzbischof, das Seminar völlig im Untergrund zu führen. Anwärter wurden heimlich aufgenommen. Sie sollten wie üblich ihrer Arbeit nachgehen und niemandem von ihrer neuen Stellung erzählen. In ihrer Freizeit sollten sie lernen und sich hin und wieder zu einer Prüfung bei einem Professor einfinden. In angemessener Zeit würden sie, so hoffte man, ihr Studium abschließen und geweiht werden, falls sie nicht vorher in die Fänge der Gestapo gerieten.

Karol Wojtyła gehörte zu den ersten zehn Seminaristen, die für diese außergewöhnliche Priesterausbildung im Untergrund ausgewählt wurden. Er arbeitete weiter in Borek Fałęcki. Er, der immer schon ein begeisterter Leser war, studierte nun still in der Nachtschicht, ohne größere Aufmerksamkeit auf sich zu lenken. Er trat auch weiterhin im Rhapsodischen Theater auf, aber schließlich mußte Kotlarczyk sich sagen lassen, daß sein junger Schützling nicht mehr so viel Zeit auf die Vorbereitung von Manuskripten, auf Proben und Aufführungen verwenden konnte.[103]

Kotlarczyk war mit Karols Entscheidung, Priester zu werden, überhaupt nicht einverstanden und „versuchte tagelang, ihn davon abzubringen".[104] Kotlarczyk war keineswegs antiklerikal eingestellt, im Gegenteil: Er war ein frommer Katholik. In seiner visionären Welt war das Theater jedoch der Ort, an dem man Gott und Polen am besten dienen konnte. Halina Królikiewicz berichtet, daß es „eine verwickelte Geschichte war, da jedermann glaubte, [Wojtyła] wolle Schauspieler werden. Wir kannten ihn allerdings auch als einen frommen und gläubigen Menschen, daher verstanden wir ihn."[105] Nur ganz so schnell ging es nicht. Wojtyłas Freunde engagierten Tadeusz Kudliński, den Karol von der studentischen Theatergruppe an der Jagiellonia kannte und schätzte. Dieser führte eine ganze Nacht, unter Mißachtung der Sperrstunde, ein Zwiegespräch mit Lolek. Kudliński soll versucht haben, Karol mit Hilfe des biblischen Gleichnisses von den anvertrauten Talenten dazu zu bewegen, „in der Welt" zu bleiben: Gott habe ihm ein Schauspielertalent verliehen, und wenn er es nicht entwickle, dann lasse er es brachliegen.[106] Das Argument verfehlte seine Wirkung. Kudliński nahm darauf Zuflucht zum Lieblingsdichter des jungen Seminaristen, zu Norwid, der seinerseits Anleihen bei der Bibel macht: „Das Licht ist nicht dazu da, unter den Scheffel gestellt zu werden." Karol blieb fest.[107] Er war erwählt. Dieses Geschenk konnte er nicht zurückweisen.

In diesen ersten Tagen seiner heimlichen Priesterausbildung waren es nicht seine Mitstreiter beim Rhapsodischen Theater, die Wojtyła das größte Kopfzerbrechen bereiteten. Das größere Problem war die Philosophie, genauer gesagt die Metaphysik. Damals wie heute gehörten Philosophiekurse zur Ausbildung der Seminaristen. Eines der Bücher, die Karol für die Prüfung durcharbeiten mußte, war Kazimierz Wais' *Metaphysik*, ein Lehrbuch von 1926, das in dem knochentrockenen, dichten und hoch abstrakten neoscholastischen Stil des frühen 20. Jahrhunderts geschrieben war. Der literarisch begeisterte Karol Wojtyła hatte bisher nie etwas Vergleichbares in Händen gehalten, und er kam damit überhaupt nicht zurecht. Später erklärte er allerdings:

> Nachdem ich mich zwei Monate durch das Gestrüpp geschlagen hatte, trat ich auf eine Lichtung und entdeckte die tieferen Gründe für das, was ich bis dahin nur ge-

lebt und gefühlt hatte. (...) Was Intuition und Gefühl mir zuvor über die Welt enthüllt hatten, fand nun eine solide Bestätigung.[108]

Mit anderen Worten: Während feuchter Kalk auf die Seiten der *Metaphysik* spritzte, wurde Karol Wojtyła in der Chemiefabrik von Borek Fałęcki wirkungsvoll gegen jeden radikalen Skeptizismus geimpft. Hier erschloß sich ihm eine „neue Welt des Daseins", die sich auf die klassische Überzeugung, den Kern der Philosophie des Aristoteles und des Aquinaten, stützte, daß die Welt erkennbar sei.[109] Diese Überzeugung wurde zum Fundament seines gesamten späteren philosophischen Denkens. Der Krieg hatte ihm eine unmittelbare, ja harte, Erfahrung der Wirklichkeit vermittelt. Auch wenn Wais Wojtyła manche Nuß zu knacken gab, lieferte er ihm die ersten Bausteine für eine philosophische Rechtfertigung des Realismus – der Erkennbarkeit der Welt – gegen den radikalen Skeptizismus und seinen Bruder, den moralischen Relativismus.

Bald konfrontierte die Realität den Arbeiter und Seminaristen auf andere, unmittelbare Weise. Am 29. Februar 1944 ging Karol Wojtyła von einer Doppelschicht in Borek Fałęcki nach Hause, als er von einem deutschen Lastwagen angefahren wurde. Frau Józefa Florek erblickte von einer Straßenbahn, mit der sie gerade vorbeifuhr, den Mann auf dem Boden, sprang heraus und sah, daß er bewußtlos war. Sie schützte ihn vor dem Verkehr, und schließlich gelang es ihr, ein Auto anzuhalten. Ein deutscher Offizier stieg aus und sagte ihr, sie solle etwas Wasser aus einem nahegelegenen Graben holen. Sie wuschen das Blut ab, und als der Offizier bemerkte, daß Karol noch lebte, hielt er einen mit Holz beladenen Lastwagen an und befahl dem Fahrer, den halb bewußtlosen Mann ins nächste Krankenhaus zu bringen. Als Karol aufwachte, war sein Kopf bandagiert und sein Arm in Gips. Er hatte eine schwere Gehirnerschütterung, mehrere Schnittwunden und eine Schulterverletzung. Die nächsten beiden Wochen verbrachte er im Krankenhaus, erholte sich und dachte über die eigentümlichen Wege der Vorsehung nach. Daß er diesen Unfall überlebt hatte, schien ihm eine Bestätigung seiner Berufung zum Priester zu sein.

Während er ein Doppelleben führte, ging Karol oft in die Residenz des Erzbischofs, um Erzbischof Sapieha bei der Morgenmesse zu assistieren, eine Gewohnheit, die er nach seiner Genesung wieder aufnahm. Eines Morgens im April 1944 erschien Jerzy Zachuta, der andere Meßdiener und wie Wojtyła geheimer Priesteramtskandidat, nicht in der Franciszkańska-Straße 3. Nach der Messe ging Karol zu Zachutas Wohnung, um sich nach ihm zu erkundigen. In der vorhergehenden Nacht hatte die Gestapo seinen Kommilitonen abgeholt. Unmittelbar darauf erschien der Name Jerzy Zachuta auf einer der Todeslisten der Gestapo.[110] Der eine wurde ergriffen, der andere entkam. In den Plänen der Vorsehung gibt es keine bloßen Zufälle.

Am 1. August 1944 kam es in Warschau zum Aufstand – ein verzweifelter Versuch der polnischen Heimatarmee, die Hauptstadt der Nation von den Deutschen zu befreien und vor dem Einmarsch der Roten Armee eine unabhängige polnische Regierung einzusetzen. Nach zwei Wochen unbeschreiblich heftiger Kämpfe (selbst im Johannesdom kämpfte Mann gegen Mann) fiel die Stadt schließlich, während die Sowjets, die auf der anderen Seite der Weichsel standen, ruhig zusahen: Sie überließen es den Deutschen, die polnische Heimatarmee zu vernichten. Warschau wurde dann auf persönlichen Befehl Hitlers dem Erdboden gleichgemacht.

Am 6. August, am Fest der Verklärung, erlebte Krakau seinen „Schwarzen Sonntag". Die Gestapo durchkämmte die Stadt und verhaftete die jungen Männer, um einem Aufstand wie in Warschau vorzubeugen. Erzbischof Sapieha rief sogleich alle Untergrundseminaristen zu sich, um sie in seiner Residenz zu verstecken. Mieczysław Maliński, auch er mittlerweile Priesteramtsanwärter, hatte an jenem Nachmittag mit einer Gruppe von Jugendlichen eine Wanderung veranstaltet. Auf dem Rückweg erspähten sie die Gestaposperren und versteckten sich. Am Abend schlich sich Maliński, nachdem er seine jungen Schützlinge versorgt hatte, durch Felder und Nachbargärten zurück in seine Wohnung in Dębniki, wo er seine Familie vollständig antraf. In den frühen Morgenstunden klopfte es an der Tür. Die Familie erstarrte. Es war aber nur ein von Erzbischof Sapieha geschickter Priester, der Maliński für diesen Tag in die Residenz bestellte. Als er dort eintraf, war seine erste Frage: „Ist Karol Wojtyła hier?"[111]

Er war in der Tat da, doch um ein Haar hätte man ihn aufgegriffen. Während der Razzia am Tag zuvor hatte die Gestapo die ersten beiden Stockwerke des Hauses in der Tyniecka-Straße 10 durchsucht. Karol blieb die ganze Zeit hinter einer geschlossenen Tür seiner Kellerwohnung und betete mit pochendem Herzen um Rettung.[112] Nachdem die Deutschen mit leeren Händen abgezogen waren, half Irena Szkocka Lolek, durch die Stadt zur Bischofsresidenz zu kommen, indem sie ihm vorausging und schaute, ob der Weg frei war. Unmittelbar nach seiner Ankunft in der Residenz erhielt er eine Soutane, denn Erzbischof Sapieha beabsichtigte, im Falle einer Razzia der Gestapo zu sagen, daß all diese jungen Männer seine Sekretäre seien.

Selbst im Kirchenasyl gab es Schwierigkeiten. Hans Franks „Arbeitsamt" erkundigte sich nach allen Arbeitern in Borek Fałęcki, die nicht auf den Schichtlisten auftauchten. Auf Bitten des Erzbischofs suchte Pfarrer Figlewicz den Fabrikdirektor auf, um gemeinsam mit ihm einen Weg zu finden, Karol Wojtyła „verschwinden" zu lassen. Der Direktor zögerte zunächst, sich auf ein solches Wagnis einzulassen, muß aber schließlich doch mitgemacht haben, denn die Fragen nach *robotnik* Wojtyła verstummten. Wie Wojtyła später sagte, waren die Behörden „nicht in der Lage, [s]eine Spur zu finden".[113]

Pater Stanisław Smoleński war der Spiritual der jungen Seminaristen und Pater Kazimierz Kusak der Präfekt. Da Pater Piwowarczyk, der Wojtyła als geheimen Seminaristen aufgenommen hatte, einer Pfarrgemeinde zugewiesen worden war, übernahm Erzbischof Sapieha selbst das Amt des Rektors. Im täglichen Kontakt mit dem Erzbischof lernte Karol Wojtyla den Mann kennen, der mehr als ein halbes Jahrhundert für ihn zum Vorbild eines Kirchenfürsten werden sollte.

„Ein ungebrochener Fürst"

Adam Stefan Sapieha war der Nachkomme einer polnisch-litauischen Adelsfamilie. Seine Kirchenlaufbahn begann in Rom als Sekretär von Papst Pius X., der ihn am 17. Dezember 1910 in der Sixtinischen Kapelle persönlich zum Bischof weihte und ihm ein einfaches goldenes Brustkreuz umhängte.[114] Sapieha war ein „kleiner Mann mit eisernem Willen", ein Oberhirte mit einer großen natürlichen Autorität, die von seiner angeborenen Würde und Charakterstärke ausging.[115] Als er 1912 feierlich in seine neue Diözese einzog, besuchte er unmittelbar vom Bahnhof kommend ein Armenhaus und ließ den Adel, der ihn mit einem Frühstück bewirten wollte, warten, was unter seinen Standesgenossen für ziemliche Aufregung sorgte.[116] In einer Linie von Bischöfen stehend, die bis auf den heiligen Märtyrer Stanislaus zurückging, gab er hochbetagt der Tradition, daß der Bischof von Krakau der letzte *defensor civitatis,* der höchste „Verteidiger der Stadt" sei, einen neuen Sinn.[117]

Der Fürst-Erzbischof, wie ihn jeder nannte, hatte unter dem Pontifikat von Pius XI. keinen leichten Stand. Diese beiden starken Persönlichkeiten hatten miteinander die Klingen gekreuzt, als der zukünftige Papst unmittelbar nach dem Ersten Weltkrieg apostolischer Nuntius in Polen war. Unter dem Pontifikat von Pius XI. wurde Sapieha, anders als seinen beiden Vorgängern, Albin Dunajewski und Jan Puzyna, die Kardinalswürde verweigert.[118] Eine Woche, bevor Pius XI. im Februar 1939 starb, bat Sapieha in einem Schreiben den Papst, aufgrund seiner schlechten Gesundheit und seines Alters (er war damals 72 Jahre alt) von seinem Amt zurücktreten zu dürfen – eine Bitte, die damals von Bischöfen selten geäußert wurde. Da Pius starb, blieb sein Brief unbeantwortet. Als Sapieha bei einem Besuch in Rom im April desselben Jahres gegenüber dem neugewählten Papst Pius XII. seine Bitte wiederholte, lehnte dieser sein Gesuch ab. Die politische Situation wurde zusehends düsterer, und in diesen unsicheren Zeiten schien ein Wechsel nicht angebracht. So mußte Sapieha auf seinem Posten bleiben. Er wurde schon bald zum „ungekrönten König Polens", oder, wie Johannes Paul II. es ausdrückte, zu einem „ungebrochenen Fürsten",[119] der seinem von Vernichtung bedrohten Volk ein „wahrer pater patriae" war.

Der polnische Primas, Kardinal Hlond, lebte, nachdem er im September 1939 mit der polnischen Regierung geflohen war, von Herbst 1940 bis Februar 1944 in Südfrankreich. Dort verhaftete ihn die Gestapo und brachte ihn nach Wiedenbrück in Westfalen, wo er am 1. April 1945 von amerikanischen Truppen befreit wurde.[120] Während des ganzen Krieges war Adam Stefan Sapieha, der mit zunehmendem Alter an Stärke gewann, der unerschütterliche Fels des katholischen Widerstands gegen die Nazibesatzung. Nach altem polnischen Brauch hatte der Primas von Polen in der Zeit zwischen dem Tod eines polnischen Königs und der Wahl seines Nachfolgers das Amt eines Interrex inne. De facto war Erzbischof Sapieha mehr als fünf Jahre lang der Interrex Polens, die einzige legitime Autorität in einer Nation, die von Verbrechern beherrscht wurde.

Hans Frank, offenbar auf der Suche nach einer Spur von Legitimität, deutete wiederholt an, eine Einladung zum Essen in der erzbischöflichen Residenz würde wohlwollend angenommen werden. Schließlich ließ Sapieha eine Einladung ergehen und wies dem Herrn des besetzten Polen einen Platz am Kopfende seiner offiziellen Tafel zu. Die beiden Männer waren allein. Das Mahl wurde serviert: Schwarzbrot, das zum Teil aus Bucheckern bestand, Marmelade aus Rüben (aus Zuckerrüben für die Süße, aus Roter Beete für die Farbe) und Ersatzkaffee. Als Frank fassungslos auf die Tafel seines Gastgebers starrte, erklärte ihm der Erzbischof unverblümt, das sei die Ration, die aufgrund der Lebensmittelmarken der Nazis zur Verfügung stehe, und er könne doch wohl nicht die Rüge oder gar die Verhaftung eines seiner Diener riskieren, wenn er sich auf dem Schwarzmarkt eindecke.[121] Die Geschichte hat uns Franks Antwort nicht überliefert. Vermutlich drängte er nicht auf eine zweite Einladung.

Sapiehas natürliche Autorität spiegelte seine aristokratische Herkunft und Haltung wider, aber das blaue Blut allein war es nicht, was einen Mann in diesen verzweifelten Umständen die Fassung bewahren ließ. Jeden Abend um 21 Uhr sahen die Seminaristen den Fürst-Erzbischof für eine Stunde allein in die Kapelle gehen. Man wußte, daß er dem Herrn seine Nöte darlegte und nicht gestört werden durfte.[122]

Und seine Nöte wogen wahrlich schwer. Seine Priester wurden verhaftet, in Konzentrationslager verschleppt oder hingerichtet. Es galt, die Bemühungen der Pfarrgemeinden zu unterstützen, die den Gefangenen in den Arbeitslagern der Nazis durch Lebensmittelverstecke in den Wäldern zu helfen versuchten. Ein nicht abreißender Strom von Gefangenen, die in das Gestapohauptquartier gegenüber der Residenz des Erzbischofs gebracht wurden, mußte verteidigt werden. Familien, deren Väter verschwunden waren, bedurften des Beistands. Das galt auch für Krakaus jüdische Gemeinde, gegen deren Behandlung Sapieha mindestens zweimal bei Hans Frank protestierte. Der Erzbischof ließ Taufscheine für Juden ausstellen, damit sie den Vernichtungslagern entkommen konnten. All dies tat Sapieha in eigener Verantwortung, denn der Kontakt zu Rom war abgeschnitten. Bei zwei Gelegenheiten versuchte der Erzbischof, den Vatikan vor Plänen der Nazis, Juden und Polen auszurotten, zu warnen.[123]

Doch inmitten der Besatzung plante Adam Stefan Sapieha für die Zukunft. Als Mitglied des Reformflügels der polnischen Hierarchie hatte Sapieha vor dem Krieg große alte Pfarrgemeinden geteilt und neue geschaffen, um seine Priester mehr mit dem Volk in Berührung zu bringen. Er hatte auch das Priesterseminar reformiert und auf einer soliden theologischen Ausbildung bestanden. Als der Krieg dem Ende zuging, machte er Pläne für eine neue katholische Zeitung, *Tygodnik Powszechny* [Allgemeines Wochenblatt], die von dem jungen Journalisten Jerzy Turowicz, einem Laien, herausgegeben werden sollte. Pater Jan Piwowarczyk, der frühere Rektor des Seminars und einer der besten Köpfe der Erzdiözese, sollte dem Blatt als „kirchlicher Berater" zur Seite stehen.

Vor allem aber war Sapieha davon überzeugt, daß die Wiederbelebung des Katholizismus nach dem Kriege eine gutausgebildete und dynamische Priesterschaft erforderte. Deshalb setzte er sein Leben aufs Spiel, um in den ersten Jahren der Besatzung eine Priesterausbildung im Untergrund aufzubauen, und nach dem Schwarzen Sonntag 1944 überließ er buchstäblich sein Haus dem Seminar. Sowohl die Seminaristen als auch der Lehrkörper scherzten, sie stünden unter „Hausarrest".[124] Das Leben war spartanisch. Jeder Student hatte ein eigenes Bett bzw. eine Pritsche, sonst gab es nur noch ein einziges Möbelstück: den gemeinsamen Tisch. Die paar persönlichen von den Seminaristen mitgebrachten Habseligkeiten waren in Koffern unter ihren Betten verstaut – in einem ehemaligen Salon des Erzbischofs.[125]

Bei seinem ersten Treffen mit den Seminaristen erklärte der Erzbischof, er sei nicht länger gewillt, darauf zu warten, daß die Deutschen das Seminar wieder eröffneten. Er selbst werde der Rektor sein. Sollte man sie entdecken und die Nazis Repressalien gegen ihn ergreifen, nun denn: „Wir werden auf Gottes Vorsehung vertrauen", schloß er. „Kein Leid wird uns geschehen."[126]

Für einen Mann seiner Herkunft und in Anbetracht des damaligen geistlichen Protokolls hatte Sapieha für seine jungen Pensionsgäste ein bemerkenswert offenes Ohr. Er besuchte die Studenten in ihrer freien Zeit ganz formlos und versuchte, mit jedem von ihnen im Laufe des Tages ein paar Worte zu wechseln. Die Studenten ihrerseits lernten den Mann kennen, der sie zum Priester weihen sollte. Sie erlebten seine tiefe Frömmigkeit, nicht nur in den langen, stillen Dankgebeten nach der Feier der Morgenmesse, sondern auch in seinem einsamen Abendgebet.

Unter der Leitung von Pater Smoleński und Pater Kusak füllte Sapiehas Untergrundseminar den ganzen Tag aus. Die Studenten erhoben sich um 6 Uhr morgens zu einer Stunde des persönlichen Gebets. Um 7 Uhr wurde die Messe gelesen, dann folgte ein Frühstück. Von 8.15 Uhr bis zum Mittag wurden in einem anderen Salon Sapiehas Seminare abgehalten. Um 12 Uhr hielten Studenten und Professoren inne, um den Angelus zu beten und ihre Sünden zu bereuen. Danach aß man zu Mittag und erholte sich im Garten des Erzbischofs. Am frühen Nachmittag betete man in der Kapelle eine Viertelstunde vor dem Altarsakrament; dann ging jeder seinen eigenen Studien nach. Um 18.30 Uhr hielt entweder Pater Smoleński oder der Erzbischof einen Vortrag zu einem geistlichen Thema. Das Abendessen wurde um 19 Uhr eingenommen, um 20.15 Uhr wurde das Abendgebet gesprochen, und jeder hielt für sich ein stilles Gebet. Einmal in der Woche wurde die Beichte abgenommen; die Studenten durften ihren Beichtvater selbst wählen, entweder unter den Lehrern oder den Priestern, die von außerhalb ins Seminar kamen. Das akademische Jahr begann mit dreitägigen Exerzitien, einer Phase gesteigerter Andachtsübungen ohne Unterricht, die gewöhnlich von Pater Smoleński geleitet wurden. In der Fastenzeit wurden noch einmal längere Exerzitien abgehalten, und kürzere fanden das ganze Jahr über statt. Um den Lehrplan zu bereichern, wurden Gastredner eingeladen. Juliusz Osterwa unterrichtete die Seminaristen in Sprechtechnik und erklärte ihnen, wie man eine Predigt hält – was angesichts der typischen Beziehungen zwischen Klerus und Laien zur damaligen Zeit eine erhebliche Neuerung gewesen sein muß.[127]

Viele Jahre später bemerkte Papst Johannes Paul II. einmal wehmütig, er habe infolge des Krieges und der Nachkriegszeit nie ein richtiges Seminarleben kennengelernt. Dennoch scheint der junge Karol Wojtyła keinerlei Anpassungsschwierigkeiten an den monatelangen „Hausarrest" in der Franciszkańska-Straße 3 gehabt zu haben.[128] Seine geistigen Fähigkeiten blieben seinen Kommilitonen ebensowenig verborgen wie seine Frömmigkeit. Der Erzbischof selbst lernte schnell die Gaben des jungen Mannes aus Wadowice schätzen, der nach Sapiehas Meinung endlich dort angekommen war, wo er hingehörte.

ZWEIFACHER VERLIERER:
POLEN UNTER KOMMUNISTISCHER BESETZUNG

Als die 1. Ukrainische Front der Roten Armee über Dębica und Tarnów nach Westen vorstieß, bereiteten die deutschen Okkupanten ihren Rückzug aus Krakau vor. Sie legten Sprengsätze und verließen in der Nacht vom 17./18. Januar die Stadt; vorher jagten sie aber noch die Brücke von Dębniki in die Luft und zerschmetterten die Fenster in der erzbischöflichen Residenz.[129] Am nächsten Tag machten sich die Studenten in der Franciszkańska-Straße 3 ans Aufräumen. Kurz darauf nahmen sie das alte Priesterseminar in der Nähe der Burg, in dem bis dahin die SS gehaust hatte, wieder in Besitz. Was sie vorfanden, war entsetzlich. Die Fenster waren zerschlagen, das Ziegeldach eingebrochen, die Zentralheizung kaputt, und die Gefangenen der SS hatten in den Räumen offene Feuer angezündet, um nicht zu erfrieren. Am schlimmsten waren die Toiletten: Berge gefrorener Exkremente mußten aufgehackt und weggekarrt werden. Karol Wojtyła und Mieczysław Maliński meldeten sich freiwillig zu dieser überriechenden Arbeit, nach der es die reinste Erholung war, Ziegel aufs Dach zu schleppen.[130]

Nun, wo sie die Okkupation glücklich überlebt hatten, meinten die jungen Seminaristen wohl, jetzt beginne die Rückkehr zur Normalität in einem freien und unabhängigen Polen. Wenn dem so war, wurden sie schnell eines anderen belehrt. Denn Polen sollte in diesem Weltkrieg ein zweites Mal einer totalitären Macht geopfert werden.

Der polnischen Exilregierung in London wurde verwehrt, die Zukunft ihres Landes mitzugestalten. Im Juli 1944 unterzeichnete das von Moskau gelenkte Polnische Komitee der Nationalen Befreiung, im Westen unter dem Namen „Lubliner Komitee" bekannt, ein Abkommen mit der Sowjetunion, das den Sowjets die vollständige Kontrolle über Recht und Ordnung im Hinterland der vorrückenden Roten Armee einräumte. Damit war die Bühne für eine Wiederholung der ersten Tage der Nazi-Okkupation vorbereitet: Örtliche Politiker wurden, oft unter dem Vorwand der Kollaboration, abgelöst, Widerstandsgruppen zerschlagen oder sowjetfreundlichen Gruppen einverleibt; wer sich widersetzte, wurde erschossen.[131]

Was sich im Gefolge der neuen Besetzung ereignete, geschah innerhalb neuer Grenzen. Auf den Konferenzen in Teheran und Jalta hatten die Alliierten beschlossen, „Polens" Grenzen auf der Landkarte Europas etwa 240 Kilometer nach Westen zu verschieben. Wilna (Vilnius) und Lemberg (Lwów) sollten künftig zur Sowjetunion gehören, wenn auch in den Scheinrepubliken Litauen und Ukraine. Breslau, Stettin und Danzig sollten von Deutschland „zurückerlangt" werden und dann Wrocław, Szczecin und Gdańsk heißen. Ein wenig mehr als die Hälfte des polnischen Territoriums der Zwischenkriegszeit sollte zur neuen Volksrepublik Polen gehören; damit hatte das neue Polen weitaus mehr Land (etwa 180 000 km^2) verloren als hinzugewonnen (rund 103 000 km^2).[132] Polens Verschiebung nach Westen führte nahezu ein Vierteljahrhundert lang zu Spannungen zwischen dem polnischen Katholizismus und dem Vatikan, während gleichzeitig der Boden für die härtesten Verfolgungen des Katholizismus in der Sowjetunion sowie in den sozialistischen Sowjet„republiken" Litauen und Ukraine bereitet wurde.

Der Krieg hatte auch die Bevölkerungsstruktur Polens drastisch verändert, und keine soziale Schicht war verschont geblieben. Die Intelligenz – die Führung der Kirche eingeschlossen – hatte einen beträchtlichen Blutzoll entrichtet. Polens Juden waren fast vollständig in den Vernichtungslagern umgekommen. Durch den Verlust seiner alten Gebiete im Osten und durch die Vertreibung der Deutschen aus den „zurückgewonnenen Territorien" im neuen Westen Polens entstand schließlich ein Land, das nie zuvor in seiner Geschichte so polnisch – und so katholisch – gewesen war.[133]

Die neuen Herren brachten eine wechselvolle Geschichte mit. Die Kommunistische Partei Polens (KPP) sorgte in den Jahren zwischen den Weltkriegen für manch ein politisches und ideologisches Kopfschütteln in Moskau. Die Unfähigkeit der Partei, einen kraftvollen politischen Kurs einzuschlagen, war nicht minder groß als ihre Neigung zu ideologischen Abweichungen. 1938, während der großen Säuberung in der Sowjetunion, liquidierte Stalin etwa 5 000 Mitglieder der KPP; viele andere starben in den Lagern.[134] Nach dem deutschen Überfall auf die Sowjetunion im Juni 1941 erkannte Stalin jedoch, daß ein wiedererstandenes Polen unter kommunistischem Vorzeichen gut in seine Pläne passen würde, und so wurde die Polnische Arbeiterpartei aus der Taufe gehoben. Władysław Gomułka, der Stalins Säuberung überlebt hatte, weil er damals von seiner eigenen Regierung eingesperrt war, wurde ihr Erster Sekretär.[135] Gomułka war zwar jeder Zoll ein strammer Kommunist, aber er war auch ein polnischer Patriot, der sich bangen Herzens fragte, wie der sowjetische Imperialismus sich wohl auf den „polnischen Weg zum Sozialismus" auswirke. Deshalb mußte er 1948 Bolesław Bierut weichen, einem hundertprozentigen Stalinisten, der dem Kreml keine Kopfschmerzen machen würde. Mitte des Jahres 1948 war das neu errichtete Polen komplett in den äußeren Herrschaftsbereich der Sowjetunion eingebunden, und sein Verteidigungsminister, ein hochrangiger Offizier der Roten Armee, hatte vor allem ein Ziel: die Landbrücke zur sowjetischen Zone in Deutschland zu sichern. So war das neue Polen – vermeintlich Ausdruck einer Ideologie, die beim polnischen Volk noch nie auf große Gegenliebe gestoßen war, und ein Staat, dessen geopolitischer Raison d'être die Sicherheit der Sowjetunion war – das Produkt der Roten Armee und einer kleinmütigen Politik des Westens. Das Wort von Polens „Befreiung" im Jahre 1945 war ein Euphemismus.

All das hinterließ bei Karol Wojtyla bleibende Spuren. Jalta wurde für ihn mehr als die grausame Wahrheit, daß Polen, angeblich einer der Sieger des Zweiten Weltkriegs, in Wahrheit nur ein zweifacher Verlierer war. Jalta war der Triumph eines falschen und unmenschlichen realistischen Machtdenkens über die moralischen Garantien, die die westlichen Alliierten vor und während des Krieges Polen gegeben hatten. Jalta war der Ort, wo jene, die sich für die Kräfte der Freiheit hielten, ein zweites Mal vor einer totalitären Macht zurückwichen. Am Ende des Zweiten Weltkriegs stand nicht die wiedergewonnene Freiheit und die Erneuerung des Selbstbestimmungsrechts der Völker, sondern ein kommunistischer Totalitarismus, der sich über halb Europa und viele andere Teile der Welt ausbreitete. Jalta war ein schlimmes Unrecht und kein Fundament für einen dauerhaften Frieden. Politik, auch Weltpolitik, durfte niemals nur eine Sache der Macht sein. Hier ging es um moralische Fragen.

Während Polen vom Kommunismus wieder in Fesseln geschlagen wurde – ein Prozeß, den Stalin einmal mit dem „Satteln einer Kuh" verglich[136] –, besuchte der Fürst-Erzbischof Sapieha die Suppenküche der Erzdiözese. Mit einem abgewetzten alten Mantel und Hut bekleidet wollte er sich inkognito vergewissern, daß die Suppe, die dort an mittellose Doktoren, Rechtsanwälte, Professoren und andere Akademiker des „befreiten" Krakau ausgeteilt wurde, seinen Maßstäben entsprach. Sie tat es.[137]

Ad Altare Dei

Inmitten der Ironien und Tragödien der „Befreiung" Polens näherte sich das Leben im Krakauer Priesterseminar allmählich wieder dem Normalzustand an. Die Jagiellonische Universität tauchte wieder aus dem Untergrund auf, und Karol Wojtyła schloß sein drittes theologisches Studienjahr ab, während der Krieg im Westen in den letzten Zuckungen lag. Er wurde zum Vizepräsidenten des Studentischen Vereins für brüderliche Hilfe gewählt, einer Organisation, die westliche Hilfsgüter an die verarmten Studenten verteilte. Daß Wojtyła sich zu einem Leben in Armut verpflichtete, machte auf seine Kommilitonen im Seminar weiterhin Eindruck. Als er von Kotlarczyk einen neuen Pullover erhielt, schenkte er ihn einem Bettler, der persönlich nach ihm, Wojtyła, fragte.[138]

Nach einem Sommer in der Pfarrgemeinde Raciborowice bei Krakau begann für Karol im Herbst 1945 sein viertes und letztes theologisches Studienjahr vor der Priesterweihe, in dem er selbst schon als Tutor für Studienanfänger in Theologie arbeitete. Zu seinen akademischen Lehrern gehörte der großartige Ignacy Różycki. Der anspruchsvolle Theologe bemerkte, daß sein bester Schüler jedes Blatt seiner Arbeiten oben mit einer kleinen Inschrift versah: „Zu Jesus durch Maria" oder „Jesus, Maria und Josef". Diese Gewohnheit hatte Karol schon einige Jahre vorher angenommen, und er behielt sie während seines ganzen Schriftstellerlebens bei. Różycki förderte Karols Interesse für Johannes vom Kreuz, und Karol fuhr fort, sich Spanisch beizubringen (was er ein Jahr zuvor mit Hilfe eines deutsch-spanischen Wörterbuchs begonnen hatte), denn er wollte die karmelitische Mystik im Original lesen.[139]

Tatsächlich hatte Karol eine gewisse Zeit mit sich gerungen, ob er nicht in das Kloster der Unbeschuhten Karmeliter in Czerna eintreten sollte, um sich im völligen Rückzug aus der Welt einem Leben in Kontemplation zu widmen. Irgendwann 1945 legte er die Frage dem Fürst-Erzbischof vor, der ihn kurz und bündig beschied: „Zunächst müssen Sie zu Ende bringen, was Sie begonnen haben." Mit Sapiehas energischer Antwort war die Sache vom Tisch. Mehr als ein halbes Jahrhundert später meinte Johannes Paul II., Johannes vom Kreuz habe ihn zwar sehr fasziniert, aber „ich glaube nicht, daß mein innerer Ruf, zu den Karmelitern zu gehen, sehr stark war".[140]

Kurz nach dem Krieg erfuhr Karol, daß Pater Maximilian Maria Kolbe sich im Hungerbunker von Auschwitz aufgeopfert hatte. Der franziskanische Märtyrer, der sein Leben für einen Mithäftling, einen Familienvater, hingegeben hatte, wurde für ihn zum Vorbild eines Priesters, der seine Weihe als ein *alter Christus*, „ein zweiter Christus", bis zur letzten Konsequenz lebte und sich selbst im Dienst an seinem Volk völlig auslöschte. Dieses Ideal wurde den Seminaristen in Krakau durch das gemeinsame Beten der „Litanei unseres Herrn Jesus Christus, Priester und Opfer" stets vor Augen gestellt; überhaupt war diese auf dem *Hebräerbrief* basierende Litanei ein Eckpfeiler ihrer Frömmigkeit. Die Krakauer Litanei – sie schloß acht Anrufungen Jesu Christi als Erlösungsopfer ein – machte den Priesteramtskandidaten klar, daß der Prüfstein jeder aufrichtig gelebten christlichen Berufung (und besonders der Berufung um Priester) darin bestand, sich selbst zu sterben, sich zu schenken oder aufzuopfern, und was für alle Christen galt, galt erst recht für den Priester.[141] Wie ein roter Faden sollte der Gedanke, sich selbst hinzugeben, das Lebenswerk Karol Wojtyłas durchziehen. Er wurde zu einem der entscheidenden Begriffe in seiner Philosophie der menschlichen Person und des moralischen Handelns.

Der Priester

Am 18. Februar 1946 wurde Adam Stefan Sapieha von Papst Pius XII. zum Kardinal ernannt. Als er im März nach Krakau zurückkehrte, empfing ihn eine Gruppe Studenten am Bahnhof und ehrte diesen großen Helden der Okkupationszeit, indem sie den neuen Kirchenfürsten mitsamt seinem Auto auf die Schultern hob und zur Marienkirche am altstädtischen Marktplatz trug.[142] Zur Feier der Kardinalswürde Sapiehas im Seminar rezitierte Karol Wojtyła eine Predigt Pater Kajsiewicz', eines großen Polen aus dem 19. Jahrhundert, über die religiöse Bedeutung des Patriotismus – ein Thema, das gewiß nicht zufällig ausgewählt wurde.[143]

Ende Juni und Anfang Juli 1946 legte Wojtyla mit Erfolg Prüfungen in Bibelkunde, Dogmatik, Moraltheologie, Kirchenrecht und Katechese ab. Damit hatte er die nötigen theologischen Studien vor der Weihe abgeschlossen.[144]

Kardinal Sapieha wünschte, daß seine begabtesten Priester Rom kennenlernen sollten, und hatte entschieden, daß Karol im Herbstsemester 1946 seine theologische Dissertation in Rom am Päpstlichen Athenaeum des hl. Thomas von Aquin, allgemein als „Angelicum" bekannt, beginnen sollte.[145] Doch vorher wollte ihn der Kardinal möglichst schnell zum Priester weihen.

Der gesamte Oktober 1946 stand unter dem Zeichen der Vorbereitung auf die Weihe. Nach sechstägigen Exerzitien unter der Leitung des Spirituals Pater Smoleński legte Karol das feierliche Gelübde ab, ein zölibatäres Leben zu führen und täglich das Stundengebet (das Brevier) zu beten. Daraufhin wurde er am 13. Oktober vom Fürst-Kardinal zum Subdiakon geweiht.[146] Eine Woche später, nachdem er sich drei Tage in Klausur begeben hatte, weihte ihn der Erzbischof am 20. Oktober zum Diakon. Er hielt dann noch einmal sechs Tage lang Exerzitien ab, um sich auf die Priesterweihe vorzubereiten, die für den 1. November vorgesehen war: das Fest Allerheiligen und zugleich der fünfte Jahrestag der Premiere von *Geist-König* im Rhapsodischen Theater. Während die Vorbereitungen für die Weihe liefen, besorgte Stanisław Starowieyski, ein noch nicht geweihter junger Seminarist, den Sapieha für das gesamte Theologiestudium nach Rom schickte, die Fahrkarten und Pässe, damit sein Freund Wojtyła sich ganz auf seine Exerzitien konzentrieren konnte.

Am Morgen des 1. November 1946 zog Karol, der als einziger an diesem Tag geweiht werden sollte, feierlich in die Privatkapelle des Erzbischofs in dessen Residenz in der Franciszkańska-Straße 3 ein.[147] Durch sein Beispiel hatte der Erzbischof bereits einen unauslöschlichen Eindruck auf Wojtyłas Denken gemacht. Nun sollte er nach der Lehre der Kirche durch die Weihe einen unauslöschlichen Eindruck in Wojtyłas Seele hinterlassen. Beim Priesteramt – darin waren sich der Weihende und zu Weihende einig – kam es nicht nur darauf an, was man tut; sondern vor allem darauf, was man *ist*. Durch seine Taufe in Wadowice war Karol Wojtyła Christ geworden. Durch das, was nun in der Kapelle des Erzbischofs geschah, würde er ein Priester Christi werden.

Nach der ersten Schriftlesung der Messe nahm Kardinal Sapieha auf dem Bischofsstuhl, einem kleinen tragbaren Thron, vor dem Altar Platz. Karol, mit Schultertuch, Alba, Zingulum, Stola und Manipel bekleidet, kniete vor ihm. Ein gefaltetes Meßgewand lag über seinem linken Arm, und in der Rechten hielt er eine brennende weiße Kerze. Nachdem die Leiter des Seminars öffentlich bestätigt hatten, daß er des Priesteramts würdig sei, wandte sich der Kardinal an Karol und ermahnte ihn, „im Glauben und im Tun vollkommen zu sein (...) fest verwurzelt in der Tugend der zweifachen Liebe zu Gott und zum Nächsten". Dann warf sich Karol mit dem Gesicht auf den Boden, die Arme zum Kreuz ausgestreckt, während über ihm die Litanei der Heiligen gesungen wurde – die irdische Kirche flehte die himmlische Kirche an, dem Mann beizustehen, der hier zum Priester geweiht wurde.[148]

Am Ende der Litanei erhob sich Karol, kniete vor Kardinal Sapieha nieder, der schweigend dastand und seine Hände im zentralen Akt des Weiherituals auf Karols Haupt legte. Nachdem er auf den zu Weihenden die Kraft des Heiligen Geistes herabgefleht hatte, setzte sich der Kardinal wieder, nahm den Teil der Stola, der hinter Karols linker Schulter hing, legte ihn über seine rechte Schulter und kreuzte ihn über seiner Brust mit den Worten: „Nimm das Joch des Herrn auf dich, denn Sein Joch ist sanft und Seine Bürde leicht." Danach kleidete ihn der Kardinal mit der Kasel, jenem Obergewand, in dem der Priester die Messe liest, und sprach: „Nimm das Priesterkleid, es bedeutet Liebe, denn Gott ist sehr wohl fähig, in dir die Liebe und ihre vollkommenen Werke wachsen zu lassen."

Nachdem die alte Hymne „Veni Creator Spiritus" verklungen war, nahm der Kardinal abermals auf seinem Bischofsstuhl Platz, und Karol kniete vor ihm nieder, um gesalbt zu werden. Der Kardinal salbte die ihm entgegengestreckten Handflächen, zunächst mit einem Kreuzeszeichen und dann ganz, und sprach: „Wir bitten dich, oh Herr, weihe und heilige diese Hände durch dieses Salböl und unseren Segen." Darauf legte der Kardinal Karols Hände zusammen, und einer der assistierenden Priester wand ein weißes Tuch um sie. Sapieha nahm einen Kelch mit Wein und Wasser sowie eine Patene mit einer Hostie. Der Kardinal legte dann den Kelch mitsamt der oben aufliegenden Patene in Karols gebundene Hände, so daß sie beide heiligen Gefäße berührten, und betete: „Empfange die Kraft, Gott ein Opfer darzubringen und im Namen des Herrn die Messe zu feiern für die Lebenden und die Toten."

Nachdem seine Hände gesäubert worden waren, reichte Karol dem Kardinal die brennende Kerze als Votivgabe. Gemeinsam mit Kardinal Sapieha feierte Karol Wojtyła nun den Höhepunkt der katholischen Meßfeier, tauschte mit ihm den Friedenskuß und empfing zusammen mit ihm Blut und Leib Christi in der heiligen Kommunion. Im Anschluß an die Kommunion legte Sapieha auf seinem Bischofsstuhl sitzend wiederum die Hände auf Karol und sprach: „Empfange den Heiligen Geist: Wem du die Sünden vergibst, dem sollen sie vergeben sein, und wem du die Sünden nicht vergibst, dem sollen sie nicht vergeben sein." Sodann ließ Sapieha den hinteren Teil des Meßgewandes über Karols Rücken fallen mit den Worten: „Der Herr bekleide dich mit dem Gewand der Unschuld" und fragte, ob Karol bereit sei, ihm als seinem Bischof wie auch seinen Nachfolgern Ehrerbietung und Gehorsam zu versprechen. Auf Karols Antwort „Promitto" [ich verspreche] tauschten sie erneut den Friedenskuß. Nun erhob sich der Erzbischof mit Mitra und Bischofsstab und segnete Karol dreimal: „Der Segen Gott des Allmächtigen, des Vaters, des Sohnes und des Heiligen Geistes komme auf dich herab: auf daß du gesegnet bist in der Priesterschaft und Gott dem Allmächtigen, dem Glanz, Ehre und Welt ohne Ende zukommen, für die Sünden und Vergehen des Volkes Sühneopfer darbringst."

Am Ende der Ordinationsmesse sprach der Kardinal von seinem Bischofsstuhl aus zum letzten Mal den jüngsten Priester der Erzdiözese Krakau mit den Worten an: „Innig geliebter Sohn, erwäge sorgfältig die Stellung, die du auf dich genommen hast, und die Bürde, die auf deine Schultern gelegt worden ist. Strebe nach einem heiligen und Gott wohlgefälligen Leben, auf daß du Gott dem Allmächtigen zur Freude seist und Seine Gnade sich über dich ergieße, die Er in Seiner Barmherzigkeit dir gewähren möge. Nun, da du zum Priester geweiht bist, sollst du nach deiner ersten Messe drei weitere Messen lesen: eine für den Heiligen Geist, eine für die heilige Jungfrau Maria und eine dritte für alle im Glauben Verstorbenen. Und bete auch zu Gott, dem Allmächtigen, für mich." Zum Ende des Rituals zitierte der Kardinal aus dem Prolog des Johannesevangeliums: „Und das Wort ist Fleisch geworden und hat unter uns gewohnt, und wir haben seine Herrlichkeit gesehen, die Herrlichkeit des einzigen Sohnes vom Vater, voll Gnade und Wahrheit." Karol antwortete: „Amen."[149]

Am 2. November wird nach dem liturgischen Kalender der römisch-katholischen Kirche das Fest Allerseelen begangen, ein Tag, der dem Gebet für die Toten gewidmet ist. An Allerseelen dürfen Priester dreimal die Messe lesen, daher hatte Karol Wojtyła am Tage nach seiner Ordination nicht nur eine, sondern drei „erste Messen". Er las sie in der romanischen Krypta des hl. Leonhard im Dom auf dem Wawel. Diese kleine Kapellenkrypta vom Anfang des 11. Jahrhunderts liegt in der Nähe der königlichen Gräber und gehört zu den ältesten und heiligsten Teilen des Doms. Der frischgeweihte Priester wählte sie für seine erste Messe, um seine „besondere geistige Bindung an die Geschichte Polens zu unterstreichen" und den toten Königen und Königinnen, Bischöfen, Kardinälen und Dichtern, die alle in der Nähe begraben liegen, seine Achtung zu bezeugen, Persönlichkeiten, „die für [seine] christliche und patriotische Bildung enorme Bedeutung hatten".[150]

In Gegenwart einer Handvoll Freunde und der sterblichen Überreste von König Johann III. Sobieski, König Michał Korybut Wiśniowiecki, Fürst Józef Poniatowski und Tadeusz Kościuszko las Karol Wojtyła in dem für diesen Tag vorgeschriebenen schwarzen Gewand drei Messen für die Seelen seiner Mutter, seines Bruders und seines Vaters. Der Zeremonienmeister – oder „Manductor", wie man damals sagte – war sein altes Vorbild Pfarrer Figlewicz, der ihn durch das Ritual führte. Als Meßdiener stand ihm sein Freund Mieczysław Maliński zur Seite, der auch Jan Tyranowski vertrat, der seit neun Monaten im Krankenhaus lag und im folgenden Jahr sterben sollte. Wojtyła war der erste von zehn Priestern, die aus dem Lebendigen Rosenkranz des mystischen Schneiders hervorgingen. Die einzige anwesende Verwandte war Maria Wiadrowska, Emilias ältere Schwester und Patin des Geweihten. Zu dieser Zeit hatte man keine Möglichkeit, die traditionellen Ordinationskarten drucken zu lassen, die an Freunde und Verwandte verteilt wurden, und so schrieb Karol Wojtyła mit der Hand auf jede Karte: *Fecit mihi magna ... Krakau, den 1. Nov. 1946.* „Er hat Großes an mir getan", ein Vers aus dem Lobgesang der Maria (Lukas 1,46-55).[151]

In der Betriebsamkeit der folgenden Tage feierte Wojtyla die Messe in St. Stanislaus Kostka in Dębniki und in seiner Heimatgemeinde Wadowice. Am Altar des hl. Stanislaus im Schiff des Doms auf dem Wawel las er die Messe für seine Freunde und Kollegen vom Rhapsodischen Theater und für einige überlebende Mitglieder der UNIA, deren Führung von den neuen kommunistischen Machthabern schwer unter Druck gesetzt wurde. Am 11. November taufte er das erste Mal ein Kind: Monika Katarzyna Kwiatkowska, die Tochter seiner Freunde Halina Królickiewicz und Tadeusz Kwiatkowski. Trotzdem fand er noch die Zeit, eine Aufführung des Rhapsodischen Theaters zu besuchen, aber für ein Treffen mit seiner alten Truppe zur Jahresfeier des Theaters reichte es nicht. Sein Entschuldigungsbrief an Mieczysław Kotlarczyk läßt erkennen, wie der Frischgeweihte von seinem Priesteramt dachte: „Vielleicht ist es Gottes Plan, daß ich nicht zu dieser Jahresfeier kommen kann. Ich sehe es so: Ich sollte in eurer Tätigkeit gegenwärtig sein, wie ein Priester überhaupt im Leben gegenwärtig, eine verborgene Triebkraft sein sollte. Ja, wie auch immer es aussehen mag, das ist die oberste Pflicht des Priesteramtes. Verborgene Kräfte bringen gewöhnlich die stärksten Wirkungen hervor."[152]

RÖMISCHE LEKTIONEN

Am 15. November brachen Wojtyła und Starowieyski von Krakau nach Kattowitz auf, wo sie in den Zug nach Paris stiegen. Es war das erste Mal, daß der junge Priester Polen verließ. Aus dem Fenster betrachtete er Städte, die er nur aus dem Geographiebuch kannte: Prag, Nürnberg, Straßburg und schließlich Paris, wo die beiden Polen Gäste im polnischen Seminar in der Rue des Irlandais waren. Sie fuhren unverzüglich mit einem anderen Zug nach Rom weiter, wo sie Ende November eintrafen. Mehrere Wochen blieben sie bei den Pallotinern in der Via Pettinari, während Vorkehrungen für einen ständigen Aufenthalt im

Belgischen Haus getroffen wurden, wo sie auf Wunsch des Fürst-Kardinals wohnen sollten. An ihrem ersten Sonntag in Rom gingen sie in den Petersdom, wo Pius XII., der auf einem tragbaren Thron, der *sedia gestatoria*, in die riesige Basilika getragen wurde, gerade eine Seligsprechungsfeier abschloß. [153]

Der Rektor des wieder aufgebauten Seminars in Krakau, Karol Kozłowski, hatte dem jungen Priester gesagt, ebenso wichtig wie das Studium selbst sei es, „Rom zu verstehen", und Wojtyła beherzigte seinen Rat. In den Nachkriegsjahren war das Leben in Rom von mancher Unbequemlichkeit begleitet, aber die Stadt war damals ideal für Touristen. Die endlosen Verkehrsstaus von heute waren völlig unbekannt, zu Fuß oder mit dem Fahrrad konnte man alles mit Leichtigkeit erreichen.[154] Nachdem sie sich im Belgischen Haus eingerichtet hatten, erforschte Wojtyła gemeinsam mit Kommilitonen, die mit den Orten und ihrer Geschichte vertraut waren, die Katakomben, Kirchen, Friedhöfe, Museen und Gärten der Hauptstadt der Christenheit.[155]

Das Belgische Kolleg, in dem Wojtyła zwei Jahre lebte, war eine geistig äußerst anregende Umgebung. Man debattierte lebhaft über die *nouvelle théologie*, die mit den Namen der Dominikaner Marie-Dominique Chenu und Yves Congar sowie der Jesuiten Jean Daniélou und Henri de Lubac verbunden war. Alle vier sollten beim II. Vatikanischen Konzil eine große Rolle spielen. Diskutiert wurde auch über die Bewegung der Arbeiterpriester in Frankreich und Belgien. Der Kardinal-Erzbischof von Paris, Emmanuel Suhard, hatte sein Land jüngst als Missionsgebiet bezeichnet, und die Suche nach neuen pastoralen Wegen lag in der Luft. Im Belgischen Kolleg lernte er auch Joseph Cardijn kennen, einen Priester, der in Belgien die Christliche Arbeiterjugend gegründet hatte. Diese in den 20er Jahren entstandene Bewegung wollte christliches Gedankengut in die Fabriken tragen.[156] Wojtyłas Rektor war Maximilian de Fürstenberg, der, wie Cardijn, später von Papst Paul VI. zum Kardinal erhoben wurde.

Das Belgische Kolleg war recht klein. Es beherbergte 22 Priester und Priesteramtskandidaten, darunter fünf Amerikaner, die zum Studium nach Rom gekommen waren. In dieser vielsprachigen Umgebung konnte Wojtyła sein Französisch verbessern und sein Deutsch üben, das er bereits zu Hause gelernt hatte. Daneben begann er Italienisch und Englisch zu lernen. Die gute Gemeinschaft lenkte erfolgreich von den materiellen Schwierigkeiten des Lebens ab. Das Kolleg war damals in einem hübschen vierstöckigen Haus mit Garten untergebracht, doch innen ließ es eine Menge zu wünschen übrig. Im Winter war es eiskalt, im Sommer glühend heiß. In den Studentenzimmern gab es lediglich einen Schreibtisch, einen Stuhl, ein Bett und ein Waschbecken. Duschen wurden erst 1947 installiert. Die ersten Toiletten waren Ende des Krieges von der britischen Armee eingebaut worden. Das Essen, so ein Bewohner, war „ziemlich karg und nicht sehr schmackhaft".[157]

Die Lage des Hauses auf dem Quirinal war jedoch phantastisch. Bis zum Angelicum war es nur ein kurzer Fußweg, und auf dem Weg ins Seminar besuchte Wojtyła häufig die Kirche Sant'Andrea, in der die Gebeine des hl. Stanislaus Kostka ruhen. Dieser Novize der Jesuiten aus dem 18. Jahrhundert war der Patron der polnischen Jugend, und nach ihm war die Gemeinde in Dębniki benannt. Wojtyla war über die Menge der deutschen Seminaristen erstaunt, die in ihren leuchtend roten Soutanen am Grab des polnischen Heiligen beteten: „Im Herzen der Christenheit und im Licht der Heiligen begegneten sich auch die Nationalitäten, was – nach der Tragödie des Krieges, die uns so gezeichnet hatte – der symbolischen Vorwegnahme einer nicht mehr gespaltenen Welt gleichkam."[158] Während er so einen ersten Geschmack von der Internationalität der Kirche bekam, hielt er an seinen Wurzeln fest, las jeden Tag die Evangelien in Polnisch und rezitierte das Johannesevangelium oft laut, als sei es ein rhythmisches Gedicht. [159]

In den Semesterferien reiste Wojtyła mit Kommilitonen aus dem Belgischen Kolleg oder mit Stanisław Starowieyski durch Italien. In den Osterferien 1947 besuchten sie San Giovanni Rotondo im Süden und beichteten bei dem wegen seiner Stigmatisierung berühmten Kapuziner Padre Pio. Er war „ein sehr schlichter Beichtvater, klar und kurz". Den stärksten Eindruck auf den jungen Priester machte Padre Pio, als er die Messe las, in der er, wie der Papst später erzählte, „körperliche Schmerzen" zu empfinden schien.[160] Neapel, Capri, Monte Cassino, Assisi und Subiaco, die Geburtsstätte der Benediktinischen Klosterregeln und damit des westlichen Mönchtums, gehörten ebenfalls zu ihren Zielen. Als sie später einmal Paris besuchten, verblüffte Wojtyła seinen Begleiter mit der Bemerkung, die überfüllte Pariser Metro sei ein „ausgezeichneter" Ort zum Meditieren.[161]

Im Sommer 1947 reisten Starowieyski und Wojtyła mit Geldmitteln, die Kardinal Sapieha ihnen zukommen ließ, durch Europa. In der französischen Hauptstadt trafen sie Arbeiterpriester und diskutierten mit ihnen über die Versuche, das dem Christentum entfremdete französische Proletariat für das Evangelium zu gewinnen – eine Erfahrung, die Wojtyła später einmal als „von außerordentlichem Interesse" bezeichnete und die den Anstoß zu seinem ersten Artikel in *Tygodnik Powszechny* gab.[162] Die beiden jungen Polen verbrachten auch zehn Tage in den Niederlanden und bestaunten „die Tatkraft der Kirche (...), ihre aktiven Organisationen und lebendigen kirchlichen Gemeinschaften".[163] Den größten Teil ihrer Ferien hielten sie sich in Belgien auf, wo Wojtyla einen Monat lang in der Nähe von Charleroi katholische Bergarbeiter aus Polen betreute. Er las nicht nur die Messe, sondern nahm auch die Beichte ab, gab Katechismusunterricht, besuchte die Bergwerke und die Familien der Bergleute, deren herzliches Willkommen ihn an seine Tage im Steinbruch von Zakrzówek und an die Chemiefabrik Solvay erinnerte.[164]

Ende Oktober 1947 machten sie sich auf die Rückreise nach Rom, unterbrachen aber ihre Fahrt in Ars, der Heimat des hl. Jean-Marie Vianney, des legendären Pfarrers aus dem 19. Jahrhundert. Der Pfarrer von Ars – er war trotz seines mangelhaften Lateins und seiner fehlenden Gelehrsamkeit geweiht worden – war der gesuchteste Beichtvater seiner Zeit. Er saß bis zu 18 Stunden am Tag im Beichtstuhl und half bedrückten Seelen, die aus ganz Frankreich zu ihm kamen. Überzeugt davon, daß das Bußsakrament ein unverzichtbarer Teil des christlichen Lebens ist, verließ Wojtyła Ars mit dem festen Entschluß, auch sich selbst in seinem Priesterleben zu einem „Gefangenen des Beichtstuhls" zu machen.[165] In dieser Überzeugung bestärkte ihn die Beobachtung, daß er durch ein Europa voller gotischer Kathedralen reiste, in dem aber die Menschen der Nachkriegszeit – sei es aus freien Stücken oder unter kommunistischem Druck – vom Christentum rapid abfielen. Dieses Mißverhältnis, daran glaubte er fest, ließ sich nur durch pastoral und missionarisch engagiertere Laien ändern.[166]

Ein solcher Laie lag schwer erkrankt in Polen. Jan Tyranowski hatte genau ein Jahr im Krankenhaus verbracht. Zunächst hieß es, er leide unter Tuberkulose, dann sollte es sich um eine allgemeine Infektion handeln, vermutlich litt er aber an einem stark metastasierten Krebs. Er hatte durch Amputation einen Arm verloren und war so schwach, daß er nicht einmal an der Beerdigung seiner Mutter teilnehmen konnte. Mitglieder des Lebendigen Rosenkranzes wachten abwechselnd an seinem Krankenbett, und jeden Tag besuchte ihn ein Priester. Tyranowski trug seine Krankheit ohne Klagen, ja die meiste Zeit sprach er anderen Trost zu. In seinen letzten Stunden bat er alle, die er vielleicht irgendwann einmal verletzt hatte, um Verzeihung. Nach Aussage aller starb er im März 1947 auf vorbildliche Weise: ein Kreuz an seine Brust drückend, lächelte er seinen Freunden zu.[167] Entfernung, Geldmangel und Verpflichtungen in Rom verwehrten es seinem Schüler Karol (der sich damals gerade in die karmelitischen Schriften versenkte, mit denen der mystische Schneider ihn einst bekannt gemacht hatte), zum Begräbnis nach Polen zu fahren.

Wieder in Rom, war es Karol Wojtyłas vordringlichste Aufgabe, seine Doktorarbeit abzuschließen. Im Juli 1947 hatte er seinen Magister der Theologie gemacht und dabei die beste Note erhalten. Die Dissertation, mit der er bereits in Krakau unter Anleitung von Pater Różycki begonnen hatte, war die letzte noch zu erfüllende Anforderung, um den Doktorgrad der Theologie zu erwerben.

Karol Wojtyla verfaßte seine Doktorarbeit in einer Zeit, als es in den intellektuellen Kreisen der Katholiken beträchtlich gärte. In vielen europäischen Seminaren und Universitäten war man bestrebt, die klassische Philosophie und Theologie der Kirche, die in der Nachfolge des Thomas von Aquin stand, mit neueren Denkströmungen in einen Dialog zu bringen. Dagegen sahen sich die Dominikaner des Angelicums, an dem Wojtyła studierte, als Bewahrer und Verteidiger einer strengen Neoscholastik, einer Form des Thomismus, die sich von der Mitte des 19. Jahrhunderts bis zum frühen 20. Jahrhundert als Gegenpart zu modernen philosophischen Methoden herausgebildet hatte. Das geistige Klima am Angelicum war, verglichen mit anderen europäischen Studienzentren, sicherlich weniger innovativ. Auch wenn seine Professoren nicht so spekulativ wie andere waren, so vermittelten sie ihren Studenten doch eine solide Grundlage der kirchlichen Theologie. Doktoranden des Angelicums wie Karol Wojtyła, dessen spätere philosophische und theologische Schriften durchaus originell und schöpferisch waren, hatten die Grundlagen der Theologie fest im Griff. Sie kannten die Tradition, die sie dann kritisch erörterten und weiterzuentwickeln suchten. Dieses Wissen war ein nützliches Bollwerk gegen die Versuchung, zu kritisieren, was sie noch gar nicht verstanden hatten.[168]

Der führende Kopf am Angelicum war zur Zeit Wojtyłas der Dominikaner Reginald Garrigou-Lagrange, der unbestrittene Meister der traditionellen Neoscholastik. Nachdem Wojtyła seine Doktorarbeit abgeschlossen hatte und nach Polen zurückgekehrt war, wurde Garrigou in die heftigen theologischen Diskussionen der späten 40er Jahre hineingezogen, die schließlich 1950 zu Pius' XII. Enzyklika *Humani generis* führten, in der einige kühne theologische Ideen scharf kritisiert wurden. Der Verlockung, Garrigous gesamte Laufbahn auf dem Hintergrund dieser erbitterten Kontroverse zu sehen, sollte man jedoch widerstehen. Pater Garrigou-Lagrange war als Philosoph ein Traditionalist reinsten Wassers, was ihn aber nicht hinderte, sich auch für die Mystik und vor allem für Johannes vom Kreuz zu interessieren. Da ihm die Lage der Kirche nach dem Krieg große Sorgen bereitete, versuchte er, eine neue priesterliche Spiritualität für ein nachchristliches Europa zu entwickeln und die mystische Tradition wiederzubeleben. Zumindest in dieser Hinsicht war Garrigou eine Art Reformer. Außerdem spiegelte sich seine intellektuelle Streitbarkeit nicht unbedingt in seiner Persönlichkeit. Seine Studenten bewunderten sein enzyklopädisches Wissen. Im Gegensatz zu manchem Professorenkollegen hatte er jederzeit ein Ohr für seine Studenten, die an seinem immer samstags stattfindenden Seminar zur Spiritualität teilnehmen wollten. Einige der jungen Priesterstudenten wählten ihn zu ihrem Beichtvater – vielleicht das größte Lob, das ein Priester einem anderen zollen kann.

Pater Garrigou-Lagrange betreute Karol Wojtyłas Dissertation, die sich mit der Glaubensauffassung des Johannes vom Kreuz auseinandersetzte. Es war zweifellos die karmelitische Mystik, die den ehrwürdigen französischen Dominikaner und den jungen polnischen Priester zunächst verband. Später fühlte Wojtyła sich auch von Garrigous Arbeiten zur priesterlichen Spiritualität, mit ihrer Betonung der Kontemplation, angezogen. Garrigou und Wojtyła hatten jedoch eine unterschiedliche Haltung zu Johannes vom Kreuz. Für Wojtyła, wie auch für Jan Tyranowski, steckten die Schriften des spanischen Karmeliters das Feld der mystischen Erfahrung ab. Garrigou sah dem gegenüber in Johannes vom Kreuz einen Theologen, dessen Glaubenslehre mit der Theologie der Kirche, wie Thomas von Aquin sie formuliert hatte, versöhnt werden mußte.[169] Die kreative Spannung zwischen diesen beiden Ansätzen zeigte sich deutlich in Wojtyłas lateinisch geschriebener Dissertation *Doctrina de fide apud S. Ioannem a Cruce*.[170]

In seiner Dissertation unterstrich Wojtyła die persönliche Natur der Begegnung mit Gott, in der der Gläubige die Grenzen seiner kreatürlichen Existenz so überschreitet, daß er wahrhaftiger und vollkommener er selbst wird. Die Begegnung mit dem lebendigen Gott ist nicht nur etwas für Mystiker. Sie steht im Mittelpunkt eines jeden christlichen Lebens. Die mystische Erfahrung offenbart uns nicht allein Wichtiges über den Weg zu Gott, sondern auch über das Wesen unserer Gemeinschaft mit Gott. Sie lehrt uns zum Beispiel: Die höchste Erkenntnis, zu der wir gelangen können, ist die, daß wir unser Wissen von Gott nicht „objektivieren" können, denn wir erkennen Gott nicht so, wie wir einen Gegenstand erkennen – einen Baum, einen Ball, ein Auto. Vielmehr lernen wir Gott so kennen, wie wir einen anderen Menschen kennenlernen, durch gegenseitige Hingabe. So wie zwei Liebende „im" jeweils anderen leben, ohne ihre einzigartige Persönlichkeit zu verlieren, so lebt Gott in uns, und wir gelangen in gewissem Sinn dahin, „in Gott" zu leben, ohne daß der radikale Unterschied zwischen Schöpfer und Geschöpf verschwindet. So legt Wojtyla die faszinierende Lehre des Johannes vom Kreuz aus, daß das christliche Leben zum Ziel haben müsse, *Dios par participación*, „Gott durch Teilhabe", zu werden.[171]

Wojtyła gelangte in seiner Doktorarbeit noch zu drei weiteren Schlußfolgerungen. Erstens: Da wir Gott nicht wie einen Gegenstand erkennen können, sind der Vernunft Grenzen gezogen; sie vermag nicht in das Mysterium Gottes einzudringen. Die Vernunft sagt uns, daß Gott existiert, doch ist es der natürlichen Vernunft nicht gegeben, die Attribute des biblischen Gottes zu erfassen.

Zweitens: Der Glaube beruht auf der persönlichen Begegnung mit Gott. Der Glaube ermöglicht uns nicht, intellektuell zu „erfassen", wer Gott ist, denn daraus würde folgen, daß der Glaube einen höheren Rang einnimmt als Gott. Die Begegnung mit Gott lehrt uns vielmehr, daß es eine Eigenschaft Gottes selbst ist, daß wir ihn nicht „objektivieren" können. Deshalb vermögen wir von Gott als von einer „Person" und von einer persönlichen Begegnung mit Gott zu sprechen. Drittens kommt Wojtyła zu dem Ergebnis, daß die mystische Vereinigung nicht so sehr ein „Hochgefühl" ist, sondern eher eine Erfahrung der Vereinigung, eines „Mitseins", das die Gegebenheiten unserer kreatürlichen Existenz gänzlich übersteigt.[172]

Wojtyłas Dissertation verstärkte auch seine Überzeugung, daß die Würde des Menschen unantastbar ist. Unter der Prämisse, daß die Begegnung mit Gott etwas sehr Persönliches ist, muß der Mensch frei sein, denn eine echte Beziehung gegenseitiger Hingabe kann nur freiwillig eingegangen werden. Die aus dieser Beziehung hervorgehende Gewißheit ist nicht von der Art wie jene, die wir durch die Lösung einer algebraischen Gleichung gewinnen. Sie entspringt dem menschlichen Herzen und läßt sich durchaus auch intellektuell ausdrücken, findet aber ihre charakteristische Sprache erst im Gebet und im Lobgesang. Dennoch ist es eine Gewißheit.[173]

Mystik, der innere Dialog mit einem persönlichen und gleichwohl unnennbaren Gott, ist kein peripheres Phänomen der *conditio humana*. Sie ist entscheidend dafür, daß wir überhaupt wissen, was die menschliche Person ist. Erst die Spannungen, die in der Begegnung des Menschen mit dem Unendlichen zutage treten, entschlüsseln uns das Drama des menschlichen Lebens. Wer der andere ist, werden wir erst erkennen, wenn wir in ihm die Person sehen, die zur Vereinigung mit Gott berufen ist. Gott ist ein Teil unseres Verstehens der menschlichen Person, und wer den Menschen Gott wegnimmt, nimmt ihnen weg, was zutiefst menschlich ist. Mit diesen theologisch gewonnenen Schlußfolgerungen steckte Karol Wojtyła die Frontlinien ab, an denen er 40 Jahre lang mit dem Kommunismus um die Seele Polens ringen sollte.

In seinem Dissertationsgutachten moniert Garrigou, daß Wojtyła in bezug auf Gott nicht von „Gegenständlichkeit" redet. Man darf annehmen, daß diese Frage schon während der Abfassung der Dissertation ein strittiger Punkt zwischen Doktorvater und Schüler war und daß Garrigou in diesem Punkt Wojtyła nicht überzeugen konnte. Wie es auch gewesen sein mag, sicher ist, daß Wojtyła durch seine Weigerung, von Gott als von einem göttlichen „Gegenstand" zu reden (und sei es auch nur durch Analogie), die Begrifflichkeit und die geistigen Kategorien hinter sich ließ, die in den zwei Jahren seines Aufenthalts am Angelicum vorherrschten. Die von ihm in Krakau und am Angelicum studierte thomistische Philosophie gab ihm – vor allem durch ihre Überzeugung, daß der menschliche Geist die Wahrheit der Wirklichkeit durch methodisches Nachdenken über die Welt erfassen kann – ein solides geistiges Fundament. Aber es war genau das: ein Fundament. Und Fundamente sind dazu da, daß man auf ihnen aufbaut.

LEKTIONEN

Am 14. Juni 1948 legte Karol Wojtyła seine Doktorprüfung ab. Seine Dissertation wurde mit 18 (von 20 möglichen) Punkten bewertet. In der mündlichen Verteidigung seiner Dissertation erhielt er sogar die höchste Punktzahl (50 von 50). Trotz dieses glänzenden Abschneidens bekam er nicht die Doktorwürde des Angelicums, denn nach dessen Regeln hätte die Doktorarbeit erst gedruckt werden müssen. Dafür aber fehlte dem jungen polnischen Priester das nötige Geld, und so reichte er nach seiner Rückkehr nach Polen seine Dissertation an der theologischen Fakultät der Jagiellonischen Universität ein, die ihm, im Anschluß an eine Begutachtung, im Dezember 1948 den Doktor der Theologie verlieh.[174]

Das Verlassen des Angelicums im Sommer 1948 und seine Rückkehr nach Polen schlossen Karol Wojtyłas Vorbereitungen auf ein Leben ab, für das er nach seiner Überzeugung auserwählt war.[175]

Die Ereignisse hatten ihn früh reifen lassen. Da er sich verhältnismäßig spät berufen fühlte, nachdem er zuvor glaubte, ein christliches Leben als Laie führen zu sollen, war er ein Priester, der mit dem Leben der kleinen Leute vertraut war. Er fühlte sich als polnischer Patriot, aber wie sein Vater vor ihm war er von jeder Fremdenfeindlichkeit frei. Er kannte die besonderen kulturellen und geistigen Bande zwischen seinem Land und der universalen Kirche, glaubte jedoch, daß sein schwer bedrängtes Land dem Westen, der es zweimal in sechs Jahren verraten hatte, vielleicht etwas bieten könne. Er hatte den Totalitarismus von innen kennengelernt. Später sagte er: „Ich hatte teil an der großen Erfahrung meiner Zeitgenossen – der Demütigung durch die Hand des Bösen."[176] Aber Wojtyła hatte einen Weg zwischen Demütigung und Verbitterung gefunden. Dieser Weg hatte ihn zum Altar geführt, wo er gelobte, sich in den Dienst an seinem Volk zu stellen.

Wie sein Beichtvater im Seminar sagte, war er ein Mensch, „der bereitwillig liebte".[177] Seine Fähigkeit, zu lieben, und seine ganze Bildung sollten nun im Alltagsleben eines Gemeindepriesters in der Volksrepublik Polen auf die Probe gestellt werden.

3

„Sagt Wujek zu mir"

Ein Priester sein

15. Juni 1948	Karol Wojtyła kehrt von seinem Studium in Rom nach Polen zurück.
28. Juli 1948	Wojtyła trifft in Niegowić, seiner ersten Gemeinde, ein.
26. Dezember 1948	Die theologische Fakultät der Jagiellonischen Universität verleiht Wojtyła die Doktorwürde.
6. März 1949	Karol Wojtyła veröffentlicht seinen ersten Aufsatz in *Tygodnik Powszechny*. Thema sind die französischen Arbeiterpriester.
17. März 1949	Karol Wojtyła wird als Studentenkaplan in die Krakauer Pfarrei St. Florian geschickt.
Winter 1949/50	Wojtyła richtet Kurse für Verlobte ein und beendet sein Stück *Unseres Gottes Bruder*.
7. Mai 1950	Wojtyłas Gedichtzyklus „Das Lied vom Glanz des Wassers" wird unter einem Pseudonym in *Tygodnik Powszechny* veröffentlicht.
2. Februar 1951	*Rodzinka*, Kaplan Wojtyłas „kleine Familie" aus Studenten, sammelt sich.
4. Mai 1951	Wojtyłas „kleiner Chor" von Studenten singt zum ersten Mal die gregorianische Messe „Missa de angelis".
April 1952	Karol Wojtyła erhält von seinen jungen Freunden den Spitznamen *Wujek*, „Onkel".
August-September 1953	Wojtyłas *Środowisko* („Milieu") unternimmt die erste Bergwanderung und die erste Kajakfahrt.
November 1957	Wojtyłas Gedichtzyklus „Steinbruch" erscheint unter einem Pseudonym in *Znak*.
23. März 1958	Wojtyłas Gedichtzyklus „Profile eines Kyreners" erscheint unter einem Pseudonym in *Tygodnik Powszechny*.
Dezember 1960	Wojtyłas Theaterstück *Der Laden des Goldschmieds* erscheint unter einem Pseudonym in *Znak*.

Die Schwestern von Nazareth, die das katholische Studentinnenheim in der Warszawska-Straße in Krakau betrieben, verschlossen nachts immer die Türen. Am Ostersamstag des Jahres 1952 öffnete eine hilfsbereite Nonne um zehn Uhr abends die Tür und ließ fünf Studentinnen – Danuta Skrabianka, Ola Kobak, Danuta Motowska, Wanda Szczpak und Elśbieta Yacuńska – auf die dunkle Straße hinaus. Eine Freundin, Teresa Skawinska, hatte sie nach Zakopane in der Hohen Tatra, südlich von Krakau, eingeladen, damit sie dort die blühenden Krokusfelder sehen könnten – eine dringend nötige Erholung von der grauen Eintönigkeit des Stadtlebens im stalinistischen Polen.

Sie hatten vor, still durch die Stadt zum Bahnhof zu gehen und dort ein paar junge Männer, Studenten des Krakauer Polytechnikums, zu treffen, die sie von kirchlichen Veranstaltungen kannten. In Begleitung eines Kaplans der Universität wollten sie den Nachtzug nach Zakopane nehmen, einen Tag auf den Krokusfeldern verbringen und mit den Sonntagsnachtzug, rechtzeitig zu ihren Seminaren am Montag, nach Krakau zurückkehren. Als sie am Bahnhof ankamen, war von den jungen Männern nichts zu sehen. Auf dem Bahnsteig war nur ein Fremder, den sie erst erkannten, als er auf sie zukam. Es war der Priester, ihr Kaplan, in alten geflickten Kleidern; so hatten sie ihn noch nie gesehen. Schließlich tauchte einer der Studenten des Polytechnikums auf, um ihnen zu erklären, daß sie nicht mitkommen könnten. Eine Prüfung sei angesagt worden, und sie müßten dafür lernen.

Die Mädchen hatten jetzt ein ernsthaftes Problem. Das Studentinnenheim war abgeschlossen, sie konnten also nicht nach Hause gehen. Doch ein Priester allein mit fünf unverheirateten jungen Frauen auf einem Ausflug, das war undenkbar! Das war nicht nur die Frage der Schicklichkeit – das kommunistische Regime hatte Priestern streng verboten, mit Jugendgruppen zu arbeiten. Als der Zug einfuhr, sagte der Kaplan schlicht: „Steigen wir ein!"

Während der Fahrt nach Zakopane wurde nicht viel gesprochen. Der Zug war überfüllt. Mit einem Priester ohne Soutane zu sprechen und ihn als „Hochwürden" anzureden, hätte eine Menge Stirnrunzeln verursacht oder gar den Argwohn irgendeines Agenten der Staatssicherheit erweckt. Nach ihrer Ankunft im Gebirgsort besuchten sie in einer kleinen Kapelle die Messe und wanderten dann zum Elternhaus von Teresa Skawinska, deren Vater, ein Künstler, ihnen die Krokusse zeigte.

Die Blumen waren so schön, wie sie gehofft hatten, aber Danuta Skrabianka fragte sich die ganze Zeit, wie sie auf der Rückfahrt mit ihrem Kaplan reden könnten, ohne ihn zu verraten oder zu kompromittieren. Sie nahm sich ein Herz, erzählte ihm von ihrer Sorge und fragte scheu, ob sie ihn nicht mit einem erfundenen Familiennamen ansprechen könnten. Der Kaplan zögerte keinen Augenblick. Mit der berühmtesten Zeile in Henryk Sienkiewicz' Trilogie antwortete Karol Wojtyła der besorgten Studentin prompt: „Sagt einfach ‚Onkel' zu mir."[1]

HARTE ZEITEN

Karol Wojtyła begann seine Gemeindearbeit als Priester unter historischen Umständen, die selbst für eine so alte Diözese wie Krakau einmalig waren. Nichts, was der Bischofssitz des hl. Stanislaus je erlebt hatte, war mit der stalinistischen Periode im kommunistischen Nachkriegspolen zu vergleichen.

Tagaus tagein mußte die Kirche die höhnische Frage hören, die Stalin zum ersten Mal auf der Potsdamer Konferenz gestellt hatte: „Wieviele Divisionen hat der Papst?"[2] Das kommunistische Regime gab sich nicht damit zufrieden, jeden Aspekt des politischen und wirtschaftlichen Lebens in Polen zu kontrollieren. Auf kulturellem Gebiet suchte es eine atheistische Ideologie einzuimpfen und Polens Nationalgeschichte neu zu schreiben, um so das Band zwischen dem polnischen Nationalismus und dem polnischem Katholizismus zu zerreißen.

Die schlimmsten Wirren der kommunistischen Machtergreifung in Polen, die dem Einmarsch der Roten Armee am Ende des Zweiten Weltkriegs auf dem Fuße folgte, hatte Wojtyła nicht miterlebt, denn zu der Zeit weilte er in Rom. Während die politischen Strategen die neue Sowjetordnung durchsetzten (unter anderem durch Folterung und Ermordung von Tausenden polnischer Patrioten, die zu Unrecht der Kollaboration mit den Nazis beschuldigt wurden), mußte das polnische Volk das Land ganz neu aufbauen. Mit Ausnahme Krakaus waren alle Städte Ruinenberge. Die Trümmer mußten weggeräumt, Zehntausende von Leichen beerdigt, Häuser wieder aufgebaut, Strom, Wasser und Kanalisation neu angeschlossen, Straßen wieder gepflastert werden. Ein riesiges Umsiedlungsprogramm wurde durchgeführt: Anderthalb Millionen Polen aus den nun zur Sowjetunion gehörenden Landesteilen wurden in die „zurückgewonnenen Territorien" im Westen umgesiedelt, aus denen man die dort ansässigen Deutschen größtenteils vertrieb. Weitere 2,2 Millionen Polen kehrten aus den Zwangsarbeits- und Konzentrationslagern des Dritten Reichs zurück. 1946 fand in Kielce ein vermutlich von den Kommunisten angestacheltes antisemitisches Pogrom statt. Unterdessen tobte in den Wäldern und Bergen zwei Jahre lang ein Bürgerkrieg, da verschiedene Widerstandsbewegungen sich dem neuen, von den Sowjets bevormundeten Regime nicht unterwerfen wollten. In Polen endete der Zweite Weltkrieg erst irgendwann in der Mitte des Jahres 1947.[3] Kurz darauf wurden klassische „Wahlen" à la Stalin inszeniert, um zu beweisen, wie stark der Rückhalt des neuen Regimes im Volk angeblich war.[4]

Bis zum Juli 1948, als Wojtyła, nun wieder in Krakau, darauf wartete, in eine Gemeinde geschickt zu werden, hatte das Leben in Polen eine gewisse – wenn auch stalinistisch geprägte – Stabilität gewonnen. Der 28jährige Priester war in ein Land zurückgekehrt, in dem „man noch immer mit dem Klopfen gegen die Tür im Morgengrauen rechnen mußte, wo die Gefängnisse voll waren und es reichlich Prügel gab, wo der Geheimpolizist noch immer seines Bruders Hüter und der Lehrmeister weder Christus noch Buddha, sondern der größenwahnsinnige Sohn eines georgischen Schuhmachers war, der Millionen von Menschen auf dem Gewissen hatte".[5] Das war die Welt, in der Karol Wojtyła seine Arbeit als Priester aufnahm.

Es war eine Welt, in der die Kirche unter der Führung des früheren Untergrundkaplans Stefan Wyszyński (Deckname „Schwester Cäcilia") mehr als 30

Jahre lang Widerstand leistete. 1945 war Wyszyński an das Seminar nach Włocławek in der Hoffnung zurückgekehrt, seine unterbrochene Lehrtätigkeit wieder aufnehmen zu können. Doch der Heilige Stuhl hatte anderes mit ihm vor. Im März 1946 wurde Wyszyński von Papst Pius XII. zum Bischof von Lublin ernannt. Er verließ das Seminar in Włocławek am gleichen Tag, an dem fünf seiner Mitpriester aus Dachau zurückkehrten. Am 12. Mai 1946 wurde er im Kloster Jasna Góra in Tschenstochau zum Bischof geweiht. Er sollte nicht lange in Lublin bleiben; bereits zwei Jahre später, am 12. November 1948, ernannte Pius XII. den 47jährigen Bischof Wyszyński zum Erzbischof von Gnesen (Gniezno) und Warschau und zum Primas von Polen.

Der neue Primas trat sein Amt mit einer scharfsichtigen Auffassung von der gegenwärtigen Lage der Kirche an. Im Zweiten Weltkrieg hatte die polnische Kirche bewiesen, daß sie zu leiden und zu sterben wußte. Nun mußte sie zeigen, daß sie auch zu leben verstand. Da die Kirche während der Okkupation auf beispiellose Weise geblutet hatte, war sie nicht in der Lage, eine offene Konfrontation mit den neuen kommunistischen Herren zu suchen. Ein Konflikt war unvermeidlich, mußte aber versteckt und in der festen Überzeugung ausgetragen werden, daß die Kirche, nicht die Partei, die wahre Hüterin der polnischen Identität war. Wyszyński hielt es für seine vornehmste Aufgabe, die seelsorgerische Betreuung durch die Kirche wiederherzustellen und das Land spirituell zu erneuern, was für ihn hieß, die traditionelle polnische Marienverehrung zu stärken. Er bezweifelte, daß Intellektuelle, besonders die von westlichem Gedankengut beeinflußten polnischen Intellektuellen, zu diesem Prozeß der kirchlichen Erneuerung etwas beitragen könnten. Doch so sehr er auch denen mißtraut haben mag, die sich in einer Welt der Abstraktionen bewegten, Wyszyński, der die Soziallehre der katholischen Kirche eifrig studiert und vertreten hatte, war selbst ein sozialer und ökonomischer Reformer. Außerdem war er ein polnischer Patriot und guter Kenner von Polens Geschichte, dessen primäres politisches Ziel war, zu verhindern, daß sein Land von seinem übermächtigen Nachbarn im Osten verschluckt wurde.

In den späten 40er Jahren konnte Polens Katholizismus auf nahezu 1 000 Jahre nationaler und kirchlicher Geschichte zurückblicken. Die Kirche wußte um die Vergänglichkeit politischer Regimes. Sie ahnte auch, daß ihre Position von ihren Todfeinden, Hitler und Stalin, eher gestärkt worden war. Die Opfer und der Heldenmut des Klerus während der Nazi-Okkupation hatten der Kirche einen enormen moralischen Kredit verschafft. Indem Stalin Polen auf der europäischen Landkarte nach Westen „verschob", hatte er ein Polen geschaffen, das in seiner ganzen Geschichte noch nie so polnisch und so katholisch gewesen war. In den ersten Jahren der kommunistischen Herrschaft in Polen erkannten die Kirche und ihre Oberhirten, daß ihre unmittelbare Aufgabe darin bestand, zu überleben und neue Kräfte zu sammeln. Wann immer die kommunistischen Machthaber in lebenswichtige Bereiche der Kirche eingriffen, die ihre Identität oder die Seelsorge betrafen, war Widerstand zu leisten. Für einen frontalen Angriff war es noch zu früh.

Das alles erforderte nach Karol Wojtyłas Auffassung neue Verhaltensmuster zwischen dem Klerus und den Laien Polens. Polens Priester trugen eine besondere Verantwortung für die Kirche, aber sie waren nicht die Kirche. Wenn die Kirche überleben, neue Kraft sammeln und eine unabhängige Rolle im neuen Polen spielen wollte, mußte sie deutlich machen, daß jeder, nicht nur der Klerus, berufen war, ein heiliges und christliches Leben zu führen.[6]

DER LANDVIKAR

Seine erste Stelle als Vikar trat Karol Wojtyła 1948 in der Kirche zur Himmelfahrt unserer Lieben Frau in Niegowić an, einem Dorf in den Ausläufern der Karpaten etwa 30 Kilometer östlich von Krakau, hinter dem Salzbergwerk von Wieliczka. Obwohl Kardinal Sapieha Priester, die gerade ihre Studien abgeschlossen hatten, gewöhnlich in eine kleine Gemeinde schickte, damit sie sofort mit der Seelsorge vertraut würden, scheint die Wahl nicht zufällig auf Niegowić gefallen zu sein. Der dortige Pfarrer, Kazimierz Buzała, war ein Mann, in den Kardinal Sapieha großes Vertrauen setzte.[7] Vielleicht dachte der Fürst-Kardinal auch, eine ländliche Kost tue dem frischgebackenen Doktor der Theologie, der schmaler denn je aus Rom zurückgekehrt war, ganz gut.[8]

Karol Wojtyła näherte sich seinem neuen Arbeitsgebiet zu Fuß. Nachdem er mit dem Bus bis Gdów gekommen war, nahm ein Fuhrwerk ihn mit ins nächste Dorf, Marszowice, wo ihm der Fuhrmann eine Abkürzung durch die Felder nach Niegowić zeigte. Es war gerade Erntezeit, und so wanderte der neue Vikar „zwischen Getreidefeldern, von denen die Ähren zum Teil schon geschnitten waren, zum Teil aber noch im Winde wogten".[9] Als er das Gebiet der Pfarrgemeinde erreichte, kniete er nieder und küßte den Boden – eine Gcstc, auf die er in seiner Lektüre über den Pfarrer von Ars gestoßen war. Zuerst ging Wojtyła in die hölzerne Kirche und betete vor dem Altarsakrament, dann betrat er das Pfarrhaus und stellte sich dem Pfarrer vor, der ihn freundlich willkommen hieß und ihm sein Zimmer zeigte.[10]

Verglichen mit den Räumlichkeiten in Niegowić war das spartanische Belgische Kolleg geradezu luxuriös gewesen. In der ganzen Gegend gab es weder Strom noch Wasserleitungsanschluß oder Kanalisation. Die jüngsten Überschwemmungen hatten die Straßen und Felder des Bezirks schwer verwüstet.[11] Kühe und Hühner liefen frei unter den Linden herum. Wojtyła packte seine wenigen Habseligkeiten aus, lernte den zweiten Vikar kennen und machte sich an die Arbeit.

Seine Hauptaufgabe war es, Religionsunterricht zu erteilen. Mit dem Pferdewagen fuhr er in die fünf Dorfschulen des Bezirks und gab Religionsunterricht in den unteren Klassen. Seine Gemeindekinder erinnern sich noch heute daran, wie er unterwegs zum Unterricht lesend auf dem Wagen saß. Offenbar waren die Kinder von Dorf zu Dorf und von Schule zu Schule ganz verschieden. Wie Wojtyła später schrieb, waren „manche gut erzogen und ruhig, andere sehr lebhaft".[12] Die Leute waren freundlich, und ihre Bereitschaft, ihn während ihrer Arbeitszeit in die Schulen zu fahren, macht deutlich, wie wichtig ihnen die religiöse Erziehung ihrer Kinder war. Daß der neue Vikar fast ohne Gepäck zu ihnen gekommen war, sorgte für ein weiteres Band zwischen ihm und seinen verarmten Pfarrkindern. Auch daß er in der Weihnachtszeit in seiner Soutane und einem alten Überwurf durch den Schnee stapfte und mit den Kindern singend von Haus zu Haus zog, gewann ihre Herzen.[13]

Vikar Wojtyła las nicht nur die Messe für die Gemeinde, er hielt sich auch an das, was er sich bei seinem Besuch in Ars vorgenommen hatte: „ein Gefangener des Beichtstuhls" zu werden. In der Beichte, so erklärte er seinem Besucher Mieczysław Maliński, begegne der Priester den Menschen in der Tiefe ihres Menschseins, er helfe denen auf der anderen Seite des Beichtfensters, tiefer in das christliche Drama ihres einzigartigen Lebens einzudringen. Wenn die Priester aufhörten, Beichten zu hören, würden sie zu Bürovorstehern oder Bürokraten.[14] (Kurz nach seiner Ankunft in Niegowić wurde der junge Vikar gebeten, vor einer Gruppe örtlicher Kleriker einen Vortrag über seine Erlebnisse in Frankreich und Belgien zu halten. Wojtyła kam zu spät, da er im Beichtstuhl aufgehalten worden war. Seine älteren Priesterkollegen waren über seine Verspätung verärgert. Sie hielten es für schlechtes Benehmen. Als Wojtyła jedoch einen Vortrag hielt, der um Längen besser war als die übliche Unterhaltungskost nach Tisch, änderte sich ihre Einstellung.[15])

Die persönliche Wohltätigkeit des neuen Vikars wurde schon bald deutlich. Entschlossen, ein einfaches Leben zu führen, gab er alles weg, was in seinen Augen überflüssig war. Einmal klagte eine alte Frau, daß man sie bestohlen habe, und prompt schenkte er ihr das Kissen und die Steppdecke, die er kurz zuvor von einigen Pfarrkindern erhalten hatte (worüber sich die Spender ein bißchen ärgerten).[16] Und Vikar Wojtyła schlief wieder auf dem nackten Bett.

Bald entdeckten die Gemeindeglieder von Niegowić, daß ihr neuer Vikar große Pläne hatte. Als die Gemeinde im Frühjahr darüber sprach, wie man das goldene Priesterjubiläum von Pfarrer Buzała begehen könne, wurden eher bescheidene Vorschläge laut: den Zaun um die Kirche neu streichen, alles etwas schmucker machen usw. Da meinte Wojtyła, das beste Geschenk für den Pfarrer wäre eine ganz neue Kirche. Die Pfarrkinder könnten dafür das Geld sammeln und sie bauen. Zunächst waren alle sprachlos, aber am Ende stimmten sie zu. Die Backsteinkirche, die erste, zu der Wojtyła die Anregung gab, steht noch heute.[17]

In Niegowić unternahm der junge Vikar seine ersten Schritte zu einer seelsorgerischen Betreuung verlobter und jung verheirateter Paare. In seinen Monaten dort schloß er 13 Ehen und taufte 48 Kinder.[18] Die Menschen von Niegowić waren zwar einfach, aber ihr neuer Vikar behandelte sie deshalb nicht wie Dummköpfe. Er organisierte eine Theatergruppe und studierte mit ihr das Stück *Der erwartete Gast* ein, in dem er selbst die Titelrolle des Bettlers spielte, der sich schließlich als Christus zu erkennen gibt.[19] Getreu dem Gedächtnis Jan Tyranowskis gründete er in der Gemeinde auch eine Gruppe des Lebendigen Rosenkranzes und bildete junge Gruppenleiter aus. Da man jedoch im Polen des Jahres 1948 lebte, war nichts einfach. Die Jugendarbeit des Vikars (zum Beispiel fröhliches Singen auf den Feldern, Gesprächsgruppen und Sportveranstaltungen) zog die Aufmerksamkeit der lokalen kommunistischen Spürhunde auf sich. Als sie einen von Wojtyłas Jugendlichen einzuschüchtern versuchten, sagte der Priester zu ihm, er solle keine Angst haben: „Die werden sich selbst kaputtmachen."[20]

Wojtyła hielt Niegowić für eine „schöne Gemeinde", aber die ländliche Pfarrei war nicht die Art von Amt, die Kardinal Sapieha langfristig für Wojtyła im

Auge hatte.[21] Im März 1949, acht Monate nach seiner Ankunft, wurde der Vikar von Niegowić in die Pfarrei St. Florian in Krakau versetzt, in eine ganz andere Umgebung. Dort sollte Karol Wojtyła eine Art der Seelsorge entwickeln und Freundschaftsbande knüpfen, die mehr als ein halbes Jahrhundert überdauerten.

DER STUDENTENKAPLAN

Die Kirche des hl. Florian liegt fünf Minuten zu Fuß von der Krakauer Altstadt entfernt. Man geht durch das Floriańska-Tor aus dem späten 13. Jahrhundert, vorbei an den 130 Schießscharten des Außenwerks (den letzten Resten der alten Stadtbefestigung) und über den Jan-Matejki-Platz, an dem die Krakauer Akademie der Schönen Künste liegt. Ein Neuling in der Stadt hätte 1949 die Überreste eines einst mächtigen Denkmals bemerkt, das den Sieg des Königs Władysław Jagiełło über den deutschen Ritterorden feierte und 1910 mit Spenden errichtet worden war, die der Pianist, Komponist und Patriot Ignacy Jan Paderewski gesammelt hatte. Die Nazis fühlten sich durch die Vorstellung, daß Deutsche von Slawen besiegt worden waren, beleidigt und hatten das Denkmal während der Besatzung zerstört.[22] Hundert Meter weiter liegt St. Florian. Die ursprünglich von der Adelsfamilie Potocki errichtete große Barockkirche wurde im Krieg beschädigt, jedoch unmittelbar danach restauriert.

1949 war die Gemeinde eine der lebendigsten in der Stadt; zu ihr gehörten einige der wohlhabendsten Bürger und führende Mitglieder der katholischen Intelligenz Krakaus. Wojtyła wurde neben dem Pfarrer, Msgr. Tadeusz Kurowski, und drei Vikaren, Czesław Obtułowicz, Józef Rozwadowski und Marian Jaworski (der ein enger Freund wurde) der fünfte Seelsorger dieser Gemeinde.

Wojtyła kam in einer Zeit nach St. Florian, in der die kommunistischen Machthaber den Druck auf die Kirche erhöhten. 1947 hatten die Kommunisten die Bewegung „Pax" ins Leben gerufen, um einen angeblich katholischen, tatsächlich aber regimefreundlichen Block zu schaffen. 1949 erließ die Regierung eine Verordnung, die vorgab, dem Schutz der Religionsfreiheit zu dienen, in Wirklichkeit aber die Kontrolle über die Kirche verschärfen sollte. Im folgenden Jahr wurden katholische Schulen, die Katholische Aktion – eine soziale Reformbewegung – und andere katholische Organisationen für illegal erklärt. Der Staat übernahm Hunderte von katholischen Bildungs- und Wohlfahrtseinrichtungen.

Im April 1950 schloß die Kirche mit dem Staat ein 19-Punkte-Abkommen, das einen Modus vivendi schaffen sollte. In Rom stieß diese Übereinkunft auf wenig Wohlwollen, denn einige Diplomaten der Kurie fürchteten, daß zu große Zugeständnisse gemacht worden seien. Der Modus vivendi erkannte die Oberhoheit des Papstes in allen Fragen des Kirchenrechts (beispielsweise bei der Ernennung der Bischöfe) an und erlaubte öffentliche Gottesdienste außerhalb von Kirchengebäuden (etwa Wallfahrten). Orden, für die kommunistischen

Herren ein ständiges Ärgernis, wurden ebenfalls zugelassen. Außerdem durfte die Kirche in staatlichen Schulen Religionsunterricht geben, ihre Geistlichen in Krankenhäuser und Gefängnisse schicken, unabhängige Zeitschriften veröffentlichen und ohne Einmischung des Staates die Gemeindepfarrer und Lehrer an den Seminaren ernennen. Sogar der Bestand der Katholischen Universität Lublin, der einzigen ihrer Art im gesamten Ostblock, wurde garantiert. Dafür verpflichtete sich die Kirche, ihre Leute zum sozialen Wiederaufbau anzuhalten und sich „feindlichen Machenschaften gegen die Volksrepublik Polen" zu widersetzen. Dieser Modus vivendi war nicht von langer Dauer. Doch solange er hielt, gewährte er der Kirche die nötige Atempause und schuf eine Ausgangsposition für den Kampf um die Zukunft.[23]

Dazu gehörte auch die heranwachsende Generation, und Kardinal Sapieha tat alles, um die katholische Seelsorge an der Jagiellonischen Universität zu verteidigen. Die Studentenseelsorge hatte traditionell ihren Sitz an der Universitätskirche St. Anna, einen Steinwurf vom Collegium Maius in der Krakauer Altstadt entfernt. Der dort wirkende Pfarrer Jan Pietraszko hatte unter den Studenten und der Krakauer Intelligenz so erfolgreich gewirkt, daß man das Studentenpfarramt vergrößern mußte. Zu diesem Zweck hatte der Fürst-Kardinal den Vikar Wojtyła der Florianskirche zugewiesen, wo ein zweites Seelsorgezentrum für die Studenten der Jagiellonischen Universität, des Krakauer Polytechnikums, der Akademie der Schönen Künste und anderer höherer Bildungseinrichtungen geschaffen werden sollte. Wojtyła, der schon immer 16 bis 18 Stunden täglich arbeitete, packte die Aufgabe energisch an. Es dauerte nicht lange, und er hatte eine Zahl von Jüngern um sich gesammelt. Was sie anzog, war seine „Natürlichkeit", durch die er sich von den Professoren, die vor dem Regime buckelten, oder auch von den klerikal denkenden, distanzierten polnischen Priestern wohltuend abhob.[24]

In seinen Jahren an St. Florian führte Wojtyła eine Reihe geistiger, liturgischer, kultureller und seelsorgerischer Neuerungen ein, welche die Studentenseelsorge in der Erzdiözese Krakau einschneidend veränderten. Zugleich parierte er Punkt für Punkt die Bemühungen der stalinistischen Herrscher Polens, die Geschichte und Kultur des Landes umzuschreiben.

Angesichts des kämpferischen, vom Regime geförderten Atheismus und des ideologischen Klimas an der Universität war es wichtig, die Studenten geistig zu fesseln.[25] Wojtyła, der sofort nach seiner Ankunft die Studentenwohnheime und Studentenpensionen aufsuchte, um Kontakte zu knüpfen und die Werbetrommel zu rühren, rief eine jeden Donnerstagabend stattfindende Veranstaltungsreihe ins Leben, die sich mit zwei grundlegenden Fragen befaßte: mit der Existenz Gottes und der geistigen Natur des Menschen.[26] Bei diesen Veranstaltungen wurde die christliche Lehre methodisch, Schritt für Schritt geprüft. Es ging nicht darum, die kommunistische Propaganda routinemäßig mit Antworten aus dem Katechismus zu kontern. Nein, hier sollte gezeigt werden, daß die Kirche im Evangelium überzeugendere Antworten auf die ewigen Fragen des menschlichen Lebens hatte als die Vertreter der offiziellen Staatsideologie. Mit anderen Worten: Der christliche Humanismus wurde gelassen, aber mit großer Entschiedenheit dem Marxismus entgegengesetzt. Die Texte dieser in einer äußerst dichten Prosa geschriebenen Vorträge wurden heimlich getippt, vervielfältigt und als Samisdat verbreitet.[27] Neben seinen Vorträgen bildete Wojtyła eine Gruppe, die die *Summa Theologicae* des Thomas von Aquin im lateinischen Original las.[28]

Auch die Predigten des neuen Seelsorgers verfehlten ihre Wirkung auf die Studenten und Intellektuellen Krakaus nicht. Jacek Woźniakowski, der bekannte Kunsthistoriker, der damals gegen den Widerstand der Kommunisten seine Dissertation in Kunstgeschichte abzuschließen versuchte, erinnert sich, daß Wojtyłas frühe Predigten allzu philosophisch waren. Da der junge Priester sich kritischen Einwänden nicht verschloß, wurde sein Redestil bald verständlicher. Woźniakowski sah in Karol Wojtyła, mit dem ihn viele Jahre gemeinsamer Arbeit verbinden sollten, einen hochintelligenten Mann, der sich schnell neue Methoden aneignete, um seinen Aufgaben gerecht zu werden.[29] Die Gräfin Potocka, deren Familie Gelder für die Florianskirche gespendet hatte, war eine andere wohlwollende Kritikerin. Sie erklärte dem jungen Seelsorger, sie wolle von einer Predigt herausgefordert, konfrontiert und kritisiert werden; Wojtyła erfüllte ihren Wunsch prompt.[30]

Maria Swieżawska, die Frau des Philosophen Stefan Swieżawski und Nichte des Fürst-Kardinals, war von Wojtyłas Predigten so beeindruckt, daß sie ihn zum Religionslehrer und Beichtvater ihrer beiden jungen Töchter erkor. Wojtyła ging, was für einen Priester in der damaligen Zeit sehr ungewöhnlich war, ins Haus der Familie Swieżawski, um den Mädchen Unterricht zu erteilen. Wie Frau Swieżawska berichtet, war er nie pünktlich. Aber das verzieh sie ihm leicht, waren doch seine Vorträge in der Gemeinde von bemerkenswerter Tiefe. Genau diese anspruchsvolle katholische Ausbildung wünschte sie sich für ihre Kinder, nicht zuletzt deshalb, weil sie täglich der Propaganda des Regimes ausgesetzt waren. Da war es irrelevant, daß eine um 20 Uhr angesetzte Unterrichtsstunde erst um 22.30 Uhr anfing.[31]

Auch Jerzy Janik, ein frischgebackener Doktor der Physik, war einer jener jungen Intellektuellen, die zuerst von Wojtyłas Predigten fasziniert waren und dann zu lebenslangen Freunden wurden. Nachdem Janik mehrere mitreißende Predigten gehört hatte, schlug er Wojtyła vor, sich auf einem gemeinsamen Skiausflug näher kennenzulernen. Wojtyła sagte zu und fand sich schon bald verstrickt in einen Dialog mit den Naturwissenschaften, Physik, Chemie, Astronomie usw., der ein halbes Jahrhundert nicht abreißen sollte.

Sobald er an der Florianskirche richtig Fuß gefaßt hatte, schaute er sich auch in anderen intellektuellen Kreisen außerhalb der Gemeinde und der Universitätsseelsorge um. Zofia Morstinowa, die Jacek Woźniakowski als eine „furchterregend freimütige, wunderbare alte Frau" in Erinnerung blieb, unterhielt einen literarischen Salon, in dem scharfe Kritik nie persönlich verletzend wurde. Sie lud Vikar Wojtyła zu einem ihrer Abende ein. Er kam in einer abgetragenen Soutane und schien auf dem gesellschaftlichen Parkett etwas unbeholfen. Seine Zurückhaltung, verbunden mit seinen klugen Ausführungen über seine Erfahrungen in Frankreich während seines Studiums, sorgte für eine attraktive Mischung.[32]

Im Laufe seines Studiums war Karol Wojtyła mit der liturgischen Reformbewegung in Berührung gekommen und setzte nun einige ihrer Ideen in St. Florian um. Wojtyła gründete eine Gruppe, die die Schriften des österreichischen Theologen Pius Parsch diskutierte, der den reichhaltigen Sinn der Liturgie jenen Katholiken erklärte, die es manchmal schwierig fanden, den Gottesdienst mit ihrem täglichen Leben zu verbinden. Zu einer Zeit, in der der traditionelle Kirchengesang allein in den Klöstern gepflegt wurde, gründete Wojtyła einen Studentenchor und übte mit den Mitgliedern den gregorianischen Gesang ein, so daß sie verschiedene Teile der Messe singen konnten. Darüber hinaus führte er „dialogische" Messen ein, in denen die Studenten die Antworten gaben, die normalerweise allein den Meßdienern vorbehalten waren. In Anbetracht der Zeit und des Ortes muß diese Entschlossenheit, die Laien in die Liturgie einzubeziehen, als kühne Neuerung gewertet werden.[33]

Auch seine Liebe zum Theater stellte er in den Dienst der Seelsorge. In der Osterzeit studierte er mit Jugendlichen und Studenten der Pfarrei St. Florian mittelalterliche „Mysterienspiele" ein, die in einem Aufführungszyklus biblische Themen behandelten. Während er an der Florianskirche den Theaterdirektor spielte (und dabei junge Männer und Frauen wie Piotr Malecki und Danuta Plebańczyk kennenlernte, die zu lebenslangen Freunden wurden), erneuerte er seine Kontakte zum Rhapsodischen Theater, besuchte dessen Aufführungen in einem Theater unweit seiner Gemeinde, beteiligte sich an Diskussionen nach den Aufführungen, traute seine ehemaligen Kollegen und las an den Jahrestagen der Truppe für sie die Messe. Als das Rhapsodische Theater 1950 in ein neues Gebäude zog, war eine offizielle Einweihung aufgrund der politischen Lage nicht möglich. Statt dessen sprach Wojtyła ein stilles Gebet, während Dokumente über die Rhapsodisten in die Fundamente ihres neuen Theaters einbetoniert wurden.[34]

Die heftigsten Kämpfe zwischen Kirche und Regime wurde vermutlich auf dem Feld der Familie ausgetragen, denn die Kommunisten wußten sehr wohl, daß Männer und Frauen, die ein gutes Familienleben führten, für sie eine Gefahr waren. Die Wohnungssituation, die Arbeitsstunden, die Schulstunden: alles war vom Staat daraufhin berechnet, daß Eltern möglichst wenig mit ihren Kindern zusammenkamen. Die Wohnungen waren nur für kleine Familien gebaut; daher galten Kinder als ein Problem. Die Arbeit war in vier Schichten organisiert, so daß Familien nur selten beieinander waren. Der Arbeitstag begann um 6 oder 7 Uhr morgens, deshalb mußten die Kinder vorher in staatlichen Kindergärten abgeliefert werden. Die Schulen selbst wurden zusammengelegt, wodurch die Kinder aus ihrer lokalen Umgebung herausgerissen wurden. Es wurde ein Gesetz verabschiedet, das die Abtreibung als ein Mittel der Geburtenkontrolle anerkannte.

Wo immer sich Gelegenheit bot, nutzten Wojtyła und seine Priesterkollegen die normalen Strukturen des Gemeindelebens, um diesen Angriff abzuwehren. Treffen mit den Meßdienern der Gemeinde wurden beispielsweise immer mit den Eltern zusammen veranstaltet. Auf diese Weise verbrachten Familien Zeit miteinander und erhielten dazu noch religiöse Unterweisung, ohne daß das Regime behaupten konnte, es handle sich um eine unerlaubte katholische Jugendgruppe. Wojtyła tat jedoch mehr, als nur die traditionellen Strukturen den neuen Umständen anzupassen. Die Bedrohung des christlichen Familienlebens durch das Regime war so außergewöhnlich, daß außergewöhnliche seelsorgerische Initiativen nötig waren.

1950 führte er an der Florianskirche den ersten Unterricht für Brautpaare in der Geschichte der Erzdiözese Krakau ein. Damals suchte ein katholisches Paar vor seiner Heirat einen Priester nur auf, um die entsprechenden Formulare auszufüllen und den Ablauf der Trauung zu besprechen. Wojtyła schuf ein pastorales Programm, das junge Paare durch religiöses Nachdenken, theologische Unterweisung und offene Erörterung der praktischen und persönlichen Schwierigkeiten und Möglichkeiten des Ehelebens und der Kindererziehung auf die christliche Ehe und Familie vorbereitete. 1951, als Sapieha eine zusätzliche Stelle für die seelsorgerische Betreuung des Krankenhauspersonals der Stadt einrichtete, lud Wojtyła die betroffenen Laien, Ärzte und Krankenschwestern ein, das Programm mitzugestalten. Heute ist so etwas selbstverständlich, aber damals war es eine kleine Revolution.

Bei seiner Arbeit mit den jungen Paaren scheute Wojtyła sich nicht, auch Themen zu behandeln, die für einen Priester unpassend erscheinen mochten. Ein paar Jahre nach Beginn der Kurse für Brautleute sagte er bei einem Einkehrtag für Studenten:

„Der Sexualtrieb ist eine Gabe Gottes. Der Mensch kann diesen Trieb ausschließlich Gott aufopfern und das Gelübde der Jungfräulichkeit ablegen. Er kann ihn aber auch einem anderen Menschen schenken, in dem Wissen, daß er ihn einer *Person* gibt. Es kann kein Akt des Zufalls sein. Auf der anderen Seite steht auch ein Mensch, der nicht verletzt werden darf, den man lieben sollte. Nur eine Person kann eine Person lieben. Zu lieben heißt, das Wohl des anderen zu wollen, sich selbst für das Glück des anderen aufzuopfern. Wenn als Folge davon, daß wir uns zum Wohl des anderen einander schenken, ein neues Leben entsteht, dann muß es ein Schenken sein, das der Liebe entspringt. In diesem Bereich dürfen wir die Liebe nicht vom Begehren trennen. Wenn wir das Begehren in der Liebe achten, verstoßen wir nicht gegen die Liebe."[35]

Während seiner zweieinhalb Jahre an der Florianskirche traute Karol Wojtyła 160 Paare, im Durchschnitt eines pro Woche. Seine intensiven Gespräche mit den Verlobten hinterließen einen dauerhaften Eindruck. Er kam zu der Überzeugung, daß „junge Menschen immer nach der Schönheit in der Liebe suchen". Sie mochten ihr Ziel verfehlen, „aber in der Tiefe ihres Herzens sehnen sie sich immer noch nach einer schönen und reinen Liebe". Der Studentenkaplan an der Pfarrei St. Florian „lernte, die menschliche Liebe zu lieben", wie er 40 Jahre später schrieb.[36]

Die dauerhafteste Folge seiner Zeit an St. Florian war wohl, daß Karol Wojtyła hier tiefe persönliche, spirituelle und geistige Freundschaften mit jungen Laien schloß – Freundschaften, die in einigen Fällen mehr als 50 Jahre überdauert haben. Diese Beziehungen sagen mehr über sein Verständnis des Priesteramts aus als alles andere.

Środowisko

Wenn frühere Päpste über die für sie prägenden Jahre als junge Priester gesprochen hätten, hätten sie von ihren Jahren an der Accademia, der römischen Eliteanstalt zur Ausbildung des diplomatischen Nachwuchses der Kirche, oder von ihren ersten Erfahrungen als Professoren am Priesterseminar geschwärmt. Kaum je kommt Johannes Paul II. auf seine frühe Priesterzeit zu sprechen, ohne die Bedeutung dessen zu betonen, was er „mein *Środowisko*" nennt. Dieser Unterschied ist bezeichnend.

Środowisko, ein von Wojtyła selbst in den 60er Jahren geprägter Begriff, ist heute die Selbstbezeichnung einer Gruppe von etwa 200 Männern und Frauen, darunter viele Ehepaare mit Enkelkindern, die sich während Wojtyłas Zeit als Studentenseelsorger an St. Florian bildete.[37] Es ist ein Ausdruck, der nicht leicht zu übersetzen ist. „Umwelt" wäre eine Möglichkeit, doch Johannes Paul II. zieht es vor, den Bezug zum Menschen herauszustellen und von „Milieu" zu sprechen. Was man später unter dem Namen *Środowisko* kannte, bezeichnet jedenfalls die Verbindung verschiedener Netzwerke junger Erwachsener und junger Ehepaare, mit denen Wojtyła arbeitete. Das älteste von ihnen nannte sich *Rodzinka*, „kleine Familie". Nachher nannte sich eine Gruppe Jugendlicher, die sich um Wojtyła scharte, *Paczka*, „Päckchen".[38] *Środowisko* sorgte dafür, daß Gruppen von Jugendlichen sich zu intellektuellen Debattierzirkeln zusammenfanden. Jugendliche und Intellektuelle machten zusammen Ferienausflüge. Das Wort selbst mag schwer übersetzbar sein, aber es steht fest, daß dieses Netzwerk von Freundschaften die Ideen Karol Wojtyłas als Priester, Bischof und schließlich Papst entscheidend formte.

Rodzinka, die „kleine Familie", diese Urzelle von Wojtyłas *Środowisko*, wurde am Abend des 2. Februar 1951 gegründet. Es war Lichtmeß, das Fest der Darstellung Jesu im Tempel und nach polnischem Brauch der letzte Tag, an dem Weihnachtslieder gesungen werden. Danuta Skrabianka, eine Literaturstudentin, lebte in einem Wohnheim für Mädchen, das von den Schwestern von Nazareth betrieben wurde, ungefähr einen Häuserblock von der Florianskirche entfernt. Sie und einige ihrer Freundinnen hatten schon früher einen „jungen, schlecht gekleideten, frommen Priester" getroffen, der (wie sich dann herausstellte) mit der Studentenseelsorge dieser Pfarrei betraut war.[39] Als er sie einlud, an der Gründung eines Kirchenchors mitzuwirken, sagten sie, sie wollten es sich überlegen. Als sie die 23 steilen Stufen zur Empore von St. Florian hinaufstiegen, erblickten sie zuerst ein Paar Schuhe, sehr abgetreten, dann eine abgetragene Soutane und dann – den jungen Priester, der jedem die Hand schüttelte und gleich mit ihnen Weihnachtslieder zu singen begann. Als sie damit fertig waren, bat er sie, doch noch ein Weilchen zu bleiben, und versuchte, sie für den gregorianischen Gesang zu interessieren. Er lud sie auch ein, am nächsten Mittwoch um 6 Uhr früh zu seiner Messe zu kommen. Sie kamen tatsächlich, und bald schlossen sich ihnen Studenten des nahegelegenen Krakauer Polytechnikums an, die von dem jungen Priester gleichfalls aufgefordert worden waren, dem entstehenden Chor beizutreten. In jenen Tagen des Stalinismus betrieb man solche Dinge gewohnheitsmäßig konspirativ. Weder kannten die jungen Leute einander mit Nachnamen noch am Anfang den Namen des Priesters. Sie nannten ihn „*Sadok*" – nach jenem geheimnisvollen Gottsucher in zwei Romanen von Władysław Grabski, *Im Schatten der Kirche* und *Beichte*, der sich im zweiten Band entscheidet, Priester zu werden.[40]

Der studentische Chor begann, bei den Messen in St. Florian zu singen, und am 4. Mai 1951, dem Patronatsfest, sangen sie zum ersten Mal die gregorianische „Missa de angelis". Die Mittwochmorgenmesse mit *Sadok* wurde für sie zu einem regelmäßigen Termin, ebenso seine Vorträge donnerstags um 20 Uhr, deren philosophischer Jargon so schwer verständlich war, daß die Studenten regelmäßig ihre Wörterbücher zu Rate ziehen mußten. Aber sie ließen sich dadurch nicht abschrecken.[41] *Sadoks* Beziehung zu ihnen war von der Art, daß sie den Kontakt nicht verlieren wollten.[42]

Nach einer Weile traf sich dieses Grüppchen junger Leute, weniger als 20, nicht nur in der Kirche, sondern auch privat, und bei dieser Gelegenheit lernte man sich endlich auch mit Nachnamen kennen. Sie brannten darauf, ihre Überzeugungen in die Tat umzusetzen, und fingen daher an, sich um die Blinden und Gebrechlichen zu kümmern, die keinen Kontakt zum staatlichen Gesundheitssystem hatten. Der Kitt, der sie zusammenhielt, war das Gebet, besonders das liturgische. Wojtyła veranstaltete mit ihnen Tage der Selbstbesinnung, kleine Exerzitien, um besondere Anlässe im Verlaufe des Jahres hervorzuheben. An ihren Namenstagen (die sie polnischem Brauch gemäß statt des Geburtstages begingen) feierte er für sie eine Messe und besuchte die Feste bei ihnen zu Hause. Wie alle Studenten hatten sie vor anstehenden Prüfungen Angst. Am Morgen solcher Tage feierte Wojtyła die Messe mit ihnen und schloß sich abends ihrem ausgelassenen Treiben an. Allmählich entstanden tiefe Freundschaften unter den Studenten, die sich jetzt *Rodzinka*, „kleine Familie", nannten.

Die Anziehungskraft des charismatischen Wojtyła ließ nicht nach, und *Rodzinka* zog weitere Mitglieder aus den jeweiligen Familien an. Wojtyła ermunterte sie auch, Neulinge mitzubringen, vor allem Jugendliche, die, wie er meinte, Freunde brauchten. Die Warmherzigkeit der Gruppe, die Offenheit ihrer Diskussionen stand in einem deutlichen Gegensatz zur Atmosphäre in Universität und Polytechnikum, wo aus Furcht vor Spitzeln kein Mensch den Mund aufzumachen wagte. Ohne daß sie sich darüber viel Gedanken machten, bildete die Kameradschaft von *Rodzinka* eine Alternative zur Öde der kommunistischen Gesellschaft.[43] Nach einem Ausflug in der Osterwoche 1952 zu den Krokusfeldern bei Zakopane begannen Wojtyłas junge Leute, ihn *Wujek* zu nennen: „Onkel" – eine Art Deckname in der Stalinzeit.

Die Aufgabe des Kaplans war bis dahin immer gewesen, den Studenten die Sakramente zu spenden. Wojtyła, der diese Seite sehr ernst nahm und die Studenten in die Liturgie einbezog, betrachtete die Seelsorge aber vor allem als „Begleitung", als einen Weg, die Studenten in ihrem Leben zu „begleiten".[44] Der Priester sollte nicht nur in der Kirche und im Beichtstuhl für sie dasein. Er glaubte, daß eine richtige geistliche Betreuung ebenso in der Welt wie in der Kirche stattfinden müsse.

Rodzinka und andere von Wojtyła geleitete Jugendgruppen bewegten sich de facto im Untergrund, sie bildeten eine neue Art der Widerstandsbewegung, die kleine Inseln der Freiheit in einem Meer des Totalitarismus schuf. *Wujeks* junge Leute hielten sich nicht für Helden oder Rebellen, und doch wirkte sich die Freiheit, die sie mit ihm und untereinander erfahren hatten, auf ihr übriges Leben aus. Danuta Skrabianka wurde von der Magister-Prüfung ausgeschlossen, weil sie in einem von Nonnen geführten Wohnheim lebte. Als die Behörden das Wohnheim übernahmen und die Nonnen vertreiben wollten, fuhren Danuta und eine Freundin, von Wojtyła dazu ermuntert, nach Warschau, um gegen die Vertreibung der Nonnen zu protestieren, obwohl sie damit ihren Magister-Grad aufs Spiel setzten. Und als der Student Stanisław Rybicki wegen seines Katholizismus daran gehindert wurde, sein Ingenieurstudium weiterzuführen, wandte er sich an Wojtyła. Der gab ihm zur Antwort: „Du weißt, wenn jemand die Wissenschaft liebt, dann kommt sie zu ihm."[45] Ein anderes Mitglied von *Środowisko* sagte Jahrzehnte später: „Wir konnten ein freieres Leben führen, weil wir innerlich frei waren."[46]

Da er im Herbst 1951 einen zweiten Doktor machen sollte, zog Wojtyła vom Pfarrhaus der Floriansgemeinde in ein kirchliches Haus in der Kanonicza-Straße 21 in der Krakauer Altstadt. Das Netzwerk, aus dem schließlich *Środowisko* hervorgehen sollte, weitete sich immer mehr aus. Viele alte Mitglieder von *Rodzinka* folgten ihm in die Katherinenkirche, in der er, seit seinem Umzug in die Kanonicza-Straße, jeden Morgen um 6 Uhr die Messe las. Die Verbindung zu St. Florian riß nicht ganz ab. Jeden ersten Freitag im Monat feierte *Wujek* dort eine Messe für die Studenten, jedes Jahr führte er mit ihnen in der vierten Osterwoche Exerzitien durch und nahm *Rodzinka* oder seinen „kleinen Chor" von Gregorianiksängern zu Ausflügen aufs Land mit.

Als die jungen Leute, denen *Wujek* zum ersten Mal in St. Florian begegnete, ihre Prüfungen an der Universität ablegten und ins Berufsleben einstiegen, wurden die geistigen Gespräche in Wojtyłas Netzwerk noch anregender. Um Jerzy Janik sammelte sich eine Gruppe Physiker, die Wojtyła über die Welt der Naturwissenschaften auf dem laufenden hielt. Der Physiker war seinerseits von Wojtyłas Erklärungen „einer Denkweise" fasziniert, die ihm bis dahin unbekannt war, nämlich Philosophie, und vor allem Metaphysik, „in der man zusammenhängend und überall Verbindungen sehend über alles reden konnte", von den Skistöcken, die sie trugen, bis zu Gott.[47]

Nach ihrem Ausflug im Januar 1953 und gemeinsamen Sommerferien im selben Jahr beschlossen sie, ihre Diskussion weiterzuführen. Janik brachte die Naturwissenschaftler zusammen, die sich künftig regelmäßig mit Wojtyła trafen. Als erstes nahmen sie sich vor, Thomas von Aquin zu lesen und dessen Naturbegriff vor dem Hintergrund ihrer eigenen Tätigkeit im Labor oder im Klassenzimmer zu erörtern. Wojtyła hatte zwar keine naturwissenschaftliche Ausbildung genossen, besaß aber, wie Janik meinte, ein „instinktives Verständnis für Physik" und konnte naturwissenschaftliche Ideen in sein eigenes philosophisches Begriffssystem übersetzen. Die Physiker wollten vor allem Theorien debattieren, doch Wojtyła zog auch Leute eher praktischen Schlages an. So riefen Stanisław Rybicki, ein frühes Mitglied von *Rodzinka*, und ein anderer junger Mann namens Jerzy Ciesielski einen zweiten Debattierzirkel ins Leben, in dem überwiegend Ingenieure zusammenkamen.

Im Leben dieser jungen Leute war der bedeutendste Schritt der in die Ehe. Kein Wunder, daß Paare sowohl von *Rodzinka* als auch des erweiterten Freundeskreises, aus dem *Środowisko* hervorgehen sollte, sich bald verliebten. Sechs der jungen Männer und Frauen, die auf die Chorempore in St. Florian stiegen und die Keimzelle von *Rodzinka* bildeten, heirateten später. Wojtyła traute sie alle, nachdem er für jedes Paar Tage des Gebets und des Nachdenkens arrangiert hatte. Und wenn er meinte, Einspruch erheben zu müssen, zögerte er nicht. Als Teresa Mięsowicz *Wujek* mitteilte, sie wolle Piotr Malecki (Wojtyłas erster Meßdiener an St. Florian und mittlerweile Physiker in der Forschung, der sich als „enfant terrible von *Środowisko*" bezeichnete) heiraten, fragte Wojtyła sie mehrfach, ob sie mit 20 dafür nicht zu jung sei. Sie sprachen offen darüber, und am Ende überzeugte sie ihn.[48]

Liebe, das war für Wojtyła die eigentliche Wahrheit der *conditio humana*, aber Liebe bedeutete immer Selbsthingabe, nicht Selbstbehauptung. Im Dezember 1956 vertiefte er diese Frage in einem Brief an Teresa Heydel, Mitglied von *Środowisko*:

> Liebe Teresa!
> Die Leute meinen, Wujek sehe nichts lieber, als wenn jedermann heiratet. Aber dieser Eindruck ist falsch. Das wichtigste Problem liegt ganz woanders. Jeder (...) lebt vor allem für die Liebe. Die Fähigkeit, aufrichtig zu lieben, nicht eine große intellektuelle Begabung, ist der tiefste Teil unserer Persönlichkeit. Es ist kein Zufall, daß das größte Gebot die Liebe betrifft. Aufrichtige Liebe befreit uns aus der Enge unseres eigenen Ichs und läßt uns für andere dasein: für die Sache des Menschen, des Volkes und vor allem Gottes. Die Ehe hat Sinn (...), wenn sie eine solche Liebe ermöglicht, wenn sie die Fähigkeit und Notwendigkeit eines solchen Liebens aus uns herausholt, wenn sie uns aus dem Schneckenhaus des Individualismus (verschiedenster Art) und der Ichbezogenheit herauslockt. Es reicht nicht, eine solche Liebe bloß empfangen zu wollen. Man muß verstehen, sie selbst zu geben, und oft kann sie nicht entgegengenommen werden. Oft bedarf es der Hilfestellung, damit sie geformt wird (...) Wujek.[49]

Einen Monat später dachte Wojtyła in einem weiteren Brief an Teresa noch immer laut über das Wesen der Liebe nach:

> Liebe Teresa!
> Bevor ich nach Warschau gehe, möchte ich Dir noch ein paar Dinge sagen – mit Dir zusammen nachdenken: 1. Du solltest niemals denken: Das Leben zwingt mich, die Aussicht auf etwas, das besser, reifer, umfassender ist, aufzugeben zugunsten von etwas, das weniger gut, weniger reif, weniger anziehend ist. Ich bin davon überzeugt, daß das Leben eine ständige Entwicklung hin zum Besseren, Vollkommeneren ist – wenn es *in* uns keinen Stillstand gibt. 2. Nach vielen Erfahrungen und langem Nachdenken bin ich zu dem Ergebnis gekommen, daß der (objektive) Ausgangspunkt der Liebe die Erkenntnis ist, daß ich von einem anderen gebraucht werde. Derjenige, der mich *objektiv* am meisten braucht, ist auch derjenige, den ich *objektiv* am meisten brauche. Das gehört zur tiefen Logik des Lebens, aber auch zum Vertrauen auf den Schöpfer und die Vorsehung. 3. Die Werte der Menschen sind verschieden und kommen in unterschiedlichen Konstellationen vor. Die große Leistung besteht immer darin, Werte zu *sehen*, die andere nicht sehen, und für sie *einzutreten*. Eine noch größere Leistung ist es, in Menschen die Werte *zutage zu fördern*, die ohne uns zugrunde gehen würden. Auf dieselbe Weise fördern wir unsere eigenen Werte zutage. 4. Das wollte ich Dir schreiben. Denke bitte nie, ich wolle Dich von deinem Weg abbringen. Ich will, daß Du Deinen Weg gehst. Wujek[50]

Als dann Kinder kamen, führte Wojtyła mit jeder Mutter vor der Geburt einen Tag der Besinnung durch. Er taufte die Kinder und segnete dann ihr Heim, eine Gepflogenheit, an der er in seiner ganzen Krakauer Zeit festhielt, unabhängig davon, was er sonst noch alles zu tun hatte. „Er hatte immer Zeit", erinnert sich Teresa Malecka. „Er begriff, daß taufen bedeutete, ins Haus zu kommen, mit der Familie zusammen zu sein, den schlafenden Säugling in seinem Bett zu segnen. Wir mußten ihn nicht darum bitten; er wollte es von sich aus tun."[51]

Wujek erklärte den jungen Paaren, daß der sexuelle Ausdruck ihrer Liebe innerhalb der Ehe etwas Schönes, etwas Heiliges, ja sogar ein Abbild Gottes sei. Gleichzeitig hegte er eine sehr hohe Ansicht von der Ehe, zu der er in Gesprächen mit „aufrechten Menschen" gelangt war, „die sich Zeit zum Nachdenken nahmen".⁵² Was andere für eine heroische Entscheidung und für Opferbereitschaft hielten (z. B. nach dem Rhythmus der natürlichen Familienplanung Zeiten der Enthaltsamkeit zu beachten), war für ihn einfach logisch und richtig. Wie seine Briefe an Teresa Heydel zeigen, machte ihn das nicht zu einem unsensiblen oder autoritären Gesprächspartner. Es machte ihn zu einem anregenden und anspruchsvollen Freund.

Das Evangelium im Kajak

Wojtyłas *Środowisko* war auch für Unternehmungen in der freien Natur bekannt – ebenfalls für einen polnischen Priester jener Zeit etwas Neues. Priester verbrachten ihre Ferien nicht mit jungen Leuten oder mit frischgetrauten Paaren. *Wujek*, seit seiner Jugend in Wadowice ein großer Wanderer, fühlte sich in der Natur völlig zu Hause. Seine jungen Freunde fuhren begeistert Ski oder Kajak. Und so führte ihn seine seelsorgerische Methode der „Begleitung" in Polens Berge und an Polens Seen.

Im Januar 1953 machte Wojtyła zum ersten Mal einen Skiausflug mit Jerzy Janik, und dies wiederholte sich bis zu seinem Weggang aus Polen jedes Jahr. Wojtyła liebte das Skifahren, beherrschte es ausgezeichnet und konnte manchmal geradezu tollkühn sein. Im August desselben Jahres organisierten Stanisław Rybicki, Zdzisław Heydel und Jerzy Ciesielski *Środowiskos* erste Bergwanderung im Südosten Polens. Zwischen den Kriegen war die Gegend eine Hochburg der Ukrainer in Polen, und zwischen 1945 und 1947 hatten Tausende von Dorfbewohnern dafür, daß sie „weder Hitler noch Stalin" wollten, mit dem Leben bezahlt.⁵³ 16 junge Leute nahmen an der Wanderung teil. Die Neulinge wurden aufgefordert, Wojtyła mit „Wujek" anzusprechen, da das Regime es Priestern noch immer untersagte, mit Gruppen junger Menschen wegzufahren. Sie fuhren acht Stunden mit dem Zug nach Ustrzyki Dolne, im äußersten Südosten des Landes. Dort feierte Wojtyła mit Mitgliedern von *Środowisko* seine erste Messe „im Freien". Am nächsten Tag wanderten sie nach Ustrzyki Gorne, einst eine Gegend, in der die Ukrainer ihre Schafe weideten. Die Nacht verbrachte die Gruppe in den nur aus einem Raum bestehenden verlassenen Hütten von Schafhirten, da sie weder gute Zelte noch Schlafsäcke besaßen: Ihre ganze Campingausrüstung bestand aus alten Decken und Rucksäcken. Sie kamen an einigen mit Gras überwucherten Friedhöfen und niedergebrannten Dörfern vorbei: stumme Zeugen der erbitterten Kämpfe, die sechs Jahre zuvor hier getobt hatten. Die nächste Nacht verbrachten sie in einer Scheune, die einmal eine ukrainische Kirche gewesen war. Jemand meinte, ob man nicht für diesmal das übliche Abendgebet am Lagerfeuer ausfallen lassen und bequem auf dem Strohlager beten könnte. Es war Stanisław Rybicki, nicht *Wujek*, der antwortete: „Wer betet, bevor er sich niederlegt, den erhört Gott im Schlaf." Während einer anstrengenden Wanderung über schwieriges Gelände feixte Zdzisław Heydel ein wenig säuerlich: „Wujek, wenn du eines Tages Papst sein wirst, gibt es sicherlich

Ablaß für alle, die diesen Trampelpfad in einer mondlosen Nacht mit dir gelaufen sind." Trotz aller jugendlichen Kameraderie ermöglichten sie Wojtyła das nötige Quantum an Einsamkeit. Gegen Ende eines Wandertages, ausgefüllt mit Gesprächen, Singen und Scherzen, fiel er für ein oder zwei Stunden an den Schluß der Gruppe zurück, um sich allein ins Gebet zu versenken.[54]

Einen Monat später, im September 1953, fand der erste Kajakausflug statt, der Auftakt zu einer von Wojtyła sehr geschätzten und bis zum August 1978 gepflegten Tradition. Jerzy Ciesielski, ein von Energie überschäumender Ingenieur, den Wojtyła als Studentenkaplan kennengelernt hatte und mit dem ihn schon bald eine enge Freundschaft verband, gab die Anregung zu den gemeinsamen Kajaktouren. Jedermann akzeptierte die besondere Bindung zwischen *Wujek* und Ciesielski. Dieser, ein geprüfter Ski-, Kajak- und Schwimmlehrer, war der geborene Organisator und Wortführer. Seine ansteckende Begeisterung und seine Bereitschaft, sein ganzes Wissen an andere weiterzugeben, ließen keinerlei Ressentiment gegen ihn aufkommen.[55]

Der jährliche Kajakausflug war für *Środowisko* und Wojtyła eine Art „Zusatzferien". Nachdem Ciesielski ihm beigebracht hatte, wie man einen Kajak lenkt, fuhr Wujek stets mit einem Boot für zwei Personen, so konnte immer ein anderer mit ihm paddeln, reden und geistliche Unterweisung erhalten. Bei der Messe diente ein umgedrehter Kajak als Altar, zwei zusammengebundene Paddel bildeten das Altarkreuz.[56] Einmal, im Jahr 1955, nahm die Kajakgruppe an einem internationalen Wettkampf auf dem Fluß Dunajec teil, der sich durch eine wunderschöne Schlucht an der polnisch-slowakischen Grenze schlängelt. Bei Sromowice Nizne wurde *Wujeks* Kajak leck geschlagen und sank bei der Ziellinie in Szczawnica. Nach einer frommen Legende war nur sein Brevier nicht durchnäßt.[57]

Als die Kinder von *Środowisko* alt genug waren, an den Kajaktouren teilzunehmen, aß Wojtyła jeden Tag mit einer anderen Familie und machte so die Runde. Zwischen der „Mannschaft der Verheirateten" und der „Jugendmannschaft" wurden Fußballspiele organisiert. *Wujek*, der frühere Torwart von Wadowice, schloß sich immer der unterbesetzten Mannschaft an. Des Abends am Lagerfeuer sprachen die Erwachsenen über Bücher oder, Jahre später, über die Enzyklika *Pacem in terris* von Johannes XXIII.

Als er gegen Ende 1951 St. Florian verließ, um an seiner Dissertation in Philosophie zu arbeiten, endete für Karl Wojtyła das Gemeindeleben, jedenfalls im üblichen Sinn des Wortes. Doch seiner Ansicht nach war ein Priester ohne Gemeinde ein Unding. *Środowisko* war seine Gemeinde, wenn auch ohne Pfarrkirche. „*Wujek* war einer von uns", sagt sein Freund Gabriel Turowski, „zugleich aber war er ein Hirte für jene, die um ihn herum waren."[58] Sei es, daß er Wogen glätten wollte, die sein unkonventioneller Umgang mit Laien im Klerus hervorgerufen hatte, sei es, daß er neue Priester für seine Seelsorge der „Begleitung" werben wollte, jedenfalls akzeptierte Wojtyła 1957 das Angebot des Herausgebers von *Homo Dei*, einer Zeitschrift polnischer Priester, in einem Artikel darzulegen, was er und seine jungen Freunde mit ihren Ausflügen in die Berge oder auf den Flüssen Polens bezweckten. Indem er Jerzy Ciesielski bat, sich ebenfalls in einem Beitrag darüber zu äußern, gab er dem Angebot eine interessante Wendung.

Wojtyła lag vor allem an einem Punkt: Die Pflicht des Priesters, Gott in der Welt gegenwärtig sein zu lassen, erschöpft sich nicht darin, täglich die Messe zu lesen.

Es ist auch „die Pflicht des Priesters, mit den Menschen zu leben, wo immer sie sein mögen, in allem, außer der Sünde, bei ihnen zu sein." In diesem Kontext erschienen Ferien als eine Gelegenheit zur Seelsorge. Auf einem Ausflug erhielt die tägliche Messe einen besonderen Bedeutungsgehalt: „Die Natur, nicht nur menschliche Kunst, nimmt am Opfer des Gottessohnes teil." In der Messe war es möglich, einen Gedanken für den Tag vorzuschlagen, am Abend beim gemeinsamen Gebet konnte er dann wieder aufgegriffen werden. Ein Ausflug müsse eine „gut vorbereitete Improvisation" sein, in der der Priester fähig und willens sei, über alles Mögliche zu sprechen, „über Filme, Bücher, seine eigene Arbeit, wissenschaftliche Forschung und Jazzbands". War diese während der Ferien mit jungen Männern und Frauen praktizierte Form der Seelsorge ein Zugeständnis des Priesteramtes, wie einige offenbar meinten? Sie war gewiß nicht jedermanns Sache. Zweifellos aber war sie für den Mann, der schlicht mit „Priester" unterschrieb, eine Form des Priesteramtes – eine Möglichkeit, andere zu Christus hinzuführen.

Der „Junge Ingenieur" (mit diesem Pseudonym unterzeichnete Ciesielski seinen Artikel) beschrieb die Keimzelle von *Środowisko* und meinte, in der atheistisch-säkularen Umwelt, in der sie lebten, komme Priestern die besondere Verantwortung zu, jenen zu helfen, die „bewußt eine moderne katholische Lebensform schaffen" wollten. Es handle sich dabei um Männer und Frauen, die durch Beruf, geistige Interessen und Familie sehr beansprucht seien. Sie würden einander aus der Kirche und durch Treffen in der Stadt kennen. „Aber erst auf den Ausflügen kommen wir zu uns selbst. Sie helfen uns, die Probleme aus einem anderen Blickwinkel zu sehen." Der Artikel schloß mit einer bewegenden Huldigung an den nicht genannten *Wujek*, der sie lehre, „alles im Geiste des Evangeliums zu betrachten".[59]

Ob in Polen oder anderswo, der Kommunismus war eifrig bestrebt, die Gesellschaft aufzuspalten und ihre Mitglieder zu atomisieren, um die Leute leichter unter seine politische Fuchtel zu bringen und den „neuen sozialistischen Menschen" zu formen. Wenn Jerzy Ciesielski und Wojtyłas andere Freunde entdeckten, daß sie erst in seiner Gegenwart „ganz bei sich waren", dann war der Grund wahrscheinlich der, daß *Wujeks* Seelsorge durch „Begleitung" und seine Aufforderung, „alles im Geiste des Evangeliums zu betrachten", eine überzeugende gemeinschaftsstiftende Alternative zu jener künstlich geschaffenen und rigoros durchgesetzten Anti-Gemeinschaft war, die ihnen das kommunistische Polen aufzwingen wollte.

STETS OFFEN

Wenn Mitglieder von *Środowisko Wujek* beschreiben, nennen sie fast immer zwei Charaktereigenschaften. Die eine ist, wie Teresa Malecka es ausdrückt, daß er „stets offen" war:

„Mit ihm zusammen fühlten wir uns völlig frei, ganz unbelastet. Seine Gegenwart brachte uns dazu, daß wir aus uns herausgingen. Wenn er bei uns war, hatten wir das Gefühl, alles sei in Ordnung (...). Wir spürten, daß wir jedes Problem mit ihm diskutieren konnten; wir konnten über wirklich alles reden."[60]

Die Offenheit ergänzte, ja umgab einen zweiten hervorstechenden Charakterzug von Wojtyłas priesterlicher Persönlichkeit: „Er war ein Meister in der Kunst des Zuhörens", sagt Stanisław Rybicki. Gleichgültig welches Thema zur Sprache kam – ob Religion, Alltagsprobleme, Arbeit, Kinder –, „immer war er interessiert".[61]

Zu seiner Offenheit und der anscheinend grenzenlosen Fähigkeit, zuzuhören, kam noch seine tiefe Achtung vor der Freiheit anderer. Dr. Rybicki erinnert sich: „Wir redeten stundenlang miteinander, aber nie hörte ich von ihm den Satz ‚Ich würde dir raten ...' Er pflegte [das Problem] zu erhellen. Doch dann sagte er stets: ‚Jetzt mußt du entscheiden.'"[62] Kurz, er drängte seine Gesprächspartner sanft, selbst zu urteilen und eine Entscheidung zu treffen.

Wujeks Umgang mit *Środowisko* war gekennzeichnet durch das Zusammenspiel von Intimität und Distanz. Kein Thema war tabu. Seine Freunde achteten ihn als Priester und erlebten ihn als einen Priester, dem jedes klerikale Gebaren fremd war. Auf Wanderungen und Kajakausflügen übernahm er dieselben Arbeiten wie alle anderen, bis hin zum Schleppen der Kajaks und dem Vergraben von Abfall. Dennoch wahrte er eine gewisse Zurückhaltung, und seine Freunde respektierten das. Er war ein enger Freund, aber kein Kumpel, und weder bei ihm noch bei ihnen gab es eine falsche Vertraulichkeit. Alle nannten ihn *Wujek*, dennoch siezten sie ihn; und er duzte jemand erst, wenn er ihn gut kannte. „Heute versuchen viele Priester, wie die Halbwüchsigen zu sein. Wir versuchten, wie er zu sein", so resümierte Stanisław Rybicki den Stil Wojtyłas.[63]

Wojtyła war anscheinend völlig frei von der Neigung des Intellektuellen, seine Überlegenheit zu demonstrieren. Trotzdem machte ihn seine Fähigkeit, scharfsinnige Fragen zu stellen, zum Mittelpunkt einer Diskussion. Bei *Środowisko* unterhielt man sich zwar über ernste Dinge, doch ging es dabei weniger um Politik und politische Philosophie, sondern vielmehr um alltägliche moralische Probleme, die das Leben unter einem kommunistischen Regime mit sich brachte: Diebstahl am Arbeitsplatz, kleine Betrügereien, um stumpfsinnige bürokratische Vorschriften zu umgehen, usw. In solchen Diskussionen urteilten seine Freunde oft härter über ihre Kollegen als Wojtyła.[64] Gewiß, es kam zu Meinungsverschiedenheiten, aber ernsthafte Unstimmigkeiten gab es selten.

Nicht immer wurde über schwerwiegende Probleme gesprochen. *Wujek* hatte ein außergewöhnliches Gedächtnis und liebte es, sämtliche Strophen eines Liedes zu singen, während sich die anderen manchmal auf den Refrain beschränken mußten. Scherze und witzige Kommentare waren etwas ganz Normales.[65] Sein Gedächtnis konnte für andere ein wenig niederschmetternd sein. Auf einer langen Wanderung pflegte *Wujek* ganze Gedichte und lange Passagen aus Prosastücken aufzusagen, um dann zu fragen: „Na, wer ist das?" Seine Literaturkenntnisse waren phantastisch, und er scheute sich nicht, kritische Urteile zu fällen. Als Danuta Rybicka schließlich zum Promotionsstudium zugelassen wurde, behauptete einer ihrer Professoren, Kazimierz Wyka, ein regimefreundlicher Katholik, Wojciech Żukrowski, Autor der *Steintafeln*, sei ein „katholischer Schriftsteller" – eine Äußerung, die Frau Rybicka an Wojtyła (der zu diesem Zeitpunkt schon Bischof war) weitergab. *Wujek* erwiderte: „Nein, er ist ein Schriftsteller, der auch Katholik ist." Eigentlich sollte man einem Professor im Seminar nicht widersprechen, aber die beherzte Frau Rybicka tat es trotzdem, worauf Professor Wyka wissen wollte: „Woher haben Sie das?" „Von Bischof Wojtyła." „Dann ist es in Ordnung", sagte der Professor, „er kennt sich in der Literatur und im Glauben aus."[66]

Wojtyłas seelsorgerische Strategie der „Begleitung" war der Versuch, über die sporadischen Begegnungen zwischen Priestern und jungen Leuten hinauszugehen, denn diese endeten oft damit, daß man den Priester verdächtigte, er wolle nur die Gewissen ausspionieren. „Begleitung" war eine Weise, mit den jungen Leuten „mitzugehen", ihnen zu helfen, ihr Menschsein zu entfalten, indem man ihre Probleme gemeinsam mit ihnen durchlebte. Wie ein Mitpriester es später einmal ausdrückte, versuchte Wojtyła, „einen anderen in seinen Schwierigkeiten zu begleiten; er war offen dafür, das Menschsein des anderen aufzudecken".[67]

Für Wojtyła war dies die Weise, auf die ein Priester seine Berufung erfüllte, ein *alter Christus*, „ein zweiter Christus", zu sein. Darin kam aber auch zum Ausdruck, daß er sich der Spiritualität des Kreuzes verpflichtet fühlte. Gott selbst hatte ja durch seine göttliche Entscheidung, nicht nur Schöpfer, sondern auch Erlöser zu sein, die Menschheit bis in die extremste Situation begleitet, die aus schlechten menschlichen Entscheidungen entspringt – bis in den Tod. Das geschah am Kreuz Christi.[68] Das Kreuz war die letzte Rechtfertigung für Wojtyłas pastorale Strategie der Begleitung.

Die Besonderheit von Karol Wojtyłas priesterlichem „Stil" zeigte sich am deutlichsten im Beichtstuhl. Die Ohrenbeichte bei einem Priester ist für alle Nicht-Katholiken ein nur schwer zu verstehender Aspekt der katholischen Sakramente. Andere Christen werden sich fragen, warum es nicht reicht, seine Sünden vor dem lebendigen, wieder auferstandenen Christus zu bekennen. Nichtgläubige finden es unziemlich, seine intimsten Geheimnisse vor jemandem auszubreiten, der möglicherweise ein nahezu Fremder ist. Wie andere Katholiken glaubte Karol Wojtyła, daß die Beichte – das Bußsakrament oder, wie man heute sagt, das Versöhnungssakrament – von Christus selbst gestiftet wurde (vgl. Johannes 20, 19-22). Beichtvater zu sein war für ihn eine weitere Möglichkeit, das Drama eines anderen Lebens zu begleiten.

Nach dem Zeugnis seiner Beichtkinder war er ein „wunderbarer Beichtvater".[69] Eine Beichte bei ihm konnte eine Stunde, manchmal auch länger dauern. Jede Beichte war ein Gedankenaustausch zwischen zwei Individuen, „keine Massenproduktion von Christen".[70] Die von Wojtyła in der Beichte geförderte Individualität enthüllte wieder seine „Offenheit für persönliche Wege", seine Fähigkeit, „in die Erfahrungen anderer hineinzuschlüpfen".[71] Letztlich aber gab es keine Flucht davor, die Verantwortung für die eigene Entscheidung zu übernehmen. „Er zwang nichts auf", meint ein ehemaliges Beichtkind, „sondern er forderte", Entscheidungen so klug wie möglich zu treffen. Er war überzeugt, daß seine Beichtkinder und Freunde imstande waren, die Wahrheit zu erkennen und entsprechend zu handeln.[72]

Das Ziel der Beichte war für Wojtyła nicht, daß die Seele von ihrer Last oder unangemessenen Schuldgefühlen befreit wurde, obschon das ein willkommenes Nebenprodukt sein konnte. Die Hauptsache war die Heiligung des ganzen Lebens, das nicht säuberlich in Schubladen mit den Aufschriften „Religiöses" und

„Sonstiges" verteilt werden konnte. Mehr noch, eine regelmäßige Beichte und eine ausführliche Besprechung sämtlicher Dimensionen des eigenen Lebens sollten dieses nicht nur heiligen, sondern auch Klarheit über die eigene Bestimmung schaffen. Der Bußfertige sollte nicht nur erkennen, was er zu tun hatte, sondern auch, wer er war. Die berufliche Karriere war nicht der Zweck des Lebens. Das Leben war von der *Berufung* bestimmt, und eine Aufgabe des Beichtvaters bestand darin, dem Beichtkind bei der Suche nach der Berufung zu helfen, die Gott für es vorgesehen hatte.[73] Wie er einmal zu Danuta Rybicka sagte: Ob man nun in einem Kloster, in einer Ehe oder als Alleinstehender in der Welt lebt, „man muß für einen konkreten Zweck leben".[74]

Karol Wojtyłas Stil als Beichtvater war ein weiteres Beispiel dafür, wie kreativ er sich in den Dienst des Evangeliums stellte. Die theologischen Lehrbücher seiner Ausbildungszeit hatten eine äußerst rechtliche Auffassung vom Bußsakrament. Obwohl es im Grunde ein Sakrament der göttlichen Gnade war, wurde der Beichtvater zu sehr als Richter gesehen.

Nach allem, was wir wissen, war Wojtyła ein anspruchsvoller Beichtvater, allerdings auf ganz andere Weise. Im Drama der *conditio humana* fiel dem Beichtvater die Aufgabe zu, einen Mitchristen und Mitmenschen so zu begleiten, daß er die spirituelle Erkenntnis des Beichtkindes förderte. Es kam darauf an, die christliche Überzeugung und Einsicht zu vertiefen, nicht nur eine Liste moralischer Verbote zu verinnerlichen. Die Gebote waren da, sie waren real, und man mußte sie befolgen. Aber sie waren nicht willkürlich. Sie definierten das Drama, denn sie erhellten die dramatische Spannung des Lebens zwischen der Person, die ich bin, und der, die ich sein sollte. Der Beichtvater sollte ein Ratgeber in allen Fragen des richtigen und guten Handelns sein. Dieser Gedanke findet sich schon bei Thomas von Aquin. Wojtyła kleidete ihn in ein zeitgenössisches Gewand, denn seine Theologie und pastorale Praxis speisten sich aus seiner Erfahrung mit dem Theater und aus seiner Beschäftigung mit der Psychologie.[75]

Der Reichtum der Freundschaft

Środowisko, seine Menschen und deren Leben, waren *Wujeks* Brücke zu der Welt, in der die Leute wirklich lebten und versuchten, dies als mündige Katholiken zu tun. Was im Steinbruch von Zakrzówek und der Fabrik Solvay in Borek Fałsęcki begonnen hatte, wurde durch den *Środowisko* vertieft und erweitert. „Er durchlebte unsere Probleme", berichtet Stanisław Rybicki. „Er kannte das Leben von dieser Seite, der Seite der Menschen, die wirklich für ihren Lebensunterhalt arbeiten müssen."[76]

Das Netzwerk, aus dem schließlich *Środowisko* hervorging, entwickelte sich zur selben Zeit, in der Wojtyłas geistiges Leben durch seine Arbeit für die Habilitation und den Beginn seiner Lehrtätigkeit an der Katholischen Universität Lublin auf Hochtouren lief. Die beiden Erfahrungen verstärkten einander. *Środowisko* war in gewissem Sinne der empirische Spielraum für Wojtyłas wachsende Fähigkeit, philosophische Überlegungen anzustellen. „Wir waren ein Experimentierfeld für seine Ideen", meint Danuta Ciesielska. „Wir wuchsen in unser Familien- und Berufsleben hinein, und er lernte von uns. Aber wir sind nicht stolz darauf, daß wir ihm etwas beibrachten; es war ein wechselseitiger Austausch."[77]

Welche Gedanken *Wujek* mit *Środowisko* durchdachte, zeigen fünf Themen aus seinen Exerzitien mit Studenten im Jahr 1954:

- Das Leben läßt sich nicht in das Ernsthafte und das Frivole, das Wahre und das Unwichtige aufteilen. Die gegenwärtige Tendenz, das Leben zu zerstückeln oder die Frage nach der Wahrheit für zweitrangig zu erklären, ist zu bekämpfen. „Das Verfahren des Reichs Gottes ist das Verfahren der Wahrheit." Deshalb „muß der Mensch darauf vorbereitet werden, die Wirklichkeit in ihrer Gesamtheit anzunehmen".
- Das Christentum gehört nicht nur in die Sakristei und die Kirche; es ist auch keine Abstraktion. „Das von Christus verkündete Reich Gottes ist nicht einfach Theorie (...), es ruft uns zum Handeln auf."
- Jesus Christus ist nicht Gott, der sich als Mensch ausgibt; Jesus Christus ist die Fleischwerdung Gottes, die ganz in das Drama der *conditio humana* eingeht. „Ein Mensch erfuhr die Macht der Heiligkeit Gottes: Jesus Christus. Er trug die Last der menschlichen Schuld und stand damit beladen vor Gott. Das Bewußtsein der Sünde einerseits und der Heiligkeit Gottes anderseits drängte Ihn dazu, sich selbst aufzuopfern und die Vereinigung mit Gott zu suchen. Das erklärt das Mysterium des Gartens Getsemani und Golgotas."
- Liebe heißt nicht, sich selbst durch den Gebrauch eines anderen zu „erfüllen". Liebe heißt, sich einem anderen um seinctwillen *hinzugeben* und den anderen als ein Geschenk zu empfangen.[78]
- Das verhängnisvolle Paradox unserer Zeit besteht darin, daß sie trotz ihres angeblichen Humanismus dahin gelangt ist, die menschliche Person zu einer ökonomischen Produktionseinheit, einer ideologischen Kategorie, zum Ausdruck einer Klasse, einer Rasse oder eines Volkes herabzuwürdigen.

Ihr seid wunderbar, erzählte Wojtyła seinen jungen Leuten, denn ihr seid Gottes Schöpfung. Jeder, der versucht, euch unter dieses Richtmaß zu drücken, setzt euch herab.[79] Als Teresa Malecka gefragt wurde, warum Wojtyła für junge Menschen so anziehend gewesen sei, antwortete sie schlicht: „Er ist ein *guter* Mensch."[80] Seine Fähigkeit, andere davon zu überzeugen, daß auch sie gut sein können, war Teil seiner Anziehungskraft.

DER JUNGE ESSAYIST

Zu Beginn des Jahres 1949 hatte Jerzy Turowicz, der kleinwüchsige Herausgeber von Krakaus katholischer Zeitschrift *Tygodnik Powszechny* [Allgemeines Wochenblatt], einen Besucher, einen unlängst von seinem Studium in Rom zurückgekehrten Priester. Der Priester, Karol Wojtyła, den Turowicz während des Krieges einmal in einer heimlichen Aufführung des Rhapsodischen Theaters erlebt hatte, übergab ihm einen von ihm verfaßten Artikel über die *Mission de France* und die Arbeiterpriester-Bewegung in Frankreich. Turowicz empfing ihn höflich, aber zurückhaltend. Die Zeitschrift erhielt viele Aufsätze des örtlichen Klerus und lehnte viele davon ab. Turowicz hatte gelernt, nicht allzu viel zu erwarten. Als er Wojtyłas Manuskript las, war er zunächst gefesselt, dann begeistert. „Mission de France" erschien am 6. März 1949 auf der Titelseite von *Tygodnik Powszechny*, ein glanzvolles Debüt für einen jungen Essayisten.

Der Fürst-Kardinal Sapieha erkannte, daß die Zukunft der polnischen Kirche davon abhing, ob es ihr gelang, eine starke und kluge Präsenz in der nationalen Kultur zu gewinnen. Deshalb hatte er schon Pläne für *Tygodnik Powszechny* gehabt, als auf Krakau noch die eiserne Faust der Okkupation lastete. Zum „kirchlichen Berater" des Blattes, verantwortlich für theologische und moralische Fragen, ernannte er Jan Piwowarczyk, den früheren Rektor des Priesterseminars und einen der hervorragenden Priester der Erzdiözese. Möglicherweise war *Tygodnik Powszechny* auch Piwowarczyks Idee. Er war einst Chefredakteur von *Głos Narodu* [Stimme des Volkes] gewesen, einer Krakauer Tageszeitung, die – nach der Auflösung der Christlich-demokratischen Partei noch vor dem Zweiten Weltkrieg – von der Erzdiözese übernommen worden war. Bei *Głos Narodu* hatte Piwowarczyk einen jungen Journalisten namens Turowicz, der Chefredakteur wurde, als Piwowarczyk im Frühjahr 1939 eine Gemeinde übernahm. Turowicz saß nur wenige Monate auf seinem Chefsessel. Hans Frank hatte keineswegs die Absicht, in seinem Herrschaftsbereich eine katholische Zeitung zu dulden. Nach dem Krieg wurde Turowicz wieder eingestellt, um die neue Zeitung herauszugeben, die sich der eifrigen Unterstützung des Kardinals erfreute.[81]

Die Lage der katholischen Presse im kommunistischen Polen war alles andere als glücklich. Es gab drei Gruppen. Die eine, die offizielle katholische Presse, wurde von den Bistümern oder von Ordensleuten gefördert, kontrolliert, herausgegeben und veröffentlicht; sie war nicht gerade von bestechender Qualität. Dann gab es die von Turowicz doppelsinnig als „Katholikenpresse" verspotteten Zeitungen und Zeitschriften von „Pax" und ähnlichen regimefreundlichen Gruppierungen; die Kirche weigerte sich, solche Zeitungen als wirklich katholisch anzuerkennen, und riet aufrechten Katholiken ab, für sie zu schreiben. Und schließlich gab es die echte katholische Presse, die zwar hauptsächlich von Laien herausgegeben wurde, sich aber der Unterstützung durch die Bischöfe erfreute, die ihr „kirchliche Berater" zur Seite stellten. Die Berater waren Mitarbeiter der Zeitung, während die letzte Verantwortung für alles Veröffentlichte beim Laienherausgeber lag.[82]

Aufgrund ihrer literarischen Qualität und ihrer geistigen Aufgeschlossenheit war *Tygodnik Powszechny* die beste Zeitung im kommunistischen Polen. Sie war die zuverlässigste Quelle für nicht gefilterte Informationen, das offenste und interessanteste Forum für gesellschaftliche Fragen. Ihrer Ernsthaftigkeit und ihrem Einfluß auf Polens literarische Kreise, die katholischen wie die nicht-katholischen, zollte das Regime auf seine Weise Respekt: *Tygodnik Powszechny* wurde ständig vom Staat schikaniert, der Inhalt zensiert, die Auflage durch das staatliche Zeitungsmonopol manipuliert. Die Kommunisten ärgerten sich außerdem darüber, daß *Tygodnik Powszechny*, vom taktlosen Umgang des Regimes mit den Intellektuellen profitierend, zu seinem Herausgeberstab Männer wie den Kunsthistoriker Jacek Woźniakowski und Stanisław Rodziński (einen brillanten modernen Maler und späteren Rektor der Krakauer Akademie der Schönen Künste) zählte, die aufgrund ihrer religiösen und politischen Überzeugungen nicht in die staatlichen Universitäten paßten.

Tygodnik Powszechny hatte einen „Leser-Multiplikator", der jede westliche Zeitschrift von den 50er bis zu den 80er Jahren hätte vor Neid erblassen lassen. Er zirkulierte durch ein weit gespanntes Netzwerk von Intellektuellen von Hand zu Hand und spielte mit den Jahren eine entscheidende Rolle in der Begegnung zwischen katholischen und nicht-katholischen Dissidenten. Gemeinsam mit seinem monatlich erscheinenden Bruder *Znak* [Zeichen] sorgte *Tygodnik Powszechny* dafür, daß der polnische Katholizismus mit der geistigen Aufbruchsstimmung des westeuropäischen Katholizismus in Berührung kam. Auf seinen und auf den Seiten von *Znak* lasen Karol Wojtyła und andere zum ersten Mal in Übersetzung die Schriften von Henri de Lubac, Yves Congar, Karl Rahner und anderen Theologen, die das II. Vatikanische Konzil maßgeblich beeinflussen sollten. *Tygodnik Powszechny* war nach Meinung von Turowicz das einzige katholische Organ in der kommunistischen Welt, das theologische Fragen ernst nahm.[83]

Nicht wenige polnische Bischöfe hielten *Tygodnik Powszechny* für bedrohlich unabhängig und „liberal", und gelegentlich bereitete das Blatt dem Primas, Kardinal Wyszyński, Kopfschmerzen. Trotz dieser Spannungen blieb *Tygodnik Powszechny* im Sumpf der verlogenen kommunistischen und fügsamen katholischen Presse ein Zufluchtsort der Ehrlichkeit. Daß die Zeitung kulturelle und geistige Fragen ebenso ernst nahm wie solche der Kirche und der Gesellschaft, machte sie in der damaligen katholischen Presselandschaft zu einer kostbaren Seltenheit.

„Mission de France", Karol Wojtyłas erster Beitrag zu diesem Blatt, warf einen wohlwollenden, aber auch kritischen Blick auf die Bewegung der Arbeiterpriester als pastorale Antwort auf die verzweifelte Lage des französischen Katholizismus nach dem Krieg, der bei Polens katholischen Intellektuellen immer schon auf lebhaftes Interesse stieß.

Frankreich, schrieb Wojtyła, schien eine Anomalie zu sein. Die geistige Kultur der Kirche war hoch entwickelt, und dennoch versank das Land in ein neues Heidentum. Was, so fragte er sich, könnte der „Berührungspunkt" dieser beiden Erscheinungen sein? Er entdeckte ihn in der kürzlich propagierten *Mission de France*, in der Überlegung des Abbé Godin, dessen Buch *Frankreich: Ein Missionsland?* den Erzbischof von Paris, Kardinal Emmanuel Suhard, in Tränen hatte ausbrechen lassen. Godin hatte sein Pfarrhaus verlassen und eine typische Arbeiterwohnung in einer Pariser Vorstadt bezogen, um sich auf dieselbe Stufe wie seine Pfarrkinder zu stellen und ein Leben „in vollkommenem Einklang mit dem Evangelium" zu führen. Wollte man die französische Kirche mit neuem Geist erfüllen, so ging dies nach Ansicht Godins nur, wenn deren „geistiger Reichtum" in „Werte des Apostolats" umgesetzt wurde. Godin war in den Städten ebenso wie andere auf dem Lande auf ein „vollkommen entchristianisiertes Gebiet" gestoßen, in dem das Leben „keinerlei Verbindungen mehr zur religiösen Tradition des Christentums hatte. (...) In solchen Gegenden fragen Kinder, wenn sie Christus am Kreuz sehen: ,Wer ist das?'" Genau das schwebte natürlich den neuen kommunistischen Herren Polens für ihr eigenes Land vor.

Die erneuerungsfreudigsten und mutigsten Kirchenmänner Frankreichs hatten „der Wirklichkeit ins Gesicht geschaut" und beschlossen, die Kirche müsse „sich in eine Gemeinschaft verwandeln, die den sie umgebenden Ungläubigen zeigte, was das Evangelium mit dem Leben zu tun hat". Priester und engagierte Laien sollten in den von Arbeiterpriestern geleiteten Gemeinden der neuen *Mission de France* im „Geist der Armut und Selbstlosigkeit" leben, und die Priester sollten mit ihren Händen arbeiten. Wojtyła sah darin mehr als nur die Rückkehr zu den Traditionen des hl. Paulus, für ihn war es die Wiederentdeckung des Gedankens, daß der Priester „jemand [ist], der mit und durch Christus jedes Stück menschlichen Leids, menschlicher Arbeit dem Vater im Himmel opfert".

Wojtyła war vom Gemeinschaftsleben der Arbeiterpriester ebenso angetan („eine große Hilfe für die persönliche Erfahrung des Priesteramts in all seiner Fülle") wie von ihrer neuartigen Überzeugungsarbeit. Die neuen Apostel in Frankreich konnten nichts mehr als gesichert voraussetzen oder gar anderen ihren Glauben aufdrängen. Ihr Bestreben war, zu „überzeugen". Er begrüßte auch ihre liturgischen Reformen, einschließlich der dialogischen Messe, die, indem sie die Gemeinde zu aktiver Beteiligung ermunterten, die Messe zu einem Werkzeug „christlicher Initiation" machten. Schließlich war Wojtyła tief beeindruckt von der Bedeutung, die in der *Mission de France* einer bekehrten oder wieder bekehrten Laienschaft beigemessen wurde. Die Laien waren „verantwortlich für die gesellschaftliche Verwirklichung und Weiterführung des Mysteriums der Inkarnation". Indem sie das taten, betrieben sie keinen „Widerstand, keine Opposition". Es war vielmehr eine „positive Tätigkeit", ein Versuch, „einen neuen Typus christlicher Kultur" aufzubauen.[84]

Wojtyłas zweiter Aufsatz für *Tygodnik Powszechny* war eine Verbeugung vor Jan Tyranowski und trug den Titel „Apostel". In den folgenden Jahren verfaßte er sowohl für *Tygodnik Powszechny* als auch *Znak* Artikel über christliche Anthropologie, Keuschheit in der Ehe und andere Fragen. 1957 bis 1958 schrieb er auf Turowiczs' Aufforderung hin eine 20teilige Artikelreihe unter der Überschrift „ABC der Moral" – wohl sein ausführlichster Versuch (vor seinem Pontifikat), tiefe philosophische und theologische Fragen einem Laienpublikum so zu präsentieren, daß auch die intellektuell Neugierigen und philosophisch Gebildeten sich angesprochen fühlten. In seiner Darlegung der Grundlagen der christlichen philosophischen und theologischen Moralauffassung griff Wojtyła auch Fragen auf, die zwischen Christen und Ungläubigen umstritten sind. Hatten die beiden Lager einen gemeinsamen Berührungspunkt? (Ja, das Naturrecht.) War das Sittengesetz ein rein menschliches Konstrukt? (Nein, die Nürnberger Prozesse hatten gezeigt, daß es ein übernatürliches Sittengesetz gab.) Verhinderte eine religiös begründete Moral, daß der Mensch zu einem reifen, eigenverantwortlichen Wesen heranwächst? (Nein, denn wer sich dem Gericht Gottes verantwortlich fühlt, wird moralische Fragen nicht auf die leichte Schulter nehmen.)[85]

Der *Tygodnik Powszechny* war nicht nur ein literarisches Betätigungsfeld für den jungen Priester und Essayisten, dessen Mitarbeiter wurden Teil seines sozialen und geistigen Milieus. Hier konnte er mit anderen Intellektuellen, die sich ebenfalls in den Dienst der Kirche, wenn auch zum größten Teil als Laien, gestellt hatten, über theologische und kirchliche Fragen debattieren. Er freundete sich mit der Familie Turowicz an, doch selbst nach Jahrzehnten der Freundschaft und der Zusammenarbeit verfielen sie nie in das vertrauliche „Du". Der Herausgeber sprach ihn stets mit „Hochwürden" – nie mit Karol – an, und Wojtyła seinerseits nannte Turowicz „Pan Jerzy" oder „Pan Doktor Jerzy" [„Herr Jerzy" oder „Herr Dr. Jerzy"].[86] Wojtyła besuchte die gelegentlichen Redaktionsfeste von *Tygodnik Powszechny*, und sein Verhältnis zu den Mitarbeitern war so gut, daß bei Meinungsverschiedenheiten auch hitzige Debatten entbrennen konnten.[87] Es war für beide Seiten eine ersprießliche und fruchtbare Beziehung.

DER DRAMATIKER UND DICHTER

Karol Wojtyłas literarisches Werk gedieh in den ersten 12 Jahren seiner Priesterschaft. Der Krieg, das Leben in einem kommunistisch beherrschten Land und seine wachsenden Erfahrungen und Pflichten als Seelsorger, das alles war Wasser auf seine dichterische und dramatische Mühle. Aus eigenem Entschluß schrieb er unter zwei Pseudonymen – Andrzej Jawień (ein verbreiteter Nachname in Niegowić) und Stanisław Andrzej Gruda. Wie Jerzy Turowicz glaubt, wollte er damit sein literarisches Werk deutlich von seinen Schriften über Religion, Glauben, Moral und kirchliche Angelegenheiten absetzen, die stets unter seinem eigenen Namen erschienen. Außerdem wünschte Wojtyła, man möge sein Werk nach seinen eigenen Vorzügen beurteilen und es nicht als geistliche Kuriosität betrachten.[88]

Schriftsteller greifen aus einer Unzahl von Gründen zur Feder. Wojtyłas Theaterstücke und Gedichte waren Ausdruck einer Überzeugung, die er schon früh gewonnen hatte und die sich in seinem späteren Leben verfestigte: daß die Wirklichkeit nicht mit einem einzigen Instrument erfaßt werden kann. Selbst nachdem er Philosophiedozent geworden war und andere zu philosophischer Arbeit anleitete, blieb seine Überzeugung unerschüttert, daß eine Schwäche des modernen Geisteslebens eben der in allen Disziplinen zu beobachtende Glaube war, es gebe nur einen einzigen Weg, um die Wirklichkeit der *conditio humana* zu erfassen.[89] Wojtyła erschien dies ebenso überheblich wie unmöglich. Die menschliche Erfahrung war so tief, daß man nur auf vielen Wegen hoffen konnte, sie auszuloten. Die Literatur – in seinem Fall Theaterstücke und Gedichte – konnte manchmal Wahrheiten aufspüren, die sich philosophisch oder theologisch nicht angemessen begreifen ließen. Wie viele Philosophen des 20. Jahrhunderts glaubte Wojtyła, die Sprache, ob nun technisch oder literarisch, sei angesichts der Wirklichkeit, die sie zu erfassen und zu vermitteln suche, immer unzulänglich. Deshalb waren seine literarischen Arbeiten nicht nur ein Steckenpferd. Durch das natürliche schriftstellerische Medium des Dialogs waren sie eine weitere Möglichkeit, für das Leben anderer „gegenwärtig zu sein". [90]

Unseres Gottes Bruder

Karol Wojtyła begann die Arbeit an seinem ersten reifen Theaterstück *Unseres Gottes Bruder* im Alter von 25, also in seinem letzten Jahr am Krakauer Priesterseminar. Schon seit langem hatte ihn Adam Chmielowski, „Bruder Albert", fasziniert, eine der fesselndsten Gestalten im kulturellen und religiösen Leben des neuzeitlichen Polen, auf die er zum ersten Mal während seiner Studentenzeit an der Jagiellonischen Universität und während des Kriegs aufmerksam geworden war.[91]

1845 in Südpolen geboren, wurde Adam Chmielowski nach dem Tode seiner Eltern von Verwandten aufgenommen und verbrachte zwei Jahre in einer Landwirtschaftsschule. 1863, im Alter von 17 Jahren, schloß er sich dem Aufstand gegen die Russen an und wurde im Kampf verwundet. Sein linkes Bein mußte ihm ohne Narkose unterhalb des Knies amputiert werden. Nach der Niederschlagung des Aufstands besuchte er kurz eine Kunstschule in Warschau, ging dann aber nach Paris und München, um dort weiter Kunst zu studieren, und wurde ein hervorragender Maler. 1870 hatte er in Krakau seine erste Ausstellung. Chmielowski griff die Tendenz der zeitgenössischen polnischen Malerei an, sich nahezu ausschließlich solchen historischen Sujets zuzuwenden, die um die Schlachten der Nation kreisten. Dieser „Historismus" rufe eine Art nationalistischer „Hysterie" hervor und mache es der polnischen Malerei unmöglich, für das „Allgemeine" zu stehen.[92] 1880 versuchte er in den Jesuitenorden einzutreten, erlitt aber einen Nervenzusammenbruch und verließ nach sechs Monaten das Noviziat. Er zog zu seinem Bruder, entwickelte weiter einen entschieden modernen Stil der Malerei und wurde ein Laienbruder bei den Franziskanern. 1884 nach Krakau zurückgekehrt, wuchs in ihm die Unzufriedenheit mit seinem Künstlerleben. Aus Zorn über die, wie er meinte, miserable Armenfürsorge der Stadt kümmerte er sich zunehmend um die Obdachlosen. Im August 1887 kleidete er sich in ein Gewand aus Sackleinen und nahm den Ordensnamen „Bruder Albert" an. Ein Jahr später legte er vor Kardinal Albin Dunajewski – wie er ein ehemaliger Rebell – die Gelübde ab. Er gründete den Orden der Albertiner, später den der Albertinerinnen, und widmete den Rest seines Lebens den Armen und Obdachlosen, wobei er selbst in völliger Armut lebte. Bruder Albert starb am Weihnachtstag 1916. Erzbischof Sapieha gab ihm mit vielen Klerikern aus der Stadt und dem Umland, dem Bürgermeister von Krakau und Menschen aus allen sozialen Schichten das letzte Geleit.[93] Sein berühmtestes Gemälde, *Ecce Homo,* wie fast alle seine vielen Bilder unvollendet, hängt im Konvent der Albertiner in Krakau. Kopien finden sich in vielen Kirchen und Wohnungen in ganz Polen.

Karol Wojtyłas Theaterstücke sind keine „Stücke" im herkömmlichen Sinn des Wortes. Sicherlich ist *Unseres Gottes Bruder* kein konventionell biographisches Drama, auch wenn es in groben Zügen dem Lebensweg Adam Chmielowskis folgt. Das Stück – ein Beispiel für das „innere Theater" Kotlarczyks und Wojtyłas – versucht, Bruder Alberts innere Kämpfe um seine wahre Berufung zu vermitteln. Die „Haupthandlung" spielt sich im Gewissen Adam Chmielowskis ab, der im Laufe des Dramas zu Bruder Albert wird.[94]

Die Triebfeder der dramatischen Spannung des Stücks ist die Frage der Berufung, das Ringen darum, sich hinzugeben, das eigene Ich preiszugeben, hier veranschaulicht durch Chmielowskis Zwiespalt, an seinem bequemen Künstlerleben festhalten zu wollen, während er zugleich den Ruf nach Armut und Dienst am Nächsten in sich vernimmt.[95] Das ist aber nicht das einzige Thema von *Unseres Gottes Bruder*. In den inneren Kämpfen Bruder Alberts scheint noch eine weitere Dimension auf, die Karol Wojtyła stark beschäftigte: das Problem der revolutionären Gewalt. Nach seiner Rückkehr in ein Land, das zum Satellitenstaat einer kommunistischen Supermacht geworden war, meinte er das Problem in zwei Fragen formulieren zu können: Wie soll man die marxistische Kritik an der modernen Industriegesellschaft bewerten? Und wie soll man sich zu einer Diktatur stellen? – eine Frage, die sich Wojtyła sowohl durch die Okkupation wie auch durch seine Lage 1948-1950 aufgedrängt hatte.

Unseres Gottes Bruder geht diesen Fragen in der dramatischen Konfrontation zwischen „Adam/Bruder Oberer" (Chmielowski) und einer Gestalt nach, die schlicht als „Fremder" bezeichnet wird. Es wurde erheblich darüber spekuliert, wer wohl das Vorbild für den Fremden gewesen sein könnte. Papst Johannes Paul II. hat bestätigt, daß die Figur „Krypto-Lenin" ist. Der Dramatiker hat hier die nie bestätigte Legende aufgegriffen, daß Chmielowski und Lenin einander begegneten, als dieser zwischen 1912 und 1914 in Krakau und Umgebung lebte.[96]

Die Auseinandersetzung zwischen Adam und dem Fremden dreht sich, oberflächlich betrachtet, um taktische Fragen. Der Fremde wirft den „Aposteln der Nächstenliebe" (zu denen Chmielowski gehört) vor, sie seien in Wahrheit Feinde der Armen. Auf einer tieferen Ebene aber kämpfen die beiden Revolutionäre um die Seelen. Beide Männer sind auf der Suche nach Jüngern, nach einem Bündnis mit den Armen und Obdachlosen. Doch der ideologisch verbohrte Fremde, der nicht ohne Charme und gewiß nicht dumm ist, kann seine potentiellen Jünger nur unter bestimmten Kategorien betrachten: das Lumpenproletariat, das für die Revolution ungeeignet ist; die Proletarier, Träger der geschichtlichen Veränderung, usw.

In der tiefsten Schicht ist die dramatische Handlung von *Unseres Gottes Bruder* ein Kampf um die Bedeutung von Freiheit und damit um den Sinn der menschlichen Existenz. Adam, der hier das Sprachrohr des Dramatikers ist, bestreitet nicht, daß die Gesellschaft ungerecht und daß der dadurch hervorgerufene Zorn legitim ist. Er kommt jedoch zu der Überzeugung, daß die einzige des Menschen würdige gesellschaftliche Veränderung über das Kreuz führt, „das den Fall des Menschen zum Guten und seine Knechtschaft zur Freiheit wendet".[97] Die Auflösung des Dramas liegt in den letzten Worten des sterbenden Bruder Albert, der während eines Arbeiteraufstands in der Stadt sagt:

> Ach ja. Der Zorn muß sich Luft machen, vor allem wenn er groß ist.
> [*Er hält inne.*]
> Und er wird anhalten, denn er ist gerecht.
> [*Er versinkt immer tiefer in seine Gedanken. Dann fügt er hinzu, so als spräche er zu sich selbst, obwohl alle aufmerksam zuhören.*]
> Ich aber weiß sicher, daß ich die größere Freiheit wählte.[98]

Hier wird weder ein religiöser Quietismus im Angesicht von Ungerechtigkeit und Tyrannei gepredigt, noch stimmt der Dramatiker der Alternative zu, daß sich die Menschen entweder mit der Ungerechtigkeit abfinden oder daß die Priester zur Gewalt greifen müssen. Bruder Albert kennt noch eine dritte Möglichkeit: den Dienst an den Armen und die Veränderung der Kultur, was mit der Zeit auch politische Änderungen mit sich bringen wird. Polens kommunistische Machthaber begriffen das, denn sie wollten die letzte Zeile über die „größere Freiheit" aus dem Manuskript streichen, als *Unseres Gottes Bruder* schließlich 1980 in Krakau aufgeführt wurde.[99]

Etwa 25 Jahre bevor das Wort überhaupt geprägt wurde, war *Unseres Gottes Bruder* Karol Wojtyłas erster Beitrag zur „Befreiungstheologie". Die Kirche, so die These seines Dramas, ist der eigentliche Hort der Freiheit, denn sie ist Zeugin der von Jesaja prophezeiten messianischen Befreiung, einer Befreiung, die die Menschen in den Tiefen ihres Menschseins wirklich befreien wird.[100] Nicht für die Kirche als solche trat Bruder Albert ein, er verteidigte die menschliche Würde durch die Kirche und die von ihr bezeugten Wahrheiten. Verglichen mit Lenin, hatte er sich in der Tat für die „größere Freiheit" entschieden.

Manchmal wird behauptet, *Unseres Gottes Bruder* zeige Karol Wojtyłas Sympathie für gewisse Aspekte des Marxismus, zumindest was die marxistische Kritik am frühindustriellen Kapitalismus betreffe.[101] Das scheint reichlich überzogen zu sein. Gewiß, der Marxismus prangerte bestimmte Ungerechtigkeiten des frühen Industriekapitalismus an. Er war jedoch keineswegs die einzige scharfe Kritik des sozioökonomischen Status quo: Papst Leo XIII. hatte in *Rerum novarum*, seiner Enzyklika von 1891, die Rechte der Arbeiter leidenschaftlich verteidigt und damit die Tradition der modernen katholischen Soziallehre begründet. Zudem verwarf Wojtyła, wie aus *Unseres Gottes Bruder* deutlich hervorgeht, das marxistische Menschenbild sowie die Vorstellung des Marxismus vom Gang der Geschichte und einer gewaltsamen Veränderung der Gesellschaft. Das Eingeständnis, daß der durch die Ungerechtigkeit provozierte Zorn gerecht war, weil diese wirklich existierte, ist wohl kaum eine Zustimmung, auch keine laue, zur marxistischen Analyse der *conditio humana*. Die von Bruder Albert gewählte „größere Freiheit" wird vom Fremden, Krypto-Lenin, als Betrug an den Armen betrachtet. Karol Wojtyła hat nie bezweifelt, daß Bruder Albert im Recht und Krypto-Lenin im Unrecht war.[102]

Der Laden des Goldschmieds

In *Unseres Gottes Bruder* thematisiert der Dramatiker das Mysterium der Berufung, indem er über eine geschichtliche Gestalt nachdenkt, deren Kampf seinem eigenen glich und deren Beispiel zum Vorbild seines eigenen Priesteramts wird.[103] Die Abfassung dieses Stückes war für Karol Wojtyła eine Möglichkeit, Bruder Albert seine „Dankesschuld" abzustatten.[104] Mit dem Stück *Der Laden des Goldschmieds*, einer dichterischen Reflexion über das Geheimnis der Ehe, trug er zum Teil seine Dankesschuld an *Środowisko* ab.[105] Zugleich vertiefte dieses Drama das Nachdenken des Autors über das Ringen des Menschen, zur Selbsthingabe zu finden und so seine Bestimmung als nach dem Bilde Gottes geschaffenes Wesen zu erfüllen.

Wojtyłas dichterische Fähigkeiten kommen in diesem Drama, das die innere Geschichte dreier Ehen erzählt, wunderbar zum Ausdruck. Andrzej und Teresa haben nur kurze Zeit zusammengelebt, da fällt Andrzej im Krieg, und Teresa bleibt mit ihrem kleinen Sohn Krzysztof allein zurück. Stefan und Anna überleben den Krieg, aber in ihrer Ehe hat sich zuerst Gleichgültigkeit und dann Feindseligkeit breitgemacht. Stefan hält die Liebe für selbstverständlich, daher verwelkt sie. Anna hingegen sehnt sich nach einer vollkommeneren Liebe und erstickt dadurch die unvollkommene Liebe, die sie vollkommener hätte machen sollen. Stefans und Annas unglückliche Beziehung hinterläßt Spuren bei ihrer Tochter Monica, während Teresas Sohn Krzysztof darunter gelitten hat, ohne Vater aufzuwachsen. Krzysztof und Monica, die sich ineinander verlieben, sind beide durch das Leid und die Last ihrer Familiengeschichte gezeichnet. Doch gerade wegen dieser Last verkörpern sie – für sich selbst wie für ihre Eltern – die Hoffnung, von dem in all den Jahren angewachsenen Übel erlöst zu werden.

Als Dramatiker nimmt Wojtyła den Standpunkt eines wohlwollenden, die Wirklichkeit klar erkennenden Freundes ein, der mit den Schwierigkeiten der Ehe so gut vertraut ist, wie es ein im Zölibat Lebender nur sein kann. Als *Der Laden des Goldschmieds* im Dezember 1960 in *Znak* unter dem Namen „A. Jawień" veröffentlicht wurde, hatten Leser, die das Pseudonym nicht enträtseln konnten, keinen Grund, dahinter einen Priester zu vermuten. Sie sahen im Autor einen von jeglicher Sentimentalität freien Realisten, jedoch einen Realisten, der in der Liebe, die immer stärker ist als bloße Sentimentalität, Hoffnung findet.

Im ganzen Drama betont Wojtyła, daß Liebe und Treue nicht einfach Gefühle sind. Ein festes Fundament haben sie nur dank der menschlichen Fähigkeit, die moralische Wahrheit zu ergreifen und zu verstehen. Die Ehe ist kein mal glückliches, mal unglückliches Aufeinandertreffen zweier Gefühlszustände. Ehe, das ist die Wirklichkeit zweier Personen, die durch ihre Begegnung und ihre ursprüngliche Hingabe an den jeweils anderen verändert worden sind. Diese Veränderung bleibt, auch wenn die Gefühle, die am Anfang ihrer Beziehung standen, der Vergangenheit angehören.[106] Unsere Aufgabe ist es, unsere Gefühle zu läutern und mit der Zeit so zu wandeln, daß sie in die feste Wirklichkeit einer hingebungsvollen Liebe übergehen. Als Anna meint, sie könne Stefan nicht länger ertragen, versucht sie, einem Juwelier ihren Ehering zu verkaufen. Dieser nimmt ihn, legt ihn auf die Waage und weist ihn dann zurück:

> Der Ring wiegt gar nichts,
> die Nadel schlägt nicht aus,
> und ich kann nicht einmal
> ein Milligramm entdecken.
> Ihr Mann muß noch leben,
> denn dann wird weder Ihr Ring noch seiner, sind sie getrennt,
> etwas wiegen – nur beide zusammen lassen die Nadel ausschlagen.
> Meine Goldwaage hat die Eigenart,
> nicht das Metall zu wiegen,
> sondern des Menschen ganzes Sein und Los.[107]

Mit seiner bewußten Betonung, daß nur eine hingebungsvolle Liebe das Fundament für die Unauflöslichkeit des Ehebundes sein könne, verficht Wojtyła eine weitreichende theologische These: Die Ehe läßt uns bis zu einem gewissen Grade das innere Leben Gottes verstehen, die Dreieinigkeit sich selbst hingebender Personen, in der sich das Personsein durch die uneingeschränkte Hingabe des eigenen Ich erfüllt. Die Ehe, so meint er, ist jene menschliche Erfahrung, durch die Menschen beginnen, Gott zu verstehen.[108] Damit geht er weit hinaus über das vor dem II. Vatikanischen Konzil in der katholischen Kirche herrschende Eheverständnis, für das die Ehe unter anderem ein „Heilmittel" für die sinnliche Begierde war. Die sich selbst hingebende Liebe und die neues Leben schenkende Ehe versinnbildlichen für Wojtyła das innere Leben des dreifaltigen Gottes und die Verbindung Gottes mit der Welt durch die Fleischwerdung seines Sohnes.

Als *Der Laden des Goldschmieds* Weihnachten 1960 in *Znak* veröffentlicht wurde, waren einige Freunde „A. Jawień" verblüfft. „Was wir da lasen, handelte von uns selbst", sagte Stanisław Rybicki. Es gab „ganze Abschnitte, in denen ich Stasek hörte", meinte seine Frau Danuta, die auch andere Charakterzüge von *Rodzinka*-Freunden wiedererkannte. Eine Episode während eines Campingausfluges mit den Rybickis – der Schrei einer Eule, den man zunächst für den Hilfeschrei eines verirrten Campers hielt – wurde am Anfang des Stückes künstlerisch umgestaltet. Als Andrzej Teresa danach fragt, ob sie ihn heiraten wolle – „Möchtest du für immer die Gefährtin meines Lebens werden?" –, verwendet er den Ausdruck „Gefährtin meines Lebens", den (wie Wojtyła später erklärte) Jerzy Ciesielski für seine Frau Danuta verwendete. Adam wiederum, eine geheimnisvolle „Zufallsbegegnung", die Anna vor dem Laden des Goldschmieds macht, spiegelt die Erfahrung Karol Wojtyłas, des Freundes und Beichtvaters, der „genau wußte, wie wir leben", der „an der Liebe zwischen Paaren und zwischen Eltern und ihren Kindern teilnahm" und mit seinen Gefährten über die Probleme ihres Lebens sprach.[109]

Wie Papst Johannes Paul II. später erzählte, gestaltete er zu dramatischen Zwecken Situationen um, die „nur jene wiedererkennen konnten, die damals dabei waren".[110] Kein Mitglied von *Środowisko* taucht als solches in dem Drama auf, doch die Gestalt der Monica (sie trägt interessanterweise den Namen von Halina Królikiewicz' erstem Kind) hatte jemanden zum Vorbild, den der Autor persönlich kannte.[111] Wojtyła hatte die unheimliche Fähigkeit, sich noch Jahrzehnte später an ganze Gespräche zu erinnern. Diese Fähigkeit nutzte er in seinem Stück *Der Laden des Goldschmieds,* und darum klingen seine dramatischen Monologe so lebensecht.[112] Wenn er auf die Erfahrungen mit seinen Freunden und Beichtkindern zurückgriff, kramte Karol Wojtyła jedoch nicht einfach in seinem bemerkenswerten Gedächtnis nach dramatisch verwertbarem Material. Er sagte über seine Freunde und das von ihnen geführte Leben etwas sehr Wichtiges aus, das letztlich theologisch bedeutsam war: Euer Leben, das scheinbar dem vieler anderer gleicht, ist tatsächlich in das große Drama von Sünde und Erlösung verwoben. In diesem Drama gibt die Liebe „dem Druck der Wirklichkeit" nach und schwindet, wenn sie nicht ergänzt und erhöht wird durch die Annäherung an eine Liebe, die fähig ist, die Sehnsucht der Liebe nach absoluter Erfüllung zu befriedigen. Das menschliche Drama „spielt" sozusagen innerhalb des göttlichen Dramas, und in diesem Stück ist Gott selbst Autor und Hauptdarsteller, Schöpfer und Erlöser.[113]

Dichtung

In den ersten Jahren seiner Priesterschaft entdeckte Karol Wojtyła, daß der wissenschaftliche Kategorienapparat der Philosophie das Ausloten der menschlichen Erfahrung einschränken, ja behindern konnte. In wesentlicher Hinsicht war die Literatur ein viel feineres Instrument, um in die verborgenen Tiefen der menschlichen Existenz vorzudringen.

Deshalb legte Wojtyła seinem Kollegen an der Katholischen Universität Lublin, Stefan Sawicki, dringend nahe, eifrig die „düstere Literatur" der Moderne zu lesen, beispielsweise Camus' *Die Pest* oder Graham Greenes *Die Macht und die Herrlichkeit*.[114] Wie seine Dramen sind auch Wojtyłas Gedichte eine Möglichkeit, im Gespräch über die Wahrheit für andere „dazusein".

Seine Gedichte sind nicht einfach, weder im Original noch in der Übersetzung.[115] Doch in ihnen können wir die „Stimme" Karol Wojtyłas ganz persönlich vernehmen, vor allem, wenn es um seine Einsichten über menschliche Beziehungen, Gewissenskonflikte und mystische Erfahrungen geht.[116] Die in einem telegrammartigen, ja mitunter elliptischen Stil geschriebenen Gedichte schwanken zwischen äußerster Konkretion und Abstraktion. Sie enthüllen auch eine erstaunliche Fähigkeit, ins „Innere" der Erfahrung und des Gewissens eines anderen vorzudringen, z. B. eines Arbeiters in einer modernen Munitionsfabrik:

> Auf das Schicksal des Erdballs habe ich keinen
> Einfluß, ich fange die Kriege nicht an.
> Ob ich für Dich oder gegen Dich bin – ich weiß es nicht.
> Ich sündige nicht.
> Mich quält gerade, daß ich ohne Sünde bin, ohne Einfluß auf dieses Grauen,
> und daß ich kleine Gewinde drehe, Bruchstücke
> der Vernichtung bereite,
> daher nicht das Ganze fasse, das Los der
> Menschheit nicht überschaue ...
> Ist das genug?[117]

Oder der Samariterin, der Jesus am Brunnen von Sychar begegnet und die nun über die Bedeutung der Begegnung grübelt:

> Er durchschaute mich mühelos
> und quoll als die Scham in mir, der lange
> gedämpfte Gedanke.
> Als rührte er an den Rhythmus in meinen Schläfen
> und schleppte in mir die riesige Müdigkeit
> plötzlich ...
> Behutsam ...[118]

Manchmal überarbeitete er seine Gedichte sorgfältig, mitunter aber schrieb er sie hastig auf die Ränder irgendwelcher amtlicher Schriftstücke und schickte sie so an *Tygodnik Powszechny*, wo die Redakteure sie unverändert abdruckten.[119] Wojtyłas Gedichte waren einfach das Produkt eines bestimmten Gedankens oder einer Erfahrung. Sie waren ein geeignetes Ausdrucksmedium für eine besondere Art des Nachdenkens, ja eine Form des Gebets.[120] Die Erfahrungen, die ihn zu dieser Äußerungsform trieben, konnten seinen persönlichen Begegnungen als Beichtvater, der Firmung junger Menschen in einem Bergdorf oder auch bedeutenden historischen Ereignissen wie dem II. Vatikanischen Konzil oder der Jahrtausendfeier der polnischen Christianisierung entspringen.

Auch wenn Wojtyłas Gedichte in der Tradition kontemplativ-religiöser Dichtung stehen, sind sie nahezu frei von Ermahnungen, und kommen sie doch vor, ergehen sie in einem durch und durch humanen Ton. Selten lobt oder verdammt der Dichter; meistens beschreibt er. Mit anderen Worten: Was wir da lesen, ist keine „christliche Apologetik in Versen".[121] Dennoch ist der Blick, den der Dichter auf die Lebensläufe, den Stoff seines Nachdenkens, wirft, zutiefst christlich. Gegen die Versuchung, das Leben für ein relativ flaches Terrain zu halten, in dem Anständigkeit nicht viel kostet, zeigt Wojtyła nahezu schonungslos die dramatische Spannung auf, die in jedem Leben zu finden ist. Er schimpft nicht, sondern legt seinen Lesern nahe, daß *die* große Entscheidung für den Menschen heute die „zwischen Heiligkeit und dem Verlust der Menschlichkeit" ist.[122] Das zu wissen, kann faszinieren und ängstigen, denn hier befassen wir uns mit dem Heiligen. Diese Begegnung ist, wie Wojtyła immer betont, unumgänglich, wenn wir ein echtes und mündiges Leben unter Wahrung unserer Würde und in Gemeinschaft mit anderen leben wollen:

> Geh lieber in Wellen! Geh mit der Welle, verletze
> dir nicht die Füße –
> die Welle erfaßt dich, und du gehst unter und
> spürst es kaum.
> Dann aber kommt Er und überträgt seine Last
> auf deine Schultern, Du spürst es und zitterst, und
> du erwachst.[123]

DER ENGAGIERTE ASKET

Karol Wojtyłas Leben als junger Priester war außergewöhnlich reich, reich an Freunden, an Aktivitäten, an geistiger und literarischer Kreativität. Dieser Reichtum stand in schroffem Gegensatz zu seiner persönlichen Askese.

Er besaß nie ein Bankkonto, schrieb nie einen Scheck aus und verfügte nie über eigenes Geld.[124] Er schlief auf dem Fußboden und übte sich in anderen Formen der Selbstdisziplin und Selbstverleugnung. Besitz bedeutete ihm nichts, vielleicht mit der einen Ausnahme seiner Ski- und Wanderausrüstung, die ihm seine Freunde von *Środowisko* geschenkt hatten. Mieczysław Maliński, mittlerweile ebenfalls Priester, warf eines Tages das alte, schon rostige Rasiermesser seines Freundes weg und schenkte ihm zum Namenstag ein neues. Hätte er das alte nicht weggeworfen, dann hätte Wojtyła das neue sicherlich weggegeben, wie er es mit den meisten Geschenken zu tun pflegte.[125] Er trug immer eine alte Soutane und alte Schuhe. Wenn man ihn so sah, erinnert sich Maliński, hätte man meinen können, einen Bettler oder einen Clochard vor sich zu haben.[126]

Angesichts der Erwartungen, die man heute an eine Biographie stellt, empfindet der Autor fast Bedauern, daß niemand seinen Helden kritisiert und herabsetzt. Noch erstaunlicher ist vielleicht die Tatsache, daß Karol Wojtyłas Intelligenz, Kreativität und seelsorgerische Erfolge keinen Neid unter seinen Mitpriestern erweckten. Manchmal hört man von Priestern, der Neid sei die unausrottbare Sünde des römisch-katholischen Klerus. Nach Mieczysław Maliński war Wojtyła in Krakaus klerikalen Kreisen „kein Gegenstand des Geredes", was vermutlich auch daran lag, daß er „seine Außergewöhnlichkeit überhaupt nicht zur Schau trug".[127] Die einzige Klage, die man über ihn hörte, war, daß er nach seiner persönlichen Uhrzeit lebte, der Wojtyła-Normalzeit, und zu beinahe jedem Treffen und jeder Verabredung zu spät kam, weil er über seiner vorangegangenen Tätigkeit oder seiner unersättlichen Lesewut die Zeit vergessen hatte.

Er liebte sein Priesteramt und verbrachte dennoch den größten Teil seiner Freizeit – die sich freilich zu einem Pastoraldienst anderer Art entwickelte – mit Laien. Einmal geknüpfte Freundschaften hielten für immer, auch war er stets für seine Freunde da. Jacek Woźniakowski berichtet, daß er „intuitiv" in den Seelen anderer lesen konnte.[128] Diese Eigenschaft hätte ihn leicht zu einer gefährlichen Persönlichkeit machen können, die andere manipuliert, oder gar zu einem großen Demagogen. Dank der Selbstdisziplin, die er durch ständiges Gebet und Askese erwarb, wurde er statt dessen ein großartiger Beichtvater und ein feinsinniger Dichter und Dramatiker.

Mitte der 50er Jahre erlebte die katholische Kirche vielleicht ihre schwerste Zeit im kommunistischen Polen. Die Verfassung der Volksrepublik Polen von 1952 verfügte die Trennung von Staat und Kirche, worunter die Partei die Unterordnung der Kirche unter den Staat verstand. Das Regime verfolgte zunehmend die katholischen Druckerzeugnisse und schloß katholische Einrichtungen.

Wieder wurden viele Priester verhaftet, darunter auch Tadeusz Kurowski, während andere mit neuen Steuern schikaniert wurden.[129] Eine mit „Pax" verbundene Vereinigung „patriotischer Priester" erhob Vorwürfe gegen die Bischöfe und verlangte den Rücktritt des Primas. Bischof Czesław Kaczmarek von Kielce wurde verhaftet, vor Gericht gestellt und nach einem klassischen stalinistischen Schauprozeß zu 12 Jahren Gefängnis verurteilt.

Die Konfrontation erreichte ihren Höhepunkt im Mai 1953, als die Regierung verkündete, künftig werde sie die Bischöfe und Priester ernennen und absetzen. Darüber hinaus verlangte sie von allen Priestern, daß sie einen Treueid auf die Volksrepublik Polen ablegten. Unter der Führung von Kardinal Wyszyński gingen die Bischöfe zur Gegenwehr über. In einer leidenschaftlichen Predigt in Warschaus Johannesdom warf der Primas der Regierung den Fehdehandschuh hin: „Unsere Lehre ist, daß wir dem Kaiser geben sollen, was des Kaisers ist, und Gott, was Gottes ist. Wenn aber der Kaiser sich auf den Altar setzt, gibt es für uns nur eine kurze und bündige Antwort: Dazu hat er kein Recht."[130] Dann versammelten sich die Bischöfe unter dem Vorsitz Wyszyńskis in Krakau und verfaßten eine heroische Erklärung, um die Rechte der Kirche zu verteidigen, die mit den Worten schloß: „Wir dürfen das, was Gott zukommt, nicht auf den Altar des Kaisers legen. *Non possumus!* [Wir können es nicht!]"[131] Das Regime bezeichnete das Kommuniqué als Hochverrat – sein Euphemismus dafür lautete „Angriff auf die Verfassung". In der Nacht vom 25./26. September 1953 wurde Kardinal Wyszyński verhaftet und zunächst in ein ehemaliges Kloster im Nordwesten, später in einen Konvent im Süden gesperrt.

1956, als das Regime unter der erneuten Führung von Władysław Gomułka stand und im Gefolge der Aufstände und Unruhen einen sowjetischen Einmarsch befürchtete, wurde er freigelassen und zurück nach Warschau gerufen. Wyszyński verlangte die Aufhebung des Dekrets von 1953, die Entlassung Bischof Kaczmareks aus dem Gefängnis, die Wiederzulassung der katholischen Presse, eine Neuregelung der Kirchenzuständigkeit und eine neue gemischte Kommission aus Vertretern der Regierung und des Episkopats. Gomułka stimmte zu. Wyszyński – mittlerweile international bekannt und von *Life* zum Symbol des Widerstands gegen den Kommunismus erklärt – kehrte nach Warschau zurück und machte sich an die Umsetzung der „großen Novene", eines Neunjahresprogramms zur Erneuerung der kirchlichen Seelsorge, das er während seiner Inhaftierung als Vorbereitung des Landes auf die Tausendjahrfeiern 1966 ausgearbeitet hatte.

Nach allem, was wir wissen, interessierte sich Karol Wojtyła in den 50er Jahren nicht für das, was in Polen als „Politik" galt. Die einzige Zeitung, die er las, war *Tygodnik Powszechny;* wer im Politbüro die Oberhand gewann und wer seine Macht einbüßte, kümmerte ihn ebensowenig wie die Machtkämpfe der örtlichen Apparatschiks. Daraus darf man nicht schließen, er habe geglaubt, man müsse die Leiden der Kirche Gott als Opfer darbringen und auf jeglichen Widerstand verzichten. Wie viele andere polnische Priester schuf er de facto ein Widerstandsnetz gegen den Kommunismus, indem er dazu beitrug, daß in Polen eine Generation heranwuchs, die sich von der kommunistischen Kultur der Lüge nicht blenden ließ, weil sie fest in der Wahrheit ihrer religiösen und moralischen Überzeugungen wurzelte. Seine Schriften griffen den Kommunismus nie frontal an. Das hatte er auch nicht nötig. Seine Leser wußten genau, daß Wojtyła eine Vision des menschlichen Lebens und Schicksals vertrat, die der offiziellen Ideologie diametral entgegengesetzt war.

Er schätzte Zurückgezogenheit und verbarg einen großen Teil seiner Persönlichkeit vor den Augen anderer, jenen Teil, in dem er seine innigsten Gespräche mit Gott führte. Und dennoch wurde er in der Stadt, die er lieben gelernt hatte, so etwas wie eine öffentliche Persönlichkeit.[132] Sein persönliches und priesterliches Leben war von einzigartiger Integrität, richtete sich aber nicht so sehr auf die Verteidigung der Institution Kirche (diese Verantwortung fiel anderen zu), sondern auf das Eintreten für die Würde des Menschen, dessen Diener die Kirche war. Wie Bruder Albert glaubte er, die Kirche müsse die menschliche Person gegen Verfolgung und Demütigung verteidigen. Und wie schon Bruder Albert erkannt hatte, war die Kirche aus eben diesem Grund die wahre Zone der Freiheit.[133]

4

Die Dinge sehen, wie sie sind

Der Werdegang eines Philosophen

1. September 1951	Karol Wojtyła wird für zwei Jahre von seinen Amtspflichten befreit.
Oktober 1953	Wojtyła beginnt an der Jagiellonischen Universität mit seinen Vorlesungen über Sozialethik.
Januar 1954	Die theologische Fakultät der Jagiellonischen Universität verleiht Wojtyła die zweite Doktorwürde.
12. Oktober 1954	Wojtyła erhält eine Stelle an der Philosophischen Fakultät der Katholischen Universität von Lublin [KUL].
Akademisches Jahr 1954/55	Wojtyła hält an der KUL Vorlesungen für die höheren Semester über „Akt und Erfahrung", in denen er die Ethik von Max Scheler, Immanuel Kant und Thomas von Aquin behandelt.
28.-30. Mai 1955	Wojtyła nimmt an einem internationalen Kajakturnier auf dem Fluß Dunajec teil.
Akademisches Jahr 1955/56	Wojtyłas Vorlesungen an der KUL für höhere Semester beschäftigen sich mit der Ethik von Platon, Aristoteles, Augustinus, Thomas von Aquin, Kant und Scheler.
5.-10. März 1956	Karol Wojtyła hält seine jährlichen Exerzitien für Studenten an St. Florian in Krakau ab.
Akademisches Jahr 1956/57	Wojtyłas Vorlesungen zu „Norm und Glück" setzen sich mit der philosophischen Ethik David Humes und Jeremy Benthams auseinander.
1. Dezember 1956	Karol Wojtyła wird auf den Lehrstuhl für Ethik an der Katholischen Universität Lublin berufen.
Akademisches Jahr 1957/58	Wojtyłas Vorlesungen für die höheren Semester konzentrieren sich auf die Sexualethik. Die Reihe wird im akademischen Jahr 1958/59 fortgesetzt.
1960	Karol Wojtyłas Buch *Liebe und Verantwortung* erscheint im Universitätsverlag der KUL.
Akademisches Jahr 1960/61	Wojtyłas letzte Vorlesungen für höhere Semester behandeln die „Theorie und Methode der Ethik".

An einem Herbsttag des Jahres 1955 betrat ein Priester, Mitte 30, das Seminar in der Mickiewicz-Straße 3 in Krakau, um eine Lehrveranstaltung über katholische Sozialethik abzuhalten. Er war nicht wie ein Akademiker gekleidet. Anstelle des formellen schwarzen Barettes hatte er eine Lederkappe auf dem Kopf. Über seiner abgetragenen Soutane trug er einen dunkelgrünen Mantel, der aus einem Stoff gemacht schien, aus dem sonst nur Decken gefertigt werden.

Er betrat den Seminarraum, warf seinen Mantel über eine Stuhllehne und begann, auf dem Podium hin und her zu gehen, wobei er weniger eine Vorlesung gab, sondern eher bemüht war, die verschiedenen Stränge eines Arguments, in das Theologisches und Alltägliches verwoben waren, darzulegen. Er schien nicht müde zu werden, eine Frage zunächst aus diesem Blickwinkel, dann aus einem anderen zu betrachten, stets bemüht, sie richtig zu formulieren. Manchmal unterbrach er sich, blieb stehen und schaute seine Studenten an – sie kamen aus Krakau, Tschenstochau und Schlesien –, um sich zu vergewissern, daß sie den Sachverhalt verstanden hatten. Sie waren von ihm gefesselt. Nicht nur sein Erscheinungsbild unterschied sich von dem aller anderen Fakultätsmitglieder, auch sein Unterricht war ganz anders. Hier wurden nicht einfach Wissensinhalte vermittelt, man begab sich auf eine geistige Entdeckungsreise.

An diesem Tag wiederholte der Lehrer den in den letzten Stunden besprochenen Stoff – vielleicht ging es um die Beziehung zwischen dem einzelnen und dem Wohl des Ganzen oder um die Frage der gesellschaftlichen Klasse. Bei diesen sogenannten „Kolloquien" drängte Wojtyła die Studenten, offen darüber zu sprechen, was sie in seinen Vorlesungen gehört hatten. Da nach den Gepflogenheiten der damaligen Zeit von den Studenten eher Zurückhaltung erwartet wurde, mußte er ihnen manchmal hart zusetzen. Diesmal wurde er nicht enttäuscht.

Der 20jährige Romuald Waldera gab dem Professor ganz schön was zu hören. Er war gerade erst ans Seminar gekommen, nachdem er die juristische Fakultät der Jagiellonischen Universität besucht hatte und dort von den marxistischen Theoretikern, die damals Hochkonjunktur hatten, indoktriniert worden war. Mit der ganzen Selbstsicherheit der Jugend und vollgestopft mit marxistischen Schlagworten, griff er die Gedanken des Professors und die Soziallehre der Kirche so vehement an, daß einige Kommilitonen ihm gegen das Schienbein traten und flüsterten: „Hör auf, man wird dich relegieren!" Während Walderas Tirade ging der Professor, die Hände auf dem Rücken verschränkt, den Kopf gesenkt, weiter auf dem Podium hin und her.

Schließlich ließ sich der junge Mann, schwitzend und seiner über die letzten Monate aufgestauten Frustration ledig, auf seinen Stuhl zurückfallen. Im Raum herrschte angespannte Stille. Karol Wojtyła blieb in der Mitte des Podiums stehen und sagte zur Verblüffung aller, besonders Romuald Walderas: „Meine Herren, ich bitte Sie um Aufmerksamkeit. Was Ihr Kommilitone soeben sagte, beweist, daß er anfängt, theologisch zu denken."

Dann ging er auf jeden Punkt Walderas ein und beantwortete, ohne jemals laut zu werden, jede aufgeworfene Frage. Nun meldeten sich andere Studenten, jeder mit seinen eigenen Frustrationen; sie waren frustriert über die Lebenssituation des Menschen, über den polnischen Staat und über Gott. Wieder nahm der geistliche Professor seine Wanderung auf, und hörte zu. Nach jedem Ausbruch legte er ruhig dar, welche Position der Katholizismus zu dem Problem einnahm.

Nach dem Kolloquium lud Wojtyła Romuald Waldera zu einem Gespräch im Sprechzimmer des Seminars ein. Er hatte gespürt, daß der junge Mann in einer Krise steckte, und wollte ihm helfen. Ein Vierteljahrhundert später erinnerte sich Romuald Waldera an die Freundlichkeit seines Lehrers und versuchte ihr nachzueifern, wenn er selbst – inzwischen als Priester – auf die revolutionären Hitzköpfe einer anderen Generation stieß.[1]

GEÄNDERTE PLÄNE

Am 23. Juli 1951 starb Kardinal Sapieha, der ungebrochene Fürst. Er wurde im Dom auf dem Wawel in einem von Kerzen umgebenen Sarg aufgebahrt. Seine Priester hielten bei der sterblichen Hülle des Bischofs, der sie durch die lange dunkle Nacht der Okkupation geführt hatte, die Totenwache. Als Karol Wojtyła in das Antlitz des Mannes schaute, der ihn zum Priester geweiht hatte und sein großes Vorbild als Priester war, mag er sich abermals verwaist gefühlt haben. Sapieha wurde unter dem Marmorboden vor dem Sarkophag des hl. Stanislaus beigesetzt, eines anderen Verteidigers der Rechte der Kirche gegen Willkür und Gewalt.

Es gab keinen unmittelbaren Nachfolger für Kardinal Sapieha auf dem Stuhl des Erzbischofs von Krakau. Nach dem Abkommen zwischen dem polnischen Episkopat und der kommunistischen Regierung sollte das Episkopat – d. h. praktisch der Primas Wyszyński – den Heiligen Stuhl in Rom konsultieren und der Regierung Bischofskandidaten vorschlagen. Der Staat konnte keinen Bischof einsetzen, wohl aber sein Veto einlegen. Nach Sapiehas Tod machte die Regierung davon in Krakau Gebrauch. Der Heilige Stuhl wollte Erzbischof Eugeniusz Baziak zum Nachfolger Sapiehas ernennen. Die Regierung lehnte das ab. Da Rom stur blieb, war das Krakauer Erzbistum die nächsten 12 Jahre verwaist. Für die Kirche war Erzbischof Baziak de facto Erzbischof von Krakau – gleichgültig, wie die Regierung über die rechtliche Situation dachte.

Papst Johannes Paul II. erinnert sich an Eugeniusz Baziak als an einen Mann, dessen Leben „dramatisch verlief" und der manche Tragödie erlebte.[2] 1890 geboren, wurde er am 22. November 1945 zum Erzbischof des lateinischen Ritus von Lemberg (Lwów) ernannt, just zu der Zeit, als die alte galizische Stadt in L'viv umbenannt und der Ukrainischen Sozialistischen Sowjetrepublik einverleibt wurde. Erzbischof Baziak, zunächst unter Hausarrest gestellt und dann von der Sowjetregierung aus seinem Bistum vertrieben, war von Kardinal Sapieha nach Krakau eingeladen worden.

Nun fiel Baziak auf dem Höhepunkt der stalinistischen Repressalien gegen die polnische Kirche das Los zu, Sapiehas Nachfolger zu werden. Einer seiner

Priester bezeichnete später diese Zeit „als Periode der schlimmsten Unterdrückung, eine sehr schwierige Periode", in der die Kommunisten unter anderem versuchten, Hilfspfarrer zu ernennen, um die Kirche zu unterwandern und zu kontrollieren.³ Unter diesen grimmigen Umständen glaubte Erzbischof Baziak, seine Aufgabe bestehe darin, einfach „standhaft zu sein" und die Institution durch unnachgiebige Härte vor Unterwanderung zu bewahren. Leider verhinderte diese Einstellung freundliche Beziehungen zu seinen Priestern und seinem Kirchenvolk, wie Sapieha, der es (nach Aussage Johannes Pauls II.) „leicht fand, ein Fürst zu sein", sie gepflegt hatte.⁴ Eugeniusz Baziak war „ein guter Mensch mit einem guten Herz", der vielleicht nur deshalb „eine harte, strenge" Haltung einnahm, weil er dem Regime zeigen wollte, daß man mit ihm nicht so einfach umspringen konnte. Offenbar glaubte er, dies am besten dadurch zu demonstrieren, daß er in seiner unmittelbaren Umgebung ein strenges Regiment führte.⁵ Das muß ihn persönlich einiges gekostet haben. Mitarbeiter, die ihn in seiner Residenz oder in seinem Büro nie entspannt erlebten, erinnern sich, mit welcher Herzlichkeit und Wärme er Besucher aus L'viv empfing.⁶

Erzbischof Baziak beschloß, daß der Vikar von St. Florian ins akademische Leben zurückkehren und sich habilitieren solle, um an der Universität lehren zu können. Karol Wojtyła war nicht sehr glücklich über diesen Plan, den Baziak vielleicht noch mit Kardinal Sapieha vor dessen Tod besprochen hatte. Wojtyłas Studentenseelsorge an St. Florian war sehr erfolgreich, und er hatte gerade die Seelsorge für Ärzte und Krankenschwestern aufgebaut. Doch Baziak gab nicht nach, und am 1. September 1951 entband er Wojtyła von seinen Pflichten, damit er Zeit für eine Habilitation hatte. Um Wojtyła die Arbeit zu erleichtern (möglicherweise aber auch, um seiner Anordnung Nachdruck zu verleihen), befahl er Vikar Wojtyła, das Pfarrhaus von St. Florian zu verlassen und in das „Haus des Dekans" in der Kanonicza-Straße 21 zu ziehen. Pater Ignacy Różycki, der alte Mentor des Theologiestudenten Wojtyła, wohnte ebenfalls dort. Zum Haus gehörte auch Marian Jaworski, ein frischgebackener Philosoph und früherer Hilfspfarrer an St. Florian. Im „Haus des Dekans" bewohnte Karol Wojtyła ein geräumiges Zimmer im ersten Stock, das ihm als Schlaf- und Arbeitsraum diente. Der 36 Quadratmeter große Raum wurde von einem Kachelofen beheizt. Auf der Marmorplatte des Schreibtischs stand eine Remington-Reiseschreibmaschine.

Erzbischof Baziak, der Wojtyłas Neigung kannte, Arbeit für drei zu erledigen, sagte dem jungen Priester in einem Gespräch, er persönlich würde es gern sehen, wenn Wojtyła sein seelsorgerisches Engagement auch während seiner zweijährigen Beurlaubung fortsetze. Wojtyła begann jeden Morgen, indem er in der Katharinenkirche in Kazimierz die Messe las, wobei ihn sein „kleiner Chor" von *Rodzinka*-Mitgliedern begleitete. Außerdem durfte er einen Teil der Arbeit weiterführen, die er mit Studenten begonnen hatte. Während des akademischen Jahres kehrte er daher an St. Florian zurück, um Vorträge über Ethik zu halten. In der vierten Osterwoche führte er in seiner früheren Gemeinde seine jährlichen Exerzitien durch; am ersten Freitag jedes Monats las er in der Annenkirche die Messe für den Lehrkörper und die Studenten der Universität. Was Erzbischof Baziak betraf, war es jedoch Wojtyłas Aufgabe, sich zu habilitieren, um dann als Universitätsprofessor bestallt zu werden.

AUF DER SUCHE NACH DER WAHRHEIT DER WIRKLICHKEIT

Karol Wojtyła brachte gewisse geistige Überzeugungen für die Arbeit mit, die ihm sein Vorgesetzter zugewiesen hatte. Sein Ringen mit Wais' Metaphysik in der Chemiefabrik Solvay während des Krieges hatte ihn gelehrt, daß sich die Einheit der Dinge an sich – von den Kalkeimern, die er schleppte, bis hin zu Gott, den er verehrte – enthüllte, wenn man nur tief genug bohrte. Die Wirklichkeit war der wahre Maßstab des Denkens. Das Denken folgt einer Ordnung, um die Wahrheit der Dinge zu erfassen, so wie sich Eisenspäne um einen Magneten herum anordnen.

An dieser hart erkämpften Überzeugung von der „objektiven" Realität der Welt hielt Wojtyła selbst dann noch fest, als seine philosophischen Interessen deutlicher Gestalt annahmen. Seine intensive Beschäftigung mit der Ethik führte ihn zu einer weiteren These, daß nämlich die „objektive" Realität der Welt uns wichtige Dinge über die Tugenden, das Streben nach Glück und unsere moralischen Pflichten lehrt. Ferner kam er zu der Auffassung, daß die Analyse der Wirklichkeit und ihres Verhältnisses zum moralischen Leben, wie sie im Priesterseminar und am Angelicum gelehrt worden war, für die heutige Welt nicht ausreichte. Aristoteles und Thomas von Aquin hatten ihre Philosophie auf eine bestimmte Kosmologie gegründet. Wenn man aber von einer allgemeinen Theorie des Universums ausging und dann zu einer Theorie der Person fortschritt, blieb nicht viel Raum für die menschliche Freiheit. Und schließlich hatten die modernen Naturwissenschaften viele Annahmen antiker und mittelalterlicher Philosophen über das Universum widerlegt.

Einige Philosophen zogen daraus den Schluß, daß Moral bestenfalls eine Sache pragmatischer Klugheit sei.[7] Wojtyła war anderer Meinung. Er glaubte, wenn man bei einem anderen Ausgangspunkt ansetze, könne die Philosophie immer noch so tief in das Wesen der Dinge an sich eindringen, daß sich aus dem Sein ein *Sollen* ableiten lasse. Die moralische Erfahrung des Menschen, daß das Leben sich zwischen der Person, die ich bin, und der, die ich sein sollte, bewegt, war die Bühne, auf der die großen moralischen Fragen von Gut und Böse, Tugend und Pflicht sich präsentierten. Hier mußte das Nachdenken über die philosophischen Grundlagen der Moral beginnen.

Wie aber konnte man an den Anfang der Ethik eine Analyse der menschlichen Erfahrung stellen, ohne sich in den Kokon der eigenen Denkakte einzuspinnen, so daß das Denken in einer unendlichen Regression nur noch auf sich selbst reflektiert? Wie konnte die Moderne die Sackgasse der radikalen Skepsis vermeiden, die an der Fähigkeit des Menschen zweifelt, überhaupt etwas mit Gewißheit zu erkennen?

Seine frühere geistige Ausbildung und erst recht seine pastoralen Erfahrungen hatten Karol Wojtyła mit dem Problem konfrontiert, daß die Grundlagen des moralischen Lebens neu errichtet werden mußten; mit dieser Erkenntnis ging er nun an seine Habilitationsschrift heran. Aufgrund einer Anregung Pater Różyckis, seines früheren Mentors und jetzigen Hausgenossen, entschied er sich, die Schriften des deutschen Philosophen Max Scheler zu untersuchen, da

Schelers neuer Stil der Philosophie vielleicht zur Lösung des Problems beitragen konnte. Am Ende gelangte Wojtyła zu der Auffassung, daß dem nicht so sei. Trotzdem konnte man von Scheler wichtige Erkenntnisse gewinnen. Dieser Schluß markierte eine entscheidende geistige „Wende" in Wojtyłas Leben.

Max Scheler wurde 1874 geboren und starb nach einer turbulenten Karriere im Jahr 1928. Zu seiner Zeit hielt man ihn für ein Genie. Er war aber auch ein Lebemann und eine Art Außenseiter in der deutschen akademischen Welt. Den einen war er durch seine teilweise jüdische Herkunft, den anderen durch seinen Übertritt zur katholischen Kirche – und seinen späteren Wiederaustritt – verdächtig.[8] Dennoch gehörte Scheler zu jenem Kreis deutscher Intellektueller, die unmittelbar nach dem Ersten Weltkrieg den Katholizismus in und um München geistig erneuerten. Dietrich von Hildebrand und Edith Stein waren ebenfalls Mitglieder der Bewegung, die durch Roman Ingarden (der zeitweilig zu dieser Gruppe gehörte, sich dann aber in Lemberg niederließ) mit der philosophischen Szene in Polen in Verbindung stand.

Das Leitgestirn dieser Denker war ursprünglich Edmund Husserl (1859-1938), der Begründer der „Phänomenologie", einer neuen philosophischen Methode. Scheler, Ingarden, von Hildebrand und Stein glaubten, daß Husserl vom eigentlichen Weg abgewichen sei und so das Ziel verfehlt habe, durch die neue Denkweise die philosophische Reflexion mit der objektiven Realität zu verbinden. Indem sie auf dem Weg weitergingen, den ihr Lehrer nicht einschlagen wollte, schuf jeder dieser Köpfe in der Verfolgung von Husserls ursprünglicher Intention ein originelles Werk.

Zwar sind die Untersuchungsmethode und die Begrifflichkeit dieser philosophischen Richtung komplex, doch die grundlegende Idee der Phänomenologie ist einfach. Wenn wir Wojtyłas geistige Physiognomie und sein Denken verstehen wollen, müssen wir uns diese Ausgangsidee klarmachen.

Die Phänomenologie ist der Versuch, „das Alltagsleben, konkrete Ganzheiten, die grundlegenden Lebenserfahrungen, wie sie uns begegnen, wieder in die Philosophie zurückzuholen".[9] Der frühe Husserl und seine späteren Schüler meinten, die Philosophie habe sich in zweierlei Hinsicht vom Alltagsleben entfernt. Die Empiristen reduzierten unsere Erfahrungen auf „Sinnesdaten, Eindrücke, chemische Verbindungen, der Nervenreizungen usw.".[10] Die Idealisten hingegen waren bestrebt, alles unter ideale Formen, Typen oder Kategorien zu subsumieren, was sie zu äußerster Abstraktion und zum Subjektivismus trieb.[11]

Diese grundverschiedenen philosophischen Ansätze lassen sich durch ein einfaches, aber nicht belangloses Alltagserlebnis veranschaulichen: Eine junge Frau begegnet einem jungen Mann. Ein Empirist wird die chemischen Gehirnvorgänge der jungen Frau untersuchen, die einen gutaussehenden jungen Mann sieht, hört und berührt. Ein von Kant beeinflußter Idealist hingegen mag befürchten, daß die junge Frau sich von der Befolgung der zweiten Formulierung des kategorischen Imperativs (Brauche andere niemals bloß als Mittel) durch andere Begierden abhalten läßt.

Anders der Phänomenologe: Er wird die Erfahrung als Ganzes zu begreifen suchen, alle psychischen, physischen, moralischen und verstandesmäßigen Elemente untersuchen, von denen die junge Frau bewegt wird. Wie sind sie miteinander verbunden? Inwiefern ist ihre Erfahrung dieses jungen Mannes einzigartig? Was teilt ihr Herz ihrem Kopf mit, und umgekehrt? Was sagt uns diese Erfahrung – junge Frau begegnet jungem Mann – über die *conditio humana*?[12]

Was Karol Wojtyła zur Phänomenologie hinzog, war deren Entschlossenheit, die Dinge ganz zu sehen und zur Realität der Dinge an sich sind vorzustoßen. In seiner Habilitationsschrift wirft er die Frage auf, ob es möglich sei, auf der Grundlage der phänomenologischen Ethik Schelers, vor allem dessen Wertethik, ein solides philosophisches Fundament für die Moral zu errichten.

Jeder Moralkodex muß die Frage „Warum soll ich gut sein?" beantworten. Wie ist eine solche Antwort überhaupt noch möglich in einer Kultur, die ein tiefes Mißtrauen gegen alle traditionellen („Weil wir das nun einmal tun") oder autoritären („Weil Gott [unsere Mutter, das Rechtssystem] es gebieten") Antworten empfindet?[13] Wie kann ein moderner Mann oder eine moderne Frau ein verbindliches moralisches Urteil fällen und sagen „Ich sollte das tun", und nicht bloß „Ich würde *lieber* das tun"? Wie kann eine Gesellschaft darüber debattieren, wie wir zusammenleben *sollten,* wenn niemand sagen kann, wie das „Sollen" begründet ist, und jeder glaubt, das „Sollen" sei nur das Aufzwingen eines fremden Willens?[14]

Das waren nicht nur in einem kommunistischen Land brennende Fragen. Auf beiden Seiten des Eisernen Vorhangs hatte die Moderne die kritische Frage provoziert: „Können wir überhaupt widerspruchsfrei über Moral reden?"[15] Wojtyła glaubte, Scheler könne ihm bei dieser Frage helfen, die Teil der „großen und notwendigen Anstrengung, eine neue philosophische Denkweise zu finden" war. Um dieser Aufgabe gerecht zu werden, mußte Wojtyła wieder einmal Steine brechen, diesmal allerdings geistige. Wie Papst Johannes Paul II. später sagte: „Ich mußte zunächst eine ganze Menge Scheler übersetzen, um überhaupt über ihn arbeiten und sein Denken philosophisch wie theologisch untersuchen zu können."[16]

Zumindest am Anfang war das eine ganz schöne Plackerei. Eines Tages besuchte Mieczysław Maliński seinen Freund Wojtyła, der einigermaßen unglücklich vor den Werken Schelers saß und stöhnte: „Ich kann das Deutsche nicht so einfach lesen. Mir fehlen zu viele Wörter. Dazu kommen noch die Fachausdrücke, die ich nicht verstehe. Weißt du, was ich mache? Ich übersetze mir das erst einmal. (...) Ich habe angefangen, (...) das ganze Buch zu übersetzen. Ich sehe keinen anderen Ausweg."[17] Das ist ein wichtiger Hinweis auf Wojtyłas philosophische Entwicklung. Daß er in Scheler einen möglichen geistigen Mentor sah und sich die Schwerarbeit zumutete, dessen Werk zu übersetzen, um es in seiner eigenen Sprache zu studieren, zeigt, daß Wojtyła zu der Überzeugung gekommen war, die Neoscholastik von Reginald Garrigou-Lagrange biete keine Anworten auf seine Fragen.

Wojtyła verzettelte sich nicht in der geistigen Auseinandersetzung mit der philosophischen Methode, die man ihn gelehrt hatte; er verbrauchte seine Kräfte nicht in einem Zermürbungskrieg mit einer tief verwurzelten katholischen Denkweise. Gewisse Formen der Neoscholastik hätten sich als Hindernis für eine genuin katholische Rezeption der modernen Philosophie erweisen können. Wojtyła umging einfach das Problem, nachdem er sich die für ihn wichtigste neoscholastische Position zu eigen gemacht hatte, nämlich die Überzeugung, daß die Philosophie zur Wahrheit der Dinge an sich vordringen kann. Der junge Priester brachte die nötige Offenheit mit, um der modernen Philosophie auf ihrem eigenen Felde zu begegnen. Jahre später erinnerte er sich daran, daß das Ringen mit Kants anderer Formulierung des kategorischen Imperativ für sein späteres Denken „besonders wichtig" war.[18] (Daß „Ringen" hier genau das richtige Wort ist, erhellt aufs schönste die Anekdote, daß Johannes Paul II. einmal vor einem Gast seufzte: „Kant, *mein Gott!* Kant!") Als Beichtvater, als Lehrer, als Schriftsteller und als Mann mit einer Vielzahl gesellschaftlicher Kontakte half ihm die Intuition eines „natürlichen Phänomenologen", Scheler zu verstehen. Das Ergebnis war, wie Wojtyła Jahre später erklärte, eine Weise des Philosophierens, die „beide Ansätze zusammenbrachte", den metaphysischen Realismus eines Aristoteles und Thomas von Aquin und den durch Schelers Phänomenologie geschärften Sinn für die menschliche Erfahrung.

Schelers Personalismus gelang es, die Moralphilosophie von den trockenen Abstraktionen der Kantschen Ethik zu befreien und dem menschlichen Leben das Pathos, die Ekstase, ja das *Ethos* wiederzugeben, das Wojtyła so beeindruckte.[19] Wojtyła wußte sich mit Scheler auch darin eins, daß zu den Einsichten, die uns die Wahrheit der Wirklichkeit enthüllten, auch moralische Einsichten zählten, eine bestimmte „Erkenntnis des Herzens", die dennoch wirkliches Wissen vermittelte.[20] Schelers sorgfältige Analyse der moralischen Gefühle, vor allem der Empathie und Sympathie, trug nicht zuletzt dazu bei, die moderne Philosophie aus dem Gefängnis des Solipsismus zu befreien, setzen doch Empathie und Sympathie zwangsläufig die Begegnung mit anderen voraus.[21] Vermutlich schätzte Wojtyła vor allem den Versuch Schelers, die Moral auf die Wirklichkeit moralischer Entscheidungen zu gründen, nicht auf ein formales, abstraktes System wie Kant. In seiner Habilitationsschrift warf Wojtyła die Frage auf, ob Scheler – und die phänomenologische Methode – für die zeitgenössische christliche Philosophie und Theologie nicht dasselbe leisten könne wie Aristoteles für Thomas von Aquin.[22]

Die Antwort für den jungen Priester war im wesentlichen „Nein". Der moralische Akt ist ein realer Akt mit realen Folgen, und Scheler hatte nach Wojtyłas Auffassung gerade nicht begriffen, wie moralische Entscheidungen einen Menschen tatsächlich formen. Deshalb blieb auch in Schelers System die Moral immer noch an einem Ort „außerhalb" der menschlichen Welt.[23] Ebenso stieß Schelers Neigung, Erfahrung und Bewußtsein als Gefühlszustände zu begreifen, bei Wojtyła auf Ablehnung, denn das führte zu einer verkürzten Vorstellung von der menschlichen Person. Die Männer und Frauen, mit denen er wanderte, sprach, und deren diverse moralische Kämpfe er begleitete, waren eine Zusammensetzung ihrer Gefühlszustände und Erfahrungen.[24]

Das war eine Kritik an einzelnen Details der Philosophie Max Schelers. Die allgemeinere Schlußfolgerung seiner Habilitationsschrift *Bewertung der Möglichkeit, eine christliche Ethik auf der Grundlage des Systems von Max Scheler zu errichten* war für Wojtyłas zukünftiges philosophisches Wirken von entscheidender Bedeutung.[25] Die Phänomenologie, so behauptete er, war ein wichtiges Instrument, um die verschiedenen Dimensionen menschlicher Erfahrung auszuloten, glitt aber in unterschiedliche Formen des Solipsismus ab, wenn sie nicht auf einer allgemeinen Theorie der Dinge an sich basierte, die kompromißlos realistisch und außerdem imstande war, für die menschliche Fähigkeit einzutreten, die Wahrheit der Dinge zu begreifen. Das, so glaubte er, war entscheidend, wenn Männer und Frauen von heute reale moralische Normen verstehen und danach leben sollten. Wenn man sich nicht zwischen Gut und Böse, sondern nur zwischen persönlichen Vorlieben entscheiden mußte, waren alle Entscheidungen letztlich gleichgültig und es gab keine wirkliche Entscheidung mehr. Damit aber beraubte man das menschliche Drama seiner ihm eigenen Spannung und nahm den Menschen, was sie im Grunde zum *Menschen* macht.[26]

Die Studie über Scheler war Karol Wojtyłas erster ausführlicher Versuch, die Objektivität der Wirklichkeit, wie sie von der im Priesterseminar und am Angelicum gelehrten Philosophie postuliert wurde, mit der modernen Philosophie und ihrer Betonung der menschlichen Erfahrung und *Subjektivität* zu verknüpfen. Wojtyłas Habilitationsschrift wie auch seine späteren philosophischen Schriften zeichneten sich vor allem dadurch aus, daß sie Versöhnung, Synthese und eine „Verknüpfung" anstrebten, die es ihm ermöglichten, den Thomismus und die Phänomenologie, Liebe *und* Verantwortung, Freiheit *und* Selbstverleugnung – wie auch (Jahre später) Demokratie *und* gesellschaftliche Moral, Marktwirtschaft *und* Solidarität – zu thematisieren.[27] Dieser synthetische Ansatz spiegelte zudem Wojtyłas anhaltendes seelsorgerisches Engagement und seine Auffassung, daß Priester sein hieß, „jemandem mit kluger Einsicht zu begegnen".[28] Wojtyłas Offenheit, mit der er anderen gegenübertrat, war eine Möglichkeit, einen „Einblick" in seine Philosophie zu gewinnen, auch wenn man keinerlei philosophische Ausbildung hatte. Andere Philosophen erinnerten sich an Texte, Wojtyła erinnerte sich immer an Personen.[29]

Hier klingt auch Wojtyłas beständige Lektüre des Johannesevangeliums an, in dem Jesus nach der wunderbaren Vermehrung von Brot und Fisch zu seinen Jüngern sagt: „Sammelt die übriggebliebenen Brotstücke, damit nichts verdirbt" (Johannes 6,12). Da die Bruchstücke eines Lebens sich zu einem Ganzen versammeln ließen, sollte es auch möglich sein, die verstreuten Erkenntnisfragmente miteinander zu verbinden. Dieser Denkansatz ist das genaue Gegenteil zur Haltung heutiger Intellektueller mit ihrer Abneigung gegen jede Synthese und ihrer Begeisterung für die Dekonstruktion. Wojtyła sah darin jedoch die einzige Möglichkeit, den vielen Aspekten des menschlichen Dramas gerecht zu werden und zugleich der Tradition jener großen Geister treu zu bleiben, denen wir die geistigen Fundamente unserer Kultur verdanken.

Karol Wojtyłas Habilitationsschrift wurde von zwei Professoren der Jagiellonischen Universität begutachtet, den Priestern Aleksandr Usowicz und Władysław Wicher, sowie von Professor Stefan Swieżawski von der Katholischen Universität Lublin. Diese Dreierkommission akzeptierte die Arbeit einstimmig, und der Rat der theologischen Fakultät nahm ihre Empfehlung auf einer Sondersitzung am 30. November 1953 an. Das Habilitationsverfahren war abgeschlossen, nachdem Karol Wojtyła am 3. Dezember einen Vortrag hielt, in dem er Johannes vom Kreuz mit Max Scheler zusammenbrachte: „Eine Untersuchung des Glaubensaktes vor dem Hintergrund der Wertethik". Die theologische Fakultät der Jagiellonischen Universität verlieh Wojtyła 1954 die *venia legendi*, doch bevor Wojtyła offiziell zum Privatdozenten ernannt werden konnte, wurde die Fakultät vom kommunistischen Regime Polens geschlossen.[30]

Dennoch bedeutete der erfolgreiche Abschluß des Habilitationsverfahrens, daß Karol Wojtyła nun die Laufbahn eines Universitätsprofessors einschlagen konnte. Das sollte ihn an einem der kühnsten geistigen Unternehmen der Jahrhundertmitte beteiligen, das sich, so unwahrscheinlich es auch sein mochte, an der kleinen, von vielen Schicksalsschlägen heimgesuchten Universität der mittelalterlichen Stadt Lublin abspielte.

Karol Wojtyłas akademische Laufbahn begann im Oktober 1953, als er an der theologischen Fakultät der Jagiellonischen Universität ein Seminar über katholische Sozialethik abhielt. Nachdem das Regime die theologische Fakultät zu Beginn des Jahres 1954 geschlossen hatte, gab Wojtyła weiter Seminare über Sozialethik im theologischen Institut, das in aller Eile organisiert wurde, damit die Priesteramtskandidaten, die nun nicht mehr an der Universität Theologie studieren konnten, weiterhin wissenschaftlich begleitet würden. Wie sein Seminar an der Jagiellonischen Universität fanden auch diese Seminare, die Wojtyła die ganzen 50er Jahre über abhielt, mit zwei Wochenstunden statt.

Daß Wojtyła Sozialethik lehrte, verdankte sich einem Zufall. Jahrelang hatte Jan Piwowarczyk, der ehemalige kirchliche Berater von *Tygodnik Powszechny* und ein Fachmann auf diesem Gebiet, das Seminar veranstaltet. Als man ihn 1953 plötzlich mit der Leitung des Seminars beauftragte, übernahm Wojtyła Piwowarczyks Aufzeichnungen, die sich auf ein zweibändiges Werk des älteren Priesters zu diesem Thema stützten. Wojtyła fügte Verbesserungen, die er für angebracht hielt, hinzu, folgte aber im wesentlichen den Notizen Piwowarczyks. Als ganz junges Fakultätsmitglied, das sich bislang noch nicht ausgiebig mit Sozialethik beschäftigt hatte, sah Wojtyła keinen Grund, das Material eines der besten polnischen Gelehrten auf diesem Felde völlig neu zu arrangieren. Abschriften der von Piwowarczyk verfaßten und von Wojtyła ausgearbeiteten Notizen wurden später getippt, vervielfältigt und zirkulierten in intellektuellen Kreisen als Samisdat unter dem Titel *Katholische Sozialethik*.

Katholische Sozialethik ist eine recht konventionelle Darstellung der Soziallehre der Kirche in den 50er Jahren. Polens besondere Umstände verliehen manchen Fragen allerdings eine gewisse Schärfe. Auch wenn er in einigen Fällen die kommunistische Vorstellung von der gesellschaftlichen Natur des Menschen ebenso mutig und unverblümt angriff wie die politischen und ökonomischen Theorien des Kommunismus, war Wojtyła keineswegs originell. (Er hielt sich ja auch nicht für einen Fachmann in Sachen Sozialethik.) *Katholische Sozialethik* gestattet uns einen Einblick in die polnische Debatte dieser Fragen zwischen dem Zweiten Weltkrieg und dem II. Vatikanischen Konzil. Sofern sie heute noch einen Wert für uns hat, dann deshalb, weil wir an ihr ablesen können, wie originell die Soziallehre von Papst Johannes Paul II. ist. [31]

DAS PROJEKT LUBLIN

Die Katholische Universität Lublin [Katolicki Uniwersytet Lubelski, oder KUL] wurde 1918 von dem Priester Idzi Radziszewski gegründet. So kurios es klingt: Ausgerechnet Lenin gehörte zu ihren Geburtshelfern, denn er erlaubte Radziszewski, die Bibliothek und Ausstattung der Polnischen Theologischen Akademie von Petrograd nach Polen zu schaffen, als der Geistliche die KUL gründen wollte.³² 1938 von der Zweiten Polnischen Republik staatlich anerkannt, wurde die Universität während der deutschen Besatzung geschlossen, viele ihrer Professoren wurden eingesperrt, gefoltert oder umgebracht. Ihre nie aufgehobene staatliche Anerkennung ermöglichte es der KUL, den Einzug des Stalinismus in Polen zu überleben. So wurde die KUL zur einzigen katholischen Universität hinter dem Eisernen Vorhang, eine Sonderstellung, die sie während des gesamten kalten Krieges behauptete.

Die manchmal kalte, manchmal heiße Konfrontation mit dem kommunistischen Regime gehörte für Lehrkörper und Studenten zum akademischen Alltag. Zwischen 1953 und 1956 wurden die Juristische, Sozialwissenschaftliche und Pädagogische Fakultät der Hochschule geschlossen. Selbst nach der Tauwetterperiode unter Gomułka 1956 wurden die Immatrikulationszahlen künstlich niedrig gehalten. Absolventen der KUL fanden nur schwer Stellen an anderen Universitäten, und die Professoren der KUL stießen auf Schwierigkeiten, wenn sie ihre Arbeiten veröffentlichen wollten.³³ Diese Schikanen sollten die Institution zur Bedeutungslosigkeit herabsinken lassen – tatsächlich erreichten sie das Gegenteil: Die KUL entwickelte ein Sendungsbewußtsein. Während viele einflußreiche Intellektuelle in Europa mit dem Marxismus liebäugelten, verteidigte die KUL die besondere Würde des Menschen gegen einen aggressiven ideologischen Gegner und demonstrierte so, daß der katholische Glaube und die menschliche Vernunft Verbündete in dieser humanistischen Mission waren.³⁴

Die kommunistischen Herren Polens stellten sich, als sie der KUL, wenn auch unter Druck, den Fortbestand ermöglichten, vielleicht vor, die Hochschule sei lediglich eine intellektuelle Spielwiese. „Sie kamen überhaupt nicht auf den Gedanken, daß sich an diesem mittelalterlichen Ort etwas Neues ereignen könne", meinte Professor Stefan Swieżawski. Für sie war die KUL das katholische Gegenstück zu „einem chassidischen Ghetto".³⁵ Möglicherweise glaubten die Behörden auch, sich damit eine weitere Gelegenheit zur Unterwanderung der katholischen Kirche zu schaffen. (Wenn das stimmt, so versuchten sie ihre Chancen zu erhöhen, indem sie in unmittelbarer Nachbarschaft einen größeren Konkurrenten ins Rennen schickten: die Marie-Curie-Skłodowska-Universität, benannt nach der Nobelpreisträgerin und Entdeckerin des Radiums.³⁶) Lehrkörper und Studenten der KUL, vor allem ihre Philosophische Fakultät, hatten ein ganz anderes Selbstverständnis.

Die Philosophische Fakultät der KUL wurde 1946 zum Teil als Reaktion auf den in allen intellektuellen Kreisen Polens herrschenden Heißhunger nach Philosophie eröffnet. Der Krieg und der Versuch der Nazis, die polnische Kultur auszuradieren, hatten – laut Swieżawski – „eine besondere geistige und intellektuelle Situation" in Polen geschaffen. Unmittelbar nach dem Krieg fanden philosophische Vorlesungen an der wieder eröffneten Jagiellonischen Universität in überfüllten Hörsälen statt.³⁷ An der KUL gab es für die meisten Zuhörer bei Vorlesungen in Metaphysik, der abstraktesten aller philosophischen Disziplinen, nur Stehplätze, die Studenten saßen auf dem Boden oder den Fensterbrettern der Hörsäle.³⁸ Dort lauschten sie den verschiedenen Mitgliedern des Lehrkörpers der KUL, wenn diese philosophische Fragen über die bittern Erfahrungen aufwarfen, die die Professoren wie die Studenten unter der deutschen Okkupation und im stalinistischen Polen gemacht hatten.

Jedem, der die Grausamkeiten der Okkupation und die Machtübernahme des Kommunismus miterlebt hatte, drängte sich unweigerlich die alte philosophische Frage auf: „Was *ist* der Mensch?" Warum benahmen manche sich wie Tiere, während andere sich bewundernswert heldenhaft verhielten? Wie war es zu erklären, daß manche nur an sich selbst dachten und nicht einmal vor dem Verrat an ihren Freunden zurückschreckten, während andere sich edelmütig aufopferten und ihr Leben für andere hingaben, die sie vielleicht nur flüchtig kannten? Die Professoren der KUL waren sich darin einig, daß es nur einen einzigen Weg gab, diese Probleme anzugehen: Man mußte die *philosophische Anthropologie* vertiefen, jene philosophische Disziplin, die sich mit dem Wesen, den Verhältnissen und der Bestimmung des Menschen beschäftigte. Was ist die „menschliche Natur", und wie haben wir ihre Dynamik zu verstehen? Wie ist diese seltsame Mischung aus Materie und Geist, die menschliche Person, aufgebaut? Wie ist der gattungsspezifische Unterschied zwischen Menschen und anderen empfindungsfähigen Wesen zu erklären? Was ist Sinn und Zweck des Lebens, sofern es einen solchen überhaupt gibt? Diese seit den alten Griechen im Garten der Philosophie überdauernden Fragen waren in den späten 40er und frühen 50er Jahren an der KUL von brennender Aktualität.

Davon überzeugt, daß hinter der Katastrophe des Jahrhunderts eine Krise des modernen Menschenbildes steckte, entwarfen die Professoren der KUL ein philosophisches Programm, das drei große Fragenkomplexe miteinander verbinden sollte: die *Metaphysik* (eine allgemeine Theorie des Seienden) und die *Anthropologie* (Wesen und Bestimmung des Menschen) sollten in der *Ethik* (der Frage „Was *sollen* wir tun?") zusammentreffen. Die neue politische Situation, so meinten die Philosophen der KUL, machte das ethische Problem besonders dringend. Der Kommunismus lieferte nicht nur eine unbefriedigende, rein materialistische Erklärung der Wirklichkeit und ein grobes Zerrbild des Humanismus, er raubte Männern und Frauen auch ihre Entscheidungsfähigkeit, ihre Verantwortung, und damit ihr Menschsein.

Dem Materialismus und der Politik des Kommunismus konnte man nur durch ein vollständigeres Menschenbild entgegentreten, in dem moralische Einsichten und moralisches Handeln überzeugender dargelegt wurden. Dieser Aufgabe gerecht zu werden, ohne im Treibsand des unendlichen Regresses der Reflexion zu versinken, stellte die Philosophen der KUL vor nicht geringe Probleme. Tatsächlich erforderte dies nicht mehr und nicht weniger, als die gesamte Richtung der Philosophie seit der Aufklärung in ein neues Fahrwasser zu leiten. Außerdem verfolgte das ehrgeizige Programm eine ganz bestimmte Absicht: Die Philosophen der KUL wollten die große philosophisch-politische Schlacht auf dem Boden des Marxismus selbst schlagen und dazu die Frage nach der wahren Befreiung des Menschen aufwerfen.

Das KUL-Projekt wurde begründet von vier verhältnismäßig jungen Männern, die an die KUL berufen worden waren, weil Polens stalinistische Herren die alten Professoren hinausgeworfen hatten: Jerzy Kalinowski (Dekan der Philosophischen Fakultät und Professor der Logik und Rechtsphilosophie), Stefan Swieżawski (ein Philosophiehistoriker und Vertreter des existentiellen Thomismus eines Jacques Maritain), Pater Mieczysław Albert Krąpiec (Dominikaner und

Fachmann für Metaphysik) und Karol Wojtyła (Moralphilosoph). Später kamen noch Pater Marian Kurdziałek (Fachmann für Antike) und Stanisław Kamiński (Fachmann für Erkenntnistheorie) hinzu.³⁹ Es waren sehr verschiedene Persönlichkeiten, mit unterschiedlichen Interessen und Fachgebieten. Gleichwohl gelang ihnen, wie Swieżawski später sagte, eine „seltene und außergewöhnlich fruchtbare Zusammenarbeit", die sich auf vier gemeinsame Eckpfeiler stützte.⁴⁰

Am Anfang stand für sie alle die alte Überzeugung, daß sie in bezug auf die Welt und die Fähigkeit des Menschen, sie zu erkennen, unerschütterliche Realisten waren. Wenn unser Denken und unsere Entscheidungen nicht mit der Wirklichkeit in Verbindung stehen, bemächtigt sich die rohe Gewalt der Welt und die Wahrheit wird in den Dienst der Macht gestellt, statt Ausdruck der Dinge an sich zu sein. Ein Witz, der in der kommunistischen Ära in Polen kursierte, brachte diesen Imperativ des Realismus auf den Punkt, so daß es jeder begriff: „Parteisekretär: ‚Wieviel ist 2 + 2?' Polnischer Arbeiter: ‚Wieviel darf es denn nach Ihrer Meinung sein?'" Die politische Bedeutung des von den Professoren der KUL vorausgesetzten Realismus wurde später durch das berühmte Wahlplakat von Solidarność illustriert: „Damit Polen Polen ist, muß 2 + 2 immer = 4 sein." Menschen können nur in der Wahrheit frei sein, und der Maßstab für die Wahrheit ist die Wirklichkeit.⁴¹

Einig waren sich die KUL-Professoren zweitens darin, daß die philosophische Untersuchung einen spezifisch modernen Ausgangspunkt wählen mußte. Die Philosophie sollte mit einer methodischen Untersuchung der menschlichen Erfahrung beginnen und nicht wie die antike und mittelalterliche Philosophie sowie die von Wojtyła am Angelicum studierte Neoscholastik mit kosmologischen Annahmen, also einer allgemeinen Theorie des Universums. Da der Mensch das einzige Geschöpf ist, das sich seines Seins bewußt ist und über diese Tatsache zu staunen vermag, sollte das Denken mit der menschlichen Person beginnen, „einer bemerkenswerten psychophysischen Einheit, die jeweils eine einzigartige Person ist, die es im gesamten Universum nicht noch einmal gibt".⁴² Viel stand hier auf dem Spiel. Wenn die Philosophie zur Wahrheit der Dinge an sich durch eine Analyse menschlicher Erfahrung vordringen konnte, dann war der Weg frei, um die katholische Philosophie und die wissenschaftliche Methode so miteinander zu verbinden, daß die Moderne zugleich aus dem Kerker des Solipsismus befreit wurde.⁴³ Auch für die Auseinandersetzung mit dem Marxismus war es wichtig, diesen Ausgangspunkt zu nehmen. Natürlich ging es bei diesen ernsthaften Fragen nicht darum, wer die Physik besser verstehe. Zur Debatte standen vielmehr fundamentale Probleme: Was ist die Bestimmung des Menschen? Wie machen wir Geschichte? Ist Erlösung in der Geschichte materiell und politisch zu verstehen, oder hat die Geschichte eine transzendente Dimension?⁴⁴

Einig waren sich die Philosophen der KUL drittens in ihrem Galuben an die Vernunft. Andere Denker mögen die kulturelle, ökonomische und politische Freiheit gehabt haben, über die vermeintliche Absurdität des Lebens zu spekulieren. Den Philosophen der KUL, Veteranen des kulturellen Widerstands gegen die Naziherrschaft, war ein solcher Luxus fremd. Sie hatten die Filme über Hitlers Nürnberger Parteitage gesehen, sie waren mehr als fünf Jahre lang der Propaganda der Nazis ausgesetzt gewesen; sie hatten eine brutale Besatzung erlebt. Sie hatten am eigenen Leibe erfahren, wohin der Irrationalismus trieb, wenn er, gepaart mit materieller Gewalt, in der Geschichte losgelassen wurde. Aber ihr Eintreten für die Vernunft war verbunden mit der Entschlossenheit, sich nicht in den endlosen Zirkel zu verstricken, den der polnische Philosoph Wojciech Chudy später als „Falle der Reflexion" bezeichnet hat. Ihr Denken sollte vielmehr erhellen, was gute Männer und Frauen tun *sollten*.

Und viertens waren sie sich darin einig, daß man in bezug auf die Zeit ökumenisch denken müsse. Wenn sie sich weigerten, Gefangene ihres Bewußtseins zu sein, wollten sie auch nicht Sklaven der Zeitgenossenschaft werden. Die Gegenwart konnte manches aus der Geschichte der Philosophie lernen; die Vergangenheit sollte nicht völlig durch die Moderne verdrängt werden.[45]

Diese Männer betrachteten Ideen nicht nur als Spielzeug für Intellektuelle. Ideen hatten Folgen, gute oder schlechte. Die Geschichte der verschiedenen Plagen des 20. Jahrhunderts bewies, daß falsche Vorstellungen von der menschlichen Person, der menschlichen Gemeinschaft und der menschlichen Bestimmung für Berge von Leichen und Meere von Blut verantwortlich waren. Wenn sie der Welt helfen konnten, die Wahrheit der *conditio humana* besser zu erfassen – auf eine Weise, die spezifisch modern *und* zugleich der großen philosophischen Tradition des Abendlandes verpflichtet war –, würde die Zukunft vielleicht anders aussehen.

Die Philosophen der KUL verband eine persönliche Freundschaft und eine geistige Verwandtschaft. Schon bevor Stefan Swieżawski die Habilitationsschrift Wojtyłas über Scheler gelesen hatte, hatten er und seine Frau Maria den jungen Priester an St. Florian in Krakau kennengelernt, wo er der Religionslehrer und Beichtvater ihrer beiden Töchter war. Es gab praktisch keine Familienfeier bei den Swieżawskis, an der Wojtyła nicht teilnahm. Er seinerseits erkannte bei vielen Gelegenheiten an, wie sehr er geistig von Swieżawskis Buch *Sein* profitiert hatte. (Während seiner gesamten Lehrtätigkeit an der KUL pendelte Professor Swieżawski von Krakau oder Warschau nach Lublin, da ihm die Behörden aus mysteriösen Gründen keine Wohnung am Ort seiner Lehrtätigkeit verschaffen konnten. Ein gutes Beispiel für die kleinen Schikanen, mit denen der Lehrkörper der KUL vom kommunistischen Regime Polens bedacht wurde.) Auch zur Familie Kalinowski knüpfte Wojtyła freundschaftliche Bande. Er wurde Pate von Jerzy Kalinowskis Tochter.[46] Gemeinsame Wanderungen und Skitouren zementierten die Freundschaft.

Noch in einer anderen Hinsicht waren die Philosophen der KUL eine seltene Erscheinung im akademischen Leben: Sie bildeten ein echtes Team. Praktisch bei jeder Fahrt nach Lublin setzten sich Wojtyła und seine Kollegen zusammen, um ihr gemeinsames Projekt zu besprechen. Obgleich Kalinowski als Dekan den Anstoß zu ihren Gesprächen gab, waren es Treffen von Gleichen, die, wie Johannes Paul II. später berichtete, einen „großen Vorzug" darin sahen, daß jeder von der besonderen Sichtweise des anderen lernen konnte.[47]

Trotz der großen Übereinstimmung fehlte es nicht an leidenschaftlichen Debatten und geistigen Auseinandersetzungen unter den Philosophen der KUL, von denen einige – wie Pater Krąpiec – streitbare Persönlichkeiten waren. Karol Wojtyłas ungebrochenes Interesse für die Phänomenologie und seine anhaltende Beschäftigung mit neuerer und zeitgenössischer Philosophie brachten ihm manches Stirnrunzeln von seiten seiner eher traditionell eingestellten Kollegen ein. Das galt auch für seine Art des Philosophierens und Lehrens. Im allgemeinen verzichtete er auf Fußnoten – wissenschaftlich war er eher „wie ein Bauer", bemerkte sein bester Student später –, da er weit mehr damit beschäftigt war, das Feld der Dinge an sich abzustecken, als damit, für jede These einen umfangreichen akademischen Apparat von Zitaten und Querverweisen anzuführen.[48] Karol Wojtyła war zudem völlig frei von jener professoralen *gravitas,* die so viele Akademiker an europäischen Universitäten kennzeichnet.

Wenn man sagt, daß die Philosophische Fakultät der KUL auch ihr Quantum an Streitigkeiten und Rivalitäten hatte, heißt das nur, daß sie aus Menschen, nicht aus Engeln bestand. Das Entscheidende bei ihr war die Kühnheit ihres Vorhabens. Zunächst entwarf sie ihr Projekt als Reaktion auf ihre besonderen Zeit- und Ortsumstände. Dessen Reichweite und Fähigkeit, die *conditio humana* in sehr verschiedenen Situationen zu beleuchten, kam erst so richtig zum Tragen, als Professor Wojtyła den kühnsten Teil des Lubliner Projekts einem Publikum vortrug, das an Zahl die Leserschaft polnischer philosophischer Zeitschriften bei weitem übertraf.

Der Professor

Stefan Swieżawski war von der Phänomenologie nicht sehr angetan. Er begeisterte sich stärker für die sprachanalytische Richtung der zeitgenössischen Philosophie. Dennoch hatte er in Lwów unter dem großen polnischen Phänomenologen Roman Ingarden studiert, und als einer der drei bestellten Gutachter für Wojtyłas Habilitationsschrift über Scheler war er bald überzeugt, daß die rasante philosophische Entwicklung des jungen Priesters diesen zu einem willkommenen Zuwachs für das Lubliner Projekt machte. Im September 1954, als er und seine Frau Maria mit ihrem Freund Wojtyła in den Bergen südlich von Krakau wanderten, drängte er diesen „heftig", sich der Philosophischen Fakultät der KUL anzuschließen. Vielleicht hatte Wojtyła sich vorgestellt, nach seiner Habilitation eine Stelle in Krakau zu bekommen, doch Swieżawski hörte nicht auf, ihm zuzusetzen, und innerhalb eines Monats beschloß der Akademische Senat der KUL, Wojtyła als Dozent für Ethik zu berufen. Nachdem Erzbischof Baziak der Berufung zugestimmt hatte, pendelte Karol Wojtyła von Krakau nach Lublin. Im November 1956, zu Beginn seines dritten Jahres an der KUL, wurde Wojtyła Nachfolger des ans Angelicum berufenen Dominikaners Feliks Bednarski auf dem Lehrstuhl für Ethik an der Philosophischen Fakultät. Er sollte diese Stellung 22 Jahre innehaben.

Während er in Krakau seine Studenten und das Krankenhauspersonal weiterhin seelsorgerisch betreute, fuhr Wojtyła in der Vorlesungszeit alle zwei Wochen an die KUL. Um Zeit zu sparen, nahm er den Nachtzug und traf am frühen Morgen in Lublin ein. Manchmal fuhr er gemeinsam mit Pater Franciszek Tokarz, einem Professor für hinduistische Philosophie, der, nachdem er Wojtyła näher kennengelernt hatte, sich eines Tages ins Krakauer Diözesanbüro begab und sagte: „Ernennt ihn zum Bischof! Er ist ein kluger, frommer und guter Mann. Das ist der Unterschied zwischen ihm und mir. Wenn ich morgens aufstehe und hinausgehe, um eine Zigarette zu rauchen, betet er. Und wenn ich zurückkomme, betet er immer noch."[49] Die Geschichte schweigt darüber, ob Professor Tokarz' unerbetener Rat irgendeinen Einfluß hatte. Wie dem auch sei, die beiden Männer, deren philosophische Interessen grundverschieden waren, wurden Freunde.

Die Unterkunftsmöglichkeiten für Gastprofessoren an der KUL waren nicht gerade gemütlich. Die Pendler wurden in einer Wohnung mit mehreren Zimmern untergebracht, und der einzige Dauerbewohner, Stefan Sawicki, ein junger Assistent der Literaturwissenschaft, wohnte in der Küche. Die Wohnung hatte ein Zweibett-, ein Dreibett- und ein Einzelzimmer. Die pendelnden Professoren versuchten immer, das Einzelzimmer zu ergattern. Wojtyła bat niemals darum. Einmal, als alle Betten belegt waren, schlief er auf einem Tisch.[50]

Da die Züge selten pünktlich waren, kam Wojtyła häufig zu spät in sein Seminar. Seinen Studenten sagte er schmunzelnd, er funktioniere nach der „Krakau-Zeit", nicht nach der „Lublin-Zeit".[51] Sein Gehalt spendete er anonym für einen Stipendienfonds, der verarmten Studenten ein Studium ermöglichte. Seine Studenten, die ihn Mitte der 50er Jahre auf dem Gelände der KUL herumspazieren sahen, kannten ihn nur in einer fadenscheinigen Soutane und einem alten Mantel. Sie erinnern sich auch, daß er häufig zwischen seinen Seminaren oder Versammlungen zu einem kurzen Gebet in die Universitätskapelle ging.[52]

Wojtyła erfreute sich als Professor ungeheurer Beliebtheit. Er hatte für seine Studenten immer ein Ohr, ob nun im Seminar oder außerhalb. Seine Begabung, auch die theoretischsten Spekulationen mit Fragen des Alltags zu verbinden, verlieh seinem Unterricht eine Konkretheit, die die Studenten begeisterte. Wojtyła war ein Mann, der von Menschen und der *conditio humana* in allen ihren Varianten fasziniert war, ein Mann, der zu seinen Studenten eine „engere Beziehung" pflegte als andere Mitglieder des Lehrkörpers. „Er interessierte sich für uns als Personen", so erklärt eine ehemalige Studentin seine Anziehungskraft.[53] Auch an der KUL stürzte sich Wojtyła in die Seelsorge, nahm Studenten die Beichte ab und beriet sie, wenn sie mit persönlichen oder religiösen Problemen zu ihm kamen.[54]

Seine Einführungskurse in die allgemeine Ethik hielt er ohne schriftliche Aufzeichnungen. Wojtyła sprach langsam und entwickelte den Lehrstoff anhand von Beispielen, die seine Studenten aus eigener Erfahrung kannten: Frauen im Kindbett, Soldaten auf dem Schlachtfeld oder Zölibatäre. Diese Beispiele sollten demonstrieren, was es hieß, sich dem Dienst an anderen hinzugeben. Selbsthingabe war in Wojtyłas personalistischer Ethik das oberste Gebot.[55] Dieses „Gesetz des Gebens" war, wie er philosophisch nachwies, der *conditio humana* eingepflanzt. Verantwortliche Selbsthingabe, nicht Selbstbehauptung, war der Weg zur menschlichen Erfüllung. Für Wojtyła war das nicht nur ein moralisches Gebot für Christen, sondern eine allgemeine moralische Forderung, die sich aus der Triebkraft der menschlichen Person ergibt, die erst in der Beziehung zu anderen wirklich eine Person wird. Eine wahrhaft menschliche Existenz ist immer Koexistenz, in der Menschen einander verständnisvoll begegnen.[56]

Wojtyła gab auch Seminare für höhere Semester der Studenten, die nach fünfjährigem Studium an der KUL den Magistergrad erwerben konnten. Diese

„monographischen Vorlesungen" (wie die Veranstaltungen genannt wurden) gingen über ein ganzes Jahr und folgten handschriftlichen Aufzeichnungen. Sie waren weitaus schwieriger als die Einführungskurse; sie brachten einen intensiven Dialog zwischen Wojtyła und wichtigen Gestalten der philosophischen Tradition des Abendlands: Platon und Aristoteles, Augustinus und Thomas von Aquin, Kant, Hume und Bentham und natürlich Scheler. Bei diesen anspruchsvollen Vorlesungen, in denen Freiheit als das Wesen der geistigen Natur des Menschen bezeichnet wurde, las Wojtyła nicht nur seine Aufzeichnungen ab. Es war vielmehr ein Dialog mit anderen Philosophen, eine Einübung ins „Denken als Kontemplation". Manchmal hielten Professor und Studenten inne und „bewunderten einfach die Schönheit eines Textes".[57]

Die Themen der Vorlesungen illustrieren Wojtyłas Bemühen, den philosophischen Realismus – die Untersuchung der Dinge an sich – mit einer Philosophie des menschlichen Bewußtseins zu verbinden. Dieser Ansatz des „Sowohl-als-auch" machte deutlich, wie viel dem Professor daran lag, die menschliche Realität so vollständig und reichhaltig wie möglich darzustellen. Und er ließ auch seine Überzeugung erkennen, daß die abendländische Philosophie auf die schiefe Bahn geriet, als sie die Erkenntnis der Welt von der Welt selbst trennte. Im akademischen Jahr 1954/55 behandelten Wojtyłas „monographische" Vorlesungen das Thema „Tat und moralische Erfahrung": die „Struktur" eines moralischen Aktes, und wie wir uns selbst als moralische Subjekte erfahren. Hier setzte er sich vor allem mit Max Scheler und seiner Wertethik, Immanuel Kant und seiner Pflichtethik sowie der aristotelisch-thomistischen Theorie von Akt und Potenz auseinander.[58] Wojtyłas synthetische Schlußfolgerung aus diesem vierfachen Dialog gipfelte auch hier in seinem Personalismus: „Die moralischen Werte der Ehrlichkeit und des Mutes verschmelzen durch ehrliche und mutige Taten zu einer ehrlichen und mutigen *Person*."[59]

Während der beiden folgenden Jahre füllten seine Vorlesungen in der Auseinandersetzung mit 2000 Jahren abendländischen Denkens die Details des abgesteckten Untersuchungsfeldes weiter aus.[60] Seine Vorlesungen 1955/56 beschäftigten sich mit der Frage „Gutsein und Wert", d. h. mit der Möglichkeit, einen objektiven Maßstab für das moralische Handeln festzulegen, und mit der Frage, wie wir moralische Normen durch moralisches Handeln zunehmend internalisieren. 1956/57 las er über das Thema „Norm und Glück". Wiederum war das Problem, wie ein objektiver moralischer Maßstab, der in Wirklichkeit „gegeben" ist, verbunden werden kann mit der Erfahrung des Glücks, die dem richtigen Handeln entspringt. 1957/58 und 1958/59 thematisierte Wojtyła in einer Reihe von Vorlesungen unter dem Titel „Liebe und Verantwortung" Fragen der Sexualmoral. Das Seminar über „Theorie und Methode der Ethik", das er 1960/61 für höhere Semester hielt, war das abstrakteste der ganzen Reihe. Seelsorgerische Pflichten in Krakau machten es Wojtyła unmöglich, das Oberseminar 1959/60 abzuhalten, und ab 1960/61 ließ er es aus Zeitmangel ganz ausfallen.[61]

Neben seinen anderen Lehrverpflichtungen hielt Professor Wojtyła ein Doktorandenkolloquium über Ethik ab, in dem seine fortgeschrittensten Studenten ihre Dissertation vorbereiteten. Selbst als seine priesterlichen Aufgaben in Krakau zunahmen, kam er seiner Verantwortung für die Doktoranden nach, und wenn es nötig war, lud er sie zu sich ein. So gewann Wojtyła allmählich philosophische Schüler, was ihm viel Freude bereitete.

Das Doktorandenkolloquium fand häufig im Freien oder in den Bergen statt. Manchmal entfaltete Wojtyła seine Ideen, während er auf einem Baumstumpf saß. Nach Ansicht seiner Studenten war er ein hervorragender Lehrer. Er war nie dominant, sondern half seinen Studenten, philosophisch denken zu lernen, indem er sie sanft drängte, zu ihrer Lektüre und ihren Arbeiten Stellung zu nehmen. Seine Fähigkeit, aufmerksam zuzuhören, die er als Seelsorger ausgebildet hatte, kam diesem Lehrstil sehr zugute. Das galt auch für seine manchmal irritierende Fähigkeit, zwei Dinge gleichzeitig zu tun. Als sein Kolloquium in der erzbischöflichen Residenz in Krakau stattfand, erledigte der Professor und Kardinal seine Korrespondenz, während er einem Referat oder einer Diskussion lauschte. Er sagte wenig, doch am Ende faßte er die Diskussion knapp zusammen, ohne einen wesentlichen Punkt auszulassen.[62]

In seinem Doktorandenkolloquium verfeinerte der Philosoph Wojtyła seinen spezifisch phänomenologischen Denkstil. Viele Philosophen denken linear: Sie formulieren ein Problem, erwägen eine Vielzahl möglicher Lösungen und kommen dann durch logisches Folgern Schritt für Schritt zu einem Schluß. Wojtyła dachte (und denkt) nie linear. Sein Verfahren war zirkulär, was nicht heißt, daß er in einem geschlossenen Kreis herumlief, am treffendsten ließ es sich mit einer Wendeltreppe vergleichen. Wie üblich begann er mit einem Problem, beispielsweise mit der Frage „Worin besteht ein Akt der Gerechtigkeit?" Dann umkreiste er das Problem, nahm es aus wechselnden Blickwinkeln und unter verschiedenen Aspekten unter die Lupe. Kam er wieder am Ausgangspunkt an, waren er und seine Studenten schon ein bißchen klüger. Dann umkreisten sie das Problem erneut und untersuchten es unter verschiedenen Aspekten, diesmal jedoch auf einer tieferen Ebene der Reflexion und Analyse. Dies wiederholten sie mehrmals, wobei sie sich hüteten, einen Schluß zu ziehen, bevor sie jeden möglichen Aspekt erschöpfend betrachtet hatten.[63] Diese Methode, ein Seminar zu leiten, war äußerst fruchtbar, und Wojtyłas hervorragend geschulte Fähigkeit, zu analysieren und zu differenzieren, war sehr effektiv. Äußerte sich diese Fähigkeit allerdings schriftlich, kamen dabei sehr schwierige philosophische Essays heraus.

Wojtyłas Doktoranden hielten ihn über die Forschung auf dem laufenden. Nachdem er zum Bischof und vor allem nachdem er zum Erzbischof von Krakau ernannt worden war, hatte er so viel zu tun, daß er mit der philosophischen Fachliteratur auf seinem Felde nicht Schritt halten konnte. Das Doktorandenkolloquium besprach für ihn Aufsätze und Bücher und faßte Argumente zusammen, die dann in den Sitzungen diskutiert wurden. Die Studenten strichen auch in Aufsätzen oder Büchern diejenigen Absätze an, die er ihrer Meinung nach selbst lesen sollte. Professor Wojtyła erklärte den Teilnehmern seines Kolloquiums, das sei das erste Mal in der Geschichte der KUL, daß die Studenten einen Professor unterrichteten.[64]

Es war nicht nur erlaubt, sondern auch erwünscht, daß sich die Studenten im Doktorandenkolloquium mit Wojtyła stritten. Die Debatten konnten recht hitzig werden, und die Studenten nahmen kein Blatt vor den Mund, wenn sie anderer Meinung als ihr Lehrer waren. Dennoch sahen sie in Wojtyła nicht einfach einen Kollegen. Die Beziehung zwischen ihm und seinen engsten Schülern war freundschaftlich, aber immer respektvoll. Seine Studenten wollten ihm nahe sein; er war ein Denker und Mensch, dem sie nachzueifern trachteten.[65]

Auch nachdem sie ihren Doktor gemacht hatten, fühlte sich Wojtyła weiterhin für seine Doktoranden verantwortlich und versuchte, ihnen Assistentenstellen zu verschaffen. Eine seiner frühesten Bemühungen in dieser Richtung wurde allerdings enttäuscht. Schwester Zofia Zdybicka, eine Ursulinerin, hatte sowohl im Grundstudium als auch im Hauptstudium Philosophie bei Wojtyła studiert. Er war von ihrem Interesse an Religionsphilosophie sehr beeindruckt und meinte, sie könne für die Philosophische Fakultät der KUL ein großer Gewinn sein. Sie wäre in der Geschichte dieser Universität die erste Nonne auf einem Lehrstuhl gewesen. Doch dieser früh-feministische Einsatz Wojtyłas scheiterte, da eine andere Frau, Schwester Zofias Oberin bei den Ursulinerinnen, ihre Zustimmung zu einer so ungeheuren Neuerung verweigerte. Erst später gab eine andere Oberin ihr Placet.[66]

Als Wojtyła mit seinen Doktoranden darüber scherzte, daß sie ihn etwas lehrten, wollte er ihnen nicht bloß ein Kompliment machen. Professor Wojtyła war an der KUL nicht nur Lehrer, sondern auch Lernender. Seine Fakultätskollegen an der KUL, vor allem Stefan Swieżawski, machten Wojtyła mit Etienne Gilsons bemerkenswerter historischer Neuinterpretation des Thomas von Aquin und mit Jacques Maritains moderner thomistischer Deutung der katholischen Sozialethik bekannt. Durch sie erfuhr er auch von Maritains ethischer Rechtfertigung der Demokratie: Die Demokratie sei diejenige moderne Regierungsform, die die menschliche Würde am meisten achte. Swieżawski wies ihn außerdem auf Maritains Buch *Humanisme intégral* [dt. Christlicher Humanismus] hin, ein entscheidendes Werk aus dem Jahre 1936, das später das II. Vatikanische Konzil und dessen Blick auf die moderne Welt beeinflußte.

Wojtyłas fortgeschrittenere Studenten waren, wie schon *Środowisko*, eine Art Versuchslabor für die Entwicklung seiner Ideen. 1957 machte der Professor mit Studenten der Philosophie, der Psychologie und der Medizin Ferien an den Masurischen Seen im Nordosten Polens. Dort diskutierte er mit ihnen den Entwurf für ein Buch über Sexual- und Ehemoral, das er gerade schrieb, und das, wie sein Vorlesungszyklus für die nächsten beiden Jahre, den Titel *Liebe und Verantwortung* tragen sollte. Das Manuskript wurde, noch bevor die Gruppe an die Seen fuhr, an alle weitergeleitet. Jeden Tag bereitete ein Student die Darstellung eines Kapitels vor, das dann von der ganzen Gruppe erörtert wurde. Wojtyłas Schüler und Freund Jerzy Gałkowski meinte dazu, Wojtyła habe nicht nur herausfinden wollen, ob seine Studenten das Buch theoretisch plausibel fanden, sondern auch, ob es ihnen in praktischer und menschlicher Hinsicht einleuchtete.[67]

Bei diesen und anderen Ausflügen, die der Professor mit Studenten unternahm, war der Gesprächston immer ernsthaft. Irgend etwas an Wojtyła hielt davon ab, sich in frivolem und nichtigem Geschwätz zu ergehen. Der geistliche Professor konnte am Lagerfeuer aber auch ausgelassene Studentenlieder mitsingen. Dabei schreckte er nicht einmal vor der „Hymne des Pessimisten" zurück, in der ein Vers provozierend behauptete, „nicht einmal die Laien würden den Klerus davon abhalten, Gottes Werk zu zerstören".[68]

VERANTWORTLICHE LIEBE

Professor Wojtyłas philosophisches Werk war, wie seine literarische Produktion als Dichter und Dramatiker, die Frucht seiner Arbeit als Priester. Wenn Wojtyła hinter das Vorlesungspult trat oder am Schreibtisch des Professors saß, hörte er nicht auf, Seelsorger zu sein. Seine seelsorgerischen Erfahrungen beeinflußten stets seine geistigen Erzeugnisse, ja sie waren ihre Triebfeder. *Liebe und Verantwortung*, Wojtyłas erstes Buch, war eine solche Synthese seiner verschiedenen Lebenssphären. Als philosophisches Pendant zu den Themen, die er dramatisch in *Der Laden des Goldschmieds* gestaltet hatte, war es ein Beleg für Wojtyłas Überzeugung, daß man nur auf vielen verschiedenen Wegen zur Wahrheit der Dinge vordringen könne.

Liebe und Verantwortung wurde, wie sein Autor später sagte „aus pastoraler Notwendigkeit geboren". Wojtyłas reichhaltige seelsorgerische Erfahrung als Eheberater und Beichtvater junger Männer und Frauen hatte ihn davon überzeugt, daß die Sexualethik der Kirche weiterentwickelt und neu dargestellt werden müsse.[69] Junge Männer und Frauen sollten von der Kirche nicht nur belehrt werden. Sie hatten das Recht, in ihrer Berufung zur Ehe, und damit in ihrer Berufung zur sexuellen Liebe, etwas Positives zu sehen. Mit *Liebe und Verantwortung* betrat Wojtyła eines der Minenfelder des katholischen Lebens seiner Zeit.

Als die Kirche in den ersten Jahrhunderten die Lehre der Gnostiker und Manichäer, daß die Welt von Natur aus unrein sei, offiziell verwarf, verdammte sie damit auch die Behauptung, Sexualität sei von Natur aus böse. Der ungebrochene theologische Einfluß des hl. Augustinus (oder zumindest einiger seiner Kommentatoren) warf jedoch über die katholische Sexualethik einen manichäischen Schatten. Die Kirche bejahte die Ehe als Berufung und nahm sie unter ihre sieben Sakramente auf. Laut ihrer Lehre war das heiratende Paar selbst, nicht der bei der Eheschließung durchführende Priester, Spender des Sakraments. Die Kirche vertrat aber auch eine bestimmte Auffassung über die „Zwecke" der Ehe, die man durchaus als Abwertung der sexuellen Liebe verstehen konnte. Der oberste Zweck der Ehe (und damit auch der Sexualität) war die Kinderzeugung, während man die sexuelle Seite der ehelichen Liebe zu den Nebenzwecken der Ehe rechnete, die etwas steif als „gegenseitiger Beistand der Ehegatten" und als „Heilmittel für die sinnliche Begierde" bezeichnet wurden. Zusammen mit der Tatsache, daß das kirchliche Eherecht eine ziemlich formale Sicht der Sexualität vertrat, ergab sich daraus eine Darstellung der menschlichen Sexualität, die dazu neigte, sich mehr auf rechtliche Verbote als auf die Liebe zu konzentrieren. Als nach dem Zweiten Weltkrieg in den entwickelten Ländern die sexuelle Revolution und die von ihr verheißene Befreiung rasant um sich griffen, war die Kirche daher schlecht gerüstet, auf diese Herausforderung zu reagieren. Im Laufe der Zeit führte das zu einer der schwersten Krisen des Katholizismus im 20. Jahrhundert: zu der erbitterten Debatte über Empfängnisverhütung vor und nach dem II. Vatikanischen Konzil.

Das Leben unter dem Kommunismus brachte seine eigenen Probleme für die Sexualmoral und die eheliche Keuschheit mit sich. Nachdem das Gomułka-Regime 1956 der Kirche gewisse Zugeständnisse gemacht hatte, schlug es mit einem laxen Abtreibungsgesetz zurück, einem direkten Angriff auf die traditionelle katholische Moral. In staatlich organisierten Ferienlagern wurden Jugendliche zu sexuellen Experimenten ermuntert: ein weiteres Mittel, sie der Kirche zu entfremden. Die Kampagne gegen die traditionelle Familie brachte eigene Nebenfolgen für die Sexualmoral mit sich, denn die von der Kirche gelehrte Verbindung zwischen ehelicher Liebe und Fortpflanzung wurde aufgelöst, wenn Männer und Frauen in Kindern eher ein Problem als ein Geschenk sahen. Auch trug der kommunistische Materialismus zu einem kulturellen Klima bei, in dem die Sexualität herabgewürdigt wurde.

So sahen die Lebensumstände aus, mit denen Wojtyłas Studenten und seine jungen verheirateten Freunde konfrontiert waren. Seine philosophischen und theologischen Arbeiten, aber auch seine Erfahrungen als Beichtvater und Ratgeber, hatten Wojtyła deutlich gemacht, daß die Sexualmoral der Kirche, sofern man sie nur richtig auslegte, wesentliche Wahrheiten enthielt, die – wenn sie treu gelebt wurden – das Glück der Menschen vertieften. Auch verkannte er nicht, daß die Aufgabe des geistlichen Ratgebers „nicht so sehr [ist], zu gebieten und zu verbieten", er hatte vielmehr die Ethik der ehelichen Keuschheit und sexuellen Liebe, deren Fundamente die Kirche hauptsächlich dem Neuen Testament entnahm, „zu begründen, zu erklären und zu erhellen".[70]

Regeln für das sexuelle Verhalten waren wichtig. Doch im kulturellen Klima der Moderne befolgten Männer und Frauen sie erst, wenn sie darin den Ausdruck grundlegender moralischer Wahrheiten und einen Wegweiser zu fundamentalen Gütern sahen. „Ein solches Gut ist die Person, und eine solche moralische Wahrheit ist das Liebesgebot. Sie ist aufs engste mit der Welt der Personen verbunden, denn die Liebe ist das eigentliche Gut für die Welt der Personen."[71] Wojtyła argumentierte daher, daß die Sexualmoral am besten im Kontext von „Liebe und Verantwortung" zu thematisieren sei. Liebe ist Ausdruck persönlicher Verantwortung: Verantwortung gegenüber einem anderen Menschen und Verantwortung vor Gott. Wie also können Männer und Frauen zu verantwortlichen Liebenden werden, so daß ihre sexuelle Liebe eine echte Freiheit verkörpert und symbolisiert? Wie kann unsere Liebe zu einer voll erblühten menschlichen Liebe werden?

Diese „personalistische Norm", Wojtyłas Abwandlung von Kants kategorischem Imperativ, wurde für ihn zum Angelpunkt seines Nachdenkens über die Ethik menschlicher Sexualität. Wojtyłas These lautete, der moralische Imperativ, andere nicht als Mittel zu „benutzen", sei die ethische Grundlage der Freiheit, denn er ermögliche es uns, mit anderen zu verkehren, ohne sie durch Manipulation zu Objekten zu erniedrigen. Daß wir einander als Mittel „benutzen", lasse sich aber nur dann verhindern, wenn zwei wahrhaft freie Wesen einander im Streben nach einem Gut begegnen, das sie beide wünschen.[72] Jemand kann sagen, ich „benutze" dich nicht (bzw. du „benutzt" mich nicht), und der andere kann zustimmen, wenn die Freiheit des einen freiwillig auf die des anderen trifft, während beide nach etwas wirklich Gutem streben, das auch von beiden als solches anerkannt wird. Der Wesen der Liebe liegt in der Begegnung dieser beiden freien Wesen, und Liebe ist der Ausdruck der personalistischen Norm in all ihren Beziehungen. Lieben ist das Gegenteil von jemanden „benutzen".[73]

Aus dem Gebot, „zu lieben, und nicht jemanden zu benutzen", ergeben sich substantielle Folgen für die Sexualmoral. Sieht jemand in seiner Sexualität nur die Funktion oder den Ausdruck seiner persönlichen Autonomie – seiner als Willkür verstandenen Freiheit –, dann wird er – unabhängig davon, wie gut er über die biologischen Fakten des Lebens unterrichtet ist – eine wesentliche *moralische* Tatsache verfehlen: Unsere Sexualität enthüllt uns unsere tiefe Abhängigkeit von anderen. Ich kann meine Bestimmung nicht auf mich selbst gestützt erfüllen, und ich trenne mich von den anderen, wenn ich sie zu Lustobjekten erniedrige. Um meine Bestimmung zu verwirklichen, muß ich „der Freiheit einer anderen Person begegnen und mich darauf verlassen".[74]

Die Sexualmoral verwandelt die Sexualität aus etwas, das einfach geschieht, in etwas, das Ausdruck menschlicher Würde ist. Sexualität, die einfach geschieht, ist entmenschlichter Sex. Erst Sexualität als Ausdruck zweier Personen – zweier freier Wesen –, die das für jeden persönlich und für beide gemeinsam Gute miteinander suchen, ist wahrhaft menschlich und humanisierend.

Wojtyłas entscheidender philosophischer Argumentationsschritt, den er von Thomas übernahm und einer phänomenologischen Analyse unterwarf, stützte sich auf die Unterscheidung zwischen einem „spezifisch menschlichen Akt" und einem „animalischen Akt". Der „animalische Akt" ist rein triebhaft. Sexualität als „animalischer Akt" erhebt sich nicht über die Stufe tierischer Sexualität, die ebenfalls triebhaft und völlig unpersönlich ist. Zu einem „spezifisch menschlichen Akt" gehört ein Urteil, das dem Akt eine bestimmte moralische Dimension verleiht. Ein „spezifisch menschlicher Akt" drückt mein ohne Zwang gefälltes Urteil darüber aus, was gut ist. Liebe ist der „spezifisch menschliche Akt" par excellence und sollte nicht auf sinnliche Anziehung reduziert werden. Sinnliche Anziehung, die nicht von einem Urteil begleitet wird, degradiert den anderen zu einem Lustobjekt.[75]

Die andere *Person,* nicht der andere *Körper,* ist das wahre Objekt eines sexuellen Aktes, der wahrhaft menschlich ist. Und die Sexualität verfolgt das Ziel, eine persönliche Beziehung zu vertiefen, wozu das gegenseitige Sich-Lust-Schenken beiträgt. Indem ich mich aus freien Stücken einem anderen sexuell hingebe, bin ich am tiefsten ich selbst, denn ich gebe mich selbst als Geschenk einem anderen so hin, daß sich dadurch aufs innigste ausdrückt, wer ich bin. Das „Gesetz des Gebens" – für Wojtyła die grundlegende moralische Struktur des menschlichen Lebens – findet in der sorgfältigen Analyse der Sexualmoral seine eindringlichste Bestätigung.

Indem Wojtyła Sexualität als Ausdruck gegenseitiger Hingabe faßte, formulierte er nicht nur eine humanere Auffassung von der Sexualität, es gelang ihm zudem, der in der katholischen Moraltheologie heftig entbrannten Debatte über die Ehezwecke zu entgehen. Statt darüber zu streiten, ob die Kinderzeugung oder die Gemeinschaft der Ehegatten der primäre Zweck der Ehe sei, erklärte Wojtyła in seiner Sexualethik, daß *Liebe* das Gebot der Ehe sei, eine Liebe, in der beide Seiten der menschlichen Sexualität – die Fortpflanzung wie die Vereinigung der Gatten – ihren ganzen moralischen Gehalt entfalteten.[76]

Liebe und Verantwortung war ein Gegenmittel gegen den Manichäismus und der Entwurf einer personalistischen und humanistischen Antwort auf die Schlachtrufe der sexuellen Revolution. Wojtyłas Behandlung der Sexualität war weder prüde noch lüstern. Seine Analyse der Ehe verfiel weder in eine falsche Romantik noch in die Sterilität mancher moraltheologischer Abstraktionen. *Liebe und Verantwortung* lehrte, daß Sexualität eine gute Sache sei, da das sexuelle Begehren Männer und Frauen in die Ehe führe, in eine schwierige, aber letztlich hilfreiche Schule, in der wir „mit Geduld, Hingabe und auch Leiden [erfahren], was Leben ist, und wie das grundlegende Gesetz des Lebens, das heißt die Selbsthingabe, sich konkret selbst gestaltet".[77]

Keuschheit bedeutet hier nicht einfach eine Reihe von Verboten. Keuschheit ist „die Integrität der Liebe", jene Tugend, die es uns ermöglicht, den anderen als eine *Person* zu lieben. Keusche Sexualität ist im ursprünglichen griechischen Sinn des Wortes ekstatisch, das heißt ein „Aus-sich-Heraustreten". Keusche Liebe bedeutet, seine innersten Gefühle – und in gewissem Sinn sich selbst – in die Hände des anderen zu legen. Wir wurden als freie Wesen geschaffen, damit wir uns selbst einem anderen schenken können. Wir sind frei, damit wir ohne Zwang, und dadurch wahrhaft, lieben können. Freiheit, nicht das Verbot, ist der Rahmen von Wojtyłas Sexualethik.[78]

Liebe und Verantwortung löste beim ersten Erscheinen 1960 – damals war Wojtyła schon seit zwei Jahren Bischof – manches Stirnrunzeln aus.[79] Wojtyła berichtete, daß Henri de Lubac, einer der großen theologischen Köpfe des II. Vatikanums, bei Erscheinen der französischen Ausgabe im Jahr 1965 „dringend empfahl", das 5. Kapitel über „Sexualwissenschaft und Moral" beizubehalten, was uns vermuten läßt, daß in den frühen 60er Jahren einige dem Autor gesagt hatten, es verstoße gegen die priesterliche und bischöfliche Würde, sich mit Fragen des Sexualverkehrs und des gegenseitigen Lustaustauschs zwischen Ehegatten zu befassen. Wojtyła war offensichtlich anderer Meinung.[80] Wenn Priester und Bischöfe mit ihren Gläubigen nicht offen und zurückhaltend über Begehren und sexuelle Erfüllung sprechen konnten, wurden sie ihrer pastoralen Verantwortung nicht gerecht. Wenn die Prüden anderer Meinung waren, war das bedauerlich. Aber das war ihr Problem.

Liebe und Verantwortung war ein Buch über verantwortliche Liebe, nicht über Empfängnisverhütung. Es erörterte die Frage der ehelichen Keuschheit im Rahmen des philosophischen Personalismus Wojtyłas und dessen Verteidigung des christlichen Humanismus als Anwort auf die falschen Humanismen des Zeitalters. Die Wahrheit über die menschliche Person ist, daß im Zentrum unseres Lebensdramas die Geschichte unserer Liebe oder ihrer Negation steht. Die gegenseitige Hingabe in einer *communio personarum,* einer Gemeinschaft von Personen, war der moralische – der *humanistische* – Rahmen für die Frage der Geburtenkontrolle.[81]

Wojtyła bestätigte die Lehre der Kirche, daß eine moralisch akzeptable Geburtenregelung sich den natürlichen Empfängniszyklus zunutze macht und nicht zu mechanischen oder chemischen Mitteln greift. Er zweifelte nicht daran, daß diese natürliche Form der Familienplanung eine sittliche, ja heroische, Anstrengung verlangt, behauptete aber, sie allein entspreche, objektiv wie persönlich, den hohen Maßstäben der menschlichen Würde. Nicht jeder stimmte dem zu. Gleichwohl, indem Wojtyła die natürliche Form der Familienplanung als Teil der weiter gefaßten Frage nach verantwortlicher Liebe und gegenseitiger Hingabe begriff und sexuelle Liebe als wesentlichen Ausdruck der ehelichen Bestimmung deutete, hätte sein Vorschlag der moralischen Haltung der Kirche zur „natürlichen" Familienplanung eine Chance verschaffen können, in einem Klima, in dem „natürlich" zu einem Begriff mit einer moralischen, ja spirituellen Kraft wurde, ernstgenommen zu werden.

„Liebe oder ihre Negation", so lautete, wie Wojtyła stets glaubte, die *eigentliche* von der sexuellen Revolution aufgeworfene Frage. Denn zu deren unvorhergesehenen Folgen gehörte auch die Erniedrigung der Frauen zu Objekten männlicher Lust (trotz aller Behauptungen einer „Befreiung" beider Geschlechter). Die katholische Lehre über eheliche Keuschheit und ihre Beziehung zu verschiedenen Formen der Geburtenregelung wäre einfach sinnlos, wenn die Kirche ihre Auffassung von „verantwortlicher Liebe" jungen Männern und Frauen, die in der sexuellen Liebe etwas Schönes sehen, nicht verständlich machen könnte. *Liebe und Verantwortung* wollte im Dialog mit den Männern und Frauen, die den Autor als „ihren Priester und ihren Vertrauten" an ihrem Leben teilnehmen ließen, den moralischen Wert menschlicher Sexualität aufzeigen.[82] Daß es jenseits der kleinen Leserschaft des Autors nicht sofort zur Kenntnis genommen wurde, sollte Folgen haben, mit denen Karol Wojtyła sich in nicht allzu ferner Zukunft auseinandersetzen mußte.

5

Ein neues Pfingsten

Das II. Vatikanische Konzil und die Krise des Humanismus

4. Juli 1958	Karol Wojtyła wird von Papst Pius XII. zum Weihbischof von Krakau ernannt.
28. September 1958	Karol Wojtyła wird zum Bischof geweiht.
25. Januar 1959	Papst Johannes XXIII. beruft das II. Vatikanische Konzil ein.
24. Dezember 1959	Bischof Wojtyła feiert zum ersten Mal die Heiligabend-Messe in Nowa Huta unter freiem Himmel.
30. Dezember 1959	Wojtyła reicht bei der päpstlichen Kommission für die Vorbereitung des II. Vatikanischen Konzils einen Aufsatz ein.
16. Juli 1962	Wojtyła wird zum Kapitelvikar der Erzdiözese Krakau gewählt.
11. Oktober 1962	Das II. Vatikanische Konzil wird eröffnet.
7. November 1962	Bischof Wojtyła spricht auf dem Konzil für eine Reform der Liturgie.
21. November 1962	Wojtyła spricht in der Konzilsdebatte über die göttliche Offenbarung.
3. Juni 1963	Papst Johannes XXIII. stirbt; am 21. Juni wird Paul VI. zum Papst gewählt.
Herbst 1963	Bischof Wojtyła greift in die Konzilsdebatte über die Kirche als „Volk Gottes" ein.
November 1963	„Die Kirche", Wojtyłas Gedichtzyklus über das II. Vatikanische Konzil, erscheint unter einem Pseudonym in *Znak*.
5.-15. Dezember 1963	Karol Wojtyła besucht das Heilige Land.
30. Dezember 1963	Karol Wojtyła wird von Papst Paul VI. zum Erzbischof von Krakau ernannt.
März 1964	Erzbischof Wojtyłas Hirtenbrief anläßlich seiner Amtseinführung betont die Verantwortung der Laien.
25. September 1964	Wojtyła spricht auf dem II. Vatikanischen Konzil über Religionsfreiheit.
8. Oktober 1964	Wojtyła spricht in der Konzilsdebatte über die Berufung der Laien.

21. Oktober 1964	Erzbischof Wojtyła hält auf dem Konzil eine Rede über den Dialog der Kirche mit der heutigen Welt.
8. Dezember 1964	Erzbischof Wojtyła erstattet in der Krakauer Marienkirche einen von mehreren Berichten über das Konzil.
Januar-April 1965	Erzbischof Wojtyła arbeitet in Ariccia und Rom in einem Unterausschuß zur Überarbeitung des Konzilsdokuments „Die Kirche in der Welt von heute" mit.
Februar 1956	Wojtyła schreibt in *Tygodnik Powszechny* über das Konzil und die Theologen.
April 1965	Erzbischof Wojtyła betont in einem anderen Artikel in *Tygodnik Powszechny*, daß man das Konzil „von innen" sehen müsse.
Juni 1965	Wojtyłas Gedichtzyklus „Heilige Stätten" erscheint unter einem Pseudonym in *Znak*.
22. September 1965	Wojtyła hält auf dem Konzil eine Rede über die Verpflichtungen der Religionsfreiheit.
28. September 1965	Wojtyła spricht auf dem II. Vatikanischen Konzil über das christliche „Weltbild" und das Problem des modernen Atheismus.
18. November 1965	Die polnischen und die deutschen Bischöfe tauschen Versöhnungsbriefe aus.
1969	Wojtyłas *Person und Tat* wird von der Polnischen Theologischen Gesellschaft veröffentlicht.

Zu Beginn des Monats August 1958 – seine Freunde Stanisław und Danuta Rybicki erwarteten gerade ihr erstes Kind – brach Karol Wojtyła mit *Środowisko* zu einer zweiwöchigen Kajakfahrt auf der Lyne im Nordosten Polens auf. Am ersten Tag hatte die von „Admiral" Zdzisław Heydel organisierte Kajakflotte etwa 24 Kilometer zurückgelegt. Die Urlauber schlugen am Ufer ihr Lager auf, spielten Fußball und unterhielten sich am Lagerfeuer. Heydel hatte in Krakau einen genauen Plan ihrer Reise hinterlassen, damit die Briefe der Kinder und Freunde, die nicht an dem Unternehmen teilnehmen konnten, von den Urlaubern an den örtlichen Postämtern abgeholt werden konnten. Am 5. August, just an dem Tag, an dem Stanisław Rybicki jr. geboren wurde, erhielt Wojtyła einen Brief mit der Aufforderung, sich umgehend beim Primas, Kardinal Wyszyński, in Warschau zu melden.

Sie brachen mit zwei Booten auf, Wujek in dem einen und Zdzisław Heydel mit Gabriel Turowski in dem anderen. Turowski, ein Immunologe, wurde von seinen Freunden „*Gąpa*" [Dummkopf oder Blödmann] genannt, denn er stellte sich immer dumm, wenn er von der Staatssicherheit verhört wurde, weil er sich wieder einmal geweigert hatte, an der jährlichen Maiparade teilzunehmen. Die drei Männer zogen die Boote irgendwo an der Straße nach Olsztynek, der nächsten Bahnstation, an Land und ließen sie unter einer Brücke liegen. „Admiral" Heydel versuchte ein Auto anzuhalten. Schließlich hielt ein Milchwagen, und Heydel versprach, das Benzin zu bezahlen, wenn der Fahrer sie nach Olsztynek bringe. Wujek kletterte auf die Ladefläche und setzte sich zwischen die Milchkannen. Am Bahnhof schlüpfte er in die Männertoilette, zog seine Soutane an und kam, wie Turowski später sagte, „als Priester wieder heraus".

Als Karol Wojtyła das Arbeitszimmer des Primas betrat, teilte ihm Kardinal Wyszyński mit, Papst Pius XII. habe ihn am 4. Juli zum Titularbischof von Ombi und zum Weihbischof unter Erzbischof Baziak, dem apostolischen Verwalter der Erzdiözese Krakau, ernannt. Wojtyła nahm die Ernennung an und ging geradewegs zum Ursulinerinnenkloster der Hauptstadt, klopfte an und fragte, ob er bei ihnen beten dürfe. Die Schwestern kannten ihn nicht, aber seine Soutane war Ausweis genug. Sie führten ihn in die Kapelle und ließen ihn allein. Nach einiger Zeit sorgten sich die Schwestern und öffneten leise die Kapellentür, um nach ihm zu sehen. Wojtyła lag ausgestreckt vor dem Tabernakel auf dem Boden. Ehrfürchtig zogen sich die Schwestern zurück, vielleicht in dem Glauben, hier liege ein zerknirschter Sünder. Einige Stunden später schauten sie erneut nach. Noch immer lag der unbekannte Priester vor dem Heiligen Sakrament auf dem Boden. Da es spät war, fragte eine Schwester: „Möchten Hochwürden nicht etwas essen?" Der Fremde antwortete: „Mein Zug nach Krakau geht erst nach Mitternacht. Lassen Sie mich bitte hier bleiben. Ich habe viel mit dem Herrn zu besprechen."

Nachdem er mit dem Herrn ins reine gekommen war, besprach Wojtyła das übrige mit Erzbischof Baziak, der vermutlich annahm, sein neuer Weihbischof werde nun in der Stadt bleiben. Wojtyła teilte ihm jedoch mit, daß er zur Lyne zurück müsse, um für seine Freunde die Sonntagsmesse zu lesen. Heydel und Turowski holten ihn an der Straße nach Olsztynek ab, an jener Brücke, wo sie das Auto herangewinkt hatten, und paddelten zum Lager zurück. Seine alten Freunde rissen die Augen auf, als sie die Neuigkeit erfuhren, und fragten sich, wie sie ihn nun anreden sollten. Macht euch da keine Sorgen, meinte Wojtyła, „*Wujek* bleibt *Wujek*."[1]

NACHFOLGER DER APOSTEL

So wurde Karol Wojtyła mit 38 Jahren der jüngste Bischof Polens. Spekulationen darüber, daß Kardinal Sapieha die Karriere Wojtyłas genau „geplant" und Erzbischof Baziak seine Pläne getreulich erfüllt habe, sind wenig glaubwürdig. Weder ging es in der Kirche so zu, noch war dies Sapiehas oder Baziaks Stil. Andererseits hielt der Fürst-Kardinal Sapieha große Stücke auf Wojtyła, und vermutlich erzählte er dem vertriebenen Erzbischof von Lwów, wie sehr er den jungen Mann schätzte, den er geweiht und bei seinen ersten pastoralen Schritten gefördert hatte. Erzbischof Baziak seinerseits muß von dem jungen Professor beeindruckt gewesen sein, der, obwohl er zwischen Krakau und dem philosophischen Seminar der KUL pendelte, seine pastoralen Aufgaben in Krakau erweiterte. Wojtyła predigte jetzt regelmäßig in der roten Backsteinkirche St. Marien, die Krakaus Marktplatz in der Altstadt überragt. Seine Studentenseelsorge an St. Florian blühte, und auch in seiner intensiven pastoralen Betreuung von Ärzten und Krankenschwestern ließ er nicht nach. Bei Exerzitien und Einkehrtagen betonte er immer wieder, daß die Erneuerung der Kirche nur durch ein Engagement der Laien möglich sei. Eugeniusz Baziak, der manche dunkle Stunde erlebt hatte, lernte offensichtlich die von Karol Wojtyła verkörperte Mischung aus Intelligenz, Frömmigkeit, pastoralem Eifer und innerer Robustheit schätzen. Es spricht auch für Erzbischof Baziak, daß dieser sehr formelle, ja strenge Mann an dem so ganz anderen geistlichen Stil Wojtyłas keinen Anstoß nahm. Anderen mag Wojtyłas Offenheit als beängstigend frei und ungebunden erschienen sein. Eugeniusz Baziak, der sich ebensowenig vorstellen konnte, mit jungen Paaren eine Kajaktour zu machen, wie auf den Mond zu fliegen, muß erkannt haben, daß Karol Wojtyła mit jeder Faser seines Herzens Priester war.

Vielleicht übte Wojtyła in Baziaks Augen genau den Widerstand gegen das kommunistische Regime, den der Erzbischof, der Mitte der 50er Jahre drei Jahre unter Hausarrest gestanden hatte, nach dem Tauwetter unter Gomułka für richtig hielt. Zwar agitierte er nicht an Straßenecken, aber er trug dazu bei, daß eine Generation junger, selbstbewußter Katholiken heranwuchs, die dem Marxismus und damit der Usurpation des polnischen Staates durch die Vereinigte Arbeiterpartei einen standhaften kulturellen Widerstand entgegensetzte. „Die Menschheit erlösen", hatte Wojtyła 1957 auf einer Tagung katholischer Ärzte gesagt, heißt „dem Menschen helfen, die Größe zu erreichen, zu der er fähig ist." Genau das nahm der Kommunismus für sich in Anspruch – die Befreiung der Menschheit zur Größe. Wojtyła war ein faszinierender Lehrer und Prediger, der seinem Gegner auf dessen eigenem Feld entgegentreten und ihm einen überzeugenderen Humanismus vorhalten konnte: die Befreiung der Menschheit durch die „Vereinigung mit Gott", wie er es den Ärzten gegenüber formulierte. Dazu war die Kirche da.[2]

Nachdem er am 31. August den kleinen Stanisław Rybicki getauft hatte, nahm der erwählte Bischof an seiner ersten Bischofssynode in Tschenstochau teil und zog sich dann vor der Weihe fünf Tage zu Exerzitien in das Benediktinerkloster Tyniec zurück. Im Vorfeld der Weihe gab es eine kleine Aufregung über die Zeremonie. Der zukünftige Bischof wünschte sich einen liturgischen „Kommentator", der das lange und komplexe Ritual den Gläubigen erklären sollte. Erzbischof Baziak lehnte dieses Zugeständnis an eine liturgische Reform ab. Wojtyła trieb daher eine Übersetzung des lateinischen Rituals auf, und eine Gruppe von Frauen stellte für die Besucher der Messe freiwillig Heftchen her, die den polnischen Text enthielten.[3]

Am Fest des hl. Wacław, am 28. September 1958, zog Karol Józef Wojtyła in den Dom auf dem Wawel ein, um zum Bischof geweiht zu werden und damit nach der Theologie der Kirche die Fülle des Priesteramtes zu erhalten und die Nachfolge der Apostel anzutreten. Der Dom war gefüllt mit Wojtyłas Freunden, Kollegen und natürlich den Mitgliedern seiner *Środowisko*, die sich durch den regnerisch trüben Tag nicht die Stimmung verderben ließen.

Auf der erzbischöflichen *cathedra* sitzend begann Erzbischof Baziak, während Wojtyła vor ihm stand, die Zeremonie damit, daß er das apostolische Schreiben vorlesen ließ, die Ermächtigung des Papstes zur Weihe des neuen Bischofs. Das war die letzte historische Handlung im 19jährigen Pontifikat von Pius XII., denn elf Tage später starb er. Baziak prüfte dann, ob der zukünftige Bischof bereit sei, der Kirche treu zu dienen. Natürlich zweifelte niemand an seinem

Glauben, aber es war eine alte Sitte der Kirche, daß ihre Diener öffentlich vor denjenigen, denen zu dienen und die zu leiten sie berufen waren, ihren Glauben und ihre Bereitschaft verkündeten. Erst dann begann die Weihungsmesse.

Nach der ersten Schriftlesung warf Wojtyła sich auf den Boden des Altarraums, während der Chor über ihm die Litanei der Heiligen sang. Am Ende der Litanei kniete Wojtyła vor Baziak nieder, der nun vor dem Hochaltar auf dem Bischofsstuhl saß. Inmitten einer tiefen Stille legte Baziak, von zwei anderen Bischöfen assistiert, das offene Evangelium, das Joch Christi, auf Wojtyłas gebeugten Nacken, und legte dann gemeinsam mit den beiden anderen die Weihe vollziehenden Bischöfen die Hände auf Wojtyłas Haupt. Danach betete der Erzbischof die einleitende Weiheformel und flehte zu Gott, der neue Bischof möge durch „den Tau der göttlichen Salbung" geheiligt werden.

Während einer der assistierenden Geistlichen Wojtyłas Kopf mit einem weißen Tuch umwand, kniete Baziak vor dem Altar nieder und stimmte die großartige Hymne an den Heiligen Geist an: „Veni Creator Spiritus". Der Chor nahm die Hymne auf, Baziak ließ sich wieder auf dem Bischofsstuhl nieder und salbte Wojtyła mit geweihtem Chrisma, wobei er zunächst das Kreuzzeichen auf dessen Scheitel machte und dann den ganzen Kopf salbte, während er betete: „Möge dein Haupt durch die himmlische Segnung in der Bischofsweihe gesalbt und geheiligt sein." Im Anschluß an diese Formel segnete er Wojtyła drei Mal, reinigte dann seine Hände mit Brotstücken vom Chrisma, sang das Salbgebet und bat Gott, der neue Bischof „möge in seiner Sorge nicht nachlassen, inbrünstig im Geiste sein; möge er den Stolz verachten, die Demut und die Wahrheit lieben und sie niemals, sei es durch Schmeichelei oder Furcht, verraten".

Als nächstes salbte Baziak die Hände des neuen Bischofs und umwand sie mit einem weißen Tuch. Er verlieh Wojtyła den Krummstab, steckte ihm den Bischofsring an die rechte Hand und betete: „Empfange diesen Ring, das Symbol der Treue, auf daß du, in unerschütterlichem Glauben, der Braut Gottes, Seiner heiligen Kirche, nicht Unehre machst." Darauf nahm Baziak das Evangelium von Wojtyłas Nacken, berührte damit seine gebundenen Hände und betete: „Empfange das Evangelium und gehe hin und predige dem dir anvertrauten Volke, denn Gott, der lebt und herrscht jetzt und immerdar, vermag die Gnade in dir wachsen zu lassen." Der neue Bischof entgegnete: „Amen" und tauschte den Friedenskuß mit Erzbischof Baziak und mit den anderen Bischöfen.

Nachdem Bischof Karol Wojtyła seine Hände gereinigt hatte, nahm die Messe mit der Lesung des Evangeliums und der Predigt Erzbischof Baziaks ihren Fortgang. Als das Offertorium begann, überreichte Wojtyła dem ihn weihenden Bischof drei Geschenke: zwei brennende Kerzen, zwei kleine Brotlaibe und zwei kleine Weinfässer. Zdzisław Heydel, der ehemalige „Admiral" der Kajaktouren, und Marian Wojtowicz, der später Priester in der von Albert Chmielowski gegründeten Gemeinschaft wurde, trugen die Kerzen. Die beiden Brotlaibe wurden von Stanisław Rybicki und, gemäß einem alten Krakauer Brauch, von einem Angehörigen der Bäckergilde überreicht. Zum Schluß boten Jerzy Ciesielski und Zbigniew Siłkowski, ein Freund des neuen Bischofs aus Wadowice, die kleinen Weinfässer dar. Am Ende der Messe setzte Erzbischof Baziak auf das Haupt des knienden Bischofs Wojtyła die zweispitzige Mitra. Plötzlich kam die Natur dem Ritual zu Hilfe: Das Sonnenlicht brach durch die Wolken und durch die farbigen Fenster des Doms und hüllte den frischgeweihten Bischof in einen warmen Lichtschein. Baziak führte nun Bischof Wojtyła zum Bischofsstuhl, auf dem er vor seinen Gläubigen angetan mit Mitra, Krummstab und Bischofsring saß, während der Erzbischof und die anderen beiden weihenden Bischöfe den alten Lobgesang, das Te Deum, anstimmten. Unter dem Gesang des Chores erhob sich Bischof Wojtyła, schritt durch den Dom und segnete die Gemeinde.

Vermutlich an diesem Punkt der langen Feier rief einer von Wojtyłas Arbeitskollegen aus der Chemiefabrik Solvay: „Lolek, laß dich bloß nicht unterkriegen!" Auf diesen Ausbruch, so hört man, reagierten „die Kirchengemeinde und auch der neue Bischof freundlich".[4]

Als Wahlspruch für sein bischöfliches Wappen wählte Bischof Wojtyła das lateinische Motto „Totus Tuus" [Ganz Dein], das dem Mariengebet des heiligen Ludwig von Montfort entstammt, des Mannes, den er zum ersten Mal bei seiner nächtlichen Lektüre im trüben Licht der Chemiefabrik Solvay kennengelernt hatte.

Polens jüngster Bischof

Nicht jeder glaubte, die Ernennung Karol Wojtyłas zum Bischof sei eine gute Idee. Professor Adam Vetulani von der Jagiellonischen Universität klagte über seine „Not" mit diesen „Priestergelehrten". Einem Freund schrieb er: „Schau nur, da zieht man einen Dozenten heran, und heraus kommt ein ‚Staatsmann'." Als er auf dem Empfang nach der Weihe einen Toast auf seinen jungen Freund ausbrachte, den er beharrlich als „Bischof Dozent Karol Wojtyła " ansprach, konnte es sich der griesgrämige Professor nicht verkneifen, zu sagen: „Nur eines noch: Möge er genügend Kraft und Zeit finden, die Pflichten zu erfüllen, die er früher auf sich genommen hat und für die er durch viele Jahre harter Arbeit ausgebildet wurde."[5]

Professor Vetulani hätte sich gar nicht ärgern müssen, denn obwohl Wojtyła nun seltener an der Universität war, unterrichtete er nach wie vor an der KUL. Manchmal tagte das Doktorandenkolloquium sechs Stunden als Ausgleich für die weniger häufig stattfindenden Sitzungen. Seine Einführungskurse wurden von einigen seiner philosophischen Zöglinge übernommen. Die „monographischen Vorlesungen" für die höheren Semester setzte er bis 1961 fort.

In den ersten Monaten seines Episkopats nahm Wojtyła viele neue pastorale Pflichten auf sich. Als gern gesehener Gastprediger und Exerzitienmeister reiste er nun noch mehr als früher durch die Erzdiözese, las Messen, segnete Gebäude, weihte Subdiakone und Diakone, spendete taubstummen Kindern die Firmung, leitete die Versammlungen der verschiedenen Dekanate für Erzbischof Baziak, predigte an Einkehrtagen oder las besondere Messen für verschiedene Berufsgruppen, zum Beispiel Ärzte, Juristen und Intellektuelle.[6]

Die kirchliche Verwaltung hat in Wojtyłas Sicht des Bischofsamts nie weit oben rangiert. Die Aufgabe des Bischofs besteht für ihn vor allem im Predigen und Unterrichten, und diesem apostolischen Auftrag kam er in Krakau mit unermüdlichem Eifer nach. Im März 1959 leitete er, um nur ein Beispiel zu nennen, für den Mitarbeiterstab von *Tygodnik Powszechny* einen Einkehrtag und predigte bei Exerzitien für Bergbauingenieure, Krankenschwestern, Lehrer, Juristen und Ärzte. Diese Arbeitswut ging auch an ihm nicht spurlos vorüber. Im selben Monat diagnostizierte man, nach einer Blutuntersuchung und einer heiklen Punktierung des Knochenmarks, eine Mononukleose. Der Bischof empfand Mitgefühl für den Arzt, der sich mit seiner Spritze durch einen besonders harten Knochen bohren mußte.[7]

Die Themen, über die Wojtyła kurz vor und nach seiner Bischofsweihe predigte und lehrte, sollten schon bald in der gesamten katholischen Welt als Gegenstand notwendiger Reformen debattiert werden. Auf einem 1958 veranstalteten Kolloquium für Physiker unterstrich er „Gottes ungeheures Vertrauen in die Möglichkeiten des Menschen", ein Vertrauen, das durch die Fleischwerdung des Gottessohnes leibhaftig bezeugt wurde.[8] Im selben Jahr sagte er auf einem Einkehrtag für junge Leute: „Gebet ist eine Antwort auf das der Welt innewohnende Geheimnis." Wer nicht betet, trennt sich selbst von der Tiefendimension der Welt ab.[9] Bei Fastenexerzitien für Universitätslehrer erklärte Bischof Wojtyła 1960 in Lodz, Gnade sei „gerade die Freude am Dasein" und die Kirche sei „nicht die Organisation Christi, sondern ein Organismus Christi".[10]

Sein Rang in der Kirche hatte sich wohl verändert, anderes aber war gleich geblieben, zum Beispiel die Entschlossenheit des polnischen Regimes, der Seelsorge für Studenten an der Jagiellonischen Universität und der pastoralen Begleitung von Ärzten und Krankenschwestern im Erzbistum soviel Steine wie möglich in den Weg zu legen. Am 11. Oktober 1959 sollte Wojtyła zum Semesterbeginn in der Universitätskirche St. Anna predigen. Das Regime verbot jede öffentliche Ankündigung, lediglich eine kleine Notiz im Vorraum der Kirche war erlaubt. Dennoch war die Kirche brechend voll, und mehrere Professoren, darunter der gestrenge Adam Vetulani, boten dem Regime die Stirn und saßen die ganze Messe über im Chorraum. Ein paar Monate später, im Februar 1960, besuchte Bischof Wojtyła eine von Albertinerinnen geführte Heilanstalt für Frauen in der Zielna-Straße, wo er mit jeder Patientin redete und sie segnete. Infolgedessen hatten die Albertinerinnen, wie sie ein wenig pedantisch in ihren Büchern festhielten, „Schwierigkeiten" und „Unannehmlichkeiten" mit den Behörden.[11] Neben diesen verhältnismäßig kleinen Zusammenstößen las Wojtyła am 24. Dezember 1959 die erste jener dann jährlich stattfindenden Christmetten unter freiem Himmel in Nowa Huta, der sogenannten Arbeiter-Modellstadt vor den Toren Krakaus, der ersten Stadt in der polnischen Geschichte, die bewußt ohne Kirche gebaut wurde. Dieses jährlich wiederkehrende Ereignis war ein ständiger Stachel im Fleisch der Kommunisten. Angesichts des eiskalten Winters, so schrieb Wojtyła einige Jahre später, hatte die Christmette für jene, die in dieser Nacht keinen anderen Platz fanden, „von den äußeren Umständen her eine erstaunliche Ähnlichkeit" mit jener Weihnachtsnacht vor fast 2000 Jahren.[12]

Doch das Leben war nicht nur Arbeit. Jedes Jahr Ende Juli/Anfang August ging der neue Bischof für zwei Wochen mit seinen Freunden von *Środowisko* auf einen Kajakurlaub. Wann immer es möglich war, fuhr er Ski. Karol Wojtyła hatte die Weihnachtszeit stets geliebt, und jetzt machte er sich den polnischen

Brauch, die Feiertage bis in den Januar auszudehnen, zunutze und nahm an vielen *Opłatek*-Feiern teil, bei denen Freunde eine Weihnachtsoblate brachen und miteinander teilten; dabei sang man traditionelle Weihnachtslieder, die der Bischof meistens auswendig kannte. Auch hielt er den Kontakt zum Rhapsodischen Theater aufrecht. Am 19. September 1961 feierte er die Messe zum 20jährigen Bestehen der Truppe im Dom auf dem Wawel und veröffentlichte unter einem Pseudonym in *Tygodnik Powszechny* einen Aufsatz mit dem Titel „*Die Totenfeier* und der 20. Jahrestag".

DER KAPITELVIKAR

In der Nacht vom 14./15. Juni 1962 starb Erzbischof Eugeniusz Baziak. Bischof Wojtyła vertrat ihn, als er am 15. Juni neue Priester für die Erzdiözese weihte. Am 19. Juni begrüßte er die Gläubigen, die zur Beerdigung des Erzbischofs gekommen waren, mit einer Predigt voller biblischer Verweise. Wojtyła sprach vor allem über die warme und gütige Seite von Baziaks Charakter, die vielen, die ihn nur als einen strengen Mann gekannt hätten, vielleicht entgangen sei. Der verstorbene Erzbischof sei wie der gute Hirte im Evangelium gewesen, er habe seine Schafe nicht nur gehütet und verteidigt, sondern auch das verlorene Schaf gesucht, „und, wenn er es fand, glücklich und frohen Herzens zur Herde zurückgebracht".[13]

Die Priester und das Volk von Krakau bestatteten den aus Lemberg vertriebenen Erzbischof Eugeniusz Baziak in der Kapelle des Bischofs Zebrzydowski im Dom, nicht weit von dem großen schwarzen Kreuz, an dem Königin Jadwiga gebetet hatte. Auf seiner Grabplatte gaben sie ihm im Tode den Titel, den die Kommunisten ihm im Leben verweigert hatten: „Erzbischof von Krakau".

Eine Woche später unterbrach Bischof Wojtyła eine Fahrt zu einem Treffen mit seinen ehemaligen Studenten, um in einer Gemeinde nördlich von Krakau die Messe zu lesen. Der Gemeindepriester war verhaftet worden, weil er in einem provisorischen Gebäude außerhalb der Pfarrkirche „illegal" die Messe gefeiert hatte. Auf diese Weise wollte Wojtyła seine Solidarität mit der Gemeinde und ihrem inhaftierten Pfarrer demonstrieren. Schon bald fiel ihm auch ganz offiziell die Aufgabe zu, der Verfolgung zu trotzen. Am 16. Juli wählte das Kapitel [die höhere Geistlichkeit] des Erzbistums Bischof Wojtyła zum „Kapitelvikar", d. h. zum vorläufigen Verwalter der Erzdiözese Krakau, bis ein Nachfolger für Erzbischof Baziak (genaugenommen für Sapieha) ernannt und eingesetzt sein würde. Es war eine erstaunliche Kundgebung ihres Vertrauens in den jüngsten der Weihbischöfe Krakaus, der zwei Wochen später dem Grundsatz „*Wujek* bleibt immer *Wujek*" alle Ehre machte und seine jungen Paare und ihre Familien auf die jährliche Kajakreise begleitete. In diesem Urlaub sprachen sie über die Bedeutung des anstehenden II. Vatikanischen Konzils, das Papst Johannes XXIII. 1959 anberaumt hatte. Wujek erklärte, es werde eine Wasserscheide im Leben der Kirche sein.[14]

Nach Jahren der Vorbereitung sollte das Konzil am 11. Oktober 1962 in Rom eröffnet werden, aber zunächst mußte Wojtyła sich noch um dringende Amtsgeschäfte in Krakau kümmern. Die kommunistischen Stadtväter versuchten, das in der Straße des Juli-Manifests gelegene Priesterseminar für die Pädagogische Hochschule zu konfiszieren. Vom erzbischöflichen Kapitel darüber unterrichtet, eilte der Kapitelvikar, der gerade eine Gemeinde auf dem Lande besuchte, auf dem schnellsten Wege nach Krakau zurück und bat, zum Erstaunen aller, um ein Gespräch mit dem Krakauer Parteisekretär. Es war das erste Treffen dieser Art, und es lohnte sich. Die Pädagogische Hochschule erhielt die Erlaubnis, den 2. Stock des Gebäudes zu beziehen, während das Priesterseminar weiterhin die beiden unteren Stockwerke belegte und so die Verfügungsgewalt über das Haus behielt, bis schließlich die angehenden Pädagogen im Sommer 1979 das Gebäude ganz verließen.[15]

Auch eine schwere persönliche Sorge bedrückte ihn. Dr. Wanda Połtawska, eine Psychiaterin, die ihm bei der Vorbereitung für *Liebe und Verantwortung* eine große Hilfe gewesen war, erkrankte an einem nach ärztlicher Diagnose tödlichen Krebs. Wojtyła schrieb an den italienischen Kapuziner und Stigmatiker Padre Pio und bat ihn, für die Kranke zu beten. Als Dr. Połtawska vor dem angesetzten chirurgischen Eingriff noch einmal geröntgt wurde, war das Krebsgeschwür verschwunden. Wojtyła war überzeugt, daß Padre Pios Bittgebet dieses Wunder bewirkt hatte – ein erneutes Beispiel für das Außergewöhnliche, das unmittelbar auf der anderen Seite des Gewöhnlichen lag.[16]

Jetzt war er bereit für das II. Vatikanische Konzil. Am Abend des 5. Oktober 1962 brach Bischof Wojtyła nach Rom auf. Bevor er sich auf „den großen Weg vom Grab des hl. Stanislaus zum Grab des hl. Petrus" machte, nahm er „tief bewegt" und „pochenden Herzens" Abschied von seinen Priestern und den Menschen, die sich zur Messe in der Kathedrale eingefunden hatten.[17] Zwar hatte er seinen Freunden immer erklärt, dieses Konzil werde etwas Seltenes und Wichtiges sein, aber er konnte nicht im einzelnen vorhersehen, wie entscheidend das bevorstehende Konzil für das Selbstverständnis der römisch-katholischen Kirche sein würde, für ihren Überlebenskampf im kommunistisch beherrschten Ostmitteleuropa, für die Haltung der Kirche zur modernen Welt – und nicht zuletzt für die Zukunft des Titularbischofs von Ombi und Kapitelvikars der Erzdiözese Krakau.

DAS WAGNIS DES II. VATIKANISCHEN KONZILS

In der Geschichte der katholischen Kirche gibt es nur 21 allgemeine oder „ökumenische" Konzile. Diese Versammlungen aller Bischöfe unter dem Vorsitz des Bischofs von Rom fanden in Kleinasien, in Norditalien, Frankreich, Deutschland und Rom statt. Manchmal dauerten sie nur ein paar Monate, sie konnten sich aber auch 18 Jahre hinziehen.[18] Auf ökumenischen Konzilen wurden Dogmen festgelegt, Glaubensbekenntnisse verfaßt, Häresien verurteilt, Richtlinien für die Sakramentenspende festgelegt, Kaiser abgesetzt, Kirchenspaltungen bekämpft und Vorschläge für die Wiedervereinigung der Christenheit unterbreitet. Unabhängig davon, wo sie stattfanden, was sie behandelten oder wie lange sie für ihre Arbeit benötigten, praktisch alle Konzile wurden von heftigen Streitigkeiten begleitet, die auch noch lange danach weiter tobten.[19]

Als Papst Johannes XXIII. am 25. Januar 1959 die Kirche und die Welt mit seiner Ankündigung verblüffte, er wolle ein ökumenisches Konzil einberufen, rief Kardinal Giovanni Battista Montini – der ihm als Papst nachfolgen, das Konzil zu einem erfolgreichen Abschluß bringen und 13 Jahre lang Probleme mit der Durchsetzung seiner Beschlüsse haben sollte – einen Freund an und sagte: „Dieser heilige alte Knabe weiß gar nicht, in was für ein Wespennest er da sticht."[20] Montini war seiner Natur nach ein Mann, der sich stets Sorgen um den Ausgang einer Sache machte. In diesem Fall waren seine Worte geradezu prophetisch.

Papst Johannes XXIII. plante ein ökumenisches Konzil, wie es noch nie eines in der Geschichte der Kirche gegeben hatte. Frühere Konzile hatten ihre Arbeit damit gekrönt, daß sie Glaubensbekenntnisse, Canones, Verurteilungen und andere offizielle Lehrsätze verabschiedeten, die als „Schlüssel" zur Deutung der Konzilsarbeit dienten. Johannes aber wollte kein mit dogmatischen und kirchenrechtlichen Problemen befaßtes Konzil, ihm ging es um Fragen der Seelsorge und der Evangelisierung. Ihm schwebte ein offenes Gespräch vor, in dem die Bischöfe der Welt dieselbe Erfahrung machen sollten wie Christi Apostel an Pfingsten. Das II. Vatikanische Konzil, so die Idee des Papstes, sollte den christlichen Glauben wieder zu einer kraftvollen Lebensform machen und mit der Moderne in einen Dialog treten. Lehrverurteilungen sollte es nicht geben, vielmehr sollte das Konzil versuchen, wieder die reine Botschaft des Evangeliums zu verkünden. Es sollte, wie das mittlerweile berühmte Wort lautet, die Fenster der Kirche zur modernen Welt aufstoßen.

All das zu tun, ohne die maßgeblichen „Schlüssel" für die Deutung der Konzilsarbeit zu liefern, war höchst riskant. Viele der führenden geistigen und wissenschaftlichen Zentren der modernen Welt, denen sich die Kirche zu öffnen beabsichtigte, schlossen ihre Fenster vor jedem Glauben an das Übernatürliche. Der Katholizismus war weitgehend von der gesamtchristlichen ökumenischen Bewegung abgeschnitten. Seine theologischen Debatten waren noch immer von der Krise überschattet, in die die Kirche im späten 19. und frühen 20. Jahrhundert von der Moderne gestürzt worden war. Ein aggressiv atheistischer Gegner bestimmte mit seiner radikal innerweltlichen Erlösungstheorie das Schicksal von Milliarden von Menschen. Die Kirche selbst war darüber gespalten, ob sie mit der Moderne einen ernsthaften Dialog aufnehmen sollte oder nicht. Einige ältere Kirchenmänner glaubten, jedes Gespräch mit den von der Französischen Revolution entfesselten politischen Kräften werde unvermeidlich zum Untergang des Christentums führen. Andere glaubten ebenso leidenschaftlich, die Vision der Kirche von der Würde und der Bestimmung des Menschen könne dazu beitragen, das moderne Verlangen nach Freiheit eher in schöpferische als in zerstörerische Kanäle zu lenken. Unter diesen Umständen eine ehrwürdige religiöse Institution in ein offenes Gespräch über ihr Wesen, ihren Kult, ihre Sendung und ihre Beziehung zur Welt zu verwickeln, war ein gewaltiger Akt des Glaubens an die Macht des Heiligen Geistes, die Kirche zur Wahrheit zu führen.

Es gibt eine bekannte Version der Geschichte darüber, wie das große Wagnis von Papst Johannes ausging. In ihr sind die Fronten des Konzils klar abgesteckt: Auf der einen Seite standen die guten „Liberalen", auf der anderen die bösen „Konservativen", am Ende aber gewannen die ersteren trotz der Starrköpfigkeit der letzteren. Diese „liberale" Interpretation des II. Vatikanischen Konzils entbehrt nicht jeder Wahrheit. Die römische Kurie, die zentrale Bürokratie der Kirche, war geistig völlig verknöchert und setzte ihre eigenen Belange allzu häufig mit den Bedürfnissen der allgemeinen Kirche gleich. Der Katholizismus hatte, wie Papst Johannes es in seiner berühmten Eröffnungsrede auf dem Konzil formulierte, in seinem Verhältnis zur Moderne zu oft nach der Arznei der Verdammung und zu selten nach der Arznei der Milde gegriffen. Die Theologie der Kirche, ihr Studium der Schrift, ihr Gottesdienst und ihre Stellung zur modernen Politik, alle diese Aspekte der Kirche bedurften der Entwicklung. Es ist auch wahr, daß diese notwendige Entwicklung bei jenen Kirchenmännern, die man getrost als Modernitätsverweigerer bezeichnen darf, manchmal auf erbitterten Widerstand und eine kräftige Ellenbogenmentalität stieß.

Gewiß hatten geschickte politische Manöver viel mit dem Ausgang des Konzils zu tun, und zweifelsohne gab es identifizierbare „Lager" oder Parteien, die darin verstrickt waren. Schließlich setzte sich das Konzil aus Menschen zusammen, und große Menschenansammlungen kommen durch politische Verfahren und Parteibildung zu Entscheidungen.

Das alles können wir der „progressiven" Interpretation des II. Vatikanischen Konzils zugute halten, und dennoch behauptete Papst Johannes Paul II., diese Geschichtsversion habe die wesentliche Erfahrung, den entscheidenden Punkt, des Konzils nicht erfaßt.[21]

Karol Wojtyła besuchte jede Sitzung des II. Vatikanischen Konzils. Er sprach oft davon, wie viel er dem Konzil „schuldete", das „für alle, die daran teilnahmen, von einzigartiger, nicht zu wiederholender Bedeutung" gewesen sei. Es war eine Zeit „großer spiritueller Bereicherung", geformt „durch die Erfahrung einer universalen Gemeinschaft".[22] Das Konzil ist „ein großes Geschenk für die Kirche und für all jene gewesen, die daran teilgenommen haben. Es war ein Geschenk für die ganze Menschheitsfamilie."[23] Es war „das Seminar des Heiligen Geistes",[24] eine Zeit, in der Christi Worte an die Apostel „Ich bin bei euch alle Tage" (Matthäus 28,20) „eine neue Frische erhalten" haben.[25] Um seine persönliche Schuld an das Konzil abzutragen, und in Treue zu seinen Lehren, begann Wojtyła eine so umfangreiche Durchsetzung des Konzils, wie sie nur in wenigen Diözesen der Welt stattfand.

Angesichts dieser Erfahrung und dieses Zeugnisses sollten wir seine Behauptung, die er sowohl als Krakauer Erzbischof wie als Bischof von Rom vehement verteidigte, ernst nehmen, daß nämlich jede Interpretation, die im II. Vatikanischen Konzil nicht in erster Linie eine tiefe *spirituelle* Erfahrung sieht – einen „Akt der Liebe" inmitten eines haßerfüllten Zeitalters, eine Anstrengung, den Glauben der Kirche „zu bereichern", damit Christen ein Leben „in immer vollkommenere[r] Teilhabe an der göttlichen Wahrheit"[26] führen konnten –, den Kern des Konzils nicht begreift. Karol Wojtyła ist und war nie naiv. Als aktiver Teilnehmer an den vier Sitzungen (oder „Perioden") des II. Vatikanischen Konzils und als Mitglied diverser Arbeitsgruppen, die zwischen den offiziellen Sitzungen in Rom beauftragt waren, die Konzilsdokumente zu überarbeiten, kannte er die politischen Machenschaften hinter den Kulissen des Vaticanum Secundum, wie er und seine polnischen Landsleute es nannten, sehr genau. Doch obwohl er all das wußte, beharrte (und beharrt) er darauf, daß man das II. Vatikanische Konzil nur dann vollständig und richtig begreifen kann, wenn man in ihm ein religiöses Ereignis und kein politisches Gerangel sieht, denn die Hauptrolle spielte der Heilige Geist, nicht die verschiedenen kirchlichen Gruppen. Wer Wojtyła als Bischof und als Papst verstehen möchte, darf sich nicht der Anstrengung entziehen, das II. Vatikanische Konzil „von innen heraus" zu verstehen, so wie er es erlebte.

Ein Sohn des Konzils

Das II. Vatikanische Konzil vermittelte Karol Wojtyła, der nach der Rückkehr von seinem Studium in Rom 1948 Polen nicht mehr verlassen hatte, einen neuen und sehr konkreten Eindruck von der Universalität der Kirche. Er kam aus einem Land, das sich gerade auf die Tausendjahrfeier seiner Christianisierung vorbereitete. Nun, da er jeden Herbst zu den zwei Monate dauernden Konzilssitzungen nach Rom reiste, traf er Bischöfe von Kirchen, die kaum ein Jahrhundert alt waren, und die über die Zukunft des Katholizismus kraftvoll und klug debattierten. Für ihn war es „eine Inspiration", eine Erfahrung, die er dichterisch in Versen zu erfassen suchte. Er kritzelte sie auf die Seiten offizieller Arbeitspapiere des Konzils und schickte sie an *Tygodnik Powszechny*.[27] Beispielsweise war er zutiefst bewegt von seinen ersten längeren Kontakten mit Afrikanern und der Erkenntnis, daß sie, wenn auch auf andere Weise, dieselbe Wahrheit lebten:

> Das bist du, *Mein Teurer Bruder*, ich fühle in dir das
> riesige Land,
> in dem die Flüsse plötzlich versickern ... die Sonne
> den Organismus wie Erz im Hochofen schmilzt
> – ich fühle in dir den gleichen Gedanken:
> und denkst du auch anders, so scheidest du doch
> mit derselben Waage Wahrheit vom Irrtum.
> Dann ist es die Freude, daß wir auf eine Waage
> unsere Gedanken legen,
> die anders in deinen und anders in meinen
> Augen leuchten, obwohl wir in ihnen
> die gleichen Inhalte hegen.[28]

Neben seinen Treffen und Arbeitssitzungen mit führenden Kirchenmännern der Welt bot sich Karol Wojtyła auch die Gelegenheit, alte Freunde wieder aufzuspüren, die er vor mehr als zwanzig Jahren aus den Augen verloren hatte. Jerzy Kluger, der als Ingenieur in Rom arbeitete, hatte seinen Klassenkameraden aus Wadowice seit dem Ausbruch des Zweiten Weltkrieges nicht mehr gesehen. Eines Tages las er in einer römischen Zeitung, Erzbischof Karol Wojtyła aus Krakau habe beim Konzil eine Rede gehalten. Kluger rief im polnischen Institut in Rom an, wo Wojtyła während der Konzilssitzungen wohnte, und fragte nach ihm. Wojtyła war nicht im Hause, rief aber sofort nach seiner Rückkehr zurück und bat seinen Klassenkameraden, unverzüglich vorbeizukommen. Kluger wühlte sich durch das Fegefeuer des römisches Verkehrs und betrat das polnische Institut. Als Wojtyła die Treppe herunterkam, sagten beide nichts und schauten einander nur schweigend an. Dann umarmten sie sich. Als Kluger den Erzbischof mit „Exzellenz" anredete, fiel ihm Wojtyła ins Wort: „Was heißt hier Exzellenz? Nenn mich Lolek, wie immer!"[29]

Auch alte Orte waren wieder oder neu zu entdecken. Während des Konzils streifte Wojtyła nicht nur durch Rom, sondern griff auch den Vorschlag Papst Pauls auf, die Bischöfe sollten vor seiner eigenen für 1964 geplanten Pilgerreise das Heilige Land besuchen. Im Dezember 1963 wandelte Wojtyła zehn Tage lang auf den Wegen, die Jesus gegangen war, saß auf Hügeln, wo Jesus gepredigt hatte, betete an der Stelle, wo er gestorben war. Er reiste mit einer Gruppe von Bischöfen. Die Reise begann in Ägypten und bewegte sich auf den Spuren „des Auszugs ins Gelobte Land, den das auserwählte Volk im Alten Testament genommen hatte". In Betlehem, so schrieb er an Krakaus Priester, sangen die polnischen Bischöfe auf die Bitte eines alten polnischen Franziskaners, der seit Jahren in Jerusalem arbeitete, „ein paar polnische Weihnachtslieder" in der Geburtsgrotte. Die Bischöfe stiegen auf den Tempelberg in Jerusalem, ein „für Christen heiliger Ort", denn hier hatte „der Tempel des wahren Gottes, den unser Herr schlicht ‚das Haus meines Vaters' nannte" gestanden, und außerdem „suchte unser Erlöser den Tempel viele Male in seinem Leben auf". Die mystische Öde der judäischen Wüste machte auf Wojtyła wie auf viele andere einen unvergeßlichen Eindruck. Hier wurde er von der Erkenntnis überwältigt, daß Gott, um die Welt zu erlösen, an einem bestimmten Ort und zu einer bestimmten Zeit in die Geschichte eingetreten war. In einem Gedicht formulierte er es so: „Überall suchst Du Menschen/um sie überall zu suchen, mußtest Du stehenbleiben/an einem Ort. Du wähltest diesen."[30]

Am Ufer des Sees Gennesaret zu stehen, an jenem Ort, von dem Petrus aufbrach, um Menschenfischer zu werden, war ein Erlebnis ganz besonderer Art. Schon die Erfahrung des Konzils hatte Karol Wojtyłas Auffassung vom Amt Petri – dem Papstamt – in der Kirche vertieft. Als junger Priester und Student war er Pius XII. begegnet, doch der Papst, der ihn zum Bischof ernannt hatte, war für ihn eine Gestalt in weiter Ferne. Nun, da er mit den Päpsten Johannes XXIII. und Paul VI. zusammenarbeitete und jeden Tag viele Stunden im Petersdom verbrachte, ging ihm erst so recht auf, was das Amt Petri für die Kirche bedeutet und was es dem Mann, der es innehatte, abverlangte. Wieder einmal ließ sich seine Einsicht am besten durch ein Gedicht ausdrücken:

> An dieser Stelle berühren unsere Füße die Erde,
> auf der Wände und Säulengänge gegründet sind ...
> wenn du dich hier nicht verlierst, sondern gehst,
> findest du Ganzheit und Sinn –
> weil *Er* dich leitet. Das bindet nicht nur die Weite
> des Renaissancebaus, auch die Entfernung *In Uns*,
> die wir im Bewußtsein unserer Schwächen und
> Niederlagen durchmessen.

> Du bist es, Petrus. Du willst hier *Boden* sein, den
> sie begehen
> (ohne zu wissen, wohin), damit Du sie leitest,
> damit der Blick, Geburtshelfer des Gedankens, die
> Räume vereine.
> Du willst der Boden sein, der den Füßen dient – wie
> der Fels den Hufen der Schafe:
> Der Fels ist ebenfalls Boden eines gigantischen
> Tempels. Das Kreuz ist die Weide.[31]

Doch selbst nachdem ihn das Konzil gelehrt hatte, was Rom als verbindender Mittelpunkt für eine zunehmend bunter werdende universale Kirche bedeutet, hielt Karol Wojtyła nach Aussage jener, die ihn am besten kennen, eine kritische Distanz zu der Versuchung, „Rom" als die Kirche zu betrachten (einige sprechen vom Virus der *Romanità*). Seine erste und höchste Verantwortung galt Krakau, und deshalb nutzte er seine regelmäßige Anwesenheit während der über vier Jahre stattfindenden Herbstsitzungen des Konzils in Rom dazu, etwas für die Heimatfront zu tun. Im Mai 1963, zwischen der ersten und zweiten Sitzungsperiode des Konzils, hatte er beim Dom auf dem Wawel ein Denkmal für Rafał Kalinowski und Adam (Bruder Albert) Chmielowski enthüllt und dabei einige deutliche Worte über diese beiden „polnischen Rebellen" gesagt, deren Teilnahme am Aufstand von 1863 „eine Station auf dem Weg zur Heiligkeit" gewesen sei. Auf der zweiten Sitzungsperiode überredete er alle polnischen Bischöfe, eine Bittschrift oder ein „Gesuch" für die Seligsprechung Bruder Alberts zu unterzeichnen. Gemeinsam mit dem römischen Befürworter der Sache Chmielowski suchte er Kardinal Arcadio Larraona, den Präfekten der Ritenkongregation, auf, um sich persönlich zum Fürsprecher Bruder Alberts zu machen.

Dann gab es noch den Fall der Schwester Faustina Kowalska, einer jungen, 1938 in Krakau gestorbenen Mystikerin. Ihre Anbetung der „göttlichen Gnade" verbreitete sich in ganz Polen, und das, obwohl ihre Schriften gewissen römischen Autoritäten theologisch verdächtig erschienen. Das Erzbistum Krakau wollte für Schwester Faustina gern die Seligsprechung erwirken, und Wojtyła trug dazu bei, die doktrinäre Luft in der Kurie zu reinigen, so daß Schwester Faustinas Fall Gehör fand.[32]

Erzbischof Wojtyła hielt auch den Kontakt zwischen Rom und Polen aufrecht, indem er regelmäßig das Polnische Kolleg besuchte, die römische Residenz polnischer Priesterstudenten und Seminaristen. Bei einem dieser Besuche fragte ihn ein Student unverblümt, was überhaupt der Sinn eines ökumenischen Konzils sei, das kein klar definiertes Ziel habe. Der Erzbischof antwortete, Papst Johannes, ein sehr kluger Beobachter der Zeitläufte, sei tief besorgt über die „kulturelle Wurzellosigkeit" der Moderne und glaube, die Kirche müsse sich erneuern, wenn sie in einem durch die Technik veränderten und mitunter auch beschädigten Zeitalter das Evangelium predigen wolle. Die Einheit der Christen, betonte er, sei ein weiteres wesentliches Konzilsziel und einer der wesentlichen Beweggründe des Papstes für die Einberufung des II. Vatikanischen Konzils.[33]

Und schließlich war das II. Vatikanische Konzil eine in geistiger Hinsicht und für die philosophische Arbeit Wojtyłas wichtige Erfahrung. Die Debatten über die beiden zentralen dogmatischen Konstitutionen des Konzils zur *Kirche* und zur *Göttlichen Offenbarung*, wie auch seine Mitwirkung am Entwurf des folgenreichen Konzilsdokuments *Pastoralkonstitution über die Kirche in der Welt von heute* glichen einer Art höherem Theologiestudium, das, wie ein Konzilstheologe es später formulierte, sein „Bild von der Kirche befruchtete".[34] Gleichzeitig glaubte er, die Auffassung des Konzils von der menschlichen Person wäre noch überzeugender, wenn sie eine tiefere philosophische Grundlage erhielte. Dieser Überlegung entsprang Wojtyłas wichtigstes philosophisches Werk, *Person und Tat.*

Als das Konzil 1965 zu Ende ging, war der junge Bischof, der 1962 als unbekannter Kapitelvikar von Krakau nach Rom gereist war, unter seinesgleichen (wenn auch nicht unbedingt für die internationale Presse) einer der bekanntesten Kirchenmänner. Die Beachtung, die er sich erwarb, beruhte nicht in erster Linie darauf, daß er so ganz anders auftrat als die ehrfurchtgebietende Persönlichkeit des Primas, Kardinal Wyszyński. Sie wurde ihm vielmehr als einem Mann voller Ideen mit einer bemerkenswerten persönlichen Ausstrahlung zuteil.

AUSGANGSPUNKT

Am 11. Oktober 1962 wurde Papst Johannes XXIII., umgeben von der ganzen Renaissancepracht des päpstlichen Hofes, die schon bald nur noch in alten Wochenschauen zu bewundern war, auf der *Sedia gestatoria* das Mittelschiff des Petersdoms hinaufgetragen, um das II. Vatikanische Konzil zu eröffnen. Das Schiff der Basilika war von einem Heer von Arbeitern, den *Sanpietrini*, für die offiziellen Sitzungen des II. Vatikanischen Konzils in eine riesige Aula verwandelt worden. An jeder Seite des Mittelschiffs standen lange Sitzreihen für die mehr als 2000 am Konzil teilnehmenden Bischöfe – was allein schon deutlich machte, wie sehr die Kirche in den 90 Jahren gewachsen war, hatte doch das I. Vatikanische Konzil (1869-1870) noch bequem in einem Arm des Querschiffes Platz gefunden. Wie es seinem geringen Alter und seinem verhältnismäßig bescheidenen Rang zukam, saß der Titularbischof von Ombi und Kapitelvikar von Krakau neben der Tür, etwa 150 Meter vom Hochaltar entfernt.[35] Das Konzil stand noch an seinem Anfang, da hatte Bischof Wojtyła schon einen bemerkenswerten Beitrag zum Fortgang geleistet.

Im Juni 1959 hatte die von Papst Johannes XXIII. eingesetzte Vorbereitungskommission an alle katholischen Bischöfe, alle Ordensoberen und alle theologischen Fakultäten geschrieben und um Vorschläge für die Tagesordnung des Konzils gebeten. Viele Bischöfe sandten Entwürfe zu internen Kirchenangelegenheiten ein, über die sie diskutieren wollten. Bischof Karol Wojtyła schickte der Kommission einen Essay, die Arbeit eines Denkers, nicht eines Kirchenrechtlers. Anstatt damit zu beginnen, was die Kirche tun müsse, um sich selbst zu reformieren, wählte er einen ganz anderen Ausgangspunkt. Was, so fragte er, ist die *conditio humana* heute? Was wollen Männer und Frauen in unserer Zeit von der Kirche hören?

Die entscheidende Frage der Zeit war für ihn die nach der Person: Der Mensch ist ein einzigartiges Geschöpf, das in einer materiellen Welt lebt und gleichwohl starke spirituelle Bedürfnisse hat, er ist sich und den anderen ein Geheimnis, ein Geschöpf, dessen Würde einem inneren, vom Bilde Gottes geprägten Leben entspringt. Die Welt will von der Kirche hören, was sie über die menschliche Person und die *conditio humana* zu sagen hat, vor allem im Lichte anderer Theorien – „wissenschaftlicher, positivistischer, dialektischer" –, die sich als humanistisch bezeichnen und sich als Wege zur Befreiung ausgeben. Am Ende von 2000 Jahren christlicher Geschichte hat die Menschheit eine Frage an die Kirche: Was ist christlicher Humanismus, und wie unterscheidet er sich von den diversen anderen Humanismen, die in der Spätmoderne angeboten werden? Was ist die Antwort der Kirche auf die weitverbreitete moderne „Verzweiflung [über] jede Form menschlicher Existenz"?

Die Krise des Humanismus in der Mitte eines Jahrhunderts, das sich selbst seines Humanismus rühmte, sollte nach dem Vorschlag von Bischof Wojtyła der ordnende Rahmen der Konzilsüberlegungen sein: Die Kirche besteht nicht um ihrer selbst willen. Sie hat die Aufgabe, das Heil in eine Welt zu bringen, in der die Verheißung der Humanisierung durch materielle Mittel immer wieder zum Verlust der Humanität und zur Erniedrigung des Menschen geführt hat.

Wojtyłas weitere Vorschläge für die Konzilsagenda kamen immer wieder auf diese grundlegende Krise des Zeitalters zu sprechen. Das Streben nach Einheit der Christen (indem man „weniger das Trennende hervorhebt und statt dessen nach dem Verbindenden sucht") ist für die Verkündigung eines überzeugenden christlichen Humanismus wesentlich. Eine glaubenseifrige, gebildete Laienschaft ist unerläßlich, wenn der christliche Humanismus in alle Kreise der Gesellschaft vordringen will, „vor allem an die Orte, an denen die Priester und der Klerus ihrer eigenen Sendung nicht nachkommen können". Die Evangelisierung der modernen Kultur durch den christlichen Humanismus braucht Priester, die fähig sind, „alles, was an sich wertvoll ist, zu bejahen, selbst wenn es äußerlich gesehen keinen religiösen oder sakralen Charakter hat".

In einigen Fällen vollzieht sich die Heiligung des ganzen Lebens „indirekt", meinte Wojtyła weiter. Wann immer der Priester mit der Welt der Kultur oder der Arbeit zusammenkommt, muß er „das Heilige in einer Weise darstellen, die den Menschen von heute völlig angemessen erscheint". Dazu sind jedoch Priesterseminare erforderlich, die „nicht einfach für den Beruf ausbilden, sondern echte Akademien" sind und den Priester darauf vorbereiten, einer zunehmend besser ausgebildeten Laienschaft zu dienen. Durch die Einführung der Landessprache in der Messe und bei anderen Sakramentenfeiern wird das evangeliumsgemäße Handeln von Priestern und Laien ebenso gewinnen wie das Zeugnis der Kirche für den christlichen Humanismus.[36]

Karol Wojtyłas an die Vorbereitungskommission eingereichter Vorschlag spiegelte die Eindrücke seiner ersten vier Lebensjahrzehnte: die Nazi-Okkupation und das Leben im stalinistischen Polen; seine Erfahrung als Lehrer und Beichtvater; seine Anstrengung, „Gott, unergründlich im Geheimnis des innersten Lebens des Menschen" durch seine Gedichte, seine Dramen und seine philosophischen Aufsätze zu begreifen. Aus Wojtyłas Darstellung der Beziehung von

Heiligem und Profanem hören wir deutlich Anklänge an Mieczysław Kotlarczyk und das Rhapsodische Theater heraus. Seine Erfahrungen mit jungen Paaren schwingen in seinen Vorschlägen für ein Laienapostolat mit, das den christlichen Humanismus an Orten verkörpert, die für den Klerus unerreichbar sind. (Wir vernehmen sogar das Geräusch der Kajakpaddel auf den Masurischen Seen, wenn Wojtyła anregt, das Kirchenrecht so abzuändern, daß „die Meßfeier mit einem tragbaren Altar (...) die kirchlichen Gebote für die Sonn- und Feiertage erfüllt", ohne eine Sondererlaubnis.)

Einzigartig und, um ein abgegriffenes Wort einmal mit vollem Recht zu verwenden, „prophetisch" war Wojtyłas Vorschlag, die Frage nach einem den Männern und Frauen unserer Zeit entsprechenden Humanismus in den Mittelpunkt der Konzilsdebatten zu rücken. Vor, während und nach dem Konzil wurde viel darüber geredet, daß man „die Zeichen der Zeit verstehen" müsse. Hier war ein 39jähriger Bischof, der, indem er genau das tat, den Finger auf die größte Wunde seines Jahrhunderts legte, damit sie durch eine überzeugendere Verkündigung des Evangeliums geheilt werden konnte.

Den Prozess gestalten

Das II. Vatikanische Konzil hatte einen eigenen Jargon, der weitgehend dem Lateinischen, der offiziellen Geschäftssprache, entsprang. So war ein Bischof nicht „Mitglied" des Konzils, sondern „Konzilsvater". Betrat er die *Aula,* nicht den Konzilssaal, zeigte er seine „Akkreditierung", nicht seinen Ausweis vor. Wollte er das Wort ergreifen, hielt er keine Rede, er „machte eine Intervention". Um diese vorzubereiten, konnte er sich an einen *peritus,* einen theologischen Experten, wenden, der ihm half, seine Argumente und sein Latein aufzupolieren. Die Entwürfe der Konzilsdokumente waren keine gedruckten Broschüren, sondern *fasciculi*. Bei den Abstimmungen über diese Erklärungen schrieb der Konzilsvater nicht „Ja" oder „Nein" auf seinen Stimmzettel, sondern *Placet* (es findet Zustimmung) oder *Non placet* (findet keine Zustimmung), oder *Placet iuxta modum* (findet Zustimmung, muß aber verbessert werden). Die vier Vorsitzenden, die für den Ablauf des Konzils verantwortlich waren, mußten von den zwölf Konzilspräsidenten unterschieden werden, deren Funktion in den vier Jahren nie richtig deutlich wurde.[37] Morgens versammelte sich das Konzil zu offiziellen Sitzungen und nahm Interventionen entgegen – gewöhnlich waren es ungefähr ein Dutzend. Ein großer Teil der eigentlichen Arbeit, und zweifellos der überwiegende Teil der menschlichen Interaktion des II. Vatikanums, fand nicht in der Aula statt, sondern zum Beispiel in den beiden Kaffeebars, die man im Petersdom einrichtete und die sofort die Spitznamen Bar Jona und Bar Mitzwa erhielten. Die Speisesäle sowie die Diskussionsveranstaltungen in Hotels, Klöstern oder in den Priesterseminaren der verschiedenen Länder waren weitere Orte, an denen Dinge verhandelt wurden, die man in der Aula nur schwer oder gar nicht hätte besprechen können.

Jeder, der daran teilnahm, konnte eine Menge lernen, und das „inoffizielle" Konzil hatte keinen geringen Einfluß auf das offizielle. In späteren Jahren äußerten sich einige Teilnehmer im Rückblick kritisch darüber, wie die Bischöfe in diesen zwanglosen Diskussionen unter die Vormundschaft der Theologen und Bibelgelehrten gerieten, die beinahe, und nach Ansicht einiger Angehöriger dieses Kreises tatsächlich, eine parallele Lehrautorität in der Kirche beanspruchten. Manche Bischöfe, auch Wojtyła, machten sich das Wissen gelehrter *periti* zunutze, ohne sich von ihnen erdrücken zu lassen.

Die primären historischen Quellen des II. Vatikanischen Konzils bestehen aus den mündlichen und schriftlichen Interventionen der Konzilsväter sowie den 16 offiziellen Konzilsdokumenten, zu denen diese Interventionen beitrugen. Bischof (in der dritten und vierten Sitzungsperiode des Konzils Erzbischof) Wojtyła machte in allen vier Sitzungsperioden des II. Vatikanischen Konzils mündliche und schriftliche Interventionen. Diese Beiträge geben uns einen Eindruck davon, wie er das Konzil von innen heraus verstand.

In der ersten Sitzungsperiode des II. Vatikanums, im Herbst 1962, beteiligte sich Wojtyła an einer hitzigen theologischen Debatte darüber, wie die Kirche das Verhältnis zwischen den beiden Quellen göttlicher Offenbarung – Schrift und Tradition – zu verstehen habe. Angesichts des reformatorischen Grundsatzes *Sola scriptura* [allein die Schrift] war dies ein Thema mit beträchtlichen ökumenischen Rückwirkungen. Wojtyła erklärte, die ganze Debatte müsse anders angegangen werden. Gott selbst sei die einzige Quelle der Offenbarung. Indem er Gottes *Selbst*offenbarung in Schrift und Tradition hervorhob und damit die „Offenbarung" weniger als eine Sache biblischer oder theologischer Aussagen begriff, wandte Wojtyła seinen Personalismus auf das Verständnis der Kirche von Gott und seiner Beziehung zur Welt an.[38]

Als die Konzilsväter in der ersten Sitzungsperiode über liturgische Reformen sprachen, ergriff Wojtyła kurz das Wort und drängte, angeregt durch seine eigene Erfahrung als Priester, darauf, daß das reformierte Taufritual die Verpflichtung der Eltern und Paten betone, das Kind im Glauben zu erziehen.[39] Anläßlich der Diskussion über Wesen und Sendung der Kirche reichte Wojtyła einen schriftlichen Beitrag ein, der auf eine eher personalistische und pastorale Auffassung des Seelenheils drängte, während das Konzil (in Anlehnung an Pius XII.) herausstellte, was aus dem Bild von der Kirche als mystischem Leib Christi folgt. Außerdem wünschte er, daß in jedem Dokument über die Kirche die besondere Berufung der Laien unterstrichen werde. Das sei heute eine gerechtfertigte „Forderung" von Männern und Frauen, und ihre Anerkennung werde innerhalb der katholischen Gemeinschaft „das Gefühl der Verantwortung für die Kirche" stärken. Gemeinsam mit den anderen polnischen Bischöfen beantragte er ein eigenes Konzilsdokument über die Heilige Jungfrau Maria, eine Position, die schließlich aus theologischen und ökumenischen Gründen vom Konzil verworfen wurde. In Übereinstimmung mit der Lösung, die am Ende angenommen wurde (sie bestand darin, die Meinung des Konzils zu Maria in die *Dogmatische Konstitution über die Kirche* aufzunehmen), schlug Wojtyła schon früh vor, man solle im Zusammenhang mit Maria stets von ihrer „Mutterschaft" *in* der Kirche sprechen, von einer mütterlichen Sorge dafür, daß alle Söhne und Töchter der Kirche wie Christus werden mögen. Eine solche marianische Theologie, so meinte er, werde auch dazu beitragen, einen Dokumentenentwurf zu verbessern, in dem „die Kirche uns eher als eine Gemeinschaft der Lehre denn als Mutter vorgestellt wird".[40]

Auf der zweiten Sitzungsperiode des Konzils, im Herbst 1963, sprach Wojtyła in der Diskussion über die Kirche als „Volk Gottes". Er wollte dieses Bild sakramental, in Analogie zur Fleischwerdung Christi, aufgefaßt wissen. Die Kirche sei das „Volk Gottes", eine durch eine „übernatürliche Transzendenz" gestiftete Gemeinschaft, die eben dadurch einzigartig sei und ihre besondere Sendung in der Welt erhalte, nämlich zu lehren, daß die wahre Bestimmung der Welt in der Vollendung der Geschichte liege, wenn Gott alles in allen sein werde.[41] In einer schriftlichen Rede in derselben Debatte meinte der Philosoph Wojtyła, die „Zweckursache", das Wozu der Kirche, sei die Heiligkeit. Jeder getaufte Christ sei zur Heiligkeit berufen, sie sei nicht das Monopol des Klerus oder der Hierarchie, sondern die Bestimmung aller, die Christus „in der Wahrheit geheiligt" habe, damit sie „in die Welt gesandt" werden (Johannes 17,18f.). Die Heiligkeit, zu der Christen berufen sind, schrieb Wojtyła, sei nichts anderes als eine „sublime Teilhabe an der Heiligkeit der Heiligen Dreifaltigkeit" Gottes.[42]

An der dritten (Herbst 1964) und vierten (Herbst 1965) Sitzungsperiode des Konzils nahm Karol Wojtyła als Erzbischof von Krakau und nicht mehr als junger Weihbischof teil. Dementsprechend nahmen seine mündlichen und schriftlichen Beiträge zu. In der dritten Sitzungsperiode unterbreitete er eine längere schriftliche Intervention „im Namen des polnisches Episkopats" über Marias Stellung in der vorgeschlagenen *Dogmatischen Konstitution über die Kirche*. Er fügte noch eine persönliche Ausführung mit dem Vorschlag bei, das Kapitel über Maria nicht an den Schluß des Dokuments zu setzen, sondern unmittelbar auf das erste Kapitel über „Das Mysterium der Kirche" folgen zu lassen. Wie Maria den Leib Christi als seine irdische Mutter nährte, so nähre sie auch weiterhin den mystischen Leib Christi.[43]

In der dritten Sitzungsperiode mischte sich Wojtyła energisch in die Debatte über das vorgeschlagene *Dekret zum Apostolat der Laien* ein. In einem mündlichen Beitrag begrüßte er den revidierten Entwurf, da er die Quelle des Laienapostolats ganz richtig in der durch die Taufe gewonnenen Würde und Verantwortung aller Christen sah, nicht in der Tatsache, daß einige Laien bestimmten apostolischen Bewegungen angehörten. Das besondere Apostolat von Laien, ob nun Männer oder Frauen, sei eine Sache der grundlegenden Sakramententheologie, nicht der Kirchensoziologie. Der Erzbischof meinte, dieses Dekret sei vor allem für jene wichtig, die, wenn sie über „die Kirche" sprachen, „nicht von sich selbst zu reden scheinen", sondern nur von Priestern, Nonnen und Bischöfen. Wojtyła empfahl weiter einen „Dialog innerhalb der Kirche", in dem Klerus und Laien „sich einander in völliger Aufrichtigkeit öffnen". Dies würde die Evangelisierung der gesamten Kirche fördern, denn die Sendung der Kirche in der Welt hänge von der Sendung der Kirche sich selbst gegenüber ab, in der die Glieder des Leibes Christi sich gegenseitig um ihrer gemeinsamen Zeugenschaft willen bereicherten. Auch setzte er sich sehr dafür ein, daß junge Menschen und ihr einzigartiges Apostolat in jedem Konzilsdokument zur Laienschaft erwähnt wurden. (In dieser speziellen Diskussion war Wojtyła der einzige Redner, der die Anwesenheit von Frauen auf den Zuhörerrängen des Konzils würdigte und seine Ausführungen mit den Worten begann: *„Venerabiles patres, fratres, et sorores ..."* [Verehrungswürdige Väter, Brüder und Schwestern].⁴⁴)

In einer schriftlichen Stellungnahme zum gleichen vorgeschlagenen Dekret argumentierte Wojtyła, es könne bei der Wiederbelebung des Laienapostolats nicht darum gehen, die Laien zu einer Art Kleriker zu machen, die sich vor allem um die inneren Angelegenheiten der Kirche kümmerten. Der Sinn sei vielmehr, die Laien als Apostel in der kulturellen und in der Arbeitswelt aufzuwerten. Der Erzbischof dachte gewiß auch an seine Freunde von *Tygodnik Powszechny* und vom Rhapsodischen Theater, als er die besonderen Beiträge von Schriftstellern und Künstlern zur Evangelisierung der Kultur pries: „Sie lehren nicht nur, sie erfreuen auch, indem sie Herz und Verstand zur Wahrheit locken."⁴⁵

Nicht weniger energisch nahm Karol Wojtyła in Wort und Schrift an der hitzigsten Debatte der dritten Sitzungsperiode teil, in der es um die Religionsfreiheit ging.

Warum war die Religionsfreiheit auf dem II. Vatikanischen Konzil so umstritten?

Einige Konzilsväter nahmen eine philosophische Haltung ein, die, wenn man ihre Prämissen akzeptierte, zumindest logisch war. Der „Irrtum" habe „keine Rechte"; Staaten sollten dies anerkennen, damit der Gerechtigkeit gedient werde; das beste Arrangement zwischen Kirche und Staat sei daher jenes, in dem der Staat die Wahrheit des Katholizismus anerkenne und ihm eine privilegierte Stellung in der Gesellschaft einräume. Andere, darunter auch ein sehr beredter Missionserzbischof aus Frankreich, Marcel Lefebvre, waren davon überzeugt, daß jede Zustimmung zur Religionsfreiheit katholischerseits bedeute, die radikal säkularisierte Politik gutzuheißen, die in der Französischen Revolution entfesselt worden sei. Wieder andere sorgten sich, eine konziliare Verteidigung der Religionsfreiheit könnte eine so dramatische Entwicklung der Lehre nach sich ziehen, daß man annehmen müsse, die Kirche habe sich in der Vergangenheit grob geirrt. Diese Befürchtungen vermischten sich nicht selten in den Köpfen einiger Bischöfe.

Im anderen Lager standen drei Gruppen von Bischöfen. Die Konzilsväter aus den Vereinigten Staaten hatten erlebt, wie der Katholizismus bei einer verfassungsmäßig verordneten „Trennung" von Kirche und Staat blühte. Sie sahen keinen Grund, warum diese Einrichtung schlechter sein sollte als die Allianz von Thron und Altar, die in Europa lange gegolten hatte. Zur zweiten Gruppe zählten die westeuropäischen Bischöfe, die (sei es aus theologischen oder politischen Gründen) entschlossen waren, die Kirche von jeglicher Sehnsucht nach dem Ancien régime zu befreien. Und da gab es noch die Bischöfe aus Ostmitteleuropa, von denen viele im Gefängnis gesessen oder unter Hausarrest gestanden hatten. Sie wünschten sich ein entschiedenes Eintreten des Konzils für die Religionsfreiheit, um für ihren Kampf gegen den Kommunismus besser gerüstet zu sein.

Als Wojtyła sich in der dritten Sitzungsperiode in die Debatte einmischte, war die vorgeschlagene Erklärung zur Religionsfreiheit ein Anhang zu einem Dokument, aus dem dann das *Dekret über die Ökumene* hervorgehen sollte. Die erste Intervention des Krakauer Erzbischofs am 25. September 1964 ging auf beide Seiten der Religionsfreiheit ein: auf die ökumenische Frage und auf das Verhältnis von Kirche und Staat. Indem er zwischen der ökumenischen und der politischen Seite der Frage hin und her sprang, entwickelte er eine höchst komplexe und feinsinnige Position, die dann im folgenden Jahr in die *Erklärung über die Religionsfreiheit* einging.

Religionsfreiheit, so begann er, treffe den Kern des Dialogs zwischen Kirche und Welt, denn sie berühre die Frage, was die Kirche zur menschlichen Person und der *conditio humana* sage. Daher sei es von größter Bedeutung, Freiheit in ihrer ganzen Vielschichtigkeit zu verstehen und sie nicht auf eine neutrale, indifferente Entscheidungsfähigkeit zu reduzieren. Freiheit, so der Erzbischof, sei Freiheit *für* etwas, nicht einfach Freiheit *gegen* etwas. Und Freiheit sei Freiheit *für* die Wahrheit. Erst wenn der Mensch in der Wahrheit lebe, sei er wirklich frei.

Diese Auffassung von Wahrheit führte wiederum zu zwei Schlußfolgerungen über die Gesellschaft. Die erste besagte, der Staat sei in theologischen Dingen inkompetent und es sei nicht seine Sache, religiöse Institutionen zu bevormunden oder zu verbieten. Die zweite besagte, die These des Kommunismus, Religion sei „entfremdend" und deshalb ein legitimer Gegenstand staatlicher, Unterdrückung, sei blanker Unsinn. Das Konzil „soll die volle und umfassende Wahrheit über den Menschen verkünden, der in keiner Weise durch die Religion entfremdet ist, sondern durch sie zur Vollkommenheit gelangt".[46]

Als Wojtyła in der Debatte über die Religionsfreiheit das Wort ergriff, war der Streit, in dem man sich an der Frage des Verhältnisses von Kirche und Staat festgebissen hatte, in eine Sackgasse geraten: Die Befürworter der Religionsfreiheit waren vor allem daran interessiert, die Kirche aus den Verflechtungen von Kirche und Staat herauszulösen; die Gegner waren davon überzeugt, Religionsfreiheit sei das Einfallstor für religiöse Gleichgültigkeit des Staates, auf die dann staatliche Schikanen folgten. Der Erzbischof von Krakau stellte die Frage demgegenüber in einen personalistischen Kontext und zeigte, wie die in der Freiheit zum Ausdruck kommende Transzendenz der menschlichen Person Gott „ins Angesicht schaut". So gelang es ihm, deutlich zu machen, daß Religionsfreiheit sich energisch verteidigen ließ, ohne Freiheit auf Meinungsrelativismus zu reduzieren.

Durch geschicktes Taktieren hinter den Kulissen gelang es den Gegnern, eine Abstimmung über die Religionsfreiheit am Ende der dritten Konzilsperiode zu blockieren. Die vierte und letzte Konzilssitzung des II. Vatikanischen Konzils begann daher mit einem letzten Duell über die Religionsfreiheit. Erzbischof Wojtyła sprach als einer der Befürworter der neuen *Erklärung über die Religionsfreiheit* (die jetzt den lateinischen Titel *Dignitatis humanae* trug) und spitzte seine schon in der dritten Sitzungsperiode vorgetragene These über das Verhältnis von Freiheit und Wahrheit noch einmal zu. Es genüge nicht, einfach zu sagen: „Ich bin frei." Vielmehr „ist es notwendig zu sagen (...): ‚Ich bin verantwortlich.' Genau diese Lehre folgt aus der lebendigen Tradition der Märtyrer und Bekenner. Freiheit gipfelt und erfüllt sich notwendigerweise in Verantwortung."[47]

Vermutlich in der Annahme, die unterlegenen Gegner könnten behaupten, die einzige „Autorität" hinter der Erklärung sei die menschliche Vernunft, reichte Wojtyła dann eine schriftliche Intervention ein, in der er forderte, das Dokument möge doch noch das stärkere Argument zugunsten der Religionsfreiheit anführen, nämlich, daß sie Gottes geoffenbarter Wille für die Menschen und die Welt sei. Die Erklärung sollte nach seinem Vorschlag die Religionsfreiheit „wesentlich als eine geoffenbarte Lehre, die mit der gesunden Vernunft völlig übereinstimmt" darstellen. Aufgabe des Konzils sei es, die göttliche Wahrheit zu lehren. Sollte diese auch der menschlichen Vernunft entsprechen, wie es wohl in denjenigen Staaten der Fall sei, welche die Religionsfreiheit schützten, „um so besser". Die Welt wolle von der Kirche mehr hören als das, was sie schon wisse: „Die Welt wartet auf die Lehre der Kirche, das heißt auf die geoffenbarte Lehre, über diese Dinge."[48]

Die Konzilsväter schlossen sich dem offenbar an. Der endgültige Text von *Dignitatis humanae*, der die Geschichte des 20. Jahrhunderts mit verändern sollte, lautet:

> Dieses Vatikanische Konzil erklärt, daß die menschliche Person das Recht auf religiöse Freiheit hat. Diese Freiheit besteht darin, daß alle Menschen frei sein müssen von Zwang sowohl von seiten einzelner wie gesellschaftlicher Gruppen und jeglicher menschlicher Macht, und zwar so, daß im religiösen Bereich niemand gezwungen wird, gegen sein Gewissen zu handeln, noch daran gehindert wird, privat und öffentlich, als einzelner oder in Verbindung mit anderen innerhalb der gebührenden Grenzen nach seinem Gewissen zu handeln.
>
> Ferner erklärt [das Konzil], das Recht auf religiöse Freiheit sei in Wahrheit in der Würde der menschlichen Person gegründet, so wie sie sowohl durch das geoffenbarte Wort Gottes als auch durch die Vernunft selbst anerkannt wird. Dieses Recht der menschlichen Person auf religiöse Freiheit muß in der rechtlichen Ordnung der Gesellschaft so anerkannt werden, daß es zum bürgerlichen Recht wird.[49]

Dignitatis humanae enthielt mehrere Punkte, auf die Erzbischof Wojtyła, neben anderen, gedrängt hatte. Menschliche Würde bedeutet eine „moralische Verpflichtung, nach der Wahrheit zu suchen, vor allem jener Wahrheit, welche die Religion betrifft". Die Wahrheit zu erkennen schließt die Verpflichtung ein, ihr gemäß zu leben. Nun ist die Verpflichtung, nach der Wahrheit zu suchen, aber nur dann erfüllbar, wenn Männer und Frauen „im Genuß der inneren Freiheit und zugleich der Freiheit von äußerem Zwang stehen", denn „an der einmal anerkannten Wahrheit muß der Mensch mit persönlicher Zustimmung festhalten".[50]

Die Erklärung griff dann Wojtyłas Bestreben auf, die Religionsfreiheit für Katholiken auf die Offenbarung Gottes zu gründen, die das Fundament der Kirche ist:

> Es gehört zu den Hauptbestandteilen der katholischen Lehre, im Wort Gottes enthalten und von den Vätern ständig verkündet, daß der Mensch freiwillig durch seinen Glauben Gott antworten soll, daß dementsprechend niemand gegen seinen Willen zur Annahme des Glaubens gezwungen werden darf. Denn der Glaubensakt ist seiner Natur nach freiwillig, da der Mensch, von Christus, dem Erlöser, losgekauft und zur Annahme an Kindes Statt durch Jesus Christus berufen, dem sich offenbarenden Gott nicht anhangen kann, wenn er nicht, indem der Vater ihn zieht, Gott einen vernunftgemäßen und freien Glaubensgehorsam geleistet hat.[51]

Am Schluß sprach das Konzil deutliche Worte über solche Regime, unter denen Erzbischof Wojtyła und andere Befürworter der Religionsfreiheit in Ostmitteleuropa zu leben gezwungen waren, und rügte alle Regierungen, die „den Versuch machen, die Bürger vom Bekenntnis der Religion abzubringen und den religiösen Gemeinschaften das Leben aufs äußerste zu erschweren und zu gefährden".⁵² Im Gegenzug zu Gruppen wie „Pax" in Polen, die meinten, „zweitrangige" Fragen wie die Religionsfreiheit müßten vor der Sache des Weltfriedens zurücktreten, erklärten die Konzilsväter im Schlußwort, es sei wichtig, „daß überall auf Erden die Religionsfreiheit einen wirksamen Rechtsschutz genießt", und zwar gerade damit „friedliche Beziehungen und Eintracht im Menschengeschlecht entstehen und befestigt werden".⁵³ Ohne Freiheit könne es keinen echten Frieden geben. Karol Wojtyła, der seit jeher die in Jalta beschlossene Teilung Europas kritisiert hatte, stimmte dem von Herzen zu.

DIE KIRCHE UND DIE WELT VON HEUTE

Während er tatkräftig an der Erklärung über die Religionsfreiheit mitarbeitete, und in geringerem Maße auch an der Frage der Laientheologie, galt Erzbischof Karol Wojtyłas hauptsächlicher Beitrag zum II. Vatikanischen Konzil einer Erklärung, die schließlich unter dem Titel *Pastoralkonstitution über die Kirche in der Welt von heute* verabschiedet wurde. *Schema XIII*, wie die Erklärung in den ersten drei Konzilssitzungen genannt wurde, sollte nach Absicht von Papst Johannes XXIII. und zwei ihrer wichtigsten Befürworter, Kardinal Leo-Joseph Suenens aus Belgien (einer der vier Vorsitzenden des Konzils) und Kardinal Giovanni Battista Montini von Mailand (der spätere zwischen der ersten und zweiten Sitzungsperiode zum Papst gewählte Paul VI.) zeigen, daß das, was die Welt erstrebte und erlitt, „auch Freude und Hoffnung, Trauer und Angst der Jünger Christi" ist, wie es in der Schlußfassung heißt. Die Kirche lebe in und für die Welt, denn es gibt „nichts wahrhaft Menschliches, das nicht in ihrem Herzen einen Widerhall fände".⁵⁴ Eine derartige Äußerung seitens des Konzils schien Karol Wojtyła nicht nur vernünftig, sondern auch dringend nötig zu sein, und so eröffnete er seinen Vorschlag für die Tagesordnung des Konzils mit einer Analyse der Krise des modernen Humanismus.

Schema XIII, später nach den Worten „Freude und Hoffnung" im ersten Satz als *Gaudium et spes* bekannt, mußte auf dem Konzil einen beinahe ebenso steinigen Weg zurücklegen wie die Erklärung zur Religionsfreiheit. Als im Oktober 1964 die vierte Woche der dritten Konzilssitzung anbrach, versuchten Mitglieder der römischen Kurie, *Schema XIII* vollständig von der Tagesordnung zu kippen. Ihre Anstrengungen schlugen fehl, obwohl selbst Befürworter von *Schema XIII* einräumten, daß noch eine Menge Arbeit zu leisten sei. Mit der starken Unterstützung von Papst Paul VI. begann, nachdem Erzbischof Wojtyła die tägliche Messe für die Konzilsväter gelesen hatte, am Dienstag, dem 20. Oktober, die Debatte über „die Kirche in der Welt von heute".⁵⁵

In seiner Rede am nächsten Tag verteidigte Wojtyła, der zuvor an der Vorbereitung zweier größerer Denkschriften der polnischen Bischofskonferenz zu *Schema XIII* beteiligt gewesen war, den Grundgedanken eines solchen Dokuments im Namen des polnischen Episkopats, für das *Schema XIII* von „besonderer Zeitlosigkeit" war. Männer und Frauen guten Willens erwarteten mit Spannung, was das Konzil ihnen zu sagen habe. Das Konzil dürfe sie nicht enttäuschen. Und dann gebe es noch jene, die glaubten, die Kirche habe zur modernen Welt nichts zu sagen, und auch diesen müsse man etwas entgegnen. Allerdings müsse das Schema den vielen „Welten" gerecht werden, aus denen sich die „Welt von heute" zusammensetze, könne sich also nicht nur an die fortgeschrittenen Industriegesellschaften Westeuropas und Nordamerikas wenden.

Es gab aber noch eine entscheidende Frage: die Vorgehensweise. Die „,kirchliche' Mentalität" mit ihren „Klagen über den (...) furchtbaren Zustand der Welt" sei ebenso zu vermeiden wie jede Art von erhabenem „Selbstgespräch". Das Dokument müsse ein Engagement für den „Dialog mit der Welt" widerspiegeln, und sein Ton müsse deutlich machen, daß „die Kirche damit die Wahrheit und eine gerechte Lösung für die schwierigen Probleme des menschlichen Lebens suche". Am besten, so Wojtyła, solle es sich den Stil guter Lehrer zu eigen machen und eine „heuristische Methode [wählen], die es den Schülern [ermöglicht], fast aus sich allein die Wahrheit zu ergründen". Die Kirche habe der heutigen Welt etwas zu sagen; das aber möge sie durch „die Kraft der Argumente" tun und auf jedes „Moralisieren und Ermahnen" verzichten.[56] Um eine Revision von *Schema XIII* in diesem Sinne zu fördern, reichte Wojtyła während der dritten Sitzungsperiode im Namen der polnischen Bischöfe mehr als 80 Änderungsvorschläge für den Entwurf ein.[57]

Als sich das Konzil am 14. September 1965 zu seiner vierten und letzten Sitzungsperiode versammelte, lag noch ein weiterer Entwurf von *Schema XIII* vor. Dieser abschließende Entwurf, aus dem dann *Gaudium et spes* hervorging, war in drei längeren Sitzungen 1965 von einem Unterausschuß, bestehend aus wichtigen Bischöfen und *periti* (zu denen auch Professor Stefan Swieżawski von der KUL gehörte), ausgearbeitet worden.[58] Erzbischof Wojtyła nahm aktiv an allen drei Sitzungen teil und arbeitete in der Untergruppe, zu der Erzbischof Gabriel-Marie Garrone, der dominikanische Theologe Yves Congar und die Jesuitengelehrten Henri de Lubac und Jean Daniélou gehörten.[59] In der Rückschau spricht de Lubac von der „schweren Geburt des berühmten *Schema XIII*"; „Seite an Seite" habe er mit dem Erzbischof von Krakau gearbeitet und „nicht lange gebraucht, um in ihm einen Mann von allergrößten Fähigkeiten zu erkennen".[60] Die Wertschätzung beruhte auf Gegenseitigkeit. Die Arbeit an *Schema XIII* war der Beginn einer „besonderen Freundschaft" zwischen Wojtyła und de Lubac, in der sich der junge Erzbischof durch die Unterstützung des berühmten Theologen ermutigt fühlte, der in der Zeit vor dem Konzil von Rom heftig kritisiert worden war.[61] Es ist allerdings der französische Dominikaner Pater Congar, dessen Schriften über das Wesen der Kirche und zum Ökumenismus in den 50er Jahren ebenfalls verdächtig erschienen, dem wir eine bemerkenswerte schriftliche Erinnerung an Karol Wojtyła als einen der Mitarbeiter am Entwurf von *Gaudium et spes* verdanken. Congar führte ein Tagebuch, und im Eintrag vom 2. Februar 1965 beschreibt er Wojtyłas Arbeit bei einer Sitzung in Ariccia vor den Toren Roms:

> Auf der Nachmittagssitzung, die ganz der Diskussion des zweiten Kapitels gewidmet war, machte Bischof Wojtyła einige bemerkenswerte Äußerungen. Er sagte: „Wir betrachten hier ausschließlich die Probleme und Fragen, die sich aus der neuen Weltlage ergeben haben. (...) Die heutige Welt liefert jedoch auch einige Antworten auf

diese Fragen, und wir müssen die Antworten ebenfalls betrachten, da sie nicht mit der Antwort der Kirche übereinstimmen. In dem uns hier vorliegenden Text finden sich keine Verweise auf die von der heutigen Welt gelieferten Antworten und keine Erörterung der Probleme, die sich aus den einander widersprechenden Antworten ergeben."

Wojtyła machte einen hervorragenden Eindruck. Seine Persönlichkeit ist dominierend. In diesem Menschen steckt Leben, eine magnetische Kraft, eine prophetische Stärke, eine große Gelassenheit. Es ist unmöglich, ihm zu widerstehen.[62]

Die Debatte über *Gaudium et spes* wurde am Mittwoch, dem 22. September 1965, eröffnet. Am darauffolgenden Dienstag, am 28. September, hielt Wojtyła, wie einige meinen, seine bemerkenswerteste Rede auf dem II. Vatikanischen Konzil. Die neue „Pastoralkonstitution", erklärte er, sei „eher eine Meditation" als eine Lehräußerung.[63] Das sei auch ganz richtig, denn „ihr Hauptanliegen ist die menschliche Person", für sich, in Gemeinschaft und „im Plan aller Dinge" betrachtet.

Die Kirche mache der Welt ein besonderes Angebot, und ihr spezifischer Blickwinkel müsse aus dem Dokument sorgfältiger hervortreten: Die Kirche betrachte in ihrem Dialog mit der Welt die Geschichte immer durch das Prisma des erlösenden Kreuzes Christi. Daß Gott in die geschaffene Welt hinabgestiegen sei, um sie zu erlösen, habe „ein für allemal die christliche Bedeutung ‚der Welt' festgelegt". Die Welt befinde sich nicht außerhalb der Kirche, noch seien „Schöpfung" und „Erlösung" für die Welt, ihre Geschichte und ihr Streben irrelevant. Die Schöpfungs- und Erlösungsgeschichte *ist*, richtig verstanden, die Geschichte der Welt. Die Weltgeschichte als eine solche Geschichte zu erzählen und damit die Welt zur Umkehr zu bewegen, sei der größte Dienst, den die Kirche ihr leisten könne.

Wojtyła schloß sich der Meinung jener an, die der säkularen Welt eine legitime Autonomie zusprachen. Aus seinen intensiven Gesprächen mit Naturwissenschaftlern in Krakau wußte er, daß es so etwas wie eine „katholische Chemie" oder eine „christliche Physik" nicht gab. Es gab die Chemie und es gab die Physik, und was sie als wahr erkannten, war für sich genommen wahr. Diese Wahrheiten mußten allerdings immer mit *der* Wahrheit der Kirche in Verbindung gebracht werden: mit der Erlösung der Menschheit und ihrer transzendenten Bestimmung. Wojtyła antizipierte so die Vorstellung (und wies sie indirekt zurück), ein Gespräch zwischen der Kirche und der modernen Welt bedeute, daß „die Welt die Tagesordnung für die Kirche festlegt", wie der Weltkirchenrat schon bald darauf formulieren sollte. Ein echter Dialog mußte in beide Richtungen verlaufen. Wenn die Kirche ihr Fenster zur Welt von heute aufstieß, dann sollte sie auch die moderne Welt auffordern, ihre Fenster für die Möglichkeit des Übernatürlichen zu öffnen.[64]

Dann griff Wojtyła die Frage des Atheismus als pastorales Thema auf, als Teil des kirchlichen „Gesprächs mit jedermann". Der Atheist sei ganz und gar einsam. Die durch die Gottferne ausgelöste Einsamkeit bringe eine tiefe persönliche Einsamkeit mit sich, ja diese sei so groß, daß Männer und Frauen „eine Art von Unsterblichkeit im Leben des Kollektivs suchen". Der Dialog der Kirche mit dem Atheismus solle nicht Argumente oder Beweise für die Existenz Gottes an den Anfang stellen, sondern das Gespräch über die „innere Freiheit" der menschlichen Person. In einem solchen Gespräch könne es der Kirche vielleicht gelingen, dem Atheisten einen Weg aus der tiefen Einsamkeit und Entfremdung zu zeigen, die aus der Leugnung Gottes im Namen der Befreiung von Entfremdung folge.

Hier unterbrach ihn der Vorsitzende, Kardinal Döpfner aus München: „Exzellenz, kommen Sie bitte zum Schluß. Ihre Redezeit ist abgelaufen."

Mit einer Verbeugung vor dem Konzilsleiter schloß Erzbischof Wojtyła seine Rede, indem er in äußerst dichter Form sein personalistisches Prinzip darlegte: Je mehr sich der Mensch Gott nähert, um so mehr nähert er sich der Tiefe seines Menschseins und der Wahrheit der Welt. Der christliche Glaube entfremdet nicht; der christliche Glaube ist, im eigentlichen Sinne menschlicher Freiheit, befreiend. *Das* sollte die Kirche „der Welt von heute" vorhalten.[65]

Sein ganzes Leben räumte Karol Wojtyła *Gaudium et spes* in seinem Denken und seinen Empfindungen einen privilegierten Platz ein. Er hatte an der Abfassung dieses Texts hart gearbeitet. Er hatte die Notwendigkeit eines solchen innovativen Dokuments mit seiner einzigartigen Synthese von christlicher Lehre und Nachdenken über die brennenden Probleme des späten 20. Jahrhunderts verteidigt. Es überrascht daher nicht, daß zwei seiner Abschnitte zu denjenigen Thesen des II. Vatikanischen Konzils gehören, die in den Lehraussagen Johannes Pauls II. am häufigsten zitiert werden.

Nach Wojtyłas Deutung des II. Vatikanums war *Gaudium et spes* 22 der theologische Angelpunkt des ganzen Konzils: „Allein im Geheimnis des fleischgewordenen Wortes wird das Geheimnis des Menschen begreifbar (...), [und] diese Wahrheit gilt nicht nur für Christen, sondern für alle Menschen guten Willens, in deren Herzen die Gnade wirksam ist." Diesen Schatz hat die Kirche der modernen Welt anzubieten: einen durch die Begegnung der Menschen mit Christus bereicherten Humanismus, der – weit davon entfernt, die Menschen zu entfremden – die ganze Wahrheit ihrer Würde und ihrer wunderbaren Bestimmung offenbart.

Gaudium et spes 24, die philosophische und moralische Kernaussage des Konzils, war die wesentliche Ergänzung der in Abschnitt 22 dargelegten, auf Christus ausgerichteten Anthropologie: „Der Mensch [kann] sich nur durch die aufrichtige Hingabe seiner selbst finden." Das Gesetz des Gebens ist die grundlegende dramatische Struktur im Leben des Menschen. Wer das Drama seines Lebens in diesem Sinne gestaltet und sich vom Prinzip der Selbstbehauptung lossagt, kann den Weg über die Entfremdung hinaus zur menschlichen Erfüllung finden. Diese Wahrheit über die *conditio humana* will die Kirche gemeinsam mit der Welt von heute ergründen – eine Wahrheit, die für jeden Christen durch Christus zur Gewißheit geworden ist.

VOM HL. PETRUS ZUM HL. STANISLAUS

Die Teilnahme am II. Vatikanischen Konzil war für Karol Wojtyła eine öffentliche Verantwortung, kein persönliches Privileg. Schon seit der ersten Sitzungsperiode des Konzils hatte Wojtyła sich große Mühe gegeben, Krakau über die Geschehnisse des II. Vatikanums auf dem laufenden zu halten und den Polen das Bewußtsein zu geben, an diesem großen, internationalen Ereignis der katholischen Kirche teilzuhaben. Nach jeder Sitzungsperiode des Konzils hielt er öffentliche Vorträge und Konferenzen ab, um Priester, Intellektuelle, Priesteramtskandidaten und Studenten von den Ereignissen in Rom zu berichten. Auch schrieb er während des Konzils an seine Priester und teilte ihnen seine Gedanken mit. Vor seiner Abreise nach Rom zu den jeweiligen Sitzungen las er eine öffentliche Messe und predigte über die Tagesordnung des Konzils. (Am 10. September 1964 bekannte er im Dom, er hege „gewisse Befürchtungen" für das Schicksal von *Schema XIII*.[66])

Diese Bemühungen erreichten jedoch nur bestimmte Kreise der Krakauer Erzdiözese. Wojtyła aber wollte der ganzen Erzdiözese ein Bewußtsein der Teilnahme am II. Vatikanum vermitteln, was er zum Teil dadurch erreichte, daß er besondere Gebetstage in den Gemeinden, Konventen und Klöstern der Erzdiözese organisierte. Während des Konzils war täglich irgendeine Einrichtung der Erzdiözese Krakau durch eine ganztägige Gebetsvigil mit Rom verbunden. Was allerdings die Kenntnis der „Neuigkeiten" des Konzils betraf, so hätten dafür die Medien sorgen müssen. Da die staatlich kontrollierte Presse Polens sich für kirchliche Angelegenheiten überhaupt nicht interessierte, ja ihnen geradezu ablehnend gegenüberstand, mußte Wojtyła sich nach einem anderen Medium umschauen, um sein Kirchenvolk zu unterrichten.

Am 24. November 1962, sechs Wochen nach Eröffnung des Konzils, sprach Wojtyła über Radio Vatikan mit Polen und erklärte seinen Landsleuten, der Geist, der das II. Vatikanum beseele, sei vor allem ein Geist der Erneuerung.[67] Während der zweiten Sitzungsperiode sendete er zweimal von Radio Vatikan aus. Am 19. Oktober 1963 wirkte er an einer Radiosendung zum 600. Jahrestag der Jagiellonischen Universität mit; bei dieser Gelegenheit erinnerte er die Zuhörer daran, daß die unterdrückte Theologische Fakultät „zweifellos mit Recht verdient" habe, am Universitätsleben und an der polnischen Kultur „uneingeschränkt teilzunehmen". Am 25. November äußerte er sich über den Äther zur Rolle der Laien in der Kirche und in der Welt. Andere wären vielleicht versucht gewesen, dieses Thema zur Charakterisierung der ideologischen Lager unter den Konzilsvätern zu verwenden. Wojtyła entschied sich für eine Lektion in christlichem Humanismus und erklärte: „Die Welt wurde hauptsächlich [den Laien] anvertraut, damit sie in alle Facetten ihres Daseins das einfließen lassen, was in Gottes Sohn ist: Wahrheit und Liebe." Die Aufgabe der Laien in der Kirche, sagte er weiter, besteht darin, „das Werk Christi, des Gottessohnes, in der Welt und mit ihrer Hilfe zu vollenden". Durch dieses Tun werden die Christen „die Welt, in all ihren Facetten und Äußerungen, für den Ewigen Vater wiedergewinnen. Doch auf dem Weg dorthin liegt sogar noch ein höheres Ziel: die Rückgewinnung des Menschen selbst in seinem Menschsein für den Ewigen Vater."[68]

Während der dritten Sitzungsperiode, am 19. Oktober 1964, sprach der Erzbischof in einer Radiosendung über die Würde der menschlichen Person und erklärte, daß die Konzilsdokumente nur deshalb keine eigene Abhandlung über die menschliche Person enthielten, weil „die Person ein tiefer Bestandteil der gesamten Lehre des Konzils" sei.[69] Am 20. Oktober 1965, während der vierten Sitzungsperiode, erörterte er die *Erklärung über die Religionsfreiheit* in Radio Vatikan und nahm sie zum Anlaß, an den Rektor der Krakauer Akademie, Pawel Włodkowic, zu erinnern, der im 15. Jahrhundert auf dem 16. Ökumenischen Konzil, dem Konzil von Konstanz, gegen die Zwangsbekehrung der Heiden protestierte.[70]

Erzbischof Wojtyła schrieb auch für *Tygodnik Powszechny* über das Konzil. Im März 1964 kommentierte Wojtyła die manchmal hitzige Debatte über das Wesen des Episkopats und die Rolle der Bischöfe in der Kirche. Zur umstrittenen Frage der „Kollegialität" (d. h. wie die Bischöfe, als Nachfolger der Apostel, die Verantwortung für die Leitung der Kirche mit dem Papst, dem Nachfolger Petri, teilen sollten) nahm der Erzbischof bezeichnenderweise eher eine theologische als eine politische Haltung ein: Eine Stärkung des Kollegialitätsprinzips sei „ein bedeutender Schritt zur Verwirklichung der Universalität und Solidarität in der Kirche". Die Frage heiße nicht so sehr „Wer hat die Leitung?", sondern „Wie drückt das Kollegium der Bischöfe die Einheit der Kirche inmitten ihrer wunderbaren Vielfalt aus?"[71]

In einem im Februar 1965 erschienenen Aufsatz über „Das Konzil und die Arbeit der Theologen" äußerte er sich über seine Erfahrungen mit Beratern beim jüngsten Treffen in Rom zur Vorbereitung von *Gaudium et spes*. Theologie, so argumentierte er, sei nicht eine Art „Studium der Religion". Die Theologie gehe von der Offenbarung Gottes aus und sei stets deren Dienerin. Dieser Aufgabe komme sie im Dialog mit anderen Wissenszweigen nach, von denen Wojtyła besonders die Naturwissenschaften erwähnte. Wie das Konzil selbst solle sich die Theologie auf „die Probleme der heutigen Welt" und insbesondere auf die Krise des Humanismus konzentrieren. Wie sollten Männer und Frauen von heute „menschlich, vernünftig und frei" sein? Diese große Frage stelle sich den Theologen und Bischöfen gleichermaßen.[72]

Zwei Wochen später schrieb Erzbischof Wojtyła einen offenen Brief an die Herausgeber und den Mitarbeiterstab von *Tygodnik Powszechny,* in dem er seine Überlegungen zur Bedeutung des II. Vatikanums zusammenfaßte, während er sich auf die vierte und letzte Sitzungsperiode vorbereitete. Es sei wichtig, so der Erzbischof, das Konzil ebenso von innen wie von außen zu betrachten. Von außen gesehen könne es mitunter den Anschein haben, als sei das Konzil ein politisches Manöver, als gehe es um die Frage, welche Gruppe in der Kirche die Zukunft des Katholizismus bestimmen werde. Wenn die Presse die ganze Geschichte des II. Vatikanums darstellen wolle, müsse sie das Konzil auch „von innen" betrachten.

Wojtyła meinte, ein Blick „von innen" müßte das II. Vatikanum in erster Linie als „ein personalistisches Konzil" behandeln. Die intensive Konzentration auf die menschliche Person, wie sie sowohl in *Dignitatis humanae* als auch in *Gaudium et spes* sichtbar werde, sei weder ein „Zugeständnis" an die Moderne noch ein Rückfall in Subjektivismus und Relativismus. Wahrheit und Freiheit seien stets miteinander verbunden, und die Betonung der Religionsfreiheit sei zugleich eine „Steigerung" der menschlichen Verantwortung. Wenn Männer und Frauen wirklich ungehindert nach der Wahrheit streben könnten, werde die Verpflichtung, diese Suche ernsthaft zu betreiben, noch größer. Das Verhältnis von Freiheit zu Pflicht und Wahrheit führe die Menschen in das Innerste der Beziehung zwischen Schöpfung und Schöpfer.

Dann gebe es noch die Politik des II. Vatikanums. Gewiß, wie in jeder anderen gesetzgebenden Körperschaft fänden Debatten und Abstimmungen statt, dennoch vollziehe sich etwas anderes, Tieferes. Die Konzilsväter seien ständig miteinander im Gespräch, und auch jene, die nicht offiziell in der Öffentlichkeit das Wort ergriffen, bestimmten durch ihre Unterhaltungen die Entwicklung des Konzilsdenkens. Was wirklich auf dem II. Vatikanischen Konzil geschehe, könne man durch die Analyse der öffentlichen Reden und Abstimmungen nicht voll begreifen.

„Unterschiedliche Standpunkte spielen eine wichtige Rolle" beim Konzil, schrieb der Erzbischof, sie müßten aber im Hinblick auf den spezifischen Charakter der Kirche verstanden werden, und diese sei ihrem Wesen nach keine politische Gemeinschaft. Die Bischöfe bildeten eine „echte Pluralität: eine Pluralität von Personen, Erfahrungen und Überlegungen, ein jeder mit seinem eigenen Innenleben. Sie vertreten viele verschiedene Milieus, viele verschiedene Lebensverhältnisse." Das Konzil schmiede aus dieser Pluralität durch Meinungsverschiedenheit, Widerspruch und Opposition eine Einheit.

Dasselbe, so Wojtyła, lasse sich über die Debatten zur „Autorität" auf dem Konzil sagen. Autorität in der Kirche sei eine Frage des Dienens. Hier gehe es nicht um persönliche Privilegien oder um Macht. Und wenn die Diskussion über die Kollegialität die Frage der Autorität berühre, müßten die Beobachter wissen, daß sie am Kern der Sache vorbeigingen, wenn sie den Papst unbedingt gegen die Bischöfe ausspielen wollten. In der Kirche habe es immer geheißen: der Papst *und* die Bischöfe. Was westliche Politikwissenschaftler als „Gewaltenteilung" bezeichneten, sei kein Modell für die Leitung der Kirche.[73]

Erzbischof Wojtyłas Brief an *Tygodnik Powszechny* – ein sanfter Hinweis darauf, daß seine Freunde den spirituellen Aspekt des Konzils mehr würdigen sollten als ihre westlichen Journalistenkollegen – faßte seine Erfahrung des II. Vatikanums als eine im Kern *religiöse* zusammen. Da er gerade die Konzilskämpfe über die Religionsfreiheit und die Auseinandersetzung um die Rettung von *Gaudium et spes* hinter sich gebracht hatte, wird man Wojtyła schwerlich vorwerfen können, er sei einfach naiv in bezug auf die politischen Seiten eines menschlich so komplexen Ereignisses wie des II. Vatikanums. Dennoch betonte er weiterhin, dies sei nur eine – ja nur die oberflächliche – Dimension des Geschehens in Rom. Der Heilige Geist bereite die Kirche auf eine Erneuerung vor, damit sie ihrer Sendung im 3. Jahrtausend gewachsen sei. Das, davon war er überzeugt, war die wirkliche Geschichte des II. Vatikanums, und sie war weitaus überzeugender als die Hintertreppengeschichten über klerikale Intrigen.

SICHERUNG DER FUNDAMENTE

Nicht einmal ein so unverdrossener Zuhörer wie Karol Wojtyła konnte stundenlang in der Konzilsaula sitzen und den anscheinend endlosen Erguß lateinischer Rhetorik aufnehmen. Jahrzehnte später gestand Papst Johannes Paul II., ein wenig verlegen: „Wissen Sie, während der Konzilssitzungen schrieb ich manches Buchkapitel und viele Gedichte."[74] Diese Gedichte fangen Wojtyłas persönliche und spirituelle Erfahrung des Konzils ein. Gleichzeitig aber reflektierte Wojtyła das Konzil auch philosophisch und entwarf in der Konzilsaula sein bedeutendstes philosophisches Projekt, die Studie *Osoba y czyn*, *Person und Tat*.

Die Idee dazu kam ihm, wie er später sagte, bei einem Gespräch mit Msgr. Stanisław Czartoryski, einem Krakauer Priester, der nach der Lektüre von *Liebe und Verantwortung* zu Wojtyła sagte: „Nun müssen Sie ein Buch über die Person schreiben."[75] Wojtyła faßte, was er in *Person und Tat* machte, ein wenig anders auf. Wie Papst Johannes Paul II. später schrieb, beabsichtigte er, jene philosophischen Fragen detailliert zu klären, die sich ergaben, wenn man die ältere aristotelisch-thomistische „Philosophie des Seins" mit der von ihm in seiner Habilitationsschrift über Scheler untersuchten „Philosophie des Bewußtseins" verband. Anders gesagt: Er wollte die Beziehung zwischen der objektiven Wahrheit der Dinge an sich und unserer subjektiven oder persönlichen Erfahrung dieser Wahrheit darlegen.[76] Wojtyłas begabtester philosophischer Schüler, Pater Tadeusz Styczeń, bietet noch eine dritte Deutungsvariante für die eigentliche Absicht von *Person und Tat* an. Der Zweck des Werkes habe darin bestanden, mit philosophischen Gründen von Descartes' *Cogito ergo sum* [Ich denke, also bin ich], das die Philosophie und das Ich in den Kerker der Bewußtseinsimmanenz geworfen hatte, zum *Cognosco ergo sum* [Ich verstehe, also bin ich] überzugehen. Das würde das Denken aus der reinen Selbstbezüglichkeit befreien und wieder mit den Dingen verbinden, die gedacht und verstanden werden sollen.[77]

Dennoch ist das Buch vermutlich am besten zu verstehen, wenn wir es als ein Produkt des II. Vatikanischen Konzils deuten. *Person und Tat* ist Karol Wojtyłas Versuch, eine zusammenhängende, intellektuell anspruchsvolle, *öffentliche* Darstellung der philosophischen Grundlage der Konzilslehre über Freiheit und ihr Verhältnis zur Wahrheit vorzulegen. Wie jedes vielschichtige Ereignis läßt sich das II. Vatikanum auf verschiedene Weisen deuten. Theologen werden sagen, der Kern der Konzilslehre stecke in den beiden dogmatischen Konstitutionen des Konzils über die Kirche und die göttliche Offenbarung. Millionen von Katholiken, deren hauptsächliche Berührung mit der Kirche die Sonntagsmesse ist, deuten das II. Vatikanum anhand seiner *Dogmatischen Konstitution über die heilige Liturgie*. Wenn jedoch das Konzil die Antwort der Kirche auf die Krise des Humanismus war – eine Krise von solchem Ausmaß, daß es nicht übertrieben scheint, darin eine echte Krise der gesamten Zivilisation zu sehen –, dann bestand für Wojtyła kein Zweifel daran, daß die Stellungnahmen des Konzils zur Welt von heute in der *Erklärung über die Religionsfreiheit* und in der *Pastoralkonstitution über die Kirche in der Welt von heute* in ihrem philosophischen Gehalt genauer geklärt werden mußten.

Das Konzil hatte verkündet, daß die menschliche Person, gerade als *Person*, ein Recht auf Religionsfreiheit hat, und zwar deshalb, weil wir nur so unsere Verpflichtung erfüllen können, die Wahrheit zu suchen, auch die letzte Wahrheit, den sich selbst offenbarenden Gott. Wojtyła hielt es für unerläßlich, nun auch philosophisch nachzuweisen, daß die Suche des Menschen nach dem Sinn sich auf das Gute richtet und daß die Person, die das Gute sucht, sich auf etwas richten will, das *objektiv* gut ist. Die innere Dynamik unserer Freiheit drängt uns dazu, die Frage nach dem, was wirklich *gut* ist, ernst zu nehmen. Das wirklich *Gute* aber ist zugleich auch das *Wahre*.

In *Gaudium et spes*, der *Pastoralkonstitution über die Kirche in der Welt von heute*, zeigte die Kirche der Welt einen Weg, wie sie mit Hilfe eines reicheren und tieferen Begriffs der menschlichen Person ihr Streben nach Freiheit verwirklichen und eine auf Gerechtigkeit, Frieden und Wohlstand basierende Gesellschaftsordnung schaffen könnte. Wojtyła meinte, diese Anthropologie müsse auf ein festeres philosophisches Fundament gestellt werden, auf eines, das für jeden, unabhängig von seinen religiösen Ansichten, verständlich sei. Während er den ersten Entwurf von *Person und Tat* beendete, schrieb er an Henri de Lubac:

> Meine seltenen freien Augenblicke widme ich einer Arbeit, die mir sehr am Herzen liegt und die sich mit der metaphysischen Bedeutung und dem Geheimnis der PERSON beschäftigt. Mir scheint, daß sich die heutige Debatte auf dieser Ebene bewegt. Das Übel unserer Zeit besteht in der Hauptsache aus einer Art Erniedrigung, ja aus einer Pulverisierung der fundamentalen Einzigartigkeit jeder menschlichen Person. Das Übel ist eher von einer metaphysischen Größenordnung als von einer moralischen. Auf diese von den atheistischen Ideologien zur Zeit geplante Zerstörung müssen wir mit einer Art „Rekapitulation" des unverletzlichen Geheimnisses der Person antworten, nicht nur mit steriler Polemik.[78]

Person und Tat ist keine Auseinandersetzung mit anderen Philosophen, und einen gelehrten Anmerkungsapparat mit Fußnoten, Querverweisen und längeren Bezugnahmen auf andere Schriften gibt es weitgehend nicht. Aber deshalb ist es keine leichte Lektüre. Im Gegenteil: *Person und Tat* ist ein ungewöhnlich dichtes Werk. Wojtyła bat seinen Schützling, Pater Styczeń, seinen ersten Entwurf zu lesen und mit ihm zu besprechen. Die beiden machten eine Wanderung in der Tatra, um das Buch zu diskutieren, und als Wojtyła Styczeń nach seiner Meinung fragte, antwortete der Jüngere verschmitzt: „Für einen ersten Entwurf ist es gut. Aber vielleicht sollte man es erst aus dem Polnischen ins Polnische übersetzen, damit der Leser es versteht – auch ich."[79] Eine Generation Krakauer Priester pflegte zu scherzen, die erste Strafe für Priester im Fegefeuer bestehe darin, *Person und Tat* lesen zu müssen. Die extreme Dichte war die Folge mehrerer Elemente. Wojtyłas spezifisch zirkulärer Denkstil verursachte ebenso Probleme wie die Tatsache, daß er ein so komplexes Werk in seiner Freizeit schreiben mußte. Auch ist unklar, ob Karol Wojtyła jemals eine wissenschaftliche Sprache gefunden hat, in der er sich angemessen ausdrücken konnte. Eine gute Kennerin seiner Dichtung und Dramen, Anna Karoń-Ostrowska, meinte, die Antwort laute: „Nein, denn an der Wahrheit der Dinge gibt es immer etwas, das sich unserer Fähigkeit zur analytischen Darstellung entzieht."[80] *

> **Person und Tat ist weitgehend Teil der unvollendeten Symphonie von Karol Wojtyłas Philosophie. 30 Jahre nach seinem ersten Erscheinen liegt immer noch keine endgültige polnische Ausgabe vor, obwohl die zweite und dritte Auflage in Polen – mehrere Studenten und andere Kollegen aus der Philosophie gaben sie heraus – gegenüber der ersten erheblich verbessert wurde; die dritte Auflage enthält mehrere Aufsätze von Wojtyła, die Themen der ursprünglichen Arbeit aufgreifen.[81] Mittlerweile sind deutsche (1981), italienische (1982), spanische (1982) und fran-

zösische (1983) Ausgaben von unterschiedlicher Zuverlässigkeit erschienen. Die größten Schwierigkeiten gab es mit der englischen Übersetzung und Ausgabe des Buches.

Anna-Teresa Tymieniecka, eine in Boston lebende ehemalige Schülerin Roman Ingardens, die sich in phänomenologischen Kreisen bewegt, veröffentlichte mehrere Aufsätze Wojtyłas in den *Analecta Husserliana*, dem von ihr herausgegebenen Jahrbuch der Phänomenologie, und lenkte so die Aufmerksamkeit der philosophischen Welt auf ihn. Da sie von der ersten polnischen Auflage von *Osoba y czyn* sehr beeindruckt war, schlug sie vor, eine überarbeitete und erweiterte Version auf Englisch zu publizieren. Kardinal Wojtyła war damit verstanden und ging mit Dr. Tymieniecka zahlreiche Verbesserungen und Erweiterungen durch. Das Ergebnis überzeugte praktisch jeden, der damit zu tun hatte. Diese revidierte polnische Fassung wurde dann von Andrzej Potocki ins Englische übersetzt und Dr. Tymieniecka zur Veröffentlichung in den Vereinigten Staaten zugesandt. Mehrere sachkundige, an dem Verfahren beteiligte Leute behaupten nun, Dr. Tymieniecka habe an diesem Punkt die Übersetzung Potockis erheblich verändert, seine Begrifflichkeit verwirrt und den Text ihren eigenen philosophischen Interessen so weit angeglichen, daß der Leser stellenweise nicht mehr Wojtyłas eigene Gedanken vor sich habe.[82] Diese Probleme wurden erst nach der Wahl Wojtyłas zum Papst offenkundig. Zu diesem Zeitpunkt hatte er keine Zeit, Hunderte von Seiten durchzusehen, und so setzte er eine Kommission ein, bestehend aus Pater Styczeń und Pater Marian Jaworski, einem alten Freund, sowie Dr. Andrzej Połtawski, einem Krakauer Philosophen und Ehemann von Dr. Wanda Połtawska. Sie sollten die von Dr. Tymieniecka vorbereitete und revidierte englische Übersetzung überprüfen und korrigieren. Dr. Tymieniecka wollte sich aber von keinem anderen als Wojtyła selbst korrigieren lassen. Mehr noch, sie wollte das Buch so schnell wie möglich veröffentlichen, um aus der Wahl des Autors zum Papst Kapital zu schlagen. Sie behauptete ferner, Wojtyłas Genehmigung zu haben, ihre Neuübersetzung als „endgültige Fassung des in Zusammenarbeit mit dem Autor von Anna-Teresa Tymieniecka erstellten Buches" zu veröffentlichen. Allerdings fragt man sich, warum eine „endgültige Fassung" wie die von Dr. Tymieniecka zur Veröffentlichung vorgeschlagene Ausgabe zwei 7. Kapitel enthält, von denen eines als „nicht überarbeitet" bezeichnet wird. Jedenfalls betrieb Dr. Tymieniecka, zur Verärgerung vieler philosophischer Kollegen und Studenten Wojtyłas, weiterhin die Veröffentlichung der von ihr erstellten Fassung. Es folgten jahrelange außergerichtliche Auseinandersetzungen zwischen dem Verlag des Heiligen Stuhls, der Libreria Editrice Vaticana, der im Besitz aller Rechte an Wojtyłas Schriften vor seiner Papstwahl ist, und Reidel, dem niederländischen Verlagshaus, das die englische Version veröffentlicht hatte. Man einigte sich schließlich auf das Erscheinen einer verbesserten englischen Ausgabe. Diese wurde zwar vorbereitet, ist aber nie erschienen. Dr. Tymieniecka behauptet weiterhin, ihre sei die „endgültige" Ausgabe von *Osoba y czyn*, aber niemand, der sich ernsthaft mit Wojtyłas Schriften beschäftigt hat, akzeptiert diese Behauptung. Der Autor selbst, dessen relative Gleichgültigkeit dem Schicksal seiner veröffentlichten Schriften gegenüber ebenso erstaunlich ist wie seine nie versiegende Nächstenliebe, betont, wann immer das Thema aufkommt, man müsse Dr. Tymieniecka „hoch anrechnen, daß sie die Übersetzung veranlaßt hat".[83]

Schon der englische Titel, *The Acting Person*, deutet auf die Schwierigkeit bei Dr. Tymienieckas Arbeit hin. *Osoba y czyn* heißt wörtlich übersetzt *Person und Tat*. Dieser Titel bewahrt die Spannung zwischen subjektivem Bewußtsein und objektiver Wirklichkeit, die Wojtyłas Werk durchzieht. Der Titel „The Acting Person" betont demgegenüber stärker die subjektive oder phänomenologische Seite von Wojtyłas Untersuchung, ein Punkt, der Dr. Tymienieckas Umarbeitung des Textes am häufigsten zum Vorwurf gemacht wird. Jede andere fremdsprachige Ausgabe von

Osoba y czyn hält an der Spannung des polnischen Originals fest. So lautet der deutsche Titel *Person und Tat*, der italienische *Persona e atto*, der spanische *Persona y acción* und der französische *Personne et acte*.

Person und Tat: *Die Grundlagen der Solidarität*

Mit *Person und Tat* hob Karol Wojtyła sein intellektuelles Projekt auf ein neues Niveau, denn hier versuchte er, eine vollständig ausgeführte Philosophie der menschlichen Person vorzulegen, in der seine Gesprächspartner die Leser waren. Trotz der hohen Anforderungen, die das Buch an den Leser stellt, ist *Person und Tat* tatsächlich eine Einladung zum Gespräch. Ich verstehe die *conditio humana* so, erklärt Wojtyła dem Leser. Und wie paßt das mit Ihrer eigenen Erfahrung zusammen?

Das Buch beginnt mit einer langen und gedankenreichen Einleitung, in der Wojtyła über das Wesen menschlicher Erfahrung reflektiert. Im nächsten Schritt versucht der Autor zu zeigen, wie unser Denken über die Welt und uns selbst dazu beiträgt, daß wir uns gerade als *Personen* verstehen. Zwar ist es richtig, daß einige Dinge uns einfach „zustoßen", doch aus anderen Erfahrungen wissen wir, daß wir Entscheidungen treffen und dementsprechend handeln. Dank dieser Erfahrungen begreifen wir uns nicht als ein Konglomerat von Gefühlen oder Sinneswahrnehmungen, sondern als *Personen*, als *Subjekte* oder (um den klassischen Begriff zu benutzen) als „Wirkursache" für unsere Handlungen. Einige Dinge „geschehen" uns nicht einfach. Wir sind das *Subjekt*, nicht bloß das Objekt, von Handlungen. Wir sorgen dafür, daß etwas geschieht, weil wir eine Entscheidung treffen und ihr dann ohne Zwang folgen. Daher sind wir *jemand* und nicht bloß etwas.

Wojtyła zeigt dann, wie dieser *jemand*, wenn er moralisch handelt, seine Transzendenz erfährt. Unser Personsein, so sein Argument, gründet in der Tatsache unserer Freiheit, die wir durch wahrhaft „menschliche Taten" erkennen. Wenn wir uns für eine Tat entscheiden (etwa dafür, Schulden zu bezahlen, die wir aus freien Stücken gemacht haben) statt für eine andere (den Schuldner zu betrügen), dann reagieren wir nicht bloß auf äußere Bedingungen (Angst vor einer Gefängnisstrafe) oder auf inneren Druck (Schuldgefühle). Wir entscheiden uns freiwillig für das Gute. In dieser freien Wahl binden wir uns an das, was wir als gut und wahr erkannt haben. Der Transzendenz der menschlichen Person, so Wojtyła, werden wir in dieser freien Entscheidung für das Gute und Wahre habhaft. Indem wir unsere Freiheit erkennen und sie dem Guten und Wahren unterwerfen, gehen wir über uns selbst hinaus, wachsen wir als *Personen*. Durch unsere Freiheit verkleinern wir die Kluft zwischen der Person, die wir sind, und der Person, die wir sein sollten.

Nach einer modernen Deutung ist Freiheit radikale Selbstbestimmung: Ich bin ein *Selbst*, weil mein *Wille* Bezugspunkt meiner Wahl ist. Wojtyła bestreitet das. Selbst*beherrschung*, nicht Selbstbehauptung, ist das Kennzeichen echter menschlicher Freiheit. Selbstbeherrschung erreichen wir allerdings nicht dadurch, daß wir unsere Natur unterdrücken oder leugnen. Vielmehr müssen wir die natürlichen Triebe von Geist und Körper überlegt und aus freien Stücken in solche Handlungen einfließen lassen, die unser Menschsein vertiefen, gerade weil sie den Dingen an sich entsprechen. Empiristen versuchen das „Zentrum" des Menschen in seinem Körper oder dessen Abläufen zu finden. Kantianische Idealisten glauben, es in der Seele, in den Strukturen des Bewußtseins, zu entdecken. Wojtyła umgeht den Streit zwischen Empiristen und Idealisten, indem er zeigt, daß wir im moralischen Handeln, also weder in der Seele noch im Körper, das Zentrum der menschlichen Person, den Kern unseres Menschseins finden. Denn erst im moralischen Handeln verbinden sich Bewußtsein, Geist und Körper zur Einheit der *Person*.

Diese Person lebt in einer Welt mit vielen anderen Personen. *Person und Tat* schließt daher mit einer Untersuchung des moralischen Handelns in Verbindung mit all den „anderen", die das moralische Feld bilden, auf dem unser Menschsein sich verwirklicht, transzendiert oder wächst. Die philosophische Anthropologie berührt sich hier mit der Sozialethik, also mit der Frage: Wie sollen freie *Personen zusammen* leben? Wie zu erwarten war, nimmt Wojtyła eine Position jenseits von Individualismus und Kollektivismus ein. Der radikale Individualismus ist unangemessen, weil wir nur durch Interaktion mit anderen in unser Menschsein hineinwachsen. Der Kollektivismus beraubt die Person ihrer Freiheit und damit ihres Personseins. Auch hier, meint Wojtyła, ist es eine Frage des „Sowohl – als auch", des Individuums *und* des Gemeinwohls.

In seiner Theorie der „Teilnahme" unterscheidet Wojtyła vier „Haltungen" zum Leben in einer Gesellschaft. Zwei können nicht zum Gedeihen einer wahrhaft menschlichen Gesellschaft beitragen. „Konformismus" ist nicht-authentisch, weil er die Freiheit aufgibt; „andere" bemächtigen sich meiner so sehr, daß mein Ich dabei verschwindet. „Bindungslosigkeit" ist nicht-authentisch, weil sie in den Solipsismus führt; sich von „anderen" lossagen endet mit der Implosion des Ichs. „Opposition" (oder auch „Widerstand") kann eine authentische Haltung zum Leben in Gemeinschaft sein, wenn damit Widerstand gegen ungerechte Sitten oder Gesetze verbunden ist und das Ziel verfolgt wird, andere zum vollen Menschsein zu befreien. Und dann gibt es noch „Solidarität", die primär authentische Haltung zur Gesellschaft, bei der die individuelle Freiheit in den Dienst am Gemeinwohl gestellt wird und bei der die Gemeinschaft das Individuum stärkt und unterstützt, damit es zur wahrhaft menschlichen Reife heranwächst. „Kraft dieser Haltung", schreibt Wojtyła, „findet der Mensch sein Sich-Vollbringen, also seine Selbsterfüllung, im Ergänzen der anderen."[84]

Als er zum ersten Mal in *Person und Tat* von „Solidarität" schrieb, konnte er nicht wissen, daß unter ihrem Banner die Geschichte des 20. Jahrhunderts sich dramatisch verändern sollte.

Die Krise und das Angebot

Es wird wohl noch eine Weile dauern, bis die Schulphilosophie den ganzen Reichtum von Karol Wojtyłas philosophischem Projekt würdigt. Alle, die von

Haus aus zwar keine Philosophen sind, wohl aber intellektuellen Mut zu bewundern wissen, werden von seinem Versuch beeindruckt sein, die Lücke zu schließen, die sich im 17. Jahrhundert auftat zwischen der Welt, die wir begreifen wollen, und den geistigen Prozessen, mit denen wir die Welt erfassen wollen. Philosophie war für Wojtyła jedoch niemals Selbstzweck. Sie stand immer im Dienst seines apostolischen, missionarischen und pastoralen Lebens als Priester und Bischof. Auch wenn wir die Beurteilung seiner philosophischen Leistung den Philosophen vom Fach überlassen, ist es daher sinnvoll, die pastorale Leistung von Wojtyłas philosophischem Werk zu beurteilen.

Der Nachweis, daß das Gesetz des Gebens der *conditio humana* innewohnt, war seine erste Leistung. Was er später die „Schwelle der Hoffnung" nannte, liegt weniger vor uns als über uns – in unserem Streben, von der Person, die wir sind, zu der zu werden, die wir sein sollen.[85] Diesen Kampf können wir nur durch Selbsthingabe bestehen. Wojtyłas Beweis für das Gesetz des Gebens kann von jedem nachvollzogen werden, der die Geduld aufbringt, eine philosophische Argumentation durchzuarbeiten, und dabei wird er auf einen fesselnden Begriff des Guten stoßen – einen, der sich nicht in ein bloßes „gesellschaftliches Konstrukt" auflöst.[86]

Wojtyłas zweite Leistung als pastoral engagierter Intellektueller hing mit seinen weit gestreuten Interessen zusammen. Seine literarische Ausbildung und seine Theatererfahrung verbanden sich mit einer strengen philosophischen Analyse, und so entstand ein Bild des menschlichen Lebens als in sich (gewissermaßen „strukturell") *dramatisch*. Wir sind nicht irgendein im Universum herumtreibendes Zufallsprodukt, das sich der Biochemie oder der Geschichte verdankt. Als moralisch Handelnde können wir uns zu Protagonisten des Lebensdramas aufschwingen und somit aufhören, dessen Objekte oder Opfer zu sein. Dieser Gedankengang war anziehend für all jene, die unter einer totalitären Unterdrückung lebten oder unter dem Bewußtsein ihrer im Nihilismus verwurzelten Ohnmacht litten.

Wojtyła entwickelte auch eine tiefgreifende Kritik am Nützlichkeitsdenken, jener allgegenwärtigen Erscheinung der modernen Kultur, die den anderen bloß an seiner finanziellen, sozialen, politischen oder sexuellen Nützlichkeit mißt, indem er die moralische Tatsache nachwies, daß unsere Beziehung zum Wahren, Guten und Schönen der echte Stoff unseres Menschseins ist. Und schließlich zeigte Wojtyła, daß wir keineswegs unsere Freiheit oder unsere Kreativität beschränken, wenn wir die moralische *Wahrheit* annehmen, die im Gesetz des Gebens liegt. Die Wahrheit macht uns frei und ermöglicht uns, unsere Freiheit auf ihr Ziel hin zu leben: unser Glück.

Der italienische Philosoph Rocco Buttiglione, einer der klügsten Kommentatoren von Wojtyłas philosophischer Arbeit, meint, in Wojtyłas Personalismus stecke eine „verborgene theologische Tendenz".[87] Seine Untersuchungsmethode in *Person und Tat* war zwar streng philosophisch, aber ihrem Geiste nach christlich. In Gott, der heiligen Dreifaltigkeit, einer „Gemeinschaft" sich hingebender „Personen", die in ihrer bedingungslosen Hingabe nichts von ihrer Einzigartigkeit verlieren, sehen wir das Gesetz des Gebens und die Wahrheit bestätigt, daß Freiheit die Freiheit ist, sich hinzugeben. Wie jeder andere Aspekt seines Lebens, so ist auch Wojtyłas Philosophie durchdrungen von seinem ununterbrochenen Gespräch mit Gott im Gebet. Im Fortgang seines Lebens trat diese „theologische Tendenz" in seinem philosophischen Denken immer deutlicher hervor.

HEIMKEHR

Am 7. Dezember 1965, einen Tag vor dem Ende des Konzils, wurden *Dignitatis humanae* und *Gaudium et spes* feierlich verkündet – für Erzbischof Wojtyła ein Augenblick tiefer Befriedigung. Am gleichen Tag hoben der Ökumenische Patriarch Athenagoras und Papst Paul VI. die im 11. Jahrhundert von Papst und Patriarch wechselseitig verhängte Exkommunikation auf, ein Meilenstein auf dem Weg der Verständigung zwischen West- und Ostchristentum. Die dramatischste Episode für das polnische Episkopat am Ende des Konzils war jedoch ein Brief an die deutschen Bischöfe mit der Bitte um Vergebung und Versöhnung.

Polen plante, das tausendjährige Jubiläum seiner Christianisierung feierlich zu begehen, und Primas Wyszyński hoffte, zu diesem Ereignis Bischöfe und katholische Kirchenmänner aus der ganzen Welt, auch Papst Paul VI., nach Polen zu locken. In den letzten Wochen des Konzils sandte das polnische Episkopat 56 Einladungen zur Tausendjahrfeier an die Episkopate anderer Länder, deren Mitglieder zu dieser Zeit natürlich größtenteils in Rom weilten. Der Brief vom 18. November an die deutschen Bischöfe, den Karol Wojtyła mit entworfen hatte und der vor seiner Absendung mit deutschen Bischöfen diskutiert worden war, enthielt weitgehend eine detaillierte Rückschau auf die schwierige Geschichte der Beziehungen beider Länder. Die polnischen Bischöfe sprachen von dem unermeßlichen Leid, das die Deutschen über ihre Landsleute gebracht hatten, verschwiegen aber nicht, daß auch den Deutschen seitens der Polen Leid geschehen war. Der Brief endete mit den Worten: „Wir vergeben und bitten um Vergebung."[88]

Das Schreiben der polnischen Bischöfe verfolgte ganz konkrete Zwecke. Indem es die Luft zwischen den beiden Kirchen reinigte, sollte es helfen, die Lage der polnischen Diözesen in den „zurückgewonnenen Gebieten" des westlichen Nachkriegspolen zu normalisieren. Mangels eines internationalen Vertrags, der die neuen Grenzen zwischen Deutschland und Polen festlegte, hatte der Vatikan diese Diözesen bislang nicht als *polnische* anerkannt. Trotz dieser praktischen Überlegungen war der Brief eine großartige christliche Geste und ein lebendiger Ausdruck für den oft zitierten „Geist des II. Vatikanischen Konzils". Die Kirche wollte als Versöhner in der Welt auftreten, und diese Aufgabe hätte sie nicht übernehmen können, ohne mit der Versöhnung im eigenen Hause anzufangen. Die Polen wollten die Vorhut bilden und eine der tiefsten Feindschaften im zweiten Jahrtausend der christlichen Geschichte beilegen, indem sie mit Johannes' XXIII. „Arznei der Milde" eine der schlimmsten Wunden der Kirche zu heilen suchten.

Polens Regierung sah in dem Brief jedoch eine günstige Gelegenheit, einen Keil zwischen die Kirche und das polnische Volk zu treiben, weigerte sich daher, ihn in der polnischen Presse abzudrucken, und lancierte unter der Überschrift „Wir vergessen und vergeben nicht" eine bösartige Kampagne gegen die Bischöfe. Viele Katholiken, die keineswegs mit dem Regime sympathisierten, waren über den Gedanken entsetzt, daß die Polen, angesichts der Schrecken der jüngsten Geschichte, einen Grund haben sollten, die Deutschen um Verzeihung zu bitten. Nach seiner Rückkehr aus Rom traf Erzbischof Wojtyła sich mit Mitgliedern von *Środowisko*, von denen einige den Brief sehr übel genommen hatten.[89] Doch ein privates Treffen unter Freunden, um die Meinungsverschiedenheit zu klären, war etwas anderes, als auf einen öffentlichen Angriff zu reagieren.

Als Teil seiner Kampagne gegen die Bischöfe dachte sich das Regime einen „Offenen Brief der Arbeiter der Sodafabrik in Krakau an Erzbischof Karol Wojtyła" aus, der am 22. Dezember 1965 in der Tageszeitung *Krakowska Gazeta* erschien. Das Ganze war eine offensichtliche und plumpe Fingerübung in Propaganda. In dem Brief, der zweifellos vorher abgefaßt und den Arbeitern nur zur (verlangten) Unterschrift vorgelegt wurde, hieß es, die Arbeiter der Fabrik Solvay seien „zutiefst entsetzt", daß der Erzbischof über solche Dinge mit deutschen Bischöfen spreche und „eine verbindliche Entscheidung über eine Frage [treffe], die für unsere Nation von höchstem Interesse ist". „Niemand hat die polnischen Bischöfe beauftragt, eine Position zu Angelegenheiten zu beziehen (...), die in die Kompetenz anderer Stellen fallen", erklärte der Brief. Die einzige Körperschaft, „die berechtigt ist, im Namen der polnischen Nation Erklärungen abzugeben, ist die Regierung der Volksrepublik Polen". Als hätte es noch weiterer Hinweise auf den literarischen und ideologischen Stammbaum des Briefes bedurft, hieß es weiter: „Es gibt überhaupt nichts, was die Deutschen vergeben könnten, denn die unmittelbare Schuld für den Ausbruch des Zweiten Weltkrieges und seinen bestialischen Verlauf trägt allein der deutsche Imperialismus und Faschismus und sein Nachfolger, die Bundesrepublik Deutschland." Am Schluß des Briefes betonten die „Arbeiter" erneut ihre „tiefe Enttäuschung" über das „eines Bürgers unwürdige Verhalten" ihres Erzschofs, vor allem, da er „während der Naziokkupation ein Arbeiter unserer Fabrik" war.[90]

Erzbischof Wojtyła, der sich nie eine Gelegenheit zu christlicher Belehrung entgehen ließ, antwortete darauf am Weihnachtsabend. Da sich das Regime weigerte, das Schreiben zu veröffentlichen, mußte es in der Untergrundpresse kursieren.

Nachdem er angemerkt hatte, daß ihm eine Kopie des angeblichen „Arbeiterbriefs" erst zuging, nachdem er ihn schon in der *Krakowska Gazeta* gelesen hatte, blickte der Erzbischof auf seine Zeit im Steinbruch von Zakrzówek und in der Chemiefabrik in Borek Fałśęcki zurück. Diese Jahre seien für ihn eine „unbezahlbare und entscheidende Erfahrung" gewesen, die „beste Schule des Lebens" und die denkbar „beste Vorbereitung" für seine jetzige Verantwortung. Die Männer, die diese Erfahrung mit ihm geteilt hatten, hätten niemals einen solchen Brief schreiben und solche Beschuldigungen erheben können, wie sie der Erzbischof gerade gelesen habe. „Ein sorgfältiges Lesen" ihres Briefes mache deutlich, daß sie das nicht geschrieben hätten, wären sie „mit dem vollständigen Text des Briefes der polnischen Bischöfe an die deutschen Bischöfe und deren Antwort wirklich vertraut gewesen".

Jeder aufrechte Mensch, der tatsächlich die beiden Schreiben gelesen habe, so fuhr er fort, müsse drei Dinge anerkennen. Erstens seien diese Schreiben „aus den tiefsten Grundsätzen der im Evangelium enthaltenen christlichen Ethik" hervorgegangen. Zweitens habe der Brief der polnischen Bischöfe die Schreckensgeschichte, die Polen durch die Hand der Deutschen erlitten hatte, deutlich herausgestellt. Der Brief der deutschen Bischöfe habe „diese Anklagen uneingeschränkt bejaht und erst Gott selbst und dann uns um Vergebung für die Schuld ihres Volkes gebeten". Berücksichtige man das alles, habe die Bitte der polnischen Bischöfe um Vergebung „in Übereinstimmung mit dem Evangelium die Verhältnismäßigkeit" gewahrt. In einer so langen und verwickelten Geschichte wie jener, die Deutschland und Polen verbinde, sei es undenkbar, daß „Menschen nicht Grund haben, sich gegenseitig um Verzeihung zu bitten". Schließlich hätten Polens Bischöfe die gegenwärtige polnische Position in den zurückgewonnenen Gebieten verteidigt, und die Deutschen hätten anerkannt, daß die jetzt dort lebende Generation von Polen „dieses Land als ihre Heimat betrachtet".

Wojtyła schloß sein Schreiben mit einem Beispiel für jenen christlichen Humanismus, den er der Vorbereitungskommission für das Konzil 1959 vorgeschlagen hatte, den er gerade auf dem II. Vatikanischen Konzil mitdefiniert hatte und dessen Grundlagen er in *Person und Tat* abzusichern versuchte: „Als wir während der Okkupation zusammenarbeiteten, hat uns vieles verbunden, vor allem die Achtung vor dem Menschen, vor dem Gewissen, der Individualität und der sozialen Würde. Das habe ich überreichlich von den Arbeitern bei ‚Solvay' gelernt; diese grundlegenden Prinzipien aber kann ich in dem offenen Brief nicht entdecken."[91]

Wie es mittlerweile Brauch war, feierte Erzbischof Wojtyła die Heiligabend-Messe unter freiem Himmel in Nowa Huta. Am Weihnachtsmorgen las er für ehemalige Kollegen von Solvay und ihre Familien eine private Messe in der Kapelle der erzbischöflichen Residenz.[92] In seiner Silvesterpredigt in der Marienkirche am altstädtischen Marktplatz nannte er das II. Vatikanische Konzil eine Begegnung mit den Geheimnissen der neueren Geschichte. Dann sagte er der Gemeinde, die Geschichte lasse sich nicht zurückdrehen, gleichgültig, was die Machthaber damit bezwecken wollten, daß sie Nowa Huta offiziell zu einer kirchenfreien Stadt erklärten. Und er verkündete, er habe von seiner Reise vom Grab des hl. Stanislaus zu dem des hl. Petrus, die er zum ersten Mal 1962 angetreten habe, einen ihm von Papst Paul VI. geschenkten und gesegneten Stein aus der Gruft des hl. Petrus mitgebracht. Er werde der Eckstein für die Kirche sein, die eines Tages in Nowa Huta gebaut werde.

Die neuen Fronten im Kampf für die Religionsfreiheit waren abgesteckt. Zwar sollte sich der Kampf in den nächsten 13 Jahren noch verschärfen, aber nun konnte er von den polnischen Katholiken in dem vollen Bewußtsein ausgefochten werden, daß hinter ihnen die feierliche Konzilsverkündigung der Religionsfreiheit als des höchsten Menschenrechts stand.

An dieser und an vielen anderen Fronten ging Erzbischof Wojtyła nun daran, die von ihm mitgestalteten Konzilsbeschlüsse praktisch umzusetzen.

6

Nachfolger des hl. Stanislaus

Umsetzung des Konzils in Krakau

8. März 1964	Karol Wojtyła wird zum Erzbischof von Krakau eingesetzt.
Mai 1964	Wojtyłas Aufsatz „Betrachtungen über die Vaterschaft" erscheint unter einem Pseudonym in *Znak*.
7. Mai 1965	Erzbischof Wojtyła führt den jährlichen „Tag der Kranken" in der Erzdiözese ein.
1966	Polen begeht die Tausendjahrfeier seiner Christianisierung.
April 1966	Wojtyłas Millenniumsgedicht „Ostervigil" erscheint unter einem Pseudonym in *Znak*.
28. Juni 1967	Karol Wojtyła wird von Papst Paul VI. zum Kardinal ernannt.
31. August 1967	Polens kommunistisches Regime schließt das Rhapsodische Theater.
14. Oktober 1967	Kardinal Wojtyła macht den ersten Spatenstich für die Kirche in Nowa Huta.
Februar 1968	Eine Kommission Krakauer Theologiestudenten unterbreitet Papst Paul VI. ihre Denkschrift „Die Fundamente der kirchlichen Lehre über die Grundsätze des Ehelebens".
August-September 1969	Kardinal Wojtyła reist durch Kanada und die Vereinigten Staaten.
Herbst 1969	Wojtyła gründet das erzbischöfliche Institut für Familienforschung.
11. September- 28. Oktober 1969	Kardinal Wojtyła nimmt an der internationalen Bischofssynode in Rom teil.
1970	Wojtyła schreibt *Quellen der Erneuerung*, einen Leitfaden für die Dokumente des II. Vatikanischen Konzils.
16.-17. Dezember 1970	Wojtyłas Buch *Person und Tat* wird an der Katholischen Universität Lublin diskutiert.

30. SEPTEMBER- 6. NOVEMBER 1971	Wojtyła nimmt an der Bischofssynode über Priesteramt und Gerechtigkeit in der Welt teil.
24. DEZEMBER 1971	Kardinal Wojtyła feiert seine erste Christmette auf einem Feld in Miestrzejowice.
8. MAI 1972	Die Synode in Krakau wird eröffnet.
16. AUGUST 1972	Wojtyła liest die Messe in einem Lager am Berg Błyszcz, dem „Berg Tabor" der Oasebewegung.
FEBRUAR 1973	Wojtyła vertritt die polnische Kirche auf dem Internationalen Eucharistischen Kongreß in Melbourne.
16. APRIL 1974	Kardinal Wojtyła trotzt dem kommunistischen Regime der Tschechoslowakei und spricht auf der Beerdigung von Kardinal Stefan Trochta in Litoměřice.
27. SEPTEMBER- 26. OKTOBER 1974	Wojtyła fungiert als *Relator* auf der Bischofssynode über die Evangelisierung.
MAI 1975	Wojtyłas Gedichtzyklus „Meditation über den Tod" erscheint unter einem Pseudonym in *Znak*.
7.-13 MÄRZ 1976	Kardinal Wojtyła predigt bei den Fastenexerzitien vor Papst Paul VI. und der römischen Kurie.
13. JULI- 11. SEPTEMBER 1976	Wojtyła fährt nach Amerika, um am Internationalen Eucharistischen Kongreß in Philadelphia teilzunehmen.
15. MAI 1977	Wojtyła weiht die neue Kirche in Nowa Huta ein.
30. SEPTEMBER- 29. OKTOBER 1977	Wojtyła nimmt an der Bischofssynode über religiöse Erziehung teil.
25. MAI 1978	Während der jährlichen Fronleichnamsprozession in Krakau tritt Kardinal Wojtyła vor Zehntausenden von Pilgern für die grundlegenden Menschenrechte aller Polen ein.

Am 8. März 1964 schritt der Obersakristan des Doms auf dem Wawel feierlich durch das hohe Steingewölbe zum Westportal. In den Händen hielt er einen kleinen silbernen Schrein mit den Reliquien des heiligen Märtyrers Stanislaus. Draußen im Hof wartete der zukünftige Erzbischof. Karol Wojtyła, bekleidet mit der *cappa magna* und Hermelinmozetta, küßte das Reliquiar mit den sterblichen Überresten seines Vorgängers, des ersten Bischofs von Krakau, und stieg die Stufen hinauf, um als Erzbischof eingesetzt zu werden. An der Tür empfing ihn das Domkapitel in prächtigen mittelalterlichen Pelzkragen. Einer der Domherren hieß ihn mit einer Rede willkommen, in der er die Geschichte der Erzdiözese darlegte, während der Dekan des Kapitels ihm die Schlüssel der Kirche überreichte. Als der zukünftige Erzbischof durch den Dom schritt, vor dem Altar des hl. Stanislaus, vor dem großen schwarzen Kreuz der seligen Königin Jadwiga und schließlich in der Kapelle des Heiligen Sakraments zum Gebet niederkniete, nahm er denselben Weg wie 25 Jahre zuvor, kurz bevor die Bomben der deutschen Luftwaffe auf Polens alte Hauptstadt fielen.

Nachdem er den Altarraum betreten hatte, nahm der künftige Erzbischof auf einem provisorischen Thron Platz, während der Generalvikar der Erzdiözese erst auf Latein und dann auf Polnisch die päpstliche Bulle verlas, in der Karol Wojtyła zum Erzbischof und Metropoliten von Krakau ernannt wurde. Der Erzbischof erhob sich, küßte den Altar und wurde zur *cathedra* geleitet, dem Thron oder Bischofsstuhl des Doms. Dort nahm er die Huldigung seiner Weihbischöfe, des Domkapitels, der Priester der Erzdiözese, der Seminarprofessoren, der Ordensoberen und schließlich der jungen Priesteramtskandidaten entgegen, die er mit sichtbarer Zuneigung begrüßte.

Der 43jährige Erzbischof Karol Wojtyła – er war der 76. Bischof in einer Linie, die bis zum Ursprung des polnischen Staates im Königreich der Piasten zurückreichte – predigte dann vor seinem Kirchenvolk darüber, was dieser Tag für ihn und für sein Erzbistum bedeute.

Man könne, sagte er, den Dom nicht „ohne Furcht und Ehrfurcht" betreten. Hier sei „die ganze Vergangenheit unseres Volkes" versammelt, dies sei das einzige Fundament, auf dem sich eine wahrhaft polnische Zukunft errichten lasse. Wann immer er den Dom betrete, fühle er, daß „etwas geboren wird". Daher wolle er sich „nun in Demut vor dem höchsten und tiefsten Geheimnis der Geburt verbeugen, das in Gott selbst ist. Ich möchte die tiefste Verehrung, deren der Mensch fähig ist, (...) dem Ewigen Wort, dem ewig aus dem Vater geborenen Sohn erweisen."

Er sei ein Sohn der Kirche Krakaus, „die mich geboren hat, wie eine Mutter ihren Sohn gebärt". Er bleibe zwar Sohn, doch nun sei er auch ihr Vater, der an diesem Tag seiner Einsetzung als ihr Erzbischof geboren werde: „Petrus hat durch die Person Papst Pauls VI. zu mir gesagt: ‚Weide meine Schafe' (...). Diese Worte haben eine ungeheure Vollmacht, sie beziehen ihre Kraft aus den Worten Christi, der zum heiligen Petrus, Papst Pauls Vorgänger, sagte: ‚Weide meine Schafe.' So stehe ich denn nun, meine Lieben, auf der Schwelle jener großartigen Wirklichkeit, die durch das Wort ‚Hirte' ausgedrückt ist. Und ich weiß, daß ich da zu Recht stehe, daß ich auf keinem anderen Weg als durch die Pforte der Schafhürde eintrete, die Christus gewiesen hat, das heißt durch Petrus."

Sein Amt sei es, der einen Ortskirche zu dienen, die sie gemeinsam errichten müßten: „Um ein Hirte zu sein, so scheint es mir, muß man das annehmen können, was die Herde darbringt. Wer aber nehmen will, muß sich darauf verstehen, zu geben; er muß das Geschenk jedes einzelnen nehmen und zusammenfügen, damit daraus das für alle gemeinsame Gute entsteht."

Wann immer der Bischof verbinde und zusammenfüge, verfolge er damit nur einen erhabenen Zweck: die Wahrheit über die menschliche Person, über die Beziehung der Menschheit zu Gott und über ihre hohe Bestimmung zu bezeugen, wie sie in Jesus Christus offenbart worden sei. Jene, die sich 1964 für die Herren Polens hielten, besaßen ihren Fünfjahresplan. Der Bischof von Krakau hatte nichts dergleichen. Was er hatte, war „einfach und ewig". Denn „das, was ewig, was von Gott ist, ist das Einfachste und Tiefste". Da war es nicht nötig, sich über Programme zu erregen. „Unsere Aufgabe ist es, wachsenden Eifer und Bereitschaft zu zeigen, das ewige Programm Gottes und Christi auszuführen und es an die Bedürfnisse unserer Zeit anzupassen." Das II. Vatikanische Konzil hatte jenen Prozeß der Erneuerung begonnen, „doch für viele von uns sind seine Dekrete nicht mehr als Schriftstücke. Ich möchte das Erzbistum Krakau für die wahre Bedeutung des Konzils öffnen, damit wir seine Lehren in unser Leben aufnehmen."

Nachdem er klargemacht hatte, daß sein einziges „Programm" das alte und doch stets neue Evangelium sei, zog sich der Erzbischof in die Sakristei zurück, um sich für die Messe anzukleiden. Anna Jagiełło, die Frau des Königs Stefan Batory, hatte der Erzdiözese das goldene Meßgewand gestiftet. Die Mitra stammte von Andrzej Lipski, einem Bischof des 17. Jahrhunderts. Der Krummstab ging auf die Regierungszeit des Königs Johann Sobieski zurück. Der Meßkelch wurde schon in den mittleren Jahren der Jagiellonendynastie benutzt. Die Botschaft seines Ornats war ebenso unmißverständlich wie die seiner Predigt: Ihr, die Gläubigen dieses ehrwürdigen Bischofssitzes, seid die Erben einer großen Tradition. In dieser Tradition liegt die Wahrheit über eure Vergangenheit. Von ihr ausgehend könnt ihr eine Zukunft schaffen, die eurer Würde als freie Männer und Frauen entspricht, denn in der Taufe seid ihr zu einer Freiheit geboren, die euch niemand nehmen kann: zur Freiheit der Kinder Gottes.[1]

UNERWARTETE FOLGEN

Soziologen, die sich mit den Mechanismen der Bürokratie beschäftigen, hätten vielleicht gesagt, hier sei das Prinzip der unbeabsichtigten Folgen am Werk gewesen. Schalkhafte Theologen könnten darin einen Beweis dafür sehen, daß der Heilige Geist einen boshaften Sinn für Humor hat. Wie immer man den Vorgang bezeichnet, Karol Wojtyłas Ernennung zum Erzbischof von Krakau wurde von Männern beeinflußt, die schon bald erkannten, daß sie einen schweren Fehler gemacht hatten.

Am 15. Juni 1962 war Erzbischof Eugeniusz Baziak gestorben. Karol Wojtyłas Ernennung zum Erzbischof wurde von Papst Paul VI. am 30. Dezember 1963 unterzeichnet und am 19. Januar 1964 öffentlich bekanntgegeben. Daß es über anderthalb Jahre dauerte, bis ein neuer Erzbischof ernannt wurde, war die Folge eines weiteren Patts um das Erzbistum Krakau. Die Hauptpersonen waren diesmal der Primas, Kardinal Wyszyński, und die polnische Regierung. Aufgrund des 1956 geschlossenen Vertrages schickte der Primas die Namen der vom Heiligen Stuhl (vermutlich mit Zustimmung Wyszyńskis) ausgewählten Bischofskandidaten an die Regierung. Diese hatte dann drei Monate Zeit, ein Veto einzulegen. Erging in diesem Zeitraum kein Veto, verkündete der Primas öffentlich die Ernennung. Formell lag die Sache beim Ministerpräsidenten, in Wirklichkeit wurden derartige Entscheidungen jedoch vom zweitwichtigsten Mann in der Parteihierarchie getroffen, von Zenon Kliszko. Kliszko war der Vorsitzende des Sejms, des polnischen Scheinparlaments. Schwerer wog jedoch, daß er auch der kommunistische Chefideologe und der Hüter über die richtige Parteilinie in Polen war.

Im Spätherbst 1963 hatte Pater Andrzej Bardecki, der kirchliche Berater bei *Tygodnik Powszechny*, einen Besucher. Professor Stanisław Stomma, der Sprecher der fünfköpfigen im Sejm zugelassenen katholischen Kleinpartei, fragte diskret bei Bardecki an, ob sie nicht auf dem Grüngürtel um Krakaus Altstadt einen Spaziergang machen könnten. Das war ein guter Ort für ein Gespräch, denn hier mußten sie nicht die Wanzen der Geheimpolizei in den Büros von *Tygod-

nik Powszechny fürchten. Als die beiden Männer im Freien waren, erzählte Stomma, er habe kürzlich mit Zenon Kliszko über das Tauziehen um das vakante Erzbistum Krakau gesprochen. Kliszko, der nicht unter mangelndem Selbstbewußtsein litt, schmeichelte sich, alle sieben Namen, die ihm der Primas in den letzten anderthalb Jahren vorgelegt hatte, abgelehnt zu haben. „Ich warte auf Wojtyła", sagte Kliszko, „und ich werde weiterhin alle Vorschläge ablehnen, bis ich ihn bekomme." Stomma hatte dem Ideologen für diese vertrauliche Mitteilung gedankt, sich aber nur mit Mühe das Lachen verkneifen können. Wojtyła war genau der Kandidat, auf den Stomma, seine katholischen Parlamentskollegen und Geistliche wie Bardecki insgeheim hofften.

Warum versteiften sich Kliszko und – laut Bardecki – das gesamte Politbüro der kommunistischen Partei auf Wojtyła? Wie konnten sie ihn nur dermaßen falsch einschätzen?

Vielleicht hatte Wojtyłas Alter etwas damit zu tun. Die Graubärte der polnischen kommunistischen Führung hielten ihn, den erst 42jährigen, für einen grünen Jungen, der leicht zu manipulieren war. Außerdem hatte er anscheinend keinerlei Interesse an Politik, jedenfalls nicht an dem, was sie unter Politik verstanden. Er war ein Intellektueller, ein wenig dem Abstrakten zugeneigt, jemand, der sich im politischen Alltagsgeschäft nicht auskannte und sich gewiß mit vagen Zusicherungen zufrieden geben würde. Kliszko und seine Genossen müssen gemeint haben, diese Mischung aus Lebensalter, Intellektualität und Unerfahrenheit mache Wojtyła zu einer idealen Schachfigur im Spiel um das langfristige strategische Ziel: die polnische Hierarchie zu spalten, um so den Primas an den Rand zu drängen und den öffentlichen Einfluß der Kirche zu schwächen.

Von heute aus gesehen gab es zweifellos genug Indizien, die die Genossen hätten nachdenklich stimmen müssen. Da war zum einen Wojtyłas hinreichend bewiesene Fähigkeit, die Loyalität der Jugend zu gewinnen, wie auch seine Verbindungen zum Rhapsodischen Theater, einer verdächtigen Gruppe. Als er 1962 die Behörden davon abhielt, das Priesterseminar der Erzdiözese zu beschlagnahmen, hatte er zudem beträchtliches Verhandlungsgeschick an den Tag gelegt. Ein Jahr später – diesmal sollten Seminaristen und Lehrkörper aus einem Flügel des Schlesischen Seminars in Krakau ausgewiesen werden – hatte er die Behörden erfolgreich abgeschreckt. Falls die Anordnung durchgeführt werde, drohte er, am Tage der Ausweisung öffentlich an der Seite des Lehrkörpers zu protestieren. Die Behörden gaben ihren Plan auf.[2] Seine Christmetten in Nowa Huta hätten den Genossen zeigen können, daß er nicht der Mann war, der sich mit vollendeten Tatsachen einfach abfand. Auch seine Predigt im Januar 1963 zum 100. Jahrestag des Aufstands gegen die Russen hätte Mißtrauen erregen müssen – was war das für eine Geschichte mit der „inneren Freiheit des Menschen"? Und seine Predigt anläßlich der Enthüllung des Denkmals für Kalinowski und Chmielowski beim Dom fünf Monate später? Hätten sein Hinweis auf die Heiligkeit dieser Verschwörer und seine Erinnerung daran, daß die Polen oftmals „aus dem Untergrund zur Freiheit durchbrechen" mußten, für die Genossen nicht ein Warnsignal sein müssen?

Wenn diese Predigten Zenon Kliszko kalt ließen und wenn Wojtyłas Erfahrungen im kulturellen Widerstand die Kommunisten nicht beunruhigten, sondern ihnen im Gegenteil Wojtyła empfahlen, kann es dafür nur eine Erklärung geben: Kliszko und seine Genossen wurden Opfer ihrer eigenen Ideologie und Propaganda. „Kultureller Widerstand" ergab für sie keinen Sinn. Nach dem orthodoxen marxistischen Jargon gehörten Ideen zum „Überbau", es waren Eintagsfliegen – nicht die wirkliche Essenz der Macht. Sollte der jungenhafte Kapitelvikar ruhig über die „überirdische Verantwortung des Bischofs für das Volk Gottes" predigen, in deren Dienst der hl. Stanislaus sein Leben geopfert hatte. Sollte er Studenten ruhig dazu anhalten, ihr Leben als eine Berufung anzusehen und regelmäßig zu beichten. All das war Opium, nicht nur für die Massen, sondern auch für Krakaus widerspenstige Intelligenz. Wojtyła sollte, mit der Autorität eines Erzbischofs, ruhig so weitermachen wie bisher. Er würde zumindest dazu beitragen, daß die Lage sich nicht verschärfte. Außerdem gab es noch die wunderbare Möglichkeit, diesen naiven Menschen geschickt dazu zu bringen, das Episkopat zu spalten, wenn er Positionen vertrat, die das Regime gegen Wyszyński kehren konnte.

Hielt Kardinal Wyszyński Karol Wojtyła für einen obskuren, dem Abstrakten zugeneigten Intellektuellen, mit dem die Kommunisten leichtes Spiel haben würden? Daß Wojtyła der achte (nach manchen Darstellungen der siebte) der von ihm vorgeschlagenen Kandidaten war, läßt zumindest darauf schließen, daß der Primas ihn für zu jung und unerfahren hielt, um diesen Posten auszufüllen. In den wenigen Jahren seiner Mitgliedschaft im polnischen Episkopat hatte Wojtyła den Primas nie verärgert. Doch der Kapitelvikar war ein großer Freund von *Tygodnik Powszechny*, während der Primas seine Schwierigkeiten mit dieser Zeitung und ihren geistig unabhängigen Herausgebern hatte. Wojtyłas Sympathien für den Reformflügel des II. Vatikanischen Konzils mögen Wyszyński ebenfalls zu denken gegeben haben. Und das weniger wegen der Reformen selbst, sondern weil der Primas meinte, die westlichen Reformer würden seine Situation nicht verstehen und sich mit Fragen beschäftigen, die für die polnische Kirche von geringer Bedeutung seien. Wyszyński kannte Wojtyła offenbar nicht sehr gut. Als man ihn kurz nach dessen Ernennung fragte, was er von dem neuen Krakauer Erzbischof halte, schwieg der Primas kurz und sagte dann: „Er ist ein Dichter."

Im Dezember 1963 suchte Professor Stomma noch einmal *Tygodnik Powszechny* auf und nahm Pater Bardecki wieder zu einem Spaziergang in die Parkanlagen mit. Zenon Kliszko, wußte er zu berichten, habe ihm gerade mitgeteilt, daß er soeben von Wyszyński einen Benennungsvorschlag bekommen hatte, der diesmal den Namen Wojtyła enthielt. Stomma war darüber ebenso beglückt wie Bardecki und, so dürfen wir annehmen, Zenon Kliszko.

Zu jener Zeit hatte der Gefängnisdirektor von Danzig einen prominenten Gefangenen. Der Benediktiner Piotr Rostworowski, Abt eines Klosters vor den Toren Krakaus, verbüßte eine Strafe, weil er geholfen hatte, tschechische Bürger über die tschechisch-polnische Grenze zu schmuggeln. Als Karol Wojtyłas Ernennung öffentlich bekanntgegeben wurde, suchte der Direktor seinen Gefangenen auf, um ihm mit hämischer Freude das Ereignis mitzuteilen. Das, so sagte er dem Abt, sei „eine sehr gute Nachricht". Wojtyła sei genau der Mann, den die Genossen gewünscht hätten. Vier Monate später schlug er dem Abt gegenüber ganz andere Töne an. „Wojtyła hat uns hereingelegt!" schrie er.

Aus all dem zog Pater Bardecki den Schluß, der Heilige Geist könne „seinen Willen nicht nur durchsetzen, indem er die Menschen erleuchte, sondern auch, indem er sie verblende."[3]

„Mein geliebtes Krakau"

Wojtyła lebte genau 40 Jahre in Krakau, darunter vier Jahre als Weihbischof, zwei Jahre als faktischer Oberhirte der Erzdiözese und 14 Jahre als ihr Erzbischof. Von Anfang an gab es zwischen der Stadt und dem Mann, dem alten Bischofssitz und dem jungen Bischof, eine wunderbare Harmonie.

Er war ein polnischer Intellektueller, und Krakau war nicht nur ein geistiges Zentrum, sondern seit jeher Polens kulturelle Hauptstadt. Er war ein polnischer Patriot in einer Stadt, die die Geschichte dieser Nation in ihrem Dom verkörperte und die mit den Palästen, den Straßen und Kollegien, Kirchen und Häusern, an denen er täglich vorbeiging, vom historischen Kampf Polens um die Freiheit zeugte. Er war ein Schriftsteller, der in der Wiege des polnischen Buchdrucks lebte, denn in dieser Stadt erschien das erste Buch in polnischer Sprache. Er war durch Wahl und aus Überzeugung ein Krakauer, und das hieß, er war ein Europäer, der im Herzen Europas lebte.

Er war Bischof und Priester in einer Stadt großer Glaubenszeugen: Stanislaus, Vorbild aller seiner Nachfolger im Krakauer Bischofsamt, Piotr Skarga, der im 16. Jahrhundert die nationale Erneuerung durch geistige Umkehr predigte, Dunajewski und Puzyna, die am Aufstand von 1863 beteiligt waren und später Bischöfe und Kardinäle wurden. Krakau, das war die Stadt Bruder Alberts und der von ihm gegründeten aufopferungsvollen Ordensgemeinschaften, es war die Heimat von Schwester Faustina Kowalska, der Mystikerin der göttlichen Gnade. Es war der Bischofssitz Adam Stefan Sapiehas, des ungebrochenen Fürsten, und die Diözese von Pater Maximilian Kolbe, der sich im Hungerbunker von Auschwitz aufgeopfert hatte. All das war in Krakau spürbar lebendig. Und es lebte auch in Karol Wojtyła, der glaubte, daß die volkstümliche Verehrung der Heiligen und ein ernsthaftes katholisches Geistesleben sich gegenseitig befruchteten.

Der Mann, der dazu geboren schien, Erzbischof von Krakau zu werden, formulierte in einem 1964 zur Fastenzeit geschriebenen Hirtenbrief die grundlegenden Themen seines Bischofsamtes. (Wie andere im Laufe der Jahre verfaßte Hirtenbriefe konnte auch dieser nicht gedruckt werden. In Schichtarbeit tippten Nonnen die Hirtenbriefe mit je sechs Durchschlägen. Danach wurden sie jeder Gemeinde persönlich zugestellt, denn auf die Post konnte man sich nicht verlassen.[4])

Erzbischof von Krakau zu sein, schrieb er, bedeute, ein „tiefes Verantwortungsbewußtsein" zu empfinden, das durch die „großen und beredten Zeugnisse der Vergangenheit" in dieser Erzdiözese noch verstärkt werde. Wenn dieses Verantwortungsbewußtsein ihn nicht mit Furcht erfülle, so deshalb, weil er „vollkommenes Vertrauen in Christus den Herrn und in Seine Mutter" habe und ein „aufrichtiges Zutrauen" zu den Menschen, denen er diene. Das Leben sei nicht absurd, denn „Gott will, daß alle Menschen gerettet werden und zur Erkenntnis der Wahrheit gelangen (1. Timotheus 2,4)." Das sei der Glaube der Kirche und ihre Sendung: Sie müsse Männern und Frauen helfen, die Würde ihrer Natur und den Adel ihrer Bestimmung zu erkennen. Und wenn er, als ihr Bischof und „erster Diener des Gemeinwohls", diesen Auftrag erfülle, erwarte er, daß auch jeder andere „Verantwortung für den Bereich übernimmt, den Gott ihm zugedacht hat".[5]

Karol Wojtyła, der im erstaunlich jungen Alter von 47 Jahren von Papst Paul VI. zum Kardinal ernannt wurde, war in der tausendjährigen Geschichte des Bistums der erste Bischof, der nicht aus dem Adel stammte. Das hinderte ihn nicht daran, einer der tatkräftigsten Diözesanbischöfe seiner Zeit zu werden.

PRIORITÄTEN

Seinen Mitarbeitern zufolge ging Kardinal Wojtyła auf eine spezifische Weise an Probleme und Entscheidungen heran. Jedesmal legte er seinen Mitarbeitern zwei Fragen vor. „Welche Glaubenswahrheit wirft Licht auf dieses Problem?" war die erste. Nachdem man darüber gesprochen hatte, folgte die zweite: „Wen können wir dafür um Hilfe bitten – oder entsprechend ausbilden?"[6] Als Erzbischof von Krakau leitete Wojtyła eine sehr große Organisation, allerdings eine besondere. Hier handelte es sich um die *Kirche,* und er würde sie leiten, wie es der Kirche zukam, nicht wie irgendeine x-beliebige Institution.

Jeden Tag erbrachte er den lebendigen Beweis für seine spezifische Art, andere zu führen und Probleme zu lösen. Im Anschluß an die morgendliche Messe zog sich der Erzbischof in seine Kapelle zurück, und jedermann wußte, daß er dann nicht gestört werden durfte. Dort, ein paar Meter von der Stelle entfernt, wo Kardinal Sapieha ihn zum Priester geweiht hatte, verbrachte er im Angesicht des Heiligen Sakraments im Tabernakel zwei Stunden an einem kleinen Pult schreibend. Manche Theologen, so heißt es, treiben Theologie am Schreibtisch, andere auf den Knien; dasselbe ließe sich über Bischöfe und die Leitung ihrer Diözese sagen. Karol Wojtyła war ein Bischof, der nicht nur seine Philosophie und Theologie „auf den Knien" trieb, sondern auch seine Diözese so leitete – oder in der sakramentalen Anwesenheit seines Herrn an einem kleinen Pult.[7]

Wenn er vor besonders schwierigen Entscheidungen stand, zog es den Erzbischof nach Kalwaria Zebrzydowska, wo man ihn häufig mit dem Rosenkranz in der Hand herumgehen sah, während er im Gebet die Lösung eines Problems suchte. Jeden Freitag verließ er die Residenz des Erzbischofs, wo sich sein Büro befand, und ging durch die Franciszkańska-Straße zur Basilika der Franziskaner, in der Władysław Jagiełło vor seiner Heirat mit Königin Jadwiga getauft worden war. Beschienen vom Licht der bunten, von seinem Dramatikerkollegen Stanisław Wyspiański entworfenen Glasfenster ging er in eine Seitenkapelle, wo er die vierzehn Stationen des Kreuzwegs betete.

Karol Wojtyłas Stil und Vorgehen als Erzbischof waren von Fürst-Kardinal Adam Sapieha inspiriert, dessen schlichtes goldenes Brustkreuz Wojtyła über einer einfachen schwarzen Soutane trug. Das große Studierzimmer des Erzbischofs war mit vielen Photos von Sapieha geschmückt.[8] Sapieha war zwar das Vorbild, aber sein Stil mußte den neuen Umständen angepaßt werden. Zwölf Jahre nach dem Tod des Fürst-Kardinals war Krakau eine riesige, sich ausbreitende Diözese mit 1,5 Millionen Katholiken, darunter 1500 Priester (771 gehörten zur Diözese und 749 zu Ordensgemeinschaften), 1500 Nonnen und 1500 Brüder (geweihte Mitglieder eines Männerordens, die keine Priester waren) und 191 Priesteramtskandidaten. In den 14 Jahren, in denen er dieser vielschichtigen Gemeinschaft vorstand, besaßen sieben Dinge Priorität, und diese sagen uns viel darüber, wie Karol Wojtyła die Kirche und ihren Auftrag verstand.

Religionsfreiheit

Dank der demographischen Gegebenheiten und Kardinal Wyszyńskis energischer Führung waren Polens Katholiken in einem Maße frei, ihren Glauben zu praktizieren, um das sie ihre unter aktiver Verfolgung leidenden litauischen, tschechoslowakischen und ukrainischen Glaubensbrüder nur beneiden konnten. Bürger einer freien Gesellschaft hätten allerdings nie gesagt, daß in Polen Religionsfreiheit herrsche, und der mit dem kommunistischen Regime ausgehandelte Modus vivendi war weit davon entfernt, die auf dem II. Vatikanischen Konzil definierten Kriterien für Religionsfreiheit zu erfüllen.

Wo es um Religionsfreiheit ging, war der Krakauer Erzbischof aufgerufen, sich seiner großen Vergangenheit würdig zu erweisen. Nachfolger des hl. Stanislaus zu sein hieß, das Erbe einer alten Tradition anzutreten, der zufolge der Bischof in größter Not der *defensor populi*, der „Verteidiger des Volkes", und der *defensor civitatis*, der „Verteidiger der Stadt", war.[9] Diese Aufgabe hatte Kardinal Sapieha während der deutschen Besatzung und in den ersten Jahren unter dem Kommunismus hervorragend erfüllt. Nun war die Reihe an Wojtyła, das Kirchenvolk und die Stadt zu verteidigen, weniger gegen öffentliche Verfolgung – obschon es auch das in einzelnen Fällen gab – als vielmehr gegen einen Staat, der entschlossen war, die Wurzeln der polnischen Nation aus dem Boden der christlichen Kultur zu reißen. Als Wojtyła Bischof war, konzentrierte sich der Kampf um Religionsfreiheit auf zwei Fragen: den Bau von Kirchen und die öffentliche Präsenz des Katholizismus, symbolisiert durch die jährliche Fronleichnamsprozession.

Von 1962 (in diesem Jahr wurde Wojtyła zum Kapitelvikar gewählt) bis 1978 schuf die Erzdiözese Krakau elf neue Pfarreien und zehn neue „Seelsorgezentren", eine Art Vorstufe für die endgültige Erhebung zur Pfarrei.[10] Jede einzelne dieser Initiativen bedeutete einen Kampf mit dem Regime.

Ohne Zustimmung der Regierung konnten von Rechts wegen weder Pfarreien gegründet noch Kirchen gebaut werden. Nach kanonischem Recht aber konnte keine Pfarrei ohne Kirche geschaffen werden. Indem sie den Bau von Kirchen untersagte, konnte die Regierung die Entwicklung der Kirche, die auf die Gründung neuer Pfarreien angewiesen war, erfolgreich blockieren. Angesichts der Sturheit des Regimes und der Schwierigkeiten des Kirchenrechts verfiel Wojtyła auf eine raffinierte und kämpferische Widerstandsstrategie. Jedes Jahr reichte das Erzbistum bei der Regierung durchschnittlich 30 Baugesuche ein, und jedes Jahr wuchs der Rückstand, da nicht beschiedene Gesuche aus den Vorjahren noch anhängig waren. Während die Erzdiözese die Behörden bedrängte, diesen wachsenden Berg abgelehnter oder aufgeschobener Baugenehmigungen abzutragen, verfolgte Wojtyła parallel dazu die

Strategie, „Fakten zu schaffen", worauf die Regierung irgendwie reagieren mußte. Unter Umgehung des Kirchenrechts schufen er und mutige Priester eine Gemeinde ohne Kirche, indem sie über Monate oder Jahre beharrlich, oft von Tür zu Tür gehend, ein Viertel evangelisierten. War dann eine lebendige Gemeinde entstanden, konfrontierte man die Regierung mit vollendeten Tatsachen: „Sehen Sie, die Leute wollen eine Kirche, die Gesellschaft braucht eine Kirche."

Ein Brennpunkt dieser Strategie war Nowa Huta, die von den Kommunisten am Rande Krakaus errichtete Arbeiter-Modellstadt ohne Kirche. Die neue Stadt bestand aus riesigen Wohnblocks, von denen einige mehr als 450 Wohneinheiten umfaßten, doch es war unmöglich, direkt zu den Nachbarn rechts oder links zu gehen. Wer einen Nachbarn außerhalb der eigenen Zwei- oder Dreizimmereinheit besuchen wollte, mußte sich zunächst mit dem Fahrstuhl oder über die Treppe nach unten begeben, das Gebäude verlassen, es durch eine andere Tür wieder betreten und mit dem Fahrstuhl oder über die Treppe zur Wohneinheit des Nachbarn hochsteigen. Die Wohnblocks in Nowa Huta wurden treffend als Arbeiterschließfächer bezeichnet und waren bewußt so entworfen, daß alle säuberlich voneinander getrennt blieben. Für Kirchen, d. h. für Orte regimeunabhängiger Gemeinschaften, war in Nowa Huta kein Platz.

Das große Symbol für den Kampf um Nowa Hutas Seele war der Bau dessen, was später als die „Archenkirche" bekannt wurde. Sie erhob sich auf einem Feld in Bienczyce, wo Wojtyła seit 1959 die Christmette zu feiern pflegte. Die Genehmigung für den Bau dieses entschieden modernen Gebäudes – seine Architektur deutete die Kirche als „Arche", in der Maria, Königin von Polen, ihr Volk rettete – wurde schließlich, nach jahrelanger Agitation, am 13. Oktober 1967 erteilt. Schon am nächsten Tag, dem 14. Oktober, machte Kardinal Karol Wojtyła feierlich den ersten Spatenstich, er schwang eine Hacke und half den ersten Abschnitt des Grabens für das Fundament auszuheben, in das der von Papst Paul VI. gestiftete Stein aus der Gruft des hl. Petrus eingelassen werden sollte. Zehn Jahre arbeiteten Freiwillige aus ganz Polen und Europa an der Fertigstellung der Kirche. Die Außenmauern waren mit zwei Millionen kleiner polierter Kieselsteine aus den Flüssen Polens verziert. Den Innenraum beherrschte eine große stählerne Figur des gekreuzigten Christus, die die Arbeiter der Lenin-Stahlwerke in Nowa Huta geschmiedet hatten. Der Tabernakel, ein Geschenk des Bistums St. Pölten in Österreich, war wie ein Modell des Sonnensystems geformt; zu seinen Verzierungen gehörte ein Mondstein, den Paul VI. von einem amerikanischen Astronauten bekommen hatte. Die Holländer stifteten die Kirchenglocken. Am 15. Mai 1977 wurde die Archenkirche von Kardinal Wojtyła eingeweiht. Seine Predigt bei der Einweihungsmesse, an der Pilger aus Österreich, der Tschechoslowakei, Ungarn, Jugoslawien, Deutschland, Holland, Portugal, Italien, Kanada, aus den USA, England, Finnland und Frankreich teilnahmen, gab der Arbeiter-Modellstadt eine neue Definition. „Dies ist keine Stadt von Menschen, die niemandem gehören", betonte der Kardinal, „von Menschen, mit denen man machen kann, was man will, die nach den Gesetzen oder Regeln der Produktion und Konsumtion manipuliert werden können. Dies ist eine Stadt der Kinder Gottes (...). Dieses Gotteshaus [war notwendig], um das zum Ausdruck zu bringen, um es deutlich hervorzuheben."[11]

Während die Archenkirche das berühmteste Symbol des Kampfes um Nowa Huta war, wurde die härteste Schlacht in diesem Kampf in einem anderen Viertel von Nowa Huta ausgefochten: Miestrzejowice.

1970 suchte Pfarrer Józef Kurzeja Kardinal Wojtyła auf; er kam, wie Johannes Paul II. sich erinnert, gleich zur Sache: „Wir brauchen in Miestrzejowice eine Kirche. Vielleicht stecken sie mich ins Gefängnis, aber ich bin bereit, anzufangen."[12] Der Kardinal gab seine Zustimmung, und Pfarrer Kurzeja ging sofort ans Werk. Er war kein wortgewaltiger Prediger, wie sein Kaplan meinte, und auch kein guter Sänger, aber er war ein großer, aufrechter Mann Mitte 30, in dessen Gegenwart sich die Leute wohl fühlten.[13] Kurzeja kaufte ein kleines Stück Brachland in Miestrzejowice und errichtete darauf ein kleines Holzhaus, das mehr einem Geräteschuppen als einem Haus glich. An der Seite befand sich ein Altar, und der Priester begann, Gläubige um sich zu scharen, indem er von Haus zu Haus ging. Nun, da die Schlacht um die Archenkirche weitgehend gewonnen war, verschob sich die Frontlinie in Nowa Huta nach Miestrzejowice, wo Kardinal Wojtyła zur Unterstützung von Pfarrer Kurzeja wiederum die Christmette auf freiem Feld las. Am Heiligen Abend 1971 predigte er über den Text aus dem Lukasevangelium: „Und in der Herberge war kein Platz für sie." Vor Tausenden von Menschen, die zur Messe gekommen waren, stellte er sich energisch hinter Pfarrer Kurzeja: „Der Priester, der eure Herde hier unter dem freien Himmel versammelt, der nichts als euren guten Willen und eure Solidarität hat, verfolgt kein persönliches Ziel, er ist nicht auf persönlichen Gewinn aus. Was wünscht er sich? Er möchte die Grundsätze der Moral, die Gebote Gottes lehren. Liegt es nicht im Interesse dieser neuen Stadt Nowa Huta, daß die Menschen die moralischen Gebote befolgen? (...) Liegt das nicht im Interesse der Nation, des Staates? Gewiß, dafür verdient der Priester keine Strafe. Sicherlich verdient er nichts als Lob."[14]

Die Behörden waren anderer Meinung. Pfarrer Józef Kurzeja wurde auf der Straße, in seiner Wohnung und in der hölzernen Kapelle von der Staatssicherheit, der Słuzba Bezpieczeństwa, ständig belästigt und regelmäßig zu Verhören bestellt; schließlich brach er zusammen und starb am 15. August 1976 im Alter von 39 Jahren an Herzversagen.[15] Es war der Tag nach dem 34. Jahrestag eines anderen Martyriums, dem Maximilian Kolbes im Hungerbunker von Auschwitz. 1983 weihte Papst Johannes Paul II. die nach dem hl. Maximilian Kolbe benannte Kirche von Miestrzejowice ein, und so war Pfarrer Kurzejas Einsatz nicht vergebens.[16]

Ein anderer Brennpunkt im Kampf um die Religionsfreiheit in Krakau unter Wojtyłas Episkopat war die jährliche Fronleichnamsprozession. Die Kommunisten waren entschlossen, diese im Spätfrühling stattfindende Tradition zu unterdrücken, und Wojtyła war ebenso entschlossen, daran festzuhalten. Vor dem Krieg zog diese prächtige öffentliche Prozession zu Ehren des eucharistischen Leibes und Blutes Christi vom Dom auf dem Wawel durch die Straßen der Altstadt zum Marktplatz, den der Erzbischof von Krakau feierlich mit der heiligen, in einer goldenen Monstranz aufbewahrten Hostie umschritt. Entlang den Rändern des Platzes waren kleine Altäre errichtet, vor denen die Prozession anhielt und der Erzbischof predigte. Selbstverständlich hatte Hans Frank die Prozession während der Besatzung untersagt. Die Kommunisten erlaubten eine stark beschnittene Version. Die Gläubigen durften den Dom verlassen und um den

Hof des Königspalastes ziehen. Die Stadt allerdings war für die Prozession verboten.

Nach zahlreichen Protesten der Erzdiözese wurden die Beschränkungen ein wenig gelockert, so daß die Fronleichnamsprozession nun den Burgberg hinunterziehen und ein kurzes Stück auf der Grodzka-Straße gehen durfte, um sich dann nach links in die Poselska-Straße zu wenden, bevor sie wieder auf der Straszewski-Straße zum Burgberg zurückkehrte.[17] An dieser verkürzten Route waren Altäre aufgebaut. Vor Zehntausenden von Krakauern, für die dies ebenso ein patriotisches wie religiöses Ereignis war, predigte Wojtyła an den Altären und wurde so in den 70er Jahren zu einer charismatischen öffentlichen Persönlichkeit – genau zu der Zeit, als die Polen immer mehr zum offenen Widerstand übergingen, nachdem das Regime 1970 auf streikende Arbeiter der Danziger Werft hatte schießen lassen.[18]

Wojtyła galt schon immer als fesselnder, wenngleich anspruchsvoller Prediger. Bei den Fronleichnamsprozessionen entwickelte er nun allmählich jenes Charisma, das große Menschenmengen begeistern kann. Seine Sprache wurde einfacher und unmittelbarer, denn bei diesen alljährlichen Akten des kulturellen Widerstands wandte er einiges von dem an, was er einst bei Mieczysław Kotlarczyk gelernt hatte. Auch wenn das Medium verfeinert wurde, die Botschaft blieb dieselbe. Die Prozession zur Verehrung des Leibes Christi war ein Mittel, den Krakauern ihre wahre Kultur und ihre Bürgerrechte wiederzugeben.

Am 10. Juni 1971 – es war das erste Mal nach dem Krieg, daß die Prozession vom Burgberg herunterziehen durfte – predigte Wojtyła am vierten Wegaltar über die Unmöglichkeit, das polnische Volk seiner religiösen Tradition zu entfremden: „Wir sind die Bürger unseres Landes, die Bürger unserer Stadt, aber wir sind auch ein Volk Gottes, das seine eigene christliche Seele hat. (...) Wir werden nicht aufhören, unsere Rechte zu fordern. Sie sind offensichtlich, ebenso offensichtlich wie unsere Anwesenheit hier. Wir werden fordern!"[19]

1972 bezeichnete er in seiner Predigt am ersten Altar auf dem Burgberg die jährliche Prozession als „eine Prozession (...) unserer Stadt, unserer ganzen Geschichte" und schleuderte den Machthabern offen entgegen: „Wir warten!"[20] 1974 betonte der Kardinal vor Zehntausenden von Menschen, die die Straßen füllten: „Wir sind keine Randerscheinung!" Und was das endlose Hinausschieben des Kirchenbaus betraf, gehöre es denn zum „Programm des sozialistischen Systems, daß die Leute jahrelang unter freiem Himmel stehen", um ihre von der Verfassung garantierten Rechte wahrzunehmen? „Zu welchem Programm gehört das?"[21] 1975, als es der Prozession noch immer verboten war, den Marktplatz zu betreten, machte der Kardinal während seiner Predigt am ersten Altar eine der wenigen sarkastischen Bemerkungen in der Öffentlichkeit: „Ich neige der Ansicht zu, daß solche Aktionen den Normalisierungsprozeß zwischen Kirche und Staat nicht gerade fördern."[22] 1977 warnte er dann in seiner Prozessionspredigt die Regierung: In der ganzen Gesellschaft ebenso wie in der ganzen Welt wachse zusehends das „Bewußtsein für die Menschenrechte", und diese Rechte seien unbestreitbar. Am vierten Altar schloß er die Prozession mit dem Bekenntnis: „Ich bitte Unseren Herrn um Vergebung, daß ich – zumindest scheinbar – nicht von ihm sprach. Aber es sieht nur so aus. Ich sprach von unseren Anliegen (...), damit wir alle verstehen, daß Er, der im Sakrament der Eucharistie lebt, unser menschliches Leben [lebt]."[23]

Wojtyłas Kampf um neue Kirchen und die Wiederherstellung der Fronleichnamsprozession war eine Frage des *Ortes*, nicht im geographischen Sinne, sondern im Sinne der Zugehörigkeit. Gebäude und Prozessionen waren keine Nebensache. Die Menschen hatten ein Recht, ihren Glauben gemäß ihrer Tradition und ihren Überzeugungen zu bekennen, und, wie Wojtyła es bei der Fronleichnamsprozession am 25. Mai 1978 formulierte: „Eine Nation (...) hat ein Recht darauf, die Wahrheit über sich selbst zu kennen."[24] Der Kampf um den *Ort* ging jedoch über die Frage der Gebäude und Prozessionen hinaus. Die Debatte drehte sich darum, ob das polnische Volk die Freiheit hatte, in der sich selbst so nennenden „Volksrepublik" als Christen zu leben. Die Strategie der polnischen Kommunisten war es, den polnischen Katholizismus zu einer folkloristischen Erinnerung zu machen. Kardinal Wojtyłas Kampf um Religionsfreiheit wollte einen Raum für eine lebendige Kirche sichern, damit sie die Wahrheit über das Leben und die Bestimmung des Menschen verkünden und diese Wahrheit durch den Dienst an der ganzen Gesellschaft leben konnte. Wenn das sichergestellt werden konnte, war der Totalitarismus erklärtermaßen gescheitert.[25]

Das Seminar und die Theologische Fakultät

Die zweite pastorale Priorität Kardinal Wojtyłas war die Bemühung, die Priesterschaft der Erzdiözese Krakau durch Reformen der akademischen Ausbildung der Priesteramtskandidaten und durch die Fortbildung junger Priester zu stärken.[26]

Wojtyła, der als letzter von der Theologischen Fakultät der Jagiellonischen Universität einen Doktorgrad erhalten hatte, empfand schmerzlich die vom Regime begangene Ungerechtigkeit, als es 1954 die Fakultät schloß. Aber natürlich ging es hier nicht nur um die verletzten Gefühle eines ehemaligen Absolventen. Die Schließung der Fakultät war ein Versuch, Polens Geschichte neu zu schreiben und in plumper Weise die Nervenbahnen der polnischen Kultur zu durchtrennen. Aber die Fakultät war nicht nur ihres rechtlichen Status beraubt worden, sie hatte auch ihre Bibliothek und Vorlesungssäle verloren, ihre Professoren wurden vom Regime unter Druck gesetzt, und die Regierung entfernte alle Hinweise auf die Theologische Fakultät aus Zeitungen, Zeitschriften und Reiseführern.[27]

Keine Theologische Fakultät zu haben, das hieß: keine Ausbildung künftiger Priester. Kurz nach der Schließung schufen die entlassenen Professoren eine Theologische Fakultät im Rahmen der Priesterseminars der Erzdiözese Krakau. Der Regierungsbeschluß wurde als ein Akt der Willkür behandelt, durch den die Fakultät das Recht verlor, im Namen des Staates akademische Grade zu verleihen. Allerdings behielt die Fakultät ihr Recht, akademische Grade im Namen des Heiligen Stuhls zu verleihen, und hielt den Lehrbetrieb auf dieser Grundlage aufrecht.

So wurde zwar das unmittelbare Problem der Ausbildung von Priesteramtskandidaten gelöst, aber die Ungerechtigkeit blieb bestehen, und Wojtyła geißelte häufig die Regierung für diesen Akt kultureller Barbarei. Immer wieder drängte er das Regime, die Theologische Fakultät an der Jagiellonischen Universität wieder in ihre alten Rechte einzusetzen. Gleichzeitig bat er in Rom um eine Unterstützung der Theologischen Fakultät, der dann auch 1974 der Status einer päpstlichen Universität verliehen wurde. An der Heimatfront trieb er Gelder für die Theologische Fakultät auf, verteidigte ihre Einrichtungen gegen staatliche Enteignung und plante die Errichtung eines Fachbereichs Philosophie, den er 1976 gründete. Auch reformierte er den Studienplan der Seminaristen, indem er sie beispielsweise in die Kurse zur Betreuung von Brautleuten schickte, die er gemeinsam mit Ärzten, Psychologen und Ehepaaren eingerichtet hatte.[28]

Kardinal Wojtyła war nicht bloß an der intellektuellen Ausbildung seiner zukünftigen Priester interessiert, so wichtig das auch sein mochte; er wollte vor allem, daß richtige Seelsorger aus ihnen würden. Das Geheimnis des pastoralen Erfolgs, so glaubte er, lag in der Heiligkeit des Priesters und in seinem Engagement für das Heil der Seelen.[29] In seiner Zeit als Erzbischof traf sich Wojtyła regelmäßig mit seinen Seminaristen, um jeden zukünftigen Priester persönlich kennenzulernen. Er traf auch weiterhin jeden Jahrgang neu geweihter Priester in den ersten Jahren ihres Amtes, manchmal auf der Skipiste. In welchem Rahmen es auch geschah, er versuchte ständig, deutlich zu machen, daß man ein Leben des innigen persönlichen Gebets als etwas an sich Gutes und als entscheidendes Fundament für die Seelsorge führen müsse.

Wojtyła hatte eine besondere Art, junge Priester zu disziplinieren. Einmal mußte er einen Kaplan zu sich rufen, der sich (wie der Priester später selbst sagte) eines „ernsten Vergehens" schuldig gemacht hatte. Bei einem langen Gespräch in seinem Büro erklärte Wojtyła dem Kaplan unmißverständlich, wie schwerwiegend sein Fehltritt gewesen sei, und tadelte ihn heftig. Danach führte der Kardinal den jungen Priester in seine Kapelle, um gemeinsam mit ihm zu beten. Der ältere Mann kniete so lange nieder, daß der Kaplan allmählich nervös wurde. In Kürze fuhr der Zug ab, mit dem er zu seiner Gemeinde zurückfahren wollte. Schließlich erhob sich Kardinal Wojtyła, schaute den jungen Mann an, den er gerade zurechtgewiesen hatte, und sagte: „Würden Sie mir jetzt bitte die Beichte abnehmen?" Sprachlos ging der Kaplan zum Beichtstuhl, und Wojtyła beichtete ihm.[30]

Kardinal Wojtyła warb auch erfolgreich neue Priesteramtskandidaten. Die Zahl der Seminaristen in der Erzdiözese stieg von 191 im Jahr 1962 auf 250 im Jahr 1978; die Zahl der Diözesanpriester nahm im selben Zeitraum von 771 auf 956 zu. Im Westen dagegen sank die Zahl der Priesteramtskandidaten dramatisch, und viele Priester traten in den Laienstand zurück. Zweifellos bot das Priesteramt in Polen eine gesicherte Laufbahn in einer kleinen Nische relativer Freiheit, und für viele Söhne aus der Arbeiter- und Bauernklasse bedeutete es den Aufstieg in die Mittelschicht. Wahrscheinlich war es auch leichter, junge Menschen für das Priesteramt zu begeistern, wenn ein Bischof, Pfarrer oder Rektor des Priesterseminars der Diözese an die Neigung der Jugend zur Gegenkultur und zum Nonkonformismus appellieren konnte. Aber aus eben diesem Grunde war ein aufrechtes Leben als Priester in Polen auch eine Berufung, die unter dem Kommunismus erheblichen Mut abverlangte. Leben und Sterben von Pfarrer Józef Kurzeja in Miestrzejowice bewiesen das. Die Regierung trug ihren Teil dazu bei, die Dinge so schwierig wie möglich zu machen.

Sie holte die Priesteramtskandidaten mitten aus ihrer Ausbildung heraus und zog sie zum Heer ein, um ihr Gefühl des Berufenseins zu schwächen. Auch das Seminar und die Theologische Fakultät wurden weiter unter Druck gesetzt. Daß es Kardinal Wojtyła unter diesen Umständen gelang, nicht nur mehr, sondern auch besser ausgebildete Priester für Krakau zu gewinnen, war eine beträchtliche Leistung. Natürlich war das nicht nur sein Verdienst, aber er leistete einen unschätzbaren Beitrag dazu.

Jugendseelsorge

Als Erzbischof von Krakau war Karol Wojtyła ungewöhnlich wohlwollend gegenüber unabhängigen Köpfen, die glaubten, einen besonderen Ruf von Gott erhalten zu haben, um jenseits der normalen institutionellen Grenzen der Kirche zu arbeiten. Viele Bischöfe werden nervös, wenn sie es mit charismatischen Persönlichkeiten zu tun haben. Kardinal Wojtyła war willens, die Spannung zwischen charismatischen Individuen und ihren Bewegungen einerseits und den kirchlichen „Strukturen" anderseits zu tolerieren.

Ein solches Original war der Pfarrer Franciszek Blachnicki, der zunächst durch seinen Kreuzzug gegen die Trunksucht landesweit berühmt geworden war. Jetzt war Blachnicki die zentrale Gestalt einer Jugendbewegung, die sich „Licht und Leben" nannte. Sie war aus einer anderen von Blachnicki geleiteten Bewegung hervorgegangen: der „Oase". Hierbei handelte es sich um Feriencamps für Familien und junge Leute. Wojtyła war Blachnicki zum ersten Mal um die Mitte der 50er Jahre an der Katholischen Universität Lublin begegnet, wo dieser sich um liturgische Reformen an der Universitätskirche bemühte. Als Erzbischof von Krakau hielt Wojtyła seine schützende Hand über Blachnickis Jugendarbeit, die dem Regime und seinem Bestreben, die Jugendlichen aus ihren Familien zu lösen, ein Dorn im Auge war.

Wie andere charismatische Persönlichkeiten war auch Pfarrer Blachnicki nicht ohne Ecken und Kanten. Wojtyła aber bewunderte den Mann, von dem er später sagte, er habe „gewissermaßen die polnische Jugend gerettet".[31] Blachnicki erreichte das nicht nur dadurch, daß er Sommer-"Oasen" schuf, die für die Moral weniger gefährlich waren als die kommunistischen Jugendlager. Wichtig war vor allem, daß er in der Bewegung „Licht und Leben" eine polnische Befreiungstheologie entwarf, in der er die Polen drängte, ihre ängstliche Willfährigkeit abzuschütteln und das Regime herauszufordern, indem sie „in der Wahrheit lebten". Wenn genügend Polen „ihren Mut zusammennehmen würden, um in der Wahrheit zu leben und den Lügen die Masken wegzureißen", behauptete Blachnicki, „würden wir bereits in einer freien Gesellschaft leben".[32]

Auch wenn Franciszek Blachnicki es mitunter an Klugheit fehlen ließ, schätzte Wojtyła die Lage in Polen ebenso ein und hieß die pastorale Strategie gut, Widerstand durch die Erziehung junger Menschen zu leisten, die entschlossen waren, „sich jederzeit als Christen zu engagieren".[33]

Blachnickis Sommerlager der „Oase" und auch seine Versammlungen von „Licht und Leben" wurden ständig von den Behörden belästigt. Ihre Büttel pflegten im Zeltlager aufzutauchen und zu behaupten, die Zelterlaubnis sei nicht in Ordnung oder abgelaufen. Grundbesitzer, die ihr Land für ein Zeltlager der „Oase" zur Verfügung stellten, mit hohen Bußgeldern zu belegen, war ein anderer beliebter Trick. Angesichts all dessen bot die Anwesenheit einer anderen Autorität einen gewissen Schutz, und deshalb besuchte Wojtyła im Sommer die Zeltlager der „Oase", las die Messe, hielt Vorträge und wies die Behörden subtil darauf hin, daß sie einen peinlichen Zwischenfall riskierten, wenn sie Blachnickis Leute nicht in Ruhe ließen und vielleicht an einem Tag ins Zeltlager einfielen, an dem der Erzbischof gerade dort war.[34]

Am 16. August 1972 besuchte Kardinal Wojtyła ein Zeltlager der „Oase" auf dem Berg Błyszcz in den Beskiden südlich von Krakau, in dem sich etwa 700 Mitglieder der „Oase" aufhielten. Geplant war, daß der Kardinal und sein Sekretär von einem angrenzenden Tal aus unter Führung zweier Leute der „Oase" zum Lager wandern sollten. Als sie den Berg hinaufstiegen, bemerkte der Kardinal, daß der Himmel immer dunkler wurde. Schon hörte man das Donnergrollen in der Ferne, und so scherzte er mit den Führern: „Ich kenne drei Narren: Der eine, das bin ich selbst, der zweite ist mein Sekretär, und der dritte erwartet uns auf dem Gipfel." Als der Kardinal den dritten „Narren", Pfarrer Blachnicki, fragte, ob es nicht ratsamer sei, die Messe in der Kirche unten im Tal zu lesen, meinte der charismatische Priester, das Gewitter werde sich schon wieder verziehen. Das war ein Irrtum. Die beiden vorhandenen Regenschirme bedeckten nur knapp die Mitte des Altars, den man aus Felsbrocken gebaut hatte. Nach der Messe stiegen die jungen Leute zur Kirche ins Tal hinab, um hier Zeugnis darüber abzulegen, wie die Teilnahme an Exerzitien von „Licht und Leben" ihr Leben verändert hatte, und Kardinal Wojtyła dankte ihnen dafür, daß sie das II. Vatikanische Konzil in Polen lebendig werden ließen.[35]

Die Zeltlager der „Oase" und die Bewegung „Licht und Leben" waren zwei kraftvolle Beispiele für die Taktik der inoffiziellen Jugendarbeit, zu der Wojtyła und seine Kollegen griffen, um das staatliche Verbot offizieller „katholischer Organisationen" zu umgehen. Der Katechismusunterricht für Meßdiener und ihre Familien, den er bereits vor Jahren an St. Florian organisiert hatte, wurde nun in der gesamten Diözese erteilt. Chöre waren eine andere „Nichtorganisation", die leicht zu einem Ort religiöser Erziehung werden konnte. Kardinal Wojtyła forderte Studenten auf, sich um die Pflege aufgegebener oder vernachlässigter jüdischer Friedhöfe zu kümmern. Auf diese Weise erfuhren die jungen Leute von einem großen Erbe, das zerstört worden war, und lernten auch die Ursachen dafür kennen.[36] Es gab „ungeheure Möglichkeiten", inoffiziell etwas zu tun, wie sich Wojtyłas Weihbischof Stanisław Smoleński erinnerte. Man brauchte nur Phantasie und Mut.[37] Wojtyła hatte beides und schätzte diese Eigenschaften an anderen: ein Charakterzug, der ihm die Zuneigung seiner Untergebenen gewann und ihn im Episkopat zu einer Ausnahmeerscheinung machte. Er war willens, alle Arten von Blumen blühen zu lassen, auch recht exotische, solange ihre Gärtner die Autorität der Kirche anerkannten und nicht vom rechten Glauben abwichen.

Familienseelsorge

Karol Wojtyłas großes Interesse am Unterricht für Brautpaare und an der Familienseelsorge ging auf seine Zeit als junger Kaplan an St. Florian zurück. Jerzy Ciesielski und andere junge Männer und Frauen, die Wojtyła mit auf die Ehe vorbereitet hatte, waren in den frühen 60er Jahren gemeinsam mit anderen Freunden von *Środowisko* wie etwa Gabriel Turowski an verschiedenen Bemühungen beteiligt, für die ganze Erzdiözese ein Konzept für den Brautpaarunterricht zu erstellen. Als der Erzbischof sah, wie Polens Machthaber unaufhörlich das Familienleben untergruben, dehnte er diese Form der Seelsorge so aus, daß sie dank der Mithilfe eines Laiennetzwerkes, für dessen Ausbildung er und andere sorgten, jeden Winkel des Erzbistums erreichte.

1967 organisierte Wojtyła für 30 Priester und 60 Laien in seiner Residenz einen einjährigen Intensivkurs zu Fragen des Brautpaarunterrichts und des Familienlebens. Der umfassende Lehrplan behandelte theologische, philosophische, psychologische und medizinische Fragen, die jeweils von einem Fachmann auf einem dieser Gebiete dargelegt wurden, und auch der Kardinal selbst hielt regelmäßig Vorträge. 1969 ging aus diesem informellen Ausbildungskurs das Erzbischöfliche Institut für Familienforschung hervor, das Tagungen zu diversen Themen veranstaltete: zur Theologie der Ehe, zur menschlichen Sexualität, zur Kindererziehung und zur Behandlung von Depressionen nach einer Abtreibung. Das Institut wurde zum geistigen Mittelpunkt und zum Ausbildungszentrum der Abteilung für pastorale Familienfürsorge, die der Erzbischof 1968 in der erzbischöflichen Kurie, der Zentralverwaltung des Erzbistums, geschaffen hatte.

In den 70er Jahren war das nunmehr der Päpstlichen Theologischen Akademie angeschlossene Institut für zweijährige Ausbildungskurse zuständig, in denen jeweils 250 Studenten geschult wurden. Zu dem Studentenkreis gehörten Priesteramtskandidaten, Priester und Laien, Männer wie Frauen, die später den von den Gemeinden angebotenen Brautpaarunterricht leiten sollten. Der Erzbischof drängte alle Pfarrer, solche Kurse einzurichten. Alle Absolventen des Kurses erhielten vom Erzbischof persönlich den kirchlichen „Auftrag", in einer Gemeinde die Familienfürsorge zu übernehmen. 1974, als der Brautpaarunterricht im ganzen Erzbistum zu einer festen Einrichtung geworden war, schrieb Kardinal Wojtyła für alle Brautpaare vor ihrer kirchlichen Trauung einen zweimonatigen Brautpaarunterricht vor. 1974 gründete der Kardinal auch einen Fonds der Erzdiözese für unverheiratete Mütter, die eine Abtreibung ablehnten und ihre Kinder selber großziehen wollten. Wojtyła persönlich forderte Frauenklöster auf, sich dieser jungen Frauen bis zur Geburt ihrer Kinder anzunehmen und sie auf ihr späteres Leben als alleinerziehende Mütter vorzubereiten.[38]

Der Dialog mit den Intellektuellen

Die katholischen Intellektuellen Krakaus waren über die Ernennung eines der ihren zum Erzbischof hoch erfreut. Kardinal Wojtyła seinerseits glaubte, eine persönliche Seelsorge für die Intellektuellen und ihre Familien sei ein wichtiger Teil seines Bischofsamtes. Schließlich waren dies die Männer und Frauen, die in der gesamten polnischen Kultur jenen christlichen Humanismus verbreiten konnten, den er unbedingt auf dem II. Vatikanischen Konzil in den Mittelpunkt hatte rücken wollen.[39]

Es war keine einfache Zeit für einen katholischen Intellektuellen in Krakau. Wer an der Universität reüssieren wollte, dem wurden ständig Steine in den Weg gelegt. Gelang es einem am Ende doch, einen Studienabschluß zu erwerben, dann standen qualifizierten Wissenschaftlern, die öffentlich als Katholiken galten, nur wenige Universitätsstellen offen. Die Kirche konnte ihnen helfen, Arbeit zu finden, zum Beispiel bei *Tygodnik Powszechny*. Damit war das allgemeine Problem jedoch nicht gelöst: die umgebende öffentliche Kultur, die unaufhörlich darauf hinarbeitete, „Intellektuelle aus der Hülse ihrer religiösen Überzeugung zu dreschen", wie ein Maler es formulierte.[40]

Das funktionierte nicht. Ein Grund dafür war, daß *Tygodnik Powszechny* und *Znak* zu Kristallisationspunkten einer intellektuellen Gegenkultur wurden, die fähig war, dem Druck eines kommunistischen Kulturklimas zu widerstehen. Kardinal Wojtyłas großzügige Unterstützung der Zeitung, der Zeitschrift und ihrer Mitarbeiter trug nicht wenig dazu bei, diesen Widerstand aufrechtzuerhalten.

Einige Bischöfe mögen in Intellektuellen eine Gefahr sehen, Wojtyła betrachtete sie als Freunde und Verbündete. Die geistige Spannkraft dieses durch und durch modernen und literarisch gebildeten Mannes, der überzeugter Christ war, gehörte zu den Eigenschaften, von denen sich schon in seiner Zeit an St. Florian junge Intellektuelle angezogen fühlten.[41] Daß er in ein hohes Kirchenamt aufgestiegen war, schwächte seine Spannkraft keineswegs. Wenn es überhaupt möglich war, wurde diese dadurch noch angeregt.

Der polnische Weihnachtsbrauch des *Opłatek*, einer Feier oder eines Empfangs, bei dem Freunde eine der Hostie ähnliche Weihnachtsoblate miteinander teilen, bot Kardinal Wojtyła Gelegenheit, die Krakauer Intelligenz zu einem Gespräch einzuladen, das unter anderen Umständen schwierig gewesen wäre. Jedes Jahr zu Weihnachten veranstaltete er solche Feiern für Juristen, Ärzte, Krankenschwestern, Schriftsteller und Künstler. Nach einem kurzen Gebet, in der Art des Dankgebets vor dem Essen, wurde die *Opłatek*oblate gebrochen und verteilt. Danach begann man sich über alle möglichen Themen zu unterhalten. Schon die seltene Möglichkeit, mit einem Kardinal persönlich zu sprechen, machte die Einladung für die Gäste reizvoll. Vom Standpunkt des Gastgebers aus waren es wunderbare Gelegenheiten, in aller Offenheit miteinander zu reden, was anderswo kaum möglich gewesen wäre. Die *Opłatek*feiern des Kardinals dienten nicht der Katechese, doch seine offenkundige Bereitschaft, Nicht-Katholiken wie beunruhigte Katholiken in ihrer jeweiligen Lebenssituation zu treffen, hatte einen besonderen missionarischen Effekt. Jedenfalls widerlegte sie die wiederholte Behauptung des Regimes, der christliche Glaube sei entfremdend und anti-intellektuell. Wer bis in die Nacht hinein mit dem Erzbischof von Krakau in dessen Salon geredet hatte, konnte diesen Vorwurf nicht länger ernst nehmen.[42]

1976 und 1977 knüpfte Wojtyła Beziehungen zu einem weiteren Intellektuellenkreis, den Dissidenten des KOR, des Komitees zur Verteidigung der Arbeiter. Wojtyła und der Vorsitzende des KOR, Jacek Kuroń, der 1964 aus der kommunistischen Partei ausgeschlossen worden war, begegneten sich zum ersten Mal in Krakau bei Bogdan Cywiński, einem aktiven Katholiken mit Kontakten zur eher weltlichen Bewegung des KOR. Ein längeres Gespräch in Cywińskis Warschauer Wohnung war, wie dieser sich erinnerte, „typisch für die Zeit: Draußen stand die Polizei." Der Kardinal diskutierte die allgemeine soziale und politische Lage mit Kuroń und anderen Funktionären des KOR, die sie allgemein als schlecht einschätzten, aber, wie Cywiński es ausdrückte, als „stabil schlecht". Zwar schien die Bereitschaft der Arbeiter, gegen ihre schwierigen Lebensbedingungen zu protestieren, zu wachsen. Aber nach Ansicht der führenden Köpfe des KOR sah es nicht so aus, als würde sich der politische und ökonomische Status quo drastisch oder in Kürze verändern lassen. Von Wojtyłas Warte aus waren seine Kontakte zu weltlichen Dissidenten wie Kuroń ein weiterer Aspekt seiner pastoralen Tätigkeit: In diesem Fall ging er auf linksgerichtete Intellektuelle zu, die aufgrund ihres Engagements für die Menschenrechte mit dem Kommunismus gebrochen hatten. Außer persönlichen Begegnungen waren solche Gespräche aber auch ein weiteres Glied in der Kette des kulturellen Widerstands.[43]

Der Dienst der Nächstenliebe

Der Soziologe Rodney Stark meint, ein Grund für den Aufstieg der unbedeutenden „Jesus-Sekte" im Römischen Reich sei deren religiös motivierte Sorge für die Kranken, Alten, Blinden, Behinderten und Waisen gewesen. Indem die Gläubigen das Gebot Christi befolgten, sich um die Geringsten ihrer Brüder zu kümmern, wurde das Christentum zu einer Bewegung, die eine große Anzahl von Bekehrten anzog, weil es eine menschlichere Lebensform bot.[44] Seitdem haben christliche Gemeinschaften sich vielfältig in der Caritas betätigt und ein weit gespanntes Netz von karitativen Einrichtungen unterhalten: Krankenhäuser, Altenheime, Heime für Waisen und ledige Mütter, Kliniken, Einrichtungen für Behinderte und Geisteskranke.

Keine von ihnen durfte im kommunistischen Polen legal betrieben werden, da seit 1950 alle karitativen Einrichtungen und Organisationen der katholischen Kirche verboten waren. Wenn die Kommunisten es der Kirche nicht erlaubten, ihre eigenen karitativen Einrichtungen und Programme zu betreiben, dann würde die Kirche, so entschied Wojtyła, dieses Verbot zum Anlaß nehmen, das Gemeindeleben im Geist des Evangeliums zu erneuern. Seit 1963 gründete jede Pfarrei einen „Karitativen Gemeindedienst", zu dem feste Mitarbeiter, sogenannte „Gemeindehüter", und Freiwillige gehörten. Ihre Aufgabe war es, die Kranken im Einzugsbereich der Gemeinde festzustellen und zu versorgen, gleichgültig, welcher Religion sie angehörten. Auch Nicht-Katholiken und Atheisten, darauf bestand Wojtyła, fielen in die Verantwortung der Kirchengemeinde. Der Dienst versorgte die Bedürftigen mit Nahrung, Arznei und Kleidung, pflegte Bettlägerige in ihren Wohnungen und organisierte ein Programm für Hausbesuche. Um all diese Arbeit zu erledigen, wandte sich der Karitative Gemeindedienst an andere Organisationen der Pfarrei um Hilfe – an den Gemeinderat, den Chor, die Meßdiener, den Lebendigen Rosenkranz, Familien der Oasebewegung – und arbeitete mit anderen Pfarreien sowie öffentlichen Einrichtungen, etwa dem Polnischen Roten Kreuz, zusammen.

1965 schuf Erzbischof Wojtyła in der erzbischöflichen Kurie eine Abteilung für karitativen Pastoraldienst. Neben der Aufsicht über die Seelsorge für Blinde und Taube koordinierte dieses zentrale Büro des Erzbistums spirituelle Exerzitien für kranke und behinderte Kinder. Während des Sommers arbeitete die Erzdiözese mit den einzelnen Pfarreien zusammen, um Kranke, Behinderte und alte Leute zwei Wochen aufs Land schicken zu können. (Unter den Kommunisten war Krakau für seine enorme Luftverschmutzung berüchtigt, eine Folge der ungefilterten Emissionen aus den Stahlwerken von Nowa Huta.) Die Dekanate des Erzbistums – Gruppen von zehn oder mehr geographisch zusammenhängenden Pfarreien – veranstalteten Pilgerfahrten für die Kranken nach Kalwaria Zebrzydowska und zu lokalen Marienaltären. Studenten, Priesteramtskandidaten und Nonnen wurden als Betreuer engagiert. Ein Nachrichtenblatt des Erzbistums, „Hilfreiche Liebe" (später „Apostolat der Liebe"), unterrichtete die Mitglieder des Karitativen Gemeindedienstes über neue Initiativen und Methoden der Betreuung.

Wojtyła drängte alle Pfarreien, Bildungsprogramme zu entwickeln, um das spirituelle Leben all jener, die bereits im Dienste der Nächstenliebe tätig waren, zu bereichern und andere auf diese Tätigkeit vorzubereiten. Teilnehmer an solchen Veranstaltungen besuchten vom Dekanat organisierte Exerzitien. Der Kardinal pflegte sie regelmäßig zu besuchen und eine Messe für sie zu lesen. Bei keiner Gemeindevisitation unterließ er es, die Kranken in ihren Wohnungen aufzusuchen, eine Messe oder andere Andachten für die Kranken der Pfarrei in der Gemeindekirche abzuhalten und sich mit dem Karitativen Gemeindedienst zu treffen. Anläßlich der „Woche der Nächstenliebe", die in polnischen Gemeinden seit den Zwischenkriegsjahren veranstaltet wurde, rief der Kardinal dazu auf, jedes Jahr einem besonderen Anliegen zu widmen (das Jahr 1968 war den Alten gewidmet, 1969 arbeitenden Müttern, 1970 gefährdeten Kindern usw.).

Am 7. Mai 1965 verkündete Erzbischof Wojtyła, künftig werde die Erzdiözese jedes Jahr den „Tag der Kranken" begehen. Diese besonderen Gedenktage und Wojtyłas 15 jährliche Hirtenbriefe für die Kranken zeugen von seinen Bemühungen, die oft an den Rand gedrängten Alten und Gebrechlichen in das Gemeindeleben zu integrieren. Auch bat der Kardinal die Kranken, ihre Leiden als Opfer für die besonderen Nöte des Erzbistums, der Kirche in Polen und der Weltkirche darzubringen. Wie in jedem anderen Lebensstadium liege in der Krankheit eine christliche Berufung, die gelebt werden müsse.[45]

Visitationen in den Pfarreien

Kardinal Karol Wojtyła war ein Intellektueller, der große Achtung vor der Volksfrömmigkeit hatte, und ein Hirte, der erkannte, daß der Mittelpunkt des kirchlichen Lebens die Gemeinde und nicht die erzbischöfliche Bürokratie war.[46] Als Erzbischof verbrachte er viel Zeit damit, die Pfarreien des Erzbistums zu visitieren und seine Gläubigen daran zu erinnern, daß die Gemeinde keine zufällige Ansammlung von Katholiken sei, die nun einmal an einem bestimmten Ort wohnten, sondern eine Weise, auf lokaler Ebene dem universalen Aufruf des II. Vatikanischen Konzils zur Heiligkeit zu folgen.

Wojtyłas Visitationen in den Pfarreien dauerten mehrere Tage. Er feierte nicht nur für die ganze Gemeinde die Messe, sondern spendete auch der Gemeindejugend oft das Sakrament der Firmung. Stets las der Kardinal eine besondere Messe für Eheleute und segnete jedes einzelne Paar. Er sprach mit den Gemeindegeistlichen, den Religionslehrern der Pfarrei und den Nonnen am Ort. Gab es einen Gemeindefriedhof, so suchte der Kardinal ihn auf, um dort mit den Angehörigen der Gemeinde den Rosenkranz für die Seelen der Toten zu beten und alle neuen Gräber zu segnen. Auch mit den verschiedenen Laiengruppen suchte er das Gespräch, diskutierte mit ihnen über ihre Arbeit, ihre Studien oder ihre karitativen Tätigkeiten. Die von ihm geschaffene Atmosphäre glich der von Einkehrtagen, bei denen die Gespräche länger und tiefer als gewöhnlich waren.[47]

Die Gemeindeglieder würdigten, wie viel Zeit und Mühe der Kardinal für jede einzelne seiner Gemeindevisitationen aufbrachte, und sie spürten, daß das für ihn weit mehr war als eine Vorschrift des Kirchenrechts.[48] Wojtyła sah darin eine Möglichkeit, die Hauptanliegen und pastoralen Akzente seines Episkopats in jeder Gemeinde zu verankern. Die Visitationen zeigten auf einzigartige Weise, was das Bischofsamt eigentlich ausmachte. Wie er 1976 bei den Fastenexerzitien vor der römischen Kurie sagte, bot jede Gemeindevisitation die Gelegenheit, an jeweils verschiedenen Orten das Siegel der Würde zu enthüllen, das Christus jedem Christen bei der Taufe verliehen hatte.[49]

Ein Erzbischof besonderer Art

Räumlich war das Zentrum von Karol Wojtyłas Bischofsamt der Palast des Erzbischofs in der Franciszkańska-Straße 3, in Krakaus Altstadt, zwei Straßen vom großen Marktplatz entfernt. Die Büros der Erzdiözese befanden sich im Erdgeschoß. Die persönlichen Räume des Erzbischofs, die Kapelle, das Arbeitszimmer und die Empfangsräume – Wojtyła kannte sie noch sehr gut aus seiner Zeit im Untergrundseminar – lagen ein Stockwerk höher. Die hohen Decken und die Parkettböden, die gedämpften Pastelltöne an den Wänden, die massiven Holzmöbel, die Ölporträts der Krakauer Bischöfe und die Gemälde mit entscheidenden Szenen der polnischen Geschichte verliehen der Residenz den Eindruck von Solidität und unaufdringlicher Würde.

Als Privaträume nutzte Karol Wojtyła eine bescheidene Dreizimmerwohnung: eine kleine Diele, ein mittelgroßes privates Arbeitszimmer und ein Schlafzimmer, das kaum groß genug war für ein Bett, einen kleinen Schreibtisch, drei Schränke und einen alten Lehnstuhl. Über der Tür zwischen Diele und Arbeitszimmer hing das Porträt von Wojtyłas Namenspatron, Karl Borromäus, jenem brillanten Theologen und Priester, der das Konzil von Trient im 16. Jahrhundert in Mailand umsetzte. Auf dem Bett lagen eine alte Decke und ein farbenfrohes Kissen, wie es im Volk beliebt war. Das einzige Photo in seinen Privaträumen war ein Bild seiner Eltern.

Zwischen 1964 und 1966 ließ der Erzbischof, zum ersten Mal seit hundert Jahren, den ersten Stock renovieren. Die Kapelle, die am Ende der großen vom Erdgeschoß heraufführenden Steintreppe lag, wurde neu ausgeschmückt und mit einem freistehenden Altar versehen. Der einfache Kreuzweg, der sich schon in seinen Tagen als Priesteramtskandidat im Untergrund dort befand, blieb erhalten.

Der Erzbischof stand morgens um 5 oder 5.30 Uhr auf und verbrachte die erste Stunde des Tages in privatem Gebet. Nach der gemeinsam mit seinem Sekretär und persönlichen Mitarbeitern (gelegentlich auch geladenen Gästen) gefeierten Messe in der Kapelle nahm er in der Küche ein Frühstück ein und zog sich dann in die Kapelle zurück, wo er jeden Morgen zwischen 9 und 11 Uhr schrieb. Die Zeit zwischen 11 und 13 Uhr war für Besucher reserviert, und jeder, der den Kardinal sprechen wollte, konnte kommen, denn es wurden keine Termine vergeben. Die Besucher sollten sich um 11 Uhr einfinden, der Kardinal ging dann durch den Raum, begrüßte die Besucher und merkte sich die Reihenfolge. Danach lud er sie der Reihe nach in sein Sprechzimmer ein. Die letzten wurden zum Mittagessen gebeten, das eigentlich für 13.30 Uhr vorgesehen war, aber oft erst um 14 Uhr oder noch später eingenommen wurde, denn der Kardinal bestand darauf, jeden zu sprechen, der gekommen war. Die Suppe wurde kalt, und die jungen Priester am Tisch wurden vielleicht unruhig. Wenn Wojtyła in den Raum stürmte, pflegte er zu sagen: „Der Kardinal kam um halb zwei zu Tisch, Ihre Uhren gehen falsch."[50] Er legte keinen großen Wert aufs Essen, obwohl er gern Süßes aß und die Nonnen, die für ihn kochten, den Ruf hatten, einen der besten *bigos* (einen klassischen polnischen Eintopf) in Krakau zu kochen.[51]

Die Nachmittage und Abende waren für weitere Treffen reserviert, für Besuche in der Stadt oder dem Umland, fürs Lesen und Studieren. Ein Fernsehgerät hatte er nicht, doch während er sich morgens rasierte, hörte er auf einem kleinen Radio die polnischen Sendungen von Radio Freies Europa.[52] Um die Zeit auf Reisen so gut wie möglich zu nutzen, ließ er im Fond seines Wagens einen kleinen Schreibtisch und eine Lampe einbauen, so daß er auf der Fahrt zu seinen Terminen lesen oder schreiben konnte.

Andere mögen den Eindruck gehabt haben, daß seine Energie unerschöpflich war.[53] Er verstand es jedenfalls vorzüglich, mit seiner Zeit hauszuhalten, niemals verwandte er mehr Zeit als notwendig auf eine Sache, bevor er zur nächsten schritt. Seine Fähigkeit, zwei Dinge auf einmal zu tun – beispielsweise ein Seminar zu leiten und gleichzeitig seine Korrespondenz zu erledigen –, war eine andere Erklärung für seine Produktivität. Er bestand auch darauf, Urlaub zu machen: Im Sommer fuhr er Kajak, im Winter lief er Ski, was er für wichtig hielt, um seine Energiereserven aufzutanken. Aber diejenigen, die ihn kannten und mit ihm arbeiteten, wußten, daß die Hauptquelle seiner täglichen Tatkraft sein ständiges Beten war.

Der Erzbischof führte bewußt ein schlichtes Leben. Er besaß weder ein Bankkonto noch persönliche Geldmittel, denn die Erzdiözese sorgte für alle seine Bedürfnisse. Überreichte ihm ein Priester oder ein Gemeindemitglied während einer Visitation ein Geldgeschenk, dann öffnete er nicht einmal den Umschlag, sondern gab ihn noch am selben Tag an einen Notleidenden weiter.[54]

Unter Kardinal Wojtyła war das Erzbistum Krakau nicht mit einer ausladenden Bürokratie belastet.

Wojtyła unterstanden vier Weihbischöfe: Juliusz Groblicki, der schon unter Erzbischof Baziak dieses Amt innehatte, während Jan Pietraszko, Stanisław Smoleński und Albin Małysiak von Wojtyła zu Weihbischöfen ernannt wurden. Als junger Priester an der Universitätskirche St. Anna hatte der neun Jahre ältere Pietraszko eine ähnliche Gefolgschaft um sich geschart wie Wojtyłas *Środowisko*. Johannes Paul II. hat ihn als einen „großartigen Prediger und Lehrer", als einen „sehr tiefsinnigen Menschen", in Erinnerung. Sein Seligsprechungsverfahren läuft bereits.[55] Smoleński war Spiritual des Krakauer Priesterseminars, als der junge Wojtyła während des Krieges in Erzbischof Sapiehas Empfangszimmer einzog. Wie Pietraszko und Smoleński war auch der dritte, 1917 geborene, von Wojtyła ernannte Weihbischof älter als er. Wojtyłas Weihbischöfe waren allesamt Generalvikare und daher nach dem Kirchenrecht seine legalen Vertreter in der Leitung der Erzdiözese. Es gab zwei erzbischöfliche Kanzler; der eine war für Fragen des Kirchenrechts zuständig, der andere für zivile und rechtliche Angelegenheiten, für Finanzen und Verwaltung.[56]

Seine Kollegen sagten oft, Kardinal Wojtyła leite das Erzbistum Krakau wie ein Seminar. Er war immer offen für neue Ideen und wollte hören, was andere zu sagen hatten. In Einzelheiten mischte er sich nicht ein, vielmehr ließ er seinen Untergebenen in ihrem Verantwortungsbereich freie Hand. Ging es indes um Dinge von allgemeiner Tragweite, so lauschte er aufmerksam den verschiedenen Meinungen. Selten setzte er einfach seine Lösung durch, denn er zog es vor, wenn seine Kollegen zu einem Konsens kamen – zu dem er natürlich beitrug.[57]

Wojtyła erwartete und akzeptierte Kritik von seinen Untergebenen, denn er vertraute ihnen. Diese hatten ihrerseits das Gefühl, daß sie kein Blatt vor den Mund nehmen mußten. In seinen letzten Jahren als Erzbischof fragte er Pater Andrzej Bardecki, was er von einem für die polnischen Bischöfe verfaßten Entwurf eines Textes über die Säkularisierung halte. Bardecki las den Entwurf und schickte eine recht scharfe Kritik zurück, über die er später sagte, sie könnte in der Wahl ihrer Worte „ein wenig ungehobelt" ausgefallen sein. Wojtyła las den Kommentar, bat den Priester zu sich und sagte: „Sie haben recht. Der Entwurf ist nicht gut. Aber Sie sollten doch wissen, Andrzej, daß ich es war, der ihn geschrieben hat. Bloß war ich da schon recht müde." Bardecki meinte später, praktisch jeder andere Bischof in Polen hätte seinem Untergebenen wohl kräftig den Kopf gewaschen, wenn er eine solch harsche Kritik an einem Schriftstück seines Vorgesetzten geübt hätte.[58]

Wojtyła verstand es auch, die Wogen zu glätten, wenn es zu einer Auseinandersetzung mit einem Mitarbeiter kam. Mitunter kam es zu Spannungen zwischen dem Generalvikariat des Primas in Warschau und der Päpstlichen Theologischen Akademie in Krakau. Bei einer solcher Gelegenheit drängte Pater Tadeusz Pieronek, ein jüngeres Mitglied im Stab des Erzbischofs, auf die Durchsetzung eines bestimmten Punktes und sagte: „Eure Eminenz, Sie müssen das tun." Der Kardinal entgegnete; „Ich kann nicht." Pieronek wurde langsam wütend und sagte: „Sie können es!" Wiederum antwortete der Kardinal, er könne es nicht. Der Priester, inzwischen ganz erregt, sagte ein drittes Mal: „Sie können es sehr wohl." Da nahm der Kardinal sein Brustkreuz ab, reichte es ihm und sagte: „Hier, Sie bestimmen ..." Pater Pieronek war so erschüttert, daß er kein Wort mehr herausbrachte, und damit war der Streit beendet.[59]

Wann immer es möglich war, zog Wojtyła es vor, ein Problem im Gespräch zu klären, statt einfach einen Erlaß herauszugeben. Kurz nach dem II. Vatikanischen Konzil erörterte eine Krakauer Priesterversammlung die Frage, ob nach der Liturgiereform die heilige Kommunion, wie es vorher Brauch war, kniend entgegengenommen werden sollte oder, wie jetzt erlaubt, stehend. Die von Anfang an leidenschaftliche Debatte wurde schließlich erbittert. Der Kardinal hörte alle Seiten geduldig an und sagte nichts. Jeder wartete darauf, daß er das Wort ergriff. Nachdem sich die Rhetorik und die Emotionen gelegt hatten, stand Wojtyła auf, ging zum Podium und sagte: „Es scheint, daß wir hier zwei Positionen haben ..." Er weigerte sich, eine für alle verbindliche Entscheidung zu treffen, die zwangsläufig die eine oder die andere Partei vor den Kopf gestoßen hätte. Seine Bereitschaft, unterschiedliche Positionen zuzulassen, zerstreute den Ärger und die Spannung zwischen seinen Priestern.[60]

Manche Dinge ließen sich allerdings nicht im Gespräch klären, und für gewöhnlich waren es solche, die mit dem Regime zu tun hatten. In solchen Fällen verzichtete Wojtyła auf seinen „Seminarstil" in der Leitung seiner Amtsgeschäfte, handelte zuerst und redete später. Ein Beispiel für dieses Vorgehen war das Schaffen von De-facto-Gemeinden, um das Regime zu Baugenehmigungen zu zwingen. Es gab noch andere. Das Regime hatte jahrelang mit Hinhaltemanövern auf den Antrag reagiert, eine von Wojtyła in Auftrag gegebene Bronzestatue Kardinal Sapiehas zu errichten. Und nun stand die Statue in der erzbischöflichen Kurie und verstaubte. Schließlich des Wartens müde, entschied Wojtyła, sie auf der anderen Seite der Franciszkańska-Straße, gegenüber der erzbischöflichen Kurie, aufzustellen, und gab einen entsprechenden Auftrag mit der Begründung, eine Genehmigung sei nicht nötig, da es sich um Grund und Boden der Kirche handle. Die Statue wurde vorschriftsmäßig aufgestellt, verhüllt und die Enthüllung für einen Sonntag im Mai 1976 angekündigt. Am Sonntag vor der Feier strich die Zensur die öffentliche Einladung des Erzbischofs in *Tygodnik Powszechny*. Die erzbischöfliche Kurie bat daraufhin die Stadtverwaltung schriftlich um die Erlaubnis, die Statue aufstellen zu dürfen (dort, wo sie bereits stand). Nach ein paar Tagen lag die Erlaubnis vor.[61]

Priester mit hohen Steuern zu belegen, war eine andere beliebte Schikane des Regimes. Einmal besaß ein Priester einfach nicht das Geld, um seine Steuern zu zahlen, und bat den Erzbischof um Rat. Wojtyła schlug ihm vor, doch ins Gefängnis zu gehen. Am selben Tag, an dem der Priester sich im Gefängnis meldete, ging der Kardinal in dessen Gemeinde, verkündete den Tausenden vor der Kirche Versammelten, er werde in der Zwischenzeit ihr Pfarrer sein, und erklärte auch, warum. Der Pfarrer wurde im Handumdrehen entlassen.[62]

In seinem Umgang mit internen Angelegenheiten der Erzdiözese und mit der Regierung erweckte Kardinal Wojtyła bei seinen Mitarbeitern den Eindruck, als kümmere er sich ausgesprochen wenig um programmatische Feinheiten und die Erledigung offener Fragen. Nach gewissen Kriterien ließ ihn das als Leiter einer Verwaltung fragwürdig erscheinen. Legt man jedoch andere Maßstäbe zugrunde, machte ihn gerade das zu einem bemerkenswert tüchtigen Kirchenmann, für den Leitungsaufgaben nur ein Mittel für seine pastoralen Ziele waren. Was zählte, waren die Ziele.

Umsetzung des II. Vatikanischen Konzils: Die Synode von Krakau

Wojtyła, der zum Konzil in dem Bewußtsein gereist war, Krakau und seine Geschichte mit sich zu tragen, bemühte sich während der weltbewegenden Ereignisse in Rom sehr darum, einen Dialog zwischen dem Konzil und seiner Erzdiözese zustande zu bringen. In diesem Sinne begann er mit der Umsetzung des Konzils in Krakau, lange bevor dieses offiziell beendet wurde. Das aber reichte ihm nicht, um die „Schuld" zu begleichen, in der er (wie er stets betonte) beim II. Vatikanischen Konzil stand. Es mußte etwas Großes geschehen.

Langsam nahm die Idee, eine Synode in Krakau einzuberufen, im Kopf des Erzbischofs Gestalt an. 1966 waren er und das ganze Erzbistum an den nationalen Feierlichkeiten zum tausendjährigen Bestehen des Christentums in Polen beteiligt. Die neunjährige Vorbereitung, die von Kardinal Wyszyński während seines Hausarrests Mitte der 50er Jahre geplante „Große Novene", hatte Polen wieder der Religion näher gebracht und dem Land geholfen, sich seine Vergangenheit erneut anzueignen, indem es sich nicht länger all dessen schämte, was in die Zeit seiner Unabhängigkeit fiel, wie der Stalinismus es wollte.[63] Nun schlug der Erzbischof von Krakau vor, daß Polen sich auch die Zukunft wieder erobere, diesmal durch ein ehrgeiziges Projekt zur Umsetzung des II. Vatikanischen Konzils.

In der zweiten Hälfte des Jahres 1970 kam der Erzbischof, der gerade seine Schrift *Quellen der Erneuerung*, einen Leitfaden durch die Konzilsdokumente, zu Ende schrieb, zu einem Entschluß. Der beste Weg, die Konzilsbeschlüsse in Krakau mehr als nur oberflächlich umzusetzen, sei wohl, wenn die Erzdiözese als ganze die Erfahrung des II. Vatikanischen Konzils sich auf einer erzbischöflichen Synode vergegenwärtige. Der 900. Jahrestag des Martyriums des hl. Stanislaus im Jahr 1979 würde sich hervorragend für den feierlichen Abschluß der Synode eignen. Stanislaus war acht Jahre lang Bischof von Krakau gewesen, deshalb sollte auch die Synode so lange dauern und mit ihrer Vorbereitungsarbeit 1971 beginnen.[64] Diözesansynoden drehten sich fast immer um Rechtsfragen, sie waren gesetzgebende Versammlungen des lokalen Klerus, die Rechtsstatuten für die Ortskirche ausarbeiteten. Diesmal würde es anders sein, wie auch das II. Vatikanische Konzil anders gewesen war. Es würde sich um eine Pastoralsynode handeln, um den Versuch, mit den Priestern und Gläubigen des Erzbistums eben jene Erfahrung von Kollegialität zu machen, die das II. Vatikanische Konzil beherrscht hatte. Die Synode sollte ein Programm planen, aber vor allem sollte sie die christliche Gemeinschaft aufbauen. Kardinal Wojtyła wünschte sich, daß die Kirche von Krakau zu einer einzigen lebendigen missionarischen und apostolischen Bewegung werde.⁶⁵ Auf diese Weise sollte das Konzil in Krakau lebendig werden, und zwar im Einklang, nicht in Konfrontation, mit der Geschichte des polnischen Katholizismus, die er und seine Gläubigen gerade gefeiert hatten.

Im letzten Drittel des Jahres 1970 unterbreitete der Kardinal seinen engsten Mitarbeitern die Idee, eine Synode einzuberufen. Einige von ihnen sagten ihm offen ins Gesicht, das sei unmöglich. Die Kirchenrechtler erklärten zum Beispiel, sie müßten so lange mit ihrer Ortssynode warten, bis Rom den neuen Kodex des Kirchenrechts fertiggestellt habe. Daraufhin erklärte der Kardinal, ihm schwebe keine juristische Synode vor, sondern eine pastorale. Wie immer zeigte Wojtyła sich auch hier als geduldiger Zuhörer, und die Skeptiker konnten ihre Bedenken vortragen. Wie sein ehemaliger Spiritual Stanisław Smoleński sich erinnert, war Karol Wojtyła in der Lage, „Dinge trotz aller Hindernisse durchzuziehen, auch wenn das Hindernis hieß: ‚Das hat es noch nie gegeben.'"⁶⁶

Nach einem Jahr der Vorbereitung versammelte sich die Synode am 8. Mai 1972 feierlich im Dom auf dem Wawel. Vertreter aus der ganzen Erzdiözese waren anwesend. Die nächsten sieben Jahre wurde die Synode von einer Zentralkommission geleitet, deren Vorsitz Bischof Stanisław Smoleński, assistiert von Pater Tadeusz Pieronek, innehatte. Sie trat insgesamt 119 Mal zusammen und übernahm zwischen den 13 Plenarsitzungen die volle Verantwortung für die Synode. Alle wichtigen Entscheidungen der Synode wurden auf den Plenarsitzungen getroffen, an denen sowohl Vertreter des Klerus wie der Laien teilnahmen. Im Laufe der Synode ging eine Herausgeberkommission daran, die Synodaldokumente vorzubereiten. Diese wurden auf den Plenarsitzungen besprochen, und die Delegierten hatten (wie die beim II. Vatikanischen Konzil) die Möglichkeit, mit „Ja", „Nein" oder „Ja nach Änderungen" zu stimmen. (Eine Neuerung gab es jedoch in Krakau: Die Zentralkommission erklärte jedesmal, nachdem sie die vorgeschlagenen Verbesserungen, Zusätze oder Korrekturen durchgesehen hatte, öffentlich, warum sie den Vorschlag akzeptiert, verworfen oder verändert hatte.) Die Krakauer Synode gab am Ende etwa 400 Seiten Dokumente heraus, die sämtliche Aspekte des kirchlichen Lebens in der Erzdiözese abdeckten. Diese Dokumente standen unter drei Überschriften, die die „Ämter" oder Aufgaben Christi als Priester, Prophet und König spiegelten – drei Ämter, an denen, wie *Gaudium et spes* lehrte, das Kirchenvolk als Leib Christi in der Welt teilhatte.⁶⁷

Das dialogische Verfahren der Synode ließ die Erfahrung des II. Vatikanums für Zehntausende von Katholiken in der Diözese Krakau lebendig werden. Im Unterschied zu anderen kirchlichen Körperschaften begann die Krakauer Synode nicht mit der Abfassung von Erklärungen. Ja, sie begann in den ersten beiden Jahren nicht einmal mit Entwürfen. In dieser Zeit wurden etwa 500 Arbeitsgruppen gebildet, die anhand von Kardinal Wojtyłas *Quellen der Erneuerung* die Konzilstexte des II. Vatikanums studieren sollten. Diese Arbeitsgruppen – etwa 50 von ihnen trafen sich noch 1997 – waren Herz und Seele der Krakauer Synode. Es gab sie in verschiedenster Zusammensetzung und Größe. Einige tagten in Klöstern, andere im Priesterseminar, die große Mehrheit jedoch in den Pfarrgemeinden. Priester und Laien, Intellektuelle und Arbeiter, Männer und Frauen, Alte und Junge trafen sich in den Gruppen, um gemeinsam zu beten, die Konzilslehren zu studieren, sie mit ihrem alltäglichen Leben zu vergleichen und Vorschläge zu machen, wie sich die Ideen des Konzils in den verschiedenen Diensten der Erzdiözese niederschlagen könnten. Vertreter der Arbeitsgruppen trugen diese Überlegungen und Empfehlungen dann in den Plenarsitzungen vor.

Die Arbeitsgruppen waren die Orte, an denen die Synode christliche Gemeinschaften schuf und so die Vorstellung des II. Vatikanischen Konzils verwirklichte, daß die Kirche eine „Gemeinschaft" (*communio*) der Gläubigen ist. Dank dieser Gruppen gewann die Erzdiözese ein organisches Gesamtverständnis der Erklärungen des II. Vatikanischen Konzils. Als es Zeit wurde, die Lehren des Konzils in der ganzen Erzdiözese umzusetzen, brauchte man keine Experten von außen herbeizuholen. Die Gläubigen des Erzbistums kannten die Konzilsdokumente genau und hatten in Jahren intensiver Arbeit gelernt, die Lehren des II. Vatikanischen Konzils auf ihre speziellen Bedingungen anzuwenden. So trug die Krakauer Synode dazu bei, daß der Erzdiözese viele der nachkonziliaren Spannungen erspart blieben, die in anderen Teilen der Kirche auftraten. In Krakau vergegenwärtigte man sich das II. Vatikanische Konzil nicht als politischen Machtkampf innerhalb der Kirchenbürokratie, sondern als ein religiöses Ereignis, das das missionarische und apostolische Leben der Kirche stärken sollte.

Noch bevor die Synode ihre Arbeit abschloß, verließ Karol Wojtyła Krakau. (Doch saß er als Papst Johannes Paul II. der feierlichen Schlußsitzung der Synode am 8. Juni 1979 vor.)[68] Bevor er nach Rom ging, tat Karol Wojtyła als Erzbischof von Krakau indes alles in seinen Kräften stehende, damit sein Kirchenvolk sich das II. Vatikanische Konzil so vergegenwärtigte, daß es – ganz im Sinne von Johannes XXIII. – zu einem neuen Pfingsten der Kirche wurde, zu einer das Sendungsbewußtsein belebenden Vertiefung des Glaubens. Infolgedessen erlebte Krakau weder reaktionäre, gegen das Konzil gerichtete Bewegungen von der Art der Lefebvre-Leute noch die Zerfaserung des katholischen Glaubens und seiner Praxis, wie sie in anderen Kulturen und Ländern durch die Rezeption des II. Vatikanums ausgelöst wurde.

Die Erfahrung der Synode wurde für die Gläubigen des Erzbistums auch zu einer Schule des Bürgersinns. Sie lernten, daß sie sich organisieren und ein gewaltiges Studienprogramm mitsamt praktischer Umsetzung bewältigen konnten, ohne am Gängelband des Staates zu hängen. Sie lernten, daß sie allein auf sich gestellt fähig waren, die Lage ihrer Gesellschaft gründlich zu überdenken. Priester und Laien, Intellektuelle und Fabrikarbeiter lernten, wunderbar zusammenzuarbeiten. Diese Erfahrung der *communio*, wie es im II. Vatikanischen Konzil hieß, vermittelte ihnen auch ein Gespür dafür, was die antikommunistischen Dissidenten im östlichen Mitteleuropa später die „Zivilgesellschaft" nannten. Die kommunistischen Apparatschiks, die nur verwundert den Kopf darüber schüttelten, warum all diese Leute soviel Zeit auf die Diskussion von Kirchendokumenten verwendeten, hatten nicht die geringste Ahnung, welch weitreichende Folgen diese Erfahrung haben sollte.

DIE AUSEINANDERSETZUNG UM *HUMANAE VITAE*

Die ursprünglich von Papst Johannes XXIII. eingesetzte Päpstliche Kommission zur Untersuchung von Problemen der Familie, der Bevölkerung und Geburtenrate wurde von Papst Paul VI. wieder aktiviert, damit sie ihn bei diesem Fragenkomplex berate. Für einen Großteil der Welt war es jedoch die „Päpstliche Kommission für Geburtenkontrolle", und in den Augen vieler ging es einzig und allein darum, ob Katholiken „die Pille nehmen" durften. In der politisch erhitzten Atmosphäre der Kirche unmittelbar nach dem II. Vatikanum wurde die „Geburtenkontrolle" zum Lackmustest zwischen theologisch „Progressiven" und „Konservativen", zumal die Frage mit der anhaltenden Auseinandersetzung über Wesen und Reichweite der päpstlichen Lehrautorität verquickt wurde. Nimmt man zu dieser brisanten kirchlichen Mischung noch die kulturellen Verhältnisse der 60er Jahre im Westen hinzu, die verbreitete Herausforderung der traditionellen Autoritäten und die weite Kreise erfassende sexuelle Revolution, dann liegt es auf der Hand, daß die Stunde für eine sachliche Erörterung der ehelichen Moral in der Öffentlichkeit nicht günstig war. 1968 veröffentlichten der Papst, der es für seine Pflicht hielt, der Kirche in einer so brisanten Frage eine verbindliche Antwort zu geben, die Enzyklika *Humanae vitae*. Diese wurde sofort die umstrittenste Enzyklika in der bisherigen Geschichte und die Ursache einer weiteren Spaltung in der Kirche, vor allem in Nordamerika und Westeuropa. Natürlich war die Auseinandersetzung unvermeidlich, aber sie hätte die Kirche vielleicht weniger geschwächt, wenn der Papst Kardinal Wojtyłas Rat stärker beherzigt hätte.

Nach der bekannten Version dieser verwickelten Geschichte war die Päpstliche Kommission gespalten: Eine Mehrheit wollte die klassische katholische Position, für die jede Empfängnisverhütung unmoralisch war, abändern; eine Minderheit wollte strikt daran festhalten. Eine im Juni 1966 dem Papst zugesandte Denkschrift – die Journalisten sprachen vom „Mehrheitsbericht" – erklärte, man müsse die eheliche Moral an der „Gesamtheit des Ehelebens" messen, weniger an der Bereitschaft, mit jedem einzelnen Sexualakt ein Kind zu zeugen. Nach dieser Auffassung war es moralisch erlaubt, chemische oder mechanische Mittel zur Empfängnisverhütung einzusetzen, solange nur die Moral des Paares insgesamt für Kinder offen war.[69] Eine andere Denkschrift, der „Minderheitsbericht", wiederholte die klassische katholische Position, daß die Verwendung von Kontrazeptiva gegen die naturrechtliche Moral verstoße, weil dadurch die beiden Dimensionen der Sexualität voneinander getrennt würden: die Fortpflanzung und die Vereinigung. Nach dieser Auffassung, und nach der Lehre von Papst Pius XII., gab es nur eine moralisch legitime Form der Verhütung: die Berücksichtigung des natürlichen Fruchtbarkeitszyklus der Frau, auch bekannt als Knaus-Ogino-Methode.

Zwei Jahre lange rang Papst Paul VI. mit diesen gegensätzlichen Positionen und mit dem auf ihn ausgeübten Druck, sich für die eine oder andere zu entscheiden. Die Befürworter des „Mehrheitsberichts" – er wurde 1967 der Presse zugespielt, um den Papst zu einer Entscheidung zu drängen – argumentierten, die Kirche verliere ihre ganze Glaubwürdigkeit gegenüber Ehepaaren und der heutigen Welt, wenn sie die von Pius XII. verkündete Lehrmeinung nicht ändere. Einige Gegner des „Mehrheitsberichts" behaupteten, die Übernahme der Position des „Mehrheitsberichts" würde die Lehrautorität der Kirche zerstören, denn dadurch würde sie stillschweigend zugeben, daß sie in einer schwerwiegenden moralischen Frage geirrt habe. Schließlich verwarf Paul VI. die Schlußfolgerung und die moralische Argumentation des „Mehrheitsberichts" und gab am 25. Juli 1968 die Enzyklika *Humanae vitae* heraus, deren 14. Abschnitt folgendermaßen begann:

> Gestützt auf diese grundlegenden Prinzipien der menschlichen und christlichen Lehre über die Ehe, müssen wir daher wiederum verkünden: Als rechtmäßige Weise, die Zahl der Kinder zu beschränken, sind die direkte Unterbrechung einer schon begonnenen Zeugung und insbesondere die direkte Abtreibung (...) uneingeschränkt zu verwerfen.[70]

Das löste eine Flut kritischer Stellungnahmen aus; seit Jahrhunderten hatte es keine so weitverbreitete Nichtanerkennung einer päpstlichen Lehrmeinung durch die katholische Öffentlichkeit gegeben.

Erzbischof Wojtyła, der dem Papst als Autor von *Liebe und Verantwortung* gut bekannt und von ihm zum Mitglied der Päpstlichen Kommission ernannt worden war, konnte an der entscheidenden Sitzung im Juni 1966, auf der die Mehrheit der Kommission die später in ihrer Denkschrift niedergelegte Position zusammenfaßte, nicht teilnehmen. Die polnische Regierung hatte ihm mit der Begründung, sein Antrag sei zu spät eingegangen, ein Ausreisevisum verweigert.[71] Trotzdem spielte Wojtyła im Streit über Empfängnisverhütung und bei der Entstehung von *Humanae vitae* eine wichtige Rolle. Die Enzyklika wurde jedoch nicht genau so abgefaßt, wie Wojtyła es vorgeschlagen hatte.

1966 rief der Erzbischof von Krakau eine eigene Diözesankommission ins Leben, die sich mit den in der Päpstlichen Kommission erörterten Fragen befassen sollte. Der Erzbischof, der bald schon Kardinal werden sollte, nahm an den Beratungen der Kommission in Krakau aktiv teil. Diese stützte sich auch auf die Erkenntnisse, die er im entstehenden Erzbischöflichen Institut für Familienforschung gesammelt hatte. Im Februar 1968 beendete die Krakauer Kommission ihre Arbeit, und deren Ergebnisse – „Die Grundlagen der kirchlichen Lehre über die Prinzipien des ehelichen Lebens" – wurden auf französisch festgehalten und von Kardinal Wojtyła an Paul VI. geschickt.[72]

Laut Pater Andrzej Bardecki, einem Teilnehmer der Krakauer Beratungen, waren Wojtyłas lokaler Kommission zwei Entwürfe für die anstehende Enzyklika zum Thema eheliche Moral und Geburtenregelung zugegangen. Ein vom Heiligen Offizium, dem höchsten Hüter über die reine Lehre, vorbereiteter Entwurf verblüffte einige Mitglieder der Krakauer Kommission durch seinen „starrköpfigen Konservativismus", da er zwar verschiedene päpstliche Äußerungen zu dem Thema miteinander verband, aber die von Papst Pius XII. befürwortete „natürliche Familienplanung" nach der Knaus-Ogino-Methode nicht erwähnte. Der Alternativentwurf, der laut Bardecki von dem deutschen Kardinal Julius Döpfner unterstützt wurde, vertrat die Position des „Mehrheitsberichts" der Päpstlichen Kommission, der nach Ansicht der Krakauer Theologen einen gravierenden moraltheologischen Irrtum enthielt. In seiner These, man müsse die eheliche Moral in ihrer Gesamtheit beurteilen, also auch jeden Geschlechtsakt „im Verhältnis" zu diesem Gesamtrahmen, hätten der „Mehrheitsbericht" und der deutsche Entwurf falsch ausgelegt, was Gott dem Wesen menschlicher Sexualität eingeschrieben habe, und dadurch werde die Moraltheologie allgemein untergraben.

Gab es nur diese beiden Möglichkeiten: „starrköpfigen Konservativismus" einerseits oder Verwässern der Moraltheologie andererseits?

Die polnischen Theologen glaubten das nicht. Die Denkschrift der Krakauer Kommission, die Kardinal Wojtyłas Gedanken und seine moralische Analyse aus *Liebe und Verantwortung* widerspiegelte, versuchte einen neuen theoretischen Rahmen für die klassische Position der Kirche zur ehelichen Moral und Geburtenregelung zu entwickeln: einen klar dargelegten, philosophisch gut fundierten christlichen Humanismus, auf den sich Gläubige wie Ungläubige einlassen konnten.

Der Ausgangspunkt für die von ihnen vorgeschlagene Moraltheorie war die menschliche Person, denn Menschen sind die einzigen Geschöpfe mit einem moralischen Vermögen. Die menschliche Person, ob Mann oder Frau, ist nicht ein körperloses Selbst, sondern eine Einheit von Körper und Geist. Mein „Selbst" ist nicht *hier*, „mein Körper" aber *dort*. Als freies moralisches Subjekt bin ich eine *Einheit* von Körper und Geist. Das Nachdenken über das moralische Leben muß in dieser Einheit stattfinden und beide Dimensionen der menschlichen Person berücksichtigen.

Die Krakauer Theologen erklärten dann weiter, die Natur habe die Sexualstruktur des menschlichen Körpers sozusagen mit einer moralischen Sprache und Grammatik versehen. Jene Sprache und Grammatik könne der menschliche Verstand erkennen und der menschliche Wille respektieren. Moralisch richtige Akte beachteten diese Sprache und Grammatik in ihrer ganzen Komplexität, und dazu gehöre auch die zweifache Dimension menschlicher Sexualität: Der Geschlechtsverkehr sei sowohl ein Ausdruck der Liebe als auch das Mittel, das Geschenk des Lebens weiterzugeben. Jeder Akt, der eine dieser Dimensionen leugne, verstoße gegen dessen Grammatik und reduziere so notwendigerweise, wenn auch unabsichtlich, seinen Partner zum Objekt der eigenen Lust. Eheliche Keuschheit sei eine Sache der wechselseitigen Hingabe, die über sich selbst hinaus weise und ihren wahrhaft menschlichen Charakter in ihrer Offenheit für die Möglichkeit neuen Lebens erfülle.

Diese Offenheit müsse verantwortungsvoll gelebt werden. „Die Anzahl der geborenen Kinder kann nicht dem Zufall überlassen bleiben", hieß es in der Krakauer Denkschrift, sondern muß „in einem Dialog der Liebe zwischen dem Ehemann und seiner Frau" entschieden werden. Geburtenregelung – als Erfüllung der „Pflicht", Familienplanung zu betreiben – müsse daher nach einem Verfahren durchgeführt werden, das die menschliche Würde nicht verletze, die „Gleichheit" zwischen Mann und Frau anerkenne und die „Zusammenarbeit" der Eheleute einschließe. Die gesamte Last der Frau aufzubürden, sei es durch die Pille oder ein Pessar, verstoße gegen diese Kriterien. Was immer die sexuelle Revolution auch behaupte, die Benutzung solcher künstlichen Verhütungsmittel erlaube den Männern, sich ungehindert hedonistisch zu verhalten, verletze jedoch die biologische Integrität der Frauen durch Fremdkörper und potentiell schädliche Mittel. Familienplanung durch Beachtung natürlicher biologischer Rhythmen sei die einzige Methode zur Geburtenregelung, welche die Würde und Gleichheit der Ehepartner als Personen achte.

Die Krakauer Theologen gaben offen zu, daß es natürlich ein Opfer, eine „große asketische Anstrengung [und] Selbstbeherrschung" bedeute, die eheliche Keuschheit auf diese Weise zu erfüllen. Jede Erziehung zur Tugend der Keuschheit müsse mit der „Achtung vor anderen, vor dem Leib und den Realitäten des Geschlechts" beginnen. Man müsse jungen Menschen beibringen, daß „die Gleichheit der Rechte von Mann und Frau" die Grundlage der „gegenseitigen Verantwortung" sei. Pfarrer, die vor Programmen zurückscheuten, mit deren Hilfe Paare über die Geburtenregelung durch den natürlichen biologischen Rhythmus belehrt würden, verletzten ihre Pflichten und seien mitschuldig an der „großen Ideenverwirrung", von der die Sexualität in der heutigen Welt umgeben sei. Zudem, so die Denkschrift weiter, erfülle ein Pfarrer seine Verantwortung als Morallehrer nicht, wenn er nur über die Promiskuität wettere. Im Gegenteil: Niemand könne überzeugend zu diesem Thema predigen und informieren, wenn er nicht die ganze Frage in jenem humanistischen Kontext behandle, in dem die Lehre der Kirche erst authentisch klinge. Pfarrer müßten auf diesem Gebiet unbedingt mit Laien zusammenarbeiten, denn „gut unterrichtete christliche Paare" seien eher in der Lage, anderen Paaren zu helfen, ihrer sexuellen Liebe einen keuschen Ausdruck zu verleihen.

Elemente der Krakauer Denkschrift mag man in *Humanae vitae* wiedererkennen. Doch Pater Bardeckis Behauptung, daß 60 Prozent der Enzyklika den Ansatz der polnischen Theologen und Kardinal Wojtyłas widerspiegeln, geht sicherlich zu weit.[73] *Humanae vitae* erwähnt den christlichen Personalismus, das Gut der sexuellen Liebe und die Pflicht zum verantwortungsvollen Umgang mit der Familienplanung.[74] Aber die Enzyklika übernahm den reichen personalistischen Kontext, den die Krakauer Kommission vorschlug, nicht vollständig. Gerade weil dieser Kontext fehlte, und mit ihm die Betonung der menschlichen Würde und der Gleichheit der Ehepartner bezüglich eines verantwortlichen Sexuallebens, setzte sich *Humanae vitae* durch die Konzentration auf den Sexualakt dem Vorwurf aus, legalistisch, zu biologischen und pastoral unsensibel zu sein. Mehr noch, die Kirche mußte sich vorhalten lassen, sie sei aus dem Schatten des Manichäismus und dessen Abwertung der Sexualität immer noch nicht herausgetreten.

Es mag wohl sein, daß dieser Vorwurf in jedem Fall erhoben worden wäre. Da die Enzyklika jedoch nicht den ganzen Krakauer Kontext berücksichtigte, fiel es ihr schwerer, diese Anklage zu parieren. In der speziellen Frage der erlaubten Verhütungsmethoden kam die Krakauer Schrift zum gleichen Ergebnis wie die Enzyklika. Krakau vermochte aber stichhaltiger zu erklären, warum diese Position mit der Würde der menschlichen Person und vor allem der Würde der Frau besser vereinbar war.

Humanae vitae hätte zu keinem ungünstigeren Zeitpunkt erscheinen können: 1968, ein Jahr der revolutionären Begeisterung, war nicht geeignet, um über irgend etwas ruhig und gelassen nachzudenken. Man darf bezweifeln, daß irgendeine Wiederholung der klassischen katholischen Position zur ehelichen Keuschheit – mochten ihre Argumente noch so stichhaltig sein – unter solchen Umständen Gehör gefunden hätte. Andererseits muß man sich fragen, warum eine Position, die „natürliche" Mittel zur Empfängnisverhütung verteidigte, gerade zu einer Zeit als haarsträubend veraltet abgetan wurde, in der in den Industrieländern „natürlich" zu einem geheiligten Schlagwort wurde, vor allem im Hinblick auf das neue ökologische Bewußtsein. Die Antwort ist natürlich vielschichtig, hat aber zweifellos etwas damit zu tun, ob *Humanae vitae* einen angemessenen personalistischen Rahmen für die kirchliche Lehre schuf.

Die Krakauer Denkschrift bewies auch, daß die darin propagierte eheliche Moral kein spezifisch katholisches Plädoyer (geschweige denn ein spezifisches Plädoyer polnischer Katholiken) war: Ihre moralischen Forderungen waren für jeden vernünftigen Menschen, unabhängig von seiner religiösen Überzeugung, bedenkenswert.[75] *Humanae vitae* wies darauf zu wenig hin. Die Enzyklika ging einen Schritt weiter als der „starrköpfige Konservativismus", der einige Mitglieder der Krakauer Kommission beunruhigt hatte, aber dieser Schritt war nicht groß genug. Krakau hatte berücksichtigt, daß die veränderten kulturellen Bedingungen ein neues Argumentationsfundament für klassische Moralgrundsätze erforderten. Diese Einsicht stieß in Rom auf taube Ohren. Infolgedessen wurden jene Grundsätze als vormodern oder einfach unvernünftig abgetan.

Das Versäumnis, ein personalistisches Fundament für die katholische Sexualmoral zu schaffen, zusammen mit der Politisierung der Debatte im Anschluß an *Humanae vitae* in der Kirche selbst, hatte ernste Folgen für die Bemühung der Kirche, einen überzeugenden christlichen Humanismus in der modernen Welt zu formulieren. Bei diesem ersten großen Zusammenstoß nach dem II. Vatikanum mit der sexuellen Revolution – der stärksten Manifestation eines als Selbstbestimmung definierten Freiheitsbegriffs – war die Kirche deutlich in die Defensive geraten. Hätte die Denkschrift der Krakauer Kommision die Argumentation von *Humanae vitae* entscheidender beeinflußt, wäre die anschließende Auseinandersetzung vielleicht vernünftiger und sensibler ausgefallen.

Ein Kardinal im Gespräch

Henry Kissinger meinte einmal, „die alte Vorstellung, daß die Leute in ihr Amt hineinwachsen" habe sich als falsch erwiesen. Ein hohes Amt sei wegen der ständigen Anforderungen, die es an den Inhaber stelle, eher geeignet, das geistige Kapital aufzubrauchen als zu erhöhen.[76] Karol Wojtyła war seit seiner Ernennung zum Kapitelvikar zweifellos eine Ausnahme von dieser Regel Kissingers – nicht zuletzt deshalb, weil er sich eisern bestimmte Stunden für ernsthafte geistige Arbeit reservierte. In den Jahren seines Episkopats verfaßte er in den beiden Stunden, die er jeden Tag schreibend in der Kapelle verbrachte, mehrere philosophische Aufsätze und drei Bücher sowie zahllose Hirtenbriefe, Predigten, Gedichte und ein Theaterstück. Daneben blieb der Kardinal seiner Lehrtätigkeit treu, indem er weiterhin den Lehrstuhl für Ethik an der Katholischen Universität Lublin innehatte, auch wenn seine Studenten ihn nicht mehr so oft sahen.

Der Erzbischof von Krakau widerlegte Kissingers Regel aber auch deshalb, weil er ein Kardinal war, der ununterbrochen im Gespräch mit anderen stand.

Die Diskussionsgruppen, die er noch als junger Priester gegründet hatte, trafen sich während seiner Jahre als Erzbischof weiterhin regelmäßig. Jerzy Janik sorgte wie immer für die Verbindungen des Kardinals zu Physikern und anderen Naturwissenschaftlern, während Jerzy Ciesielski und Stanisław Rybicki die traditionellen Treffen mit Ingenieuren organisierten. Bis zum Ende seiner Krakauer Jahre traf Kardinal Wojtyła sich mindestens vier oder fünf Mal im Jahr mit Naturwissenschaftlern und Ingenieuren. Normalerweise hielt er sich dafür einen ganzen Abend frei, an dem man gemeinsam einen Aufsatz las und diskutierte.

Kardinal Wojtyła pflegte darüber hinaus einen ständigen Dialog mit Historikern, wobei die Wahl der Themen oft durch das Bedürfnis bestimmt war, wichtige nationale oder lokale Jahrestage besser zu verstehen. Die Jahrtausendfeier der Christianisierung Polens im Jahre 1966 war ebenso wie das 600jährige Bestehen der Jagiellonischen Universität und die Neunhundertjahrfeier der Priestertätigkeit des hl. Stanislaus in Krakau eine solche Gelegenheit für eine Reihe von Diskussionen mit Historikern.[77]

Und dann gab es natürlich noch die Philosophen. Kardinal Wojtyła arbeitete nicht nur mit den Studenten und dem Lehrkörper der KUL zusammen, er lud auch Philosophen verschiedener Richtungen zu Gesprächen ein. Bei einer solchen Gelegenheit war er der Koreferent bei einem Vortrag, den der große Roman Ingarden in deutscher Sprache über den Begriff der Verantwortung hielt.[78]

Auch Künstler, Musiker und Schriftsteller aus Polen und anderen Ländern kamen häufig in die Franciszkańska-Straße 3. James Michener, ein amerikanischer Erfolgsautor, besuchte Wojtyła, während er an seinem Polen-Roman arbeitete. Später stellte sich der Kardinal einem Interview für eine Fernsehserie, an deren Produktion Michener mitwirkte. Nachdem die Kamera 40 Minuten gelaufen war, überraschte der Kardinal den Autor mit der Frage: „Wie war ich? Was meinen Sie, würde man mich in Hollywood nehmen? Als junger Mann nahm ich nämlich Schauspielunterricht."[79]

Der Kardinal hielt auf verschiedenen Gleisen den Kontakt zu seinen literarischen und Theaterwurzeln aufrecht. Als das Regime das Rhapsodische Theater 1967 endgültig schloß – eine Maßnahme, gegen die der Erzbischof beim polnischen Kultusminister vergeblich protestierte –, half Wojtyła Mieczysław Kotlarczyk, als Lehrer für Sprechkunst und Theatertheorie am Seminar in Krakau und an der KUL unterzukommen.[80] Im Juni 1974 lud Wojtyła zu einem zweitägigen Seminar über Katholizismus und Romantik im Werk Zygmunt Krasińskis ein. Er sagte zu den Teilnehmern, die Probleme, die der „umstrittenste der großen Barden der polnischen Romantik" angesprochen habe, hätten „auch in der heutigen Welt ihre Fragezeichen nicht verloren".[81] Krasińskis bedeutendstes Werk, *Die ungöttliche Komödie*, habe darauf hingewiesen, daß nur eine christliche Revolution das Unbehagen an der Moderne beheben könne. Diese Botschaft wurde von den Zuhörern des Kardinals verstanden.

Tygodnik Powszechny, *Znak* und der Kreis von Schriftstellern, Dichtern und Intellektuellen, die sich um die beiden Zeitungen scharten, blieben für Kardinal Wojtyła wichtige Gesprächspartner. Der Nutzen war laut Jerzy Turowicz ein wechselseitiger: „Als sein Freund darf ich wohl sagen, daß *Tygodnik Powszechny* einen Einfluß auf ihn hatte."[82] Wojtyła benutzte die Herausgeber des Blattes und die Zeitung als Resonanzboden, um laut über Kirchenangelegenheiten in Polen, die Beziehung zwischen Kirche und Staat und die moderne Kultur nachzudenken. Wie er seine Aufsicht über *Tygodnik Powszechny* und *Znak* ausübte, war nach den Kriterien ihrer Herausgeber beispielhaft. Jeden zweiten Monat setzte sich der Erzbischof mit den Herausgebern zusammen, um Dinge von beiderseitigem Interesse zu besprechen. Später, als seine Zeit knapper bemessen war, traf man sich alle vier Monate, aber es blieben richtige Arbeitssitzungen. Die beiden Mitarbeiterstäbe pflegten zur Messe in die Kapelle des Kardinals zu kommen, „daran schlossen sich ein Essen und ein langes Gespräch an". „Er hörte zu, zog es aber vor, daß die anderen sprachen, und ergriff erst ganz zum Schluß das Wort."[83] Kein einziges Mal in den 16 Jahren als Kapitelvikar und Erzbischof bat er darum, einen Artikel nicht in *Tygodnik Powszechny* abzudrucken. „Es gab keine Zensur", sagt der Herausgeber Turowicz. „Wir baten ihn vielleicht um seinen Rat, aber er griff nie von sich aus ein", um den Inhalt des Blattes oder Kommentare des Herausgebers zu ändern.[84]

Selbstverständlich gab es Auseinandersetzungen, doch Wojtyła besaß die unter höheren Kirchenmännern seltene Gabe, auch mit Leuten gut zusammenzuarbeiten, deren Ansichten er nicht immer teilte. In ihren Jahren bei *Tygodnik Powszechny* griff die scharfzüngige Halina Bortnowska häufig die eher traditionelle „Wyszyński-Kirche" an, wie sie es manchmal ausdrückte. Wojtyła begegnete der Volksfrömmigkeit mit sehr viel mehr Sympathie, pflegte aber dennoch die Freundschaft zu der freimütigen jungen Philosophin und Schriftstellerin; ja er bat sie sogar, die verbesserte Ausgabe von *Liebe und Verantwortung* herauszugeben.[85]

Und schließlich gab es noch die Politik. Die Herausgeber des Blattes, allen voran Turowicz und Jacek Woźniakowski, waren nicht einverstanden mit der Haltung, die Wojtyła zu Beginn seines Episkopats einnahm: Jede Einmischung in die lokale Politik beeinträchtige seine pastorale Wirksamkeit, und außerdem sei es das alleinige Vorrecht von Primas Wyszyński, zu politischen Angelegenheiten Stellung zu nehmen. Woźniakowski und andere argumentierten, man dürfe solche Fragen nicht ignorieren, Wojtyła müsse über die Ereignisse informiert sein, wenn er erfolgreich arbeiten wolle, und selbst wenn die Zeitungen stark zensiert seien, erfahre er durch ihre Lektüre immer noch, welche „Nachrichten" und Kommentare dem Regime genehm seien. Nach einem gewissen Zögern stimmte Wojtyła zu und begann, Zeitungen zu lesen. Woźniakowski meinte, er sei „baß erstaunt" gewesen, wie schnell der Erzbischof, der sich um solche Dinge vorher nie gekümmert hatte, in die Materie eindrang, das Entscheidende begriff, die Argumente und Persönlichkeiten verstand – und sich dann weigerte, mehr Zeit als unbedingt nötig auf das Ausgraben irgendwelcher Einzelheiten zu verwenden.[86] Die Herausgeber der Zeitung waren auch das Tor des Erzbischofs zur literarischen Welt. Vor seinen Sommerferien pflegte der Kardinal Turowicz und seine Frau zu fragen, welche Bücher sie ihm als Urlaubslektüre empfehlen könnten.

Bei mehreren Gelegenheiten mußte Wojtyła zwischen *Tygodnik Powszechny* und Kardinal Wyszyński vermitteln. Zwar trat er stets für die Unabhängigkeit der Zeitung ein, bat seine Freunde aber auch, zu versuchen, die Dinge aus der Perspektive des Primas zu sehen. Bei einem Gespräch erklärte er: „Eigentlich ist das ein Problem enttäuschter Liebe." *Tygodnik Powszechny* habe Wyszyński

1953 leidenschaftlich verteidigt, deshalb meine der Primas, „Sie würden ihm bei allem, was er sagt, zur Seite stehen; und das taten Sie nicht. Deshalb macht er eine Periode enttäuschter Liebe zu Ihnen durch." Wie Woźniakowski später erläuterte, hätten sich andere polnische Geistliche eine so freimütige Analyse im Gespräch mit Laien nie erlaubt.[87]

Das Regime hatte der Zeitung schon immer viele Unannehmlichkeiten bereitet; jetzt, wo ihm Kardinal Wojtyła zunehmend ein Dorn im Auge war, wurde es noch schlimmer. Die Kommunisten konnten ihrem Unmut schlecht in direkten Angriffen auf Wojtyła Luft machen; an seinen Kollegen konnte man sich leichter rächen. Im November 1977 startete das Regime eine aggressive Kampagne gegen *Tygodnik Powszechny*, angeblich, weil das Blatt eine Erklärung des polnischen Parteiführers Edward Gierek nach seinem Gespräch mit Papst Paul VI. nur in gekürzter Form gebracht hatte. Sämtliche von der Partei kontrollierten Zeitungen hatten Giereks Erklärung bereits in voller Länge abgedruckt, deshalb fühlten sich die Herausgeber von *Tygodnik Powszechny*, die ohnehin Platzprobleme hatten, nicht verpflichtet, diese Berichterstattung zu wiederholen. Da sie auch die Erklärung des Papstes gekürzt hatten, vermuteten die Herausgeber, der Angriff der Machthaber gelte in Wirklichkeit dem Schirmherrn des Blattes, Kardinal Wojtyła. Ein paar Wochen später wurde ihre Vermutung bestätigt. Nach einem Treffen der Herausgeber von *Tygodnik Powszechny* und *Znak* mit dem Kardinal am 21. Dezember 1977 wurde Pater Andrzej Bardecki auf seinem Heimweg von Schlägern überfallen, die, wenn nicht gar Mitglieder der Geheimpolizei selbst, so doch zumindest von ihr angestiftet worden waren. Sie schlugen ihn bewußtlos. Am nächsten Morgen eilte Kardinal Wojtyła ins Krankenhaus und sagte: „Sie haben meine Stelle eingenommen. Weil man mich nicht schlagen kann, schlug man Sie."[88]

Die Verbindung zur KUL war eine ständige Inspirationsquelle für Kardinal Wojtyłas geistiges Leben. Im Laufe der 70er Jahre übernahmen seine Schützlinge, darunter Pater Tadeusz Styczeń und Jerzy Gałkowski, immer mehr Routinearbeit für den Ethiklehrstuhl und organisierten Wojtyłas Doktorandenkolloquium, das sich nun zu einer zweitägigen Sitzung mit dem Kardinal und Professor in Krakau versammelte. Die Auslagen für den Lehrkörper und die Studenten bezahlte er aus dem Stipendientopf, den er anonym an der KUL mit seinem bescheidenen Professorengehalt eingerichtet hatte.

Am 16./17. Dezember 1970 veranstaltete die philosophische Fakultät der KUL eine Diskussion zu *Person und Tat*, die zu einem geistigen Festschmaus wurde. Von Wojtyłas Fakultätskollegen standen Mieczysław Krąpiec, Jerzy Kalinowski und Stanisław Kamiński dem Buch recht kritisch gegenüber. Selbst sein wichtigster philosophischer Schüler, Tadeusz Styczeń, bezweifelte, daß Wojtyłas Vorschlag, Fragen der philosophischen Methodenlehre auszuklammern und sich ganz auf die Analyse moralischer Handlungen zu konzentrieren, durchführbar sei.[89] Am Ende der Konferenz antwortete der Kardinal seinen Kritikern mündlich. Eine eher formelle Antwort legte er in seinem Aufsatz „Die Person: Subjekt und Gemeinschaft" vor, der 1976 erschien. Darin vertritt er die These, was er mit seinen Kollegen an der KUL 1970 (und seither) diskutiert habe, gehe nicht nur Philosophen an: „Nach 20 Jahren ideologischer Debatte in Polen wurde deutlich, daß in ihrem Mittelpunkt nicht die Kosmologie bzw. Naturphilosophie steht, sondern die philosophische Anthropologie und die

Ethik: die große und grundlegende Auseinandersetzung um den Menschen."[90]

In den 70er Jahren vertiefte sich die Freundschaft des Kardinals zu seinen Kollegen und Studenten von der KUL weiter. Als Jerzy Gałkowski, Tadeus Styczeńs Nachfolger als Wojtyłas Assistent, sich mit Maria Braun – ebenfalls eine ehemalige Studentin des Kardinals – verlobte, war es für die beiden undenkbar, daß irgendein anderer die Trauung vollzog. Das Problem war nur der Termin, aber schließlich fand sich auch dafür eine Lösung. Marias Familie besaß ein Ferienhaus in den Świętokrzyskie-Bergen bei Kielce; auf dem Weg zu einem Treffen des polnischen Episkopats in Warschau unterbrach der Erzbischof von Krakau seine Fahrt und las am 6. Juli 1964 in der kleinen Dorfkirche von Bolimów die Hochzeitsmesse – um sieben Uhr in der Frühe. Wie der Bräutigam später sagte: „Abenteuer waren bei Karol Wojtyła keine Seltenheit." Manchmal besuchte der Kardinal die Gałkowskis in ihrer Wohnung in Lublin, wenn ihn seine Aufgaben, was immer seltener vorkam, in diese Stadt führten. Ihr ältester Sohn war als kleiner Junge schüchtern und versteckte sich einmal unter dem Tisch, als der Kardinal eintrat. Wojtyła setzte sich sofort zu ihm auf den Fußboden und meinte: „Nun, wenn du da unten spielen möchtest, werden wir eben da spielen."[91]

Als Kardinal Wojtyła in den 70er Jahren immer stärker mit dem Regime aneinandergeriet, wollte er nicht die Frage nach einer akademischen Beförderung aufwerfen, denn diese hätte vom Regime abgesegnet werden müssen. So behielt er den Rang eines Dozenten, also den untersten in der akademischen Rangordnung, obwohl er an der KUL den Lehrstuhl für Ethik innehatte. 1978 war Pater Krąpiec, der vielleicht von allen seinen Kollegen an der Philosophischen Fakultät Wojtyła am kritischsten beurteilte, Rektor der KUL. Trotz ihrer philosophischen Differenzen wollte er etwas für den Kardinal tun. Krąpiec fand in den Statuten der Universität eine Lücke, die es dieser erlaubte, Wojtyła den Titel eines „Professors ehrenhalber" zu verleihen, ohne dafür die Zustimmung der Regierung einholen zu müssen. Zu den Privilegien dieses Titels gehörte, daß er auf Lebenszeit verliehen wird. Karol Wojtyła ist daher immer noch „Professor ehrenhalber" an der Katholischen Universität Lublin und wird es bleiben.[92]

Der Ökumenismus, d. h. der innerchristliche Dialog, war für Kardinal Wojtyła eine weitere Gesprächsarena. Allerdings gab es in dem überwiegend katholischen Krakau selten Gelegenheit, mit Angehörigen anderer christlicher Konfessionen zu reden. Die Stadt hatte eine kleine lutherische und orthodoxe Gemeinde. Daneben lebten in Krakau noch ein paar Mariawiten, Mitglieder einer Sekte, die 1906 mit dem Katholizismus gebrochen hatte.[93] Im Januar 1963 nahm Bischof Wojtyła am ersten ökumenischen Gottesdienst in Krakau teil, der im Rahmen eines achttägigen Gebets für die Einheit der Christenheit stattfand. Diese Praxis hatte im christlichen Okzident im frühen 20. Jahrhundert Fuß gefaßt. In seiner Predigt pries er die protestantischen Mönche aus der ökumenischen Gemeinschaft im französischen Taizé, die er während des II. Vatikanischen Konzils kennengelernt hatte. Beim Abendessen am selben Tag im mittelalterlichen Refektorium der Dominikanerabtei saß Wojtyła zwischen einem lutherischen Pastor und einem orthodoxen Popen, die beide noch nie einen Fuß in die Abtei gesetzt hatten. Der Dominikanerabt war eifrig darum bemüht, daß seine „getrennten Brüder" sich zu Hause fühlten, und meinte, ein paar historische Anekdoten könnten da nicht schaden. So begann er seine Gastgeberrede mit den Worten: „Wahrscheinlich hat in diesem Raum einst die Inquisition getagt, und jetzt sitzen wir hier ..."[94] Wojtyła seinerseits pflegte die Dominikaner damit zu necken, daß ihm jedesmal, wenn er bei ihnen zu Gast sei, Huhn serviert werde: „Manchmal bekomme ich ein thomistisches Huhn, manchmal ein ökumenisches ..."[95]

Wojtyłas Engagement für die Einheit der Christen und seine Sensibilität für die Lage der verschwindend kleinen protestantischen Minderheit in Krakau hatten durchaus persönliche Züge. Als Priester und junger Bischof nahm Wojtyła an Heiligabend stets an einem gemeinsamen Essen im Hause Jerzy Janiks teil, und sei es nur für eine kurze Zeit. Dort traf er eine Freundin Janiks, eine Lutheranerin, die dem Physiker den ersten Englischunterricht erteilt hatte. Als die alte Dame im Alter von 93 Jahren starb, rief Janik den Kardinal an, um ihm ihren Tod mitzuteilen. Wojtyła sagte, er würde gern eine Messe für sie halten, und fragte Janik, ob er an einem bestimmten Tag kommen könne. Danach bat er ihn, den lutherischen Pastor aus der Grodzka-Straße ebenfalls einzuladen, denn es wäre wohl besser, wenn dieser sich nicht durch eine persönliche Einladung des Erzbischofs zum Erscheinen genötigt fühle. Janik erfüllte Wojtyłas Bitte, und zur angegebenen Zeit kam der Pastor und saß zusammen mit der Familie Janik in der ersten Bankreihe der erzbischöflichen Kapelle. Als der Kardinal in seinen Meßgewändern die Kapelle betrat, ging er nicht zuerst zum Altar, sondern zu dem Pastor und umarmte ihn als Bruder in Christo.[96]

Wujek bleibt *Wujek*

Da Karol Wojtyła auch während seines Episkopats in Krakau daran festhielt, daß wahre Seelsorge Begleitung in allen Lebenssituationen bedeutet, blieb *Środowisko* eine lebendige Gemeinschaft. Sooft sein Terminplan es erlaubte, las er die Messe für seine Freunde und ihre Familien. Außerdem hielt er für *Środowisko* Exerzitien und lud sämtliche Mitglieder jedes Jahr zum Weihnachtssingen in seine Residenz ein. Standen seine Freunde vor folgenreichen Entscheidungen, wollten sie noch immer seinen Rat hören, und der Kardinal fand irgendwie Zeit für sie.[97]

Außerdem hielt er brieflich die Verbindung aufrecht. Teresa Heydel Życzkowska hatte ihm in den frühen 60er Jahren geschrieben, daß sie jetzt, zwei Jahre nach der Geburt ihrer Zwillinge, endlich nachts durchschlafen könne. Wojtyłas Antwort war eine für ihn bezeichnende Mischung aus Persönlichem und Missionarischem:

> Liebe Teresa!
>
> Du hast befürchtet, ich könnte Deinen Brief nicht zu Ende lesen. Nun, ich habe ihn nicht nur ganz gelesen, sondern auch seinen Gehalt tagelang mit mir herumgetragen und über eine Antwort nachgedacht. Als ich heute die Gelübde einiger Schwestern entgegennahm, haben sich diese Gedanken kristallisiert. Ich spüre Mü-

digkeit aus Deinem Brief heraus, was auch unschwer zu verstehen ist, wenn man Deinen Charakter und Dein Temperament kennt. Überdies wolltest Du immer alles planen und stets rational handeln. Und hier ist nun das Reich des Irrationalen, in dem normales Handeln und normale Tatkraft nicht ausreichen; Du mußt warten, eine Zeitlang mal nichts tun, einfach Geduld haben – vor allem weil es zwei [Kinder] sind. Ich weiß sehr wohl: Einerseits müssen wir immer einen Preis für die Liebe zahlen; andererseits wird uns, Gott sei Dank, die Liebe in diesem Preis zurückgegeben. Was ich damit sagen will, ist: Die konkrete Herausforderung der Liebe läßt sich nicht von Ihm trennen, sie ist immer in Ihm.

Es tut mir leid, daß Du am Kajakausflug nicht teilnehmen konntest, aber wir können jederzeit miteinander sprechen.

Für mich ist das Mühevollste nicht unsere „Hausarbeit", sondern unsere „Bürde".

Ich küsse Dich, Michael und die Zwillinge – vor allem den, der meinen Namen trägt und seinen Eltern soviel Mühe macht. Wujek

Eine von Wojtyła schon im Haus in der Kanonicza-Straße begründete Tradition – jedes Jahr veranstaltete er zum Auftakt der Fastenzeit für die Kinder von *Środowisko* einen *Kinderball* – wurde auch in der Residenz des Erzbischofs fortgesetzt. Als die Kinder zu Teenagern heranwuchsen, meinte Wojtyła zu ihren Eltern, langsam wäre es an der Zeit, für sie statt des jährlichen Kinderballes nun eine „richtige Party" mit Tanzmöglichkeiten zu arrangieren. Diese fand nun im Hause von Teresa Życzkowska statt. Der Kardinal kam dazu und schrieb in das Gästebuch der Życzkowskis: „Seit eure Eltern diese Veranstaltung durchführten, hat sich nicht viel verändert – nur die Musik. Wujek"[98]

Natürlich waren die Kinder nicht die einzigen, die älter wurden. 1977 feierten Jurek und Jasia Janik ihre silberne Hochzeit, und Wojtyła versprach, für das Paar und eine kleine Gruppe von Freunden die Messe in der erzbischöflichen Kapelle zu lesen. Als die Gesellschaft in der Residenz des Kardinals eintraf, kam ihr Pater Dziwisz entgegen und teilte mit, der Kardinal sei leider an einer Grippe erkrankt und habe hohes Fieber. Janik wünschte dem Kardinal eine baldige Genesung und wollte wieder gehen. Darauf Dziwisz: „Nein, nein, ich wollte damit nur sagen, die Messe findet nicht in der Kapelle, sondern in seinen Privaträumen statt." Dann führte Dziwisz sie in die Dreizimmer-Suite Wojtyłas. Der Kardinal trat im vollen Ornat aus seinem Schlafzimmer heraus, hielt die Messe und eine an das Jubiläumspaar gerichtete Predigt. Dann entschuldigte er sich: „Es tut mir leid, aber ich habe Fieber und muß wieder ins Bett."[99]

Als die Leute von *Środowisko* älter wurden, nahm ihre Frömmigkeit noch zu. Früher hatten sie auf einem Kajakausflug über die *Screwtape Letters* [*Dienstanweisung für einen Unterteufel*] von C. S. Lewis diskutiert, eine scharfsinnige und doch humorvolle Abhandlung über Versuchung und Sünde. Jetzt, im Jahre 1975, gab es am Lagerfeuer lange Diskussionen über das Böse und das christliche Mysterium des Leidens. In jenem Jahr war Gapa Turowski mal wieder festgenommen worden, weil er sich geweigert hatte, an den vom Regime veranstalteten Maifeierlichkeiten teilzunehmen. Die Erfahrungen des Lebens hatten nicht nur Freude, sondern auch Schmerz gebracht. Wie fügte sich das Leiden in den göttlichen Plan ein? Die wachsende Wut des Regimes auf den Kardinal wirkte sich auch auf die Sommerferien von *Środowisko* aus. Am Ende der jährlichen Kajakferien 1977 erschien die Geheimpolizei, kaum daß der Kardinal in seinem Auto weggefahren war, im Ferienlager und überprüfte die Papiere der zurückgebliebenen *Środowisko*-Mitglieder. „Was war das für ein großes Auto?"

wollten sie wissen. „Nun, es kam, und dann fuhr es wieder weg", war die Antwort. Das war weder eine Lüge noch eine Information. Im folgenden Jahr – es sollten *Wujeks* letzte Kajakferien sein – traf man ein anderes Arrangement. Wojtyłas Auto fuhr auf der Hauptstraße in Richtung Ferienlager, im „Schlepptau" die nun unvermeidliche Geheimpolizei. An einem verabredeten Punkt gab der Fahrer des Kardinals Gas und hängte die Überwacher kurz ab, dann bog er schnell in eine kleine Nebenstraße ein, die sich durch die Felder schlängelte. Dort wartete bereits Stanisław Rybicki. *Wujek* sprang zu ihm ins Auto und los ging's. Auto und Fahrer des Kardinals aber fuhren auf der Hauptstraße zurück nach Krakau, hinter sich die Geheimpolizei. Genauso verfuhr man am Ende des Urlaubs, in dessen Verlauf die Staatssicherheit sich nicht mehr sehen ließ.[100]

Der Sicherheitswahn des Regimes konnte durchaus amüsante Seiten haben. Einmal fuhr Kardinal Wojtyła Ski in der Hohen Tatra nahe der tschechoslowakischen Grenze und wurde von der Grenzpolizei angehalten. Der Kardinal zeigte seine Papiere vor, worauf der Milizionär, der ihn nicht erkannte, Wojtyła heftig beschimpfte: „Du Idiot, weißt du eigentlich, wessen Papiere du geklaut hast? Dafür wirst du ganz schön lange brummen." Als Wojtyła seine Unschuld beteuerte, raunzte ihn der Milizionär an: „Ein Kardinal, der Ski läuft? Willst du mich für dumm verkaufen?" Wojtyła, der einmal auf die Frage, ob es für einen Kardinal nicht unschicklich sei, Ski zu laufen, antwortete, unschicklich sei nur, wenn ein Kardinal schlecht Ski laufe, konnte die Sache schließlich mit dem Vorgesetzten des Milizionärs klären.[101]

1970 erlitten Kardinal Wojtyła und seine Freunde einen tragischen und erschütternden Verlust. Jerzy Ciesielski, der Dozent am Krakauer Polytechnikum geworden war, nahm für drei Jahre eine Gastprofessur für Ingenieurwesen an der Universität Khartum an. 1969/70 ging er zunächst allein nach Afrika; zu Beginn des akademischen Jahres 1970/71 ließ er jedoch seine Frau Danuta und ihre drei Kinder in den Sudan nachkommen. In der Nacht vom 9./10. Oktober waren er und die drei Kinder auf dem Weg zum sechsten Nilkatarakt. Sie fuhren auf einem Ausflugsschiff für Touristen. Danuta war an Land geblieben. Ciesielski hatte sich mit den beiden kleineren Kindern in einer Kabine unter Deck schlafen gelegt. Marysia, die älteste Tochter, verbrachte die Nacht an Deck. Durch ein schreckliches Unglück sank das Schiff und Ciesielski ertrank zusammen mit seinem Sohn und seiner jüngeren Tochter. Nur Marysia wurde gerettet.

Danuta Ciesielska mußte in Khartum warten, bis die Leichen geborgen werden konnten. Sie schickte ein Telegramm an Freunde in Krakau und bat sie, ihrem Vater, der ein schwaches Herz hatte, die schreckliche Nachricht so behutsam wie möglich beizubringen. Einer ihrer Freunde benachrichtigte Kardinal Wojtyła, der damals in Rom weilte. Nachdem die Leichen schließlich aus dem Nil geholt und eingeäschert worden waren, reisten Danuta und Marysia heim, um die Urnen dort beizusetzen. Dabei kamen sie durch Rom. Wojtyła holte sie mit Wagen und Chauffeur vom Flughafen ab, las die Messe für sie und bat sie, die Beisetzung solange aufzuschieben, bis er persönlich in Krakau die Begräbnismesse lesen könne. Danuta war damit einverstanden, und so blieben die Urnen in Wojtyłas Kapelle in der Franciszkańska-Straße 3, bis sie von dort zum Friedhof von Podgórze, einem Vorort von Krakau, gebracht wurden. Der

Kardinal ging an der Spitze der Begräbnisprozession. Ciesielskis Asche wurde von Stanisław Rybicki, Zdzysław Heydel und zwei anderen Freunden getragen. Jerzy Ciesielski, ein „geborener Lehrer mit einem mystischen Hang", war 41 Jahre, als er starb.[102] Wie noch öfter in seinem Leben verlor Karol Wojtyła in ihm einen großartigen Freund.

Kardinal Wojtyła setzte ihm 1970 in der Jahresendnummer von *Tygodnik Powszechny* ein Denkmal. Jerzy Ciesielski, schrieb er, sei eine lebendige Hoffnung des II. Vatikanischen Konzils und seiner Lehre von der allgemeinen Berufung zur Heiligkeit gewesen. Wenn er ein ungewöhnlicher Mann war, dann deshalb, weil sein Glaube „das Normalmaß seiner Pflicht" war, von der er einmal sagte, sie bestehe darin, „sich der Heiligkeit anzunähern". In Jerzy Ciesielskis Leben, erklärte der Kardinal, gab es nicht viel „Produktionsrückstand". Er nahm „alles, was ihm aufgegeben war, zu tun und zu erfahren", als Bausteine oder „Material" für seine Berufung zur Heiligkeit an.

In diesem glücklichen, kontaktfreudigen Mann, der die Natur liebte und ein hervorragender Sportler war, floß „eine tiefe, untergründige Strömung (...), und sein Leben trat niemals über seine Ufer". Zu keiner Zeit zweifelte er daran, daß er zur Ehe berufen war. Wie er diese Berufung erfüllte und anderen half, der ihnen zu folgen, habe seinen Freund, den Erzbischof, viel darüber gelehrt, was er über die Erfahrung des Ehelebens als Sakrament wisse. Als er, der Erzbischof, auf dem II. Vatikanischen Konzil zur Frage der Laienberufung in der heutigen Welt Stellung nahm, habe ihm stets sein Freund Jurek Ciesielski vor Augen gestanden.[103]

Seine Beziehung zu *Środowisko* war für Wojtyła eine Möglichkeit, seinen Hang zur Vaterschaft, den er von seinem eigenen Vater mitbekommen hatte, zu leben, denn nur durch solche Freundschaften konnte er, der sich dem Zölibat geweiht hatte und ihm treu blieb, dieser Neigung Ausdruck verleihen. Als er dank *Środowisko*, seiner Familie, tiefer in die Bedeutung des Vaterseins eindrang, wurden Gedicht und Drama wieder das geeignete Medium, um seine Einsichten in dieses tiefe menschliche Geheimnis auszudrücken. So entstanden sein letztes Theaterstück, *Strahlenkranz der Vaterschaft* (das in seiner Krakauer Zeit nie veröffentlicht wurde), und eine kurze Quintessenz der Gedanken dieses poetischen Stückes, der besinnliche Aufsatz „Betrachtungen über die Vaterschaft", der unter dem Pseudonym „A.J." („Andrzej Jawień") 1964 in der Maiausgabe von *Znak* erschien. Theaterstück und Aufsatz loten, sowohl poetisch als auch theologisch, die tiefe Bedeutung von *Środowisko* aus.

Kritiker meinen, *Strahlenkranz der Vaterschaft* sei das formal gelungenste Stück Wojtyłas. Die meisten Leser sind sich wohl darüber einig, daß es sein schwierigstes ist. In keinem anderen Stück verbindet der Dramatiker das mittelalterliche Mysterienspiel und Mieczysław Kotlarczyks „inneres Theater" so vollkommen, denn die Handlung des Stückes ist ganz in das „Innere" der Seelen seiner drei Personen und des Chors verlegt.[104]

Strahlenkranz der Vaterschaft führt Wojtyłas literarische Meditation über das Gesetz des Gebens fort, das in der *conditio humana* selbst begründet ist. So meditiert die Person Adam über den mühsamen Weg der Selbstlosigkeit: Vater werden, so Adam, heißt, von der „furchtbaren" Freiheit der Selbstbezogenheit loskommen und von „der Liebe überwunden" werden.[105] Nur in den „Strahlen der Vaterschaft (...) wird alles völlig wirklich".[106]

Wie immer hat Wojtyłas „inneres Theater" biblische und theologische Dimensionen. In „Betrachtungen über die Vaterschaft" meint der Dramatiker, im Garten Eden sei der biblische Adam „aus eigenem Willen einsam geworden". Dieser Akt des freiwilligen Exils, die Entscheidung für Einsamkeit und gegen Selbsthingabe, ist die Erbsünde, die Wunde im Herzen eines jeden Menschen. Doch die Erbsünde ist nicht die ganze Geschichte der Menschheit, denn selbst in unserer freiwillig gewählten Einsamkeit sehnen wir uns nach Erlösung. „In den Strahlenkranz der Vaterschaft eintreten" bedeutet: die Wahl der Einsamkeit durch die Ausübung der Freiheit in hingebungsvoller Liebe überwinden und dadurch über sich selbst hinauswachsen. Wir können siegen, behauptet Wojtyła als Philosoph, als Dichter und Dramatiker. Und als Jünger Christi glaubt Wojtyła, daß wir siegen *werden*, weil Gott in Christus den Sieg errungen hat. Jener Strahlenkranz der Vaterschaft und die Wiederherstellung der Kindschaft bewahren uns vor dem Schrecken der absoluten Einsamkeit.

Das strengste Antlitz menschlicher Einsamkeit ist der Tod, der Karol Wojtyła nicht fremd war. Als reifer Mann schrieb er in den 70er Jahren ein Gedicht über die Gewißheit des Todes, in dem seine Überlegungen große Tiefe erreichen. Reife, schrieb er, ist ein Zustand, in dem „die Oberfläche dem Grund näher rückt", wie in einer Meeresbucht; Reife bedeutet, daß „die Seele mehr mit dem Körper versöhnt" ist. Reife ist auch Angst, und jene „Liebe, die die Angst verwandelt". Reife ist aber auch Spannung:

> Wenn wir die Ufer des Herbstes erreichen,
> brechen mit widersprüchlichen Wünschen Angst
> und Liebe aus,
> die Angst mit dem Wunsch der Rückkehr zu dem,
> was ein Sein schon gewesen war
> und es immer noch ist –
> die Liebe im Wunsch, sich zu Dem zu begeben,
> in Dem das Sein seine ganze Zukunft findet.[107]

Für einen gläubigen Christen bedeutet Tod, in das Ostergeheimnis des Todes und der Auferstehung Christi einzudringen. Weil wir es ständig erfahren, wissen wir, was es bedeutet, vom Leben zum Tod zu gehen. Was aber bedeutet es, die „Ordnung der Vergänglichkeit" umzukehren und vom Tod zum Leben überzugehen? Das ist ein Geheimnis, eine „Schrift der Tiefe, bis jetzt nicht zu Ende entziffert". Christus jedoch hat sie entziffert, hat sie an sich selbst geprüft und ist hindurchgegangen. Mag der Tod auch „Vergehen" an sich bedeuten, die Hoffnung des Christen ruht jenseits des Vergehens im „Durchkommen" Christi, durch das der Tod nicht ausgelöscht, aber überwunden ist. Diese Hoffnung schreibt sich jeder christlichen Seele im Laufe ihres Lebens ein. Wojtyłas Betrachtung über den Tod endet daher mit einem Gebet.

> Und so bin ich Dir mit meiner Hoffnung
> verschrieben,
> jenseits von Dir kann ich nicht bestehen –
> wenn ich das eigene „Ich" über das Sterben
> stelle
> und dem Boden der Vernichtung entreiße,
> dann deshalb,
> weil es eingetragen ist in Dich...[108]

Test der Weltbühne

In den 70er Jahren wurde Karol Wojtyła innerhalb der höheren Führungsmannschaft des römischen Katholizismus zu einem der bekanntesten Kirchenmänner.

Wojtyłas Wahl in das Kardinalskollegium im Jahre 1967 intensivierte seine Einbeziehung in internationale Angelegenheiten der katholischen Kirche, die beim II. Vatikanischen Konzil begonnen hatte. Während des Konzils hatte Papst Paul VI. eine große Bewunderung für den jungen polnischen Bischof entwickelt. Diese Bewunderung wurde schließlich zu einem Gefühl väterlicher Zuneigung, das von Wojtyła erwidert wurde, der bei mehreren Gelegenheiten äußerte, Paul VI. sei „wie ein Vater" zu ihm gewesen. Bei einer Audienz am 30. November 1964 schenkte der Erzbischof von Krakau dem Papst ein Album mit Fotos von der Krönung Unserer Lieben Frau von Ludmierz; der Papst, sichtbar von den anwesenden Volksmassen bewegt, murmelte seinem Sekretär zu: „Das ist Polen. Nur dort ist so etwas möglich."[109] Papst Paul hatte vorher der Kirche St. Florian in Krakau drei Glocken geschenkt. Die Behörden hatten sie anfänglich konfisziert, nach einigem Hin und Her aber als „Musikinstrumente" freigegeben.[110]

Mitte der 60er Jahre hatte die polnische Regierung dem Heiligen Stuhl zu erkennen gegeben, sie sei an der Ernennung eines zweiten Kardinals in Polen interessiert. Die polnische kommunistische Diplomatie war nicht für ihre Subtilität bekannt, so daß die Absicht, eine Strategie des „Teile und herrsche" zu verfolgen und dadurch die polnische Kirche zwischen Kardinal Wyszyński und einem neuen Kardinal zu spalten, im Vatikan natürlich bemerkt wurde. Die Kommunisten, die bereits zu dem Schluß gekommen waren, Wojtyła habe sie „betrogen", hatten nicht den jungen Erzbischof von Krakau im Sinn.[111] Paul VI. jedoch sehr wohl, und so wurde am 29. Mai 1967 Wojtyłas Aufnahme in das Kardinalskollegium offiziell bekanntgegeben. Nach einem Protest gegen die Auflösung des „Rhapsodischen Theaters", der Anwesenheit bei der mündlichen Doktorprüfung seines Studenten und Lehrassistenten Jerzy Gałkowski und einem stillen Tag des Gebetes in Kalwaria Zebrzydowska reiste der zum Kardinal erkorene Wojtyła nach Rom ab und legte in Wien einen Zwischenstop ein, bei dem er Erzbischof Franz König besuchte (der Wojtyła auf dem Konzil für einen „cleveren Burschen" gehalten hatte).[112]

Wojtyła empfing sein Kardinalsbirett von Paul VI. in der Sixtinischen Kapelle am 28. Juni 1967. An diesem Nachmittag hatten er und sein Sekretär in Rom vergeblich nach roten Socken gesucht, die als angemessenes Teil der Garderobe eines Kirchenfürsten angesehen wurden.[113] Bei seiner Rückkehr nach Krakau am 9. Juli sagte er den Tausenden, die ihn vor der Kathedrale zur Begrüßung erwarteten, daß die Ehre, die ihm zuteil geworden sei, ein Geschenk des Papstes „für die Kirche Christi in Polen und besonders für die Kirche Krakaus" sei.[114] Beim folgenden Festessen am Nachmittag brachte Professor Adam Vetulani einen Trinkspruch auf den neuen Kardinal aus und erinnerte ihn wie vor neun Jahren daran, daß er immer noch Professor sei, der, wie der Historiker hoffte, „die reichste Ernte Ihrer akademischen Tätigkeit" einbringt.[115]

Kardinäle sind Mitglieder des Klerus der Diözese Rom, und sie erhalten Titular-Pfarrämter römischer Kirchen. Wojtyłas „Pfarrstelle" war S. Cesareo in Palatio, eine kleine Kirche in der Nähe der Via Porta Latina. Kardinäle sind auch Mitglieder von „Kongregationen" oder „Räten" der römischen Kurie, die Ministerien in der Regierungswelt entsprechen.[116] Versammlungen dieser Gremien brachten Karol Wojtyła in den 70er Jahren häufig nach Rom. Doch es war seine Arbeit bei der internationalen Bischofssynode, die ihn wirklich in das Weltepiskopat der Zeit nach dem II. Vatikanischen Konzil einführte.

Wojtyła und die Bischofssynode

Die Bischofssynode war von Paul VI. eingeführt worden, um der von der *Dogmatischen Konstitution über die Kirche* des II. Vatikanums beschriebenen theologischen Tatsache, daß die katholischen Bischöfe der Welt mit dem und unter der Leitung des Bischofs von Rom ein Kollegium bilden, einen konkreten Ausdruck zu verleihen. Wojtyła nahm an der ersten Versammlung der Synode (1967), zu der er vom polnischen Episkopat gewählt worden war, nicht teil. Die Regierung hatte in einem ihrer Anfälle von Verärgerung Kardinal Wyszyński die Erlaubnis zur Teilnahme verweigert, und Wojtyła wollte das Land nicht ohne den Führer der polnischen Kirche verlassen.[117] 1969 wurde Kardinal Wojtyła von Paul VI. zu einem Mitglied der ersten „außerordentlichen" Versammlung der Synode ernannt, die einberufen wurde, um über die Beziehung des Heiligen Stuhls zu den nationalen Bischofskonferenzen und deren Beziehung untereinander zu diskutieren. In einem Redebeitrag, einer sogenannten Intervention, betonte Wojtyła, die Gemeinschaft der Bischöfe müsse in einer echten sakramentalen *communio* verwurzelt sein, nicht einfach in der soziologischen Tatsache ihrer gemeinsamen Mitgliedschaft in einem ziemlich exklusiven Klub. Er war auch darüber besorgt, daß Kommentatoren in der katholischen und weltlichen Presse die Synode als eine politische Übung, als einen Machtkampf zwischen Rom und den Bischofskonferenzen darstellten. Das verfehlte seiner Meinung nach das wahre Wesen der Synode, die eine kirchliche Realität sei.[118]

Auf der nächsten Versammlung der Synode, 1971, wurde über zwei Themen diskutiert: Priesterschaft und soziale Gerechtigkeit. Bei der Debatte über Gerechtigkeit betonte der Kardinal, Religionsfreiheit sei genauso ein Gerechtigkeitsproblem wie Armut. Er sagte auch, Gerechtigkeit innerhalb der Kirche verlange, daß die Ortskirchen außerhalb Westeuropas und Lateinamerikas bei diesen Diskussionen ein Mitspracherecht hätten. Während der Synode, am 17. Oktober, sprach Papst Paul VI. den Franziskaner Maximilian Kolbe selig, der sich im Hungerbunker von Auschwitz für einen polnischen Familienvater geopfert hatte. Kardinal Wojtyła hielt am 13. Oktober auf französisch eine Pressekonferenz ab, auf der er sagte, Kolbes priesterliche Selbstaufopferung habe nicht nur in der Hingabe seines Lebens für jemand anderen bestanden, sondern auch in der Tatsache, daß er den anderen 14 Männern, die mit ihm verurteilt waren, half, mit Würde zu sterben. Pater Kolbes Geist der Vergebung, schloß der Kardinal, „habe den teuflischen Kreislauf des Hasses unterbrochen".[119] Am Ende der Synode von 1971 wurde Wojtyła in den Rat der Bischofssynode gewählt, das internationale Gremium, das die Tagesordnung zukünftiger Versammlungen vorbereitet. Das war ein erstes Anzeichen dafür, wie hoch er in der Wertschätzung seiner bischöflichen Mitbrüder stand.

Die Synode von 1974, in die Wojtyła vom polnischen Episkopat gewählt wurde, behandelte die Evangelisierung in der heutigen Welt. Kardinal Wojtyła wurde zu ihrem Berichterstatter gewählt, dessen Aufgabe es ist, den Entwurf des Endberichts zu verfassen, über den die Synodenväter abstimmen. Auf der Synode wurde die Frage der Evangelisierung in kommunistischen Ländern und vom Marxismus beeinflußten Gesellschaften diskutiert. Wojtyła meinte, die Debatten würden durch die Naivität der Westeuropäer und Lateinamerikaner beeinträchtigt, für die der Marxismus eine „faszinierende Abstraktion" anstatt einer „alltäglichen Realität" sei.[120] Die Synode von 1974 endete in einer Art kirchlicher Sackgasse: Wojtyłas Versuch, einen Bericht zu schreiben, der von den zerstrittenen Parteien der Synode akzeptiert wurde, schlug fehl. Da die Synodenväter sich nicht auf einen eigenen Text einigen konnten, gaben sie die ganze Angelegenheit an eine nachsynodale Kommission weiter, die ihrerseits das gesamte von der Synode erarbeitete Material Paul VI. aushändigte, damit er etwas damit anfange. Das Ergebnis war eines der besten Dokumente des Pontifikats Pauls VI., das nachsynodale Apostolische Schreiben *Evangelii nuntiandi*.[121]

Trotz des nicht allgemein akzeptierten Berichts wurde Karol Wojtyła erneut in den Rat der Bischofssynode gewählt, und so kam er 1977 zur Versammlung der Synode über Katechese (religiöse Erziehung) nach Rom. In einer „Intervention" sagte Kardinal Wojtyła, die Regierung Polens fördere „eine Atmosphäre der Anti-Katechese", in der unter Verletzung des Prinzips der freien Religionsausübung der Atheismus „als neue Staatsreligion aufgezwungen wird". In einem zweiten Beitrag bemerkte der Kardinal, daß „die Heiligen die besten Katecheten" seien, weil effektive religiöse Erziehung nicht einfach durch die Weitergabe von Ideen stattfinde, sondern durch das Beispiel heldenhafter Tugend.[122]

Die Synode von 1977, die im Schatten des Alters des Papstes (Paul VI. war 79) und seines schlechten Gesundheitszustands stattfand, war eine Gelegenheit für höhere Kirchenmänner, über die Zukunft der Kirche zu diskutieren. Während der vier Wochen der Synode und der folgenden zwei Wochen, in denen während seines *Ad-limina*-Besuchs (der Pilgerreise, die jeder Bischof alle fünf Jahre „zur Schwelle der Gräber der Apostel" machen muß) Besprechungen in der Kurie stattfanden, traf sich Kardinal Wojtyła informell mit zahlreichen zukünftigen Papstwählern, unter anderem mit Kardinälen aus Frankreich, Deutschland, England, Australien, Italien, den Vereinigten Staaten und der Kurie. Am Ende der Synode wurde Kardinal Wojtyła zum dritten Mal hintereinander in den Rat der Bischofssynode gewählt. Zehn Jahre nach Empfang des Kardinalsbiretts war er dank intensiver Kontakte mit seinen Kardinalskollegen einer der respektiertesten Bischöfe der Kirche.[123]

Das Kennenlernen der Welt

Ende der 60er und in den 70er Jahren lernte Karol Wojtyła neue Teile der Welt kennen. Im August und September 1969 reiste er zum ersten Mal nach Kanada und in die Vereinigten Staaten, wobei er hauptsächlich polnische Gemeinden besuchte. Nach seiner Ankunft in Montreal am 28. August folgte er einem unerbittlichen Zeitplan. Im Laufe eines mit Terminen gefüllten Monats besuchte er Quebec, Ottawa, Calgary, Edmonton, Winnipeg, Toronto, Hamilton, London und St. Catharines und predigte dort, bevor er bei den Niagarafällen die Grenze passierte und seine Erkundung der USA in Buffalo, New York, begann. Innerhalb von 15 Tagen reiste er nach Hartford und New Britain in Connecticut, nach Cleveland, Pittsburgh, Detroit, zum polnisch-amerikanischen Seminar von Orchard Lake in Michigan, nach Boston, Washington, Baltimore, St. Louis, Chicago, Philadelphia, Doylestown in Pennsylvania (dem „amerikanischen Tschenstochau") und New York. Dann flog er zu einer Versammlung des Päpstlichen Rates für die Laien am 2. Oktober nach Rom zurück.

In Philadelphia war er Gast von Kardinal John Krol, einem Polnisch-Amerikaner, dem er zwei Jahre zuvor einen Gefallen getan hatte: Nach polnischer Sitte zieht ein neuer Kardinal nach Empfang des roten Biretts feierlich in seinen Heimatort ein. Kardinal Krol, der zusammen mit Wojtyła 1967 in das Kardinalskollegium aufgenommen worden war, hatte kein Visum erhalten, um sein Elternhaus zu besuchen; daher war Wojtyła für ihn gereist und auf einem Pferdeschlitten in das kleine Dorf Siekierczyna gefahren.[124] Der Erzbischof von Krakau war im St.-Charles-Borromeo-Seminar in Philadelphia untergebracht, wo er vor allem mit den afro-amerikanischen Studenten über ihre Erfahrungen in den Vereinigten Staaten sprach, über die Situation der schwarzen Kirche und wie sie in das Seminar gekommen waren.[125]

Im Februar 1973 repräsentierte Wojtyła die polnische Kirche auf dem Internationalen Eucharistischen Kongreß in Melbourne. Auf dem Weg nach Australien machte er in Manila Zwischenstation, wo sein Vorgänger Adam Stefan Sapieha an dem Eucharistischen Kongreß von 1937 teilgenommen hatte. Wojtyła war von der tiefen Frömmigkeit der Filipinos stark beeindruckt, die ihn an die der Polen von Tschenstochau erinnerte, wie er in ein Tagebuch schrieb, das er später veröffentlichte. Der Kardinal verbrachte dann drei Tage in Neuguinea, wo er polnische Missionare besuchte. Die Melanesier, bemerkte er, „haben eine etwas andere Einstellung zur Kleidung als wir". Es war die erste Begegnung des polyglotten Erzbischofs mit Pidgin-English. Nach der Messe und einem Essen am 9. Februar „ehrten uns die Eingeborenen mit ihrem Tanz und einer Art Pantomime, die die Ankunft und Ermordung der ersten weißen Missionare auf der Insel darstellte". Zusätzlich zu seiner Teilnahme am Eucharistischen Kongreß in Melbourne besuchte Wojtyła in Australien polnische Gemeinden in Brisbane, Sydney, Adelaide, Perth, Canberra und Hobart. Er flog auch für drei Tage nach Neuseeland, um die polnische Gemeinde in Wellington zu besuchen. In jeder Stadt feierte er eine Messe und predigte für die dortigen Polen, traf sich mit städtischen Würdenträgern, Veteranengruppen und polnischen Kulturvereinen und besuchte Kinderheime, Schulen und Konvente. Während einer Begegnung mit polnischen Kriegsveteranen in Canberra wurde dem Kardinal für die Kirche, die damals in Nowa Huta gebaut wurde, eine Statue aus Stahl geschenkt. Ein Teil des Stahls war Schrapnell, das die Veteranen behalten hatten, nachdem es aus ihren Kriegswunden herausgeholt worden war. Wojtyła gefiel die Frische, Offenheit und multikulturelle Verschiedenheit Australiens, eine völlig neue Welt für ihn. Aber er bekannte in seinem Tagebuch, er sei der

Meinung gewesen, es sei mehr die Kirche betont worden, die sich in der Eucharistie entdeckt, als jene, die Christus entdeckt.[126]

Im April 1974 reiste Kardinal Wojtyła nach Litoměřice in der Tschechoslowakei zur Beerdigung von Kardinal Stefan Trochta, der zehn Jahre in kommunistischen Gefängnissen zugebracht und acht Jahre als Arbeiter gelebt hatte. Die tschechoslowakische Geheimpolizei umstellte die Kirche, in der die Zeremonie stattfand, und die örtlichen Kommunisten verweigerten es Wojtyła, Kardinal Franz König aus Wien und Kardinal Alfred Bengsch aus Berlin, gemeinsam das Requiem zu feiern. Wojtyła saß mit der übrigen Gemeinde in einer Kirchenbank und ging mit den Laien zur Kommunion. Er trotzte dann doch den Behörden, indem er am Schluß des Gottesdienstes an Trochtas Sarg eine Ansprache hielt. In dieser Nacht machte er auf dem Weg nach Rom in Wien Halt, wo er um 22 Uhr in der Botschaft des Vatikans seine Messe las.[127]

Der Kardinal von Krakau reiste nicht nur viel, sondern wurde auch selbst zu einem Anziehungspunkt für kirchliche Würdenträger, die Polen besuchen und ihm begegnen wollten. Im Oktober 1973 war er Gastgeber für Kardinal Julius Döpfner, den Vorsitzenden der deutschen Bischofskonferenz, mit dem er in Auschwitz und Birkenau betete.[128] Im folgenden Jahr erhielt Wojtyła in Krakau Besuch von französischen und italienischen Kardinälen und von Bischöfen aus Belgien und Burundi.

Ab 1976 wurde sein Leben immer internationaler. In einer bemerkenswerten Geste des Vertrauens zu dem jungen polnischen Kardinal lud Papst Paul VI. Karol Wojtyła ein, die jährlichen Fastenexerzitien für den Papst und die Kurie abzuhalten, die traditionellerweise in der ersten Woche der Fastenzeit stattfinden. Wojtyła hatte nur wenig Zeit, die 22 Predigten vorzubereiten, die er während der Exerzitien auf italienisch halten sollte. Er reiste vom 9. bis 15. Februar nach Zakopane, dem Ski-Urlaubsort in der Tatra, wo ihm ab dem 12. Februar Pater Tadeusz Styczeń Gesellschaft leistete. Vom 20. bis 25. Februar widmete er die morgendliche Zeit zum Schreiben in seiner Kapelle der Ausarbeitung der Texte, die er in Zakopane entworfen hatte, unterbrochen von gelegentlichen Skifahrten. Am 1. März reiste er nach Rom ab und wohnte vier Tage im Polnischen Kolleg, wo er seinen Predigten den letzten Schliff gab.

Die Exerzitien begannen am Abend des 7. März in der Mathildenkapelle im Apostolischen Palast. Wojtyła stand vorne in der Kapelle vor den Teilnehmern, den höchsten Würdenträgern der Kurie. Aus dem Augenwinkel konnte er Paul VI. sehen, der für sich in einem kleinen Raum direkt neben dem Altarraum saß. Wie es zu seiner Gewohnheit in der Fastenzeit geworden war, trug der 78jährige Papst unter der weißen Soutane ein härenes Hemd. Der Erzbischof von Krakau begann die Exerzitien, indem er seine Zuhörer daran erinnerte, daß er aus einer verfolgten Kirche kam, wo das Privileg, an Exerzitien teilzunehmen, von weit mehr Männern und Frauen gesucht wurde, als die Kirche aufnehmen konnte. Er sprach von „Oasen"-Exerzitien für junge Leute, für die Exerzitien „eine Erfahrung der Begegnung mit Gott darstellen, bei der sie zugleich sich selbst wiederfinden und den Sinn des Lebens neu entdecken".[129]

Die Exerzitien der Kurie waren in ihrer Thematik der Synode von Krakau auffallend ähnlich. Ihr Dreh- und Angelpunkt war Artikel 22 von *Gaudium et spes*, der Text, den Wojtyła für das theologische Hauptstück des II. Vatikanums hielt: „Tatsächlich klärt sich nur im Geheimnis des fleischgewordenen Wortes das Geheimnis des Menschen wahrhaft auf." Bei der Erforschung dieses christlichen Humanismus mit den Exerzitienteilnehmern der Kurie machte Wojtyła, wie die Synode von Krakau, intensiven Gebrauch von dem „dreifachen Amt" Christi – dem prophetischen, priesterlichen und königlichen Amt, das auch zu Christi Volk in der Kirche gehörte. Er untersuchte diese Aspekte des christlichen Lebens durch eine Vielzahl literarischer Prismen: das Alte und Neue Testament, christliche Klassiker sowie zeitgenössische Philosophie, Theologie und Literatur. Irenäus, Augustinus und Thomas von Aquin, Martin Heidegger und Paul Ricoeur, Henri de Lubac und Karl Rahner, Hans Küng und Walter Kasper, Saint-Exupérys *Nachtflug* und Miltons *Das verlorene Paradies* – alles wurde in Wojtyłas Meditationen über die Herrlichkeit des von Christus erlösten Menschen einbezogen. Ferner nutzte er ausgiebig seine persönliche Pastoralerfahrung, um seine Argumente zu verdeutlichen, wobei er bewegend darüber sprach, was er als Beichtvater von menschlicher Würde und dem „Königlichen" des Christen gelernt hatte: „Der Mensch, der um seiner Verfehlungen willen im Beichtstuhl kniet, betont damit seine Menschenwürde. Mögen seine Verfehlungen noch so sehr auf seinem Gewissen lasten, mögen sie seine Würde noch so sehr beeinträchtigt haben, der Bekenntnisakt, die Umkehr zu Gott läßt die besondere Würde des Menschen, seine geistige Größe aufscheinen. (...) Man darf jedoch nie außer acht lassen, was Großes es um die persönliche Begegnung des Menschen mit Gott in der inneren Wahrheit des Gewissens ist (...)."[130]

Als Wojtyłas Predigten von *Znak* veröffentlicht wurden, machten sie auf seine Freunde unter Krakaus Intellektuellen großen Eindruck. Der Maler Stanisław Rodziński zum Beispiel fand in ihnen eine theologische Bestätigung für das, womit er in seiner Kunst rang: die Tragödie und den Wahnsinn einer modernen Welt, deren Definitionen vom Humanismus die Wahrheit über den geistigen Hunger des Menschen ausschlossen.[131] Die Reaktion gewisser Männer der Kurie mag anders, wenn auch damit verwandt gewesen sein: Hier war ein intellektuell scharfsinniger und sich klar ausdrückender Hirte, der der modernen Welt gegenüber christliche Wahrheiten in einem Dialog aussprechen konnte, der wirklich zweiseitig war. Eine vernünftige Welt, mögen einige von ihnen gedacht haben, würde diesen Mann gerne als Papst sehen. Aber das war natürlich unmöglich.

Vier Monate nach den Exerzitien der Kurie verbrachte Kardinal Wojtyła erneut sechs Wochen in den Vereinigten Staaten, wo er am Internationalen Eucharistischen Kongreß teilnahm, der während der Zweihundertjahrfeier der USA in Philadelphia stattfand. Seine Amerikareise begann in Boston, wo er im Rahmen der jährlichen Vortragsreihe der Harvard Summer School einen Vortrag halten sollte. Nach mehreren Tagen in Abgeschiedenheit in der St. Sebastian Country Day School in einem Vorort von Boston, wo er Englisch übte, hielt Wojtyła in der Emerson Hall vor einem großen Publikum einen Vortrag über „Beteiligung oder Entfremdung". Der Leiter der Summer School, Thomas Crooks, war von Wojtyła, einem „ungemein beeindruckenden Mann", sehr angetan. Nach dem Vortrag gab Crooks in der Lehman Hall in Harvard Yard für Wojtyła einen Empfang. Auf den Stufen vor dem Gebäude stehend wandte er sich an den Kardinal und sagte, angesichts seiner Position als Kirchenfürst in einem kommunistischen Land sei zu erwarten, daß etwas geschehe. Der Kardinal, der vielleicht an die sich verschärfenden Spannungen mit dem Regime in

Polen dachte, sagte einfach: „Ich weiß."[132] Zbigniew Brzeziński, der „nicht die Angewohnheit hatte, an gesellschaftlichen Anlässen für durchreisende polnische Bischöfe teilzunehmen", machte gerade in Maine Urlaub. Aber „aus irgendeinem Grund", den er nie verstehen konnte, nahm der Politologe von der Columbia University und spätere nationale Sicherheitsberater des Präsidenten der USA die Einladung nach Cambridge an, um mit Kardinal Wojtyła Tee zu trinken, und war von dessen Kombination aus „Intelligenz und ruhiger Stärke" sehr beeindruckt.[133]

Nach einem dreitägigen Aufenthalt in Washington, wo er unter anderem einen Vortrag an der School of Philosophy der Catholic University of America hielt, kam Wojtyła in Philadelphia an. Während des Eucharistischen Kongresses wohnte er wieder im St. Charles-Borromeo-Seminar, wo er, unbekümmert um kirchliches Protokoll, abends über die Flure wanderte und in die Zimmer von Lehrkräften hineinging, um mit ihnen über die Situation der Kirche in den Vereinigten Staaten zu diskutieren.[134] Das Motto des Kongresses lautete „Die Eucharistie und der Hunger der menschlichen Familie", und Wojtyła war auserwählt worden, in der Messe am 3. August zu predigen, die dem Thema „Die Eucharistie und der Hunger des Menschen nach Freiheit" gewidmet war. Mit Hinweis auf die 200jährige Unabhängigkeit Amerikas und die Rolle polnischer Patrioten wie Tadeusz Kościuszko und Kazimierz Pulaski bei ihrer Festigung meinte er, Freiheit sei eine „Reifeprüfung", ein Geschenk und eine Aufgabe, die ihre Erfüllung in der „Liebe zu dem, was wirklich gut ist", finde. Es sollte nicht das letzte Mal sein, daß er von manchen Amerikanern als „polemisch" mißverstanden wurde.

Nach einer schnellen Rundreise über Chicago, Stevens Point in Wisconsin, Baltimore, Detroit, Orchard Lake in Michigan, Great Falls und Geyser in Montana, Los Angeles und San Francisco machte sich der Kardinal jedoch Sorgen um die Vereinigten Staaten. Seine Freunde von *Tygodnik Powszechny* erinnern sich, daß er von der amerikanischen Kultur und ihrer Neigung, Freiheit in oberflächliche Berechtigung zu verwässern, „enttäuscht" war.[135] Er mag auch von dem beunruhigt gewesen sein, was eine gewisse Schlaffheit oder Sorglosigkeit im amerikanischen öffentlichen Leben der Zeit nach Vietnam zu sein schien, und von den Bedrohungen für den menschlichen „Hunger nach Freiheit", die immer noch von einer aggressiven atheistischen Ideologie ausgingen. Verstanden Amerika und seine Führungspersonen, daß die Welt „der größten historischen Konfrontation [gegenüberstand], die die Menschheit erlebt hat, (...) der letzten Konfrontation zwischen der Kirche und der Anti-Kirche, dem Evangelium und dem Anti-Evangelium"? Wojtyła hat diese „Konfrontation", die seiner Meinung nach „in den Plänen der göttlichen Vorsehung liegt", nie auf den Zusammenprall von Demokratie und Kommunismus eingeengt. Für ihn gab es auch innerhalb der Demokratien Elemente der Konfrontation zwischen echtem und falschem Humanismus.[136] Dennoch war der Kommunismus ein besonders bedrohlicher Ausdruck der Krise der Weltzivilisation am Ende des 20. Jahrhunderts. In seinem Inneren wußte er das, und er fuhr nach Hause zurück, um sich ihr zu stellen.

Karol Wojtyła und Emilia Kaczorowska bei ihrer Hochzeit 1904.
(Johannes Paul II. Museum, Wadowice; Adam Bujak)

Lolek und seine Mutter, 1920. *(Johannes Paul II. Museum, Wadowice)*

Abitur, Wadowice, 1938. Karol Wojtyła steht ganz links in der zweiten Reihe; Jerzy Kluger ist der vierte von links in derselben Reihe. *(Johannes Paul II. Museum, Wadowice)*

Karol Wojtyła mit einem jungen Freund in der Wohnung Tyniecka 10, während der Besatzung 1941. *(Johannes Paul II. Museum, Wadowice)*

Der Steinbruch bei Zakrzówek. *(Adam Bujek)*

Der „ungebrochene Fürst", Adam Stefan Kardinal Sapieha.
(Archive der Erzdiözese Krakau)

Wanderung im Juli 1953: Pater Wojtyła ganz rechts.
(Johannes Paul II. Museum, Wadowice)

Bischof Karol Wojtyła beim Besuch einer Gemeinde, 1962.
(Archive der Erzdiözese Krakau)

Kardinal Stefan Wyszyński, Primas von Polen, 1966. *(Adam Bujak)*

Krakau 1966: Prozession von der Wawel-Kathedrale nach Skałka, Schauplatz des Martyriums des hl. Stanisław, mit Erzbischof Wojtyła in der Mitte. *(Adam Bujak)*

Erzbischof Wojtyła bei einer Priesterweihe während der Tausendjahrfeier der polnischen Christenheit, 1966. *(Archive der Erzdiözese Krakau)*

Erzbischof Wojtyła, nachdem er von seiner Ernennung zum Kardinal erfahren hat, 1967. *(Adam Bujak)*

Kardinal Wojtyła feiert in Kalwaria Zebrzydowska die Messe, 1969. *(Adam Bujak)*

Kardinal Wojtyła vor der Wawel-Kathedrale. *(Adam Bujak)*

Bei der Inspektion der Bauarbeiten an der Archenkirche in Nowa Huta.
(Archive der Erzdiözese Krakau)

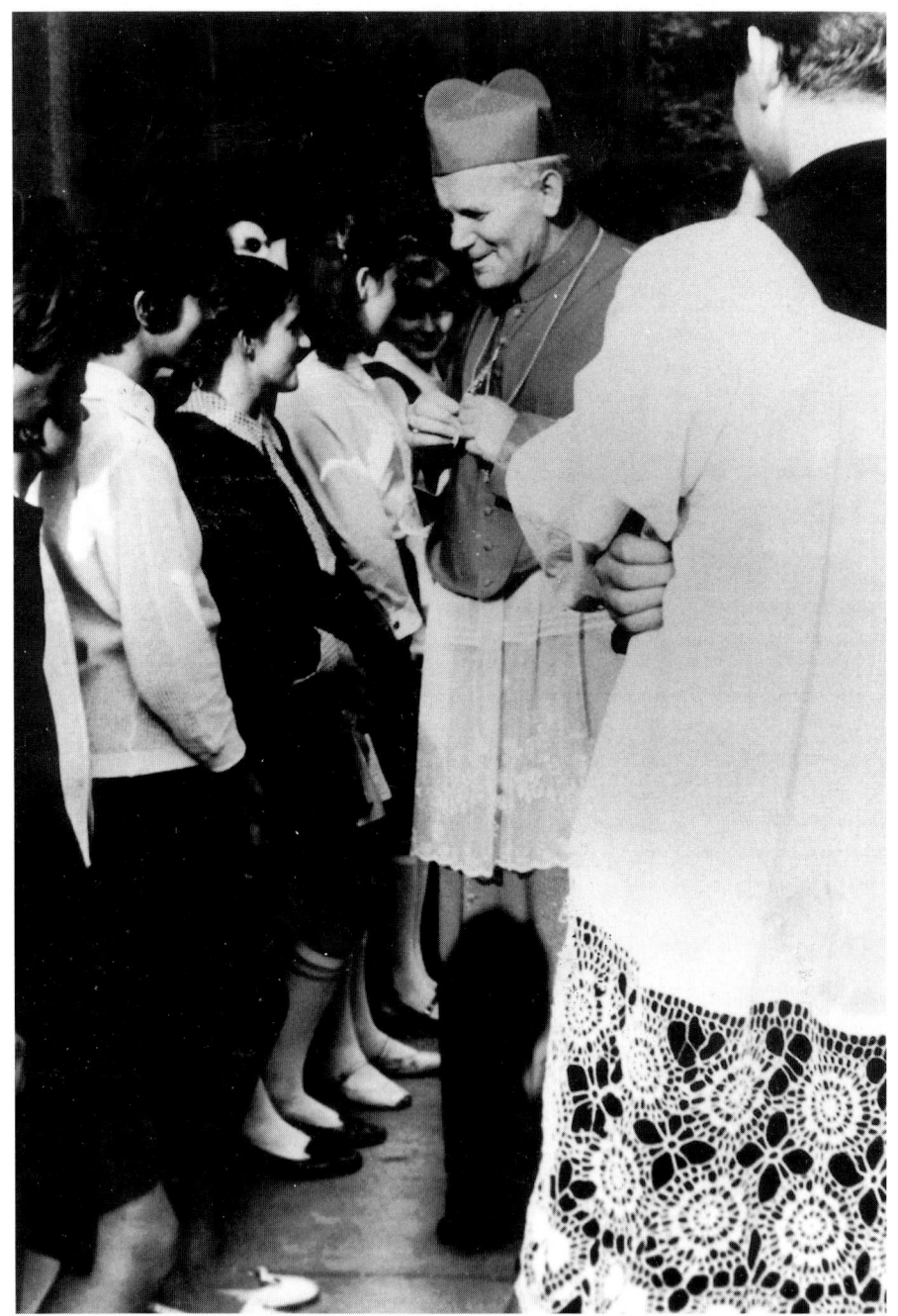
Besuch einer Gemeinde, 1969. *(Archive der Erzdiözese Krakau)*

Wojtyła und sein Sekretär, Pater Stanisław Dziwisz, beim Besuch einer Gemeinde, 1969.
(Archive der Erzdiözese Krakau)

Kardinal Wojtyła predigt am zweiten Stationsaltar während der Fronleichnams-Prozession 1971 in Krakau. *(Archive der Erzdiözese Krakau)*

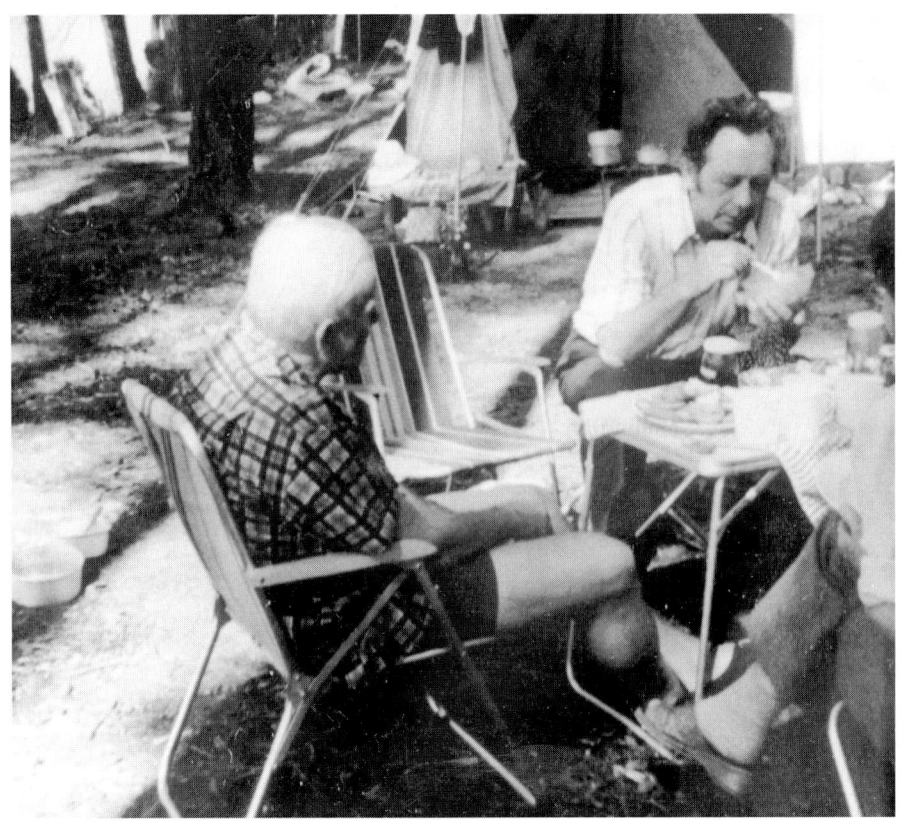

Wojtyła beim letzten Kajakausflug „seines Środowisko" mit Gabriel Turowski, 1978. *(Johannes Paul II. Museum, Wadowice)*

Kardinal Wojtyła in seinem Kajak, 1978. *(Grzegorz Rybicki)*

DER VERTEIDIGER

Die Konfrontation zwischen der Kirche und Polens kommunistischen Herren war ein steter Krieg, keine Angelegenheit sporadischer Scharmützel. Es hieß immer „wir" und „sie", denn, wie Papst Johannes Paul II. es später ausdrückte, „die Kommunisten wollten nicht einfach als politische, sondern als moralische Autorität anerkannt werden, als ein Ausdruck der polnischen Nation". Das Haupthindernis dafür war die Kirche, und das Regime „versuchte vorzutäuschen, daß sie nicht existierte".[137] Die Konfrontation konnte nicht in konventionellen politischen Begriffen des Westens verstanden werden. Es war ein Kampf, der nicht durch ein Gericht entschieden werden konnte. Eine Seite würde gewinnen, und die andere würde verlieren.

Karol Wojtyła wußte, daß einzelne Kommunisten wohl auf ihre Art polnische Patrioten waren, und er meinte, in der theoretischen Kritik des Frühkapitalismus durch den Marxismus könnten wohl Körnchen der Wahrheit stecken. Das war nicht das, was in Krakau auf dem Spiel stand. In Polen gab es keinen christlich-marxistischen Dialog, weil Polens Kommunisten „sich ihrer Grundsätze oder der Reaktion ihrer sowjetischen Herren nie ausreichend sicher [waren], damit eine anhaltende Diskussion stattfinden konnte". Im Laufe der Jahre verließen sie sich immer mehr „auf Polizisten statt auf Philosophen", um sich an der Macht zu halten.[138] Und sie taten dies auf eine Art, die der Erzbischof von Krakau, der Verteidiger der Religionsfreiheit beim II. Vatikanischen Konzil, einfach unannehmbar fand. Wie er 1977 in Rom während der Synode über religiöse Erziehung gesagt hatte: „Man kann verstehen, daß jemand sucht und nicht findet; man kann verstehen, daß jemand ablehnt; aber es ist nicht zu verstehen, daß ihm jemand das Diktum auferlegt: ‚Es ist dir verboten, zu glauben.'"[139]

Die Mitte der 70er Jahre war für die Leute in Polen mit unabhängiger Gesinnung eine Zeit ständiger – gewöhnlich geringfügiger, manchmal aber ziemlich unangenehmer – Bedrängnis. Studenten mußten Ersatzdichtung wie „Das Individuum ist nichts, das Individuum ist null. Die Partei ist alles." auswendig lernen. Wahlen zu Schüler- und Studentenvertretungen wurden zugunsten von Kindern, deren Eltern für das Regime akzeptabel waren, manipuliert. Unsinnige Feiertage, wie das 40jährige Bestehen der Gesellschaft für Polnisch-Sowjetische Freundschaft oder das 40jährige Gedenken an die Internationalen Brigaden im Spanischen Bürgerkrieg, ersetzten alte religiöse Feste. Die Inkompetenten wurden anstelle der Würdigen befördert, falls letztere politisch suspekt waren. Qualifizierten Schülern wurde wegen der angeblichen ideologischen Vergehen ihrer Eltern der Zugang zur Universität verwehrt.[140] Die Kirche war vor der Unberechenbarkeit und Paranoia der Behörden nicht gefeit. Die Residenz des Erzbischofs an der Franciszkańska-Straße 3 wurde abgehört, Wojtyłas Auto wurde ständig beschattet, und wenn ein stärkeres Signal ausgesandt werden mußte, wurde ein älterer Mann, wie Pfarrer Bardecki, von Schlägern des Sicherheitsdienstes (SB) verprügelt.

Es war, wie Václav Havel sie treffend beschrieb, eine Kultur der Lüge, die herauszufordern Karol Wojtyła gut geeignet war.[141] In dem selbsternannten „Arbeiterstaat" war er Arbeiter gewesen; er hatte ein schon lange bestehendes Interesse an Arbeitern und hielt die Beziehungen zu ihnen aufrecht, und er war von der Vorstellungskraft seines Lieblingsdichters Norwid durchdrungen, der die Welt der Arbeit und der Arbeiter in spirituellen Begriffen zu verstehen gesucht hatte. Durch die Freundschaften, die Wojtyła über die Jahre mit Mitgliedern seines *Środowisko* gepflegt hatte, hatte er ein detailliertes Verständnis dafür bekommen, wie die Dinge für die normalen Leute in der Volksrepublik Polen tagaus, tagein waren. Diese intime Kenntnis des Lebens in der Kultur der Lüge war eine der Grundlagen für Wojtyłas intellektuelle Herausforderung des Kommunismus und seine Aktivitäten beim Aufbau eines nachhaltigen kulturellen Widerstands gegen das Regime. Kein Gegner konnte ihm vorwerfen, nicht zu wissen, was auf der Straße vor sich ging. Er konnte den Angriff auf die Menschenwürde, den er gegenüber Henri de Lubac als „das Übel unserer Zeit" beschrieben hatte[142], sehen, fühlen und hören. Das war *das* Problem. Und es war nicht verhandelbar.

Als Bischof von Krakau war er auch der Hüter eines Erbes, der Verteidiger des Volkes von Krakau. Seine Gegner im Regime mögen das als mythisches Geschwätz abgetan haben, für ihn war es jedoch eine lebendige, atmende Tradition, in die er zu Hause und in seiner Kathedrale eingetaucht war. Sein Leben nach dieser Tradition lieferte Symbole für die zunehmende Unzufriedenheit seines Volkes mit dem Status quo. Ereignisse und Kämpfe, die in anderen Zusammenhängen nur Angelegenheiten einer Flächennutzungsentscheidung oder einer Veranstaltungserlaubnis gewesen wären – wie der Bau neuer Kirchen oder die Durchführung großer öffentlicher Prozessionen –, wurden sinnbildlich für einen wachsenden Widerstand gegen das politische Machtmonopol der Kommunisten, gegen die kommunistische Enteignung der polnischen Geschichte und die kommunistische „Zerstörung der fundamentalen Einzigartigkeit jedes Menschen".[143]

Während er diesen Widerstand ermutigte und anführte, mußte Karol Wojtyła auch mit neuen diplomatischen Initiativen des Vatikans fertig werden.

Die Ostpolitik Papst Pauls VI.

Vier Tage nach der Eröffnung des II. Vatikanischen Konzils brachte ein amerikanisches U2-Aufklärungsflugzeug Fotos von sowjetischen atomfähigen Mittelstreckenraketen zurück, die in San Cristóbal auf Kuba, etwa 75 Kilometer von Havanna entfernt, stationiert waren. Papst Johannes XXIII. und der taktisch brillante Kuriendiplomat Agostino Casaroli, sein De-facto-Außenminister, waren von der darauffolgenden Kubakrise tief erschüttert. Deshalb begannen sie dann, die Ostpolitik des Heiligen Stuhls angesichts der kommunistischen Regimes der osteuropäischen Länder umzugestalten. Während des Pontifikats von Papst Paul VI. wurde dieser Prozeß intensiviert und erweitert.[144]

Johannes XXIII., Paul VI. und Erzbischof Casaroli reagierten nicht bloß auf die Ereignisse. Sie glaubten, das Verbot, das Papst Pius XII. im Hinblick auf

Verhandlungen mit den Kommunisten ausgesprochen hatte, sei verjährt und unklug geworden. Versuche, einen neuen Dialog mit der Sowjetregierung in Gang zu setzen, gab es bereits vor der Kubakrise, als der Heilige Stuhl um die Erlaubnis ersuchte, katholische Bischöfe und russisch-orthodoxe Vertreter der UdSSR am II. Vatikanischen Konzil teilnehmen zu lassen. Die Enzyklika Johannes XXIII. vom April 1963 über den Weltfrieden, *Pacem in terris*, wurde im Ostblock wohlwollend aufgenommen. Als mehrere Monate später Paul VI. den Papstthron bestieg, versuchte er auf der Gesprächsgrundlage aufzubauen, die sein Vorgänger gelegt hatte.

Die neue Ostpolitik wurde in Polen durch den starken Wunsch Pauls VI., 1966 an der Tausendjahrfeier der polnischen Christenheit teilzunehmen, auf eine harte Probe gestellt. Casaroli reiste insgeheim, in Anzug und Krawatte, nach Polen, um zu versuchen, annehmbare Bedingungen für einen Papstbesuch auszuhandeln. Die Regierung verweigerte ihre Erlaubnis nicht offen, stellte aber unannehmbare Bedingungen. Zuerst schlug sie vor, der Papst könne nach Wrocław (Breslau) fahren (und so die nach dem Zweiten Weltkrieg entstandene polnisch-deutsche Grenze bestätigen), aber nicht nach Warschau. Und sie bestand darauf, daß Kardinal Wyszyński keine große Rolle dabei spielen dürfe. Als Casaroli erklärte, diese Bedingungen seien nicht akzeptabel, war das nächste Angebot der Regierung ein Besuch von weniger als 24 Stunden, in denen der Papst für die Abendmesse nach Tschenstochau fliegen und am nächsten Morgen wieder abreisen sollte. Das war ebenfalls nicht annehmbar. Die Regierung blockierte den Besuch, indem sie es dem Papst unmöglich machte, in Ehren zu kommen.[145]

Casaroli war jedoch nicht der Mann, der ein „Nein" für eine endgültige Antwort hielt. Da das Eis nun geschmolzen war, besuchte er 1967 Polen offen und beriet sich mit den Bischöfen, auch mit Kardinal Wojtyła in Krakau. Die polnische Regierung hatte dem Heiligen Stuhl gegenüber behauptet, der Vatikan erhalte nur Wyszyńskis Sicht der Dinge, und förderte Casarolis Unterredungen mit anderen Bischöfen. Casaroli war nach diesen Gesprächen davon überzeugt, daß das Bild, das der Heilige Stuhl vom Primas erhielt, und die Situation, wie sie von anderen Mitgliedern des Episkopats gesehen wurde, „im wesentlichen übereinstimmten", selbst wenn „einige Aspekte der Analyse" verschieden waren. Nach dieser Klärung und einer Pause aufgrund der sowjetischen Invasion in der Tschechoslowakei 1968, des Massakers in der Danziger Werft 1970 und des nachfolgenden Regierungswechsels von Gomułka zu Gierek gewöhnten sich Casaroli und seine Stellvertreter ab 1971 an Jahre des Hin- und Herfliegens zwischen Rom und Warschau, auf der Suche nach einem Abkommen, um die Beziehungen zwischen dem Heiligen Stuhl und der Volksrepublik Polen zu regeln. Da Kardinal Wyszyński in dieser Angelegenheit der offensichtliche polnische Gesprächspartner für Vatikanbeamte war, sah Casaroli Wojtyła erst 1974 wieder.[146]

Die Ostpolitik Pauls VI. beruhte auf einer Analyse der Weltlage und einer Vision von der europäischen Zukunft, denen zufolge die Aufteilung des Kontinents auf absehbare Zeit unabänderlich war. Die Sowjetunion war eine übermächtige regionale Hegemonialmacht, und solange sie dies blieb, würde die Berliner Mauer nicht fallen. Der Heilige Stuhl mußte realistisch sein.[147] Realismus bedeutete, die Rolle des ideologischen Konfliktes bei den internationalen

Beziehungen herunterzuspielen, und Erzbischof Casaroli operierte innerhalb eines Von-Staat-zu-Staat-Modells internationaler Beziehungen. Reformen würden in der kommunistischen Welt allmählich kommen, und Stabilität war die Vorbedingung für Reformen. Der Heilige Stuhl mußte den Status quo anerkennen, um einen Ausgangspunkt für eine neue Beziehung zu den Ländern des Warschauer Pakts festzulegen. In der Zukunft würde sich vielleicht ein sich schrittweise liberalisierender Osten über viele Jahrzehnte hinweg einem Westen annähern, der in seiner Politik und Wirtschaft zunehmend sozialdemokratischer würde.

In der Zwischenzeit mußte die hart bedrängte Kirche hinter dem Eisernen Vorhang überleben. Für Papst Paul VI. und Casaroli bedeutete dies das Überleben des sakramentalen Lebens der Kirche. Das betraf die Priester und vor allem die Bischöfe. Ein mittelfristiges taktisches Ziel der Ostpolitik bestand darin, mit den Regierungen des Warschauer Pakts Abkommen zu schließen, die es der Kirche erlauben würden (nach minimaler Beratung mit der jeweiligen Regierung), Bischöfe zu ernennen. Diese Strategie, die man auf italienisch als *salvare il salvabile* – retten, was zu retten ist – bezeichnet, sollte das erzeugen, was Casaroli einen „Raum zum Atmen" für die Kirche nannte. Die Umsetzung dieser Strategie erforderte von der katholischen Kirche taktische Zugeständnisse wie die Milderung der antikommunistischen Rhetorik, die Loslösung des Heiligen Stuhls in der internationalen Politik vom Westen und, was vielleicht am umstrittensten war, eine Zügelung der Untergrundkirche, die in den ersten zwei Jahrzehnten des kalten Krieges in Ostmitteleuropa geschaffen worden war. Insbesondere bedeutete dies, die heimliche Priesterweihe durch Untergrundbischöfe zu beenden, die den kommunistischen Regierungen, vor allem in der Tschechoslowakei, ein Dorn im Auge war.

Der Untergrundklerus in der Tschechoslowakei protestierte, manchmal heftig. Er war davon überzeugt, daß die Diplomaten des Vatikans, die keine direkten Erfahrungen mit dem Kommunismus hatten, für kommunistische Manipulation anfällig waren, und die Geistlichen glaubten, der Versuch, durch Verhandlungen mit dem kommunistischen Regime in Prag Bischöfe zu erhalten, würde damit enden, daß man Marionetten als Bischöfe bekäme.[148] Aber die Tschechen und Slowaken, die zu den am härtesten bedrängten Katholiken hinter dem Eisernen Vorhang gehörten, waren nicht in der Lage, einen unabhängigen Weg einzuschlagen. Die Polen waren es jedoch, und sie taten es.[149]

Kardinal Wyszyńskis Strategie bestand darin, durch Wiederaufbau und Einigkeit zu überleben und letztendlich zu siegen. Da der Primas seit dem Zweiten Weltkrieg mit dem „real existierenden Sozialismus" gelebt hatte, hatte er eine ganz andere Meinung von ihm als Erzbischof Casaroli, und er fürchtete, die fehlende Erfahrung der Vatikandiplomaten mit Kommunisten würde genau die Art von Problemen erzeugen, die er selbst zwei Jahrzehnte lang erfolgreich vermieden hatte.[150] Wyszyński verfolgte keine Strategie endloser Konfrontation. Im Gegensatz zu Kardinal Mindszenty in Budapest, einer bedeutenden Gestalt der gescheiterten ungarischen Revolution von 1956, war er bei seinen Forderungen gemäßigt, in deren Verteidigung jedoch äußerst unmäßig. Seine Forderungen waren das Minimum, das der Integrität der Kirche und der Würde gewissenhafter Menschen entsprach: Er bat darum, es der Kirche zu ermöglichen, am Aufbau der polnischen Gesellschaft mitzuwirken, ohne ihre Prinzipien zu verraten. Der ungarische Prälat dagegen stellte Maximalforderungen, suchte die direkte Konfrontation – und wurde vernichtet. Wyszyński war kein geringerer Katholik und kein weniger eifriger Antikommunist als Mindszenty, doch er war ein strategisch klügerer Mann. Denn nach der Vernichtung Mindszentys ging die ungarische Kirche nicht den Weg des Kompromisses, sondern der Kapitulation.[151]

Als Teil einer soliden Strategie war Kardinal Wyszyński entschlossen, bei allen Verhandlungen zwischen irgendeiner Kirchenbehörde, einschließlich des Heiligen Stuhls, und dem polnischen Regime der Türhüter zu sein. Es konnte nur einen Bezugspunkt für die Angelegenheiten zwischen Kirche und Staat geben, denn sonst würden die Kommunisten, Experten in der Ausweitung von Rissen zu Spalten, einen Vorteil erlangen. Was intern zwei Jahrzehnte lang funktioniert hatte, durfte nicht vom Heiligen Stuhl gefährdet werden. Casaroli meinte, der polnische Primas sei ein „echter Fürst" und ein „großer Kirchenmann", der über beachtliche politische Fähigkeiten verfüge, einschließlich der entscheidenden, zu wissen, wo die Kante des Abgrunds war.[152] Doch er und Paul VI. waren entschlossen, als Bestandteil ihrer umfassenderen Ostpolitik jedes Abkommen zu erzielen, das mit der polnischen Regierung möglich war. Damit waren die Voraussetzungen für dauernde Reibereien zwischen Rom und Warschau geschaffen.

Wyszyński und Wojtyła

Von dem Augenblick an, als seine Ernennung zum Erzbischof von Krakau bekanntgegeben wurde, war Karol Wojtyła entschlossen, bei Fragen der Beziehung zwischen Kirche und Staat keinen Millimeter Abstand zwischen sich und dem Primas zu lassen. Nachdem er das Kardinalsbirett empfangen hatte, verstärkte Wojtyła seine Bemühungen, für die Öffentlichkeit der zweite Mann zu bleiben. Zwischen den beiden Kardinälen gab es zweifellos Unterschiede beim Stil und bei der Analyse. Wojtyła zum Beispiel war mehr als Wyszyński am Marxismus als intellektuelles Problem interessiert. Aber es gab nie einen ernsthaften Konflikt zwischen den beiden.[153] Was zu der Frage führt, ob Kardinal Wyszyński ein Mentor des jüngeren Mannes war, den er einmal, vielleicht etwas wegwerfend, als „Dichter" bezeichnet hatte.

Wojtyła bewunderte Wyszyńskis felsenfeste Standhaftigkeit, seine Unbestechlichkeit, seine Hingabe an die Pflicht und sein langdauerndes Engagement für soziale Gerechtigkeit. In der Sapieha-Tradition aufgewachsen, war Wojtyła natürlich von Wyszyński als einem weiteren *pater patriae* in schwierigen Zeiten beeindruckt. Gleichzeitig zögerte Wojtyła nicht, auf seine unverwechselbare Art das Regime zu kritisieren oder sein Programm des kulturellen Widerstands durch Instrumente (wie *Tygodnik Powszechny*) zu verfolgen, die Wyszyński manchmal nur widerstrebend gutheißen konnte. Wyszyńskis Leidenschaft für eine vereinigte Front ließ ihn manchmal abweichende Meinungen voreilig zum Schweigen bringen; Wojtyła dagegen war ein Mann, der instinktiv versuchte, Personen verschiedener Ansicht zusammenzuhalten. Wyszyński traute Intellektuellen nicht und meinte, die Quelle der nationalen Ehre sei der Glaube einfacher Leute; Wojtyła, der sehr wohl wußte, daß Intellektuelle sich schlecht verhalten konnten und dies auch taten, war trotzdem einer polnischen Kirche verpflichtet, in der es Platz sowohl für kritische Intelligenz als auch für Volksgläubigkeit gab.[154] Aber Kardinal Wojtyła entschied sich aus Loyalität und taktischer Klugheit bewußt dazu, stets im Schatten des Primas zu bleiben, wenn die beiden gemeinsam auftraten.[155]

Gleichzeitig hatte Karol Wojtyła seine eigene Art, Bischof zu sein, seine eigene Lesart der Dynamik der Zeitgeschichte und ein sehr gutes Gespür für die Taktik, die in der lokalen Kirche, für die er verantwortlich war, angebracht war. Seltsamerweise beeindruckte der Kardinalerzbischof von Krakau Erzbischof Casaroli während der Aufenthalte des Diplomaten in Krakau mehr als „Theoretiker" des Kampfes „zwischen Kommunismus und der christlichen Realität" denn als jemand, der „an konkreten politischen Problemen interessiert" war, eine Zurückhaltung, die Casaroli Wyszyńskis Dominanz in der polnischen Kirchenszene zuschrieb.[156] Was Casaroli als Wojtyłas „Zurückhaltung" auffaßte, reflektierte in Wirklichkeit eine andere Herangehensweise an die gesamte Frage der Beziehung der Kirche zur Welt der politischen Macht.

Casaroli erinnerte sich daran, daß er von der Tatsache beeindruckt war, daß Wojtyła nie Edward Gierek begegnet war, dem Ersten Sekretär der polnischen kommunistischen Partei, „der die wirkliche Macht besaß". Damit meinte er wohl, daß jeder, der daran interessiert war, ein echter Akteur zu sein, die anderen echten Akteure getroffen hätte. Karol Wojtyła hatte eine andere Ansicht davon, wer die „echten Akteure" im polnischen Drama waren. Er war weit mehr daran interessiert, die Dissidenten von KOR, die Klubs der Katholischen Intelligentsia (KIK), die Redaktionsstäbe von *Tygodnik Powszechny* und *Znak* sowie Polens führende Philosophen, Dichter und Musiker kennenzulernen, als seine Zeit mit nutzlosem Geplänkel mit kommunistischen Führern zu verbringen, so hochgestellt diese auch sein mochten. Casaroli hatte den Unterschied zwischen Wojtyła und den anderen polnischen Bischöfen bemerkt, der darin bestand, daß der Krakauer Kardinal „immer an Gesprächen und Kontakten mit Laien interessiert" war. Die dafür aufgewandte Zeit, meinte Casaroli, sei eine „Beschränkung der politischen Gespräche".[157] Nach Wojtyłas Ansicht bedeutete das kaum einen schmerzlichen Nachteil.

Jahre später erinnerte sich Kardinal Casaroli daran, daß ihm drei Dinge aufgefallen waren: daß Polen das einzige seiner zahlreichen Reiseziele war, wo er Bischöfe auf unverblümt realistische Weise von „Staatsräson" reden hörte; daß der Grund dafür – Angst vor einer sowjetischen Intervention – von Kardinal Wyszyński veranlaßt war, der während der Aufstände von 1970 im Gefolge der Schüsse auf der Danziger Werft die Arbeiter zur Zurückhaltung mahnte, und daß Kardinal Wojtyła nicht in diesen Begriffen dachte. Was natürlich genau der springende Punkt war. Wojtyła ging an Angelegenheiten, die die Beziehung zwischen Kirche und Staat betrafen, nicht mit einem „Realismus" heran, der die Politik für einen Bereich der Unmoral hielt, weil er glaubte, daß das moralische Urteil, als *das* charakteristische Kennzeichen des Menschen, nicht aus der Politik ausgeschlossen werden konnte.

Auf Seiten Kardinal Wyszyńskis kann man einen zunehmenden Respekt vor Karol Wojtyła erkennen. Der Primas schätzte Wojtyłas Rolle als Mittelsmann zu den Intellektuellen, und er wußte, daß der jüngere Mann sich bei mehreren lokalen Krisen in Krakau als tüchtiger Verhandler erwiesen hatte. Er schätzte auch Wojtyłas Achtung vor ihm, die persönlich authentisch und politisch wesentlich war. Wojtyłas erster Schritt nach seiner Ernennung zum Kardinal war ein Besuch Wyszyńskis. Später in diesem Jahr war er an der Vereitlung eines weiteren Versuchs der Regierung, die beiden Männer zu spalten, beteiligt, wobei sie diesmal den vermutlich ahnungslosen Charles de Gaulle als Keil benutzte: Bei seinem offiziellen Besuch in Polen 1967 strich de Gaulle unter dem Druck des Regimes einen Besuch beim Primas von seinem Programm. Als der General später in Krakau ankam, fand er Kardinal Wojtyła „anderwärtig beschäftigt". Le Grand Charles wurde an der Wawel-Kathedrale vom Sakristan begrüßt.[158] Diese Achtung vor dem Primas hielt mehr als ein Jahrzehnt. Bei einem von Wyszyńskis größten Triumphen, der Reise der Spitze des polnischen Episkopats nach Westdeutschland im September 1978, hielt sich Wojtyła so weit im Hintergrund, daß es schwierig ist, Fotos von ihm bei diesem historischen Ereignis zu finden. Wojtyła machte sogar Witze darüber. Auf die Frage, wieviel Prozent der polnischen Kardinäle Ski führen, antwortete er: „40 Prozent." Der Reporter entgegnete: „Aber, Eminenz, es gibt nur zwei polnische Kardinäle." „In Polen", antwortete Wojtyła, „zählt Wyszyński für 60 Prozent."

Wyszyński wurde im Westen gewöhnlich als „Hardliner" und Wojtyła als der „Gemäßigte" porträtiert. Die Wahrheit ist, daß Kardinal Wojtyła in den letzten Jahren seiner Amtszeit in Krakau vom kommunistischen Regime mehr gehaßt und gefürchtet wurde als Primas Wyszyński. Der Primas hatte seine Schärfe nicht verloren, aber die Schritte bei diesem besonderen Tanz waren beiden Partnern vertraut geworden, und diese Vertrautheit erzeugte eine gewisse Bequemlichkeit, so gezwungen sie auch sein mochte. Bei Wojtyła wußte das Regime jedoch nie, was als nächstes kam.[159] Ein Mann, den es sich als ruhigen Intellektuellen vorgestellt hatte, war zu einer charismatischen öffentlichen Persönlichkeit geworden. Seine Verteidigung der Religionsfreiheit wurde immer schärfer und traf das Regime an seiner verwundbarsten Stelle – seinem Anspruch, der wahre Repräsentant des polnischen Volkes zu sein. Er war ein Anziehungspunkt für junge Leute und stellte sich automatisch zwischen sie und das Regime. Und er war ökumenisch in seiner Unterstützung anderer Meinungen und lud häufig regimekritische Intellektuelle in sein Wohnzimmer in der Franciszkańska-Straße 3 ein. Hier, so muß das Regime gefürchtet haben, war ein Mann, der den Aufruf des Dissidenten Adam Michnik zur Annäherung zwischen den linksorientierten antikommunistischen Intellektuellen und der katholischen Kirche verwirklichen konnte.[160]

Diejenigen, die eine politische Lesart katholischer Angelegenheiten – Wyszyński als der „Konservative" und Wojtyła als der „Gemäßigte" – auf die Beziehung zwischen der polnischen Kirche und dem Staat projizierten, haben all das übersehen. Der wahre Stand der Dinge ist jedoch dem SB und, wie man annehmen kann, auch seinen KGB-Herren nicht entgangen. Sie hatten Angst davor, daß Wojtyła Wyszyński als Primas nachfolgen könnte.[161] Das sollte sich allerdings als die geringste ihrer Sorgen herausstellen.

Wojtyła und die Ostpolitik

Karol Wojtyła glaubte nicht an eine „Konvergenz" der beiden Hälften des in Jalta geteilten Europa. Seiner Denkart gemäß war Jalta eine moralische Katastrophe; also mußte das Jalta-System verschwinden. Es konnte keinen Kompromiß mit grundlegender Ungerechtigkeit geben, und der Vatikan mußte manchmal an diese Tatsache erinnert werden.[162]

Kardinal Wojtyła bezweifelte nie die guten Absichten Pauls VI. bei seiner Ostpolitik, und er wußte sicher von der persönlichen Qual des Papstes, der hin- und hergerissen wurde zwischen seinem Herzenswunsch, die verfolgte Kirche zu verteidigen, und dem Urteil seines Verstandes, er müsse die Politik des *salvare il salvabile* verfolgen, die, wie er es einmal gegenüber Erzbischof Casaroli ausdrückte, keine „ruhmreiche Politik" war.[163] Der Erzbischof von Krakau glaubte auch, daß er die Verpflichtung habe, mit einem verfolgten und schwer angeschlagenen Nachbarn solidarisch zu sein – der Kirche in der Tschechoslowakei, wo sich die Situation seit Beginn der neuen Ostpolitik des Vatikans verschlechtert hatte. Daher weihten Kardinal Wojtyła und einer seiner Weihbischöfe, Juliusz Groblicki, heimlich Priester für den Dienst in der Tschechoslowakei, trotz (oder vielleicht wegen) der Tatsache, daß der Heilige Stuhl es den Untergrundbischöfen in diesem Land verboten hatte, solche Priesterweihen vorzunehmen.

Die heimlichen Weihen in Krakau wurden immer mit der ausdrücklichen Erlaubnis des Vorgesetzten des Kandidaten – seines Bischofs oder, im Falle von Mitgliedern religiöser Orden, seines Provinzialoberen – vorgenommen. Dafür mußte man sich Sicherheitsmaßnahmen ausdenken. Im Falle der Salesianerbrüder wurde ein System zerrissener Karten benutzt. Die Bescheinigung, die die Weihe genehmigte, wurde in zwei Hälften gerissen. Der Kandidat, der über die Grenze geschmuggelt wurde, nahm eine Hälfte mit nach Krakau, während die andere von einem Untergrundkurier zum Salesianerprior in Krakau gebracht wurde. Beide Hälften wurden zusammengefügt, und die Weihe konnte in der Kapelle des Erzbischofs in der Franciszkańska-Straße 3 stattfinden. Kardinal Wojtyła informierte den Heiligen Stuhl nicht über diese Priesterweihen. Er betrachtete sie nicht als Handlungen in Mißachtung der Vatikanpolitik, sondern als eine Pflicht gegenüber leidenden Mitgläubigen. Und er wollte vermutlich dem Vatikan kein Problem bereiten, das nicht ohne Schmerzen auf allen Seiten gelöst werden konnte. Er mag auch geglaubt haben, daß der Heilige Stuhl und der Papst wußten, daß so etwas in Krakau geschah, daß sie seinem Urteil und seiner Diskretion vertrauten und in einer Situation, die immer verzweifelter wurde, eine Art Sicherheitsventil begrüßten.[164]

Ende der 70er Jahre war die Situation in Polen eine merkwürdige harte Mischung aus Unwirklichem und Brutalem. Arbeiter konnten ironisch scherzen „Wir tun so, als ob wir arbeiten, und sie tun so, als ob sie uns bezahlen", aber die Polizeiknüppel, auf denen die Autorität beruhte, waren allzu real. Mitten in dieser „verwirrenden Unwirklichkeit" des spätkommunistischen Lebens und des Versagens des „praktischen Materialismus" von Giereks Regime – einer verzweifelten Bemühung, den Zugang zu Konsumgütern zu verbessern, was durch massive Auslandskredite finanziert wurde und Polen immer näher auf die ökonomische Katastrophe zutrieb – hatte Kardinal Karol Wojtyła ein effektives und weitreichendes

Arsenal von Werkzeugen des Widerstands entwickelt.[165] Dabei hatte er seine Bischofskollegen dazu gebracht, eine christliche personalistische Alternative zum falschen Humanismus des Kommunismus auszudrücken – wie sie 1978 in einem Hirtenbrief schrieben, der Wojtyłas Denken reflektierte: „Der Geist der Freiheit ist das angemessene Klima für die volle Entwicklung der Person. Ohne Freiheit verkümmert eine Person, und jeder Fortschritt stirbt."[166] Wojtyła konnte die Bischöfe zu einer solchen Äußerung anleiten – nicht einfach durch die Kraft seines Intellekts, sondern weil er die Marienverehrung seiner traditioneller gesinnten Kollegen und ihre Hingabe an die polnische Volksfrömmigkeit teilte.

AMTSAUSÜBUNG DURCH PERSÖNLICHE AUSSTRAHLUNG

Unter bestimmten Gesichtspunkten war Karol Wojtyła als Erzbischof von Krakau kein besonders guter Manager. Manche warfen ihm vor, er sei zu sehr am Dialog mit jenen interessiert, die seinen Plänen Probleme bereiteten. Außerdem war er kein detailversessener Verwalter. Er entließ Aufsässige nicht und ersetzte sie nicht durch eigene Leute. Sein Respekt vor Älteren und seine Abneigung dagegen, jemanden lächerlich zu machen, führten dazu, daß er manche Männer im Amt beließ, die andere entfernt hätten, und Priester beförderte, die andere lieber in ihrer Karriere behindert gesehen hätten. Er übte nie Vergeltung, wenn andere ihn geärgert hatten. Manche Leute, die das als Schwäche ansahen, legten seinen Bemühungen weiter Hindernisse in den Weg.[167] Seine Bereitschaft zu einer langfristigen Sicht von praktisch allen Dingen stellte einen Segen und auch die Ursache von Problemen dar: Man konnte ihm manchmal nur schwer folgen, weil sein Verstand und seine Vorstellungskraft zu viele Züge im Spiel voraus waren, wenn seine Kollegen über das Spielfeld schauten.[168]

Dennoch war er, wie Pater Józef Tischner sagte, ein Mann, „der alles im Zusammenhang sah und aus dessen Ideen Institutionen wurden".[169] Obwohl er sich nicht im geringsten um Managementtheorie kümmerte, war er die Verkörperung dessen, was Managementexperten als Effektivität betrachten: Er hatte gewisse wohldefinierte Ziele, und er erreichte sie – und er erhielt dabei von seinen Kollegen, Untergebenen und seinem Volk große Loyalität und Zuneigung.

Karol Wojtyła war in Krakau eine überragende Persönlichkeit. Auf allen Ebenen der Gesellschaft wußten die Leute, daß sie einen Bischof hatten, der inmitten zunehmender Verantwortung und internationaler Verpflichtungen ein Priester und Hirte geblieben war. Wie sein Namensvetter, der hl. Karl Borromäus, leistete er bedeutende Beiträge zu einem ökumenischen Konzil und führte sie dann in seiner Diözese effektiv ein. Es gibt allen Grund zu glauben, daß Karol Wojtyła sich wünschte, den Rest seines Lebens im Dienst an seinem „geliebten Krakau" zu verbringen.

Gerade, weil er das so gut gemacht hatte, würde er nicht für immer Erzbischof von Krakau bleiben.

7

Ein Papst aus einem fernen Land

Die Wahl Johannes Pauls II.

17.–24. April 1974	Kardinal Karol Wojtyła nimmt in Rom, Neapel und Fossanuova an einem internationalen Kongreß über Thomas von Aquin teil.
27. Juni 1977	Giovanni Benelli aus Florenz, Bernardin Gantin aus Benin und Joseph Ratzinger aus München werden von Papst Paul VI. zu Kardinälen erhoben.
6. August 1978	Paul VI. stirbt in Castel Gandolfo und wird am 12. August im Petersdom beigesetzt.
25. August 1978	Das Kardinalskollegium wählt Albino Luciani zum Papst; Luciani nimmt erstmals einen Doppelnamen, „Johannes Paul I.", an und lehnt bei seiner Amtseinführung am 3. September die päpstliche Tiara ab.
28. September 1978	Kardinal Karol Wojtyła feiert sein 20jähriges Jubiläum als Bischof mit den Laienfreunden von *Środowisko*.
28./29. September 1978	Papst Johannes Paul I. stirbt in der Nacht.
30. September–2. Oktober 1978	Karol Wojtyła schreibt sein letztes Gedicht, „Stanisław".
8. Oktober 1978	Kardinal Wojtyła predigt in einer Gedächtnismesse für Johannes Paul I. in Rom über die Liebe zu Christus als Hauptvoraussetzung für einen Papst.
13. Oktober 1978	Wojtyłas engster Freund in Rom, Bischof Andrzej Deskur, erleidet einen Schlaganfall.
14. Oktober 1978	Das zweite Konklave wird eröffnet.
16. Oktober 1978	Karol Wojtyła wird zum Papst gewählt, nimmt den Namen „Johannes Paul II." an und bricht mit der Tradition, indem er die Menge auf dem Petersplatz in „unserer italienischen Sprache" anredet.

Stefan Swieżawski, Professor für Philosophiegeschichte in Lublin, war kein impulsiver Mann. Aber er verspürte die feierliche Verpflichtung, seinem Freund Kardinal Karol Wojtyła etwas zu erzählen, was ihm bei der Messe eingefallen war, ungebeten und unfreiwillig, als wäre es eine Art Offenbarung. Seine Frau glaubte, ihr Mann sei zeitweilig seiner Sinne beraubt. „Wenn du darauf bestehst, ihm diesen Unsinn zu erzählen," sagte sie zu ihm, „dann weigere ich mich, dich zu begleiten." So ging Swieżawski, der Mann der Vernunft, der sein Gelehrtendasein der Geschichte des logischen Denkens gewidmet hatte, allein, um seinem Freund eine Wahrheit zu erzählen, zu der er nicht durch logische Deduktion gelangt war.

Es war im April 1974. Die Swieżawskis und Wojtyła waren in der Abtei von Fossanuova, der ältesten Zisterzienser-Gründung in Italien, südöstlich von Rom gelegen. Im Jahre 1133 von Mönchen der berühmten französischen Abtei von Citeaux errichtet, war Fossanuova jetzt Gastgeber eines internationalen Kongresses aus Anlaß des 700. Todestags von Thomas von Aquin, der 1274 im Gästehaus der Abtei gestorben war. Kardinal Wojtyła hatte einen Vortrag über „Die personale Struktur der Selbstbestimmung" vorbereitet, der auf seine Gelehrtenkollegen beträchtlichen Eindruck machte. Sie waren auch von seiner Persönlichkeit eingenommen. Während einer Mittagspause wanderte er im Restaurant herum und redete mit den verschiedenen Sprachgruppen, die sich gebildet hatten, saß auf Armlehnen, stellte Fragen, machte Witze und schlug Freunden auf den Rücken. Unter dem Kreuzgewölbe der Abteikirche, die im burgundischen Stil erbaut und 1208 konsekriert worden war, begegneten die Philosophen nun Karol Wojtyła als Priester und Bischof, als er eine der Messen des Kongresses zelebrierte.

Es war Osterzeit, und der Kardinal wählte die „beiden Thomasse" als Thema seiner Predigt. Der eine war der Apostel Thomas, der „ungläubige Thomas", der in der ersten Osternacht den anderen Aposteln nicht glauben wollte, als sie ihm erzählten, sie hätten „den Herrn gesehen". Als Jesus seinen Jüngern erneut im Abendmahlssaal erschien, war Thomas mit dem Ausruf „Mein Herr und mein Gott" auf die Knie gefallen (Johannes 20,24-29). Der zweite Thomas war derjenige, zu dessen Gedächtnis der Kongreß stattfand. Thomas von Aquin war ein Denker, dessen gewaltiges Werk der Gelehrsamkeit ein Leben am Scheideweg von Glaube und Vernunft widerspiegelte. Als er jedoch gegen Ende seines Lebens in einer Vision mit der Realität des lebendigen Jesus konfrontiert wurde, hatte er das hervorragende Korpus, das er geschrieben hatte, als wertlos angesehen im Vergleich zu dem, was er jetzt dank einer intensiven persönlichen Begegnung mit dem auferstandenen Herrn wußte. Dieser Blitz der mystischen Erkenntnis, meinte der Prediger, sei für den hl. Thomas der Beginn der himmlischen Vision gewesen, der Beginn seiner Erfahrung, Gott „von Angesicht zu Angesicht" zu sehen, in dessen herrlichem Licht alles andere nichts war.

Als Kardinal Wojtyła, der seine Predigt ohne Notizen auf italienisch hielt, einen reichen Gedankenteppich ausbreitete, hatte sein alter Freund Swieżawski einen Gedanken. Oder vielleicht genauer gesagt, ihm kam ein Gedanke. Er kannte den Kardinal seit einem Vierteljahrhundert, seit der junge Kaplan von St. Florian der Katechet und Beichtvater seiner Tochter geworden war. Swieżawski war einer der Leser von Wojtyłas Habilitationsschrift gewesen und hatte den jungen Philosophen überredet, der Lubliner Fakultät beizutreten. Die beiden hatten beim II. Vatikanischen Konzil zusammengearbeitet. Jetzt fühlte er sich „absolut dazu verpflichtet", seinem Freund zu erzählen, was ihm während dessen Predigt unerwartet in den Sinn gekommen war.

Professor Swieżawski fand Kardinal Wojtyła, wie er zwischen den kleinen Säulen im romanischen Kreuzgang neben der Sakristei, wo er nach der Messe seine Gewänder abgelegt hatte, umherging. Sonst war niemand in der Nähe. Swieżawski ging zu dem jüngeren Mann und sagte zu ihm: „Du wirst Papst."

Karol Wojtyła fragte nicht, woher diese bemerkenswerte Information stammte. Er schaute Stefan Swieżawski nur ernst in die Augen, sagte nichts und ging langsam fort, ins Gebet vertieft.

Viereinhalb Jahre später kam in der Wohnung der Swieżawskis in Warschau ein Umschlag mit einer Vatikanbriefmarke an. Der Brief war auf einfachem, unverziertem Papier mit der Hand geschrieben, trug das Datum vom 21. Oktober 1978 und lautete teilweise folgendermaßen:

> (...) Lieber Stefan, Dein Brief erinnerte mich an Deine Worte in Fossanuova während des Kongresses zu Ehren des hl. Thomas. *Deus mirabilis!* Vielen Dank für Deine beständige Hilfe und Deine Gegenwart, die mich seit Jahren begleiten, einschließlich meiner Habilitation an der Universität. Ich zähle darauf, daß Deine Gegenwart mich auch in Zukunft begleiten wird. Ich bin mir bewußt, daß es in naher Zukunft mehr Herausforderungen geben wird, als Examen zu bestehen! Ich brauche Deine Gebete, und ich vertraue alles den Händen Jesu an. *Totus tuus!* Herzliche Grüße an Deine Frau, Deine Töchter und Enkelkinder.

Unterzeichnet war der Brief, in vertrauter Schrift, mit dem Namen, unter dem die Welt den Mann kennenlernen würde, dem gegenüber Professor Swieżawski die Verpflichtung gespürt hatte, ihm von seiner Bestimmung zu erzählen: „Johannes Paul II."[1]

Die zunehmende Last des Alters

Papst Pauls VI. Apostolisches Schreiben *Ingravescentem aetatem* von 1970 erneuerte das Kardinalskollegium und änderte die Regeln für die Papstwahl, indem es die Höchstzahl der Wähler auf 120 festlegte und verfügte, daß die Kardinäle ihr Wahlrecht im Konklave verlieren, wenn sie 80 Jahre alt werden. Der Titel des Dokuments, „Die zunehmende Last des Alters", war eine passende Metapher für die letzten Jahre des Pontifikats Pauls VI.

Bei seiner Wahl 1963 hatte Papst Paul sein Pontifikat der Vollendung des II. Vatikanischen Konzils und seiner Umsetzung ohne Schisma gewidmet – keine geringen Ziele angesichts der Streitigkeiten, die immer mit ökumenischen Konzilen und ihren Auswirkungen verbunden sind. In praktisch jedem anderen Jahrhundert wäre Papst Pauls Leistung als monumental angesehen worden. Er führte das Konzil zu einem erfolgreichen Abschluß und überwachte das, was katholische Laien in der ganzen Welt als Hauptauswirkungen des II. Vatikanums ansahen – die umfassendste Revision der Liturgie der Kirche seit der Reformation. Latein wurde durch die Landessprachen ersetzt; neue eucharistische Gebete (der Kanon, das Hauptgebet der Messe) wurden eingeführt; der revidierte Ritus der „Krankensalbung" machte deutlich, daß das, was seit Jahrhunderten „letzte Ölung" genannt wurde, nicht auf die letzten Stunden des Lebens beschränkt sein sollte; das Ritual des Bußsakraments (nun als „Sakrament der Versöhnung" bezeichnet) wurde revidiert, und die Katholiken hatten nun mehrere Möglichkeiten, zur Beichte zu gehen; ferner stellte ein umfassendes liturgisches und katechetisches Programm für die Aufnahme erwachsener Konvertiten, der Ritus der christlichen Initiation von Erwachsenen, alte christliche Praktiken wieder her, die jahrhundertelang brachgelegen hatten.

Paul VI. nahm auch größere strukturelle Änderungen bei der Leitung der Kirche vor. Er führte die Bischofssynode ein, ein Gremium ohne Vorläufer in der Geschichte des Katholizismus. Er verkleinerte den päpstlichen Hof, indem er die Ehrengarde, die Palatinwachen und die päpstlichen Gendarmen abschaffte und das Papsttum von den meisten Spuren des Renaissancepomps befreite, die es so lange umgeben hatten. Er reformierte die römische Kurie, indem er das Staatssekretariat zur Clearingstelle aller Angelegenheiten der Kurie machte, das Heilige Offizium in die Kongregation für die Glaubenslehre umwandelte und neue Gremien für die Laien, die Förderung von Gerechtigkeit und Frieden, den Dialog mit den Juden und anderen Weltreligionen und den Dialog mit den Nichtglaubenden ins Leben rief.[2] Papst Paul internationalisierte auch die Kurie, indem er einen Franzosen, Kardinal Jean Villot, zu seinem Staatssekretär (dem höchsten Posten in der neuen Zentralverwaltung der Kirche) berief und andere Nichtitaliener auf Schlüsselpositionen in der gesamten Verwaltung setzte.

Paul VI. schuf Dutzende neuer Diözesen, vor allem in der dritten Welt, und erhöhte die Anzahl einheimischer Bischöfe in Afrika und Asien beträchtlich. Er begann die Praxis des päpstlichen Amtes selbst zu internationalisieren, indem er ins Heilige Land und nach Indien reiste (1964), zu den Vereinten Nationen und nach New York (1965), nach Portugal und zum Marienwallfahrtsort Fátima (1967), nach Kolumbien (1968), zum Weltkirchenrat in Genf und nach Uganda (1969) sowie nach Hongkong, den Philippinen und nach Australien (1970). Seine drei Treffen mit dem Ökumenischen Patriarchen Athenagoras verdeutlichen sein ökumenisches Engagement, ebenso die Pastoralreise nach Uganda. Nach einem Gebet an den Gräbern der 22 katholischen afrikanischen Märtyrer, die er 1964 kanonisiert hatte, betete er auch an den Gräbern von 23 Protestanten, die bei der gleichen Verfolgung den Tod gefunden hatten. Während seines Pontifikats gab es beträchtliche theologische Fortschritte bei den bilateralen ökumenischen Dialogen mit den Anglikanern und den Lutheranern. Die Sozoiallehre des Papstes, verkörpert in der Enzyklika *Populorum progressio* [Der Fortschritt der Völker] von 1967 und dem Apostolischen Schreiben *Octogesima adveniens* (zum 80jährigen Jubiläum der Enzyklika *Rerum novarum* von Leo XIII.) von 1971, befaßte sich in erster Linie mit Problemen der dritten Welt, einschließlich der wirtschaftlichen Entwicklung und der revolutionären Gewalt.

Es ist und bleibt eine beeindruckende Leistung. Doch im Laufe der 70er Jahre war der Eindruck, den das Pontifikat hinterließ, nicht der von Dynamik und evangelischer Neubelebung, sondern von Ziellosigkeit inmitten nichtangegangener und ernster Probleme. Die theologischen Fronten in der Kirche, die beim Konzil offenbar geworden waren, verhärteten sich während der 15jährigen Amtszeit Pauls VI. Erzbischof Marcel Lefebvre und seine Anhänger, immer noch über die Annahme der *Erklärung über die Religionsfreiheit* durch das Konzil erbittert und davon überzeugt, daß die liturgische Reform eine Protestantisierung des Katholizismus bedeutete, griffen im Namen ihres Begriffs von Autorität Papst Pauls Autorität an. Bis 1976 hatte sich die Situation so verschlechtert, daß der Papst Erzbischof Lefebvre von seinen bischöflichen Funktionen suspendierte, weil er in dem Seminar, das er in der Schweiz gegründet hatte, ohne Autorisierung Priester weihte.[3] Am anderen Ende des theologischen Spektrums drängte eine „progressive" Partei, die sich beim Konzil für eine unwiderstehliche Kraft gehalten hatte, weiterhin auf eine ihrer Ansicht nach authentischere Umsetzung des „Geistes" des II. Vatikanums, vor allem bei der Reaktion auf die sexuelle Revolution und die Politik der 60er. Beißende Kritik aus diesen Reihen richtete sich gegen die Ablehnung der Empfängnisverhütung in *Humanae vitae*, gegen Pauls Verteidigung des priesterlichen Zölibats in der Enzyklika *Sacerdotalis coelibatus* von 1967 und gegen die Erklärung der Kongregation für die Glaubenslehre *Inter insigniores* von 1976, daß die Kirche nur Männer zum Priesteramt zulassen könne. Das Konzil hatte die Kirche dazu aufgefordert, ihren Glauben zu vertiefen, in der heutigen Welt das Evangelium zu verkünden und ihren Dienst für die Welt zu erneuern. Gruppen in der nachkonziliaren Kirche kämpften immer noch um die Führung.

Inzwischen folgte dem II. Vatikanum unter dem Einfluß des kulturellen Aufruhrs der 60er Jahre eine Krise in den katholischen Eliten. Zahlreiche Priester gaben ihr Amt auf. Die Konvente, Klöster und Seminare in der entwickelten Welt leerten sich. Katholische Universitäten verweltlichten. Die Kirche in den Niederlanden schien unversöhnlich in zwei theologische Parteien aufgespalten zu sein, und weniger verbitterte, aber dennoch ernstzunehmende Teilungen gab es in Frankreich und den Vereinigten Staaten. Die Kirche in Lateinamerika war entlang politischer Linien geteilt. Eine Gruppierung, an eine Allianz mit autoritären Regierungen gewöhnt, wurde von einer anderen herausgefordert, deren Politik teilweise von der Überzeugung bestimmt wurde, daß Karl Marx für die katholische Theologie des 20. Jahrhunderts das tun könne, was Aristoteles für Thomas von Aquin im 13. Jahrhundert getan hatte.

Diese Gruppierungen innerhalb der Kirche wurden häufig in politischen Kategorien beschrieben und spiegelten tatsächlich oft verschiedene ökonomische und politische Positionen wider. Vielleicht ohne daß es einigen der Streitenden voll bewußt war, wurden jedoch tiefer liegende Probleme der Lehre und Theologie quer über das kirchliche Spektrum behandelt, wobei die normalerweise als „katholische Linke" und „katholische Rechte" betrachteten Seiten darin einbezogen waren.

Bei den nachkonziliaren Debatten über Kollegialität, die päpstliche Autorität, den Zölibat der Priester, die Zukunft der religiösen Frauenorden und anderer Formen des geweihten Lebens sowie die Frage der Zulassung von Frauen zur Priesterschaft standen die unverwechselbare Natur der Kirche, ihre Mission, ihr sakramentales Leben und ihre Geistlichkeit auf dem Spiel. Ob und wie sich die Lehre entwickelt, war zwischen den Lefebvristen und den Verteidigern der Religionsfreiheit strittig. Ob es absolute ethische Normen gibt, die uns erlauben zu sagen, daß einige Handlungen stets „an sich böse" sind, war ein Kernproblem zwischen dem „Mehrheitsbericht" der päpstlichen Kommission, die die Regulierung der Fruchtbarkeit untersuchte, und der Lehre von *Humanae vitae*. In all diesen Diskussionen und Kämpfen spielte sich das lange verzögerte Ringen der Kirche mit dem modernen intellektuellen Leben ab.

Eine Kirche, die Papst Johannes XXIII. für die Mission und den Dienst zu revitalisieren gehofft hatte, wandte auf diese Weise in einer Art von kirchlichem Bürgerkrieg intern eine enorme Menge Energie auf. Gleichzeitig übernahm der politische Ausdruck des militanten Atheismus, die Sowjetunion, eine immer aktivere Rolle auf der Weltbühne. Bei Kirchenleuten, die an das Denken in Begriffen von Zivilisationen und Nationalstaaten gewöhnt waren, sorgten düstere Voraussagen über den Niedergang des Westens, verbunden mit der Ziellosigkeit und den Trennungen innerhalb des Weltkatholizismus, für ein sehr beunruhigendes Bild.

Papst Paul VI. war ein sehr gläubiger Mann, von großem Mitgefühl und scharfer Intelligenz. Dennoch machten ihn einige seiner besten persönlichen Eigenschaften unfähig, einen festen Kurs für die Kirche nach dem Konzil festzulegen. Bereits 1964 war er Erzbischof Wojtyła, der ihn hochschätzte, wie ein „von der Liebe ermüdeter"[4] Mann vorgekommen. In den letzten Jahren seines Pontifikats wurden andere Aspekte seiner komplexen Persönlichkeit deutlicher.

Giovanni Battista Montinis „unendliche Höflichkeit" und magnetische Persönlichkeit zeigten sich leicht in vertrautem Zwiegespräch.[5] Doch ihm fehlte eine bezwingende öffentliche Präsenz, und in größerem Rahmen und vor der Kamera wirkte er zurückhaltend, irgendwie verlegen und sogar zaghaft. Obwohl er sich gründlich mit dem modernen französischen Denken befaßt hatte, schien das, was er dort fand, seine Neigung zu verstärken, unendlich über ein Problem nachzugrübeln. Seine Intelligenz ließ ihn alle Seiten eines Problems gleichzeitig sehen, und die Spannung zwischen den Sicherheiten, in denen er intellektuell geformt worden war, und den Zweideutigkeiten, die er vom Leben und seiner ausführlichen Lektüre gelernt hatte, stürzte ihn oft in tiefe Unsicherheit. Dann verkrampfte er sich über einer Entscheidung und wollte, wie Kardinal König aus Wien bemerkte, aus allem das Beste machen.[6]

Er war ein Mann großer Frömmigkeit, doch schien ihm der Trost, der ihm aus seinen Gebeten zuteil wurde, keine Sicherheit bei der Führung seines Amtes zu bieten. Sein enger Mitarbeiter Agostino Casaroli erinnert sich an ihn als von manchen Situationen und Entscheidungen „gequält".[7] Er schalt Gott öffentlich dafür, sein Gebet nicht erhört zu haben, daß sein Freund Aldo Moro, der Führer der italienischen Christdemokraten, 1978 von den Roten Brigaden verschont würde. Gegen Ende seines Lebens beunruhigte er sich darüber, daß er in einigen seiner Urteile als Papst nicht klug gewesen sei. Das war eine „Agonie für ihn", erinnert sich Kardinal William Baum, denn er liebte die Kirche mit leidenschaftlicher Hingabe, und es war ihm schmerzlich bewußt, daß er einmal über seine Verwaltung Rechenschaft ablegen müsse.[8] Diese Agonie schloß auch die Sorge ein, er sei in seiner Ostpolitik bei der Verteidigung der Verfolgten nicht energisch genug gewesen. Auf jeden Fall war die Strategie des *salvare il salvabile* per definitionem ein Versuch, das Beste aus einer schrecklichen Situation zu machen, in der er keine guten Alternativen sehen konnte.

Manchmal wurde gesagt, Paul VI. sei ein historisch falsch plazierter Papst gewesen – daß er als viel erfolgreicher wahrgenommen worden wäre und persönlich weit weniger gelitten hätte, wäre er auf Pius XII. gefolgt statt auf Johannes XXIII.[9] Seine ungetrübte persönliche Anständigkeit, verbunden mit einer gewissen Gebrechlichkeit, die ihn sein ganzes Leben verfolgt hatte, machte ihn besonders verwundbar durch die Streitlust der Zeit nach dem II. Vatikanum, die manchmal zu Verbitterung wurde. Als Mann, der sich dem Konzil geweiht hatte, nahm er die erbitterte Schärfe, die darauf folgte, persönlich.[10] In einem anderen historischen Augenblick wäre er möglicherweise ein Mann gewesen, der die Geschichte für seine Zwecke hätte lenken können. Zu dem Zeitpunkt, zu dem es ihm bestimmt war, Papst zu sein, wurde er jedoch zu der Art Mann, der von der Geschichte „aufgezehrt" wird.[11] Er wußte, daß er so war, und in seinem Glauben hielt er es für christliche Selbstaufopferung. Vom ersten Tag seines Pontifikats an war das päpstliche Amt für ihn ein Kalvarienberg.[12]

Das 15jährige Pontifikat von Giovanni Battista Montini warf eine Frage auf, die bisher noch nicht gestellt worden war: Konnte *irgend jemand* – und insbesondere jemand, der in dem typischen Muster der Nachreformationspäpste geformt worden war – dieses Amt unter den außergewöhnlichen internen und externen Umständen des Katholizismus des ausgehenden 20. Jahrhunderts ausüben? Vom italienischen Gesichtspunkt und speziell dem der Kurie aus war Montini der perfekt vorbereitete Papst.[13] Er war der Sohn einer gutkatholischen Rechtsanwaltsfamilie, die nach der Einigung Italiens dem Heiligen Stuhl gegenüber loyal geblieben war. Er war im diplomatischen Dienst des Vatikans ausgebildet worden, war mit der Arbeitsweise der Kurie vertraut und besaß ernsthafte intellektuelle und künstlerische Interessen. Er war der erfolgreiche Erzbischof eines bedeutenden italienischen Erzbistums gewesen. Das war, wie Kardinal König es Jahre später ausdrückte, der „mehr oder weniger normale Weg", wie man Papst wurde.[14] Das problematische Pontifikat Pauls VI. warf die Frage auf, ob der „normale" Weg noch funktionierte.

Gegen Ende von Pauls Pontifikat dachte mehr als ein Kirchenmann, daß die Antwort auf diese Frage „Nein" sei, daß das nächste Konklave über das bis dahin „normale" Muster hinausschauen müsse und daß ein Mann, dessen Persönlichkeit und Leistung ein revitalisiertes Papsttum versprach, der Erzbischof von Krakau, Karol Wojtyła, sei. Bis 1978 war Wojtyła trotz seiner relativen Jugend zu einer der respektiertesten höheren Führungspersönlichkeiten des Katholizismus geworden. Er war dafür bekannt, ein Intellektueller von beträchtlichem Kaliber zu sein, ein Mann, dem sehr daran gelegen war, sich mit der zeitgenössischen Kultur zu befassen, und der den Dialog zwischen Katholizismus und Moderne zu einer beidseitigen Angelegenheit machte. Er hatte sich mit dem modernen intellektuellen Leben herumgeschlagen und verstand es, aber er ließ sich dadurch nicht verunsichern. Er begriff wahrscheinlich die Komplexität und Unsicherheit des realen menschlichen Lebens besser als die meisten Hochschullehrer, und jenseits der Mehrdeutigkeit hatte er eine neue, sicherer gegründete Gewißheit entdeckt.[15]

Zusätzlich zu seinen intellektuellen Begabungen war Wojtyła ein Kämpfer, und er fühlte sich dabei wohl. Er lebte unter wachsendem Druck seitens des polnischen kommunistischen Regimes. Seine Erfahrung mit der Bischofssynode und seine Reisen hatten ihm die Tiefe der Spaltung innerhalb der Kirche und die Bedrohungen des christlichen Humanismus durch andere, nichtkommunistische Formen der Ausbeutung und des kulturellen Niedergangs gezeigt. Doch die Herausforderungen, die vor ihm lagen, lähmten ihn nicht, sondern erfüllten ihn mit Energie, auch wenn es schien, daß sie zeit seines Lebens und darüber hinaus andauern würden. Wie er seinem Freund Henri de Lubac 1969 schrieb: „Wir haben fest gehofft, wir werden immer hoffen, und wir sind und werden glücklich sein."[16]

Das war kein Mann, der von der Geschichte vereinnahmt wird. Das war ein Mann, der entschlossen war, die Geschichte durch die Kultur zu gestalten. Seine Überzeugung, „wir sind und werden glücklich sein", war ein Willensakt, sogar ein Glaubensakt aufgrund, nicht trotz Leiden, Schmerz und Erniedrigung durch das Böse. Die Kombination war sehr attraktiv: ein Mann von großem Tiefgang und scharfer Intelligenz mit einer außergewöhnlichen öffentlichen Persönlichkeit. Aber ein Papst? Die allgemeine Überzeugung, im Vatikan und unter den Spekulanten in der Weltpresse, war: unmöglich, 58jährige polnische Bischöfe werden nicht zum Papst gewählt.

DAS „SEPTEMBER-PONTIFIKAT" VON PAPA GIANPAOLO

Giovanni Battista Montini, Papst Paul VI., starb am 6. August 1978 in der päpstlichen Sommerresidenz Castel Gandolfo. Nach dem Empfang der Sterbesakramente und der letzten hl. Kommunion (des *Viaticum*, der „Nahrung für die Reise") sprach er die letzten Worte in dieser Welt, das Vaterunser. Im Augenblick seines Todes läutete plötzlich der billige Wecker, den der junge Pater Montini 1923 aus Polen mitgebracht und seitdem immer benutzt hatte.[17]

Das Ritual nach dem Tod eines Papstes nahm seinen gewöhnlichen Lauf. Kardinal Villot, den Papst Paul zum Camerlengo [Kämmerer] der Kirche ernannt hatte, bestätigte in Anwesenheit dreier Zeugen und des päpstlichen Zeremonienmeisters offiziell den Tod Pauls VI. Dessen Amtssiegel – der Fischerring und das Bleisiegel, mit dem seine formalsten Dokumente versehen waren – wurden zerbrochen und die päpstlichen Gemächer im Apostolischen Palast versiegelt. Der Dekan des Kardinalskollegiums, der 85jährige Carlo Confalonieri, ehemaliger Sekretär von Pius XI., informierte die anderen Kardinäle vom Tod des Papstes und berief sie nach Rom. Er benachrichtigte auch offiziell das Diplomatische Korps, das beim Heiligen Stuhl akkreditiert war, und die Staatsoberhäupter auf der ganzen Welt.

Der Leichnam Pauls VI., mit der gold-weißen Mitra und dem roten Meßgewand bekleidet, lag drei Tage lang feierlich aufgebahrt in Castel Gandolfo. Am 9. August brachte eine Fahrzeugkolonne den verstorbenen Papst in einem einfachen Holzsarg nach Rom. Die Prozession hielt kurz an der Lateran-Basilika, der Kathedrale des Papstes als Bischof von Rom, wo Kardinal Ugo Poletti Gebete für den Verstorbenen sprach; dabei stand der kommunistische Bürgermeister der Stadt neben ihm. Der schwarze Mercedes-Leichenwagen fuhr dann auf den Petersplatz und hielt direkt neben dem Obelisken, der möglicherweise der letzte Gegenstand war, den der sterbende Petrus (der nach der Tradition in Neros Zirkus mit dem Kopf nach unten gekreuzigt wurde) gesehen hatte. 12 Männer, die den Papst auf seiner *Sedia gestatoria* getragen hatten – dem tragbaren Thron, den er wieder benutzt hatte, nachdem er wegen einer Arthritis keine langdauernden Prozessionen mehr mitgehen konnte –, holten den Sarg aus dem Wagen und trugen ihn in den Petersdom. Er wurde auf einer Bahre vor dem Confessio-Altar, dem Papstaltar über dem Grab des Petrus, aufgestellt. In den nächsten zwei Tagen defilierten Zehntausende Trauernde am Leichnam des Papstes vorbei. Am 12. August wurde auf dem Petersplatz die Totenmesse gelesen, wobei das Evangeliar auf dem Sarg aus Zypressenholz lag. Außer Repräsentanten von mehr als 100 Ländern und internationalen Organisationen nahmen 13 interkonfessionelle und ökumenische Delegationen daran teil. Nach der Messe wurde der Holzsarg in einen Bleisarg und dieser wiederum in einen Eichensarg gelegt; Paul VI. wurde, wie er es bestimmt hatte, beigesetzt – nicht in einem Sarkophag, sondern im Boden der Krypta des Doms, ein paar Dutzend Meter vom Petrusgrab entfernt.[18]

Kardinal Karol Wojtyła befand sich im Urlaub, als Paul VI. starb, und kehrte am 8. August nach Krakau zurück. Vor seiner Abreise nach Rom am 11. August schrieb er an Pater Andrzej Szostek, einen hervorragenden Philosophiestudenten an der Katholischen Universität Lublin (KUL), dessen Doktorarbeit er beurteilen sollte; er lobte sie sehr, sandte eine Kopie des Briefes an die Fakultät für Philosophie der KUL und bat darum, unter den gegebenen Umständen einen Ersatz für ihn bei der mündlichen Doktorprüfung Szosteks zu finden.[19] Am 19. August, während des Interregnums zwischen der Beerdigung und dem Beginn des Konklaves, sprach Kardinal Wojtyła in Radio Vatikan von seinen Erinnerungen an Paul VI. und berichtete vom starken Interesse des Papstes an dem Kampf für die Kirche in Nowa Huta und von Pauls Geschenk für das Fundament der Ark-Kirche: einem Stück des Petrusgrabs. An der Bahre im Petersdom sagte Wojtyła, Paul VI. sei „in einer anderen Dimension, er erblickt ein anderes Gesicht".[20]

Wegen des Alters von Paul VI. und seiner Krankheit war sein Tod für das Kardinalskollegium keine Überraschung. Schon seit langem wurde über ein Konklave spekuliert, und nach fast zwei Wochen täglicher Versammlungen der Kardinäle zwischen der Beisetzung und der Eröffnung des Konklaves am 25. August hatte sich ein Konsens darüber zu bilden begonnen, welche Art neuer Papst notwendig wäre. Obwohl einige Mitglieder des Kollegiums meinten, das II. Vatikanum sei ein böser Fehler gewesen, glaubte die überwältigende Mehrheit, das Konzil sei eine große Leistung gewesen, dessen Versprechen nicht eingelöst worden seien, weil bei der Umsetzung seiner Beschlüsse Fehler gemacht worden seien. Jetzt sei eine Bestandsaufnahme notwendig, um zu sehen, wie die Durchführung der Konzilsbeschlüsse verbessert werden könne. Während der Gespräche hierüber entwickelte sich ein neuer Konsens: Die Kirche benötigte einen Papst des Dialogs, einen Mann, der eine dynamische öffentliche Persönlichkeit darstellte, die Offenheit des Katholizismus gegenüber der Welt verkörperte und eine deutlichere theologische und pastorale Richtung vorgab. Das letzte Anliegen war nicht auf ältere Männer beschränkt, denen es schwerfiel, sich an die nachkonziliare Kirche anzupassen. Es war eine wichtige Aufgabe in den Augen der afrikanischen Kardinäle, die meinten, ihre jungen Kirchen benötigten einen lehrmäßig kohärenten und moralisch herausfordernden Katholizismus, um das Evangelium zu verkünden.[21]

Einer der zuletzt ernannten Kardinäle der Kirche hatte drei Jahre zuvor eine präzise Analyse der Situation nach dem Konzil angefertigt. Joseph Ratzinger, damals 51 Jahre alt, war im Mai 1977 zum Erzbischof von München-Freising und einen Monat später zum Kardinal ernannt worden. Als theologischer Berater von Kardinal Frings von Köln hatte Ratzinger eine wichtige Rolle bei den Debatten gespielt, aus denen bedeutende Texte des II. Vatikanums, unter anderem die *Dogmatische Konstitution über die Kirche*, hervorgingen. Ratzinger war überzeugt, daß das Konzil etwas Bedeutendes geleistet hatte. Doch das Klima in der Kirche sei nach dem Konzil „schon nicht mehr bloß frostig, sondern nur noch bissig-aggressiv" geworden. Das Wahrzeichen des Christentums – Freude – schien bei zahlreichen nachkonziliaren Diskussionen sonderbarerweise zu fehlen. Was war geschehen?[22]

Nicht alles, was sich nach dem Konzil ereignet hatte, war aufgrund des Konzils geschehen. Aus Ratzingers Sicht war die Kirche in einer „globalen geistigen Krise der Menschheit, mindestens der westlichen Welt" gefangen. Aber die Kirche hatte auf diese Krise nicht so reagiert, wie die Konzilsväter gehofft haben mochten. Waren die Konzilsväter vielleicht selbst von einem überoptimistischen Verständnis von dem, was im Dialog mit der modernen Welt getan werden konnte, gefangen? Ratzinger glaubte das. Als das kulturelle Klima der 60er Jahre sich von der Euphorie über die unbegrenzten Möglichkeiten des evolutionären Prozesses zu Enttäuschung in einigen Kreisen und revolutionärer Begeisterung in anderen wandelte, sei die Kirche, ohne Anker, von den Strömungen der Zeit hinweggeschwemmt worden.

Die entscheidende Frage für die Umsetzung des Konzils und den Dienst der Kirche für die Welt war nach Ratzingers Meinung nicht die Neuordnung der internationalen, nationalen und lokalen Bürokratien der Kirche. „Entscheidend ist, ob es Menschen gibt – Heilige –, die (...) etwas Lebendiges und Neues erwirken."[23] Wenn der Dialog der Kirche mit der modernen Welt kein Ausdruck des universellen Rufs nach Heiligkeit sei, würde die Kirche unvermeidlich den Zeitgeist widerspiegeln, der in diesem Augenblick einer selbstzerstörerischen Krise des Humanismus kaum einer Nachahmung wert sei.

Kardinal Ratzinger, einer der jüngsten Teilnehmer des Konklaves, hatte Karol Wojtyła aus Krakau 1977 bei der Synode kennengelernt. In dem Interregnum zwischen dem Tod Pauls VI. und der formellen Eröffnung des Konklaves trafen sich der 51jährige Bayer und der 58jährige Pole wieder und entdeckten, daß ihre Analyse der Situation der Kirche sehr ähnlich war. Ratzinger, einer der geistigen Väter von *Lumen gentium* (der *Dogmatischen Konstitution über die Kirche*), und Wojtyła, einer der Architekten von *Gaudium et spes* (der *Pastoralkonstitution über die Kirche in der Welt von heute*), empfanden, wie Ratzinger später sagte, „spontane Sympathie" für das Gespür des jeweils anderen für das, was zur Sicherung des Vermächtnisses des II. Vatikanums notwendig war.[24] Genauer gesagt: *Gaudium et spes* mußte durch das Prisma von *Lumen gentium* neu gelesen werden, damit die Kirche mit ihrer einzigartigen Botschaft die Welt von heute für sich gewinnen konnte. Mit Ratzingers Worten: Die Kirche mußte es wieder wagen, „heiteren Herzens ohne Abstrich" die „Narrheit des Wahren" zu akzeptieren. Karol Wojtyła, der später gegenüber dem französischen Schriftsteller André Frossard äußerte, das wichtigste Wort in den Evangelien sei „Wahrheit", muß dem zugestimmt haben.[25]

Die Mehrheit des Kardinalskollegiums meinte offensichtlich, trotz ihrer Liebe zu Paul VI., die Ziellosigkeit der letzten Jahre müsse durch einen festeren Kurs ersetzt werden. Einige, darunter Kardinal König von Wien, glaubten, dies könne am besten dadurch erreicht werden, daß man außerhalb Italiens einen Kandidaten suche. Diese Ansicht war nicht weit verbreitet. Einer der italienischen Kardinäle sagte zu dem Österreicher: „Wir kennen diese Situation besser. Wir machen es seit Jahrhunderten (...). Wir wissen, wie man es macht."[26] Das Ergebnis zeigt, daß eine überwältigende Mehrheit der Papstwähler ebenfalls dieser Meinung war. Zumindest waren sie angesichts ihres inhärenten Konservatismus und ihrer Kenntnis der Last, die den neuen Papst erwartete, nicht zu Experimenten bereit.

Es mag einen entstehenden Konsens darüber gegeben haben, was die Kirche und das Papsttum benötigten, aber wenige Kardinäle kamen im August 1978 in der Erwartung nach Rom, daß die Einigung auf einen Kandidaten einfach sein würde. Die Spaltungen der nachkonziliaren Jahre schienen zu tief, um eine rasche Wahl zu erlauben, insbesondere angesichts der Vorschrift, daß der neue Papst von zwei Dritteln plus einer Stimme gewählt werden mußte. Außerdem war das Wahlkollegium sehr groß und uneinheitlich: 111 Kardinäle, die mehr als jemals zuvor nach Nationalitäten und Pastoralerfahrung verschieden waren.[27] Kardinal Wojtyła, der ein langes Konklave erwartete, sagte zu seinem Sekretär Pater Dziwisz und Pater Stanisław Ryłko (einem Krakauer Priester, der gerade seine Promotion in Rom abgeschlossen hatte und Dziwisz bei Vor-Konklave-Arbeiten half), sie sollten sich freinehmen. Nachdem Wojtyła sich in den heißen, nichtklimatisierten Apostolischen Palast begeben hatte, wo er und die anderen Papstwähler während der Wahl völlig abgeschirmt sein würden, gingen die beiden Priester zum Strand.[28]

Die Papstwähler schwören, das Geheimnis des Konklaves zu bewahren. Manche glauben, aufgrund dieses Eides dürften sie nichts darüber sagen, was vom Zeitpunkt ihres Einzugs in das Konklave an geschieht. Andere sind der Meinung, ihr Verschwiegenheitseid verpflichte sie nur dazu, nichts über den Wahlvorgang selbst zu sagen, sie dürften jedoch über andere Dinge, die im Konklave geschehen, reden. Paul VI. hatte hartnäckig auf dem Konklavegeheimnis bestanden, teilweise aus Sorge, eine Regierung könne versuchen, die Wähler zu beeinflussen. Doch die neuen Regelungen, die er in *Ingravescentam aetatem* eingeführt hatte, trugen dazu bei, daß etwas über die Wahl seines Nachfolgers durchsickerte. Wahlberechtigte Kardinäle, die den Verdruß jener spürten, die aufgrund der Altersgrenze von 80 Jahren ausgeschlossen waren, diskutierten Konklaveangelegenheiten mit ihnen. Diese älteren Kardinäle, die nicht an den Eid gebunden waren, redeten mit Freunden und Journalisten darüber. Die beiden Konklaven von 1978 waren diejenigen, über die am ausführlichsten berichtet wurde, und die Überprüfung der Geschichten und die Abwägung ihrer Glaubwürdigkeit ist ein mühseliges Unterfangen. Dennoch scheinen die – von einigen Teilnehmern bestätigten – Konturen von dem, was während der Konklaven von 1978 geschah, ziemlich deutlich zu sein.

Im Konklave vom August 1978 war der Mann, der die ausschlaggebende Stimmenkoalition zusammenbrachte, Kardinal Giovanni Benelli von Florenz. Obwohl erst seit Juni 1977 Kardinal, war Benelli der engste Mitarbeiter Pauls VI. und zehn Jahre lang praktisch der Stabschef gewesen, der als Sostituto [Substitut, stellvertretender Leiter] des neuorganisierten Staatssekretariats große Macht besaß. Ressentiments darüber, verbunden mit seiner relativen Jugend (er war 57, als Paul VI. starb), schlossen seine Wahl zum direkten Nachfolger Pauls VI. aus, doch er war ein Mann mit großem Selbstvertrauen und hervorragenden Fähigkeiten, andere zu überzeugen. Bis die Kardinäle am 25. August um 16.30 Uhr die Sixtinische Kapelle betreten hatten und die Türen zum Konklave hinter ihnen geschlossen waren, hatte Benelli, der die allgemeine Ansicht über die vom neuen Papst benötigten Eigenschaften teilte, zahlreiche Wähler davon überzeugt, Kardinal Albino Luciani von Venedig zu unterstützen, der in den fieberhaften Spekulationen der Medien vor dem Konklave kaum erwähnt worden war.[29]

Kardinal Luciani wurde im vierten Wahlgang des ersten Tages, des 26. August, gewählt. Es war das kürzeste Konklave seit 1939, als Eugenio Pacelli am ersten Tag der Wahl als Pius XII. gewählt worden war. Die Kardinäle hatten ihre Arbeit effektiv erledigt, aber draußen herrschte große Verwirrung: Das ehrwürdige System der Verkündung der Wahl durch ein Rauchsignal aus dem Kamin der Sixtinischen Kapelle – weiß für einen neuen Papst, schwarz für eine ergebnislose Abstimmung – funktionierte nicht. Zwischen 18.22 und 18.51 Uhr erschienen vier verschiedene Signale von unbestimmbarer Farbe. Schließlich wurde über Lautsprecher verkündet, die Menschen auf dem Petersplatz sollten zur mittleren Loggia des Doms über der Vorhalle schauen. Um 19.17 Uhr erschien Kardinalerzdiakon Pericle Felici auf der Loggia und verkündete auf latein gemäß der vorgeschriebenen Formel: *„Annuntio vobis gaudium magnum: habemus Papam – Eminentissimum ac Reverendissimum Dominum Albinum, Sanctae Romanae Ecclesiae Cardinalem, Luciani, qui sibi nomen imposuit Ioannem Paulum Primum.“*[30] Als die Patres Dziwisz und Ryłko die Nachricht im Radio hörten, verließen sie den Strand und kehrten eiligst nach Rom zurück.

Albino Luciani war der Sohn eines Organisators der Sozialistischen Partei, ein Priester in der reformierten norditalienischen Tradition von Antonio Rosmini, ein erfolgreicher Prediger und Katechet und ein Autor, dessen Buch über religiöse Erziehung, *Catechesi in briciole* [Katechetische Brosamen], sechs Auflagen erlebte. Als er Patriarch von Venedig war, hatte Luciani *Illustrissimi* veröffentlicht, ein liebenswertes und erkenntnisreiches Buch mit Briefen, die er an berühmte historische Gestalten geschrieben hätte, unter anderen an Mark Twain (ein Lieblingsautor des neuen Papstes), Charles Dickens, G. K. Chesterton, Pinocchio, die Kaiserin Maria Theresia von Österreich und Jesus.[31] Luciani war ein populärer Bischof; er hatte die prunkvolle Prozession aus Gondeln und anderen Wasserfahrzeugen abgeschafft, die normalerweise zur Ankunft eines neuen Patriarchen in seinem Bistum veranstaltet wurde, er hatte die obere Gesellschaft Venedigs gemieden und das Brustkreuz, das Johannes XXIII. ihm geschenkt hatte, verkauft, um eine Spendenaktion für ein Behindertenzentrum in Gang zu bringen. Er hielt sich sicher nicht für *papabile* (einen „Mann mit dem Zeug zu einem Papst"). Jedem, der etwas anderes meinte, antwortete er mit einem venezianischen Sprichwort über Klöße: „Aus diesem Teig macht man keine Gnocchi."[32]

Dennoch gewann dieser Mann von einfachem Geschmack, großer Güte, beträchtlichen katechetischen Fähigkeiten und einer gewinnenden Zurückhaltung innerhalb von 33 Tagen eine überwältigende Sympathie der Öffentlichkeit. Bei Audienzen benutzte er das persönliche „ich" anstelle des päpstlichen und königlichen „wir". Er lehnte die Krönung ab, begann sein Pontifikat mit einer einfachen Zeremonie zur Amtseinführung und behielt als Motto auf seinem päpstlichen Wappen das Wort, das sein Bischofswappen geschmückt hatte: *humilitas* (Demut). Auf seiner ersten Pressekonferenz scherzte er mit den Journalisten, und während seiner Ansprachen im Audienzsaal ließ er Kinder zu sich kommen, damit er sie ausfragen und seine Argumente illustrieren konnte. Papst Gregor den Großen zitierend bat er die Bevölkerung von Rom, „mir einen Rettungsring aus Gebeten zuzuwerfen, sonst ertrinke ich". Er lehnte es zunächst ab, die *Sedia gestatoria*, den Tragesessel, zu benutzen – bis sich die Volksmassen, die zu den öffentlichen Auftritten des nur 1,65 Meter großen Papstes strömten, darüber beschwerten, daß sie ihn nicht sehen könnten. Ein Papst, der Hoffnung und christliches Vertrauen verströmte, war anscheinend genau das, worauf die Welt gewartet hatte.

Trotz aller Vitalität seines öffentlichen Auftretens war Johannes Paul I. ein kranker Mann, als er gewählt wurde. Er hatte seit langem ernsthafte Kreislaufprobleme (die Kardinäle hatten ihn beim Konklave nicht danach gefragt, und seit der Wahl zum Papst wurde er deswegen nicht mehr behandelt), und er spürte den Druck des Papstamtes sehr deutlich. Seine mangelnde Vertrautheit mit der Arbeitsweise der Zentralverwaltung der Kirche war eine große Belastung für ihn – und in manchen Fällen erhielt er vom Kurienpersonal wenig Hilfe bei der Anpassung an seine neue Situation. Das päpstliche Amt hatte er in einem Akt des Gehorsams gegenüber dem, was er für den durch seine Kardinalskollegen wirkenden Willen Gottes hielt, akzeptiert. Als der vierte Wahlgang ihn als gewählt zeigte und der Camerlengo, der Franzose Jean Villot, ihn fragte, ob er die Wahl annehme, erschreckte er seine ehrwürdigen Kollegen mit den Worten: „Gott möge euch verzeihen, was ihr mit mir gemacht habt." Es war, wie er später erklärte, eine plötzliche Erinnerung an die Schulzeit, die „mir in den Sinn kam" – ein Zitat von Bernhard von Clairvaux, der das Kardinalskollegium kritisiert hatte, weil es 1145 einen scheuen, zurückhaltenden Zisterziensermönch als Papst Eugen III. gewählt hatte.[33] Er hatte nicht beabsichtigt, die Kardinäle zu brüskieren, doch in der Rückschau war es eine unheimlich prophetische Äußerung. Weder Luciani noch die Wähler, die geglaubt hatten, sie hätten die Antwort auf die nachkonziliare Krise der Kirche gefunden, konnten wissen, daß das offizielle Dokument, das die Papstwahl bestätigte, ein Todesurteil mit einem sehr nahen Vollstreckungstermin war.[34]

Am frühen Morgen des 29. September 1978 fand eine der Schwestern des Haushalts Papst Johannes Paul I. tot im Bett, wo er in der Nacht von einer heftigen Herzattacke niedergestreckt worden war. Das „September-Pontifikat" war zu Ende, und die Kirche wurde erneut in eine Krise gestürzt.[35]

Ein weiteres Interregnum

Am 28. September 1978 beendete Kardinal Karol Wojtyła einen Besuch der Pfarrei St. Joseph im Złote Łany- [Goldenes Weizenfeld] Gebiet von Biała und kehrte nach Krakau zurück, wo er um 18.00 Uhr am Altar des Heiligen Kreuzes der seligen Königin Jadwiga [Hedwig] in der Wawel-Kathedrale eine Messe feierte. Es war das Fest des hl. Wenzel, das 20jährige Jubiläum seiner Bischofsweihe, und Wojtyła predigte über das Märtyrertum. Nach der Messe ging er zu seinen Freunden Gabriel und Bożena Turowski, um mit Leuten des *Środowisko* zu feiern. Eine große Ausstellung von Urlaubsfotos aus einem Vierteljahrhundert Kajak- und Skifahren war vorbereitet worden. Darüber hing eine Fahne mit dem Text: *„Wujek* bleibt *Wujek."* Seine Freunde zogen ihn mit der Frage auf, wie viele Stimmen er denn bei dem jüngsten Konklave erhalten habe, doch er wollte über die letzte Kajakfahrt reden. Seine Freunde meinten, er sei etwas niedergeschlagen gewesen, und sie erinnerten sich später, daß er sich bei jedem für seine oder ihre Freundschaft bedankt hatte.[36]

Am nächsten Tag war der Kardinal in der erzbischöflichen Kurie gerade beim Frühstück, als das Telefon klingelte. Jemand vom Personal nahm den Anruf an und kehrte erschüttert mit der Nachricht zurück, daß Papst Johannes Paul I. in der Nacht gestorben war. Wojtyła verließ den Tisch und ging direkt in seine Kapelle. Am Spätvormittag nahm er an einer Besprechung des Leitungsgremiums der Theologie-Fakultät teil. Als der Dekan, sein alter Freund Pater Marian Jaworski, sein Beileid zum Tod des Papstes ausdrückte, erwiderte Wojtyła, daß die Überraschungen des Lebens, wie alles andere, „in einem Geist tiefen Glaubens" angenommen werden müßten.[37] Er war aber offensichtlich ebenfalls tief erschüttert.

Am 1. Oktober predigte er bei einem Gedächtnisgottesdienst für den verstorbenen Papst in der Mariacki-Kirche am Marktplatz und erinnerte an die „Frische und Originalität" Johannes Pauls I. und an die Tatsache, daß er am Fest Unserer Lieben Frau von Tschenstochau gewählt worden war. Doch Wojtyła war an diesem Tag ein „anderer Mensch", erinnerte sich Pater Stanisław Małysiak. Małysiak hatte lange mit dem Kardinal zusammengearbeitet und glaubte zu wissen, wie man seine Gefühle deuten mußte.[38] Das war nicht einfach eine Lobrede auf einen verstorbenen Papst. Der sie hielt, war ein Mann, der mit sich selbst rang.

Vor seiner Abreise nach Rom rief Wojtyła Jerzy Janik an, um ihm zu sagen, sie müßten ein Seminar, das in seinem Haus stattfinden sollte, um einige Wochen verschieben. Janik wünschte ihm eine gute Reise, und ihm fiel ein, daß vor Jahren, als er und seine Frau Jasia mit Wojtyła wandern waren, Jasia im Scherz gefragt hatte: „Wo sollen wir wandern gehen, wenn du Papst wirst?" Wojtyła hatte nicht gelacht, sondern nur gesagt: „Wir gehen in die Alpen oder den Apennin."[39]

Kardinal Wojtyła fuhr am 2. Oktober zu einer Konferenz des Zentralrats des polnischen Episkopats nach Warschau und verpaßte so den amerikanischen Prediger Billy Graham, dem er erlaubt hatte, in der St.-Anna-Kirche zu predigen. In Warschau wohnte er im Ursulinen-Konvent, dessen Schwestern sich erinnerten, daß er sehr ernst aussah.[40] Am nächsten Morgen reiste Wojtyła um

7.30 Uhr zusammen mit Kardinal Wyszyński nach Rom ab. Um 11 Uhr am 3. Oktober beteten der Primas von Polen und der Erzbischof von Krakau im Petersdom an der Bahre von Johannes Paul I.

In den Stunden nach dem Tod von Johannes Paul I. schrieb Karol Wojtyła sein letztes Gedicht.[41] Es trug den einfachen Titel "Stanisław", und er schrieb es, wie er später sagte, um „meine Schuld gegenüber Krakau zu begleichen".[42] Es handelte vom Märtyrertum als der Quelle der polnischen Souveränität und Einheit und des universellen Vorbilds für die christliche Berufung.

Die Kirche, schrieb Wojtyła, habe sich an das polnische Land gebunden, „damit alles, was die Kirche hier bindet, auch im Himmel gebunden sein sollte"; die Kirche sei die Wurzel, mit der er und so viele andere Polen „zusammen in der Vergangenheit und in der Zukunft verbunden [seien] und die sie gepflegt" hätten. Einer der Väter, der die Kirche in Polen, und in der Tat Polen selbst, gegründet hätte, sei sein Vorgänger auf dem Bischofssitz von Krakau, Bischof Stanislaus, bei dessen Martyrium durch das Schwert des Königs Bolesław „die Nation erneut getauft wurde/durch die Taufe mit Blut", so daß sie „viele Male durch die Taufe anderer Prüfungen gehen" konnte. Das Wort der Wahrheit und das Blut der Märtyrer hätten „den Boden der menschlichen Freiheit" in Polen genährt, der zuerst vom Atem des Heiligen Geistes bearbeitet worden sei. Und es sei der Geist, der „alles einen wird/das Wort (...) und das (...) Blut", so daß, wenn „das Wort nicht bekehrt hat, das Blut bekehren wird".

Polen sei ein „Land, schwierig zu einen", ein „Land, unterworfen der Freiheit aller gegen alle", und nur ein Jahrhundert zuvor ein „Land (...), fast sechs Generationen lang zerrissen,/zerrissen auf den Landkarten der Welt! und wieviel mehr im Schicksal seiner Söhne!" Doch durch dieses nationale Martyrium, wie im Martyrium von Bischof Stanislaus, sei Polen „in den Herzen der Polen vereint [worden]/wie kein anderes Land". Die Macht des Geistes und des Heiligen Geistes, die das Gesetz des Gebens bestätige, das in das Herz des Menschen eingeschrieben sei, sei die erste Wahrheit über die Geschichte.[43]

Das Gedicht war von einem Vorgefühl des Abschiednehmens durchtränkt. Als Wojtyła es schrieb, zerbrach sein Stift.[44]

Marek Skwarnicki, ein Krakauer Dichter und Mitglied der Redaktion von *Tygodnik Powszechny*, befand sich wegen einer Versammlung des Päpstlichen Rats für die Laien in Rom, als Johannes Paul I. starb. Er nahm an der Beisetzung teil, sah Wojtyła, der mit den anderen Kardinälen vor dem Petersdom im Regen saß, und dachte: „Mein Gott, was geschieht, wenn er gewählt wird?" Das war keine romantische polnische Phantasie, darauf besteht Skwarnicki, sondern etwas, über das in Rom ziemlich offen geredet wurde.

Im Gefolge der zwei Tode innerhalb von weniger als zwei Monaten gab es erneute Diskussionen über einen nichtitalienischen Papst. Skwarnickis Überlegungen waren etwa folgende: Ein Westeuropäer war unwahrscheinlich, weil die dortige Kirche in zwei nachkonziliare Gruppen gespalten war, und jemanden aus *einer* Gruppe zu wählen, würde Probleme mit der *anderen* verursachen. Ein Papst aus der dritten Welt – Pironio aus Argentinien zum Beispiel, der italienischer Abstammung war – war eine Möglichkeit, aber wohl eher in der Zukunft. So tauchte die Frage auf, wo und nach wem man in Europa suchen sollte. Wojtyła war ein Europäer „aus einer anderen Welt". Die polnische Kirche, die Kirche eines „betenden Landes", war stark in einem Augenblick, als sich die universelle Kirche in einer Krise befand, und auch wenn westliche Intellektuelle nicht von seiner Volksfrömmigkeit angetan sein mochten, war der polnische Katholizismus doch sehr stark eine Kirche des „Volkes Gottes". Wojtyła war auf der ganzen Welt und in der Kurie bekannt. Er war Vermittler zwischen den polnischen und deutschen Bischöfen gewesen, eine delikate Angelegenheit, die er geschickt gemeistert hatte. Kardinal König von Wien kannte und bewunderte ihn. Wojtyła war Experte für den Kommunismus, der in der dritten Welt eine Gefahr darstellte, wo die Hälfte der Katholiken lebte. Folglich war Wojtyła *papabile*.

Andererseits, dachte Skwarnicki, würde die Wahl zum Papst bei Wojtyła ein Gefühlserdbeben auslösen. Der Dichter erinnerte sich daran, wie glücklich der Kardinal nach Lucianis Wahl gewesen war. Wojtyła wollte sicherlich sein „geliebtes Krakau" oder sein Land in einer Zeit der Not nicht verlassen. Die Kurie wußte, daß Wojtyła ein großer Hirte war, der sich kaum um bürokratische Verfahren kümmerte; der polnische Kardinal wußte etwas über die Kurie und konnte sich nur schwer vorstellen, ihren verschanzten Gruppen und bürokratischen Methoden gegenüberzustehen. Wojtyła wußte sehr gut, wie sehr seine Stärke sich auf die polnische Kultur stützte und wieviel ihm fehlen würde, wenn er von seinen intensiven Gesprächen mit Dichtern, Malern, Wissenschaftlern und Philosophen abgeschnitten war.

Diese Gedanken wirbelten in Marek Skwarnickis Kopf herum, als er am 5. Oktober zum Mittagessen ins Polnische Kolleg ging – neun Tage vor Beginn des Konklaves, das zum kirchenrechtlich frühestmöglichen Zeitpunkt beginnen würde.[45] Unter den anderen Gästen befand sich Jerzy Turowicz, Herausgeber von *Tygodnik Powszechny*. Wojtyła schien während des Tischgesprächs „zerstreut" zu sein, und Skwarnickis Intuition sagte ihm, daß etwas im Gange war. Wojtyła verhielt sich sonst nie so.

Nach dem Essen bat der Kardinal Turowicz und Skwarnicki in einen Aufenthaltsraum, wo sie in bequemen Sesseln saßen und durch die Fenster auf die Pinien von Rom schauten. Wojtyła fragte Skwarnicki nach der kürzlichen Versammlung des Rates für die Laien, doch der Dichter hatte den Eindruck, daß der Kardinal seiner Antwort nicht zuhörte, was nicht seine Art war. Dann erwähnte Skwarnicki, daß er nach Krakau reisen, am 20. Oktober zu einer Versammlung des Europäischen Rates der Laien aber wieder in Rom sein müsse. Wojtyła wiederholte das Datum „20. Oktober", als läge es in unvorstellbar weiter Ferne.

Das Gespräch wandte sich dem Thema zu, das in aller Gedanken war, dem Tod von Johannes Paul I. Wojtyła begann zu beschreiben, was ihm an dem Tag passierte, als der Papst starb. Er war unterwegs auf Pfarrbesuch, und während der Messe war in den Bergen ein Sturm losgebrochen. Als er den Sturm beschrieb, wurde er ungewöhnlich emotional. Seine Freunde hörten schweigend zu und wußten nicht, woran er dachte. Dann schwieg er plötzlich, besorgt, daß er zuviel gezeigt hatte. Kurz darauf öffnete sein Sekretär Pater Dziwisz die Tür und schaute herein, um den Kardinal daran zu erinnern, daß er noch einen Termin hatte. Skwarnicki und Turowicz standen rasch auf, und der Kardinal umarmte beide. Das war bei Turowicz so üblich, aber für Skwarnicki war es das erste Mal. Er umarmte sie so heftig, erinnerte sich Skwarnicki, daß die beiden Männer den Raum erschüttert verließen. Es war, als ob sie Auf Wiedersehen sagten, nicht für einige Wochen, sondern für eine viel längere Zeit. Als sie gingen, sagte Dziwisz zu ihnen: „Betet für Kardinal Wojtyła; betet für seine Rückkehr nach Krakau."[46]

Schwester Emilia Ehrlich war bereits dabei, das zu tun. Sie war eine Nonne der Ursulinen, die in Krakau mit Kardinal Wojtyła bei verschiedenen Projekten zusammengearbeitet hatte; unter anderem hatte sie ihm Englischstunden gegeben. Nun studierte sie am Päpstlichen Bibelinstitut in Rom. Eine der Schwestern in ihrem Konvent, eine Italienerin, betete, daß Kardinal Benelli gewählt würde. Schwester Emilia betete, daß Kardinal Wojtyła nicht gewählt würde.

Anscheinend betete er selbst auch darum. Ein Widerhall dieses Gebets ist in einer bemerkenswerten Predigt zu hören, die er am 8. Oktober in der Kirche St. Stanislaus in Rom hielt, bei einer Messe für die Seelenruhe von Johannes Paul I. unter Leitung von Kardinal Wyszyński. Sein Bibeltext war Johannes 21, in dem der auferstandene Christus am Seeufer in Galiläa Petrus befragt.

> Wenn wir an diese wundersame Berufung von Papst Johannes Paul denken, müssen wir zu jener ersten Berufung zurückgehen, die an Simon gerichtet war, dem unser Herr den Namen „Petrus" gegeben hatte. Besonders zu der endgültigen Berufung nach der Auferstehung, als Christus ihn dreimal fragte: „Liebst du mich?" Und Petrus antwortete dreimal: „Ja, Herr, du weißt, daß ich dich liebe." Und Christus fragte: „Liebst du mich *mehr*, als die anderen es tun?" (...)
>
> Diese Frage war so schwierig, so überaus anspruchsvoll. Und wahrscheinlich verstand Simon Petrus von allen Aposteln am besten, wie diese Frage den Rahmen eines Menschen übersteigt. Deshalb zitterte er bei seiner Antwort. Er gab sich selbst der Liebe zu ihm hin, der fragte, als er antwortete: „Ja, Herr, du weißt, daß ich dich liebe."
>
> (...) Die Nachfolge Petri, die Berufung zum Amt des Papstes, enthält in sich immer den Ruf zur höchsten Liebe, zu einer sehr speziellen Liebe. Und immer, wenn Christus zu einem Mann sagt „Komm, folge mir nach", fragt er ihn, was er Simon fragte: „Liebst du mich *mehr*, als die anderen es tun?" Dann muß das Herz des Mannes zittern. Das Herz des Simon zitterte, und das Herz des Albino Luciani zitterte, bevor er den Namen Johannes Paul I. annahm. Ein menschliches Herz muß zittern, weil in der Frage immer eine Forderung steckt. Du mußt lieben! Du mußt mehr lieben als die anderen, wenn dir die ganze Herde anvertraut werden soll, wenn die Aufforderung „Weide meine Lämmer, weide meine Schafe" das Ausmaß erreichen soll, das sie in der Berufung und der Entsendung des Petrus erreichte.
>
> Der Text des Johannes-Evangeliums geht noch weiter. Christus spricht rätselhafte Worte, er richtet sie an Petrus: „Als du noch jung warst, hast du dich selbst gegürtet und konntest gehen, wohin du wolltest. Wenn du aber alt geworden bist, wirst du deine Hände ausstrecken, und ein anderer wird dich gürten und dich führen, wohin du nicht willst." Geheimnisvolle, rätselhafte Worte (...).
>
> Und so hat in dieser Berufung, die Christus nach seiner Auferstehung an Petrus richtet, sein Befehl „Komm, folge mir nach" eine doppelte Bedeutung. Er ist eine Berufung zum Dienst und eine Berufung zum Sterben. (...)[47]

Fünf Tage später, am 13. Oktober, ereignete sich eine persönliche Tragödie. Bischof Andrzej Deskur wurde durch einen schweren Schlaganfall niedergestreckt und in die Gemelli-Klinik gebracht; zuerst schien es, als ob er nicht überleben würde. Deskur und Karol Wojtyła waren seit Mitte der 40er Jahre Freunde. Sie hatten zusammen das Seminar besucht und nach dem Krieg in Krakau viele gemeinsame Bekannte; Deskurs Bruder Joseph heiratete eine der Töchter von Stefan und Maria Swieżawski. Andrzej Deskur lebte seit Jahren in

Rom und war damals Präsident des Päpstlichen Rats für die sozialen Kommunikationsmittel. Seit dem II. Vatikanum war Deskur, einer der wenigen Polen in Rom, Wojtyłas Führer durch das Labyrinth des Vatikans gewesen. Nachdem er ein höherer Kurienbeamter geworden war, war seine Wohnung der Ort, wo Wojtyła bei Mittag- und Abendessen Mitglieder der Kurie traf oder mit anderen durchreisenden Mitgliedern der Hierarchie in informeller Umgebung reden konnte. Wojtyła ging sofort seinen Freund besuchen und las am nächsten Morgen, am 14. Oktober, im Polnischen Kolleg eine Messe für ihn. Am Nachmittag ging er zur Klinik zurück, um Deskur zu besuchen, der stark gelähmt war und kaum sprechen konnte. Der Führer war gegangen.

Karol Wojtyła verließ das Krankenbett seines Freundes und ging direkt in den Vatikan, wo er, nachdem er mit seinen Kardinalsbrüdern das „Veni, Creator Spiritus" gesungen hatte, im Konklave eingeschlossen wurde.

In der Zwischenzeit war Marek Skwarnicki nach Krakau zurückgekehrt und erzählte seinen Kollegen, er werde nach Wadowice fahren. Er sei sicher, daß Wojtyła zum Papst gewählt werden würde, und irgend jemand müßte mit der Hintergrundgeschichte beginnen. Seine Kollegen hielten ihn für ein bißchen verrückt.[48]

Wer ist das?

Der Camerlengo Kardinal Jean Villot, nun für die Leitung eines weiteren päpstlichen Interregnums verantwortlich, war über die vom August-Konklave durchgesickerten Informationen nicht glücklich. Er machte den Kardinälen vor dem zweiten Konklave Vorhaltungen und erinnerte sie an den Geheimhaltungseid, den sie geschworen hatten. Daher wurden weniger Einzelheiten über den außergewöhnlichen Vorgang publik, der den ersten nichtitalienischen Papst seit 455 Jahren (und den ersten slawischen Papst überhaupt) hervorbrachte. Es ist bekannt, daß Wojtyła Zelle 91 im Apostolischen Palast bewohnte und daß er eine marxistische philosophische Zeitschrift mit in die Sixtinische Kapelle nahm, um während der langwierigen Stimmenauszählung darin zu lesen. Als er von einem Kollegen, der ihn aufziehen wollte, gefragt wurde, ob das nicht etwas skandalös sei, erwiderte er lächelnd, sein Gewissen sei rein. Papst Johannes Paul II. selbst hat ein kleines Detail über das Konklave geliefert: An einem bestimmten Punkt des Verfahrens näherte sich ihm sein alter Rektor des Belgischen Kollegs, Kardinal Maximilian de Fürstenberg, und fragte in Worten, die an die Liturgie der Priesterweihe erinnern: *„Dominus adest et vocat te?"* [Ist der Herr hier und ruft dich?][49]

Gemäß der Konsenssicht, die sich im Lauf der Jahre bildete, wurde de Fürstenbergs Frage plausibel, weil es am ersten Tag der Abstimmung, am 15. Oktober, zwischen den beiden italienischen Hauptkandidaten, Kardinal Giuseppe Siri von Genua und Kardinal Giovanni Benelli, ein totes Rennen gab. Unfähig, einen anderen Italiener zu finden, ging das Konklave rasch zu Karol Wojtyła über, der laut Kardinal Carlo Confalonieri beim ersten Konklave einige Stimmen erhalten hatte und nun im achten Wahlgang am Ende des zweiten Tages des zweiten Konklaves, am 16. Oktober, gewählt wurde. Es wurde keine plausiblere politische Erklärung für die Wahl von Papst Johannes Paul II. vorgebracht. Wenn man die Gerüchte und Hinweise auf die Konklavepolitik untersucht, kommt man jedoch nicht zu der interessanteren und tatsächlich früheren Frage: Warum waren die Kardinäle bereit, mit einer jahrhundertealten Tradition zu brechen, und auf solch dramatische Weise?

In menschlichen Begriffen war die Wahl eines nichtitalienischen, polnischen Papstes möglich, weil sich zahlreiche Mitglieder des Kardinalskollegiums nach dem Tod von Papst Johannes Paul I. im Zustand eines geistigen Schocks befanden. Offensichtlich hatten viele geglaubt, daß Kardinal Luciani „Gottes Kandidat" war (Kardinal Basil Humes Formulierung nach dem ersten Konklave); daß er dann so abrupt von der Bühne entfernt wurde, konnte nur zu der Frage führen: „Was will Gott uns hier sagen?" Der Tod von Johannes Paul I. veranlaßte das Kardinalskollegium, wie sich Kardinal Joseph Ratzinger erinnerte, zu einer Gewissenserforschung: „Was ist Gottes Wille für uns in diesem Augenblick? Wir waren davon überzeugt, daß die Wahl [von Luciani] in Übereinstimmung mit Gottes Willen erfolgte, nicht einfach auf eine menschliche Art (...), und wenn er einen Monat, nachdem er in Übereinstimmung mit Gottes Willen gewählt worden war, stirbt, dann hat Gott uns etwas zu sagen."[50] Kardinal William Baum hat den Tod Johannes Pauls I. in Erinnerung als „eine ganz ungewöhnliche Botschaft des Herrn. (...) Das war ein Eingreifen des Herrn, um uns etwas zu lehren." Dieses Schockgefühl führte zu einer Konklave-Erfahrung, die nach Baums Meinung „äußerst andächtig" und sogar „noch spiritueller" war als das Konklave im August, als so viel darüber gesprochen wurde, daß in der raschen und schmerzlosen Wahl von Albino Luciani der Wille Gottes zu spüren sei.[51] Der Schock des September-Pontifikats, das so abrupt und unerwartet endete, schuf die menschlichen Bedingungen für „die Möglichkeit, etwas Neues zu tun", glaubte Kardinal Ratzinger.[52]

Das tote Rennen zwischen den italienischen Kandidaten war die unmittelbare Gelegenheit, das bis dahin Undenkbare zu tun. Die entscheidende Tatsache, die das Ergebnis zu erklären hilft, war, daß das zweite Konklave im Gefolge dessen stattfand, was das Kardinalskollegium als unzweifelhaftes Zeichen ansehen mußte, daß etwas anderes, etwas Kühnes von ihm gefordert war.

Die nächste Frage ist dann: Warum Karol Wojtyła?

Kardinal Franz König war mehr als je entschlossen, auf einen nichtitalienischen Papst zu drängen, zum Konklave gekommen. Am Tag vor Beginn des Konklaves sprach er mit seinem alten Freund, Kardinal Wyszyński, und fragte ihn: „Morgen beginnt das Konklave; wer ist ein Kandidat für dich?" Der Primas erwiderte, er habe keinen Kandidaten. König antwortete: „Kann Polen vielleicht einen Kandidaten präsentieren?" Wyszyński sagte: „Meine Güte, meinst du, *ich* soll nach Rom gehen? Das wäre ein Triumph für die Kommunisten." König entgegnete: „Nein, nicht du, es gibt noch einen anderen (...)." Worauf der Primas meinte: „Nein, er ist zu jung, er ist unbekannt, er könnte niemals Papst werden (...)."[53]

König war nicht überzeugt. Wyszyński hatte offensichtlich nicht erkannt, in welchem Maß Wojtyła eine bedeutende internationale katholische Gestalt geworden war. König glaubte, daß ein Papst aus einem Land hinter dem Eisernen Vorhang helfen würde, die „Mentalität der Teilung" zu beenden, die nach dem Zweiten Weltkrieg entstanden war. Also machte er sich daran, andere zu überzeugen. Deren anfängliche Reaktion war kühl, doch die Neuartigkeit des Vorschlags begann nach dem italienischen Patt weniger bedrohlich zu wirken. Entgegen der Meinung des Primas war Wojtyła, wie wir gesehen haben, keineswegs unbekannt. Mehrere Kardinäle hatten seine Meditationen bei den päpstlichen Exerzitien von 1976, *Zeichen des Widerspruchs*, gelesen und waren beeindruckt. Die Afrikaner, die sich um die Klarheit der Lehre sorgten, kannten ihn als tief religiös und als Mann des Konzils. Er war kein Kurienkardinal, was für jene attraktiv war, die meinten, ein Bruch mit den traditionellen Mustern der Kirchenführung sei wesentlich. Wojtyła war eine Persönlichkeit mit Ausstrahlung, was im Licht der positiven öffentlichen Reaktion auf das kurze Pontifikat von Papst Johannes Paul I. von Bedeutung war. Auch die Ostpolitik Pauls VI. war ein wichtiger Faktor. Ihre diplomatischen Erfolge waren gering, und der Erzbischof von Krakau hatte Zweifel bezüglich der Strategie, die hinter ihr stand. Aber durch die Loslösung des Heiligen Stuhls von seiner Nachkriegsverbindung mit dem Westen hatte die Ostpolitik die Wahl eines Papstes aus einem Land hinter dem Eisernen Vorhang denkbar gemacht.[54]

Der ausschlaggebende Punkt hinsichtlich Wojtyłas Kandidatur war jedoch seine Leistung als Diözesanbischof. Nachdem einmal der psychologische Bruch mit der angenommenen Unvermeidbarkeit eines italienischen Papstes vollzogen war, muß das ein entscheidender Faktor, vielleicht *der* entscheidende Faktor, beim raschen Aufstieg von Karol Wojtyła als Kandidat im zweiten Konklave gewesen sein. Er hatte gezeigt, daß mitten in der nachkonziliaren Spannung und Verwirrung und gegen äußeren Druck Führung möglich war. Laut Kardinal König war das, was ihn *papabile* machte, die Tatsache, daß er „echte pastorale Erfahrung" hatte, daß er gezeigt hatte, wie man in der Kirche nach dem II. Vatikanum Bischof war.[55]

Nachdem der „Durchbruch" aufgrund des italienischen Patts vollzogen war, bewegten sich die Dinge sehr rasch. Primas Wyszyński, nun völlig überzeugt, erinnerte seinen jungen Kollegen an die Aufforderung Christi an den aus Rom fliehenden Petrus in Sienkiewicz' Roman *Quo Vadis* und sagte schlicht zu Wojtyła: „Nimm an!"[56] Im vierten und letzten Wahlgang am 16. Oktober wurde Wojtyłas Kandidatur unwiderstehlich. Etwa um 17.15 Uhr wurde den Kardinälen, die ihre eigenen Strichlisten führten, offiziell mitgeteilt, was sie bereits wußten – Kardinal Karol Wojtyła hatte die nötigen Stimmen erhalten, um zum Papst gewählt zu werden. Bei einem bestimmten Punkt der Zählung hatte Wojtyła den Kopf in die Hände gestützt. Kardinal Hume erinnerte sich, daß er ihm „furchtbar leid tat".[57] Jerzy Turowicz schrieb später, Karol Wojtyła sei im Augenblick seiner Wahl so allein gewesen, wie ein Mensch nur sein könne. Denn zum Papst gewählt zu werden bedeute „eine klare Trennung von seinem bisherigen Leben, ohne Möglichkeit der Rückkehr".[58] Kardinal König, der für die Förderung von Wojtyłas Kandidatur genauso verantwortlich war wie jeder andere, war „sehr besorgt, ob er annehmen würde".[59]

Als Kardinal Jean Villot, der in seiner Predigt *pro elegendo Pontifice* den Kardinälen gesagt hatte, sie müßten „einen Bräutigam der Kirche wählen", vor Wojtyłas Tisch stand und fragte „*Acceptasne electionem?*", war kein Zögern zu erkennen.[60] Karol Wojtyła kannte den Ernst der Zeit und das Gewicht der Verantwortung, die ihm auferlegt wurde, aber er sah in der Abstimmung seiner Brüder den Willen Gottes. Daher antwortete er: „Im Gehorsam des Glaubens, vor Christus, meinem Herrn – der Mutter Christi und der Kirche mich anvertrauend –, der großen Schwierigkeiten bewußt, nehme ich an."[61] Auf die zweite rituelle Frage, welchen Namen er annehmen wolle, erwiderte er, aufgrund seiner Verehrung für Paul VI. und seiner Zuneigung zu Johannes Paul I. wolle er Johannes Paul II. genannt werden. Das Kardinalskollegium brach in lang anhaltenden Beifall aus, und der neue Papst wurde eine Steintreppe hinab- und in einen kleinen Ankleideraum außerhalb der Sixtinischen Kapelle hineingeführt, wo drei weiße Meßgewänder, ein großes, ein mittleres und ein kleines, bereitlagen. Der Ankleideraum wird manchmal wegen der Gefühle, die einen neugewählten Papst überwältigen können, „Weinraum" genannt. Doch Papst Johannes Paul II. hatte bereits alle Tränen vergossen. Er ging mit kraftvollen Schritten in die Sixtinische Kapelle zurück, um die Glückwünsche der Kardinäle zu empfangen, und brach sofort zum ersten Mal mit der Tradition. Als der päpstliche Zeremonienmeister signalisierte, er solle für die Zeremonie vor dem Altar sitzen, entgegnete Johannes Paul II.: „Nein, ich werde meine Brüder stehend empfangen."[62]

Draußen, am Ende der Via della Conciliazione, war vom Petersplatz her, wo Tausende sich versammelt hatten, ein orangeroter Vollmond zu sehen. Scheinwerfer glitten über der Menge hin und her. Um 18.15 Uhr stieg erneut Rauch aus dem Kamin der Sixtinischen Kapelle, und die Menge sah, daß er weiß war. Eine Stimme ertönte aus den Lautsprechern: „*Prova, prova, prova*" [Test, Test, Test]; dann ein lautes, den Hals freimachendes Räuspern, und schließlich die Mitteilung: „*È bianco, il fumo è bianco, è veramente bianco!*" [Er ist weiß, der Rauch ist weiß, er ist wirklich weiß!] Drinnen sagte Kardinal Wyszyński zu dem neugewählten Papst, Gott habe ihn erwählt, um die Kirche in das dritte Jahrtausend zu führen, eine Ermahnung, auf die Johannes Paul II. in den kommenden Jahren häufig anspielen würde. Auf dem Platz, auf den weitere Tausende strömten, als die Nachricht von der erfolgten Wahl durch einen Telefonanruf vom Konklave zum Pressebüro des Vatikans bestätigt wurde, betete Schwester Emilia Ehrlich inbrünstig, daß der Mann, der sich bald der Menge zeigen würde, nicht Kardinal Wojtyła sein würde. „Alle anderen beteten für ihren Kardinal – ich betete, daß sie nicht unseren nehmen würden."

Kardinal Felici, der wieder die öffentliche Bekanntmachung übernehmen würde, wandte sich auf dem Weg zur Loggia, die zum Platz hin liegt, an Kardinal König und fragte ihn: „Wie schreibt man seinen Namen?" Felici notierte sich die Antwort und murmelte: „Was für eine schreckliche Schreibung ..." Er trat auf die Loggia und begann, wie ein paar Wochen zuvor: „*Annuntio vobis gaudium magnum: habemus Papam!*" Die Menge jubelte und wartete dann. Felici fuhr fort: „*Eminentissimum ac reverendissimum Dominum Carolum ...*" – und machte dann eine Pause, um die Spannung zu verlängern. Jemand in der Menge, der glaubte, die Kardinäle hätten den 85jährigen Carlo Confalonieri gewählt, schrie: „Sie sind verrückt geworden!" Felici machte weiter und schaute auf seine hastig gekritzelten Notizen: „*... Sanctae Romanae Ecclesiae Cardinalem Wojtyła, qui sibi nomen imposuit Ioannem Paulum Secundum.*"

Bei dem unbekannten Namen setzte auf dem Platz eine chaotische Fragerei ein. „*Chi è?*" [Wer ist das?] war das erste, was Tausende von Leuten fragten. „*È nero?*" fragte ein Italiener Jerzy Turowicz. [Ist es ein Schwarzer?] „*È asiatico?*" fragte jemand anders. Schwester Emilia Ehrlich brauchte nicht zu fragen. Sie wurde sehr blaß, und der Mann neben ihr fragte: „Was ist los, ist er nicht gut?" „Doch", antwortete sie, „er ist viel zu gut."

Es war nicht so wie im August, als die Menge – natürlich überwiegend Römer – von dem Moment an, als Felici die Wahl Albino Lucianis verkündete, in einer festlichen Stimmung war. Jetzt waren die Leute unruhig. Wer war dieser *straniero*? Wen hatten die Kardinäle ihnen da aufgehalst?

Johannes Paul II., der das Drama und die Spannung genauso spürte wie die Römer, trat vor das Mikrophon auf der Loggia, schob einen aufgeregten päpstlichen Zeremonienmeister aus dem Weg und brach erneut mit der Tradition, indem er die Menge ansprach, anstatt ihr einfach auf Latein den apostolischen Segen zu geben, wie es der Brauch gebot. In einem deutlichen, klangvollen Italienisch stellte er sich seiner neuen Diözese selbst vor:

> Gelobt sei Jesus Christus!
> Liebe Brüder und Schwestern!

Die Menge brach in Jubel aus, als sie ihre Sprache hörte, seinen guten Willen spürte und weil sie ihn ermutigen wollte.

> Wir sind nach dem Tod des vielgeliebten Papstes Johannes Paul I. noch von tiefem Schmerz erfüllt. Die hochwürdigsten Kardinäle haben nun einen neuen Bischof von Rom berufen. Sie haben ihn aus einem fernen Land geholt – fern, aber dennoch immer nah durch die Gemeinschaft im Glauben und in der christlichen Tradition.

Er hatte, wie der britische Schauspieler Sir John Gielgud einmal sagte, ein perfektes Gespür für den richtigen Augenblick. Jetzt, da er die Menge gewonnen hatte, stellte er sich ihr als Mensch und Mitkatholik vor, wobei er eine Verbindung zwischen der in ihrem Land so verbreiteten Marienverehrung und seiner eigenen herstellte:

> Ich hatte Furcht, dieses Amt anzunehmen. Aber ich habe es angenommen im Geist des Gehorsams gegenüber unserem Herrn und in vollem Vertrauen auf seine Mutter, die allerseligste Jungfrau, auch wenn ich nicht weiß, ob ich mich in eurer – unserer – italienischen Sprache verständlich machen kann. Wenn ich Fehler mache, werdet ihr mich verbessern!

Noch lauterer Jubel brach aus. Eine letzte Sache war zu tun. Da eine Beziehung hergestellt war, mußte ein Motto verkündet werden. Niemand, der ihn kannte, konnte daran zweifeln, daß es der christliche Humanismus sein würde:

> Und so stelle ich mich euch allen vor, um unseren gemeinsamen Glauben, unsere Hoffnung, unser Vertrauen zur Mutter Christi und der Kirche zu bekennen, und auch um von neuem auf jenem Weg der Geschichte und der Kirche weiterzugehen mit der Hilfe Gottes und der Hilfe der Menschen.[63]

„WUJEK IST GERADE PAPST GEWORDEN!"

Das polnische Staatsfernsehen brachte die Nachricht erst mehrere Stunden, nachdem man die Information über Wojtyłas Wahl erhalten hatte; es mußte eine offizielle Parteiposition ausgearbeitet werden. Inzwischen hatte die Neuigkeit die Bischöfliche Kurie in Krakau per Telefon erreicht und „verbreitete sich wie ein Lauffeuer", wie sich Pater Stanisław Małysiak erinnert. In der gesamten Stadt brach eine große spontane Feier aus. Die Glocken der Mariacki-Kirche [Marienkirche] begannen zu läuten; dann die Glocken der Wawel-Kathedrale, einschließlich der riesigen Sigismundglocke, die nur bei nationalen Anlässen geläutet wird, und dann schienen alle Glocken in Krakau zu läuten. Die Leute strömten mit Blumen und brennenden Kerzen auf die Straßen, schwenkten polnische Fahnen, weinten und umarmten sich. Ein Foto von Kardinal Wojtyła wurde auf den Sockel vor der Statue von Adam Mickiewicz auf dem Marktplatz gestellt, und vor seiner alten Residenz in der Franciszkańska-Straße 3 begann sich ein Berg von Blumen zu bilden. Innerhalb einer Stunde war die Mariacki-Kirche überfüllt, und hastig wurde eine Messe organisiert.[64]

Stanisław Rybicki lag zu Hause krank im Bett. Seine Frau Danuta war ausgegangen, und als sie spät nach Hause kam, fand sie ihren Mann in Tränen. „Reg dich doch nicht so auf, weil ich spät komme", sagte sie. „*Wujek* ist gerade Papst geworden", antwortete er. Sie weinten zusammen, da sie das Gefühl hatten, ein Familienmitglied verloren zu haben. Dann öffneten sie eine Flasche Wein, die sie im Urlaub in der Tschechoslowakei gekauft hatten. Ihre übliche Marke „Roter Kardinal" war nicht verfügbar gewesen. Um auf die Wahl *Wujeks* anzustoßen, tranken sie jetzt, was sie gefunden hatten – „Weißer Kardinal". Als er die Nachricht hörte, erinnerte sich Stanisław Rybicki, mußte er unwillkürlich denken: „Er ging von einem Kajak zum Schiff des Petrus über."[65]

Teresa Życzkowska lag mit einer schrecklichen Erkältung ebenfalls zu Hause im Bett. Ihr Onkel rief an und sagte: *„Habemus Papam* – Karolek!" „Sei nicht dumm", erwiderte sie. Ihr Mann schaltete dann das Radio an, und die Nachricht wurde bestätigt. „Wir haben *Wujek* verloren", dachte sie erschüttert.[66]

In Lublin kam Jerzy Gałkowski nach Hause und stellte fest, daß dort eine große Party im Gange war. Als er fragte, was denn um Himmels willen los sei, erzählte man ihm, die KUL habe der Welt gerade einen Papst geschenkt. Gałkowski holte Wein heraus, und und alle saßen vor dem Fernseher, begierig zu sehen, wie die Regierung mit der Geschichte umging – die in den Händen der kommunistischen Pressesprecher zu einem Triumph des polnischen Nationalismus wurde.[67]

Ein alter Priester klopfte heftig an die Tür der Wohnung der Swieżawskis in Warschau. Maria Swieżawska öffnete die Tür, und der alte Mann platzte mit der Neuigkeit heraus. Sie preßte beide Hände an den Kopf, und als sie daran dachte, was er als Papst machen würde und was man ihm antun könnte, konnte sie nur sagen: *„Jezus Maria! Jezus Maria!"*[68]

In Wadowice betete Pfarrer Edward Zacher in der Kirche. Einer der jüngeren Priester kam vom Pfarrhaus angelaufen und rief: „Wir haben einen Papst!" „Wer ist es?" fragte der Pfarrer. „Es ist Lolek!" antwortete der Kaplan. Der alte Mann blinzelte, spürte sein Herz klopfen und schrie: „Dem Himmel sei Dank!"

Er lief zum Pfarrhaus, erhielt die Nachricht im Radio bestätigt und lief dann zur Kirche zurück, um die Glocken zu läuten. Die Leute begannen auf die Straßen zu strömen, und innerhalb weniger Minuten war die Kirche voll. Pfarrer Zacher, der Lolek den Katechismus beigebracht hatte, versuchte zu sprechen, aber er konnte es nicht. Die Gefühle überwältigten ihn, und einer der Kapläne machte die offizielle Mitteilung.[69] Als er sich etwas in der Gewalt hatte, sagte Pfarrer Zacher immer wieder mit einem breiten Lächeln: „Aber er hat sein Wort nicht gehalten, er hat sein Wort nicht gehalten." Bei einer Feier zum 50. Tauftag Wojtyłas hatte Zacher seine fünfte Predigt zum Lob seines ehemaligen Schülers gehalten und gesagt, es würde nur noch eine geben, die sechste, wenn der Kardinal zum Papst gewählt würde. Der Kardinal hatte gebrummt, es würde keine sechste Predigt geben. Jetzt erzählte Zacher jedem: „Zum ersten Mal in seinem Leben hat er sein Wort nicht gehalten."[70] Später ging der alte Mann zum Taufregister von 1920. Hier waren im Telegrammstil die Meilensteine von Karol Wojtyłas christlichem Leben aufgezeichnet: seine Taufe, Firmung, Priesterweihe, Bischofsweihe, die Ernennung zum Erzbischof von Krakau und zum Kardinal. Jetzt machte Pfarrer Zacher einen neuen Eintrag unter dem Namen „Carolus Joseph Wojtyła": *Die 16 X 1978 in Summum Pontificem electus et sibi nomen Ioannem Paulum II imposuit.*[71]

In Prag erhielt Miloslav Vlk, ein hart bedrängter Untergrundpriester, die Nachricht in der Nacht des 16. Oktober von Freunden. Seit seiner Ordination im Juni 1968, in den letzten Wochen von Alexander Dubčeks Prager Frühling, war er nur selten in der Lage gewesen, sein Amt öffentlich auszuüben. Der Staat hatte ihm die Erlaubnis entzogen, von einer Kirche aus zu arbeiten oder öffentlich die Sakramente zu spenden. Um der Verhaftung als Stadtstreicher zu entgehen, hatte Vlk, wie so viele andere tschechoslowakische Priester, eine niedrige Arbeit übernommen, in seinem Fall als Fensterputzer. So putzte er tagsüber Fenster und übte abends heimlich in Wohnungen sein geistliches Amt aus. Wojtyłas Wahl war für Vlk ein Zeichen von „lebendiger Hoffnung". Er war auch Slawe, er kannte die kommunistischen „Lügen und Taktiken", und er würde wissen, was zu tun war, um zu helfen.[72]

Erzbischof Francis Arinze von Onitsha, ein 45jähriger Nigerianer, war in Belfast, Nordirland, und sprach im Auftrag der Irish Missionary Union. Die Pfarrgeistlichen, bei denen er wohnte, wußten nicht, wer Wojtyła war. Arinze hatte ihn auf der Bischofssynode kennengelernt und beschrieb ihn seinen irischen Gastgebern als „eine glückliche Person, einen fröhlichen Menschen, der mit Klarheit und Mut" spreche. „Jetzt", sagte der Afrikaner zu den Iren, „werden wir etwas Klarheit in der Kirche erhalten. Wir werden wissen, wo wir stehen, klar, ohne aggressiv zu sein – aber klar." Arinze war davon überzeugt, daß Johannes Paul II. dem Katholizismus wieder ein „positives" Gesicht verleihen würde.[73]

Die Reaktion der Weltpresse auf Wojtyłas Wahl konzentrierte sich verständlicherweise auf die Neuheit eines nichtitalienischen Papstes. Daß Johannes Paul II. Pole war, war für die Medien von großem Interesse, und Schwärme von Reportern überfielen Krakau und Wadowice auf der Suche nach der inneren Geschichte dieses Papstes, der aus einem so exotischen kulturellen Hintergrund kam und dessen vorheriges Leben so anders war als das seiner Vorgänger. Trotz weitverbreiteter falscher Berichte betreffend Wojtyłas Stellung zum polnischen

Regime (er sei ein „Gemäßigter", im Gegensatz zu Wyszyński, dem „Hardliner") begannen einige Kommentatoren intuitiv zu spüren, daß die Wahl eines slawischen Papstes, eines Polen, unerwartete Konsequenzen im kalten Krieg haben könnte. Der KGB war der gleichen Meinung und ordnete eine Sonderuntersuchung darüber an, wie Wojtyła gewählt worden war und was sein Pontifikat bedeutete.

Es war eine aufregende, berauschende Zeit, jene Tage unmittelbar nach dem Erscheinen eines *Polacco* auf der Loggia, die zum Petersplatz hin liegt. Das Unbehagen der letzten Jahre des Pontifikats Pauls VI. und der Schock aufgrund des Todes von Johannes Paul I. waren rasch verschwunden. Begeisterung über die Zukunft lag in der Luft. Millionen auf der ganzen Welt fanden es tief bewegend, daß die polnische Kirche, die so lange gelitten und so hart gegen eine starke Übermacht gekämpft hatte, nun belohnt worden war.

Der scharfsinnigste Kommentar kam von André Frossard, einem französischen Journalisten, der vom modischen Atheismus der Intellektuellen zum Katholizismus übergetreten war. Frossard kannte die Krise des Humanismus von innen, und hatte sich als Erwachsener aus dem Sumpf des skeptischen Zynismus freigekämpft und Befreiung im Glauben gefunden. Er glaubte, die Menschen würden „in einer Zeit eines außergewöhnlich raschen geschichtlichen Wandels [leben], wo jeder moralische oder verstandesmäßige Stützpunkt fehlt. Wir leben in einem Intervall verwäßrigter Werte und Ideologien, wo für den, der vorangehen möchte, der einzige Halt darin besteht, auf dem Wasser zu gehen."[74]

Jetzt, da er den neuen Papst gesehen und in ihm die Kraft eines Zeugen gespürt hatte, telegraphierte André Frossard seiner Pariser Zeitung: „Das ist kein Papst aus Polen, das ist ein Papst aus Galiläa."

8

„Fürchtet euch nicht!"

Ein Papst für die Welt

22. Oktober 1978	Papst Johannes Paul II. wird feierlich in sein Amt als universeller Hirte der Kirche eingeführt.
29. Oktober 1978	Johannes Paul besucht das Marienheiligtum von Mentorella.
Oktober 1978	Der KGB und das Zentralkomitee der sowjetischen kommunistischen Partei geben Analysen von Karol Wojtyłas Wahl zum Papst in Auftrag.
November 1978	Das Litauische Katholische Komitee zur Verteidigung der Rechte der Gläubigen wird gegründet.
5. November 1978	Johannes Paul besucht die Gräber von Italiens Schutzpatronen Franz von Assisi und Katharina von Siena.
12. November 1978	Papst Johannes Paul II. nimmt seine römische Kathedrale, die Lateran-Basilika, in Besitz.
20. November 1978	Johannes Paul trifft sich mit Kardinal Iosyf Slipyj, Oberhaupt der verfolgten griechisch-katholischen Kirche in der Ukraine.
3. Dezember 1978	Johannes Paul macht den ersten Besuch bei seiner römischen Pfarre.
11. Dezember 1978	Am 30. Jahrestag der Allgemeinen Erklärung der Menschenrechte drängt Johannes Paul auf Religionsfreiheit für alle.
23. Dezember 1978	Johannes Paul II. entsendet Kardinal Antonio Samoré als Vermittler im Beagle-Kanal-Grenzstreit zwischen Argentinien und Chile.
29. Dezember 1978	Johannes Paul ernennt Franciszek Macharski zu seinem Nachfolger als Erzbischof von Krakau und weiht ihn am 6. Januar 1979 zum Bischof.
28. Januar 1979	Johannes Paul II. spricht bei der dritten Generalversammlung der lateinamerikanischen Bischöfe in Puebla, Mexiko.
25. Februar 1979	Johannes Paul traut die Tochter eines römischen Straßenfegers.
4. März 1979	*Redemptor hominis*, Johannes Pauls Antrittsenzyklika.

Papstkrönungen begannen früher damit, daß der neue Papst auf der *Sedia gestatoria* sitzend durch Scharen von Römern und Pilgern getragen wurde. Die feierliche Amtseinführung von Johannes Paul II., dem 264. Bischof von Rom, begann am 22. Oktober 1978 damit, daß der neue Papst betend am Grab des Apostels unter der Kuppel des Petersdoms kniete.

Im Inneren der Kuppel steht in 1,80 Meter großen Buchstaben die lateinische Inschrift „*Tu es Petrus et super hanc petram aedificabo ecclesiam meam et tibi dabo claves regni caelorum*" [Du bist Petrus, und auf diesen Felsen will ich meine Kirche bauen, und ich werde dir die Schlüssel des Himmelreiches geben. Matthäus 16,18]. Karol Wojtyła beendete sein Gebet am Grab des galiläischen Fischers und folgte der Prozession der 109 Kardinäle hinaus auf den großen Platz vor dem Dom. Dort würde er im Verlaufe eines vereinfachten, aber immer noch glanzvollen Rituals erklären, was Christi Worte zu Petrus im letzten Viertel des letzten Jahrhunderts des zweiten Millenniums der christlichen Geschichte bedeuten.

Zu Beginn des Ritus legte Kardinal Pericle Felici Johannes Paul das Pallium – ein einfaches Schulterband aus weißer Schafswolle, bestickt mit sechs schwarzen Kreuzen und von Erzbischöfen als Zeichen ihres Dienstes und ihrer Autorität getragen – um die Schultern, wodurch er ihn formell mit dem Symbol der Macht bekleidete, die er sechs Tage zuvor in dem Augenblick in der Sixtinischen Kapelle erhalten hatte, als er „Ich nehme an!" sagte. Das Kardinalskollegium stellte sich unter Führung seines Dekans Carlo Confalonieri in einer Reihe auf, so daß jeder Kardinal dem neuen Papst Treue schwören konnte. Nachdem der Dekan vor dem sitzenden Papst gekniet und Gehorsam gelobt hatte, wurde erneut mit der Tradition gebrochen. Denn der nächste Kardinal in der Reihe war nicht das zweithöchste Mitglied des Kollegiums, sondern der Primas von Polen, Stefan Wyszyński. Er hatte gerade mit der Kniebeuge begonnen, als Johannes Paul II. von seinem Thron aufstand, sich niederbeugte, den alten Mann ergriff und lange umarmte.

Nach dem Gehorsamsgelöbnis der Kardinäle wurde die Messe zur Amtseinführung fortgesetzt. Die erste Lesung, auf englisch, war Jesaja 52 entnommen, wo Jerusalems Freude über die Rettung durch den Herrn beschrieben wird. Die zweite Lesung, auf polnisch, war aus dem ersten Petrusbrief. Darin werden die Ältesten ermahnt, durch Beispiel und Liebe zu führen. Das Evangelium stammte aus Johannes 21. Als Zeichen der Universalität der Kirche wurde die Ermahnung Christi an Petrus „Weide meine Schafe" auf lateinisch und griechisch gesprochen.

Am Ende des Evangeliums saß Johannes Paul II. – mit weißen und goldenen Gewändern bekleidet und eine weiße Mitra auf dem Kopf – auf einem tragbaren Thron vor einer Menge von vielleicht 300 000 Menschen, die den Petersplatz und die Via della Conciliazione füllten. Rote und weiße Gladiolen, in Polens Nationalfarben, umgaben den Altar. Zu seiner Rechten standen etwa 300 Bischöfe, zu seiner Linken 800 Würdenträger aus allen Erdteilen, Repräsentanten der Welt der Macht. Mit seinem angeborenen Gefühl für den richtigen Moment schaute er über die riesige Menge, über der polnische Fahnen hin- und hergeschwenkt wurden. Ein internationales Fernseh- und Rundfunkpublikum wartete, einschließlich Millionen seiner Landsleute, die Zeugen der ersten Messe im polnischen Staatsfernsehen in der Geschichte waren. Eine ungewöhnliche Stille breitete sich über der riesigen Versammlung aus. Was würde dieser unerwartete Papst sagen?

Er begann mit einem Bekenntnis, mit den Worten des Mannes, an dessen Grab er vor etwas mehr als einer Stunde gebetet hatte:

„Du bist der Messias, der Sohn des lebendigen Gottes." (Matthäus 16,16)

Jeder, der das Amt des Petrus in der Kirche annehme, sagte Johannes Paul, müsse so beginnen. Das Glaubensbekenntnis des Petrus auf dem Weg nach Cäsarea Philippi sei aus einer „tiefen, lebendigen und bewußten Überzeugung" geboren, aber es sei nicht allein ein Akt seines Willens gewesen. Glaube sei ein Geschenk, und Christus habe Petrus glückselig genannt, „denn nicht Fleisch und Blut haben dir das offenbart, sondern mein Vater im Himmel" (Matthäus 16,17). „Heute und an dieser Stelle" müsse der Nachfolger Petri „dieselben Worte von neuem aussprechen und hören: ‚Du bist der Messias, der Sohn des lebendigen Gottes'."

Die Heilsgeschichte, sagte der neue Papst, sei nicht parallel zur Menschheitsgeschichte verlaufen. Heilsgeschichte sei Menschheitsgeschichte, verstanden in ihrer wahren Tiefe, im Hinblick auf ihre wahre Bestimmung. Da die Kirche als Zeuge dieser Wahrheit in die Geschichte eingetaucht sei, müsse man verstehen, daß das Bekenntnis Petri nicht nur mit Petrus und Jesus zu tun hatte. Es sei der Anfangspunkt der Kirche, und im Glaubensakt Petri habe die Heilsgeschichte eine neue, „ekklesiologische Dimension" angenommen. Der Bericht von der Kirche, einer Pilgerin in der Geschichte, sei, recht verstanden, der Bericht von der *Menschheit.*

Christus habe die Menschheit nahe an das „Geheimnis des lebendigen Gottes" herangebracht. Niemand anderer als Gottes eigener Sohn habe dies tun können, und er habe es auf eine Weise getan, die wir erkennen konnten, als einer wie wir. Christus, der Sohn des lebendigen Gottes, habe uns nicht nur von seinem Vater erzählt, er habe uns die „letzte und endgültige Wahrheit" von uns selbst mitgeteilt. Für Johannes Paul *ist* Jesus Christus die Wahrheit über die menschliche Beschaffenheit. Das müsse die Kirche der Welt erzählen, Gläubigen und Suchern, Skeptikern und Zweiflern.

Um Zeugnis für die Wahrheit über Gott und die Menschheit abzulegen, sei Petrus nach Rom geführt worden. „Vielleicht", sagte Johannes Paul, „wäre er lieber dort geblieben, an den Ufern des Sees von Gennesaret, bei seinem Boot mit den Fischernetzen." Doch er sei gehorsam gewesen, und er sei gekommen und geblieben, gehorsam bis zum Martyrium, der Vollendung des christlichen Zeugnisses. Jetzt sei ein neuer Bischof von Rom in die Stadt gekommen. Vielleicht wäre auch er lieber an einem anderen Ort geblieben. Er sei dennoch nach Rom gekommen, „erfüllt von Furcht und Zagen, seiner Unzulänglichkeit bewußt", um das Zeugnis abzulegen, das von ihm gefordert werde. Er sei in die Stadt Petri gekommen, bereit, sein Leben im Dienst an der Wahrheit hinzugeben, daß die in Christus erlösten Menschen so viel größer sind, als sie sich vorstellen.

Dieser neue Bischof von Rom stamme aus Polen. „Aber von jetzt an wird auch er zum Römer. Ja, Römer!" Er sei Römer nicht nur kraft seines Amtes, sondern „schon deshalb, weil er Sohn eines Volkes ist (...), das dieser römischen Kathedra immer treu geblieben ist". Die Welt mochte es seltsam finden, daß jetzt ein Pole Bischof von Rom war. Die Kirche jedoch sollte es nicht seltsam finden.

Dieser neue Bischof von Rom würde nicht mit der päpstlichen Tiara gekrönt werden. Unberechtigterweise, bemerkte Johannes Paul, sei sie als Symbol der weltlichen Macht der Päpste angesehen worden. Die Tiara könne jedoch etwas anderes ausdrücken: die dreifache „Sendung Christi als Priester, prophetischer Lehrer und König", an der das Kirchenvolk Anteil habe. Die „ganze hierarchische Ordnung der Kirche Christi, die ganze in ihr ausgeübte ‚heilige Gewalt', [ist] nichts anderes (...) als Dienst, ein Dienst, der nur das eine Ziel hat: daß das ganze Volk Gottes an dieser dreifachen Sendung Christi Anteil habe und immer unter der Herrschaft des Herrn bleibe, die ihre Ursprünge nicht in den Mächten dieser Welt, sondern im Geheimnis des Todes und der Auferstehung hat". Die „uneingeschränkte und doch milde und sanfte Herrschaft des Herrn" sei „die Antwort auf das Tiefste im Menschen, auf die höchsten Erwartungen seines Verstandes, seines Willens und Herzens". Sie spreche die Sprache der Liebe und der Wahrheit, nicht die Sprache der Gewalt.

Der neue Bischof von Rom beabsichtigte, ein Diener zu sein. Und daher betete Johannes Paul II. vor den Augen der Welt: „Christus! Laß mich ganz Diener deiner alleinigen Herrschaft werden und sein! Diener deiner sanften Herrschaft! Diener deiner Herrschaft, die keinen Untergang kennt! Laß mich Diener sein! Mehr noch – ein Diener deiner Diener."

Und die Botschaft dieses „Dieners der Diener Gottes" war das Wort Christi an seine Jünger: Fürchtet euch nicht!

> Brüder und Schwestern! Habt keine Angst, Christus aufzunehmen und seine Herrschergewalt anzuerkennen! Helft dem Papst und allen, die Christus und mit der Herrschaft Christi dem Menschen und der ganzen Menschheit dienen wollen! Habt keine Angst! Öffnet, ja reißt die Tore weit auf für Christus! Öffnet die Grenzen der Staaten, die wirtschaftlichen und politischen Systeme, die weiten Bereiche der Kultur, der Zivilisation und des Fortschritts seiner rettenden Macht! Habt keine Angst! Christus weiß, „was im Innern des Menschen ist". Er allein weiß es!

Die Welt, reflektierte Johannes Paul, habe vor sich selbst und ihrer Zukunft Angst. All jenen, die Angst hatten, all jenen, die in der großen Einsamkeit der modernen Welt gefangen waren, rief er zu: „Ich bitte euch (...), erlaubt Christus, zum Menschen zu sprechen! Nur er hat Worte des Lebens! In der Tat, Worte ewigen Lebens!"

Der neue Bischof von Rom dankte denen, die gekommen waren, um diesen Tag gemeinsam mit ihm zu verbringen – den Repräsentanten der Staaten, der Hierarchie der Kirche, den Priestern und Ordensleuten, den Zehntausenden Pilgern, all denen, die am Radio oder Fernseher zusahen und zuhörten. Er fügte Grüße in Englisch, Französisch, Deutsch, Spanisch, Portugiesisch, Russisch, Tschechisch, Ukrainisch und Litauisch hinzu. Die herzlichsten waren jene, die er in Polnisch sprach, an seine „geliebten Landsleute", wobei er den großen Mickiewicz zitierte, den Hofdichter der polnischen Freiheit:

> Alles, was ich euch sagen könnte, verblaßt im Vergleich zu dem, was mein Herz und eure Herzen in diesem Augenblick empfinden. Lassen wir also die Worte! Es bleibe einzig das große Schweigen vor Gott, das Schweigen, das sich in Gebet verwandelt. Ich bitte euch: Seid mit mir! In Jasna Gora und überall. Hört nicht auf, dem Papst beizustehen, der heute mit den Worten des Dichters betet: „Mutter Gottes, schütze Tschenstochau und Ostra Brama!"

Zuerst rief Johannes Paul seine Mitkatholiken, dann alle Christen auf, für ihn zu beten. Zum Schluß wandte er sich wieder an die Welt. Diese denke vielleicht, der Papst sei nur für die Kirche da. Der Papst könne jedoch nicht so von sich denken. Daher appellierte er an die gesamte Menschheit: „Betet für mich! Helft mir, daß ich euch zu dienen vermag! Amen."

Als die dreistündige Messe zur Amtseinführung gegen 13 Uhr endete, schritt Johannes Paul II. nicht direkt in den Dom zurück. Er brach erneut mit der Tradition und ging allein zu der riesigen Menge auf dem Platz. Er grüßte und segnete eine Gruppe Behinderter, die in Rollstühlen zur Messe gebracht worden waren. Ein kleiner Junge durchbrach die Absperrungen, um ihm Blumen zu überreichen, und ein übereifriger italienischer Prälat versuchte, ihn zu verscheuchen. Johannes Paul II. ergriff den Jungen und umarmte ihn. Die ganze Menge konnte er zwar nicht umarmen, doch er konnte sie grüßen. Daher nahm er den großen silbernen päpstlichen Stab in beide Hände und schüttelte ihn zu der jubelnden Menge hin, als wäre er ein Schwert des Geistes, das aus dem Stein, in dem es gefangen war, befreit worden war.

Als er schließlich in die päpstlichen Gemächer zurückkehrte, hielt der Jubel noch an, und er kam mehrmals ans Fenster und winkte. Die Menge ging erst dann auseinander, als Johannes Paul II. sie lachend nach Hause schickte: „Es ist Zeit für alle zum Mittagessen", sagte er, „sogar für den Papst."[1]

ZUR FÜHRUNG ENTSCHLOSSEN

Das päpstliche Amt ist anders als alle anderen Ämter auf der Welt, und zwar nicht nur wegen seiner institutionellen Langlebigkeit. Der Papst wird *„Pontifex"*, Brückenbauer, genannt. Eine Brücke führt von irgendwo nach irgendwo. Was überbrückt der Pontifex? Er ist eine Brücke zwischen Gott und der Menschheit; zwischen der römisch-katholischen Kirche und den anderen christlichen Kirchen und kirchlichen Gemeinschaften; zwischen der römisch-katholischen Kirche und dem Judentum; zwischen der römisch-katholischen Kirche und den anderen Weltreligionen; zwischen der römisch-katholischen Kirche und der Welt der politischen, wirtschaftlichen und kulturellen Macht; zwischen dem Zentrum der Einheit der Kirche und dem Bischofskollegium, das in Ortskirchen auf der ganzen Welt verstreut ist. Als Hüter einer autoritativen Lehrtradition ist der Papst auch, der katholischen Theologie zufolge, eine „Brücke" zwischen der historischen Menschheit und der Wahrheit über ihren Ursprung, ihr Wesen und ihre Bestimmung.

Papst zu sein bedeutet, eine Aufgabe zu übernehmen, die nach genauer theologischer Definition unmöglich ist. Wie jedes andere Amt in der Kirche existiert das Papstamt um der Heiligkeit willen. Das Amt ist ein Geschöpf von Raum und Zeit, die Heiligkeit dagegen ist ewig. Niemand, nicht einmal ein Papst, der ein Heiliger ist, kann die Anforderungen, die das Amt an ihn stellt, voll erfüllen. Doch das Amt ist, nach dem Glauben der Kirche, von Gott und kann daher nicht scheitern, wenn auch der Amtsinhaber immer hinter den Erwartungen zurückbleibt. Diese Unterscheidung zwischen dem Amt und dem Mann, der es innehat, ist für jeden Papst ein Trost. Laut einem berühmten Theologen ist sie auch „unsäglich furchtbar". Das Amt spiegelt die Einheit von Dienst und Person in Jesus Christus, dessen Stellvertreter der Papst ist, wider. Jeder Papst, der Heilige und der Mensch, „steht an einer schlechthin tragischen Stelle", weil er nicht völlig so sein kann, wie das Amt es erfordert. Wenn er versucht, so zu sein, macht er sich arroganterweise dem Herrn gleich. Tröstet er sich zu rasch mit dem Gedanken, daß er notwendigerweise scheitern muß, dann verrät er die Anforderungen, die das Amt an ihn stellt, die Forderung nach radikaler Liebe. Das Petrusamt reflektiert immer die Worte Christi an Petrus – daß er wegen der Tiefe seiner Liebe dorthin geführt wird, wohin er nicht gehen will (vgl. Johannes 21,18).[2]

Die römisch-katholische Kirche zu führen und für alle anderen Gemeinschaften da zu sein, für die er als „Brücke" fungiert, ist eine außerordentlich komplexe Aufgabe. Ihre inhärente Komplexität wird noch durch die Tatsache vergrößert, daß der Papst, entgegen mancher falschen Auffassung, kein absoluter Monarch ist. Während des II. Vatikanums schlug Paul VI. einmal vor, die *Dogmatische Konstitution über die Kirche* solle den Passus enthalten, daß der Papst „nur dem Herrn allein Rechenschaft schuldig" ist. Das wurde von der Theologischen Kommission des Konzils zurückgewiesen, die feststellte, daß „der Papst auch an die Offenbarung gebunden ist, an die grundlegende Struktur der Kirche, an die Sakramente, an die Definitionen früherer Konzile und an andere Verpflichtungen, die zu zahlreich sind, um sie alle zu erwähnen".[3] Zu den letzteren gehört seine Verpflichtung gegenüber der Wahrheit der Wirklichkeit, wie sie ist, was eine weitere Beschränkung seiner Autorität darstellt. Ein berühmter Philosoph, der sich für einen äußerst orthodoxen Katholiken hält, erzählte einmal vor einer Versammlung: „Wenn der Papst sagen würde: ‚2+2=5', würde ich ihm glauben." Ein anderer berühmter Philosoph, der nicht weniger dem päpstlichen Amt verpflichtet ist, gab die viel orthodoxere Antwort: „Wenn der Heilige Vater sagen würde: ‚2+2=5', würde ich öffentlich sagen, ‚Vielleicht habe ich den Heiligen Vater falsch verstanden.' Privat würde ich für seine geistige Gesundheit beten." Der Papst ist keine *autoritäre* Gestalt, die kraft ihres ungezügelten Willens willkürliche Entscheidungen fällt. Der Papst ist der Hüter einer *autoritativen* Lehrtradition, eines *magisterium*, das die Grenzen der Kirche definiert. Er ist ihr Diener, nicht ihr Herr.[4]

Für Karol Wojtyła, der seit langem davon überzeugt war, daß die Wahrheit befreiend ist, stellten die „Beschränkungen" des Papstamts in keiner Weise Einengungen dar. Die Wahrheit, die gleichzeitig bindet und befreit, war seines Erachtens ein Instrument für die Ausübung des Petrusamtes im Dienst an der Freiheit des Menschen. Und er beabsichtigte, dieses Amt gemäß dem biblischen Vorbild von Lukas 22,32 auszuüben, wo Christus zu Petrus sagt, seine besondere Aufgabe unter den Aposteln sei die Stärkung seiner Brüder.

In den ersten Tagen seines Pontifikats bemerkte mehr als ein Beobachter, daß Johannes Paul II. „dies sein ganzes Leben lang getan zu haben" schien. Einer der Männer, die ihn gewählt hatten, Kardinal William Baum, ein gründlicher Erforscher der Kirchengeschichte, sagte Jahre später: „Mir fällt niemand ein, der mehr [für das Papstamt] bereit war als Kardinal Wojtyła."[5] Kardinal

Agostino Casaroli, der in Zukunft Gelegenheit haben würde, wegen der Art der Amtsausübung dieses neuartigen Papstes nervös zu sein, bekannte bei seiner Pensionierung: „Polen war zu klein für die große Persönlichkeit von Kardinal Wojtyła (...), [die] mehr zu einem Papst paßte."[6] Das war nicht einfach die Meinung eines Klerikers von einem besonders begabten Mitglied des Klubs. Der Krakauer Physiker Jerzy Janik kannte seinen alten Freund Karol Wojtyła gut und meinte, er sei „von Anfang an auf den Weltmaßstab eingestellt gewesen".[7] Sein langjähriger Pressesprecher, der spanische Laie Joaquín Navarro-Valls, stimmte dem zu – Johannes Paul II. habe sich in seinem Amt von Anfang an „wohlgefühlt".[8]

Auch wenn dieses Sich-Wohlfühlen häufig den Fähigkeiten eines guten Schauspielers zugeschrieben wurde, der sich rasch an eine neue Rolle anpassen kann, sah Johannes Paul selbst das anders. Es habe keine Pause zwischen seinem Amt als Erzbischof von Krakau und seinem Amt als Bischof von Rom gegeben, sagte er, aufgrund seines „Vertrauens in den Heiligen Geist, der einen Kardinal mit dieser Erfahrung, diesem Werdegang auf den Stuhl Petri rief" – was bedeutet haben müsse, daß „dieser Werdegang für die universelle Kirche nützlich ist".[9] Der neue Papst war nicht der Ansicht, er benötige von denen, die gewöhnlich die Päpste „managen", ausführliche Anweisungen dafür, wie ein Bischof sein Amt ausübt. Er war 20 Jahre lang Bischof und 14 Jahre lang Leiter eines historischen Erzbistums gewesen. Und er war entschlossen, die Kontinuität dieser beiden Erfahrungen sichtbar zum Ausdruck zu bringen – auch wenn das ebenfalls einen Bruch mit der Tradition bedeuten würde.

Erzbischof Bruno Heim, anerkannte Autorität für Kirchenheraldik, fertigte sieben Skizzen eines Wappens für Johannes Paul II. an. Der neue Papst lehnte sie alle ab und behielt das Wappen, das er als Erzbischof von Krakau getragen hatte: ein großes „M" unter einem Kreuz, das Maria unter dem Kreuz Christi darstellt, mit dem von Montfort inspirierten Motto *Totus Tuus*. Erzbischof Heim rümpfte darüber die Nase und meinte: „Die Praxis, Initialen zu benutzen, steht in völligem Gegensatz zur wahren heraldischen Diktion und erinnert einen an die Werbung oder an Handelsmarken."[10] Bischof Jacques Martin, Präfekt des päpstlichen Haushalts, war ein weiterer gekränkter Experte, der anmerkte: „Das Wappen dieses polnischen Papstes ist in seiner spirituellen Bedeutung viel ausdrucksfähiger als in seiner heraldischen Konformität."[11] Auch wenn es wie eine Bagatelle aussieht, war es eine Unabhängigkeitserklärung seitens des neuen Papstes und ein Ausdruck seiner Überzeugung, die Geschichte solle merken, daß er vom Bistum des hl. Stanislaus zum Bistum des hl. Petrus gekommen war. Jede Struktur im Vatikan, die in seinem Pontifikat errichtet oder geändert würde, würde das unverwechselbare, hartnäckig nonkonformistische Wappen des früheren Erzbischofs von Krakau tragen.

Er war mit dem emotionalen Aufruhr der Übernahme der unmöglichen Aufgabe des Papstamtes vor und während des Konklaves, das ihn wählte, konfrontiert gewesen. Von dem Augenblick an, in dem er gegenüber Kardinal Villot mit „*Accepto*" antwortete, war er entschlossen, zu führen – und zwar auf die Art, wie er es seit seiner Bischofsweihe vor 20 Jahren getan hatte.

ERDBEBEN IN DER KURIE

Johannes Paul II. mag sich in seinem päpstlichen Amt von Anfang an wohlgefühlt haben, doch einige seiner Mitarbeiter fühlten sich nicht ganz wohl mit ihm. Wenn seine Thronbesteigung ein *terremoto*, ein Erdbeben, war, dann war dessen Epizentrum die Zentralverwaltung der Kirche, die römische Kurie. Die Weltpresse, die sowjetische Führung und das Kardinalskollegium waren auf verschiedene Art von der Wahl Johannes Pauls II. erschüttert. Besonders erschüttert waren die italienischen Priester, Bischöfe und Kardinäle der Kurie.

Rom ist immerhin eine italienische Diözese. Und wenn „italienisch" auch bis weit in die italienische Beherrschung des Papstamtes ein Konzept ohne politischen Ausdruck war, hatte die Vorstellung, das römische Episkopat sei ein „italienisches" Privileg, doch zumindest echte kulturelle und linguistische Bedeutung für das Funktionieren der Kurie. Roms 2700jährige Stadtgeschichte und das Durchhaltevermögen des römischen Bistums, als die Stadt selbst in Not war, waren historische Realitäten, die den Zwängen der heutigen Entscheidungsfindung in einer globalen Kirche eine Perspektive gaben. „Wir denken hier in Jahrhunderten", ein klassischer Kommentar der Kurie, kann in der Tat eine hilfreiche Einstellung in einer medienorientierten Zeit des ständigen, raschen Wandels sein.

Andererseits hatte sich die Kurie, vor allem ihre italienischen Mitglieder, an das „Managen" der Päpste gewöhnt. Dieser Besitzinstinkt weitete sich allmählich zu einem Gefühl des Managements der ganzen Kirche aus, so daß die Ortskirchen zu Filialen der „Römisch-Katholische-Kirche AG" wurden. Im Lichte der Lehren des II. Vatikanums über die Kollegialität der Bischöfe war dies kein lebensfähiges Modell mehr. Jene, die „in Jahrhunderten denken", können Veränderungen jedoch manchmal verspätet mitbekommen.

In den letzten Jahren des Pontifikats Pauls VI. wurde es für Journalisten fast unerläßlich, die Kurie im schlimmsten Fall als ein Nest ehrgeiziger Vipern und im besten Fall als eine Höhle sich selbst bedienender Gauner darzustellen. Keines der beiden Bilder kommt der Wahrheit oder dem entscheidenden Problem, dem Johannes Paul II. nach seiner Wahl gegenüberstand, nahe. Einer von Johannes Pauls engsten Mitarbeitern äußerte im Vertrauen, daß von den Hunderten Personen, mit denen er es in der Kurie zu tun hatte, nur ein bis zwei „Gauner" genannt werden könnten, ein sehr guter Prozentsatz in jeder menschlichen Organisation. Das Hauptproblem mit der Kurie im Oktober 1978, als Johannes Paul II. Papst wurde, war nicht Niedertracht, sondern die Geisteshaltung – eine ungerechtfertigte, wenn auch historisch verständliche Hingabe an „die Art, wie wir die Dinge hier erledigen", die speziell viele italienische Kurienangehörige mit Gottes Willen für die Kirche identifizierten. „*Gli stranieri*", die Ausländer, „passen wirklich nicht gut hier hinein", sagte einmal ein sehr hoher Kurienbeamter, ohne verlegen zu werden. Über einen Papst, der seine eigenen Vorstellungen hatte, wie die Dinge erledigt werden sollten, der diese Ideen in der direkten pastoralen Praxis geprüft und sie für gut befunden hatte, ärgerte man sich in einer solchen Umgebung unweigerlich. Nimmt man noch die natürliche Enttäuschung über den „Verlust" des Papstamtes an *gli stranieri* hinzu, dann wird eines der Probleme, denen Johannes Paul II. zu Beginn seines Pontifikats gegenüberstand, deutlich erkennbar.

Von Anfang an zeigte Johannes Paul II., daß er kein Mann war, der sich „managen" läßt. Bei seiner ersten Pressekonferenz brach er erneut mit der Tradition, indem er in der Benediktionsaula durch die Reihen der Journalisten ging und Fragen in den Sprachen Englisch, Italienisch, Französisch, Polnisch und Deutsch beantwortete. Als einer der anwesenden päpstlichen „Manager" versuchte, ihn am Verlassen des Podiums zu hindern, schüttelte Johannes Paul ihn einfach ab. Jemand fragte, ob er nach Polen reisen würde. „So oft ich Gelegenheit dazu bekomme", war die Antwort. Ein anderer Reporter fragte, ob er weiter Ski fahren würde. „Ich weiß nicht, ob man mir das erlauben wird", sagte der Papst erneut.[12] Johannes Paul II. war sich der Spannung zwischen seinem direkten Vorgänger und bestimmten Mitgliedern der Kurie bewußt, und er war entschlossen, „man" nicht sein Leben bestimmen oder beeinträchtigen zu lassen.[13]

Wie seine Krakauer Jahre gezeigt hatten, war er keine Führungsperson, die die Arbeit anderer bis ins Kleinste reguliert oder schwierige Untergebene fristlos entläßt. Er hatte gelernt, daß seine Prioritäten zu setzen und zu verfolgen ein viel besserer Weg war, Bischof zu sein, als gegen eine Bürokratie zu kämpfen. Er konnte ebenfalls in Jahrhunderten denken, und er wußte, daß bestimmte verkrustete Aspekte des Stils der Kurie vom Schiff Petri abfallen würden wie Muscheln. Warum durch Erzwingen von Veränderungen Energie verschwenden und Personen verletzen, solange die „Muscheln" sich nicht bei der Verfolgung seiner Prioritäten einmischen? Intrigen innerhalb der Verwaltung und andere institutionelle Lappalien interessierten ihn überhaupt nicht. Daher konnte er viele Dinge, die manche seiner Mitarbeiter erregten, einfach ignorieren.

Als Papst konnte Kardinal Wojtyła entweder die Kirche führen und die Welt herausfordern, indem er einem neuen, pastoral und evangelisch nachdrücklichen Stil des päpstlichen Amtes Ausdruck verlieh. Oder er konnte sein Pontifikat damit verbringen, mit der Kurie zu kämpfen. Angesichts dieser Optionen bestand die einzige echte Wahl darin, nicht durch einen internen Zermürbungskrieg zu führen, sondern durch Schaffen neuer Tatsachen – sofort durch neue Initiativen und langfristig durch neue Ernennungen.[14] Gleichzeitig ließ er keinen Zweifel daran, wer die Leitung innehatte. Er fragte niemanden um Erlaubnis, um weiterhin vom Bistum des Petrus aus das zu tun, was er im Bistum des hl. Stanislaus getan hatte, genauso wie er nicht um Erlaubnis gefragt hatte, als er seinen Freund Bischof Deskur sofort nach dem Ende des zweiten Konklaves im Krankenhaus besuchte. Deskur, sein früherer Führer durch das römische Labyrinth, sagte, er wisse, was seine Rolle im neuen Pontifikat sein würde: „Mein Auftrag ist es jetzt, den Heiligen Vater durch mein Leiden zu unterstützen."[15]

DER AKTIVIST

Noch vor seiner Amtseinführung begann Johannes Paul II. in Worten und Taten viele der Schlüsselthemen zu skizzieren, die sein Pontifikat zwei Jahrzehnte lang formen würden.

Er hatte die Kardinäle gebeten, am 16. Oktober, in der Nacht seiner Wahl, mit ihm im Konklave zu bleiben. Nachdem er in seiner alten Zelle 91 geschlafen hatte, feierte er am nächsten Morgen zusammen mit den Papstwählern die Messe und gab in einer Ansprache nach der Liturgie ihnen und der Kirche eine Vorschau auf das, was kommen würde.

Seine erste Aufgabe und „erste Pflicht", teilte er ihnen mit, sei die „sorgfältige Durchführung" des II. Vatikanischen Konzils, eines Ereignisses „von höchster Bedeutung in der 2000jährigen Geschichte der Kirche". Bei dieser Durchführung müßten die Führer der Kirche „wieder die Magna charta des Konzils, d. h. die Dogmatische Konstitution *Lumen gentium* in die Hand nehmen, um mit erneuertem und größerem Eifer die Natur und die Aufgabe der Kirche zu betrachten, ihre Art der Existenz und der Tätigkeit". Das war die Strategie, die er vor dem ersten Konklave mit Kardinal Ratzinger diskutiert hatte: Der Vorschlag der Kirche an die Welt von heute müsse unverwechselbar katholisch und christlich sein, wenn die Kirche ihren einzigartigen Auftrag „auf den Wegen des Lebens und der Geschichte" erfüllen solle. Nachdem er sich verpflichtet habe, die Lehre des Konzils über Kollegialität mittels der Bischofssynode umzusetzen, wolle er sein Pontifikat der Förderung der „erhabenen" Sache der Einheit der Christen und der Durchführung des Auftrags der Kirche widmen, „einen wirklichen Beitrag zum (...) Anliegen des Friedens, des Fortschritts und der Gerechtigkeit unter den Völkern zu leisten" und dabei der Religionsfreiheit besondere Beachtung schenken.[16]

Am 18. Oktober traf Johannes Paul bei seiner ersten formellen päpstlichen Audienz mit dem Kardinalskollegium zusammen. Er sprach von dem „großen Mut", den die Kardinäle hätten aufbringen müssen, um ihn zum Bischof von Rom zu berufen. Er erinnerte daran, daß jeder neue Kardinal schwört, Christus treu zu sein „bis zum Blutvergießen", und er verband dieses Versprechen mit dem Engagement jener zahllosen, unbekannten Christen auf der ganzen Welt, „denen die Erfahrung des Kerkers, der Leiden und Demütigungen für Christus nicht erspart geblieben ist und noch immer nicht erspart bleibt". Das war der zweite explizite Hinweis auf die verfolgte Kirche in drei Tagen. Am Ende der Audienz führte er wieder etwas Neues ein: Nachdem er den Kardinälen seinen apostolischen Segen gespendet hatte, bat er sie, als Zeichen ihrer Brüderlichkeit und der Universalität der Kirche zusammen mit ihm diesen Segen der gesamten Kirche zu erteilen.[17]

Am 20. Oktober empfing Johannes Paul II. das beim Heiligen Stuhl akkreditierte Diplomatische Korps. Er betonte, daß die Männer und Frauen, mit denen er zusammentraf, „nicht nur Ihre Regierungen, sondern auch die Völker und Nationen" vertreten würden, alte Nationen mit langer Geschichte und junge Nationen mit großen Möglichkeiten. Bei ihrem Beitrag zur Entwicklung der Völker und Nationen habe die Kirche „immer in der Verschiedenheit und Pluralität ihrer Kulturen, ihrer Geschichte, ihrer Sprachen einen besonderen Reichtum gesehen". Die Geschichte seines Heimatlandes habe ihn gelehrt, „die Eigenwerte jeder Nation, jedes Volkes, seine Tradition und Rechte unter den anderen Völkern zu respektieren". Der Heilige Stuhl erhebe keinen Anspruch auf Macht, wie die Welt Macht versteht. Sein Ziel sei es, vor allem zur „Bewußtseinsbildung" beizutragen. Die Kirche brauche keine besonderen Privilegien, um das zu tun. Die Gerechtigkeit verlange jedoch Religionsfreiheit für alle, einschließlich des Rechtes auf Gottesdienst und des Rechtes der Gläubigen, „Zugang zur vollen Teilnahme am gesellschaftlichen Leben [zu] erhalten". Obwohl es nur eine kurze Ansprache war, kennzeichnete sie den ersten Schritt eines neuen Verhaltens des Papstes gegenüber der internationalen Politik, bei dem die Umwandlung der Kultur die erste Priorität besaß und Religionsfreiheit die nicht verhandelbare Bewährungsprobe einer gerechten Gesellschaft war.[18]

Die Pressekonferenz folgte am 21. Oktober. Der Papst dankte den Journalisten dafür, daß sie „dem bedeutenden und wahrhaft historischen Werk des großen Papstes Paul VI. sein so weites Echo verschafften", dafür, daß sie „das Lächeln und die wirklich evangelische Haltung meines unmittelbaren Vorgängers Johannes Pauls I. so vertraut machten" und für „die gute Darstellung" der Ereignisse in Zusammenhang mit seiner Wahl. Er meinte: „Ereignisse lassen sich immer schwer lesen und lesbar darstellen", und deshalb wolle er, daß die Journalisten „bei qualifizierten kirchlichen Instanzen immer die Hilfe finden, derer sie bedürfen". Der Journalismus sei eine Art Berufung, ein „Dienst, den Kirche wie Menschheit schätzen". Um so mehr Grund, für die Informations- und Ausdrucksfreiheit, die manche Journalisten genießen könnten, dankbar zu sein: „Schätzen Sie sich glücklich, sie zu besitzen!" Erneut wurde ohne großes Aufsehen, aber auch ohne Scheu, ein weiteres Signal an die Herren des Landes gesandt, aus dem er kam.[18]

Diese waren, gelinde gesagt, über ihn nicht glücklich. Die Parteilinie, ausgedrückt im Fernsehen und in einem Glückwunschtelegramm von Polens kommunistischen Führern, bestand darin, daß seine Wahl ein großer Triumph für die polnische Nation sei.[19] Johannes Paul II. antwortete rasch in einem Telegramm vom 21. Oktober an den Führer der kommunistischen Partei Polens, Edward Gierek: Die Geschichte der polnischen Nation sei „seit 1000 Jahren mit der Mission und dem Dienst der katholischen Kirche verbunden".[20] Die Regierung war nach ihren Maßstäben großzügig bei der Ausstellung von Pässen für Polen, die an der Amtseinführung am 22. Oktober in Rom teilnehmen wollten. Sie konnte aber der Versuchung nicht widerstehen, sogar dieses Verfahren für kleinliche Schikanen, die Begleichung von Rechnungen und die Gewinnung von Informationen zu benutzen. Jacek Woźniakowski und Tadeusz Mazowiecki, zwei prominenten katholischen Schriftstellern und Freunden des neuen Papstes, wurden die Pässe verweigert. Dem Sohn eines der Freunde des Papstes aus dem *Środowisko*-Kreis wurde gesagt, er könne einen Paß und das Geld für das Flugticket bekommen, wenn er dem SB berichte, was in seiner Abteilung der Jagiellonen-Universität geschehe.[21] Das polnische Fernsehen wollte der Messe zur Amtseinführung drei Stunden widmen. Johannes Paul II. sorgte dafür, daß die Zeremonie genau so lange dauerte, damit das letzte Bild, das in sein Heimatland übertragen wurde, das Segnen der riesigen Menschenmenge mit dem päpstlichen Kreuzstab war, und keine in Rom anwesenden polnischen kommunistischen Kommentatoren, die die Geschehnisse im Sinne der Partei interpretierten.[22]

Die kommunistische Führung Polens war auch Ziel sarkastischer Bemerkungen ihres brüderlichen sozialistischen Verbündeten. Bei der Messe zur Amtseinführung wandte sich der sowjetische Botschafter in Italien an den polnischen Präsidenten Henryk Jabłoński und bemerkte ätzend: „Die größte

Leistung der Volksrepublik Polen besteht darin, der Welt einen polnischen Papst gegeben zu haben."[23] Giancarlo Pajetta, ein italienischer Kommunist mit umfangreicher Erfahrung in Polen, versuchte, der Sache das Beste abzugewinnen: „Zumindest wird er unseren polnischen Genossen nicht mehr auf die Nerven gehen."[24] Da irrte er sich jedoch.

Am 23. Oktober, dem Tag nach seiner Amtseinführung, hielt Johannes Paul II. in der neuen Audienzhalle des Vatikans eine gefühlvolle Abschiedsaudienz für polnische Pilger ab. Er schickte die polnischen Bischöfe mit zwei Briefen nach Hause. Den ersten gab er dem Primas mit der Aufforderung, er und die Bischöfe sollten ihn im ganzen Land verteilen. Darin erzählte er seinen Landsleuten, er könne nur „mit tiefer innerer Bewegung (...) daran denken und darüber sprechen", den „uralten Bischofssitz des hl. Stanislaus mit dem römischen des hl. Petrus [zu] vertauschen". „Es will scheinen, als reiche ein menschliches Herz, vor allem ein polnisches Herz, nicht aus, einer solchen Gemütsbewegung standzuhalten." Aufgrund des Zweiten Weltkriegs und der Unterdrückung in der Zeit des Kommunismus sei die Kirche in Polen zur „Kirche eines einzigartigen Zeugnisses" geworden. Ohne dieses Zeugnis „kann man auch nicht begreifen, daß heute zu euch ein ‚polnischer' Papst spricht". Wie hätte eines dieser Ereignisse – die Wahl von Johannes Paul I. am Fest Unserer Lieben Frau von Tschenstochau, sein völlig unerwarteter Tod, die Berufung eines polnischen Kardinals auf den Stuhl Petri, seine Annahme durch die Kirche – eintreten können, ohne daß die Hand Gottes im Spiel gewesen wäre?

Dann sprach er Kardinal Wyszyński an: „Ehrwürdiger und geliebter Kardinalprimas, erlaube, daß ich Dir ganz schlicht sage, was ich denke. Auf dem Stuhl Petri säße jetzt nicht dieser polnische Papst, der heute voll Gottesfurcht, aber auch voll Vertrauen ein neues Pontifikat beginnt, wäre nicht Dein Glaube weder vor Kerker noch vor Leid zurückgewichen (...)." Als Wyszyński sich nicht am Kniefall vor dem Papst hindern ließ, kniete auch Johannes Paul II. nieder, und die beiden Männer umarmten sich mit Tränen in den Augen.[25]

Der Primas mag der erste unter den Brüdern gewesen sein, doch der Papst vergaß seine anderen Landsleute nicht – auch nicht die polnischen Kommunisten –, als er dieses große Drama in eine Geschichte einfügte, die, darauf bestand er, einen göttlichen Drehbuchautor hatte. Sie alle seien in etwas viel Größerem gefangen, als sie verstehen könnten. Die Liebe zur Heimat verbinde sie, und sie habe „nichts mit engem Nationalismus oder Chauvinismus" zu tun, sondern entspringe „dem Gesetz des menschlichen Herzens"; sie sei „das Maß des inneren Adels, ein Maß, das im Lauf unserer nicht leichten Geschichte viele Male auf die Probe gestellt wurde".

Nicht zurückkehren sei hart, und es habe keinen Sinn, es zu leugnen. „Aber wenn es der Wille Christi ist, muß man ihn annehmen, und deshalb tue ich es." Er bat um das Gebet aller Polen und schloß mit seinem Segen: „Ich segne euch nicht nur kraft meiner Sendung als Bischof und als Papst, sondern auch um einem tiefen Herzensbedürfnis nachzukommen." Was sein „geliebtes Krakau" betraf, bat er in einem zweiten Brief, den er durch Weihbischof Juliusz Groblicki an das Erzbistum sandte, dieses möge glauben, daß „ich, als ich zum Konklave nach Rom fuhr, keinen anderen Wunsch hatte, als zu euch zurückzukehren (...), aber Christi Wille hat es anders gewollt". Vielleicht könne er zum Jubiläum des hl. Stanislaus und zum Abschluß der Synode kommen.[26]

Vier Tage später, in seiner zweiten Woche als Papst, war der Trennungsschmerz in einem Brief an seine Cousine Felicja Wiadrowska, die Tochter von Maria, der Schwester seiner Mutter, immer noch deutlich zu spüren.

> Liebe Lusia,
> Gott hat angeordnet, daß ich in Rom bleibe. Es ist in der Tat ein ungewöhnliches Edikt der Heiligen Vorsehung. In diesen Tagen denke ich oft an meine Eltern und an Mundek, aber ich denke auch an Deine Mutter und Deinen Vater, die immer so gut zu mir waren. (...) Du bist die einzige, die von meiner engsten Familie noch lebt. (...)
> Johannes Paul II.[27]

Audienzen für das Kardinalskollegium und das beim Heiligen Stuhl akkreditierte Diplomatische Korps waren normale päpstliche Ereignisse, und die Treffen eines neuen Papstes mit alten Freunden und Kollegen auch. Aber die Papstmanager mußten sich rasch an die besondere Art der Personen anpassen, mit denen der neue Pontifex zu tun hatte – und mit denen er auch weiter zu tun haben wollte. Jerzy Kluger war mit seiner Frau und seinen Kindern eingeladen, seinen alten Klassenkameraden am 23. Oktober zu besuchen. Einige Tage vorher hatten die Manager zum ersten Mal Schwester Emilia Ehrlich getroffen: Nachdem sie die Nonne getröstet hatte, die sich sehnlichst gewünscht hatte, daß Kardinal Benelli Papst würde – „Sie weinte, weil ihr Kardinal nicht gewählt worden war, und ich weinte, weil meiner gewählt worden war"–, war Schwester Emilia zu ihren Studien am Päpstlichen Bibelinstitut zurückgekehrt. Am Donnerstag nach Wojtyłas Wahl spürte ein Kurienbeamter sie dort auf und sagte: „Ich verstehe das nicht, aber sie haben angerufen und gesagt, der Papst wolle Sie sprechen." Schwester Emilia nahm den Bus zum Vatikan und präsentierte sich an der Porta Sant'Anna. „Sie waren ganz entsetzt. Sie gaben mir zwei Schweizergardisten mit, als ob ich eine Gefangene wäre, und die gingen die ganze Strecke mit." Als sie den Papst sah, erlitt Schwester Emilia „einen Farbschock: Er kam ganz in Weiß herein, so hatte ich ihn noch nie gesehen." Sie standen eine Weile da und blickten sich an; dann fing Schwester Emilia an zu weinen. Der Papst sagte: „Wir wollen nicht rührselig werden". Er benötige Hilfe, um mit der Flut von Verlagsanfragen bezüglich der Rechte an seiner Dichtung fertig zu werden. Er wolle, daß sie sich darum kümmere und zum Staatssekretariat gehe. Schwester Emilia wußte zwar nicht, wo sich das befand, aber sie machte sich auf, um es zu suchen, zweifellos zur weiteren Verwunderung der Papstmanager.[28]

In den Wochen nach der Messe zu seiner Amtseinführung brach Johannes Paul II. häufig aus dem goldenen Käfig aus, der nun sein Zuhause und sein Büro war. Am 29. Oktober flog er im Hubschrauber zum Marienheiligtum von Mentorella, das von einer Gruppe polnischer Patres betreut wird, deren Gründung im 19. Jahrhundert von Adam Mickiewicz inspiriert wurde. Als sich die Kunde von dem Papstbesuch verbreitete, strömten Tausende aus der Umgebung zu dem Wallfahrtsort. Johannes Paul entschuldigte sich bei den örtlichen Behörden für das Durcheinander, das er verursachte, und erklärte, warum er gekommen war. Mentorella sei ein Ort, der ihm bei seinen Besuchen in Rom „viel beim Beten geholfen" habe. Jetzt wolle er zurückkommen, weil „das Gebet (...) die erste Pflicht und so etwas wie die erste Verkündigung des Papstes

[ist] – wie es auch die erste Bedingung seines Dienstes an der Kirche und der Welt ist".[29]

Eine Woche später, am Sonntag, dem 5. November, präsentierte sich Johannes Paul in seinem neuen Amt als Primas von Italien seinem Volk an den Gräbern der beiden Schutzpatrone Italiens, des hl. Franziskus von Assisi und der hl. Katharina von Siena. In der Basilika von Assisi sagte der Papst zu einer riesigen Menge: „Weil ich nicht auf dem Boden Italiens geboren wurde, empfinde ich um so mehr das Bedürfnis, in geistiger Weise aus dieser Erde geboren zu werden." Deshalb sei er nach Assisi gekommen, wo der hl. Franziskus, der *Poverello*, „das Evangelium Christi den Menschen seiner Zeit ins Herz eingemeißelt hat" – der neue Bischof von Rom brauche seine Gebete. Nach der Rückkehr nach Rom am gleichen Abend fuhr er zur Kirche Santa Maria sopra Minerva, in deren Hochaltar die Überreste der hl. Katharina von Siena ruhen. Vor den Reliquien dieser Tadlerin der Päpste stehend – der Frau, die durch ihre Willenskraft Papst Gregor XI. praktisch gezwungen hatte, 1376 aus Avignon nach Rom zurückzukehren – bekannte Johannes Paul, er sehe in der hl. Katharina von Siena „ein sichtbares Zeichen für die Sendung der Frau in der Kirche. Ich möchte zu diesem Thema vieles sagen (...)."[30]

Am Donnerstag, dem 9. November, traf Johannes Paul II. in der Benediktionsaula die Priester von Rom. Am folgenden Sonntag, dem 12. November, nahm er als Bischof von Rom seine Kathedrale, die Lateranbasilika, in Besitz.[31] Genauer gesagt, er kam, um seine Diözese zu bitten, ihn zu akzeptieren: „Ich bitte euch, mich anzunehmen, wie ihr all die Jahrhunderte hindurch meine Vorgänger angenommen habt (...)." Er richtete auch eine Forderung an die Römer, Bewohner einer Stadt, in der die katholische Praxis oft lau war: „Geht im Geist an das Ufer des Jordan, dorthin, wo Johannes der Täufer lehrte: Johannes, der Schutzpatron dieser Basilika, der Bischofskirche von Rom. Hört noch einmal, was er, auf Christus deutend, sagte: ‚Seht das Lamm Gottes, das hinwegnimmt die Sünden der Welt!' (...) Glaubt mit neuem Glauben, (...), glaubt an Christus, den Erlöser der Welt!"[32]

Am 29. November traf Johannes Paul 15 000 jubelnde Teenager und bat sie: „Sagt allen, daß ich auf euch zähle."[33]

Am 3. Dezember, seinem ersten freien Sonntag, machte er seinen ersten Besuch einer römischen Pfarrkirche im Stadtviertel Garbatella, wo er während seiner Studienzeit gearbeitet hatte.[34] Am folgenden Sonntag war er in der „Pfarrkirche" des Vatikans, St. Anna, direkt vor der Porta Sant'Anna, wo er seine Predigt an „meine Gemeindemitglieder" mit den Worten des hl. Augustinus begann: *„Vobis sum (...) episcopus, vobiscum sum christianus"* [Für euch bin ich Bischof, mit euch bin ich Christ].[35]

Am nächsten Tag, dem 11. Dezember, dem 30. Jahrestag der Allgemeinen Erklärung der Menschenrechte, drängte er darauf, daß „die Freiheit der Religion für jeden und für alle Völker von jedermann und überall auf der Welt respektiert werden muß".[36] Auf dieses Thema kam er in seiner Predigt bei der Mitternachtsmesse an Heiligabend 1978, in seiner Botschaft zum Weltfriedenstag am 1. Januar und in seiner Neujahrsansprache an das Diplomatische Korps am 12. Januar 1979 zurück. Während der ersten zwei Monate im Amt war Johannes Paul II. der energischste päpstliche Verteidiger der Religionsfreiheit in den 13 Jahren seit der Annahme von *Dignitatis humanae* durch das II. Vatikanische Konzil.

Zwei Tage vor Weihnachten 1978 ergriff der neue Papst seine erste diplomatische Initiative: Er sandte Kardinal Antonio Samoré nach Chile und Argentinien, um eine Lösung für den Beagle-Kanal-Grenzkonflikt auszuhandeln, der in einen offenen Krieg auszuarten drohte. Der Heilige Stuhl hatte sich seit der Beilegung des Streits zwischen Spanien und Deutschland wegen der Karolinen-Inseln 1885 nicht mehr als internationaler Vermittler betätigt, und einige der vorsichtigeren Berater sorgten sich darum, daß das Ansehen des Vatikans leiden würde, wenn der Vermittlungsversuch fehlschlüge. Johannes Paul war anderer Ansicht, wie er es einem Vatikandiplomaten gegenüber ausdrückte, der ihm zu seinem Mut gratulierte: „Meinen Sie, ich könnte nach Übernahme dieses Amtes dastehen und zusehen, wie diese beiden katholischen Länder miteinander Krieg führen?"[37] Samorés Mission, eine klassische Pendeldiplomatie zwischen Buenos Aires und Santiago, war erfolgreich. Am 9. Januar 1979 baten die beiden Länder offiziell den Heiligen Stuhl um Vermittlung im Grenzkonflikt und verpflichteten sich, während der Verhandlungen keine Streitkräfte einzusetzen. Angesichts der Ängstlichkeit des Staatssekretariats des Vatikans lag es nur an der direkten, persönlichen Initiative von Johannes Paul II., daß ein kleiner, aber blutiger Krieg verhindert wurde.[38]

Die Römer hatten inzwischen beschlossen, ihren neuen Bischof zu mögen. In seiner *Urbi-et-Orbi*-Botschaft „an die Stadt und den Erdkreis" am Weihnachtstag sagte er zu ihnen, Weihnachten sei das „Fest des Menschen". Jeder Mensch sei „etwas Eigenes, Einziges und Unwiederholbares", und ihm sei die Macht gegeben, ein Kind Gottes zu werden, denn als Gott im Stall von Betlehem in die Geschichte der Menschen eintrat, habe er ihnen eine unübertreffliche Würde gegeben.[39] Am nächsten Tag kehrten Hunderte von Römern auf den Petersplatz zurück. Es war Dienstag, und weder eine Generalaudienz noch das Beten des Angelus war angesetzt, doch die Leute begannen zu klatschen und nach dem Papst zu rufen. Kurz vor Mittag kam er ans Fenster, betete den Angelus mit ihnen und neckte sie: „Ich freue mich mit euch und frage mich, warum ihr gekommen seid. Vielleicht, um zu sehen, ob der Papst am zweiten Weihnachtstag zu Hause ist. Oder weil heute ein wirklich schöner Tag ist und einen nach draußen lockt. Aber der Papst muß zu Hause bleiben, weil er nie weiß, wann Leute kommen, um den Angelus mit ihm zu beten." Die Menge jubelte weiter, und das Scherzen ging weiter: „Ich verstehe nicht, was ihr sagt, ihr habt ja keine Mikrophone. Aber ich verstehe, daß ihr den Papst liebt. Vielen Dank und frohe Weihnachten für alle. (...) Gesegnet sei der Name des Herrn."[40]

Einige Wochen später gab es noch einen Traditionsbruch: Päpste führen normalerweise keine Trauungen durch. Dieser Papst, dazu entschlossen, ein Hirte zu bleiben, war anders. In der Weihnachtszeit hatte er die Krippe besucht, die jedes Jahr von römischen Straßenfegern in der Nähe des Vatikans aufgebaut wird. Vittoria Janni, die Tochter eines der Straßenreiniger, fragte den Papst, ob er sie trauen wolle. Johannes Paul II. stimmte lächelnd zu. Vittoria Janni und Mario Maltese wurden am 25. Februar in einer Kapelle im Vatikan bei einer Messe getraut, die der Papst feierte.[41] Am 1. März traf Johannes Paul mit 13 000 Mitgliedern des italienischen Militärs zusammen, schnitt vor den Kameras im befiederten Helm eines *bersagliere* Grimassen und zitierte Pascal: „Fern von Jesus Christus wissen wir nicht, was unser Leben und unser Tod ist, was Gott ist und was wir selbst sind."[42] Zwei Tage später begann er den Rosenkranz am ersten Sonnabend zu leiten, der weltweit über Radio Vatikan übertragen wird. Normalerweise hatten andere römische Kleriker diese halbstündige Gebetszeremonie geleitet; Hörerwünsche führten zu der Änderung.[43]

Bei den Feierlichkeiten zu Epiphanias, am 6. Januar 1979, weihte Johannes Paul II. den Mann, den er zu seinem Nachfolger als Erzbischof von Krakau bestimmt hatte, zum Bischof – Franciszek Macharski, ein alter Freund, Mitseminarist und einer der Hauptakteure der Krakauer Synode. Nach der Zeremonie im Petersdom, bei einer Zusammenkunft mit dem neuen Erzbischof und jenen, die mit ihm aus Krakau nach Rom gekommen waren, schenkte der Papst seinem Nachfolger das einfache goldene Brustkreuz, das Papst Pius X. 1911 Adam Stefan Sapieha geschenkt und das Karol Wojtyła in den 14 Jahren als Erzbischof getragen hatte. „Das", sagte er zu Macharski, „gehört dem Erzbischof von Krakau." Macharski, der wußte, wie sehr der Papst das Sapieha-Kreuz liebte, ließ eine genaue Nachbildung anfertigen und gab sie Johannes Paul II. einige Monate später. Der Papst trägt sie seitdem ständig.[44]

Innerhalb von vier Monaten nach seiner Wahl hatte der unermüdliche Papst das älteste Amt der Welt neubelebt, indem er durch seine Handlungen und Worte deutlich machte, daß Evangelisierung und Neuevangelisierung seine pastoralen Prioritäten waren. Er hatte gezeigt, daß er seine Titel als „Bischof von Rom" und „Primas von Italien" viel direkter ausüben wolle als seine italienischen Vorgänger. Er hatte die jungen Leute der Welt wissen lassen, daß sie seine Lieblinge und seine große Hoffnung seien. Er hatte seine Ehrerbietung und Sorge für Ehe und Familienleben gezeigt. Er hatte die traditionellen diplomatischen Hebel, die ihm zur Verfügung standen, weidlich eingesetzt, genauso wie er begonnen hatte, die Interaktion der Kirche mit der Welt der Macht neu auszurichten. Seine offene Verteidigung der Religionsfreiheit sandte unmißverständliche Signale durch die ganze Welt, insbesondere an die kommunistische Führung. Das war ein Papst, der sich nicht durch die normalen Regeln binden ließ, der bewußt den Druck der Weltmeinung zugunsten der Menschenrechte einsetzen würde.

ÄNDERUNG DER ROUTINE

Johannes Paul II. tat nicht nur Dinge, die Päpste bisher nicht gemacht hatten, sondern legte dabei auch noch ein Tempo vor, das nach den Maßstäben der institutionellen Kultur, in der er sich jetzt befand, schwindelerregend war.

Er stand um 5.30 Uhr auf („nicht leicht", wie er einmal sagte) und ging dann für mehr als eine Stunde privaten Gebets direkt in seine Kapelle, wobei er vor einem modernen Kruzifix und einem Bild der Schwarzen Madonna kniete. Was er einmal die „Geographie" des Gebetes genannt hatte, ging über die Weltkrisen und die Sorgen von Ortskirchen hinaus, die er vor den Herrn brachte. Es schloß Hunderte persönlicher Gebetsbitten ein, die die Nonnen seines Haushalts seiner Korrespondenz entnahmen und auf Blätter getippt obenauf in sein Betpult legten.⁴⁵ Um 7.30 Uhr feierte er mit seinen Sekretären und anderen Priestern die Messe, vor einer kleinen Gemeinde, zu der fast immer eingeladene Gäste und die Nonnen gehörten, die sich um die päpstlichen Gemächer kümmerten. Um 8.30 Uhr nahm er sein Frühstück ein, häufig mit Gästen, die eingeladen wurden, nach der Messe zu bleiben.

Von 9.30 bis 11 Uhr schrieb er wie in Krakau oft in der Kapelle, vor dem Allerheiligsten, und er hatte die Gewohnheit, oben auf jede Manuskriptseite ein kurzes Gebet zu setzen. Hier arbeitete er an seinen Enzykliken, apostolischen Schreiben und Audienzreden. In den wichtigsten Fällen schrieb er die Entwürfe selbst und schickte sie vertrauenswürdigen Kollegen zur Begutachtung. In anderen Fällen bearbeitete er Entwürfe, die von der Kurie oder anderen Beratern vorbereitet worden waren. Um 11 Uhr begannen seine offiziellen Termine, einschließlich der Audienzen für verschiedene Gruppen, und dauerten zweieinhalb Stunden. Um 13.30 Uhr gab es *pranzo*, Mittagessen, mit Gästen. Das ausgiebigste Mahl des Tages umfaßte eine Vorspeise, ein Nudelgericht, Fleisch oder Fisch mit mehreren Gemüsesorten, eine Süßspeise (sein Lieblingsgang, wie Besucher feststellten) und frisches Obst, serviert mit Wein und Mineralwasser. Wenn das Mittagessen zu Ende war, gewöhnlich vor 15 Uhr, ruhte er sich zehn Minuten aus und versuchte dann, etwas Bewegung zu bekommen, zum Beispiel durch einen Spaziergang in den Vatikanischen Gärten, während die Kurie und das übrige Rom ihr längeres Mittagsschläfchen hielten. Im Gehen betete er mindestens einen von mehreren Rosenkränzen, die er am Tag betete.

Ein verschlossener Postsack mit Dokumenten, Korrespondenz und anderen offiziellen Papieren kam um 15 Uhr vom Staatssekretariat. Seine Sekretäre sortierten alles und legten das, was unterschrieben oder entschieden werden mußte, dem Papst vor; manchmal lautete die Entscheidung: „Wir müssen das noch weiter untersuchen."⁴⁶ Am späten Nachmittag begannen wieder offizielle Termine. Er traf sich einmal pro Woche, wenn nötig öfter, in geplanten, formellen Audienzen mit dem Kardinalstaatssekretär, dem Präfekten der Kongregation für die Glaubenslehre, dem Präfekten der Kongregation für die Bischöfe, dem Sostituto und dem „Außenminister", dem Sekretär für die Beziehungen mit den Staaten.

Abendessen gab es um 19.30 Uhr, normalerweise mit Gästen, und es endete etwa um 21 Uhr. Dann traf ein weiterer Postsack vom Staatssekretariat ein. Den Rest des Abends las Johannes Paul, schrieb noch etwas, konferierte mit seinen persönlichen Mitarbeitern oder sah, als die Technologie zur Verfügung stand, bis 23 Uhr die eingehenden Faxe durch. Dann ging er zu Bett.

Entspannung bedeutete für Johannes Paul II. gewöhnlich nicht Musik oder Filme, auch wenn er sich letztere gelegentlich ansah und sie für einen wichtigen Stimulus für „kreative Arbeit" hielt, sondern eher Vertiefung in die Philosophie.⁴⁷ Es war ihm unmöglich, in seinem Fach systematisch zu lesen, doch der Mann, der ein neues Buch über Heidegger auf seinem Nachttisch liegen gelassen hatte, als er zum zweiten Konklave abreiste, hatte fast immer ein philosophisches Werk bei sich, in dem er las, wenn es die Zeit erlaubte.

Mitten im Glanz des Apostolischen Palastes – der Fresken von Raffael, der Vergoldungen, der reichen Wandbehänge, des allgegenwärtigen Marmors – mögen Besucher über die Einfachheit, ja Mittelklasse-Konventionalität der

Wohnung des Papstes überrascht sein. Seine beiden Priester-Sekretäre teilen sich ein Büro direkt neben dem „öffentlicheren" Teil der päpstlichen Gemächer – der Kapelle, dem Eßzimmer, dem großen und kleinen Empfangsraum. Das persönliche Büro des Papstes liegt neben dem Raum der Sekretäre und enthält eine große Ikone der Schwarzen Madonna. Sein Schlafzimmer ist durch eine faltbare Trennwand bzw. einen Wandschirm in zwei Teile geteilt. Auf der einen Seite steht ein kleiner Schreibtisch, auf der anderen befindet sich das eigentliche Schlafzimmer, das ein großes Bett mit einer einfachen weißen Tagesdecke, mehrere freistehende Schränke und einen großen Tisch enthält, auf dem einige große Fotobände liegen, die sich Johannes Paul gerne ansieht. An der hinteren Wand des Schlafraums hängt eine Karte der Diözese Rom; im Laufe der Zeit wurden die Pfarreien, die der Papst besucht hatte, darauf gekennzeichnet. Es gibt nur zwei Fotos in Johannes Pauls Privatgemächern: eine kleine Fotografie des Fürstkardinals Adam Stefan Sapieha auf dem Schreibtisch in seinem persönlichen Büro und ein kleines, silbergerahmtes Foto seiner Eltern, aufgenommen kurz nach ihrer Hochzeit, auf dem Tisch in seinem Schlafzimmer.

Er versucht, die Wohnung für diejenigen, die darin leben, zu einem Heim zu machen. Als 1982 ein junger Priester aus Zaire, Emery Kabongo, sein zweiter Sekretär wurde, stellte der Afrikaner sofort fest, daß Johannes Paul II. „sich nicht wie ein großer Chef" verhielt, sondern „ein Mann [war], mit dem man leben kann". An dem Tag, als Kabongo vom Staatssekretariat eintraf, kam der Papst herein, während der Neue vom ersten Sekretär durch das Büro geführt wurde; Johannes Paul begrüßte ihn, gab ihm seinen Segen, nahm ihn mit in die Küche, um ihn den Schwestern vorzustellen, und sagte zu ihm, er gehöre „zur Familie", und „Stanislao (Dziwisz, der erste Sekretär) sei sein „Bruder". In den sechs Jahren, in denen er für Johannes Paul II. arbeitete, bekam er vom Papst nie zu hören, wie er seine Arbeit machen solle. Johannes Paul, erinnerte er sich, war nie über Ineffizienz oder administrative Fehler verärgert; wütend wurde er nur selten – dann, wenn jemand, der es hätte besser wissen müssen, eine Wahrheit des katholischen Glaubens leugnete. Der Afrikaner bemerkte auch, daß der Papst sein Leben so einrichtete, daß er so viele Kontakte zu Menschen wie möglich hatte.[48] Alle wurden mit einer ungekünstelten Natürlichkeit behandelt. Johannes Paul, in vieler Hinsicht ein Mann mit nahezu höfischen Manieren, ermunterte Besucher nicht, seinen Ring zu küssen, wie es früherer Brauch diktierte, aber er brachte auch jene, die ihm diese Geste der Achtung erweisen wollten, nicht in Verlegenheit. Seine Fähigkeit, Besuchern die Befangenheit zu nehmen, wurde noch dadurch verstärkt, daß er die Sprache der meisten Besucher sprechen konnte.

Zu Johannes Pauls täglicher Routine gehörte laut Kollegen und Mitarbeitern, daß er viel betete, nicht nur, wenn er für die Messe oder die Stundengebete (die er für sehr wichtig hält) in der Kapelle war, sondern ständig – zwischen Besprechungen, auf dem Weg zu Audienzen, im Auto, im Hubschrauber, sogar auf dem Dach. Johannes Paul II. hatte oben auf dem Apostolischen Palast moderne Kreuzwegstationen anbringen lassen. Während des Jahres betete er den Kreuzweg jeden Freitag und in der Fastenzeit jeden Tag. Er empfing jede Woche das Bußsakrament und beichtete bei einem polnischen Priester. Einmal konnte der Sekretär Pater John Magee, den er von Paul VI. und Johannes

Paul I. übernommen hatte, ihn nirgendwo in den päpstlichen Gemächern finden. Man riet ihm, in der Kapelle nachzusehen. Er schaute hinein und sah den Papst nicht. Man sagte ihm, er solle noch einmal nachsehen – unten. Da lag Johannes Paul II., vor dem Tabernakel auf dem Boden. Egal, welches Problem es gab, er war von Anfang an ein Mann, der „alle wichtigen Entscheidungen (...) auf den Knien vor dem Tabernakel trifft", wie eines der höheren Kurienmitglieder es ausdrückte.[49]

Johannes Paul II. erhielt täglich eine in Italienisch geschriebene Kurzfassung der Nachrichten, die vom Staatssekretariat aus wichtigen Zeitungen der Welt ausgesucht und so angeordnet wurden, daß er die Überschriften überfliegen und dann nach Belieben tiefer in die Zusammenfassung eines bestimmten Artikels einsteigen oder die Geschichte (oder Kolumne) selbst lesen konnte. Wie in Krakau erfuhr er durch seine täglichen ständigen und intensiven Gespräche weit mehr als aus dem, was andere als „Nachrichten" deklariert hatten. Als er anfing, persönliche Einladungen zu seiner privaten Messe und zum Frühstück, Mittagessen und Abendessen zu erteilen, waren die Papstmanager entsetzt; Einladungen in „die Gemächer" waren immer Sache des Staatssekretariats und der Präfektur des päpstlichen Haushalts gewesen. Ein Kurialer, den es störte, daß jetzt so viele vorher unbekannte Personen zu Audienzen oder Mahlzeiten mit dem Pontifex in den Apostolischen Palast strömten, beklagte sich: „Diese Räume waren einst ein Ort des Respekts, des guten Geschmacks. Jetzt sind sie der Campo dei Fiori" (der große Markt in Rom unter freiem Himmel). Das war tatsächlich genau Johannes Pauls Sicht der Dinge. Die Kirche war zuallererst eine pastorale Realität, und natürlich geschah in ihr alles auf einmal, wie auf einem Markt.[50]

Johannes Paul II. verdeutlichte nicht nur, daß das Haus Petri das Haus der Kirche war, sondern war auch entschlossen, sich eine persönliche Sphäre des Gesprächs und der Initiative zu bewahren. Als er mit der Tradition brach, indem er als Herr über seine Kapelle und seinen Tisch handelte, entwickelte er Methoden zur Aufrechterhaltung einer Korrespondenz mit Freunden und intellektuellen Gesprächspartnern auf der ganzen Welt. Es war die alte Krakauer Strategie des „Faktenschaffens", nun auf eine andere Art bürokratischer Trägheit angewandt. Der Papst fragte nicht um Erlaubnis, mit den Personen in Kontakt zu bleiben, mit denen er persönliche Gespräche führen wollte. Er umging einfach das Staatssekretariat.[51] Er fragte auch nicht um die Erlaubnis, im ersten Sommer, als er in der päpstlichen Sommerresidenz wohnte, Jerzy Janik und seine Familie nach Castel Gandolfo einzuladen. Er tat es einfach, und die Janiks kamen.[52]

Der Mann, der dafür sorgte, daß sein Leben als Papst „funktionierte", war der gleiche, der das schon für den Erzbischof von Krakau besorgt hatte: sein langjähriger Sekretär Stanisław Dziwisz. Dieser war 1939 in Raba Wyżna geboren worden. Das Dorf liegt in der Nähe von Nowy Targ, auf dem Weg zum Skiort Zakopane, und Dziwisz wurde ein erstklassiger Skiläufer. 1963 von Bischof Wojtyła ordiniert, verbrachte er zwei Jahre südlich von Krakau mit pastoraler Pfarrarbeit, bevor er 1966 zweiter Sekretär (oder „Kaplan") von Erzbischof Wojtyła und kurz darauf dessen Hauptsekretär wurde. Dziwisz vollendete seine Promotion in Theologie, während er als Sekretär des Papstes diente.

Die Beziehung zwischen den beiden Männern kann man vielleicht am besten beschreiben als eine, die sich jeder Vater von seinem Sohn wünscht: Liebe und

Pflichterfüllung ohne Angst oder Kriecherei. Dziwisz brachte hohe Loyalität, völlige Diskretion, ein genaues Urteil, einen koboldhaften Sinn für Humor und Unermüdlichkeit mit in seine Arbeit. Er war keinesfalls eine genaue Kopie von Wojtyła. Sie stammten aus unterschiedlichen sozialen Schichten (Dziwisz kam aus einer großen Familie vom Land), hatten verschiedene Interessen und Geschmäcker und interpretierten manchmal Situationen unterschiedlich. Als Dziwisz mit dem neugewählten Johannes Paul II. in den Vatikan zog, war sein Verständnis von seiner Aufgabe einfach – dafür zu sorgen, daß das geschah, was der Heilige Vater wollte.

Es ist das traurige Los des päpstlichen Sekretärs, zu vielen wichtigen Leuten, einschließlich wichtigen Kirchenmännern, „Nein" sagen zu müssen, und der Groll, der dadurch entstehen kann, ist zwar nicht erbaulich, aber verständlich. Doch Stanisław Dziwisz zog sich nicht den Unmut und Zorn ranghoher Männer in der Kirche zu wie manche seiner Vorgänger. Das ist teilweise durch die Tatsache erklärbar, daß dieser Mann aus sehr einfachen Verhältnissen ein Gentleman ist, dessen Selbstlosigkeit bekannt ist und geachtet wird, selbst von jenen, zu denen er „Nein" sagen muß.

Innerhalb weniger Wochen nach der Wahl Johannes Pauls II. schien seine Jugendlichkeit, seine Kraft und sein Vertrauen zu der Botschaft, die er predigte, für viele ein neues Modell des päpstlichen Amtes zu sein. Es bedeutete das Aufgreifen eines ehrwürdigen Verständnisses vom Episkopat aus dem ersten Jahrtausend des Christentums. Damals waren, wie es ein Gelehrter formuliert hat, „viele Kirchenväter gleichzeitig Bischöfe, Prediger, Seelenhirten, Theologen und geistige Führer, ganz zu schweigen von Mystikern. (...) Jede Facette ihrer Persönlichkeit und Arbeit war mit den anderen verbunden und bereicherte sie."[53] Angesichts der Erfahrungen der Kirche und der Welt mit dem von Managern geleiteten Papstamt sah Johannes Pauls evangelischer und apostolischer Ansatz tatsächlich radikal aus. Doch aus seiner Sicht war er einfach das, was ein Bischof gemäß der alten Tradition, die vom II. Vatikanischen Konzil erneuert worden war, sein sollte.

STURMSIGNALE IN MOSKAU

Nicht alles war seinem Willen unterworfen. Johannes Paul II. meinte, der Papst solle Weihnachten, und insbesondere sein erstes Weihnachten als Papst, in Betlehem verbringen. Die Idee löste beim Staatssekretariat Bestürzung aus. Betlehem liegt in der Westbank, einem seit dem israelisch-arabischen Krieg von 1967 heftig umkämpften Gebiet. Der Heilige Stuhl unterhielt zu keinem der relevanten Staaten volle diplomatische Beziehungen. Eine Pilgerreise nach Betlehem konnte nicht losgelöst von dem Problemgewirr in der Region, in das der Heilige Stuhl verwickelt war, betrachtet werden. Der Besuch wäre ein logistischer Alptraum – der Papst konnte nicht einfach wie andere Pilger in Betlehem ankommen. Johannes Paul II. zog schließlich seinen Vorschlag zurück, wenn er auch in seiner Predigt an Heiligabend in Rom seinen Wunsch, in

Betlehem zu sein, erwähnte. Sein Wunsch nach einer Pilgerreise in das Heilige Land, den er in den nächsten zwei Jahrzehnten mehr als einem Besucher gegenüber äußerte, intensivierte sich im Laufe der Zeit.[54]

Die Idee einer improvisierten Pilgerreise nach Betlehem zeigte auch, daß Johannes Paul II. über das Verhältnis des Papstamtes zur Weltpolitik in ziemlich anderen Kategorien dachte als seine Vorgänger.

Nach Johannes Pauls Verständnis war der einzigartige Status des Heiligen Stuhls im internationalen Recht und in der diplomatischen Praxis ein Vorteil für die Kirche. Er gab ihr einen Platz am Tisch in internationalen rechtlichen und politischen Institutionen und ein Forum für den Ausdruck ihrer moralischen Bedenken. In ähnlicher Weise schützte die Unabhängigkeit des Vatikanstaates das Papstamt davor, von irgendeiner Staatsmacht abhängig zu werden. Der Vatikanstaat garantierte die Freiheit der Kirche, und in diesem Sinn war er eine Verkörperung der Religionsfreiheit. Für Johannes Paul II. waren der internationale rechtliche Status des Heiligen Stuhls und die Unabhängigkeit des Staates, dessen Souverän er war, jedoch keine Zwecke in sich, sondern Mittel zum Erreichen der wirklichen Ziele des Amtes Petri, die darin bestanden, das Evangelium zu predigen und die Brüder zu stärken, wo immer sie sich auch befinden mochten. Es konnte nicht zugelassen werden, daß die Spielregeln der internationalen Politik diesen evangelischen und apostolischen Auftrag behinderten. Die Päpste seit Leo XIII. hatten gelernt, sich an Weltangelegenheiten mittels der moralischen Kraft ihres Amtes zu beteiligen. Johannes Paul II. legte auf das Freisein der Kirche von weltlicher Macht auf neue Art Nachdruck, die auf eine Neuerklärung der Unabhängigkeit der Kirche bei ihrer einzigartigen moralischen Rolle in den Weltangelegenheiten hinauslief.

In ihrer natürlichen Fasziniertheit von diesem medienbegabten nichtitalienischen Papst übersahen Kommentatoren oft diesen tiefer liegenden, „strukturellen" Punkt hinsichtlich des *terremoto*, das Johannes Paul II. darstellte. Die sowjetische Führung bzw. einige ihrer scharfsinnigeren Mitglieder verstanden ihn jedoch – und begriffen, daß viel mehr auf dem Spiel stand als das, was weniger aufgeweckte Genossen für eine weitere vorübergehende Episode im Zusammenhang mit dem religiösen Fieber der ständig erregten Polen hielten.

Die erste sowjetische Reaktion auf die Nachricht von Karol Wojtyłas Wahl war gedämpft, sogar etwas optimistisch. Der neue Papst würde die Politik von Johannes XXIII. und Paul VI. weiterführen, meinte die politische Wochenzeitschrift *Novoe vremya*. „Die traurige Erfahrung von Pius XII." zeige, „daß der Antikommunismus für die Kirche eine Sackgasse" sei, und Wojtyłas Wahl müsse als Niederlage der italienischen Kardinäle angesehen werden, die die Umsetzung des II. Vatikanums verzögern wollten.[55]

Diese relativ gute Stimmung war nur vorgetäuscht. Hinter den Kulissen befand sich die sowjetische Führung in einem Schockzustand. Zum Zeitpunkt von Wojtyłas Wahl erzählte ein „bedeutender italienischer Journalist" mit guten sowjetischen Beziehungen Jerzy Turowicz, daß „die Sowjets Alexander Solschenizyn als Generalsekretär der Vereinten Nationen einem Polen als Papst vorziehen" würden.[56] Jurij Andropow, Leiter des KGB, verstand, daß die Dinge sich geändert hatten – aus seiner Sicht dramatisch und zum Schlechteren. Genauso wie Andropow die Bedrohung des Sowjetregimes durch Solschenizyn verstanden hatte, begriff er rasch, daß die Wahl Karol Wojtyłas ernsthafte Probleme in der Sowjetunion und deren Machtbereich bedeutete.[57] Kurz nach dem Schock vom 16. Oktober 1978 rief Andropow den Chefagenten, den *rezident*, des KGB in Warschau an und fragte: „Wie konnten Sie bloß die Wahl eines Bürgers eines sozialistischen Landes zum Papst zulassen?" Der *rezident* soll vorgeschlagen haben, der Genosse Vorsitzende möge sich in Rom erkundigen, nicht in Warschau. Andropow ordnete dann eine Analyse der Wahl durch Sektion 1 (Berichte) der Ersten Hauptdirektion des KGB an. Der Bericht, der die Ansicht des KGB-Chefs reflektierte, Geschichte funktioniere durch Intrigen, gelangte zu dem Schluß, Wojtyła sei als Teil einer deutsch-amerikanischen Verschwörung gewählt worden, bei der der polnisch-amerikanische Erzbischof von Philadelphia, Kardinal John Krol, und der nationale Sicherheitsberater von Präsident Jimmy Carter, Zbigniew Brzeziński, Schlüsselrollen gespielt hätten. Das Ziel des Komplotts sei vermutlich die Destabilisierung Polens als erster Schritt zur Auflösung des Warschauer Pakts gewesen. Die Analyse war fast komisch, aber die Einschätzung der Gefahr war zutreffend.

Während Andropow seine Untersuchung anstellte, befahl das Zentralkomitee der kommunistischen Partei der Sowjetunion seine eigene Analyse der politischen Konsequenzen der Wahl Wojtyłas. Der Bericht, der vom Direktor des Instituts für die Wirtschaft des Sozialistischen Weltsystems, Oleg Bogomolow, erarbeitet und weniger als drei Wochen nach Wojtyłas Wahl beendet wurde, beschrieb den früheren Erzbischof von Krakau als „Rechten", der unter Vermeidung eines Frontalangriffs auf den Kommunismus Probleme in Polen verursacht habe. Bogomolow erkannte richtigerweise ein unmittelbares Problem: Wojtyłas Wahl würde wahrscheinlich in verstärktem Drängen des Vatikans auf Religionsfreiheit in den Ländern des Warschauer Paktes resultieren. Eine vorgeschlagene Gegenmaßnahme war eine stille Warnung an den Heiligen Stuhl, daß eine „feindliche" Kampagne für die Menschenrechte zu stärkerer Unterdrückung religiöser Institutionen in Ostmitteleuropa führen würde. Bogomolow war ferner der Meinung, daß „es sich lohnt, die Möglichkeiten der Verbesserung der Beziehung zum katholischen Klerus in Litauen, der Ukraine und Weißrussland zu untersuchen", um der Art eines moralischen (bzw. in Sowjetbegriffen ideologischen) Angriffs vorzubeugen, den Wojtyła voraussichtlich führen würde.[58]

Bogomolows Vorschlag deutet daraufhin, daß die Angst des Kremls wegen der Wahl Papst Johannes Pauls II. nicht auf die mögliche Untergrabung der sowjetischen Position in Polen beschränkt war. Polen war die geographische Stütze des Warschauer Pakts, weil es die Brücke zu Ostdeutschland darstellte, dem entscheidenden strategischen Außenposten des Sowjetreichs. Es war die Stütze des äußeren Reichs, und die Ukraine war die Stütze des inneren Reichs, das Lenin und Stalin auf seiner ursprünglich zaristischen Grundlage aufgebaut hatten. Die Quelle für den ukrainischen Nationalismus, speziell in der westlichen Ukraine (Galizien), war die griechisch-katholische Kirche, die seit der Stalinzeit auf besonders harte Weise verfolgt worden war.[59] Nichts versetzte die Kremlherren mehr in Schrecken als der Gedanke an einen auferstehenden ukrainischen Nationalismus. Keine Institution war als Basis einer solchen Renaissance vorstellbarer als die griechisch-katholische Kirche – und Wojtyłas Sympathie für die Katholiken der Ukraine war wohlbekannt. Die Begegnung des Ukrainisch sprechenden Johannes Paul II. mit dem im Exil lebenden ukrainischen Kardinal Slipyj am 20. November 1978 war nicht unbemerkt geblieben.

Dann war da noch Litauen, ein weiterer äußerst katholischer Teil des Sowjetimperiums, wo die Kirche seit der gewaltsamen Eingliederung in die Sowjetunion im Jahr 1940 brutal behandelt wurde. Heimliche Priesterweihen, ein aktives Untergrundnetzwerk von Klerikern und Nonnen und die langlebigste Samisdat-Publikation der UdSSR, die „Chronik der katholischen Kirche in Litauen" (1972 veröffentlicht) hatten die Kirche trotz religiöser Unterdrückung und kultureller Russifizierung am Leben erhalten. Nun kam ein Litauisch sprechender Papst, kultureller Erbe des alten polnisch-litauischen Staatenbunds, der kurz nach seiner Wahl sein rotes Kardinalsbirett heimlich zum Marienwallfahrtsort Ostra Brama in Vilnius (Wilna) schickte.[60] Schon wenige Monate nach Johannes Pauls Wahl warnte ein Bericht an den Sowjetischen Rat für religiöse Angelegenheiten, daß „extremistisch eingestellte Priester der katholischen Kirche" in der gesamten Litauischen Sozialistischen Sowjetrepublik am Werk seien und das Katholische Komitee zur Verteidigung der Rechte der Gläubigen gegründet hätten.[61] Mehrere der beteiligten Priester waren bald auf dem Weg zu Arbeitslagern in Sibirien, und ein anderer kam 1986 bei einem „Autounfall" um.[62]

Da die Männer, die während der Breschnew-Ära die UdSSR leiteten, in erster Linie durch ihre Erfahrung mit Stalins Säuberungsprozessen geprägt worden waren, interessierten sie sich weniger für die Feinheiten der Ideologie als ihre Vorgänger in den 20er und 30er Jahren. Die marxistisch-leninistische Ideologie behielt dennoch ihre Bedeutung, weil sie die Herrschaft über die multinationale Sowjetunion und ihre Satelliten legitimierte. Es war eine Herrschaft im Namen der Dynamik der Geschichte, und gemäß der Breschnew-Doktrin (aufgestellt, um die sowjetischen Panzer zu rechtfertigen, die 1968 den Prager Frühling beendeten) konnte und würde sie nicht rückgängig gemacht werden. Das war der Kontext, in dem die sowjetische Führung über ihre Beziehung zur römisch-katholischen Kirche nachdachte und das Für und Wider der Ostpolitik Pauls VI. analysierte. Männer wie Leonid Breschnew, Andrej Gromyko und Jurij Andropow glaubten nicht an eine historische „Annäherung" zwischen einer sich liberalisierenden kommunistischen Welt und einem immer sozialdemokratischer werdenden Westen. Sie schätzten die Ostpolitik, weil diese durch die Senkung der Temperatur der öffentlichen Konfrontation zwischen der katholischen Kirche und dem Weltkommunismus die Konsolidierung der sowjetischen Position im inneren und äußeren Imperium erlaubte, während sie den Einfluß einer Institution schwächte, die die Kremlherren als erbitterten historischen Feind betrachteten.

Kardinal Wojtyła kam nicht mit einem Plan zur Zerschlagung der Sowjetunion oder ihres externen Imperiums auf den Papstthron. Es wäre ihm niemals eingefallen, von seiner Verantwortung in diesen Begriffen zu denken. Er war entschlossen, öffentliches Zeugnis abzulegen für die Wahrheit über die *conditio humana*, enthalten im Evangelium Jesu Christi – und ein bewußt evangelisches Papstamt trat notwendigerweise den Gegenbehauptungen über die menschliche Natur, Gemeinschaft und Bestimmung entgegen, die im Kommunismus enthalten sind.

Die Weigerung Johannes Pauls II., die in Jalta vereinbarte Teilung Europas als Tatsache anzuerkennen, stellte einen Frontalangriff auf die sowjetische

Nachkriegsstrategie dar. Das war aus sowjetischer Sicht schlimm genug. Aber ein slawischer Papst, der in der Lage war, die aufsässigen Völker des sowjetischen Machtbereichs in ihren Sprachen anzureden, war ein Alptraum, der die schlimmsten Träume der Kremlherren überstieg. Auch die Begriffe, in denen Johannes Paul II. seinen Angriff formulierte, waren bedrohlich. Wie er es schon als Erzbischof von Krakau getan hatte, vermied er direkte Verurteilungen des Marxismus-Leninismus, die zu der Anklage geführt hätten, er sei ein kirchlicher Politiker, der mit dem Westen alliiert sei. Durch unermüdliche Konzentrierung auf die Menschenrechte, insbesondere das Grundrecht auf Religionsfreiheit, griff er gleichzeitig auf subtile Art den Kern des kommunistischen Projekts in der Geschichte an – den Anspruch des Kommunismus, der wahre Humanismus und der wahre Befreier der Menschheit des 20. Jahrhunderts zu sein.

Die Hoffnungen, die der Kreml auf die Ostpolitik des Vatikans der späten 60er und der 70er Jahre gesetzt hatte, waren zunichte gemacht. Der neue Papst stellte eine ernsthafte Bedrohung dar, nicht nur für den Warschauer Pakt, sondern auch für die Sowjetunion selbst – und zwar genau deshalb, weil er Zeuge statt Politiker war.

Puebla und die christliche Befreiung

Bei einer Zusammenkunft mit dem Kardinalskollegium am 22. Dezember 1978 gab Johannes Paul II. seinen Wunsch bekannt, im nächsten Monat nach Mexiko zu reisen, um das Heiligtum Unserer Lieben Frau von Guadalupe in der Nähe von Mexico City zu besuchen und an der Dritten Generalversammlung des CELAM teilzunehmen, des Rats der lateinamerikanischen Bischofskonferenzen.

Diese erste seiner Pastoralreisen ins Ausland machte den neuen Papst mit einem der hartnäckigsten Probleme des modernen Katholizismus bekannt: der Lage der Kirche in Mexiko. Im ersten Teil des Jahrhunderts von mexikanischen Revolutionären heftig verfolgt, hatte die Kirche nach dem Zweiten Weltkrieg schließlich einen Modus vivendi mit der Regierung gefunden. Aber der Staat blieb offiziell, sogar verfassungsmäßig, antikirchlich, die Beziehungen zwischen Staat und Kirche waren gespannt, und im öffentlichen Leben „existierte die Kirche nicht", wie es später ein mexikanischer Kirchenmann formulierte.[63] Als die mexikanischen Bischöfe Johannes Paul einluden, zur CELAM-Konferenz in Puebla de los Angeles in ihr Land zu kommen, herrschte voraussehbare Nervosität im Staatssekretariat des Vatikans. Der Heilige Stuhl unterhielt keine diplomatischen Beziehungen zur mexikanischen Regierung, die keine eigene Einladung ausgesprochen hatte. Das Problem wurde jedoch durch geschickte persönliche Diplomatie gelöst.

Die Mutter und die Schwestern von Präsident José López Portillo, alle praktizierende Katholikinnen, lebten in einem Haus auf dem Areal des Nationalpalastes in Mexico City; eine der Schwestern war die Privatsekretärin des Staatspräsidenten. Pater Marcial Maciel, der mexikanische Gründer der Legionäre Christi, einer relativ jungen Erneuerungsbewegung von Priestern, ermunterte diese Damen, den Präsidenten dazu anzuregen, den Papst einzuladen. Ihre Intervention hatte offensichtlich Erfolg: Präsident José López Portillo überging die Proteste seines antiklerikalen Innenministers und sprach die Einladung aus, wobei er zur Auflage machte, daß der Papst nicht als Staatsoberhaupt empfangen würde und wie jeder andere Besucher ein Visum haben müsse. Bei den Vatikandiplomaten mag das Sorgen hervorgerufen haben, doch Johannes Paul hatte keine Probleme mit dieser Regelung.

Nach einem Übernachtstop und einer Messe in der Dominikanischen Republik kam Johannes Paul II. am 26. Januar 1979 mit einer Alitalia-Maschine in Mexiko an. Bei seiner Ankunft kniete er nieder und küßte den Boden; er wurde vom Präsidenten der Republik begrüßt, der die zunehmende öffentliche Begeisterung für den Papstbesuch spürte und daher beschlossen hatte, zu einer „inoffiziellen" Begrüßung zum Flughafen zu kommen, bei der er zu Johannes Paul sagte: „Willkommen in Ihrer Heimat." Für die Strecke in die Stadt, weniger als acht Kilometer, benötigte die Autokolonne eine Stunde. Eine Million Mexikaner standen entlang der Route und warfen Unmengen von Blumen auf den Wagen des Papstes. Hunderte von Priestern und Nonnen widersetzten sich einem jahrhundertealten Verbot, das durch die mexikanische Verfassung bekräftigt wird: in der Öffentlichkeit religiöse Kleidung zu tragen.[64] Nach der Feier der Messe in der Kathedrale sprach der Papst auf dem Platz der Verfassung zu 300 000 Mexikanern. Am Nachmittag besuchte er López Portillo im Präsidentenpalast und begegnete dessen Mutter und Schwestern. Johannes Paul unterhielt sich eine halbe Stunde lang mit der Familie und segnete die kleine Kapelle, die sie in ihr Haus eingebaut hatten.[65]

Falls der Papst einigen von denen, die ihn am 26. und 27. Januar in Mexico City und Guadalupe sahen, nachdenklich, sogar besorgt vorkam, dann zu Recht. In seiner Ansprache vor der CELAM-Generalversammlung am 28. Januar behandelte er die Frage, welche Art von Kirche der Katholizismus nach dem II. Vatikanum in Lateinamerika sein würde – eine Frage, die jetzt durch die intensive Diskussion über die "Befreiungstheologie" verschärft wurde. Die Beantwortung dieser Frage würde die Zukunft der Hälfte des Weltkatholizismus bestimmen.

Der Ausdruck „Befreiungstheologie" ist eine unzutreffende Bezeichnung, denn bis Ende der 70er Jahre war eine Vielzahl von Befreiungstheologien entstanden. Auch wenn sie sich im Stil der Analyse und in Punkten des Rezepts unterschieden, wurden sie durch mehrere gemeinsame Überzeugungen beseelt. Sie setzten den Reformismus des II. Vatikanums herab, der sich unter dem Einfluß des Dialogs des christlichen Humanismus mit der Moderne eine schrittweise Änderung der sozialen, ökonomischen und politischen Struktur vorstellte, und bevorzugten eine revolutionärere Strategie, die sich auf marxistische Kategorien der sozialen und ökonomischen Analyse stützte. Die „sündigen sozialen Strukturen" der etablierten Ordnung müßten durch Klassenkampf beseitigt werden. Bei diesem Kampf würde die Kirche, die „die Armen bevorzugt", kleine christliche „Basisgemeinden" organisieren, in denen man die Armen lehren würde, ihre Opferrolle zu verstehen und, inspiriert durch das Bild von Jesus als Befreier, die Aufgabe zu übernehmen, die Gesellschaft neu zu schaffen. Falls dies Gewalt beinhaltete, sollte diese „zweite Gewalt" der Armen als Selbstverteidigung gegen die institutionalisierte „erste Gewalt" der „dominanten" sozialen Strukturen beurteilt werden.[66]

Obwohl die lateinamerikanischen Befreiungstheologien normalerweise als lateinamerikanisches Phänomen verstanden werden, waren sie im wesentlichen von Theologen entwickelt worden, die in Europa studiert und die „marxistische Analyse", die damals an europäischen Universitäten vorherrschte, mit nach Lateinamerika gebracht hatten. Diese Theologen kamen aus einer Situation (und kehrten in sie zurück), in der die Kirche traditionellerweise mit der sozialen, ökonomischen, militärischen und politischen Macht verbündet war. Dieses Modell der Beziehung der Kirche zur Gesellschaft war vom II. Vatikanischen Konzil abgelehnt worden. Die öffentliche Auswirkung von *Dignitatis humanae* war die, daß Altar-und-Junta-Allianzen für die Kirche nicht mehr angebracht waren; *Gaudium et spes* hatte den Katholizismus zum Eintreten für Freiheit, Frieden und Gerechtigkeit verpflichtet. Nach dem II. Vatikanum war die Frage nicht, *ob* die Kirche gegen die Ungerechtigkeiten kämpfen sollte, denen die Armen Lateinamerikas gegenüberstanden, sondern *wie*.

Die Befreiungstheologien traten offen für eine „parteiische Kirche" ein. Nach dieser Sichtweise war die Kirche nicht so sehr eine Gemeinde von Gläubigen, in der Männer und Frauen sich gegenseitig zu verstehen suchten, Ideen über den Aufbau der Gesellschaft austauschten und die Sakramente als Zeichen für ein festeres Band als Politik feierten. Die Kirche mußte vielmehr, indem sie den Klassenkampf als fundamentalen Antrieb der Geschichte akzeptierte, parteiisch sein, „um sich für die einen und gegen andere zu entscheiden", wie es ein prominenter Befreiungstheologe ausdrückte.[67] Wenn das bedeute, die „Volkskirche" in Gegensatz zur „hierarchischen Kirche" zu setzen, dann fordere das die Gerechtigkeit. Die Befreiungstheologien verdeutlichten so, was geschah, als das II. Vatikanum auseinandergenommen und politisiert wurde. Als *Gaudium et spes* durch den interpretierenden Filter der „marxistischen Analyse" gesehen wurde, war das Ergebnis eine engere, weniger einschließende, mehr klassenorientierte Kirche – das Spiegelbild der engen, klassenorientierten Kirche, die die Befreiungstheologien zu Recht kritisierten.

Die Befreiungstheologien hatten einige wichtige Argumente vorgebracht: Die Kirche in Lateinamerika hatte in der Vergangenheit die Armen nicht genügend unterstützt. Zu lange mit der Oligarchie und Privilegien verbunden, hatte sie beim Umgang mit der weltlichen Macht ihre prophetische Schärfe verloren. Die Befreiungstheologien verstanden richtig, daß die katholische Erneuerung von unten kommen würde und daß eine effektive Möglichkeit ihrer Anregung darin bestand, dem Volk die Bibel zurückzugeben. Die Verbindung der Liturgie der Kirche und der Feier der Sakramente mit dem täglichen Leben der Menschen war ein herausragendes Thema in den Befreiungstheologien, wie in der klassischen liturgischen Bewegung in den Jahren vor dem Konzil und auf dem Konzil selbst. Die heikle Aufgabe Johannes Pauls II. war, zu unterscheiden, was an der Interpretation des II. Vatikanums seitens der Befreiungstheologien erkenntnisreich und was unangemessen und sogar unorthodox war. Und der neue Papst mußte dies angesichts der Gruppierungen innerhalb der lateinamerikanischen Hierarchie tun, die er zu verbinden hoffte.

Puebla, wo die CELAM-Konferenz stattfand, liegt 134 Kilometer von Mexico City entfernt. Johannes Paul fuhr durch eine dramatische Szenerie dorthin, unter anderem an den Vulkanen Iztaccíhuatl und Popocatépetl vorbei, und er sah den Bergpaß, den Hernán Cortéz überquert hatte, als er die alte Aztekenhauptstadt eroberte. Über eine Million Mexikaner kamen, um den Papst auf dem Weg von der Hauptstadt nach Puebla zu sehen. Indios in ihren traditionellen Trachten mit Hunden, Pferden und Eseln und Pfarrdelegationen mit Kreuzen und tragbaren Altären hatten an der Straße übernachtet. Die päpstliche Autokolonne hielt kurz in San Martín, Texmelucan und San Miguel Xoxtla, wo der Papst in fließendem Spanisch kurze Stegreifreden hielt.

Puebla begrüßte den Papst überschwenglich, mit Ballons, Feuerwerk und Händels Halleluja-Chor, der von einem kleinen Flugzeug aus über der unglaublichen Szene ausgestrahlt wurde. Die Straßen der Stadt waren zum Bersten mit Menschen gefüllt, die mexikanische, päpstliche und polnische Fahnen schwenkten. Kleine Orchester und das Läuten der Glocken der Stadt vergrößerten noch den Lärm. Johannes Paul feierte die Messe auf einer erhöhten Plattform, die vor der Mauer des örtlichen Seminars aufgebaut war. Die Menge draußen sang: *„Puebla, Puebla, Puebla ama el Papa!"* [Puebla, Puebla, Puebla liebt den Papst.][68]

Nach der Messe sprach Johannes Paul II. bei einer Versammlung, zu der die Öffentlichkeit und die Presse keinen Zutritt hatten, zu den lateinamerikanischen Bischöfen. Sein langer Vortrag, einer der wichtigsten seines Pontifikats, war die reife Reflexion eines Mannes, der seit seinem frühen Erwachsenenalter mit der moralischen Frage der revolutionären Gewalt als Antwort auf soziale Ungerechtigkeit gerungen hatte. In einer sehr persönlichen und gänzlich kirchlichen Ansprache entwickelte Johannes Paul die implizit in seinem Schauspiel „Unseres Gottes Bruder" enthaltene Befreiungstheologie, gesehen durch den christlichen Humanismus des II. Vatikanums.

Er wolle sie, begann er, „wie ein Bruder seine geliebten Brüder" ansprechen. Er bewundere, was die lateinamerikanischen Bischöfe bei ihren beiden ersten Generalversammlungen erreicht hätten, 1958 in Rio de Janeiro und 1968 in Medellín, Kolumbien. Ihre große Stärke liege in der Tatsache, daß sie nach Puebla gekommen seien „nicht wie ein Symposion von Experten, nicht wie ein Parlament von Politikern, nicht wie ein Kongreß von Wissenschaftlern oder Technikern (...), sondern in der Form einer brüderlichen Begegnung von Hirten der Kirche". Als Hirten sei ihre „Hauptaufgabe, Meister der Wahrheit zu sein", denn die Wahrheit sei die Grundlage jeder wirklich befreienden menschlichen Handlung.

Die den Bischöfen anvertraute Wahrheit sei die „Wahrheit über Jesus Christus", die „im Zentrum der Evangelisierung" stehe, über die CELAM in Puebla nachdenken wolle. Die Wahrheit über Jesus Christus sei keine theologische Abstraktion, denn von ihrer Kenntnis würden sich „Meinungen, Werte, Haltungen und Verhaltensweisen" ableiten, die durch ein christliches Leben „einen neuen Menschen und somit eine neue Menschheit" schaffen könnten. Die Grundwahrheit über Jesus Christus bleibe die Wahrheit, die Petrus bekannt hatte: „Du bist der Messias, der Sohn des lebendigen Gottes." Das sei „das einzige Evangelium", und „Neuinterpretationen" des Evangeliums verursachten Verwirrung. Zu diesen Neuinterpretationen gehöre der Versuch, nachzuweisen, „daß Jesus politisch engagiert gewesen sei, gegen die römische Herrschaft und die Mächtigen gekämpft habe und sogar in einen Klassenkampf verwickelt gewesen sei. Dieses Verständnis von Christus als Politiker, Revolutionär und Umstürzler von Nazaret läßt sich mit der Katechese der Kirche nicht in Einklang bringen. (...) Die Evangelien zeigen jedoch deutlich, daß ein solches Verständnis für Jesus vielmehr eine Versuchung darstellte (...). Er nimmt nicht die Einstellung derjenigen an, die die Dinge Gottes mit rein politischen Gegebenheiten vermischen (vgl. Mt 22, 21; Mk 12, 17; Joh 18, 36). Die Zuflucht zur Gewalt lehnt er unmißverständlich ab. Er richtet seine Botschaft der Bekehrung an alle (...)."[69]

Wahre Befreiung sei in der von Christus angebotenen Erlösung zu finden durch „eine Liebe, die verwandelt, Frieden stiftet, verzeiht und versöhnt".[70] Das sei der Glaube, der Lateinamerika geprägt habe, „den die Gläubigen Lateinamerikas in ihrer Religiosität oder Volksfrömmigkeit mit so viel Lebenskraft (...) ausdrücken".[71] Jede andere „Neuinterpretation" der Kirche beraube das Evangelium seiner Macht und die Kirche ihres unverwechselbaren Charakters. Das „Reich Gottes" könne nicht auf eine „Strukturreform" der Gesellschaft reduziert werden, weil ein politisiertes, säkularisiertes Reich die Freiheit abwerte, nach der jeder Mensch suche.[72]

Der Marxismus könne nicht das für die christliche Theologie leisten, was Aristoteles für Thomas von Aquin getan habe, weil der Marxismus eine grundlegend fehlerhafte Sicht des Menschen habe und dieser anthropologische Irrtum seine Politik- und Wirtschaftswissenschaft durchdringe.[73] Im Gegensatz zur materialistischen Reduktion des Humanismus propagiere die Kirche „die Lehre vom Menschen als Bild Gottes, der als solches nicht zu einem Teilchen der Natur reduziert werden kann oder zu einer anonymen Nummer der menschlichen Gesellschaft". „Diese vollständige Wahrheit vom Menschen macht das Fundament der Soziallehre der Kirche aus." Der Mensch sei „nicht ein den ökonomischen und politischen Prozessen unterworfenes Wesen, sondern diese Prozesse sind auf den Menschen hingeordnet und ihm unterworfen".[74]

Die Aufgabe der Bischöfe als Hirten und Lehrer der Wahrheit sei es, die Menschenwürde als „Wert des Evangeliums" zu verteidigen, „der nicht ohne ernste Beleidigung des Schöpfers mißachtet werden" könne. Bei der Verteidigung der Religionsfreiheit, beim Protestieren gegen Zwang und Folter, bei der Förderung des Rechts auf Beteiligung am öffentlichen Leben habe die Kirche es nicht nötig, „zu Systemen und Ideologien ihre Zuflucht zu nehmen, um die Befreiung des Menschen zu lieben, zu verteidigen und mitzuverwirklichen". Sie brauche nur auf Christus zu schauen. Eine umfassende Befreiung der menschlichen Familie sei die Sache der Kirche, weil sie die Sache Christi sei.[75]

Die Zukunft sei wie immer „in Gottes Händen", doch Gott habe „die Zukunft mit neuem evangelisierenden Impuls" auch in die Hände der Bischöfe gelegt. „Darum", forderte Johannes Paul seine Brüder auf, „geht zu allen Völkern und macht alle Menschen zu meinen Jüngern" [Matthäus 28,19].

Nach seiner Rückkehr nach Mexico-Stadt in der Nacht des 28. Januar erhielt der Papst einen Anruf von Kardinal Sebastiano Baggio, Präfekt der Kongregation für die Bischöfe, der die CELAM-Konferenz leitete. Baggio teilte Johannes Paul mit, daß seine Rede von den Bischöfen gut aufgenommen worden sei. Der vorher besorgte und nachdenkliche Papst ging danach vor sich hin summend die Treppen hoch in sein Schlafzimmer; während der restlichen Tage seiner mexikanischen Pilgerreise war er in seiner üblichen guten Stimmung und scherzte mit seinem Gefolge.

Am nächsten Tag, dem 29. Januar, sprach er zu mehr als einer halben Million Indios aus Oaxaca und Chiapas, von denen viele tagelang in der Nähe der Ruinen eines Klosters aus der Kolonialzeit kampiert hatten. Der Papst wurde im Hubschrauber dorthin geflogen, und die Indios, in prächtige einheimische Tracht gekleidet, brachten ihm Geschenke, tanzten und sangen, legten ihm zahllose farbig bestickte wollene Stolen um die Schultern und gaben ihm den Kopfschmuck eines Häuptlings. Er war sichtlich bewegt, umarmte und küßte jene, die ihm Geschenke brachten, und nahm sich die Zeit, mit jedem einzelnen zu reden.

Vor dem Hintergrund eines trockenen, vegetationslosen Plateaus erzählte Johannes Paul II. der riesigen Menge, er wolle „eure Stimme sein, die Stimme jener, die nicht sprechen können oder die zum Schweigen gezwungen werden, (...) damit die verlorene Zeit, oft nur eine Zeit verlängerter Leiden und enttäuschter Hoffnungen, aufgeholt werde". Dann attackierte er scharf mit erhobener und leidenschaftlicher Stimme die Ungerechtigkeiten, die das Leben der Armen Lateinamerikas entstellt hatten, und prangerte jene an, die für die fortdauernde Unterdrückung der Machtlosen verantwortlich waren. „Das unterdrückte Landvolk, der Arbeiter, der mit seinem Schweiß auch seine Verzweiflung tränkt, kann nicht mehr als hoffen, daß seine Würde, die der der Menschen anderer Gesellschaftsschichten in nichts nachsteht, voll und nachhaltig anerkannt werde. Er hat Recht auf Achtung; er hat das Recht, nicht – mit manchmal wahrhaft erniedrigenden Methoden – um seinen geringen Besitz gebracht zu werden (...). Er hat ein Recht auf wirksame Hilfe, die weder ein Almosen noch ein Brotkrumen der Gerechtigkeit ist, sondern ihm vielmehr den Zutritt zu einer Entwicklung ermöglicht, wie er sie aufgrund seiner Würde als Mensch und Kind Gottes verdient. (...) Kühne, umwälzende Neuerungen müssen durchgeführt, dringende Reformen unverzüglich in Angriff genommen werden (...)."[76]

Die Kommentatoren stellten sofort die Reden von Puebla und Cuilapan nebeneinander; die erste sei die Stimme von Johannes Paul, dem „theologischen Konservativen", die zweite die Stimme von Johannes Paul, dem „sozial und politisch Liberalen". Es war nicht schwierig, unter diesen Klischees eine weitere Gegenüberstellung zu entdecken: die des „bösen Johannes Paul" von Puebla mit dem „guten Johannes Paul" von Cuilapan. Diese Gegenüberstellung ergab jedoch wenig Sinn. Alles, was der Papst in seiner dramatischen Verteidigung der Armen in Cuilapan gesagt hatte, war implizit in dem enthalten, was er in Puebla über die christliche Befreiung gesagt hatte. Und diese Sicht der christlichen Befreiung war keine persönliche Idiosynkrasie, sondern sie beruhte auf dem II. Vatikanischen Konzil.[77]

Johannes Paul II. hatte Wichtiges, Kritisches, sogar Radikales zu sagen über soziale, wirtschaftliche und politische Angelegenheiten, weil er ein Evangelist war, der glaubte, daß die Wahrheit über die *conditio humana* in Jesus Christus offenbart worden sei. Johannes Paul von „außen" zu lesen ergab eine geteilte Sicht des Mannes und seiner Botschaft, ein Muster, das zuerst im Gefolge von Puebla und Cuilapan entstand und während des gesamten Pontifikats existierte. Die Reden von Puebla und Cuilapan hätten das erste Anzeichen dafür sein müssen, daß Johannes Paul II. und sein Pontifikat nur von „innen" richtig gelesen werden konnten. Die Theologie stand immer an erster Stelle, und Politik, wie Kultur und Wirtschaft, war ein Bereich, auf den sich die theologischen Wahrheiten auswirkten. Es war kein Ansatz, der sich den internationalen Journalisten ohne weiteres empfahl, die aufgrund ihrer Ausbildung Politik für die „wahre Welt" und Theologie für eine Angelegenheit des persönlichen Geschmacks hielten.[78]

Am späten Nachmittag des 1. Februar kehrte ein braungebrannter Johannes Paul nach Rom zurück und ging sofort in den Petersdom, um ein Dankgebet zu sprechen. Kardinal Wojtyła hatte schon vor langer Zeit entschieden, daß sein Schicksal nicht in seinen eigenen Händen lag, und wenn er einmal eine Entscheidung getroffen hatte, grübelte er nicht mehr darüber nach. Doch er mußte sich bei diesem ersten internationalen Test seines Pontifikats Gedanken über seine Fähigkeit machen, die Art eines öffentlichen Zeugen zu sein, die ein Papst seiner Meinung nach sein sollte, und darüber, wie er als Pole aufgenommen würde. Und er mußte sich fragen, wie der CELAM reagieren würde, denn in Puebla stand nichts Geringeres auf dem Spiel als das Vermächtnis des II. Vatikanums in Lateinamerika. Nun hatte Johannes Paul die Antworten. Viele lateinamerikanische Bischöfe waren für das, was er gesagt hatte, dankbar. Die öffentliche Reaktion war überwältigend gewesen. Beim Abflug von Mexico City hatte der Papst in der ganzen Stadt Lichter aufblitzen sehen, als Millionen von Mexikanern Spiegel zur Sonne hielten, um ihre Strahlen zu ihm zu lenken. Er hatte unter sehr schwierigen Umständen erfolgreich die Möglichkeit eines evangelisch und apostolisch durchsetzungsfähigen Papstamtes erprobt – eine „lebendige Enzyklika in Wort und Tat", wie Marek Skwarnicki es beschrieb.[79]

Jetzt würde er in seiner ersten Enzyklika den christlichen Humanismus erläutern, der das Programm seines gesamten Pontifikats sein würde.

PROGRAMMNOTIZEN FÜR EIN PONTIFIKAT

Wie die 21 Briefe des Neuen Testaments zeigen, haben christliche Führer schon seit Beginn der Kirche Briefe als Lehrmittel benutzt. Wissenschaftler datieren den Ursprung der modernen „Enzyklika", eines päpstlichen Schreibens an eine bestimmte Gruppe von Bischöfen oder das Weltepiskopat, auf *Ubi primum* von Benedikt XIV. im Jahre 1740, auch wenn es Gregor XVI. war, der Anfang des 19. Jahrhunderts als erster für diese Dokumente den Begriff „Enzyklika" verwendete. Vor dem I. Vatikanischen Konzil waren Enzykliken überwiegend ermahnend und warnten vor dieser oder jener abweichenden Lehre. Nach dem I. Vatikanum benutzte Leo XIII. die Enzyklika als Instrument zum Ansprechen theologischer Fragen und der Beziehung der Kirche zum modernen sozialen, politischen, ökonomischen und intellektuellen Leben, wie auch die Päpste Pius XI., Pius XII., Johannes XXIII. und Paul VI. Benedikt XV.

benutzte das Mittel einer „Antrittsenzyklika", um die Auseinandersetzung über den Modernismus zu beenden, die der katholischen Theologie und der Gemeinschaft der Kirche geschadet hatte. Die Antrittsenzyklika Pauls VI., *Ecclesiam suam*, sandte das Signal aus, daß die Ekklesiologie – das Selbstverständnis und die Sendung der Kirche – das Thema seines Pontifikats sein würde.

Johannes Paul II. sagte, er habe die Arbeit an einem Rundschreiben an die ganze Kirche und alle Menschen guten Willens „sofort" nach seiner Wahl begonnen. Wie Paul VI. wollte er das große Thema seines Pontifikats durch ein größeres Lehrdokument mit dogmatischer Autorität ankündigen und erläutern, und der christliche Humanismus war, wie er es ausdrückte, „ein Thema, das ich mit [nach Rom] gebracht habe".[80] Fünf Monate nach seiner Ankunft veröffentlichte er die erste Enzyklika überhaupt, die der christlichen Anthropologie gewidmet war.

Mit *Redemptor hominis* [Der Erlöser des Menschen], am 15. März 1979 veröffentlicht, führte Johannes Paul sein neues weltweites Publikum in eine Analyse der gegenwärtigen menschlichen Situation ein, die er seit 30 Jahren verfeinert hatte.[81] Die Enzyklika sollte *„eine große Hymne der Freude darüber sein, daß der Mensch durch Christus erlöst wurde*: erlöst in der Seele und im Körper".[82] Diese Erlösung war, wie Wojtyła schon lange geglaubt und gelehrt hatte, eng mit der Würde des Menschen verbunden. So sollte *Redemptor hominis* „den Auftrag der Kirche mit dem Dienst am Menschen in seinem undurchdringlichen Geheimnis vereinen".

Die Enzyklika beginnt mit dem Hinweis auf das neue Jahrtausend, der sich im Laufe des Pontifikats intensivieren sollte. Die Kirche und die Welt befänden sich an der Schwelle zum Jahr 2000 in der Zeit eines „neuen Advents, in einer Zeit der Erwartung". Es würde ein Jahrestag mit globalen Auswirkungen sein, denn Christus hatte das Angesicht Gottes und die Wahrheit über die *conditio humana* enthüllt: „Durch die Menschwerdung hat Gott dem menschlichen Leben jene Dimension gegeben, die er ihm von Anfang an zugedacht hat."[83]

Hier, wie in seinem gesamten Pontifikat, erinnert der Papst die Kirche und die Welt daran, daß die Menschwerdung uns etwas über Gott und uns selbst sagt. Durch die Erfüllung der „Vaterschaft Gottes"[84] und die Enthüllung der Tiefe von Gottes Liebe habe die Geburt des Gottessohnes als Mensch auch „die Größe, die Würde und den Wert" der Menschheit bestätigt, denn: „Der Mensch kann nicht ohne Liebe leben. Er bleibt für sich selbst ein unbegreifliches Wesen; sein Leben ist ohne Sinn, wenn ihm nicht die Liebe geoffenbart wird, wenn er nicht der Liebe begegnet, wenn er sie nicht erfährt und sich zu eigen macht, wenn er nicht lebendigen Anteil an ihr erhält."[85] Liebe sei immer „größer als die Sünde, als die Schwachheit und die Vergänglichkeit des Geschaffenen", denn „Gott ist Liebe" (1. Johannes 4,8).[86] Das sei die erstaunliche gute Nachricht – das „Evangelium" –, die das Christentum der Welt mitzuteilen habe.

Gottes Liebe, die die Welt hervorbrachte und sie erhält, könne man nur in Freiheit begegnen. Um ihrem Auftrag treu zu sein, müsse die Kirche eine „Wächterin" der menschlichen Freiheit sein. Eine wahrhaft menschliche Freiheit suche die Wahrheit und sei an sie gebunden.[87] Liebe, in Freiheit begegnet, und Freiheit, zur Wahrheit aufgefordert – das sei der Kern des christlichen Humanismus. Die erlösende, alles erobernde Liebe Gottes sei die Grundlage und unerschöpfliche Botschaft des Auftrags der Kirche der wahren Befreiung.

In der heutigen Welt, schreibt der Papst, müsse dieser Auftrag der Bedrohung entgegentreten, die die Menschheit von ihren eigenen Errungenschaften spüre. „Der Mensch lebt darum immer mehr in Angst", und die größte Angst sei die vor „einer unvorstellbaren Selbstzerstörung (...), vor der alle Katastrophen der Geschichte, die wir kennen, zu verblassen scheinen". Die heutige Welt erlebe eine bedrohliche Lücke zwischen ihren materiellen Fähigkeiten und ihrem moralischen Charakter. Daher seien einige zu der Überzeugung gelangt, das Leben sei von Natur aus absurd. Die Antwort der Kirche darauf sei, daß Gott den Menschen die „Königswürde" und die „Herrschaft" über die geschaffene Ordnung gegeben habe. Die Menschheit könne die Artefakte, die sie hervorgebracht habe, beherrschen, wenn sie verstünde, daß es bei der wahren menschlichen Entwicklung darum gehe, „mehr zu sein" statt „mehr zu haben".[88]

Die Antwort auf die Angst der Menschen vor sich selbst liege in der Wiederentdeckung, daß die menschliche Natur moralisch und spirituell sei, nicht nur materiell. Johannes Paul gibt diesem alten Thema eine auffällig zeitgenössische Lesart, indem er meint, der zwingendste Beweis für die „Seele" der Menschheit sei die weltweite Menschenrechtsbewegung. In der Förderung und Verteidigung der Menschenrechte sehe die Kirche die Antwort auf viele der Bedrohungen, die das 20. Jahrhundert zu einer Zeit voll Angst und Morden gemacht hätten: entstellte Ideologien, totalitäre Staatsgewalt, die Auflösung der Familie, Terrorismus.

Dann definiert Johannes Paul das große Menschenrechtsthema seines Pontifikats. Religionsfreiheit, insistiert er, sei das erste der „objektiven und unverletzlichen Menschenrechte". Das sei kein besonderes Bitten, sondern eine Schlußfolgerung, abgeleitet von einer geschulten Reflexion über die Menschenwürde, und sie könne öffentlich von jeder nachdenklichen Person gezogen werden. Ohne Namen zu nennen – das war nicht nötig – fordert Johannes Paul II. die Welt heraus, aus der er gekommen ist, die Welt hinter dem Eisernen Vorhang:

> Die Einschränkung der religiösen Freiheit von Personen und Gemeinschaften ist gewiß nicht nur eine schmerzliche Erfahrung, sondern trifft vor allem auch die Würde des Menschen (...). Zweifellos stehen wir hier vor einer tiefgreifenden Ungerechtigkeit gegenüber allem, was den Menschen in seiner Tiefe betrifft, was wesentlich menschlich ist. Denn sogar das Phänomen (...) des Atheismus versteht man als menschliches Phänomen nur in bezug zum Phänomen der Religion und des Glaubens. Es ist deshalb schwierig, (...) eine Position hinzunehmen, nach der nur der Atheismus das Bürgerrecht im öffentlichen und sozialen Leben besitzt, während die gläubigen Menschen fast aus Prinzip kaum geduldet oder als Bürger zweiter Klasse behandelt werden oder sogar – was auch schon geschehen ist – der Bürgerrechte völlig beraubt sind.[89]

Johannes Paul zitiert in seiner Antrittsenzyklika auch einen der bekanntesten Sätze aus den *Bekenntnissen* des hl. Augustinus: „Du hast uns, o Herr, für dich geschaffen, und unruhig ist unser Herz, bis es Ruhe findet in dir." Hier liege der Schlüssel zur Lösung des Geheimnisses der modernen Ruhelosigkeit, der modernen Angst und der „Unersättlichkeit", die im modernen Materialismus enthalten sei. Die Kirche, durch das II. Vatikanum erneuert, habe der Welt einen Vorschlag zu machen. Die Ruhelosigkeit der Herzen könne beseitigt, der

Hunger, der unsere Seelen belaste, könne gestillt und die Angst, die die heutige Welt verfolge, könne vertrieben werden, wenn Männer und Frauen an dem Priester-, Propheten- und Königsamt Christi teilhätten – wenn sie selbständig die Wahrheit begreifen, frei anbeten und bereitwillig einander und der Welt in Wahrheit dienen würden.[90]

Redemptor hominis bot der Welt eine Kirche, die die Menschheit liebt, und zwar aus dem gewichtigsten Grund – weil Gott „die Welt so sehr geliebt" hat (Johannes 3,16), daß er seinen einzigen Sohn als *redemptor hominis,* als Erlöser des Menschen, auf die Erde sandte. Die moderne Welt nimmt die Geschichte sehr ernst, und die Kirche auch. Was die Kirche zu dieser modernen Leidenschaft für die Geschichte beigetragen hat, ist die Überzeugung, daß es tatsächlich nur eine menschliche Geschichte gibt – eine Geschichte, die von Gottes Anwesenheit und seinem Erlösungsversprechen erfüllt ist. In diesem Versprechen kann Johannes Paul zufolge die Antwort auf die Angst, die zum Ende des 20. Jahrhunderts die Menschheit verfolgt, im Dienst an der gesamten Welt entdeckt, aufgegriffen und gelebt werden.

9

„Wie viele Divisionen hat der Papst?"

Gegen ein Reich der Lügen

24. Januar 1979	Der sowjetische Außenminister Andrej Gromyko besucht Papst Johannes Paul II. im Vatikan.
2. März 1979	Der Papst versucht, die tschechoslowakische Kirche durch einen Brief über den religiösen Widerstand gegen die Tyrannei zu stärken.
19. März 1979	Ein päpstlicher Brief an den ukrainischen Kardinal Iosyf Slipyj greift der Jahrtausendfeier des Christentums in der Kiewer Rus' (1988) voraus und verteidigt das Prinzip der Religionsfreiheit für alle.
30. April 1979	Erzbischof Agostino Casaroli wird zum Pro-Staatssekretär des Heiligen Stuhls ernannt.
2.–10. Juni 1979	Johannes Pauls II. erster Pastoralbesuch in Polen.
14.–31. August 1980	Der Hafenstreik von Gdańsk (Danzig) führt zur Gründung der Bewegung und Gewerkschaft Solidarność [Solidarität].

Die Bemühungen der kommunistischen Herrscher Polens, 1966 das Millennium des polnischen Christentums für sich auszunutzen, hatten keinerlei Erfolg gehabt. Das Regime stellte in den Straßen Schilder auf: *„Tysiąclecie Państwa Polskiego"* [Tausend Jahre polnischer Staat]; jede Kirche im Land hängte an prominenter Stelle eine Fahne heraus mit dem Text *„Sacrum Poloniae Millennium 966-1966"* [Polens heiliges Millennium 966-1966]. Auf anderen Kirchenfahnen stand *„Deo et Patriae"* [Für Gott und Vaterland]; das Regime konnte nur ein schwaches *„Socjalizm I Ojczyzna"* [Sozialismus und Vaterland] dagegensetzen. Die Kirchen proklamierten *„Naród Z Kościołem"* [Die Nation ist mit der

Kirche]; das Regime versuchte es mit „*Partia Z Narodem*" [Die Partei ist mit der Nation]. Auf die stolze Behauptung der Kirche „*Polonia Semper Fidelis*" [Polen ist immer treu] kam die jämmerliche Erwiderung „*Socjalizm Gwarancja Pokoju I Granic*" [Der Sozialismus ist der Garant für Frieden und Grenzen].[1]

Bei der Rückkehr Johannes Pauls II. in sein Heimatland im Juni 1979 versuchte das Regime gar nicht erst, symbolisch mit der Kirche Schritt zu halten. Der Siegesplatz in Warschau, Szene zahlreicher großer öffentlicher Auftritte des kommunistischen Regimes Polens, war durch staatliche Arbeiter in eine riesige liturgische Bühne für die Messe des Papstes umgewandelt worden. Von ihr aus würde Johannes Paul eine Million seiner Landsleute live ansprechen und weitere Millionen über Radio und Fernsehen erreichen. Das Mittelstück der Altarplattform war ein etwa 15 Meter großes Kreuz, das mit einer riesigen Nachbildung der Stola eines Priesters behängt war, was alle Anwesenden daran erinnern sollte, daß sie Zeuge einer sakramentalen Darstellung von Christi Opfer auf dem Kalvarienberg waren. Unter dem Kreuz, wo Maria ergeben gestanden hatte, war eine Nachbildung der Schwarzen Madonna von Tschenstochau angebracht.

Kein Held der polnischen Geschichte – nicht König Johann III. Sobieski, nicht Tadeusz Kościuszko, nicht Józef Piłsudski – hatte je Warschau betreten wie Johannes Paul II. am 2. Juni 1979.

Das wiederaufgebaute Warschau war ein grimmiger, grauer Ort, dessen Skyline vom Palast für Kultur und Wissenschaft („Kulturpalast") beherrscht wurde, einem grellen Gebilde im kommunistischen Barock, das Stalin der Stadt geschenkt hatte. Das Grau der Stadt entsprach zu oft der Stimmung der Bevölkerung. Jetzt war Warschau für den Papst zum Leben erwacht, visuell und spirituell. Tausende Pilger waren von Fremden in ihre Wohnungen aufgenommen worden. Jede Kirche in der Stadt war über Nacht offengehalten worden, um denen, die sonst keinen Platz finden konnten, Obdach zu geben. Die gesamte Strecke vom Flughafen Okęcie bis zur wiederaufgebauten Altstadt war mit Hunderttausenden Männern, Frauen und Kindern gesäumt, die in Fünfer- und Zehnerreihen standen und polnische und Vatikanfähnchen schwenkten. Es gab kein Durcheinander, nur Jubel, da die Leute an den Plätzen stehenblieben, die ihnen von den effizienten Organisatoren der Kirche für die einzelnen Pfarreien zugewiesen worden waren.

Die Stadt war durch selbstgemachte Dekorationen verändert worden. Die Fenster und Eingänge der tristen Wohnblöcke an den Straßen, durch die Johannes Paul fahren würde, waren in Schreine und Altäre verwandelt, die mit Blumen, Fähnchen und Fotos des Papstes geschmückt waren. Als sich die päpstliche Wagenkolonne langsam durch die Straßen bewegte, wurden dem Papst Blumensträuße in den Weg geworfen, und die Menge brach in Gesang, Jubel und manchmal in hemmungsloses Weinen aus. Viele Polen knieten am Straßenrand, als ein strahlender Johannes Paul II. von dem umgebauten Lastwagen, mit dem er fuhr, nach links und rechts den Segen austeilte. Am 2. Juni 1979 waren drei Millionen Polen, doppelt so viel wie die normale Bevölkerung der Stadt, gekommen, um ihren Landsmann Karol Wojtyła aus Wadowice, Krakau und Rom zu sehen.

Etwa 230 000 Eintrittskarten waren für die Messe ausgegeben worden; 300 000 Leute hatten sich auf den Siegesplatz gezwängt, und weitere 750 000 füllten die umliegenden Straßen. Es war ein strahlend sonniger, heißer Tag. Zu den Klängen der päpstlichen Hymne und des Liedes *"Gaude, Mater Polonia"* [Freue dich, Mutter Polen] gingen der Papst und Primas Wyszyński langsam zum Grab des unbekannten Soldaten auf dem Platz. Ein junges Paar reichte dem Papst einen Blumenstrauß, den er auf das Grab legte, bevor er sich zum stillen Gebet niederkniete. Er küßte das Grab, trug sich in das Erinnerungsbuch ein („An Polens unbekannten Soldaten – Johannes Paul II.") und ging zu einem Zelt, wo er sich für die Messe ankleidete.

In Anwesenheit des Warschauer Diplomatischen Korps und von Vertretern der lutherischen, reformierten und orthodoxen Kirche, der Methodisten und Baptisten begann die Messe mit einem Gruß des Primas, der verkündete, die nationale Einheit – ein ständiges Thema der kommunistischen Propaganda – sei jetzt tatsächlich erreicht worden: „Heiliger Vater, die Hauptstadt ist heute im Gebet vereint, angeführt vom Haupt der römisch-katholischen Kirche (...), dem Stellvertreter Christi auf Erden, dem Botschafter der Wahrheit und Liebe, einem Sohn Polens, auserwählt von Gott."

Nach der Lesung des Evangeliums legte sich eine tiefe Stille über die riesige Menge. Der Vorsitzende der kommunistischen Partei Polens, Edward Gierek, schaute nervös aus einem Hotelfenster am Platz zu. Er fragte sich, wie viele Millionen anderer: Was würde er sagen? Was *konnte* er sagen?

Karol Wojtyła blickte über ein Meer erwartungsvoller Gesichter, machte eine Pause – und hielt dann die möglicherweise beste Predigt seines Lebens.

Heute, begann er, wolle er „ein Lied zum Dank an die göttliche Vorsehung anstimmen", die es ihm ermöglicht habe, „als Pilger" nach Hause zu kommen. Dadurch würde er den Wunsch Papst Pauls VI. erfüllen, der sich so sehr gewünscht habe, „seinen Fuß auf polnischen Boden zu setzen", daß sein Wunsch „die Spanne eines Pontifikates überstieg". Bei seiner Wahl habe dieser polnische Papst „sogleich verstanden", daß er auserwählt worden sei zu erfüllen, woran Papst Paul während der Jahrtausendfeier 1966 gehindert worden war.

Seine päpstliche Pilgerreise sei eine Fortsetzung dieser Feier, weil er zum Jahrestag des Martyriums des hl. Stanislaus gekommen sei, und dieses gewaltige Ereignis des Jahres 1079 sei ein Ergebnis der Bekehrung Polens im Jahre 966. Seine Pilgerfahrt sei „ein besonderes Zeichen für unser polnisches Pilgern durch die Geschichte der Kirche".

Warum wurde ein Pole auf den Stuhl des hl. Petrus berufen? War es nicht deshalb, weil das Polen von heute „das Land eines besonders verantwortungsvollen Zeugnisses wurde?"

Hätten die Polen nicht das Recht, „zu folgern, daß mit besonderer Demut, doch auch mit Überzeugung Christus verkündet werden muß? Daß man in diesem Land (...) stehen muß, um das Zeugnis seines Kreuzes und seiner Auferstehung neu zu entziffern? Wenn wir nun all das, was ich in diesem Augenblick zu sagen wage, annehmen – welch große Aufgaben und Verpflichtungen ergeben sich daraus! Sind wir ihnen wirklich gewachsen?"

Die Menge begann rhythmisch zu singen „Wir wollen Gott, wir wollen Gott ..."

Es sei, fuhr Johannes Paul fort, die Vigil vor Pfingsten, und deshalb sollten sie in ihrer Vorstellung in den Abendmahlssaal in Jerusalem gehen. Dort hätten die Apostel und Maria auf den Heiligen Geist gewartet, so daß sie Zeugen der Auferstehung Christi bis ans Ende der Welt sein konnten. Pfingsten, das Fest der Herabkunft des Heiligen Geistes, sei „der Geburtstag des Glaubens und der Kirche auch für unser polnisches Land". Wie die Apostel, erfüllt vom Heiligen Geist, den Abendmahlssaal verlassen und in fremden Zungen gepredigt hätten, so sei Pfingsten „der Beginn der Verkündigung der Großtaten Gottes auch in unserer polnischen Sprache". Das mächtigste jener Werke sei der von Christus erlöste Mensch: „Daher kann man Christus nirgendwo auf Erden aus der Geschichte des Menschen ausschließen, gleich um welchen Längen- oder Breitengrad es sich handelt. Der Ausschluß Christi aus der Geschichte des Menschen ist ein gegen den Menschen selbst gerichteter Akt. Ohne Christus kann man auch nicht die Geschichte Polens begreifen, zumal nicht als die Geschichte der Menschen, die über dieses Land gingen und gehen." Selbst jene, die „dem Anschein nach fern, außerhalb der Kirche stehen", jene, die „zweifeln oder [Christus] widersprechen", würden innerhalb des christlichen Kontextes der polnischen Geschichte und Kultur leben. Jeder, der dies zu leugnen oder auszumerzen versuche, schade der polnischen Nation. Denn Polen und seine Geschichte – „von Stanislaus in Skałka bis zu Maximilian Kolbe in Auschwitz" – könne nicht ohne Bezug auf Jesus Christus verstanden werden. Daher sei er nach Polen gekommen: Um zu bekräftigen, daß „Jesus Christus unablässig die große Botschaft des Menschen verkündet", denn Jesus Christus sei „immer ein offenes Buch der Lehre vom Menschen (...), seiner Würde und seiner Rechte". Heute, auf dem Siegesplatz, würden er und seine Landsleute im eucharistischen Hochgebet darum bitten, „daß Christus unaufhörlich für uns ein geöffnetes Buch bleibe, das Leben für die Zukunft verheißt. Für unser polnisches Morgen."

Das Grab des unbekannten Soldaten sei das schweigende Zeugnis einer Wahrheit, für die zahllose Polen gestorben seien: daß „es ohne ein unabhängiges Polen auf der Karte Europas kein gerechtes Europa geben kann!" Polnische Soldaten seien auf vielen Schlachtfeldern „für unsere und eure Freiheit" gefallen. Daher wolle er „an diesem Grab niederknien, um jedes Samenkorn zu ehren, das, indem es in die Erde fällt und in ihr stirbt, Frucht bringt. Sei es der Same des Blutes eines Soldaten, das auf dem Schlachtfeld vergossen wurde, sei es das Opfer des Martyriums in Konzentrationslagern oder Gefängnissen. Oder der Same harter täglicher Arbeit (...) auf dem Feld, in der Werkstatt, im Bergwerk, in den Gießereien und Fabriken. Oder der Same der Elternliebe, die sich nicht weigert, einem neuen Menschen das Leben zu schenken und die gesamte Last der Erziehung zu tragen. Oder der Same schöpferischer Arbeit an den Universitäten, in den Bibliotheken und an den Stätten nationaler Kultur. Oder endlich der Same des Gebetes und des Dienstes an den Kranken, den Leidenden, den Verlassenen: ‚all das, was Polen bildet'."

Das alles, schloß er, „legen wir in die Hände der Gottesmutter – unter dem Kreuz auf Kalvaria und im Abendmahlssaal des Pfingstfestes". Das gesamte Leid und der Triumph Polens; die gesamte Geschichte der Menschen, die in diesem Land gelebt haben, „wie jene, die zu Hunderttausenden in den Mauern des Warschauer Ghettos umkamen"; all das bringe er – „ein Sohn polnischer Erde und zugleich Papst Johannes Paul II." – Gott in dieser Eucharistiefeier dar.

> Und ich rufe (...) aus der ganzen Tiefe dieses Jahrhunderts, rufe am Vorabend des Pfingstfestes:
> „Sende aus deinen Geist!

Sende aus deinen Geist!
Und erneuere das Angesicht der Erde!
Dieser Erde!"
Amen.²

Während der Predigt des Papstes antwortete die Menge rhythmisch: „Wir wollen Gott, wir wollen Gott, wir wollen Gott in der Familie, wir wollen Gott in den Schulen, wir wollen Gott in Büchern, wir wollen Gott, wir wollen Gott (...)."³ Sieben Stunden nach seiner Ankunft war durch die Antwort von einer Million Polen auf Johannes Pauls Verkündigung des Evangeliums eine entscheidende Wahrheit ans Licht gekommen: Polen war kein kommunistisches Land; Polen war eine katholische Nation, belastet mit einem kommunistischem Staat.

Polens „zweite Taufe", die die Geschichte des 20. Jahrhunderts ändern würde, hatte begonnen.⁴

DER NACHKONSTANTINISCHE PAPST

Die heutigen Diplomaten des Heiligen Stuhls sind Priester, die, wenn sie einen neuen Posten antreten, instinktiv als erstes fragen: „Wo lesen wir morgen die Messe?" Doch diese Priester-Diplomaten pflegten sich auch ihres Realismus zu rühmen. Ihre Aufgabe, wie sie sie sahen, bestand darin, innerhalb der Grenzen des Möglichen zu manövrieren, um die Interessen der Kirche zu verteidigen. Diese Interessen waren unverwechselbar: die Freiheit der Kirche, ihre internen Angelegenheiten zu regeln, damit sie ihre Aufträge der Evangelisation, der Andacht und des Gottesdienstes erfüllen konnte. Die Vatikandiplomatie hatte sich jedoch im Anklang an die Zeiten, als der Heilige Stuhl noch eine weltliche Macht war, daran gewöhnt, diese Interessen genauso zu betrachten, wie Nationalstaaten ihre ökonomischen und politischen „Interessen" betrachten – als Gegenstand der Verhandlung zwischen souveränen Mächten, wobei die Ergebnisse in rechtlich bindenden Verträgen kodifiziert werden.

Die Ostpolitik Papst Pauls VI. und seines „Außenministers", des Erzbischofs Agostino Casaroli, war ein Produkt dieser ehrwürdigen Tradition, die für das Ende des 20. Jahrhunderts aktualisiert wurde. Trotz der Behauptungen einiger ihrer lautstärksten antikommunistischen Kritiker war die Ostpolitik sicherlich auf die Verteidigung der Kirche, ihrer Mitglieder und ihrer besonderen Interessen ausgerichtet. Paul VI. und Casaroli, zwei Diplomatenveteranen, sahen die Geschichte und das, was das II. Vatikanum „die Zeichen der Zeit" genannt hatte, jedoch durch ziemlich konventionelle realistische Filter.

Die Ostpolitik des Vatikans, ja der Charakter der päpstlichen Diplomatie als Ganzes, änderte sich dramatisch am 16. Oktober 1978 mit Karol Wojtyłas Wahl zu Papst Johannes Paul II. Die Änderung war nicht bloß eine Frage der Taktik – die änderte sich auch –, sondern der Voraussetzungen. Wojtyła brachte ein ganz bestimmtes Verständnis der Zeitgeschichte mit auf den Papstthron. Eng mit der Vision „der Kirche in der Welt von heute" verbunden, an deren Entwurf er beim II. Vatikanum mitgearbeitet hatte, führte diese Analyse zu einem neuen Modell der päpstlichen Diplomatie.

Karol Wojtyła war philosophisch „Realist", davon überzeugt, daß der menschliche Geist die Wahrheit der Wirklichkeit erfassen und einen kohärenten Bericht darüber geben konnte, was er begriffen hatte. Doch ging sein philosophischer „Realismus" nicht in eine „realistische" Sichtweise der internationalen Beziehungen über, bei der die wirtschaftliche und militärische Macht für den Motor der Geschichte gehalten wird. Wojtyła war anderer Meinung, als Christ und als Analytiker der Dynamik der Geschichte. Als Christ, der davon überzeugt war, daß das Evangelium die Wahrheit über die Menschheit und seine Bestimmung enthüllt, glaubte er, Gott lenke die Geschichte. Das machte die Kirche frei, auf einzigartige Weise in der Geschichte zu handeln. Als Pole, der lange und gründlich über die Tatsache nachgedacht hatte, daß die polnische Nation überlebt hatte, als der polnische Staat beseitigt wurde, war er davon überzeugt, daß langfristig gesehen die Kultur die Geschichte antreibt. Die Realisten hatten Unrecht, nicht weil militärische und ökonomische Macht unwichtig waren, sondern weil Kultur wichtiger war. Und der mächtigste Bestandteil der Kultur war der Kultus bzw. die Religion.

Der Realismus in der Theorie der internationalen Beziehungen verstand die Geschichte als Reich der Amoralität. Die Geschichte sei eine „Schlachtbank", hatte Hegel gemeint. Wojtyła war erneut anderer Meinung. In seiner christlich-polnischen Sichtweise wurde die Geschichte am besten durch das Prisma einer moralischen Analyse verstanden, und durch dieses Prisma gesehen war die Unterwerfung der Nationen in Stalins Imperium eine moralische Katastrophe. Ihre Beseitigung war eine Vorbedingung für Frieden und das, was Paul VI. „die Entwicklung der Völker" genannt hatte.

Das war keine idiosynkratisch „ethnische" Sicht der modernen Geschichte. Es war eine andere Art, das II. Vatikanische Konzil ernstzunehmen. Wie sein Freund Professor Stefan Swieżawski es ausdrückte, hatte das Konzil „das Ende der konstantinischen Epoche" markiert, in der die Kirche eine Macht neben anderen politischen Mächten gewesen war.[5] In *Dignitatis humanae* und *Gaudium et spes* hatte das Konzil die Position eingenommen, der gerechte Staat sei ein Staat mit begrenzter, verfassungsmäßig definierter Macht.[6] Der Verlust des Vatikanstaats 1870, verbunden mit dem moralischen Urteil des II. Vatikanums über den gerechten Staat, bedeute eine neue, „nachkonstantinische" Beziehung zwischen der Kirche und der Welt der Politik, glaubte Swieżawski. Und Karol Wojtyła auch.

Eine „nachkonstantinische" Kirche zu sein bedeutete nicht, in die Katakomben zurückzukehren. Die Kirche war der Hüter bestimmter Wahrheiten über die *conditio humana*, und jene Wahrheiten hatten öffentliche Konsequenzen, also mußte die Diplomatie der Kirche fortgeführt werden. Aber sie sollte jetzt in erster Linie über das Reich der Kultur mit der Welt umgehen, dachte Wojtyła. Das bedeutete die offene Verteidigung grundlegender menschlicher und nationaler Rechte. Das Zeugnis für die Wahrheit über die unveräußerliche Würde und die verbrieften Rechte des Menschen sollte das Erkennungszeichen der „nachkonstantinischen" Kirche sein, wie sie sich das II. Vatikanische Konzil vorgestellt hatte.

Die Ostpolitik des Heiligen Stuhls änderte sich am 16. Oktober 1978 auch deshalb, weil Papst Johannes Paul II. die Situation der Kirche hinter dem Eisernen Vorhang kannte, wie es nur einem in Ostmitteleuropa Geborenen möglich war, der mit den lokalen Sprachen und der Kultur vertraut war. Johannes Paul wußte, daß sich kommunistische Regimes in einem Punkt radikal von anderen unterscheiden, was von den Vatikandiplomaten, die die Ostpolitik Pauls VI. entwarfen und ausführten, anscheinend nicht voll erkannt wurde. Alle Staaten begehen manchmal kriminelle Handlungen, doch kommunistische Regimes waren ihrem Wesen nach kriminelle Unternehmungen. Die „Herrschaft des Gesetzes" in einem kommunistischen Regime war eine Fiktion; kommunistische Regimes begingen aus Prinzip Gewaltakte und unterhielten einen enormen Unterdrückungsapparat. Unter einem kommunistischen Regime war Terror die normale Methode, die Ordnung aufrechtzuerhalten, was solchen Regimes den Anstrich der Unbesiegbarkeit geben konnte. Dieser Papst hatte jedoch die Schwächen und scheinbaren Stärken des Kommunismus beurteilt. Und er wußte, daß kultureller Widerstand ein wirksames Gegenmittel gegen die anscheinend undurchdringliche Position eines kriminellen Staates sein konnte.[7]

Der neue Papst glaubte auch, daß sein ganzes Leben eine Vorbereitung auf das Amt des Petrus und dessen Verantwortung, die Brüder zu stärken (Lukas 22,32), gewesen war. Das war keine Arroganz; er hatte die Position nicht angestrebt, auf die er gewählt worden war. Aber die Leichtigkeit, mit der er die päpstliche Würde annahm, deutete auf eine ruhige Zuversicht hin, die auf der Grundlage eines felsenfesten Glaubens ruhte, daß die Brüder zu stärken unter anderem bedeutete, die Ostpolitik des Heiligen Stuhls zu erneuern.

Seine ersten Monate im Amt hatten diesen „Wojtyła-Unterschied" auf verschiedene Weise deutlich gemacht.

Seine Antrittspredigt mit ihrer Antiphon „Habt keine Angst!" und ihrem Thema „Öffnet die Tore für Christus!" war ein unmißverständlicher Ruf zu einer anderen Art von Waffen für die verfolgte Kirche hinter dem Eisernen Vorhang. Genauso wie seine häufigen Hinweise auf die Religionsfreiheit in seinen ersten öffentlichen Äußerungen als Papst. Und wie sein Weihnachtsbrief an die Kirche in Krakau, in dem er sein Volk und das polnische Regime herausforderte. Der hl. Stanislaus, schrieb er, sei „der Schutzpatron der moralischen Ordnung in unserem Land". Er habe seine Gesellschaft vor dem Bösen verteidigt, das sie bedrohte, und „nicht gezögert, dem Herrscher entgegenzutreten, wenn die Verteidigung der moralischen Ordnung es verlangte".[8] Die kommunistischen Zensoren strichen die Bezüge auf den Märtyrer und wiesen Jerzy Turowicz an, in *Tygodnik Powszechny* eine gereinigte Fassung zu bringen; Turowicz weigerte sich. Der volle Text, der nicht veröffentlicht werden konnte, wurde dann von allen Kanzeln der Erzdiözese verlesen.

Johannes Pauls offene Verteidigung der Verfolgten war nicht auf die Kirche in Polen beschränkt. Er unternahm rasch etwas, um die Kirche in der Tschechoslowakei, die am härtesten unterdrückte katholische Gemeinde im äußeren Sowjetreich, zu stärken. Als er in der Sixtinischen Kapelle während der Huldigung der Kardinäle direkt nach seiner Wahl Prags Kardinal František Tomášek begrüßte, umarmte er den 79jährigen Prälaten und sagte: „Wir stehen sehr nah beieinander, und wir werden noch näher stehen, weil die Verantwortung für Sie auf mich übertragen wurde." Der Papst betonte dieses „besondere Gefühl der Nähe" zur tschechischen Kirche 1978 in einer Weihnachtsbotschaft an

Kardinal Tomášek und in einem Brief vom 2. März 1979, dem 250. Jahrestag der Heiligsprechung des Johannes von Nepomuk, der 1393 vom böhmischen König Wenzel IV. getötet worden war. Johannes Paul drängte die Tschechoslowaken, „die (...) Tugenden eures Schutzheiligen (...) nachzuahmen", vor allem seinen Glauben, „lebendig wie eine brennende Flamme. Er (...) läßt in uns eine Sicherheit (...) entstehen, die uns unerschrocken im Bekenntnis und in der praktischen Ausübung unseres Glaubens macht." In einem unmißverständlichen Bezug auf die vom Regime unterstützten „Pacem in Terris"-Priester (in der Tschechoslowakei „Pax-Terrier" genannt) zitierte der Papst die Beschreibung des guten Hirten aus dem Evangelium, der, „zum Unterschied vom Tagelöhner", seine Schafe sucht, sie ermutigt und ihnen hilft, ihre Last zu tragen.[9]

Die Ergebnisse der persönlichen Unterstützung durch Johannes Paul waren beeindruckend. Im Verlauf des nächsten Jahrzehnts wurde Kardinal Tomášek, der in seiner Beziehung zum kommunistischen Regime der Tschechoslowakei ziemlich ängstlich gewesen war und der die katholische Beteiligung an der Menschenrechtsbewegung Charta 77 kritisiert hatte, zu einem der schärfsten und gefürchtetsten Kritiker des tschechoslowakischen Kommunismus. Tschechen und Slowaken waren während der gesamten 80er Jahre Zeugen „dieses einzigartigen Schauspiels des [80jährigen] Kardinals, der älter und gleichzeitig streitbarer wird".[10]

Der neue Papst streckte in einem Brief vom 19. März 1979 seine Hand auch zu einem anderen Veteran der Verfolgung aus, dem ukrainischen Kardinal Iosyf Slipyj. Der Brief nahm das Millennium des Christentums in der Kiewer Rus', heute Ukraine, im Jahre 1988 vorweg, das an den Beginn der Christianisierung der Ostslawen im Jahre 988 erinnert. Johannes Paul erinnerte die Ukrainer, die ihm „besonders lieb" seien, daran, daß die Taufe der Kiewer Rus' stattgefunden habe, als das Christentum, das später in die römisch-katholische und die orthodoxe Kirche geteilt wurde, im Glauben und in der Kommunion vereint gewesen sei. Der Papst schloß mit einem Zitat der Allgemeinen Erklärung der Menschenrechte und ihres „Grundprinzips der Religionsfreiheit", die Rechte garantierte, deren sich die griechisch-katholische Kirche in der Ukrainischen Sozialistischen Sowjetrepublik sicher nicht erfreuen konnte.[11]

Am 24. Januar 1979 besuchte der sowjetische Außenminister Andrej Gromyko den Vatikan, um den neuen Papst persönlich kennenzulernen. Gromyko, der einräumte, die Sowjetregierung „weiß, daß der Vatikan in keiner Weise von der Weltpolitik isoliert ist", war einmal mit Johannes XXIII. und fünfmal mit Paul VI. zusammengetroffen; dabei waren „Fragen von Krieg und Frieden das Hauptthema". Gromykos Beschreibung seines Treffens mit Johannes Paul II. ist aufschlußreich:

> Johannes Paul begrüßte uns und bemerkte: „Ich möchte die Bedeutung von Kontakten betonen, die zur Sicherung des Friedens auf Erden beitragen können."
>
> Natürlich pflichtete ich ihm bei und fuhr mit der Darstellung einiger wichtiger sowjetischer Initiativen fort, die ebendiesem Ziel galten.
>
> „So weit ich es beurteilen kann", schloß ich, „mißt die katholische Kirche der Stärkung des Friedens, der Abrüstung und der Beseitigung von Massenvernichtungswaffen große Bedeutung bei. Die sowjetische Regierung hält diese Position für sehr wertvoll. Ideologische und religiöse Differenzen dürfen der Zusammenarbeit für dieses hehre Ziel nicht im Weg stehen."

Der Papst kam dann auf die Frage des religiösen Glaubens zu sprechen. „Es kann sein, daß die Behinderungen der Religionsfreiheit nicht überall beseitigt sind." Er machte eine Pause. „Nach einigen Quellen soll das auch für die UdSSR gelten."

Diese Anschuldigung war für uns nicht neu. Ich entgegnete: „Nicht jedes Gerücht verdient Aufmerksamkeit. Der Westen verbreitet allerlei Falschinformationen über den Zustand der Kirche in der Sowjetunion, aber die Wahrheit ist, daß der sowjetische Staat seit dem ersten Tag seiner Existenz die Freiheit des religiösen Bekenntnisses garantiert hat. (...) Es gibt bei uns religiöse Menschen, aber das schafft weder für sie noch für die sowjetische Gesellschaft irgendwelche Probleme."

Der Papst und Casaroli hörten nachdenklich zu. Dann sagte der Papst: „Das dachten wir mehr oder weniger auch."

Über das Thema wurde nicht weiter gesprochen.

(...)

Diese erste Begegnung mit Johannes Paul II. fand vor den Ereignissen Anfang der 80er Jahre in Polen statt, bei denen der Vatikan eine Haltung einnahm, die die Schwelle zwischen Politik und Religion deutlich überschritt.[12]

Johannes Paul II. erinnerte sich anders an diese Begegnung. Als er zu Beginn ihres Gesprächs die Frage der Religionsfreiheit angeschnitten habe, habe Gromyko geantwortet, er sei Stellvertreter des Obersten Sowjets von Weißrußland, und er wisse, die Kirchen dort seien voll. Warum mache der Papst so ein Theater darum? Johannes Paul war sich der Ansicht des sowjetischen Außenministers voll bewußt, die Kirche ermutige „heimlich (...) zur ideologischen Einheit mit der ausbeutenden Klasse". Daher verfolgte er die Angelegenheit bei einem solchen vollendeten Lügner nicht weiter. Am folgenden Tag erzählte er Reportern, die Audienz sei die „mühsamste" gewesen, die er als Papst gehabt habe.[13]

Er hatte jedoch seinen Standpunkt klargemacht, und er war zur Kenntnis genommen worden. Wie auch immer die Sowjets die Angelegenheit gemäß ihren ideologischen Voraussetzungen analysierten (und verzerrten), sie wußten, daß sie es mit einer völlig anderen Art von Papst zu tun hatten.

Einsatz von Ressourcen

Am 9. März 1979 starb Kardinal Jean Villot, der Staatssekretär des Heiligen Stuhls. Diese Lücke ganz oben in der Zentralverwaltung der Kirche gab Johannes Paul die Gelegenheit, die Führungsspitze der Kurie neuzubilden, was er sieben Wochen später, am 30. April, tat. Erzbischof Agostino Casaroli wurde zum Staatssekretär ernannt und erhielt zwei neue Stellvertreter: Der Spanier Erzbischof Eduardo Martínez Somalo, ehemaliger Nuntius in Kolumbien, wurde Sostituto, d. h. stellvertretender Staatssekretär für die „allgemeinen" Angelegenheiten (er hatte mit der internen Regierung der Kirche zu tun), und Msgr. Achille Silvestrini, ein anderer altgedienter Vatikandiplomat, wurde zum „Außenminister" ernannt (genaugenommen zum Sekretär der Sektion für die Beziehungen mit den Staaten), um Casaroli zu ersetzen. Msgr. Audrys Bačkis, ein gebürtiger Litauer, der im Exil aufgewachsen war, wurde zum Untersekretär von Silvestrini ernannt, der auch zu einem Titular-Erzbischof erhoben wurde.[14]

Angesichts des „Wojtyła-Unterschieds" und Casarolis Rolle als Architekt der Ostpolitik Pauls VI. mag einigen Casarolis Ernennung zum Staatssekretär merkwürdig vorgekommen sein. Tatsächlich war sie ein gutes Beispiel für Johannes Pauls II. geschickten Einsatz der Ressourcen der Kurie, um seine eigenen Pläne voranzutreiben.

Der Papst und sein neuer Staatssekretär hatten nicht die gleiche Meinung von der Lage der Kirche in Ostmitteleuropa, und Casaroli muß Johannes Pauls II. Auffassung von der Kirche in der Welt als Infragestellung seiner eigenen althergebrachten Sichtweise der Verwirklichung der Diplomatie des Heiligen Stuhls empfunden haben. Dennoch konnten die beiden zusammenarbeiten, weil Casaroli ein treuer Diener war und Johannes Paul II. zahlreiche Vorteile davon hatte, daß der altgediente italienische Kurienbeamte sein oberster „Betriebsleiter" war.

Die Ernennung Casarolis half vielen in der Zentralverwaltung der Kirche, den Druck des Übergangs zu einem polnischen Papst zu mildern. Casaroli war allgemein als das geschickteste Mitglied des diplomatischen Dienstes des Heiligen Stuhls anerkannt, und seine Beförderung konnte auch als Kompliment für seine langjährigen Kollegen verstanden werden. Außerdem war Casaroli ein gewiefter Taktiker und fähiger Diplomat und auch ein guter Priester, der sich in seiner Freizeit um jugendliche Delinquenten in Rom kümmerte. Johannes Paul II. hatte nicht die Absicht, sich bis ins kleinste in die internen Angelegenheiten der Kirche einzumischen, und man konnte sich darauf verlassen, daß Casaroli, ein Mann des Systems, die Maschinerie gemäß den groben Linien der Politik, die der Papst vorgab, in Gang hielt.

Die Beförderung Casarolis machte die Dinge auch für die Sowjetunion und ihre Satelliten komplizierter. Wie konnte sie öffentlich behaupten, der Heilige Stuhl habe das Interesse verloren, eine gemeinsame Grundlage zu finden, wenn der wichtigste Architekt der früheren Ostpolitik gerade an die höchste Position in der Kurie gesetzt worden war? Ferner war Casaroli die Schlüsselfigur für das Festhalten des Heiligen Stuhls an der Schlußakte von Helsinki von 1975, einem Vertrag, den die Sowjetunion unbedingt haben wollte, um die Teilung Europas von Jalta festzuschreiben (auch wenn das die Akzeptierung der Menschenrechtsgarantie erfordert hatte, auf deren Aufnahme in die Schlußakte Casaroli und andere bestanden hatten).[15]

Casaroli und Silvestrini fuhren fort, mit diesen Regimes in aller Stille zu verhandeln und die Beziehungen zu pflegen, die im Laufe eines Jahrzehnts der versuchten Annäherung aufgebaut worden waren. In der Zwischenzeit verfolgte der Papst seinen viel bestimmteren Ansatz zu den Problemen der verfolgten Kirche, indem er die Menschenrechtsfrage, insbesondere die Religionsfreiheit immer wieder öffentlich ansprach. Der Papst, der an die „Normalisierung" der Beziehungen als Instrument der Transformation der kommunistischen Welt glaubte, setzte geschickt Untergebene ein, die sich der „Normalisierung" als Zweck an sich verschrieben hatten. Johannes Paul II., häufig beschuldigt, nicht besonders am Management interessiert zu sein, wußte tatsächlich sehr wohl, wie er Dinge vollbringen und Ziele erreichen konnte, indem er dieselben Personen einsetzte, die schon seinen Vorgängern gedient hatten.[16]

Die neue Regelung war für Kardinal Casaroli schwieriger als für Johannes Paul II. Der Kardinal bekannte einmal: „Ich möchte diesem Papst mehr helfen, aber er kommt mir so anders vor." Sie waren tasächlich sehr unterschiedliche Männer: ein altgedienter Kirchenbürokrat und ein Mann, der sein ganzes Priester- und Bischofsleben an vorderster Front im Kampf um die Religionsfreiheit zugebracht hatte. Johannes Paul II. glaubte, er müsse die Stimme derjenigen sein, die keine Stimme besaßen. Casaroli glaubte, solche Angelegenheiten könnten in Ruhe mit Regierungen geregelt werden, ohne offenen Bezug auf jene Stimmen. Dennoch half der Kardinal dem Papst, der den Reichtum an Erfahrung erkannte, den sein Staatssekretär mit in sein Amt brachte, und zog im Vertrauen auf Casarolis Loyalität Vorteile aus diesen Erfahrungen.[17]

DIE RÜCKKEHR DES LANDESSOHNS

Die Rückkehr Johannes Paul II. nach Polen war unvermeidlich. Ihre Durchsetzung war jedoch ein kompliziertes und schwieriges Unterfangen.

In seinen Worten an die Polen, die in Rom an seiner Amtseinführung teilgenommen hatten, hatte er angedeutet, daß er gerne zum 900. Todestag des hl. Stanislaus nach Hause zurückkehren würde, der mit dem Ende der Synode von Krakau zusammenfallen würde. Die polnischen Bischöfe hatten die Frage noch früher aufgeworfen. In einer Erklärung, die einen Tag nach seiner Wahl herausgegeben wurde, äußerten die Bischöfe begeistert die Hoffnung, ihr ehemaliger Kollege würde 1979 zur Stanislaus-Gedenkfeier und 1982 zur 600-Jahrfeier der Ankunft der Ikone der Schwarzen Madonna von Tschenstochau kommen. Als die Verhandlungen über den Papstbesuch zwischen dem Regime in Warschau und dem Vatikan begannen, ließ die polnische Regierung öffentlich nichts über ihre Einstellung verlauten, teilweise, weil die Meinungen innerhalb der kommunistischen Kader geteilt waren. Die höheren Ränge plädierten für einen großzügigen Empfang, während die niederen Chargen, vielleicht, weil sie den wahren Gefühlen der Bevölkerung näher waren, ernste Zweifel bezüglich der Auswirkungen des Besuchs äußerten. Am 11. Januar 1979 versuchte Johannes Paul II. den Gang der Dinge zu beschleunigen, indem er sich praktisch selbst einlud: Er machte den polnischen Behörden klar, daß es seine „Pflicht" sei, an den Zeremonien zum Gedächtnis des Martyriums des hl. Stanislaus teilzunehmen.[18]

Die höheren Funktionäre der polnischen Partei und Regierung wußten, daß sie keine andere Wahl hatten, als einem Besuch zuzustimmen. Aber sie konnten nicht unabhängig handeln, und ihre sowjetischen Verbündeten waren nicht gerade begeistert. Als Kardinal Wyszyński und Erzbischof Luigi Poggi, eine wichtige Stütze Casarolis, den polnischen Parteiführer Edward Gierek drängten, einem offiziellen Empfang zuzustimmen, wurde Gierek von Moskau unter Druck gesetzt. In seinen Memoiren beschreibt der polnische Parteichef einen zornigen, eher bizarren Anruf, den er Anfang 1979 vom sowjetischen Parteichef Leonid Breschnew erhielt. Nachdem Gierek gesagt hatte, das polnische Regime würde Johannes Paul einen respektvollen Empfang bereiten, schoß Breschnew zurück: „Lassen Sie sich von mir beraten und empfangen Sie ihn nicht. Das wird nur Schwierigkeiten geben." Als Gierek erklärte, für eine polnische Regierung sei es unmöglich, einen polnischen Papst nicht zu empfangen, hatte der Sowjetführer eine andere Idee: „Sagen Sie dem Papst – er ist ein kluger Mann –, er könne öffentlich erklären, er sei erkrankt und deshalb nicht in der Lage zu kommen." Nachdem ihm mitgeteilt worden war, daß auch das unmöglich sei, sagte Breschnew zu Gierek, Gomułka sei „ein besserer Kommunist" gewesen, weil er „Paul VI. nicht in Polen empfangen hat, und damals ist nichts Unangenehmes geschehen. Die Polen haben es einmal überlebt, daß ein Papst nicht hineingelassen wurde, und sie werden es auch zum zweitenmal überleben." Gierek bestand darauf, daß „politische Gründe" es erforderten, Johannes Paul nach Polen zu lassen. „Nun, tun Sie, was Sie wollen", schloß Breschnew, „aber sorgen Sie dafür, daß Sie es später nicht bereuen müssen."[19]

Da Breschnew vorläufig aus dem Weg und Johannes Pauls Besuch eine abgemachte Sache war, wandten sich die Verhandlungen zwischen der polnischen Kirche und der Regierung der Frage des Datums zu. In Polens liturgischem Kalender wird das Fest des hl. Stanislaus am 8. Mai gefeiert. Ein Papstbesuch an diesem Tag, mit seinen unmißverständlichen Nebentönen des religiösen Widerstands gegen die Staatsmacht, war einfach zu viel, als daß das Regime ihn in Erwägung ziehen konnte. Nach monatelangen Verhandlungen wurde schließlich ein Kompromiß erzielt: Anstatt für zwei Tage im Mai nach Polen zu reisen, wie ursprünglich vorgesehen, würde Johannes Paul II. für neun Tage im Juni kommen und sechs Städte besuchen, nicht nur Warschau und Krakau.

Bei der Bekanntgabe dieser Vereinbarung am 2. März 1979 warnten die staatlich kontrollierten Medien vor der „Illusion", der Besuch würde in irgendeiner Weise die Führungsrolle der Partei oder die „strikt säkulare Natur" der Volksrepublik Polen ändern.[20] Das Regime mag sich eingeredet haben, durch die Abwendung des Besuchs vom traditionellen Tag des Stanislaus-Festes einen großen Sieg errungen zu haben. In Wirklichkeit hatten die Kommunisten eine Menge verloren. Johannes Paul hatte neun Tage und sechs Städte gegen jeweils zwei eingetauscht. Außerdem überlud der Wechsel vom Mai zum Juni den Besuch mit religiösem Symbolismus. Der Papst würde am Tag der Vigil von Pfingsten, dem großen Fest der Herabkunft des Heiligen Geistes auf die Apostel in Form von „Zungen wie von Feuer" (Apostelgeschichte 2,3), in Polen eintreffen und seine erste öffentliche Messe feiern. Was das Jubiläum des Martyriums des hl. Stanislaus und den Abschluß der Synode von Krakau betraf, verlängerte das polnische Episkopat einfach die Feiern um einen Monat (mit dem Höhepunkt am 10. Juni), und die Erzdiözese Krakau verschob das Ende der Synode auf den Besuch des Papstes. Aus dem scheinbaren kommunistischen Triumph bei der Schlacht um den hl. Stanislaus wurde der reinste Pyrrhussieg.

Eine weitere umkämpfte Frage waren die Besuchsorte. Die Kommunisten weigerten sich, den Papst nach Schlesien reisen zu lassen, wo Johannes Paul wieder den Schrein der Jungfrau Maria in Piekary besuchen wollte, eine Pilgerreise, die er als Erzbischof von Krakau regelmäßig unternommen hatte. Schlesien war jedoch das politische Lehen von Edward Gierek, und der Parteiführer, auch wenn er sich mit dem Papstbesuch abgefunden hatte, wollte sich nicht auf seinem Heimatterrain die Schau stehlen lassen.[21] Die Regierung weigerte sich auch, den Papst nach Nowa Huta reisen zu lassen, ein Zeichen dafür, wie sehr die Kommunisten durch die Arche-Kirche und den Kampf um Mistrzejowice getroffen worden waren. Selbst angesichts dieser für ihn unzugänglichen Orte hatte der Papst eine ausgedehnte Tour vor. Die Stationen, auf die man sich schließlich einigte, umfaßten die Hauptstadt Warschau, Gniezno (Gnesen) als Wiege des polnischen Katholizismus und Sitz des Primas des Landes, das Heiligtum der Schwarzen Madonna in Tschenstochau und mehrere Veranstaltungen in Krakau und Umgebung: in Kalwaria Zebrzydowska, Wadowice, Auschwitz, Nowy Targ (im Hochland) und dem Zisterzienserkloster in Mogiła am Rande von Nowa Huta.

Kirche und Regierung kreuzten auch die Klingen wegen der Frage, wie Rundfunk und Fernsehen über die Ereignisse im Zusammenhang mit dem Papstbesuch berichten sollten. Das Regime hatte 30 Jahre lang der Kirche hartnäckig den Zugang zu diesen Medien verweigert. Das polnische Episkopat, das sich über diesen Ausschluß vom nationalen Leben sehr geärgert hatte, argumentierte, daß die Ereignisse von großem öffentlichem Interesse seien und daher ausführlich über sie berichtet werden müsse. Die Regierung wurde von ihren Genossen in den Nachbarländern unter Druck gesetzt, die der Gedanke, ihre Leute könnten die polnischen Sendungen empfangen, beunruhigte; die litauische Regierung schickte eine brüderliche Delegation nach Warschau mit der Bitte, die Reichweite der Sendungen zu begrenzen. Mit dem Kalkül, eine ausführlichere Fernsehberichterstattung könnte bei bestimmten Ereignissen die Anzahl der Teilnehmer verringern, stimmte die polnische Regierung schließlich der landesweiten Übertragung der Ankunftszeremonien, des Papstbesuchs bei Regierungsvertretern im Warschauer Belvedere-Palast, der Messe auf dem Siegesplatz, des Besuchs in Auschwitz und der dortigen Messe sowie der Abschiedszeremonien in Krakau zu. Die Berichterstattung über die Papstbesuche in Tschenstochau und Gnesen war auf das örtliche Radio und Fernsehen begrenzt. Die Details der Fernsehberichterstattung wurden erst in allerletzter Minute festgelegt.[22]

Die organisatorischen Vorbereitungen für den Papstbesuch, einschließlich der enormen Aufgabe, die Massen zu bändigen, wurden völlig der Kirche überlassen – ein weiterer strategischer Fehler des Regimes. Leute, denen seit 30 Jahren gesagt wurde, sie seien unfähig, sich unabhängig vom Staat oder von der Partei zu organisieren, konnten diese Behauptung jetzt empirisch testen. Dieser Test fand in Tausenden von Haushalten und Kirchen statt, wo Mahlzeiten für Pilger zubereitet, Ordnungskräfte geschult sowie Dekorationen hergestellt und aufgehängt wurden. Wochen vor der Ankunft Johannes Pauls hatte das Volk Polens die Behauptung widerlegt, nur die „Spitze" der Gesellschaft könne diese ordentlich organisieren.

SCHAFFUNG DER VORAUSSETZUNGEN

Auch wenn die polnische Regierung gedacht haben mag, daß sie mit der Verschiebung des Besuchs von Johannes Paul auf den Juni etwas Entscheidendes erreicht hatte – die Kirche und der Papst waren entschlossen, das Martyrium des hl. Stanislaus nach altem Brauch zu ehren. Am 8. Mai, an dessen polnischem Feiertag, gab Johannes Paul II. das Apostolische Schreiben *Rutilans agmen* an Kardinal Wyszyński, Erzbischof Macharski und die gesamte polnische Kirche heraus. Das Martyrium des Bischofs von Krakau, der zu jener „leuchtenden Schar"[23] von Zeugen gehörte, die der Kirche seit Jahrhunderten immer wieder Kraft und Stärke verliehen hätten, sei immer noch eine Quelle der Geschehnisse, der Erfahrungen und Wahrheiten des polnischen Volkes. Es sei ein Erbe, an das Polen sich in diesem Jahr „in besonderer Weise" erinnern wolle.[24] Dieser Akt der Erinnerung war in 6000 Polen aus der ganzen Welt verkörpert, die unter Führung von Kardinal Wyszyński am 16. Mai zu einer feierlichen Gedenkfeier des Stanislaus-Jubiläums im Audienzsaal Pauls VI. nach Rom kamen. In seiner Eröffnungsrede wies der Kardinal nachdrücklich darauf hin, daß die bevorstehende Papstreise durch die Besuche der Reliquien des hl. Adalbert in Gnesen und des hl. Stanislaus in Krakau eingeklammert würde, wobei das Verbindungsglied der Besuch des Heiligtums der Schwarzen Madonna in Tschenstochau sei. Johannes Pauls Reiseplan war auf die drei Symbolfiguren ausgerichtet worden, die die polnische Nationalidentität sehr eng an den Katholizismus binden.

Zwei Tage später, am 18. Mai, leiteten Johannes Paul und der Primas eine Gedenkfeier zum 35. Jahrestag der entscheidenden Schlacht des Zweiten Weltkriegs um Monte Cassino, bei der die polnische Exilarmee (einschließlich des Klassenkameraden des Papstes Jerzy Kluger) eine herausragende Rolle gespielt hatte. Polen, sagte Johannes Paul, „lebe weiter im Umkreis der Folgen" dieses Konflikts – eine unmißverständliche Anspielung auf die in Jalta vollzogene Teilung Europas. Der Krieg sollte gelehrt haben, daß nur „auf der Grundlage der vollen Respektierung der Rechte der Menschen und der Rechte der Völker – einer vollen Respektierung" – in Europa und in der Welt Frieden geschaffen werden könne. Das bedeute das Recht einer Nation „auf Existenz, Unabhängigkeit, auf ein gesellschaftliches Leben im Geiste eigener Überzeugungen, eigener nationaler und religiöser Traditionen, auf der Souveränität des eigenen Staates". Es war nicht nötig hinzuzufügen, daß die polnische Souveränität durch Polens Eingliederung in eine falsch benannte „Allianz" verletzt wurde, die ein Regime schützen sollte, das bewußt in Gegensatz zu polnischen Überzeugungen und Traditionen konstruiert sei.[25]

In Polen unternahm das Regime den Versuch einer präventiven Schadensbegrenzung. Im März sandte die kommunistische Partei Polens geheime Anweisungen an die Lehrer der Schulen des Landes, die später in einer Untergrundzeitung veröffentlicht wurden. Die Anweisungen deuten auf die Geisteshaltung des Regimes im Vorfeld der Heimkehr des Papstes hin:

> Der Papst ist unser Feind. (...) Aufgrund seiner ungewöhnlichen Fähigkeiten und seines großen Sinns für Humor ist er gefährlich, weil er jeden in seinen Bann schlägt, vor allem Journalisten. Nebenbei bemerkt schwärmt er für billige Gesten in seiner Beziehung zur Menge; zum Beispiel setzt er einen Trachtenhut auf, schüttelt allen die Hände, küßt Kinder usw. (...) Sein Vorbild sind amerikanische Präsidentschaftswahlkämpfe. (...)
>
> Er ist gefährlich, weil er den hl. Stanislaus zum Patron der Opposition gegenüber den Behörden und zu einem Verteidiger der Menschenrechte machen wird. Glücklicherweise haben wir es geschafft, ihn vom 8. Mai wegzubekommen. (...)

> Wegen der Aktivierung der Kirche in Polen dürfen unsere Maßnahmen, die die Jugend atheistisch machen sollen, nicht nachlassen, sondern müssen intensiviert werden. (...) In dieser Hinsicht sind alle Mittel erlaubt, und wir können uns keine Gefühle leisten.[26]

Das polnische Regime war nicht völlig ungeschickt. Es polierte die Orte auf, die der Papst besuchen würde, und kooperierte mit der Kirche bei der Vorbereitung der Ereignisse und dem Aufstellen der notwendigen Sanitäranlagen für die erwarteten riesigen Volksmengen. Die Regierung sorgte auch für umfangreiche Kommunikationseinrichtungen für die Weltpresse. Sie ging jedoch mit ihren eigenen Medien kein Risiko ein und gab detaillierte Zensuranweisungen an die polnischen Journalisten aus, die prompt an die Untergrundpresse durchsickerten.[27]

Während all das im Namen des polnischen Staates vor sich ging, bereitete sich die polnische Nation weiter auf den Empfang ihres berühmtesten Sohnes vor. Studenten eines Warschauer Wohnheims hängten ein großes Transparent an ihr Gebäude mit einem Zitat des Papstes über die Jugend: „Ihr seid die Hoffnung der Welt, die Hoffnung der Kirche, meine Hoffnung." Die Behörden, die für das Wohnheim zuständig waren, versuchten das Transparent zu beseitigen. Die Studenten weigerten sich einmütig. Als der Leiter des Wohnheims später gefragt wurde, wer ihn aufgefordert habe, das Transparent zu beseitigen, antwortete er: „Ein älterer Mann aus der Sowjetbotschaft."[28]

In Krakau schmückten Freiwillige das ehemalige Haus des Papstes in der Franciszkańska-Straße 3 mit päpstlichen und polnischen Fahnen. In der Nacht vor der Ankunft des Papstes waren sie immer noch dabei, als plötzlich die Straßenlaternen ausgingen. Einer der Beteiligten äußerte sich später so: „Niemand glaubte daran, daß es reiner Zufall war, da unser Viertel das einzige ohne Licht war." Zum Beweis, daß „wir" erfindungsreicher sein konnten als „sie", stellten einige Leute ihre Autos auf der anderen Seite der Residenz des Erzbischofs auf, so daß die Freiwilligen das Schmücken des Hauses mit Hilfe der Scheinwerfer beenden konnten. Niemand beklagte sich hinterher über die leeren Batterien.[29]

NEUN TAGE, DIE DIE WELT VERÄNDERTEN

Die Idee der „Pilgerfahrt" – einer Reise zum Beten, zur Buße und zum Almosengeben an einen heiligen Ort – ist tief in der religiösen Vorstellung der Menschheit verankert. In biblischen Zeiten waren Pilgerreisen nach Jerusalem allgemeiner Brauch, vor allem an den großen Festen Passah, Erntefest und Laubhüttenfest. Pilgerreisen ins Heilige Land waren ein wichtiger Bestandteil des frühchristlichen Lebens, und als sich die Kirche im gesamten Mittelmeerraum ausbreitete, entstanden weitere Pilgerorte, oft in Verbindung mit den Reliquien eines Apostels.

Die Tradition der Pilgerreise, die die biblische Überzeugung widerspiegelt, daß Gott in der Geschichte zu bestimmten Zeiten und an bestimmten realen

Orten entscheidend gehandelt hat, ließ sich ohne weiteres auf andere Kulturen übertragen, als die christliche Bewegung wuchs. Polen war keine Ausnahme, wie die berühmten Wallfahrten zur Schwarzen Madonna von Tschenstochau und nach Kalwaria Zebrzydowska durch die Jahrhunderte hindurch beweisen. Karol Wojtyła hatte sich seit seinen Kindheitstagen aktiv an dieser polnischen Wallfahrtstradition beteiligt. Nun trat er das an, was ein Kommentator später „die phantastischste Pilgerreise in der Geschichte des modernen Europa" nannte.[30]

Bei der Bekanntgabe des endgültigen Reiseplans für den Papstbesuch in einem Kommuniqué vom 4. Mai betonten die polnischen Bischöfe, der Papst komme auf ihre Einladung hin und „die Reise des Heiligen Vaters [habe] den religiösen Charakter einer Pilgerfahrt in sein Heimatland in dem Jahr, das der 900-Jahrfeier des Martyriums des hl. Stanislaus, des Bischofs von Krakau, gewidmet ist. Die Pilgerreise wird die Hauptorte der Heiligen berühren, die durch das Blut von Märtyrern geheiligt wurden."[31] Dieses Bestehen auf der „Pilgerreise" als dem Leitmotiv dessen, was geschehen würde, war kein Beschwichtigungsmittel für die Regierung, sondern eine genaue Beschreibung der Auffassung Johannes Pauls von seinen Weltreisen. Von Anfang an war er entschlossen, daß seine Besuche so strukturiert sein würden, daß sie ihren pastoralen Zweck verdeutlichten.

Die „Ikonographie" der Auslandsreisen des Papstes wurde im Januar 1979 in der Dominikanischen Republik und in Mexiko etabliert und seitdem beibehalten: Bei der Ankunft in einem Land kniete der Papst nieder und küßte den Boden, um seine Überzeugung auszudrücken, daß Gott an diesem besonderen Ort und bei diesen besonderen Menschen anwesend war. Die diplomatischen Formalitäten wurden beachtet, aber auf ein Minimum beschränkt, wenn er mit dem lokalen Vertreter des Staates und anderen Regierungsfunktionären zusammentraf. Wenn er durch ein Land reiste, wurde er in seinem „Papamobil" nie von politischen Personen begleitet, sondern nur vom Ortsbischof und/oder dem Vorsitzenden der nationalen Bischofskonferenz, die seine Gastgeber waren. Die Hauptereignisse eines Pastoralbesuchs waren ihrem Wesen nach immer liturgisch, nie politisch. Die Auswirkungen eines bestimmten Besuchs auf die öffentlichen Angelegenheiten überließ Johannes Paul II. zufrieden den Menschen eines Landes, ihren religiösen Führern – und, das betonte er immer wieder, dem Heiligen Geist.

2. Juni: Warschau

Am Samstag, dem 2. Juni 1979, um 10.07 Uhr, ging Johannes Paul II. energisch die Gangway der Boeing 727 *Città di Bergamo* der Alitalia hinunter, kniete nieder und küßte den Boden Polens. Im ganzen Land, das voll gespannter Erwartung war, begannen die Kirchenglocken zu läuten. Der polnische Präsident Henryk Jabłoński und Primas Wyszyński hielten kurze Begrüßungsreden. Johannes Pauls Antwort stellte bewußt den Zusammenhang für die kommenden neun Tage her. Der polnische Papst sei nach Hause gekommen, um seinen Leuten ihre authentische Geschichte und Kultur zurückzugeben.

Es mußten Anstandsregeln beachtet werden. Johannes Paul dankte Präsident Jabłoński für dessen höflichen Empfang und drückte erneut seine Hoffnung aus, daß sein Besuch „der großen Sache der Annäherung und Zusammenarbeit zwischen den Nationen" dienen möge. Er lobte Kardinal Wyszyński und sagte, das Programm der nächsten Tage sei seine Antwort auf den Empfang durch den Primas.

Dann sprach er seine „geliebten Brüder und Schwestern", seine „lieben Landsleute" an, die er an diesem besonderen Tag „mit denselben Worten [begrüßte], die ich letztes Jahr am 16. Oktober benutzte, als ich diejenigen begrüßte, die auf dem Petersplatz waren: ‚Gelobt sei Jesus Christus!'" Diese Art, andere Polen zu grüßen, habe er während seines Lebens unter ihnen gelernt, und so käme er nun zu ihnen. Durch die fünfjährige Naziherrschaft und durch 33 Jahre kommunistischer Hegemonie sei Polen seine Geschichte und Kultur verweigert worden. Jetzt würde er, ein Sohn Polens, seinen Landsleuten das zurückgeben, was ihnen von Geburt an zustand.

Nach einem triumphalen Einzug in die Hauptstadt durch Straßen, an denen Hunderttausende dicht gedrängt standen, wurde Johannes Paul auf Warschaus Königsweg in die Altstadt gefahren. Er ging zuerst in die wiederaufgebaute Johannes-Kathedrale, die 1944 zerstört worden war – während des Warschauer Aufstands, bei dem die polnische Heimatarmee Mann gegen Mann und Kirchenbank um Kirchenbank gegen die deutsche Wehrmacht gekämpft hatte, wobei die Kämpfe sich bis in die Krypta der Kathedrale hinunter ausbreiteten. Wieder begann er mit einem Glaubensbekenntnis: „Gelobt sei Jesus Christus!" Und erneut rief er das historische Gedächtnis seines Volkes an, dessen Anwesenheit in der Kathedrale „das 1000jährige Recht der Bürgerschaft dieser Kirche im heutigen Leben der Hauptstadt, der Nation und des Staates bekräftigt". In dieser wiederaufgebauten Kathedrale zu sein, sagte er, bedeute, daran erinnert zu werden, „was Christus einmal gesagt hat: ‚Reißt diesen Tempel nieder, in drei Tagen werde ich ihn wieder aufrichten' (Johannes 2,19)." Heilsgeschichte sei nicht etwas, was in der Vergangenheit geschehen sei; Heilsgeschichte sei der dramatische Kontext, in dem Polen weiterhin sein nationales Leben führe. Schließlich habe der hl. Stanislaus der polnischen Überlieferung zufolge einst zu König Bolesław gesagt: „Zerstöre diese Kirche, aber Christus wird sie durch Generationen wieder aufbauen." In diesem „Zeichen eines neuen Aufbaus sowie eines neuen Lebens" würde er seine Landsleute heute treffen – „als der erste Papst, der ‚aus dem Geschlecht der Polen' hervorging, an der Schwelle zum zweiten Jahrtausend der Taufe und der Geschichte unserer Nation".[32]

Die Inanspruchnahme der polnischen Geschichte setzte sich im Belvedere-Palast fort, der offiziellen Residenz des polnischen Staatspräsidenten, wo Johannes Paul und Kardinal Wyszyński mit Präsident Jabłoński und Parteichef Edward Gierek zusammentrafen. Die formellen Äußerungen des Papstes waren höflich, aber bestimmt. Er sei auf eine Einladung des polnisches Episkopats hin gekommen, „die den Wunsch der katholischen Gesellschaft in unserem Vaterland zum Ausdruck bringt". Er sei den Behörden der Volksrepublik Polen dafür dankbar, daß sie auch für ihn „die Tore zum Land meiner Herkunft" geöffnet hatten. Nachdem er das, was getan worden war, um die Hauptstadt und ihren Königspalast aus den Ruinen des Krieges wieder aufzubauen, anerkannt hatte, stellte er die moralische Voraussetzung des totalitären Systems in Frage.

Die Polen wüßten, daß der Staat kein Selbstzweck sei. Vielmehr sei „der Wesenskern des Staates die Souveränität der Gesellschaft, der Nation und des Vaterlandes". Dies sei „die schreckliche Lektion der Geschichte" Polens seit dem Ende des 18. Jahrhunderts, die „gleichsam zur Schmiede eines neuen polnischen Patriotismus" geworden sei. Der jetzige polnische Staat äußere häufig Gedanken an „Frieden, Zusammenleben und Annäherung zwischen den Nationen". Diese hätten einen „tiefen ethischen Sinn", der „die objektiven Rechte der Nation" berühre, zu denen das Recht „auf Schaffung einer eigenen Kultur und Zivilisation" gehöre. In der authentischen Geschichte der polnischen Kultur gebe es keinen Raum für erzwungene ideologische Bekehrungen.

Zur gegenwärtigen internationalen Lage meinte Johannes Paul, Frieden und Koexistenz verlangten ein Ende von „allen Formen eines politischen, wirtschaftlichen oder kulturellen Kolonialismus". Das bedeute, daß Allianzen, in die ein Staat eintrete, auf der Basis der „freiwilligen Zusammenarbeit" geschlossen werden müßten. Der Warschauer Pakt wurde nicht erwähnt; es war nicht nötig. Was die Kirche betrifft, erstrebe sie „keine Privilegien", sondern nur die Freiheit, ihre evangelische und moralische Mission zu erfüllen. Das strebe das polnische Episkopat an, das seit mehr als 30 Jahren „von einem Mann außergewöhnlichen Formats geführt wird, dem Kardinal Stefan Wyszyński, dem Primas von Polen". Er habe die Sehnsucht des Primas geteilt, als er Erzbischof von Krakau war, und er teile sie weiter. Indem er an die „Verantwortung" appellierte, die auf jedem seiner kommunistischen Gastgeber „vor der Geschichte und gegenüber dem eigenen Gewissen" laste, machte dieser „Sohn des gemeinsamen Vaterlandes" unmißverständlich klar, daß er aufpassen würde: „Gestatten Sie mir, meine Herren, dieses Wohl [Polens] auch weiterhin als das meine zu betrachten und zutiefst daran Anteil zu nehmen, ganz so, als ob ich noch in diesem Land lebte und Bürger dieses Staates wäre. (...) Gestatten Sie, daß ich weiterhin so fühlen, so denken und so wünschen und dafür beten werde."[33]

Johannes Pauls Worte waren eine Hoffnung und eine Warnung, adressiert an Männer in Moskau und Warschau. Es kann keinen Zweifel daran geben, daß sie auch so aufgefaßt wurden.

Am Abend des gleichen Tages war das riesige Kreuz auf dem Siegesplatz bereits abgebaut.

3. Juni: Gnesen

Nachdem er die Nacht in der Residenz des Primas verbracht hatte, feierte Johannes Paul am Morgen des Pfingstsonntags eine Messe für Zehntausende von Studenten, von denen viele an der Warschauer Stifts-Kirche St. Anna und auf einem angrenzenden Platz Nachtwache gehalten hatten. In seiner Ansprache bat der Papst seine „lieben Freunde", über die große Frage nachzudenken: Wer bin ich? Sie sei die grundlegendste Frage des Lebens, und sie werfe eine weitere, noch tiefer gehende Frage auf: „Mit welchem Maß soll man den Menschen messen?" An seinen physischen Kräften? An seiner Intelligenz? Die Lesung aus der Heiligen Schrift für das Fest des Heiligen Geistes biete eine bessere Antwort an: Der wahre Maßstab für Herz und Geist des Menschen sei „das Gewissen", das „Maß eines zu Gott offenen Geistes". Die jungen Polen wüßten, daß ihr Land in Wartestellung sei – aber worauf? Polen warte, erinnerte er sie, wie der hl. Paulus seine Römer erinnert hatte, „auf das Offenbarwerden der Söhne Gottes" (vgl. Römer 8,19). Es warte auf „euch zukünftige Ärzte, Techniker, Juristen, Professoren (...). Begreift, daß der Mensch (...) von Christus berufen ist (...), damit sich in jedem von uns in gewissem Maß Gott selbst offenbare."[34]

Johannes Paul verließ die politische Hauptstadt und flog im Hubschrauber nach Gnesen, wo sich das Grab des hl. Adalbert befindet, des ersten Missionars in Polen. Hier begann seine polnische Pilgerreise entlang „der Route der Geschichte der Nation" – der Weg von Gnesen über Tschenstochau und Krakau zu den Reliquien des hl. Stanislaus – wirklich.

Gnesens Bevölkerung betrug etwa 60000 Einwohner. Eine Million Polen füllten die Ebenen außerhalb der Stadt, wo Polen 1000 Jahre zuvor getauft worden war. Auf dem Hubschrauberlandeplatz von Gebarzewo in der Nähe von Gnesen sprach der Papst vor Repräsentanten des ländlichen Polen und hob die Bedeutung der religiösen Erziehung für die Kinder hervor: Er bete dafür, daß sie „leichten Zugang zu Christus" hätten. Wer ihnen diesen Zugang verweigere, stehe unter dem „harten" Urteil, von dem Christus gesprochen habe, als er sagte, daß es für die, die den Kindern Anlaß zur Sünde gäben, besser sei, wenn ein Mühlstein um ihren Hals gelegt und sie ins Meer geworfen würden (vgl. Lukas 17,2). „Denken wir hin und wieder an diese Worte", regte er an, bevor er das Podium verließ, um sich den ersten Reihen der riesigen Menge zuzuwenden, Hände zu schütteln, Leute zu segnen und Kinder zu küssen, die ihm von ihren Eltern entgegengehalten wurden.[35]

Bei einer Messe unter freiem Himmel vor der Kathedrale von Gnesen aus dem 10. Jahrhundert, wobei jeder Zentimeter an der Strecke vom Stadtpark bis zur Kathedrale von Menschen besetzt war, grüßte Johannes Paul an diesem Nachmittag noch einmal das Polen, „wie es in die Geheimnisse des göttlichen Lebens durch die Sakramente der Taufe und Firmung eingefügt ist". „In diesem Abendmahlssaal unseres polnischen Millenniums" seien sie versammelt, wie die Apostel – in diesem Fall, um erneut „das geheimnisvolle Datum (...) [in Erinnerung zu rufen], von dem her wir die Jahre der Geschichte des Vaterlandes wie der Kirche zählen: die Geschichte des allzeit gläubigen Polens".[36] Der Pfingsttag im Neuen Testament sei ein Tag der Sprachwunder gewesen. Die Lesung der Messe habe von den Aposteln gesprochen, die in Jerusalem predigten und von Menschen aus allen Teilen des Mittelmeerraums in ihren eigenen Sprachen verstanden worden seien. Am 3. Juni 1979, sagte Johannes Paul, mache Polen nun eine ähnliche Pfingsterfahrung, die alle slawischen Völker und ihre jüngste Geschichte berühre – und die die Teilung Europas durch Jalta in Frage stelle.

Daß der Geist Gottes weiterhin durch alle Sprachen der Welt spreche, würde durch die jahrtausendelange Erfahrung der slawischen Völker mit ihren charakteristischen Sprachen bestätigt. Vielleicht, sagte der Papst, habe der Heilige Geist ihn deswegen so geführt, „daß er in die große Gemeinschaft der Kirche ein besonderes Verständnis der Worte und Sprachen einbringt, die immer noch fremd klingen für Ohren, die an romanische, germanische, angelsächsische und keltische Laute gewöhnt sind". Sei es nicht Christi Wille, „daß dieser polnische, dieser slawische Papst gerade jetzt die geistige Einheit des christlichen Europas sichtbar macht", das Ergebnis der „Architektur des Tempels des Heiligen Geistes"?

„Ja, Christus will es. Der Heilige Geist fügt es (...). Doch gehen wir nicht in die Vergangenheit! Gehen wir der Zukunft entgegen! ‚Empfangt den Heiligen Geist!' (*Joh* 20, 22). Amen."[37]

Während dieser bewegenden Rede bemerkte Johannes Paul ein Spruchband in der Menge: „Heiliger Vater, denk an Deine tschechische Kirche." Er unterbrach seine Rede und versicherte diesen so lange leidenden Menschen und all denen, die daran gehindert seien, seine Stimme zu hören, daß er sie nie vergessen würde.[38]

An diesem Nachmittag, vom Balkon der Residenz des Erzbischofs aus sprechend, verteidigte Johannes Paul die geistige Unabhängigkeit der polnischen Kultur. „Christliche Inspiration ist noch immer die Hauptquelle für die Kreativität der polnischen Künstler", und „in den Werken polnischer Kultur spiegelt sich die Seele der Nation".[39] Der Papst scherzte auch mit der riesigen Menge. Es war ein ungewöhnlich heißer Tag gewesen, und das Wetter wurde zum Thema einer päpstlichen Witzelei: „Im Juni sind 225 Kilometer westlich von Warschau 32°C genauso normal wie ein polnischer Papst."[40]

4. bis 6. Juni: Tschenstochau

Jasna Góra, das Heiligtum der Schwarzen Madonna auf dem „Hellen Berg" in Tschenstochau, ist auf einem Kalksteinfelsen erbaut, hoch über der Ebene des Schlesischen Beckens. Mehr als eine Million Polen hatten sich am 4. Juni in der Umgebung des Heiligtums versammelt, als Johannes Paul – der vom Wall des Paulinerklosters sprach, wo 1655 die schwedische Invasion gestoppt worden war – seine Predigt bei einer Messe im Freien mit einem Zitat aus einem Epos begann, das er einst im „Rhapsodischen Theater" aufgeführt hatte, aus *Pan Tadeusz* von Adam Mickiewicz: „Heilige Jungfrau, die Du das helle Tschenstochau verteidigst (...)." Diese Anrufung drückt aus, „was wohl alle polnischen Herzen empfanden und empfinden". Denn Jasna Góra sei der Ort, an den jeder Pole komme, physisch oder dem Geiste nach, um verschiedene Lebensmomente, „insbesondere die wichtigen und entscheidenden, die Augenblicke voller Verantwortung", vor der Jungfrau darzulegen.

Mit vor Bewegung zitternder Stimme sagte Johannes Paul, es wäre unverständlich gewesen, wenn der erste polnische Papst in der Geschichte nicht nach Jasna Góra gekommen wäre. Wie hätte er nicht „zu diesem Heiligtum einer großen Hoffnung" kommen können, wo „ich vor Marias Bild so oft im Gebet *totus tuus* geflüstert habe"? Wie hätte er nicht kommen können, „um zu lauschen, wie im Herzen der Mutter das Herz der Kirche und des Vaterlandes schlägt"?

Jasna Góra sei „das Heiligtum der Nation". Hier lerne man, was Polen wirklich sei und wer die Polen wirklich seien. Jeder, der wissen wolle, „wie diese Geschichte in den Herzen der Polen strömt", müsse hierher kommen, wo man „das Echo des gesamten Lebens der Nation im Herzen ihrer Mutter und Königin" höre.

13 Jahre vorher, auf dem Höhepunkt der Feierlichkeiten zum nationalen Millennium und am Beginn der neuen Ära nach dem II. Vatikanum, habe sich die polnische Nation erneut Maria geweiht und „für die Freiheit der Kirche in der Welt und in Polen" gebetet. Johannes Paul erbat nun die Zustimmung seiner Landsleute, „daß ich als Nachfolger des hl. Petrus [heute bei euch] mit dem gleichen lebendigen Glauben, mit der gleichen heroischen Hoffnung (...) die ganze Kirche der Mutter Christi anvertraue", wie es vor 13 Jahren geschah. „Erlaubt, daß ich dies alles ihr anvertraue! Auf eine neue Weise (...)."

„Ich bin", schloß er, „ein Mensch, der vertraut. Ein solcher zu sein, das habe ich hier gelernt!"[41]

Der Papst unterbrach seine Ansprache, um sich laut vorzustellen, was die italienischen Prälaten in seinem Gefolge zueinander sagten: „Was machen wir bloß mit diesem polnischen Papst, diesem slawischen Papst? Was können wir bloß machen?" Die Menge brach in zehnminütigen „donnernden Applaus und Jubel" aus.[42]

An diesem Abend, nach einem stillen Gebet vor der Ikone der Schwarzen Madonna, traf sich Johannes Paul mit Pfarrdelegationen aus der Diözese Tschenstochau und mit Kranken, die sich vor dem Kloster versammelt hatten. Jedesmal, wenn er als Priester und Bischof Kranken begegnet sei, sagte er, habe er gespürt, daß seine Worte des Mitleids unangemessen seien. Aber es gebe „die eine Dimension, die einzige Wirklichkeit, in der das Leiden des Menschen eine wesentliche Veränderung erfährt": das Kreuz Christi. Am Kreuz habe der Sohn Gottes die Erlösung der Welt vollbracht. „Und von diesem Geheimnis her empfängt jedes Kreuz, das einem Menschen auferlegt ist, eine rein menschlich unbegreifliche Würde." Bei tieferem Eindringen in das Mysterium des Kreuzes werde das Leiden geadelt. Daher bat er die Kranken um einen Gefallen: „Werdet ihr, die Schwachen und menschlich Ohnmächtigen, zu einer Quelle der Kraft für euren Bruder und Vater, der mit seinem Gebet und Herzen bei euch bleibt."[43]

Nach einer Messe für 6000 polnische Nonnen, zu denen er sagte „Dieses lebendige Zeichen, das jede von euch inmitten der Menschheit darstellt, ist von unschätzbarem Wert", nahm Johannes Paul am 5. Juni an einer Plenarversammlung des polnischen Episkopats im Kloster von Jasna Góra teil. Die Zusammenkunft stellte ihn vor ein größeres Problem. Innerhalb von vier Tagen hatte er sich als authentischer Sprecher der polnischen Nation etabliert, wie die Reaktion der Volksmenge unmißverständlich deutlich gemacht hatte. Er würde Polen jedoch in weniger als einer Woche wieder verlassen, und die 78 Bischöfe, die er zurückließ, vor allem Kardinal Wyszyński, würden die tägliche Last der Verteidigung des Freiraums zu tragen haben, den er geschaffen hatte. Wie konnte er weiter für Polen sprechen, ohne seine Bischofsbrüder und den Primas zu untergraben? Wie konnte er das in einem für ihn und seine ehemaligen Kollegen äußerst emotionalen Moment tun?

Die Antwort war, die Strategie zu bekräftigen, auf der Wyszyński seit mehr als 30 Jahren beharrte: Einheit. Johannes Paul begann seine formale Ansprache mit der Bemerkung, „was die Polnische Bischofskonferenz im besonderen" auszeichne, sei „jene Einheit, die eine Quelle geistiger Kraft ist". Daher schenke die Gesellschaft dem polnischen Episkopat „das zu Recht verdiente Vertrauen". Die Verkörperung dieser Einheit und dieses Vertrauens sei der Primas. Als Papst wolle er vor seinen polnischen Brüdern sagen, was er in Rom zu polnischen Pilgern und in Warschau gegenüber polnischen Behörden gesagt habe: Kardinal Stefan Wyszyński sei „ein von der Vorsehung für die Kirche wie auch das Vaterland auserwählter Mann".

Seine eigene Arbeit als polnischer Bischof, fuhr Johannes Paul fort, „ließ mich mit der Problematik der Kirche von heute in ihrer universalen Dimension vertraut werden". Andere könnten den polnischen Fall für einzigartig halten; er sehe ihn als bestimmtes Fenster in die universelle Krise der modernen Welt an. Es *sei* jedoch etwas Besonderes an Polen am Ende des 20. Jahrhunderts. Auf diese Krise des Humanismus in verschärfter Form habe Polen nämlich mit der Intensivierung seines christlichen Glaubens geantwortet. Das sei eine Lektion mit einer Resonanz, die weit über Polens Grenzen hinausgehe.

Die hierarchische Verfassung der Kirche habe die polnische Nation in Krisenzeiten unterstützt und manchmal gerettet. Dies könnten, das wisse er, instinktiv antihierarchisch eingestellte Leute von heute nur schwer anerkennen. Für Polen „ist es einfach ein Teil der Wahrheit der Geschichte unseres Vaterlands", der Wahrheit, zu deren Wiederherstellung er gekommen sei. Und wie er in seinem letzten Gedicht geschrieben habe, könne der Garant für diese Wahrheit nicht im Argument, sondern im Blut gefunden werden: im „Erbe der heiligen Märtyrerbischöfe Wojciech [Adalbert] und Stanislaus".

Johannes Paul betrachtete dann die Lehre der *Dogmatischen Konstitution über die Kirche* des II. Vatikanums, die die Hierarchie als Erfüller des Auftrags der Kirche in der Welt beschrieb. Die Beziehungen zwischen Kirche und Staat in Polen müßten in diesem evangelischen Kontext behandelt werden. „Normalität", wie Johannes Paul II. und das Konzil sie verstanden, bezeichne die öffentliche Situation, wie sie in der *Erklärung über die Religionsfreiheit* dargestellt werde (die, meinte der Papst in einer fast scharfen Nebenbemerkung, „direkt mit Prinzipien [übereinstimmt], wie sie in grundlegenden staatlichen und internationalen Dokumenten promulgiert sind, u. a. auch in der Verfassung der Volksrepublik Polen"): die Freiheit des einzelnen, die Wahrheit gemäß dem Diktat und den Forderungen des Gewissens zu verfolgen, die Freiheit der Kirche, der Gesellschaft ihren Vorschlag zu machen, sowie die Freiheit einzelner Gläubiger und der Kirche, Diener der Bedürfnisse der Gesellschaft zu sein. Das sei es, worum die Kirche bitte, nicht mehr, aber auch nicht weniger. Auf diese Weise erinnere sie den Staat daran, daß er existiere, um der Gesellschaft zu dienen, nicht umgekehrt.

Das Leben des hl. Stanislaus, sein Zeugnis und sein Tod durch willkürliche Staatsmacht hätten den Fundamenten der polnischen Geschichte und Kultur eine große Wahrheit eingegeben. Die vom Staat erlassenen Gesetze müßten der Norm des Sittlichen verpflichtet sein, das von Gott in die Natur und das menschliche Herz eingeschrieben wurde. Die Norm des Sittlichen „verpflichtet alle, die Herrschenden ebenso wie die der Herrschaft Unterstellten". Nur wenn diese Norm des Sittlichen anerkannt würde, könne die Krise der Moderne gelöst werden. Denn nur durch das Anerkennen dieser Norm könne „die Würde der menschlichen Person gewahrt und allgemein anerkannt werden".

Der Jahrestag des hl. Stanislaus, schloß der Papst, erfordere auch, daß die Polen über sich und ihr Land „im gesamten europäischen Kontext" nachdenken. Es gebe einen Weg, wie man vernünftig über „Westeuropa" und „Osteuropa" reden könne, aber es sei nicht derjenige des Eisernen Vorhangs. „Ohne Rücksicht auf Unterschiede der Tradition, wie sie im europäischen Raum zwischen seinem östlichen und westlichen Teil bestehen, ist es doch dasselbe Christentum, das sich von dem einen und selben Christus herleitet, das dasselbe Wort Gottes annimmt, und das an dieselben Zwölf Apostel anknüpft." Diese „geistige Herkunft" sei es, die Europa zu „Europa" mache. Die Einheit des polnischen Episkopats, so lange im Dienst an der Nation und ihrer Einheit, müsse nun in den Dienst einer größeren Verantwortung gestellt werden. Denn das „Christentum muß sich erneut für die Formung der geistigen Einheit Europas einsetzen. Wirtschaftliche und politische Gesichtspunkte allein sind dazu nicht in der Lage. Wir müssen dabei mehr an den Kern herangehen: an die ethischen Gründe."[44]

Später am Nachmittag predigte Johannes Paul bei einer Messe für eine weitere Million Pilger aus Niederschlesien über die Einheit durch Versöhnung zwischen Nationen. Aber für die Männer in Warschau und Moskau konnte die Rede des Papstes in Jasna Góra, bei der er Polens religiöse Freiheit und nationale Integrität mit der Sache der europäischen Einheit verknüpfte, nur eines bedeuten: Ohne je das Wort „Jalta" zu erwähnen, hatte Johannes Paul II. sich und die Kirche gegen die Teilung Europas nach 1945 gestellt. Dieser Mann war eine Bedrohung für die gesamte kommunistische Position, genau weil er Waffen einsetzte, für die der Kommunismus äußerst verwundbar war.[45]

Der allgegenwärtige Slogan der kommunistischen Partei „Die Partei ist für das Volk" schmückte weiterhin Gebäude im ganzen Land. An zumindest einen solchen Spruch wurde heimlich ein Zusatz angehängt: „Aber das Volk ist für den Papst."[46]

6. bis 10. Juni: Krakau

Am 6. Juni, seinem letzten Tag in Tschenstochau, feierte Johannes Paul eine Messe für Seminaristen und Ordensnovizen, traf mit Tausenden von Priestern und Ordensbrüdern zusammen (die er an die polnischen Kleriker erinnerte, die während des Zweiten Weltkriegs in Konzentrationslagern den Märtyrertod erlitten) und zelebrierte eine zweite Messe für Hunderttausende von Bergleuten und anderen Arbeitern aus Oberschlesien. Auf dem gleichen Wall stehend, auf dem vor 300 Jahren Prior Kordecki die anrückenden Schweden abgewehrt hatte, schaute Johannes Paul auf die Stadt Tschenstochau hinunter und über sie hinweg, auf das Bolesław-Bierut-Stahlwerk und die umliegenden Gruben des schlesischen Industriebeckens. Die Arbeiter hatten keinen freien Tag erhalten, waren aber trotzdem gekommen, die Bergleute in ihren traditionellen schwarzen Jacken mit goldenen Knöpfen und schwarzen Hüten mit Federn auf dem Kopf. In seiner Predigt bat der Papst diese Arbeiter, sich an den Dichter Norwid zu erinnern („Es gibt die Arbeit (...), um aufzuerstehen") und sich nicht „von der Versuchung verführen [zu lassen], der Mensch könne sich selber im Vollsinn finden, wenn er Gott verwirft, das Gebet aus seinem Leben streicht und bei der bloßen Arbeit in der trügerischen Hoffnung verharrt, allein ihre Erzeugnisse könnten die Bedürfnisse des menschlichen Herzens befriedigen. ‚Der Mensch lebt nicht nur von Brot' (*Matthäus* 4, 4)."[47]

Am Abend des 6. Juni flog Johannes Paul in sein „geliebtes Krakau". „Er ging von hier weg mit einer Tasche, einer Zahnbürste und ein paar Brötchen", bemerkte ein Hotelportier gegenüber Auslandsjournalisten. „Sehen Sie sich an, wie er zurückgekommen ist."[48] Es war eine stürmische Heimkehr. Eine riesige Menge wartete im Regen auf der großen Wiese der Krakauer Auen, um den Papst bei dem zu begrüßen, was wie eine große Familienzusammenkunft aussah. „So nahe seid ihr mir", sagte er. „Über die Distanz hinweg, zu der mich der Herr berief, spüre ich euch." In den wenigen Tagen, schloß er, „die ich mit euch verbringen werde, möchte ich weiterhin das tun, was ich schon bisher immer getan habe: ‚Gottes große Taten' verkünden (*Apostelgeschichte* 2, 11), für das Evangelium Zeugnis ablegen und der Würde des Menschen dienen, wie ihr der hl. Stanislaus vor so vielen Jahrhunderten gedient hat."[49]

Johannes Paul II. fuhr in einem offenen Auto in seine Stadt, an jubelnden Männern, Frauen und Kindern vorbei, die er getauft, gefirmt und beraten hatte, an Ehepaaren vorbei, die er getraut und deren Eltern er beerdigt hatte. Sobald er ein Gesicht in der Menge erkannte, winkte er und rief einen Gruß. Als er in der Wawel-Kathedrale ankam, wunderte er sich laut über die „unerforschlichen Pläne" der Vorsehung, die ihn nach Hause zurückgebracht hätten, um den Abschluß der Krakauer Synode auf völlig unerwartete Weise zu feiern. Dann verbrachte er die Nacht in seiner alten Wohnung in der Franciszkańska-Straße 3. Außer einer Vase mit frischen Blumen war sie so gelassen worden, wie sie war, als er am 2. Oktober über Warschau nach Rom abgereist war.

In dieser Nacht und den drei folgenden Nächten waren die Straßen in der Umgebung der erzbischöflichen Residenz und die Dächer benachbarter Häuser voller Jugendlicher – Schüler, Studenten und Arbeiter, die eine Art päpstliches Straßenfest feierten, eindeutig zum Mißfallen der Behörden. In der ersten Nacht kam Johannes Paul auf einen Balkon und begann einen Dialog mit der Menge: „Wer macht hier diesen Lärm? Ich habe seit Mexiko keinen solchen Lärm gehört, wo sie geschrien haben ‚*El Papa, El Papa!*'" Die Jugendlichen griffen den Hinweis auf und begannen rhythmisch zu singen: „*El Papa, Sto lat, El Papa, Sto lat!*" [Mögst Du 100 Jahre leben!] Sie forderten eine Rede, aber der Papst sagte, es gebe keine, er sei heiser. Also sangen sie zusammen, wie in den nächsten drei Nächten. Für Ortsansässige, die Karol Wojtyłas enzyklopädisches Wissen polnischer Lieder kannten, war noch verwunderlicher als dieser beispiellose öffentliche Dialog, daß ihr früherer Erzbischof bei einem dieser Stegreif-Liederfeste bekennen mußte: „Dieses kenn ich nicht; es muß neu sein."[50]

Als der Papst zum ersten Mal als Antwort auf das unablässige Singen und Jubeln der Jugendlichen herausgekommen war, war er auf das Fensterbrett geklettert, damit man ihn besser sehen konnte. Hände einer nichtidentifizierten Person hielten ihn an den Falten seiner Soutane fest. „Als Erzbischof", witzelte er, „brauchte ich nicht auf die Fensterbank zu steigen, und wenn ich mich aus dem Fenster lehnte, hielt niemand meine Soutane fest."[51] Später tat er so, als beschwere er sich über den Lärm: „Es ist schlimm genug, Papst in Rom zu sein. Es wäre weit schlimmer, Papst in Krakau zu sein und die ganze Zeit an diesem

Fenster zu stehen, ohne Zeit zum Schlafen und Nachdenken zu haben."[52] Um Mitternacht brach er schließlich das Liederfest mit dem letzten Wort ab: „Ihr habt um ein oder zwei Worte gebeten, hier sind sie – gute Nacht!"[53]

Am nächsten Morgen, am 7. Juni, brach Johannes Paul zu seiner Pilgerreise nach Kalwaria Zebrzydowska auf. Dort, sagte er, „reifte" fast keines der Probleme, denen er als Erzbischof gegenübergestanden habe, anders als im Gebet, „vor diesem großen Geheimnis des Glaubens, das Kalwaria in sich birgt". Mit den Pfaden Jesu und seiner Mutter, bergauf, bergab und über Bäche, drücke der berühmte Wallfahrtsort alles aus, „was zu unserem irdischen Pilgerweg" gehöre. All das werde durch die Menschwerdung des Gottessohnes „von einem neuen Licht" überstrahlt. Aus den Wäldern Kalwarias wolle er „die einfache aber grundlegende Aufforderung" an jeden aussprechen, der ihn höre: zum Gebet. Betet besonders, bat er, „für jenen Pilger von Kalwaria (...), den Christus mit den gleichen Worten berufen hat, die er zu Simon Petrus sprach: ‚Weide meine Lämmer (...) weide meine Schafe' (*Johannes* 21,15-19). Ich bitte euch: betet hier für mich zeit meines Lebens und nach meinem Tode. Amen."[54]

Von Kalwaria fuhr er zu seinem Geburtsort Wadowice. Beim Verlassen des Hubschraubers erblickte er die Gipfel der Beskiden am Horizont, zählte sie der Reihe nach auf und fragte, ob er welche vergessen habe. Er hatte keinen vergessen. 30 000 Menschen, zweimal so viel wie die normale Stadtbevölkerung, warteten am Fußballplatz auf ihn, wo er Torwart gespielt hatte, und auf dem Platz, wo er und Jerzy Kluger mit dem schläfrigen Polizisten, Wachtmeister Ćwięk, Probleme bekommen hatten. Der Sohn der Stadt mischte sich unter seine ehemaligen Mitbürger, schüttelte Hände, segnete Kinder und sang zusammen mit der Blaskapelle „Polen ist immer treu". „Wir hatten immer eine gute Kapelle in Wadowice", erinnerte er sich laut. „Vor dem Krieg war es die Kapelle der 12. Infanterie, aber ihr jungen Leute werdet euch nicht daran erinnern."

Er wurde formell von Msgr. Edward Zacher willkommen geheißen, seinem alten Religionslehrer, der noch immer Stadtpfarrer war und den Papst und die Menge mit denselben Worten begrüßte, die Kardinal Felici acht Monate vorher in Rom benutzt hatte: *„Annuntio vobis gaudium magnum, habemus Papam!"* Der Papst antwortete darauf, indem er für alle betete, die hier sein Leben gekreuzt hatten, „angefangen bei meinen Eltern, meinem Bruder und meiner Schwester, deren Erinnerung mit dieser Stadt verbunden ist". Vor allem wolle er für seine Taufe am 20. Juni 1920 danken. Bevor er vom Kirchenbalkon zu der Menge sprach, war er hineingegangen, hatte die Knie gebeugt und das Taufbecken geküßt, in dem er getauft worden war.[55]

Johannes Pauls Pilgerreise wandte sich nun vom Leben zum Tod und von Bildern der Güte dem berüchtigten modernen Abbild des Bösen zu, als er im Hubschrauber nach Oświęcim und zu den Konzentrations- und Vernichtungslagern von Auschwitz-Birkenau flog. Vom Hubschrauber-Landeplatz am Rand der Stadt wurde der Papst in einem Personenwagen, der ständig von der halben Million Polen, die die Straße säumten, mit Blumen beworfen wurde, zum Tor des Konzentrationslagers Auschwitz gefahren. Aber das war weder der Ort noch der Moment zum Lächeln. Johannes Paul ging durch das schmiedeeiserne Tor mit seiner unglaublich zynischen Aufschrift „Arbeit macht frei" und die Kieswege zwischen den Baracken aus roten Ziegelsteinen entlang, bis er zu Block 11 kam. Dort im Erdgeschoß, in Zelle 18, war Maximilian Kolbe als Märtyrer der Nächstenliebe gestorben. Der Papst kniete zum Gebet nieder, küßte den Zementboden, wo Kolbe im Todeskampf gelegen hatte, und ließ einen Strauß aus roten und weißen Blumen und eine Osterkerze zurück, die er aus Rom mitgebracht hatte. Außerhalb von Block 11 befand sich die „Todesmauer", an der Gefangene erschossen wurden. Auf dem Weg dorthin, wo er zusammen mit dem westdeutschen Kardinal Hermann Volk beten wollte, traf und umarmte er den 78jährigen Franz Gajowniczek, dessen Leben Pater Kolbe durch sein Opfer gerettet hatte.

Ein kurzer Flug im Hubschrauber brachte den Papst dann ein paar Kilometer weiter zum Vernichtungslager Auschwitz II in Birkenau, wo weniger als 35 Jahre zuvor ein industriemäßiger Massenmord stattgefunden hatte. Eine Altarplattform war über den Gleisen errichtet worden, auf denen die Opfer im Zug angekommen waren, um entweder sofort in die Gaskammern und Krematorien geschickt zu werden oder in rohe Holzhütten, wo sie auf ihre Hinrichtung warten mußten. Das Kreuz auf der Plattform war mit Stacheldraht „gekrönt", und von einem Querbalken hing ein Stück des gestreiften Stoffs, aus dem die Uniformen der Gefangenen im Konzentrationslager von Auschwitz hergestellt worden waren.

Johannes Paul II. ging langsam, den Kopf geneigt, durch diesen Ort unglaublichen Schreckens und blieb vor dem Monument mit den Gedenktafeln stehen, die in ihren 19 Sprachen an die Opfer der Nazis erinnern. Am längsten hielt er vor den Tafeln zum Gedächtnis der jüdischen, russischen und polnischen Toten inne und ging dann auf den Gleisen zurück – wobei er jedesmal stehenblieb, wenn er einen der ehemaligen Gefangenen in der unverkennbaren gestreiften Lageruniform sah – zum Altar, wo er vor einer auf mehr als eine Million geschätzten Menge die Messe feierte. Seine Konzelebranten waren Priester und Bischöfe, die während des Krieges in den Lagern eingekerkert waren. In seiner Predigt an dem, was er dieses „Golgota unserer Zeit" nannte, sprach er von Pater Kolbes „Sieg durch Glaube und Liebe" an einem Ort, der „im Zeichen der Leugnung des Glaubens an Gott und des Glaubens an den Menschen (…) errichtet" worden sei. Dies sei ein Ort, „wo die Würde des Menschen auf so schreckliche Weise mit Füßen getreten wurde", ein Ort, „auf dem Fundament des Hasses und der Verachtung des Menschen errichtet, im Namen einer entarteten Ideologie". Vielleicht seien manche überrascht darüber gewesen, daß er zu einem Ort, „auf Grausamkeit gebaut", gekommen war. Aber er habe „seine erste Enzyklika mit den Worten *Redemptor hominis* begonnen (…) und (…) sie insgesamt der Sache des Menschen [gewidmet], der Würde des Menschen, seinen Gefährdungen, schließlich seinen Rechten. Unveräußerlichen Rechten." Daher sei es für ihn unmöglich gewesen, als Papst nicht hierherzukommen.

Er sei als Pilger gekommen, um im Gebet niederzuknien:

> Ich knie vor allen Tafeln, die eine lange Reihe bilden und auf denen das Andenken an die Opfer von Oświęcim (Auschwitz) in folgenden Sprachen geschrieben steht: Polnisch, Englisch, Bulgarisch, Zigeunersprache, Tschechisch, Dänisch, Französisch, Griechisch, Hebräisch, Jiddisch, Spanisch, Flämisch, Serbo-Kroatisch, Deutsch, Norwegisch, Russisch, Rumänisch, Ungarisch und Italienisch.
>
> Ich verweile (…) vor der Tafel mit hebräischer Inschrift. Sie weckt das Andenken an das Volk, dessen Söhne und Töchter zur totalen Ausrottung bestimmt waren. Dieses Volk führt seinen Ursprung auf Abraham zurück, der der „Vater unseres

Glaubens" ist (vgl. *Römer* 4, 12), wie Paulus von Tarsus sich ausdrückte. Gerade dieses Volk, das von Gott das Gebot empfing: „Du sollst nicht töten!", hat an sich selbst in besonderem Ausmaß erfahren müssen, was Töten bedeutet. An diesem Gedenkstein darf niemand gleichgültig vorübergehen.

Die Mahnung von Auschwitz müsse zu der Verpflichtung führen, „alle Konsequenzen aus der Erklärung der Menschenrechte zu ziehen", die im Schatten von Auschwitz verfaßt wurde, und die Rechte der Menschen und der Nationen auf ihre Sprache, Kultur, Freiheit und Entwicklung zu achten. Was in Auschwitz geschehen sei, dürfe nie wieder geschehen: „Niemals kann sich ein Volk auf Kosten eines anderen entwickeln, um den Preis seiner Eroberung und Versklavung, um den Preis seiner Ausbeutung und seines Todes." Er schloß mit dem Gebet: „Heiliger Gott, heiliger Starker, heiliger Unsterblicher! Von Pest, Hunger, Feuer und Krieg ... auch von Krieg, erlöse uns, Herr! Amen."[56]

Am nächsten Tag, Freitag, flog der Papst, der Halsschmerzen hatte, nach Nowy Targ in den Ausläufern der Karpaten, um Polens Hochlandbewohner zu besuchen. Wieder wurde die Menge auf über eine Million geschätzt, und bei ihren herrlichen Trachten war es die bis dahin farbenprächtigste Zusammenkunft. Ganze Pfarreien waren aus dem umliegenden Gebiet gekommen oder aus der Tschechoslowakei und Ungarn über die Berge gezogen. Die Altarplattform war im lokalen Stil aus rohem Holz gezimmert, und auf ihr stand die hölzerne Statue der Madonna von Ludmierz, dem wichtigsten Marienheiligtum der Tatra. Die Atmosphäre war völlig verschieden von der am Nachmittag vorher; der Papst beteiligte sich an einem weiteren informellen Meinungsaustausch und erzählte im örtlichen Dialekt Witze aus der Region. Seine Predigt war eine Lobrede auf „dieses schöne Land", auf die Liebe zur Arbeit, die die Polen seit Jahrhunderten animiert habe, und auf die polnische Familie. Er forderte die anwesenden jungen Leute auf, „Zeugen Christi" zu sein, und erzählte ihnen: „Der Zeuge in der Sprache der Bibel ist der Märtyrer."[57] Jugendliche von der Licht-und-Leben-Bewegung brachten riesige Brotkörbe, die mit Bibeln anstatt Broten gefüllt waren. Der Papst half bei der Verteilung der Bücher und ließ die jungen Leute auf die Bibeln geloben, daß sie sich zur „Befreiung aus der Sklaverei des Alkoholismus und anderer Süchte sowie aus der Sklaverei der Lügen und Angst" verpflichten würden.[58] Nach der Messe wurde dem Papst von einer hundertköpfigen Kapelle, komplett mit Fiedeln und Schalmeien, den örtlichen Dudelsäcken, ein Ständchen gebracht. Auf dem Weg zum Flughafen legten die Bewohner ihre prächtig bestickten Jacken unter die Räder des Autos, in dem ihr abreisender Freund saß.[59]

An diesem Nachmittag leitete Johannes Paul den feierlichen Abschluß der Synode von Krakau in der Wawel-Kathedrale. Die Messe begann mit einer Prozession der 1500 Teilnehmer an der Synode, nach der Erzbischof Macharski seinem Vorgänger die Synodendokumente und eine Gedenkmedaille überreichte. Am Anfang von Johannes Pauls Predigt stand eine einfache Erklärung: „Heute wird ein brennendes Verlangen meines Herzens Wirklichkeit." Die Synode, die er einberufen hatte, damit sie das II. Vatikanische Konzil in Krakau vollständig umsetzte, hatte ihre Arbeit beendet. Er legte die vollständigen Synodendokumente auf den Sarkophag des Märtyrer-Bischofs.

Während der Papst auf dem Wawelberg die Synode schloß, hatten sich wegen eines Jugendtreffens mit Johannes Paul, das für Freitagabend vorgesehen war, Zehntausende junger Studenten und Arbeiter an der St.-Michaels-Kirche in Skałka versammelt. Nach einem kurzen Gebetsgottesdienst in der Kirche – dem Ort des Martyriums des hl. Stanislaus durch König Bolesław – kam der Papst nach draußen, um vor den jungen Leuten eine Ansprache zu halten. Die Atmosphäre war festlich und geladen. Im Laufe dieser unglaublichen Woche hatten sich Emotionen aufgebaut, die nun einen Höhepunkt jugendlicher Begeisterung erreichten. Der Papst wurde wieder mit Blumen überschüttet, und ein Streichorchester, Trompeten, Gitarren und ein Blasorchester brachten ihm Ständchen. Die Jugendlichen riefen immer wieder: „*Sto lat, sto lat*", bis Johannes Paul scherzhaft fragte: „Wie kann der Papst 100 Jahre alt werden, wenn ihr ihn niederschreit? Wollt ihr mich reden lassen?" Als der Anschein einer Ordnung wiederhergestellt war, sagte er einfach: „Ich liebe euch alle."

Er hatte eine formelle Ansprache vorbereitet, in der er eine einfache Bitte äußern wollte: „Erlaubt Christus, euch zu finden. (...) Habt nur vor Gedankenlosigkeit und Kleinmut Angst." Vielleicht davor gewarnt, daß eine politische Demonstration ausbrechen könnte, oder spürend, daß alles außer Kontrolle geraten und dem Regime den Vorwand liefern könnte, über die Jugendlichen herzufallen, verkündete Johannes Paul, er werde nicht seine vorbereitete Rede halten, da er immer noch Halsschmerzen habe und „der Text, den ich geschrieben hatte, nicht zu der Situation paßt". Er könne aber, sagte er, „auf polnisch improvisieren".

Gelächter über diesen Scherz löste die steigende Spannung, und der Papst begann, sich in Erinnerungen an seine Zeit als junger Priester zu ergehen. „Als mir mitgeteilt wurde, ich solle Bischof werden, fragte ich den Primas, ob ich weiter in der Tatra klettern gehen könne. Er sagte Ja. Aber jetzt, da ich Bischof von Rom bin, könnte es etwas schwieriger werden. (...)." Die Jugendlichen riefen in Sprechchören: „Dann bleib bei uns, bleib bei uns ..." „Aha, jetzt seid ihr klug," erwiderte Johannes Paul, „aber nun ist es zu spät. Wo wart ihr am 16. Oktober [dem Tag seiner Wahl]? Ihr wart nicht da, um mich zu verteidigen. Typisch Polen, die den Brunnen erst zudecken, wenn das Kind schon hineingefallen ist." Eine neue Welle des Gelächters ging durch die Menge. Das Geplänkel ging bis 22.30 Uhr weiter hin und her, wobei der Papst Scherze mit Ermahnungen aus seinem vorbereiteten Text mischte und die Jugendlichen Sprechchöre riefen und Lieder sangen. Die Atmosphäre änderte sich allmählich, und die Spannung wich einer Nachdenklichkeit. Ursprünglich mag eine Massendemonstration beabsichtigt gewesen sein, aber schließlich errichteten mehrere junge Männer ein 3,50 Meter großes Kreuz, und sofort hielten Zehntausende Jugendliche kleinere Kreuze hoch, die sie vorher versteckt hatten. „Es war eine unheimliche, erschütternde Szene", schrieb später ein ausländischer Journalist, „als die Straßenlaternen Schatten über die jungen Gesichter und die Kreuze warfen, die sie hochhielten." Ein einziges Wort des Papstes, ein mißverstandenes Signal dieses Mannes, dem sie bereitwillig überallhin folgen würden, hätte einen Aufruhr gegen die Regierung herbeiführen können.

Johannes Paul II. sagte nur: „Es ist spät, meine Freunde. Geht ruhig nach Hause." Und sie taten es. Als die päpstliche Limousine langsam zur Franciszkańska-Straße zurückfuhr, spielten die Gitarren ein Abschiedslied. Die weißgekleidete Gestalt im Auto bedeckte ihr Gesicht mit den Händen und weinte.[60]

Am nächsten Morgen, nach einer Zusammenkunft in seiner ehemaligen Residenz mit den Lehrkräften und Studenten der Bischöflichen Fakultät für Theologie, brachte der Hubschrauber des Papstes ihn zur Zisterzienserabtei von Mogiła am Rande von Nowa Huta. Da ihm die Behörden einen Besuch der Arche-Kirche verboten hatten, warf Johannes Paul aus dem Fenster des Hubschraubers einen Blumenstrauß auf sie hinab. Hunderttausende Einwohner von Nowa Huta hatten sich versammelt, um den Mann zu treffen, der während seines Episkopats ihre religiöse Freiheit so hartnäckig verteidigt hatte. Die Gemeindemitglieder der Arche-Kirche hatten sich gewünscht, daß der Papst eine neue Statue von Maria, Königin von Polen, für ihr hartumkämpftes Heiligtum krönte; als die Behörden Nowa Huta vom Reiseplan des Papstes strichen, beschlossen sie, die Statue zu ihm nach Mogiła zu bringen. In seiner Predigt erzählte er vom Drama der Arche-Kirche und dem Kampf um eine Kirche in Miestrzejowice und kehrte „mit Herz und Gebet an das Grab von Pfarrer Józef [Kurzeja]" zurück, den seine Bemühungen zum Bau einer Kirche das Leben gekostet hatten. Umgeben von Arbeitern des Nowa-Huta-Stahlwerks bestand Johannes Paul auch darauf: „Christus stimmt niemals dem zu, daß man im Menschen nur ein Produktionsmittel sieht oder daß der Mensch sich selbst als solches versteht, daß er danach geschätzt, gemessen und gewertet wird. Dazu gibt Christus niemals sein Einverständnis." Das Kreuz, das an der Stelle errichtet wurde, an der jetzt die Arche-Kirche steht, sei ein Symbol dafür, daß Christus und die Christen „sich jeglicher Entwertung des Menschen" widersetzten. Der Bau der Kirche, so groß die Leistung auch sei, sei dennoch nur der Anfang. „Die Kirche habt ihr erbaut", schloß er. „Erfüllt nun euer Leben mit dem Evangelium!"

Während der Predigt war deutlich eine Stimme aus der Menge vernehmbar: „Lang lebe der Papst, der weiß, was er tut."

Nach einer kurzen Pause in der Franciszkańska-Straße 3 betete Johannes Paul an den Gräbern seiner Eltern und seines Bruders auf dem Rakowice-Friedhof, traf in der Mariacki-Kirche am Marktplatz in der Altstadt mit Nonnen zusammen, gab in seiner alten Residenz einen Empfang für ranghohe Besucher und durchreisende Bischöfe und wohnte in der Franziskaner-Kirche, wo er so oft den Kreuzweg gegangen war, einem Konzert bei. Das Konzert war die Premiere von Henryk Góreckis „Beatus Vir", das Kardinal Karol Wojtyła für das Stanislaus-Jubiläum in Auftrag gegeben hatte und das der Komponist nun selbst dirigierte. Górecki hatte die lateinischen Psalmtexte für sein Stück in einem Meßbuch gefunden, das Piotr Malecki ihm geliehen hatte, ein Mitglied von Wojtyłas Środowisko und sein erster Meßdiener in St. Florian; es war das Meßbuch, das Wojtyła Malecki in den 50er Jahren gegeben hatte. Eine Probe des „Beatus Vir", an dem Górecki bis zur letzten Minute geschrieben hatte, kurz vor der Premiere wurde unterbrochen, als die Holzbläser an ein Fenster stürzten, um Johannes Paul, der im Papamobil vorfuhr, ein Ständchen zu bringen. Für die Aufführung hatten Kardinal Casaroli und Paul Marcinkus, der Planer der Papstreisen, bestimmt, daß der Papst nicht vorne in der Franziskaner-Basilika sitzen konnte, wie man gehofft hatte, sondern hinten sitzen mußte. Am Ende der Aufführung humpelte Górecki, der ein kürzeres Bein hat, mit tränenüberströmtem Gesicht den über 70 Meter langen Mittelgang hinunter, um ihn zu umarmen.[61]

Der 10. Juni, der letzte Tag der Pilgerreise, begann mit einem Pontifikalamt auf der Esplanade des Błonie-Parks am Rande Krakaus, an der die größte Menschenmenge in Polens Geschichte teilnahm – zwischen zwei und drei Millionen. Die Messe kennzeichnete das offizielle Ende des Stanislaus-Jubiläums, und der Text des Evangeliums für den Tag war Christi Auftrag an die Apostel: „Mir ist alle Macht gegeben im Himmel und auf der Erde. Darum geht zu allen Völkern und macht alle Menschen zu meinen Jüngern; tauft sie auf den Namen des Vaters und des Sohnes und des Heiligen Geistes, und lehrt sie, alles zu befolgen, was ich euch geboten habe. Seid gewiß: ich bin bei euch alle Tage bis zum Ende der Welt" (Matthäus 28,18-20). Hier, sagte Johannes Paul, werde ein „großes Geheimnis der Menschheitsgeschichte, der Geschichte eines jeden Menschen" ausgedrückt.

Zeit sei der Rhythmus des menschlichen Lebens. Um wirklich menschlich zu sein, müsse die Zeit auf ein Ziel hin gerichtet sein. Andernfalls würde der Mensch mit der sich weiter zurückziehenden Vergangenheit verschwinden. Der Text des Evangeliums, der gerade verlesen worden sei, weise die Menschen über die Zerbrechlichkeit der Zeit hinaus und gebe der Geschichte ihren rechtmäßigen Adel. Christus bleibe bei seinen Gefolgsleuten in Zeit und Geschichte, tauche sie und die Welt in der Taufe „in den lebendigen Gott" und bereite sie auf ein Leben ohne Ende in der Einheit von Gottes eigenem Leben vor, für das „das ganze zeitliche Leben nur Vorstufe und Einführung ist". Das Ziel des menschlichen Lebens könne in „der Welt Gottes" gefunden werden, „um zur Fülle des Lebens und der Berufung des Menschen zu gelangen".

Diese Berufung wolle in der inneren Freiheit gelebt sein, durch die wir nach der Wahrheit suchen und frei an ihr festhalten. Der Mensch sei Erbe einer Tradition, die „ein Schatz, ein geistiger Reichtum, das große gemeinsame Gut" sei. Wie könne jemand das wegwerfen? „Kann man Christus und all das, was er in die Geschichte des Menschen einbrachte, verwerfen?"

Praktisch jeder dort habe als junger Erwachsener das Sakrament der Firmung erhalten. Jetzt, sagte Johannes Paul, würden seine Landsleute eine „große ‚Firmung der Geschichte'" erleben, eine neue Salbung durch den Heiligen Geist am Jahrestag des hl. Stanislaus und seiner Verbindung zur Jahrtausendfeier der Taufe Polens. Daher müsse er sie um etwas bitten, da er sich darauf vorbereite, „dieses Krakau [zu verlassen], in dem mir jeder Stein, jeder Ziegel teuer ist", da er sich darauf vorbereite, „mein Polen" zu verlassen, das ihn empfangen habe, wie es in 1000 Jahren noch keinen anderen Sohn empfangen habe:

> Ihr müßt stark sein, liebe Brüder und Schwestern! (...) Ihr müßt stark sein durch eure Glaubenskraft! Ihr müßt treu sein! Mehr als in jeder anderen Epoche bedürft ihr gerade heute dieser Kraft. Ihr müßt stark sein durch die Kraft der Hoffnung, die die vollkommene Freude bringt und nicht zuläßt, daß ihr den Heiligen Geist beleidigt!
>
> Ihr müßt stark sein durch die Liebe, die stärker ist als der Tod (...) und die uns hilft, mit dem Menschen und mit der Welt (...) den großen Dialog zu führen, der im Dialog mit Gott selbst begründet ist, im Dialog mit dem Vater durch den Sohn im Heiligen Geist: den Dialog des Heils.
>
> Wenn wir stark durch den Geist Gottes sind, sind wir auch stark im Glauben an den Menschen (...). Man braucht sich also nicht zu fürchten! (...)

So bitte ich euch (...), nehmt noch einmal das ganze geistige Erbe an, das „Polen" heißt, (...) zieht dieses Erbe niemals in Zweifel, werdet seiner nicht leid und nicht überdrüssig; reißt euch nicht selbst los von den Wurzeln, an denen wir hervorwachsen. (...) Verachtet nie die Liebe, die die größte ist, die sich im Kreuz ausdrückt und ohne die das menschliche Leben weder Wurzel noch Sinn hat. Darum bitte ich euch:
- durch das Gedächtnis und die mächtige Fürsprache der Gottesmutter von der Jasna Góra und allen ihren Heiligtümern auf polnischer Erde;
- durch das Gedächtnis des hl. Adalbert, der am baltischen Meer für Christus starb;
- durch das Gedächtnis des hl. Stanislaus, der unter dem königlichen Schwert in Skalka fiel.

Um all das bitte ich euch. Amen.[62]

LEKTION IN WÜRDE

Bevor Johannes Paul Polen am 10. Juni verließ, traf er kurz mit den Journalisten zusammen, die in der Weltpresse über seine Pilgerreise berichtet hatten. Am Ende seiner formellen Äußerungen, die er auf französisch machte, zitterte seine Stimme, und er mußte gegen die Tränen ankämpfen, als er sagte: „Ich hoffe, ich hoffe, ich hoffe, Sie in diesem Land wiederzusehen. Ich hoffe (...).“ Vor der Abschiedszeremonie auf dem Flughafen von Balice außerhalb Krakaus gab es die letzte Autokolonne durch Straßen voller Menschen. Auf dem Flughafen versuchte Präsident Jabłoński etwas von dem Schiffbruch zu retten, indem er feststellte, daß eine unkritische Verbindung mit dem Erbe von Polens Geschichte und Kultur dem modernen polnischen Staat nicht sehr dienen würde. Da der Papst solchen polnischen Fundamentalismus nicht geäußert hatte, lösten sich die Bemerkungen des Präsidenten, die an ein Publikum in Moskau und in Polen gerichtet waren, in der Spätfrühlingsluft auf. Johannes Paul hörte respektvoll zu und erkannte mit unbeabsichtigter Ironie an, daß die Zustimmung der Regierung zu seinem Besuch der „Akt eines gewissen Mutes" gewesen sei.[63] Als Primas Wyszyński sprach – „Du hast unsere Herzen mit deinem lebendigen Glauben getröstet (...)" –, konnte man sehen, wie der Papst, der auf der Rollbahn stand, Tränen wegwischte. Dann küßte er „den Boden, von dem mein Herz nie getrennt werden kann", und bestieg eine Maschine der polnischen Fluggesellschaft LOT, um nach Rom zurückzufliegen.[64]

13 Millionen Polen, mehr als ein Drittel der Gesamtbevölkerung, hatten den Papst persönlich gesehen. Praktisch alle anderen hatten ihn im Fernsehen gesehen oder im Radio gehört. Innerhalb von neun Tagen hatte das Land das durchlebt, was der Politikwissenschaftler Bogdan Szajkowski als „psychologisches Erdbeben, eine Gelegenheit zur politischen Massenkatharsis" bezeichnete.[65] Dinge, die die Leute seit Jahrzehnten glaubten, aber nicht öffentlich bekräftigen konnten, hatte Johannes Paul bekräftigt. Was sie sagen wollten, hatte er gesagt. Selbst die Art, wie er es gesagt hatte, machte einen Unterschied, denn der Papst hatte in einem „schönen, klangvollen Polnisch [gesprochen],

so unähnlich der verkalkten offiziellen Sprache des kommunistischen Polen".⁶⁶ Er hatte jedoch immer darauf bestanden, daß dies eine Pilgerreise sei, daher müßten ihre Hauptauswirkungen im Bereich des menschlichen Geistes sichtbar geworden sein.

Und so geschah es auch.

Die Menschen spürten die Veränderungen und agierten sie aus, bevor sie ausdrücken konnten, was mit ihnen geschehen war. Ohne viel darüber nachzudenken, begannen sie sich anders zu verhalten. Wie Adam Michnik, einer der prominentesten Dissidenten und ein Nichtkatholik, schrieb: „Die gleichen Leute, die beim Schlangestehen in den Geschäften normalerweise frustriert und aggressiv sind, wurden in ein fröhliches und glückliches Ganzes verwandelt, ein Volk voller Würde (...). Vorbildliche Ordnung herrschte überall."⁶⁷ Der Kommunismus hatte Solidarität unter den Massen versprochen, aber Vereinzelung, schlechte Laune und Mißtrauen hervorgebracht. Johannes Paul II. hatte das vollbracht, was die Genossen versprochen hatten, aus Mangel an Mitteln jedoch nicht liefern konnten, und hatte begonnen, die Trennungen zu heilen, die sie bewußt herbeigeführt hatten.

Vor Juni 1979 war es ziemlich klar gewesen, wer „sie" waren: das Regime, die kleinlichen kommunistischen Bürokraten, die Schläger des SB. Aber es war nicht so klar, wer „wir" waren, wie viele von „uns" es gab und ob „wir uns" gegenseitig trauen konnten. Für Millionen Polen lieferte das Erlebnis der päpstlichen Pilgerreise die Antwort: „Wir" sind die Gesellschaft, und das Land gehört uns; „sie" sind eine künstliche Kruste. Indem er seinem Volk die Erfahrung seiner individuellen Würde und kollektiven Autorität gab, hatte Johannes Paul II. bereits einen bedeutenden Sieg errungen, von dem es keinen Rückzug mehr geben konnte. Er hatte begonnen, die Furcht, die Anomie und das Gefühl der Hoffnungslosigkeit auszutreiben, die vorher die „wir" der Gesellschaft am Zusammenwachsen gehindert hatten.

Für Maciej Zięba, einen damals 25jährigen Physikstudenten, war die Pilgerreise ein Moment, in dem „die künstliche Welt um uns herum", die vom Kommunismus geschaffene Welt der Lügen, einfach zusammenbrach. Als er hörte, wie Johannes Paul II., damit spielend, daß im Polnischen „Erde" und „Land" das gleiche Wort sind, auf dem Siegesplatz „Komm, Heiliger Geist, erneuere das Gesicht der Erde (...), dieses Landes" betete, wußte Zięba, daß sich etwas ändern mußte. Und diese Änderung würde bei ihm anfangen: „Wir mußten vielleicht unter dem Kommunismus leben und sterben. Aber was ich jetzt tun wollte, war, zu leben, ohne ein Lügner zu sein."⁶⁸

Der alte Freund und Philosophiekollege des Papstes, Pater Józef Tischner, meinte, Ziębas Erfahrung sei viele Male gemacht worden. Laut Tischner waren die Leute während der Pilgerreise des Papstes zu der fundamentalen Entscheidung gelangt: „Laßt uns aufhören zu lügen." Dies sei zumindest ebenso intuitiv wie intellektuell. Aber Instinkte sind wichtig, und gemäß Tischner war ein Ergebnis der Papstreise eine instinktive Einsicht der Massen, daß eine moralische Erneuerung bei „uns" die Grundlage für jegliche ernsthafte Herausforderung von „ihnen" sein müsse.⁶⁹

Es gab einen anderen, einfacheren, sogar primitiven Grund für die überwältigenden Gefühle, die der Papst wachrief. Er wurde von einem anonymen polnischen Bergmann schön ausgedrückt, der, als er gefragt wurde, warum in einem kommunistischen Staat jeder religiös sein sollte, antwortete: „Um die Muttergottes zu lobpreisen und diesen Bastarden eins auszuwischen."[70] Zweifellos ging im Juni 1979 vieles dieser Art vor sich. Doch als Johannes Paul in Krakau sagte, „die Zukunft Polens wird davon abhängen, wie viele Leute reif genug sind, Nonkonformisten zu sein", war das Schlüsselwort „reif".[71] Und es gab tatsächlich keinen Widerspruch zwischen dem Wunsch, „diesen Bastarden eins auszuwischen", und Johannes Pauls Aufruf zur Reife, wie die würdevolle Art zeigte, in der Millionen Leute, die sehr wünschten, „diesen Bastarden eins auszuwischen", sich während der Pilgerreise verhielten. Unter dem Bann einer anderen Art von Führer hätten solche Massendemonstrationen der Unzufriedenheit mit einem Regime leicht zu Aufruhr werden können. Statt dessen wurde der Charakter einer Pilgerreise aufrechterhalten, und das Ergebnis war keine blutige Umwälzung, sondern eine tiefgreifende Erfahrung sozialer Solidarität und Gemeinschaft.

Das „Wir-Gefühl", das während der Pilgerreise entstand, war um so verblüffender, als eines der häufiger erwähnten Phänomene der Heimkehr des Papstes dessen unheimliche Fähigkeit war, bei jedem den Eindruck zu erwecken, er spräche zu ihm persönlich. Zwei Bergleute aus Katowice (Kattowitz) besuchten eine der Messen des Papstes in Tschenstochau, umgeben von einer Million anderer Polen. Einer der beiden wollte während der Predigt Johannes Pauls eine Bemerkung machen, als sein Freund ihn rasch unterbrach: „Verdammt, rede nicht, wenn der Papst mit mir spricht."[72] Tadeusz Mazowiecki, ein führender katholischer Intellektueller, hatte eine ähnliche Erfahrung. Er hatte mit einem Freund, dessen Wohnung auf den Warschauer Königsweg in Nowy Świat hinausgeht, ausgemacht, daß seine ältere Tante vom Balkon aus die Autokolonne des Papstes beobachten könne. Nachher war die Erinnerung der Tante, daß der Papst angehalten hatte, um sie persönlich zu segnen.[73] Dieses bemerkenswerte Gefühl der Verbindung von Person zu Person hatte seine eigene öffentliche Wirkung. Als Johannes Paul auf dem Siegesplatz sagte, die Polen hätten das Recht, von ihrer Nation als dem „Land eines besonders verantwortlichen Zeugen" zu denken, fragten sich Millionen von Polen, die ihn hörten, als spräche er zu ihnen persönlich: „Bin ich so verantwortlich, wie ich sein sollte?"[74]

Es war, wie Adam Michnik es zusammenfaßte, eine große „Lektion in Würde".[75]

Die Regierung, schrieb Michnik, „stieß einen Seufzer der Erleichterung aus", als Johannes Paul schließlich abreiste. Aber, wie der Papst in einem anderen Zusammenhang die jungen Leute in Skałka aufgezogen hatte, das Kind war bereits in den Brunnen gefallen.[76] Das Regime hatte seine Verpflichtung, bestimmte Ereignisse im Fernsehen zu übertragen, auf typisch kommunistische Art erfüllt – indem kleine Ausschnitte des Ereignisses gezeigt wurden, aber nicht der Papst. Es war, meinte ein französischer Journalist, wie die Übertragung eines Fußballspiels, bei dem die Kameras alles andere zeigen, nur nicht den Ball.[77] Die Übertragungen vermieden es auch, die Massen der normalen anwesenden Polen zu zeigen; von der Art, wie die Kameras in Gnesen über die Menge schwenkten, hatte man den Eindruck, daß die einzigen Leute, die der Messe des Papstes beiwohnten, Nonnen und Rentner waren.[78]

Gemessen an den Standards früherer Jahrzehnte hatte sich die Regierung ziemlich vernünftig verhalten. Die kommunistische Rhetorik wurde auf ein Minimum beschränkt, auch wenn über der Zusammenkunft im Belvedere-Palast etwas fast Pathetisches lag, als Parteiführer Gierek über Leonid Breschnew sprach und Johannes Paul über Gott. Es gab keine Massenverhaftungen von Dissidenten, obwohl der KOR-Führer Jacek Kuroń, von einem größeren Sicherheitstrupp umgeben als Johannes Paul, während des Besuchs praktisch unter Hausarrest stand, vermutlich, um ihn von der Weltpresse fernzuhalten. Die staatlichen Printmedien veröffentlichten die Texte der Predigten und Ansprachen des Papstes mit einer minimalen Zensur.[79] Gelegentliche Beschwerden über die Anzahl der angeblich politischen Kommentare des Papstes wurden öffentlich von niederen Chargen der Partei oder Regierungsbürokratie geäußert. Die offizielle Linie war jedoch, daß Partei und Regierung mit dem Besuch „im allgemeinen zufrieden" waren.[80] Es war eine Strategie des „lächle und ertrage es", ersonnen in einer Phantasiewelt. Die Behörden „machten glauben, daß jene Millionen Menschen mit strahlenden Gesichtern, die Johannes Paul II. umgaben, kein Beweis für das totale Fiasko ihrer 30jährigen Herrschaft waren, daß sie keinen Beweis für den völligen Zusammenbruch ihres moralischen Anspruchs auf die Macht darstellten".[81]

Die westliche Presse berichtete ausführlich über den Papst, zum großen Teil positiv, aber teilweise, bemerkenswert genug, darauf bestehend, daß der Papst die Entspannung mit der kommunistischen Welt fördere. Adam Michnik, von der säkularen Linken sprechend, meinte, der Westen mache viel zu viel aus dem, was der polnische Dissident als eine bizarre Analogie betrachtete: der Rückkehr des Papstes nach Polen und der des Ayatollah Khomeini in den Iran. „Man kann sich kaum ein größeres Mißverständnis vorstellen," schrieb Michnik.[82] Es würde jedoch nicht das letzte Mal sein, daß die Presse Analogien zwischen dem „weißen Mullah" und den „schwarzen Mullahs" herstellte.

Was Adam Michnik am stärksten beeindruckte, war die Fähigkeit des Papstes, an das Gewissen von Gläubigen und Nichtgläubigen zu appellieren. Indem er „unehrenhaftes Leben" in Frage stellte, belebte er eine alte polnische kulturelle Tradition, die unter dem Kommunismus brach gelegen hatte: „das Ethos des Opfers, in dessen Namen unsere Großväter und Väter unermüdlich für nationale und menschliche Würde gekämpft hatten".[83] Es war ein Aufruf an jeden zu nationaler moralischer Erneuerung, und Johannes Paul hatte ihn gemacht, ohne den Gegner zu verhöhnen. Denn auf der tieferen moralischen Ebene, auf die er die Überlegungen seiner Landsleute ständig zu richten versuchte, war der Opponent nicht der Kommunismus, sondern ihre eigene Lethargie, die mit stillschweigender oder offener Zustimmung die fortgesetzte Auferlegung einer fremden Form der politischen Kontrolle ihres Landes ermöglichte.[84]

Es war die Analyse von *Person und Tat*, für ein Massenpublikum umgestaltet. Solidarität und Opposition waren wesentliche Dynamiken eines reifen menschlichen Lebens, und die Freiheit, für sich selbst zu denken, sollte zu einem Einsatz zum Besten von anderen führen. Ein äußerst säkularer westlicher Korrespondent drückte es einfach aus: „Unentrinnbar ist das Wort für all das Liebe. [Der Papst] erhält sie von der Nation, wie nur Befreier und Diktatoren sie in der Geschichte genommen haben, aber er gibt das gefährliche Geschenk irgendwie zurück und läßt dabei auf der einen Seite einen intakten Mann zurück und auf der anderen Millionen von Menschen, die mit einer größeren Selbstachtung nach Hause gehen."[85]

Obwohl Johannes Paul sich nie zu parteiischen Argumenten oder Manövern herabließ, führte er tatsächlich eine Art nationales Referendum durch. Seine Pilgerreise hatte kaum begonnen, da lagen die Ergebnisse bereits vor.

Eine Revolution des Geistes war entfesselt worden.

Von der Solidarität zur Solidarność

448 Tage nach dem Abflug Johannes Pauls vom Balice-Flugplatz außerhalb Krakaus unterschrieb ein vormals arbeitsloser Elektriker namens Lech Wałęsa mit einem riesigen Souvenir-Kugelschreiber mit dem Bild des lächelnden Papstes – ein Überbleibsel der päpstlichen Pilgerreise vom Juni 1979 – in der Lenin-Werft in Danzig ein Abkommen. Darin stimmte die Regierung Polens zu, die Legalität der ersten unabhängigen, sich selbst verwaltenden Gewerkschaft der kommunistischen Welt anzuerkennen. Ihr Name war Solidarność – „Solidarität". Ermöglichte die Erfahrung der Solidarität während Johannes Pauls neuntägigem Besuch im Juni 1979 die Gründung der Solidarność im August 1980?

Edward Giereks Strategie des „praktischen Materialismus", wie die ehemalige Studentin Wojtyłas Halina Bortnowska sie einmal beschrieb, war eine ökonomische Phantasie, die letztendlich scheitern mußte. Durch den Versuch im Juli 1980, das Unrettbare durch Preiserhöhungen zu retten, beschleunigte Gierek nur das Nahen des Tages der Abrechnung, als Arbeiterproteste sich im ganzen Land ausbreiteten und im heldenhaften Streik der Danziger Werft im August 1980 gipfelten – und in der Gründung der Solidarność. Aber die Art, wie die Dinge im Sommer 1980 geschahen – das neue Gefühl der Arbeiter für ihre Würde, ihre Geduld, ihre neugefundene Fähigkeit, eine Koalition aus intellektuellen Dissidenten zusammenzuhalten, ihre Gewaltlosigkeit, ihre Rhetorik der nationalen moralischen Erneuerung, die weitverbreitete Unterstützung in der ganzen Bevölkerung –, all das war in der Geschichte der Arbeiterunruhen der kommunistischen Ära in Polen neu.[86] Laut denen, die dabei waren, und jenen, die seitdem die Sache untersucht haben, wäre ohne Johannes Pauls neun Tage im Juni 1979 nichts davon vorstellbar gewesen. Die damalige moralische Revolution hatte die Grundlage für eine spätere soziale und politische Revolution gelegt.[87]

Ein neues Selbstwertgefühl, eine neue Erfahrung persönlicher Würde und eine Entschlossenheit, sich nicht mehr von „der Macht" einschüchtern zu lassen, waren Nebenprodukte der päpstlichen Pilgerreise, für Nichtgläubige wie für Gläubige. Wenn, wie der Historiker Norman Davies behauptet, der „Kern der modernen Erfahrung Polens [vor der Solidarność] Demütigung" war, war es Johannes Paul II., der sein Volk von dieser Last befreite.[88] Dadurch machte er auf breiter Basis eine gewaltlose Bewegung der sozialen Selbstverteidigung möglich.

Józef Tischner meinte zur Zeit der Gründung der Solidarność, sie sei „ein großer Wald, gepflanzt durch erwachte Gewissen".[89] Diese moralischen Kompasse waren zuerst unter sehr schwierigen Umständen durch die Arbeit von Eltern, Katecheten und Klerikern gebildet worden. Wie der alte Freund des Papstes Mieczysław Maliński es einmal ausdrückte, waren die Männer des Danziger Streiks einst die Kinder, denen er und zahllose andere Priester in eiskalten Kirchen während Kardinal Wyszyńskis Großer Novene ihre erste religiöse und moralische Unterweisung erteilt hatten.[90] Die erwachten Gewissen der Solidaritätsbewegung hatten viele Väter und Mütter. Aber es war Johannes Paul II., der im Juni 1979 jenen Gewissen eine besonders scharfe Schneide der Zielbewußtheit gab und ihnen erlaubte, das Recht auf ein moralisches Urteil öffentlich auszuüben. Der französische Politikwissenschaftler Alain Besançon drückte es treffend aus, als er sagte, die Menschen Polens hätten in der Solidarność „das Privateigentum an ihren Zungen" wiedererlangt.[91] Diese Zungen hätten gesagt, was sie sagten, weil sie die Überzeugungen wiedergeborener Gewissen ausdrückten, die entschlossen gewesen seien, in der Wahrheit zu leben.

Diese Verpflichtung zum Gewissen erklärt auch die Gewaltlosigkeit, die ein Wahrzeichen der Solidarność-Revolution war. In ihren 16 Monaten der Freiheit tötete sie, einzigartig unter all den revolutionären Umstürzen der modernen Zeit, niemanden. Das lag nicht nur daran, daß die Regierung alle Waffen besaß; es war eine Frage des Prinzips. Die Männer und Frauen der Solidarność kannten die Wahrheit, der Adam Michnik einen eleganten Ausdruck verlieh, als er Jahre später sagte, „daß jene, die mit dem Sturm auf eine Bastille beginnen, die gleichen sein werden, die mit der Errichtung einer eigenen enden".[92] Die Revolution, zu der Johannes Paul II. inspirierte, kehrte ein blutiges Muster um, das sich der europäischen Politik 1789 zur endlosen Pein der Völker Europas eingeprägt hatte.

Ein anderer berühmter slawischer moralischer Opponent des Kommunismus, Alexander Solschenizyn, hatte 1970 in seiner Nobelpreisrede erklärt, die kommunistische Kultur der Lüge und die kommunistische Gewalt seien derart miteinander verbunden, daß die Gewalt „herunterkracht", wenn die Lüge aufgelöst wird.[93] Im Juni 1979 hatte Johannes Paul II. durch die Auflösung der Lüge mitgeholfen, etwas zu ermöglichen, das es in Ostmitteleuropa nach dem Zweiten Weltkrieg noch nicht gegeben hatte. Polen hatte nun eine echte Bürgerschaft, die fähig war, unabhängige Institutionen zu errichten, deren bloße Existenz die Hohlheit des kommunistischen Systems und seine Abhängigkeit von Gewalt aufzeigte.

10

Die Wege der Freiheit

Persönliche und öffentliche Wahrheiten

8. April 1979	Papst Johannes Paul II. veröffentlicht seinen ersten „Gründonnerstagsbrief" an die katholischen Priester auf der ganzen Welt.
30. Juni 1979	Johannes Paul ernennt bei seinem ersten Konsistorium 14 neue Kardinäle.
5. September 1979	Der Papst beginnt eine vierjährige Reihe von Audienzreden über die „Theologie des Leibes".
29. September–1. Oktober 1979	Erste Pilgerreise eines Papstes nach Irland.
1.–7. Oktober 1979	Der Papst macht seine erste Pilgerreise in die Vereinigten Staaten.
2. Oktober 1979	Johannes Paul hält vor der 34. Vollversammlung der Vereinten Nationen eine Rede.
5. November 1979	Der Papst versammelt das Kardinalskollegium für seine erste beratende Konferenz seit 400 Jahren.
10. November 1979	Johannes Paul dringt auf eine Wiederaufnahme des Falls Galilei durch Kirche und Naturwissenschaft.
13. November 1979	Die Sowjetführung verabschiedet einen „Beschluß über Maßnahmen gegen die Taktiken des Vatikans in bezug auf die sozialistischen Staaten".
26. November 1979	Mehmet Ali Agca droht, Johannes Paul II. zu ermorden.
29.–30. November 1979	Johannes Paul besucht den Ökumenischen Patriarchen Dimitrios I. in Istanbul.
15. Dezember 1979	Die Kongregation für die Glaubenslehre erklärt, daß Hans Küng nicht mehr als katholischer Theologe betrachtet werden könne; Johannes Paul hält in der Päpstlichen Universität Gregoriana einen Vortrag über den Beitrag der Theologie zur prophetischen Mission der Kirche.
28. Dezember 1979	Johannes Paul ernennt Carlo Maria Martini SJ, Rektor der Päpstlichen Universität Gregoriana, zum Erzbischof von Mailand.

Pater Jan Schotte war beunruhigt.

Als „Shepherd One", Papst Johannes Pauls II. Boeing 727 der TWA, am Morgen des 2. Oktober 1979 von Boston nach New York flog, überprüfte Schotte, ein ehemaliger belgischer Missionar, der jetzt im Staatssekretariat des Vatikans arbeitete, die Rede, die der Papst vor der UN-Vollversammlung halten sollte. Da die vollständige Rede zu lang war, würde es zwei Texte geben: einen „Redetext", in dem bestimmte Abschnitte eingeklammert und während des Vortrags übergangen würden, und einen vollständigen Text zur Weitergabe an die Presse und zur Veröffentlichung.

Das Problem bestand darin, daß Kardinal Agostino Casaroli beim Einklammern der Abschnitte, die der Papst seiner Meinung nach auslassen konnte, praktisch alles gestrichen hatte, was als Kritik an der Sowjetunion und den anderen kommunistischen Mächten der Welt verstanden werden konnte – einschließlich einiger Verweise des Papstes auf die Menschenrechte und die Religionsfreiheit. Casaroli meinte, dies seien Themen, die in aller Stille behandelt werden sollten, von Diplomat zu Diplomat, und nicht in einer öffentlichen Konfrontation. Schotte, der an der Abfassung der Rede mitgewirkt hatte, war gegenteiliger Meinung. Seiner Ansicht nach waren die Verteidigung der Menschenrechte durch den Papst und seine moralische Herausforderung des Totalitarismus der Kern der Sache. Die Eliminierung dieser Bezüge aus dem Redetext würde den Vortrag in den Augen der Welt bedeutungslos machen. Aber jüngere Beamte im Staatssekretariat stellen das Urteil des Kardinalstaatssekretärs, des Hauptberaters des Papstes, normalerweise nicht in Frage.

Johannes Paul II. arbeitete während des Fluges in seiner Privatkabine. Schotte brachte ihm das, was er als die gereinigte Fassung der UN-Rede ansah. Der Belgier erklärte ihm die Situation, wies auf die vom Kardinalstaatssekretär vorgeschlagenen Streichungen des Redetextes hin und sagte dem Papst, warum er meine, sie zu akzeptieren sei ein schwerer Fehler. Schotte hatte im Text jene Teile markiert, die seiner Meinung nach unbedingt vom Rednerpult ausgesprochen werden müßten, weil sie unerläßlich seien, um die Botschaft des Papstes zu vermitteln. Johannes Paul II. studierte den markierten und zweimal redigierten Text, dachte nach und stimmte Schotte zu. Er würde Kardinal Casarolis vorgeschlagene Streichungen nicht akzeptieren, sondern würde offen die moralische Grundlage des Friedens – die Menschenrechte – vor der Vollversammlung ansprechen.

Der Brauch diktierte es, daß der persönliche Sekretär des Papstes, Msgr. Stanisław Dziwisz, ihm am Rednerpult den Redetext übergab – eine kleine Sache, aber eines der Privilegien des Amtes von Dziwisz. Während in der UN-Zentrale verschiedene Formalitäten erledigt wurden, nahm Dziwisz Pater Schotte beiseite und sagte zu ihm: „Der Heilige Vater möchte, daß Sie ihm seine Papiere übergeben." Schotte war sprachlos. Als er, wie befohlen, am Rednerpult erschien, um dem Papst den Text seiner Rede zu geben, nahmen mehr als ein paar Mitglieder der Reisegesellschaft des Papstes davon Notiz. Johannes Paul II. hatte nicht nur den Rat Pater Schottes angenommen, sondern durch diese einfache Geste der Dankbarkeit ein Signal an die stets empfindlichen Antennen der Kurie ausgesandt. In diesem Pontifikat wurde offener Rat erwartet, und es würde kein Beschneiden von Themen wie Menschenrechte und Religionsfreiheit geben.[1]

ERNEUERUNGEN

In den Wochen vor seiner Pilgerreise nach Polen im Juni 1979 fuhr Johannes Paul II. fort, die älteste bestehende Institution, das päpstliche Amt, zu erneuern.

Am 31. März 1979 hielt er einen Vortrag vor 10 000 ausgelassenen jungen Mitgliedern der italienischen Laienbewegung Comunione e Liberazione [Gemeinschaft und Befreiung], die er von Polen aus unterstützt hatte und die, wie er hoffte, zu einem Instrument der moralischen Erneuerung der italienischen Politik, besonders in der christdemokratischen Partei, werden könnte.[2] Er lobte die jungen Leute für ihre „spontane Begeisterung" und ihre „Opferbereitschaft" für die Ideale, „an die sie glauben". Ihr Glaube an Christus sei die Hoffnung der Kirche und die wahre Hoffnung der Welt.[3] Nach seiner Rede wollten die Jugendlichen ihn nicht eher gehen lassen, bis er ein paar Lieder gesungen hatte.

Am 8. April schrieb Johannes Paul einen Brief an alle Priester auf der Welt. Er trug das Datum von Palmsonntag, war jedoch für den Gründonnerstag geschrieben, den Tag, an dem die Kirche in einer jährlichen Diözesan-"Chrisam-Messe" der Einsetzung des Sakraments der Priesterweihe gedenkt, bei der die Priester vor ihrem Bischof ihre Gelübde erneuern und die heiligen Öle für die Taufe, Firmung und Krankensalbung geweiht werden. Der Brief war eine weitere Initiative der persönlichen Kampagne des Papstes, das Engagement der Priester auf der ganzen Welt zu stärken und ihre Motivation zu heben.

Polen war der Aufruhr, der nach dem II. Vatikanischen Konzil die katholische Priesterschaft erschüttert hatte, zum großen Teil erspart geblieben. In den ersten sechs Monaten als Papst stand Johannes Paul der globalen Krise der Priesterschaft viel direkter gegenüber. Papst Paul VI. hatte mehr als 32 000 Anträgen von Priestern stattgegeben, die um ihre Entbindung von ihrem Gelübde und die Rückkehr in den Laienstand gebeten hatten – die größte Abkehr von der Priesterschaft seit der Reformation. Kurz nach seiner Wahl hatte Johannes Paul die routinemäßige Bewilligung der „Dekrete der Laisierung" gestoppt. Mit seinem Gründonnerstagsbrief wollte er in seinen Mitbrüdern das Gespür für das religiöse Drama ihrer Berufung wiedererwecken.

Das Priestertum, darauf beharrte Johannes Paul, sei eine Berufung, keine Karriere. Es existiere, um anderen zu helfen, die priesterliche Dimension ihres Lebens zu leben, lebendige Opfer zu werden, heilig, Gott wohlgefällig (Römer 12,1). Das Priestertum sei ein Geschenk Christi an die Kirche und den einzelnen Priester, der *in persona Christi*, „in der Person Christi", des guten Hirten, handele. Die „Säkularisierung" der priesterlichen Berufung und des priesterlichen Lebenswandels entleere das Priestertum seiner einzigartigen Form des Zeugnisses: der besonderen Fähigkeit eines Priesters, in das Drama des Lebens eines anderen einzutreten und so einen Mitmenschen zu Gott führen zu helfen.

Ein Mensch völlig „für die anderen" und „für das Reich Gottes" zu sein war auch eine Begründung für den Zölibat, den Johannes Paul als einen einzigartigen Weg, Eltern zu sein, beschrieb: „Indem der Priester auf diese den Verheirateten eigene Vaterschaft verzichtet, sucht er eine andere Vaterschaft, ja fast sogar eine andere Mutterschaft, wenn er an die Worte des Apostels [Paulus] von den Kindern denkt, für die er Geburtswehen leidet. Sie sind Kinder seines Geistes, Menschen, die der Gute Hirt seiner Sorge anvertraut hat. Es sind viele Menschen, mehr als eine normale menschliche Familie umfassen kann."[4] Verheiratete Paare, die ihre eigenen Gelübde abgelegt hätten, hätten ein Recht, von ihren Priestern Treue gegenüber ihren beruflichen Gelübden zu erwarten. Diese Treue sei für die Priester ein anderer Weg, die Kirche aufzubauen.

Johannes Paul beendete seinen Brief, indem er alle Priester, vor allem „ihr, die ihr am Sinn eurer Berufung oder am Wert eures Dienstes zweifelt", bat, sich Orte ohne Priester vorzustellen:

> Denkt an jene Orte, wo die Menschen sehnsüchtig auf einen Priester warten, wo sie seit vielen Jahren sich unablässig einen Priester wünschen, weil sie sein Fehlen schmerzlich empfinden. Es geschieht zuweilen, daß sie sich in einem verlassenen Gotteshaus versammeln, auf den Altar die noch aufbewahrte Stola legen und alle Gebete der Eucharistiefeier sprechen. Im Augenblick, der der Wandlung entsprechen würde, tritt jedoch eine große Stille ein, die manchmal von einem Weinen unterbrochen wird ...; so brennend verlangen diese Menschen danach, jene Worte zu hören, die nur die Lippen eines Priesters wirksam aussprechen können! So sehr sehnen sie sich nach der heiligen Kommunion, die sie aber nur durch die Vermittlung des priesterlichen Dienstes empfangen können, wie sie auch voller Sehnsucht darauf warten, die Worte der göttlichen Vergebung zu hören: *Ich spreche dich los von deinen Sünden!* (...) Wenn also jemand von euch am Sinn seines Priestertums zweifelt, wenn einer meint, es sei sozial betrachtet unfruchtbar oder gar unnütz, dann denke er über diese Tatsache nach.[5]

Am 15. Mai versammelten sich alle Bischöfe Italiens zu ihrer jährlichen Konferenz in Rom, der ersten seit der Wahl des polnischen Papstes. Dieses Ereignis stellte Johannes Paul II. vor weitere delikate „Übergangs"-Probleme.

Als Bischof von Rom hatte Johannes Paul die alten Titel „Erzbischof und Metropolit der Kirchenprovinz Rom" und „Primas von Italien". Zum ersten Mal seit 455 Jahren gehörten diese Titel einem Nichtitaliener. Als Pole mit Wohnsitz in Rom war er aus einem Land mit lebendigem Katholizismus in ein Land gekommen, in dem die katholische Praxis viel lockerer gehandhabt wurde. Seit der Einigung Italiens 1870 hatten die Päpste die italienischen Kirchenangelegenheiten fest im Griff gehabt, sowohl intern als auch gegenüber der italienischen Regierung. Das war jedoch nicht Johannes Pauls Verständnis von einem kirchlichen Primat oder von den Beziehungen zwischen Kirche und Staat. Das Problem bestand darin, seine Sorge um die lokale Kirche, die er jetzt leitete, zu zeigen und gleichzeitig deutlich zu machen, daß er ihre internen Angelegenheiten nicht im einzelnen regeln würde.

Er behandelte diese miteinander verbundenen Fragen sowohl theologisch als auch praktisch bei einer mit dem gesamten italienischen Episkopat in der Sixtinischen Kapelle am 15. Mai konzelebrierten Messe. Seine Predigt begann mit der Reflexion über ein Paradox des christlichen Lebens und wandelte dann dieses Paradox sanft in eine Herausforderung an die bischöfliche Selbstzufriedenheit um. Obwohl Christus seinen Nachfolgern seinen Frieden versprochen und sie gedrängt habe, nicht beunruhigt zu sein, weil er immer bei ihnen sein werde, sei Christi Kirche durch Widrigkeiten, Leiden und das Zeugnis bis zum Tod des Märtyrertums gewachsen. So sei es auch mit der Kirche in Italien gewesen: Christus selbst sei es gewesen, das Haupt der Kirche, der Petrus und Paulus nach Rom gebracht habe, wo sie ihre Predigten mit der Opferung ihres Lebens bekräftigt hätten. Das sei nicht nur alte Geschichte; es erkläre, warum sie alle in Rom seien. Sie seien alle Mitspieler im Drama der Heilsgeschichte, einem Drehbuch mit einem göttlichen Autor.

Dann machte Johannes Paul klar, daß die Bischöfe für die Kirche in Italien verantwortlich seien. Es läge an ihnen, ihn über ihre „besonderen Probleme" auf dem laufenden zu halten. Das II. Vatikanische Konzil habe die Kirche an ihre Verantwortung „für die Geschichte des menschlichen Heils" erinnert, die sich an realen, konkreten Orten abspiele. Er schlug vor, diese Verantwortung „in der kollegialen Verbundenheit" mit ihnen zu teilen.[6]

Drei Tage später, am 18. Mai 1979, setzte er die Verpflichtung zur kollegialen Beratung in die Tat um. Der Vorsitzende der italienischen Bischofskonferenz, Kardinal Antonio Poma von Bologna, hatte diesen Posten seit zehn Jahren inne und hatte bereits Paul VI. und Johannes Paul I. um die Erlaubnis zum Rücktritt gebeten. Nach der Bitte, daß Poma die ersten Monate des Übergangs noch bleibe, hatte Johannes Paul II. zugestimmt, daß der Kardinal den Konferenzvorsitz niederlegte; diese Entscheidung, sagte er zu seinen italienischen Mitbrüdern, stelle ihn jedoch „vor ein Problem". Die Statuten der italienischen Bischofskonferenz, die unter Paul VI. aufgestellt worden waren, sahen vor, daß der Papst den Konferenzvorsitzenden ernannte. Johannes Paul, der demonstrierte, daß er auch mit klassischer italienischer Indirektheit reden konnte, wenn es sein mußte, stellte fest, daß dieses Statut ihm eine „schwierige Aufgabe" auferlegt habe, da er „nicht aus dem Kreis des italienischen Episkopats komme". Dessen Mitglieder waren sich dieser Tatsache wohl bewußt, und einige von ihnen hätten einen Vorsitzenden abgelehnt, der ihnen von einem Polen aufgezwungen worden wäre. Andererseits wolle er „auf eine Weise handeln, die dieser Regel nicht entgegensteht", was wie eine Kritik an Paul VI. ausgesehen hätte. Was war die Lösung? Er hatte sich mit den Leitern der regionalen Konferenzen der italienischen Bischöfe beraten, und die Mehrheit hatte Erzbischof Anastasio Ballestrero aus Turin als neuen Vorsitzenden ihrer nationalen Konferenz empfohlen. Der Papst bestätigte nun diese Wahl gemäß dem Buchstaben des Statuts und machte deutlich, daß die Diözesanbischöfe Italiens sich nicht für lokale Franchise-Manager eines römischen Unternehmens halten sollten. Der Primas von Italien beabsichtige, seinen Primat als Evangelist auszuüben, nicht als Unternehmensleiter des italienischen Katholizismus.[7]

Am 30. Juni hielt Johannes Paul II. sein erstes ordentliches Konsistorium ab, auf dem er 14 neue Mitglieder des Kardinalskollegiums ernannte. Unter ihnen waren der neue Staatssekretär Agostino Casaroli, der ehemalige Sostituto Giuseppe Caprio, der neue Vorsitzende der italienischen Bischofskonferenz Anastasio Ballestrero, der Nachfolger von Albino Luciani als Patriarch von Venedig Marco Cé und zwei Polen – Franciszek Macharski, Johannes Pauls Nachfolger in Krakau, und Władysław Rubin, der Generalsekretär der Bischofssynode gewesen war. Ferner erhielten das rote Birett der Erzbischof von Hanoi Joseph-Marie Trinh văn-Căn und der Erzbischof von Marseille Roger Etchegaray, der fünf Jahre später als Präsident des Päpstlichen Rates für Gerechtigkeit und Frieden nach Rom kommen und einer der persönlichen diplomatischen Vermittler des Papstes werden sollte. Ein Kardinal wurde insgeheim, *in pectore*, ernannt.

(12 Jahre später, bei Johannes Pauls II. fünftem Konsistorium, wurde sein Name enthüllt: Ignatius Gong Pin-Mei, Bischof von Shanghai, der damals eine lebenslange Haftstrafe verbüßte.[8])

Während seines ersten Sommers im Amt fuhr der neue Papst fort, den aktiven Katholizismus in Italien zu fördern. Am 22. Juli traf er sich mit der Gemeinschaft Sant'Egidio. 1968 von einer Gruppe römischer Studenten gegründet, hatte sich die Gemeinschaft, eine Laieninitiative, die Wiederevangelisierung der Stadt und die karitative Sorge um Randgruppen zur Aufgabe gemacht. Die Pfarrkirche Sant'Egidio in Roms Viertel Trastevere war ihre Operationsbasis und Zentrum ihres aktiven liturgischen Lebens. Sant'Egidio hatte in der vorigen Fastenzeit ein Treffen zwischen Johannes Paul und römischen Studenten vermittelt, eine Praxis, die der Papst von Krakau nach Rom mitgebracht hatte. Die Gemeinschaft war später sehr stark an Verhandlungen zur Beilegung von Bürgerkriegen in der dritten Welt beteiligt. Bei einer Audienz in der päpstlichen Sommerresidenz in Castel Gandolfo sagte Johannes Paul zu etwa 700 Mitgliedern der Gemeinschaft, er habe gehört, daß die Kirche Sant'Egidio zu klein für sie sei. „Ich wünsche euch, daß ihr euch immer in einer zu kleinen Kirche befindet und daß auch Rom selber zu klein für euch sei."[9]

Seine Zusammenkünfte mit Comunione e Liberazione (üblicherweise mit der konservativeren Politik Italiens identifiziert) und der Gemeinschaft von Sant'Egidio (üblicherweise mit der katholischen „Linken" Italiens identifiziert) waren Anzeichen für einen Grundsatz, an dem Johannes Paul II. während seines gesamten Pontifikats festhielt. Wenn sich eine Laienbewegung einem ernsthaft christlich engagierten Leben widmete und „mit der Kirche dachte" (wie der klassische Ausspruch lautete), dann war ihre Politik ihre eigene Angelegenheit. Auf dem II. Vatikanischen Konzil hatte Karol Wojtyła das Laienapostolat „in der Welt" gefördert. Als Erzbischof von Krakau hatte er gelehrt, daß es nicht nur einen einzigen politischen Ausdruck der kirchlichen Soziallehre gebe und daß Laieninitiativen „in der Welt" eine Angelegenheit der Laien, nicht des Klerus, seien. Er sah offensichtlich keinen Grund, seine Ansicht darüber zu ändern, nachdem er Bischof von Rom geworden war.[10]

Er hatte auch seinen Sinn für das Ungewöhnliche und Unerwartete nicht verloren. Im April begegnete er bei einer Audienz einer werdenden Mutter, die ihn fragte, ob er ihr Baby taufen wolle. Er stimmte freudig zu und tat dies am 11. August in Castel Gandolfo. Kurze Zeit später hielt er eine Audienz für Teilnehmer an der 33. Wasserski-Meisterschaft für Europa, Afrika und den Mittelmeerraum ab, die auf dem Albaner See in der Nähe seiner Sommerresidenz stattfand. Der ehemalige Kajakfahrer, der zum Papst geworden war und vielleicht wehmütig an die jährliche Tour mit seinen Freunden von *Środowisko* dachte, die er verpassen würde, sagte zu den Athleten, daß „Sport eine echte Schule wahrer menschlicher Tugend" sei.[11]

Als sich der erste Jahrestag seiner Wahl näherte, hätte Johannes Paul II., der gewohnheitsmäßig nach vorne schaute, auf ein Jahr zurückblicken können, in dem er das päpstliche Amt stilistisch und materiell neu belebt hatte. Er hatte an seinem Entschluß festgehalten, im Amt er selbst zu bleiben. In seinem ersten Sommer in Castel Gandolfo hatte er alte Laienfreude eingeladen, ihn zu besuchen, unter anderem Jerzy Janik und seine Familie. Die Janiks waren aus Krakau angereist in der Erwartung, wie Professor Janik später erzählte, die

Chance zu bekommen, Johannes Paul kurz zu sehen: „Die Optimisten in unserer Familie meinten, wir würden zweimal empfangen, einmal am Anfang und einmal zum Abschied; die Pessimisten dachten, wir würden nur einmal empfangen." Nach der Ankunft in der kleinen Stadt in den Hügeln der Umgebung von Rom meldete er sich bei der Schweizergarde am Tor des Palastes, und auf die Frage, was er wolle, antwortete er nur: „Wir sind gekommen, um den Papst zu besuchen." Der Gardist ließ eine Nonne holen, die sie in eine Wohnung einige hundert Meter vom Tor entfernt brachte und ihnen sagte, sie sollten dort auf „Befehle" warten. Zwei Stunden später rief der Papst an: „Jurek, ich war im Garten, als ihr kamt. Komm herüber mit Jasią und den Mädchen, dann können wir uns unterhalten." Die Janiks gingen hinüber, und der Papst führte sie durch den Palast. „Jetzt zeige ich euch, wo ich wohne. Hier ist mein Schlafzimmer, das ist das Bett, in dem Paul VI. starb. Hier ist die Kapelle (...)." Danach erkundigte er sich nach den Plänen der Janiks für die nächsten Tage. Janik, der an den vollen Kalender des Papstes dachte, erwiderte, daß es jetzt, da sie ihren alten Freund gesehen hätten, wahrscheinlich nicht mehr viele Gelegenheiten geben würde, zusammenzusein. Sie hätten daher vor, sich Rom anzuschauen und dann wieder nach Hause zu fahren. Johannes Paul wollte nichts davon wissen: „Das könnt ihr ein anderes Mal machen. Jetzt bleibt ihr hier, und wir werden alle Mahlzeiten gemeinsam einnehmen und miteinander reden."[12]

Ein paar Monate vor der Ankunft der Janiks hatte Johannes Paul mit der Anlage eines Schwimmbeckens auf dem Gelände der Papstresidenz begonnen. Jemand fragte nach den Kosten. Der Papst erwiderte, er brauche etwas körperliche Bewegung, und auf jeden Fall sei das Schwimmbecken billiger als ein neues Konklave.[13]

Sosehr er auch die traditionellen Papstmanager aus der Fassung brachte, der neue päpstliche Stil war überaus beliebt. Das römische Tourismusbüro schätzte, daß Johannes Paul II. in den ersten sechs Monaten seines Pontifikats mehr als fünf Millionen Touristen angelockt hatte. Wenn im Frühjahr 1979 das Wetter es erlaubte, seine wöchentlichen Generalaudienzen auf den Petersplatz zu verlegen, gab es ein Verkehrschaos, da 800 Touristenbusse darum kämpften, ihre Fahrgäste loszuwerden.[14] Es war unwahrscheinlich, daß dies nur mit dem persönlichen Stil des neuen Papstes zu tun hatte. Johannes Paul berührte das, was anscheinend ein weitverbreitetes und stark empfundenes Bedürfnis nach religiöser Führung war, indem er dem päpstlichen Amt, das manche für unfähig gehalten hatten, weiterhin ein Zentrum spiritueller Kraft zu sein, neue Energien verlieh.

In seinem ersten Amtsjahr hatte Johannes Paul II. auch die althergebrachte Art der Beziehungen des Papstamtes zur Welt der Politik und der weltlichen Macht drastisch geändert. Gute Beobachter, nicht alle freundlich gesinnt, wußten, daß seine triumphale Reise durch Polen das Aufkommen einer neuen, unvorhersehbaren und doch sehr mächtigen Kraft auf der Weltbühne angekündigt hatte. Dennoch kann man argumentieren, daß nichts von dem, was Johannes Paul II. im ersten Jahr seines Pontifikats tat, einen größeren Einfluß auf die Kirche und die Welt im 21. Jahrhundert haben sollte als die wöchentlichen katechetischen Ansprachen, mit denen er am 5. September 1979 bei seiner Mittwochs-Generalaudienz in Rom begann.

DIE SPRACHE DES KÖRPERS UND DAS GESPRÄCH ÜBER GOTT

Als Italien 1870 seine Einigung durch die Eroberung Roms beendete, erklärte sich Papst Pius IX. zum „Gefangenen des Vatikans" und weigerte sich, den Bereich innerhalb der Leoninischen Mauer, die die päpstlichen Besitztümer in der Nähe des Petersdoms umgibt, zu verlassen. Um den Kontakt zu den Leuten aufrechtzuerhalten, unter denen er einst frei in seiner Kutsche gereist war, führte Pius den Brauch der „Generalaudienz" ein, bei der er zu einer großen Pilgergruppe sprach – im Unterschied zur „Privataudienz", die die Päpste einzelnen Besuchern, Diplomaten, hochrangigen Geistlichen und so weiter gewährten. In dieser Beziehung waren die Generalaudienzen der erste Versuch einer päpstlichen Öffentlichkeitsarbeit in einer Zeit, als die öffentliche Meinung an Bedeutung gewann.

Die Generalaudienz griff auch die alte Tradition des Bischofs als Lehrer wieder auf. In den ersten Jahrhunderten der Existenz der Kirche waren die Bischöfe nicht in erster Linie Verwalter (um die weltlichen Angelegenheiten kümmerten sich Diakone), sondern Prediger, Lehrer, Theologen und spirituelle Führer. Große Denker wie Ambrosius (Bischof von Mailand), Augustinus (Bischof von Hippo in Nordafrika) und Johannes Chrysostomus (Bischof von Konstantinopel) arbeiteten große Teile ihrer Theologie als Prediger und Lehrer vor großen Versammlungen von Christen aus. Diese Tradition wurde in der päpstlichen Generalaudienz wiederbelebt, obwohl Pius IX. und seine Nachfolger die Generalaudienz nicht als Ort imaginativer theologischer Erkundungen ansahen und sich gewöhnlich auf Reflexionen über vertraute Themen beschränkten.

Johannes Paul II. hatte etwas anderes im Sinn. Im September 1979 begann er seine wöchentliche Generalaudienz – die über Radio Vatikan in die ganze Welt übertragen und in den sechs fremdsprachigen wöchentlichen Ausgaben des *Osservatore Romano*, der Vatikanzeitung, gedruckt wurde – als Forum zu benutzen, um auf der Grundlage eines einzigen, alles überwölbenden Themas einen sehr komplexen theologischen Teppich zu weben. Die bloße Idee einer Reihe von „thematischen Audienzen" war eine weitere Innovation, die dazu führte, daß in der Kurie Augenbrauen hochgezogen wurden: Was ist *das*?[15] Das Thema selbst war noch explosiver. Beginnend am 5. September 1979 entwickelte Johannes Paul vier Jahre lang in den Generalaudienzen eine Idee, die er zuerst in *Liebe und Verantwortung* dargelegt hatte – daß die menschliche sexuelle Liebe ein Bild für das innere Leben Gottes, der Heiligen Dreifaltigkeit, ist.

Ein Akt oder zwei?

Das Drama des Pontifikats von Johannes Paul II. wird oft in zwei Akte aufgeteilt. Im 1. Akt kämpft der Papst gegen den Kommunismus und wird schließlich durch die Revolution von 1989 und den Zusammenbruch der Sowjetunion 1991 gerechtfertigt. Im 2. Akt lehnt der Papst viele Aspekte der neuen Freiheit ab, die er mit herbeigeführt hat, wobei es die schärfste Konfrontation auf der Kairoer Weltkonferenz über Bevölkerung und Entwicklung 1994 gibt. Daran ist tatsächlich etwas Wahres. Johannes Paul II. hat sicherlich in den ersten 13 Jahren seines Pontifikats mehr Zeit für die Angelegenheiten Ostmittel- und Osteuropas aufgewendet als später. Diese konventionelle Teilung der Geschichte in zwei Teile mißlingt dennoch letztendlich, weil sie das Pontifikat hauptsächlich durch das Prisma seines Einflusses auf die Weltpolitik sieht, der für Johannes Paul jedoch immer von nachgeordneter Bedeutung war. Ferner wird eine derartige Trennung der Geschichte kaum den zahlreichen öffentlichen Initiativen von Johannes Paul II. in den 80er Jahren gerecht, die in ihrem Charakter global waren oder direkt wenig oder gar nichts mit seiner Heimatregion zu tun hatten. Das Wichtigste ist: Das „Zwei-Akt"-Modell des Pontifikats von Johannes Paul II. begreift die charakteristische Imagination nicht, die Karol Wojtyła in das päpstliche Amt einführte.

Wie er 1968 an Henri de Lubac geschrieben hatte, glaubte Wojtyła, daß *die* Krise der modernen Welt eine „Degradierung, ja (...) eine Pulverisierung der fundamentalen Einzigartigkeit jedes Menschen" mit sich bringe.[16] Der Kommunismus sei ein offensichtlicher, gefährlicher und machtvoller Ausdruck dieser Krise, wie schon der Nationalsozialismus und der Faschismus. Doch die Entmenschlichung der menschlichen Welt finde auf andere Weise statt, und sie könne in freien Gesellschaften geschehen. Immer, wenn ein Mensch zu einem Objekt zur Manipulation degradiert werde – durch einen Manager, einen Vorarbeiter, einen Wissenschaftler, einen Politiker oder einen Geliebten –, finde die „Pulverisierung der fundamentalen Einzigartigkeit jedes Menschen" statt. Was Wojtyła in seinen Vorlesungen über Sozialethik als „Utilitarismus" zu beschreiben pflegte, der die „Nützlichkeit für mich" zum einzigen Kriterium der menschlichen Beziehungen macht, stellte eine weitere schwere Bedrohung der Zukunft des Menschen dar. Es war keine Bedrohung mit Atomwaffen, Geheimpolizei und einem Archipel Gulag, aber sie war gefährlich, zum Teil deshalb, weil sie weniger offensichtlich war.

Sich dem entgegenzustellen, was die einzigartige Würde jedes Menschen „pulverisiert", ist das Leitmotiv, das sich wie ein roter Faden durch das Pontifikat von Johannes Paul II. zieht und ihm eine besondere Kohärenz gibt. Seine Amtszeit war ein Drama in einem Akt, auch wenn in verschiedenen Augenblicken im Drehbuch verschiedene Gegner die Hauptrolle übernommen haben. Die dramatische Spannung bleibt durchgehend die gleiche: die Spannung zwischen verschiedenen falschen Humanismen, die jene Menschlichkeit degradieren, die sie zu verteidigen und zu erhöhen behaupten, und dem wahren Humanismus, für den die biblische Vision vom Menschen ein starkes Zeugnis ist.

Bei der Entwicklung seiner Idee der sexuellen Hingabe des Menschen als Bild des inneren Lebens Gottes arbeitete Johannes Paul II. die Implikationen der gleichen Auffassung von der Menschenwürde und menschlichen Freiheit heraus, mit der er den Kommunismus in Ostmitteleuropa provoziert hatte. Seiner Ansicht nach war und ist alles eins.

Eine neue Galilei-Krise

Bei seiner Wahl in das Papstamt wußte Karol Wojtyła, daß der letzte Versuch der Kirche, die sexuelle Revolution und ihre Beziehung zum moralischen Leben anzusprechen – *Humanae vitae*, die Enzyklika Papst Pauls VI. von 1968 –, ein pastoraler und katechetischer Fehlschlag gewesen war, auch wenn er sie im Hinblick auf die spezifische Frage der moralisch angemessenen Mittel der Empfängnisregulierung für richtig hielt. Die Lehre von *Humanae vitae* in dieser Frage wurde von einer großen Zahl Katholiken auf der ganzen Welt abgelehnt. Viele von ihnen meinten, ihre Erfahrung sexueller Liebe sei von ihren religiösen Führern ignoriert oder herabgesetzt worden. Dieses Gefühl der Zurücksetzung führte zu dem Schluß, die Kirche habe über die Aspekte der menschlichen Sexualität nichts von Bedeutung zu sagen.

Paul VI., ein äußerst pastoraler Mann, hatte nicht die Absicht, die Berufung zur Ehe herabzusetzen. Aber es war nun eine Situation entstanden, in der alles, was die Kirche nach der „Enzyklika zur Geburtenkontrolle" über die Sexualität des Menschen zu sagen hatte, mit Mißtrauen und im Falle der westlichen Eliten mit ausgesprochener Feindschaft betrachtet wurde. Da die sexuelle Revolution die Punkte verschärft hatte, bei denen die Definition von „Freiheit" in der entwickelten Welt höchst umstritten war, stellte diese Kommunikationslücke eine Krise von beachtlichem Ausmaß für die Kirche dar. Es war ein weiterer Fall Galilei, der allerdings nichts mit geheimnisvollen kosmologischen Spekulationen zu tun hatte, sondern mit den intimsten Aspekten des Lebens des Kirchenvolks.

Johannes Paul II. war der Meinung, es sei an der Zeit, die gesamte Diskussion auf eine neue Grundlage zu stellen.

Die Kirche hatte noch keine Stimme gefunden, mit der sie die Herausforderung der sexuellen Revolution ansprechen konnte. Johannes Paul meinte, er und seine Kollegen in Lublin und Krakau hätten begonnen, dies zu tun, und zwar mit dem Verständnis der menschlichen Sexualität, das er in *Liebe und Verantwortung* und in der von ihm geleiteten Pastoralarbeit für Familien der Erzdiözese ausgedrückt hatte. Nun mußte diese Analyse biblisch vertieft und einem Weltpublikum zugänglich gemacht werden. Das Ergebnis waren die 130 Ansprachen bei den Generalaudienzen aus vier Jahren, die Johannes Pauls "Theologie des Leibes" ergeben.[17]

Die Audienzen waren in vier Gruppen geteilt. Die erste Gruppe, mit dem Titel „Ursprüngliche Einheit von Mann und Frau" bzw. "Mann und Frau schuf er",[18] begann am 5. September 1979 und umfaßte 23 Katechesen; sie endete mit der Generalaudienz vom 2. April 1980. Ihr Thema war einem Satz aus Christi Diskussion mit den Pharisäern über die Zulässigkeit der Scheidung entnommen: „Habt ihr nicht gelesen, daß der Schöpfer die Menschen am Anfang als Mann und Frau geschaffen hat (...)?" (Matthäus 19,4) So erforschte „Ursprüngliche Einheit" mittels der Geschichte von Adam und Eva in den ersten drei Kapiteln der Genesis einige der persönlichsten Aspekte der menschlichen Natur. Die zweite Gruppe, "Selig, die ein reines Herz haben", begann am 16. April 1980 und endete am 6. Mai 1981 nach 41 Katechesen. Wie der Titel andeutet, war ihre biblische Inspiration die Bergpredigt. Bei der Erforschung der „Reinheit des Herzens" unternahm Johannes Paul eine längere Analyse des

Ausspruchs Christi, „Wer eine Frau auch nur lüstern ansieht, hat in seinem Herzen schon Ehebruch mit ihr begangen" (Matthäus 5,28) – ein entscheidender, wenn auch allgemein falsch verstandener Text, um der Art von sexuellem Utilitarismus zu widerstehen, die eine andere Person zu einem Objekt macht.

Die dritte Gruppe der Audienzen begann am 11. November 1981 und umfaßte unter dem Titel "Die Theologie der Ehe und des Zölibats" 50 Katechesen. Die biblische Grundlage für diese Reihe, die am 4. Juli 1982 schloß, war der Disput zwischen Christus und den Sadduzäern über die Auferstehung. Was, fragt Johannes Paul, sagt uns die Vorstellung der „Auferstehung des Leibes" in einen Himmel, in dem „sie nicht mehr heiraten" (Markus 12,25), über unsere Verkörperung als Mann und Frau, hier und jetzt?[19] Die vierte und letzte Gruppe von 16 Ansprachen, "Betrachtungen über *Humanae vitae*", begann am 11. Juli 1984 und endete am 28. November 1984.

Es war nicht einfach, den 130 Texten von Johannes Pauls Theologie des Leibes zuzuhören, und sie sind nicht leicht zu lesen. Sie stellen sehr gedrängte theologische und philosophische Meditationen dar, in die der Papst so viel Material wie innerhalb eines 15minütigen katechetischen Vortrags möglich hineinpacken wollte. Trotz der Schwierigkeiten ist ein sorgfältiges Studium dieser Texte jedoch lohnend. In ihnen legte Johannes Paul II., so oft als „streng konservativ" abgetan, eine der kühnsten Neustrukturierungen der katholischen Theologie in Jahrhunderten dar.

„Mann und Frau schuf er"

Kardinal Wojtyła hatte das Projekt, aus dem schließlich der erste Teil der Theologie des Leibes wurde, schon in Krakau entworfen. Wie er sich Jahre später erinnerte, hatte er sein Forschungsmaterial in das Konklave mitgebracht, das im August 1978 Papst Johannes Paul I. wählte, und arbeitete dort an dem Entwurf.[20] Neben seinen pastoralen Anliegen war für Wojtyła, den Philosophen, die Tatsache, daß Gott die Menschheit als Mann und Frau erschaffen hatte, weiterhin ein faszinierendes intellektuelles Rätsel, ein „interessantes Problem" an sich, wie er es einmal ausdrückte. Was sagt uns eine Menschheit, die sich in Männlichkeit und Weiblichkeit ausdrückt, über die menschliche Natur im allgemeinen und über Männer und Frauen im besonderen?[21] Außerdem mußte man etwas gegen die Verwirrung in der Kirche nach *Humanae vitae* tun. Es mußte etwas unternommen werden, um die Sexualethik der Kirche überzeugender zu erklären. Bezeichnenderweise beschloß Wojtyła, über all das ein Buch zu schreiben. Das Buch, das er beim ersten Konklave von 1978 entwarf, wurde unerwartet zu dem Material für seine Generalaudienzen als Papst.

Mann und Frau schuf er beginnt mit dem Streitgespräch zwischen Jesus und den Pharisäern über die Frage der Scheidung.[22] Warum, fragt Johannes Paul, hat Christus bei seiner Ablehnung der mosaischen Scheidungspraxis eine so starke Betonung darauf gelegt, daß Gott die Menschen als Mann und Frau erschaffen hat – „am Anfang", ein Ausdruck, der zweimal in dieser biblischen Geschichte auftaucht (Matthäus 19,3-12)? Das führt den Papst zu den Schöpfungsgeschichten der Genesis, die er als tiefgehende Reflexionen über bleibende Wahrheiten hinsichtlich der *conditio humana* behandelt, die durch mythische Geschichten über die Ursprünge des Menschen übermittelt werden. Die erste Schöpfungsgeschichte, schreibt er, verbindet das Geheimnis der Erschaffung des Menschen als „Abbild Gottes" mit der Fähigkeit des Menschen, sich fortzupflanzen („Seid fruchtbar und vermehrt euch"). Die zweite Schöpfungserzählung, die das menschliche Selbstbewußtsein und die moralische Entscheidungsmöglichkeit hervorhebe, sei das „subjektive" Gegenstück zur „objektiven" Wahrheit in der ersten Erzählung: Wir sind auch Abbilder Gottes in unserem Denken und Auswählen. Von verschiedenen Gesichtspunkten her bezeugen die beiden Schöpfungserzählungen die Würde des Menschseins, bei der Sexualität, Fortpflanzung und moralisches Wählen eng miteinander verbunden sind.

Johannes Paul mochte es immer, vom Standpunkt des Adam im Paradies aus zu philosophieren: zu versuchen, die Welt neu zu sehen, das Wundern und Erstaunen wiederzuerleben, das Aristoteles für den Beginn der Philosophie hielt.[23] In *Mann und Frau schuf er* reflektiert er über Adams wundersamen Sinn für Einsamkeit, der wichtige Dinge über die *conditio humana* enthüllt. Adams „ursprüngliche Einsamkeit", sein Alleinsein, hat zwei Bedeutungen: Erstens ist er alleine, weil er weder ein Tier noch Gott ist – das ist die Einsamkeit der menschlichen Natur, die er mit Eva und jedem anderen Menschen im Verlauf der gesamten Geschichte teilt. Wenn wir über diese Art des Alleinseins nachdenken, lernen wir uns als *Personen* kennen. Wir sind verschieden, weil wir denkende, wählende, handelnde Subjekte sind, keine reinen Objekte der Natur. Mit dieser Selbsterkenntnis kommt der freie Wille, die Fähigkeit zu bestimmen, *wie* wir handeln sollen. Das bedeutet auf der tiefsten Ebene, zwischen Gut und Böse, zwischen Leben und Tod zu wählen. Bei dieser Wahl lernen wir uns als *verkörperte* Personen kennen, denn es gibt kein menschliches Wählen oder Handeln ohne einen Körper. Der Körper ist keine Maschine, die wir zufällig bewohnen. Der Körper, durch den wir ausdrücken, wer wir sind, und die Entscheidungen ausführen, die wir treffen, ist nicht unwesentlich dafür, wer wir sind.

Zweitens erlebt Adam sich als alleinseiend, weil es kein anderes menschliches Wesen wie ihn gibt. Daher ereignet sich für Johannes Paul die „vollständige und endgültige Erschaffung des ‚Menschen'" erst, als Gott Eva erschafft und Adam sie als menschliches Wesen wie er selbst, wenn auch verschieden, anerkennt.[24] Seine Freude über diese Entdeckung deutet an, daß dieser Aspekt unserer „ursprünglichen Einsamkeit" von diesem bemerkenswerten Prozeß überwunden wird, in dem ich wirklich mit einem anderen verbunden bin, wobei ich meine eigene Identität nicht nur intakt, sondern erweitert finde.

Dafür ist die „Schöpfung" da, behauptet Johannes Paul – und das sagt uns etwas Wichtiges darüber, wer Gott, der Schöpfer, ist. Männer und Frauen sind Abbilder Gottes, nicht nur durch Intellekt und freien Willen, sondern vor allem „durch die personale Gemeinschaft, die Mann und Frau von Anfang an bilden. (...) Der Mensch wird zum Abbild und Ebenbild Gottes (...) im Augenblick der Gemeinschaft."[25] Dieses Sehnen nach einem radikalen Hingeben des Selbst und dem Empfangen eines anderen, was Adam symbolisch bekräftigt, indem er Eva als „Fleisch von meinem Fleisch" anerkennt, ist die Grundlage unserer Menschheit. Es bringt „von Anfang an" den Segen der Fruchtbarkeit mit sich, eine andere Art, wie wir Menschen Abbilder Gottes sind, denn die Fortpflanzung wiederholt das Geheimnis der Schöpfung.

Daher ist „von Anfang an" unsere Erschaffung als verkörperte Personen und als Mann und Frau eine *sakramentale* Wirklichkeit, ein Abbild des Lebens Gottes. Der Körper macht das Unsichtbare, das Geistige und das Göttliche, sichtbar. In den Geschichten der Genesis begegnet uns die außergewöhnliche Seite des Gewöhnlichen, dieses Mal durch unser Verkörpertsein und unsere Sexualität.

Wenn unsere Sexualität „von Anfang an" in uns eingepflanzt ist, warum schämten sich Adam und Eva dann ihrer Nacktheit? Johannes Paul meint, die „ursprüngliche Nacktheit" bilde mit der „ursprünglichen Einsamkeit" und der „ursprünglichen Einheit" den dritten Teil des Rätsels, wer wir „von Anfang an" sind. „Scham" ist im wesentlichen Furcht vor dem anderen, und wir haben Angst vor dem anderen, wenn er oder sie für uns zu einem Objekt wird. Adam und Eva schämten sich ihrer Nacktheit nicht, als sie in gegenseitiger Hingabe lebten, in einer wahren ehelichen Beziehung, ausgedrückt durch ihr Verkörpertsein als Mann und Frau. Sie schämten sich nicht, als sie Freiheit als Geben erlebten. Die „Erbsünde" besteht darin, das uns eingepflanzte Gesetz des Schenkens zu verletzen, den anderen zu einem Objekt zu machen, zu einem Ding, das benutzt wird. Und es ist eine Sünde, nicht weil Gott es einseitig und willkürlich dazu erklärt, sondern weil es die Wahrheit der *conditio humana* verletzt, die in uns als männlich und weiblich eingeprägt ist.

Sorgfältig gelesen, enthüllen die Geschichten über die Schöpfung der menschlichen Welt in der Genesis, daß das Gedeihen der Menschen von der Selbsthingabe abhängt, nicht von Selbstbehauptung. Gegenseitige Selbsthingabe in sexueller Liebe, ermöglicht durch unser Verkörpertsein als Mann und Frau, ist ein Bild dieser großen moralischen Wahrheit.

„Selig, die ein reines Herz haben"

Johannes Paul beginnt die zweite Reihe seiner Audienzansprachen in seiner revolutionären Theologie des Leibes mit einer anderen biblischen Szene. In der Bergpredigt legt Jesus die moralischen Implikationen eines Lebens der Seligkeit dar, eines Lebens, das „Reinheit des Herzens" einschließt, und sagt: „Ihr habt gehört, daß gesagt worden ist: Du sollst nicht die Ehe brechen. Ich aber sage euch: Wer eine Frau auch nur lüstern ansieht, hat in seinem Herzen schon Ehebruch mit ihr begangen" (Matthäus 5,27f.). Das scheint seit Jahrhunderten eine sehr schwierige, sogar unmöglich hohe Norm zu sein. Doch für Johannes Paul ist dieser Text genauso ein „Schlüssel" für die Theologie des Leibes wie Christi Bezug auf unsere Erschaffung „von Anfang an" als Mann und Frau.[26]

Die Sünde, erläutert der Papst, kommt in die Welt als Verdorbenheit der echten Selbsthingabe, die durch die Liebe motiviert ist. Wenn diese Selbsthingabe als Einschränkung statt als Erfüllung erlebt wird, verkommt die Liebe zur Lust, und das Bild der erschaffenen Güte (und des Schöpfers), das die sexuelle Liebe „von Anfang an" war, zerbricht. Die Menschen verlieren ihre „ursprüngliche Sicherheit", daß die Welt gut ist und daß wir geeignet sind, in ihr in Gemeinschaft mit anderen zu leben. Der Unterschied zwischen männlich und weiblich, einst eine Quelle der Identität in der Gemeinschaft, wird zu einer Quelle der Konfrontation. „Die Welt" wird zu einem Ort der Furcht und Plackerei, und es gibt einen grundlegenden Bruch in der Beziehung zwischen Geschöpf und Schöpfer. Das Herz des Menschen wird zu einem Schlachtfeld zwischen Liebe und Lust, zwischen Selbstbeherrschung und Selbstbehauptung, zwischen Freiheit als Geben und Freiheit als Nehmen – was oft auf Kosten der Frau ausgeht, bemerkt der Papst. All dies, um zur Genesis zurückzukehren, ist das Ergebnis des Nachgebens gegenüber der Versuchung des Satans, die uns als männlich und weiblich eingepflanzte Menschlichkeit neu zu definieren. In dieser päpstlichen Lesart des Textes ist „die Schlange" der Genesis der erste und tödliche Lieferant eines falschen Humanismus.

Christi Worte über den „Ehebruch, den man nur im Herzen begeht" werden nun deutlicher. Lust, meint der Papst, ist das Gegenteil von echter Anziehung. Echte Anziehung ersehnt das Gute des anderen durch das Geschenk von mir selbst; Lust ersehnt mein eigenes vorübergehendes Vergnügen durch den Gebrauch (und sogar Mißbrauch) des anderen. Die Frau, die ein Mann voller Lust ansieht, ist ein Objekt, keine Person, und Sexualität wird zu einem utilitaristischen Mittel zur Befriedigung eines „Bedürfnisses" reduziert.[27] Dieser „Ehebruch im Herzen" kann auch innerhalb der Ehe stattfinden – nicht, weil das Objekt der Lust eines Mannes nicht seine Ehefrau ist, sondern weil der lustvolle Blick eine Ehefrau zu einem Objekt macht und die Gemeinschaft der Personen zerstört.[28]

Dieser Hinweis auf die Möglichkeit eines Ehebruchs innerhalb der Ehe verursachte einen Aufruhr in den Weltmedien, der nicht beruhigt wurde, als die Vatikanzeitung *L'Osservatore Romano* in ihrer Reaktion äußerte, daß manchen, die sich beschweren, ein „adäquater kultureller Hintergrund" fehle, um das zu verstehen, was Johannes Paul sage.[29] Dessen Beschreibung des Ehebruchs innerhalb der Ehe ähnelte jedoch Äußerungen, die seit Jahren von Feministinnen gemacht wurden, und war deutlich in der Theologie des Leibes impliziert, die er seit über einem Jahr entwickelte. Wenn man annahm, Johannes Paul II. sei ein polnischer Manichäer, der Sexualität ekelerregend und schmutzig finde, dann konnte man zu dem Schluß gelangen, seine Überlegung über den Ehebruch innerhalb der Ehe sei ein besonders merkwürdiger Ausdruck dieser Neurosen. Für jene, die das Argument des Papstes ernst nahmen, daß die sexuelle Liebe innerhalb der Ehe ein Bild des inneren Lebens Gottes ist, weil sie die Gemeinschaft von Personen ausdrückt, war seine Äußerung über den Ehebruch innerhalb der Ehe völlig plausibel.

Johannes Paul lehrte weiter, die christliche Sexualethik befreie die Sexualität aus der Falle der Lust. Weit davon entfernt, den Eros zu verbieten, befreit die christliche Ethik den Eros für eine „volle und reife Spontaneität", in der die „ewige Anziehung" der Geschlechter in gegenseitiger Selbsthingabe und gegenseitiger Bekräftigung der Würde jedes Partners ihre Erfüllung findet.[30] Die „neue Ethik" der Bergpredigt und der Lehre Christi über die Seligkeit jener, „die ein reines Herz haben", ist eine Ethik „der Erlösung des Leibes", eine Wiederentdeckung in der Geschichte der Wahrheit der Selbsthingabe als Wahrheit der *conditio humana* „von Anfang an".[31]

Diese Ethik beseitigte nicht das Begehren. Sie suchte vielmehr unsere Wünsche „vom Herzen aus" zu kanalisieren, so daß diese Wünsche erfüllt würden, wie es sein sollte – in der Gemeinschaft von Personen, die das Abbild Gottes ist.[32] „Reinheit des Herzens" ist eine Fähigkeit, eine Tugend, das Vermögen, das Verlangen in Richtung auf Selbstbeherrschung zu kanalisieren „in Heiligkeit und Ehre".[33] Sexuelle Liebe, gelebt in „Reinheit des Herzens", wird zu einem Mittel der Heiligung, da die Gemeinschaft der Personen in Heiligkeit vollendet wird. Christen werden nach Ansicht des Papstes eine besondere Motivation finden, ihre Sexualität auf diese Weise zu leben, weil der menschliche Körper das Instrument war, durch das Gott Mensch wurde und durch das Christus die Erlösung der Welt vollendete.[34]

Es ist etwas Edles und Würdevolles an unserem Männlich- und Weiblichsein, weil die Selbsthingabe des Mannes und der Frau in der sexuellen Liebe der sichtbare Ausdruck der inneren moralischen „Struktur" des Menschen ist.[35] Falsche Humanismen stellen sich die Menschen als unendlich modellierbar und formbar vor. Wahrer Humanismus – und wahre Freiheit – erkennt, weil bestimmte Wahrheiten in die *conditio humana* eingebaut sind, daß das Gedeihen des Menschen vom Ausleben dieser Wahrheiten abhängt.[36] Die menschliche Sexualität, insistiert Johannes Paul, enthüllt einige dieser Wahrheiten.

„Die Theologie der Ehe und des Zölibats"

Im Markus-Evangelium versuchen die Sadduzäer, die die Auferstehung der Toten leugnen, das Konzept der Auferstehung zu einer Absurdität zu reduzieren, indem sie den Fall einer Frau vortragen, die nacheinander sieben Brüder heiratet, die alle sterben, ohne daß sie ein Kind bekommt. Mit welchem dieser sieben Männer, fragen die Sadduzäer, wird die Frau nach der Auferstehung der Toten verheiratet sein? Jesus antwortet, im Himmel „werden sie nicht mehr heiraten" (Markus 12,25). Wenn die Auferstehung Männern und Frauen die Fülle des Lebens gibt, wie sie von Gott „am Anfang" versprochen wurde, wertet Jesu Antwort dann nicht Ehe und Sexualität ab? Im dritten Teil seiner Theologie des Leibes führt Johannes Paul aus, daß genau das Gegenteil der Fall ist.

Das Leben im Reich Gottes ist Leben in vollkommener Selbsthingabe und vollkommener Empfänglichkeit. Es ist sozusagen Leben „innerhalb" des inneren Lebens Gottes, einer Dreieinigkeit von Personen, die bis in alle Ewigkeit vollkommen geben und vollkommen empfangen. „Geben" ist im Reich Gottes das vollkommene Geschenk des Selbst an Gott und der vollkommene Empfang von Gottes Selbstgeschenk durch Männer und Frauen in ihren auferstandenen Körpern. „Auferstehung" bedeutet nicht den Verlust unserer Körper, was Entmenschlichung wäre. In mancher Hinsicht bedeutet sie die Vergöttlichung unserer Körper, da wir dem auferstandenen Christus ähnlich werden, der Gott und Mensch bleibt. Diese „Vergöttlichung" der Menschen ist die Erfüllung der ehelichen Bedeutung des menschlichen Körpers, ein Bild des Gesetzes des Gebens, das in die Schöpfung als Widerspiegelung der inneren Dynamik von Gottes Leben eingebaut ist.[37]

Der „für das Reich Gottes" gelebte Zölibat nimmt in der Geschichte das Leben im versprochenen Reich Gottes, in dem es „vollkommene Schenkung" ohne Ehe gibt, vorweg. Die Ehe, die ein Element der Exklusivität in sich hat, wird kein Teil eines himmlischen Lebens sein, in dem alle Erlösten in dem leben, was der Papst „vollkommene Intersubjektivität" nennt, ein modernes philosophisches Bild dessen, was die christliche Tradition „die Gemeinschaft der Heiligen" nennt.[38] In der Welt und in der Geschichte ist die Ehe eine Schule, in der wir für das Leben im Reich Gottes fähig gemacht werden, indem wir lernen, uns gegenseitig ein vollkommenes Geschenk des Selbst zu machen. Der Zölibatär muß auch für das Reich Gottes fähig gemacht werden, indem er lernt, dieses vollkommene Geschenk des Selbst zu machen. Der Zölibat sollte fruchtbar sein und zu geistiger Vater- und Mutterschaft führen, wie die Ehe es durch die Fortpflanzung, Aufzucht und Erziehung von Kindern tut. Ehe und Zölibat sind zwei komplementäre „eheliche" Weisen, ein christliches Leben zu führen. Der „für das Reich Gottes" gelebte Zölibat wird zu einem Bild, das den Zustand erhellt, der alle Gläubigen im Reich Gottes erwartet, während die Ehe ein Bild für Gottes Gattenliebe für sein Volk Israel und für die Kirche ist.[39]

Die Ehe, fährt Johannes Paul fort, ist in einem bestimmten Sinn das „älteste Sakrament", denn „von Anfang an" war sie die gewöhnliche Realität, die die außergewöhnliche Tatsache der Schöpfung als Akt der sich selbst hingebenden Liebe enthüllte. Im Sakrament der Ehe sind Ehemann und Ehefrau die Geistlichen von Gottes Gnaden, und die „Sprache des Körpers" in der ehelichen Liebe ist die Art, in der ein Ehepaar den „ehelichen Dialog" führt, der der Ehe als Berufung angemessen ist.[40] Für den Christen ist die eheliche Liebe auch ein Bild für die Erlösung, denn die Liebe zwischen Ehemann und Ehefrau wird seit den Zeiten des Neuen Testaments als Bild für Christi Liebe zu seiner Braut, der Kirche, aufgefaßt.[41] Die Ehe erhält eine neue Bedeutung, wenn man sie als die menschliche Realität versteht, die die Beziehung zwischen dem erlösenden Christus und dem Volk, das er erlöst hat, am besten wiedergibt. Gottes Zwecke in der Schöpfung und Erlösung werden in der Ehe offenbart.[42] Und hier rückt die Frage der Scheidung, die in der gesamten christlichen Geschichte umstritten ist, klarer in den Blickpunkt. Wenn die sakramentale Ehe, ein Abbild von Gottes schöpferischer und erlösender Liebe, auflösbar ist, dann ist auch Gottes Liebe zur Welt und Christi Liebe zur Kirche auflösbar.[43]

Die "Theologie der Ehe und des Zölibats" endet mit Johannes Pauls dramatischster Feier der ehelichen Liebe. Die sexuelle Liebe ist ein Akt der Anbetung. „Eheliches Leben wird (...) liturgisch", wenn „die Sprache des Körpers" zum Mittel der Begegnung wird, durch die Erfahrung des Heiligen, was Gott für die Welt und die Menschheit „von Anfang an" gewollt hat. Das sexuelle Geschenk des Selbst, im Bund der Ehe frei angeboten und frei angenommen, wird zu einer Möglichkeit, die Welt zu heiligen.[44]

„Betrachtungen über ‚Humanae vitae'"

In der vierten Gruppe von Betrachtungen seiner Theologie des Leibes fragt Johannes Paul, wie das Gute der sexuellen Liebe eingesetzt werden kann, um das Glück der Menschen zu fördern. Wie soll man sexuelle Liebe *keusch* leben? Um die Sexualität in den Umkreis der vier Kardinaltugenden Klugheit, Gerechtigkeit, Tapferkeit und Mäßigung zu bringen, meint Johannes Paul, soll man ein Leben der sexuellen Liebe höchst menschlich leben.

Bei der Behandlung dieser schwierigen Fragen hatte *Humanae vitae* die moralische Anforderung der ehelichen Keuschheit in den ziemlich negativen Kontext von „Erdulden" gestellt. Johannes Pauls Theologie des Leibes stellt die Frage neu und fragt, wie verschiedene Arten, ein Leben der sexuellen Liebe zu führen, in die Ikonographie der Ehe passen. Die Aufgabe besteht darin, unser Verkörpertsein als Mann und Frau auszuleben – sexuelle Liebe zu leben –, so daß die sexuelle Liebe in der Ehe zum höchst erhellenden Abbild der Selbsthingabe wird.[45]

Der Papst lehrt zu Anfang, daß alle verheirateten Paare zu „verantwortlicher Elternschaft" aufgerufen sind. Es geht nicht bloß darum, „noch eine Geburt zu vermeiden". Die wahrhaft menschliche Aufgabe ist, eine Familie gemäß der Tugend der Klugheit aufzubauen. Die Entscheidung über die Anzahl der Kinder, die es verantwortlich aufziehen kann, muß ein verheiratetes Paar „vor Gott" im Tribunal des Gewissens treffen. Entscheidungen über „Fruchtbarkeitsregulierung" (nach Ansicht des Papstes ein besserer Ausdruck als „Geburtenkontrolle") kann niemand anderes für das Paar treffen. Es kann „moralisch ehrenwerte Gründe" geben, die Fruchtbarkeit zu begrenzen; bei sinkenden Geburtenraten in manchen Gesellschaften kann es auch moralisch ehrenwerte Gründe geben, eine größere Familie zu haben, als es einem Paar zuerst angemessen schien.

Wenn Familienplanung eine schwere moralische Verantwortung für jeden ist, der die Berufung zur Ehe lebt, dann ist die nächste Frage, wie man die Fruchtbarkeit reguliert und verantwortliche Elternschaft lebt, so daß die Menschenwürde des Partners geschützt und die Ikonographie der ehelichen Liebe als gegenseitige Selbsthingabe bewahrt wird. Johannes Paul argumentiert, es sei entmenschlichend, mechanische und chemische Methoden, die der Beherrschung der Natur durch den Menschen angemessen sind, auf den Bereich der sexuellen Liebe zu übertragen. Periodische Abstinenz von sexueller Aktivität, indem man die natürlichen Rhythmen des Körpers zur Regulierung der Fruchtbarkeit ausnutzt, ist eine menschlichere Methode der Ausübung der Zeugungsverantwortung und des keuschen Lebens der ehelichen Liebe. Sie steht auch mehr im Einklang mit dem sakramentalen Charakter der Ehe, denn sie verleiht der Tatsache körperlichen Ausdruck, daß Ehepaare die „Werkzeuge des Plans" sind, den Gott in die Fortpflanzung eingebaut hat. Wenn ein Paar die Tugend der ehelichen Keuschheit lebt, wird seine Beziehung zu den natürlichen Rhythmen der Fruchtbarkeit geadelt und wird aus christlicher Perspektive zu einem Instrument der Gnade.[46]

Johannes Paul ist der Ansicht, daß das, was „natürlich" ist, am besten zur menschlichen Würde paßt, zur Natur des Menschen als intelligentes Wesen, das zur Reife durch Selbstbeherrschung aufgerufen wird.[47] Wenn man die Diskussion über die Sexualmoral in den weiteren Kontext eines echten Humanismus stellt, verlagert sich die erste moralische Frage von „Was ist mir zu tun verboten?" zu „Wie führe ich ein Leben der sexuellen Liebe, das mit meiner Würde als Mensch übereinstimmt?" Innerhalb dieses Kontextes gibt es immer noch Dinge, die man nicht tun darf. Und zwar deshalb, weil sie unsere Menschlichkeit herabsetzen und die Gemeinschaft der Personen schädigen, die die sexuelle Liebe fördern soll.[48]

In die Reife der Selbstbeherrschung hineinzuwachsen ist nicht einfach. Eheliche Keuschheit zu leben bedeutet von der Ehe als Berufung zu denken, in die man hineinwachsen muß, wie ein Paar in die Liebe hineinwächst, „die in [ihre] Herzen gegossen wird als Geschenk des Heiligen Geistes". Die Reifung eines Paares zur Gemeinschaft von Personen hat mit sexuellem Ausdruck und sexueller Enthaltsamkeit zu tun, mit Ekstase und Askese. Diese Spannung aus dem Eheleben zu entfernen bedeutet, es eines entscheidenden Aspekts seines inhärenten Dramas und seiner Menschlichkeit zu berauben. Wahrheit und Liebe können in der geheimnisvollen, ekstatischen, asketischen „Sprache des Körpers" nie getrennt werden.[49]

Eine theologische Zeitbombe?

Kirche und Welt werden sich weit im 21. Jahrhundert befinden, bevor die katholische Theologie den Inhalt dieser 130 Generalaudienz-Ansprachen vollständig assimiliert hat.[50] Wenn sie mit dem Ernst aufgenommen wird, den sie verdient, könnte sich Johannes Pauls Theologie des Leibes als der entscheidende Augenblick für die Austreibung des manichäischen Dämons und seiner Abwertung der menschlichen Sexualität aus der katholischen Moraltheologie erweisen. Nur wenige Moraltheologen haben unser Verkörpertsein als männlich und weiblich so ernst genommen wie Johannes Paul. Nur wenige haben es gewagt, die katholische intuitive Erkenntnis – das Unsichtbare, das sich im Sichtbaren manifestiert, das Außergewöhnliche, das jenseits des Gewöhnlichen liegt – so weit zu treiben, wie es Johannes Paul in seiner Lehre tut: daß die sich selbst hingebende Liebe der sexuellen Gemeinschaft ein Abbild des inneren Lebens Gottes ist. Nur wenige haben es gewagt, der Welt so offen zu sagen: „Die menschliche Sexualität ist weit größer, als man sich vorstellt." Nur wenige haben überzeugender gezeigt, wie die Wiederherstellung der dramatischen Struktur des moralischen Lebens die Ethik der Tugend wiederbelebt und uns weit über die von Regeln besessene Moral von „Progressiven" und „Konservativen" hinausbringt.

Johannes Pauls Theologie des Leibes hat indirekte Folgen für die gesamte Theologie. Sie fordert uns auf, die Sexualität als eine Möglichkeit zu sehen, das Wesentliche des Menschlichen zu erfassen – und dadurch etwas über das Göttliche zu erkennen. In der Theologie des Leibes ist unser „Von-Anfang-an"-Verkörpertsein als männlich und weiblich ein Fenster zum Wesen und zu den Zwecken des Schöpfergotts. Angelo Scola, Rektor der Päpstlichen Lateran-Universität in Rom, sagt sogar, daß praktisch jede These in der Theologie – Gott, Christus, die Dreifaltigkeit, die Gnade, die Kirche, die Sakramente – in neuem Licht gesehen werden könne, wenn die Theologen gründlich den Personalismus erforschen würden, der in Johannes Pauls Theologie des Leibes enthalten ist.[51]

Nur wenige zeitgenössische Theologen haben die Herausforderung aufgegriffen, die in diesem dramatischen Vorschlag enthalten ist. Noch weniger Priester predigen über diese Themen. Ein sehr kleiner, mikroskopischer Anteil der Katholiken auf der Welt weiß überhaupt, daß eine Theologie des Leibes existiert. Warum? Ein Faktor ist sicher die Dichte von Johannes Pauls Material;

deshalb wird dringend eine Sekundärliteratur benötigt, die Johannes Pauls Gedanken in leichter zugängliche Kategorien und Begriffe „übersetzen" kann. Der „Kanon" der Streitpunkte in der Kirche, wie er von den Medien definiert wird – Geburtenkontrolle, Abtreibung, Scheidung, Frauen in religiösen Orden –, ist ebenfalls ein Hindernis für eine echte Beschäftigung mit Johannes Pauls Gedanken. Seine Theologie des Leibes ist ganz entschieden nicht für das Zeitalter des 20-Sekunden-Beitrags oder für eine Medienwelt gemacht, in der jede Idee das Etikett „liberal" oder „konservativ" erhalten muß. Es könnte auch sein, daß man sich erst dann ernsthaft mit Johannes Pauls Theologie des Leibes beschäftigt, wenn der Papst, Blitzableiter bei Kontroversen, von der historischen Bühne abgetreten ist. Diese 130 katechetischen Ansprachen stellen zusammen eine Art theologischer Zeitbombe dar, die mit dramatischen Konsequenzen irgendwann im dritten Millennium der Kirche hochgehen wird.

Wenn das geschieht, vielleicht im 21. Jahrhundert, könnte die Theologie des Leibes durchaus als entscheidender Augenblick nicht nur in der katholischen Theologie, sondern auch in der Geschichte des modernen Denkens angesehen werden. Seit 350 Jahren besteht die westliche Philosophie darauf, mit dem menschlichen Subjekt, dem denkenden Subjekt zu beginnen. Der Philosoph Karol Wojtyła nahm diese „Hinwendung zum Subjekt" ernst; Johannes Paul II. hat sie auch als Theologe ernstgenommen. Indem er darauf beharrte, daß das menschliche Subjekt immer ein *verkörpertes* Subjekt ist, dessen Verkörpertsein für sein oder ihr Selbstverständnis und seine oder ihre Beziehung zur Welt entscheidend ist, nahm Johannes Paul die „anthropologische Wendung" der modernen Welt äußerst ernst. Indem er zeigte, daß die Würde des Menschen von diesem Verkörpertsein aus „gesehen" werden kann, half er, das heutige Verständnis von Freiheit, sexueller Liebe und der Beziehung zwischen beiden zu bereichern.

Der Papst der Menschenrechte

Am 2. Oktober 1979, vier Wochen nach dem Beginn seiner katechetischen Reihe über die Theologie des Leibes, hielt Johannes Paul II. vor der Vollversammlung der Vereinten Nationen in deren Zentrale in New York eine der entscheidenden öffentlichen Reden seines Pontifikats. Was er über die Menschenrechte zu sagen hatte, war eine direkte Provokation der Denkweise der meisten UN-Mitgliedsstaaten über die internationale Politik und das Streben nach Frieden.

Im Land des hl. Patrick

Auf dem Weg in die Neue Welt legte Johannes Paul für zweieinhalb Tage einen Zwischenstop in Irland ein, einem ehemals sehr katholischen Land mit Anzeichen für eine Entfernung von seinen historischen Wurzeln und einer politisch geteilten Insel, wo das leichte Fieber eines Bürgerkriegs, vermeintlich im Namen des Katholizismus und Protestantismus, seit Generationen anhält. Der formale Zweck des Besuchs war eine Pilgerreise zum Heiligtum Unserer Lieben Frau von Knock im County Mayo, Ort einer Marienerscheinung (1879). Johannes Paul wollte die Iren daran erinnern, daß ihre Geschichte und Kultur wie bei den Polen ohne Christus nicht verstanden werden könne. Er hatte auch einiges zu sagen über Gewalt, ausgeübt im Namen des Christentums.

Der erste Papst, der seinen Fuß auf irischen Boden setzte, kam am 29. September, einem ungewöhnlich sonnigen Tag, in Dublin an. Bei der Ankunftszeremonie auf dem Flughafen drückte Johannes Paul seine Freude darüber, auf der Smaragdinsel zu sein, mit dem Gebet aus, das „St. Patrick's Breastplate" [Brustharnisch des hl. Patrick] genannt wird. Er sei „sehr glücklich, mich auf den Spuren des hl. Patrick auf dem Pfad der Botschaft, die er euch als ein großes Erbe hinterlassen hat, unter euch zu sehen in der Überzeugung, daß Christus hier ist: ‚Christus vor mir, Christus hinter mir ... Christus im Herzen eines jeden, der an mich denkt, Christus im Munde eines jeden, der von mir spricht.'" Die erste päpstliche Messe in Irlands sagenhafter katholischer Geschichte fand später an diesem Tag an einem Ort statt, der „Fifteen Acres" im Phoenix Park genannt wird. Der öffentliche Verkehr war an diesem Tag eingestellt worden, aber mehr als 1,2 Millionen Menschen fanden den Weg in den Park, wo vor einer Reihe von 60 Fahnenmasten mit dem weiß-goldenen päpstlichen Banner ein über 36 Meter großes Kreuz aufgestellt worden war. Johannes Paul forderte die Iren, die so viele Tausende Missionare in die Welt geschickt hatten, auf, sich selbst neu zu evangelisieren: „Bekehrt euch!"[52]

Nach einer Fahrt in der Autokolonne durch die Straßen Dublins flog der Papst im Hubschrauber nach Drogheda, etwa 45 Kilometer von der Grenze zum britischen Nordirland entfernt. Ursprünglich hatte er, herzlich eingeladen vom anglikanischen Erzbischof George Simms, das alte Erzbistum von Armagh in Nordirland besuchen sollen. Angst vor Gewalt hatte die Reiseplaner jedoch veranlaßt, sich mit einem Halt in Drogheda zufriedenzugeben, selbst ein potientielles Pulverfaß historischer Emotionen. Dort hatte der puritanische Eroberer Oliver Cromwell 1649 das größte Massaker der irischen Geschichte angerichtet; Drogheda war auch der Ort der Reliquien des hl. Oliver Plunkett, Erzbischof von Armagh, der 1681 auf Londons Tyburn Hill grausam hingerichtet worden war. Etwa 300 000 Menschen, viele von ihnen aus Nordirland, kamen, um den Papst zu sehen und zu hören, der leidenschaftlich zu einem Ende des Hasses zwischen den Konfessionen und des Tötens in ihrem Namen aufrief.

Oliver Plunkett sei kein Symbol der Rache, denn als „Märtyrer für den Glauben besiegelte er mit seinem Tod die gleiche Botschaft der Versöhnung, die er während seines Lebens gepredigt hatte. In seinem Herzen war kein Groll; denn seine Kraft war die Liebe Jesu (...).". Er sei vielmehr „der Verteidiger der Unterdrückten und der Anwalt der Gerechtigkeit" gewesen; „Gewalt aber würde er niemals verzeihen. (...) Seine letzten Worte waren Worte des Vergebens für alle seine Feinde." Johannes Paul dankte öffentlich dem anglikanischen Primas für seine Einladung, die „von den Hirten und Mitgliedern der anderen christlichen Kirchen, darunter viele aus Nordirland, aufgegriffen und wiederholt" worden sei.

Diese Einladungen bewiesen, daß im Gegensatz zu populären und Medienvorstellungen „die tragischen Ereignisse" im Norden „kein Religionskrieg (...), kein Kampf zwischen Katholiken und Protestanten" seien. Die Probleme seien seiner Meinung nach ein Kampf zwischen Hassern, und das Christentum erlaube keinen Haß. Es müßten Ungerechtigkeiten beseitigt werden, aber das Christentum verbiete es, „Lösungen für diese Situationen auf dem Weg des Hasses, durch die Ermordung schutzloser Menschen oder durch terroristische Methoden zu suchen. (...) Das Gebot ‚Du sollst nicht töten' muß für das Gewissen der Menschheit verbindlich bleiben, wenn sich die furchtbare Tragödie und das Schicksal Kains nicht wiederholen soll."

Dann richtete er an jene Kains, die vielleicht zuhörten, seinen machtvollsten und persönlichsten Aufruf: „Auf den Knien flehe ich euch an: Kehrt um vom Weg der Gewalt und kehrt zurück zu den Wegen des Friedens! (...) Gewalt zerstört das Werk der Gerechtigkeit. Weitere Gewalt in Irland wird schließlich das Land, das ihr zu lieben behauptet, und die Werte, die ihr zu lieben vorgebt, in den Ruin führen."[53] Viele der „gewalttätigen Menschen" in Nordirland haben in den darauffolgenden Jahren diesen Appell ignoriert. Aber einige haben die hoffnungsvolleren Zeichen des Friedens, die Jahrzehnte später auftauchten, auf Johannes Pauls entschiedene Ablehnung der Gewalt zurückgeführt. Wie sonstwo auch konnte die Wahrheit von dem, was er sagte, nicht am unmittelbaren Einfluß gemessen werden, sondern nur an der Tatsache, daß es die Wahrheit war.

Auf dem Weg im Hubschrauber nach Galway, zu einem Treffen mit Jugendlichen am 30. September, hielt Johannes Paul kurz in Clonmacnois, einem Zentrum der Gelehrsamkeit im Mittelalter, das Hunderte von Missionaren nach Europa entsandt hatte. Der Papst, einsamer als er je in Irland sein würde, stand kurz in den ausgedehnten Ruinen der Klosterstadt und betete am Grab eines der lokalen Heiligen, bevor er zur Ballybrit-Rennbahn flog, wo ihn 300 000 junge Leute erwarteten. Er erzähle ihnen das gleiche, sagte er, was er als Erzbischof den Jugendlichen von Krakau erzählt habe: „Ich glaube an die Jugend mit meinem ganzen Herzen und der ganzen Kraft meiner Überzeugung." Fast autobiographisch redend hinterließ er ihnen ein Geschenk als Zeichen der Wertschätzung: „Angesichts der Erfahrungen aus der Geschichte (...) könnte man bisweilen den Eindruck haben, die Liebe hätte ihre Macht verloren. (...) Und doch bleibt auf die Dauer gesehen immer die Liebe siegreich, wird die Liebe nie unterliegen. (...) Jugend Irlands, ich liebe dich."

Vierzehn Minuten tosenden Beifalls, Jubels und Singens folgten, was erst aufhörte, als ein Priester um Ruhe bat, damit die Messe fortgesetzt werden konnte.

In Knock besuchte der Papst 3000 Kranke, segnete die Grundsteine für 34 neue Kirchen, die im ganzen Land gebaut werden sollten, und feierte für eine halbe Million Iren eine Messe. Er sprach in besonders ergreifenden Worten von der Marienerscheinung (bei der nach der örtlichen Legende Maria in Begleitung des hl. Josef und des Evangelisten Johannes einer Gruppe unbekannter Dörfler erschien):

> Es gibt etwas Einzigartiges und speziell Irisches an der Marienerscheinung in Knock. (...) Die Jungfrau erschien nicht einfach einem Kind oder Kindern, sondern einer Gruppe von Leuten, die alle Altersgruppen repräsentierten. (...) In ei-

nem Land, in dem alle alten Heiligtümer Ruinen oder in den Händen der irischen [anglikanischen] Kirche sind, bat sie nicht um ein neues Heiligtum. In einem Land, in dem die Menschen unglaubliche Leiden und Unterdrückung erlitten haben, (...) bat sie nicht um Strafe. In einem Land, in dem Verehrung ständig und überall ist, bat sie nicht um Prozessionen oder Wallfahrten. Sie bat um überhaupt nichts. In einem Land, das weit und breit als Ort des Redens bekannt ist, sagte sie erstaunlicherweise gar nichts. Aber sie kam. (...) Als anscheinend alle anderen nach Australien oder Boston oder New York gingen, kam die Mutter Jesu. Und da sie eine echte Dame war, brachte sie in einem Land, das die Frauen und die Ehe und das Priestertum in hohem Ansehen hält, ihren Gatten, den hl. Josef, und den Evangelisten Johannes, der wie ein Prälat angezogen war, mit. Und auch sie schwiegen. Passend genug kamen sie im Regen.[54]

Nach einem Treffen mit den irischen Bischöfen und mit Seminaristen, Priestern und Ordensleuten im nationalen Seminar in Maynooth feierte Johannes Paul die letzte öffentliche Messe dieser irischen Pilgerreise auf der Greenpark-Rennbahn in Limerick, wo sich am 1. Oktober eine Viertelmillion Menschen versammelt hatte. Dann flog er vom nahegelegenen Flughafen Shannon mit einer Boeing 747 der Aer Lingus nach Boston, wo er spätabends ankam. Der Papst wurde am Flughafen von der Präsidentengattin Rosalynn Carter und vom nationalen Sicherheitsberater Zbigniew Brzeziński begrüßt, der an seine spontane Entscheidung gedacht haben mag, im Sommer 1976 an einer Harvard-Vorlesung eines durchreisenden polnischen Kardinals teilzunehmen. Das Wetter war unfreundlich, doch auch starker Regen konnte nicht verhindern, daß sich zwei Millionen Menschen im großen Park von Boston für die päpstliche Messe versammelten. Mit schätzungsweise Hunderttausenden Nichtkatholiken dürfte sie der größte ökumenische Gottesdienst in der Geschichte des Christentums gewesen sein. Als der Papst zum Altar ging, wurden Tausende rotweißer Luftballons losgelassen – als Tribut des irischen Boston an seinen polnischen Gast.[55]

Vor der Messe war Johannes Paul in Bostons Kathedrale vom heiligen Kreuz mit mehreren tausend Priestern und Nonnen zusammengetroffen. Beim Hinausgehen bemerkte er den einzigen Rollstuhl in der Kirche, in dem die 26jährige Jane De Martino saß, die seit einem Unfall gelähmt war; der Papst ging zu ihr, hielt ihre Hand, beugte sich zu ihr, flüsterte ihr etwas zu, küßte sie und ließ ein kleines Kästchen zurück, das einen weiß-goldenen Rosenkranz enthielt. Ein Bostoner Polizist, der in der Nähe stand, begann zu weinen. „Ich muß wieder zur Kirche gehen", sagte er und ging weg.[56]

Der Macht die Wahrheit sagen

Am nächsten Morgen flog Johannes Paul nach New York. Nach einem scherzhaften Wortwechsel am Flughafen mit Bürgermeister Edward Koch – Der Bürgermeister: „Eure Heiligkeit, ich bin der Bürgermeister." Der Papst: „Ich werde versuchen, ein guter Bürger zu sein." – fuhr er in einer Autokolonne zum UNO-Hauptquartier am East River, wo er von Generalsekretär Kurt Waldheim begrüßt wurde. Johannes Paul II. ging in das Gebäude, als ob er es jeden Tag täte, und strahlte die Kraft, Energie und ruhige Stärke eines Mannes aus, der sich in jeder Situation, in der er sich zufällig befindet, wohlfühlt. Lächelnd und höflich vermittelte er auch ein Gefühl der Macht – physischer Macht, aber auch der Macht eines scharfen Verstandes. Dies war ein liebenswürdiger Mann, der aber von diplomatischen Nettigkeiten und Schmeicheleien unbeeindruckt blieb. Als er an der Reihe war, fühlte er sich am Rednerpult völlig sicher und sprach die Delegierten, die Gäste und die Presse angeregt an, als wäre er bei einer Vorlesung in Lublin, veränderte von Zeit zu Zeit seine Körperhaltung, stützte sich auf einen Arm, als wenn er einen Punkt eingehender erwägen würde, schaute dann auf und gestikulierte, als ob er sagen wollte: „Hören Sie jetzt gut zu ..."

Johannes Paul kam zu den Vereinten Nationen in einer Zeit zunehmender Angst und politischer Unruhe wegen des Atomwaffenwettrüstens zwischen Ost und West. Die SALT II-Rüstungskontrollverhandlungen waren ins Stocken geraten. Proteste gegen die Atomwaffen waren in den USA und in Westeuropa verbreitet, und die „Nuclear Freeze"-Bewegung hatte gerade begonnen, Einfluß auf die öffentliche Debatte in den Vereinigten Staaten auszuüben. Diplomatische Unterhändler und Straßendemonstranten schienen die Überzeugung zu teilen, daß die Kernwaffen irgendwie aus dem politischen Streit zwischen der NATO und dem Warschauer Pakt herausgehalten werden könnten – daß eine ausreichende Willensanstrengung das Rüstungsdilemma lösen und Frieden bringen könnte, selbst wenn der ideologische Streit ungelöst blieb. Krieg werde durch Waffen verursacht, Frieden sei die Abwesenheit von Krieg, und Krieg könne durch Rüstungskontrolle verhindert werden. So unterschiedlich sie auch an das Problem herangingen, die Diplomaten und die Demonstranten waren sich stillschweigend über dieses „realistische" Verständnis des Wettrüstens einig.

Johannes Paul II. hatte eine ganz andere Vorstellung davon, wie die Weltpolitik des ausgehenden 20. Jahrhunderts funktionierte, und würde das bald unmißverständlich klarmachen.

Seine einstündige UN-Rede begann mit der üblichen Vatikanäußerung über die Bedeutung der Vereinten Nationen und die spezifische Rolle des Heiligen Stuhls bei den Weltangelegenheiten. Dann kam der Papst zur Sache und erinnerte seine Zuhörer daran, daß Christus, als er vor dem römischen Richter Pontius Pilatus erschien, gesagt hatte, sein Auftrag sei, „daß ich für die Wahrheit Zeugnis ablege" (Johannes 18,37). Das gedenke er als Stellvertreter Christi ebenfalls zu tun. Er spreche sie nicht als ein weiterer Diplomat an, der gemäß den Klubregeln in der Sprache der Macht rede, sondern als Zeuge der Wahrheit über den „Menschen (...) in seiner vollen Einheit, in der ganzen Fülle und dem vielfältigen Reichtum seiner geistigen und materiellen Existenz".[57]

Politik, mahnte er sie, handle von Menschen. Deren Wohlergehen, und nichts anderes, sei der Grund „für jegliche politische Aktivität auf nationaler oder internationaler Ebene", weil jede legitime Politik „vom Menschen" herkommt, „durch den Menschen ausgeübt" wird und „für den Menschen geschieht". Jede Politik, die sich nicht an dieses humanistische Kriterium halte, habe zum großen Teil ihre Existenzberechtigung verloren; „sie kann in Widerspruch geraten zur Menschlichkeit als solcher".[58]

Menschlicher Fortschritt müsse an einem Kriterium gemessen werden, das des Menschen würdig sei, und das bedeute, den Fortschritt „nicht nur am Fortschritt der Wissenschaft und Technik [zu] messen", sondern „mehr noch am Primat der geistigen Werte und am Fortschritt des moralischen Lebens". In diesem Bereich zeige sich die menschliche Welt am menschlichsten. Als die Forderungen des Gewissens und der moralischen Wahrheit abgelehnt wurden, seien Wissenschaft und Technik dazu benutzt worden, aus der Welt ein Schlachthaus zu machen. Daher sei das fundamentale Dokument der Vereinten Nationen, das Dokument, das dieser Organisation ihre moralische Daseinsberechtigung verleihe, nicht die Charta der Vereinten Nationen, sondern die *Allgemeine Erklärung der Menschenrechte* von 1948, „ein Meilenstein auf dem langen und schwierigen Weg der Menschheit". Die Sache des Friedens könne nur Fortschritte machen „durch die Festlegung, die Anerkennung und Achtung der unveräußerlichen Rechte der Personen und Völkergemeinschaften".[59]

Achtung vor den Menschenrechten bedeute Achtung vor der Würde und dem Wert jedes einzelnen Menschen. Daher sei der Friede bedroht, wann immer eine Politik herrsche, die durch ihren Durst nach Macht ohne Rücksicht auf die Bedürfnisse anderer charakterisiert sei. Das gelte zwischen Nationen und auch innerhalb von ihnen. Wenn nationale „Interessen" das einzige Kriterium der internationalen Politik seien und wenn der Begriff „Interessen" moralischer Komponenten beraubt werde, dann sei Diplomatie kein ehrenwertes Geschäft. Frieden erfordere das Nachdenken über Pflichten und Aufgaben, nicht nur Interessen.[60]

Bei der Behandlung des Wettrüstens wies Johannes Paul die Ansicht zurück, die Gefahr eines Atomkriegs könne irgendwie von dem Konflikt zwischen dem Kommunismus und seinen Herausforderern getrennt werden. Die Gefahr eines Krieges komme in der heutigen Welt nicht von den Waffen an sich. Sie komme von Formen der Ungerechtigkeit, die manchmal bewußt von Regierungen aufgezwungen würden und die die Menschenrechte angriffen, Gesellschaften zerstörten und dadurch die gesamte internationale Ordnung bedrohten.[61]

Die Welt arbeite daran, „wenigstens einige der unveräußerlichen Rechte des Menschen zu definieren", und er selbst wolle zu dieser Diskussion beitragen, indem er die seiner Ansicht nach wichtigsten Rechte aufliste, die international anerkannt werden müßten. Im Mittelpunkt stehe „das Recht auf Freiheit der Gedanken, des Gewissens und der Religion sowie das Recht, seine Religion privat und in der Öffentlichkeit, für sich allein oder in Gemeinschaft zu bekennen". Diese Rechte seien zentral, weil „die geistigen Werte" die treibende Kraft hinter der „zivilisatorischen Entwicklung" und dem Streben nach Frieden seien. Frieden erfordere, dem Menschen „den vollen Zugang zur Wahrheit, zur moralischen Entwicklung und zum Genuß der Kulturgüter (...), die wir ererbt haben", sowie zur Vermehrung dieser Güter durch „unsere schöpferische Kraft" zu ermöglichen.[62]

Ungerechtigkeiten in der wirtschaftlichen und geistigen Ordnung stellten die größte Bedrohung für den Frieden in der Welt dar, und ein humanistisches Kriterium sei wesentlich für die Bewertung der sozialen, ökonomischen und politischen Systeme. Die Beseitigung der Ausbeutung und die freie Teilnahme am wirtschaftlichen und politischen Leben sollten die Normen zur Beurteilung der Systeme sein.[63] Ökonomische, politische und soziale Festlegungen, die systematisch dieses humanistische Kriterium verletzten, seien ihrer Natur nach Bedrohungen des Friedens, wie auch jene Formen der Ungerechtigkeit im geistigen Bereich, die „den Menschen (...) in seiner inneren Beziehung zur Wahrheit verletzen, in seinem Gewissen, in seinen persönlichsten Überzeugungen, in seiner Weltanschauung, in seinem religiösen Glauben wie auch im Bereich der sogenannten bürgerlichen Freiheiten". Der „zivilisatorische Fortschritt" dränge seit Jahrhunderten in diese Richtung: „dem Leben der einzelnen politischen Gesellschaften eine Form zu geben, in der die objektiven Rechte des Geistes, des menschlichen Gewissens und seiner Kreativität, eingeschlossen seine Beziehung zu Gott, voll garantiert werden können", und die heutigen politischen Führer müßten an dieser historischen Dynamik teilnehmen.[64]

Dann, als ob er sichergehen wollte, daß es kein Mißverständnis darüber gab, wer einige der Haupttäter der „Ungerechtigkeit im geistigen Bereich" waren, bezeichnete Johannes Paul als Bedrohung des Friedens solche Systeme, in denen, obwohl sie internationale Menschenrechtsabkommen unterzeichnen, dennoch „oft eine Struktur des gesellschaftlichen Lebens [existiert], in der die Ausübung dieser Freiheiten den Menschen dazu verurteilt, (...) ein Bürger zweiter oder dritter Klasse zu werden, die eigenen Möglichkeiten (...) des beruflichen Weiterkommens oder des Zugangs zu bestimmten leitenden Stellen beeinträchtigt zu sehen, ja sogar die Möglichkeit zur freien Erziehung der eigenen Kinder zu verlieren".[65] Er sprach zur Welt vom Rednerpult der UN-Vollversammlung als höchster Pontifex der römisch-katholischen Kirche. Aber er war immer noch Karol Wojtyła aus Krakau, und er war entschlossen zu bezeugen, was Jacek Woźniakowski, Stanisław und Danuta Rybicki, Henryk Górecki, Stanisław Rodziński und zahllose andere in ihrem Berufsleben aus Gewissensgründen erlitten hatten.

Sich seinem Resümee nähernd wandte sich Johannes Paul noch einmal der Religionsfreiheit als wesentlicher Voraussetzung für den Frieden zu. Jemandem die Freiheit zu verweigern, nach der Wahrheit zu suchen und an ihr festzuhalten, entmenschliche, wie das II. Vatikanische Konzil gelehrt habe, diese Person, denn die Suche nach der Wahrheit sei der Kern unseres Menschseins. Dem sollten religiöse Menschen, Agnostiker und selbst Atheisten als einer gemeinsamen humanistischen Überzeugung zustimmen können.[66]

Johannes Pauls II. Rede vor den Vereinten Nationen von 1979 war in mehrfacher Weise historisch. Sie enthielt eine überzeugende Analyse der Krise der ausgehenden Moderne, die weit über die Konflikte zwischen Ost und West, zwischen Kapitalismus und Sozialismus, zwischen Arm und Reich hinausreicht. Es ist eine Krise in der Seele der Menschheit, und der Kern des Kampfes ist geistig und moralisch.

Ohne auch nur einmal die Wörter "Kommunismus" und „Marxismus-Leninismus" zu gebrauchen, war seine Rede eine kühne Herausforderung des Sowjetsystems, und sie wurde als solche verstanden. Der ehemalige UN-Botschafter der USA Daniel Patrick Moynihan, der anwesend war, notierte: „Ich kann aus eigener Beobachtung bestätigen, daß die osteuropäischen und sowjetischen Delegierten genau wußten, wovon er sprach; sie sahen zum ersten Mal nicht gelangweilt aus, sondern ängstlich."[67] Doch Johannes Paul stellte in seiner Rede im Namen des Humanismus auch die Vorstellung der Politik als bloße Technik in Frage – eine Vorstellung, die im Westen einflußreiche Anhänger hatte.

Die Rede kennzeichnete außerdem den Punkt, an dem sich die katholische Kirche eindeutig der Sache der Freiheit und der Verteidigung der Grundrechte des Menschen als den Hauptzielen ihres Engagements in der Weltpolitik verpflichtete. Diese Verpflichtung war implizit in der Enzyklika *Pacem in terris* von Johannes XXIII. von 1963 und in der Erklärung über die Religionsfreiheit *Dignitatis humanae* des II. Vatikanischen Konzils enthalten. Johannes Paul II. hatte sie nun explizit gemacht, und sein Auftreten in Mexiko und Polen im Januar und Juni 1979 hatte verdeutlicht, daß diese Verpflichtung eine öffentliche Seite haben würde. Denn die Kirche würde diese Rechte auf der Basis eines Humanismus verteidigen, dessen Behauptungen von jedem Mann und jeder Frau guten Willens beurteilt werden konnten.

Die Rede stellte auch konventionelle Denkweisen über den Frieden in Frage. Johannes Paul argumentierte vor der UNO, das Vermeiden eines Krieges sei weder eine Angelegenheit der Verminderung der Waffen (so wünschenswert das sei) noch eine Frage persönlicher Friedfertigkeit und Nächstenliebe (wie in Mutter Teresa aus Kalkutta verkörpert, die später in diesem Monat den Friedensnobelpreis erhielt). Frieden sei vielmehr das Produkt einer moralischen Verpflichtung zur Freiheit, die in gerechten politischen Strukturen, national und international, verkörpert sei. Frieden und die Menschenrechte seien unteilbar. Die Kirche trage aus seiner Sicht am effektivsten zum Frieden bei, wenn sie unermüdlich die Menschenrechte verteidige und fördere, deren Kernstück die Religionsfreiheit sei.

Die Delegierten der Vollversammlung hatten Johannes Paul schweigend zugehört. Niemand war herumgewandert, wie es bei normalen Versammlungen häufig geschieht. Ungeachtet ihrer Deutung dieser Rede wußten die Repräsentanten der Welt der Macht, daß sie einer Kraft zugehört hatten, mit der zu rechnen war.

Woo-hoo-woo

Die fünftägige Tour des Mannes, den das *Time*-Magazin „Johannes Paul, Superstar" getauft hatte, durch die Vereinigten Staaten im Oktober 1979 war ein Kaleidoskop von Ereignissen, die überwältigende Erinnerungen und stereotype Interpretationen des Papstes durch die Medien hinterließen.

Am Abend seiner UN-Rede feierte Johannes Paul im New Yorker Yankee-Stadion für 75 000 Menschen eine Messe, und er bat die auf ihre offene Gesellschaft stolzen Amerikaner, umfassender von Offenheit zu denken: „Christus fordert ein Offensein, das mehr ist als freundliche Beachtung, mehr als Aktionen oder halbherzige Bemühungen, die den Armen genauso arm wie vorher oder noch ärmer zurücklassen." Auf dem Weg zum Stadion hatte Johannes Paul kurz an der St.-Charles-Borromeo-Pfarre in Harlem Halt gemacht und vor einer kleinen Menge, die auf einem freien Grundstück in der South Bronx stand, eine Ansprache gehalten: „Gebt nicht der Verzweiflung nach", bat er sie, „und vergeßt nicht, daß Gott sich um euer Leben kümmert, mit euch geht, euch zu besseren Dingen ruft, euch ruft zu siegen."[68]

Am Morgen des 3. Oktober warteten über 200 000 Schüler und Studenten im Madison Square Garden auf Johannes Paul. Die dann folgende Szene ist in der Geschichte des Papsttums einmalig. Als der Wagen mit dem Papst (ein umgebauter Ford Bronco) langsam in der Arena eine Runde fuhr, spielte eine Band von der St. Francis Preparatory School in Brooklyn die Titelsongs aus *Rocky* und *Battlestar Galactica*, während der Papst sich bemühte, die ausgestreckten Hände der jubelnden Teenager zu berühren, die sich über die Absperrung der ersten Reihe lehnten. Irgendwann ahmte Johannes Paul einen Schlagzeuger nach und hielt ihnen dann den nach oben gestreckten Daumen entgegen. Die Jugendlichen gaben ihm Blue-Jeans, ein T-Shirt (mit der Aufschrift „Big Apple heißt Johannes Paul II. willkommen") und eine Gitarre. Der Lärm war unglaublich; keine Fangemeinde der Knicks oder Rangers hatte hier je so einen Spektakel verursacht. Als den Jugendlichen vorübergehend die Namen von katholischen Jugendorganisationen oder lokalen Schulen ausgingen, die sie hochleben lassen konnten, begannen sie, mit dem rhythmischen Sprechchor *„John Paul II, we love you!"* an dem Dach zu rütteln. Der Papst, der sich vor Lachen schüttelte, nahm das Mikrophon und sang sein eigenes Lied: *„Woo-hoo-woo; John Paul II, he loves you!"*

Nachdem sich die Menge endlich beruhigt hatte, übermittelte er seine Botschaft, einen Aufruf zur Reife. Jeder von ihnen, sagte er, „nähert sich der Phase in eurem Leben, wenn ihr für euer Schicksal die Verantwortung übernehmen müßt". Bei diesen Entscheidungen „schaut auf Christus. Wenn ihr euch über das Geheimnis eurer Person Gedanken macht, schaut auf Christus, der euch die Bedeutung des Lebens gibt. Wenn ihr euch fragt, was es bedeutet, eine reife Persönlichkeit zu sein, schaut auf Christus, der die Fülle der Menschheit ist." Und dann sprach er, wie immer bei jungen Leuten, sein Vertrauen aus: „Die Kirche braucht euch. Die Welt braucht euch, weil sie Christus braucht, und ihr gehört Christus."[69]

Am nächsten Tag, bei einer Messe im Logan Circle von Philadelphia, die von mehr als einer Million Menschen besucht wurde, ließ sich Johannes Paul für das Thema seiner Predigt von der Freiheitsglocke der Independence Hall inspirieren und drängte die Amerikaner, ihr Verständnis von Freiheit zu vertiefen. Die Freiheit werde geadelt, wenn der freie Mensch klug wähle. Die mit Wahrheit verbundene Freiheit, die auf das Gedeihen des Menschen gerichtete Freiheit seien im öffentlichen Leben und in den persönlichen Beziehungen, einschließlich der sexuellen Beziehungen, untrennbar. Das sei der Zweck der moralischen Normen der Keuschheit in der Ehe – sie ermöglichten den richtigen Gebrauch der Freiheit für das menschliche Gedeihen einer Ehe.[70]

Nachdem er die Vorsitzenden der Priesterräte aller Diözesen der USA daran erinnert hatte, daß „das Priestertum nicht einfach ein Beruf ist (...); es ist eine Berufung, die immer wieder gehört werden muß",[71] flog Johannes Paul nach Iowa in das amerikanische Kernland. Des Moines hatte ursprünglich nicht auf seinem Reiseplan gestanden, aber er hatte einen handgeschriebenen Brief eines Farmers, Joe Hays, erhalten, der ihn einlud, das landwirtschaftliche Zentrum der USA zu besuchen. Johannes Paul war damit einverstanden, und fünf hektische Wochen der Vorbereitung begannen. Ein zehn Quadratmeter großes Banner in Dunkelorange, Blau, Grün und Rot, das von 15 Freiwilligen in zweiwöchiger Näharbeit hergestellt worden war, bildete den Hintergrund der Altarplattform. Unter dem weiten Himmel des Mittleren Westens zur größten Menge in der Geschichte Iowas sprechend, nahm Johannes Paul die reiche Fülle der Erde als Ausgangspunkt für die bewegendste Predigt seiner amerikanischen Pilgerreise, eine Reflexion auf die Fülle Christi, der den Hunger der Menschen in der Eucharistie stillt:

> Überall sind es die Landwirte, die die Menschheit mit Brot versorgen; das Brot des Lebens jedoch ist nur Christus. (...) Selbst wenn jeder leibliche Hunger gestillt wäre, selbst wenn alle Hungernden dank ihrer eigenen Arbeit und der Hochherzigkeit der anderen zu essen hätten, wäre der tiefste Hunger des Menschen nicht aus der Welt geschafft. (...) Deshalb sage ich: Kommt alle zu Christus! Er ist das Brot des Lebens. Kommt zu Christus, und ihr werdet nie wieder hungern.[72]

Ein protestantischer Geistlicher aus Granger, Iowa, sagte zu seinem Nachbarn Joe Hays: „Ihr habt einen Papst, der weiß, wie man Papst ist."[73]

Johannes Paul flog dann nach Chicago, wo Zehntausende Polnisch-Amerikaner pausenlos *„Sto lat!"* riefen [Du sollst 100 Jahre leben!] „Wenn wir so weitermachen", witzelte Johannes Paul, „werden sie meinen, das sei die polnische Nationalhymne."[74] In der Windy City sprach der Papst zu allen Bischöfen der Vereinigten Staaten und erinnerte sie daran, daß Heiligkeit „den ersten Rang in unserem Leben und Dienst" einnimmt. Indem er diese Heiligkeit durch seine bischöfliche Berufung lebe, müsse der Bischof bereit sein, die Wahrheit zu sagen, auch angesichts kultureller Opposition. Dies hätten die amerikanischen Bischöfe getan: in ihren öffentlichen Äußerungen und Konferenzdokumenten, die den Rassismus verurteilten, die Scheidungskultur ablehnten, das Recht auf Leben der Ungeborenen, der Behinderten und der unheilbar Kranken verteidigten, die sexuelle Revolution in Frage stellten und die amerikanische Nation dazu aufriefen, ihr Engagement für Freiheit und Gerechtigkeit für alle sehr ernstzunehmen. Er drängte sie auch, die Praxis des Sakraments der Beichte neu zu beleben und einen erneuerten Sinn für die Verehrung in der Liturgie zu fördern, die „vor allem (...) ,Anbetung der göttlichen Majestät'" sei.[75]

Nach einer Messe im Grant Park für eine halbe Million Menschen und einem Konzert des Chicago Symphony Orchestra in der Holy Name Cathedral flog Johannes Paul zu seinem letzten Stop in den USA, nach Washington, D. C., wo er am 6. Oktober an der Andrews Air Force Base von Vizepräsident Walter Mondale abgeholt wurde. Nach einem kurzen Besuch der St. Matthew's Cathedral wurde Johannes Paul zum Weißen Haus gefahren, wo er auf der North Lawn von Präsident Jimmy Carter mit dem polnischen Ausspruch *„Niech będzie Bóg pochwalony"* [Gott sei gelobt] begrüßt wurde. Carter und der Papst standen seit einiger Zeit miteinander in privatem Briefwechsel, und wenn es auch unwahrscheinlich ist, daß die Vatikan- oder US-Politik durch den beispiellosen Austausch beeinflußt wurde, zeigte die bloße Tatsache seiner Existenz, wie Johannes Pauls II. erste Monate im Dienst das päpstliche Amt verändert hatten.[76] Nach einem einstündigen Gespräch gesellten sich Papst und Präsident auf der South Lawn des Weißen Hauses zu den 6000 Gästen. Dort führte Carter spontan das herbei, was *Time* später als „einen der bewegendsten Momente seiner Präsidentschaft" bezeichnete. Von Mensch zu Mensch und Christ zu Christ sprechend sagte der Baptist aus Georgia zu dem polnischen Katholiken: „Als Menschen, die wir beide in der Gegenwart für Gerechtigkeit handeln – und zusammen nach einer gemeinsamen Zukunft des Friedens und der Liebe streben –, lassen Sie uns nicht so lange warten, bis wir und Sie uns wieder begegnen. Willkommen in unserem Land, unser neuer Freund." Johannes Paul umarmte den Präsidenten, und die Gäste brachen in lang anhaltenden Beifall aus.[77]

An diesem Nachmittag verbrachte Johannes Paul mehrere Stunden in der Vatikan-Botschaft in Washington und diskutierte mit Carters Sicherheitsberater Zbigniew Brzeziński die internationale Lage. Die Besprechung war im offiziellen Zeitplan nicht enthalten gewesen. Als Brzeziński in seiner Antwort auf die Einladung des Papstes erwähnte, es gebe an diesem Wochenendnachmittag einige logistische Probleme mit der Familie, sagte Johannes Paul zu ihm, er solle seine Frau und die Kinder mitbringen. Am Ende ihres Gesprächs meinte Brzeziński, wenn er mit Präsident Carter rede, glaube er manchmal, mit einem religiösen Führer zu sprechen, und wenn er mit Johannes Paul II. spreche, habe er den Eindruck, mit einem Staatsmann zu reden. Der Papst lachte.[78]

Den Vormittag des 7. Oktober, eines Sonntags, verbrachte Johannes Paul in der Catholic University of America und ihrer Umgebung. Vor der Zusammenkunft mit ökumenischen Führern und den Präsidenten katholischer Colleges und Universitäten feierte er im National Shrine of the Immaculate Conception das Morgengebet und sprach zu mehreren tausend Nonnen. Den Papst im Namen der Leadership Conference of Women Religious (LCWR), einer Organisation von Ordensfrauen, die für ihren ausdrücklichen Feminismus bekannt ist, ansprechend, sagte Schwester Teresa Kane RSM, die Präsidentin der LCWR, Frauen müßten zu „allen Ämtern der Kirche zugelassen werden", ein eindeutiger Bezug auf die Ordination von Frauen.[79] Die Atmosphäre in der riesigen Basilika war spannungsgeladen, aber es gab keine einhellige Zustimmung. Einige der Anwesenden hielten Schwester Teresas Rede für mutig, andere betrachteten sie als schlechten Stil. Der Papst hörte zu. Schwester Teresa, die ein Kostüm anhatte, ging zum Papstthron im Altarraum, beugte die Knie und küßte den Ring des Papstes. Dann, als eine kleine Gruppe von Schwestern in schweigendem Protest gegen das, was sie als ihre Entmachtung betrachtete, dastand, hob Johannes Paul die Situation, die sehr häßlich hätte werden können, auf eine ganz andere Ebene und sprach von dem geweihten religiösen Leben von Nonnen als einer Liebesaffäre mit Jesus Christus:

> Zwei Antriebskräfte sind im Ordensleben wirksam: eure Liebe zu Christus – und, in Jesus, zu allen, die zu ihm gehören – und seine Liebe zu euch. (...)
> So braucht also jede von euch eine lebendig pulsierende Liebe zum Herrn, eine tiefe, liebende Verbundenheit mit Christus, eurem Bräutigam. (...)
> Doch von weit größerer Bedeutung als eure Liebe zu Christus ist die Liebe Christi zu euch. Ihr wurdet von ihm gerufen, wurdet Glied seines Leibes, geweiht zu einem Leben nach den evangelischen Räten und von Christus bestimmt, an der Sendung Anteil zu haben, die er der Kirche anvertraut hat: seine eigene Heilssendung. (...)
> In eurem Dienst für die Kirche lebt dann Christus selbst fort, dem ihr euer Leben geweiht habt. (...) Und so muß euer Leben von einer vollkommenen Verfügbarkeit gekennzeichnet sein: von einer Bereitschaft, so zu dienen, wie die Bedürfnisse der Kirche es erfordern, einer Bereitschaft, öffentlich für Christus, den ihr liebt, Zeugnis zu geben.[80]

Obwohl Schwester Teresas Worte ausführliche und begreifliche Medienaufmerksamkeit auf sich zogen, war das ökumenische Treffen des Papstes mit Führern anderer christlicher Gemeinschaften in der Kapelle des Trinity College, gegenüber dem National Shrine, ebenfalls berichtenswert. In seiner Rede betonte Johannes Paul, daß auch Fragen der ehelichen Keuschheit und der öffentlichen Moral, nicht nur Fragen der Lehre, auf der ökumenischen Tagesordnung stehen müßten. „Das sittliche und das Glaubensleben gehören so eng zusammen, daß sie sich unmöglich trennen lassen."[81] Seine Kommentare führten zu einer erheblichen Diskussion in ökumenischen Kreisen, die in der Zukunft mehrmals neu belebt wurde.

Der Papstbesuch in Washington ging am 7. Oktober mit einer Messe für 200000 Menschen vor dem Kapitol zu Ende. Während seine grünen Gewänder in einer frischen Herbstbrise um seinen Körper flatterten, beendete Johannes Paul seine amerikanische Pilgerreise so, wie Thomas Jefferson die Unabhängigkeitserklärung begonnen hatte: mit dem Hinweis auf das unveräußerliche Recht auf Leben: „Es gibt nichts, was die Größe und Würde einer menschlichen Person übertreffen könnte", und daher werde die Kirche „immer, wenn menschliches Leben bedroht ist, unsere Stimme erheben" – durch Abtreibung, Kindesmißbrauch, wirtschaftliche Ungerechtigkeit, jede Form der Ausbeutung und das Alleinlassen der Kranken, Alten und Unbequemen. Dadurch diene die katholische Kirche dem Edelsten in der amerikanischen Tradition. Habe nicht Jefferson selbst geäußert, daß „die Sorge für das menschliche Leben und Glück, aber nicht seine Zerstörung, (...) das eigentliche und einzig legitime Ziel einer guten Regierung" sei? Der erste Papst, der im Schatten des Washington Monument, des Kapitols und des Lincoln Memorial predigte, schloß, indem er „allen Gliedern der katholischen Kirche und der übrigen christlichen Kirchen, allen Männern und Frauen des jüdisch-christlichen Erbes sowie allen Menschen guten Willens, die sich in der gemeinsamen Hingabe für die Verteidigung des Lebens in seiner ganzen Fülle und für die Förderung der Menschenrechte zusammentun", sein Lob aussprach.[82]

Autoritär oder autoritativ?

Über Johannes Pauls amerikanische Pilgerreise wurde in der Presse ausführlich berichtet. Die Schlagzeile auf der Titelseite der *Time* – „Johannes Paul, Superstar" – definierte einen Aspekt dieser bemerkenswerten Woche: die Anziehungskraft des Papstes. Dennoch brachten mehrere Reden des Papstes eine Frage an die Oberfläche, die viele Kommentatoren seit Karol Wojtyłas Wahl beschäftigte: Wie konnte dieser leidenschaftliche und überzeugende Verteidiger der Menschenrechte so „doktrinär" sein in seiner Einstellung zu dem, was sich in den Medien als *die* Themen im römischen Katholizismus der Gegenwart festgesetzt hatte – Geburtenkontrolle, Abtreibung, Scheidung und die Ordination von Frauen? *Time* sprach für viele, als in der Titelgeschichte die Meinung vertreten wurde, die Rede des Papstes vor den Bischöfen habe erneut „die Meinung [bestätigt], daß das Christentum ein System aus festen Überzeugungen ist statt eines Glaubens, der sich an heutige Bedingungen anpassen muß".[83]

Johannes Paul hält dies sicher für eine falsche Dichotomie. Erstens ist das Christentum ganz einfach die Person Jesus Christus. Indem die Kirche Zeugnis für Christus ablegt, paßt sie ihre Darstellung der Grundwahrheiten ihres Glaubens an die Umstände der Zeit und Kultur an, in der sie sich befindet. Die UN-Rede des Papstes ist ein gutes Beispiel für diese Verbindung von Lehre und Kultur. Die unwandelbare biblische Wahrheit über die Würde des Menschen, ins Gespräch mit der modernen Philosophie und politischen Theorie gebracht, hatte eine starke Verteidigung der Menschenrechte und eine neue Form des christlichen Humanismus ergeben.

Aber die Lehre der Kirche ist nicht unendlich formbar. Die Kirche ist die Hüterin eines Systems von Wahrheiten – des „Glaubensgutes", wie es traditionell genannt wird –, und wenn sie diesen Wahrheiten die Schärfe nimmt, hört sie auf, die Kirche zu sein. Mit anderen Worten, es gibt Grenzen. Diese sind an sich wichtig, weil sie aus gewissen Wahrheiten bestehen, und sie sind für die Entwicklung der Lehre wichtig – wenn es keine Grenzen gibt, wie kann man dann wissen, ob eine vorgeschlagene Entwicklung echt christlich ist oder nicht? Andererseits sollte es keine Grenzen für die Nächstenliebe geben, mit der die Kirche die Wahrheiten vorbringt, deren Hüterin sie ist. Die Wahrheit, das hatte der Papst in Chicago zu den Bischöfen gesagt, mußte immer in Liebe vorgebracht werden.

Die Wahrheiten des katholischen Glaubens zu verteidigen sollte nicht „doktrinär" sein, sondern doktrinell seriös. Wenn Johannes Paul diese Wahrheiten als Bischof von Rom äußerte, zwang er dem Katholizismus nicht Karol Wojtyłas persönliche theologische Ansichten auf. Er verlieh der Tradition eine Stimme, deren Diener er war, nicht der Herr. Er war kein autoritärer Mensch. Er war die Stimme einer autoritativen Tradition.

Es war nicht einfach, diese Unterscheidung in einem kulturellen Klima wie dem der Vereinigten Staaten zu begreifen, in dem Lehrunterschiede innerhalb der religiösen Gemeinschaften und zwischen ihnen oft als Angelegenheiten der Wahl des persönlichen Lebensstils betrachtet wurden und nicht als Frage der Wahrheit. Es war noch schwieriger in einer Medienwelt, in der das Sichwinden und Ausweichen der Politiker die *Lingua franca* des öffentlichen Diskurses war und praktisch jede „Position" als verhandelbar galt. Wer den Unterschied zwischen *autoritär* und *autoritativ* nicht begreift, kann jedoch Johannes Pauls Einstellung zu seinem Amt und seiner Verantwortung nicht richtig verstehen.

Unvollendete Angelegenheiten

Drei Wochen nach dem ersten Jahrestag seiner Wahl führte Johannes Paul ein weiteres Experiment in der Regierung der Kirche durch.

Auch wenn das Kardinalskollegium manchmal als eine Art kirchlicher Senat beschrieben wird, war es in den letzten Jahrhunderten nur bei der Wahl eines Papstes als Einheit aufgetreten. Ansonsten hatte sich eine größere Anzahl von Kardinälen nur dann versammelt, wenn das Kollegium neue Mitglieder erhielt. Aber das geschah als Ergebnis päpstlicher Ernennungen und stellte kaum etwas anderes als einen Pro-forma-Rat von Kollegen für den Papst dar. Johannes Paul wollte das Kollegium als Gesamtheit öfter nutzen – eine Idee, die sich offensichtlich unter den Kardinälen bei ihren Zusammenkünften vor den Konklaven von 1978 verbreitet hatte. Das Kardinalskollegium, glaubte er, habe mit dem Papst die besondere päpstliche *sollicitudo omnium ecclesiarum* gemeinsam: die „Sorge um alle Kirchen". Ein Kardinal zu sein war seiner Ansicht nach weniger eine Frage eines persönlichen Privilegs als der gemeinsamen Verantwortung für die gesamte Kirche, mit und unter dem Papst. Daher rief er die Kardinäle für den 5. November 1979 zu einer innovativen „Vollversammlung" zusammen, an der 120 Mitglieder des Kollegiums teilnahmen. Es war das erste Mal seit 400 Jahren, daß das Kardinalskollegium sich zu einem anderen Zweck als zu einer Papstwahl versammelte.

In seiner Eröffnungsansprache sagte Johannes Paul zu den Kardinälen, auch wenn er einige Fragen habe, die er mit ihnen diskutieren wolle, erwarte er, daß sie Themen für zukünftige Diskussionen vorschlügen. Zusätzlich zu dem, was in den Gesprächen während der Sitzungen gesagt würde, seien schriftliche Memoranden und Vorschläge willkommen. Er dachte laut über einige immer wiederkehrende Probleme im Zusammenhang mit der Umsetzung der Änderungen des II. Vatikanischen Konzils nach, die „die wichtigste Aufgabe meines Pontifikates" sei und bleibe. Das richtige Verständnis von Freiheit in der Kirche, die immer „Freiheit *zu*" statt „Freiheit *von*" etwas sei, sei ein Thema. Ebenso die Notwendigkeit, ein Gefühl der „Solidarität" innerhalb einer Kirche wiederherzustellen, die zu oft gespalten sei. Solidarität in der Kirche bedeute auch ein wirksameres Teilen der Ressourcen zwischen der „reichen und freien" Kirche und der „armen und unterdrückten" Kirche. Diese Solidarität solle ihrerseits den Anstoß geben zur Erneuerung der Verkündigung des Evangeliums, die das Konzil fördern wollte. Es sei Zeit, das Gefühl der Leidenschaft und Begeisterung wiederzuerlangen, das ein Zeichen des II. Vatikanums gewesen sei.

Johannes Paul erbat den Rat der Kardinäle zu drei spezifischen Fragen: zur Gesamtstruktur der römischen Kurie, zur Wiederbelebung der Päpstlichen Akademie der Wissenschaften und zum beklagenswerten Zustand der Vatikanfinanzen. Über das dritte, immer delikate Thema sprach der Papst eher indirekt: „die wirtschaftlichen Angelegenheiten des Hl. Stuhls und der Güterverwaltung".[84] Tatsache war, daß der Vatikan seit 1970 einen großen Betriebsverlust zu verzeichnen hatte und daß etwas getan werden mußte, um Ausgaben und Einnahmen auszugleichen.

Zwar wurde keines dieser Probleme, ob klein oder groß, auf der viertägigen Konferenz gelöst, doch es war ein Präzedenzfall der Beratung geschaffen worden. Eine Kardinalskommission wurde eingerichtet, um Empfehlungen bezüglich der Finanzsituation zu erarbeiten.

Fünf Tage später, am 10. November, gedachte die Päpstliche Akademie der Wissenschaften des 100. Geburtstags von Albert Einstein. Johannes Paul bemühte sich bei der Feierstunde (nicht zum ersten Mal), die jahrhundertealte Kluft zwischen Kirche und Naturwissenschaft zu überbrücken. Der Fall Galilei war die symbolische Öffnung dieses Spalts, und Johannes Paul zögerte nicht, „die Größe Galileis" zu loben und anzuerkennen, daß Galilei „von den Männern und Organen der Kirche viel zu leiden" hatte. Der Papst drückte die Hoffnung aus, daß „Theologen, Gelehrte und Historiker, vom Geist ehrlicher Zusammenarbeit beseelt, die Überprüfung des Falles Galilei vertiefen und in aufrichtiger Anerkennung des Unrechtes, von welcher Seite es auch immer gekommen sein mag, das Mißtrauen beseitigen, das dieses Ereignis noch immer in vielen Geistern gegen eine fruchtbare Zusammenarbeit von Glaube und Wissenschaft, von Kirche und Welt hervorruft."[85]

Eine Woche nach der Bekräftigung vor Wissenschaftlern, daß die Wahrheit, egal aus welcher Quelle, die Wahrheit sei, führte Johannes Paul seine Reflexionen über Vernunft und Glaube an seiner römischen Alma mater fort, die jetzt formell Päpstliche Universität des hl. Thomas von Aquin heißt, aber immer noch von allen „das Angelicum" genannt wird. Sein Vortrag behandelte die fortdauernde Bedeutung des Thomas von Aquin, „eines tiefmenschlichen, weil tiefchristlichen Lehrers und weil tiefchristlichen, eben tiefmenschlichen Lehrers", für Philosophie und Theologie.[86] Johannes Paul meinte, die „Offenheit [des Thomas von Aquin] für die Gesamtwirklichkeit in allen ihren Bereichen und Dimensionen" mache ihn besonders wichtig für heutige Studenten, die in einem fragmentierten intellektuellen Klima aufgewachsen seien. Solche Offenheit gegenüber der Realität als Ganzem sei „auch ein typisches Unterscheidungsmerkmal des christlichen Glaubens".[87]

Etwa einen Monat später, am 15. Dezember, tauchte die Frage des Verständnisses der Kirche von der Wahrheit wieder auf, als die Kongregation für die Glaubenslehre mit einem der berühmtesten Dissidenten des Katholizismus, dem Schweizer Theologen und langjährigen Professor für katholische Theologie an der Universität Tübingen Hans Küng, einige Grenzen der Lehre klärte. Gutaussehend und sich verständlich ausdrückend war Küng das erste Beispiel für ein neues Phänomen im katholischen Leben nach dem II. Vatikanischen Konzil – den andersdenkenden Theologen als internationaler Medienstar. Küng hatte wichtige Arbeit geleistet, indem er der katholischen Welt zum Bewußtsein brachte, was später zu Hauptfragen des Konzils werden sollte. Seine Dissertation – die für eine Kompatibilität, wenn nicht sogar Identität, des katholischen Verständnisses von „Rechtfertigung" und der Theologie Karl Barths plädierte, des führenden protestantischen Theologen des Jahrhunderts – war eine Pionierarbeit in ökumenischer Theologie.[88] In den Augen von zumindest einigen seiner Kollegen hatte die Qualität von Küngs intellektuellen Produkten jedoch im Lauf der Jahre nachgelassen.[89] Andere sorgten sich darüber, daß er so sehr zur Medienpersönlichkeit geworden sei, daß seine Vorliebe für provokative Äußerungen seine Fähigkeit verringert habe, zu einer wahrhaft kirchlichen Diskussion innerhalb der Kirche beizutragen.[90] Küng selbst war bewundernswert offen bezüglich seiner Position: Bei bestimmten Themen, unter anderem der Macht der Kirche, aufgrund der päpstlichen Unfehlbarkeit bindende und unabänderliche Lehrdefinitionen zu erlassen, halte er nicht das für wahr, was die katholische Kirche für die Wahrheit hält, und wolle es auch nicht als wahr lehren.

Am 15. Dezember 1979 stimmte die Kongregation für die Glaubenslehre Hans Küng zu: Er lehre nicht das, was die Kirche lehre, und gemäß einer formalen Erklärung der Kongregation könne er daher nicht „als katholischer Theologe gelten". Sein kirchlicher Lehrauftrag als „Professor für katholische Theologie" wurde widerrufen.

Die Küng-Affäre war eine Cause célèbre in der gesamten katholischen Welt, besonders in theologischen Kreisen. Die Medienaufmerksamkeit konzentrierte sich natürlich auf Küngs Anzweiflung der päpstlichen Unfehlbarkeit, die auf dem I. Vatikanischen Konzil definiert worden war. Die entscheidende Frage, schrieben die deutschen Bischöfe zur Verteidigung der Erklärung der Kongregation für die Glaubenslehre, sei das alte Dogma, daß der Heilige Geist die Kirche vor fundamentalen Irrtümern bewahre. Küng bestätige das als allgemeinen Lehrsatz, behaupte aber, wie die Bischöfe es ausdrückten, daß die Kirche „faktische Irrtümer in Glaubensentscheidungen" machen könne, sogar in Fällen, in denen „das kirchliche Lehramt [die Glaubensentscheidungen] als unwiderruflich erlassen hat". Die Kongregation erklärte das für unannehmbar, da es die grundlegende, auf dem Glauben an den Heiligen Geist beruhende christliche Überzeugung in Frage stelle, die Kirche lebe in einer Wahrheit, die sie autoritativ formulieren könne. Die deutschen Bischöfe, die man insgesamt kaum des theologischen Obskurantismus beschuldigen konnte, stimmten dem zu.[91]

Hans Küng wurde weder exkommuniziert noch seines Priesteramtes enthoben. Er lehrte weiterhin in Tübingen, aber nicht als „Professor für katholische Theologie". Mit der Zeit verblaßte seine Prominenz in den internationalen Medien. Da er kein offiziell approbierter katholischer Theologe mehr war, war seine fortdauernde Abweichung von der Lehre der Kirche von geringerem Interesse.[92]

Am selben Tag, als die Kongregation ihre Erklärung veröffentlichte, fuhr Johannes Paul II. zur Piazza della Pilotta in der Nähe des Pantheons, um mit den Lehrkräften und Studenten der Päpstlichen Gregorianischen Universität, die 1551 von Ignatius von Loyola gegründet worden war, in deren neuem Gebäude zusammenzutreffen.[93] Johannes Pauls Thema war der besondere Beitrag der Theologie zum prophetischen Auftrag der Kirche, ihrem Zeugnis für die Wahrheit über den Menschen.

Er begann mit einem Lob der Gründungsgenerationen von Jesuiten-Gelehrten, die „Verbündete" für die Theologie unter den anderen Wissenschaften und Fächern und auch den Künsten gesucht hätten. Die Naturwissenschaften hätten sich immer mehr spezialisiert, aber trotzdem „bleibt auch heute die grundlegende Forderung gültig, all jene Fortschritte der Wissenschaft zu berücksichtigen, die den Menschen und seinen Lebensraum betreffen".

Die zeitgenössische Theologie finde weiterhin Verbündete in anderen intellektuellen Disziplinen, einschließlich der Philosophie. Die heutige Theologie benötige einen Dialog mit der modernen Philosophie, nicht nur mit den großen philosophischen Meistern und Systemen der Vergangenheit. „Habt keine Angst!", sagte Johannes Paul in bezug auf die „großen Strömungen des zeitgenössischen Denkens". Alles, was unser Verständnis der „vollen und ganzen Wahrheit" über die menschliche Welt vertiefe, vertiefe unser Verständnis Christi, des Erlösers dieser Welt. Sicher könne die Theologie nicht mit jeder zeitgenössischen Philosophie zusammenarbeiten. Manche seien „so armselig oder in sich verschlossen", daß ein echter Dialog unmöglich sei. Die heutigen Theologen müßten die Prüfung anwenden, die der hl. Paulus vor 2000 Jahren den Thessalonichern empfohlen hatte: „Prüft alles und behaltet das Gute!" (1. Thessalonicher 5,21).

Theologie sei kein religiöses Studium, fuhr Johannes Paul fort, das außerhalb der Kirche stehe wie ein neutraler Beobachter, der eine Probe untersuche. Theologie sei eine „kirchliche Wissenschaft", die „in der Kirche wächst und auf die Kirche einwirkt". Deshalb müsse ihr Wachstum, das sicherlich Kritik und

Erkennen einbeziehe, auf einer „verantwortlichen Aufnahme des Patrimoniums" der christlichen Weisheit beruhen. Eine gute theologische Ausbildung beginne nicht mit einer kritischen Demontage der Tradition, sondern mit ihrem Kennenlernen.

Theologie habe auch mit Heiligkeit zu tun. Echte Theologie sei eine Begegnung mit Christus, und echte theologische Lehre sei eine Möglichkeit, „den jungen Leuten eine lebendige Erfahrung von ihm zu vermitteln". Theologie existiere nicht für sich selbst, sondern für die Kirche und die Heranbildung von Christen. Von den Professoren werde „eine mutige und offene Suche nach der Wahrheit verlangt, frei von jedem Vorurteil und jeder Parteilichkeit". Es seien die „Vorzüge der Wahrheit", habe der hl. Thomas von Aquin geschrieben, nicht ihre eigenen Vorzüge, die Theologen lieben sollten.[94]

Weniger als zwei Wochen später, am 28. Dezember, ernannte Johannes Paul Pater Carlo Maria Martini SJ, den Rektor der Gregorianischen Universität, zum Erzbischof von Mailand, der vielleicht angesehensten Position in der italienischen Hierarchie. Im Gefolge der Küng-Affäre hatte es Gerüchte gegeben über einen Krieg des Papstes gegen Theologen. Johannes Pauls Rede an der Gregoriana und die Ernennung Martinis, eines international anerkannten Bibelgelehrten, der eine der aufregendsten theologischen Fakultäten der Kirche geleitet hatte, hätten zeigen sollen, daß solche Befürchtungen übertrieben waren.

Petrus und Andreas

Kurz nach seiner Wahl rief Johannes Paul II. den Präsidenten des Päpstlichen Rats zur Förderung der Einheit der Christen, Kardinal Jan Willebrands, an und trug ihm auf, einen Papstbesuch beim Ökumenischen Patriarchen Dimitrios I. in dessen altem Bistum Konstantinopel zu organisieren.[95] Seit dem II. Vatikanischen Konzil ist es Brauch, daß sich römisch-katholische und orthodoxe Delegationen gegenseitig an den Patronatsfesten der Bistümer Rom und Konstantinopel (heute Istanbul) besuchen: am 29. Juni, dem Fest der hll. Petrus und Paulus, für die Römer und am 30. November, dem Fest des hl. Apostels Andreas, des Bruders des Petrus, für die Orthodoxen. Auf Johannes Pauls Initiative wurde vereinbart, daß er Ende November 1979 eine ökumenische Pilgerreise machen würde, um Patriarch Dimitrios zu besuchen.

Als Johannes Paul zum Papst gewählt wurde, wurde seine ökumenische Einstellung in manchen Kreisen angezweifelt. Sein erstes Amtsjahr räumte derartige Bedenken schnell aus. Auf Insistieren des Papstes wurden ökumenische Begegnungen und Gebetsgottesdienste zum normalen Bestandteil seiner Weltreisen. *Redemptor hominis* hatte die ökumenische Verpflichtung des II. Vatikanischen Konzils bekräftigt. Erzbischof Meliton von Chalkedon, der Patriarch Dimitrios I. vertrat, wurde zu den Feierlichkeiten für Petrus und Paulus am 29. Juni in Rom herzlich empfangen. Mit seinem kurzen Besuch bei Dimitrios gab Johannes Paul II. dem römisch-katholischen Ökumenismus eine entschieden östliche Richtung.

Der polnische Papst war im Grenzgebiet zwischen römischem Katholizismus und Orthodoxie aufgewachsen. Er hatte das alte Kirchen-Slawisch studiert, die traditionelle liturgische Sprache der slawischen orthodoxen Welt und Grundlage vieler moderner slawischer Sprachen. Im Gegensatz zu anderen polnischen Geistlichen hatte er eine große Achtung und Zuneigung zum östlichen Christentum, zu seinen unverwechselbaren liturgischen Formen und seiner einzigartigen Spiritualität entwickelt. Für ihn bildete Europa eine kulturelle Einheit, und häufig benutzte er das Bild von Europa als einem Körper mit zwei Lungen, dem Osten und dem Westen. Und mit „Ost" und „West" meinte er zwei verschiedene Ausdrücke der gleichen Kultur, nicht zwei getrennte politische Lager.

Stärker als einige seiner Mitarbeiter und viele seiner orthodoxen Gesprächspartner spürte er die Notwendigkeit, etwas hinsichtlich der Trennung zwischen dem Katholizismus und seinen orthodoxen Schwesterkirchen zu tun. Sein Pontifikat fand an der Schwelle zum dritten Jahrtausend der christlichen Geschichte statt. Das erste Jahrtausend, in dem große Fragen der christlichen Lehre vom Osten und Westen gemeinsam gelöst worden waren, war eine Zeit christlicher Einheit gewesen. Das zweite Jahrtausend war das Millennium der Spaltung: Ost und West hatten sich 1054 getrennt, und die westliche Christenheit hatte sich im 16. Jahrhundert aufgespalten. Konnte vielleicht zumindest eine dieser Trennungen, der ursprüngliche Bruch zwischen Konstantinopel und Rom, an der Schwelle zum dritten Jahrtausend beseitigt werden?

Während seines gesamten Pontifikats blieb dies Johannes Pauls große Hoffnung. Sie brachte ihm persönliches Leid, Beleidigungen und Vorwürfe der Naivität und des Verrats von Mitgliedern seiner eigenen Gemeinschaft, die kein Interesse an einem „Dialog der Liebe" mit den orthodoxen Kirchen hatten, deren Führer während der kommunistischen Ära in Rußland und anderswo zu ihren Verfolgern gehört hatten. Kein noch so großer Widerstand konnte ihn von der Ansicht abbringen, daß er die Verpflichtung habe, die Kluft zwischen Rom und dem Osten zu überbrücken.

Er begann die aktive Verfolgung dieses großen Ziels am 28. November 1979, als er zu diplomatischen Formalitäten, die laut der türkischen Regierung vor seiner Begegnung mit Dimitrios notwendig waren, nach Ankara reiste. Am Morgen des 29. November flog er nach Istanbul weiter, wo er am Flughafen vom Ökumenischen Patriarchen begrüßt wurde. Die beiden Kirchenmänner umarmten sich sofort, und der Papst konnte ein breites Lächeln der Zufriedenheit nicht unterdrücken. Im Phanar, dem Sitz des Ökumenischen Patriarchen, erinnerte Johannes Paul seine Zuhörer daran, daß trotz großen Lehrstreits „diese beiden Schwesterkirchen (...) ein Jahrtausend lang miteinander wachsen und ihre großen, lebendigen Überlieferungen ausformen" konnten. „Im gemeinsamen apostolischen Glauben" würden sie sich jetzt treffen, „um miteinander auf diese volle Einheit zuzugehen, die traurige geschichtliche Umstände (...) verletzt haben".[96] Patriarch Dimitrios I. erwiderte, ihre Begegnung sei „für Gottes Zukunft vorgesehen – eine Zukunft, in der es wieder volle Einheit, gemeinsame Beichte, volle Gemeinschaft in der göttlichen Eucharistie geben wird".[97]

Nach einer Begegnung mit armenischen Katholiken und Orthodoxen konzelebrierte Johannes Paul eine Messe in der katholischen Heilig-Geist-Kirche in Istanbul. Neben anderen christlichen Führern waren Patriarch Dimitrios und sein Synod anwesend. Die Kontakte der letzten Jahre, sagte der Papst in seiner Predigt, „haben zur Wiederentdeckung der Brüderlichkeit zwischen unseren beiden Kirchen und der Tatsache einer wenn auch noch nicht vollkommenen Gemeinschaft zwischen ihnen geführt". Morgen, wenn er an den Feierlichkeiten zum Fest des hl. Andreas in der Kirche des Ökumenischen Patriarchen teilnehme, werden wir „nicht konzelebrieren können". Aber die Gemeinschaft im Gebet „wird uns zur vollen Gemeinschaft in der Eucharistie führen. Ich wage zu hoffen, daß dieser Tag nicht mehr fern ist. Persönlich wünschte ich, daß er schon ganz nahe sei."[98]

Nach der Feier der Liturgie für das Fest des hl. Andreas durch den Patriarchen am nächsten Tag bekräftigte Johannes Paul seine Überzeugung, daß „die Wiederherstellung der vollen Gemeinschaft mit der orthodoxen Kirche eine entscheidende Etappe für die ganze ökumenische Bewegung ist". Wäre es am Ende des zweiten Jahrtausends nicht „an der Zeit, unseren Weg zur vollen Versöhnung zu beschleunigen?"[99] Patriarch Dimitrios antwortete mit einem Lob für Johannes Pauls „Talent für Freiheit" und mit der Ankündigung der konkreten Umsetzung seiner Gespräche mit dem Papst: der Eröffnung eines formellen theologischen Dialogs zwischen dem Katholizismus und der Orthodoxie auf internationaler Ebene.[100]

Johannes Paul flog an diesem Abend nach Rom zurück, „voll starker Empfindungen", wie er am Flughafen in Rom sagte.[101] Der Nachfolger des Petrus hatte bei der Liturgie im lateinischen Ritus für das Fest des hl. Andreas gemeinsam mit dem Nachfolger des Andreas den Abschlußsegen erteilt. Der Bischof von Rom hatte bei der orthodoxen Liturgie für dasselbe Fest am folgenden Tag mit dem Ökumenischen Patriarchen den Friedenskuß ausgetauscht. Es war keine volle Gemeinschaft, und der Kommentar des Patriarchen über die volle Gemeinschaft, die in „Gottes Zukunft" sei, konnte unterschiedlich interpretiert werden. Johannes Paul dagegen hatte vollkommen klar gemacht, daß er eine volle Gemeinschaft anstrebte – lieber früher als später.

DAS SCHATTENREICH

Die Männer im Kreml interessierten sich vermutlich nicht sonderlich für Johannes Pauls Ansichten über die theologischen Kontroversen zwischen Katholiken und orthodoxen Christen oder für seine einfallsreichen Bemühungen, die Grundlagen der katholischen Sexualethik zu erneuern. Sein Einfluß auf die Weltangelegenheiten – vor allem in Stalins Machtbereich, der Sowjetunion und den Ländern des Warschauer Pakts – interessierte sie jedoch sehr, und sie waren darüber äußerst beunruhigt. Ein offizieller sowjetischer Bericht beklagte sich darüber, daß der Vatikan begonnen habe, die Religion als Waffe im ideologischen Kampf gegen sowjetische Länder einzusetzen – was offensichtlich als „aggressivere" Einstellung zu den Beziehungen zwischen der Kirche und den Herren der kommunistischen Regierungen angesehen wurde.[102]

Es mußte etwas geschehen. Am 13. November 1979 verabschiedete das Sekretariat des Zentralkomitees einen „Beschluß über Maßnahmen gegen die Taktiken des Vatikans in bezug auf die sozialistischen Staaten". Das Dokument war von einer Gruppe geschrieben worden, zu der auch der stellvertretende KGB-Chef Viktor Tschebrikow gehörte. Unter denen, die diesen Aktionsplan genehmigten, befanden sich Michail Suslow, Hüter der Flamme der kommunistischen Ideologie, und zwei Männer, die schließlich Generalsekretäre der kommunistischen Partei (und damit Führer der Sowjetunion) wurden: Konstantin Tschernenko und Michail Gorbatschow.

Die geplante Gegenoffensive hatte sechs Komponenten. Die erste betraf die Mobilisierung der kommunistischen Parteien in den sowjetischen „Republiken" mit großer katholischer Bevölkerung – Litauen, Lettland, Weißrußland und der Ukraine – sowie des Staatsfernsehens, der Sowjetischen Akademie der Wissenschaften, der Nachrichtenagentur TASS und „anderer staatlicher Organisationen" zum Propagandaeinsatz „gegen die Taktiken des Vatikans". In der Zwischenzeit sollten die kommunistischen Parteien in Westeuropa und Lateinamerika so viele Informationen wie möglich über den von Johannes Paul inspirierten lokalen katholischen Aktivismus beschaffen, während sie gleichzeitig ihre eigenen Propaganda-Kampagnen gegen den Vatikan durchführten. Die katholische Friedensbewegung, die in Nordamerika und Westeuropa zahlreiche Anhänger hatte, war das dritte Ziel: Das Außenministerium sollte „mit den in der Friedensarbeit engagierten Gruppen der katholischen Kirche Verbindung aufnehmen", um ihnen „die dem Weltfrieden dienende Politik der Sowjetunion zu erläutern".

Der vierte Punkt des Aktionsplans war ominös, sowohl in der Zweideutigkeit des Ziels als auch in der Wahl des ausführenden Organs. Neben dem Außenministerium wurde dem KGB befohlen, „den Kampf gegen die neue Osteuropapolitik des Vatikans zu verstärken". Der KGB erhielt im fünften Punkt weitere Anweisungen: Durch besondere Kanäle im Westen und die Publikationen, die er innerhalb des kommunistischen Blocks kontrollierte, sollte der KGB aufzeigen, daß der neue Papst für die katholische Kirche eine Gefahr darstellte. Die Sowjetische Akademie der Wissenschaften sollte die Kirchenaktivitäten in der ganzen Welt aufmerksam verfolgen.[103]

Zwei Wochen nach der Genehmigung dieser faktischen Kriegserklärung gegen Johannes Paul II. durch die höchsten Ebenen des Sowjetstaates schickte ein junger türkischer Terrorist, der kurz zuvor aus dem Gefängnis entflohen war – Mehmet Ali Agca –, einen Brief an die türkische Zeitung *Milliyet*. Er fühle sich tief gekränkt durch die bevorstehende Pilgerreise des Papstes in die Türkei, eine List „westlicher Imperialisten", um den „Anführer der Kreuzzüge" gegen die „Türkei und ihre islamischen Brudernationen" einzusetzen. „Wird dieser Besuch (...) nicht abgesagt", schloß Agca, „dann werde ich den Papst umbringen. Dies ist der einzige Grund für meine Flucht aus dem Gefängnis. (...)."[104]

Das Schattenreich, von dem das Pontifikat Johannes Pauls II. umgeben war, bevölkerte sich immer mehr.

11

Petrus unter uns

Der universelle Hirte als apostolischer Zeuge

16. Oktober 1979	Das nachsynodale Apostolische Schreiben *Catechesi tradendae* vollendet die Arbeit der Bischofssynode von 1977.
14.–31. Januar 1980	Partikular-Bischofssynode für Holland.
24. Februar 1980	Johannes Pauls Apostolisches Schreiben *Dominicae cenae* über die Eucharistie.
24.–27. März 1980	Die Sondersynode der griechisch-katholischen Bischöfe der Ukraine versammelt sich in Rom.
5. April 1980	Die polnische Monatsausgabe des *Osservatore Romano* wird eingeführt.
1. Mai 1980	Johannes Paul II. schreibt an die Kirche in Ungarn und fordert einen energischeren Katholizismus.
2.–12. Mai 1980	Johannes Pauls erste Pilgerreise nach Afrika.
30. Mai–2. Juni 1980	Erster Pastoralbesuch des Papstes in Frankreich.
2. Juni 1980	Johannes Paul hält auf der 109. Versammlung des Exekutivrats der UNESCO eine Rede.
30. Juni–12. Juli 1980	Johannes Pauls erste Pilgerreise nach Brasilien.
16.–19. August 1980	Erstes Seminar für Physiker in Castel Gandolfo.
1. September 1980	Johannes Paul betont in einem Brief an die 2. KSZE-Folgekonferenz in Madrid den Vorrang der Religionsfreiheit.
26. September–25. Oktober 1980	Die internationale Bischofssynode berät über die christliche Familie in der heutigen Welt; Johannes Paul beendet die Arbeit der Synode mit dem nachsynodalen Apostolischen Schreiben *Familiaris consortio* vom 21. November 1981.
15.–19. November 1980	Johannes Pauls erster Pastoralbesuch in Westdeutschland.
30. November 1980	Johannes Pauls zweite Enzyklika, *Dives in misericordia*.
31. Januar 1981	Johannes Paul ernennt Jean-Marie Lustiger zum Erzbischof von Paris.
16.–27. Februar 1981	Johannes Pauls erste Pilgerreise nach Asien.

Im November 1980 flog der Alitalia-Jet nach Norden über die Alpen Richtung Köln. Beim Eintritt in den deutschen Luftraum wurde das Flugzeug Johannes Pauls II. von einer Kampfflieger-Eskorte der Luftwaffe begleitet – das war vielleicht das erste Mal seit der Zeit, als Karol Wojtyła in Krakau den Bomben und auf der Flüchtlingsroute nach Tarnów dem Beschuß durch die deutsche Luftwaffe entkommen war, daß er Flugzeuge mit dem schwarzen Ritterkreuz sah. Vor diesem ersten Pastoralbesuch in Westdeutschland hatten viele Polen gesagt, es sei für jeden Polen, selbst für diesen, unmöglich, deutschen Boden zu küssen. Die Erinnerungen an die Vergangenheit waren schon stark genug, aber es gab auch frische Spannungen. Nicht wenige deutsche Katholiken bekannten Gleichgültigkeit gegenüber dem Besuch eines Papstes, den sie als Reaktionär betrachteten. Andere, auch führende Theologen, zeigten offen ihre Gegnerschaft. Die Protestanten waren nicht sonderlich begeistert, und radikale Studenten hatten überall in Köln an die Wände gekritzelt: „Papstbesuch? Nein danke!"

Nach der Landung ging Johannes Paul im strömenden Regen die offene Gangway hinab, kniete nieder und küßte den Boden Deutschlands.

Das Interesse schien stärker zu sein, als die Leute den Meinungsforschern erzählt hatten. Das westdeutsche Fernsehen, das die Ereignisse des Papstbesuchs fünf Tage lang jeweils bis zu acht Stunden übertrug, sagte, die Zuschauerzahl habe alle Rekorde gebrochen. Die Kameras zeigten häufig das Gesicht des Papstes in Nahaufnahme, und was die Deutschen sahen, war nicht das, was viele erwartet hatten. Das war kein Mann, der sich auf autoritäre Art durchsetzte. Selbst während der langdauernden Messe war sein Gesicht nicht das von jemandem, der eine öffentliche Zeremonie leitete. Es war das Gesicht eines Mannes, der im Gebet versunken war und in einer Dimension der Erfahrung lebte, die Worte überstieg. Was die Deutschen auch erwartet haben mochten – was sie sahen und wovon sie fasziniert waren, war das Gesicht eines Mystikers.

Sie hatten auch nicht mit seinem Humor gerechnet. Als Schulkinder auf dem Kölner Flughafen von einer Terrasse herab im Sprechchor riefen: *„Amo te! Amo te!"*, fragte er gutgelaunt: „Ist das alles, was ihr auf lateinisch kennt?" Während einer Predigt in Köln brach die Gemeinde nach besonders effektvollen Ausführungen, die er mit einem Zitat des hl. Paulus abschloß, in Beifall aus; der Papst erwiderte: „Ich danke euch im Namen des hl. Paulus." Was immer dieser Mann war, begannen die Leute zu denken, er war kein kirchlicher Zuchtmeister. Zuchtmeister verhielten sich nicht so.

Als engstirniger, autoritärer Mann hätte er nicht zu den Führern der evangelischen Kirche, Hütern des deutschen Luthertums, gesagt, er sei als „Pilger" zu den „geistlichen Erben Martin Luthers" gekommen, und: „Alle haben gesündigt", als die Bande der christlichen Einheit zerbrochen wurden. Ein Reaktionär, und dazu noch ein polnischer Reaktionär, hätte nicht die Schuld der Christen gegenüber den Kindern Abrahams anerkannt, als er zu den Führern der westdeutschen Juden sagte, niemand könne sich Christus nähern, ohne dem Judentum zu begegnen. Und was machten die „antibürgerlichen" Radikalen mit seiner Äußerung bei einer Begegnung mit alten Leuten, die er als einen „Schatz" beschrieb, der zeige, daß „der Sinn des Lebens nicht nur in Geldverdienen und -ausgeben bestehen kann"?

Viele deutsche Theologen waren nicht überzeugt, doch einige weltliche Dissidenten waren leicht erschüttert. Der bayerische Vorsitzende des Club Voltaire sagte gegenüber einem Korrespondenten von Radio Free Europe, Johannes Paul kompliziere die Vorstellung von abweichender Meinung. „Ich wünschte, dieser Papst wäre als Person weniger liebenswert und nobel. Sein Charisma erschwert unseren Dialog." Andere waren nicht so höflich. Ein Holländer ging als Satan verkleidet herum und trug ein Schild, auf dem er die Frage stellte, warum der Papst – der 16 Stunden am Tag arbeitete – keine körperliche Arbeit aufnehme. Ein junges Mädchen, angezogen wie Jeanne d'Arc und mit einer Schlinge um den Hals, erzählte allen, es sei Feministin, und „die Kirche, Feindin der Frauen, möchte uns alle gerne auf dem Scheiterhaufen verbrennen". In Osnabrück schrie ein Dissident, der Priester war, ständig durch ein Megaphon: „Schöne Worte, Medaillen und Rosenkränze sind nicht genug!" Dennoch bildeten sich während der gesamten Pilgerreise trotz des schlechten Wetters immer wieder große Menschenmengen. Niemand, am wenigsten Johannes Paul II. selbst, meinte, er beende die Krise des Katholizismus in Deutschland oder die Krise der deutschen Kultur. Aber er berührte etwas in der deutschen Seele.

Innerhalb von 110 Stunden reiste der Papst fast 3000 Kilometer durch Westdeutschland, feierte sieben Messen, hielt 24 längere Ansprachen und redete zu Millionen live und zu weiteren Millionen im Fernsehen. Der für den polnischen Papst vielleicht denkwürdigste Moment auf deutschem Boden kam vor dem Schloß Augustusburg in Brühl. Nach einer Begegnung mit öffentlichen Würdenträgern wurde Johannes Paul von Bundespräsident Karl Carstens und Bundeskanzler Helmut Schmidt zu dem von Fackeln erleuchteten Hof geleitet. Eine Militärkapelle, in Mänteln und mit dem unverkennbaren deutschen Militärhelm – für Polen aus Johannes Pauls Generation ein vertrauter Anblick –, flankierte einen roten Teppich, an dessen Rand Vasen mit gelben Chrysanthemen standen. Nachdem die Kapelle mehrere französische, italienische und englische Marschlieder gespielt hatte, ging sie zur „Dąbrowski Mazurka" über, der polnischen Nationalhymne, die mit den Worten beginnt: „Noch ist Polen nicht verloren."

Johannes Paul II., der auf dem Teppich zu dem für ihn bereitgestellten Mercedes ging, hielt kurz an und sagte leise, wobei seine Stimme stockte, auf polnisch zu seinen Begleitern: „Welch ein Augenblick. Es ist noch nicht verloren! Tatsächlich nicht."[1]

PETRUS UND DIE APOSTEL

Im zweiten Jahr seines Pontifikats war Johannes Paul II. neben der Neudefinierung der Rolle des Papsttums in der Welt der politischen Macht damit beschäftigt, zu klären, wieso der Papst unter den Bischöfen der Kirche „Petrus" ist.

Das *Annuario Pontificio* von 1979, das dicke, roteingebundene Jahrbuch des Vatikans, beschrieb den 22. Oktober 1978 als „feierliche Einsetzung" Johannes

Pauls in sein „Amt als universeller Hirte der Kirche". Einige Kritiker ärgerten sich über den Titel – bedeutete er, daß die Kirche nur einen Hirten hat, den Papst, und die Bischöfe stellvertretende Hirten oder Leiter lokaler Niederlassungen sind? Die ersten Amtsjahre Johannes Pauls II. zeigten, daß er die Verantwortung, „universeller Hirte" zu sein, durch die Linse von Lukas 22,32 sah, Christi Aufforderung an Petrus, „stärke deine Brüder". Nach Johannes Pauls Meinung mußte diese Aufforderung evangelisch und wörtlich interpretiert werden. Der Papst hatte vor Christus die Pflicht, für das Kirchenvolk dazusein, wo immer es sich auch befand. Das bedeutete am Ende des 20. Jahrhunderts die traditionelle päpstliche *sollicitudo omnium ecclesiarum*, die „Sorge [des Papstes] für alle Kirchen". Mit dieser „Sorge" war auf keinen Fall gemeint, daß der Papst Vorstandsvorsitzender der „Römisch-Katholische Kirche AG" war, mit den Bischöfen als Leitern der Tochtergesellschaften.

Für die Beziehung zwischen dem Bischof von Rom und dem Bischofskollegium gibt es auf der ganzen Welt keine passende organisatorische Analogie. Das amerikanische Regierungsmodell – eine Führungsperson (Papst) mit einer gesetzgebenden Körperschaft (Bischofssynode oder -kollegium) – paßt nicht; auch nicht das britische Modell: ein Premierminister (Papst) mit einem Parlament (Bischofssynode oder -kollegium oder ökumenischer Rat, die regelmäßig zusammenkommen). Das Unternehmensmodell – Unternehmensleiter (Papst) und untere Führungskräfte (Bischöfe) ist völlig unmöglich, genauso wie das Modell der kollektiven Führung, das von einigen autoritären Regimes vorgezogen wird: Der *Primus inter pares* (Papst) kann ohne Autorisierung durch den Rest des Politbüros oder der Junta (Bischöfe) nicht handeln. Keine dieser Analogien wirft viel Licht auf die subtile, komplexe Lehre des II. Vatikanischen Konzils über die Beziehung zwischen dem päpstlichen Primat und der kollegialen Verantwortung der Bischöfe für die Regierung der Kirche – die Christus laut dem Konzil *gemeinsam* gewollt hat.

Das Konzil hatte gelehrt, daß der Papst und die Bischöfe in Gemeinschaft mit ihm die Verantwortung für die gesamte Kirche teilen, wenn auch das Bischofskollegium diese Autorität ohne sein Haupt, den Bischof von Rom, nicht ausüben kann. Der Papst muß als Bischof von Rom „für alle Kirchen Sorge" tragen. Die Bischöfe müssen, weil sie eine Gemeinschaft mit dem Bischof von Rom bilden, für die universelle Kirche Sorge tragen, über die Grenzen ihrer lokalen Jurisdiktion hinaus. Weil die Kirche keine politische Gemeinschaft ist, sind Primat und Kollegialität kein Nullsummenspiel, bei dem der Primat schwächer wird, wenn die Kollegialität stärker wird. Außerdem ist die Bedeutung von Primat, Kollegialität und ihrer Beziehung zueinander ein Gebiet, auf dem Spannungen und Anpassungen das Leben der Kirche bis ans Ende der Zeiten kennzeichnen werden.

Der theologische Ausdruck, den das Konzil benutzte, um das Wesen der Kirche zu beschreiben, war *communio*, das etwas unzulänglich mit „Gemeinschaft" übersetzt werden kann. Die Kirche hat viele andere Merkmale: Sie hat exekutive Funktionen, sie kann Gesetze erlassen, und sie kann Gerichtsverfahren durchführen. In ihrem Wesen ist die Kirche aber eine *communio*, eine Gemeinschaft von Brüdern und Schwestern in Christus, deren Beziehung zueinander von jeder anderen Beziehung in ihrem Leben verschieden ist, weil sie auf Christus gegründet ist, den Sohn Gottes und Erlöser der Welt, und durch die Sakramente gelebt wird. Ehemänner und Ehefrauen, Eltern und Kinder, Pfarrer und das Volk, geweihte Ordensleute und ihre Gemeinschaften – alle leben diese *communio* der Kirche auf unterschiedliche Weise.

Die Art, wie der Papst und die Bischöfe sie in ihrer Beziehung zueinander leben sollten, wurde "Kollegialität" genannt. Die Theorie zumindest war ziemlich klar: Die Bischöfe, Nachfolger der Apostel, bildeten ein „Kollegium oder einen festen Kreis" mit Petrus als ihrem Leiter. Christus wollte das Kollegium und die Leitung als Komponenten der unveränderlichen Struktur der Kirche.[2] Beide hatten auf verschiedene Art Verantwortung „für alle Kirchen". Die Frage war, wie die Kollegialität in der Praxis funktionieren sollte.

Anders als viele Bischöfe, die am II. Vatikanischen Konzil teilnahmen, hatte die polnische Hierarchie seit dem Zweiten Weltkrieg eine echte Erfahrung der Kollegialität. Es war angesichts der politischen Realität und der unangefochtenen Autorität des Primas Kardinal Wyszyński eine einzigartige Erfahrung. Die polnischen Bischöfe hatten eine Bischofskonferenz, die einmal im Jahr tagte, ein Koordinationskomitee, das zwischen den Versammlungen des gesamten Episkopats Entscheidungen treffen konnte, und ein Stabssekretariat zu einer Zeit, als Bischöfe in anderen Ländern von so etwas nicht einmal träumten. Innerhalb der Konferenz gab es die echte Delegation von Vollmacht über bestimmte Gebiete, die für die Bischöfe wichtig waren (Jugendarbeit, Studenten- und Familienseelsorge usw.); es gab gemeinsame Erfahrungen, und es gab wirkliche Debatten. Wenn die Diskusionen, die immer hinter verschlossenen Türen stattfanden, beendet waren, bestand echte Einigkeit.

Das war die Erfahrung von Kollegialität, die Karol Wojtyła in das päpstliche Amt mitbrachte. Bischöfe arbeiteten zusammen, debattierten über Probleme und Strategien und trafen Entscheidungen – und unterstützten sich gegenseitig, wenn die Entscheidungen gefallen waren. Es war eine Kollegialität, die die Bischöfe, den Primas und die *communio* der gesamten Ortskirche stärkte. Eine der Pflichten als „universeller Hirte" bestand nach Johannes Pauls Ansicht darin, diese Art der Kollegialität in anderen nationalen Episkopaten sowie zwischen dem Weltepiskopat und dem Heiligen Stuhl zu fördern.

Daran arbeitete er unermüdlich mehr als 20 Jahre lang. Die Ergebnisse waren gemischt, aber nicht aus Mangel an Willen oder Mühen auf seiner Seite.

Kollegialität und Krisenmanagement

Im Januar 1980 versuchte Johannes Paul eine kollegiale Lösung der Probleme einer der zerstrittensten Ortskirchen im nachkonziliaren Katholizismus, der Kirche in den Niederlanden, herbeizuführen.

Der holländische Katholizismus vor dem Zweiten Weltkrieg war einer der vitalsten auf der Welt. Die Erfahrung der Besetzung durch die Nazis hatte holländische Katholiken und Protestanten, die sich lange Zeit feindselig gegenübergestanden hatten, dazu gezwungen, voneinander nur als Holländer, „ohne

Zusatz", zu denken, was viele alte Vorurteile beseitigte. In manchen Fällen schwächte das aber auch das Gefühl der katholischen Holländer für die Identifizierung mit der institutionellen Kirche.

Dann kam das II. Vatikanum. Die holländischen Bischöfe nahmen an den Diskussionen des Konzils intensiv teil und waren begierig, die konziliaren Reformen zu fördern, als sie 1965 nach Hause zurückkehrten. Doch die holländische Art der Umsetzung der Konzilsbeschlüsse war das Gegenteil von dem, was Karol Wojtyła in Krakau gefördert hatte: Sofort wurden auf allen Ebenen der Kirche Entscheidungsgremien eingeführt, und Entscheidungen über die Umsetzung des Konzils wurden häufig von Leuten getroffen, die bei all ihrem guten Willen nicht die Gelegenheit gehabt hatten, die Lehren des II. Vatikanischen Konzils in ihrer Gesamtheit zu verinnerlichen. Ferner fand diese fast sofortige Umsetzung Mitte und Ende der 60er Jahre statt, in einer Zeit kultureller Umwälzungen, die die Niederlande mit besonderer Stärke trafen.

Folglich begannen in den früher bedächtigen Niederlanden einige der radikalsten liturgischen Experimente. Ein neuer „holländischer Katechismus" wurde von der Kongregation für die Glaubenslehre in Rom als ungeeignet eingestuft. Ende 1970 und Anfang 1972 führte die Ernennung von zwei neuen Bischöfen, die den vorherrschenden liberalisierenden Trends kritisch gegenüberstanden, zu weiteren Rissen in einer völlig polarisierten Ortskirche sowie zwischen den holländischen katholischen Führern und Rom. Gleichzeitig mit der Radikalisierung und Polarisierung hatten sich während der nachkonziliaren Kämpfe die Kirchen in den Niederlanden rasch geleert. Dennoch waren religiöse Fragen für viele Holländer von großem Interesse, und sie diskutierten sie leidenschaftlich in der Presse.

1975 wurde Kardinal Jan Willebrands, Präsident des Päpstlichen Rates zur Förderung der Einheit der Christen, auf Veranlassung Pauls VI. Primas der Niederlande, um die Risse zwischen den Splittergruppen und zwischen dem holländischen Katholizismus und Rom zu schließen. Zwischen seinen Verantwortungen im Vatikan und seinen Aufgaben als Primas in Utrecht hin- und herpendelnd erreichte Willebrands jedoch nicht viel. Beim Tode Pauls VI. waren die holländische Kirche und ihr Episkopat tief gespalten. Manche befürchteten sogar ein Schisma – einen formalen Bruch mit Rom.

Im Frühherbst 1979 wohnte Johannes Paul II. im Torre Giovanni, einem Turm aus dem 9. Jahrhundert in den Vatikanischen Gärten, der als Gästehaus fungierte, während seine Wohnung im Apostolischen Palast renoviert wurde. Eines Abends berief er dorthin eine Konferenz ein, um über die Situation in den Niederlanden zu sprechen. Eingeladen waren Kardinal Casaroli, Kardinal Willebrands, Erzbischof Martínez Somalo, Bischof Jozef Tomko (ein Slowake und ehemaliger Beamter der Kongregation für die Glaubenslehre und der Kongregation für die Bischöfe, der im Juli 1979 zum Generalsekretär der Bischofssynode ernannt worden war) und Pater Jan Schotte. Nachdem die Frage, was man tun könne, um der Kirche in den Niederlanden zu helfen, eine Weile diskutiert worden war, schlug der Papst vor, eine Synode abzuhalten.

Beim Entwurf der Richtlinien für die Bischofssynoden hatte Paul VI. „Sonderversammlungen" vorgesehen, aber diese Möglichkeit war bisher noch nicht auf die Situation einer Ortskirche angewandt worden. Die Gruppe meinte jedoch, dies könnte genau das Instrument sein, nach dem sie suchte: ein kollegialer Diskussionsprozeß, an dem unter dem Vorsitz des Papstes alle holländischen Bischöfe und die relevanten Mitglieder der Kurie beteiligt waren und bei dem Entscheidungen über die Fragen, die den holländischen Episkopat trennten, getroffen werden konnten, ohne daß sie einseitig von Rom aufgezwungen wurden. Johannes Paul, der davon überzeugt ist, daß der Heilige Geist durch den synodalen Prozeß wirkt, mag auch damit gerechnet haben, daß diese Art kollegialer Erfahrung beginnen würde, die Risse zwischen den holländischen Bischöfen zu heilen und sie wieder mehr als Team zum Funktionieren zu bringen.[3]

Die sogenannte "Partikularsynode für Holland" trat vom 14. bis 31. Januar 1980 im Vatikan zusammen. Die Themen auf der Tagesordnung gehörten zu den strittigsten und entzweiendsten in der holländischen Kirche und unter den holländischen Bischöfen: Liturgie, religiöse Erziehung, Priesterseminare und Priesterschaft, Laienführerschaft und Ökumenismus. Die Synode selbst war ein sprachlicher Alptraum: Es gab sieben holländische Bischöfe ohne gemeinsame internationale Sprache, es gab sieben Kurienbeamte, von denen keiner Holländisch sprach, und einen, Kardinal James Knox, der nicht einmal Italienisch beherrschte. Pater Schotte mußte alles für jeden übersetzen. (Irgendwann in dem langwierigen Prozeß beugte sich Johannes Paul zu ihm hinüber und flüsterte: „Manchmal ist Ihre Übersetzung klarer als das, was tatsächlich gesagt wurde."[4])

Nach mehr als zwei Wochen gemeinsamer intensiver Diskussionen, Gebete und Messen schloß die Synode mit einer konzelebrierten Messe in der Sixtinischen Kapelle, bei der alle holländischen Bischöfe das Dokument unterschrieben, in dem die 46 Beschlüsse der Synode aufgelistet waren. Etwas war zwischen ihnen geschehen. Nach der Messe kamen in der Sakristei zwei holländische Bischöfe weinend zu Pater Schotte und fragten: „Warum konnten wir das nicht früher machen?"[5] Die Bischöfe waren auch damit einverstanden, einen besonderen „Rat der Bischofssynode" zu bilden, der jährlich mit dem Generalsekretariat der Bischofssynode in Rom zusammentreffen würde, so daß die Bischöfe weiterhin die pastorale Situation zusammen beurteilen und die Umsetzung der Beschlüsse der holländischen Synode diskutieren konnten. Dieser Rat kam während des gesamten Pontifikats Johannes Pauls zusammen.

Die Synode etablierte einen Mechanismus, durch den die holländischen Bischöfe im Hinblick auf ihre pastoralen Probleme wieder als Konferenz agierten. Zu sagen, sie habe mehr erreicht, hieße, zu viel zu behaupten. Die Durchführung der Synodenbeschlüsse erfolgte in unterschiedlichem Tempo. Es bestanden weiterhin deutlich verschiedene Ansichten über die Kirche und ihre Beziehung zur modernen Gesellschaft sowie unterschiedliche Strukturen der Seminarausbildung in verschiedenen Diözesen. Doch Bischöfe, die kaum noch miteinander gesprochen hatten, mußten ihre Kollegialität jetzt ernst nehmen. Unter diesen Umständen konnte man der Kollegialität als Krisenmanagement einen bescheidenen Erfolg zuschreiben.

Eine andere Ortskirche in der Krise, die griechisch-katholische Kirche der Ukraine, stellte Johannes Paul II. vor völlig andere Probleme.

Um Komplikationen bei der Pilgerreise des Papstes nach Polen im Juni 1979 zu vermeiden, wurde dessen Brief vom 19. März 1979 an den ukrainischen Kardinal Iosyf Slipyj erst nach seiner Rückkehr in den Vatikan veröffentlicht. Seine in dem Brief ausgedrückte Verteidigung der Union von Brest von 1596 (in der die Ukrainer ihre Treue zu Rom erklärt hatten, während sie ihre Liturgie nach dem östlichen Ritus beibehielten), sein Lob der Millionen, die „Schmerzen und Unrecht für Christus ertrugen" und sich durch „Treue gegenüber dem Kreuz und der Kirche" auszeichneten, und seine Erwähnung der Allgemeinen Erklärung der Menschenrechte, um sowjetischen Versuchen entgegenzutreten, die griechisch-katholische Kirche zu vernichten, hatten im Kreml und im russisch-orthodoxen Patriarchat von Moskau, das damals unter starkem sowjetischem Druck stand, Konsternation hervorgerufen. Jene im Rat zur Förderung der Einheit der Christen, die alles vermeiden wollten, was die russisch-orthodoxe Führung verärgern könnte, hielten den Brief ebenfalls für einen Fehler. Das Patriarchat signalisierte sein Mißfallen (und vermutlich auch das des Kremls), indem es ein theologisches Kolloquium zwischen der römisch-katholischen und der russisch-orthodoxen Kirche, das in Odessa stattfinden sollte, absagte. Sein „außenpolitischer Sprecher", Metropolit Juvenaly, schrieb auch an Kardinal Willebrands, den Präsidenten des Rates für die Einheit der Christen; er forderte eine Erläuterung der „genauen Bedeutung" des Papstbriefs und drohte mit „öffentlicher Kritik", wenn er und seine Kollegen mit der Antwort nicht zufrieden seien.[6]

Der Papst war jedoch entschlossen, die Religionsfreiheit der Ukrainer zu verteidigen. Er wußte, daß sie sich von der Ostpolitik Pauls VI. und seinem ökumenischen Entgegenkommen gegenüber der russisch-orthodoxen Kirche betrogen gefühlt hatten, und auch wenn er dieser Analyse nicht zustimmte, wollte er klarmachen, daß er die Religionsfreiheit nicht bagatellisieren würde zugunsten eines ökumenischen Dialogs, der durch die Verwicklung des Moskauer Patriarchats in die Kreml-Politik außerordentlich kompliziert wurde. Johannes Pauls Brief vom März 1979 an Kardinal Slipyj war ein Anzeichen für seine Sorge, ebenso die Synode der griechisch-katholischen Bischöfe der ukrainischen Diaspora aus der ganzen Welt, die er für den 24. März 1980 in den Vatikan einberief. Da Slipyj Ende 80 war, mußte Vorsorge für einen Nachfolger getroffen werden, um die Kontinuität der Führung der ukrainischen Kirche zu wahren – selbst wenn in absehbarer Zukunft der größte Teil dieser Führung im Exil leben würde (hauptsächlich in Nordamerika und Australien). Es mußte auch über andere Themen diskutiert werden: die anhaltenden Bemühungen der Ukrainer darum, daß der Großerzbischof von Lemberg „Patriarch" genannt wurde, den Streit über die Ordination verheirateter Männer in der ukrainischen Diaspora,[7] die Unterstützung für die hart bedrängte griechisch-katholische Kirche im Untergrund in der Ukraine selbst und den ökumenischen Imperativ.

Die Synode dauerte vier Tage. Bei ihrer Beendigung bestätigte Johannes Paul die durch die Synode erfolgte Wahl von Myroslav Ivan Lubachivsky, den der Papst im vorigen September zum ukrainischen Erzbischof von Philadelphia ernannt hatte, zum Koadjutor von Kardinal Slipyj mit dem Recht, ihm bei dessen Tod als Großerzbischof von Lemberg zu folgen. Damit war zwar für die Kontinuität der griechisch-katholischen Kirche in der Ukraine gesorgt, aber keines der anderen Probleme war endgültig gelöst. Johannes Paul war einerseits entschlossen, die Verfolgten zu verteidigen, wollte aber andererseits tun, was er konnte, um den Ökumenismus mit der russischen Orthodoxie, der größten orthodoxen Kirche der Welt, voranzubringen. Diese beiden Ziele gleichzeitig zu verfolgen – eine Aufgabe, die einerseits durch ukrainische Leidenschaften und Indiskretionen und andererseits durch die Neigung der Kurie, der russisch-orthodoxen Kirche entgegenzukommen, noch erschwert wurde –, wurde zu einem der schwierigsten und umstrittensten Balanceakte des Pontifikats.

Zwei Monate später, am 29. Mai 1980, nahm Johannes Paul zum zweiten Mal an der Vollversammlung der italienischen Bischofskonferenz teil. In den 17 Monaten seit der Amtsübernahme hatte er 29 Pastoralbesuche bei römischen Pfarreien gemacht und mehr italienische Städte besucht – Assisi, Monte Cassino, Canale d'Agordo, Belluno, Treviso, Nettuno, Loreto, Ancona, Pomezia, Pompeji, Neapel, Norcia und Turin – als seine italienischen Vorgänger Johannes XXIII. und Paul VI. Er war nun in einer besseren Lage, die Situation der Kirche zu analysieren und Empfehlungen zu geben.

Die katholische Praxis in Italien mochte zurückgegangen sein; Italiens Kultur mochte weiterhin in den Marxismus verliebt sein; die Politik des Landes mochte durch Kriminelle korrumpiert und durch städtischen Terrorismus paralysiert worden sein; und inmitten von all dem mochten die italienischen Katholiken und ihre Führer ein Gefühl ihrer eigenen Marginalisierung entwickelt haben. Auch wenn das zutreffen mochte, hatte Johannes Paul eine andere Sicht der Dinge. Die Italiener, beharrte er gegenüber ihren Bischöfen, seien ein Volk, „dessen religiöse Seele, dessen tief katholische Grundlage die Äußerungen des täglichen Lebens, die Formen der Frömmigkeit, das Zusammenleben in Familie und Staat, das Entstehen karitativer Einrichtungen sowie die höchsten Ausdrucksformen des Kirchenbaus, der bildenden Kunst und auch der Literatur inspiriert und geprägt hat".

Das habe er bei seinen Reisen durch Italien gesehen, und deshalb wolle er, daß seine Bischöfe die Wiederevangelisierung ihres Landes in Gang setzten. „Ihr seid (...) die Verantwortlichen der Kirche Italiens", sagte er zu ihnen, „unabhängig davon, ob der Papst italienischer Herkunft ist oder nicht." Johannes Paul sprach vor allem über das katholische Sozialwesen, die religiöse Erziehung sowie die Familien- und Jugendseelsorge als dringende pastorale Prioritäten. Es war eine außerordentlich offene Rede in einer kirchlichen Umwelt, die für ihren weitverbreiteten Gebrauch des Konjunktivs bekannt war – und ein weiteres Beispiel für Johannes Pauls Entschlossenheit, eine Gruppe von Bischöfen zu einem evangelisch energischeren Verständnis ihrer Rolle zu bewegen.[8]

Zwei Wochen später, am 13. Juni, sandte Johannes Paul zum 600. Todestag der Schutzpatronin Italiens, der hl. Katharina von Siena – einer Frau, die für ihre Entschlossenheit bekannt gewesen war, Bischöfe zur Erfüllung ihrer Pflicht zu veranlassen –,[9] der italienischen Kirche das Apostolische Schreiben *Amantissima providentia* [Die liebevolle Vorsehung]. Im August und September unternahm er Pastoralreisen in die Abruzzen, nach Velletria, Frascati, Siena, Cassino, Otranto und Campo Verano. Ende November, als ein verheerendes Erdbeben den südlichen Landesteil traf, reiste er dorthin, um den Bewohnern der am schlimmsten betroffenen Gebiete seine Solidarität zu bekunden, unter anderem des Dorfs Balvano, in dem eine ganze Versammlung von Gottesdienstbesuchern, darunter viele Kinder, unter den Ruinen der eingestürzten Kirche begraben worden war.[10] Der Primas von Italien, der seine Bischofsbrüder aufgefordert hatte, ihr Land durch Wort und Tat wieder zu evangelisieren, beabsichtigte, sein Teil dazu beizutragen. Er ging sogar so weit, am 16. Juni mit der italienischen Friseurgewerkschaft zusammenzutreffen.[11]

In seinem Vaterland baute Johannes Paul weiter auf dem Elan auf, der durch seine Pilgerreise im Juni 1979 entstanden war. Am 5. April 1980 erschien die erste polnische Monatsausgabe des *Osservatore Romano*, der Vatikanzeitung, deren Herausgeber Pater Adam Boniecki war, ein Marianisten-Priester. Die polnische Ausgabe war ein weiteres Instrument im Kampf, seine Landsleute über seine Aktivitäten und Ansichten auf dem laufenden zu halten, da sie (wie die wöchentlichen Ausgaben in Englisch, Französisch, Deutsch, Spanisch und Portugiesisch) päpstliche Audienzansprachen und Predigten sowie Kirchendokumente enthalten würde.

Die Polen waren bereits eine energische Kraft. Mit der ungarischen Kirche sah es dagegen anders aus. Nachdem der äußerst antikommunistische Kardinal Mindszenty im Rahmen der Ostpolitik Pauls VI. aus Budapest weggegangen war, hatte sich die katholische Führung dem Regime immer mehr angepaßt – mit katastrophalen Folgen. Obwohl etwa 60 Prozent der Bevölkerung des Landes getaufte Katholiken waren, waren bestenfalls 25 Prozent von ihnen aktive Mitglieder der Kirche, und nur ein Drittel von diesen „aktiven Mitgliedern" besuchte regelmäßig die Messe. Der Staats-/Parteiapparat vollzog die Ernennung von Pfarrern, regulierte stark die religiöse Erziehung und kontrollierte die Veröffentlichungen der Kirche. Das Durchschnittsalter der katholischen Priester lag 1976 bei 67 Jahren, und manche Diözesen hatten schon seit Jahren keinen neuen Priester mehr geweiht.[12]

Im Dezember 1978, kurz nach seiner Wahl, hatte Johannes Paul versucht, die ungarischen Bischöfe mit einem persönlichen Brief auf Trab zu bringen. Vier Monate später traf er während der 400-Jahrfeier des Collegium Germanicum et Hungaricum in Rom den ungarischen Primas, Kardinal László Lékai, den Anführer der Anpassungspartei. Seitdem hatten andere ungarische Bischöfe den Vatikan besucht, und Johannes Paul hatte Bischöfe für vier vakante ungarische Bistümer ernennen können. Nun betrachtete er es als seine „Pflicht", einen weiteren Brief zu schicken, dieses Mal an die gesamte ungarische Kirche, über die Pflicht zur religiösen Erziehung. In dem Brief mit dem Datum „Ostern 1980" erinnerte er daran, daß „alle der Katechese bedürfen", und drängte die Bischöfe und Priester, das „Anrecht auf Katechese" ihrer Gläubigen ernst zu nehmen.[13] Es war ein Versuch, die ungarische Kirche zu sammeln, damit sie nicht weiter an den Rand gedrängt wurde, doch neue Energien setzten eine lokale Führung voraus. Auf die Frage nach einem möglichen Papstbesuch in Ungarn soll Johannes Paul geantwortet haben: „Der Papst wird Ungarn besuchen, wenn der Kardinal gelernt hat, mit der Faust auf den Tisch zu schlagen."[14]

JUNGE KIRCHEN

Zur gleichen Zeit, als Johannes Paul mit den holländischen, ukrainischen, italienischen und ungarischen Bischöfen zusammenarbeitete bzw. sie anzuspornen versuchte, wandte er seine Aufmerksamkeit nach Süden: nach Afrika, und zu seiner ersten Pilgerreise auf diesen Kontinent.

Kein Weltführer schenkte Afrika in den letzten beiden Jahrzehnten des 20. Jahrhunderts eine so anhaltende Aufmerksamkeit wie Johannes Paul II. Nach der Begeisterung über die Dekolonisierung und der Kontroverse über die Apartheid wurde Afrika zum vergessenen Kontinent. Die einzige Weltinstitution, die darauf bestand, daß ein Kontinent mit 450 Millionen Menschen nicht aus der Geschichte herausfallen dürfe, war die katholische Kirche.

Afrikanische Kirchenführer waren über die Wahl Johannes Pauls begeistert, da sie die Universalität der Kirche und damit den Platz von Neulingen wie sie selbst in ihr bestätigte. Der nigerianische Kardinal Francis Arinze drückte es später so aus: „Weil die Afrikaner neue Christen sind, abgesehen von Ägypten und Äthiopien, ist dieses Gefühl des Dazugehörens, und zwar nicht als Bürger zweiter Klasse, sehr wichtig, denn in der Weltpolitik wird Afrika nicht einmal als zweitklassig eingestuft, sondern als drittklassig." Johannes Paul sei nach Afrika gekommen, glaubte Arinze, um „den Leuten verstehen zu helfen, daß nicht zählt, wann man Christ wird; [wichtig ist,] daß alle in des Vaters Haus sind".[15] Das Bild des Papstes wurde rasch auf dem gesamten Kontinent bekannt; Polen, die in den Busch gingen, wurden als *nduyu yd Papa*, „Bruder des Papstes", begrüßt.[16]

Johannes Pauls erste apostolische Reise nach Afrika begann am 2. Mai 1980, als die DC-10 der Alitalia nach einem siebenstündigen Fug von Rom auf dem Ndjili-Flughafen in der Nähe von Kinshasa, der Hauptstadt von Zaire, landete.

Der Papst wurde vom langjährigen Diktator Mobutu Sésé Séko begrüßt. Am Tag zuvor hatte dieser seine langjährige Gefährtin geheiratet, damit sie Johannes Paul als Präsidentengattin begrüßen konnte. Mobutu hatte seinem Volk für den Papstbesuch zwei Tage freigegeben, und die Straße nach Kinshasa war von Hunderttausenden Afrikanern bevölkert, die weiß-gelbe Papstfähnchen schwenkten. Nachdem er den Boden Afrikas geküßt hatte, kündigte sich Johannes Paul selbst in einfachen, evangelischen Ausdrücken an: „Ich bin hier als geistliches Oberhaupt, Diener Jesu Christi in der Nachfolge des Apostels Petrus. Ich bin hier als Mann der Religion. (...) Ich bin hier als Bote des Friedens (...). Ich bin hier als Mann der Hoffnung."

An der Kathedrale von Kinshasa wurde er von Kardinal Joseph Malula begrüßt, der vor dem zweiten Konklave von 1978 dem *Time*-Magazin gesagt hatte: „Alle die herrschaftlichen Insignien, die ganze Isolierung des Papstes, das ganze mittelalterliche Erbe und die einseitig europäische Tradition, die die Europäer glauben macht, sie allein seien die ganze Kirche, diese ganze Korrektheit machen es ihnen unmöglich, die jungen Länder Afrikas und Lateinamerikas zu verstehen. Wir benötigen viel mehr Einfachheit, wir benötigen Jesus Christus. All das, all das muß sich ändern."[17] Jetzt hörte er, wie der Papst, den er mit gewählt hatte, zu ihm und seinen afrikanischen Bischofsbrüdern sagte, Petrus sei nach Afrika gekommen für einen Austausch von Zeugnissen, für gemeinsame Glaubensakte.

An diesem Abend traf Johannes Paul mit Präsident Mobutu und anderen Regierungsmitgliedern zusammen, wobei er die Bedeutung der Religionsfreiheit für die gesellschaftliche Entwicklung betonte. Dann sandte er seinen Gastgebern und den Männern im Kreml eine Botschaft: „Ich selbst bin davon überzeugt, daß die afrikanischen Probleme, wenn sie Sache der Afrikaner und nicht dem Druck oder der Einmischung irgendeines Blocks oder einer Interessengruppe ausgesetzt sind, zu einer glücklichen Lösung kommen, die einen wohltuenden Einfluß auf die anderen Kontinente haben kann." In der Vatikanbotschaft in Kinshasa traf der Papst am späten Abend die sechs Erzbischöfe von Zaire und hatte dann endlich Gelegenheit zu seinem ersten Mahl in Afrika: Barsch, Garnelen und Obst aus der Region, zubereitet vom einzigen italienischen Gastronom in der Stadt.[18]

Die Papstmesse in der passend benannten Peterskirche in Kinshasa am nächsten Morgen war typisch für die überschwengliche Liturgie. Die Messe wurde in Französisch gefeiert mit Liedern in Suaheli und anderen lokalen Sprachen sowie dem Vaterunser in Lateinisch. In seiner Predigt sagte der Papst, Monogamie, ein Problem in einer Kultur, die an Polygamie gewöhnt sei, sei „nicht westlichen (...) Ursprungs", sondern eine grundlegende menschliche Auffassung, die „auf göttlicher Offenbarung" beruhe und auf alle Kulturen und Umstände anwendbar sei. Anderseits lobte er die afrikanischen Traditionen der Beständigkeit der Ehe, des Respekts vor Müttern und Kindern, der gesellschaftlichen Solidarität und der Achtung vor den Vorfahren als wichtig für das Gedeihen der Familien, und er drängte die Bischöfe dazu, die Ehevorbereitung zu einem Kernstück der Pastoralarbeit in Afrika zu machen. Nach der Zusammenkunft mit dem zairischen Episkopat und dem Besuch eines Karmeliterinnen-Konvents fuhr Johannes Paul zum Lepra-Hospital in Kinshasa, wo er jedem Patienten segnend seine Hände auflegte.[19]

Am Morgen des 4. Mai, eines Sonntags, strömten eine Million Zairer und Afrikaner aus dem ganzen Kontinent auf den Platz vor dem Volkspalast in Kinshasa, als Johannes Paul acht neue afrikanische Bischöfe weihte – vier aus Zaire, einen aus Dschibuti, zwei aus Burundi und einen aus dem Sudan. Nach der Zeremonie, die den ganzen Vormittag gedauert hatte, kam er mit zairischen Studenten und Intellektuellen zusammen, sagte aber den „Abend der Kultur" ab, der für ihn organisiert worden war, im Gedenken an die neun Personen, die in dem Gedränge auf dem Platz zu Tode getrampelt, und die 80 anderen, die verletzt worden waren – eine Tragödie, von der er nichts wußte, bis ihn Präsident Mobutu am frühen Abend darüber informierte.[20]

Bei einem Zusammentreffen mit polnischen Missionaren in Zaire bemerkte Johannes Paul, er finde den Prozeß der Geburt eines neuen Landes, dieses „Gefühl eines Anfangs", „höchst faszinierend". Dann hatte er seinen Kritikern in Rom etwas zu sagen, wenn auch indirekt: „Manche Leute meinen, der Papst solle nicht so viel reisen. Er solle in Rom bleiben, wie zuvor. Ich höre diesen Rat oft oder lese ihn in Zeitungen. Aber die Menschen hier sagen: ‚Gott sei Dank, daß Sie hierhergekommen sind, denn Sie können nur dann etwas über uns erfahren, wenn Sie kommen. Wie können Sie unser Hirte sein, ohne uns zu kennen? Ohne zu wissen, wer wir sind, wie wir leben, was der historische Augenblick ist, den wir durchmachen?' Das bestärkt mich in meiner Überzeugung, daß es Zeit ist, daß die Bischöfe von Rom (...) nicht nur Nachfolger Petri, sondern auch des hl. Paulus werden, der, wie wir wissen, nicht stillsitzen konnte und immer unterwegs war."[21]

Er ließ ein Bild Unserer Lieben Frau von Tschenstochau zurück, „damit ihr auf diesem schwarzen Kontinent ein Ebenbild unserer Schwarzen Madonna habt. Es ist nicht das gleiche Schwarz wie das afrikanische, aber doch ein Schwarz. Und ich meine, daß eure Gläubigen, eure schwarzen Gemeindemitglieder, daher diese schwarze Mutter Christi gut verstehen werden."[22]

Nach fast vier Tagen in Kinshasa setzte Johannes Paul II. seine afrikanische Pilgerreise beschleunigt fort. Für Brazzaville, die Hauptstadt des Kongo, war der Vormittag des 5. Mai eingeplant. Die offiziell marxistische Regierung gab allen einen freien Tag und erlaubte eine Messe unter freiem Himmel, die bei etwa 38°Celsius gefeiert wurde.[23] Als der Papst auf dem Weg zum Grab des ermordeten Kardinals Emile Biayenda durch Brazzaville fuhr, stand praktisch die gesamte Bevölkerung an den Straßen, um ihn zu begrüßen.[24] Johannes Paul flog dann nach Kisangani in Nordost-Zaire zurück, um den Besuch zu erwidern, den ihm der dortige Erzbischof, Augustin Fataki Alueke, 1978 in Krakau abgestattet hatte. Er verbrachte die Nacht in einer Missionsstation und feierte am nächsten Morgen für Hunderttausende Zairer eine Messe als Tribut für die geistlichen und Laienmissionare, Männer und Frauen, die 1964 in Kisangani und anderswo ermordet worden waren.[25]

Am Nachmittag flog Johannes Paul nach Ostafrika und kam um 16 Uhr in Nairobi, Kenia, an. Die Begrüßung durch Präsident Daniel arap Moi erwiderte er auf englisch und mit einigen Worten in Suaheli. Er schloß mit den Worten der kenianischen Nationalhymne „Möge der Gott der gesamten Schöpfung unser Land und unsere Nation segnen", und als er diesen Satz auf suaheli wiederholte, brach die riesige Menge in Jubel aus. Der nächste Tag, der 7. Mai, brachte den visuell eindrucksvollsten Augenblick der Pilgerreise und die denkwürdigste Äußerung des Papstes. Die Messe im Uhuru-Park zog mehr als eine Million Kenianer an. Während der Zeremonie wurden dem Papst zahlreiche Geschenke überreicht, unter anderem eine lebende Ziege, die, wie die Leser der *Tygodnik Powszechny* später informiert wurden, „sich während des Gottesdienstes lautstark vernehmbar machte". Es war ein unvergeßliches Bild, wie der Papst auf einer mit einem Leopardenfell bedeckten Trommel saß, mit einem schönen Kopfschmuck aus Straußenfedern und einem Schild in der einen Hand, einem Speer in der anderen. Die Ansprache war einfach, drückte aber den Kern des auf Christus hin orientierten Humanismus von Johannes Paul aus: „Christus ist nicht nur Gott, sondern auch Mensch. Als Mensch ist er auch Afrikaner." Die riesige Versammlung brach in Beifall aus, worauf der Papst hinzufügte: „Bei meiner nächsten Reise nach Kenia werde ich meine Predigt sicher auf suaheli halten."[26]

Am nächsten Tag flog Johannes Paul quer über den Kontinent nach Accra, der Hauptstadt von Ghana. Die Abschiedsszene in Nairobi, wo sich vor seinem Abflug um 8 Uhr eine Menschenmenge versammelt hatte, war eine weitere Überraschung. Die jubelnde Menge, die seit Stunden sang und tanzte, kniete schweigend nieder, als das Flugzeug mit dem Papst in den Himmel aufstieg. Eine halbe Stunde nach seinem Verschwinden war die Menge, obwohl sie von der Polizei zum Weggehen gedrängt wurde, immer noch da, in stilles Gebet vertieft.[27]

Johannes Paul II. bestand bei jeder seiner Pilgerreisen auf einer ökumenischen Begegnung. Die in Accra war international, da der Erzbischof von Canterbury Robert Runcie zur gleichen Zeit in Ghana war. Der Bischof von Rom und das Haupt der anglikanischen Kirche kamen in der Apostolischen Nuntiatur zusammen und gaben danach ein Kommuniqué heraus, in dem sie feststellten, „die Zeit sei zu kurz und die Bedürfnisse zu drängend, um die Energie der Christen darauf zu verschwenden, alte Rivalitäten auszugraben" – eine Äußerung mit besonderer Relevanz für die afrikanischen Missionsgebiete.[28] Nach Ghana besuchte Johannes Paul Obervolta (das spätere Burkina Faso) und die Elfenbeinküste (wo er seine erste größere Zusammenkunft mit Muslimen hatte), bevor er in der Nacht des 12. Mai nach Rom zurückkehrte.

Er hatte innerhalb von zehn Tagen 50 längere Ansprachen gehalten und seine Reisegesellschaft und die Reporter, die über ihn berichteten, hinter sich herkeuchen lassen. Etwa zur Halbzeit der Pilgerreise schickte der DPA-Korrespondent einen Bericht mit der Überschrift „Der Papst hält aus" nach Hause. Einige der Prälaten schienen nach fünf Tagen in Afrika „am Ende ihrer Kräfte" zu sein, und die Journalisten fühlten sich in der tropischen Hitze elend. „Der Papst ist der einzige, der keine Anzeichen der Ermüdung zeigt. Als er in Kisangani, mitten in der grünen Hölle des Urwalds von Nord-Zaire, das Flugzeug verließ, sah er genauso frisch aus wie bei seiner Abreise aus Rom."

Der aufmerksame deutsche Korrespondent meinte, das Geheimnis der Unverwüstlichkeit des Papstes in einer seiner charakteristischen Eigenschaften gefunden zu haben: Johannes Paul könne das Gewühl um sich herum, auch bei langdauernden Zeremonien, ausschalten und sich bei etwas erfrischen, was man nur als innere Quelle beschreiben könne: „Seine Augen sind dann in die Weite gerichtet, wie in eine andere Welt, aus der er seine unerschöpfliche Energie gewinnt."[29] Gläubige sprechen oft von der „Kraft des Gebetes". In diesen Momenten, wenn Johannes Paul irgendwo anders zu sein schien, betete er – und lud seine persönlichen Batterien für die nächste Begegnung, Rede oder Messe wieder auf.

Es hatte ihm außerordentlich gut in Afrika gefallen, und er war von der ungehemmten Freude dieser neuen Christen bewegt und gestärkt.[30] Johannes Paul scheute sich nicht, jene aufzuziehen, die bei seinem enormen Tempo nicht mithalten konnten. Einmal winkte er einem deutschen Fernsehteam zu und fragte: „Was ist mit Ihnen, leben Sie noch?" Zu seinen erschöpften Kollegen von der Kurie sagte er: „Keine Sorge, Weihnachten werden wir zur Abwechslung im Schnee verbringen, in Terminillo" – einem beliebten Skiort in den Abruzzen. Für die Prälaten, die an das traditionelle Tempo des Vatikans gewöhnt waren, war das kein großer Trost.[31]

Erneuter Besuch des Areopags

Die evangelische Freiheit, die von den afrikanischen Christen so spontan gelebt wurde, stand in scharfem Kontrast zu der Stimmung jener westeuropäischen Katholiken, die von ihrer Irrelevanz für das moderne Leben überzeugt waren. Zweieinhalb Wochen nach seinem Abflug von Abidjan versuchte Johannes Paul, etwas für die deprimierte Verfassung des Katholizismus in Frankreich zu tun.

Der Anlaß für seinen ersten Pastoralbesuch in dem Land, das als „erstgeborene Tochter der Kirche" bezeichnete wird, war eine Einladung, vor dem Exekutivrat der UNESCO, der UN-Organisation für Bildung, Wissenschaft und Kultur mit Sitz in Paris, eine Rede zu halten. Es war eine Gelegenheit, vor einem Weltpublikum über etwas zu sprechen, was rasch zu einem der dominanten öffentlichen Themen seines Pontifikats geworden war: der Vorrang der Kultur bei der Gestaltung der Zukunft der Menschheit. Gleichzeitig mußte eine Papstrede vor der UNESCO in den richtigen pastoralen Kontext gestellt werden, und Johannes Paul war begierig, das Land, dessen Kultur er schon lange bewunderte, aufzufordern, sich wieder auf seinen katholischen Ursprung zu besinnen. Daher wurde seine Rede vor der UNESCO umrahmt von einem Pastoralbesuch in Paris und einer Wallfahrt nach Lisieux mit dem Karmeliterinnen-Konvent der „kleinen Blume", der hl. Theresia, der vielleicht populärsten modernen katholischen Heiligen.

In einer Rundfunk- und Fernsehbotschaft an die französische Nation drei Tage vor seiner Ankunft sagte der Papst, er wisse, daß sich der französische Katholizismus seit dem II. Vatikanum in einer „besonderen Situation" befinde, die man „als eine ‚Wachstumskrise' bezeichnen könnte", und er hoffe, daß das ein „Schlüssel für die Deutung der besonderen Situation" sei.[32] Diese Hypothese wurde im Verlauf von vier Tagen getestet, die noch mehr mit Aktivitäten vollgestopft waren als die Afrikareise. Johannes Paul kam am 30. Mai 1980, einem Freitag, morgens in Paris an, und bis zu dem Zeitpunkt, als er am folgenden Montagmorgen von Lisieux abreiste, hatte er vor praktisch allen Gruppierungen des französischen Katholizismus insgesamt 28 Reden gehalten. Außerdem hatte er sich mit dem Oberrabbiner von Paris und führenden französischen Juden, mit Muslimführern und Politikern getroffen, unter anderem mit Staatspräsident Valéry Giscard d'Estaing, Ministerpräsident Raymond Barre und dem Bürgermeister von Paris Jacques Chirac.

Johannes Paul kehrte immer wieder zu dem Thema zurück, daß die französischen Katholiken ihr Gefühl der Marginalität abschütteln, ihre Würde erkennen und stolz sein sollten auf ihr christliches Erbe, das so viel dazu beigetragen hatte, das zu formen, was er „den Genius der französischen Nation" nannte. Bei seiner Erwiderung auf die Begrüßungsrede von Staatspräsident Giscard d'Estaing am 30. Mai definierte er seine Mission. Er sei gekommen, um „eine Botschaft des Friedens, des Vertrauens, der Liebe und des Glaubens" zu übermitteln: „Des Glaubens an Gott natürlich, aber ebenso (...) des Glaubens an den Menschen, des Glaubens an die wunderbaren Möglichkeiten, die ihm gegeben worden sind, damit er von ihnen mit Weisheit und in der Sorge um das Gemeinwohl zur Ehre des Schöpfers Gebrauch mache."[33]

Die französischen Bischöfe erhielten die gleiche Botschaft noch eindringlicher am 1. Juni. Es dürfe keinen Rückzug in einen Bunker des Solipsismus geben, um die Wunden der letzten Jahrhunderte zu lecken. Natürlich gebe es Verzweiflung in der modernen Gesellschaft. Bleibe den Bischöfen aber nicht immer noch „jenes starke Gerüst des Evangeliums und der Heiligkeit, das ein besonderes Erbe der Kirche in Frankreich ist? Gehört das Christentum nicht wesentlich zum Genius eurer Nation? Ist Frankreich nicht immer noch ‚die erstgeborene Tochter der Kirche'?"[34] Bei der Messe am Flughafen Le Bourget am Vormittag war der Papst noch unverblümter gewesen und hatte die anwesenden 350 000 und den Rest des französischen Katholizismus nach ihrer Treue befragt: „Laßt mich euch daher zum Abschluß fragen: Frankreich, erstgeborene Tochter der Kirche, willst du deinem Taufversprechen treu sein? Laßt mich euch fragen: Frankreich, Tochter der Kirche und Lehrerin der Völker, willst du um des Wohls der Menschen willen dem Bund mit der ewigen Weisheit treu bleiben?"[35]

Vier Tage päpstlicher Ermahnung konnten weder mehr als 200 Jahre alte Trends umkehren noch die Trennung zwischen Links und Rechts im französischen Katholizismus überbrücken. Acht Monate nach seiner Frankreichreise verkündete Johannes Paul, davon überzeugt, daß in der französischen Kirche unbedingt eine neue Führung notwendig war, eine kühne Bischofsernennung, um den Kurs der modernen Geschichte des französischen Katholizismus zu ändern.

Der Papst betrachtete seine UNESCO-Rede vom 2. Juni als eine der wichtigsten Ansprachen seines Lebens. Sie war zum großen Teil das Produkt des Kulturphilosophen Karol Wojtyła und enthielt mehrere Ausflüge in die philosophische Fachsprache, die jene Delegierten verwirrt haben mußten, die wenigstens halbwegs folgen konnten. Einmal beschrieb Johannes Paul, der die Rede auf französisch hielt, den Menschen als den einzigen „Wesensträger der Kultur" und bemerkte, daß, weil wir Kultur *a posteriori*, an ihren Produkten, beurteilen, eine Kultur „in sich die Möglichkeit [enthält], im umgekehrten Sinne zu den Seins-kausalen Zusammenhängen vorzudringen". Innerhalb dieser schwerfälligen Prosa bot Johannes Paul jedoch auf dem, was er als „Areopag"[36] beschrieb – „Areopag der ganzen Welt" – eine leidenschaftliche Verteidigung des menschlichen Geistes und seiner Kreativität.

Johannes Paul schilderte die Krise des Menschen in den technisch hochentwickelten Gesellschaften, die in „einem mangelnden Vertrauen in seine eigene Humanität, in die Bedeutung des Menschseins und die Bejahung und Freude" bestehe, die für die menschliche Kreativität wesentlich seien. Die Antwort auf diese Krise könne nur im Bereich des menschlichen Geistes gefunden werden, in der Welt der Kultur, denn die Kultur enthalte all jene Produkte der menschlichen Kreativität, die uns menschlicher machten und die nicht bloß zu unserem mehr *Haben*, sondern zu unserem mehr *Sein* beitrügen. Kultur habe einen geistigen Kern und könne nicht so verstanden werden, wie die Marxisten sie verstünden, als Nebenprodukt verschiedener ökonomischer Kräfte. Daher sei er zur UNESCO gekommen, um „meine Bewunderung für den schöpferischen Reichtum des menschlichen Geistes und für seine unermüdlichen Bemühungen um eine immer bessere Erkenntnis und Bestätigung der Identität des Menschen" zu verkünden.

Die Verteidigung der Menschen, die nicht wegen ihrer Nützlichkeit, sondern wegen der Größe ihrer „besonderen Würde" geliebt werden müßten, verbinde die Botschaft Christi und seiner Kirche mit dem modernen Streben nach menschlicher Würde und Freiheit. Es sei nicht wahr, erklärte Johannes Paul, daß religiöser Glaube die Menschen zu unreifer Abhängigkeit reduziere. Der Beweis dafür, daß der religiöse Impuls für den „integralen Menschen" von entscheidender Bedeutung ist, sei direkt vor ihren Augen: Wo immer religiöse Institutionen unterdrückt und Gläubige zu Bürgern zweiter Klasse gemacht worden seien, seien religiöse Ideen und Werke stets wieder aufgetaucht. Die

Wahrheit über den „integralen Menschen" verlange, ausgedrückt zu werden.

Das gleiche gelte für nationale Kulturen. So sehr es Unterdrücker auch versuchten, die „Souveränität, die jede Nation kraft ihrer eigenen Kultur besitzt", könne nicht vollständig unterdrückt werden, weil durch diese kulturelle Souveränität der Mensch „höchst souverän ist".

Die Aufgabe, vor der die UNESCO stehe, sei der Schutz der fundamentalen geistigen Souveränität des Menschen, die sich in der Kreativität von einzelnen und den Kulturen von Nationen ausdrücke. Die Delegierten sollten sich jedem „Kolonialismus" widersetzen, durch den eine materiell stärkere politische Kraft die geistige Souveränität einer anderen Kultur zu unterwerfen versuche. Zur Leitung der UNESCO sprechen zu können, erfülle „einen der lebhaftesten Wünsche meines Herzens". Daher wolle er ihnen „aus der Tiefe des Herzens zurufen: Ja, die Zukunft des Menschen hängt von der Kultur ab! Ja, der Friede der Welt hängt vom Primat des Geistes ab! Ja, die friedliche Zukunft der Menschheit hängt von Liebe ab!"[37]

Der Bischof von Orléans, Jean-Marie Lustiger, der dieser Rede Johannes Pauls zuhörte, dachte bei sich: „Der Kommunismus ist am Ende." Endlich hatte jemand gesagt, daß nicht die Wirtschaft die Welt regiert und daß der wahre Motor der Geschichte die Kultur ist.[38]

SCHWIERIGE FÄLLE:
BRASILIEN UND WESTDEUTSCHLAND

Am 27. Juni 1980 führte Johannes Paul II. weitere Änderungen in der Kurie durch; eine von ihnen sollte großen Einfluß auf das katholische Leben in den Vereinigten Staaten haben. Kardinal Sergio Pignedoli, dessen breit behandelte Kandidatur für das Papstamt von 1978 sich als journalistische Phantasie herausgestellt hatte, war gestorben. Zu seinem Nachfolger als Präsident des Päpstlichen Rates für die Nichtchristen ernannte Johannes Paul Erzbischof Jean Jadot, einen Belgier, der seit 1973 Apostolischer Delegat in den USA gewesen war. Jadot wurde in Washington durch Erzbischof Pio Laghi ersetzt, der als Nuntius in Argentinien bei der Vermittlung des Heiligen Stuhls beim Konflikt um den Beagle-Kanal mitgewirkt hatte.[39] Bei Laghis Abschiedsaudienz „zählte [Johannes Paul] an vier Fingern" für seinen neuen Repräsentanten in Washington seine Sorgen im Hinblick auf die Kirche in den Vereinigten Staaten ab: die wirksame Verkündigung des Evangeliums, einschließlich der Feier der Sakramente und der religiösen Erziehung; die Ernennung von Bischöfen; der Zustand des religiösen Lebens in den Klöstern und Konventen sowie die Ausbildung von Priestern in den Seminaren.[40] Gleichzeitig wurde Władysław Rubin zum Präfekten der Kongregation für die Orientalischen Kirchen ernannt; Kardinal Pietro Palazzini, ein Mann mit dem Ruf, in der trägen römischen Verwaltung die Aufgaben erledigt zu bekommen, wurde zum Präfekten der Kongregation für die Heiligsprechungsprozesse ernannt, die Johannes Paul stärken wollte; Bischof Paul Poupard, Rektor des Pariser Institut Catholique, wurde nach Rom gerufen, um die Leitung des Päpstlichen Rates für den Dialog mit den Nichtglaubenden zu übernehmen, und Pater Jan Schotte, der im ersten Jahr des Pontifikats das Vertrauen des Papstes gewonnen hatte, wurde zum Sekretär der Päpstlichen Kommission „Justitia et Pax" ernannt.

Am nächsten Tag empfing Johannes Paul den orthodoxen Erzbischof Meliton von Chalkedon und eine Delegation des Ökumenischen Patriarchats von Konstantinopel, die wegen des Festes der hll. Petrus und Paulus nach Rom gekommen waren. Am 30. Juni startete er dann zu einem elfstündigen Flug nach Brasilia, der modernistischen Hauptstadt des größten katholischen Landes der Welt, wo er 12 Tage verbrachte und die Bedeutung seines Titels „universeller Hirte" weiterentwickelte.

„Johannes von Gott"

Es war eine Pilgerreise voller Schwierigkeiten. Die brasilianische Regierung, unter deren höheren Beamten zahlreiche Katholiken waren, und die Kirchenführung stritten sich über die langsame Demokratisierung, die fortgesetzte Einsperrung politischer Gefangener und die enormen Besitzunterschiede im Land. Die Regierung beschwerte sich beim Nuntius, daß die Kirchenführer nicht die gewalttätige Linke verurteilten; die Bischöfe antworteten darauf, daß die Regierung praktisch nichts für die Armen tue. Die brasilianischen Bischöfe waren unzufrieden darüber, wie ihre Tätigkeiten und Vorstellungen dem Vatikan berichtet wurden; in Rom dachten manche, die brasilianischen Bischöfe seien theologisch und politisch nicht ganz ernst zu nehmen. Es gab sogar Streit darüber, wo die Pilgerreise beginnen sollte. Die Brasilianer schlugen Fortaleza im ärmsten Teil des Landes vor, wo der Papst einen nationalen Eucharistischen Kongreß eröffnen könnte; das Staatssekretariat des Vatikans bestand auf Brasilia, weil sonst die Regierung beleidigt wäre.

Das alles deutete nicht auf einen weiteren Triumph des Papstes hin. Doch irgendwie schaffte es Johannes Paul, der in den Monaten vor seiner Abreise Portugiesisch gelernt hatte und es die ganze Zeit benutzte, in den 12 Tagen, in einer geteilten Kirche und einer geteilten Gesellschaft eine gewisse Einigkeit zu erzeugen. 20 Millionen Menschen sahen ihn in Person und weitere Millionen im Fernsehen. Ausgleich, mit evangelischer Schärfe, war das Motto der gesamten Pilgerreise.

Am ersten Tag traf Johannes Paul mit Staatspräsident João Batista Figueiredo zusammen, nahm an einem offiziellen Empfang für 2000 geladene Gäste aus der Elite der brasilianischen Gesellschaft teil und verbrachte dann ein halbe Stunde in einem Gefängnis, wo er mit den Gefangenen sprach. Bei einer Messe für eine halbe Million Jugendliche in Belo Horizonte – von der Altarplattform konnte der Papst kaum das Ende der riesigen Gemeinde sehen, die sich bis in ein Tal hinein erstreckte – spendete Johannes Paul die Kommunion einem blinden Jungen, einem gelähmten Mädchen, zwei Leprakranken, einer polnischen Nonne, zwei Studenten, mehreren Arbeitern und einem Ehepaar, das seinen 68. Hochzeitstag feierte. Die Jugendlichen begannen den Sprechgesang „*Johannes von Gott! Unser König!*", der rasch von anderen im ganzen Land aufgenommen wurde, bis der Papst in São Paulo mit 150 000 Arbeitern zusammentraf, die den Gesang in „*Johannes von Gott ist unser Bruder!*" änderten. Dort prangerte Johannes Paul den „tiefen Abgrund" zwischen den Reichen und der „Mehrheit derer, die (...) in Not und Elend leben" an und predigte, daß der von materialistischen Ideologien propagierte Klassenkampf „nicht der Weg, der zur sozialen Ordnung führt" sei; es sei vielmehr „eine entschlossene Entscheidung zum edlen Kampf für soziale Gerechtigkeit" erforderlich. Er nahm ein Memorandum über die Unterdrückung von Arbeitern entgegen, das ihm von einer Delegation christlicher Gewerkschafter übergeben wurde und an „Unseren Kameraden der Arbeit, Johannes Paul II., Christi Arbeiter und unser Kollege" adressiert war.[41]

Als der Papst in Rio de Janeiro durch eine völlig verelendete *favela* ging, begrüßten ihn die Leute mit einer speziell komponierten Samba. Johannes Paul nahm den Ring von seinem Finger und gab ihn der lokalen Pfarrkirche; es war der Ring, den ihm Papst Paul VI. geschenkt hatte, als er ihn zum Kardinal ernannte.[42] In São Salvador da Bahia im von der Armut heimgesuchten Nordosten drängte er all jene mit Einfluß in der brasilianischen Gesellschaft – Akademiker, Unternehmer, Politiker, Arbeiterführer, Lehrer –, „eine gerechte Sozialordnung" und eine Gesellschaft aufzubauen, die den Vorrang der Ethik vor der Technik und den Primat des Menschen über die Dinge anerkenne. Tief im Amazonas-Urwald, wo der Papst an einer Prozession Tausender kleiner Boote teilnahm, traf er mit örtlichen Indianerführern zusammen, die der Regierung eine Politik des praktischen Völkermords vorwarfen. Die lokalen Behörden hatten gewollt, daß die Indianer einen Tanz vorführten; die hatten sich jedoch mit der Begründung geweigert, sie seien keine Schauspieler und dies sei keine Unterhaltung. Johannes Paul bat die Häuptlinge um eine Dokumentation ihres Elends, die sie ihm übergaben.

In Recife umarmte Johannes Paul öffentlich den umstrittensten brasilianischen Prälaten, Erzbischof Helder Camara. Doch die brasilianischen Bischöfe mußten an ihre einzigartige Mission erinnert und auch ermutigt werden, und so wurde die vierstündige Rede des Papstes vor der Bischofskonferenz, die hinter verschlossenen Türen stattfand, eine ausführliche Reflexion über das charakteristische Wesen der Kirche als religiöse Gemeinschaft, über die katholische Soziallehre und den Imperativ der Stärkung der katholischen Einheit. Eine engagierte, aber nicht parteiische Kirche; eine Kirche mit einer besonderen Sorge für die Armen, aber keine Kirche, die für den Klassenkampf eintrat; eine Kirche des Volks und für das Volk, aber mit einer Lehre und einer geweihten Führung; eine Priesterschaft, die sich für soziale Gerechtigkeit einsetzt, aber keine geistlichen Politiker oder Revolutionäre; eine Kirche, um es einfach auszudrücken, des voll umgesetzten II. Vatikanums – das war die Kirche, bei deren Aufbau die Bischöfe in Brasilien helfen sollten. Wie vorauszusehen wurde Johannes Pauls Rede von einigen als „konservativ" beschrieben. Der richtigere Ausdruck wäre „evangelisch" gewesen.[43]

Im Lande Luthers

Der Katholizismus in Westdeutschland war ein weiterer harter Fall für Papst Johannes Paul II., dessen erster Pastoralbesuch dort vom 15. bis 19. November 1980 stattfand.

Deutsche theologische Gelehrsamkeit hatte das II. Vatikanische Konzil stark beeinflußt, das manchmal als das Konzil beschrieben wurde, bei dem der Rhein in den Tiber floß. In der nachkonziliaren Zeit hatte die deutsche Theologie sich jedoch gespalten, und frühere Verbündete waren zu Feinden geworden, die sich in vielen Fällen heftig bekämpften. Das Land blieb gänzlich säkular. Sehr wenige westdeutsche Katholiken besuchten regelmäßig den Gottesdienst. Und doch hatten sie die vermutlich reichste Kirche in der Welt, zumindest was finanzielle Liquidität angeht. Eine Kirchensteuer, die automatisch vom Staat für die Verwendung durch die Kirche eingesammelt wird, hatte dem westdeutschen Katholizismus große finanzielle Mittel verschafft. Diese verliehen den katholischen deutschen Entwicklungshilfe-Organisationen Adveniat und Misereor großen Einfluß in der Dritten Welt, wo die Pastoralprogramme vieler Bischöfe von deutscher Unterstützung abhingen. Trotz seiner intellektuellen Leistungen kämpfte der deutsche Katholizismus aber weiterhin mit einem tiefsitzenden, wenn auch fast nie zugegebenen, kulturellen Minderwertigkeitskomplex. Die Wunden aus Bismarcks Kulturkampf, der die Vorstellung aufzuzwingen versucht hatte, ein guter Deutscher sei ein guter deutscher Protestant, waren noch nicht völlig verheilt. Seit dem Zweiten Weltkrieg gab es die neue Herausforderung eines aggressiven Säkularismus, verbündet mit Philosophie, Literatur und den Künsten, und der Krieg selbst hatte eine Gewissenslast zurückgelassen.[44]

Viele erwarteten, daß der fünftägige Aufenthalt Johannes Pauls in Westdeutschland so etwas wie eine Katastrophe sein würde. Er war es nicht. Er wurde sogar etwas wie ein persönlicher Triumph, da zuvor skeptische oder feindlich gesinnte Deutsche vor ihrem Fernseher saßen, offenbar von der Persönlichkeit eines polnischen Papstes gebannt, der bei seiner Ankunft sagen konnte, er wolle, daß seine Pilgerreise „den Genius des deutschen Volkes" ehre. Vertreter des Ökumenismus waren darüber erfreut, daß Johannes Paul erwähnte, der 450. Jahrestag der „Confessio Augustana" (der Augsburgischen Konfession), der grundlegenden Bekenntnisschrift der lutherischen Reformation, sei eine Gelegenheit, die Bemühungen zu verstärken, Christi Gebet zu erfüllen: „Laß alle eins sein" (Johannes 17,21).[45]

Die Verteidigung der Ehe und der Sexualethik der Kirche durch den Papst war humanistisch statt autoritär: Genauso wie es kein „Versuchs"-Leben und keinen „Versuchs"-Tod gebe, gebe es keine „Versuchs"-Liebe oder „Versuchs"-Ehe, denn „man kann nicht nur auf Probe lieben, nur auf Probe und Zeit einen Menschen annehmen".[46] Seine Rede vor 6000 Wissenschaftlern und Studenten in Köln war eine Lobrede auf christliche Gelehrsamkeit und die gegenseitige Bereicherung von Glaube und Vernunft.[47] Er drängte die deutschen Bischöfe, die Einheit der Kirche zu stärken; sie müßten jenen, die gewöhnlich als „Progressive" bezeichnet werden, helfen, die falsche Dichotomie zu überwinden, die oft zwischen einer autoritativen religiösen Tradition und menschlicher Freiheit stehe, und jenen, die durch die Veränderungen entfremdet seien, zu verstehen helfen, daß „die Kirche des II. Vaticanum und des I. Vaticanum und des Tridentinum und der ersten Konzilien die eine und selbe Kirche ist".[48]

Sein alter Freund Jerzy Turowicz, der für Krakaus katholische Wochenzeitung *Tygodnik Powszechny* über die Pilgerreise berichtete, schrieb, daß „die Anwesenheit des Papstes abgenutzte Klischees beseitigte [und] das Bild des Papsttums und der katholischen Kirche änderte".[49] Das war eine verständliche Übertreibung durch einen Mann, der sehr stark der deutsch-polnischen Aussöhnung verpflichtet war und unbedingt das Bild Johannes Pauls als Ungeheuer zerstört sehen wollte. Das zumindest war eingetreten. Die Menschen in Westdeutschland sahen mit eigenen Augen einen Mann mit transparentem Glauben, der seine Fähigkeit gezeigt hatte, trotz schmerzvoller geschichtlicher Erinnerungen ein „universeller Hirte" zu sein. Dennoch änderte Johannes Pauls erster Pastoralbesuch in Westdeutschland nicht dramatisch die Situation der Kirche in der Bundesrepublik, noch konnte er die Spannung zwischen vielen deutschen katholischen Intellektuellen und Rom verringern. Im Laufe des Pontifikats sollten diese Spannungen ab- und wieder zunehmen. Sie würden nie zufriedenstellend beseitigt werden, und die deutschsprachige katholische Welt (auch in Österreich und der Schweiz) sollte sich als der Lehre Johannes Pauls II. gegenüber außerordentlich widerstrebend erweisen.

DIE GEMEINSCHAFT DER FAMILIE

Die Verantwortung der Kirche gegenüber den Familien und dem Familienleben war das Thema der ersten Generalversammlung der Bischofssynode, die unter der Leitung Johannes Pauls II. abgehalten wurde. Bevor die Synode am 26. September 1980 eröffnet wurde, griff der Papst erneut für die Menschenrechte in die Weltpolitik ein.

Die Priorität der Religionsfreiheit

Der Anlaß war die Versammlung der Konferenz über Sicherheit und Zusammenarbeit in Europa [KSZE] in Madrid. Die 1975 unterzeichnete Schlußakte von Helsinki sah periodische Folgekonferenzen vor, um die Erfüllung zu kontrollieren, und die Madrider Folgekonferenz von 1980/81 wurde zu einem internationalen Forum, um von der Sowjetunion und ihren Warschauer-Pakt-Satellitenstaaten Rechenschaft für die Menschenrechtsgarantien, die sie fünf Jahre zuvor in Helsinki unterzeichnet hatten, zu verlangen.[50] Die Menschenrechtssituation in der europäischen kommunistischen Welt hatte sich seit der Schlußakte nicht verbessert, sondern eher noch verschlechtert.

Am 1. September 1980 sandte der Papst einen persönlichen Brief an die Oberhäupter der 35 Signatarstaaten von Helsinki, die sich bald in Madrid versammeln sollten. Zu Beginn des Dokuments gab es wenig von dem üblichen diplomatischen Geplänkel. Johannes Paul kam direkt zum Kern der Sache: Die Menschenrechte würden auf der ganzen Welt immer mehr als wichtiger Bestandteil des Strebens nach Frieden angesehen, und die Madrider Versammlung müsse eine „ernsthafte Untersuchung der gegenwärtigen Situation" der Freiheit in Europa durchführen, mit besonderer Berücksichtigung der Religionsfreiheit.

Der Brief des Papstes enthielt eine Checkliste, mit der die Madrider Folgekonferenz beurteilen konnte, ob in der Praxis Religionsfreiheit gewährt wurde: Waren die Menschen frei, zu glauben und einer Glaubensgemeinschaft beizutreten? Konnten sie einzeln und in Gemeinschaft beten und Orte der Anbetung haben? Waren Eltern frei, ihre Kinder in ihrem Glauben zu erziehen und für sie religiöse Schulen zu wählen, ohne dafür bestraft zu werden? Konnten Kapläne und andere Geistliche in öffentlichen Einrichtungen wie Krankenhäusern, dem Militär und Gefängnissen religiösen Beistand anbieten? Waren Männer und Frauen frei zu glauben, ohne Benachteiligungen in Gesellschaft, Politik oder Beruf zu erfahren? Konnten religiöse Institutionen ihre Leiter wählen, ihre Angelegenheiten regeln und ihre Geistlichen ausbilden? Konnte das geistliche Amt frei ausgeübt werden? Waren religiöse Gemeinschaften frei, ihren Glauben mündlich und schriftlich zu verbreiten? Konnten sie Publikationen veröffentlichen und beziehen sowie die Massenmedien benutzen? Waren sie frei, in der Gesellschaft karitative Arbeit zu leisten? Konnten sie freizügigen Kontakt zu Glaubensgenossen und religiösen Autoritäten in anderen Ländern unterhalten? – Diese konkreten Kriterien für die Beachtung der Religionsfreiheit erfüllte kein kommunistisches Land auch nur im entferntesten.

Der Brief Johannes Pauls II. an die Madrider KSZE-Folgekonferenz war eine weitere unmißverständliche Herausforderung des Jalta-Systems und der Ideologie, die es in den Augen der Sowjets rechtfertigte. Daß der Brief das Datum des Tags nach der Zustimmung der polnischen Regierung in Danzig, freie Gewerkschaften zu erlauben, trug, machte vom sowjetischen Standpunkt aus die Sache noch schlimmer. Eine Woche später gab Johannes Paul der Schraube eine weitere Drehung, als er das Thema seiner jährlichen Botschaft zum Weltfriedenstag am 1. Januar bekanntgab: „Schütze die Freiheit, dann dienst du dem Frieden!" Die sowjetische Behauptung, den Frieden könne man ohne Bezug zu den Menschenrechten und anderen umstrittenen moralischen Fragen anstreben – was Andrej Gromyko im Januar 1979 Johannes Paul unverblümt dargelegt hatte –, wurde an mehreren Fronten angegriffen.

Die Synode über die Familie

Die Bischofssynode, die auf dem II. Vatikanischen Konzil von Paul VI. ins Leben gerufen worden war, hatte in ihrem ersten Jahrzehnt bürokratische und theologische Schwierigkeiten erlebt. Sie war weder eine Fortsetzung des Konzils noch ein Minikonzil, auch wenn manche sich vorstellten, sie könnte als solches fungieren. Das gesamte Weltepiskopat, mit und unter dem Bischof von Rom, übt Autorität über die universelle Kirche aus, und diese Autorität kann nicht an eine Untergruppe der Bischöfe der Welt delegiert werden. Eine kleinere Versammlung der Bischöfe, so repräsentativ sie auch sein mag, kann keine bindenden Entscheidungen für andere Bischöfe oder das Kirchenvolk treffen. Die Bischöfe können nur in ihrem eigenen Namen sprechen, und obwohl das, was sie sagen, Gewicht hat, kann es nicht definitiv in bezug auf die Lehre oder Praxis sein. Die Entscheidungen der Synode müssen der Autorität des Papstes unterworfen sein und dann mit seiner Zustimmung veröffentlicht werden, bevor sie verbindlich werden.[51]

Die Synode ist keine gesetzgebende Versammlung, aber als Ausdruck der Kollegialität des Bischofskollegiums sollte sie etwas mehr sein als ein Sprachrohr. Wie man die Bischofssynode dazu bringt, daß sie konkret die *communio* der Bischöfe reflektiert, war von Anfang an ein organisatorisches Problem. Die erste angewandte Methode, die Synode im wesentlichen sich selbst zu überlassen, führte zu zahlreichen Problemen. Das Dokument der Synode von 1971 über Gerechtigkeit in der Welt war in trübe theologische Gewässer geraten, da es anscheinend politischen Aktivismus mit der Verkündigung des Evangeliums gleichsetzte und die Feier der Sakramente als „konstitutive Dimension" der Kirche ansah. Die Synode von 1974 über die Verkündigung des Evangeliums hatte sich völlig verfahren und konnte sich nicht auf eine gemeinsame Erklärung einigen.[52]

Johannes Paul II. hatte versucht, in das Procedere der Synode etwas Klarheit zu bringen und sie innerhalb der römischen Verwaltung zu schützen, indem er am 14. Juli 1979 den slowakischen Bischof Jozef Tomko zum Generalsekretär der Bischofssynode ernannte. Tomko war ein erfahrener Kurienbeamter, der der Synode eine Präsenz im internen Verwaltungsablauf des Vatikans zu geben verstand. Er hatte zwei weitere Vorteile: Er war als Mann des Papstes bekannt, und dieser hatte sehr deutlich gemacht, daß er die Synode wiederbeleben wollte, nicht einfach in ihren Versammlungen, sondern durch einen vollständigen Prozeß aus Vorbereitung, Durchführung und Umsetzung.[53]

Die Synode von 1980 über die Rolle der christlichen Familie in der heutigen Welt war die erste, die das neue Team, Johannes Paul und Jozef Tomko, einberufen und vorbereitet hatte, und sie war das Muster für die Beteiligung des Papstes an den Synoden während seines gesamten Pontifikats. Er nahm an praktisch jeder Plenarsitzung teil, hörte zu, redete aber nie, und machte sich ständig Notizen.[54] Er lud jedes Mitglied der Synode zum Mittag- oder Abendessen in die päpstlichen Gemächer ein, und er präsidierte und predigte bei der Eröffnungs- und Abschlußmesse.

Die Diskussionen auf der Synode von 1980 zeigten, daß die 15 Jahre nach *Gaudium et spes* und die 12 Jahre nach *Humanae vitae* keine Einigkeit unter den Bischöfen der Welt über die Krise des Familienlebens in der heutigen Welt oder über die kirchliche Ehemoral hervorgebracht hatten.[55] Manche Bischöfe meinten, sie würden von der römischen Bürokratie manipuliert, als sie die „Vorschläge" formulierten, die die Synode dem Papst vorlegen sollte, damit er eine Botschaft über die Familie an die gesamte Kirche vorbereite. Andere dachten, daß jene Bischöfe, die nach einer Revision der durch *Humanae vitae* verteidigten Sexualethik drängten, Pauls VI. prophetische Haltung gegen den Angriff der sexuellen Revolution auf die Ehe nicht begriffen hätten. Wieder andere glaubten, die Diskussionen hätten den wirklichen Umständen des heutigen Familienlebens zu wenig Aufmerksamkeit geschenkt. Wenn die Synoden als Ausdruck der Kollegialität Einheit innerhalb des Weltepiskopats erzeugen sollten, dann erreichte die Synode von 1980 über die Familie dieses Ziel nicht.[56]

Die in die Sackgasse geratene Synode von 1974 über die Evangelisierung hatte zum ersten „nachsynodalen" apostolischen Schreiben geführt, dem Dokument Pauls VI. *Evangelii nuntiandi* von 1975. Johannes Paul II. beschloß, diese Methode der Vollendung einer Synode durch ein apostolisches Schreiben zu übernehmen – eine neue Art päpstlichen Lehrinstruments. Am 16. Oktober 1979 veröffentlichte er *Catechesi tradendae*, um den Abschluß der Synode vom Oktober 1977 über die religiöse Erziehung bzw. Katechetik zu kennzeichnen. Man muß zugeben, daß ein apostolisches Schreiben, ein bedeutendes päpstliches Lehrdokument, als angemessener Abschluß einer Synode ein eher fragliches Verfahren ist. Die Ergebnisse der Diskussionen der Bischöfe sollten, da wird jeder zustimmen, ein Faktor im Leben der Kirche sein. Doch das Gewicht jener Diskussionen, egal wie gut sie in einem apostolischen Schreiben wiedergegeben werden, wird gewöhnlich durch die Tatsache eines päpstlichen Lehrdokuments vermindert, und dieses Dokument ist das, was die Kirche über eine Synode in Erinnerung behält.

Auf jeden Fall wurde die gleiche Methode wie bei *Evangelii nuntiandi* und *Catechesi tradendae* auch bei der Synode über die Familie angewandt. Das neue Apostolische Schreiben *Familiaris consortio* [Über die Aufgaben der christlichen Familie in der Welt von heute] wurde am 22. November 1981 unterschrieben. Da das Schreiben Themen anspricht, die nach der Überzeugung Johannes Pauls „immer noch von herausragender Bedeutung" sind, gehört es zu den ihm persönlich wichtigsten Verlautbarungen in einem Pontifikat, das zahlreiche Lehrdokumente hervorgebracht hat.[57]

Familiaris consortio verbindet die gegenwärtigen Probleme des Familienlebens und die Erwartungen, die an dieses gestellt werden, mit dem, was bereits als Hauptthema im Pontifikat aufgetaucht ist: der wahren Bedeutung der Freiheit. Die positiven „Zeichen der Zeit" – eine größere Sensibilität für persönliche Freiheit; der hohe Wert, den die Gegenwartskultur den zwischenmenschlichen Beziehungen beimißt; die Bemühungen, die Würde der Frau zu fördern; die weltweite Betonung der Bedeutung der Erziehung – seien Ausdrücke der heutigen Suche nach einer Freiheit, die des Menschen würdig ist. Die „Schatten" über der Familie – Infragestellung der natürlichen Autorität der Eltern; behördliche, gesellschaftliche und kulturelle Einmischung in die Rechte der Eltern als Erzieher; die Leugnung oder Ablehnung des Segens der Fruchtbarkeit; die Ausbeutung der Frauen aufgrund von „Machismo"-Einstellungen bei den Männern – reflektierten verzerrte Vorstellungen von Freiheit. Die „Schatten" hätten eine verzerrte Idee der Familie hervorgebracht als zufälliger Ansammlung von Individuen, die zusammenleben, weil es ihren Eigeninteressen dient.[58] Doch zufällige Ansammlungen hätten geringe Bindekräfte und könnten nach Belieben aufgelöst werden.

In scharfem Kontrast zu diesem schwachen Konzept von Ehe und Familie lehrt Johannes Paul auf durch und durch humanistischer Grundlage, daß die Ehe nie ein bloßer Vertrag und die Familie nicht einfach eine utilitaristische Annehmlichkeit für ihre Mitglieder sein könne. Da die Menschen durch Liebe und für die Liebe gemacht seien und die Liebe „die grundlegende und naturgemäße Berufung jedes Menschen" sei, sei diese Berufung der Kern der Ehe und der Familie. Für Christen in der Erlösung durch Christi selbstaufopfernde Liebe bestätigt, seien die Forderungen und Pflichten des Familienlebens befreiend, nicht begrenzend.[59]

In ihrem Auftrag, die Liebe zu schützen, zu offenbaren und zu verkünden, einem Auftrag, der eine echte Teilhabe an der Liebe Gottes für die Menschheit und der Liebe Christi des Herrn für die Kirche darstelle, sei die christliche Familie eine „Hauskirche" – eine spezifische Darstellung und Verwirklichung dieser kirchlichen Gemeinschaft, die für die Nachfolge Christi charakteristisch sei.[60] Im Licht dieser Gemeinschaft betont Johannes Paul, daß die Frau „die gleiche Würde und Verantwortung wie der Mann besitzt".[61] Gleichzeitig argumentiert er: „Andererseits verlangt die wirkliche Förderung der Frau auch, daß der Wert ihrer mütterlichen und familiären Aufgabe im Vergleich mit allen öffentlichen Aufgaben und allen anderen Berufen klare Anerkennung finde."[62] Die Männer ihrerseits seien dazu aufgerufen, ihre Vaterschaft als Abbild der „Vaterschaft Gottes" zu leben.[63]

Familiaris consortio versucht, die Debatte über Empfängnisverhütung in diesem sakramentalen Zusammenhang zu erneuern mit dem Argument, Sexualität, die den „Charakter der *Ganz*hingabe" besitze, werde „durch die Empfängnisverhütung zu einer objektiv widersprüchlichen Gebärde, zu einem Sich-nicht-ganz-Schenken".[64] Johannes Paul verteidigt auch die „unveräußerlichen" Rechte der Eltern, die Haupterzieher ihrer Kinder zu sein, und meint, andere Erziehungsinstitutionen müßten die Diener der Eltern und Familien sein – was für Demokratien sowie für kommunistische Länder gelte.[65] Einen Hinweis aus den Diskussionen auf der Synode aufgreifend skizziert Johannes Paul eine Reihe von „Rechten der Familie", die die Synodalväter vorgeschlagen hatten und deren Studium er versprochen hatte mit der Idee, eine „Charta der Familienrechte" zu veröffentlichen.[66]

Familiaris consortio enttäuschte jene, die gehofft oder erwartet hatten, Johannes Paul II. würde Änderungen bei der Sexualethik der Kirche oder Modifikationen beim Umgang mit solchen hartnäckigen Fällen wie getrennt lebenden oder geschiedenen oder in wilder Ehe lebenden Katholiken verkünden.[67] Diese Erwartung mißverstand das Wesen der Entwicklung der Lehre im Leben der Kirche. Päpste verkünden nicht einfach Änderungen der Lehre, so, als ob sie willkürlich das ändern würden, was einmal genauso willkürlich beschlossen worden war.

Im Mikrokosmos von Ehe und Familie waren die Werte, die auf dem Spiel standen, die gleichen wie beim Kampf um Freiheit von politischer Tyrannei, und auch das entscheidende Problem war das gleiche: die „Pulverisierung" des Menschen. Aus diesem Blickwinkel gesehen hatten die Synode von 1980 und *Familiaris consortio* eine autoritative Interpretation der Lehre des II. Vatikanums über Ehe und Familie vorgelegt und jene zwei grundlegenden menschlichen Institutionen – zwei Schulen der sich hingebenden Liebe und daher der richtig verstandenen Freiheit – in den Mittelpunkt der Pastoral-Agenda der Kirche gestellt.

VATERSCHAFT UND ERBARMEN

Als Johannes Paul II. kurz nach seiner Wahl *Redemptor hominis* zu schreiben begann, betrachtete er seine Antrittsenzyklika nicht als die erste Tafel eines trinitarischen Triptychons, einer dreiteiligen Reflexion über das Geheimnis Gottes als Heilige Dreifaltigkeit.[68] Ein Humanismus mit Christus als Mittelpunkt sollte zum Hauptthema seines Pontifikats werden, und *Redemptor hominis* sollte das der Kirche und der Welt verkünden. Die Reflexion über die Würde des von Christus erlösten Menschen führte natürlich zur Reflexion über den Gott, der seinen Sohn ausgesandt hatte, um der Erlöser der menschlichen Welt zu werden. Und das führte wiederum zur Reflexion über den Heiligen Geist, der vom Vater und vom Sohn ausgesandt worden war, um das Erlösungs- und Heiligungswerk des auferstandenen Christus fortzusetzen. Daher „wuchs" *Redemptor hominis* zu zwei weiteren Enzykliken, *Dives in misericordia* [Über das göttliche Erbarmen] über Gott den Vater, veröffentlicht am 30. November 1980, und *Dominum et vivificantem* [Herr und Lebensspender] über Gott den Heiligen Geist, veröffentlicht am 18. Mai 1986.

Dives in misericordia, die theologischste der Enzykliken Johannes Pauls, spiegelt auch zwei persönliche Dimensionen seines spirituellen Lebens wider.

Krakau war das Zentrum der Verehrung des „Göttlichen Erbarmens", die von der polnischen Mystikerin Schwester Faustina Kowalska gefördert wurde, die 1938 im Alter von 33 Jahren starb. Aufgrund einer Reihe mystischer Erfahrungen glaubte Schwester Faustina, sie sei dazu berufen worden, die katholische Verehrung des Erbarmens Gottes zu erneuern, die ihrerseits zu einer allgemeinen Erneuerung des katholischen geistigen Lebens führen würde. Die Elemente der Verehrung des göttlichen Erbarmens, die auf sie zurückging, umfaßten die Feier des ersten Sonntags nach Ostern als Sonntag des Göttlichen Erbarmens; einen „Rosenkranz des Göttlichen Erbarmens", eine Reihe von Gebeten, die Gottes Erbarmen für die Kirche und die Welt erbitten; und eine heilige Stunde im Gedenken an Christi Tod, in der die Stationen des Kreuzwegs gebetet werden oder die Eucharistie verehrt wird. Das Bild im Mittelpunkt der Verehrung ist das „Bild des gnädigen Jesus", ein Gemälde, das Christus in weißem Gewand mit zwei Strahlen zeigt, die von seiner Brust ausgehen, was die Vision darstellt, die Schwester Faustina am 22. Februar 1931 hatte. Sie zeichnete ihre mystischen Erfahrungen in einem spirituellen Tagebuch auf, das sie vier Jahre lang bis zu ihrem Tod führte. Als sich ihre Verehrung des göttlichen Erbarmens ausbreitete und die Frage ihrer möglichen Kanonisierung als Heilige erhoben wurde, wurde Schwester Faustinas Tagebuch zum ersten Mal wissenschaftlich untersucht, und zwar durch Pater Ignacy Różycki, Karol Wojtyłas ehemaligen Lehrer, Nachbar in der Kanonicza-Straße und Betreuer seiner Habilitationsschrift über Max Scheler.[69]

Als Erzbischof von Krakau hatte Wojtyła Schwester Faustina verteidigt, als in Rom posthum ihre Rechtgläubigkeit in Frage gestellt wurde, zum großen Teil aufgrund einer fehlerhaften italienischen Übersetzung ihres Tagebuchs, und er hatte ihre Seligsprechung gefördert. Johannes Paul II., der sagte, er fühle sich spirituell Schwester Faustina „sehr nahe", hatte „lange Zeit über sie nachgedacht", als er *Dives in misericordia* zu schreiben begann.[70] Dieses Gefühl der spirituellen Verbundenheit wurde durch das zweite persönliche Element vertieft, das sich auf die Abfassung der Enzyklika auswirkte.

Johannes Paul II. hatte auch seit langem über Vaterschaft nachgedacht. Das Zusammenleben mit seinem eigenen Vater und dem unbeugsamen Fürsten, Kardinal Sapieha, hatte ihm eine tiefe Erfahrung sowohl familiärer als auch spiritueller Vaterschaft gegeben. Er betrachtete sein Priestertum als eine Art Vaterschaft. Als sich seine Erkenntnisse über Vaterschaft vertieften, hatte Karol Wojtyła in seinem poetischen Essay „Betrachtungen über die Vaterschaft" eine dramatische Behauptung aufgestellt: „Alles andere erweist sich dann als unwichtig, unwesentlich bis auf das eine: den Vater, das Kind und die Liebe. Und dann sagen wir alle, die einfachsten Dinge betrachtend: Hätte man das nicht längst entdecken können? Steckte es nicht schon immer im Boden dessen, was ist?"[71]

Die Vaterschaft, nicht Elektronen, Protonen, Neutronen und all die anderen Bestandteile des Atoms, war „der Boden dessen, was ist". Als Johannes Paul II. diese intuitive Erkenntnis des Dichters über die Realität in *Dives in misericordia* entwickelte, eröffnete er neue Dimensionen klassischer biblischer Texte.

Themen aus dem Alten Testament bereicherten Johannes Pauls Reflexionen über die Predigten Jesu von einem Evangelium des Erbarmens und veranschaulichten die Überzeugung des Papstes, daß das Christentum nur durch das Judentum und seine einzigartige Rolle in der Heilsgeschichte verstanden werden könne. Während Gottes erbarmungsvolle Liebe im „Geheimnis der Schöpfung" beginnt, schreibt der Papst, bedeutet *„Erbarmen eine besondere Kraft der Liebe, die stärker ist als Sünde und Untreue des auserwählten Volkes"*.[72] Obwohl das Alte Testament ständig lehre, daß Gott ein Gott der Gerechtigkeit sei, offenbare es auch, daß die Gerechtigkeit „von der ‚Größe' der Liebe überragt [wird], insofern diese ursprünglicher und grundlegender ist".[73] Für die Christen sei diese Lehre vollendet im Geheimnis von Christi Leiden, Tod und Auferstehung, die das enthüllendste Merkmal des Erbarmens des Vaters darstelle. Hier zeige sich, daß das Erbarmen nicht nur stärker ist als Sünde, sondern auch stärker als der Tod.[74]

Christi Gleichnis vom verlorenen Sohn (Lukas 15,11-34) ist für Johannes Paul die Synthese der biblischen Theologie des Erbarmens und zeigt, wie die Frage eines wahren Humanismus unvermeidlich die Frage nach Gott aufwirft.[75] In Johannes Pauls Analyse dieser ergreifendsten Parabel des Neuen Testaments ist der verlorene Sohn eine Art Jedermann, der mit der Tragödie der *conditio humana* belastet ist, die „das Wissen um die leichtsinnig zerstörte Sohnschaft", die verlorene Menschenwürde, darstellt.[76] Dadurch, daß er seiner Vaterschaft treu bleibt und über die strenge Norm der Gerechtigkeit hinausgeht, stellt der verzeihende Vater für den ungeratenen Sohn die Wahrheit über sich selbst wieder her, die die verlorene Würde seiner Sohnschaft ist. Wahres Erbarmen schwächt oder demütigt nicht seinen Empfänger. Es bestätigt ihn in seiner oder ihrer Menschenwürde.[77]

Erbarmen besitzt auch eine korporative oder gesellschaftliche Dimension. Die Machtlosigkeit bzw. Entfremdung, die die Menschheit angesichts des technischen Fortschritts so oft spürt, bezeugt nach Johannes Paul die Wahrheit, für die das Alte und das Neue Testament Zeugnis ablegen: „Gerechtigkeit allein genügt nicht (...), wenn nicht *einer tieferen Kraft – der Liebe –* die Möglichkeit geboten wird, das menschliche Leben in seinen verschiedenen Bereichen zu prägen."⁷⁸ Ein Weg jenseits des heutigen „Unbehagens" liegt im Aufbau von Gesellschaften, in denen die Gerechtigkeit der Liebe und dem Erbarmen geöffnet wird, der wahren Erfüllung menschlicher Sehnsüchte.⁷⁹

Dives in misericordia zog viel weniger Aufmerksamkeit der Presse auf sich als *Redemptor hominis*, das aufgrund seines programmatischen Charakters und seiner Originalität Neuigkeitswert besaß. Doch es gibt viele Arten von Neuigkeit. Von seinen Enzykliken ist *Dives in misericordia* der klarste Ausdruck der pastoralen Seele Johannes Pauls II. und der deutlichste Hinweis darauf, wie diese Seele durch Karol Wojtyłas Erfahrung und Verständnis der Vaterschaft geformt wurde.

KONVERSION VON OBEN NACH UNTEN

Vor seinem Aufbruch zu einer 33 600 Kilometer langen Reise nach Asien sprach Johannes Paul II. die wohl kühnste Bischofsernennung seines Pontifikats aus.

Aron Lustiger wurde 1926 als Sohn eines polnischen Juden, der im vorangegangenen Jahrzehnt nach Frankreich emigriert war, in Paris geboren. Im ersten Jahr des Zweiten Weltkriegs konvertierte der junge Aron, der in der Obhut einer französischen katholischen Familie in Orléans war und keine ernsthafte jüdische Erziehung erhalten hatte, zum Katholizismus und wurde am 25. August 1940 getauft, wobei er den Vornamen Jean-Marie annahm. Seine Mutter wurde aus Frankreich deportiert und starb 1943 in Auschwitz. Nach dem Studium der Literatur, Philosophie und Theologie an der Sorbonne wurde Jean-Marie Lustiger 1954 zum Priester geweiht und diente 15 Jahre lang an seiner Alma mater als Kaplan für katholische Studenten und interessierte Nichtgläubige. 1969 wurde er zum Pfarrer der Pariser Pfarrei Ste. Jeanne de Chantal ernannt, wo seine Arbeit mit Studenten und Alten Aufmerksamkeit erregte und seine Predigten Scharen von Intellektuellen anzogen.⁸⁰

1979 begann Kardinal François Marty von Paris seine Nachfolge vorzubereiten und bat die Priester der Erzdiözese, ihm Memoranden über die von einem neuen Erzbischof geforderten Eigenschaften zu schicken. Mehrere Kollegen Pfarrer Lustigers gingen zu ihm, stellten ihn praktisch unter Hausarrest und sagten zu ihm: „Schreib auf, was wir denken." Lustiger erarbeitete einen ausführlichen, schonungslosen Bericht über den Zustand des französischen Katholizismus und legte die Strategie dar, die er und seine Freunde für notwendig hielten, um damit umzugehen.

Gemäß dieser Analyse war die Kirche in Frankreich vor der Revolution eine „Kirche der Macht" gewesen, verbündet mit der politischen Ordnung und in mancher Hinsicht von ihr abhängig. Dann kamen das Jahr 1789 und der nachfolgende Terror, als der französische Katholizismus durch die säkulare Moderne den frühesten (und bis zum 20. Jahrhundert stärksten) Stoß erhielt. Tief erschüttert von diesem blutigen Angriff spaltete sich die Kirche: Ein Restaurationsflügel strebte die Rückkehr des Ancien régime an, zuerst umfassend, dann, als sich das als politisch unmöglich herausstellte, kulturell. Im Laufe der

Zeit hatte diese Gruppe den Extremismus der Action Française, den Pétainismus während des Zweiten Weltkriegs und schließlich Erzbischof Marcel Lefebvres Ablehnung des II. Vatikanums hervorgebracht. Aus der Gegengruppe, die ein Übereinkommen mit dem Säkularismus und der politischen Linken suchte, war schließlich das *Non sequitur* des „christlichen Marxismus" hervorgegangen. Der erbitterte Kampf zwischen diesen beiden Lagern hatte die französischen Katholiken seit mehr als 150 Jahren gespalten und die Kirche ihrer evangelischen Kraft beraubt.

Das Schöpferische an Lustigers Analyse lag in der Erkenntnis, daß diese beiden Gruppen, weit davon entfernt, polare Gegensätze zu sein, zwei Varianten derselben falschen Option waren, nämlich der Entschlossenheit, eine „Kirche der Macht" zu sein. Sie unterschieden sich in der Art der politischen Macht, die als Partner für die Kirche vorzuziehen war. Doch beide stimmten darin überein, obwohl sie es nie gegenseitig zugeben konnten, daß die Kirche in Frankreich zu sein bedeutete, eine „Kirche der Macht" zu sein.

Lustiger widersprach dem. Gerade die Verbindung mit der Macht habe die Kirche gegenüber dem Angriff der säkularen Moderne verwundbar gemacht. Im Hinblick auf eine Pastoralstrategie sei es unmöglich, einen zufriedenstellenden Mittelweg zwischen den Anhängern der Restauration und denen des Übereinkommens zu finden. Die erste Gruppe habe die *Erklärung über die Religionsfreiheit* des II. Vatikanums als Häresie betrachtet, die zweite Gruppe die Öffnung zur Moderne in der *Pastoralkonstitution über die Kirche in der Welt von heute* als Einladung zur *Cohabitation* mit dem Marxismus und später dem Dekonstruktivismus mißverstanden, die beide zum Zusammenbruch der christlichen Orthodoxie geführt hätten. Unter diesen Umständen, meinte Lustiger, sei die einzige echte Option die des Evangeliums. Die Kirche müsse den Anspruch auf Macht aufgeben, Allianzen mit jeglicher politischen Macht ablehnen und Frankreich neuevangelisieren, nicht durch Beeinflussung der Politik, sondern durch eine Umwandlung der Kultur. Das bedeute, das Evangelium direkt zu den Formern und Bildnern der französischen Hochkultur, den durch und durch säkularisierten französischen Intellektuellen, zu bringen. Die schwierigsten Fälle sollten als erste in Angriff genommen werden, und Frankreich solle von oben nach unten konvertiert werden.[81]

Lustiger beschrieb sein Memorandum später als „sehr, sehr radikal".[82] Es zeigte tatsächlich verblüffende Parallelen zu Johannes Pauls II. Überzeugung, daß die Kultur die Triebkraft der Geschichte ist. Die beiden Männer waren sich nie begegnet, besaßen jedoch in Jerzy (Georges) Kalinowski einen gemeinsamen intellektuellen Gesprächspartner. Wojtyłas früherer Lubliner Kollege lehrte in Frankreich und hatte Lustiger und die führenden Köpfe hinter der französischen Ausgabe der internationalen theologischen Vierteljahresschrift *Communio* mit Wojtyłas „Quellen der Erneuerung" und anderen Schriften des polnischen Kardinals aus den Mittsiebzigern bekanntgemacht.[83] Lustiger und die jungen französischen Intellektuellen des *Communio*-Kreises hatten durch Kalinowski ein gutes Gespür dafür, wie Kardinal Wojtyła zur Zeit seiner Wahl zum Papst den französischen Katholizismus betrachtete: bewundernd und sehr kritisch. Diese Kombination aus Bewunderung und kritischer Herausforderung zeigte sich deutlich vom 30. Mai bis 2. Juni 1980 während des Papstbesuchs.

Lustiger ist sich nicht sicher, aber anscheinend hat sein Memorandum an

Kardinal Marty den Weg nach Rom gefunden. Jedenfalls wurde Jean-Marie Lustiger am 10. November 1979 zum Bischof von Orléans ernannt. Die Frage eines Nachfolgers von Kardinal Marty blieb im ganzen Jahr 1980 ungelöst. Johannes Paul rang offensichtlich mit einer Entscheidung, die er als eine seiner bis dahin folgenreichsten betrachtet haben muß. Eine neue Führung, die Vorgabe eines neuen Kurses für den französischen Katholizismus, war eindeutig nötig, aber jene, die am häufigsten für den Pariser Posten erwähnt wurden, brachte man mit einer der beiden Hauptgruppen der Kirche in Verbindung.[84] Ein möglicher Kandidat außerhalb des Episkopats, Dom Paul Grammont, Abt von Le Bec-Hellouin, hatte angedeutet, daß er mit 69 Jahren die Ernennung nicht annehmen könne.[85] Die Ausnahme innerhalb der französischen Hierarchie war Lustiger, aber er war erst seit ein paar Monaten Bischof, und seine Ernennung war von einigen französischen Bischöfen nicht begeistert aufgenommen worden, die zu Recht in ihm eine Bedrohung des üblichen Geschäftsgebarens sahen. Außerdem stellte seine Biographie ein Problem dar: Konnte der Sohn polnischer jüdischer Eltern Erzbischof von Paris werden?

Johannes Paul erwog diese äußerst wichtige Ernennung auf seinen Knien, in der Kapelle der päpstlichen Gemächer. Schließlich war die Entscheidung gefallen. Als Bischof Lustiger über seine Berufung nach Paris informiert wurde, war er entgeistert. Er meinte, der Papst nehme ein enormes Risiko auf sich und fordere von ihm das gleiche. Als er damals von seiner Berufung nach Orléans erfuhr, hatte er Johannes Paul geschrieben und ihn daran erinnert, „wer ich war und wer meine Eltern waren". Der Papst sprach die Berufung nach Orléans aus, und jetzt auch die nach Paris. Dreimal sagte der Sekretär des Papstes, Msgr. Dziwisz, zu Lustiger: „Sie sind die Frucht des Gebetes des Papstes." Damit war die Sache für Lustiger abgeschlossen, der später sagte, er hätte die Berufung nicht angenommen, wenn er nicht sicher gewesen wäre, daß seine Ernennung das Ergebnis intensiven Gebets war, bei dem der Papst die Risiken, die beide auf sich nehmen würden, abgewogen hatte.

Frankreich war wie gelähmt. Johannes Paul hatte das Undenkbare getan! Die Kritik war nicht auf Katholiken beschränkt – auch die Juden waren über die Beförderung eines Konvertiten nicht glücklich, der stets gesagt hatte, er betrachte sich noch immer als Sohn des jüdischen Volkes. Lustiger ließ sich nicht davon beeindrucken, begann in rund 60 zweistündigen Besprechungen mit einer systematischen Untersuchung des Pariser Klerus und machte dann mit der Neuevangelisierung – bzw. in manchen Fällen der Evangelisierung – Frankreichs von oben weiter, indem er jeden Sonntagabend in Notre-Dame vor Intellektuellen und Studenten predigte und eine Reihe populärer Bücher schrieb.[86]

DIE PILGERREISE NACH ASIEN

Johannes Paul konkretisierte seinen Titel „universeller Hirte" auf seiner nächsten Auslandsreise, die ihn im Februar 1981 innerhalb von 12 Tagen nach Pakistan, auf die Philippinen sowie nach Guam, Japan und Alaska führte.

Mit Ausnahme der Philippinen, eines der katholischsten Länder der Welt, war Ostasien hinsichtlich der Evangelisierung der große Fehlschlag der Kirche in den ersten zwei Millennien ihrer Geschichte gewesen. Christen aller Richtungen machten nur etwa ein Prozent der Bevölkerung der Region aus. Japan hatte 1981 fast genau die gleiche Anzahl Katholiken wie 1945, trotz einer größeren Zunahme der Bevölkerung nach dem Krieg.[87] Die Pilgerreise des Papstes aus Anlaß der Seligsprechung von Lorenzo Ruiz, einem philippinischen Missionar, der in Japan den Märtyrertod erlitt, hatte zwei Ziele: Johannes Paul wollte seinen Respekt vor den alten Kulturen des Fernen Ostens zeigen und im Geiste von Lukas 22,32 die Brüder stärken, die geographisch am weitesten von ihm entfernt waren. Zur Vorbereitung auf die Reise nahm er in den Wochen davor Intensivkurse in Japanisch und Tagalog, einer der einheimischen Sprachen der Philippinen.[88]

Johannes Paul flog am 16. Februar im Alitalia-Jet *Luigi Pirandello* von Rom ab. Auf dem Weg nach Manila war eine „technisch bedingte Zwischenlandung" zum Auftanken in Karatschi arrangiert worden. Durch den Euphemismus sollten militante Muslime beschwichtigt werden, die der Idee des päpstlichen Ungläubigen auf ihrem Boden sehr ablehnend gegenüberstanden. Die „Zwischenlandung" dauerte vier Stunden. Der Papst wurde am Flughafen von Präsident Zia ul-Haq begrüßt und dann durch die Straßen gefahren, die von Eselskarren und alten Männern in weißen Gewändern erfüllt waren, die auf Fahrrädern zu einem Stadion fuhren, wo er für 100 000 begeisterte verarmte pakistanische Katholiken eine Messe feierte. Auf dem Flughafen sagte Johannes Paul zu Präsident Zia: „Eine der besonders hervorgetretenen Eigenschaften Abrahams – mit dessen Glauben Christen, Moslems und Juden in gleichem Eifer ihren eigenen Glauben verbinden – war seine große Gastfreundschaft sei (...)."[89]

Der mit einem wunderbaren Nachnamen versehene Kardinal Jaime Sin, ein gewitzter, vitaler Mann chinesischer Abstammung, der seit 1974 Erzbischof von Manila war, hatte den päpstlichen Reiseplanern drei mögliche Routen vorgelegt. Johannes Paul hatte die anspruchvollste gewählt. „Hoffen wir", sagte Sin seufzend, „daß die Reporter mit dem Mann in Weiß an der Spitze mithalten können."[90]

Der Kardinal hatte andere, ernstere Gründe zur Sorge. Der starke Mann der Philippinen Ferdinand Marcos und seine Frau waren entschlossen, den Papstbesuch zum Aufpolieren ihrer eigenen politischen Position zu benutzen. Imelda Marcos hatte bereits versucht, öffentliche Lorbeeren für die Einladung des Papstes einzuheimsen, und hatte erst dann einen Rückzieher gemacht, als Kardinal Sin drohte, in allen Kirchen des Landes einen Hirtenbrief zu verlesen, der erklärte, der Papst käme auf Einladung der Bischöfe und das Ehepaar Marcos lüge.[91] Kurz vor der Ankunft des Papstes hatte Präsident Marcos formell das Kriegsrecht aufgehoben, das er 1972 verhängt hatte. Kardinal Sin war davon nicht beeindruckt: „Trotz aller legalistischen Versuche von Marcos, seinem Regime den Anschein der Legitimität einer legalen Demokratie zu verleihen, war dies eine diktatorische Herrschaft."[92]

Das Verhalten des ersten Paares der Philippinen während des Papstbesuchs hatte fast etwas Komisches an sich. Praktisch alles, was sie taten, um Johannes Paul zu beeindrucken, hatte mit Sicherheit den gegenteiligen Effekt. Die Begrüßungszeremonie am Flughafen außerhalb Manilas war grandios, mit fünf Ehrengarden, endlosen Salven der Artillerie, über das Feld brausenden Düsenjägern und Schulkindern, die mit paramilitärischen Uniformen bekleidet waren. Der Empfang des Papstes durch das Ehepaar Marcos im Präsidentenpalast Malacañang war die reinste Protzerei. Mit erheblichen Kosten war die Residenz für diese Gelegenheit kunstvoll in ein philippinisches Dorf verwandelt worden, und die betuchten Gäste mußten in Nationaltracht erscheinen. Die First Lady flog in einem Privatflugzeug zu jedem Ort von Johannes Pauls Rundreise voraus, damit man sie bei der Begrüßung des Papstes sehen konnte. Beim dritten Stop, in Davao, hatte Johannes Paul, dessen Geduld und Höflichkeit legendär sind, genug von der Farce und begrüßte die lokalen Würdenträger, als ob Imelda gar nicht da wäre. Das staatlich kontrollierte Fernsehen hielt den Papst im Hintergrund, während es Frau Marcos in den Vordergrund rückte, umgeben von ihrem „liebenden Volk", wie sie es ausdrückte.[93]

Johannes Pauls Bemerkungen zur philippinischen politischen Elite zeigten den Einfluß Kardinal Sins und der prodemokratischen Bischöfe. Beim Empfang im Malacañang-Palast kritisierte der Papst direkt das Kriegsrecht, dessen kürzliche nominelle Aufhebung durch das Verhalten der Regierung Lügen gestraft wurde. Jeder scheinbare Konflikt zwischen den Erfordernissen der Sicherheit und den Grundrechten der Bürger müsse gemäß dem Grundprinzip gelöst werden, daß die gesellschaftliche Organisation nur für den Dienst am Menschen und zum Schutz seiner Würde bestehe. Wenn der Staat diese Rechte systematisch verletze, diene er nicht dem Gemeinwohl.[94]

Auch wenn sich die Aufmerksamkeit der internationalen Medien auf das Drama zwischen der Sorge des Papstes um die Menschenrechte und dem Ehepaar Marcos konzentrierte, galt die größte Sorge Johannes Pauls der philippinischen Kirche, der stärksten katholischen Präsenz in Ostasien. Seine Botschaft an die Bischöfe ähnelte derjenigen, die er in Brasilien übermittelt hatte: Verteidigt die Religionsfreiheit und andere Menschenrechte, fördert soziale Gerechtigkeit, aber verkauft nicht das evangelische Geburtsrecht der Kirche für das Linsengericht der Politik. Bischöfe und Priester würden dem Wohlergehen der Gesellschaft am besten dienen, wenn sie katholische Laien ausbildeten, die in der Lage seien, gemäß den moralischen Normen der Soziallehre der Kirche Führerschaft auszuüben – eine vertraute Botschaft, die nicht durch Befehle übermittelt wurde, sondern durch die Erläuterung der Vision des II. Vatikanums, bei der die katholische soziale und karitative Aktion eine Dimension des universellen Rufs zur Heiligkeit war. Bis dahin hatte Johannes Paul nirgendwo sonst auf seinen Reisen so stark die evangelische Rolle der Laien und ihre Verantwortung dafür betont, ihren Nachbarn den Glauben zu verkünden.[95]

Der Mittelpunkt der Pilgerreise zu den Philippinen war die Seligsprechung von Lorenzo Ruiz und seinen Gefährten am 18. Februar. Es war die erste Zeremonie dieser Art, die außerhalb Roms oder Avignons abgehalten wurde. Kardinal Sin hatte darum gebeten, die Seligsprechung des philippinischen Laienmissionars, der im 17. Jahrhundert in Nagasaki den Märtyrertod fand, in Manila vorzunehmen, und Johannes Paul hatte sofort zugestimmt. Eine Million Filipinos kamen zu der Zeremonie im Luneta-Park, an der auch Bischöfe aus Australien, Bangladesch, Hongkong, Indien, Indonesien, Japan, Macao, Südkorea, Sri Lanka und Thailand teilnahmen. Von Englisch zu Tagalog übergehend erinnerte Johannes Paul die riesige Gemeinde der größten katholischen Feier in der Geschichte Asiens an die Worte des Märtyrers vor dem japanischen Gericht, das ihn verurteilte: „Wäre mein Leben tausendfach, ich gäbe es tausendmal für ihn hin. Nie werde ich den Glauben verleugnen. Ihr könnt mich töten, wenn ihr wollt. Für Gott zu sterben, das ist mein Wille." Dieser Sohn eines chinesischen Vaters und einer Tagala-Mutter, selbst Ehemann und Vater, „erinnert uns daran, daß das Leben eines jeden – und zwar sein ganzes Leben – Christus zur Verfügung stehen muß". Das sei „der eigentliche, christliche Kern" dieser ersten Seligsprechung in Ostasien; sie solle „alle Katholiken in Ostasien" dazu anspornen, „den Glaubenseifer und die Treue zu diesem Eifer nachzuahmen". Es war eine Einladung mit besonderer Bedeutung für die Filipinos, die große Zuversicht und neue Hoffnung aus dem Leben ihrer Märtyrer schöpfen sollten. Was sie im Luneta-Park feierten, sei „die Liebe Jesu Christi, der das Licht der Welt ist".[96]

Das Reiseprogramm war wie üblich sehr anstrengend, mit Sechzehn-Stunden-Tagen ohne Pause. Der Papst traf Familien, Priester, Seminaristen, Nonnen, Leprakranke, Studenten. Er fuhr zu einigen der ärmsten Slums im Land und zu einem Flüchtlingslager, in dem vietnamesische Boat people in entsetzlichen Verhältnissen lebten (die Regierung hatte kurz vor der Ankunft des Papstes diskret den Stacheldrahtzaun entfernt). Bei einem Halt sollte ein kleines Mädchen Johannes Paul Blumen überreichen. Als er seine Hand ausstreckte, um sie entgegenzunehmen, änderte das Kind seine Meinung und verbarg sie hinter seinem Rücken. Die Nonnen fielen vor Scham fast in Ohnmacht; Johannes Paul brach in Lachen aus.[97] Bei einem Besuch des katholischen Rundfunksenders Radio Veritas am 21. Februar sandte er eine Botschaft an ganz Asien: „Christus und seine Kirche können keinem Volk, keiner Nation oder Kultur fremd sein. Seine Botschaft gehört allen und ist an alle gerichtet. Die Kirche (...) möchte in Asien ebensowie in allen anderen Teilen der Welt Zeichen der erbarmenden Liebe Gottes, unseres gemeinsamen Vaters, sein."[98] Neben den anderen Zielen war die Botschaft Johannes Pauls erster Versuch, in China einzudringen. Es sollte nicht sein letzter sein.

Nach einer Übernachtung auf Guam kam der Papst am 23. Februar in Japan an. Die gegenwärtige Spannung zwischen authentisch japanisch und authentisch katholisch zu sein hatte eine Geschichte von fast 400 Jahren hinter sich, da sie auf die blutigen Verfolgungen im 17. Jahrhundert zurückging, die den japanischen Katholizismus zum größten Teil vernichteten. Nationales Selbstbewußtsein und Anti-Katholizismus hatten sich im gleichen Augenblick der japanischen Geschichte gebildet. Johannes Pauls Pilgerreise war ein bescheidener Versuch, ein lange unterbrochenes Gespräch wiederaufzunehmen.

In einer seltenen Geste der Hochachtung begrüßte Kaiser Hirohito den Papst an der Tür des kaiserlichen Palastes. Es war das erste Mal, daß der Kaiser, dessen religiöser Status in der japanischen Kultur durch seinen Verzicht auf den göttlichen Ursprung nach dem Krieg nicht endete, das Oberhaupt einer anderen Religion empfing.[99] An diesem Nachmittag traf Johannes Paul mit Tausenden japanischer Teenager und junger Erwachsener zusammen, die nicht alle Christen waren. Nach den Gesängen und Tänzen, die bei solchen Ereignissen Brauch geworden waren, führte der Papst einen längeren Gedankenaustausch mit den Jugendlichen, die über alles Fragen stellten, von seinem

Glauben bis zu seinen Hoffnungen für die heutige Welt. Die bewegendste Begegnung der gesamten Pilgerreise hatte früher am Tage stattgefunden, als Johannes Paul Bruder Zeno besuchte, einen polnischen Franziskanermissionar, der in den 30er Jahren mit Maximilian Kolbe nach Japan gekommen war. Nach dem Krieg war Bruder Zeno zum Beschützer der Ausgestoßenen und Waisen geworden; er war durch die armseligen Straßen Tokios gewandert, hatte den menschlichen Abfall von den Gehwegen aufgesammelt und sich um die Menschen gekümmert. Inzwischen war er über 90 Jahre alt, krank und fast taub. Er fragte Johannes Paul, der sich über sein Bett beugte, ob er der polnische Papst sei. Als Johannes Paul das bejahte, rollten Tränen über Bruder Zenos eingefallene Wangen. Es blieb kein Auge trocken, als der Papst den alten Franziskaner umarmte und sanft seinen Kopf streichelte.[100] Die japanischen Zeitungen schrieben seit Jahren, Bruder Zeno, dessen Heiligkeit ihm einen für einen Mann aus dem Westen seltenen Respekt gewonnen hatte, habe „keine Zeit zu sterben". Jetzt würde ein weiterer von „Gottes Brüdern", wie der Dramatiker Wojtyła den sich aufopfernden Bruder Albert Chmielowski genannt hatte, als sehr glücklicher Mann sterben.

Am 25. Februar sprach Johannes Paul vor dem Friedensdenkmal in Hiroshima in Japanisch, Englisch, Französisch, Spanisch, Portugiesisch, Polnisch, Chinesisch, Deutsch und Russisch. Die Rede gruppierte sich um eine Antiphon, die dreimal wiederholt wurde: „Sich auf die Vergangenheit besinnen heißt, sich der Zukunft verpflichten." „Die Menschheit", insistierte Johannes Paul, „ist nicht zur Selbstzerstörung bestimmt", und das Gegenmittel zum drohenden Krieg sei „eine Gesetzesordnung (...), die die internationalen Beziehungen regelt und den Frieden wahrt". Er schloß mit einem Gebet in Japanisch, in dem er den „Schöpfer von Natur und Mensch, von Wahrheit und Schönheit" bat, „den Herzen aller Menschen die Weisheit des Friedens, die Kraft der Gerechtigkeit und die Freude der Gemeinschaft einzugeben".[101]

Nach einer Ansprache vor Wissenschaftlern und Studenten der Universität der Vereinten Nationen reiste Johannes Paul nach Nagasaki weiter, dem Zentrum des japanischen Katholizismus, das den Papst mit eisigem Wind und Schnee begrüßte. Dort besuchte er den „Hügel der Märtyrer", wo Lorenzo Ruiz und seine Gefährten gekreuzigt worden waren, und das Haus, in dem Maximilian Kolbe – von den lokalen Bischöfen wegen seiner Ungeduld bei der Bekehrung Japans „verrückter Max" genannt – in den 30er Jahren gelebt hatte.[102] Während der Messe in der Kathedrale von Nagasaki am ersten Tag seines Besuchs weihte er 15 Priester. Am nächsten Tag, bei der Messe im Matsuyama-Stadion, taufte er bei Schneefall 77 Männer und Frauen.

Auf der Polarroute nach Hause legte das päpstliche Flugzeug in Anchorage, Alaska, zum Auftanken einen Zwischenstop ein. Dort war das Wetter freundlicher, und 50 000 Leute besuchten im Delaney Park Strip eine Messe mit dem Papst im Freien – die größte Menschenmenge in der Geschichte dieses dünnbesiedelten Bundesstaates. Ein Polnisch-Amerikaner war fast 1000 Kilometer mit einem Hundeschlitten gefahren, um den Papst zu sehen, besaß aber keine Einlaßkarte für die Messe. Die Hunde machten einen solchen Lärm, daß die Sicherheitskräfte ihn dennoch hineinließen.[103] Bei der Begrüßung sagte Erzbischof Francis T. Hurley: „Kein zukünftiger Papst wird weiter entfernt von der ewigen Stadt reisen, es sei denn, er benutzt ein Raumschiff zum Mond – eine

Herausforderung, die nach Meinung vieler Leute eine große Versuchung für Eure Heiligkeit wäre."[104] Auf dem Flughafen, vor dem Abflug nach Rom, legte Johannes Paul die letzten Meter auf den Kufen des Hundeschlittens des Iditarod-Hundeschlittenführers Norman Vaughan zurück. „Das war großartig", sagte er und bedankte sich bei dem Fahrer und seinen neun Huskies.[105]

Auf dem Flug nach Alaska war die Datumsgrenze überflogen worden und man hatte einen Kalendertag gewonnen. Mit schelmisch blitzenden Augen sagte der „universelle Hirte" zu seinem erschöpften Troß und den Presseleuten: „Jetzt müssen wir uns überlegen, was wir mit dem zusätzlichen Tag anfangen, den wir bekommen haben."[106]

12

Im Auge des Taifuns

Monate der Gewalt und Meinungsverschiedenheiten

14.–31. August 1980	Ein Streik in der Danziger Schiffswerft führt zur Gründung der Solidaritätsbewegung und der Gewerkschaft Solidarność.
20. August 1980	Botschaften Johannes Pauls II. an die polnischen Kirchenführer unterstützen die Forderungen der Streikenden.
27. August 1980	Die polnische Bischofskonferenz unterstützt den Ruf der Streikenden nach unabhängigen Gewerkschaften.
24. Oktober– 10. November 1980	Wegen der Registrierung der Solidarność entsteht eine Krise.
2. Dezember 1980	In El Salvador werden vier amerikanische Kirchenfrauen ermordet.
5. Dezember 1980	Die geplante Invasion der Warschauer-Pakt-Staaten in Polen wird von der sowjetischen Regierung gestoppt.
16. Dezember 1980	Johannes Paul II. schreibt zur Verteidigung der polnischen Souveränität an Leonid Breschnew.
31. Dezember 1980	Das Apostolische Schreiben *Egregiae virtutis* ernennt die Heiligen Kyrill und Method zu Mitpatronen Europas.
15.–18. Januar 1981	Johannes Paul trifft im Vatikan mit der Delegation der Solidarność zusammen.
März 1981	Die Bydgoszcz-Krise wühlt Polen auf; die Sowjetpresse intensiviert ihre Angriffe auf Johannes Paul II.
9. Mai 1981	Johannes Paul errichtet den Päpstlichen Rat für die Familie als ständiges Kurienamt.
13. Mai 1981	Der Papst wird auf dem Petersplatz von Mehmet Ali Agca angeschossen.
28. Mai 1981	Kardinal Wyszyński, Primas von Polen, stirbt in Warschau.
3. Juni 1981	Johannes Paul kehrt aus der Poliklinik Gemelli in den Vatikan zurück.
20. Juni 1981	Johannes Paul geht zur Diagnose und Behandlung einer Virusinfektion wieder in die Klinik.
7. Juli 1981	Józef Glemp wird zum Primas von Polen ernannt.

22. Juli 1981	Mehmet Ali Agca wird nach einem dreitägigen Prozeß in Rom für schuldig befunden und zu lebenslanger Haft verurteilt.
14. August 1981	Johannes Paul verläßt die Gemelli-Klinik, um seine Genesung in Castel Gandolfo fortzusetzen.
5. September 1981	In Danzig wird der erste Solidarność-Nationalkongreß eröffnet.
14. September 1981	Johannes Pauls erste Sozialenzyklika *Laborem exercens* wird veröffentlicht.
25. September 1981	Das schriftliche Urteil im Prozeß gegen Agca deutet auf eine Verschwörung zur Ermordung des Papstes hin.
5. Oktober 1981	Johannes Paul ernennt einen „persönlichen Delegaten" zur Leitung der Jesuiten.
18. Oktober 1981	General Wojciech Jaruzelski wird Erster Sekretär der polnischen kommunistischen Partei.
8. Dezember 1981	Johannes Paul segnet ein Mosaik von Maria, der Mutter der Kirche, das erste Marienbild am Petersplatz.
11. Dezember 1981	Johannes Paul besucht die lutherische Gemeinde Roms.
12.–13. Dezember 1981	General Jaruzelski erklärt den „Kriegszustand" in Polen, verhängt das Kriegsrecht und ordnet die Verhaftung Tausender Solidaritätsaktivisten an.
18. Dezember 1981	In einem Brief an Jaruzelski drängt der Papst auf ein Ende der Gewalt und die Eröffnung eines nationalen Dialogs.
1. Januar 1982	Die Botschaft Johannes Pauls zum alljährlichen Weltfriedenstag verurteilt den „falschen Frieden" des Totalitarismus.
Mai–Juni 1982	Besuche des Papstes in Großbritannien und Argentinien während des Falkland-Kriegs.

Mehmet Ali Agca, ein 23jähriger Türke, verließ die Pension Isa an der Via Cicerone, in der Nähe der Piazza Cavour und des Kastells Sant'Angelo auf der Vatikanseite des Tibers. Es war der 13. Mai 1981, ein herrlicher Frühlingsnachmittag, und wie 20000 andere ging er wegen Johannes Pauls II. wöchentlicher Generalaudienz zum Petersplatz.

Agca war jedoch kein typischer Pilger. Zwei Jahre zuvor, am 1. Februar 1979, hatte er Abdi Ipekçi ermordet, den Redakteur der angesehenen türkischen Tageszeitung *Milliyet*. Er hatte das Verbrechen gestanden, das Geständnis jedoch während des Prozesses im Oktober 1979 widerrufen. Am 23. November, der Prozeß war noch nicht beendet, floh Agca als Soldat verkleidet aus dem Hochsicherheitsgefängnis Kartal-Maltepe. Drei Tage später schrieb er einen Brief an *Milliyet*, in dem er damit drohte, den Papst zu ermorden, sollte dieser die Kühnheit besitzen, wie geplant am 28. November in die Türkei zu kommen. Die Drohung wurde jedoch nicht in die Tat umgesetzt, und Agca, ein gesuchter Mann, verschwand im dunklen Untergrund der modernen Welt.

Ein türkisches Gericht verurteilte ihn im April 1980 in Abwesenheit zum Tode, aber weder die türkischen Behörden noch die internationale Polizei konnten ihn finden. Agca, ein Mann aus einer armen Familie ohne persönliche finanzielle Mittel, machte in jenem Jahr ausgedehnte Reisen, mit Sicherheit in den Iran, nach Bulgarien, in die Schweiz, nach Deutschland und Tunesien, vielleicht auch noch in die Sowjetunion. Im Januar 1981 war er nach Rom gekommen und hatte dann den Februar in der Schweiz und in Österreich verbracht. Einige Tage nach seiner Rückkehr nach Rom Anfang April war er nach Perugia gefahren, hatte sich für einen Universitätskurs angemeldet, dort an einer Stunde teilgenommen und war dann nach Mailand gereist, wo er einen zweiwöchigen Urlaub auf Mallorca buchte. Während der Zeit auf der Insel sahen ihn die anderen Urlauber fast nie. Anfang Mai kehrte er nach Rom zurück und zog am 9. Mai in die Pension Isa. Ein Anrufer hatte vor seiner Ankunft für ihn ein Zimmer reserviert. Am 11. und 12. Mai ging er zum Petersplatz, um die Örtlichkeiten zu studieren.

Zusammen mit Tausenden Pilgern und Römern kam er am nächsten Nachmittag zurück. Die Via della Conciliazione hinaufgehend gelangte er auf Vatikan-Gebiet, betrat den Platz und ging die Bernini-Kollonaden entlang. Der riesige Platz war durch niedrige hölzerne Barrieren in Abschnitte eingeteilt, und es entstand eine improvisierte Straße, die Johannes Paul II. in seinem offenen Papamobil entlangfahren würde, um die Menge zu begrüßen. Mehmet Ali Agca fand eine Stelle hinter einer Reihe von Pilgern, die direkt hinter einer der Barrikaden standen, nicht mehr als drei Meter von der Stelle entfernt, wo der Papst vorbeikommen mußte.

Und dort wartete er.

Das Auge des Taifuns

Päpste können es sich nicht leisten, den Rest der Kirche und ihre Bedürfnisse warten zu lassen, während sie sich wochen- oder monatelang mit einem bestimmten Problembereich beschäftigen. Der Papst ist das Auge eines Hurrikans von Aktivitäten, die niemals enden. Jeden Tag geschieht irgendwo irgend etwas, das wegen seines Einflusses auf das Leben der Kirche seine ganze Aufmerksamkeit erfordert.

Die außerordentliche Komplexität der Aufgabe des Papstes und die besonderen Anforderungen an seine Ressourcen von Intellekt, Herz und Geist wurden im Zeitraum zwischen der Polenreise Johannes Pauls II. im Juni 1979 und seinen Pilgerreisen nach Großbritannien und Argentinien während des Falkland-Kriegs 1982 offenbar.

Johannes Pauls erste den Erdball umspannenden Versuche, dem Auftrag Petri, „die Brüder zu stärken", neuen Schwung zu verleihen, und seine ersten Bemühungen, die Reaktion der Kirche auf die Krise des Humanismus am Ende des 20. Jahrhunderts neu zu beleben, fanden statt, während die gewaltlose Herausforderung des Kommunismus, die er inspiriert hatte, in seinem Heimatland ein kritisches Stadium erreichte. Die Anfänge seiner „Theologie des Leibes", seine wegweisenden UN- und UNESCO-Reden, seine Pilgerreisen nach Irland, in die USA, nach Brasilien, Afrika, Frankreich, Westdeutschland und Ostasien, seine historische Begegnung mit dem Ökumenischen Patriarchen der orthodoxen Kirche, seine ersten Bemühungen, die Kirche Italiens wiederzubeleben, die Synode über die Familie und seine zweite Enzyklika *Dives in misericordia*, die Partikularsynoden der holländischen und ukrainischen Bischöfe, seine Versuche, die Kluft zwischen Wissenschaft und Theologie zu überbrücken, Dutzende von Bischofsernennungen, unter ihnen so bedeutende wie die von Mailand und Paris – all das ereignete sich während der Entstehung der Gewerkschaft Solidarność und der ersten Wochen ihrer unruhigen 16 Monate der Freiheit.

Ein Tag aus dieser Periode illustriert den vielfachen Druck, der auf dem Pontifikat Johannes Pauls II. lastete:

2. Dezember 1980: Während der Vatikan mit zunehmender Sorge zusieht, warnen die Vereinigten Staaten, die Europäische Gemeinschaft und die NATO die Sowjetunion vor einer Invasion in Polen, die gemäß Satellitenaufklärung und aufgrund anderer Informationen unmittelbar bevorzustehen scheint.

Am gleichen Tag versammeln sich griechisch-katholische Bischöfe aus der ukrainischen Diaspora in Rom und nehmen zum Abschluß ihrer Synode eine Resolution an, die die sogenannte Synode von Lemberg (Lvív bzw. Lwów) von 1946 für null und nichtig erklärt. Auf diesem kanonisch ungültigen Treffen griechisch-katholischer Führer in der Ukraine, das unter starkem sowjetischem Druck stattfand, war die Brester Union von 1596 außer Kraft gesetzt und die Eingliederung der griechisch-katholischen Kirche in die russisch-orthodoxe Kirche erklärt worden.[1]

Die gegen Johannes Paul II. gerichtete Propaganda-Kampagne, die im vergangenen November autorisiert worden war, nimmt in der sowjetischen Presse jetzt an Schärfe zu; es wird behauptet, daß der Papst sich mit US-Präsident Jimmy Carter und seinem Sicherheitsberater Zbigniew Brzeziński zu einer Verschwörung zur Destabilisierung der UdSSR zusammengeschlossen habe.[2]

Am gleichen Tag werden in El Salvador drei amerikanische Nonnen und eine Laienhelferin vergewaltigt und ermordet – die jüngsten Opfer in einem brutalen Bürgerkrieg, der das Leben des Erzbischofs von San Salvador, Oscar Arnulfo Romero, gefordert hatte, der acht Monate vorher während der Meßfeier getötet worden war. In der Zwischenzeit verschlechtert sich die Lage in Nicaragua weiter, und die Kirchenführung kritisiert die Menschenrechtsbilanz der neuen sandinistischen Regierung.

Am gleichen Tag wird die Enzyklika *Dives in misericordia* veröffentlicht.

2. Dezember 1980: Für Johannes Paul II. ein weiterer Tag im Auge des Sturms, den der Katholizismus, 15 Jahre nach dem II. Vatikanischen Konzil darstellt – als Oberhaupt einer Kirche, in der „abweichen" abweichen für die Wahrheit, aber auch von ihr bedeuten konnte.

Vom Spätsommer 1980 bis zum Frühsommer 1982 war Johannes Paul mit einer ununterbrochenen Reihe diplomatischer, kirchlicher und persönlicher Krisen konfrontiert. Keine dieser Krisen konnte vorübergehend unbewältigt bleiben. Im Umgang mit jeder von ihnen blieb Johannes Paul der universelle Hirte einer Weltkirche, eine wichtige Tatsache, an die man denken muß, wenn man zu verstehen versucht, wie der Hurrikan vom Zentrum aus aussah.

DIE KRISE DER SOLIDARNOŚĆ

Die Lunte, die Johannes Paul II. im Juni 1979 in Polen angezündet hatte, brannte langsam, aber stetig. 14 Monate später, am 14. August 1980, führte sie eine gewaltlose Explosion herbei, die im Laufe des nächsten Jahrzehnts zum Zusammenbruch des Kommunismus in Europa führen sollte.

Geburtsschmerzen

Der Anlaß für die Explosion war ein weiterer Versuch des wankenden polnischen Regimes, seine „Alice-im-Wunderland"-Wirtschaft zu stützen. Am 2. Juli 1980 wurden Preiserhöhungen zwischen 30 und 100 Prozent für Rindfleisch, Schweinefleisch und hochwertiges Geflügel außer Hühnern angekündigt. Eine Streikwelle folgte, wobei sich die Forderungen der Arbeiter auf wirtschaftliche Themen konzentrierten, unter anderem die Rücknahme der Preiserhöhungen und eine Erhöhung der Löhne entsprechend dem Anstieg der Lebenshaltungskosten. Die örtlichen Behörden nahmen die Preiserhöhungen allmählich zurück, doch am 9. Juli führte Parteichef Edward Gierek die neuen Preise wieder ein und weigerte sich, die Löhne zu erhöhen. Am 16. Juli blockierten Bahnarbeiter in Lublin die Schienen, die Polen mit der Sowjetunion verbinden, und weitere Bahnarbeiter sowie Beschäftigte lokaler Bäckereien und Molkereien streikten ebenfalls. Die Arbeiter stellten nun auch Forderungen politischer Art. Zusätzlich zur Rücknahme der Preiserhöhungen verlangten sie von der Regierung ein Streikrecht, gesetzlich verankerte Straffreiheit für Streikende, neue Wahlen zu den Ortsgruppen der offiziellen Gewerkschaften und direkte Gespräche mit Regierungsbehörden. Die Streiks in Lublin wurden innerhalb von vier Tagen beigelegt, doch ein neues Element war aufgetaucht: Zum ersten Mal hatten Arbeiter Forderungen nach einem bestimmten Umfang echter Freiheit gestellt. Besser ernährte Knechtschaft genügte nicht mehr; wie ein Dichter der Solidarność es später ausdrückte: „Die Zeiten sind vorbei/als sie uns den Mund/mit Würstchen stopften."[3]

Die Forderungen von Lublin fanden langsam im ganzen Land Widerhall. Am 7. August erhielt Anna Walentynowicz, eine Kranführerin und Veteranin der Bewegung für unabhängige Gewerkschaften, die Kündigung ihrer Stelle bei der Lenin-Werft in Danzig. Sie hatte Kerzenreste von Friedhöfen gesammelt, um neue Kerzen für eine Gedenkfeier für die Arbeiter herzustellen, die während der Demonstrationen in Danzig von 1970 erschossen worden waren – und wurde wegen Diebstahls entlassen.[4] Am 14. August riefen die 17 000 Arbeiter der Werft einen Streik aus und besetzten die Werft. Sie wurden von einem arbeitslosen Elektriker namens Lech Wałęsa angeführt, der über den mehr als drei Meter hohen Zaun geklettert war, um an seinen alten Arbeitsplatz zu gelangen. Das Streikkomitee der Werft veröffentlichte ein Acht-Punkte-Programm, das die politischen Forderungen drastisch erweiterte. Außer den ökonomischen Erleichterungen verlangten die Arbeiter die Schaffung einer freien

Gewerkschaftsbewegung und von der Regierung eine moralische Abrechnung – die Errichtung eines Denkmals für die Arbeiter, die während des Streiks von 1970 in der Werft niedergeschossen worden waren.

Beim Versuch, mit den lokalen Vertretern der Partei und der Regierung zu verhandeln, meinte der Bischof von Danzig, Lech Kaczmarek, daß es helfen könnte, die Ruhe zu bewahren, wenn die Arbeiter geistlichen Beistand hätten. Die Behörden waren einverstanden. Am 17. August wurde in der Lenin-Werft von Pater Henryk Jankowski, Wałęsas Pfarrer, die erste Messe unter freiem Himmel gefeiert; sie wurde von 4000 Streikenden und 2000 Freunden und Familienangehörigen auf der anderen Seite der verschlossenen Tore besucht. Am Ende der Messe segnete Pater Jankowski ein großes Kreuz, das Zimmerleute der Werft angefertigt hatten. Es wurde sofort neben Tor 2 als vorübergehendes Denkmal für die Opfer der Erschießungen von 1970 aufgestellt.[5]

Die erste Messe der Streikenden und die Aufstellung des Gedenkkreuzes gaben dem Danziger Streik sein charakteristisches Bildsymbol, das bald auf der ganzen Welt bekannt war – die Arbeiter, die sich hinter Barrikaden, die mit der Schwarzen Madonna und anderen religiösen Symbolen geschmückt waren, dem sogenannten Arbeiterstaat widersetzten. Bilder des Glaubens waren jetzt die Symbole, durch die die Polen am besten die Wahrheiten, die Johannes Paul II. im Juni 1979 gepredigt hatte, ausdrücken sowie ihren neuentfachten Sinn für Menschenwürde demonstrieren und ihre Sehnsucht nach Freiheit deutlich machen konnten. Die Madonna an den Werfttoren, die tägliche Streikmesse und die Schlangen von Streikenden vor den im Freien aufgestellten Beichtstühlen symbolisierten auch die unterschiedliche Art des politischen Kampfes, in den sie verwickelt waren. Dies würde eine gewaltlose und sich selbst regulierende Revolution sein, eine, die bewies, daß Robespierre, Lenin und die anderen gewalttätigen Menschen im modernen revolutionären Pantheon unrecht gehabt hatten.

Vielen Bischöfen, auch dem Primas Wyszyński, wurde die Bedeutung von dem, was sich in Danzig abspielte, erst allmählich klar. Bischof Kaczmarek, der vor Ort war, schien eine Ausnahme zu sein. Der Primas ging in seiner Predigt in Tschenstochau zum Fest Mariä Himmelfahrt am 15. August nicht direkt auf den Danziger Streik ein, feierte aber Marschall Piłsudskis großen Sieg über die Rote Armee beim „Wunder an der Weichsel" von 1920. Am 17. August wies der Primas in einer Predigt in Wambierzyce, einem Marienwallfahrtsort in Niederschlesien, auf die „Qualen und Unruhe" der Nation hin und auf „jene Arbeiter, die um soziale, moralische, wirtschaftliche und kulturelle Rechte kämpfen". Eine gereinigte Version der Predigt, die die Bezüge auf die Unruhe wegließ und den Ruf nach „Ruhe und Vernunft" hervorhob, wurde am 20. August im Warschauer Fernsehen gesendet. Bis dahin hatte Johannes Paul II. seine ersten Interventionen in diesem Drama gemacht, nachdem er durch seinen Sekretär Msgr. Stanisław Dziwisz nach dessen Rückkehr von einem zeitlich gut geplanten zweiwöchigen Urlaub in Polen über die Situation in Danzig informiert worden war.[6] Bei der Generalaudienz am 20. August bat der Papst um Gebete für „mein Polen",[7] und später an diesem Tag sandte er eine Botschaft an Kardinal Wyszyński, die drei Tage später veröffentlicht wurde. Sie verband unmißverständlich die Kirche mit den Forderungen der Streikenden: „Ich bete, daß das Episkopat mit dem Primas an der Spitze wieder (...) in der Lage sein möge, der

Nation in ihrem Kampf um das tägliche Brot, soziale Gerechtigkeit und die Sicherung ihres unverletzlichen Rechts auf eigene Lebensart und Errungenschaft zu helfen." Ähnliche Botschaften wurden an Kardinal Macharski in Krakau und Bischof Stefan Bareła von Tschenstochau gesandt.[8] Am 21. August reiste Bischof Kaczmarek nach Warschau, um Kardinal Wyszyński und den Sekretär der Bischofskonferenz, Bischof Bronisław Dąbrowski, zu informieren und ihnen zu versichern, daß die Streikführer wirklich die Arbeiter repräsentierten.[9]

Am 22. August wurde die Position der Streikenden gestärkt, als eine Gruppe Intellektueller, organisiert von Tadeusz Mazowiecki, dem Herausgeber der katholischen Monatsschrift *Więz* [Das Band], in Danzig ankam, um auf Bitte der Streikenden als Berater zu fungieren. Das war ein wichtiges Beispiel für die klassenfreie soziale Solidarität, die die Pilgerreise Johannes Pauls II. von 1979 zu erzeugen geholfen hatte, und ein Nebenprodukt der offenen Gespräche zwischen katholischen und nichtkatholischen Intellektuellen, die Kardinal Wojtyła in Krakau gefördert hatte.[10] Am nächsten Tag gab Bischof Kaczmarek in Danzig eine öffentliche Erklärung zur Unterstützung der Arbeiter heraus, in der er nur darauf drängte, die Verhandlungen, die an diesem Tag beginnen sollten, „mit Verständnis und ohne Haß" durchzuführen.[11]

Die Gespräche zwischen einer Regierungskommission und dem überbetrieblichen Streikkomitee, das Arbeiter von der gesamten polnischen Ostseeküste repräsentierte, waren in eine besonders heikle Phase geraten, als Kardinal Wyszyński am 26. August, dem Fest Unserer Lieben Frau von Tschenstochau, im Kloster von Jasna Góra seine übliche Predigt hielt. Angesichts der noch immer offenen Situation in Danzig, der drohenden sowjetischen Intervention und des zunehmenden Drucks auf die Danziger Unterhändler, einen von der Regierung vorgeschlagenen „Kompromiß", der alles auf den Status quo zurücksetzen würde, anzunehmen, wartete die Nation darauf, was der Primas sagen würde.

Die Predigt des Kardinals enttäuschte die Streikenden sehr. Sie dürften zwar seinen Appell zu „Ruhe, Ausgeglichenheit, Klugheit, Weisheit und Verantwortung für die ganze polnische Nation" akzeptiert haben, doch sie konnten nicht verstehen, warum er in diesem Augenblick so ausführlich die Produktivität der polnischen Arbeiter kritisierte und die Verantwortung eines jeden für die wirtschaftliche Katastrophe betonte, in der sich Polen befand. Das Insistieren der Predigt auf der Souveränität als absolute Voraussetzung für sozialen und wirtschaftlichen Fortschritt deutete darauf hin, daß die Hauptsorge des Primas weiterhin die Gefahr einer sowjetischen Invasion war. Er schien einfach nicht zu spüren, daß in Danzig ein besonderer Augenblick – mit dem biblischen Wort: ein *kairos* – gekommen war.[12]

Noch einmal intervenierte Johannes Paul II. sanft, aber bestimmt. In seiner Ansprache bei der Generalaudienz am 27. August – die Weltpresse, die polnische und die sowjetische Regierung und die Streikenden in Danzig hörten alle Radio Vatikan – vertraute er „die zeitlichen und geistlichen Sorgen meiner Landsleute" Unserer Lieben Frau von Tschenstochau an, deren Fest polnische Pilger und polnische Bewohner Roms am Tag vorher gefeiert hatten. Er verteidigte die Streikenden, indem er argumentierte, daß die Probleme, die sie auf die Tagesordnung zwangen, real seien und nur dadurch gelöst werden könnten, daß das Leben „in Frieden und Gerechtigkeit" gefestigt würde.[13] An diesem Nachmittag veröffentlichte der Zentralrat des polnischen Episkopats, der in Warschau zu einer Eilsitzung zusammengetreten war, ein ausführliches Kommuniqué, das die Forderungen der Streikenden nach einer unabhängigen Gewerkschaft unterstützte, indem er die Lehre des II. Vatikanischen Konzils über die „grundlegenden Rechte" der Arbeitnehmer, sich zu organisieren, zitierte.[14] Die Botschaft war eindeutig: Die Bischofskonferenz war der Meinung, daß die Streikenden sich nicht mit einer Rückkehr zum Status quo zufriedengeben, sondern an ihrer Forderung nach unabhängigen, nicht von der Regierung beherrschten Gewerkschaften als einem wesentlichen Teil der nationalen Selbsterneuerung festhalten sollten.[15]

Aufgrund der vorsichtigen, aber klaren Andeutung der Unterstützung von seiten des Papstes und der unzweifelhaften Äußerung der Bischofskonferenz hielten die Streikenden an ihrer Position fest, und die Unterhändler der Regierung gaben schließlich nach. Das am 31. August unterzeichnete Abkommen sah unabhängige, sich selbst verwaltende Gewerkschaften vor. Die Revolte der Arbeiter in Danzig hatte die kommunistische Lehre widerlegt, daß Arbeiter eine Partei benötigten, die ihnen ihre Interessen deutlich macht.[16] Die Bedingungen der Vereinbarung, verkörpert in der Formulierung „unabhängige, sich selbst verwaltende Gewerkschaften", bedeutete auch eine Form der Teilung der Macht. Und die Teilung der Macht bedeutete das Ende des totalitären Regimes.

Die Solidaritätsbewegung war geboren.

Die Krise im Herbst 1980

Das Danziger Abkommen war ein Triumph für die Streikenden und letztendlich auch für Johannes Paul II. Aber es führte nicht unmittelbar zur legalen Errichtung der „unabhängigen, sich selbst verwaltenden Gewerkschaften", die vereinbart worden war. Streiks breiteten sich im ganzen Land aus unter den Stahlarbeitern, Bergleuten und Arbeitern in Dutzenden anderer staatlicher Industrien.[17] Regierung und kommunistische Partei waren ebenfalls in Aufruhr. Edward Gierek wurde am 5. September als Parteichef abgesetzt, nachdem er im Anschluß an eine hitzige Debatte im Parlament über die Mißerfolge seiner Amtsführung einen Herzanfall erlitten hatte. Sein Nachfolger als Erster Sekretär, Stanisław Kania, war ein ehemaliger Leiter der Abteilung für die innere Sicherheit; er versprach, das Politbüro würde wieder „zu leninistischen Normen zurückkehren" und die im wesentlichen richtige Politiklinie der Partei effektiver umsetzen.[18]

Obwohl sie im Prinzip gesetzlose Staaten regierten, waren die kommunistischen Regimes vom Schein der Legalität und von juristischen Verfahren besessen. Juristische Winkelzüge und Verschleierungen wurden nun zum Hauptwerkzeug, mit dem das neue Kania-Regime die Solidaritätsbewegung zum Scheitern zu bringen versuchte. Die Bewegung hatte Mitte September in Danzig eine echte nationale Struktur geschaffen, als Delegierte von etwa 35 kürzlich gegründeten unabhängigen Gewerkschaften offiziell als nationalen Gewerkschaftsnamen „Solidarność", Solidarität, annahmen. Die Verbindung zur

Botschaft Johannes Pauls II. vom Juni 1979 war für alle Beteiligten offensichtlich.[19] Inmitten des glücklichen Chaos von Männern und Frauen, die einen Vorgeschmack auf demokratische Verfahren genossen hatten, entwarfen die Delegierten dann die Statuten der Solidarność, die Lech Wałęsa am 24. September an das für die Registrierung der Gewerkschaft zuständige Gericht in Warschau sandte. Zu diesem Zeitpunkt war jedoch bereits klar, daß die Solidarność nicht einfach eine neue Gewerkschaft war. Ein Beobachter schrieb ganz richtig: „Sie war mindestens eine umfassende und einzigartige soziale Bewegung, die vielleicht am besten als ‚bürgerlicher Kreuzzug für die nationale Erneuerung' beschrieben werden kann."[20]

Daher verschleppten die Behörden weiterhin die Umsetzung des Danziger Abkommens, worauf für den 3. Oktober ein landesweiter einstündiger Warnstreik ausgerufen wurde. In einer beeindruckenden Demonstration der Disziplin legten Arbeiter im ganzen Land genau für eine Stunde, zwischen 12 und 13 Uhr, ihr Werkzeug nieder. Die Anweisungen waren von lokalen Solidarność-Komitees quer durchs Land weitergegeben worden, da der Gewerkschaft der Zugang zu den nationalen Medien immer noch verwehrt wurde.[21] Der Warnstreik hatte den gewünschten Effekt. Das Zentralkomitee der Partei trat zusammen, um die Situation zu prüfen, und stimmte nach zwei Tagen hitziger Debatten einer internen Parteireform zu.

Die Gerichte weigerten sich immer noch, die Solidarność gesetzlich zu registrieren, worauf die Spannungen sich im Oktober verschärften. Anfang des Monats reiste Tadeusz Mazowiecki nach Rom, um den Papst zu informieren. Johannes Paul hatte eine dringende Frage: „Wird sie aushalten? Hat diese Bewegung eine Zukunft?" Mazowiecki versicherte ihm, daß dies der Fall sei.[22] Die polnische Bischofskonferenz, die am 15. und 16. Oktober in Warschau zusammentrat, veröffentlichte eine Erklärung, die die Forderungen der Arbeiter nach voller Umsetzung des Danziger Abkommens unterstützte. Drei Tage später traf der Primas mit dem Warschauer Solidarność-Führer Zbigniew Bujak zusammen und versicherte ihn seiner vorbehaltlosen Unterstützung: „Ich bin auf Ihrer Seite." Am 21. Oktober sprach Wyszyński mit dem neuen Parteiführer Kania, der sich gerade mit den Außenministern der Warschauer-Pakt-Staaten beraten hatte. Zwei Tage später flog der Primas nach Rom, um an der Abschlußsitzung der Synode über die Familie teilzunehmen und dem Papst seinen Eindruck von der Lage in Polen zu übermitteln.[23]

Das träge kommunistische Rechtssystem setzte sich endlich in Bewegung – und beging einen schweren politischen Fehler. Am 24. Oktober kehrte Wałęsa zum Warschauer Provinzgericht zurück, wo der Richter Zdzisław Kościelniak verkündete, die Solidarność sei gesetzlich registriert. Doch er hatte eigenmächtig eine Klausel in die Statuten eingefügt, die die führende Rolle der kommunistischen Partei in der Gesellschaft, im sozialistischen System und bei Polens internationalen Allianzen anerkannte. Acht Millionen Solidarność-Mitglieder waren wie vor den Kopf geschlagen und wütend. Wałęsa wies die Einfügungen zurück und sagte, die Bewegung würde auf keinen Fall willkürlich aufgezwungene Änderungen in den Statuten akzeptieren, die sie auf demokratischem Weg angenommen hatte.[24]

Der Druck nahm nun innerhalb Polens und in ganz Ostmitteleuropa exponentiell zu. Die Solidarność-Führung verlangte vom Ministerpräsidenten, sich sofort mit ihr in Danzig zu treffen. Plakate, auf denen stand „Wir verlangen die Registrierung von Solidarność", hatten jetzt einen Zusatz in Schwarz – „mit unveränderten Statuten". Nach der Zusammenkunft mit dem stellvertretenden Premierminister stimmte die Solidarność-Führung zu, mit der Regierung in Warschau zu verhandeln, setzte aber auch den 12. November als Datum für einen landesweiten Generalstreik fest, falls die Registrierung dann noch nicht vollzogen war. Am 28. Oktober schloß die Tschechoslowakei ihre Grenze zu Polen. Am nächsten Tag flog Parteiführer Kania nach Moskau; die tschechoslowakische und die DDR-Presse feuerten eine Salve scharfer Kritik gegen die Solidarność im allgemeinen und Wałęsa im besonderen ab. Erich Honecker hatte bereits Leonid Breschnew geschrieben und auf ein Einschreiten der Sowjetunion gedrängt, bevor das „sozialistische Polen" verloren sei.[25]

Das Kommuniqué nach dem Treffen von Breschnew und Kania deutete an, daß Moskau das Vertrauen zu seinem Mann in Warschau noch nicht verloren hatte. Die Sowjets könnten aber auch auf Zeit gespielt haben. Die unmittelbare Registrierungskrise endete am 10. November, als das polnische Oberste Gericht die Entscheidung des Warschauer Provinzgerichts aufhob und die strittigen Einfügungen aus den Statuten strich. Die Solidarność ging einen Kompromiß ein und akzeptierte die Hinzufügung von Worten aus dem Danziger Abkommen, die die führende Rolle der Partei anerkannten, als Anhang zu den Statuten.

Für den Augenblick war eine direkte, massive nationale Konfrontation vermieden worden. Kardinal Wyszyński empfing die Solidarność-Führung nach ihrem Tag beim Gericht, erzählte von seiner eigenen Zeit als Gewerkschaftskaplan in Polen zwischen den Weltkriegen und warnte indirekt vor nachdrücklichen Forderungen, die der Staat einfach nicht erfüllen konnte. Der Primas glaubte offensichtlich nicht, daß die Gefahr einer sowjetischen Intervention vollständig beseitigt war. Danach gingen Wałęsa und die anderen Solidarność-Führer zu einer Feier in einem lokalen Theater; das Motto des Abends, die Melodie eines politischen Kabaretts „Damit Polen Polen ist", drückte das Ziel der Solidarność-Bewegung sehr schön aus.[26]

Dieses Ziel machte eine fortdauernde Konfrontation mit dem polnischen Regime und seinem sowjetischen Verbündeten unvermeidlich. Die Solidarność – die Gewerkschaft, die immer mehr als das war, aber nicht die offene politische Opposition sein konnte, die sie, wie jeder wußte, war – konnte nicht mit einem totalitären Staat koexistieren. Die Führung der Sowjetunion wußte das und bereitete sich seit einiger Zeit darauf vor, die Solidarność zu beseitigen – und zwar mit Gewalt.

Es war eine zweitägige Aktion im Dezember 1980 geplant. Am ersten Tag sollten mehr als ein Dutzend sowjetische Divisionen, zwei tschechische und eine ostdeutsche in Polen einmarschieren, gefolgt von neun weiteren sowjetischen Divisionen am nächsten Tag. All das war der Regierung der Vereinigten Staaten bekannt, durch Satellitenaufklärung, Informationen von einem General der Roten Armee in Moskau und Informationen über die Aufstellungen und Pläne sowjetischer Truppen, die von einer gutplazierten polnischen Quelle unter enormem persönlichem Risiko übermittelt wurden: Oberst Ryszard Kukliński, einem polnischen Generalstabsoffizier und Berater von General Wojciech Jaruzelski, der auch als Verbindungsmann zum sowjetischen Oberbefehlshaber des gemeinsamen Kommandos der Warschauer-Pakt-Staaten fungierte.²⁷ Am 7. Dezember, einem Sonntag, rief der amerikanische Sicherheitsberater Brzeziński Johannes Paul abends im Vatikan an, um ihm zu berichten, was die Amerikaner erfahren hatten. Sowjetische und Warschauer-Pakt-Truppen, die auf Polen vorrückten, waren seit dem 4. Dezember in voller Bereitschaft und konnten jederzeit einmarschieren. Man erwartete, daß die Intervention am 8. Dezember erfolgen würde. Die Satellitenaufklärung hatte bestätigt, daß die Truppenbewegungen in Richtung der polnischen Grenzen am Abend des 5. Dezember gestoppt worden waren, aber das konnte lediglich eine letzte Atempause sein. Die Sorge, daß eine massive militärische Intervention der Sowjets unmittelbar bevorstand, blieb während der ganzen folgenden Woche bestehen.²⁸

Die sowjetische Invasion fand nie statt. Wie man erst Jahre später erfuhr, war der Stop der Truppenbewegungen am 5. Dezember von der sowjetischen Regierung angeordnet worden.

Es gab zahlreiche Gründe dafür. Der polnische Parteiführer Kania hatte Breschnew gesagt, eine Invasion sei unnötig und die Partei könne keine passive Reaktion garantieren, falls das polnische Volk mit sowjetischen Truppen konfrontiert würde. Da der sowjetische Plan, den Oberst Kukliński genau beschrieben hatte, die Beseitigung der Solidarność-Führung durch ein Kriegsgericht und Exekutionskommandos einschloß, war das ein weiser Ratschlag.²⁹ Polen hätte nie das hingenommen, was seine Bewohner sofort als ein zweites Massaker von Katyn interpretiert hätten.

Auch die internationale Lage hatte Einfluß auf die Entscheidung der Sowjets. Die Reaktion der USA auf die sowjetische Invasion in Afghanistan hatte gezeigt, daß eine Invasion in Polen nicht so zaghaft beantwortet werden würde wie die in der Tschechoslowakei von 1968. Außerdem hatte die Regierung Carter, mit Sicherheitsberater Brzeziński vorneweg, ihre Haltung hinsichtlich einer sowjetischen Invasion in Polen durch direkte und indirekte Signale deutlich gemacht. Über die Sondertelefonleitung des Präsidenten wurde eine Botschaft an den Kreml gesandt, die vor „äußerst schwerwiegenden" Folgen für die amerikanisch-sowjetischen Beziehungen warnte, falls die UdSSR in Polen einmarschieren sollte. Ähnliche Botschaften wurden über Indien übermittelt, wo Indira Gandhi eine nützliche Verbindung zu Breschnew war, sowie über Bundeskanzler Helmut Schmidt und den französischen Staatspräsidenten Valéry Giscard d'Estaing. Die NATO erhöhte ihre Verteidigungsbereitschaft, was die Sowjets natürlich erfuhren. Im Wissen, daß es durchsickern und nach Moskau gelangen würde, schickte Brzeziński ein Memorandum an das amerikanische Außenministerium, das eine Liste moderner Waffen enthielt, die damals noch auf der Verbotsliste standen; die Regierung denke über den Verkauf dieser Waffen an China nach.³⁰

Die Regierung hatte auch mit Lane Kirkland, dem Präsidenten des größten amerikanischen Gewerkschaftsverbands AFL-CIO, über einen weltweiten Gewerkschaftsboykott des sowjetischen Luft- und Seetransports gesprochen, der die UdSSR ohne ein formelles, staatlich gelenktes Embargo vom internationalen Handel abschneiden würde. Kirkland war zuversichtlich, daß der Aufschrei der Welt bei einer sowjetischen Invasion, um die Solidarność zu vernichten, so groß sein würde, daß die Gewerkschaften eine De-facto-Blockade der UdSSR hätten durchführen können. Brzeziński ließ die Geschichte von den geplanten weltweiten Gewerkschaftsaktionen an das *Wall Street Journal* und damit an die Sowjetführung durchsickern.[31] Die Regierung Reagan, die im vorhergehenden Monat gewählt, aber noch nicht in ihr Amt eingesetzt worden war, erklärte öffentlich, daß sie die Maßnahmen der scheidenden Regierung unterstütze.[32] In Verbindung mit Kanias Zusicherungen mögen der Sowjetregierung, die bereits in Afghanistan in der Klemme saß und sich auf die Herausforderung durch eine eindeutig antisowjetische Regierung Reagan vorbereitete, die Kosten einer Invasion in Polen untragbar erschienen sein.[33]

Bei ihrem Versuch gescheitert, eine militärische Lösung nach dem tschechoslowakischen Modell von 1968 herbeizuführen, beschloß die Sowjetführung, die Solidarność mit anderen Mitteln zu vernichten.

Johannes Paul II. interveniert

Inmitten der fortdauernden Sorge um eine sowjetische Invasion zur Rettung des „sozialistischen Polen" ergriff Johannes Paul II. eine kühne Initiative. Üblicherweise benutzen päpstliche Diplomaten die Sprache indirekter Vorschläge, sorgfältig darauf bedacht, sowohl dem Heiligen Stuhl als auch der betreffenden Regierung einen Weg offen zu lassen, sich ohne Gesichtsverlust aus einer Krise zurückzuziehen. Am 16. Dezember sandte der Papst einen beispiellosen Brief an Leonid Breschnew, in dem er zwar die diskrete Sprache der Diplomaten benutzte, seine Meinung aber unmißverständlich klarmachte. In Französisch auf cremefarbenem Papier mit dem geprägtem Wappen Johannes Pauls geschrieben, lautete der Brief folgendermaßen:

> An Seine Exzellenz Leonid Breschnew,
> Präsident des obersten Sowjets der Union
> der Sozialistischen Sowjetrepubliken
>
> Ich spreche die Sorge Europas und der ganzen Welt an bezüglich der Spannung, die durch die innernen Ereignisse der letzten Monate in Polen entstanden ist. Polen ist einer der Signatarstaaten der Schlußakte von Helsinki. Diese Nation war im September 1939 das erste Opfer einer Aggression, die die Ursache der schrecklichen Besatzungszeit war, die bis 1945 dauerte. Während des gesamten Zweiten Weltkriegs blieben die Polen Seite an Seite mit ihren Verbündeten und kämpften an allen Fronten des Krieges, und die zerstörerische Heftigkeit dieses Konfliktes kostete Polen fast sechs Millionen seiner Söhne und Töchter, das heißt, ein Fünftel seiner Vorkriegsbevölkerung.
>
> An die verschiedenen ernsthaften Gründe für die Sorge denkend, die durch die Spannung aufgrund der aktuellen Lage in Polen entstanden ist, bitte ich Sie, alles zu tun, was in Ihrer Macht steht, damit alles, was nach weitverbreiteter Meinung die Ursache für diese Sorge darstellt, beseitigt wird. Das ist für die Entspannung in Europa und der Welt unabdingbar. Ich glaube, das kann nur erreicht werden durch das treue Festhalten an den feierlichen Prinzipien der Schlußakte von Helsinki, die Kriterien für die Regelung der zwischenstaatlichen Beziehungen proklamiert, und insbesondere an dem Grundsatz der Achtung vor den inhärenten Rechten der Souveränität sowie dem Prinzip der Nichteinmischung in die inneren Angelegenhei-

ten jedes einzelnen der beteiligten Staaten. Die Ereignisse, die in den letzten Monaten in Polen stattgefunden haben, sind durch die unabwendbare Notwendigkeit des wirtschaftlichen Wiederaufbaus des Landes verursacht, der gleichzeitig einen moralischen Wiederaufbau erfordert auf der Grundlage des bewußten Engagements, in Solidarität, aller Kräfte der ganzen Gesellschaft.

Ich bin zuversichtlich, daß Sie alles tun werden, was Sie können, um die gegenwärtige Spannung zu beseitigen, damit die politische öffentliche Meinung über dieses schwierige und dringende Problem beruhigt sein kann.

Ich hoffe sehr, daß Sie freundlich genug sein werden, das zu begrüßen und genauestens zu prüfen, was ich für meine Pflicht hielt Ihnen vorzulegen, mit dem Gedanken, daß ich nur von den Interessen des Friedens und des Verständnisses zwischen den Völkern inspiriert bin.

JOANNES PAULUS PP. II

Aus dem Vatikan
16. Dezember 1980[34]

Trotz seiner stilisierten, diplomatischen Sprache war dies ein sehr harter Brief und konnte von seinem Empfänger und seinen Kollegen auch nur so verstanden werden. Was in Polen geschah, waren „interne Ereignisse", die die Sowjetunion nichts angingen. Die implizite Parallele zwischen einer sowjetischen Invasion in Polen 1980 und der Nazi-Invasion vom September 1939 machte die moralischen Begriffe deutlich, mit denen Johannes Paul eine sowjetische Aggression und die Natur des Aggressors zu definieren bereit war. Der Bezug auf die „Solidarität" unter „allen Kräften der (...) Gesellschaft", die für den moralischen und wirtschaftlichen Wiederaufbau der Nation entscheidend sei, wurde im Hinblick auf eine ethische Analyse der Lage formuliert. Doch die bewußte Verbindung zu der Bewegung, die diesen Namen trug und die jetzt behaupten konnte, praktisch „alle Kräfte der (...) Gesellschaft" zu repräsentieren, war unmißverständlich. Hätte der Papst nicht seine nichtverhandelbare Unterstützung für die Solidarność signalisieren wollen, hätte er andere Worte wählen können.

Die mehrfache Erwähnung der Schlußakte von Helsinki traf die Sowjetunion an einem sehr wunden Punkt, denn die UdSSR hatte auf ihr als einer Ratifizierung des Status quo nach Jalta in Europa bestanden. Was Breschnew und die sowjetische Führung sich als Mittel zur Sicherung von Stalins äußerem Reich vorgestellt hatten, wurde nun gegen sie verwendet. Die Bestimmungen der Schlußakte über Souveränität und Nichteinmischung (von den Sowjets gerne gegen Menschenrechtskritiker benutzt) wurden nun als Konter gegen die sowjetische Hegemonie in Ostmitteleuropa eingesetzt.

Johannes Paul drohte nicht, wie viele Gerüchte meinten, damit, bei einer sowjetischen Invasion nach Polen zu fliegen. Er war nicht der Mann, Drohungen dieser Art auszustoßen. In seinem Brief erwähnte er auch nicht die Anwesenheit von Truppen des Warschauer Pakts an Polens Grenzen; das war nicht nötig. Er gründete seine Argumentation auf nationale Rechte, die in einem Abkommen niedergelegt waren, das Polen und die UdSSR unterzeichnet hatten – der Schlußakte von Helsinki. 1975 in Helsinki hatte die Sowjetunion so getan, als ob Polen eine unabhängige Nation wäre. Johannes Pauls Brief an Leonid Breschnew war eine Erinnerung an diese moralische, wenn auch noch nicht politische Wahrheit, und machte außerdem klar, daß die moralische Wahrheit ein starker Faktor bei der Politik zwischen Nationen ist.

Die Krise vom Frühjahr 1981

Ein weiterer Beweis dafür, daß Johannes Paul II. das sich enfaltende Drama in Ostmitteleuropa in erster Linie religiös und kulturell analysierte, kam am 31. Dezember 1980, als der Papst das Apostolische Schreiben *Egregiae virtutis* [Die an Tugend hervorragenden Männer] veröffentlichte, in dem er die Heiligen Kyrill (826-869) und Method (ca. 815-885), die Slawenapostel, neben dem hl. Benedikt, dem Begründer des westlichen Mönchstums, zu Mitpatronen Europas ernannte.

Kyrill und Method waren Brüder aus einer Adelsfamilie in Thessaloniki. Um in Mähren das Evangelium zu predigen, schuf Kyrill ein slawisches Alphabet und übersetzte die Evangelien, die Briefe des hl. Paulus, die Psalmen und die römische Liturgie, womit er die Grundlagen der slawischen Literatur legte. Als er starb, hatte Method die Übersetzung praktisch der gesamten Bibel vollendet. Das geschriebene Wort kam also durch das Wort Gottes zu den Westslawen. Die Erben des benediktinischen Mönchstums hatten während des Mittelalters die Kultur Westeuropas gerettet; Kyrill und Method hatten die Möglichkeit einer dauerhaften Kultur in Ostmitteleuropa geschaffen.

Die Idee, die beiden Brüder zu ehren, reifte im Laufe eines Jahres. 1979 hatte Johannes Paul Bischof Jozef Tomko spontan gefragt: „Was können wir Ihrer Meinung nach für Kyrill und Method tun?" Tomkos erste Reaktion war der Vorschlag, sie zu Doktoren der Kirche zu ernennen – ein Ehrentitel, der den einflußreichsten katholischen Theologen verliehen wird. Dann, so erzählte Tomko später, bekam der Papst diesen „phantastischen Blick", den er immer bekommt, „wenn er eine Inspiration hat", und sagte: „Mitpatrone Europas." Es war laut Tomko „eine große Vision", ein machtvolles Symbol für den Drang der Kirche, den Völkern Ostmitteleuropas ihre authentische Geschichte und Kultur zurückzugeben.[35] Im Westen wurde *Egregiae virtutis* allgemein als eine nette, aber folgenlose päpstliche Geste slawischer Brüderlichkeit interpretiert. Für die Völker Ostmitteleuropas war das apostolische Schreiben jedoch ein weiteres eindrucksvolles Beispiel dafür, wie christliche Bilder zu den Hauptsymbolen für eine Wiedergeburt der kulturellen Integrität und Freiheit geworden waren.

Während des ersten Vierteljahrs von 1981 kämpfte die Solidarność darum, sich zu etablieren und ihre sich selbst regulierende und begrenzende soziale Revolution durchzuführen. Im August 1980 hatte Lech Wałęsa sich geschworen, daß, falls er den Danziger Werftstreik überleben und eine unabhängige Gewerkschaft von der Regierung anerkannt würde, seine erste Auslandsreise eine Wallfahrt nach Rom sein würde, um Johannes Paul II. zu danken.[36] Am 15. Januar 1981 traf eine Delegation der Solidarność im Vatikan mit Johannes Paul zu einem privaten Gespräch und einer öffentlichen Audienz zusammen. Die öffentlichen Bemerkungen des Papstes drückten seine charakteristische Sicht von der Triebkraft der Geschichte aus, als er die Solidarność als eine Bewegung *für* statt gegen etwas beschrieb.

Der Einsatz für das „moralische Wohl der Gesellschaft" sei der „Eckstein" der Arbeit der Solidarność und der Beginn jedes „wirklichen Fortschritts" bei der nationalen Erneuerung. Das sei eine andere Art von Revolution. Ihre Bemühungen seien „nicht gegen irgend jemanden gerichtet", sondern *„für* etwas: das Gemeinwohl" der nationalen Reform. Das Recht auf eine solche nationale Erneuerung, schloß er mit einem Blick nach Moskau, werde „vom Recht der Nationen anerkannt und bestätigt".[37]

Die Delegation kehrte am Sonntag, dem 18. Januar, zur Messe und zum Frühstück in den päpstlichen Gemächern in den Vatikan zurück. Die Predigt des Papstes endete mit der Ermahnung, die Polen sollten „durch ihre Arbeit der Menschenwürde dienen, die Menschen erhöhen, die Familien erhöhen, das gesamte Volk erhöhen". Die Solidarność würde der „großen Sache" der Freiheit dienen, wenn alle Beteiligten von der biblischen Verpflichtung beseelt wären: „Ich komme, Herr, deinen Willen zu tun."[38]

Als Wałęsa Johannes Paul II. das nächste Mal sah, geschah das „in einer völlig anderen Situation", wie er in seinen Memoiren schrieb.[39]

Die Lage in Polen erhitzte sich erneut, als Johannes Paul sich auf seine Asienreise im Februar 1981 vorbereitete. Ein zehntägiger Streik in Bielsko-Biała endete am 6. Februar mit der Absetzung des Provinzgouverneurs und drei seiner Mitarbeiter.[40] Drei Tage später, inmitten fortdauernder Unruhen wegen der Weigerung der Regierung, die Land-Solidarność (den Versuch der Bauern, an der nationalen Reformbewegung teilzunehmen) anzuerkennen, wurde Verteidigungsminister General Wojciech Jaruzelski zum Ministerpräsidenten von Polen ernannt; er rief zu einer 90tägigen streikfreien Periode auf. Am gleichen Tag begannen Arbeiter in Jelenia Góra (Hirschberg) einen Generalstreik. Ein kurzer Sonnenstrahl im immer dunkler werdenden ökonomischen Bild Polens zeigte sich, als am 27. Februar 1981 die westlichen Länder die Neuordnung der Auslandsschuld Polens vereinbarten, doch der politische Druck auf die kommunistische Führung verstärkte sich weniger als eine Woche später. Der Erste Sekretär Kania und Ministerpräsident Jaruzelski wurden nach Moskau berufen, um am 4. März mit praktisch dem gesamten sowjetischen Politbüro zusammenzutreffen.

Drei Monate nach dem Verzicht auf eine militärische Beseitigung der Bedrohung durch die Solidarność hatte die sowjetische Führung offenbar beschlossen, daß es eine rein polnische Lösung geben müsse. Die Solidarność mußte verschwinden, und die bevorzugte Option war nun die Verhängung des Kriegsrechts durch das polnische Regime, das dann die internationale Kritik abbekommen würde. In Jaruzelski, dem die Sowjets völlig vertrauten, glaubten sie den Mann für diese Arbeit gefunden zu haben.[41]

Zwei Wochen später brach in Bydgoszcz (Bromberg) eine neue Krise aus, nachdem der SB einige Solidarność-Führer schwer verprügelt hatte. Ein vierstündiger Nationalstreik lähmte am 27. März 1981 das gesamte Land, als sich Millionen Polen dem Regime im größten Protest gegen eine kommunistische Regierung der Nachkriegsgeschichte Ostmitteleuropas widersetzten. Für den 31. März wurde ein Generalstreik unbestimmter Dauer festgesetzt, um die Land-Solidarność zu unterstützen und die Bestrafung der für die Prügelei in Bromberg Verantwortlichen zu verlangen. Arbeiter bereiteten sich auf die Besetzung ihrer Fabriken vor, und erneut wurde eine sowjetische Invasion befürchtet, als das Manöver „Sojus 81" der Warschauer-Paktstaaten an Polens Grenze begann.[42]

Am 28. März sandte Johannes Paul eine Botschaft an Kardinal Wyszyński, in der er auf eine Fortsetzung des Dialogs statt einer Konfrontation am 31. März drängte. Es könne keine nationale Erneuerung geben ohne die Zustimmung der Regierung, sich an die Prinzipien zu halten, die im letzten Herbst einvernehmlich festgelegt worden waren. Was den Nachbarn im Osten betraf, bestand der Papst weiterhin darauf, daß „die Polen das unbestreitbare Recht haben, ihre Probleme allein und aus eigenen Kräften zu lösen". Wieder knie er „im Geist" mit dem Primas „vor dem Bild Unserer Lieben Frau von Jasna Góra, das uns ‚zur Verteidigung unserer Nation' gegeben worden ist, und ihr vertraue ich wiederum diesen schwierigen und wichtigen Augenblick im Leben unseres gemeinsamen Vaterlandes an (...).“[43]

Die Botschaft des Papstes wurde verstärkt durch eine persönliche Bitte des Primas um Zurückhaltung an die Mitglieder des Nationalen Koordinierungskomitees der Solidarność, das Kardinal Wyszyński (bereits schwer krebskrank) am 28. März in seine Residenz berief. Wyszyński war ein unerschütterlicher Unterstützer der Land-Solidarność, doch er glaubte, das nationale Interesse erfordere, daß der Generalstreik nicht wie geplant stattfinden dürfe.[44] Am 29. März erhöhte die sowjetische Nachrichtenagentur TASS den Druck mit dem unwahren Bericht, die Solidarność plane einen konterrevolutionären Staatsstreich – sie wolle Straßenblockaden errichten, plane die Besetzung von Kommunikationszentren, wolle die Polizei einschüchtern und so weiter. Am gleichen Abend zeigte ein Regierungsvertreter Kardinal Wyszyński bereits gedruckte Plakate mit der Erklärung der bevorstehenden Verhängung des Kriegsrechts.[45]

Am 30. März stimmten Wałęsa und die Solidarność-Führung zu, den Streik vom 31. März auszusetzen, nachdem sie mit der Regierung einen Kompromiß ausgehandelt hatten. Es würde eine Untersuchung der Prügelei in Bromberg geben, und die Verantwortlichen würden bestraft werden. Die Land-Solidarność würde nicht sofort anerkannt werden, aber die Regierung erklärte sich bereit, so zu tun, als ob sie es wäre, bis das formelle Registrierungsverfahren abgeschlossen war. Wałęsa wurde sofort Verrat vorgeworfen, und mehrere Mitglieder der nationalen Solidarność-Führung traten zurück.[46] Auch wenn das Sojus-81-Manöver, das die Sowjetunion zu dieser Zeit an Polens Grenze abhielt, höchstwahrscheinlich ein Bluff war, schien die Drohung eines von Polen verhängten Kriegsrechts real gewesen zu sein. Zumindest hielten Johannes Paul und der Primas sie für real und handelten entsprechend.[47]

Am 2. April traf Kardinal Wyszyński die Führung der Land-Solidarność und sagte zu den Gewerkschaftsmitgliedern, daß die „Solidarność (...) Autorität besitzt, so daß wir sagen können, daß es neben der Autorität der Partei auch eine gesellschaftliche Autorität in Polen gibt". Die Zeit würde kommen, wenn „sozioökonomische Forderungen nicht die einzigen sein werden, die von dieser massiven Bewegung erreicht werden (...)." [48] Leonid Breschnew war der gleichen Ansicht. In Polen war eindeutig die Konterrevolution im Gang. Am gleichen Tag hatte sich das sowjetische Politbüro versammelt, und in der Sitzung wurde scharfe Kritik an den polnischen Genossen geäußert. Daraufhin wurden Kania und Jaruzelski zu einer Besprechung mit KGB-Chef Jurij Andropow und Verteidigungsminister Dimitrij Ustinow beordert, die am nächsten Tag in einem Eisenbahnwaggon stattfand, der auf einem Gleis in der Nähe von Brest abgestellt war. Im Laufe des sechsstündigen Treffens, das um drei Uhr morgens am 4. April endete, wurden die Polen unter Druck gesetzt, das Kriegsrecht zu verhängen. Jaruzelski behauptete später, die Sowjets hätten mit einer Militärintervention gedroht. Jedenfalls überzeugten die Polen Andropow und Ustinow davon, daß sie die Situation ausreichend im Griff hätten und die notwendigen Maßnahmen ergreifen würden, wenn ihrer Einschätzung nach der richtige Zeitpunkt gekommen sei.[49] Eine Woche später, am 10. April, verbot das polnische Parlament für zwei Monate alle Streiks.

Die Krise vom Frühjahr 1981 in Polen schien beigelegt zu sein. Am 26. April reiste Johannes Paul II. nach Bergamo und Sotto il Monte, der Heimat Papst Johannes XXIII., um an Zeremonien zur Hundertjahrfeier der Geburt des verstorbenen Papstes teilzunehmen. In seiner Predigt bei der Gedenkmesse in Sotto il Monte, an der viele von Angelo Roncallis Verwandten teilnahmen, lobte er Johannes XXIII. als einen „Mann, von Gott gesandt"; „unermeßlich reich und kostbar ist das Erbe, das er hinterlassen hat" in seiner tiefen Spiritualität und in der Arbeit des II. Vatikanischen Konzils.[50] Er erwähnte auch die Sorge von Johannes XXIII. um das Familienleben. Zwei Wochen später, am 9. Mai, gab der dritte Nachfolger von Papst Johannes dieser gemeinsamen Sorge konkrete Gestalt, indem er den Päpstlichen Rat für die Familie als permanentes Amt der Kurie errichtete. Vier Tage später, am 13. Mai, plante Johannes Paul den Beginn einer neuen Reihe von Generalaudienzen, um den 90. Jahrestag von *Rerum novarum* zu feiern, der historischen Enzyklika von Leo XIII., die das erste Kapitel der modernen katholischen Soziallehre darstellte. Den zweiten Teil seiner Meditationen über die Theologie des Leibes hatte er am 29. April und 6. Mai mit einer Katechese über die ethischen Verantwortlichkeiten von Künstlern, die das Geheimnis des menschlichen Körpers darstellen, und einer humanistischen Kritik der Pornographie beendet.

Jetzt sollte er mit einer anderen Art Obszönität konfrontiert werden.

DAS KAINSMAL

Teresa Heydel Życzkowska und ihr Mann, langjährige Mitglieder von Wojtyłas *Środowisko*, waren im Mai 1981 nach Rom gekommen, um ihren alten Freund zu besuchen. Sie hatten am 9. Mai an einer Messe teilgenommen, die der Papst in den Vatikanischen Gärten gefeiert hatte, und an einer weiteren am 12. Mai für eine Delegation der Jagiellonen-Universität. Trotz der Spannungen in Polen war die Zusammenkunft mit *Wujek* glücklich gewesen, und die Życzkowskis warteten nun auf die Generalaudienz des Papstes, die für 17 Uhr am 13. Mai auf dem Petersplatz vorgesehen war.

Johannes Paul II. aß an diesem Tag mit Freunden, Professor Jérôme Lejeune und seiner Frau, zu Mittag.[51] Lejeune, ein berühmter französischer Genetiker, der die Chromosomen-Anomalie identifiziert hatte, die das Down-Syndrom verursacht, war in der internationalen Pro-Life-Bewegung führend. Punkt 17 Uhr fuhr das kleine Papamobil, ein Jeep, durch den Glockentorbogen und auf den Platz – mit einem lächelnden Johannes Paul, der hinten stand und die Menschenmenge begrüßte. Es war üblich, ein- oder zweimal über den Platz zu fahren, bevor der Papst zum *sagrato*, der Plattform vor der Basilika, gefahren wurde, von der er zu der Menge sprechen würde. Der Jeep rollte langsam einen Weg entlang, der durch hölzerne Barrieren gebildet worden war, über die viele Leute ihre kleinen Kinder hielten, damit der Papst sie aufnahm und segnete. Um 17.13 Uhr hatte er gerade ein kleines Mädchen seinen Eltern zurückgegeben und fuhr auf die Bronzetüren des Apostolischen Palastes zu. Da hörte Teresa Życzkowska, die auf der anderen Seite des riesigen offenen Raums vor dem Petersdom stand, etwas Merkwürdiges. Hunderte Tauben waren plötzlich in den Nachmittagshimmel geflogen. Den Bruchteil einer Sekunde später, dank der besonderen Akustik des Platzes, wußte sie, warum.

Hinter der ersten Reihe von Pilgern an einer der hölzernen Barrieren stehend hatte Mehmet Ali Agca gerade zwei Schüsse aus einer halbautomatischen 9mm-Browning auf den Papst abgefeuert. Johannes Paul wurde in den Unterleib getroffen und fiel rückwärts in die Arme seines Sekretärs Msgr. Dziwisz. Das Bild des reglosen Papstes, das später am Tag um die ganze Welt ging, erinnerte Millionen Menschen sofort an künstlerische Wiedergaben von der Kreuzabnahme Christi.[52] Schwester Emilia Ehrlich, die wegen der Audienz auf dem Platz war, erinnerte sich an eine Zeile aus Wojtyłas letztem Gedicht „Stanisław", als der Bischof von Krakau seinem Mörder gegenübertrat: Wenn „das Wort nicht bekehrt hat, wird Blut bekehren".[53]

Johannes Paul wurde rasch in einen Krankenwagen, der in der Nähe stand, gebracht und dann durch den römischen Abendverkehr in die Poliklinik Gemelli gefahren, die etwa 6,5 Kilometer entfernt liegt. Normalerweise braucht man für die Fahrt mindestens 25 Minuten; die Ambulanz schaffte es in acht. Der Papst war während der ganzen Fahrt bei Bewußtsein und murmelte kurze Gebete. Später erinnerte er sich, daß „ich selbst in dem Augenblick, als ich auf dem Petersplatz zusammenbrach, die lebendige Vorahnung hatte, daß ich gerettet werde".[54] Im Krankenhaus verlor Johannes Paul das Bewußtsein, und für einen Augenblick, der katastrophal hätte ausgehen können, herrschte Verwirrung. Der Anruf vom Vatikan zur Klinik hatte nur gelautet: *„Il Papa è stato colpito"*, was viele Bedeutungen haben konnte – daß der Papst einen Sturz, einen Herzinfarkt, einen Schlaganfall gehabt oder eine Schußverletzung erlitten hatte. Die erste Entscheidung war, zunächst in den Räumen im 10. Stock, die immer für den Papst bereitgehalten wurden, eine Untersuchung vorzunehmen.[55] In dem Durcheinander im 10. Stock wurde rasch klar, daß der Patient, dessen Wunden man nicht sehen konnte, bei schnell sinkendem Blutdruck und schwächer werdendem Puls *in extremis* war. Der bewußtlose Johannes Paul wurde schleunigst in den Operationssaal im 9. Stock transportiert und für eine sofortige Operation vorbereitet, während Msgr. Dziwisz ihm die Sterbesakramente spendete.[56]

Einer der drei Chefchirurgen der Gemelli-Klinik, Dr. Francesco Crucitti, war gerade in einem Krankenhaus an der Via Aurelia, als er von dem Attentat erfuhr. Er sprang in sein Auto, raste auf der falschen Straßenseite durch die Stadt, redete sich an einem wütenden Polizisten mit einer Maschinenpistole vorbei und stürzte in die Gemelli-Klinik, wo, wie er sagte, ein „unbekannter Genius" daran gedacht hatte, in Erwartung seiner Ankunft alle Fahrstühle nach unten zum Eingang zu holen. Er fuhr in den 9. Stock und wurde von Krankenschwestern und Assistenzärzten überfallen, die ihm die Kleider vom Leib rissen und ihm seinen Operationskittel und die Schuhe anzogen, während er sich rasch die Hände desinfizierte. Ein anderer Arzt rief vom Operationssaal aus: „Blutdruck 80, 70, fällt weiter." Crucitti ging in den Operationssaal, wo der Papst gerade anästhesiert wurde, und begann seine Arbeit.[57]

Agcas Kugel hatte im Unterleib des Papstes schwere Verletzungen angerichtet. Als Crucitti seinen Schnitt machte, fand er zuerst „überall Blut", fast drei Liter, das abgesaugt wurde, damit die Quelle der Blutung – das unmittelbar lebensbedrohende Problem – identifiziert werden konnte. Als die Blutung gestillt war und Transfusionen begonnen hatten, stiegen Johannes Pauls Blutdruck und Puls, und die Operation konnte, wie Crucitti es später ausdrückte, „mit größerer Ruhe" weitergehen. Bei der Untersuchung fand der Chirurg zahlreiche Wunden aufgrund der Einwirkung der Kugel beim Eintritt in den Körper. Der Dickdarm war durchlöchert, und es gab fünf Wunden im Dünndarm. Mehr als fünf Stunden waren notwendig, um die Wunden im Dickdarm zu schließen, etwa 55 Zentimeter Darm zu entfernen und einen temporären künstlichen Darmausgang anzulegen.[58]

Um 20 Uhr wurde ein vorläufiges Bulletin für die Presse und die Tausende veröffentlicht, die noch immer auf dem Petersplatz warteten oder dahin geströmt waren, nachdem in den Nachrichten über die Schüsse berichtet worden war. Die Erklärung war leicht beruhigend, legte sich aber nicht fest. Eine Gruppe polnischer Pilger hatte ein Bild der Schwarzen Madonna (die bei den Polen immer dabei ist, wenn etwas Wichtiges geschieht) zur Audienz mitgebracht. Nachdem der Krankenwagen zur Klinik abgefahren war, stellten sie das Bild vor den leeren Sessel, von dem aus Johannes Paul seine katechetische Botschaft übermittelt hätte. Ein Windstoß warf es um, und ein in der Nähe Stehender bemerkte die Inschrift auf der Rückseite, die Tage, vielleicht Wochen vorher angebracht worden war: „Muttergottes, schütze den Heiligen Vater vor dem Bösen."[59] Um 0.45 Uhr wurde ein zweites, ausführlicheres Bulletin herausgegeben – die Operation sei erfolgreich beendet worden und der Zustand des Patienten zufriedenstellend. Die Menge, die seit über sechs Stunden den Rosenkranz gebetet hatte, zerstreute sich allmählich. Teresa Życzkowska und ihr Mann gingen in ihr Hotel zurück, um auf weitere Nachrichten über *Wujek* zu warten.

Der Patient

Johannes Paul sagte später: „Eine Hand hat geschossen, eine andere hat die Kugel gelenkt."[60] Es war das Bekenntnis eines wundersamen Eingreifens, das wohl auch die weltlichste Seele zugestehen mochte. Agca, ein professioneller Mörder, hatte aus kürzester Entfernung geschossen. Und doch verfehlte die Kugel, die den Papst traf, die Hauptschlagader des Unterleibs um Haaresbreite. Wäre sie getroffen worden, wäre der Papst noch auf dem Weg zum Krankenwagen verblutet. Außerdem verfehlte die Kugel die Wirbelsäule und jedes größere Nervenbündel auf ihrem potentiellen Weg, so daß er nicht gelähmt wurde. Agcas Schuß war offenbar von einem Finger des Papstes abgelenkt worden, der gebrochen war. Beim Austritt aus dem Körper fiel die Kugel auf den Boden des Papamobils, wo sie gefunden wurde. Eine zweite Kugel streifte Johannes Pauls Ellenbogen und verletzte dann zwei amerikanische Touristinnen.[61]

Der Papst blieb weitere vier Tage auf der Intensivstation der Gemelli-Klinik. Er hatte am Tag nach der Operation die heilige Kommunion empfangen und begann am 17. Mai, vom Bett aus die Messe zu konzelebrieren. Am 14., als er sein volles Bewußtsein wiedererlangt hatte, fragte er Msgr. Dziwisz, ob sie schon die Komplet, das Tagesschlußgebet, gebetet hätten. Dziwisz erklärte ihm, es sei bereits der nächste Nachmittag, aber von diesem Zeitpunkt an betete Johannes Paul alle Stundengebete mit, die für ihn gesprochen wurden, bis er die Kraft hatte, sie mit Dziwisz oder seinem anderen Sekretär, Pater John Magee, zu beten.

Am 17. Mai hörten die Pilger auf dem Petersplatz eine auf Tonband aufgenommene Botschaft Johannes Pauls, der seine wöchentliche Sonntagmittagsverabredung nicht verpassen wollte. Sie endete mit den Worten: „Besonders nah bin ich den beiden Pilgern, die mit mir verletzt wurden. Ich bete für den Bruder, der mich verwundet hat und dem ich aufrichtig verzeihe. Christus verbunden, der Priester und Opfer zugleich ist, opfere ich meine Leiden für die Kirche und für die Welt. Dir, Maria, verspreche ich wiederum: ‚*Totus Tuus ego sum.*'"[62]

Am gleichen Tag stimmte Italien bei einer Volksabstimmung für eine Ausweitung der legalen Abtreibung, gegen die der Papst heftig gekämpft hatte.

Am Nachmittag des 18. Mai wurde Johannes Paul II. aus der Intensivstation in seine Suite im 10. Stock verlegt, die aus einem Wartezimmer, einem Schlafzimmer, einem Bad, einem zweiten Schlafzimmer für Msgr. Dziwisz und einem großen Sitzungssaal bestand, in dem sich die Ärzte des Papstes von Zeit zu Zeit versammelten, um den Fall zu besprechen, was er „das Synedrium", den Hohen Rat, nannte.[63] Das örtliche Ärzteteam wurde durch eine internationale Gruppe von Spezialisten ergänzt, die Kardinal Casaroli aus Westdeutschland, den USA, Frankreich, Spanien und Polen herbeigerufen hatte – eine kluge Entscheidung angesichts des breiten internationalen Interesses am Gesundheitszustand des Papstes, seiner Operation und seiner nachoperativen Behandlung. Der Pole war Johannes Pauls alter Freund und Mit-Kajakfahrer Gabriel „Gapią" Turowski, damals Leiter der Transplantation und Immunologie in der Chirurgischen Abteilung der Krakauer Kopernikus-Akademie für Medizin.[64] Turowski blieb drei Monate in Rom, wo er „einem leidenden Freund Gesellschaft leistete" und seine Fachkenntnisse zur Verfügung stellte. Johannes Paul schrieb an Turowskis Frau Bożena und dankte ihr dafür, daß sie ihm ihren Mann auslieh. Die Turowskis erwarteten ein Enkelkind. Jeden Tag fragte der Papst „Gapią", ob er schon Großvater geworden sei, und als schließlich die bejahende Antwort kam, sandte er dem Baby und den Eltern seinen Segen.[65]

Am 20. Mai bekam Johannes Paul, der seit der Operation intravenös ernährt worden war, seine erste Mahlzeit seit dem Mittagessen mit den Lejeunes eine Woche zuvor. Nachdem er etwas Suppe und ein Ei gegessen hatte, beteten er und Dziwisz das „Te Deum", die traditionelle Lobeshymne der Kirche. Drei Tage später gab das Ärzteteam ein Bulletin heraus, in dem erklärt wurde, das Leben des Papstes sei nicht mehr in Gefahr. Diese gute Nachricht wurde allerdings von einem mysteriösen Fieber überschattet, dessen Ursache den Ärzten ein Rätsel war.[66]

Der Papst war ein aktiver Patient, der verstehen wollte, was mit ihm geschah, und über seine Pflege mitbestimmen wollte. Er ließ sich von Dr. Crucitti die

Anatomie und normale Funktionsweise des Darms erklären und wie die Kolostomie seine vorübergehende Schwäche kompensierte. Wenn sich die Ärzte zu einer Beratung im Sitzungszimmer seiner Suite versammelten, machte er sich hinterher über sie lustig: „Was hat denn der Hohe Rat heute gesagt? Was hat er in meiner Abwesenheit beschlossen?"[67] Diese Scherze waren nicht ohne Schärfe. Ein Teil des Kampfes bei einer Krankheit, sagte er einmal zu seinen Ärzten, bestehe darin, daß der Patient darum kämpfen müsse, „das ‚Subjekt seiner Krankheit' zu werden, statt bloß das ‚Behandlungsobjekt' zu bleiben".[68] Die Würde des Menschen wurde nicht an der Krankenhaustür abgegeben.

Auch nicht die Verantwortungen des päpstlichen Amtes. In Polen stand eine weitere Krise bevor, da der Primas Kardinal Wyszyński im Sterben lag. Johannes Paul hatte Msgr. Dziwisz nach Warschau geschickt, um den schwerkranken Kardinal am 11. und 12. Mai zu besuchen. Dziwisz war mit einem versiegelten Brief für den Papst zurückgekehrt.[69] Die Kommunikation wurde per Telefon fortgesetzt. Das letzte Gespräch fand am 25. Mai kurz nach Mittag statt. Wyszyński, der starke Schmerzen hatte, bat in kurzen Atemstößen um den Segen des Papstes. Johannes Paul, wie zur Ehre dessen, was der ältere Mann in seinem Leben gesagt und getan hatte, sagte, er segne „Mund und Hände" des Primas.[70] Wyszyński starb am 28. Mai; Johannes Paul feierte seine Abendmesse für ihn. Drei Tage später verfolgte er die Beisetzungszeremonien per Radio und sprach parallel zum Requiem in Warschau seine eigene Messe.

Es war ein weiterer schwerer Schlag für Johannes Paul. Auch wenn Kardinal Wyszyński für Karol Wojtyła nicht die Vaterfigur gewesen war wie Kardinal Sapieha, bewunderte Wojtyła ihn sehr. Sein Lob nach dem zweiten Konklave 1978 und während seiner Pilgerreise nach Polen 1979 war echt und kam von Herzen, es war nicht bloß ehrend oder taktisch. Der Primas hatte seinen einstmals Untergeordneten im Amt schließlich für den durch die Vorsehung für Polen und die Kirche bestimmten Mann gehalten. Der Aufstieg der Solidarność war nicht die beste Zeit des Primas, doch in der Krise vom Frühjahr 1981 hatte er deutlich gemacht, daß er die Solidarność als Polens Zukunft betrachtete.

Während Johannes Paul um den Primas trauerte und über Wyszyńskis Nachfolger nachdachte, bereitete seinen Ärzten der Zustand ihres Patienten Sorgen. Am 27. Mai, dem Tag vor Wyszyńskis Tod, war der Papst kurzatmig und hatte Schmerzen in der Brust, zusätzlich zum Fieber. In den nächsten Tagen besserte sich die Situation etwas, so daß das Ärzteteam der Rückkehr Johannes Pauls in den Apostolischen Palast am 3. Juni zustimmte, damit er seine Rekonvaleszenz zu Hause fortsetzen konnte. Der Papst wollte am 6. und 7. Juni an dem feierlichen Gedenken an zwei ökumenische Konzile teilnehmen: der 1600-Jahrfeier des ersten Konzils von Konstantinopel und der 1550-Jahrfeier des Konzils von Ephesus, das Maria den Titel *theotókos*, „Mutter Gottes", verliehen hatte. Doch er hatte zu viel von sich verlangt. Er schaffte es nur, sich am 6. Juni fünf Minuten lang auf der Loggia des Petersdoms zu zeigen und eine Botschaft zu übermitteln.[71] Zu den Feierlichkeiten in Santa Maria Maggiore am 7. Juni wurde eine auf Band aufgenommene Botschaft geschickt.

Am 10. Juni stieg sein Fieber fast auf 39,5°Celsius und fiel dann. Er hatte eine Infektion im rechten Lungenflügel, aber sie konnte mit Antibiotika behandelt werden und war nicht verantwortlich für das zehrende Fieber und sein Unvermögen, seine Kräfte wiederzuerlangen. Sein Personal und die Ärzte beschlich erneut Angst um sein Leben. Der Papst sah mit seinem grauen Gesicht schrecklich aus. Seine Augen, eingesunken in dunkle Höhlen, hatten ihre übliche Intensität und ihren Glanz verloren – und niemand wußte, was das Problem war. Die künstliche Ernährung wurde wieder aufgenommen, und am 12. Juni wurde ein Virusexperte hinzugezogen. Bis zum 20. Juni hatte sich die Situation so verschlechtert, daß die Rückkehr in die Gemelli-Klinik für weitere Untersuchungen unumgänglich war. In den nächsten Tagen wurden mehrere Untersuchungen vorgenommen, unter anderem Röntgenaufnahmen, Ultra-Sonographie und Computer-Tomographie, die jedoch keine Erkenntnisse lieferten. Schließlich wurde die richtige Diagnose gestellt: In Johannes Pauls Körper war ein Zytomegalie-Virus eingedrungen, das ihm am 13. Mai durch eine verunreinigte Bluttransfusion übertragen worden war. Die „zweite Agonie", wie Gabriel Turowski es später nannte, war das Ergebnis des enormen Blutverlustes zwischen dem Schuß und der Operation. Das Zytomegalie-Virus hat einen 24-Stunden-Zyklus, und es hätte keine Probleme gegeben, wenn das gespendete Blut einen Tag lang aufbewahrt worden wäre. Die Dringlichkeit der Situation zu Beginn der Operation hatte jedoch die Verwendung frisch gespendeten Blutes erfordert. Nachdem die Ursache für seine hartnäckige Krankheit geklärt war, wollte Johannes Paul wissen, wie das Virus aussieht. Die Ärzte zeigten ihm den Objektträger, anhand dessen die Diagnose gestellt worden war.[72]

Da Antibiotika bei Virusinfektionen nicht helfen, erhielt Johannes Paul eine Aufbautherapie – intravenöse Ernährung, Glukose, Schmerzmittel und fiebersenkende Mittel –, bis sich sein Körper selbst von dem Virus befreite. Am 24. Juni war seine Körpertemperatur wieder normal, und das ärztliche Bulletin dieses Tages berichtete, daß sein Herz-Kreislauf- und Verdauungssystem wieder normal funktioniere und „der Allgemeinzustand (...) Anzeichen einer schrittweisen Besserung" aufweise.[73] Während der Krise hatten die Ärzte dem Papst gesagt, er dürfe kein amtsbezogenes Material lesen und solle statt dessen zur Entspannung Thriller oder etwas ähnliches lesen. Johannes Paul las noch einmal Sienkiewicz' Roman *Quo Vadis* und Jan Nowaks Bericht über die polnische Heimatarmee und den Warschauer Aufstand „Kurier aus Warschau".[74]

FORTDAUER DER KRISE

Während des ganzen Juli erholte sich Johannes Paul weiter von den Auswirkungen der Kugel Agcas und des Zytomegalie-Virus, das André Frossard „eine Art zusätzlichen Terrors" genannt hatte. Er führte sein Amt vom 10. Stock der Gemelli-Klinik aus, wo Kardinal Casaroli, Erzbischof Martínez Somalo, der Sostituto, und „Außenminister" Erzbischof Silvestrini ständige Besucher waren. Das dringendste Problem war die Ernennung eines Nachfolgers für Kardinal Wyszyński. Kardinal Casaroli war darüber besorgt, daß im Falle eines Einmarsches der Sowjets in Polen und des gleichzeitigen Fehlens eines Primas die Kirche die Macht verlieren würde, eigene Ernennungen durchzuführen.[75] Der

Kongreß der kommunistischen Partei Polens sollte am 14. Juli beginnen, und die Solidarność plante ihren ersten nationalen Kongreß für Anfang September. Es war wichtig, daß rechtzeitig vor den sicherlich historischen und möglicherweise auch explosiven Ereignissen ein Nachfolger ernannt und eingesetzt war.

Der Kandidat des verstorbenen Primas als sein Nachfolger war sein ehemaliger Sekretär Józef Glemp, Bischof von Warmia (Ermland) und seit April 1979 Vorsitzender der Kommission für Gerechtigkeit und Frieden der polnischen Bischöfe. Die beiden Männer hatten eine enge persönliche Beziehung gehabt, doch Wyszyński war kein Gefühlsmensch, und Zuneigung konnte nicht sein einziger Grund gewesen sein, Glemp als seinen Nachfolger vorzuschlagen. Glemp hatte Doktortitel in bürgerlichem und kanonischem Recht, und Wyszyński mag gedacht haben, daß so ein Mann in der nächsten Phase des Kampfes um Religionsfreiheit und bürgerliche Freiheiten in Polen gebraucht würde: einer, der das Kleingedruckte in Verträgen lesen konnte.

Józef Glemp wurde am 7. Juli 1981, fast sechs Wochen nach Wyszyńskis Tod, zum Erzbischof von Gnesen und Warschau und damit zum Primas von Polen ernannt. Das angesichts der Dringlichkeit der Lage in Polen relativ lange Interregnum kann nicht nur Johannes Pauls physischem Zustand zugeschrieben werden. Die Entscheidung war offensichtlich mit Diskussionen und Qualen verbunden. Glemp zum Primas von Polen zu ernennen würde den Mann in eine schwierige, fast unmögliche Situation bringen. Wyszyński hatte eine sehr große persönliche Autorität besessen, die nicht übertragen werden konnte, auch nicht durch die päpstliche Ernennung. Wyszyński war physisch beeindruckend gewesen; Glemp dagegen hatte ein wenig einnehmendes Äußeres. Wyszyński war Meister darin gewesen, an das religiöse Gefühl des Volkes zu appellieren; Glemp, der mindestens so intelligent war wie der alte Primas, besaß nicht dessen persönliche Note und dachte in bürokratischen statt volksnahen Begriffen. Wyszyński konnte an die Einheit in der Kirche appellieren und mit der Autorität eines Mannes sprechen, der mit seinem epischen *Non possumus* dem Regime getrotzt hatte; einer aktiven jüngeren Priesterschaft gegenüberstehend, die durch Johannes Paul II. und die Solidarność inspiriert war, konnte Glemp nur die Autorität des Amtes geltend machen und mußte dadurch unvermeidlich autoritär erscheinen. Glemp betrachtete Verhandlungen aus der Sicht eines Juristen, was bedeutete, daß sie zwischen Experten stattfinden sollten – keine Methode, die ihm das Vertrauen der Arbeiter und intellektuellen Dissidenten einbringen würde, die bei der Solidarność den Vorgeschmack eines demokratischen Verfahrens gehabt hatten. Und schließlich, obwohl das nie jemand aussprechen konnte, wußte jeder, daß nach Kardinal Wyszyńskis Tod der De-facto-Primas von Polen in Rom saß.

Dennoch wählte Johannes Paul II. nach wochenlangem Ringen um die Entscheidung Bischof Glemp. Der neue Erzbischof von Gnesen und Warschau war ein engagierter Kirchenmann und polnischer Patriot. Doch seine Wahl als Primas würde kein Erfolg sein – weder für ihn selbst noch für die Kirche Polens oder für den Mann, der die Ernennung ausgesprochen hatte.

Drei Tage nach der Ernennung von Erzbischof Glemp begann ein stürmischer viertägiger Kongreß der polnischen kommunistischen Partei, an dessen Ende man Politbüro und Zentralkomitee umbildete und Edward Gierek aus der Partei ausschloß. Stanisław Kania überlebte für den Augenblick, aber der grundlegende Widerspruch im Leben Polens blieb. Die Partei, die auf der „führenden Rolle" im nationalen Leben bestanden hatte, war von der Mehrheit einer immer selbstbewußter auftretenden Nation abgelehnt worden.[76]

Gegen Ende Juli begann Johannes Paul, seine Ärzte zu drängen, den künstlichen Darmausgang früher als vorgesehen rückgängig zu machen. Das Ärzteteam hatte vorgeschlagen, auf kühleres Wetter im Herbst zu warten; es gab auch Sorgen wegen des Risikos einer erneuten Transfusion von verunreinigtem Blut so kurz nach dem Sieg über das Zytomegalie-Virus. Johannes Paul insistierte, er sei kräftig genug, um die Prozedur zu überstehen. Er sagte vor einer Versammlung des „Hohen Rates", daß sie zwar die Fachleute seien, er jedoch das Recht habe, seine Probleme als ihr Patient zu erläutern. Unter anderem wolle er erst in den Apostolischen Palast zurückkehren, wenn er vollkommen geheilt sei. Sein ganzes Leben lang habe er die Rechte des Menschen verteidigt; „heute", sagte er, „bin ich dieser Mensch". Dr. Crucitti war beeindruckt. Der Papst hatte seine Ärzte daran erinnert, daß sie keine Weissager waren und daß eine Person etwas über sich selbst weiß, das die Kliniker nicht mit ihren Instrumenten und Untersuchungen messen können.[77]

Am Ende der Besprechung war das Ärzteteam einverstanden, und Johannes Paul legte das Datum für seine Operation selbst fest: den 5. August, das Fest Unserer Lieben Frau vom Schnee.[78] Die einstündige Operation war erfolgreich, und der Papst kehrte am 14. August in den Vatikan zurück. Am nächsten Tag feierte er auf dem Petersplatz mit 50 000 Menschen das große Fest Mariä Himmelfahrt – eine unerhörte Zahl für einen Monat, in dem die Römer normalerweise woanders sind als in der kochenden, feuchten Ewigen Stadt. An diesem Nachmittag flog Johannes Paul im Hubschrauber zu seiner Sommerresidenz in Castel Gandolfo, wo er bis Ende September blieb.

Am 5. September wurde in Danzig der erste Solidarność-Kongreß eröffnet. Am gleichen Tag begann die Sowjetunion, die noch nie für politische Sensibilität bekannt war, im Baltikum ein ausgedehntes Manöver zu Land und zur See, mit Landungen an der Küste von Litauen und Lettland. Die 896 Kongreß-Delegierten, die 9 484 000 Solidarność-Mitglieder repräsentierten, ließen sich davon jedoch nicht abschrecken, und ihre Beratungen endeten mit dem Ruf nach freien Wahlen zum Parlament und zu den lokalen und regionalen Räten, nach Selbstverwaltung in der Industrie und nach der Abschaffung des Nomenklatura-Systems, durch das nur Parteimitglieder in Regierungsämter gelangen konnten.[79] Die Delegierten waren in einer radikalen Stimmung. Wałęsa wurde wegen übergroßer Mäßigung angeprangert und nur mit 55 Prozent der Stimmen als Führer der Solidarność wiedergewählt. Das Zentralkomitee der sowjetischen kommunistischen Partei sandte seinen polnischen Genossen einen Brief, in dem der Kongreß als „empörende Provokation" bezeichnet wurde.[80]

Der Kongreß war mit einer Messe eröffnet worden, die der neue Primas, Erzbischof Glemp, las. Am folgenden Tag signalisierte Johannes Paul seine Sorge über die sowjetische Reaktion auf den Kongreß, indem er zu einer Gruppe polnischer Pilger in Castel Gandolfo sagte: „Das Recht unserer Nation auf Unabhängigkeit ist eine Bedingung für den Weltfrieden". Während des Kongresses war Johannes Pauls „Stimme" die seines alten Krakauer Freundes und intellektuellen Kollegen Pater Józef Tischner, des Kongreß-Kaplans. In seiner Predigt bei der Messe vor dem zweiten Tag der Besprechungen gab er dem Unterschied zwischen der Solidarność und dem Regime, zwischen der christlichen und der marxistischen Vorstellung von Arbeit eine konkrete Form, indem er den christlichen Humanismus, über den er und Karol Wojtyła jahrelang diskutiert hatten, dichterisch beschwor:

> (...) Wir müssen das Problem [der Arbeit] von oben betrachten, als ob wir von den Gipfeln der Tatra herabschauen, wo die Weichsel ihren Anfang nimmt. Die Liturgie der Messe ermuntert uns, das zu tun. (...) Dieses Brot und dieser Wein werden in einem Augenblick zu Leib und Blut des Gottessohnes. Das hat eine tiefe Bedeutung. (...) Gäbe es keine menschliche Arbeit, gäbe es auch kein Brot und keinen Wein. Ohne Brot und Wein wäre der Gottessohn nicht unter uns. Gott kommt zu uns nicht allein durch die Schöpfung der Natur, heilige Bäume, Wasser oder Feuer. Gott kommt zu uns durch die erste Schöpfung der Kultur, Brot und Wein. Arbeit, die Brot und Wein erzeugt, bereitet den Weg zu Gott. Aber jede Arbeit hat einen Teil an dieser Arbeit. Unsere Arbeit auch. So bereitet unsere Arbeit, die Arbeit eines jeden von uns, den Weg zu Gott. (...)
>
> Unser Anliegen ist die Unabhängigkeit der polnischen Arbeit. Das Wort *Unabhängigkeit* muß richtig verstanden werden. Es hat nicht das Ziel, sich von anderen zu entfernen. Arbeit ist Austausch, sie ist Übereinkommen, sie ist eine vielfältige Abhängigkeit. Arbeit erzeugt eine Gemeinschaft. (...)
>
> Wir sind lebendige Geschichte. Eine lebendige Geschichte bedeutet eine, die Frucht trägt. Christus hat gesagt: „Laß die Toten ihre Toten begraben" (Matthäus 8,22). Laßt uns daher das gleiche machen. Laßt uns uns damit befassen, Frucht zu tragen. (...)[81]

Auf Beschluß der ganzen Versammlung wurde Pater Tischners Predigt in die offiziellen Dokumente des Kongresses aufgenommen.

Zwei Wochen später gab Johannes Paul II. vielen Themen, über die sein Freund in Danzig gepredigt hatte, in seiner ersten Sozialenzyklika autoritative Gestalt.

DAS EVANGELIUM DER ARBEIT

Auch wenn ihre intellektuellen Wurzeln bis in die Mitte des 19. Jahrhunderts nach Deutschland und Frankreich zurückreichen, beginnt die moderne katholische Soziallehre mit der Enzyklika *Rerum novarum* Papst Leos XIII. von 1891. Pius XI. feierte den 40. Jahrestag dieses historischen Dokuments 1931 mit der Enzyklika *Quadragesimo anno*; Johannes XXIII. führte die Tradition der Jahrestag-Enzykliken mit seinem Schreiben *Mater et magistra* von 1961 fort. Johannes Paul II. hatte vorgehabt, den Brauch am 90. Jahrestag von *Rerum novarum* fortzusetzen, aber der Tag fiel auf den 15. Mai 1981, zwei Tage nach dem Attentat. Während seiner Genesung setzte der Papst die Arbeit an der Enzyklika fort, und *Laborem exercens* [Über die menschliche Arbeit] wurde schließlich am 14. September 1981 veröffentlicht.

In *Laborem exercens* führt Johannes Paul II. die Diskussion der „sozialen Frage" in eine humanistischere Richtung als seine Vorgänger und konzentriert sich auf die Natur der Arbeit und die Würde des Arbeiters. In dieser Hinsicht ist *Laborem exercens* die am stärksten auf ein Thema gerichtete Sozialenzyklika in der Geschichte der modernen katholischen Soziallehre – und die persönlichste, da Johannes Paul seine eigenen Erfahrungen als Arbeiter auf die Analyse der moralischen Bedeutung der menschlichen Arbeit anwandte.

In den theologisch kreativsten Abschnitten von *Laborem exercens* entfaltet Johannes Paul seine Lehre, daß Männer und Frauen durch die Arbeit „das Wirken des Weltenschöpfers" widerspiegeln, in Erfüllung von Gottes erstem Gebot „Seid fruchtbar und vermehrt euch, bevölkert die Erde, unterwerft sie euch".[82] In der Arbeit sind die Menschen aufgerufen, Gott nachzuahmen.[83] Arbeit ist eine Berufung, zu der die Menschen „von Anfang an" gerufen wurden.

Bei der Arbeit geht es nicht nur darum, was wir *machen* und produzieren, sondern auch darum, wer wir *sind*. Ob landwirtschaftliche, industrielle, postindustrielle oder künstlerische Arbeiter, sie sind vor allem *Personen*, was bedeutet, daß die Menschen in der richtig verstandenen Arbeit immer mehr *werden*, nicht nur mehr *machen*. Dieser spirituelle und moralische Charakter – diese „Subjektivität" – verleiht der Arbeit ihren echten Wert und gibt den Arbeitern ihre spezifische Würde.[84]

Arbeit ist hart. Und doch ist trotz dieser Plage – vielleicht in einem bestimmten Sinn wegen ihr – „Arbeit ein Gut" für den Menschen, weil er durch sie *„nicht nur die Natur umwandelt* und seinen Bedürfnissen anpaßt, sondern *auch sich selbst als Mensch verwirklicht*, ja gewissermaßen ‚mehr Mensch wird'".[85] Arbeit ist ein anderes Zeichen der Transzendenz, eine gewöhnliche Realität, auf deren anderer Seite eine außergewöhnliche Wahrheit über die Menschenwürde ist.

Daher lehrt Johannes Paul, der Tradition der katholischen Soziallehre folgend, „*das Prinzip vom Vorrang der menschlichen Arbeit gegenüber dem (...) Kapital*"[86] und lehnt das ab, was er „Ökonomismus" nennt, die Betrachtung der menschlichen Arbeit „ausschließlich nach ihrer wirtschaftlichen Zielsetzung". Der Vorrang der Arbeit vor dem Kapital berührt auch die Frage des Eigentums. Johannes Paul bekräftigt das Recht auf Privateigentum, stellt es jedoch unter eine gesellschaftliche Hypothek – Eigentum, das Freiheit und Kreativität möglich machen soll, muß für das Gemeinwohl eingesetzt werden.[87] Der arbeitende Mensch sollte „Mitverantwortlicher und Mitgestalter in der Werkstätte sein (...), in der er tätig ist". Die Beteiligung an der Entscheidungsfindung und den Gewinnen ist Ausdruck eines ökonomischen Systems, das den Arbeitnehmer als „echtes Subjekt der Arbeit (...), das mit Eigeninitiative begabt ist", anerkennt.[88]

Bei der Behandlung der „Rechte des arbeitenden Menschen" verteidigt Johannes Paul das Recht auf Beschäftigung, das Recht auf gerechten Lohn und angemessene Nebenleistungen und das Recht auf die Organisierung freier Arbeitervereinigungen, was das Streikrecht einschließt. Auch das waren traditionelle katholische Themen, wie die Bekräftigung der „familiengerechten Bezahlung" durch den Papst, das heißt ein Lohn, der ausreicht, um eine Familie zu ernähren, ohne daß beide Eltern gleichzeitig arbeiten. Johannes Paul gab dieser Lehre eine moderne Wendung, indem er als Alternative besondere Sozialleistungen vorschlug wie „Familienbeihilfen oder Zulagen für die Mutter, die sich ausschließlich der Familie widmet".[89] Johannes Pauls Argument, daß die Gesellschaft den Nutzen hat, wenn Mütter in erster Linie mit der Erziehung der Kinder beschäftigt sind, mag Anhänger mancher Formen des Feminismus verärgert haben, aber es beruhte auf der Erfahrung des kommunistischen Versuchs, das Familienleben zu untergraben, indem beide Elternteile arbeiten mußten. Auf jeden Fall bestand der Papst darauf, daß Mütter nicht bestraft werden oder „psychologische oder praktische Diskriminierung" erleiden dürften, wenn sie sich in mehreren Lebensabschnitten der Erziehung ihrer Kinder widmen.[90] Das Argument war wie immer ein humanistisches und Vorschlägen flexibler Zeiteinteilung und einer Politik großzügigen Mutterschaftsurlaubs ähnlich.

Die katholische Soziallehre hatte die Gewerkschaften immer als „Solidaritätsbewegungen" betrachtet, als Instrumente zur Förderung der sozialen Gerechtigkeit. Die Gewerkschaften, lehrt der Papst, sollten nicht nur für bessere Löhne und Arbeitsbedingungen kämpfen, so wichtig sie auch sind, sie sollten die „subjektive" Dimension der Arbeit fördern, so daß „es dem Arbeitnehmer (...) gelingt, nicht nur mehr zu ‚haben', sondern vor allem mehr zu ‚sein', sein Menschsein also in jeder Richtung voller zu verwirklichen".[91]

In der gesamten Enzyklika benutzt Johannes Paul den Ausdruck „das Evangelium der Arbeit", um anzudeuten, daß die Arbeit eine spirituelle Dimension hat, die ihrer Beteiligung an Gottes fortdauernder Erschaffung der Welt entstammt.[92] Die Arbeit ist durch Christus geadelt worden, der den größten Teil seines irdischen Lebens als Arbeiter verbrachte.[93] Die Arbeit berührt das Mysterium der Erlösung, wenn der arbeitende Mensch seine Mühen und Leiden mit der Passion und dem Tod des Herrn identifiziert. Dadurch hat der arbeitende Mensch teil nicht nur am *„irdischen Fortschritt,* sondern auch bei der Entfaltung des Reiches Gottes".[94]

Wie dieses kühne theologische Ende andeutet, ist *Laborem exercens* ein weiteres Kapitel des sich entfaltenden Buchs von Johannes Pauls Humanismus.[95] Die Enzyklika atmet auch den Geist von Cyprian Kamil Norwid, dem polnischen Dichter, für den die erlösende Kraft der „Arbeit, die mit Liebe angenommen wird, der höchste Ausdruck menschlicher Freiheit" ist.[96] So ist *Laborem exercens* die erste Sozialenzyklika, in der ein Dichter eine bedeutende theologische Inspiration war.

Die kurze Behandlung der weltwirtschaftlichen Situation ist vielleicht der am wenigsten überzeugende Abschnitt der Enzyklika. „Die Wirtschaft" in *Laborem exercens* bleibt die Wirtschaft der industriellen Revolution. Die drastische Umwandlung der globalen Wirtschaft durch die Computer-Revolution wird in der Enzyklika nicht behandelt. Sie ist auch in anderen Punkten empirisch fraglich: Sie beklagt die steigenden Kosten von Rohstoffen und Energie, die in den nächsten Jahrzehnten aber zu einem großen Teil fielen; sie sorgt sich um die „untragbare Verschmutzung" der Natur, als zumindest ein Teil der Welt – die freie Welt – weniger verschmutzt wurde als in den Jahrzehnten zuvor.[97] Johannes Pauls heftige Verteidigung freier Gewerkschaften war zweifellos eine sehr wirkungsvolle Unterstützung für die Solidarność, aber das Versäumnis der Enzyklika, die Wege zu diskutieren, in denen Gewerkschaften in freien Wirtschaften zu Status-quo-Institutionen werden können, schwächt ihre Analyse der gegenwärtigen Gewerkschaftsbewegung.

Bei der Veröffentlichung wurde *Laborem exercens* als philosophische Verteidigung der Solidarność-Bewegung betrachtet. Das stimmt, doch die Enzyklika war noch viel mehr. Ihr dauerhafter Wert liegt darin, daß sie Johannes Pauls umfassendes Vorhaben der Erneuerung des Humanismus für das 21. Jahrhundert um eine reich strukturierte Analyse der Würde der Arbeit ergänzte.

Das Geheimnis um Agca

Mehmet Ali Agca wurde am 13. Mai 1981 auf dem Petersplatz rasch überwältigt und festgenommen. Danach wurde er in Roms Rebibbia-Gefängnis verhört. Der Prozeß gegen ihn wurde am 20. Juli von Richter Severino Santiapichi, dem sechs Geschworene zur Seite standen, im Justizpalast eröffnet. Er begann mit der Verlesung von dem, was man bei den Verhören erfahren hatte. Laut seiner eigenen Beschreibung war Agca ein internationaler Terrorist, der mit anderen Terroristen verbündet war, wobei er keinen Unterschied zwischen Terrorismus von links oder rechts machte. Er sagte, daß er, obwohl er und er alleine beschlossen habe, den Papst anzugreifen, nicht vorgehabt habe, ihn zu töten. Wenn er es gewollt hätte, hätte er seine ganze Munition verschossen, anstatt nur zweimal mit der Pistole zu schießen, die er sich, wie er zugab, in Bulgarien beschafft hatte. Agcas Aussagen waren voller Widersprüche und Lücken, die der Bericht an das Gericht nicht zu klären versuchte. Vor diesem Gericht wurde die Frage behandelt, ob Agca vorsätzlich auf den Papst geschossen hatte.

Die Zuständigkeit des italienischen Gerichts wurde von dem Pflichtverteidiger Agcas in Frage gestellt mit der Begründung, daß sich der Vorfall auf Vatikan-Gebiet ereignet habe. Das Gericht wies das zurück und zitierte den Lateranvertrag von 1929 zwischen dem Heiligen Stuhl und Italien, der genau diesen Fall abdeckte. Da stand Agca auf, entließ seinen Anwalt und hielt eine kurze Rede, in der er die Zuständigkeit des italienischen Gerichts „absolut" ablehnte, weil er sich im Vatikanstaat befunden habe, als er auf das „Oberhaupt des Vatikanstaats" schoß. Agca behauptete dann, er sei während der Verhöre gefoltert worden, forderte den Vatikan auf, als der unabhängige Staat zu handeln, der zu sein er behaupte, und schrie schließlich, er weigere sich, mit dem Gericht zu kooperieren. Als Richter Santiapichi ihn fragte, ob er Fragen vor dem Gericht beantworten würde, sagte er: „Ich werde nicht antworten. Ich erkenne dieses Gericht nicht an. Dieser Prozeß ist beendet, vielen Dank."

Warum Agca diesen Standpunkt vertrat, war nicht klar. Er mag auf Zeit gespielt haben. Er mag verwirrt gewesen sein, weil die geplante Flucht vom Petersplatz nicht gelungen war und er mit einem Versuch rechnete, ihn aus dem Rebibbia-Gefängnis zu befreien. Er könnte auch einfach aufsässig gewesen sein. Was immer er sich gedacht haben mag – seine Weigerung zu kooperieren und das, was einem Schuldbekenntnis gleichkam, vereinfachte die Aufgabe des Gerichts. Agca wurde am 22. Juli für schuldig befunden und zu lebenslanger Haft verurteilt. Am nächsten Tag sagte er zu einem Anwalt, er wolle sein Berufungsrecht nicht ausüben. Warum nicht, ist ein weiteres Geheimnis.

Das offizielle schriftliche Urteil wurde von Richter Santiapichi am 25. September bekanntgegeben. Der Richter folgerte aus den Beweismitteln, die seit

Mai gesammelt worden waren, daß Agca nicht alleine gehandelt hatte: „Die bedrohliche Gestalt von Mehmet Ali Agca erschien plötzlich in der Menge, um mit fast bürokratischer Ruhe eine Aufgabe auszuführen, die ihm von anderen in einer von Haß verdunkelten Verschwörung aufgetragen worden war." Dennoch, gab der Richter zu, hatten „die Beweise (...) uns nicht ermöglicht, die Identität oder die Motive der Verschwörer aufzudecken (...)". Mit Agca vermutlich sicher in Rebibbia, unerreichbar für jene, die ihn vielleicht für immer zum Schweigen bringen wollten, um das Geheimnis ihrer Komplizenschaft zu bewahren, konnten die Untersuchungen fortgesetzt werden.[98]

Wer war Mehmet Ali Agca? Das rasche Urteil der westlichen Presse lautete, Agca sei ein religiöser Fanatiker, der aus sektiererischem Eifer versucht habe, den Papst zu töten.[99] Eine Variante davon beschrieb Agca als Veteran der „Grauen Wölfe", einer ultranationalistischen Bande türkischer Fanatiker mit faschistischen Ansichten, die, wie die Kolumnistin Georgie Anne Geyer schrieb, „den Westen und das Christentum hassen und den effektivsten Weg suchten, sie anzugreifen".[100] Andere erklärten Agca einfach für verrückt. Keine dieser Erklärungen hielt einer näheren Untersuchung stand. Wenn Agca ein religiöser Fanatiker war, warum gab es dann in seinem Werdegang keine Hinweise auf Frömmigkeit oder eine konsequente islamische Religionsausübung? Wenn er ein engagierter Faschist oder Rechter war, warum besagte dann eine Notiz, die er in seinem Zimmer in der Pension Isa zurückgelassen hatte – und die offensichtlich gefunden werden sollte –, daß er auf den Papst geschossen habe, um die Freiheit in Afghanistan und El Salvador zu fördern? Agcas Verbindung zu Gruppen, die man als „faschistisch" oder „rechts" bezeichnen könnte, könnte eine Deckung für einen Förderer mit einer ganz anderen Ideologie gewesen sein. Wenn er verrückt war, wie schaffte er es dann, so viel und zielstrebig zu reisen, und wieso war er in der Lage, sich völlig rational zu verhalten, wenn er es wollte?

Die Frage nach Agcas Identität war eindeutig mit der Frage verbunden, warum er auf den Papst geschossen hatte.

Praktisch alle Polen, die dem Papst positiv gegenüberstanden, und vielleicht viele, die es nicht taten, nahmen an, Agca habe im Auftrag der Sowjetunion gehandelt, entweder direkt oder über einen Dritten. „Die Sowjetunion!" war die plausibelste Antwort auf die naheliegende Frage, wer den Nutzen hatte. Daß Johannes Paul nicht nur für den Warschauer Pakt, sondern auch für die innere Ordnung der UdSSR eine große Bedrohung darstellte, war bereits unmißverständlich klar geworden. Die Sowjetmedien, ein nützliches Barometer für das Denken der Kremlherren, hatten sich Anfang 1981 auf zunehmend abscheuliche Art gegen den Papst gewandt. Im März beschrieb eine weißrussische Zeitschrift Johannes Paul als einen „gerissenen und gefährlichen ideologischen Feind", der an einer Verschwörung zwischen den Nazis und dem Vatikan beteiligt gewesen sei, um während des Zweiten Weltkriegs das polnische Volk auszurotten, und als einen „boshaften, niedrigen, heimtückischen und rückständigen Speichellecker der amerikanischen Militaristen", der nach der Pfeife seines „neuen Chefs im Weißen Haus" tanze. Diese Gehässigkeit war ausdrücklich mit der ukrainischen Synode von 1980 verbunden. Im gleichen Monat beschrieb die Zeitschrift des Zentralkomitees der ukrainischen kommunistischen Partei die griechisch-katholischen Bischöfe als „Hexensabbat politischer Leichen (...), die mit den deutschen Besatzern zusammengearbeitet hatten".[101] Agcas Verbindungen zu Bulgaren in Rom und sonstwo bestätigten für viele Polen die Verwicklung der Sowjetunion. Niemand, der Erfahrung mit einem Land des Warschauer Paktes hatte, glaubte auch nur für einen Augenblick, irgendein Bulgare hätte unabhängig von Moskau gehandelt.

Im Vatikan war eine ähnliche Meinung weit verbreitet, auch wenn sie nie öffentlich geäußert wurde. Manche stellten sich eine Art Canterbury-Scenario vor, in dem Leonid Breschnew (in der Rolle Heinrichs II.) fragt, ob niemand ihn von diesem lästigen Priester befreien wolle, und seine Agenten sich beeilen, seine Bitte zu erfüllen, indem sie einen Mordversuch an Johannes Paul (in der Rolle des Thomas Becket) arrangieren. Eine anspruchsvollere Analyse, die das Maß der Zerrüttung Breschnews unter dem Einfluß von Krankheit, Alkohol und Drogen berücksichtigte, betrachtete Jurij Andropow und den KGB als Initiatoren der Verschwörung, die Breschnew (und vielleicht das Politbüro) dann genehmigt hätten. In diesem Szenario wäre die Sowjetunion über den KGB der Hauptakteur gewesen, und der bulgarische Geheimdienst hätte Agca engagiert und dann seine Flucht oder, was viel wahrscheinlicher war, seine Beseitigung, arrangiert.[102]

Es gibt Beweise, die darauf hindeuten, daß Agca auch einen gescheiterten Mordanschlag auf Lech Wałęsa ausführte, als die Solidarność-Führer im Januar 1981 Johannes Paul besuchten.[103] Auch wenn Wałęsa aus sowjetischer Sicht ein plausibles Ziel darstellte, war er als Leiter einer Organisation mit mehreren ausgesprochenen Führungspersönlichkeiten, von denen eine ihn mit Sicherheit ersetzt hätte, doch von geringerer Bedeutung. Johannes Paul II. war jedoch ein Ziel anderer Größenordnung. Als Moskau von Kardinal Wyszyńskis tödlicher Krankheit wußte, was Ende März 1981 sicher der Fall war, ergab sich die Möglichkeit eines Doppelschlags gegen die polnische Gefahr. Falls Johannes Paul ermordet und Wyszyński kurz danach sterben würde, konnte der Schock Polens Geist vernichten und die damit verbundene Bedrohung des Warschauer Pakts und des inneren sowjetischen Reichs beseitigen.

Als diese Spekulationen von Polen, Vatikanbeamten und anderen verbreitet wurden, sandte Leonid Breschnew dem genesenden Papst eine kurze Botschaft: „Ich bin tief entrüstet über das gegen Sie verübte Attentat. Ich wünsche Ihnen rasche und völlige Genesung."[104] Die sowjetische Presse schob die ganze Affäre den Vereinigten Staaten in die Schuhe. Johannes Paul, lautete ihr Vorwurf, sei für die amerikanische Politik im Nahen Osten und in El Salvador ein Hindernis.[105]

Es gibt unzählige lose Enden in diesem Morddrama, und die volle Wahrheit über Agcas Unterstützer und die Verschwörung, die zu seinem Mordversuch am 13. Mai 1981 führte, wird vielleicht nie ans Licht kommen. Daß Agca aufgrund von religiösem Fanatismus allein handelte, ist angesichts von dem, was bereits über seine Finanzen, Reisen, Kontakte und seine frühere persönliche Geschichte bekannt ist, keine glaubwürdige These. Die relevanten russischen Archive bleiben den Forschern verschlossen, und selbst wenn sie geöffnet würden, wäre wohl nichts in den Akten zu finden. Die Hauptpersonen einer sowjetischen Verschwörung, falls es denn eine gegeben hat, sind längst tot. Falls nicht irgendwann unbekannte Dokumente auftauchen, wird die Debatte, warum und in wessen Auftrag Mehmet Ali Agca auf den Papst schoß, fortgesetzt werden. Die einfachste, überzeugendste Antwort auf die Frage, wer davon profitierte, wird die Ansicht lebendig halten, daß die Sowjetunion in dieser Angelegenheit nicht unschuldig ist.[106]

Agcas Opfer hat kein Interesse an einer dokumentierten Antwort. Am Abend vor dem Attentat las Johannes Paul eine kurze Passage aus dem Neuen Testament als Teil der Komplet, des Abendgebets der Kirche: „Seid nüchtern und wachsam! Euer Widersacher, der Teufel, geht wie ein brüllender Löwe umher und sucht, wen er verschlingen kann!" (1. Petrus 5,8) Dieser kurze Text war die ganze Antwort, die Johannes Paul auf die Frage, warum auf ihn geschossen wurde, benötigte. Es gibt Böses in der Welt, sein Name ist Legion, und es handelt durch menschliche Akteure. Keine weitere Erklärung war notwendig, und keine wäre in der Tat interessanter oder erleuchtender.

DIE INTERVENTION BEI DEN JESUITEN

Kurz nach der Rückkehr in den Vatikan von seiner postoperativen Genesung in Castel Gandolfo griff Johannes Paul II. in die interne Führung der angesehensten religiösen Männer-Gemeinschaft der Kirche ein, der Gesellschaft Jesu. Am 5. Oktober 1981 ernannte er Pater Paolo Dezza SJ zu seinem „persönlichen Delegaten" für die Leitung der Jesuiten, mit Pater Giuseppe Pittau als Stellvertreter. Diese beispiellose Maßnahme war der Höhepunkt jahrelanger Spannungen zwischen dem Vatikan und der Gesellschaft und stellte eine Aufforderung des Papstes an die Jesuiten dar, ihre spezifische Berufung von Grund auf zu erneuern.

Durch die Annahme des Vorschlags von Ignatius von Loyola im 16. Jahrhundert, eine elitäre religiöse Gemeinschaft zu gründen, die sich durch spirituellen Eifer, große intellektuelle Fähigkeiten, Tapferkeit, Gemeinschaftsgeist, selbstverleugnende Disziplin und starke Loyalität gegenüber dem Papst auszeichnete, war die katholische Kirche ein großes Risiko eingegangen. Eliten bereiten in jeder komplexen Organisation Schwierigkeiten – Eifersucht, Gruppenbildung, Intrigen und Machtkämpfe. Aber diese Probleme waren in der Kirche der Zeit vor der Gegenreformation kaum unbekannt. Das Wagnis mit den Jesuiten war von anderer Art: daß ein sich selbst regierendes und erhaltendes, selbstbewußtes Elitecorps von Geistlichen nicht in eine andere Bahn der Lehre und Disziplin abdriften würde, weil es durch einen Gehorsamseid gegenüber dem Bischof von Rom an die Lehrautorität der Kirche gebunden war. Sollte dieses Band aber jemals gelockert oder zerrissen werden, könnte eine Elite, die die übrige Kirche adelte, zu einer selbständigen Clique werden, zwar nominell an die Autorität der Kirche gebunden, aber davon überzeugt, daß ihre überlegene Intelligenz und moralische Aufrichtigkeit es ihr erlaube, ihren eigenen Weg zu gehen.

Jedes große Charisma in der Geschichte des Katholizismus trägt eine gewisse Versuchung in sich. Die franziskanische Versuchung, die Umkehrung der liebenden Umarmung der Schöpfung des hl. Franz von Assisi, ist die einer honigsüßen Spiritualität. Die dominikanische Versuchung ist die eines trockenen Intellektualismus, die Verfälschung des Ziels des hl. Dominikus, eine intellektuell starke Predigergemeinschaft zu bilden. Benediktiner verpflichten sich gemäß der Regel, die vom hl. Benedikt im 6. Jahrhundert niedergelegt wurde, zum Verbleiben im Heimatkloster; die benediktinische Versuchung besteht darin, diese Beständigkeit zu Trägheit verkommen zu lassen. Die jesuitische Versuchung ist die, zu einer Elite zu werden, die sich selbst für erleuchteter hält als die autoritative Führung der Kirche und daher glaubt, sie sei gegenüber dieser Autorität nicht mehr rechenschaftspflichtig.

War das in der Zeit nach dem II. Vatikanischen Konzil bei der Gesellschaft Jesu eingetreten? Die internationale Führung der Gesellschaft verneinte dies rundheraus, doch einige Jesuiten waren in großer Sorge über den Kurs ihrer Gemeinschaft. Sie wiesen auf drastische Änderungen bei der Ausbildung junger Jesuiten seit dem Konzil hin, die ihrer Meinung nach die intellektuelle Schärfe der Gesellschaft verringerten, die manchmal übermäßige Strenge des vorkonziliaren jesuitischen Lebens durch Laxheit in der Disziplin und einen erdrückenden Psychologismus ersetzten und über Lebensstile hinwegsahen, die man kaum als solche von geweihten Ordensbrüdern erkennen konnte, wenn sie nicht sogar auf verschiedene Art verdorben waren.[107] Jene Jesuiten, die über den nachkonziliaren Kurs der Gesellschaft beunruhigt waren, fühlten sich der Soziallehre der Kirche verpflichtet, und einige von ihnen gehörten zu ihren fähigsten Exponenten. Aber sie glaubten, Fernando Cardenal SJ habe seine priesterliche Berufung gefährdet und ein zweifelhaftes Urteilsvermögen gezeigt, als er Leiter des Alphabetisierungsprogramms des nach eigener Aussage marxistisch-leninistischen Regimes von Nicaragua wurde. Sie mißbilligten es, daß Robert Drinan SJ, Mitglied des US-Repräsentantenhauses aus Massachusetts, stets für die Abtreibung stimmte. Und sie fragten sich, warum die Führung der Gesellschaft sich nicht mit dieser neuen Form des politischen Klerikalismus befaßte.[108] Einige der Jesuiten-Fakultäten für Theologie auf der ganzen Welt, einst für die strengste Orthodoxie der Lehre bekannt, verschoben nun die Grenzen der theologischen Spekulation auf eine Weise, die von manchen ihrer Kollegen, auch von Jesuiten, scharf kritisiert wurde. Führende Jesuiten-Intellektuelle hatten sich daran gewöhnt, öffentlich die Lehre der Kirche oder die Weisheit ihrer offiziellen Lehrer anzuzweifeln.[109]

Zahlen geben nicht die gesamte Geschichte einer Gemeinschaft wieder, doch der Rückgang der Mitgliederzahl der Gesellschaft Jesu war ein weiterer Grund zur Sorge. Am Ende des II. Vatikanischen Konzils 1965 gab es 36000 Jesuiten. Ein schwacher Neuzugang und Rücktritte vom Amt hatten diese Zahl bis 1975 auf 29000 verringert. Sie sank weiterhin auf der ganzen Welt bis in die 80er Jahre hinein, obwohl in Ländern wie Indien die Zahl der Neuzugänge stieg. Dennoch behielten die Jesuiten unter den katholischen religiösen Gemeinschaften, von Männern wie von Frauen, einen bedeutenden Einfluß. Sie hatten schon in der Vergangenheit eine Führungsrolle besessen, und die Richtung, die sie seit dem Konzil eingeschlagen hatten, schien auch vielen anderen der Weg in die Zukunft zu sein. Diese Richtung war immerhin von der 32. Generalkongregation der Gesellschaft 1974/75 bestätigt und gebilligt worden.

Am 11. Dezember 1978 hatte der Generalobere der Gesellschaft, Pedro Arrupe – ein charismatischer Baske, der die Jesuiten seit 1965 leitete -, seine erste

Audienz bei Johannes Paul II., um dem neuen Papst den Gehorsam der Gesellschaft zuzusichern. Zehn Monate später hielt Johannes Paul auf Einladung des Generals eine Rede bei dem Treffen der Präsidenten der Jesuiten-Konferenz, die jedes Jahr veranstaltet wird, um einen internationalen Überblick über die Gesellschaft zu gewinnen. Seine Botschaft war unverblümt und die Reaktion ein Schock. In der kurzen Zeit, die sie zusammen seien, könne er nicht alles Positive erwähnen, das die Gesellschaft tue. Was er sagte, traf den Kern der Sache: „Ich möchte euch sagen, daß ihr meinen Vorgängern Sorgen gemacht habt und auch dem Papst Sorgen macht, der hier zu euch spricht." Zusätzlich zu dieser eindeutigen Herausforderung sandte der Papst mit der Bemerkung, er stimme dem gesamten Text zu, Arrupe einen kritischen Vortrag, den Johannes Paul I. vor seinem Tod vor der Führung der Jesuiten halten wollte.[110]

Im Juni 1979 sprach Arrupe vertraulich mit den vier Generalassistenten der Gesellschaft, seinen engsten Beratern, über die Möglichkeit seines Rücktritts. Er sei *ad vitalitatem* gewählt, nicht *ad vitam* (solange er Vitalität besitze, nicht auf Lebenszeit), und er fühle seine Energien schwinden. Die Assistenten besprachen die Angelegenheit unter sich und mit dem General. Am 3. Januar 1980 traf Arrupe erneut mit dem Papst zusammen, um eine weitere Besprechung zu vereinbaren, zu der er auch seine Generalassistenten mitbringen würde, um deren Gedanken über die Zukunft der Gesellschaft zu präsentieren und festzustellen, inwieweit das mit den Zielen des Papstes für sein Pontifikat zusammenpaßte. Johannes Paul war einverstanden, aber es wurde kein Termin für die Besprechung vereinbart.

Arrupe dachte weiter über seinen Rücktritt nach. Im Februar 1980 sagte er zu seinen vier Generalassistenten, sein Rücktrittsentschluß stehe fest. In der ersten Märzwoche forderte er von seinen Assistenten eine beratende Abstimmung über seinen Rücktritt, wobei er als den ausreichend schweren Grund, der von der Satzung der Gesellschaft verlangt wird, sein Alter anführte. Nach einer einwöchigen formellen Bedenkzeit stimmten die Assistenten zu, daß Arrupe ausreichenden Grund zum Rücktritt habe. Ihr Beschluß wurde ihm vom Seniorassistenten, dem Amerikaner Vincent O'Keefe überbracht. Gemäß dem vorgesehenen Verfahren wurden die 85 Provinzoberen der Jesuiten wegen des möglichen Rücktritts konsultiert, dem sie mit großer Mehrheit zustimmten.

Nach der Verfassung der Jesuiten war Pater Arrupe verpflichtet, eine Generalkongregation einzuberufen, das höchste gesetzgebende Organ der Gesellschaft, das als einziges seinen Rücktritt annehmen oder ablehnen konnte. Arrupe erklärte dies am 18. April 1980 Johannes Paul bei einer Privataudienz. Pater O'Keefe begleitete üblicherweise den General zu Audienzen beim Papst, aber in diesem Fall mußte er draußen bleiben, während die beiden miteinander redeten. (Das machte den Assistenten nervös; Arrupe, sagte O'Keefe später, normalerweise ein „Mann, der sich klar ausdrücken kann", wurde in Gegenwart des Papstes „wie ein Kind"; damit meinte O'Keefe, daß Arrupe dann „weiche Knie" bekam.[111]) Johannes Paul äußerte seine Überraschung darüber, daß die Diskussion über den Rücktritt so weit fortgeschritten war, und fragte Arrupe, wo der Papst hier ins Spiel komme, wenn überhaupt. Arrupe erklärte, in der Verfassung der Jesuiten gar nicht, es sei jedoch immer Praxis gewesen, den Papst über die Pläne für eine Generalkongregation zu informieren und mit ihm darüber zu sprechen. Johannes Paul fragte dann Arrupe, was er tun würde, wenn er ihm sagte, er solle nicht zurücktreten. Arrupe erwiderte, der Papst sei sein Vorgesetzter. Johannes Paul beendete die Audienz mit den Worten, er würde über das Problem nachdenken und Arrupe einen Brief schreiben.[112]

Zwei Wochen später, am 1. Mai, schrieb Johannes Paul an Arrupe und bat ihn, um des Wohles der Gesellschaft und der Kirche willen nicht zurückzutreten und keine Generalkongregation einzuberufen. Nach seiner Rückkehr aus Afrika würden sie einen Dialog aufnehmen, um das Problem zu lösen. Arrupes Generalassistenten nahmen an, das bedeute, sie bekämen endlich ihre Audienz beim Papst, aber das war offenbar nicht das, was Johannes Paul im Sinn hatte.

Am 30. Dezember trieben drei der Generalassistenten, die darüber frustriert waren, daß sie für Arrupe oder sich selbst keine Besprechung mit dem Papst vereinbaren konnten, in der Jesuitenresidenz nahe der Kirche Il Gesù Johannes Paul in die Enge. Dort hatte er gerade seine traditionelle Messe zum Jahresende mit der römischen Jesuitengemeinde gefeiert. Als Arrupe Johannes Paul in das Haus führte, wo er die jüngeren Jesuiten treffen sollte, stellten sich drei der Assistenten um den Papst herum und sagten: „Heiliger Vater, wir sind Pater Arrupes Berater; wir sind diejenigen, die an Sie geschrieben haben, und wir hoffen, Sie werden Zeit haben, sich mit ihm zu treffen, weil wir in großen Schwierigkeiten sind." Johannes Paul erwiderte: *„Sarà presto"* [Es wird bald sein]. Als der Papst und sein Gefolge das Haus verließen, versicherte Msgr. Dziwisz Arrupe, daß das Treffen wirklich bald stattfinden würde. Das geschah am 17. Januar 1981, war aber ergebnislos.[113] In der Zwischenzeit spekulierte die italienische Presse weiter über einen Riß zwischen Johannes Paul und Arrupe oder zwischen dem Vatikan und der Gesellschaft Jesu oder zwischen beiden.

Die beiden Männer trafen sich am 13. April 1981 erneut. Johannes Paul sagte zu Arrupe, er sei darüber besorgt, was eine Generalkongregation ohne Arrupe als Oberen machen würde. (Die vorgeschlagene 33. Generalkongregation wäre zusammengetreten, um Arrupes Rücktritt anzunehmen, seinen Nachfolger zu wählen – entweder Pater O'Keefe oder Pater Jean-Yves Calvez, den französischen Generalassistenten, wie überwiegend angenommen wurde – und dann über andere Dinge zu sprechen.) Paul VI. sei über die Ergebnisse der 32. Generalkongregation von 1974 sehr beunruhigt gewesen, sagte der Papst, und er selbst glaubte offensichtlich, daß die Situation auf einer Generalkongregation nach Arrupe noch schwieriger werden könnte. Arrupe bestritt, daß die 32. Generalkongregation sich Paul VI. widersetzt habe, und schrieb Johannes Paul danach einen langen Brief, in dem er ihre Entscheidungen verteidigte. Die Besprechung endete mit der Versicherung des Papstes, daß ihr Dialog fortgesetzt werden würde.[114] Einen Monat später wurde Johannes Paul angeschossen.

Am 7. August, bei der Rückkehr von einer Reise auf die Philippinen, erlitt Pater Arrupe auf dem römischen Flughafen Leonardo da Vinci einen Schlaganfall und wurde in das Salvator-Mundi-Hospital gebracht. Es wurde eine blockierte Halsschlagader diagnostiziert, die die linke Seite seines Gehirns und die rechte Seite des Körpers beeinträchtigte. Pater O'Keefe gab dem leidenden General die Krankensalbung, schickte Telegramme an die Provinzoberen der Jesuiten und informierte sie von Arrupes Krankheit; außerdem rief er Kardinal Casaroli an, um ihn über die Lage in Kenntnis zu setzen. Casaroli sagte, er wolle Arrupe sehen. O'Keefe antwortete, die Ärzte hätten gesagt, jede emotionale Belastung könne einen weiteren Schlaganfall auslösen. Am 10. August gingen drei der Assistenten ins Krankenhaus, um die Ärzte zu konsultieren. Als man ihnen mitteilte, daß Pater Arrupe verstehen könne, was man zu ihm sage, und daß er Entscheidungen treffen könne, gingen sie in sein Zimmer und fragten ihn, ob er einen Generalvikar mit allen Vollmachten ernennen wolle, um die Gesellschaft während seiner Krankheit zu leiten. Arrupe deutete an, daß er das wolle. „Haben Sie jemanden im Sinn?" wurde er gefragt. Er zeigte auf Pater O'Keefe. Kardinal Casaroli und die Provinzoberen der Jesuiten wurden dann darüber informiert, daß Arrupe gemäß Artikel 787 der Verfassung der Jesuiten für die Dauer seiner Krankheit Pater O'Keefe zum Generalvikar ernannt habe.

Etwa zwei Wochen später teilten Arrupes Ärzte O'Keefe und den anderen Assistenten mit, daß Arrupe nach ihrer ärztlichen Meinung „nie mehr eine verantwortungsvolle Position innehaben sollte". Die Ärzte sagten außerdem, Arrupe gehe es gut genug, um Kardinal Casaroli zu empfangen, der auf der Fahrt zum Krankenhaus Pater O'Keefe von der Generalskurie abholte. Unterwegs bearbeitete O'Keefe Casaroli wegen der Erlaubnis, eine Generalkongregation einzuberufen; die Gesellschaft könne nicht unbegrenzt von einem Generalvikar geleitet werden. Casaroli lehnte das ab. Nach der Ankunft im Krankenhaus veranlaßte er O'Keefe, Pater Arrupe einen persönlichen Brief des Papstes vorzulesen, in dem dieser sein Mitgefühl ausdrückte, sagte, sie seien ja beide Rekonvaleszenten, und ihm alles Gute wünschte. Während der Rückfahrt vom Krankenhaus bedrängte O'Keefe Casaroli erneut und sagte ihm, er müsse dem Papst wegen der Notwendigeit einer Generalkongregation schreiben. Casaroli meinte, O'Keefe solle an ihn schreiben, und er selbst würde Johannes Paul auf dem laufenden halten.[115]

Der Brief war am 3. September fertig. O'Keefe erläuterte darin Arrupes Amtsunfähigkeit und argumentierte, der Generalvikar solle unter diesen Umständen eine Generalkongregation einberufen. Da Johannes Paul Arrupe gebeten hatte, genau das nicht zu tun, versuchte der Brief die nach Ansicht O'Keefes und der anderen Assistenten neue Situation zu erklären. Ein ähnlicher Brief wurde an die Provinzoberen der Jesuiten geschickt.[116] O'Keefe brachte den Brief Casaroli, der versprach, ihn dem Papst zu geben, und sagte, alles würde gelöst, wenn Johannes Paul im Oktober von seiner Genesung aus Castel Gandolfo zurückgekehrt sei.

Diese Lösung war nicht das, was Pater Arrupe und seine Generalassistenten erwartet hatten. Am 6. Oktober leitete O'Keefe gerade eine Besprechung, als Arrupes Sekretär hereinkam und sagte, Casaroli habe angerufen und darum gebeten, Arrupe zu sehen, der auf der Krankenstation der Jesuitenzentrale wohnte. O'Keefe fragte, ob der Kardinal darum gebeten habe, auch mit dem Generalvikar zu sprechen. Der Sekretär erwiderte: „Nein, nicht unbedingt." O'Keefe sorgte dafür, daß er gerufen wurde, als Kardinal Casaroli ankam, und fing den Staatssekretär in der Krankenstation ab, bevor er in Arrupes Zimmer gehen konnte. Casaroli sagte, er wolle privat mit Arrupe sprechen. O'Keefe wartete draußen vor der geschlossenen Tür. Nach etwa 15 Minuten rief Casaroli ihn herein, weil er nicht verstehen konnte, was Arrupe sagte. O'Keefe, der einige Dokumente auf dem Tisch bemerkte, hörte aufmerksam zu und berichtete Casaroli, Arrupe wolle, daß O'Keefe ein Treffen zwischen dem Kardinal und Pater Paolo Dezza arrangiere. O'Keefe sagte, das wolle er tun, führte Casaroli in einen Raum auf einer tieferen Etage, holte Dezza und ging dann zur Krankenstation zurück. Arrupe zeigte auf die Dokumente auf dem Tisch und bat O'Keefe, sie ihm vorzulesen. Es war Johannes Pauls II. Brief, in dem er Dezza, der in zwei Monaten 80 werden würde, zu seinem „persönlichen Delegaten" ernannte, der die Gesellschaft Jesu bis auf weiteres leiten sollte, mit Pater Giuseppe Pittau SJ, dem ehemaligen Rektor der Sophienuniversität in Tokio und Jesuiten-Provinzial in Japan, als seinem Stellvertreter.

Die normale Leitung der Gesellschaft Jesu war suspendiert, und es würde keine unmittelbare Einberufung einer 33. Generalkongregation geben. O'Keefe war „wie betäubt" und fragte Arrupe: „Wo, meinen Sie, bleibt hier der Generalvikar?" Arrupe antwortete: „Ich weiß es nicht, gehen Sie zu Pater Dezza." O'Keefe ging zu den anderen Generalassistenten und traf an diesem Nachmittag Pater Dezza, der gewußt hatte, daß der Brief des Papstes kommen würde. Die unmittelbare Frage war, wie man die Gesellschaft informieren sollte. Die Generalskurie und der Vatikan kamen überein, die Nachricht bis Ende Oktober zurückzuhalten; bis dahin sollten die Jesuiten in aller Welt in aller Stille informiert werden. Eine spanische Zeitung brachte die Geschichte in der vierten Oktoberwoche, die italienische Presse griff sie auf, und Pater Dezza stimmte O'Keefes Vorschlag zu, die Nachrichtensperre aufzuheben.[117] Es war der größte Schock im Zusammenhang mit den Jesuiten, seitdem Papst Clemens XIV. die Gesellschaft 1773 aufgehoben hatte.

Die Intervention des Papstes machte jene wütend, die mit der Richtung der Gesellschaft unter Pater Arrupes Leitung einverstanden waren und wollten, daß sie unter seinem Nachfolger beibehalten würde. Die Behauptung, die ganze Affäre sei das Ergebnis eines großen Mißverständnisses, das auf einer Fehlinterpretation der Geschehnisse bei der 32. Generalkongregation beruhte, ist jedoch nicht überzeugend. Das Leben in den religiösen Orden befand sich in der Zeit nach dem II. Vatikanischen Konzil in der Krise, und auch wenn Johannes Paul nicht gedacht haben mag, bei den Jesuiten sei sie größer als in anderen Orden, glaubte er doch, daß ihr Einfluß so groß sei, daß eine Zeit der Reflexion erforderlich war.[118] Er erzählte Dezza und Pittau, daß er nicht eingegriffen hätte, wenn er das einzigartige Charisma und die Rolle der Jesuiten sowie ihr Potential für einen Beitrag zu einer authentischen Umsetzung des II. Vatikanums nicht schätzen würde.[119]

Die Intervention war eine Schocktherapie, die das Konfrontationsmuster innerhalb der Gesellschaft Jesu und zwischen ihr und den höchsten Behörden der Kirche beseitigen und so die Voraussetzungen für eine neue Beziehung mit größerem Vertrauen schaffen sollte.[120] Johannes Paul glaubte offenbar, daß das auf einer 33. Generalkongregation unter der Leitung von Pater O'Keefe unmöglich sein würde. Daß O'Keefe und Arrupes andere Generalassistenten keine Notwendigkeit für solche drastischen Änderungen sahen, geht aus ihren hartnäckigen Versuchen hervor, die päpstliche Zustimmung zu einer Generalkongregation zu erhalten, während die Zügel der Macht in der Gesellschaft in den Händen blieben, in denen sie seit Jahren lagen – in ihren. Angesichts dieses grundlegenden Unterschieds bei der Wahrnehmung der Realität war ein außergewöhnliches Mittel notwendig, und Johannes Paul wandte es in Form eines persönlichen Eingriffs in die Leitung der Gesellschaft an.

Es blieb abzuwarten, wie die Jesuiten reagieren würden und ob die Maßnahme bei den Problemen, die Johannes Paul und andere wahrnahmen, ausreichen würde.

KRIEGSZUSTAND

Zwei Wochen nach Kardinal Casarolis Besuch bei der Generalskurie der Jesuiten intensivierte sich die Krise in Polen aufs neue. Am 18. Oktober 1981 wurde Stanisław Kania vom Zentralkomitee der Partei abgesetzt und als Erster Sekretär durch Ministerpräsident General Wojciech Jaruzelski ersetzt, der nun als Führer des Militärs, der Regierung und der Partei alle Hebel der Macht in Händen hielt. Die Krise verschärfte sich im November, als in ganz Nordpolen wilde Streiks ausbrachen, die Ausdruck des Protests gegen die sich rasch verschlechternde wirtschaftliche Situation waren. Am 21. November schrieb Leonid Breschnew an Jaruzelski, es sei „bereits vollkommen klar, daß es keine Möglichkeit mehr gibt, den Sozialismus in Polen ohne eine Entscheidungsschlacht gegen den Klassenfeind zu retten".[121]

Johannes Paul II. stimmte der ersten Hälfte von Breschnews Ansicht zu. Bei einem Treffen in Rom Anfang November mit einer Gruppe polnischer Intellektueller, die die Solidarność unterstützten, hatte er ihnen Hoffnung gemacht – die Freiheitsbewegung in Polen sei unumkehrbar. Menschen, die das Gefühl für ihre Würde wiedererlangt hätten, würden im öffentlichen Leben nicht stumm ergeben sein. Der Kommunismus sei erledigt. Sie befänden sich im Endspiel, auch wenn das noch lange dauern könne.[122] Johannes Paul und seine Besucher spürten jedoch, daß etwas Schreckliches in der Luft lag, und die Besprechung ging früher zu Ende als erwartet. Die Solidarność-Führer meinten, sie müßten nach Polen zurück, bevor der Sturm losbrach, und der Papst teilte ihre Vorahnungen.[123]

Während Polen sich dem näherte, was alle als dramatischen Scheideweg empfanden, hielt Johannes Paul sein halsbrecherisches Arbeitstempo aufrecht. Zwischen Jaruzelskis Ernennung zum Ersten Sekretär am 18. Oktober und der zweiten Dezemberwoche traf er mit 13 verschiedenen Gruppen von Bischöfen zusammen – aus Angola und São Tomé, aus dem Sudan, Ghana, der Elfenbeinküste, Nordafrika, Mali und fünf Regionen Italiens –, die ihre alle fünf Jahre fälligen *Ad-limina*-Besuche in Rom machten. Am 11. November 1981 begann er mit der dritten Reihe seiner Generalaudienz-Katechesen über die Theologie des Leibes, die durch den Mordversuch unterbrochen worden war. Die erste Ansprache begann etwas untertreibend: „Nach langer Unterbrechung nehmen wir heute die Betrachtungen wieder auf (...)."[124] Durch einen Brief vom 12. November unternahm Johannes Paul einen weiteren Versuch, die ungarische Kirche zu sammeln; das Datum wies auf den 750. Todestag der hl. Elisabeth von Ungarn hin. Zehn Tage später unterzeichnete er *Familiaris consortio*, das nachsynodale apostolische Schreiben, das die Synode über die Familie von 1980 abschloß.

Am 8. Dezember, dem Fest der Unbefleckten Empfängnis Mariens, feierte Johannes Paul in der Basilika Santa Maria Maggiore eine Messe und erneuerte den Weiheakt, durch den die Bischöfe, die im Juni den 1550. Jahrestag des Konzils von Ephesus begingen, die Welt und die Kirche Maria anempfohlen hatten. Beim Angelus hatte Johannes Paul das Mosaikbild „*Maria, Mater Ecclesiae*" [Maria, Mutter der Kirche] gesegnet, das er an einer Ecke des Apostolischen Palastes anbringen ließ, die auf den Petersplatz hinausgeht. Es war das erste Marienbild unter den 153 Statuen auf dem Petersdom und den seitlichen Kolonnaden.[125] Drei Tage später besuchte Johannes Paul die lutherische Kirche in Rom und betete mit dem Pastor und der Gemeinde.

In der Zwischenzeit verschlechterte sich die wirtschaftliche Situation in Polen weiter, und die Spannungen zwischen der Solidarność und der Regierung nahmen zu. Die Währung war praktisch wertlos; Medikamente waren nicht verfügbar, Milch und Säuglingsnahrung kaum zu bekommen.[126] Am 28. November instruierte das Zentralkomitee der kommunistischen Partei die Kommunisten im Parlament, Gesetze einzubringen, die der Regierung Vollmachten aufgrund von Notstandsgesetzen verliehen, einschließlich des Rechts, Streiks zu verbieten. Der Solidarność-Führung, die durch den Druck der Regierung einerseits und die Ruhelosigkeit der Mitglieder andererseits bereits unter großer Anspannung stand, konnte dies nur als Versuch erscheinen, die Gewinne vom August 1980 rückgängig zu machen. Die Führung setzte die einzige Waffe ein, die ihr noch verblieben war, und drohte mit einem 24stündigen Generalstreik, falls die Gesetze eingebracht würden, und einem Generalstreik von unbestimmter Dauer, falls sie angenommen würden. Im Versuch, wieder eine Art Dialog in Gang zu setzen, sandte Erzbischof Glemp jedem Mitglied des Sejms, General Jaruzelski, Lech Wałęsa und dem Unabhängigen Studentenverband einen Brief, in dem er alle Seiten zur Mäßigung drängte.[127] Doch es war zu spät. Wahrscheinlich war es bereits am 4. November zu spät gewesen, als Jaruzelski mit dem Primas und der Solidarność-Führung zusammentraf, um die Möglichkeit eines neuen Forums für fortdauernden Dialog, einer „Front der nationalen Verständigung", zu erörtern.

Am 11. und 12. Dezember versammelte sich in Danzig die Nationale Koordinierungskommission der Solidarność, um über ihre Optionen nachzudenken. Jene, die um Mitternacht telefonieren oder ein Telex verschicken wollten, stellten fest, daß dies unmöglich war. General Jaruzelskis Coup gegen die Nation hatte begonnen.

Am 12. Dezember genau um 23.57 Uhr wurden gleichzeitig alle 3,4 Millionen privaten Telefonanschlüsse in Polen stillgelegt. Im ganzen Land wurden Straßenblockaden errichtet, und Panzer fuhren durch die Straßen von Warschau. Praktisch die gesamte Solidarność-Führung wurde in ihren Danziger Hotels festgenommen. Wałęsa wurde in seinem Zimmer ergriffen, da er sich trotz Warnungen vor seiner bevorstehenden Verhaftung geweigert hatte, sich zu verstecken. Jaruzelski, in Sorge, daß die aufgebrachten Arbeiter ihre Fabriken zu Festungen machen würden, hatte beschlossen, die Führung der Bewegung ihres Hauptes zu berauben, und das Danziger Treffen der Nationalen Koordinierungskommission hatte ihm die Gelegenheit gegeben, dies rasch zu tun. Am Morgen des 13. Dezembers, eines Sonntags, mußten die Polen feststellen, daß ihr Land von der eigenen Armee besetzt worden war, unterstützt vom SB, in dessen Computer in Gdynia (Gdingen) die zuletzt bekannte Anschrift aller Polen gespeichert war. In der Nacht waren 4000 Männer und Frauen verhaftet worden.[128]

Da ein Kriegsrecht in den polnischen Gesetzen nicht vorgesehen war, war das, was gerade geschehen war, genaugenommen die Einführung eines „Kriegszustands". Das war der Begriff, den General Jaruzelski benutzte, als er am Sonntag morgen um 6 Uhr der Nation die Bildung eines regierenden Militärrats der Nationalen Errettung mitteilte. Nach Ansicht der Polen hatte er zumindest damit recht. „Die Macht" hatte „der Gesellschaft" den Krieg erklärt.

Der Primas wurde um 5 Uhr morgens davon unterrichtet, daß Jaruzelski eine Stunde später das Kriegsrecht verhängen würde. Ihm wurde gesagt, er könne sich frei im Land bewegen, und wenn er ein Telefon benötige, könne er eines im Büro des Ministerrats benutzen, das etwa 2,5 Kilometer von seiner Residenz entfernt lag. Johannes Paul hatte die Neuigkeit rund vier Stunden früher erfahren, als ihn gegen 1 Uhr nachts der polnische Botschafter in Italien anrief und ihm mitteilte, Jaruzelski habe „vorübergehende Notstandsmaßnahmen" beschlossen.[129] Da die Telefone in Polen tot waren, konnte der Papst weder seine Bischöfe noch sonst jemanden erreichen.

Am nächsten Abend wurde auf dem Petersplatz eine Nachtwache mit Gebeten für Polen abgehalten. Johannes Paul sprach die Tausende, die sich versammelt hatten, vom Fenster seines Arbeitszimmers aus an und benutzte das Wort „Solidarität" sechsmal, als er ihnen für ihre Sorge um sein Heimatland dankte. Am Mittwoch, bei seiner wöchentlichen Generalaudienz, benutzte er den Namen der nun verbotenen Gewerkschaft zweimal und spielte auf das inoffizielle Motto der Solidarność an („Damit Polen Polen ist"), indem er feststellte, beim Kampf der polnischen Nation gehe es um „das Recht, sie selbst zu sein".[130] Die Erklärungen vom Sonntag und Mittwoch wurden von Radio Vatikan gesendet, jetzt eine von Polens wenigen Verbindungen zur Außenwelt.

In verschiedenen Teilen des Landes brachen Gewalttätigkeiten aus; Schlesien hielt den Widerstand am längsten aufrecht, und die Repression war dort am schlimmsten. In der Nähe von Kattowitz hatten sich 1300 Bergleute in der „Piast"-Grube verbarrikadiert, wo sie bis nach Weihnachten aushielten. Ein mißlungener Angriff auf die Grube am 16. Dezember, bei dem Tränengas und Gummigeschosse eingesetzt wurden, kostete neun Bergleute und vier Sicherheitskräfte das Leben. Mehr als 40 Personen wurden verletzt.[131] Johannes Paul schrieb am 18. Dezember an General Jaruzelski, er sehe sich veranlaßt, „diesen dringenden und von Herzen kommenden Appell an Sie zu richten und um das Ende des Blutvergießens in Polen zu beten". Er schloß mit einem Appell „an Ihr Gewissen, Herr General, und an das Gewissen all derer, die hier die Entscheidungen treffen".[132]

Es scheint, daß General Jaruzelski tatsächlich derjenige war, der die Frage entschieden hatte. Es gibt keinen Beweis dafür, daß die Sowjetunion im Dezember 1981 eine Militäraktion gegen Polen plante. Im Gegenteil, die Sowjetführung lehnte eine Anforderung Jaruzelskis ab, nach der Verhängung des Kriegsrechts ein kleines Kontingent sowjetischer Truppen in Polen einmarschieren zu lassen (Jaruzelski, der nicht dumm war, beabsichtigte offensichtlich, auch seine Verbündeten in Moskau zur Zielscheibe des Hasses zu machen). Polen wurde im Dezember 1981 nicht deshalb unter Kriegsrecht gestellt, weil das der einzige Weg war, eine sowjetische Invasion zu verhindern, sondern weil Jaruzelski es versäumte, das zu tun, was Władysław Gomułka 1956 getan hatte: die Sowjets dazu zu bringen, Farbe zu bekennen.

General Jaruzelski war kein Verräter. Er wollte keine sowjetische Intervention, die die Hardliner in der polnischen kommunistischen Partei begrüßt hätten, und er beseitigte auch nicht die Solidarność-Führung, als er sie in seiner Gewalt hatte, was die Sowjets im Dezember 1980 sicherlich getan hätten und was polnische Hardliner im Dezember 1981 ebenfalls tun wollten. Er hatte die Bedrohung durch eine sowjetische Militäraktion falsch eingeschätzt, und er verpaßte eine Gelegenheit, den Prozeß von Polens Befreiung aus dem sowjetischen Einflußbereich zu beschleunigen. Die Sowjetunion war im Dezember 1981 nicht in der Lage, militärisch in Polen zu intervenieren. Jaruzelski hatte die Macht so fest in der Hand, daß er eine Kraftprobe mit den Hardlinern unter seinen Genossen bestanden hätte, falls es dazu gekommen wäre. Es gibt nur eine plausible Erklärung dafür, daß er diesen Kurs einschlug, statt durch die Ermöglichung eines nationalen Dialogs mit dem Ziel echter Änderung wahre Führung auszuüben: Er war das, wofür ihn der Papst, die polnische Kirche und die Solidarność-Führung hielten – ein überzeugter Kommunist.

Karol Wojtyła hatte die Weihnachtszeit immer geliebt. Weihnachten 1981 war zweifellos sein unglücklichstes seit dem Zweiten Weltkrieg. An Heiligabend um 18 Uhr wurde im Fenster des Audienzsaals des Apostolischen Palastes eine Kerze angezündet – Johannes Pauls Beteiligung an einer weltweiten symbolischen Geste der Unterstützung Polens, die von zwei Schweizer Geistlichen initiiert worden war, von Maurice Graber, einem Protestanten, und André Babel, einem Katholiken.[133] Der traditionelle Weihnachtssegen des Papstes *Urbi et Orbi* endete mit einem besonderen Gruß an „meine geliebten Polen", und seine Wünsche galten vor allem „jenen, die leiden, jenen, die dem Kreis ihrer Lieben entrissen wurden, jenen, die niedergedrückt und verzweifelt sind".[134] In seiner Weltfriedenstagsbotschaft für den Neujahrstag 1982 prangerte Johannes Paul den „falschen Frieden totalitärer Regimes" an. Am gleichen Tag, beim Angelus, dankte er allen, die für Polen beteten, und bat sie, damit fortzufahren, weil es „um ein wichtiges Problem für die Geschichte des Menschen geht".[135]

Er sprach als polnischer Patriot, aber er war immer mehr als das. Durch seine kulturorientierte Sicht der Geschichte hatte er eine Einsicht in die Leiden seines Landes, die über Nationalismus hinausging. Dieser für ihn charakteristische Blickwinkel gab ihm auch eine Ahnung der Zukunft, die für viele seiner geplagten Landsleute kaum zu glauben war. Für sie war das Kriegsrecht das Ende eines Traums oder zumindest eine lange Unterbrechung auf ihrem Weg zur Freiheit. Johannes Paul II. dagegen sah es als verzweifelte Maßnahme eines zerfallenden Regimes an und wurde in seiner Sicht durch die hölzerne Antwort von General Jaruzelski vom 6. Januar auf seinen Brief vom 18. Dezember bestätigt.[136]

Was er im November zu den intellektuellen Führern der Solidarność gesagt hatte, war noch immer gültig. Die gleiche Botschaft übermittelte er beim traditionellen Neujahrsempfang für das beim Heiligen Stuhl akkreditierte Diplomatische Korps am 16. Januar. Weil die Menschenwürde „im Bewußtsein des Menschen eingeprägt" sei, werde das Streben nach Freiheit zunehmen, nicht abnehmen.[137]

POLITISCHE KRISE – EVANGELISCHE LÖSUNG

Fünf Monate später kam Johannes Pauls diplomatische Geschicklichkeit auf den Prüfstand. Für Ende Mai 1982 war die erste Pilgerreise des Papstes nach Großbritannien vorgesehen. Acht Wochen vor der geplanten Ankunft in London brachte die argentinische Militärregierung die Falkland-Inseln im Südatlantik in ihre Gewalt, die seit 149 Jahren britischer Besitz gewesen waren. Die Argentinier hatten seit langem behauptet, es verletze ihre Souveränität, daß die Inseln (von ihnen „Las Malvinas" genannt) in britischem Besitz waren. Was Großbritannien als Invasion betrachtete, sah das argentinische Regime als Zurückholung verlorenen Gebietes an, das es nicht mehr aufzugeben gedachte. Eine britische Kriegsflotte stach in Richtung Südatlantik in See, um Argentinien mit Gewalt von den Falkland-Inseln zu vertreiben.

Der bevorstehende Krieg brachte Johannes Paul II. in eine außerordentlich schwierige Lage. Der geplante Besuch Großbritanniens hatte beträchtliche Hoffnungen geweckt. Die katholische Bevölkerung des Landes war begeistert. Es war ein wichtiges ökumenisches Treffen mit Erzbischof Robert Runcie, dem Oberhaupt der anglikanischen Kirche, in der Kathedrale von Canterbury geplant. Historisch betrachtet schien der Besuch dazu bestimmt, das jahrhundertelange Mißtrauen der Briten gegenüber dem Katholizismus und dem Vatikan zu beenden. Andererseits war Großbritannien dabei, gegen Argentinien, ein formell katholisches Land, in den Krieg zu ziehen; und es machte die Angelegenheit noch komplizierter, daß Argentinien in dem Konflikt der Aggressor war. Die Diplomaten des Vatikans machten sich Sorgen, daß ein Papstbesuch bei einer kriegführenden Macht die Neutralität des Heiligen Stuhls in der internationalen Politik gefährden könnte. Die britischen Bischöfe andererseits wollten unbedingt, daß der Besuch stattfand, denn sie befürchteten, daß eine Absage einen demoralisierenden Effekt auf die britischen Katholiken haben würde. Die argentinischen Bischöfe fragten sich, wie der Papst ein protestantisches Land besuchen könne, das gegen ein kleineres katholisches Land Krieg führte. In den Augen vieler Argentinier war der Malvinas-Konflikt ein Beispiel für ein Land der dritten Welt, das gegen den Kolonialismus der ersten Welt kämpfte. War Johannes Paul nicht ein Fürsprecher für die dritte Welt und hatte er nicht nachdrücklich gegen den Kolonialismus gepredigt?

Als die Argentinier sich auf den Inseln verschanzten und die britische Flotte ihre Fahrt nach Süden fortsetzte, schien die Pilgerreise des Papstes nach Großbritannien unmöglich – bis Johannes Paul auf eine geniale Lösung kam. Als erstes aktivierte er die Kollegialität unter den Bischöfen. Am 18. Mai, auf dem Höhepunkt der Kämpfe auf den Falkland-Inseln, als Kardinal Basil Hume und mehrere andere britische Bischöfe wegen eines verzweifelten letzten Bemühens, den Papstbesuch zu retten, bereits in Rom waren, rief Johannes Paul Kardinäle und Bischöfe aus Argentinien zu einer dringenden Besprechung nach Rom. In den nächsten Tagen wurden die Probleme unter seiner Leitung behandelt, und er entschied, daß ein unüberwindliches politisches Dilemma nur auf evangelische und pastorale Art gelöst werden könne: Er würde Großbritannien *und* Argentinien besuchen, eine Strategie, die Kardinal Hume befürwortete, und er würde als Fürsprecher des Friedens und Botschafter der

Versöhnung reisen.¹³⁸ Am 22. Mai beendete der Papst die Beratungen mit einer Messe, die er zusammen mit den britischen und argentinischen Bischöfen am päpstlichen Altar im Petersdom zelebrierte.

Die Pilgerreise in das Vereinigte Königreich wurde ein großer Erfolg. Johannes Paul besuchte außer London Canterbury, Coventry, Liverpool, Manchester, York, Edinburgh, Glasgow und Cardiff. Bei einer Begegnung mit Königin Elisabeth II. im Buckingham-Palast versicherte der Papst sie seiner Gebete für ihren Sohn Prinz Andrew, der Hubschrauber-Pilot im Falkland-Krieg war. Der Papst hatte auch die kirchliche Versöhnung auf seiner Tagesordnung. Als er in der Kathedrale von Westminster die katholischen Märtyrer der Reformationszeit John Fisher und Thomas More pries, machte er die Bemerkung: „In diesem England schöner und edler Geister wird niemand der katholischen Gemeinschaft den Stolz auf ihre eigene Geschichte mißgönnen." Am nächsten Tag leiteten Johannes Paul und Erzbischof Runcie in der Kathedrale von Canterbury gemeinsam einen Gebetsgottesdienst, eine historische ökumenische Premiere. Der Papst und der Erzbischof unterzeichneten eine Gemeinsame Erklärung der Einheit, die auf den ökumenischen Dialog seit dem II. Vatikanum zurückblickte und ihre Hoffnungen für die Zukunft ausdrückte. Die Erklärung stellte wohl den Höhepunkt bei den anglikanisch-katholischen Beziehungen nach dem Konzil dar.¹³⁹

Johannes Paul verließ Großbritannien am 2. Juni und traf neun Tage später zu einem zweitägigen Besuch in Buenos Aires ein. Auch wenn die formelle Kapitulation erst am 15. Juni erfolgte, war klar, daß Argentinien den Falkland-Krieg verlieren würde. Der eiligst arrangierte Papstbesuch wurde zu einer Gelegenheit, ein Volk, das gerade eine bittere Niederlage erlitt, aufzurichten. Erzbischof Alfonso López Trujillo, Präsident des CELAM, war zu den Beratungen im Mai in Rom eingeladen worden, und bei seiner Rückkehr nach Kolumbien hatte er rasch eine Sonderversammlung des CELAM organisiert, vor der Johannes Paul in Buenos Aires sprach. Der Papstbesuch in Argentinien galt offiziell dem Wallfahrtsort Unserer Lieben Frau von Luján. Die CELAM-Versammlung mit Bischöfen aus ganz Lateinamerika sollte dem gesamten Kontinent deutlich machen, daß der Papstbesuch ein „Kreuzzug für den Frieden" war. Johannes Pauls Rolle bei der Verhinderung eines Krieges zwischen Argentinien und Chile drei Jahre vorher verlieh dieser Interpretation des Besuchs Glaubwürdigkeit.¹⁴⁰

Der Doppelbesuch in Großbritannien und Argentinien kennzeichnete das Ende einer zweijährigen Krisenzeit, die mit dem Kampf um die Registrierung der Solidarność begonnen hatte und weiterging mit Agcas Mordversuch, dem Tod Kardinal Wyszyńskis, der schwierigen Genesung des Papstes, seinem Eingreifen in die Leitung der Jesuiten, der Verhängung des Kriegsrechts in Polen und dem Beginn des Kampfes um die Erhaltung der Solidaritätsbewegung. Bei all den Schwierigkeiten schienen diese 16 Tage Ende Mai und Anfang Juni 1982 ein passender Abschluß dieser Phase von Johannes Pauls Pontifikat zu sein. Angesichts eines Dilemmas, das früher unlösbar gewesen wäre, hatte der Papst eine evangelische und pastorale Lösung gefunden, weil er die Art und Weise geändert hatte, in der das päpstliche Amt in der Kirche und der Welt funktionierte.

13

Die Befreiung der Befreiungsbewegungen

*Die Grenzen der Politik
und die Verheißung der Erlösung*

25. November 1981	Kardinal Joseph Ratzinger wird zum Präfekten der Kongregation für die Glaubenslehre ernannt.
27. Februar 1982	Provinziäle der Jesuiten treffen sich mit Johannes Paul.
13. Mai 1982	Am ersten Jahrestag des Attentats besucht Johannes Paul das Marienheiligtum in Fátima.
7. Juni 1982	Treffen von Johannes Paul mit dem amerikanischen Präsidenten Reagan im Vatikan.
10. Oktober 1982	Johannes Paul spricht Maximilian Kolbe als Märtyrer heilig.
28. November 1982	Johannes Paul errichtet die erste Personalprälatur der Kirche für das Opus Dei.
18. – 19. Januar 1983	Konsultation im Vatikan über den Entwurf des Hirtenbriefs der amerikanischen Bischöfe zu den Atomwaffen.
25. Januar 1983	Apostolische Konstitution *Sacrae disciplinae leges* verkündet neuen Codex des kanonischen Rechtes; Apostolische Konstitution *Divinus perfectionis magister* ändert Prozeß der Selig- und Heiligsprechungen.
2. Februar 1983	Auf seinem zweiten Konsistorium ernennt Johannes Paul 18 neue Kardinäle.
24. Februar 1983	Krisengespräch im Vatikan zu den mit dem geplanten Papstbesuch in Nicaragua verbundenen Risiken.
2. – 9. März 1983	Johannes Paul besucht Mittelamerika.
25. März 1983	Eröffnung des Heiligen Jahrs der Erlösung.
16. – 23. Juni 1983	Zweiter Pastoralbesuch Johannes Pauls in Polen.
21. Juli 1983	General Jaruzelski hebt das Kriegsrecht in Polen offiziell auf.
August 1983	Erstes der alle zwei Jahre stattfindenden Seminare zu den Humanwissenschaften in Castel Gandolfo.
2. September 1983	Die 33. Generalkongregation der Gesellschaft Jesu wird in Rom eröffnet.

29. September – 29. Oktober 1983	Bischofssynode befaßt sich mit „Versöhnung und Buße im Sendungsauftrag der Kirche"; Arbeit der Synode wird mit dem am 2. Dezember 1984 veröffentlichten Apostolischen Schreiben *Reconciliatio et paenitentia* abgeschlossen.
5. Oktober 1983	Lech Wałęsa wird der Friedensnobelpreis verliehen.
31. Oktober 1983	Schreiben des Papstes an Kardinal Johannes Willebrands zum 500. Geburtstag Martin Luthers.
16. November 1983	Johannes Paul schickt dem chinesischen Führer Deng Xiaoping ein persönliches Schreiben, in dem er um direkten Kontakt zur chinesischen Regierung nachsucht.
27. Dezember 1983	Johannes Paul besucht Mehmet Ali Agca im römischen Rebibbia-Gefängnis.
10. Januar 1984	Die Vereinigten Staaten nehmen volle diplomatische Beziehungen zum Heiligen Stuhl auf.
26. Januar 1984	Johannes Paul ernennt John J. O'Connor zum Erzbischof von New York.
11. Februar 1984	*Salvifici doloris*, apostolisches Schreiben über den christlichen Sinn des menschlichen Leidens.
8. April 1984	Kardinal Bernardin Gantin wird zum Präfekten der Kongregation für die Bischöfe ernannt; Kardinal Roger Etchegaray wird zum Präsidenten der Päpstlichen Kommission „Justitia et Pax" ernannt.
2. – 11. Mai 1984	Zweite Pastoralreise nach Asien.
12. Juni 1984	Johannes Paul spricht in Genf vor dem Weltkirchenrat.
6. August 1984	*Instruktion über einige Aspekte der „Theologie der Befreiung"* der Kongregation für die Glaubenslehre.
9. – 20. September 1984	Johannes Pauls erster Pastoralbesuch in Kanada.
19. Oktober 1984	Pater Jerzy Popiełuszko wird von Angehörigen des polnischen Sicherheitsdienstes ermordet.
22. März 1986	*Instruktion über die christliche Freiheit und die Befreiung* der Kongregation für die Glaubenslehre.

Am 22. Februar 1983 erhielt Erzbischof Andrea Cordero Lanza di Montezemolo, der Apostolische Nuntius in Nicaragua – mitten in den Vorbereitungen für den umstrittenen Papstbesuch, der am 2. März beginnen sollte – einen unerwarteten Anruf von Erzbischof Eduardo Martínez Somalo. Der Sostituto des vatikanischen Staatssekretariats sagte: „Es eilt! Der Papst möchte Sie, Erzbischof Obando und Bischof Barni sofort sehen. Nehmen Sie das nächste Flugzeug!" Der Nuntius protestierte: „Wir sind voll mit der Organisation des Besuchs beschäftigt!" Da versprach ihm Martínez Somalo, noch einmal mit dem Papst zu reden. Am folgenden Tag rief er wieder an und sagte nur: „Kommen Sie!"

Der nächste Flug ging nach Miami. Also flogen der Nuntius, Erzbischof Miguel Obando Bravo von Managua (der Führer der nicaraguanischen Kirche) und Bischof Julian Luis Barni, ein italienischer Franziskanermissionar, der in

León der Gastgeber des Papstes sein sollte, nach Florida und von da weiter nach Rom, wo man sie am Flughafen abholte und direkt in den Vatikan brachte. Dort begann sofort ein Treffen mit Johannes Paul II. und seinen drei höchsten Kurienbeamten: Kardinal Agostino Casaroli, Erzbischof Martínez Somalo und Erzbischof Achille Silvestrini, dem „Außenminister" des Vatikans. Die Kurie befürchtete nämlich, daß der Besuch in Managua zu einem Desaster werden könnte.

Johannes Paul kam sofort zur Sache. „Alles scheint bereit zu sein. Aber es gibt viel Widerstand gegen den Besuch. Wäre es vielleicht besser, ihn abzusagen? Was ist Ihre Meinung?" Montezemolo sagte, Erzbischof Obando und Bischof Barni sollten zuerst antworten, er wolle sie nicht beeinflussen. Die beiden Bischöfe erwogen das Für und Wider des Besuchs, konnten sich aber nicht zu einer definitiven Empfehlung durchringen. Dann fragte Johannes Paul Montezemolo erneut: „Wie sehen Sie die Sache?"

Der Vertreter des Papstes in Nicaragua sagte, es seien drei Punkte zu bedenken: „Einer ist möglich, einer wahrscheinlich und einer sicher. Es ist möglich, daß wir eine Vereinbarung [mit dem Regime über den Besuch] treffen und sie sich dann nicht daran halten. Es ist wahrscheinlich, daß sie versuchen werden, uns Programmpunkte aufzuzwingen. Sicher ist, daß sie alles tun werden, was sie können, um den Papst im Sinne ihrer Revolution zu manipulieren." Dann fragte Johannes Paul Montezemolo, ob er die Reise seiner Meinung nach trotz der damit verbundenen Risiken antreten solle. Der Nuntius antwortete: „Wir haben bereits ein Stadium erreicht, in dem es schlimmer wäre, die Reise abzusagen, als sie anzutreten." Erzbischof Obando und Bischof Barni schlossen sich dieser Ansicht an.

Es war etwa 13 Uhr. Der Papst, der aufmerksam zugehört und gezielte Fragen gestellt hatte, sagte: „Kommen Sie später wieder, dann werde ich Ihnen meine Antwort geben!" Als die drei zurückkehrten, war Johannes Paul mit einer anderen Angelegenheit beschäftigt, doch sie wurden von Casaroli, Martínez Somalo und Silvestrini erwartet. Kardinal Casaroli sagte, der Papst habe sich entschlossen, die Reise anzutreten. Montezemolo solle sofort nach Managua zurückfliegen und sich dort um die drei Punkte kümmern, über die er mit dem Papst gesprochen hatte.[1]

Begreiflicherweise waren die erfahrenen Diplomaten im Staatssekretariat angesichts des Papstbesuchs in einem Land mit einer unkooperativen, ja feindseligen Regierung beunruhigt. Einige von ihnen fürchteten sogar um Johannes Pauls körperliche Unversehrtheit im sandinistischen Nicaragua – die Dinge konnten jederzeit außer Kontrolle geraten.[2] Doch die christliche Befreiung war zu einem der Hauptthemen von Johannes Pauls Pontifikat geworden, und der Papst war entschlossen, sie zu verkünden. Sollte es in Nicaragua Schwierigkeiten geben, würde er sich ihnen stellen. Er war jedoch nicht gewillt, angesichts von direkten oder indirekten Drohungen klein beizugeben. Das hätte seinem Verständnis von seinem Amt widersprochen.

KEINE ZUFÄLLE

Angesichts der Rolle, die Johannes Paul bei der Auslösung der Solidarność-Revolution in Polen spielte, und der Auswirkungen, die diese Revolution letztendlich auf die Geschichte des späten 20. Jahrhunderts hatte, haben viele Kommentatoren sein Pontifikat ein „politisches" genannt. Manche zeichnen den Papst als einen mit allen Wassern gewaschenen Diplomaten, der mit den kommunistischen Machthabern, deren Ära sich dem Ende zuneigte, über den Übergang Polens zur Freiheit geschickt verhandelte.[3] Andere stellen ihn als Großmeister am geopolitischen Schachbrett dar, als einen der Urheber einer großen Verschwörung mit dem Ziel, den europäischen Kommunismus in die Knie zu zwingen.[4] Wieder andere sehen in ihm den Propheten der Gewaltlosigkeit, dessen versteckter Widerstandskampf nach Ausrufung des Kriegsrechts in Polen mit Gandhis Kampf für die Unabhängigkeit Indiens und der Bürgerrechtsbewegung von Martin Luther King zu vergleichen sei.[5]

Jede dieser Variationen zum Thema „Johannes Paul II., der politische Papst" enthält mehr als nur ein Körnchen Wahrheit. Johannes Paul bewies tatsächlich die ganzen 80er Jahre hindurch beeindruckende diplomatische Fähigkeiten. Er erkannte den Weg, den die Geschichte nehmen würde, mit fast hellseherischer Klarheit. Und er betonte immer wieder, daß eine echte Befreiung vom Totalitarismus, wenn sie ihren Zielen treu bleiben wollte, sich nicht der gewalttätigen Mittel des Totalitarismus bedienen dürfe. Doch er verstand sich weder in seinen Worten noch in seinen Taten vorrangig als Gestalt der Weltpolitik oder als Staatsmann.

Seine ganz persönliche Antwort auf die Frage, wie sein Pontifikat und sein Leben zu verstehen seien, gab Johannes Paul in Portugal, am 12. und 13. Mai 1982 im Marienheiligtum in Fátima, das er am ersten Jahrestag des Attentats von Mehmet Ali Agca besuchte, um Gott und der Muttergottes dafür zu danken, daß sie ihn damals gerettet hatten. In Fátima faßte er seine Sicht vom Leben, von der Geschichte und von seiner eigenen Sendung in einem einzigen prägnanten Satz zusammen: „Es gibt ja im Plan der Vorsehung keine reinen Zufälle."[6]

Das Attentat selbst, die Gründe dafür, die Tatsache, daß es sich am Tag der ersten Marienerscheinung von Fátima ereignete, und sein Überleben – das alles seien, wie die anderen Ereignisse in seinem Leben, einschließlich der Wahl zum Papst, keine Zufälle gewesen. Und das sei bei allen anderen Menschen genauso. Die Welt, auch die der Politik, werde durch das Drama von Gottes Heilsplan bestimmt. Das war nach Ansicht von Johannes Paul die Botschaft, die das II. Vatikanische Konzil einer modernen Welt bringen wollte, die sich vor der scheinbaren Sinnlosigkeit des Lebens fürchtete. Die Hauptaufgabe der Kirche bestehe darin, der Welt die Geschichte ihrer Erlösung zu erzählen, deren Auswirkungen sich jede Stunde in Milliarden von Leben, in denen es „keine reinen Zufälle" gebe, zeigten.

Die Politik sei in diesem Zusammenhang durchaus von Bedeutung. Um ihre Hauptaufgabe erfüllen zu können, bitte die Kirche die Welt um die Freiheit, in der sie „die Einladung zu Buße und Umkehr im Geist des Evangeliums" verkündigen könne, und sie rufe die Welt auf, über die Möglichkeit ihrer Erlösung nachzudenken. Mehr verlange die Kirche nicht, doch schon das habe öffentliche Auswirkungen, denn nur eine bestimmte Art von Staat könne das gewähren, was sie fordere. Ihr zentraler missionarischer Auftrag mache die Kirche antitotalitär, denn das, was sie von der Welt verlange, setze der Reichweite und den Ansprüchen der Regierungen Grenzen.

Die Kirche, die das Evangelium verkündet, ist immer eine *öffentliche* Kirche, denn Evangelisierung ist immer eine öffentliche Einladung, und sowohl die Tatsache, daß diese Einladung ausgesprochen wird, als auch ihr Inhalt haben öffentliche Konsequenzen. Dennoch will die Kirche in der Welt kein Konkurrent um die Macht sein, sondern ein Zeuge für die Wahrheit über den Menschen, die menschliche Gemeinschaft, die Geschichte des Menschen und sein Schicksal. Im Laufe der Geschichte hatte die Kirche nicht immer so gehandelt, doch eine solche „öffentliche Kirche" hatte das II. Vatikanische Konzil sich vorgestellt, und eine solche Kirche wollte Johannes Paul als „besonderer Erbe" des Konzils fördern.

Johannes Pauls auf das Evangelium konzentrierte Sicht der Geschichte und der Politik erleichtert es, seine Beziehung zu einem anderen prominenten Akteur auf der Weltbühne der 80er Jahre, dem amerikanischen Präsidenten Ronald Reagan, richtig zu verstehen.

Der Papst und der Präsident hatten bestimmte Überzeugungen gemeinsam. Sie glaubten beide, daß der Kommunismus nicht einfach eine falsche Wirtschaftstheorie, sondern ein moralisches Übel sei. Beide vertrauten auf die Fähigkeit freier Menschen, die kommunistische Herausforderung zu bewältigen, und waren überzeugt, daß im Wettstreit mit dem Kommunismus kein bloßer Kompromiß angestrebt werden sollte, sondern daß der Sieg möglich sei. Beide hatten ein Gefühl für das Drama der Geschichte des späten 20. Jahrhunderts, und beide waren zuversichtlich, daß die Wahrheit, wenn man sie ausspreche, das Lügengewebe des Kommunismus zerreißen und die sich mit ihrer Knechtschaft abfindenden Menschen aufrütteln könne.

Reagan, der sich damals um die Nominierung zum Präsidentschaftskandidaten der Republikaner bewarb, hatte im Fernsehen einen kurzen Bericht über Johannes Pauls Messe auf dem Warschauer Siegesplatz am 2. Juni 1979 gesehen, der ihn seinem Berater Richard Allen zufolge tief bewegt hatte.[7] Und Johannes Paul wußte, daß die umstrittenste antikommunistische Äußerung Reagans zutraf: Der polnische Papst wußte schon seit über 30 Jahren, daß die Sowjetunion ein Empire und daß ihr System böse war. Reagan bewunderte den Papst zutiefst und legte Wert darauf, daß ihm alle Erkenntnisse des amerikanischen Geheimdienstes über Ostmitteleuropa mitgeteilt wurden. Ihm war auch bewußt, daß die katholische Kirche in der Auseinandersetzung mit dem Kommunismus ihre eigenen Interessen und Methoden hatte.[8] Trotzdem war Johannes Paul, der Reagan einmal einen „guten Präsidenten" genannt hatte, entschlossen, sich seine Analyse- und Handlungsfreiheit zu bewahren. Die Kirche würde sich nicht zum Werkzeug der politischen Ziele irgendeines Staats machen lassen.[9]

Als Johannes Paul und Ronald Reagan sich am 7. Juni 1982 zum ersten Mal begegneten, erkannte jeder im anderen das Interesse, die in Jalta beschlossene Teilung Europas zu überwinden. Die Behauptung, die beiden Männer hätten ein Geheimbündnis geschlossen, um den Zusammenbruch des europäischen

Kommunismus herbeizuführen, ist jedoch eine Erfindung von Journalisten.[10] Aus der Sicht der Sowjetunion hatte Johannes Paul den größten Schaden bereits während seines legendären Pastoralbesuchs in Polen im Juni 1979 angerichtet – 17 Monate vor der Wahl Reagans zum US-Präsidenten und 19 Monate vor dessen Amtsantritt. Johannes Paul wußte Reagans Entscheidung, ihm Erkenntnisse des amerikanischen Geheimdienstes mitzuteilen, zwar zu würdigen, hatte aber zahlreiche eigene Informationsquellen in Ostmitteleuropa. Es gibt keine Beweise dafür, daß irgend etwas, das er durch amerikanische Satellitenfotos oder aus anderen Geheimdienstquellen erfuhr, seine Beurteilung einer Situation oder sein Handeln entscheidend verändert hätte. Schilderungen, daß der Papst sich über streng geheime Aufnahmen von sowjetischen Militäreinrichtungen gebeugt habe, mögen zwar die Phantasie mancher Menschen anregen, sagen uns jedoch nichts Wesentliches über die – verborgene oder bekannte – Geschichte der 80er Jahre.[11] Es gab keinen „Deal" zwischen den Vereinigten Staaten und Johannes Paul, bei dem die Unterstützung für Polen durch das Schweigen des Vatikans zur Stationierung atomarer Mittelstreckenraketen der NATO in Europa oder zur Politik der Vereinigten Staaten in Mittelamerika erkauft worden wäre.[12] Wer meint, daß Johannes Paul sich auf so etwas eingelassen hätte, verkennt den Charakter dieses Mannes völlig.

Sowohl Johannes Paul als auch Ronald Reagan hatten sich der Befreiung der „geknechteten Völker" verschrieben. Sie verfolgten unterschiedliche Wege, um dieses Ziel zu erreichen. Ein Geheimbündnis gab es nicht.[13]

DER UNIVERSALE RUF ZUR HEILIGKEIT

Während Polen die Zeit unter dem von General Jaruzelski verhängten „Kriegsrecht" durchlitt und Johannes Paul alles tat, was er konnte, um seine Landsleute zu unterstützen, brachte er mehrere interne Vorhaben auf den Weg, die in der an der Schwelle zum 21. Jahrhundert stehenden Kirche tiefe Eindrücke hinterließen.

Eine einzigartige Partnerschaft

Drei Wochen vor Jaruzelskis Coup gegen die polnische Gesellschaft nahm Johannes Paul die wichtigste Kurienberufung in seinem ganzen Pontifikat vor: Er ernannte Kardinal Joseph Ratzinger, seit 1977 Erzbischof von München und Freising, zum Präfekten der Kongregation für die Glaubenslehre.

Ratzinger wurde am 16. April 1927 als jüngstes von drei Kindern in Marktl am Inn in Oberbayern geboren. Sein Theologiestudium fiel in die Nachkriegszeit, als es in deutschen katholischen Kreisen gewaltig gärte. Nach seiner Priesterweihe, einer Habilitation über die Geschichtstheologie Bonaventuras und einem Jahr Arbeit in der Seelsorge wurde er einer der jüngsten und beliebtesten Theologieprofessoren in Deutschland und Berater des Kölner Kardinals Joseph Frings. Frings war einer der Führer der Reformgruppe beim II. Vatikanischen Konzil; Ratzinger half ihm beim Entwurf seiner Reden, und drei dieser Reden spielten dann bei der Kursbestimmung zu Beginn des Konzils 1962 eine wichtige Rolle. In der letzten Phase des Konzils wurden in Ratzinger Befürchtungen wach, daß manche Gedanken über das Handeln der Kirche in der modernen Welt sich von der *Dogmatischen Konstitution über die Kirche* abkoppelten. Nach seiner Rückkehr nach Deutschland, wo er einen Lehrstuhl an der Universität Tübingen erhalten hatte, beunruhigte ihn die radikale Richtung, in die sich mehrere nachkonziliare deutsche Theologien entwickelten, noch stärker – nicht zuletzt ihr Flirt mit dem Marxismus.[14]

Als seine intellektuellen Konzilskollegen, mit denen er bei der Gründung der internationalen theologischen Zeitschrift *Concilium* mitgewirkt hatte, nicht bereit waren, sich gegen diese Trends zu stellen, gründete Ratzinger mit einer Reihe anderer einflußreicher Konzilstheologen (darunter Karol Wojtyłas Freund Henri de Lubac SJ) die Zeitschrift *Communio*, um eine seiner Ansicht nach authentischere Auslegung des Konzils zu verbreiten. Die Auseinandersetzung um *Concilium* und *Communio* war nicht nur ein Punkt, an dem sich geistige Wege trennten. Es zerbrachen auch Freundschaften, und im Laufe der folgenden Polemik stellte Ratzinger fest, daß er in den Augen mancher früherer Kollegen ein Gegenstand der Verachtung (*odium theologicum*) geworden war. Während dieser Kontroversen schrieb er eine *Einführung in das Christentum*, die auf seinen Tübinger Vorlesungen von 1967 beruhte und in der Verwendung von biblischem, philosophischem und theologischem Material völlig modern war. Trotz der wesentlichen Unterschiede bei der Auslegung des II. Vatikanischen Konzils verstanden sich sowohl die *Concilium-* als auch die *Communio-*Gruppe als Erben des Konzils, und beide stellten sich eindeutig gegen diejenigen, die – wie Erzbischof Marcel Lefebvre, der französische Dissident – das Konzil ablehnten.

Im Frühjahr 1977 holte Paul VI. Ratzinger innerhalb von drei Monaten von seinem Lehrstuhl, ernannte ihn zum Erzbischof von München und Freising und erhob ihn zum Kardinal. Karol Wojtyła lernte Ratzinger 1977 bei der Synode persönlich kennen; die beiden schickten sich schon seit 1974 gegenseitig ihre Veröffentlichungen.[15] Kurz nach seiner Wahl sagte Johannes Paul, der den bayrischen Kardinal zum Präfekten der Kongregation für das katholische Bildungswesen machen wollte, zu Ratzinger: „Wir brauchen Sie in Rom!" Ratzinger erwiderte, so kurz nach seinem Amtsantritt in München sei das unmöglich: „Sie werden mir ein bißchen Zeit geben müssen!" Als die Präfektur der Kongregation, deren Aufgabe es ist, das theologische Leben der Kirche zu fördern und „die gesunde Lehre voranzutreiben" [Codex des kanonischen Rechtes], vakant wurde, fragte Johannes Paul Ratzinger erneut. Da sah sich dieser, wie er selbst sagt, „außerstande, noch einmal abzulehnen".[16]

Mehr als anderthalb Jahrzehnte lang wurde Ratzinger als grimmiger „Panzerkardinal", als Erbe der Inquisitoren oder als düsterer Deutscher, der nicht auf der Höhe der Zeit sei, karikiert. 1996 und 1997, als seine sympathische Persönlichkeit bei einem über 300 Buchseiten langen Interview durchschien, sagte man, er habe sich verändert.[17] Doch das stimmte nicht. Diejenigen, die bereit waren, hinter die Karikatur zu schauen, als Ratzinger zum Präfekten der Glaubenskongregation ernannt wurde, konnten mehrere wichtige Anhaltspunkte für Johannes Pauls Auffassung von der nachkonziliaren theologischen Situation der Kirche entdecken.

Erstens war Ratzingers Ernennung ein Zeichen dafür, daß der Papst die Theologie und die Theologen sehr ernst nahm. Aufgrund seiner eigenen Beiträge zur Theologie und seines umfassenden Wissens über die theologische Tradition des Westens galt Ratzinger bei Freund und Feind als Theologe von großem Format. Daß der Papst einen Mann von seiner intellektuellen Qualität, nicht einen altgedienten Kurienkardinal, zum Präfekten der Glaubenskongregation ernannte, bewies sein Bestreben, eine echte Erneuerung der Theologie zu fördern.

Zweitens deutete Ratzingers Ernennung darauf hin, wie wichtig es dem Papst war, daß die Glaubenskongregation auf eine durch und durch moderne Weise mit der internationalen Theologenschaft verkehrte. Johannes Paul wählte keinen Mediävisten oder Patristiker, sondern einen Theologen, der sich eingehend und kritisch mit der Philosophie und der ökumenischen Theologie der Moderne beschäftigt hatte.

Kardinal Ratzinger war seit Jahrhunderten der erste auf diesem Posten, der sich nicht Thomas von Aquin als philosophisches und theologisches Vorbild auserkoren hatte. Der Papst respektierte zwar die Lehren Thomas von Aquins und die Thomisten, brach aber mit der Tradition, indem er einen Mann zum Präfekten der Glaubenskongregation ernannte, der kein Thomist war. Dadurch machte er deutlich, daß er von einem legitimen Pluralismus theologischer Methoden überzeugt war und daß dieser Pluralismus seiner Ansicht nach bei der Formulierung der maßgeblichen Lehre berücksichtigt werden mußte.

Es wurde eine interessante Partnerschaft. Der Papst war Philosoph und Pole, der Präfekt Theologe und Deutscher. Karol Wojtyła war einer der geistigen Väter der *Pastoralkonstitution über die Kirche in der Welt von heute* gewesen; ein Jahrzehnt nach dem Konzil war Ratzinger einer der schärfsten Kritiker der Art und Weise, wie dieses Dokument ausgelegt wurde. Johannes Paul bezeichnete das 21. Jahrhundert während seines Pontifikats oft als möglichen „Frühling" für das Evangelium nach dem Winter des 20. Jahrhunderts. In der gleichen Zeit gelangte Kardinal Ratzinger immer mehr zu der Auffassung, daß die Kirche der unmittelbaren Zukunft kleiner und reiner sein werde, nicht gerade eine Katakombenkirche, aber gewiß nicht die beherrschende Kraft in der westlichen Kultur, die sie einmal gewesen war. Kardinal Ratzinger schien überzeugt zu sein, daß der Westen mit seinem humanistischen Projekt sich in einem nicht mehr umkehrbaren kulturellen Niedergang befinde. Der Papst dagegen glaubte, daß eine Wiederbelebung des Humanismus möglich sei.

Wenn eine Karikatur recht damit gehabt hätte, daß Johannes Paul und Kardinal Ratzinger jeweils nur mit Menschen sprachen, die der gleichen Ansicht waren wie sie selbst, hätten die beiden nicht fast 20 Jahre lang ein intensives und anspruchsvolles Gespräch miteinander führen können. Ratzinger erkannte in dem charismatischen, pastoralen Wojtyła eine „Leidenschaft für den Menschen" und die Fähigkeit, „die spirituelle Dimension der Geschichte" zu entdecken – zwei Wesenszüge, durch die die Verkündigung des Evangeliums eine überzeugende Alternative zu den falschen Humanismen ihrer Zeit wurde.[18]

Und Wojtyła respektierte den zurückhaltenden, gelehrtenhaften Ratzinger als einen zeitgenössischen Intellektuellen, der als Theologe mehr geleistet hatte als er selbst. Zusammen bildeten die beiden ein großartiges geistiges Gespann.

Der Kardinal und der Papst trafen sich jeden Freitagabend. Dann sprach Ratzinger allein mit Johannes Paul über die Arbeit seiner Kongregation. Außerdem sahen sie sich häufig dienstags, wenn der Papst eine oder eineinhalb Stunden vor dem Mittagessen eine Gesprächsgruppe versammelte, mit der er dann auch zu Mittag aß. Dabei konnte es um eine neue Enzyklika oder ein apostolisches Schreiben gehen, um ein wichtiges allgemeineres Thema (Bioethik, die ökumenische Situation oder die verschiedenen Befreiungstheologien) oder auch um die Themen der Ansprachen bei den Generalaudienzen der kommenden Wochen. Bei diesen Mittagsgesprächen, die ein charakteristisches Merkmal seines Pontifikats wurden, verfeinerte Johannes Paul (der Ratzinger zufolge froh darüber war, innerhalb seines zwangsläufig zerstückelten Terminplans „eine kontinuierliche Arbeit zu haben") die späteren Katechesen des Zyklus „Theologie des Leibes" und seine sechsjährige Katechese des Glaubensbekenntnisses (1985-1991).[19]

Der neue Codex des kanonischen Rechtes

Die Reform des Kirchenrechts, des Codex des kanonischen Rechts, war eines der drei großen Vorhaben, die Johannes XXIII. kurz nach seiner Wahl im Jahre 1958 ankündigte. Während des II. Vatikanischen Konzils stellte die zuständige Kommission ihre Arbeit praktisch ein, so daß mit dem Entwurf des neuen Codex erst 1966 ernsthaft begonnen wurde. Als Johannes Paul II. sich der Sache persönlich annahm und sie vorantrieb, hatte der Entwurfsprozeß sich bereits über mehr als 15 Jahre hingezogen.

Im Februar 1982 rief der Papst eine Gruppe von sieben Kirchenrechtlern aus verschiedenen Ländern, die jeweils eine unterschiedliche Auffassung vom bisherigen Entwurf hatten, zusammen. Bei einem Arbeitsessen sagte er zu ihnen, er habe den gesamten Entwurf für den Codex zweimal gelesen und wolle sich mit ihnen zusammensetzen, um das Projekt Canon für Canon durchzugehen, damit er genau verstehen könne, was in jedem der 1 752 Gesetze gesagt werde. Die Expertengruppe traf sich dann von Februar bis November 1982 insgesamt 14 Mal mit dem Papst zu jeweils vierstündigen Sitzungen. Als einer der Experten sich einmal darüber beklagte, daß die anderen auf unfaire Weise alles in dem Entwurf kritisierten, erwiderte Johannes Paul, sie brächten ihre Sachkenntnis ein – und das sei genau das, was er von ihnen erwarte.[20]

Der Codex des kanonischen Rechts von 1917 war eine Sammlung der bis dahin existierenden Kirchengesetze, die sich in großen Teilen am Zivilrecht orientierte. Er war in Bücher unterteilt, bei denen es um „Personen", „Sachen", „Prozesse" und „Vergehen und Strafen" ging. In diesem säkularen rechtlichen Kontext wurden die Sakramente, der Mittelpunkt des spirituellen Kirchenlebens und des Gottesdienstes, unter „Sachen" behandelt. Johannes Paul lag viel daran, daß der neue Codex die Vision des II. Vatikanischen Konzils von der Kirche authentisch ausdrücke. Er beginnt, nach der Spezifizierung allgemeiner rechtlicher Normen, mit dem „Volk Gottes", legt die Gleichheit aller Gläubigen in der Taufe fest und organisiert das Gesetz der Kirche nach dem dreifachen „Amt" Christi als Priester, Prophet und König. Das ist der Rahmen für die Canones, bei denen es um das Lehramt der Kirche, ihren Heiligungsdienst (wo die Sakramente den ihnen zustehenden Platz gefunden haben) und ihre Struktur geht. Erst nach der Behandlung dieser typisch kirchlichen Angelegenheiten befaßt der neue Codex sich mit Vermögensfragen, Straftaten, Strafen und Prozessen. In der letztgenannten Kategorie gibt es sieben Canones, die verlangen, daß Versöhnungsbemühungen unternommen werden, bevor ein formelles Gerichtsverfahren eingeleitet wird. Der neue Codex betrachtet das Recht nicht als einen Prozeß der Auseinandersetzung, bei dem es Gewinner und Verlierer gibt, sondern zielt darauf ab, möglichst eine Versöhnung außerhalb der kirchlichen Gerichtshöfe zu erreichen.[21]

Der neue Codex des kanonischen Rechts wurde durch die Apostolische Konstitution *Sacrae disciplinae leges* [Die Gesetze der kirchlichen Lebensordnung], die Johannes Paul II. am 25. Januar 1983 unterzeichnete, verkündet. Die von Johannes Paul persönlich geschriebene apostolische Konstitution gibt einen guten Einblick in seine Sicht vom Recht in der Kirche.[22] Seiner Auffassung nach ist der Codex für den Verkündigungs- und Heiligungsdienst der Kirche „unbedingt notwendig". Da die Kirche „auch nach Art eines sozialen und sichtbaren Gefüges gestaltet" sei, brauche sie eine rechtliche Struktur, um richtig funktionieren zu können. Dennoch könne „es keineswegs der Zweck des Codex sein (...), im Leben der Kirche den Glauben, die Gnade, die Charismen und vor allem die Liebe der Gläubigen zu ersetzen". Diese Gaben des Heiligen Geistes hätten in der Kirche immer Vorrang gehabt, und der Zweck des Codex bestehe darin, ihre Entwicklung im Leben der Kirche zu fördern. Der Codex beruhe auf dem konziliaren Konzept von der Kirche als einer *communio*, einer Gemeinschaft der Gläubigen, nicht auf der Analogie eines Staates und seiner Bürger.[23]

Der neue Codex des kanonischen Rechts war das erste von drei großen Gesetzgebungsprojekten während des Pontifikats von Johannes Paul II. Die Apostolische Konstitution *Pastor bonus* [Der gute Hirte] (1988), durch die die Strukturen der römischen Kurie reformiert wurden, und der neue Codex des kanonischen Rechts der orientalischen Kirchen, der am 1. Oktober 1990 veröffentlicht wurde, schlossen die Dreiergruppe ab und verliehen dem Pontifikat Johannes Pauls eine einzigartige legislative Breite. Für den Papst ergaben sich diese Gesetzgebungsprojekte aus seiner Verpflichtung auf die volle Umsetzung des II. Vatikanischen Konzils; diesen Punkt hob er bei der „feierlichen Vorstellung des neuen Kirchenkodex" am 3. Februar 1983 hervor.

Diese Feier fand einen Tag nach Johannes Pauls zweitem Konsistorium für die Ernennung von Kardinälen statt. Zu den 18 neuen Kollegiumsmitgliedern gehörten Jean-Marie Lustiger aus Paris, Alfonso López Trujillo aus Kolumbien, Joseph Bernardin aus Chicago, Godfried Danneels aus Belgien, Józef Glemp und Julijans Vaivods aus Riga. Bei diesem Konsistorium begann Johannes Paul mit seinem Brauch, einen der theologischen „Ältesten" des II. Vatikanischen Konzils mit dem roten Kardinalsbirett zu ehren. Der erste war der damals 87 Jahre alte Henri de Lubac, dem er die frühere römische Titelkirche von Kardinal Alfredo Ottaviani zuwies, der bei den theologischen Kontroversen, in die de Lubac in den späten 40er Jahren verwickelt gewesen war, auf der Gegenseite gestanden hatte.²⁴

Heilige für die Welt

Der sichtbarste Ausdruck von Johannes Pauls Entschlossenheit, die Kirche an den universalen Ruf zur Heiligkeit zu erinnern, sind seine zahlreichen Selig- und Heiligsprechungen. In den ersten 20 Jahren seines Pontifikats sprach er 805 Männer und Frauen selig und 205 heilig – viel, viel mehr als irgendein anderer Papst der Geschichte, selbst unter Berücksichtigung der Tatsache, daß Gruppen von Märtyrern zusammen selig- oder heiliggesprochen wurden.

Weder die Kirche noch der Papst „machen" Heilige. Die Kirche erkennt durch das päpstliche Lehramt die Heiligen an, die Gott gemacht hat. Karol Wojtyła war schon seit langem überzeugt, daß Gott beim Machen von Heiligen wunderbar verschwenderisch ist und daß sein Machen von Heiligen jeden Stand in der Kirche betrifft. Heiligkeit ist kein Reservat des Klerus oder der Mönche und Nonnen, die sich bewußt für ein von der Welt entferntes Leben entschieden haben. Jeder Christ ist durch die Taufe zur Heiligkeit berufen.

Das christliche Ideal ist für Johannes Paul der Märtyrer: der Zeuge, dessen Leben völlig mit der Wahrheit übereinstimmt, weil es dieser Wahrheit in sich selbst opfernder Liebe völlig hingegeben wird. Der Papst hat die Welt immer wieder daran erinnert, daß das 20. Jahrhundert das größte Jahrhundert des Märtyrertums – des treuen Zeugnisses bis zum Tod – in der christlichen Geschichte ist. Und seiner Ansicht nach ist kein Märtyrer des 20. Jahrhunderts ein leuchtenderes Zeichen für den Ruf zur Heiligkeit durch Selbstaufopferung in schrankenloser Liebe als Maximilian Kolbe. Er betrachtet Kolbe als „einen aus den menschlichen Abgründen hervorgegangenen Heiligen"²⁵ – als einen Mann, der direkt ins moderne Herz der Dunkelheit blickte und Christus treu blieb, indem er sein Leben im Hungerbunker von Auschwitz für einen anderen hingab und seinen Zellengenossen half, mit Würde und Hoffnung zu sterben.

Kolbes Heiligsprechung sollte am Sonntag, den 10. Oktober 1982, auf dem Petersplatz stattfinden. Doch es war eine Frage aufgeworfen worden: Pater Kolbe wurde zwar weithin als Märtyrer betrachtet, war er aber ein „Märtyrer" im klassischen Sinn des Begriffs – jemand, der wegen *odium fidei*, „Haß auf den Glauben", gestorben war? Er war nicht aufgrund von *odium fidei* verhaftet worden, und Zeugen seines Selbstopfers hatten ausgesagt, daß der Kommandant des Schutzhaftlagers von Auschwitz, Karl Fritzsch, es einfach akzeptiert habe, daß Kolbe sich bereit erklärte, für den Familienvater Franz Gajowniczek in den Tod zu gehen – ohne besondere Befriedigung darüber zu zeigen, daß er einen Priester umbrachte. Die Theologen und Fachleute der Kongregation für die Heiligsprechungsprozesse hatten angeführt, daß Kolbe, obwohl zweifellos ein Heiliger, kein Märtyrer im traditionellen Sinn des Begriffs sei. Nach Kolbes Seligsprechung im Jahre 1971 hatte Papst Paul VI. gesagt, man könne Kolbe als „Märtyrer der Nächstenliebe" betrachten, doch das war eine persönliche Geste, und diese Kategorie war weder in der Theologie noch im kanonischen Recht verankert. Inzwischen hatten jedoch die polnischen und deutschen Bischöfe den Heiligen Stuhl gebeten, Kolbe als Märtyrer zu kanonisieren, nicht als heiligen Bekenner, der zufällig unter ungewöhnlichen Umständen gestorben war.

Johannes Paul ernannte zwei Bevollmächtigte, die die Frage vom theologischen und historischen Standpunkt aus klären sollten. Ihre Berichte wurden dann einer 25 Mitglieder umfassenden Sonderkommission vorgelegt, die mehrheitlich zu dem Schluß kam, daß das Selbstopfer des sel. Maximilian Kolbe – so heroisch es zweifellos gewesen war – die traditionellen Kriterien für das Märtyrertum nicht erfüllte. Noch am Tag seiner Kanonisierung war nicht klar, ob Kolbe als Märtyrer anerkannt werden würde, wie es der Wunsch vieler Polen, Deutscher und anderer war.

Am Morgen des 10. Oktober 1982, eines herrlichen Herbsttages, versammelten sich 250 000 Gläubige auf dem Petersplatz. Dort sahen sie ein großes Banner, ein Porträt Kolbes, von der mittleren Loggia des Petersdoms hängen. Es war aber immer noch ungewiß, ob Kolbe als Märtyrer anerkannt werden würde. Doch dann schritt Johannes Paul aus dem Dom auf den Platz – und er trug Rot, die liturgische Farbe der Märtyrer. Er hatte sich über das Urteil seiner Sonderkommission (die lediglich beratenden Charakter hatte) hinweggesetzt. In seiner Predigt erklärte er: „So habe ich kraft meiner apostolischen Vollmacht beschlossen, daß Maximilian Kolbe, der von seiner Seligsprechung an als Bekenner verehrt wurde, nunmehr auch als Märtyrer verehrt werde!"[26]

Indem er den hl. Maximilian Kolbe tatsächlich als Märtyrer anerkannte, machte Johannes Paul eine wichtige theologische Aussage – daß nämlich systematischer Haß auf den Menschen (*odium hominis*) ein zeitgenössisches Äquivalent des traditionellen Kriteriums für Märtyrertum, des *odium fidei*, war. Da der christliche Glaube die Wahrheit in bezug auf die unveräußerliche Würde der menschlichen Person bejahte, haßte jeder, der diese Wahrheit haßte, indirekt auch den christlichen Glauben. Der moderne Totalitarismus war also eine indirekte Form des *odium fidei*, weil er Personen als Dinge behandelte.[27]

Drei Monate nach Kolbes Kanonisierung gab Johannes Paul eine weitere apostolische Konstitution heraus, *Divinus perfectionis magister* [Göttlicher Lehrer der Vollkommenheit], die auf den 25. Januar 1983 datiert war und das Verfahren, durch das die Kirche einen ihrer Söhne oder eine ihrer Töchter als Heiligen/Heilige anerkannte, umfassend reformierte.

Die Idee offiziell anerkannter „Heiliger" scheint der Idee der universalen Berufung zur Heiligkeit zu widersprechen. Wenn jeder dazu berufen ist, ein Heiliger oder eine Heilige zu werden – wenn sogar jeder ein Heiliger oder eine Heilige werden *muß*, ob nun anerkannt oder nicht, um in den Himmel zu gelangen –, was für einen Sinn soll es dann haben, bestimmte Männer und Frauen für die Verehrung auszuwählen? Tatsächlich ergänzen sich die beiden Ideen. Jeder Christ hat eine Berufung. Manchmal ist diese Berufung völlig einzigartig und umfaßt einen bis dahin unerforschten oder nicht gebührend gewürdigten Aspekt des Plans Gottes für die Kirche; so sind die großen Ordensgründer und -gründerinnen Beispiele für Heilige, die „unwiderleglich, unangreifbar, unteilbar wie Primzahlen" sind.[28] In anderen Fällen erwächst die Heiligkeit aus dem Schoß der Kirche und der Gemeinde, aus der Gemeinschaft der Orden, wenn zum Beispiel eine Ordensfrau oder ein Priester, ein Bischof, Papst, Künstler oder Wissenschaftler ihre beziehungsweise seine Berufung auf exemplarische, aber nicht unbedingt bahnbrechende Weise lebt. In beiden Fällen dient die öffentliche Anerkennung der Heiligkeit durch die Kirche dem universalen Ruf zur Heiligkeit. Gottes „Primzahlen" erinnern uns daran, daß es bei der Berufung zur Heiligkeit durch Gott immer wieder neue Aspekte zu entdecken und zu verwirklichen gibt. Heilige, die nicht in diese Gruppe gehören, sind Modelle dafür, wie Christen, die nicht so überwältigend vom Willen Gottes berührt werden, Heiligkeit durch Gnade erreichen können.

Seit den Reformen von Papst Urban VIII. in den Jahren 1625 und 1634 hatte die Kirche durch ein kompliziertes und langwieriges rechtliches Verfahren bestimmt, ob jemand ein Heiliger war. Die Beweislast lag dabei ganz bei denjenigen, die den „Fall" des potentiellen Heiligen vertraten. Die Befürworter der Heiligsprechung legten ihren Fall dar. Der „Anwalt des Glaubens" (volkstümlicher ausgedrückt: der *advocatus diaboli*) bemühte sich dann mit aller Kraft, die Heiligkeit des Kandidaten in Frage zu stellen – man ging also sozusagen von der Schuld des Kandidaten aus, bis seine Unschuld bewiesen war.[29] Die Anwälte des Kandidaten versuchten, die Einwände zu entkräften; das Ganze war praktisch ein posthumes religiöses Gerichtsverfahren.

Durch *Divinus perfectionis magister* wurde nun all das auf sehr radikale Weise geändert. Das Gerichtsverfahren wurde durch eine akademisch-historische Prozedur ersetzt, und der *advocatus diaboli* wurde ebenso abgeschafft wie die dialektische Auseinandersetzung zwischen dem „Anwalt des Glaubens" und den Anwälten des Kandidaten. Die Anwälte als bisherige Hauptfiguren bei dem Verfahren wurden durch theologische „Berater" ersetzt, und die Verantwortung für die Ermittlung der Wahrheit über das Leben des Kandidaten wurde einer neuen Gruppe übertragen, dem *Collegium Relatorum*, das die Anfertigung einer kritischen, dokumentierten Biographie (*positio*) überwachte. Es gab zwar immer noch Zeugen, die Zeugnis über den Kandidaten ablegten, doch von jetzt an diente der Kirche nicht mehr der Strafprozeß, sondern die wissenschaftliche Disputation der Historiker als Modell für den Prozeß der Wahrheitsfindung. Der „Relator" [Berichterstatter] war sowohl an die Stelle der Anwälte des Kandidaten als auch an die des *advocatus diaboli* getreten, und wissenschaftliche Methoden hatten die rechtliche Vorgehensweise ersetzt.[30]

Ziel der Reform war es, den Prozeß der Heiligsprechung schneller, billiger, wissenschaftlicher, kollegialer (die Verantwortung für die Beibringung aller Heiligkeitsbeweise lag jetzt bei den Ortsbischöfen) und effektiver zu machen. Das alte Verfahren hatte durchaus seine guten Seiten gehabt; es hatte die Kirche davor geschützt, Heiligsprechungen vorzunehmen, die nur auf vorübergehenden Moden oder falschen Behauptungen von Wundern (die für alle Kanonisierungen und für die Seligsprechung von Nichtmärtyrern erforderlich sind) beruhten. Doch das neue Verfahren war besser darauf abgestimmt, das Besondere an einem Leben zu entdecken, und verließ sich auf die Kompetenz von Historikern, um sicherzustellen, daß dieses Besondere auch authentisch christlich war. Außerdem nahm es die Auffassung des II. Vatikanischen Konzils von der Pluralität der Formen der Heiligkeit in der Kirche viel ernster. Vorher hatte die Gefahr bestanden, die universale Berufung zur Heiligkeit in vorgegebene Raster von Verhaltensmustern zu zwängen.[31]

Das neue Verfahren stand außerdem im Einklang mit Johannes Pauls Empfinden, daß die Geschichte eine Bühne ist, auf der es um die Freiheit Gottes und die des Menschen geht, in einem Drama, bei dem nichts Geringeres auf dem Spiel steht als das Heil. Durch seine pastorale Erfahrung hatte Karol Wojtyła gelernt, daß es überall um uns herum Heilige gibt, und er war der Ansicht, daß die Kirche als Beweis für das reiche, manchmal sogar erschreckend dramatische Gewebe des Lebens mehr von ihnen kanonisieren sollte. Man kann *Divinus perfectionis magister* als einen radikalen Akt bürokratischer Umorganisation betrachten. Nach der pastoralen Absicht Johannes Pauls war das Dokument jedoch eine weitere päpstliche Erinnerung daran, daß unser Leben größere Bedeutung hat, als wir oft glauben.

Eine „Personalprälatur" für das Opus Dei

Für seine Reform des Selig- und Heiligsprechungsprozesses erhielt Johannes Paul viel Beifall. Eine andere seiner Neuerungen war dagegen sehr umstritten – die Errichtung einer „Personalprälatur" für die unter dem Namen „Opus Dei" [„Das Werk Gottes", von den Mitgliedern oft kurz „Das Werk" genannt] bekannte Bewegung.

Die 1928 von Josemaría Escrivá de Balaguer, einem 1975 verstorbenen Priester, in Spanien gegründete Bewegung hat weltweit etwa 80 000 Laienmitglieder und 2 000 Priester. Es gibt drei Arten von Mitgliedern: *Numerarier* (Laien und Laiinnen, die unverheiratet bleiben und in Zentren des Opus Dei leben, aber in der Welt arbeiten), *Assoziierte* (früher auch *Oblaten* genannt; Mitglieder, die sich ebenfalls zu einem Leben in Ehelosigkeit verpflichten, aber außerhalb der Zentren leben) und *Supernumerarier* (verheiratete Männer und Frauen, die ihrem Beruf nachgehen und im eigenen Heim leben). Das Opus Dei unterhält Universitäten in Rom, Spanien und Lateinamerika. Seine Priester bieten den Mitgliedern spirituelle Anleitung oder arbeiten als Studentenseelsorger in Kapellen auf dem Campus von Universitäten oder in ihrer Nähe oder in anderen Zentren der Bewegung, wo die Evangelisierung der Kirchenlosen im Vordergrund steht.

Die Kritiker werfen der Bewegung vor, sie sei in Spanien ein Bollwerk des Franco-Regimes gewesen. Nur wenige dieser Kritiker erkennen an, daß Mitglieder des Opus Dei beim Übergang Spaniens zur Demokratie eine entscheidende Rolle spielten (was die Historiker größtenteils nicht bestreiten).[32]

Die Kritiker stellen das Opus Dei als vorkonziliar und reaktionär dar. Seine Mitglieder dagegen betonen immer wieder, wie wichtig der Bewegung die Laienberufung in der Welt, eines der Hauptthemen des II. Vatikanischen Konzils, sei. Selbst diejenigen, die dem Opus Dei wohlwollend gegenüberstehen, finden seinen grundlegenden Text *Der Weg*, der Escrivás Maximen enthält, nicht gerade faszinierend. Es läßt sich aber nicht bestreiten, daß das Opus Dei einigen Männern und Frauen mit außergewöhnlichen intellektuellen Fähigkeiten die Möglichkeit gegeben hat, ihre christliche Berufung zu leben. Ein Teil der Kritik an der Bewegung entspringt sicherlich dem Neid, wegen ihres Elans und ihres großen Erfolgs beim Auftreiben von Geldmitteln. Außerdem trägt die defensive Haltung mancher Mitglieder wohl zu dem Vorwurf bei, die Bewegung habe eine Heimlichtuerei an sich, die einer kirchlichen Organisation schlecht anstehe. Wer in geschichtlichen Kategorien denkt, erkennt, daß vieles von dem, was im 20. Jahrhundert über das Opus Dei behauptet wird – vor allem der Vorwurf, es sei eine elitäre fünfte Kolonne in der Kirche -, im Europa der Gegenreformation über die frühen Jesuiten behauptet wurde.

Johannes Paul hatte dem Opus Dei schon als Kardinal wohlwollend gegenübergestanden und in den 70er Jahren auch in einem seiner Studentenzentren in Rom gesprochen. Eine Kernaussage der Bewegung – der Arbeitsplatz müsse durch apostolisch engagierte berufstätige Männer und Frauen geheiligt werden – entsprach seinem eigenen Verständnis eines der Hauptanliegen des II. Vatikanums. Es war daher keine Überraschung, daß er dann als Papst den Antrag des Opus Dei auf Anerkennung als „Personalprälatur" wohlwollend aufnahm. Die „Personalprälatur" war eine neue Jurisdiktionsstruktur, für die das II. Vatikanische Konzil den rechtlichen Rahmen geschaffen hatte.[33] Im Fall des Opus Dei bedeutete die Gewährung dieses Status praktisch die Anerkennung als weltweite, nicht von territorialen Grenzen umschriebene Diözese. Die Leitung der Bewegung machte geltend, daß diese zugegebenermaßen innovative Änderung des kirchenrechtlichen Status es dem „Prälaten", der sie führte, ermöglichen würde, ihre besondere Spiritualität zu fördern und ihre Priester effektiver über die Grenzen von Ländern und Diözesen hinweg einzusetzen.

In der römischen Kurie und bei nicht wenigen Bischöfen gab es erheblichen Widerstand gegen die Idee der Personalprälatur. Die Kritiker des Opus Dei waren entschieden dagegen, der Bewegung diesen beispiellosen Status zu gewähren, der sie praktisch der Aufsicht der Ortskirchen und der Diözesanbischöfe entziehen würde. Doch die vorgebrachten Argumente überzeugten Johannes Paul nicht, und am 28. November 1982 verkündete er eine apostolische Konstitution, die das Opus Dei in die erste Personalprälatur der Kirche verwandelte, und ernannte Msgr. Escrivás engsten Vertrauten und Nachfolger, Alvaro del Portillo, zu ihrem Prälaten.[34]

Auf diese Weise betonte Johannes Paul erneut, wie sehr er sich dafür engagierte, die universale Berufung zur Heiligkeit zu fördern.[35] Das Opus Dei blieb jedoch sein ganzes Pontifikat hindurch Gegenstand von Kontroversen.[36]

KONFRONTATION IN NICARAGUA

Ein Heiliger zu werden ist der Weg authentischer menschlicher Befreiung. Doch daneben gibt es stets noch andere „Befreiungs"-Konzepte, und das zeigte sich auch bei der andauernden Kontroverse über die Zukunft der Kirche in Lateinamerika. In den frühen 80er Jahren sah Johannes Paul im Zusammenhang mit dem lateinamerikanischen Katholizismus drei Probleme.

Erstens gab es ein theologisches Problem: Noch immer bestimmten viele der von der Lehre her unannehmbaren Ideen, die von Befreiungstheologen verbreitet wurden, auf dem ganzen Kontinent, besonders aber in Mittelamerika, das Leben und Schicksal von Menschen. Diese falschen theologischen Ideen hatten zu dem zweiten Problem geführt, bei dem es um das Leben der Kirche als religiöse Gemeinschaft ging: In Nicaragua, El Salvador und Guatemala versuchte eine „Volkskirche", den Platz der „institutionellen Kirche" einzunehmen. In Nicaragua wurde diese „Volkskirche" offen unterstützt von der sandinistischen Regierung, zu der auch Priester gehörten, die entgegen den Anweisungen ihrer Bischöfe an ihren öffentlichen Ämtern festhielten. Außerdem übte die Regierung massiven Druck auf die Bischöfe und Priester der Kirche aus. Als die Revolution zu der skandalösen Situation führte, daß Priester ein Regime unterstützten, das die Kirche unterdrückte, war die Korrumpierung offensichtlich akut. Das dritte Problem war die schon lange andauernde und oft brutale Verfolgung in Kuba, wo das Castro-Regime der Kirche eine Schlinge um den Hals gelegt hatte.[37]

Johannes Pauls Ansprache in Puebla im Jahre 1979 hätte eigentlich klarmachen müssen, was er für den richtigen Weg zu einer wahrhaft christlichen Befreiung Mittelamerikas hielt: eine engagierte, politisch unabhängige Kirche, die versuchte, aus den zersplitterten und gewalttätigen lateinamerikanischen Gesellschaften eine *communio* aufzubauen; eine Kirche, die nicht bereit war, das Evangelium mit dem Programm irgendwelcher politischer Parteien zu identifizieren; eine Kirche, die das Reich Gottes nicht durch weltliche Utopien ersetzte; und, wie immer, eine Kirche, die die Religionsfreiheit mit aller Kraft gegen Verfolger jedweder ideologischer Couleur verteidigte. Solche vereinten, engagierten Kirchen gab es in Mittelamerika in den frühen 80er Jahren eindeutig nicht.

In El Salvador tobte seit den späten 70er Jahren ein blutiger Bürgerkrieg zwischen der vom Militär beherrschten Regierung und den Guerilleros der Befreiungsfront Farabundo Martí [FMLN]. Praktisch ungestraft begingen die Regierung und das Militär bei ihrem Versuch, die marxistisch orientierte Guerilla-Bewegung zu zerschlagen, grobe Menschenrechtsverletzungen. Die Guerilleros waren entschlossen, das Regime mit Gewalt zu stürzen, und schreckten ebenfalls nicht davor zurück, Menschen zu mißhandeln. Daneben kämpfte noch ein gewaltfreier „dritter Weg", in dessen Mittelpunkt die christdemokratische Partei um José Napoleon Duarte – einst selbst Opfer des Militärs – stand, ums Überleben. In den späten 70er und frühen 80er Jahren war die salvadorianische Kirche polarisiert und gespalten worden, als der Erzbischof von San Salvador, Oscar Romero, die Menschenrechtsverletzungen des Regimes immer offener kritisierte. Romero war stark von den jesuitischen Befreiungstheologen Jon Sobrino und Ignacio Ellacuría beeinflußt.[38]

Das Land wurde immer tiefer in einen Strudel der Gewalt gerissen. Am 24. März 1980 wurde Erzbischof Romero von Mitgliedern einer reaktionären Todesschwadron mit zumindest stillschweigender Billigung der Regierung am Altar ermordet. In einem Beileidstelegramm an den Präsidenten der salvadorianischen Bischofskonferenz verurteilte Johannes Paul die Mordtat als „abscheuliches sakrilegisches Verbrechen".[39] Romeros Nachfolger, Erzbischof Arturo Rivera Damas, versuchte, die sich ständig verschlimmernde Situation in den Griff zu bekommen. Er nahm bei seiner Kritik an Verletzern der Menschenrechte – aus welchem Lager sie auch stammten – kein Blatt vor den Mund, konnte aber denjenigen, die tapfer und hingebungsvoll gegen die Gewalt der Rechten kämpften, die Greueltaten der FMLN jedoch ignorierten, nicht zustimmen. Er verlegte die Kommission der Erzdiözese für Gerechtigkeit und Frieden, die seiner Ansicht nach die Augen vor den Verbrechen der FMLN verschlossen hatte, in aller Stille aus der erzbischöflichen Residenz. Dadurch baute er den Argwohn, den manche gegen die FMLN eingestellten politischen Kräfte gegen die Kirche hegten, ab und stärkte seine eigene moralische Autorität als Stimme gegen Verletzungen der Menschenrechte jedweden Ursprungs.[40] Als die Situation in den frühen 80er Jahren praktisch außer Kontrolle geriet, versuchte Erzbischof Rivera, die christdemokratische Alternative zu der blutrünstigen militärischen Rechten und den Guerilleros der FMLN zu stärken. Es sollte jedoch noch über ein Jahrzehnt dauern, bis die Guerilleros besiegt und das Militär einer wirksamen zivilen Autorität unterstellt wurden.

Trotz all der Schrecken in El Salvador war der Schlüssel zur authentischen christlichen Befreiung in Mittelamerika jedoch ein anderes Land: Nicaragua. Mehr als alle anderen lateinamerikanischen Länder war Nicaragua unter dem sandinistischen Regime eine Brutstätte für die Forderungen der verschiedenen Befreiungstheologien. Die Situation der Kirche war dort noch schwieriger als in El Salvador. Zwei Priester waren aktiv an der Regierung beteiligt: Pater Miguel D'Escoto als Außenminister und Pater Ernesto Cardenal als Kulturminister; ein dritter Priester, Pater Cardenals Bruder Fernando, ein Jesuit, leitete das Alphabetisierungsprogramm der Sandinisten. Der Erzbischof von Managua, Miguel Obando Bravo, ein stämmiger Mann bäuerlicher Herkunft, hatte ursprünglich die Revolution gegen die Diktatur der Familie Somoza unterstützt. Als die neuen Machthaber ihre Versprechungen im Hinblick auf die Menschenrechte und politische Freiheit dann aber nicht einlösten, war er zu einem der auffälligsten und erfolgreichsten Kritiker der Sandinisten geworden. Die Sandinisten hetzten daher die „Volkskirche" gegen den Erzbischof auf.[41]

Der Apostolische Nuntius in Managua, Erzbischof Andrea Cordero Lanza di Montezemolo, ein grauhaariger italienischer Adliger (sein Vater, ein Führer der Antifaschisten im Italien Mussolinis, war von den Nationalsozialisten ermordet worden), war einer der angesehensten Männer im diplomatischen Dienst des Heiligen Stuhls. Seine Entsendung nach Nicaragua war ein Hinweis darauf, daß man die dortige Situation für sehr ernst hielt. Montezemolos erste Begegnungen mit der sandinistischen Führung, die ihn nur „Genosse Nuntius" nannte, grenzten ans Komische, hatten jedoch einen unangenehmen Beigeschmack. Einmal fuhr Daniel Ortega, der Chef der Sandinistischen Front und der Junta, in einem roten Sportwagen vor der Nuntiatur vor, dem mehrere Jeeps mit schwerbewaffneten Soldaten folgten. Erzbischof Montezemolo empfing diese seltsame Abordnung am Tor und sagte zu Comandante Ortega, er sei willkommen; die Soldaten und ihre Waffen müßten allerdings draußen bleiben: „Das hier ist eine Botschaft!"[42]

Jetzt mußte der Nuntius die Verhandlungen über den Besuch von Johannes Paul in Nicaragua führen, der Bestandteil einer Pastoralreise nach Mittelamerika im März 1983 sein sollte. Erzbischof Obando und die nicaraguanischen Bischöfe hatten den Papst eingeladen, weil sie, wie Obando es ausdrückte, „überzeugt waren, daß die Anwesenheit des Heiligen Vaters sich zum Vorteil der Kirche und zum Wohl unseres Volkes auswirken" würde.[43] Wie Erzbischof Montezemolo später erzählte, verhielten sich die Sandinisten nicht gerade kooperativ.

Zunächst ging es um den Erzbischof von Managua. Comandante Ortega sagte zu Montezemolo: „Wir wollen nicht, daß der Papst mit Erzbischof Obando allein gesehen wird." Montezemolo erwiderte, das lasse sich kaum vermeiden: „Er ist der Erzbischof der Hauptstadt und der Vorsitzende der Bischofskonferenz." Schließlich einigten sie sich darauf, daß der Papst in der Öffentlichkeit stets von allen nicaraguanischen Bischöfen begleitet werden sollte. Doch das brachte ein neues Problem mit sich – sie paßten nämlich nicht alle in das Papamobil! Der Nuntius versuchte, einen geeigneten Bus zu mieten, konnte aber in Nicaragua keinen finden. Dann hörte er, daß ein mexikanischer Politiker seine Wahlkampfreisen in einem Bus mit abgeschnittenem Dach absolviert hatte. Auf seine Bitte hin schickte die mexikanische Regierung diesen Bus per Flugzeug nach Managua.

Ein weiteres Problem waren die Priester in der Regierung, die sich trotz der Mahnungen der Bischofskonferenz beharrlich geweigert hatten, ihre politischen Ämter niederzulegen. Montezemolo sagte Daniel Ortega, der Papst wolle, daß diese Angelegenheit „geregelt" werde. Ortega antwortete, das sei eine Gewissensangelegenheit der Betreffenden; ihn gehe das nichts an. Dann fragte er, was denn passieren würde, wenn Pater D'Escoto und Pater Cardenal beispielsweise bei der Begrüßungszeremonie am Flughafen anwesend sein würden. Der Nuntius antwortete, es sei möglich, daß der Papst sie nicht begrüße, da sie in offenem Ungehorsam lebten. Das schien Ortega nicht zu gefallen.

Als nächstes sprach Montezemolo mit dem Außenminister, Miguel D'Escoto. Der wohlbeleibte Maryknoll-Priester war wütend und aggressiv. „Ich bin der Außenminister von Nicaragua, ich muß den Papst treffen, ich muß mit dem Papst reisen!" Montezemolo erwiderte, es tue ihm leid, doch der Papst fahre bei seinen Pastoralreisen nie zusammen mit Politikern. D'Escoto war außer sich vor Wut. Auf dem Weg aus dem Außenministerium sagte Montezemolos Stellvertreter leise: „Morgen ist entweder der Außenminister oder der Nuntius weg!"

Dann fuhr Montezemolo zu Pater Ernesto Cardenal. Bei ihrer ersten Begegnung im Jahre 1980 hatte der Nuntius sich über Cardenals gefliestes Büro in einem ziemlich merkwürdigen Gebäude gewundert, das sich als einer der alten Paläste der Familie Somoza erwies; Pater Cardenal, der auf Montezemolo spirituell intensiv, aber „sehr abstrakt", sogar unzusammenhängend, wirkte, hatte ohne mit der Wimper zu zucken erklärt: „Ach, das hier war das Badezimmer von Frau Somoza!" Nachdem Montezemolo die Situation im Hinblick auf den Papstbesuch geschildert hatte, sagte Cardenal: „Aber ich muß dabei sein, das Regime und Daniel Ortega wollen es so!" Der Nuntius entgegnete, er komme gerade von Comandante Ortega und dieser habe zu ihm gesagt, Cardenal müsse das mit seinem Gewissen abmachen; ihn gehe das nichts an. Cardenal gab jedoch nicht nach.

Also blieb die Frage, ob Ernesto Cardenal mit dem Papst zusammentreffen würde, zunächst offen. Ortega, der einen peinlichen Vorfall vor den Augen der internationalen Presse befürchtete, löste aber zumindest das Problem mit dem impulsiven D'Escoto. Ein paar Tage später rief er Erzbischof Montezemolo an: „Genosse Nuntius, ich habe neulich vergessen, Ihnen zu sagen, daß, wenn der Papst hier ist, ein wichtiges internationales Treffen in Indien stattfindet, zu dem ich den Außenminister schicken muß."[44]

Erzbischof Montezemolo war nicht der einzige Vertreter des Vatikans, der Schwierigkeiten hatte, in Nicaragua alles zu arrangieren. Pater Roberto Tucci SJ, der Hauptorganisator der Pastoralreisen des Papstes, war Ende 1982 über die ständige Behinderung durch die Sandinisten so erbittert, daß er Johannes Paul riet, mit einer Absage zu drohen, falls das Regime bestimmte Grundbedingungen – wie freien Zugang zu den Stätten, die der Papst besuchen würde, und Organisation der Papstmesse in Managua durch die Kirche – nicht akzeptiere. Doch Johannes Paul war entschlossen, nach Nicaragua zu reisen und die seiner Ansicht nach verfolgte Kirche zu ermutigen; daher sagte er zu Tucci, er wolle diesen Besuch durchführen, auch wenn sich dabei Schwierigkeiten ergeben sollten.[45]

Am 4. März 1983 traf Johannes Paul in Managua ein. Als sein Flugzeug landete, hatte sich die gesamte sandinistische Regierung an der Landebahn aufgestellt, um ihn zu begrüßen. Erzbischof Montezemolo ging mit dem Protokollchef der Regierung die Gangway hinauf und wurde an der Tür des Flugzeugs von Kardinal Casaroli empfangen, der ihn gleich beiseite nahm und fragte: „Sind welche von den Priestern in der Regierung da?" Montezemolo führte den Staatssekretär zu einem der Fenster und zeigte auf das „Empfangskomitee": „Sehen Sie – Ernesto Cardenal ist da, aber D'Escoto nicht!" Casaroli erwiderte: „Das müssen wir dem Papst sagen." Also gingen sie in den vorderen Teil des Flugzeugs, wo Johannes Paul noch in seinem Sitz saß, und zeigten ihm durch das Fenster Pater Cardenal. Der Papst fragte den Nuntius, was er tun solle. Montezemolo antwortete: „Heiliger Vater, es steht mir nicht zu, Ihnen Anweisungen zu geben. Aber falls Sie ihn nicht begrüßen: Ich habe sie darauf vorbereitet." Johannes Paul entgegnete: „Halt, ich will ihn begrüßen, aber ich habe ihm etwas zu sagen."

Nach den Begrüßungsansprachen führte Daniel Ortega den Papst zu den Mitgliedern seiner Regierung; Montezemolo ging links neben Johannes Paul. Kurz bevor sie die wartenden Männer erreichten, sagte Ortega, den die ganze Sache offenbar nervös machte, zu Johannes Paul: „Wir brauchen sie nicht zu begrüßen, wir können einfach hier an ihnen vorbeigehen!" Doch der Papst erwiderte: „Nein, ich möchte sie begrüßen." Daraufhin geleitete Ortega ihn an der Reihe der Wartenden vorbei. Als sie zu Ernesto Cardenal kamen, riß der Kulturminister sich das schwarze Barett herunter und sank auf die Knie. Johannes Paul wies mit einer heftigen Bewegung seiner Rechten auf ihn und sagte mit warmer, freundlicher Stimme: „Regeln Sie Ihre Position mit der Kirche! Regeln Sie Ihre Position mit der Kirche!" Der Nuntius sagte später, das sei kein Vorwurf gewesen, sondern ein Angebot.[46]

Die große Konfrontation kam später an diesem Vormittag, bei der Papstmesse in Managua. Der dafür vorgesehene Ort, ein Park in der Stadt, war bei den Verhandlungen vor dem Besuch einer der Streitpunkte gewesen. Montezemolo hatte vorgeschlagen, für den Altar ein provisorisches Podium zu errichten, und zwar am Ende des Parks, weit entfernt von dem bereits existierenden Podium, das für sandinistische Versammlungen benutzt wurde und mit großen Bildern von César Augusto Sandino, Marx, Lenin und anderen Helden der Revolution geschmückt war. Comandante Ortega hatte dazu gemeint: „Nein, das geht nicht, aber wir werden es schon richtig machen." Einige Tage später bemerkte Montezemolo, daß die riesigen Bilder abgenommen worden waren, und dachte erfreut: „Na, das ist echte Kooperation!" Später mußte er allerdings erkennen, daß man die Bilder nur abgenommen hatte, um sie auf neuen Glanz zu bringen, und sie dann wieder aufhängte. Als er das Johannes Paul gegenüber erwähnte, erwiderte der: „Das macht nichts – wenn ich da oben mit den ganzen Bischöfen stehe, wird sich niemand mehr für die Bilder interessieren!"[47] Es stellte sich dann allerdings heraus, daß das Regime viel schlimmere Pläne hatte, um die Veranstaltung zu manipulieren.

Einige Tage vor der Ankunft des Papstes war Pater Tucci zusammen mit Piervincenzo Giudici, einem erfahrenen Tontechniker von Radio Vatikan und Fachmann für Lautsprechersysteme, in Managua eingetroffen. Giudici hatte sich den Park angesehen und war entsetzt zurückgekommen. Man hatte ein zweites – neues, starkes und unabhängig zu steuerndes – Lautsprechersystem installiert. Als Erzbischof Montezemolo die Regierung nach dem Grund dafür fragte, bekam er die kühle Antwort: „Ach, wir wollen auf einen Notfall vorbereitet sein!"

Bei den Verhandlungen vor dem Papstbesuch hatte Montezemolo darauf bestanden, daß der Park in Abschnitte aufgeteilt werden und der Abschnitt vor dem Altar für Vertreter katholischer Verbände und Bewegungen reserviert werden müsse. Als diese Leute jedoch um 4 Uhr morgens eintrafen, mußten sie feststellen, daß der mittlere vordere Abschnitt und praktisch der gesamte Bereich in Altarnähe bereits von Anhängern der Sandinisten besetzt waren. Die Menschen, für die die Messe gefeiert wurde, wurden weit hinten eingepfercht, und die Polizei schoß mit Selbstladepistolen über die Köpfe derjenigen hinweg, die versuchten, näher an den Altar zu kommen.[48]

Direkt neben dem Papstaltar befand sich eine Tribüne, die mit Mitgliedern der Regierung und ranghohen Mitgliedern der Sandinistischen Partei gefüllt war. Sie verhielten sich alles andere als andächtig. Während der Messe reckten alle neun Mitglieder des sandinistischen Nationaldirektoriums, auch Daniel Ortega, die linke Faust hoch und schrien: „Alle Macht dem Volk!"[49] Richtig dramatisch wurde die Konfrontation während der Predigt des Papstes. Die Sandinisten hatten in den Bereich unmittelbar vor dem Altarpodium, der mit ihren Anhängern vollgestopft war, Mikrophone geschmuggelt. Diese Mikrophone und die auf dem Altarpodium wurden von sandinistischen Tontechnikern gesteuert, die das einige Tage vorher installierte „Notfall"-Lautsprechersystem benutzten. Zu Beginn seiner Predigt über die Einheit der Kirche konnten die katholischen Gläubigen, die hinten standen, Johannes Paul noch hören. Er sagte später, das habe er gemerkt, weil er sie Beifall klatschen sah und hörte. Doch als er erklärte, eine „Volkskirche", die sich gegen die legitime Kirche stelle, könne und dürfe es nicht geben, versuchte der sandinistische Mob vor dem Altar, ihn zu übertönen. Die Tontechniker der Sandinisten drehten das Mikrophon des Papstes herunter und die Lautstärke derjenigen Mikrophone, die unter den Agitatoren plaziert worden waren, hoch.[50] Während das passierte, benahmen sich die Regierungsmitglieder auf der Tribüne neben dem Altar weiter ungebührlich. Nach einer Weile verlor ein zorniger Johannes Paul die Geduld und schrie: *„Silencio!"* Schließlich wurde eine gewisse Ordnung wiederhergestellt. Am Ende der Messe ging der Protokollchef der Sandinisten allerdings zum Schaltpult der Tontechniker und verlangte, daß als Schlußlied die sandinistische Nationalhymne gespielt werde.[51] Johannes Paul stand am vorderen Rand des Podiums; er packte seinen Kreuzstab am unteren Teil, hielt ihn hoch über seinen Kopf und schwenkte ihn als Gruß für die Hunderttausende nicaraguanischer Katholiken, die man hinten im Park eingepfercht hatte.

Die Sandinisten behaupteten später, der Versuch des Mobs, den Papst niederzuschreien, sei eine spontane Reaktion gewesen, doch das war eine plumpe Lüge. Außerdem gingen ihre Störmanöver bei der Papstmesse politisch nach hinten los. Pater Tucci hatte das Regime nämlich dazu gebracht, sich einer regionalen Fernsehschaltung anzuschließen, und so wurde das Debakel bei der Messe in ganz Mittelamerika ausgestrahlt. Millionen von Zuschauern waren über das ungehobelte Verhalten der Sandinisten empört. Als der Papst am Abend jenes Tages nach Costa Rica zurückkehrte, empfing ihn dort eine größere und freundlichere Menge als am Vortag. Die langsame Unterhöhlung des sandinistischen Mythos hatte begonnen.

Im Laufe von neun Tagen besuchte Johannes Paul außer Nicaragua auch Costa Rica, Panama, El Salvador, Guatemala, Honduras, Belize und Haiti. In El Salvador predigte er über Versöhnung und stattete dem Grab von Erzbischof Romero einen spontanen Besuch ab. In Guatemala trat er für die eingeborene Bevölkerung ein und verurteilte die von der Regierung des Generals Efrain Ríos Montt ergriffenen repressiven Maßnahmen. In Haiti kritisierte er das Regime der Familie Duvalier. Der Papst wurde angegriffen, weil er bei seiner Predigt in El Salvador den ermordeten Erzbischof Romero nicht erwähnte, und die ganze Pastoralreise wurde von denjenigen kritisiert, die die salvadorianischen Guerilleros und die Sandinisten irgendwie mit der Sache der Demokratie gleichsetzten. Doch der unter starkem Druck stehende Führer der Katholiken Nicaraguas, Erzbischof Obando, war erfreut. Er wußte, daß die große Mehrheit seiner Gläubigen gerührt und beeindruckt davon war, daß der Papst sie besuchte, und das Verhalten der Sandinisten bei der Papstmesse hatte die Situation geklärt. Obando erzählte später: „Die Leute fingen an, zu fragen: ‚Wer sind sie denn, daß sie die Kirche so behandeln?' (...) Menschen, die sich ihrer Beziehung zur Revolution nicht sicher waren, erkannten jetzt, auf welcher Seite sie standen, weil sie sahen, wie [das Regime] den Heiligen Vater behandelte."[52] Der Papst selbst brachte seine Unterstützung für den Erzbischof von Managua unmißverständlich zum Ausdruck, indem er ihn im Mai 1985 zum Kardinal ernannte.

Ein Jahr nach der Papstreise nach Mittelamerika schlug José Napoleon Duarte, der Führer der Christdemokraten, bei einer Stichwahl um das Präsidentenamt in El Salvador Robert D'Aubuisson, einen früheren Armeeoffizier, den viele der Verwicklung in die Ermordung von Erzbischof Romero verdächtigten. Das zeigte deutlich, daß die Salvadorianer die Abschaffung der traditionellen Oligarchie und einen gewaltlosen Übergang zur Demokratie wollten. Doch Nicaragua blieb im Griff der Sandinisten, und die Priester in der Regierung kehrten nicht zum Gehorsam zurück. Im August 1984 teilte der Heilige Stuhl Pater D'Escoto und den Brüdern Cardenal offiziell mit, daß sie das kanonische Recht verletzt hätten und ihre Ämter in der Regierung niederlegen müßten. Alle drei weigerten sich.

DIE INSTRUKTIONEN ZUR BEFREIUNGSTHEOLOGIE

Die Kongregation für die Glaubenslehre hatte schon seit einiger Zeit an einem Dokument zur Befreiungstheologie gearbeitet. Am 6. August 1984 – eine Woche, bevor die sandinistischen Priester aufgefordert wurden, ihre politischen Ämter niederzulegen – erschien ihre *Instruktion über einige Aspekte der „Theologie der Befreiung"*. Die Ursprünge dieser Instruktion lagen in einem Gespräch zwischen Johannes Paul und Kardinal Ratzinger im Jahre 1982. Die geistige Initiative ging von Johannes Paul aus. Er war der Ansicht, daß die Befreiung ein großes biblisches und christliches Thema sei und daß die Kirche eine authentische Befreiungstheologie entwickeln müsse – vor allem angesichts der Geschehnisse in Lateinamerika. Da es bei dieser Sache im wesentlichen um theologische Fragen ging, betraute Johannes Paul die Glaubenskongregation damit.[53]

Der zu dieser Zeit bekannteste und geachtetste lateinamerikanische Befreiungstheologe war Pater Gustavo Gutiérrez; daher befaßte die Kongregation sich mit seinem Werk, beschäftigte sich aber auch mit anderen repräsentativen Vertretern und der „Übersetzung" ihrer Lehre in die Praxis. Man konsultierte Bischöfe aus ganz Lateinamerika, und Ratzinger hielt den Papst über die Diskussionen auf dem laufenden. Während der Arbeit am Text der Instruktion wurde klar, daß zwei Dinge erforderlich waren: eine kritische Ermittlung der Problembereiche in der Befreiungstheologie und eine positive Behandlung des Themas der christlichen Befreiung. Daher beschloß man, während die *Instruktion über einige Aspekte der „Theologie der Befreiung"* Gestalt annahm, diese kritische Betrachtung problematischer Befreiungstheologien durch eine zweite Instruktion zu ergänzen, die die Grundlage für eine angemessenere Theologie der Befreiung legen sollte.[54]

Die Hauptpunkte in der ersten *Instruktion*, die Johannes Paul persönlich guthieß, entsprachen dem, was er bei seiner Ansprache an die lateinamerikanischen Bischöfe in Puebla im Jahre 1979 gesagt hatte. Befreiung sei ein wichtiges christliches Thema. Viel zu viele Menschen in Lateinamerika lebten in bitterer Armut, und die Kirche habe ihnen gegenüber eine besondere Verantwortung. Die *Instruktion* stellte außerdem fest, daß es verschiedene Formen der Befreiungstheologie – wie auch des zeitgenössischen Marxismus – gebe.

Bestimmte Themen mancher Befreiungstheologien seien jedoch mit der christlichen Orthodoxie eindeutig unvereinbar. Das große Ereignis des Exodus dürfe nicht auf enge politische Bedeutungen reduziert werden.[55] Die Sünde dürfe nicht vorrangig und allein in den ökonomischen, sozialen und politischen Strukturen geortet werden; ihre Wurzel liege im Herzen des Menschen.[56] Gut und Böse dürften nicht in rein politischen Kategorien verstanden werden.[57] Die Wahrheit sei universal, nicht „parteilich".[58] Der Klassenkampf sei nicht die entscheidende Kraft der Geschichte, und die Verwendung von Klassenkampfmodellen zur Rechtfertigung einer gewalttätigen Revolution gegen „strukturelle Gewalt" sei mit der christlichen Sicht der Geschichte nicht zu vereinbaren.[59] Die *„Armen der Schrift"* seien nicht das *„Proletariat* von Marx".[60] Die Kirche sei keine „Klassenkirche", sie gehöre keiner sozialen oder ökonomischen Klasse.[61] Dem Sühnetod Christi am Kreuz dürfe man keine „ausschließlich politische Deutung" als Symbol der Unterdrückten bei ihrem Kampf für eine neue Gesellschaft geben.[62] Und die Eucharistie, die zentrale gottesdienstliche Handlung der Kirche, dürfe nicht „zur Feier des Volkes in seinem Kampf" werden.[63] Die Anliegen der *Instruktion* werden sehr gut in einer gegen Ende des Dokuments vorgebrachten Warnung zusammengefaßt:

> Man wird vor einer Politisierung der menschlichen Existenz warnen, die die Eigenart des Reiches Gottes und die Transzendenz der Person verkennt und die auf eine Sakralisierung des Politischen und eine Vereinnahmung der Volksreligiosität für revolutionäre Vorhaben hinausläuft.[64]

Die Christen hatten eine größere Freiheit zu verkünden!

Die Bedeutung dieser größeren Freiheit wurde dann in der *Instruktion über die christliche Freiheit und die Befreiung* vom März 1986 erläutert. Die „Befreiung in ihrem tiefsten Sinne" sei die Erlösung des Menschen, denn sie habe ihn „vom radikalsten Bösen, das heißt von der Sünde und der Macht des Todes" befreit.[65] Die wahre Bedeutung seiner Freiheit erfahre der Mensch daher im Ruf des Evangeliums zur Gemeinschaft mit Gott.[66] Der Totalitarismus sei gerade deshalb ein Übel, weil er die radikale Freiheit des Menschen vor dem Geheimnis Gottes verletze. „Gott will von freien Menschen angebetet werden."[67]

Die Sünde oder „Entfremdung in der Beziehung zu seinem kreatürlichen Sein, das von Gott geliebt wird" sei „die Wurzel aller anderen Entfremdungen" dieses und aller früheren Jahrhunderte und das Haupthindernis für die Befreiung des Menschen.[68] Die Arbeit für die Freiheit des Menschen sei eine moralische Grundaufgabe aller Christen; es müßten „Allianzen der Solidarität" gebildet werden, denn Freiheit werde in dieser Welt durch die gewaltlose Arbeit für die Freiheit anderer erfüllt.[69] Die Kirche habe „eine vorrangige Liebe" für die Armen und Unfreien, doch weil sie keine „parteiliche" Kirche sei, schließe ihre Liebe niemanden aus; durch diese Liebe bezeuge die Kirche die Würde des Menschen, die ihm von Gott gegeben sei.[70] Eine echte Entwicklung in den armen Ländern erfordere offene politische Systeme, insbesondere „eine wirkliche staatliche Gewaltenteilung", die ein Schutz gegen die Mißachtung der Menschenrechte durch die Regierungen sei.[71]

Die Proteste mancher Befreiungstheologen, daß die frühere *Instruktion über einige Aspekte der „Theologie der Befreiung"* ihre Lehre falsch darstelle, waren ebensowenig überzeugend wie die Behauptung des brasilianischen Franziskaners Leonardo Boff und anderer Befreiungstheologen, daß die spätere *Instruktion über die christliche Freiheit und die Befreiung* ihre Position rechtfertige. Die beiden *Instruktionen* unterschieden sich zwar im Ton, doch sie waren zwei sich gegenseitig ergänzende Teile eines zusammenhängenden Ganzen, das Johannes Pauls „Rezept" gegen die Krise der Moderne vortrug. Die notwendige Alternative zum falschen Humanismus und zur falschen Befreiung des Marxismus war ein echter christlicher Humanismus, der sich auf der fundamentalsten Ebene mit der Befreiung des Menschen befaßte und dieses Verständnis auf die Gesellschaftsreform anwandte. Die zweite *Instruktion* war außerdem ein wichtiges Dokument bei der Entwicklung von Johannes Pauls Soziallehre, mit ihrer stillschweigenden Unterstützung der Demokratie als einem Weg, der zur Befreiung der Armen von Unterdrückung und Ungerechtigkeit beitragen konnte. Dieses Thema baut Johannes Paul dann in den folgenden Jahren mit großer Tiefe und Breite weiter aus. Es richtete sich nicht nur gegen jene, die dem Marxismus verfallen waren, sondern auch gegen diejenigen Teile der lateinamerikanischen Kirche, die sich mit dem ökonomischen und politischen Status quo arrangiert hatten.

Die beiden *Instruktionen* waren eine Weiterentwicklung der sowohl von Johannes Paul als auch von Kardinal Ratzinger vertretenen Auffassung vom II. Vatikanischen Konzil – daß nämlich die durch die *Pastoralkonstitution über die Kirche in der Welt von heute* geforderte soziale Betätigung auf wahrhaft kirchliche Weise und gemäß der Vision vom Katholizismus als *communio* erfolgen mußte. Da die einzigartige Botschaft der Kirche von der Befreiung durch Christus tiefer geht als jede politische Analyse, ist eine Kirche, die dem Evangelium durch ihre Soziallehre Leben einhaucht, nach Ansicht des Papstes und des Kardinals authentischer christlich und kann außerdem eher dabei helfen, Männer und Frauen von Armut und politischer Unterdrückung zu befreien.

„ER IST TRAURIG (...) ER VERSTEHT."

Dreieinhalb Monate nach seiner Konfrontation mit den Sandinisten in Nicaragua reiste Johannes Paul II. in ein anderes Land, dessen echte christliche Befreiung bedroht war – in sein Vaterland.

Das „Kriegsrecht" der Regierung Jaruzelski und ihr Versuch, gewaltsam wieder eine „normale" Situation in Polen herzustellen, beruhten auf vier Denkfehlern. Der erste war, daß die Gewerkschaft Solidarność in der Hand von Extremisten sei und daß das Volk „wieder zur Vernunft kommen" werde, wenn man diese Extremisten aus der politischen Szene entfernte. Der zweite war, daß es nach der Eliminierung der Solidarność möglich sei, durch eine Verbesserung der wirtschaftlichen Lage (die nach Ansicht der Parteiführer die Wurzel der sozialen Unruhen war) die polnische Gesellschaft wieder zu atomisieren. Ihr Ziel war die „Kádárisierung" Polens nach ungarischem Vorbild. Der dritte Denkfehler war, daß die Kirche endlich umschwenken und sich sozusagen am Grab der Solidarność mit der Regierung auf ein Geschäft einlassen werde. Und der vierte war, daß der Westen – getrieben von der Sorge, Polen werde seine Schulden nicht bezahlen – sich schließlich mit der wiederhergestellten Ordnung in Polen arrangieren werde.[72] Die drei ersten Denkfehler zeigen, daß das Regime die durch den Pastoralbesuch Johannes Pauls im Juni 1979 ausgelöste moralische Revolution völlig falsch beurteilte.

Es war unmöglich, in Polen zum Stand von vor August 1980 zurückzukehren. Das Land war durch eine moralische und psychische Tür getreten, durch die es kein Zurück gab. Es war dem Regime aber durchaus möglich, das Leben erbärmlich zu machen. Nach der Verhängung des Kriegsrechts (das im Juli 1983 offiziell aufgehoben wurde) und in den Jahren unmittelbar danach befand Polen sich in einem Zustand des Zerfalls. Das Regime, verbittert über den Fehlschlag seiner Bemühungen um eine „Kádárisierung", verlor allmählich die

Kontrolle – „der langsame Rückzug einer Seuche". Die Wirtschaft lahmte noch stärker, und das Leben war hart.[73]

Aus Überzeugung und auch aus der Not heraus verlegte sich ein großer Teil der Kirche in Polen damals auf eine Strategie des „Widerstands durch kulturelle Unabhängigkeit" – nicht unähnlich dem, was manche Polen, darunter auch Karol Wojtyła, während der viel schlimmeren Besetzung durch die Deutschen getan hatten. Da der polnische Staat durch die Verhängung des Kriegsrechts die Nation Polen besetzt hatte, beanspruchte die polnische Kirche stillschweigend „moralische Exterritorialität". Wie Botschaften im Ausland den gesetzlichen Status der „Exterritorialität" haben und als souveränes Territorium des von ihnen vertretenen Landes gelten, wurde die katholische Kirche in Polen praktisch eine Botschaft des polnischen Volkes bei sich selbst.

Zum nationalen Symbol dieser Strategie des kulturellen Widerstands wurde ein junger Warschauer Priester, Jerzy Popiełuszko. Seine Pfarrkirche in Warschau, die Stanilaus-Kostka-Kirche, lag im Stadtteil Żoliborz, am „Platz der Verteidigung der Pariser Kommune", in einer traditionell linken und bohemehaften Gegend, in der man sogar einen intellektuell respektablen Marxisten finden konnte.[74] Ab Januar 1982 bot der 35jährige Pater Popiełuszko in der Kostka-Kirche eine „Messe für das Vaterland" an, die bald enormen Zulauf hatte. Mehrere tausend Arbeiter, Witwen, Studenten, Intellektuelle, Adlige, Bauern, Schwarzhändler und sogar Mitglieder der kommunistischen Partei quetschten sich in die Kirche, und um die 10 000 weitere standen draußen, oft bei Kälte oder schlechtem Wetter, und hörten Popiełuszkos ruhige Worte über Lautsprecher.[75] In seiner Botschaft erläuterte der junge Priester die Konsequenzen der Forderung Johannes Pauls, das Böse durch das Gute zu überwinden. Popiełuszko bestand auf Gewaltlosigkeit *und* Widerstand. Widerstand sei angesichts „der Macht" eine moralische Verpflichtung, und Gewaltlosigkeit sei der christliche Weg des Widerstands.[76]

Pater Popiełuszko stellte seine Gemeinde und die zahllosen Menschen, die aus dem ganzen Land kamen, um ihn zu hören, vor Entscheidungen: „Auf welche Seite werdet ihr euch stellen? Auf die Seite des Guten oder auf die des Bösen? Auf die der Wahrheit oder der Lüge? Auf die der Liebe oder des Hasses?"[77] Der Chef des Büros der *New York Times* in Warschau, Michael Kaufman, erkannte moralisches Dynamit, wenn er es sah: „Nirgendwo sonst zwischen Ostberlin und Wladiwostok konnte jemand vor 10 000 oder 15 000 Leute treten und ein Mikrophon benutzen, um die Fehler des Staats und der Partei zu verurteilen. Nirgendwo in diesem riesigen Gebiet mit ungefähr 400 Millionen Menschen sagte jemand außer ihm offen zu einer Menge, daß Widerstand gegen die Machthaber eine Verpflichtung des Herzens, der Religion, der Menschlichkeit und der Vaterlandsliebe sei."[78]

Während des Kriegsrechts und danach gab es in der polnischen Kirche Spaltungen. Kardinal Glemp hatte andere Prioritäten und ein anderes Verständnis von der Rolle des Klerus als Pater Popiełuszko und andere Priester, die aktive Anhänger der Solidarność waren. Der Primas, ein Jurist, scheint die Auffassung Johannes Pauls, daß der Kommunismus praktisch erledigt sei, nicht geteilt zu haben; er verhielt sich so, als müsse er vielleicht noch jahrzehntelang mit General Jaruzelski oder Machthabern wie ihm verhandeln. Dem inneren Pluralismus der Solidarność stand er skeptisch gegenüber, und im Hinblick auf die

Verantwortung der Kirche gegenüber nichtkatholischen Dissidenten war er unsicher.[79] Sein Vorgänger Wyszyński war als Primas der einzige und unbestrittene Sprecher des polnischen Katholizismus gewesen. Da Glemp jedoch dessen Geschichte des heroischen Widerstands fehlte, besaß er nicht die persönliche moralische Autorität, um in dieser Rolle zu agieren – was angesichts der Kräfte, die in den 15 Monaten der Freiheit für die Solidarność im Klerus und bei den aktiven katholischen Laien freigesetzt worden waren, ohnehin praktisch unmöglich gewesen wäre.

Daher herrschte in Polen im Juni 1983, als Johannes Paul zu seinem zweiten Pastoralbesuch eintraf, eine traurige Stimmung, die durch Spaltung verschlimmert wurde. Die Wiedergeburt der Solidarność wurde nicht nur durch die Gegenmaßnahmen des Regimes erschwert, sondern auch durch das Verschwinden der pulsierenden Solidarität unter den Polen, die der Papst vier Jahre zuvor entfacht hatte.

Johannes Paul hatte im August 1982 zur 600-Jahr-Feier der Muttergottes von Jasna Góra kommen wollen, doch das Kriegsrecht hatte das unmöglich gemacht.[80] Die Regierung Jaruzelski war auch nicht sehr kooperativ, als es um die Vorbereitungen für den Besuch im Juni 1983 ging. Sie wollte die Veranstaltungen so arrangieren, daß es für den Papst schwierig sein würde, auf die Massen einzuwirken (angeblich, damit der amerikanische CIA keinen Zwischenfall inszenieren und dann der polnischen Regierung die Schuld dafür in die Schuhe schieben konnte). Außerdem bestand sie darauf, den Zugang zu den Veranstaltungsorten durch mehrere Riegel von Sicherheitsüberprüfungen zu kontrollieren. Was sie damit bezweckte, war klar: Sie wollte die Zuhörerzahl so stark wie möglich reduzieren. Der umstrittenste Punkt dürfte aber der Wunsch des Papstes gewesen sein, mit Lech Wałęsa zusammenzutreffen. Der Innenminister, General Czesław Kiszczak, setzte sich darüber mit Pater Roberto Tucci, dem Planer der Papstreisen, auseinander, ohne den Namen des Gewerkschaftsführers ein einziges Mal auszusprechen. Wałęsa war nur „dieser Mensch" oder „der Mann mit der großen Familie". Der Innenminister fragte: „Wieso will der Papst einen Mann treffen, der niemand in diesem Land repräsentiert?" Bei diesen Verhandlungen gelang es Tucci zu Johannes Pauls Überraschung, die Machthaber zu überreden, genug Rundfunkschaltungen zur Verfügung zu stellen, so daß die Menschen die Ansprachen des Papstes im ganzen Land gleichzeitig hören konnten.[81]

Der Papst traf am 16. Juni in Warschau ein, und es fiel sofort auf, daß seine Haltung ganz anders war als 1979. Bei den Begrüßungsfeierlichkeiten stand er mit gebeugtem Haupt und düsterem Gesichtsausdruck da. Eine alte Frau sagte zu einem der Reporter: „Er ist traurig. Sehen Sie, er versteht!" Ganz im Gegensatz zu Präsident Henryk Jabłoński, der den Papst mit folgenden Worten begrüßte: „Der Besuch Eurer Heiligkeit ist ein Beweis für die allmähliche Normalisierung des Lebens [in] unserem Land." Später an diesem Tag sprach Johannes Paul das, was er am Flughafen nur durch seine Haltung ausgedrückt hatte, in der Warschauer St.-Johannes-Kathedrale offen aus: Er sei nach Polen gekommen, um „unter dem Kreuz" Christi zu stehen, zusammen mit all seinen Landsleuten, „besonders mit denen, die am schmerzlichsten den herben Geschmack der Enttäuschung, der Demütigung, des Leidens, des Freiheitsentzugs, des Unrechts, der niedergetretenen Menschenwürde spüren". Dann dankte er Gott dafür, daß Kardinal Wyszyński „die schmerzhaften Ereignisse erspart" geblieben seien, „die sich mit dem Datum des 13. Dezember 1981 verbinden". Die Zensoren strichen das aus dem Text, der in weltlichen und katholischen Zeitungen abgedruckt wurde.[82] Zehntausende von Polen marschierten von der Kathedrale aus am Hauptquartier der Kommunistischen Partei vorbei und riefen: „So-li-dar-nośc, So-li-dar-nośc!", „Lech-Wa-łę-sa, Lech-Wa-łę-sa!" und *„De-mo-kra-cja, De-mo-kra-cja ...!"*[83]

Der Besuch des Papstes wurde schnell zum Anlaß für eine öffentliche, gewaltlose politische Katharsis, doch nach Ansicht von Johannes Paul war das nicht der Hauptzweck. Er war wie immer als Prediger des Evangeliums gekommen – diesmal, um das Fieber der Verzweiflung zu heilen, von dem das Volk seit dem 13. Dezember 1981 geschwächt wurde, und über die persönlichen moralischen Grundlagen des kulturellen Widerstands zu sprechen. Eine der größten Predigten zu diesem Thema hielt er in Tschenstochau. Zunächst löste der Papst die Spannung, die in der Menge von über einer halben Million Menschen herrschte, durch einen spontanen Sketch. Als er das Podium betrat, das bei dem Kloster Jasna Góra errichtet worden war, konnte er einfach nicht sprechen. Die Menge schrie: „Lang lebe der Papst, lang lebe der Papst!" und „Der Papst ist bei uns, der Papst ist bei uns!", und dadurch war es unmöglich, irgend etwas anderes zu hören. Nach ein paar Minuten gelang es Johannes Paul schließlich, die Menge zu übertönen: „Ich möchte Euch fragen, ob eine gewisse Person, die heute aus Rom zu Euch gekommen ist, zu Euch sprechen darf." Daraufhin skandierte die Menge: „Nur zu, nur zu!", und dann: „Näher zu uns, näher zu uns!" Johannes Paul rief: „Hört Ihr mich? Ich komme näher!" Er begann, über die mit einem roten Teppich ausgelegten Stufen vom Podium herunterzusteigen; ein Paulinermönch stolperte mit dem tragbaren Mikrophon hinter ihm her. Als Johannes Paul stehenblieb, war er immer noch fast 50 Meter von der ersten Menschenreihe entfernt. Doch durch dieses kleine Theaterstück hatte er den Strom, der 1979 zwischen ihm und den Massen geflossen war, wieder „angeschaltet"; jetzt waren sie still, jetzt konnte er zu ihnen sprechen.[84]

Er sprach als jemand, der während der Besetzung Erniedrigung und Demütigung erfahren hatte. Niemand konnte ihm vorwerfen, er wisse nicht, was seine Landsleute jetzt durchmachten. Und so konnte er die Botschaft des Evangeliums in der Kraft ihrer Einfachheit verkünden: daß die Liebe Christi „größer ist als alle Erfahrungen oder Enttäuschungen, die uns das Leben bereiten kann". Jeder Pole könne in dieser Liebe leben, ungeachtet der politischen Umstände, indem er die „größere Freiheit" wähle, die man in der Erneuerung des eigenen Lebens finde – was wiederum die Voraussetzung für eine Erneuerung der Gesellschaft sei. Sie müßten „Gut und Böse beim Namen" nennen und dadurch „einen entschiedenen Damm (...) gegen die moralische Auflösung" errichten. Und dann sprach er ganz ruhig das unaussprechliche Wort aus: Nächstenliebe bedeute „grundlegende Solidarität zwischen den Menschen", als Grundlage der Gesellschaft und Prinzip ihrer „moralischen und sozialen Erneuerung". Am Schluß betete er: „Mutter von Jasna Góra, (...) hilf uns, in der Hoffnung auszuharren!" Als er langsam wieder auf das Kloster zuschritt, begann die Menge erneut zu rufen: „Bleib bei uns, bleib bei uns!"[85]

In Krakau gab er Polen am 22. Juni zwei neue leuchtende Zeichen der „größeren Freiheit", die man durch moralischen und kulturellen Widerstand anstreben müsse: Er sprach die „beiden Rebellen", über die er 1963 gepredigt hatte, selig – den Karmeliter Rafał Kalinowski und „Bruder Albert" Chmielowski. Außerdem setzte er den spontanen Abenddialog mit der Menge in Krakau fort, der ein Kennzeichen seines Pastoralbesuchs von 1979 gewesen war. Eines Abends kehrte er nach einem nicht geplanten Treffen mit General Jaruzelski im Schloß auf dem Wawel später als vorgesehen in die Residenz des Erzbischofs zurück. Der Gastgeber, Kardinal Macharski, bat Kardinal Casaroli, Kardinal Jean-Marie Lustiger von Paris und die anderen Gäste, schon mit dem Essen anzufangen. Schließlich kam Johannes Paul und aß ein paar Löffel Suppe. Dann hörte er, daß ihn von draußen Studenten riefen. Er stand auf, ging zum Fenster und begann einen längeren Dialog mit der Menge. Nach ungefähr 15 Minuten sagte Kardinal Casaroli zu den anderen Gästen: „Was will er denn? Will er Blutvergießen? Will er einen Krieg? Will er die Regierung stürzen? Ich muß den Machthabern jeden Tag erklären, daß das alles nichts zu bedeuten hat!"[86]

Johannes Paul wußte genau, was er wollte und wie weit er gehen konnte. Bei seinen offiziellen Bemerkungen vor dem privaten Treffen mit General Jaruzelski im Schloß Belvedere in Warschau sparte er den Punkt aus, der der Sowjetunion die größten Sorgen bereitete – die christliche Grundlage der kulturellen Einheit Europas und die historische Karikatur der in Jalta beschlossenen Teilung des Kontinents. Doch bei seiner Botschaft an die polnischen Machthaber hielt er sich nicht zurück. Zu ihnen sagte er, den Beginn der „gesellschaftlichen Erneuerung" (ein Lieblingsslogan der Kommunisten) müßten die „von Vertretern der Staatsmacht mit Vertretern der Arbeitswelt geschlossenen Gesellschaftsverträge" von 1980 bilden. Später hörten diejenigen, die vor dem Zimmer warteten, in dem die beiden Männer privat miteinander sprachen, laute Stimmen; der Papst drängte Jaruzelski, mit den Führern der Solidarność, die er ins Gefängnis gesteckt hatte, einen Dialog zu beginnen.[87] Bei einer Messe in Warschau griff er das Thema des Dialogs wieder auf und betonte, daß eine Gesellschaftsordnung, „in der die grundlegenden Rechte des Menschen respektiert werden", nur auf der Grundlage eines „wechselseitigen Dialogs" zwischen den Regierenden und den Regierten geschaffen werden könne.

Das war eine deutliche Botschaft an die Männer, die behaupteten, sie hätten Polens Souveränität vor einem Eingreifen der Sowjetunion schützen wollen. Timothy Garton Ash zufolge lautete die Botschaft des Papstes an General Jaruzelski und seine Kollegen zusammengefaßt: „Ihr werdet nicht müde, eure Souveränität zu proklamieren – na schön, dann benehmt euch auch wie eine souveräne Macht."[88] Johannes Paul gab unmißverständlich zu erkennen, daß er nicht der Ansicht war, Jaruzelski habe im Dezember 1981 keine andere Wahl gehabt.

Bei seinen Treffen mit Jaruzelski und dem polnischen Episkopat machte Johannes Paul deutlich, daß er keine Lösung akzeptieren würde, bei der die Kirche – im Gegenzug für ihre Unabhängigkeit – über offiziell anerkannte katholische Gewerkschaften oder eine offiziell gebilligte katholische „Oppositions"-Partei mit dem Staat zusammenarbeitete. Manche in der polnischen Kirche waren für diese Lösung, und für das Regime war sie mit Sicherheit verlockend. Doch Johannes Paul ließ sich nicht darauf ein. Die Solidarność hatte ihre eigene Integrität und ein Recht auf Unabhängigkeit. Ohne wirklich unabhängige Arbeitervereinigungen konnte es keinen echten Dialog und damit auch keine echte gesellschaftliche Erneuerung geben. Die Kirche würde sich nicht hinter dem Rücken der Solidarność mit dem Regime einigen.[89]

Wie um diesen Punkt symbolisch zu unterstreichen, hatte Johannes Paul darauf bestanden, sich mit Lech Wałęsa zu treffen. Das Regime stimmte schließlich einem „strikt privaten Treffen" in einer Hütte in der Tatra zu. Wałęsa wurde mit einem Hubschrauber dorthin gebracht. Pater Józef Tischner, der ehemalige Kaplan des Solidarność-Kongresses, zerstörte den Mythos vom „strikt privaten Treffen" mit einem einzigen Satz: „Es gibt keine privaten Treffen mit dem Papst."[90] Möglicherweise wollte er damit darauf hinweisen, daß Wałęsa noch immer ein Partner für den Dialog war. Die Machthaber sagten jedoch, es werde „keinen Dialog (...) mit der ehemaligen Führung von Solidarność geben".[91] Der langsame Niedergang des Regimes und der polnischen Wirtschaft würde weitergehen.

Johannes Paul konnte Jaruzelski und das Regime nicht dazu bringen, mit der Opposition zu sprechen, doch seine acht Tage in Polen im Juni 1983 hatten die Widerstandskirche gestärkt, deutlich gemacht, daß ohne Einbeziehung der Solidarność keine Einigung möglich war, und seinen Landsleuten neue Hoffnung und etwas gegeben, über das sie in der unmittelbaren Zukunft nachdenken mußten. Der entscheidende Punkt war, wie in Mittelamerika, die echte christliche Befreiung. Johannes Paul hatte zu den Polen gesagt, die schwersten Ketten, die Menschen tragen könnten, seien die „Fesseln des Hasses". Die authentische Befreiung könne sich nach christlicher Auffassung nur auf das Kreuz gründen: „Vergebung ist stark durch die Kraft der Liebe. Vergebung ist keine Schwäche. Vergebung bedeutet nicht, auf Wahrheit und Gerechtigkeit zu verzichten."[92]

Manche betrachteten das als unerwartete Milde oder sogar als zu großes Entgegenkommen. Doch Gut und Böse beim Namen zu nennen hatte in der Welt Sprengkraft. Johannes Paul bezweifelte nicht, daß ein Polen, das reif genug war, um die kommunistische Kultur der Lüge mit der Macht der Wahrheit zu konfrontieren, schließlich seine Befreiung erreichen würde – und zwar auf eine Weise, die einer christlichen Nation angemessen war und die Wahrheit über die Würde der menschlichen Person bezeugte. Es war nur eine Frage der Zeit.

DIE BISCHÖFE UND DIE BOMBE

Johannes Pauls charakteristischer moralisch-kultureller Ansatz gegenüber der Weltpolitik bildete den Kontext für das Eingreifen des Heiligen Stuhls in den Entstehungsprozeß des Hirtenbriefs zu Krieg und Frieden, den die Bischöfe der Vereinigten Staaten von Amerika 1981 bis 1983 verfaßten.

Die Idee zu einem solchen Hirtenbrief war ein Nebenprodukt der *Nuclear-Freeze*-Bewegung, deren Anhänger weitgehend überzeugt waren, daß Fragen der Menschenrechte dem großen Ziel, Rüstungskontrollabkommen zu erreichen, untergeordnet werden müßten; diese Abkommen würden die Gefahr eines Atomkriegs verringern. Die Entkopplung der Menschenrechte und der Rüstungskontrolle wurde in den ersten beiden Entwürfen des Hirtenbriefs deutlich sichtbar. Nach dem zweiten Entwurf rief der Heilige Stuhl die amerikanischen Bischöfe und Experten, die für die Anfertigung des dritten Entwurfs zuständig waren, zu einer internationalen Konsultation mit Vertretern der Kurie und Fachleuten aus Frankreich, der Bundesrepublik, Großbritannien, Belgien, Italien und den Niederlanden am 18./19. Januar 1983 in den Vatikan. Kardinal Ratzinger (der den Vorsitz hatte) und Kardinal Casaroli nahmen zwei Tage lang teil. Das war ein Anzeichen dafür, daß es neben Fragen der sachverständigen Beurteilung auch um theologische Fragen ging und daß dem Papst die Richtung, die die amerikanischen Bischöfe eingeschlagen hatten, schwere Sorgen bereitete.

Die Teilnehmer beschlossen, daß Pater Jan Schotte CICM, der Sekretär der Päpstlichen Kommission „Justitia et Pax", die Ergebnisse der Konsultation zusammenfassen und als „Bezugspunkt und Leitlinie für die amerikanischen Bischöfe bei der Anfertigung des nächsten Entwurfs ihres Hirtenbriefs" veröffentlichen sollte. Johannes Paul wollte diese Zusammenfassung ohne Kommentar direkt an alle amerikanischen Bischöfe schicken lassen. Der Präsident der nationalen Bischofskonferenz, Erzbischof John Roach von St. Paul-Minneapolis, und der designierte Kardinal Joseph Bernardin von Chicago, der Vorsitzende der Entwurfskommission der Bischöfe, legten der Zusammenfassung Schottes jedoch eigenmächtig einen Begleitbrief bei, in dem sie erklärten, bei der Konsultation im Vatikan sei der zweite Entwurf nicht ernsthaft in Zweifel gezogen worden, daher seien bei dem dritten Entwurf keine großen inhaltlichen Änderungen nötig.

Diese Auslegung ließ sich jedoch bei sorgfältigem Lesen des Dokuments nicht halten. Die Zusammenfassung wies deutlich darauf hin, daß beim zweiten Entwurf des Hirtenbriefs die verschiedenen Ebenen der Lehrautorität in der Kirche vermischt worden seien und daß er wahrscheinlich die Verwirrung unter den Katholiken vergrößern und die Glaubwürdigkeit der Kirche verringern werde. Außerdem stellte Schotte in seiner Zusammenfassung fest, daß die Bischöfe, „als Lehrer des Glaubens", bei politischen Fragen „keine Partei ergreifen" sollten, „wenn verschiedene vernünftige Anwendungen möglich sind". Schotte drängte darauf, beim dritten Entwurf den Unterschied zwischen dem Frieden des Gottesreichs und dem Frieden, der in dieser Welt möglich sei, deutlich zu machen. Es sei falsch, daß die Bischöfe in ihrem Dokument zwei normative Traditionen der Betrachtung von Krieg und Frieden in der katholischen Moraltheologie, den Pazifismus und die Tradition des gerechten Kriegs, nebeneinandergestellt hätten. Der Pazifismus genieße zwar in der zeitgenössischen katholischen Theologie höheres Ansehen, aber die normative Tradition, die Entscheidungen über Krieg und Frieden bestimme, bleibe die des gerechten Kriegs.

Die Konsultation und die von Schotte angefertigte Zusammenfassung hatten erhebliche Auswirkungen auf den dritten Entwurf der amerikanischen Bischöfe, der zur Grundlage für den Hirtenbrief *The Challenge of Peace: God's Promise and Our Response* [TCOP, Die Herausforderung des Friedens – Gottes Verheißung und unsere Antwort] vom Mai 1983 wurde. Doch auch in der endgültigen, überarbeiteten Form spiegelte *Die Herausforderung des Friedens* nicht das von der Kultur als Hauptkraft ausgehende Geschichtsverständnis wider, das Johannes Paul der Kirche und der Welt seit seiner Wahl nahezubringen versuchte. Der Hirtenbrief enthielt zwar viele Zitate aus Verlautbarungen des Papstes, doch seine Analyse stützte sich viel stärker auf die Konventionen der amerikanischen Politikwissenschaft und ihre Theorie der internationalen Beziehungen als auf Johannes Pauls Idee von der Tiefendimension der Geschichte des späten 20. Jahrhunderts. Noch auffälliger war, daß die Amerikaner überhaupt nicht ernsthaft berücksichtigten, welche Bedeutung die neue Verteidigung der Menschenrechte in Ostmitteleuropa sowohl für dieses Gebiet als auch für die Sowjetunion hatte. Im Gegensatz zum Vorgehen des Papstes in Polen im Juni 1983 vertrat der Hirtenbrief der amerikanischen Bischöfe vom Vormonat – der damals als große Herausforderung für die Außen- und Verteidigungspolitik ihres Landes gepriesen wurde – eine weit konservativere Auffassung von der Beziehung der Kirche zur politischen Macht. Die amerikanischen Bischöfe waren entschlossen, sich am politischen „Spiel" zu beteiligen. Johannes Paul wollte dieses Spiel verändern.[93]

Durch die zwei Jahre dauernde Debatte über *Die Herausforderung des Friedens* geriet ein bis dahin völlig unbekannter ehemaliger Kaplan der amerikanischen Marine ins Rampenlicht der Öffentlichkeit. John J. O'Connor war Weihbischof des damaligen Militärordinats, der „Diözese" für das militärische und diplomatische Personal der USA, als er in die Kommission für den Entwurf des Hirtenbriefs berufen wurde. Im Mai 1983 ernannte ihn Johannes Paul zum Bischof von Scranton (Pennsylvania). Der Mann, den Jeane J. Kirkpatrick, Reagans Botschafterin bei den Vereinten Nationen, einmal als den brillantesten Studenten, den sie je gehabt habe, bezeichnete, eroberte Scranton im Sturm und wurde nur sechs Monate nach seiner Ankunft „Mann des Jahres" der Stadt.

Am 9. Oktober 1983 starb Kardinal Terence Cooke von New York nach einem langen, heroischen und vielen Berichten zufolge heiligmäßigen Kampf gegen die Leukämie. Obwohl die katholische Kirche in den USA keinen eigentlichen Primas-Sitz hat, ist New York zweifellos eine der zwei oder drei wichtigsten Erzdiözesen – vielleicht sogar die wichtigste überhaupt. Als Zentrum der internationalen Kommunikationsverbindungen und Finanzen spielt die Stadt auch im internationalen Katholizismus eine wichtige Rolle. Johannes Paul wollte in New York offensichtlich einen Erzbischof haben, der diesen Vorteil ausnutzen und einen aggressiveren, die amerikanische Kultur herausfordernden Ton anschlagen würde. Er überging drei Bischöfe, die Vertreter der bequemen und – wie manchen meinten – abgekapselten Hauptrichtung der Bischofskonferenz waren, und holte Bischof O'Connor nach nicht einmal neun Monaten aus Scranton weg. Am 26. Januar 1984 wurde O'Connor zum Erzbischof von New York ernannt. Dort profilierte er sich bald als starker Verfechter der Forderung der katholischen Kirche, daß ihre Morallehre größeren Einfluß auf das amerikanische öffentliche Leben haben müsse. Außerdem verlieh er den Bestrebungen zum Schutz des ungeborenen Lebens im amerikanischen Katholizismus neuen Schwung – zu einem Zeitpunkt, als manche Bischöfe aus Erschöpfung oder Überzeugung die Verteidigung des Rechts der Ungeborenen auf Leben am liebsten von der Liste ihrer wichtigsten Anliegen gestrichen hätten.

Kurz nach seiner Ernennung zum Erzbischof von New York reiste O'Connor nach Rom, wo er den Papst besuchte. Johannes Paul sagte: „Ich begrüße den Erzbischof der Hauptstadt der Welt!"[94]

Die Intellektuellen

Im August 1983 begann Johannes Paul mit einer Reihe von Sommerseminaren zu den Humanwissenschaften, die künftig alle zwei Jahre in Castel Gandolfo stattfinden sollten. Diese Seminare – und das war ein Novum in den Annalen des modernen Papsttums – brachten christliche, jüdische, agnostische und atheistische Philosophen, Historiker und andere Akademiker ins Gespräch mit dem Papst, dem der ernsthafte geistige Austausch stets ein großes Anliegen war.

Die Seminare in Castel Gandolfo waren sozusagen das römische Gegenstück zu den Diskussionen mit Akademikern, die Pater Józef Tischner in Krakau organisiert und für die Kardinal Wojtyła seine Residenz zur Verfügung gestellt hatte. In den späteren Jahren dieser Treffen hatte Wojtyła Krzysztof Michalski kennengelernt, der an der Jagiellonen-Universität promoviert hatte und damals Assistenzprofessor der Philosophie an der Universität Warschau war. 1981, kurz vor der Bydgoszcz-Krise, waren Michalski und Tischner in Rom, und Michalski schlug vor, ein neues Institut zu gründen, das polnische Akademiker mit ihren westlichen Kollegen zusammenbringen sollte. Der Papst interessierte sich dafür, weil er spürte, daß sich in seinem Vaterland Schwierigkeiten abzeichneten, und weil er den polnischen Intellektuellen eine Betätigungsmöglichkeit im Westen verschaffen wollte. Mit der Billigung des Papstes und einem Empfehlungsschreiben von Kardinal Casaroli reisten Michalski und Tischner nach Wien, um mit Kardinal Franz König über ihren Plan zu sprechen. König fragte als erstes: „Wer soll das bezahlen?" Der Wiener Kardinal setzte sich dann sehr für das Projekt ein, und das Institut für die Wissenschaften vom Menschen [IWM] wurde noch vor der Verhängung des Kriegsrechts in Polen gegründet. Nach der Erklärung des „Kriegszustands" blieb Michalski als Leiter des Instituts in Wien, während Pater Tischner in Polen lebte und nach Wien kam, wenn die Umstände es erlaubten. Das IWM war, mit Johannes Pauls Zustimmung, von Anfang an eine unabhängige wissenschaftliche Einrichtung – nicht ausdrücklich römisch-katholisch, politisch weder links noch rechts, ein Ort, an dem ernsthafte Forschungen und Debatten über die Zukunft der Humanwissenschaften und ihre Beziehung zur freien Gesellschaft durchgeführt werden konnten.

Die ersten vom IWM organisierten Gespräche in Castel Gandolfo im August 1983 standen unter dem Thema „Der Mensch in den modernen Wissenschaften". Zu den Teilnehmern gehörten neben Tischner und Michalski so herausragende Intellektuelle wie die Philosophen Hans-Georg Gadamer, Charles Taylor und Emmanuel Lévinas, der Jurist Ernst-Wolfgang Böckenförde, der Physiker Carl Friedrich von Weizsäcker und die deutschen Theologen Gerhard Ebeling (evangelisch) und Johann Baptist Metz (katholisch). Jeder der Teilnehmer hielt einen Vortrag, über den die Gruppe dann – oft auf einem Balkon mit Blick auf den Lago di Albano – diskutierte; der Papst hörte zu, sagte aber nur selten etwas. Bei den Mahlzeiten saß man nach „Sprachgruppen" zusammen, und der vielsprachige Johannes Paul setzte sich mal zu der einen, mal zu einer anderen. Nach den auf die Vorträge folgenden Diskussionen gab er stets eine persönliche Zusammenfassung und äußerte sich dann zu den Konsequenzen.

Den jüdischen französischen Philosophen Emmanuel Lévinas, den intellektuellen Erben Martin Bubers, hatte Johannes Paul schon vor seiner Wahl zum Papst gekannt; er hatte große Achtung vor seinem Werk. Lévinas, der Johannes Paul noch nicht als Papst begegnet war, war sehr gespannt, wie dieser ihn empfangen würde. Johannes Paul ergriff seine Hand und sagte: „Danke, daß Sie sich mit mir treffen wollten!" Dem Franzosen verschlug es völlig die Sprache. Er fand sie erst beim Mittagessen wieder – und fragte Johannes Paul, wie er sich denn mit dem Palästinenserführer Jasir Arafat habe treffen können.[95] Johannes Paul scheute sich nicht, mit seinen illustren Gästen Späße zu machen. Am Ende des Seminars sollte ein Gruppenfoto gemacht werden. Johann Baptist Metz, dessen umstrittene „politische Theologie" in weiten Kreisen als Inspiration für die lateinamerikanische Befreiungstheologie betrachtet wurde, gehörte zu denjenigen, die sich im Hintergrund hielten, damit es nicht so aussah, als wollten sie sich für das Foto näher an den Papst drängeln. Als Johannes Paul das merkte, rief er: „Sie, Metz – ein bißchen näher zum Papst!" Alle lachten – auch Metz, der sich diesem Wunsch natürlich nicht widersetzte.[96]

Von da an organisierte das IWM immer die Gespräche in Castel Gandolfo. Die dazu eingeladenen Intellektuellen waren von ihrer Herkunft und Denkweise her größtenteils Mitteleuropäer, und bei den allgemeinen Seminarthemen und den Vorträgen ging es vor allem um europäische (und besonders deutschlandorientierte) Probleme, Interessen und Anliegen. Pater Tischner äußerte sich einmal zu einem seltsamen Zug der Seminare: Es sei leichter, Ungläubige einzuladen, als Katholiken, weil die geistige „Parteienbildung" in der Kirche inzwischen so ausgeprägt sei, daß, wenn jemand aus einem bestimmten Lager eingeladen wurde, andere sich zurückgesetzt fühlten.[97]

Trotz gewisser Beschränkungen ihres geistigen Radius wurden die Gespräche in Castel Gandolfo zu einem Kennzeichen von Johannes Pauls Pontifikat. Wie die Gründung des Päpstlichen Rates für die Kultur als ständiges Organ der römischen Kurie im Mai 1982 demonstrierten die Seminare nicht nur sein persönliches Interesse am geistigen Leben, sondern auch seine Überzeugung, daß ein ernsthafter intellektueller Dialog für die Wiederherstellung eines echten Humanismus für das 21. Jahrhundert unerläßlich war, und sein Engagement, als Papst etwas dafür zu tun.[98]

Die Generalkongregation der Jesuiten

Während Johannes Paul bei der Eröffnung und Fortführung eines Dialogs mit einigen der hervorragendsten Denker der westlichen Welt Erfolg hatte, gelang ihm das bei der Anwendung einer päpstlichen Schocktherapie gegenüber der Gesellschaft Jesu – historisch gesehen eine der intellektuell anspruchsvollsten religiösen Gemeinschaften der Kirche – weniger gut.

Sein Eingreifen in die innere Leitung der Gesellschaft im Oktober 1981 hatte nicht, wie manche das erwarteten, zu einer offenen Revolte geführt. Allerdings hatten viele Jesuiten, einzeln oder in Gruppen, ihre Unzufriedenheit schriftlich zum Ausdruck gebracht. Eine 17köpfige Gruppe, zu der auch der bekannte deutsche Theologe Karl Rahner gehörte, schrieb, sie akzeptiere die

Entscheidung des Papstes; da er jetzt aber als ihr Vorgesetzter handle, nähmen sie sich die Freiheit, ihm mitzuteilen, daß sie bei seiner Intervention „nicht den Finger Gottes" sehen könnten.[99] Ein paar Monate später sagte Johannes Paul zu seinem Delegaten für die Gesellschaft Jesu, Pater Paolo Dezza, er bewundere die Art und Weise, wie die Jesuiten auf seine Entscheidung reagiert hätten.

Bis zum Eintreffen Pater Pittaus aus Japan Ende November 1981 machte Pater O'Keefe, der frühere Generalvikar, auf Geheiß Pater Dezzas weiter genau das, was er vor dem Eingreifen des Papstes gemacht hatte – einschließlich der Leitung verschiedener Treffen für den päpstlichen Delegaten, der 80 Jahre alt und fast blind war. Pater Arrupes vier Generalassistenten blieben in der Generalkurie der Jesuiten, und von ihnen stammte der Vorschlag, Dezza und Pittau sollten die Provinziale aller Provinzen der Gesellschaft nach Rom rufen, damit der Delegat und sein Stellvertreter ihnen sagen konnten, welche Befürchtungen und Hoffnungen der Papst hegte. Dezza und Pittau stimmten zu und trafen sich im Februar 1982 mit 86 Provinzialen in der Villa Cavaletti außerhalb von Rom. Am 27. Februar hatte dann die ganze Gruppe eine Audienz bei Johannes Paul im Vatikan.

In seiner langen Ansprache befaßte der Papst sich vor allem mit der bemerkenswerten Geschichte der Gesellschaft und ihren geistigen, missionarischen, theologischen und pastoralen Aufgaben. Er wies kurz darauf hin, daß er „auf der genauen Auslegung" des II. Vatikanischen Konzils bestehe, daß „die notwendige Sorge für die Gerechtigkeit in Übereinstimmung mit [ihrer] Berufung als Ordensmänner und Priester ausgeübt werden" müsse und daß bei der Ausbildung junger Jesuiten „dem spirituellen, lehrmäßigen, disziplinären und pastoralen" Aspekt gleiche Bedeutung zugemessen werden müsse. Als wolle er dadurch sein Vertrauen in die Gesellschaft unterstreichen, rief Johannes Paul sie auf, sich noch stärker mit vier Aufgaben zu befassen: dem Ökumenismus, dem Dialog mit den nichtchristlichen Religionen, dem Dialog mit den Nichtglaubenden und der Förderung der Gerechtigkeit. Schließlich sagte er noch, daß „innerhalb dieses Jahres die Einberufung der Generalkongregation möglich sein" werde, wenn die Dinge weiter so vorankämen wie bisher.[100]

Diejenigen, die das Eingreifen des Papstes in die Leitung der Gesellschaft Jesu entschieden ablehnten, interpretierten diese Ansprache als Entschuldigung für das, was sich nur vier Monate vorher ereignet hatte.[101] Pater Dezza und Pater Pittau konnten Johannes Paul offenbar davon überzeugen, daß die von ihm der Gesellschaft auferlegte Reflexionsperiode wie erhofft verlief, denn am 8. Dezember 1982 berief Dezza mit Zustimmung des Papstes eine Generalkongregation, die 33. in der Geschichte der Gesellschaft, für den 2. September 1983 ein. Johannes Paul zelebrierte die Eröffnungsmesse der Kongregation gemeinsam mit über 200 Delegierten. In seiner Predigt rief er die Delegierten auf, sich immer bewußt zu sein, daß die Gesellschaft großen Einfluß auf andere Ordensleute, Priester und die Laien habe – „darum achtet man oft mehr auf euch, als ihr vermutet".[102]

Die Kongregation befaßte sich natürlich mit der Wahl eines neuen Generaloberen. Die Delegierten hatten offensichtlich begriffen, daß es als direkte „Ohrfeige" für den Papst verstanden worden wäre, wenn sie einen der Generalassistenten von Arrupe gewählt hätten. Andererseits waren sie jedoch entschlossen, niemanden zu wählen, der als Kandidat des Papstes angesehen worden wäre – wie zum Beispiel Pater Pittau oder Pater Roberto Tucci. Pater Dezza kam wegen seines Alters offenkundig nicht in Frage. Nach vier Tagen interner Diskussionen waren die Delegierten sich einig und wählten im ersten Wahlgang, in 45 Minuten, Pater Peter-Hans Kolvenbach, einen Niederländer, der einen großen Teil seines Lebens in Beirut verbracht hatte und in den letzten beiden Jahren Rektor des Päpstlichen Orientalischen Instituts in Rom gewesen war. Bei der Besetzung der Posten direkt unter dem Generaloberen lehnten die Delegierten Pater Pittau, der sich vor seiner Ernennung zum Koadjutor Pater Dezzas in der Gesellschaft großer Achtung erfreut hatte, entschieden ab. Mit anderen Worten: Sie waren entschlossen, ihre Unabhängigkeit zu demonstrieren, aber auf eine Weise, die in der römischen Kurie nicht sofort neue Befürchtungen hervorrufen oder ein erneutes päpstliches Eingreifen auslösen würde.

Pater Pittau selbst ist der Ansicht, daß die Intervention des Papstes die gewünschte Wirkung hatte: größere Demut, die Bereitschaft, einander besser zuzuhören, ein Wiedererlernen der Grundelemente der Gesellschaft Jesu und einen besseren Dialog mit den Bischöfen auf der ganzen Welt.[103] Auch Pater Tucci ist der Auffassung, daß die Intervention Erfolg hatte, räumt jedoch ein, daß „Dezza den Orden nicht sehr verändert" habe. Was sich allerdings – dank Dezzas alter Verbindungen und seines diplomatischen Geschicks – änderte, war die Beschaffenheit der Beziehungen zwischen der Kurie und der Gesellschaft. Dezza könnte es sogar gelungen sein, besorgte Kurienmitglieder davon zu überzeugen, daß die Befürchtungen im Hinblick auf die Gesellschaft unter Pater Arrupe übertrieben gewesen waren.[104]

Pater Dezza erzählte Pater Tucci einmal, Johannes Paul habe ihm nur unter „großen Bedenken" erlaubt, die 33. Generalkongregation einzuberufen, er habe sich aber auf Dezzas Urteil verlassen, daß die mit der Intervention vom Oktober 1981 beabsichtigte Botschaft angekommen und akzeptiert worden sei.[105] Vielleicht glaubte Pater Dezza das tatsächlich; spätere Ereignisse sprechen dafür, daß er da zu optimistisch war.

Pater Kolvenbach, ein Mann von tiefer Frömmigkeit, erwies sich als eher zurückhaltender General – was für die Delegierten, die ihn so schnell gewählt hatten, keine Enttäuschung gewesen sein dürfte. Die Ausbildung der Jesuiten verlief weitgehend auf die gleiche Weise, die vorher Gegenstand von Kritik gewesen war. Auch die Beteiligung der Jesuiten an einseitigen politischen Aktivitäten in verschiedenen Gebieten Lateinamerikas wurde fortgesetzt. Theologen der Gesellschaft Jesu standen an vorderster Front bei verschiedenen Versuchen, die katholische Lehre und Praxis in asiatischen Gesellschaften auf eine Weise zu „inkulturieren", die nach Ansicht mancher leugnete, daß Jesus Christus der einzige Retter der Welt war. Die Universitäten der Jesuiten in den USA verwässerten ihr einst charakteristisches Kern-Curriculum und ihre katholische Identität weiter. Die älteste, Georgetown, begann eine langwierige Kontroverse darüber, ob Kruzifixe in ihren Hörsälen und Seminarräumen ihre Verpflichtung zum Pluralismus verletzten. Die Zahl der Jesuiten nahm weiter ab, während andere Orden, die besser auf Johannes Pauls Vision vom Priestertum und vom Ordensleben eingegangen waren, wuchsen.[106] Falls Johannes Paul durch seine Intervention von 1981 die Richtung des Lebens und Dienstes der Jesuiten wirklich verändern wollte, kann man diese Intervention kaum als Erfolg werten.

Unter denjenigen, die die ursprüngliche Intervention begrüßten, gibt es Kritiker, die behaupten, die ganze Geschichte sei ein Beispiel für eine bestimmte Dimension von Johannes Pauls Pontifikat: er ziehe kühne Initiativen nicht mit der notwendigen Strenge durch. Eine plausiblere Erklärung besagt, Johannes Pauls Schuld (wenn man es überhaupt so nennen will) liege darin, daß er seine eigenen Tugenden auf andere projiziere. Durch sein Eingreifen im Oktober 1981 wollte er für eine Reflexionsperiode sorgen, in der die Gesellschaft Jesu sich erneut mit dem II. Vatikanischen Konzil und mit dem Ziel seines Pontifikats, die authentische Lehre des Konzils im Leben der Kirche zu sichern, beschäftigen konnte. Das erhoffte sich der Papst offenbar, der seinen eigenen Gehorsam auf Männer projizierte, die gegenüber dem Bischof von Rom ein besonderes Gehorsamsgelübde abgelegt hatten.

Dabei berücksichtigte Johannes Paul zu wenig die Ablehnung gegenüber Rom, die sich in der Gesellschaft Jesu aufgebaut hatte, sowie die Tatsache, daß die Machthebel bei der 33. Generalkongregation in den Händen der Erben der Arrupe/O'Keefe-Ära blieben. Die Jesuiten hatten während Pater Dezzas Delegatur tatsächlich etwas gelernt, aber das betraf offenbar mehr die Wiederherstellung der zerstörten Kommunikationskanäle zwischen der römischen Kurie und der Generalkurie der Jesuiten als inhaltliche Aspekte wie Ausbildung, Theologie, soziale Aktivität und Lebensweise.

Die Intervention gegen die Jesuiten und ihre Folgen einerseits und Johannes Pauls herzliche Beziehung zu priesterlichen Erneuerungsbewegungen wie den Legionären Christi andererseits weisen darauf hin, daß der Papst seine Aufgabe gegenüber katholischen religiösen Gemeinschaften eher darin sah, diejenigen, die der Lehre der Kirche gegenüber loyal waren, zu fördern und zu ermutigen, als darin, Abweichler zu disziplinieren und an die Kandare zu nehmen. Das beruht zum Teil auf seiner Achtung vor der Freiheit anderer, ist aber auch ein Ausdruck seiner gelassenen Zuversicht, daß der authentische Geist des II. Vatikanischen Konzils sich im Laufe der Zeit durchsetzen wird, weil er viel überzeugender – und sogar viel radikaler – ist als die unzureichenden oder falschen Auslegungen, die (neben anderen Dingen) zur Krise der Jesuiten in den 70er Jahren führten.

BEFREIUNG UND ERLÖSUNG

Karol Wojtyłas lebenslanges Interesse an Jahrestagen und Jubiläumsjahren beruht auf seiner Überzeugung, daß Gottes Handeln in der Geschichte die Zeit geheiligt hat.[107] Seiner Ansicht nach ist die Zeit für Christen keine bloße Chronologie, sondern die Bühne, auf die Gott sich begeben hat, um die Welt zu retten. Jahrestage und Jubiläen sind Anlässe, die Tiefendimension der Geschichte an die Oberfläche des christlichen Bewußtseins zu bringen.

Der traditionellen Datierung zufolge markierte das Heilige Jahr der Erlösung 1983/1984 den 1 950. Jahrestag des Wendepunkts der Weltgeschichte, des Erlösungstodes Christi.[108] Den Jahrestag der Erlösung der Menschheit zu feiern, war schon an sich gut. Dieses besondere Heilige Jahr sollte außerdem die Befreiung des Menschen in den richtigen theologischen und religiösen Zusammenhang stellen.

Der Brauch eines Jubiläumsjahrs der Wallfahrt nach Rom begann 1300 mit Papst Bonifaz VIII. In der Zeit der Renaissance hatte sich die Abhaltung eines besonderen „Heiligen Jahres" alle 25 Jahre durchgesetzt. Von 1450 bis 1800, als die Reihe durch die Französische Revolution und ihre Auswirkungen in Europa unterbrochen wurde, fand alle 25 Jahre ein Heiliges Jahr statt. Das einzige Heilige Jahr im 19. Jahrhundert war 1825. Der 90 Jahre alte Leo XIII. erweckte den Brauch 1900 wieder zum Leben (und erzählte gern von seiner Teilnahme an den Feierlichkeiten in Rom 1825). Pius XI. hielt 1933 ein Heiliges Jahr ab, zum 1 900. Jahrestag des Todes Christi – und darauf verwies Johannes Paul II., als er für 1983/1984 ein Heiliges Jahr ausrief.

Die traditionelle Wallfahrt nach Rom zum Heiligen Jahr war um die vier Erzbasiliken der Stadt herum aufgebaut (Petersdom, S. Maria Maggiore, Lateran-Kirche und St. Paul vor den Mauern). Sie haben alle eine besondere „Heilige Pforte", die nur zum Heiligen Jahr geöffnet wird und durch die die Pilger in die Basilika gelangen.[109] Im Gegensatz zu anderen Heiligen Jahren wollte Johannes Paul dieses Heilige Jahr der Erlösung als universale Feier gestalten. Deshalb forderte er alle Diözesen auf der Welt auf, eine Jubiläumskirche mit einer eigenen Heiligen Pforte, zu der die Pilger kommen konnten, zu bestimmen; diese Kirche sollte den gleichen Status wie die römischen Basiliken haben. Außerdem dehnte Johannes Paul den Bereich des Heiligen Jahres in Rom selbst aus, so daß die Pilger statt einer der üblichen vier Erzbasiliken auch eine Katakombe oder die Kirche des Hl. Kreuzes zu Jerusalem (S. Croce in Gerusalemme, in der Nähe der Lateran-Basilika) besuchen konnten.

Das Heilige Jahr der Erlösung begann am 25. März 1983. Am Nachmittag dieses regnerischen, kalten Tages führte Johannes Paul eine Prozession von der kleinen Kirche St. Stefano degli Abissini im Vatikan über den Petersplatz in die Vorhalle des Petersdoms. Dort schlug er mit demselben goldenen Hammer, den schon Pius XI. 1933 benutzt hatte, dreimal an die Heilige Pforte, die daraufhin geöffnet wurde. Johannes Paul küßte ihre Schwelle und schritt dann zum Papstaltar, wo er die Messe feierte. In seiner Predigt betonte er, daß die Anwesenden durch die Heilige Pforte symbolisch „bei allen christlichen Gemeinden" eingetreten seien, „wer immer sie seien und wo auch immer auf dieser Erde sie leben, besonders in den Katakomben der heutigen Welt. Das außerordentliche Jubiläumsjahr der Erlösung ist ein Heiliges Jahr für die ganze Kirche."[110]

Im Laufe des Heiligen Jahres taufte Johannes Paul II. 27 Katechumenen (vor allem aus Asien) und traute 38 Paare. Er sprach 99 Märtyrer der Französischen und zwei der Chinesischen Revolution (in den 30er Jahren des 20. Jahrhunderts) selig. Im Juli erklärte er den Malermönch Fra Angelico, der in der ersten Hälfte des 15. Jahrhunderts gelebt hatte und sich bereits großer Verehrung erfreute, zum Seligen, damit er zu Recht den Namen *Beato Angelico* tragen könne.[111]

Das Heilige Jahr hatte außerdem eine starke ökumenische Dimension. Am 31. Oktober sandte Johannes Paul zum 500. Geburtstag Martin Luthers ein

Schreiben an Kardinal Willebrands, den Präsidenten des Sekretariats für die Einheit der Christen. Darin verwies er auf die „tiefe Religiosität Luthers", der „von der brennenden Leidenschaft für die Frage nach dem ewigen Heil getrieben" gewesen sei. Um den Bruch der Kircheneinheit, zu dem es im 16. Jahrhundert gekommen war, zu heilen, sei es nötig, „durch unvoreingenommene, allein von der Suche nach Wahrheit geleitete Forschung ein gerechtes Bild des Reformators wie der ganzen Epoche der Reformation und der in ihr wirkenden Personen zu gewinnen. Wo Schuld ist, muß sie anerkannt werden, gleich welche Seite sie trifft." Mit „einem gemeinsamen Verstehen des Damaligen" würden die lutherischen und die katholischen Christen „neue Ausgangspunkte für das Gespräch von heute gewinnen". Beginnend in dem, was sie auch nach der Trennung miteinander verbindet – „im Wort der Schrift, in den Glaubensbekenntnissen, in den Konzilien der alten Kirche" -, sollte dieses Gespräch im Geist der „Bußfertigkeit und Bereitschaft hörenden Lernens" weitergehen.[112]

Am dritten Adventssonntag besuchte Johannes Paul die evangelisch-lutherische Christus-Kirche in Rom, wo er bei einem ökumenischen Wortgottesdienst predigte.[113] Die evangelisch-lutherische Gemeinde hatte zu einem „Adventsgottesdienst mit dem Bischof von Rom" eingeladen. Von der Kanzel der Christuskirche aus sagte Johannes Paul, der eine schlichte rote Stola über seinem weißen Papstgewand trug: „Schließlich meinen wir, im Jahr der Erinnerung an den Geburtstag von Martin Luther vor fünf Jahrhunderten, wie von ferne die Morgenröte des Advents einer Wiederherstellung unserer Einheit und Gemeinschaft zu sehen." Diese Einheit sei „die beste Wegbereitung für die Ankunft Gottes in unserer Welt". Am Ende des Gottesdienstes sprachen alle gemeinsam das Apostolische Glaubensbekenntnis.[114]

Auch die ökumenische Begegnung mit der östlichen Christenheit spielte im Heiligen Jahr eine große Rolle. Am 16. April 1983 empfing Johannes Paul II. Karekin Sarkissian, den armenischen Katholikos von Kilikien. Knapp einen Monat später, am 13. Mai, kam Ignatius IV. Hazim als erster griechisch-orthodoxer Patriarch von Antiochia zu einem offiziellen ökumenischen Besuch nach Rom. Am 6. Juni wurde Moran Mar Basileius Marthoma Matheos I., der Katholikos der syrisch-orthodoxen Kirche von Indien, im Vatikan zu einer Audienz empfangen. Am 30. Juni traf Johannes Paul mit Metropolit Meliton von Chalkedon, dem Vertreter des Ökumenischen Patriarchen Dimitrios, zur Feier des Fests der hll. Petrus und Paulus zusammen.

Am 8. Januar 1984 fand im Audienzsaal Paul VI. eine besondere Heilig-Jahr-Feier für Kinder statt. Johannes Paul sagte zu 8 000 Kindern, sie seien „die kleinen Freunde Jesu" und auch seine Lieblinge: „Ich will euch noch einmal sagen, was ihr wohl schon wißt: Ihr seid die Lieblinge des Papstes."[115] Am 22. Januar stattete Johannes Paul als erster Papst einer Zigeunergemeinschaft, in der römischen St.-Rita-Pfarrei, einen Besuch ab.[116]

Versöhnung und Buße

Im Heiligen Jahr fand, vom 29. September bis zum 29. Oktober 1983, auch die VI. ordentliche Versammlung der Bischofssynode statt, die sich mit „Versöhnung und Buße im Sendungsauftrag der Kirche heute" befassen sollte. Zwar hatten seit dem II. Vatikanischen Konzil neue Formen der religiösen Unterweisung und der pastoralen Praxis dazu beigetragen, ein gewisses mechanisches Verständnis von Sünde, Beichte und Buße aus dem katholischen Leben zu vertreiben, doch die nachkonziliare Periode hatte auch einen unerwarteten, dramatischen und unwillkommenen Niedergang der katholischen Bußpraxis erlebt. Die langen Schlangen von Gläubigen, die in den katholischen Kirchen der westlichen Welt an Sonnabendnachmittagen vor den Beichtstühlen warteten, gehörten jetzt der Vergangenheit an. Manche Pfarrer hatten liturgische Bußgottesdienste eingerichtet, bei denen die gesamte Gemeinde, ohne Einzelbeichte, eine „Generalabsolution" erhielt. Der Niedergang der Bußpraxis war mit der Frage verbunden, was eigentlich eine Sünde sei. Wie sah – angesichts von all dem, was wir über die menschliche Psychologie wissen – die persönliche moralische Verantwortung aus? War die Sünde primär personal oder sozial? Konnte man so sündigen, daß man dadurch seine Beziehung zu Gott gefährdete, vielleicht sogar zerstörte?

Die 221 Synodenväter sprachen einen Monat lang über diese Fragen. Von der Befreiungstheologie beeinflußte Bischöfe drängten auf eine noch stärkere Betonung der „sozialen Sünde" und der Arbeit für die Gerechtigkeit als Kern des Versöhnungsauftrags der Kirche. Andere waren der Ansicht, daß das katholische Leben seit dem Konzil etwas sehr Wichtiges verloren habe, und forderten eine Erneuerung der traditionellen Bußpraxis. In *Reconciliatio et paenitentia* [Versöhnung und Buße], dem apostolischen Schreiben, das die Arbeit der Synode abschloß, behandelte Johannes Paul II. diese umstrittenen Fragen vom persönlichen Drama der menschlichen Freiheit her.[117]

Johannes Paul schreibt, die Quelle der Versöhnung sei das Kreuz Christi. Seine „vertikale Dimension" symbolisiere die erforderliche Wiederversöhnung des Menschen mit Gott, seine „horizontale Dimension" die „notwendige Wiederversöhnung unter den Menschen".[118] Da die Kirche der Leib Christi sei, bestehe ihre „zentrale Aufgabe" in „der Versöhnung des Menschen mit Gott, mit sich selbst, mit den Brüdern, mit der ganzen Schöpfung".[119] Die Kirche führe diesen Versöhnungsauftrag unter anderem dadurch aus, daß sie die Welt an die Realität der Sünde erinnere. Denn Versöhnung sei unmöglich, ohne zunächst das Böse beim Namen zu nennen, das Anlaß für „Trennung und Zerrissenheit" sei.

Ein wahrer Humanismus müsse die Sünde „als einen festen Bestandteil der Wahrheit über den Menschen" anerkennen, da die Menschen moralisch Handelnde seien. Männer und Frauen könnten Böses tun, und diese Handlungen würden zu einer „doppelten Verwundung" führen: beim Sünder selbst und bei seinen Beziehungen zu seiner Familie, seinen Freunden, Nachbarn, Kollegen und sogar zu Fremden.[120] Die Sünde ernst zu nehmen bedeute, die menschliche Freiheit ernst zu nehmen, und deshalb könne der personale Charakter der Sünde nicht vermindert werden. Wie die Menschen ihre moralischen Entscheidungen treffen, werde durch psychische, kulturelle und soziale Faktoren bestimmt. Wenn diese Faktoren stark genug seien, könnten sie die Freiheit und die moralische Verantwortlichkeit einschränken. Diese Fakten des Lebens dürften jedoch nicht auf eine Weise verstanden werden, die eine tiefere Wahrheit untergrabe – daß es sich nämlich bei der Sünde um einen „Akt der Freiheit des einzelnen Menschen" handle, was eine ganz entscheidende Dimension der Menschenwürde sei.[121]

Die Freiheit und die Würde des Menschen bilden auch den Kontext, in dem Johannes Paul über die traditionelle Unterscheidung zwischen „läßlicher Sünde" (ein Ausdruck der normalen menschlichen Schwäche, der nicht zu einer schweren „Unordnung" führt) und „Todsünde" (die zum radikalen Bruch mit Gott führt, bis die Beziehung zu Gott durch Reue, Beichte, Absolution und Buße wiederhergestellt wird) spricht. Manche nachkonziliaren Theologen hatten die Ansicht vertreten, es gebe praktisch keine Todsünde. *Reconciliatio et paenitentia* lehrt, daß diese Theorie das moralische Leben seines inhärenten Dramas beraubt und die Ernstheit individueller moralischer Akte leugnet.[122] Wenn wir keine schweren Sünden begehen können, weil wir nicht die moralische Fähigkeit haben, wirklich Böses zu tun – wie können wir dann edel leben? Fehlt uns dann nicht auch dazu die Fähigkeit?

Johannes Paul schreibt, deshalb sei die Praxis der persönlichen Beichte so wichtig, und deshalb hätten die Katholiken ein unverletzliches und unveräußerliches Recht darauf. Der Beichtstuhl sei der Schauplatz, an dem die personale, dramatische Qualität des moralischen Lebens voll anerkannt werde. Beichtvater und Beichtender lebten – und das sei „eine der erstaunlichsten Neuheiten des Evangeliums" – das Drama der Freiheit und Verantwortlichkeit auf eine intensiv persönliche Weise, die bei einem allgemeinen Sündenbekenntnis und Generalabsolution fehle.[123] Daher dürfe das allgemeine Bekenntnis mit Generalabsolution nur in „schweren Notlagen" angewandt werden, beispielsweise, wenn nicht genügend Beichtväter zur Verfügung stehen.[124] Daß Johannes Paul die Bedeutung der Einzelbeichte so stark betont, ist kein stures Beharren auf einer traditionellen Praxis, sondern beruht auf der Erkenntnis, daß diese traditionelle Praxis tiefe Wahrheiten über die Natur des moralischen Lebens und die Freiheit des Menschen enthält.

Am 27. Dezember 1983 legte Johannes Paul ein persönliches Zeugnis von der Bedeutung der Versöhnung ab: Er feierte die Messe im Rebibbia-Gefängnis und besuchte seinen Attentäter, Ali Agca, in dessen Zelle. Auf Fotos von dieser Begegnung sieht man die beiden Männer auf schwarzen Plastikstühlen sitzen. Agca, in Bluejeans und Turnschuhen, hört Johannes Paul aufmerksam zu; der Papst hat die linke Hand in einer charakteristischen Geste der Erklärung oder Unterweisung geöffnet und leicht erhoben. Sofort wurde spekuliert, Agca habe eine Art Beichte abgelegt. In Wirklichkeit hatte der abergläubische Türke Johannes Paul von seiner Angst erzählt, daß Unsere Liebe Frau von Fatima ihn bestrafen könnte. Das Attentat und Agcas Flucht waren so perfekt geplant gewesen, daß Agca sehr erstaunt war, sich im Gefängnis wiederzufinden, und diesen Umstand sowie die Tatsache, daß der Papst überlebt hatte, einer übernatürlichen Macht zuschrieb. Im Gefängnis hatte er gelesen, daß das Attentat am Jahrestag der ersten Erscheinung von Fátima stattgefunden hatte, und war zu dem Schluß gekommen, daß die „Göttin von Fátima", die den Papst gerettet hatte, ihn selbst jetzt vernichten werde. Johannes Paul erklärte Agca geduldig, daß Maria, die auch viele Muslime verehrten, die Muttergottes sei, daß sie alle Menschen liebe und daß er daher keine Angst zu haben brauche.[125]

Die erlösende Kraft des Leidens

Sechs Wochen nach der Begegnung mit Ali Agca veröffentlichte Johannes Paul ein bewegendes apostolisches Schreiben zur Bedeutung des Leidens, *Salvifici doloris* [Die heilbringende Kraft des Leidens]. Das war im Heiligen Jahr ein passendes Thema, da die Menschheit ja durch das Leiden Christi erlöst wurde. Es war jedoch auch, wie Johannes Paul schreibt, „ein universales Thema", da das Leiden *„wesentlich die Natur des Menschen* zu betreffen" scheine. Das Leiden sei weder zufällig noch vermeidbar, auch wenn manche zeitgenössischen Konzepte das behaupteten. Es sei vielmehr „einer jener Punkte, wo der Mensch gewissermaßen dazu ‚bestimmt' ist, über sich selbst hinauszugehen".[126]

Leiden gibt es in der Welt, weil es Übel in ihr gibt. Dennoch verkündet das Christentum „die wesentliche *Gutheit der Existenz*". Da das Übel „eine gewisse Abwesenheit, Begrenzung oder Entstellung des Guten" darstellt, ist das Leiden mit dem Guten und dem Übel verwoben und untrennbar mit dem Geheimnis der menschlichen Freiheit verbunden.[127] Vom biblischen Standpunkt her gesehen ist es manchmal eine Form der Strafe, doch diese Strafe schafft die Möglichkeit, „das Gute in der leidenden Person selbst wiederherzustellen", und ist daher keine Form der göttlichen Vergeltung. Es geht nicht nur darum, eine Beschreibung des Leidens zu geben, denn das würde dem tiefen menschlichen Geheimnis, das ihm innewohnt, nicht gerecht. Die „reichste Quelle für die Antwort auf die Frage nach dem Sinn des Leidens" ist die Liebe; diese Antwort ist „von Gott dem Menschen im Kreuze Jesu Christi gegeben" worden.[128] Das Leiden Christi hatte eine „einzigartige und unvergleichliche Tiefe und Intensität", „wie sie nur jener Mensch erfahren konnte, der der eingeborene Sohn Gottes ist".[129]

Das größte Leiden ist der Tod, und die Sendung des eingeborenen Sohnes besteht *„im Sieg über Sünde und Tod*. Er besiegt die Sünde durch seinen Gehorsam bis zum Tode, und er besiegt den Tod durch seine Auferstehung."[130] Der Sieg Christi über Sünde und Tod nimmt zwar nicht die irdischen Leiden aus dem Leben des Menschen hinweg, doch der leidende Christ kann seinen Schmerz jetzt mit dem Leiden Christi am Kreuz identifizieren und tiefer in das Geheimnis der Erlösung, das das Geheimnis der menschlichen Befreiung ist, eindringen.[131] Bei der Begegnung mit dieser Befreiung entdeckt der leidende Mensch „gleichsam *einen neuen Maßstab für sein ganzes Leben und für seine Berufung*".[132]

Salvifici doloris schließt mit einer Meditation über das Gleichnis vom barmherzigen Samariter. Ein barmherziger Samariter ist *„jeder Mensch, der vor dem Leiden eines Mitmenschen, was auch immer es sein mag, innehält*. Dieses Innehalten bedeutet nicht Neugier, sondern Bereitschaft." Das Leiden in der „Menschenwelt" soll auch dazu dienen, *„im Menschen die Liebe zu wecken*, eben jene uneigennützige Hingabe des eigenen ‚Ich' zugunsten der anderen, der leidenden Menschen". „Die Welt des menschlichen Leidens" fordert „sozusagen unaufhörlich eine andere Welt: die Welt der menschlichen Liebe". Die Dynamik der Solidarität im Leiden ist eine weitere Bestätigung dafür, daß das Gesetz des Gebens ins Herz des Menschen eingeschrieben ist.[133]

Die Welt und die Kirche

Auch im Heiligen Jahr gab es natürlich Staats- und Verwaltungsangelegenheiten, die erledigt werden mußten. Mit Wirkung vom 10. Januar 1984 nahmen die USA und der Heilige Stuhl volle diplomatische Beziehungen auf – eine wichtige Entwicklung nach Jahrzehnten des Streits, in denen die Präsidenten von Franklin D. Roosevelt bis zu Jimmy Carter aus Angst vor der Empörung der Protestanten nicht bereit gewesen waren, Botschafter mit dem Heiligen Stuhl auszutauschen.[134] Am 14. Januar befaßte Johannes Paul sich bei seiner jährlichen Neujahrsansprache an das beim Heiligen Stuhl akkreditierte diplomatische Korps mit den Attributen der Souveränität und nannte regionale oder ökonomische Allianzen, die ohne Zwang eingegangen würden, eine Form der Solidarität. Souveränität sei ein Ausdruck des Rechts der Nationen auf die Integrität ihrer Kultur.[135] Am 23. Januar veröffentlichten die Außenminister von Argentinien und Chile in der Vatikanstadt eine gemeinsame Erklärung zum Beagle-Konflikt. Johannes Paul traf mit den beiden Diplomaten zusammen und versprach ihnen, ihre Länder nach der Unterzeichnung des endgültigen Abkommens zu besuchen.[136] Drei Wochen später, am 13. Februar, ernannte der Papst Dr. Jérôme Lejeune, der wenige Stunden vor dem Attentat im Mai 1981 mit ihm zusammen gegessen hatte, zu seinem Vertreter beim Staatsbegräbnis von Jurij Andropow, dem früheren Leiter des KGB, der Leonid Breschnew als Staats- und Parteichef nachgefolgt war. Mitte Februar 1984 revidierten der Heilige Stuhl und die Republik Italien das Lateranskonkordat von 1929 und schlossen ein neues Konkordat ab, das die Lehre des II. Vatikanischen Konzils zum Verhältnis von Kirche und Staat berücksichtigte. Der Katholizismus galt jetzt in Italien nicht mehr als Staatsreligion, an den staatlichen Schulen wurde der Religionsunterricht freiwillig, und die staatlichen Subventionen für den Klerus sollten 1990 auslaufen.[137] Vier Tage später gründete Johannes Paul eine Stiftung für die Sahelzone, um diesem von Dürren geplagten Gebiet südlich der Sahara Entwicklungshilfe leisten zu können.[138] Am Karfreitag 1984, zwei Tage vor dem Ende des Heiligen Jahres, schrieb Johannes Paul an die in Jerusalem lebenden Katholiken einen apostolischen Brief, *Redemptionis anno* [Im Jahr der Erlösung]. Wenn es ihm auch nicht möglich sei, physisch anwesend zu sein, fühle er sich dennoch „geistig als Pilger in dem Land, wo sich unsere Versöhnung mit Gott vollzogen hat"; er schlug ein „international garantiertes Statut" vor, das „den heiligen, einzigartigen und unvergleichlichen Charakter der Stadt" schützen sollte.[139]

Am 21. Juli 1983 wurde das „Kriegsrecht" in Polen vollständig aufgehoben. Schon eine Woche später verstärkte der Sejm unter dem Protest der Kirche den Zugriff der polnischen Regierung auf das öffentliche Leben und weitete die Zuständigkeit der staatlichen Sicherheitsdienste aus. Am 31. August, dem Geburtstag der Solidarność, kam es in Nowa Huta zu Zusammenstößen zwischen der Polizei und Demonstranten. Fünf Wochen später, am 5. Oktober, wurde Lech Wałęsa der Friedensnobelpreis zugesprochen; die Regierung verweigerte ihm jedoch die Erlaubnis, ihn persönlich entgegenzunehmen. Johannes Paul sandte Wałęsa ein Telegramm, in dem er ihm seine „herzlichen Glückwünsche" aussprach; das Nobel-Komitee habe seinen Willen und seine „Bemühungen zur Lösung der schwierigen Probleme der Arbeitswelt und der

Gesellschaft in Polen auf dem friedlichen Weg des ehrlichen Dialoges und der Zusammenarbeit aller belohnt".¹⁴⁰ Am 21. November gründete der Sejm einen militärischen „Nationalen Verteidigungsausschuß" mit weitgehenden „Notstandsvollmachten". Zwei Tage später brach die Sowjetunion Verhandlungen über einen Vertrag zur Kontrolle der atomaren Mittelstreckenraketen ab, weil die Parlamente von Großbritannien und der Bundesrepublik als Gegengewicht zu den sowjetischen SS-20-Raketen die Stationierung amerikanischer Marschflugkörper (Cruise Missiles) und Pershing-II-Raketen in ihren Ländern gebilligt hatten. Einige Wochen nach der Beerdigung von Jurij Andropow im Februar 1984 begannen polnische Studenten, bei Demonstrationen die erneute Aufhängung von Kruzifixen in ihren Hörsälen und Seminarräumen zu verlangen; am 6. April akzeptierte die Regierung diese Forderung. Eine von der polnischen Kirche geleitete Stiftung begann mit der Auszahlung von 2 Milliarden Dollar aus dem Westen an private Kleinbauern, die ausgesetzt worden war, solange der Streit wegen der Kruzifixe schwelte.

Elf Tage vor dem Ende des Heiligen Jahres lud der 85jährige tschechoslowakische Kardinal František Tomášek, durch Johannes Pauls Unterstützung ermutigt, den Papst offiziell zum Besuch der Feierlichkeiten zum 1100. Todestag des hl. Method im Wallfahrtsort Velehrad im Jahr 1985 ein. Die Staatssicherheitspolizei verprügelte Studenten, die für den Besuch des Papstes demonstrierten. Letztendlich verweigerte die Regierung Johannes Paul die Erlaubnis zur Teilnahme, doch die Feier in Velehrad bedeutete den Anfang einer neuen Ebene des Widerstands in der tschechoslowakischen Kirche.

Zwei Wochen vor dem offiziellen Abschluß des Heiligen Jahres am Ostersonntag, dem 22. April 1984, kündigte Johannes Paul eine größere personelle Umbesetzung auf den höheren Ebenen der Kurie an. Kardinal Bernardin Gantin, der frühere Präsident der Päpstlichen Kommission „Justitia et Pax", wurde Präfekt der Kongregation für die Bischöfe. Kardinal Roger Etchegaray wurde aus der Erzdiözese Marseille geholt und zum Nachfolger von Gantin bei „Justitia et Pax" ernannt. Kardinal Eduardo Pironio wurde von der Kongregation für die Ordensleute zum Päpstlichen Rat für die Laien versetzt; sein Nachfolger wurde Erzbischof Jérôme Hamer, bis dahin Stellvertreter von Kardinal Joseph Ratzinger bei der Kongregation für die Glaubenslehre; Nachfolger von Hamer als Sekretär der Glaubenskongregation wurde der neu ernannte Erzbischof Alberto Bovone. Erzbischof Francis Arinze wurde aus Nigeria geholt und zum Pro-Präsidenten des Sekretariats für die Nichtchristen gemacht. Erzbischof Andrzej Deskur, der alte Freund des Papstes, der noch immer unter den Folgen seines Schlaganfalls vom Oktober 1978 litt, wurde als Präsident der Päpstlichen Kommission für die sozialen Kommunikationsmittel emeritiert; zu seinem Nachfolger machte Johannes Paul einen Amerikaner, den neu ernannten Erzbischof John Foley, der viele Jahre lang Herausgeber der Kirchenzeitung der Erzdiözese Philadelphia gewesen war. Die Berufung von Kardinal Gantin auf einen der wichtigsten Posten in der Kirche war nicht nur ein Beweis für das persönliche Vertrauen des Papstes, sondern – wie die Ernennung von Erzbischof Arinze – auch ein deutliches Signal der Unterstützung für die jungen afrikanischen Kirchen. Gantin teilte Johannes Pauls Sicht von der Kirche und der Welt voll und ganz und würde dafür sorgen, daß sie auf den wichtigen Prozeß der Bischofsernennungen, für den seine Kongregation zuständig war, und auf die Vorbereitung der *Ad-limina*-Besuche, die alle Bischöfe Rom im Fünfjahresrhythmus abstatten, angewandt wurde.[141]

Eineinhalb Wochen nach dem offiziellen Abschluß des Heiligen Jahrs der Erlösung flog Johannes Paul nach Südkorea. Es war seine 21. Pastoralreise und die zweite nach Asien. Nach einem Zwischenstop mit Messe in Fairbanks (Alaska) traf er am 3. Mai 1984 in Seoul ein. Er besuchte Kwangju, Taegu, Pusan und die Leprastation auf der Insel Sorokdo und nahm am 6. Mai in Seoul die erste Heiligsprechung vor, die jemals außerhalb Roms stattfand. 103 koreanische Märtyrer aus der Mitte des 19. Jahrhunderts wurden heiliggesprochen, darunter Andrew Kim Taegŏn, der erste einheimische koreanische Priester, und Paul Chŏng Hasang, ein Laienmissionar. Am nächsten Tag schrieb Johannes Paul in Port Moresby (Papua-Neuguinea) päpstliche Sprachgeschichte, indem er auf Pidgin predigte. Den Abschluß der 37 000 Kilometer langen Reise, der drittlängsten des Pontifikats, bildeten ein Tag auf den Salomoninseln und zwei Tage in Bangkok.

Im folgenden Monat flog Johannes Paul zu einer sechstägigen Pastoralreise in die Schweiz, deren entscheidender Punkt seine Ansprache beim Besuch des Weltkirchenrats in dessen Hauptsitz in Genf war. Der Weltkirchenrat hatte seit der Ansprache Pauls VI. in Genf im Jahre 1969 erhebliche Schwierigkeiten bewältigen müssen. Seine Kommission für Glaube und Kirchenverfassung hatte weiterhin wichtige ökumenische theologische Arbeit geleistet und verfaßte gerade eine große internationale Studie zum Thema „Taufe, Eucharistie und Amt". Zur Zielscheibe harscher Kritik war der Weltkirchenrat durch seine Ost/West-Politik und ihre Verbindung mit der Dritte-Welt-Politik geworden. Wegen der Mitgliedschaft der russisch-orthodoxen Kirche und der grundsätzlichen Konfliktscheu des Genfer Zentralkomitees hatte er zur Verfolgung von Christen in kommunistischen Ländern praktisch geschwiegen.[142] Die Versammlung des Weltkirchenrats in Vancouver 1983 hatte die sowjetische Invasion in Afghanistan nicht verurteilt, sondern eine Resolution angenommen, in der festgestellt wurde, die Besetzung Afghanistans durch die Sowjets und die Unterstützung des afghanischen Widerstands durch den Westen seien moralisch gleichwertig.[143] In der dritten Welt hatten diejenigen, die vom „Programm zur Bekämpfung des Rassismus" des Weltkirchenrats profitierten, die Gewalt der Revolutionäre gegen die Regierungen von Rhodesien und Südafrika gebilligt und teilweise sogar bezahlt.[144] 1982 hatte der Zentralausschuß des Weltkirchenrats Australien, Brasilien, Chile, Guatemala, Kanada, Kolumbien, Mexiko, Neuseeland, Paraguay, die Philippinen, Puerto Rico und die USA der Unterdrückung und Ausbeutung ethnischer Minderheiten beschuldigt. Doch der Weltkirchenrat verurteilte weder die Zerstörung von Dörfern der Miskito-Indianer an der Atlantikküste Nicaraguas durch die Sandinisten noch die Zwangsumsiedlung dieser Eingeborenen.[145]

In seiner Ansprache in Genf betonte Johannes Paul, der erforderliche theologische Dialog müsse auf „der unvollständigen, aber tatsächlich zwischen uns bestehenden Gemeinschaft" aufbauen. Das Streben nach der christlichen Einheit sei keine Verhandlungssache, sondern es gehe darum, der durch die gemeinsame Taufe bereits bestehenden Einheit der Christen konkreten, historischen Ausdruck zu geben. Das bedeute, sich „offen und freundschaftlich" mit der Überzeugung der katholischen Kirche auseinanderzusetzen, daß sie „in voller Treue zur apostolischen Überlieferung und zum Glauben der Väter im Dienst des Bischofs von Rom den sichtbaren Bezugspunkt und den Garanten der Einheit bewahrt" habe. „In der Gemeinschaft mit diesem Bischof stehen heißt sichtbar bezeugen, daß man Gemeinschaft hat mit allen, die denselben Glauben bekennen." Er wisse, daß das für die meisten Mitglieder des Weltkirchenrats „Probleme" schaffe, doch wenn „die ökumenische Bewegung wirklich vom Heiligen Geist getragen" sei, werde man Möglichkeiten finden, um sich mit der unvermeidlichen Frage des Petrusamtes in der Kirche zu befassen.

Im Hinblick auf den gemeinsamen „Dienst an der Menschheit im Namen des Evangeliums" betonte Johannes Paul, wie es für ihn typisch war, die Religionsfreiheit, der der Weltkirchenrat in jüngster Zeit viel zu wenig Aufmerksamkeit gewidmet hatte. Der Papst sagte außerdem, christliche Gemeinschaften dürften nicht „Gewalt predigen", um gesellschaftliche Veränderungen herbeizuführen. Ohne die umstrittenen Aktivitäten des Weltkirchenrats für „Gerechtigkeit und Frieden" zu erwähnen, umriß er eine alternative Sicht vom Wirken der Kirche in der Welt, die auf der „Verteidigung des Menschen, seiner Würde, seiner Freiheit, seiner Rechte, des Vollsinns seines Lebens" beruhte.[146]

Die restlichen fünf Tage der Pastoralreise waren schwierig. Der Präsident des Schweizerischen Evangelischen Kirchenbundes hob die ökumenische Stimmung nicht, als er betonte, gemeinsames Gebet ohne Abendmahlsgemeinschaft sei sinnlos. Johannes Paul versuchte, die katholischen Bischöfe der Schweiz zu einer entschlosseneren Führung aufzurufen, ohne merklichen Erfolg. Daß er für die Wehrdienstverweigerung aus Gewissensgründen und größere Offenheit gegenüber der Einwanderung eintrat, kam bei den Schweizern nicht gut an. Wie die deutsche und die österreichische Kirche blieb die der Schweiz eine derjenigen Ortskirchen, die sich von Johannes Paul während seines ganzen Pontifikats am wenigsten beeinflussen ließen.

Im August fand das dritte Gespräch zwischen dem Papst und Physikern statt, das von seinem alten Krakauer Freund Jerzy Janik organisiert wurde. Am 7. September 1984 starb Kardinal Slipyj, der Führer der griechisch-katholischen Christen in der Ukraine. Zwei Tage später brach Johannes Paul zu einem zwölftägigen Besuch von Kanada auf, bei dem er quer durch das Land von den Provinzen an der Atlantikküste nach Vancouver reiste, mit Aufenthalten in Quebec, Montreal, Toronto, Winnipeg, Edmonton und Ottawa. Aufgrund schlechten Wetters konnte er nicht nach Fort Simpson in den Northwest Territories reisen; er versprach den dortigen Ureinwohnern jedoch, daß er wiederkommen werde (was er drei Jahre später auch tat). Das normalerweise ausgesprochen friedliche Kanada erlebte – wie Pater Roberto Tucci, der Organisator der Papstreisen, es ausdrückte – „mit die strengsten" Sicherheitsmaßnahmen bei einer dieser Reisen, da es in Quebec kurz zuvor Drohungen von Terroristen gegeben hatte; daraufhin waren die örtliche Polizei und die RCMP in höchste Alarmbereitschaft versetzt worden, und der Papst wurde von 5 000 Sicherheitskräften geschützt. Einmal war er so frustriert, weil er die Menge wegen des ihn umgebenden Polizeikordons nicht berühren konnte, daß er beinahe schrie: „Lassen Sie mir doch ein bißchen mehr Platz!"[147]

Nicht einmal einen Monat später war Johannes Paul gezwungen, erneut über das Geheimnis des christlichen Leidens nachzudenken. In der Nacht des 19. Oktober 1984 war Pater Jerzy Popiełuszko auf dem Rückweg von Bydgoszcz nach Warschau; drei Angehörige des polnischen Geheimdienstes hielten sein Auto an, erschlugen ihn und warfen seinen geschundenen, mit Quetschungen übersäten Körper dann in der Nähe von Włocławek in die Weichsel. Am nächsten Tag gab das polnische Staatsradio bekannt, daß Popiełuszko verschwunden und vermutlich entführt worden sei. Zehntausende von Polen begannen, zu seiner Kirche in Żoliborz zu strömen, wo jede Stunde eine Messe gehalten wurde. Auch Lech Wałęsa kam und rief zu Gewaltlosigkeit auf. Zehn Tage lang waren die Kirche und die umliegenden Straßen voll von Polen, die das Schlimmste befürchteten.

Am 30. Oktober bestätigten sich ihre Befürchtungen: Während einer Messe wurde verkündet, daß Pater Jerzys Leichnam aus der Weichsel gezogen worden war. Einer der örtlichen Priester, Pater Antonin Lewek, ein Freund Popiełuszkos, rief die Menge vor der Kostka-Kirche auf, Christus nachzueifern, der den Tod seines Freundes Lazarus beweinte, und nicht im Zorn zurückzuschlagen. „Und dann", so erzählte Pater Lewek später, „geschah etwas sehr Bewegendes. (...) Sie sprachen den Priestern dreimal nach: ‚Und vergib uns unsere Schuld, wie auch wir vergeben unsern Schuldigern! Und vergib uns unsere Schuld, wie auch wir ...' Das war eine christliche Antwort auf die unchristliche Tat der Mörder."[148]

Zehntausend Stahlarbeiter, deren Kaplan Popiełuszko gewesen war, unterzeichneten eine Petition an Kardinal Glemp (der mehrmals mit dem jungen Priester aneinandergeraten war), in der sie darum baten, Pater Jerzy statt im für Priester vorgesehenen Gräberfeld auf einem örtlichen Friedhof an der Stanislaus-Kostka-Kirche zu begraben. Nachdem eine Abordnung der Arbeiter, der sich auch Popiełuszkos Mutter angeschlossen hatte, am 1. November mit dem Primas gesprochen hatte, erteilte Glemp die Erlaubnis dazu. So wurde der Märtyrerpriester der Solidarität am 3. November 1984 auf seinem Kirchhof beigesetzt. Der Primas selbst zelebrierte die Totenmesse, an der Hunderttausende von Menschen teilnahmen. Kardinal Glemps Predigt war einem Beobachter zufolge „trocken" und „beschwichtigend". Die Gefühle, von denen alle erfüllt waren, und die Verbindung zu Rom brachte der alte schlohweiße Hilfspfarrer der Stanislaus-Kostka-Kirche zum Ausdruck. Er hob den Heroismus seines jüngeren Kollegen hervor, dankte Johannes Paul II., „der über Pater Jerzys Arbeit so erfreut war", zollte Wałęsa und „allen, die sich der Idee der Solidarität verschrieben haben" Anerkennung und schloß dann mit einem Versprechen: „Ein Priester ist gestorben, doch viele Priester sind vorgetreten, um diese Arbeit zum Ruhme Gottes und zum Wohle des Vaterlandes fortzusetzen."[149]

Auch angesichts des Todes, ja sogar aufgrund dieses Todes, ging der Kampf für die christliche Befreiung weiter. Das Grab von Pater Jerzy Popiełuszko ist bis heute eine Pilgerstätte, wo man dieser Tatsache des christlichen Lebens gedenkt.

14

Das Konzil neu erfahren

*Die Religion und die Erneuerung
einer noch jungen Welt*

4. Dezember 1984	Joaquín Navarro-Valls wird zum Leiter des Pressesaals des Heiligen Stuhls ernannt.
27. Februar 1985	Der sowjetische Außenminister Andrej Gromyko versucht vergeblich, Johannes Paul II. für seine Kampagne gegen die amerikanische strategische Verteidigungsinitiative (SDI) zu gewinnen.
11. März 1985	Die Kongregation für die Glaubenslehre veröffentlicht eine „Notifikation" zum Buch des brasilianischen Theologen Leonardo Boff, *Kirche: Charisma und Macht*.
31. März 1985	Johannes Pauls Apostolisches Schreiben *An die Jugendlichen in der Welt*.
29. April 1985	Die tiefgreifende Umorganisation der Kurienführung, mit der 1984 begonnen wurde, wird abgeschlossen.
11. – 15. Mai 1985	Pastoralbesuch in den Niederlanden.
25. Mai 1985	Johannes Paul ernennt bei seinem dritten Konsistorium 28 neue Kardinäle.
2. Juni 1985	*Slavorum apostoli*, Johannes Pauls vierte Enzyklika.
24. Juni 1985	Die Päpstliche Kommission für die religiösen Beziehungen zum Judentum gibt *Hinweise für eine richtige Darstellung von Juden und Judentum in der Predigt und in der Katechese der katholischen Kirche* heraus.
28. Juni 1985	Am 25. Gründungstag des Sekretariats für die Einheit der Christen erklärt Johannes Paul, das Engagement der katholischen Kirche für die Ökumene sei „unwiderruflich".
5. Juli 1985	Der katholische Widerstand in der Tschechoslowakei wird bei einer großen Feier in Velehrad (Mähren) öffentlich wiedergeboren.
20. August 1985	Johannes Paul spricht in Casablanca vor 80 000 jungen Muslimen.

28. Oktober 1985	Aus Anlaß des 20. Jahrestags von *Nostra aetate* empfängt Johannes Paul das Internationale Verbindungskomitee zwischen der katholischen Kirche und dem Judentum.
24. November – 8. Dezember 1985	Bischofssynode zum 20. Jahrestag des II. Vatikanischen Konzils.
November 1985 – Februar 1986	Die „People Power"-Revolution auf den Philippinen stürzt die Regierung Marcos und führt eine neue Form der Befreiungstheologie vor.
31. Januar – 11. Februar 1986	Johannes Paul besucht Indien.
13. April 1986	Johannes Paul wendet sich in der Synagoge von Rom an die jüdische Gemeinde der Stadt.
18. Mai 1986	*Dominum et vivificantem*, Johannes Pauls fünfte Enzyklika.
30. Juni 1986	Briefe von Johannes Paul II., Erzbischof Robert Runcie und Kardinal Johannes Willebrands werden veröffentlicht, was auf ernste Schwierigkeiten beim Dialog zwischen der anglikanischen Gemeinschaft und der römisch-katholischen Kirche hinweist.
25. Juli 1986	Kardinal Joseph Ratzinger setzt Pater Charles Curran davon in Kenntnis, daß er nicht mehr als Professor der katholischen Theologie betrachtet werden könne.
4. – 7. Oktober 1986	Dritte Pastoralreise nach Frankreich.
27. Oktober 1986	Am Weltgebetstag der Religionen für den Frieden versammeln sich die Religionsführer der Welt in Assisi.
18. November – 1. Dezember 1986	Auf seiner längsten Reise als Papst besucht Johannes Paul Bangladesch, Singapur, die Fidschi-Inseln, Neuseeland, Australien und die Seychellen.
27. Dezember 1986	Die Päpstliche Kommission „Justitia et Pax" gibt „Ein ethischer Ansatz zur Überwindung der internationalen Schuldenkrise" heraus.

Die jüdische Gemeinde von Rom könnte die älteste der Welt mit einer ununterbrochenen Geschichte sein – seit den Tagen, als Abgesandte des Hasmonäerfürsten Judas Makkabäus in der Stadt eintrafen. Paulus schrieb seinen Römerbrief an die Gemeinde von Judenchristen, die im römischen Stadtteil Trastevere lebte, bevor die Teilung zwischen dem Judentum und der christlichen Bewegung sich gegen Ende des ersten Jahrhunderts n. Chr. verfestigte. Die Juden von Rom bekehrten viele Heiden aus der Stadt, so daß es um 100 n. Chr. zwölf Synagogen und einen erheblichen jüdischen Bevölkerungsanteil gab. Die Juden waren nicht nur Trödler und Bettler (die von Juvenal und Martial karikiert werden), sondern auch Ärzte, Schauspieler, Händler, Handwerker, Schneider, Schlachter und Zeltmacher (wie der ehemalige Saulus aus Tarsus).

Obwohl die Einführung des Christentums als offizielle Religion im Römischen Reich das Leben für die Juden in Rom schwieriger machte, waren sie hier von der Mitte des fünften Jahrhunderts bis zur Gegenreformation freier als in anderen Städten Italiens und vielleicht Europas überhaupt. In dieser Zeit hing es von der Haltung des jeweiligen Papstes ab, ob die römischen Juden schikaniert wurden oder einigermaßen in Frieden leben konnten. Auch hier war die Situation anders als im übrigen Europa. Die Päpste neigten dazu, ihre antijüdische Linie in Rom weniger streng zu verfolgen als Glaubenseiferer anderswo, und sie setzten die Bestimmungen zum Schutz der Juden (die nirgendwo in Europa Bürgerstatus hatten) strikter durch. Die römischen Juden baten Päpste wiederholt (und nicht vergebens), zum Schutz ihrer verfolgten Brüder in Frankreich und anderen Teilen Europas einzugreifen. Aber auch in Rom herrschten keineswegs ideale Zustände. Von 1257 an mußten die Juden ein besonderes Abzeichen und vorgeschriebene Kleidung tragen und sahen sich beim *Carnevale* Belästigungen und Spott ausgesetzt. 1270 wurde der jüdische Friedhof auf dem Aventin entweiht. Doch im Gegensatz zu England (1240) wurden die Juden aus Rom nicht vertrieben, und die jüdische Gelehrsamkeit erlebte dort eine Blütezeit.

Die Renaissance war der Höhepunkt des jüdischen Lebens in Rom. Die Juden konnten sich ungehindert im Bankwesen betätigen. Alle Päpste hatten einen jüdischen Arzt. Jacob Mantino, der jüdische Arzt Pauls III., durfte an der römischen Sapienza-Universität lehren, was in Europa vor dem 19. Jahrhundert eine Seltenheit war. Mit der Gegenreformation verschlechterte sich die Situation jedoch schnell. Die talmudische Literatur wurde in der Stadt verboten, und das jüdische Geistesleben kam zum Erliegen. 1555 ordnete Paul IV. an, in Rom ein Ghetto zu errichten, hinter dessen Mauern die Juden fortan leben mußten. An christlichen Feiertagen wurden die Tore des Ghettos geschlossen, und die Juden durften die Stadt nicht betreten. Die jüdischen Männer mußten einen gelben Hut tragen, die Frauen ein gelbes Tuch. Die Juden durften nicht mit „Signore" angesprochen werden, Christen durften keine jüdischen Ärzte haben, und der Handel der Juden sowie ihre Besitzrechte wurden eingeschränkt. Die meisten römischen Juden waren gezwungen, Trödler zu werden, und wurden bei ihrer Arbeit von den Christen oft beschimpft. Nur noch eine einzige Synagoge war erlaubt; diese Beschränkung unterlief man allerdings dadurch, daß unter einem Dach fünf Synagogen mit unterschiedlichen ethnischen Riten existierten. Die Juden mußten am Sabbat in die Kirche gehen und Predigten anhören, in denen sie dazu gedrängt wurden, sich bekehren zu lassen. Es war ihnen verboten, auf dem Weg zu ihrem Friedhof auf dem Aventin Trauerlieder zu singen, und sie durften dort auch keine Grabsteine errichten. Jetzt war die Lage der römischen Juden generell schlechter als die der Juden in anderen Teilen Europas.

Die napoleonische Besetzung brachte den römischen Juden eine kurze Zeit relativer Freiheit, doch nach der Wiederherstellung des Kirchenstaates (1814) mußten sie wieder im Ghetto leben. Obwohl Pius IX. dessen Mauern und Tore 1846 niederreißen ließ, setzte er die Beschränkungen jüdischer Aktivitäten rigoros durch. Nachdem das Haus Savoyen die Einigung Italiens 1870 durch die Eroberung von Rom vollendet hatte, durften die römischen Juden als Bürger mit gleicher Stellung wie ihre Nachbarn am öffentlichen Leben teilnehmen.

Allmählich erholte sich das jüdische Leben in Rom. 1900 wurde als Ersatz für das abgebrannte alte Gebäude der Cinque Scuole [Fünf Schulen] eine prachtvolle neue Synagoge erbaut. Im Gegensatz zu Hitler-Deutschland war das Italien Mussolinis nicht darauf aus, die italienischen Juden zu vernichten. Als die deutsche Wehrmacht auf dem Rückzug im September 1943 Rom besetzte und die innere Sicherheit in die Hände der SS gelegt wurde, begannen auch für die römischen Juden die Leiden des Holocaust. Am 16. Oktober wurden über 1 000 Juden zusammengetrieben und nach Auschwitz gebracht, wo sie eine Woche später ermordet wurden. Die Menschenjagd dauerte bis zum 4. Juni 1944, als die Alliierten Rom einnahmen. Insgesamt wurden 2 091 römische Juden, darunter 281 Kinder, in den Vernichtungslagern umgebracht. Außerdem waren 73 römische Juden unter den 335 Geiseln, die als Vergeltung für italienische Partisanenaktionen gegen deutsche Truppen in den Ardeatinischen Höhlen hingerichtet wurden. Katholische Institutionen und einzelne katholische Familien retteten Juden vor der SS. Auch in Castel Gandolfo wurden römische Juden versteckt; dort kamen in den Privatgemächern von Pius XII., die in eine provisorische Entbindungsstation verwandelt worden waren, Kinder zur Welt.[1]

In den ganzen 1 900 Jahren eines problematischen Verhältnisses hatte nie ein Papst die Synagoge von Rom betreten. Johannes XXIII. hatte allerdings einmal seinen Wagen anhalten lassen, damit er die Juden segnen konnte, die dort an der Sabbatfeier teilgenommen hatten. Am 13. April 1986 fuhr dann Johannes Paul II. vom Vatikan hinunter über den Tiber in das alte jüdische Viertel und schrieb Geschichte: Der Bischof von Rom begab sich zur Synagoge von Rom, um sich mit der jüdischen Gemeinde der Stadt an ihrer heiligen Stätte zu treffen.

In gewisser Hinsicht war das der Höhepunkt einer Reise, die 60 Jahre zuvor in Wadowice begonnen hatte. Während Johannes Paul zur Synagoge von Rom fuhr, dachte er an seine Jugendfreundschaften mit Juden, die Lektionen seines Vaters über Toleranz, die Lehre seines alten Pfarrers, daß das Evangelium Antisemitismus verbiete, seine Erfahrungen mit der Besetzung durch die Deutschen und an den Holocaust. Seit seiner Ankunft im Vatikan hatte er eine besondere Sensibilität für die Leiden der Juden und das Drama des jüdischen Lebens im 20. Jahrhundert entwickelt. Jetzt wollte er, als Hauptperson in einer anderen Episode dieses Dramas, den Juden in Rom und auf der ganzen Welt ein kühnes Angebot machen.

Professor Giacomo Saban, der Vorsitzende der israelitischen Gemeinde von Rom, begrüßte den Papst. Der Oberrabbiner von Rom, Elio Toaff, sagte, es erfülle ihn mit tiefer Befriedigung, daß Johannes Paul gekommen sei. Der Papst seinerseits unterstrich in seiner Ansprache den gemeinsamen Glauben an den einzigen, wahren Gott. Denn der Herr, der „den Himmel ausgespannt und die Fundamente der Erde gelegt" (Jesaja 51,16) und Abraham erwählt habe, „um ihn zum Vater einer großen Schar von Nachkommen zu machen", habe „im Geheimnis seiner Vorsehung" gewollt, daß die jüdische Gemeinde, die seit der Zeit der alten Römer in Rom lebe, mit dem Bischof von Rom und obersten Hirten der katholischen Kirche zusammentreffe. Johannes Paul wollte damit zu verstehen geben, daß dies weder ein bürgerliches Treffen noch der zeremonielle Beginn von Verhandlungen war. Es war vielmehr eine religiöse Versammlung von Menschen, um dem Herrn „zu danken und ihn zu preisen" – gemeinsam. Diese Versammlung fand nicht statt, weil Vertreter des Heiligen

Stuhls und der jüdischen Gemeinde von Rom die Einzelheiten ausgearbeitet hatten, auch wenn das nötig gewesen war. Es geschah, weil Gott es so wollte.

Johannes Paul sagte, seine Anwesenheit in der Synagoge von Rom sei ein Zeichen für ein Ende und einen Anfang. Die Zeit des Nachdenkens über das Verhältnis zwischen den Juden und den Katholiken, die mit Johannes XXIII. und dem II. Vatikanischen Konzil begann, habe viele wichtige Ergebnisse hervorgebracht. Die „berechtigte Vielfalt" in der Gesellschaft sei eindeutig anerkannt worden. Die Kirche habe jede Form des Antisemitismus – „ich wiederhole: von wem auch immer" – verurteilt. Das Konzil habe erklärt, daß „den Juden als Volk keine ewigwährende oder kollektive Schuld" für das, was bei der Passion Christi geschah, angelastet werden könne. Die Kirche weise immer wieder darauf hin, daß es für die Diskriminierung der Juden keine theologische Rechtfertigung gebe, und lehre, daß Gott die Juden mit einer „unwiderruflichen Berufung" erwählt habe. Außerdem habe die Kirche gelernt, daß die Katholiken nicht über ihre eigene Religion nachdenken könnten, ohne über das Judentum nachzudenken. „Die jüdische Religion ist für uns nicht etwas ‚Äußerliches', sondern gehört in gewisser Weise zum ‚Inneren' unserer Religion. Zu ihr haben wir somit Beziehungen wie zu keiner anderen Religion. Ihr seid unsere bevorzugten Brüder und, so könnte man gewissermaßen sagen, unsere älteren Brüder."

So viel Fortschritt in nicht einmal drei Jahrzehnten sei ermutigend, doch das sei erst der Auftakt gewesen. Die Juden und die Katholiken stünden am Anfang eines neuen Weges. Im „Licht des vom Gesetz und von den Propheten stammenden gemeinsamen Erbes" sei eine „Zusammenarbeit zum Wohl des Menschen" erforderlich, „für sein Leben (...), zugunsten seiner Würde, seiner Freiheit, seiner Rechte" und bei der Arbeit für den Frieden. Vor allem sollten die Juden und die Katholiken gemeinsam über das Geheimnis der Erwählung durch Gott und der Vorsehung nachdenken, das sie zusammengebracht habe wie seit Jahrhunderten nicht mehr. Sie ständen an der Schwelle eines Gesprächs, das seit 1 900 Jahren unterbrochen sei. Nach diesen eindringlichen Worten, mit denen er die Juden wie die Katholiken zum Dialog aufrief, schloß Johannes Paul mit einem Gebet – dem 118. Psalm, den er auf Hebräisch vortrug:

> Danket dem Herrn, denn er ist gütig,
> denn seine Huld währt ewig.
> So soll Israel sagen:
> Denn seine Huld währt ewig.
> So sollen alle sagen, die den Herrn fürchten und ehren:
> Denn seine Huld währt ewig.[2]

RÜCKKEHR ZUM II. VATIKANISCHEN KONZIL

Die dramatische Veränderung des Verhältnisses zwischen Juden und Katholiken war eine der Früchte des II. Vatikanischen Konzils. Am 25. Januar 1985 kündigte Johannes Paul II. eine außerordentliche Versammlung der Bischofssynode an, um den 20. Jahrestag des Abschlusses des Konzils zu feiern und über sein Vermächtnis nachzudenken. Die für die Zeit vom 24. November bis zum 8. Dezember 1985 angesetzte außerordentliche Synode sollte die Erfahrung des II. Vatikanischen Konzils für die Bischöfe, die sozusagen die Vermächtnisnehmer waren, neu aufleben lassen und beurteilen, wie das Konzil auf der ganzen Welt in der Kirche aufgenommen worden war. Das Adjektiv „außerordentlich" war Kuriensprache für eine synodale Versammlung, die außerhalb des Zyklus der ordentlichen Versammlungen stattfand. Es ergab sich dann allerdings, daß die Veranstaltung und eines ihrer Ergebnisse dieses Wort auch in anderer Hinsicht rechtfertigten.

Bei den Inkas

Am Tag nach der Ankündigung der außerordentlichen Synode flog Johannes Paul nach Caracas, dem Ausgangspunkt seiner 25. Pastoralreise außerhalb Italiens, die seine sechste nach Lateinamerika war und ihn nach Venezuela, Ecuador, Peru und in den karibischen Inselstaat Trinidad und Tobago führte. Dabei kam es zu zwei der bemerkenswertesten Szenen seines Pontifikats. Die erste war die Fahrt der päpstlichen Autokolonne in die Innenstadt von Quito, der Hauptstadt von Ecuador, am 29. Januar.

Der Ablauf dieser Begrüßungen in Lateinamerika war wohlbekannt – der Papst wurde stets von großen, lärmenden Menschenmengen bejubelt, die am Straßenrand standen, Fahnen schwenkten und Blumen vor seinen Wagen warfen. Dieses Mal war jedoch alles ganz anders. Es entsprach der dortigen Sitte, geachtete Gäste durch Schweigen zu ehren. Johannes Paul fuhr Straßen entlang, an denen Hunderttausende von Ecuadorianern standen, die Kreuze oder religiöse Statuen hochhielten – in völliger Stille. Das hätte unheimlich sein können, war aber, wie eine Journalistin später sagte, „ungeheuer bewegend".[3]

Fünf Tage später war Johannes Paul in Peru, in der Nähe der alten Inkahauptstadt Cuzco, um einen Wortgottesdienst zu zelebrieren, die Statue Unserer Lieben Frau vom Karmel von Paucartambo zu krönen und in der Inkafestung Sacsayhuamán zu den Einheimischen zu sprechen. Das Wetter war furchtbar – Eisregen und beißende Kälte. Einige der Journalisten, die den Papst begleiteten, litten an der Höhenkrankheit. Das Podium für den auf der Bibel beruhenden Gebetsgottesdienst und die Ansprache des Papstes war in der Inkafestung aufgebaut worden. Auf den Hügeln in der Nähe warteten Tausende von Campesinos, verarmte Nachfahren eines der größten Reiche im präkolumbianischen Amerika. Sie waren aus der ganzen Region gekommen, um Johannes Paul zu sehen; viele hatten die Nacht unter schlimmen Bedingungen im Freien verbracht. Jetzt standen sie schweigend da und blickten im strömenden Regen zum Papst auf, der in der Festung ihrer Ahnen stand, hoch in den wolkenverhangenen Anden. Es war vielleicht der abgelegenste Ort, den Johannes Paul auf allen seinen Reisen besuchte, doch seine Botschaft entsprach dem, was er 1980 den Diplomaten der UNESCO erzählt hatte.

Er sagte zu den Campesinos, er sei gekommen, um seinen „lebhaften Respekt" vor ihnen und ihrer alten Kultur zu bekunden und ihnen zu sagen, wie ihr Leben menschenwürdiger und christlicher werden könne. Der für diesen Tag ausgewählte Schrifttext, die Geschichte von Rut und Boas aus dem Alten Testament, sei eine Geschichte über die Gastfreundschaft und eine „Lektion gegenseitiger Solidarität", die er als christliche Antwort auf die wahnsinnige Gewalt der neu-maoistischen Guerilleros des Leuchtenden Pfads betrachte. Solidarität sei „das völlige Gegenteil solcher Ideologien, die die Menschen in feindliche und unversöhnliche Gruppen einteilen und einen fanatischen Kampf bis zur Vernichtung des Gegners führen". Im Gegensatz zum „unsolidarischen Egoismus" der Guerilleros predige die Kirche eine radikalere Revolution des Glaubens und des Gewissens, die den Egoismus bei der Wurzel packe und einer gerechteren Gesellschaft den Weg ebne. Jede wirklich menschliche Revolution müsse neben den materiellen Bedingungen auch die Herzen und Seelen verändern.

Auf dem Weg von Cuzco nach Sacsayhuamán habe er an die Ahnen der Campesinos gedacht, die die Sonne als Quelle des Lebens kultisch verehrten. Jetzt ständen die Nachkommen jener großen Baumeister vor ihm, und die Kultur ihrer Ahnen sei durch das Licht Christi verwandelt worden. So seien sie an diesem Tag zusammengekommen, die Indianer und der Papst, auf ganz unterschiedlichen leuchtenden Pfaden, im Licht „dessen, der die wahre ‚Sonne der Gerechtigkeit und der Liebe ist, Christus unser Heiland', der nicht nur das Leben in dieser Welt gibt, sondern auch das Leben, das nach dem Tod fortdauert, das Leben, das nie endet, das ewige Leben".[4]

Das Konzil nach 20 Jahren

Die Campesinos waren nicht nach Sacsayhuamán gekommen, um über die richtige Auslegung des II. Vatikanischen Konzils zu sprechen. Doch diejenigen, die Katholiken waren, und auch viele andere waren selbst auf den abgelegenen Höhen der Anden von dem Konzil berührt worden. Die Art, wie sie Gott verehrten, die Sprache, in der sie beteten, die religiöse Erziehung, die ihre Kinder erhielten, das Verhältnis ihres Klerus zu den weltlichen Behörden, die Ausbildung ihrer Priester und Nonnen, ihre Beziehungen zu den nichtkatholischen und nichtgläubigen Nachbarn – all das war in den vergangenen 20 Jahren durch das wichtigste Ereignis in der katholischen Geschichte seit der Reformation geprägt worden. Doch ungeachtet seiner unbestreitbaren Auswirkungen auf das katholische Leben, vom Petersdom bis zur kleinsten Hüttenkirche in der Umgebung von Cuzco, wurde über die *Bedeutung* des II. Vatikanischen Konzils in der ganzen katholischen Welt noch immer heftig diskutiert.

20 Jahre nach seinem Abschluß am 8. Dezember 1965 stand das II. Vatikanische Konzil – sowohl das Ereignis selbst als auch die aus ihm hervorgegangenen Dokumente – in mancher Hinsicht bereits im Zwielicht der Geschichte. Eine „progressive" Gruppe in der Kirche hielt es für überholt und beschäftigte sich gedanklich schon mit einem III. Vatikanischen Konzil, das die Niederlage

des traditionellen Katholizismus vollenden werde (was Johannes XXIII. ihrer Meinung nach mit der Einberufung des Konzils beabsichtigt hatte). Die „Traditionalisten" dagegen waren überzeugt, daß das II. Vatikanische Konzil und seine unkluge „Öffnung" zur modernen Welt für die Krise des katholischen Lebens seit 1965 verantwortlich war. Keine der beiden Seiten schien an der historischen Kontinuität der Kirche als der Verkörperung einer lebendigen Tradition besonders interessiert zu sein. Die „Progressiven" stellten das II. Vatikanische Konzil und das von ihnen angestrebte III. dem Konzil von Trient aus der Zeit der Gegenreformation und dem I. Vatikanischen Konzil gegenüber. Die manchmal auch als „Restaurationisten" bezeichneten „Traditionalisten" stellten Trient und das I. Vatikanische Konzil dem II. gegenüber.

Johannes XXIII. hatte das II. Vatikanische Konzil in der Hoffnung einberufen, daß eine neue Erfahrung des Heiligen Geistes, ein neues Pfingsten, eine tiefere Einheit der Kirche bewirken würde. Ein Ergebnis des Konzils war eine große Bitterkeit gewesen, die so stark war, daß Paul VI. sich laut gefragt hatte, ob die Kirche nicht von gesunder Selbstkritik zu pathologischer Selbstzerstörung übergegangen sei. Seiner Ansicht nach hatte „der Rauch Satans durch irgendeine Ritze den Weg in den Tempel Gottes gefunden".[5]

Wie waren die Auswirkungen des II. Vatikanischen Konzils zu messen und zu beurteilen?

Seit dem Konzil hatte die Zahl der Katholiken auf der Welt zugenommen, von weniger als 600 Millionen (1965) auf über 830 Millionen (1985). Den größten Zuwachs hatte es in Lateinamerika und Afrika gegeben. Der Katholizismus war eine starke Kraft in der dritten Welt geworden, und bis zur Jahrtausendwende würde sich dieser Trend noch verstärken. Außerdem bestand die Führung des Katholizismus in der dritten Welt seit 1965 weitgehend aus Einheimischen. Es war nicht mehr so, daß Missionsbischöfe über große Teile Lateinamerikas und praktisch ganz Afrika herrschten. In Afrika, wo es einige der lebendigsten katholischen Gemeinden der Welt gab, trugen jetzt Christen der ersten Generation, Söhne von Heiden, das Kardinalsbirett.

Die größere Bedeutung der dritten Welt in der internationalen katholischen Demographie war nicht nur auf die Zunahme in der südlichen Hemisphäre, sondern auch auf die Abnahme in der nördlichen Hemisphäre zurückzuführen. Der anhaltende Schwund bei den praktizierenden Katholiken in Westeuropa – dem Teil der Weltkirche, der primär für das II. Vatikanische Konzil verantwortlich war und eigentlich am meisten von ihm hätte profitieren müssen – war das auffälligste Beispiel dafür. Im Gegensatz dazu gab es auf der anderen Seite des Eisernen Vorhangs einige der am stärksten katholischen Gemeinden der ganzen Welt – offiziell in Polen, im Untergrund in Litauen, der Tschechoslowakei und der Ukraine. Zumindest in manchen Fällen war die Kirche durch die Verfolgung gestärkt und durch den Wohlstand geschwächt worden.[6]

Am Gottesdienst, an den Bildungseinrichtungen und der Verwaltung der Kirche waren jetzt mehr Laien als je zuvor beteiligt; andererseits hatten seit dem II. Vatikanischen Konzil etwa 100 000 Priester und Ordensfrauen ihr geistliches Amt aufgegeben. In der freien Welt wurde der Klerus immer grauhaariger, und die Ordensfrauen verschwanden. In Osteuropa und Afrika dagegen fühlten sich mehr Menschen als je zuvor berufen, Priester und Ordensfrauen zu werden. Obwohl das Konzil die Katholiken aufgefordert hatte, die moderne Kultur von innen her zu verwandeln, konnten selbst seine eifrigsten Verteidiger kaum behaupten, daß der katholische Einfluß auf das kulturelle und politische Leben im Westen 1985 größer war als 1965. Die Institution Kirche befand sich im schwierigsten Fahrwasser seit der Reformation. Gleichzeitig erlebten neue, hauptsächlich von Laien geführte Erneuerungsbewegungen eine Blütezeit wie seit Jahrhunderten nicht mehr.

Neuland

Bei der Begegnung des Christentums mit der Moderne waren gewisse Probleme unvermeidlich. Sie traten zuerst bei den Intellektuellen – vor allem den Theologen – auf und dehnten sich dann über die Strukturen der Kirche auf den Gottesdienst, den Bereich der Erziehung und Unterweisung und die kirchliche Sozialarbeit aus. Die „Krise" des Katholizismus von 1965 bis 1985 umfaßte somit viele der Schwierigkeiten, die die protestantischen Kirchen in den beiden Generationen nach dem Zweiten Weltkrieg erlebten. Das war nicht gerade ermutigend für diejenigen, die wußten, daß diese Schwierigkeiten einen weitgehenden Zerfall des konventionellen Protestantismus in Westeuropa und Nordamerika eingeläutet hatten.

Das „Wagnis" deß II. Vatikanischen Konzils bestand nicht einfach darin, daß es im Gegensatz zu den früheren Konzilen mit ihren dogmatischen Definitionen, Canones oder Verurteilungen keine maßgeblichen „Hinweise" für seine Auslegung geliefert hatte. Das Wagnis war vielmehr, daß die Öffnung der Kirchenfenster zur modernen Welt hin zu einer Bereicherung des Katholizismus und einer Veränderung der Moderne führen sollte. Das konnte aber nur gelingen, wenn zwischen dem Katholizismus und den modernen Denkweisen ein echter Dialog stattfand. Die Frage war, ob der Katholizismus dieser Aufgabe gewachsen war und ob die Moderne sich für diesen Dialog überhaupt interessierte.

Zehn Jahre nach dem Konzil und ein Jahrzehnt vor der außerordentlichen Synode traf sich eine ökumenische Gruppe amerikanischer christlicher Theologen in Hartford (Connecticut) und unterzeichnete den „Hartford Appeal for Theological Affirmation" [Aufruf von Hartford], eine Reihe von Feststellungen, die deutlich machten, daß aus dem Dialog zwischen dem Christentum und der modernen Welt ein Monolog geworden war und daß die christliche Lehre sich bei ihrer Begegnung mit der Moderne auflöste. Der Aufruf zielte nicht darauf ab, das Gespräch des Christentums mit der Moderne aufzugeben, sondern zu einem echten Dialog zurückzukehren, bei dem die historischen Konfessionen des Christentums Gesprächspartner, nicht Gegenstand von Spott, Angriffen und Verachtung waren. Der Aufruf von Hartford, eine informelle ökumenische Initiative, nahm viele der Glaubens- und Kulturfragen vorweg, mit denen sich dann die außerordentliche Synode Johannes Pauls herumschlagen mußte:

- Die Moderne behauptete, sie verstehe die *conditio humana* besser als irgend jemand vorher. Der Katholizismus war jedoch vom Namen und von der

Überzeugung her „katholisch", also universal. Er durfte die Weise, wie eine geschichtliche Epoche die Welt, ihre Menschen und ihr Schicksal verstand, nicht von vornherein bevorzugen.

- Die Moderne behauptete, das Reden von Gott sei bestenfalls metaphorisch und schlimmstenfalls irrational. Der Lehre des Katholizismus zufolge war das Glaubensbekenntnis, das jeden Sonntag gesprochen wird, die Wahrheit der Welt und ihrer Geschichte.
- Die Moderne behauptete, Jesus Christus könne nur durch zeitgenössische Muster menschlicher Mündigkeit verstanden werden. Der Katholizismus lehrte, daß Christus zeitlos sei und daß kein Selbstverständnis irgendeiner Zeit die volle Bedeutung des von ihm offenbarten Mensch- und Gottseins ergründen könne.
- Die Moderne behauptete, alle Religionen seien gleichwertig. Der Katholizismus respektierte zwar andere Religionen, lehrte aber, daß Gott sich und seine Zwecke im Leben, im Tod und in der Auferstehung Jesu Christi definitiv offenbart und dadurch die Geschichte der Welt geändert und sie auf die richtige Bahn zurückgebracht habe.
- Die Moderne stellte sich vor, beim Heil gehe es darum, das eigene menschliche Potential zu verwirklichen. Der Katholizismus lehrte, daß das Heil die Gemeinschaft mit Gott sei, in der unser menschliches Potential auf unübertreffliche Weise verwirklicht werde.
- Die Moderne stellte sich den Kult als Selbstbestätigung einer Gemeinde und als Selbstverwirklichung der einzelnen Glaubenden vor. Der Katholizismus lehrte, daß der Kult vor allem eine Sache der Anbetung Gottes sei, der verehrt werde, weil er verehrt werden sollte.
- Die Moderne behauptetc, Hoffnung über den Tod hinaus sei für die Befreiung des Menschen in dieser Welt unerheblich. Der Katholizismus lehrte, daß Hoffnung über den Tod hinaus den Menschen auf die radikalste Weise befreie und somit eine wirklich befreiende Verwandlung der Welt ermögliche.[7]

Die Unterzeichner des Aufrufs von Hartford wußten, genau wie Johannes Paul II., daß die Kirche keine andere Möglichkeit hatte, als sich mit der Moderne auseinanderzusetzen. Die Menschheit hatte ein Tor durchschritten, durch das sie nicht mehr zurück konnte.[8] Man konnte tiefe und feste religiöse Überzeugungen haben, doch diejenigen, die sie hatten, würden sich immer der Tatsache bewußt sein, daß sie diese Überzeugungen nicht als existentielle Gegebenheiten geerbt, sondern sich für sie entschieden hatten. Unter den kulturellen Umständen des späten 20. Jahrhunderts konnte eine „katholische Restauration", die das bestritt, nur ein Phantasiegebilde sein. Für Johannes Paul und die Unterzeichner des Aufrufs von Hartford bedeutete die Erfahrung von Relativität und bewußter Entscheidung – die Erfahrung, ein Mensch der Moderne zu sein – jedoch nicht Relativismus. Eine Welt des Relativismus war eine Welt ohne Fenster und Türen, die die Signale der Transzendenz im modernen Leben nicht hören konnte.[9] Johannes Paul und die Unterzeichner des Aufrufs von Hartford dagegen wollten eine Welt, in der es Fenster und Türen gab – eine Welt, die mit der Möglichkeit rechnete, daß die Menschheit tatsächlich größer war, als die Moderne sich vorgestellt hatte. Trotz all ihrer Entscheidungen konnten die Menschen der Moderne immer noch wissen, was wahr und gut war, und sich für die Wahrheit und das Gute entscheiden. Das zu erkennen, sollte für die Christen nicht unmöglich sein, denn genau das bedeutete „Bekehrung".

Die Herausforderung, vor die das II. Vatikanische Konzil die Kirche gestellt hatte, war der Übergang von einer autoritären religiösen Institution zu einer autoritativen religiösen Gemeinschaft. Das war nicht die Mittelposition zwischen den Traditionalisten oder Restaurationisten, die die Moderne mit Stumpf und Stiel ablehnen wollten, und den Progressiven, die die Begeisterung für die Moderne zu einem radikalen Relativismus geführt hatte, bei dem das Autoritative zwangsläufig autoritär war. Es war vielmehr Neuland.

Genau das hatte, nach Ansicht Johannes Pauls, das II. Vatikanische Konzil die ganze Zeit über im Sinn gehabt. Und damit sollte sich jetzt die außerordentliche Synode beschäftigen.

Der Papst des Konzils

In den Monaten unmittelbar vor der außerordentlichen Synode ergriff Johannes Paul mehrere Maßnahmen, durch die er die Vision des II. Vatikanischen Konzils und die Wiederbelebung des Katholizismus, die er sich von den Teilnehmern an der Synode erhoffte, verdeutlichte.

Die Vermittlung der Botschaft

Nach mehr als fünf Jahren nicht immer positiver Erfahrungen mit dem, was höhere Kurienbeamte „die Art und Weise, wie wir es hier machen" nannten, ergriff Johannes Paul die Kontrolle über die Pressearbeit des Vatikans und brachte sie ins Zeitalter der Telekommunikation. Die Schlüsselentscheidung war die Ernennung des ersten Laien, Joaquín Navarro-Valls, zum Vatikansprecher und Leiter des Pressesaals des Heiligen Stuhls, der Sala Stampa. Navarro-Valls war ein weltgewandter Spanier Ende Vierzig, Mitglied des Opus Dei und ausgebildeter Psychiater; er bezeichnete seinen Beruf manchmal scherzhaft als gute Vorbereitung für seine neuen Aufgaben. Nachdem er eine Zeitlang als Psychiater praktiziert hatte, war er Journalist und Chef-Auslandskorrespondent der Madrider Tageszeitung *ABC* geworden. Als er am 4. Dezember 1984 zum Leiter der Sala Stampa ernannt wurde, war er der Romkorrespondent dieser Zeitung und Präsident des Verbands der Auslandspresse in Italien.

Navarro-Valls brachte nicht nur Kenntnisse über das Funktionieren der westlichen Medien in den Pressesaal des Vatikans mit (woran es dort unter seinen geistlichen Vorgängern gemangelt hatte), sondern er gewann auch bald das Vertrauen des Papstes, zu dem er – mit Ausnahme von Msgr. Dziwisz, Johannes Pauls langjährigem Sekretär – mehr Zugang hatte als alle anderen. Als Spanier, professioneller Journalist und Laie war Navarro-Valls ein weiterer Außenseiter, den der „Außenseiter"-Papst ausgesucht hatte, um seiner Botschaft Gehör zu verschaffen und dabei die verkrusteten institutionellen Filter des Vatikans (wo möglich) zu verändern oder (notfalls) zu umgehen. Natürlich hatte auch Navarro-Valls Kritiker, und sein Zugang zu Johannes Paul trug ihm in der Kurie viel Neid ein. Er verstand das Denken und die Pläne des Papstes und revolutionierte – nach römischen Maßstäben – die Arbeit des Pressesaals des Heiligen Stuhls.

Seine geistlichen Vorgänger und ihre Vorgesetzten in der Kurie, auch Kardinal Agostino Casaroli, waren anfangs über die improvisierten Pressekonferenzen, die Johannes Paul auf seinen Flügen abhielt, entsetzt gewesen. Sie befürchteten, daß er Fehler machen könnte und die Botschafter dann um Erklärungen bitten würden. Navarro-Valls dagegen befürwortete diese Pressekonferenzen, weil der Papst dadurch Feedback erhielt und Übung darin bekam, seine Botschaft direkt zu übermitteln. Die traditionelle Einstellung des Vatikans zum Verteilen von Informationen lief im Grunde darauf hinaus, daß es am besten sei, zu allem so wenig wie möglich zu sagen. Navarro-Valls und Johannes Paul sahen das jedoch anders. Ihrer Ansicht nach sollte die Welt außerhalb der Leoninischen Mauer Zugang zu den neuesten Informationen über die Ereignisse im Vatikan haben. So entstand der Online-Informationsdienst des Vatikans [VIS], der seit Januar 1991 tägliche Bulletins veröffentlichte. Politiker nutzen die Medien, um Stimmen zu sammeln; Johannes Paul betrachtete das, was Navarro-Valls die (durch die Medien erreichbare) „Dialektik mit der öffentlichen Meinung" nannte, als Mittel zur Reform der Kirche und zur Gestaltung der Welt.[10]

Navarro-Valls war überzeugt, daß in dieser Offenheit eine neue Sicht der Kirche und des Papsttums zum Ausdruck kam. Die Bestätigung dafür erhielt der Sprecher des Papstes Anfang Juli 1986 auf dem Flughafen von Bogotá (Kolumbien): Ein zehnjähriger Junge hatte es irgendwie geschafft, an den Absperrungen vorbeizukommen, und rannte auf Johannes Paul zu. „Ich kenne Sie, Sie sind der Papst!" sagte er. „Sie sind der, den ich im Fernsehen gesehen habe!" Navarro-Valls hielt eine neue Darstellung des Papsttums für außerordentlich wichtig – und Johannes Paul hatte sie durch die Medien erreicht. Und zwar nicht als eine von vielen für kurze Zeit berühmten Personen, sondern als ein Mann, der aus der Kirche und der Priesterschaft kam und nun sein Amt in globaler Präsenz führte. Der kolumbianische Junge hatte ihn zuerst im Fernsehen gesehen. Aber er kannte ihn durch das Fernsehen als den Papst und stellte nun fest: Johannes Paul II. in persona war tatsächlich derselbe.[11]

Die Beziehungen der Katholiken zu den Juden

Mit *Nostra aetate*, der *Erklärung über das Verhältnis der Kirche zu den nichtchristlichen Religionen* des II. Vatikanischen Konzils, war ein neues Kapitel in der Geschichte der Beziehungen zwischen den Katholiken und den Juden aufgeschlagen worden. Johannes Paul war entschlossen, dafür zu sorgen, daß dieser Fortschritt erhalten blieb, und ihn noch weiter voranzutreiben. Diese charakteristische Dimension seines Pontifikats und ihre Beziehung zum Konzil wurde durch mehrere Ereignisse vor der Synode verdeutlicht.

Am 15. Februar 1985 empfing Johannes Paul eine Delegation des Amerikanischen Jüdischen Komitees, die nach Rom gekommen war, um den 20. Jahrestag von *Nostra aetate* zu feiern. In seiner Ansprache betonte er, daß die in *Nostra aetate* verkündete Lehre der Kirche nicht nur angenommen werden müsse, weil sie „gerade passend" sei, sondern „als ein Ausdruck des Glaubens, als eine Eingebung des Heiligen Geistes, als ein Wort der göttlichen Weisheit".[12]

Vier Tage später, am 19. Februar, empfing der Papst den israelischen Ministerpräsidenten Shimon Peres, der ihn zu einem Besuch Israels einlud.

Am 19. April sprach Johannes Paul vor den Teilnehmern an einem Symposion zum 20. Jahrestag von *Nostra aetate*, das an seiner römischen Alma mater, dem Angelicum, abgehalten wurde. Wieder wies er darauf hin, daß der Dialog zwischen Juden und Katholiken keineswegs nur eine Sache der Höflichkeit und Toleranz sei. Die jüdisch-christlichen Beziehungen seien „niemals eine akademische Übung", sondern „Teil des echten Gewebes unserer religiösen Verpflichtungen und unserer Berufungen als Christen und als Juden", die auf eine von der Vorsehung gewollte und unvermeidliche Weise miteinander verknüpft seien.[13]

Am 24. Juni gab die Vatikanische Kommission für die religiösen Beziehungen zum Judentum, die für den Dialog zuständige Vatikanbehörde, ein Dokument mit dem etwas langatmigen Titel *Hinweise für eine richtige Darstellung von Juden und Judentum in der Predigt und in der Katechese der katholischen Kirche* heraus. Es war als Leitfaden für Predigten, die Katechese und alle Ebenen der religiösen Unterweisung von Katholiken gedacht. Darin hieß es: „Jesus war Jude und ist es immer geblieben; (...) Jesus war voll und ganz ein Mensch seiner Zeit und seines (...) Milieus." Damit werde „die Wirklichkeit der Menschwerdung wie auch der eigentliche Sinn der Heilsgeschichte (...), wie er uns in der Bibel offenbart worden ist" nur noch unterstrichen. Es sei sehr wichtig, die Katholiken über die immer noch andauernde geistliche Mission des jüdischen Volkes zu unterrichten. Dieses bleibe ein erwähltes Volk, und sein heutiger Glaube und religiöses Leben könnten den Katholiken helfen, Aspekte ihres eigenen Glaubens und ihrer eigenen Religionsausübung besser zu verstehen. Außerdem sollten Programme zur religiösen Unterweisung den Katholiken helfen, zu begreifen, welche Bedeutung „die Ausrottung der Juden während der Jahre 1939-1945 und deren Folgen" für diese hatten.[14]

Am 28. Oktober 1985 empfing Johannes Paul die Internationale Kommission für die Beziehungen zwischen der katholischen Kirche und dem Judentum, das offizielle Organ für den Dialog. Er sagte erneut, daß zwischen den Katholiken und „dem Stamme Abrahams" eine geistliche Verbindung bestehe, „die man wohl als eine tatsächliche ‚Abstammung' bezeichnen könnte und die wir [die Katholiken] nur zu dieser Religionsgemeinschaft [d. h., dem jüdischen Volk] haben". Johannes Paul verwies auf das im Juni veröffentlichte Dokument der Vatikanischen Kommission für die religiösen Beziehungen zum Judentum, das „zur Förderung der gegenseitigen Achtung und Anerkennung, ja, der Liebe zueinander beitragen" werde, „da beide im unergründlichen Plan Gottes stehen, der ‚sein Volk nicht verstößt'" (Psalm 94,14; Römer 11,2). Aus demselben Grund „sollte der Antisemitismus in seinen häßlichen und manchmal gewalttätigen Äußerungen völlig ausgerottet werden". Um so besser werde "sicherlich eine positive Sicht unserer beiden Religionen, mit gebührender Achtung für die Identität einer jeden von ihnen, in Erscheinung treten".[15]

Die Jugend und die Zukunft

In den Monaten vor der außerordentlichen Synode nutzte Johannes Paul das Internationale Jahr der Jugend der Vereinten Nationen für eine der charakteristischen Initiativen seines Pontifikats – die Weltjugendtage, zu denen dann Millionen junger Leute als Pilger nach Europa, Lateinamerika, Nordamerika und Asien reisten.

Johannes Paul zufolge ging die Idee eines Weltjugendtages auf seine jungen Freunde von der Środowisko und ihre Beschäftigung mit der Dynamik der Jugend und des frühen Erwachsenenalters zurück.[16] Durch seine bisherigen Reisen als Papst, in Italien und im Ausland, war er zu der Überzeugung gelangt, daß eine pastorale Strategie der „Begleitung" junger Menschen für den Papst ebenso wichtig war wie damals für den jungen Priester.

Von dem Interesse, das die französische Jugend – die angeblich nichts vom Christentum wissen wollte – bei seiner ersten Parisreise 1980 im Parc des Princes gezeigt hatte, war er sehr beeindruckt gewesen. Während des Treffens der Jugend im Heiligen Jahr in Rom, am Palmsonntag 1984, begann die Idee eines „Weltjugendtages" Gestalt anzunehmen, und Johannes Paul lud die Jugend der Welt für den Palmsonntag 1985 erneut nach Rom ein.[17] Etwa 250 000 begeisterte junge Leute nahmen diese Einladung an. Daraufhin wurde beschlossen, den Palmsonntag 1986 zum ersten „offiziellen" Weltjugendtag zu erklären und ihn in den Diözesen auf der ganzen Welt zu feiern. Von 1987 an wurde der Weltjugendtag jedes zweite Jahr an einem anderen Ort mit dem Papst gefeiert – 1987 in Buenos Aires, 1989 in Santiago de Compostela, 1991 in Tschenstochau, 1993 in Denver, 1995 in Manila und 1997 in Paris, wo der Papst verkündete, daß der nächste Weltjugendtag 2000 in Rom stattfinden werde. In den geraden Jahren dazwischen wird der Weltjugendtag in den Diözesen begangen.[18]

Aus Anlaß des Internationalen Jahrs der Jugend der Vereinten Nationen und seiner Begegnung mit den jungen Leuten am Palmsonntag 1985 in Rom verfaßte Johannes Paul ein apostolisches Schreiben, *An die Jugendlichen in der Welt* – eine gelungene Mischung aus Erinnerungen, Ermahnungen und seiner phänomenalen Kunst des Umgangs mit Menschen.

Die Jugend, so schreibt er, ist eine ganz besondere Phase im Leben, da in dieser Zeit eine Identität und eine *„Lebensberufung"* entstehen und die ersten wichtigen persönlichen Entscheidungen getroffen werden. Bei diesem Entscheidungsprozeß entdecken junge Menschen sich selbst als moralisch Handelnde und müssen sich der Frage ihres Schicksals stellen. Wie der reiche Jüngling im Evangelium wollen sie wissen, was sie tun müssen, um das ewige Leben zu gewinnen. Die Jugend ist daher auch eine besondere Zeit der Begegnung mit dem Geheimnis Gottes.

Die „Grundfrage" der Jugend, so fährt der Papst fort, ist die nach dem sittlichen Bewußtsein und nach dessen Echtheit. Das Gewissen, der Maßstab für die

„wahrhaft menschliche Würde", ist in gewissem Sinn entscheidend für die Geschichte der Welt: „Die Geschichte wird ja nicht nur von den Ereignissen geschrieben, die sich gewissermaßen ‚draußen' abspielen, sondern vor allem von den ‚inneren' Vorgängen: Sie ist die *Geschichte des menschlichen Gewissens,* der moralischen Siege und Niederlagen." Die authentische Entwicklung des eigenen Gewissens ist der wahre Maßstab für die Entwicklung einer menschlichen Persönlichkeit.

Die Jugend ist außerdem eine besondere Zeit im Hinblick auf die eigene Zukunft, auf eine Berufung. Der junge Mensch versucht, *„den ewigen Gedanken [zu] lesen,* mit dem Gott sich ihm zuwendet: als Schöpfer und Vater". Die Entdeckung der eigenen einzigartigen Persönlichkeit und Berufung ist

> eine mitreißende Aufgabe, eine *packende Herausforderung.* In dieser Herausforderung entwickelt sich und wächst euer Menschsein und erwirbt eure junge Persönlichkeit ihre innere Reife. Ihr geht von dem aus, was ein jeder von euch ist, um *das zu werden, was er werden soll: für sich – für die Menschen – für Gott.*

Natürlich befaßt sich Johannes Paul in seinem Schreiben auch mit der Sexualität. Daß Gott Männer und Frauen erschuf, ist eine Realität, die „von vornherein zum personalen ‚Ich' eines jeden von euch gehört". Durch die Begegnung mit dieser Realität eröffnet sich für „ein junges Herz (...) eine neue Erfahrung: Es ist *die Erfahrung der Liebe.*" Johannes Paul ermahnt die jungen Leute: „*Laßt nicht zu, daß euch dieser Reichtum geraubt wird!*" Falls die Bewahrung dieses Reichtums bedeutet, „gegen den Strom der gängigen Meinungen und Schlagworte anzugehen" und der Reduzierung der Liebe auf flüchtige Freuden zu widerstehen, müssen sie das eben tun. „*Habt keine Angst vor der Liebe, die dem Menschen bestimmte Forderungen stellt.* Diese Forderungen (...) sind gerade geeignet, eure Liebe zu einer wahren Liebe zu machen."[19]

Die bemerkenswert harmonische Beziehung von Johannes Paul zu den jungen Menschen begann in der „Johannes Paul, Superstar"-Phase seines Pontifikats; das „Woo-hoo-woo"-Treffen im Madison Square Garden im Oktober 1979 war ein typisches Beispiel. Später war es nicht mehr möglich, das einfach als eine Variante der Verehrung, die berühmten Figuren der Pop-Kultur entgegengebracht wird, anzusehen. Sein Alter, Agcas Kugel und die Auswirkungen seiner Krankheiten erforderten es, den Papst nicht einfach als einen Rockstar in weißer Soutane zu betrachten. Warum hielt diese Harmonie mit den jungen Leuten an und wurde sogar noch stärker? Dafür gab es wohl mehrere Gründe. Johannes Paul nahm junge Leute als Personen ernst und sah sie als Menschen, die mit der Frage nach dem Sinn des Lebens rangen. Wenn er mit ihnen sprach, schwächte er die christliche Botschaft, die er selbst so deutlich vorlebte, nicht ab. Das Wichtigste aber war vielleicht, daß er an die jungen Leute hohe Ansprüche stellte und sie aufforderte, sich mit nichts Geringerem als moralischer Größe zufriedenzugeben. Zu einer Zeit, als praktisch keine andere Gestalt von Weltbedeutung junge Menschen aufforderte, Anstrengungen auf sich zu nehmen und Opfer zu bringen, wandte sich Johannes Paul an den Hunger der jungen Leute nach heroischen Taten und verband ihn mit der Suche des Menschen nach Gott. Dadurch entstand ein sehr wirkungsvoller Stil der Evangelisierung.

Der Ökumenismus

Vom 22. bis 27. April 1985 trafen sich die Ökumene-Kommissionen von 63 nationalen Bischofskonferenzen in Rom, um 20 Jahre nach dem Konzil das Streben nach christlicher Einheit zu überdenken. Johannes Paul hob in seiner Ansprache am 27. April hervor, das Ziel der ökumenischen Bewegung bleibe nichts Geringeres als die „Wiederherstellung der vollen Gemeinschaft der Christen in dem einen apostolischen Glauben und einer einzigen eucharistischen Gemeinschaft im Dienst eines wahrhaft gemeinsamen Zeugnisses", die Ausdruck der „Einheit des Vaters, des Sohnes und des Heiligen Geistes" sei.[20]

Zwei Monate später, am 28. Juni, hielt Johannes Paul aus Anlaß des 25. Gründungstages des Sekretariats für die Einheit der Christen eine wichtige Ansprache vor der Kurie. Manche ökumenischen Kreise waren besorgt im Hinblick auf das zukünftige Engagement des Katholizismus für die Ökumene, in letzter Zeit vor allem wegen der Kritik aus der Kurie an *Einigung der Kirchen – reale Möglichkeit*, einem Buch der deutschen Theologen Karl Rahner und Heinrich Fries. Die Autoren bezeichneten ihr Buch als einen Vorschlag, den toten Punkt, an dem sich der Ökumenismus ihrer Meinung nach befand, zu überwinden. Ihre Kritiker argumentierten, das vorgeschlagene Ausklammern bestimmter theologischer Fragen, um die Kirchen als geeint erklären zu können, mache den Ökumenismus zu einer Verhandlungssache zwischen Freiwilligenorganisationen.[21] Johannes Paul schloß seine Ansprache mit der nachdrücklichen Versicherung, daß „die katholische Kirche mit unwiderruflicher Entschlossenheit in der ökumenischen Bewegung engagiert" sei und „mit allen ihren Möglichkeiten dazu beitragen" wolle. Das sei für ihn als Bischof von Rom „eine der pastoralen Prioritäten".[22] Das Hauptanliegen seiner Ansprache war, die theologischen Grundlagen des katholischen Ökumenismus zu klären.

Johannes Paul sagte, die „tiefe Quelle" der christlichen Einheit sei der Heilige Geist, nicht menschliches Bemühen.[23] Die vom Geist gegebene Einheit sei zwar nie von Gott widerrufen, aber durch menschlichen Irrtum und Eigensinn beschädigt worden.[24] Deshalb dürfe der Ökumenismus – das Bemühen, wieder zur christlichen Einheit zu gelangen – nicht als Aushandeln eines Vertrags verstanden werden. Die Einheit sei der Kirche ein für allemal an Pfingsten gegeben worden. Die ökumenische Aufgabe bestehe darin, diese Einheit in sichtbarer Form wiederherzustellen.[25]

Das Ignorieren der Fragen, die die Christen beim Bekenntnis ihres Glaubens noch trennten, oder „ein Handeln, als wären sie gelöst" könne nicht als ökumenischer Fortschritt bezeichnet werden. Die Einheit im Bekenntnis des Glaubens sei „das grundlegende Element der Bekundung der kirchlichen Gemeinschaft: und diese Einheit des Glaubens wird in jeder Eucharistiefeier verwirklicht". Trotz möglicherweise bester Absichten würden alle Versuche, schwierige Fragen der Lehre auszuklammern, und die voreilige Feier einer eucharistischen Einheit, die nicht auf einer Einheit im Glauben beruhe, die ökumenische Aufgabe entwerten.[26]

Ein gemeinsames Bekenntnis der Wahrheit des christlichen Glaubens müsse „in der Liebe gesucht" werden. Ohne die Liebe könne „die christliche Wahrheit nicht aufgenommen werden". Das erfordere „an der Liebe und der Achtung vor der Wahrheit inspirierte gegenseitige Demut", damit die Wunden von

Jahrhunderten überwunden und eine volle, tiefe Einheit bei der Lehre, dem Gottesdienst und dem Dienst an der Welt wiederhergestellt werden könnten.[27] Jeder Katholik sei verpflichtet, dabei mitzuhelfen, die von Christus gewollte und der Kirche durch den Heiligen Geist gegebene Einheit herbeizuführen.[28]

25 Jahre waren vergangen, seit Johannes XXIII. die christliche Welt durch die Erklärung, daß die katholische Kirche sich ganz dem Ökumenismus verpflichtet fühle, überrascht hatte. Weitere Überraschungen sollten folgen, denn Johannes Paul II., der sein Amt mit so wenig ökumenischer Erfahrung angetreten hatte, trieb dieses Anliegen auf unerwartete, manchmal sogar radikale Weise weiter voran.

Dissidenten

In den Monaten vor der Synode war auch die Einheit innerhalb der katholischen Kirche für Johannes Paul ein wichtiges Thema.

Am 11. März 1985 gab die Kongregation für die Glaubenslehre eine „Notifikation" zu Leonardo Boffs Buch *Kirche: Charisma und Macht* heraus, in der sie erklärte, daß es die gesunde Glaubenslehre gefährde. Boff, ein brasilianischer Franziskaner und einstiger Schüler von Professor Joseph Ratzinger, hatte eine „marxistische Analyse" auf die Kirche angewendet und war zu dem Schluß gekommen, daß ihre Hierarchie von Geistlichen eine sündhafte soziale Struktur sei, von der sie sich befreien müsse. Das war ganz offensichtlich keine katholische Theologie, und so konnte die Kritik der Kongregation nicht überraschen. Im Zusammenhang mit der außerordentlichen Synode war es außerdem wichtig, darauf hinzuweisen, daß Boff die *Communio*–Ekklesiologie des II. Vatikanischen Konzils ablehnte. Die Kongregation forderte Pater Boff auf, sich zu den Fragen, mit denen er sich in seinem Buch befaßt hatte, ein Jahr lang nicht zu äußern, um eingehender über sie nachzudenken. Boff hatte viel veröffentlicht und zahlreiche Vorträge gehalten; Kardinal Ratzinger, der seinem ehemaligen Studenten noch immer zugetan war, hoffte, es werde Boff helfen, als Theologe zu wachsen, wenn er die Chance bekam, seine Gedanken fern vom Scheinwerferlicht der Medien weiterzuentwickeln. Boff akzeptierte das ihm auferlegte „Bußschweigen", wie die deutsche Presse es sofort nannte, doch seine Ansichten änderten sich inhaltlich nicht, und schließlich trat er nicht nur aus dem Franziskanerorden, sondern auch aus der Kirche aus.[29]

Die Wiederherstellung der innerkirchlichen Einheit angesichts weit verbreiteter abweichender Meinungen war auch eines der Ziele von Johannes Pauls erstem Pastoralbesuch in den Niederlanden im Mai 1985, einem der schwierigsten seines ganzen Pontifikats.

Die „niederländische Partikularsynode" von 1980 hatte nur in sehr bescheidenem Ausmaß Erfolg bei dem Versuch gehabt, die Risse zwischen den Bischöfen des Landes zu kitten. Sie hatte es nicht geschafft, die Einheit in der Kirche der Niederlande wiederherzustellen, sondern es waren tiefe dogmatische, liturgische und katechetische Spaltungen im Hinblick auf die Lehre, den Gottesdienst und die religiöse Unterweisung bestehengeblieben. Der niederländische Ministerpräsident sagte, das Wort „Rom" mache manche Leute nervös, ja, sogar regelrecht mißtrauisch.[30] Johannes Paul sah seine Aufgabe darin, eine starke Barriere des Mißtrauens und der Feindseligkeit niederzureißen, um einen neuen Dialog zwischen dem Bischof von Rom und der niederländischen Kirche zu eröffnen.

Das gelang ihm jedoch nicht. Drei Tage vor seiner Ankunft fand in Den Haag eine Massenveranstaltung als Protest gegen seinen Besuch statt; das verhieß nichts Gutes für das, was dann folgte. Johannes Pauls Ansprachen waren in Konsultation mit den niederländischen Bischöfen vorbereitet worden; manche von ihnen wollten, daß er Dinge sagte, die sie selbst nicht sagen wollten oder konnten, und so war es unvermeidlich, daß er sofort als autoritär abgestempelt wurde.[31] Erzbischof Edward Cassidy, der päpstliche Nuntius, hatte geholfen, eine Begegnung Johannes Pauls mit Vertretern der kirchlichen Arbeit bei der Unterweisung, den Missionen und der Sozialarbeit zu arrangieren. Dabei wurden verschiedene Beschwerden vorgebracht, doch dann wich eine der Sprecherinnen von ihrem vorbereiteten Text ab und beschuldigte Johannes Paul persönlich, seine Autorität zu mißbrauchen. Der Papst empfing sie später freundlich.[32]

In Utrecht wurde das Papamobil mit Rauchbomben und Eiern beworfen. Auf Plakaten wurde ein Kopfgeld auf ihn ausgesetzt – sein Leben wurde mit ungefähr 6 000 US-Dollar bewertet.[33] Es kamen nur wenig Leute; das Wetter war furchtbar. Eine etwas freundlichere Zukunft schien in den Bereich des Möglichen zu rücken, als Johannes Paul am letzten Tag seines Besuchs in den Niederlanden, dem 15. Mai, in Amersfoort von überraschend vielen jungen Leuten erwartet wurde. Offenbar war die kommende Generation, die mit wenig oder gar keiner religiösen Unterweisung aufgewachsen war, auf der Suche nach einer Botschaft der Hoffnung, während ihre Eltern noch immer die Leidenschaften der 60er Jahre auslebten.[34] Zwei Jahre später wurde in der Diözese 's-Hertogenbosch ein neues Seminar eröffnet, aus dem im folgenden Jahrzehnt 60 neue Priester hervorgingen.[35]

Nach einem Tag in Luxemburg reiste Johannes Paul nach Belgien weiter, wo die Lage ruhiger war. In Beauraing, dem wichtigsten Marienwallfahrtsort des Landes, feierte er seinen 65. Geburtstag; die Torte war mit Modellen des Petersdoms und der Türme der Kathedrale von Mechelen (Malines) geschmückt.[36] Am 20. Mai sprach Johannes Paul in Brüssel vor Repräsentanten des EU-Ministerrats, des Europäischen Parlaments und der Europäischen Kommission und umriß dabei Themen, mit denen er sich fortan intensiv beschäftigen sollte: die wesentliche Einheit Europas östlich und westlich der in Jalta beschlossenen Teilungslinie; eine gemeinsame europäische Kultur als Quelle dieser Einheit; und die christlichen Grundlagen dieser Kultur. Bei der Vollendung dieser Einheit sollte Europa die Kräfte wiederentdecken, die es durch Jahrzehnte des Blutvergießens und der ideologischen Teilung verloren hatte. Viereinhalb Jahre, bevor der Eiserne Vorhang durch die gewaltfreie Revolution von 1989 fiel, war das eine bemerkenswert klarsichtige, ja visionäre Rede.[37]

Veränderungen im Team

Am 29. April 1985 gab Johannes Paul zwei weitere Umbesetzungen in den höchsten Rängen der Kurie bekannt, die den Schlußpunkt der großen personellen Umorganisation vom April 1984 bildeten. Wie einer der Betroffenen von seiner neuen Position erfuhr, zeigt, auf welche Weise sogar Berufungen auf hohe Posten im Vatikan gehandhabt werden.

Im Februar 1985 – kurz, nachdem Johannes Paul die außerordentliche Synode zum 20. Jahrestag des II. Vatikanischen Konzils angekündigt hatte – erhielt Bischof Jozef Tomko, der Generalsekretär der Bischofssynode, einen Anruf von Kardinal Casaroli, der ihm mitteilte, Johannes Paul werde ihn beim Konsistorium im Mai zum Kardinal ernennen. Zwei Tage später rief um 21 Uhr Erzbischof Martínez Somalo, der Sostituto des Staatssekretariats, an und sagte in der verschlüsselten Kuriensprache: „Wissen Sie, was es Neues gibt? Sie sind der Pro von Pro!" Tomko verschlug es die Sprache. Martínez Somalo fragte ihn: „Was sagen Sie dazu?" Tomko antwortete, er sei froh, daß er sitze und daher nicht umfallen könne. Er war jetzt (bis zu seiner Ernennung zum Kardinal) der Pro-Präfekt von Propaganda Fide – so wurde die Kongregation für die Evangelisierung der Völker noch immer von allen genannt. Als „Pro von Pro" war der Slowake nun für die Missionen und die Evangelisierung auf der ganzen Welt verantwortlich, für die Nominierung von Bischöfen in den Missionsgebieten, die Aufsicht über das explosivste Wachstum in der katholischen Welt und die Überwachung und Lenkung der manchmal hitzigen Auseinandersetzungen über die Evangelisierung in alten religiösen Kulturen. Er war nicht gefragt worden, ob er die neue Position wolle. Später sagte er zu einer Oberin, die mit der Versetzung von Ordensfrauen Schwierigkeiten hatte: „Ja, Sie haben die Gehorsamsregel, wir dagegen nur den Gehorsam!"[38]

Tomkos Nachfolger als Generalsekretär der Bischofssynode wurde der Sekretär der Päpstlichen Kommission „Justitia et Pax", Bischof Jan Schotte, der zum Erzbischof befördert wurde.

Johannes Pauls drittes Konsistorium, das am 25. Mai 1985 stattfand, war eines der größten und internationalsten seines Pontifikats. 28 neue Kardinäle wurden ernannt – neben Tomko und dem kämpferischen Nicaraguaner Miguel Obando Bravo auch Myroslav Lubachivsky, der Führer der griechisch-katholischen Kirche in der Ukraine, Paul Poupard, früherer Rektor des Pariser Institut Catholique und Gründungspräsident des Päpstlichen Rats für die Kultur, der Nigerianer Francis Arinze, Juan Francisco Fresno Larraín aus Santiago (Chile), der die Menschenrechte gegen das Pinochet-Regime verteidigt hatte, John O'Connor, „der Erzbischof der Hauptstadt der Welt", Bernard Francis Law, der erst kurz zuvor ernannte 53jährige Erzbischof von Boston, Ricardo Vidal, Erzbischof von Cebu und zweiter Kardinal der Philippinen, Simon Lourdusamy, ehemaliger Erzbischof von Bangalore (Indien), Louis-Albert Vachon aus Quebec, Henryk Gulbinowicz aus Breslau, Adrianus Simonis, der Primas der Niederlande, Paulos Tzadua, der Erzbischof von Addis Abeba, sowie eine Reihe weiterer Kurienpersonen und Residenzbischöfe. Der „Älteste" des II. Vatikanischen Konzils, der bei diesem Konsistorium zum Kardinal ernannt wurde, war Pietro Pavan, ein italienischer Fachmann für katholische Sozialethik, der einer der Verfasser der *Erklärung über die Religionsfreiheit* war. Außerdem ehrte Johannes Paul seinen alten Freund Andrzej Deskur mit dem Kardinalsbirett, der gesagt hatte, seine Aufgabe in diesem Pontifikat werde es sein, „für den Papst zu leiden"; er saß seit seinem Schlaganfall kurz vor dem zweiten Konklave 1978 im Rollstuhl. Johannes Paul wies ihm seine eigene alte Titelkirche zu, S. Cesareo in Palatio.

Begegnung in Casablanca

Durch die Weltjugendtage bekam das Leben der katholischen Kirche einen neuen Rhythmus. Die vielleicht bemerkenswerteste Begegnung Johannes Pauls mit jungen Menschen im Internationalen Jahr der Jugend und in den Monaten vor der außerordentlichen Synode fand jedoch am 20. August 1985 in Casablanca statt, wo sich 80 000 junge Muslime in einem Stadion versammelten.

Dieses beispiellose Ereignis – es war das erste Mal überhaupt, daß ein Papst auf Einladung eines Muslimführers offiziell vor einem muslimischen Publikum sprach – fand am letzten Tag von Johannes Pauls dritter Pilgerreise nach Afrika statt. Die Reise hatte Johannes Paul in die Länder Togo, Elfenbeinküste, Kamerun, Zentralafrikanische Republik, Zaire und Kenia geführt, wo er in Nairobi am 43. Internationalen Eucharistischen Kongreß teilnahm.[39] Der Zwischenstop in Casablanca erfolgte aufgrund einer persönlichen Einladung, die der marokkanische König Hassan II. bei einem Besuch im Vatikan ausgesprochen hatte. Johannes Paul hatte dem König für die Einladung gedankt, sich dann aber erkundigt, was er denn in dem offiziell islamischen Königreich tun könne. Hassan hatte geantwortet: „Als Papst haben Sie nicht nur eine religiöse Verantwortung, sondern auch eine pädagogische und moralische. Ich bin sicher, daß Zehntausende von Marokkanern, vor allem die jungen, sehr glücklich wären, wenn Sie vor ihnen über die moralischen Normen und Beziehungen sprechen würden, die Individuen, Gemeinschaften, Nationen und Religionen betreffen."[40] Johannes Paul hatte gern zugesagt, und sein Besuch in Marokko wurde der Anlaß für den ersten – und bis 1999 einzigen – offiziellen Modus vivendi zwischen dem Heiligen Stuhl und einem islamischen Staat. In einem auf den 30. Dezember 1983 datierten Brief erließ König Hassan ein Gesetz, nach dem die Kirche in Marokko öffentliche Gottesdienste und Religionsunterricht halten durfte und die Kirchen und katholischen Schulen von der Steuer befreit wurden. Der katholischen Kirche wurde die volle Kontrolle über ihre inneren Angelegenheiten zugestanden; auch Priester und Nonnen wurden von der Steuerpflicht befreit; die Kirche durfte finanzielle Unterstützung aus dem In- und Ausland empfangen und ihre finanziellen Angelegenheiten selbst regeln; außerdem wurden katholische Wohlfahrtsorganisationen zugelassen.

Johannes Pauls Ansprache an die marokkanische Jugend, die er auf Französisch hielt, war stilistisch auffallend einfach – eine Zusammenfassung seines christlichen Humanismus, die er auf sein ungewohntes Publikum abgestimmt hatte. Er sagte, er sei „als Glaubender" zu den jungen Leuten gekommen. „Und in großer Schlichtheit möchte ich den bezeugen, an den ich glaube, und von meinem Glauben [sprechen], von dem, was ich als Glück der Menschen ersehne, und von dem, was nach meiner eigenen Erfahrung nützlich für euch [alle] ist." Zuerst rufe er den Höchsten an, den allmächtigen Gott, an den Muslime wie Katholiken glaubten. Gott sei „die Quelle alles Guten, alles Schönen, alles Heiligen", und um davon Zeugnis abzulegen, beteten die Muslime und die Katholiken, denn der „Mensch kann nicht leben, ohne zu beten, wie er nicht leben kann, ohne zu atmen".

Dann befaßte Johannes Paul sich mit einem der schwierigsten Punkte in den Beziehungen zwischen Katholiken und Muslimen: der Religionsfreiheit. Er behauptete, der Glaube – und nicht säkulare Gleichgültigkeit oder Neutralität gegenüber der Religion – sei der sicherste Boden für Religionsfreiheit: „Deshalb müssen der Gehorsam gegen Gott und die Liebe zum Menschen uns zur Achtung der Menschenrechte hinführen." Die Achtung der Menschenrechte erfordere „Gegenseitigkeit in allen Bereichen, vor allem in Fragen der Grundfreiheiten, und hier im besonderen der Religionsfreiheit".

Es sei ihre Aufgabe, eine „gerechtere und brüderliche Welt" zu schaffen und darauf hinzuarbeiten, „daß die Barrieren fallen, die der Stolz und noch häufiger die Schwäche und Angst der Menschen errichten". Ihre Generation sei dazu aufgefordert, „in Solidarität" mit anderen zu leben, so daß „jedes Volk die Mittel zu seiner Ernährung hat, zu seiner Kultur und zum Leben in Frieden". So wichtig die ökonomischen Probleme aber auch seien, gelte doch, daß der Mensch nicht vom Brot allein lebe. Das sei das wichtigste Zeugnis, das sie vor der Welt ablegen könnten, die sie erbten: die Überzeugung, „daß wir nicht in einer in sich geschlossenen Welt leben".

Sowohl die Dinge, die sie gemeinsam hätten, als auch die, durch die sie sich unterschieden, müßten anerkannt werden. Christen und Muslime glaubten „beide an einen Gott, den einzigen Gott, der voll Gerechtigkeit und Erbarmen ist" und der wolle, daß die Menschen gerettet würden und auf ewig bei ihm lebten. Außerdem glaubten Christen und Muslime „an die Bedeutung des Gebets, des Fastens und des Almosengebens, der Buße und der Vergebung". Und die grundlegenden Unterschiede zwischen den beiden Religionen – der wichtigste sei der Glaube der Christen an Jesus als den Sohn Gottes und Erlöser der Welt – müßten „wir in Demut und Respekt anerkennen (...), in gegenseitiger Toleranz. Hierin liegt ein Geheimnis, über das uns Gott eines Tages aufklären wird, dessen bin ich sicher." Bis dahin müßten Christen und Muslime sich dem Willen Gottes und den Anforderungen, die er an uns richte, unterwerfen; dann werde „eine Welt wachsen, in der die Männer und Frauen lebendigen und wirksamen Glaubens die Ehre Gottes preisen und eine menschliche Gesellschaft nach dem Willen Gottes zu bauen versuchen".[41]

Kardinal Jozef Tomko war im Stadion von Casablanca und hatte keine Vorstellung davon, was ihn dort erwarten würde. Er beobachtete die Menge, nicht den Papst, und sah Interesse und eine Art von Verehrung.[42] Die muslimischen Teenager aus Casablanca hatten dem Bischof von Rom mit viel mehr Interesse und Achtung zugehört als viele niederländische Katholiken mittleren Alters.

STÄRKE DURCH WIDERSTAND

In den Monaten vor der außerordentlichen Synode von 1985 kam der Freiheitskampf in Ostmitteleuropa zusehends voran.

Am 27. März unterbrach der sowjetische Außenminister Andrej Gromyko Johannes Pauls Fastenexerzitien, indem er um eine Audienz bat. Johannes Paul sprach mit ihm, wie immer, „über Religionsfreiheit und die Freiheit der Kirche". Doch Gromyko hatte anderes im Kopf. „Er war sehr besorgt wegen der strategischen Verteidigungsinitiative der USA", sagte der Papst später. „Er wollte die Hilfe der Kirche gegen die USA gewinnen."[43] Johannes Paul begriff, daß Gromyko eigentlich nur die sich verschlechternde Position der Sowjetunion gegenüber der NATO interessierte; er lehnte es jedoch ab, sich in eine antiamerikanische Kampagne hineinziehen zu lassen.[44]

Im Sommer und Herbst 1985 ging Johannes Pauls Feldzug für Freiheit durch kulturellen Widerstand weiter. Die Regierung der Tschechoslowakei hatte ihm zwar ein Visum für den Besuch der Feierlichkeiten zum 1 100. Todestag von Method in Velehrad im Juli verweigert, doch er fand trotzdem Möglichkeiten, seine Gegenwart spürbar zu machen. Am 19. März unterzeichnete er einen Brief an den Klerus der Tschechoslowakei, in dem er daran erinnerte, daß Method – zusammen mit seinem Bruder Kyrill – in jenem Teil Ostmitteleuropas die Grundlagen der slawischen Kultur gelegt hatte. Die missionarische Tätigkeit der beiden Brüder berührte durch ihren kulturformenden Charakter alle Lebensbereiche.[45] Aus dem Beispiel Methods ließen sich drei Lehren für die heutige Zeit ableiten: Erstens müßten alle Priester und Ordensleute „mutig für jedes Ereignis der Geschichte bereit sein und dabei immer mit großer Demut die Geheimnisse der göttlichen Vorsehung betrachten", auch wenn die gegenwärtige geschichtliche Situation das schwierig, manchmal sogar schmerzhaft, mache.[46] Zweitens müßten sie sich den religiösen Charakter ihrer Persönlichkeit als Priester und Ordensleute bewahren. Sowohl diejenigen von ihnen, die öffentlich arbeiten dürften, als auch die, die im Untergrund wirken müßten, würden durch die überall spürbare Säkularisierung, die die Regierung Husák ihrem Land aufgezwungen habe, in Versuchung geführt. Wie Method müßten sie stets daran denken, daß sie von Gott für eine besondere Sendung auserwählt worden seien. Die dritte Lehre heiße „Verantwortung". Wie Method müßten sie als Priester verkünden, daß die in der Geschichte getroffenen Entscheidungen Konsequenzen für die Ewigkeit hätten. Er hoffe, daß der Todestag Methods für die Priester und Ordensleute der Tschechoslowakei „ein starker Ansporn" sein werde, „die Heiligkeit zu erlangen, damit ihr den Menschen unserer Zeit beistehen könnt, die seufzend euer liebevolles Wirken für ihr Heil im Namen Christi erbitten, es sehnlichst verlangen und darauf warten".[47]

Kardinal František Tomášek verlas Johannes Pauls Brief am 11. April vor 1 100 tschechoslowakischen Priestern – einem Drittel der Priesterschaft des Landes – bei einer großen Konzelebration in Velehrad. Es war die größte öffentliche Demonstration katholischer und priesterlicher Solidarität in der Tschechoslowakei seit 1948.

Johannes Paul feierte die Beiträge von Method und Kyrill zur religiösen und kulturellen Geschichte Europas auch dadurch, daß er seine vierte Enzyklika,

Slavorum apostoli [Die Apostel der Slawen], ihrem Andenken widmete.[48] Die im Juni 1985 veröffentlichte Enzyklika beschreibt die „heiligen Brüder von Saloniki, dem alten Thessalonike" als eifrige Missionare, denen es sowohl um die Einheit als auch um die Universalität der Kirche ging. Durch ihr Missionswerk seien die Westslawen in die Geschichte Europas und in die Heilsgeschichte eingeführt worden, so daß „sich die Slawen zusammen mit den anderen Völkern der Erde als Abkömmlinge und Erben der Verheißung fühlen [konnten], die Gott dem Abraham gegeben hat".[49] Die Brüder, die vor dem Bruch zwischen dem christlichen Osten und dem christlichen Westen nach Großmähren gekommen waren und deren Mission sowohl vom Bischof von Rom als auch vom Patriarchen von Konstantinopel gutgeheißen wurde, hätten hingebungsvollen Einsatz für die Einheit der Kirche, Ost und West, und für ihre Universalität gezeigt.[50] Weil sie die Grundlagen für die westslawische literarische Kultur gelegt hätten, sei ihr Werk der Glaubensverbreitung „in der Geschichte und im Leben dieser Völker und Nationen [ständig gegenwärtig]", auch wenn es von den Menschen und der Regierung eines gegebenen Augenblicks noch so sehr ignoriert werde.[51]

Slavorum apostoli befaßte sich mit umstrittenen Fragen, die seit dem II. Vatikanischen Konzil aufgekommen waren und Gebiete betrafen, die weit von Böhmen, Mähren und der Slowakei entfernt lagen. Eine von ihnen war die „Inkulturation", die „Inkarnation des Evangeliums in den einheimischen Kulturen". Im 9. Jahrhundert betrachteten manche das Vorhaben von Kyrill und Method, den Slawen das Evangelium in deren eigener Sprache zu bringen, als Gefahr für die Einheit der Kirche. Die beiden Brüder sahen das damals anders – wie Johannes Paul jetzt. Er behauptete, eine erfolgreiche Evangelisierung setze einen guten Einblick in „die geistige Welt" derjenigen voraus, denen man das Wort Gottes verkünde. Kyrill und Method hätten es sich zur Aufgabe gemacht, „Sprache, Sitten und Traditionen der Slawenvölker zu verstehen und zu durchdringen und dabei die menschlichen Werte und Intentionen, die darin lagen und zum Ausdruck kamen", im Licht des Evangeliums getreu zu deuten. Achtung vor den echten menschlichen Werten anderer und die Verpflichtung, diese Werte durch das Evangelium aufzunehmen und zu entwickeln, seien die beiden Dimensionen der durch Kyrill und Method beispielhaft durchgeführten „Inkulturation".[52]

Slavorum apostoli trug das Datum des 2. Juni, des Dreifaltigkeitssonntags. Kaum fünf Wochen später, am 5. Juli 1985, stieg der Phönix der katholischen Kirche in der Tschechoslowakei aus der Asche von Gustav Husáks „Normalisierung", als fast 200 000 Pilger zur öffentlichen Hauptfeier des Todestags von Method nach Velehrad kamen. Die Regierung hatte versucht, diese Feier für sich zu vereinnahmen und sie in ein konventionelles kommunistisches „Friedensfest" zu verwandeln. Doch als die Politiker die Pilger in diesem ideologischen Sinne begrüßten, riefen die Katholiken wie aus einem Mund: „Das ist eine Pilgerfahrt! Wir wollen den Papst! Wir wollen die Messe!"[53]

In den sieben Jahren, seit Johannes Paul Papst war, hatte die Kirche in der Tschechoslowakei neuen Mut gefaßt. Kardinal Tomášek war ein starker Verteidiger der Religionsfreiheit und Unterstützer der Charta 77 geworden, der von Václav Havel angeführten Bürgerrechtsbewegung. Eine Instruktion der Kongregation für den Klerus von 1982, die es Priestern verbot, sich einseitig politisch zu betätigen, hatte dazu beigetragen, die Zahl der an „Pacem in Terris" beteiligten Priester zu verringern, und den Einfluß dieser Organisation weitgehend zerstört.[54] Nun brachte Velehrad tschechische und slowakische Katholiken, die im Widerstand aktiv waren, zusammen und überbrückte die interne ethnische Teilung des Landes. Durch die Feierlichkeiten zum Todestag von Method wurde die Frömmigkeit des Volks mit dem Widerstand gegen die Regierung verbunden; die Teilnehmer wagten es, zu glauben, daß sie gemeinsam für die Religionsfreiheit eintreten konnten, und sie merkten, daß sie die Versuche der Regierung, sie zu manipulieren (wie bei dem angeblichen „Friedensfest"), zurückweisen konnten.[55] Jetzt hatte der katholische Widerstand in der Tschechoslowakei richtig begonnen.

Ein Aufruf zur Bestätigung: Die ausserordentliche Bischofssynode von 1985

Die Abhaltung einer außerordentlichen Synode am 20. Jahrestag des II. Vatikanums, um die Erfahrung des Konzils erneut zu durchleben und seine Umsetzung zu überprüfen, war laut Kardinal Joseph Ratzinger (der selbst eine wichtige Rolle im Drama dieser Synode spielte) Johannes Pauls „persönliche Idee". Das Konzil war nach der festen Überzeugung des Papstes eine große Gabe des Heiligen Geistes an die Kirche, die sowohl eine Feier als auch vertieftes Nachdenken erforderte.[56] Die ganze Kirche mußte sich von der politischen „liberal/konservativen" Auslegung des II. Vatikanums befreien und das Konzil als ein großes religiöses Erlebnis betrachten, dessen Hauptfigur der Heilige Geist war.

Kurz nach der Eröffnung der außerordentlichen Bischofssynode am 24. November 1985 sagte der belgische Kardinal Godfried Danneels bei einer Pressekonferenz verärgert, das sei „keine Synode über ein Buch, sondern über ein Konzil".[57] Das fragliche Buch war Kardinal Ratzingers Betrachtung des nachkonziliaren Zustands der Kirche, ein ausführliches Interview mit dem italienischen Journalisten Vittorio Messori, das Anfang 1985 unter dem Titel *Rapporto sulla fede* (deutsch: *Zur Lage des Glaubens*) veröffentlicht worden war. Danneels hatte natürlich recht, und Ratzinger selbst hätte das sicher bereitwillig zugegeben. Jahre später sagte Ratzinger, der Hinweis von Kardinal Danneels, „daß wir diese Synode als Kirchenväter über das Konzil abhalten und nicht, um über ein Buch zu sprechen", sei richtig und wichtig gewesen, denn *Il Rapporto*, wie das Buch in Rom genannt wurde, sei „nicht der Ausgangspunkt für die Synode" gewesen.[58]

Doch in gewisser Hinsicht war Ratzinger da zu bescheiden. *Il Rapporto* war weder Anlaß noch Hauptthema der Synode, doch Ratzinger hatte der Synode durch sein Buch quasi die Erlaubnis gegeben, über zwei Fragen zu sprechen, über die man in den beiden Jahrzehnten seit dem II. Vatikanum nur inoffiziell diskutiert hatte. Hatte es schwere Fehldeutungen des Konzils gegeben? Behinderten diese Fehldeutungen – besonders in bezug auf die besondere Natur der Kirche als „Communio" – die Rezeption der Konzilslehre in der Kirche? *Il Rapporto* brachte diese Fragen offen auf den Tisch und wirkte insofern entscheidend an dem geistigen Rahmen mit, in dem sich die Überlegungen der Synode bewegten und ihre Empfehlungen entstanden.

Die Themen bei der Synode waren größtenteils diejenigen, über die die Kardinäle Wojtyła und Ratzinger vor den Konklaven von 1978 gesprochen hatten. Das Engagement der Kirche in der modernen Welt mußte unverwechselbar kirchlich sein, denn sonst würde sie ihrem großen Auftrag „Geht zu allen Völkern, und macht alle Menschen zu meinen Jüngern; tauft sie auf den Namen des Vaters und des Sohnes und des Heiligen Geistes" (Matthäus 28,19) untreu. *Dazu*, und zu nichts Geringerem, war die Kirche da. Der Auftrag Christi hatte sie zu einer Dienerin der Menschenwürde gemacht. Durch Christus brachte die Kirche Befreiung. Die „Kirche in der Welt von heute" mußte sich als *Kirche* mit der Moderne befassen.

Wie eine sorgfältige Lektüre des *Schlußdokuments* der außerordentlichen Bischofssynode ergibt, waren sich die Mitglieder der Synode – mit unterschiedlichen Graden der Überzeugung und Begeisterung – darin einig, daß es zu Fehldeutungen des II. Vatikanums gekommen war und daß dieses Konzil neu interpretiert werden mußte.

Im *Schlußdokument* wurde nachdrücklich bestätigt, daß das II. Vatikanum „Gnade Gottes und Geschenk des Heiligen Geistes" gewesen sei und der Kirche und der Welt viel Gutes gebracht habe. Gegen Theologen wie Erzbischof Marcel Lefebvre, die das Konzil ablehnten, bezeichnete die Synode es unmißverständlich „als rechtmäßigen und gültigen Ausdruck und Interpretation des Glaubensschatzes (...), der in der Heiligen Schrift und in der lebendigen Tradition der Kirche enthalten ist". Daß die „breite Mehrheit der Gläubigen" das II. Vatikanische Konzil „mit Eifer angenommen" habe, sei Zeugnis dafür, daß seine Lehre wahr sei.

Bei der Rezeption des Konzils habe es jedoch „sicher auch Schatten" gegeben. Manche von ihnen hätten innere Gründe, zum Beispiel „das unvollständige und selektive Lesen des Konzils und eine oberflächliche Interpretation seiner Lehre". In den vergangenen 20 Jahren sei zu viel Zeit darauf verwendet worden, über die Verwaltung der Kirche zu diskutieren, und zu wenig darauf, Gott und Christus zu predigen. Außerdem habe es auch „Schatten" gegeben, die von außen kamen. Dazu gehöre ein ideologisch verhärteter Säkularismus, der sich jedem Dialog verschließe. Diese „Blindheit gegenüber geistigen Wirklichkeiten und Werten" zeige, daß das „Geheimnis der Ungerechtigkeit" auch heute am Werk sei.

Erforderlich sei „eine tiefere Rezeption des Konzils", dessen Texte „in Kontinuität mit der langen Tradition der Kirche" gelesen und verstanden werden müßten. Die katholische Kirche hatte nicht erst mit dem II. Vatikanischen Konzil angefangen, und eine vertiefte Rezeption des Konzils bedeutete, dessen Lehre im Licht einer 2 000jährigen Tradition zu verstehen.

Im *Schlußdokument* wurde außerdem bekräftigt, daß es die erste Aufgabe der Kirche sei, die Kirche zu sein: „Verkündigung und Bezeugung der Frohbotschaft von der Erwählung, Barmherzigkeit und Liebe Gottes, die sich in der Heilsgeschichte zeigt (...)." Hier gab es keine glanzvolle Selbstdarstellung, sondern sogar eine gewisse Bescheidenheit: „Die Kirche wird glaubwürdiger", schrieben die Synodenväter, „wenn sie weniger von sich selbst spricht, immer mehr Christus als den Gekreuzigten predigt." Der Weg der Kirche in der Welt sei immer der Weg des Kreuzes gewesen. Die leichte, reibungslose Konvergenz zwischen der Verkündigung des Evangeliums durch die Kirche und dem säkularen Fortschritt, die manche in *Gaudium et spes* hineingelesen hatten, entsprach nicht der Auffassung der Synodenväter von der „Kirche in der Welt von heute".

Die Erneuerung der Kirche selbst erforderte nach Ansicht der Synodenväter das, was sie schon immer erfordert hatte: Heilige. Die Synode bestätigte, daß alle Gläubigen zur Heiligkeit berufen seien, bezeichnete die jungen Erneuerungsbewegungen als große Hoffnungsträger und riet wie das II. Vatikanische Konzil dazu, daß alle Laien „ihr Amt in der Kirche und im täglichen Leben, so in Familie, Arbeitsplatz, weltlicher Tätigkeit und Freizeit erfüllen" sollten. Einer der besonders umstrittenen „inneren" Punkte bei der Synode war der theologische Status der nationalen Bischofskonferenzen gewesen, die in vielen Teilen der Welt erst nach dem Konzil gebildet worden waren. Die Synode erkannte einerseits die praktische Nützlichkeit dieser Institutionen als Instrumente zur Koordinierung seelsorglicher Aktivitäten an, andererseits aber auch die Autorität des örtlichen Bischofs, die nicht einer nationalen Konferenz übertragen werden könne.

Im *Schlußdokument* wurde betont, daß der Ökumenismus „im Bewußtsein der Kirche tief und unauslöschlich eingeschrieben" sei.[59] Bei einem ökumenischen Gottesdienst in der Synodenaula hatte Johannes Paul unmißverständlich gesagt: „Spaltungen unter den Christen laufen dem Plan Gottes zuwider."[60] Mit ihrem *Schlußdokument* blickten die Synodenväter wie der Papst über das Stadium guter Beziehungen zu den protestantischen und orthodoxen Christen hinaus auf eine echte kirchliche Einheit, bei der „die noch unvollkommene schon bestehende Gemeinschaft mit den nichtkatholischen Kirchen und Gemeinschaften durch Gottes Hilfe zu einer vollen Gemeinschaft" werde.[61]

Die außerordentliche Synode hatte auch ein paar Überraschungen zu bieten, darunter eine Umkehrung der Rollen. Die Progressiven waren jetzt nämlich die Partei, die für den Status quo eintrat. „Weshalb muß es denn Veränderungen geben?" klagte ein prominenter Progressiver, der beim II. Vatikanischen Konzil zu den Schöpfern der Klassifizierung liberal/konservativ gehört hatte. „Was ist denn gegen die Art und Weise, wie die Dinge bisher gelaufen sind, einzuwenden?" Diejenigen Progressiven, die sich am lautesten über „Rom" und die römische Kurie beklagten, waren zugleich die eifrigsten Verteidiger der neuen Kurien, die sich in den nationalen Bischofskonferenzen entwickelt hatten.[62] Langfristig wichtiger war die Tatsache, daß der Ökumenismus, den man lange mit der fortschrittlichen Auslegung der Konzilslehre gleichgesetzt hatte, einem Beobachter zufolge während der außerordentlichen Synode „nachdrücklich von der sogenannten Partei der Orthodoxie" beansprucht wurde.[63] Die Progressiven schienen mit dem Ökumenismus der Annäherung bei einem Fortbestehen der Trennung zufrieden zu sein. Johannes Paul dagegen drängte auf ein viel radikaleres Streben nach kirchlicher Einheit.

Die Umkehrung der Rollen zeigte sich am stärksten bei der Reaktion auf einen Vorschlag von Bernard Law, dem Kardinal von Boston, der in das *Schluß-*

dokument aufgenommen wurde. Dabei ging es darum, daß ein Weltkatechismus, ein „Kompendium der ganzen katholischen Glaubens- und Sittenlehre", ausgearbeitet werden sollte. Die Progressiven erkannten nicht, wie wichtig das für die Moderne war, und lehnten es als völlig überholt ab. Bischof James Malone, der Vorsitzende der Bischofskonferenz der USA, sagte zu einem Reporter, der ihn danach gefragt hatte: „Machen Sie sich deswegen keine Sorgen! Sie werden nicht alt genug werden, um die Fertigstellung dieses Katechismus noch zu erleben."[64] Da irrte sich der Bischof allerdings gründlich. Der *Katechismus der Katholischen Kirche* erschien 1993 und wurde ein internationaler Bestseller. Er war zum Teil eine Reaktion auf Befürchtungen, die katholische religiöse Unterweisung seit dem Konzil sei zu stark prozeßorientiert und befasse sich zu wenig mit dem Inhalt. Die Empfehlung der Synode, einen neuen Universalkatechismus zu erstellen, die der Papst in seiner Schlußansprache am 7. Dezember guthieß, berührte jedoch ein tieferes Problem mit noch weitgehenderen Auswirkungen. Sie betraf nämlich eine ganz entscheidende Dimension der „Kirche in der Welt von heute".

Johannes Paul II. betrachtete die Synode (und das II. Vatikanische Konzil) als Vorbereitung für den Eintritt der Kirche in das dritte Jahrtausend der christlichen Geschichte. Die Frage war, ob die Kirche diese Schwelle voller Selbstvertrauen und Zuversicht überschreiten würde, in der Überzeugung, daß sie ein glaubwürdiges Angebot zu machen hatte, oder aber ängstlich und zaghaft, unsicher im Hinblick auf sich selbst und die Grundlage der christlichen Hoffnung. In vielen christlichen Gemeinden bestanden tatsächlich Zweifel darüber, ob die Christen nach 2 000 Jahren über die Hoffnung, die sie erfüllte, noch „Rede und Antwort stehen" konnten – wie das Neue Testament (1. Petrus 3,15) es verlangte. Viele dachten, angesichts der weitverbreiteten Überzeugung, daß der Mensch nicht die Wahrheit über irgend etwas – geschweige denn über seine ewige Bestimmung – kennen könne, sei das wohl unmöglich. Andere hielten diese Aufgabe für unwichtig, weil das Christentum zwar „für die Christen wahr" sei, aber nichts sei, was man anderen nahebringen könne.

Der *Katechismus der Katholischen Kirche* war eine klare Aussage, daß der Katholizismus es durchaus für möglich hielt, ein kohärentes, umfassendes und überzeugendes Zeugnis für seinen Glauben und seine Religionsausübung abzulegen. Er konnte „Rede und Antwort stehen" über die Hoffnung, die ihn erfüllte und belebte. Er konnte den Männern und Frauen dieses Zeitalters ein Angebot machen: daß die Welt ihre Geschichte im Licht *dieser* Geschichte verstehen sollte.

Die nachdrückliche Bestätigung der missionarischen Aufgabe der Kirche durch die außerordentliche Synode von 1985 beendete nicht die Uneinigkeit im Katholizismus, bezeichnete aber das Ende einer Periode in der katholischen Geschichte. Die Synode hatte dem Konzil, das das Wagnis eingegangen war, keine maßgeblichen Hinweise für seine Auslegung zu liefern, eine maßgebliche Auslegung gegeben. Dieser Prozeß konnte jetzt durch weitere synodale Versammlungen und die nachsynodalen Schreiben des Papstes, mit denen die Arbeit der ordentlichen Synoden abgeschlossen wurde, weitergehen. Bestimmte Auslegungen des Buchstabens und des „Geistes" des II. Vatikanischen Konzils waren stillschweigend, aber deutlich verboten worden. Man hatte die Gefahr der Selbstsäkularisierung erkannt, und das war schon der erste Schritt zu ihrer Bekämpfung. Zumindest ein Teil des Mythos von den „Liberalen" und den „Konservativen" war zerstört worden. Für die Arbeit von zwei Wochen war das eine große Leistung.

Jenseits, nicht ausserhalb der Politik

Zwei Wochen nach dem Ende der außerordentlichen Synode schickte Johannes Paul Kardinal Roger Etchegaray, den Präsidenten der Päpstlichen Kommission „Justitia et Pax", in einer Sondermission nach Teheran und Bagdad; er sollte die Gefangenen beider Seiten aus dem blutigen Golfkrieg besuchen und die Möglichkeiten für ein Abkommen ausloten.

Etchegarays Besuch am Persischen Golf war die erste einer ganzen Reihe ähnlicher Missionen, die ihn in den folgenden 15 Jahren in verschiedene Problemregionen der Welt führen sollten – als Instrument des Papstes für die Entwicklung einer persönlichen Diplomatie neben der normalen des Heiligen Stuhls. Johannes Paul und der französische Kardinal waren über die Bedeutung von *Gaudium et spes* und die nachkonziliare Situation des Katholizismus in Frankreich unterschiedlicher Meinung.[65] Doch der frühere Erzbischof von Marseille war ein gewandter Gesprächsführer, und er besaß die Fähigkeit, mit Menschen auszukommen, deren Erfahrungen und Ansichten sich von seinen eigenen stark unterschieden. Johannes Paul hatte das erkannt, und so schickte er ihn in den nächsten 15 Jahren immer wieder in Länder, die von Konflikten zerrissen wurden – darunter der Libanon, Mosambik, Angola, Äthiopien, Südafrika, der Sudan, Namibia, Kuba, Haiti, Mittelamerika, Vietnam, die Kapverdischen Inseln, Guinea-Bissau, China, Myanmar, Liberia, Ruanda, Burundi, Indonesien und Osttimor sowie der Balkan.[66]

Kardinal Etchegaray verfolgte seine „Paralleldiplomatie" nicht als offizieller Vatikanvertreter, sondern als persönlicher Beauftragter des Papstes – ein kleiner, aber wichtiger Unterschied, denn dadurch erhielt er Zugang zu allen Konfliktparteien und konnte mit ihnen sprechen, ohne daß der Heilige Stuhl auf eine bestimmte Position oder Vermittlungsstrategie festgelegt worden wäre. Etchegaray betrachtete diese Missionen nicht als diplomatisch im formellen Sinn. Er reiste im Auftrag Johannes Pauls an die Schauplätze von internationalen oder Bürgerkriegen, um die Sorge des Papstes für die Betroffenen zum Ausdruck zu bringen. Wenn es ihm als Ergebnis seiner Kontakte zu allen beteiligten Parteien gelang, Kommunikationskanäle zwischen ihnen herzustellen, war das um so besser.

Genaugenommen war das gar keine Politik. Der Kardinal selbst sagte einmal, es sei eine „Verstärkung und Ausweitung der spirituellen Mission" Johannes Pauls, der bei Konflikten als Werkzeug der Versöhnung anwesend sein wolle. Der Papst sei ein Mann „jenseits, nicht außerhalb der Politik". Durch seine „Politik der Anwesenheit" habe er manchmal mehr tun können, um die erforderlichen Gespräche in Gang zu bringen, als die offizielle Diplomatie.[67]

Diese Arbeit hinter den Kulissen war schwierig und riskant, und das Risiko bestand keineswegs nur darin, daß Etchegaray immer wieder über schlechte Straßen fahren mußte, die mit Landminen übersät waren. Dadurch, daß er den französischen Kardinal in die Konfliktgebiete schickte, trieb Johannes Paul die öffentliche Mission der Kirche weit über die Grenzen hinaus, an die die vorsichtigen Diplomaten seines Staatssekretariats gewöhnt waren. Der Papst und sein diplomatischer „Feuerwehrmann" waren bereit, diese Risiken einzugehen, um der „Kirche in der Welt von heute" in einigen der schwierigsten Situationen am Ende des 20. Jahrhunderts eine neue Art der Präsenz zu verleihen.

„People Power": Die Macht eines katholischen Volkes

Während in Rom die außerordentliche Bischofssynode stattfand, entwickelte sich auf den Philippinen, im einzigen katholischen Land Asiens, eine andere Art der Revolution, die Johannes Pauls Vision von der Kirche in der Welt von heute verkörperte.

Zwei Jahre nach der Papstreise von 1981 zur Seligsprechung von Lorenzo Ruiz verschärfte die philippinische Bischofskonferenz ihre öffentliche Kritik an der zunehmend repressiven Regierung Marcos. In einem Hirtenbrief vom Februar 1983, „A Dialogue for Peace" [Ein Dialog für den Frieden], hatten die Bischöfe der Regierung zahlreiche Verletzungen der bürgerlichen Freiheiten und Mißwirtschaft in Verbindung mit massiver Korruption vorgeworfen. Außerdem hatten sie darüber geklagt, daß Priester und Ordensfrauen wegen ihrer Arbeit für die Gerechtigkeit verhaftet oder eingeschüchtert wurden, und Marcos davor gewarnt, daß die Spannungen sich verschärfen würden, wenn er keine grundlegenden Reformen durchführe.

Am 21. August 1983 wurde Benigno Aquino, ein prominenter Marcos-Gegner, bei seiner Rückkehr aus dem Exil auf dem Flughafen von Manila durch Schüsse in den Kopf getötet, als er aus dem Flugzeug stieg. Einen Monat später ging eine halbe Million Filipinos auf die Straße, um gegen die Regierung zu protestieren. Am 27. November, an dem Aquino seinen 51. Geburtstag gefeiert hätte, veröffentlichte die Bischofskonferenz wieder einen Hirtenbrief, „Reconciliation Today" [Versöhnung heute], in dem sie betonte, daß die Macht der christlichen Liebe korrupte Politik verwandeln könne und daß Versöhnung die unverzichtbare Voraussetzung für echte soziale Veränderungen sei.

In den ersten Monaten des nächsten Jahres schwelte die Lage weiter vor sich hin. Im Juli befaßte sich ein weiterer Hirtenbrief der Bischofskonferenz, „Let There Be Life" [Es werde Leben], mit der Ermordung von Aquino, die als neues Beispiel für die von der Regierung Marcos ausgehende Gewalt hingestellt wurde. „Der Mord hat uns alle stärker schockiert als jeder andere in der jüngeren Vergangenheit", hieß es. „Und für viele von uns war er das entscheidende Ereignis, das uns aus unserer Lethargie aufrüttelte und uns zwang, uns der Gewalt zu stellen, die (...) praktisch zu einem alltäglichen Aspekt unseres Lebens als Nation [geworden ist]." Gleichzeitig betonten die Bischöfe erneut, daß der Weg zum sozialen Wandel die Versöhnung sei.

Im August und September fanden anläßlich des ersten Todestags von Aquino große öffentliche Demonstrationen statt. Im Oktober kam eine unabhängige Kommission zu dem Ergebnis, daß der Tod Benigno Aquinos auf eine Verschwörung des Militärs zurückzuführen sei. Im Januar 1985 wurden 25 Männer angeklagt, darunter auch General Fabian Ver, der Stabschef der philippinischen Streitkräfte. Im Juli gab die Bischofskonferenz eine „Message to the People of God" [Botschaft an das Volk Gottes] heraus, in der sie die „zunehmende Anwendung von Gewalt zur Unterwerfung der Menschen" als „erschreckende Realität, die wir als Hirten nicht ignorieren können" bezeichnete. Im September folgten weitere Demonstrationen gegen Marcos. Am 3. November setzte Ferdinand Marcos Präsidentschaftswahlen für Anfang 1986 an. Durch die kurzfristige Anberaumung versuchte er vermutlich, die Opposition zu verwirren, in der es zahlreiche Personen gab, die als Kandidaten in Frage kamen. Am 3. Dezember (einen Tag, nachdem alle wegen des Mordes an Benigno Aquino Angeklagten freigesprochen worden waren) kündigte Aquinos Witwe Corazon ihre Kandidatur für das Präsidentenamt an und einte die Opposition dadurch.

Nachdem die Regierung den 7. Februar 1986 als Wahltag festgelegt hatte, entwickelte sich das Drama auf den Philippinen schnell weiter. Die Regierung tat alles, was in ihren Kräften stand, um die Wähler einzuschüchtern und die Wahl zu beeinflussen. Es hatte sich eine oppositionelle Organisation von Wahlbeobachtern, die „Nationale Bürgerbewegung für freie Wahlen" [NAMFREL], gebildet. Am 28. Dezember betonten Kardinal Sin und seine Weihbischöfe in einem Hirtenbrief an die Erzdiözese Manila, es sei Christenpflicht, zu wählen; sie verpflichteten sich außerdem zur Zusammenarbeit mit der NAMFREL, wiesen darauf hin, daß Wahlbetrug „zutiefst unmoralisch und unchristlich" sei, und mahnten zur Abkehr von Gewalt. Drei Wochen später, am 19. Januar 1986, gaben der Kardinal, seine Weihbischöfe und der Priesterrat der Erzdiözese einen weiteren Hirtenbrief heraus, „A Call to Conscience" [Ein Appell an das Gewissen], in dem sie die „finstere Verschwörung einiger Leute und Gruppen mit dem Ziel, den ehrlichen und geordneten Ausdruck des wahren Volkswillens zu verhindern" scharf verurteilten. Niemand nahm an, daß damit die NAMFREL gemeint war.

Am 25. Januar veröffentlichte die gesamte nationale Bischofskonferenz einen Hirtenbrief. Sein Inhalt wurde im Titel zusammengefaßt: „We Must Obey God Rather Than Men" [Wir müssen Gott gehorchen, nicht den Menschen]. Die Bischöfe schrieben, eine „Verschwörung des Bösen" drohe die Wahl zu untergraben und das Land noch tiefer ins Verderben zu stürzen. Als Bürger des einzigen katholischen Landes in Asien hätten die Filipinos die Pflicht, sich für eine moralisch seriöse Politik einzusetzen und gewaltlos gegen das Böse zu kämpfen.

Zwei Tage vor der Wahl formulierte Corazon Aquino, inzwischen nur „Cory" genannt, das Problem der philippinischen Erneuerung in deutlich religiöser Sprache:

> Ich habe alles Menschenmögliche getan, um unserem unterdrückten Volk die Macht zurückzugeben – doch es kommt ein Punkt, an dem die Macht Gottes eingreifen muß. Wir können diese Wahl ohne die Hilfe Gottes nicht gewinnen. (...) Nachdem wir geschworen haben, wachsam zu sein und sogar unser Leben dafür zu

opfern, das Marcos-Regime zu stürzen, können wir nur noch beten. Die überwältigende Unterstützung unseres Volkes haben wir bereits – jetzt brauchen wir nur noch Gebete.

Die Wahl am 7. Februar war ein von der Regierung organisierter Betrug. Einige Tage später gab die Bischofskonferenz ein schonungsloses „Post-Election Statement" [Erklärung nach der Wahl] heraus, in dem sie die „beispiellose Betrügerei" bei der Wahl anprangerte, feststellte, daß die auf dieser Grundlage gewählte Regierung „keinen moralischen Anspruch" auf die Macht habe, und das philippinische Volk dazu aufrief, sich auf „friedliche und gewaltfreie Weise nach der Art Christi" gegen das ihm zugefügte Unrecht zu wehren. Im Staatssekretariat des Vatikans herrschte wegen der Situation auf den Philippinen große Besorgnis. Der päpstliche Nuntius, Erzbischof Bruno Torpigliani, war nicht der Mann, der Aktionen des Volkes gegen die Regierung, bei der er akkreditiert war, gebilligt hätte. Kardinal Sin und die anderen philippinischen Bischöfe machten jedoch mutig weiter; sie erklärten die Regierung Marcos für moralisch unrechtmäßig und forderten das philippinische Volk auf, etwas gegen sie zu unternehmen – gewaltlos.

Diese außergewöhnliche Erklärung und die Bestätigung des Siegs von Marcos durch eine Nationalversammlung, die sein bloßes Werkzeug war, am 15. Februar lösten dann die „People Power"-Revolution auf den Philippinen aus. Bei einer Messe des „Siegs für das Volk", die am 16. Februar vor einer Million Menschen im Luneta-Park in Manila gefeiert wurde, rief Corazon Aquino öffentlich zu einer Kampagne des gewaltlosen Widerstands gegen das Regime auf. Ihre Worte wurden über das kirchliche Radio Veritas im ganzen Land verbreitet. Sechs Tage später brachen Verteidigungsminister Juan Ponce Enrile und der stellvertretende Stabschef der philippinischen Armee, General Fidel Ramos, mit Marcos und verschanzten sich in Camp Aguinaldo in Manila (der Militärbasis, in der das Verteidigungsministerium angesiedelt war) und Camp Crame (dem Hauptquartier von Ramos). Sie baten Kardinal Sin um Hilfe, da sie einen bewaffneten Angriff marcostreuer Truppen auf die beiden Camps befürchteten. Sin fragte sie, ob sie Corazon Aquino als rechtmäßig gewählte Präsidentin des Landes betrachteten. Das bestätigten sie ihm. Daraufhin rief der Kardinal über Radio Veritas „alle Kinder Gottes" auf, sich zu den beiden Camps zu begeben und den aufständischen Verteidigungsminister, General Ramos und die Soldaten, die sich ihm angeschlossen hatten, zu schützen.

Jetzt konzentrierte die Revolution sich auf die breite Straße zwischen Camp Aguinaldo und Camp Crame: die Epifanio de los Santos [Epiphanie der Heiligen] Avenue, kurz EDSA genannt. In den nächsten drei Tagen bildeten Hunderttausende unbewaffneter Filipinos einen riesigen menschlichen Schutzschild zwischen den Regierungstruppen und den beiden Camps. Sie brachten den Besatzungen der Panzer, mit denen Marcos die Rebellen bedrohte, Rosenkränze, Blumen und Brötchen. Jung und alt, Laien, Priester, Ordensmänner und -frauen, reiche und arme Menschen und die Mittelklasse – sie alle strömten zur EDSA-Revolution, als ein *kairos* im biblischen Sinne – ein gnadenreicher günstiger Augenblick – aus Menschen, die jahrelang geschwiegen und nichts unternommen hatten, gewaltlose Widerständler machte. Später schrieb eine Journalistin, die meisten dieser Menschen hätten Todesangst gehabt. „Doch sie kamen trotzdem. Ihr geistliches Oberhaupt hatte sie ja dazu aufgefordert." Henrietta de Villa, eine bekannte katholische Laiin, brachte ihre ganze Familie mit, sogar ihren zehn Monate alten Enkel. Sie war überzeugt, daß dies ein Ereignis war, „dem wir uns alle zusammen stellen müssen".

Radio Veritas war ein ganz wichtiges Instrument für den Widerstand, denn es lenkte die riesigen Menschenmassen und rief immer wieder zur Gewaltlosigkeit auf. Am Morgen des 23. Februar zerstörten marcostreue Truppen den Sender, doch man fand schnell neue Sendemöglichkeiten. Auf den Stufen, die zu den Studios führten, saßen Nonnen, die den Rosenkranz beteten und die Sendeanlagen und die Radioleute vor den Truppen von Marcos schützten. Kardinal Sin und seine Mitstreiter gingen sehr geschickt mit der Situation um, die leicht in Gewalttätigkeit hätte umschlagen können. Sie betonten immer wieder in Radiomitteilungen, daß die Revolution auf der EDSA gewaltfrei bleiben müsse. Am 24. Februar hielten Enrile und Ramos, die beide Protestanten waren, um 18.45 Uhr vor einer Statue der Heiligen Jungfrau eine Pressekonferenz ab und erklärten, daß Corazon Aquino durch Wahlbetrug um das Präsidentenamt gebracht worden sei.

Während Marcos überlegte, welche Möglichkeiten ihm blieben, und der Kardinal weiter zu gewaltlosem Widerstand aufrief, wuchs die Spannung unaufhörlich. Immer mehr Menschen strömten zur EDSA. An strategisch wichtigen Punkten wurden Kreuze errichtet, um den Panzern und Truppentransportern den Weg zu versperren. Überall sah man Plakate und Fahnen mit religiösen Sprüchen und die Rosenkränze, die die Menge den Panzerbesatzungen aufdrängte. Als die Regierung der USA erkennen ließ, daß sie Marcos nicht mehr unterstützte, brach dessen Herrschaft zusammen. Die marcostreuen Truppen zogen sich von den Zufahrten zu Camp Aguinaldo und Camp Crame zurück, Ferdinand und Imelda Marcos flohen nach Hawaii ins Exil, und Corazon Aquino wurde als Präsidentin der Republik der Philippinen vereidigt.[68]

Kardinal Sin schrieb später, er sei „von der Solidarność der Arbeiter und der Art, wie die Kirche, vor allem der Papst, diese Bewegung zum Wohle Polens und letztlich zum Wohle Europas und der ganzen Menschheit unterstützt" habe, „tief berührt gewesen".[69] Trotz der extremen Vorsicht, die Erzbischof Torpigliani an den Tag gelegt hatte, und der Kritik, die Sin in den Monaten vor der „People Power"-Revolution durch das Staatssekretariat erfahren hatte, fühlte der Kardinal sich von Johannes Paul unterstützt und ermutigt. Er schrieb später, der Papst habe alles verstanden und ihn „stets ermutigt, weiterzumachen".[70]

Johannes Paul verstand Sin und seine Mitstreiter, weil sie sich für genau die Art der christlichen Befreiung einsetzten, für die er selbst seit seiner Wahl eingetreten war. Sie unterschied sich in sieben wichtigen Aspekten von verschiedenen lateinamerikanischen Befreiungstheologien.

Die „People Power"-Revolution war eine Widerstandsbewegung auf breiter Basis gegen eine verlogene, gewalttätige, korrupte Regierung, keine Übung im Klassenkampf. Kardinal Sin und seine Mitstreiter sowie die Person, die das Symbol der Revolution war, Corazon Aquino, riefen immer wieder zur Gewaltlosigkeit auf. Auf den Philippinen gab es keine Spur einer legitimen „Gegengewalt" gegen die „erste Gewalt sündhafter sozialer Strukturen". Wie die polnische Solidarność war die EDSA-Bewegung eine religiös inspirierte Bewegung für soziale Reformen, keine politische Partei; sie berief sich, wie Kardinal Sin und die philippinischen Bischöfe, ausdrücklich auf religiöse und moralische Prinzipien, nicht auf ideologische oder politische. Geistliche, nicht Intellektuelle, beherrschten die Lage, und die Revolution auf der EDSA wurde von kluger seelsorglicher Verantwortung angetrieben, nicht von dem Wunsch, Theorien in der Praxis auszuprobieren. Die Revolution wurde von katholischen Erneuerungsbewegungen unterstützt, die mit der Hierarchie verbunden waren und sich nicht als alternative „Volkskirche" im Gegensatz zur „institutionellen Kirche" betrachteten.

Kardinal Sin versicherte später, er habe nicht als Politiker gehandelt, sondern als Seelsorger, und sein Widerstand sei moralisch gewesen, nicht politisch im engeren Sinne.[71] Diese Unterscheidung ist wichtig, auch wenn sie nicht immer leicht aufrechtzuerhalten ist. Während des betrügerischen Wahlkampfs von 1985/86 sagte Kardinal Sin bei einer Versammlung des Rotary Clubs als Entgegnung auf Vorwürfe der Regierung, daß Priester sich politisch betätigt hätten, das erinnere ihn an „den Weisen, der sagte, Kriege seien viel zu wichtig, um sie allein in die Hände von Generalen zu legen. Könnte man nicht das gleiche vom Regieren sagen – daß es nämlich viel zu wichtig ist, um es allein in die Hände von Politikern und Politologen zu legen?"[72] In Situationen wie in Polen oder auf den Philippinen hätten Geistliche die moralische Verpflichtung, gegen die Übergriffe übler Regierungen für die Menschenrechte einzutreten. Das habe zwar öffentliche und durchaus auch politische Auswirkungen, sei aber keine einseitige Parteinahme in dem Sinne, daß die Kirche zum Konkurrenten im gleichen Machtspiel geworden wäre. Es sei vielmehr ein Eintreten für eine Änderung dieses Spiels.

Den westlichen Beobachtern mag die Revolution auf der EDSA eher wie ein Volksfest vorgekommen sein, doch für die Beteiligten war sie eine sehr ernste Sache. Der frühere Korrespondent des *Wall Street Journal*, Araceli Lorayes, der aktiv an den Ereignissen beteiligt war, formulierte das so: „Man brauchte nur darüber nachzudenken, wie verzweifelt die Lage der Aufständischen war, wie völlig machtlos wir alle waren – sowohl die Opposition, die sich versteckt hielt, als auch die Menschen auf der EDSA –, um zu erkennen, daß wir letztlich alle in Gottes Hand waren." Viele rein weltlich denkende Reporter hätten nicht begreifen können, daß „das innere Leben" der philippinischen Revolution, „ihre Antriebskraft, das Gebet war". Lorayes behauptete nicht, daß die „People Power"-Revolution von 1986 ein Wunder im engeren Sinn war: ein Ereignis, das Gott durch die Aufhebung der Naturgesetze herbeiführte. Doch die Macht des Heiligen Geistes hatte durch sehr fehlbare Menschen (von denen manche, wie Verteidigungsminister Enrile, vielschichtige Motive hatten) „die philippinische Nation vor einer fast sicheren Katastrophe bewahrt".[73]

Nach Ansicht von Johannes Paul, Kardinal Sin und Hunderttausenden Filipinos hatte ihre Revolution nicht nur den Philippinen etwas Gutes gebracht, sondern auch etwas Wichtiges in bezug auf die *conditio humana* bewiesen. Die Tiefendimension der Geschichte, die für die Augen des Glaubens erkennbar war, gab dem, was an der Oberfläche geschah, einen Sinn.

Die Begegnung mit den Weltreligionen

Die vorsichtigen Diplomaten im Staatssekretariat hegten nicht nur die Befürchtung, daß der Papst und der Erzbischof von Manila auf den Philippinen unklug handelten, sondern Kurienbeamte und Bischöfe auf der ganzen Welt fragten sich auch, ob Johannes Paul mit einer der innovativsten Initiativen seines Pontifikats – einem Weltgebetstag für den Frieden, zu dem sich nichtkatholische und nichtchristliche Religionsführer aus der ganzen Welt im Oktober 1986 in Assisi treffen sollten – der Häresie des Synkretismus nicht gefährlich nahe kam.

Johannes Paul kündigte diese Initiative am 25. Januar 1986 an, und die negativen Reaktionen erfolgten fast sofort. Ein Zusammentreffen der Führer der Weltreligionen – ließ das nicht darauf schließen, daß die katholische Kirche alle religiösen Traditionen als gleichwertig betrachtete? Wie konnte der Papst mit Männern und Frauen beten, die einen anderen Gott oder viele Götter verehrten? Bei diesen Fragen ging es um wichtige theologische Probleme. Doch unter der Oberfläche war etwas wie der Vorwurf eines Kurienbeamten zu spüren, Johannes Paul mache aus dem Vatikan einen „Marktplatz": Warum sah der Papst nicht ein, daß so etwas schlicht *unpassend* war?

Tatsächlich war der Weltgebetstag für den Frieden eine Idee von Johannes Paul. Seine Vorgänger hätten, wenn sie einen solchen Schritt erwogen hätten, wohl ein Memorandum herumgeschickt, um die Reaktionen der vatikanischen Bürokratie zu ergründen – und damit wäre die ganze Sache gestorben gewesen. Johannes Paul aber vertraute seiner Intuition. Er sprach mit Kardinal Francis Arinze vom Sekretariat für die Nichtchristen und Kardinal Roger Etchegaray darüber. Bei diesen Gesprächen beschloß man, daß Etchegarays Päpstliche Kommission „Justitia et Pax" die Verantwortung für die Organisation – „wer, was, wann, wo und wie" – übernehmen sollte.[74] Etchegaray erklärte seinen Kollegen, der Papst sei überzeugt, daß die religiösen Traditionen der Welt „tiefe Quellen und Mittel" für den Umgang mit den internationalen Konflikten der Welt besäßen. Ihre Verpflichtung zum Gebet sei eine davon.

Johannes Paul war klar, daß das kein universales gemeinsames Gebet bedeuten konnte, denn das wäre wirklich Synkretismus gewesen und war daher unmöglich – nicht nur für ihn selbst, sondern auch für andere. „Zusammenzusein, um zu beten" war etwas anderes. Etchegaray und seine Kollegen mußten versuchen, „eine Möglichkeit zu finden, durch die jeder auf seine eigene Weise beten und danach mit den anderen zusammenkommen" konnte. Die Leute von der Kommission „Justitia et Pax" waren der Ansicht, daß auch gefastet werden sollte. Erzbischof Virgilio Noë, der frühere päpstliche Zeremonienmeister, der nun Sekretär der Kongregation für den Gottesdienst war, schlug vor, daß zu dem Ereignis auch Bewegung – als Symbol für eine Pilgerfahrt – gehören sollte. Schließlich beschloß Johannes Paul, daß der Weltgebetstag der Religionen für den Frieden in Assisi stattfinden sollte, wo auch er ein Pilger sein würde.[75]

Die endgültige Planung sah dann folgendermaßen aus: Johannes Paul würde die anderen Religionsführer in der Portiuncula empfangen, der kleinen Kapelle in der Ebene unterhalb von Assisi, die die Lieblingskirche des hl. Franziskus war. Jeder von ihnen würde sich an einen anderen Ort in der Stadt begeben und dort 90 Minuten lang mit seinen Begleitern beten. Dann würden sich alle auf dem großen Platz vor der Basilika treffen, wo ein Podium errichtet werden sollte. Dort würde jeder der Religionsführer ein Gebet nach seiner Tradition darbringen. Der Papst würde eine Schlußansprache halten, und danach würden die Religionsführer ihr Fasten gemeinsam beenden.[76]

Während in der Kurie weiter über die Vorbereitungen für Assisi gemurrt wurde, brach Johannes Paul am 31. Januar zu einer zehntägigen Reise auf. Sein Ziel war Indien, ein Land beispielloser Begegnungen zwischen den Religionen.

Im Land der Unberührbaren

Johannes Paul flog kreuz und quer über den riesigen Subkontinent; seine erste Station war Neu-Delhi, und dann ging es weiter nach Ranchi, Kalkutta, Shillong, Madras, Goa, Mangalore, Trichur, Cochin, Ernakulam, Verapoly, Kottayam, Trivandrum, Vasai, Poona und Bombay. Am Tag seiner Ankunft besuchte er das Raj-Ghat-Grabmal Mahatma Gandhis und sprach über die Seligpreisungen.[77] Er reiste in den Staat Assam im fernen Nordosten, der Ausländern normalerweise nicht zugänglich war, und las die Messe auf einem Feld; die einheimischen Bauern wurden in Holzpferche getrieben, damit die Behörden sie besser unter Kontrolle halten konnten.[78] In Madras betete er an dem Ort, wo nach der Überlieferung der Apostel Thomas begraben liegt.

Der Dienst der Christen an den Armen und Verlassenen war ein immer wiederkehrendes Thema von Johannes Pauls Ansprachen in Shillong, Madras, Goa, Mangalore und natürlich Kalkutta. Dort traf er das lebende Symbol des christlichen Dienstes in Indien, Mutter Teresa, der es im Laufe der Jahre gelungen war, ungefähr 50 000 kranke Inder aus der Gosse in ihr „Haus des reinen Herzens" zu holen. Die Freundschaft zwischen dem Papst aus Polen und der kleinen, in Albanien geborenen Nonne war tief und intuitiv: Sie verstanden einander „ohne viele Worte", wie einer der Papstbegleiter es formulierte. Für Johannes Paul war Mutter Teresa eine „Botschaft in Person" des 20. Jahrhunderts und eine lebende Bestätigung dafür, daß das in der menschlichen Natur verankerte Gesetz des Gebens auf eine Weise gelebt werden konnte, die zu größtem Glück führte. Niemand war glücklicher als Mutter Teresa, die von ungeheurem Leid umgeben war und in fast unvorstellbarer Askese lebte. Immer, wenn sie mit dem Papst zusammentraf (meistens in Rom), wollte sie über das Wachstum ihrer Gemeinschaft, der Missionarinnen der Nächstenliebe, sprechen: „Ich habe ein Haus in Rußland eröffnet." Oder: „Ich habe ein Haus in China eröffnet." Daß diese Gemeinschaft von Ordensschwestern, die die härteste Art des christlichen Dienstes vorlebte, wuchs und gedieh, während andere Gemeinschaften starben, machte auf Johannes Paul großen Eindruck. Noch beeindruckender war das tägliche Zeugnis der Missionarinnen der Nächstenliebe, die heitere Gelassenheit, mit der sie ihr hartes Leben führten. Johannes Paul kam zu dem Schluß, daß Rom etwas von diesem Zeugnis brauchen konnte. Später erzählte er, er sei mit dem Vorsatz aus Indien zurückgekommen, im Vatikan ein von den Schwestern Mutter Teresas geführtes Hospiz einzurichten.[79]

Daß die Gemeinschaft von Mutter Teresa ihr Werk in Indien tat, wo die Christen eine ausgesprochene Minderheit waren, verschaffte der Kirche in der dortigen Gesellschaft eine Position, die selbst die stark nationalistisch eingestellten Hindus respektieren mußten. Die Realität Mutter Teresas und der Missionarinnen der Nächstenliebe in den Slums von Kalkutta bewies außerdem eine Wahrheit über das Besondere und das Allgemeine, die weit über Indien hinausgehende Auswirkungen hatte. Mutter Teresa war keine auffallend einnehmende Vertreterin eines allgemein-menschlichen Anstands. Sie war vielmehr ein universales Rollenmodell, gerade weil sie eine radikal engagierte Christin war. Sie und ihre Schwestern verkörperten zwei universale Güter – Mitleid und tiefe Achtung vor der Menschenwürde der Ärmsten der Armen – durch das „Besondere" des Katholizismus. Mutter Teresa war die lebende Widerlegung der heute häufig vertretenen Behauptung, daß eine besondere Verpflichtung den eigenen Horizont einschränke.

In Assisi

Als der Herbst 1986 kam, wurden die Vorbereitungen für den Weltgebetstag der Religionen für den Frieden abgeschlossen. Zwei Erneuerungsgruppen, die Gemeinschaft Sant'Egidio und die Fokolar-Bewegung, übernahmen die Verantwortung für die Organisation in Assisi. Der Kommilitone des Papstes am Angelicum, Bischof Jorge Mejía, damals Stellvertreter von Kardinal Etchegaray in der Päpstlichen Kommission „Justitia et Pax", wurde gebeten, die Hintergründe des Ereignisses (das noch immer viel Murren hervorrief) in einem Artikel für die Vatikanzeitung *L'Osservatore Romano* zu erläutern. Mejía erklärte in seinem langen Artikel noch einmal geduldig, es sei schwer zu begreifen, wie wir als Christen uns dem Gebet von anderen, die nicht an den Gott Abrahams glauben, anschließen könnten; trotzdem bleibe es eine Tatsache, daß „unser Anwesendsein, wenn ein anderer betet oder wenn viele andere zum gemeinsamen Gebet zusammenkommen, nur unsere eigene Gebetserfahrung bereichern" könne. Er wies außerdem scharf auf die Art von Welt hin, in der diejenigen lebten, die sich über Johannes Pauls Initiative beschwerten: In „einer Welt, in der so wenig gebetet" werde, erhalte „diese ungewöhnliche Tatsache, daß Gläubige unterschiedlicher Religionen zusammenkommen, um zu beten, den Wert eines außerordentlichen, besonders fruchtbaren Zeugnisses". „Welche bessere Antwort könnte tatsächlich dem überhandnehmenden Säkularismus erteilt werden, wenn nicht dieses gemeinsame In-Bewegung-Setzen mit dem Ziel, einander zu begegnen, um mit Gott zu sprechen, jeder nach seiner Weise?"[80]

Nach Ansicht Mejías war die ganze Initiative ein Beispiel für „den ungeheuren Wagemut" seines alten Kommilitonen vom Angelicum.[81] Ob ihnen das nun gefiel oder nicht – schließlich verstanden die höheren Kurienmitglieder die Botschaft. Der Weltgebetstag für den Frieden würde stattfinden, auch ohne ihre Billigung; und so beschlossen sie, daß sie dabeisein und ihre angestammten Plätze als Angehörige der Cappella Papale, der „Papstkapelle", ganz vorn einnehmen mußten. Kardinal Etchegaray versicherte ihnen, daß sie selbstverständlich willkommen sein würden – auf ihre gewohnten Plätze müßten sie jedoch verzichten, da es nicht angehe, die ersten drei Reihen auf der Piazza bei der Abschlußveranstaltung mit Kardinälen zu besetzen. Mejía sagte später, die Kurienmitglieder seien darüber nicht gerade glücklich gewesen.[82]

Der Weltgebetstag der Religionen für den Frieden, der 27. Oktober 1986, lief dann fast reibungslos ab. Es gab nur einen Zwischenfall: Kardinal Arinze hatte darauf gedrängt, daß zu den eingeladenen Religionsführern auch afrikanische Animisten gehörten. Einer von ihnen war schon sehr alt, und er war traditionell gekleidet – das heißt, er trug fast nichts, und das bei recht kühlem Wetter. Er fiel in Ohnmacht, erholte sich aber rechtzeitig, um Johannes Paul beim Essen nach dem Abschlußgottesdienst begegnen zu können.

Johannes Paul selbst kam nicht dazu, etwas zu essen. Er hatte für die anderen Religionsführer zur Erinnerung Stiche drucken lassen, die verteilt wurden, als sich die ganze Gruppe zur Beendigung des gemeinsamen Fastens traf. So gut wie alle wollten die Unterschrift des Papstes auf ihrem Exemplar haben.[83]

WIEDERAUFNAHME EINES ALTEN GESPRÄCHS

So kühn Johannes Pauls Initiativen gegenüber den Weltreligionen auch waren – es konnte nie Zweifel daran bestehen, daß er der Begegnung der Kirche mit dem Judentum ganz besondere Bedeutung zumißt. In den Monaten nach dem Weltgebetstag in Assisi verfolgte er den Vorschlag, den er im April 1986 bei seinem Besuch der Synagoge von Rom gemacht hatte, mit noch größerem Nachdruck.

Johannes Pauls Einstellung zu den Juden, dem Judentum und den Beziehungen zwischen Juden und Katholiken läßt in den vergangenen 20 Jahren eine stetige Weiterentwicklung erkennen. Bei seinem allerersten Zusammentreffen mit Vertretern römisch-jüdischer Organisationen am 12. März 1979 wies er darauf hin, daß die „beiden Religionsgemeinschaften auf der Ebene ihrer je eigenen religiösen Identität eng und beziehungsvoll miteinander verbunden" seien. Aus katholischer Sicht sei der Dialog mit dem Judentum eine *religiöse* Verpflichtung und daher besonders wichtig.[84] Fünf Jahre später, 1984, bei seiner Ansprache anläßlich einer Audienz für Vertreter der Liga gegen die Diffamierung des Judentums [Anti-Defamation League of B'nai B'rith, ADLI], brachte Johannes Paul die Frage einen Schritt weiter: Die Begegnung zwischen Katholiken und Juden sei „kein Treffen zweier antiker Religionen, die je ihren eigenen Weg gehen". Zwischen ihnen bestehe vielmehr eine Nähe, die „auf dem geheimnisvollen geistlichen Band gegründet" sei, „das uns in Abraham nahe zusammenbringt und durch Abraham in Gott, der Israel erwählte und aus Israel die Kirche hervorgehen ließ".[85]

1985 sagte Johannes Paul bei einem ADL-Symposion aus Anlaß des 20. Jahrestags von *Nostra aetate*, der jüdisch-katholische Dialog müsse, wenn seine Besonderheit gewahrt werden solle, stärker theologisch werden. Jetzt, da die Christen eingehender über „die tiefen jüdischen Wurzeln des Christentums" nachdächten und die Juden darüber, wie die Kirche „seit den Tagen der Apostel das Alte Testament gelesen und das jüdische Erbe empfangen" hatte, sei die Zeit für „gemeinsame theologische Studien" gekommen.[86]

Sieben Monate nach seinem Besuch der Synagoge von Rom im April 1986 sagte Johannes Paul auf einem von der ADL unterstützten Kolloquium, das „Geheimnis universaler Erlösung" sei eine Art gemeinsamer Grenze zwischen Judentum und Christentum. Der jüdisch-christliche Dialog müsse sich *jetzt* mit dem Heilsplan Gottes in der Geschichte befassen.[87]

In diesen und zahlreichen anderen Ansprachen schlug Johannes Paul nichts Geringeres vor, als das theologische Gespräch zwischen Christen und Juden wieder aufzunehmen, das abgebrochen worden war, als ihre Wege sich im späten ersten Jahrhundert n. Chr. trennten.

Das war eine kühne Vision. Sie verlangte viel von den jüdischen Gesprächspartnern, die einen katholisch-jüdischen „theologischen Dialog" instinktiv als Proselytismus betrachteten, als Versuch der Katholiken, die Juden zu bekehren. Sie verlangte aber auch viel von den Katholiken, die sich nie ganz von dem Glauben befreit hatten, daß Gottes Erlösungstat durch Christus den Bund mit Abraham ersetzt, ja, sogar aufgehoben habe. Johannes Paul betonte, daß der Bund mit „dem Stamm Abrahams" unwiderruflich sei und daß ein erneutes theologisches Gespräch zwischen den Juden und den Katholiken gerade deshalb religiös so wichtig sei.

Theologisch konnten Katholiken das leichter akzeptieren als Juden. Die christliche Orthodoxie hat ihre Verpflichtung gegenüber dem Judentum stets anerkannt, so sehr die Christen dem jüdischen Volk gegenüber auch gesündigt haben mögen. Das Judentum hat in seinem konventionellen Selbstverständnis keinen ähnlichen „Platz" für das Christentum. Einige der größten jüdischen Denker des 20. Jahrhunderts – darunter Martin Buber, Franz Rosenzweig und Abraham Joshua Heschel – hatten sich aber mit der Frage beschäftigt, wie die Juden ihr Verständnis der Christen von ihrem Verständnis aller „anderen" absetzen sollten.[88] Einige jüdische Philosophen und Theologen hatten sogar begonnen, zu fragen, ob die Juden nicht eine religiöse Verpflichtung zum theologischen Dialog mit den Christen hätten.[89]

Der Dialog, den Johannes Paul II. und ebenso mutige jüdische Denker sich vorstellten, würde mit Problemen wie der religiösen Überzeugung in einer immer stärker säkularisierten Welt anfangen und dann zu der gemeinsamen moralischen Grenze zwischen Judentum und Christentum, den Zehn Geboten, übergehen und sich mit ihrer Bedeutung für den Aufbau freier und toleranter Gesellschaften befassen. Diese Punkte würden die neue Diskussion, die Johannes Paul vorschwebte, jedoch nur eröffnen. Es blieben Fragen zu untersuchen, an die fast 2 000 Jahre lang niemand gerührt hatte. Wie verstehen Juden und Christen die Juden als auserwähltes Volk? Was verstehen Juden und Christen heute unter dem „Bund"? Wie verstehen Juden und Christen ihre gemeinsame messianische Hoffnung im Hinblick auf die Vollendung von Gottes Heilswerk in der Geschichte?

Das waren einige der Fragen, die Johannes Paul bei seinem historischen Besuch der Synagoge von Rom und in seinen Ansprachen zum 20. Jahrestag von *Nostra aetate* anklingen ließ. Seiner Ansicht nach hatte *Nostra aetate* ein Fundament gelegt. Jetzt wollte er anfangen, zu bauen, und zwar auf eine Weise, die es nicht mehr gegeben hatte, seit das theologische Gespräch zwischen Juden und Christen vor 1 900 Jahren abgerissen war.

DAS LEBEN IM GEIST

Zur gleichen Zeit, als Johannes Paul seine bahnbrechenden Vorstellungen von den jüdisch-christlichen Beziehungen bekanntmachte, befaßte er sich mit dem theologischen Selbstverständnis der christlichen Gemeinschaft. Am 18. Mai 1986, zu Pfingsten, unterzeichnete er seine fünfte Enzyklika, *Dominum et vivificantem* [Herr und Lebensspender]. Diese ausführliche Betrachtung des Heiligen Geistes bildete den Abschluß einer trinitarischen Trilogie, zu der noch *Redemptor hominis* und *Dives in misericordia* gehören.

Die Vorstellung von einem einzigen Gott, der eine dreifaltige Einheit von Vater, Sohn und Heiligem Geist ist, steht im Mittelpunkt des christlichen Glaubens.[90] Dennoch ist sie diejenige christliche Lehre, die von den Christen am wenigsten verstanden wird, und Nichtchristen erscheint sie oft völlig verwirrend – insbesondere den monotheistischen Juden und Muslimen, für die sie nach Polytheismus riecht. Die Verwirrung ist durchaus verständlich, denn die Dreifaltigkeit ist, im strengen theologischen Sinn des Wortes, ein Mysterium – etwas, das der menschliche Verstand nie ganz begreifen kann. Enzykliken sind nicht der Platz für theologische Spekulationen, und *Dominum et vivificantem* ist weniger eine theologische Darlegung als vielmehr eine Ermahnung an die Kirche, die dritte Person der Dreifaltigkeit, den Heiligen Geist, bei den Vorbereitungen für das Jubiläumsjahr 2000 ernster zu nehmen. Johannes Paul spricht weder über die unendlich komplexe Frage, in welcher Verbindung die Personen der Dreifaltigkeit zueinander stehen, noch über die endlos diskutierte, für die Beziehungen zwischen dem westlichen und dem östlichen Christentum entscheidende Frage, ob der Heilige Geist aus dem Vater „hervorgeht" (Position der Orthodoxie) oder aus dem Vater und dem Sohn (Position des westlichen Christentums seit etwa dem neunten Jahrhundert). *Dominum et vivificantem* wurde von einem theologisch kundigen obersten Hirten geschrieben, der versuchte, seine Herde zur Verehrung des Heiligen Geistes zurückzuführen, nicht von einem Gelehrten, der bei einer Debatte gewinnen wollte.

Die Gabe des Heiligen Geistes durch Christus ist, so schreibt Johannes Paul, eine neue Weise von Gottes „Mit der Welt"-Sein, die weiter reicht als Gottes Selbstgabe bei der Schöpfung. Sie ist ein Sich-selbst-Geben zur Erlösung der Welt, die in Christus durch die Kraft des Heiligen Geistes verwirklicht wird. Ausgehend von den Worten Christi, der Heilige Geist werde „die Welt überführen und aufdecken, was Sünde, Gerechtigkeit und Gericht ist" (Johannes 16,8), schreibt der Papst: Der Heilige Geist kommt in die Welt, weil sie ihre Geschichte vergessen hat. Sie weiß nicht, woher sie gekommen ist, was sie am Leben erhält und wo ihre Bestimmung liegt, obwohl sie glaubt, das alles zu wissen. Durch die Aussendung des Heiligen Geistes erfährt die Welt die Wahrheit über sich selbst und ihre Geschichte.

Der Heilige Geist muß die Welt durch die Kirche von ihrer Sünde überzeugen, damit die Welt erkennt, daß sie der Erlösung bedarf. Das bedeutet vor allem, gegen die Erbsünde zu kämpfen, die „der *Anfang und die Wurzel aller anderen Sünden*" ist.[91] Bei der Schöpfung rief Gott die Welt und die Menschheit zur Gemeinschaft mit sich auf, doch die Menschheit lehnte das ab. Die Ablehnung der Gemeinschaft mit Gott ist die ursprüngliche, die Geschichte bestimmende Sünde, und sie führt zum Zerbrechen der Gemeinschaft innerhalb der Menschheit selbst, angefangen bei Adam und Eva. Indem Gott die Menschen zur Gemeinschaft aufrief, offenbarte er das wahre Gute der Menschheit. Die Menschen wiesen diese Einladung zurück, sie wollten selbst über Gut und Böse entscheiden.[92]

Das Werk des Heiligen Geistes in der Welt besteht darin, die Gewissen wieder zu öffnen, so daß die Welt anfangen kann, ihre wahre Geschichte zu entdecken. Gut und Böse beim richtigen Namen zu nennen ist der erste Schritt zu Bekehrung, Vergebung, Versöhnung und zur Wiederherstellung der Gemeinschaft – innerhalb der menschlichen Familie und zwischen der Menschheit und Gott.[93] Der einzelne kann sich weigern, diesen Schritt zu tun; das ist „die gefährliche Sünde gegen den Geist".[94]

Das Geschenk des Geistes stößt, wie Johannes Paul schreibt, auch in der modernen Welt auf Widerstand, wie schon in der Welt der Apostel. Die Weigerung der Welt, auch nur über die Möglichkeit nachzudenken, daß sie der Erlösung bedarf, hat zu todbringenden Realitäten des späten 20. Jahrhunderts geführt: Bedrohung durch die Atombombe, Gleichgültigkeit gegenüber Armut, Beseitigung lästigen Lebens durch Abtreibung und Euthanasie und zu Terrorismus.[95] An der Schwelle zu einem neuen Jahrtausend muß die Kirche in der Welt von heute, wie der Heilige Geist, ein *„Hüter der Hoffnung"* im Herzen des Menschen und ein aktiver Zeuge des Lebens gegenüber dem Tod sein. Dadurch hilft die Kirche in der Kraft des Geistes, der Welt den göttlichen Sinn des menschlichen Lebens zurückzugeben. Bei dieser Wiederentdeckung erfährt die Welt ihre wahre Geschichte neu. Der Heilige Geist erneuert das, was an der Menschheit gut ist, und das „Angesicht der Erde".[96]

Dominum et vivificantem ist die längste und vielschichtigste Meditation über den Heiligen Geist in der Geschichte des päpstlichen Lehramtes. Daher war die Enzyklika eine wichtige Antwort auf die alte Klage des östlichen Christentums, daß der christliche Westen die Lehre vom Heiligen Geist nicht ernst nehme. Sechs Wochen nach der Veröffentlichung der Enzyklika hielt Johannes Paul bei der jährlichen Feier des Festes der hll. Petrus und Paulus vor einer Delegation des Ökumenischen Patriarchen von Konstantinopel eine Ansprache, in der er sagte, der theologische Dialog zwischen Katholiken und Orthodoxen müsse „seine Aufgabe bis zum Ende erfüllen, bis zum Altar der gemeinsamen Eucharistiefeier".[97] Wenn jener Tag der gemeinsamen Abendmahlsfeier kommt, wird man *Dominum et vivificantem* als einen Schritt auf dem Weg zur Versöhnung von Orthodoxen und Katholiken würdigen.

Schwierigkeiten mit der anglikanischen Kirche

In der Zeit unmittelbar nach dem II. Vatikanischen Konzil wurde kein anderer bilateraler ökumenischer Dialog innerhalb des westlichen Christentums mit so viel Hoffnung bedacht wie der zwischen der römisch-katholischen Kirche und der anglikanischen Kirchengemeinschaft. Diese Hoffnung beruhte auf der historischen Annahme, daß die englische Reformation sich von der auf dem Kontinent grundsätzlich unterschied. Anders als bei den lutherischen und reformierten Christen des Kontinents gebe es, so meinten manche, zwischen Rom und der anglikanischen Kirche keine kirchentrennenden Schwierigkeiten im Bereich der Lehre, denn die Abspaltung der englischen Kirche im 16. Jahrhundert sei vor allem durch eine politische Auseinandersetzung ausgelöst worden. Dieser Standpunkt wurde im 19. Jahrhundert durch das Aufkommen der anglo-katholischen Bewegung untermauert, die den Anglikanismus – wie den römischen Katholizismus und die Orthodoxie – als einen „Zweig" der einen katholischen Kirche betrachtete. Außerdem konnte der Dialog zwischen der anglikanischen und der römisch-katholischen Kirche auf eine lange Geschichte zurückblicken, zu der auch die von dem zweiten Lord Halifax und dem Primas von Belgien, Kardinal Desiré Mercier, geleiteten „Mechelner Gespräche" (1921-25) gehörten. Die Erinnerung an diese ersten Schritte zu einer Wiederherstellung der Einheit war ein positives Vorzeichen für den Dialog, der nach dem II. Vatikanischen Konzil unter der Schirmherrschaft der Internationalen gemischten anglikanisch-katholischen Kommission [Anglican-Roman Catholic International Commission, ARCIC] offiziell aufgenommen wurde.

Nach einem gemeinsamen Vorbereitungstreffen in Malta im Jahre 1968 fand der offizielle theologische Dialog, der als ARCIC I bekannt wurde, zwischen 1970 und 1981 13mal statt; dabei wurde über die Abendmahlslehre, das geistliche Amt und die Ordination sowie die Autorität in der Kirche gesprochen. Der ebenfalls als ARCIC I bezeichnete Schlußbericht wurde 1982 dem Anglican Consultative Council und dem Heiligen Stuhl vorgelegt. Während die zuständigen Gremien sich noch damit befaßten, wurde 1983 ARCIC II auf den Weg gebracht, der sich mit dem Heil und der Kirche als *Communio* beschäftigen sollte.

ARCIC I wurde der Kongregation für die Glaubenslehre zur Stellungnahme vorgelegt, die Anfang April 1982 „Bemerkungen" zum Schlußbericht an die katholischen Bischofskonferenzen auf der ganzen Welt schickte. Obwohl die Kongregation in dieser Angelegenheit nicht das letzte Wort hatte, hatte ihre Meinung beträchtliches Gewicht – und sie ließ erkennen, daß es beim Dialog zwischen der anglikanischen und der römisch-katholischen Kirche Schwierigkeiten geben würde.

Die Kongregation nannte ARCIC I „eine bemerkenswerte ökumenische Anstrengung und eine nützliche Grundlage für weitere Schritte auf dem Weg zur Versöhnung", distanzierte sich aber von der Aussage des Dokuments, daß bei mehreren umstrittenen Punkten „substantielle und ausdrückliche Übereinstimmung" erzielt worden sei. Zwischen der anglikanischen und der römisch-katholischen Kirche bestehe noch immer keine Einigkeit über die Abendmahlsfeier, die Unfehlbarkeit des Papstes, die Marien-Dogmen und die Bedeutung des „Primats" des Bischofs von Rom, und es sei nicht klar, ob im Hinblick auf die Realpräsenz Christi in der Eucharistie, den Opfercharakter der Eucharistie, das Wesen des Priesteramtes und die Struktur der Kirche tatsächlich echte Übereinstimmung erreicht worden sei. Mit der apostolischen Sukzession und Abweichungen bei der Morallehre scheine man sich überhaupt nicht oder höchstens indirekt befaßt zu haben. Trotzdem empfahl die Kongregation die Fortsetzung des Dialogs, da es „ausreichenden Grund für die Annahme gibt, daß seine Fortsetzung fruchtbar sein wird".[98]

Diese Hoffnung wurde allerdings schnell durch ein Problem getrübt, das die Möglichkeit einer Wiedervereinigung der anglikanischen und der römisch-katholischen Kirche in noch weitere Ferne rücken ließ: die Zulassung von Frauen zur Priesterweihe in einigen anglikanischen Kirchen, die weltweit Aufmerksamkeit erregt hatte, nachdem 1974 in den USA erstmals Frauen geweiht worden waren. Über die Frage der „anglikanischen Weihen" diskutierten die anglikanische und die römisch-katholische Kirche schon seit dem späten 19. Jahrhundert eingehend. Die Anglikaner vertraten den Standpunkt, daß sie trotz ihres Bruchs mit dem römischen Primat die apostolische Sukzession erhalten hätten. Doch Leo XIII. hatte die anglikanischen Weihen 1896 in der Bulle *Apostolicae curae* für ungültig erklärt, weil der seit 1552 benutzte Ordinationsritus Hinweise auf die Eucharistie als Opfer und die Beziehung zwischen diesem Opfer und dem Priesteramt vermissen lasse. Bei ARCIC I und ARCIC II hatten sich beide Seiten darauf geeinigt, diese Angelegenheit nicht als historische Frage zu betrachten, sondern sich theologisch mit ihr zu beschäftigen und sich mit den gegenwärtigen Überzeugungen der jeweils anderen Kirche zu befassen, um zu klären, ob sie miteinander vereinbar waren. Wenn klargeworden sei, daß die Anglikaner und die Katholiken heute im Hinblick auf die Abendmahlsfeier und das Priesteramt das gleiche glaubten, könne man Wege finden, mit denjenigen Problemen, die Überreste der Geschichte waren, realistisch umzugehen.[99]

Doch genau das wurde durch die in manchen anglikanischen Kirchen eingeführte Frauenordination in Frage gestellt. Ließ sich dieses unerhörte Vorgehen vereinbaren mit der Vorstellung von einer Tradition, die von den Aposteln bis zum heutigen Tag weitergegeben worden war? Die orthodoxen Kirchen waren strikt dagegen, weil es weder in der Bibel noch in der kirchlichen Tradition eine Rechtfertigung dafür gebe. Außerdem hatte die römisch-katholische Kirche in der *Erklärung zur Frage der Zulassung der Frauen zum Priesteramt* der Glaubenskongregation [*Inter insigniores*, 1976] bekräftigt, daß sie keine Frauen zu Priesterinnen weihen könne. Die neue Praxis warf die Frage auf, ob die anglikanische Kirchengemeinschaft ein grundsätzlich anderes Verständnis vom Priesteramt hatte als die orthodoxe und die römisch-katholische Kirche. Außerdem ging es um das Verständnis der *Communio* in der anglikanischen Gemeinschaft, deren Provinzen sich zum Teil weigerten, die in anderen Provinzen vorgenommenen Weihen anzuerkennen.

Im Juli 1985 schrieb Kardinal Johannes Willebrands, der Präsident des Sekretariats für die Einheit der Christen, an die beiden Ko-Präsidenten von ARCIC II einen Brief, in dem er die Frage der apostolischen Tradition aufwarf.[100] Sieben Monate vorher hatte Johannes Paul II. den Erzbischof von Canterbury, Robert Runcie, in einem privaten Schreiben darauf hingewiesen, daß dieses

Problem die Zukunft des Dialogs stark gefährde. Er hatte sich mit der Geschichte der Diskussion befaßt – mit dem Briefwechsel zwischen Paul VI. und Runcies Vorgänger, Erzbischof Donald Coggan, aus den Jahren 1975/76, mit *Inter insigniores* und den Äußerungen der offiziellen vatikanischen Beobachter bei der Lambeth-Konferenz (dem alle zehn Jahre stattfindenden Treffen der Oberhäupter der anglikanischen Kirchengemeinschaft) von 1978 – und schrieb nun „mit aller brüderlichen Offenheit", daß die katholische Kirche an den Prinzipien und der Praxis von *Inter insigniores* festhalte. Die beiden Glaubensgemeinschaften hätten bei ihrem Dialog schon einen weiten Weg zurückgelegt und große Fortschritte gemacht, doch er müsse Runcie sagen, daß „die wachsende Zahl der anglikanischen Kirchen, die Frauen zur Priesterweihe zulassen oder zulassen wollen, in den Augen der katholischen Kirche ein immer größeres Hindernis für weitere Fortschritte" darstelle.[101] Zum Schluß äußerte Johannes Paul die Hoffnung, daß die Gnade, die die beiden Glaubensgemeinschaften so weit gebracht habe, ausreichen werde, um auch dieses neue Problem zu lösen. Der Brief war außerdem eine Warnung – daß die weitere Ausbreitung der Frauenordination in der anglikanischen Gemeinschaft (vor allem, falls sie von der Lambeth-Konferenz 1988 gebilligt werden sollte) den Hoffnungen auf eine kirchliche Wiedervereinigung von Canterbury und Rom schweren Schaden zufügen könne.

Erzbischof Runcies offizielle Antwort kam elf Monate später, in einem Schreiben vom 22. November 1985. Der Erzbischof bekräftigte, daß die anglikanische Kirche sich zu „voller kirchlicher Einheit" verpflichtet fühle, wies aber gleichzeitig darauf hin, daß nie jemand gedacht habe, der Weg zu dieser Einheit werde leicht sein. Ihm sei „voll" bewußt, daß eine dieser Schwierigkeiten „der Unterschied im Denken und Handeln in bezug auf die Zulassung von Frauen zum Priesteramt" sei. Deshalb habe er sich vertraulich mit den Oberhäuptern der autonomen anglikanischen Kirchen (oder Provinzen) auf der ganzen Welt beraten, die sich wiederum mit ihren Ortskirchen beraten hätten. Daher könne er das Schreiben des Papstes erst jetzt beantworten.

Trotz unterschiedlicher Ansichten innerhalb der anglikanischen Gemeinschaft hätten „diejenigen Kirchen, die Frauen zum Priesteramt zugelassen haben, das aus ernstzunehmenden Gründen der Lehre getan", die er in einem Brief an Kardinal Willebrands genauer erläutern werde. Die anglikanische Kirchengemeinschaft und die römisch-katholische Kirche sollten diese Frage „gemeinsam" untersuchen, unter besonderer Berücksichtigung ihrer Konsequenzen für „die Versöhnung unserer Kirchen miteinander und die Anerkennung ihrer geistlichen Ämter".[102]

In seinem Brief an Kardinal Willebrands schrieb Erzbischof Runcie, der Papst habe eine ernste Warnung geäußert, als er darauf hinwies, „daß die römisch-katholische Kirche ihrer Ansicht nach nicht das Recht hat, eine Tradition zu ändern, die die ganze Geschichte der Kirche hindurch, im Osten wie im Westen, ununterbrochen bestanden hat und als wahrhaft apostolisch betrachtet wird". Er gab außerdem offen zu, daß „auf der anglikanischen Seite die Überzeugung wächst, daß es weder in der Bibel noch in der Tradition grundsätzliche Einwände gegen die Zulassung von Frauen zum Priesteramt gibt". Andererseits räumte Runcie ein: Wenn „eine so bedeutsame theologische Entwicklung" als maßgeblich anerkannt werden solle, müsse es positive Gründe

„*für* diese Entwicklung" geben (das Fehlen von Gegengründen reiche nicht aus), und es müßten theologische – nicht einfach soziologische oder kulturelle – Gründe sein. Dann stellte der Erzbischof fest, „der wichtigste theologische Grund, der nicht nur als Rechtfertigung für die Zulassung von Frauen zum Priesteramt betrachtet wird, (...) sondern sie sogar zu erfordern scheint", sei, daß Christus die ganze Menschheit erlöst habe, „was nur eine Menschheit einschließlich der Frauen sein kann, wenn auch diese Hälfte der Menschheit an der Erlösung teilhaben soll, die [Christus] für uns am Kreuz erwarb". Da das Priesteramt „repräsentativ" sei und der Priester die ganze erlöste Kirchengemeinde vertrete, sei eine beträchtliche Zahl von Anglikanern der Ansicht, daß „das Priesteramt jetzt auch für Frauen geöffnet werden müsse, damit es das inklusive Hohepriesteramt Christi vollkommener repräsentiere". Mit einer Formulierung, die seiner vorausgehenden Ablehnung „soziologischer" oder „kultureller" Gründe für eine so gewichtige Veränderung zu widersprechen schien, schrieb Runcie weiter, dieses Argument werde „heute durch die Tatsache gestärkt, daß der repräsentative Charakter des Priesteramtes durch eine rein männliche Priesterschaft sogar geschwächt wird, nachdem die ausschließliche Führung durch Männer in vielen menschlichen Gesellschaften größtenteils abgeschafft worden ist".

Erzbischof Runcie erklärte, er halte es – solange innerhalb der anglikanischen Gemeinschaft keine Übereinstimmung über die Frauenordination bestehe – für unangebracht, daß manche anglikanischen Provinzen in diesem Punkt einseitig vorgegangen seien. Und er gebe zu, daß das „Argument der ökumenischen Zurückhaltung" – das heißt der Widerstand der römisch-katholischen und der orthodoxen Kirchen – auch ein „Argument der Lehre" sei, weil „die einzelnen Kirchen das Denken der ganzen Kirche nur in einer umfassenderen Perspektive wirklich zu erkennen vermögen". Es sei zu bedauern, daß jetzt, da es nach 400 Jahren der Entfremdung zu „spürbaren Zeichen der Versöhnung" gekommen sei, „ein neues Hindernis" zwischen Anglikanern und Katholiken stehe. Er könne den Weg nach vorn nicht sehen, doch den hätten auch diejenigen, die vor 20 Jahren den ARCIC-Dialog begonnen hatten, nicht sehen können.

Kardinal Willebrands hob in seiner Antwort, sieben Monate später, zwei Punkte hervor. Zum einen werfe der Bruch mit der Tradition, den manche der unter sich uneinigen anglikanischen Provinzen durch die Priesterweihe von Frauen bereits begangen hätten, ernste Fragen im Hinblick auf das Verständnis der Anglikaner vom Wesen der Kirche und von ihrem Verhältnis zu einer maßgeblichen Tradition auf. Zum anderen gehe es auch um wichtige Fragen der Sakramententheologie. Christus habe Menschengestalt angenommen, um die Menschheit zu erlösen, und zwar als Mann. Auch das sei ein Bestandteil der Heilsgeschichte. Der Priester, der das Abendmahl und die anderen Sakramente der Kirche zelebriere, repräsentiere nicht das Priesteramt aller Getauften. Er repräsentiere vielmehr Christus, und so unwürdig er auch sein möge, er führe sein Amt *in persona Christi* [in der Person Christi]. Das Priesteramt sei eine Verkörperung des einzigartigen Dienstes von Jesus Christus, Gott und Mann. Daß der Priester ein Mann sei, sei Teil dieser sakramentalen Ikonographie. Jede Änderung dieser Tradition sei eine „radikale Neuerung", die das sakramentale Verständnis vom Priestertum als sichtbarem Zeichen des andauernden Priestertums Christi in der Kirche gefährde.[103]

Dieser Briefwechsel wurde am 30. Juni 1986 vom Vatikan veröffentlicht. Er kennzeichnete einen Wendepunkt beim Dialog zwischen der anglikanischen und der römisch-katholischen Kirche. Aus der Sicht der Katholiken (die von vielen Anglo-Katholiken geteilt wurde) ging es darum, ob der Anglikanismus dabei war, sich zu einer nichtapostolischen Kirche zu erklären, mit einem grundsätzlich anderen Verständnis des sakramentalen Charakters der Kirche und ihres Priestertums. 21 Jahre nach dem II. Vatikanischen Konzil war die eigentliche Frage die, der sich John Henry Newman 1841 stellen mußte: War der Anglikanismus die *via media*, der „Weg der Mitte" zwischen Rom und der kontinentalen Reformation, wie es seinem historischen Selbstverständnis entsprach? Oder war er eine andere Form des Protestantismus, so daß eine Gemeinschaft mit Rom prinzipiell nicht möglich war?[104]

Von da an schwand die Hoffnung auf eine sichtbare Einheit der Anglikaner und der Katholiken immer weiter – trotz des fortgesetzten theologischen Dialogs, trotz herzlicher Begrüßungen in Rom für die Erzbischöfe von Canterbury und andere Oberhäupter anglikanischer Kirchen und trotz beeindruckender gemeinsamer Anstrengungen, die durch die schmerzhaften Ereignisse der Reformationszeit verursachten historischen Erinnerungen zu heilen.[105] Die Voraussetzungen, unter denen ARCIC I in Gang gebracht worden war, hatten sich im Hinblick auf das zeitgenössische Selbstverständnis des Anglikanismus als falsch erwiesen. Und deshalb war man von einer institutionellen kirchlichen Wiedervereinigung offenbar noch sehr weit entfernt.

Der Weg in die Zukunft

Inzwischen hielt die Kritik am Weltgebetstag in Assisi an. In seiner jährlichen Weihnachtsansprache an die Kardinäle und die römische Kurie verteidigte Johannes Paul am 22. Dezember 1986 den „Geist von Assisi", der auf dem von Gott verfügten Ineinandergreifen von Einheit und Vielfalt in der Geschichte beruhe, gegen diejenigen, die noch immer über den angeblichen Synkretismus von Assisi murrten.[106] Ein Jahr nach dem Treffen in Assisi wollte die Gemeinschaft Sant'Egidio in Zukunft ähnliche Treffen folgen lassen. Selbst „die aufgeschlosseneren Kardinäle" waren dagegen, doch Johannes Paul rief den Kaplan der Gemeinde, Msgr. Vincenzo Paglia, zu sich und sagte zu ihm: „Don Vincenzo, heute habe ich für Sie gekämpft (...), und wir haben gewonnen!" Der Prozeß sollte mit Blick auf das Jubiläumsjahr 2000 weitergehen, und Sant'Egidio sollte für die Organisation ähnlicher Veranstaltungen an anderen Orten der Welt verantwortlich sein.[107]

Das Jubiläumsjahr spielte auch eine Rolle, als die Päpstliche Kommission „Justitia et Pax" am 27. Januar 1987 ein Dokument mit dem Titel „Ein ethischer Ansatz zur Überwindung der internationalen Schuldenkrise" veröffentlichte. Darin hieß es, die ganze Frage der Verschuldung der dritten Welt und ihrer Auswirkungen auf die Armut in den Entwicklungsländern müsse unter dem

Gesichtspunkt einer humanistischen Ethik neu überdacht werden, wobei verschiedene Lösungsmöglichkeiten – von einer Umterminierung der Rückzahlungen bis zum völligen Schuldenerlaß – zu erwägen seien. Dieses Thema griffen sowohl der Heilige Stuhl als auch Johannes Paul persönlich immer wieder auf, als das Jubiläumsjahr näher rückte.

Das blutende Nicaragua

In Nicaragua verschlechterte die Lage sich weiter. Am 21. Januar 1986 traf Kardinal Miguel Obando Bravo aus Managua mit UN-Generalsekretär Javier Pérez de Cuéllar zusammen und bat um die Hilfe der Vereinten Nationen gegen die Verfolgung der Kirche durch die Sandinisten. Er überreichte dem Generalsekretär Kopien der Briefe der Bischofskonferenz von Nicaragua an Comandante Daniel Ortega, in denen die anhaltende Einschüchterung durch die Sandinisten beschrieben wurde – darunter die Ausweisung ausländischer Geistlicher, Drohungen gegen katholische Laienaktivisten, die Schließung von Radio Catolica und die Zensur amtlicher Verlautbarungen der Kirche. Nach seinem Treffen mit Pérez de Cuéllar brachte Kardinal Obando seinen Fall vor die Interamerikanische Kommission für Menschenrechte in Washington. Die nicaraguanischen Bischöfe erhielten Solidaritätsbekundungen von den Bischofskonferenzen Brasiliens, Argentiniens, Venezuelas und der Dominikanischen Republik; außerdem bekam Obando einen Brief von den US-amerikanischen Kardinälen O'Connor und Law, die ihm ihre Unterstützung zusicherten.[108]

Am 7. Juli bat die Bischofskonferenz von Nicaragua die anderen Bischofskonferenzen auf der ganzen Welt erneut um Hilfe gegen die Verfolgung. Ihre Lage werde „immer schwieriger". Es gebe weiter üble persönliche Angriffe gegen den Papst und die Bischöfe. Der Klerus werde immer wieder vom Staatssicherheitsdienst eingeschüchtert. Der Intendant von Radio Catolica und der Bischof von Juigalpa seien ausgewiesen worden. Mutter Teresa habe man die Erlaubnis verweigert, zwei Hospize zu eröffnen. Das Fernsehen sei der Kirche noch immer versperrt. Die Zeitung der Erzdiözese Managua sei konfisziert und die Druckerei beschlagnahmt worden. Radio Catolica dürfe nicht wieder auf Sendung gehen. Auf Bitten um Gespräche habe die Regierung nicht reagiert.[109]

Johannes Paul betonte in seiner Botschaft vom 12. November an den eucharistischen Kongreß in Managua, Versöhnung sei einer der Grundsteine einer freien Gesellschaft. Er schrieb:

> Auch in Nicaragua muß sich in einem versöhnten Volk eine *Zivilisation der Liebe* als stark erweisen, in der kein Platz mehr ist für Haß, Gewalt und Ungerechtigkeit; eine Gesellschaft, in der die unveräußerlichen Rechte der menschlichen Person und die rechtmäßigen Freiheiten des einzelnen und der Familie stets respektiert werden. Nur mit Hilfe einer echten und tiefen Versöhnung jedes einzelnen mit Gott und aller untereinander wird die ersehnte Eintracht erreicht werden können (...). Das Geheimnis der Eucharistie widerspricht keineswegs dem Aufbau einer neuen Welt, sofern es nur deren Ausgangspunkt und Inspirationsquelle ist,

denn der Herr Jesus ist das Fundament der neuen brüderlichen und versöhnten Menschheit.[110]

Das Ende der Curran-Affäre

In den USA ging der Fall von Pater Charles Curran, dem langjährigen Fakultätsmitglied an der Catholic University of America in Washington, D. C., 1986 seinem unvermeidlichen Ende entgegen. Pater Curran war 1968 als 34jähriger Professor der symbolische Mittelpunkt des Protestes amerikanischer Katholiken gegen die Lehre von *Humanae vitae* gewesen und hatte dazu beigetragen, den ständigen Streit um die Lehrautorität der Kirche zu schüren. Seitdem hatte er zahlreiche Bücher und Artikel veröffentlicht, in denen er sich mit praktisch allen Aspekten der Sexualethik der Kirche beschäftigte, und war gleichzeitig fest angestelltes Fakultätsmitglied einer katholischen Universität geworden.[111] Das konnte nicht so bleiben!

Die Kongregation für die Glaubenslehre hatte Curran detaillierte „Bemerkungen" zu seinen Publikationen geschickt, in denen sie die Punkte hervorhob, bei denen er im Widerspruch zur maßgeblichen Lehre der Kirche stand. Es folgte ein Briefwechsel, in dessen Verlauf Curran sich weigerte, seine Positionen mit der katholischen Lehre in Einklang zu bringen. Am 17. September 1985 schrieb die Kongregation Curran erneut und teilte ihm mit, die Autoritäten der Kirche könnten nicht zulassen, „daß die gegenwärtige Situation anhält, in der der innere Widerspruch aufrechterhalten wird, daß jemand, der im Namen der Kirche lehren soll, ihre Lehre faktisch ablehnt". Am 8. März 1986 kam Curran zu einem „inoffiziellen" Treffen mit Vertretern der Glaubenskongregation nach Rom. Danach sandte er einen endgültigen, auf den 1. April datierten Antwortbrief auf die „Bemerkungen" der Kongregation, in dem er sich erneut weigerte, seine Lehre auf die Linie der Kirche zu bringen, und einen Kompromiß vorschlug: Er würde seine Position an der Catholic University of America behalten, aber nur noch Moraltheologie, nicht Sexualethik, lehren.

Das war unannehmbar. In einem Brief vom 25. Juli, den Johannes Paul persönlich gebilligt hatte, teilte Kardinal Ratzinger Pater Curran mit, die Glaubenskongregation werde dem Kanzler der Catholic University offiziell mitteilen, daß man Curran „nicht mehr für geeignet und qualifiziert [halte], die Funktion eines Professors der katholischen Theologie wahrzunehmen". Die Situation glich der von Hans Küng. Curran behielt sein Priesteramt und durfte auch weiter als Priester wirken, außerdem publizieren, öffentlich auftreten und in nichtkatholischen Institutionen lehren. In seinen Publikationen und in seinen Antworten auf die „Bemerkungen" der Kongregation hatte er deutlich gemacht, daß er das, was die katholische Kirche für wahr hielt, nicht für wahr hielt, und daß er nicht das über die Sexualmoral lehrte, was die katholische Kirche lehrte. Daraus zog die Kongregation für die Glaubenslehre den Schluß, daß er nicht die Funktion eines Professors der katholischen Theologie wahrnehmen könne.

Im Januar 1987 wurde Curran seiner Fakultätsposition enthoben. Am 28. Februar 1987 verklagte er die Universität wegen Vertragsbruchs. Nachdem komplizierte Verhandlungen nicht zu einer für Curran akzeptablen außergerichtlichen Einigung geführt hatten, kam die Sache vor Gericht. Curran verlor am 28. Februar 1989 und nahm eine Stiftungsprofessur an der Southern Methodist University in Dallas an.[112]

Curran behauptete (und glaubte zweifellos auch), daß seine Positionen einen „verantwortbaren" Dissens darstellten, da sie in seinen Augen überzeugend seien und nur von der „nicht-unfehlbaren" Lehre der Kirche abwichen. Damit setzte er sich jedoch in Widerspruch zur Lehre des II. Vatikanischen Konzils, das in der *Dogmatischen Konstitution über die Kirche, Lumen gentium,* deutlich gemacht hatte, daß die Kirche sozusagen nicht allein von unfehlbaren Definitionen lebe – die maßgebliche, durch die Bischöfe artikulierte Tradition der Kirche sei für Theologen und das Kirchenvolk gleichermaßen bindend.[113] Wer – wie Pater Curran – anderes behauptete, beschwor eine absurde Situation herauf, in der die kirchliche Lehre entweder „unfehlbar definiert" war oder praktisch nicht existierte. Das II. Vatikanische Konzil hatte eine viel differenziertere Auffassung vom Charakter der maßgeblichen Lehre als Pater Curran.

Die Curran-Affäre machte außerdem deutlich, daß es bei der nachkonziliaren Moraltheologie ein ernstes Problem gab, mit dem Johannes Paul sich irgendwann ausführlich befassen mußte. Curran betrachtete eine Senkung der Schranke der katholischen Sexualmoral als angemessene pastorale Reaktion auf das verwirrte Leben der Menschen, die mit der Keuschheit rangen, seit Mose die Zehn Gebote erhalten hatte. Johannes Paul dagegen, dessen pastorale Erfahrung mindestens ebenso groß war wie die der meisten Moraltheologen, hielt es letztlich nicht für angebracht, die Sünde herabzudefinieren, denn das hätte dem Leben die dramatische Spannung genommen und den Menschen die Möglichkeit zu moralischem Heroismus versagt. Buße und Vergebung, nicht die Absolution im voraus, waren seiner Ansicht nach der echtere Humanismus.

Evangelisierung am anderen Ende der Welt

Kurz vor dem Weltgebetstag für den Frieden in Assisi, im Oktober 1986, unternahm Johannes Paul seine dritte Pastoralreise nach Frankreich, bei der er Lyon, Paray-le-Monial, Ars, Annecy und das ökumenische Kloster in Taizé besuchte. Taizé, 1940 von Frère Roger Schutz zur Wiederbelebung des protestantischen Klosterlebens gegründet, hatte sich zu einer ökumenischen Klostergemeinschaft entwickelt, die nach einer von Frère Roger 1952 entwickelten gemeinsamen Regel lebte. Eines der Anliegen von Taizé war die Einheit der Christen. Frère Roger war überzeugt, daß die Versöhnung der Kirchen sich auf das Gebet gründen mußte. Die Mönche von Taizé versammelten sich dreimal am Tag in der klösterlichen „Kirche der Versöhnung" zum ökumenischen Stundengebet. Außerdem unterstützten sie ökumenische theologische Untersuchungen, veranstalteten ökumenische Tagungen und brachten junge Leute unterschiedlicher Konfessionen zusammen.

Johannes Paul hatte sich schon lange für die ökumenische und die Jugendarbeit von Taizé interessiert; er hatte auch an mehreren von Taizé organisierten Vigilien im Petersdom teilgenommen. Am 5. Oktober pries er den Ort der klösterlichen Ruhe im Leben all derer, die keine Mönche waren, bei einer kurzen Ansprache an die Gäste des Klosters: „Wie ihr, Pilger und Freunde der Gemeinschaft, hält sich der Papst nur vorübergehend hier auf. Aber an Taizé geht man vorüber, wie man zu einer Quelle geht. Der Wanderer bleibt stehen, löscht seinen Durst und setzt seine Reise fort."[114] Dann wandte er sich an die Gemeinschaft von Taizé selbst; er erinnerte sie daran, wie Johannes XXIII. Frère Roger einmal begrüßt hatte – „Ah, Taizé, dieser kleine Frühling!" –, und brachte den Wunsch zum Ausdruck, „daß der Herr euch als einen Frühling bewahrt, der strahlend ausbricht, und daß Er euch klein sieht, in der evangelischen Freude und Transparenz der brüderlichen Liebe".[115]

Drei Wochen nach dem Treffen mit Vertretern der Weltreligionen in Assisi brach Johannes Paul zu seiner längsten (über 48 000 Kilometer) Pastoralreise auf, die ihn nach Bangladesch, Singapur, auf die Fidschi-Inseln, nach Neuseeland, Australien und auf die Seychellen führte. In Dakka überschütteten ihn junge Frauen mit Blumengirlanden, und auf den Fidschi-Inseln wurde er von Eingeborenen in Lendenschurzen bewacht. Auf einem Kricketplatz in Sydney reihte er sich unter junge Leute in Bluejeans ein und faßte sie an den Händen. Ein paar Tage später sprach er über das Radio spontan mit australischen Kindern, während er von Darwin nach Alice Springs flog. Dort traf er mit Ureinwohnern Australiens zusammen und forderte sie auf, ihre Kultur zu schützen. In einer Fabrik in Sydney trug er einen Schutzhelm, und in der Nähe von Brisbane hielt er einen kleinen Koalabären auf dem Arm (dabei sahen beide ein bißchen nervös aus: Johannes Paul befürchtete wohl, das Tier könnte seine weiße Kleidung beschmutzen).[116]

Bei einem Gottesdienst im Rathaus von Adelaide, am dem Petersdom entgegengesetzten Ende des Globus, entzündete der Bischof von Rom die erste Kerze am Adventskranz, dem Symbol der vierwöchigen Vorbereitung der Kirche auf Weihnachten. Johannes Paul hatte sein ganzes Pontifikat hindurch immer wieder gesagt, daß er vor allem ein Prediger des Evangeliums sei. Jetzt hatte er die Botschaft des Evangeliums – „das Licht dessen, der kommen wird, das Licht des Friedensfürsten" – buchstäblich bis zu den Enden der Erde gebracht.[117]

15

Vorwärts zu den Grundlagen

Freiheit und die Würde der Pflicht

13. Januar 1987	Papst Johannes Paul II. trifft General Wojciech Jaruzelski im Vatikan.
20. Februar 1987	Der Papst empfängt Frau Muzeyyen Agca, Mehmet Ali Agcas Mutter.
25. März 1987	*Redemptoris mater*, Johannes Pauls sechste Enzyklika.
1. – 12. April 1987	Pastoralbesuch Johannes Pauls in Chile und Argentinien.
1. Mai 1987	Johannes Paul spricht Edith Stein in Köln selig.
5. Juni 1987	Johannes Paul veröffentlicht ein apostolisches Schreiben an die litauischen Bischöfe zur Sechshundertjahrfeier der „Taufe" ihres Landes.
6. Juni 1987	Der Papst eröffnet ein besonderes „Marianisches Jahr", das bis zum 15. August 1988 dauern soll.
8. – 14. Juni 1987	Dritter Pastoralbesuch in Polen.
25. Juni 1987	Papstaudienz für den österreichischen Bundespräsidenten Dr. Kurt Waldheim löst eine Kontroverse aus und führt zu besonderen Beratungen mit Vertretern jüdischer Organisationen am 31. August und 1. September in Rom und Castel Gandolfo.
8. – 14. Juli 1987	Johannes Paul wandert in den Dolomiten.
10. – 21. September 1987	Zweiter Pastoralbesuch in den Vereinigten Staaten.
1. – 30. Oktober 1987	Bischofssynode befaßt sich mit der Berufung und Sendung der Laien in Kirche und Welt; Arbeit der Synode wird am 30. Dezember 1988 mit dem Apostolischen Schreiben *Christifideles laici* abgeschlossen.

3. – 7. Dezember 1987	Der Ökumenische Patriarch Dimitrios I. kommt als Pilger nach Rom.
22. Dezember 1987	In seiner Weihnachtsansprache an die römische Kurie betont Johannes Paul den Vorrang der Jüngerschaft gegenüber dem Amt.
25. Januar 1988	Apostolisches Schreiben *Euntes in mundum* zur Tausendjahrfeier der Bekehrung der Ostslawen.
14. Februar 1988	In seiner Botschaft an die ukrainischen Katholiken zur Tausendjahrfeier der Bekehrung der Rus' von Kiew, *Magnum baptismi donum*, lobt Johannes Paul die Treue der griechisch-katholischen Christen in der Verfolgung.
19. Februar 1988	*Sollicitudo rei socialis*, Johannes Pauls zweite Sozialenzyklika.
7. – 19. Mai 1988	Pastoralbesuch in Uruguay, Bolivien, Peru und Paraguay.
21. Mai 1988	Im Vatikan wird ein Obdachlosenheim eröffnet.
7. Juni 1988	Johannes Paul schreibt vertraulichen Brief an Michail Gorbatschow, in dem er erklärt, er sei zu einem umfassenden Gespräch bereit; Brief wird am 13. Juni von Kardinal Agostino Casaroli im Kreml übergeben.
28. Juni 1988	Johannes Paul ernennt auf seinem vierten Konsistorium 24 neue Kardinäle und veröffentlicht die Apostolische Konstitution *Pastor bonus*, durch die die Kurie neu organisiert wird.
30. Juni 1988	Erzbischof Marcel Lefebvre weiht gegen den Willen des Papstes vier Bischöfe und zieht sich dadurch automatisch die Exkommunikation zu.
15. August 1988	Apostolisches Schreiben *Mulieris dignitatem* über die Würde und Berufung der Frau.
Februar 1989	Johannes Paul berät Andrej Sacharow im Vatikan.

Der Wagen fuhr auf den Cortile San Damaso, wo General Wojciech Jaruzelski vom Präfekten des Päpstlichen Hauses und den livrierten Gentiluomini del Santo Padre erwartet und am Spalier der Schweizergarde vorbei nach drinnen geleitet wurde. Es war der 13. Januar 1987, genau 61 Monate nach dem Tag, an dem der polnische Kommunistenführer durch die Ausrufung des Kriegsrechts seinem eigenen Land den Krieg erklärt hatte. General Jaruzelski fuhr mit dem Lift in den dritten Stock des Apostolischen Palastes. Dort wandten er und seine Begleiter sich nach links und gingen an den eindrucksvollen Fresko-Landkarten vorbei zu den päpstlichen Gemächern. Die Tür öffnete sich – und der Pole, dessen Anspruch auf die Führung seines Landes sich auf Waffengewalt gründete, wurde in die Bibliothek geleitet, wo er den Polen treffen würde, dessen führende Position im gemeinsamen Vaterland auf der Macht des Geistes beruhte.

Beide Männer wußten, wer gewonnen hatte.

General Jaruzelskis Sicherheitsdienst hatte Pater Jerzy Popiełuszko ermordet, und andere Priester waren unter ungeklärten Umständen verschwunden. Doch Pater Jerzy hatte recht gehabt: Die Hoffnung ließ sich nicht ermorden. Sein Grab auf dem Friedhof der Warschauer Stanislaus-Kostka-Kirche war die heilige Stätte der Solidarität geworden, ein Stück freies Polen. Und es gab viele solcher heiligen Stätten, überall in Polen. Eine von ihnen wurde an der Kolbe-Kirche in Nowa Huta von einem anderen Priester des Widerstands unterhalten, Pater Kazimierz Jancarz, dem Kaplan der Lenin-Stahlwerke, einem stämmigen Mann Mitte 30, der gern sagte, er sei „nur ein Proletarier".

Jeden Donnerstagabend um 18 Uhr wurde in der Kolbe-Kirche eine besondere Messe gefeiert; danach folgte ein Bildungsprogramm, das – wie Pater Jancarz es formulierte – „den Leuten ihr Gedächtnis zurückgeben" sollte. Das konnte zum Beispiel eine Debatte über die aktuelle politische Situation oder ein Vortrag über die polnische Geschichte sein. Auch Lech Wałęsa und die geistigen Führer der offiziell nicht existierenden Solidarność nahmen daran teil. Mitte der 80er Jahre entstand an der Kirche eine inoffizielle christliche Universität. Bis zu sechs Stunden lang studierten die Stahlarbeiter von Nowa Huta hier jeden Samstag bei Professoren der Jagiellonen-Universität, der Polnischen Akademie der Wissenschaften und des Krakauer Polytechnikums Wirtschaftswissenschaften, Soziologie, Psychologie, „wirkliche Geschichte" und die Feinheiten der politischen Organisation und der Öffentlichkeitsarbeit. Jedes Semester schrieben sich 50 Arbeiter ein. Das Studium dauerte vier Semester, und insgesamt erhielten etwa 400 Arbeiter – darunter auch Pater Jancarz selbst – einen „akademischen Grad".

Außerdem gab es die „Abende der unabhängigen polnischen Kultur", bei denen im Kellergeschoß der Kirche Theateraufführungen, Veranstaltungen des politischen Kabaretts, Jazz- oder klassische Konzerte oder Kunstausstellungen (vor allem die Plakatkunst war in Polen nach Aufhebung des Kriegsrechts aufgeblüht) stattfanden. Das Kellergeschoß war raffiniert gebaut; Tunnel führten von dort zu den Mietskasernen in Miestrzejowice, so daß die Menschenmenge sich schnell zerstreuen konnte, falls die Behörden beschlossen, Schwierigkeiten zu machen. Es gab keine Vorankündigung dieser „Abende der unabhängigen polnischen Kultur", sondern die Leute erfuhren nur durch Mund-Propaganda davon. Trotzdem kamen jedesmal mindestens 1 000 Menschen.

Die Regierung Jaruzelski konnte diese Form des kulturellen Widerstands zwar belästigen, ihr aber nie ein Ende setzen. Schließlich wurde die Kolbe-Kirche das erste private Fernsehstudio in Polen, mit Technikern, die beim Staatsfernsehen entlassen worden waren. Als man an Videokameras herankommen konnte, benutzte man sie, um Filme zu machen, die über Untergrundkanäle verteilt wurden. Später bekam der „Sender" in der Kirche eine richtige Ausrüstung und fing an, ein Programm auszustrahlen, unter anderem den ersten Film über das Leben von Jerzy Popiełuszko.

Polen nach dem Kriegsrecht war, um es mit den Worten von Adam Michnik zu sagen, kein „Sozialismus mit menschlichem Gesicht", sondern „Kommunismus mit ein paar ausgeschlagenen Zähnen". Der langsame Zusammenbruch der Wirtschaft ging weiter, und die materielle Lebensqualität der „normalen" Polen verschlechterte sich ständig. Das war ein weiterer Grund, warum der kulturelle Widerstand so wichtig war. Durch eine unabhängige Welt voller Ideen und Kreativität ließ sich die Hoffnung in einer Zeit scheinbarer Hoffnungslosigkeit leichter bewahren. Die Regierung hatte – wie Pater Mieczysław Maliński, der alte Freund des Papstes, es ausdrückte – versucht, eine „Kultur des geschlossenen Munds" aufrechtzuerhalten. Das war ihr nicht gelungen.

Die Führer der Solidarność waren in den Monaten im Gefängnis zu ähnlichen Schlußfolgerungen gekommen wie andere demokratische Dissidenten in Ostmitteleuropa – daß die Wiederherstellung der „Zivilgesellschaft" durch die Kultur eine Voraussetzung für wirtschaftlichen und politischen Wandel war. Das bedeutete eine neue Art des Widerstands. Der Schlüssel zu effektivem Widerstand durch Kultur waren Informationen, und hier hatte die polnische Kirche eine weitere wichtige Rolle zu spielen: als Hort der Wahrheit in einer von Lügen beherrschten Welt. Oder, wie Pater Maliński es formulierte: „Die Leute kamen in die Kirche, um herauszufinden, was zum Teufel im Rest des Landes vor sich ging."

Als General Wojciech Jaruzelski über die Marmorfußböden des Apostolischen Palastes zur Privatbibliothek des Papstes ging, wußte er, daß er das „Spiel" vom 13. Dezember 1981 verloren hatte. Eine „Normalisierung" nach dem tschechoslowakischen Modell der Jahre nach 1968 würde in Polen nicht funktionieren. Der Umbau der polnischen Gesellschaft und Wirtschaft würde ohne die Mitarbeit der Führer der Solidarność nicht möglich sein, denn sie waren die einzigen, denen das polnische Volk vertraute. Vielleicht dachte Jaruzelski jetzt daran, daß Johannes Paul ihm im Juni 1983 geraten hatte, mit diesen Leuten zu sprechen, statt sie ins Gefängnis zu stecken.

Der Mythos des sich selbst reformierenden Kommunismus starb nur langsam. Zwei Wochen nach General Jaruzelskis Treffen mit dem Papst verteidigte der neue Führer der Sowjetunion, Michail Gorbatschow, vor dem Zentralkomitee der KPdSU seine Vorschläge für die Perestroika, den „Umbau" des politischen Systems, erklärte jedoch gleichzeitig, er bleibe den Grundprinzipien des Kommunismus verpflichtet. Gorbatschow stammte aus einer anderen Generation als seine drei unmittelbaren Vorgänger; Breschnew, Andropow und Tschernenko waren politisch durch Stalins Säuberungsaktionen geprägt worden, und es war ihnen nie ganz gelungen, die leicht kriecherische Miene loszuwerden, wie sie Menschen eigen ist, die in jungen Jahren an Verrat, Folter und Mord beteiligt waren. Aber Gorbatschows Welt war das nicht, und daher sah er anders aus. Doch der Mann, dessen „nettes Lächeln" und „eiserne Zähne" sogar Andrej Gromyko gelobt hatte, glaubte immer noch an den Reformkommunismus.

Er war nicht der Mann, der Panzer in einen „Bruderstaat" des Warschauer Pakts geschickt hätte, um die Breschnew-Doktrin durchzusetzen. Dadurch hatten General Jaruzelski, die Führung der Solidarność und Johannes Paul II. mehr Spielraum. Aber Gorbatschow war auch nicht bereit, zuzugeben, daß der Kommunismus trotz des „Umbaus", den er bereits erreicht hatte, dem Untergang geweiht war. Aus Alchimie konnte keine Chemie werden, solange die Alchimisten an ihren Grundvorstellungen vom Funktionieren der Welt festhielten. Für den Kommunismus galt das gleiche. Ein sich selbst reformierender Kommunismus, der an seinen falschen Vorstellungen vom Menschen festhielt, war ebenso unmöglich wie eine wissenschaftlich seriöse Alchimie.

Für diejenigen, die – wie Johannes Paul II. – den Kommunismus überwinden wollten, war es sehr wichtig, den moralischen und kulturellen Boden vorzubereiten, auf dem freie Gesellschaften wachsen und gedeihen konnten. Die Freiheit war jedoch nicht nur in Ostmitteleuropa gefährdet, und der Kommunismus war nicht die einzige Bedrohung für die Wahrheit über den Menschen. In den sieben Jahren seit Karol Wojtyłas Wahl zum Papst hatten sich die handelnden Personen auf der Weltbühne und die Struktur des Dramas der Geschichte dramatisch verändert. Doch die Grundprobleme waren die gleichen geblieben – wie schon immer.[1]

EVANGELIUM, MENSCHENRECHTE, DEMOKRATIE

Johannes Paul II. begann das Jahr 1987 mit drei charakteristischen persönlichen Gesten: Am 12. Januar taufte er im Petersdom 49 Kinder. Am 20. Februar empfing er die Mutter von Mehmet Ali Agca, Frau Muzeyyen Agca, in einer Privataudienz. Und am 8. März begann er die jährlichen Fastenexerzitien, deren Leitung er dem Generaloberen der Gesellschaft Jesu, Peter-Hans Kolvenbach, übertragen hatte. Die Fastenzeit 1987 hielt eine der dramatischsten Szenen des Pontifikats bereit und unterwarf die gutgeölte Maschinerie der Papstreisen bis dahin nicht gekannten Belastungen.

Lateinamerika, das demographische Zentrum des Weltkatholizismus, befand sich die ganzen 80er Jahre hindurch im schon lange überfälligen Übergang zu demokratischer Politik und marktorientierter Wirtschaft. Johannes Paul hatte diesen Erdteil bereits sieben Mal besucht, also durchschnittlich einmal im Jahr. In der dritten und vierten Woche der Fastenzeit 1987 machte er sich auf den Weg in eine der Bastionen gegen die Demokratisierung, General Augusto Pinochets Chile, und in ein Argentinien, das seinen Übergang zur Demokratie nach der Herrschaft einer Militärjunta, die die Menschenrechte brutal verletzt und das Land in die Niederlage im Falklandkrieg geführt hatte, gerade festigte. Auf dem Flug zu seinem ersten Zielort, Montevideo, gab der Papst eine seiner improvisierten Pressekonferenzen. Er ging in seinem Alitalia-Jet auf und ab und stellte sich eine Dreiviertelstunde lang den Fragen, die in einem halben Dutzend Sprachen auf ihn niederprasselten.

Einer der Reporter fragte ihn, ob die Kirche in Chile seiner Ansicht nach die gleiche Rolle spielen sollte wie auf den Philippinen. Johannes Paul überlegte keine Sekunde lang: „Das halte ich nicht nur für möglich, sondern sogar für notwendig, denn das ist ein Teil des pastoralen Auftrags der Kirche." Daß General Pinochet kurz zuvor gesagt hatte, es wäre besser, wenn die chilenischen Bischöfe aufhören würden, sich wie eine politische Partei zu verhalten, und „90 Prozent ihrer Zeit mit Beten verbringen" würden, war auf großes Mißfallen gestoßen. Johannes Paul war durchaus bewußt, daß manche Politiker die Kirche „von diesem Auftrag [der Verteidigung grundlegender Menschenrechte] abhalten" wollten. Das wollte der Papst jedoch auf keinen Fall zulassen. Wie er sagte, konnte die Kirche sich nicht „selbst sterben lassen", indem sie die Sache der Menschenrechte aufgab. Das müßten diejenigen, die sagten, sie solle in der Sakristei bleiben und nichts anderes tun, begreifen.

Auf die Frage eines Reporters, ob er erwarte, bei der Wiederherstellung einer demokratischen Politik in Chile helfen zu können, faßte Johannes Paul die Beziehung zwischen dem Evangelium, den Menschenrechten und der Demokratie prägnant zusammen: „Ja, ja – ich bin kein Verkündiger der Demokratie, sondern ein Verkündiger des Evangeliums. Zur Botschaft des Evangeliums gehören natürlich alle Probleme der Menschenrechte, und wenn Demokratie Menschenrechte bedeutet, gehört sie ebenfalls zur Botschaft der Kirche."[2] Die Reihenfolge war sehr aufschlußreich: Verkündigung des Evangeliums – Formung der Kultur – politischer Wechsel.

Chile

General Augusto Pinochet war im September 1973 durch einen Militärputsch, bei dem er die Regierung von Salvador Allende (einem erklärten Marxisten, der 1970 mit knapper Mehrheit zum Präsidenten gewählt worden war) absetzte, Präsident von Chile geworden. Unter seiner Diktatur wurden linke politische Parteien verboten, die Zentrumsparteien (darunter auch die Christdemokraten) zurückgedrängt, die Planwirtschaft Allendes rückgängig gemacht und die bürgerlichen Freiheiten stark unterdrückt. In Chile „verschwanden" Menschen – möglicherweise bis zu 1 000 –, und das Regime folterte seine linken Gegner. Doch im Gegensatz zu seinem Nachbarn Argentinien (wo 14 000 Menschen „verschwanden") mußte Chile nicht die Schrecken eines Bürgerkriegs erleben.[3]

Die erklärte Absicht der Regierung Allende, aus Chile einen marxistischen Staat zu machen, und die Maßnahmen, die sie zu diesem Zweck ergriffen hatte, hatten die chilenischen Bischöfe begreiflicherweise in große Besorgnis versetzt. Und natürlich verurteilten die von Kardinal Raúl Silva Henriquez SDB aus Santiago geführten Bischöfe auch von Anfang an die Menschenrechtsverletzungen des Pinochet-Regimes. Kardinal Silva richtete in Santiago ein „Vikariat der Solidarität" ein, um die Opfer staatlicher Unterdrückung zu unterstützen. Der Kardinal spielte auch eine Schlüsselrolle, als es 1978 darum ging, den Heiligen Stuhl als Vermittler zu gewinnen, um den drohenden Krieg zwischen Chile und Argentinien noch abzuwenden. Das gelang – der Erfolg wurde 1985 durch den Vertrag von Montevideo besiegelt – und bereitete auch den Boden für den Pastoralbesuch im Jahre 1987 vor. Die Chilenen waren Johannes Paul dankbar für das, was er in einer scheinbar hoffnungslosen Situation getan hatte.

Im Mai 1983 war Kardinal Silva in den Ruhestand getreten. Sein Nachfolger wurde Juan Francisco Fresno Larraín, ein Mann von tiefer Frömmigkeit. Das war eine Kompromißentscheidung, durch die man sich einen Abbau der Spannungen in der chilenischen Hierarchie erhoffte. Die Bischöfe waren sich zwar darin einig, daß die Menschenrechte verteidigt werden mußten, aber sie konnten sich nicht darüber einigen, ob das durch öffentlichen Druck oder gewissermaßen hinter den Kulissen geschehen sollte. Fresno Larraín, der 1985 zum Kardinal ernannt wurde, machte einen der wichtigsten Führer des Vikariats der Solidarität, Msgr. Christian Precht, zu seinem Stellvertreter (oder „Pastoralvikar") und trat öffentlich für Demokratie und Versöhnung ein. Er nahm gleich nach seinem Amtsantritt Kontakt zu den Führern der verbotenen Zentrumsparteien auf und führte zunächst Einzelgespräche mit ihnen. Dabei stellte er jedem drei Fragen: Was erwarten Sie von der Zukunft? Was wollen Sie dafür tun? Was würden Sie dafür aufgeben? Dann brachte Fresno Larraín die Oppositionspolitiker zusammen und las ihnen die Punkte vor, bei denen bereits Übereinstimmung bestand. Diese Konsenspunkte bildeten schließlich die Grundlage des im August 1984 verkündeten „Nationalen Übereinkommens für die Demokratie".

Einige der chilenischen Bischöfe befürchteten, ein Besuch des Papstes werde das Pinochet-Regime stärken. Kardinal Fresno und Msgr. Precht dagegen waren überzeugt, daß die Anwesenheit des Papstes, die Vorbereitungen für den Besuch und die damit verbundene Erfahrung der Gemeinschaft dazu beitragen würden, die Zivilgesellschaft in Chile wiederzubeleben und das Land dadurch der Demokratie einen Schritt näher zu bringen. In der Strategie des Besuchs spiegelte sich die Einstellung wider, die Johannes Paul auf dem Flug nach Montevideo so prägnant zusammengefaßt hatte.

Die Grundbotschaft würde missionarisch und moralisch sein – Chile war „zur Verständigung berufen, nicht zur Konfrontation", wie Msgr. Precht es später formulierte. In den 30 Ansprachen, die Johannes Paul in Chile hielt, ging er ausführlich auf dieses Thema ein und bekräftigte, daß es ein legitimes Anliegen der Kirche sei, die Menschenrechte zu verteidigen und für Versöhnung einzutreten. Gleichzeitig gab er der Opposition und der Regierung (zu beiden gehörten überzeugte Katholiken) zu verstehen, daß der richtige Weg zu einer rechtsstaatlichen Demokratie, die das Ziel des Nationalen Übereinkommens war, ein gewaltfreier Übergang sei.

Das zweite strategische Ziel des Pastoralbesuchs bestand darin, dem chilenischen Volk die Möglichkeit zu geben, durch seine Anwesenheit und seinen Beifall für den Weg zu stimmen, den es in Zukunft einschlagen wollte. Für führende Männer im Pinochet-Regime war „Versöhnung" ein verschlüsselter Ausdruck für eine politisierte Kirche, die sich in staatliche Angelegenheiten einmischte. Am anderen Ende des Spektrums stand eine linke Opposition, die die (wenn nötig, auch gewaltsame) Konfrontation wollte und behauptete, „das Volk" sei an einer Versöhnung gar nicht interessiert. „Versöhnung" war dann das Wort, das bei den öffentlichen Ansprachen des Papstes den stärksten Beifall erhielt, und so wurde der Pastoralbesuch eine inoffizielle Volksabstimmung über die Zukunft des Landes.

Das dritte Ziel bestand darin, durch die, wie Msgr. Precht es nannte, „Rückeroberung der Straßen" die Erfahrung einer Zivilgesellschaft zu ermöglichen. Chiles Straßen waren Schauplatz von Unterdrückung, Gefahr und gewalttätigen Auseinandersetzungen gewesen. Durch die Fahrten des Papamobils über die Straßen der chilenischen Städte wurde das öffentliche Bild vom „Straßenleben", das in den letzten 15 Jahren entstanden war, auf den Kopf gestellt. Jetzt war die Straße ein Ort, an dem die Chilenen zusammen beteten, nicht mehr einer, an dem es Tumulte gab und Polizisten auf Menschen eindroschen. Die

Orte, an denen der Papst die Messe feierte, waren bewußt so gewählt, daß Menschen der verschiedensten Art zusammenkamen wie seit Jahren nicht mehr. Wie in Polen und auf den Philippinen erwies sich die Erfahrung gesellschaftlicher Solidarität – erzeugt durch eine öffentliche religiöse Massenveranstaltung, bei der die authentische Kultur des Landes zurückgewonnen wurde – als wirksames Gegenmittel gegen die Politik der Gewalt.[4]

Johannes Paul traf am 1. April 1987 in Santiago ein. Dort wurde er von Präsident Pinochet begrüßt, der die Diktatur der vergangenen dreizehneinhalb Jahre verteidigte. Der erste Augenblick der „Rückeroberung der Straßen" kam, als der Papst unter großer Begeisterung der Bevölkerung in die Hauptstadt fuhr, wo die chilenische Kirche ihn an der Kathedrale begrüßte. Ein paar Stunden später segnete er die Stadt von einem Berg aus und erwähnte dabei besonders diejenigen, die wegen ihrer politischen Überzeugung im Exil leben mußten.[5]

Am folgenden Tag kam der Papst im Präsidentenpalast zu einem privaten Gespräch mit General Pinochet zusammen. Dabei war auch der päpstliche Nuntius, Erzbischof Angelo Sodano, anwesend. Es gab keine vorbereiteten Reden – der Papst und der Präsident sprachen miteinander. Pinochet fragte den Papst: „Warum spricht die Kirche ständig über Demokratie? Eine Regierungsmethode ist doch so gut wie die andere!" Johannes Paul widersprach höflich, aber nachdrücklich: „Nein – die Menschen haben ein Recht auf ihre bürgerlichen Freiheiten, auch wenn sie bei deren Ausübung Fehler machen!"[6] Pinochet erzählte dem Nuntius später, diese Antwort des Papstes habe ihn veranlaßt, über diesen Sachverhalt sorgfältiger nachzudenken. Im Augenblick jedoch wollte er ein Foto haben, aus dem man einen päpstlichen Segen für sein Regime herauslesen konnte. Also manövrierten seine Leute Johannes Paul auf einen Balkon des Präsidentenpalasts, der auf einen Hof hinausging; dort hielten sich zahlreiche regimefreundliche Reporter auf, die die beiden Männer zusammen fotografierten – ein Bild, das fälschlicherweise so ausgelegt wurde, als habe der Papst die Regierung für legitim erklärt oder seine Überzeugungen im Hinblick auf die Menschenrechte irgendwie verraten.[7] Daß das Gegenteil der Fall war, ging eigentlich aus der Ansprache hervor, die der Papst am gleichen Tag in Santiago vor Jugendlichen hielt. In einem Stadion, in dem einst Pinochet-Gegner gefoltert worden waren, rief er zur Gewaltlosigkeit auf und begrüßte das Verlangen der jungen Menschen „nach einer Gesellschaft, die mehr der dem Menschen eigenen Würde entspricht".[8] Weder die Wahl des Ortes noch die Andeutung, daß ein Wandel unbedingt erforderlich sei, waren Zufall.

Die wirkliche Konfrontation erfolgte am nächsten Tag, dem 3. April. Vor bis zu einer Million Chilenen sollte im Bernardo-O'Higgins-Park in Santiago die päpstliche Messe zur Seligsprechung von Schwester Teresa de los Andes, einer gebürtigen Chilenin, stattfinden.[9] Msgr. Precht, der bei dieser Pastoralreise für die liturgische Organisation verantwortlich war, kam schon früh in den Park und spürte schnell, daß etwas nicht stimmte – die Menge vor dem Altarpodium reagierte nicht so wie sonst vor einer Messe des Papstes. Johannes Paul wurde darüber informiert, daß es Schwierigkeiten geben könne. Seine Antwort war einfach: „Wir werden alles so machen wie geplant!"[10] Während der Schriftlesungen im ersten Teil der Messe kam es in der Menge zur Linken des Papstes zu Tumulten. Dadurch war es unmöglich, ihn zu verstehen. Außerdem fingen die Randalierer an, Reifen zu verbrennen, die sie in den Park mitgebracht hatten. Die Polizei griff lange nicht ein. Als sie dann in den Park stürmte, entstand durch Wasserwerfer, Prügel und Tränengas ein Chaos, bei dem 600 Randalierer und Polizisten verletzt wurden. Auf dem Höhepunkt der Auseinandersetzungen wandte sich ein chilenischer Beamter an Pater Roberto Tucci, den Organisator von Johannes Pauls Reisen, und sagte gelassen: „Gut, daß das passiert ist – so sieht der Papst, wie diese Leute sind!" Damit meinte er die Linken, die Reifen verbrannten.

Tucci selbst dachte zum ersten und einzigen Mal während des Pontifikats ernsthaft daran, den Papst von einem Veranstaltungsort aus Sicherheitsgründen wegschaffen zu lassen. Die Kombination von brennendem Gummi und Tränengas raubte Johannes Paul und den anderen auf dem Altarpodium förmlich den Atem. Doch schließlich verzog sich der Rauch, die viel zu spät eintreffende Polizei bekam die Situation einigermaßen unter Kontrolle, und Johannes Paul machte weiter.[11] Kinder empfingen vom Papst die Erstkommunion unter Tränen – nicht vor Rührung, sondern weil sie Rauch und Tränengas eingeatmet hatten. Am Ende der Messe blieb Johannes Paul absichtlich länger als geplant auf dem Altarpodium; er kniete vor dem Altar und blickte in den Park hinaus. Niemand sollte ihn von einem solchen Schauplatz vertreiben. Kardinal Fresno Larraín, dem das Ganze äußerst peinlich war, ging auf ihn zu und sagte: „Vergebt uns!" Johannes Paul entgegnete: „Was eigentlich? Ihre Leute sind doch hiergeblieben und haben [die Messe] gefeiert. Das einzige, was man in einer solchen Situation nicht tun darf, ist, vor den Randalierern zu kapitulieren!"[12]

Auf dem Rückweg zur Nuntiatur waren die Straßen von Santiago voll von Menschen, die dem Papst, der nicht kapituliert hatte, ihre Solidarität zeigen wollten. Sowohl Pater Tucci als auch Msgr. Precht sind überzeugt, daß die Geschehnisse im O'Higgins-Park ohne das vorherige Wissen und die stillschweigende Billigung des Pinochet-Regimes nicht möglich gewesen wären. Das alles beherrschende Thema des Papstbesuchs war Versöhnung gewesen; um seine eigenen repressiven Maßnahmen zu rechtfertigen, mußte das Regime beweisen, daß die Chilenen von Natur aus gewalttätig waren. In einem Polizeistaat, der so regiert wurde wie Chile 1987, konnten Randalierer nur mit stillschweigendem Einverständnis des Regimes Reifen und Benzin an einen überwachten Ort bringen. Auch die Tatsache, daß die Polizei erst so spät eingriff, erregte Argwohn. Außerdem wurde keiner der Randalierer verhaftet, obwohl die Krawalle schließlich durch das gewaltsame Eingreifen der Polizei beendet wurden und die ganze Episode gefilmt worden war.[13]

Nach der Messe und den Krawallen im O'Higgins-Park traf Johannes Paul in der Nuntiatur von Santiago mit Führern der politischen Opposition zusammen. Der Regierung gefiel das gar nicht, doch der Nuntius, Erzbischof Sodano, hatte ihr gesagt, diese Begegnung sei schon an sich gut und werde auch gut für das Land sein. In seiner kurzen, vorbereiteten Ansprache betonte Johannes Paul, die Menschenrechte seien unveräußerlich, müßten aber ohne Gewaltanwendung verteidigt werden.[14] Die Themen waren vertraut, doch das Treffen hatte eine große Wirkung nach außen. Offiziell gab es in Chile keine formelle politische Opposition. Johannes Pauls Begegnung mit Führern, die sich einem gewaltlosen Übergang zur Demokratie verschrieben hatten, zeigte, daß die offizielle Wirklichkeit keineswegs die tatsächliche Wirklichkeit war.[15]

Während des Papstbesuchs in Chile hatte sich etwas ereignet, das für einen friedlichen Übergang zur Demokratie ungeheuer wichtig war. Millionen von Chilenen hatten dafür „gestimmt", daß ihr Land zur Verständigung, nicht zur Konfrontation berufen war. Die Straßen waren zurückerobert worden. Pater Tucci sagte, nachdem er das Verhalten der Chilenen auf den Straßen beobachtet hatte, zu Msgr. Precht: „Dies ist ein Land der Zeugen, nicht nur der neugierigen Zuschauer." Das chilenische Volk hatte etwas erlebt, das über 13 Jahre lang nicht zu seinem Leben als Nation gehört hatte: eine öffentliche Versammlung von Menschen mit unterschiedlichen Ansichten, denen es gelang, gewaltfrei miteinander umzugehen, weil man – wie Msgr. Precht es später ausdrückte – „seinem Vater gegenüber ehrlich sein muß"; der Vater war in diesem Fall Johannes Paul II.[16] Sogar die Regierung hatte etwas gelernt: Nachdem sie jahrelang auf eigene Faust gehandelt hatte, war sie jetzt gezwungen gewesen, bei den Vorbereitungen für den Besuch mit der Kirche zusammenzuarbeiten. Schon diese Wechselbeziehung war eine Art von Versöhnung.[17]

Nach Ansicht der chilenischen Organisatoren des Besuchs entging den westlichen Medien, die sich vor allem auf den Papst und General Pinochet konzentrierten, viel davon. Msgr. Precht erinnerte sich Jahre später daran, daß die beiden Bilder, die die größte Aufmerksamkeit auf sich zogen, das Foto von Johannes Paul mit General Pinochet auf dem Balkon und „die Show" im O'Higgins-Park waren. Bei beiden Ereignissen hatte es Manipulationen durch die Regierung gegeben, über die nicht berichtet wurde. Schlimmer war, daß auch über die Konzeption des Pastoralbesuchs nicht berichtet wurde. Kardinal Fresno Larraín, Msgr. Precht und ihre Kollegen waren überzeugt, daß die Wiederherstellung einer Zivilgesellschaft die Voraussetzung für die Wiederherstellung der Demokratie war. Die Voraussetzung für die Wiederherstellung einer Zivilgesellschaft wiederum war die nationale Versöhnung. Und die versuchten sie und Johannes Paul in fünf Tagen zu erreichen.

Das chilenische Volk hatte die Botschaft offenbar verstanden. Am 5. Oktober 1988, 18 Monate nach dem Papstbesuch, wurde die Fortsetzung der Militärherrschaft durch ein nationales Plebiszit offiziell abgelehnt. Am 14. Dezember 1989 wurde Patricio Aylwin, Christdemokrat und Führer einer Koalition von 17 Oppositionsparteien, mit 55 Prozent der Stimmen zum Präsidenten von Chile gewählt; ein Regierungskandidat erhielt weniger als 30 Prozent, ein konservativer Oppositioneller magere 15. Nach den Vereinbarungen, die die Regierung und die demokratische Opposition Anfang 1989 getroffen hatten, blieb General Pinochet Oberbefehlshaber der Streitkräfte, doch die Rolle des Militärs im öffentlichen Leben wurde erheblich beschnitten. Anfang der 90er Jahre war Chile eine stabile Demokratie.

Argentinien

Argentinien hatte den Übergang zur Demokratie 1983 vollzogen, im Jahr nach dem katastrophalen Falklandkrieg. Doch die Regierung von Präsident Raul Alfonsín stand auf unsicheren Füßen; die Streitkräfte hatten weiterhin beträchtliches politisches Gewicht, und die Demokratie war noch nicht so gefestigt, daß eine Rückkehr zu einer Militärherrschaft undenkbar gewesen wäre. Das Land litt noch immer unter den kaum verheilten Wunden des „schmutzigen Kriegs", den das Militärregime in den 70er Jahren gegen Guerilla-Gruppen und ihre vermeintlichen Sympathisanten geführt hatte. In diesem Krieg war Folter weit verbreitet gewesen, und 14 000 *desaparecidos* [Verschwundene] hatten ihren Widerstand mit dem Leben bezahlt. Die Situation, der der Papst sich gegenübersah, wurde außerdem dadurch kompliziert, daß die argentinische Hierarchie nicht so offen für die Menschenrechte eingetreten war wie die chilenischen Bischöfe.[18] Der päpstliche Nuntius, Erzbischof Pio Laghi, hatte sich engagiert für politische Gefangene eingesetzt, dazu beigetragen, das Leben des jüdischen Dissidenten Jacobo Timerman (der nach Israel ausgewiesen wurde) zu retten, und seine argentinischen Zuhörer wiederholt darauf hingewiesen, daß es in ihrem Land ein „Auschwitz" und einen „Gulag" gebe. Bischöfe wie katholische Laien hatten die Unverblümtheit des Nuntius kritisiert.[19]

In dem Land, dem er 1978 dabei geholfen hatte, einem Krieg mit Chile wegen einiger Inseln im Beagle-Kanal zu entgehen, sah Johannes Paul sich einer schwierigen Situation gegenüber. Die Kirche mußte hier in sich selbst versöhnt werden, und die Bischöfe mußten zu einer offeneren Ausübung ihrer Verantwortung als öffentliche moralische Zeugen aufgerufen werden. Die Bedeutung der Menschenrechte mußte hervorgehoben werden, ohne das unruhige Militär aufzubringen und die zerbrechliche Demokratie, die gerade erst Wurzeln zu schlagen begann, zu gefährden. Frieden, Versöhnung und die moralischen Grundlagen der Zivilgesellschaft waren die Hauptthemen der 30 Ansprachen, die der Papst während seines einwöchigen Besuchs hielt.

Am Tag seiner Ankunft, dem 6. April, traf Johannes Paul abends im Amtssitz des Staatspräsidenten in Buenos Aires mit Präsident Alfonsín und Regierungsmitgliedern zusammen und sagte, der Staat müsse die „berechtigten Freiheiten des einzelnen, der Familien und der subsidiären Gruppierungen" achten.[20] In der Hafenstadt Bahia Blanca im bäuerlichen Süden Argentiniens warnte er vor der modernen Form der Habgier, dem Konsumrausch, und stellte ihr „die wunderbare Tugend der Landleute, nämlich die Solidarität" gegenüber.[21] Bei einer Ansprache in Viedma hob er Christi „Vorliebe für die Bedürftigsten" hervor, die der Herr ausgedrückt habe, „indem er die Armen evangelisiert und den Versklavten, Blinden und Unterdrückten das Heil verkündet" habe.[22]

In Mendoza wies er darauf hin, daß „die persönliche Bekehrung" ganz wichtig für die „Umwandlung der Gesellschaft" sei.[23] In Tucuman warnte er vor Nationalismus und Fremdenhaß, die Argentinien und Chile an den Rand eines Kriegs gebracht hatten.[24] In Rosario sprach er am 11. April ausführlich über das Apostolat der Laien und forderte die argentinischen Katholiken auf, nicht „in der Absonderung, in der Einsamkeit" zu leben; der „Anruf Gottes" habe zum Ziel, „daß ihr dort, wo ihr euch befindet, Licht und Salz seid".[25] Junge Menschen aus der ganzen Welt, die zum Weltjugendtag nach Buenos Aires gekommen waren, forderte er auf, „‚Bauleute des Friedens' auf den Wegen der Gerechtigkeit, der Freiheit und der Liebe" zu sein.[26]

Linke politische Aktivisten und einige Journalisten äußerten heftige Kritik, weil Johannes Paul sich nicht mit einer Gruppe von Müttern von *desaparecidos* traf. Doch seine Botschaft zu den moralischen Grundlagen einer freien Gesellschaft war unzweideutig. Er formulierte sie sogar noch klarer, als er am Palmsonntag bei der Messe zum Weltjugendtag über das Verhör und die Geißelung Christi vor seiner Kreuzigung sprach, ein Bild, das heute „volle Realität und Bedeutsamkeit" gewonnen habe. Der Bezug auf die Lage im Land war deutlich für alle, die ihre Ohren nicht davor verschlossen.[27] Auch seine mahnenden Worte an die argentinischen Bischöfe waren unmißverständlich: „(...) erfüllt (...) aufmerksam, was diese Gesellschaft, auch wenn sie verweltlicht, auch wenn sie dem Anschein nach gleichgültig ist – von euch erwartet als den Zeugen Christi, den Hütern absoluter Werte."[28]

Die Mahnung wäre überflüssig gewesen, wenn Johannes Paul geglaubt hätte, daß diese Erwartungen bereits erfüllt wurden.

„Eine Tochter des jüdischen Volkes"

Zweieinhalb Wochen nach seiner Rückkehr aus Buenos Aires begann Johannes Paul seinen zweiten Pastoralbesuch in Deutschland. Sein Herzstück, gleichzeitig aber auch eine der umstrittensten Handlungen seines Pontifikats, war die Seligsprechung von Schwester Teresia Benedicta vom Kreuz, einer Karmeliterin (besser bekannt unter ihrem bürgerlichen Namen Edith Stein), am 1. Mai in Köln.

Edith Stein wurde am 12. Oktober 1891 als elftes Kind von Siegfried und Auguste Stein in Breslau, dem heute polnischen Wrocław, geboren – am Jom Kippur, dem Versöhnungstag. Siegfried Stein, ein Kaufmann, starb mit 48, als Edith noch keine zwei Jahre alt war. Ihre Mutter, eine Frau von tiefer jüdischer Frömmigkeit, mußte die sieben überlebenden Kinder allein großziehen und sich auch noch um die schlecht laufende Holzhandlung kümmern. Edith, ihre hochbegabte Jüngste, war für sie das „Testament" ihres Mannes. Als Edith heranwuchs, verlor sie den Glauben an den Gott ihrer Mutter, von deren religiöser Hingabe sie aber weiter sehr beeindruckt war.

Edith Stein entwickelte eine Leidenschaft dafür, den Dingen auf den Grund zu gehen. Diese Leidenschaft nahm eine entscheidende geistige Wende, als sie während ihrer ersten Studienjahre in Breslau die *Logischen Untersuchungen* von Edmund Husserl, dem Begründer der Phänomenologie, las. Sie wechselte nach Göttingen, um direkt mit Husserl zusammenarbeiten zu können, und wurde schnell eine seiner besten Studentinnen; sie lernte die führenden Köpfe der phänomenologischen Bewegung kennen, darunter auch Adolf Reinach, und wurde eine enge Freundin von dessen evangelischer Familie. Als Reinach im Ersten Weltkrieg in Flandern fiel, war Edith tief beeindruckt von der Glaubensstärke, mit der seine Witwe seinen Tod hinnahm. Das war die erste Erfahrung der jungen Philosophin mit einem Glauben, der aus dem Kreuz Christi Kraft und Zuversicht schöpfte.[29]

1916 wurde Edith Stein Husserls Assistentin und ging mit dem „Meister", wie seine Studenten ihn nannten, an die Universität Freiburg, wo sie 1917 den

Doktortitel erhielt. Ihr religiöses Ringen wurde durch das politische Chaos der Niederlage Deutschlands im Ersten Weltkrieg noch intensiver; sie las das Neue Testament und Kierkegaard und schrieb Aufsätze über das Wesen der menschlichen Gemeinschaft und deren Verhältnis zum Staat. Der Augenblick der Erleuchtung kam bei einem Besuch bei ihrer Freundin Hedwig Conrad-Martius, ebenfalls Phänomenologin, und deren Mann. Als ihre Gastgeber abends ausgingen, wollte Edith sich in der Bibliothek ein Buch aussuchen. Sie wählte die Autobiographie der hl. Teresa von Avila – und konnte sie buchstäblich die ganze Nacht hindurch nicht aus der Hand legen. „Als ich das Buch schloß, sagte ich mir: ‚Das ist die Wahrheit!'" Edith Stein kaufte sich ein Meßbuch und einen Katechismus, vertiefte sich darin und bat den Pfarrer der Gemeinde Bergzabern, die in der Nähe des Landguts von Hedwig Conrad-Martius lag, sie zu taufen. Der Pfarrer, beeindruckt von ihrem Wissen über den Katholizismus, verkürzte die übliche Unterweisungszeit. Am 1. Januar 1922 wurde Edith Stein getauft und nahm den Namen Teresia an; Hedwig Conrad-Martius war ihre Patin. Frau Stein brach in Tränen aus, als Edith ihr von ihrer Konversion erzählte. Edith ging weiter mit ihrer Mutter in die Synagoge und betete beim Gottesdienst die Psalmen aus ihrem lateinischen Brevier. Ihre Mutter war bewegt: „Ich habe nie jemanden so beten sehen wie Edith."

Edith Stein hatte sofort nach ihrer Konversion in einen Karmel (ein Kloster) eintreten wollen, beschloß dann aber, damit noch zu warten, um es nicht zum Bruch mit ihrer Mutter kommen zu lassen. Sie unterrichtete acht Jahre lang an der Schule und Lehrerinnenbildungsanstalt der Dominikanerinnen in Speyer. In dieser Zeit fing sie mit neuen Übersetzungen der Werke von Thomas von Aquin an und plante eine Habilitationsschrift, bei der sie eine Synthese von dessen mittelalterlichen Lehren mit der Phänomenologie versuchen wollte.

Von 1928 bis 1932 reiste Edith Stein viel durch Deutschland, die Schweiz und Österreich und entwarf einen deutlich christlich geprägten Feminismus. Es war ein wegweisender Versuch, ein katholisches Verständnis der Berufung der Frau in der zeitgenössischen Welt zu entwickeln, und eine Herausforderung für die NS-Ideologie, nach der das Leben einer Frau sich auf „Kinder, Küche und Kirche" beschränken sollte – basta. Edith Stein erkannte die Gewitterwolken, die das Leben in Europa bedrohten, und forderte die gebildeten katholischen Frauen auf, sich durch strenge Arbeitsdisziplin und durch die befreiende Kraft der göttlichen Gnade aus den Fesseln einer Parteiperspektive zu lösen.

Als der Antisemitismus im öffentlichen Leben Deutschlands sein häßliches Gesicht immer stärker zeigte, rang Edith Stein mit dem Verlangen, ins Kloster zu gehen und ein kontemplatives Leben zu führen. Ihr geistlicher Berater und viele Freunde sagten, sie sei für die Kirche als öffentliche Person zu wertvoll und müsse im aktiven Leben bleiben. Ihre kurze Zeit als Dozentin an der Universität Münster endete, als neue antisemitische Regelungen in Kraft traten. Das Angebot einer Lehrposition in Südamerika lehnte sie ab. Am 30. April 1933 spürte sie beim Gebet in einer Pfarrkirche, daß sie „das Jawort des Guten Hirten" zu ihrem Eintritt in den Karmel hatte. Nach einem herzzerreißenden, sehr emotionalen Abschied von ihrer Mutter und ihrer Familie trat Edith Stein mit 42 in den Kölner Karmel ein. Am 15. April 1934 erfolgte ihre Einkleidung, und sie nahm den Ordensnamen „Schwester Teresia Benedicta a Cruce" – „die vom Kreuz Gesegnete" – an.

Ihre Oberen drängten sie dazu, weiter wissenschaftliche und populäre Publikationen zu verfassen. Sie arbeitete ihre Habilitationsschrift zu ihrem philosophischen Hauptwerk, *Endliches und Ewiges Sein*, um und schrieb drei weitere Bücher, darunter *Kreuzeswissenschaft*, während sie das strenge kontemplative Leben einer Karmeliterin führte. (Sonntags sagte sie oft: „Dem Herrn sei Dank, heute brauche ich nicht zu schreiben – heute darf ich beten!") Am 14. September 1936 starb Edith Steins Mutter, ohne sich mit dem Entschluß ihrer Tochter, ins Kloster zu gehen – den sie als deren endgültigen Bruch mit dem jüdischen Volk betrachtete –, ausgesöhnt zu haben. Schwester Teresia Benedicta vom Kreuz legte am 21. April 1938 ihre ewigen Gelübde ab; sie erfuhr erst später, daß Edmund Husserl kurz zuvor auf dem Sterbebett sich zum Glauben an Gott bekannt hatte. Nach der „Reichskristallnacht" vom 9. November 1938 befürchtete Edith Stein, ihre Anwesenheit im Kölner Karmel bringe die anderen Nonnen in Gefahr. Die Priorin gelangte schließlich zu der gleichen Meinung und arrangierte ihre Übersiedlung in den niederländischen Karmel von Echt. Am 31. Dezember 1938 verließ Edith Stein Köln.

Edith Stein hatte schon lange die Vorahnung gehabt, daß ihr eigenes Schicksal und das des jüdischen Volkes, das sie ihrer Ansicht nach nie aufgegeben hatte, von der Vorsehung miteinander verwoben worden seien. Nach ihrer Ankunft in Echt schrieb sie ihr Testament. Sein Schluß läßt vermuten, daß sie bereits ahnte, was vor ihr lag, und bereit war, es im Geist der „Kreuzeswissenschaft" auf sich zu nehmen:

> Schon jetzt nehme ich den Tod, den Gott mir zugedacht hat, in vollkommener Unterwerfung unter Seinen heiligsten Willen mit Freuden entgegen. Ich bitte den Herrn, daß Er mein Leben und Sterben annehmen möchte zu Seiner Ehre und Verherrlichung, für alle Anliegen der heiligen der heiligsten Herzen Jesu und Mariä und der Heiligen Kirche, insbesondere für die Erhaltung, Heiligung und Vollendung unseres heiligen Ordens, namentlich des Kölner und des Echter Karmels, zur Sühne für den Unglauben des jüdischen Volkes und damit der Herr von den Seinen aufgenommen werde und Sein Reich komme in Herrlichkeit, für die Rettung Deutschlands und den Frieden der Welt, schließlich für meine Angehörigen, Lebende und Tote, und alle, die mir Gott gegeben hat: daß keines von ihnen verlorengehe.

Im Mai 1940 besetzten die Deutschen Holland. Die „Kreuzeswissenschaft" wurde jetzt zur überwältigenden Wirklichkeit von Edith Steins Leben. Als die SS ihre Schlinge um den Hals der holländischen Juden immer enger zuzog, erkannte Edith Stein, daß sie ihren Karmel in Gefahr brachte. Sie und ihre Priorin versuchten, die Übersiedlung von Edith Stein und ihrer leiblichen Schwester Rosa – die nach dem Tod ihrer Mutter zum Katholizismus übergetreten war und als Laiin den Pfortendienst im Karmel zu Echt versah – in einen Karmel in Le Pâquier in der Schweiz zu arrangieren. Doch dort gab es für Rosa keinen Platz, und Edith weigerte sich, ohne sie zu gehen. Am 26. Juli 1942 wurde in allen katholischen Kirchen des Landes ein Hirtenbrief des Primas der Niederlande verlesen, in dem er die Deportation holländischer Juden in die Todeslager verurteilte. Aus Rache verfügten die Machthaber auch die Vernichtung der Juden katholischen Glaubens. Sie wurden am 2. August verhaftet; um 17 Uhr holte die SS Edith Stein und ihre Schwester im Karmel zu Echt ab. Nach Zwischenaufenthalten in Roermond, Amersfoort und einem Übergangslager in Westerbork wurden sie am 7. August mit dem Zug nach Osten gebracht und kamen am 9. August im Konzentrationslager Auschwitz an. Dort wurde noch an den Gleisen über das Schicksal der einzelnen Juden entschieden. Edith und Rosa Stein wurden zur sofortigen Hinrichtung bestimmt und starben am selben Tag in den Gaskammern.[30]

Für Johannes Paul II. war Edith Stein eine der bemerkenswertesten Frauen des 20. Jahrhunderts und eine „beispielhafte Persönlichkeit", wie er selbst einmal sagte.[31] Sie war eine moderne Frau und eine Vorläuferin des Feminismus, eine große Denkerin und eine bekehrte Skeptikerin. Im Katholizismus hatte sie die befreiende Wahrheit gefunden, nicht Obskurantismus oder Patriarchat. Sie war eine Kontemplative, die ein aktives Leben führte und ihre wissenschaftliche Arbeit und ihr intensives Gebetsleben als Dienst für die Welt betrachtete. Sie war eine Zeugin für die Wahrheit, die grausamer physischer Gewalt die Kraft des Glaubens entgegengesetzt hatte; und sie war eine Deutsche, die die von der Vorsehung gewollte Verwebung von Judentum und Christentum gelebt hatte.

Die Frage ihrer Seligsprechung war zuerst von dem Kölner Erzbischof, Kardinal Joseph Frings, Anfang der 60er Jahre aufgeworfen worden. 1983 schlug sein Nachfolger, Kardinal Joseph Höffner, offiziell vor, daß sie als Märtyrerin seligzusprechen. Der polnische Kardinal Józef Glemp unterstützte diesen Vorschlag. Schließlich erklärte die Kongregation für die Selig- und Heiligsprechungsprozesse sich bereit, die Sache voranzutreiben, sowohl wegen Edith Steins Tugendhaftigkeit als auch wegen der Art und Weise ihres Todes. Am 25. Januar 1987 faßte die Kongregation in Anwesenheit Johannes Pauls II. den beispiellosen Beschluß, Edith Stein als Bekennerin – als Frau, die ein Leben von heroischer Tugendhaftigkeit geführt hatte – und als Märtyrerin anzuerkennen.[32]

Dieser Beschluß ermöglichte die baldige Seligsprechung von Edith Stein, denn als Märtyrerin konnte sie ohne ein bestätigendes Wunder seliggesprochen werden. Die Ankündigung ihrer bevorstehenden Seligsprechung löste jedoch in Israel, Westeuropa und Nordamerika eine Kontroverse aus. Jüdische Gelehrte und Vertreter jüdischer Organisationen argumentierten, daß Edith Stein nur deshalb gestorben sei, weil sie Jüdin war, und betrachteten ihre Seligsprechung als Versuch, den Holocaust zu „christianisieren". Andere befürchteten, der Papst werde die Seligsprechung nutzen, um eine neue Welle katholischer Bekehrungsbemühungen einzuleiten. Zumindest ein Teil der Aufregung beruhte auf dem Argwohn, daß dies ein Schachzug der Kirche sei, um von ihrer eigenen historischen Rolle im europäischen Antisemitismus abzulenken. Vertreter der Juden teilten ihre Besorgnis Johannes Paul persönlich mit.[33] Er antwortete mit einer der großen Predigten seines Pontifikats, bei der Messe zur Seligsprechung in Köln am 1. Mai 1987.

Schon in seinem allerersten Satz hob er Edith Steins Judentum und ihre Identifizierung mit dem alten biblischen Thema des Sühneopfers hervor:

> Unter diesen seligen Männern und Frauen grüßen wir heute in tiefer Verehrung und mit heiliger Freude eine Tochter des jüdischen Volkes, reich an Weisheit und Tapferkeit. Aufgewachsen in der strengen Schule der Traditionen Israels, ausgezeichnet durch ein Leben der Tugend und Entsagung im Orden, bewies sie eine heldenmütige Gesinnung auf dem Weg ins Vernichtungslager. Vereint mit dem ge-

kreuzigten Herrn gab sie ihr Leben dahin „für den wahren Frieden" und „für das Volk".

Die erste Schriftlesung der Messe stammte aus dem alttestamentlichen Buch *Ester*, der Geschichte einer Tochter Israels, die für die Befreiung ihres Volkes von dem Todfeind Haman gebetet hatte. Johannes Paul sagte, die Festliturgie lege dieses „Gebet um Hilfe, weit über zweitausend Jahre alt, der Dienerin Gottes Edith Stein in den Mund, einer Tochter Israels unseres Jahrhunderts". Ein neuer Todfeind sei aufgestanden, der „erneut [den] Plan zur Vernichtung der Juden gefaßt" habe. „Eine wahnsinnige Ideologie hat ihn im Namen eines unseligen Rassismus beschlossen und mit gnadenloser Konsequenz durchgeführt." Dann erzählte Johannes Paul vom Tod Edith Steins, die gerade deshalb umgebracht worden war, weil sie Jüdin und Katholikin war, und die ihren bevorstehenden Tod als Opfer für die Sicherheit ihres Volks betrachtet hatte:

> Beim Verlassen ihres Klosters [in Echt] faßte Edith ihre Schwester bei der Hand und sagte nur: „Komm, wir gehen für unser Volk." Aus der Kraft opferbereiter Christusnachfolge sah sie auch in ihrer scheinbaren Ohnmacht noch einen Weg, ihrem Volk einen letzten Dienst zu erweisen. Bereits einige Jahre vorher hatte sie sich selbst mit der Königin Esther im Exil am persischen Hof verglichen. In einem ihrer Briefe lesen wir: „Ich vertraue darauf, daß der Herr mein Leben für alle (Juden) genommen hat. Ich muß immer wieder an die Königin Esther denken, die gerade darum aus ihrem Volk genommen wurde, um für das Volk vor dem König zu stehen. Ich bin eine sehr arme und ohnmächtige kleine Esther, aber der König, der mich erwählt hat, ist unendlich groß und barmherzig."

Die Wahrheit, die Edith Stein gefunden hatte und für die sie zu sterben bereit war – die Wahrheit, die umgekehrt auch sie gefunden und von ihr Besitz ergriffen hatte –, war nicht abstrakt und intellektuell, sondern konkret und persönlich. Wie andere moderne Seelen, die den religiösen Glauben unhaltbar fanden, hatte sie bei ihren Studien und in sich selbst unermüdlich nach der Wahrheit gesucht. Doch sie fand eine tiefere Wahrheit – „nicht die Wahrheit der Philosophie, sondern die Wahrheit in Person, das liebende Du Gottes". Ihr Leben, in dem sie „die Wahrheit gesucht und Gott gefunden" hatte, war ein großes Beispiel für geistige Offenheit und wahre Freiheit des Geistes.

Der Papst ging keiner Schwierigkeit aus dem Weg; er sprach auch über Edith Steins Konversion und die Auswirkungen auf ihr Verhältnis zu ihrer Familie und dem jüdischen Volk:

> Der Empfang der Taufe bedeutete für Edith Stein keineswegs den Bruch mit ihrem jüdischen Volk. Sie sagt im Gegenteil: „Ich hatte die Praxis meiner jüdischen Religion als Mädchen von vierzehn Jahren aufgegeben und fühlte mich erst nach meiner Rückkehr zu Gott wieder jüdisch." Sie ist sich stets dessen bewußt, „nicht nur geistig, sondern auch blutsmäßig zu Christus zu gehören."

Und so, sagte Johannes Paul, sei sie „im Vernichtungslager von Auschwitz als Tochter ihres gemarterten Volkes umgekommen", als große Tochter Israels, „die in Christus, dem Erlöser, die Erfüllung ihres Glaubens und ihrer Berufung für das Volk Gottes gefunden" habe – als „Benedicta a Cruce – die vom Kreuz Gesegnete".

In Anwesenheit von Verwandten Edith Steins, darunter auch Nichten, die sich noch an sie als „Tante Edith" erinnerten, schloß Johannes Paul dann:

> Liebe Brüder und Schwestern! Wir verneigen uns heute mit der ganzen Kirche vor dieser großen Frau, die wir von jetzt an als Selige in Gottes Herrlichkeit anrufen dürfen; vor dieser großen Tochter Israels, die in Christus, dem Erlöser, die Erfüllung ihres Glaubens und ihrer Berufung für das Volk Gottes gefunden hat. (...) Sie sah das Kreuz mit aller Unerbittlichkeit auf sich zukommen; sie ist in allem Schrecken nicht vor ihm geflohen. (...) Schwester Teresia Benedicta vom Kreuz (...) [vereint] eine dramatische Synthese unseres Jahrhunderts in ihrem reichen Leben (...); die Synthese einer Geschichte voller tiefer Wunden, die noch immer schmerzen, für deren Heilung sich aber verantwortungsbewußte Männer und Frauen bis in unsere Tage immer wieder einsetzen; und zugleich die Synthese der vollen Wahrheit über den Menschen, in einem Herzen, das so lange unruhig und unerfüllt blieb, „bis es schließlich Ruhe fand in Gott." (...) Selig gepriesen sei Edith Stein, Schwester Teresia Benedicta vom Kreuz, eine wahre Anbeterin Gottes – in Geist und Wahrheit. (...) Ja, selig ist sie! – Amen.[34]

Zwei Tage später sprach Johannes Paul im Münchner Olympiastadion den Jesuitenpater Rupert Mayer selig, der für seinen Dienst als Militärkaplan im Ersten Weltkrieg als erster katholischer Priester das Eiserne Kreuz erhalten hatte. Mayer, der im Krieg ein Bein verloren hatte, wirkte zwischen den Weltkriegen als Seelsorger in München. Seine Arbeit führte ihn auch in Bierkeller, wo er Hitler kennenlernte – dessen Bewegung er dann unter anderem wegen ihres Antisemitismus als unchristlich brandmarkte. Er wurde zweimal wegen subversiver Predigten verhaftet und schließlich ins Konzentrationslager Sachsenhausen gebracht. Als sein Gesundheitszustand sich verschlechterte, internierten die Nationalsozialisten ihn in der Benediktinerabtei Ettal, um aus dem dekorierten deutschen Patrioten keinen Märtyrer zu machen. Pater Rupert Mayer starb 1945, doch er hatte lange genug gelebt, um noch die erste Fronleichnamsprozession nach dem Nationalsozialismus durch die Straßen von München führen zu können. Er witzelte einmal: „So hat ein einbeiniger alter Jesuit das tausendjährige Reich überlebt!"[35]

Bei seinem Pastoralbesuch in Deutschland ging Johannes Paul auch auf das Euthanasie-Programm der Nationalsozialisten und seinen korrupten moralischen Hintergrund ein. In Münster betete er am Grab von Kardinal Clemens-August Graf von Galen, der die nationalsozialistische Politik der Euthanasie an geistig behinderten, alten und anderen „unproduktiven" Mitgliedern der Gesellschaft öffentlich verurteilt hatte. Johannes Paul sagte, wir dürften uns nicht zu sicher sein, daß wir heute gegen das Begehen ähnlicher Greueltaten gefeit seien. Wenn die unveräußerliche Menschenwürde geleugnet und der Wert des Lebens nach pragmatischen Nützlichkeitskriterien gemessen werde – „Ist dieses Leben nützlich?" „Ist dieses Leben lästig?" –, sei etwas Ähnliches wie das nationalsozialistische Konzept des „lebensunwerten Lebens" am Werk.[36] Der eugenische Impuls sei auch in der modernen Zeit noch lebendig, wie das Eintreten für Euthanasie und Abtreibung aufgrund von „Unerwünschtheit" zeige.[37]

In Speyer sprach Johannes Paul am letzten Tag seines Pastoralbesuchs zum ersten Mal davon, daß „ein neues, geeintes Europa vom Atlantik bis zum Ural" geschaffen werden könne; das war die positive Seite einer Ahnung, die er zumindest seit 1981 hatte: daß der Kommunismus am Ende sei. Die Beendigung der in Jalta beschlossenen künstlichen Teilung Europas war seiner Ansicht nach allerdings noch nicht die Antwort auf die entscheidenden Fragen. Welche Art von Europa würde aus der Asche des 20. Jahrhunderts entstehen, welche Art von Werten würde es widerspiegeln? Edith Stein, Rupert Mayer und Clemens-August von Galen seien Zeugen für ein ziviles Europa, das in der Achtung vor der Menschenwürde, die in den christlichen Wurzeln der europäischen Kultur verankert sei, neu aufgebaut wurde. Es seien aber auch andere Formen Europas möglich, deren Schrecklichkeit teilweise jede Vorstellungskraft übersteige. Falsche Humanismen hätten in Verbindung mit der modernen Technologie tödliche Folgen.[38] Das habe Europa über seine jüngste Vergangenheit gelernt. Jetzt sei es Zeit, über die Grundfragen der Zukunft Europas nachzudenken.

Zwei Jahre vor dem Zusammenbruch des Kommunismus in Ostmitteleuropa und vier Jahre vor dem Zerfall der Sowjetunion beschäftigte Johannes Paul sich bereits eingehend mit der nächsten Reihe von Fragen: „*Was für eine* Freiheit?" Und: „Freiheit *wofür?*"

NOCH EINMAL: SOLIDARITÄT

1987 war das Jahr der Sechshundertjahrfeier der Bekehrung Litauens zum Christentum. Am 5. Juni sandte Johannes Paul ein apostolisches Schreiben an die Bischöfe Litauens, in dem er den großen geistlichen Reichtum, „den die katholische Gemeinde Litauens in die kirchliche Gemeinschaft eingebracht hat und immer noch einbringt", und ihr jahrhundertelanges „Zeugnis der Treue zu Christus" lobte. In drei Wochen werde er Erzbischof Jurgis Matulaitis von Vilnius (1871-1927), „einen großen Sohn und Hirten Eures Volkes", seligsprechen. Die Anwesenheit von Bischöfen aus ganz Europa bei diesem Ereignis werde die geistige Nähe zwischen den katholischen Kirchen im Osten und im Westen, die trotz des Eisernen Vorhangs fortbestanden habe, auch sichtbar ausdrücken.

Die Kirche Litauens kenne die Bedeutung des Märtyrertums. Seit 1940 hätten die Litauer im Namen Christi Demütigungen und Diskriminierungen, „Leiden und mitunter Verfolgung bis hin zum Exil, Gefängnis, Verschleppung und sogar den Tod erduldet"; sie sähen sich all dem noch immer ausgesetzt. Diese Prüfungen seien eine Quelle der Kraft, denn das „Kreuz [dieser Menschen], in Einheit mit dem erlösenden Leiden Christi getragen", sei „so zum Werkzeug der Gnade und der Heiligung geworden". Mit dieser Kraft würden die jungen Menschen in Litauen „zum Keim einer großen Hoffnung", die kein anderes Ziel als wahre Freiheit kenne.[39]

Nach seiner von Herzen kommenden Segenserteilung an alle Litauer wandte Johannes Paul seine Aufmerksamkeit den kulturellen Voraussetzungen für Freiheit in seinem Vaterland zu. Sein dritter Pastoralbesuch in Polen begann am 8. Juni in Warschau und führte ihn nach Lublin, Tarnów, Krakau, an die Ostseeküste, nach Tschenstochau und Lodz. Sein Pastoralbesuch im Juni 1979 hatte die polnische Revolution ausgelöst, der im Juni 1983 hatte dazu beigetragen, sie am Leben zu erhalten. Der einwöchige Pastoralbesuch im Jahre 1987 sollte den Boden für den Sieg der Revolution vorbereiten und die Grundfragen herausstellen, denen sich das freie Polen der Zukunft gegenübersehen würde.

Die Regierung hatte die Organisation wie üblich erschwert. Danzig (Gdańsk), der Geburtsort der Solidarność, war bei dem Pastoralbesuch von 1983 eine verbotene Stadt gewesen. Johannes Paul bestand jedoch darauf, daß Danzig jetzt zu seinen Zielen gehören müsse – sonst werde er nicht kommen. Schließlich hatte die Regierung zugestimmt. Während diese Verhandlungen geführt wurden, fanden die Polen bei den Vorbereitungen für den Papstbesuch ihre gesellschaftliche Solidarität wieder. Der neue Stadtteil Zaspa, eine triste, graue Imitation von Nowa Huta, die auf einem ehemaligen Flugplatz außerhalb von Danzig errichtet worden war, verwandelte sich – wie sein berühmtester Einwohner, Lech Wałęsa, es formulierte – in einen „lebendigen Organismus", in „eine Gemeinschaft von Menschen mit besonderen Persönlichkeiten und Perspektiven", als er sich auf die Papstmesse vorbereitete, die dort stattfinden sollte. Die Leute von Zaspa stritten mit der Regierung um die Gestaltung des Altarpodiums, das am Ende einer alten, zwischen den riesigen Wohnblocks verlaufenden Startbahn stehen sollte. Marian Kolodziej, Bühnenbildner am Danziger Theater und ehemaliger Auschwitz-Häftling, hatte das maritime und religiöse Erbe von Danzig aufgegriffen und dem Podium die Form eines Schiffs mit drei Masten gegeben, „dessen Brücke der Kapitän der Kirche besteigen sollte". Nachdem Freiwillige schon Hunderte von Stunden in den Bau des Podiums gesteckt hatten, kamen die Behörden zu dem Schluß, daß die Masten zu sehr an das Denkmal für die getöteten Arbeiter erinnerten, das als Bestandteil des Danziger Abkommens von 1980 vor den Toren der Lenin-Werft errichtet worden war. Nach großem Hin und Her durfte die Arbeit an dem Podium schließlich drei Tage vor der Ankunft des Papstes wieder aufgenommen werden.[40]

Bei seiner Erwiderung auf General Wojciech Jaruzelskis Begrüßungsansprache im Warschauer Königschloß nahm Johannes Paul kein Blatt vor den Mund. Jaruzelski spreche oft von seinem brennenden Verlangen nach „Frieden". Durch den Zweiten Weltkrieg, in dem Polen „in besonderer Weise die Grausamkeiten des Krieges an sich selbst erfahren" habe, habe die moderne Welt gelernt, daß die Voraussetzung für den Frieden die wirkungsvolle Verteidigung der unveräußerlichen Menschenrechte sei. Und das gelte nicht nur für den Frieden zwischen den Nationen, sondern auch für den Frieden in ihnen. „Jegliche Verletzung und Mißachtung der Menschenrechte" stelle eine Bedrohung für den Frieden in Polen dar. Die Führer des Landes müßten erkennen, daß der einzige Weg zu der nationalen Erneuerung, von der sie ständig sprächen, darin bestehe, die Menschenwürde der Polen ernst zu nehmen. Dann hielt Johannes Paul General Jaruzelski einen Vortrag über die katholische Soziallehre, die in diesem Fall Punkt für Punkt mit der demokratischen politischen Theorie übereinstimmte.

Er sagte, die Gesellschaft bestehe aus Männern und Frauen, die alle ihre „eigene personale Würde" hätten. Der Staat existiere zum Wohle der Gesellschaft, nicht umgekehrt. Die Würde der Mitglieder der Gesellschaft erfordere, daß sie an den Entscheidungen, die ihr Leben formten, teilhaben müßten. Ihm sei bewußt, daß Polen eine schwierige Periode durchmache – „schwierig in sozio-ökonomischer Bedeutung". Und er sei sicher, daß die sozio-ökonomische Krise nur gelöst werden könne, wenn diese grundlegenden Wahrheiten berücksichtigt würden. Deshalb wolle er „in dieser Frage noch die folgende Äußerung des Vaticanum II" zitieren: „,Anerkennung verdient das Vorgehen jener Nationen, in denen ein möglichst großer Teil der Bürger in echter Freiheit am Gemeinwesen beteiligt ist' (*Gaudium et spes*, Nr. 31)."[41]

Jeder der Anwesenden wußte, auf welcher Seite des Eisernen Vorhangs diese Systeme zu finden waren. Nachdem er zu den Vertretern des seinem Ende entgegengehenden polnischen Staates gesprochen hatte, wandte der Papst sich an die polnische Nation, den wahren Träger der Hoffnung für die Erneuerung Polens.

Der pastorale Kontext für den Papstbesuch war ein nationaler eucharistischer Kongreß, den Johannes Paul am Abend des 8. Juni 1987 in Warschau eröffnete und dort am 14. Juni, unmittelbar vor seiner Rückreise nach Rom, schloß. Dessen Thema – „Er erwies ihnen seine Liebe bis zur Vollendung" – war dem Johannesevangelium entnommen und bezog sich auf die Liebe Christi zu den Aposteln, mit denen er alsbald das letzte Abendmahl feiern sollte (siehe Johannes 13,1). In seiner Eröffnungspredigt sagte Johannes Paul, „die Einsetzung der Eucharistie" sei mit der „erlösenden Stunde Christi" verbunden, der „erlösenden Stunde der Geschichte des Menschen und der Welt". In jener Stunde „bestätigte er die erlösende Kraft der Liebe [bis zur Vollendung]", indem er sein Leben für seine Freunde und für das Heil der Welt hingab und dadurch offenbarte, „daß Gott selber die Liebe ist".

Die Eucharistie baue eine Gemeinschaft aus gereinigten Gewissen auf, die für die Erneuerung der Gesellschaft entscheidend seien. Die Polen müßten sich „frei machen vom Erbe des Hasses und des Egoismus". Bevor sie ihr Land in wahrer Freiheit wieder für sich beanspruchen könnten, müßten sie „jene Sicht der Welt überwinden", die annehme, daß Gott nicht existiere und daß die Liebe ohnmächtig sei.[42]

Am Morgen des nächsten Tages, des 9. Juni, flog Johannes Paul per Hubschrauber zum Todeslager Majdanek in der Nähe von Lublin, dem Schauplatz einiger der scheußlichsten „medizinischen Versuche" des Holocaust. Nachdem er beim Denkmal für die Opfer des Lagers still gebetet hatte, schrieb er in das Besucherbuch einen Text aus dem *Buch der Weisheit*, „Die Seelen der Gerechten sind in Gottes Hand" (3,1).[43] Dann begab er sich zur Katholischen Universität Lublin, um dort vor polnischen Akademikern zu sprechen und ihnen zu sagen, daß auch sie für die Zukunft der Freiheit entscheidend seien. Er stand im Kreuzgang der Universität unter einem Baldachin; seine früheren Kollegen saßen in ihrer akademischen Tracht rechts von ihm, und im Hof vor ihm drängten sich die Studenten. Der Papst begann mit einem Zitat aus Thomas von Aquin: „*Intellectus est quodammodo omnia* – der menschliche Geist ist gewissermaßen ‚alles'". Alles, was in irgendeiner Weise existiere, sei den Lehrenden und den Studenten der Universität, ja der ganzen Menschheit, als geistige Aufgabe gegeben worden. Alles, was existiere, sei bedeutsam und müsse untersucht werden; das sei eine besondere Pflicht des Menschen „gegenüber der ganzen differenzierten Wirklichkeit.(...) *Der Mensch ist der Welt die Wahrheit schul-*

dig." Daher hätten ihre Universität und alle anderen polnischen Universitäten bei der Aufgabe der nationalen Erneuerung eine entscheidende Mission: „Diene der Wahrheit! Wenn du der Wahrheit dienst – dann dienst du der Freiheit, der Befreiung des Menschen und der Nation. Dann dienst du dem Leben!"[44]

Bei der Messe am gleichen Nachmittag weihte Johannes Paul 50 neue Priester, einen kleinen Teil der gewaltigen Zahl von Berufungen, die Polen in den 80er Jahren erlebt hatte. In seiner Predigt forderte er die Neupriester auf, in dem neuen Polen, das seiner Überzeugung nach gerade geboren werde, die Gefahren des Klerikalismus zu vermeiden:

„Eure Aufgabe, teure Neupriester, wird darin bestehen, im Gefühl der Verantwortung für die Kirche, für eine christliche Form des polnischen Lebens mit den Laien zusammenzuarbeiten. (...) In ihnen [den Laien] steckt ein großes Potential von gutem Willen, von Kompetenz und Dienstbereitschaft."

Ihre spezifische priesterliche Aufgabe sei eine andere Form der christlichen Befreiung:

„Gott dienen – den Menschen dienen: in ihnen das Bewußtsein des königlichen Priestertums freisetzen, jener Würde, die dem Menschen als dem Sohn und der Tochter Gottes selber eigen ist. Dem Menschen, dem Christen, von dem gesagt wurde, daß er ein ‚zweiter Christus' ist."

Dienst an den Menschen bedeute „Dienst an der Wahrheit, die jeden Menschen frei macht". Sie dürften nie vergessen, daß „das Übermaß an Kraft von Gott und nicht von uns" komme. Diese Worte enthielten „eine tiefe Wahrheit. Ja, *von Gott. Nicht von uns. Von Gott.*"[45]

Am Morgen des 10. Juni war Johannes Paul in Tarnów, wo er Karolina Kózka seligsprach, ein Bauernmädchen, das 1914 umgebracht worden war, als es sich gegen die Vergewaltigung durch einen russischen Soldaten wehrte. Er sagte, Karolina Kózkas Widerstand gegen die Gewalt spreche „von der großen Würde der Frau: von der Würde der menschlichen Person, von der Würde des Leibes". Dafür seien die Heiligen da – „um von der großen Würde des Menschen Zeugnis abzulegen. Zeugnis abzulegen von Christus". Dieses einfache Bauernmädchen erinnere stets daran, daß heroische Tugend für jeden Polen erreichbar sei.[46]

Noch am selben Tag reiste der Papst ins nahe Krakau weiter – „Mein Krakau, Stadt meines Lebens. Stadt unserer Geschichte." Vor über einer Million Menschen entschuldigte er sich auf den Blonia-Wiesen dafür, daß er nur kurz bleiben könne; Krakau habe sich dieses Mal entschlossen, ihn großzügiger mit dem Rest des Landes zu teilen als 1979 und 1983. Bei einer Messe in der Kathedrale auf dem Wawel erinnerte er an den verstorbenen Prälaten Kazimierz Figlewicz, dem er viel verdanke; und ganz Polen verdanke der früheren Katholisch-theologischen Fakultät der Jagiellonen-Universität, die er vor kurzem zur Päpstlichen Akademie ernannt habe, sehr viel. Was wäre Krakau ohne sie? Was wäre die polnische Kultur ohne sie?[47] Es war eine bewegende Erinnerung an den bittern Kampf der Vergangenheit und gleichzeitig ein Zeichen für die Zukunft.

Dann reiste der Papst nach Norden in die Städte an der Ostseeküste, wo die Solidarność geboren worden war. Dort betonte er unermüdlich, daß Solidarität der Weg zur nationalen Erneuerung sei.

Seine erste Station war am 11. Juni Stettin (Szczecin). Dort sagte er, die Ostseeküste sei Schauplatz wichtiger Abkommen zwischen der Regierung und der

Arbeiterschaft gewesen. Was war mit diesen Abkommen geschehen? Welche Bedeutung hatten diese Verträge?

In Gdingen (Gdynia) war er am gleichen Nachmittag noch direkter. Vor Matrosen, Fischern und Werftarbeitern begann er in der Hafenstadt mit einer lyrischen Erinnerung an die Bedeutung der Flüsse und des Meeres für Polen: Die Weichsel sei „schweigender Zeuge des Lebens von Generationen", und die Ostsee spreche „zum Menschen in einer besonderen Sprache", der „Sprache der grenzenlosen Weite". Dann stellte er die Verbindungen her – zwischen diesen alten, natürlichen Spuren der Engel, der schwierigen Gegenwart und den Aussichten der Menschheit in einer Welt nach dem kalten Krieg:

> Ja, das Meer spricht zum Menschen von der Notwendigkeit, einander zu suchen, (...) von der Notwendigkeit der Solidarität, der zwischenmenschlichen und der internationalen Solidarität.
>
> Wie bedeutsam ist doch die Tatsache, daß gerade das Wort „Solidarność" (Solidarität) hier, am polnischen Meer, ausgesprochen wurde(...). Dieses Wort wurde hier ausgesprochen, in neuer Weise und in einem neuen Kontext. (...)
>
> Hier, an der Küste der Ostsee, spreche also auch ich dieses Wort aus, diesen Namen „Solidarität", denn er gehört zu der ständigen Botschaft der kirchlichen Soziallehre. (...)
>
> Ich sagte: Solidarität muß vor Kampf kommen. Ich ergänze: Solidarität setzt auch Kampf frei. Aber dies ist nie ein Kampf gegen den anderen. Ein Kampf, der den Menschen als Feind und Gegner behandelt – und zu dessen Vernichtung strebt. Dies ist ein Kampf um den Menschen, um seine Rechte, um seinen wahren Fortschritt: ein Kampf für eine reifere Form des menschlichen Lebens. Denn dann wird dieses menschliche Leben auf Erden „menschlicher", wenn man sich leiten läßt von Wahrheit, Freiheit, Gerechtigkeit und Liebe.

Johannes Paul erinnerte seine Zuhörer auch daran, daß der schwierige Weg zur Freiheit nicht nur durch den Kommunismus versperrt werde. Der Kommunismus habe sich „die Krankheit der Oberflächlichkeit" zunutze gemacht. Die Antwort auf diese Bedrohung könne nur so aussehen: „Man muß daran arbeiten, wieder Tiefe zu gewinnen – diese Tiefe, die dem menschlichen Wesen zu eigen ist." Ein wahrhaft freies Polen müsse auf der Überzeugung aufgebaut werden, daß auch Demokratien eine Seele hätten.[48]

Am nächsten Tag war Danzig an der Reihe. Bei der Messe für eine Million Arbeiter in Zaspa nannte Johannes Paul den Hafen der Hansestadt ein Wahrzeichen für den Freiheitskampf des polnischen Volkes. Dieser Kampf sei nicht ohne Blutvergießen abgegangen; er habe vorher an dem Denkmal für die 1970 erschossenen Arbeiter gebetet.[49] Doch jetzt sei es Zeit, an die Zukunft zu denken.

Bei dem Werftarbeiterstreik von 1980, der die Aufmerksamkeit der ganzen Welt auf Danzig lenkte, sei es um die Rechte der Arbeiter gegangen, doch die Sache der Arbeiter beschränke sich nicht auf das Recht, über ihre Arbeitsstätte zu entscheiden. Da die menschliche Arbeit zum Gemeinwohl der Gesellschaft beitrage, hätten die Arbeiter „den Rechtstitel, über die Angelegenheiten der ganzen Gesellschaft zu entscheiden" – kurz, das Recht auf politische Freiheit. Freiheit sei jedoch nicht mit Autonomie gleichzusetzen. Johannes Paul schloß mit einer Erinnerung daran, was Solidarität und Solidarność wirklich bedeuteten:

„Solidarität – das bedeutet: der eine mit dem anderen, und wenn eine Last zu tragen ist, dann gemeinsam, in der Gemeinschaft. Also nie: einer gegen den anderen. Nie: die einen gegen die anderen. Und nie [soll] eine Last von einem Menschen allein getragen [werden], ohne die Hilfe anderer."[50]

Das war genau das Gegenteil von Klassenkampf, und das sagte der Papst auch in Warschau vor der polnischen Bischofskonferenz am letzten Tag seines Besuchs, dem 14. Juni. 20 Jahre vor den Tausendjahrfeierlichkeiten 1966 habe das Nachkriegspolen sich der Herausforderung gegenübergesehen, sich gegen den Marxismus und seine Behauptung, daß die Religion „dem Menschen die Fülle seines Menschentums" raube, zu wehren. Als polnische Bischöfe seien sie gewohnt, dies als „eine destruktive Herausforderung" zu betrachten, und es sei ja auch tatsächlich so gewesen. Jetzt sei es jedoch an der Zeit, auf eine andere Weise an die jüngste Vergangenheit zu denken. Die Bischöfe sollten die Zeit seit dem Krieg als „eine schöpferische Herausforderung" betrachten, die die Kirche gezwungen habe, „mit neuer Tiefe und Überzeugung" das Evangelium zu verkünden, das die Kirche stets verkünden müsse: „die Wahrheit über Gott, über Christus und den Menschen".

Auch wenn der Kommunismus als Kraft der Geschichte am Ende sei, habe er in den von ihm infizierten Kulturen ein furchtbares Erbe hinterlassen – die weitverbreitete Überzeugung, daß die Menschen nur Objekte unpersönlicher ökonomischer und politischer Kräfte seien. Diese tiefverwurzelte Einstellung sei eine andere Form der Knechtschaft. Die Kirche müsse Polen helfen, sie zu überwinden, ebenso wie sie die nationale Unabhängigkeit, das Recht zur Teilnahme am Leben der Gesellschaft und das Recht auf Religionsfreiheit verteidigt habe. Das sei die neue, im Evangelium gründende Mission der Kirche in dem neuen Polen, das gerade geboren werde.[51]

Über all das war General Jaruzelski nicht erfreut. Er verlangte ein außerplanmäßiges 55 Minuten langes Treffen mit dem Papst vor dessen Abreise. Nachdem er die angeblich falsche Darstellung des Besuchs durch die westlichen Journalisten kritisiert hatte, hielt er eine improvisierte Rede. Dann versetzte er dem aufbrechenden Johannes Paul noch einen Seitenhieb, indem er sagte: „Sie werden in Ihrem Herzen das Bild Ihres Vaterlandes mitnehmen, aber nicht seine wirklichen Probleme." Sicher sei dem Papst bei seinen zahlreichen Reisen aufgefallen, „wie viele gesellschaftliche Übel und Elend, Ungerechtigkeit und Verachtung für die Menschenrechte" es auf der ganzen Welt noch gebe. Er solle doch lieber darüber etwas sagen: „Das Wort ‚Solidarität' möge von unserem polnischen Boden zu denjenigen Menschen gelangen, die noch immer unter Rassismus und Neokolonialismus, Ausbeutung und Arbeitslosigkeit, Verfolgung und Intoleranz leiden."[52]

Das war ein erstaunlicher Vortrag, doch die kommunistische Litanei weltweiter Mißstände klang hohl. Natürlich konnte Jaruzelski sich darüber Sorgen machen, ob der Papstbesuch „das Ansehen Polens mehren" werde.[53] Sein eigenes Ansehen (das der Papst in seinen Ansprachen als rudimentär behandelt hatte) wurde dadurch jedenfalls nicht gemehrt. Vermutlich glaubte der General an irgendeinen „nationalen Kompromiß", der, wie er es formulierte, die Arbeits- und die „Alltagsmoral" heben würde.[54] Wie Johannes Paul seit Juni 1979 klargemacht hatte, war jedoch mit einem System, das auf einem völlig falschen Menschenbild beruhte, kein strategischer Kompromiß möglich. In den Randbereichen konnten die Dinge vielleicht verbessert werden. Die Unterdrückung war etwas gelockert worden, und Jaruzelski hatte während des Papstbesuchs die Möglichkeit offizieller diplomatischer Beziehungen zwischen der Volksrepublik Polen und dem Heiligen Stuhl in Aussicht gestellt.[55] In der Schlußphase blieb es aber das, was es schon immer gewesen war: eine Konfrontation, bei der es einen Gewinner und einen Verlierer geben würde.

Der Pastoralbesuch in Polen im Juni 1987 beruhte auf der Annahme, daß schon feststand, wer der Verlierer sein würde.

Apostel für „die Welt"

In den dreieinhalb Monaten zwischen seinem dritten Pastoralbesuch in Polen und der Eröffnung der Bischofssynode, die sich mit der Berufung der Laien befassen sollte, wurde Johannes Paul in eine unerwartete Kontroverse mit Vertretern internationaler jüdischer Organisationen verwickelt, absolvierte seine zweite Pastoralreise in die Vereinigten Staaten und machte einen weiteren Schritt zur Versöhnung der Religion mit den Naturwissenschaften.

Die Kontroverse um Waldheim

Bei der Kontroverse ging es um den österreichischen Bundespräsidenten Dr. Kurt Waldheim, den Johannes Paul am 25. Juni 1987 in einer Audienz empfing. Der frühere UNO-Generalsekretär war das demokratisch gewählte Staatsoberhaupt eines katholischen Landes, zu dem der Heilige Stuhl volle diplomatische Beziehungen unterhielt. Es wäre daher unmöglich gewesen, ihn nicht zu empfangen. Waldheim war jedoch auch Offizier in Hitlers Wehrmacht gewesen und hatte die Rolle, die er im Krieg bei Verletzungen der Menschenrechte gespielt hatte, weder zugegeben noch öffentlich bedauert.[56]

Über acht Jahre lang hatte das, was Johannes Paul II. tat, stets seine Überzeugungen im Hinblick auf seine internationalen Verantwortlichkeiten widergespiegelt. Als Bischof von Rom und oberster Hirte der Kirche war er per definitionem mit jedem im Gespräch – auch mit denen, deren Politik er wohl als unannehmbar oder zumindest verwerflich betrachtete. So war es, um nur ein Beispiel zu nennen, weder erbaulich noch fruchtbar, mit Andrej Gromyko zu sprechen, doch es war trotz Gromykos Rolle im Gulag-System unumgänglich. Angesichts dieser Gegebenheiten und des großen Engagements, mit dem Johannes Paul jüdischen Gemeinden auf der ganzen Welt die Hand entgegengestreckt hatte, hätten wohlwollende Beobachter den Staatsbesuch Waldheims beim Heiligen Stuhl als zwar bedauerlich, aber angesichts der Entschlossenheit des österreichischen Bundespräsidenten unvermeidlich ansehen können. Trotzdem führte Waldheims Besuch zu einer Krise der katholisch-jüdischen Beziehungen, die die für September 1987 geplante Papstreise in die USA und die Zukunft des vom Papst unermüdlich geförderten jüdisch-katholischen Dialogs empfindlich zu stören drohte.

Das unmittelbare Problem war das Treffen des Papstes mit Vertretern des amerikanischen Judentums bei seiner zweiten Pastoralreise in die Vereinigten Staaten, das in Miami stattfinden sollte. Erzürnte jüdische Führer drohten, dieses Treffen wegen der Waldheim-Kontroverse zu boykottieren. Kardinal Agostino Casaroli, der zu einem privaten Besuch in New York war, änderte seine Pläne, um inoffiziell mit ihnen sprechen zu können. Nach seiner Rückkehr nach Rom riet Casaroli dem Papst, sich mit einer repräsentativen Delegation der amerikanischen Juden zu treffen und so zu versuchen, die Begegnung in Miami zu retten und die gestörten Beziehungen wieder zu verbessern. Johannes Paul stimmte zu, und solche Treffen wurden für den 31. August und den 1. September angesetzt.

Vertreter der Päpstlichen Kommission für die religiösen Beziehungen zum Judentum trafen sich in Rom mit Mitgliedern des Internationalen jüdischen Komitees für interreligiöse Konsultationen, um über den Holocaust, den zeitgenössischen Antisemitismus, die Lehre der Kirche zu den Juden und zum Judentum und die Beziehungen zwischen dem Heiligen Stuhl und dem Staat Israel zu sprechen.[57] Bei der Diskussion über die moralischen Auswirkungen des Holocaust äußerten die Vertreter der Juden ihre (wie es später in einem Kommuniqué zurückhaltend formuliert wurde) „Bestürzung und Sorge wegen der moralischen Probleme, die durch die [Waldheim gewährte] Audienz für das jüdische Volk entstanden". Mit der gleichen Zurückhaltung berichtete das Kommuniqué, daß „die katholische Delegation den Ernst dieser jüdischen Bedenken anerkannt, Verständnis für sie zum Ausdruck gebracht und die schwerwiegenden Gründe für die Entscheidung des Heiligen Stuhls erläutert" habe. Die Teilnehmer an den Gesprächen trafen außerdem mit Kardinal Casaroli zusammen und wurden am Nachmittag des 1. September vom Papst in Castel Gandolfo empfangen, wo es zu dem kam, was Diplomaten einen „umfassenden und offenen Meinungsaustausch" nennen.

Durch die Krisensitzungen in Rom und Castel Gandolfo gelang es nicht nur, das Treffen des Papstes mit Vertretern des amerikanischen Judentums in Miami zu retten und den katholisch-jüdischen Dialog wieder in Gang zu bringen, sondern sie waren auch der Ausgangspunkt für zwei neue Initiativen. Die erste war die Zusage des Vatikans, ein offizielles Dokument zur Shoah und ihrer Beziehung zur Geschichte des Antisemitismus vorzubereiten. Die zweite war, daß Vatikanvertreter im Verlauf der Diskussion über den Heiligen Stuhl und den Staat Israel deutlich machten, daß das Hindernis für volle diplomatische Beziehungen „ernste und ungelöste" praktische Probleme seien, nicht theologische Einwände gegen den jüdischen Staat – eine wichtige Klarstellung, da manche jüdischen Kreise das anders sahen.[58]

„Geordnete Freiheit"

Im Juli machte der 67 Jahre alte Papst Urlaub. Er verbrachte sechs Tage in den Dolomiten, wo er wanderte, andere Wanderer durch Schwenken seines Spazierstocks begrüßte und in einem kleinen Haus in Lorenzago di Cadore wohnte, das der Diözese Treviso gehörte. Italienische Sicherheitskräfte halfen unauffällig, die Paparazzi, die den Papst nur zu gern in seiner entschieden unpäpstlichen Wanderkleidung fotografiert hätten, fernzuhalten.

Nach der kurzen Erholungspause trat Johannes Paul seine zweite Pastoralreise in die Vereinigten Staaten an, die ihn vor allem in den Süden und Südwesten führte. Am 10. September landete er in Miami, wo er von Präsident Reagan begrüßt wurde und mit Vertretern von Priesterräten aus dem ganzen Land zusammenkam. Am 11. September traf er sich mit Führungspersönlichkeiten des amerikanischen Judentums und feierte später die Messe im Tamiami-Park. Danach flog er nach Columbia, wo er im Stadion der University of South Carolina an einem ökumenischen Gebetstreffen mit evangelikalen Protestanten teilnahm, deren Großeltern das Papsttum offen als „babylonische Hure" bezeichnet hatten. Nach einem Tag in New Orleans und Treffen mit Führern der katholischen schwarzen Bevölkerung und katholischen Religionslehrern reiste Johannes Paul nach San Antonio weiter, zu Begegnungen mit katholischen Sozialarbeitern, Seminaristen und Novizen und mit katholischen Hispanos [d. h. Menschen, die aus spanischsprachigen Ländern eingewandert waren]. In Phoenix traf er am 14. September mit Vertretern der katholischen Gesundheitsfürsorge und Ureinwohnern Amerikas zusammen und feierte dann im Stadion der Arizona State University die Messe.

Eine Begegnung mit „Medienschaffenden" in Los Angeles bot dem Papst am nächsten Tag die Gelegenheit, Hollywood zu ermahnen, sich gewissenhafter um die moralische Gesundheit der amerikanischen Populärkultur zu kümmern. Damit hatte er allerdings nur wenig Erfolg. In der „Stadt der Engel" sprach Johannes Paul außerdem mit der Bischofskonferenz der Vereinigten Staaten und mit führenden Vertretern der Weltreligionen und feierte im Dodger-Stadion die Messe. In Monterey und San Francisco besuchte er alte Franziskaner-Missionen und traf sich mit Ordensleuten sowie katholischen Laien. Nach einem eintägigen Aufenthalt in Detroit, wo er mit polnischstämmigen Amerikanern sowie Diakonen und ihren Frauen zusammentraf, flog Johannes Paul nach Fort Simpson in Kanada; damit löste er sein Versprechen ein, die Menschen in den nordwestlichen kanadischen Territorien zu besuchen. Als er am 21. September nach Rom zurückkehrte, hatte er in 12 Tagen fast 30 000 Kilometer zurückgelegt.

Die Organisatoren der Pastoralreise bei der nationalen katholischen Bischofskonferenz wollten unbedingt, daß dieser Besuch stärker den Charakter eines „Dialogs" zwischen dem Papst und der Kirche in den USA haben sollte als der von 1979. Doch das Rezept, zu dem sie griffen, war zu künstlich. Zu Johannes Pauls Reisen gehörten immer Begegnungen mit Mitgliedern verschiedener Berufsgruppen in der Kirche, doch das Programm der Amerikareise von 1987 wirkte fast wie eine Parodie; es unterteilte die Kirche in Interessengruppen – Klerus, Ordensleute, Hispanos, Afroamerikaner, Sozialarbeiter, im Gesundheitswesen Beschäftigte –, die dem Papst ihre besonderen Sorgen und Anliegen vortragen und sich seine Antwort anhören sollten. Die Annahme, daß man die Anliegen in so saubere Kategorien einteilen könne, war irreführend und herablassend, und das Vorgehen – Verlesen einer sorgfältig vorbereiteten Ansprache an den Papst durch einen „Vertreter" und „Antwort" des Papstes in

Form eines eigenen, ebenfalls vorbereiteten Textes – wirkte gezwungen. Es führte jedenfalls nicht zu einem echten Dialog und verstärkte das Vorurteil, daß der Papst mehr daran interessiert sei, eigensinnige Amerikaner zu belehren, als sich ihre persönlichen Erfahrungen mit dem Glauben anzuhören.

Tatsächlich hatte Johannes Paul großes Interesse an Amerika und hegte echte Zuneigung zu diesem Land. Das bewies er auch durch die denkwürdigste Ansprache seines Pastoralbesuchs von 1987, ein Loblied auf „geordnete Freiheit", das durch sein intuitives Verständnis für das politische Experiment der USA beeindruckte:

> Vom Beginn an war Freiheit in Amerika darauf gerichtet, eine wohlgeordnete Gesellschaft zu ermöglichen und ein Leben in Frieden zu fördern. Freiheit zielte auf die Fülle menschlichen Lebens, auf die Bewahrung menschlicher Würde und den Schutz aller Menschenrechte. *Eine Erfahrung geordneter Freiheit ist wirklich ein kostbarer Teil der Geschichte dieses Landes.*
>
> Dies ist die Freiheit, die zu leben, zu schützen und weiterzugeben Amerika aufgerufen ist. Diese Nation ist berufen, von ihrer Freiheit einen solchen Gebrauch zu machen, daß sie auch dem Anliegen der Freiheit in anderen Nationen und anderen Völkern zugute kommt. Die einzige wahre Freiheit, die einzige Freiheit, die wirklich Befriedigung schenkt, (...) ist die Freiheit, die Wahrheit dessen zu leben, was wir sind und wer wir sind vor Gott, die Wahrheit unserer Eigenschaft als Kinder Gottes, als Brüder und Schwestern einer einzigen Menschheit. (...)
>
> In einem schwierigen Augenblick in der Geschichte dieses Landes sprach ein großer Amerikaner, Abraham Lincoln, von einer besonderen Notwendigkeit zur damaligen Zeit: „daß diese Nation unter Gott eine neue Geburt der Freiheit erlebt." *Die Freiheit muß immer wieder neu geboren werden:* die Freiheit zu Verantwortung und Großzügigkeit, die Freiheit zum herausfordernden Dienst an der Menschheit, die Freiheit, die Bestimmung des Menschen zu erfüllen, die Freiheit, in Wahrhaftigkeit zu leben und sie zu verteidigen gegen alles, was sie entstellt und manipuliert, die Freiheit, das Gesetz Gottes zu befolgen (was der höchste Maßstab aller menschlichen Freiheit ist), die Freiheit, als Kinder Gottes zu leben, in Geborgenheit und Glück: *die Freiheit, Amerika zu sein* mit jener demokratischen Verfassung: eine Nation unter Gott, unteilbar, mit Freiheit und Gerechtigkeit für alle.[59]

Newtons Jubiläum

Nach seiner Rückkehr aus den USA bereitete Johannes Paul sich auf eine internationale Studienwoche vor, die er zu den gegenwärtigen Beziehungen zwischen den Naturwissenschaften, der Philosophie und der Theologie einberufen hatte. Sie fand vom 21. bis zum 26. September 1987 in der Vatikanischen Sternwarte in Castel Gandolfo statt, aus Anlaß des 300. Jahrestags der Veröffentlichung von Newtons *Philosophiae naturalis principia mathematica.* Fünf Tage lang debattierten Fachleute aus der ganzen Welt über die Frage des Verhältnisses von Naturwissenschaften und Religion, mit besonderem Bezug auf die Physik: Konnten die gegenwärtigen Auffassungen der Naturwissenschaften von Zeit, Raum, Kausalität und Materie auf eine Weise in die Theologie „exportiert" werden, die einerseits die Grundsätze der Naturwissenschaften respektierte und andererseits im Einklang mit der christlichen Lehre stand? Konnte die Philosophie, eine Disziplin, die sich selbst im Aufruhr befand, sinnvoll zwischen Physik und Theologie „vermitteln"?

Als die Konferenzpapiere neun Monate später veröffentlicht wurden, enthielten sie auch einen Brief von Johannes Paul an Pater George Coyne SJ, den Direktor der Vatikanischen Sternwarte. Darin verglich der Papst den neuen Dialog zwischen Theologie und Naturwissenschaft mit der ökumenischen Bewegung. Was man Jahrzehnte zuvor noch für unmöglich gehalten habe, gelte nun als unumgänglich. Naturwissenschaft und Theologie hätten begonnen, „auf grundsätzlicheren Ebenen als vorher" miteinander zu sprechen, und „mit größerer Aufgeschlossenheit für die Perspektiven des anderen". Der neue Dialog solle sich das zeitgenössische Interesse der Naturwissenschaft an der Vereinheitlichung des Wissens zunutze machen, so, wie die Physiker versuchten, eine „Einigung der vier grundlegenden physischen Kräfte" zu erreichen. Dabei müsse man jedoch einen aufgezwungenen und künstlichen „Zusammenschluß der theologischen und naturwissenschaftlichen Disziplinen" vermeiden, der in der Vergangenheit sowohl die Naturwissenschaft als auch die Theologie in die Irre geführt habe. Es sei sehr wichtig, die Grenzen offenzulegen und die Integrität beider Dialogpartner zu respektieren, „damit die Theologie sich nicht als Pseudo-Naturwissenschaft ausgebe und die Naturwissenschaft nicht unabsichtlich zur Theologie werde".

Dieser schon viel zu lange aufgeschobene Dialog über Grundfragen sei unbedingt erforderlich, wenn ein Humanismus wiederbelebt werden solle, der in der Lage sei, eine wirklich humane Zukunft zu gestalten:

„Die gegenseitige Kenntnis wird beide Disziplinen zu einer größeren Authentizität führen. Niemand kann, wenn er auf die Geschichte des vergangenen Jahrhunderts blickt, die Krise übersehen, für die beide verantwortlich sind. Die Anwendung der Naturwissenschaft hat sich bei mehr als einer Gelegenheit als zerstörend erwiesen und auch die Reflexionen über die Religion waren oft unfruchtbar. Wir brauchen einander, um sein zu können, was wir sein müssen."[60]

Die Synode über die Laien

Die Naturwissenschaftler waren nicht die einzigen Laien, die Johannes Paul dazu aufrief, ihre Berufung zu überdenken. Der Papst betonte immer wieder, daß *alle* zur Heiligkeit berufen seien, um alle Leute der Kirche dazu zu bringen, sich nicht hierarchisch zu sehen, sondern so in der Welt zu leben, wie der Leib Christi leben sollte. Bei dem hierarchischen Modell, das die katholische Gedankenwelt vor dem II. Vatikanischen Konzil jahrhundertelang prägte, ist der Papst König, die Bischöfe sind hohe Adlige, der Klerus und die geweihten Ordensleute sind niedrige Adlige, und die Laien sind Bauern. Letztere haben keine anderen Pflichten und Aufgaben, als zu gehorchen und den Zehnten zu zahlen, und wenn sie nicht beten, zahlen oder gehorchen, sind sie eigentlich gar nicht Kirche. Johannes Paul war schon lange der Ansicht, dieses Konzept sei ein großes Hindernis bei der Umsetzung der Konzilslehre, nach der die Kirche eine *communio* ist, eine Gemeinschaft der Gläubigen, die zusammen den

Leib Christi in der Welt bilden und durch die Taufe alle an der dreifachen Mission Christi – Verkündigung des Evangeliums, Heiligung und Dienst – teilhaben.

Das Verständnis des Konzils von der Kirche als *communio* war in der Aufregung über Autorität und Sexualmoral, die nach dem II. Vatikanischen Konzil entstanden war, weitgehend verlorengegangen. Die außerordentliche Synode von 1985 hatte versucht, diese spezielle Sicht von der Kirche, diese „Ekklesiologie", wieder zu beleben. Ab 1987 berief Johannes Paul drei ordentliche Versammlungen der Bischofssynode ein, die die Bedeutung dieser *communio*-Ekklesiologie für die drei „Lebensstände" in der Kirche – die Laien, die Priesterschaft und das Ordensleben derjenigen, die Gelübde der Armut, der Keuschheit und des Gehorsams ablegen – ausarbeiten sollten. Die Synoden über die Laien (1987), über die Priesterausbildung (1990) und über das gottgeweihte Leben (1994) hatten alle das Ziel, den Aufruf des Konzils zur Heiligkeit durch die drei unterschiedlichen Lebensweisen der Katholiken zu erneuern.[61]

Die Synode über die Laien, die die weitreichendsten Auswirkungen auf die Zukunft der Katholiken hatte, wurde vom 1. bis zum 30. Oktober 1987 abgehalten und mit dem nachsynodalen Apostolischen Schreiben *Christifideles laici* [Die treuen Laien Christi], das Johannes Paul II. am 30. Dezember 1988 veröffentlichte, abgeschlossen.

Zu der Synode gehörten 232 Bischöfe und 60 Laien-„Auditoren" die vor den Generalversammlungen der Synode sprachen und an ihren kleinen Diskussionsgruppen, den „Sprachzirkeln", teilnahmen. Außerdem wurden ein Laie (Jean-Loup Dherse aus Frankreich) und eine Laiin (Maria da Graça Guedes Sales Henriques aus Portugal) zu beigeordneten Sondersekretären der Synode ernannt.[62] Wie es seine Gewohnheit war, nahm Johannes Paul an allen Generalversammlungen teil und hörte sich fast 300 Reden an. Die Synode diskutierte nicht nur über die Heiligkeit unter den Laienchristen, sondern feierte sie auch. Am 4. Oktober sprach der Papst Marcel Callo selig, einen Laienaktivisten aus der französischen katholischen Arbeiterjugend, der 1945 im Konzentrationslager Mauthausen als Märtyrer gestorben war, und zwei junge Italienerinnen, Antonia Messina und Pierina Morosini, die beide umgebracht wurden, als sie sich gegen eine Vergewaltigung wehrten. Am 18. Oktober sprach er Lorenzo Ruiz und 15 japanische Märtyrer heilig; Ruiz war der philippinische Laienmissionar, den Johannes Paul 1981 in Manila seliggesprochen hatte. Und am 25. Oktober sprach er den Arzt Giuseppe Moscati heilig, der 1927 in Neapel gestorben war.

Die Synode einigte sich schließlich auf 54 „Propositiones" (Vorschläge), die Johannes Paul dann zusammen mit den Themen der Reden und der Kleingruppendiskussionen und dem Material, das das Synodensekretariat vor der Synode vorbereitet hatte, benutzte, um das nachsynodale apostolische Schreiben zu formulieren, das er 14 Monate später veröffentlichte.

Christifideles laici präsentierte eine dramatische, ja sogar radikale Vision von den Laien, die ihre Sendung gegenüber der Gesellschaft und der Kultur als Ausdruck ihrer vollen Teilhabe am Leib Christi leben. Von einem Papst geschrieben, der einst damit gerechnet hatte, sein christliches Leben als Laie zu verbringen, spiegelt das lange Dokument Karol Wojtyłas große Erfahrung mit der Förderung der Laienberufung in der Welt wider. Johannes Pauls Einstellung zu den Laien erinnert an John Henry Newman. Als der große englische Theologe des 19. Jahrhunderts einmal von seinem Bischof gefragt wurde, was der Klerus von den Laien halten solle, soll er geantwortet haben: „Ohne sie würden wir ziemlich dumm aussehen!" Newmans Auffassung war durch die Feststellung von Pius XII., daß die Laien die Kirche seien, päpstlicherseits bestätigt worden, doch vor dem II. Vatikanischen Konzil hatten das nur wenige Katholiken wirklich ernst genommen. Einer von ihnen war Karol Wojtyła, dessen pastorale Strategie der „Begleitung" Ausdruck der Überzeugung war, daß jeder Christ am missionarischen Auftrag der Kirche teilhabe. In *Christifideles laici* formulierte er das so: *„Niemandem ist es erlaubt, untätig zu bleiben."*[63]

Kurz vor dem Beginn eines neuen Jahrtausends hatte das nach Ansicht von Johannes Paul jedoch eine besondere „Dringlichkeit". Er schrieb, der praktische Atheismus der Moderne habe klargemacht, daß die Sehnsucht nach Gott im Herzen des Menschen nie ausgelöscht werden könne. Die Herabwürdigung der menschlichen Person habe zu einer weitverbreiteten Wiedergeltendmachung der Menschenrechte geführt. Ein Jahrhundert gewalttätiger Konflikte habe eine neue Entschlossenheit, nach Frieden zu streben, hervorgerufen. Die moderne Welt brauche die Botschaft des Evangeliums dringend und sei, gerade wegen ihrer gegenwärtigen Krise, offen für sie.[64]

Jeder Christ sei durch die Taufe zu einem Leben der Heiligkeit berufen, und die Berufung der Laien zur Heiligkeit sei *„mit der Sendung (...) aufs engste verknüpft"*.[65] Die den Laien übertragene Aufgabe sei nichts Geringeres als die Fortsetzung der Heilsmission Christi in „der Welt", die *„zum Bereich und zum Mittel der Erfüllung der christlichen Berufung der Laien"* geworden sei. Die Heiligung „der Welt" – der Gesellschaft, der Kultur, der Arbeitswelt – sei die spezifisch „säkulare" Berufung der Laien.[66] Um der Integrität und Würde der Laienberufung willen müsse man sich der Tendenz zur „Klerikalisierung" der Laien (durch Verwischung der Unterschiede zwischen ihrer spezifischen Berufung und der der geweihten Priesterschaft) widersetzen. Es sei krasser Klerikalismus, zu behaupten, die Laien könnten ihre Sendung nur ausführen, indem sie gewissermaßen verkannte Priester würden. Die Laien hätten als Getaufte das Recht und die Pflicht zur Sendung. Die Behauptung, daß sie diese Mission nur ausüben könnten, wenn sie den Klerus nachahmten, würdige die Gnade der Taufe herab und verfälsche die Kirche als *communio*.[67] In diesem Zusammenhang betont Johannes Paul auch die Bedeutung der Ortspfarrei – sie sei keine zufällige Ansammlung von Christen, die zufällig in der gleichen Gegend lebten, sondern in einem gewissen Sinn *„die Kirche, die inmitten der Häuser ihrer Söhne und Töchter lebt"*.[68] Die Pfarrei müsse der „Ort" sein, wo die Glaubenden sich versammelten, um ihre Verpflichtung auf ihre Sendung in der Welt zu stärken, „das Haus, das für alle offen ist und im Dienst aller steht".[69]

„Die Kirche sein" ist nicht etwas, was die Laien nur am Sonntagmorgen leben und was in einem Kirchengebäude stattfinden muß. „Die Kirche sein" ist vielmehr etwas, was die Laien ständig in der Welt tun, wo immer sie auch sein mögen.[70] Die Geschäftswelt, die Berufswelt, die kreativen Künste, die Medien und die Politik – all das sind für den Papst Orte, an denen die Christen die universale Berufung zur Heiligkeit leben.[71]

In *Christifideles laici* skizziert Johannes Paul das für sein Pontifikat zentrale Grundkonzept. Danach erfordert die „neue Evangelisierung" des 21. Jahrhunderts eine Kirche, die den Klerikalismus überwunden hat. Die Kirche kann nicht das Evangelium verkünden oder Zeugnis von der Wahrheit über den Menschen in der modernen Welt ablegen, wenn das Kirchenvolk und die Führung „die Kirche" als Domäne des Klerus betrachten, an der die Laien hin und wieder teilhaben. Christ zu sein ist eine Vollzeitbeschäftigung. Der einzige Grund für die hierarchische Struktur der Kirche besteht darin, dieser Sendung zu dienen und die Heiligkeit derjenigen, die zur Sendung berufen sind – und das sind alle! – zu fördern.

Wie Johannes Pauls *Theologie des Leibes* scheint *Christifideles laici* dem derzeitigen katholischen Denken weit voraus zu sein. In einem gewissen Sinn sind weder der katholische Klerus noch die katholischen Laien auf die Art von Kirche vorbereitet, die Johannes Paul in seiner kühnen Vision vorschwebt. Falls und wenn das Leben der Kirche einst *Christifideles laici* einholt, wird sich das Gesicht des Weltkatholizismus verändern, denn dann werden Dimensionen des neutestamentlichen Christentums wiederbelebt werden, bei denen es weit mehr um den Dienst geht als um kirchliche Macht.

HIER UND JETZT

Auch während er in *Christifideles laici* das noch unerforschte Terrain des Katholizismus des 21. Jahrhunderts erkundete, beschäftigte Johannes Paul sich weiter mit der Mission der Kirche im Hier und Jetzt: mit ihrer Verpflichtung zur Ökumene, ihrer Soziallehre, ihrer Verteidigung der Menschenrechte, ihren nachkonziliaren Konflikten, ihrer inneren Struktur und ihren Bischöfen.

Andreas besucht Petrus

Im Dezember 1987 kam der Ökumenische Patriarch Dimitrios I. von Konstantinopel zu einem fünftägigen Besuch nach Rom – ein öffentlicher Höhepunkt im Bemühen Johannes Pauls, die ein Jahrtausend alte Spaltung des Christentums in Ost und West aufzuheben. Nach seiner Ankunft am 3. Dezember wandte Dimitrios sich am 4. Dezember an die Kurie und die Lateran-Universität; am 6. Dezember sprach er in der Basilika S. Maria in Trastevere zu jungen Katholiken. Daß die Kirche vielleicht bald wieder mit zwei Lungen atmen würde – eine Lieblingsmetapher des Papstes –, wurde wirkungsvoll dargestellt durch eine Vesper in der Basilika Santa Maria Maggiore am Abend des 4. Dezember und eine Messe im Petersdom am zweiten Adventssonntag.

Der offiziellen Ankündigung zufolge wurde die Vesper „unter Teilnahme des Ökumenischen Patriarchen Dimitrios I." gefeiert. Sowohl der Papst als auch der Patriarch predigten. Mit ähnlichen Worten wurde auch die Messe im Petersdom beschrieben: Sie werde „unter Teilnahme des Ökumenischen Patriarchen Dimitrios I." von Johannes Paul II. zelebriert. Johannes Paul traf den Ökumenischen Patriarchen in der Vorhalle des Petersdoms. Die beiden Kirchenoberhäupter schritten nebeneinander in den Dom, hinter einem orthodoxen und einem lateinischen Diakon, die in liturgische Gewänder gekleidet waren und das Evangeliar trugen. Der Papst und der Patriarch küßten gemeinsam den Altar und saßen dann während der ersten Hälfte der Messe zusammen vor dem Papstaltar. Da es sich nicht um eine Konzelebration handelte, war Johannes Paul liturgisch gekleidet, während Dimitrios sein Chorgewand (Mandyas) trug. Doch es kam einer Konzelebration so nahe, wie es den beiden „Schwesterkirchen" zu diesem Zeitpunkt möglich war. Die beiden Diakone lasen das Evangelium auf griechisch und auf lateinisch; der griechische Diakon empfing vor seiner Lesung den Segen des Papstes, der lateinische Diakon den des Patriarchen. Dann küßten der Papst und der Patriarch das Evangeliar des jeweils anderen und segneten die Gemeinde damit; beide Kirchenoberhäupter predigten.

Der Ökumenische Patriarch wies auf die bedauerliche Tatsache hin, daß man sich an diesem verheißungsvollen Tag zwar in der Nähe des Tischs des Herrn versammelt habe, dort aber noch nicht zusammen dienen könne; er schloß mit einem Gebet: „Der Herr gebe, daß die Kirche seinen Tag sehen möge (vgl. Apostelgeschichte 2,20), den Tag der Versöhnung, des Friedens, der Brüderlichkeit und der Einheit." Das schien die Wiederherstellung der vollen Gemeinschaft bis zur Wiederkehr Christi aufzuschieben. Doch Johannes Paul hatte in seiner Predigt einen viel kürzeren Zeitraum im Sinn. Er wiederholte die Erklärung des II. Vatikanischen Konzils, daß die volle Gemeinschaft auf der Grundlage der Beziehung, die vor 1054 zwischen Rom und dem Osten bestanden hatte, erreicht werden könne: Die Traditionen der Ostkirchen würden bei einer Rückkehr zu der Situation, die vor der Trennung bestanden hatte, „gebührend berücksichtigt" werden. Die Tatsache, daß er selbst und der Patriarch noch nicht aus dem gleichen Kelch trinken könnten, „bekümmert uns und gießt Bitterkeit in unser Herz". Der Papst schloß mit dem Gebet, Christus möge „unseren Schmerz zum Antrieb für eine unermüdliche Arbeit werden lassen, *bald die volle Gemeinschaft zwischen uns wieder herzustellen* und gemeinsam im Land der Menschen ‚einen Weg für unseren Gott' (Jesaja 40,3) zu bereiten! Amen."[72]

Nach den Predigten sprachen Johannes Paul und Dimitrios gemeinsam das nizäno-konstantinopolitanische Glaubensbekenntnis in der griechischen Fassung. Während der allgemeinen Fürbitten wurden Gebete für beide Männer dargebracht. Am Ende der Wortliturgie verließ Patriarch Dimitrios den Altar und nahm in der Nähe, auf der Tribüne des hl. Andreas, einen besonderen Ehrenplatz ein. Zuvor umarmte Johannes Paul den Patriarchen spontan. Beim Friedenskuß, vor dem Empfang der Kommunion, verließ der Papst den Altar und ging zu dem Patriarchen, um ihn erneut brüderlich zu umarmen. Nach dem Gebet nach der Kommunion trat Dimitrios wieder zu Johannes Paul an den Altar, und die beiden Männer segneten die Gemeinde – Johannes Paul auf lateinisch, Dimitrios auf griechisch. Dann gingen sie zusammen zum Petrusgrab unter dem Altar, um dort zu beten. Schließlich schritten sie gemeinsam aus dem Dom und stiegen zur Loggia hinauf, wo sie beide zur draußen versammelten Menge sprachen.[73]

Am 7. Dezember unterzeichneten Johannes Paul und Dimitrios eine gemeinsame Erklärung, in der der theologische Dialog zwischen dem Katholizismus und der Orthodoxie als Bemühen, „die volle Kommunion zwischen der orthodoxen und katholischen Kirche wiederherzustellen", bezeichnet wurde. Die beiden Kirchen verpflichteten sich, „für die Gerechtigkeit und den Frieden" auf der ganzen Welt zusammenzuarbeiten. Man erwarte gemeinsam „den von Gott gewollten Tag, an dem die im Glauben wiedergefundene Einheit gefeiert werden wird und an dem die volle Kommunion durch eine Konzelebration der Eucharistie des Herrn wiederhergestellt sein wird".[74]

Die farbenprächtigen und emotionalen liturgischen Feiern waren ein Vorgeschmack darauf, wie diese wiedergefundene Einheit aussehen würde. Trotzdem schätzten der Papst und der Patriarch die Möglichkeit einer baldigen Wiederherstellung der vollen Gemeinschaft auch weiterhin unterschiedlich ein. Johannes Paul schien entschlossen, auf die volle Gemeinschaft bis zum Ende des zweiten Jahrtausends der christlichen Geschichte hinzuarbeiten – um das Jahrtausend der Trennung durch die Rückkehr zur Einheit des ersten Jahrtausends zu beenden, was seiner Ansicht nach sehr wichtig für die christliche Mission im dritten Jahrtausend war. Der Ökumenische Patriarch befand sich in einer ganz anderen Lage. Als erster unter gleichen orthodoxen Patriarchen konnte er nur so weit gehen, wie es der Konsens zwischen seinen Bruderpatriarchen in Alexandria, Antiochia, Jerusalem, Moskau, Athen, Belgrad, Bukarest und anderswo erlaubte. Doch sein Hinweis auf den „Tag des Herrn" als den Augenblick, in dem die Einheit der Kirche wiederhergestellt werden würde, schien nicht nur seine andersartige kirchliche Situation widerzuspiegeln, sondern auch ein anderes Dringlichkeitsgefühl und vielleicht sogar eine andere Geschichtsauffassung.

Das soziale Anliegen

Während dieser Monate entstand eine zweite Sozialenzyklika. Mit *Sollicitudo rei socialis* [Die soziale Sorge], veröffentlicht am 19. Februar 1988, wollte Johannes Paul drei Dinge erreichen: Er wollte den 20. Jahrestag der Sozialenzyklika Pauls VI., *Populorum progressio* [Über den Fortschritt der Völker], würdigen und bei der Soziallehre der Kirche das sich beschleunigende Streben nach Freiheit auf der ganzen Welt und die neue, von der dritten Welt beherrschte Demographie des Weltkatholizismus berücksichtigen. Sein drittes Ziel war ein administratives: die römische Kurie dazu zu bringen, seine nachkonstantinische Auffassung von der Rolle der Kirche in der Welt als authentische Entwicklung des II. Vatikanischen Konzils zu akzeptieren. Das erste Ziel ließ sich leicht erreichen – durch 40 Zitate aus *Populorum progressio* in *Sollicitudo rei socialis* sorgte Johannes Paul dafür, daß die Enzyklika Pauls VI. gebührend gewürdigt wurde. Doch die beiden anderen Ziele waren nur schwer miteinander zu vereinbaren. Das Ergebnis war eine Enzyklika, die sich wie das Dokument eines Ausschusses las und in manchen Abschnitten die Aufmerksamkeit von den neuen Aspekten der Analyse des Papstes und den öffentlichen Hauptthemen seines Pontifikats ablenkte.

Daß Päpste sich beim Abfassen von Enzykliken helfen lassen, ist nichts Neues. So soll Kardinal Eugenio Pacelli, der spätere Pius XII., *Mit brennender Sorge* – die Enzyklika, in der Pius XI. 1937 den Nationalsozialismus so scharf verurteilte – entworfen haben. Pietro Pavan (den Johannes Paul II. zum Kardinal ernannte) entwarf *Pacem in terris* für Johannes XXIII., der den italienischen Theologen immer wieder mit der Anweisung an seinen Schreibtisch zurückschickte, den Text so lange zu vereinfachen, bis er ihn verstehen könne. Durch Hilfe bei der Abfassung wird die Lehrautorität eines päpstlichen Dokuments nicht beeinträchtigt, denn es erhält seine maßgebliche „Form" durch die Unterschrift des Papstes – eine Handlung, durch die das Projekt endgültig abgeschlossen wird und ohne die jeder Entwurf nur ein Entwurf bleibt.[75]

Die ersten sechs Enzykliken von Johannes Paul II. dagegen lasen sich wie die Äußerungen eines einzigen Autors, der den Rat von Experten eingeholt haben mochte (z. B. von Historikern im Fall von *Slavorum apostoli*), den man sich aber durchaus mit dem Füllhalter in der Hand an seinem Schreibtisch sitzend vorstellen konnte. Daß *Sollicitudo rei socialis* so anders wirkte, war ein stilistischer Hinweis darauf, daß dieses Dokument auf andere Weise entstanden war.

Obwohl *Sollicitudo rei socialis* Johannes Pauls Enzyklika ist und seine päpstliche Autorität besitzt, war es das Ergebnis ausgedehnter Beratungen und Diskussionen innerhalb der römischen Kurie. Johannes Paul hatte in den ersten neun Jahren seines Pontifikats einzigartige Erfahrungen mit der Weltkirche gemacht und, im Gegensatz zu vielen anderen, gewaltige Umbrüche schon erkannt, als sie sich gerade erst abzeichneten. Durch seine kulturell bestimmte Ansicht von der Dynamik des sozialen Wandels besaß er eine andere Auffassung davon, wie die Kirche ihr Verhältnis zur Welt der Politik und der Wirtschaft gestalten sollte – mit seiner Vision trat er nicht nur gegen den traditionellen Kurialismus, sondern auch gegen die neue Politisierung an, wie sie von der Befreiungstheologie propagiert wurde. Und er hoffte, die Abfassung einer Sozialenzyklika unter eingehender Beratung mit der Kurie werde dazu beitragen, der römischen Bürokratie diese neue Vision von der „Kirche in der Welt von heute" beizubringen.

Die erste Fassung der Enzyklika wurde von der Päpstlichen Kommission „Justitia et Pax" angefertigt. Johannes Paul hatte Kardinal Roger Etchegaray und Bischof Jorge Mejía, den beiden höchsten Mitgliedern der Kommission, gesagt, er wolle *Populorum progressio* würdigen, aber auch „weiter gehen" und berücksichtigen, was in den letzten 20 Jahren passiert war. Die Kommission hielt „zahlreiche Treffen" ab, aus denen Mejía zufolge schließlich eine „Synthese" entstand, die man dem Papst schickte.[76] Dann bereitete Johannes Paul ein Schema der Hauptpunkte vor, mit denen er sich in der neuen Sozialenzyklika befassen wollte; das Staatssekretariat verteilte es an andere Organe der Kurie. Die Päpstliche Kommission „Justitia et Pax" bat die Bischofskonferenzen der Welt um Kommentare zu Fragen der wirtschaftlichen Entwicklung; die Ergebnisse wurden an den Papst weitergegeben, und der Prozeß des Abfassens, In-Umlauf-Bringens der Entwürfe und erneuten Abfassens unter Berücksichtigung der Kommentare setzte sich bis in den Herbst 1987 hinein fort.[77] Der Termin für den 20. Jahrestag von *Populorum progressio*, der 26. März, war inzwischen längst verstrichen. Auch in den ersten Wochen des neuen Jahres ging die Arbeit an dem Dokument, das sich allmählich zu *Sollicitudo rei socialis* entwickelte, weiter;

die Enzyklika wurde jedoch auf den 30. Dezember 1987 datiert, damit sie wenigstens noch in das Jubiläumsjahr fiel. Die Reporter fragten sich, was los war. Der Papst war seit dem Amerikabesuch im September 1987 nicht mehr im Ausland gewesen, und bis zu einer auf Mai 1988 angesetzten Pastoralreise nach Lateinamerika waren keine weiteren Reisen geplant. Navarro-Valls erklärte der neugierigen Presse, der Papst sei „auf einer Reise in die Kurie".[78]

Die Enzyklika wurde schließlich am 19. Februar 1988 veröffentlicht. Nach der Würdigung von *Populorum progressio* beschäftigte Johannes Paul sich mit der aktuellen sozialen, politischen und wirtschaftlichen Weltlage, spürte dem moralischen Kern der „wahren menschlichen Entwicklung" nach, analysierte die moralischen Hindernisse für eine ökonomische und politische Entwicklung, legte moralische Richtlinien für politische und ökonomische Reformen fest und ging auf die Beziehung zwischen Entwicklung und christlicher Befreiung ein. Außerdem brachte *Sollicitudo rei socialis* mehrere auffällige Neuerungen der kirchlichen Soziallehre, in denen sich Johannes Pauls Wunsch widerspiegelte, „weiter zu gehen".

Die Enzyklika *Populorum progressio* war überwiegend so ausgelegt worden, daß sie bei der wirtschaftlichen Entwicklung der dritten Welt für ein staatszentriertes Vorgehen eintrete. *Sollicitudo rei socialis* definiert ein *„Recht auf unternehmerische Initiative"*, das nicht nur für den einzelnen, sondern auch für das Gemeinwohl wichtig sei und nicht „im Namen einer angeblichen ‚Gleichheit' aller in der Gesellschaft" geleugnet oder eingeschränkt werden dürfe.[79] *Populorum progressio* hatte so gut wie gar nichts zum Verhältnis zwischen verschiedenen politischen Systemen und den Aussichten für wirtschaftliche Entwicklung in den armen Ländern gesagt. *Sollicitudo rei socialis* ist entschieden antitotalitär und eindeutig antikommunistisch und betont, „daß keine gesellschaftliche Gruppe (...) das Recht hat, das Führungsmonopol an sich zu reißen".[80]

Paul VI. hatte die Entwicklungswirtschaft in *Populorum progressio* als unabhängige Variable im Leben der Gesellschaften behandelt. *Sollicitudo rei socialis* folgt Johannes Pauls Ansatz, daß bei sozialen Veränderungen die Kultur primär sei, und argumentiert, eine Zivilgesellschaft sei unabdingbare Voraussetzung für die Entwicklung. Das wird in einem Abschnitt über die Menschenrechte und Entwicklung – ein Thema, zu dem *Populorum progressio* nicht viel gesagt hatte – näher dargelegt. Hier behauptet Johannes Paul, „die Unterentwicklung unserer Tage" sei nicht nur auf eine mangelhafte Wirtschaft, sondern auch auf die Unterdrückung der Bürgerrechte zurückzuführen.[81]

Populorum progressio hatte die Verpflichtungen der entwickelten Welt gegenüber den Entwicklungsländern betont. Johannes Paul wiederholt diese moralische Forderung mit Nachdruck, führt aber die Verschlechterung der Situation in der dritten Welt seit *Populorum progressio* auch „auf die zweifellos schwerwiegenden Unterlassungen der Entwicklungsländer selber und insbesondere jener Personen[zurück], die dort die wirtschaftliche und politische Macht in Händen halten".[82] Deshalb ist „die Reform einiger ungerechter Strukturen und insbesondere der eigenen *politischen Institutionen* [unerläßlich], um korrupte, diktatorische und autoritäre Regime durch *demokratische Ordnungen der Mitbeteiligung* zu ersetzen".[83]

Diese Themen standen voll im Einklang mit der Lehre Johannes Pauls aus den vorhergehenden neun Jahren. Bei der Kontroverse, die *Sollicitudo rei socialis* auslöste, ging es um die Beschreibung der Weltlage in der Enzyklika; sie glich der Einstellung vieler kirchlicher Gruppen und Institutionen, die für soziale Gerechtigkeit eintraten: Sowohl der „liberalistische Kapitalismus" als auch der „kollektivistische Marxismus", die für die *„Spannung zwischen Ost und West"* verantwortlichen Ideologien, seien „unvollkommen [und erforderten] als solche eine tiefgreifende Korrektur". „Jeder der beiden Blöcke" berge außerdem „auf seine Weise in sich die *Tendenz zum Imperialismus*, (...) oder zu Formen eines Neokolonialismus: eine naheliegende Versuchung, in die man nicht selten fällt, wie selbst die jüngste Geschichte noch lehrt". Die auf die dritte Welt übertragene Spaltung zwischen Ost und West sei „ein *direktes Hindernis* für eine wirkliche Veränderung der Bedingungen der Unterentwicklung in den Ländern auf dem Wege der Entwicklung oder in jenen weniger entwickelten" und die Folge „einer Besorgnis, die von Motiven der *eigenen Sicherheit* über das berechtigte Maß hinaus ins Unermeßliche gesteigert ist"; sie töte „den Aufschwung zu solidarischer Zusammenarbeit aller für das Gemeinwohl des Menschengeschlechtes".[84]

A. M. Rosenthal, früherer Herausgeber der *New York Times*, schrieb in einer Kolumne: „Alle guten Journalisten würden für diese Geschichte die gleiche Schlagzeile verwenden: ‚Papst verurteilt Marxismus und Kapitalismus gleichermaßen; beide sind imperialistisch und eine Sünde gegen die Armen.'"[85] William F. Buckley Jr. war nicht so zurückhaltend und charakterisierte die Weltsicht des Papstes als „diese Wischiwaschi-Ansicht von der eindeutigen Grenzlinie zwischen den Visionen von Marx, Lenin, Mao Tse-tung und Pol Pot auf der einen Seite und denen von Locke, Jefferson, Lincoln und Churchill auf der anderen".[86] Am anderen Ende des ideologischen Spektrums schrieb die liberale antikommunistische *New Republic* in einem Leitartikel, Johannes Paul sei „ein Apostel der moralischen Gleichwertigkeit" geworden, der es „aus politischen Erwägungen heraus" unterlassen habe, „die ganze Wahrheit zu sagen".[87]

Diese Verurteilungen waren ebenso übertrieben wie die Zustimmung, die die Enzyklika von wirtschaftlich und politisch progressiven Katholiken erhielt.[88] Niemand konnte ernsthaft behaupten, Johannes Paul II. sei sich des Unterschieds zwischen der NATO und dem Warschauer Pakt nicht bewußt; daß er in der Enzyklika von den „beiden Blöcken" sprach, führte jedoch zu Mißverständnissen.[89] Es ist auch richtig, daß in den Augen vieler Katholiken in der dritten Welt (was Johannes Paul seiner Kurie verständlich zu machen suchte) sowohl der Kapitalismus als auch der Kommunismus – allgemeiner gesagt, „der Osten" und „der Westen" – einer „tiefgreifenden Korrektur" bedurften. Trotzdem wurde die Frage ausgeklammert, ob der sogenannte Kapitalismus in Lateinamerika nicht eine andere, sehr altmodische Form von staatlichem Wirtschaftsmanagement war. Die Kritik, die *Sollicitudo rei socialis* in Amerika entgegenschlug, war teilweise engstirnig. Johannes Paul schrieb als oberster Hirte einer weltweiten Kirche und war sich durchaus darüber im klaren, daß seine Lehre vom freien Unternehmertum, die Ablehnung staatlicher Planwirtschaft und das Bekenntnis zur Demokratie (alles Dinge, die in New York und Washington als Selbstverständlichkeiten erschienen) in Moskau, Havanna und Managua als Frontalangriff aufgefaßt werden würden – und das hätten seine westlichen Leser eigentlich anerkennen müssen.

Dennoch zeigt sich in *Sollicitudo rei socialis* zweifellos der Einfluß jener katholischen Intellektuellen und Aktivisten, die tatsächlich an die „moralische

Gleichwertigkeit" der „beiden Blöcke" glaubten; es zeigt sich auch, daß die Kurie immer noch von der „Ostpolitik" Pauls VI. und deren „Neutralität" gegenüber dem Osten wie dem Westen beeinflußt war. Daß diese Ideen ihren Weg in eine Enzyklika fanden, deren originellste Elemente weit mehr dem Denken Johannes Pauls entsprachen, war laut informierten Beobachtern darauf zurückzuführen, daß der Papst die Abfassung von *Sollicitudo rei socialis* dazu benutzen wollte, die Kurie dazu zu bringen, anders über die Kirche in der modernen Welt zu denken. Aber die Denkweise der Kurie beeinflußte die Enzyklika möglicherweise stärker als umgekehrt die neuen Ideen der Enzyklika die Kurie.

Konfrontation in Paraguay

Obwohl seine letzte Reise nach Lateinamerika erst 13 Monate zurücklag, hielt Johannes Paul eine neue für unbedingt erforderlich. In seinem 37. Pastoralbesuch, der ihn im Mai 1988 nach Uruguay, Bolivien, Peru und Paraguay führte, schlug sich seine Besorgnis über den Zusammenhang zwischen politischer Korruption und Armut, den er in *Sollicitudo rei socialis* behandelt hatte, praktisch nieder.

Am 18. Februar 1988 war General Alfredo Stroessner zu seiner achten Amtsperiode als Präsident von Paraguay „wiedergewählt" worden. Er hatte seit seiner Machtergreifung 1954 durch einen von der jetzt dominierenden Colorado-Partei und der Armee unterstützten Staatsstreich die volle Kontrolle über das Land. Die demokratische Bewegung, die jetzt die politische Landschaft in Lateinamerika veränderte, hatte auch Paraguay erreicht, doch Stroessner hatte keine Bereitschaft erkennen lassen, die entstehende demokratische Opposition anzuerkennen, und auch keinerlei Neigung, sich einem echten Wahlkampf zu stellen.

Als Bestandteil der Papstreise war in Paraguay ein Treffen mit einer oppositionellen Gruppe, den „Aufbaukräften der Gesellschaft", vereinbart worden. Am 11. Mai, als Johannes Paul in Oruro war, einem extrem armen Gebiet in Bolivien, wurde Vatikansprecher Joaquín Navarro-Valls von einem Journalisten darüber informiert, daß General Stroessner dieses Treffen gerade in einem Brief an den päpstlichen Nuntius, Erzbischof Giorgio Zur, abgesagt habe. Johannes Paul kehrte nach Cochabamba zurück, um dort um 11 Uhr morgens die Messe zu feiern. Anschließend traf er sich mit dem Staatssekretär, Kardinal Casaroli, dem Sostituto, Erzbischof Martínez Somalo, und seinem Sprecher Navarro-Valls. Die Meinung des Papstes ließ an Deutlichkeit nichts zu wünschen übrig: Falls der Bericht aus Asunción stimme, werde er nicht nach Paraguay reisen. Dann machte Johannes Paul wie geplant weiter, während die anderen versuchten, sich über Rom, wo in Abwesenheit von Casaroli und Martínez Somalo der „Außenminister", Erzbischof Silvestrini, die Leitung hatte, mit Erzbischof Zur in Verbindung zu setzen.

Am nächsten Tag beschloß Navarro-Valls, zu versuchen, durch eine simple Presseverlautbarung Druck auf Stroessner auszuüben. „Fürs erste muß ich meine Verwunderung über eine beispiellose Provokation im Zusammenhang mit der pastoralen Aktivität des Heiligen Vaters zum Ausdruck bringen." Die Presse wollte mehr, doch Navarro-Valls antwortete, die Verlautbarung spreche für sich selbst. Um 7.30 Uhr am 13. Mai – dem Fest Unserer Lieben Frau von Fátima und dem 7. Jahrestag von Agcas Attentat auf den Papst – spürte der paraguayische Protokollchef, Botschafter Papalardo, Navarro-Valls in dem Konvent auf, der das „Hauptquartier" des Papsttrosses in Cochabamba war. Papalardo sagte, er habe die Artikel in den Morgenzeitungen gelesen, die sich mit der Presseverlautbarung von Navarro-Valls befaßten. Dann ließ er eine Schimpfkanonade vom Stapel. Die „Aufbaukräfte der Gesellschaft" seien Kommunisten, die viel weniger Unterstützung hätten als die Colorado-Partei. Erzbischof Rolón (der Vorsitzende der paraguayischen Bischofskonferenz) sei ein Opportunist, der als Befreier des Landes in die Geschichte eingehen wolle. Navarro-Valls hörte sich das alles ruhig an; dann sagte er, dies sei ein vorher noch nie dagewesenes Problem, und schlug vor, daß Papalardo sich mit dem Nuntius und Erzbischof Rolón treffen und mit ihnen darüber sprechen solle. Der Protokollchef könne ihn, Navarro-Valls, dann nach dem Mittagessen anrufen und ihm mitteilen, daß das Problem gelöst worden sei. Um 16 Uhr rief Botschafter Papalardo Navarro-Valls an; alles sei geklärt, und er danke ihm für seinen Vorschlag.

Navarro-Valls informierte Kardinal Casaroli, der wiederum den Papst informierte. Johannes Paul lachte und sagte: „Sie lassen den Papst also doch nach Paraguay kommen!"[90]

Es war ein Meisterstück der Erzeugung von öffentlichem Druck über die Medien, um die Ziele des Papstes zu erreichen. Johannes Paul nutzte seine Möglichkeiten, sobald er in Paraguay angekommen war. Er rief zur „moralischen Säuberung" des Landes auf und erklärte mit Worten, die an *Sollicitudo rei socialis* erinnerten, „Freiheit, Gerechtigkeit und Mitbeteiligung" seien für den Aufbau einer „authentischen Gesellschaft" unverzichtbar – vermutlich ein Hinweis auf die 98 Prozent der Wählerstimmen, die General Stroessner im Februar bekommen hatte. Stroessner reagierte auf seine eigene unheilvolle Weise – er ließ politische Gegner verhaften, noch bevor Johannes Paul das Land verlassen hatte, und verstärkte danach die Unterdrückung der Kirche und der Menschenrechtsaktivisten. Doch seine Tage waren gezählt. Nicht einmal neun Monate nach dem Papstbesuch wurde er durch einen Staatsstreich des Militärs gestürzt. Der Anführer bei diesem Putsch, General Andrés Rodriguéz, setzte für den 1. Mai 1989 allgemeine Wahlen an und wurde gewählt; auch die Opposition erkannte an, daß es nicht zu systematischem oder verbreitetem Wahlbetrug gekommen war. Rodriguéz versprach, Stroessners Amtszeit zu Ende zu führen, stellte sich aber nicht zur Wiederwahl. 1993 gab es in Paraguay dann die ersten wirklich freien Wahlen. Die Bischöfe von Paraguay blieben während der ganzen 90er Jahre unter schwierigen wirtschaftlichen und politischen Umständen Verfechter der Demokratie.[91]

Das Lefebvre-Schisma

Während Johannes Paul mit seinen Pastoralbesuchen, der Abfassung von Enzykliken und Hunderten von Treffen mit den Bischöfen der Welt beschäftigt war, lastete ein weiteres großes Problem auf ihm: die Gefahr eines Schismas in der katholischen Kirche.

Johannes Paul und Kardinal Joseph Ratzinger hatten sich sehr darum bemüht, eine Versöhnung mit Erzbischof Marcel Lefebvre, dem französischen Dissidenten, zu erreichen, ohne ihr Engagement für das II. Vatikanum aufzugeben. Johannes Paul hatte Lefebvre kurz nach seiner Wahl getroffen. Danach hatte der Franzose zu Journalisten gesagt: „Mir kam er nicht wie ein Papst vor; er hatte keinen Charakter."[92] Der Papst, der die vom Konzil beschlossene liturgische Erneuerung begrüßte, war der Ansicht, in der Kirche sollten auch diejenigen einen Platz haben, die das vorkonziliare Ritual verwenden wollten – sofern sie das Missale Pauls VI. als offizielle Liturgie der Kirche akzeptierten.[93] Im Oktober 1984 war durch einen Indult (eine kanonische Erlaubnis) die ausgedehntere Verwendung des vorkonziliaren Tridentinischen Rituals, das im Missale Romanum von 1962 enthalten war, gestattet worden; man hoffte, dadurch Erzbischof Lefebvre und seine Anhänger besänftigen zu können. Doch der Kern von Lefebvres Ablehnung des II. Vatikanums war nie die Geringschätzung des reformierten römischen Rituals gewesen – diese Ablehnung war theologisch, nicht einfach nur liturgisch.

Johannes Paul II. betrachtete *Dignitatis humanae*, die Erklärung über die Religionsfreiheit, als Schlüssel für die Auslegung des ganzen Konzils. Erzbischof Lefebvre hielt *Dignitatis humanae* für Häresie und glaubte, Christus wolle eine staatliche Kirche in einem offiziell katholischen Staat. Johannes Paul II. war einer der geistigen Väter von *Gaudium et spes* gewesen. Er sagte später, Lefebvre, dessen Theologie „ganz anders" sei, habe eine völlig andere „Vision von der Kirche".[94] Mit seiner Weigerung, sich durch den Indult von 1984 besänftigen zu lassen, hatte Lefebvre unmißverständlich seine Überzeugung bekundet, daß das II. Vatikanum ein ungeheurer Akt der Verantwortungslosigkeit und des Abfalls vom Glauben gewesen sei (und daß die liturgischen Änderungen nur das deutlichste Anzeichen dafür seien).

Am 15. Juni 1988 wuchs die ablehnende Haltung des französischen Erzbischofs sich zu einer ernsten Krise aus. Er verkündete öffentlich, er werde vier neue Bischöfe weihen, die seine Arbeit fortsetzen sollten. Lefebvre besaß zwar der Theologie der Kirche zufolge die sakramentale Vollmacht, Bischöfe zu weihen, doch der Papst hatte ihm nicht den Auftrag erteilt, diese Ordinationen durchzuführen. Sowohl nach der Lehre als auch nach dem kanonischen Recht wären seine Bischofsweihen zwar kanonisch unerlaubt, aber sakramental gültig gewesen. Das hätte zu einer sich ständig fortsetzenden Spaltung der Kirche geführt. Da dies das schlimmste vorstellbare Ergebnis war, unternahm Kardinal Ratzinger große Anstrengungen, um es zu verhindern – obwohl Lefebvre am 6. Mai seine Zustimmung zu einem Versöhnungsdokument, das er am Vortag unterzeichnet hatte, zurückgezogen und dem Kardinal den Fehdehandschuh hingeworfen hatte, indem er diesem privat mitteilte, er werde am 30. Juni Bischofsweihen vornehmen. Ratzinger war nicht bereit, von der Forderung abzugehen, daß Lefebvre die Lehre des II. Vatikanums und die nachkonziliare Lehre des Lehramts der Kirche akzeptieren müsse. Dann könne man in der Kirche Platz für eine versöhnte Traditionalistenbewegung schaffen. Genau das hatte Johannes Paul Lefebvre bei ihrem ersten Treffen vorgeschlagen, und Lefebvre hatte sich am 5. Mai damit einverstanden erklärt.

Nach einer ergebnislosen Aussprache mit Ratzinger am 24. Mai schrieb Lefebvre am 2. Juni dem Papst, er werde die Bischofsweihen vornehmen, da „wir die absolute Notwendigkeit [spüren], kirchliche Autoritäten zu haben, die unsere Besorgnisse teilen und uns helfen, uns gegen den Geist des II. Vatikanums und den Geist von Assisi [den Lefebvre schlicht und einfach als interreligiösen Synkretismus betrachtete] zu wappnen". Da man sich über das Ziel der Versöhnung keineswegs einig sei, hielten er und seine Anhänger es „für ratsamer, günstigere Zeiten für die Rückkehr Roms zur Tradition abzuwarten". Er werde die vorgesehenen Bischofsweihen am 30. Juni vornehmen und „fortfahren zu beten, daß das moderne Rom, verseucht vom Modernismus, wieder das katholische Rom wird". Johannes Paul antwortete am 9. Juni auf diesen ungewöhnlichen Brief. Er drängte Lefebvre, wieder auf den Weg der Versöhnung zurückzukehren.[95] Lefebvre antwortete darauf mit der öffentlichen Ankündigung, er werde am 30. Juni Bischöfe weihen. Am 29. Juni sandte Kardinal Ratzinger dem Erzbischof ein Telegramm:

> Um der Liebe Christi und seiner Kirche willen bittet der Heilige Vater Sie väterlich und nachdrücklich, noch heute nach Rom zu kommen, ohne am 30. Juni die Bischofsweihen vorzunehmen, die Sie angekündigt haben. Er bittet die heiligen Apostel Petrus und Paulus, sie mögen Ihnen eingeben, das Bischofsamt, das Ihnen übertragen wurde, nicht zu verraten, noch den Eid, durch den Sie versprochen haben, dem Papst, dem Nachfolger Petri, treu zu bleiben. Er bittet Gott, daß er Sie davor bewahre, jene zu verwirren und zu zersplittern, für die Jesus Christus gekommen ist, um sie in der Einheit zusammenzuführen. Er vertraut Sie der Fürsprache der heiligsten Jungfrau Maria, der Mutter der Kirche, an.[96]

Erzbischof Lefebvre weihte die Bischöfe am 30. Juni. Am 1. Juli unterzeichnete Kardinal Bernardin Gantin, der Präfekt der Kongregation für die Bischöfe, ein Dekret, in dem er erklärte, Lefebvre habe einen „Akt schismatischer Natur" begangen. Daher hätten er, die vier von ihm geweihten Bischöfe und der emeritierte Bischof, der an der Weihezeremonie teilgenommen hatte, sich automatisch die Exkommunikation zugezogen. Alle Katholiken, die dem „Schisma von Msgr. Lefebvre" zustimmten, würden ebenfalls exkommuniziert werden.[97]

Am 2. Juli veröffentlichte Johannes Paul II. das Apostolische Schreiben *Ecclesia Dei* [Die Kirche Gottes]. Dadurch schuf er eine Kommission, die diejenigen Mitglieder der Lefebvre-Bewegung, die dem Erzbischof nicht in das Schisma folgen wollten, versöhnen und für ihren geistlichen Beistand sorgen sollte. Diesen versöhnten Dissidenten versicherte er, sie dürften ihren Glauben ausüben „unter Wahrung ihrer geistlichen und liturgischen Traditionen", gemäß dem Dokument, das Kardinal Ratzinger und Erzbischof Lefebvre am 5. Mai unterzeichnet hätten, von dem Lefebvre sich aber am nächsten Tag distanziert habe.[98]

Marcel Lefebvre war laut Ratzinger „ein sehr schwieriger Mann".[99] Letzten Endes wurde der Erzbischof jedoch nicht durch seine Persönlichkeit in das Schisma getrieben, sondern durch seine Ideen. Er verkörperte die extremste Form des französischen Katholizismus, die darauf bestand, eine mit einem katholischen Staat verbündete „Kirche der Macht" zu sein. Lefebvre war, obwohl ein Mann des 20. Jahrhunderts, ein Opfer der Französischen Revolution. Als er sich endgültig entscheiden mußte, war sein Haß auf die Moderne größer als seine Liebe zu Rom.

Die Reform der Kurie

Während er auf seiner „Reise in die Kurie" war und *Sollicitudo rei socialis* vorbereitete, schloß Johannes Paul II. eine Umorganisation des zentralen Verwaltungsapparates der Kirche ab, die er am 28. Juni 1988 durch die Apostolische Konstitution *Pastor bonus* [Der gute Hirte] verkündete.[100]

Damit beendete er die Reform der Kurie, die Paul VI. 1967 begonnen hatte. Angesichts der Persönlichkeiten und Interessen konnte damals keine umfassende Veränderung erreicht werden. Ziel von *Pastor bonus* war im wesentlichen eine Rationalisierung der Kurienorganisation. Die Abteilungen der Kurie wurden in drei Kategorien eingeteilt – Kongregationen (die rechtlich bindende Entscheidungen treffen), Räte (die bestimmte pastorale Aktivitäten fördern) und Gerichtshöfe. Die Nomenklatur wurde vereinfacht (aus der „Heiligen Kongregation für die Glaubenslehre" wurde die „Kongregation für die Glaubenslehre") oder geändert (die „Zweite Sektion" des Staatssekretariats, das „Außenministerium", wurde in „Sektion für die Beziehungen zu den Staaten" umbenannt, das „Sekretariat für die Nichtchristen" in „Päpstlicher Rat für den interreligiösen Dialog"). Mit solcher Verwaltungsarbeit befaßte Johannes Paul sich nicht gern, doch an zwei Punkten griff er in den Prozeß der Umorganisation ein; beide spiegelten seine pastoralen Prioritäten wider.

Kurienbeamte hatten vorgeschlagen, die Behörde für den christlichen ökumenischen Dialog mit denen für den Dialog mit den Nichtchristen und den Nichtglaubenden zusammenzulegen und so alle „Nichtkatholiken" in einem Kurienorgan zusammenzufassen. Teilnehmern an diesem Prozeß zufolge lehnte der Papst das „kategorisch" ab – er bestand darauf, daß es auch weiterhin für jede Form des Dialogs eine eigene Behörde geben müsse. Damit demonstrierte er in einem konkreten Fall, daß der Ökumenismus in seiner pastoralen Strategie eine zentrale Rolle spielte. Er sagte den Kurienplanern, der Ökumenismus sei „der Wille der Kirche" – und damit war die Sache erledigt. Die Beibehaltung von drei getrennten Organen für diese Dialoge war auch ein Zeichen für die Achtung, die Johannes Paul anderen Weltreligionen und Weltanschauungen entgegenbrachte; seiner Ansicht nach hatten sie ihre eigene Integrität und durften nicht zu einer undifferenzierten Masse von „Nichtkatholiken" zusammengeworfen werden.[101]

Außerdem blieb die Frage zu lösen, wo die Laien in die Organisationsstruktur eingefügt werden sollten. Manche wollten eine Kongregation für die Laien einrichten. Doch das hätte so ausgesehen, als würden die Laien der Jurisdiktion des Heiligen Stuhls unterstellt – wie die Bischöfe, Priester, Theologen, Ordensleute und die Bildungseinrichtungen –, und das hielt Johannes Paul für einen Verstoß gegen die Theologie des II. Vatikanums. Daher beschloß man, einen Päpstlichen Rat für die Laien einzurichten, als Zentrum für die Förderung der Laiensendung „in der Welt".[102] Diesem Rat wurde bald auch die Verantwortung für die Koordination der Weltjugendtage übertragen, was einen großen Anteil seiner Energie in Anspruch nahm.

Pastor bonus wurde bei Johannes Pauls viertem Konsistorium, bei dem er 24 neue Kardinäle ernannte, veröffentlicht. Die Ernennung von Vincentas Sladkevičius, einem Litauer (und die Tatsache, daß er zu der Zeremonie nach Rom kommen durfte), war ein weiteres Anzeichen für den Wandel in der Sowjetunion und zugleich eine Ehrenbezeigung des Papstes für eine der mutigsten Ortskirchen im Katholizismus. Die Kardinalswürde für John Baptist Wu Chengchung aus Hongkong war ebenfalls ein Appell an eine kommunistische Macht und zugleich ein Schritt zur Abstützung der Hierarchie in Hongkong angesichts der unsicheren politischen Zukunft der Stadt. Lucas Moreira Neves, der brasilianische Dominikaner und frühere Kurienbeamte, der im vorhergehenden Juli zum Erzbischof von Sao Salvador da Bahia ernannt worden war, empfing das rote Birett ebenso wie James Hickey aus Washington und Edmund Szoka aus Detroit, der 1990 nach Rom geholt wurde, um die Finanzen des Vatikans unter Kontrolle zu bringen. Mosambik und Kamerun bekamen ihre ersten Kardinäle, den Franziskaner Alexandre José Maria dos Santos (Maputo) und Christian Wiyghan Tumi (Duala). Aus Mitteleuropa wurden László Paskai OFM aus Ungarn und Hans Hermann Groër (ein früherer Benediktinerabt, der 1986 nach dem Rücktritt von Kardinal Franz König zum Erzbischof von Wien ernannt worden war) in das Kollegium aufgenommen; der Österreicher sollte bald in einen Skandal verwickelt werden.

In den Ernennungen spiegelten sich auch die personellen Veränderungen in der Kurie wider. Die beiden Stellvertreter von Kardinal Casaroli, die Erzbischöfe Eduardo Martínez Somalo und Achille Silvestrini (seit neun Jahren Sostituto bzw. „Außenminister"), wurden zu Kardinälen ernannt; Martínez Somalo wurde Präfekt der Kongregation für den Gottesdienst und die Sakramentenordnung, Silvestrini Präfekt der Apostolischen Signatur, des kirchlichen Appellationsgerichts. Erzbischof Edward Cassidy, der frühere Nuntius in den Niederlanden, wurde Nachfolger von Martínez Somalo als Sostituto; Erzbischof Angelo Sodano, der frühere Nuntius in Chile, übernahm Silvestrinis Amt als Sekretär der umbenannten Sektion für die Beziehungen zu den Staaten.

Ein Mann, dem Johannes Paul den Kardinalspurpur verleihen wollte, starb zwei Tage vor dem öffentlichen Konsistorium: der große Schweizer Theologe Hans Urs von Balthasar, der Johannes Pauls Denkweise stark beeinflußte und den viele für den kreativsten katholischen theologischen Denker des Jahrhunderts halten. Bei seiner Beisetzung erinnerte Kardinal Ratzinger daran, daß Henri de Lubac Balthasar als den gebildetsten Mann der Gegenwart bezeichnet hatte. Das empfanden nur wenige als Übertreibung.[103]

Einen Monat vor dem Konsistorium schloß Johannes Paul eine weitere vatikanische „Reform" ab, die ihm wahrscheinlich mehr am Herzen lag als die Angelegenheiten, mit denen er sich in *Pastor bonus* befaßte. Nach seiner Rückkehr aus Kalkutta im Jahre 1986 hatte er alle Hebel in Bewegung gesetzt, um im Vatikan ein Obdachlosenheim zu gründen, das von Mutter Teresas Missionarinnen der Nächstenliebe geführt werden sollte. Das galt seit langem als unmöglich – wie konnte man die Armen und Obdachlosen in den Vatikan lassen? Wie sollte dann die Sicherheit gewährleistet werden? Doch Johannes Paul blieb beharrlich, und schließlich wurde eine Lösung gefunden: Man würde ein Gebäude am Rand des Vatikanstaats, neben der Kongregation für die Glaubenslehre, aber noch innerhalb der vatikanischen Mauern, übernehmen und renovieren. Am 7. Juni 1987 segnete der Papst den Grundstein der Casa di Accoglienza per i Più Poveri „Dono di Maria" [das Haus des Willkommens „Gabe der Maria" für die Ärmsten], und drei Tage nach seinem 68. Geburtstag, am 21. Mai 1988, wurde es eingeweiht. Es verfügt über 70 Schlafplätze für Nichtseßhafte, und in den beiden Speisesälen können täglich 100 Obdachlose verköstigt werden.

Ad limina apostolorum

Am 24. Oktober 1988 empfing Johannes Paul die Bischöfe von Michigan und Ohio zu ihrem alle fünf Jahre fälligen *Ad-limina*-Besuch in Rom. Während seines jetzt zehnjährigen Pontifikats hatten etwa 300 dieser Begegnungen mit Bischöfen aus der ganzen Welt stattgefunden.

In diesen zehn Jahren hatte Johannes Paul auf seinen Reisen fast 580 000 Kilometer zurückgelegt und in 74 Ländern 1 424 Ansprachen gehalten. Außerdem hatte er 78 Pastoralbesuche innerhalb von Italien und über 300 Pastoralbesuche in römischen Pfarreien gemacht,[104] Hunderte von Heiligsprechungen und 309 Seligsprechungen vorgenommen[105] und sieben Enzykliken, sieben apostolische Konstitutionen, mehr als 30 apostolische Schreiben und drei nachsynodale apostolische Schreiben verfaßt. Er hatte Hunderte von Botschaftern, Staatsoberhäuptern und Vertretern internationaler Organisationen sowie unzählige Pilger empfangen – und mindestens ebensoviel Energie in seine *Ad-limina*-Treffen mit Bischöfen gesteckt wie in jede andere Facette seines Petrus-Amtes.

Einer altehrwürdigen Tradition und dem Kirchengesetz zufolge muß jeder Bischof, der einer Diözese vorsteht, alle fünf Jahre zu einer Pilgerfahrt *ad limina apostolorum*, „zu den Schwellen der Apostel", nach Rom kommen.[106] In der heutigen Zeit absolvieren die Bischöfe diese Besuche in nationalen oder, bei größeren Ländern, regionalen Gruppen, was die Planung erleichtert und konzentriertere Diskussionen über die örtlichen Probleme ermöglicht. Während des Pontifikats von Paul VI. gehörten zum *Ad-limina*-Besuch eines Bischofs eine kurze persönliche Begegnung mit dem Papst und eine Reihe von Treffen mit Kurienvertretern. Johannes Paul II. änderte dieses Programm, um mehr Zeit mit den Bischöfen verbringen zu können und gleichzeitig ihnen – als Einzelpersonen und in Gruppen – mehr Zeit mit dem Papst zu verschaffen.

Auch unter Johannes Paul gehörte zum *Ad-limina*-Besuch ein persönliches Einzeltreffen mit jedem Bischof, das 15 Minuten, gelegentlich auch über eine halbe Stunde dauerte. Zu Beginn wies der Papst manchmal auf einen Atlas auf seinem Schreibtisch, und bat den Bischof, ihm zu zeigen, wo seine Diözese lag. Die Begegnungen fanden ohne Dolmetscher statt (Johannes Paul brauchte nur selten einen), und der Papst, ein sehr aktiver Zuhörer, stellte gewöhnlich vor allem Fragen. Ihm lag sehr daran, möglichst viel über die Lage der Ortskirchen zu erfahren. Obwohl sich die Verhältnisse in den 2 400 Diözesen der Kirche stark unterschieden, hatten die Bischöfe oft den Eindruck, daß Johannes Paul, selbst ein erfahrener Diözesanbischof, „wußte, wovon man sprach", wenn sie von personellen, finanziellen oder organisatorischen Problemen berichteten.[107] Diese Einzeltreffen zwischen Papst und Bischof waren bei Johannes Paul intensiver und offener als bei Paul VI. Sie boten den Bischöfen die Gelegenheit, dem Papst zu erzählen, was sie auf dem Herzen hatten, und ihm Probleme anzuvertrauen, über die sie mit keinem anderen sprechen konnten.[108]

Johannes Paul nahm drei Neuerungen am *Ad-limina*-Programm vor, so daß jeder Bischof jetzt statt nur einer vier Gelegenheiten hatte, mit ihm zusammenzutreffen. Er feierte mit jeder Bischofsgruppe am Morgen in der Privatkapelle der päpstlichen Gemächer die Messe. Außerdem lud er jede Gruppe zum Mittag- oder Abendessen ein, wobei außer den Bischöfen nur er selbst und seine Sekretäre anwesend waren und über die Probleme der Region oder des Landes gesprochen wurde. Schließlich führte Johannes Paul auch ein Gruppentreffen mit den Bischöfen ein, bei dem er einen Vortrag hielt. Diese *Ad-limina*-Vorträge wurden ein weiteres päpstliches Lehrinstrument und boten Einblicke in die Gedanken des Papstes zur Situation der einzelnen Ortskirchen.[109]

Daß Johannes Paul die *Ad-limina*-Besuche ausweitete, war nicht nur eine Höflichkeitsgeste gegenüber seinen Bischofskollegen. Er betrachtete diese Besuche vielmehr als hervorragende Möglichkeit, sich über die Bischöfe der Welt zu informieren. Durch sein erstaunliches Gedächtnis für Namen und Orte gelang es ihm immer wieder, die Bischöfe, die er ja nur alle fünf Jahre traf, zu verblüffen. Dabei erwies er sich oft auch als unerwartet witzig. So fragte er einmal einen Bischof, der seit seinem letzten Besuch deutlich zugenommen hatte, ob seine Diözese wachse. Der Bischof antwortete, das stimme, seine Pfarreien dehnten sich aus. Daraufhin sagte Johannes Paul: „Der Bischof auch!" Johannes Paul nutzte die *Ad-limina*-Besuche außerdem, um gut über die Lage der Kirche auf der ganzen Welt unterrichtet zu bleiben. So traf er in einem typischen Zeitraum, von Mitte Januar bis Ende April 1988, Bischöfe aus den Niederlanden, zwei Regionen in der Bundesrepublik, dem Sudan, Kenia, England und Wales, dem Mittleren Westen der USA, Benin, dem Kongo, Mali, Neuseeland, Mosambik, dem amerikanischen Südwesten, Litauen, Zaire und Ontario. Der Papst erhielt zwar regelmäßig Berichte von den Nuntiaturen und Apostolischen Vertretungen des Heiligen Stuhls im Ausland, doch der Nuntius oder Gesandte stammte nur selten aus dem Land, in dem er arbeitete. Durch die Gespräche mit den Führern der Ortskirchen beim Essen gewann Johannes Paul einen besseren Eindruck von den Verhältnissen und Persönlichkeiten als durch die Berichte seiner Diplomaten.

Der *Ad-limina*-Prozeß wirkte sich auch in der anderen Richtung positiv aus. Vor allem die Bischöfe aus den jungen Kirchen fühlten sich ermutigt durch die Aufmerksamkeit, die der Papst ihnen widmete. Die Afrikaner beispielsweise waren überzeugt, daß noch nie ein Papst so gut über ihre Situation und die Weltlage informiert gewesen war.[110] Das Feedback-System funktionierte besonders gut, wenn der Zyklus der *Ad-limina*-Besuche mit den Vorbereitungen für eine Pastoralreise in das betreffende Land zusammenfiel. So waren die nigerianischen Bischöfe am 21. Januar 1982 zu einem *Ad-limina*-Besuch in Rom gewesen. Als Johannes Paul dann am 8. Februar in Lagos eintraf, war er hervorragend informiert, und seine Ansprachen zeigten, daß er den nigerianischen Bischöfen zweieinhalb Wochen zuvor aufmerksam zugehört hatte.[111]

Unter Johannes Paul II. wurden die *Ad-limina*-Besuche, die zuvor eine kanonische Formalität gewesen waren, zu einer echten Übung der *sollicitudo omnium ecclesiarum* des Papstes, der traditionellen päpstlichen „Sorge für alle Kirchen". Sie waren außerdem ein weiteres Beispiel dafür, daß Johannes Paul entschlossen war, Lukas 22,32 ganz wörtlich zu nehmen und seine Brüder – in diesem Fall Bischöfe, die trotz aller mit ihrem Amt verbundenen Ehren oft einsame Männer waren, auf denen eine schwere Verantwortung lastete – zu stärken.[112]

DER POLE UND DIE RUSSEN

Für manche Polen „beginnt Asien in Przemyśl", einer Stadt an der Ostgrenze des heutigen Polen. Diese Redewendung weist unzweideutig darauf hin, daß Rußland für sie nicht zu „Europa" gehört. Sowohl in der Zarenzeit als auch in der Zeit des Kommunismus war der alte Verfolger der Polen „anders" als die historischen Unterdrücker im Westen, die Deutschen. Rußland und die Russen, ob nun sowjetisiert oder nicht, waren politisch, ethnisch und kulturell so „anders", daß es für viele Polen sehr schwierig war, sie als europäische Nachbarn zu betrachten.

Karol Wojtyła war da eine Ausnahme. Sein Interesse an den Wurzeln der slawischen Sprachen und der slawischen Kultur hatte dazu geführt, daß er die Ostslawen – Russen, Ukrainer, Weißrussen – als Verwandte der Westslawen wie der Polen betrachtete, trotz der anderen Schrift. Sein kulturzentriertes Geschichtsverständnis bewirkte außerdem, daß er Rußland als „Europa" sah. Vor der im 11. Jahrhundert erfolgten Spaltung zwischen Rom und dem Osten hatte Rußland zu einer der beiden Lungen gehört, mit denen die christliche Kultur Europas atmete. Wenn Europa die in Jalta beschlossene politische und psychische Teilung überwinden wollte, mußte es wieder anfangen, mit beiden Lungen zu atmen. Und das bedeutete unter anderem, daß Rußland zu Europa gehören mußte.

Auch als Papst verlor Karol Wojtyła sein Interesse an Rußland und den Russen nicht. Er vertiefte sich in die Bücher Wladimir Solowjows, des russischen Philosophen und Theologen des späten 19. Jahrhunderts, der die Versöhnung des östlichen und westlichen Christentums prophezeit hatte.[113] Außerdem las er die Werke russischer religiöser Denker, die einst überzeugte Marxisten gewesen waren, den Marxismus zwischen den Revolutionen von 1905 und 1917 jedoch aufgegeben und sowohl die Regierung als auch die russisch-orthodoxe Kirche vor der drohenden Katastrophe gewarnt hatten: Nikolaj Berdjajew, Sergej Bulgakow und Simon Frank.[114] Durch diese Denker und die Bücher von Theologen wie Pawel Florenskij und Georgij Florowskij, die er in französischer oder polnischer Übersetzung las, wurde der Papst mit dem religiösen Kern der russischen Kultur vertraut und gelangte zu der Überzeugung, daß Rußland der Welt viel geben konnte.[115] Außerdem war ihr Interesse an der christlichen Einheit für Johannes Paul eine Bestätigung seiner eigenen ökumenischen Neigungen gegenüber dem Osten, und gleichzeitig halfen sie ihm, eine polnischzentrierte Sicht Rußlands zu überwinden.[116]

Johannes Paul pflegte persönliche und geistige Kontakte zu Russen. Die Begegnungen mit Andrej Gromyko und anderen sowjetischen Funktionären reichten ihm nicht, denn er wünschte sich eine Art von Austausch, die bei den von Kardinal Casaroli und anderen seiner Diplomaten bevorzugten offiziellen zwischenstaatlichen Gesprächen nicht möglich war. Daher lag ihm sehr an inoffiziellen Gesprächen mit aufgeschlossenen, gut informierten Russen. Das führte ihn schließlich ins Herz des Widerstands der Menschenrechtler gegen die kommunistische Sowjetherrschaft, und zwar nicht als Politiker, sondern als Seelsorger.

Johannes Paul II. und Andrej Sacharow

1983 hatte eine polnische Freundin namens Maria Winowska dafür gesorgt, daß Irina Ilovaiskaya Alberti bei einer von Johannes Pauls Generalaudienzen am Mittwoch einen Platz in der ersten Reihe bekam. Die Tochter russischer Emigranten war zwischen den beiden Weltkriegen in Jugoslawien aufgewachsen. Dort hatte sie einen italienischen Diplomaten kennengelernt, den sie 1946 heiratete. Die Albertis wurden nach Prag geschickt, wo Irina bei der Machtergreifung der Kommunisten in der Tschechoslowakei 1948 zum ersten Mal kommunistische Brutalität unmittelbar erlebte. Durch diese abschreckende Erfahrung wurde ihr Interesse an den Verhältnissen in Rußland wieder geweckt, und als Ende der 50er Jahre und in den 60er Jahren Kontakte zu neuen Emigranten und Sowjetbürgern möglich wurden, suchte sie solche Kontakte, ohne genau zu wissen, wohin das führen würde. Nach dem Tod ihres Mannes 1975 bat sie der Nobelpreisträger Alexander Solschenizyn, der damals in der Schweiz lebte, ihn und seine Familie als Assistentin nach Vermont zu begleiten. Sie verbrachte dann fast vier Jahre bei den Solschenizyns und lernte in dieser Zeit die internationale Politik der Sowjetunion und die verschiedenen Formen des antisowjetischen Widerstands – sowohl in der Sowjetunion als auch im Exil – sehr gut kennen.

Inzwischen hatte sie ihre Arbeit bei den Solschenizyns beendet und lebte wieder in Paris. Jetzt war sie nach Rom gekommen, um dem Papst zu begegnen. Es war nur ein kurzes Treffen, doch Frau Alberti sagte später, die Liebe dieses Polen zu Rußland habe sie beeindruckt und tief bewegt. Außerdem sei sein Interesse an Rußland und den Russen nicht nur das eines sehr intelligenten Mannes, eines Gelehrten, sondern er sei auf „menschliche und spirituelle Weise interessiert" gewesen.[117]

Die nächste Begegnung der Tochter russischer Emigranten mit dem Papst fand etwa ein Jahr später statt. Andrej Sacharow, der brillante sowjetische Physiker, der sich zum Kämpfer für die Menschenrechte gewandelt hatte, war in Gorki – dorthin war er 1980 nach seinem Protest gegen den Einmarsch der Sowjets in Afghanistan verbannt worden – in den Hungerstreik getreten.[118] Seiner Frau, Jelena Bonner, die sich ebenfalls seit vielen Jahren für die Menschenrechte einsetzte, verweigerte man ein Visum, so daß sie nicht zu einer lebensnotwendigen Herzoperation ins Ausland reisen konnte. Jelena Bonner war eine alte Freundin von Irina Alberti, und als ihre Kinder im Rahmen einer weltweiten Kampagne für die Freilassung ihrer Mutter aus dem Exil in Gorki nach Rom kamen, sorgte Frau Alberti (die wußte, wie sehr Johannes Paul Sacharow bewunderte) dafür, daß sie den Papst sprechen konnten. Das alles wurde sehr diskret gehandhabt. Das Staatssekretariat des Vatikans wollte eine öffentliche Konfrontation mit der sowjetischen Regierung vermeiden, doch als Frau Alberti den Papst wissen ließ, daß Jelena Bonners Kinder ihn gern sprechen würden, stimmte er sofort zu. Das Treffen fand vor einer Generalaudienz in einem kleinen Zimmer neben dem Audienzsaal Paul VI. statt und dauerte zehn Minuten. Frau Alberti war als Dolmetscherin dabei. Johannes Paul sagte zu Jelena Bonners Kindern, daß er mit der Situation ihrer Mutter und ihres Stiefvaters vertraut sei und das Problem bereits über diplomatische Kanäle und private Kontakte gegenüber der sowjetischen Regierung angesprochen habe. Als Vatikanbeamte ihn wegholten, sagte der Papst zu Frau Alberti: „Besuchen Sie mich doch, wenn Sie das nächste Mal in Rom sind!" Sie fragte erstaunt: „Wie denn?" Der Papst, schon auf dem Weg zur Tür, antwortete: „Sprechen Sie mit meinem Sekretär!"

Frau Alberti konnte gar nicht glauben, daß man einfach im Vatikan anrufen und sich mit Msgr. Dziwisz verbinden lassen konnte, um einen Termin beim Papst zu bekommen. Doch ein befreundeter französischer Jesuit riet ihr, genau das zu tun, wenn sie wieder einmal nach Rom komme. Als Irina Alberti zusammen mit Jelena Bonners Kindern das Gebäude verließ, war sie überzeugt, daß es eine „radikale" Veränderung in ihrem Leben gegeben hatte. Im Sommer 1985 kam sie wieder nach Rom – und rief Johannes Pauls Sekretär an. Dieses Mal wurde sie nach Castel Gandolfo in den Sommersitz des Papstes eingeladen. Johannes Paul sprach mehrere Stunden lang mit ihr über die Zustände in der UdSSR, die wahre Situation der dortigen Kirchen und die sowjetische Regierung. Danach bat er sie, ihn bei ihrem nächsten Aufenthalt in Rom wieder aufzusuchen.

Der internationale Druck, Sacharows Hungerstreik und der Aufstieg Michail Gorbatschows zum starken Mann im Kreml führten schließlich dazu, daß Jelena Bonner ein Visum erhielt und zur medizinischen Behandlung in die USA reisen konnte. Im Dezember 1985 legte sie einen Zwischenstop in Rom ein, und Irina Alberti arrangierte für sie ein Treffen mit dem Papst. Sie sagte später, es sei eine „absolut geheime und private Begegnung" gewesen, denn die Ausstellung des Visums war an die Bedingung geknüpft worden, daß Jelena Bonner sich nicht mit Prominenten treffe; Sacharow, der sich noch in der Sowjetunion befand, war eine Geisel für ihr Wohlverhalten. Irina Alberti inszenierte ein Ablenkungsmanöver, um die Reporter abzuschütteln, die Jelena Bonner überallhin folgten. Es funktionierte – die Reporter blieben Jelena Bonners Kindern auf den Fersen, während ihre Mutter zusammen mit Irina Alberti in einem kleinen Auto in den Vatikan fuhr.

Das Treffen Jelena Bonners mit dem Papst dauerte zwei Stunden. Die Menschenrechtlerin erzählte ausführlich, welche Erfahrungen sie selbst und ihr Mann in der Sowjetunion gemacht hatten. Johannes Paul hörte aufmerksam, aber auch mitfühlend, ja als ein Seelsorger zu. Jelena Bonner, eine sehr starke Frau, weinte danach und sagte zu Irina Alberti: „Er ist der bemerkenswerteste Mann, den ich jemals kennengelernt habe. Er ist nur Licht. Er ist eine Quelle des Lichts."[119]

Im Februar 1989, als Sacharow und seine Frau gemeinsam in Rom waren, trafen sie privat mit dem Papst zusammen, der alle Unterbrechungen abwehrte, so daß er wieder zwei Stunden lang mit ihnen sprechen konnte. Sacharow, der im gleichen Jahr aus einer Meinungsumfrage als am meisten verehrter Mann in der Geschichte der Sowjetunion hervorging, wurde von Michail Gorbatschow umworben. Der Generalsekretär der KPdSU drängte ihn, für den Kongreß der Volksdeputierten zu kandidieren und eine aktive Rolle in der Politik zu übernehmen.[120] Doch Sacharow befürchtete, daß man es als grundsätzliche Zustimmung zu Michail Gorbatschow (den er als Reformkommunisten betrachtete) oder als Billigung des Sowjetsystems (das er für unreformierbar hielt) auslegen würde, wenn er offiziell in die Politik einstieg. Dieses Problem beschäftigte ihn sehr.[121]

Während des Gesprächs mit Johannes Paul sagte Jelena Bonner zu ihrem Mann: „Das hier ist vielleicht der einzige Ort auf der ganzen Welt, wo du die Frage stellen kannst, die dich quält!" Sacharow, den Irina Alberti als einen „Theisten, der sich über sein Verhältnis zu Gott nicht sicher ist" beschrieb, zögerte nur kurz; dann erklärte er Johannes Paul, in welcher Lage er sich befand, und stellte schließlich die Frage, mit der er sich herumschlug: „Wenn ich in dieses Spiel einsteige, kann ich es dann auf einen besseren Kurs bringen, oder werde ich mich dadurch kompromittieren?" Es war das erste Mal in seinem langen, schwierigen und heldenhaften Leben, daß Andrej Sacharow gewissermaßen zur Beichte ging.

Johannes Paul, der schon so viele Beichten gehört hatte, dachte eine Weile nach. Dann sagte er zu Sacharow: „Sie haben ein klares und starkes Gewissen. Sie können sicher sein, daß Sie keinen Fehler machen werden. (...) Ich glaube, daß Sie nützlich sein können." Von der Angst, daß er benutzt werden könnte, befreit, kehrte Sacharow in die Sowjetunion zurück; er wurde in den Kongreß der Volksdeputierten gewählt und wurde dort schnell zum Gewissen der Reformbewegung.[122]

Die Tausendjahrfeier des Christentums in der Rus'

Die im Juni 1988 anstehende Tausendjahrfeier der Christianisierung der Ostslawen stellte Johannes Paul vor ein kompliziertes Problem, da sein Eintreten für Religionsfreiheit und sein Eintreten für die Ökumene sich hier nicht miteinander vereinbaren ließen.

Obwohl die russische Orthodoxie die Jahrtausendfeier für sich beanspruchte, hatte die griechisch-katholische Kirche der Ukraine einen mindestens ebenso großen historischen Anspruch, sich als Erbe der 988 erfolgten Taufe von Prinz Wladimir und Prinzessin Olga von der Kiewer Rus' – dem Urstaat, aus dem schließlich sowohl das moderne Rußland als auch die moderne Ukraine entstanden – zu betrachten. Beide, Ukrainer und Russen, hatten in unterschiedlicher Hinsicht recht, weigerten sich aber, den Anspruch der jeweils anderen Seite anzuerkennen. Die russische Orthodoxie behauptete sogar nach wie vor, daß die griechisch-katholische Kirche in der Ukraine offiziell gar nicht existiere.

Johannes Paul hätte vor einem wirklich schwierigen Problem gestanden, wenn er zu den Feierlichkeiten im Juni 1988 nach Moskau eingeladen worden wäre, ohne daß man ihm zugesichert hätte, daß er mit den ukrainischen Katholiken und ihrer im Untergrund lebenden Führung sprechen dürfe. Patriarch Pimen von Moskau löste dieses Problem des Papstes, indem er klarmachte, daß Johannes Paul in Moskau nicht willkommen sei. Diese brüske Zurückweisung war nur ein Vorbote für noch größere Schwierigkeiten. Johannes Paul war jedoch entschlossen, sich nicht davon abhalten zu lassen, den „Tag des Millenniums" zu begehen und dem russischen Christentum seinen Respekt zu bezeigen. Am 25. Januar 1988 unterzeichnete er ein apostolisches Schreiben, *Euntes in mundum* [Geht in alle Welt], in dem er Gott für das Geschenk der Taufe der Rus' von Kiew dankte. Am gleichen Tag schloß er bei seiner Predigt zum Abschluß der Weltgebetswoche um die Einheit der Christen in St. Paul vor den Mauern die „Schwesterkirche des Moskauer Patriarchats, die viel aus dem christlichen Erbe der alten Rus von Kiew aufgenommen" habe, in den „Friedensgruß des Herrn" ein.[123]

Der Papst tat aber mehr für die Tausendjahrfeier, als nur Dokumente herauszugeben und brüderliche Grüße auszusprechen. Die Regierung Gorbatschow hatte begriffen, daß es ihr im Westen Pluspunkte einbringen würde, wenn sie den Orthodoxen erlaubte, die Jahrtausendfeier zu begehen. Sie hätte eine Feier bevorzugt, die aus ein oder zwei großen Veranstaltungen für die Eliten bestanden und sich auf die breite Masse der Bevölkerung überhaupt nicht ausgewirkt hätte. Doch Johannes Paul machte ihr einen Strich durch die Rechnung, indem er der ganzen Welt verkündete, daß die römisch-katholische Kirche sich darauf vorbereite, diesen großen Augenblick der christlichen und russischen Geschichte gebührend zu feiern. Der Papst, der in Moskau nicht willkommen war, half mit, die Feier anläßlich der Christianisierung vor 1 000 Jahren zu einem großen öffentlichen, internationalen und Medienereignis zu machen, und zwang die sowjetische Regierung dadurch, es als eine unbestreitbare Realität der russischen Geschichte anzuerkennen.[124]

Euntes in mundum wurde am 25. Januar unterzeichnet, aber erst im März veröffentlicht. In der Zwischenzeit unterzeichnete Johannes Paul ein anderes Schreiben, *Magnum baptismi donum* [Das große Geschenk der Taufe], das an Kardinal Myroslav Lubachivsky und alle ukrainischen Katholiken gerichtet war. Johannes Paul dankte ihnen dafür, daß sie den jetzt ein Jahrtausend alten Glauben heroisch bezeugt hätten; er erwarte den Tag, an dem die griechisch-katholischen Christen der Ukraine ihren Glauben öffentlich praktizieren könnten. *Magnum baptismi donum* wurde Mitte April veröffentlicht.[125]

Die zu den Tausendjahrfeierlichkeiten nach Moskau entsandte Delegation des Heiligen Stuhls, die von Kardinal Casaroli geleitet wurde, umfaßte Kardinal Willebrands (vom Sekretariat für die Einheit der Christen), Kardinal Etchegaray (Päpstliche Kommission „Justitia et Pax") und drei Fachleute. Eine zweite „Delegation des katholischen Episkopats" aus der ganzen Welt bestand aus den Kardinal-Erzbischöfen von Wien, Hanoi, Mailand, Warschau, München und New York sowie Kardinal Vaivods aus Lettland, Erzbischof Paskai aus Ungarn (der bald darauf zum Kardinal ernannt wurde), Bischof Dario Castrillon Hoyos (Vorsitzender des Rats der lateinamerikanischen Bischöfe) und Bischof Gabriel Ganaka (Vorsitzender des Rats der afrikanischen Bischöfe). Kardinal Casaroli sprach bei der öffentlichen Feier für Vertreter der russisch-orthodoxen Kirche, Repräsentanten internationaler Organisationen und Mitglieder der sowjetischen Regierung, die am 10. Juni im Bolschoitheater stattfand. Er befaßte sich mit der „heiklen Frage" des rechtlichen Schutzes der Religionsfreiheit und schickte dem einen Appell an „den Realismus des Staatsmannes" voraus, der erkennen müsse, daß „die religiöse ‚Tatsache', und besonders die des Christentums, eine unbestreitbare Wirklichkeit [bleibe] (...) und von niemand, dessen Verantwortung es ist, sich der Realität zu stellen, übersehen werden" könne. Nach seinem Appell an „den Realismus des Staatsmannes" fügte der Kardinal das hinzu, was Johannes Paul wahrscheinlich zuerst gesagt hätte: „Das erfordert die Achtung vor dem Menschen."[126]

Obwohl die Delegation des Heiligen Stuhls offiziell die russisch-orthodoxe Kirche besuchte, zeigte Johannes Pauls Entschluß, sie unter die Leitung des Kardinalstaatssekretärs zu stellen, der sowjetischen Regierung, wie wichtig sie für den Vatikan war. Johannes Paul hatte einen vertraulichen Brief an Michail Gorbatschow geschrieben, den Kardinal Casaroli persönlich übergeben sollte – zusammen mit einem Memorandum, in dem die Ansichten des Papstes zu den Hauptproblemen der Beziehungen zwischen dem Vatikan und der Sowjetunion erläutert wurden; allerdings war kein Treffen mit Gorbatschows geplant, als die Delegation des Heiligen Stuhls in Moskau eintraf. Außerdem hatte Johannes Paul Navarro-Valls in die Delegation des Heiligen Stuhls beordert, weil er vermutete, daß es nötig sein könnte, die internationalen Medien ins Spiel zu bringen. Prompt ließ Navarro, während die Delegation des Heiligen Stuhls in ihrem Hotel auf eine Nachricht aus dem Kreml wartete, der Presse gegenüber durchsickern, der Papst habe einen Brief an Gorbatschow geschrieben.

Die Delegation sollte am Nachmittag des 13. Juni aus Moskau abreisen. Als 48 Stunden vorher immer noch keine Nachricht Gorbatschows eingetroffen war, wurde die Spannung fast unerträglich. Casaroli befürchtete schon, mit dem historischen Brief des Papstes (der von keinem anderen übergeben werden durfte) im Gepäck nach Rom zurückkehren zu müssen. Am 11. Juni um 16 Uhr rief ein Vertreter des sowjetischen Außenministeriums an; er sagte, Gorbatschow werde sie am 13. um 12 Uhr mittags im Kreml empfangen, und entschuldigte sich für die Verzögerung. Gorbatschow wünsche, daß der sowjetische Außenminister, Eduard Schewardnadse, dabei sei, und der sei auf Reisen gewesen. Navarro-Valls fragte den Vertreter des Außenministeriums, ob er die Presse über das bevorstehende Treffen informieren dürfe. Die Antwort lautete: „Nein – sagen Sie den Reportern einfach, daß sie um 11.40 Uhr am Spasskaja-Turm des Kremls sein sollen." Die Presse wollte natürlich den Grund dafür wissen. Würde etwas passieren? Navarro erwiderte: „Kommen Sie einfach!"

Am Morgen des 13. überlegte Kardinal Casaroli, ob er seine Kardinalssoutane und das Brustkreuz oder einen normalen schwarzen Anzug und ein Hemd mit Priesterkragen tragen sollte. Navarro sagte: „Eminenz, dieses Foto wird auf der ganzen Welt auf den Titelseiten der Zeitungen erscheinen!" Also zog Casaroli seine Soutane an und setzte sich dann an diesem heißen Junivormittag in einem dicken Mantel ins Auto, damit man seine rote Soutane und das Brustkreuz nicht sehen konnte, bevor er im Kreml ausstieg.

Gorbatschow erwartete die Vatikan-Delegation in seinem Büro direkt über Lenins alter „Höhle", die „so, wie sie war" erhalten wurde. Zunächst kam es zu einem Austausch von Höflichkeiten, in dessen Verlauf der Generalsekretär der KPdSU zu Casaroli sagte, er brauche nicht nervös zu sein, denn er und Außenminister Schewardnadse seien als Kinder getauft worden. Gorbatschow, voller

Vitalität und Selbstvertrauen, erzählte außerdem, in seinem Elternhaus sei hinter einem Leninporträt ein Heiligenbild versteckt gewesen. Kardinal Casaroli überreichte Gorbatschow den Brief des Papstes. Statt ihn zunächst beiseite zu legen, öffnete der Generalsekretär ihn sofort und las sowohl den Brief als auch das Memorandum zu den besonderen Schwierigkeiten.[127]

Der Brief, auf Johannes Pauls privatem Briefpapier geschrieben, hatte folgenden Wortlaut:

> Seiner Exzellenz, Herrn Michail Gorbatschow
>
> Die katholische Kirche blickt mit großer Achtung und Zuneigung auf das großartige geistliche Erbe der ostslawischen Völker. Mit tiefer Freude habe ich mir gewünscht, daß Kardinäle, Erzbischöfe, Bischöfe und Prälaten, die den Heiligen Stuhl vertreten, bei einer so bedeutenden Feierlichkeit in Moskau anwesend sein mögen.
>
> Ich habe die Ereignisse des internationalen Lebens, und vor allem die Friedensinitiativen [die Sie eingeleitet haben], persönlich verfolgt. In der letzten Zeit galt meine besondere Aufmerksamkeit den vielversprechenden Entwicklungen, zu denen es in den vergangenen Monaten durch die Begegnungen und Vereinbarungen zwischen der Sowjetunion und den Vereinigten Staaten von Amerika – vor allem im Hinblick auf die Abrüstung – gekommen ist und die auf der ganzen Welt so viel Erleichterung hervorgerufen haben.
>
> Mit großem Interesse habe ich von dem erfahren, was Sie am 29. April dieses Jahres bei Ihrem Treffen mit Patriarch Pimen und dem Synod der russisch-orthodoxen Kirche zum Ausdruck gebracht haben und was Sie über die Verbindung des Lebens der religiösen Gemeinschaft mit der Zivilgesellschaft durch eine gemeinsame Geschichte und Volkszugehörigkeit gesagt haben, über das Recht der Gläubigen auf freien Ausdruck ihrer religiösen Überzeugungen und über ihren Beitrag zur Gesellschaft, vor allem im Hinblick auf die Werte und die Lösung der dringendsten gesellschaftlichen Probleme und insbesondere die Sache des Friedens. Außerdem habe ich zur Kenntnis genommen, daß Sie indirekt auf die Notwendigkeit hinweisen, manche Einstellungen, die staatliche Behörden in der Vergangenheit gegenüber der Kirche und den Gläubigen gezeigt haben, zu ändern. Und mit großer Aufmerksamkeit habe ich Ihre Ankündigung aufgenommen, daß in Kürze ein neues Gesetz zur Gewissensfreiheit verabschiedet werden soll, das auch die Interessen religiöser Organisationen berücksichtigen wird.
>
> Herr Generalsekretär, ich bin überzeugt, daß Ihre Arbeit bei den Gläubigen große Erwartungen und berechtigte Hoffnungen geweckt hat. Ich teile diese Gefühle und möchte hier gern meine Zuversicht bekunden, daß Kardinal Casarolis Besuch neue Perspektiven für die Lage der Katholiken in der Sowjetunion eröffnen wird. Wie mein Vorgänger, Papst Paul VI., gegenüber dem damaligen Außenminister, Herrn Gromyko, möchte ich Ihnen gegenüber die Hoffnung aussprechen, daß die Frage der Situation der katholischen Kirche in der UdSSR durch einen direkten Kontakt zwischen der sowjetischen Regierung und dem Apostolischen Stuhl leichter behandelt und zufriedenstellender gelöst werden könnte. Zu diesem Zweck lege ich meinem Brief ein Memorandum bei mit einigen Hinweisen, die meiner Ansicht nach für eine eingehendere Prüfung dieses Problems nützlich sind.
>
> Die tatsächliche Lösung dieser Fragen entspricht den Erwartungen des Heiligen Stuhls und der ganzen katholischen Kirche, aber auch großer Teile der öffentlichen Weltmeinung, die mit großem Interesse auf die Initiativen blickt, die Sie bei zahlreichen Aspekten des gesellschaftlichen Lebens in Ihrem Land eingeleitet haben, in der Hoffnung, daß sie auch auf den Bereich des religiösen Lebens von Personen und Gemeinschaften ausgedehnt werden. Ich persönlich habe das Gefühl, daß ich meinen Auftrag als Oberster Hirte der katholischen Kirche vernachlässigen

würde, wenn ich diese günstige Gelegenheit, die Aufmerksamkeit Eurer Exzellenz auf diesen Punkt zu lenken, nicht ergreifen würde. Das tue ich mit der Zuversicht, daß all das in Ihrem Herzen Anklang finden wird.

Ich wünsche Ihnen und allen Völkern der Sowjetunion, denen meine Wertschätzung und meine herzlichsten Gedanken gelten, Frieden und Gedeihen. Herr Generalsekretär, nehmen Sie bitte den Ausdruck meiner Hochachtung entgegen!

Aus dem Vatikan JOANNES PAULUS PP. II
7. Juni 1988[128]

Dieser historische Brief – der Beginn eines Gesprächs, das noch drei Jahre zuvor unvorstellbar gewesen wäre – sprach für sich selbst. Johannes Paul war zu einem möglichst weitreichenden Dialog mit dem sowjetischen Staats- und Regierungschef bereit. Jetzt war es an Gorbatschow, verbesserte Bedingungen für die Katholiken in der Sowjetunion und engere Beziehungen zwischen der UdSSR und dem Heiligen Stuhl durchzusetzen.

Michail Gorbatschow antwortete 14 Monate später mit einem langen, auf Russisch geschriebenen Brief. Nach einem Hinweis auf sein Gespräch mit Kardinal Casaroli im Juni 1988 in Moskau schrieb er: „Die Stunde einer neuen Integrität der Welt ist gekommen. Für uns bedeutet das eine neue Einstellung gegenüber der Religion und der Kirche, gegenüber der ökumenischen Bewegung, gegenüber der Rolle, die die großen Weltreligionen spielen (...)"

Dann lobte Gorbatschow „die Einstellung und die persönlichen Aktivitäten" des Papstes und den „positiven Beitrag des Vatikanstaats zum internationalen Leben", den er „im Bereich der ethischen Gewissensformung" für besonders wichtig halte, um „die internationale Situation zu heilen".

Mit Blick auf Europa wies Gorbatschow auf die „kreative Rolle des Vatikans beim Helsinki-Prozeß" hin und fügte eine persönliche Bemerkung hinzu:

> Mir scheint, daß die Welt zum ersten Mal seit der großen Tragödie, die die Menschheit vor einem halben Jahrhundert traf – und deren erstes Opfer Ihr Vaterland, Polen, war – neue Hoffnung hat. Seit einigen Jahren verschlechtern sich die Ost-West-Beziehungen, die die Weltpolitik bestimmt haben, nicht mehr, sondern sie werden besser.

Der sowjetische Staats- und Parteichef schrieb weiter, der Eckpfeiler der sowjetischen Außenpolitik sei „das Interesse der ganzen Menschheit".

> Aus diesem Grund lernen wir, und fordern jeden dazu auf, die Klischees des kalten Kriegs und vor allem das ‚Feindbild', das manche Strategien und politischen Konzepte weiterhin charakterisiert, entschlossen abzulehnen. Wir öffnen uns für die Welt und sind überzeugt: Gegenseitige Öffnungen werden die Schaffung eines neuen Klimas für eine effektive internationale Zusammenarbeit erlauben, was beiden Seiten im politischen, wirtschaftlichen und humanitären Bereich Vorteile bringt und für Erneuerung und Fortschritt unerläßlich ist. Und dies ist, wenn Sie so wollen, das Glaubensbekenntnis. Es ist ein Glaube an die Vernunft und die Sittlichkeit des Menschen, an seine grenzenlose geistige Kraft, an seine Fähigkeit, das Leben der Welt in bedeutendem Ausmaß zu schützen und zu verbessern. Wir nennen das die neue politische Denkweise, deren Hauptzüge ich im letzten Dezember den Vereinten Nationen und später auch dem Kongreß der Volksdeputierten der UdSSR dargelegt habe.

Dann befaßte sich Gorbatschow mit der inneren Situation seines Landes:

> Wir in der Sowjetunion stellen heute fest, daß wir vor Entscheidungen von allergrößter Bedeutung stehen (...) [Wir müssen] die gemeinsame Heimat der Völker der Sowjetunion umbauen auf der Grundlage von wirtschaftlicher Effizienz, Brü-

derlichkeit und der Vielfalt unserer zahlreichen Völker, die den einzigartigen geschichtlichen Reichtum unseres Landes repräsentiert.

In der Sowjetunion, fuhr er fort, lebten „Atheisten, Christen, Muslime, Juden, Buddhisten und Völker anderen Glaubens. Und wir lernen die schwierige, aber notwendige Aufgabe der harmonischen Zusammenarbeit und der Konsolidierung gemäß den Prinzipien für die Erneuerung unserer Gesellschaft. Das neue Gesetz zur Gewissensfreiheit, das gegenwärtig in Vorbereitung ist, wird diesem Zweck dienen."

Schließlich deutete Gorbatschow an, daß diplomatische Beziehungen möglich seien:

> Ich habe mich entschlossen, Ihnen diese Überlegungen mitzuteilen, in der Hoffnung, daß die bereits zwischen uns, zwischen der Regierung der Sowjetunion und den höchsten Rängen der römisch-katholischen Kirche hergestellten Kontakte fortdauern und noch stärker die Form eines politischen Dialogs annehmen werden und daß für die Probleme, die zwischen uns bestehen, nach und nach für beide Seiten akzeptable Lösungen gefunden werden. Es könnte sogar sein, daß als Ergebnis unserer gemeinsamen Überlegungen ein Platz für die Möglichkeit gefunden wird, bei den Beziehungen zwischen der Sowjetunion und dem Vatikan eine neue Ebene zu erreichen.

Der Brief war auf den 6. August 1989 datiert und mit „M. Gorbatschow" unterzeichnet.[129]

Von diesem historischen Briefwechsel nun zurück zur Tausendjahrfeier der Taufe der Rus' von Kiew: Johannes Paul hatte es zur Bedingung für die Anwesenheit der katholischen Delegationen in Moskau aus Anlaß der Tausendjahrfeier gemacht, daß Treffen mit den Führern der ukrainischen griechisch-katholischen Kirche stattfinden müßten. Am 10. Juni trafen Willebrands und Casaroli in ihrem Hotel mit zwei ukrainischen Bischöfen, Philemon Kurczaba und Pavlo Vasylyk, zusammen. Darüber war die russisch-orthodoxe Führung nicht gerade glücklich, doch sie konnte es nicht verhindern. Die Offiziellen im Sowjetischen Rat für religiöse Angelegenheiten bestanden weiter darauf, daß die Legalisierung der griechisch-katholischen Kirche in der Ukraine eine innere russisch-orthodoxe Angelegenheit sei – eine Position, die ihrer üblichen Behauptung widersprach, daß die ukrainische katholische Kirche keine religiöse Körperschaft, sondern eine rein „nationalistische" oder „separatistische" Organisation sei.[130]

Im Juli nahm Johannes Paul an zwei griechisch-katholischen Feiern zum Ende des Millenniumsjahrs teil, bei denen er erneut auf Religionsfreiheit und die Versöhnung der Kirchen drängte. Am 9. Juli predigte er auf ukrainisch bei einem besonderen marianischen Dankgottesdienst in der ukrainischen Pro-Kathedrale Santa Sophia in Rom.[131] Am nächsten Tag war er der Hauptkonzelebrant bei einer Liturgie im ukrainisch-byzantinischen Ritus am Papstaltar des Petersdoms. Neben Kardinal Lubachivsky zelebrierten 20 ukrainische Bischöfe sowie Dutzende griechisch-katholischer Priester. In seiner Predigt lobte der Papst den ungewöhnlichen Mut der ukrainischen Kirche in der Verfolgung und forderte Religionsfreiheit für die griechisch-katholischen Christen der Ukraine. Außerdem bat er erneut um die Heilung der ethnischen, religiösen und politischen Wunden:

> Mit der Taufe der Rus' begann der langsame und vielfältige Prozeß der kulturellen und gesellschaftlichen Reifung, der die Entwicklung der ukrainischen, weißrussi-

> schen und russischen Völker [so tief] beeinflussen sollte. (...) Wie könntet besonders ihr, Söhne und Töchter der ukrainischen Nation, vergessen, daß ihr das Erbe der Taufe eurer Vorfahren gemeinsam mit den orthodoxen Brüdern eures Volkes besitzt? Und wie könntet ihr das geschichtliche Band außer acht lassen, das eure Nation mit der weißrussischen und der russischen Nation verbindet? Die Taufe hat aus euch wie aus ihnen Glieder derselben Kirche gemacht.[132]

Diese Bitte galt sowohl Moskau als auch den Katholiken der Ukraine, im Untergrund wie in der ukrainischen Diaspora auf der ganzen Welt. Sie stieß jedoch überall, besonders aber in Rußland, auf so viele taube Ohren, daß die von Johannes Paul angestrebte volle Versöhnung keine Chance hatte.

Das Marianische Jahr und die Würde der Frau

Der 2000. Jahrestag der Geburt Christi, der schnell näher kam, beschäftigte Johannes Paul ständig. Der Papst beschloß, die Zeit zwischen Pfingsten 1987 und Mariä Himmelfahrt 1988 zu einem besonderen „Marianischen Jahr" zu erklären, das dem Nachdenken über Maria, die Mutter Gottes und der Kirche, gewidmet sein sollte.[133] Wenn Maria, wie eine fromme Tradition besagte, zum Zeitpunkt der Verkündigung ein junges Mädchen von etwa 13 Jahren war (siehe Lukas 1,26-38), bezeichnete dieses Marianische Jahr den 2 000. Jahrestag ihrer Geburt.

Manchen Berichten zufolge war die Erklärung Pauls VI., daß Maria die „Mutter der Kirche" sei, zur Beschwichtigung der theologisch Konservativen im Vatikan gedacht. Johannes Paul II. sah das anders. Er war zu der Schlußfolgerung gelangt, daß dieser Titel weitreichende Auswirkungen auf das Selbstverständnis der Kirche hatte. Bei seiner Weihnachtsansprache an die Kardinäle und die Mitarbeiter der Kurie am 22. Dezember 1987, in der Mitte des Marianischen Jahres, erläuterte er diese Auswirkungen auf eine Weise, die vielen seiner Zuhörer verblüffend oder sogar sehr radikal vorgekommen sein muß.

Johannes Paul sagte, Maria sei „die erste Dienerin des Wortes" und damit die erste Jüngerin gewesen, denn ihre Annahme der Botschaft des Engels habe die Menschwerdung des Gottessohnes ermöglicht. Vom Geheimnis der Menschwerdung habe die Kirche, der mystische Leib Christi, „ihren Ausgang genommen". Marias Aufstieg in den Himmel sei der Verklärung aller, die gerettet würden, vorausgegangen. Daher liefere Maria ein „Profil" dafür, was die Kirche sei, wie die Menschen der Kirche leben müßten und was die Bestimmung der Jünger sei.

Diese Vorstellung vom Verhältnis zwischen Maria und der Kirche stand nicht im Einklang mit der Auffassung vieler katholischer Amtsträger von sich selbst und ihrer Macht. Johannes Paul zufolge war das „marianische Profil (...) grundlegend und charakteristisch für die Kirche". Die „marianische Dimension der Kirche [geht] der Petrusdimension voraus, wenn sie mit dieser auch eng verbunden ist und sie ergänzt". Die marianische Kirche als die Kirche der Jünger sei der Petruskirche als der Kirche der Ämter und der Autorität vorausgegangen und habe sie überhaupt erst möglich gemacht. Ja, das Amt in der Kirche habe keinen anderen Zweck, als „die Kirche nach jenem Ideal der Heiligkeit zu formen, das in Maria bereits vorgeformt und vorgestaltet ist". Die beiden Profile seien „komplementär", doch das marianische habe „den Vorrang" und sei reicher „an persönlichen und gemeinschaftsbezogenen Implikationen für die einzelnen kirchlichen Berufungen".[134]

Die Botschaft war unmißverständlich: Jüngerschaft kam in der Kirche vor Autorität, und Heiligkeit kam vor Macht, selbst vor der apostolisch übertragenen priesterlichen Vollmacht, „zu binden und zu lösen". Das war keine Mariologie im Dienste des Traditionalismus, sondern eine, die die letzten Überreste der Vorstellung der „Kirche als absolute Monarchie" hinwegfegte. Und Johannes Paul wies ohne Umschweife auf eine weitere Konsequenz der Priorität der „marianischen Kirche" hin: „Ein zeitgenössischer Theologe hat es gut ausgedrückt, wenn er sagt: ,Maria ist ,Königin der Apostel', ohne apostolische Vollmachten für sich in Anspruch zu nehmen. Sie hat anderes und mehr.'"

Dieser Theologe war Hans Urs von Balthasar, der ausführlich über die verschiedenen „Profile" der einen geeinten Kirche geschrieben hatte: der Kirche Marias, des Petrus, des Johannes und des Paulus. Die verschiedenen reichen Symbolismen, die hier zusammenwirken, finden ihre Einheit in Maria und Johannes am Fuß des Kreuzes; dadurch wurde das, was der Papst über die Kirche als Institution sagte, noch unterstrichen. Die Kurie und die Hierarchie waren dazu da, der Heiligung der Kirche, einer durch Christus erlösten *communio* der Gläubigen, zu dienen.[135] Die Kurie und die Hierarchie, Ausprägungen der Petruskirche, existierten *aufgrund* der marianischen Kirche der Jünger. Die marianische Kirche als der Petruskirche vorausgehend und sie erst ermöglichend – das entsprach nicht den Vorstellungen vieler Mitglieder der Kurie (ganz zu schweigen von Millionen katholischer Laien und Kleriker) vom Katholizismus. Doch Johannes Paul sagte, daß ihre Vorstellungen so aussehen sollten.

Der theologische und pastorale Rahmen für das Marianische Jahr wurde durch zwei wichtige päpstliche Dokumente geschaffen: Johannes Pauls sechste Enzyklika, *Redemptoris mater*, die am 25. März 1987 veröffentlicht wurde, und sein Apostolisches Schreiben *Mulieris dignitatem* [Die Würde der Frau], das am 15. August 1988 erschien.

Redemptoris mater

Durch den Titel, *Redemptoris mater* [Die Mutter des Erlösers], verband Johannes Paul seine sechste Enzyklika eng mit seiner ersten, *Redemptor hominis* [Der Erlöser des Menschen]. Der Papst schreibt, in der christuszentrierten Heilsgeschichte gebe es eine Person, die die beiden großen Augenblicke des Heiligen Geistes – die „Überschattung" in Nazaret, bei der Jesus durch die Gabe des Geistes empfangen wurde, und die Ausgießung des Geistes an Pfingsten – miteinander verbindet. Diese Person ist Maria, die für ihren Sohn als Mutter gegenwärtig war und auch für die Kirche als Mutter gegenwärtig ist. Und ihre Mutterschaft ist im Glauben verwurzelt.[136]

In *Redemptoris mater* wiederholt Johannes Paul seine Lehre vom Vorrang der „marianischen Kirche" gegenüber der „Petruskirche" und spricht in diesem Zusammenhang über ökumenische Fragen, wobei er besonders auf die marianische Frömmigkeit der orthodoxen Christen hinweist. Allen Christen, im Osten wie im Westen, stellt der Papst die Frage: „Warum also nicht alle zusammen auf sie als *unsere gemeinsame Mutter* schauen, die für die Einheit der Gottesfamilie betet und die allen ‚vorangeht' an der Spitze des langen Zuges von Zeugen für den Glauben an den einen Herrn (...)?"[137] Wenn Maria die „Mutter der Kirche" ist, sollte jeder Christ sich ihr „kindlich" anvertrauen. Dadurch „nimmt er die Mutter Christi ‚bei sich' auf und führt sie ein in den gesamten Bereich seines inneren Lebens".[138]

Johannes Paul spricht auch über die besondere Bedeutung Marias für die Frauen durch den Vorrang der Jüngerschaft. Wenn nämlich die marianische Kirche der Jünger der Petruskirche der Ämter vorangeht, gibt es in der Kirche eine fundamentale, durch die Taufe geschaffene Gleichheit der Jüngerschaft – der Frauen mit den Männern und der Laien mit dem Klerus –, die vor allen Funktionsunterschieden kommt. Was den zeitgenössischen Feminismus anbetrifft, schreibt Johannes Paul, stellt Maria „schon allein dadurch die *Frau als solche* ins Licht (...), daß sich Gott im erhabenen Geschehen der Menschwerdung seines Sohnes dem freien und tätigen Dienst einer Frau anvertraut hat".[139] Maria ist daher ein Modell für die Frau, die in ihr „das Geheimnis entdeckt, wie sie ihr Frausein würdig leben und ihre wahre Entfaltung bewirken kann".[140]

Der Feminismus des Papstes

Sein ganzes Pontifikat hindurch gab es nur wenige Themen, bei denen nach Ansicht von Johannes Paul die Lehre der Kirche so stark mißverstanden wurde wie bei der Würde der Frau. *Mulieris dignitatem*, das apostolische Schreiben vom 15. August 1988, mit dem Johannes Paul das Marianische Jahr abschloß, war ein Ausdruck seines Bestrebens, das zu ändern. Deshalb entwickelte er dort den für ihn charakteristischen Feminismus, der schon in seinem Katechese-Zyklus *Theologie des Leibes* durchschien und den er in *Redemptoris mater* umrissen hatte. Auf die praktischen Auswirkungen dieses Feminismus ging er 1995 in seinem „Brief an die Frauen" ausführlicher ein, doch seine theologischen und philosophischen Grundlagen finden sich in *Mulieris dignitatem*.

Eine Theologie zu durchdenken, die der Würde der Frau und dem zeitgenössischen Streben nach Gleichheit angemessen ist, bedeutet für Johannes Paul, zum biblischen „Anfang" zurückzugehen. Daß wir nach dem Bilde Gottes als Mann und Frau geschaffen wurden, ist „jenes *grundlegende Erbe* der ganzen Menschheit", das sich im Laufe der Geschichte verwirklicht hat; daß wir als Männer und Frauen durch Christus erlöst wurden, ist die Botschaft der Kirche.[141]

Diese Botschaft des Evangeliums enthält eine weitere entscheidende Wahrheit der Heilsgeschichte: Die Frau befindet sich im „*Herzen dieses Heilsereignisses*", der Selbstoffenbarung Gottes. Durch ihr „Ja" erlangte Maria „*eine solche Verbundenheit mit Gott*, daß sämtliche Erwartungen des menschlichen Geistes übertroffen" werden. Der Platz Marias im *"messianischen Dienst Christi"* bestätigt, daß das Wesen der menschlichen Würde in einer radikalen Selbsthingabe liegt, nicht im Durchsetzen von Rechten oder in Autonomieansprüchen.[142]

Die verzerrten Beziehungen zwischen Männern und Frauen, darunter auch Herrschaftsbeziehungen, in denen die gleiche Würde der Frau nicht anerkannt wird, sind ein Problem, mit dem sich Teile der zeitgenössischen Frauenbewegung befassen. Johannes Paul teilt die Auffassung, daß hier etwas nicht in Ordnung ist, beharrt aber darauf, daß die Wurzel der Herrschaft nicht die Kultur ist (auch wenn Kulturen sie übertragen), sondern die Sünde: „Die Sünde bewirkt das Zerbrechen der ursprünglichen Einheit." Diese von Gott gewollte Einheit ist die Grundlage für die uneingeschränkte Gleichheit von Männern und Frauen als Ebenbildern Gottes. Die Befreiung der Frauen von diesen Herrschaftsmustern kann nie eine Befreiung *gegen* sein, sondern muß immer eine Befreiung *für* sein, eine Befreiung, die die besondere Berufung von Männern und Frauen schützt, die sich aus der „spezifischen Verschiedenheit und personalen Eigenart von Mann und Frau" ergibt. „Die Frau darf nicht – im Namen der Befreiung von der ‚Herrschaft' des Mannes – danach trachten, sich entgegen ihrer fraulichen ‚Eigenart' die typisch männlichen Merkmale anzueignen." Die Befreiung dient der Wiederherstellung der Gemeinschaft, der freien und gleichen Selbsthingabe – der „ursprünglichen Einheit" von Männern und Frauen, die Gott wollte. Einheit und Gleichheit in der Verschiedenheit, nicht Herrschaft oder Vermännlichung, sind von Anfang an in der menschlichen Natur angelegt.[143]

Johannes Paul betont, daß die Beziehungen Christi zu Frauen nicht der damals herrschenden Kultur entsprachen. Die Geschichte von der beim Ehebruch ertappten Frau, die von einer männlichen, sich zum Richter aufschwingenden Welt allein gelassen und mit der Steinigung bedroht wird, bis Jesus eingreift (siehe Johannes 8,3-11), scheint ihn besonders zu beeindrucken. Seiner Ansicht nach wiederholt sich diese Geschichte auch in der heutigen Zeit immer wieder. Mit der Aufforderung „Wer von euch ohne Sünde ist, werfe als erster einen Stein auf sie" scheint Christus den Anklägern sagen zu wollen: „Ist diese Frau mit ihrer ganzen Sünde nicht vielleicht auch und vor allem eine Bestätigung eurer Übertretungen, eurer ‚männlichen' Ungerechtigkeit, eurer Mißbräuche?" Solche Szenen, meint der Papst, haben sich im Laufe der Geschichte immer wieder abgespielt:

> Eine Frau wird allein gelassen und mit „ihrer Sünde" der öffentlichen Meinung ausgesetzt, während sich hinter „ihrer" Sünde ein Mann als Sünder verbirgt, der „an der Sünde anderer" schuld, ja mitverantwortlich für sie ist. Seine Schuld entzieht sich jedoch der Aufmerksamkeit und wird stillschweigend übergangen. (...) Wie oft bleibt sie mit ihrer Mutterschaft verlassen zurück, wenn der Mann, der Vater des Kindes, die Verantwortung dafür nicht übernehmen will?[144]

Das christliche Evangelium, schreibt der Papst weiter, ist „ein durchgehender *Protest* gegen die Verletzung der Würde der Frau". Die Wahrheit, die Christus über die sich selbst hingebende Liebe verkündet, wurde von den Frauen, denen er begegnete, als befreiend empfunden. Das ist einer der Gründe dafür, daß sie ihm während seiner ganzen messianischen Sendung treu blieben und auf Golgota bei ihm ausharrten, als seine Jünger fast alle geflohen waren. Ihre

Treue bestätigt, daß Männer und Frauen „beide in gleichem Maße für das Geschenk der göttlichen Wahrheit und der Liebe im Heiligen Geist empfänglich" sind.[145]

Dann greift Johannes Paul ein Thema aus *Redemptoris mater* auf: Die Mutterschaft ist nicht nur eine biophysische, sondern auch eine personale und ethische Realität von geradezu dramatischer religiöser Bedeutung. Denn durch die Mutterschaft wurde der Menschheit ihr Erlöser geschenkt. „Und jedesmal, wenn sich in der Geschichte des Menschen auf Erden *die Mutterschaft der Frau* wiederholt, steht sie nun immer *in Beziehung zu dem Bund,* den Gott durch die Mutterschaft der Gottesmutter mit dem Menschengeschlecht geschlossen hat."[146]

Mit Blick auf die zeitgenössische Debatte über die Berufung zur Ehe und die Beziehung zwischen Mann und Frau in ihr schreibt Johannes Paul, daß Christen die Ehe nur über die Analogie von Christus als Bräutigam und der Kirche als seiner Braut verstehen können. In diesem komplexen Symbolismus finden wir das, was der Papst die „evangelische ‚Neuheit'" nennt. Denn in den Kontext der Liebe Christi zur Kirche, seiner Braut, für die er sein Leben hingab, stellt Paulus seine Ermahnungen, daß die Frau sich ihrem Mann unterordnen und der Mann seine Frau lieben soll (siehe Epheser 5,32; 5,22f.). Johannes Paul betont, daß das kein innerer Widerspruch ist, denn der Rat, sich dem Mann unterzuordnen, muß „in neuer Weise verstanden und verwirklicht werden (...): als ein ,*gegenseitiges Sich-Unterordnen in der gemeinsamen Ehrfurcht vor Christus*' (vgl. *Eph* 5,21)". Frühere Generationen mißbrauchten die Aufforderung an die Frau, sich in der Beziehung Gatte/Gattin unterzuordnen, doch im Licht der von Christus für alle gewonnenen Erlösung darf diese Unterordnung nicht „einseitig" verstanden werden.[147] Nur eine „gegenseitige Unterordnung" beider Eheleute „in der gemeinsamen Ehrfurcht vor Christus" schafft den christlichen Kontext für die Ausübung der Autorität in der Ehe.[148]

Paulus hatte gelehrt, der Weg, „der alles übersteigt", und die größte der theologischen Tugenden sei die Liebe (1. Korinther 12,31b-13,13). Johannes Paul zufolge ist der Ort dieses alles übersteigenden Wegs in der Welt und in der Kirche das, was er den „Genius" der Frau nennt: „Auf der Grundlage des ewigen Planes Gottes ist die Frau diejenige, in der die Ordnung der Liebe in der geschaffenen Welt der Personen das Erdreich für ihr erstes Wurzelfassen findet." Da die Liebe „zum inneren Leben Gottes selbst" gehört, besitzt die Erfahrung der Frauen eine einzigartige Würde, die nicht an der beherrschenden und männlichen Ordnung der Macht gemessen werden darf, sondern nur an der „*Ordnung der Liebe* (...), die im wesentlichen eine Ordnung von Gerechtigkeit und Nächstenliebe ist". Diese Würde begründet eine Berufung zur Liebe, was man daran erkennen kann, daß Gott der Frau „*in einer besonderen Weise den Menschen anvertraut*".[149] Das ist ein Kernpunkt mit unermeßlichen Konsequenzen für die Menschheit.

In *Mulieris dignitatem* setzte Johannes Paul sich am detailliertesten mit der Behauptung mancher Feministinnen auseinander, daß das Christentum im allgemeinen und der Katholizismus im besonderen von Natur aus frauenfeindlich seien. Trotz aller Beredsamkeit, ja Leidenschaft stellte er damit zweifellos nicht jeden zufrieden. Manche haben ein anderes Konzept vom „Genius" der Frau. Andere mögen überzeugt sein, daß dieser Mann die Würde und die Schwierigkeiten des Frauseins nicht verstehen kann – daß das überhaupt kein Mann kann. Wer jedoch vorurteilsfrei an diese Frage herangeht, wird sich kaum eine überzeugendere und anspruchsvollere Konzeption der christlichen Jüngerschaft für Männer und Frauen vorstellen können als die, die *Mulieris dignitatem* mit der Vision einer marianischen Kirche entwickelt.

16

Nach dem Reich der Lügen

Wunder und die Gebote der Gerechtigkeit

11. Oktober 1988	Papst Johannes Paul II. spricht vor dem Europäischen Parlament in Straßburg.
Februar-April 1989	In Polen führen Verhandlungen am runden Tisch zu teilweise freien Wahlen am 4. Juni, bei denen die Solidarność einen hohen Sieg erringt.
8. – 11. März 1989	Die Metropolitan-Erzbischöfe der USA und Mitarbeiter des Vatikans treffen sich zu einer Sonderversammlung.
1. – 10. Juni 1989	Erste Pastoralreise eines Papstes nach Skandinavien.
17. Juli 1989	Aufnahme voller diplomatischer Beziehungen zwischen dem Heiligen Stuhl und Polen.
20. August 1989	Johannes Paul predigt bei der Abschlußmesse des vierten internationalen Weltjugendtags in Santiago de Compostela (Spanien).
12. September 1989	Tadeusz Mazowiecki wird der erste nichtkommunistische polnische Regierungschef nach dem Zweiten Weltkrieg.
6. – 16. Oktober 1989	Fünfte Pastoralreise Johannes Pauls nach Asien, mit Ausstrahlung einer Rundfunkbotschaft, in der er eine neue Öffnung Chinas fordert.
12. November 1989	Johannes Paul spricht Albert Chmielowski und Agnes von Böhmen heilig.
24. November 1989	In einem offenen Brief stellt Kardinal František Tomášek die katholische Kirche entschlossen auf die Seite der „sanften Revolution" in der Tschechoslowakei.
1. Dezember 1989	Johannes Paul empfängt Michail Gorbatschow im Vatikan.
12. – 17. Januar 1990	Bei einer Begegnung zwischen Vertretern der römisch-katholischen und der russisch-orthodoxen Kirche in Moskau wird keine Lösung für die wieder auflebende griechisch-katholische Kirche in der Ukraine erreicht.
1. März 1990	Der Heilige Stuhl und die Sowjetunion nehmen offiziell ständige Kontakte auf der Ebene von persönlichen Gesandten auf.

21. – 22. April 1990	Pastoralbesuch in der Tschechoslowakei.
26. August 1990	In seiner sonntäglichen Angelus-Ansprache setzt Johannes Paul den Rahmen für die Reaktion des Heiligen Stuhls auf die Golfkrise.
25. September 1990	Öffentliche Vorstellung der Apostolischen Konstitution *Ex corde ecclesiae* zur Stärkung der religiösen Identität der katholischen Universitäten.
30. September – 28. Oktober 1990	Weltbischofssynode zur Priesterbildung; die Arbeit der Synode wird am 25. März 1992 mit dem nachsynodalen Apostolischen Schreiben *Pastores dabo vobis* abgeschlossen.
15. Januar 1991	In Schreiben an die Präsidenten Saddam Hussein und George Bush drängt Johannes Paul auf eine friedliche Lösung der Golfkrise.
4. – 5. März 1991	Konferenz im Vatikan mit Bischöfen und Patriarchen aus den in den Golfkrieg verwickelten Ländern zur Zukunft der Kirche in der Region.
1. Mai 1991	*Centesimus annus*, Johannes Pauls dritte Sozialenzyklika.

Seit seinen vorchristlichen Anfängen als keltisches Dorf hat Straßburg nicht viel von der europäischen Geschichte verpaßt. Im fünften Jahrhundert nahmen die Franken es den Römern weg und benannten es in Strateburgum um. Die „Straßburger Eide" besiegelten das im neunten Jahrhundert zwischen den fränkischen Königen Karl dem Kahlen (Westfranken) und Ludwig dem Deutschen (Ostfranken) geschlossene Bündnis. Das mittelalterliche Straßburg war Schauplatz von Auseinandersetzungen zwischen Kirche und Staat, beispielsweise zwischen den örtlichen Bischöfen und freien Bürgern. Die Stadt im Elsaß erlebte die Französische Revolution, die Napoleonischen Kriege, den deutsch-französischen Krieg von 1870/71 (bei dem sie eine 50tägige Belagerung überstand) und zwei Weltkriege. Von 1870 bis 1945 war sie das Symbol für den Kampf zwischen den West- und den Ostfranken, den Franzosen und den Deutschen, um die Hegemonie in Europa; Strasbourg wurde zu Straßburg und dann wieder zu Strasbourg.

1988 symbolisierte Straßburg noch etwas anderes: Nach 80 Jahren deutsch-französischer Konflikte, die schließlich zur Katastrophe des Zweiten Weltkriegs und der Bedrohung Westeuropas durch die Sowjetmacht geführt hatten, begannen Männer mit einer Vision, sich ein anderes Europa vorzustellen. Ausgehend von Bodenschätzen und Grundindustrien schufen sie die Europäische Wirtschaftsgemeinschaft als Grundlage für eine neue Form der politischen europäischen Gemeinschaft. 1979 wurde durch eine allgemeine Wahl das erste Europäische Parlament gewählt. Es hatte zwar nur eingeschränkte Befugnisse, war aber ein weiterer Schritt zur politischen Integration des Kontinents – zumindest seines westlichen Teils. Wo sonst hätte das neue Europaparlament angesiedelt werden können als in Straßburg? So wurde der Kreuzungspunkt der Konflikte einer der wichtigsten politischen Treffpunkte Europas.

Trotzdem blieben noch große Fragen zu beantworten. Was für ein Europa sollte aus dem Gemeinsamen Markt, dem Europarat, dem Europäischen Parlament, dem Europäischen Gerichtshof für die Menschenrechte und einer Vielzahl anderer internationaler Institutionen, Gerichtshöfe und Ausführungsorgane entstehen? Welcher „Freiheit" sollten diese Institutionen dienen? Wie sollten die Europäer ihr Leben im neuen Wohlstand führen? Und wer gehörte überhaupt zu „Europa"?

Am 11. Oktober 1988 hielt Johannes Paul in Straßburg eine Rede vor dem Europäischen Parlament. Mehr als 40 Jahre lang hatte er sich gegen die Auffassung gewehrt, daß „Europa" ein von Natur aus geteilter Kontinent sei und der Eiserne Vorhang eine natürliche Scheidelinie darstelle. Jetzt war er nach Straßburg gekommen, um vor den Europaparlamentariern über die Art von Zukunft zu sprechen, die er sich für ein nicht mehr durch eine stark verteidigte ideologische Trennungslinie geteiltes Europa vorstellte.

Johannes Paul sagte, es sei nun an der Zeit, die stalinistische Mentalität von „Osteuropa" und „Westeuropa" abzustreifen, damit Europa „eines Tages sich in die Dimensionen entfalten" könne, „die die Geographie und mehr noch die Geschichte ihm gegeben" hätten. Zu dieser Geschichte gehöre auch das Christentum, das „die Geschichte aller Völker unseres einen Europa zutiefst geprägt" habe, „der Griechen und der lateinischen Völker, der germanischen und der slawischen". Ungeachtet ihrer Unterschiede könnten sich die Europäer östlich und westlich der Trennungslinie des kalten Krieges gegenseitig als Europäer anerkennen, da ein großer Teil ihrer Kultur durch christliche Werte und den aus diesen Werten erwachsenen Humanismus entstanden sei. Europa müsse „immer stärker seine Seele [suchen]", die Quellen für „die Verbindung des vielfältigen Reichtums seiner Verschiedenheit", und das bedeute das gleiche Recht für alle, „sich gegenseitig durch ihre Verschiedenheit reicher zu machen".

Alle Kulturen seien Bemühungen, sich mit dem Geheimnis des menschlichen Lebens und des menschlichen Schicksals auseinanderzusetzen – und dadurch werde zwangsläufig die Frage nach Gott aufgeworfen. Könne man sich an der Schwelle des dritten Jahrtausends wirklich ein neues Europa „ohne diese transzendente Dimension" vorstellen? Diejenigen, die der Ansicht seien, daß man „Europa" allein durch wirtschaftliche, gesetzliche und politische Mechanismen aufbauen könne, machten sich selbst etwas vor. Die Kultur bleibe grundlegend, und das neue Europa müsse sich zwischen zwei Arten des Humanismus entscheiden, die jetzt, da der kalte Krieg in die Vergangenheit rücke, miteinander um seine Seele kämpften.

Bei dem einen Humanismus sei „der Gehorsam gegen Gott die Quelle der wahren Freiheit", die immer „Freiheit für die Wahrheit und das Gute" sei. Bei dem anderen fehle der *conditio humana* die transzendente Dimension, die Religion werde als „ein System der Entfremdung" und Freiheit als radikale individuelle Autonomie begriffen. Die Säkularisten behaupteten, die Demokratie sei ihr Verdienst, doch tatsächlich lägen die tieferen historischen Wurzeln der modernen Möglichkeit der Demokratie in der christlichen Geschichte Europas. Das „von Christus erstmals verkündete Prinzip der Unterscheidung zwischen dem ‚was des Kaisers' und dem ‚was Gottes' ist (vgl. Matthäus 22,21)" habe dazu beigetragen, daß eine Regierung mit eingeschränkten Befugnissen möglich wurde. Das Christentum habe klargemacht, daß es in jeder menschlichen Seele ein Heiligtum des Gewissens gebe, zu dem die Staatsmacht keinen Zutritt habe, und die Politik dadurch von der Last der Allwissenheit befreit. Ein Christentum, das die von Christus getroffene Unterscheidung zwischen dem, was des Kaisers ist, und dem, was Gottes ist, auslebe, sei daher ein starker Schutz gegen die „politischen Messianismen", die „meist in die schlimmsten Tyranneien" mündeten.

Andererseits müsse das neue Europa der Demokratien anerkennen, daß es bei freien Gesellschaften ganz wesentlich um das gehe, „was Gottes" sei, also um die Dinge der transzendenten Ordnung. Europa sei im 20. Jahrhundert beinahe zerstört worden, und zwar nicht aus seinem christlichen Kulturerbe heraus, sondern von außen, als „Ideologien die Gesellschaft selbst oder eine vorherrschende Gruppe unter Geringschätzung des Menschen und seiner Freiheit verabsolutiert" hätten.

Das neue, einende, „integrierte Europa von morgen – offen zum Osten des Kontinents hin" stehe vor großen Aufgaben, wenn es „wieder die Funktion eines Leuchtturms in der Weltzivilisation einnehmen" wolle. Es müsse den Menschen mit der Schöpfung und mit seinesgleichen versöhnen. Am wichtigsten aber sei „die Versöhnung des Menschen mit sich selbst"; das neue Europa müsse den „Kulturen der Verdächtigung und der Entmenschlichung" widerstehen und eine Vision von der menschlichen Zukunft aufbauen, „bei der die Wissenschaft, die technische Kapazität und die Kunst den Glauben an Gott nicht ausschließen, sondern dazu herausfordern". Der aus dem biblischen Glauben entstandene Humanismus sei das historische Erbe Europas und werde „der beste Schutz seiner Identität, seiner Freiheit und seines Fortschritts" sein.[1]

Johannes Pauls Kritiker sagen manchmal, er sei ein Mann, der in einem anderen Jahrhundert lebe. Damit haben sie natürlich recht: 395 Tage vor dem Fall der Berliner Mauer und 12 Jahre vor dem Jubiläumsjahr 2000 lebte er bereits im 21. Jahrhundert.

Geschichte im Schnelldurchgang

Im April 1988 begann das, was seit dem Zweiten Weltkrieg unwandelbar zu sein schien – die sowjetische Hegemonie über das letzte große politische Reich der Welt und die Herrschaft der Kommunisten in den Vasallenstaaten dieses Reichs –, sich mit erstaunlicher Schnelligkeit zu ändern. Wichtige Ereignisse folgten einander fast ohne Pause:

Am 8. April beendete die Sowjetunion ihr letztes imperiales Abenteuer – sie kündigte an, daß sie sich aus Afghanistan zurückziehen werde.

Am 29. April traf Michail Gorbatschow mit den Führern der russisch-orthodoxen Kirche zusammen, erkannte die Rolle des Christentums in der russischen Geschichte an und versprach ein neues Gesetz zur Gewissensfreiheit, das die Belange der Gläubigen in einem offiziell atheistischen Staat berücksichtigen werde.

Am 30. Juni wurde Andrej Gromyko, der Gorbatschow für den Posten des Generalsekretärs der KPdSU nominiert hatte, bei einem Parteitag öffentlich gedemütigt, als sein einstiger Kandidat bescheidene politische Reformen vorschlug. Gorbatschow ging allerdings nicht so weit, die Zulassung anderer politischer Parteien in der UdSSR oder Veränderungen bei den Grenzen der Sowjetrepubliken vorzuschlagen. Das innere Sowjetreich und die „Führungsrolle" der Kommunistischen Partei sollten unangetastet bleiben.

Am 23. August kam es in den baltischen Republiken Litauen, Lettland und Estland zu Demonstrationen gegen die Annexion dieser einst unabhängigen Staaten durch die UdSSR im Jahre 1940. Am 16. November, also nicht einmal drei Monate später, erklärte der Oberste Sowjet Estlands den Vorrang der eigenen Gesetze gegenüber denen Moskaus; das war der erste Schritt zur Wiedererlangung der Unabhängigkeit.

Am 7. Dezember kündigte Michail Gorbatschow erhebliche Einschnitte beim sowjetischen Militär an.

Inzwischen beschleunigte sich die Verwandlung Ostmitteleuropas und des äußeren Sowjetreichs.

Am 25. April 1988 signalisierte ein Arbeiterstreik in Bydgoszcz, daß es in Polen wieder zu brodeln begann. Den ganzen April und Mai hindurch streikten Arbeiter in Nowa Huta und den Danziger Werften. Eine ihrer Forderungen war die Wiederzulassung der Solidarność. Es folgten Demonstrationen in Warschau, Krakau, Lublin und Lodz, bei denen junge Arbeiter und Studenten Parolen riefen, die an Johannes Pauls Pastoralbesuch von 1987 erinnerten: „Ohne Solidarność [Solidarität] keine Freiheit!" Die Botschaft des Papstes war angekommen.

Am 23. Mai wurde János Kádár, der über Ungarn herrschte, seit sowjetische Panzer 1956 den antikommunistischen Volksaufstand niedergewalzt hatten, als Führer der Kommunistischen Partei Ungarns von Károly Grósz, einem Reformer einer neuen Generation, abgelöst. Grósz und seine Kollegen waren – nicht unbedingt aus demokratischer Überzeugung, doch zumindest aus Vernunftgründen – bereit, einen politischen Umbau des Landes in Erwägung zu ziehen.

Am 16. August begann ein Bergarbeiterstreik in Oberschlesien, und in ganz Polen kam es zu Sympathiestreiks. Da die Regierung sich an niemand anderen wenden konnte, bat sie Lech Wałęsa, ihr dabei zu helfen, die Lage wieder unter Kontrolle zu bringen. Wałęsa rief zur Beendigung der Streiks auf, und am 3. September arbeiteten die meisten Beteiligten wieder.

Am 10. Oktober kam es zu umfangreichen Veränderungen bei der Führung der tschechoslowakischen Kommunistischen Partei.

Am 23. November fand in Ungarn eine Regierungsumbildung statt.

Keine zwei Monate später, am 11. Januar 1989, kündigte die ungarische Regierung an, daß politische Oppositionsparteien zugelassen würden.

Eine weitere Woche später, am 18. Januar, gab General Wojciech Jaruzelski bekannt, daß die Solidarność wieder als unabhängige, autonome Gewerkschaft gesetzlich anerkannt werden würde. Zuvor hatte die Regierung versucht, die Kirche dazu zu bringen, bei Verhandlungen über neue politische und wirtschaftliche Regelungen in Polen als Vertreter der „Gesellschaft" zu fungieren. Die polnische Kirche weigerte sich jedoch, diese Rolle zu übernehmen. Das gab den Ausschlag: Sieben Jahre, nachdem die Regierung die Gewerkschaft und politische Opposition vermeintlich für immer zum Schweigen gebracht hatte, erkannte sie die Solidarność wieder als offiziellen Gesprächspartner an.

Am 6. Februar 1989 begannen in Polen die Verhandlungen am runden Tisch. Das Ergebnis war zwei Monate später eine Vereinbarung, daß teilweise freie Wahlen abgehalten werden sollten. 35 Prozent der Sitze im Parlament und alle Sitze in einem ganz neuen Oberhaus, dem Senat, würden frei wählbar sein. Die Vereinbarung wurde am 5. April unterzeichnet; die Wahlen sollten am 4. Juni stattfinden. Die Solidarność stellte 261 Parlamentskandidaten auf. Alle ihre Wahlplakate zeigten den jeweiligen Kandidaten beim Handschlag mit Lech Wałęsa (der nicht kandidierte). Unter den Fotos stand in der Handschrift des Danziger Elektromonteurs: „Wir müssen gewinnen!"

Der Wahltag bot „der Gesellschaft" eine wunderbare Gelegenheit, „die Machthaber" auf ganz persönliche Weise abzulehnen. Die Regierung hatte sich bis zum Schluß als ungeschickt erwiesen und beschlossen, die Wahl durch Streichung vollziehen zu lassen. Auf den Stimmzetteln standen die Namen aller Kandidaten, und die der nicht gewünschten mußten durchgestrichen werden. Millionen von Polen, von der Ostsee bis zur Tatra und von Breslau bis Przemyśl, bereitete es enorme Befriedigung, die Namen der kommunistischen Kandidaten einen nach dem anderen durchzustreichen; jeder Strich war eine Geste der Verachtung für diejenigen, die über 40 Jahre lang im Namen ihres angeblich überlegenen Geschichtsverständnisses regiert hatten.[2]

Die Wahl erwies sich als vollständiger Sieg des „Bürgerkomitees Solidarität" (der politischen Organisation der Solidarność), das nach einer Stichwahl am 18. Juni alle zur Wahl stehenden Sitze im Sejm und 99 der 100 Sitze im neuen Senat errang. Jetzt ging es um die Frage der Präsidentenwahl. Am 19. Juli wurde Wojciech Jaruzelski gemäß der bei den Verhandlungen am runden Tisch abgeschlossenen Vereinbarung durch einen beeindruckenden Akt der Parteidisziplin seitens der neuen Parlamentarier des Bürgerkomitees Solidarität zum Präsidenten gewählt – mit genau einer Stimme Vorsprung, einem Ergebnis, das die Taktiker des Komitees sorgfältig vorbereitet hatten. Damit hatte die Solidarność ihren Teil der Vereinbarung eingehalten, aber gleichzeitig deutlich gemacht, daß Jaruzelski nur ein Präsident von ihren Gnaden war und nicht die Kommunistische Partei, sondern sie selbst vom Volk beauftragt worden war, Polen zu regieren.

Nachdem es Jaruzelskis Kandidaten für den Posten des Ministerpräsidenten, dem früheren Innenminister General Czesław Kiszczak, nicht gelungen war, eine Regierung zu bilden, forderte der Präsident am 24. August Tadeusz Mazowiecki – einen der Führer der Solidarność, die er fast acht Jahre vorher zu Tausenden ins Gefängnis gesteckt hatte – dazu auf. Nach drei Wochen intensiver Verhandlungen trat am 12. September der erste nichtkommunistische Regierungschef in einem Land des Warschauer Paktes seit 40 Jahren sein Amt an.[3] Viel schneller, als die Führung der Solidarność das für möglich gehalten hätte, war Polen unwiderruflich auf den Weg zur Freiheit eingeschwenkt.

Jenseits der Karpaten, in der Tschechoslowakei, versuchte die Regierung weiter, das Land durch Unterdrückung im Griff zu behalten. Doch unter der neostalinistischen Kruste wuchs eine Revolution des Gewissens, die sich bald der kritischen Masse näherte. Zu einem ihrer wichtigsten Lebenszeichen kam es durch einen ausgesprochen seltsamen Revolutionär.

Seit dem Dezember 1987 organisierte ein frommer Bauer aus Mähren, Augustin Navrátil, eine landesweite Petition für Religionsfreiheit; es war sein dritter derartiger Versuch seit 1976. Navrátil, ein einfacher Mann, der hartnäckig an seinen Überzeugungen festhielt, wurde zum Aktivisten, nachdem die Regierung die Kreuze und Heiligenfiguren an den Landstraßen in Mähren hatte entfernen lassen, was ihn tief verletzte. Seine ersten beiden Petitionen für Religionsfreiheit hatten ihn in Anstalten für Geisteskranke gebracht, denn nach Ansicht der tschechoslowakischen Regierung war jeder, der so etwas tat, verrückt. In seiner dritten Petition weitete Navrátil seine Forderungen aus. Er verlangte jetzt nicht nur eine Definition der Beziehung zwischen Kirche und Staat in einer freien Gesellschaft, sondern auch Rede-, Versammlungs- und Pressefreiheit, persönliche Freiheit und die gesetzliche Durchsetzbarkeit von Verträgen. Was als religiöser Akt der Auflehnung gegen den Atheismus der Regierung begonnen hatte, entwickelte sich zu einem beeindruckenden landesweiten Referendum; das ganze Jahr 1988 hindurch und Anfang 1989 unterzeichneten neben Katholiken auch viele Ungläubige und Protestanten die Petition. Kardinal Tomášek rief seine Leute eindringlich dazu auf, die Petition zu unterzeichnen, da „Feigheit und Angst eines wahren Christen unwürdig" seien.[4]

Die tschechoslowakische Regierung weigerte sich, die Fakten, die die schließlich 600 000 Unterschriften für die Petition darstellten, zu akzeptieren, und schickte Augustin Navrátil Anfang 1989 erneut in die psychiatrische Abteilung eines Gefängniskrankenhauses. Am 21. Februar wurde der Dramatiker Václav Havel, Führer der Charta 77 und bekanntester Bürgerrechtler des Landes, zu neun Monaten Haft verurteilt. Am 24. März wurde in Preßburg (Bratislava), der Hauptstadt der Slowakei, eine friedliche Kerzenlicht-Prozession für Religionsfreiheit mit Wasserwerfern, Hunden, Schlagstöcken und Tränengas zerstreut. Die Regierung glaubte, sie habe die Bewegung ihres Kopfes beraubt und ihre Anhänger in Angst und Schrecken versetzt. Doch die Verurteilung Havels und der „Karfreitag von Preßburg" erwiesen sich als Prolog zu dem Drama, das als „sanfte Revolution" in die Geschichte eingehen sollte.

„HABT KEINE ANGST, HEILIGE ZU SEIN!"

Während die Saat des Widerstands, die er in Ostmitteleuropa ausgebracht hatte, aufzugehen begann, behielt Johannes Paul bei der pastoralen Aktivität sein hohes Tempo bei.

Die Kurie und die Ökumene

Vom 30. Januar bis zum 1. Februar 1989 fand eine gemeinsame Vollversammlung der Kongregation für die Glaubenslehre und des Päpstlichen Rats zur Förderung der Einheit der Christen [Abk. Einheitsrat] statt. Zwischen den beiden

Kurienorganen waren Spannungen bezüglich ihrer Zuständigkeiten für die Ökumene entstanden. So hatte die Glaubenskongregation die volle Wucht der Kritik wegen der Verzögerungen bei der Antwort des Heiligen Stuhls auf ARCIC I, den ersten Bericht der internationalen anglikanisch/römisch-katholischen Kommission, abbekommen. Kardinal Ratzingers Kongregation beklagte sich darüber, daß sie oft erst in letzter Minute in das ökumenische Gespräch über wichtige Fragen der Lehre einbezogen werde. Wenn sie dann Einwände vorbringe, schiebe man ihr die ganze Schuld zu, ohne daß sie an dem Prozeß, der zu dieser Situation geführt habe, beteiligt gewesen sei. Der Einheitsrat wiederum war der Ansicht, daß eine zu frühe Einbeziehung der Glaubenskongregation in die Diskussion seinen eigenen Spielraum zu stark eingeschränkt hätte.[5]

Hinter diesen bürokratischen Interessen verbarg sich ein tieferes, substantielles Problem. Aufgrund seiner Natur und seiner Geschichte als Institution neigte der Einheitsrat manchmal dazu, den ökumenischen Dialog als eine Form der Verhandlung anzusehen. Die Glaubenskongregation dagegen, besonders unter Kardinal Ratzinger, betrachtete die Ökumene als beiderseitige Untersuchung der Wahrheiten des christlichen Glaubens, nicht als einen Feilschprozeß, bei dem die „Gewinne" der einen Seite „Verluste" der anderen bedeuteten. Zweifellos war auch Johannes Paul der Meinung, daß die einzige christliche Einheit, die diesen Namen verdient, Einheit in der Wahrheit ist. Andererseits stand er mit der Überzeugung, daß der ökumenische Prozeß besonders dringlich sei, dem Einheitsrat näher als der Glaubenskongregation.

Bei Kontroversen zwischen Organen oder Abteilungen der Kurie sagte Johannes Paul oft: „Wie wäre es denn mit einer gemischten Vollversammlung?"[6] Der Papst wußte nicht nur von den zwischen der Glaubenskongregation und dem Einheitsrat bestehenden Spannungen, sondern empfand sie als natürlich und sogar gut. Seiner Ansicht nach hatte der Einheitsrat die Aufgabe, die Grenzen des Möglichen zu erkunden, während die Glaubenskongregation entscheiden mußte, ob diese Erkundung zu weit gegangen war (in Form einer vorschnellen Einigung über einen Punkt) oder ob durch das neu erkundete Terrain neue Fragen aufgeworfen worden waren.[7] Die von Johannes Paul vorgeschlagene gemischte Vollversammlung, bei der die jeweils ranghöchsten Mitglieder zusammenkommen würden, sollte die beiden Kurienorgane dazu bringen, die zwischen ihnen bestehenden Spannungen in diesem Licht zu sehen.

Das Ergebnis der dreitägigen Zusammenkunft war eine Reihe interner, unveröffentlichter Richtlinien für die Interaktion zwischen der Glaubenskongregation und dem Einheitsrat, durch die sichergestellt werden sollte, daß die Glaubenskongregation bei Fragen der Lehre rechtzeitig hinzugezogen wurde. Diese Richtlinien wurden von Johannes Paul gebilligt, und die Spannungen ließen nach. Am 25. März 1993 gab der Einheitsrat dann sein lange erwartetes *Direktorium zur Ausführung der Prinzipien und Normen über den Ökumenismus* heraus, das für die ökumenische Aktivität in der ganzen Kirche gelten sollte und in enger Zusammenarbeit mit der Glaubenskongregation entwickelt worden war. Alle Beteiligten waren sich jedoch darüber im klaren, daß Spannungen zwischen den beiden Organen etwas Normales waren und daß diese Spannungen auch in Zukunft immer wieder zutage treten würden.[8]

Der Bischof als Zeuge und Missionar

Auch außerhalb der Kurie gab es Streitereien. Schon seit Jahren hatten sich zwischen der Führung der Bischofskonferenz der Vereinigten Staaten und dem Heiligen Stuhl Spannungen aufgebaut.[9] Anfang März 1989 fand ein weiteres dreitägiges Sondertreffen der amerikanischen Erzbischöfe mit Mitgliedern der Kurie statt. Manche US-Bischöfe waren der Meinung, daß unterschiedliche Auffassungen über die Leitung der Kirche die Wurzel des Problems bildeten. Nach Ansicht mancher vatikanischer Behörden ging es darum, ob die amerikanischen Bischöfe und ihre Bürokratien so viel von der vielschichtigen religiösen Kultur ihres Landes aufgenommen hatten, daß sie ihre einzigartige Rolle allmählich aus dem Blick verloren.

Auf diese Punkte ging auch Erzbischof John May von St. Louis, der Vorsitzende der Nationalen Bischofskonferenz der Vereinigten Staaten von Amerika [National Conference of Catholic Bishops, NCCB], bei seiner Eröffnungsansprache am 8. März 1989 ein. Er wies darauf hin, daß in den USA derzeit „Autoritarismus in allen Bereichen der Bildung und der Kultur suspekt" sei. „Die Behauptung, es gebe eine Kirche, die mit der Vollmacht, für die Ewigkeit zu binden und zu lösen, lehre", sei daher „für viele Amerikaner, die das göttliche Recht der Bischöfe als genauso überholt ansehen wie das göttliche Recht von Königen, wirklich ein Zeichen, dem man widerspreche". Das sei die „Atmosphäre", in der die Bischöfe der USA lebten und arbeiteten.[10]

Kardinal Ratzinger meinte in seiner Antwort, was Erzbischof May als rein amerikanisches Problem betrachte, sei in Wirklichkeit in allen modernen Gesellschaften zu beobachten: die Unfähigkeit, zwischen autoritärem Zwang und autoritativer Lehre zu unterscheiden. Diese Unfähigkeit wiederum sei durch die falsche Vorstellung bedingt, Freiheit sei persönliche Selbstbestimmung. Die moderne Kultur neige dazu, Bischöfe in Moderatoren einer endlosen Diskussion zu verwandeln; wenn ein Bischof die Lehre der Kirche vertrete, gelte er als „parteilich". Der Glaube sei jedoch kein „parteilicher Akt", und der Bischof könne seine Leute nicht dazu aufrufen, Zeugen der Wahrheit zu sein, wenn er nicht zuerst selbst ein solcher Zeuge sei: „Es ist das Kennzeichen der Wahrheit, daß sie es wert ist, daß man für sie leidet. Der Missionar muß, in der tiefsten Bedeutung des Wortes, auch ein Märtyrer sein. Wenn er dazu nicht bereit ist, sollte er seine Hand nicht an den Pflug legen." Als Boten des Evangeliums müßten die Bischöfe dem „intellektuellen Streitgespräch" genug Platz einräumen und „bereit sein, zu lernen und Verbesserungen zu akzeptieren". Sie müßten aber auch bedenken, daß sie die Hüter einer autoritativen Tradition seien.[11]

Johannes Paul sagte in seiner Begrüßungsansprache an die Amerikaner, das Treffen sei „die Fortsetzung eines (...) wirklich freimütigen Austauschs, mit dem Ziel, unsere Partnerschaft im Evangelium zu stärken". Er sei sich der Herausforderungen voll bewußt, „denen ihr euch zu stellen habt, wenn ihr die Botschaft des Evangeliums einer Welt bringt, die sie oft nicht ohne weiteres annimmt".[12] Erzbischof May sagte, die Bischöfe seien auch nach Rom gekommen, um vom Papst zu lernen. „Niemand weiß mehr über die Verbreitung des Evangeliums als Sie, Heiliger Vater. Bei Ihrer Arbeit hier in Rom und bei Ihren Missionsreisen in die ganze Welt haben Sie die Frohbotschaft von Jesus mutig und voller Liebe weitergetragen."¹³ Die gegenseitige Wertschätzung war zweifellos ehrlich gemeint. Doch das Treffen wäre nicht einberufen worden, wenn der Papst, die höheren Vatikanbeamten und zumindest ein Teil der amerikanischen Bischöfe nicht geglaubt hätten, daß im reichsten und in mancher Hinsicht wichtigsten Weinberg des Weltkatholizismus etwas fehle – vielleicht ein Gefühl für missionarische Möglichkeiten. Die Führung der NCCB gab zwar Schwierigkeiten zu, nicht aber das aus römischer Sicht grundlegende Problem, das etwas mit dem Selbstverständnis der amerikanischen Bischöfe als Treuhänder und Lehrer einer Tradition zu tun hatte. Das Problem, das der Anlaß für das Sondertreffen war, wurde angesprochen und diskutiert, doch gelöst wurde es nicht.

Johannes Paul ist, wie Erzbischof May ganz richtig sagte, ein außerordentlich wirkungsvoller Verkünder des Evangeliums – das hatte er auch in Situationen bewiesen, die erheblich komplizierter und mindestens ebenso schwierig waren wie die, der die amerikanischen Bischöfe sich gegenübersahen. Außerdem hatte er enorme Überzeugungskraft gewonnen, weil er ein anspruchsvolles Evangelium predigte, voll Mitleid, aber ohne Kompromisse, in dem festen Glauben, daß die Botschaft des Evangeliums für die Krise der Moderne ungeheuer relevant ist. Wie Kardinal Ratzinger gesagt hatte, war es unwahrscheinlich, daß Bischöfe, die sich als „Moderatoren" zwischen Parteien betrachteten, diesen kühnen missionarischen Stil nachahmten.¹⁴ Offenbar war in dem Land, das dabei war, die einzige Supermacht der Welt zu werden, eine Chance verpaßt worden.

Das Buch des Volkes

Mit der Lehrautorität der Bischöfe und der Kirche selbst eng verbunden ist die Frage der biblischen Autorität, die Johannes Paul am 7. April 1989 in einer wichtigen Ansprache an die Kardinäle, Bischöfe und Fachleute der Päpstlichen Bibelkommission aufgriff. Nach dem II. Vatikanischen Konzil war es zu einer wahren Explosion der katholischen Bibelwissenschaft und einer dramatischen Zunahme des Bibelstudiums bei den Katholiken gekommen.¹⁵ Doch gerade, als die Bibel den Menschen zurückgegeben wurde, sagte man diesen Menschen – teils offen, teils indirekt –, nur Gelehrte könnten die Bibel wirklich verstehen. Die Idee von der Bibel als dem Buch der Kirche, dem Buch des Volkes, ging allmählich verloren.

Als die Päpstliche Bibelkommission jetzt eine mehrjährige Untersuchung zur Auslegung der Bibel im Leben der Kirche begann, wollte der Papst die Frage stellen, ob eine wissenschaftliche Schriftauslegung, die sich weitgehend auf die intensive, kritische Beschäftigung mit dem Ursprung der heiligen Texte beschränkte, nicht Gefahr laufe, die religiöse Botschaft dieser Texte aus dem Blick zu verlieren.¹⁶ Er meinte außerdem, die Exegeten müßten sich vor der „Falle der Reflexion" hüten, in die die zeitgenössischen Philosophen gegangen seien; im Fall der Bibelwissenschaft bestehe die Gefahr darin, sich so intensiv auf die Ringe bestimmter Bäume zu konzentrieren, daß man den Wald der Offenbarung und die in ihm enthaltene gute Botschaft vom Heil nicht mehr sehe. Die Exegeten dürften die Bibel nicht einfach als irgendeinen alten Text behandeln, der analysiert werden müsse. Wenn sie außerhalb der Bibel ständen und von dort in sie hineinblickten, statt sie mit den Methoden der kritischen Wissenschaft von einer Position *innerhalb* der Gemeinschaft der Gläubigen aus zu betrachten, stimme etwas nicht.[17]

Afrika und Skandinavien

Drei Wochen, nachdem er die Bibel als Buch des Volkes verteidigt hatte, begab sich Johannes Paul auf seine fünfte Pastoralreise nach Afrika, die neun Tage dauerte und ihn nach Madagaskar, La Réunion, Sambia und Malawi führte. Am 30. April 1989 sprach er auf Madagaskar vor mehr als einer halben Million Menschen die Eingeborene Victoire Rasoamanarivo (1848-1894) selig, die sich durch ihre missionarische Arbeit nach der Vertreibung der ausländischen Missionare den Titel „Mutter des madagassischen Christentums" erworben hatte.[18] Am 2. Mai war dann Jean Bernard Rousseau, „Bruder Scubilion" (1797-1867), an der Reihe, der La Réunion missioniert hatte. In Sambia gab der Papst seiner Freude darüber Ausdruck, daß sein Besuch „mit dem Beginn der Feierlichkeiten anläßlich des 100. Jahrestages der Anwesenheit der katholischen Kirche in dieser Region" zusammenfalle. Bei einem ökumenischen Gottesdienst in der anglikanischen Kathedrale der Hauptstadt ermahnte er die Anglikaner wie die Katholiken, bei der Evangelisierung Afrikas „alle Formen von Konkurrenzgeist und Rivalität" zu vermeiden.[19] In Malawi rief er zum Dialog zwischen Christen und Muslimen auf und forderte die afrikanischen Katholiken auf, „alle Lebensweisen abzulehnen, die den Qualitäten eurer eigenen Traditionen und dem christlichen Glauben nicht entsprechen". Diese indirekte Kritik am Konsumdenken und seine Worte in Sambia zu den Auswirkungen der Verschuldung Afrikas auf die wirtschaftliche Entwicklung deuteten darauf hin, daß er wieder einmal an die Zukunft nach dem kalten Krieg und ihre möglichen Folgen für Afrika dachte.[20]

Anfang Juni setzte der Pilgerpapst einen weiteren Meilenstein: Als erster Bischof von Rom besuchte er Skandinavien. Diese im Hinblick auf die zurückgelegte Entfernung längste seiner innereuropäischen Pastoralreisen (fast 11 600 Kilometer) führte ihn nach Norwegen (0,48 Prozent Katholiken), Island, Finnland (0,08 Prozent Katholiken), Dänemark und Schweden (1,14 Prozent Katholiken). Thema der Reise war die Ökumene in Ländern, die von einem radikalen Säkularismus geprägt sind. In Tromsø predigte Johannes Paul als erster Papst nördlich des Polarkreises; er rief die Norweger, die im Sommer bei ständigem Tageslicht leben, dazu auf, in diesem Land der Mitternachtssonne „Kinder des Lichtes" zu sein.[21] In Oslo wurde er von König Olaf V. empfangen, in Kopenhagen von Königin Margarete II. Angesichts der außergewöhnlich geringen Teilnahme der schwedischen Lutheraner (vielleicht 3 Prozent) am kirchlichen Leben und des sehr niedrigen katholischen Bevölkerungsanteils galt die Teilnahme von 10 000 Menschen an der Papstmesse in Uppsala als große Überraschung. In Dänemark war die Situation schwieriger, denn die lutherischen Bischöfe des Landes waren sich nicht darüber einig, ob sie im Dom von Roskilde mit Johannes Paul zusammentreffen sollten. Letztendlich durfte der Papst bei dem von Bischof Berthild Wiberg geleiteten Gottesdienst im Dom nicht sprechen. Danach kam er jedoch in der Residenz von Bischof Wiberg mit denjenigen lutherischen Bischöfen zusammen, die dazu bereit waren. Dabei hielten Johannes Paul und Bischof Ole Bertelsen aus Kopenhagen Begrüßungsansprachen. Der Papst redete die Bischöfe mit „verehrte Brüder in Christus" an und rief sie dazu auf, für den Tag zu beten, an dem sie gemeinsam die Eucharistie feiern könnten.[22]

Zweieinhalb Jahre später, am 5. Oktober 1991, trug die Pastoralreise nach Skandinavien ökumenische Früchte: Im Petersdom fand eine noch nie dagewesene ökumenische Feierstunde statt. Anlaß war der 600. Jahrestag der Heiligsprechung von Birgitta von Schweden, die „gleichermaßen von Lutheranern und Katholiken verehrt" wird. Neben Johannes Paul II. standen Erzbischof Bertil Werkström, der Primas der lutherischen Kirche von Schweden, und Erzbischof John Vikström, der Primas der lutherischen Kirche von Finnland, unter dem Baldachin des Papstaltares. Außer den katholischen Bischöfen von Stockholm und Helsinki nahmen auch König Karl Gustav und Königin Silvia von Schweden teil. Die Königin trug eine der Schriftlesungen vor. Zu Beginn der Feierstunde wurde die Basilika verdunkelt, und dann schritten der Papst und die lutherischen Zelebranten gemeinsam zum Hochaltar. Sie wurden von Schwestern des von der Heiligen gegründeten Erlöserordens der Birgittinnen begleitet, die Kerzen trugen, die sie dann in das um das Petrusgrab unter dem Papstaltar verlaufende halbkreisförmige Geländer steckten. Danach wurde das Licht in der Basilika eingeschaltet. Es wurden Fürbitten in allen skandinavischen Sprachen vorgetragen, der Papst predigte, und die beiden lutherischen Erzbischöfe hielten Ansprachen. Es war das erste Mal, daß katholische und lutherische Kirchenführer gemeinsam im Petersdom beteten.[23]

Am nächsten Tag fragte einer der lutherischen Führer Johannes Paul beim Mittagessen, ob die Tatsache, daß zwei lutherische Erzbischöfe neben ihm am Altar gestanden hätten, bedeute, daß er die apostolische Gültigkeit ihrer Weihen anerkenne. Nach kurzem Überlegen antwortete der Papst verschmitzt: „Man könnte auch fragen, ob die beiden Erzbischöfe dadurch, daß sie mit mir an jenem Altar standen, meinen Primat anerkannt haben." Das rief allgemeines Gelächter hervor; dann wandte sich das Gespräch anderen Themen zu.[24]

Die Bedeutung des Heroismus

Nach zehn Tagen Urlaub in den norditalienischen Bergen flog Johannes Paul am 19. August 1989 nach Spanien; Anlaß war der vierte Weltjugendtag, der in Santiago de Compostela, im äußersten Nordwesten des Landes, abgehalten wurde. Einer auf das Jahr 813 zurückgehenden Tradition zufolge fanden die sterblichen Überreste des Apostels Jakobus, der im Jahre 44 n. Chr. in Jerusalem den Märtyrertod gestorben war, in Compostela, wo der Heilige vor seinem Tod als Missionar gewirkt haben soll, ihre letzte Ruhestätte. Im Mittelalter war Santiago de Compostela (nach Jerusalem und Rom) die drittwichtigste Pilgerstätte der ganzen Welt. Jetzt waren 600 000 junge Menschen per Schiff, Zug,

Auto, Bus, Flugzeug oder Fahrrad und auch, in der großen Tradition der Wallfahrten, zu Fuß nach Galicien gekommen – aus Nord- und Lateinamerika, Asien, Afrika, Ozeanien und, wie Johannes Paul es bei der Eucharistiefeier ausdrückte, aus allen Ländern Europas „vom Atlantik bis zum Ural".[25]

Während seiner zwei Tage in Santiago verkündete Johannes Paul eindringlich die Botschaft von einem Europa nach dem kalten Krieg, das die Wurzeln der europäischen Kultur und sein christliches Erbe wiederentdecken würde, und rief die Generation, die dieses neue Europa erben würde, dazu auf, über die Bedeutung des Heroismus nachzudenken.

Die jungen Menschen verbrachten die ganze Nacht vom 19./20. August außerhalb der Stadt. Sie sangen und beteten auf dem Monte del Gozo, dem „Berg der Freude", von dem die Pilger im Mittelalter das Heiligtum von Santiago de Compostela zuerst erblickten. Johannes Paul hatte einen Teil des Abends mit ihnen verbracht. Am Morgen des 20. August sprach er dann vor ihnen von wahrer menschlicher Größe und erinnerte sie an das Gespräch zwischen Christus, den Aposteln Jakobus und Johannes und deren Mutter, die Jesus gebeten hatte, ihren Söhnen bevorzugte Plätze im Gottesreich zuzugestehen. Daraufhin habe Jesus die Brüder gefragt: „Könnt ihr den Kelch trinken, den ich trinken werde?" Und sie hätten geantwortet: „Wir können es." (Matthäus 20,20-23) Die Brüder hätten „nicht im vollen Sinne" gewußt, „was dieses Wort ‚Kelch' bedeutete" – daß es für sie, wie für Christus, bedeuten würde, ihr Leben bis zum letzten Blutstropfen hinzugeben. Ihnen sei noch nicht voll bewußt gewesen, was Christus gemeint habe, als er sagte, er sei „nicht gekommen, um sich dienen zu lassen, sondern (...) um sein Leben hinzugeben als Lösegeld für viele". (Matthäus 20,28)

Darum gehe es bei einer Wallfahrt nach Santiago de Compostela: Die Pilger kämen, um zu lernen, was Jesus meinte, als er zu Jakobus, Johannes und den zehn anderen Jüngern sagte: „(...) wer bei euch groß sein will, der soll euer Diener sein." (Matthäus 20,26) In diesen Worten begegne man „dem wesentlichen Kriterium für die Größe des Menschen". Dieses Kriterium sei neu, und es setze „eine Umwandlung voraus, eine Erneuerung der Urteilsmaßstäbe, nach denen die Welt regiert wird". Die jungen Katholiken, die das neue Europa wieder evangelisieren sollten, würden das nach einem strengen Maßstab des Dienens tun müssen.

Wie von Jakobus und Johannes verlange Christus auch von seinen heutigen Jüngern eine radikale Verpflichtung. Mittelmäßigkeit reiche ihm nicht. Für einen Christen bedeute Mittelmäßigkeit, daß er seine Verpflichtung nach eigenen Maßstäben messe und alles, was darüber hinausgehe, als Domäne des „professionellen" Heiligen betrachte. Was die Kirche und die Welt des 21. Jahrhunderts brauchten, sei nicht Mittelmäßigkeit. Johannes Paul sagte, er wisse, daß junge Menschen die Welt, die sie ererbt hätten, verbessern wollten, und zwar in Freiheit. Das erfordere nicht Mittelmäßigkeit, sondern Heilige: „Habt keine Angst, Heilige zu sein! Das ist die Freiheit, zu der Christus uns befreit hat (...). Liebe junge Menschen, laßt euch von ihm ergreifen!"[26]

Nach dem Weltjugendtag machte der Papst kurz an der Heiligen Grotte von Covadonga halt, die etwa 300 Kilometer östlich von Santiago de Compostela liegt. Dort legte er „der Gottesmutter von Covadonga vertrauensvoll den Entwurf eines Europas ohne Grenzen zu Füßen, das (...) den authentischen Humanismus des Evangeliums Christi nicht verleugnet".[27] Zwei Tage später bezeichnete er Santiago de Compostela bei seiner regelmäßigen Mittwochs-Generalaudienz in Rom als einen bevorzugten „Leuchtturm christlicher Ausstrahlung für Europa, das alte Europa, das vor einer nunmehr kommenden wichtigen Phase der Vereinigung und an der Schwelle des dritten christlichen Jahrtausends steht".[28] Das neue Europa, das jetzt aus dem alten geboren werde, brauche mehr als die Aufhebung alter Feindseligkeiten – es brauche eine Seele. Der Weltjugendtag 1989, ein wichtiger Bestandteil der „neuen Evangelisierung", sollte zur Entfaltung dieser Seele beitragen.

Wieder Asien

Am 8. September 1989 (zwei Tage, bevor Tausende von Ostdeutschen begannen, über Ungarn und Prag in den Westen zu fliehen) empfing Johannes Paul die Mitglieder der Internationalen gemischten Kommission von Katholiken und Anhängern der Pfingstbewegung. Am 12. September (dem Tag, an dem Tadeusz Mazowieckis Kabinett vom Sejm gebilligt wurde) traf er mit indischen Bischöfen zusammen, die zu einem *Ad-limina*-Besuch in Rom waren (andere *Ad-limina*-Gruppen im September kamen aus Lesotho, Venezuela und Peru). Am 29. September kam der Erzbischof von Canterbury zu einem viertägigen Besuch nach Rom. In der am 2. Oktober von Johannes Paul und Erzbischof Robert Runcie unterzeichneten gemeinsamen Erklärung räumten die beiden Kirchenführer ein, daß sie „selbst keine Lösung" für die neuen Schwierigkeiten sähen, die bei den Bemühungen um „die sichtbare Einheit" aufgetreten seien, daß diese Einheit aber ihr Ziel bleibe.[29]

Am Vortag, dem 1. Oktober, hatte Johannes Paul ein ganzes Seminar seliggesprochen – 26 Priester und Seminaristen aus dem Orden der Passionisten, die 1936 in Spanien den Märtyrertod gestorben waren. 1962 hatte Paul VI. sämtliche Selig- und Heiligsprechungsverfahren, bei denen es um Opfer des Spanischen Bürgerkriegs ging, stoppen lassen. Fast alle Märtyrerkandidaten aus jener Zeit waren Opfer der republikanischen Truppen, doch Paul VI. war kein Freund des Franco-Regimes (das die Republikaner besiegt hatte) und wollte die Position des spanischen Diktators nicht durch Selig- und Heiligsprechungen von Opfern des Bürgerkriegs aufwerten. Außerdem befürchtete er, daß die Benennung von Märtyrern der jüngsten Vergangenheit zu unerwünschten inneren Auseinandersetzungen in der spanischen Kirche führen könnte.[30] Franco war 1975 gestorben, doch Johannes Paul II. hatte ohnehin andere Ansichten vom Märtyrertum in der modernen Welt als Paul VI. Die Kirche mußte daran erinnert werden, daß sie im Jahrhundert der größten Christenverfolgungen in der Geschichte lebte. Neben zahlreichen Opfern des Spanischen Bürgerkriegs sprach er auch Märtyrer aus zwei anderen inneren Konflikten selig, die bis dahin als zu kontrovers erachtet worden waren – der Französischen Revolution und der mexikanischen „Christero"-Rebellion der 20er Jahre des 20. Jahrhunderts. Pater Miguel Pro, ein 28 Jahre alter Jesuit, der am 23. November 1927 in Mexiko von einem Exekutionskommando erschossen wurde, könnte der erste Märtyrer in der Kirchengeschichte gewesen sein, dessen Hinrichtung fotografiert wurde. Johannes Paul hatte ihn am 25. September 1988 seliggesprochen.

Im Oktober 1989 fand in Seoul, Südkorea, der 44. Internationale Eucharistische Kongreß statt. Johannes Paul flog am 6./7. Oktober dorthin; es war seine fünfte Pastoralreise in den Fernen Osten. Bei Begegnungen mit dem Präsidenten von Südkorea, Roe Tae Woo, im Blauen Haus, dem Präsidentensitz, drängte der Papst auf besseren gesetzlichen Schutz und größere Achtung der Menschenrechte in dem Land, das Anfang des 21. Jahrhunderts das zweite in Asien mit mehrheitlich christlicher Bevölkerung werden würde. Sein wichtigstes Anliegen war, wie immer, die Evangelisierung. Bei der Messe zum Abschluß des Kongresses, die er am 8. Oktober mit 280 Bischöfen und 1 500 Priestern vor mehr als einer Million Menschen zelebrierte, sagte der Papst, der seine Predigt mit einigen Sätzen auf Koreanisch begann, daß die gemeinsame Eucharistie die Arbeit für die Versöhnung unaufhaltsam vorantreibe. Als das Christentum vor 200 Jahren in Korea eingeführt worden sei, habe es eine neue Form der Gemeinschaft entstehen lassen, die „kühn die unantastbaren Klassenschranken" der traditionellen koreanischen Gesellschaft abgeschafft habe. Auch die Katholiken im heutigen Korea seien aufgerufen, in ihrem durch „eine tragische Spaltung" gekennzeichneten Land auf Versöhnung hinzuarbeiten.[31]

Beim Mittags-Angelus nach der Abschlußmesse schickte Johannes Paul über das Radio auf Englisch eine Grußbotschaft an die Menschen in Nordkorea, wo es für die katholische Bevölkerung weder Bischöfe noch Priester gab. In der Radiobotschaft, die auch in China zu hören war, sprach er zum ersten Mal öffentlich von seinem Wunsch, die Volksrepublik China zu besuchen. Er brachte außerdem die Hoffnung zum Ausdruck, daß es zu einer Versöhnung in der Wahrheit zwischen der romtreuen chinesischen Untergrundkirche und der von der Regierung unterstützten Patriotischen katholischen Vereinigung kommen würde. Es war eine sehr nuancierte Aussage, die der Komplexität der Situation gerecht wurde:

> In diesem kindlichen Gespräch mit Maria, unserer Mutter [d. h., dem Angelus], erwähne ich auch unsere Brüder und Schwestern in Christus, die auf dem chinesischen Festland leben. (...) Tief in meinem Herzen ist immer der brennende Wunsch gegenwärtig, diesen Brüdern und Schwestern zu begegnen, um ihnen meine herzliche Liebe und Sorge zum Ausdruck zu bringen und ihnen zu versichern, wie sehr sie von den anderen Ortskirchen hochgeschätzt werden. Ich bin tief bewegt, wenn ich an die heroischen Zeichen der Treue zu Christus und seiner Kirche denke, die viele von ihnen in den vergangenen Jahren bewiesen haben. Möge Christus, auf die Fürsprache Marias, der Helferin der Christen, ihr Trost in allen Prüfungen und Herausforderungen des täglichen Lebens sein. Möge der Herr sie auch in der festen Verpflichtung für die heikle Aufgabe stärken, innerhalb der kirchlichen Gemeinschaft die Versöhnung zu fördern in Gemeinschaft des Glaubens mit dem Nachfolger Petri, der das sichtbare Prinzip und Fundament der Einheit ist.[32]

Johannes Pauls Radiobotschaft aus Seoul war ein Versuch, über die Öffentlichkeit etwas zu erreichen, was durch Geheimdiplomatie nicht gelungen war – Kontakte zur Volksrepublik China. Sechs Jahre vorher, 1983, hatte der Papst einen Brief an den chinesischen Führer Deng Xiaoping geschickt. Die auf seinem persönlichen Briefpapier in englischer Sprache geschriebene Bitte um ein erneutes Gespräch enthielt viele Respektsbezeugungen für die chinesische Kultur und ihre alte Geschichte und hatte folgenden Wortlaut:

> An Seine Exzellenz, Deng Xiaoping
>
> Das Bemühen um das Gemeinwohl der Menschheit erfordert meiner Ansicht nach etwas, das auch mein eigener großer Wunsch ist: einen direkten Kontakt zwischen dem Heiligen Stuhl und der Regierung des chinesischen Volkes. (...)
>
> Dazu werde ich auch durch die tiefe Verantwortung bewegt, die mein religiöses Amt als Oberster Hirte der Katholiken der ganzen Welt mit sich bringt und die in mir eine besondere Sorge für die Katholiken, die in China sind, weckt. Männer und Frauen, über das ganze Land verstreut, die tiefe Treue und Liebe zu ihrem Land empfinden, (...) und die sich gleichzeitig mit dem Papst und mit den katholischen Gemeinschaften aller anderen Länder verbunden fühlen.
>
> Das ist eine Verbundenheit, die für den religiösen Glauben der Katholiken ganz wichtig ist und andererseits weder dem Ideal und der konkreten Einheit ihrer eigenen Nation noch ihrer Unabhängigkeit und Souveränität schaden kann (...).
>
> [Taiwan] ist zweifellos eine lange und komplizierte Situation, und der Heilige Stuhl hat durch eine Reihe von Ereignissen feststellen müssen, daß er dabei nicht immer nach eigenem Willen handeln kann. Dennoch bin ich zuversichtlich, daß es bei einer konkreten Prüfung der Frage möglich sein wird, zu einer positiven Lösung zu kommen.
>
> Aus dem Vatikan   JOANNES PAULUS PP. II[33]
> 16. November 1983

Als Deng Xiaoping am 19. Februar 1997 starb, hatte der Papst immer noch keine Antwort auf seinen Brief erhalten.

Seine zweitlängste Reise (fast 38 000 Kilometer in elf Tagen) führte Johannes Paul dann weiter nach Indonesien, wo es ihm vor allem um die Menschenrechte ging. Das fünftgrößte Land der Welt war überwiegend muslimisch und wurde seit 1966 vom Diktator Suharto regiert. In Osttimor, das Indonesien 1976, als der portugiesische Kolonialismus auf der ganzen Welt zusammenbrach, annektiert hatte, waren die Katholiken dagegen in der Mehrheit. Die Kirche in Osttimor (auch der Apostolische Administrator der Hauptstadt Díli, Bischof Carlos Filipe Ximenes Belo) hatte sich am gewaltlosen Widerstand gegen diese Besetzung durch eine ausländische Macht beteiligt. Der gewaltsame Widerstand war von den indonesischen Machthabern brutal unterdrückt worden; auf dem Platz in Díli, auf dem am 12. Oktober die Papstmesse gefeiert wurde, hatte ein beträchtliches Gemetzel stattgefunden.

Es war eine sehr schwierige Situation. Nachdem er die neue Kathedrale der Unbefleckten Empfängnis in Díli gesegnet hatte, predigte der Papst darüber, was es heute in Osttimor bedeute, „Salz der Erde" und „Licht der Welt" zu sein – für Menschen, die „jetzt schon seit vielen Jahren Zerstörung und Tod als Ergebnis eines Konflikts" erlebten und gelernt hätten, „was es bedeutet, Opfer von Haß und Streit zu sein", bei denen viele „unschuldige Menschen (...) umgekommen" und andere „Opfer von Vergeltung und Rache geworden" seien.[34] Die Frage der Souveränität Osttimors schnitt Johannes Paul in der Öffentlichkeit nicht an; ein Teil der 80 000 Menschen bei der Messe hatte Plakate mitgebracht, auf denen die Unabhängigkeit Osttimors gefordert wurde. In Jakarta hatte der Papst Präsident Suharto und seinem Kabinett jedoch erklärt: „Es kommt vor, daß die eine oder andere Nation sich versucht fühlt, die grundlegenden Menschenrechte zu mißachten und sich bei ihren Bemühungen um eine politische Einheit nur der militärischen oder wirtschaftlichen Macht zu bedienen. Eine solche Einheit kann jedoch leicht wieder zerfallen."[35] Außerdem rief er die indonesischen Bischöfe dazu auf, sich stärker für das Recht auf Religionsfreiheit einzusetzen.[36]

Am Schluß seiner Reise verbrachte Johannes Paul knapp zwei Tage im Inselstaat Mauritius im Indischen Ozean. Seine letzte Begegnung mit Tausenden durchnäßter Pilger in Curepipe wurde von einem prachtvollen Regenbogen gekrönt.[37] Am Tag seines Rückflugs nach Rom, dem 16. Oktober, gingen in Leipzig aus Protest gegen die Regierung der DDR 120 000 Menschen auf die Straße.

GEDENKEN AN DEN ZWEITEN WELTKRIEG

Am 50. Jahrestag des Ausbruchs des Zweiten Weltkriegs war Johannes Paul sich voll bewußt, daß das in Jalta beschlossene Herrschaftssystem zu bröckeln begonnen hatte. Als die Revolution von 1989 sich entwickelte, fing er an, eine charakteristische Interpretation der Geschichte Europas und der Welt in den letzten 50 Jahren zu geben, bei der er diese Revolution durch die Linse einer moralischen Analyse betrachtete.

Am 26. August 1989, dem Fest Unserer Lieben Frau von Tschenstochau, schrieb er zum Jahrestag des Krieges, der ihr Vaterland verwüstet hatte, an die polnischen Bischöfe. Am folgenden Tag veröffentlichte er ein apostolisches Schreiben an die Kirche auf der ganzen Welt. Sein Thema war dem 88. Psalm entnommen – „Du hast mich ins tiefe Grab gebracht, tief hinab in finstere Nacht". Zusammen definieren diese beiden wichtigen Texte Johannes Pauls Auffassung von der Bedeutung des Zweiten Weltkriegs und von der Herausforderung, vor die eine solche „Tiefenanalyse" der Geschichte das 21. Jahrhundert stellt.

Nach Ansicht von Johannes Paul war der Zweite Weltkrieg ein Krieg um die Zukunft der Zivilisation, und der Angreifer gegen die Zivilisation war der Totalitarismus:

> Der Zweite Weltkrieg hat alle das Ausmaß erkennen lassen, (...) bis wohin die Verachtung des Menschen und die Verletzung seiner Rechte gelangen kann. Er hat unerhörte Wellen des Hasses hervorgerufen, der den Menschen und alles, was menschlich ist, im Namen einer imperialistischen Ideologie mit Füßen getreten hat (...). Viele haben sich die Frage gestellt, ob es nach jener furchtbaren Erfahrung überhaupt noch möglich ist, eine Gewißheit zu haben.[38]

Auch 50 Jahre später gebe es auf die Frage nach der Zuversicht für die menschliche Zukunft noch keine Antwort: „Man kann sagen, daß Europa – trotz allem Anschein – noch nicht von den Wunden geheilt ist, die im Laufe des Zweiten Weltkrieges geschlagen worden sind. Damit dies geschieht, sind große Anstrengungen und ein starker Wille in Ost und West erforderlich; es bedarf einer echten Solidarität."[39]

In seinem apostolischen Schreiben vom 27. August 1989 weist Johannes Paul darauf hin, daß eine genaue Analyse der Ereignisse von 1939-1945 erforderlich sei, denn nur, wenn die Wahrheit anerkannt werde, könne echte Solidarität wiederhergestellt werden. Schon lange vor 1939 habe sich in gewissen Bereichen der europäischen Kultur der Wille gezeigt, „Gott und sein Bild aus dem Horizont des Menschen zu entfernen".[40] Das habe unter anderem zur Ausbreitung falscher Religionen geführt, denn „im Grunde haben das nationalsozialistische Heidentum wie das marxistische Dogma dies gemeinsam, daß sie totalitäre Ideologien sind und dazu neigen, Ersatzreligionen zu werden". Die Verachtung Gottes habe zwangsläufig Verachtung für die Menschheit und das einzelne menschliche Leben zur Folge gehabt. Das Ergebnis sei ein moralischer Abgrund gewesen, in dem das Europa des 20. Jahrhunderts die Macht Satans als Realität habe erkennen müssen.[41]

Die Welt habe „die Pflicht, aus dieser Vergangenheit eine Lehre zu ziehen, auf daß sich das Bündel der Ursachen nie wiederholen kann, die imstande wären, einen ähnlichen Weltbrand neu zu entfachen".[42] Rassismus und Antisemitismus seien völlig abzulehnen. Die Bürger des neuen Europa müßten lernen, daß das „öffentliche Leben (...) nicht auf ethische Kriterien verzichten" kann. Die Staatsmänner müßten lernen, daß „die Achtung vor Gott und die Achtung vor den Menschen zusammengehören". Das Mißlingen der Evangelisierung, das zu den Katastrophen des 20. Jahrhunderts in Europa beigetragen habe, müsse die Kirche „dafür wachsam machen, wie das Evangelium heute verkündet und gelebt wird". Deshalb sei das Bemühen um christliche Einheit so wichtig.[43]

Nach Ansicht von Johannes Paul hatte der Zweite Weltkrieg zu einer Krise des Vertrauens in die Zukunft des Menschen geführt, die immer noch anhielt. Mit dieser Glaubenskrise mußte man sich befassen, auch wenn jetzt die politischen Auswirkungen des Kriegs durch die Revolution von 1989 rückgängig gemacht wurden. Dabei mußte die Kirche sich an etwas Wichtiges erinnern: „Gott verzweifelt nicht am Menschen. (...) Auch wir dürfen nicht am Menschen verzweifeln."[44]

Die messianische Befreiung

Als die für den Terminplan des Papstes Verantwortlichen die Heiligsprechung von Agnes von Böhmen und Albert Chmielowski für Sonntag, den 12. November 1989, ansetzten, konnten sie nicht wissen, daß die Zeremonie während einer politischen Umwälzung stattfinden würde, die die europäische Landschaft und die Weltpolitik grundlegend verändern sollte.

Am 22. August hatte der Oberste Sowjet Litauens die Annexion der Republik durch die Sowjetunion einseitig für nichtig erklärt. Diese Geste hatte zwar keine sofortigen Auswirkungen, war jedoch ein Hinweis darauf, daß die Revolution in Ostmitteleuropa, die unaufhaltsam an Kraft gewann, weit mehr als das Ende des äußeren Sowjetreiches bedeuten würde. Am 10. September öffnete Ungarn seine Grenze zu Österreich und ermöglichte es damit Flüchtlingen aus der DDR, in den Westen zu gelangen. Durch diese Bresche im Eisernen Vorhang flohen schließlich über 30 000 DDR-Bürger. Drei Wochen später, am 30. September, erlaubte Erich Honecker, der Vorsitzende des Staatsrats der DDR, 15.000 DDR-Bürgern, die in den Botschaften der Bundesrepublik in Prag und Warschau Zuflucht gesucht hatten, die Ausreise in die Bundesrepublik in Sonderzügen – eine weitere Bresche in der einst unüberwindlichen Grenze, die Deutschland und Europa teilte. Am 18. Oktober, zwei Tage, nachdem in Leipzig 120 000 Menschen auf die Straße gegangen waren, trat Honecker, der seit 1971 regiert hatte, als Staats- und Parteichef zurück. Sein Nachfolger wurde Egon Krenz.

Weder die Demonstrationen noch die Auswanderung ließen nach. Am 4. November forderten in Ostberlin mehr als eine Million Menschen demokratische Reformen. Zwischen dem 4. und dem 8. November flohen weitere 50 000 DDR-Bürger über die Tschechoslowakei in den Westen. Die Regierung der DDR trat zurück, und alte Hardliner wurden aus dem Politbüro der SED entfernt. Doch die Reformen gingen nicht weit genug, und sie kamen zu spät. Die neuen Partei- und Regierungsführer wußten das; am 9. November gaben sie den Forderungen des Volkes nach und öffneten die Berliner Mauer, so daß ein freier Übergang vom Osten in den Westen möglich war. Am 10. November kletterten Westberliner um 1 Uhr nachts auf die Mauer, und auf dem Kurfürstendamm drängten sich Deutsche aus Ost und West, die sich umarmten, tanzten und gar nicht fassen konnten, was da passierte. Das größte Symbol des kalten Krieges war gefallen.[45]

Die Heiligsprechung von Albert Chmielowski und Agnes von Böhmen am 12. November bot Johannes Paul II. die Möglichkeit, diese dramatischen Ereignisse öffentlich zu interpretieren. Außerdem gab die Heiligsprechungszeremonie in Rom den Tschechen und Slowaken die Gelegenheit, ihre Kräfte für die nächste Phase der Revolution von 1989 zu sammeln – was einmal mehr beweist, daß es im Plan der Vorsehung keine bloßen Zufälle gibt.

Für die Heiligsprechung von Bruder Albert – es war das erste Mal in der Geschichte, daß ein Schriftsteller eine seiner Figuren zum Heiligen erklärte – hätte es keinen besseren Zeitpunkt geben können. Bruder Albert hatte der Versuchung durch Lenin widerstanden und die „größere Freiheit" eines durch den Dienst an den Armen ganz Gott geweihten Lebens gewählt. Dadurch war er ein leuchtendes Beispiel für die volle Bedeutung der christlichen Befreiung geworden, die die Politik transzendiert, ihr aber gleichzeitig Sinn und Wert gibt. Johannes Paul sagte in seiner Predigt:

> [Davon] spricht der dem Propheten Jesaja entnommene Text der ersten Lesung der Liturgie der heutigen Heiligsprechung: „(...) die Fesseln des Unrechts zu lösen, die Stricke des Jochs zu entfernen, die Versklavten freizulassen, jedes Joch zu zerbrechen" (Jesaja 58,6). Das ist die Theologie der messianischen Befreiung. Sie enthält das, was wir heute als „Option für die Armen" zu definieren gewohnt sind: „an die Hungrigen dein Brot auszuteilen, die obdachlosen Armen ins Haus aufzunehmen, wenn du einen Nackten siehst, ihn zu bekleiden und dich deinen Verwandten nicht zu entziehen" (Jesaja 58,7).
>
> Genau das hat Bruder Albert getan. (...) Er nahm sein Joch und seine Last auf sich; und er war nicht nur „einer, der Almosen gibt", sondern wurde denen, welchen er diente, zum Bruder.[46]

Bei der Offertoriumsprozession der Heiligsprechungsmesse, als das Brot und der Wein zum Altar gebracht wurden, schenkten zwei Albertus-Schwestern Johannes Paul eine Kopie von Albert Chmielowskis berühmtestem Gemälde, *Ecce homo*.[47]

Agnes von Böhmen war um 1282 gestorben. Der große zeitliche Abstand zwischen ihrem Tod und ihrer Heiligsprechung gab Johannes Paul die Gelegenheit, über die wunderbaren Wege der Vorsehung in der Geschichte und darüber, wie die Vergangenheit Licht in die manchmal dunkle Gegenwart bringen kann, zu sprechen. Agnes habe in ihrem Leben viel Leid ertragen müssen – wie jetzt die Katholiken in Böhmen, Mähren und der Slowakei. Es habe die hl. Agnes von Böhmen ausgezeichnet, daß sie „mit vollem Vertrauen (...) stets die von der Vorsehung zugelassenen Ereignisse" angenommen habe, „in der Gewißheit, daß alles vergeht, die Wahrheit [Christi] jedoch in Ewigkeit bleibt".

> Und das ist die Lehre, die die neue Heilige auch euch, ihren lieben Landsleuten, gibt, und die sie allen gibt. Die menschliche Geschichte ist in ständiger Bewegung; (...) doch die erleuchtende und rettende Wahrheit Christi dauert im Wandel der Ereignisse fort. Alles, was auf der Erde geschieht, ist vom Allerhöchsten gewollt oder zugelassen, damit die Menschen den Durst oder die Sehnsucht nach der Wahrheit verspüren, nach ihr streben, sie suchen und zu ihr gelangen![48]

Auch 40 Jahre der Verfolgung, gab der Papst zu verstehen.

Sieben Jahrhunderte lang waren die Tschechen überzeugt gewesen, daß etwas Wunderbares geschehen würde, wenn Agnes von Böhmen endlich heiliggesprochen wurde. Der erste Schritt zur Erfüllung dieses Volksglaubens erfolgte bei der Heiligsprechung selbst. Die tschechoslowakische Regierung war im Hinblick auf die Ausstellung von Pässen recht großzügig gewesen, und so befanden sich Tausende von Tschechoslowaken zur gleichen Zeit in Rom und konnten die Luft der Freiheit atmen. Auf dem Petersplatz trafen sich Männer und Frauen der Untergrundkirche, die sich seit 40 Jahren nicht mehr gesehen hatten. Am Wochenende der Heiligsprechungsfeierlichkeiten begrüßten Katholiken aus der ganzen Tschechoslowakei alte Freunde, schlossen neue Bekanntschaften und stellten fest, daß ihre Kirche den Stalinismus der 50er Jahre und die „Normalisierung" unter Husák nach dem Einmarsch der Sowjets von 1968 erstaunlich gut überstanden hatte. Es gab viel mehr von ihnen, als sie gedacht hatten, und sie waren stärker, als sie geglaubt hatten. Was die Polen und die DDR-Bürger soeben erreicht hatten, konnte auch ihnen gelingen. Durch die lange erwartete Heiligsprechung der sel. Agnes wieder vereint, fuhren sie nach Hause, um dort für ihre eigene sanfte Revolution zu arbeiten.[49]

DIE KAPITULATION

Während des Zweiten Weltkriegs hatte Henri de Lubac in dem Versuch, die einzigartigen Schrecken dieser Zeit zu analysieren, die These aufgestellt, daß der „atheistische Humanismus" etwas völlig Neues im Leben der Menschheit sei. Der „gewöhnliche" Atheismus sei die ganze Geschichte hindurch immer wieder aufgetreten, doch dies sei etwas anderes: ein Atheismus mit einer Weltanschauung, einem Programm und einer Dynamik. Seine Propheten – Comte, Feuerbach, Marx und Nietzsche – verkündeten alle, der Gott der Christen sei „ein Gegenspieler", ein „Feind" der Würde des Menschen.[50]

De Lubac bezeichnete das als eine große Umkehrung. Die Antike hatte die biblische Religion als Befreiung vom Schicksal empfunden. Wenn Gott die Welt und die Menschen, die sie bewohnten, erschaffen hatte und jeder von ihnen „dem Schöpfer, dem Herrn der Gestirne selbst unmittelbar verbunden" war, zerfielen die „ungezählten Mächte – Götter, Genien [gemeint ist: Geister] oder Dämonen –, die das menschliche Leben im Netz ihrer tyrannischen Willkür gefangen hielten und einschnürten (...), zu Staub", und die Menschen waren ihnen nicht mehr ausgeliefert. Die Befreiung vom Schicksal war nicht mehr auf „eine kleine Schar von Auserwählten" beschränkt, die hoffen durfte, „dem Kreislauf des Schicksals durch die Pforte irgendeiner Geheimlehre zu entrinnen".[51]

Was die biblische Offenbarung als Befreiung verkündete, empfanden die Propheten des neuen atheistischen Humanismus als „drückendes Joch". Gott auszuschalten war ihrer Ansicht nach die Voraussetzung dafür, daß der Mensch „selber in den Vollbesitz der menschlichen Größe" treten konnte, die Gott ihm „wider Gebühr" vorenthielt. Das war nicht der Atheismus der dekadenten Reichen oder ein verzweifelter Atheismus, sondern ein atheistischer *Humanismus*, der im Namen der menschlichen Befreiung unterwegs war – und er war die Hauptursache für „die große Krise der modernen Zeit".[52] Die Idee des atheistischen Humanismus hatte ungeheure Auswirkungen gehabt. Vermittelt durch die Politik Lenins, Stalins, Maos und verschiedener kleinerer Kommunistenführer, hatte er bewiesen: „Es ist nicht wahr, daß der Mensch, wie man zuweilen sagen hört, die Erde nicht ohne Gott organisieren kann. Wahr ist, daß er sie ohne Gott letzten Endes nur *gegen* den Menschen organisieren kann. Der selbstherrliche Humanismus ist ein unmenschlicher Humanismus."[53]

Am 1. Dezember 1989 kam der Vertreter des größten Experiments mit dem atheistischen Humanismus, der Sowjetunion, in den Vatikan, um den höchsten Vertreter des christlichen Humanismus auf der Welt zu treffen. Es machte keinen großen Unterschied, daß Michail Gorbatschow ein neuartiger Sowjetführer war – weder voll kaltblütiger Grausamkeit, wie seine stalinistischen Vorgänger, noch von glühendem Revolutionseifer erfüllt, wie die frühen Bolschewiken. Vielleicht zweifelte Gorbatschow zu diesem Zeitpunkt schon selbst daran, daß eine Reform des Kommunismus möglich war. Vielleicht hatte er begonnen, zu begreifen, daß es ohne viel mehr Glasnost [Offenheit] keine wirkliche Perestroika [Umbau] geben konnte – und daß mehr Glasnost das Ende des Machtmonopols der Kommunistischen Partei bedeutete. Gorbatschows Vorstellung von der unmittelbaren Zukunft war an diesem Tag jedoch nicht wichtig. Die Geschichte hatte ihn als Verkörperung einer der Mächte, die im großen Drama der Moderne eine Hauptrolle spielten, in den Vatikan geführt, als Vertreter des schon ein Jahrhundert lang dauernden Bemühens, die Menschheit durch die *grundsätzliche* Ablehnung Gottes zu befreien.

Eine historische Begegnung

Jeder in Rom wußte, daß sich an diesem 1. Dezember etwas wirklich Großes ereignen würde. Auf den Straßen drängten sich neugierige Römer. Selbst die abgebrühtesten Reporter waren aufgeregt. Altgediente Mitglieder der Kurie beugten sich aus den Fenstern, um auf der Fahrt um den Petersplatz, über das kurze Stück der Via di Porta Angelica, durch die Porta Sant'Anna und den sanft ansteigenden Vatikanhügel hinauf einen Blick auf den Staatschef der UdSSR und seine Frau Raissa zu erhaschen. Auf dem Cortile San Damaso stiegen der Erbe von Lenins Revolution und seine Frau aus ihrer schwarzen Limousine und wurden vom Präfekten des Päpstlichen Hauses, den Gentiluomini des Heiligen Vaters und der Schweizergarde mit den einem Staatsoberhaupt zustehenden Ehren begrüßt. Dann gingen sie hinein.Das italienische Staatsfernsehen hatte überall im Apostolischen Palast Kameras postiert, so daß die Zuschauer den Sowjetführer auf seinem historischen Gang zu den päpstlichen Gemächern beobachten konnten. Von Anfang an war offensichtlich, daß Gorbatschow, der die Bedeutung des Augenblicks voll erkannte, sich unbehaglich fühlte – was besonders auffiel, weil er normalerweise ein starkes Selbstvertrauen ausstrahlte. Auf einen Seminaristen, der die dramatische Szene im Fernsehen sah, wirkte er wie ein Mann auf dem Weg von der Todeszelle zur Hinrichtung. Eine erfahrene Rom-Korrespondentin dagegen hatte den Eindruck, daß er eher bewegt und verblüfft als verängstigt aussah. Der Pressesprecher des Vatikans, Joaquín Navarro-Valls, ein ausgebildeter Psychiater, meinte, Gorbatschow habe angespannt gewirkt und nicht so recht gewußt, wie er sich verhalten sollte: Sollte er finster dreinblicken oder lieber lächeln?[54]

In was für einer psychischen und emotionalen Verfassung Gorbatschow auch gewesen sein mag – in seinen ersten Minuten im Vatikan machte er nicht den Eindruck, daß er sich auf das, was ihm bevorstand, freute; vielleicht war er nicht sicher, was genau vor ihm lag. Doch er muß die historische Bedeutung dieses Augenblicks zumindest erahnt haben. Allein durch seine Anwesenheit im Vatikan gab das von ihm repräsentierte System zu, daß es in bezug auf das Verhältnis zwischen Christentum und echtem Humanismus, in bezug auf Christentum und menschliche Befreiung, unrecht gehabt hatte.

Man hatte den Reportern erlaubt, die ersten Augenblicke der Begegnung zwischen dem Papst und dem Sowjetführer zu beobachten. Diejenigen, die solche Situationen schon öfter erlebt hatten, merkten sofort, daß Johannes Paul diesem historischen Augenblick nicht gleichgültig gegenüberstand. Die erfahrenen Reporter sagten, seine ersten Reaktionen seien gewöhnlich ein Hinweis darauf, wie es weitergehen würde – und der Papst begrüßte Michail Gorbatschow und seine Frau ausgesprochen herzlich.[55] Seiner Ansicht nach war Gorbatschow ein Mann mit Prinzipien, der nach seinen Überzeugungen handelte, selbst wenn ihm die Ergebnisse, zu denen sie führten, nicht gefielen.[56] Auch wenn Gorbatschow den „Kommunismus mit menschlichem Gesicht" (den Johannes Paul als Widerspruch in sich betrachtete) möglicherweise retten wollte, war er jemand, mit dem man anders sprechen und umgehen konnte als mit Männern, denen es nur um Macht ging.[57]

Die beiden Männer zogen sich zu einem privaten Gespräch in die Bibliothek des Papstes zurück; dabei benutzten sie zwei Dolmetscher (Johannes Paul kann

Russisch zwar lesen, spricht es aber nicht): einen vom Staatssekretariat des Vatikans gestellten und Valerij Kowlikow, einen Beamten im auswärtigen Dienst der Sowjetunion. Beide Führer schienen daran interessiert zu sein, sich kennenzulernen. Der Papst setzte sich, wie schon bei all seinen früheren Begegnungen mit sowjetischen Offiziellen, für die Religionsfreiheit ein, versuchte aber auch, sich einen Eindruck von seinem Besucher zu verschaffen. Wer war dieser Mann? Welche Überzeugungen hatte er? Worauf beruhten sie?[58]

Während Raissa Gorbatschowa die Sixtinische Kapelle besichtigte (und erklärte, Michelangelos Fresken seien nicht so schön wie russische Ikonen), redeten der sowjetische Präsident und der Papst eineinhalb Stunden lang miteinander, eine halbe Stunde länger als vorgesehen. Gorbatschow zufolge sprach Johannes Paul von seinem „europäischen Credo" und von seiner Überzeugung, daß Europa jetzt wieder „mit zwei Lungen atmen" müsse und das als Wiederherstellung der Normalität zu betrachten sei, als Rückkehr zum wahren historischen Kurs Europas. Das bedeute unter anderem, daß der Westen die Ereignisse von 1989 weniger als einen Sieg betrachten sollte, sondern als eine Chance, eine Seite seines Erbes wiederzuentdecken.[59]

Nachdem Johannes Paul und Gorbatschow ihr Gespräch beendet hatten, wurde Raissa Gorbatschowa hereingeführt, um dem Papst offiziell vorgestellt zu werden. Ihr Mann, der jetzt sehr entspannt war, ergriff ihre Hand und sagte: „Raissa Maximowna, ich habe die Ehre, dir die höchste moralische Instanz auf Erden vorzustellen!" Lachend setzte er hinzu: „Und er ist Slawe, wie wir!"[60]

Als sie aus der Bibliothek kamen, um die offiziellen Ansprachen zu halten, spürten alle Anwesenden die Besonderheit des Augenblicks. Die Atmosphäre war wie elektrisch geladen, und selbst die erfahrenen Reporter waren dagegen nicht immun.[61]

Am Anfang seiner offiziellen Begrüßungsansprache zitterten Johannes Paul vor Ergriffenheit die Hände. Er sagte, es sei ihm „besonders willkommen", den Präsidenten der Sowjetunion, seine „verehrte Gemahlin, den Herrn Außenminister und alle Ihre Begleitpersonen aufs herzlichste zu begrüßen". Es folgte eine unaufdringliche Geschichtsstunde, die mit einer Reflexion über das große Drama, das an diesem Tag gespielt wurde, verbunden war. Die Taufe der Kiewer Rus', deren Tausendjahrfeier im vergangenen Jahr begangen worden sei, habe „die Geschichte der Völker (...), die damals die Botschaft Christi empfingen" tief geprägt. „Herr Präsident, ich möchte Ihren Besuch gern vor dem Hintergrund der Tausendjahrfeier und gleichzeitig als einen Samen betrachten, der vielversprechend für die Zukunft ist."

Als nächstes kam Johannes Paul zu dem Punkt, der ihm am meisten am Herzen lag: zur Religionsfreiheit. Dabei dachte er besonders an die bedrängten Katholiken in Litauen und der Ukraine, machte aber ebenso höflich wie nachdrücklich klar, daß es ihm um Religionsfreiheit für alle ging:

> Allen sind die Geschehnisse der vergangenen Jahrzehnte und die schmerzlichen Prüfungen bekannt, die so viele Bürger ihres Glaubens wegen erdulden mußten. Besonders bekannt ist, daß heute zahlreiche katholische Gemeinschaften mit Sehnsucht darauf warten, sich wieder zusammenzuschließen und der Leitung ihrer Hirten erfreuen zu können.

Daher sei es nun an der Zeit, „dank des mehrmals bekräftigten Beschlusses Ihrer Regierung, eine Erneuerung der internen Gesetzgebung" zur Religionsfreiheit durchzuführen, „mit dem Ziel, sie voll den hohen internationalen Verpflichtungen anzupassen, die auch von der Sowjetunion unterzeichnet worden sind". Genau dieses Argument hatte Johannes Paul II. auch in seinem historischen Brief an Leonid Breschnew vom 16. Dezember 1980 angeführt, in dem er den Vorgänger Gorbatschows bat, nicht in Polen einzumarschieren. Dieses Mal ging es allerdings um die Menschenrechtsbestimmungen der Schlußakte von Helsinki, nicht um ihre Sicherheitsgarantien. Johannes Paul sagte weiter:

> In diesem Augenblick mache ich mir die Erwartung von Millionen Ihrer Mitbürger – und mit ihnen von Millionen Bürgern der Welt – zu eigen, nämlich, daß das Gesetz über die Gewissensfreiheit, das bald vom Obersten Sowjet diskutiert werden wird, dazu beitrage, allen Glaubenden die volle Ausübung des Rechtes auf Religionsfreiheit zu garantieren (...).Dieses Recht sei das „Fundament" aller anderen Freiheiten.

Am Ende eines Jahrhunderts mit unfaßbarem Blutvergießen hoffe er auf die Geburt eines neuen Humanismus, einer neuen „Sorge für den Menschen", die zum Entstehen einer „universalen Solidarität" führen werde. Das sei aber nur dann möglich, wenn die Lehre des Zweiten Weltkriegs nicht vergessen werde: „daß schreckliche Konsequenzen für das Geschick der Völker entstehen und auch die größten Pläne fehlschlagen können, wenn die grundlegenden ethischen Werte außer acht gelassen werden." Diese Begegnung sei nicht nur ungewöhnlich; sie sei „von einzigartiger Bedeutung, (...) ein verheißungsvolles Zeichen langsam herangereifter Zeiten".[62]

Michail Gorbatschow hatte bis zum letzten Augenblick an seiner eigenen offiziellen Ansprache gefeilt. Navarro-Valls hatte am Nachmittag des Vortages um ein Exemplar für den internen Gebrauch gebeten (die Sowjets hatten den Text von Johannes Pauls Ansprache bereits erhalten), doch man sagte ihm, daß Gorbatschow noch daran arbeite.

Auch der Führer der Sowjetunion ließ es sich nicht nehmen, auf die Besonderheit der Begegnung hinzuweisen: „Ein wirklich außerordentliches Ereignis hat stattgefunden." Möglich geworden sei es durch „die tiefgreifenden Veränderungen, die in vielen Ländern und Nationen vor sich gehen". Und dann setzte Gorbatschow einen Schlußpunkt unter 70 Jahre scharfer gegen den Vatikan gerichteter Sowjet-Propaganda – er räumte freimütig ein, daß der Heilige Stuhl darauf hinarbeite, „Lösungen für die gemeinsamen Probleme Europas" hervorzubringen und „ein günstiges Klima" zu schaffen, „das es den Nationen gestattet, ihre eigenen Entscheidungen unabhängig voneinander ins Werk zu setzen". Man sei „grundsätzlich übereingekommen", den Beziehungen zwischen der UdSSR und dem Vatikan „offiziellen Charakter zu verleihen"; die „Modalitäten" würden auf diplomatischem Weg festgelegt werden. Gorbatschow erklärte außerdem, er werde das neue Gesetz zur Religionsfreiheit, wie versprochen, auf den Weg bringen. Er endete mit den Worten: „Im Rahmen der Bewegung der Perestroika lernen wir die schwierige, aber unerläßliche Kunst der globalen Zusammenarbeit und der Festigung der Gesellschaft auf der Basis der Erneuerung."[63]

Dieser Satz erinnerte an die gestelzte Sprache der Vergangenheit. Doch Gorbatschow hatte noch eine Überraschung parat: In einem improvisierten Schlußteil lud er den Papst völlig unerwartet zu einem Besuch der Sowjetunion ein.

Das war wieder ein elektrisierender Augenblick, und nach Ansicht mancher Reporter verschenkte Johannes Paul dadurch, daß er die Einladung nicht sofort und spontan annahm, eine große Chance. Doch der Papst kannte die ökumenische Empfindlichkeit der russisch-orthodoxen Kirche und wußte, daß sie ihn in die Sowjetunion einladen mußte. Vielleicht dachte der sowjetische Staatschef, der natürlich mit der historischen Beziehung zwischen seinem Amt und dem des Patriarchen von Moskau vertraut war, er könne das Patriarchat dazu bringen. Durch den Zerfall der Sowjetunion kam es jedoch nicht mehr dazu.[64]

Ein Mann der Vorsehung?

Gegenüber Kollegen und Freunden sagte Johannes Paul oft, Michail Gorbatschow sei „ein Mann der Vorsehung". Um das verstehen zu können, muß man an die theologische Linse denken, durch die der Papst die ganze Realität betrachtet. Auch gegenüber Präsident Gorbatschow blieb er Karol Wojtyła, der Mann, für den sich alles innerhalb des Horizonts seiner Überzeugung ereignet, daß Jesus Christus die Antwort auf die Frage ist, die jedes menschliche Leben darstellt. Das galt auch für das Leben von Michail Sergejewitsch Gorbatschow; ihm gegenüber war Johannes Paul ein Hirte, der zusätzlich die Rolle eines Staatsmanns übernommen hatte, nicht ein Staatsmann, der ein Hirte war, wenn er in die Kirche zurückkehrte.

Außerdem begegnete Johannes Paul Gorbatschow als Pole, der sich sehr bewußt war, daß dieser Russe, im Gegensatz zu all seinen Vorgängern (ob sie nun Zaren oder Kommunisten gewesen waren), es Polen erlaubt hatte, seine Freiheit und Souveränität durchzusetzen. Viele meinten, daß Gorbatschow im Sommer 1989 keine andere Wahl hatte, daß er angesichts der inneren Probleme der Sowjetunion gar nicht in der Lage war, die Breschnew-Doktrin in Ostmitteleuropa durchzusetzen. Doch Johannes Paul und seine polnischen Kollegen im Vatikan sahen das offenbar anders. Vielleicht war Johannes Paul, der die traditionelle polnische Haltung gegenüber der Großmacht im Osten kulturell und spirituell völlig überwunden hatte, das politisch noch nicht ganz gelungen.[65]

Johannes Paul respektierte Gorbatschow als einen Politiker, der bereit war, für das, was er als die Wahrheit ansah, Risiken einzugehen, und der begriffen hatte, daß der Staat sich vor allem um die menschliche Person, nicht um das Kollektiv kümmern mußte.[66] Dieser Respekt bedeutete jedoch nicht (wie manche Kommentatoren angenommen haben), daß der Papst Gorbatschows Plan zur Aufrechterhaltung der Sowjetunion in der Form, die sie seit dem Zweiten Weltkrieg hatte, wohlwollend gegenüberstand.[67] Johannes Paul war durchaus klar, daß die „Union", die die UdSSR bildete, durch oft brutale Gewalt erzwungen und bewahrt worden war. Außerdem ging es auch um das Schicksal zweier katholischer Ortskirchen, die in besonderer Bedrängnis waren – in Litauen und der Ukraine. Die baltischen Republiken unterschieden sich kulturell und geschichtlich deutlich von Großrußland. Im Hinblick auf die historische Andersartigkeit der Ukraine konnte man ähnlich argumentieren, doch das ließ sich den Russen – vor allem der russisch-orthodoxen Kirche – viel schwerer vermitteln. Angesichts des ostslawischen Ursprungs der Orthodoxie im Land um Kiew würde die Unabhängigkeit der Ukraine ein schwerer Schlag für die historischen Ansprüche des Moskauer Patriarchats sein.[68] Es war jedenfalls sehr unwahrscheinlich, daß der Papst, der seit dem Beginn seines Pontifikats die „Rechte der Völker" verteidigt hatte, das letzte Vielvölkerreich der Welt befürworten würde.

Vielleicht war Michail Gorbatschow, der seiner Begegnung mit Johannes Paul II. vom 1. Dezember 1989 in seinen 1 152 Seiten umfassenden Memoiren nur wenig mehr als eine Seite widmet, wirklich „ein Mann der Vorsehung". Doch selbst in einer Analyse der Geschichte des späten 20. Jahrhunderts, die den Schwerpunkt auf moralische Aspekte legt, dürfte Gorbatschow eher als Werkzeug einer Vorsehung, die er niemals verstand, erscheinen denn als bewußter Diener eines höheren Plans. Wie man Gorbatschow, als Menschen und als Staatsmann, letztendlich auch beurteilen mag – die historische Bedeutung seiner Begegnung mit dem Papst wird klarer werden, wenn dieses Ereignis weiter in die Vergangenheit gerückt ist. Es war ein Akt der Kapitulation.

Für das Drama des atheistischen Humanismus war der letzte Vorhang gefallen. Er war keine glaubwürdige Alternative für die Zukunft mehr. Das war die Bedeutung von Michail Gorbatschows Besuch im Vatikan.

DIE SANFTE REVOLUTION DER HL. AGNES

In der Tschechoslowakei begann das Ende des Kommunismus in der Nacht vom 17./18. November 1989, und zwar auf der Národní třída [Nationalstraße], die von der Moldau zum Wenzelsplatz in der Prager Altstadt führt. Mit Erlaubnis der Behörden marschierten 50 000 Studenten auf der Nationalstraße zum Wenzelsplatz, um des 50. Todestags des von den Nationalsozialisten ermordeten Studenten Jan Opletal zu gedenken. Doch die Verbindungen zwischen den Unterdrückern der Vergangenheit und denen der Gegenwart waren unverkennbar, und es wurden gegen die Regierung gerichtete Sprechchöre laut. Etwa auf halbem Weg zu ihrem Ziel wurden die friedlichen Studenten mit den Schlagstöcken und den weißen Helmen der Staatspolizei und den roten Mützen eines staatlichen Antiterrorkommandos konfrontiert. Die eingekesselten Studenten versuchten, mit den staatlichen Truppen zu sprechen. Manche überreichten ihnen Blumen, während andere Kerzen anzündeten, sich auf die Straße setzten und mit erhobenen Armen skandierten: „Unsere Hände sind leer!" Die Spannung stieg immer weiter. Schließlich griffen die Polizei und das Antiterrorkommando ohne Vorwarnung an. Männer, Frauen und Jugendliche wurden niedergeknüppelt. Getötet wurde niemand, doch Hunderte mußten ins Krankenhaus eingeliefert werden.

Das *masakr*, wie es sofort genannt wurde, löste die gewaltfreie Revolution aus, die den Kommunismus in der Tschechoslowakei stürzte. Am 19. November berief Václav Havel ein Treffen ein, bei dem ein Bündnis verschiedener Oppositionsgruppen, das Bürgerforum, entstand. Kurz darauf wurde in Preßburg ein ähnliches Bündnis unter weitgehend katholischer Führung gebildet. Auf dem

Wenzelsplatz begannen große abendliche Demonstrationen. In der Nacht des 24. November verlas Pater Václav Malý – ein 39 Jahre alter Priester, der die Heizkessel im Kellergeschoß des Meteor-Hotels bediente, nachdem die Regierung ihm ein Berufsverbot erteilt hatte – vor einer riesigen Menschenmenge eine Botschaft des betagten Kardinals, dessen Namen sie in die kalte Nachtluft riefen: „Frantši Tomášek! Frantši Tomášek!" Die Botschaft lautete:

> Bürger von Böhmen, Mähren und der Slowakei!
>
> In diesem Augenblick, da ihr euch in einem gewaltigen Protest gegen das große Unrecht, das man uns seit 40 Jahren antut, zusammengeschlossen habt, darf ich nicht schweigen. (...) Wir sind von Ländern umgeben, die in der Vergangenheit oder gerade erst die [Gefängnis]Gitter des totalitären Systems zerstört haben. (...) Wir dürfen nicht mehr warten. Jetzt ist die Zeit gekommen, zu handeln.
> (...) Laßt uns mit guten Mitteln für das Gute kämpfen. Unsere Unterdrücker zeigen uns, wie kurzlebig die Siege des Hasses, des Bösen und der Rache sind. (...)
> Ich möchte auch zu euch sprechen, meine katholischen Brüder und Schwestern, vereint mit euren Priestern. In dieser Schicksalsstunde für unser Land darf kein einziger von euch abseits stehen. Erhebt eure Stimme wieder: dieses Mal zusammen mit allen anderen Bürgern, Tschechen und Slowaken, Menschen anderer Nationalität, Gläubigen und Ungläubigen. Die Religionsfreiheit kann nicht von den anderen Menschenrechten getrennt werden. Die Freiheit ist unteilbar. (...)[69]

Vier Tage später, am 28. November, erklärte die Kommunistische Partei der Tschechoslowakei sich bereit, ihr Machtmonopol aufzugeben. Am 7. Dezember trat Ministerpräsident Ladislav Adamec zurück, am 10. Dezember Staatspräsident Gustav Husák. Nach drei Wochen intensiver Verhandlungen wurde am 29. Dezember Václav Havel von der Nationalversammlung zum Staatspräsidenten der Tschechoslowakei gewählt. Václav Benda, ein führender katholischer Intellektueller und Mitglied des Bürgerforums, sagte später, die Regierung habe in der frühen Phase der Verhandlungen Kontakt zu Kardinal Tomášek aufgenommen und von ihm verlangt, als Vermittler zwischen ihr selbst und der Opposition aufzutreten. Tomášek, der mit zunehmendem Alter nicht nur zäher, sondern auch schlauer geworden war, lehnte das jedoch ab. Wenn er nämlich als Vermittler fungiert hätte, hätte das die Opposition gespalten und der Regierung eine gewisse Legitimität verliehen. Indem er die Kirche unwiderruflich auf die Seite des Volkes stellte, erhielt Tomášek dem Bündnis der Oppositionsgruppen seine breite Basis.[70]

Am 29. Dezember wurde im Veitsdom auf dem Hradschin zur Feier von Havels Amtseinführung ein „Te Deum" gesungen. Einer der Berater des früheren Dramatikers, der immer noch nicht fassen konnte, was geschehen war, sagte: „Die hl. Agnes hat uns bei unserer sanften Revolution geholfen!"[71] Nach den letzten sechs Wochen gab es niemanden, der ihm widersprochen hätte.

In nicht einmal einem halben Jahr hatte eine gewaltlose Revolution Stalins äußeres Reich hinweggefegt und demokratische Regierungen, keine neue Schreckensherrschaft, hervorgebracht. Das Gewissen hatte sich, nachdem es bei einer genügend großen Zahl von Menschen aufgerüttelt worden war, als stärker erwiesen als Zwang.[72] Diejenigen, die an der Revolution des Gewissens von 1989 beteiligt waren, wußten, daß die Schlüsselfigur bei ihrer Entwicklung Johannes Paul II. gewesen war.

DIE NEUE POLITIK

Das ganze *annus mirabilis* 1989 hindurch ergriff Johannes Paul schnell die Gelegenheiten, die sich durch die Umwälzung in Ostmitteleuropa und der UdSSR boten.

Am 17. Juli wurde die Aufnahme voller diplomatischer Beziehungen zwischen Polen und dem Heiligen Stuhl angekündigt.

Am 25. Juli wurde Pater Tadeusz Kondrusiewicz zum Apostolischen Administrator von Minsk in Weißrußland ernannt und mit der Seelsorge für alle römisch-katholischen Christen in ganz Weißrußland betraut. Sein Lebenslauf illustriert die Schicksalsprüfungen jener polnischen Familien, die im Zweiten Weltkrieg in den Osten vertrieben worden waren. Er war 1946 in Grodno (in dem Land, das bald „Belarus" genannt wurde) geboren worden, aber in Kasachstan aufgewachsen. Als Kondrusiewicz zum Bischof ernannt wurde, war er Priester in der litauischen Erzdiözese Wilna (Vilnius), dem einzigen Ort, an dem er in den 70er Jahren hatte studieren können, um katholischer Priester in der UdSSR zu werden.

Am 5. Oktober trat in Rom die Synode der katholischen Bischöfe der Ukraine zusammen. Zwei Wochen später war der „Außenminister" des Vatikans, Erzbischof Angelo Sodano, zu Verhandlungen über die Zukunft der griechisch-katholischen Kirche in der Ukraine in Moskau. Das Moskauer Patriarchat der russisch-orthodoxen Kirche schlug eine Regelung vor, die praktisch eine Auflösung der ukrainisch-katholischen Kirche bedeutet hätte: Diejenigen, denen mehr an der östlichen Liturgie lag als an der Gemeinschaft mit Rom, sollten orthodox werden, diejenigen, die die Gemeinschaft mit Petrus über die östliche Liturgie stellten, dagegen römisch-katholisch. Das war natürlich unannehmbar. Bei Treffen mit Staatschef Gorbatschow, Außenminister Schewardnadse und dem Präsidenten des Rats für religiöse Angelegenheiten, Jurij Christoradnow, wiederholte Erzbischof Sodano unermüdlich Johannes Pauls Forderung, daß das neue sowjetische Gesetz zur Gewissensfreiheit die griechisch-katholische Kirche in der Ukraine anerkennen müsse. Schließlich stimmten die Sowjets zu, bestanden aber darauf, daß die „Modalitäten" der gesetzlichen Anerkennung durch trilaterale Verhandlungen zwischen dem Heiligen Stuhl, dem Moskauer Patriarchat und der sowjetischen Regierung ausgearbeitet werden müßten. Diese Verhandlungen sollten „im Kontext eines engeren ökumenischen Dialogs" zwischen der russisch-orthodoxen und der römisch-katholischen Kirche stattfinden.

Frühere Erfahrungen ließen befürchten, daß das Moskauer Patriarchat mit einem Bruch in diesem „Kontext" drohen würde, um zu verhindern, daß den griechisch-katholischen Christen in der Ukraine zu viele Zugeständnisse gemacht wurden. Da der Heilige Stuhl und der Papst offenbar davon ausgingen, daß die Regierung Gorbatschow und die UdSSR noch lange Bestand haben würden, stimmten sie dieser Formulierung zu, worüber die ukrainische Diaspora und die gerade wieder entstehende katholische Kirche der Ukraine überhaupt nicht glücklich waren. Ende Oktober 1989 kam es zu großen Demonstrationen der ukrainischen griechisch-katholischen Christen in Lemberg, und am 29. Oktober übernahmen sie auf friedliche Weise die größte Kirche der Stadt, die Verklärungskirche.[73]

In Rumänien verlief das Wiederauftauchen der griechisch-katholischen Kirche aus dem Untergrund reibungsloser. Am 30. Dezember reiste Erzbischof Francesco Colasuonno, ein altgedienter Diplomat des Vatikans, zu einer neuntägigen Mission dorthin, während der er am ersten Treffen der Bischöfe des lateinischen Ritus und der griechisch-katholischen Bischöfe des Landes seit 1950 teilnahm. Am 6. Januar 1990 bestätigte die rumänische Übergangsregierung, daß das Dekret vom 1. Dezember 1948, durch das die griechisch-katholische Kirche von Rumänien gegen ihren Willen mit der rumänisch-orthodoxen Kirche vereint worden war, aufgehoben sei und den griechisch-katholischen Christen des Landes volle Religionsfreiheit zugestanden werden würde.[74]

Im Gefolge von Erzbischof Sodanos Reise nach Moskau im Oktober 1989 und Präsident Gorbatschows Besuch im Vatikan im Dezember 1989 fand vom 12. bis 17. Januar 1990 in Moskau eine Begegnung zwischen Vertretern der römisch-katholischen und der russisch-orthodoxen Kirche statt, bei der man sich über die Situation der griechisch-katholischen Kirche in der Ukraine einigen wollte. Die Delegation des Heiligen Stuhls wurde von Kardinal Willebrands geleitet, dem emeritierten Präsidenten des Päpstlichen Rats zur Förderung der Einheit der Christen, die orthodoxe von Metropolit Filaret von Kiew, einem unerbittlichen Gegner der ukrainischen Katholiken. Obwohl nach dem Ende der Begegnung offiziell bekanntgegeben wurde, daß man zu „einer wesentlichen Übereinkunft" hinsichtlich der Situation der griechisch-katholischen Kirche in der Ukraine gekommen sei, waren auch die Ergebnisse dieses Treffens für die ukrainischen Katholiken unbefriedigend.

Die russisch-orthodoxe Kirche hatte das ökumenische As ausgespielt und auf einer Erklärung bestanden, daß eine „Unierung" (nach dem Modell der „Union von Brest" von 1596) nicht der richtige Weg zur Wiedervereinigung der Kirchen sei. Das betrachteten die Ukrainer als indirekte Mißachtung ihrer Erfahrungen. Man vereinbarte schließlich, daß die griechisch-katholischen Christen einen Teil ihrer Kirchengebäude zurückerhalten könnten, daß ihre Aktivitäten jedoch auf das „kanonische Gebiet" der römisch-katholischen Kirche begrenzt werden sollten – eine mehrdeutige Formulierung, die von den Ukrainern als gravierende Einschränkung ihrer Handlungsfreiheit aufgefaßt wurde. Außerdem weigerten sich die Orthodoxen, die bestehende griechisch-katholische Untergrundhierarchie anzuerkennen, und bestanden darauf, daß hierarchische Strukturen für die griechisch-katholische Kirche in der Ukraine (wie Diözesen und Pfarreien) nur aufgrund eines Konsenses zwischen dem Heiligen Stuhl und dem Moskauer Patriarchat errichtet werden dürften – was die Ukrainer als eine weitere Verletzung der ihnen durch die Union von Brest garantierten Freiheit (für deren Verteidigung sie schweres Leid ertragen hatten) durch den Vatikan betrachteten. Trotz der Unzufriedenheit der Ukrainer ratifizierte Johannes Paul das Übereinkommen. Allerdings versuchte er offenbar, die Anliegen der ukrainischen Katholiken zumindest zum Teil zu berücksichtigen, indem er formale Vorbehalte gegen die „historischen Beurteilungen" der Union von Brest in dem Übereinkommen anfügte und darauf hinwies, daß die Gefahr bestehe, bestimmte Details des Übereinkommens falsch auszulegen.[75]

Am 6. Februar 1990 ernannte Johannes Paul Ján Chryzostom Korec SJ zum Bischof von Neutra (Nitra) im slowakischen Teil der Tschechoslowakei. Der *Osservatore Romano* schrieb dazu kühl: „Zuletzt leitete er als Rektor das Priesterseminar in Preßburg."⁷⁶ Hinter dieser Bürokratensprache steckte eines der großen persönlichen Dramen der Widerstandskirche im Ostblock. Korec war 1951 im Alter von 27 Jahren geheim zum Bischof geweiht worden; damals arbeitete er in einem Lagerhaus in Preßburg, wo er sich mit Ölfässern abplagte. Es gelang ihm, bis 1960 als Untergrundbischof zu wirken. Dann wurde er verhaftet und zu 27 Jahren Gefängnis verurteilt. Während des Prager Frühlings von 1968 kam er frei, wurde jedoch 1974 erneut inhaftiert. Durch internationale Proteste konnte seine Freilassung erreicht werden. Danach verdiente er sich seinen Lebensunterhalt als Fahrstuhltechniker, Nachtwächter und Fabrikarbeiter in Preßburg, führte daneben aber sein Amt als Untergrundbischof weiter und verfaßte zahlreiche theologische und spirituelle Schriften. Paul VI. hatte ihn 1976 – um die Regierung des Landes zu beschwichtigen – aufgefordert, seine Tätigkeit als Bischof im Untergrund und vor allem die geheime Weihe von Priestern einzustellen. Korec hatte gehorcht – und zusehen müssen, wie die Unterdrückung weiterging. Ende der 80er Jahre war er dann als einer der wichtigsten Führer des katholischen slowakischen Widerstands wieder in Erscheinung getreten. Seine Ernennung zum Residenzbischof war ein Zeichen des Vertrauens und der Dankbarkeit seitens eines Papstes, der als Erzbischof von Krakau der Ostpolitik des Vatikans in der Tschechoslowakei selbst kritisch gegenübergestanden und eine nicht unbeträchtliche Zahl geheimer Priesterweihen vorgenommen hatte.

Am 9. Februar nahmen der Heilige Stuhl und Ungarn volle diplomatische Beziehungen auf – unmittelbar nach den Feiern zur Rehabilitierung von Kardinal Mindszenty in Esztergom, dem Sitz des Primas. Johannes Paul hatte dem ungarischen Kardinal László Paskai dazu eine Botschaft geschickt, in der er schrieb, Mindszenty habe „die Dornenkrone, die ihm aufs Haupt gesetzt worden war" mit „der Würde eines großen Seelenhirten" getragen.⁷⁷

Am 1. März nahmen der Heilige Stuhl und die Sowjetunion offiziell ständige Kontakte auf der Ebene von persönlichen Gesandten auf. Erzbischof Francesco Colasuonno wurde zum ersten Apostolischen Nuntius in Moskau ernannt.

Und am 14. März ernannte Johannes Paul 12 neue Bischöfe – sieben für die Kirche des lateinischen Ritus und fünf für die griechisch-katholische – in Rumänien.

Worum es ging

Während die westlichen Kommentatoren sich bemühten, eine Erklärung für das, was in Ostmitteleuropa so schnell und unerwartet geschehen war, zu finden – die meisten von ihnen entschieden sich für die Wirtschaft als Ursache für den Zusammenbruch des Warschauer Paktes –, versuchte Johannes Paul, diese Ereignisse und ihre Auswirkungen auf die Zukunft zu verdeutlichen. Am 13. Januar 1990 interpretierte er bei seiner traditionellen Ansprache an das beim Heiligen Stuhl akkreditierte Diplomatische Korps die jüngste Geschichte, die sie alle soeben erlebt hatten, auf die für ihn typische Weise. Der „nicht zu unterdrückende Durst nach Freiheit" habe „Mauern einstürzen und Tore sich öffnen lassen". Der „Ausgangspunkt" der Revolution von 1989 sei

– wie Sie gewiß bemerkt haben – oft eine Kirche [gewesen]. Nach und nach wurden die Kerzen angezündet und bilden eine wahre Lichterprozession, so, als ob sie denen, die sich jahrelang bemüht haben, den Horizont des Menschen auf diese Erde einzugrenzen, sagen wollten, daß er nicht auf Dauer in Ketten gelegt bleiben kann.

Die großen Hauptstädte der Region – Warschau, Moskau, Budapest, Berlin, Prag, Sofia und Bukarest – seien „gleichsam die Etappen eines langen Pilgerweges zur Freiheit", einer Freiheit, die letztendlich möglich geworden sei, weil „Frauen, Jugend, Männer (...) die Angst überwunden" hätten.[78]

Die nächste Aufgabe bestehe nun darin, den Sieg des Gewissens im Gesetz, das die menschliche Würde als Quelle der Rechte anerkennen müsse, zu verankern. Durch das Gesetz müsse ein Haus gebaut werden, das Männern und Frauen, die freie moralisch Handelnde seien, würdig sei, und das erfordere „Achtung vor den transzendenten und bleibenden Werten". Der Mensch dürfe sich nicht „zum ausschließlichen Maß von allem" machen. Die Rechtsstaaten im neuen Europa müßten aufgebaut werden mit einer „Beziehung zu dem, von dem alles herkommt und zu dem diese Welt zurückkehrt".[79]

Am 14. Februar begann Johannes Paul eine Reihe kurzer Gebetsmeditationen bei seinen Generalaudienzen, den „Zyklus von Jasna Góra", zur Vorbereitung auf seinen Pastoralbesuch in Polen im folgenden Jahr. Am 21. Februar erinnerte er an die Botschaft, die König Johann III. nach dem entscheidenden Sieg von Wien im Jahre 1683 an Papst Innozenz XI. geschickt hatte: „Veni, vidi, Deus vicit." Genau das sei jetzt in Ostmitteleuropa geschehen: „Gott hat gesiegt."[80] Am 28. März dankte er der Mutter Christi dafür, „daß die Brüchigkeit der Lüge zutage getreten ist; dafür, daß die Wahrheit, die Kraft des Menschen, durchbricht".[81] Bei späteren Meditationen dieses Zyklus verband er 1939 und 1989 enger, reflektierte über den Verrat der UdSSR und der westlichen Alliierten an Polen, den Jahrestag des Aufstands im Warschauer Ghetto und das Vernichtungslager Auschwitz. Eine Lehre, die man aus den Ereignissen der Gegenwart und vor einem halben Jahrhundert ziehen müsse, sei die Notwendigkeit gesellschaftlicher Solidarität.[82]

Bei seinem dramatischen Pastoralbesuch in der jetzt freien Tschechoslowakei am 21./22. April 1990 befaßte Johannes Paul sich mit ähnlichen Themen. Er reiste auch nach Velehrad und Preßburg, doch seine erste Station war Prag. Im Veitsdom drängten sich Bischöfe, Priester und Laien, viele aus der Untergrundkirche. Hunderte der Anwesenden, besonders der älteren Geistlichen, hatten viele Jahre in Arbeitslagern zubringen müssen. Der Papst sagte, ihre Kirche habe sich durch „drei Aspekte der Treue" ausgezeichnet: „Vor allem die Treue zu Christus, dem Gekreuzigten, im Augenblick eurer eigenen Kreuzigung und die Treue zum Geist, der euch durch das Dunkel geführt und euch Licht gewährt hat"; außerdem sei sie „auch dem Nachfolger des Petrus und den Nachfolgern der Apostel, den Bischöfen, treu geblieben"; und schließlich sei „die Treue zur Nation" hervorzuheben, „die vor allem in der Solidarität mit den Verfolgten und als Freimut gegenüber denen, die aufrichtig die Wahrheit suchen und die Freiheit lieben, zum Ausdruck gekommen" sei. Jetzt sei es ihre Aufgabe, eine freie Kirche zu bauen, „auf dem Fundament dessen, was während der Jahre der Prüfung herangereift" sei.[83]

Johannes Paul war an diesem Tag nicht der einzige Mensch in Prag, der glaubte, daß 1989 anders verstanden werden müsse, als Staatsmänner die Geschichte gewöhnlich verstehen. Václav Havel, wie der Papst selbst ein früherer Dramatiker, jetzt Staatspräsident der Tschechoslowakei, drückte es in seiner Begrüßungsansprache am Prager Flughafen brillant aus:

> Eure Heiligkeit,
> meine lieben Mitbürger!
> Ich bin mir nicht sicher, daß ich weiß, was ein Wunder ist. Ich glaube aber, daß ich in diesem Augenblick an einem Wunder teilhabe: Der Mann, der noch vor sechs Monaten als Staatsfeind im Gefängnis saß, steht heute als Präsident jenes Staates hier und begrüßt den ersten Papst in der Geschichte der katholischen Kirche, der dieses Land betrit.
>
> Ich bin mir nicht sicher, daß ich weiß, was ein Wunder ist. Ich glaube aber, daß ich heute nachmittag an einem Wunder teilhaben werde: An dem gleichen Ort, wo wir vor fünf Monaten über die Heiligsprechung der Agnes von Böhmen jubelten, als die Zukunft unseres Landes entschieden wurde, wird heute das Oberhaupt der katholischen Kirche die Messe feiern und unserer Heiligen wahrscheinlich dafür danken, daß sie sich bei dem, in dessen Hand der unergründliche Lauf aller Dinge liegt, für uns eingesetzt hat.
>
> Ich bin mir nicht sicher, daß ich weiß, was ein Wunder ist. Ich glaube aber, daß ich in diesem Augenblick an einem Wunder teilhabe: In einem Land, das durch die Ideologie des Hasses verwüstet wurde, ist der Botschafter der Liebe eingetroffen; in einem Land, das durch die Regierung der Unwissenden verwüstet wurde, ist das lebende Symbol der Kultur eingetroffen; in einem Land, das bis vor kurzem von der Idee der Konfrontation und der globalen Trennung verwüstet wurde, ist der Botschafter des Friedens, des Dialogs, der gegenseitigen Toleranz, der Wertschätzung und des gelassenen Verstehens eingetroffen, der Botschafter der brüderlichen Einheit in der Vielfalt.
>
> Während dieser langen Jahrzehnte war der Heilige Geist aus unserem Land verbannt. Ich habe die Ehre, Zeuge des Augenblicks zu sein, in dem sein Boden vom Apostel der Spiritualität geküßt wird.
> Willkommen in der Tschechoslowakei, Eure Heiligkeit![84]

UNTERSCHIEDLICHE AUFFASSUNGEN

Kardinal Agostino Casaroli überzeugte dieses Gerede von Wundern nicht. Im Frühjahr 1990 begann er, die Ereignisse von 1989 aus der Perspektive des geistigen Vaters der vatikanischen Ostpolitik zu analysieren.

In einer Vorlesung, die er am 17. März in Parma hielt, sagte Casaroli, die Veränderungen in Ostmitteleuropa seien vor allem auf den „Prozeß von Helsinki" zurückzuführen: die Verhandlungen, die in die Schlußakte von 1975 mündeten, die Menschenrechtsbestimmungen der Schlußakte, die „Folgetreffen" und den Elan, den dieser Prozeß in den kommunistischen Ländern auslöste. Das war ein interessantes Argument, doch es fällt auf, daß der Staatssekretär nicht erwähnte, daß der Zweck der ganzen Sache vom sowjetischen Standpunkt aus gesehen darin bestanden hatte, die Grenzen des von Stalin bei den Konferenzen von Teheran und Jalta im Zweiten Weltkrieg zusammengerafften äußeren

Reichs zu ratifizieren. Es war bemerkenswert, daß Johannes Pauls Hauptmetapher für das Europa nach dem Zweiten Weltkrieg – „Jalta" – in Casarolis Vortrag fehlte. Der Kardinal sagte außerdem, durch den Prozeß von Helsinki seien „der Mensch und das Volk auf der internationalen Bühne" erschienen. „Nicht nur als von den Staaten kollektiv anerkannte Rechtssubjekte. Vielmehr als Prinzip (...)." Einige der Delegationen hätten nicht einsehen wollen, daß die Erklärung über die Menschenrechte „unter die Prinzipien zwischenstaatlicher Beziehungen eingereiht" werden sollte, hätten aber schließlich eingelenkt. Casaroli beschrieb das Verhalten der Sowjetunion und der anderen Staaten des Warschauer Pakts beim Prozeß von Helsinki fast distanziert, als gehe es überhaupt nicht um grundlegende moralische Fragen.[85]

Am 2. Juni verlieh die Päpstliche Theologische Akademie Krakau Kardinal Casaroli die Ehrendoktorwürde. Bei diesem Anlaß – sechs Wochen nach Johannes Pauls zweitägigem Pastoralbesuch in der Tschechoslowakei und Präsident Havels Begrüßung am Flughafen, bei der er von einem „Wunder" sprach – verteidigte der Kardinal die vatikanische Ostpolitik noch offener. Er habe schon bei seinen „ersten direkten Begegnungen mit dem sogenannten realen Sozialismus den Eindruck" gehabt, „daß dieses Experiment keine Zukunft, keinerlei Erfolgsaussichten haben konnte; es war eine reine Utopie." Der Kardinal sagte nicht, daß Paul VI. und er selbst die Teilung Europas daher als Übergangsregelung betrachtet hätten. Johannes Paul II. zollte er die ihm gebührende Anerkennung für die „unerschrockene Verteidigung der Rechte des Menschen und der Rechte der Völker". Michail Gorbatschow lobte er als einen Mann, der versucht habe, „zu retten, was zu retten ist, und auf demokratischem Weg die tödlichen Wunden zu heilen, die eine lange Diktatur den Völkern auf gesellschaftspolitischer, sittlicher und wirtschaftlicher Ebene geschlagen" hatte – eine Beschreibung von Gorbatschows Leistung und Vorgehen, die Mitte der 90er Jahre nur wenige russische Demokraten akzeptiert hätten.[86]

Kardinal Casaroli sagte ganz richtig: „Immer sollten wir uns in erster Linie fragen, ob und in welchem Ausmaß die Ereignisse, auch jene geradezu wunderbaren Geschehnisse und Entwicklungen, eine ‚natürliche' Erklärung finden können, auch unter dem wachsamen Auge und dem äußeren Handeln des Herrn der Natur und der menschlichen Geschichte."[87] Doch nicht zuletzt aufgrund der geringen Aufmerksamkeit, die er der moralischen Revolution, die 1989 erst möglich gemacht hatte, widmete, fehlte seiner leidenschaftslosen Analyse der hohen Politik von 1989 etwas, das Präsident Havel in seiner Begrüßungsansprache am Flughafen offenbar erfaßt hatte.

Die staatszentrierte Analyse des Kardinals konnte nicht zu den viel interessanteren Fragen durchdringen, die durch die Schnelligkeit, den Ablauf und die Ergebnisse der Umwälzungen in Ostmitteleuropa im zweiten Halbjahr 1989 aufgeworfen wurden. Warum war all das gerade zu diesem Zeitpunkt passiert? Wie konnte es (mit Ausnahme von Rumänien) gewaltlos geschehen? Und warum hatte es überwiegend zu demokratischen, nicht zu neuen autoritären Regierungen geführt? Havel kannte die Antworten. Und er hatte am Prager Flughafen deutlich gemacht, daß er auch wußte, daß die Revolution des Gewissens, die der gewaltlosen Revolution von 1989 vorausgegangen war und sie erst ermöglicht hatte, im wesentlichen Johannes Paul II. zu verdanken war.

Das „Neue"

Am 1. Mai 1991 wurde Johannes Pauls dritte Sozialenzyklika, *Centesimus annus* [Der hundertste Jahrestag], veröffentlicht. In diesem Lehrschreiben, das zum 100. Jahrestag der Enzyklika *Rerum novarum* Leos XIII. erschien, präsentierte Johannes Paul der Kirche und der Welt eine tiefgründige Reflexion über die Ursachen und die Bedeutung der Revolution von 1989, befaßte sich aber auch mit dem „Neuen" des 21. Jahrhunderts und entwickelte die Soziallehre der Kirche kreativ weiter.

Daß zur Feier des 100. Jahrestags von *Rerum novarum* eine Enzyklika erscheinen würde, stand von vornherein fest. Johannes Paul wollte sich darin mit Fragen der zeitgenössischen Wirtschaft beschäftigen. Deshalb sagte er zu Bischof Jorge Mejía vom Päpstlichen Rat für Gerechtigkeit und Frieden: „Vielleicht sollten wir dazu ein paar Fachleute hören." Mejía verstand diesen Wink, und so lud der Päpstliche Rat für Gerechtigkeit und Frieden zur Vorbereitung des Entwurfs der Enzyklika eine Reihe renommierter Wirtschaftswissenschaftler verschiedener Schulen zu einem Treffen im Vatikan am 5. November 1990 ein.[88] Nach einer Vormittagssitzung in den Räumen des Päpstlichen Rates wurden sie zu einem Arbeitsessen mit Johannes Paul in den Apostolischen Palast gefahren. Bischof Mejía leitete die Diskussion und bat die Fachleute reihum um ihre Meinung. Der Papst stellte ihnen Fragen – „in sehr scharfer, aber durchaus freundlicher Form", wie Professor Robert Lucas sich später erinnerte. Lucas war von „der Intelligenz und Ernsthaftigkeit" des Papstes und „seinem völligen Verzicht auf Förmlichkeiten und Wichtigtuerei" beeindruckt.[89] Nach ihrem Gespräch mit dem Papst kehrten die Wissenschaftler zum Päpstlichen Rat für Gerechtigkeit und Frieden zurück, um ihre Debatte dort fortzusetzen.

Auf dieser Grundlage entwickelte der Päpstliche Rat dann eine „Synthese" als Hilfe für den Entwurfsprozeß der Jahrhundert-Enzyklika.[90] Johannes Paul las sie und gab sie an seine intellektuellen Gesprächspartner weiter, zu denen auch der italienische Philosoph Rocco Buttiglione gehörte, der Kardinal Wojtyła in Krakau kennengelernt und das beste Buch über Johannes Pauls intellektuellen Werdegang vor seiner Zeit als Papst geschrieben hatte: das 1982 erschienene *Il Pensiero di Karol Wojtyła* [Das Denken Karol Wojtyłas]. Als Ergebnis dieser Gespräche kam Johannes Paul zu dem Schluß, daß es angebracht war, bei der neuen Enzyklika stärker auf den für seine philosophischen Studien charakteristischen Personalismus zurückzugreifen, als die Kurien-Synthese es getan hatte, und eingehender über die empirischen Gegebenheiten der heutigen Weltwirtschaft zu reflektieren. Dann wurde klar, daß diese beiden Anliegen sich miteinander verbinden ließen, so daß die moralische Wirtschaftsanalyse der Enzyklika aus Johannes Pauls Philosophie des moralischen Handelns erwachsen würde. Das Ergebnis war eine Enzyklika, die sich nicht von oben her, von Großunternehmen ausgehend, mit der Wirtschaft befaßte, sondern von unten her. Sie versuchte, die „wirtschaftliche Person" als eine Dimension der „handelnden Person", des mit Intelligenz und freiem Willen ausgestatteten moralisch Handelnden, darzustellen. Beides mußte sich auch im Wirtschaftsleben auswirken. Johannes Paul hatte sich nicht in volkswirtschaftliche Fachbücher vertieft und betrachtete es auch nicht als Aufgabe der Kirche, praktische Lösungen für ökonomische Probleme vorzuschreiben. Er war jedoch ein ausgezeichneter Philosoph der menschlichen Person, und durch die Gespräche, die dazu führten, daß er *Centesimus annus* dann auf seine charakteristische personalistische Weise schrieb, wurden die Verbindungen zwischen der Soziallehre der Kirche, seiner eigenen Philosophie und der Welt des 21. Jahrhunderts geklärt.[91]

Was war geschehen?

Centesimus annus beginnt mit einer Würdigung von Papst Leo XIII., der durch seine kreative Anwendung katholischer Moralprinzipien auf das gesellschaftlich, wirtschaftlich und politisch „Neue" des späten 19. Jahrhunderts „ein bleibendes Beispiel für die Kirche" gesetzt habe.[92] Die Hauptthemen von *Rerum novarum* – die Würde des Arbeiters und die Würde der Arbeit, das Recht auf Privateigentum und die damit verbundenen Pflichten, das Recht, Berufsvereinigungen (auch Gewerkschaften) zu bilden, das Recht auf einen „gerechten Lohn" und das Recht auf Religionsfreiheit – blieben Bestandteile des geistigen Erbes der Kirche.[93] Leo XIII. hatte außerdem eine „erstaunlich exakte" Vorhersage über den Zusammenbruch des Sozialismus gemacht, den er – wie Johannes Paul – wegen des „Grundirrtums des Sozialismus" im Hinblick auf das Wesen der menschlichen Person als unvermeidlich ansah.[94] Dieser „anthropologische" Irrtum hatte in Verbindung mit dem Atheismus zu unermeßlichem menschlichem Leid geführt.[95]

Mit dieser Analyse als Hintergrund wendet Johannes Paul sich der Frage zu, warum es – zu diesem Zeitpunkt und auf diese Weise – zu 1989 kam. Er hatte schon bei anderen Gelegenheiten wiederholt behauptet, die Kultur – nicht die Wirtschaft, nicht überlegene materielle Macht – sei der Motor der Geschichte. Das ist seiner Ansicht nach die Wahrheit, die das Warum, das Wie und das Wann von 1989 erklärt.

Natürlich weist Johannes Paul bei seiner Analyse auch noch auf andere Faktoren hin. Einer war „die Verletzung der Rechte der Arbeiter" durch ein System, das vorgab, in ihrem Namen zu regieren. Die Arbeiter hatten „im Namen der Solidarität" Widerstand geleistet und waren dabei „auf die Aussagen und Grundsätze der Soziallehre der Kirche" gestoßen – was für sie „eine Neuentdeckung" bedeutete. Der Zusammenbruch der unterdrückerischen Machtblöcke wurde „überall durch einen gewaltlosen Kampf erreicht, der nur von den Waffen der Wahrheit und der Gerechtigkeit Gebrauch" machte. Das war eine weitere Widerlegung des Marxismus, der behauptete, „daß es erst nach Radikalisierung der sozialen Gegensätze möglich [sei], durch eine gewaltsame Auseinandersetzung zu einer Lösung zu gelangen". Die im Abkommen von Jalta festgelegte Teilung Europas wurde jedoch durch das gewaltlose Engagement von Menschen überwunden, die „Schritt für Schritt wirksame Mittel zu finden wußten, um von der Wahrheit Zeugnis abzulegen" – nicht durch einen neuen Krieg.[96]

Eine weitere Ursache für die Krise des real existierenden Sozialismus war laut Johannes Paul die „Untauglichkeit des Wirtschaftssystems". Sie war eine Folge der für den Sozialismus typischen „Verletzung der menschlichen Rechte auf wirtschaftliche Initiative, auf Eigentum und auf Freiheit im Bereich der Wirtschaft". Die Marxisten, die glaubten, daß die Wirtschaft die Kultur erkläre, ruinierten am Ende die von ihnen aufgebauten Wirtschaften. Wer die Kultur der Wirtschaft unterordnet, unterdrückt die wichtigsten Fragen im Leben, und das kann nur zum Zerfall der Gesellschaft führen.[97]

Die wahre Ursache für den Zusammenbruch des Sozialismus war jedoch „die vom Atheismus hervorgerufene geistige Leere". Der Marxismus hatte versucht, „das Verlangen nach Gott aus dem Herzen des Menschen zu tilgen". Statt dessen hatte er bewiesen, „daß dies nicht gelingen kann, ohne dieses Herz selber zu zerrütten".[98]

Der christliche Humanismus, der die in das Wesen des Menschen eingebauten ewigen Wahrheiten widerspiegelte, hatte den vom atheistischen Humanismus hervorgerufenen Aufruhr im menschlichen Herzen angesprochen. Dabei hatte er den Menschen ihre authentische Kultur zurückgegeben. Als genügend viele Menschen genug Gewissen wiedererlangt hatten, um zur kommunistischen Lüge „Nein!" zu sagen, zerfiel die Lüge – und der Kommunismus. Das war Johannes Pauls Erklärung für die Ereignisse von 1989.

Die freie Wirtschaft

Johannes Paul versucht in *Centesimus annus* nicht, eine „katholische Wirtschaftslehre" für die Welt nach dem kalten Krieg zu entwerfen; er stellt ausdrücklich fest: „Die Kirche hat keine eigenen Modelle vorzulegen."[99] *Centesimus annus* beschäftigt sich vielmehr mit den Fragen, die man von dem Verfasser von *Person und Tat* und *Laborem exercens* erwarten konnte: Was für eine Art von Person benutzt die freie Wirtschaft? Wie trägt diese Aktivität zum wirtschaftlichen Gemeinwohl bei? Wie dient sie dem Wohl des Menschen? In *Person und Tat* hatte Johannes Paul die Grundstruktur des moralischen Handelns analysiert, in *Laborem exercens* hatte er sich eingehend mit der Erfahrung der Arbeit befaßt. Mit *Centesimus annus* erreicht er nun einen wirklichen Durchbruch im sozialen Denken des Katholizismus, indem er diese Analysen auf die „freie Wirtschaft" als Ausdruck der menschlichen Kreativität und Arena der moralischen Verantwortung anwendet. In diesem Sinne „institutionalisiert" *Centesimus annus* die in *Person und Tat* und *Laborem exercens* präsentierten moralischen Einsichten.[100]

Von *Rerum novarum* bis zu *Populorum progressio* hatte die katholische Soziallehre sich vorrangig auf die gerechte *Verteilung* der Güter konzentriert – weil alle Güter von der Erde kommen, besteht eine moralische Verpflichtung, sie gerecht zu verteilen. In *Centesimus annus* bestätigt Johannes Paul, daß Gott „die Erde dem ganzen Menschengeschlecht geschenkt" habe und darin „die *Wurzel der universalen Bestimmung der Güter der Erde*" liege.[101] In der heutigen Zeit gibt es jedoch „noch eine andere Form von Eigentum": Der Reichtum der Industrienationen beruht zu einem viel größeren Teil auf dem *„Besitz von Wissen, von Technik und von Können"* als auf natürlichen Ressourcen.[102] Dieses wichtige „Neue", meint Johannes Paul, wurde von der katholischen Soziallehre bisher nicht ausreichend berücksichtigt. Außerdem blieb noch die Frage des wirtschaftlich handelnden Menschen und seines Beitrags offen. Johannes Paul zufolge sind „Wert" und „Eigentum" die Ergebnisse menschlicher Arbeit, Kreativität und Initiative.[103] Wenn aber Arbeit, Kreativität, Initiative, Wert und Eigentum das Wesen einer Wirtschaft ausmachen, besteht die erste Aufgabe der Kirche darin, die Menschen dazu aufzurufen, ihre Kreativität gut einzusetzen, um Eigentum und Wert zu erzeugen. Der „Reichtum von Nationen" liegt nicht so sehr im Erdboden, sondern viel eher im menschlichen Verstand, in der menschlichen Kreativität.[104]

Da Johannes Paul aufgrund seines Personalismus und seiner Theorie vom moralischen Handeln für das, was im zeitgenössischen Wirtschaftsleben tatsächlich geschah, empirisch empfindsam war, brach *Centesimus annus* radikal mit dem Materialismus, der für manche Aspekte der früheren katholischen Soziallehre charakteristisch gewesen war. Das – und der Vorrang, den Johannes Paul bei der Analyse des öffentlichen Lebens der Kultur einräumte – bedeutete auch, daß die katholische Soziallehre mit *Centesimus annus* die Suche nach einem „dritten Weg" zwischen Kapitalismus und Sozialismus oder jenseits von beiden aufgab. Der Sozialismus war tot, und auf der Welt gab es viele Formen des Kapitalismus (eine weitere Erkenntnis, die Johannes Paul in die katholische Soziallehre einführte). Die Fragen für die Zukunft waren: Was für eine Art von „freier Wirtschaft", und welche Auffassung von der „handelnden Person" sollte ihr zugrunde liegen? Die moralische Bewertung des Kapitalismus durch *Centesimus annus* lautet folgendermaßen:

> Kann man etwa sagen, daß nach dem Scheitern des Kommunismus der Kapitalismus das siegreiche Gesellschaftssystem sei und daß er das Ziel der Anstrengungen der Länder [sein sollte], die ihre Wirtschaft und ihre Gesellschaft neu aufzubauen versuchen? (...)
> Die Antwort ist natürlich kompliziert. Wird mit „Kapitalismus" ein Wirtschaftssystem bezeichnet, das die grundlegende und positive Rolle des Unternehmens, des Marktes, des Privateigentums und der daraus folgenden Verantwortung für die Produktionsmittel, der freien Kreativität des Menschen im Bereich der Wirtschaft anerkennt, ist die Antwort sicher positiv. Vielleicht wäre es passender, von „Unternehmenswirtschaft" oder „Marktwirtschaft" oder einfach „freier Wirtschaft" zu sprechen. Wird aber unter „Kapitalismus" ein System verstanden, in dem die wirtschaftliche Freiheit nicht in eine feste Rechtsordnung eingebunden ist, die sie in den Dienst der vollen menschlichen Freiheit stellt und sie als eine besondere Dimension dieser Freiheit mit ihrem ethischen und religiösen Mittelpunkt ansieht, dann ist die Antwort ebenso entschieden negativ.[105]

Nach dem Erscheinen von *Centesimus annus* versuchten Verteidiger des „christlichen Sozialismus", zu argumentieren, der „Kapitalismus A" existiere nur in Lehrbüchern.[106] Das war jedoch sowohl empirisch als auch textlich unhaltbar: empirisch, weil man in verschiedenen Ländern Westeuropas und Nordamerikas Beispiele für den „Kapitalismus A" finden kann; textlich, weil Johannes Paul sich offensichtlich auf diese Beispiele des „realen Kapitalismus" – die ihm jedoch alle nicht ganz ausreichend erschienen – stützte, als er seine Billigung des „Kapitalismus A" formulierte. Es wäre allerdings auch zu stark vereinfachend und irreführend, zu behaupten, daß *Centesimus annus* den Kapitalismus uneingeschränkt gutheiße. Man kann beispielsweise nicht sagen, daß die Enzyklika für absolute wirtschaftliche Freiheit eintritt. Johannes Paul ist nämlich zweifellos der Ansicht, daß die durch den Markt entfesselten Energien durch die Gesetze und die öffentliche Moralkultur einer Gesellschaft gezügelt und gelenkt werden müssen. *Centesimus annus* bezeichnet zwar das Ende des „real existierenden Sozialismus", stellt aber gleichzeitig eine große Herausforderung für alle Formen des „real existierenden Kapitalismus" dar.

Die freie und moralische Gesellschaft

Centesimus annus förderte auch die Analyse der komplexen Beschaffenheit der freien Gesellschaft durch die Kirche.

Als große Neuerung lehrt Johannes Paul, daß es nicht nur eine Subjektivität des einzelnen gibt, sondern auch eine „Subjektivität der Gesellschaft", die sich „in verschiedenen Zwischengruppen [verwirklicht], angefangen von der Familie bis hin zu den wirtschaftlichen, sozialen, politischen und kulturellen Gruppen, die in derselben menschlichen Natur ihren Ursprung haben und daher (...) ihre eigene Autonomie besitzen".[107] Ohne die Pflege freiwilliger Zusammenschlüsse sei die Entwicklung und Bewahrung der freien Gesellschaft nicht möglich. Die „Subjektivität der Gesellschaft" ist eines der vielversprechendsten Konzepte der Enzyklika; es steht zu hoffen, daß römisch-katholische und andere Intellektuelle es weiterentwickeln werden.

Auch die positive Einstellung der Enzyklika gegenüber der „freien Wirtschaft" ergab sich aus der Überzeugung Johannes Pauls, daß die Kultur zuerst kommen müsse. Der Papst schreibt, daß die „moderne *Betriebswirtschaft* (...) durchaus positive Aspekte" enthält. Ihre Wurzel ist „die Freiheit des Menschen, die sich in der Wirtschaft wie auf vielen anderen Gebieten verwirklicht".[108] Johannes Pauls Beschreibung eines erfolgreichen Unternehmens zeigt, daß er Solidarität als einer entscheidenden gesellschaftlichen Tugend große Bedeutung beimißt. Ein erfolgreiches Unternehmen erfordert nämlich „die Fähigkeit, die Bedürfnisse der anderen Menschen und die Kombinationen der geeignetsten Produktionsfaktoren für ihre Befriedigung rechtzeitig zu erkennen" und „die Zusammenarbeit vieler für dasselbe Ziel". Man muß „einen solchen Produktionsprozeß organisieren, seinen Bestand planen, dafür sorgen, daß er, unter Übernahme der notwendigen Risiken, der Befriedigung der Bedürfnisse positiv entspricht" – dabei zeigt sich „die Bedeutung der *wirtschaftlichen Initiative und des Unternehmertums*", und all das muß in einer Kultur anerkannt werden, wenn eine moderne Wirtschaft Erfolg haben soll.[109]

Die „freie Wirtschaft" darf jedoch nicht nur durch die Kultur geprägt werden; sie muß auch durch Gesetze – also durch den Staat – gelenkt werden. Für das, was der Staat bei der Erstellung des gesetzlichen Rahmens für die „freie Wirtschaft" tun kann, gibt es jedoch Grenzen, die wieder etwas mit der Freiheit der menschlichen Person zu tun haben. Der Staat kann beispielsweise „das Recht aller Bürger auf Arbeit nicht direkt sicherstellen, ohne das gesamte Wirtschaftsleben zu reglementieren und die freie Initiative der einzelnen abzutöten".[110]

Centesimus annus stellt auch Klischees über die Armut und die Armen in Frage. In der modernen Welt ist Armut vor allem ein Problem des aus dem „Kreis der wirtschaftlichen und menschlichen Entwicklung" Ausgeschlossen- und Ausgegrenztseins.[111] Wir sollten, darauf drängt der Papst, das Potential der Armen bedenken, und die Gerechtigkeit verlangt, daß sie die Chance bekommen, ihr Potential voll zu entwickeln.[112] In einer freien Gesellschaft sollte die Kultur vor allem das Vertrauen fördern „in die menschliche Leistungsfähigkeit des Armen und damit in seine Fähigkeit (...), seine Lage durch die Arbeit zu verbessern bzw. einen positiven Beitrag zum wirtschaftlichen Wohlstand zu leisten".[113] Wohlfahrtssysteme, die die Abhängigkeit fördern, werden durch dieses moralische Prinzip eindeutig ausgeschlossen.[114]

An dieser Stelle muß betont werden, daß *Centesimus annus* keine „Wirtschaftsenzyklika" ist, sondern eine Enzyklika über die freie und moralische Gesellschaft. Zur Zeit gibt es keine Gesellschaft, die man als Verwirklichung der umfassenden Vision, die Johannes Paul dort präsentiert, betrachten könnte. Es ist müßig, darüber zu streiten, ob *Centesimus annus* eine Enzyklika über das amerikanische System ist – selbst wenn Johannes Paul mit ihr tatsächlich anstrebte, einen neuen Dialog mit den Vereinigten Staaten zu eröffnen. *Centesimus annus* ist eine Herausforderung für alle.

Wahrheit und Demokratie

Der atheistische Humanismus mochte am Ende sein, doch Johannes Paul entdeckte am Horizont eine neue säkularistische Ideologie, die eine ernste Bedrohung für die Zukunft der Freiheit darstellte. Seine diesbezügliche Warnung führte zu einer weiteren Kontroverse über *Centesimus annus* und bildete während der ganzen 90er Jahre den Kontext für seine Kommentare über die Welt nach dem kalten Krieg.

In Johannes Pauls umfassender Sicht der *conditio humana* tauchten überall moralische Fragen auf. Das brachte ihn auf einen Kollisionskurs gegenüber den Theoretikern, für die eine demokratische Politik per definitionem wertneutral ist. Er wich dieser Konfrontation nicht aus, sondern vertrat seine Position eindeutig, ja kompromißlos.

Falls die Demokratien sich durch den Zusammenbruch des Kommunismus so stark bestätigt fühlten, daß sie glaubten, sie könnten ihre eigenen moralisch-kulturellen Grundlagen ignorieren, seien sie in ernster Gefahr – nicht von außen, sondern von innen her. Heute begegne man häufig „der Behauptung, der Agnostizismus und der skeptische Relativismus seien die Philosophie und die Grundhaltung, die den demokratischen politischen Formen" entsprächen. Diejenigen, die überzeugt seien, die Wahrheit zu kennen, würden oft nicht als Demokraten anerkannt, „weil sie nicht akzeptieren, daß die Wahrheit von der Mehrheit bestimmt werde bzw. je nach dem unterschiedlichen politischen Gleichgewicht schwanke". Zu Sorgen um die Zukunft der Demokratie gäben aber eher andere Entwicklungen Anlaß, denn „wenn es keine letzte Wahrheit gibt, die das politische Handeln leitet und ihm Orientierung gibt", könnten „die Ideen und Überzeugungen leicht für Machtzwecke mißbraucht werden". Die Geschichte des 20. Jahrhunderts habe bewiesen, daß eine „Demokratie ohne Werte (...) sich (...) leicht in einen offenen oder hinterhältigen Totalitarismus" verwandle.[115]

Dieses Thema entwickelte Johannes Paul schon seit fast 13 Jahren, aber „Totalitarismus" war ein Reizwort. Die Kritiker schrien auf – der Papst wolle doch wohl nicht behaupten, daß diejenigen Länder, die die Freiheit erfolgreich gegen zwei Totalitarismen des 20. Jahrhunderts verteidigt hatten, jetzt Gefahr liefen, den schlimmen Systemen, die besiegt oder zusammengebrochen waren, nachzueifern?

Genau das behauptete Johannes Paul – allerdings mit einem entscheidenden Unterschied. Jene säkularistischen Ideologien, die transzendente moralische Normen aus dem öffentlichen Leben verbannen wollten, enthielten seiner Ansicht nach eine neue Form der Tyrannei, die besonders gefährlich war, weil sie sich nicht als Tyrannei begriff. Worin die Gefahr bestand, konnte man sich leicht vorstellen. Wenn eine Demokratie keine solchen transzendenten moralischen Normen anerkannte, konnte sie innere Konflikte nur dadurch lösen, daß eine der Parteien (die ihren Willen durch Gesetzgebung oder gewaltsamere Mittel durchsetzte) gegenüber einer anderen rohe Gewalt anwendete. Das würde die andere Partei jedoch als Verletzung ihrer Grundrechte auffassen, und das Endergebnis wäre die Auflösung der demokratischen politischen Gemeinschaft.

Das gehörte eigentlich zur elementaren Theorie der Demokratie. Die schlimme Erfahrung mit der Weimarer Republik – einem wunderbar errichteten demokratischen Gebäude, das auf einem völlig unzureichenden moralisch-kulturellen Fundament stand – galt als Beispiel dafür. Johannes Paul meinte offenbar, daß das, vor allem im Westen, in Vergessenheit gerate.

Die 90er Jahre sollten zeigen, daß er damit recht hatte. Er griff das Thema „Wahrheit und Demokratie" dann in zwei weiteren großen Lehrdokumenten wieder auf.

Eine Aussage des Glaubens und der Hoffnung

Die für Johannes Paul persönlich wichtigste seiner drei Sozialenzykliken war das ganze Pontifikat hindurch *Laborem exercens*. Doch *Centesimus annus* ist diejenige, über die bis weit ins 21. Jahrhundert hinein am meisten debattiert werden wird. Die große Spannbreite der Fragen, mit denen diese Enzyklika sich befaßt, die personalistische Betrachtung der Wirtschaft und die charakteristische kulturzentrierte Einstellung gegenüber der Geschichte sichern ihr beträchtliches Interesse – und die Leser dürften sich über ihre Auswirkungen auf bestimmte politische Fragen auch weiterhin uneins sein. Für katholische Sozialisten und Verfechter eines „katholischen dritten Wegs" war *Centesimus annus* eine große Enttäuschung; manche von ihnen versuchten in den 90er Jahren mit viel Engagement, zu erklären, daß die Enzyklika gar nicht das sage, was sie ganz offensichtlich sagte. Ungeachtet dieser merkwürdigen Interpretationen legte *Centesimus annus* einen Kurs fest, den zukünftig keine Sozialenzyklika mehr ignorieren kann. Insofern gab das Dokument, das an die Anfänge der katholischen Soziallehre erinnerte, dieser Lehre eine andere Richtung.

Abgesehen von den Einwänden mancher Theologen und Kommentatoren wurde *Centesimus annus* gut aufgenommen, weil das Dokument eine außergewöhnliche Aussage des Glaubens und der Hoffnung war. Am Ende eines Jahrhunderts, in dem die Menschheit Angst davor bekommen hatte, zu was sie fähig sein könnte, sprach Johannes Paul ein Wort des Glaubens an die Freiheit und an die Fähigkeit des Menschen, das öffentliche Leben anständig und gerecht zu ordnen. Die Enzyklika war um so überzeugender, weil sie nicht auf bloßem Optimismus beruhte, sondern auf einer transzendenten Hoffnung, geboren aus dem Glauben an Gott und an den Menschen, den Gott mit Intelligenz und einem freien Willen erschaffen hatte – als moralisch Handelnden, der fähig war, eine wirklich freie und gerechte Gesellschaft aufzubauen.

DER GOLFKRIEG

Für die Zeit nach dem kalten Krieg hatte Johannes Paul eine lange Periode der Vernunft, des Dialogs, der Solidarität und der friedlichen Beilegung internationaler Konflikte erwartet. Diese Erwartung wurde schwer enttäuscht und die Fähigkeit des Heiligen Stuhls, in der neuen Welt-Unordnung zu handeln, auf eine harte Probe gestellt, als der irakische Diktator Saddam Hussein am 2. August 1990 in Kuwait einmarschierte, dort eine Terrorherrschaft errichtete und versuchte, das ölreiche Wüstenscheichtum als 19. Provinz des Irak zu annektieren.

Einem hohen vatikanischen Diplomaten zufolge formulierte Johannes Paul die „den Rahmen setzende Antwort" auf die Golfkrise bei seinem sonntäglichen Angelus am 26. August 1990.[116] Der Papst verurteilte den irakischen Einmarsch in Kuwait scharf: „Wir sind in der Tat Zeugen ernster Verletzungen des Internationalen Rechtes und der Charta der Vereinten Nationen sowie der ethischen Prinzipien geworden, die das Zusammenleben der Völker regeln müssen." Dadurch nehme das Mißtrauen zwischen den Nationen zu, „und die internationale Ordnung, die um den Preis so großer Anstrengungen und des Opfers so vieler Menschenleben aufgebaut" worden sei, werde „ernstlich bedroht". Die wirtschaftlichen Folgen für die ärmeren Nationen seien schwerwiegend. Johannes Paul betete darum, daß die politischen Führer „gerechte Lösungen für die anstehenden Probleme finden mögen" und Gott „den Stern des Friedens (...) über allen Völkern des Nahen Ostens aufgehen" lassen möge.[117] Von diesem Zeitpunkt an waren die diplomatischen Bemühungen des Heiligen Stuhls, wie ein hoher vatikanischer Diplomat später sagte, „darauf ausgerichtet, die internationale Ordnung durch friedliche Mittel wiederherzustellen", aber auch „auf andere Fälle internationaler Illegalität" in der Region, „einschließlich des Libanons und des Heiligen Landes", hinzuweisen – nach dem Prinzip, daß bei dem Versuch, die aktuelle Krise zu lösen, die schon lange bestehenden Probleme nicht vergessen werden dürften.[118]

Während die Vereinigten Staaten mit Unterstützung westlicher und arabischer Länder Vorbereitungen für einen Militärschlag am Golf trafen, rief der Papst den ganzen Herbst hindurch in über einem Dutzend öffentlicher und privater Appelle zu einer friedlichen Lösung des Konflikts auf. Der dramatischste dieser Aufrufe dürfte seine Weihnachtsbotschaft vor dem Segen *Urbi et Orbi*, „an die Stadt und die Welt", am 25. Dezember gewesen sein. Ein Teil dieser Botschaft, der in einer Art Blankvers geschrieben war, wirkte beinahe apokalyptisch:

> Das Licht Christi
> ist bei den gepeinigten Nationen im Nahen Osten.
> Für den Golf-Raum warten wir angstvoll,
> daß die Drohung mit den Waffen zurückgenommen wird.
> Die Verantwortlichen mögen sich doch davon überzeugen,
> daß der Krieg ein Abenteuer ohne Rückkehr ist![119]

Kurz nach dem Neujahrstag 1991, als das Ultimatum der UN für den Rückzug des Iraks aus Kuwait allmählich ablief, Saddam Hussein aber keine Anstalten machte, sich zurückzuziehen, erkannten der Papst und der Heilige Stuhl (wie der „Außenminister" des Vatikans, Erzbischof Jean-Louis Tauran, es später ausdrückte), daß „die internationale Gemeinschaft die Ordnung durch einen Krieg wiederherstellen" würde.[120] Angesichts dieser Beurteilung unternahm Johannes Paul drei weitere Initiativen. Am 4. Januar bat er in einem Brief die in Luxemburg versammelten Außenminister der Europäischen Gemeinschaft, sich weiterhin um eine friedliche Lösung zu bemühen. Auch dieser Brief war in einem apokalyptischen Ton gehalten; der Papst schrieb, es bestehe „die Gefahr einer bewaffneten Konfrontation mit unvorhersehbaren, aber zweifellos verheerenden Folgen", und wies darauf hin, daß „friedliche Mittel wie Dialog und Verhandlung (...) gegenüber dem Rückgriff auf vernichtende und schreckenerregende Werkzeuge des Todes" sich durchsetzen müßten.[121] Am 11. Januar sandte Johannes Paul dem UN-Generalsekretär Pérez de Cuéllar eine Botschaft, in der er dessen Mission in Bagdad, wo er in letzter Minute eine friedliche Lösung zu erreichen suchte, unterstützte und die Hoffnung zum Ausdruck brachte, sie möge dazu beitragen, „den Dialog, die Vernunft und das Recht die Oberhand gewinnen zu lassen", so daß „Entscheidungen mit vernichtenden und unvorhersehbaren Folgen vermieden werden" könnten.[122]

Am 15. Januar schließlich schickte Johannes Paul über die entsprechenden Botschafter beim Heiligen Stuhl Appelle an die Präsidenten Saddam Hussein und George Bush.[123] Den irakischen Präsidenten forderte er zu einer Friedensinitiative auf: „(...) ein Beweis der Bereitschaft Ihrerseits [kann] Ihnen vor Ihrem geliebten Land, der Region und der ganzen Welt nur zur Ehre gereichen". In seiner Botschaft an Präsident Bush schrieb Johannes Paul:

> Ich möchte nun meine feste Überzeugung erneut bekräftigen, daß ein Krieg schwerlich zu einer angemessenen Lösung von internationalen Problemen führt und daß, obwohl momentan eine ungerechte Situation bereinigt wird, die aus dem Krieg sich ergebenden Folgen zerstörerisch und tragisch sind. Wir können nicht (...) [vorgeben], daß die Anwendung von Waffen und besonders von heute hochentwickelter Bewaffnung nicht Anlaß geben könnte zu neuen und vielleicht noch schlimmeren Ungerechtigkeiten, zusätzlich zu Leiden und Zerstörung.

Der Papst erkannte an, daß der amerikanische Präsident „diese Faktoren zweifellos abgewogen" habe, brachte aber erneut seine Hoffnung zum Ausdruck,

„daß durch eine Anstrengung zum Dialog in letzter Minute der Bevölkerung von Kuwait die Souveränität wiedergegeben und jene internationale Ordnung, die die Grundlage für ein der Menschheit wirklich würdiges Zusammenleben zwischen den Völkern bildet, in der Golfregion und im gesamten Nahen Osten wiederhergestellt werden" würde.[124] Um 19 Uhr an jenem Abend empfing Erzbischof Tauran den amerikanischen Botschafter beim Heiligen Stuhl, Thomas P. Melady. Die beiden Männer sprachen über Ruanda und Burundi, wo sie beide alte Interessen hatten. Die Lage am Golf wurde nicht erwähnt.[125]

Am folgenden Tag, dem 16. Januar, rief Johannes Paul Präsident Bush an, um ihm zu sagen, daß er zwar immer noch für eine friedliche Lösung im Golfkonflikt bete, aber hoffe, daß die Verbündeten gewinnen würden und daß es wenig Opfer gebe, falls es doch zum Krieg komme.[126] Offenbar hatte der Papst das Bedürfnis, angesichts der bevorstehenden Kämpfe um Zurückhaltung bei der Kriegführung zu bitten, andererseits aber zu betonen, daß der Heilige Stuhl anerkannte, daß der Einmarsch in Kuwait einen groben Verstoß gegen die Gerechtigkeit und das internationale Recht darstellte. Es gab offensichtlich Befürchtungen, daß dieser Punkt angesichts der ständigen Aufrufe des Papstes zu einer friedlichen Lösung übersehen werden könnte.

Am 17. Januar erhielt Erzbischof Tauran um 1.10 Uhr einen Anruf von einem Reporter – ob er wisse, daß der Luftkrieg am Golf begonnen habe? Zur gleichen Zeit rief der italienische Regierungschef Francesco Cossiga deswegen den neuen Pro-Staatssekretär Angelo Sodano an.

Während des Luftkriegs im Januar und Februar 1991 und des kurzen Bodenkriegs vom 24. bis zum 28. Februar machte Johannes Paul 25 weitere Appelle für einen gerechten Frieden am Golf. Für den 4. – 5. März berief er eine Konferenz der Bischöfe aus allen in den Golfkrieg verwickelten Ländern ein, an der auch die sieben Patriarchen der katholischen Kirchen im Nahen Osten, Vertreter der Episkopate von Belgien, Frankreich, Großbritannien, Italien, Nordafrika und den Vereinigten Staaten, Repräsentanten der Kurie und Kardinal Carlo Martini, der Präsident des Rats der Europäischen Bischofskonferenzen, teilnahmen.[127] Der Papst und seine Diplomaten waren zu dem Schluß gekommen, daß man nun über die Zeit nach dem Krieg und die Position der Kirche im Nahen Osten nachdenken mußte.[128] Es stellte sich dann heraus, daß die politischen Nachwirkungen des Kriegs, für dessen Verhinderung Johannes Paul so lange gekämpft hatte, dazu beitrugen, einen dramatischen diplomatischen Durchbruch, um den er sich schon seit Jahren bemühte, zu ermöglichen.

Eine Bewertung

Die Bemühungen des Heiligen Stuhls während der Golfkrise von 1990/91 galten nicht nur der Durchsetzung des internationalen Rechts und der moralischen Prinzipien, auf denen es beruhte, sondern auch der schwierigen Lage der christlichen Minderheiten im ganzen Nahen Osten (die größtenteils unter extremem Druck durch arabische und islamische Staaten standen) und zukünftigen Verhandlungen über den Status des Heiligen Landes, der fast das ganze 20. Jahrhundert hindurch ein Hauptanliegen der vatikanischen Diplomatie gewesen war.[129] Johannes Pauls Auffassung, daß die Kirche sich durch ihr moralisches Zeugnis in der Weltpolitik engagieren müsse, beeinflußte auch seine Initiativen während der Krise. Seiner Ansicht nach bestand die Aufgabe des Papstes in einer solchen Krise nicht darin, die klassischen Kriterien für einen gerechten Krieg öffentlich zu überprüfen und unter der Voraussetzung, daß diese Kriterien erfüllt waren, dem Einsatz des Militärs seinen Segen zu erteilen. Er sah die Mission der Kirche in der Weltpolitik vielmehr darin, die relevanten moralischen Prinzipien zu lehren, nach denen die internationale Staatskunst sich richten mußte; ansonsten war es die Aufgabe der Politiker, zu entscheiden, wann alle gewaltlosen Mittel zur Lösung eines Konflikts und zur Wiederherstellung der Ordnung ausgeschöpft worden waren.[130] Somit passen Johannes Pauls ständige Appelle für eine friedliche Beilegung der Golfkrise und seine Bemühungen, den Heiligen Stuhl im Dialog mit allen beteiligen Parteien zu halten, in das Muster seines ganzen Pontifikats.

In die Analyse und Diplomatie des Heiligen Stuhls flossen auch noch andere Faktoren ein. Weder Johannes Paul persönlich noch der Vatikan als Institution hatten zu der neuen Regierung Bush eine so enge Beziehung wie zur Regierung Reagan. Unter Reagan waren Amtsträger im Vatikan und der Papst selbst regelmäßig über die Einstellung und das Vorgehen der Amerikaner in weltpolitischen Fragen informiert und konsultiert worden. Während der Golfkrise und danach klagten Vatikanbeamte darüber, daß der amerikanische Außenminister James A. Baker III. bei seinen häufigen Reisen in den Nahen Osten und zum Persischen Golf in den Jahren 1990/91 kein einziges Mal einen Besuch in Rom eingeschoben habe. (Baker erwähnt Johannes Paul II. in seinen 702 Seiten umfassenden Memoiren überhaupt nicht; das läßt darauf schließen, daß die Klagen des Vatikans durchaus berechtigt waren und daß die Regierung Bush die Rolle des Heiligen Stuhls in der Weltpolitik ganz anders sah als die Regierung Reagan.[131])

Der amerikanische Botschafter Melady hatte von seinem Außenministerium eine Reihe von Gesprächspunkten erhalten, die die Argumentation der Regierung Bush verdeutlichten. In seinen Memoiren gibt Melady nicht zu verstehen, daß er sich in dieser Hinsicht gegenüber Vertretern des Vatikans besonders bemüht hätte. Er stellte vielmehr Fragen bezüglich der Angriffe auf die Politik der USA, die im *Osservatore Romano*, der halboffiziellen Vatikanzeitung, und in *Civiltà Cattolica*, einer von Jesuiten herausgegebenen Zeitschrift mit historischen Verbindungen zum Staatssekretariat des Heiligen Stuhls, erschienen waren.[132] Infolgedessen waren die höheren Beamten des Vatikans offenbar nicht davon überzeugt, daß die USA und ihre Verbündeten alle Möglichkeiten zu einer friedlichen Lösung des Konflikts ausgeschöpft hatten.[133] Einige glaubten, Präsident Bush habe schon am Anfang der Krise beschlossen, Saddam Hussein gewaltsam aus Kuwait zu vertreiben. Daß die amerikanische Regierung es trotz der offenen Kanäle unterließ, den Vatikan umfassend und regelmäßig zu informieren, wirkte sich nachhaltig auf dessen Auffassung von den Absichten und der Politik der Amerikaner und damit auch auf die vom Heiligen Stuhl vertretenen Standpunkte aus.

Daß es im Staatssekretariat des Vatikans während der Golfkrise zu einer wichtigen Umbesetzung kam, machte die Situation noch komplizierter. Kardinalstaatssekretär Agostino Casaroli war am 1. Dezember 1990 in den Ruhestand getreten; sein Nachfolger wurde der frühere „Außenminister" und Nuntius in Chile, Erzbischof Angelo Sodano. Nachfolger von Sodano als Sekretär der Sektion für die Beziehungen mit den Staaten wurde Erzbischof Jean-Louis Tauran, ein französischer Veteran im diplomatischen Dienst des Vatikans, der Sodanos Stellvertreter gewesen war. Im Gegensatz zu Tauran, der jahrelang im Libanon gelebt hatte, besaß Sodano keinerlei Erfahrung mit den Angelegenheiten der Golfregion und des Nahen Ostens; daher waren während der ersten Wochen in seinem neuen Amt von ihm keine wichtigen Initiativen zu erwarten. Der Heilige Stuhl ging also in die heißeste Phase der Golfkrise mit einer neuen diplomatischen Führung, die sich nicht nur mit der politischen Komplexität der Situation, sondern auch noch mit dem katholischen Patriarchen in Bagdad, Raphael Bidawid, herumschlagen mußte. Bidawid hatte nämlich die Aggression des Iraks gegen Kuwait öffentlich verteidigt und neigte dazu, bei seinen häufigen Besuchen in Rom der Presse zu sagen, Saddam Hussein sei wirklich ein „Ehrenmann".[134]

Als Saddam Hussein Jahre nach dem Ende des Golfkriegs und der Vertreibung des irakischen Militärs aus Kuwait immer noch in Bagdad an der Macht war und große innere wie internationale Schwierigkeiten verursachte, sagten höhere Vatikanbeamte, Johannes Pauls Worte, daß das Problem in der Golfregion nicht durch einen Krieg gelöst werden könne, hätten sich als „prophetisch" erwiesen.[135] Auf einer bestimmten Analyseebene traf das zweifellos zu. Angesichts der Verpflichtung, einen gerechten Krieg zu einer moralisch zufriedenstellenden politischen Lösung zu bringen, könnte man jedoch mit gleicher Plausibilität argumentieren, daß die Worte des Papstes nicht durch den Einsatz von Gewalt zur Vertreibung Saddam Husseins aus Kuwait prophetisch wurden, sondern durch die Versäumnisse der Regierung Bush in der Endphase des Kriegs, die teilweise aus ihrer krankhaften Angst zu erklären waren, die USA könnten langfristig in den Wiederaufbau eines Irak nach Saddam Hussein verwickelt werden.

Die katholische Kirche war jahrhundertelang einer der wichtigsten institutionellen Hüter der Tradition des gerechten Kriegs gewesen, die seit dem hl. Augustinus versucht hatte, den Einsatz militärischer Mittel auf politische Ziele zu lenken, die sich moralisch rechtfertigen ließen. Die katholische Debatte während der Golfkrise und danach warf die ernsthafte Frage auf, inwiefern diese Tradition im katholischen Denken überhaupt noch „akzeptiert" wurde. Einige Monate nach dem Krieg veröffentlichten die jesuitischen Herausgeber von *Civiltà Cattolica* einen Leitartikel, in dem festgestellt wurde, kein moderner Krieg könne die herkömmlichen Kriterien für einen gerechten Einsatz von Gewalt erfüllen. Der Artikel war begrifflich so wirr und außerdem so schlecht recherchiert, daß ein renommierter jesuitischer Verfechter der Tradition des gerechten Kriegs ihm teilweise „vorsätzliche Mißachtung der Fakten" vorwarf und seine Argumentation zerpflückte.[136] Ein namhafter Historiker behauptete aufgrund der Ansprachen Johannes Pauls während des Golfkriegs und anderer Entwicklungen im katholischen Denken über den gerechten Krieg, die Kirche habe die Tradition des gerechten Kriegs praktisch auf den Kopf gestellt. Die Beurteilung möglicher Folgen wiege jetzt schwerer als das vorrangige moralische Anliegen der klassischen Tradition, daß Gerechtigkeit herbeigeführt werde; das gehe so weit, „daß der Einsatz von Gewalt sogar dann in Frage gestellt oder abgelehnt wird, wenn es eine gerechte Sache gibt".[137] Da seine Friedensappelle so ausgelegt wurden, als erkläre er den Pazifismus zur normativen moralischen Position der Kirche, fühlte Johannes Paul sich verpflichtet, am 17. Februar 1991 zu sagen: „Wir sind nicht um jeden Preis pazifistisch."[138] Es kann aber kein Zweifel bestehen, daß diejenigen, die aufgrund der Tradition des gerechten Kriegs oder aus pazifistischen Gründen gegen eine militärische Intervention waren, die apokalyptische Rhetorik des Papstes über die möglichen Folgen eines militärischen Einsatzes am Golf benutzten, um ihre Position zu untermauern.

Die Argumentation mit dem gerechten Krieg erfordert eine exakte empirische Analyse, die der Heilige Stuhl im Hinblick auf die Golfkrise jedoch manchmal vermissen ließ. Die Annahme, man könne Saddam Hussein durch mehr „Dialog" dazu bringen, sich aus Kuwait zurückzuziehen und Schadenersatz für die von ihm verursachten Zerstörungen zu leisten, war nie so ganz überzeugend, denn man kannte bereits die von ihm im eigenen Land begangenen Greueltaten (wie den Einsatz von Giftgas zur Ermordung von 5 000 Männern, Frauen und Kindern in der kurdischen Stadt Halabja) und seine offenkundige Bereitschaft, bei seinem furchtbaren Krieg gegen den Iran Blut en masse zu vergießen.[139] Außerdem scheint der Heilige Stuhl bei seinen Verhandlungsvorschlägen nicht ausreichend berücksichtigt zu haben, daß ein Aufschub des militärischen Eingreifens es dem Irak vielleicht ermöglicht hätte, Massenvernichtungswaffen zu entwickeln. Darauf, daß man bei einer Militäraktion am Golf mit viel mehr Opfern rechnete, als es dann tatsächlich waren, habe ich bereits hingewiesen.

Es ist merkwürdig, daß der Heilige Stuhl – der vielleicht beharrlichste Verfechter von Institutionen für die internationale Sicherheit im 20. Jahrhundert – bei einer der ganz wenigen Aktionen der „kollektiven Sicherheit" auf breiter Basis, die jemals stattfanden, sich gegen die Vereinten Nationen stellte. Man könnte durchaus plausibel argumentieren, daß die UNO sich während der Golfkrise genau so verhielt, wie der Heilige Stuhl es seit Jahrzehnten verlangte. Dennoch war man weitgehend der Ansicht, der Heilige Stuhl widersetze sich der UNO. Außerdem trug der Ruf, den der Heilige Stuhl sich während der Golfkrise erwarb, nicht dazu bei, seiner Forderung nach einem „humanitären Eingreifen" bei der Balkankrise, die sich bald im Gefolge des politischen Zerfalls Jugoslawiens entwickeln sollte, Überzeugungskraft zu verleihen.

Wenn das Staatssekretariat eine exaktere empirische Analyse der Lage vorgenommen hätte und die klassischen Kategorien des gerechten Kriegs in Johannes Pauls öffentlichen Ansprachen deutlicher zu erkennen gewesen wären, hätte er durch seine Friedensappelle das Niveau der internationalen Debatte möglicherweise anheben können, was ihm in der Vergangenheit ja gelungen war.[140] Johannes Pauls schwierige Suche nach einer Sprache, um seine Auffassung von der einem Papst angemessenen Rolle in einer solchen Krise auszudrücken, sowie die Übergangsprobleme im Staatssekretariat und die unzureichende oder gar fehlende Konsultation der USA mit dem Heiligen Stuhl führten dazu, daß das Verhalten des Vatikans in der Golfkrise zwischen August 1990 und März 1991 nicht den hohen Maßstäben der vorhergehenden zwölf Pontifikatsjahre entsprach.

AUS DEM HERZEN DER KIRCHE

Wie bei den früheren Krisen mußte Johannes Paul sich auch während der Debatte vor dem Golfkrieg, während des Kriegs selbst und in der Zeit danach mit zahlreichen anderen Angelegenheiten befassen. Er empfing Bischöfe aus Indien, Brasilien, von den Philippinen, aus Südkorea, Bolivien, Vietnam, Taiwan und acht italienischen Regionen zu *Ad-limina*-Besuchen in Rom. Am 8. und 9. März 1991 fand eine Begegnung mit Vertretern der brasilianischen Bischofskonferenz statt, bei der die während des Zyklus der *Ad-limina*-Besuche der Brasilianer von 1990/91 diskutierten Themen mit führenden Kurienvertretern erörtert wurden. Am 17. August 1990 schickte Johannes Paul Frère Roger Schutz eine Glückwunschbotschaft zum 50. Jahrestag der Gründung des ökumenischen Klosters von Taizé. Zehn Tage später, am 27. August, kamen Lech Wałęsa und seine Frau zu einem Besuch nach Castel Gandolfo; am gleichen Tag begann ein dreitägiges Treffen zur Vorbereitung einer Sondersynode für europäische Bischöfe von beiden Seiten des früheren Eisernen Vorhangs.[141] Am 14. September empfing Johannes Paul, nachdem er vor einem Treffen von Astrophysikern in Castel Gandolfo gesprochen hatte, den chinesischen Physiker, Dissidenten und Verfechter der Demokratie Feng Lizhi, und am 28. September eine Gruppe ehemaliger Lefebvre-Anhänger, die durch die Ecclesia-Dei-Kommission mit Rom versöhnt worden waren. Im Oktober 1990 trat die Achte Weltbischofssynode zusammen. Am 3. Oktober wurde Deutschland vereint, und am 16. Oktober sandte Johannes Paul Michail Gorbatschow ein Glückwunschtelegramm zur Verleihung des Friedensnobelpreises.

Am 8. November nahm Johannes Paul das Beglaubigungsschreiben des neuen Botschafters der Bundesrepublik Deutschland beim Heiligen Stuhl entgegen und sagte dabei: „Es war eigentlich der Zweite Weltkrieg, der am 3. Oktober zu Ende ging (...)."[142] Am gleichen Tag wurde Kardinal Alfonso López Trujillo, der frühere Generalsekretär und Präsident des Rates der lateinamerikanischen Bischöfe, zum Präsidenten des Päpstlichen Rats für die Familie ernannt; einige Monate später forderte Johannes Paul den Kardinal beim Essen auf, für die Bischöfe der Welt eine Reihe von Seminaren zum Eheleben und zur Bioethik zu organisieren.[143] Bei einem Pastoralbesuch in Neapel und Kampanien vom 9. bis zum 13. November verurteilte Johannes Paul die Mafia scharf. Am 18. November empfing er den sowjetischen Präsidenten Gorbatschow bei dessen zweitem Besuch in Rom; Gorbatschow hatte Bibelverse auswendig gelernt, um sie in das Gespräch einstreuen zu können.[144] Am 9. Dezember wurde Lech Wałęsa zum polnischen Staatspräsidenten gewählt. Eine Woche später ließ sich ein junger Priester namens Jean-Bertrand Aristide, trotz des Verbots seiner Oberen, zum Präsidenten von Haiti wählen. Am 16. Januar 1991 wurde der Generalsekretär der italienischen Bischofskonferenz, Erzbischof Camillo Ruini, ein ehemaliger Seminarprofessor, als Nachfolger des in den Ruhestand tretenden Kardinals Ugo Poletti zum Vikar des Papstes für die Diözese Rom ernannt. Am 20. Januar wurde in allen polnischen Kirchen die Botschaft der polnischen Bischöfe zum 25. Jahrestag von *Nostra aetate* verlesen. Am 5. Februar kam Präsident Wałęsa zu einem Staatsbesuch in den Vatikan, und am 8. Februar wurde Pater Pedro Arrupe SJ beigesetzt.

In dieser außergewöhnlich ereignis- und arbeitsreichen Zeit griff Johannes Paul in einer apostolischen Konstitution, die das katholische intellektuelle Leben bis weit ins 21. Jahrhundert hinein und vielleicht sogar noch länger prägen dürfte, die Frage der katholischen Universitäten auf.

Ex corde ecclesiae

Karol Wojtyłas Ehrfurcht gegenüber der Universität und dem, wofür sie in der Welt der menschlichen Kultur steht, geht auf seine Zeit als Student an der Krakauer Jagiellonen-Universität zurück. In seinen Jahren an der Fakultät in Lublin war sie noch gewachsen – nicht zuletzt deshalb, weil Lublin eine Oase der Wahrheit in einer Wüste der Lügen war. Sechs Monate nach seiner Wahl zum Papst, im April 1979, hatte Johannes Paul die Apostolische Konstitution *Sapientia christiana* [Die christliche Weisheit] veröffentlicht, ein Regelwerk für diejenigen Universitäten und Fakultäten, die vom Heiligen Stuhl eine besondere Zulassung erhalten und daher „Päpstliche Universitäten" beziehungsweise „Päpstliche Fakultäten" genannt werden. Jetzt veröffentlichte er eine weitere apostolische Konstitution, *Ex corde ecclesiae* [Aus dem Herzen der Kirche], gleichsam als eine „Magna Charta" für die Zukunft aller höheren katholischen Bildungseinrichtungen, die zum größten Teil nicht „päpstlich" sind. *Ex corde ecclesiae* wurde am Fest der Aufnahme Marias in den Himmel, dem 15. August, unterzeichnet und der Öffentlichkeit am 25. September 1990 in einer Pressekonferenz vorgestellt.[145]

Ex corde ecclesiae war eine Initiative der Päpstlichen Kongregation für das Katholische Bildungswesen, die es für erforderlich hielt, die Arbeit von *Sapientia christiana* abzuschließen. Nach Aussage eines beteiligten Kardinals war Johannes Paul II. mit dem ganzen Entstehungsprozeß des Dokuments intensiv befaßt.[146] Die Einleitung trägt den charakteristischen persönlichen Stempel der Auffassung Karol Wojtyłas vom Wesen einer katholischen Universität, die sich aufgrund „einer gewissen Art von universalem Humanismus (...) voll und ganz der Erforschung aller Aspekte der Wahrheit in ihrer wesentlichen Verbindung mit der höchsten Wahrheit, die Gott ist" widmen müsse. Das sei keine Last, denn alles Wissen sei eine Widerspiegelung von Christus, dem *Logos* (Wort), durch den die Welt erschaffen wurde und der „allein fähig ist, in Fülle jene Weisheit zu schenken, ohne welche die Zukunft der Welt gefährdet wäre".[147]

Seit dem II. Vatikanischen Konzil war es bei den katholischen Universitäten und Hochschuleinrichtungen zu erheblichen Veränderungen gekommen, und *Ex corde ecclesiae* war ein Versuch, ihrer zukünftigen Entwicklung die Richtung vorzugeben. Jene katholischen Universitäten und Hochschuleinrichtungen, bei denen sich der Sinn für die katholische Identität abgeschwächt hatte oder die sich über den Charakter einer höheren katholischen Bildungseinrichtung nicht im klaren waren, rief das Dokument auf, sich darauf zu besinnen, daß jede katholische Universität oder Hochschuleinrichtung Bestandteil der Sendung der Kirche sei. Wie schon der Titel anzeigt, waren diese Institutionen „aus dem Herzen der Kirche" hervorgegangen, und das sollte sich in ihrem Leben widerspiegeln. Außerdem versuchte *Ex corde ecclesiae*, die Beziehung zwischen den höheren katholischen Bildungseinrichtungen und den Bischöfen wieder aufzubauen. Die Bischöfe dürften „nicht als von außen her wirkend angesehen werden", sondern seien „als Teilhaber am Leben der katholischen Universität" zu betrachten.[148]

Diese Vorstellungen vom Wesen und von der Sendung der katholischen Universität wurden dann in elf „Allgemeinen Normen" konkretisiert.[149] Die in manchen Ländern am stärksten umstrittene lautete: „Insbesondere die katholischen Theologen haben im Bewußtsein dessen, daß sie einen Auftrag der Kirche wahrnehmen, dem Lehramt der Kirche als dem authentischen Interpreten von Schrift und Überlieferung treu zu sein."[150] Das war eine Spezifizierung von Canon 812 des neuen Codex des kanonischen Rechtes: „Wer an einer Hochschule eine theologische Disziplin vertritt, muß einen Auftrag der zuständigen kirchlichen Autorität haben." Die „zuständige kirchliche Autorität" war in den meisten Fällen der Ortsbischof. *Sapientia christiana* hatte deutlich gemacht, daß Theologen an Päpstlichen Fakultäten diesen „Auftrag" haben mußten. *Ex corde ecclesiae* verlangte einen entsprechenden Auftrag jetzt auch für die Theologen an allen katholischen Hochschuleinrichtungen und Universitäten, die ein Glaubensbekenntnis gemäß einer 1989 von der Glaubenskongregation festgelegten Formel ablegen mußten.[151] Die nationalen Bischofskonferenzen sollten spezifische örtliche Normen für die Anwendung dieser allgemeinen Normen entwickeln.

In Spanien und Lateinamerika wurde *Ex corde ecclesiae* gut aufgenommen. Dort hielt man den „Auftrag" nicht für ein Problem, und die Autorität und Instrumente (wie Diplome und akademische Grade) der Kirche wurden auch in der zivilen Gesellschaft anerkannt. In Frankreich und Italien wurde zwar die in der apostolischen Konstitution gegebene Beschreibung der Sendung der katholischen Universität positiv aufgenommen, es gab jedoch Widerstand gegen die Entwicklung der örtlichen Anwendungen der Normen, und zwar aufgrund der Theorie, daß der katholische Charakter der Institutionen durch den Geist ihrer Mitglieder gesichert werde, nicht durch rechtliche Strukturen. *Ex corde ecclesiae* warf die Frage auf, wie dieser Charakter bewahrt werden konnte, wenn sich Fakultäten, Verwaltungen und geistige Einstellungen änderten.[152]

Die negativste Reaktion auf den Teil von *Ex corde ecclesiae*, der sich mit der „Sendung" befaßte, und seine Normen kam aus den Vereinigten Staaten. Dort betrachteten die Führer der höheren katholischen Bildungseinrichtungen und die Theologen das Dokument überwiegend als Einmischung des Vatikans in ihre institutionelle Autonomie und akademische Freiheit. Diese Reaktion läßt sich geschichtlich erklären.

Die katholischen Hochschuleinrichtungen und Universitäten in den USA waren größtenteils in einer Zeit entstanden, in der die Kirche sich als Enklave gegen die umfassendere Kultur betrachtete. Als das II. Vatikanische Konzil die Kirche aufrief, sich in der modernen Welt zu engagieren, hatte man wohl an vielen katholischen Bildungseinrichtungen den Eindruck, daß man sich jetzt zwischen einer Existenz als Enklave und einer Angleichung an die amerikanischen Elite-Bildungsinstitutionen entscheiden müsse.[153] Die Präsidenten katholischer Hochschuleinrichtungen und Universitäten in den USA, die sich 1967 zu einem richtungsweisenden Planungstreffen in Land O'Lakes (Wisconsin) versammelten, wollten der katholischen höheren Bildung bei der Kulturformung eine führende Rolle im Land verschaffen, und institutionelle Autonomie gegenüber kirchlicher Aufsicht wurde als wesentliche Voraussetzung dafür betrachtet. Doch bei dem Treffen in Land O'Lakes wurde das katholische Kapital, auf das man sich bei diesem Prozeß stützen konnte, überschätzt, und man betrachtete die amerikanischen Elite-Universitäten und -Hochschuleinrichtungen genau in dem Augenblick als Vorbilder für die „Unabhängigkeit", als an diesen Institutionen geistiger und moralischer Aufruhr herrschte. Durch das daraus entstehende Bemühen, die rechtliche Kontrolle, die die Bischöfe oder Orden über katholische Universitäten und Hochschuleinrichtungen ausgeübt hatten, abzuschaffen, wurden diese Einrichtungen praktisch, wenn auch unbeabsichtigt, mitten in einer großen kulturellen Krise aus ihren geistigen Verankerungen gerissen. 20 Jahre nach dem Treffen in Land O'Lakes dachte man an manchen katholischen Institutionen der höheren Bildung in den Vereinigten Staaten ganz anders und erkannte zunehmend, daß bei der höheren katholischen Bildung im Land seit dem II. Vatikanischen Konzil manches gründlich schiefgelaufen war. *Ex corde ecclesiae* sollte dieses Nachdenken weiter fördern, doch die Rezeption des Dokuments wurde durch unklare Vorstellungen über akademische Qualität und akademische Freiheit in einem typisch katholischen Kontext behindert.[154]

Die Debatte über die religiöse Identität katholischer Hochschuleinrichtungen und Universitäten ging das ganze Pontifikat hindurch weiter.[155] Trotz ihrer Verwobenheit mit einer Vielzahl anderer Probleme und Anliegen war sie letztendlich ein weiterer Ausdruck von Johannes Pauls Überzeugung, daß nach dem Ende des Reichs der Lügen die entscheidende Frage für die alten wie für die neuen freien Gesellschaften die Beziehung zwischen Freiheit und Wahrheit war. Dieses Thema verfolgte Johannes Paul in den kommenden Jahren unermüdlich, ja unerbittlich, indem er versuchte, die Lehren aus der Revolution von 1989 auf die sich entfaltende Welt des 21. Jahrhunderts anzuwenden.

17

„Bis zu den Enden der Erde"

Versöhnung einer unversöhnten Welt

7. Dezember 1990	*Redemptoris missio*, achte Enzyklika von Papst Johannes Paul II.
13. April 1991	Johannes Paul errichtet drei Apostolische Administraturen in der Sowjetunion.
1. – 9. Juni 1991	Vierter Pastoralbesuch in Polen.
28. Juni 1991	Auf seinem fünften Konsistorium ernennt Johannes Paul 23 neue Kardinäle.
14. – 15. August 1991	Johannes Paul spricht beim sechsten Weltjugendtag in Tschenstochau, Polen.
2. Oktober 1991	Der Ökumenische Patriarch Dimitrios I. stirbt; sein Nachfolger wird am 22. Oktober der Ökumenische Patriarch Bartholomaios I.
28. November – 14. Dezember 1991	Die Sonderversammlung der Bischofssynode für Europa tagt in Rom.
13. Januar 1992	Der Heilige Stuhl erkennt die Unabhängigkeit Kroatiens und Sloweniens an.
25. März 1992	Die polnische Hierarchie wird neu organisiert.
13. Mai 1992	Der Papst kündigt an, daß der 11. Februar jedes Jahres, der Tag Unserer Lieben Frau von Lourdes, ein „Welttag für die Kranken" sein soll.
15. Juli 1992	Johannes Paul unterzieht sich einer Operation, bei der ein gutartiger Darmtumor entfernt wird.
21. September 1992	Der Heilige Stuhl nimmt volle diplomatische Beziehungen zu Mexiko auf.
9. – 14. Oktober 1992	Johannes Paul bei der vierten Vollversammlung der lateinamerikanischen Bischöfe in Santo Domingo.
31. Oktober 1992	Johannes Paul nimmt den Bericht der päpstlichen Kommission über den Fall Galilei entgegen und drängt auf einen neu-

	en Dialog zwischen den Naturwissenschaften und der Religion.
5. Dezember 1992	Der Papst erklärt das „humanitäre Eingreifen" in Situationen, „die das Überleben von ganzen Völkern oder Volksgruppen schwer gefährden", zur Pflicht.
7. Dezember 1992	Offizielle Vorstellung des *Katechismus der katholischen Kirche*.
12. und 15. Januar 1993	Johannes Paul erklärt in zwei *Ad-limina*-Ansprachen an polnische Bischöfe, daß jetzt im polnischen Katholizismus die „Stunde der Laien" angebrochen sei, und lehnt eine parteiische Kirche ab.
10. Februar 1993	Bei seiner zehnten Pastoralreise nach Afrika verurteilt Johannes Paul in einer Ansprache in Khartum die Verfolgung der sudanesischen Christen.
9. April 1993	Johannes Paul schreibt an die Karmeliterinnen, die in einem Kloster direkt neben dem ehemaligen Konzentrationslager Auschwitz leben und jetzt an einen anderen Ort in Auschwitz übersiedeln müssen.
25. April 1993	Der Papst weiht in Albanien vier neue Bischöfe.
8. – 10. Mai 1993	Bei einem dreitägigen Pastoralbesuch in Sizilien verurteilt Johannes Paul die Mafia in besonders scharfer Form.
18. – 24. Juni 1993	Bei der Konferenz der gemischten Kommission für den theologischen Dialog zwischen der katholischen und der orthodoxen Kirche in Balamand (Libanon) wird versucht, die ökumenischen Teilungen der nachkommunistischen Zeit zu beheben.
4. – 10. September 1993	Pastoralreise nach Litauen, Lettland und Estland.

In der zweiten Hälfte des zweiten christlichen Jahrtausends hatte kein anderes Ereignis mehr dazu beigetragen, das Bild von der katholischen Kirche als einem autoritären Feind des Fortschritts der Menschheit aufrechtzuerhalten, als der Fall Galilei aus dem 17. Jahrhundert. Der geniale italienische Naturwissenschaftler, der von der Kirche dafür verurteilt wurde, daß er die kopernikanische Theorie – die Sonne, nicht die Erde sei der Mittelpunkt des Sonnensystems – lehrte, stand die letzten acht Jahre seines Lebens unter Hausarrest und wurde zu einem demütigenden öffentlichen Widerruf gezwungen, nach dem er gemurmelt haben soll: „Eppur' si muove!" [Und sie bewegt sich doch!]

Als kultureller Mythos hatte der Fall Galilei längst nicht nur das Verhältnis der Kirche zur modernen Wissenschaft beeinflußt. Bei so gut wie jeder Auseinandersetzung zwischen Katholiken und dem modernen intellektuellen, gesellschaftlichen oder politischen Leben spielten die Gegner der Kirche die Trumpfkarte „Galilei" aus. Sorgfältige geschichtliche Untersuchungen hatten ergeben, daß die ganze Sache viel komplizierter war, als sie etwa der Marxist Bertolt Brecht dargestellt hatte. So war die heliozentrische Theorie damals noch umstritten, und Galilei griff den wissenschaftlichen Konsens seiner Zeit an. Den Mythos, daß der Katholizismus mit der modernen Wissenschaft und der Forschungsfreiheit nicht vereinbar sei, konnten jedoch noch so zahlreiche geschichtliche Untersuchungen nicht zerstören. Das konnte nur die Kirche selbst.

Johannes Paul II., der wie Kopernikus an der Krakauer Jagiellonen-Universität studiert hatte, war entschlossen, es zu versuchen. Seiner Ansicht nach war er das nicht nur der Wahrheit schuldig, sondern auch der Evangelisierung des 21. Jahrhunderts.

Am 3. Juli 1981 hatte Johannes Paul eine Studienkommission unter der Leitung von Kardinal Paul Poupard, dem Präsidenten des Päpstlichen Rats für die Kultur, eingesetzt, die den Fall Galilei erneut prüfen sollte. Nach eingehender Beschäftigung mit den theologischen, biblischen, wissenschaftlichen, historischen und rechtlichen Fragen, die dabei eine Rolle spielten, schloß sie ihre Arbeit 1992 ab – in dem Jahr, in dem Galileis Tod sich zum 350. Mal jährte. Am 31. Oktober 1992 traf Johannes Paul mit Mitgliedern der Päpstlichen Akademie der Wissenschaften in der Sala Regia des Apostolischen Palasts zusammen, um den Bericht der Kommission entgegenzunehmen. Bei diesem historischen Ereignis waren Mitglieder des Diplomatischen Korps, zahlreiche Kardinäle und andere hochrangige Amtsträger der Kirche sowie die Mitglieder des Päpstlichen Kulturrats anwesend.

Kardinal Poupard berichtete über die interdisziplinären Untersuchungen der schwierigen Beziehung zwischen Galilei, einem aufrichtigen Gläubigen, und der Kirche, die in den vergangenen 11 Jahren durchgeführt worden waren. Die Studienkommission wies darauf hin, daß der hl. Robert Bellarmin, einer der führenden Theologen der damaligen Zeit und ein Bollwerk der katholischen Orthodoxie, beim Überdenken des Zusammenhangs zwischen den anscheinend überzeugenden (wenn auch nicht unwiderlegbaren) wissenschaftlichen Beweisen einerseits und den für grundlegend gehaltenen (wenn auch möglicherweise korrekturbedürftigen), auf der Bibel beruhenden theologischen Überzeugungen andererseits zur Vorsicht gemahnt hatte. Bellarmins Ansicht nach durfte man unter diesen Umständen „das, was bewiesen wird, nicht als falsch hinstellen". Genau das, fuhr Kardinal Poupard fort, hätten Galileis Richter jedoch getan. „Unfähig, den Glauben von einer uralten Kosmologie zu lösen", hätten sie aufrichtig geglaubt, „daß die Übernahme der kopernikanischen Revolution (...) die katholische Tradition untergrabe und daß es ihre Pflicht sei, ihre Verbreitung zu verbieten". Das sei ein schwerer Irrtum gewesen. „Dieser subjektive Urteilsfehler, der uns heute so klar ist, veranlaßte sie zu einer disziplinarischen Maßnahme, unter der Galilei ‚viel zu leiden' hatte", sagte der französische Prälat. Dann wandte er sich an den Papst, dessen Worte von 1979[1] er gerade zitiert hatte: „Diese Fehler müssen offen zugegeben werden – wie Sie, Heiliger Vater, es verlangt haben."

Johannes Paul dankte Kardinal Poupard für die Arbeit der Kommission. In Zukunft werde man ihre Ergebnisse berücksichtigen müssen. Es sei ein objektiver Fehler begangen worden, den man – auch wenn die subjektiven Motivationen der Beteiligten sehr komplex gewesen seien – eingestehen und bereuen müsse. Das habe die Kirche gerade getan. Aber was konnte sie aus dieser Erfahrung lernen?

Der Papst sagte, man könne nicht einfach davon ausgehen, daß so etwas nie wieder passieren würde. Die diesem Fall zugrundeliegenden Probleme beträfen „sowohl die Natur der Wissenschaft wie die der Glaubensbotschaft". Es sei daher „nicht auszuschließen, daß wir uns eines Tages vor einer analogen Situation befinden, die von beiden Teilen ein waches Bewußtsein vom eigenen Zuständigkeitsbereich und seinen Grenzen erfordern" werde.

Aufgrund der wissenschaftlichen Methode müßten die Geschichtswissenschaft, Exegese, Philosophie und Theologie ihre Vorgehensweisen und ihre alten Denkgewohnheiten überprüfen. Doch auch die Naturwissenschaften müßten im Licht der Entwicklungen in den letzten Jahrhunderten über vieles nachdenken. Bei den Naturwissenschaften gehe es nicht nur um empirische Fakten. Um „Erfahrungstatsachen" zu beschreiben und Schlußfolgerungen zu ziehen, würden die Naturwissenschaftler Begriffe benutzen, die über das Empirische hinausgingen. Daher brauchten sie die Philosophen, wie umgekehrt die Philosophen zu der Erkenntnis gekommen seien, daß sie die Naturwissenschaftler brauchten.

Diese Lektion müßten auch die Kirche und die Theologie lernen. Angesichts naturwissenschaftlicher Fortschritte müßten Theologen und Seelsorger „wirklich kühn sein und sowohl eine unsichere Haltung, aber auch ein voreiliges Urteil" über neue Entdeckungen vermeiden. Es sei „eine Pflicht der Theologen, sich regelmäßig über die wissenschaftlichen Ergebnisse zu informieren, um eventuell zu prüfen, ob sie diese in ihrer Reflexion berücksichtigen oder ihre Lehre anders formulieren" müßten. Gleichzeitig sollte jeder erkennen, daß der Fall Galilei „eine Art Mythos" geworden sei, der dazu beigetragen habe, zahlreiche Naturwissenschaftler „in gutem Glauben denken zu lassen, der Geist der Wissenschaft und ihre Ethik der Forschung auf der einen Seite sei mit dem christlichen Glauben auf der anderen Seite unvereinbar". Ein „tragisches gegenseitiges Unverständnis" sei „als Folge eines grundsätzlichen Gegensatzes von Wissen und Glauben hingestellt" worden.

Das könne jedoch nicht wahr sein, denn wie Papst Leo XIII. geschrieben habe, könne „eine Wahrheit unmöglich einer anderen Wahrheit widersprechen". Wenn das der Fall zu sein scheine, sei irgendwo ein Fehler gemacht worden. Es gebe verschiedene Wege, die Wahrheit über den Menschen und seinen Platz im Kosmos zu erkennen. Ein wahrer Humanismus respektiere diese Vielfalt und damit auch die Pluralität geistiger Methoden, die notwendig sei, um die *conditio humana* in ihrer wunderbaren Komplexität zu erkunden. Naturwissenschaften und Theologie seien „zwei Bereiche des Wissens", aber die „Unterscheidung der beiden Wissensbereiche" dürfe „nicht als Gegensatz verstanden" werden. Die Kirche habe das erkannt. Die Frage sei nun, ob die Naturwissenschaften es ebenfalls erkannt hätten.

Der Fall Galilei hatte die Kirche gezwungen, ihr Gewissen zu prüfen und zu der alten christlichen Überzeugung zurückzukehren, daß alles wirkliche Wissen willkommen ist, weil es das Mysterium des Menschen – dem zu dienen der Daseinszweck der Kirche ist – erhellt. Johannes Paul zufolge besteht die große Herausforderung für das 21. Jahrhundert darin, daß die experimentellen Wissenschaften sich zu einer wirklich humanistischen Sichtweise verpflichten müssen, bei der die volle Wahrheit der *conditio humana*, einschließlich der spirituellen Erfahrungsdimension, Bestandteil des Dialogs über das größte Geheimnis im Universum ist – das Mysterium, das jedes menschliche Leben darstellt.[2]

WEITER AUF KURS

In den Jahren unmittelbar nach dem Zusammenbruch der Sowjetunion wurde schnell offensichtlich, daß die Welt nach dem kalten Krieg eine unkartierte Wildnis ohne Bezugspunkte und Wegweiser war. Wie alle anderen Institutionen sah sich auch die Kirche einer verwirrend vielfältigen internationalen Situation gegenüber.

Die Großmächte scheuten davor zurück, auf dem Balkan und in der Seenregion Zentralafrikas, wo Hunderttausende starben, die Ordnung aufrechtzuerhalten, denn sie sahen nicht ein, weshalb sie, als Sieger des kalten Krieges, das Leben ihrer Söhne und Töchter aufs Spiel setzen sollten. Es gab noch kein Denkschema für die neue Welt-Unordnung und die Entwicklung einer Politik, mit der man Ordnung in das Chaos hätte bringen können.

Die Intellektuellen schrieben den Zusammenbruch des Kommunismus allgemein seiner untauglichen Wirtschaft zu, die es der Sowjetunion und ihren Satellitenstaaten unmöglich gemacht hatte, in einer vom Silikonchip und dem Glasfaserkabel beherrschten Welt wettbewerbsfähig zu sein. Ironischerweise war das eine im Grunde marxistische Erklärung für das Ableben des Marxismus, die außerdem zeigte, wie tief der ökonomische Determinismus das Denken westlicher Akademiker und Kommentatoren infiziert hatte.

In den siegreichen demokratischen Ländern wurde die Bedeutung des Endes des kalten Kriegs nie öffentlich definiert – zum einen, um die von großen Schwierigkeiten geplagte Sowjetunion während ihres Zusammenbruchs nicht zu verärgern und dadurch die deutsche Wiedervereinigung innerhalb der NATO zu gefährden, zum anderen, weil es den Politikern, die den Führern der 80er Jahre nachfolgten, an historischer Phantasie fehlte, so daß sie die Parallelen zwischen 1945 und 1989/1991 nicht erkannten. Da eine überzeugende öffentliche Erklärung für den Sieg der Freiheit über die Tyrannei ausblieb, fragten sich Millionen von Westeuropäern und Nordamerikanern, worum es bei dem 45 Jahre dauernden Kampf eigentlich gegangen war. Dadurch flammten in den Ländern mit etablierter Demokratie zwei für die Zeit nach dem kalten Krieg typische Instinkte auf: sich aus der Weltpolitik in die inneren Angelegenheiten zurückzuziehen und Freiheit als Befreiung von jedem überlieferten Moralkodex aufzufassen – nicht als einen Weg, um nach der Wahrheit zu suchen und das öffentliche Leben so zu gestalten, daß das Gemeinwohl gefördert wurde.[3]

Johannes Paul II., der andere Ansichten vom Charakter des kalten Kriegs gehabt hatte als die meisten Politiker und Experten für internationale Beziehungen, sah auch die Weltlage nach dem kalten Krieg anders.

Seiner Meinung nach blieb die fundamentale Krise der Moderne ungelöst: Die unveräußerliche Würde des Menschen war auch in der Welt nach dem kalten Krieg bedroht – durch neue Machthaber, neu formierte Exkommunisten (oder „Postkommunisten", wie sie in Mittel- und Osteuropa genannt wurden) und Utilitaristen. Außerdem lag ihm die Frage der moralischen Struktur der freien Gesellschaft sehr am Herzen. *Centesimus annus* bewies, daß Johannes Paul ein leidenschaftlicher Verfechter der freien Gesellschaft war. In seiner Enzyklika hatte er einen detaillierteren Entwurf für den Aufbau und die Aufrechterhaltung einer solchen Gesellschaft präsentiert, als er anderswo angeboten wurde. Seiner Ansicht nach wurde die freie Gesellschaft jedoch durch das Streben nach dem, was Zbigniew Brzeziński den „permissiven Überfluß" nannte, bedroht.[4] Die zügellose Gier nach materiellen Dingen hielt er für eine andere Form der Tyrannei.

Der Schlüssel zum Sieg über den Kommunismus war die Kultur gewesen, und sie würde auch der Schlüssel dazu sein, ein 21. Jahrhundert aufzubauen, das die Sehnsüchte derjenigen, die so lange gegen die kommunistische Tyrannei gekämpft hatten, erfüllen konnte. Freie Wirtschaften und demokratische politische Gemeinschaften waren wesentliche Bestandteile der freien Gesellschaft nach dem kalten Krieg. Johannes Paul hatte jedoch schon in *Centesimus annus* darauf hingewiesen, daß weder die freie Wirtschaft noch die Demokratie Maschinen waren, die von selbst liefen. Beide brauchten eine Grundlage, Grenzen und Disziplin, und diese Elemente mußte eine kraftvolle öffentliche moralische Kultur liefern, wenn die Freiheit auf wahrhaft menschliche Weise erblühen sollte.

Johannes Pauls Kompaß wurde durch die atmosphärischen Störungen des ersten Jahrzehnts nach dem kalten Krieg nicht beeinflußt. Die Antwort auf die Frage, die jedes menschliche Leben darstellte, blieb für ihn Jesus Christus. Und das hatte große öffentliche Auswirkungen.

DER MISSIONSAUFTRAG

Johannes Pauls „Programm" für die Kirche des dritten Jahrtausends war seine achte Enzyklika, *Redemptoris missio* [Die Sendung des Erlösers], die er am 7. Dezember 1990 unterzeichnete, dem 25. Jahrestag des Dekrets des II. Vatikanischen Konzils über die Missionstätigkeit der Kirche.[5] Seit dem Konzil war die Kirche bei der Frage, was für eine Mission sie hatte, geteilter Meinung. Johannes Paul beharrte darauf, daß sie nicht einfach eine Mission *hatte*, sondern selbst eine Mission *war*.[6]

Auf der ganzen Welt lebten ungefähr zwei Milliarden Christen, davon etwa eine Milliarde römische Katholiken. Rein zahlenmäßig war es im 20. Jahrhundert zur größten Ausbreitung des Christentums in der Geschichte gekommen. So gab es in Afrika 1900 etwa zwei Millionen Katholiken, am Ende des Jahrhunderts aber schon fast 100 Millionen.[7] Dennoch hatte die Entwicklung des Christentums nicht mit dem Bevölkerungswachstum Schritt gehalten. Im 20. Jahrhundert war der prozentuale Anteil der Christen an der Weltbevölkerung leicht gesunken, von 34,4 auf 33,2 Prozent.[8] Einige Gebiete der Welt, vor allem der indische Subkontinent und Ostasien, waren im wesentlichen unevangelisiert geblieben.

Nach dem II. Vatikanischen Konzil hatte jedoch eine ganze Reihe katholischer Theologen die Ansicht vertreten, daß die Mission der Kirche *ad gentes*, „zu den Völkern" der Nichtevangelisierten, vorbei sei. Einige sagten, heute sei

Evangelisierung schlicht Arbeit für die Gerechtigkeit. Andere waren der Meinung, daß eine christliche Mission *ad gentes* in der Welt nach dem Kolonialismus kultureller Imperialismus sei: Evangelisierung bedeute, den Menschen etwas aufzuzwingen; die Kirche solle in die nichtchristliche Welt gehen, um vom Glauben anderer zu lernen, nicht, um den Glauben zu lehren, dessen Träger sie war. Eine noch radikalere Gruppe betrachtete Jesus lediglich als Verkörperung eines universalen göttlichen Erlösungswillens, der sich in den verschiedenen Kulturen in unterschiedlichen Formen zeige. Für die Christen sei Jesus der Erlöser, doch in anderen Kulturen werde diese „Rolle" von anderen großen religiösen Gestalten übernommen.[9] In dieser geistigen Atmosphäre konnte es nicht überraschen, daß es seit dem Konzil zu einem Rückgang der katholischen Missionstätigkeit auf der Welt gekommen war – und zwar zur gleichen Zeit, als der evangelikale Protestantismus und der Islam geradezu aggressiv versuchten, in Afrika, Asien und Lateinamerika neue Anhänger zu gewinnen.

Der Katholizismus hatte herkömmlicherweise das Christentum als den „normalen" Weg zum Heil betrachtet, obwohl Gott „außergewöhnliche" Ausnahmen zulassen konnte. Jetzt vertraten manche katholischen Denker die Ansicht, das Christentum sei der „außergewöhnliche" Weg. *Redemptoris missio* war zumindest teilweise ein Versuch, diese Umkehrung rückgängig zu machen.

Wie alle Enzykliken dieser Größe hatte *Redemptoris missio* mehrere Wurzeln. Eine war ein internationaler Kongreß zum Thema „Das Heil heute", der Anfang 1988 an der kirchlichen Missionsuniversität in Rom stattgefunden hatte. Kardinal Jozef Tomko, seit 1985 Präfekt der Kongregation für die Evangelisierung der Völker (der Kurienabteilung, die für katholische Missionen auf der ganzen Welt zuständig war), hatte beschlossen, bei diesem Kongreß eine „Provokation" zu inszenieren.[10] In seiner Eröffnungsansprache griff er die ganze Bandbreite von Vorschlägen zur christlichen Mission auf, die zahlreiche Theologen während der letzten 20 Jahre vertreten hatten. Er versuchte, Fragen aus der Sicht der Missionare zu stellen, die oft erkennen müßten, daß sie von „Missiologen" (Theologen, die sich mit der Mission der Kirche beschäftigten) als irrelevant oder sogar als Imperialisten betrachtet wurden. Welchen Sinn hatte es, Jesus Christus zu verkünden, wenn er nicht der Erlöser der Welt war, durch den alle Menschen gerettet wurden? Warum sollte man sein Leben der Verbreitung des christlichen Evangeliums widmen, wenn es nur eine von mehreren möglichen Formen der Offenbarung Gottes war? Wie konnte ein wirklicher Dialog mit den Weltreligionen stattfinden, wenn die Christen von der Wahrheit des Evangeliums, das sie verkündeten, selbst nicht überzeugt waren? Wer brauchte eine Kirche, wenn Evangelisierung lediglich die Förderung der Gerechtigkeit in der Gesellschaft bedeutete? Mit seiner Ansprache löste Kardinal Tomko eine so große Kontroverse aus, daß ein ganzes Buch mit Aufsätzen zusammengestellt wurde, um sie zu widerlegen.[11] Der Kardinal hatte eine Vielzahl miteinander zusammenhängender Fragen aufgeworfen, mit denen man sich zweifellos befassen mußte.

Johannes Paul sagte zu Tomko: „Es ist an der Zeit, daß ich mich zu all dem äußere!"[12]

Die Kirche als Mission

Zwei Ziele von *Redemptoris missio* waren, Licht in die theologische Verwirrung hinsichtlich der christlichen Mission zu bringen und sich mit den Kontroversen über das Verhältnis von Christus und der Kirche zu Gottes Heilswillen für die gesamte Menschheit zu befassen. Trotzdem darf man diese Enzyklika nicht als Korrektiv betrachten. Sie erinnert vielmehr die ganze Kirche daran, daß jeder Katholik eine Berufung zur Mission hat, da, wie der Papst es ausdrückt, die Kirche „*ihrer Natur nach missionarisch*" ist.[13] Der universale Ruf zur Heiligkeit schließt einen universalen Ruf zur Evangelisierung ein. Das Christentum ist eine Frohbotschaft, die geteilt werden muß, und Christus mit anderen zu teilen ist das Beste, was jeder Katholik und die Kirche für die Welt tun können.[14] Außerdem ist eine radikale Auslegung des Missionsauftrags notwendig, um der Kirche selbst neue Lebenskraft zu geben, denn der „*Glaube wird stark durch Weitergabe!*"[15] Das Bevorstehen des dritten Jahrtausends sollte die Katholiken daran erinnern, daß die Mission der Kirche, eine Fortsetzung der Sendung Christi, „noch in den Anfängen steckt".[16]

Diese Mission, so schreibt Johannes Paul, erwächst aus den beiden Lehren, die das Christentum kennzeichnen: der Lehre vom trinitarischen Gott und der Lehre der Inkarnation – Jesus Christus als für das Heil der Welt menschgewordener Gott. Weil Gott eine Trinität sich selbst gebender Personen ist, muß die Kirche eine Gemeinschaft sich selbst gebender Missionare sein, die allen Völkern Gottes Selbstoffenbarung in Jesus Christus verkündet. Der Papst bestreitet nicht, daß es auch in anderen Weltreligionen Heilselemente gibt, doch er bekräftigt in der ganzen Enzyklika immer wieder: „Die Offenbarung Gottes wird endgültig und ist vollendet durch das Wirken seines eingeborenen Sohnes".[17] Man darf „Jesus" auch nicht von „Christus" trennen, so daß Jesus nur als eine von mehreren Manifestationen des Wortes Gottes an die Welt erscheint: „Jesus ist das fleischgewordene Wort, eine einzige und unteilbare Person. Man kann auch nicht Jesus von Christus trennen (...). Christus ist kein anderer als Jesus von Nazaret, und dieser ist das für das Heil aller menschgewordene Wort Gottes."[18]

Gerade diese Einzigartigkeit verleiht Christus „eine absolute und universale Bedeutung".[19] Alles, was in anderen Religionen wahr ist, strebt auf die Wahrheit zu, die in Jesus Christus offenbart wird, und erreicht seine Erfüllung in ihm. Das von Christus angebotene Heil wird allen angeboten, sogar denen, die das Evangelium Christi noch nicht direkt vernommen haben oder seiner Kirche nicht offiziell angehören. Weil es Gottes Wille ist, daß sein Heil allen angeboten wird, muß es „allen zur Verfügung stehen". Das ist der Grund für die Mission der Kirche *ad gentes*. Dennoch, so räumt der Papst ein, haben viele Menschen „keine Möglichkeit (...), die Offenbarung des Evangeliums kennenzulernen und sich der Kirche anzuschließen". Sie sind aber nicht von vornherein verloren. Für sie ist

> „das Heil in Christus zugänglich kraft der Gnade, die sie zwar nicht förmlich in die Kirche eingliedert – obschon sie geheimnisvoll mit ihr verbunden sind -, aber ihnen in angemessener Weise innerlich und äußerlich Licht bringt. Diese Gnade kommt von Christus, sie ist Frucht seines Opfers und wird vom Heiligen Geist geschenkt."[20]

Jeder, der gerettet wird, wird durch Jesus Christus gerettet.

Warum soll man sich aber überhaupt mit der Mission beschäftigen, wenn durch das geheimnisvolle Wirken der Gnade über die formalen Grenzen der Kirche hinaus ohnehin alle gerettet werden können? *Redemptoris missio* nennt sechs Gründe dafür. Die Kirche ist ihrer Natur nach missionarisch, und diesen Missionsauftrag aufzugeben, bedeutet, mit der Kirche des Neuen Testaments zu brechen. Die christliche Mission ist eine Form des Gehorsams gegenüber dem großen Gebot der Nächstenliebe; sie ist eine Erfüllung unserer Pflichten gegenüber anderen, die das Recht haben, von Christus zu erfahren, so daß sie sich für den Glauben entscheiden können; sie stärkt die Einheit unter den Christen und zwingt sie, diese Einheit zu vertiefen, so daß die Spaltung der Christenheit die Verkündigung des Evangeliums nicht mehr so sehr behindert. Christus hat uns gerettet, und unsere Bereitschaft, sein Evangelium mit anderen zu teilen, ist ein Maßstab dafür, wie gut wir das verstanden und begriffen haben.[21] Schließlich – und das ist entscheidend – befiehlt uns Gott die Mission. Wie der gute Hirte, der die verlorenen Schafe sucht (siehe Johannes 10,1-18), muß die Kirche, die die Sendung des guten Hirten fortsetzt, missionarisch sein.[22]

Für diejenigen, die fragen, wer denn evangelisiert werden solle, hat Johannes Paul eine schlichte Antwort: jeder. Die Evangelisierung nimmt unterschiedliche Formen an. Eine ist die Seelsorge für die bereits evangelisierten Menschen, eine andere die „neue Evangelisierung" oder „Wieder-Evangelisierung" derjenigen, die vom christlichen Glauben abgefallen oder schlecht unterwiesen worden sind. Schließlich gibt es noch die Mission *ad gentes*, die sich an die Völker und Gruppen wendet, „die noch nicht an Christus glauben" und „deren Kultur noch nicht vom Evangelium beeinflußt ist", also an Gruppen und Umfelder, die „aufgrund des Fehlens oder des Ungenügens der evangelischen Verkündigung und der kirchlichen Präsenz nicht christlich" sind. *Redemptoris missio* befaßt sich vor allem mit dieser dritten Form der christlichen Mission. Der Papst schlägt drei Kriterien vor, um sie im dritten Jahrtausend zu entwickeln.

Das erste Kriterium ist geographisch. Das Gebiet, in dem die Mission in den ersten beiden Jahrtausenden der christlichen Geschichte am schlimmsten versagt hat, ist Asien; daher muß sich „das Hauptaugenmerk der Mission *ad gentes*" auf diesen Kontinent richten.[23] Das zweite Kriterium ist demographisch. Es gibt in der Spätmoderne neue menschliche Welten und Umgebungen, die der missionarischen Aufmerksamkeit der Kirche bedürfen; Johannes Paul nennt hier unter anderem die neuen „Megastädte" in den Entwicklungsländern, die jungen Menschen sowie die Migranten und Flüchtlinge in den traditionell christlichen Gesellschaften.[24] Das dritte Kriterium ist kulturell. Die Massenmedien, Bewegungen für die Menschenrechte, für die Förderung der Frauen, für den Schutz der Kinder und der Umwelt, die Welt der Naturwissenschaften sowie internationale rechtliche und politische Institutionen sind „moderne Areopage", die auf eine überzeugende Verkündigung Jesu Christi als Antwort auf die dringendsten Fragen der Menschheit warten.[25] Bei der Beschäftigung mit diesen Fragen – und mit alten, durch ehrwürdige religiöse Traditionen entstandenen Kulturen – muß die Methode der Kirche die der Freiheit sein: „*Die Kirche schlägt vor, sie drängt nichts auf.* Sie respektiert die Menschen und Kulturen, sie macht halt vor dem Heiligtum des Gewissens."[26]

In der Welt nach dem kalten Krieg wird die christliche Mission, so meint Johannes Paul, auf verschiedene Weisen gelebt werden. Eine ist das persönliche Zeugnis: „Das Zeugnis des christlichen Lebens ist die erste und unersetzliche Form der Mission." Es muß allerdings durch ausdrückliche Lehre ergänzt werden.[27] Menschen, die tätige Liebe gesehen haben, sind oft eher bereit, die Lehre zu akzeptieren, daß Gott selbst Liebe ist. In Ländern wie Indien ist das Zeugnis der Missionarinnen der Nächstenliebe schon an sich ein großes Gut und außerdem ein erster Schritt, um die Kirche in dieser speziellen Kultur einzupflanzen. Johannes Paul erwähnt auch den Märtyrer als stärksten Zeugen für die Wahrheit des christlichen Glaubens.[28] Zwei andere „Wege der Mission" sind die ökumenische Zusammenarbeit und der interreligiöse Dialog. Wachsende Einheit unter den Christen und ein ernsthaftes Gespräch mit anderen religiösen Traditionen, bei dem beide Parteien die Wahrheiten, um die es geht, anerkennen, stärken das Zeugnis der Kirche gegenüber Nichtchristen.[29]

Der Papst betont die Bedeutung der „Inkulturation", des Bemühens, das christliche Glaubensgut in das Idiom nichtchristlicher Kulturen zu „übersetzen". Sie muß sich von zwei Prinzipien leiten lassen: der „Vereinbarkeit mit dem Evangelium und der Gemeinschaft mit der Gesamtkirche". Eine „Inkulturation", die das Evangelium seiner Eigenart beraubt, ist nur Anpassung. Deshalb muß man stets überprüfen, ob die angebliche „Inkulturation" der universalen Kirche und dem Zentrum ihrer Einheit im Petrusamt lokale Äußerungen der christlichen Wahrheit entgegenstellt.[30] Was die Beziehung zwischen der Evangelisierung und dem Einsatz für Gerechtigkeit und Frieden betrifft, ist die vorrangige Aufgabe der Kirche und ihr größter Beitrag zur „Lösung des drängenden Problems der Entwicklung" die Gewissensformung. Es geht der Kirche „wesentlich darum, den Völkern nicht ‚Mehr Haben' anzubieten, sondern ‚Mehr Sein', indem sie durch das Evangelium die Gewissen aufrüttelt". Durch dieses „Mehr Sein" werden Männer und Frauen ihre menschliche Würde, die durch sie bedingten Rechte und die Solidarität, die die Beziehungen zwischen Menschen und Völkern bestimmen sollte, erkennen.[31]

Der gegenkulturelle Papst

Johannes Pauls Enzyklika über die christliche Mission war zwar für die Missionsgebiete in der dritten Welt sehr interessant, doch in den Industrieländern wurde ihr viel weniger Aufmerksamkeit zuteil als der vier Monate später veröffentlichten Enzyklika *Centesimus annus*.[32] Nach konventionellen journalistischen Maßstäben war *Centesimus annus* mit der Analyse des Zusammenbruchs des Kommunismus, der eingehenden Betrachtung der freien Wirtschaft und der Warnung vor neuen Bedrohungen der Demokratie viel aktueller. Trotzdem kann man sagen, daß *Redemptoris missio* von allen Enzykliken Johannes Pauls die für die Kirche wie für die Welt folgenreichste ist.

Redemptoris missio ist Bestandteil von Johannes Pauls Versuch, das II. Vatikanische Konzil im Leben der Kirche unumkehrbar zu machen. Das Hauptziel des Konzils bestand darin, die Kirche für den Dienst an der Welt zu erneuern; *Redemptoris missio* ist eine zutiefst konziliare Meditation über den größten Dienst, den die Kirche der Welt erweisen kann: ihr ihre wahre Geschichte zu erzählen, die Geschichte von der Schöpfung und dem Sündenfall, der Erlösung, dem Heil und der Heiligung. In *Redemptoris missio* begegnet die Kirche des Neuen Testaments der des dritten Jahrtausends – für die das II. Vatikanische Konzil, wie Johannes Paul immer wieder betont, durch göttliche Fügung eine Vorbereitung war.

Außerdem bietet *Redemptoris missio* eine neue Antwort auf gewisse Mißverständnisse. Jenen, die behaupten, die christliche Mission bedrohe den inneren Frieden und das Verständnis zwischen den Weltreligionen, entgegnet der Papst, daß eine Kirche, die „nichts aufdrängt" und „vor dem Heiligtum des Gewissens haltmacht", allen diene. Denjenigen Christen, die glauben, die Kirche sei aus der Mission „herausgewachsen" und solle sich auf die Herbeiführung sozialer Veränderungen konzentrieren, hält der Papst entgegen, wenn die Kirche aufhöre, das Evangelium von Jesus Christus zu verkündigen, höre sie auf, die Kirche zu sein. Den Säkularisten, die überzeugt sind, daß eine mündig werdende Menschheit bald keine Religion mehr brauchen werde, antwortet der Papst: „Unmittelbar vor Anbruch des dritten Jahrtausends der Erlösung ist Gott dabei, einen großen christlichen Frühling zu bereiten, dessen Morgenröte man schon ahnend erkennen kann."[33] Jene, die sich schon durch die bloße Vorstellung beleidigt fühlen, daß manche Religionen wahr und andere falsch sind, entgegnet Johannes Paul, daß die Kirche alle Wahrheiten achtet, die es in den Weltreligionen gibt. Alle Wahrheiten auf dieser Welt weisen auf die eine große Wahrheit, die Gott in Jesus Christus offenbart hat – die Welt ist von Gott gekommen und durch das Kreuzesopfer Christi dazu bestimmt, in Gott, der das Heil der ganzen Menschheit will, erfüllt zu werden.

Redemptoris missio ist auch noch in mehrfacher anderer Hinsicht gegenkulturell. Johannes Paul betont, daß Pluralismus mehr ist als Pluralität, die rein soziologische Tatsache religiöser Unterschiede. Echter Pluralismus ist seiner Ansicht nach Pluralität, die in einen geordneten, wahrheitssuchenden Dialog zwischen Menschen unterschiedlicher religiöser Überzeugungen verwandelt wird. Ferner weist *Redemptoris missio* darauf hin, daß Toleranz nicht bedeutet, Unterschiede zu vermeiden, sondern sich respektvoll mit ihnen zu befassen, in der Überzeugung, wie ein Kommentator es formulierte, „daß es gerade auf unsere tiefstgehenden Unterschiede ankommt, in dieser Welt wie in der nächsten".[34] Denjenigen, die befürchten, jede Begegnung dieser Art zwischen den Weltreligionen werde automatisch zu Fanatismus, ja Religionskriegen führen, entgegnet Johannes Paul: Die Verkündigung des Evangeliums ist eine wesentliche Voraussetzung für eine Zivilgesellschaft und für den Frieden, da diese Gesellschaft, um echte Toleranz aufrechterhalten zu können, auf einen tiefen Respekt vor den unveräußerlichen Rechten des Menschen aufgebaut sein muß. Diejenigen, die es für gottgefällig halten, die abweichenden Überzeugungen anderer vom Willen Gottes zu respektieren, werden eher die Menschenrechte achten, die Religionsfreiheit verteidigen und das „Heiligtum des Gewissens" in einer freien und zivilen Gesellschaft schützen.[35]

Redemptoris missio und *Centesimus annus* sind nicht zwei völlig verschiedene Enzykliken – die eine eine Meditation über eine „innere" Angelegenheit der Kirche (die christliche Mission) und die andere eine Abhandlung über „die Welt". Beide Enzykliken zeichnen einen Katholizismus, der Wahrheiten anbietet, aber nichts aufdrängt. *Redemptoris missio* erinnert die Kirche daran, worin dieses Angebot besteht und warum es unbedingt gemacht werden muß. In *Centesimus annus* erläutert Johannes Paul die öffentlichen Dimensionen des Angebots und führt der Kirche wieder vor Augen, daß ihre grundlegende öffentliche Aufgabe die Gewissensformung ist – nicht politische Machenschaften oder Wirtschaftsplanung. Zusammen definieren die beiden Enzykliken einen Katholizismus für das dritte Jahrtausend, der missionarisch aktiv ist *und* dem Wohl der ganzen Menschheit dient. Johannes Paul betont, daß das zusammengehört. Und diese Lehre ist für die Welt jenseits der Grenzen der katholischen Kirche von großer Bedeutung. Denn die Vorstellung der Christen von ihrer Sendung „zu allen Völkern" wird eine erhebliche Rolle dabei spielen, wie fast zwei Milliarden Menschen über die Gestaltung eines neuen Jahrhunderts und eines neuen Jahrtausends denken.

ÖKUMENISCHE PROBLEME

Der erste Versuch des Heiligen Stuhls, die Gelegenheit zu ergreifen, die sich durch die neue Haltung der sowjetischen Regierung gegenüber der Religionsfreiheit bot, muß als Fehlschlag betrachtet werden; er gefährdete Johannes Pauls große Hoffnung auf eine ökumenische Wiederannäherung an die Orthodoxie und machte die Beziehungen Roms zur griechisch-katholischen Kirche in der Ukraine noch schwieriger.

Ende 1990 und Anfang 1991 war die Lage zugegebenermaßen extrem kompliziert. 70 Jahre Staatsatheismus, Perioden starker religiöser Verfolgung und umfangreiche Umsiedlungen während des Zweiten Weltkriegs sowie in den Jahren davor und danach hatten die katholische „Topographie" der Sowjetunion dramatisch verändert. Gorbatschows Initiative für Religionsfreiheit und die nachdrückliche Forderung der sowjetischen Regierung, daß die Katholiken in den verschiedenen Sowjet-„Republiken" nicht von Bischöfen in anderen Ländern (beispielsweise Polen) betreut werden dürften, hatten es ermöglicht, mit einer Regelung des katholischen Lebens in der Ukraine zu beginnen, wo Johannes Paul sowohl die lateinisch- als auch die griechisch-katholischen Diözesen neu organisiert hatte. Außerdem hatte der Päpstliche Vertreter in der Sowjetunion, Erzbischof Francesco Colasuonno, in Rußland und Kasachstan eine „überraschende Vitalität" des katholischen Lebens entdeckt. So waren jüngst in Kasachstan katholische Gemeinden des lateinischen Ritus, zu denen vor allem Gläubige deutscher, polnischer, litauischer und ukrainischer Herkunft gehörten, aufgrund des neuen, von Gorbatschow am 1. Oktober 1990 verkündeten sowjetischen Gesetzes zur Religionsfreiheit rechtlich anerkannt worden. Nun mußte etwas unternommen werden, um die Situation dieser Gemeinden zu regeln und ihnen sowie den über 1,5 Millionen Katholiken des lateinischen Ritus in Weißrußland Bischöfe zu geben.[36]

Für diese Aufgaben war das Staatssekretariat des Heiligen Stuhls zuständig, das durch Erzbischof Colasuonno in direkten Beratungen mit der sowjetischen

Regierung stand. Man erreichte schließlich für Weißrußland die Errichtung der Erzdiözese Minsk-Mohilew mit Metropolitansitz und der Suffragandiözesen Pinsk und Grodno.[37] Außerdem wurde der geistliche Beistand für die Katholiken in Rußland, Sibirien und Kasachstan geregelt, und zwar nicht durch die Errichtung von Diözesen, sondern von drei „Apostolischen Administraturen", die der neue Codex des kanonischen Rechtes so definiert: „Eine Apostolische Administration ist ein bestimmter Teil des Gottesvolkes, der wegen besonderer und wirklich schwerwiegender Gründe vom Papst nicht als Diözese errichtet wird (...).“[38] Der „wirklich schwerwiegende Grund" war in diesem Fall die extreme Empfindlichkeit des russisch-orthodoxen Patriarchats von Moskau gegenüber allem, was die Errichtung einer normalen katholischen Hierarchie und Struktur auf dem historischen Gebiet der russischen Orthodoxie zu bedeuten schien. Die Apostolischen Administraturen sollten in Moskau, Nowosibirsk und Karaganda errichtet werden; für jede von ihnen sollte ein Bischof, der die sakramentalen Bedürfnisse der Katholiken in diesen Gebieten erfüllen konnte, zum „Apostolischen Administrator" ernannt werden.[39]

Als oberster Hirte der Kirche betrachtete Johannes Paul, der mit den Leiden der Christen in der ganzen Sowjetunion gut vertraut war, es als wichtige Aufgabe, die Katholiken in Rußland, Sibirien und Kasachstan mit angemessenem geistlichem Beistand zu versorgen. Er war außerdem entschlossen, alles zu versuchen, um den ökumenischen Bruch, zu dem es im 11. Jahrhundert zwischen Rom und der Orthodoxie gekommen war, zu heilen – und das bedeutete, daß die Besorgnisse und Befürchtungen der größten orthodoxen Kirche, der russischen, berücksichtigt werden mußten.[40] Der Vatikan hoffte, durch die Errichtung von Apostolischen Administraturen statt Diözesen in historisch orthodoxen Gebieten mit erheblichem katholischem Bevölkerungsanteil sowohl die pastoralen Bedürfnisse der Katholiken als auch die Anliegen des Moskauer Patriarchats befriedigen zu können. Was das Patriarchat anbetraf, gelang das jedoch nicht.

Daß die russisch-orthodoxe Führung wegen der Errichtung der drei Apostolischen Administraturen im europäischen Teil Rußlands, in Sibirien und Kasachstan nicht vorher konsultiert wurde, war verständlich. Der Heilige Stuhl hatte sich fast das ganze 20. Jahrhundert hindurch bemüht, die Kirche von der Notwendigkeit zu befreien, solche Aktionen und die Ernennung von Bischöfen mit politischen und anderen Organen „abzuklären". Daher sträubte er sich wirklich dagegen, einen Rückzieher zu machen und sich um die De-facto-Zustimmung einer anderen christlichen Gemeinschaft zur Regelung des katholischen Lebens und zur Bereitstellung geistlichen Beistands für Katholiken zu bemühen. Vielleicht hätte man in diesem Fall eine Ausnahme machen sollen – nicht, indem man sich die Ernennung von Bischöfen zu Apostolischen Administratoren vom Moskauer Patriarchat absegnen ließ, sondern indem man die Führer der russischen Orthodoxie über die Besorgnisse des Heiligen Stuhls und seine ökumenischen Gründe für die Errichtung von Apostolischen Administraturen statt von Diözesen informierte. Angesichts der Nähe des Patriarchats zur sowjetischen Regierung hätte das jedoch wie ein Schritt zurück, nämlich wie die Bitte um die Zustimmung der Regierung zum normalen katholischen Leben, aussehen können. Jedenfalls gab es keine vorherige Konsultation über die Idee Apostolischer Administraturen.

Die Situation verschlechterte sich noch dadurch, daß Metropolit Kirill von Smolensk, Leiter der Abteilung des Moskauer Patriarchats für auswärtige Angelegenheiten (zu denen auch die ökumenischen Beziehungen gehörten), auf Einladung von Kardinal Edward Cassidy, dem Präsidenten des Päpstlichen Rates zur Förderung der Einheit der Christen, nach Rom gekommen war, nachdem die beiden sich im Februar 1991 bei der Vollversammlung des Weltkirchenrats in Australien kennengelernt hatten. Ende März 1991 wurde Kirill von Papst Johannes Paul II., Kardinalstaatssekretär Angelo Sodano und anderen Mitgliedern des Heiligen Stuhls herzlich begrüßt. Er fuhr voller Begeisterung über seinen Empfang, aber in völliger Unkenntnis der bevorstehenden Errichtung Apostolischer Administraturen in die Sowjetunion zurück. Man hatte ihm nichts gesagt.

In den Wochen zwischen Kirills Besuch und der Ankündigung der neuen Apostolischen Administraturen, die am 13. April erfolgte, hatte Johannes Paul II. das Staatssekretariat und Kardinal Sodano aufgefordert (wie sich einer der Beteiligten später erinnerte), „dafür zu sorgen, daß das Patriarchat rechtzeitig informiert wird, bevor diese Ernennungen bekanntgegeben werden". Dem Papst war offensichtlich daran gelegen, daß alles Mögliche getan wurde, um die Errichtung der Apostolischen Administraturen gegenüber dem Moskauer Patriarchat im besten Licht erscheinen zu lassen und ihm deutlich zu machen, daß diese notwendigen Vorkehrungen für den geistlichen Beistand für die Katholiken in Wirklichkeit das ökumenische Engagement des Katholizismus bewiesen. Doch leider wurde Johannes Pauls Anweisung, das Patriarchat „rechtzeitig" zu informieren, nicht befolgt.

Erzbischof Colasuonno, der Nuntius in Moskau, erzählte Kardinal Cassidy später, er habe zehn Tage vor der Ankündigung vom 13. April versucht, beim russisch-orthodoxen Patriarchen Aleksej vorgelassen zu werden, aber keinen Termin bekommen. Offensichtlich hielten weder Colasuonno noch seine Vorgesetzten in Rom die Sache für so dringend, um weiter darauf zu bestehen, daß der Patriarch den Nuntius empfange. Andererseits war das Staatssekretariat offenbar auch nicht der Ansicht, daß man die Ankündigung hätte verschieben sollen, bis der Patriarch informiert worden war – obwohl dem Papst offenkundig sehr daran lag, daß Aleksej nicht überrumpelt wurde. Der Staatssekretär, der dabei gewesen war, als der Papst den Wunsch äußerte, daß Aleksej „rechtzeitig" vor der Ankündigung der Errichtung der Apostolischen Administraturen und der Ernennung der Bischöfe informiert werde, sorgte nicht dafür, daß seine Untergebenen diesen dringenden Wunsch erfüllten und damit das vermieden, was Aleksej und seine Kollegen nur allzuleicht als ein feindseliges Fait accompli auffassen konnten.[41]

Das Moskauer Patriarchat reagierte auf die Ankündigung der drei Apostolischen Administraturen und der Ernennung der Bischöfe, die sie leiten sollten, vom 13. April wütend – eine Reaktion, die verschärft wurde durch zahlreiche falsche Berichte, der Papst habe in Rußland und Kasachstan neue katholische „Diözesen" errichtet.[42] Das traf nicht zu. Doch angesichts der Tatsache, daß das Patriarchat völlig überrumpelt worden war, blieben feinsinnige kanonische Unterscheidungen ziemlich wirkungslos. Metropolit Kirill, für die ökumenischen Beziehungen der russischen Orthodoxie zu Rom zuständig, war besonders unangenehm berührt und verärgert. Als er im März aus Rom zurückgekommen war, hatte er den warmen Empfang durch den Heiligen Stuhl gelobt. Jetzt fühlte er sich verraten.

Anti-römische Elemente im Moskauer Patriarchat ergriffen schnell diese Gelegenheit, ihrer Kampagne gegen jede Annäherung an das „erste Rom" mehr Schwung zu verschaffen. Außerdem scheint in der höheren Führung der russischen Orthodoxie (die sich als „drittes Rom" verstand) niemand die Überzeugung Johannes Pauls geteilt zu haben, daß die Ökumene dringend notwendig sei. Es gibt praktisch keine Beweise dafür, daß irgendein orthodoxer Führer versucht hätte, den Schaden zu begrenzen, der dadurch entstanden war, daß die Errichtung der Apostolischen Administraturen ohne vorherige Information des Patriarchen Aleksej bekanntgegeben wurde. Man kann auch verstehen, warum das Staatssekretariat die Sache offenbar für sehr dringend hielt. Anfang 1991 wußte niemand, wie lange das Tauwetter in der UdSSR anhalten würde. Zum ersten Mal seit 70 Jahren mischte die Regierung sich nicht in das ein, was die katholische Kirche tat. Vertreter der russisch-orthodoxen Kirche, die ins Ausland reisten, mußten nach ihrer Rückkehr aber immer noch dem staatlichen Rat für religiöse Angelegenheiten Bericht erstatten, so daß jedes Gespräch über die bevorstehende Neuordnung beim Besuch von Metropolit Kirill in Rom bedeutet hätte, daß auch die sowjetische Regierung davon erfuhr. Warum sollte man also nicht katholische Strukturen errichten, solange die Situation im Fluß war, für den Fall, daß sie später wieder einfror?[43]

Trotzdem muß man zu dem Schluß kommen, daß die Errichtung der Apostolischen Administraturen in Rußland und Kasachstan von den Diplomaten des Heiligen Stuhls schlecht gehandhabt wurde. Vielleicht hätte es auf jeden Fall Kritik vom Moskauer Patriarchat gehagelt, unabhängig davon, wann oder wie die Ankündigung erfolgte; doch dadurch, daß das Staatssekretariat die Anweisung des Papstes, den Patriarchen rechtzeitig zu informieren, nicht befolgte, wurde eine viel schärfere Reaktion möglich. Das lenkte wiederum die Aufmerksamkeit von dem unzutreffenden Vorwurf des Patriarchats ab, die neuen Apostolischen Administraturen seien Instrumente, um russisch-orthodoxe „Proselyten" anzuwerben. In den beiden folgenden Jahren erwies sich die ganze Sache als schwere Belastung der ökumenischen Beziehungen zwischen der römisch-katholischen und der russisch-orthodoxen Kirche. Sie stärkte die Position des Moskauer Patriarchats bei den Verhandlungen über die Situation in der Ukraine, war sowohl für regimefreundliche als auch für traditionell gegen Rom eingestellte Russisch-Orthodoxe eine Bestätigung ihres alten Argwohns und erschwerte den weltweiten Dialog der römisch-katholischen Kirche mit den orthodoxen Kirchen erheblich. Außerdem lieferte sie dem Moskauer Patriarchat einen Vorwand dafür, der Sonderversammlung der Bischofssynode für Europa fernzubleiben, die Johannes Paul für den Herbst 1991 einberufen hatte und die er als wichtigen Schritt bei der Verwirklichung seiner Vision von einem Europa, das wieder mit zwei Lungen atmete, betrachtete.[44]

Spannungen in Polen

Zwei Monate nach dem Beginn dieses Streites kehrte Johannes Paul zum ersten Mal seit dem Zusammenbruch des Kommunismus nach Polen zurück. Bei seinem neuntägigen Pastoralbesuch im Juni 1991 reiste er nach Koszalin (Köslin), Rzeszów, Przemyśl, Lubaczów, Kielce, Radom, Łomża, Białystok, Olsztyn (Allenstein), Włocławek, Płock und Warschau. Obwohl große Menschenmassen kamen, wurde diese Reise allgemein als die am wenigsten erfolgreiche des Papstes in sein Vaterland betrachtet.

Zwischen den Erwartungen der polnischen Katholiken und den Absichten des Papstes bestand offenbar eine große Diskrepanz. Die Polen erwarteten, daß Johannes Paul ihr Gefühl der Befreiung teilen würde, doch dessen Ansprachen konzentrierten sich auf die Fallstricke einer von moralischen Normen losgelösten Freiheit. Obwohl das für den Besuch ausgewählte Thema – die Zehn Gebote als moralische Grundlage einer Zivilgesellschaft, die in der Lage sein würde, die Demokratie aufrechtzuerhalten – Punkte berührte, die Johannes Paul in *Centesimus annus* zu entwickeln begonnen hatte, wurden die Enzyklika und ihr Loblied auf die freie Gesellschaft während des Pastoralbesuchs kaum erwähnt. Infolgedessen wurde das, was als päpstliches Angebot einer edlen Verwirklichung der Freiheit gemeint war, oft als Schelte und Nein-Sagen aufgefaßt. Die Polen wollten ihre neue Freiheit mit dem Mann feiern, dem sie eine wichtige Rolle bei ihrer Befreiung zuschrieben. Johannes Paul, der sich mit der für ihn charakteristischen Weitsicht bereits auf die bevorstehenden Schwierigkeiten konzentrierte, war nicht so recht im Einklang mit der im Lande herrschenden Stimmung.[45]

Die polnische Kirche war damit beschäftigt, in der neuen Situation ihre eigene Stimme zu finden, und hatte dabei Schwierigkeiten. Nachdem der Notstand vorbei war, der 42 Jahre lang geherrscht hatte, mußte sich die Hierarchie der Kirche praktisch über Nacht vom Verteidiger einer Festung zum Vertreter des Dialogs und der Evangelisierung wandeln. Eine im Widerstand geschmiedete Kirche mußte sich der Aufgabe einer demokratischen Kulturformung stellen, und zwar unter Umständen, unter denen die moralischen Fragen nicht mehr so sauber zwischen „wir" und „sie" aufgeteilt waren. Nur wenige polnische Bischöfe und Priester hatten Johannes Pauls Konzept einer Kirche, deren Klerus sich vorrangig auf die Formung des Gewissens und der öffentlichen Moralkultur konzentrieren und die praktische Anwendung der katholischen Soziallehre engagierten Laien überlassen sollte, verstanden. Eine Kirche, die viele Krisenjahre überlebt hatte, indem sie Einheit durch Gleichförmigkeit forderte, mußte sich plötzlich damit befassen, die Grenzen der Einheit innerhalb der legitimen Vielfalt zu erkunden – nicht nur innerhalb der Kirche selbst, sondern auch bei unterschiedlichen Vorschlägen, wie sie mit sozialen und politischen Problemen umgehen sollte. Drei Tage nach dem Abschluß des Pastoralbesuchs faßte Johannes Pauls Nachfolger in Krakau, Kardinal Macharski, das sehr treffend in Worte. Er sagte, die Kirche sei jetzt nicht mehr der *defensor civitatis*, die „Verteidigerin der Stadt", sondern müsse unter den bis dahin unbekannten Verhältnissen einer Demokratie lernen, der *defensor hominis* zu werden, die „Verteidigerin der menschlichen Person".[46]

Es war nicht so, als ob die vom Papst vorausgesehenen Probleme nicht existiert hätten. In den seit neuestem streitbaren polnischen Medien und bei den säkularen Intellektuellen stieß man häufig auf die Vorstellung, daß Demokratie eine Aussetzung der Debatte über öffentliche moralische Normen bedeute – oder, wie ein Kommentator es formulierte, daß das demokratische Polen „ein Staat mit einer neutralen Weltanschauung" sein sollte. Die meisten kritischen Kirchenleute betrachteten das als einen der ersten und schädlichsten „Importe" aus dem Westen.[47] Diese Vorstellung hatte eine heftige nationale Debatte über die Abtreibung entfacht, bei der sich weder die offizielle Kirche noch ihre Gegner besonders gut schlugen. Mitte der 50er Jahre hatte das Gomułka-Regime im Rahmen seiner Angriffe auf die katholische Moral ein freizügiges Abtreibungsgesetz erlassen; es stand fest, daß die polnische Kirche sich stark für Gesetze zum Schutz des ungeborenen Lebens im postkommunistischen Polen einsetzen würde. Im Gegensatz zu Johannes Paul stellten die polnischen Bischöfe die Abtreibungsfrage jedoch nicht in den Rahmen der Debatte über die moralischen Grundlagen der Demokratie. Im großen und ganzen ließen die Kirchenführer ihre Leute einfach wissen, Abtreibung sei ein Greuel und müsse im Namen der Kirche abgelehnt werden. Katholische Stimmen wie *Tygodnik Powszechny*, von denen man hätte erwarten können, daß sie Johannes Pauls Lehre erläuterten (ein „Recht" auf Abtreibung auf Verlangen war für ihn unvereinbar mit einer rechtsstaatlichen Demokratie, die auf dem Schutz der grundlegenden Menschenrechte beruhte), schwiegen oder blieben wirkungslos. Die unabhängige polnische Presse und die polnischen Säkularisten, die die Abtreibungsfrage als Sache der persönlichen Freiheit betrachteten, beschworen das Schreckgespenst einer „schwarzen Tyrannei" der Kirche herauf, die an die Stelle der erst vor kurzem gestürzten „roten Tyrannei" des Kommunismus trete. Weder die offizielle Kirche noch ihre Gegner oder die von der Solidarność geführte Regierung schienen in der Lage zu sein, die Abtreibungsfrage als eine von Natur aus öffentliche Angelegenheit zu diskutieren – alle Beteiligten betrachteten sie als eine Sache der individuellen Selbstbestimmung.

Johannes Pauls Besuch wurde auch durch ethnische und ökumenische Spannungen überschattet. Die Kirche der Hl. Teresa in Przemyśl, nahe der polnisch-ukrainischen Grenze, war 1946 griechisch-katholischen Polen ukrainischer Herkunft weggenommen und schließlich dem Karmeliterorden übergeben worden. Im Januar 1991 hatte die griechisch-katholische Gemeinde sie zurückerhalten, doch fünf Jahre später machten Katholiken des lateinischen Ritus diesen Beschluß, den Johannes Paul gebilligt hatte, mit Gewalt rückgängig. Vielleicht zum ersten Mal in seinem Leben war Johannes Paul wütend auf die Karmeliter, denen er einst hatte beitreten wollen.[48] Die Alternative war, in der bis dahin vakanten griechisch-katholischen Diözese Przemyśl als Sitz eines neuen griechisch-katholischen Bischofs, Jan Martyniak, einen griechisch-katholischen Dom zu bauen. Aufgrund der alten Feindseligkeit zwischen den Polen und Ukrainern war die Lage in Przemyśl so unsicher, daß die polnischen Bischöfe sich gezwungen gesehen hatten, am 28. Februar eine Erklärung abzugeben, in der sie die erzürnten einheimischen Katholiken des lateinischen Ritus daran erinnerten, daß Bischof Martyniak „vom Heiligen Vater gesandt" worden sei und einen „würdigen Einstand auf seinem Bischofsstuhl" verdiene.[49] Die griechisch-katholischen Einheimischen wiederum waren unzufrieden, weil ihre wieder errichtete Diözese dem Primat des lateinischen Ritus in Warschau unterstellt worden war und nicht dem Großerzbischof von Lemberg in der Ukraine.[50] Kardinal Lubachivsky brachte mehrere Tausend ukrainische Katholiken zur Papstmesse nach Przemyśl, doch die Hoffnung des Papstes auf eine endgültige Versöhnung zwischen den polnischen Katholiken des lateinischen Ritus und den griechisch-katholischen Polen ukrainischer Herkunft erfüllte sich während seines Besuchs nicht.

Sogar die von der Solidarność geführte Regierung schaffte es, Johannes Paul Schwierigkeiten zu bereiten. Er hätte am Schluß gern ein paar Tage Urlaub in seiner geliebten Tatra angehängt. Die Regierung beugte sich jedoch dem Druck der Presse, die wegen der Kosten des Besuchs nörgelte. Sie klagte, der Papst habe kein Verständnis dafür, was für einem Druck demokratisch gewählte Führer ausgesetzt seien, und unterstützte die Pläne Johannes Pauls nicht. Beleidigt und verletzt verzichtete er auf den geplanten Kurzurlaub in den Bergen.[51]

Der Pastoralbesuch in Polen 1991 war von der polnischen Kirche unzureichend vorbereitet worden. Der Papst wurde offenbar über die Dynamik der neuen politischen und kulturellen Situation nicht richtig informiert. Das Thema „Die Zehn Gebote", gegen das an sich nichts einzuwenden war, entsprach nicht der Psychologie des Augenblicks. Und der polnischen Kirche fehlte es an den nötigen Medien-Ressourcen, um einer Inlandspresse entgegenzutreten, die gerade anfing, beim Umgang mit Personen des öffentlichen Lebens die westlichen Medien nachzuahmen und den Betreffenden schuldhaftes Verhalten und versteckte Pläne zu unterstellen, solange nicht das Gegenteil bewiesen war. Johannes Paul selbst fragte sich später, ob er damals das Ausmaß des Schadens, den der Kommunismus der Kultur seines Vaterlands zugefügt hatte, vielleicht unterschätzte. Er wußte außerdem, daß die polnischen Bischöfe seine Aufgabe im Juni 1991 durch ihr unbeholfenes Verhalten gegenüber der postkommunistischen Politik erschwert hatten, und mag wohl auch zu dem Schluß gekommen sein, daß sein eigener Umgang mit dem demokratischen Polen verbesserungsbedürftig war.

Durch den Pastoralbesuch von 1991 entstand in der westlichen Presse ein neues Bild von Johannes Paul II. – das eines zornigen alten Mannes, der die Welt, an deren Entstehung er mitgewirkt hatte, nicht mehr verstand.[52] Das war ein grobes Zerrbild. Was man als leidenschaftliches Eintreten des Papstes für die grundlegenden Menschenrechte hätte beschreiben können, wurde als Zorn eines enttäuschten, über seine Zurückweisung verbitterten Liebhabers abgetan. Johannes Paul war und ist aber kein Mann, der zu Bitterkeit neigt – das kann jeder bestätigen, der ihn kennt. Doch die mangelhafte Vorbereitung der Reise und die durch die schwache Leistung eines großen Teils der polnischen Hierarchie entstandene Stimmung im Land trugen dazu bei, diesem Zerrbild bei Kommentatoren, die Freiheit fast nur als Unabhängigkeit von moralischer Autorität definieren, eine gewisse Plausibilität zu verleihen.[53]

Sechs Jahre später fand Johannes Paul dann bei einem weiteren Pastoralbesuch in Polen die richtigen Worte und löschte dadurch viele der bedauerlichen Erinnerungen aus, die sein Besuch von 1991 hinterlassen hatte. Zunächst jedoch war der vierte päpstliche Pastoralbesuch in Polen eine weitere Prüfung in einem ohnehin schwierigen Jahr.

DIE EUROPA-SYNODE VON 1991

Bei seinem Bemühen, die neue Evangelisierung voranzutreiben, wandte Johannes Paul seine Aufmerksamkeit zuerst Europa, dem „alten Kontinent", zu.

Erzbischof Jan Schotte, der Generalsekretär der Bischofssynode, war Anfang 1990 in England gewesen, um dort über die Auffassung des Vatikans vom neuen Europa zu sprechen. Während einer zwanglosen Diskussion darüber, wie die Kirche die durch den Fall der Berliner Mauer entstandene Chance am besten nutzen könne, stellte Schotte die Idee einer gesamteuropäischen Bischofssynode in den Raum. Kardinal Basil Hume von Westminster gefiel dieser Gedanke. Als Schotte wieder in Rom war, erzählte er dem Papst von seinem Gespräch mit Kardinal Hume. Da reichte Johannes Paul ihm ein Blatt Papier vom 24. Dezember 1989, auf dem er seine eigenen Vorstellungen von genau so einer Versammlung umrissen hatte.[54]

Der Papst kündigte die Sonderversammlung der Bischofssynode für Europa am 22. April 1990 in Velehrad (Mähren) auf seiner dramatischen Reise in die nun freie Tschechoslowakei an. In einem Bericht über diese Ankündigung bezeichnete *Le Monde* die bevorstehende Europa-Synode als von Johannes Paul vorgeschlagene „Wiedereroberung des europäischen Geistes". Ein Kommentator des in Manchester erscheinenden *Guardian* schrieb, der Papst habe sich „als einer der wenigen europäischen Führer mit einem unbestreitbar hegemonischen Projekt" erwiesen; dieses Projekt sei die Bildung „einer auf dem Glauben an Gott beruhenden politischen Bewegung, die Gottlosigkeit und Materialismus ablehnt".[55] Solche Kommentare übersahen die missionarische Stoßrichtung der Initiative des Papstes. Am 5. Juni versuchte Johannes Paul bei einer Konsultation in Rom, die die Planungen für die Europa-Synode einleiten sollte, erneut, seine Absichten zu verdeutlichen. In seiner Ansprache vor 47 Kirchenmännern betrachtete er die Geschichte der europäischen Kultur aus seiner persönlichen Sicht und bot zugleich einen tiefen Einblick in das Denken des Europäers Karol Wojtyła.

Eine Geschichtsstunde

Alle, die die aufregenden Ereignisse der vergangenen Monate miterlebt hätten – den Fall der Berliner Mauer, die Befreiung ganzer Nationen, den Zusammenbruch des „Block"-Systems, das Ende des kalten Krieges –, müßten das Gefühl gehabt haben, einen „göttlichen Kairos" zu erleben, einen besonderen Augenblick, in dem die Macht Gottes in der Geschichte spürbar wurde. Das, so begann Johannes Paul, sei die Art und Weise, wie Geschichte betrachtet werden müsse: tiefgründig. Nur so könne man die „neue Situation im Leben der [europäischen] Völker" verstehen.

Das Christentum reiche in Europa bis in die Zeit der Apostel zurück. Die „große Evangelisierung in Europa" sei weitgehend von Rom ausgegangen, doch daneben habe es „ein zweites wichtiges Zentrum im Osten, in Konstantinopel", gegeben. Ein Jahrtausend lang sei das Evangelium durch die „Bipolarität Rom–Byzanz" nach Europa gekommen. Erst nach dem 11. Jahrhundert hätten die Evangelisierung und die Entfaltung der einzelnen Kulturen in Europa zu einer geteilten Christenheit geführt.

Die Evangelisierung Europas habe aber nicht nur zur Entfaltung der nationalen Kulturen beigetragen, sondern auch zur Entwicklung einer übernationalen „humanistischen Kultur", die aus der Begegnung der biblischen Religion mit der antiken griechischen Philosophie entstanden sei. In Verbindung mit dem römischen Recht habe diese Dreiheit – Jerusalem, Athen und Rom – die „europäische Zivilisation" geschaffen. Die „humanistische Kultur" Europas habe vor einigen Jahrhunderten begonnen, sich zu verändern – als nämlich der Glaube an Gott, der ihr Verständnis vom Kosmos und vom Menschen geprägt habe, durch eine auf subjektiver Erkenntnis beruhende Kultur ersetzt worden sei. Im „Mittelpunkt der Wirklichkeit" stehe jetzt „der Mensch als Erkenntnissubjekt". Doch dort stehe er allein. Seine Einsamkeit habe sich durch den Bruch zwischen der Wissenschaft und der Religion sowie das Aufkommen des Marxismus noch vergrößert. In all dem stecke ein tiefes Paradoxon. Die biblische Sicht der Schöpfung als verstehbar, die biblische Sicht des Menschen, der sich die Schöpfung untertan mache, und die biblische Sicht der Geschichte als zielgerichtet hätten die kulturellen Fundamente gebildet, die schließlich das ermöglicht hätten, was wir heute „Wissenschaft" nennen.

Daß Gott vergessen wurde, habe jedenfalls enorme öffentliche Auswirkungen gehabt. Gerade die so furchtbare europäische Geschichte des 20. Jahrhunderts habe jedoch eine Chance zur Evangelisierung geschaffen. Der Krieg mit seiner maßlosen Grausamkeit habe „dem Menschen in Europa *die andere Seite einer Kultur* enthüllt, die er als jeder anderen überlegen anzusehen geneigt war".

Auschwitz sei nicht das Ende des zivilisierten Europa. Es habe aber gezeigt, auf welche Stufe der Verdorbenheit Menschen, die Gott vergessen hatten, sinken konnten. Der Nationalsozialismus sei „völlig besiegt" worden, doch einer der Sieger in diesem Kampf sei eine andere totalitäre Macht gewesen. Auch sie sei schließlich gestürzt worden, dank eines Widerstands, der sich „auf die Unverletzlichkeit der Menschenrechte", vor allem „das Recht auf Gewissens- und Religionsfreiheit", stützte. Diesen Widerstand, der das kommunistische System hinweggefegt habe, könnten jene, die die Geschichte der europäischen Zivilisation unter rein säkularen Gesichtspunkten betrachteten, nicht befriedigend erklären. Die Ereignisse der jüngsten Zeit hätten demonstriert, daß „die Religion und die Kirche (...) sich bei der Befreiung des Menschen aus einem System totaler Unterjochung als wirksamste Faktoren erwiesen".

Die Kirche dürfe sich jetzt jedoch keineswegs zurücklehnen und sich ins Fäustchen lachen. Es sei vielmehr eine ernsthafte Prüfung des christlichen Gewissens erforderlich. Hätten sich die Schrecken des 20. Jahrhunderts auch ereignet, wenn die Christen dem Evangelium treu geblieben wären? Es sei jedenfalls wichtig, sich der Vorstellung zu widersetzen, daß das demokratische öffentliche Leben in Europa nach dem kalten Krieg von den „Werte[n] des christlichen Glaubens und der christlichen Moral" losgelöst werden könne.

Die Kirchen Europas, im Osten wie im Westen, hätten in den vergangenen 50 Jahren außergewöhnliche Erfahrungen gemacht. Diese Erfahrungen könne man nur im Rahmen einer Geschichtsauffassung, die Raum für Gott und das

Wirken der göttlichen Vorsehung lasse, angemessen verstehen. Erst das habe aus Europa „Europa" gemacht. Und damit sollten sich die Bischöfe nach Ansicht des Papstes bei der Europa-Synode beschäftigen: wie sich die jüngsten Erfahrungen mit der Hand Gottes in der Geschichte, die ihre Länder gemacht hatten, in ein neues europäisches Pfingsten „übersetzen" ließen, in ein Pfingsten, das das Beste in der modernen europäischen Kultur aufnehme und es wieder mit seinen authentischsten Wurzeln verbinde. Und diese Wurzeln seien christlich.[56]

Die Schwierigkeiten unterschiedlicher Erwartungen

Dadurch, daß die Europa-Synode nicht schon 1990 zusammentrat, konnte sie kaum noch das anspornende missionarische Erlebnis werden, das Johannes Paul sich erhoffte. Damit jedoch die Teilnehmer an der Synode die beiden wieder vereinten Hälften des Kontinents gleichmäßig repräsentieren konnten, mußten erst Bischöfe für die vakanten Diözesen in Mittel- und Osteuropa ernannt werden, und das dauerte seine Zeit. Wäre die Synode noch 1990 zusammengetreten, hätte es ein Bischofsverhältnis West/Ost von 3:1 gegeben. Durch das Aufschieben der Synode bis Ende November 1991 war eine gleichmäßigere Vertretung möglich. Das bedeutete aber auch, daß die Synode erst zwei Jahre nach dem *kairos* stattfand, von dem Johannes Paul sich eine Zündwirkung für die neue Evangelisierung des alten Kontinents versprochen hatte. In diesen beiden Jahren war viel geschehen.

Der Zusammenbruch Jugoslawiens und das folgende blutige Chaos sowie die Unfähigkeit der europäischen Mächte, etwas dagegen zu unternehmen, hatten mehr Fragen zum Konzept eines gemeinsamen Europa aufgeworfen. Der Übergang zur Demokratie in Ostmitteleuropa hatte zu beträchtlichen wirtschaftlichen Erschütterungen und viel Unzufriedenheit geführt. Alle dort demokratisch gewordenen Staaten schlugen sich mit der Frage herum, wie man den Opfern der Staatssicherheitsdienste Gerechtigkeit verschaffen konnte und wie mit den Tätern zu verfahren war. Die demokratische „Normalität" in diesen Ländern hatte sich als „normale" Vielfalt ganz unterschiedlicher Interessen erwiesen – nach der bemerkenswerten Einheit, die der Widerstand gegen den Kommunismus 1989 gezeigt hatte, eine besonders bittere Pille. Die Sowjetunion war auseinandergebrochen, und niemand wußte, was dort als nächstes passieren würde. Westeuropa nutzte die Investitionsmöglichkeiten in den neuen Demokratien schnell, was zweifellos eine große Hilfe beim Wiederaufbau Ostmitteleuropas war. Doch weder die Westeuropäer noch ihre politischen Führer schienen sich ernsthaft für das Drama zu interessieren, das sich östlich der Elbe abspielte.

So traurig es ist, war es doch fast unvermeidlich: Als die 137 Mitglieder der Europa-Synode am 28. November 1991 endlich zusammentraten, war von der Energie, die durch die Revolution von 1989 entstanden war, schon wieder viel verflogen.

Die Synode tagte zweieinhalb Wochen lang. Zum ersten Mal nahmen Vertreter anderer christlicher Gemeinschaften als „brüderliche Delegierte" teil. Trotz dieser ökumenischen Neuerung und der großen Erwartungen des Papstes zeigte sich rasch, daß die Bischöfe mit unterschiedlichen Erwartungen zu der Synode gekommen waren. Nach Auffassung des neuen Erzbischofs von Prag, Miloslav Vlk, hätte die Synode die vorgefaßten Meinungen beider Bischofsgruppen in Zweifel ziehen müssen. Die Bischöfe der neuen Demokratien hätten ihre Haltung „Wir waren Märtyrer, wir brauchen euch nicht!" überwinden müssen. Und die Bischöfe der alten Demokratien hätten versuchen müssen, aus dem Zeugnis von Kirchenmännern, die den Glauben unter sehr schwierigen Umständen bewahrt hatten, Lehren zu ziehen. Laut Vlk war das Problem, daß praktisch keiner der Westler den Kommunismus verstand, so daß sie nicht begreifen konnten, was ihre jetzt befreiten Brüder durchgemacht hatten.[57]

Auch Kardinal Jean-Marie Lustiger, der Erzbischof von Paris, war der Meinung, daß die Bischöfe Probleme hatten, die Erfahrungen der jeweils anderen Gruppe zu verstehen. Die westlichen Bischöfe waren „zu sehr von ihrer eigenen Überlegenheit überzeugt", während die Bischöfe aus Ostmitteleuropa sich ihrer bisherigen Verfolgung tief bewußt waren und sich nicht von anderen führen lassen wollten. „Sie wollten erzählen, wie es ihnen ergangen war, doch die westlichen Bischöfe fanden es schwierig, ihnen zuzuhören", sagte der französische Kardinal. Andererseits sahen die Westbischöfe sich Problemen gegenüber, die die Bischöfe der neuen Demokratien sich kaum vorstellen konnten – den Verlockungen des materiellen Überflusses, was bedeutete, daß man nicht nur von schlechten, sondern auch von guten Dingen in Versuchung geführt wurde.[58]

Kardinal Jozef Tomko sah ebenfalls ein Kommunikationsproblem, das er darauf zurückführte, daß die Bischöfe „zwei verschiedene Realitäten" erlebt hatten. Er wies jedoch nachdrücklich darauf hin, daß die Europa-Synode von 1991 als „Austausch spiritueller Gaben" gedacht gewesen sei und auf dieser Ebene wohl als erfolgreich bezeichnet werden könne. Die westlichen Kirchen hätten wieder begonnen, zu „erkennen, daß die [anderen europäischen] Kirchen jetzt frei waren", und den Kirchen in den neuen Demokratien sei (wie auch dem Westen) klar geworden, „wie bedürftig sie einerseits und wie reich im Glauben sie andererseits waren". Tomko war überzeugt, daß auf der Europa-Synode auch alte Wahrheiten wiederentdeckt wurden. Die westlichen Kirchen, die sich jahrhundertelang auf die geistige Herausforderung der Moderne konzentriert hatten, „entdeckten wieder, wie wichtig die überlieferte Religion und Traditionen wie die Familie und die Bibel" für die Bewahrung des Glaubens waren. Alle Beteiligten, aus dem Osten wie aus dem Westen, wurden durch die Europa-Synode gezwungen, sich auf das Kreuz als Mittelpunkt des christlichen Lebens zu konzentrieren. Die Begegnung mit modernen Märtyrern und Bekennern trug dazu bei, die „alten Mysterien der Kirche im Licht neuer Realitäten" wiederzuentdecken.[59]

Auch die Frage des II. Vatikanums stand trennend zwischen den Synodenmitgliedern. Die westlichen Bischöfe bewunderten die Standhaftigkeit ihrer Kollegen, die hinter dem Eisernen Vorhang gelebt hatten, doch viele betrachteten die Ostmitteleuropäer als Männer, die von der Geschichte übergangen worden waren – und die Unterweisung dafür brauchten, wie sie, gemäß dem westeuropäischen Konzilsverständnis, „die Kirche in der modernen Welt" sein konnten. Die Bischöfe aus vielen ehemals kommunistischen Ländern verspürten angesichts der Annahme, daß das westeuropäische Modell der Konzilsumsetzung für alle gelte, zu Recht Unbehagen – nicht zuletzt wegen der laufenden Schrumpfung des Katholizismus in Westeuropa. Aufgrund dieser Spannung blieb die Frage offen, welche Art von Hilfe die Kirchen in den östlichen Demokratien bei der Bildung von neuen Institutionen wie nationalen Bischofskonferenzen und beim Wiederaufbau ihrer Seminare eigentlich vom Westen erbitten sollten.[60]

Die westlichen Bischöfe neigten zu der Überzeugung, daß ihre Kollegen in den neuen Demokratien einen Schnellkurs in nachkonziliarer Theologie und pastoraler Praxis absolvieren sollten. Männer wie der Prager Erzbischof Vlk meinten dagegen, das Konzil müsse dort unter Berücksichtigung der ganz besonderen pastoralen Probleme postkommunistischer Gesellschaften umgesetzt werden. Vlks Ansicht nach waren die wichtigsten Punkte der Wiederaufbau einer wirklich christlichen Gemeinschaft, ein neues Muster der Zusammenarbeit zwischen dem Klerus und den Laien und die Förderung des Engagements der Laien. Außerdem mußte das Problem gelöst werden, wie man wieder eine Kultur der öffentlichen Moral schaffen konnte. Das Leben unter dem Kommunismus war gewissermaßen schwarz-weiß gewesen; doch „Normalität" bedeutete „Grauschattierungen".[61] Vielleicht konnte man in dieser Hinsicht etwas von den westlichen Kirchen lernen, aber diese waren kaum Musterbeispiele für einen robusten öffentlichen Katholizismus.

Die Weigerung der orthodoxen Kirchen, insbesondere der russisch-orthodoxen, an der Europa-Synode teilzunehmen, war ein weiterer Rückschlag für die ökumenischen Pläne Johannes Pauls. Sie war außerdem der Anlaß für den dramatischsten Augenblick bei der Synode. Obwohl die meisten orthodoxen Führer die Einladung des Papstes zur Teilnahme abgelehnt hatten, hatte der neugewählte Ökumenische Patriarch von Konstantinopel, Bartholomaios I., einen „brüderlichen Delegierten" zur Synode entsandt, den Metropoliten Spyridon Papagheorghiu von Venedig, den obersten Führer der Orthodoxen in Italien. Am Abend des 7. Dezember 1991 griff Metropolit Spyridon während eines ökumenischen Gebetsgottesdienstes im Petersdom, an dem alle Synodenmitglieder teilnahmen, die in voller Gemeinschaft mit Rom stehenden katholischen Kirchen des Ostens (die sog. „Unierten") wegen ihrer „gewaltsamen" Wiederinbesitznahme von Kirchen in der Ukraine und Rumänien an und warf Rom vor, in Rußland selbst „parallele missionarische Strukturen" (er meinte die neuen Apostolischen Administraturen) zu errichten. Aufgrund der Aggressivität Roms hätten die Beziehungen zwischen Katholiken und Orthodoxen einen Tiefpunkt erreicht. Die Mitglieder der Synode und die protestantischen Teilnehmer an dem ökumenischen Gottesdienst waren entsetzt über Spyridons öffentlichen Angriff auf den Katholizismus und den Papst, noch dazu im Petersdom. Nach dem Ausbruch des Metropoliten herrschte betroffenes Schweigen. Da stand Johannes Paul auf und entbot dem Metropoliten wortlos den alten Friedenskuß, indem er ihn umarmte.

Die Europa-Synode von 1991 eröffnete neue Gespräche, vermittelte den anwesenden Bischöfen eine neue Erfahrung der Einheit innerhalb der Vielfalt des europäischen Katholizismus und war der Anfang eines Reformprozesses in bezug auf die Struktur der gesamteuropäischen Bischofskonferenz, zu der von nun an auch Bischöfe aus den Ländern jenseits des ehemaligen Eisernen Vorhangs gehörten. Sie war jedoch nicht das historische, missionarisch anspornende Ereignis, das Johannes Paul sich erhofft hatte. Die Asymmetrie zwischen den Kirchen blieb groß, und seit dem *kairos*-Augenblick des Jahres 1989 war zu viel Zeit vergangen, als daß diese Erfahrung des Wirkens der Vorsehung in der Geschichte die Kluft zwischen Kirchen, die ein halbes Jahrhundert lang getrennt gewesen waren, hätte überbrücken können. In ihrer *Schlußerklärung* versprach die Synode, die Kirche werde bei den Bemühungen zur weiteren Einigung des einst geteilten Europa solidarisch sein; doch als die Bischöfe nach Hause zurückkehrten, konzentrierten sie sich vor allem auf ihre örtlichen Angelegenheiten und Probleme.[62] Die sichtbarsten, konkretesten Schritte zur Einlösung des Versprechens der Synode unternahm Johannes Paul II. selbst.

In einer Welt ohne die Sowjetunion

Sechs Monate vor der Sonderversammlung der Bischofssynode für Europa, am zehnten Jahrestag des Mordanschlags von Mehmet Ali Agca, unternahm Johannes Paul seine zweite Pastoralreise nach Fátima in Portugal. Nach Aufenthalten in Lissabon und auf den Azoren traf er am 12. Mai 1991 in Fátima ein und sprach mit der 84jährigen Schwester Lucia dos Santos, die als einziges der drei Kinder, denen 1917 Maria erschienen war, noch lebte. Am 13. Mai, genau zehn Jahre nach den Schüssen auf dem Petersplatz, dankte der Papst öffentlich Maria für die Befreiung Ostmitteleuropas vom Kommunismus und für seine eigene Errettung aus Todesgefahr zehn Jahre zuvor.

Am 28. Juni 1991, dem Tag vor dem Fest Peter und Paul, eröffnete Johannes Paul sein fünftes Konsistorium zur Ernennung neuer Mitglieder des Kardinalskollegiums. Drei prominente katholische Glaubenszeugen unter dem Kommunismus empfingen das Kardinalsbirett. Zwei stammten aus den vor kurzem befreiten Teilen Europas: Alexandru Todea aus Rumänien und der respekteinflößende Jesuit Ján Chryzostom Korec aus der Tschechoslowakei. Der dritte zum Kardinal erhobene Glaubenszeuge war Ignatius Gong Pin-mei, der Bischof von Shanghai; er war, wie jetzt enthüllt wurde, derjenige, der im ersten Konsistorium Johannes Pauls 1979 insgeheim (in pectore) zum Kardinal ernannt worden war. Wenige Wochen vor seinem 90. Geburtstag kam der Mann, den man im Westen „Kardinal Kung" (so die vorkommunistische Transliteration seines Namens) nannte, zu seiner Investitur nach Rom, bevor er sich wieder in seinen Alterssitz nach Stamford (Connecticut) zurückzog. Die chinesische Regierung, die ihn inhaftiert und dann ausgewiesen hatte, verweigerte ihm die Erlaubnis, als Kardinal nach Shanghai zurückzukehren.

In Johannes Pauls fünftem Konsistorium ragten neue Kurienkardinäle besonders hervor: Angelo Sodano, Pio Laghi, José Sánchez, Edward Cassidy, Virgilio Noë und Fiorenzo Angelini.[63] Der amerikanische Kontinent erhielt fünf neue Kardinäle: Nicolás de Jésus López Rodriguez von Santo Domingo, Antonio Quarracino von Buenos Aires, Anthony Bevilacqua von Philadelphia, Roger Mahony von Los Angeles und Juan Jesús Posadas Ocampo von Guadalajara.[64] Die Erzbischöfe von Armagh (Cahal Daly), Berlin (Georg Sterzinsky) und Turin (Giovanni Saldarini) wurden ebenso Mitglieder des Kardinalskollegiums wie Johannes Pauls Vikar für die Diözese Rom, Camillo Ruini, und der Erzbischof von Kinshasa in Zaire, Frédéric Etsou-Nzabi-Bamungwabi. Im Konsistorium vom Juni 1991 wurde keiner der geistigen Väter des II. Vatikanums geehrt; dagegen verlieh Johannes Paul dem 89jährigen Paolo Dezza SJ, den er 1981-1983 persönlich mit der Leitung des Jesuitenordens beauftragt hatte, das Kardinalsbirett.

Als Johannes Paul vom 13. bis 15. August 1991 kurz nach Polen zurückkehrte, kamen eine Million junger Menschen, darunter 70.000 aus der Sowjetunion, zum sechsten Internationalen Weltjugendtag nach Tschenstochau (Częstochowa). Auf dem Weg zum Kloster Jasna Góra und zum Schrein der Schwarzen Madonna blieb der Papst für eine Nacht in Krakau, um auf dem Marktplatz der Altstadt eine Messe zu feiern. Er besuchte auch kurz seine Geburtsstadt Wadowice, wo er eine neue Pfarrkirche einweihte und sich mit seinen Klassenkameraden aus dem Gymnasium traf. Als er nach der Messe zur Stadtbevölkerung sprach, erinnerte er an jüdische Freunde, die im Holocaust umgekommen waren:

> Ich kann auch nicht vergessen, daß unter unseren Klassenkameraden in der Volksschule und am Gymnasium von Wadowice Schüler waren, die der Mosaischen Religion angehörten. Sie sind nicht mehr unter uns, so wie es auch die alte Synagoge neben dem Gymnasium nicht mehr gibt. Als an dem Ort, an dem früher die Synagoge stand, ein Gedenkstein enthüllt wurde, schickte ich durch einen unserer Klassenkameraden [Jerzy Kluger] ein besonderes Schreiben. Darin finden sich folgende Worte: „Die Kirche und in ihr alle Völker und Nationen sind mit euch vereint. Gewiß empfinden vor allem jüdische Menschen Schmerz über die Vernichtung der Juden – an dieser Stelle erinnern wir uns, wie nahe Auschwitz ist – und wollen dann zu einzelnen, zum Volk und zur ganzen Menschheit sprechen, um sie zu warnen. In eurem Namen wird dieser Warnruf auch vom Papst erhoben, und der Papst, der aus Polen kommt, hat einen besonderen Grund dafür, denn er hat das alles gewissermaßen mit euch zusammen in unserem Vaterland erlebt."[65]

Die Messe des Weltjugendtages am Fest Mariä Himmelfahrt (15. August) hatte eine besondere Atmosphäre. Der Papst hob hervor, es sei die erste Feier dieser Art, an der „Jugendliche aus Osteuropa in so großer Zahl teilnehmen" könnten. Und er fragte: „Wie sollten wir darin nicht ein großes Geschenk des Heiligen Geistes erblicken?" Er sagte zu den Jugendlichen, dies sei ihre Stunde. Der Aufbau einer „Kultur der Liebe" in der Welt von morgen hänge von dem „Einsatz der heutigen Generation der Christen" ab, und von ihrer Bereitschaft, Entscheidungen für das Gemeinwohl zu treffen. Auf ihren Schultern ruhe die Verantwortung für den Schutz der Religionsfreiheit, der „personalen Dimension der Entwicklung", der Familie, eines echten Pluralismus gegenseitiger Bereicherung und der Umwelt. Sie seien nicht allein. Christus, der Heilige Geist und die Heilige Jungfrau von Jasna Góra seien mit ihnen und würden ihnen helfen, eine junge, missionarische Kirche zu schaffen, die sich ihrer Sendung bewußt sei: „Empfangt den Heiligen Geist und seid stark! Amen."

Als die Jugendlichen mit stürmischem Beifall antworteten, scherzte der Papst spontan, er brauche diesen Beifall nicht, aber offenbar sie, und auf jeden Fall wisse auch die „Heilige Mutter" ihn als Ausdruck ihrer Freude zu schätzen.[66]

In der darauffolgenden Woche war Johannes Paul in Budapest, als ein Putschversuch gegen Michail Gorbatschow scheiterte und die politische Auflösung der Sowjetunion beschleunigte. Während seines fünftägigen Aufenthaltes in Ungarn versuchte Johannes Paul eine Kirche aufzumuntern, deren Führung in den letzten Jahrzehnten des Kommunismus eine weniger heldenhafte Rolle gespielt hatte als der Episkopat in anderen ostmitteleuropäischen Staaten. In der Kathedrale von Gran (Esztergom) betete er am Grab Kardinal Mindszentys und sprach später in Budapest wieder in einem vollen Stadion vor jungen Leuten. Nach Rom zurückgekehrt, schickte der Papst am 23. August ein Telegramm an Präsident Gorbatschow, um ihm seine „tiefempfundenen Glückwünsche" zu übermitteln, um Gott zu danken „für das glückliche Ende der dramatischen Prüfung, der Sie, Ihre Familie und Ihr Land ausgesetzt waren", und um den Wunsch auszusprechen, Gorbatschow möge imstande sein, sein „immenses Werk materieller und geistiger Erneuerung der Völker der Sowjetunion" fortzuführen.[67] Es sollte anders kommen. Am Tag nach dem Telegramm des Papstes trat Gorbatschow als Generalsekretär der Kommunistischen Partei der Sowjetunion zurück und zerbrach die Verbindung zwischen Partei und Regierung, die den „demokratischen Zentralismus" seit den Tagen Lenins gekennzeichnet hatte. Selbst diese dramatische Veränderung war zu wenig und kam zu spät. Nach weniger als vier Monaten hörte die UdSSR auf zu existieren.

Auch im Bereich der Ökumene gab es Veränderungen. Am 2. Oktober 1991 starb der Ökumenische Patriarch Dimitrios I. Drei Wochen später wählte der Heilige Synod des Patriarchats Konstantinopel den Metropoliten Bartholomaios Archondonis von Chalkedon zu seinem Nachfolger. Der 51jährige Bartholomaios hatte am Ökumenischen Institut Bossey bei Genf und an der Universität München studiert, hatte an der Gregorianischen Universität in Rom einen Doktorgrad im kanonischen Recht erworben und unterhielt umfassende Kontakte zu führenden Männern der römisch-katholischen Kirche. Deshalb weckte seine Wahl Erwartungen hinsichtlich einer fortschreitenden Verwirklichung von Johannes Pauls großer Hoffnung, den Bruch zwischen Rom und Konstantinopel zu heilen. In seinem Glückwunschschreiben an den neuen Ökumenischen Patriarchen betonte der Papst seinen glühenden Wunsch nach „Zusammenarbeit im Hinblick auf die Wiederherstellung der vollen Gemeinschaft zwischen unseren Kirchen".[68] Bartholomaios war jedoch nicht gewählt worden, weil sich im Heiligen Synod von Konstantinopel irgendein Konsens in bezug auf den ökumenischen Imperativ anbahnte, sondern wegen seiner jugendlichen Energie und weil man ihm zutraute, mit der oft wenig entgegenkommenden türkischen Regierung geschickt umzugehen. Außerdem schränkten Meinungsverschiedenheiten zwischen den orthodoxen Kirchen seinen Spielraum stark ein. Das zeigte sich besonders in der gespannten Beziehung zwischen dem neuen Ökumenischen Patriarchen und dem Patriarchen von Moskau, Aleksej II., dessen selbstbewußtes Auftreten als Repräsentant der Orthodoxie noch wuchs, als die Sowjetunion zusammenbrach und sich dann auflöste.[69]

Mit welchen Ressentiments Bartholomaios sich auseinandersetzen mußte, zeigte sich in Belgrad, der Hauptstadt Jugoslawiens, drei Wochen vor dem Tod des Ökumenischen Patriarchen Dimitrios. Dort gab es am 8. September – den auf Bitten Johannes Pauls die katholischen Bischöfe auf der ganzen Welt als einen besonderen Tag des Gebets für den Frieden in Jugoslawien vorsahen – vor der vatikanischen Botschaft eine serbische Protestkundgebung mit Plakaten, auf denen der „Vatikanische Satansstaat" angeprangert wurde. Als Jugoslawien sich weiter auflöste, behaupteten die Serben, die katholische Unterstützung der Unabhängigkeit Kroatiens und Sloweniens, zweier Teilrepubliken innerhalb des quasi föderativen Staatsgebildes Titos, ziele darauf ab, das orthodoxe Serbien zu entmachten.

Die Diplomaten des Heiligen Stuhls versuchten zu ermitteln, was in dem auseinanderfallenden jugoslawischen Bundesstaat vor sich ging, und warum. Am 8. August 1991 war Erzbischof Jean-Louis Tauran, der „Außenminister" des Vatikans, mit besonderem Auftrag des Papstes nach Jugoslawien gereist. Nach seiner Rückkehr erklärte er Johannes Paul: „Heiliger Vater, ‚Jugoslawien' existiert nicht mehr. Als ich in Zagreb [der Hauptstadt Kroatiens] war, fühlte ich mich wie in Wien, und als ich in Belgrad war, kam ich mir vor wie in Istanbul."[70] Die kulturellen Unterschiede innerhalb des jugoslawischen Bundesstaates waren einfach zu groß, und als es kein kommunistisches Regime mehr gab, das alles zusammenhielt, war der Konflikt unvermeidlich.

Der Heilige Stuhl hätte für das zukünftige Jugoslawien eine „föderative" Lösung vorgezogen, wenn auch in einer Föderation, die weit lockerer sein sollte als die von Tito aufgezwungene. Laut Tauran vertrat der Vatikan die Auffassung, der Status einer Nation müsse sich nicht unbedingt in nationaler Souveränität äußern, und das sozialethische Prinzip der Subsidiarität – das möglichst viele Entscheidungen auf regionaler Ebene beließ – sah für komplizierte ethnische und rassische Probleme föderative Lösungen vor. Als jedoch das von Serben beherrschte jugoslawische Bundesheer im September 1991 kroatische Nationalisten in der Stadt Vukovar (an der kroatisch-serbischen Grenze) angriff, vertrat der Vatikan die Auffassung, das jugoslawische Bundesheer habe eine Aggression gegen einen Teil der jugoslawischen Bevölkerung begangen. Da die Europäische Gemeinschaft nicht eingriff, um den Aggressor zu identifizieren und dessen Angriff auf jugoslawische Mitbürger zu stoppen, sah es allmählich so aus, als sei die Unabhängigkeit für Slowenien und Kroatien ein Weg, um den Krieg zu beenden.[71] Am 13. Januar 1992 erkannte der Heilige Stuhl in diplomatischen Noten die Unabhängigkeit an, welche die Regierungen Kroatiens und Sloweniens am 25. Juni 1991 erklärt, dann – als Vermittler der EG eine friedliche Lösung zu erreichen suchten – suspendiert und schließlich am 23. Dezember erneut erklärt hatten, wobei sie sich gleichzeitig um Aufnahme in die EG als selbständige Staaten bewarben. Die Noten des Heiligen Stuhles wiesen, wie auch schon frühere diplomatische Kontakte, darauf hin, daß diese Anerkennung an eine Bedingung geknüpft sei: Die Kroaten und Slowenen mußten zusichern, daß die neuen Regierungen demokratisch sein und Minderheitenrechte respektieren würden.[72]

Pavle, der Patriarch der orthodoxen Serben, schickte einen Brief an die führenden Vertreter der Orthodoxie auf der ganzen Welt, in dem er den Vorwurf erhob, „die Ursache des Konfliktes in Jugoslawien und auf dem Balkan und nicht nur in diesen Regionen ist, daß die römische Kirche den Balkan, der hauptsächlich von Menschen orthodoxen Glaubens bewohnt wird, hartnäckig als Missionsgebiet betrachtet".[73] Die Frage der Aggression, begangen durch das jugoslawische Bundesheer, wurde in dem Brief des Patriarchen nicht erörtert.

Der französische Präsident François Mitterrand war ebenfalls verärgert; er behauptete, es gebe eine pro-kroatische Allianz zwischen Johannes Paul II. und dem deutschen Kanzler Helmut Kohl, und sagte Erzbischof Tauran dreimal, die Anerkennung Kroatiens und Sloweniens durch den Heiligen Stuhl sei an dem Auseinanderbrechen Jugoslawiens schuld. Tauran erklärte jedesmal, wegen der Aggression des jugoslawischen Bundesheeres habe man in der Unabhängigkeit ein Mittel zur Beendigung des Krieges gesehen. Er war sich über die traditionelle Verbindung Frankreichs mit Serbien im klaren und meinte, die Verstimmung Mitterrands sei teilweise auf die innere Verbundenheit der Sozialisten zurückzuführen.[74]

Im Lauf der Zeit wurde das Argument, daß die Unabhängigkeit für Kroatien und Slowenien den Krieg in diesen Republiken beenden werde, bestätigt – in Slowenien allerdings weit früher als in Kroatien. Die mit der Auflösung des jugoslawischen Bundesstaates verbundene Gewalt hörte jedoch nicht auf, und der Schauplatz des ethnischen Gemetzels verlagerte sich nun nach Bosnien-Herzegowina. Zwei Jahre später, 1994, bezweifelte Johannes Paul offenbar selbst, daß die rasche Anerkennung der slowenischen und kroatischen Unabhängigkeit in jeder Hinsicht klug gewesen war (denn sie ermöglichte dem von Serben dominierten jugoslawischen Heer eine Aggression in einem anderen Gebiet des zerbrochenen Bundesstaates). Deshalb ergriff er eine Privatinitiative, um alle an dem fortdauernden Konflikt beteiligten Parteien zu einem Gespräch zusammenzubringen.[75]

Fortschritte gab es anderswo im postkommunistischen Europa. Am 25. März 1992 bildete Johannes Paul die gesamte polnische Hierarchie um: Er errichtete 13 neue Bistümer, erhob acht Bistümer in den Rang eines Erzbistums, machte Łódź zu einem Erzbistum ohne Suffraganbistümer, gestaltete die „Provinzen" der Erzbischöfe neu, versetzte 14 Bischöfe in andere Diözesen, ernannte sieben neue Bischöfe und versetzte 14 Weihbischöfe. Der Papst veränderte auch den Charakter der Stellung des Primas von Polen, die – unter den Kardinälen Wyszyński und Glemp – mit dem Vorsitz der polnischen Bischofskonferenz identisch gewesen war. Die Würde des polnischen Primas hatte aus Tradition der Erzbischof von Gnesen (Gniezno) innegehabt; dann war Gnesen in „Personalunion" mit dem Erzbistum Warschau vereinigt worden, so daß der Erzbischof von Warschau zugleich Erzbischof von Gnesen war. Johannes Paul löste diese „Personalunion" auf, ernannte einen neuen Erzbischof von Gnesen (Bischof Henryk Muszyński von Wrocławek, den Führer der polnischen Bischöfe im jüdisch-polnischen Dialog), erlaubte jedoch Kardinal Glemp – als dem „Kustos der Reliquien des hl. Adalbert" –, den Titel eines „Primas von Polen" auf Lebenszeit beizubehalten. Glemp blieb natürlich Erzbischof von Warschau.[76]

Ungeachtet kirchenrechtlicher Details und mittelalterlicher Titel war diese massive Umgestaltung ein Versuch, die Struktur des polnischen Episkopats in Einklang mit dem II. Vatikanum zu bringen und die „Neu-Evangelisierung" zu erleichtern. Der kraftvolle Katholizismus Polens brauchte mehr Bischöfe, besonders angesichts der Herausforderungen der Demokratie. Nach Kardinal Glemps Ableben sollte das Amt des Primas im wesentlichen ein Ehrenamt werden, der Primas sollte nicht automatisch der Vorsitzende der polnischen Bischofskonferenz sein, und die polnischen Bischöfe konnten wie die Bischofskonferenz jeder anderen Nation ihren Vorsitzenden wählen. Die dahinterstehende Absicht war, einen polnischen Episkopat heranzuziehen, der den Gedanken der Evangelisierung selbstbewußter vertrat.

Der pastorale Dienst an den Kranken war immer ein Kennzeichen von Karol Wojtyłas Priesteramt und ein Ausdruck seines christlichen Humanismus gewesen. Am 13. Mai 1992, dem elften Jahrestag des Attentats, das sein eigenes Leiden verursacht hatte, verkündete Johannes Paul, die Kirche auf der ganzen Welt werde den 11. Februar, das Fest der Jungfrau Maria von Lourdes, als Welttag der Kranken begehen.[77] In Rom wurde dieser Tag während der folgenden Jahre mit einer päpstlichen Messe für die Kranken im Petersdom gefeiert, bei der Patienten in Rollstühlen und auf Tragen den Hochaltar, das Petrusgrab und den Bronzebaldachin Berninis umgaben. Am Ende des Gottesdienstes, bei dem Johannes Paul oft über Krankheit als Element der Berufung des Menschen und als Aufruf zu einer tieferen Bekehrung sprach, wurden die Lichter im Dom gedämpft. In roten und goldgelben tulpenförmigen Bechern wurden 10.000 Kerzen angezündet und von allen Anwesenden hochgehalten, während sie in verschiedenen Sprachen die „Hymne von Lourdes" sangen.

Europa war nicht der einzige Schauplatz der Diplomatie Johannes Pauls zu Beginn der 90er Jahre. Am 21. September 1992 stellte der Heilige Stuhl – nach einer Unterbrechung von 132 Jahren – die vollen diplomatischen Beziehungen zur Republik Mexiko wieder her. Die Politik der herrschenden Partei Mexikos, des PRI [*Partido Revolucionario Institucional*], hatte sich seit 1979 eindeutig geändert. Auch die beiden Besuche Johannes Pauls im Land, 1979 und 1990, hatten sich ausgewirkt. Sie hatten eine Unterstützung der Kirche durch das Volk offenbart, welche die Regierung nicht mehr übersehen konnte, und somit den mexikanischen Katholizismus in die lebendige Geschichte der Nation zurückgeführt. Die Folgen waren die Anerkennung der Kirche als Institution mit einer öffentlichen Rolle, Verfassungsreformen und eine „neue Art des Denkens" bei politischen und kirchlichen Führern, die nun einsahen, daß sie auf den Gebieten der Erziehung und der sozialen Einrichtungen gemeinsame Aufgaben zu erfüllen hatten. In manchen Bereichen der mexikanischen Gesellschaft blieb der Antiklerikalismus ein Problem, doch Johannes Pauls Eintreten für die Religionsfreiheit als ein Grundrecht hatte die Einstellungen erheblich verändert.[78]

Zwei Monate nach der Wiederaufnahme diplomatischer Beziehungen sprach Johannes Paul 25 Märtyrer der mexikanischen Revolution, die zwischen 1915 und 1937 ermordet worden waren, selig. Für die Kirche in Mexiko war nun die Vergangenheit ebenso offen wie die Zukunft.

PRIESTER FÜR EIN NEUES JAHRTAUSEND

Jede große Reformbewegung in der Geschichte der katholischen Kirche setzte eine Reform des Priesteramts voraus. Die „Neu-Evangelisierung" war in den Augen Johannes Pauls keine Ausnahme. Noch bevor er diesen Begriff zum Thema für den Eintritt der Kirche ins dritte Jahrtausend ihrer Geschichte machte, hatte der Papst mit der Reform des Priesteramts begonnen. Bei jeder seiner Pastoralreisen in alle Welt sprach er mit örtlichen Priestern, und die Stärkung des Priesteramts war ein Standardthema seiner Ansprachen vor Ortsbischöfen, wenn sie Rom besuchten. Um die Mitte der 80er Jahre begann die Kongregation für das katholische Bildungswesen mit einer Reihe kritischer „apostolischer Visitationen" in Priesterseminaren auf der ganzen Welt. Das Ergebnis waren Empfehlungen von Reformen in der Priesterausbildung und eine vorläufige Erkundung des Terrains, das 1990 auf einer Bischofssynode abgesteckt werden sollte. Auf einer persönlicheren Ebene suchte Johannes Paul das Priesteramt, das nach Meinung einiger Beobachter vom II. Vatikanischen Konzil ziemlich ignoriert worden war, durch eine Reihe von Briefen zu stärken, die er jährlich an die Priester der ganzen Welt schrieb. Die Briefe wurden veröffentlicht am Gründonnerstag, an dem die Kirche die Stiftung des Priesteramtes durch Christus beim Abendmahl feiert.[79]

Die Gründonnerstagsbriefe sind eine besondere Form des päpstlichen Lehrens; sie verbinden biblische und theologische Reflexion mit Meditationen, die auf den reichen persönlichen Erfahrungen Johannes Pauls im Priesteramt beruhen.[80] Die Briefe behandeln eine große Vielfalt von Themen: das Priesteramt als die Erfahrung, zusammen mit Christus im Abendmahlssaal und im Garten Getsemani zu sein; das Priesteramt als eine Fortführung der Erlösungstat Christi; die Wichtigkeit des Seelsorgeramtes für junge Menschen; das Leben und das Amt des Pfarrers von Ars, Jean-Marie Vianney; Marienfrömmigkeit und das Priesterleben; das ordinierte Priestertum, das „in der Person Christi" das Priestertum aller Getauften erhöht; die Familienseelsorge; Frauen im Leben von Priestern. Die Briefe sollen offensichtlich die Amtsbrüder des Papstes ermutigen; aber die Tatsache, daß Johannes Paul sie für notwendig hielt, spiegelte seine Auffassung wider, daß das römisch-katholische Priesteramt nach dem II. Vatikanum in eine Krise geraten war.

Rekapitulation einer Krise

Im Jahr 1970 gab es auf der ganzen Welt 448.508 katholische Priester. 25 Jahre später war ihre Zahl trotz einer beträchtlichen weltweiten Zunahme der Katholiken auf 404.750 gefallen. Nahezu 46.000 Priester hatten ihr Amt aufgegeben. Die Rekrutierung für die Priesterseminare war in der westlichen Welt stark zurückgegangen, und die Seminare selbst hatten seit den II. Vatikanum Verhältnisse erlebt, die diverse Stufen der Verwirrung bis zum Chaos umfaßten. Die Disziplin im Klerus ließ nach, und obwohl Statistiken bewiesen, daß Amtsvergehen bei römisch-katholischen Priestern (absolut wie relativ) nicht häufiger vorkamen als beim Klerus anderer christlicher Konfessionen oder bei weltlichen Akademikern, waren Priesterskandale Übel an sich und ein weiteres Hindernis für die Rekrutierung von Priestern und für die Reform des Klerus.[81]

Gewöhnlich gelten der Zölibat und die autoritäre Struktur als die Wurzeln der nach-konziliaren Krise der katholischen Geistlichkeit. Viele meinen, die Krise lasse sich dadurch lösen, daß die römisch-katholische Kirche verheiratete

Männer zu Priestern weihe und einen mehr an der Gemeinde, weniger an den Bischöfen (und am Papst) orientierten Stil der Führung und Entscheidungsfindung akzeptiere. Während seines ganzen Pontifikats versuchte Johannes Paul das Priesteramt aufgrund einer anderen Einschätzung zu reformieren. Die Ursachen der Krise des Priesteramts, so glaubte er, reichten weit tiefer in die Grundlagen der Kirche und der Gesellschaft hinein und hingen mit der manchmal belebenden, manchmal verwirrenden Begegnung der Kirche mit der modernen Kultur zusammen.

Obwohl Belastungen des Familienlebens im ausgehenden 20. Jahrhundert, die sexuelle Revolution und die Verlockungen der Konsumgesellschaft die Krise beeinflußt hatten, meinte der Papst, eine noch stärkere Herausforderung komme von vier Ideen: Ein blinder Rationalismus hatte die biblische Offenbarung bestenfalls als erhabene Fiktion erscheinen lassen. Ein exklusiver Individualismus hatte es Männern und Frauen sehr erschwert, bindende und dauerhafte Beziehungen aufzubauen; die daraus entspringende Einsamkeit war eine der Ursachen des Hedonismus und des hektischen Strebens nach Vergnügen. Eine Art praktischer Atheismus hatte das Leben seines Geheimnisses beraubt. Und die Verzerrung der Freiheit zu einem Ausdruck des individuellen Willens zur Macht hatte die Freiheit von der Wahrheit getrennt.[82]

Aus dem kulturellen Umfeld in die Kirche aufgenommen, hatten diese vier Ideen einen starken und oft zersetzenden Einfluß auf das Amtsverständnis der Priester, auf die Rekrutierung der Geistlichkeit und auf die Formung des priesterlichen Charakters in den Seminaren ausgeübt. Nach Johannes Pauls Auffassung bestand der Weg zur Reform in der Wiederbelebung des Gedankens vom dienenden Priestertum, gemäß der Lehre des II. Vatikanums vom universalen Ruf zur Heiligkeit. Diese Reform, besonders im Hinblick auf die Priesterausbildung, stand auf der Tagesordnung der VIII. Ordentlichen Generalversammlung der Bischofssynode, die vom 30. September bis zum 28. Oktober 1990 in Rom tagte.

Menschen im Dienst für andere

Die Arbeit dieser Synode wurde abgeschlossen mit dem nachsynodalen Apostolischen Schreiben *Pastores dabo vobis* [Ich will euch Hirten geben], dessen Titel der prophetischen Literatur des Alten Testaments (Jeremia 3,15) entnommen ist. Veröffentlicht am 25. März 1992, ist *Pastores dabo vobis* wahrscheinlich das umfangreichste päpstliche Dokument, das jemals verfaßt wurde: Es hat in der Originalausgabe des Vatikans 226 Seiten. In Anbetracht des ernsten Charakters der Krise in der Geistlichkeit ist das Schreiben auffallend positiv und gelassen. Wie die Synode, deren Arbeit es verkörpert, befaßt sich *Pastores dabo vobis* mit der „Priesterbildung im Kontext der Gegenwart". Es ist auch Johannes Pauls umfassendste Aussage über das Wesen und die Aufgabe der katholischen Geistlichkeit. Wie *Christifideles laici*, das Schreiben von 1988 zur Berufung der Laienchristen, liefert es einen maßgeblichen „Schlüssel" zur Deutung des II. Vatikanums.

Die Würdigung der besonderen Berufung des Priesteramtes, die ihrerseits den priesterlichen Charakter aller getauften Christen erhöht, spielte in Johannes Pauls Lehrprogramm für *Pastores dabo vobis* eine herausragende Rolle. Die Wurzeln dieser Besonderheit, so behauptet er, können nur theologisch und biblisch verstanden werden. Als Jesus seinen Landsleuten in der Synagoge von Nazaret sagte, die messianische Prophezeiung Jesajas erfülle sich heute vor ihnen, weil er durch die Salbung mit dem Heiligen Geist geweiht worden sei (Lukas 4,16-21), beschrieb er das Wesen des neuen Priestertums, das er in die Welt brachte – ein Priestertum der vollkommenen Vermittlung zwischen Gott und der Menschheit. Das Priestertum Christi, etwas absolut Neues in der Heilsgeschichte, ist nach Johannes Paul „unersetzlich", um das Wesen des geweihten Priestertums der Kirche zu begreifen, das in einer einzigartigen Teilhabe am Priestertum Christi besteht.[83]

Priester sein heißt daher nicht, eine Aufgabe erfüllen oder eine Rolle spielen, sondern ein *alter Christus*, ein „zweiter Christus", eine persönliche Fortführung des vermittelnden Priestertums Jesu werden. Die Ordination verleiht dem Priester nicht einfach die Vollmacht, gewisse kirchliche Amtshandlungen zu vollziehen. Sie „formt" ihn in einzigartiger Weise nach Christus.[84] Das bringt eine feierliche Verpflichtung mit sich, der christlichen Gemeinde zu dienen. Auf dem Weg des Dienens wird die einzigartige sakramentale Autorität des Priesters zu einem Abbild des „Priesters Christus".

Das Bild Christi als des Guten Hirten offenbart die besondere Form der Heiligkeit, die das Priestertum durchdringen muß – die Heiligkeit „pastoraler Liebe".[85] Die „Leitung" einer lokalen katholischen Gemeinde durch den Priester wird nicht durch Macht bestimmt. Christliche „Leitung" besteht darin, ein Diener, ein von pastoraler Liebe erfüllter Mensch zu sein – sie besteht in der „ganzheitlichen *Selbsthingabe an die Kirche*, nach dem Vorbild der Hingabe Christi".[86]

Johannes Paul analysiert die „Krise der Berufung" und den Prozeß des Erkennens der Berufung auf eine Weise, die sich deutlich gegen die Werte der etablierten Gesellschaft richtet. Seine Berufung zum Priester erkennen heißt nach seiner Auffassung nicht, sich für eine lohnende Karriere entscheiden. Es ist die Frucht *„eines unvergleichlichen Dialogs zwischen Gott und dem Menschen*, zwischen der Liebe Gottes, die den Menschen ruft, und der Freiheit des Menschen, der in der Liebe Gott antwortet".[87] Eine Berufung zum Priester geht von Gott aus, nicht von einem Menschen. Sie ist ein Ruf, der von Gott kommt, nicht ein Instrument, um ehrgeizige Ziele innerhalb der Kirche voranzutreiben. Ein Priesteramt, das verstanden wird als ein Instrument, um Individuen „mit Vollmachten auszustatten", ist den Vorstellungen Johannes Pauls und der Synode völlig fremd; ebenso die Auffassung des Priesteramtes als Zugehörigkeit zu einer geistlichen Kaste.[88]

Zugleich gilt: Der „Ruf" ins Priesteramt wird in der Kirche gehört und von der Kirche beurteilt. Niemand kann allein aufgrund einer persönlichen Einsicht beanspruchen, ordiniert zu werden. Die Kirche entscheidet, durch den Ortsbischof, ob ein „Ruf" echt ist.[89] Der Bischof und seine Priester haben ihrerseits eine ernste pastorale Verpflichtung, über das Priesteramt als eine mögliche Berufung zu predigen und zu informieren.[90] Das ist jedoch nicht nur eine Pflicht der Priester und Bischöfe: *„Alle Glieder der Kirche, ohne Ausnahme, [haben] die Gnade und die Verantwortung der Sorge um die Berufungen."*[91]

Das Schreiben *Pastores dabo vobis* macht die Ausbildung zum Priester strenger, indem es die zentrale Bedeutung der intellektuellen Ausbildung und einer anspruchsvollen akademischen Ausbildung in Philosophie und Theologie hervorhebt. In vielen Ländern, schreibt Johannes Paul, dienen die Priester Laien, die besser ausgebildet sind als je zuvor in der Geschichte des Christentums. Ohne geistige Reife und ohne ein anhaltendes Interesse für Theologie werden Priester nicht imstande sein, das Evangelium für die legitimen Forderungen der menschlichen Vernunft „glaubwürdig zu machen".[92] Priester sollten Theologie studieren als eine Disziplin, „die darauf hingeordnet ist, den Glauben zu nähren", denn die Theologie ist im Grunde ein Instrument, das eine innigere Beziehung zu Jesus Christus fördern soll. Die Theologie kann viele Dinge „erkennen", aber sie sollte vor allem Jesus Christus erkennen.[93] Ein Priesterseminar sollte nach dem biblischen Bild Christi konzipiert werden, der die Apostel, nachdem er sie berufen hatte, beiseite nahm, um sie eine Zeitlang besonders zu lehren und zu formen.[94] Daß dies nicht immer die Praxis der Priesterseminare gewesen ist, versteht sich von selbst. Daß dieses Bild die Priesterseminare des dritten Jahrtausends formen sollte, ist der auf dem Evangelium basierende Vorschlag Johannes Pauls.[95]

In Jahrhunderten denken

Einer der interessantesten und am wenigsten kommentierten Aspekte von Johannes Pauls Pontifikat ist sein ungewöhnlicher Erfolg bei der Gewinnung neuer Priester. Ein Kurienkardinal bezeichnete ihn als „den besten Rekrutierungschef, den die Kirche jemals gehabt hat".[96] Obwohl es darüber keine wissenschaftliche Untersuchung gibt, wird dieses Lob des Kardinals offenbar durch die Praxis, zumindest anekdotenhaft, bestätigt. Die heutigen Priesterseminare sind voll junger Männer, die ganz offen erklären, das persönliche Beispiel Johannes Pauls habe ihnen dazu verholfen, ihre Berufung zum Priester zu erkennen. Warum ist das so? Die Antwort verweist auf einen weiteren im Widerspruch zur Gesellschaft stehenden Aspekt der Persönlichkeit und der Leistung Johannes Pauls.

Einen Schlüssel liefert vielleicht die Bemerkung eines ehemaligen Leiters eines Priesterseminars: „Ein Mensch opfert sein Leben für ein Geheimnis, nicht für ein Fragezeichen."[97] Nach dieser Deutung hatten die nach dem II. Vatikanum entstandenen Unklarheiten hinsichtlich der priesterlichen Identität so viele Fragen zum Wesen und zur Funktion des Priesteramts aufgeworfen, daß dieses für viele junge Männer unattraktiv wurde. Daß Johannes Paul den Gedanken wiederbelebte, das Priesteramt sei eher eine sakrale Berufung als eine kirchliche Funktion, empfinden junge Männer als eine Herausforderung zum heroischen Einsatz, die vielen von ihnen überzeugend erscheint.

Der Auswirkung Johannes Pauls auf die Zukunft des römisch-katholischen Priesteramts während der nächsten Generationen besteht nicht nur darin, daß er einer alten Idee – der Priester als ein *alter Christus*, „ein zweiter Christus" – neues Leben eingehaucht hat. Er hat auch durch sein persönliches Vorbild überzeugt. Erzbischof Edwin F. O'Brien meint, das persönliche Zeugnis des Papstes als Priester habe „seine theologischen Aussagen integriert und spirituell bereichert" und „ganz entscheidend" dazu beigetragen, daß das Priesteramt – trotz zahlloser Möglichkeiten, in der Welt ein erfolgreiches Leben zu führen – zu einer überzeugenden Alternative geworden sei.[98] Dieses persönliche Zeugnis liefert auch denjenigen eine zumindest existentielle Antwort, die sich fragen, ob „Geschenk und Geheimnis" des Priesteramts, wie Johannes Paul es in den Memoiren über seine Berufung bezeichnete, den damit verbundenen Verzicht auf ein Familienleben und auf die persönliche Unabhängigkeit aufwiegen. Als eheloser, dem Gelübde des Gehorsams unterworfener Priester hat Karol Wojtyła ein Leben geführt, das unendlich reich an menschlichen Erfahrungen ist.

Die Verwirklichung der in *Pastores dabo vobis* geplanten Reform der Priesterseminare wird länger dauern. Entgegen einer weitverbreiteten Vorstellung wird die römisch-katholische Kirche nicht geleitet wie eine gutgeführte Armee, in der eine an der Spitze der Befehlskette getroffene Entscheidung rasch und effektiv an die Ebenen des Korps, der Division, des Regiments, des Bataillons, der Kompanie und des Zuges übermittelt und dort ausgeführt wird. Ortsbischöfe, die von der Vision einer „Neu-Evangelisierung" nicht überzeugt sind oder die Theologie des Priesteramtes im apostolischen Schreiben Johannes Pauls ablehnen oder nicht bereit sind, etablierten Lehrkörpern von Priesterseminaren entgegenzutreten, können eine wirkungsvolle Durchführung der in dem Dokument enthaltenen Anweisungen behindern oder blockieren. Und viele Theologen, die in Priesterseminaren lehren, haben die Vorstellungen Johannes Pauls vom ordinierten Priestertum nicht begeistert aufgenommen. Wenn diese Generation intellektueller Theologen von der Bühne abtritt, wird eine neue, in den Auseinandersetzungen nach dem II. Vatikanum weniger verletzte Generation vielleicht bereit sein, die Ideen und Anweisungen Johannes Pauls noch einmal unbefangen zu betrachten und darin einen Weg zu sehen, der über den von der älteren Generation zu Recht kritisierten Klerikalismus hinausführt. Es gibt zumindest sporadische Anzeichen dafür, daß dieser Prozeß bereits begonnen hat. Priesterseminare, die *Pastores dabo vobis* akzeptiert haben und deren Lehrkörper die auf diesem apostolischen Schreiben basierende Theologie des Priestertums vertreten, wachsen in der Regel, während Seminare, die sich der Reform Johannes Pauls widersetzen, entweder stagnieren oder sterben. Daß wachsende, selbstbewußt auf die Vision des Papstes eingestellte Priesterseminare sich in zwei Ländern finden, in denen die Krise des Priestertums besonders akut war (in den Vereinigten Staaten und den Niederlanden), ist interessant, vielleicht sogar entscheidend.

Die Auswirkungen von *Pastores dabo vobis* wird man wohl erst um die Mitte des 21. Jahrhunderts genau messen können. Daß dieses Schreiben einen Maßstab setzte, der Beachtung verlangt, wird praktisch von allen außer den erbittertsten Gegnern Johannes Pauls zugegeben.

WIEDER IN DER GEMELLI-KLINIK

Johannes Paul hatte schon eine Zeitlang unter gelegentlichen Darmbeschwerden gelitten, als sein Leibarzt, Dr. Renato Buzzonetti, den Rat von Dr. Francesco Crucitti einholte, der am 13. Mai 1981 dem Papst durch eine Operation das Leben gerettet hatte. Nach Untersuchungen im Apostolischen Palast entschied Crucitti, daß weitere Untersuchungen in der Klinik notwendig seien, und während seiner Angelus-Ansprache vor den auf dem Petersplatz Versammelten am Sonntag, den 12. Juli 1992, kündigte der Papst an, daß er sich am Abend dieses Tages in die Gemelli-Poliklinik begeben werde, und bat, man möge für ihn beten. Bei weiteren Untersuchungen wurde eine Geschwulst im Dickdarm festgestellt, und am frühen Morgen des 15. Juli wurde Johannes Paul operiert. In der vierstündigen Operation wurde ein großer gutartiger Tumor entfernt, außerdem einige Gallensteine. Laboruntersuchungen des Tumors ergaben, daß es sich um ein kleines „Zentrum" atypischer, aber nicht bösartiger Zellen handelte. Der Eingriff war sehr erfolgreich, keine weitere Therapie war erforderlich, und am nächsten Tag konnte Johannes Paul bereits das Bett verlassen und in einem Lehnstuhl sitzen.[99] Am Sonntag, den 19. Juli, nahm er mittels einer auf Tonband aufgezeichneten Botschaft seine (wie er oft sagte) Angelus-„Verabredung" mit den Römern und den Pilgern wahr. Nachdem er am 28. Juli aus der Gemelli-Klinik entlassen worden war, begab sich der Papst zu seiner weiteren Genesung nach Castel Gandolfo und flog drei Wochen später nach Lorenzago di Cadore in den Dolomiten, wo er in einem Landhaus einen mehr als 14tägigen Genesungsurlaub verbrachte, ehe er am 2. September nach Castel Gandolfo zurückkehrte.

Obwohl der 72jährige Papst sich von der schweren Operation ziemlich rasch erholt hatte, löste dieser Vorfall eine Reihe von Spekulationen über seinen Gesundheitszustand und sein nahe bevorstehendes Ableben aus, die sich im Lauf der 90er Jahre verstärkten. Das war möglicherweise das Ergebnis bewußter oder unbewußter Annahmen, daß Johannes Paul mit dem Zusammenbruch des Kommunismus seine historische Aufgabe erfüllt habe. Bei manchen Spekulationen der Papstkritiker innerhalb der Kirche und in den Medien war zugegebenermaßen der Wunsch der Vater des Gedankens. Das traditionelle Schweigen des Heiligen Stuhles zu solchen Fragen hatte bei journalistischen Vatikanexperten zu der Arbeitshypothese geführt, die Kirche beuge oder verschleiere die Wahrheit, wenn sie Erklärungen zum Gesundheitszustand des Papstes abgebe. Der Pressesprecher des Vatikans, Joaquín Navarro-Valls, selbst ein ausgebildeter Arzt, bemühte sich vergeblich, diese Überzeugung einiger Journalisten zu erschüttern.

Das Interesse am Gesundheitszustand des Papstes und an dessen Einzelheiten, die nach Auffassung der Kurie niemand außer dem Patienten etwas angingen, war unvermeidlich. Doch der gefährlichste Krankheitsfall in der Geschichte des modernen Papsttums – die langwierige Genesung Johannes Pauls von den beim Attentat Agcas erlittenen Verletzungen – hatte weniger Gerüchte über einen „dahinsiechenden" Papst erzeugt als die gesundheitlichen Probleme Johannes Pauls nach seiner Dickdarmoperation im Jahr 1992. Daß 1981 relativ weniger Gerüchte gehandelt wurden, war teilweise der Initiative von Kardinal Agostino Casaroli zu verdanken, der eine internationale Gruppe von Fachärzten hinzugezogen hatte, um die Arbeit der lokalen Ärzte zu überprüfen und Empfehlungen abzugeben. Das hatte dem ganzen Vorgang öffentliche Glaubwürdigkeit verschafft. Kardinal Angelo Sodano, der Nachfolger Casarolis, der als einziger eine entsprechende Entscheidung hätte treffen können, sah offenbar keine Notwendigkeit, in diesem Fall ein solches Gremium einzuberufen, und er tat das auch in späteren Fällen nicht. Diese Rückkehr zur traditionellen Praxis führte zu Spekulationen.

Am 9. Oktober 1992 flog Johannes Paul II. in die Dominikanische Republik, wo die vierte Allgemeine Konferenz des Rates der lateinamerikanischen Bischofskonferenzen [CELAM] zusammentrat, um den 500. Jahrestag der Missionierung des amerikanischen Kontinents zu begehen, die mit der Fahrt von Kolumbus 1492 begonnen hatte. Das Kolumbus-Jubiläum führte in Europa und in der westlichen Hemisphäre zu einem erbitterten Streit über das Erbe des Kolonialismus in Nord-, Mittel- und Südamerika. Johannes Paul sah dieses Ereignis aus eindeutig missionarischer Sicht und versuchte abermals, den Einsatz der Kirche für Gerechtigkeit und Entwicklung in Lateinamerika mit dem primären missionarischen Auftrag der Kirche zu verbinden. Wie in Puebla betonte der Papst die Verpflichtung, für Gerechtigkeit einzutreten; es sei jedoch wichtig, das als die Kirche zu tun, nicht als ein parteiischer politischer Akteur, der ein katholisches Entwicklungsmodell aufzwinge.[100] Und wie in Puebla mißdeuten viele Kommentare zur Rede in Santo Domingo dies als päpstlichen Quietismus.

In Santo Domingo schlug Johannes Paul auch eine panamerikanische Synode vor, bei der die Bischöfe des CELAM gemeinsam mit Bischöfen Nordamerikas aus dem Blickwinkel der amerikanischen Hemisphäre über die Neu-Evangelisierung nachdenken sollten. Die Phantasie des Papstes wurde von der Idee einer einzigen Hemisphäre mit einer (zugegebenermaßen komplexen) Geschichte der Missionierung beflügelt – weit mehr als die Phantasie irgendeines Ortsbischofs in der Neuen Welt. Die Lateinamerikaner befürchteten, bei einer panamerikanischen Synode würden ihre Anliegen von den reichen Bischöfen aus El Norte einfach unterdrückt werden. Den Nordamerikanern fiel es schwer, sich vorzustellen, daß ihre pastorale Situation mit derjenigen der Lateinamerikaner vergleichbar sei. Während der 90er Jahre versuchte Johannes Paul weiter für die panamerikanische Idee zu werben, da er überzeugt war, die Missionierung des amerikanischen Kontinents vor 500 Jahren mache ein gemeinsames Nachdenken und Handeln dringend notwendig.[101]

Die Symphonie der Wahrheit

Am 11. Oktober 1992, dem 30. Jahrestag der Eröffnung des II. Vatikanischen Konzils, unterzeichnete Johannes Paul die Apostolische Konstitution *Fidei depositum* [Das Glaubensgut]. Sie verkündete den neuen *Katechismus der katholischen Kirche*, den die außerordentliche Bischofssynode 1985 in Auftrag gegeben hatte. Am 7. Dezember 1992 wurden *Fidei depositum* und der *Katechismus* vom Papst offiziell vorgestellt bei einer besonderen Feier im Vatikan, an der das Kardinalskollegium, führende Mitglieder der Kurie, das diplomatische Korps und Vertreter der Lehrausschüsse der Bischofskonferenzen der ganzen Welt teilnahmen. Während dieser Feier überreichte der Papst zwei Kindern, die die jungen Menschen der Welt vertraten, Exemplare des *Katechismus*.[102] Das bei den Ausgaben in allen Sprachen verwendete Bildsymbol des Katechismus stammt von einem christlichen Grabstein in den Domitilla-Katakomben in Rom. Das Relief aus dem späten 3. Jahrhundert zeigt unter einem Baum einen Hirten, der mit Hirtenstab und Flöte ein Schaf weidet: Christus, der gute Hirte, leitet die Gläubigen (Schaf) durch seine Autorität (Stab) und führt sie in den Schatten des Lebensbaumes unter den Klängen einer Melodie, die Johannes Paul in *Fidei depositum* als „Symphonie der Wahrheit" bezeichnet. Dieses Bild aus der Antike faßt die Absicht und den Inhalt des völlig modernen *Katechismus der katholischen Kirche* zusammen.

Die leitende Verantwortung für die Entwicklung des neuen *Katechismus* war 1986 einer Kommission von zwölf Kardinälen und Bischöfen unter dem Vorsitz von Kardinal Joseph Ratzinger übertragen worden. Tatsächlich verfaßt wurde der Text von einem aus sieben Diözesanbischöfen bestehenden Redaktionsausschuß. Der Chefredakteur, Christoph Schönborn, ein an der Universität Fribourg lehrender österreichischer Dominikaner, war dafür verantwortlich, daß die Fassungen einzelner Abschnitte zu einem geschlossenen Ganzen zusammengefügt wurden. Pater Schönborn und Kardinal Ratzinger hatten schon früher bei der theologischen Zeitschrift *Communio* und in der Internationalen Theologischen Kommission zusammengearbeitet.

Der *Katechismus* durchlief einen Prozeß von neun Fassungen, die zunächst alle in französischer Sprache geschrieben waren. Während dieses Prozesses wurden Bischöfe auf der ganzen Welt konsultiert, und die Arbeit des Redaktionsausschusses wurde von der leitenden Kommission ständig überwacht. Nach Aussage Schönborns verfolgte Johannes Paul die Arbeit aufmerksam, machte jedoch selten direkte Bemerkungen zu einer Fassung. Eine berühmte Ausnahme bildete die Erörterung der moralischen Vertretbarkeit der Todesstrafe. Das war jedoch nicht der einzige Fall, wo der Papst sich für ein besonderes Thema des *Katechismus* persönlich interessierte. Dennoch läßt sich der Einfluß Johannes Pauls auf den Text des *Katechismus der katholischen Kirche* am besten als indirekt bezeichnen. Er beeinflußte den Katechismus durch seine Lehrtätigkeit, die nach Schönborn „häufig die Grundlage für einen Katechismustext" war, selbst wenn das nicht ausdrücklich erwähnt wurde. Der Redaktionsausschuß hatte beschlossen, im *Katechismus* nur die maßgeblichsten Quellen direkt zu zitieren: die Heilige Schrift, Texte aus der langen Reihe der Konzilien, wichtige Schriften der Kirchenväter und der Heiligen. Die Enzykliken und apostolischen Schreiben Johannes Pauls II. werden häufiger erwähnt als die Lehrtexte irgendeines anderen Papstes, aber der volle Umfang seines Einflusses auf den Text des *Katechismus* geht über diese 135 Zitate hinaus.[103]

Der *Katechismus der katholischen Kirche* ist nicht nach dem Muster von Frage und Antwort aufgebaut, das Katholiken aus Katechismen vor dem II. Vatikanum und Lutheranern aus dem *Kleinen Katechismus* Martin Luthers vertraut ist. Die Kommission und der Redaktionsausschuß beschlossen, zu einer traditionelleren, darstellenden Form zurückzukehren und der Stoffeinteilung zu folgen, die sich im Katechismus des Konzils von Trient findet. Nach einem knappen Prolog besteht der *Katechismus* aus vier Teilen.

Der erste erklärt das Apostolische Glaubensbekennntnis, das alte Taufbekenntnis der römischen Kirche. Der zweite ist aufgebaut auf den sieben Sakramenten der Kirche, die das Geheimnis von Gottes rettender Gegenwart in der Welt feiern. Der dritte, dessen Kern die Zehn Gebote bilden, beschreibt das sittliche Leben als eine Reise zum höchsten Ziel der menschlichen Existenz, zum ewigen Glück bei Gott. Der vierte Teil, oft als der poetischste des *Katechismus* bezeichnet, behandelt das christliche Gebet, wobei er auf die sieben Bitten im Vaterunser zurückgreift, das Jesus seinen Jüngern gab (vgl. Matthäus 6,9-13). Kurz, der *Katechismus* führt sowohl Katholiken als auch interessierte Außenstehende zu den fundamentalen Fragen des Christenlebens: Was glaubt die Kirche? Wie wird dieser Glaube im Gottesdienst der Gemeinde öffentlich gefeiert? Wie soll dieser Glaube, der in den Glaubensbekenntnissen bekannt und in den Sakramenten gefeiert wird, gelebt werden? Wie vertieft der einzelne sein Glaubensleben durch Beten?

Innerhalb jedes Teils ist der *Katechismus* weiter unterteilt in Abschnitte, Kapitel, Artikel und Paragraphen. Die Paragraphen werden durchgehend gezählt, so daß sich insgesamt 2.865 Paragraphen auf über 700 Seiten ergeben – ein anspruchsvolles, aber nicht unverdaulich schweres Buch. Die Darstellung wird an zahlreichen Stellen unterbrochen durch dunkel unterlegte Abschnitte, die den Stoff, der vorher ausführlicher erörtert worden ist, knapp zusammenfassen. Der *Katechismus* enthält auch umfangreiche Querverweise, so daß der lernbegierige Leser sich vorwärts und rückwärts durch den Text arbeiten kann, der bewußt aufgebaut wurde, um ein Gefühl für die „Symphonie" der Wahrheit zu wecken.

Der *Katechismus* stützt sich stark auf das Alte und das Neue Testament; die Schrift wird unendlich oft – weit häufiger als irgendeine andere maßgebliche Quelle – zitiert. Texte des II. Vatikanischen Konzils werden fast 800mal zitiert – achtmal häufiger als das Konzil von Trient, das in bezug auf die Häufigkeit der Zitate den zweiten Platz einnimmt. *Lumen gentium* und *Gaudium et spes* sind die beiden am häufigsten zitierten Texte des II. Vatikanums. Außerdem zitiert der Katechismus das kanonische Recht, päpstliche Lehraussagen und die Gebete der Liturgie; er stützt sich auch auf Theologen und andere kirchliche Autoren: von dem unbekannten Verfasser einer „alten Homilie zum Karsamstag" bis zum hl. Thomas Morus (der in einem Brief aus dem Londoner Tower an seine Tochter Margarete, kurz vor seiner Hinrichtung, seine Überzeugung darlegt, daß Gottes Vorsehung die Geschichte in vollem Umfang und bis zum Ende lenkt). Der hl. Augustinus ist der am häufigsten zitierte Theologe in einer Liste, die sehr stark aus den Kirchenvätern des Ostens wie des Westens schöpft. Zu den zitierten Gestalten der Neuzeit gehören John Henry Newman, Jean-Marie Vianney und Theresia von Lisieux. Neben dieser werden unter anderem folgende Frauen zitiert: Katharina von Siena, Egeria (eine Pilgerin des 5. Jahrhunderts), Elisabeth von der Dreifaltigkeit (eine französische Mystikerin, die von Johannes Paul II. 1984 seliggesprochen wurde), Jeanne d'Arc, Rosa von Lima (der einzige katholische Name aus der Neuen Welt im Zitatenregister) und Theresia von Avila.

Die letzten Phasen im Reifeprozeß des Katechismus wurden getrübt durch einen Streit um die englische Übersetzung, der die Veröffentlichung der englischen Ausgabe um über ein Jahr verzögerte. Streitigkeiten um die akzeptierbaren Grenzen einer „inklusiven" Sprache erscheinen im Rückblick angesichts der Leistung des *Katechismus* nebensächlich. Christoph Schönborn, der im letzten Jahr der Redaktionsphase zum Bischof ernannt wurde, erklärt, das „symphonische Element" im *Katechismus* sei der Schlüssel zum ganzen Gebäude. Der Katechismus besteht nicht einfach aus 2.865 Bausteinen, die „irgendwie chaotisch zusammengefügt" wurden. Vielmehr wurde laut Schönborn versucht, „eine schöne, schlüssige Erklärung der Einheit des Glaubens zu schaffen", in der die Wahrheit einzelner Lehren durch ihre Beziehung zum gesamten Gebäude klarer wird.[104] Das war wichtig, weil der katholische Glaube sich immer als ein integriertes, einheitliches Ganzes betrachtet hatte. Es war an der Schwelle zum neuen Jahrtausend auch wichtig als eine Aussage der Kirche, daß sie an die Fähigkeit des Menschen glaubte, die Wahrheit der Dinge zu erkennen.

Der *Katechismus der katholischen Kirche* ist, wie Johannes Paul in *Fidei depositum* sagte, „einem jeden Menschen angeboten, der uns nach dem Grund unserer Hoffnung fragt (vgl. 1. Petrus 3,15) und kennenlernen möchte, was die katholische Kirche glaubt".[105] Er war zugleich eine Kampfansage an einige herrschende intellektuelle Strömungen des ausgehenden 20. Jahrhunderts: das Bündel von Ideen und Hypothesen, das oft als „Dekonstruktion" und „Postmodernismus" bezeichnet wird.

Der Postmodernismus behauptet, daß die Ursprünge religiöser oder moralischer Traditionen für immer verloren seien und daß Männer und Frauen von heute keinen Zugang zu den Quellen dessen hätten, was ihre Vorfahren als wahr anerkannten. Der *Katechismus* behauptet, daß – trotz der Schwierigkeiten, die die moderne historische Forschung mit einer „Rückkehr zu den Quellen" hat – die Ursprünge des Christentums in lebendiger Weise gegenwärtig seien, weil Christus – der die Quelle, die Quelle der Wahrheit, ist – in seiner Kirche und für seine Kirche immer gegenwärtig sei. Der Postmodernismus behauptet, Pluralität sei ein absolutes Prinzip und der innere Zusammenhang einer Überzeugung – eine Übereinkunft über das, was wahr ist – sei über die Zeiten hinweg oder zwischen Kulturen unmöglich. Der *Katechismus* ist von der Einheit des Glaubens über Raum und Zeit hinweg fest überzeugt und behauptet, daß jedes menschliche Wesen – unabhängig von den kulturellen oder historischen Umständen – fähig sei, von Gott ein rettendes Wort der Gnade zu vernehmen.[106] Der Postmodernismus erklärt, so etwas wie die Wahrheit gebe es nicht, es gebe nur *deine* Wahrheit und meine Wahrheit. Der Katechismus argumentiert, die Wahrheit sei für die menschliche Seele eine notwendige Nahrung und ohne die Wahrheit könnten wir nicht leben. Der Postmodernismus behauptet, alles Wissen sei inkohärent: Es gebe keine Möglichkeit, die gesamte Wirklichkeit als kohärent zu verstehen. Der *Katechismus* bekennt sich feierlich und freudig zur Kohärenz des christlichen Glaubens als einer Erklärung, wie die Dinge sind, wie sie entstanden und wie die Geschichte der Welt vollendet werden wird.[107]

Die Aufnahme des *Katechismus* überraschte nicht nur die Kritiker des Vorhabens, sondern sogar seine zuversichtlichsten Befürworter. Schon einige Jahre nach seiner Veröffentlichung waren weltweit über acht Millionen Exemplare erschienen. Ende der 90er Jahre war der *Katechismus* in 44 Sprachen, in sechs CD-ROM-Versionen und über das Internet auf der Website des Vatikans verfügbar. Trotz der Bedenken mancher skeptischer Religionspädagogen und Bischöfe wollten Millionen Männer und Frauen in ganz verschiedenen Kulturen wissen, was die katholische Kirche über ihren Glauben und ihre Praxis zu sagen hatte. In Frankreich ging der *Katechismus* gut; seine positive Aufnahme dort war ein Hinweis auf Fortschritte bei der Neu- Evangelisierung. Die Philippinen nahmen den Katechismus begeistert auf, ebenso die Bischöfe Indiens. Die deutschsprachige Welt, berichtet Schönborn, war „ziemlich schwierig", aber auch dort konnte man „Inseln eines tiefen Interesses für den *Katechismus*, eines guten Arbeitens mit dem Katechismus" finden. Die Aufnahme des Katechismus in den Vereinigten Staaten war für seine Verfasser eine echte Überraschung. Als die englische Ausgabe 1994 schließlich verfügbar war, verkaufte sie sich sehr gut; von der gebundenen Ausgabe wurden 2,3 Millionen, von der Paperbackausgabe mehrere Hunderttausend Exemplare verkauft. Die Leute gewöhnten sich daran, beim Einkaufen im Supermarkt in der Nähe der Kassen, eingereiht unter den dort angebotenen Krimis und Liebesromanen, Exemplare des *Katechismus der katholischen Kirche* zu finden.[108]

Viele Bischöfe, Priester und Religionslehrer begrüßten natürlich den *Katechismus*, der offiziell als Leitfaden für regionale Katechismen und Unterrichtsmaterialien gedacht war. Seine Aufnahme machte jedoch deutlich, daß er nicht einfach eine Reihe von Richtlinien enthielt. Der *Katechismus* etablierte sich rasch auf der ganzen Welt als ein beliebtes Instrument, mit dem Katholiken ihren Kindern und Nachbarn erklären (und notfalls auch ihren Geistlichen, Religionslehrern und manchmal Bischöfen ins Gedächtnis rufen) konnten, was die katholische Kirche eigentlich glaubt und lehrt. Im Umfeld des ausgehenden 20. Jahrhunderts, in dem der Katholizismus nicht mehr durch die langsame Absorption einer katholischen Kultur erlernt wurde, erwies sich der *Katechismus* auch als ein höchst wertvolles Instrument, um jungen Menschen eine Anschauung von der kirchlichen Lehre und Praxis insgesamt zu vermitteln, und er wurde in den Priesterseminaren zu einem Hauptgegenstand der propädeutischen Programme, die *Pastores dabo vobis* für Leute vorschrieb, die bei Beginn ihrer Priesterausbildung schon älter waren.

Skeptiker in der außerordentlichen Synode von 1985 hatten bezweifelt, daß der *Katechismus* jemals abgeschlossen werden würde. Er war in sechs Jahren fertig, obwohl auf dem Weg dahin einige holprige Stellen zu überwinden waren. Kritiker des Projekts brachten vor, Katholiken seien nicht länger an „begrifflichen" Methoden der religiösen Unterweisung interessiert. Die außergewöhnlichen Verkaufszahlen des *Katechismus* bewiesen, daß diese Kritiker sich geirrt hatten. Andere befürchteten, der *Katechismus* werde ein Buch „gegen" das Konzil sein. Die 785 Zitate aus Texten des II. Vatikanums machten unmißverständlich klar, was Johannes Paul in *Fidei depositum* schrieb: Der *Katechismus* ist eine Frucht des Konzils, nämlich des als ein kohärentes Ganzes verstandenen Konzils.

Drei Wochen nachdem der *Katechismus* zusammen mit *Fidei depositum* verkündet worden war, wurde der Fall Galilei abgeschlossen. Diese beiden Ereignisse scheinen nichts miteinander zu tun zu haben, sollten aber zusammen gesehen werden. Die Eröffnung eines neuen Dialogs zwischen der Religion und den Naturwissenschaften und die Präsentation einer umfassenden Darstellung der „Symphonie der Wahrheit" waren für Johannes Paul zwei Bestandteile eines einzigen missionarischen Projekts. Die Kirche erklärte der Welt: Das Wort Gottes – der in Jesus von Nazaret fleischgewordene Logos – ist das Werkzeug einer sinnvollen Schöpfung und der Garant gegen die letztliche Sinnlosigkeit des Lebens. In Christus sind Himmel und Erde – der Anfang, die Erfahrung und das Ziel – miteinander verbunden. Die frohe Botschaft, welche die Kirche dem 21. Jahrhundert verkünden mußte, hieß: Das alles paßt zusammen – in einer von Gott komponierten Symphonie der Wahrheit.

WIEDER EUROPA

Um die Jahreswende 1992/93 nahmen Auseinandersetzungen und Chancen im postkommunistischen Europa weiterhin einen beträchtlichen Raum in der Tagesordnung Johannes Pauls II. ein.

„Humanitäres Eingreifen"

Am 5. Dezember 1992 sprach der Papst vor der Internationalen Ernährungskonferenz, die im Sitz der FAO [Ernährungs- und Landwirtschaftsorganisation der UNO] in Rom stattfand. Johannes Paul erwähnte die Krise in Somalia nicht, wo US-Truppen sich zur Landung anschickten, um jenes Minimum an öffentlicher Ordnung durchzusetzen, das unerläßlich war, wenn man mit einer landesweiten Hungersnot fertig werden wollte. Trotzdem bildete die Lage in Somalia unverkennbar den Hintergrund der Ausführungen des Papstes.[109] Hunger, so erklärte der Papst, könne nicht länger als Naturgegebenheit angesehen werden, er sei auch kein Nebenprodukt der Überbevölkerung. Das Problem heute sei nicht die Produktion, sondern die Verteilung von Nahrungsmitteln, die verhindert werde durch Naturkatastrophen, korrupte und gewaltsame Politik und Protektionismus. „Der Hunger verursacht jeden Tag den Tod von Tausenden von Kindern, Alten und Angehörigen leidgeprüfter Gruppen."

Johannes Paul betonte, es sei eine „Pflicht der Gerechtigkeit", dem abzuhelfen. „Es darf nicht sein, daß Kriege zwischen verschiedenen Nationen und innere Konflikte schutzlose Zivilpersonen aus egoistischen oder sonstigen einseitigen Gründen zum Hungertod verurteilen." Der Grundsatz der Nichteinmischung in die inneren Angelegenheiten eines Landes gelte unter diesen Umständen nicht. Deshalb argumentierte der Papst:

> Das Gewissen der Menschheit ist inzwischen durch Verfügungen des internationalen humanitären Rechtes für die Menschen gestärkt, und es verlangt, das humanitäre Eingreifen in Situationen zur Pflicht zu machen, die das Überleben von ganzen Völkern oder Volksgruppen ernsthaft gefährden: Hier liegt eine Verpflichtung für die Nationen und für die internationale Gemeinschaft (...).[110]

Daß das „humanitäre Eingreifen" – d. h. militärische Aktionen des Auslands, um bedrohte Menschengruppen zu retten – in Situationen eines drohenden

Genozids moralisch gerechtfertigt werden kann, war kaum strittig. Aber wer war zum „humanitären Eingreifen" verpflichtet? Die „internationale Gemeinschaft" war eher eine Fiktion als eine Realität, denn ihr fehlten nicht nur eine Regierung, die ihren Willen durchsetzen konnte, sondern auch Instrumente für ein militärisches Eingreifen. Die Vereinten Nationen hatten sich als unfähig erwiesen, mit Situationen wie in Somalia fertig zu werden, wo die Intervention einer Großmacht das einzige verfügbare Mittel war. Wollte Johannes Paul andeuten, daß jetzt die Großmächte – und besonders die einzige Supermacht der Welt, die USA – zum „humanitären Eingreifen" verpflichtet waren? Falls er das meinte, was bedeutete dies für die Zukunft internationaler Institutionen, die der Heilige Stuhl seit dem Zweiten Weltkrieg stets unterstützt hatte? Falls er das nicht meinte, welchen Sinn hatte es, auf einer „Pflicht" zu bestehen, wenn man die verpflichtete Partei nicht benennen konnte?

Johannes Pauls Rede vor der FAO war eine dringende Bitte um menschliche Solidarität und ein eindrucksvoller Protest gegen gewisse fortlebende „realistische" Parolen der Weltpolitik nach dem kalten Krieg. Als eine Analyse der schweren moralischen und politischen Probleme, die mit einem „humanitären Eingreifen" verbunden waren, warf die Rede des Papstes mehr Fragen auf, als sie beantwortete. Dadurch trug sie vielleicht unabsichtlich zu jener Lähmung der Politik bei, die – wie der Papst mit Recht feststellte – zu „unannehmbaren" Situationen und vermeidbaren Katastrophen führte.[111]

Die „Stunde der Laien" in Polen

Als im Januar 1993 die polnischen Bischöfe in zwei Gruppen zu ihren *Ad-limina*-Besuchen nach Rom kamen, befaßte sich Johannes Paul unter anderem energisch mit der Frage, wie eine „öffentliche Kirche" in einem demokratischen Polen aussehen sollte.

Denjenigen polnischen Kirchenmännern, die sich nach den 1920er und 1930er Jahren – oder wenigstens nach den festen Überzeugungen im Kampf gegen den Kommunismus – zurücksehnten, erklärte er unverzüglich, daß ein historisches Rollback unmöglich sei. Am 12. Januar, am Anfang seiner ersten *Ad-limina*-Ansprache an seine polnischen Landsleute, sagte Johannes Paul den Bischöfen schlicht und unverblümt, Polen sei in „eine neue Phase seiner Geschichte" eingetreten, die auf dem Gebiet der Evangelisierung mit den „verschiedensten Herausforderungen" konfrontiere. Gehorsam gegenüber dem Befehl Christi „(...) verkündet das Evangelium allen Geschöpfen!" (Markus 16,15) bedeute in der neuen Situation Polens, zu erkennen, daß in der Kirche jetzt die Stunde der Laien angebrochen sei. Die Katholiken Polens müßten nun „in der Kirche jene Aufgabe (...) erfüllen, die ihnen kraft der Sakramente der Taufe und Firmung zukommt". Das sei mit der Umsetzung des II. Vatikanums im neuen Polen gemeint. Die Laien seien, wie es in *Lumen gentium* heiße, „dazu berufen, die Kirche an jenen Stellen und in den Verhältnissen anwesend und wirksam zu machen, wo die Kirche nur durch sie das Salz der Erde werden kann". Um das zu ermöglichen, müßten die polnischen Bischöfe auf der Ebene der Diözesen und der Kirchengemeinden Strukturen der Beratung mit den

Laien schaffen, Erneuerungsbewegungen der Laien unterstützen und die „Katholische Aktion" als eine Bewegung zur Stärkung der Zivilgesellschaft wiederbeleben.

Dann, nachdem Johannes Paul versucht hatte, den polnischen Klerikalismus für überholt zu erklären, griff er dasjenige Problem auf, das für das öffentliche Erscheinungsbild der Kirche im neuen Polen am schwierigsten war: die Legalisierung der Abtreibung. Zur Neu-Evangelisierung gehöre die Verteidigung der Würde des menschlichen Lebens von der Empfängnis bis zum natürlichen Tod, und auch das sei vor allem eine Aufgabe für die Laien. Hinsichtlich der Gesetzgebung müsse die Kirche – Laien, Priester und Bischöfe – lernen, gerade in der Öffentlichkeit für das Lebensrecht der Ungeborenen einzutreten: „Hier handelt es sich nicht darum, der Allgemeinheit christliche Prinzipien aufzudrängen, wie jemand einzuwenden hatte, sondern es geht vielmehr darum, das Grundrecht des Menschen, das Recht auf Leben, zu verteidigen (...)."

Die Rolle der Kirche im politischen Leben der Nation beherrschte auch die *Ad-limina*-Ansprache des Papstes an die zweite Gruppe der polnischen Bischöfe, darunter Kardinal Józef Glemp, am 15. Januar. Johannes Paul sagte, zu den „wesentlichen Bestandteilen" der Neu-Evangelisierung gehöre die Soziallehre der Kirche. Ein Katholizismus, der sich auf „die Kirchenmauern" beschränke, sei unvorstellbar – in Polen wie anderswo. Aber die Evangelisierung der Gesellschaft sei etwas völlig anderes als die Leitung der Politik durch den Klerikalismus. Das Verständnis der Nation für die Freiheit zu vertiefen, heiße nicht und könne nicht heißen, daß die Kirche ein parteiischer politischer Akteur werde.

Nach der alten polnischen Überlieferung – die Kirche als Verteidiger der Nation – sei die Kirche nicht „ein Konkurrent oder Partner des politischen Spiels", sondern vielmehr „Hüter der sittlichen Ordnung und kritisches Gewissen". Diese Überlieferung treu zu bewahren bedeute im neuen Polen einige ganz konkrete Dinge: „Die Kirche ist keine politische Partei, noch identifiziert sie sich mit irgendeiner politischen Partei. Sie ist überparteilich, offen für alle Menschen guten Willens, und keine Partei kann sich das Recht anmaßen, sie zu vertreten." Nicht die Bischöfe hätten die Aufgabe, sich direkt in der Politik zu engagieren: „[Ein direktes Engagement im Bereich der Politik ist] Aufgabe der gläubigen Laien (...), motiviert durch ein aufrichtiges Interesse für das Gemeinwohl der Gesellschaft, in der sie leben." Enttäuschungen über die manchmal zweifelhaften politischen Ergebnisse der Demokratie seit dem Ende des kalten Krieges könnten für die katholischen Laien keine Entschuldigung dafür sein, ein Engagement im öffentlichen Leben und in der politischen Arena abzulehnen. Ein solches Engagement sei „ein Recht und auch eine Gewissenspflicht" und „eine der Aufgaben, die aus ihrer Berufung [erwachse]". Hinsichtlich der historischen Tendenz des Landes, einer von Parteigeist bestimmten Politik zu frönen (was, wie Johannes Paul sehr wohl wußte, den Ex-Kommunisten eine Rückkehr an die politische Macht ermöglicht hatte), müßten die Polen „den Dialog untereinander in der Wahrheit und Achtung der eigenen Würde und der der Gegenseite" lernen; „beide Seiten, wenn auch verschieden voneinander, müssen deshalb nicht zu Feinden werden".[112]

Anderthalb Jahre nach der schwierigen Pastoralreise vom Juni 1991 hatte Johannes Paul gegenüber seinen polnischen Landsleuten seine Stimme wiedergefunden.

Das Karmeliterinnenkloster in Auschwitz

Drei Monate nach den polnischen *Ad-limina*-Besuchen, am 9. April 1993, schrieb der Papst an die Karmeliterinnen, die in einem Kloster am Rand des ehemaligen Konzentrationslagers Auschwitz lebten, einen Brief, in dem er sie bat, entweder auf ein anderes Gelände in Oświęcim umzuziehen oder in ihr Mutterkloster zurückzukehren.

Der Streit um das Kloster im ehemaligen KZ Auschwitz war einer der peinlichsten und unerfreulichsten im ausgehenden 20. Jahrhundert. Ende 1984 war eine kleine Gemeinschaft von Karmeliterinnen in ein verlassenes Gebäude am Rand des ehemaligen Konzentrationslagers Auschwitz gezogen; man nannte es Auschwitz I, um es von dem Vernichtungslager Birkenau (Auschwitz II) zu unterscheiden. Führende Juden protestierten gegen diese Hausbesetzung. Nach langwierigen Gesprächen in Genf zwischen katholischen Amtsträgern aus ganz Europa und führenden Vertretern internationaler jüdischer Organisationen kam man 1987 überein, außerhalb des Geländes von Auschwitz-Birkenau ein neues jüdisch-christliches Informations- und Bildungszentrum zu errichten. Die im Kloster lebenden Karmeliterinnen, deren erklärte Absicht es war, ihr Leben dem Gebet und der Sühne für die in den Lagern begangenen Verbrechen zu weihen, sollten in dieses neue Zentrum umziehen. In der Übereinkunft hieß es weiter: „Auf dem Gelände der Lager Auschwitz und Birkenau wird es (...) kein bleibendes katholisches Gotteshaus geben", damit „dort jeder nach den Geboten seines Herzens, seiner Religion und seines Glaubens beten kann".

Damit schien der Streit beigelegt. Wegen der schwierigen Verhältnisse in Polen am Ende der 80er Jahre wurden die Beschlüsse jedoch nicht sofort verwirklicht, was zu neuen Vorwürfen des Antisemitismus führte. Im Sommer 1989 hatte die Situation unter oft scharfen Vorwürfen und Gegenvorwürfen abermals einen Siedepunkt erreicht. Die Karmeliterinnen dachten nicht daran, Auschwitz zu verlassen; nationalistisch gesinnte polnische Katholiken betrachteten die internationalen jüdischen Protestkundgebungen gegen das Kloster als einen Angriff auf den Katholizismus; jüdische Demonstrationen auf dem Gelände des Klosters führten zu Gegendemonstrationen polnischer Anwohner und verschärften die Spannungen weiter. Am 14. Juli 1989 kletterten sieben Juden in gestreifter Häftlingskleidung unter Führung des New Yorker Rabbi Avraham Weiss über den Zaun des Klosters und begannen gegen dessen Türen und Fenster zu trommeln; dabei forderten sie, die Nonnen sollten das Kloster aufgeben. Bauarbeiter, die im zweiten Stockwerk des Gebäudes Instandsetzungsarbeiten durchführten, übergossen Weiss samt seinen Anhängern mit Wasser und zerrten sie schließlich vom Gelände weg. Die örtliche Polizei, die nichts unternommen hatte, um die Demonstranten aufzuhalten, unternahm auch nichts, um die Arbeiter von ihrem Tun abzuhalten, ebensowenig die Nonnen und ein anwesender Priester. Weiss behauptete, die Polizei habe den Juden den Rücken zugekehrt, „genau wie eure Kirche vor 50 Jahren". Zwei Tage später ließ man Weiss mit seinen Leuten in den Hof des erzbischöflichen Verwaltungsgebäudes in der Krakauer Franciszkańska-Straße 3, wo sie einen Appell an Kardinal Macharski an die Tür nagelten, in dem es hieß, sie seien in Frieden gekommen, aber „als stolze Juden erklären wir: Hört auf, für die in der *Shoah* ermordeten Juden zu beten, laßt sie als Juden in Frieden ruhen." Bei einem späteren Treffen mit einem Vertreter der Erzdiözese warfen die Leute um Weiss der katholischen Kirche vor, sie versuche, „der *Shoah* ihren jüdischen Charakter zu nehmen und ihr einen christlichen Charakter zu geben". Am gleichen Tag kehrten Weiss und seine Gruppe zum Karmeliterinnenkloster zurück, kletterten wieder über den Zaun und inszenierten eine sechsstündige Protestkundgebung.

Nach der Weiss-Affäre brach Kardinal Macharski seine Bemühungen ab, die Vereinbarungen über das neue Zentrum zu verwirklichen, mit der Begründung, angesichts so aggressiver Forderungen und in einer so unsicheren Atmosphäre sei es ihm unmöglich, das Zentrum zu errichten, wie er es vorgehabt habe.[113] Macharski wurde von führenden Katholiken und Juden scharf kritisiert. Kardinal Glemp machte die Sache noch schlimmer, als er am 26. August in Tschenstochau eine Predigt hielt, in der er antisemitische Klischees über die Beherrschung der Massenmedien durch Juden aufwärmte und die völlig unerträgliche These verkündete: „Wir haben hinsichtlich der Juden unsere Fehler, aber heute möchte man sagen: Meine lieben Juden, sprecht zu uns nicht aus der Position eines Volkes, das über alle anderen erhaben ist, und stellt uns nicht Bedingungen, die unerfüllbar sind."[114] Diese Predigt Glemps löste bei Juden und Katholiken einen weiteren Proteststurm aus. Drei Wochen später schien der polnische Primas zu akzeptieren, daß man das Genfer Abkommen erfüllen und das Kloster im Zusammenhang mit dem neuen Informationszentrum verlegen mußte.[115]

Am 19. September griff schließlich der Vatikan ein, und zwar durch eine Erklärung des für den internationalen jüdisch-katholischen Dialog zuständigen Kardinals Johannes Willebrands, der deutlich machte, daß Johannes Paul II. den Abzug der Nonnen aus ihrem gegenwärtigen Gelände befürworte und für das neue Informations- und Bildungszentrum finanzielle Unterstützung verspreche. Dieses Eingreifen beendete das Fieber, das seit der Weiss-Affäre gestiegen war, und schuf, wie die meisten beteiligten Parteien hofften, die Voraussetzungen für eine rasche und friedliche Beilegung des Streits, der das ganze Gefüge der nach dem II. Vatikanum aufgebauten jüdisch-katholischen Beziehungen zu beschädigen drohte.[116]

1993 waren die Karmeliterinnen trotz Fertigstellung des neuen Zentrums noch nicht umgezogen. Als neue Demonstrationen sich häuften und einige jüdische Gruppen Mitte April die Feier zum 50. Jahrestag des Aufstands im Warschauer Ghetto zu boykottieren drohten, griff Johannes Paul II. abermals ein – mit einem persönlichen Schreiben an die Karmeliterinnen. Er erinnerte sie daran, wie Theresia von Lisieux ihre gemeinsame karmelitische Berufung definiert hatte: „die Liebe im Herzen der Kirche zu sein". Das hätten sie in ihrem Kloster sein wollen. Aber jetzt müßten sie dem „Willen der Kirche zufolge (...) an einen anderen Ort in Auschwitz übersiedeln". Jede Schwester könne frei entscheiden, ob sie künftig in dieser Karmeliterinnen-Gemeinschaft an dem neuen Ort leben oder in das Mutterkloster zurückkehren wolle.

Dennoch gebe es für die Nonnen immer noch einen Platz im menschlichen und katholischen Umgang mit allem, wofür Auschwitz stehe:

> Auschwitz – und alles, was mit diesem Namen verbunden ist, wie das tragische Erbe Europas und das der Menschheit – wird stets eine Verpflichtung für den Karmel

> sein. (...) Wie sich die Zukunft gestalten wird, die aus dieser qualvollen Vergangenheit hervorgeht, hängt weitgehend von der Tatsache ab, daß auf der Schwelle von Auschwitz jene Liebe wacht, die stärker ist als der Tod (*Hohelied* 8,6). Ganz besonders euch, liebe Schwestern, ist das Geheimnis dieser erlösenden Liebe anvertraut – dieser Liebe, die die Welt rettet.[117]

Władysław Bartoszewski, ein hervorragender polnischer Historiker und Veteran des jüdisch-katholischen Dialogs, bezeichnete den Streit um das Kloster in Auschwitz als „einen Kampf zwischen zwei starken, einander widersprechenden Symbolen", der das „kollektive Gedächtnis" von Juden und Polen sowie die damit zusammenhängende Frage der nationalen Identität tief berühre:

> Seit dem Krieg hat Auschwitz in der Entwicklung der jüdischen Identität eine zentrale Rolle und in der Entwicklung der polnischen Identität eine kaum geringere Rolle gespielt. Das Problem war deshalb nicht, ob in einem alten, zerfallenen Gebäude einige Nonnen beteten, sondern ob die Juden und die Polen zwei verschiedene, einander widersprechende, aber wesentliche geschichtliche Auffassungen, die sich auf denselben Ort gründeten, bewahren konnten.[118]

Es gab weitere Probleme, teils auf ebenso hohem, teils auf weit niedrigerem Niveau. Die Führungsgremien beider Gemeinschaften zeigten eine besorgniserregende Unfähigkeit, sich von ihren Radikalen zu distanzieren. Häßliche Formen des Antisemitismus, die man für längst überholt gehalten hatte, blühten wieder auf. Bei manchen Juden kam ein tiefverwurzelter antichristlicher Groll zum Vorschein. Daß Rabbi Weiss Gebete für die Toten mit einer nachträglichen Vereinnahmung für das Christentum verwechselte, verriet tiefe Verwirrung. Das gleiche galt für Polen, die nicht verstehen konnten, warum Auschwitz für die Juden eine so einzigartige Bedeutung hatte. Direkt unter der Oberfläche lauerte auch die Frage, wer für die *Shoah* verantwortlich war. Der Vorwurf, die Katholiken versuchten der *Shoah* einen „christlichen Charakter" zu geben, wurde genährt durch starke Verdächtigungen, ein solcher Schachzug verfolge die Absicht, jede christliche Verantwortung für das Schicksal der europäischen Juden zu bestreiten.

Allen diesen Auseinandersetzungen lag jedoch ein schwieriges theologisches Problem zugrunde. Viele Juden betrachteten Gebete in Auschwitz als Blasphemie, weil Auschwitz – ein absolutes Übel – nach ihrer Auffassung nicht erlöst werden kann. In der christlichen Sicht der Geschichte und der Wirklichkeit kann prinzipiell jeder Ort erlöst werden. Es gibt keinen Ort, an dem (wie der Papst den Karmeliterinnen schrieb) die „Liebe, die die Welt rettet", die Liebe, „die stärker ist als der Tod", nicht wachen sollte. Der Streit um Auschwitz bestätigte in Wirklichkeit, daß der von Johannes Paul II. erhoffte verstärkte theologische Dialog zwischen Juden und Katholiken dringend notwendig war.

Ehrung der Märtyrer

Zwei Wochen nach seinem Schreiben an die Karmeliterinnen in Auschwitz flog Johannes Paul am 25. April 1993 über die Adria nach Albanien. Dieses Land war, so brüstete sich einst der langjährige kommunistische Diktator Enver Hoxha, „der einzige *wirklich* atheistische Staat der Welt" – und er hatte alles getan, um dieses Projekt mit erbarmungsloser Brutalität durchzusetzen. Nach einem kurzen Aufenthalt in der Hauptstadt Tirana, wo ihn die berühmteste Albanerin der Welt, Mutter Teresa von Kalkutta, begrüßte, reiste der Papst nach Skutari (Shkodër) im Nordwesten des Landes, wo er vier Bischöfe ordinierte. Einer von ihnen, Erzbischof Frano Illia, war vom Hoxha-Regime genau ein Vierteljahrhundert vorher zum Tod verurteilt, dann aber zu Zwangsarbeit begnadigt worden. Die letzte Katakombe war nun geöffnet.

Einige Vorarbeit für die Pastoralreise nach Albanien war schon 1991 geleistet worden, als die kommunistische Herrschaft im Begriff war, zu zerbrechen. Msgr. Vincenzo Paglia, der kirchliche Berater der Gemeinschaft Sant'Egidio und zugleich ein weiterer Geheimdiplomat Johannes Pauls, reiste nach Tirana und sprach mit Ramiz Alia, einem alten Kommunisten und Hoxhas Nachfolger, der damals im sich rasch demokratisierenden Albanien um sein politisches Überleben kämpfte. Paglia überredete den Präsidenten, den Wiederaufbau des Priesterseminars in Tirana und der Kathedrale von Skutari zu erlauben. Das erste Baugelände im nachkommunistischen Albanien war das Priesterseminar, auf dem Paglia, mit einem Gespür für Öffentlichkeitswirkung, eine große weiß-gelbe vatikanische Flagge hißte. Damit wollte er bekunden: „Wir sind wieder da!"[119]

Vom 4. bis 10. September 1993 besuchte Johannes Paul die seit zwei Jahren selbständigen baltischen Republiken Litauen, Lettland und Estland. Es war die erste Reise eines Papstes in Länder, die früher zur Sowjetunion gehört hatten. Für Johannes Paul war besonders die Reise nach Litauen eine Pilgerfahrt in ein weiteres Märtyrerland. Zwischen 1945 und 1955 waren dort vier Bischöfe, 185 Priester und 275.000 katholische Laien inhaftiert oder in sibirische Konzentrationslager deportiert worden. Kein litauischer Bischof hatte am II. Vatikanischen Konzil teilnehmen dürfen. Die Kathedrale in Wilna (Vilnius) hatte man in eine Galerie für drittklassige Kunst, die Kasimirkirche in ein Museum für Atheismus umfunktioniert.[120]

Das bewegendste Ereignis während der Pilgerreise nach Litauen war der Gang des Papstes über den „Hügel der Kreuze" in Meškuičiai, außerhalb von Schaulen (Šiauliai). Die ersten Kreuze auf dem Hügel waren während des Aufstandes gegen Rußland 1863 errichtet worden. Hundert Jahre später hatte man rund 10.000 Kreuze unterschiedlicher Form und Größe als Protest gegen eine andere Form des Imperialismus aufgestellt. Den Kommunisten mißfiel diese symbolische Verknüpfung ihrer Gewaltherrschaft mit derjenigen der Zaren, und sie begannen das Gelände zu „reinigen", wie man einen dichten Wald reinigt. Doch die Kreuze wurden heimlich, eins nach dem anderen, wieder aufgestellt. Als Litauen seine Unabhängigkeit erlangte, war praktisch jeder Quadratmeter des Hügels mit Kreuzen bedeckt. In diesem Wald von Kreuzen hatte man für Johannes Paul einen schlichten hölzernen Betschemel aufgestellt. Dort kniete er im Gebet, den Kopf gesenkt und die Augen mit der rechten Hand bedeckt, und dachte (wie er später in Wilna sagte) an jene, die ohne ein Grabkreuz beerdigt worden waren, etwa die litauischen Märtyrer, die in Sibirien unter der gefrorenen Tundra lagen.

Die Rede des Papstes vor der „Welt der Kultur" in Riga, der Hauptstadt Lettlands, mißbilligten jene Katholiken, die schon durch *Centesimus annus* beunruhigt waren und jetzt vermuteten, Johannes Paul nehme seine sorgfältig formulierte Anerkennung der freien Wirtschaft zurück. Dieser hatte nichts dergleichen getan. Statt dessen hatte er die drei Grundprinzipien der katholischen Soziallehre wiederholt: daß die Soziallehre der Kirche weder ein politisches noch ein wirtschaftliches Programm sei; daß keine Form des gegenwärtigen Kapitalismus die moralischen Kriterien der katholischen Soziallehre voll erfülle; und daß die Soziallehre der Kirche kein „dritter Weg zwischen Kapitalismus und Kommunismus" sei. Noch seltsamer: Johannes Pauls Hinweis auf „das Körnchen Wahrheit" im Marxismus – seine Verurteilung der Ausbeutung der Arbeiter – wurde in manchen Kreisen als Anzeichen dafür verstanden, daß der Papst nicht der prinzipientreue Antikommunist sei, für den man ihn lange gehalten hatte. Diese Vermutung war völlig aus der Luft gegriffen. Ihre Urheber übersahen meist, daß Johannes Paul, nachdem er „das Körnchen Wahrheit" anerkannt hatte, seine Zuhörer sofort daran erinnerte, daß Papst Leo XIII. ebenfalls die Ausbeutung der Arbeiter verurteilt hatte, allerdings aufgrund einer Überzeugung, die dem Marxismus fremd war: „Die Sozialordnung hat den Menschen zum Mittelpunkt, der in seiner unveräußerlichen Würde als ‚nach dem Bild Gottes' entworfenes Geschöpf gesehen wird."[121]

ERNEUTE ANNÄHERUNG AN DIE ORTHODOXEN

Daß 1991 in Rußland drei Apostolische Administraturen errichtet und dafür Bischöfe ernannt wurden, hatte die Beziehungen zwischen Katholiken und Orthodoxen weit unter den Gefrierpunkt sinken lassen. Die VII. Plenarsitzung der Gemeinsamen internationalen Kommission für den theologischen Dialog zwischen der römisch-katholischen und der orthodoxen Kirche, die vom 17. bis 24. Juni 1993 in Balamand (Libanon) stattfand, versuchte ein Tauwetter herbeizuführen, Grundregeln für die Beziehungen zwischen Orthodoxen und Katholiken in Osteuropa festzulegen und das Gespräch wieder in Gang zu bringen, das – wie Johannes Paul inbrünstig hoffte – das Schisma des 11. Jahrhunderts vor dem Jubeljahr 2000 heilen sollte. Erreicht wurde allenfalls ein leichtes Tauwetter.

Das Treffen in Balamand war auf Bitten der orthodoxen Teilnehmer um ein Jahr verschoben worden. Darin spiegelten sich die tiefen Meinungsverschiedenheiten in und zwischen ihren eigenen Gemeinschaften hinsichtlich des künftigen Kurses beim „Dialog der Liebe", wie er in Rom und Konstantinopel immer noch hieß. Als die Gemeinsame theologische Kommission schließlich im Juni 1993 in Balamand zusammentrat, waren sechs von den 15 am Dialog beteiligten orthodoxen Kirchen nicht vertreten. Ihr Fernbleiben hatte verschiedene Gründe, aber in einigen Fällen deutete es darauf hin, daß weitere Schwierigkeiten bevorstanden. Nachdem man eine Woche lang miteinander diskutiert hatte, einigte sich die Kommission auf einen Text mit der Überschrift „Der Weg der Unierten. Das Vorgehen bei der Union in der Vergangenheit und die gegenwärtige Suche nach voller Gemeinschaft".

Wie die Überschrift zeigte, hatte sich das Treffen mit dem (aus orthodoxer Perspektive) brennendsten Problem der ökumenischen Tagesordnung befaßt – mit dem Fortbestehen der Kirchen des östlichen Ritus, die seit 400 Jahren eine volle Gemeinschaft mit den Bischöfen von Rom hatten, aber ihren byzantinischen Ritus und ihre eigenen Verwaltungsstrukturen beibehielten. Die größte dieser „katholischen Ostkirchen" oder „unierten Kirchen" war die griechisch-katholische Kirche in der Ukraine, die nach dem Zusammenbruch des Kommunismus in der Öffentlichkeit sehr präsent war und sich durch eine starke Vitalität auszeichnete.[122]

Im sogenannten „Balamand-Dokument" versuchte man mit diesem Wirrwarr historischer Ressentiments fertig zu werden, indem man feststellte, die „unierte" Alternative könne nicht länger ein Weg zur Erreichung einer vollen Versöhnung zwischen „Schwesterkirchen" sein; dennoch hätten die mit Rom unierten Ostkirchen das Recht, zu existieren und die spirituellen Bedürfnisse ihrer Mitglieder zu befriedigen. Katholiken und Orthodoxe kamen überein: Da sie beide den gleichen Glauben hätten, sollten sie nicht mehr systematisch versuchen, Anhänger der anderen Seite für sich zu gewinnen. Wenn einzelne von ihrer Religionsfreiheit Gebrauch machten und sich der anderen Konfession anschlossen, sollten sie nicht ein zweites Mal getauft werden, denn Katholiken und Orthodoxe anerkannten ihre Sakramente wechselseitig als gültig. Die mit Rom unierten Ostkirchen wurden außerdem aufgefordert, sich dem katholisch-orthodoxen ökumenischen Dialog anzuschließen.[123]

Die Reaktionen auf das Balamand-Dokument waren gemischt. Vor einer orthodoxen Delegation, die Ende Juni 1993 zum Fest Peter und Paul nach Rom kam, bezeichnete Johannes Paul II. es als „eine weitere Wegstrecke", die zurückgelegt worden sei. Es solle allen Beteiligten – Orthodoxen, Katholiken des lateinischen Ritus und Katholiken des östlichen Ritus –, „die in der gleichen Region leben, helfen, sich vor allem im Dialog der Liebe zu engagieren und die Beziehungen der Zusammenarbeit auf dem Gebiet ihres pastoralen Wirkens weiterzuführen".[124] Auch der Ökumenische Patriarch Bartholomaios begrüßte das Dokument. Als jedoch im November 1993 wie alljährlich zum Fest des hl. Andreas eine vatikanische Delegation in seinem Palast erschien, bezeichnete er es als eine „Verurteilung des Weges der Unierten" und fügte hinzu, die Orthodoxen würden in den betreffenden Gebieten eine „abnormale (...) Situation" so lange dulden, bis „die unierten Kirchen endlich erkennen, wo sie hingehören".[125] Selbst wenn man dem Ökumenischen Patriarchen zugesteht, daß es angesichts der Spannungen innerhalb der Orthodoxie schwierig für ihn war, ein ökumenisches Programm zu verfolgen, war diese Äußerung nicht gerade liebenswürdig.

Diese Spannungen wurden auch in der Reaktion der orthodoxen Kirche Griechenlands (die zu dem Treffen keine Vertreter entsandt hatte) auf das Balamand-Dokument sichtbar. Ein einflußreicher Bischof, der Metropolit Christodoulos von Dimitrias, behauptete, die „Unierten" könnten nicht existieren, ohne „auf Kosten der Orthodoxen Proselyten zu machen", und vermutete, die mit Rom unierten Ostkatholiken würden die in dem Dokument propagierte Religionsfreiheit listig ausnutzen, um ein aggressives anti-orthodoxes Programm voranzutreiben. Die theologisch einflußreiche Mönchsgemeinschaft auf dem Berg Athos ging noch einen Schritt weiter. In einem Brief vom Dezember

1993 an den Ökumenischen Patriarchen Bartholomaios behauptete sie, die römisch-katholische Kirche sei keine „Schwesterkirche" und verfüge nicht über die Heilsmittel; wahre Orthodoxe könnten weder die Gültigkeit der Sakramente und des Priesteramtes der katholischen Kirche noch den Papst als rechtmäßigen Bischof von Rom anerkennen, wenn die katholische Kirche sich nicht ausdrücklich von ihren häretischen Lehren distanziere. Die Nachricht von den im Balamand-Dokument erwähnten „radikal veränderten Perspektiven und Haltungen" der katholischen und der orthodoxen Kirche während der vergangenen Jahrzehnte war offenbar nicht bis zum Athos vorgedrungen, wo die Mönche an der Auffassung festhielten, die orthodoxe Kirche sei in einem absoluten und exklusiven Sinne die einzige wahre Kirche. Pater Theodoros Zissis, griechisch-orthodoxer Theologe und Mitglied der internationalen Kommission, erklärte, die Orthodoxen hätten das Dokument nur „aus Gefälligkeit und höflicher Unbekümmertheit" unterzeichnet. Zissis wandte sich dagegen, daß man zur Bezeichnung der römischen Glaubensgemeinschaft das Wort „katholisch" verwende, und bestritt ferner, daß Rom und Konstantinopel „Schwesterkirchen" mit gegenseitig als gültig anerkannten Sakramenten seien. Laut Pater Zissis war der Katholizismus eine Häresie – basta!

Die orthodoxe Kirche Rumäniens akzeptierte das Balamand-Dokument offiziell, und einer ihrer Bischöfe, Nikolaos, der Metropolit des Banats, erklärte, die gegenseitige Anerkennung von Orthodoxie und Katholizismus als „Schwesterkirchen" erfordere, daß die Orthodoxen auch die mit Rom unierten katholischen Ostkirchen als „Schwesterkirchen" betrachteten. Aber andere orthodoxe Bischöfe in Rumänien waren weniger entgegenkommend. Ein Jahr vor Balamand hatte das Patriarchat von Bukarest ein Ritual für die Aufnahme „von schismatischen Römisch-Katholischen und anderen" in die orthodoxe Kirche veröffentlicht; zu diesem Aufnahmeritual gehörte ein Bußgebet, in dem es hieß, Christus möge die Ex-Katholiken erlösen „vom Schlaf der falschen Häresie, die zur Verdammnis führt". Die in diesem Gebet enthaltene Einstellung veranlaßte zahlreiche führende Persönlichkeiten der rumänischen Orthodoxen, Balamand für einen faulen Kompromiß zu halten. Die Führung der griechischen Katholiken war alles andere als begeistert von Balamand. In einem Brief an Johannes Paul verteidigte Bischof Gheorghe Gutiu, der für die gesamte griechisch-katholische Hierarchie sprach, die historischen Leistungen der katholischen Ostkirchen und schilderte mit harten Worten die Beziehungen zwischen der orthodoxen und der griechisch-katholischen Kirche Rumäniens in der jüngsten Vergangenheit: „Sie sind die Unterdrücker geblieben, wir die Unterdrückten; sie arbeiteten mit dem Kommunismus zusammen, wir litten unter ihm; sie waren in der Offensive, wir in der Defensive – bis zum heutigen Tag."

Seit dem Zusammenbruch des Kommunismus war die Ukraine gewissermaßen der Reaktorkern bei der Kernschmelze in den katholisch-orthodoxen Beziehungen. Als dort die wiederauflebende griechisch-katholische Kirche kraftvoll in der Öffentlichkeit auftrat, spalteten sich die ukrainischen Orthodoxen in drei untereinander völlig zerstrittene Gruppen; die historischen Ansprüche der Russisch-Orthodoxen waren gefährdet; und der ukrainische Nationalismus erhielt Auftrieb durch die ukrainischen Katholiken, die größte katholische Ostkirche, die nun aus den Katakomben hervorkam. Viele Mitglieder der griechisch-katholischen Kirche in der Ukraine nahmen Anstoß daran, daß der Weg der „Unierten" im Balamand-Dokument als gescheitert abgetan wurde. Manche behaupteten, was die Orthodoxen als „Proselytenmacherei" ablehnten, sei häufig etwas ganz anderes: Orthodoxe Ukrainer würden sich aus freien Stücken der griechisch-katholischen Kirche anschließen, weil sie das jetzt öffentlich tun könnten oder weil sie über die Zersplitterung der Orthodoxie in der Ukraine entsetzt seien. Das Oberhaupt der griechisch-katholischen Kirche in der Ukraine hatte jedoch eine offene, positive Einstellung zum Balamand-Dokument. In einem Brief vom August 1993 an Kardinal Cassidy hob Kardinal Myroslav Lubachivsky lobend hervor, das Dokument bezeichne die katholische und die orthodoxe Kirche als Schwesterkirchen mit dem gleichen Glauben, den gleichen Sakramenten und dem gleichen apostolischen Priesteramt, es verteidige die Religionsfreiheit, es schärfe ein, daß die Trennung der Kirchen dem Willen Christi widerspreche, und es erkenne an, daß der „Weg der Unierten" in der Vergangenheit auf dem echten Wunsch beruht habe, die Sehnsucht Christi nach der Einheit seiner Kirche zu erfüllen.[126]

Kardinal Cassidy meinte, das Balamand-Dokument verkörpere das, was die katholische Kirche habe zugestehen können, ohne ihrem eigenen Selbstverständnis untreu zu werden. Es sei jetzt Sache der lokalen orthodoxen und unierten Gemeinschaften im Osten, ihre Probleme auf dieser Grundlage friedlich zu regeln. Der Kardinal erklärte, die historischen Ressentiments würden erst verschwinden, wenn diese Gemeinschaften gelernt hätten, miteinander zu leben und zu arbeiten.[127] Aber die Schwierigkeiten der Orthodoxen beim Umgang mit ihrer eigenen Geschichte erschweren die Versöhnung an der Basis sehr.

Die Vision Johannes Pauls II. von einer Versöhnung Roms und der Orthodoxie an der Schwelle zum dritten Jahrtausend war eines der stärksten Anzeichen dafür, daß er im Geist in der Zukunft lebte. Daß einige orthodoxe Gesprächspartner Roms die Vergangenheit nur höchst parteiisch zu verstehen vermochten und daß zwischen dem Ökumenischen Patriarchen Bartholomaios in Konstantinopel und dem Patriarchen Aleksej II. in Moskau allmählich eine Rivalität entstanden war, machte es immer schwieriger, die Vision des Papstes zu verwirklichen. Doch zwei Jahre später sollte Johannes Paul – fest entschlossen, die Neu-Evangelisierung zusammen mit den Orthodoxen, nicht gegen sie weiterzuführen – den östlichen „Schwesterkirchen", wie er sie weiterhin beharrlich nannte, seinen bis dahin kühnsten Vorschlag unterbreiten.

DER PAPST GEGEN DEN TERROR

Vier Monate vor dem Treffen in Balamand, das so stark von den Erfahrungen der Kirche mit der Verfolgung unter dem Kommunismus bestimmt wurde, hatte sich Johannes Paul auf seiner 57. Pastoralreise, seiner neunten nach Afrika, einem neuen Aspekt der Verfolgung nach dem Ende des kalten Krieges gestellt.

Seine Reiseroute begann am 3. Februar 1993 in Benin, der Heimat von Kardinal Bernardin Gantin, dem Präfekten der Kongregation für die Bischöfe und einem der engsten Mitarbeiter des Papstes. Benin erholte sich, wie Mittel- und Osteuropa, gerade vom Marxismus, und Johannes Paul lobte die Bemühungen seiner Bevölkerung, freie Institutionen aufzubauen. Nach einem zweitägigen Aufenthalt in Benin, wo er in Parakou mit Muslimen sprach, flog der Papst nach Uganda. Dort besuchte er in einem Hospital in Kampala AIDS-Patienten, kündigte an, daß im April 1994 in Rom eine Sonderversammlung der Bischofssynode für Afrika stattfinden werde, und feierte im Heiligtum der von Paul VI. 1964 heiliggesprochenen ugandischen Märtyrer eine Messe. Die Entscheidung, die afrikanische Synode nicht auf afrikanischem Boden, sondern in Rom abzuhalten, wurde von der Presse, besonders der europäischen, kritisiert. Kardinal Francis Arinze, der nigerianische Präsident des Päpstlichen Rates für den Interreligiösen Dialog, erinnert sich an diese Entscheidung anders: Der Papst hatte alle afrikanischen Kardinäle nach Rom eingeladen, um den Tagungsort der Synode zu erörtern. Einige hatten für Rom, andere für Afrika plädiert. Johannes Paul sagte: „Wir wollen beide Vorschläge befolgen", und das geschah schließlich auch. Die Synode selbst fand in Rom statt, und das nachsynodale apostolische Schreiben wurde in drei afrikanischen Städten unterzeichnet und verkündet. Arinze erinnert sich: „Als ich in den Zeitungen las, die römische Kurie habe, wie ein Taschendieb, den armen Afrikanern die Synode aus den Händen gerissen, mußte ich lächeln. Die Journalisten hatten keine Ahnung. Wenn wir die Synode nur in Afrika hätten haben wollen, hätten wir sie genau dort bekommen."

Arinzes Analyse warf ein interessantes Licht auf das, was die afrikanischen Bischöfe von einer Synode erwarteten, über die seit anderthalb Jahrzehnten Gerüchte verbreitet wurden. Rom als Tagungsort der Synode bedeutete, daß der Papst jeden Tag dabeisein würde – und das wollten die Afrikaner. Es bedeutete ferner, daß die führenden Vertreter der Kurie jeden Tag dabeisein würden – auch das wollten die Afrikaner, denn das würde zu einer offeneren Kommunikation zwischen Afrika und der Kurie (in beiden Richtungen) führen. Schließlich dachten Arinze und andere, man werde die Synode viel ernster nehmen, wenn sie in Rom tage:

> Falls sie in einem afrikanischen Land stattgefunden hätte, hätten die Medien gezeigt, wie der Papst aus dem Flugzeug steigt. Und dann hätten sie gezeigt, wie eine Frau in einem Dorf ihr Baby in schmutzigem Wasser badet, und Kinder, die auf Bäumen spielen, und ein paar primitive Eingeborene. Von der Begegnung des Papstes mit Intellektuellen an der Universität erzählen sie uns herzlich wenig. Sie zeigen nur Dinge, die Europäer vermeintlich lustig und amüsant finden. Wir wollen ernst genommen werden. Wir haben weit mehr mitzuteilen als solche Dinge.[128]

Zu den dramatischsten Augenblicken der Pastoralreise kam es im Sudan, einem von islamischen Radikalen regierten Land, in dessen Süden die Christen heftig verfolgt wurden: Christliche Frauen und Kinder wurden in die Sklaverei verkauft und Christen, die ihren Glauben öffentlich bekannten, gekreuzigt. Die Raubzüge des Khartumer Regimes hatten bewaffneten Widerstand hervorgerufen. Rebellen beherrschten beträchtliche Teile des Südens und verwickelten die Regierung in einen brutalen Bürgerkrieg. Mehrere sudanesische

Bischöfe hatten Johannes Paul von einer Reise in ihr Land abgeraten. Manche sagten, es wäre unangebracht, führende Regierungspolitiker zu begrüßen, deren Hände von Blut triefeten. Andere befürchteten, ein Besuch des Papstes könnte muslimische Aktivisten zu antichristlichen Gewalttaten provozieren.[129] Da Johannes Paul sich verpflichtet fühlte, für verfolgte Christen einzutreten, wurde schließlich ein neunstündiger Besuch in Khartum vereinbart.

Auf dem Flughafen von Khartum küßte der Papst die Erde und begann seine Ansprache bei der Begrüßungszeremonie, indem er offen seine Besorgnis äußerte: „Wenn Menschen schwach und schutzlos sind, muß ich für sie meine Stimme erheben. Wenn sie obdachlos sind und an den Folgen von Dürre, Hungersnot, Krankheit und Verwüstungen des Krieges leiden, muß ich ihnen nahe sein (...).“ Sein Anliegen sei *„Gerechtigkeit und Friede für alle Bürger dieses Landes*, ohne Vorbehalt, ungeachtet ihrer Religion, ihrer sozialen Stellung, ihres ethnischen Hintergrundes oder ihrer Hautfarbe“. Immer mehr Afrikaner würden einsehen: „Die Gesellschaft muß demokratischer werden, sie muß berechtigte Unterschiede mehr respektieren, sie muß stabiler werden durch die Rechtsstaatlichkeit, in der sich die allgemein anerkannten Menschenrechte widerspiegeln.“ Die Völker Afrikas seien nicht mehr damit zufrieden, selbständigen Staaten anzugehören und damit im formalen Sinne frei zu sein. Der Kolonialismus von außen gehöre der Vergangenheit an. Jetzt sei es an der Zeit, den internen Kolonialismus abzuschütteln, der den Menschen von korrupten autoritären Regierungen aufgezwungen werde.[130]

Johannes Pauls Besuch im Sudan und sein offenes Eintreten für die Religionsfreiheit beeinflußten die fortdauernde Christenverfolgung dort kaum.[131] Der neunstündige Pastoralbesuch in Khartum trug jedoch dazu bei, daß die Frage der Verfolgung von Christen nach dem Ende des kalten Krieges auf die internationale Tagesordnung kam.[132] Und was vielleicht noch wichtiger war: Er stärkte die Moral der Christen und derjenigen Muslime, die sich gegen den islamischen Radikalismus der sudanesischen Regierung und gegen den Einfluß Hassan Turabis, des Führers der Moslembruderschaft im Sudan, wehrten.[133]

Der Terrorismus gegen Christen in radikal-islamischen Staaten war ein besonderer Aspekt einer unversöhnten Welt nach dem Ende des kalten Krieges. Es gab noch andere Formen des Terrorismus, und eine von ihnen beschäftigte Johannes Paul im Mai 1993 sehr, als er bei einer dreitägigen Pastoralreise nach Sizilien öffentlich energisch gegen die Mafia protestierte. Es war der 109. umfangreichere Pastoralbesuch des Papstes in Italien und sein dritter auf Sizilien. Über Trapani, Erice und Mazara del Vallo im Westen der Insel kam er nach Agrigent, an der Südküste. Am Sonntag, den 9. Mai, feierte er unter freiem Himmel eine Messe im berühmten „Tal der Tempel“, vor dem Hintergrund des alten griechischen Concordiatempels. Dabei forderte ein „sichtlich erregter Papst" (so der stets diskrete *Osservatore Romano*) die Sizilianer auf, ihren Glauben nicht nur durch „persönliche innere Zustimmung" zu leben, sondern auch, indem sie das Böse aus Überzeugung verurteilten und die Kultur der Mafia anprangerten, diese „Kultur des Todes, die von Grund auf unmenschlich, dem Evangelium entgegengesetzt und eine Bedrohung der menschlichen Würde und des gesellschaftlichen Zusammenlebens ist".[134] In spontanen Bemerkungen am Ende der Messe plädierte er leidenschaftlich für ein neues Sizilien:

> Liebe Brüder und Schwestern, mein Wunsch ist, daß ihr, wie der Diakon eben sagte, in Frieden gehen und den Frieden in eurem Land finden mögt (...). Nach so viel Leiden habt ihr ein Anrecht darauf, in Frieden zu leben. Diejenigen, die der Störung dieses Friedens schuldig sind, haben viele menschliche Opfer auf ihrem Gewissen. Sie müssen einsehen, daß das Töten unschuldiger Menschen nicht erlaubt sein kann. Gott sagte einst: „Du sollst nicht töten." Kein Mensch, keine menschliche Organisation, keine Mafia kann dieses heiligste Gebot Gottes [durch ein anderes] ersetzen oder mit Füßen treten (...). Im Namen des gekreuzigten und auferstandenen Christus, der der Weg, die Wahrheit und das Leben ist, sage ich denjenigen, die dafür verantwortlich sind: „Bereut! Das Gericht Gottes wird eines Tages kommen!"[135]

Die offene Kampfansage des Papstes an die kriminelle Kultur Siziliens beherrschte die drei Tage des Besuches: In Trapani setzte Johannes Paul „der ewigen Abfolge von Haß und Vergeltung" die christliche Solidarität entgegen; dort bezeichnete er auch „diejenigen Formen *organisierter Kriminalität*, die das Gewissen ersticken und zerbrechen" als Produkte satanischer Verführung. In Mazara del Vallo forderte er die Ortsgeistlichen, die Seminaristen und die Nonnen auf, „diese Insel von der Geißel der Mafia zu heilen".[136]

17 Tage später, am 27. Mai 1993, wurden in Florenz durch eine Autobombe fünf Personen, darunter zwei Kinder, getötet und unersetzliche Kunstwerke in den Uffizien zerstört. Johannes Paul schickte an den Erzbischof der Stadt, Kardinal Silvano Piovanelli, sofort ein Telegramm, in dem er diesen Anschlag als einen Akt „unmenschlicher Gewalt und unerhörter Grausamkeit" verurteilte.[137] Im Juli wurden gegen die Bischofskirche des Papstes in Rom, San Giovanni in Laterano, sowie gegen die ehrwürdige römische Kirche San Giorgio in Velabro Bombenanschläge verübt. Obwohl sich keine Gruppe dazu bekannte, hielt niemand diesen Zeitpunkt für zufällig.

Die Bombenanschläge wie auch der Papstbesuch in Sizilien, der sie wohl ausgelöst hatte, fanden während einer Zeit statt, als im öffentlichen Leben Italiens ein ungewöhnliches Durcheinander herrschte. Die oft inoffiziellen, manchmal außergesetzlichen Vereinbarungen, die die italienische Politik während des kalten Krieges geprägt hatten, zerbrachen infolge ihrer eigenen langfristigen Unglaubwürdigkeit, des Verlangens nach politischer und gerichtlicher Vergeltung und einer neuen Weltlage. Als Bischof von Rom hatte sich Johannes Paul der Neu-Evangelisierung Italiens verschrieben. Gleichzeitig und im Rahmen desselben Prozesses lehnte er es ab, in der italienischen Innenpolitik die gleiche doktrinäre Rolle zu spielen wie seine Amtsvorgänger im 20. Jahrhundert. Auch Italien sollte „von oben bis unten" wieder bekehrt werden durch die erneute Evangelisierung der Gesellschaft – nicht durch die Manipulation der Politik.

Wenn es einen öffentlichen Streit um den Charakter des neuen Italien nach dem Ende des kalten Krieges geben sollte, wollte der polnische Primas Italiens dabei sein. Die Neu-Evangelisierung bedeutete, daß man handeln mußte, um eine unversöhnte Gesellschaft zu versöhnen. Und dazu gehörte unter anderem, daß man der „Kultur des Todes" offen entgegentrat.

18

Die Schwelle der Hoffnung

Ein Appell an unsere besseren Kräfte

12.-15. AUGUST 1993	Achter internationaler Weltjugendtag in Denver (Colorado).
5. OKTOBER 1993	*Veritatis splendor*, Johannes Pauls zehnte Enzyklika.
11. NOVEMBER 1993	Schulterfraktur Johannes Pauls.
30. DEZEMBER 1993	Unterzeichnung eines Grundvertrags zwischen dem Heiligen Stuhl und dem Staat Israel.
15. JANUAR 1994	In seiner Neujahrsansprache vor dem diplomatischen Korps kritisiert Johannes Paul die Vergötterung des Nationalismus.
8. APRIL 1994	Die Restaurierung der Fresken Michelangelos wird durch die feierliche Wiedereröffnung der Sixtinischen Kapelle abgeschlossen.
28. APRIL 1994	Johannes Paul stürzt und bricht sich den rechten Oberschenkelhals; am 29. April wird ihm ein künstliches Hüftgelenk eingesetzt.
13. MAI 1994	Im Vatikan wird ein Kloster für kontemplative Nonnen eröffnet.
22. MAI 1994	Apostolisches Schreiben *Ordinatio sacerdotalis* über die nur Männern vorbehaltene Priesterweihe.
JUNI – AUGUST 1994	Vor der dritten Internationalen Bevölkerungskonferenz versucht Johannes Paul, durch 12 Audienz- bzw. Angelus-Ansprachen die internationale Debatte über Familienplanung und Bevölkerungsprobleme zu beeinflussen.
5.-13. SEPTEMBER 1994	Weltkonferenz über Bevölkerung und Entwicklung in Kairo.
7. SEPTEMBER 1994	Der Pastoralbesuch des Papstes in Sarajevo wird abgesagt.
19. OKTOBER 1994	Johannes Paul veröffentlicht sein Buch *Die Schwelle der Hoffnung*.
11. NOVEMBER 1994	Die „Gemeinsame christologische Erklärung" mit der assyrischen Kirche beendet 1500 Jahre theologischer Entfremdung.
26. NOVEMBER 1994	In seinem sechsten Konsistorium ernennt Johannes Paul 30 neue Kardinäle.
13. DEZEMBER 1994	Johannes Paul schreibt seinen *Brief an die Kinder* der ganzen Welt.

Als am 12. August 1993 ein Hubschrauber Johannes Paul II. zur Eröffnung des ersten Weltjugendtages in Nordamerika in das Mile High-Stadion von Denver brachte, wußte niemand an Bord so richtig, was ihn dort erwarten würde.

Ein Jahr vorher hatten Skeptiker im Stab der Bischofskonferenz der USA gewarnt, ein solches Ereignis werde hier kaum auf Interesse stoßen, weil „Pilgerfahrt" ein fremder, für junge Amerikaner wenig attraktiver Begriff sei. Manche vermuteten sogar, der Papst selbst sei eine Belastung und seine Anwesenheit werde es schwieriger machen, ein erfolgreiches Treffen zu veranstalten. In den Monaten vor dem Weltjugendtag hatte es in der amerikanischen Presse zahlreiche Spekulationen gegeben: Johannes Paul werde Probleme haben mit den amerikanischen „Selbstbedienungskatholiken", die unter den Dogmen und Morallehren der Kirche unbedingt selbst ihre Auswahl treffen wollten. Der stellvertretende Generalstaatsanwalt von Colorado hatte laut die Befürchtung geäußert, die Zulassung einer päpstlichen Messe im Park eines Bundesstaates führe dazu, daß der Ku-Klux-Klan und weiß der Himmel wer sonst noch fordern werde, dort ebenfalls Veranstaltungen abhalten zu dürfen. Umweltschützer vom Sierra Club und Tierschützer hatten sich beschwert, die Messe werde die lokale Tierwelt beeinträchtigen. Enttäuschte Katholiken der Stadt Denver hatten in einer Pressekonferenz verlangt, man solle den Papst wieder „ausladen".

Unter denjenigen, die dem Weltjugendtag 1993 skeptisch gegenüberstanden, waren nicht wenige amerikanische Bischöfe. Sie förderten unerschütterlich kirchliche Programme für Teenager, drängten ihre Priester, mit Jugendlichen zu arbeiten, und unterhielten in ihren Kanzleien Büros für Jugendarbeit, aber viele von ihnen betrachteten „Jugendseelsorge" praktisch als unmöglich. Die Kultur, die Musik, der Lebensstil der Teenager der 90er Jahre kamen ihnen fremd vor, ebenso die Probleme junger Menschen mit Drogen und mit der Sexualität. Zwischen den Bischöfen und der unruhigen modernen amerikanischen Jugend bestand offenbar eine Kluft, die den meisten Kirchenführern unüberbrückbar erschien. Wie immer auch die bisherigen internationalen Weltjugendtage in Rom, Buenos Aires, Santiago de Compostela und Tschenstochau verlaufen sein mochten, in Denver würde es anders laufen, weil Amerika anders war.

Diese bischöfliche Skepsis erstreckte sich auch auf einige der jüngsten Entscheidungen Johannes Pauls, denn der Papst hatte darauf gedrängt, den Weltjugendtag in den Vereinigten Staaten abzuhalten, und er hatte nicht Cleveland, Minneapolis-St. Paul oder Buffalo, sondern Denver als Schauplatz ausgewählt. Die majestätischen Rocky Mountains, so dachten manche, hatten es dem Bergsteiger-Papst offenbar angetan. Offenbar rechneten nur wenige damit, daß gerade die Säkularität der Stadt, ihre selbstbewußte Modernität und ihre unmittelbare Nähe zur High-Tech-Zukunft in den Augen Johannes Pauls für Denver sprachen, denn ihm ging es darum, den Weltjugendtag in das Zentrum des Kampfes zu verlegen, der über die Definition der freien Gesellschaft in den 90er Jahren entschied.

Als das Ereignis näher rückte, sah es so aus, als würden die Skeptiker – zumindest in bezug auf die Zahlen – überrascht werden. Der Stab der Bischofskonferenz hatte ursprünglich mit nur 60.000 Anmeldungen gerechnet.

Tatsächlich hatten sich mehr als dreimal so viele junge Leute – über 200.000 – aus der ganzen Welt angemeldet. Doch was für einen Empfang würden sie wohl dem Papst bereiten? Wie die Presse im voraus berichtete, hielten ihn die Amerikaner weithin für einen scheltenden Moralprediger, der keinerlei Gespür für den Charakter ihrer Nation hatte.

Das Mile High-Stadion hatte schon fanatische Begeisterungsstürme erlebt, wenn dort die Denver Broncos, die beliebte Football-Mannschaft der Stadt, antraten. Doch was sich nun abspielen sollte, war absolut einmalig.

Das Wetter war alles andere als günstig. Am 12. August hatte es fast den ganzen Tag geregnet, und die Jugendlichen, die von einer Vorveranstaltung des Weltjugendtages zur anderen und dann zum Stadion marschiert waren, waren müde, hungrig und frustriert. Sie fühlten sich schon ein wenig besser, als sie sich in die ihnen zugeteilten Sitze zwängten und alle möglichen im Stadion üblichen Aktionen anliefen. Manche waren besonders davon angetan, daß mehrere Hundert amerikanische Bischöfe, in ihren rot paspelierten Soutanen und mit ihren Scheitelkäppchen, wie alle anderen Anwesenden „die Welle" mitmachten. Allmählich hob sich die Stimmung. Angeführt von der irischen Popsängerin Dana, sang die Menge immer wieder den Titelsong des Weltjugendtages 1993: „*We Are One Body*". Es regnete unablässig weiter.

Als der päpstliche Hubschrauber sich in der Abenddämmerung dem Stadion näherte, konnten die Insassen, einschließlich Johannes Paul II., sehen, daß das Stadion überfüllt war. 90.000 junge Leute – anderthalbmal so viel, wie von den Skeptikern für die gesamte viertägige Veranstaltung vorausgesagt – hatten sich irgendwie auf den Sitzreihen und auf dem Spielfeld des Stadions für die Eröffnungszeremonie zusammengedrängt. Der Regen hörte genau zum rechten Zeitpunkt auf. Der Lärm überstieg jede Vorstellung, als die jungen Leute immer wieder skandierten: „*John Paul Two, we love you!*" Als der Hubschrauber zur Landung ansetzte, mußte der Pilot, ein kampferprobter Veteran des Vietnamkriegs, sich anstrengen, um ihn unter Kontrolle zu halten. Später erzählte er, die durch die Beifallsrufe der jungen Leute erzeugten Turbulenzen hätten den Hubschrauber so stark durchgerüttelt, daß sie eine Instabilität verursachten. Es sei ein unheimliches Gefühl gewesen. Hier, vor der großartigen Kulisse der Rocky Mountains und bei einem völlig andersartigen Einsatz, erinnerte die durch die Beifallsrufe für den Papst entstandene atmosphärische Störung den Piloten an das, was er im Krieg empfunden hatte, wenn sein Helikopter beschossen wurde.

Eine amerikanische Fernsehreporterin sagte zu ihrem Kameramann, das Ganze werde inszeniert, um ein Maximum an optischer Wirkung zu erzielen. Alle diese jungen Leute seien vom Vatikan eingeschleuste Geheimagenten, die Unterstützung für den Papst demonstrieren sollten. Der Kameramann lachte nur: „Klar, ein Stadion voller Geheimagenten!"

Noch bevor Johannes Paul zur ersten Veranstaltung des Weltjugendtages eingetroffen war, hatte Denver die Falltür des Zynismus hinter sich gelassen. Um eine Wendung zu gebrauchen, die Millionen auf der ganzen Welt vertraut werden sollte: Die Stadt hatte die Schwelle der Hoffnung überschritten.[1]

Die „grosse Überraschung"

Als es nach der stürmischen Begrüßung des Papstes schließlich ruhiger wurde, begann Johannes Paul mit seinem mehrsprachigen Aufruf der im Mile High-Stadion vertretenen Länder, was erneut laute Beifallsstürme auslöste. Ein solcher Anwesenheitsappell war bei Weltjugendtagen zur Tradition geworden, und er rief in Denver die gleiche begeisterte Reaktion hervor wie an früheren Orten. In seinen ersten Sätzen wies der Papst die Jugendlichen jedoch unmißverständlich darauf hin, daß dieses Treffen sich von den bisherigen unterscheide. Wie bei früheren Weltjugendtreffen seien sie als Pilger, nicht als Touristen, zusammengekommen, aber diese „herrliche Stadt im Herzen der Vereinigten Staaten von Amerika" sei kein traditioneller Wallfahrtsort. Der Weltjugendtag 1993 sei vielmehr zu einer Pilgerfahrt in die moderne Welt gekommen, die sich in einer bewußt modernen, von einer großartigen Natur umgebenen Stadt verkörpere. Das bedeute, sagte Johannes Paul, daß er und seine jungen Freunde „nicht nur in der Schönheit der Natur nach dem Abglanz Gottes" suchten, „sondern auch in den Errungenschaften der Menschheit und jedes einzelnen".

Die säkulare Moderne stelle sich vor, ihr Herz sei ein leeres Heiligtum. Moderne Männer und Frauen meinten, sie seien über das „Bedürfnis" nach religiösem Glauben hinausgewachsen. Aber das könne nicht sein. Denn die moderne Welt sei von Menschen aufgebaut worden, deren Leben eine offene Frage sei. Die Menschheit könne nicht gedeihen in einer Welt leerer Heiligtümer, denn das sei eine unmenschliche Welt. So sei der Weltjugendtag nach Denver gekommen, um eine „wirkliche Begegnung mit Jesus Christus" zu ermöglichen. In dieser Begegnung werde die Schönheit der Welt voll gewürdigt, werde Solidarität auf einem sicheren Fundament aufgebaut und würden Männer und Frauen aufgenommen in eine „innige Gemeinschaft mit Gott selbst, (...) in jene Liebe, die über alle Schranken von Raum und Zeit hinaus zu ewigem, unanfechtbarem Glück führt".

Während der Eröffnungsansprache des Papstes begann es wieder zu regnen, aber die spannungsgeladene Atmosphäre wurde nicht gedämpft, als Zehntausende von Jugendlichen sich zusammenkauerten unter bunten Ponchos, Regenschirmen und den riesigen Schildern – „Willkommen", *„Bienvenidos", „Benvenuti", „Welcome"* –, mit denen sie Johannes Paul begrüßt hatten. An einer Stelle improvisierte der Papst und entschuldigte sich dafür, daß seine Rede „sehr lang, zu lang" gewesen sei – die Antwort war ein zehntausendfaches ohrenbetäubendes „Nein". Am gleichen Tag war Johannes Paul schon einmal, und noch ostentativer, von seinem vorbereiteten Redetext abgewichen – bei der Ankunftszeremonie am Flughafen. In seiner Antwort auf die Begrüßungsworte Präsident Clintons sagte der Papst, die Vereinigten Staaten seien gegründet auf der Erklärung, daß gewisse moralische Wahrheiten über die menschliche Person – darunter das unveräußerliche Recht eines jeden menschlichen Wesens auf Leben – selbstverständlich seien. „Amerika, schütze das Leben! All die großen Dinge, die du heute besitzt, haben nur in dem Maße Wert, wie du das Recht auf Leben garantierst und die menschliche Person schützt."
Mehrfach unterbrochen von den Beifallsrufen der wenigen Hundert Jugendli-

Die erste Messe als Papst am 22. Oktober 1978. *(L'Osservatore Romano)*

Johannes Paul II. in Mentorella, 29. Oktober 1978. (*L'Osservatore Romano*)

Mit einem Indianerkind in Cuilapan, Mexiko, 29. Januar 1979.
(L'Osservatore Romano)

In der Todeszelle von Maximilian Kolbe in Auschwitz, 7. Juni 1979.
(L'Osservatore Romano)

In Nairobi, Kenia, 7. Mai 1980. *(L'Osservatore Romano)*

Messe in Belo Horizonte, Brasilien, 1. Juli 1980. *(L'Osservatore Romano)*

Gruß an die bedrängten Katholiken von Nicaragua, Managua, 4. März 1983.
(L'Osservatore Romano)

Ansprache an General Wojciech Jaruzelski, Warschau, 16. Juni 1983. *(L'Osservatore Romano)*

Weltgebetstag für den Frieden in Assisi, 27. Oktober 1986. *(L'Osservatore Romano)*

In Brisbane, Australien, 25. November 1986. *(L'Osservatore Romano)*

Am Grab von Pater Jerzy Popiełuszko, Warschau, Juni 1987. *(L'Osservatore Romano)*

Messe beim Eucharistischen Kongreß in Seoul, Südkorea, 8. Oktober 1989.
(L'Osservatore Romano)

Mit Mutter Teresa in Tirana, Albanien, 25. April 1993. (*L'Osservatore Romano*)

Im Tal der Tempel, Sizilien, Mai 1993. *(L'Osservatore Romano)*

Im Papsthubschrauber, beim Anflug auf den Cherry Creek State Park, Denver, Colorado, 15. August 1993. *(W. H. Keeler)*

Gebet auf dem Hügel der Kreuze, Šiauliai, Litauen, 7. September 1993. *(L'Osservatore Romano)*

Mit afrikanischen Prälaten im Uhuru Park, Nairobi, Kenia, September 1995.
(L'Osservatore Romano)

Bei der Weihe von
Bischof Stanisław Dziwisz,
19. März 1998.
(L'Osservatore Romano)

Urlaub in den Bergen. *(L'Osservatore Romano)*

Johannes Paul II. zelebriert die Messe zu seinem 20. Jubiläum, 18. Oktober 1998, mit (von links) den Kardinälen Franciszek Macharski, Bernardin Gantin und Joseph Ratzinger.
(L'Osservatore Romano)

chen, denen man Zutritt zu der Begrüßungszeremonie gewährt hatte, hielt der Papst schließlich beim Verlesen seines vorbereiteten Textes inne und fragte: „Seid ihr so lautstark für das, was der Papst sagt, oder seid ihr dagegen?" „Dafür!" riefen sie zurück.²

Am nächsten Abend, Freitag, den 13. August, wurde das Mile High-Stadion zu einer großen Freiluftarena, in der Christi Leiden und Tod in einer mit Flutlicht beleuchteten Feier des Kreuzwegs noch einmal erlebt wurde: 14 Stationen der Ereignisse am Karfreitag, von der Verurteilung Jesu durch Pontius Pilatus bis zu seiner Grablegung. Am Ende der Stationen wurde das große Pilgerkreuz, das junge Leute aus Denver am Palmsonntag 1992 in Rom entgegengenommen hatten und das in der Zwischenzeit durch rund 40 amerikanische Diözesen gereist war, von einem Dutzend Teenager in Polohemden und Jeans feierlich aufgerichtet – auf einem Spielfeld, das im August normalerweise von der Baseball-Mannschaft Denvers, den Colorado Rockies, benutzt wurde. Dann sprach Johannes Paul zu den Jugendlichen in einer Livesendung, die auf die riesige Anzeigetafel des Stadions projiziert wurde.

Er sagte, soeben hätten sie an einer auf der Bibel basierenden Betrachtung über die Fähigkeit des Menschen zur Ungerechtigkeit teilgenommen. Jesus, „angeklagt vor einem Richter, der sein Urteil eher aus Furcht und Zynismus als aus Überzeugung sprach", wurde ein „Opfer menschlichen Hochmuts und korrupter Rechtsprechung". Dadurch sei Christus zum Symbol dafür geworden, „was Menschen einander antun können, wenn ihr Herz verhärtet und das Licht ihres Gewissens getrübt ist". Es habe sich jedoch erwiesen, daß die Liebe stärker ist als Zynismus, Furcht und Ungerechtigkeit, ja sogar als der Tod. Christus habe am Kreuz seinen Folterern verziehen, und diese verzeihende Liebe ergreife „jeden, ohne Ausnahme" und erfülle die Welt mit „lebenspendender Gnade".

Dem leidenden Christus ins Gesicht zu schauen, bedeute auch, „dem zwischen Erde und Himmel erhöhten Christus" zu begegnen und ihn anzubeten. Leiden bekomme eine erlösende Kraft, wenn es mit dem sich aufopfernden Leiden Christi vereint werde. Deshalb forderte Johannes Paul die Jugendlichen auf: „Seid mutig angesichts der Schwierigkeiten und Ungerechtigkeiten des Lebens! Engagiert euch im Kampf um Gerechtigkeit, Solidarität und Frieden in der Welt! Setzt eure jugendlichen Kräfte und eure Gaben ein, um eine Kultur christlicher Liebe aufzubauen!" Wenn man den Weg des Kreuzes geht, erfährt man „das Geheimnis (...) im Zentrum des kirchlichen Lebens".³

Am Freitagnachmittag, vor den Stationen des Kreuzwegs, hatte sich der Papst Zeit genommen, um in den Rocky Mountains zu wandern. Als er im Exerzitienzentrum St. Malo bei Estes Park (Colorado) eintraf, meinte sein Gastgeber, der Erzbischof von Denver, J. Francis Stafford, der 73jährige Papst wolle sich bestimmt eine Stunde ausruhen. Der Erzbischof hatte zweifellos dieses Bedürfnis. 20 Minuten, nachdem sich die Tür des päpstlichen Schlafzimmers geschlossen hatte, kehrte Johannes Paul in den Haupttrakt des Hauses zurück und rief: „Wo steckt eigentlich der Erzbischof von Denver?" Dann marschierten beide auf den Wanderwegen des Parks los. Unter seiner Soutane trug der Papst weiße Freizeitschuhe mit goldenen Schnürsenkeln, die ihm einige Teenager am Tag vorher geschenkt hatten.⁴

Wie bei früheren Weltjugendtagen ging auch in Denver der abschließenden Messe, am Sonntagvormittag im Cherry Creek State Park, eine die ganze Nacht dauernde Vigil voraus. Eine Viertelmillion Jugendliche, mit Schlafsäcken, Wasserflaschen und Rucksäcken, wanderten am Samstagnachmittag, dem 14. August, 24 Kilometer von der Innenstadt Denvers bis zum Park. Es war eindrucksvoll, wie sie en masse durch die Stadt zogen. „Ich bin kein Katholik, sondern ein zynischer alter Jurist, aber das finde ich einfach wundervoll", sagte Jerry Valentine, der den Pilgern Wasser anbot, als sie an seinem Haus vorbeikamen. Für einige waren die Hitze und die Entfernung zu groß; sie mußten die an der Route aufgestellten Erste-Hilfe-Stationen in Anspruch nehmen. Die sudanesischen Jugendlichen, die das Pilgerkreuz des Weltjugendtages auf der letzten Strecke des Weges zum Park trugen, sagten, sie fühlten sich großartig; sie müßten eine solche Entfernung an vielen Tagen zurücklegen.

Am frühen Abend ließen sich die Pilger in den ihnen zugewiesenen Abschnitten des Parks nieder, auf einem Gelände, das normalerweise von Präriehunden, Steppenwölfen, Kaninchen, Rotwild und Eulen bevölkert war. Es regnete leicht, aber das Wetter trug zu dem Schauspiel bei: Johannes Paul traf genau in dem Augenblick ein, als ein wunderbarer Sonnenuntergang durch die Wolkendecke brach. Der Papst sprach von einer Bühne, die etwa so groß war wie ein amerikanisches Football-Feld. Riesige im ganzen Park verteilte Fernsehbildschirme brachten ihn seinen jungen Zuhörern näher. Seine Botschaft war nicht ohne Schärfe.

„In den modernen Großstädten", sagte Johannes Paul, „ist das Leben (...) oft lediglich eine Ware, die man nach eigenem Gutdünken organisiert, vermarktet und manipuliert." Das Drama der gegenwärtigen moralischen Krise bestehe darin, daß so viele Menschen nicht erkennen wollten, welche Gefahr dem Leben drohe, wenn man es zu einer Ware mache. Daher müßten junge Menschen sich heute besonders anstrengen, um den Dialog mit Gott und mit der moralischen Wahrheit nicht abreißen zu lassen, der im Gewissen stattfinde, dem „geheimsten Kern und Heiligtum einer Person". Dort würden sie auch Jesus Christus begegnen, dessen Gabe des göttlichen Lebens „die einzig wahre und realistische Hoffnung" einer Menschheit sei, über der die Schatten einer „Kultur des Todes" immer länger würden. Deshalb bitte er sie, in dieser Nacht zu beten: „Maranatha! Komm, Herr Jesus!"

Diese schonungslose Botschaft Johannes Pauls verwandelte ein „katholisches Woodstock" (so bezeichnete die Presse bereits die Veranstaltung) in eine Nacht ernsthaften Nachdenkens. Der Papst, der immer ein feines Gespür für seine Zuhörerschaft hatte, wollte seine Ansprache jedoch nicht mit einem Ton ungeminderter Feierlichkeit beenden. Als er die Bühne verließ, schaute er auf seine Digitaluhr und sagte, er hoffe sie am nächsten Tag wiederzusehen, „und für heute wünscht der Papst euch allen eine gute Nacht". Dann forderte er sie auf: „Macht sie zu einer Nacht des Singens, der Freude, der heiligen Freude! (...) *Adios!*"[5]

Am nächsten Morgen flog Johannes Paul mit dem Hubschrauber in den Park zurück. Als er aus dem Fenster schaute, erblickte er die größte Menschenansammlung in der Geschichte Colorados, über 500.000, im Hintergrund die Innenstadt von Denver und die Rocky Mountains. Da es das Fest Mariä Himmelfahrt war, begrüßte er die große Gemeinde: „Im Namen Jesu Christi und seiner gesegneten Mutter wünsche ich euch einen guten Morgen!" Es war ein glühendheißer, trockener Tag. Während der Predigt des Papstes mußten

14.000 Menschen wegen Dehydratation ärztlich behandelt werden. Ein von einer aufmerksamen lokalen Behörde bereitgestelltes Feuerwehrauto besprengte die Pilger an den Rändern des Schauplatzes mit kühlendem Naß.

In seiner Predigt bestand Johannes Paul nachdrücklich auf seiner Herausforderung vom Abend zuvor. Die Welt könne nicht warten, bis die Jugendlichen in irgendeiner unbestimmten Zukunft die Führung übernehmen würden. Sie brauche ihr Zeugnis jetzt, denn sie sei „der Schauplatz eines unaufhörlichen Kampfes um unsere Würde und Identität als freie, spirituelle Menschen". Die jungen Leute müßten der „Kultur des Todes" entgegentreten, die ihre Sehnsucht, das Leben in seiner ganzen Fülle zu leben, zu unterdrücken suche:

> Habt keine Angst, auf die Straßen und in die Öffentlichkeit zu gehen wie die ersten Apostel, die Christus und die frohe Botschaft des Heils auf den Plätzen der Städte und Dörfer verkündeten. Dies ist nicht die Zeit, sich des Evangeliums zu schämen (...). Es ist vielmehr an der Zeit, es von den Dächern zu predigen.[6]

Nach der Messe verabschiedete sich der Papst auf englisch, spanisch, italienisch, französisch, deutsch, portugiesisch, polnisch, russisch, litauisch, kroatisch, arabisch, tagalog [Nationalsprache der Philippinen], suaheli, koreanisch und vietnamesisch, ehe er zum internationalen Flughafen Stapleton aufbrach, um nach Rom zurückzufliegen. Als Vizepräsident Al Gore ihn dort verabschiedete, antwortete Johannes Paul, er sei nach Denver gekommen als „ein Pilger der Hoffnung", der glaube, daß junge Menschen zu Großem fähig seien. Seine Hoffnung werde gestärkt, sooft er Jugendlichen begegne, denn „das in jedem Herzen vorhandene Verlangen nach einem vollen und freien Leben, das des Menschen würdig ist" sei in der Jugend besonders stark. Der Papst modifizierte die Geschichtsstunde, die er Präsident Clinton drei Tage vorher erteilt hatte, und schloß mit einem Gebet, daß „Amerika weiterhin an seine edlen Ideale glauben" und dadurch seine Bestimmung als „eine Nation, unter Gott, mit Freiheit und Gerechtigkeit für alle" erfüllen möge.[7]

Die Wirkung

Während der abschließenden Messe im Cherry Creek State Park hatte Johannes Paul II. Denvers Erzbischof Stafford umarmt und leise zu ihm gesagt: „Ich danke Ihnen, daß Sie dieses historische Ereignis für die ganze Kirche ermöglicht haben." Ein Jahr später, im September 1994, kam Erzbischof Stafford mit dem „John Paul II Choir", der für den Weltjugendtag 1993 gegründet worden war, nach Assisi, Florenz und Rom. Der Papst lud den Chor zu einer Frühmesse nach Castel Gandolfo ein, wo er sagte, das Ereignis vom August letzten Jahres lebe in seinem Herzen noch immer als „einer der Höhepunkte" seines Pontifikats weiter.[8] Die Worte „historisches Ereignis" und „Höhepunkt" waren ein hohes Lob aus dem Munde eines Mannes, der seit über 15 Jahren eine so gewichtige Rolle in der Kirche und in der Weltpolitik spielte. Die Langzeitwirkung des Weltjugendtages von Denver wird sich erst um die Mitte des 21. Jahrhunderts ermessen lassen, wenn mehrere Jahrzehnte gezeigt haben, wie die

Herausforderung Johannes Pauls das Leben einer Viertelmillion Jugendlicher tatsächlich formte. Aber seine unmittelbare Wirkung war beträchtlich.

Nur wenige katholische Initiativen seit dem II. Vatikanischen Konzil haben so vielen Katholiken das Gefühl gegeben, der *communio* einer wahrhaft universalen Kirche anzugehören, wie die Weltjugendtage Johannes Pauls II. Das war gewiß eine Wirkung von Denver, besonders auf die jungen amerikanischen Pilger. Tausende von jungen Menschen erlebten auch eine tiefere Beziehung zu den Sakramenten der Kirche. Bei den Weltjugendtagen 1993 kursierte der Scherz, die Schlangen vor den improvisierten Beichtstühlen, die man auf den verschiedenen Plätzen aufgestellt hatte, glichen den Schlangen moderner Teenager vor Pizzerias und anderen beliebten Schnellimbißlokalen. Das war gewiß ein grober Vergleich, aber es besteht kein Zweifel, daß sehr viele junge Menschen in Denver zum ersten Mal seit langem das Sakrament der Buße empfingen. Ein Teilnehmer spürte auch eine „erneute ehrfürchtige Wahrnehmung der wirklichen Gegenwart Christi in der Eucharistie". Die Vermittlung der christlichen Botschaft durch eine sakramentale Erfahrung der „Geheimnisse" – eine auf das Urchristentum zurückgehende Praxis – wurde während des Weltjugendtages in Denver wiederbelebt.[9]

Berufungen zum Priesteramt und zu einem geweihten religiösen Leben wurden ebenfalls geklärt und verstärkt. Zwei Jahre vergingen, bis Dennis Garcia, ein Lehrer aus New Mexico, der am Weltjugendtag 1993 teilgenommen hatte, sich schließlich entschied, ins Priesterseminar einzutreten und für das Priesteramt zu studieren. Doch er war überzeugt, daß der Weltjugendtag den Anstoß dazu gegeben hatte. Außerdem „verliehen mir der Mut und die Lebendigkeit der Jugendlichen, zusammen mit Johannes Paul II., den Mut, schließlich Ja zu sagen".[10] Und Garcia war wohl kein Einzelfall.

Die Stadt und der Landkreis Denver waren auch unmittelbare Nutznießer des Weltjugendtages, und das nicht nur hinsichtlich des wirtschaftlichen Nutzens, der – wie die Lokalpresse mutmaßte – viele Millionen Dollar betrug. Zwischen dem 11. und dem 15. August trug sich in Denver etwas unverkennbar Beruhigendes zu. Die Großstadt Denver hatte im Frühjahr und Frühsommer vor dem Weltjugendtag 1993 eine Welle der Kriminalität erlebt. Doch während der fünf Tage der Veranstaltung verzeichneten die Bezirke der Innenstadt – normalerweise Bezirke mit hoher Kriminalität – einen dramatischen Rückgang kriminellen Verhaltens.[11] Zumindest fünf Tage lang wurde eine bewußt säkulare Stadt durch das kraftvolle Zeugnis junger Christen verwandelt. Viele Bürger von Denver, die gegenüber der katholischen Kirche und ihren Absichten bestenfalls skeptisch waren, mußten aufgrund dessen, was sie in den Straßen ihrer Stadtviertel gesehen hatten, umdenken.

Die Bischöfe der Vereinigten Staaten wurden durch den Weltjugendtag von Denver ebenfalls verändert. Diejenigen, die gemeint hatten, die moralische Herausforderung des Papstes werde im kulturellen Kontext Amerikas nicht gehört werden, mußten ihre Meinung revidieren, ebenso diejenigen, die Jugendseelsorge für unmöglich gehalten hatten. Johannes Paul hatte bewiesen, daß man junge Leute durch eine „Sprache der Präsenz" (wie es Erzbischof Stafford formulierte) erreichen konnte. Der Papst hatte seinen amerikanischen Bischöfen vermittelt, daß Gott die Jugendzeit zum Suchen bestimmt habe und daß sie als Bischöfe die Aufgabe hätten, bei dieser Suche präsent zu sein.[12]

Die Bischöfe lernten auch etwas über die Vitalität des Katholizismus in Amerika insgesamt. Jene Mitarbeiter im Stab der Bischofskonferenz, die ein Desinteresse am Weltjugendtag erwartet hatten, wurden spektakulär widerlegt durch die Erfahrung, daß Zehntausende katholischer Familien in ganz Amerika ihre Kinder auf die Pilgerfahrt nach Denver vorbereiteten, deren Reise finanziell unterstützten und damit die ganze Veranstaltung ermöglichten. Manches lief offensichtlich für die Kirche in den Vereinigten Staaten gut.[13]

Der Weltjugendtag1993 führte auch bei der amerikanischen Presse zu einem gewissen Umdenken. E. J. Dionne jr. von der *Washington Post* schrieb kurz nach dem Ereignis, er habe „vielfach Schwierigkeiten, in der Berichterstattung [über den Weltjugendtag] die Kirche zu erkennen", der er sein Leben lang angehört habe. Die fast ausschließliche Beschäftigung der Medien mit Debatten über Sexualmoral erkläre Lesern und Fernsehzuschauern nicht, „warum so viele Menschen weiterhin der [katholischen] Kirche angehören". Und er schloß: „[Gläubige Menschen] verdienen ein bißchen mehr Respekt als den, der sich in der Annahme manifestiert, das einzige, worum sie sich kümmerten, sei Sex und sonst nichts."[14] Auch Peter Steinfels von der *New York Times* kritisierte seine Berufskollegen. Er schrieb, die fast ausschließliche Konzentration der Medien auf Abtreibung und Distanzierung von der Kirche „verdunkle" die Botschaft des Papstes. Wenn seine Kollegen die „zugrundeliegende moralische Analyse" Johannes Pauls und sein Eintreten für „allgemein gültige Prinzipien der Moral" genauer betrachtet hätten, wäre ihnen aufgefallen, daß der Papst eine verbreitete Besorgnis der Amerikaner über die Entwertung des Lebens angesprochen hatte.[15]

Als Johannes Paul vom Weltjugendtag 1993 zurückkehrte, hatte er eine komplexere und zuversichtlichere Auffassung von der Situation in den USA als vorher. Seine Einschätzung, daß diese Feier des Evangeliums für die Jugendlichen gerade ins Zentrum der säkularen „Großstadt" verlegt werden könne, war bestätigt worden. Der Papst hatte jetzt auch eine ganz andere Auffassung von der amerikanischen Jugend, als ihm von den amerikanischen Bischöfen vermittelt worden war. Johannes Paul setzte immer noch große Hoffnungen auf eine Neu-Evangelisierung und eine neue Vitalität des Katholizismus, die *ex oriente* kam – von der Kirche östlich des alten Eisernen Vorhangs. Nach der Erfahrung des Weltjugendtages 1993 begriff er, daß auch *ex occidente*, aus dem Westen, große Chancen erwuchsen.[16]

Kardinal John O'Connor von New York meinte, der Weltjugendtag 1993 sei für Johannes Pauls Wahrnehmung der USA ein „Wendepunkt" gewesen.[17] Der Papst schien geneigt, dem beizupflichten. In seiner jährlichen Weihnachtsansprache vor der römischen Kurie am 21. Dezember 1993 bezeichnete er Denver als die „große Überraschung" des Jahres 1993, tadelte sanft die amerikanischen Bischöfe, weil sie vorher so wenig Zuversicht gezeigt hatten, und betrachtete die ganze Veranstaltung in einem missionarischen Rahmen:

> Es war nicht das erste Mal, daß die Jugendlichen mit solchem Nachdruck ihren Wunsch aussprachen, das Evangelium in das neue Jahrtausend hineinzutragen. Christus ist der Weg, die Wahrheit und das Leben (...). Wie kann man da noch behaupten, sie liebten Schlagworte wie: „Christus ja – Kirche nein"? Viele von ihnen folgen vielmehr einem Weg gegen den Strom, was die antichristliche Propaganda angeht. Das hat natürlich einige Kommunikationsmedien erstaunt und auch ver-

wirrt, die sich darauf vorbereitet hatten, einen großen Protest zu erleben. *Es war sogar eine Überraschung für den amerikanischen Episkopat,* der festgestellt hat, daß er bei seinem missionarischen Auftrag nicht allein steht, sondern vor allem auf das Mitmachen der Jugendlichen, der Baumeister der Zukunft, zählen kann (...).[18]

Während der folgenden Monate waren Gäste, die von Johannes Paul zum Essen eingeladen wurden, beeindruckt von dem einzigen Foto, das auf einer Anrichte in seinem Eßzimmer aufgestellt war. Es zeigte den Papst, mit dem Rosenkranz in der Hand, wie er aus dem Fenster seines Hubschraubers auf die ungeheure Menschenmenge blickt, die auf die abschließende Messe des Weltjugendtages im Cherry Creek State Park wartet.

Die moralische Wahrheit und das Drama der Freiheit

Weniger als zwei Monate, nachdem Johannes Paul Denver verlassen hatte, am 5. Oktober 1993, veröffentlichte er seine langerwartete zehnte Enzyklika. *Veritatis splendor* [Der Glanz der Wahrheit] befaßte sich mit den „Grundlagen der Morallehre der Kirche" und wurde sofort zu einem der wichtigen geistigen und kulturellen Ereignisse des Pontifikats.[19]

Eine Kulturkrise

Das II. Vatikanische Konzil hatte wenig Zeit auf die Moraltheologie verwendet.[20] Doch obwohl das Konzil diesem Thema verhältnismäßig wenig Beachtung schenkte, herrschte damals ein breiter Konsens, daß eine Erneuerung der katholischen Moraltheologie nötig sei. Nach dem Konzil wurde über wenige Fragen so leidenschaftlich und öffentlich gestritten wie darüber, welche Richtung diese Erneuerung einschlagen sollte.

Die Handbücher der Moraltheologie, die in katholischen Priesterseminaren und theologischen Fakultäten der Universitäten benutzt wurden, waren zahlreichen Theologen, Priestern und Bischöfen als allzu legalistisch (oder „kasuistisch") erschienen. Auch war die Moraltheologie nur noch schwach mit der Dogmatik und der Spiritualität verknüpft, und die Einstellung der Kirche zum moralischen Leben hatte sich gelöst von ihrer Einstellung zum neuen Leben der Gnade, das sie in Jesus Christus lebte. Der wichtigste Bezugspunkt der vorkonziliaren Moraltheologie waren die Zehn Gebote, nicht die Bergpredigt – das bedeutete nicht, daß der Dekalog falsch war, sondern daß seine Gebote in einem spezifisch christlichen Rahmen zu verstehen waren. Nach dem Konzil meinte man, die Seligpreisungen und die Zehn Gebote müßten wieder zusammengebracht werden. Das moralische Leben sollte neu verstanden werden als ein Wachsen im Glück der Tugend, durch das wir für unsere Bestimmung gerüstet werden – zum ewigen Leben im Licht und in der Liebe des dreieinigen Gottes.

Die vorkonziliare katholische Moraltheologie hatte auch Schwierigkeiten, die menschliche Freiheit begrifflich zu erfassen. Deshalb wurde das moralische Leben gewöhnlich dargestellt als ein Ringen zwischen dem Willen des Menschen und dem Willen Gottes, und die Frage in jeder Situation hieß: „*Wie weit kann ich gehen*, bevor ich auf eine Verpflichtung stoße, die mir von jenem stärkeren Willen auferlegt wird?" Die Gnade, das Gebet und die Erleuchtung der Seele durch den Heiligen Geist – das alles wurde heruntergespielt, ja vernachlässigt in dem, was die vorkonziliaren Handbücher der Moraltheologie gewöhnlich als ein großes Ringen zwischen dem Willen des Menschen und den Geboten Gottes darstellten.[21]

Die Forderung des Konzils, eine katholische Moraltheologie zu entwickeln, war voll berechtigt. Der nach dem II. Vatikanum ausgebrochene Streit betraf unter anderem das Wesen dieser Entwicklung und ihr Verhältnis zu den Quellen der katholischen Moraltheologie in der Bibel, den frühen Kirchenvätern und Thomas von Aquin. Die Kombattanten wurden üblicherweise in die Kategorien „liberal" oder „konservativ" eingeteilt. Man debattierte jedoch über tiefere und weit interessantere Fragen, die mit diesen Etiketten nicht erfaßt werden konnten.

Sollte der moralische Charakter einer Handlung primär beurteilt werden aufgrund des Wesens der Handlung selbst oder aufgrund der Absichten des Handelnden und der Konsequenzen einer Handlung? Wie verhielt sich die grundsätzliche Entscheidung eines Christen für Christus – die „fundamentale Option", wie einige nachkonziliare Theologen sagten – zu den spezifischen Sünden, die alle Christen im Lauf ihres Christenlebens begehen? Gab es ein der Menschennatur und der Dynamik moralischer Entscheidungen immanentes moralisches „Gesetz", das mittels der Vernunft erkannt werden konnte? Gab es Handlungen, die von Natur aus, an sich, immer und überall, ausnahmslos böse waren? War Freiheit ein moralisch neutrales Kennzeichen des Willens, und durfte sie sich folgerichtig mit jedem Ziel verbinden? Oder sollte Freiheit verstanden werden als „Freiheit zum Guten", als ein Mittel, durch das Menschen gut werden, indem sie sich für das Gute entscheiden?

In ihrem Ringen um die Bedeutung von Freiheit berührte die katholische Diskussion über Moraltheologie einige der umstrittensten Fragen des öffentlichen Lebens im ausgehenden 20. Jahrhundert. *Veritatis splendor* wandte sich eigentlich an die Bischöfe der katholischen Kirche und sollte einen Rahmen für die künftige Entwicklung einer echt katholischen Moraltheologie bilden. Aber die Enzyklika war nicht einfach – oder auch nur in erster Linie – das energische Eingreifen Johannes Pauls in die internen Streitigkeiten katholischer Moraltheologen. Vielmehr wird sie am besten begriffen als ein entscheidendes Element der Suche des Papstes nach einem neuen Humanismus: Sie soll Männer und Frauen erinnern an den „Glanz der Wahrheit", an der sie ihr Leben ausrichten und so ihre Bestimmung erfüllen können.

Vermittlung von Moral

Die Enzyklika *Veritatis splendor* ist nicht nur für Katholiken geschrieben, sie ist aber auch keine päpstliche Schelte eigensinniger, vorsätzlicher Sünder. Johannes Paul ist ein zu erfahrener Seelsorger, als daß er die vielgestaltigen Perversitäten des späten 20. Jahrhunderts für besonders originell halten würde. Das sind sie nicht, wie ein Blick auf die Geschichte von Sodom und Gomorra im Buch *Genesis* bestätigt. Es gibt jedoch im späten 20. Jahrhundert wirklich etwas Neues: die Unfähigkeit gebildeter Menschen, sich auf dem Gebiet der Moral miteinander zu verständigen.

Was an der Schwelle zum 21. Jahrhundert als moralische Diskussion gilt, ist allzuoft ein wüstes Chaos. Begriffe wie „Recht" und „Unrecht", „Tugend" und „Pflicht" werden herumposaunt, ohne daß alle dasselbe darunter verstehen würden. Was die eine Gruppe verabscheut, ist für andere ein fundamentales Menschenrecht. Was manche als Akt der Barmherzigkeit ansehen, betrachten andere als Totschlag aus pragmatischen Gründen. Wenn es um eine Diskussion über Moral geht, spielt die moderne Welt nur zu oft die Rolle jenes klassischen Zynikers, Pontius Pilatus, der schnodderig fragte: „Was ist Wahrheit?" (Johannes 18,38). Pilatus und viele bewußt moderne Menschen meinen, mit dieser Frage sei die Diskussion beendet. In *Veritatis splendor* weist Johannes Paul darauf hin, daß sie damit erst wirklich beginnt.

Die weitverbreitete Auffassung, Freiheit könne ohne Beziehung zu verbindlichen moralischen Wahrheiten gelebt werden, ist ein weiteres einzigartiges Kennzeichen des modernen Lebens. Vom Berg Sinai (wo die Zehn Gebote als die moralischen Voraussetzungen dafür verstanden wurden, daß Israel in Freiheit leben konnte) bis zur amerikanischen Unabhängigkeitserklärung (die die Forderung der Amerikaner nach Unabhängigkeit auf gewisse „selbstverständliche" moralische Wahrheiten stützte) hatte es sich weithin von selbst verstanden, daß Freiheit und Wahrheit sehr viel miteinander zu tun hatten. Das ist vorbei. Und die Abkoppelung der Freiheit von der Wahrheit führte in eine schlimme Richtung. Eine von der Wahrheit losgelöste Freiheit wird zu Willkür, und Willkür ruiniert die Freiheit. Ohne eine gemeinsame Übereinkunft über eine moralische Wahrheit wird das Leben darauf reduziert, daß jeder seinen Willen zur Macht durchsetzt. Das wiederum führt zu Chaos. Und da die Menschen das Chaos mehr fürchten als alles andere, greifen sie nach der Tyrannei, damit diese wieder Ordnung in ihr Leben bringt. So ist eine von der Wahrheit losgelöste Freiheit ihr eigener Todfeind.

Die Vorstellung, jeder Mensch schaffe sich seine eigene Wahrheit, ist ein weiterer entscheidender Faktor in den moralischen Verirrungen der Gegenwart. Die moderne oder „postmoderne" Variante dieser ewigen Versuchung ist die These, jede moralische Ordnung sei „voll und ganz" ein kulturelles Konstrukt. Ich mag glauben, daß ich die Freiheit liebe und daß „Freiheit" eine objektive Bedeutung hat. Wenn ich das glaube, mache ich mir – laut den Theoretikern der Postmoderne – etwas vor, denn meine Auffassung von „Freiheit" ist ebenso ein „kulturelles Konstrukt" wie wenn jemand behauptet, Kinder zu opfern sei eine großartige Idee.

Gegen derartige Dekonstruktionen des moralischen Dramas der *conditio humana* besteht Johannes Paul II. in *Veritatis splendor* darauf, daß wir wirklich frei sind und daß unsere Freiheit die Voraussetzung für jeden seriösen Begriff von „Moral" ist. Zugleich behauptet der Papst, die Freiheit habe eine immanente Richtung, eine Dynamik, die in jedem Menschen ein Streben nach dem Guten und Vortrefflichen erzeuge. *Veritatis splendor* beginnt mit einer ausführlichen Betrachtung über die Geschichte vom reichen Jüngling, der zu Jesus kommt und fragt: „Meister, was muß ich Gutes tun, um das ewige Leben zu gewinnen?" (Matthäus 19,16) Jahrhundertelang hatten katholische Kommentatoren den reichen Jüngling als eine Art Modell für Berufungen ins Priesteramt behandelt. Für Johannes Paul II. ist er Jedermann, denn er stellt die Frage, die jedes Menschenleben quält oder inspiriert: Was muß ich Gutes tun, um meine ewige Bestimmung zu erfüllen?

Wahrheiten mit Konsequenzen

Denjenigen, die ihm entgegenhalten, entscheidend für die Situation des modernen Menschen sei ihre Pluralität, sagt Johannes Paul: Ihr habt recht – und genau deshalb müssen wir über die Möglichkeit moralischer Wahrheiten und ihre Beziehung zu einem Leben in Freiheit ernsthafter nachdenken. Außerdem behauptet der Papst, daß ein echtes öffentliches Gespräch über diese Fragen tatsächlich möglich ist. In einer vom Relativismus beherrschten geistigen Atmosphäre erhöht Johannes Paul in *Veritatis splendor* den Einsatz erheblich, indem er argumentiert: In die *conditio humana* ist ein allgemeingültiges moralisches Gesetz eingebaut – ein Gesetz, das die „Sprachlehre" liefert für ein ernsthaftes moralisches Gespräch zwischen Menschen mit verschiedenen Kulturen und Lebenserfahrungen. Die Einsicht, daß das moralische Leben in der universalen menschlichen Natur wurzelt, ist außerdem die Grundlage, auf der ein neuer Humanismus errichtet werden kann, der die menschliche Würde zu schützen vermag.

Wenn die Enzyklika darauf besteht, daß es Handlungen gibt, die in sich böse sind (weil es moralische Normen gibt, die ausnahmslos gelten), führt sie den Leser auch über gelehrte Kontroversen hinaus zu entscheidenden öffentlichen Problemen. Gegenüber dem Argument, gewisse zweifelhafte Handlungen könnten gerechtfertigt werden durch ihre Konsequenzen oder weil sie mehr Gutes als Böses bewirken, erklärt Johannes Paul entschieden, daß man nie Böses tun kann, um Gutes zu tun. Und der These, keine Handlung sei an und für sich, immer und überall böse, hält der Papst entgegen, daß Mord, Genozid, Sklaverei, Prostitution, Frauen- und Kinderhandel und Abtreibung immer ein schlimmes Unrecht sind, weil sie naturgemäß den Opfern wie den Tätern schweren Schaden zufügten.

Johannes Paul bekämpft auch das Argument, die seelsorgerliche Sensibiliät erfordere einen weniger scharfen Sinn für die Realität des Bösen und seiner Wirkungen in der Kompliziertheit des individuellen Lebens. Moderne Richtungen der Moraltheologie wie der „Konsequenzialismus" und der „Proportionalismus" mögen durch echte seelsorgerliche Anliegen motiviert sein. Doch der Umstand, daß sie sich stark auf Absichten und Resultate konzentrieren, hat die Aufmerksamkeit vom moralischen Wesen bestimmter Handlungen abgelenkt und davon, wie solche Handlungen den Charakter derjenigen, die sie begehen, formen. Infolgedessen ist es schwieriger geworden, das radikale Böse zu verurteilen – und das ausgerechnet in einem Jahrhundert, das durch dessen verhängnisvolle und verrohende Folgen gezeichnet ist.

Der Papst behauptet ferner, daß das Erkennen der moralischen Realität in sich böser Handlungen wichtige öffentliche Konsequenzen für die freie Gesellschaft hat.

Die Menschen sind hinsichtlich ihrer körperlichen, intellektuellen und ästhetischen Fähigkeiten nachweislich ungleich, aber die Gleichheit aller vor dem Gesetz ist ein grundlegendes Prinzip der Demokratie. Wie läßt sich die offensichtliche Ungleichheit mit unserem Engagement für Gleichheit vor dem Gesetz und gleiche politische Rechte vereinbaren? Die Antwort, meint Johannes Paul, liegt in dem Begriff gleicher moralischer Pflichten. Die Einsicht, daß gegenüber den moralischen Normen, die das in sich Böse verbieten, jeder in gleicher Weise verpflichtet ist, bildet die stärkste Grundlage für das Prinzip der Gleichheit vor dem Gesetz.[22] Das gleiche gilt für die Aufrechterhaltung der Zivilgesellschaft, die für ein demokratisches politisches Leben unerläßlich ist. Die Bande bürgerlicher Umgänglichkeit werden sicherer durch das Gefühl einer gegenseitigen moralischen Verpflichtung, die allgemein akzeptierten moralischen Normen entspringt, als aufgrund rein vertraglicher Verpflichtungen.[23] Nachkonziliare Richtungen der katholischen Moraltheologie, welche die Bedeutung in sich böser Handlungen bagatellisierten oder praktisch bestritten, verstärkten unabsichtlich die relativistischen Tendenzen der Kultur des *I did it my way*. Diese Richtungen der Moraltheologie, zweifelhafte Darstellungen aus subjektiver Perspektive, trugen auch nichts dazu bei, die sittlichen Grundlagen einer freien und moralischen Gesellschaft wiederaufzubauen.

Es gab noch ein weiteres Paradoxon in der nachkonziliaren Geschichte der katholischen Moraltheologie, und *Veritatis splendor* faßt es klar ins Auge:

Viele katholische Moraltheologen, welche die vorkonziliaren „Handbücher" wegen ihrer starren und legalistischen Einstellung hart kritisiert hatten, brachen nie radikal mit dieser starren und legalistischen Einstellung – der Gleichsetzung von Freiheit mit Selbstbestimmung, und dem Gegensatz zwischen Gesetz und Freiheit, der daraus entspringt, daß man das moralische Leben als ein Ringen zwischen dem Willen Gottes und dem des Individuums auffaßt. Sie hielten an der grundsätzlich falschen Fragestellung fest: „Wie weit kann ich gehen?" Indem manche dieser neuen Richtungen der Moraltheologie das Zentrum der moralischen Analyse von der moralischen Handlung zu den Absichten des Handelnden und den Konsequenzen der Handlung verschoben, machten sie die Hürden der katholischen Moral niedriger, denn sie sagten praktisch: „Du kannst noch weiter gehen." Damit beraubten sie das moralische Leben seines inneren Dramas und seiner Belohnungen, und sie lösten das geistige Problem der Freiheit und ihrer Beziehung zum Wahren und Guten nicht.[24]

Eine laxe Version des Legalismus der alten Handbücher konnte nicht als ernsthafter Fortschritt der katholischen Auffassung vom moralischen Leben gelten. Eine echte Erneuerung in der Moraltheologie kommt, so meint die Enzyklika, aus der Zurückgewinnung und Entwicklung der Idee, daß die von der Vernunft erleuchtete Freiheit der Wahrheit zugeordnet ist und im Guten, im

Glück, menschlichen Gedeihens ihre Erfüllung findet – nicht, indem der Mensch im Kampf zwischen dem vermeintlich despotischen Willen Gottes und seinem eigenen einige weitere Scharmützel gewinnt.

Die Wahrheit über das Drama des moralischen Lebens und über die Freiheit wird, so Johannes Paul, enthüllt durch das Beispiel derjenigen, die bereit sind, eher zu sterben als wissentlich Unrecht zu tun. Das Zeugnis der Märtyrer ist eine kraftvolle Entgegnung auf die These, die Würde der Freiheit bestehe darin, daß das Individuum die Dinge auf seine Weise tue. Der Märtyrer lehrt uns, daß Freiheit wahrhaft persönlich und wahrhaft befreiend ist, wenn sie das Gute sucht und das Böse verwirft, auch unter Einsatz des Lebens. Nicht jeder ist berufen, ein Märtyrer zu sein. Aber jeder ist aufgerufen, ein Zeuge der moralischen Wahrheit zu sein, und „Zeuge" ist die ursprüngliche Bedeutung des Wortes „Märtyrer".[25]

Die Schwelle der Hoffnung, die Schwelle der menschlichen Würde, wird nicht überschritten, indem man die Hürden des moralischen Lebens niedriger macht, sondern indem man sich höhere Ziele setzt – und dann, wenn man gescheitert ist, wieder höhere.

Anhaltende Auseinandersetzungen

Johannes Paul kündigte seine Absicht, „die Fragen, die die eigentlichen Grundlagen der Moraltheologie betreffen", umfassender und gründlicher zu behandeln, in dem Apostolischen Schreiben *Spiritus domini* [Der Geist des Herrn] an, das 1987 aus Anlaß des 200. Todestages des hl. Alfonso von Liguori, eines einflußreichen Moraltheologen des 18. Jahrhunderts, veröffentlicht wurde. Die Entwicklung der Enzyklika *Veritatis splendor* dauerte also mindestens sechs Jahre.

Abgeschlossen werden konnte sie erst nach der Veröffentlichung des *Katechismus der katholischen Kirche* – der, wie Johannes Paul in seiner Enzyklika schreibt, „eine vollständige und systematische Darlegung der christlichen Morallehre enthält".[26] Angesichts der Größe dieser beiden Projekte erschien es angemessen, die katholische Auffassung des moralischen Lebens zuerst im *Katechismus* ausführlich und positiv darzustellen. Das, so meinte man, würde dazu beitragen, den Rahmen festzulegen für ein schärfer fokussiertes Nachdenken über die Grundlagen des moralischen Urteilens, für eine kritische Untersuchung der Probleme in der zeitgenössischen Moraltheologie sowie für eine Analyse des Verhältnisses zwischen den Grundlagen der katholischen Moral und der Krise der modernen Kultur.

An der Vorbereitung von *Veritatis splendor* waren mehrere päpstliche Kommissionen beteiligt. Während der Abfassung beriet sich Johannes Paul mit Bischöfen und Theologen der ganzen Welt. Ihr Einfluß auf den endgültigen Text des Dokuments ist unschwer zu entdecken. Wenn die Enzyklika die Idee der Freiheit-als-Selbstbestimmung kritisiert und die Freiheit-zum-Guten betont, so entspricht das dem Werk von Servais Pinckaers, einem belgischen Dominikaner und Professor für Moraltheologie an der Universität Fribourg (Schweiz). Die umfangreichen Anspielungen auf den hl. Augustinus und Themen aus den Werken Bonaventuras spiegeln langjährige Interessen von Kardinal Ratzinger wider. Die Natur moralischen Handelns und die philosophische wie theologische Analyse „in sich böser" Handlungen beschäftigte zwei ehemalige Kollegen Johannes Pauls an der Katholischen Universität Lublin, Tadeusz Styczeń SDS und Andrzej Szostek MIC. Wie bei jedem päpstlichen Dokument wurde gewiß auch der Theologe des päpstlichen Haushalts, in diesem Fall der Schweizer Dominikaner Georges Cottier, konsultiert.

Doch *Veritatis splendor* ist, sowohl in der Konzeption wie auch in der Form, vor allem die Enzyklika Johannes Pauls. Ihr erster Teil behandelt Jedermanns Suche nach dem Guten, das zum ewigen Leben führt. Darin spiegeln sich Themen der vom Drama beeinflußten Anthropologie, die Karol Wojtyła seit seiner Mitarbeit im Rhapsodischen Theater entwickelt hatte. Seine Tätigkeit in Lublin hatte ihm geholfen, Schlüsselprobleme der modernen Moralphilosophie zu begreifen. Sein Kampf gegen den Kommunismus hatte seine Überzeugung vertieft, daß der entschlossenste Widerstand gegen Tyrannei ausgeht von freien Personen, die nach einem von moralischen Wahrheiten erleuchteten Gewissen handeln. Das Thema, daß die Verknüpfung von Wahrheit und Freiheit für die Zukunft alter und neuer Demokratien entscheidend sei, hatte der Papst seit den späten 80er Jahren entwickelt. Deshalb ist die Vermutung, *Veritatis splendor* sei nicht als genuin päpstliches Dokument, sondern als Mischprodukt diverser „Theologen des Vatikans" zu verstehen, nicht überzeugend. Johannes Paul II. war bei *Veritatis splendor* von Anbeginn und während des ganzen Abfassungsprozesses die geistige Triebkraft. Eine weitere Vermutung, der Papst habe sich in der Enzyklika auf sein Charisma der Unfehlbarkeit berufen wollen und Kardinal Ratzinger habe ihm das ausreden müssen, ist – nach Aussage von Ratzinger selbst – ebenfalls frei erfunden.[27]

Die Berichterstattung der Medien über die Enzyklika betonte, wie vorauszusehen, die erneute Bestätigung der klassischen katholischen Sexualmoral durch den Papst, obwohl *Veritatis splendor* diese Fragen in Wirklichkeit kaum erwähnte. Warum Reporter es berichtenswert fanden, daß der Papst Unzucht weiterhin für unmoralisch hielt, bleibt rätselhaft.[28] Unmittelbar vor der Veröffentlichung der Enzyklika wurde monatelang über eine päpstliche „Kriegserklärung" an liberale Theologen (so Professor Norbert Greinacher aus Tübingen) spekuliert. Greinacher reagierte damit auf Berichte in der italienischen Presse, der ein vermeintlicher Entwurf von *Veritatis splendor* zugespielt worden war. Die katholische Presse Großbritanniens steigerte die Verwirrung, indem sie berichtete, „dem Dokument (...) liege das Prinzip der päpstlichen Autorität zugrunde" – das war entweder eine Banalität oder eine gravierende Mißdeutung der Auffassung Johannes Pauls von den Fragen, um die es ging.[29] Eine andere katholische Wochenzeitung in Großbritannien wollte wissen, wegen negativer Reaktionen auf den durchgesickerten „Entwurf" habe sich der Papst gezwungen gesehen, die ganze Enzyklika zu revidieren.[30] Bei allen diesen Versuchen, zu ermitteln, welche Theologen der Papst angeblich im Visier hatte, wurde kaum bemerkt, daß er Fragen anpackte, die für freie Gesellschaften von entscheidender Bedeutung sind.

Nach der Veröffentlichung von *Veritatis splendor* erhielt Johannes Paul regelmäßig Berichte über die positiven und negativen Reaktionen.[31] Die deutschsprachigen Theologen waren besonders kritisch. Sie behaupteten, der Papst habe recht in bezug auf das, was er verwerfe; aber kein verantwortlicher Theologe vertrete die von der Enzyklika angeprangerte Theorie der „fundamentalen Option" (d. h. daß die Lebensorientierung einer Person eine größere moralische Bedeutung habe als bestimmte individuelle Handlungen, so böse in sich diese auch sein mögen).[32] Eine ähnliche Kritik kam von amerikanischen Theologen. Charles Curran stellte unverblümt fest: „Die Enzyklika zeichnet nicht das wahre Bild der katholischen Moraltheologie von heute."[33] Lawrence Cunningham von Notre Dame bezeichnete *Veritatis splendor* als „*Humani generis* unserer Generation" und kritisierte, daß diese Enzyklika versuche, die Auffassungen einer bestimmten theologischen Schule in der ganzen Kirche durchzusetzen.[34] Der Brite Nicholas Lash erhob den gleichen Vorwurf, nur sprach er von der Durchsetzung „einer bestimmten Schule der Moralphilosophie".[35]

Viele Theologen, die Einwände gegen die Enzyklika erhoben, sahen in ihr hauptsächlich einen päpstlichen Schachzug im Kampf um die geistige Macht in der Kirche; daß sie die moralischen Grundlagen der freien Gesellschaft zu stärken versuchte, blieb weitgehend unbemerkt.[36] Die kritischen Antworten katholischer Theologen auf *Veritatis splendor* setzten sich auch nicht ernsthaft mit der These des Papstes auseinander, die „neue" Moraltheologie sei eine Variante des von ihr so heftig kritisierten Legalismus. Die Chance für eine echte Entwicklung der Theologie wurde möglicherweise behindert durch im Grund politische Antworten auf eine Enzyklika, die die katholische Moraltheologie dazu bewegen wollte, erneut über das Gute und das Glück als Horizont des moralischen Lebens nachzudenken.

Einige prominente protestantische Moraltheologen und jüdische Moralphilosophen waren offenbar eher geneigt, die Enzyklika ernsthaft, ja mit Sympathie zu betrachten. Ein amerikanischer Lutheraner, Gilbert Meilaender vom Oberlin College, schrieb am Ende eines von kritischem Respekt zeugenden Beitrags, er könne sich „schwer vorstellen, daß eine ebenso bedeutsame Aussage zum Wesen theologischer Ethik heutzutage von einem wichtigen protestantischen Gremium veröffentlicht werde". Es entbehre nicht einer gewissen Ironie, daß protestantische Theologen, wenn sie in der Moraltheologie „die Fragen der Reformation und die zentrale Bedeutung der Sprache des Glaubens bewahren" wollten, in einen Dialog mit *Veritatis splendor* eintreten müßten.[37] Hadley Arkes vom Amherst College fragte sich, warum einige theologische Kritiker der Enzyklika nicht begriffen hätten, was sich in der modernen Kultur abspiele: „Seit den letzten 25 Jahren weiß jeder Taxifahrer, daß unsere Universitäten zu Pflanzstätten einer neuen Orthodoxie des moralischen Relativismus geworden sind." Das sei eine sehr schlechte Nachricht für die Demokratien. Denn wir lieben unsere eigene Freiheit und respektieren die Freiheit anderer, weil wir uns und jene anderen als moralisch Handelnde verstehen, die Recht und Unrecht unterscheiden können. Was die moderne Welt vergessen habe und was Johannes Paul II. habe wiederherstellen wollen, sei „die Verbindung zwischen der Freiheit und ihrer moralischen Grundlage". Nur auf diesem Fundament seien Ansprüche auf Freiheit schlüssig und überzeugend.[38]

Verteidigung der Freiheit

Der Rahmen von *Veritatis splendor* für die künftige Entwicklung der katholischen Moraltheologie wird das katholische Leben bis weit ins 21. Jahrhundert und vielleicht darüber hinaus prägen. Eine jüngere Generation von Wissenschaftlern hat nun eine Reihe maßgeblicher Bezugspunkte, mit denen sie sich auseinandersetzen muß. Eher als ihre Lehrer ist diese Generation offenbar bereit, sich mit der These der Enzyklika zu befassen, daß die konziliare Generation katholischer Moraltheologen die Regeln des moralischen Legalismus innerhalb des gleichen unzulänglichen Spiels neu definiert habe. Die Reaktion auf die Enzyklika, insbesondere in Nordamerika, deutet darauf hin, daß diese jüngeren katholischen Philosophen und Theologen verständnisvolle Gesprächspartner finden werden unter protestantischen und jüdischen Denkern, deren Glaubensgemeinschaften die zerstörenden Wirkungen des moralischen Subjektivismus und Relativismus zuerst erfahren haben.

Die Enzyklika *Veritatis splendor* hätte eine weltweite Debatte katholischer Theologen über das „Naturrecht" und sein Verhältnis zum christlichen Glauben sowie über Wesen und Ziel der Freiheit anregen sollen. Sie hätte auch zu einem selbstkritischen Nachdenken führen sollen über die Beziehung zwischen dem, was Theologen lehrten, und dem, was Priester und Katecheten in ihrem Bemühen, das Werk der Theologen in das seelsorgerliche Leben zu „übertragen", taten. Doch die Reaktion allzu vieler katholischer Moraltheologen auf die Enzyklika war eher durch Ablehnung als durch eine ernsthafte kritische Auseinandersetzung gekennzeichnet. Katholische Kritiker vermochten nicht einmal zuzugeben, was manche protestantische Kommentatoren sofort erkannten: daß Johannes Paul mutig gegen eine Reihe von Problemen angetreten war, die für die Kultur der freien Gesellschaft höchst bedeutsam waren. Dieses Unvermögen deutet darauf hin, daß diejenigen, die eine mit den Zeichen der Zeit in Einklang stehende Theologie konstruieren wollten, merkwürdig verblendet waren.

Das menschliche Dilemma, mit dem sich Johannes Paul in *Veritatis splendor* befaßte, war in politischer Hinsicht ein altes, obwohl es durch den modernen Zweifel an der Fähigkeit des Menschen, die Wahrheit von irgendetwas zu erkennen, verschärft worden war: Wie kann die Freiheit so gelebt werden, daß sie sich nicht selbst zerstört?[39] *Veritatis splendor* ist ein Angebot an die gesamte Welt nach dem kalten Krieg, bei dem Johannes Paul – weit davon entfernt, die neu gewonnenen oder erfolgreich verteidigten Freiheiten herabwürdigen zu wollen – die Freiheit wieder mit dem Gut des menschlichen Gedeihens zu verknüpfen sucht. Die Enzyklika ist eine Verteidigung der Freiheit, denn um der Freiheit willen muß die moralische Kultur einer freien und sittlichen Gesellschaft verhüten, daß die Freiheit sich selbst zerstört.

Die Enzyklika *Veritatis splendor* war auch Teil eines umfassenden Programms Johannes Pauls, die Anliegen des II. Vatikanischen Konzils zu verwirklichen. Sie nimmt den Auftrag des *Dekrets über die Priesterausbildung*, die Moraltheologie der Kirche zu entwickeln, auf, und zwar nach einer von vielen theologischen Vätern des II. Vatikanums empfohlenen Methode, die man mit dem französischen Begriff *ressourcement* bezeichnet: Rückgewinnung fundamentaler theologischer Themen aus der Bibel, der Theologie der ersten christlichen Jahrhunderte und der mittelalterlichen Scholastik. *Veritatis splendor* ist eine solche Übung im Zurückgewinnen: Die Enzyklika reklamiert die ehrwürdige Idee der Freiheit als verknüpft mit dem Wahren und Guten, die im 14. und 15. Jahrhundert unter dem Einfluß des sogenannten „Nominalismus" und dessen Gleichsetzung der Freiheit mit roher Willenskraft verlorengegangen war. In dieser Beziehung ist *Veritatis splendor* ein gutes Beispiel für ein Muster, das sich im ganzen Pontifikat Johannes Pauls II. entdecken läßt: Der Papst greift ein Problem auf, mit dem man sich in den Jahren unmittelbar nach dem Konzil nicht befaßt hatte, und versucht es zu lösen, indem er gleichzeitig für die Zukunft baut. *Veritatis splendor* sollte jedoch nicht nur als Korrektiv betrachtet werden für Dinge, die in der jüngsten Vergangenheit schiefgegangen waren. Der korrigierende „Zugriff" erstreckt sich über Jahrhunderte und zielt darauf ab, eine Erneuerung der Moraltheologie in der Zukunft zu fördern. Die katholische Moraltheologie muß nach Auffassung Johannes Pauls hinter das 14. Jahrhundert zurückgehen, um auf das 21. Jahrhundert vorbereitet zu sein. Das gleiche gilt für die moderne Welt, die von den spätmittelalterlichen Nominalisten und dann von der Aufklärung lernte, Freiheit als Willenskraft zu verstehen.[40]

Die anfängliche Betrachtung in *Veritatis splendor* über den Dialog des reichen Jünglings mit Jesus und die Meditation am Schluß über die Ermahnung des hl. Paulus im *Galaterbrief* (5,1) – daß „Christus uns zur Freiheit befreit hat" – sind nicht frommes Füllwerk für die „wirkliche" Enzyklika. Sie sind ein wesentlicher Bestandteil von Johannes Pauls Nachdenken über das Drama der moralischen Entscheidung. Das gilt auch für seine Gedanken über das Martyrium als Beispiel dafür, wie Freiheit in der Kraft der Wahrheit gelebt werden kann. Die „Stimme" in *Veritatis splendor* ist vor allem die eines Seelsorgers, der beunruhigt darüber ist, daß die der Kirche durch das Kreuz Christi verliehene Kraft der Gnade und Wahrheit für null und nichtig erklärt wird. Diese seelsorgerliche Beunruhigung bezieht sich nicht nur auf die katholische Kirche und die Gemeinschaft der Christen, sondern auf Männer und Frauen, die – unabhängig von ihren religiösen Überzeugungen – mit den Forderungen der Freiheit ringen. In *Veritatis splendor* spricht der Papst zu jedem, der danach trachtet, sich für das Gute – nicht einfach für das Zweckmäßige – zu entscheiden, indem er von seiner Freiheit Gebrauch macht. Er tut das in der Überzeugung, daß die Entscheidung für das Gute – nicht einfach für „meinen eigenen Weg" [*my way*] – das Kennzeichen des echt Humanen ist.[41]

SOLIDARITÄT IN EINER ZEIT DER AUSGRENZUNG

Am 11. November 1993, einen Monat nach der Veröffentlichung von *Veritatis splendor*, hatte Johannes Paul gerade eine Ansprache vor Mitarbeitern der FAO, einer UN-Organisation mit Sitz in Rom, beendet, als er auf einem neu verlegten Teppich in der Benediktionsaula, über dem Atrium des Petersdomes, stolperte und mehrere Stufen hinabstürzte. Trotz starker Schmerzen winkte er beim Verlassen der Halle den Menschen mit der linken Hand zu und versuchte ein Wortspiel: *„Sono caduto ma non sono scaduto."* [Ich bin gefallen, aber fällig ich bin nicht]. Eine Röntgenuntersuchung ergab, daß die rechte Schulter gebrochen war, und der Papst verbrachte die Nacht in der Gemelli-Poliklinik, wo die gebrochene Schulter mit einem Gipsverband versehen wurde, um das Gelenk ruhigzustellen, bis es verheilt war. Dieser Sturz verlangsamte Johannes Pauls tägliches Programm nicht merklich, veränderte jedoch seine Arbeitsgewohnheiten. Wie vorher in Krakau hatte er während der ersten 15 Jahre seines Pontifikats vormittags – gewöhnlich in der Kapelle der päpstlichen Gemächer, vor dem Heiligen Sakrament – seine Schreibarbeit von Hand erledigt. Als die gebrochene Schulter das Schreiben eine Zeitlang nicht zuließ, zog Johannes Paul Msgr. Stanisław Ryłko hinzu, der aus Krakau nach Rom zurückgekehrt war und im Staatssekretariat arbeitete. Msgr. Ryłko brachte seinen Laptop mit und saß neben dem Papst, während dieser seinen Brief an die Familien diktierte, der 1994 veröffentlicht werden sollte.[42] Wenn sie eine Sitzung beendet hatten, korrigierte Ryłko das Diktierte am Bildschirm und druckte den Text für den Papst aus, der ihn dann überarbeiten konnte. Diese Arbeitsmethode erwies sich als so effektiv, daß Johannes Paul sie, selbst als seine Schulter geheilt war, für einen großen Teil seiner schriftlichen Texte, einschließlich seiner Predigten und Bücher, beibehielt.[43]

Am 15. Januar 1994 fand der jährliche Neujahrsempfang des Papstes für das beim Heiligen Stuhl akkreditierte diplomatische Korps statt. In zwei Reihen an beiden Längsseiten der prächtigen Sala Regia des Apostolischen Palastes, unter Giorgio Vasaris Fresken der Schlacht bei Lepanto, saßen die Diplomaten, in einer Vielfalt von Gewändern, die von der korrekten Diplomatenkleidung der Alten Welt (Abendanzug und Frack) bis zur traditionellen Eingeborenenkleidung der Afrikaner reichte. Der Doyen des diplomatischen Korps, Botschafter Joseph Amichia von der Elfenbeinküste, gratulierte dem Papst zur Vollendung seines 15. Amtsjahres, wies darauf hin, daß es zur Zeit 50 bewaffnete Konflikte auf der Welt gebe, und dankte Johannes Paul im Namen des diplomatischen Korps für seine Interventionen zugunsten des Friedens. Der Papst, der auf einem kleinen Thronsessel saß und die bei Staatsakten übliche rote Mozetta und eine breite bestickte Stola trug, dankte dem afrikanischen Diplomaten für seine Grußadresse, wünschte jedem ein gutes Neues Jahr, machte – wie bei derartigen Anlässen üblich – eine Tour d'horizon durch das Weltgeschehen und kritisierte dann die Ideologie des Nationalismus schärfer als je zuvor in einem Pontifikat, das für seine Verteidigung kultureller Rechte der Nationen bekannt ist.

In seinem Rückblick auf 1993 erwähnte der Papst den Bürgerkrieg in Angola, ethnische Gewalttaten in Burundi, die Auflösung von Zaire, autoritäre Regierungen in Nigeria, Gabun, Kongo und Togo, die Konflikte, die Somalia und den Sudan verwüsteten, den religiösen Radikalismus in einem destabilisierten Algerien sowie die ständigen ethnischen Konflikte im Kaukasus und in Bosnien-Herzegowina. Johannes Paul sagte, er hoffe, die bevorstehende Sonderversammlung der Bischofssynode für Afrika werde den Katholiken dieser Gebiete helfen, „sich umzuschauen und in jedem Afrikaner den Menschen erblicken zu lernen, der er ist, und nicht vor allem seine völkische Zugehörigkeit". Europa seinerseits erlebe eine Reaktion auf den Individualismus im Wiederaufleben

„höchst primitiver rassistischer und nationalistischer Denkweisen". In Bosnien-Herzegowina setzten sich „immer noch die schlimmsten Extreme durch", und die Bevölkerungsgruppen seien „nach wie vor in den Händen skrupelloser Gewalttäter".

Diesen kollektiven Verhaltensweisen liege in Afrika wie in Europa ein *„übertriebener Nationalismus"* zugrunde. Es handle sich nicht um eine berechtigte Liebe zum Vaterland oder um ein entschlossenes Eintreten für dessen Eigenart, sondern um „die Ablehnung des anderen in seinem Anderssein, um ihn leichter beherrschen zu können". Das sei geradezu „ein neues Heidentum: die Vergötterung der Nation". Dies sei schon an sich schlimm genug, wie die blutigen Ereignisse des Jahres 1993 bewiesen hätten. Doch das 20. Jahrhundert habe deutlich gemacht, daß das zu noch Schlimmerem führen könne:

> Die Geschichte hat gezeigt, daß man vom Nationalismus sehr schnell zum Totalitarismus weitergeht, und wenn die Staaten nicht mehr gleichberechtigt sind, sind es am Ende die Menschen auch nicht mehr. So wird die natürliche Solidarität der Völker vernichtet [...] und der Grundsatz der Einheit des Menschengeschlechtes mißachtet.

Denjenigen, welche Ruanda, Burundi und Bosnien im ausgehenden 20. Jahrhundert als bedauerliche, aber unvermeidliche Beispiele dafür ansahen, wie die Dinge manchenorts nun einmal seien, sagte Johannes Paul offen den Kampf an: „Die katholische Kirche kann eine solche Sicht der Dinge nicht hinnehmen." Infolge des universalen Horizonts der christlichen Mission sei sich die katholische Kirche der grundsätzlichen Gleichheit aller Menschen bewußt. Deshalb müsse sie diese allgemeine Gleichheit der Menschen gegen jeden verteidigen, der sie im Namen einer Nation, einer ethnischen Gruppe oder einer Religion in Frage stelle. Im Hinblick auf die Geschichte früherer Zeiten und auf die Zeitgeschichte, besonders auf die Turbulenzen in den neuen Demokratien Osteuropas, richtete Johannes Paul eine missionarische Warnung an die Katholiken wie die Orthodoxen: „Jedesmal dann, wenn das Christentum – westlicher oder östlicher Prägung – zum Werkzeug des Nationalismus wird, wird es in seinem Herzen verwundet und unfruchtbar."

Nach dem Ende des kalten Krieges habe die Welt eine Vergötterung des Nationalismus weder erwartet noch verdient. Die Wende zum neuen Jahrhundert und Jahrtausend sollte eine „Zeit der (...) Solidarität zwischen Ost und West, Nord und Süd" sein. In der Weihnachtszeit, in der „jedem Menschen die unerhörte Freundlichkeit Gottes angeboten wird", sei es an der Zeit, auf eine Einladung zu hören, die die Welt 1993 ignoriert habe – die Einladung zum *„Mut zur Brüderlichkeit"*. Das wünschte der Bischof von Rom der gesamten Welt für 1994.[44]

Die moralische Einheit des Menschengeschlechts war während der ganzen 90er Jahre eines der großen Leitmotive von Johannes Pauls Pontifikat, und seine Neujahrsansprache vor dem diplomatischen Korps im Januar 1994 war die bisher härteste und provozierendste Äußerung zu diesem Thema. Die Verwendung eines Begriffs aus dem Bereich der Familie – Brüderlichkeit – als Metapher für transkulturelle und internationale politische Verantwortung war nicht unproblematisch. Schließlich war es eine an der Familie und am Clan ausgerichtete Politik, die in Afrika, in Südosteuropa und im Kaukasusgebiet ein solches Chaos hervorrief. Als der Papst nach einem neuen Vokabular suchte, um seine Überzeugungen von der Welt nach dem kalten Krieg auszudrücken, bestand er weiter darauf, daß die Politik – auch die Weltpolitik – eine Arena der moralischen Entscheidungen und des moralischen Handelns sei. Wenn die Beschwörung des Bildes einer globalen „menschlichen Familie" dazu beitrug, seine Zuhörer an diese Realität zu erinnern – wenn Serben und Bosnier, Hutu und Tutsi, Armenier und Aserbaidschaner zu begreifen begannen, daß ihr gemeinsames Menschsein eine Basis bot, um der Todesspirale der völkermordenden Gewalt zu entkommen –, dann lohnte es sich vielleicht, eine Mißdeutung zu riskieren.

Der Heilige Stuhl und Israel: Endlich ein Grundvertrag

Am 30. Dezember 1993, zwei Wochen vor der Neujahrsansprache des Papstes an das diplomatische Korps, unterzeichneten der Heilige Stuhl und der Staat Israel einen „Grundvertrag", der die Grundlagen für die Normalisierung der rechtlichen Stellung der Kirche in Israel schuf und volle diplomatische Beziehungen zwischen den beiden Vertragsparteien vorsah.

Der Grundvertrag galt weithin als ein diplomatisches Meisterstück im Pontifikat Johannes Pauls II. und als historischer Wendepunkt in den jüdisch-katholischen Beziehungen. Er war beides. Er war auch, um eine berühmte Äußerung des Herzogs von Wellington über die Schlacht bei Waterloo zu zitieren, „einem Mißerfolg verdammt nahe". Daß er überhaupt zustande kam, war zurückzuführen auf die Initiative Johannes Pauls II., die Launen (oder, wie der Papst sagte, die göttlichen Fügungen) der Geschichte – und eine bemerkenswerte Geheimverhandlung, die das historische Abkommen zu einem Zeitpunkt rettete, als es zu scheitern schien.[45]

Die Lasten der Geschichte

Amtsträger des Heiligen Stuhls betonen verständlicherweise die Kontinuität ihrer Nahostpolitik und den unveränderlichen Charakter ihres elementaren diplomatischen Interesses in dieser Region, nämlich die rechtliche Stellung der Kirche im Geburtsland Jesu, dem Schauplatz der Erlösung, zu sichern. Seit der Eroberung Jerusalems durch die Muslime im Jahr 638 war die Verteidigung dieses Interesses ein erhebliches Problem gewesen, das diverse Formen der Intervention nach sich zog. Verhandlungen mit den lokalen muslimischen Herrschern waren eine frühe Strategie. Später, mit den Kreuzzügen, kam es zu Versuchen, das Land mit Waffengewalt zurückzuerobern. Seit dem 16. Jahrhundert verfolgte der Heilige Stuhl einen „bilateralen Weg": Verträge zwischen europäischen Mächten und dem Osmanischen Reich, bei denen es im allgemeinen um kommerzielle Fragen ging, enthielten Garantien der Minimalbedingungen, die für einen Zugang der Christen zu den heiligen Stätten notwendig waren.

Die Bewahrung der Rechte der Kirche im Heiligen Land beherrschte weiterhin die Nahostinteressen des Heiligen Stuhls im ausgehenden 19. und frühen 20. Jahrhundert: als die zionistische Bewegung entstand, als während des Ersten Weltkriegs die britische Regierung in der Balfour-Deklaration die Schaffung einer „nationalen Heimstätte" für das jüdische Volk in Palästina befürwortete und als nach dem Krieg der Völkerbund den Briten Palästina als Mandat übertrug. Nach Auffassung des Heiligen Stuhls hatten das Völkerbundsmandat und die Schaffung eines Mandats Palästina die Frage des Heiligen Landes und der heiligen Stätten zu einer internationalen gemacht. Diese Auffassung änderte sich nicht, als nach dem Zweiten Weltkrieg die UNO das Mandat über Palästina übernahm.

Der Plan der UNO, Palästina zu teilen, der in der Resolution 181 vom November 1947 Gestalt annahm, sah zwei durch eine Wirtschaftsunion miteinander verbundene Nationalstaaten vor; Jerusalem sollte einer direkten internationalen Verwaltung unterstehen, wobei alle Bewohner der Stadt Religionsfreiheit haben sollten. Die Resolution 181 sah auch in den beiden aus dem Mandatsgebiet herausgeschnittenen Staaten – dem jüdischen und dem arabischen – Religionsfreiheit vor: Sie garantierte die Rechte der Muslime im jüdischen Staat, die der Juden im arabischen Staat, und die der Christen in beiden Staaten. Der Heilige Stuhl, hauptsächlich durch die lateinamerikanischen Länder wirkend, war am Zustandekommen dieser Bestimmungen der Resolution 181 beteiligt, die durch den Angriff der Araber auf den neuen Staat Israel und den anschließenden ersten arabisch-israelischen Krieg politisch wie auch rechtlich hypothetisch wurden.

Nach dem Unabhängigkeitskrieg Israels 1948-1949 war die katholische Kirche im Heiligen Land geschwächt und in einer schwierigen Lage. Jerusalem war durch die Waffenstillstandslinie geteilt: Die Altstadt mit der Grabeskirche, den meisten der wichtigen heiligen Stätten, dem Sitz des Lateinischen Patriarchen, dem franziskanischen Custos (der für die Instandhaltung der heiligen Stätten verantwortlich war), dem Sitz des Apostolischen Vertreters sowie Betlehem waren in jordanischer Hand. Während des Krieges waren viele arabische Christen, vor allem ihre Elite, geflohen oder vertrieben worden; die Pfarrgemeinden waren dezimiert; die lokale katholische Kirche in Israel war abgeschnitten vom Vertreter des Heiligen Stuhls auf der anderen Seite der Waffenstillstandslinie. Die Zeit, die Kraft und die knappen Mittel der Kirche wurden aufgebraucht durch die Unterstützung von Flüchtlingen und Vertriebenen, den Aufbau einer bescheidenen Infrastruktur und die Bemühungen, den Kontakt mit Rom aufrechtzuerhalten. In dem neuen Staat Israel wurde der Katholizismus – eine religiöse Minderheit innerhalb einer als potentieller Staatsfeind verdächtigten ethnischen Minderheit – eingeschüchtert und verkroch sich: Diese Kirche war nicht imstande, es mit der neuen israelischen Gesellschaft aufzunehmen oder die Beziehung zwischen der neuen politischen Lage und den alten Fragen des Heiligen Landes zu durchdenken. Die meisten Bürger Israels hatten schlimme Erinnerungen an den europäischen Katholizismus. Was von der katholischen Kirche im Heiligen Land noch übrig war, fühlte sich ausgegrenzt und verdächtigt. Die Lage war total verwirrt und sehr schwierig.

Der Sechstagekrieg von 1967, die Rückeroberung Jerusalems durch die Israelis und die anschließende Neuaufteilung des Gebietes entlang neuen Waffenstillstandslinien veränderten die Lage der Kirche in einer entscheidenden Hinsicht. Der Heilige Stuhl gewann jetzt den Eindruck, die 1300 Jahre alte Frage des Heiligen Landes werde nun zwischen den beiden kriegführenden Mächten Israel und Jordanien bilateral geregelt – nicht mehr als eine Frage von internationaler Bedeutung, bei der völkerrechtliche Probleme involviert waren. Der Gedanke, Jerusalem zu einer international verwalteten Sonderzone (nach dem Völkerrecht ein *corpus separatum* oder „getrenntes Rechtssubjekt") zu machen, war nicht einer Initiative des Heiligen Stuhls entsprungen. Das war ein internationaler Vorschlag, mit dem sich der Heilige Stuhl 1947 abfand, da diese Lösung damals die berechtigten Interessen aller beteiligten Parteien zu befriedigen schien. Nun, in der veränderten politischen Situation, behauptete der Heilige Stuhl weiterhin, der Status Jerusalems und der anderen heiligen Stätten betreffe Rechte und Interessen, die einen so großen Teil der Menschheit berührten, daß darüber nicht einseitig oder im Rahmen einer territorialen Vereinbarung zwischen zwei kriegführenden Staaten entschieden werden könne. Dieses internationale Interesse sei das, was von der UNO-Resolution 181 immer noch Bestand habe. Das *corpus separatum* war ein toter Buchstabe; in den 60er Jahren glaubte niemand, daß die Internationalisierung einer Zone auf die Rechte der dort Lebenden Rücksicht nehme. Aber der Heilige Stuhl forderte weiterhin beharrlich, man müsse auf internationaler Ebene eine Antwort finden, welche die berechtigten Interessen von Christen, Juden, Muslimen und allen berücksichtige, die das große Kulturerbe der heiligen Stätten hochschätzten. Der Heilige Stuhl wollte das Prinzip internationaler Garantien verteidigen. *Wie* diese Garantien konkret formuliert wurden, war Sache der Diplomaten und ihrer politischen Herren.

Gleichzeitig begann das Staatssekretariat des Heiligen Stuhles zu begreifen, daß Israel – im Gegensatz zu jedem anderen Staat im Nahen Osten – eine demokratische Gesellschaft war, die als Rechtsstaat nach den Normen der Gerechtigkeit leben wollte. Deshalb war es möglich, mit Israel so umzugehen wie mit anderen demokratischen Gesellschaften. Außerdem waren die heiligen Stätten, nachdem sie 1967 von den Israelis erobert worden waren, für Pilger aller Religionsgemeinschaften leichter zugänglich als seit Jahrhunderten.

Trotzdem blieb die Lage der Kirche im Land ihres Ursprungs ungeklärt und unsicher. Ein allgemein gehaltenes israelisches Gesetz gegen christliche Missionstätigkeit, das von der Knesset am 27. Dezember 1977 angenommen wurde, schien die gesamte Stellung des Katholizismus im Heiligen Land zu gefährden. Der Heilige Stuhl unterhielt keine ständigen Kontakte zum Staat Israel. Der 1977 beginnende Friedensprozeß von Camp David verstärkte die Befürchtungen Roms hinsichtlich einer bilateralen „Lösung" der Frage der heiligen Stätten, obwohl er willkommene Aussichten auf eine Art Frieden bot. In den frühen 80er Jahren schien es, als sei die Lage – um ein für den Nahen Osten typisches Paradox zu verwenden – in einem sich leicht verflüchtigenden Zustand eingefroren.

Die Veränderung des Rahmens

Natürlich kannte Johannes Paul II. das geschichtliche Erbe, das er 1978 bei seiner Wahl übernahm. Pius X. hatte dem Begründer des Zionismus, Theodor Herzl, gesagt, die Kirche könne „diese Bewegung nicht unterstützen". Kein Papst hatte jemals öffentlich vom „Staat Israel" gesprochen. Der Heilige Stuhl unterhielt keine diplomatischen Beziehungen zum jüdischen Staat. Das bedeutete nicht, daß er Israel nicht „anerkannte" – man konnte ihm ja auch kaum vorwerfen, er habe die Vereinigten Staaten vor der Aufnahme voller diplomatischer Beziehungen 1984 nicht „anerkannt". Trotzdem wußte Johannes Paul von seinem Freund Jerzy Kluger und vielen anderen, daß Israelis und Juden auf der ganzen Welt in dem Fehlen voller diplomatischer Beziehungen eine Herabsetzung des Staates Israel und eine Nichteinhaltung des Versprechens eines neuen jüdisch-katholischen Verhältnisses sahen, das im II. Vatikanum vorgesehen war. Dem Papst war bekannt, daß es in der vatikanischen Bürokratie und in der katholischen Hierarchie des Nahen Ostens Männer gab, die weder die Aussagen des Konzils über das Judentum verinnerlicht noch sich mit einem souveränen jüdischen Staat abgefunden hatten. Der gutinformierte Papst wußte auch, daß in Israel nicht wenige jüdische Intellektuelle und Regierungsvertreter glaubten, der Heilige Stuhl könne aus theologischen Gründen keine vollen diplomatischen Beziehungen zu Israel haben. Volle diplomatische Beziehungen, so meinten sie, erforderten eine unvorstellbare Veränderung in der Lehre der Kirche über die Juden und das Judentum, in der immer noch der Grundsatz gelte, daß die Juden für alle Zeiten aus dem Heiligen Land vertrieben seien.

Zumindest in dieser Hinsicht war die Frage der Beziehung des Heiligen Stuhls zum Staat Israel nicht zu trennen von der allgemeineren Frage der Revolution in den jüdisch-katholischen Beziehungen, die Johannes Paul vorschlug – die Wiederaufnahme eines theologischen Gesprächs, das vor mehr als 1900 Jahren abgebrochen worden war. Rein theoretisch hatten die päpstlichen Diplomaten recht. Es gab keine logische Verbindung zwischen dem jüdisch-katholischen Dialog der Theologen und den diplomatischen Beziehungen (oder vielmehr fehlenden Beziehungen) des Heiligen Stuhls zum Staat Israel. Doch Johannes Paul erkannte das tiefere Problem: Er begriff, daß unabhängig von den objektiven Realitäten viele, ja die meisten der potentiellen jüdischen Gesprächspartner die Frage der diplomatischen Beziehungen als Bestandteil der allgemeinen Frage der jüdisch-katholischen Beziehungen betrachteten. So empfanden *sie* das Problem. Und darum gehörte diese Frage, auf einer zutiefst menschlichen Ebene, tatsächlich zu dem Problem.

Daß Karol Wojtyła anders an die Lösung dieses verwirrten Knäuels heranging, hatte noch weitere Aspekte. Da er vor seiner Wahl zum Papst mit den diplomatischen Aktivitäten des Vatikans im Nahen Osten nichts zu tun hatte, konnte er als Papst die Probleme unbefangen betrachten und erkennen, wie berechtigte Anliegen möglicherweise zu leeren Parolen erstarrt waren. Er trat seit Jahren für die Rechte der Völker ein und begriff, daß zwischen der jüdischen Katastrophe des Holocaust und der Gründung des Staates Israel ein Zusammenhang bestand. An der Legitimität dieses Staates hatte er nie gezweifelt.[46] Vor allem erkannte Johannes Paul scharfsinnig, daß in der alten Liaison von Juden und Christen ein *kairos*, ein besonderer, günstiger Augenblick, gekommen war. Diese Überzeugung hatte die Verhandlungen, die zum Grundvertrag führten, nicht veranlaßt. Aber sie bilde den Rahmen, in dem diese Verhandlungen begannen.

Johannes Paul signalisierte seine Bereitschaft, den Nahen Osten von einer anderen Seite zu betrachten, schon früh in seinem Pontifikat: in einer Ansprache, die er am 5. Oktober 1980 in Otranto (Apulien) hielt. Nachdem der Papst zunächst auf die Lehre des II. Vatikanischen Konzils von dem immerwährenden Bund Gottes mit dem jüdischen Volk und das Verständnis der Kirche für den Glauben des Islam an den Gott Abrahams eingegangen war, gab er einen allgemeinen Überblick über die jüngste Geschichte des Nahen Ostens. Er stellte einen Zusammenhang her zwischen der Gründung des Staates Israel – die erste Verwendung dieses Begriffs durch einen Papst – und den „tragischen Erfahrungen, die verbunden waren mit der Vernichtung so vieler Söhne und Töchter" des jüdischen Volkes im Holocaust. Gleichzeitig erwähnte er „die traurige Lage des palästinensischen Volkes [...], das zu einem großen Teil von seinem Land ausgeschlossen ist". Auch die Leiden des Libanon sowie Jerusalem beschäftigten Johannes Paul.[47]

Obwohl diese Ansprache damals weithin unbeachtet blieb, setzte sie den strategischen Rahmen für die Nahostpolitik des Heiligen Stuhls in den 80er und 90er Jahren, meint Msgr. Luigi Gatti, der im „Außenministerium" des Staatssekretariats für diese Region zuständig war.[48] Das II. Vatikanische Konzil hatte mit *Nostra aetate* den neuen interreligiösen Rahmen geschaffen. Religionsfreiheit für alle war das primäre Anliegen der Menschenrechte und somit das primäre Anliegen der Diplomatie. Die Kirche strebte eine historisch bedeutsame Versöhnung der Religionen an, bei der – wie Johannes Paul es ausdrückte – Juden, Christen und Muslime „sich als Brüder fühlen, keiner den anderen überlegen, keiner in der Schuld der anderen".[49] Und historischen Tatsachen – etwa der Existenz des Staates Israel, dem palästinensischen Nationalismus und der Auflösung des Libanon – werde man fest ins Auge sehen. Die Ära der beschönigenden Umschreibungen war vorbei.

Weniger als ein Jahr später, so berichtet Jerzy Kluger, ermächtigte Johannes Paul II. seinen alten Freund, private, inoffizielle Gespräche mit israelischen Diplomaten in Rom einzuleiten, um zu klären, welche Probleme auftauchen würden, wenn man volle diplomatische Beziehungen anstrebte. Kluger, ein italienischer Staatsbürger, wurde auch von der Regierung des israelischen Ministerpräsidenten Menachem Begin ermächtigt, in ihrem Auftrag zu sprechen. Ein unmittelbares Ergebnis dieser Gespräche war ein päpstliches Glückwunschtelegramm im Oktober 1981 an den israelischen Staatspräsidenten zum jüdischen Neujahrsfest. Nach Klugers Darstellung zog Johannes Paul, wenn er laut über die Geschichte der Beziehungen zwischen Katholiken und Juden und über den Zusammenhang dieser Geschichte mit der Frage der diplomatischen Beziehungen nachdachte, seinen ehemaligen Klassenkameraden aus Wadowice hinzu, um herauszufinden, wie dieser darauf reagierte. Über Johannes Pauls Treffen mit dem Palästinenserführer Jasir Arafat, die Kluger heftig kritisierte, konnten die beiden Freunde sich nicht einigen. Die privaten diplomatischen Sondierungen Jerzy Klugers scheinen nicht direkt zu den Verhandlungen geführt zu haben, deren Frucht schließlich der Grundvertrag zwischen dem Heiligen Stuhl und Israel war. Aber wie die Ansprache in Otranto bestätigt die Kluger-Initiative, daß Johannes Paul sich bereits früh in seinem Pontifikat mit diesen Fragen beschäftigte. Und die von Kluger begonnenen Gespräche haben vielleicht dazu beigetragen, daß die Einstellung von notorisch skeptischen israelischen Politikern, besonders Beamten des Außenministeriums, sich allmählich änderte.[50]

Johannes Pauls eigene Aktionen während der frühen und um die Mitte der 80er Jahre – seine regelmäßigen Begegnungen mit jüdischen Gruppen in Rom und auf seinen Pastoralreisen, seine Verurteilungen terroristischer Angriffe auf Synagogen in Wien und Rom, sein Treffen mit dem israelischen Außenminister Yitzhak Schamir, sein häufiges Gedenken an den 20. Jahrestag von *Nostra aetate*, sein historischer Besuch der römischen Synagoge im April 1986 – trugen dazu bei, diese Skepsis noch mehr zu erschüttern. Und die Erklärung des Vatikans von 1987, es gebe „keine theologischen Gründe in der katholischen Lehre", die vollen diplomatischen Beziehungen zwischen dem Heiligen Stuhl und Israel entgegenstünden, hätte diese falsche Streitfrage endgültig begraben sollen. Aber alte Denkgewohnheiten sind zählebig, und das nicht nur im Vatikan.[51]

Weitere Vorarbeit für Verhandlungen zwischen dem Heiligen Stuhl und Israel wurde geleistet, als Johannes Paul im April 1990 Erzbischof Andrea Cordero Lanza di Montezemolo zum Apostolischen Vertreter in Jerusalem ernannte. Montezemolo, der als Nuntius in Nicaragua 1983 während der päpstlichen Pastoralreise dorthin seine Fähigkeit zum Umgang mit heiklen Situationen bewiesen hatte, war zudem der Sohn eines italienischen Opfers der Nationalsozialisten, was dazu beitrug, seine Beziehungen zu israelischen Gesprächspartnern zu erleichtern. Es ist höchst unwahrscheinlich, daß Johannes Paul seinen neuen Vertreter in Jerusalem nicht über seinen Wunsch informierte, sämtliche Probleme zwischen dem Heiligen Stuhl und dem Staat Israel anzugehen – darunter den Rechtsstatus der Kirche in Israel, die diplomatischen Beziehungen und die ständige Frage internationaler Garantien für die Erhaltung des besonderen Charakters von Jerusalem. Auch das strategische Denken im Staatssekretariat des Vatikans hatte sich zu ändern begonnen. Vielleicht, so dachte man, war der multilaterale Ansatz an seinem Ende angelangt. Vielleicht konnte der Heilige Stuhl weiterhin auf seiner Einstellung zu völkerrechtlichen Garantien für die heiligen Stätten bestehen und gleichzeitig ein bilaterales Abkommen mit Israel über die Rechtsstellung der Kirche dort erreichen. Im Sommer 1991 – nach dem Golfkrieg, aber vor der anschließend einberufenen Madrider Friedenskonferenz – sagte Montezemolo jedenfalls Freunden in Israel, er habe vom Papst den Auftrag, bilaterale Verhandlungen mit Israel anzustreben.

Die Tatsache, daß Johannes Paul II. in dieser Frage „anders" dachte, hatte die Voraussetzungen für die Chance einer dramatischen Veränderung geschaffen. Nun begannen die Ereignisse sich fast zu überstürzen.

Die Verhandlungen

Im August 1991 fing Erzbischof Montezemolo an, den Plan für Verhandlungen auszuarbeiten, unterstützt von David-Maria Jaeger OFM, einem franziskanischen Priester, der im Priesterseminar seines Ordens in Jerusalem kanonisches Recht lehrte.

Jaeger, damals 36, war in Tel Aviv als Sohn eines Israelis und einer brasilianischen Jüdin geboren worden. Die Familie Jaeger bekannte sich zu einem Judentum der gemäßigten Observanz; der junge David wurde daher nicht in private, sondern in öffentliche religiöse Schulen geschickt. Als Teenager wurde er intellektuell von der Wahrheit des Christentums überzeugt und wollte katholisch werden. Er konnte jedoch keinen katholischen Priester finden, der bereit gewesen wäre, einen 18jährigen Sabra, einen im Land geborenen Israeli, zu taufen. Deshalb ließ sich Jaeger von einem Anglikaner taufen und meldete sich dann in Nazaret beim Stellvertreter des Lateinischen Patriarchen für Israel mit den Worten: „Okay, jetzt können Sie mich als einen protestantischen Konvertiten aufnehmen." 1977 beschäftigte er sich, als inoffizieller Mitarbeiter des Apostolischen Vertreters, mit Streitfragen zwischen Kirche und Staat in Israel. Er half auch, als im ökumenischen Tantur Institute for Theological Studies, bei Jerualem, ein Programm über Christen im Heiligen Land begonnen wurde, und arbeitete als Jerusalemer Korrespondent für die in London erscheinende internationale katholische Wochenzeitung *The Tablet*. Obwohl er keine abgeschlossene Schulausbildung hatte, trat der mehrere Sprachen beherrschende Autodidakt 1981 in den Franziskanerorden ein, der ihn zum Studium nach Rom schickte. Da er sich während seiner Arbeit bei Tantur und anderswo Theologie selbst beigebracht hatte, wurde er von dem vorgeschriebenen Grundkurs befreit und empfing, nachdem ihn eine speziell ernannte päpstliche Kommission geprüft hatte, im Frühjahr 1983 den Magistergrad in Theologie. Im September 1985 legte er sein feierliches Gelübde als Franziskaner ab, und am 19. März 1986 wurde er zum Priester geweiht – als erster im Lande geborener, Hebräisch sprechender Israeli seit der Unabhängigkeit des Staates Israel. Nach Abschluß eines Zusatzstudiums zur Erlangung des Doktorgrades im kanonischen Recht kehrte er als Dozent nach Jerusalem zurück, wo er 1989 die These seiner Dissertation – über die Rolle der päpstlichen Diplomatie bei der Sicherung gesetzlicher Rechte für die Christen im Heiligen Land – erfolgreich verteidigte.

Pater David Jaeger besaß vermutlich als einziger Mensch auf der Welt die Fähigkeiten, die der Heilige Stuhl bei den bevorstehenden Verhandlungen mit dem Staat Israel benötigte. Er sprach als Einheimischer fließend Hebräisch und verfügte durch seine Arbeit über gründliche Kenntnisse im israelischen Recht. Er hatte einen Doktorgrad im kanonischen Recht und war ein Fachmann für die höchst komplizierte Rechtsgeschichte des Heiligen Landes. Er hatte an Ort und Stelle umfangreiche persönliche Erfahrungen mit den zu lösenden Problemen gesammelt. Er war ein harter Unterhändler, dessen Engagement für die Sicherheit Israels niemand bezweifeln konnte. Und er war ein Priester, dem nach Auffassung des Staatssekretariats die Interessen der Kirche anvertraut werden konnten.

Jaeger behauptet, der von ihm im Sommer 1991 zusammen mit Erzbischof Montezemolo entwickelte Verhandlungsplan sei nicht durch den Verlauf der Madrider Friedenskonferenz vorangetrieben worden, sondern habe aufgrund der langjährigen Positionen des Heiligen Stuhles seine eigene Logik gehabt. Das nächste „wirkliche Ereignis" im Verhandlungsprozeß trat am 20. Mai 1992 ein. Erzbischof Montezemolo führte eine Delegation des Heiligen Stuhles, darunter Jaeger, ins israelische Außenministerium in Jerusalem, um den Text der Bekanntmachung einer „Bilateralen Ständigen Arbeitskommission des Heiligen Stuhles und des Staats Israel" auszuarbeiten. Es war ein ernsthaftes Gespräch, und Jaeger meint, journalistische Darstellungen dieses Ereignisses – „Ein Konvoi von zwei Autos mit diplomatischen Nummernschildern fuhr auf den Parkplatz des Außenministeriums. Er transportierte einen Schwarm von schwarzgekleideten Geistlichen, die sich hinter dunklen Brillen versteckten und schnellstens weggebracht wurden ..." – hätten das Wesentliche und dessen wirkliche Dramatik übersehen.

Die Ausarbeitung der Bekanntmachung war nicht schwierig. Jaeger entwarf sie auf einem gelben Schreibblock, die Chefs der beiden Delegationen unterzeichneten sie, man fertigte einige Fotokopien an, und am Schluß bemerkte Jaeger, daß in dem Durcheinander das Original bei ihm geblieben war. Die eigentliche Auseinandersetzung betraf die Festlegung der Tagesordnung für die bilaterale Kommission. Der Heilige Stuhl erklärte, ohne eine vereinbarte Tagesordnung könne es keine Bekanntmachung geben. Am 15. Juli kehrte Jaeger ins israelische Außenministerium zurück zur – wie er später sagte – „härtesten von vielen harten Sitzungen, an denen ich teilnahm". Die Israelis vertraten die Position, daß man über alles verhandeln könne (Beziehungen zwischen Kirche und Staat, Rechts- und Eigentumsstreitigkeiten, Steuerfragen usw.), sobald volle diplomatische Beziehungen aufgenommen worden seien. Die vatikanische Delegation ihrerseits wußte, daß Israel unbedingt diplomatische Beziehungen zum Heiligen Stuhl wollte, und beide Seiten wußten, daß diplomatische Beziehungen die einzige Trumpfkarte waren, die der Heilige Stuhl bei den Verhandlungen besaß.

Der Gedanke, der im Vatikan seit 1991 in Umlauf war, kam jetzt wieder ins Spiel. Man beschloß, diplomatische Beziehungen zu einem Punkt auf einer Liste von Fragen (dem „Menü", wie Erzbischof Montezemolo sagte) zu machen, die von der bilateralen Kommission erörtert und gelöst werden sollten. Die Position des Heiligen Stuhls in der entscheidenden Sitzung vom 15. Juli 1992 war, einfach ausgedrückt, folgende: „Ihr habt ein ganzes Menü von Punkten, die ihr erörtern wollt – wir auch. Warum können wir nicht alle zusammen erörtern?" Der Chef der israelischen Delegation, Botschafter Moshe Gilboa, stimmte schließlich zu, obwohl die Rechtsberater seiner Delegation starke Bedenken hatten.

Der wirkliche Durchbruch, der den Grundvertrag ermöglichte, kam durch einen Wechsel in der langjährigen israelischen Politik, der durch die Regierung Yitzhak Schamir autorisiert war. Schamirs Botschafter in Italien, sein ehemaliger Pressereferent Avi Pazner, hatte die Aufnahme diplomatischer Beziehungen zum Heiligen Stuhl zu einem persönlichen Projekt gemacht. Durch seinen direkten Zugang zu seinem alten Freund, dem Ministerpräsidenten, hatte Pazner auf einen Wechsel in der Politik gedrängt. Außenminister David Levy wollte sich einen Namen machen, indem er ein ständiges Ärgernis bei Israels auswärtigen Beziehungen beseitigte. Schamir – bekannt wegen seiner bissigen Bemerkung, die Polen hätten den Antisemitismus mit der Muttermilch eingesaugt – hatte erkannt, daß Johannes Paul nicht in dieses Klischee paßte. Mehrere Faktoren – die Johannes Paul wahrscheinlich als ein weiteres

Beispiel dafür ansah, daß es im Plan der Vorsehung keine reinen Zufälle gibt – bewirkten zusammen einen Wechsel in der Einstellung, die beide große Parteien Israels jahrelang vertreten hatten: mit dem Heiligen Stuhl erst nach Aufnahme diplomatischer Beziehungen zu verhandeln.

Nachdem man sich auf eine umfassende Tagesordnung geeinigt hatte, wurde die Bildung der bilateralen Kommission am 29. Juli 1992 bekanntgegeben. Jetzt begann man ernsthaft zu verhandeln.

Bei der Eröffnung der Verhandlungen trafen die Vertreter des Heiligen Stuhls drei Entscheidungen, die ihre israelischen Gesprächspartner akzeptierten. Erstens wollte man zunächst eine kurze Vereinbarung über allgemeine Normen und Prinzipien anstreben – keinen umfassenden Vertrag zwischen Kirche und Staat (Konkordat). Nach Abschluß dieser kurzen Vereinbarung konnten weitere Verhandlungen über praktische Rechts-, Finanz- und Eigentumsfragen stattfinden. Man sah voraus, daß diese erste Vereinbarung über Grundsätze zu vorläufigen diplomatischen Beziehungen führen würde; nach Auffassung des Heiligen Stuhls hatten diese de facto bereits mit der Bildung der bilateralen Kommission begonnen. Am Anfang rechnete keine der beiden Seiten damit, daß volle diplomatische Beziehungen kurzfristig erreichbar sein würden, doch es gab eine Fülle von Absprachen, die Zwischenstationen auf dem Weg zu einem vollen diplomatischen Austausch auf Botschafterebene sein konnten.

Die zweite Entscheidung war, die Verhandlungen aufzuteilen zwischen „Plenarsitzungen", geleitet von den stellvertretenden Außenministern beider Seiten, und „Expertenrunden", die den Großteil der Detailarbeit erledigen würden. Plenarsitzungen sollten nur einberufen werden, um Ergebnisse, die die Experten erreicht hatten, zu ratifizieren, oder um Fragen zu regeln, die die Experten nicht lösen konnten. Die Sitzungen auf Expertenebene sollten auf Seiten des Heiligen Stuhls von Erzbischof Montezemolo geleitet werden, während Botschafter Gilboa beziehungsweise sein Nachfolger das Team der israelischen Experten leiten sollten.

Die dritte Entscheidung war, hinsichtlich der Sitzungsorte Wechselseitigkeit anzustreben, um empirisch festzuschreiben, daß es sich um Verhandlungen zwischen zwei Völkerrechtssubjekten auf internationaler Ebene handelte. Man kam überein, die Plenarsitzungen abwechselnd im Vatikan und in Israel abzuhalten, während die Sitzungen der Experten – die, um Kosten zu sparen, alle in Jerusalem stattfanden – abwechselnd im israelischen Außenministerium und in einer katholischen Einrichtung (gewöhnlich im Ratisbonne Institute) abgehalten werden sollten.

Die Verhandlungen auf der Expertenebene begannen am 2. November 1992 mit einer einwöchigen Konferenz. Zuerst mußte dem israelischen Team klargemacht werden, wer seine Verhandlungspartner waren und welches Völkerrechtssubjekt sie vertraten.

Die israelischen Diplomaten wußten natürlich, daß der „Heilige Stuhl" ein Subjekt des Völkerrechts war und daß man den „Heiligen Stuhl", wie auch den Vatikanstaat, gewöhnlich kurz als „den Vatikan" bezeichnete. Es bestand jedoch Unklarheit darüber, daß der Heilige Stuhl nicht mit dem Vatikanstaat identisch ist. Nach diplomatischem Brauch und internationalem Recht ist der Heilige Stuhl die völkerrechtliche Verkörperung des geistlichen Amtes des Bischofs von Rom als Oberhaupt der katholischen Kirche. Die Unabhängigkeit des Vatikanischen Kleinstaates trägt dazu bei, die Unabhängigkeit des Heiligen Stuhls als eines souveränen Subjekts in der Weltpolitik zu garantieren. Doch andere Staaten tauschen Gesandte nicht mit dem Vatikanstaat aus, sondern mit dem Heiligen Stuhl, und nicht „der Vatikan", sondern der Heilige Stuhl beteiligt sich an internationalen rechtlichen und politischen Organisationen wie der UNO und deren Unterorganisationen. Der Verhandlungspartner Israels war der Heilige Stuhl, nicht der Vatikanstaat.[52]

Zu dieser klärungsbedürftigen Frage kam noch eine zweite: In den Gesetzen des Osmanischen Reiches und seiner Nachfolgestaaten (z. B. Israel) war so etwas wie „die katholische Kirche" nicht vorgesehen. Die einzigen juristischen Personen waren die lokalen Führer verschiedener christlicher Kirchen in Palästina – der armenischen, der katholischen des lateinischen Ritus, der griechisch-katholischen, der griechisch-orthodoxen, der maronitischen, der melkitischen usw. Das israelische Recht erkannte kein organisches Gebilde namens „katholische Kirche" als Rechtspersönlichkeit und damit als Rechtssubjekt an.

Diese beiden Probleme verzahnten sich miteinander, als die Israelis fragten: Welche Beziehung besteht zwischen dem Gebilde namens „katholische Kirche" und unserem Verhandlungspartner, dem „Heiligen Stuhl"? Ein Vertrag oder Abkommen würde mit dem „Heiligen Stuhl" geschlossen werden. Aber was hatte das mit „der katholischen Kirche" oder mit den verschiedenen katholischen Einrichtungen in Israel zu tun? Man erklärte den Israelis, der Heilige Stuhl sei nicht anwesend, um über sich selbst zu reden, sondern um über die Rechtsstellung der katholischen Kirche in Israel zu sprechen. Der Heilige Stuhl habe keine eigenen Interessen, die er durch ein Rechtsabkommen zu sichern versuche. Wenn man in den Verhandlungen nicht über „die katholische Kirche" sprechen könne, dann gebe es eigentlich nichts zu besprechen. Nach einem Schnellkurs in Sakramentstheologie, Ekklesiologie, kanonischem Recht und internationaler Rechtsgeschichte erklärten sich die Israelis schließlich damit einverstanden, über „die katholische Kirche" zu sprechen. Aber Zweifel blieben bestehen, und sie sollten die Verhandlungen noch einmal in letzter Minute gefährden.

Der geheime Kanal

Im September 1993 nahm der Grundvertrag langsam Gestalt an. Aber die Sitzungen der Experten waren schwierig gewesen, einige juristische Details blieben noch zu regeln, ebenso die Frage der diplomatischen Beziehungen. Jetzt mußten sich beide Seiten „der Essenz des Ganzen" (so David Jaeger später) stellen. Angesichts der radikalen Veränderungen im Nahen Osten seit dem Golfkrieg und angesichts der Tatsache, daß Israel mit arabischen Staaten wie Marokko, Tunesien, Oman und Katar über diplomatische Beziehungen verhandelte, beschloß die Regierung von Ministerpräsident Yitzhak Rabin, die seit Juli 1992 im Amt war, sie könne sich mit nichts Geringerem zufriedengeben als vollen diplomatischen Beziehungen zum Heiligen Stuhl. Israel wollte jetzt den Prozeß beschleunigen und den Grundvertrag zum Anlaß nehmen, um möglichst schnell volle diplomatische Beziehungen zu erreichen. Dieses Anliegen wurde „der höchsten Ebene" (so später ein israelischer Diplomat) im Vatikan mitgeteilt. Die Delegation des Heiligen Stuhles dachte ähnlich. Das Einführen diplomatischer Beziehungen in den Grundvertrag würde die echten Errungenschaften des Grundvertrags abschwächen, die der katholischen Kirche in Israel den gleichen Rechtsstatus gaben, den sie anderswo genoß. Man befürchtete auch, das Zögern hinsichtlich voller diplomatischer Beziehungen werde diejenigen Elemente in den politischen und bürokratischen Kreisen Israels verstärken, die weiterhin behaupteten, der Heilige Stuhl könne aus theologischen Gründen nie volle diplomatische Beziehungen zu einem souveränen jüdischen Staat aufnehmen. Man wußte jedoch nicht, daß die Auffassung der Delegation des Heiligen Stuhls auf allen Ebenen des vatikanischen Staatssekretariats geteilt wurde. Da die Israelis – zu Recht oder zu Unrecht – das Gefühl hatten, man lasse sich im Vatikan Zeit, machten sie deutlich, daß die Verhandlungen über den Grundvertrag, einschließlich voller diplomatischer Beziehungen, bis Ende 1993 abgeschlossen sein müßten, sonst müsse alles auf dem „Menü" noch einmal geprüft werden.

In dieser kritischen Phase brachte eine Verhandlung über einen geheimen Kanal den Grundvertrag zu einem erfolgreichen Abschluß.

Dieser geheime Kanal war das Werk von Pater David Jaeger und Shlomo Gur, einem 43jährigen israelischen Berufsdiplomaten, der damals dem Büro des Stellvertretenden Außenministers Yosi Beilin zugeteilt war. Der geheime Kanal war eingerichtet worden während der schwierigen Verhandlungen auf der Expertenebene zwischen Ende Dezember 1992 und Anfang Januar 1993. Gur erhielt einen Telefonanruf von einem israelischen Journalisten, der sagte, ein befreundeter italienischer Journalist brauche einen bei den Verhandlungen beteiligten Kontaktmann. Gur war einverstanden, und es stellte sich heraus, daß dieser italienische Journalist der römische Korrespondent der Mailänder Tageszeitung *Corriere della Sera* und ein alter Freund David Jaegers war. Dann wurde Gur, in seiner Wohnung, von Jaeger angerufen, der sagte, auch er würde gern mit ihm sprechen. Die beiden vereinbarten, sich im Jerusalemer Plaza Hotel zu treffen, wo Jaeger – zum ersten und einzigen Mal bei einer geheimen Verhandlung – in Priestertracht erschien.

Die beiden Männer, Israelis derselben Generation, aber mit ganz verschiedenen Erfahrungen, verstanden sich persönlich gut, und es folgte ein lockeres, offenes und deutliches Gespräch. Sie trafen sich, nach ihrer Erinnerung, im Herbst 1993 etwa 12- bis 15mal, gewöhnlich im Foyer des Jerusalemer Hilton. Heute lachen beide darüber, daß die Presse später über heimliche Flüge in europäische Hauptstädte spekulierte. Sie vertrauten einander vollständig, und ihr Vertrauen war gerechtfertigt; es gab keine undichten Stellen. Und es gab auch kein Sich-in-Pose-Werfen, wenn sie offen miteinander sprachen, ihre Gedanken und schließlich die Entwürfe für einen vollständigen Grundvertrag austauschten.

Keine der beiden Delegationen für die Expertensitzungen wußte von diesem geheimen Kanal. Gur und Jaeger verständigten sich über einen Streitpunkt, dann informierten sie ihre Vorgesetzten in Jerusalem beziehungsweise Rom: auf seiten der Israelis Yosi Beilin und Außenminister Shimon Peres; auf seiten des Heiligen Stuhls Msgr. Gatti, Msgr. Celli, Erzbischof Jean-Louis Tauran

("Außenminister" des Vatikans) und Kardinalstaatssekretär Angelo Sodano. Die israelischen Delegierten für die Expertensitzungen wußten, daß Gur einen Gesprächspartner vom Heiligen Stuhl hatte. Sie wußten nicht, daß es David Jaeger war, der ihnen sonst am Verhandlungstisch gegenüber saß. Die Delegierten des Heiligen Stuhls wußten von dem geheimen Kanal nichts, denn ihre Vorgesetzten wollten unbedingt Vertraulichkeit bewahren. Im Oktober, in der Mitte der geheimen Verhandlung, trafen sich Beilin und Tauran in New York zu einer privaten Krisensitzung, um ein entscheidendes, das Abkommen gefährdendes Problem, das Gur und Jaeger ausgemacht hatten, zu lösen. Beilin lag so viel daran, die Verhandlung über den geheimen Kanal aufrechtzuerhalten, daß er, nachdem er sich mit Tauran verständigt hatte, die Sache auf eigene Verantwortung entschied, mit der Bemerkung, er werde das mit Peres später regeln.

Der geheime Kanal Jaeger-Gur funktionierte wegen des Vertrauens zwischen Shlomo Gur und David Jaeger, wegen des guten Verhältnisses, das zwischen Claudio Celli und Yosi Beilin (den offiziellen Chefs bei den Plenarsitzungen der bilateralen Kommission) entstanden war, und wegen des Einsatzes von Luigi Gatti für das Zustandekommen eines Vertrags, der den langjährigen Interessen des Heiligen Stuhls gerecht wurde. Als der geheime Kanal einen vollständigen Entwurf für den Grundvertrag hervorbrachte, der den Vorgesetzten akzeptabel erschien, kam ein weiterer entscheidender Faktor ins Spiel: die professionelle Disziplin der Diplomaten auf beiden Seiten. Als die Delegationschefs der Expertenebene von ihren Vorgesetzten erfuhren, daß der Vertrag über einen geheimen Kanal zustande gekommen war, akzeptierten sowohl Erzbischof Montezemolo als auch Botschafter Eitan Margalit diesen Vorgang anstandslos.[53]

Der geheime Kanal Jaeger-Gur war eine klassische Verhandlung dieser Gattung: entschieden, aber zurückhaltend, wie Gur später meinte. Probleme wurden ohne jene Finten gelöst, die bei Verhandlungen üblich sind. Vorschläge konnten in den Raum gestellt und erörtert werden ohne die Befürchtung, eine Position im weiteren Verlauf der Gespräche zu gefährden. Nichts war offiziell, bevor die Vorgesetzten zugestimmt hatten. Taten sie das nicht, dann war es offiziell so, als sei nichts geschehen. Es ist unwahrscheinlich, vielleicht sogar unmöglich, daß der Grundvertrag zwischen dem Heiligen Stuhl und Israel ohne diesen Kanal zustande gekommen wäre.

Endspiel

Im Dezember 1993 brauchte man nur noch die Verhandlungen zu einem erfolgreichen Ende zu bringen und den Vertrag abzuschließen.

Der letzte wesentliche Punkt, der ausdiskutiert werden mußte, brachte beide Parteien zu der Frage zurück, was „die katholische Kirche" im Sinne des Grundvertrags bedeutete. Die Israelis wollten „die katholische Kirche" definieren als die diversen Ortskirchen mit verschiedenem Ritus auf israelischem Territorium. David Jaeger war, wie er später sagte, „absolut dagegen", daß in den Vertrag irgendeine Definition aufgenommen wurde, die den Begriff „die katholische Kirche" in Israel auf die momentan existierenden institutionellen Erscheinungsformen des Katholizismus beschränkte. Möglicherweise würden sich andere Kirchen des östlichen Ritus im Heiligen Land niederlassen wollen. Vielleicht würden neue pädagogische, karitative oder seelsorgerliche Einrichtungen gegründet. Jedenfalls war „die katholische Kirche", vom theologischen Standpunkt aus betrachtet, mehr als eine Aufzählung der gegenwärtig existierenden Institutionen, und Jaeger setzte sich entschlossen dafür ein, daß der Grundvertrag das widerspiegeln sollte.

Das Problem wurde gelöst durch ein letztes geheimes Gespräch zwischen Jaeger und Gur, nach welchemm die Unterhändler der Expertenebene – unter beträchtlichem Gerangel und mit Hilfe von Rechtsgutachten, die Jaeger von israelischen und amerikanischen Freunden beschafft hatte – sich schließlich darauf einigten, in den Vertragstext die Wendung „inter alia" (unter anderem) einzufügen. Auf diese Weise wurden die Begriffe „die katholische Kirche" und „die Kirche" endgültig definiert als „eingeschlossen, *inter alia*, deren Gemeinschaften und Einrichtungen". Gleichzeitig – und als Bestandteil des im letzten Geheimgespräch geschnürten umfassenden Pakets – waren die Israelis einverstanden, „inter alia" auch in die Definition der Begriffe „der Staat Israel" und „der Staat" einzufügen. Das bedeutete: Diese Formulierungen wurden von beiden Seiten so aufgefaßt, daß sie alle gesetzlichen Institutionen in Israel (zum Beispiel auch die Stadtverwaltung von Jerusalem) einschlossen und nicht nur die Zentralregierung meinten.

Während der ganzen Verhandlungen hatte Johannes Paul darauf bestanden, daß die Führer der Katholiken des östlichen Ritus und der Orthodoxen auf dem laufenden gehalten wurden, und Erzbischof Tauran hatte verschiedene arabische Regierungen über den Vorgang informiert. Ganz am Schluß entschied sich Kardinal Sodano, der dem Papst die endgültige Empfehlung vorlegen mußte, für eine weitere Beratung mit einer Sonderkommission von sechs Kardinälen, darunter Ratzinger, Casaroli, Laghi und Silvestrini. Vorher über die Verhandlungen informiert und in einigen Fällen von Unterhändlern beeinflußt, empfahl die Kommission der Kardinäle einstimmig, den Entwurf für den Grundvertrag anzunehmen – mit einigen geringfügigen Korrekturen, die für die israelische Seite unproblematisch waren.

Schließlich schickte der Heilige Stuhl eine offizielle Anfrage an den Lateinischen Patriarchen von Jerusalem, Michel Sabbah, und an zwei katholische Patriarchen des östlichen Ritus.[54] Die Anfrage bestand aus zwei Fragen: Soll der Grundvertrag überhaupt abgeschlossen werden? Sollte er jetzt abgeschlossen werden? Die Antworten lauteten: Schließt ihn, und schließt ihn jetzt ab!

Am 10. Dezember 1993 wurde der Grundvertrag von Erzbischof Montezemolo und Botschafter Margalit im israelischen Außenministerium paraphiert. Die Regelung der Vorbereitungen für die offizielle Unterzeichnungszeremonie erforderte eine weitere Verhandlung. Die Israelis wollten in Rom unterzeichnen, um eine möglichst starke Öffentlichkeitswirkung zu erzielen. Der Heilige Stuhl antwortete, die einzigen diplomatischen Verträge, die er in Rom unterzeichne, seien die mit Italien; es sei üblich, im Land des Vertragspartners zu unterzeichnen. Schließlich fand man zu einer geradezu salomonischen Entscheidung: Man würde noch einmal die Plenarkommission einberufen, um den Vertrag zu billigen und zu unterzeichnen, und gemäß dem Grundsatz der

Wechselseitigkeit würde es zwei Sitzungen geben – am 29. Dezember in Rom, um den Grundvertrag offiziell zu billigen, und am 30. Dezember in Jerusalem, um ihn zu unterzeichnen. Da er der Vatikanische Vorsitzende für die Plenarkommission war, unterzeichnete Msgr. Claudio Celli – nicht Erzbischof Montezemolo – für den Heiligen Stuhl. Celli erschien mit einem persönlichen Ermächtigungsschreiben Johannes Pauls II. versehen zu dem historischen Ereignis; das war ein Bruch mit der Gewohnheit, daß das Ermächtigungsschreiben eines vatikanischen Diplomaten vom Kardinalstaatssekretär ausgestellt wurde. Der Papst war entschlossen, daß der Grundvertrag auf eine möglichst feierliche Weise unterzeichnet werden sollte, und dafür setzte er die ganze Autorität seines Amtes ein.

Nachwirkungen

Mehr als anderthalb Jahre intensiver Verhandlungen hatten ein Dokument hervorgebracht, das kurz und bündig war. Seine bezeichnende Präambel stellt den Grundvertrag in den angemessenen historischen und theologischen Zusammenhang, beginnend mit einer wechselseitigen Anerkennung des „einzigartigen Charakters und der universalen Bedeutung des Heiligen Landes und der „Einmaligkeit der Beziehung zwischen der katholischen Kirche und dem jüdischen Volk", einschließlich ihres „jüngsten Prozesses der Versöhnung und ihres wachsenden gegenseitigen Verstehens". In Artikel 1 verpflichten sich die beiden Vertragspartner erneut, das universale „Menschenrecht auf Religions- und Gewissensfreiheit aufrechtzuerhalten", und auch der Staat Israel verpflichtet sich, es zu „beachten", nämlich als eine präzise gesetzliche Verpflichtung.[55] Artikel 2 verspricht „Zusammenarbeit bei der Bekämpfung aller Formen von Antisemitismus, Rassismus und religiöser Intoleranz"; ein weiterer Paragraph des Artikels wiederholt, daß der Heilige Stuhl „Haß, Verfolgung und alle anderen Manifestationen des Antisemitismus, die irgendwo, irgendwann und von irgend jemand gegen das jüdische Volk und einzelne Juden ausgeübt werden", verurteilt. Zusätzlich zum Gebot der Religionsfreiheit in Artikel 1 bilden die Artikel 3, 10 und 12 den Kern des Grundvertrags, denn sie legen einen Rahmen für Anschlußverhandlungen fest, die juristisch fixieren sollen, was es bedeutet, daß Israel „das Recht der katholischen Kirche [anerkennt], ihre religiösen, sittlichen, erzieherischen und karitativen Aufgaben zu erfüllen, ihre eigenen Einrichtungen zu haben, und ihr eigenes Personal in den besagten Einrichtungen für die besagten Aufgaben zu diesen Zwecken auszubilden, zu ernennen und einzusetzen". Artikel 14 verpflichtet beide Vertragsparteien, Vorkehrungen für volle diplomatische Beziehungen zu treffen, die auf Botschafterebene aufgenommen werden sollen, sobald der Grundvertrag in Kraft getreten ist – praktisch also in den nächsten Monaten.[56]

Die übliche diplomatische Formel am Ende des Grundvertrags – „Unterzeichnet in Jerusalem an diesem dreißigsten Tag des Monats Dezember im Jahr 1993, der dem sechzehnten Tag des Monats Tevet im Jahr 5754 entspricht" – erinnerte in diesem Fall an das, was Shlomo Gur während der Verhandlungen empfunden hatte: daß er und seine weltlichen israelischen Kollegen ebenso wie ihre Verhandlungspartner vom Heiligen Stuhl „2.000 Jahre einer sehr komplizierten jüdisch-christlichen Geschichte" auf ihren Schultern trugen.

Diese Geschichte, und ihre zeitgenössische Erscheinungsform im Heiligen Land, konnte durch das simple Faktum eines abgeschlossenen Vertrags nicht überwunden werden. Es bestand nach wie vor Unklarheit darüber, mit wem nun der Staat Israel einen Vertrag geschlossen hatte. Beim Abendessen nach der offiziellen Unterzeichnung in Jerusalem gab Außenminister Peres zu verstehen, der Vertragspartner sei ein anderer Kleinstaat, der Vatikan. Gravierender war, daß die katholischen Kirchenführer in Israel, obwohl sie die Anfrage des Staatssekretariats unmittelbar vor Abschluß des Vertrags positiv beantwortet hatten, mit dem Grundvertrag nicht glücklich waren.

Am Tag nach der Unterzeichnung trafen sich Mitglieder der Delegation des Heiligen Stuhls mit katholischen Würdenträgern des Landes, um ihnen den Vertrag genauer zu erklären und darzulegen, was bei der nächsten Reihe von Verhandlungen über die „Rechtsperson" der Kirche, ihren Besitz usw. vorgesehen war. Die örtlichen Kirchenmänner waren ziemlich kritisch, wobei sie ihre eigenen Einwände gegen den Vertrag häufig tarnten, indem sie diese dem „Volk" zuschrieben. Als man sie daran erinnerte, daß der Papst nach einer gründlichen Prüfung des Vertragstexts an der endgültigen Entscheidung persönlich beteiligt gewesen sei, schwiegen sie. Dann sagte einer von ihnen: „Wir respektieren den Heiligen Vater, aber der Heilige Stuhl muß auch das Volk respektieren." Diese Antwort verhieß keinen leichten Weg für die Zukunft.[57]

Der Heilige Stuhl war weder gut vorbereitet noch hatte er genug Personal für die Anschlußverhandlungen, deren Erfolg unerläßlich war, wenn der Katholizismus in der israelischen Gesellschaft präsent sein sollte wie niemals zuvor. Die vom Etat bestimmte Entscheidung, die Nuntiatur des Heiligen Stuhls nicht in Tel Aviv, sondern im alten Jaffa zu errichten und deren Personal zu beschränken, erschwerte es den Vertretern des Heiligen Stuhls, mit der Elite der israelischen Gesellschaft und mit den Diplomaten anderer Nationen kontinuierliche Kontakte zu pflegen. Die Entscheidung, ungeschulte, unerfahrene Unterhändler aus den lokalen Kirchen für die Anschlußverhandlungen einzusetzen, verzögerte deren Fortschreiten ebenso wie die Tatsache, daß manche israelische Bürokraten und Politiker genauso widerspenstig blieben wie manche lokale Kirchenmänner. Unwissenheit in bezug auf die Kirche, die bei den Israelis vorherrschende Weltlichkeit (ein Beispiel dafür ist Yosi Beilins Bemerkung gegenüber Claudio Celli bei ihrer ersten Begegnung, er [Beilin] habe bisher eigentlich noch nie darüber nachgedacht, daß die Jerusalem-Frage einen religiösen Aspekt habe) und eine für die Bürokratie bezeichnende Schwerfälligkeit zogen die Anschlußverhandlungen in die Länge. Man brauchte nahezu vier Jahre, um den ersten, äußerst wichtigen Text, die „Vereinbarung über Rechtspersonen" für katholische Einrichtungen in Israel, abzuschließen; er wurde am 10. November 1997 unterzeichnet.[58]

In den Jahren nach dem Abschluß des Grundvertrags zeigte sich auch, daß die neue Beziehung zwischen dem Heiligen Stuhl und Israel, so erwünscht sie war, andere Realitäten in der Region nicht allein zu ändern vermochte. Die Zahl der Christen im Heiligen Land ging nach dem Abkommen zwischen den Israelis und den Palästinensern von 1993 weiter zurück, großenteils deshalb, weil arabische Christen wegen wirtschaftlicher, politischer und religiöser Unterdrückung wegzogen. Zum ersten Mal in der Geschichte mußte man mit einem Heiligen Land ohne lebendige Christengemeinden rechnen – und das bedeutete, daß die heiligen Stätten auf den Status von Museen herabsanken. Am 6. November 1995 wurde Afif E. Safieh, der Direktor eines neugeschaffenen „Amtes des Vertreters der Palästinensischen Befreiungsorganisation [PLO] beim Heiligen Stuhl" im Vatikan empfangen, was weithin als der erste Schritt zu diplomatischen Beziehungen mit einem künftigen palästinensischen Staat verstanden wurde. Als sieben Wochen später der PLO-Vorsitzende Jasir Arafat das Weihnachtsfest in einem nunmehr seiner palästinensischen Behörde unterstehenden Betlehem feierte, kam er einer Blasphemie nahe, indem er Betlehem zur „Stadt des Palästinensers Jesus" erklärte.[59] Was Jerusalem anging, war das Staatssekretariat über dessen Zukunft so besorgt, daß es im Mai 1996 eine förmliche Note veröffentlichte, welche die Forderung des Heiligen Stuhls nach einem „internationalen Rechtsinstrument" zum „Schutz der Identität der Heiligen Stadt" wiederholte, unabhängig davon, wie die Frage der Souveränität schließlich gelöst werde.[60]

Diejenigen, die im Grundvertrag den ersten Schritt zu einer völlig anderen Form des Umgangs zwischen der katholischen Kirche und der israelischen Gesellschaft sahen, wurden in den Jahren unmittelbar nach seinem Abschluß ebenso enttäuscht wie diejenigen, die eine ziemlich prompte Lösung der verbleibenden Probleme des bilateralen Verhandlungsprogramms erhofft hatten. Diese Enttäuschungen änderten nichts an der Tatsache, daß der Grundvertrag – wie seine Präambel andeutete und wie die Unterhändler während ihrer oft schwierigen Arbeit spürten – ein historischer und unwiderruflicher Meilenstein im Verhältnis zwischen dem jüdischen Volk und der römisch-katholischen Kirche war. Die durch den Grundvertrag beharrlich ausgestreuten Samenkörner würden, so glaubten die Unterhändler, mit der Zeit schon keimen.

Die Rolle des Papstes

Wie andere monumentale Ereignisse hat der Abschluß des „Grundvertrags zwischen dem Heiligen Stuhl und dem Staat Israel" zu einer vielfältigen Legendenbildung geführt.

Gelegentlich wird behauptet, die Madrider Friedenskonferenz nach dem Golfkrieg habe den Heiligen Stuhl genötigt, seine Haltung in bezug auf diplomatische Beziehungen zu Israel zu ändern. Gewiß veränderte der Golfkrieg die regionale und internationale Politik im Nahen Osten, aber der Wunsch des Papstes nach einem neuen Kurs gegenüber Israel war seinen Mitarbeitern schon lange vor dem Golfkrieg klar. Die wichtige Entscheidung des Heiligen Stuhls, volle diplomatische Beziehungen im Rahmen eines umfassenderen „Menüs" von Fragen anzustreben, wurde getroffen, bevor die Madrider Konferenz zusammentrat. Die israelischen Unterhändler brachten den entscheidenden Umschwung der Politik, als sie damit einverstanden waren, sich mit dem „Menü" insgesamt zu befassen, anstatt die Verhandlung über jeden Einzelpunkt von der Aufnahme voller diplomatischer Beziehungen abhängig zu machen. Der Golfkrieg und die Madrider Friedenskonferenz schufen Voraussetzungen für die Beschleunigung eines Kurses, den der Heilige Stuhl bereits eingeschlagen hatte. Sie brachten den neuen Kurs nicht hervor.

Zwei US-Botschafter beim Heiligen Stuhl, Thomas P. Melady und Raymond Flynn, meinen, diplomatische Interventionen der USA beim Vatikan hätten dazu beigetragen, die Verhandlungen in Gang zu bringen, deren Ergebnis der Grundvertrag war. Zweifellos wiesen die Regierungen Bush und Clinton auf diplomatischem Wege darauf hin, daß sie volle diplomatische Beziehungen zwischen dem Heiligen Stuhl und Israel begrüßen würden, und es gab auch zahlreiche inoffizielle Gespräche mit vatikanischen Amtsträgern. Es liegen jedoch keine Beweise dafür vor, daß die Einstellung der USA einen ernstzunehmenden Einfluß auf die Entscheidungen des Papstes oder die seiner Diplomaten hatte. Der Grundvertrag erhielt von Vertretern Amerikas herzliche Zustimmung. Aber nach Aussagen von Amtsträgern des Heiligen Stuhls, die am Verhandlungsprozeß beteiligt waren, spielte amerikanische Einflußnahme beim Zustandekommen des Grundvertrags keine bedeutende Rolle.[61]

Römische Journalisten und Vatikanbeobachter haben auch spekuliert, Johannes Paul II. – entschlossen, die irritierende Frage diplomatischer Beziehungen aus dem jüdisch-katholischen Dialog zu eliminieren – habe schließlich ein Machtwort gesprochen und seinen Untergebenen befohlen, den Vertrag abzuschließen. Die an den Verhandlungen Beteiligten erklären, einen solchen Vorfall habe es nie gegeben, und ein solches Szenario paßt auch schlecht zu schriftlichen und mündlichen Aussagen über Johannes Pauls Stil der Amtsführung. Zu keinem Zeitpunkt der tatsächlichen Verhandlungen nahm Johannes Paul, laut Pater Jaeger, „Einfluß" auf andere Fragen, wenn er darauf bestand, die Aufnahme voller diplomatischer Beziehungen habe absoluten Vorrang. Auch der Papst setzte sich dafür ein, daß die Verhandlungen über das volle „Menü" der Fragen Erfolg hatten. Zumindest in dieser Hinsicht – seinem Bestreben, die rechtliche Stellung der Kirche im Heiligen Land zu sichern – führte er die Politik seiner Vorgänger fort.

Es kann jedoch nicht ernsthaft bezweifelt werden, daß Johannes Paul einen entscheidenden Einfluß auf das Zustandekommen des Grundvertrags hatte. Er traf die grundsätzliche Entscheidung, volle diplomatische Beziehungen zu Israel anzustreben – „Niemand sonst hätte den Mut gehabt, das zu tun", sagte später einer seiner Unterhändler. Diese Entscheidung basierte auf seinem Sinn für Gerechtigkeit wie auch auf seiner starken Sensibilität für den Schmerz der Juden und dessen Beziehung zum Katholizismus. Nachdem er die Entscheidung getroffen hatte, überließ er die Details der Durchführung bezeichnenderweise anderen, stellte jedoch weiterhin sicher, daß der von ihm eingeschlagene Kurs bis zum erfolgreichen Abschluß eingehalten wurde. Ein „erfolgreicher Abschluß" beschränkte sich nicht auf die Frage voller diplomatischer Beziehungen zu Israel, obwohl diese Frage die Aufmerksamkeit der Öffentlichkeit und der Medien begreiflicherweise am meisten erregte.

In der einheitlichen Vorstellungswelt Johannes Pauls II. scheinen sich mehrere Ziele gekreuzt zu haben. Da gab es die historischen Interessen der Kirche im Heiligen Land, die geschützt werden mußten. Da war sein intuitives Erfassen des Schmerzes der Juden und sein theologisches Eintreten dafür, den lange aufgeschobenen theologischen Dialog zwischen Juden und Katholiken wieder in Gang zu bringen. Beides erforderte die Lösung des Problems der diplomatischen Beziehungen. Denn dieser Akt war eine überzeugende Antwort auf den durch die „Nichtanerkennung" verursachten Schmerz, demonstrierte das Eintreten der Kirche für den Beginn eines radikal anderen Gesprächs mit dem jüdischen Volk und wies unwiderlegbar nach, daß der Katholizismus kein theologisches „Problem" mit dem Staat Israel und dem lebendigen Judentum hatte. Gleichzeitig trug das Zustandekommen diplomatischer Beziehungen dazu bei, die rechtliche Stellung der Kirche im Land der Erlösung zu sichern. Johannes Paul sah ein Ganzes, wo viele andere – darunter Amtsträger des Heiligen Stuhls und israelische Politiker und Diplomaten – nur Bruchstücke erblickten.

Bei den noch vorhandenen historischen Vorurteilen und bei der Vorsicht der Berufsdiplomaten des Heiligen Stuhls wäre der Grundvertrag niemals zustande gekommen, wenn nicht weite Kreise des Vatikans überzeugt gewesen wären, daß ein solcher Vertrag, in allen seinen Aspekten, die Absicht des Papstes war, in der sein wohlerwogenes Urteil mit dem Wunsch seines Herzens übereinstimmte. Alles andere – die offiziellen Verhandlungen und der geheime Kanal eingeschlossen – hing davon ab.

SIXTINISCHES ZWISCHENSPIEL

Im April 1994 sah die Welt, zum ersten Mal seit Jahrhunderten, Michelangelos *Jüngstes Gericht* so, wie der Künstler es gemalt hatte.

Die Fresken des florentinischen Genies an der Decke der Sixtinischen Kapelle, die rund 750 Quadratmeter bedecken, waren – immer nur ein Ausschnitt von 30 auf 30 Zentimeter – zwischen 1980 und 1990 restauriert worden. Die Beseitigung des Schmutzes, des Rußes, des Weihrauchs und des Taubenkots von über 400 Jahren hatte ein glänzendes Aufgebot von vergessenen Gold-, Grün- und Violett-Tönen sowie lange verdunkelte Schattierungen enthüllt. Ein ähnlich sorgfältiger Restaurationsprozeß, begonnen 1990 und in mehr als vierjähriger Arbeit vollendet, enthüllte jetzt die reich strukturierten Blautöne des *Jüngsten Gerichts*, die Michelangelo teilweise dadurch erreichte, daß er gemahlenen Lapislazuli in seine Farben mischte.

Johannes Paul hatte nicht nur die Restaurierung der Fresken genehmigt, was in manchen kunstverständigen Kreisen beträchtlichen Streit hervorrief; er stellte auch sicher, daß bei der Reinigung des *Jüngsten Gerichts* die Restauratoren etwa die Hälfte der Beinlinge, Lendenschurze und sonstigen Drapierungen, mit denen prüde Kirchenmänner Jahre nach der Vollendung des Meisterwerks die nackten Gestalten Michelangelos hatten bedecken lassen, entfernt wurden (die verbleibenden Drapierungen beließ man aus historischen Gründen).[62] Als die Restaurierung beendet war, wollte der Papst die in Michelangelos Fresken ausgedrückten Wahrheiten theologisch hervorheben. Er tat das bei einer Messe zur Feier des Abschlusses der Restaurierung in der von den Gerüsten befreiten Sixtinischen Kapelle am 8. April 1994, dem Freitag nach dem Ostersonntag.

Er meinte, dieser Zeitpunkt sei höchst angemessen, denn Michelangelos *Jüngstes Gericht* enthülle einen „ungewöhnlichen Christus. (...) Er trägt in sich eine uralte Schönheit, die in einem gewissen Sinn von den üblichen Darstellungen der Malerei abweicht." Während der Osterwoche vor diesem monumentalen Fresko zu stehen, bedeute „*vor der Herrlichkeit der Menschheit Christi*" zu stehen, die bei der Wiederkunft „die Tiefen des menschlichen Gewissens durchdringen und die Macht seiner Erlösung offenbaren" werde. Das Jüngste Gericht sei ein Bild, in dem „*Christus das ganze Geheimnis der Sichtbarkeit des Unsichtbaren ausdrückt*".

Der Papst erinnerte daran, daß das Christentum einen langen, erbitterten Streit um die Ikonen geführt hatte, bis diese Frage durch das letzte ökumenische Konzil einer ungeteilten christlichen Kirche, das Zweite Konzil von Nicäa im Jahr 787, für die Ikonen entschieden wurde. Die Niederlage derjenigen, die Ikonen im öffentlichen Gottesdienst und in der privaten Andacht verbieten wollten, bewahrte das sakramentale Weltbild der Kirche: Das Überirdische liegt einfach auf der anderen Seite des Irdischen, in dem das Überirdische sich offenbart. Ikonen und Gemälde wie das *Jüngste Gericht* sind nicht einfach Meisterwerke der Malkunst. Jede Ikone ist „in einem bestimmten Sinn gleichsam *ein Sakrament des christlichen Lebens, denn in ihr wird das Geheimnis der Menschwerdung präsent*. In ihr spiegelt sich in immer neuer Weise das Geheimnis des menschgewordenen Gottes wider" und sowohl der Künstler als auch diejenigen, die an seiner Kunst teilhaben, indem sie sie anschauen, freuen sich „über die Sichtbarkeit des Unsichtbaren".

Der Papst sagte weiter, daß Michelangelo den Mut hatte, Gott-Vater im Augenblick seiner Erschaffung des Menschen darzustellen und die sichtbare und körperliche Schönheit Adams auf den unsichtbaren Schöpfer zu übertragen. Das war „ein ungewöhnliches Wagnis der Kunst", das – wie wohl manche argumentierten – an Gotteslästerung grenzt. Doch wir können „*im sichtbaren und vermenschlichten Schöpfer den mit unendlicher Majestät bekleideten Gott*" erkennen. Michelangelo drückte künstlerisch die Sehnsucht der Menschheit aus, das Göttliche zu sehen, soweit es nur irgend möglich ist. „In der Form des Bildes mit seinen ihm eigenen Grenzen wurde hier alles gesagt, was sagbar war."

Dann verband Johannes Paul die Decke der Sixtinischen Kapelle und das *Jüngste Gericht* mit jener „Theologie des Leibes", die er seit anderthalb Jahrzehnten entwickelte. Wegen der Inkarnation des Gottessohnes können und müssen die Christen sagen, daß der menschliche Leib die *kenosis*, die Selbstentäußerung, Gottes ist. Die Christen sollten in bezug auf den Körper nicht prüde sein, sondern begreifen, daß „*die große irdische Niedrigkeit des Körpers zum Ausdruck kommen muß, damit das, was göttlich ist, sichtbar werden kann*". Zugleich müssen die Christen begreifen, „*daß Gott die Quelle der integralen Schönheit des Leibes ist*".

Die Sixtinische Kapelle ist geradezu „das Heiligtum der Theologie des menschlichen Leibes". Wenn sie von der „Schönheit des Menschen Zeugnis gibt, der von Gott als Mann und Frau geschaffen wurde", spricht sie zugleich in gewisser Weise „die *Hoffnung auf eine verklärte Welt* aus, die vom auferstandenen Christus eröffnet wurde". Innerhalb des Geheimnisses Gottes und seiner schöpferischen Absichten wurde der menschliche Leib in seinem ganzen Glanz und seiner ganzen Würde enthüllt.[63]

Der Korrespondent der *New York Times* fand es überraschend, daß Johannes Paul in dieser bemerkenswerten Predigt vor den unverhüllten Akten Michelangelos „anscheinend überhaupt nicht verlegen war, obwohl er die konservativen Lehren der Kirche über die Sexualität immer wieder erneut bestätigt".[64] Nicht „trotz" der Morallehre der Kirche über die Sexualität, sondern genau deswegen feierte Johannes Paul das Werk Michelangelos als ein „Zeugnis für die Schönheit des Menschen", dessen Körperlichkeit und Sexualität – im Rahmen von Schöpfung und Erlösung begriffen – Abbilder des Lebens Gottes waren. Dadurch, daß die sexuelle Revolution den Körper zu einem Objekt reduzierte, hatte sie sich selbst verraten. Ein Appell an die besseren Kräfte unserer sexuellen Natur könnte jedoch die Verheißung einer Sexualität erfüllen, bei der Männer und Frauen ihre intuitive Einsicht in die geheimnisvolle Grenze zwischen dem Irdischen und dem Überirdischen, zwischen dem Geschaffenen und dem göttlichen Schöpfer, vertiefen.

In den darauffolgenden Monaten verlagerte sich die Diskussion über die Bedeutung der menschlichen Sexualität vom Glanz der restaurierten Sixtinischen Kapelle in die weniger erbauliche Arena einer großen internationalen Konferenz.

KONFRONTATION IN KAIRO

Die Konfrontation im Jahr 1994 zwischen Johannes Paul II. und der Regierung des amerikanischen Präsidenten Bill Clinton wegen Fragen der Weltbevölkerung und der Familienplanung war unvermeidlich und bereits im Sommer 1992 vorauszusehen.

Gouverneur Clinton und sein Kandidat für die Vizepräsidentschaft, Al Gore, propagierten im Präsidentschaftswahlkampf 1992 das radikalste „Sozialprogramm" in der amerikanischen Geschichte: Sie legten sich darauf fest, daß die Zentralregierung Abtreibung auf Verlangen zu jedem Zeitpunkt der Schwangerschaft finanziell unterstützen werde, beklagten „das explosive Bevölkerungswachstum in der dritten Welt" und versprachen, Mittel aus Bundessteuern einzusetzen, um bei amerikanischen Programmen für die dritte Welt „größere Anstrengungen bei der Familienplanung" zu finanzieren. Als Präsident Clinton am 20. Januar 1993 sein Amt antrat, unterzeichnete er fünf Durchführungsverordnungen, die die Beteiligung der amerikanischen Regierung an freigestellten Schwangerschaftsabbrüchen und deren finanzielle Unterstützung erweiterten. Vier Tage später veröffentlichte *L'Osservatore Romano* einen Leitartikel, in dem behauptet wurde, die von Clinton in seiner Wahlkampagne angekündigte „Erneuerung" habe „den Weg des Todes und der Gewalt gegen Unschuldige eingeschlagen".[65] Das war die erste Salve in der, wie sich herausstellen sollte, schwersten Konfrontation, die es jemals zwischen dem Heiligen Stuhl und der Regierung der USA gab.

Die Konfrontation hatte internationalen Umfang. Das volle Programm der Regierung Clinton für die Weltkonferenz über Bevölkerung und Entwicklung im September 1994 in Kairo war kühn, und es wurde unterstützt von Beamten des United Nations Fund for Population Activities [UNFPA] und durch wichtige internationale Nichtregierungsorganisationen [NRO] wie die International Planned Parenthood Federation [IPPF]. Es erstrebte nichts Geringeres, als im Rahmen des internationalen Rechts die Ausübung der Sexualität, ohne jede Verbindung zu Ehe oder Fortpflanzung, zu einem Freiheitsrecht der autonomen Persönlichkeit zu erklären und in diesem Zusammenhang ein gerichtlich durchsetzbares allgemeines Menschenrecht der Abtreibung auf Verlangen festzulegen. Das war zum Teil etwas, was man in der Politik „Revanche" nennt. Die Weltbevölkerungskonferenz 1984 in Mexico City, stark beeinflußt von der konservativen Regierung Reagan und inspiriert durch das grauenhafte Beispiel der Zwangsabtreibungen im kommunistischen China zum Zweck einer vom Staat festgelegten Geburtenbeschränkung, hatte kategorisch erklärt, Abtreibung sei kein legitimes Mittel der Familienplanung. UN-Beamte, europäische Politiker und von Amerikanern geführte Nichtregierungsorganisationen, die die Einstellung der Regierung Clinton zu Kairo unterstützten, versuchten nicht nur die in Mexico City erlittene Niederlage rückgängig zu machen; sie engagierten sich auch in einer bezeichnenden Aktion der internationalen Politik nach dem Ende des kalten Krieges – sie verwendeten internationale Institutionen und internationales Recht, um politische Ziele erreichen, die sie mit normalen demokratischen Verfahren im eigenen Land nicht durchsetzen konnten.

Die Schwierigkeiten, die der Heilige Stuhl bei diesem Kampf haben würde, wurden trefflich illustriert bei einem Treffen zwischen Erzbischof Jean-Louis Tauran und dem amerikanischen Staatssekretär Timothy Wirth, einem früheren US-Senator und langjährigen Befürworter einer Geburtenkontrolle, der nun im Außenministerium für das Ressort „Globale Angelegenheiten" zuständig war. Im Büro Wirths stand normalerweise auf dem Schreibtisch als Schmuck ein „Kondom-Baum". Als Erzbischof Tauran am 16. November 1993 zu einem Besuch kam, entfernte man seinetwegen den Baum, aber sonst wurde wenig erreicht. Wirth sprach mit Tauran zunächst über das verbreitete Problem, daß in den USA und auf der ganzen Welt Kinder Kinder bekämen. Da der Erzbischof unbedingt eine gemeinsame Basis finden wollte, erklärte er zustimmend, das sei tatsächlich ein Problem, und es unterstreiche, wie wichtig die Zusammenarbeit zwischen der Kirche und den Regierungen sei, denn eine sittliche Erziehung trage gewiß zur Lösung dieses Problems bei. Wirth war nicht bereit, das einzuräumen; es gehe um biologische Information – basta. „Junge Menschen müssen über ihren Körper Bescheid wissen", lautete seine summarische Feststellung. Moralische Erwägungen und moralische Erziehung seien irrelevant.[66] Diese Einstellung Wirths war nicht ungewöhnlich in einer Regierung, die offenbar glaubte, Geburtenkontrolle sei die Antwort auf alle möglichen Probleme. Der Leiter der U.S. Agency for International Development, J. Brian Atwood, hatte eine neue, sich über fünf Jahre erstreckende Subvention von $ 75 Millionen an die IPPF mit dem Argument verteidigt, Übervölkerung sei der „Kern" des Chaos in Somalia, in das amerikanische Truppen damals verwickelt waren. Wie ein Land, das beträchtlich größer als Kalifornien ist, aber nur 7 Millionen Einwohner hat, als „überbevölkert" angesehen werden konnte, bleibt unverständlich. Das Argument Atwoods illustriert, wie verworren die Frage der „Überbevölkerung" geworden war.[67]

Der Blick aus den päpstlichen Gemächern

Für Johannes Paul II. bündelte die bevorstehende Konfrontation bei der Weltkonferenz für Bevölkerung und Entwicklung mehrere Aspekte der Krise des Humanismus in den 90er Jahren durch ein einziges Objektiv.

Der Katholizismus hatte, wie andere große Weltreligionen, von Anfang an die Auffassung vertreten, Abtreibung sei eine in sich böse Handlung, die ein Kind töte und seiner Mutter, seinem Vater, dem abtreibenden Arzt und der ganzen Gesellschaft schweren Schaden zufüge. Der Papst behauptete, Abtreibung sei keine Frage der Sexualmoral, sondern der Menschenrechte. Der moralische Ort der Abtreibungsdebatte sei das alte Gebot, Unschuldige nicht zu töten – nicht das darauffolgende sechste Gebot des Dekalogs, das Keuschheit fordert. Das Erklären dieses schweren Unrechts zu einem „Recht" verderbe nicht nur die Sprache, es bedrohe die Geltung des internationalen Rechts. Auch der spezifische Feminismus des Papstes wie seine umfassende Erfahrung als Seelsorger verwiesen darauf, daß Abtreibung auf Verlangen – Abtreibung als ein Punkt auf einer langen Liste von Möglichkeiten der Familienplanung – sehr schlecht für die Frauen und für die Beziehungen zwischen Männern und Frauen war, da sie für die Verantwortungslosigkeit brutaler Männer eine technische „Lösung" bot. Die umfangreichen, weltweiten Erfahrungen der Kirche in der Beratung und Gesundheitsfürsorge für Frauen, die im Dilemma einer unerwünschten Schwangerschaft steckten, sprachen dafür, daß das Verhältnis zwischen dem Streben nach Gleichheit für die Frauen und Abtreibung auf Verlangen nicht so einfach war, wie manche behaupteten.

Die von den Amerikanern angeführte Kampagne für ein international anerkanntes Recht auf Abtreibung bei der Kairoer Konferenz verlief in einem beunruhigenden historischen Rahmen. Als die sich entwickelnden Demokratien Ostmitteleuropas unter den Trümmern des Totalitarismus hervorkrochen, hatte der Papst sie dringend gebeten, ihre neugewonnenen Freiheiten nicht nach der seichten Vorstellung einer automomen Freiheit auszuleben, die er rasch als neue Bedrohung der freien Gesellschaft erkannt hatte. Jetzt schien es, als würde von der einzigen Supermacht der Welt, UN-Organisationen, einigen europäischen Regierungen und einer kapitalkräftigen Gruppe mächtiger Nichtregierungsorganisationen eine Allianz geschmiedet, um diese unzureichende Vorstellung von Freiheit im Namen von „sexuellen Rechten" [man verwendete dafür den Euphemismus „Fortpflanzungsrechte"] in das internationale Recht aufzunehmen. Das war eine Schlacht, an der man sich beteiligen mußte.

Das Oberhaupt einer Kirche, deren Gläubige zunehmend in der dritten Welt lebten, erkannte noch einen anderen Aspekt dieses Problems. Die Kairoer Konferenz drohte ein weiteres Beispiel dafür zu werden, daß Länder der ersten Welt ihre politische Linie und ihre Auffassung von Moral Ländern der dritten Welt aufzwangen, indem sie drohten, gegebenenfalls ihre Auslandshilfe zu kürzen. Das wiederum führte zu einer weiteren Form der Korruption bei der UNO, einer Einrichtung, auf die der Heilige Stuhl weiterhin große Hoffnungen setzte.

Das war nicht irgendeine politische Meinungsverschiedenheit zwischen dem Heiligen Stuhl und der Regierung eines Landes. Es war die entscheidende Menschenrechtsfrage der 90er Jahre, und sie wurde auf einer globalen Bühne inszeniert. In der Geschichte jeder Kultur taucht oft eine große, entscheidende Frage auf. Für die USA im 19. Jahrhundert war das die Sklavenfrage, für das Deutschland der 30er Jahre die Judenfrage. In der Sicht Johannes Pauls II. war die Abtreibung nicht irgendein Thema, sondern *das* Thema für die sich entwickelnde Weltkultur, das die freien Gesellschaften der Zukunft stärken oder korrumpieren würde. Sobald die Voraussetzung akzeptiert wurde, daß manche Formen des Lebens unwesentlich seien, entstand eine tödliche Logik, die zur gegebenen Zeit zu Kindstötung, Euthanasie, Genmanipulation und Einflußnahme des Staates auf die Geburtenzahl führte. Das geschah in fortschrittlichen demokratischen Industriegesellschaften, wo die Manipulation des Lebens von Intellektuellen gerechtfertigt wurde, die behaupteten, in die *conditio humana* seien keine moralischen Wahrheiten eingebaut.[68] Und diese Dinge waren zwangsläufig politisch, weil sie das betrafen, was Aristoteles einst als die zentrale Frage der Politik bezeichnet hatte: Wie sollten wir unser Zusammenleben ordnen?

Bei der bevorstehenden Kairoer Konferenz ging es darum, wer in dieser ehrwürdigen Formulierung mit „wir" gemeint war.

Die Beteiligung an einer Auseinandersetzung

Am 19. März 1994 schickte Johannes Paul an alle Staatsoberhäupter der Welt und an den Generalsekretär der Vereinten Nationen ein persönlich unterzeichnetes Schreiben. Er wies zunächst darauf hin, die Kirche unterstütze das von der UNO ausgerufene „Internationale Jahr der Familie" und die „Pflicht" der „zivilen Behörden, [...] zu versuchen, die Entfaltung der Familie zu begünstigen", einer grundlegenden menschlichen Einrichtung, „auch von ihrer moralischen und spirituellen Gesundheit her". Deshalb, sagte der Papst, habe er das geplante Schlußdokument der kommenden Konferenz in Kairo als „eine schmerzvolle Überraschung" empfunden. Man müsse „befürchten, daß moralische Verirrungen zu einem moralischen Niedergang führen könnten, deren erstes Opfer der Mensch wäre".

Die wirtschaftliche Entwicklung sei für die meisten Menschen der Welt von größtem Interesse, und man habe angenommen, diese Entwicklung werde ein zweites Thema der Konferenz von Kairo sein. Aber Fragen der Entwicklung gingen in dem Entwurf zum Kairoer Dokument „gleichsam unbemerkt unter". Dieser scheine weit mehr daran interessiert zu sein, ein „völlig individualistisches Konzept" der menschlichen Sexualität zu fördern; das gehe so weit, daß „die Ehe nunmehr überholt zu sein scheint". Wer, fragte Johannes Paul, war befugt, eine solche Entwicklung zu veranlassen? *„Die Familie gehört zum Besitzstand der Menschheit!* Die allgemeine Erklärung der Menschenrechte bekräftigt zuallererst und eindeutig, daß die Familie ‚das natürliche und grundlegende Element der Gesellschaft' (Art. 16,3) ist." Es sei mehr als paradox, daß in einem der Familie gewidmeten Jahr die Familie nun als etwas Unwesentliches dargestellt werde.

Die vorgeschlagene „allgemeine internationale Anerkennung des Rechtes auf Abtreibung ohne jede Einschränkung" sei ein weiteres schweres moralisches Problem, das von dem geplanten Kairoer Schlußdokument aufgeworfen werde. Die Lektüre dieses Dokuments hinterlasse „den bitteren Eindruck eines Diktates: nämlich eines Lebensstils, wie er typisch ist für gewisse Schichten einer entwickelten, materiell reichen und säkularisierten Gesellschaft". Das sei ein neuartiger, sehr gefährlicher Imperialismus.

Schließlich bat Johannes Paul die Staatsoberhäupter, an die Zukunft zu denken. Das geplante Schlußdokument zeige jungen Menschen das Modell einer „Gesellschaft von ‚Dingen' und nicht von ‚Personen'". Beherrschung der Triebe, Selbstlosigkeit und Verantwortungsgefühl seien Vorstellungen, die man als „einer anderen Zeit zugehörig" betrachte. Die Führer der Welt würden den jungen Menschen den „Sinn des Lebens" vorenthalten, weil sie ihnen nicht die „Pflichten" aufzeigten, „die einem Wesen obliegen, das mit Intelligenz und Willensfreiheit ausgestattet ist".

Am Schluß schrieb Johannes Paul, Bevölkerung und Entwicklung seien tatsächlich wichtige Fragen. Man könne sich mit ihnen nicht ernsthaft befassen ohne einen „Sinn für die Heiligkeit des Lebens" und ohne ein Verständnis für die „Fähigkeit [des Menschen], zu lieben und sich zu opfern". Das fehle letzten Endes in dem Entwurf für das Kairoer Schlußdokument.[69]

Am Tag bevor sein Schreiben offiziell abgeschickt wurde, traf sich Johannes Paul mit Frau Nafis Sadik, der aus Pakistan stammenden Leiterin des UN Fund for Population Activities, die bei der Konferenz in Kairo eine wichtige Rolle spielen sollte. Johannes Paul überreichte ihr eine ausführliche Auflistung von Einwänden gegen den Entwurf für das Kairoer Schlußdokument und versuchte, wie er später sagte, ihr die Lehre der Kirche zu erklären: „Sie wollte darüber nicht diskutieren."[70]

Jahre später behauptete Nafis Sadik gegenüber Journalisten, der Papst sei zornig und aggressiv gewesen – eine Beschreibung Karol Wojtyłas, die für alle, die ihn kennen oder jemals mit ihm zusammengearbeitet haben, wenig plausibel klingt. Ihrer eigenen Aussage zufolge stellte Frau Sadik in ihrem Gespräch mit dem Papst sowohl die Arbeit der von ihr geleiteten Organisation als auch die Konsequenzen des Entwurfs zum Kairoer Schlußdokument falsch dar, denn sie verstieg sich zu der Behauptung, die UNFPA habe mit Abtreibung nichts zu tun.[71] Frau Sadiks Schlußfolgerung aus ihrer 40minütigen Diskussion mit Johannes Paul – „Er mag Frauen nicht. Ich erwartete ein bißchen mehr Sympathie für Leiden und Tod" – war einfach absurd.[72]

In der darauffolgenden Woche wurde jeder beim Heiligen Stuhl akkreditierte Botschafter zu einem Informationsgespräch gebeten, bei dem Kardinal Sodano, der Staatssekretär, Kardinal Etchegaray, der Präsident des Päpstlichen Rates für Gerechtigkeit und Frieden, Kardinal Alfonso López Trujillo, der Präsident des Päpstlichen Rates für die Familie, und Erzbischof Tauran die Einwände des Vatikans gegen den Entwurf des Kairoer Dokuments im einzelnen erläuterten. Was die Diplomaten als „umfassenden und offenen Meinungsaustausch" bezeichnen, war in manchen Kreisen offenbar unerwünscht. Die US-Botschaft beim Heiligen Stuhl hatte vom Büro des Staatssekretärs Timothy Wirth ein Memorandum erhalten, das wiederholte, die Politik der USA für Kairo sei es, ein uneingeschränktes Recht auf Abtreibung zu befürworten, jedoch gleichzeitig durchblicken ließ, man brauche das gegenüber dem „Gastland" nicht zu erwähnen, wenn dieses vermutlich negativ darauf reagiere.[73]

Verunglimpfung in New York, Operation in Rom

Die Konfrontation verlagerte sich jetzt nach New York, wo vom 4. bis 22. April 1994 die dritte Vorbereitungskommission für die Kairoer Konferenz („Prep-Com III") tagte. Staatssekretär Wirth und seine internationalen Verbündeten wollten nicht riskieren, daß eine offene Debatte möglicherweise zu wesentlichen Änderungen am Entwurf für Kairo führte. Der Vorsitzende von Prep-Com III – und dann auch der Konferenz in Kairo – war Dr. Fred Sai, der gewöhnlich als „der Vertreter Ghanas bei der UNO" vorgestellt wurde, jedoch neben seiner UNO-Tätigkeit Präsident der International Planned Parenthood Federation [IPPF] war. Als Msgr. Diarmuid Martin vom Päpstlichen Rat für Gerechtigkeit und Frieden, Delegierter des Heiligen Stuhls bei der Tagung, den vorgeschlagenen Entwurf des Dokuments wegen seiner ethischen Seichtheit kritisierte, schalt ihn der Vorsitzende Dr. Sai öffentlich und beklagte, daß der Vatikan versuche, seine Vorstellungen von Sexualmoral der Welt aufzudrängen. Diese Bemerkungen Sais erhielten lauten Beifall von engagierten Befürwortern einer Geburtenkontrolle, die dicht gedrängt auf der Galerie saßen. Bei einer früheren Sitzung zur Vorbereitung der Kairoer Konferenz hatte Norwegens Ministerpräsidentin Gro Harlem Brundtland die „Obstruktionspolitik" des Vatikans, „eines Kleinstaates ohne natürliche Einwohner", kritisiert. Die United States Catholic Conference, eine eingetragene NRO bei der UNO, erhielt keinen Raum für ein Seminar, und diejenigen, die es organisieren wollten, durften nicht einmal ihre Plakate aufhängen.[74]

Prep-Com III brachte einen wirklich radikalen Entwurf für Kairo hervor. Von den 118 Seiten waren nur sechs dem angeblichen Thema der Konferenz, „Bevölkerung und Entwicklung", gewidmet. Der Rest des Dokuments skizzierte eine Revolution des Lebensstils, die durch internationales Recht legitimiert und durchgesetzt werden sollte. Die „Ehe" war in diesem Entwurf ein Hund, der nicht bellte. Dieses Wort tauchte im Kapitel über die „Familie" nur ein einziges Mal auf – in einem Abschnitt, der „Zwang und Diskriminierung bei Regelungen und Bräuchen hinsichtlich der Ehe" beklagte. Das Dokument befaßte sich mit den „verschiedenen Formen der Familie", sagte aber nichts darüber, wie wichtig stabile Ehen für das körperliche und geistige Wohlbefinden der Kinder sind. Der Entwurf erörterte auch nicht die natürliche und moralische Bindung zwischen Eltern und Kindern; er sagte nicht, wie wichtig diese ist, um so wesentliche Ziele wie bessere Erziehung und Gesundheitsfürsorge für die Jugendlichen zu erreichen. Er unterbrach ferner die Beziehung zwischen Eltern und ihren heranwachsenden Kindern, indem er sexuelle Betätigung nach der Pubertät als ein „Recht" behandelte, das nach Belieben ausgeübt werden kann, und indem er darauf hinwies, daß staatliche „Ämter für sexuelle Gesundheitsfürsorge" („reproductive health care agencies") die primären Berater junger Menschen seien, die mit ihrer Sexualität klarkommen wollten.

Das Dokument strotzte von Orwellschen Euphemismen: Eine vom Staat aufgezwungene Familienplanung wurde zu „Regulierung der Fruchtbarkeit", Abtreibung auf Verlangen zu „gefahrloser Mutterschaft" und „sexuellen Rechten". Noch bedenklicher: Der Entwurf für Kairo schrieb ein umfassendes Programm des staatlichen Zwangs im Dienst „sexueller Rechte" und der Familienplanung vor. Staaten erhielten das Recht, sich über Elternrechte bei der Erziehung von

Jugendlichen hinwegzusetzen und dafür zu sorgen, daß Anbieter von „Gesundheitsfürsorge" die richtige Einstellung zu ihrer Klientel im Teenager-Alter hatten. Regierungen wurden angewiesen, „die Unterhaltungsmedien, einschließlich Seifenopern im Rundfunk und Fernsehen, Theater, Volksbühnen und andere traditionelle Medien einzusetzen", um das Aktionsprogramm des Entwurfs zu fördern. Sie sollten auch Programme einführen, um „die Menschen an ihrem Arbeitsplatz, zu Hause und dort, wo sie sich zur Erholung versammeln, zu erreichen". Heranwachsende Jungen „sollten über Schulen, Jugendorganisationen oder überall, wo sie zusammenkommen" angesprochen werden. Es sollte keinen Lebensbereich – Familie, Arbeitsplatz, Sporthalle, Baseballstadion – geben, in den sich die staatlich unterstützte Propaganda für „sexuelle Rechte und sexuelle Gesundheit" nicht einmischte. Diejenigen, die gemeint hatten, eine derartige staatliche Politik sei 1989 auf dem Müllhaufen der Geschichte gelandet, irrten sich offenbar.[75]

Zwei Tage, nachdem Prep-Com III mit einer vernichtenden Niederlage für den Heiligen Stuhl geendet hatte, sprach Johannes Paul eine Frau selig, deren Leben und Tod dem Bild von Ehe und Familie, das im Entwurf für Kairo propagiert wurde, diametral entgegengesetzt war. Gianna Beretta Molla, eine 40jährige Kinderärztin und Mutter von drei Kindern, war seit zwei Monaten mit einem vierten Kind schwanger, als sich in ihrem Eierstock ein fibröser Tumor bildete. Es gab drei Möglichkeiten. Man konnte ihren Eierstock und ihre Gebärmutter operativ entfernen; das würde ihr Leben retten, aber das ungeborene Kind töten. Man konnte nur den Tumor operativ entfernen und das ungeborene Kind abtreiben; dann konnte sie später wahrscheinlich weitere Kinder zur Welt bringen. Oder man konnte den Tumor entfernen und gleichzeitig versuchen, die Schwangerschaft zu retten – diese Alternative barg schwere Risiken für ihr eigenes Leben. Sie entschied sich dafür, ihr ungeborenes Kind zu retten, und wies den Chirurgen an, die Operation so durchzuführen, daß die Schwangerschaft erhalten blieb. Der Tumor wurde mit Erfolg entfernt, aber Dr. Molla wußte jetzt, daß ihr eine gefährliche Entbindung bevorstand. Wenige Tage vor der Geburt sagte sie zu ihrem Arzt: „Wenn Sie sich entscheiden müssen, sollte kein Zweifel bestehen. Ich verlange, daß Sie sich für das Leben des Kindes entscheiden." Gianna Emanuela kam am 21. April 1962 zur Welt, ihre Mutter Gianna Beretta Molla starb acht Tage später, weil es bei der Geburt Komplikationen gegeben hatte. Am 24. April 1994 wurde sie in Anwesenheit ihres Gatten und ihrer Kinder, auch der 32jährigen Gianna Emanuela, seliggesprochen.

Vier Tage danach, am späten Abend des 28. April, rutschte Johannes Paul in seinem Badezimmer aus. Er blieb während der Nacht in den päpstlichen Gemächern, wurde jedoch am folgenden Tag in die Gemelli-Klinik gebracht, wo ihm eine künstliche Hüfte eingesetzt wurde, weil er sich bei dem Sturz den Oberschenkel gebrochen hatte. Die Operation war kein voller Erfolg. Johannes Paul, der fast ein Dreivierteljahrhundert lang ein sportlich aktives Leben geführt hatte, konnte von jetzt an nur noch mit Mühe gehen.

Es dauerte einige Zeit, aber schließlich gewöhnte sich der Papst an seinen neuen körperlichen Zustand: Er knuffte Freunde, wenn sie ihn besuchten, mit seinem Spazierstock, tat dabei so, als sei es ein Billardstock oder ein Gewehr, und vor Besuchern seiner Audienzen oder Teilnehmern am Rosenkranz jeden ersten Samstag im Monat wirbelte er ihn fast wie ein Varietékünstler in der Luft herum. Er machte sich über seine Schwierigkeiten sogar lustig. Als er bei der Sitzung einer Synode im Oktober 1994 längere Zeit brauchte, um die 20 Meter bis zum Tisch des Vorsitzenden zurückzulegen, schaute er die versammelten Bischöfe an und zitierte jene gemurmelte Bemerkung Galileos über die Bewegung der Erde um die Sonne: „Eppur' si muove", was in seinem Fall bedeutete: „Und er bewegt sich doch!"[76] Trotzdem war es für Johannes Paul nicht leicht, sich an das Älterwerden und an die neuen körperlichen Grenzen zu gewöhnen. „Ich war früher ein Sportler, wissen Sie", sagte er einmal wehmütig und stützte sich dabei schwer auf seinen Stock.[77]

Unmittelbar nach seiner Hüftoperation sah Johannes Paul seine persönliche Geschichte, wie die Geschichte überhaupt, durch das Objektiv seiner Überzeugung, daß es in der Vorsehung keine Zufälle gebe. Im vorliegenden Beispiel bestand der Nicht-Zufall zwischen seinen Schmerzen und dem Streit um die bevorstehende Kairoer Konferenz. Als Christ, der mit dem Geheimnis des Kreuzes rang, dachte er darüber am 29. Mai, in seiner ersten sonntäglichen Angelus-Ansprache nach seiner Entlassung aus der Gemelli-Klinik, laut nach. Nachdem er Christus und Maria für das „Geschenk des Leidens", das er als „notwendig" erkannt habe, gedankt hatte, schilderte er seine jüngsten Gedanken:

> Ich habe darüber nachgedacht, ich habe all das während meines Krankenhausaufenthaltes erneut erwogen (...). Ich habe verstanden, daß ich die Kirche Christi in dieses dritte Jahrtausend führen muß durch Gebet und verschiedene Initiativen, aber ich habe gesehen, daß das nicht genügt: Sie muß durch das Leiden, durch das Attentat vor 13 Jahren und durch dieses neue Opfer hineingeführt werden. Warum jetzt, warum in diesem Jahr, warum in diesem Jahr der Familie? Weil gerade die Familie (...) angegriffen wird. So muß der Papst angegriffen werden, muß der Papst leiden, damit jede Familie und die Welt sehen, daß es ein (...) höheres Evangelium gibt: das Evangelium des Leidens, durch das die Zukunft, das dritte Jahrtausend der Familien, jeder Familie und aller Familien, vorbereitet werden soll.

Das, so sagte Johannes Paul am Schluß seiner Ansprache, sei das Zeugnis, das er „vor den Mächtigen dieser Welt" ablegen wolle.[78] Vom 29. Mai 1994 an sollte der Weg des Kreuzes das Pontifikat Johannes Pauls II. immer deutlicher kennzeichnen.[79]

Inzwischen wurde Präsident Clinton von der Führung der katholischen Kirche in den USA scharf kritisiert. Obwohl Timothy Wirth weiterhin behauptete: „Wir haben keinen Streit mit dem Vatikan", machte er persönlich eine Rundreise bei der amerikanischen Hierarchie, wobei er sich besonders auf die Kardinäle konzentrierte. Man darf vermuten, daß er nach einem schwachen Glied in der Kette des Widerstands gegen die Kairo-Politik der Regierung Clinton suchte. Er fand keines. Statt dessen wurde am 29. Mai im Weißen Haus ein Schreiben der sechs US-Kardinäle, mitunterzeichnet vom Vorsitzenden der amerikanischen Bischofskonferenz, abgegeben. Die Unterzeichner beklagten, daß die Regierung „Abtreibung, Empfängnisverhütung, Sterilisierung und eine Neudefinierung der Familie" fördere, und baten den Präsidenten dringend, das „destruktive" amerikanische Programm für Kairo zu revidieren. Im darauffolgenden Monat verabschiedete die Bischofskonferenz eine Resolution, in der die Kirchenfürsten „als religiöse Führer und als amerikanische Bürger" sich darüber empörten, „daß bei dem Bemühen, die globale Akzeptanz der Abtreibung zu fördern, unsere Regierung die Führungsrolle übernimmt".[80]

Anfang Juni war Präsident Clinton in Rom und sprach am 2. Juni im Vatikan mit Johannes Paul. Als der Präsident nach der Audienz eine Gruppe amerikanischer Seminaristen traf, sagte er ihnen, der Papst habe mit ihm ausführlich über die Weltlage gesprochen. Da Johannes Paul sich wegen der Kairoer Konferenz bekanntlich schwere Sorgen machte, erschien das vielen Anwesenden als eine wenig überzeugende Beschreibung dessen, was sich gerade ereignet hatte.

Am 16. Juni veröffentlichte das Vorstandsgremium der neu errichteten Päpstlichen Akademie für das Leben – eine internationale Gruppe von Ärzten, Bioethikern und Philosophen – eine Erklärung zur Kairoer Konferenz. Ihr lag ein Werturteil zugrunde, das nach Auffassung der Akademie nicht rational und wissenschaftlich diskutiert werden konnte: „Von seiner Empfängnis bis zum letzten Augenblick des Lebens ist jeder Mensch das gleiche menschliche Wesen, das sich entwickelt und stirbt." Aus dieser biologischen Tatsache ergaben sich gewisse moralische Werturteile:

> Wir behaupten, daß jedes Glied der Gattung „Mensch" eine Person ist. Die einem jeden gebührende Fürsorge hängt weder von seinem Alter ab noch von der Krankheit, die ihn befallen könnte. (...) Die Rechte der menschlichen Person sind *absolut unantastbar*. Die befruchtete menschliche Eizelle, der Embryo, der Fötus dürfen weder verschenkt noch verkauft werden. Man kann und darf ihm nicht das Recht auf fortschreitende Entwicklung im Schoß seiner Mutter verweigern. Niemand darf ihn irgendeiner Form der Verwertung unterwerfen. Keine Autorität, auch nicht die seines Vaters oder seiner Mutter, darf sein Leben gefährden.[81]

Ein außerordentliches Konsistorium aller Kardinäle der Welt, das am 13./14. Juni zusammentrat, veröffentlichte eine von dem New Yorker Kardinal John O'Connor vorgeschlagene Erklärung. Sie unterstützte die Lehre des Papstes über die Natur und die Rechte der Familie sowie „sein Beharren darauf, daß die Familie, vor allem in Fragen der Fortpflanzung, keinem Zwang unterworfen sein soll". Die „gescheiterte Sozialpolitik vieler entwickelter Nationen", so endete die Erklärung, „sollte nicht den Armen der Welt aufgedrängt werden".[82]

Die Kampagne des Papstes

Um die gleiche Zeit eröffnete der Papst vor dem Gerichtshof der Weltmeinung eine anhaltende öffentliche Kampagne, um eine Opposition gegen den politischen Moloch zu sammeln, den die Organisatoren von Prep-Com III jetzt in Kairo entfesseln wollten. Diese Kampagne war nicht wortreich, und sie hatte nichts von der äußeren Aufmachung demokratischer Winkelzüge oder internationaler Werbeaktionen. Sie bestand aus 12 zehnminütigen Ansprachen bei der wöchentlichen Generalaudienz oder beim sonntäglichen Angelus. Der Papst verzichtete auf laute Worte. Indem er jedoch die ethischen Irrtümer des Entwurfs für Kairo aufzeigte und zu dem darin verkörperten Libertinismus eine moralische Alternative anbot, löste er eine Widerstandsbewegung von internationalem Ausmaß aus, die sich als recht kraftvoll erweisen sollte.

Viele der Themen waren vertraut und erinnerten an frühere Ansprachen und Texte des Papstes. Manche Ansprachen erschlossen Neuland, indem sie den Feminismus Johannes Pauls weiterentwickelten und häufig verbreitete Unwahrheiten über die katholische Sexualethik attackierten. In beiden Fällen klärten die Ansprachen über das auf, was nach Meinung des Papstes in Kairo auf dem Spiel stand.

In der Angelus-Ansprache vom 12. Juni betonte Johannes Paul das Recht auf Leben als *das* grundlegende Menschenrecht und als Fundament für jedes sinnvolle Menschenrechtsprogramm.[83]

Beim Angelus vom 19. Juni erklärte er, die Ehe „als feste Verbindung eines Mannes und einer Frau, die sich zum gegenseitigen Sich-selbst-Schenken verpflichten und offen sind für die Weitergabe des Lebens" sei keine sektiererische Idee, sondern „ein ursprünglicher Wert der Schöpfung". Der Verlust dieser Wahrheit sei „eine Gefahr für die ganze Menschheit".[84]

Während seiner Generalaudienz am 22. Juni skizzierte Johannes Paul in Umrissen seinen spezifischen Feminismus. Er behauptete, aufgrund des männlichen Egoismus werde die Frau zu oft als Objekt betrachtet, verteidigte die Gleichheit von Frau und Mann in bezug auf die personale Würde und argumentierte, sowohl in der Gesellschaft als auch in der Kirche müßten „Gleichheit und Verschiedenheit der Frau" anerkannt werden.[85]

Beim Angelus vom 26. Juni erklärte Johannes Paul: „Die Sexualität [ist] eine ‚Ausdrucksweise' der Liebe und kann deshalb nicht als reine Triebhaftigkeit gelebt werden."[86]

Am 3. Juli erinnerte der Papst die Welt daran, daß die Wesenseigenschaften der Ehe – Einheit der Personen, ganzheitliche Lebensgemeinschaft und gegenseitige Treue – die Kennzeichen eines Bundes, nicht eines bloßen Vertrags, seien.[87]

Beim Angelus am 10. Juli argumentierte Johannes Paul, stabile Ehen seien entscheidend für das Wohlergehen der Kinder, die angeblich eines der primären Anliegen der Kairoer Konferenz waren.[88]

In seiner Angelus-Ansprache am 17. Juli bekämpfte der Papst ein verbreitetes antikatholisches Gerücht, indem er die Welt daran erinnerte, daß die Kirche keine „Ideologie unbegrenzter Fruchtbarkeit" unterstütze. Sie vertrete vielmehr eine Ethik, nach der Ehegatten,

> wenn sie sich entschließen zu zeugen oder nicht zu zeugen, (...) sich nicht vom Egoismus oder von der Leichtfertigkeit leiten lassen, sondern von einer umsichtigen und bewußten Hochherzigkeit, die die Möglichkeiten und Umstände abwägt und die vor allem das Wohl des Ungeborenen in den Mittelpunkt stellt.[89]

Beim Angelus vom 24. Juli verurteilte Johannes Paul Programme der Familienplanung, die „auf autoritäre Weise oder durch Ausübung von Zwang" in die Ehe eingreifen, als Verstöße gegen die menschliche Würde von Ehepaaren.[90]

Am 31. Juli sagte der Papst, ein Kind sei ein Geschenk, das die Eltern um seiner selbst willen wollen müßten; sie dürften es nie „zum Werkzeug eigener Interessen oder persönlicher Befriedigung" machen.[91]

Die öffentlichen Dimensionen der Abtreibungsfrage waren das Thema des Angelus vom 7. August. Kein gerechter Staat könne ein privates Recht auf tödliche Gewalt zu privaten Zwecken gutheißen. Die Grundlagen des Rechtsstaates würden untergraben, wenn der Staat den moralischen Anspruch des ungeborenen Kindes auf Schutz nicht anerkenne.[92]

In seiner Angelus-Ansprache am 14. August kehrte Johannes Paul zum Feminismus zurück. Diskriminierung der Frau „in den Bereichen der Arbeit, der Kultur und der Politik" müsse im Namen einer authentischen Emanzipation abgeschafft werden, denn die Gesellschaft brauche im zivilen Zusammenleben den „weiblichen Genius in allen seinen Ausdrucksformen".[93]

Beim Angelus am 28. August beschloß der Papst die Reihe seiner Ansprachen in einem philosophischen Ton. Der radikale Individualismus, erklärte er, sei unmenschlich und entmenschlichend, ebenso eine „von ethischen Bezügen losgelöste" Sexualität. Die Kairoer Konferenz sollte eine „Kultur der verantwortlichen Zeugung" fördern.[94]

Während Johannes Paul diesen kurzen Kurs in Ethik der Sexualität und des Familienlebens abhielt, drängte er seinen Pressechef Navarro-Valls, sich in die öffentliche Debatte einzuschalten. „Sie sollten deutlich sagen, was wir denken", lautete die Anweisung des Papstes an Navarro hinsichtlich der Rolle, die dieser vor und während der Kairoer Konferenz spielen sollte.[95] Aber mit wem sollte Navarro sprechen? Er nahm an, nicht nur mit den Leuten, die Prep-Com III manipuliert und die Delegation des Heiligen Stuhls dort beschimpft hatten. Die Alternative war, die Frage der Weltöffentlichkeit vorzutragen. Navarro begann eine Reihe von Pressegesprächen im Pressesaal des Vatikans, was bald zu einem weiteren Zusammenstoß mit den USA führte. Vizepräsident Al Gore, der während der ersten Tage der Konferenz in Kairo die US-Delegation leitete, hielt am 25. August eine Rede vor dem nationalen Presseclub in Washington, in der er behauptete: „Die USA haben nicht versucht, ein internationales Recht auf Abtreibung einzuführen, sie versuchen es nicht, und sie werden es nicht versuchen."[96] Am 31. August wies Navarro darauf hin, daß die im Entwurf für Kairo enthaltene Definition, „sexuelle Gesundheitsfürsorge" umfasse auch „Schwangerschaftsabbruch", auf eine Initiative der USA zurückgehe. Er schloß mit den Worten: „Der Entwurf für das Dokument, den vor allem die USA unterstützt haben, widerspricht in Wirklichkeit der Behauptung von Mr. Gore."[97] Das war gegenüber dem Inhaber eines hohen Staatsamtes ein beispielloser Rüffel. Johannes Paul war mit diesem Abweichen von der herkömmlichen diplomatischen Zurückhaltung des Vatikans nicht unzufrieden.[98]

Die Konferenz in Kairo

Das Bild von der Kairoer Konferenz als einem Zusammenstoß zwischen den USA und der überwältigenden Mehrheit der Weltmeinung auf der einen Seite und einem isolierten, prüden, frauenfeindlichen Vatikan auf der anderen wurde gleich zu Beginn erschüttert. Am 5. September trat die pakistanische Ministerpräsidentin Benazir Bhutto – unverkennbar eine Frau, eine Absolventin von Harvard und eine wichtige Politikerin – während der bei Konferenzbeginn abgegebenen Erklärungen ans Rednerpult, um die „Heiligkeit des Lebens" zu verteidigen und den Entwurf für Kairo abzulehnen, weil er versuche, „allen

Ländern Ehebruch, Sexualerziehung (...) und Abtreibung aufzuzwingen".[99] Damit machte sie den Vorwurf unglaubwürdig, ein engstirniger Heiliger Stuhl verzögere einen Konsens über den Schlußbericht der Konferenz, der auf dem von Prep-Com III entwickelten Entwurf basieren sollte. Jetzt war es Zeit, ernsthaft zu verhandeln.

In den nächsten fünf Tagen kam es zu einem völligen Stillstand, als die Delegationen über die Abtreibungsformulierungen des Schlußberichts, seine Erörterung der Familie und seine Einstellung zur Sexualität von Jugendlichen einen Konsens zu erreichen suchten.[100] Die USA begannen von ihrer vorher erklärten Position, daß der Schlußbericht die Abtreibung auf Verlangen als ein Mittel der Familienpolitik befürworten müsse, abzurücken. Mittlerweile ließen Delegierte sowie Aktivisten von Nichtregierungsorganisationen ihren antikatholischen Vorurteilen freien Lauf. Als Gail Quinn, ein amerikanisches Mitglied der Delegation des Heiligen Stuhls, zu erklären versuchte, warum der Vatikan einem Teil der im Entwurf verwendeten Abtreibungsformulierungen widerspreche, wurde sie ausgebuht und ausgezischt. Dr. Sai, der Vorsitzende der Konferenz, tat nichts, um diese Beschimpfungen zu unterbinden, und mußte von der Delegierten aus Benin daran erinnert werden, daß in UNO-Konferenzen die Redefreiheit heilig sei. Als Frau Quinn in einem nur Delegierten zugänglichen Teil des Konferenzgebäudes an zwei Vertreterinnen der USA vorbeiging, hörte sie, wie die eine zur anderen sagte: „Da läuft dieses Miststück." Der Kolumbianer Miguel Trias, Chef einer von der Regierung unterstützten Familienplanungsorganisation, klagte vor der Presse: „Diese lateinamerikanischen Länder versuchen, den Vatikan glücklich zu machen. Aber in 2000 Jahren ist der Vatikan noch nie glücklich gewesen."[101]

Trotz Presseberichten über Niederlagen des Vatikans hatte der Heilige Stuhl während der ersten Woche der Kairoer Konferenz sehr viel erreicht. Der ausgehandelte Schlußbericht stellte unzweideutig fest, daß „Abtreibung auf keinen Fall als eine Methode der Familienplanung gefördert werden sollte". Das Hauptstück der US-Einstellung zu Kairo – die Definition der Abtreibung auf Verlangen als ein international anerkanntes Grundrecht – wurde aufgegeben, denn die Amerikaner und ihre Verbündeten mußten einsehen, daß hinter ihrer Position kein internationaler Konsens stand. Die bei Prep-Com III angewandte Einschüchterungstaktik verfing in Kairo nicht. Der revidierte Schlußbericht erkannte nun die Rechte und Pflichten der Eltern gegenüber ihren heranwachsenden Kindern an, und die schlimmsten Auswüchse von Orwellschem Sprachgebrauch hinsichtlich der „Familienstruktur" im Dokument waren gestutzt worden.[102]

Die Niederlage der Regierung Clinton und ihrer internationalen Verbündeten bei der Kairoer Bevölkerungskonferenz war gewiß nicht allein auf die Bemühungen des Heiligen Stuhls zurückzuführen. Wie bei den früheren Weltbevölkerungskonferenzen in Bukarest und Mexico City waren Länder der dritten Welt besorgt darüber, daß hinter den von der ersten Welt dominierten Familienplanungsprogrammen eine in ihren Augen eugenische Agenda stand. Politische Führer in Lateinamerika, Asien und Afrika begriffen, daß *ihre* Bevölkerungen – nicht etwa die von Norwegen – unter „Kontrolle" gebracht werden sollten. Der Widerstand islamischer, lateinamerikanischer und einiger afrikanischer Länder gegen den im Entwurf von Prep-Com III festgeschriebenen Libertinismus war auch ein interessantes Signal für die Zukunft. Selbst wenn man nicht jeden Aspekt des Lebens in diesen Gesellschaften bewundert, kann man feststellen, wie bedeutsam ihre stillschweigende Einsicht ist, daß ein „permissiver Überfluß" nicht das Ziel einer wahrhaft humanen Entwicklung sein kann.[103] Wirklich radikale Feministinnen einer höchst weltlichen Couleur hatten sich ebenfalls gegen den von Prep-Com III vorbereiteten Entwurf gewehrt. Bei den NRO-Diskussionsforen im Umfeld der Kairoer Konferenz veranstalteten sie Scheinprozesse gegen die Weltbank, die IPPF und die UNFPA, die beschuldigt wurden, Frauen durch vom Staat unterstützte und erzwungene Programme der Geburtenkontrolle zu unterdrücken.

Alle diese Faktoren trugen, neben den Interventionen des Heiligen Stuhls, dazu bei, daß das beherrschende Paradigma auf der Kairoer Bevölkerungskonferenz von der „Geburtenkontrolle" zur „Stärkung der Frauen" verschoben wurde. Das war eine Veränderung mit möglicherweise historischen Konsequenzen. Wenn es gelang, das neue Paradigma einer Stärkung der Frauen eher mit einer Neubelebung der Familie und einer erneuten Bestätigung der typisch mütterlichen Stärke der Frauen zu verbinden als mit der in der entwickelten Welt praktizierten sexuellen Revolution, dann würde sich in der internationalen Politik des 21. Jahrhunderts einiges ändern. Ein solches Ergebnis war keineswegs gesichert, und viele hielten es für unwahrscheinlich. Aber daß man es sich überhaupt vorstellen konnte, war ein wichtiges Ergebnis der Kairoer Bevölkerungskonferenz – eines, das noch im Januar 1994 praktisch undenkbar gewesen war.[104]

Ohne die beharrliche Kampagne Johannes Pauls in den Monaten zuvor wäre die Kairoer Konferenz höchstwahrscheinlich anders verlaufen. Der Papst hatte nicht akzeptiert, daß die Kirche – wie es das politische Drehbuch wollte – für diese Debatte irrelevant war. Dadurch waren Verlauf und Ergebnis der Konferenz entscheidend gestaltet worden. Die moralische Argumentation war, wie sich zeigte, imstande, einen wirksamen Widerstand dagegen zu organisieren, daß gewisse Lebensstile der ersten Welt durch internationales Recht und Auslandshilfe dem Rest der Menschheit aufgezwungen wurden.

Niemand zweifelte daran, daß es in der Zukunft zu ähnlichen Auseinandersetzungen kommen würde. Doch Johannes Paul hatte, indem er durch die Macht des Wortes an die besseren Kräfte der universalen menschlichen Natur appellierte, den moralischen Kern der Bevölkerungsdebatte ins Zentrum der Weltbühne gerückt, den Charakter der öffentlichen Diskussion verändert und dazu beigetragen, daß sich die Diskussion von der Geburtenkontrolle zur Stärkung der Frauen verschob. Und das hatte den Verlauf der Kairoer Bevölkerungskonferenz verändert.

Die Kirche als Braut

Während der monatelangen Debatten vor der Kairoer Konfrontation hatte sich Johannes Paul den langgehegten Wunsch erfüllt, den Rhythmus des Lebens im

Vatikan teilweise neu zu gestalten: Er gründete dort einen Konvent für kontemplatives Gebet und veröffentlichte *Ordinatio sacerdotalis*, das vielleicht umstrittenste apostolische Schreiben seines Pontifikats, über die nur Männern vorbehaltene Priesterweihe. Es mochte scheinen, als hingen diese beiden Ereignisse überhaupt nicht miteinander zusammen. In Wirklichkeit bezogen sich beide auf den alten Gedanken des Neuen Testaments, daß die Kirche die Braut Christi sei: ein Bild, das die sakramentale Vorstellung der Kirche von der Welt, ja von der ganzen Wirklichkeit entscheidend formte.

Unablässiges Gebet

Zusätzlich zum Haus der Barmherzigkeit, das er im Vatikan unter der Obhut von Mutter Teresas „Missionarinnen der Liebe" eingerichtet hatte, wollte Johannes Paul in den Mauern des Vatikans unbedingt ein Haus des kontemplativen Gebets errichten. Der Papst predigte seit langem, das Gebet sei nicht nur notwendig, um das eigene Herz ständig zu bekehren und um die Gnade Gottes zu empfangen; es sei auch unerläßlich, um „die Zeichen der Zeit" richtig zu verstehen und um, als Antwort darauf, angemessene pastorale Programme zu entwickeln.[105] Sowohl das pastorale Handeln der Kirche als auch ihr Dienst an der Welt wurzelten letzten Endes in der Kontemplation. Im unablässigen kontemplativen Gebet geweihter und klösterlich lebender Männer und Frauen, deren ganzes Leben aus Fürbitte bestand, äußerte sich besonders stark die ständige Hingabe der Kirche an Christus, ihren Bräutigam, der ihre Liebe durch Gnade erwiderte. Das war der Glaube der Kirche, und Johannes Paul meinte, diese Überzeugung sollte innerhalb des Vatikans konkretisiert werden.

Die Arbeit an einem Nonnenkloster wurde 1992 begonnen und 1993 abgeschlossen. Es lag auf dem sanft abfallenden Gelände oberhalb der Residenz des Gouverneurs des Vatikanstaats. Am 13. Mai 1994, dem 13. Jahrestag von Agcas Attentat, zog eine Gruppe von acht Klarissinnen in das Monastero „Mater Ecclesiae" ein, das nach Maria, der Mutter der Kirche, benannt war. Der zweistöckige Konvent, aus mit Kalkstein verkleideten Backsteinen erbaut und sich an die Mauer Leos IV. anschmiegend, nahm Nonnen aus dem Mutterkloster der Klarissinnen in Assisi sowie aus Konventen in Kroatien, Nicaragua, Ruanda und den Philippinen auf. „Unablässiges Gebet in der Nähe Petri", wie es der *Osservatore Romano* ausdrückte, sollte von einer internationalen Gemeinschaft von Frauen dargebracht werden, die aus Bosnien-Herzegowina, Kanada, Italien, Mittelamerika, Ostasien und Zentralafrika stammten.[106] Alle fünf Jahre sollte eine andere Gruppe von Nonnen in den Konvent einziehen. Die Klarissinnen durften den Anfang machen, denn sie waren der älteste kontemplative Frauenorden in der Kirche, und 1993 war das 800. Geburtsjahr der hl. Klara von Assisi.

Die hl. Klara hatte überzeugend über die heilige Jungfrau als Braut Christi geschrieben. In der sakramentalen Vorstellung der Katholiken betraf das bräutliche Verhältnis der Kirche zu Christus jedes Glied der Kirche, nicht nur diejenigen, die Armut, Keuschheit und Gehorsam gelobt hatten. Das neutestamentliche Bild von der Kirche als Braut Christi hatte in Johannes Pauls Theologie des Leibes eine wichtige Rolle gespielt. Der Papst hatte lange darüber nachgedacht, inwiefern der eheliche Charakter des Verhältnisses Christi zu seiner Kirche (angedeutet vom hl. Paulus in Epheser 5,22-33) ein Licht auf zeitgenössische Fragen der menschlichen Sexualität, der Ehe und des Zölibats warf. Neun Tage nach der Eröffnung des Klosters „Mater Ecclesiae", einem klassischen Symbol der Kirche als Braut Christi, brach ein heftiger Streit um die Beziehung dieser Ehe-Symbolik zum Priestertum aus, als Johannes Paul am Pfingstsonntag, den 22. Mai 1994, das Apostolische Schreiben *Ordinatio sacerdotalis* [Die Priesterweihe] unterzeichnete.[107]

Der Streit um Ordinatio sacerdotalis

Die Frage, ob Frauen die Priesterweihe erhalten konnten, wurde in der katholischen Kirche seit der Mitte der 70er Jahre diskutiert, beeinflußt durch den zeitgenössischen Feminismus, theologische Spekulationen über das Wesen des Priesteramtes und die Anerkennung von Frauen als Pfarrerinnen durch die anglikanische Glaubensgemeinschaft. Die katholische Debatte über diese Frage beschränkte sich fast ausschließlich auf Nordamerika und Westeuropa. In diesen Teilen der Welt erwarteten die meisten akademischen Theologen spätestens um die Mitte der 80er Jahre eine Entscheidung zugunsten der Frauenordination.

Papst Paul VI. hatte auf die Anfangsphase dieser katholischen Debatte mit der Erklärung *Inter insigniores* geantwortet, die im Oktober 1976 von der Kongregation für die Glaubenslehre veröffentlicht wurde. Ihr entscheidender Satz lautet: „Die Kongregation für die Glaubenslehre [erachtet es] als ihre Pflicht, erneut festzustellen: Die Kirche hält sich aus Treue zum Vorbild ihres Herrn nicht dazu berechtigt, die Frauen zur Priesterweihe zuzulassen." Zur Begründung dieser Entscheidung verwies *Inter insigniores* auf die beständige Tradition sowohl der katholischen als auch der orthodoxen Kirche, auf die biblische Tatsache, daß Jesus (der sonst in seiner Einstellung zu Frauen seiner Zeit vielfach von der damaligen Kultur abwich) unter die 12 Jünger keine Frauen berief, auf die Fortführung dieser Praxis Jesu durch die Apostel und auf die Bedeutung der männlichen Natur Jesu für diejenigen, die als Priester an seiner Stelle stehen. Das Dokument argumentierte: Diejenigen, die in der Kirche „in der Person Christi" handeln, müssen imstande sein, ikonographisch Christus als Bräutigam und Haupt der Kirche darzustellen.[108]

Inter insigniores heizte die katholische Debatte an, statt sie beizulegen. Während der 80er und frühen 90er Jahre wurden die Auseinandersetzungen heftiger und in mancher Hinsicht radikaler. Manche feministische Theologen und Aktivisten gaben offen zu, daß sie nicht mehr an der Priesterweihe in ihrer derzeitigen Form interessiert waren, sondern daß es ihnen darum ging, die hierarchische Struktur der Kirche insgesamt zu demontieren.[109] Schließlich erklärte Johannes Paul einer Gruppe von Kardinälen und Bischöfen, die er zum Mittagessen eingeladen hatte, er habe über die Debatte nachgedacht und sei zu einem Schluß gekommen. Nach der Erinnerung von Kardinal Ratzinger sagte der Papst: „Ich muß mich dazu äußern. Ich habe die Pflicht, das zu klären, und zwar definitiv."

Da es der Glaubenskongregation nicht gelungen war, in ihrer Erklärung von 1976 eine – wie man meinte – definitive Entscheidung zu treffen, wußte der Papst, daß dies eine päpstliche Verlautbarung sein mußte. Er dachte, daß kein langes Dokument notwendig sei, denn die wichtigsten Argumente waren bereits in *Inter insigniores* vorgebracht worden. Notwendig war eine deutliche, endgültige Aussage, daß diese Debatte über etwas Unmögliches geführt werde. Kardinal Ratzinger und die Glaubenskongregation erhielten den Auftrag, das Dokument auszuarbeiten, und da es ein persönlicher Text des Papstes sein sollte, kam es bei der Ausarbeitung zu einer engen und intensiven Kooperation zwischen der Kongregation und dem päpstlichen Appartement. Die Vorsitzenden der von der Debatte am meisten bewegten Bischofskonferenzen trafen sich in Rom, um über einen Entwurf des geplanten apostolischen Schreibens zu diskutieren und Empfehlungen vorzutragen. Dann gab der Papst dem Schreiben „seine endgültige Form", wie Ratzinger sagte, und am 29. Mai 1994 wurde es veröffentlicht.[110]

Ordinatio sacerdotalis war, wie Johannes Paul wünschte, ein kurzes Dokument. Es gab einen Überblick über die Aussagen Pauls VI. zum Thema Frauen und Priesteramt, darunter eine Ansprache von 1977, in der Papst Paul gesagt hatte, in der Tradition der Kirche spiegle sich die „theologische Anthropologie", die Christus der Kirche als Bestandteil ihrer „grundlegenden Verfassung" gegeben habe.[111] Johannes Paul ergänzte diese Verteidigung der Tradition durch seinen Vorgänger, indem er auf eine weitere biblische Tatsache hinwies, die er in seinem spezifischen Feminismus folgendermaßen interpretierte:

> Im übrigen zeigt die Tatsache, daß Maria, die Mutter Gottes und Mutter der Kirche, nicht den eigentlichen Sendungsauftrag der Apostel und auch nicht das Amtspriestertum erhalten hat, mit aller Klarheit, daß die Nichtzulassung der Frau zur Priesterweihe keine Minderung ihrer Würde und keine Diskriminierung ihr gegenüber bedeuten kann (...).[112]

In *Ordinatio sacerdotalis* befaßte sich Johannes Paul auch mit der von feministischen Theologen und anderen aufgeworfenen Frage der „Machtverleihung", indem er feststellte, „die hierarchische Struktur der Kirche [sei] vollkommen auf die Heiligkeit der Gläubigen ausgerichtet", nicht auf die Ausübung von Macht. Daher habe *Inter insigniores* unter Berufung auf den *1. Korintherbrief* erklärt: „Die Größten im Himmelreich sind nicht die Amtsträger, sondern die Heiligen."[113]

Trotzdem hatten einige weiter behauptet, über die Frage der Frauenordination könne diskutiert werden und die kirchliche Tradition sei keine Angelegenheit der Lehre, sondern der Kirchenverfassung. Deshalb, so schrieb Johannes Paul, müsse er sich äußern:

> Damit also jeder Zweifel bezüglich der bedeutenden Angelegenheit, die die göttliche Verfassung der Kirche selbst betrifft, beseitigt wird, erkläre ich kraft meines Amtes, die Brüder zu stärken (vgl. *Lk* 22,32), daß die Kirche keinerlei Vollmacht hat, Frauen die Priesterweihe zu spenden, und daß sich alle Gläubigen der Kirche endgültig an diese Entscheidung zu halten haben.[114]

In seinem Kommentar zu *Ordinatio sacerdotalis* betonte Kardinal Ratzinger, es handle sich nicht um eine neue dogmatische Formulierung, sondern um eine vom ordentlichen päpstlichen Lehramt in endgültiger Weise gelehrte Doktrin

– das heißt nicht eine neue Lehre, die als Vorsichtsmaßnahme getroffen wurde, auch nicht als die wahrscheinlichste Hypothese oder als einfache disziplinäre Verfügung, sondern als eine mit Sicherheit wahre Lehre.

Das bedeute praktisch, daß diese Lehre „immer die volle und bedingungslose Zustimmung der Gläubigen" verlange. Das Gegenteil zu lehren, „käme einer Verführung ihres Gewissens zum Irrtum gleich".[115]

Im Gefolge von *Ordinatio sacerdotalis* flaute die Debatte nicht ab, sondern wurde heftiger. Kardinal Carlo Maria Martini von Mailand sagte: „Das päpstliche Dokument ist maßgebend: Es kann weder widerlegt noch korrigiert werden. Das ist völlig klar." Martini sagte aber auch, die Wahrheit, um die es darin gehe, sei keine „Glaubenswahrheit", denn sie betreffe nichts, was offenbart worden sei. Martini meinte ferner, die künftige Diskussion über den „absolut notwendigen und unersetzlichen" Auftrag der Frauen in der Kirche sollte sich auf das Diakonat konzentrieren, das nach Aussage des Kardinals „der Papst nicht erwähnt und daher nicht ausschließt". In Deutschland behauptete Rita Waschbüsch, die Präsidentin des Zentralkomitees der Deutschen Katholiken, weder der Papst noch irgend jemand sonst könne die Diskussion eines Themas beenden, über das man in der ganzen Kirche weiter spreche, schlug jedoch vor, das Gespräch sollte sich nunmehr darauf konzentrieren, auf welche Weise Frauen in der Kirche, wie sie „derzeit" verfaßt sei, einen umfassenderen Auftrag ausüben könnten. Dieser Hinweis auf eine möglicherweise anders verfaßte Kirche der Zukunft spricht wohl dafür, daß man die Lehraussage von *Ordinatio sacerdotalis* nicht vernommen hatte. In den USA war die Kritik an dem apostolischen Schreiben am lebhaftesten. „Priests for Equality", eine Organisation mit angeblich 4.000 Mitgliedern, veröffentlichte eine Erklärung, in der es hieß: „*Ordinatio sacerdotalis* ist nicht unfehlbar, verzichtet auf die Rücksprache mit den 2.500 Bischöfen der Kirche und drückt ganz gewiß nicht die Meinungen der Gläubigen aus." Die Erklärung schloß mit einer Entschuldigung für „die mangelnde Sensibilität unseres Papstes". Ruth Fitzpatrick, die nationale Koordinatorin der Women's Ordination Conference, fragte, wie eine päpstliche Vorschrift die Menschen hindern könne, zu denken: „Das scheint der wirkliche Verstoß gegen das göttliche Gesetz zu sein." Eine ähnliche Kritik äußerten die Frauen im Kirchenausschuß der Konferenz der Ordensleute in England und Wales; sie erklärten, ihre Vision einer „Kirche, die in allen ihren Ämtern und Strukturen wirklich inklusiv ist", werde von Gruppen in Irland und Australien geteilt.[116]

Eine Anfrage und eine Antwort

Angesichts der Verdrehung und Mißdeutung des Wesens und der Substanz der Lehraussage Johannes Pauls in *Ordinatio sacerdotalis* folgte unerbittlich die nächste Stufe des Streites. Während der durch das apostolische Schreiben entfachten hitzigen Debatte schickte ein Bischof ein *dubium* – eine Anfrage, die eine amtliche Antwort erforderte – an die Kongregation für die Glaubenslehre. Der Wortlaut war:

> *Zweifel:* Ob die Lehre, die im Apostolischen Schreiben *Ordinatio sacerdotalis* als endgültig [fest]zuhaltende vorgelegt worden ist, nach der die Kirche nicht die Vollmacht hat, Frauen die Priesterweihe zu spenden, als zum Glaubensgut gehörend zu betrachten ist.[117]

Weniger förmlich: Nach der Erinnerung von Kardinal Ratzinger hatte die Glaubenskongregation von einem Bischof eine Anfrage erhalten, die praktisch auf folgendes hinauslief: Wie soll ich das alles verstehen? Der Papst erklärt, er habe endgültig gesprochen, aber die Theologen sind anderer Meinung. Manche Bischöfe haben den Eindruck erweckt, die Lehraussage sei tatsächlich nicht „endgültig". Der Heilige Stuhl müsse klären, ob die Lehraussage endgültig sei oder nicht. Die Glaubenskongregation, so schloß der Bischof, sei verpflichtet, ihm eine Antwort zu geben.

Diese Anfrage führte laut Ratzinger zu einer „schwierigen Diskussion" zwischen den Mitgliedern der Kongregation und Johannes Paul. Die Schwierigkeit betraf nicht die Substanz von *Ordinatio sacerdotalis*; alle Beteiligten waren überzeugt, diese sei wahr, endgültig und ein Bestandteil des für die Kirche konstituierenden Willens Christi. „Schwierig" war die Diskussion deshalb, „weil die Bedeutung des Wortes ‚unfehlbar' für jeden ein Erdbeben ist. So gab es anfänglich verschiedene Meinungen, selbst unter den Kardinälen. Alle waren sich darüber einig, daß *es so ist*. Die einzige Frage war, wie man es besser sagen könnte, und darüber gab es verschiedene Auffassungen."[118]

Die von der Glaubenskongregation schließlich akzeptierte Lösung, und die von Johannes Paul persönlich gebilligte Antwort, wurde mit der Unterschrift Kardinal Ratzingers am 28. Oktober 1995 veröffentlicht:

> *Antwort:* Ja.
> Diese Lehre fordert eine endgültige Zustimmung, weil sie, auf dem geschriebenen Wort Gottes gegründet und in der Überlieferung der Kirche von Anfang an beständig bewahrt und angewandt, vom ordentlichen und universalen Lehramt unfehlbar vorgetragen worden ist (vgl. II. Vatikanisches Konzil, Dogmatische Konstitution *Lumen gentium*, 25,2). Aus diesem Grund hat der Papst angesichts der gegenwärtigen Lage in Ausübung seines eigentlichen Amtes, die Brüder zu stärken (vgl. *Lk 22,32*), die gleiche Lehre mit einer förmlichen Erklärung vorgelegt in ausdrücklicher Darlegung dessen, was immer, überall und von allen Gläubigen festzuhalten ist, insofern es zum Glaubensgut gehört.[119]

Die Antwort der Glaubenskongregation auf die Anfrage des Bischofs lautete, die Lehre von *Ordinatio sacerdotalis* sei definitiv von allen Katholiken festzuhalten, weil sie all die Jahrhunderte hindurch von den Bischöfen der Kirche in Verbindung mit dem Papst beständig gelehrt worden sei. Diese Lehre bilde ein perfektes Beispiel für das „ordentliche und universale Lehramt" der Kirche, wie es das II. Vatikanum in *Lumen gentium* 25 definiert habe. In *Ordinatio sacerdotalis* übe Johannes Paul II. die Unfehlbarkeit des päpstlichen Amtes nicht persönlich aus. Er lehre definitiv, was das „ordentliche" Lehramt der Kirche durch seine beständige Tradition bereits als Glaubensgut definiert habe.[120]

Das löste einen weiteren verletzenden Streit aus, der sich um die Frage drehte, ob die Glaubenskongregation und der Papst den Bereich der unfehlbaren Lehre nicht einseitig ausdehnten. Die Wahrheiten des „Glaubensgutes" waren geschützt durch das Charisma der Unfehlbarkeit, das der Heilige Geist dem Lehramt der Kirche – den Bischöfen in Verbindung mit dem Bischof von Rom

– verleiht. Konnte der Papst Dinge, auf die weder die Bischöfe in einem ökumenischen Konzil noch der Papst bisher den Begriff „unfehlbar" angewandt hatten, als Bestandteil dieses „Glaubensgutes" bezeichnen? Wie konnte ein zugegebenermaßen fehlbarer Akt (wie die Veröffentlichung eines apostolischen Schreibens oder dessen Billigung durch eine „Antwort" der Glaubenskongregation) trotzdem eine unfehlbare Lehre konstituieren, die endgültig als Bestandteil der grundlegenden Wahrheiten des katholischen Glaubens festzuhalten war? Die Frauenordination wurde verstrickt in die komplizierte Streitfrage, die das I. Vatikanische Konzil durch seine Definition der päpstlichen Unfehlbarkeit vergeblich zu schlichten versucht hatte: die Frage nach der Natur des höchsten Lehramts der Kirche und nach den von ihm angewandten Mitteln.

Manche der daraufhin abgegebenen Stellungnahmen bedienten sich einer sehr scharfen Sprache. Der britische Theologe Nicholas Lash, Professor in Cambridge, warf dem Papst einen „ziemlich skandalösen Machtmißbrauch" vor, der wahrscheinlich „gerade die Autorität untergräbt, die der Papst zu bewahren sucht".[121] Hans Küng erhob den Vorwurf, der Papst und Kardinal Ratzinger würden alles aufbieten, „um eine Diskussion zu bedrohen, zu unterdrücken und zu verbieten". Die deutsche Dissidentengruppe „Wir sind die Kirche" veröffentlichte eine von 1,5 Millionen deutschen Katholiken unterzeichnete Bittschrift, in der die Frauenordination gefordert wurde.[122] Pater Richard McBrien von der Universität Notre Dame erklärte, es sei „höchst unverantwortlich, daß der Vatikan etwas sagt, das nicht ganz das bedeutet, was es zu bedeuten scheint". Er fragte, ob Johannes Paul andeuten wolle, daß diejenigen, die *Ordinatio sacerdotalis* ablehnten, Ketzer seien, die damit erklärtermaßen „außerhalb der Kirche" stünden.[123]

Diese Debatte trug dazu bei, einige der Fragen zu klären. Pater Avery Dulles SJ, von vielen als Musterbeispiel theologischer Sorgfalt unter den katholischen Denkern der USA angesehen, klärte das Problem des maßgeblichen Status der Lehre in einem Vortrag vor den Bischöfen der USA im Juni 1996. Dabei sagte Dulles, die in *Ordinatio sacerdotalis* gelehrte Doktrin sei unfehlbar, aber nicht aufgrund der Tatsache, daß sie in einem apostolischen Schreiben enthalten sei, oder aufgrund der „Antwort" der Glaubenskongregation. Das liege außerhalb der Zuständigkeit der Glaubenskongregation, und Johannes Paul habe sich dafür entschieden, seine Vollmacht, die Lehre zu definieren, nicht durch eine direkte Berufung auf sein unfehlbares Lehramt auszuüben. Das apostolische Schreiben und die „Antwort" hätten vielmehr auf eine „klassische theologische Methode" zurückgegriffen, indem sie sich auf eine große Auswahl an Quellen stützten, darunter das Wort Gottes in der Heiligen Schrift, die ununterbrochene Tradition der Kirche sowie das „ordentliche und universale Lehramt", wie es im II. Vatikanum definiert wurde. Das Gewicht dieser Quellen, argumentierte Dulles, spreche im vorliegenden Fall stark für den Heiligen Stuhl. Johannes Paul habe maßgeblich eine Wahrheit festgestellt, die vom „ordentlichen und universalen" Lehramt der Kirche 2.000 Jahre hindurch unfehlbar gelehrt worden sei.[124]

Um die gleiche Zeit, als Dulles *Ordinatio sacerdotalis* und die „Antwort" der Glaubenskongregation verteidigte, nahm die Catholic Theological Society of America den ersten Entwurf einer Erklärung an, der die Lehre des apostolischen Schreibens und die Auffassung der „Antwort" vom Lehramt kategorisch ablehnte.[125]

Eine versäumte Chance?

Die Wortwahl, die Richtung und in manchen Fällen die verbale Schärfe der Ablehnung von *Ordinatio sacerdotalis* und der „Antwort" der Glaubenskongregation sprechen dafür, daß die ursprüngliche Entscheidung Johannes Pauls und seiner theologischen Berater – das apostolische Schreiben als eine päpstliche Bestätigung von *Inter insigniores* zu veröffentlichen, statt eine ausführlichere Erklärung abzugeben, warum die bräutliche Natur der Kirche bedeutet, daß die Kirche keine Frauen für das Priesteramt weihen könnte – möglicherweise ein strategischer Fehler war.

Johannes Paul II. hatte während seines ganzen Pontifikats die Grundlagen für eine solche ausgearbeitete Erklärung gelegt. Seine Weiterentwicklung der kirchlichen Lehre vom Leib – Männlichkeit und Weiblichkeit seien keine biologischen Zufälle, sondern Offenbarungen tieferer Wahrheiten über die *conditio humana*, die unmittelbar Gottes Erlösungsabsichten für die Welt berührten – war ein reicher Schatz, der einfach noch nicht existiert hatte, als die Glaubenskongregation 1976 *Inter insigniores* veröffentlichte. Angewandt auf die Frauenordination, hätte die „Theologie des Leibes" den zeitgenössischen „Monosexismus" (die Nivellierung der Bedeutung sexueller Differenzierung) herausgefordert, der unheilvolle Konsequenzen für Kirche und Gesellschaft hatte und die Debatte über die Frauenordination seit ihrem Anfang in den 70er Jahren verzerrte.

Die Weihnachtsansprache des Papstes vor der Kurie 1987 über die „Marianische Kirche" (die Kirche der Jünger, die in Marias eindeutigem „Ja" zum Ruf Gottes wurzelte), die der „Petruskirche" der Autorität und des Amtes vorausging, hatte die Grundlage dafür gelegt, daß die katholische Debatte über das Priesteramt das nachkonziliare Gleis der politischen Kategorien verließ. *Pastores dabo vobis* bot für das 21. Jahrhundert die erfreuliche Aussicht auf eine Neukonzeption des Priesteramtes als eines Dienstes, der das durch die Taufe verliehene allgemeine Priestertum aller Christen erhöhte.

Johannes Pauls Eintreten für die Würde der Frauen und den besonderen „weiblichen Genius" in *Mulieris dignitatem*, sein Feminismus, den er in seinen öffentlichen Äußerungen zur Kairoer Bevölkerungskonferenz weiterentwickelte, und sein ausdrückliches Engagement für die Erweiterung des einzigartigen Auftrags der Frauen in der Kirche hätten herangezogen werden können, um zu erläutern, warum die nur Männern vorbehaltene Priesterweihe mit den Maßstäben zeitgenössischer Ideologien nicht angemessen begriffen werden konnte. Eine ausführlichere Erklärung als *Ordinatio sacerdotalis* hätte auch die Frage der Gerechtigkeit klären und nachweisen können, warum die Tradition der Kirche nicht einfach als Ungerechtigkeit gegenüber den Frauen verstanden werden konnte.[126]

Betrachtet man die in diesem Streit involvierten Leidenschaften und die sich darin spiegelnden kulturellen Verwirrungen, muß man zu dem Schluß kommen, daß wohl keine noch so ausführliche Wiederholung der kirchlichen Tradition das Niveau dieser Debatte merklich angehoben hätte. Doch die Kürze und der Charakter von *Ordinatio sacerdotalis*, die unerbittlich zur „Antwort" der Glaubenskongregation führten, verstärkten in der Öffentlichkeit den Eindruck, dieser Streit müsse als bloßer Schachzug in einem andauernden innerkirchlichen Machtkampf verstanden werden, nicht als ein Streit um die Lehre, der katholische Kernvorstellungen von der sakramentalen Natur der Wirklichkeit betraf.[127]

Das war ein Verlust nicht nur für den Frieden der Kirche, sondern auch für eine moderne Welt, in der die sexuelle Revolution und gewisse Formen des Feminismus die menschliche Sexualität und die entscheidende Bedeutung unserer Erschaffung als Mann und Frau abgewertet hatten. Das intensive Bemühen Johannes Pauls, an der Schwelle des neuen Jahrtausends einen neuen Humanismus zu entwickeln, wurde nicht durch den Inhalt von *Ordinatio sacerdotalis* behindert, sondern durch die Art der Debatte, die das apostolische Schreiben unabsichtlich verhärtete.

Ein päpstlicher Bestseller

Der Herbst 1994 war für Johannes Paul II. gekennzeichnet durch zwei Enttäuschungen, einen großen persönlichen Triumph, einen weithin unbemerkten, aber bedeutsamen ökumenischen Durchbruch und einen besonderen Appell an die Kinder der Welt.

Kein Besuch in Sarajevo

Die erste Enttäuschung war die Absage einer geplanten Reise des Papstes nach Sarajevo. Es schien, als wolle die Welt die langsame Zerstörung der Stadt durch ein erbarmungsloses Bombardement vergessen. Der Papst hatte sich jederzeit bemüht, die Aufmerksamkeit der Welt auf Sarajevo zu lenken.

Im Verlauf des Jahres hatte er abermals auf dem Weg der Geheimdiplomatie versucht, seine ständig vereitelten Initiativen in der ehemaligen Republik Jugoslawien wiederzubeleben. Er schickte Msgr. Vincenzo Paglia, den kirchlichen Berater der Gemeinschaft Sant'Egidio, in privater Mission nach Zagreb, Sarajevo und Belgrad. Paglia sollte versuchen, eine Reise des Papstes nach Kroatien, Bosnien und Serbien zu arrangieren. Der kroatische Präsident Franjo Tudjman, ein Katholik, und der bosnische Präsident Alija Izetbegović, ein Muslim, waren sofort einverstanden. Bei Paglias Treffen mit dem serbischen Führer Slobodan Milošević hatte der Präsident von Restjugoslawien einem Besuch ohne Bedingungen zugestimmt. Selbst der Führer der bosnischen Serben, Radovan Karadžić, einer der Hauptanstifter der Zerstörung Sarajevos, war mit dem Besuch des Papstes in der bosnischen Hauptstadt einverstanden gewesen.

Aber dann begann sich alles aufzulösen. Eine Mehrheit der Heiligen Versammlung der Bischöfe, der höchsten Instanz der serbisch-orthodoxen Kirche, blockierte den Besuch Johannes Pauls in Belgrad. Patriarch Pavle und die vier ihn beratenden Bischöfe, die alle für den Besuch waren, konnten den Rest ihrer Mitbrüder nicht überzeugen. So mußte der Belgrader Teil der päpstlichen Reise gestrichen werden. Bei einer Pressekonferenz am 3. August sagte Navarro-Valls taktvoll: „Man hat dem Heiligen Stuhl mitgeteilt, die Zeit sei noch nicht reif." In derselben Pressekonferenz gab er jedoch bekannt, daß Roberto Tucci SJ, der Reisemarschall Johannes Pauls, und Erzbischof Francesco Monterisi, der Nuntius in Bosnien-Herzegowina, nach Sarajevo aufbrechen würden, um „die Möglichkeit eines baldigen Besuches des Heiligen Vaters in Sarajevo zu prüfen".[128]

Der Besuch in Sarajevo sollte – zumindest diesmal – nicht stattfinden. Am 7. September, dem Tag vor der geplanten Abreise, wurde er aus „Sicherheitsgründen", wie es der Vatikan ausdrückte, abgesagt. Diese Gründe waren sicherlich echt. Obwohl Johannes Paul kein Mensch war, der für seine eigene Sicherheit fürchtete, bestanden Bedenken, weil bei einem eventuellen Angriff auf ihn Zivilpersonen gefährdet sein würden. Der Papst war über die Absage bitter enttäuscht. Als er in der Generalaudienz am 7. September die Verschiebung des Besuches bekanntgab, sagte er, das habe er „mit tiefem Schmerz" getan. Am folgenden Tag, dem Festtag Mariä Geburt, hielt Johannes Paul im Hof von Castel Gandolfo eine Messe zur Unterstützung der Menschen in Bosnien-Herzegowina. Dabei las er die Predigt vor, die er an diesem Tag in Sarajevo hatte halten wollen. Es war ein leidenschaftlicher Appell, mit der „Zerstörungswut" aufzuhören.[129]

Am 10./11. September reiste Johannes Paul nach Zagreb zur 900-Jahrfeier der Erzdiözese. Anderthalb Wochen später zwangen ihn jedoch ständige Probleme mit seiner Hüfte, einen Pastoralbesuch in die USA um ein Jahr zu verschieben. Diese Absage löste sofort eine neue Runde von Gerüchten und Spekulationen in den Medien aus, der Papst sei todkrank.

Im Gespräch mit der Welt

Die Geschichten von einem invaliden, geschwächten Papst wurden bald verdrängt von einer der bemerkenswertesten Buchveröffentlichungen der 90er Jahre: Im Oktober 1994 erschien Johannes Pauls Buch *Die Schwelle der Hoffnung überschreiten,* das rasch ein internationaler Bestseller wurde.

Das Buch begann mit einem Fernsehinterview, das nie stattfand. Zur Feier des 15. Jahrestages seines Pontifikats im Oktober 1993 hatte die italienische Fernsehanstalt RAI geplant, der Journalist Vittorio Messori solle mit dem Papst ein Live-Interview machen. Diese Sendung im Ersten Programm von RAI sollte unmittelbar danach von wichtigen Fernsehanstalten weltweit ausgestrahlt werden. Der Papst sagte zu, aber sein voller Terminkalender im September 1993 machte es unmöglich, das Projekt rechtzeitig bis zu der vom Fernsehen gesetzten Frist fertigzustellen. Einige Monate später erhielt Messori einen Telefonanruf von Navarro-Valls, einem der wärmsten Befürworter des geplanten Fernsehinterviews. Navarro übermittelte eine Nachricht vom Papst:

> Obwohl es nicht möglich war, Ihnen persönlich zu antworten, habe ich Ihre Fragen immer noch auf meinem Schreibtisch liegen. Sie haben mich interessiert, und

ich meine, daß sie nicht unbeantwortet bleiben sollten. So habe ich darüber nachgedacht und (...) beantworte sie (...) schriftlich. Sie haben mir Fragen gestellt, und in gewisser Weise haben Sie ein Recht darauf, eine Antwort zu erhalten ... Ich bin an der Arbeit und werde sie Ihnen zukommen lassen. Und dann lasse ich Ihnen freie Hand.

Im April 1994 suchte Navarro-Valls den italienischen Journalisten in seinem Haus auf und übergab ihm einen großen weißen Umschlag. Dieser enthielt Johannes Pauls Antworten auf die Fragen Messoris, in der Form eines Buchmanuskripts. Den Titel *Die Schwelle der Hoffnung überschreiten* hatte der Papst eigenhändig auf den Aktendeckel geschrieben, der die Ergebnisse dieses beispiellosen Schrittes eines päpstlichen Autors enthielt. Johannes Paul wies darauf hin, daß dieser Titel nur ein Vorschlag sei und daß die Herausgeber die Freiheit hätten, ihn zu ändern. Messori, Navarro und die übrigen an der Veröffentlichung des Manuskripts Beteiligten trafen die weise Entscheidung, den Titel unverändert zu übernehmen. Johannes Paul prüfte und billigte das leicht redigierte Manuskript, das im Oktober 1994 in den wichtigsten Weltsprachen gleichzeitig veröffentlicht wurde.[130]

Päpste hatten Enzykliken, apostolische Schreiben und Predigten verfaßt, aber noch kein Papst hatte ein Buch geschrieben, das im wesentlichen ein Gespräch mit dem Leser über seine eigenen Erfahrungen mit dem christlichen Glauben und über seine Hoffnungen für die Welt war. Frühere Päpste hätten sich vielleicht den Kopf zerbrochen, wie ein solches Buch in die Systematik päpstlicher Dokumente einzuordnen sei. Johannes Paul dachte offenbar, man könne es den Theologen überlassen, das herauszufinden. Er sah in dem Buch eine weitere Chance, das Angebot, das er seit 16 Jahren machte, auf eine sehr persönliche Weise zu klären. Die Frage, was es für einen Papst bedeutete, so etwas zu tun, konnte später beantwortet werden. Nach mehr als anderthalb Jahrzehnten seines Pontifikats leitete Johannes Paul II. die Kirche immer noch als ein Außenseiter, zumindest in den Augen der traditionellen Manager der Päpste.

Für diejenigen, die die von Johannes Paul veröffentlichten päpstlichen Texte verfolgt hatten, enthielt das Buch eigentlich keine Überraschungen. Für andere, die sich inzwischen daran gewöhnt hatten, in Karol Wojtyła einen autoritären Menschen zu sehen, der versuchte, der Gesamtkirche einen rigorosen polnischen Katholizismus aufzuzwingen, war es eine Offenbarung. Entschieden und unverkennbar war dies ein Papst im Gespräch, ein Mensch, der die Lehre lebte, die er in *Redemptoris missio* niedergelegt hatte: „Die Kirche schlägt vor, sie drängt nichts auf." Die Schilderungen seines eigenen Ringens im Gebet; seine autobiographischen Reflexionen über das Schicksal seiner jüdischen Klassenkameraden in Wadowice, über die Wahrnehmung seiner Berufung, darüber, wie er durch seine ersten Erfahrungen als junger Priester mit Brautpaaren lernte, „die menschliche Liebe zu lieben"; seine großen ökumenischen Hoffnungen; seine tiefe Überzeugung, das 20. Jahrhundert sei ein Jahrhundert der Märtyrer; sein leidenschaftlicher Drang, angesichts der modernen Angst dem Humanismus wieder Hoffnung einzuflößen – all das verriet eine starke menschliche und humane Sensibilität, nicht die geistige Verfassung eines strengen Doktrinärs.

Obwohl *Die Schwelle der Hoffnung überschreiten* weite Kreise ansprach, enthielt das Buch weder allgemeine „Spiritualität" noch volkstümliche Philosophie. Es war vielmehr ein weiterer Ausdruck der Kernüberzeugung Karol Wojtyłas, daß Jesus Christus die Anwort auf die Frage jedes Menschenlebens sei. Diese Antwort, so glaubte er, wandte sich an die tiefe Angst der Welt am Ende eines schrecklichen Jahrhunderts:

> [Es gibt jemanden], der das Los dieser vergänglichen Welt in der Hand hält; jemand, der „die Schlüssel zum Tod und zur Unterwelt hat" (vgl. Offb. 1,18); jemand, der das Alpha und das Omega (vgl. Offb. 22,13) sowohl der individuellen als auch der kollektiven Menschheitsgeschichte ist. Und dieser Jemand ist die Liebe (vgl. 1. Joh. 4,8.16): die menschgewordene Liebe, die gekreuzigte und auferstandene Liebe, die ohne Unterlaß unter den Menschen gegenwärtig ist. (...) Nur er kann die volle Garantie für die Worte übernehmen: „Fürchtet euch nicht!"[131]

In einer modernen Welt, die sich einst vor der Existenz Gottes gefürchtet hatte und die sich jetzt davor fürchtete, wozu die Menschheit in einer Welt ohne Gott fähig sein könnte, bedeutete die Begegnung mit dieser Liebe, die Schwelle der Hoffnung zu überschreiten.[132] Das war es, was Johannes Paul II. die ganze Zeit, in vielfältigen Variationen eines einzigen großen Themas, angeboten hatte.[133]

Altwerden und in die Zukunft blicken

Obwohl es in *Die Schwelle der Hoffnung überschreiten* Elemente einer autobiographischen Rückschau gab, blickte der Papst weiterhin in die Zukunft, auch wenn er sichtlich alterte.

Am 11. November, als sein Buch an die Spitze der Bestsellerlisten aufstieg, unterzeichnete Johannes Paul II. eine „Gemeinsame christologische Erklärung" mit der assyrischen Kirche des Ostens, deren Mitglieder im Irak, im Iran, in Syrien, im Libanon, in Indien, Nordamerika und Australien leben. Es war die jüngste einer Reihe ökumenischer Vereinbarungen mit kleineren Ostkirchen, die seit langem von Rom getrennt waren. Die assyrische Kirche des Ostens, die auf dem Konzil von Ephesus (431) mit dem Rest der Christenheit gebrochen hatte, war sogar von jeder anderen christlichen Glaubensgemeinschaft getrennt. Die Gemeinsame christologische Erklärung erkannte an, daß der gleiche Glaube an Christus in verschiedenen Formulierungen ausgedrückt werden könne; katholische und assyrische Christen seien „heute geeint im Bekenntnis des gleichen Glaubens an den Sohn Gottes". Dieser Durchbruch in einem 1500 Jahre alten Streit war ausschließlich eine Leistung Johannes Pauls, und er kündigte eine noch stärkere Zusammenarbeit, vielleicht sogar eine künftige kirchliche Wiedervereinigung an: Die Assyrer begannen gemeinsame Projekte mit der im Irak beheimateten chaldäisch-katholischen Kirche, etwa einen gemeinsamen Katechismus und eine gemeinsame Priesterausbildung.[134]

Obwohl seine ökumenischen Hoffnungen in bezug auf die Orthodoxen an einer Reihe von Fronten vereitelt wurden, machte Johannes Paul stetige Fortschritte bei der Lösung jahrhundertealter theologischer Streitigkeiten mit einer Gruppe alter Ostkirchen, die früher als „monophysitisch" oder „vor-chalkedonisch" bezeichnet wurden, heute jedoch als orientalische orthodoxe Kirchen bekannt sind. Diese Kirchen brachen auf dem Konzil von Chalkedon (451) mit der übrigen Christenheit wegen der Definition der „zwei Naturen" Christi. Doch eine Reihe geduldiger ökumenischer Dialoge mit diesen Kirchen führten während des Pontifikats von Johannes Paul II. zu gemeinsamen Erklärungen mit der armenischen apostolischen Kirche, der koptisch-orthodoxen und der syrisch-orthodoxen Kirche, in denen beide Parteien feststellten, daß ihr Glaube an Christus trotz verbaler Unterschiede in der Formulierung „der gleiche" sei. Obwohl es zu keiner förmlichen Erklärung kam, als der Patriarch der äthiopisch-orthodoxen Kirche im Juni 1993 Rom besuchte, hatte Johannes Paul gesagt, die Katholiken und die Äthiopisch-Orthodoxen hätten den „gleichen" Glauben an Christus. Der Dialog zwischen Rom und den orientalischen orthodoxen Kirchen konnte nun fortschreiten zu Fragen des Wesens der Kirche und der kirchlichen Zuständigkeit.[135]

Diese ökumenischen Fortschritte waren auf mehrere Faktoren zurückzuführen: Die Entwicklung bilateraler theologischer Dialoge; die Unterdrückung kleiner Kirchen, die wie Inseln von einem arabisch-muslimischen Meer umgeben waren (infolge dieses Umstands erschien Rom nicht mehr als alter Feind, sondern eher als Beschützer); Masseneinwanderung in den Westen und der Wunsch dieser Kirchen, unter den Zwängen der Assimilation ihre eigene Identität zu bewahren.[136] So komplex die Motive auch sein mochten, das Ergebnis war, daß die auf die erste Hälfte des ersten Jahrtausends zurückgehenden Streitigkeiten an der Schwelle zum dritten allmählich gelöst wurden.

Die katholische Kirche des 21. Jahrhunderts wurde weiter bestimmt durch Johannes Pauls sechstes Konsistorium zur Ernennung neuer Kardinäle am 26. November 1994. Miloslav Vlk, ein ehemaliger Fensterputzer in Prag, der wegen kommunistischer Unterdrückung sein Priesteramt jahrelang im Untergrund geführt hatte, und Jaime Ortega y Alamino, der Erzbischof von Havanna, der immer noch mit einem der letzten kommunistischen Regime der Welt für die Zukunft Kubas kämpfte, empfingen das Kardinalsbirett, ebenso Vinko Puljić, der 49jährige Erzbischof von Sarajevo. Johannes Paul brach mit der Tradition, indem er den Generalsekretär der Bischofssynode, Jan Schotte, zum Kardinal erhob. Weißrußland bekam seinen ersten Kardinal mit Kazimierz Świątek, dem 80jährigen Erzbischof von Minsk-Mohilew; er hatte zehn Jahre im Archipel Gulag verbracht und dort die Messe auf seiner Gefängnispritsche auf dem Rücken liegend gefeiert, um keinen Verdacht zu erregen. Mikel Koliqi, ein 92jähriger Albaner, der 21 Jahre in kommunistischen Arbeitslagern und 23 Jahre in kommunistischen Gefängnissen verbracht hatte, wurde zum Kardinal ernannt, ebenso zwei ehrwürdige Männer aus der Theologengeneration des II. Vatikanums: der deutsche Jesuit Alois Grillmeier und der französische Dominikaner Yves Congar, der zu geschwächt war, um an dem Konsistorium teilzunehmen. Es war ein völlig internationales Konsistorium, mit neuen Kardinälen aus dem Libanon, der Tschechischen Republik, Japan, Chile, Schottland, Mexiko, Indonesien, Kuba, Belgien, Frankreich, der Schweiz, Uganda, den USA, Peru, Kanada, Spanien, Bosnien, Madagaskar, Vietnam, Weißrußland und Deutschland, die zusammen mit vier Italienern ins Kollegium aufgenommen wurden. Das sechste Konsistorium Johannes Pauls garantierte, daß das Konklave, das seinen Nachfolger wählen würde, multinationaler sein würde als alle früheren.

Der Papst beschloß ein Jahr der Auseinandersetzungen am 13. Dezember 1994 mit einem *Brief an die Kinder.* Johannes Paul schrieb von seinen eigenen Erinnerungen an das Weihnachtsfest und von der Bedeutung der Erstkommunion. Er erinnerte an Märtyrer und Visionäre im Kindesalter als Beispiele für das „Evangelium der Kinder". Am Ende dieses Internationalen Jahres der Familie, mit all dem Streit, den es heraufbeschworen hatte, wollte er die Kinder um etwas bitten, um das während „ihres" Jahres kein anderer Führer der Welt sie gebeten hatte – um ihre Gebete. Kinder, so schrieb er, „wenden sich instinktiv vom Haß ab und werden von der Liebe angezogen". Daher bitte er die Kinder der Welt, „die Pflicht des Gebets um Frieden" auf sich zu nehmen. Die Gebete von Kindern hätten eine gewaltige Kraft, und das sei ein Muster für Erwachsene, die mit dem schlichten und vollen Vertrauen von Kindern beten sollten.[137]

Johannes Paul schloß seinen Brief, indem er die Kinder der Welt bat, Missionare der Liebe zu sein. Einen Monat zuvor hatte er an die Finger der Männer, die er soeben zu Kardinälen ernannt hatte, einen Ring gesteckt und sie ermahnt, Zeugnis abzulegen – notfalls bis zur Aufopferung ihres Lebens. Es mochte so aussehen, als hätten diese beiden Aussagen überhaupt nichts miteinander zu tun. Doch ein Missionar der Liebe zu sein und sich völlig für die Wahrheit aufzuopfern, waren für den Papst zwei Dimensionen des Lebens jenseits der Schwelle der Hoffnung.

19

Eine einzige Welt

Menschliche Solidarität und das Evangelium vom Leben

10. April-8. Mai 1994	Sonderversammlung der Bischofssynode für Afrika tagt in Rom; die Arbeit der Synode wird mit dem Apostolischen Schreiben *Ecclesia in Africa* (veröffentlicht im September 1995) abgeschlossen.
13. Juni 1994	Das Kardinalskollegium erörtert das Jubeljahr 2000.
29. September 1994	Shmuel Hadas, Israels erster Botschafter beim Heiligen Stuhl, überreicht Johannes Paul II. sein Beglaubigungsschreiben.
25. Oktober 1994	Der Hl. Stuhl nimmt „offizielle Beziehungen" zur PLO auf.
10. November 1994	*Tertio millennio adveniente*, apostolisches Schreiben zum Großen Jubeljahr 2000.
Januar-Dezember 1995	Johannes Paul richtet 15 Appelle für Frieden in Bosnien-Herzegowina an die Weltöffentlichkeit.
14. Januar 1995	Über Radio Veritas Asia bittet Johannes Paul alle chinesischen Katholiken dringend, „Wege der Gemeinschaft und der Versöhnung zu suchen".
15. Januar 1995	Zur Abschlußmesse Johannes Pauls beim zehnten internationalen Weltjugendtag in Manila versammelt sich die größte Menschenmenge der bisherigen Geschichte.
25. März 1995	*Evangelium vitae*, Johannes Pauls elfte Enzyklika.
25. Mai 1995	*Ut unum sint*, die erste päpstliche Enzyklika zur Einheit der Christen.
27.-29. Juni 1995	Der Ökumenische Patriarch Bartholomaios I. besucht den Vatikan.
29. Juni 1995	Johannes Paul veröffentlicht seinen *Brief an die Frauen*.
4.-15. September 1995	Die vierte Weltfrauenkonferenz tagt in Peking.
4.-9. Oktober 1995	Johannes Pauls dritte Pastoralreise in die USA.
5. Oktober 1995	Johannes Paul II. spricht vor der 50. Generalversammlung der UNO.

12. November 1995	Zur 400-Jahrfeier der Union von Brest erscheint ein apostolisches Schreiben.
26. Nov.-14. Dez. 1995	Sonderversammlung der Bischofssynode für den Libanon tagt in Rom.
25. März 1996	Zum Abschluß der Bischofssynode von 1994 erscheint das nachsynodale Apostolische Schreiben *Vita consecrata*.
8. Oktober 1996	Blinddarmoperation Johannes Pauls in der Gemelli-Poliklinik.
7.-10. November 1996	Johannes Paul feiert die 50. Wiederkehr seiner Priesterweihe zusammen mit anderen „goldenen Jubilaren" aus der ganzen Welt.
15. November 1996	Johannes Paul veröffentlicht *Geschenk und Geheimnis*, einen Rückblick auf sein Priesterleben.

Als das Kardinalskollegium am Morgen des 13. Juni 1994 zum fünften außerordentlichen Konsistorium von Johannes Pauls Pontifikat zusammentrat, dachte mehr als einer der Kardinäle, der Papst sei im Begriff, einen schweren Fehler zu begehen. Die zweitägige Agenda umfaßte mehrere Punkte, doch was eine beträchtliche Auseinandersetzung innerhalb des Kollegiums und der Kurie verursachte, war das Thema des ersten Tages: Vorbereitungen für das Große Jubeljahr 2000.

In der ersten Jahreshälfte 1994 hatte der Papst jedem Kardinal ein 23seitiges Memorandum, „Gedanken zum Großen Jubeljahr 2000", geschickt und um eine schriftliche Antwort gebeten. Das Memorandum schlug fünf Initiativen zur Jahrtausendwende vor: eine Reihe regionaler Synoden für Asien, den amerikanischen Kontinent und Ozeanien, die in Rom stattfinden sollten; ein großes ökumenisches Treffen aller christlichen Glaubensgemeinschaften; ein internationales Treffen von Führern der Christenheit, des Judentums und des Islams; eine Aktualisierung des kirchlichen „Martyrologiums", d. h. die Aufnahme von Tausenden von Glaubenszeugen in das offizielle Märtyrerverzeichnis; und eine Erforschung des Gewissens der Kirche, um „die von ihren Mitgliedern und gewissermaßen im Namen der Kirche begangenen Fehler einzugestehen".

Bei 40 früheren Gelegenheiten hatte Johannes Paul direkt oder indirekt Fehler eingestanden, die Katholiken im Laufe der Geschichte gemacht hatten: Fehler bei den Beziehungen zwischen den Religionen, Fehler beim Verhalten der Kirche gegenüber ihren eigenen Reformern, Fehler beim Umgang der Kirche mit eingeborenen Völkern, Fehler bei der Behandlung der Frauen und Fehler, die 1054 zum Bruch zwischen Ost und West und im 16. Jahrhundert zur abendländischen Kirchenspaltung durch die Reformation beigetragen hatten. Jetzt schlug der Papst eine weit umfangreichere Gewissenserforschung vor – und sie sollte vor den Augen der ganzen Welt durchgeführt werden. Die Kardinäle waren beunruhigt.

Kardinäle aus den neuen Demokratien Mittel- und Osteuropas waren besorgt, ein öffentliches Eingeständnis früherer Fehlern könnte in Ländern, die gerade von der Last des kommunistischen Antikatholizismus befreit worden waren, die antikatholische Propaganda neu entfachen. Kardinäle der dritten Welt, deren Ortskirchen oft weniger als 200 Jahre alt waren, interessierten sich nicht sonderlich für die verworrene Geschichte des europäischen Katholizismus. Andere Kardinäle waren beunruhigt wegen der historischen Methodik einer solchen Selbstprüfung: War es sinnvoll, die Taten von Kirchenmännern des 14. Jahrhunderts, die vielleicht nach bestem Wissen und Gewissen gehandelt hatten, nach den Maßstäben des 20. Jahrhunderts zu beurteilen? Wieder andere, darunter Giacomo Biffi, der freimütige Kardinal von Bologna, brachten eine theologische Warnung vor: Die Mitglieder der Kirche seien gewiß alle Sünder, aber wenn man das eingestehe, müsse man auch daran erinnern, daß die Kirche selbst – als der Leib Christi – ohne Sünde sei. Einige alterfahrene Mitglieder der römischen Kurie meinten, diese Initiative Johannes Pauls (wie andere in seinem Pontifikat) schicke sich einfach nicht für einen Papst.

In seiner Eröffnungsansprache vor dem Konsistorium wehrte Johannes Paul rasch jeden Versuch ab, die Verantwortung für das Jubiläums-Memorandum auf ungenannte Mitarbeiter abzuwälzen, indem er sich zweimal persönlich auf das Promemoria bezog, „das jeder von euch erhalten hat". Das war sein Dokument, er stand dahinter, und es enthielt seine besten Gedanken zu dem Thema, die er jetzt in weiteren Einzelheiten darlegte.

Der Papst sprach ausführlich über das II. Vatikanische Konzil als den „Gipfelpunkt" der Vorbereitungen der Kirche auf das dritte Jahrtausend. Eine echte Vorbereitung auf das Jubeljahr müsse „als grundlegendes Kriterium die Durchführung der Weisungen des Konzils" haben. Auch die Ökumene hatte in Johannes Pauls Programm für die Jahrtausendwende einen wichtigen Platz: Das Streben nach der Einheit der Christen sei eine der grundlegenden Aufgaben der Kirche auf dem Weg zum Jubeljahr, dabei sei „die Herstellung von gegenseitigem Einvernehmen zwischen dem katholischen Westen und dem orthodoxen Osten" vielleicht die größte Aufgabe. *„Wir dürfen vor Christus, den Herrn der Geschichte, nicht derart gespalten hintreten, wie wir es während des zweiten Jahrtausends leider gewesen sind."*

Das neue Martyrologium, fuhr der Papst fort, hebe die universale Berufung zur Heiligkeit hervor. Johannes Paul wußte, daß die große Zahl der Seligsprechungen in seinem Pontifikat auf Kritik gestoßen war. Er meinte sanft: Wenn einige Anwesende damit Probleme hätten, müßten sie sich eher beim Heiligen Geist als beim Papst beklagen, denn gerade die große Zahl der Seligsprechungen spiegle deutlich *„das Wirken des Heiligen Geistes und die Lebenskraft (...) wider,* die von ihm her in den wesentlichsten Bereich der Kirche strömt, in den der Heiligkeit." Das Leben der Kirche in Gebet und Liturgie sei immer noch historisch unausgewogen; Beispiele der Heiligkeit aus den jungen, erst im zweiten Jahrtausend missionierten Kirchen würden zu wenig beachtet.

Am Ende seiner Ansprache befaßte sich der Papst direkt mit dem schwierigsten Problem, das sein Memorandum aufgeworfen hatte: mit der Läuterung des Gewissens der Kirche an der Schwelle zum dritten Jahrtausend. Bekehrung, sagte er, sei ein wesentliches Element der Vorbereitung auf 2000: „Angesichts dieses Großen Jubiläums braucht die Kirche die ‚metanoia', *die Erkenntnis ihrer historischen Fehler und der Gleichgültigkeit ihrer Gläubigen* gegenüber den Forderungen des Evangeliums." Das war kein Versuch der Kirche, politisch korrekt zu sein. Es war Gehorsam gegenüber dem Wunsch Christi, daß seine Kirche evangeliumsgemäß und heilig sei. Die Läuterung des historischen Gewissens der Kirche war unerläßlich, wenn das Evangelium glaubwürdig gepredigt werden sollte.

Die Kardinäle hörten zu und gingen dann auseinander, um in Gruppen weiter über das Jubeljahr zu diskutieren. Sie lebten in einer bewegten Zeit, und sie waren vielbeschäftigte Männer. Das Jahr 2000 war noch ein halbes Jahrzehnt entfernt. War es wirklich nötig, ihm schon jetzt so viel Aufmerksamkeit zu widmen? Am Ende dieses außerordentlichen Konsistoriums veröffentlichten die Kardinäle zwei Erklärungen. Die erste forderte die Welt angesichts der Blutbäder in Ruanda auf, das internationale Recht hinsichtlich eines humanitären Eingreifens zu klären. Die zweite unterstützte Johannes Pauls Kampagne, den moralischen Kern der Kairoer Bevölkerungskonferenz deutlicher herauszustellen.

In bezug auf das Große Jubeljahr 2000 war man offenbar überwiegend nicht der Meinung, daß es eine besondere Gelegenheit sei. Hinter verschlossenen Türen äußerten verschiedene Kardinäle ihre Bedenken gegen gewisse Aspekte des vom Papst vorgeschlagenen Programms, besonders gegen die Läuterung des Gewissens der Kirche vor den Augen der Welt. Beobachter konnten kaum behaupten, das Kardinalskollegium habe am 14. Juni 1994 das Konsistorium voller Begeisterung für das Große Jubeljahr 2000 verlassen.

Genau fünf Monate später begann Johannes Paul persönlich, die universale Kirche auf das Große Jubeljahr vorzubereiten. Es gab einen *kairos*, eine von Gott geschickte Gelegenheit, die man ergreifen mußte, und er war entschlossen, das zu tun. Die Begeisterung vielbeschäftigter kirchlicher Würdenträger, denen es manchmal schwer fiel, inmitten ihrer alltäglichen Sorgen gewaltige historische Chancen zu erkennen, würde sich zu gegebener Zeit schon einstellen.[1]

DIE HEILIGUNG DER ZEIT

Das Jahrtausendthema tauchte bereits in den ersten Stunden von Johannes Pauls Pontifikat auf. Unmittelbar nach seiner Wahl hatte Kardinal Wyszyński zu ihm gesagt, er müsse „die Kirche ins dritte Jahrtausend führen".[2] In der Enzyklika zum Beginn seines Pontifikats, *Redemptor hominis*, hatte Johannes Paul die Zeit bis zum Jahr 2000 als einen „neuen Advent" bezeichnet,[3] und das bevorstehende Jubeljahr hatte die Tagesordnung der außerordentlichen Synode von 1985 beeinflußt. Nach dem Treffen der Kardinäle vom Juni 1994 präsentierte Johannes Paul der Kirche und der Welt die ausführlichste Darlegung seiner Millenniumsvision in dem Apostolischen Schreiben *Tertio millennio adveniente* [Beim Herannahen des dritten Jahrtausends], das am 10. November unterzeichnet und am 14. November 1994 veröffentlicht wurde. In diesem seinem poetischsten Text wies der Papst darauf hin, daß die Vorbereitung auf das Jahr 2000 der hermeneutische „Schlüssel" für sein ganzes Pontifikat sei.[4]

Die Zeitenwende

Tertio millennio adveniente beginnt mit einer genauen Bestimmung dessen, was die Wende zum dritten Jahrtausend bedeutet. Am Horizont zeigt sich nichts Geringeres als der 2000. Jahrestag des entscheidenden Wendepunkts der Geschichte: der Fleischwerdung des Sohnes Gottes, des Wortes, durch das Gott der Vater das Universum geschaffen hatte.[5] Der fleischgewordene Sohn offenbarte der Welt das Antlitz Gottes des Vaters. Gleichzeitig offenbart uns Christus, der Erlöser der Welt, das wahre Gesicht der Menschheit.[6] Deshalb hat das Jahr 2000 eine universale Bedeutung. Man könnte sagen, es ist der 2000. Jahrestag der Offenbarung des wahren Humanismus.

Die Inkarnation Christi ist noch aus einem zweiten Grund der Wendepunkt der Menschheitsgeschichte. In der Inkarnation wurde die große Sehnsucht des Menschen nach Gott erfüllt – durch Gott selbst, durch Gott, der die Menschheit sucht: „Gott kommt in Person, um zum Menschen über sich zu sprechen und ihm den Weg zu zeigen, auf dem er ihn erreichen kann." Das Christentum ist kein blindes Suchen nach dem Göttlichen, sondern die *„Glaubensantwort* [des Menschen] an Gott, der sich offenbart." In dieser Antwort erfahren Männer und Frauen sich als „das Sichtbarwerden der Herrlichkeit Gottes, berufen, aus der Fülle des Lebens in Gott zu leben".[7] Die Inkarnation antwortet auf die Sehnsucht des Menschen nach einem Lebensziel, das die Grenzen von Raum und Zeit und Tod transzendiert: Das Christentum ist „die Religion des ‚Verweilens in den Tiefen Gottes'", wie Paulus den Korinthern geschrieben hatte. Und es ist ein Verweilen ohne Ende, ermöglicht durch die Selbstentäußerung des Wortes Gottes in seiner Inkarnation, seiner Geburt, seinem Leben und seinem Opfertod.[8]

Durch die Inkarnation, schreibt Johannes Paul, „wurde die Zeit zu einer Dimension Gottes", und die Wahrheit über die Zeit wurde offenbart: Die Zeit ist keine banale Chronologie, sondern ein kunstvoll strukturiertes Drama. Umgekehrt, als der Sohn Gottes – obwohl er die zweite Person der Trinität blieb – in die Geschichte eintrat, nahm er die Zeit auf sich und wurde dann sozusagen direkt in das Leben Gottes erhöht – Vater, Sohn und Heiliger Geist. Aus all dem, schreibt der Papst, ergibt sich *„die Pflicht, die Zeit zu heiligen"*. Jubeljahre kommen aus diesem Gedanken der geheiligten Zeit, den die Kirche aus ihren jüdischen Wurzeln übernommen hat. Im Christentum wie im Judentum sind Jubeljahre Zeiten der Befreiung, verbunden mit einer messianischen Hoffnung. Die endgültige Befreiung der Menschheit, noch in der Zukunft, wird messianisch sein – die Vollendung des Erlösungswerkes Gottes in der Geschichte durch die endgültige Errichtung des Gottesreiches.[9] Zur Erinnerung an den 2000. Jahrestag des Anfangs dieses Reichs in Jesu Leben, Tod und Auferstehung wird die Kirche das Jahr 2000 als das „Große Jubeljahr" feiern.[10]

Das Große Jubeljahr ist die Vorbereitung auf einen *„neuen Frühling christlichen Lebens"*, eine Chance zur Evangelisierung nach einem winterlichen Jahrhundert. Das Jahr 2000 soll nicht von endzeitlicher Hysterie, sondern von einem neuen Geist der Aufmerksamkeit geprägt sein. Das Große Jubeljahr will lediglich die Kirche dazu bringen, auf das zu hören, „was der Geist den verschiedenen Gemeinschaften rät", von den kleinsten, den Familien, bis zu den größten, den Nationen.[11]

Eine Kirche der Pilger und der Büßer

Jubeljahre waren schon immer Zeiten der Pilgerschaft, in denen die Kirche sich „an den Weg Christi durch die Jahrhunderte" erinnerte.[12] Der Papst signalisierte, zu seinen „innig ersehnten" Reisezielen gehörten augenblicklich Sarajevo, der Libanon, Jerusalem und das Heilige Land. Während des Jubiläumsjahres selbst habe er vor, „alle jene *Orte zu besuchen, die sich auf dem Weg des Gottesvolkes des Alten Bundes befinden,* angefangen von den Stätten Abrahams und Moses, über Ägypten und den Berg Sinai bis nach Damaskus, der Stadt, die Zeugin der Bekehrung des hl. Paulus war".[13]

Jubeljahre waren auch Zeiten der Bußfertigkeit. Die vollkommenste Form der Befreiung des Menschen – die Befreiung von der Macht der Sünde und ihrer Auswirkungen – erfordert das Eingestehen und Beichten von Sünden. Die Beichte führt zu Vergebung, und aus der Vergebung kommt die Freude, die für Jubeljahre bezeichnend ist. So schreibt Johannes Paul:

> Zu Recht nimmt sich daher die Kirche, während sich das zweite christliche Jahrtausend seinem Ende zuneigt, mit stärkerer Bewußtheit der Schuld ihrer Söhne und Töchter an, eingedenk aller jener Vorkommnisse im Laufe der Geschichte, wo diese sich vom Geist Christi und seines Evangeliums dadurch entfernt haben, daß sie der Welt statt eines [von] den Werten des Glaubens inspirierten Lebenszeugnisses den Anblick von Denk- und Handlungsweisen boten, die geradezu *Formen eines Gegenzeugnisses und Skandals* darstellten.[14]

Das II. Vatikanum hatte bestätigt, daß die Kirche heilig ist und gleichzeitig stets der Läuterung bedarf. In Jubeljahren sollte dieses Bewußtsein in der Kirche stärker sein, und in einem Jubeljahr zur Jahrtausendwende sollte es besonders stark sein. Johannes Paul unterstreicht das durch eine Metapher aus der römischen Tradition des Heiligen Jahres:

> Die Heilige Pforte des Jubeljahres 2000 wird in symbolischer Hinsicht größer sein müssen als die vorhergehenden, weil die Menschheit, wenn sie an jenem Ziel angekommen ist, nicht nur ein Jahrhundert, sondern ein Jahrtausend hinter sich gelassen hat. Es ist gut, daß die Kirche diesen Weg im klaren Bewußtsein dessen einschlägt, was sie im Lauf der letzten zehn Jahrhunderte erlebt hat.[15]

Die Sündhaftigkeit der Christen hat zu Spaltungen innerhalb der Christenheit geführt. Deshalb muß die Vorbereitung auf das Große Jubeljahr 2000 eine Zeit des verstärkten ökumenischen Engagements sein.[16] Die Söhne und Töchter der Kirche müssen auch die Zeiten bereuen, als sie im Dienst an der Wahrheit „Methoden der Intoleranz oder sogar Gewalt" anwandten. Durch die Abkehr von den Fehlern der Vergangenheit soll die Kirche ihr Eintreten für das verstärken, was das II. Vatikanum in seiner *Erklärung zur Religionsfreiheit* lehrte: „*Die Wahrheit kann sich nur kraft ihres eigenen Wesens durchsetzen; sanft und zugleich stark überzeugt sie den Geist.*"[17]

Die Kirche des 20. Jahrhunderts hat auch Rechnungen zu begleichen. Es ist eine Selbsttäuschung, erklärt der Papst, für den moralischen Relativismus, die religiöse Gleichgültigkeit der Spätmoderne oder den Verlust des Sinnes für Transzendenz einen unpersönlichen Prozeß namens „Säkularisierung" verantwortlich zu machen. Die Christen müssen in ihr eigenes Herz und Gewissen schauen, dann werden sie erkennen, daß sie zur religiösen Krise des ausgehenden 20. Jahrhunderts selbst beitrugen, weil sie „nicht das wahre Antlitz Gottes offenbar gemacht haben". Die Kirche muß auch bereuen, daß manche ihrer Söhne und Töchter die Gefahren des modernen Totalitarismus verkannten, bis zu dem Punkt, daß sie massive Verletzungen von Grundrechten hinnahmen. Und eine Gewissenserforschung ist nötig, inwiefern die Kirche versäumt hat, die große Verheißung des II. Vatikanums zu erfüllen.[18]

Wenn die Kirche sich ihren Versäumnissen stellt, sollte sie gleichzeitig gründlicher darüber nachdenken, was für große Geister in ihr heranwuchsen, vor allem die Märtyrer. Die Christen müssen begreifen, daß am „Ende des zweiten Jahrtausends (...) *die Kirche erneut zur Märtyrerkirche geworden [ist]*". Das Zeugnis moderner Märtyrer, ein großes ökumenisches Zeichen, darf nicht vergessen werden. Die Kirche der nun in der Herrlichkeit lebenden Märtyrer hat die Einheit erreicht, die Christus für seine Kirche wollte. Das ist, meint Johannes Paul, eine großartige Lehre für die Kirche auf Erden.[19]

Das Programm für das Große Jubeljahr

Für das Begehen des Großen Jubeljahres sah der Papst in *Tertio millennio adveniente* ein trinitarisches Programm vor. Es sollte drei Jahre der Vorbereitung umfassen, und jedes Jahr sollte einer der drei Personen der Trinität und einer der theologischen Tugenden gewidmet sein: 1997 sollte ein Jahr des Nachdenkens über Jesus Christus sein und der Stärkung des Glaubens und des Zeugnisses der Christen gewidmet werden; 1998 sollte dem Heiligen Geist und der Tugend der Hoffnung gewidmet werden; 1999, dem Nachdenken über Gott den Vater geweiht, sollte das Jahr der Meditation über die Tugend der Liebe sein, denn „Gott ist die Liebe".[20]

Das Ziel des Jubiläumsjahres selbst ist „die *Verherrlichung der Dreifaltigkeit* (...), von der alles kommt und der sich alles zuwendet in Welt und Geschichte". So hilft das Große Jubeljahr der Kirche, im Vorgriff ihre Bestimmung – ewiges Leben im Licht und in der Gemeinschaft mit dem dreifaltigen Gott – zu erleben.[21] Deshalb soll das Große Jubeljahr mit einem „*Treffen aller Christen*" gefeiert und „aus einer Haltung brüderlicher Zusammenarbeit mit den Christen anderer Konfessionen und Traditionen" vorbereitet werden. Ein solches Treffen wird offen sein „den Religionen gegenüber, deren Repräsentanten ihre Aufmerksamkeit auf die allen Jüngern Christi gemeinsame Freude lenken".[22]

Das Große Jubeljahr erwächst aus der Tatsache, daß die Kirche 2000 Jahre durchgehalten hat. Aber, wie Johannes Paul schreibt, die Kirche hält durch, um zu wachsen im Bezeugen der Wahrheit, im Dienst an der Welt, im Verkündigen der frohen Botschaft von Jesus Christus – kurz, in der Mission. Das Große Jubeljahr, so schließt der Papst, muß gefeiert werden, indem man vorwärts schaut, auf einen neuen Frühling der Evangelisierung, in dem die Kirche Milliarden von nicht-missionierten Menschen die wahre Geschichte ihrer Herkunft und ihrer erstaunlichen Bestimmung darlegt.

Johannes Paul II. hatte kaum Zweifel, daß die Kultur sich in einer Krise befand, aber seine Vision vom Tausendjährigen Reich in *Tertio millennio adveniente* war nicht apokalyptisch. Alles für die Rettung Notwendige sei bereits in der

Geschichte getan worden, sagte er einmal nachdenklich zu seinen Tischgästen. Aber für die *conditio humana* bleibe noch viel zu tun, und Christus werde es in und mit der Kirche tun. Auf einen krisenhaften Winter folge vielleicht ein Frühling – so solle die Kirche das zu Ende gehende und das vor ihr liegende Jahrhundert ansehen.[23]

Über 16 Jahre nach seiner Wahl blieb die Inkarnation Jesu Christi, des *redemptor hominis*, der Leitstern im Pontifikat Johannes Pauls, und die in Jesus Christus offenbarte Wahrheit über die *conditio humana* blieb sein Angebot an die Welt. Seit das Kardinalskollegium am 16. Oktober 1978 das Unvorstellbare getan hatte, hatte sich viel geändert – doch das nicht.

WELTLICHES

Bei dem außerordentlichen Konsistorium im Juni 1994 konnte Kardinal Edmund Casimir Szoka, der Präsident der Präfektur für die wirtschaftlichen Angelegenheiten des Heiligen Stuhls, seinen Kollegen einige erfreuliche Mitteilungen machen. Im Haushaltsjahr 1993 (das mit dem Kalenderjahr 1993 identisch war) hatte der Heilige Stuhl seinen ersten Gewinn zu verzeichnen, nachdem er 23 Jahre lang nur Verluste verbucht hatte – der schlimmste, im Jahr 1991, belief sich auf über $ 87 Millionen bzw. fast 101 Milliarden italienische Lire. Das Haushaltsjahr 1993 beendete ein Jahrzehnt vatikanischer Defizite, die insgesamt über $ 540 Millionen betrugen. Die Wende war eingetreten, als man von der Methode des „Wir wissen, wie man das macht" (so die Redensart mancher Kurienmitglieder) abrückte. Nach vielen Einschätzungen geschah das im allerletzten Augenblick, und zwar nicht nur in fiskalischer Hinsicht. Abgesehen vom finanziellen Defizit hatte in der ersten Hälfte der 80er Jahre auch der Ruf des Heiligen Stuhls in bezug auf finanzielle Redlichkeit gelitten.

Die Öffentlichkeit hat vom Reichtum des Vatikans völlig übertriebene Vorstellungen. Das Nettovermögen des Heiligen Stuhls, nach Schätzungen zwischen $ 1 Milliarde und $ 2 Milliarden, ist in Wirklichkeit ziemlich bescheiden – 1994 war es niedriger als das Stiftungsvermögen von 32 amerikanischen Colleges und Universitäten.[24] Das Meer von roten Zahlen, das der Heilige Stuhl während der 70er und 80er Jahre produzierte, war ein unvorhergesehenes Ergebnis des II. Vatikanischen Konzils. Eine beträchtliche Erweiterung des zentralen Verwaltungsapparats der Kirche und die Schaffung neuer Institutionen wie der Bischofssynode hatten die Ausgaben gewaltig in die Höhe getrieben, und die Einnahmen hatten damit nicht Schritt gehalten. Auch Veränderungen bei der Buchführung trugen zu dem Defizit bei: Die Kosten für Botschafter des Vatikans im Ausland und für Radio Vatikan wurden vom separaten Etat des Vatikans auf den Etat des Heiligen Stuhls übertragen, da diese Kosten Dienste für die Gesamtkirche betrafen.

Der Papst hatte dieses Problem mit mehreren außerordentlichen Kardinalskonsistorien besprochen. Die Besprechung von 1981 führte zur Bildung eines

„Rates der Kardinäle zur Untersuchung der organisatorischen und wirtschaftlichen Probleme des Heiligen Stuhls", des sogenannten „Rates der Fünfzehn", zu dessen aktivsten Mitgliedern Kardinal John Krol von Philadelphia und Kardinal Joseph Höffner von Köln gehörten. Der Rat versuchte das nach modernen Maßstäben völlig unzureichende Haushalts- und Buchführungsverfahren zu rationalisieren. Bald darauf drohte ein Skandal das Institut für kirchliche Einrichtungen [*Istituto per le Opere di Religione*, abgekürzt IOR] zu vernichten, eine Bank, die genaugenommen nicht Bestandteil des Heiligen Stuhls ist, trotzdem aber in weiten Kreisen und nicht ganz unzutreffend als „Vatikanische Bank" bezeichnet wird. Ihr Generaldirektor, der amerikanische Erzbischof Paul Marcinkus, hatte keine internationale Finanzerfahrung, als er von Erzbischof Benelli, dem „Stabschef" (*Sostituto*) von Papst Paul VI., 1971 zum Chef des IOR ernannt wurde. Unerfahrenheit, verschlimmert durch Naivität und Überlastung. (Marcinkus war außerdem Gouverneur des Vatikanstaats und der Organisator von Johannes Pauls Auslandsreisen), brachte Marcinkus in Schwierigkeiten mit dem italienischen Bankier Roberto Calvi und dessen Banco Ambrosiano in Mailand. In der Meinung, einem Freund Zeit zu verschaffen und ihm damit aus einer finanziellen Klemme zu helfen, übergab Marcinkus Calvi Briefe, die eine Rückendeckung des IOR für Ambrosiano erkennen ließen, während er gleichzeitig von Calvi ein Schreiben erhielt, das besagte, das IOR sei für die Aktivitäten von Ambrosiano nicht verantwortlich. Den Gläubigern von Ambrosiano gab man jedoch nur den Brief von Marcinkus an Calvi. Für manche roch das nach Betrug. Aber Menschen, die Marcinkus kannten, sahen darin einen Beweis für seine Naivität. Als das $ 1,2 Milliarden starke Imperium des Privatbankiers Calvi 1982 zusammenbrach, hatte das beträchtliche Auswirkungen. Calvi wurde am 18. Juni 1982 erhängt an einer Themse-Brücke in London aufgefunden, und 33 Personen wurden schließlich von italienischen Gerichten wegen Betrugs verurteilt. Obwohl der Vatikan weiterhin jegliche strafbare Handlung bestritt, handelte Kardinal Casaroli 1984 mit der italienischen Regierung eine Vereinbarung aus, nach der das IOR den Gläubigern von Ambrosiano zur Begleichung aller gegenwärtigen und zukünftigen Ansprüche $ 244 Millionen zahlte. Erzbischof Marcinkus, der vielleicht auch darunter litt, daß langjährige Amtsträger der Kurie sich über die Anwesenheit eines mächtigen Amerikaners im Vatikan ärgerten, zog sich 1989 schließlich vom IOR zurück. Seine kirchliche Karriere war damit beendet.[25]

Die Reform des Finanzgebarens des Heiligen Stuhls wurde beschleunigt, als Kardinal Edmund Szoka, seit 1981 Erzbischof von Detroit, 1990 zum Präsidenten der Präfektur für die wirtschaftlichen Angelegenheiten des Heiligen Stuhls ernannt wurde. Kardinal Szoka war entschlossen, „die Arbeit zu professionalisieren" und in Anbetracht der Ambrosiano-Katastrophe „vollständige Transparenz" zu fordern. Er trug dazu bei, daß moderne Buchführungs- und Haushaltsmethoden in den Vatikan einzogen, und brachte durch seine Persönlichkeit und Willenskraft widerspenstige Kurienbehörden auf die gleiche Linie.[26] Als Szoka sein Amt antrat, besaß die Präfektur keine Computer. Die jährliche Rechnungsprüfung und der konsolidierte Jahresrechnungsabschluß des Heiligen Stuhls waren erst 16 Monate nach dem Ende eines Rechnungsjahrs abgeschlossen. Nachdem Szoka die Arbeit (mit Hilfe katholischer Stiftungen aus den USA) auf EDV umgestellt und einige dringend benötigte

Mitarbeiter angeworben hatte, verkürzte er diesen Zeitraum auf fünf Monate.[27] Jetzt überprüfen Wirtschaftsprüfer der Firma Ernst & Young die Arbeit der internen Rechnungsprüfer. Der konsolidierte Jahresrechnungsabschluß und der Jahresbericht über die Rechnungsprüfung werden nach Billigung durch den aus 15 Kardinälen bestehenden Aufsichtsrat in fünf Sprachen (Italienisch, Englisch, Französisch, Deutsch und Spanisch) veröffentlicht.[28]

Kardinal Szoka brachte die Ausgabenseite allmählich unter Kontrolle, indem er die vatikanische Buchführung professionalisierte und Etaterhöhungen auf die Inflationsrate begrenzte. So senkte er die realen Betriebskosten. Langfristig konnte das Problem jedoch erst gelöst werden, wenn die Einnahmen stiegen. Zu diesem Zweck schlug Szoka, durch Johannes Paul gedeckt, ein Treffen der Vorsitzenden der nationalen Bischofskonferenzen vor, das am 8./9. April 1991 in Rom stattfand. In einer solchen Formation waren die Bischöfe bisher noch nie zusammengetreten. Diese Neuerung und die Tatsache, daß es um Geld ging, machte die traditionellen Manager der vatikanischen Finanzen nervös. Aber nach Auffassung von Kardinal Szoka waren die Bischofskonferenzen und – durch sie – die Ortsbischöfe der Schlüssel zur Lösung des Einnahmenproblems des Heiligen Stuhls. Es ging um den Canon 1271 des revidierten *Codex Iuris Canonici*, in dem es hieß, die Bischöfe seien verpflichtet, den universalen Dienst des Heiligen Stuhls zu unterstützen. Die Unterlagen deuteten darauf hin, daß sie nicht genug taten.

Szoka, der nie ein Blatt vor den Mund nahm, erklärte der Vorsitzendenkonferenz die finanzielle Situation unverblümt. Der venezolanische Präsident der Verwaltung der Güter des Apostolischen Stuhls, Kardinal Rosalio José Castillo Lara, ein weiterer Finanzreformer im Vatikan, erläuterte die Verpflichtungen aufgrund von Canon 1271.[29] Obwohl man keine Umlagen erhob und die Bischöfe nur bat, „die Dinge zu Hause zu regeln", war eine ausreichende Zahl von Bischofskonferenzen so kooperativ, daß die Einkünfte beträchtlich stiegen. Im Rechnungsjahr 1993 wies der Jahresrechnungsabschluß des Heiligen Stuhls einen bescheidenen Überschuß auf.[30] Dennoch stellte der „Rat der Fünfzehn" im Juni 1996 in einem Schreiben an alle Bischöfe der Welt fest, daß „Canon 1271 bisher leider nur teilweise erfüllt" worden sei.[31]

Während seiner sieben Jahre in der *Prefettura* traf sich Kardinal Szoka (der 1997 zum Gouverneur des Vatikanstaats ernannt wurde) notfalls mit Johannes Paul, um mit ihm die Haushalte und Rechnungsprüfungen der einzelnen Kurienbehörden sowie den konsolidierten Jahresrechnungsabschluß des Heiligen Stuhls durchzugehen. Laut Szoka begreift der Papst die wichtigen Punkte rasch, verzichtet aber auf eine langwierige Erörterung von Einzelheiten.[32] Details der Rechnungsprüfung und der Etataufstellung überläßt Johannes Paul gern anderen, denen er vertraut.[33]

Die direkte finanzielle Unterstützung des Papstes durch die Laien kommt aus der jährlichen Kollekte des „Peterspfennigs", die vom Etat des Heiligen Stuhls getrennt ist. Die Einnahmen aus dem „Peterspfennig" stiegen von $ 27,5 Millionen im Jahr 1983 auf $ 67 Millionen im Jahr 1993. Johannes Paul verwendet diese Gelder hauptsächlich, um die Kirche in armen Ländern zu unterstützen. Es ist nicht ungewöhnlich, daß das IOR vormittags aus den päpstlichen Gemächern einen Telefonanruf erhält, der Papst brauche bis Mittag eine gewisse Anzahl von Umschlägen mit je $ 20.000 oder $ 50.000 – Geschenke für

Bischöfe aus Afrika, Lateinamerika und Asien, die beispielsweise zu *Ad-limina*-Besuchen in Rom weilen. Auch auf seine Auslandsreisen nimmt Johannes Paul Geldgeschenke für arme Kirchen mit. Während der härtesten Tage des Kriegsrechts in Polen zahlte er zur Unterstützung der Familien von *Solidarność*-Mitgliedern persönliche Geldbeiträge über einen Hilfsverein, dessen Sitz die Kirche des hl. Martin in der Warschauer Altstadt war.[34]

Die 1987 gegründete Papal Foundation (Päpstliche Stiftung) mit Sitz in Philadelphia ist ein weiteres Organ zur Unterstützung von Aktivitäten des Heiligen Stuhls und ärmerer Ortskirchen auf der Welt. Im Sommer 1987 trafen sich Kardinal John O'Connor von New York, Kardinal John Krol von Philadelphia und Erzbischof Theodore McCarrick von Newark in der Vatikanischen Botschaft in Washington mit prominenten amerikanischen Laien, um die finanziellen Schwierigkeiten des Heiligen Stuhls zu erörtern. Dieses Treffen endete mit dem Vorschlag, in den USA eine Stiftung zu errichten, mit deren Einnahmen die Arbeit des Papstes unterstützt werden sollte. Im ganzen Land wurden Veranstaltungen durchgeführt, um Geld für die Stiftung zu beschaffen. In den ersten zehn Jahren wurden über $ 37 Millionen Bargeld gespendet. Im Juni 1998 hatten die Investitionen der Papal Foundation einen Marktwert von $ 44 Millionen. Geleitet von einem Aufsichtsrat, in dem alle US-Kardinäle und von diesen ausgesuchte Laienvertreter saßen, zahlte die Papal Foundation zwischen 1990 und 1997 Zuschüsse in Höhe von $ 8,2 Millionen. In den ersten Jahren der Stiftung konzentrierten sich die Zuschüsse auf Kapitalerhöhungen beim Heiligen Stuhl, etwa zur Modernisierung von Radio Vatikan und der vatikanischen Druckerei, die unter anderem Lehrbücher für Entwicklungsländer druckt. Mit Hilfe der Stiftung konnte Johannes Paul Kirchen und katholische Einrichtungen in der ehemaligen Sowjetunion (z. B. Priesterseminare in der Ukraine, in Litauen und Lettland) wiederaufbauen, 1994 die Synode für Afrika und die geplante Kirche in Sarajevo unterstützen, in der dritten Welt Zentren für bedürftige Kinder errichten, in Nordkorea Opfern der Dürre helfen, in der Elfenbeinküste Missionskapellen und in Chile ein Hospiz für AIDS-Kranke bauen und die Päpstliche Akademie für das Leben fördern. Die namhaften von der Papal Foundation aufgebrachten Summen zeugen von dem Eindruck, den der Papst auf zahlungskräftige amerikanische Spender machte.

ASIEN: TRIUMPH UND SPANNUNGEN

Anfang 1995 konzentrierte sich das Pontifikat Johannes Pauls darauf, die Solidarität mit dem bevölkerungsreichsten und am wenigsten christianisierten Erdteil zu verstärken. Das Jahr begann mit einer über 30.000 Kilometer langen Pastoralreise auf die Philippinen, nach Papua-Neuguinea, Australien und Sri Lanka, auf der Johannes Paul, abermals vergeblich, eine Brücke zur Volksrepublik China zu schlagen suchte. Der Stil des päpstlichen Dialogangebots wies darauf hin, daß der Vatikan im Umgang mit der gespaltenen Kirche in China und der unnachgiebigen chinesischen Regierung eine neue Strategie einschlug.

Die größte Versammlung in der Menschheitsgeschichte

Im Januar 1995 wurde der internationale Weltjugendtag zum ersten Mal in Asien, in Manila, gefeiert. Bei der Vigil am Abend des 14. Januar ließ sich Johannes Paul auf ein scherzhaftes Geplänkel mit mehr als einer Million Jugendlicher ein. Sie riefen in einem rhythmischen Sprechchor den Kosenamen des Papstes aus seiner Kindheit: „Lolek! Lolek!" Halb scheltend, sagte Johannes Paul: „Lolek klingt nicht seriös." Die Jugendlichen hörten auf. „Aber Johannes Paul II. klingt allzu seriös", fuhr der Papst fort. „Wir brauchen etwas, das in der Mitte liegt. Vielleicht Karol ..." Johannes Paul lachte, und es erhob sich ein neuer donnernder Sprechchor: „Karol! Karol!"[35]

Am nächsten Vormittag versammelte sich zur Abschlußmesse des Weltjugendtages 1995 die wahrscheinlich größte Menschenmenge der bisherigen Geschichte. Eine japanische Firma, die Luftaufnahmen machte, um die Zahl der Personen pro *acre* [rd. 4 000 Quadratmeter] berechnen zu können, schätzte 5 bis 7 Millionen Menschen. Diese standen so dicht, daß man nicht, wie geplant, das Papstmobil einsetzen konnte, um Johannes Paul auf den Schauplatz zu fahren. Man disponierte rasch um und brachte ihn mit dem Hubschrauber zu der Stelle, wo er die Messe feiern sollte.[36]

Anderthalb Jahre später staunte Johannes Paul immer noch über das, was in Manila geschehen war: „Ich habe noch nie in meinem Leben so viele Menschen gesehen", sagte er zu Henrietta De Villa, als ihm die Botschafterin der Philippinen ihr Beglaubigungsschreiben überreichte.[37] Doch der Weltjugendtag 1995 hatte auch eine dunkle Seite.

Unmittelbar vor der Ankunft des Papstes raste die Feuerwehr zu einer Wohnung in Manila in der Nähe der Vatikanischen Botschaft, wo Johannes Paul übernachten sollte. In dem von Rauch erfüllten Appartement entdeckten die Feuerwehrmänner schwelende Chemikalien, eine Computer-Diskette mit Plänen, wie man den Papst ermorden und ein Dutzend 747-Jumbojets über dem Pazifik in die Luft sprengen konnte, genügend Material für den Bau einer großen Rohrbombe, Stadtpläne, in denen die voraussichtlichen Routen des Papstes eingezeichnet waren, und Priestersoutanen. Die beiden Männer, die das Appartement gemietet hatten, Ramzi Ahmed Yousef und Wali Khan Shah, entkamen, wurden jedoch schließlich verhaftet. Ramzi Yousef, eine der führenden Figuren im internationalen Terrorismus, war 1993 wegen des Bombenanschlags auf das World Trade Center in New York verurteilt worden. In einem neuen Prozeß verurteilte man ihn und Khan wegen eines Mordkomplotts gegen 4.000 Menschen in den Jumbojets, die sie in die Luft sprengen wollten, indem sie explosive Chemikalien in die Flugzeugtoiletten schmuggelten.[38] Wenn sich ihnen die Gelegenheit geboten hätte, hätten Yousef und Khan zweifellos versucht, Johannes Paul II. in Manila zu ermorden.

Am 16. Januar flog Johannes Paul von Manila nach Port Moresby, der Hauptstadt von Papua-Neuguinea. Dort sprach der Papst Peter To Rot selig, einen

Laienkatecheten und Vater von drei Kindern, der 1945 von japanischen Truppen ermordet worden war, nachdem er sich gegen ihre Christenverfolgung und ihre Versuche, die Polygamie wieder einzuführen, gewehrt hatte. Johannes Paul begann seine Predigt zur Seligsprechung in der einheimischen Sprache Pidgin, fuhr auf englisch fort, schaltete aber dann wieder auf Pidgin um, als er die Gemeinde daran erinnerte, was der 33jährige Katechet den ihn bedrohenden Japanern gesagt hatte: „Ich muß meine Pflicht als Zeuge der Kirche für Jesus Christus erfüllen." Eine junge, erst zu Beginn des 20. Jahrhunderts entstandene Kirche hatte an der Schwelle zum dritten Jahrtausend der universalen Kirche ihren ersten Märtyrer geschenkt.[39]

Australien feierte die erste Seligsprechung einer Tochter des Landes am 19. Januar, als Johannes Paul Mutter Mary MacKillop, die Gründerin der St. Josefs-Schwestern, in einer auf der Randwick-Rennbahn in Sydney gefeierten Liturgie seligsprach. Mary MacKillop wurde 1842 geboren als Kind schottischer Einwanderer, deren katholische Vorfahren jahrhundertelang verfolgt worden waren. Die von ihr gegründete Ordensgemeinschaft, die man wegen der Farbe ihrer Tracht in der Volkssprache als „Brown Joeys" [„Braune Josefinnen" bzw. „Braune Känguruhs"] bezeichnete, widmete sich der Schularbeit und Werken der Nächstenliebe. Neben Grundschulen gründeten die Schwestern Waisenhäuser, Altenheime und Heime für „gefährdete Mädchen" – kurz, sie setzten sich für „die Verlassenen aller Altersgruppen" ein, wie es in dem Antrag für die Seligsprechung hieß. Die damalige irische Geistlichkeit in Australien war nicht an selbstbewußte schottische Frauen gewöhnt, und so wurde Mary MacKillop einmal wegen angeblichen „Ungehorsams" von einem jähzornigen Bischof vorschriftswidrig exkommuniziert, der seine Entscheidung allerdings eine Woche vor seinem Tod zurücknahm.[40] Seit ihrem Tod 1909 wurde ihr Grab zu einem Wallfahrtsort. Nach einer langwierigen Überprüfung ihres Lebens wurde der Prozeß der Seligsprechung schließlich abgeschlossen; die Beweise für die wundersame Heilung einer krebskranken Frau durch Mary MacKillops Fürbitte wurden 1993 anerkannt.[41]

In seiner Predigt zur Seligsprechung erinnerte Johannes Paul daran, daß Mary MacKillop die Wüste des endlosen australischen Buschlandes nicht gescheut hatte. Heute, meinte der Papst, habe es die Gemeinschaft der Christen „mit zahlreichen modernen Wüsten zu tun: mit den ausgedehnten Bereichen der Gleichgültigkeit und der Intoleranz, mit der Trostlosigkeit des Rassenwahns und der Verachtung für andere menschliche Wesen, mit der Unfruchtbarkeit der Selbstsucht und Glaubenslosigkeit (...)." Heilige seien Menschen, die Reichtum erblickten, wo andere nur Mangel erblickten: „Sie lehren uns, Christus (...) als den Mittelpunkt und den Gipfel aller guten Gaben Gottes für die Menschen anzusehen." Das könne man in ganz Australien beobachten. Deshalb anerkenne der Katholizismus die Heiligkeit in Mary MacKillop und in all den anderen, die die Kirche heilig- und seligspreche: Die Seligen seien diejenigen, die ihre Mitmenschen lehrten, die Wahrheit über das menschliche Leben und über die menschliche Solidarität zu erkennen.[42]

Die Geburtswehen einer neuen Strategie gegenüber China

Der Weltjugendtag 1995 fiel mit dem 25. Jubiläum von Radio Veritas in Asien zusammen. Am 14. Januar besuchte Johannes Paul die Zentrale des katholischen Senders in Manila zu einer Gedenkfeier. Von hier aus schickte er eine besondere Botschaft an alle Katholiken Chinas, in der er sie dringend bat, „Wege der Gemeinschaft und der Wiederversöhnung zu finden". Diese Sendung in englischer Sprache war ein taktvoll ausgewogener Versuch, zwei neue Beziehungen zu ermöglichen: zwischen den verfolgten Katholiken in China und denjenigen, die in vielfältiger Weise mit der vom chinesischen Regime gebilligten Patriotic Catholic Association [PCA] zusammenarbeiteten, sowie zwischen den Bischöfen, Geistlichen und Laien der PCA und dem Bischof von Rom.[43]

Nach dem Sieg Mao Tse-tungs 1949 hatten die chinesischen Kommunisten die katholische Kirche brutal verfolgt. In der ersten Phase der Verfolgung wurden westliche Missionare ausgewiesen: 1947 gab es 5.496 Missionare in China, 1952 noch 723 und 1957 nur noch 23. In der zweiten Phase versuchte das maoistische Regime, eine schismatische katholische Kirche zu errichten, die gegenüber Peking loyal und von Rom getrennt sein sollte: die offiziell 1957 gegründete PCA. Die dritte und bis heute andauernde Phase der Verfolgung war die blutigste: Man versuchte jeden einflußreichen Chinesen, der loyal zur Kirche hielt und die Zusammenarbeit mit der PCA verweigerte, zu vernichten – entweder durch direkte Hinrichtung oder durch Verurteilung zu Zwangsarbeit im *laogai*, dem chinesischen Gulag.[44] Im Juni 1958, drei Monate vor seinem Tod, verurteilte Pius XII. die PCA. Während der nächsten Jahrzehnte galt es als ausgemacht, daß es in China zwei katholische Glaubensgemeinschaften gab: eine wahre Kirche im Untergrund, die vielleicht 6 bis 10 Millionen Anhänger zählte, und die falsche PCA, die man in den 90er Jahren auf 10 Millionen Mitglieder schätzte.

In den frühen 90ern begann Kardinal Jaime Sin von Manila, selbst chinesischer Abstammung, privat die Möglichkeit eines neuen Gesprächs mit der VR China zu erkunden. Nachdem die VR China in der Hauptstadt der Philippinen ein Kulturbüro eröffnet hatte, lud der Kardinal die chinesischen Diplomaten in sein Haus zu einem „guten chinesischen Essen" ein. Bei Tisch erwähnte Sin beiläufig, er würde gerne nach China reisen, um seine Verwandten zu besuchen; in Wirklichkeit wollte er sich über die Lage der Kirche informieren Der raffinierte philippinische Kardinal erhielt eine Einladung und reiste in die VR China. Dort passierte es ihm, daß Geistliche und Laien der PCA ihm heimlich Papierfetzen zusteckten, auf denen sie Sin baten, er möge dem Papst sagen, daß sie ihn liebten und für ihn beteten. Die Kurie war über Sins persönliche Initiative nicht besonders erfreut, aber als Sin dem Papst von seinen Erfahrungen berichtete, hörte er von ihm kein einziges Wort der Kritik.[45]

Noch bevor Sin selbst die Lage erkundete, hatte er damit begonnen, für die Katholiken in China eine andere Zukunft vorzubereiten. In den 80ern gründete er in seiner Diözese das Lorenzo Ruiz-Institut, um dort philippinische Seminaristen chinesischer Abstammung auszubilden. Wenn China sich öffnete, würden Absolventen seines Instituts als Priester zur Ausreise bereit sein. Bis dahin lebten die Studenten des Priesterseminars in einem Ambiente chinesischer Architektur, verfeinerten ihre chinesische Sprachfertigkeit, vertieften sich in die Kultur ihrer Vorfahren und arbeiteten nach ihrer Ordination als Priester in chinesischen Pfarrgemeinden auf den Philippinen. Als der Kardinal dieses Institut gründete, glaubte er, das zu verwirklichen, was der Papst den philippinischen Bischöfen bei ihren *Ad-limina*-Besuchen in Rom ständig ans Herz legte: „Meine Herren, Sie können nicht einfach zu Hause sitzen. Sie können den Glauben nicht für sich behalten. Er ist eine frohe Botschaft, die Sie mit anderen teilen müssen."[46]

1993 hatte Johannes Paul Kardinal Roger Etchegaray zu einer persönlichen diplomatischen Erkundung nach China geschickt. Etchegaray kehrte mit der Überzeugung zurück, die Lage sei viel komplexer als das Entweder/Oder „wahre Kirche/falsche Kirche" anzeige. Viele, vielleicht die meisten Bischöfe der PCA fühlten sich innerlich mit Rom verbunden, meinte er.[47]

Dieses Urteil des Kardinals fiel zeitlich mit einem Umdenken des Heiligen Stuhls zusammen. Zu den wichtigsten mit China befaßten Amtsträgern gehörten Kardinal Jozef Tomko, zuständig für die weltweiten Missionsunternehmen der Kirche, und Msgr. Claudio Celli, damals stellvertretender „Außenminister" im Staatssekretariat. Nach ihrer Analyse entsprach die Lage der katholischen Kirche in China während der 90er Jahre nicht genau der früheren Lage der Kirche in Ostmitteleuropa unter dem Kommunismus. In China war die Religion immer Sache des Staates gewesen. Als der große jesuitische Missionar Matteo Ricci 1583 in China eintraf, fragten ihn die Mandarine, wie er, ein einfacher Mensch, sich Gott nähern könne – in China könne das nur der Kaiser. Nach 1949 war die Kommunistische Partei an die Stelle des Kaisers getreten und hatte ziemlich mühelos die historische Rolle des Überwachers aller religiösen Aktivitäten in China übernommen. Laut Kardinal Tomko machten die Chinesen den Fehler, dem chinesischen Katholizismus „das Handbuch Lenins aufzuzwingen": Sie versuchten, eine nationale Kirche zu errichten, wie Lenin und seine Erben schließlich eine regimetreue russisch-orthodoxe Kirche errichtet hatten. Aber der Katholizismus war keine Orthodoxie, und in China gab es keine Tradition eines „nationalen Katholizismus". Die chinesischen Katholiken hatten sich immer mit Rom verbunden gefühlt.

Die Kardinäle Tomko und Celli glaubten, im Laufe der Zeit habe sich bei jenen chinesischen Katholiken, die der PCA beigetreten waren, die traditionelle Romtreue (oft im Verborgenen) wieder durchgesetzt. Beweise dafür seien die landesweite Zusammenarbeit zwischen PCA-Mitgliedern und Untergrund-Katholiken sowie Ergebenheits- und Loyalitätserklärungen, die viele PCA-Bischöfe heimlich dem Papst zukommen ließen. Daß manche PCA-Geistliche bei der Messe öffentlich für den Papst beten, weise darauf hin, daß eine bedeutsame Änderung eingetreten sei, auch wenn andere sich weiterhin öffentlich an die Parteilinie hielten – eine Praxis, die die Untergrundkirche und ihre Führer empörend fanden, da sie nach wie vor erbarmungslos unterdrückt wurden.[48] Die Kirche hatte solche Situationen auch schon früher erlebt. So unfair es scheinen mag, das heldenhafte Zeugnis der politisch Widerspenstigen trug durch seine Wirkung auf die weniger Heldenhaften und auf das Regime dazu bei, die Versöhnung innerhalb der Kirche und eine neue Einstellung gegenüber der Regierung zu ermöglichen.

Aus einer genauen Lektüre der von den beiden Kardinälen vorgelegten Analyse ergibt sich auch, daß zwei weitere Erwägungen im Spiel waren. Vatikanische Amtsträger von heute wissen genau, daß die Entscheidung des Heiligen Stuhls im 16. und 17. Jahrhundert, traditionelle Formen chinesischer Frömmigkeit (etwa die Ahnenverehrung) als abergläubisch und mit dem Katholizismus unvereinbar zu verbieten, wahrscheinlich die geistigen Ressourcen einer alten Kultur falsch auffaßte. Entstanden aus Unwissenheit, war es ein Fehler, der ungeheure missionarische Chancen beschnitt, und nun waren wichtige Amtsträger des Heiligen Stuhls offenbar entschlossen, darauf zu achten, daß es nicht wiederum zu einer so gravierenden Mißdeutung der chinesischen Kultur kam. Diese Entschlossenheit sowie die Überzeugung, der Marxismus in China sei eine Anomalie, die eine alte Zivilisation nicht in einem halben Jahrhundert grundsätzlich verändern könne, legten eine neue, wenn auch komplexe und diffizile Strategie nahe: die Versöhnung zwischen der Untergrundkirche und der PCA zu fördern und gleichzeitig bei der chinesischen Regierung auf Religionsfreiheit zu drängen und sich gegen die beharrliche Behauptung Pekings zu wehren, man könne darüber erst entscheiden, wenn der Heilige Stuhl die diplomatischen Beziehungen zu Taiwan abbreche. Eine solche Strategie, so hoffte man, werde die tapfere, verfolgte Untergrundkirche nicht enttäuschen und gleichzeitig neue Wege des Gesprächs mit jenen Millionen von PCA-Mitgliedern eröffnen, die, wie man glaubte, innerlich voll mit Rom verbunden waren.

Im Rahmen dieser neuen Strategie wurden 15 Priester, Nonnen und Laien der PCA zum Weltjugendtag 1995 nach Manila eingeladen. Die Anweisung aus Rom lautete, die Mitglieder der PCA als „Freunde" zu behandeln; allerdings sollten deren Priester in der Öffentlichkeit keine Messe feiern.[49] Sieben Monate später, als Johannes Paul die zehn Bischöfe aus Taiwan bei ihrem *Ad-limina-*Besuch empfing, sprach er weiter von „Versöhnung" und machte dabei drei Dinge klar: Er respektiere das Zeugnis der Untergrundkirche und habe vor, für sie einzutreten; er halte die Loyalitätsbekundungen, die er von Bischöfen, Geistlichen und Laien der PCA bekommen habe, für echt; und er vertrete die Auffassung, die Versöhnung innerhalb des chinesischen Katholizismus sei jedermanns Pflicht – es könne nicht darum gehen, daß eine Gruppe sich der anderen unterwerfe:

> Ich weiß, daß sich viele fragen, wie diese Versöhnung zustande kommen kann. Alle müssen sich bewegen; alle müssen sich Christus zuwenden, der uns zu Einheit und Gemeinschaft aufruft. Jeder muß die Schritte entdecken, die zur Versöhnung führen. Jeder soll sein ganzes Selbst einbringen, seine Vergangenheit, seine Momente des mutigen Zeugnisses und der Schwäche, seine augenblicklichen Leiden und seine Hoffnungen auf eine bessere Zukunft. Das, wovon wir sprechen, ist eine lange und schwierige Reise. Das Ziel ist ziemlich klar, aber der Weg, der dahin führt, scheint noch dunkel. Wir wollen das Licht des Geistes erflehen und uns von seiner Inspiration leiten lassen. (...)
> Ich bitte euch, die Priester, Ordensleute und Laien eurer Ortskirchen in Taiwan meiner tiefen Zuneigung im Herrn zu versichern. Gleichzeitig erneuere ich meine Liebe, meine Ermutigung und meine guten Wünsche für alle katholischen Mitglieder der größeren chinesischen Familie. Wenn diese unsere Brüder und Schwestern bereits für den Papst beten und auf irgendeine Weise in ihm das besondere Petrusamt anerkennen, wieviel Zeit soll dann noch vergehen, bis er sie umarmen und im Glauben und in der Einheit stärken kann?[50]

Die Regierung in Peking ihrerseits zeigte wenig Interesse an einem neuen Verhältnis zum Heiligen Stuhl. Während die VR China weiterhin darauf bestand, der Vatikan müsse die diplomatischen Beziehungen zu Taiwan abbrechen, verstärkte sie in verschiedenen Regionen des Landes den Druck auf die Untergrundkirche. Diese antikatholische Politik der Regierung deckte sich häufig mit ihrer Kampagne für „Ein Kind pro Familie" und führte zu weiterer Verfolgung. In seiner „Botschaft an die Kirche in China" vom 3. Dezember 1996, dem 70. Jahrestag der Weihe der ersten chinesischen Bischöfe in Rom durch Pius XI., mahnte Johannes Paul erneut zur Treue gegenüber dem Bischof von Rom und zur Versöhnung unter den gespaltenen Katholiken. Er fragte auch die chinesische Regierung, wovor sie sich eigentlich fürchte:

> Die staatlichen Obrigkeiten der Volksrepublik China haben keinen Grund, beunruhigt zu sein. Ein Anhänger Christi kann seinen Glauben in jeder beliebigen Ordnung ausüben, vorausgesetzt, daß sein Recht geachtet wird, dem eigenen Gewissen und Glauben entsprechend zu handeln. Daher wiederhole ich gegenüber der Regierung Chinas (...): Habt weder vor Gott noch vor seiner Kirche Angst! Im Gegenteil, mit dem Ausdruck meiner Ergebenheit bitte ich sie, zu garantieren, daß unter Beachtung authentischer Freiheit, des angeborenen Rechts jedes Menschen, auch die gläubigen Christen in zunehmendem Maße durch ihre Tatkraft und ihre Fähigkeiten zur Entwicklung ihres Landes beitragen können.[51]

Diese ausdrückliche Herausforderung veranlaßte die chinesische Regierung nicht, ihre Politik zu ändern. Zwei chinesische Bischöfe, die 1998 vom Papst persönlich zu einer Synode für Asien eingeladen worden waren, bekamen vom Regime keine Reisepässe. In seiner Predigt bei der abschließenden Messe dieser Synode äußerte Johannes Paul vorsichtig die Hoffnung, daß „in dem Maße, wie die Volksrepublik China sich allmählich dem Rest der Welt öffnet, es auch der Kirche in China erlaubt sein wird, mehr Kontakte zur Gesamtkirche zu haben".[52] Der „Außenminister" des Heiligen Stuhls, Erzbischof Tauran, war weniger diplomatisch. Einer italienischen Zeitung sagte er zu der Frage, warum den chinesischen Bischöfen die Pässe verweigert worden seien: „Man hat große Mühe, den Grund zu verstehen, der von den chinesischen Behörden vorgeschoben wurde." Daß es zwischen Peking und dem Heiligen Stuhl offiziell keine diplomatischen Beziehungen gebe, sei nicht das Problem: „Denn viele Jahre hatte der Heilige Stuhl keine diplomatischen Beziehungen zu den USA, England oder Mexiko, und Bischöfe aus diesen Ländern konnten stets ungehindert nach Rom reisen." [53]

Tauran wies außerdem darauf hin, daß „die katholische Kirche für die chinesische Geschichte nichts Fremdes" sei. Doch trotz privater und öffentlicher Bemühungen Johannes Pauls, ein Gespräch zu beginnen, waren die kommunistischen Herrscher Chinas offenbar entschlossen, die Kirche aus einer Geschichte, die sie unmittelbar kontrollierten, herauszuhalten. Mittlerweile drängte der Papst, obwohl er von einigen Mitgliedern der Untergrundkirche und chinesischen Emigranten kritisiert wurde, seine gespaltene chinesische Kirche weiterhin zur Versöhnung – in der Hoffnung, daß es den Katholiken eines Tages erlaubt sein würde, sich unbehindert am Aufbau eines neuen Chinas zu beteiligen. Gleichzeitig traf er Vorkehrungen für die unmittelbare Zukunft von Hongkong und Taiwan. 1996, bevor die britische Kronkolonie unter chinesische Herrschaft zurückkehrte, sicherte Johannes Paul die hierarchische Nachfolge in Hongkong, indem er den 64jährigen Salesianerpriester Joseph Zen Ze-kiun zum Koadjutor von Kardinal Johannes Baptist Wu Cheng-chung ernannte. 1998 erhielt Taiwan seinen ersten Kardinal, Paul Shan Kuo-hsi SJ.

DAS EVANGELIUM VOM LEBEN UND DIE ZUKUNFT DER FREIHEIT

Die im März 1995 veröffentlichte elfte Enzyklika Johannes Pauls, *Evangelium vitae* [Das Evangelium vom Leben], hatte ihren Ursprung im außerordentlichen Konsistorium der Kardinäle, das vom 4. bis 7. April 1991 abgehalten wurde, um die Bedrohungen der Würde des menschlichen Lebens zu erörtern.

Ein Vortrag Kardinal Ratzingers hatte den Kern des Problems im philosophischen Nihilismus der zeitgenössischen westlichen Hochkulturen ausgemacht: Wenn in der Gesellschaft eine „Freiheit der Gleichgültigkeit" herrsche, sei die Würde des Lebens ernsthaft gefährdet. Als warnendes Beispiel aus der deutschen Geschichte führte Ratzinger die Weimarer Republik an. Wenn man den moralischen Relativismus im Namen der Toleranz durch Gesetze verabsolutiere, relativiere man die Grundrechte und öffne dem Totalitarismus Tor und Tür. In einer Gesellschaft, die es nicht mehr verstand, öffentlich für absolute Werte einzutreten, sei es dem Nationalsozialismus leichtgefallen, die elementarsten Menschenrechte zu verletzen.[54] Abtreibung, Euthanasie und die Manipulation des Lebens zu Zwecken der Eugenik oder für wissenschaftliche Experimente seien daher nicht „katholische" Fragen, sondern Fragen der Kultur. Die Kardinäle waren sich darüber einig, daß ein kultureller Wendepunkt erreicht sei, und stimmten am Schluß einer Erklärung zu, die den Papst bat, „erneut auf die kirchliche Lehre über den Wert des menschlichen Lebens und auf seine Unantastbarkeit hinzuweisen".[55] Das war praktisch eine Aufforderung, eine Enzyklika zu verfassen. Johannes Paul kam dieser Aufforderung nach.[56]

Der Abfassungsprozeß begann damit, daß der Papst an alle Bischöfe ein persönliches Schreiben richtete, in dem er sie um Vorschläge für das von ihm geplante Dokument bat. Johannes Paul konsultierte auch Bischöfe, die langjährige Erfahrung im öffentlichen Eintreten für den Schutz des Lebens hatten, etwa Kardinal John O'Connor von New York.[57] Die sich über vier Jahre erstreckende Konsultation führte schließlich zu einer Enzyklika von 48000 Worten, *Evangelium vitae*, die Johannes Paul am 25. März 1995 unterzeichnete. Es war das Fest der Verkündigung des Herrn, die jährliche Feier der Inkarnation des Gottessohnes.

Der Papst sagt Neues

Die Enzyklika beginnt mit einem Überblick über heutige Bedrohungen der Würde des menschlichen Lebens, die Johannes Paul unter dem Begriff „Kultur des Todes" zusammenfaßt. Sie fährt fort mit einer biblischen Betrachtung über das Leben als eine Gabe Gottes, erörtert die Beziehung zwischen dem Sittengesetz und dem bürgerlichen Gesetz und erforscht die Wege, auf denen die Kirche sich für eine dem Leben dienende Kultur einsetzen sollte. Aber nachdem Johannes Paul in den über 16 Jahren seines Pontifikats in zahllosen verschiedenen kulturellen Milieus energisch für die Unantastbarkeit des menschlichen Lebens eingetreten war, durfte man sich vernünftigerweise fragen, ob er zu Abtreibung, Euthanasie und anderen Bedrohungen unschuldigen Lebens überhaupt noch mehr sagen könne. *Evangelium vitae* erschloß dann doch Neuland in der historischen Analyse, in der Sittenlehre und in der praktischen Anwendung moralischer Normen auf die Vielschichtigkeit der demokratischen Politik.

Evangelium vitae sollte verstanden werden als die dritte Tafel in Johannes Pauls Triptychon von Enzykliken über die sittlichen Grundlagen einer freien und moralischen Gesellschaft. 1991 hatte *Centesimus annus* die Möglichkeiten gepriesen, die sich vor den neuen Demokratien in Ostmitteleuropa und anderswo auftaten, und gleichzeitig vor der Idee einer wertneutralen Demokratie gewarnt. 1993 hatte Johannes Paul in *Veritatis splendor* seine moralische Analyse der demokratischen Landschaft vertieft, indem er die Anerkennung absoluter sittlicher Normen verband mit der demokratischen Gleichheit, dem Eintreten für die Menschen am Rand der Gesellschaft, der gerechten Verwaltung des Wohlstands, der Unbestechlichkeit einer Regierung sowie dem Problem von Eigeninteresse und Gemeinwohl in einer Demokratie. Jetzt behauptete *Evangelium vitae*, daß Demokratien Gefahr liefen, sich selbst zu zerstören, wenn sie moralisches Unrecht juristisch zu einem Recht erklärten.

Die Sprache Johannes Pauls ist schonungslos. Eine Demokratie, die das unveräußerliche Recht auf Leben von der Empfängnis bis zum natürlichen Tod verleugnet, ist ein „tyrannischer Staat", der die „Kultur der Menschenrechte" vergiftet und den „langen historischen Prozeß" verrät, der einst zur „Entdeckung der Idee der ‚Menschenrechte'" führte.[58] Das war keine Kritik an der Demokratie, wie Päpste im 19. Jahrhundert sie vorgetragen hatten – eine Kritik des demokratischen Experiments von außen aus einer zutiefst skeptischen Sicht. Es war eine Kritik von innen. Eine Kirche, die rechtsstaatliche Demokratien als die beste verfügbare Verkörperung einer elementaren Sozialethik bezeichnet hatte, versuchte eine Selbstzerstörung der Demokratien zu verhindern. Johannes Paul, seit langem ein Kritiker der Nützlichkeitsphilosophie, wollte alte und neue Demokratien darauf aufmerksam machen, daß eine Reduzierung menschlicher Wesen auf nützliche oder unnütze Objekte die Freiheit gefährdet.[59]

Durch ihre feierlichen Aussagen zu drei speziellen Fragen setzte die Enzyklika *Evangelium vitae* auch auf einem häufig beackerten Feld eine unverkennbare Spur. Die direkte Tötung von Unschuldigen aus freiem Entschluß, Abtreibung und Euthanasie werden zu schweren sittlichen Vergehen erklärt; in jedem dieser Fälle wird eine ähnliche Formulierung verwendet; und bei jedem dieser drei schweren Vergehen verweist eine Anmerkung auf *Lumen gentium* 25 – wo das II. Vatikanische Konzil die Unfehlbarkeit des „ordentlichen, universalen Lehramts" der Bischöfe der Welt in Verbindung mit dem Bischof von Rom bekräftigte.[60]

Die Berufung auf *Lumen gentium* 25 sollte einen weiteren schädlichen Streit um die päpstliche Unfehlbarkeit vermeiden – diesmal darüber, ob der Papst bestimmte Grundsätze des Naturrechts unfehlbar festlegen konnte, wenn diese Grundsätze in der Heiligen Schrift nicht enthalten waren. Es gab weitverbreitete Presseberichte, Kardinal Ratzinger habe Johannes Paul erneut davon abbringen müssen, sich in *Evangelium vitae* auf die Unfehlbarkeit des päpstlichen Amtes zu berufen.[61] Ratzinger selbst bestreitet das. Laut seiner Aussage bat der Papst die Glaubenskongregation um „Vorschläge (...) zu dem, was auf diesem Gebiet möglich ist" und wartete deren Antwort ab. Ratzinger betont:

> Es gab nie einen Widerstand, denn der Heilige Vater wünschte über die Möglichkeiten genau informiert zu werden. Er traf keine Entscheidung, bevor unsere Vorschläge bei ihm eingingen. Die Zusammenarbeit war gut. Er wünschte eine sehr nachdrückliche Formulierung und war für entsprechende Anregungen immer aufgeschlossen. In der Zusammenarbeit zwischen dem Heiligen Vater und unserer Kongregation wurde entschieden, daß dies [d.h. die feierlichen Formeln und Zitate aus *Lumen gentium* 25] der Weg war, welcher der Tradition der Kirche entsprach.[62]

In verschiedenen Phasen des Abfassungsprozesses wurden offenbar verschiedene Formulierungen erprobt, und als Ratzinger die Enzyklika auf einer Pressekonferenz präsentierte, sagte er, eine Fassung des Textes habe sich tatsächlich zum Zweck einer deutlichen, kategorischen Erklärung auf die päpstliche Unfehlbarkeit berufen. Wie der Kardinal später klarstellte, war dies Bestandteil eines andauernden Diskussionsprozesses. Die Version, der intellektuell subtilere Ratzinger habe Johannes Paul davon überzeugen müssen, daß er zu weit gehe, war eine Erfindung von Journalisten.

Überraschend war, was *Evangelium vitae* zur Todesstrafe sagte. Die auf der Bibel beruhende Tradition der Kirche hatte die Todesstrafe befürwortet, nicht nur als Selbstschutz der Gesellschaft, sondern als gerechte Vergeltung für eine begangene Gewalttat und als Abschreckung gegen künftige Verbrechen. Der *Katechismus der katholischen Kirche* hatte diese klassische Argumentation überprüft und dabei die Rechtfertigung der Todesstrafe offenbar auf den Schutz der Gesellschaft beschränkt: Soweit unblutige Mittel ausreichten, um das Leben der Menschen gegen Angreifer zu verteidigen, habe sich die Staatsgewalt an diese Mittel zu halten.[63] Nun schränkte Johannes Paul das Kriterium des Selbstschutzes der Gesellschaft „in schwerwiegendsten Fällen" noch weiter ein, indem er schrieb: „Solche Fälle sind (...) heutzutage infolge der immer angepaßteren Organisation des Strafwesens schon sehr selten oder praktisch überhaupt nicht mehr gegeben."[64] Der *Katechismus* wurde später revidiert und stimmt in seiner endgültigen lateinischen Fassung mit der Lehre der Enzyklika überein. In dieser spiegelte sich offenbar die Erfahrung Wojtyłas mit der Macht eines Staates, der Hinrichtungen vollzog, und seine Abneigung gegen diese Praxis. Hier war der Papst stark engagiert, aber er konnte sich bei der Todesstrafe noch nicht auf einen Konsens berufen, wie er ihn in *Evangelium vitae* für die Lehre über Abtreibung und Euthanasie angeführt hatte. Daß die Enzyklika zu den traditionellen Argumenten der vergeltenden Gerechtigkeit und der Abschreckung schwieg, entfachte vermutlich eine weitere Debatte über dieses Thema.[65]

Evangelium vitae hatte auch zum Verhältnis zwischen dem Sittengesetz und dem demokratischen Pluralismus sowie zu den moralischen Pflichten von Parlamentsabgeordneten Neues zu sagen. In bezug auf den moralischen Status von Gesetzen, die Abtreibung und Euthanasie erlauben, äußert sich Johannes Paul II. kompromißlos offen:

> Abtreibung und Euthanasie sind (...) Verbrechen, die für rechtmäßig zu erklären sich kein menschliches Gesetz anmaßen kann. Gesetze dieser Art rufen nicht nur keine Verpflichtung für das Gewissen hervor, es besteht vielmehr die *schwere und klare Verpflichtung, sich ihnen durch Einspruch aus Gewissensgründen zu widersetzen*.[66]

Die Methoden des zivilen Ungehorsams wurden nicht verdeutlicht. Trotzdem war das ein beispielloser päpstlicher Protest gegen Gesetze oder Rechtslagen, die nach den Regeln des demokratischen Verfahrens zustande gekommen war.

Der Papst lehrt auch, daß es niemals erlaubt ist, sich an einer Meinungskampagne für solche Gesetze zu beteiligen oder bei einer Abstimmung für solche Gesetze zu votieren. Etwas anderes ist es jedoch, wenn ein gewissenhafter Abgeordneter bei einem Gesetzgebungsverfahren mit einer besonderen Situation konfrontiert ist. In einem solchen Fall ist es einleuchtend,

> daß es einem Abgeordneten, dessen persönlicher absoluter Widerstand gegen die Abtreibung klar und allen bekannt [ist], dann, wenn die Abwendung oder vollständige Aufhebung eines Abtreibungsgesetzes nicht möglich [ist], gestattet sein könnte, Gesetzesvorschläge zu unterstützen, die die *Schadensbegrenzung* eines solchen Gesetzes zum Ziel haben und die negativen Auswirkungen auf das Gebiet der Kultur und der öffentlichen Moral vermindern.[67]

Die Enzyklika unterstützte offenbar die Bemühungen amerikanischer Amtsträger – etwa des Gouverneurs von Pennsylvania, Bob Casey, oder des Kongreßabgeordneten für Illinois, Henry Hyde –, sich graduell für den vollen gesetzlichen Schutz der Ungeborenen einzusetzen. Sie verwarf jedoch kategorisch die These des New Yorker Gouverneurs Mario Cuomo, wer seinen „persönlichen Widerstand" gegen die Abtreibung in die Öffentlichkeit trage, verstoße gegen die Trennung von Kirche und Staat.[68]

Eine andere Art der Reaktion

Hans Küng sah in der ganzen Enzyklika nur ein weiteres Beispiel für das autoritäre Gebaren Johannes Pauls. „In dem Dokument spricht nicht ein guter Hirte, sondern ein geistlicher Diktator", meinte Professor Küng in einer Presseerklärung. *Evangelium vitae* beweise die „doktrinäre Kälte und unerbittliche Strenge" des Papstes.[69] Doch diesmal war Küng eindeutig in der Minderheit. Und es waren nicht nur katholische Bischöfe, die antraten, um *Evangelium vitae* zu preisen. *Newsweek*, eines der drei führenden amerikanischen Nachrichtenmagazine, brachte eine Titelgeschichte zur Enzyklika, die der für Religion zuständige Herausgeber Kenneth Woodward als „die klarste, leidenschaftlichste und imponierendste" des Papstes lobte; mit dieser Erklärung drücke Johannes Paul der Geschichte seinen „Stempel" auf.[70] Bald tauchten Paperbackausgaben der Enzyklika in Buchläden und Supermärkten auf. Protestantische und jüdische Wissenschaftler äußerten sich positiv, und Moraltheologen, die *Veritatis splendor* scharf kritisiert hatten, fanden in *Evangelium vitae* viel Lobenswertes.[71] Die Enzyklika sprach eine weitverbreitete Sorge an, daß der Einsatz der Abtreibung zur „Familienplanung" und Kampagnen für Euthanasie von einer allgemeinen Verrohung, ja Abwertung des Lebens zeugten, gegen die man sich irgendwie wehren sollte.[72] Es wäre übertrieben, zu behaupten, Johannes Pauls tiefgründige Analyse der „Kultur des Todes" sei von der Öffentlichkeit in den alten Demokratien ernsthaft aufgenommen worden, aber sein Eintreten für die Würde des Lebens – selbst bei so heftig umstrittenen politischen Fragen wie Abtreibung und Euthanasie – bewegte die Menschen. Vielleicht, so meinte der Papst einmal nachdenklich zu Gästen, seien die Dinge so schlimm geworden, daß man ihnen jetzt Aufmerksamkeit schenken könne.[73]

Evangelium vitae hatte auch Konsequenzen für die Kirche. Wenn das „Evangelium vom Leben", wie die Enzyklika eindringlich sagte, tatsächlich das Evangelium war – wenn die in der Enzyklika behandelten Fragen keine Randphänomene, sondern den Kern des christlichen Glaubens betrafen –, dann würde *Evangelium vitae* schließlich den ökumenischen Dialog zwischen dem römischen Katholizismus und jenen liberalen protestantischen Gemeinschaften, die über diese Fragen ganz anders dachten, verändern. Der Ökumenismus nach dem II. Vatikanum hatte diese Unterschiede heruntergespielt und sich auf das konzentriert, was man für zentrale theologische Fragen hielt: die Rechtfertigung, das geistliche Amt, die Sakramente und die Autorität. *Evangelium vitae* wies darauf hin, daß ein solches Ausklammern unangemessen war und daß zur Einigkeit in der Wahrheit die Einigkeit in so gewichtigen moralischen Fragen gehörte.[74]

Die Enzyklika wurde im allgemeinen positiv und freundlich aufgenommen, weil sie Leidenschaftlichkeit und Nuancierung miteinander verband. Zur Frage der ärztlichen Behandlung von Todkranken wiederholte Johannes Paul beispielsweise die klassische katholische Position, die der Familie und dem Arzt gestattet, auf bestimmte ärztliche Eingriffe zu verzichten, „die der tatsächlichen Situation des Kranken nicht mehr angemessen sind, weil sie in keinem Verhältnis zu den erhofften Ergebnissen stehen, oder auch, weil sie für ihn und seine Familie zu beschwerlich sind". Die Anwendung von Schmerzlinderungsmitteln, die manchmal das Leben verkürzen, ist erlaubt, sofern sie dem Zweck dienen, den Schmerz zu lindern und nicht den Tod zu beschleunigen.[75] Diese maßvolle Einstellung und dieser moralische Realitätssinn werden so einfühlsam dargelegt, daß es für Kritiker schwieriger wurde, Johannes Paul pastorale Gefühllosigkeit oder sinnlose Strenge vorzuwerfen – obwohl Hans Küng und andere das versuchten.

Die in London erscheinende Tageszeitung *The Independent*, nicht selten kritisch gegenüber dem Papst, hatte nach dessen Triumph in Manila in einem Leitartikel geschrieben, Johannes Paul II. sei die „einzige wahrhaft globale Führungspersönlichkeit", die es noch gebe.[76] Die Reaktion auf *Evangelium vitae* hatte dazu beigetragen, das Wesen dieser Führerschaft zu klären. Johannes

Paul ragte unter den weltbekannten Gestalten der 90er Jahre nicht einfach deshalb hervor, weil er eine so eindrucksvolle Persönlichkeit war und sie so farblos waren. Die Führerschaft des Papstes und die öffentliche Reaktion darauf hingen mit seiner moralischen Substanz zusammen. Er warf Fragen auf, die zu den gewichtigsten auf der Tagesordnung der Menschheit für das 21. Jahrhundert zählten – und Männer und Frauen auf der ganzen Welt erkannten das. Sie waren vielleicht mit seinen Antworten nicht einverstanden, aber sein unerschütterliches Beharren darauf, daß moralische Fragen für das Gedeihen der Menschen wesentlich seien, und seine Bereitschaft, unter Beschuß stehende unpopuläre Positionen zu verteidigen, hatten seiner Führerschaft eine Integrität, ja Würde verliehen, die man bei den Politikern um die Mitte der 90er Jahre vermißte.

Er bestand nachdrücklich auf diesen Fragen und appellierte an „alle Menschen guten Willens", die zu den Adressaten von *Evangelium vitae* gehörten. Dadurch stärkte er in einer Zeit der Spaltung und der Verantwortungslosigkeit die Solidarität der Menschen und die Möglichkeit eines gemeinsamen Dialogs über die Zukunft der Menschheit.

DIE EINHEIT DER CHRISTEN

Am 25. Mai 1995, zwei Monate nach der Unterzeichnung von *Evangelium vitae*, erschien bereits eine weitere Enzyklika, *Ut unum sint*, in der Johannes Paul zum Einsatz für die Ökumene aufrief. Ihr Titel – „Daß alle eins seien" – erinnerte an die letzten Worte von Papst Johannes XXIII., der 1963 mit dem hohepriesterlichen Gebet Jesu für seine Jünger auf den Lippen starb.[77]

Seit 16 Jahren verkörperte die ökumenische Aktivität Johannes Pauls die Vision, die das II. Vatikanische Konzil in *Lumen gentium* 8 artikuliert hatte: Die katholische Kirche war zwangsläufig mit allen Christen verbunden, die aufgrund ihrer Taufe irgendwie eine Beziehung zum Katholizismus hatten. Unabhängig davon, was sie von der katholischen Kirche hielten, die katholische Kirche betrachtete sie als Brüder und Schwestern in Christus. Andere christliche Gemeinschaften mochten den Einsatz für die Ökumene als nebensächlich, ja als nicht erforderlich ansehen. Die katholische Kirche hatte sich im II. Vatikanum aufgrund ihres Selbstverständnisses unwiderruflich für die Ökumene entschieden.

Aber mußte nach allem, was bereits gesagt und getan worden war, überhaupt noch mehr gesagt werden? Johannes Paul meinte das offenbar, und die Enzyklika – laut Kardinal Edward Cassidy, dem Präsidenten des Päpstlichen Rates zur Förderung der Einheit der Christen, eine persönliche Initiative des Papstes – vertiefte die katholische Auffassung von der Ökumene und machte gleichzeitig wohl das kühnste päpstliche Angebot an die Orthodoxie und den Protestantismus seit den Spaltungen des Jahres 1054 und des 16. Jahrhunderts.[78]

Neu an der Enzyklika *Ut unum sint* war zunächst, daß von ihr unverkennbare Signale an die gesamte katholische Kirche ausgingen. Denjenigen, die das

Bemühen um Einheit für eine vorübergehende Laune des II. Vatikanums hielten, die bald verschwinden werde, wurde deutlich gesagt, daß sie sich geirrt hatten. Die erste Enzyklika, die jemals dem ökumenischen Streben gewidmet war, machte deutlich, daß das ökumenische Engagement des Katholizismus unumkehrbar war. Die Enzyklika forderte auch diejenigen heraus, die in den alten Gleisen des nachkonziliaren ökumenischen Dialogs bequem geworden waren. *Ut unum sint* bittet die ökumenischen Experten, wieder ein Gefühl dafür zu entwickeln, wie dringlich ihre Aufgabe ist. Die Zwietracht der Christen machte es noch schwieriger, das Evangelium zu verkünden und die Abgründe der Rasse, des Volkstums und des Nationalismus zu überbrücken, die eine konfliktreiche und gefährliche Welt spalteten. Wenn die Christen die Einheit der Kirche nicht wiederherstellen konnten, waren sie in einer schwachen Ausgangsposition, um die Einheit des Menschengeschlechts zu fördern. Johannes Paul bat die Katholiken auf der ganzen Welt, die feurige Begeisterung für die Ökumene wieder zu entfachen, die in der aufregenden Zeit unmittelbar nach dem II. Vatikanum so hell gebrannt, seither jedoch nachgelassen hatte.

Ut unum sint war auch deshalb bemerkenswert, weil Johannes Paul seine ökumenische Aufmerksamkeit so stark auf die Orthodoxie konzentrierte. Im Hinblick auf das nahe bevorstehende Jubeljahr wollte der Papst jede denkbare Anstrengung unternehmen, um den Riß des elften Jahrhunderts vor dem Ende des 20. zu schließen. Obwohl die Orthodoxen sich während der ganzen 90er Jahre gegen ihn gewehrt und ihn kritisiert hatten, betonte er in seiner Enzyklika weiterhin, die Orthodoxen seien „Schwesterkirchen", mit denen die katholische Kirche die „volle Einheit in der legitimen Vielfalt" suche.[79] Das Modell, wie diese volle Gemeinschaft praktiziert werden könne, liefere die Erfahrung des ersten Jahrtausends. Damals war

> die Herausbildung unterschiedlicher Erfahrungen kirchlichen Lebens (...) kein Hindernis dafür, daß die Christen durch gegenseitige Beziehungen weiterhin die Gewißheit empfinden konnten, in jeder Kirche zu Hause zu sein, weil von allen in einer wunderbaren Vielfalt von Sprachen und Melodien das Lob des einen Vaters durch Christus im Heiligen Geist emporstieg (...). Die ersten Konzilien sind ein beredtes Zeugnis für die fortdauernde Einheit in Vielfalt.[80]

Der Hinweis war deutlich: Warum konnten der Katholizismus und die Orthodoxie nicht zum Zustand vor 1054 zurückkehren? Das setzte voraus, daß es zwischen Rom und dem Osten keine trennenden dogmatischen Streitfragen gab. Aber davon war Johannes Paul offensichtlich überzeugt, auch wenn manche Katholiken und Orthodoxe darüber ganz anders dachten

Die Enzyklika erörterte auch das Streben nach christlicher Einheit mit den Kirchen der Reformation, jedoch weniger ausführlich und nicht mit der gleichen Zuversicht, wie sie im Appell des Papstes an die Orthodoxie offenkundig war. Johannes Paul lobte die Fortschritte, die seit dem II. Vatikanum in bilateralen theologischen Gesprächen zu verzeichnen waren, aber seine Auflistung der verbleibenden ungelösten Streitfragen wies auf die Schwere der vor ihm liegenden Aufgabe hin: Dazu zählte so Grundlegendes wie das Verhältnis von Heiliger Schrift und Tradition, das Wesen der Eucharistie, das Papst- und Priesteramt, die Lehrvollmacht der Kirche und Maria als ein Sinnbild der Kirche. Die Rechtfertigung durch den Glauben – oft als die zentrale Frage angesehen, die zwischen Rom und den Traditionen der Reformation steht – wurde nicht erwähnt, vielleicht in Vorwegnahme der langerwarteten gemeinsamen Erklärung der katholischen Kirche und des Lutherischen Weltbundes zur Rechtfertigung.

Der Weltprotestantismus hatte sich seit dem II. Vatikanum dramatisch verändert. Die protestantischen Gemeinschaften, mit denen man viele bilaterale Dialoge geführt hatte, waren entmutigt und nahmen in der entwickelten Welt ab. Die Zunahme der Evangelikalen und der Pfingstbewegungen im Protestantismus stellte für das ökumenische Gespräch zwischen Katholiken und Protestanten völlig neue Fragen. Mit diesen befaßte sich *Ut unum sint* nicht, und viele Evangelikale in den USA, die *Evangelium vitae* tief bewunderten und in ihren Gemeinschaften eifrig verbreiteten, fühlten sich etwas übergangen.

Die kühnste Initiative in der Enzyklika war Johannes Pauls Angebot, orthodoxe und protestantische Christen sollten mit ihm zusammen über ein Papsttum nachdenken, das ihnen in Zukunft dienlich sein könnte. Das Amt des Bischofs von Rom, schreibt er, sei von Christus als ein Amt der Einheit für die gesamte Kirche gedacht gewesen. Der Verlauf der Geschichte, menschlicher Irrtum und Sünde hätten dieses Amt zu einem Zeichen der Spaltung gemacht. Johannes Paul gibt freimütig zu, daß das Amt des Bischofs von Rom problematisch sei für einen Großteil der anderen Christen, „deren Gedächtnis durch gewisse schmerzliche Erinnerungen gezeichnet ist. Soweit wir dafür verantwortlich sind, bitte ich mit meinem Vorgänger Paul VI. um Verzeihung."[81] Trotz solcher Erinnerungen begriffen Christen verschiedener Glaubensgemeinschaften allmählich, wie wichtig ein einheitsstiftendes Amt im Dienst der universalen Kirche war, und manche schienen bereit, im Hinblick darauf über den „Primat" des Nachfolgers Petri nachzudenken. Johannes Paul empfand eine „besondere Verantwortung", diese Diskussion zu fördern, angesichts der an ihn gerichteten Bitte, „eine Form der Primatsausübung zu finden, die zwar keineswegs auf das Wesentliche ihrer Sendung verzichtet, sich aber einer neuen Situation öffnet".[82] Dies sei eine „ungeheure Aufgabe", die die Christen nicht zurückweisen könnten und die er, wie er offen zugibt, „allein nicht zu Ende bringen" könne.

Deshalb fragt er: Könnte „die zwischen uns allen bereits real bestehende, wenn auch unvollkommene Gemeinschaft" nicht die Führer der Christen und ihre Theologen veranlassen, mit ihm zusammen zu erforschen, welche Art von Papsttum den Bedürfnissen aller dienen könnte?[83] 941 Jahre nach dem entscheidenden Schisma zwischen Rom und dem Osten und 478 Jahre nach der Spaltung des westlichen Christentums durch die Lutherische Reformation bat der Bischof von Rom seine getrennten Brüder und Schwestern, ihm zu helfen, das Papsttum für das dritte Jahrtausend zu einem Amt der Einheit für die ganze Kirche Christi umzugestalten.

Mit diesem kühnen Angebot schlug Johannes Paul erneut vor, daß Orthodoxe, Protestanten und Katholiken aufhören sollten, zu meinen, das Streben nach der Einheit der Christen sei so etwas wie eine Verhandlung zwischen einer Gewerkschaft und einem Betrieb. Bei einer Verhandlung zwischen Gewerkschaft und Betrieb existiert das Ziel – ein Vertrag – nicht; es muß erst geschaffen werden, häufig durch ein Nullsummenspiel, bei dem der Gewinn der einen Seite der Verlust der anderen ist. Das ist nicht die Situation der geteilten Christenheit, sagt Johannes Paul in *Ut unum sint*. Das Ziel – die von Christus gewollte Einheit der Kirche – existiert bereits, als Geschenk Christi an die Kirche. Die ökumenische Aufgabe besteht darin, dieser Einheit in der legitimen Vielfalt einen volleren theologischen Ausdruck und eine vollständigere kirchliche Form zu geben.[84] Nicht Christen schaffen die Einheit der Christen. Christus schafft die Einheit der Kirche, und die Aufgabe der ökumenischen Bewegung besteht darin, diese bereits gegebene Einheit in der Geschichte zu verwirklichen.

Trotz ihrer historischen Einzigartigkeit und trotz ihres kühnen Angebots fand die Enzyklika *Ut unum sint* nicht jene weltweite Aufmerksamkeit der Medien wie *Evangelium vitae*. Darin schien sich die bei Zeitungsredakteuren verbreitete Meinung zu spiegeln, das Streben der Christen nach Einheit sei eine innerkirchliche Angelegenheit und deshalb für die Zukunft der Menschheit irrelevant. Das war jedoch, wie ein Kommentator schrieb, eine schwere Fehleinschätzung: „In einer Welt, für die zunehmend das Wiederaufleben der Religion, vor allem des Christentums und des Islams, charakteristisch ist, ist die ökumenische Umstrukturierung von 1,8 Milliarden Christen eine Sache von enormer welthistorischer Bedeutung."[85] *Ut unum sint* konnte diese Umstrukturierung nicht allein bewirken. Aber die Enzyklika verankerte den ökumenischen Imperativ im Herzen einer Kirche mit einer Milliarde Mitgliedern.

Eine Vision, die ihrer Zeit voraus ist

Die Kühnheit des ökumenischen Angebots von *Ut unum sint* wurde von der Kreativität der darauf erfolgenden Reaktionen nicht erreicht.

Die größten Schwierigkeiten beim ökumenischen Dialog des Westens wurden einen Monat vor der Unterzeichnung der Enzyklika anschaulich illustriert. Am 4. April 1995 hielt Dr. Konrad Raiser, der Generalsekretär des Ökumenischen Rates der Kirchen [ÖRK], im Centro Pro Unione in Rom einen Vortrag, in dem er von einem „Paradigmenwechsel" der ökumenischen Bewegung sprach. Am Ende des zweiten Jahrtausends erforderten eine „de facto-Apartheid zwischen Reich und Arm" sowie eine „progressive Verschlechterung der ganzen Ökosphäre" eine „dringende Neuordnung der ökumenischen Agenda". Raiser behauptete, es sei an der Zeit, „die Bücher über unsere zurückliegenden Kämpfe zu schließen und alle unsere Energien darauf zu konzentrieren, miteinander die Lebens- und Überlebensfragen von heute und morgen im Lichte des Evangeliums Christi anzupacken". Das sei der ökumenische Imperativ von heute.[86]

Die ökumenische Bewegung, wie sie seit der Missionskonferenz von Edinburgh (1910) aufgefaßt wurde – die Wiedervereinigung der Christenheit aufgrund allgemein anerkannter Lehre und Praxis –, war vorbei, jedenfalls nach Auffassung des Generalsekretärs des ÖRK, des institutionellen Erben der Initiative von 1910. Worauf es jetzt ankam, war eine ideologisch motivierte Politik. Der Kampf gegen die globale Erwärmung war für die Kirchen wichtiger als die Debatte über die Rechtfertigung vor Gott; die internationale Umverteilung des Reichtums war für die Christen eine dringendere Aufgabe als die gemeinsame Feier des Abendmahls. Sofern Raisers Vortrag in Rom ein Denken widerspiegelte, das innerhalb der Führung der im ÖRK vertretenen Kirchen weit verbreitet war, wird man ihn künftig möglicherweise als den Endpunkt der alten ökumenischen Bewegung ansehen. Der in *Ut unum sint* dargelegte Ökumenismus war nun die einzige globale ökumenische Bewegung, die sich noch für das ursprüngliche Ziel der Bewegung einsetzte.[87]

Einen Monat nach *Ut unum sint* kam der Ökumenische Patriarch Bartholomaios I. zum Fest der Apostelfürsten Peter und Paul nach Rom und nahm an der feierlichen Messe teil, die der Papst am 29. Juni im Petersdom zelebrierte. Während der Wortliturgie saßen Bartholomaios und Johannes Paul vor dem Hochaltar nebeneinander, auf gleichen Stühlen. Das Evangelium wurde auf lateinisch und griechisch vorgelesen, und sowohl der Papst als auch der Patriarch predigten. Das bevorstehende Große Jubeljahr bildete den Rahmen für die Predigt Johannes Pauls und veranlaßte den Nachfolger des Petrus zu einer Frage an den Nachfolger des Andreas. Johannes Paul erinnerte Bartholomaios daran, was das Lukasevangelium über die Aussendung der ersten Jünger sagt: „Und er sandte sie zu zweit voraus...' (Lukas 10,1). (...) Sagen [diese Worte] nicht vielleicht aus, daß *Christus auch uns zu zweit* als Verkünder seines Evangeliums in Orient und Okzident *voraussendet?"* Der Papst betonte: *„Wir können deshalb nicht getrennt bleiben."* Einheit sei der Wille Christi, und Einheit sei das, was die Evangelisierung des neuen Jahrtausends erfordere.[88]

Der Ökumenische Patriarch Bartholomaios antwortete auf die ergreifende Frage des Papstes nicht direkt. Seine Predigt ließ durchblicken, daß er nicht bereit war, sich öffentlich zu der These von *Ut unum sint* zu bekennen, die einzigen Fragen, die zwischen der Orthodoxie und dem „alten Rom" stünden, seien Fragen der Zuständigkeit. Die Gemeinsame Erklärung, die der Papst und der Ökumenische Patriarch am Abend des 29. Juni unterzeichneten, stellte fest, es sei „ein besonders passender Zeitpunkt, am Vorabend des dritten Jahrtausends ein gemeinsames Glaubenszeugnis abzugeben". Aber die Aussage, das Große Jubeljahr werde gefeiert werden, „während wir auf der Pilgerschaft zur vollen Einheit sind", schien darauf hinzuweisen, daß Johannes Pauls Jahrtausendvision einer Wiedervereinigung des Ostens mit dem Westen nicht nach seinem Zeitplan verwirklicht werden würde.[89]

Persönliches Zeugnis und symbolische Akte der Versöhnung förderten weiterhin Johannes Pauls ökumenisches Programm. Der Kreuzweg, den der Papst jährlich am Karfreitag im Kolosseum von Rom feiert, bekam um die Mitte der 90er Jahre einen neuen ökumenischen Ton. 1994 waren die Meditationen für die einzelnen Stationen des Kreuzwegs vom Ökumenischen Patriarchen verfaßt worden. Die Meditationen für 1995 stammten von Minke de Vries, der Priorin der „Schwestern von Grandchamp", einer Gemeinschaft von Nonnen in der calvinistischen Tradition. Und die Meditationen für 1997 verfaßte Karekin I. Sarkissian, Katholikos aller Armenier und Oberhaupt der armenischen apostolischen Kirche, mit dem der Papst im Dezember 1996 eine gemeinsame christologische Erklärung unterzeichnete.[90]

Johannes Paul bemühte sich auch, die jahrhundertealten religiösen Feindseligkeiten in Ostmitteleuropa zu entschärfen. Seine Pläne, im Mai 1995 Jan Sarkander heiligzusprechen, einen katholischen Märtyrer des Dreißigjährigen Krieges in Mähren, hatten bei tschechischen Protestanten eine erbitterte Reaktion ausgelöst. Da führende Protestanten überzeugt waren, daß Jan Sarkander an der zwangsweisen Rekatholisierung protestantischer Gebiete beteiligt gewesen war, protestierten sie in Briefen an den Papst und Kardinal Cassidy gegen seine Heiligsprechung. Cassidy und der Papst antworteten, sorgfältige wissenschaftliche Untersuchungen hätten bewiesen, daß Sarkander sich nie an Gewaltmaßnahmen gegen Protestanten beteiligt hatte. Sarkander solle durch die Heiligsprechung geehrt werden, weil er seinem Priesterberuf bis zum Einsatz seines Lebens treu geblieben sei.

Die Lage blieb brisant, bis Johannes Paul am 20. Mai in der Tschechischen Republik eintraf. Bei der Ankunftszeremonie grüßte er besonders „die verehrten Brüder in Christus, die Vertreter der verschiedenen Kirchen und christlichen Gemeinschaften" und betonte, er sei „als Pilger des Friedens und der Liebe" nach Böhmen und Mähren gekommen. Am Nachmittag sprach er im Marienheiligtum von Svatý Kopaček zu jungen Tschechen. Er sagte ihnen, der Märtyrertod Sarkanders bekomme eine „außerordentliche *ökumenische Bedeutung*"; er spreche zu allen getrennten Christen von ihrer wechselseitigen „Verantwortung, die sie tragen wegen der Sünde der Trennung" und von der Bedeutung des Gebets für die Vergebung der Sünden. Am Schluß sagte er: „*Wir sind gegenseitige Schuldner, die einen gegenüber den anderen*", und das Anerkennen dieser Schuld sei der Anfang der Versöhnung.[91] Während seines ganzen Besuches in Böhmen und Mähren bat der Papst um Vergebung für das Unrecht, das Katholiken in der Geschichte der tschechischen Länder begangen hatten, und vergab den Protestanten das Unrecht, das sie Katholiken angetan hatten. Als Johannes Paul zwei Monate später, auf einer Reise in die Slowakei, drei Priester heiligsprach, die in den Religionskriegen als Märtyrer umgekommen waren, fügte er in seine Reiseroute am 2. Juli den Besuch eines Denkmals in Košice ein, um dort Calvinisten zu ehren, die 1687 als Märtyrer gestorben waren, weil sie sich der Zwangsbekehrung zum Katholizismus widersetzt hatten.[92]

1997 war eine schwierige, ja schmerzliche Situation umgekehrt worden dank den Bemühungen Johannes Pauls und der lokalen Autorität des Prager Kardinals Miloslav Vlk. Dieser hatte öffentlich das christliche Zeugnis des vorreformatorischen Reformators und tschechischen Nationalhelden Jan Hus gepriesen, der 1415 von Katholiken als Ketzer auf dem Scheiterhaufen verbrannt wurde. Als der Papst Ende April 1997 in die Tschechische Republik zurückkehrte, nahm einer von Hus' Erben im 20. Jahrhundert, Pavel Czerny, das Oberhaupt der evangelischen Kirche der Böhmischen Brüder, am 27. April zusammen mit Johannes Paul an einem ökumenischen Gebetsgottesdienst im Prager Veitsdom teil, um den 1000. Jahrestag des Martyriums des hl. Adalbert, des ersten Missionars in Böhmen, zu feiern. Dabei pries der Papst das gemeinsame Christuszeugnis von Protestanten und Katholiken unter der kommunistischen Verfolgung. In diesem Zeugnis, sagte er, finde man den Mut, einander die Ungerechtigkeiten der Vergangenheit zu vergeben und „die Schranken der gegenseitigen Verdächtigung" niederzureißen, um in der neuen tschechischen Demokratie eine „neue Zivilisation der Liebe aufzubauen".[93]

Der Dialog zwischen der anglikanischen und der römisch-katholischen Kirche bewies nach wie vor, daß es leichter war, jahrhundertealte Vorurteile abzubauen, als eine theologische Einigung zu erzielen. Als der Erzbischof von Canterbury, George Carey, im Dezember 1996 in den Vatikan kam, sagte Johannes Paul zu ihm und seinen Begleitern: „Der weitere Weg mag uns noch nicht klar sein, aber wir sind hier, um uns wiederum zu verpflichten, ihn einzuschlagen." Dann bat er seine „Brüder und Schwestern von der anglikanischen Gemeinschaft, über die Motive und Gründe der Stellungnahmen nachzudenken, die ich in Ausübung meines Lehramtes dargelegt habe". *Ordinatio sacerdotalis* war eine dieser „Stellungnahmen"; ebenso seine Bitte, über eine Ausübung des päpstlichen Primats nachzudenken, die auch den Anglikanern dienlich sein könnte. Offenbar meinte Johannes Paul, auf diese Bitte habe man nicht sehr befriedigend reagiert.[94]

Das Patt im Dialog zwischen der anglikanischen und der römisch-katholischen Kirche, die Unfähigkeit der Orthodoxen, die ständigen Bitten Johannes Pauls um eine Versöhnung zur Jahrtausendwende mit *einer* Stimme zu beantworten, und der in Konrad Raisers Vortrag von 1995 indirekt ausgesprochene Verzicht auf eine theologisch begründete Ökumene – diese harten Tatsachen des ökumenischen Lebens in den 90er Jahren, zusammen mit der Wahrscheinlichkeit, daß nur wenige Katholiken die Vision eines ökumenisch mit jedem Christen verbundenen Katholizismus (*Lumen gentium*) verinnerlicht hatten, weisen darauf hin, daß *Ut unum sint* eine Vision ausdrückt, die ihrer Zeit voraus ist: eine Vision des langen Weges in die Zukunft. Johannes Paul erkennt, daß man in den Jahren unmittelbar nach dem Konzil hinsichtlich der Möglichkeiten einer vollen kirchlichen Versöhnung im Westen und zwischen Ost und West vielleicht ein bißchen überschwenglich war. Aber *Ut unum sint* verlangt von der römisch-katholischen Kirche, daß sie dieses Ziel fest und unbeirrt verfolgt, in der Überzeugung, daß es das ist, was Christus für seine Kirche will. Das wird kein leichter Weg sein. Dennoch besteht Johannes Paul darauf, daß man ihn gehen muß.

„EINE STIMME FÜR DIE AN DEN RAND GEDRÄNGTEN UND STUMMEN": DIE WELTFRAUENKONFERENZ IN PEKING

Mit einer anderen Herausforderung für die Einheit der Menschheit wurde man konfrontiert, als am 4. September 1995 in der Großen Halle des Volkes in Peking die vierte Weltfrauenkonferenz eröffnet wurde. Johannes Paul II. hatte dafür fast ein Jahr lang Vorbereitungen getroffen.

Die jährliche Botschaft des Papstes zum Weltfriedenstag am 1. Januar 1995 beschäftigte sich mit dem Thema „Die Frau: Erzieherin zum Frieden". Im Hinblick auf den „großartigen Befreiungsprozeß der Frau" schrieb Johannes Paul:

> Es war ein schwieriger und komplizierter Weg, nicht immer frei von Irrtümern, aber im wesentlichen ein positiver Weg, auch wenn er noch unvollendet ist aufgrund der vielen Schranken, die in verschiedenen Teilen der Welt verhindern, daß die Frau in ihrer besonderen Würde anerkannt, geachtet und aufgewertet wird.[95]

Ein halbes Jahr später, in einem persönlichen *Brief an die Frauen*, erklärte der Papst nachdrücklich: „Es gilt, auf diesem Weg weiterzugehen!"[96] Dabei sollten die Bedürfnisse derjenigen Frauen erfüllt werden, die bei internationalen Treffen gewöhnlich unbeachtet bleiben. Das war das strategische Ziel des Heiligen Stuhls für die Pekinger Konferenz.

Lange vor dem Treffen plante der Papst den wesentlichen Rahmen für die Teilnahme des Heiligen Stuhls in Peking. Schon im Februar 1995 bereitete er eine Reihe von 15 Angelus-Ansprachen vor, in denen er seinen unverwechselbaren Feminismus weiterentwickelte. Diese Ansprachen begannen am Sonntag, den 18. Juni, und endeten am Sonntag, den 3. September. Sie behandelten philosophische Probleme (z. B. die persönliche Gleichheit zwischen Männern und Frauen sowie die dem Unterschied der Geschlechter innewohnende Ergänzung und Gegenseitigkeit) und praktische Fragen (z. B. die Notwendigkeit der Ausbildung für Frauen, Gleichheit für berufstätige Mütter, politische Chancen für Frauen und volle Teilnahme der Frauen am Leben und Auftrag der Kirche).[97] Johannes Pauls Schreiben an die Priester zum Gründonnerstag 1995 betonte die Bedeutung von Frauen im Leben eines Priesters: „Um reif und gelassen im Zölibat zu leben, erscheint es besonders wichtig, daß der Priester in seinem Innersten das Bild der Frau als Schwester entwickelt." Das ordinierte Priestertum müsse „*die Teilhabe aller* – Männer und Frauen – an der dreifachen prophetischen, priesterlichen und königlichen Sendung Christi gewährleisten".[98]

Am 26. Mai empfing Johannes Paul Gertrude Mongella, die aus Tansania stammende Generalsekretärin der bevorstehenden Pekinger Konferenz. Nach seiner Erinnerung war es – völlig anders als sein Treffen mit Frau Nafis Sadik vor der Kairoer Bevölkerungskonferenz – ein sehr freundliches Gespräch. Am Ende übergab er Frau Mongella eine offizielle Botschaft, in der er betonte, realistische Antworten auf „das Leiden, die Mühen und Frustrationen, die immer noch Teil des Lebens zu vieler Frauen sind" müßten die in der *Erklärung der Menschenrechte* enthaltenen Wahrheiten widerspiegeln. Der Papst verteidigte energisch die aktive Mitwirkung von Frauen „in sämtlichen Bereichen des öffentlichen Lebens" und drängte darauf, daß die Pekinger Konferenz alle Länder aufrufe, „jene Situationen zu überwinden, die verhindern, daß Frauen in ihrer Würde und mit ihren Fähigkeiten anerkannt, geachtet und geschätzt werden". Johannes Paul bat die Konferenz auch, „die Aufmerksamkeit auf *die schreckliche Ausbeutung von Frauen und Mädchen* zu lenken, die in jedem Teil der Welt existiert". In bezug auf die sexuelle Revolution und deren Auswirkungen auf die Frauen hoffte der Papst, die Konferenz werde darüber nachdenken, in welcher Weise die sexuelle Revolution die Belastungen der Frauen erhöht habe, denn sie habe der „sexuellen Promiskuität und Unverantwortlichkeit" von Männern Tür und Tor geöffnet. Das Problem unerwünschter Schwangerschaft sollte nicht durch Abtreibung gelöst werden, sondern durch „eine radikale Solidarität mit den Frauen" in ihrer Not und durch die Einsicht:

> Es wird nie Gerechtigkeit, einschließlich Gleichberechtigung, Entwicklung und Frieden für Männer und Frauen, geben können, ohne den unabänderlichen Entschluß, *das Leben zu achten, zu verteidigen, zu lieben und ihm zu dienen* – und zwar jedes menschliche Leben, in jeder Phase und jeder Situation.[99]

Frau Mongella war beeindruckt und äußerte später gegenüber der Presse in bezug auf die Pekinger Frauenkonferenz: „Wenn alle so argumentieren würden wie der Papst, wären derartige Konferenzen nicht mehr notwendig."[100]

In seinem *Brief an die Frauen* vom 29. Juni 1995 versuchte Johannes Paul Frauen in ganz verschiedenen kulturellen, religiösen, wirtschaftlichen und politischen Verhältnissen anzusprechen. Er gab offen zu, daß wir Erben geschichtlicher Prägungen seien, die „den Weg der Frau erschwert haben, die in ihrer Würde verkannt, in ihren Vorzügen entstellt, oft ausgegrenzt und sogar versklavt wurde". Das habe zu einer geistigen Verarmung der Menschheit geführt. Die Ursachen dessen, was die Welt Sexismus nenne, seien vielfältig. Aber „wenn es dabei, besonders im Rahmen bestimmter geschichtlicher Kontexte, auch bei zahlreichen Söhnen der Kirche zu Fällen objektiver Schuld gekommen" sei, bedaure er das aufrichtig.

Während Frauen und Männer einem neuen Jahrtausend entgegensahen, wollte Johannes Paul die Probleme zeitgenössischer Mutterschaft, an sich und in Beziehung zum Wirtschaftsleben, hervorheben:

> Man muß sicher noch viel tun, damit das Dasein als Frau und Mutter nicht diskriminiert wird. Es ist dringend geboten, überall die *tatsächliche Gleichheit* der Rechte (...) zu erreichen, und das heißt gleichen Lohn für gleiche Arbeit, Schutz der berufstätigen Mutter, Gerechtigkeit im Hinblick auf die berufliche Karriere, Gleichheit der Eheleute im Familienrecht (...)

und volle politische Rechte. Ausbildungschancen für Frauen müßten gefördert werden, ebenso eine weit bessere Gesundheitsfürsorge für Frauen, dann würde der spezifische „weibliche Genius", den er in *Mulieris dignitatem* beschrieben hatte, der Familie, der Gesellschaft und der Kirche helfen, die Wahrheit wiederzuentdecken, daß Autorität Dienst bedeutet und daß man Macht verliehen bekommt, um sich selbst hinzugeben.[101]

Der Papst, der verlangt hatte, daß die Gaben der Frauen sich in der Kirche voll entfalten könnten, sorgte dafür, daß die Delegation des Heiligen Stuhls für Peking dieser Verpflichtung entsprach. 14 ihrer 22 Mitglieder waren Frauen. Eine von ihnen, Dr. Janne Haaland Matlary, eine norwegische Politologin, war 1982 zum Katholizismus konvertiert, nachdem sie sich von der radikalen Skepsis, die in ihrer akademischen Umwelt dominierte, gelöst hatte. Eine andere, Kathryn Hawa Hoomkamp, war eine ehemalige nigerianische Gesundheitsministerin, die nach einem Militärputsch neun Monate lang im Gefängnis gesessen hatte.[102] An der Spitze der Delegation stand kein vatikanischer Diplomat, sondern eine Professorin aus Harvard, Mary Ann Glendon, eine 57jährige Juristin, die sich auf vergleichendes Familienrecht und internationale Menschenrechte spezialisiert hatte. Jede dieser drei Akademikerinnen war Mutter.

Msgr. Claudio Celli, Untersekretär im Staatssekretariat und zuständig für die „Beziehungen mit Staaten", riet der Delegation des Heiligen Stuhls vor der Pekinger Konferenz, zu versuchen, „eine Stimme für die an den Rand Gedrängten und Stummen zu sein". Das sollte sich als schwierig erweisen. Mary Ann Glendon, die aufgrund ihrer Berufserfahrung wußte, wie man sich durch das Dickicht internationaler Rechtsdokumente hindurcharbeitet, war mit dem für Peking ausgearbeiteten Textentwurf nicht zufrieden. Er enthielt einige vernünftige Dinge über Chancengleichheit, Ausbildung und die wirtschaftliche Entwicklung. Doch insgesamt wirkte er, wie sie rückblickend schrieb, realitätsfremd:

> Bei der Lektüre der Entwürfe bekam man keine Vorstellung davon, daß die meisten Frauen heiraten, Kinder haben und vor allem daran interessiert sind, wie sich das Familienleben mit der Teilnahme an dem umfassenderen gesellschaftlichen und wirtschaftlichen Bereich verbinden läßt. Die Vision des Fortschritts für Frauen beruhte stillschweigend auf einem Modell (...), in dem Familienpflichten gemieden oder der persönlichen Karriere untergeordnet werden. Wenn sich die Entwürfe mit Gesundheit, Ausbildung und jungen Mädchen befaßten, betonten sie Sexualität und Fortpflanzung, vernachlässigten jedoch viele andere wichtige Fragen. Insgesamt wirkte der Textentwurf wie der Schiefe Turm in Pisa: von manchen Blickwinkeln aus bewundernswert, aber unausgeglichen und auf einem unsicheren Fundament errichtet.[103]

Der Pressesprecher des Heiligen Stuhls, Navarro-Valls, ein weiteres Mitglied der Delegation für Peking, war ebenfalls beunruhigt. Etwa zehn Tage vor dem Beginn der Konferenz traf er sich mit Johannes Paul, Kardinal Sodano und Erzbischof Tauran, um die Lage zu besprechen. Navarros Einschätzung war deutlich: „Wir sind erledigt. Wir haben nur zwei, vielleicht drei Länder auf unserer Seite." Man wandte sich den diplomatischen Möglichkeiten zu: Sodano schilderte die vielen Gepräche, die er schon mit Botschaftern und UNO-Vertretern geführt hatte. Der Papst anerkannte das und steuerte dann zwei neue Gedanken bei. „Wir müssen mehr beten" war der erste, der alle Anwesenden betraf. Der zweite war eine Anregung für Navarro: „Wenn Sie in Schwierigkeiten geraten, wenden Sie sich an das Volk."[104] Das war ein guter Rat, der – wie die Dinge sich dann entwickelten – die Sachlage in Peking verändern sollte.

Die Streitfrage wird dem Volk vorgelegt

Die Eröffnungszeremonien am 4. September in Peking erinnerten Mary Ann Glendon an die Textentwürfe für die Konferenz. Sie waren

> eine seltsame Mischung aus Erhabenem und Lächerlichem. (...) Zeremonienmeisterinnen, die aussahen, als seien sie vom Kommissariat für geschlossene Filmvorführungen ausgewählt, führten in mit Ziermünzen behängten Abendkleidern durch ein buntgemischtes Programm: Ballettänzerinnen und Hula-Hula-Mädchen, ein philharmonisches Frauenorchester aus China und eine Modeparade, Weltklasse-Gymnastik und eine Vorführung asiatischer Kampfsportarten, in der die Frauen alle Männer besiegten.[105]

Dann begann das ernsthafte Geschäft, und die Delegation des Heiligen Stuhls machte sich an die Arbeit in 18-Stunden-Tagen voll scheinbar endloser Verhandlungen.

In ihrer Eröffnungsrede am 5. September zählte Frau Glendon im einzelnen die Probleme auf, die der Heilige Stuhl mit dem vorläufigen Bericht und dem Aktionsprogramm der Konferenz hatte. Die Dokumente erwähnten Ehe, Mutterschaft und die Familie kaum, höchstens als Hindernisse für die Selbstverwirklichung der Frauen und als Gelegenheiten für Gewalt und Ausbeutung. In dem Abschnitt über die Gesundheit der Frauen dominierten (unter dem euphemistischen Schlagwort „reproductive health") sexuelle Fragen. Die Gesundheitsprobleme, unter denen die meisten Frauen der Welt litten, wurden praktisch übergangen: Ernährungsmängel, unzureichende sanitäre Einrichtungen, Tropenkrankheiten, Sterblichkeit und Erkrankungen bei Kindern und Müttern sowie Zugang zu elementarer Gesundheitsfürsorge. Wirtschaftliche Ungleichheit wurde nur in bezug auf Männer und Frauen erörtert; die wirtschaftlichen Probleme, die Frauen durch das Auseinanderbrechen von Familien und durch ungerechte wirtschaftliche Strukturen hatten, wurden kaum beachtet. Glendon argumentierte, „tatsächliche Gleichheit" werde eine Illusion bleiben, solange Frauen nicht in ihrer Rolle als Mütter anerkannt und unterstützt würden. Es könne keinen Fortschritt für Frauen, Männer oder die Menschheit geben auf Kosten der Kinder oder der Unterprivilegierten. Es sei an der Zeit, daß man vom Hoffen zum Handeln übergehe – nach einem Programm grundlegender Reformen, die das Leben der überwältigenden Mehrheit der Frauen der Welt betreffen würden.[106]

Das klang recht vernünftig, aber bald deuteten sich Schwierigkeiten an. Einsprüche des Heiligen Stuhls bei Arbeitssitzungen wurden von der Vorsitzenden für unzulässig erklärt. Die Drohung mancher Industriestaaten, ihre Entwicklungshilfe zu kürzen, lastete schwer auf den Delegationen der dritten Welt, die in Kairo ihre Unabhängigkeit behauptet hatten. Und die Kairoer Koalition funktionierte in Peking nicht, weil die Positionen des Heiligen Stuhls zur Förderung der Frauen sich mit der Politik einiger islamischer Staaten nicht deckten.[107] Am sechsten Tag der Konferenz verschlimmerte sich die Lage ernstlich, als eine von der EU beherrschte Minderheitskoalition, der auch Kanada, Barbados, Südafrika und Namibia angehörten, anfing, auf dem Programm der sexuellen Rechte und der Abtreibung zu bestehen, das in Kairo abgelehnt worden war und dessen Verabschiedung die USA in Peking nicht – wenigstens nicht offen – anstrebten.[108] Als andere aufstanden, um gegen dieses Programm zu protestieren, wurden sie von der Vorsitzenden manchmal ignoriert. Bei einer Sitzung rief eine slowakische Delegierte schließlich frustriert: „Warum nehmen Sie keine Notiz von der Slowakei? Ich trage ein rotes Kleid, ich bin im achten Monat schwanger, und ich stehe hier seit einer halben Stunde und winke mit meinem Delegiertenschild!" Die Vorsitzende nahm das nicht zur Kenntnis.[109]

Die Entschlossenheit der EU-Koalition, die Niederlage von Kairo in Peking rückgängig zu machen, blockierte eine Übereinkunft über alles andere. Mary Ann Glendon meinte, diese Koalition vertrete Positionen, die den internationalen Menschenrechten schweren Schaden zufügen würden. Die Europäer versuchten die Vorzugsunterstützung, die viele Staaten an Familien mit Kindern zahlten, zu untergraben, indem sie die Definition von Ehe erweiterten und die Aussage der Allgemeinen Menschenrechtserklärung „Mutter und Kind haben Anspruch auf Fürsorge und Unterstützung" stillschweigend ablehnten. Die EU-Koalition wollte aus dem Abschlußdokument und dem Aktionsprogramm von Peking jeden Bezug auf Religion und Ethik entfernen und aus dem Abschnitt über Kinder jede Anerkennung elterlicher Rechte und Pflichten in der Erziehung eliminieren. Mitglieder der Koalition versuchten auch zu argumentieren, das der Allgemeinen Erklärung zugrundeliegende Prinzip der „menschlichen Würde" sei dem Streben nach Gleichheit abträglich.[110]

Glendon und die übrigen Delegierten des Heiligen Stuhls erkannten allmählich, was sich da abspielte. In der Meinung, eine Konferenz über Frauen sei nicht so wichtig, hatten europäische und andere Regierungen Nominierungen für die Delegationen als Trostpreise an Feministinnen und radikale Befürworterinnen der Geburtenkontrolle vergeben, die in Kairo eine so schlimme Niederlage erlitten hatten. Infolgedessen waren diese Delegationen entschlossen, das in Kairo verlorene Terrain in Peking zurückzugewinnen. Die Zeit war gekommen, Johannes Pauls Weisung an Navarro zu befolgen: „Wenn Sie in Schwierigkeiten geraten, wenden Sie sich an das Volk!"

Es war ein beträchtlicher Vorteil für den Heiligen Stuhl, daß die Leiterin seiner Delegation eine der weltweit führenden Autoritäten auf den Gebieten der internationalen Menschenrechte und des europäischen Verfassungs- und Familienrechts war. Mary Ann Glendon sprach mit dem Oberhaupt der EU-Koalition, einer Spanierin, und fragte sie, warum sie ein Programm vorschlage, das nicht nur der Allgemeinen Erklärung der Menschenrechte, sondern auch der Verfassung ihres eigenen Landes widerspreche. Glendon sagte später, die Spanierin habe „keine Ahnung" gehabt, andere Mitglieder der Koalition ebensowenig.[111] Da setzten sich Glendon und Navarro-Valls am Freitagabend, 8. September, zusammen, entwarfen miteinander eine knappe Presseerklärung, die das Programm der EU-Koalition und dessen widersprüchlichen Charakter aufzeigte, und faxten diese an alle großen europäischen Zeitungen.[112] Am Sonntag wurde die Presseerklärung bekannt, und am Montag wurden in einigen europäischen Parlamenten den inzwischen peinlich berührten Regierungen Fragen gestellt. Infolgedessen begannen die Regierungen, Peking ernst zu nehmen; sie schickten neue Anweisungen, von dem Programm, das die EU-Koalition nachdrücklich befürwortet hatte, abzurücken. Der Fall war durch die Medien vor das Volk gebracht worden, und die Ergebnisse entsprachen den Erwartungen Johannes Pauls. „Das Volk" hatte mehr moralisches Empfinden bewiesen als diejenigen, die das Programm für Peking entworfen hatten.[113]

Nach der Niederlage der EU-Koalition stellte sich die Frage, ob der Heilige Stuhl dem Abschlußbericht und dem Aktionsprogramm zustimmen konnte. Einige Delegationsmitglieder und einige Katholiken, die an der außerhalb Pekings parallel stattfindenden Konferenz von Nichtregierungsorganisationen teilnahmen, behaupteten, die in den Dokumenten vertretene Auffassung von der menschlichen Person sei immer noch so unzulänglich, daß man sie rundweg ablehnen sollte. Mary Ann Glendon und andere dachten anders. Man debattierte darüber innerhalb der Delegation des Heiligen Stuhls gründlich, bevor man eine Zusammenfassung der Argumente an den Vatikan faxte. Am Freitagvormittag, den 15. September, dem letzten Tag der Konferenz, ging über Fax die Rückantwort Johannes Pauls ein: „Akzeptiert, was bejaht werden kann, und prangert energisch an, was ihr nicht akzeptieren könnt." Genau das tat Mary Ann Glendon in einer abschließenden Erklärung. Sie begrüßte die Abschnitte der Dokumente über die Nöte der Frauen in Armut, über Alphabetisierung und Bildung, über ein Ende der Gewalt gegen Frauen und über den Zugang von Frauen zu Arbeitsstellen, Land, Kapital und Technologie. Dann kritisierte sie scharf den „übertriebenen Individualismus" der Dokumente, die wichtige Bestimmungen der Allgemeinen Menschenrechtserklärung ignorierten: „Ein solches internationales Treffen hätte sicher mehr für die Frauen und Mädchen tun können, als sie mit ihren Rechten allein zu lassen!"

Zum Schluß wies sie darauf hin, daß die Pekinger Dokumente in manchen Punkten sich selbst widersprachen. Aber die Delegation des Heiligen Stuhls war zuversichtlich, daß „letzten Endes der Nutzen für die Frauen sich durchsetzen wird", weil „die Frauen selber die Mängel in den Dokumenten überwinden und das Beste in ihnen herausstellen werden".[114] Das war ein angemessen feministischer Schluß einer Konferenz, bei der die Delegation des Heiligen Stuhls, der Führung des Papstes folgend, eine „Stimme des Volkes" für jene Frauen gewesen war, die von der Frauenbewegung des Westens allzu häufig ignoriert werden.[115]

AUF DER DUNKLEN SEITE DER GESCHICHTE

Johannes Paul II. hoffte weiterhin für Afrika während eines Jahrzehnts, in dem ein amerikanischer Experte für Außenpolitik meinte, man solle diesen Kontinent als internationalen politischen Ballast sich selbst überlassen, und ein britischer Historiker die These vertrat, die einzige Antwort auf die ununterbrochenen Krisen Afrikas sei die Wiederbelebung des Kolonialismus.[116] Das starke Interesse des Papstes, die Afrikaner in das Hauptgeschehen der universalen Kirche und der Weltpolitik einzubeziehen, äußerte sich in einer Sonderversammlung der Bischofssynode für Afrika, die vom 10. April bis 8. Mai 1994 in Rom tagte. Da Johannes Paul wegen seines Oberschenkelhalsbruchs die Messe zum Abschluß der Synode nicht zelebrieren konnte, übernahm Kardinal Francis Arinze als Legat des Papstes diese Aufgabe. Der Papst war jedoch entschlossen, sein nachsynodales Apostolisches Schreiben *Ecclesia in Africa* [Die Kirche in Afrika] persönlich, und zwar in Afrika, zu verkünden.

Einer der Gründe für die Abhaltung dieser Synode in Rom war: Ein vatikanischer Tagungsort zwang die römische Kurie, deren Würdenträger einen Monat lang mit über 200 afrikanischen Bischöfen verkehren mußten, die Synode – und Afrika – ernster zu nehmen. Insofern war die Synode für Afrika eine weitere Botschaft des Papstes an seinen zentralen Verwaltungsapparat. Alle waren einverstanden, daß die „feierliche" Phase der Synode, zu der die Verkündung von *Ecclesia in Africa* gehörte, in Afrika stattfinden sollte. Aber wo? Der Papst und seine Berater meinten, die Feier sollte sich über den ganzen Kontinent erstrecken. Am 14. September 1995 flog Johannes Paul in die Hauptstadt von Kamerun, Jaunde (Yaoundé). Es war die erste Station einer einwöchigen Feier, die in Johannesburg (Südafrika) und Nairobi (Kenia) fortgesetzt wurde.

Ecclesia in Africa wurde in Jaunde unterzeichnet, was laut Kardinal Arinze symbolisch bedeutsam war: „Gewöhnlich heißt es ‚gegeben zu St. Peter' oder ‚gegeben in Castel Gandolfo'. Dieses wichtige Dokument wird ‚gegeben zu Jaunde, in Kamerun, am 14. September, dem Fest der Kreuzerhöhung, des Jahres 1995, dem siebzehnten meines Pontifikats' – das ist etwas Außergewöhnliches."[117] Zum ersten Mal in der 2000jährigen Geschichte des Christentums war Afrika der Schauplatz, von dem aus ein Dokument des päpstlichen Lehramts verkündet wurde.

Selbst nach den Maßstäben eines Pontifikats, das nicht für die Kürze seiner Texte bekannt ist, war *Ecclesia in Africa* sehr lang. Ein wichtiger Abschnitt befaßte sich mit der „Inkulturation", der ständigen Debatte darüber, wie grundlegende christliche Lehren durch spezifische Bräuche und Denkweisen afrikanischer Religionen vermittelt werden könnten. Die beiden Kriterien, die Johannes Pauls Denken über die „Inkulturation" geleitet hatten, wurden bestätigt. Jede lokale „Inkulturation" von Lehre und Praxis, einschließlich des Gottesdienstes, müsse „die Vereinbarkeit mit der christlichen Botschaft und die Gemeinschaft mit der Universalkirche" beachten. Synkretismus müsse auf jeden Fall vermieden werden.[118] Gleichzeitig bat *Ecclesia in Africa* die afrikanischen Bischofskonferenzen dringend, sie sollten,

> was die Fragen Ehe, Ahnenverehrung und Geisterwelt betrifft, in Zusammenarbeit mit den Universitäten und den katholischen Instituten Studienkommissionen ins Leben rufen, um alle kulturellen Aspekte der Probleme gründlich zu untersuchen, die sich unter theologischen, sakramentalen, rituellen und kirchenrechtlichen Gesichtspunkten stellen.[119]

Kardinal Arinze hob später hervor:

> Wenn jemand vor 100 Jahren, ja vor 50 Jahren, die Frage der Ahnenverehrung aufgeworfen und vorgeschlagen hätte, die Kirche solle prüfen, wie man in dieser Frage vorgehen könne, wäre dieser Vorschlag nicht gerade freudig begrüßt worden. Damals galt das einfach als heidnisch und wurde abgelehnt und verdammt. Heute erkennen wir, daß darin Elemente stecken, die gut sind und die das Christentum nicht über Bord werfen sollte.[120]

Das konnte beispielsweise ein Weg sein, um die christliche Lehre von der Gemeinschaft der Heiligen – der jetzt in der himmlischen Herrlichkeit lebenden Kirche – zu vermitteln.

Ecclesia in Africa wurde im Weltkatholizismus nicht breit erörtert, bildete aber in Afrika die Grundlage für ein neues Gespräch zwischen den Bischöfen und ihren Gläubigen. Im Lauf der 90er Jahre litt Afrika jedoch weiter: 1997 wurden auf diesem Kontinent 60 Missionare getötet, und die Kirche mußte eine neue Schuld auf sich nehmen, da Priester an ethnischen Massakern in Ruanda beteiligt waren.[121] Johannes Paul wollte nicht zugeben, daß Afrika am Rande liege oder ein hoffnungsloser Fall sei. Im März 1998 flog er nach Nigeria, kritisierte energisch die Menschenrechtsverletzungen, die Diktatur und die Korruption der dort regierenden Militärjunta und sprach den ersten nigerianischen Anwärter auf die Heiligsprechung selig: den 1964 gestorbenen Pater Cyprian Michael Iwene Tansi, den ehemaligen Lehrer von Kardinal Arinze. Über eine Million Nigerianer nahmen bei glühender Hitze an der Seligsprechungsfeier in Oba teil. Die Messe wurde auf englisch und teilweise in den afrikanischen Sprachen Igbo, Efik, Tiv, Hausa, Edo und Yoruba gefeiert. In seiner Predigt betonte Johannes Paul: „[Christus] ist ein Teil der Geschichte eurer eigenen Nation und dieses afrikanischen Kontinents" und forderte die Nigerianer auf, eine andere Gesellschaft aufzubauen als die, in der sie lebten:

> Allein Gerechtigkeit ist der Schlüssel zur Lösung wirtschaftlicher, politischer und ideologischer Konflikte; und (...) *Gerechtigkeit ist nicht vollkommen ohne Nächstenliebe.* (...) Versöhnung hat nichts mit Schwäche oder Feigheit zu tun. Im Gegenteil, sie erfordert Mut und manchmal sogar Heroismus: Sie bedeutet *sich selbst besiegen, nicht andere.* Nie sollte sie als etwas Unehrenhaftes angesehen werden (...).[122]

John Onaiyekan, der Erzbischof der nigerianischen Hauptstadt Abuja, sagte anschließend: „Der Besuch des Papstes bedeutet für uns ein ausgleichendes Moment in einer Situation, in der über uns so viel Schlechtes berichtet wird."[123] Diese Äußerung schien Johannes Pauls Wirkung auf Afrika zusammenzufassen. Er hatte den Glauben von Millionen neuer Christen gestärkt und es fertiggebracht, daß sie sich als Brüder und Schwestern im Hause des Katholizismus fühlten. Und das wiederum hatte die Welt daran erinnert, daß Afrika und die Afrikaner Mitspieler im Drama der Menschheit blieben.

Wieder Mittelamerika

Mittelamerika war eine andere Region, die während der 90er Jahre weitgehend in Vergessenheit geraten war, als die Kriege früherer Jahrzehnte aufhörten und in Nicaragua, El Salvador und anderswo demokratische Regierungen sich zu etablieren suchten. Im Februar 1996 kehrte Johannes Paul II. nach Mittelamerika zurück. Seine achttägige Reise führte ihn über Guatemala, Nicaragua und El Salvador zu einem kurzen Besuch nach Venezuela.

Daß sich die Verhältnisse in Nicaragua geändert hatten, zeigte sich am 7. Februar bei der Fahrt vom Flughafen in die Stadt Managua. 13 Jahre nach seiner Konfrontation mit den Sandinisten erblickte Johannes Paul auf dem Weg in die Hauptstadt eine Reklametafel: „Willkommen, Heiliger Vater, in Nicaragua!" Darunter stand: „Daniel Ortega."[124] Der ehemalige Chef des Sandinisten-Regimes versuchte damals ein politisches Comeback und dachte offenbar, eine freundliche Begrüßung des Papstes könne nicht schaden. Diese Begrüßung wurde, wenn auch mit einer gewissen Ironie, gewürdigt, aber Ortegas Willkommensgruß an den Papst gab seiner politischen Karriere keinen merklichen Auftrieb.[125]

Bei einer Pressekonferenz während des Flugs nach Guatemala City am 5. Februar dachte Johannes Paul über den Unterschied zwischen 1983 und 1996 nach. Er meinte:

> 1983 war die Reise nach Nicaragua wie ein Salto. Aber wir haben ihn überstanden. Dann änderte sich alles. Jetzt schreibt Ortega selbst, es gebe kein Problem, alles habe sich geändert. Er hat vergessen, daß es beim letzten Mal nicht so einfach war, zu den Menschen zu sprechen. Das ist der Lauf der Welt.

Ein Journalist fragte nach der Kritik an dem vor kurzem ernannten Erzbischof von San Salvador, Fernando Sáenz Lacalle, und nach der eventuellen Heiligsprechung des ermordeten Erzbischofs Oscar Romero. Johannes Paul erwiderte, der neue Erzbischof sei einst Romeros Beichtvater gewesen, und wenn der Heiligsprechungsprozeß voranschreite, werde man in der üblichen Weise vorgehen. Einige Monate später ernannte der Papst Msgr. Vincenzo Paglia, den kirchlichen Berater der Gemeinschaft Sant'Egidio, zum „Postulator" im Romero-Prozeß. 1982 hatte Paglia dem Papst eine Biographie Romeros überreicht und gesagt: „Dieser Bischof ist der Bischof der Kirche, nicht der Bischof der Linken."[126]

Ein Zeuge für die Hoffnung

Im Oktober 1995 holte Johannes Paul nach, was er ein Jahr zuvor hatte verschieben müssen: seine Pastoralreise in die USA und seine Rede vor der UNO.

Bei seinem Auftritt vor der Generalversammlung der Vereinten Nationen im Oktober 1979 hatte Johannes Paul physische Kraft, Vitalität und Autorität ausgestrahlt. Als der Papst 16 Jahre später an das Rednerpult der Generalversammlung trat, um zum 50jährigen Bestehen der Weltorganisation zu sprechen, war er gebrechlicher, leicht gebückt, ging weit langsamer und konnte ein gelegentliches Zittern der linken Hand nicht verbergen. Doch seine Autorität war am 5. Oktober 1995 womöglich noch offenkundiger. Er war jetzt keine historische Rarität mehr. Nach der Einschätzung von Bewunderern und Kritikern war er eine der dominanten Gestalten des 20. Jahrhunderts und machte Geschichte. Vor einem globalen Fernsehpublikum hatte er einiges darüber zu sagen, was dieses Jahrhundert bedeutet hatte und was das neue Jahrhundert und das neue Jahrtausend bringen mochten.

Universales und Partikulares

Wie 1979 war Johannes Pauls Thema die Universalität der Menschenrechte, aber seine Rede war weniger eine philosophische Reflexion als eine Analyse dessen, „was die außerordentlichen Veränderungen der letzten Jahre nicht nur für die Gegenwart, sondern für die Zukunft der ganzen Menschheitsfamilie bedeuten". Seit er zuletzt vor der UNO gesprochen habe, habe ein „weltweites schnelles Anwachsen jenes Strebens nach Freiheit, das eine der starken Antriebskräfte in der Geschichte des Menschen ist", die Hoffnung gerechtfertigt, die er 1979 geäußert habe. „Auf der ganzen Welt haben Männer und Frauen, selbst wenn sie von Gewalt bedroht waren, *sich um der Freiheit willen Gefahren ausgesetzt.*" Die Tatsache, daß dies in so vielen Kulturen und Umfeldern geschah, sei die empirische Antwort an jene, die behaupteten, die Sehnsucht nach Freiheit sei nicht universal.

Der globale Charakter der Menschenrechtsbewegung, so fuhr er fort, bestätige empirisch, daß es eine universale Natur des Menschen und ein universales Sittengesetz gebe. Die den Menschen angeborene „Logik der Moral" mache einen echten Dialog zwischen einzelnen und zwischen Völkern möglich. Wenn die Welt wolle, „daß auf ein *Jahrhundert des Zwangs* ein *Jahrhundert des Überzeugens* folge", sei der Dialog unerläßlich. Und „das universale, ins Herz des Menschen eingeschriebene Sittengesetz ist eine Art ‚Grammatik', deren die Welt bedarf, wenn sie sich auf diese Diskussion über ihre Zukunft einläßt".[127]

Die Universalität der menschlichen Natur und der Menschenrechte veranlaßte den Papst dann, die Partikularität und ihre Frustrationen zu erörtern. Die Geschichte, meinte er, habe gezeigt, daß Männer und Frauen ihre gemeinsame menschliche Natur begreifen durch die Erfahrung, Teil einer besonderen Familie und einer besonderen Nation zu sein. Es bestehe eine unvermeidliche Spannung zwischen dem Universalen und dem Partikularen, den beiden Polen der *conditio humana*. Diese Spannung könne „außerordentlich fruchtbar" sein, wenn sie „in ruhiger Ausgeglichenheit" gelebt werde und die „Rechte der Nationen" anerkenne. Diese Rechte seien vor allem kultureller Art. Nicht jede Nation könne ein souveräner Staat sein. Aber jede Nation, als Subjekt einer Kultur mit einer spezifischen Geschichte, habe ein Existenzrecht:

> Niemand – weder ein Staat noch eine andere Nation noch eine internationale Organisation – ist jemals berechtigt, zu behaupten, eine einzelne Nation sei nicht würdig, zu existieren. (...) Die Geschichte beweist, daß unter extremen Bedingungen (wie sie etwa in meinem Geburtsland herrschten) gerade die eigene Kultur es einer Nation ermöglicht, beim Verlust ihrer politischen und wirtschaftlichen Unabhängigkeit zu überleben.

Mit anderen Worten, eine nationale Kultur habe eine geistige Qualität. Und der menschliche Geist habe sich im Lauf der Zeit als die stärkste Kraft in der Weltgeschichte erwiesen.

Die jüngere Geschichte habe gezeigt, daß „die Welt noch lernen muß, mit der Vielfalt zu leben". „Verschiedenheit" werde immer noch als Bedrohung empfunden:

> Verstärkt durch historisch bedingte Haßgefühle und verschärft durch Manipulationen skrupelloser Personen, kann die Angst vor der „Verschiedenheit" sogar dazu führen, daß dem „anderen" sein Menschsein abgesprochen wird – mit dem Ergebnis, daß die Menschen in eine Spirale der Gewalt geraten, von der niemand verschont bleibt, nicht einmal die Kinder.

Das geschehe, während sie hier tagten, in Bosnien, Ruanda und Burundi. Daher müsse die Welt lernen, daß Verschiedenheit eine Bereicherung sei, weil „die verschiedenen Kulturen in Wirklichkeit nichts anderes sind als verschiedene Weisen, sich der Frage nach dem Sinn der menschlichen Existenz zu stellen".[128] Und im Herzen jeder Kultur sei ihr spezifisches Streben, „dem größten aller Geheimnisse näherzukommen, dem Geheimnis Gottes".

Religionsfreiheit und Gewissensfreiheit seien daher „die Ecksteine in der Struktur der Menschenrechte und das Fundament jeder wirklich freien Gesellschaft". Die Religionsfreiheit habe, wie jede andere Freiheit, ein Ziel: in der Wahrheit zu leben. Die Wahrheit wiederum sei die große Beschützerin der Freiheit: „Weit entfernt davon, eine Einschränkung oder eine Bedrohung der Freiheit zu sein, ist der Bezug zur Wahrheit über den Menschen (...) in Wirklichkeit die Garantie für die Zukunft der Freiheit."[129]

Das zu Ende gehende 20. Jahrhundert sei in ein großes Paradoxon verstrickt. Am Anfang des Jahrhunderts sei die Menschheit voller Zuversicht und sicher gewesen, nun mündig zu sein. Am Ende des Jahrhunderts sei die Welt voller Angst. Die Menschen hätten Angst vor sich selbst, Angst vor dem, wozu sie fähig sein könnten, Angst vor der Zukunft: „Damit das auf uns zukommende neue Jahrtausend eine neue, durch eine wahre Kultur der Freiheit vermittelte Blüte des menschlichen Geistes erleben kann, (...) *müssen wir lernen, keine Angst zu haben*, und zu einem Geist der Hoffnung und der Zuversicht zurückfinden."

Das sei, fügte der Papst sofort hinzu, nicht Optimismus, sondern Hoffnung – eine Hoffnung, die in jenem innersten Heiligtum des Gewissens wachse, „wo der Mensch ‚allein ist mit Gott' und so erkennt, daß *er nicht alleingelassen ist* mit den Rätseln des Daseins (...)". Optimismus sei eine Sache der Psychologie;

Hoffnung sei eine theologische Tugend, erleuchtet durch den Glauben. Um „am Ende dieses Jahrhunderts der Leiden" die Angst zu besiegen, meinte der Papst, müßten selbst Politiker und Diplomaten „wieder den Blick für jenen transzendenten Horizont der Möglichkeiten gewinnen, dem der menschliche Geist zustrebt".[130]

Die Hoffnung bedürfe eines sicheren Fundaments. Für ihn wie für alle Christen sei dieses Fundament Jesus Christus, in dessen Tod und Auferstehung „die Liebe Gottes und seine Fürsorge für die ganze Schöpfung vollständig offenbart worden sind". Diese besondere Überzeugung führe zu einer universalen Hoffnung, denn eben weil die Christen glauben, daß Gott in Jesus Christus in die Geschichte der Menschheit eingetreten ist, *„erstreckt sich die christliche Hoffnung für die Welt und ihre Zukunft auf jeden Menschen".* Darum führe der christliche Glaube nicht zu Intoleranz, sondern zu einem respektvollen Dialog mit anderen religiösen Traditionen und zur Verantwortung für die ganze Menschheit.[131]

Und deshalb rede er schließlich vor der UNO. Er stehe vor der Generalversammlung „nicht als einer, der weltliche Macht hat". Er sei gekommen als ein „Zeuge für die Hoffnung":

> *Wir dürfen keine Angst vor der Zukunft haben. Wir dürfen keine Angst vor dem Menschen haben.* Es ist kein Zufall, daß wir hier sind. Jeder einzelne Mensch ist nach dem „Bild und Gleichnis" dessen geschaffen, der der Ursprung von allem ist, was existiert. Wir haben in uns die Fähigkeit zur Weisheit und zur Tugend. Mit diesen Gaben und mit Hilfe der Gnade Gottes können wir im kommenden Jahrhundert und für das nächste Jahrtausend eine des Menschen würdige Zivilisation, eine wahre Kultur der Freiheit errichten. *Wir können und wir müssen es!* Und indem wir es tun, werden wir erkennen, daß die Tränen dieses Jahrhunderts den Boden für einen neuen Frühling des menschlichen Geistes bereitet haben.[132]

Der Papst erobert New York und fordert Baltimore heraus

Die dritte längere Pastoralreise des Papstes in die USA, sein insgesamt sechster Besuch, hatte am Vortag mit einem Abendgottesdienst in der großartigen neugotischen Kathedrale von Newark (New Jersey) begonnen.

Berater Präsident Clintons, die den Papst auf dem Flughafen Newark empfingen, hatten den Organisatoren des Papstbesuchs vorgeschlagen, der Präsident könne Johannes Paul begleiten, wenn er in die Herz-Jesu-Kathedrale von Newark durch das Mittelschiff einziehe. Dieser Vorschlag wurde höflich, aber entschieden zurückgewiesen. Der Papst werde die Kathedrale so betreten, wie er jede Kirche der Welt betrete – allein, um sein Volk als geistliches Oberhaupt zu begrüßen. Der Präsident erhielt einen Platz in der ersten Reihe, wo er hörte, wie Johannes Paul am Anfang seiner Predigt hinwies auf „das außergewöhnliche menschliche Epos, das die Vereinigten Staaten von Amerika darstellen". Als der Gottesdienst zu Ende war, schritten der Präsident und seine Gattin das Mittelschiff hinunter, wobei sie sich gegenüber der Menge so verhielten, als seien sie in einer Wahlversammlung. Johannes Paul verließ die Kathedrale durch einen Nebeneingang; in der Kapelle des heiligen Sakraments sprach er ein kurzes Gebet, bevor er sich in die Residenz des Erzbischofs von Newark, Theodore McCarrick, begab.[133]

Am folgenden Abend, nach seiner Rede vor der Vollversammlung und einem Mittagessen in der Ständigen Vertretung des Heiligen Stuhls bei der UNO, fuhr Johannes Paul über den Hudson River zum Giants-Stadion, dem Heimstadion der New Yorker Profi-Football-Mannschaften, um dort eine Abendmesse zu feiern, an der über 70 000 Gläubige der Erzdiözese Newark teilnahmen. Es hatte den ganzen Tag stark geregnet, und die Sicherheitsbestimmungen schrieben vor, daß bei einer päpstlichen Veranstaltung niemand einen Regenschirm bei sich tragen dürfe. Mitglieder der riesigen Gemeinde hatten bei einem peitschenden Herbststurm bis zu sieben Stunden auf Johannes Paul gewartet. Ihre Begeisterung, vom Fernsehen landesweit übertragen, vollendete die Veränderung im Medienecho, die 1993 in Denver begonnen hatte. Der Kirche entfremdete Katholiken hätten sich anders verhalten als die Menschen der Erzdiözese Newark am 5. Oktober 1995.

In seiner Predigt in Newark betonte der Papst das multiethnische Erbe der Katholiken in Amerika und die Notwendigkeit gesellschaftlicher Solidarität. Seine Beschreibung einer amerikanischen Charaktereigenschaft ließ erkennen, daß er sich mit der Geschichte der amerikanischen Demokratie beschäftigt hatte:

> Die frühen Amerikaner waren stolz auf ihr ausgeprägtes individuelles Verantwortungsgefühl, aber das verleitete sie nicht dazu, eine radikal „individualistische" Gesellschaft aufzubauen. Sie errichteten eine auf Gemeinschaft gegründete Gesellschaft, weit offen und aufgeschlossen für die Nöte ihrer Mitmenschen. (...) In der Nähe der Küste von New Jersey erhebt sich ein weltweit bekanntes Wahrzeichen, das (...) die amerikanische Tradition, Fremde aufzunehmen, bis heute bezeugt und das uns etwas Wichtiges darüber sagt, was für eine Nation Amerika sein will.

Die Freiheitsstatue erinnere daran, daß „die Vereinigten Staaten berufen sind, *eine gastfreundliche Gesellschaft, eine aufnahmebereite Kultur* zu sein". Heute sei es das ungeborene Kind, das der „Fremdling" sei, der in den Schutz der Gesellschaft aufgenommen werden müsse, zusammen mit den Einwanderern, den Armen, den Alten und den Behinderten – mit all den „anderen", für die er vor der UNO eingetreten sei.[134]

Die päpstliche Messe am 6. Oktober auf der Aqueduct-Pferderennbahn in Queens wurde für die Menschen der Diözese Brooklyn gefeiert. In seiner Predigt kam der Papst auf eines seiner Lieblingsthemen zurück: die Notwendigkeit einer Kultur, die die Familie hochhalte, und eines Rechtssystems, das die Familie schütze.[135] Am Nachmittag besuchte Johannes Paul das Priesterseminar der Erzdiözese New York in Yonkers, wo er mit dem Lehrkörper und den Studenten den Vespergottesdienst feierte. Am Samstag, den 7. Oktober, wurde in der St. Patrick's Cathedral der päpstliche Rosenkranz (der an jedem ersten Samstag im Monat stattfindet) gebetet. Danach weihte der Papst die neuen Büros seiner Vertretung bei der UNO. Am Morgen dieses Tages hatte er im New Yorker Central Park eine Messe zelebriert, die einige der eindrucksvollsten Bilder dieser Reise lieferte.

Der 20 Hektar große Great Lawn dieses Parks war in eine Art „Naturkathedrale" verwandelt worden. Es war, wie die *New York Times* berichtete, „ein Morgen von himmlischer Schönheit, graue Wolken zogen wie Schleier über den rostbraun und goldgelb gefärbten bewaldeten Park, und die Baumwipfel wiegten sich wie Wellen, die in einem grünen Meer dahinrollen".[136] Vier Chöre und Solisten der städtischen Opern sorgten für den musikalischen Teil der Messe.

Am Anfang seiner Predigt verwies Johannes Paul abermals auf die „Überraschung" von Denver im Jahr 1993, aber dann begann er, vor seinem Publikum Theater zu spielen: „Ich weiß, das ist nicht Denver, das ist New York! Das *große New York!*" Die Menge jubelte, und dann trat der ehemalige Laienschauspieler in der Theaterhauptstadt der Welt auf, als habe er sein ganzes Leben auf der Bühne gestanden. Seine Predigt feierte die menschliche Liebe. Er hatte gelernt, sie zu lieben, durch seine ersten Kontakte mit jungen Paaren, die er auf die Ehe vorbereitete. Jede wirklich menschliche Liebe, sagte er, „spiegelt die Liebe wider, die Gott selbst ist, in dem Maß, wie der *erste Brief des Johannes* sagt: ,Wer nicht liebt, hat Gott nicht erkannt; denn Gott ist die Liebe' (4,8)."

Dieses Thema führte zu einer Betrachtung über die ersten drei freudigen Geheimnisse des Rosenkranzes, die der Verkündigung an Maria, ihres ersten Besuches bei Elisabeth (der Mutter Johannes des Täufers) und der Geburt Jesu gedenken. Plötzlich wich der Papst, der Weihnachten seit seiner Kindheit liebte, von seinem vorbereiteten Text ab, um über eines seiner liebsten polnischen Weihnachtslieder zu sprechen – und dann sang er es spontan vor: „In der Stille der Nacht ward eine Stimme gehört: ,Steht auf, ihr Hirten, Gott ist für euch geboren! Eilt nach Betlehem, um den Herrn kennenzulernen!'" Wieder spendete die riesige Gemeinde tosenden Beifall. Da neigte der Papst den Kopf zur Seite, wartete, bis der Beifall nachließ, legte eine Hand an die Seite seines Kopfes, um seine Verwunderung auszudrücken, und sagte: „Und ich meinte, ihr hättet von Polnisch keine Ahnung." Sie applaudierten noch wilder. Zwei Monate später sagte ein Besucher zum Papst, er habe eine perfekte Imitation des amerikanischen Komikers Jack Benny geliefert.

Aber das war keine Komödie, obwohl reichlich gelacht wurde. Johannes Paul sagte, sein polnisches Weihnachtslied vermittle die gleiche Botschaft wie das Weihnachtslied „Stille Nacht", das jeder kenne: daß der Sohn Gottes ein Mensch geworden sei, damit Männer und Frauen heilig werden könnten. Er schloß seine Predigt mit dem Satz: „Es ist ein Lied, das uns hilft, keine Angst zu haben."[137]

Am Sonntag, den 8. Oktober, flog der Papst nach Baltimore (Maryland), der ersten katholischen Diözese in den Vereinigten Staaten nach ihrer Unabhängigkeit. An einem frischen, klaren Herbstmorgen feierte er in Camden Yards, dem Baseball-Stadion der Stadt, eine Messe. Seine Predigt war eine Aufforderung, die Zeichen dieser spezifisch amerikanischen Zeit sorgfältig zu deuten:

> Das christliche Zeugnis nimmt zu verschiedenen Zeitpunkten im Leben einer Nation verschiedene Formen an. Manchmal heißt „Zeugnis ablegen für Christus", daß man aus einer bestimmten Kultur die volle Bedeutung ihrer edelsten Bestrebungen heraushollt – eine Fülle, die in Christus offenbart ist. Zu anderen Zeiten heißt „Zeugnis ablegen für Christus", daß man gegen diese Kultur protestiert, bsonders wenn die Wahrheit über die menschliche Person angegriffen wird.

Johannes Paul erinnerte daran, daß vor 130 Jahren Abraham Lincoln in seiner Gettysburg-Rede gefragt hatte, „ob eine Nation, ,empfangen in Freiheit und dem Grundsatz geweiht, daß alle Menschen gleich erschaffen sind', auf Dauer bestehen kann". Diese Frage sei an jede Generation der Amerikaner gerichtet. Denn *„ohne gemeinsamen Einsatz für gewisse moralische Wahrheiten über die menschliche Person und die menschliche Gemeinschaft* kann die Demokratie nicht aufrechterhalten werden". Alle Amerikaner, so schloß der Papst seine Predigt, müßten stets bedenken, daß „Freiheit nicht darin besteht, daß wir tun, was wir wollen, sondern darin, daß wir das Recht haben, zu tun, was wir sollen".[138]

Mit Kardinal William Keeler von Baltimore als Gastgeber aß Johannes Paul zusammen mit Armen aus der Stadt zu Mittag im „Our Daily Bread", einer Suppenküche der Erzdiözese neben der „Basilica of the Assumption" [Basilika Mariä Himmelfahrt], der ersten katholischen Kathedrale in den USA, einem Kleinod der amerikanischen Architektur des frühen 19. Jahrhunderts. Bei einem Treffen am Nachmittag in der neueren, der Himmelskönigin Maria geweihten Kathedrale der Stadt verteidigte der Papst das Recht der Amerikaner, religiös begründete moralische Argumente in der öffentlichen Diskussion vorzutragen, verpflichtete die Kirche erneut auf den interreligiösen Dialog mit dem Judentum und dem Islam und stellte in der Debatte über Abtreibung und Euthanasie eine deutliche Verknüpfung her. Baltimores verstorbener Erzbischof, Kardinal Lawrence Shehan, war zu einem öffentlichen Helden geworden, weil er in den frühen 60er Jahren die Bürgerrechte schwarzer Amerikaner gegen eine lautstarke und manchmal bösartige Opposition verteidigt hatte. Als der Kardinal das tat, sagte der Papst, „gab er damit einer moralischen Wahrheit über die gleiche Würde aller menschlichen Wesen vor Gott Ausdruck". Die gleiche Überzeugung

> sollte heute euch alle dazu treiben, *das Recht* eines jeden menschlichen Wesens *auf Leben* zu verteidigen – von der Empfängnis bis zum natürlichen Tod, für die Ungeborenen Sorge zu tragen und sie zu beschützen sowie für alle diejenigen einzutreten, die von anderen vielleicht als „unbequem" oder „unerwünscht" angesehen werden. *Dieses moralische Prinzip ist etwas, das der amerikanischen Mentalität nicht fremd ist, sondern vielmehr von den Ursprüngen dieser Nation zeugt!*[139]

Eine Argumentation von innen

Johannes Pauls Pastoralreise in die USA 1995 war wohl die erfolgreichste seiner Amerikareisen. Die Presse – durch die Kritik erfahrener Journalisten am Verhalten der Medien beim Weltjugendtag 1993 in Denver vielleicht nachdenklich gestimmt – konzentrierte sich weniger auf den „Kanon" der Andersdenkenden (Empfängnisverhütung, Abtreibung, Scheidung, Priestertum für Frauen) und war eher bereit, das oft wiederholte Argument Johannes Pauls, Amerika müsse sein Verhältnis zu seinen historischen Grundlagen überdenken, ernst zu nehmen. Diesmal gab es auch eine heilsame Skepsis gegenüber schnellen Meinungsumfragen und ihren Ergebnissen hinsichtlich katholischer Einstellungen zum Papst und zum erwähnten „Kanon". Der Kolumnist und Fernsehkommentator Paul Gigot schrieb zu Beginn des Besuches: „Man stelle sich eine *Washington Post*/ABC-Meinungsumfrage zur Wiederkunft Christi vor: 90 Prozent der Amerikaner stimmen zu, daß er kommen wird, aber ein Drittel hat Zweifel an seiner Zeitplanung."[140]

Die Rede des Papstes vor der UNO wurde fast übereinstimmend positiv aufgenommen. Das *Wall Street Journal* lobte Johannes Paul in einem Leitartikel; er habe den „leeren Gefäßen" des gegenwärtigen öffentlichen Diskurses über Verhalten und Verantwortung einen Inhalt gegeben. Seine Ansprache vor der UNO sei „keine bloße Sammlung von Sprüchen", sondern vielmehr „eine *Argumentation* (...), die die angeborene Menschenwürde zum Angelpunkt der Existenz – für Familien, Gemeinschaften und Nationen (...) – macht".[141] Die *Baltimore Sun*, eine Zeitung mit einer ganz anderen politischen Ausrichtung, war ähnlich beeindruckt von der Behauptung des Papstes, daß „wir nicht in einer irrationalen oder sinnlosen Welt leben". Johannes Pauls These, im nächsten Jahrhundert könnten eine Kultur echter Freiheit und eine menschenwürdige Zivilisation errichtet werden, sei „nicht bloßes euphorisches Gerede", denn sie beruhe auf dem, was der Papst bezeichnet habe als „die Wahrheit, die ins Herz des Menschen eingeschrieben ist, die Wahrheit, die mit der Vernunft erkannt werden und daher die Grundlage bilden kann für einen tiefgründigen, universalen Dialog über die Richtung, die die Menschen ihrem Leben und ihrem Tun geben müssen". Das seien, so schloß die *Sun*, „ermutigende Worte" in einem Zeitalter, das bei einer vorherrschend „düsteren, deterministischen Lebensauffassung" dringend der Ermutigung bedürfe.[142]

Die weit positivere Reaktion, die Johannes Paul 1995 in den USA zuteil wurde, war auf mehrere Faktoren zurückzuführen. Anders als 1987 wurde die Pastoralreise von 1995 konzeptionell nicht nach den Anliegen des Stabs der amerikanischen Bischofskonferenz organisiert. Die Zeiten hatten sich ebenfalls geändert. Angesichts verwirrender Fragen mit einem unverkennbaren moralischen Kern waren die Öffentlichkeit und die Presse offenbar reif für eine entschiedenere moralische Führung, als amerikanische Politiker sie lieferten. Vielleicht am bedeutsamsten war, daß Johannes Paul bei seinen Ansprachen aus dem Inneren der historischen Erfahrung der USA argumentierte. Das war kein Außenstehender, der Amerikaner über ihre Schwächen belehrte und sich dabei auf fremde Maßstäbe berief. Das war ein religiöser und moralischer Führer, der große Themen aus der amerikanischen Geschichte heranzog, um die Amerikaner herauszufordern, nach Maßstäben zu leben, die sie für sich selbst festgelegt hatten. Dieses Vorgehen formte den ganzen Besuch, von der Ansprache in der Kathedrale von Newark am 4. Oktober bis zur Abschiedszeremonie auf dem internationalen Flughafen Baltimore-Washington am Abend des 8. Oktober. Die Schlüsselthemen der Botschaft waren nicht auffallend anders als 1987. Aber der Rahmen war anders, und das änderte die Sachlage beträchtlich.

TWA hatte für den Rückflug des Papstes nach Rom die erste Klasse einer Boeing 767-300 zu einer päpstlichen Suite umgebaut und bot für das Abendessen ein üppiges Menü an: Vorderes Rippenstück vom Lamm, Beef Wellington, Wachtel, Heilbutt und Fasan. Die Anweisungen von Pater Roberto Tucci für päpstliche Menüs auf solchen Reisen – „Kein Eis, keine Gewürze" – wurden aufgehoben durch den Wunsch der Fluggesellschaft, möglichst gastfreundlich zu sein. Johannes Paul nahm eine Suppe, eine kalte Platte mit Meeresfrüchten, Spargel, Erdbeeren und ein Glas Sekt. Er verzichtete darauf, sich einen der drei angebotenen Filme (*Apollo 13, Aus der Mitte entspringt ein Fluß* und *Feld der Träume*) anzusehen, und legte sich schlafen.[143] Es war eine gute Woche gewesen, er war müde, und am nächsten Tag gab es in Rom – wie immer – viel zu tun.

DAS GESCHENK DER WEIHE

Bald nach der Rückkehr aus den USA begann Johannes Paul eine Reihe von sonntäglichen Angelus-Betrachtungen zu den Dokumenten des II. Vatikanums, 30 Jahre nach dem Beginn der vierten Sitzungsperiode des Konzils. Nach einem Muster, das seit Mitte der 60er Jahre seine Interpretation des Konzils beherrschte, begannen die Ansprachen mit einer Betrachtung über *Lumen gentium*, die Dogmatische Konstitution über die Kirche, als Schlüssel zum Konzil. Sie wurden unmittelbar fortgesetzt mit einer Betrachtung über *Gaudium et spes*, die Pastoralkonstitution über die Kirche von heute.[144] Am 8. November 1995 gedachte man feierlich des 30. Jahrestags des Konzilsdekrets *Presbyterorum ordinis*.[145]

Am 12. November verkündete der Papst ein Apostolisches Schreiben zur Vierhundertjahrfeier der Union von Brest, durch die die griechisch-katholische Kirche in der Ukraine ihre volle Gemeinschaft mit Rom besiegelt hatte. Auch wenn Johannes Paul weiterhin auf ein neues Verhältnis zur russischen Orthodoxie drängte, war die griechisch-katholische Kirche in der Ukraine nie weit von seinem Denken und Fühlen entfernt. In diesem neuen Schreiben betonte er die historische Realität des ukrainischen Katholizismus als einer Kirche der Märtyrer, dankte Gott für die jahrhundertelange Treue der ukrainischen Katholiken zum Nachfolger Petri und bat diese, zu „begreifen, daß eben jene Treue sie heute [verpflichtet], sich für die Einheit aller Kirchen einzusetzen". Die Treue in der Vergangenheit, die so oft zu Verfolgung und Martyrium geführt habe, sei „ein Gott dargebrachtes Opfer, um die ersehnte Einheit [des Katholizismus und des christlichen Ostens am Ende des zweiten Jahrtausends] zu erflehen".[146] Zeitgenössische Märtyrer ehren und gleichzeitig einen neuen ökumenischen Dialog eröffnen – da den richtigen Mittelweg zu finden, war eine heikle Aufgabe. Es war wohl leichter, diese Hoffnung anzukündigen, als sie zu verwirklichen.

Eine weitere unlösbar erscheinende Situation gab es im Libanon. Seit seiner Ansprache in Otranto im Oktober 1980 hatte Johannes Paul versucht, die Welt auf den Libanon hinzuweisen. Wenn die Welt sich weigerte, die Leiden des Libanon ernst zu nehmen – die Kirche mußte sich aufgrund ihrer historischen Verbindung mit einem Land, das Jesus selbst betreten hatte, anders verhalten. Vom 26. November bis 14. Dezember 1995 tagte in Rom eine Sonderversammlung der Bischofssynode für den Libanon. In seiner Predigt bei der abschließenden Messe am 14. Dezember im Petersdom zitierte der Papst das Lukasevangelium, nach dessen Bericht Jesus im Libanon predigte. Er betonte, die Seligpreisungen, die Jesus bei Tyrus und Sidon verkündete – besonders die letzte: „Selig seid ihr, wenn die Menschen euch hassen (...) um des Menschensohnes willen! Freut euch und jauchzt an jenem Tag; euer Lohn im Himmel wird groß sein" (Lukas 6,17-23) –, seien ein *„grundlegendes Programm"* für die sechs katholischen Kirchen verschiedener Riten in dem geteilten Land. Er schloß mit der Mahnung, beim Wiederaufbau des Landes „die Liebe über alles zu stellen".[147] Die Schlußbotschaft der Synode forderte die Wiederherstellung der nationalen Unabhängigkeit und Souveränität.[148] Das war eine weitere Hoffnung, die angesichts der blutigen Politik in der Region und der ehrgeizigen Ziele Syriens in absehbarer Zeit zum Scheitern verurteilt schien.

Daß die Welt manche Situationen für hoffnungslos hielt, durfte nach Auffassung Johannes Pauls für die Kirche niemals ein Grund sein, zu schweigen. 1995 hatte er 15 Appelle für einen Frieden in Bosnien-Herzegowina veröffentlicht und die Welt weiterhin auf die durch Stammesunterschiede verursachten Blutbäder in Ruanda und Burundi hingewiesen. Der Papst versuchte auch, die Weltöffentlichkeit auf Länder aufmerksam zu machen, die von der historischen Bühne zu verschwinden drohten, wie Sierra Leone und der Sudan.[149] Im Januar 1996 schickte er Erzbischof Claudio Celli in einer besonderen humanitären Mission nach Nordkorea. Einen Monat später reiste Kardinal Roger Etchegaray nach Jakarta (Indonesien), um – notfalls durch Geheimdiplomatie – zu versuchen, für die anhaltenden Unruhen in Osttimor eine diplomatische Lösung zu finden. Drei Wochen vor der Abreise Etchegarays konnte der Papst einen geradezu historischen diplomatischen Erfolg verzeichnen. Am 1. Februar 1996 empfing er den mexikanischen Präsidenten Ernesto Zedillo zum ersten offiziellen Besuch eines mexikanischen Staatsoberhaupts beim Heiligen Stuhl.

„Wie geht's dem Papst?"

Obwohl Johannes Paul am 6. Januar 1996 im Petersdom 14 neue Bischöfe weihte und am nächsten Tag in der Sixtinischen Kapelle 20 Kinder taufte, hatten seine Ansprache vor der UNO und seine Amerikareise im Herbst 1995 die Welt an seine gesundheitlichen Probleme erinnert. Auf die Frage von Besuchern und Freunden, wie er sich fühle, antwortete der Papst manchmal mit einem sarkastischen Scherz: „Vom Hals abwärts nicht so gut." Wer mit ihm arbeitete oder ihn bei Mahlzeiten erlebte, fand ihn geistig so rege wie immer. Aber Besucher bemerkten auch, daß er abends früher müde wurde. Die wenig erfolgreiche Hüftoperation im April 1994 verursachte ihm ständig Schmerzen. Da ihm das Gehen Schwierigkeiten machte, hatte er weniger Bewegung, und das führte wiederum dazu, daß er zunahm. 1994 wurde eine Form der Parkinsonschen Krankheit diagnostiziert, die ein Zittern seines linken Armes verursachte.[150] Körperliche Einschränkungen waren für Johannes Paul nicht leicht. Sein ganzes Leben lang war er physisch leistungsfähig gewesen, deshalb fand er es schwierig, sich mit einer Situation abzufinden, in der sein Körper nicht mehr tat, was er von ihm verlangte. Das Zittern von Arm und Hand war nicht nur körperlich lästig; es war einem Menschen peinlich, der ein feines Gespür für öffentliches Auftreten und einen tiefverwurzelten Sinn für die Privatsphäre hatte. Seine tiefe Überzeugung, sein Leben sei in der Hand einer anderen Macht, verbunden mit der Abneigung, seine offiziellen Termine oder die Zeit für Lektüre und Schreiben einzuschränken, mochte ihn als einen ungeduldigen Patienten erscheinen lassen, der manchmal nicht bereit war, von medikamentöser Behandlung Hilfe zu erwarten. Bei der Terminplanung machte er gelegentlich Zugeständnisse. Seit 1995 wurde seine *Ad-limina*-Ansprache an besuchende Bischofsgruppen nach ihrer Gruppenmesse mit dem Papst in seiner Privatkapelle jedem einzelnen Bischof als persönliches Schreiben übergeben; in früheren Jahren hatte er sie ihnen bei einer Gruppenaudienz vorgetragen. An manchen Abenden ging er ein wenig früher zu Bett. Doch das Tempo blieb, selbst bei diesen Änderungen, hoch. Enge Mitarbeiter bemerkten, daß Johannes Paul selbst in den schlimmsten Situationen nie seinen Humor verlor. Sein Pressesprecher Navarro-Valls fragte ihn einmal, ob er weine. Johannes Paul antwortete: „Nicht äußerlich."[151]

Als Arzt und Psychiater fand Navarro, der Papst sei eine eindrucksvolle Verbindung zweier menschlicher Archetypen: des abstrakten, rationalen Philosophen und des kühn emotionalen Dichters. Beide Typen, meinte der Spanier, seien bei einer ausgeglichenen, gesunden Persönlichkeit nur selten in hohem Grade vorhanden. Seltsamerweise verkörpere Johannes Paul beide, und anscheinend ohne irgendeinen psychischen Konflikt. Für eine so starke Persönlichkeit sei er bemerkenswert normal.[152]

Johannes Pauls gesundheitliche Verfassung war für die Presse ein legitimes Thema, aber die Geschichte wurde öfter reißerisch als mitfühlend behandelt. Wenig hilfreich für die gelegentlich phantastische Berichterstattung war, daß die Kurie zu ihrem gewohnten Stil zurückkehrte, jede öffentliche Erörterung der Gesundheit des Papstes für unangemessen zu halten. Das Mißtrauen des vatikanischen Pressekorps wurde auch nicht besänftigt durch die Entscheidung des Staatssekretariats und des päpstlichen Leibarztes, bei der Dickdarm- und der Hüftoperation des Papstes keine internationalen Spezialistenteams zu Konsultationen hinzuzuziehen, wie es Kardinal Casaroli 1981 nach dem Pistolenattentat getan hatte. Die Entscheidung Casarolis hatte ein Gefühl der Transparenz geschaffen, das darauf schließen ließ, daß der Vatikan in bezug auf den Gesundheitszustand des Papstes nichts zu verbergen suchte. Ohne den Einblick, den eine internationale Konsultation gewährt hätte, stellte sich zwangsläufig der alte Verdacht wieder ein, so ungerechtfertigt er auch sein mochte.[153]

Trotz aller gelegentlich wilden Spekulationen in den Weltmedien wurde die Öffentlichkeit durch einen körperlich schwächeren Johannes Paul anscheinend nicht aus der Fassung gebracht. Die gesundheitlichen Probleme des Papstes riefen höchstens ein Gefühl der Anteilnahme hervor, das Kardinal O'Connor von New York erstaunlich fand. Er erzählte einmal: „Wenn ich auf der Straße gehe, werde ich von Menschen angesprochen, die mich fragen: ‚Wie geht's dem Papst?'" Daß sie besorgt waren – daß der sprichwörtliche Mann auf der Straße (ob Katholik oder nicht) wußte, daß er einen Papst hatte –, erschien dem Erzbischof der Medienhauptstadt der Welt als etwas Bedeutsames.[154]

Ein besserer Weg

Am 25. März 1996 veröffentlichte Johannes Paul ein nachsynodales Pastoralschreiben über die Ordensleute, *Vita consecrata*. Dieses Schreiben war nicht nur der Abschluß der Arbeit der neunten ordentlichen Bischofssynode, die vom 2. bis 29. Oktober 1994 getagt hatte, sondern zugleich die dritte Tafel des päpstlichen Triptychons nachsynodaler Lehrschreiben über die drei „Stände des Lebens" in der Kirche, das mit *Christifideles laici* (über die Laien und ihre spezifische Sendung in der Welt) begonnen hatte und mit *Pastores dabo vobis* (über das Priesteramt) fortgesetzt worden war. Diese Dokumente sollten „Schlüssel" für die authentische Interpretation des II. Vatikanums und seine Umsetzung im 21. Jahrhundert sein.

Geweihte Männer und Frauen – diejenigen, die die ewigen Gelübde der Armut, der Keuschheit und des Gehorsams ablegen – bilden ein Promille der katholischen Kirche auf der ganzen Welt, d. h. eine Million Frauen und Männer in einer Gemeinschaft von einer Milliarde Mitgliedern. Doch seit fast 2.000 Jahren betrachtet das katholische Christentum das Ordensleben (im angelsächsischen Sprachgebiet „religious life") in gewissem Sinne als das Zentrum des Lebens und der Sendung der Kirche. Die Diskussion bei der Synode, an der 245 Bischöfe zusammen mit Theologen und Zuhörern aus Männer- und Frauenorden teilnahmen, befaßte sich erwartungsgemäß hauptsächlich mit den Problemen, die viele geistliche Gemeinschaften von Priestern, Brüdern und Schwestern seit dem II. Vatikanum hatten, und damit, wie diese Probleme zu verstehen seien. In Asien und Afrika wuchsen die Ordensgemeinschaften, manchmal sogar rapid. In Westeuropa und Nordamerika waren Berufungen zum Ordensleben seit dem Konzil stark zurückgegangen, und viele Ordensgemeinschaften bestanden bald nur noch aus alten Menschen. Manche behaupteten, die Mißerfolge bei der Rekrutierung junger Männer und Frauen für diese zugegebenermaßen anspruchsvolle Lebensform hingen mehr mit dem weltlichen Lebensstil und theologischen Meinungsverschiedenheiten in nachkonziliaren Ordensgemeinschaften zusammen als mit den uralten Problemen, in einer Gemeinschaft Armut, Keuschheit und Gehorsam zu leben. Viele führende Vertreter der größeren Orden widersprachen dieser Analyse heftig. Das Endergebnis war eine Synode voller Widersprüche. Die der Synode vorausgehende Phase war die erfolgreichste in der Geschichte: Das Sekretariat der Synode erhielt mehr schriftliche Antworten zur vorgeschlagenen Tagesordnung als jemals zuvor. Manche Teilnehmer meinten, die Synode selbst habe es nicht fertiggebracht, die erhoffte theologische Diskussion zu entfachen, teilweise deshalb, weil man ständig darüber gestritten habe, ob (und gegebenenfalls, inwiefern) die nachkonziliare Erneuerung des Ordenslebens gescheitert sei.[155]

Während die Diskussionen der Synode sich weitgehend mit Problemen befaßten, schlug *Vita consecrata* einen ganz anderen Weg ein: Das Schreiben konzentrierte sich auf die Chancen, das Ordensleben im 21. Jahrhundert zu erneuern, und ermutigte geweihte Männer und Frauen in Berufen, die Johannes Paul als „Herz und Mitte der Kirche" bezeichnete.[156] Das Pastoralschreiben enthält zahlreiche Bibelzitate und stützt sich bei seiner Darstellung des geweihten Lebens stark auf die im Christentum des Ostens entwickelte Theologie der Schönheit. Der griechische Fachbegriff ist *philokalia*, „Liebe zur [göttlichen] Schönheit", und der Papst erklärt, diese spezifische Liebe sei der geistige Weg, den diejenigen einschlagen müßten, welche die „evangelischen Räte" Armut, Keuschheit und Gehorsam durch ein geweihtes Leben befolgten.[157] Das zentrale neutestamentliche Bild für das geweihte Leben sei daher die Geschichte der Verklärung, in der Petrus, Jakobus und Johannes angesichts des strahlenden, verklärten Antlitzes Jesu auf dem Berg Tabor von Ehrfurcht ergriffen werden (vgl. Matthäus 17,1-9). Ordensmänner und -frauen, sagt Johannes Paul, sind Menschen, die ihr Leben ganz der Betrachtung dieser Schönheit geweiht haben und sie durch einen völligen Rückzug aus der Welt oder aktiven Dienst in ihr verkünden.[158]

Der Papst verwendet weitere biblische Bilder, um die Bedeutung des geweihten Lebens zu beschreiben. Die Salbung Jesu in Bethanien durch Maria, die Schwester von Martha und Lazarus (vgl. Johannes 12,1-7), ist ein „Zeichen der *grenzenlosen Großzügigkeit*", die ein Ordensleben charakterisieren sollte, das sich Christus und seiner Kirche völlig hingibt.[159] Die Anwesenheit Marias, der Mutter Jesu, und des Apostels Johannes am Fuß des Kreuzes bezeichnet die Nachfolge, die das Herz des Ordenslebens bildet.[160] Ferner die Jungfrau Maria und der Apostel Petrus zusammen im Obergemach des Hauses, in Erwartung des Heiligen Geistes (vgl. Apostelgeschichte 1,13 f.): Die Mutter Jesu verkörpert die „bräutliche Aufnahme" der Gnade Gottes durch die Kirche, Petrus die „Dimension der Fruchtbarkeit, die sich im geweihten geistlichen Amt ausdrückt".[161]

Johannes Paul verwendet diese starken biblischen Bilder, um einen entscheidenden Punkt hervorzuheben. Das Ordensleben kann nicht beurteilt werden nach dem Nutzen dessen, was Ordenspersonen tun, gemessen an den gesellschaftlichen Kriterien von Nützlichkeit. Das Ordensleben muß nach einem anderen Maßstab verstanden und gemessen werden – nach dem Gesetz des Gebens, das der *conditio humana* eingepflanzt und durch das Kreuz bestätigt worden ist. Die dramatische Hingabe von Männern und Frauen, die alles – in manchen Fällen ein aktives Leben in der Welt – aufgeben, um sich ganz Christus zu weihen, ist die denkbar radikalste Form der Nachfolge, und sie trägt ihren Wert in sich selbst. Menschen, die ihr Leben ohne Aussicht auf irdische Belohnung völlig Christus hingeben, verkörpern die Überzeugung der Kirche, daß das Reich Gottes in der Geschichte in vorweggenommener Weise bereits da ist, und stehen für den Glauben der Kirche, daß im Drehbuch des menschlichen Dramas der Tod nicht das letzte Wort hat.

Auch das Zeugnis der Gelübde spricht zur „Welt". Das Gelübde des Gehorsams ist eine Herausforderung der herrschenden Kultur, denn es beweist, daß Gehorsam und Freiheit einander ergänzen.[162] Das Gelübde der Armut ist ein prophetischer Protest gegen die „Vergötterung der Schöpfung".[163] Keuschheit ist nicht nur ein Zeichen gegen den Hedonismus der Gegenwart, sondern ein „Zeugnis für die Macht der Liebe Gottes in der Schwachheit des menschlichen Zustandes. Die Person des geweihten Lebens beweist: Was die meisten für unmöglich halten, wird durch die Gnade des Herrn Jesus möglich und befreit wirklich."[164] Daher lehrt das geweihte Leben die ganze Menschheit wichtige Dinge in bezug auf die *conditio humana* und den wahren Humanismus.[165]

Wie sollte nun das Ordensleben im Verhältnis zu den beiden anderen „Ständen des Lebens" in der Kirche verstanden werden? Im Anschluß an *Vita consecrata* entstand ein Streit um die englische Wiedergabe des lateinischen Wortes *praecellens*, das in dem vom Heiligen Stuhl veröffentlichten englischen Text als Hinweis auf die „objektive Überlegenheit" (*objective superiority*) des Ordenslebens verstanden wurde. Der französische und der spanische Text verstanden *praecellens* als „objektive Vortrefflichkeit", während es der deutsche Text mit „objektive Vollkommenheit" wiedergab. Wenn die Libreria Editrice Vaticana, der Verlag des Heiligen Stuhls, einen Text in mehreren Sprachen veröffentlicht, gilt jeder Text als offiziell. Deshalb ging der Streit über die exakte Bedeutung von *praecellens* – und darüber, was es bedeute, wenn man das Ordensleben als anderen christlichen Lebensformen „objektiv überlegen" bezeichnete –

zwangsläufig weiter.[166] Ein mit der internen Übersetzungsdebatte vertrauter Kommentator meinte, das Ordensleben als „objektiv überlegen" zu bezeichnen,

> hat nichts damit zu tun, daß Ordensleute „heiliger" sind als Priester oder Laien. Johannes Paul bestätigt vielmehr die christliche Überlieferung, daß das geweihte Leben „der radikalste Weg ist, das Evangelium auf dieser Erde zu leben, ein Weg, der göttlich genannt werden kann, denn er wurde von ihm, Gott und Mensch, angenommen – Ausdruck seiner Beziehung als eingeborener Sohn zum Vater und zum Heiligen Geist".

Die „objektive Vortrefflichkeit" des geweihten Lebens „überträgt [außerdem] den geweihten Männern und Frauen eine besondere Verantwortung"; ihre Sendung besteht darin, die übrige Kirche zu veranlassen, ihren Blick fest auf die Schönheit des Herrn zu richten, den Frieden Christi zu suchen, der kommen soll, und nach dem Glück zu streben, das nur in der Hingabe des Ich an Gott gefunden werden kann.[167]

Die Reaktionen auf *Vita consecrata* erfolgten entlang der Verwerfungslinie im nachkonziliaren religiösen Leben, welche die Synode hatte beseitigen wollen. Diejenigen, die mit dem Weg zufrieden waren, den viele Ordensgemeinschaften, vor allem von Frauen, in den letzten Jahrzehnten eingeschlagen hatten, neigten zu der Auffassung, das apostolische Schreiben sei überhaupt nicht auf dem laufenden. Diejenigen, die meinten, die vom Konzil angeordnete Erneuerung sei schlimm verzerrt und das Ordensleben infolgedessen beschädigt worden, wurden ermutigt. Daß die letztere Gruppe in den späten 90er Jahren zunahm, während die erstere kleiner und älter wurde, weist darauf hin, daß *Vita consecrata* im Katholizismus des 21. Jahrhunderts eine große Rolle spielen könnte.[168]

50 Jahre Priester

Johannes Paul II. beging den 50. Jahrestag seiner Priesterweihe, indem er alle anderen Priester der Welt, die ihr Goldenes Jubiläum hatten, einlud, im November 1996 nach Rom zu kommen und mit ihm zusammen ein paar Tage nachzudenken und zu feiern.

Einen Monat zuvor hatte es einen weiteren Wirbel von Gerüchten gegeben, die Gesundheit des Papstes verschlechtere sich rapid. Nachdem der Papst einige Zeit gelegentliche, von leichtem Fieber begleitete Magenbeschwerden gehabt hatte, wurde ihm am 8. Oktober in der Gemelli-Poliklinik der Blinddarm entfernt. Am darauffolgenden Sonntag feierte er in der Kapelle seiner Krankenhaus-Suite die Messe mit, winkte von einem Fenster der Klinik Besuchern zu, dankte ihnen, daß sie zum „Vatikan Nummer drei" gekommen seien, und ließ seine sonntägliche Angelus-Ansprache von der Klinik auf den Petersplatz übertragen.[169] Kinder von Freunden, die ihm auf handgemalten Karten gute Besserung gewünscht hatten, erhielten diese mit dem handgeschriebenen Vermerk „Grazie. JP II." zurück. Am 15. Oktober konnte er die Klinik wieder verlassen und seine normalen Termine im „Vatikan Nummer eins" wahrnehmen.[170]

1600 Priester und rund 90 Bischöfe nahmen die Einladung Johannes Pauls an, ihr Goldenes Priesterjubiläum mit ihm zusammen in Rom zu feiern. Was unter anderen Umständen zu einem Fest des Klerikalismus hätte werden können, wurde statt dessen eine bewegende Erfahrung internationaler priesterlicher Zusammengehörigkeit und eine Erinnerung daran, daß die Kirche wieder zu einer Kirche der Märtyrer geworden war. Die Feiern begannen am 7. November in der Audienzhalle Paul VI. mit einem Abendgebet und Erfahrungsberichten. Den erschütterndsten gab Pater Anton Luli, ein 86jähriger albanischer Jesuit, der 42 Jahre in kommunistischen Gefängnissen oder Arbeitslagern verbracht hatte, oft unter grauenhaften körperlichen Folterungen. Als er gefragt wurde, wie er die Qualen aushielt und seinen Folterern vergeben konnte, sagte er, einmal sei während der Folter Christus bei ihm gewesen: „Er gab mir außergewöhnliche Kraft und Freude. Das war eine gewaltige priesterliche Erfahrung, für die ich Gott dankbar bin. (...) Sie konnten uns alles andere wegnehmen, aber niemals konnten sie uns die Liebe zu Christus und zu unseren Brüdern aus dem Herz reißen." Seit der Befreiung Albaniens vom Kommunismus war Pater Luli schlicht als „der Heilige" bekannt. Aus dem ganzen Land kamen Männer und Frauen zu ihm, um zu beichten. Zum Papst und zu den Jubilaren sagte er: „Der Herr bat mich, an ein Kreuz genagelt zu leben und – meine Arme im Dienst der Verweigerung ausgestreckt – durch alle erdenklichen Ketten und Leiden meine Eucharistie, mein priesterliches Amt zu feiern."[171] Als er seinen Bericht beendet hatte, umarmten Pater Luli und Johannes Paul einander, während ihre Mitpriester in einem donnernden Applaus ihre Dankbarkeit kundtaten.

Die Feiern endeten am Sonntag, den 10. November, mit einer Messe zum Goldenen Jubiläum im Petersdom. Die 1600 Jubilare zogen in die Basilika ein mit Stolen (einem Geschenk Johannes Pauls), auf die das päpstliche Wappen gestickt war. Die Prozession dauerte fast 45 Minuten, und die miteinander zelebrierenden Jubilare bildeten vor dem Altar einen riesigen Halbkreis und nahmen noch zusätzlich etwa ein Fünftel des Mittelschiffs ein. Der Hochaltar war umgeben von einem herrlichen Arrangement roter, weißer und goldgelber Blumen, das die polnischen Farben mit denen des Heiligen Stuhls verband. Johannes Paul, der ein leuchtend rotes Meßgewand und eine goldfarbene Mitra trug, wurde von den über 10.000 Anwesenden mit gewaltigem Applaus begrüßt, als er nach einer weiteren langen Prozession am Hochaltar ankam. Besucher und Pilger empfinden das Benehmen von Gottesdienstbesuchern bei großen päpstlichen Liturgien manchmal als ein wenig störend, denn ruhiges Verhalten ist in Rom nicht selbstverständlich, nicht einmal bei einem Gottesdienst. Die Teilnehmer an dieser großartigen Messe waren beeindruckt von einer bemerkenswerten Atmosphäre der Fröhlichkeit, des Anstands und der Ehrfurcht. Die durch den ständigen Anblick von Priestern, Bischöfen, Kardinälen und Päpsten etwas abgestumpften Römer spürten offenbar, daß sie einem großen Akt der Danksagung für Lebensläufe von Menschen beiwohnten, die sich im treuen Dienst für andere verausgabt hatten.

Der Rahmenvers für den im Wechselgesang gesungenen Psalm nach der ersten Schriftlesung der Messe war sorgfältig ausgewählt. Die Worte Jesu zu Petrus beim Abendmahl: „Ich habe für dich gebetet, daß dein Glaube nicht erlischt. Und wenn du dich wieder bekehrt hast, dann stärke deine Brüder" (Lukas 22,32) enthielten *in nuce* die Vorstellung Johannes Pauls vom Papstamt. Das Bild des Abendmahls gab auch den Rahmen für seine Predigt ab. Der

Papst sagte, jedesmal, wenn ein Priester die Messe feiere, erlebe er erneut, wie Jesus die Eucharistie und das Priestertum des Neuen Bundes einsetze und seinen Jüngern die Füße wasche. Das alles sollte jeden Priester täglich daran erinnern, daß er *„ein Diener des Geheimnisses der Erlösung* [ist], berufen, der Gemeinschaft der Getauften zu dienen". Wie schon oft zuvor wiederholte er, das Wesen des Priestertums bestehe darin, ein Diener zu sein.[172]

Vor dem Schlußsegen sang ein Chor von 130 Sizilianern aus verschiedenen Regionen der Insel, unterstützt von zehn Instrumentalisten, ein „Magnifikat", das Giuseppe Liberto für diesen Anlaß komponiert hatte; bei der Antiphon *Magnificat anima mea Dominum* [„Meine Seele preist die Größe des Herrn"] sang die Gemeinde spontan mit. Nach der Messe zogen die Jubilare, zu denen 116 Kardinäle aus der ganzen Welt als Konzelebrierende gekommen waren, aus dem Dom aus, um sich für den sonntäglichen Angelus und ein musikalisches Programm auf speziellen Sitzen vor der Fassade des Petersdoms niederzulassen. Die Menschenmenge war so riesig, daß sie aus dem gewaltigen Petersplatz herausquoll und teilweise noch die Via della Conciliazione füllte. Auf dem Platz wartete ein riesiger bunter Ballon mit einer Aufschrift in italienischer und polnischer Sprache: „Auguri Santo Padre! Najlepsze Życzenia, Ojcze Święty!" [„Alles Gute, Heiliger Vater!"] In weißer Soutane und rotem Umhang erschien Johannes Paul auf der Loggia des Petersdoms. Nach dem Angelusgebet hielt er eine kurze Ansprache an alle katholischen Priester:

> In diesem Augenblick denke ich an alle Priester der Welt. An die alten und kranken Priester: In Gedanken besuche ich sie und verweile bei ihnen in Liebe und brüderlicher Anteilnahme. Ich denke an die jungen Priester in den ersten Jahren ihres Dienstes und ermutige sie im Eifer ihres Apostolats. Ich denke an die Pfarrer, die wie „Familienväter" in ihren Gemeinden sind. Ich denke an die Missionare, die sich auf den fünf Kontinenten im Einsatz befinden, um Christus, den Offenbarer Gottes und Retter des Menschen, zu verkünden. Ich denke an die Priester in geistlichen und materiellen Schwierigkeiten und auch an alle, welche die übernommene Verpflichtung leider aufgegeben haben. Für alle erflehe ich vom Herrn Beistand und Hilfe.
>
> Ich schließe euch alle in meine Arme, liebe Priester überall auf der Welt, und vertraue euch Maria an, der Mutter Christi, des ewigen Hohenpriesters, Mutter der Kirche und unseres Priestertums.[173]

Während der buntgestreifte Ballon im frischen Herbstwind emporstieg, boten das Orchester und der Chor von RAI Haydns „Te Deum" und andere Stücke. Musikkapellen der italienischen Carabinieri und Polizei spielten die „Päpstliche Hymne", die italienische Nationalhymne und den Triumphmarsch aus Verdis „Aida". Das Programm endete mit der Hymne „Der Baum des Glaubens und des Friedens", gesungen von einem Katholiken, einem Juden und einem Muslim, während Johannes Paul fünf weiße Tauben – ein Symbol des Friedens – freiließ.

Dann aß Johannes Paul mit dem Kardinalskollegium zu Mittag im neuen Gästehaus des Vatikans, Domus Sanctae Marthae, in dem künftige Wähler eines Papstes während des Konklaves wohnen sollten. Die Vitalität des Papstes an diesem Nachmittag, als er nach einer zweieinhalbstündigen Messe und einem 45minütigen Angelusgebet samt Jubiläumsfeier zu jedem Tisch ging und mit seinen Gästen sprach, ließ erkennen, daß Gerüchte über sein sich rapid verschlechterndes Befinden übertrieben waren. Falls manche Kardinäle in Rom etwas Dramatischeres als die Feiern zum Jubiläum erwartet hatten, hatten sie sich getäuscht.

Der 50. Jahrestag seiner Priesterweihe veranlaßte den Papst auch, kurze Lebenserinnerungen zu verfassen: *Geschenk und Geheimnis.* Darin dachte er über die Einflüsse nach, die ihn zum Priesteramt geführt hatten, erzählte von seinen ersten Jahren als Priester und bot eine Reihe kurzer Betrachtungen über die Theologie des Priesteramts. Die Erfahrung von 50 Jahren, schrieb er, habe ihn in seiner Überzeugung bestärkt, daß ein tüchtiger Priester zu sein vor allem bedeute, ein heiliger Priester zu sein. Programme seien wichtig, seelsorgerliche Planung habe ihren Platz. Aber Heiligkeit sei der Weg, auf dem der Priester in einer Welt, die ständig der Solidarität bedürfe, zu einem „Sauerteig der Brüderlichkeit" werden könne.[174]

20

Ein vernünftiger Glaube

Nach einem Jahrhundert der Illusionen

22. Februar 1996	Die Apostolische Konstitution *Universi dominici gregis* revidiert die Bestimmungen für die Papstwahl.
15. Juni 1996	Beginn einer Neuorganisierung der kurialen Spitze.
21.-23. Juni 1996	Erste Reise Johannes Pauls in das wiedervereinigte Deutschland.
19.-22. September 1996	Vierte Reise des Papstes nach Frankreich.
14.-18. Oktober 1996	Verhandlungen zwischen dem Heiligen Stuhl und der Regierung Vietnams in Hanoi.
4.-6. Dezember 1996	Der Erzbischof von Canterbury, Dr. George Carey, besucht Rom.
4. April 1997	Der Heilige Stuhl teilt in einer Presseerklärung mit, daß die neu eingerichtete Website des Vatikans bereits in den ersten drei Tagen 2,9 Millionen „Besucher" hatte.
12.-13. April 1997	Johannes Paul reist nach Sarajevo.
10.-11. Mai 1997	Johannes Paul besucht den Libanon.
31. Mai-10. Juni 1997	Fünfter Pastoralbesuch des Papstes in Polen.
Juni 1997	Das Moskauer Patriarchat sagt das geplante Treffen zwischen Patriarch Aleksej II. und Papst Johannes Paul II. ab.
21.-24. August 1997	Johannes Paul nimmt am zwölften internationalen Weltjugendtag in Paris teil.
5. September 1997	Mutter Teresa von Kalkutta stirbt.
31. Oktober 1997	Johannes Paul spricht vor dem vom Vatikan geförderten Symposium „Wurzeln des Antijudaismus im christlichen Umfeld".
16. Nov.-12. Dez. 1997	Sonderversammlung der Bischofssynode für Amerika tagt in Rom.
21.-25. Januar 1998	Erste Reise eines Papstes nach Kuba.
21. Februar 1998	Johannes Paul ernennt auf seinem siebten Konsistorium 20 neue Kardinäle.
16. März 1998	Die Kommission des Heiligen Stuhls für die religiösen Beziehungen zu den Juden veröffentlicht *Wir erinnern: Eine Reflexion über die Shoah*.

19. April–14. Mai 1998	Sonderversammlung der Bischofssynode für Asien tagt in Rom.
25. Mai 1998	Johannes Paul wird dienstältester Papst des 20. Jahrhunderts.
30. Mai 1998	Eine halbe Million Mitglieder geistlicher Erneuerungsbewegungen feiern auf dem Petersplatz mit dem Papst die Pfingstvigil.
25. Juni 1998	Der Heilige Stuhl veröffentlicht den Text der „Gemeinsamen Erklärung zwischen der Katholischen Kirche und dem Lutherischen Weltbund zur Rechtfertigungslehre".
30. Juni 1998	Veröffentlichung des Apostolischen Schreibens *Ad tuendam fidem.*
6. Juli 1998	Veröffentlichung des Apostolischen Schreibens *Dies domini.*
23. Juli 1998	Veröffentlichung des Apostolischen Schreibens *Apostolos suos.*
11. Oktober 1998	Johannes Paul II. kanonisiert auf dem Petersplatz die hl. Teresa Benedicta vom Kreuz (Edith Stein).
15. Oktober 1998	Johannes Paul präsentiert seine 13. Enzyklika, *Fides et ratio.*
18. Oktober 1998	Johannes Paul feiert den 20. Jahrestag seines Pontifikats mit einer Messe auf dem Petersplatz.
7.–9. Mai 1999	Johannes Paul in Rumänien.

Ihr Treffen war angekündigt worden als eine historische Begegnung alternder Kämpfer, die beide – wie es ein Beobachter ausdrückte – „Macht, Charisma, Geisteskraft und ein klares Programm" besaßen. Nachdem 45 Minuten des ersten Besuches eines Papstes in Kuba vorbei waren, hatte die Wirklichkeit solche Übungen in moralischer Gleichwertigkeit bereits überholt. Beim Austausch einleitender Bemerkungen bewies Präsident Fidel Castro, daß er zwar Macht im Sinne von roher Gewalt besaß, aber sonst kaum etwas. Johannes Paul II. – älter, gebrechlicher und rhetorisch weniger leidenschaftlich als der graubärtige Revolutionär, der ihn auf dem José-Martí-Flughafen von Havanna begrüßte – war ein Beispiel für die Macht, die aus dem Aussprechen von Wahrheiten erwächst, die lange geleugnet oder unterdrückt worden sind. Da hatte Castro keine Chance.

An dem feuchtheißen Nachmittag des 21. Januar 1998 begrüßte der kubanische Präsident – nicht in seinem gewöhnlichen militärischen Drillichanzug, sondern in einem blauen Zweireiher – den Papst am Fuß der Gangway seines Flugzeugs. Nachdem Johannes Paul den Boden Kubas geküßt hatte, den ihm vier einheimische Kinder in einer Schale hinhielten, gingen die beiden Männer langsam auf einem roten Teppich zu einem Podium mit zwei Stühlen, über dem man zum Schutz vor Sonne oder Regen einen Baldachin errichtet hatte. Fidel Castro sprach nicht nur zum Papst, sondern zum größten internationalen Publikum, das er seit Jahrzehnten hatte. Er hieß Johannes Paul willkommen, indem er sagte: „Das Land, das Sie soeben geküßt haben, wird durch Ihre Anwesenheit geehrt." Vom zweiten Satz an war seine 25minütige Rede nur noch ein Klagelied voller Ressentiments: Kuba und die Kubaner seien Opfer der Geschichte.

Die Kolonisatoren hätten die einheimische Bevölkerung der Insel „vernichtet" und die Überlebenden zu Sklaven gemacht oder zur Prostitution gezwungen. Über eine Million Afrikaner habe man aus ihren Heimatländern weggeschleppt und statt der Indianer als Sklaven verwendet. Irgendwie habe sich eine kubanische Nation entwickelt, aber ihr Freiheitskampf habe zu einem mit Auschwitz vergleichbaren „Holocaust" geführt. Noch heute seien die Kubaner Opfer eines „Genozids", eines Programms „totaler wirtschaftlicher Erdrosselung", hinter dem die imperiale Bosheit „der stärksten wirtschaftlichen, politischen und militärischen Macht in der Geschichte" stehe. Im Widerstand gegen diese brutale Hegemonialmacht, sagte Castro, glichen die heutigen Kubaner den christlichen Märtyrern im alten Rom – sie würden lieber „tausendmal" sterben als ihre Überzeugung aufgeben.

Auch die von ihm geführte Revolution sei ein unschuldiges Opfer. Was der Papst bei seinem Pastoralbesuch sehen werde – die Verwandlung einer der schönsten Städte der Welt in ein Sarajevo der Karibik, die Armut, die zerfallenden Gebäude, die leeren Apotheken, die Krankenhäuser, deren verbliebene Fenster mit Klebeband zusammengehalten würden, die Militarisierung –, sei nicht auf die Revolution zurückzuführen. Die Revolution könne auch nicht dafür verantwortlich gemacht werden, was einigen Kirchenmännern passiert sei, die Johannes Paul treffen werde. Wenn es in den letzten 40 Jahren „Probleme" zwischen dem Regime und der katholischen Kirche gegeben habe, sei daran „nicht die Revolution schuld". Schuld waren andere, vor allem die USA. Die Kubaner waren Opfer.

Als Johannes Paul an der Reihe war, erhob er sich mühsam von seinem Stuhl, ging zum Podium und sagte in ruhigem, ja sanftem Ton den Menschen von Kuba die Wahrheit über ihre Geschichte und über sie selbst.

Zunächst dankte er Gott, dem „Herrn der Geschichte und unseres persönlichen Schicksals", der es ihm gestattet habe, in dieses Land zu kommen, „das von Christoph Kolumbus als ‚das schönste Land' beschrieben wurde, ‚das Menschenaugen je gesehen haben'". Er kenne ihre Erwartungen, und er hoffe, daß seine Anwesenheit jeden ermutige, diese Erwartungen zu verwirklichen. Er forderte sie auf, sich nicht für Opfer zu halten: *„Sie sind – ja müssen es sein – die Hauptgestalter Ihrer persönlichen wie auch nationalen Geschichte."*

Manches habe sich in den letzten 40 Jahren in Kuba offenkundig verändert, aber nicht der Charakter „dieses edlen Volkes (...), das nach Gott und den geistigen Werten dürstet, welche die Kirche in den fünf Jahrhunderten ihrer Präsenz auf der Insel niemals aufgehört hat zu verbreiten". Deshalb wolle er Gläubigen wie Ungläubigen sagen, was er zu Beginn seines Pontifikates gesagt habe: „Haben Sie keine Angst, Christus Ihr Herz zu öffnen. Lassen Sie ihn in Ihr Leben, Ihre Familien, Ihre Gesellschaft eintreten, damit auf diese Weise alles erneuert wird." Sein Gebet für Kuba sei einfach,

> daß Kuba allen eine Atmosphäre der Freiheit, des gegenseitigen Vertrauens, der sozialen Gerechtigkeit und des dauerhaften Friedens bieten kann. Möge Kuba mit all seinen großartigen Möglichkeiten sich für die Welt öffnen, und möge die Welt sich für Kuba öffnen, damit dieses Volk, das (...) für den Fortschritt arbeitet und sich nach Eintracht und Frieden sehnt, mit Hoffnung in die Zukunft blicken kann.[1]

Das Castro-Regime oder die kubanischen Kommunisten erwähnte Johannes Paul kein einziges Mal – auch während der nächsten vier Tage nicht. Er war gekommen, um den Kubanern ihre authentische Geschichte und Kultur zurückzugeben. Da war es nicht nötig, von den Männern zu sprechen, die ihre Insel in Armut und Not geführt hatten. Das war die Vergangenheit, ein Irrweg. Er war gekommen, um die Wahrheit über die Vergangenheit und die Gegenwart zu sagen, um Hoffnung für die Zukunft zu wecken und um die Kubaner zu ermutigen, selbst über ihren Weg zu entscheiden.

DER VORRANG DER KULTUR

Obwohl er in der zweiten Hälfte der 90er Jahre körperlich gebrechlicher wurde, fuhr Johannes Paul II. fort, eines der bezeichnenden Themen seines Pontifikats verstärkt zu betonen: daß die Kultur die Triebkraft der Geschichte sei.

Das war eine Lektion, die er zuerst von seinem Vater und dann aus seiner frühen Lektüre der Klassiker der polnischen Romantik gelernt hatte. Sieben Jahrzehnte verstandesmäßiger Reflexion und persönlicher Erfahrung hatten dann eine Analyse vertieft und verfeinert, die der modernen Illusion, Politik und Wirtschaft seien die Motoren der historischen Veränderung, diametral entgegengesetzt war. Der Zusammenbruch des europäischen Kommunismus in den Jahren 1989-1991 hatte die These bestätigt, daß die Kultur die Geschichte antreibt. Jetzt, in der zweiten Hälfte der 90er Jahre, nutzte Johannes Paul seine Ansicht, daß bei historischen Veränderungen die Kultur entscheidend sei, entschlossen für seine Bemühungen, Westeuropa neu zu evangelisieren, in den neuen Demokratien Ostmitteleuropas die Grundlagen der Freiheit zu sichern und Kuba zu befreien.

Deutschland: Die lange Geschichte des Glaubens

Johannes Pauls dritte Pastoralreise nach Deutschland, vom 21. bis 23. Juni 1996, führte ihn in ein Land, das seiner Botschaft seit fast 18 Jahren starken Widerstand entgegensetzte. Und diese Reise fand im Gefolge einer öffentlichen Kontroverse über eines der schwierigsten seelsorgerlichen Probleme des heutigen Katholizismus statt: die Lage wiederverheirateter geschiedener Katholiken, die voll am sakramentalen Leben – einschließlich des Empfangs der Kommunion – teilnehmen wollen. Bei dieser Kontroverse kämpften führende deutsche Bischöfe gegen die Glaubenskongregation und ihren einstigen Bischofskollegen Joseph Kardinal Ratzinger.[2] Da Johannes Paul jedoch vielleicht meinte, nur eine Kirche, die im Bekennen ihres Glaubens sicher sei, könne die schwierige Frage der wiederverheirateten Geschiedenen richtig behandeln, ging er während seiner ersten Reise in das wiedervereinigte Deutschland auf diesen Streit nicht ein. Vielmehr betonte er die Neuevangelisierung eines Landes mit einer langen christlichen Geschichte und schmerzlichen Erinnerungen an die jüngste Vergangenheit.

Bei einer Messe für die Erzdiözese Paderborn am 22. Juni auf dem Militärflughafen Senne erinnerte Johannes Paul Tausende von Teilnehmern daran, daß sie die Erben eines religiösen und kulturellen Vermächtnisses seien, das auf das Treffen zwischen Karl dem Großen und Papst Leo III. 799 in Paderborn zurückgehe. Diese Welt sei längst vergangen, aber sie habe in der europäischen Kultur unauslöschliche Spuren hinterlassen. Da alle Deutschen mit den Herausforderungen eines sich zusammenschließenden Europa konfrontiert seien, sollten sie bedenken, daß „die Einheit Europas (...) nicht nur in einer Gemeinsamkeit der materiellen Interessen bestehen [darf]". Sie müsse vielmehr gegründet werden auf den „Konsens in den grundlegenden Zielen und Wertvorstellungen, das gemeinsame kulturelle Erbe und nicht zuletzt eine Verbundenheit des Geistes und der Herzen". Ohne den christlichen Glauben werde „Europa die Seele fehlen". Deshalb seien die Christen aufgerufen, „Sorge zu tragen für den Geist, der das künftige Europa eint und gestaltet". Das sei eine Verantwortung, der wir uns „über die Grenzen hinweg" ernsthaft stellen müßten.

Hinsichtlich der unmittelbaren Lage der deutschen Kirche benutzte Johannes Paul ein Bild aus dem Evangelium des Tages (Matthäus 8,23-27: Jesus beruhigt die Jünger in einem vom Sturm bedrohten Boot auf dem See Gennesaret), um seine Zuhörer eindringlich zu mahnen:

> Laßt euch nicht durch Sturm und See in Mutlosigkeit und Resignation stürzen! Seid vielmehr einig in der Hoffnung, und stärkt euch im gemeinsamen Glauben! Erinnert euch an die lange Geschichte des christlichen Glaubens in diesem Land! Laßt nicht zu, daß dieser Glaube schwächer und kraftloser wird! (...) Niemals dürfen an Bord des Kirchenschiffes Ängstlichkeit und Klagen die Herzen beherrschen.

Das sei ein Gebot des Evangeliums und eine Lektion, die wir von den modernen Märtyrern Deutschlands lernen könnten, die im Widerstand gegen die NS-Diktatur gestorben seien. Ein Martyrologium sei nicht einfach ein Registrieren von Tatsachen, es sei „eine Mahnung". Das II. Vatikanische Konzil, der jährliche Weltgebetstag für den Frieden, die Weltjugendtage, die neue Anerkennung einer heroischen Tugend in der Ehe – all das seien Früchte des Zeugnisses der Märtyrer des Zweiten Weltkriegs, die der Kirche *„ein besseres Verständnis von sich selbst* und von ihrem Auftrag in der Welt" gegeben hätten.[3]

Bei einem ökumenischen Wortgottesdienst, der noch am gleichen Tag mit katholischen, lutherischen, reformierten und orthodoxen Christen im Paderborner Dom gefeiert wurde, sprach Johannes Paul über die bleibenden historischen Nachwirkungen der Mission des Apostels Paulus in Europa. Derselbe Heilige Geist, der Paulus – und Missionare wie Patrick, Bonifatius, Kyrill und Method, die das Evangelium aus der Mittelmeerwelt nach Mittel-, Nord- und Osteuropa brachten – inspirierte, habe diejenigen Christen gestärkt, die als Zeugen für das Evangelium Widerstand gegen den Nationalsozialismus leisteten, darunter die protestantischen Märtyrer Dietrich Bonhoeffer und Helmuth Graf Moltke. Und derselbe Geist werde die Neuevangelisierung des nach fast einem halben Jahrhundert wiedervereinigten Deutschland inspirieren.

Nach dem ökumenischen Gottesdienst ging Johannes Paul ins Collegium Leoninum, um mit den katholischen Bischöfen Deutschlands zu speisen, den geistlichen Führern einer Kirche, die nach Auffassung hoher vatikanischer Amtsträger zu den schwächsten Ortskirchen der Welt gehörte. Der Mainzer Bischof Karl Lehmann, der Vorsitzende der deutschen Bischofskonferenz und eine der Hauptfiguren im Streit um wiederverheiratete geschiedene Katholiken, begrüßte den Papst, der dann vor den Bischöfen eine längere Rede hielt. Er erinnerte daran, daß man vor sieben Monaten den 30. Jahrestag des Briefwechsels zur Vergebung und Versöhnung zwischen den polnischen und den deutschen Bischöfen am Ende des II. Vatikanums begangen habe. Dieser Schritt der Kirche müsse für das Europa des 21. Jahrhunderts beispielhaft sein. Die primäre Rolle der Kirche bei der europäischen Einigung sollte darin bestehen, in Europa „Brüderlichkeit, gegenseitiges Verständnis und Zusammenarbeit" zu stärken, indem sie diese Tugenden in ihrem eigenen Leben bezeuge, gegen den grassierenden sittlichen Relativismus der modernen Kultur protestiere und für die wahre Würde, die wahren Rechte und Pflichten des Menschen eintrete.

Der Papst erörterte auch die Evangelisierung der vielen konfessionslosen Männer und Frauen in der ehemaligen DDR. Dabei wies er ruhig, aber deutlich darauf hin, daß dies für die westdeutsche Kirche eine Gelegenheit sei, sich in einer „zweiten Bekehrung" erneut zu evangelisieren. Die neue Evangelisierung erfordere eine Kirche, die sich darstelle „als Hort der Freude am Glauben und des Vertrauens in die Zukunft" – und diese Botschaft könne der deutsche Katholizismus nicht vermitteln, wenn die vom II. Vatikanum geforderte Selbstprüfung umschlage in jene „zersetzende Kritik an den Institutionen", die missionarische Energien schwäche.[4]

Am Sonntag, den 23. Juni, flog Johannes Paul nach Berlin. Nach einer Begegnung mit dem deutschen Bundespräsidenten Roman Herzog im Schloß Bellevue fuhr er zum Olympiastadion, um dort eine Messe zu feiern und zwei Märtyrer der NS-Zeit, Dompropst Bernhard Lichtenberg und Pater Karl Leisner, seligzusprechen.

Lichtenberg, ein ausgesprochener Gegner der Nationalsozialisten, war Propst an der St. Hedwigs-Kathedrale in der deutschen Hauptstadt. In seinen regelmäßigen abendlichen Gebetsgottesdiensten in der Kathedrale, kaum einen Kilometer von Hitlers Reichskanzlei entfernt, betete er immer für die Juden, für verfolgte Christen und für die gefallenen Soldaten aller kämpfenden Nationen. Im Mai 1942 von der Gestapo festgenommen, wurde er zu einer Gefängnisstrafe verurteilt. Weil die Nazis jedoch seine weitere Anwesenheit in Berlin für gefährlich hielten, brachten sie ihn nach Dachau. Bereits krank, starb er auf dem Transport dorthin am 5. November 1943. Karl Leisner hatte sich im Priesterseminar in der kirchlichen Jugendarbeit engagiert. Er machte mit jungen Leuten Zeltlager in Belgien und in den Niederlanden, damit sie über den Glauben der Kirche diskutieren konnten, ohne von Nazis belästigt zu werden. Weil er Hitler kritisiert hatte, wurde er verhaftet und im Dezember 1941 schließlich nach Dachau gebracht. Drei Jahre später, inzwischen schwer krank, wurde er dort von einem französischen Bischof, einem Mithäftling, heimlich zum Priester geweiht. Nach der Befreiung des Lagers im Mai 1945 kam Pater Leisner in ein Sanatorium bei München, wo er am 12. August 1945 an Tuberkulose starb.

In seiner Predigt wies Johannes Paul darauf hin, daß die Seligsprechungen an dem Ort stattfanden, „wo das nationalsozialistische Regime vor 60 Jahren die Feier der Olympischen Spiele zu einem Triumph für seine menschenverachtende Ideologie nutzen wollte". Heute danke die Kirche an demselben Ort Gott für den Sieg ihrer Märtyrer. Für Bernhard Lichtenberg und Karl Leisner sei das Martyrium „kein zufälliges Mißgeschick" gewesen, sondern die „zwangsläufige Konsequenz eines Lebens, das in der Nachfolge Christi gelebt wurde". Wie die beiden Seligen seien heute alle deutschen Katholiken aufgerufen, „für das Leben Zeugnis zu geben [und] der Kultur des Hasses und des Todes, unter welchem Gewand sie auch immer auftritt, [zu widerstehen]". Das erfordere ein Christentum, das nicht „angepaßt und bequem" werde, das sich weigere, seine Unabhängigkeit irgendeinem Staat zu opfern, und das materiellen nicht mit geistlichem Reichtum verwechsle.[5]

Beim Angelus nach der Seligsprechungsmesse kündigte Johannes Paul für 1999 eine zweite Sonderversammlung der Bischofssynode für Europa an, dankte den polnischen Bischöfen, die sich zu dieser Seligsprechung in Berlin eingefunden hatten, ehrte die polnischen Priester und Intellektuellen, die während des Krieges in deutschen Konzentrationslagern umgekommen waren, und erinnerte an die Tausende polnischer Frauen, die man im KZ Ravensbrück durch medizinische „Experimente" gequält hatte (zu den Überlebenden zählte seine Freundin und Mitarbeiterin in der Krakauer Familienseelsorge, Dr. Wanda Połtawska).[6]

Nach Begegnungen mit dem Zentralkomitee der deutschen Katholiken und mit dem Zentralrat der Juden in Deutschland traf sich Johannes Paul noch am gleichen Tag privat mit dem deutschen Bundeskanzler Helmut Kohl. Die beiden Männer gingen dann zur St. Hedwigs-Kathedrale, wo der Papst am Grab des seligen Bernhard Lichtenberg betete. Schließlich schritten der Papst und der Kanzler im Scheinwerferlicht von Ost nach West durch das Brandenburger Tor, wobei sie den einstigen „Todesstreifen" an der Berliner Mauer überquerten. Diese Szene machte die Demonstrationen von Skinheads und Schwulen gegen den Papst, die am gleichen Tag stattgefunden hatten, zu Wandschmierereien.

Bundeskanzler Kohl, der vorher die Skepsis mancher seiner Landsleute gegenüber Johannes Paul II. geteilt hatte, rief spät in der Nacht noch den mit ihm befreundeten italienischen Philosophen Rocco Buttiglione in Rom an. Kohl war aufgeregt: „Das ist der größte Mann der zweiten Hälfte dieses Jahrhunderts, vielleicht des ganzen Jahrhunderts", sagte er zu Buttiglione. „Und stellen Sie sich vor, er zieht noch größere Menschenmassen an als ich!"[7]

Überraschungen in Frankreich

Neuevangelisierung durch Wiederherstellung der kulturellen Erinnerung war auch die Strategie, die Johannes Paul bei zwei Reisen nach Frankreich in der zweiten Hälfte der 90er Jahre anwandte.

Die erste, im September 1996, markierte den 1500. Jahrestag der Taufe des Frankenkönigs Chlodwig und damit der Taufe Frankreichs. Wie andere große historische Ereignisse waren die Taufe Chlodwigs und ihre Auswirkungen auf die entstehende französische Nation voller Unklarheiten. Gedeutet durch die Filter des modernen Säkularismus, lösten diese Unklarheiten bei französischen Intellektuellen vor der Reise des Papstes eine gewaltige Kontroverse aus. Man hatte keine hohen Erwartungen. Zur Überraschung vieler kamen Hunderttausende nach Tours, Reims, Saint-Laurent-sur-Sèvre und Sainte-Anne-d'Auray. Bei seiner Reise 16 Jahre früher hatte Johannes Paul Frankreich gefragt, ob es seinem Taufgelübde noch treu sei. Jetzt, bei der großen Jubiläumsmesse in Reims, bat er die Franzosen des Jahres 1996, ihre Vergangenheit durch die Geschichte der französischen Heiligen zu verstehen. Der französische Katholizismus habe seine dunklen, durch Treulosigkeit und Konfrontation gekennzeichneten Zeiten gehabt. Aber jede Prüfung, sagte der Papst, „ist ein dringender Aufruf zur Bekehrung und zur Heiligkeit. (...) Gerade wenn überall um uns Nacht ist, müssen wir an die bevorstehende Morgendämmerung denken, müssen wir glauben, daß die Kirche jeden Morgen durch ihre Heiligen wiedergeboren wird."[8]

Die unerwartet positive Reaktion auf Johannes Pauls Frankreichreise 1996 deutete darauf hin, daß sich in der französischen Seele etwas regte. Der Weltjugendtag 1997 in Paris vom 18. bis 24. August bestätigte diese Vermutung und markierte vielleicht einen Wendepunkt in der Religionsgeschichte des modernen Frankreich.

Wie ihre amerikanischen Kollegen vor dem Weltjugendtag 1993 in Denver waren viele französische Bischöfe in bezug auf den Weltjugendtag 1997 skeptisch. Doch Kardinal Jean-Marie Lustiger von Paris sah diese Veranstaltung als eine spektakuläre Gelegenheit, der ganzen französischen Nation zu demonstrieren, daß die heutige Kirche sich für eine Neuevangelisierung Frankreichs durch eine neue Evangelisierung der Kultur einsetzt. Während der vier Tage des Papstes in Paris wurden seine Kontakte zu Vertretern der französischen Regierung auf jenes Minimum beschränkt, das vom Protokoll und guten Umgangsformen vorgeschrieben wurde: bei der Ankunft eine kurze Begrüßung durch Präsident Jacques Chirac und vor der Abreise am 24. August ein kurzes Treffen mit Ministerpräsident Lionel Jospin. Überall, wo Johannes Paul vom 21. bis 24. August in Paris auftrat, war der Hintergrund eindeutig kirchlich. Die Botschaft war klar: Das war keine „Kirche der Macht", sondern eine Kirche des Evangeliums, deren Zeugnis für Christus sie verpflichtete, für die Menschenrechte einzutreten.

Der Rhythmus des Weltjugendtages 1997 folgte dem Modell der Wallfahrt, dem Kardinal Lustiger während seiner Zeit als Studentenpfarrer an der Sorbonne begegnet war, wo Msgr. Maxim Charles mit einer Gruppe junger Intellektueller, die später Freunde und Mitarbeiter Lustigers wurden, die Tradition studentischer Wallfahrten wiederbelebte. Diese Wallfahrten – zuerst zur Kathedrale Notre-Dame, später nach Chartres – waren inspiriert von dem französischen Liturgiewissenschaftler Louis Bouyer, der geschrieben hatte, jede bedeutsame christliche Veranstaltung sollte die Karwoche und Ostern, das Herz der christlichen Erfahrung, rekapitulieren. Bei jeder Studentenwallfahrt, unabhängig von der Jahreszeit, pflegten junge Menschen die Karwoche vom Palmsonntag bis zur Ostervigil zu „vergegenwärtigen". Dieses Muster wurde für den Weltjugendtag 1997 mit großer Wirkung übernommen.

Der erste offizielle Tag des Jugendtreffens, ein Dienstag, wurde zum „Palmsonntag". Feierlich wurde das große Kreuz des Weltjugendtages an einem glühendheißen Nachmittag in Anwesenheit von rund 500 000 jungen Menschen vom Eiffelturm über das Marsfeld zur École Militaire getragen, wo man für die Eröffnungsmesse eine Tribüne errichtet hatte. Donnerstag, der 21. August, als Johannes Paul die Teilnehmer des Weltjugendtags zum erstenmal sah, war der „Gründonnerstag". Bei der Begrüßungszeremonie wurde als Evangelium die Geschichte von der Fußwaschung (Johannes 13,1-15) gelesen. Dieser Text war vom Papst in einer schriftlichen Predigt erklärt worden, die am nächsten Tag den jungen Leuten in katechetischen Gruppen in ihrer jeweiligen Sprache vorgelesen wurde. Am Freitag erlebten Hunderttausende von Jugendlichen und jungen Erwachsenen den Karfreitag, indem sie an vielen Orten in ganz Paris den Stationen des Kreuzwegs folgten. Am Samstagabend wurde auf der Pferderennbahn Longchamp bei Kerzenlicht eine Vigil gefeiert, bei der Johannes Paul zwölf junge Konvertiten aus allen Kontinenten taufte. Nach dieser Neugestaltung der Ostervigil folgte am Sonntagvormittag die Abschlußmesse, die sich als die größte in der französischen Geschichte erwies: In Longchamp versammelten sich über eine Million Menschen.

Die gewaltigen Besucherzahlen übertrafen die Erwartungen selbst der optimistischsten Mitarbeiter Kardinal Lustigers. Besucher, die zu Beginn der Woche in Paris eintrafen, hörten, es seien wohl 250 000 junge Leute da, und an der Abschlußmesse würden vielleicht 500 000 teilnehmen. Mindestens doppelt so viele junge Menschen kamen, und das überschäumende Interesse junger Franzosen lockte viele Pariser aus dem Urlaub in die Stadt zurück; sie wollten sehen, was sich da abspielte. Auch die französische Presse und wohl eine beträchtliche Anzahl französischer Bischöfe waren erstaunt.

Die beiden lokalen „Ikonen" des Weltjugendtages 1997 stammten aus der modernen Geschichte des französischen Katholizismus: die hl. Theresia von Lisieux und Frédéric Ozanam", der Gründer der „Konferenzen des hl. Vincenz von Paul", einer weltweit tätigen karitativen Organisation, den Johannes Paul am 22. August in einer vom französischen Fernsehen übertragenen Messe in Notre-Dame seligsprach. Die Wahl dieser Patrone war nicht zufällig. Beide waren junge Katholiken: Theresia war mit 24, Ozanam mit 40 Jahren gestorben. Theresia war eine kontemplative Frau, die eigenständige Beiträge zur Theologie geliefert hatte.[9] Ozanam war ein Intellektueller in einem radikal skeptischen Zeitalter, ein Demokrat, der sich nicht – wie viele französische Katholiken seiner Zeit – nach dem Ancien régime zurücksehnte, ein Diener der Armen, ein liebevoller Ehemann und Familienvater, und ein Denker, dessen Schriften über die gerechte Gesellschaft die moderne katholische Soziallehre ankündigten. Die von diesen „Ikonen" ausgehende Botschaft war unmißverständlich: Heiligkeit ist in der Moderne möglich. Die jugendliche Begeisterung kann auf Christus gelenkt werden. Der katholische Glaube kann eine freie Gesellschaft (Freiheit), menschliche Würde (Gleichheit) und menschliche Solidarität (Brüderlichkeit) fördern.

Kardinal Lustiger machte das unmittelbar nach dem Ende des Weltjugendtages 1997 im französischen Fernsehen klar. Als ihn ein Interviewer mittleren Alters fragte, wie die außergewöhnlich positive Reaktion auf den Weltjugendtag zu erklären sei, meinte der Kardinal, das sei eine Frage der jeweiligen Generation. Der Interviewer gehöre einer Generation an, die in der Kirche aufgewachsen sei, um 1968 ihren Glauben verloren habe und seither sozusagen ständig mit ihren Eltern streite. Die jungen Menschen von heute, fuhr Lustiger fort, seien „ohne Sinn" aufgewachsen. Jetzt hätten sie Jesus Christus entdeckt und wollten erforschen, was das wirklich bedeute. Der Interviewer dürfe ihr

Leben nicht nach seinen eigenen Erfahrungen interpretieren. Sie seien der Auffassung, daß Christ sein und ein tätiger, intelligenter, mitfühlender, engagierter Mensch sein sich nicht gegenseitig ausschließen. Oder, wie es der Papst in seiner Abschlußpredigt in Longchamp ausgedrückt habe: „Hört nicht auf, die Herrlichkeit Gottes, die Liebe Gottes zu betrachten, und ihr werdet die Erleuchtung empfangen, die man braucht, um die Kultur der Liebe aufzubauen und den Menschen zu helfen, die Welt zu sehen, die von der ewigen Weisheit und Liebe umgestaltet ist."[10] In der Hauptstadt einer besonders skeptischen und antiklerikalen Aufklärung wurde eine neue kulturelle Aufklärung verkündet, die fähig war, die Grundlagen der freien Gesellschaft wiederherzustellen.

Es war eine Woche voll unerwarteter Begebenheiten gewesen. Die Basilika Sacré-Coeur hat wahrscheinlich noch nie eine Szene erlebt wie jene am 21. August, als dort über einer Gemeinde von Tausenden singenden und jubelnden Jugendlichen die Flaggen von Kanada, Barbados, Malta, Malaysia, Kenia, Panama und der USA wehten. In einer katechetischen Veranstaltung wurden im evangelikalen Stil „Zeugnisse" abgelegt und Lieder gesungen unter der Leitung eines jungen, ohne Arme geborenen Lateinamerikaners, der mit seinen Füßen Gitarre spielte. Pariser lächelten freundlich und waren Besuchern, die nur Englisch sprachen, behilflich. In Longchamp schufen Scheinwerfer während der Taufvigil eine künstliche „Lichtkathedrale". Während der ganzen Woche trugen die bei den Gottesdiensten mitwirkenden Bischöfe leuchtend bunte Meßgewänder, entworfen von dem französischen Modedesigner Jean-Charles de Castelbajac, der nicht nur für die von ihm aufgewendete Zeit nichts verlangte, sondern auch für die Stoffe und die Herstellungskosten aufkam. Es gab auch politischen Unsinn. Am Samstag besuchte Johannes Paul privat das Grab seines alten Freundes Jérôme Lejeune, des französischen Genetikers, der ein prominenter Abtreibungsgegner gewesen war. Parteifunktionäre der französischen Sozialisten kritisierten sofort öffentlich, daß der Papst sich in die französische Abtreibungsdebatte einmische. Es war – um es milde auszudrücken – paradox: Politiker verurteilten im Namen der „Toleranz" einen alten Mann, weil er das Grab eines Freundes besuchte.

Der unerwartete, ja verblüffende Erfolg des Weltjugendtages 1997 in Paris glich noch in einer anderen Hinsicht dem von Denver 1993. Einige Zeit nach der Veranstaltung erzählte der Polizeichef von Paris dem „Außenminister" des Vatikans, Erzbischof Tauran, bei den jungen Besuchern des Weltjugendtages habe es „keinen einzigen Zwischenfall" gegeben. Das sei „unvorstellbar" bei jungen Leuten, die zu einem Open-air-Konzert oder einem Fußballspiel kämen.[11] Und es gab noch ein weiteres bemerkenswertes Phänomen bei diesem Weltjugendtag. Die jungen Teilnehmer waren sich dessen wahrscheinlich nicht bewußt, aber ihre Teilnahme am Weltjugendtag 1997 war ein scharfer Protest gegen die säkularistischen und materialistischen Illusionen, die die moderne europäische Kultur weitgehend geprägt hatten. Die französische Geschichte – die moderne europäische Geschichte – wurde offenbar nicht nur durch die weltliche Revolution von 1789 und die Studentenrevolte von 1968 bestimmt.

Wieder im Einklang mit Polen

Die Reise des Papstes in seine polnische Heimat im Juni 1997 wurde von mehreren dunklen Wolken überschattet.

Eine war die Erinnerung an seinen Besuch im Jahr 1991. Dieser Besuch, weithin als der am wenigsten erfolgreiche in seinem Heimatland angesehen, hatte zu der internationalen Medienkarikatur eines zornigen alten Mannes beigetragen, der die Welt, bei deren Entstehen er selbst mitgewirkt hatte, nicht mehr verstand. Die zweite dunkle Wolke war die jüngste politische Entwicklung in Polen. Im September 1993 gewann eine von Exkommunisten (oder „Postkommunisten") geführte Koalition die Wahlen zum polnischen Parlament und übernahm die Macht im Sejm. Zwei Jahre später, am 19. November 1995, gewann Aleksander Kwaśniewski, der jugendlich wirkende, telegene Gründer der postkommunistischen „Allianz der demokratischen Linken", die Präsidentschaftswahl gegen den Amtsinhaber Lech Wałęsa. Dessen launenhaftes Verhalten seit seiner Wahl zum Staatspräsidenten im Dezember 1990 ließ seine Abwahl begreiflich erscheinen, ebenso wie die Uneinigkeit innerhalb der alten Solidarność-Koalition der begreifliche Grund dafür gewesen war, daß die Postkommunisten 1993 die Wahlen zum Parlament gewonnen hatten.[12] Daß solche Vorgänge begreiflich waren, machte sie jedoch nicht weniger beunruhigend. Die Symbolgestalt der Solidarność war verdrängt worden durch einen ehemaligen kommunistischen Apparatschik mit bemerkenswert flexiblen Grundsätzen, der gewiß versuchen würde, den Besuch des Papstes zu seinem eigenen parteipolitischen Vorteil zu manipulieren.

Außerdem war man besorgt wegen der Gesundheit des Papstes. Polen, die 1996 und Anfang 1997 in Rom seine geschwächte physische Kondition selbst beobachtet hatten, befürchteten, eine umfassende Fernsehübertragung der bevorstehenden Papstreise werde auf ihre Landsleute wie ein Schock wirken. Würden die Polen denken, der Papst sei nach Hause gekommen, um dort zu sterben oder zumindest um Polen Lebewohl zu sagen? Die polnischen Bischöfe, die vielfach immer noch versuchten, zu jenem öffentlichen Auftreten zu finden, zu dem Johannes Paul sie 1993 bei ihren *Ad-limina*-Besuchen in Rom aufgefordert hatte, sorgten sich um die Besucherzahlen bei den verschiedenen päpstlichen Veranstaltungen und um den Empfang, den die kritische polnische Presse dem Papst bereiten würde.

Aber die polnische Kirche (oder zumindest einige ihrer aktivsten Elemente) hatte seit 1991 einiges dazugelernt. Die Papstreise vom Juni 1997 wurde weit besser vorbereitet als die vorausgehende. Kluge polnische Sprecher für das Pontifikat führten eine einjährige Kampagne in den Medien, bei den Intellektuellen und innerhalb der Kirche, um den Boden für den Besuch des Papstes vorzubereiten.[13] 1991 gab es keine katholische Presseagentur in Polen. Bis Juni 1997 wurde eine höchst effiziente Katolicka Agencja Informacyjna [KAI] errichtet, geleitet von einem der aufsteigenden Führer des polnischen Episkopats, dem 48jährigen Bischof von Tarnów, Józef Życiński. Vor dem Besuch veröffentlichte KAI einen informativen 114 Seiten umfassenden Leitfaden für die Medien, der den aktuellen Zustand des polnischen Katholizismus mit lobenswerter Offenheit darstellte und der polnischen und ausländischen Presse das Denken des Papstes erläuterte. Während des ganzen elftägigen Papstbesuchs im Juni 1997 war eine Gruppe junger Medienexperten – darunter mehrere Dominikaner – im Einsatz; sie waren mit Funktelefonen ausgerüstet und erstellten ihre Presseverlautbarungen mit einer hochmodernen Computerausrüstung. Sie halfen, das Geschehen weit geschickter an die Öffentlichkeit zu bringen, als dies sechs Jahre früher der Fall gewesen war. Die Resultate waren in der gesamten Weltpresse hervorragend.

Auch die gesellschaftliche Stimmungslage war 1997 in Polen anders. Der Chef des Znak-Verlags, Henryk Woźniakowski, meinte, acht Jahre demokratischen und kapitalistischen Engagements hätten in den Polen eine Sehnsucht geweckt, ihrem Leben wieder einen „liturgischen Rhythmus" zu geben. Die Polen hatten auch gerade mit solchen Fragen der öffentlichen Moral gerungen, die Johannes Paul bereits 1991 erkannt hatte. Was sie damals für düstere und voreilige Warnungen gehalten hatten, erschien ihnen 1997 als erstaunlich weitblickend.[14]

Diejenigen, die wieder einen Besuch jenes legendären päpstlichen Strafpredigers erwarteten, wurden schwer enttäuscht. Vom 31. Mai bis zum 10. Juni 1997 verkündete Johannes Paul in über zwei Dutzend sorgfältig ausgearbeiteten größeren Reden eine Botschaft der Ermutigung, der Liebe und der Herausforderung. „Jede Rückkehr nach Polen", sagte er bei seiner Ankunft in Breslau (Wrocław) am 31. Mai, „ist wie die Rückkehr ins Haus der eigenen Familie, wo die kleinsten Gegenstände uns an das erinnern, was unserem Herzen am nächsten und teuersten ist."[15] Viele Polen waren frustriert durch das erbitterte politische Gerangel, das soeben zu einer neuen, kaum jemand zufriedenstellenden Verfassung geführt hatte. Der Papst forderte seine Landsleute zu einer längeren historischen Rückschau auf: Was die Polen heute erlebten – eine freie Kirche in einem freien und einigermaßen sicheren Staat –, hatte es in Polen jahrhundertelang nicht gegeben. Nutzt diese Chance, riet er, und vertieft die Grundlagen der Zivilgesellschaft, die die Voraussetzung für die Bewahrung der Demokratie ist! Haltet das Bürgerrecht für eine Berufung, jeden Lebensbereich, einschließlich Politik und Wirtschaft, mit dem Sauerteig des Evangeliums zu beleben! Achtet auf eure Wurzeln als eine Quelle der Tugenden, die für das Funktionieren einer freien Gesellschaft notwendig sind! Seid stolz auf das, was euer unternehmerischer Geist vollbracht hat!

Die Reise im Juni 1997 ließ wieder das elektrische Feld der Zuneigung wirksam werden, das bei den Besuchen 1979, 1983 und 1987 so stark zwischen dem Papst und seinem polnischen Publikum gewirkt hatte. Johannes Paul 1979 – jung, mit volltönender Stimme, zwei Stufen auf einmal nehmend – war eine heroische Gestalt. Johannes Paul 1997 – älter, sich schwerfälliger bewegend, mit einem Zittern des linken Arms, aber immer noch eiserne Entschlossenheit und zugleich Güte ausstrahlend – war eine andere, vielleicht noch heroischere, nationale Ikone. Trotz seiner körperlichen Probleme hatte er sein Gefühl für die Wahl des richtigen Zeitpunkts und für einen wirkungsvollen Vortrag offenkundig nicht eingebüßt.

In Landsberg an der Warthe (Gorzów Wielkopolski), im westlichen Teil Polens, hatte man mit 200 000 Besuchern gerechnet. 400 000 nahmen an dem Wortgottesdienst auf einem Platz neben der Kirche der ersten polnischen Märtyrer teil. Nach seiner Predigt erwähnte Johannes Paul wieder spontan die Voraussage von Kardinal Wyszyński, der neugewählte polnische Papst werde die

Kirche ins dritte Jahrtausend führen. Er werde allmählich älter, sagte der Papst, und hoffe, daß die Anwesenden Gott auf den Knien bitten würden, „daß ich imstande bin, diese Herausforderung zu bestehen". Die Menge stimmte einen Sprechchor an: „Wir werden dir helfen! Wir werden dir helfen!" Das war paradoxerweise die gleiche Redewendung, mit der Arbeiter 1970 auf eine Herausforderung des neueingesetzten Führers der kommunistischen Partei, Edward Gierek, reagiert hatten. Johannes Paul antwortete mit leichter Ironie: „Ich verstehe, aber hoffentlich klappt es diesmal besser."

Am 4. Juni, in Tschenstochau, begannen nach der Lesung des Evangeliums 500 000 Gläubige zu skandieren: „Lang lebe der Papst!" Johannes Paul erwiderte: „Er tut es, er tut es, und er wird älter."

Am 6. Juni fand vor einer herrlich geschmückten Szenerie im Wintersportort Zakopane, in der vom Papst geliebten Hohen Tatra, eine Messe statt. Der Bürgermeister der Stadt, in der traditionellen Tracht polnischer Gebirgsbewohner, kniete vor dem Papst nieder, um ihm zu danken: „Sie haben uns befreit von der ‚roten Sklaverei' und uns gelehrt, aus unserer polnischen Heimat alles Erniedrigende und Demütigende und alles, was uns versklavt, auszurotten." Nach der Messe begannen die rauhen, herben Polen vom Gebirge dem Papst ein altes Volkslied vorzusingen; es handelte von einem Gebirgsbewohner, der ins Exil geht („Gebirgler, warum verläßt du deine schönen Berge und silberhellen Bäche?"). Da gab es unter den 500 000 Anwesenden und den Fernsehzuschauern kaum einen, dessen Augen trocken blieben – auch der Papst bekam feuchte Augen.

Johannes Paul, der im Laufe des Besuchs stärker zu werden schien, ging mit den Massen weiterhin meisterhaft um. Als Hunderttausende junger Menschen in Posen (Poznań) anfingen, im Chor zu rufen: „Sto lat!" [„Mögest du 100 Jahre alt werden!"], entgegnete er: „Schmeichelt dem Papst nicht so sehr! Ihr solltet lieber an Paris [d. h. an den bevorstehenden Weltjugendtag] denken!" Bei der Krakauer Kollegiatskirche St. Anna ging Johannes Paul am 8. Juni 40 Minuten lang durch eine dichtgedrängte Menge von polnischen Intellektuellen und Kulturschaffenden, begrüßte alte Freunde (oft mit ihrem Kosenamen, etwa *Gapa* Turowski), erkundigte sich nach dem Befinden der Gattinnen, Gatten, Kinder und Enkel. Die korrekten Akademiker mittleren Alters applaudierten die ganze Zeit.

Krakau war entschlossen, den Papst im großen Stil zu empfangen. Die Straßen der Stadt waren voll von weiß-roten (polnischen), weiß-gelben (päpstlichen) und weiß-blauen (krakauischen) Fahnen. Läden schmückten sich mit päpstlichen Flaggen und Papstbildern. In der Nacht vor dem 8. Juni, dem Tag der Heiligsprechung der seligen Königin Hedwig (Jadwiga), blieben alle Kirchen zum Beichten geöffnet. Die Heiligsprechung fand auf den Krakauer Błonia-Wiesen statt. Dorthin gingen an diesem Sonntagmorgen rund anderthalb Millionen Polen durch Straßen, die für Autos und Busse gesperrt waren, singend und Vereinsfahnen aller möglichen katholischen Organisationen tragend. Diese gewaltige spontane Prozession zeigte, wie farbenfroh der Katholizismus sein kann. Neben Laien in allen Kleidermoden, vom nachlässigen Outfit der Teenager bis zur kompletten Feiertagskleidung der Gebirgsbewohner (mit pelzverbrämten schwarzen Hüten), sah man Benediktiner in schwarzen Kutten, Dominikaner und Kamaldulenser in Weiß, Franziskaner in Braun, Albertus-Brüder in Grau; Prälaten, Priester und Seminaristen, mit scharlachroten, violetten, purpurfarbenen, grünen und schwarzen Schärpen; und Nonnen in einer Vielfalt eleganter, weitgeschnittener Gewänder. Es war die zweitgrößte Versammlung in der polnischen Geschichte, übertroffen nur durch die päpstliche Messe 1979 am gleichen Ort.

Doch die Reise im Juni 1997 war, wie die des Jahres 1979, weit mehr als ein Schauspiel. Johannes Paul hatte etwas zu sagen. In seinen Reden legte er seine spezifische Vision dar, daß die Kultur wichtiger sei als Politik und Wirtschaft und daß die „öffentliche Kirche" die Gestalterin der Zukunft sei.

Diese Reise war bewußt angefüllt mit Bildern aus der christlichen Vergangenheit Polens. Das war keine fromme Nostalgie, sondern vielmehr ein Gedenken, das der Gegenwart und der Zukunft dienen sollte. Johannes Paul betonte:

> Treue zu den Wurzeln bedeutet nicht, die Vergangenheit mechanisch zu kopieren. Treue zu den Wurzeln ist immer schöpferisch. (...) Treue zu den Wurzeln bedeutet vor allem die Fähigkeit, eine organische Synthese herzustellen zwischen bleibenden Werten, die sich in der Geschichte so oft bewährt haben, und den Herausforderungen der Welt von heute: Glaube und Kultur, Evangelium und Leben.

Die Heiligsprechung der Königin Hedwig, die Karol Wojtyła seit Jahrzehnten anstrebte, war eine große Versuchung, in der glorreichen Vergangenheit Polens zu schwelgen und darüber Gegenwart und Zukunft zu vergessen. Statt dessen konzentrierte der Papst seine Predigt zur Heiligsprechung am 8. Juni auf die Königin des 14. Jahrhunderts als Vorbild für das Polen von morgen: Hedwig, die Königin, die ihre Macht nutzte, um der Allgemeinheit zu dienen; Hedwig, die Diplomatin, die darauf hinarbeitete, in Ostmitteleuropa eine Gemeinschaft von Nationen aufzubauen; Hedwig, die Schirmherrin der Kultur, die der Universität, die den Namen ihrer Dynastie trägt, ihr goldenes Zepter schenkte; Hedwig, reich und privilegiert aufgewachsen, deren „Sensibilität für soziale Ungerechtigkeiten von ihren Untertanen oft gerühmt wurde". Das Signal für Polens neue Demokratie hätte nicht deutlicher sein können: Ihr habt eine große kulturelle Tradition ererbt, und diese Tradition wird euch die Kraft geben, eine wahrhaft freie Gesellschaft aufzubauen, würdig jenes 50 Jahre währenden Opfers, das ihr für die Freiheit gebracht habt.

Bei der Gedenkfeier zum 600. Jahrestag der Theologischen Fakultät der Jagiellonen-Universität am gleichen Nachmittag gab Johannes Paul ein weiteres Signal zum Verhältnis zwischen Kirche und Politik. Er sagte deutliche Worte zu dem „dramatischen Ringen" der Theologischen Fakultät um ihre Existenz unter der kommunistischen Diktatur. Dieser Kampf sei eine Verteidigung der Integrität des geistigen Lebens, eine Verteidigung der Kultur und eine Verteidigung der Nation gewesen. Indem die Kirche dafür eintrete, daß die Theologie einen Platz an der Universität habe, verteidige sie eine Form der Forschung, die seit Jahrhunderten ihren „Beitrag zur Entwicklung der polnischen Wissenschaft und Kultur" leiste. Eine Kultur, die von transzendenten Bezugspunkten abgeschnitten sei, könne nicht dem Wohl der Menschen dienen, weil sie die Wahrheit über die menschliche Person nicht kenne.

In seiner Jubiläumsansprache im St. Anna-Kolleg erwähnte der Papst die aktuelle Tagespolitik kein einziges Mal. Er schien allen, die es anging, Gläubigen und Ungläubigen, zu sagen, daß die Politik zweifellos wichtig, daß aber die Pflege der Kultur, besonders des Geisteslebens, weit wichtiger sei. Manche dachten vielleicht, die bevorstehenden Parlamentswahlen würden über die Zukunft Polens entscheiden. Johannes Paul meinte, die Zukunft seines Heimatlandes hänge davon ab, daß man wirklich erkenne: „Der Mensch erzeugt die Wahrheit nicht, sie enthüllt sich ihm, wenn er sie beharrlich sucht." Von Universitäten erwarte man, daß sie das tun. Deshalb hätten Universitäten langfristig für eine Nation größere Bedeutung als Parlamente. Und deshalb denke die Kirche, verkörpert in ihrem universalen Hirten, zusammen mit den intellektuellen und kulturellen Führern Polens über die Bedeutung des wahren Humanismus nach, die „ganzheitliche Sicht der menschlichen Person", die für das Leben des Geistes so wichtig sei – sie sage den Polen nicht, wen sie wählen sollten.

Fünf Tage vorher hatte Johannes Paul in Gnesen (Gniezno) vor den Staatsoberhäuptern Polens, der Tschechischen und der Slowakischen Republik, Ungarns, Litauens, der Ukraine und Deutschlands eine ähnliche Botschaft verkündet: daß die freie Gesellschaft von einer kraftvollen und moralisch aufrichtigen Kultur abhänge. Er gab ihnen zu bedenken, daß Politik nicht einfach darin bestehe, Wahlen zu gewinnen. Realpolitik – die Vorstellung, im Bereich der Politik gebe es keine Moral – habe Europa dieses „so stürmische Jahrhundert" beschert. Die Geburt eines neuen Europa, das fähig sei, „seine uralte Berufung in der Welt" zu erfüllen, hänge davon ab, daß Europa seine alten „kulturellen und religiösen Wurzeln" wiederentdecke.[16]

Vor der Reise hatten sich Seminare mit der Frage beschäftigt, in was für ein Polen der Papst kommen werde. Die Reise befaßte sich auch mit der Frage: Was für eine Kirche sollte auf die Wyszyński-Kirche, die Kirche des Widerstands gegen den Kommunismus, im demokratischen Polen folgen?[17]

Die Kirche, die Johannes Paul II. im Juni 1997 vorschlug, verschwieg den historischen Katholizismus Polens nicht. In der Vision des Papstes sind der Katholizismus und die von ihm eingeschärften öffentlichen Tugenden die besten, vielleicht die einzigen, verfügbaren Grundlagen für eine polnische Demokratie, die erfolgreich, frei und moralisch ist. Es sollte nach Johannes Pauls Vorstellung auch eine Kirche sein, die die Lehren des II. Vatikanums über die Berufung der Laien in der Welt, über die Kirche als ein öffentliches (nicht parteiisches) Subjekt und über den Vorrang der Kultur gegenüber Politik und Wirtschaft im Kräftespiel einer freien Gesellschaft übernimmt. In der kraftvollen, kulturformenden Kirche, die Johannes Paul im Juni 1997 skizzierte, gibt es keinen Klerikalismus in dem Sinne, daß Priester oder Bischöfe sich politische Entscheidungen anmaßen. Der polnische Episkopat fungiert als öffentliches Gewissen, nicht als eine Ansammlung politischer Bosse, die einer bestimmten Partei Stimmen beschaffen. Das ökumenische Engagement und der interreligiöse Dialog gelten als Werte an sich und als wesentlich für die Pflege der Zivilgesellschaft. Die Führung der Kirche widmet ihre Aufmerksamkeit vor allem dem Bereich der Kultur, nicht den taktischen Manövern im Sejm.

Die andere Kirche, die man besser nationalistisch als „konservativ" nennen sollte, ist genau das Gegenteil. Stark klerikal, sehnt sie sich nach einer nationalen, an die kirchliche Hierarchie gebundenen politischen Partei und nach einem umfassenden, die Bürger bevormundenden Staat. Das ökumenische Engagement und der interreligiöse Dialog haben nur einen einzigen Zweck: die Bekehrung der Halsstarrigen. Die sichtbarste Verkörperung der nationalistischen Kirche im Polen der späten 90er Jahre war Radio Maria. Dieser Sender hatte täglich rund 3 Millionen Hörer (vor allem Frauen über 60) und vertrat die Auffassung, das demokratische Polen nach 1989 sei schlechter dran als auf dem Höhepunkt der stalinistischen Unterdrückung. Radio Maria lieferte polnischen Kirchengegnern einen nützlichen Vorwand. Sie konnten auf seine Sendungen verweisen und sagen: „Das ist der wahre polnische Katholizismus" – eng, bigott, antisemitisch, fremdenfeindlich und autoritär.

In den 26 offiziellen Reden während seiner Reise im Juni 1997 fand Johannes Paul für praktisch jede katholische Bewegung oder Initiative in Polen ein ermutigendes oder lobendes Wort. Radio Maria erwähnte er kein einziges Mal. Am 5. Juni, nach einer besonders anstoßerregenden Analyse eines Papsttextes durch Radio Maria, veröffentlichte Navarro-Valls, der Sprecher des Papstes, eine offizielle Erklärung: Pater Tadeusz Rydzyk, der Chef von Radio Maria, spreche nur für sich selbst – nicht für den Papst, den Heiligen Stuhl oder die polnischen Bischöfe. Für alle, die Augen und Ohren hatten, war das mehr als deutlich. Johannes Paul II. mochte für die Hörer von Radio Maria pastorale Gefühle hegen, war jedoch entschlossen, seine Vision der zukünftigen polnischen Kirche nicht zu kompromittieren durch irgendeine Spur von Anpassung an das Programm der nationalistischen Kirche.

Vor Johannes Pauls Ankunft in Polen hatte ein Geruch des Abschiednehmens in der Luft gelegen. Elf erfrischende Tage später begann man bereits über eine weitere Reise des Papstes zu spekulieren – an die Osteeküste und zu den Seen, auf denen Karol Wojtyła einst Kajak fuhr. Die Reise hatte deutlich gemacht: Die Kirche Johannes Pauls II. und des II. Vatikanums – eine lebendige Kirche als Gewissen einer nationalen Kultur – ist die einzige lebensfähige Kirche für Polens Zukunft.[18] Das große polnische Experiment würde also weitergehen. Konnten ein demokratisches Staatswesen und eine freie Wirtschaft auf der Grundlage einer intakten katholischen Kultur aufgebaut und bewahrt werden? Indem Johannes Paul bei seiner Reise im Juni 1997 den Polen statt einer nostalgischen Vergangenheit eine lebendige Vergangenheit anbot, hatte er diese Frage nicht nur am Leben erhalten, sondern auch den Anstoß zu einer positiven Antwort gegeben.

Italien

Jahrhundertelang hatte kein Papst die Titel „Bischof von Rom" und „Primas von Italien" so ernst genommen wie der polnische Papst. Bis Ende 1996 hatte Johannes Paul II. in Italien bei 127 Pastoralbesuchen über 250 verschiedene Orte kennengelernt, dabei fast 70 000 Kilometer zurückgelegt und 858 Reden oder Predigten gehalten. Außerdem hatte er 249 Pastoralbesuche in römischen Pfarrgemeinden gemacht; in jeder hatte er gepredigt, die Messe gefeiert und Gemeindeglieder besucht.

Im März 1994 konzelebrierte Johannes Paul am Grab des hl. Petrus eine Messe mit dem Ständigen Rat der italienischen Bischofskonferenz, um das neunmonatige „Große Gebet für Italien" zu eröffnen; im Dezember des gleichen Jahres schloß er im Heiligtum von Loreto durch eine weitere Konzelebration mit den Bischöfen Italiens die Novene ab. Den Rahmen für das ganze neunmonatige Programm des vertieften Gebets für die Neuevangelisierung des Landes bildete die Predigt des Papstes am 15. März in der Krypta des Petersdoms, in der er sagte, die Geschichte Italiens während der letzten 2000 Jahre könne man nur verstehen, wenn man das christliche Erbe des Landes verstehe. Das neue Italien solle nach dem Ende des kalten Krieges seinen rechtmäßigen Platz im neuen Europa einnehmen und so diesem Erbe gerecht werden.[19] 1995/96 eröffnete sein Bischofsvikar für die Diözese Rom, Kardinal Camillo Ruini, im Rahmen der Neuevangelisierung die „Stadtmission", die damit begann, daß junge Leute in ganz Rom an die Haustüren klopften und das Markusevangelium verteilten.

Am 27. September 1997 sprach der Papst auf dem nationalen Eucharistischen Kongreß in Bologna vor Tausenden junger Italiener. Nachdem diese durch den Sänger Bob Dylan in Stimmung gebracht worden waren, griff Johannes Paul das Thema von Dylans berühmtestem Lied, *„Blowin' in the wind"*, auf und erklärte den jungen Menschen, was „im Wind wehe", sei der Heilige Geist:

> Ihr habt mich gefragt: *„Wie viele Straßen* muß ein Mensch gehen, um sich als Mensch zu erkennen?" Ich antworte euch: *eine*! Es gibt nur eine einzige Straße für den Menschen, nämlich Christus, der gesagt hat: „Ich bin der Weg" (Johannes 14,6). Er ist die Straße der Wahrheit, der Weg des Lebens.[20]

Diese Beteiligung des Papstes an der Neuevangelisierung Italiens war eine Parallele zu seinen Bemühungen, „den Tiber zu verbreitern", d. h. den Vatikan vom Quirinal, die Kirche vom italienischen Staat zu trennen. Nach dem Urteil eines klugen Beobachters wurde die geistige Kultur Italiens seit 1945 vom Marxismus beherrscht, obwohl die Christliche Demokratische Partei am Ruder war. Indem Johannes Paul dazu beitrug, den europäischen Kommunismus zu stürzen, hatte er nicht nur eine politische Gefahr beseitigt, sondern auch eine alternative „Kirche" zerstört und deren Einfluß auf die Phantasie der jungen Menschen gebrochen. Das Ableben des staatlichen Dirigismus in Italien wirkte sich auch auf die religiöse Situation aus. Wenn in einer Gesellschaft der Staat alle Risiken übernimmt, blüht eine weltliche Gesinnung. Die im Italien der 90er Jahre von allen größeren politischen Parteien bevorzugte Marktwirtschaft betonte, daß der einzelne persönliche Verantwortung habe und vorsichtig Risiken eingehen müsse; dadurch trug sie zur Schaffung einer gesellschaftlichen Situation bei, die für eine Neuevangelisierung offen war.[21] Diese beiden Tendenzen führten letztlich zu einer neuen Offenheit der italienischen Kultur gegenüber dem Katholizismus, und Johannes Paul versuchte diese Chance zu ergreifen. Ein prominenter italienischer Geschäftsmann sagte, Johannes Paul zeige einem neuen Italien, daß es möglich sei, in der modernen Welt ein selbstbewußter praktizierender Katholik zu sein, während viele Italiener jahrzehntelang angenommen hatten, Erfolg sei gleichbedeutend mit Weltlichkeit.[22]

Daß Johannes Paul mit dem stark katholisch geprägten italienischen Philosophen (und späteren Politiker) Rocco Buttiglione Freundschaft schloß, war nicht überraschend. Johannes Paul stellte auch Fragen, die von der weltlichen

Linken Italiens nicht ignoriert werden konnten. Massimo D'Alema, der Generalsekretär der Demokratischen Linken (einer der beiden Parteien, die aus dem Zusammenbruch der Kommunistischen Partei Italiens hervorgegangen waren), sagte 1997 Reportern, das einzige Buch, das auf seinem Nachttisch liege, sei *Die Schwelle der Hoffnung überschreiten*. D'Alema, das einstige Wunderkind des italienischen Kommunismus, erklärte, es habe ihn beeindruckt, wie Johannes Paul den Zusammenbruch des Kommunismus analysiere und wie er darauf beharre, daß die Gesellschaft der Zukunft sich auf eine „Suche nach Werten, (...) auf eine Spiritualität" gründen müsse. In Italien, ja auf der ganzen Welt, meinte D'Alema, habe Johannes Paul „größeren Einfluß als die Kirche", denn er artikuliere universale Werte auf eine Weise, die über den Bereich der katholischen Kirche hinausgehe. Das sei besonders interessant für Männer und Frauen der Linken, die nach einem Weg jenseits „der Grenzen einer Klassenkultur" und jenseits einer vom Klassenkampf bestimmten oder ökonomischen Geschichtsdeutung suchten. D'Alemas Analyse wich der Tatsache aus, daß Johannes Paul aus dem Herzen der Kirche hervorgegangen war und sich als Verkünder der Lehre der Kirche verstand. Sie war jedoch ein Schritt, der den automatischen Antiklerikalismus der traditionellen italienischen Linken hinter sich ließ.

D'Alemas Eingeständnis, daß „der Versuch, den Menschen auf einem rein materialistischen Weg zu befreien" gescheitert sei, und seine Suche nach „den ethischen und spirituellen Motivationen des politischen Handelns" waren ein bescheidener Durchbruch in der italienischen Kulturpolitik, den sich Johannes Paul indirekt (oder – durch sein Buch – teilweise auch direkt) als Verdienst anrechnen durfte.[23] Da die Politik der italienischen Linken in bezug auf Abtreibung, Euthanasie und die sexuelle Revolution allmählich den Libertinismus der skandinavischen und nordamerikanischen Linken widerspiegelte, würde es zwischen den italienischen Sozialdemokraten und der kulturformenden Kirche Johannes Pauls II. zweifellos neue Spannungen geben. Weil Johannes Paul jedoch den Vorrang der Kultur betonte, war ein neues Gespräch eröffnet worden. Dessen Bedeutung wurde noch deutlicher, als im Oktober 1998 Massimo D'Alema Ministerpräsident Italiens wurde.

Verabredung in Havanna

Johannes Pauls Strategie der Evangelisierung und der gesellschaftlichen Veränderung – unter Anerkennung des Vorrangs der Kultur – erlebte ihre härteste Prüfung im zweiten Jahrzehnt seines Pontifikats, als sich der 77jährige Papst einen langgehegten Wunsch erfüllte und im Januar 1998 Kuba besuchte.

Das Tauziehen zwischen Rom und Havanna

Anders als die Kirche in der Ukraine oder der überwiegende Teil der oppositionellen Kirche in der Tschechoslowakei während der kommunistischen Periode dieser Länder war der kubanische Katholizismus nie in den Untergrund getrieben worden. Er war jedoch in der Frühzeit der Revolution verfolgt worden, und selbst als die Verfolgung nachgelassen hatte, waren die Versuche der kubanischen Kirche, Einfluß auf die Gesellschaft zu gewinnen, systematisch vereitelt worden. Als der bevorstehende Zusammenbruch des europäischen Kommunismus – und der Sowjetunion, die Kuba Sozialhilfe gewährte – das Regime Castros zunehmend in Bedrängnis brachte, traten die Kirchenführer in Kuba selbstbewußter auf, und das Regime schien bereit, neue Wege des Gesprächs zu erkunden, um aus seiner Isolierung herauszukommen. 1988 hatte der New Yorker Kardinal John O'Connor Havanna besucht, um Pater Félix Varela [1788-1853] zu ehren, einen Helden des kubanischen Unabhängigkeitskampfs im 19. Jahrhundert, der im Exil in New York gestorben war. Als O'Connor an einem Abend die Kathedrale von Havanna betrat, um eine Messe zu feiern, wurde er mit gewaltigem Applaus begrüßt und mit Papierfetzen bombardiert, auf denen die Namen von politischen Gefangenen standen. Ihre Familien hofften, er könne diese Fälle der Regierung vortragen. Der Kardinal übergab die Namen Castro, als sie vier Stunden miteinander sprachen – auf Bitten des Diktators und dessen nächtlichen Gewohnheiten entsprechend von 23.30 Uhr bis 3.30 Uhr. Der New Yorker Kardinal war imstande, beim Wortwechsel mit dem impulsiven Castro nicht nur Hiebe einzustecken, sondern auch auszuteilen; das beeindruckte den kubanischen Führer offenbar. Bei einem anderen Besuch in Havanna 1988 schnitt Kardinal Etchegaray, der Präsident des Päpstlichen Rates für Gerechtigkeit und Frieden, das Thema einer Reise des Papstes nach Kuba an. Die kubanischen Bischöfe sprachen eine offizielle Einladung aus, und man begann zu planen.

Ende 1989 baten die kubanischen Bischöfe, unter dem Eindruck der Ereignisse in Europa, Castro in einem Brief dringend, auf seine diktatorische Macht zu verzichten. Der kubanische Führer bekam einen Wutanfall, prangerte die Bischöfe als Kollaborateure der Konterrevolution an und verweigerte die Erlaubnis, eine $ 500 000 teure Druckerpresse zu entladen, die aus Deutschland für die Kirche nach Kuba gebracht worden war.[24] Die Planung für einen Papstbesuch ging weiter während einer Periode verstärkter Unterdrückung, die mit zwei merkwürdigen Veränderungen im Verhalten des Regimes verbunden war: 1991 erklärte sich die Kommunistische Partei Kubas damit einverstanden, Katholiken als Mitglieder aufzunehmen, und 1992 erklärte sie den kubanischen Staat offiziell für „weltlich" – nicht mehr „atheistisch". Doch beim Weltumweltgipfel in Rio de Janeiro 1992 warf Castro den kubanischen Bischöfen vor, mit der verhaßten US-Regierung zu kollaborieren, und der Papstbesuch wurde abgesagt.

1993 gaben die kubanischen Bischöfe einen Hirtenbrief heraus, in dem sie die traurigen wirtschaftlichen, sozialen und moralischen Verhältnisse auf der Insel beklagten. Die Bischöfe wiesen darauf hin, daß viele Kubaner in einer „inneren Emigration" lebten; ihre Hoffnungen seien auf Dinge fixiert, die nur außerhalb Kubas zu bekommen seien, zum Beispiel Freiheit und Konsumgüter.

Der Brief machte das Regime für den Massenexodus von Flüchtlingen verantwortlich und forderte es auf, Emigrierten zu gestatten, zur Lösung der Probleme Kubas beizutragen. Johannes Paul stand voll hinter dieser Initiative der Bischöfe, was die kubanische Regierung empörte. Um die Macht der Ortskirche weiter zu stärken, ernannte der Papst 1994 den 58jährigen Erzbischof von Havanna, Jaime Ortega y Alamino, der als Seminarist in einem Arbeitslager Castros eingesperrt gewesen war, zum Kardinal. Castro erlaubte Ortega, an dem Konsistorium am 26. November teilzunehmen, so daß er das rote Kardinalsbirett entgegennehmen konnte. Das Tauziehen zwischen Rom und Havanna ging weiter: Johannes Paul schickte inoffizielle persönliche Vertreter auf die Insel (darunter Kardinal Bernard Law von Boston), und Castro empfing sie.[25]

Erzbischof Tauran war vom 25. bis 28. Oktober 1996 in Kuba. Castro ließ ihn bis Mitternacht auf ein Gespräch warten und hielt ihm dann einen dreistündigen Monolog, aber damit war das Gespräch wieder auf einer offiziellen Ebene eröffnet. Als Castro im darauffolgenden Monat den Welternährungsgipfel in Rom besuchte, empfing ihn Johannes Paul II. am 19. November in einer Privataudienz. Dabei lud Castro den Papst offiziell zu einem Besuch ein. Johannes Paul dankte Castro, daß er ihm gestatte, die seit langem bestehende Einladung der kubanischen Bischofskonferenz anzunehmen.

Die Planungen dauerten das ganze Jahr 1997 an. Der Papst und der Heilige Stuhl waren entschlossen, bei diesem Besuch einige der schwersten Probleme der Kirche in Kuba zu lösen. Es fehlte an Seelsorgern, weil das Regime die Einreise von Priestern und Nonnen blockierte, die auf der Insel arbeiten wollten. Da die Kirche überhaupt keinen Zugang zu den Medien hatte, besaß sie keine Möglichkeit, sich der kubanischen Gesellschaft zu präsentieren. Die Kirche durfte humanitäre Hilfe aus dem Ausland zwar annehmen, aber nicht verteilen; damit wurde sie zu einer Sammelstelle für das Regime. Und das Schicksal von immer noch rund 900 politischen Häftlingen in Castros berüchtigten Gefängnissen harrte weiterhin einer Lösung. Keines dieser Probleme war geregelt, und entscheidende logistische Fragen des öffentlichen Zugangs zu päpstlichen Veranstaltungen in Kuba waren immer noch ungelöst, als der Pressesprecher des Papstes, Navarro-Valls, im Oktober 1997 – drei Monate, bevor Johannes Paul eintreffen sollte – nach Havanna flog.

Kubanische Funktionäre legten Navarro nahe, Castro mit „Comandante" anzureden. Er lehnte das ab und sagte, er werde den Präsidenten von Kuba mit „Herr Präsident" ansprechen – ein kleiner, aber wichtiger Hinweis darauf, daß der Heilige Stuhl nicht bereit war, auf dem ideologischen Feld des Regimes mitzuspielen. Als der Sprecher des Papstes um 19.45 Uhr in das Amtszimmer des kubanischen „Comandante" geführt wurde, sagte Castro sofort: „Erzählen Sie mir vom Papst!" Navarro antwortete: „Herr Präsident, ich beneide Sie." Als Castro den Grund wissen wollte, sagte Navarro: „Weil der Papst täglich für Sie betet. Er betet darum, daß ein Mann mit Ihrer Bildung wieder den Weg zu Gott finden möge." Dieses eine Mal schwieg der sonst so wortreiche Castro. Da schilderte Navarro den normalen Tagesablauf Johannes Pauls, wobei er betonte, seine Stunde des privaten Gebets vor seiner Messe um 7.30 Uhr halte der Papst für den besten Teil des Tages. Als Castro das hörte, so erzählte Navarro später, sah er aus wie ein Mensch, der uralte Dinge aus seiner Kindheit wiederentdeckt.

Dann wurde es Zeit, zur Sache, d.h. zum Papstbesuch, zu kommen. Navarro nahm kein Blatt vor den Mund. „Herr Präsident", begann er, „der Heilige Vater kommt am 21. Januar nach Kuba. Das ist eine Tatsache, nicht länger eine bloße Möglichkeit. Es liegt im Interesse Kubas, daß dieser Besuch ein großer Erfolg wird. Kuba sollte die Welt überraschen." Castro erwiderte, das finde er gut, besonders den Gedanken, „die Welt zu überraschen". Dann erklärte Navarro, an was für Überraschungen er denke, und bat, daß sie beide sich darüber einigten, was sie mit „Erfolg" meinten.

Navarros erste Bitte war, Weihnachten 1997 möge zum erstenmal seit der Revolution als staatlicher Feiertag begangen werden. Castro erwiderte, das sei sehr schwierig, denn Weihnachten liege mitten in der Zeit der Zuckerrohrernte. Navarro sagte: „Aber der Papst würde Ihnen öffentlich dafür danken, wenn er auf dem Flughafen von Havanna ankommt ..." Castro gab schließlich nach, indem er sagte: „Für dieses eine Jahr könnte man es machen." Worauf Navarro entgegnete: „Wunderbar, der Papst wird Ihnen dankbar sein. Und nächstes Jahr – das wird sich schon irgendwie ergeben."

Ein anderes Problem war die Verzögerung der Visa-Ausstellung für Priester und Nonnen, die in Kuba arbeiten wollten. Castro sagte, es sei schon Bewegung in die Sache gekommen, aber die Bearbeitung der Visa dauere Monate. Navarro erwiderte: „Aber sie werden *jetzt* benötigt, damit die Menschen auf den Besuch vorbereitet werden können." Da fragte Castro: „Wie viele brauchen Sie denn?" Navarro versuchte es auf gut Glück und antwortete: „Halb so viele, wie auf der Warteliste stehen." Wenige Tage später erhielten 57 Ordensleute ein Visum: genau die Hälfte derjenigen, die auf der Warteliste standen.

Die Teilnahme an päpstlichen Veranstaltungen war ein weiteres Problem. Das Regime wehrte sich dagegen, den Leuten einen freien Tag zu geben, mit dem Argument, zu religiösen Zwecken sei das nicht möglich. Da fragte Navarro: „Herr Präsident, wie viele Staatsoberhäupter sind bisher nach Camagüey oder Santa Clara gekommen? Ihre Regierung würde keinen religiösen Feiertag gewähren, sondern einem Staatsoberhaupt eine offizielle Gefälligkeit erweisen ..." Castro erklärte sich einverstanden, am Tag des Papstbesuches der lokalen Bevölkerung sechs Stunden frei zu geben.

Das Treffen endete um 2.45 Uhr in der Frühe. Navarro erzählte später, die Atmosphäre sei freundlich, ja intim gewesen, da Castro sich unbedingt als Gentleman zeigen wollte. Gastgeber eines Papstes in Kuba zu sein, war für ihn und sein Land eine völlig neue Erfahrung, und er wollte alles tun, um den Erfolg zu sichern, den anzustreben die beiden Männer sich am Beginn des Gesprächs vorgenommen hatten. Castro hatte besonders auf einem Punkt beharrt: „Die kubanische Revolution war nie antikatholisch. Anders als bei der mexikanischen Revolution oder beim Spanischen Bürgerkrieg werden Sie hier nicht entdecken können, daß auch nur ein Tropfen Priesterblut vergossen wurde." Diese Behauptung warf, unabhängig von ihrem Wahrheitsgehalt, nach Meinung Navarros ein Licht auf die Persönlichkeit Castros. Als sie ihre Arbeit erledigt hatten, begleitete Castro Navarro zu seinem Auto, scherzte mit ihm und erging sich in Erinnerungen an seine Audienz beim Papst in Rom. Es sei, sagte der Kubaner, wie ein Familientreffen gewesen. Navarro schied mit der Überzeugung, daß Castro sich entschlossen hatte, alles zu tun, damit der Besuch des Papstes klappte.

Anderen kubanischen Beamten mußte man jedoch gut zureden, um sie für eine Kooperation zu gewinnen. Navarro suchte auch Caridad Diego auf, die Ministerin für religiöse Angelegenheiten, eine Vertreterin der harten Linie. Als man auf die Frage des öffentlichen Zugangs zu den päpstlichen Messen zu sprechen kam, versuchte Frau Diego, ihr Gegenüber zu beruhigen: „Machen Sie sich darüber keine Sorgen, Joaquìn, die Plätze werden voll sein." „Das weiß ich, Caridad", erwiderte Navarro, „aber mit Ihren Leuten oder mit meinen? Denken Sie an Managua 1983: Ortega manipulierte die Volksmassen, und die Welt sah, was für ein Typ er war." Da begann Caridad Diego darüber zu klagen, wie teuer Busse und Lastwagen seien; schließlich erklärte sie jedoch, die Regierung werde genug Verkehrsmittel finden, um 75 Prozent der Menschen zu transportieren, die zu den Veranstaltungen gehen wollten. Als Navarro sofort einwarf, das notwendige Geld könne er von einer der Entwicklungsorganisationen der deutschen Katholiken – „Adveniat" oder „Misereor" – beschaffen, erwiderte Frau Diego: „So arm sind wir nicht."

Diego und Navarro stritten sich auch, wie ausführlich das Fernsehen über den Papstbesuch berichten sollte. Die kubanische Regierung war bereit, ihr Fernsehen ausländischen Reportern zu Wucherpreisen zur Verfügung zu stellen, schlug jedoch vor, innerhalb Kubas die Berichterstattung über päpstliche Veranstaltungen auf eine gemeinsame interne Ausstrahlung zu beschränken, die ins Zentrum der ausländischen Medien in Havanna eingespeist werden sollte. Navarro erwiderte, Kuba werde sich lächerlich machen, wenn es den internationalen Medien einen „virtuellen Papst" präsentiere, den die Kubaner nicht sehen könnten. Die Entschuldigung, es fehle an Einrichtungen, könne er nicht ernst nehmen. Der wohlinformierte Navarro gab Caridad Diego zwei Hinweise: „Am 1. Mai habt ihr 24 Stunden lang Fernsehen, und die Überführung der Gebeine Che Guevaras wurde vom Fernsehen vollständig übertragen ..."[26] Das Problem wurde erst einen Tag vor Johannes Pauls Ankunft gelöst, als man sich schließlich darauf einigte, daß die Begrüßungs- und Verabschiedungszeremonien sowie die Abschlußmesse des Papstes in Havanna vom nationalen Fernsehen, die Messen des Papstes in Santa Clara, Camagüey und Santiago vom regionalen Fernsehen übertragen werden sollten.

Libertad! Libertad!

Vor der Ankunft des Papstes am 21. Januar 1998 hieß die unvermeidliche Frage, was sein Besuch in Kuba verändern werde. Die Begrüßungszeremonie auf dem José-Martí-Flughafen beantwortete diese Frage. Zum ersten Mal seit 40 Jahren standen Castro und seine Revolution nicht im Mittelpunkt der öffentlichen Aufmerksamkeit. Eine andere Revolution – eine christliche, die dem kubanischen Volk seine authentische Geschichte und Kultur zurückzugeben suchte – wurde verkündet. Castro, der während des ganzen Besuches dem Papst eine auffallende Ehrerbietung zollte und gleichzeitig ununterbrochen antiamerikanische Propaganda betrieb, schien das zu spüren. Nach den Begrüßungsansprachen – Castro hatte seinen Landsleuten gesagt, sie seien Opfer der Geschichte, und der Papst hatte den Kubanern in ruhigem Ton erklärt, sie müßten ihr Schicksal selbst gestalten – begann Johannes Paul mühsam zu seinem Papamobil zu gehen, das ihn nach Havanna bringen sollte. Für den Bruchteil einer Sekunde schien es, als schicke Castro sich an, zusammen mit dem Papst einzusteigen. Dann zuckte er zurück. Während der nächsten vier Tage gehörte Kuba einem anderen Revolutionär. Diese Erfahrung widerlegte die Behauptung, die im ganzen Land auf Mauern in Sprayfarben zu lesen war: „Fidel ist die Revolution. Die Revolution ist Kuba." Das galt nicht mehr.

Nach einem triumphalen Einzug in Havanna verbrachte der Papst die Nacht in der kubanischen Hauptstadt. Von dort flog er während der nächsten drei Tage jeweils nach Santa Clara, Camagüey und Santiago und zurück. Die Themen seiner wichtigeren Reden waren meisterhaft arrangiert, so daß das eine auf dem anderen aufbaute: zunächst die Familie und die ganzheitliche Erziehung, dann die Neuinterpretation der kubanischen Geschichte und schließlich der lautstarke Ruf nach einem wiedergeborenen Kuba, das in die Geschichte und in die internationale Gemeinschaft zurückkehren sollte.

Bei der ersten päpstlichen Messe, am 22. Januar in Santa Clara, griff Johannes Paul das Erziehungsmonopol des kubanischen Regimes an, indem er behauptete, der Staat habe nicht das Recht, an die Stelle der Eltern zu treten: „Die Eltern müssen imstande sein, (...) die pädagogische Orientierung für ihre Kinder, die ethischen und bürgerlichen Inhalte und die religiöse Inspiration, mit denen sie ihre Kinder ganzheitlich erziehen wollen, selbst zu wählen." Auf diese Weise könnten die Kinder Kubas „mit allen und zum Wohle aller (...) an Menschlichkeit wachsen", wie es der kubanische Dichter und Revolutionär José Martí gefordert habe. Während die Revolution Castros versucht hatte, die Vergangenheit auszurotten, zog Johannes Paul eine andere Lehre aus der Geschichte:

> Die Institution der Familie birgt in Kuba einen reichen Schatz an Tugenden, der die kreolischen Familien vergangener Zeiten auszeichnete (...). Jene Familien gründeten fest auf christlichen Grundsätzen (...). Sie waren wahre Gemeinschaften gegenseitiger Zuneigung, der Lebensfreude, des Vertrauens, der Sicherheit und der heiteren Versöhnung. (...) *Kuba, trage Sorge für deine Familien, auf daß du dein Herz heil bewahrst.*[27]

Am 23. Januar begegnete Johannes Paul auf der Plaza Ignacio Agramonte in Camagüey 200 000 jubelnden Jugendlichen, die seit ihrer Geburt der systematischen atheistischen Propaganda des Regimes ausgesetzt waren. Unter einer glühendheißen karibischen Sonne sangen, tanzten und hüpften sie, schwenkten Flaggen Kubas und des Vatikans, die sie eigenhändig an kleinen Stöcken befestigt hatten, und hörten dem Papst zu. Dieser stand vor einem Altar, errichtet auf einem Podium, dessen Flachrelief Fidel Castro und Che Guevara im Stil des sozialistischen Realismus darstellte, und forderte sie auf, die Hauptgestalter ihrer persönlichen und nationalen Geschichte zu sein:

> *Glück erreicht man nur durch das Opfer.* Sucht nicht draußen, was ihr in euch finden könnt. Erwartet nicht von anderen das, wozu ihr selbst imstande und berufen seid. Verschiebt den Aufbau einer neuen Gesellschaft, in der die erhabensten Träume nicht enttäuscht werden und in der ihr selbst die Hauptgestalter eurer Geschichte sein könnt, nicht auf morgen.

Und es gab noch eine zweite Lehre aus der Geschichte. Ignacio Agramonte, der kubanische Revolutionsheld, nach dem der Platz benannt war, auf dem sie standen, war ein Mann, der – motiviert durch seinen christlichen Glauben – jene Werte in seinem Leben verwirklichte, die alle Männer und Frauen guten Willens auszeichnen, nämlich Aufrichtigkeit, Ehrlichkeit, Treue und Gerechtigkeitsliebe. (...) Er war ein Verteidiger der Menschenwürde angesichts der Sklaverei.[28]

Wie in Santa Clara sah der Papst bei seiner Ankunft müde aus, und die Anwesenden fragten sich, wie er die lange Feier wohl durchstehen werde. Aber wie bei dem ganzen Besuch zog Johannes Paul Kraft aus der Menschenmenge und wurde im Laufe einer Veranstaltung stärker.

Am Abend des gleichen Tages sprach Johannes Paul in der Universität Havanna vor einem Publikum, das hauptsächlich aus regimetreuen Intellektuellen und Kulturschaffenden bestand. Der Papst war müde und sein Vortrag nicht kraftvoll. Doch seine Zuhörer, darunter führende Persönlichkeiten der Regierung, saßen ihm zu Füßen wie Studenten, die sich von einem ehrwürdigen Professor belehren lassen. Nachdem der Papst am Grab von Pater Félix Varela in der Aula der Universität gebetet hatte, beschwor er die Erinnerung an diesen geliebten „Lehrer der Lehrer" und Helden des kubanischen Unabhängigkeitskampfes, um die christliche Revolution, die er verkündete, zu erläutern. Pater Varela, sagte er, werde von vielen als „Grundstein der kubanischen Nation" betrachtet, als „die beste Synthese zwischen christlichem Glauben und kubanischer Kultur" und als der Mann, der seine Landsleute lehrte, „richtig und mit dem eigenen Kopf zu denken". Dann drehte der Papst die kulturelle Schraube noch ein wenig weiter: „Er sprach auch von Demokratie, die er als dasjenige politische Projekt betrachtete, das der menschlichen Natur am besten entspricht. Gleichzeitig betonte er die Anforderungen, die sie stellt." Dazu gehöre eine Erziehung zu Freiheit und Verantwortungsbewußtsein sowie eine Zivilgesellschaft, die imstande sei, den Rechtsstaat aufrechtzuerhalten. Keiner der Anwesenden, darunter Fidel Castro und Caridad Diego, mußte darauf hingewiesen werden, daß diese historischen Attribute der von Varela erhofften kubanischen Kultur im Kuba des Jahres 1998 kaum in Erscheinung traten.

Félix Varelas Vision einer freien und gerechten Gesellschaft sei die Frucht seines Glaubens gewesen, der immer noch eine echte Erneuerung der heutigen kubanischen Kultur und Gesellschaft inspirieren könne. Seine persönlichen Tugenden, sein Patriotismus und seine bleibende Wirkung auf die kubanische Kultur seien aus keiner Ideologie, sondern aus christlicher Überzeugung erwachsen. Unmittelbar vor seinem Tod habe er das Glaubensbekenntnis und „ein inniges Gebet für das Wohl [seines] Vaterlandes" gesprochen.[29]

In vier historisch eindringlichen Abschnitten seiner Rede hatte Johannes Paul, ohne die gegenwärtige kubanische Regierung zu erwähnen, den Rahmen für deren Ersetzung durch ein echt kubanisches System der Freiheit dargelegt.

Noch in derselben Nacht trat das Zentralkomitee der Kommunistischen Partei Kubas zu einer Krisensitzung zusammen. Am nächsten Vormittag erschien Fidel Castros Bruder Raul – faktisch sein Stellvertreter, auch wenn er diesen Titel nicht hatte – unerwartet bei der Messe des Papstes in Santiago, die vor dem Hintergrund der Sierra Maestra, dem romantischen Zentrum der Revolution Castros, stattfand. Dort sah Raul Castro mit eigenen Augen, wie die nationale Ikone Kubas, die kleine Statue der Jungfrau der Liebe von El Cobre, zum ersten Mal seit 40 Jahren öffentlich gezeigt wurde. Sie wurde auf einem grauen

Toyota-Lastwagen zur Schau gestellt, der unter dem ekstatischen Jubel von 250 000 Menschen langsam durch die Menge fuhr, denn viele waren von blaugekleideten Sicherheitskräften auf Plätze geschleust worden, die vom Altar des Papstes weit entfernt waren. Am Anfang der Messe mußte Raul mitanhören, wie der Erzbischof von Santiago, Pedro Meurice Estíu, den „falschen Messianismus" offen anprangerte und jene Kubaner scharf kritisierte, „die das Vaterland mit einer einzigen Partei, die Nation mit dem historischen Prozeß der letzten paar Jahrzehnte und die Kultur mit einer Ideologie verwechselt haben".

In seiner Predigt erweiterte der Papst seine Lektion über die kubanische Geschichte, indem er auf den Prozeß der christlichen Missionierung und Kulturformung einging, der bisher „die charakteristischen Züge dieser Nation geprägt hat". Er zählte eine lange Reihe großer Gestalten der kubanischen Kultur und Politik auf, die im Lauf der Jahrhunderte „den Weg der Freiheit und Gerechtigkeit zur Grundlage der Würde ihres Volkes machten", und plädierte für die Freilassung politischer Häftlinge. Was die Zukunft angehe, so suche die Kirche *„keinerlei Form politischer Macht, um ihre Sendung zu erfüllen"*. Sie wolle vielmehr „mit ihrer Präsenz in den gesellschaftlichen Strukturen ein fruchtbares Ferment des Gemeinwohls sein". Indem die Kirche für die Religionsfreiheit eintrete, verteidige sie „die Freiheit jeder Person, die Freiheit der Familie, die Freiheit der verschiedenen gesellschaftlichen Organisationen – lebendige Realitäten, die [alle] ein Recht auf ihren eigenen Autonomie- und Souveränitätsbereich haben". Das war ein weiterer Frontalangriff gegen das immer noch ungenannte kubanische Regime, und die Menge antwortete, indem sie *„Libertad! Libertad!"* skandierte. Dann krönte Johannes Paul die Statue der Virgen de la Caridad von El Cobre als Königin von Kuba und erinnerte alle Anwesenden daran, daß El Cobre der erste Ort in Kuba war, der seine Sklaven freiließ, und daß der Vater der kubanischen Unabhängigkeit, Carlos Manuel de Céspedes, die erste kubanische Flagge aus dem Baldachin seines Familienaltars herstellte und sich vor der Jungfrau niederwarf, bevor er den Freiheitskampf begann.[30]

Das war ein weiterer Ruf zu den Waffen, freilich Waffen einer anderen Art. Während der Krönungszeremonie hallten „Viva! Viva!"-Rufe von der Sierra Maestra wider. Raul Castro fragte sich vielleicht, was für ein vorübergehender Wahnsinn seinen Bruder veranlaßt haben mochte, das Aussprechen von Wahrheiten zu gestatten, die in Kuba seit 40 Jahren nicht mehr ausgesprochen wurden, und flog nach Havanna zurück. Johannes Paul folgte ihm und feierte dort abends mit Patienten eines Leprasanatoriums einen Gebetsgottesdienst.

Am Sonntag, den 25. Januar, war der „Platz der Revolution" (die Kirche bezeichnete ihn mit seinem alten Namen als „José-Martí-Platz") für die den Papstbesuch abschließende Messe von gegensätzlichen revolutionären Ikonen eingerahmt: Ein Stahlprofil Che Guevaras beherrschte die Fassade eines Hochhauses. Auf der gegenüberliegenden Seite des Platzes, an einem anderen Hochhaus, hing ein zehn Stockwerke hohes Herz-Jesu-Bild mit der Inschrift *„Jesucristo en ti confio"* [Jesus Christus, auf dich vertraue ich]. Fidel und Raul Castro, Caridad Diego und praktisch die ganzen höheren Ränge des kubanischen Partei- und Regierungsapparates waren bei der Messe anwesend, an der über eine Million Kubaner teilnahmen. Sie unterbrachen die Liturgie und die Predigt des Papstes mit Sprechchören *„Libertad! Libertad!"* Besuchern, die meinten, sie könnten mehr sehen, wenn sie sich die Messe am Fernsehapparat eines Hotels anschauten, fiel eine Merkwürdigkeit auf. Das vom Castro-Regime kontrollierte Fernsehen beschränkte sich auf eine schlichte Wiedergabe des Geschehens, während einer der Korrespondenten von CNN verkündete: Die Messe, die Predigt, ja der ganze Papstbesuch seien ein Beweis dafür, daß „Katholizismus und Kommunismus nebeneinander existieren können".

Johannes Paul nutzte die Gelegenheit seiner letzten öffentlichen Ansprache in Kuba, um das von den USA verhängte Wirtschaftsembargo zu kritisieren. Damit wiederholte er eine alte Auffassung des Heiligen Stuhls, daß derartige Maßnahmen in der Regel ungerecht sind, weil nicht die Machthaber darunter leiden, deren Politik durch ein Embargo verändert werden soll. Es war ein einziger Satz in einer 30minütigen Predigt, die im übrigen nachwies, wie töricht Behauptungen einer Koexistenz von Kommunismus und Katholizismus sind. Die Probleme Kubas, sagte der Papst, seien das Ergebnis eines Systems, das die Würde der menschlichen Person leugne. Johannes Paul trat abermals kraftvoll für Religionsfreiheit ein, plädierte weder für einen Gottesstaat noch für einen atheistischen Staat, sondern für einen Staat,

> der es jeder Person und jeder Religionsgemeinschaft [ermöglicht], frei ihren Glauben zu leben und ihn auch im öffentlichen Leben auszuüben. Sie sollten auf genügend Mittel und Freiraum zählen können, um mit ihren spirituellen, moralischen und zivilen Gaben zur Lebensweise des jeweiligen Landes beizutragen.

Kein kommunistischer Staat hatte das jemals erlaubt. Eine kubanische Regierung, die eine freie Kirche in einer freien Zivilgesellschaft zuließ, würde erklärtermaßen weder kommunistisch noch totalitär sein.

Als der Papst die Pflicht der Kirche bejahte, jede „konkrete Person" gegen „Ungerechtigkeit, auch wenn sie noch so gering ist" zu verteidigen, brachen die Zuhörer in anhaltenden Beifall aus. Als dieser abebbte, machte Johannes Paul eine improvisierte Bemerkung: „Ich habe nichts gegen Beifall, denn während ihr applaudiert, kann der Papst ein wenig ausruhen. Aber ich muß noch eine Manuskriptseite bewältigen." Da lachte sogar Fidel Castro. Doch er freute sich offenbar weniger, als die Menge im Sprechchor rief: „Der Papst ist frei und will, daß wir alle frei sind." Worauf Johannes Paul erwiderte: „Ja, er lebt in jener Freiheit, zu der uns Christus befreit hat."

Kuba, so schloß der Papst seine Predigt, *„hat eine christliche Seele und somit auch eine universale Berufung"*. Das war nicht die Berufung, welche die kubanische Armee in den 70er Jahren nach Afrika geführt hatte. Kuba war vielmehr berufen, „seine Isolation zu überwinden und sich der Welt zu öffnen". *„Die Stunde ist gekommen, neue Wege einzuschlagen"*, nicht weil in Moskau der Zahlmeister des Sozialhilfeempfängers Kuba zusammengebrochen war, sondern weil „das die Zeit der Erneuerung fordert, in der wir heute an der Schwelle des dritten christlichen Jahrtausends leben". Dann empfahl er „dieses Volk, das mir immer am Herzen liegt" der Königin Kubas, der Virgen de la Caridad von El Cobre, damit sie „für ihre Kinder die Gaben des Friedens, des Fortschritts und des Glücks" erlange.[31]

Über Canossa hinaus

Die Illusion des Materialismus, die im 20. Jahrhundert so viele Menschenleben ruiniert hatte, zeigte sich während der päpstlichen Reise im Kuba Fidel Castros reichlich – paradoxerweise gerade darin, daß auf der Insel alle materiellen Bestandteile des modernen Lebens völlig zerrüttet waren. Nur wenige Menschen nahmen Castros Behauptung ernst, daß zerfallende Gebäude, notdürftig bekleidete Kinder, magersüchtige Prostituierte (darunter viele Akademikerinnen, die dringend Geld für den Lebensunterhalt ihrer Familien brauchten), verrostende alte Autos und stillgelegte Wohnungsbauprojekte in ganz Havanna auf das Wirtschaftsembargo zurückzuführen seien. Sie waren die künstlichen Produkte der Revolution Castros. Im Januar 1998 betrug der Durchschnittslohn eines kubanischen Arbeiters 8 Dollar im Monat; ein Arzt konnte es auf 20 Dollar bringen. Milch kostete mehr als einen Dollar pro Liter, wenn sie verfügbar war, und aufgrund einer Regierungsanordnung wurde sie nur Kindern unter sieben Jahren zugeteilt. Speiseöl war auf einen Liter im Monat rationiert. Mit Ausnahme der Parteielite und der Armee lebte die ganze Bevölkerung außerhalb des Gesetzes, einfach um zu überleben.

Jeder, der mit der Reise des Papstes zu tun hatte, begriff, daß unter diesen schrecklichen Umständen der Wiederaufbau des kubanischen Katholizismus eine ungeheure Aufgabe sein würde. Nach Aussage der Kirche waren vielleicht 40 Prozent der Bevölkerung katholisch; 1958 waren es noch 70 Prozent gewesen, aber angesichts der Bedingungen der dazwischenliegenden Jahre war das keine schlechte Bilanz. Trotzdem erkannten Beobachter der päpstlichen Messen, daß selbst diejenigen, die so begeistert teilnahmen, elementaren Religionsunterricht brauchten: Priester erklärten als Kommentatoren den riesigen Menschenmassen jeden Teil der Messe, bevor er gefeiert wurde. Daß der Papst am Ende der Messe Kardinal Ortega einen Grundstein für ein neues Priesterseminar der Erzdiözese überreichte, war ein Hinweis auf die Notwendigkeit, die gesamte Insel neu zu evangelisieren.

Das Tauziehen zwischen dem Regime und der Kirche ging während des ganzen Jahres 1998 weiter. 250 politische Häftlinge auf der Liste, die Kardinal Angelo Sodano im Januar der kubanischen Regierung übergeben hatte, wurden innerhalb der nächsten Monate entlassen; einige mußten versprechen, nach Kanada auszuwandern. In 70 weiteren Fällen wurde die Entlassung verweigert mit der Begründung: „Für die Feinde der Heimat und für Leute, die es auf die Zerstörung Kubas abgesehen haben, kann und wird es keine Freiheit geben." Das Regime beschränkte auch für manche Häftlinge den Zugang zu Priestern, Diakonen und Nonnen, die als Gefängnisgeistliche arbeiteten. Am 9. Juni 1998 traf sich Johannes Paul in Rom mit allen 13 Bischöfen Kubas, um mit ihnen die Lage zu besprechen. Das war für die Regierung ein Signal, das Tempo der Entwicklung zu beschleunigen.[32]

Auf staatlicher Ebene schlug Johannes Pauls Kubareise Schneisen, in denen mit der Zeit freie Institutionen einer Zivilgesellschaft wachsen können. Der Besuch ermutigte die unabhängigen Gewerkschaften Kubas im Untergrund, ebenso unabhängige Journalisten und kubanische Menschenrechtler, denen sich nun auch Mitglieder von Berufsgenossenschaften anschlossen. Der Papstbesuch stärkte auch den Mut der evangelikalen Protestanten Kubas. Einer ihrer Pastoren sagte zu einem amerikanischen Besucher: „Der Papst hat alles genau richtig gemacht. Das ist ein *kairos*, und die Lage kann nie wieder so werden, wie sie war."³³ Zwei Tage nach seiner Rückkehr nach Rom sprach Johannes Paul in seiner wöchentlichen Generalaudienz von seiner Hoffnung, daß „die Früchte dieser Pastoralreise für unsere Brüder und Schwestern auf jener schönen Insel den Früchten der Reise nach Polen [1979] gleichen werden". Da die kubanische Kirche immer noch schwach war und Castros politische Gegner praktisch ohne Ausnahme ermordet oder ins Exil getrieben worden waren, würde der Zusammenbruch des Kommunismus in Kuba zweifellos seine Zeit brauchen. Doch Johannes Paul verschaffte den Kubanern das erste umfassende Erlebnis eines echten Pluralismus in 40 Jahren und löste dadurch eine Entwicklung aus, die sich in Kuba möglicherweise ebenso auswirken wird wie seine Revolution des Gewissens in Ostmitteleuropa.

Von den Journalisten, die den Papstbesuch vor Ort beobachteten, meinten mehrere, Fidel Castro, der bald wehmütig, bald gehetzt aussah, habe einem Menschen geglichen, der irgendwie beichten wollte, und zwar bei dem einzigen Mann auf der Welt, bei dem zu beichten sein Selbstbewußtsein zuließ. Obwohl es dazu – soweit bekannt ist – in einem formalen, sakramentalen Sinn nicht kam, war die bloße Tatsache des Papstbesuchs und die Reaktion des kubanischen Volkes darauf eine lebende Widerlegung des Themas einer berühmten revolutionären Schrift Castros: „Die Geschichte wird mir Absolution erteilen". Hier waren zwei Männer, die ihr Leben zwei verschiedenen Wahrheitsbegriffen geweiht hatten – und der eine schien zu fühlen, daß der andere die richtige Entscheidung getroffen hatte. Johannes Paul wußte, daß sein Nachfolger ein Katholik sein würde; Fidel Castro hatte keinen Grund, auf eine kommunistische Zukunft Kubas zu hoffen.

Manche gingen sogar so weit, den ganzen Besuch mit dem Gang nach Canossa zu vergleichen, wo König Heinrich IV. 1077 Papst Gregor VII. um Absolution bat. Aber dieser Vergleich war abwegig. Castro war kein christlicher Fürst, und Johannes Paul beanspruchte nicht die Macht, tyrannische Herrscher abzusetzen. Die fünf Tage des Papstes in Kuba hatten etwas bewiesen, was weit über Canossa hinausging. An der Schwelle zum dritten Jahrtausend hatte der Vorschlag der Kirche (wie Johannes Paul immer sagte) – das Verkünden der Wahrheit über den Menschen, die sich im Evangelium findet – eine Kraft, nationale Erneuerungen auszulösen, die weit größer war als die Macht des Kirchenbanns, die Päpste einst ausgeübt hatten.³⁴

UNGELÖSTE PROBLEME

Als am ersten Adventssonntag, dem 1. Dezember des Jahres 1996, die dreijährige Vorbereitungsphase für das Große Jubeljahr 2000 offiziell eröffnet wurde, fuhr Johannes Paul II. fort, sich mit mehreren verwickelten Problemen zu befassen, bei denen es während seines bisherigen Pontifikats kaum einen Fortschritt gegeben hatte.

Vietnam

Als ein historisch lebensfähiges Programm für die Ordnung moderner Gesellschaften mag der Marxismus-Leninismus gescheitert sein, aber an einigen Orten der Erde blieb diese totalitäre Illusion an der Macht. Johannes Paul arbeitete seit Jahren darauf hin, die Situation der Kirche in Vietnam zu verbessern und mit den kommunistischen Herrschern des Landes einen Dialog zu eröffnen. Seit dem Ende des Zweiten Indochinakrieges 1975 hatte Vietnam eindrucksvolle wirtschaftliche Fortschritte gemacht und 1995 wieder diplomatische Beziehungen zu den USA aufgenommen. Aber es war immer noch ein Land, in dem ein eingeborener christlicher Evangelist zu drei Jahren Gefängnis verurteilt werden konnte, weil er mit zehn Erwachsenen eine Bibelstunde gehalten und somit „gesetzwidrig religiöse Propaganda betrieben" hatte.

Johannes Paul hatte sein Interesse an der Kirche in Vietnam auf dramatische Weise bekundet, als er am 19. Juni 1988 in einer prachtvollen Zeremonie auf dem Petersplatz 117 vietnamesische Märtyrer des 17., 18. und 19. Jahrhunderts heiligsprach. Kardinal Etchegaray war im Auftrag des Papstes dreimal – 1989 einmal und 1990 zweimal – in Vietnam, um den Ortsbischöfen Johannes Pauls Unterstützung zu übermitteln und um zu erkunden, welche Art von Gespräch mit der Regierung möglich sein könnte. Zusätzlich zu der andauernden Unterdrückung der Christen und ihrer Gemeinden war die Ernennung von Bischöfen ein chronisches Problem. Als Erzbischof Philippe Nguyen Kim Dien, ein offener Kritiker des von der Regierung unterstützten Katholischen Komitees für Solidarität, 1988 starb, weigerte sich die Regierung zehn Jahre lang, die Ernennung eines neuen Erzbischofs von Huë zu gestatten. Die Ernennung erfolgte schließlich im März 1998, als man sich nach einer fünfjährigen Blockierung auch über die Einsetzung eines neuen Erzbischofs für Ho-Chi-Minh-Stadt (Saigon) einigte. Der verbannte Erzbischof François Xavier Nguyen Van Thuan, damals Vizepräsident des Päpstlichen Rates für Gerechtigkeit und Frieden, hatte 1997 nicht einreisen dürfen, als er der Ordination von zwei neuen vietnamesischen Bischöfen beiwohnen wollte.[35] Mehrere vietnamesische Bischöfe konnten am *Ad-limina*-Besuch im Dezember 1996 in Rom nicht teilnehmen, weil man ihnen ein Ausreisevisum verweigerte.[36]

Zwischen 1990 und 1998 fanden zwischen Vertretern des Heiligen Stuhls und Vertretern des vietnamesischen Ministeriums für religiöse Angelegenheiten sieben Verhandlungsrunden statt; von Anfang 1995 bis Oktober 1996 wurden die Gespräche allerdings für anderthalb Jahre unterbrochen. Wie Erzbischof Claudio Celli, der damalige Hauptunterhändler des Vatikans, berichtet, drängte der Heilige Stuhl die vietnamesische Regierung, die Einschränkungen für Bischöfe, Priester und Seminaristen zu lockern, und ließ gleichzeitig wissen, er sei „zu diplomatischen Beziehungen bereit". Die erste Antwort war, das komme „aus historischen Gründen" nicht in Frage – die Kirche habe sich mit dem französischen Kolonialismus und mit den USA, dem ehemaligen Verbündeten Südvietnams, identifiziert. Celli wies darauf hin, daß Vietnam inzwischen diplomatische Beziehungen sowohl zu Frankreich als auch zu den USA habe, und fragte seinen vietnamesischen Verhandlungspartner, ob der Heilige Stuhl für Vietnams Schwierigkeiten nach dem Zweiten Weltkrieg eine größere Verantwortung trage als Frankreich oder die USA. „Schließlich haben wir keine Bomben auf euch geworfen", sagte der Vertreter des Vatikans. „Ihr habt keine Bomben geworfen", erwiderte der vietnamesische Vizeminister für religiöse Angelegenheiten, „weil ihr keine Flugzeuge habt." Celli war nicht sicher, ob der Vietnamese scherzte oder es ernst meinte. Es waren, sagte er im Rückblick, *„sehr schwierige Verhandlungen".*[37]

Selbst als die Verhandlungen im Gang waren und man einige Fortschritte in bezug auf Priesterseminare und Bischofsernennungen erzielte, zensierte die Regierung die vietnamesische Ausgabe des *Katechismus für die katholische Kirche.* Abschnitte, die sich mit Menschenrechten und Menschenwürde, der Rolle des Christen in der Gesellschaft und dem Streben nach dem Gemeinwohl befaßten, wurden getilgt.[38] Trotz dieser Schwierigkeiten gab es immer noch eine starke Volksfrömmigkeit. Im August 1998 kamen Zehntausende vietnamesischer Katholiken zum Marienheiligtum von La Vang in Zentralvietnam, um den 200. Jahrestag der dortigen Marienerscheinung zu feiern.[39] Ihre Treue, die sich verändernde wirtschaftliche und politische Weltlage und der Druck jüngerer Mitglieder der kommunistischen Partei, die wieder Anschluß an die Welt gewinnen wollten, veranlaßten die vietnamesische Regierung schließlich, ihre Haltung zu ändern. In den ersten Monaten des Jahres 1999 stimmte sie zu, gemeinsam mit dem Heiligen Stuhl die Möglichkeit diplomatischer Beziehungen zu prüfen, die – nach Auffassung der Vietnamesen – die unerläßliche Vorbedingung für einen Besuch des Papstes in ihrem Land waren.

Sarajevo und Beirut

Am Wochenende vom 12./13. April 1997 konnte Johannes Paul schließlich nach Sarajevo reisen. Als er am Nachmittag des 12. April auf dem Flughafen der bosnischen Hauptstadt eintraf, sagte er, er komme als „Pilger des Friedens und der Freundschaft", um zu einer Ablehnung der „unmenschlichen Logik der Gewalt" aufzufordern.[40] Nach der Begrüßungszeremonie wurde der Papst zur Herz-Jesu-Kathedrale gefahren, wo er Kardinal Vinko Puljić das ewige Licht überreichte, das bis dahin im Petersdom hing, um die Pilger an die Leiden Bosniens und an die Notwendigkeit der Solidarität mit den brutal Angegriffenen zu erinnern. In serbokroatischer Sprache hielt der Papst einen Vespergottesdienst für die Priester, Ordensleute und Seminaristen Bosniens. Dabei nannte er Sarajevo eine „Märtyrerstadt", „vom Wüten einer unsinnigen ‚Logik' des Todes, der Zwietracht und der Vernichtung gezeichnet". Er dankte den Priestern, die während der schlimmsten Kriegsereignisse bei ihren Gemeinden ausgeharrt hatten, forderte alle zu einer „gründlichen Gewissensprüfung" auf als Vorbereitung für ein „entschlossenes Bemühen um Versöhnung und Frieden", und bat besonders, „den Jugendlichen Mut zu machen, die durch die Härte des Krieges oft gezwungen waren, (...) vorzeitig erwachsen zu werden".[41]

Bei der Messe am Sonntagvormittag im Koševo-Stadion schneite es, und Johannes Paul fror sichtlich. Einer der päpstlichen Zeremonienmeister mußte über den vor Kälte zitternden Papst einen Schirm halten, um ihn während der Liturgie vor dem Schneetreiben zu schützen. Ein standhafter Johannes Paul reagierte abermals auf die Zehntausende von Gläubigen und schien im Verlauf der Messe zu erstarken.

Das Thema seiner Predigt – ausgewählt für eine Stadt, die oft Grund zu der Annahme gehabt hatte, von der Welt vergessen worden zu sein – war, daß die Menschen von Sarajevo immer „einen Beistand bei Gott" hätten, nämlich „Jesus Christus, den Gerechten". Es war der zweite Sonntag nach Ostern, und der Papst erinnerte seine Zuhörer daran, daß sie vor kurzem die Karwoche gefeiert hätten. Wie Christus hatte leiden müssen, so müßten sie leiden; wie er auferstanden war, so müßten sie auferstehen: „Ihr Menschen von Sarajevo und aus ganz Bosnien-Herzegowina, erhebt euch! Ihr habt einen Beistand bei Gott. Sein Name ist Jesus Christus, der Gerechte!" Wer außer ihm könnte vor dem Thron Gottes „Beistand für all jene Leiden und Prüfungen" sein? „Wer sonst, Sarajewo, könnte diese Seite deiner Geschichte bis in die tiefsten Tiefen verstehen? Wer sonst, ihr Völker des Balkans, könnte diese Seite eurer Geschichte bis in die tiefsten Tiefen verstehen, und deiner Geschichte, Europa?" Wer sonst, so fragte Johannes Paul, könnte ihnen den Frieden geben, der „aus der Liebe erwächst", und sie zu Vergebung und Versöhnung bewegen?[42]

Unmittelbar vor der Ankunft des Papstes fanden bosnische Sicherheitskräfte unter einer Brücke, die er während seiner Reise überqueren sollte, eine große Bombe, die aus 20 panzerbrechenden Minen und rund 25 Kilogramm Plastiksprengstoff bestand. Die Bombe wurde entschärft, aber der 77jährige Papst war abermals nahe an einem gewaltsamen Tod vorbeigestreift. Örtliche Polizisten und westliche Nachrichtendienste erklärten, die Bombe sei offenbar das Werk eines vom Iran kontrollierten Terroristennetzes gewesen.[43] Drei Wochen später, am 3. Mai 1997, nahm Johannes Paul das Beglaubigungsschreiben des neuen iranischen Botschafters beim Heiligen Stuhl entgegen.

Nachdem er am 4. Mai Ceferino Jiménez Malla als ersten Zigeuner in der Geschichte seliggesprochen hatte, erfüllte sich der Papst den langgehegten Wunsch, eine andere zerbombte Stadt zu besuchen, und flog am 10. Mai 1997 nach Beirut. In Harissa, nördlich von Beirut, hatte er ein Treffen mit jungen libanesischen Katholiken in der Basilika Unserer Lieben Frau vom Libanon, wo er ein nachsynodales apostolisches Schreiben, das Abschlußdokument der Libanon-Sondersynode von 1995, unterzeichnete. In einer französischen Ansprache forderte Johannes Paul die jungen Libanesen auf, sich von Christus ergreifen zu lassen und so aus dem Zyklus der Gewalt von Stämmen und Sekten auszubrechen, der so viel vom Erbe ihres Landes zerstört habe. Nach der langen Ansprache begann der Papst mit den jungen Menschen, die er als den „Schatz des Libanon" bezeichnet hatte, zu scherzen:

> Ich wollte euch noch sagen, daß ihr diese Ansprache aufmerksam verfolgt habt. Ich möchte euch außerdem sagen, daß auch ich genau auf euch geachtet habe: Reagieren sie im richtigen Moment? Applaudieren sie, wenn man applaudieren sollte? Ich konnte feststellen, daß dem so war. Ihr habt also eure Prüfung bestanden![44]

Die Messe am Sonntag, den 11. Mai, wurde vor mehreren Hunderttausend Gläubigen im Freien gefeiert, in der Nähe des „Platzes der Märtyrer" und auf dem Marinegelände von Beirut. Die Liturgie war vorwiegend in französischer, teilweise in arabischer Sprache. Die Patriarchen der katholischen Kirchen des Ostens im Libanon zelebrierten zusammen mit dem Papst. Das Evangelium wurde im byzantinischen Stil vorgetragen, und während der Opferprozession von Brot und Wein zum Altar wurden maronitische Hymnen gesungen. Johannes Paul predigte französisch; er betonte seine alte Sehnsucht, den Libanon zu besuchen, und seine Liebe zu den libanesischen Muslimen und Drusen, zu den Christen anderer Gemeinschaften und zu den Katholiken sechs verschiedener Riten im Land: Maroniten, Melkiten, Armenier, Chaldäer, Syrer und Lateiner. Energisch verteidigte er die historische Mission des Libanon, eines Landes, das einst bewiesen habe, „daß unterschiedliche Konfessionen in Frieden, Geschwisterlichkeit und Zusammenarbeit miteinander leben können" und „daß man das Recht jedes Menschen auf Religionsfreiheit respektieren kann". Das sei durchaus angemessen, denn Christus selbst habe das Evangelium in die Gegend gebracht, die heute Libanon heiße, und den Bewohnern sei die Geschichte der Erlösung seit bald 2000 Jahren bekannt. Johannes Paul wies darauf hin, daß der „Platz der Märtyrer" auch schon „Platz der Freiheit" und „Platz der Einheit" genannt worden sei, und forderte die Anwesenden auf, ihre jüngsten Erfahrungen des Martyriums zum Anlaß zu nehmen, ihr Land nicht weiter zu teilen, sondern es in Freiheit und Einheit wiederherzustellen.[45]

Auf dem Flug von Rom nach Beirut hatte ein Reporter den Papst im Scherz gefragt, ob er – in Anbetracht der Gefahr eines Angriffs von Terroristen – nicht allen Mitreisenden eine Generalabsolution erteilen sollte. Angesichts der politischen Verhältnisse und der Zahl der beteiligten Menschen hätte man erwarten können, daß Beirut am Sonntag einem Hexenkessel geglichen hätte. In Wirklichkeit herrschte eine bemerkenswerte Ruhe. Nach dem Libanonbesuch bemerkten Gäste in den päpstlichen Gemächern des Vatikans auf dem Tisch des Speisezimmers ein libanesisches Tischtuch, das mit gestickten Zedern geschmückt war. Der Papst war entschlossen, dafür zu sorgen, daß die Welt das von ihm als „Märtyrer-Libanon" bezeichnete Land ebensowenig vergaß wie die „Märtyrerstadt" Sarajevo.

Berühmtheit und Heiligkeit

Der zeitgenössische Kult der Berühmtheit, bei dem der Ruhm von vergänglichen Dingen – Reichtum, Schönheit, gesellschaftlichem Rang, unaufhörlicher Beobachtung durch Paparazzi und die internationale Regenbogenpresse – abhängt, bedrohte ebenfalls die Entwicklung eines neuen Humanismus für das neue Jahrtausend. Egozentrisches Verhalten und ausschweifendes Leben, zu einer schäbigen Berühmtheit erhoben, lagen in Konflikt mit der Hingabe für andere, wie sie das der Menschennatur innewohnende Gesetz des Gebens verlangt, und mit der Botschaft von Christus und vom Kreuz.

Oberflächlich betrachtet, war der fast gleichzeitige Tod zweier berühmter Frauen im Spätsommer 1997 rein zufällig. Mit dem Tod der 87jährigen Mutter Teresa von Kalkutta, die am 5. September starb, hatte die Welt seit Jahren gerechnet. Doch den gewaltsamen Tod Dianas, der Prinzessin von Wales, die fünf

Tage vorher in Paris bei einem schweren Autounfall ums Leben kam, hatte niemand erwartet. Johannes Paul II. sah zwischen diesen beiden Ereignissen einen Zusammenhang. „Es war durch die göttliche Vorsehung bestimmt, daß Mutter Teresa um die gleiche Zeit starb wie Diana", sagte er Ende September zu Tischgästen. Ein anwesender Pole erlaubte sich die Bemerkung, was als Zufall erscheine, illustriere in Wirklichkeit den Gegensatz zwischen der seichten Verehrung, die der modernen säkularen Berühmtheit entspringe, und der echten Heiligkeit der Nachfolge. Johannes Paul, dessen Mitleid mit der Familie der verstorbenen Prinzessin von Wales ebenso offenkundig war wie seine Bewunderung für Mutter Teresa, widersprach nicht. Als ein weiterer Gast meinte, Mutter Teresa sei eine „in einer Person verkörperte Botschaft" für unsere Zeit, stimmte der Papst zu. Sie hatte viel von dem verkörpert, was er als die zentralen Themen seines Pontifikats ansah: das Eintreten für das Leben, das Eintreten für die Familie, das Sichkümmern um die Armen, die Würde der Frauen, die Menschenrechte von Männern und Frauen der untersten Schichten. Sie sei eine wahre „Schwester Gottes" gewesen, wie der hl. Albert Chmielowski ein „Bruder unseres Gottes" gewesen sei, sagte Johannes Paul. Der Tod der heiligmäßigen albanischen Nonne, mit der ihn ein intuitives gegenseitiges Verstehen verbunden hatte, „ließ uns alle ein bißchen verwaist zurück".[46]

Sowohl Diana als auch Mutter Teresa waren „Persönlichkeiten". Ihr Leben und ihr Tod illustrierten einen Sachverhalt, den Johannes Paul während der 50 Jahre seines Priesteramtes immer wieder betont hatte: Wahre menschliche Größe findet sich in einer Persönlichkeit, die über sich hinausweist, wie es Mutter Teresa tat, indem sie auf die Armen hinwies, denen sie diente. Jeder von ihnen war, wie sie einmal sagte, Jesus in einer besonders „störenden Verkleidung". Reichtum, Schönheit und Rang brauchen keine unüberwindbaren Hindernisse für das Glück zu sein, aber sie können nur dann zu Werkzeugen der Gnade werden, wenn sie der Logik des Kreuzes, den Forderungen der Selbsthingabe, geopfert werden. An der Schwelle zum dritten Jahrtausend war der Königsweg zum Glück immer noch der Weg der Selbstverleugnung – der Weg des Kreuzes.

Wochen nach dem Tod von Mutter Teresa sagte Johannes Paul: „Ich hoffe, sie wird eine Heilige sein." Bereits vor ihrer Totenmesse am 13. September wurden auf der ganzen Welt Rufe nach einer sofortigen Heiligsprechung laut. Der Papst war entschlossen, zu verhindern, daß ein abgekürztes Verfahren das Ergebnis vielleicht zweifelhaft erscheinen ließ, und begnügte sich damit, dem Prozeß seinen Lauf zu lassen. Er schien kaum Zweifel daran zu haben, wie die Entscheidung schließlich ausfallen würde.[47]

DIE MÜHEN DES DIALOGS

1997 und 1998, während der ersten Jahre der Vorbereitung auf das Große Jubeljahr 2000, gerieten die ökumenischen Gespräche mit den orthodoxen und den lutherischen Kirchen, auf die man große Hoffnungen gesetzt hatte, in Schwierigkeiten. Und ein neuer Streit wurde entfacht, als der Heilige Stuhl seine langerwartete Erklärung über die katholische Kirche und den Holocaust veröffentlichte.

Eine abgesagte Begegnung und ein Boykott

Bei ihrem Dialog mit den Orthodoxen machte die römisch-katholische Kirche vom Frühjahr bis Herbst 1997 eine besonders schwierige Zeit durch. Die Hoffnungen auf ein lange erwartetes Treffen zwischen Patriarch Aleksej II. und Papst Johannes Paul II. im Juni 1997 wurden enttäuscht, und zwar auf eine Weise, die den Dialog Roms mit dem Ökumenischen Patriarchen von Konstantinopel, Bartholomaios I., noch komplizierter machte. Das verwickelte Geflecht von Fehlern, Mißverständnissen und falschen Beurteilungen, die zu mehreren peinlichen Ergebnissen führten, illustriert, wie komplex der Dialog zwischen Rom und den Orthodoxen geworden war. Die andauernden Spannungen zwischen der russisch-orthodoxen und der wiederauflebenden griechisch-katholischen Kirche in der Ukraine sowie interne orthodoxe Spannungen zwischen Aleksej, dem Oberhaupt der größten orthodoxen Kirche der Welt, und dem Ökumenischen Patriarchen Bartholomaios waren die Hauptfaktoren, die zu einer Absage des Treffens zwischen Johannes Paul und Aleksej führten. Die Schwierigkeiten, das Treffen zustande zu bringen, bewiesen auch, wie schwer es – selbst in den höheren Rängen einer kleinen und disziplinierten Bürokratie wie der römischen Kurie – zu erreichen ist, daß jeder zur gleichen Zeit in die gleiche Richtung marschiert.

Laut Kardinal Edward Cassidy, dem Präsidenten des Päpstlichen Rates zur Förderung der Einheit der Christen [EC], wurde die Frage eines Treffens zwischen Johannes Paul und Aleksej im Juni 1997 zum erstenmal angeschnitten, als sich im Dezember 1996 in Moskau Vertreter des EC und des orthodoxen Patriarchats von Moskau trafen. Das Treffen sollte während der zweiten europäischen Ökumenischen Versammlung in Graz (Österreich) stattfinden. Nach dem Gespräch in Moskau fragte Kardinal Cassidy den Papst, ob er bereit wäre, vor oder während der Grazer Versammlung den Patriarchen Aleksej in Wien zu treffen. Johannes Paul sagte zu, und der EC begann das Treffen zu organisieren; alle Beteiligten hatten sich darauf verständigt, daß diese Organisationsarbeit auf einer vertraulichen Basis stattfinden und daß in der Öffentlichkeit nicht darüber gesprochen werden sollte, bevor die Dinge endgültig festgelegt waren. Aber in Moskau gab es eine undichte Stelle: Ein griechisch-orthodoxer Erzbischof in Wien erfuhr, daß das Treffen feststehe (dem war nicht so), und dieser Erzbischof berichtete dem Ökumenischen Patriarchen Bartholomaios, was da offenbar gespielt wurde.

Bartholomaios war sehr enttäuscht, daß man das hinter seinem Rücken vereinbart hatte. Kardinal Cassidy sagte ihm, man habe ihn nicht informiert, weil in Wirklichkeit nichts abgemacht worden sei und der Heilige Stuhl immer noch nicht wisse, wann das Treffen stattfinde. Da teilte der Ökumenische Patriarch dem Kardinal mit, wenn der Papst sich mit Aleksej, aber nicht mit ihm treffen sollte, würde er ihm das sehr übelnehmen. Cassidy erklärte, der Papst würde sich sehr gern mit ihm treffen, aber vielleicht habe Bartholomaios etwas mißverstanden. Johannes Paul gehe nur für einen halben Tag nach Wien, und nach den bisherigen Plänen würden er und Aleksej sich zunächst privat, dann offiziell treffen, miteinander einen Gebetsgottesdienst feiern und zusammen das Mittagessen einnehmen, alles in einem Kloster – mehr nicht. Bartholomaios sagte, wenn in Wien ein Treffen zwischen dem Papst und Aleksej stattfinde, während er selbst in Graz sei (ein Plan, von dem der Heilige Stuhl nichts wußte), dann müsse auch er sich mit dem Papst treffen. Nach Rücksprache mit Johannes Paul sagte Cassidy, das sei in Ordnung, man werde die Abreise des Papstes aus Wien bis zum Nachmittag verschieben, so daß er mit Bartholomaios zusammentreffen könne. Der Ökumenische Patriarch erwiderte, das sei unmöglich; Bartholomaios müsse mit Johannes Paul *vor* Aleksej sprechen, nicht anschließend. Wie lange vorher? fragte der EC. Der Ökumenische Patriarch antwortete, das könne eine halbe Stunde oder auch nur eine Viertelstunde vor der Ankunft Aleksejs sein. Der Papst und Cassidy hielten das für absurd. Denn da Bartholomaios den Wunsch hatte, bei den Orthodoxen seine Rolle als *primus inter pares* zu unterstreichen, wäre ihm kaum damit gedient gewesen, unter Zeitdruck mit dem Papst zusammenzutreffen, ihn zu begrüßen und dann das Gespräch schon wieder abzubrechen, weil Aleksej, begleitet von den Medien der Welt, eintraf. Johannes Paul machte einen anderen Vorschlag: Da Bartholomaios mit einem Privatflugzeug nach Wien fliegen wolle, könne er doch in Rom einen Zwischenstop einlegen; dann könne man ihn gebührend empfangen, und die beiden Männer könnten miteinander reden und speisen. Der Ökumenische Patriarch lehnte ab: Er sei bereits in Rom gewesen, Johannes Paul habe diesen Besuch nicht erwidert, deshalb könne er nicht schon wieder nach Rom kommen. Damit schienen alle Möglichkeiten ausgeschöpft, und der Heilige Stuhl teilte dem Ökumenischen Patriarchen mit, es tue ihm leid, aber man könne jetzt offenbar nichts mehr tun. Daraufhin sagte Bartholomaios I. seine Teilnahme in Graz ab, obwohl ihm Kardinal Cassidy versichert hatte, das Treffen des Papstes mit Patriarch Aleksej sei noch nicht endgültig festgelegt.

Das entsprach genau dem Sachverhalt. Es hatte mühsame Diskussionen wegen der gemeinsamen Erklärung gegeben, die Johannes Paul und Aleksej unterzeichnen sollten. Das schwierigste Problem blieb das, was die Orthodoxen die „Proselytenmacherei" der griechisch-katholischen Kirche in der Ukraine nannten. Außerdem waren noch Eigentumsfragen der Kirchen in der Ukraine zu regeln; der Heilige Stuhl erklärte, er treibe die Dinge so schnell wie möglich voran, aber Moskau sah das anders.

Während man über diese Fragen weiter verhandelte, wurde erneut ein Fehler gemacht. Am Ende des internationalen Eucharistischen Kongresses in Breslau (Wrocław), am 1. Juni 1997, kündigte Kardinal Achille Silvestrini, der Präfekt der Kongregation für die orientalischen Kirchen, vor der Weltpresse an, das Treffen zwischen Johannes Paul und Aleksej werde tatsächlich stattfinden. Damit verstieß er ungewollt gegen die feierliche Zusage, die der EC dem Patriarchat von Moskau gegeben hatte: Man werde jeden öffentlichen Hinweis auf ein solches Ereignis unterlassen, bevor der Heilige Synod des Moskauer Patriarchats seine Sitzung am 11. Juni abgeschlossen habe. Im Gefolge dieser Sitzung sagte das Patriarchat das Wiener Treffen zwischen Patriarch Aleksej und dem Papst ab. In einem Fernsehinterview in Moskau machte der Patriarch öffentlich den Heiligen Stuhl für diese Absage verantwortlich. Kardinal Cassidy gibt zu, daß zwischen Rom und Moskau noch Probleme bestanden, glaubt jedoch, der tiefere Grund für die Absage sei gewesen, daß es Aleksej nicht gelang, die volle Zustimmung des Heiligen Synods für sein Treffen mit dem Papst zu bekommen. Nach Cassidys Überzeugung verhinderte orthodoxer Widerstand die Begegnung in Wien.[48]

Aber das war noch nicht das Ende dieser Serie von Pannen. Nachdem es nicht gelungen war, eine Vereinbarung über Bartholomaios' Treffen mit dem Papst vor dessen vermeintlichem Treffen mit Aleksej zu erzielen, teilte das Ökumenische Patriarchat von Konstantinopel dem Heiligen Stuhl mit, es werde – zum ersten Mal seit einem Vierteljahrhundert – keine Delegation zum Hochfest der Apostel Petrus und Paulus am 29. Juni nach Rom schicken. Wochen später, als einige seiner Metropoliten kritisierten, daß keine Vertreter nach Rom geschickt worden waren, meinte Bartholomaios, das alles sei nur eine „vorüberziehende Wolke" gewesen. Trotzdem hatte man Rom eine beispiellose Lektion erteilt. Kardinal Cassidy wurde daraufhin von mehreren amerikanischen Bischöfen gefragt, wie man sich in bezug auf den vom Ökumenischen Patriarchen Bartholomaios für Oktober angesetzten Besuch in 16 Städten der USA verhalten solle, bei dem zahlreiche ökumenische Veranstaltungen geplant waren. Cassidy sprach mit dem Papst, und Johannes Paul sagte, die Pläne für die ökumenischen Veranstaltungen mit Bartholomaios sollten weiter verfolgt werden, „als sei nichts geschehen". Außerdem werde eine römische Delegation wie üblich am 30. November zum Fest des hl. Andreas nach Konstantinopel reisen.[49]

Die Delegation wurde von Bartholomaios freundlich empfangen. Doch während seiner Amerikareise hatte der Patriarch weitere, wesentliche Fragen in bezug auf die Zukunft des Dialogs zwischen Rom und den Orthodoxen aufgeworfen. In einem Vortrag an der Georgetown University in Washington (D. C.) erklärte er am 21. Oktober 1997, während des zweiten Jahrtausends habe die „Divergenz" zwischen den Orthodoxen und Rom „ständig" zugenommen; deshalb könnten heute die Hindernisse für die Wiederherstellung der vollen Gemeinschaft nicht auf „ein Problem von Organisationsstrukturen [oder] Absprachen über Zuständigkeiten" reduziert werden. Etwas „Fundamentaleres und Wesentlicheres" blockiere den Weg zur Gemeinschaft zwischen Ost und West: „Die Art und Weise, in der wir leben, ist ontologisch verschieden."[50] Diese Formulierung – in völligem Gegensatz zu der Vision, die Johannes Paul II. in *Ut unum sint* dargelegt hatte – schien darauf hinzuweisen, daß es zwischen dem Katholizismus und der Orthodoxie wesentliche, möglicherweise sogar unüberbrückbare Unterschiede gebe. Zwei Tage später nahm Bartholomaios zusammen mit Kardinal William Keeler in Baltimore an einem ökumenischen Gottesdienst teil und betete dabei mit Menschen, die er – wie seine Äußerungen an der Georgetown University vermuten ließen – eigentlich als Andersgläubige betrachtete, nun aber als Brüder in Christus bezeichnete.

Amtsträger, die bei der amerikanischen Bischofskonferenz für Ökumene zuständig waren, hörten später von Mitarbeitern des Patriarchen, Bartholomaios habe seine Georgetown-Rede in letzter Minute überarbeitet; dabei habe er beispielsweise einen Angriff gegen die unierten Kirchen (d. h. praktisch gegen die griechisch-katholische Kirche der Ukraine) getilgt, es sei jedoch nicht genug Zeit gewesen, um den Wortlaut der ganzen Rede „in Ordnung zu bringen", bevor sie gehalten wurde. Das war ein Hinweis für die Katholiken, sie sollten nicht nur auf das achten, was der Ökumenische Patriarch sagte (wie in seiner Rede an der Georgetown University), sondern auch auf das, was er tat (wie bei dem gemeinsamen Gebetsgottesdienst in Baltimore).[51] Selbst diejenigen, die für Bartholomaios' Schwierigkeiten mit anti-ökumenischen orthodoxen Gruppen Verständnis hatten, fragten sich, wie man sich eine volle Gemeinschaft mit Orthodoxen vorstellen könne, die meinten, sie hätten eine Erfahrung von der Kirche und den Sakramenten, die von derjenigen der Katholiken „ontologisch verschieden" – d. h. dem Wesen nach verschieden – sei. Vier Monate später, nach einem Treffen von zwölf orthodoxen Kirchenführern in Istanbul, erklärte Bartholomaios der belgischen Tageszeitung *La Libre Belgique*, Katholizismus und Orthodoxie würden „in das dritte Jahrtausend eintreten, ohne die Einheit erreicht zu haben".[52]

Die orthodoxe Delegation, die im Juni 1998 zum Hochfest der Apostel Petrus und Paulus nach Rom kam, wurde von Johannes Paul freundlich willkommen geheißen, und katholische Ökumeniker würdigten die positiven Worte, die der Delegationsleiter, Metropolit Jean de Pergame, über *Ut unum sint* fand. Ende 1998 schien ein Fortschritt an wenigstens einer Front möglich, als Patriarch Teoctist von der orthodoxen Kirche in Rumänien bekanntgab, er würde sich über einen Besuch Johannes Pauls in seinem Land freuen. Und im Mai 1999 war Rumänien das erste Land mit einer orthodoxen Mehrheit, das der Papst besuchte. Trotz dieser Entwicklung und trotz einigen hoffnungsvolleren Erklärungen des Ökumenischen Patriarchen Bartholomaios 1998 und Anfang 1999 blieb die harte Tatsache, daß die visionäre Hoffnung des Papstes, den Bruch zwischen Rom und dem Osten bis zur Jahrtausendwende heilen zu können, sich nicht erfüllte.

Getreu dem II. Vatikanischen Konzil und seinem Gespür für den *kairos* hatte Johannes Paul alle möglichen Bemühungen in diese Richtung gelenkt – viel zu sehr, wie Kritiker in der Ukraine und anderswo meinten. Doch niemand konnte billigerweise behaupten, daß die Bemühungen Johannes Pauls von der Mehrheit der orthodoxen Kirchenführer erwidert wurden.

Gedenken

Zwanzig Jahre lang hatte sich Johannes Paul im Vatikan und in allen Gegenden der Welt mit jüdischen Gemeinden getroffen und dabei die *Shoah*, die Vernichtung der europäischen Juden während des Zweiten Weltkriegs, unablässig, energisch und eindeutig verurteilt. Seine vielleicht prägnanteste Erklärung gab er bei einem Treffen mit Vertretern des Judentums am 14. Juni 1987 in Warschau ab, als er den Holocaust ein universales Abbild des Bösen nannte:

> Seid gewiß, liebe Brüder, daß (...) diese polnische Kirche im Geiste zutiefst mit euch solidarisch ist, wenn sie die schreckliche Verwirklichung der Vernichtung – die bedingungslose und vorsätzliche Vernichtung – eures Volkes genau betrachtet. Die Drohung gegen euch war auch eine Drohung gegen uns; die letztere wurde

> nicht in gleichem Umfang verwirklicht, weil nicht genug Zeit war, sie in gleichem Umfang zu verwirklichen. Ihr habt dieses schreckliche Opfer der Vernichtung erlitten. Man könnte sagen, ihr habt es auch für jene erlitten, die unter der läuternden Macht des Leidens lebten. Je schmerzlicher die Erfahrung, desto größer die Hoffnung (...). Aufgrund dieser schrecklichen Erfahrung (...) seid ihr zu einer lauten, mahnenden Stimme geworden für die ganze Menschheit, für alle Völker, alle Mächte dieser Erde, für alle Systeme und für jede Person. Mehr als irgend jemand sonst seid gerade ihr diese heilsame Mahnung geworden. Ich glaube, daß ihr in diesem Sinne eure besondere Berufung bewahrt und euch immer noch als die Erben jener Erwählung erweist, zu der Gott steht. Das ist eure Sendung in der Welt von heute vor allen Völkern, der ganzen Menschheit, der Kirche (...).[53]

In den Jahren nach dieser dramatischen Erklärung hatte Johannes Paul versucht, jüdische Befürchtungen hinsichtlich des Karmeliterinnenklosters in Oświęcim zu beschwichtigen, und sich dafür eingesetzt, die Erinnerung an die *Shoah* im Zentrum des Weltkatholizismus lebendig zu erhalten. Am 7. April 1994 hatte er im Audienzsaal Paul VI. ein Holocaust-Gedenkkonzert veranstaltet. Das Londoner Royal Philharmonic Orchestra spielte unter dem Gastdirigenten Gilbert Levine, einem in den USA geborenen Juden, dem Johannes Paul behilflich gewesen war, als er 1987 Dirigent der Krakauer Philharmonie wurde. Der Papst saß im Audienzsaal zwischen dem römischen Oberrabbiner Elio Toaff und dem italienischen Staatspräsidenten Oscar Luigi Scalfero. Der Rabbiner hatte seine Gemeindeglieder mitgebracht, von denen viele bis dahin nur als Touristen im Vatikan gewesen waren. Neben Diplomaten aus der ganzen Welt nahmen 200 Überlebende des Holocaust aus zwölf verschiedenen Ländern teil.[54]

Zur Aufforderung Johannes Pauls an die Kirche, vor Beginn des dritten Jahrtausends ihr Gewissen zu läutern, gehörte zweifellos eine Abrechnung mit den antijüdischen Vorurteilen der Christen und deren historischen Auswirkungen während der 2000jährigen Geschichte des Christentums. Bei einem internationalen Theologen-Symposium in Rom über „Wurzeln des Antijudaismus im christlichen Umfeld", das im Oktober 1997 von der Theologisch-Historischen Kommission des vatikanischen Komitees für das Jahr 2000 veranstaltet wurde, gab der Papst zu, daß „allzu lange irrige und ungerechte Interpretationen des Neuen Testaments in bezug auf das jüdische Volk und seine angebliche Schuld [zirkulierten]" und „dazu beitrugen, die Gewissen [der Christen] zu beschwichtigen". Das habe zu Ergebnissen geführt, die im Gedächtnis der heute lebenden Menschen offenkundig seien. Während des Zweiten Weltkriegs, „als Europa von einer Welle der Verfolgungen überschwemmt wurde, die einem heidnischen, in seinem Wesen gleichermaßen antichristlichen Antisemitismus entsprangen", habe die „geistige Widerstandskraft" allzu vieler Christen versagt. Johannes Paul schloß: Man müsse erneut über die Vergangenheit nachdenken, um die Erinnerungen zu reinigen und sich auf eine Zukunft vorzubereiten, in der auf der ganzen Welt anerkannt werde, daß „der Antisemitismus in keiner Weise zu rechtfertigen und absolut verdammungswürdig" ist.[55]

Während der 90er Jahre betonte Johannes Paul weiterhin seinen Abscheu vor dem Holocaust und seine Entschlossenheit, sich mit der Geschichte antijüdischer Vorurteile im Katholizismus auseinanderzusetzen. Gleichzeitig arbeitete die Kommission des Heiligen Stuhls für die religiösen Beziehungen zu den

Juden an dem offiziellen katholischen Dokument über die *Shoah*, das bei einer Krisensitzung zwischen katholischen und jüdischen Vertretern 1987 (nach der Papstaudienz für den österreichischen Bundespräsidenten Kurt Waldheim) zugesagt worden war.[56] Elf Jahre später, am 16. März 1998, wurde das Dokument *Wir erinnern: Eine Reflexion über die Shoah* endlich veröffentlicht. Sofort kam es zu einer neuen Auseinandersetzung.

Wir erinnern bezeichnete die *Shoah* als eine „unaussprechliche Tragödie" und einen „fürchterlichen Völkermord", gegenüber dem niemand gleichgültig bleiben könne, „am wenigsten von allen die Kirche, aufgrund ihrer sehr engen geistigen Verwandtschaft mit dem jüdischen Volk und ihrer Erinnerungen an die Ungerechtigkeiten der Vergangenheit". Das Dokument gab zu, das jüdische Volk habe „in seinem einzigartigen Zeugnis für den Heiligen Israels und für die Thora zu verschiedenen Zeiten und an vielen Orten schwer gelitten", doch „das schlimmste von allen Leiden" sei sicherlich der Holocaust gewesen. Die Tatsache, daß dieser „in Ländern mit einer langen christlichen Tradition" stattfand, erfordere eine Gewissensprüfung hinsichtlich der Beziehung zwischen der „Endlösung" der Nationalsozialisten und „der Haltung der Christen gegenüber den Juden während der Jahrhunderte".

Die nationalsozialistische Ideologie, heißt es in dem Dokument, „lehnte die Anerkennung jedweder transzendenten Realität als Quelle des Lebens und Kriterium des sittlich Guten ab". Der nationalsozialistische Antisemitismus sei außerdem angetrieben worden von einer pseudowissenschaftlichen Unterscheidung zwischen angeblich höheren und minderwertigen Rassen sowie von einer „extremistischen Form des Nationalismus". Diese drei Eckpfeiler des ideologischen Gerüstes des deutschen Nationalsozialismus – sein Atheismus, sein Rassismus und sein gewalttätiger Nationalismus – hätten sich nicht nur gegen das Judentum, sondern auch gegen das Christentum gerichtet. Deshalb müsse man unterscheiden zwischen diesem rassistischen Antisemitismus, der die „beständige Lehre der Kirche über die Einheit des Menschengeschlechts und die gleiche Würde aller Rassen und aller Völker" ablehne, und den seit Jahrhunderten andauernden „gefühlsmäßigen Verdächtigungen und Feindseligkeiten", auf denen der christliche „Antijudaismus" beruhe. Trotzdem müsse man „sich fragen, ob die Verfolgung der Juden durch den Nazismus nicht durch die antijüdischen Vorurteile in den Köpfen und Herzen einiger Christen begünstigt wurde". Machte vielleicht das antijüdische Ressentiment die Christen „weniger sensibel oder sogar gleichgültig für die Verfolgungen, die der Nationalsozialismus (...) gegen die Juden in Gang setzte?"

Das Dokument *Wir erinnern* forderte dazu auf, auch an die Christen zu denken, die während der *Shoah* ihr Leben aufs Spiel setzten, um Juden zu retten. Die Tatsache, daß manche Widerstand leisteten, ändere jedoch nichts daran, daß „der geistige Widerstand und das konkrete Handeln anderer Christen nicht so [waren], wie man es von Jüngern Christi hätte erwarten können". Das rückblickende moralische Urteil darüber, was andere unter den extremen Bedingungen des Lebens in einem totalitären Staat hätten tun sollen, sei nicht einfach, heißt es in dem Dokument. Trotzdem seien die *Shoah* und die damaligen Versäumnisse von Söhnen und Töchtern der Kirche für die heutigen Christen eine „schwere Gewissenslast", die „einen Akt der Reue (*teshuva*)" erfordere, denn „als Glieder der Kirche haben wir Anteil sowohl an den Sünden als auch an den Verdiensten aller ihrer Kinder". Schließlich wollte die Kirche

> das Bewußtsein der Sünden der Vergangenheit in einen entschiedenen Einsatz für eine neue Zukunft wandeln, in der es niemals mehr antijudaistische Ressentiments unter den Christen und antichristliche Ressentiments unter den Juden gibt, sondern im Gegenteil, einen gegenseitigen Respekt, wie dies jenen zukommt, die den einzigen Schöpfer und Herrn verehren und einen gemeinsamen Vater im Glauben haben, Abraham.

Kritiker des Dokuments verglichen es abwertend mit einer Erklärung der deutschen Bischofskonferenz von 1995, die eine „Mitverantwortung" für die Tragödie des Holocaust zugab, und mit einer Erklärung französischer Bischöfe von 1997, in der sie für die Versäumnisse der Christen beim Eintreten für Juden während der deutschen Besetzung Frankreichs um Verzeihung baten. Heftig kritisiert wurde eine längere Fußnote zu *Wir erinnern*, in der das Verhalten von Papst Pius XII. während des Krieges verteidigt wurde. Elan Steinberg, Vorstandsmitglied des Jüdischen Weltkongresses, begrüßte die „positiven Elemente in dem Dokument", bedauerte jedoch „die unbegründete Verteidigung des Schweigens von Pius XII." Auch die scharfe Unterscheidung des Dokuments zwischen nationalsozialistischem Antisemitismus und christlichem Antijudaismus geriet unter Beschuß: Kritiker behaupteten, *Wir erinnern* berücksichtige zu wenig, daß historische antijüdische Vorurteile der Christen die kulturellen Bedingungen für die – stillschweigende oder offene – Duldung des nationalsozialistischen Antisemitismus geschaffen hätten. Efraim Zuroff vom Simon-Wiesenthal-Zentrum in Jerusalem hob diese Unterscheidung im Grunde auf, indem er behauptete: „Das Dokument übernimmt nicht eindeutig die Verantwortung für die Lehren der Kirche, die das Klima schufen, das letzten Endes zum Holocaust und zur Teilnahme zahlreicher ‚gläubiger' Personen an diesem Verbrechen führte." Wieder andere nahmen das Dokument zum Anlaß für boshafte Anspielungen auf das Verhalten Johannes Pauls während der deutschen Besetzung Polens. Der Rabbiner Arthur Hertzberg bezeichnete den Karol Wojtyła der Kriegszeit als „einen stillen jungen Mann, der sich aus Schwierigkeiten heraushielt". Obwohl der Rabbiner das Verhalten Wojtyłas während des Krieges offensichtlich nicht sehr eingehend untersucht hatte, hegte er „kaum Zweifel, daß der Papst, wenn er heute auf diesen Lebensabschnitt zurückblickt, wünscht, er hätte sich damals nicht so still verhalten".[57]

Die unverblümte Reaktion von Meir Lau, einem Überlebenden des Holocaust und Oberrabiner der Aschkenasim in Israel, das Dokument *Wir erinnern* sei „zu wenig [und komme] zu spät", fand bei Vertretern des Judentums keine ungeteilte Zustimmung. Der Rabbiner Jack Bemporad, lange führend im jüdischkatholischen Dialog in den USA, nannte das Dokument „aufsehenerregend". Der Rabbiner David Rosen, Vertreter der Anti-Defamation League of B'nai B'rith in Jerusalem und gleichzeitig deren Vertreter beim Vatikan, vertrat eine zurückhaltende Auffassung: *Wir erinnern* sei „eine sehr bedeutsame Erklärung, aber (...) in mancher Hinsicht enttäuschend". Nicht kritisiert wurde der das Dokument begleitende Brief Johannes Pauls an Kardinal Edward Cassidy, den Vorsitzenden der vatikanischen Kommission für die religiösen Beziehungen zu den Juden, in dem die *Shoah* als eine „unaussprechliche Greueltat" und ein „untilgbarer Schandfleck in der Geschichte des zu Ende gehenden Jahrhunderts" bezeichnet wurde. Doch die „glühende Hoffnung" des Papstes, *Wir erinnern* werde „wirklich dazu beitragen, die Wunden vergangener Mißverständnisse und Ungerechtigkeiten zu heilen", schien sich nicht kurzfristig zu erfüllen.

Kein 14seitiges Dokument hätte die Komplexitäten der 2000jährigen jüdisch-christlichen Beziehungen und ihre Auswirkungen auf eine so komplexe historische Realität wie den Nationalsozialismus befriedigend analysieren können. Der Tenor der kritischen Reaktionen auf *Wir erinnern* – die Kirche sei nicht „so weit gegangen", wie man erwartet habe – wies darauf hin, daß das Dokument an einer anderen Art von Unterlassung litt, als seine Kritiker meinten.

Man hätte die ganze Frage von Katholizismus und *Shoah* mit einer sorgfältigen theologischen Erklärung umrahmen können, daß die Erinnerung der Kirche an die zurückliegenden Versäumnisse ihrer Söhne und Töchter – und ihre diesbezügliche Reue – nicht einfach ein Reagieren auf politischen oder öffentlichen Druck, sondern vielmehr eine religiöse Pflicht sei. Dann hätte *Wir erinnern* vielleicht dazu beigetragen, die ganze Debatte über das Christentum und die *Shoah* zu vertiefen. Allzu oft war die Diskussion über „Die Kirche und der Holocaust" zu einer Übung geworden, bei der ein „Zugeständnis" der einen Seite als ein „Gewinn" der anderen betrachtet wurde. Johannes Paul versuchte, den jüdisch-katholischen Dialog über dieses Muster hinauszuführen. Diese Absicht wurde bei der Abfassung von *Wir erinnern* beziehungsweise bei den Amtsträgern des Staatssekretariats, denen die Schlußredaktion oblag, offenbar zu wenig berücksichtigt. So war das Dokument in einem tieferen Sinne deshalb enttäuschend, weil es ihm nicht gelang, einer sicherlich noch Jahrhunderte dauernden Diskussion eine neue, theologisch anspruchsvollere und religiös überzeugendere Grundlage zu geben.

Rechtfertigung durch Glauben

Um die Mitte der 90er Jahre gab es eine weitverbreitete Erwartung, der jahrelange ökumenische Dialog zwischen den Lutheranern und Rom werde zu einer gemeinsamen Erklärung über die „Rechtfertigung durch Glauben", die zentrale Frage der Lutherischen Reformation, führen. In dieser Erklärung, so hoffte man, würden die beiden Gemeinschaften anerkennen, daß sie heute, trotz der Zerwürfnisse des 16. Jahrhunderts, gemeinsame Überzeugungen über die Rechtfertigung durch Glauben hatten. Und auch wenn sie diese Überzeugungen vielleicht etwas verschieden ausdrückten, sollte die Rechtfertigungsfrage nicht länger ein kirchentrennendes Problem darstellen. Eine solche gemeinsame Erklärung sollte eine der großen Errungenschaften der modernen Ökumene markieren.

Am 25. Juni 1998 veröffentlichte der Päpstliche Rat zur Förderung der Einheit der Christen den Text einer *Gemeinsamen Erklärung zur Rechtfertigungslehre.* Auf einer Pressekonferenz betonte der Präsident dieses Rates, Kardinal Edward Cassidy, die *Gemeinsame Erklärung* sei „ein Konsens über die Grundwahrheiten der Rechtfertigungslehre" und über das Verhältnis des Glaubens zu den guten Werken im Heilsplan. Doch am gleichen Tag veröffentlichte der Heilige Stuhl eine *Antwort der katholischen Kirche auf die „Gemeinsame Erklärung zwischen der Ka-*

tholischen Kirche und dem Lutherischen Weltbund zur Rechtfertigungslehre", die von der Kongregation für die Glaubenslehre und dem Päpstlichen Rat für die Förderung der Einheit der Christen gemeinsam ausgearbeitet worden war.

Diese *Antwort* wies darauf hin, daß hinsichtlich der Rechtfertigungslehre und ihrer Beziehung zu anderen Grundwahrheiten des christlichen Glaubens eine weitere Klärung nötig sei. Der zweite Teil der *Gemeinsamen Erklärung* hatte dargelegt, in welcher Weise Lutheraner und Katholiken gewisse Aspekte der Rechtfertigungslehre unterschiedlich verstanden. Da stellten die Lutheraner beispielsweise fest, daß aus ihrer Sicht in einem Menschen unmittelbar nach seiner Bekehrung und Taufe „die Sünde noch (...) wohnt". Die *Antwort* erklärte, diese Position könnten Katholiken nicht akzeptieren, auch nicht als eine spezifisch lutherische Deutung des gemeinsamen Rechtfertigungsverständnisses, denn sie leugne offenbar, daß Gott durch die Sakramente in einer Weise wirke, die eine Person wirklich verwandle. Diese und andere Fragen müßten gründlicher geklärt werden.

Die Lutheraner waren nicht glücklich über das, was – zumindest in den Berichten der Medien – als ein Nichteinhalten der Vereinbarungen durch die katholische Seite erschien. Ein Veteran der Ökumene behauptete sogar, der Heilige Stuhl habe lutherische und katholische Theologen „verraten", und prophezeite, man werde Jahrzehnte brauchen, um das erschütterte Vertrauen wiederherzustellen. Am 30. Juli schrieb Kardinal Cassidy an Dr. Ismael Noko, den Generalsekretär des Lutherischen Weltbundes (LWB); er bekräftigte erneut (und unterstrich es in seinem Brief), daß „es einen Konsens in Grundwahrheiten über die Rechtfertigungslehre gibt". Cassidy meinte, in manchen lutherischen Kreisen habe man auf die *Antwort* übertrieben reagiert; in Wirklichkeit seien nur „sehr wenige" Klärungen notwendig. In dem Brief Cassidys hieß es weiter, diese Klärungen würden den Konsens über „Grundwahrheiten der Rechtfertigungslehre nicht negieren"; die Kirche sei bereit, „die *Gemeinsame Erklärung* zu bestätigen und zu unterzeichnen", und es gebe „keine größeren Probleme", die „einer weiteren Untersuchung und vollständigeren Darstellung" der Wahrheiten der Rechtfertigungslehre entgegenstünden.

Am 20. August schrieb Dr. Noko an das Exekutivkomitee des LWB; er legte den Brief Cassidys bei, der – wie er schrieb – „auf eine neue Perspektive hinweist, wie man [die *Antwort*] lesen, verstehen und interpretieren muß". Als das Exekutivkomitee des LWB am 13./14. November zusammentrat, meinte Noko, man solle versuchen, festzulegen, was die Lutheraner als nächsten Schritt in dem nunmehr bedrohten Prozeß unternehmen sollten. Inzwischen hatte – aufgrund privater Gespräche zwischen den Kardinälen Ratzinger und Cassidy und führenden lutherischen Theologen und Amtsträgern – der Heilige Stuhl vorgeschlagen, das Problem dadurch zu lösen, daß man der *Gemeinsamen Erklärung* einen vereinbarten „Anhang" anfügte. Darin sollten die in der *Antwort* vorgebrachten Anliegen definitiv geklärt und gleichzeitig betont werden, daß diese Anliegen den Konsens in „den Grundwahrheiten der Rechtfertigung" nicht außer Kraft setzten.

In dem Anhang, der schließlich ausgearbeitet wurde, klärte man Fragen wie die ständige Neigung des Menschen zur Sünde, das Zusammenwirken des Menschen mit der rettenden Gnade Gottes und die Notwendigkeit, den Stellenwert der Rechtfertigungslehre in dem umfassenderen System des christlichen Glaubens zu bestimmen. Eine weitere „Offizielle Gemeinsame Aussage" des Lutherischen Weltbundes und der katholischen Kirche stellte klar, was nach Auffassung beider Seiten der Sinn der *Gemeinsamen Erklärung* war: „Die in dieser Erklärung vorgelegte Lehre der lutherischen Kirchen wird nicht von den Verurteilungen des Trienter Konzils getroffen. Die Verwerfungen der lutherischen Bekenntnisschriften treffen nicht die in dieser Erklärung vorgelegte Lehre der römisch-katholischen Kirche." Nachdem Papst Johannes Paul II. den Klärungen im Anhang persönlich zugestimmt hatte, wurde angekündigt, die Gemeinsame Erklärung werde am 31. Oktober 1999 – am Reformationsfest – in Augsburg von lutherischen und römisch-katholischen Vertretern unterzeichnet werden.

Das Verfahren war viel schwieriger gewesen als erwartet. Doch Kardinal Ratzinger glaubte, die Schwierigkeiten während des Sommers 1998 würden mit der Zeit zu einem vertieften theologischen Dialog führen. Was einige Monate lang wie eine neue Krise in dem theologisch am weitesten entwickelten ökumenischen Dialog ausgesehen hatte, erwies sich wider Erwarten als Prolog zu einer historischen Errungenschaft.[58]

UMSTRUKTURIERUNG

Johannes Pauls Vorbereitungen für das Große Jubeljahr 2000 und für das Leben der Kirche im 21. Jahrhundert waren nicht nur theologischer, sondern auch organisatorischer Art. Im Februar 1996 brachte er die Bestimmungen für die Papstwahl auf den neuesten Stand. Einige Monate später begann er die dritte größere Neuorganisation des Kurienpersonals in seinem Pontifikat, ein Prozeß, der bis Ende 1998 andauerte. Gleichzeitig signalisierte er durch mehrere wichtige Bischofsernennungen und durch die Ernennung neuer Kardinäle auf seinem siebten Konsistorium die Art von Führung, die – so hoffte er – in den ersten Jahrzehnten des neuen Jahrtausends einen Frühling der Evangelisierung und des Zeugnisses ermöglichen würde.

Die Papstwahl

Am 22. Februar 1996 war Berninis bronzenes Meisterwerk, der „Altar des Stuhles" in der Apsis des Petersdomes, von fast meterhohen Kerzen beleuchtet – ein Schauspiel, das sich jedes Jahr am Fest der Kathedra des hl. Petrus wiederholte. Am gleichen Tag unterzeichnete Johannes Paul die Apostolische Konstitution *Universi dominici gregis* [Der Hirte der gesamten Herde des Herrn], die für künftige Papstwahlen einige wichtige Änderungen vorschrieb.

Johannes Paul legte diese Konstitution „über die Vakanz des Apostolischen Stuhles und die Wahl des Bischofs von Rom" so an, daß die für künftige Konklaven geltenden Bestimmungen die seit dem II. Vatikanum völlig internationale Zusammensetzung des Kardinalskollegiums und die Erfordernisse einer heutigen Papstwahl berücksichtigten. Seit dem „Dreipäpstejahr" 1978 hatten zahllose Kommentare das Klischee verbreitet, ein päpstliches Konklave sei ein im wesentlichen politischer Akt. Johannes Paul, in bezug auf Kirchenpolitik keineswegs naiv, wollte trotzdem für Bedingungen sorgen, unter denen die bei einer Papstwahl unvermeidliche Politik sich von der Politik bei einer Parteiversammlung unterschied. Eine Papstwahl sollte laut *Universi dominici gregis* den Charakter von religiösen Exerzitien haben und geprägt sein von Zielbewußtsein und moralischer Verantwortung, unter dem Gericht Gottes.

Das Konklave, das den Nachfolger Johannes Pauls II. wählt, wird auf eine sehr menschliche Weise in seiner Schuld stehen: Es wird weit komfortabler untergebracht sein als alle bisherigen Konklaven. Seit Jahrhunderten wurde während des Interregnums zwischen dem Tod eines Papstes und der Eröffnung des Konklaves für die Wahl seines Nachfolgers der Apostolische Palast in Zellen unterteilt. Die Wahlkardinäle wohnten während des Konklaves bis zum Ende ihrer Aufgabe in diesen behelfsmäßigen Einbettzellen, die alle mit einem Nachttopf, aber nur selten mit einem Wasserhahn ausgestattet waren. Jetzt, nach der Fertigstellung eines neuen vatikanischen Gästehauses, des völlig modernen Hauses der hl. Martha [Domus Sanctae Marthae] hinter dem Audienzsaal Paul VI., stand eine passendere Unterkunft zur Verfügung: für jeden ein Zweizimmerappartement mit eigenem Bad. Als erste größere Veränderung wird in *Universi dominici gregis* angeordnet, daß die Wahlkardinäle während des Konklaves im Haus der hl. Martha wohnen und im dortigen Refektorium speisen sollen. Die tatsächliche Wahl soll weiterhin in der Sixtinischen Kapelle stattfinden, wo, wie Johannes Paul schreibt, „alles dazu beiträgt, das Bewußtsein der Gegenwart Gottes zu stärken, vor dessen Angesicht ein jeder eines Tages treten muß, um gerichtet zu werden".[59]

Wie in der Vergangenheit soll der Zutritt zu den wahlberechtigten Kardinälen während des Konklaves streng auf das erforderliche Konklave-Personal beschränkt sein. Johannes Paul unterstreicht, daß die Wähler keinerlei Kontakt haben sollen „zu Personen außerhalb des Bereichs, wo die Wahl stattfindet" (d. h. die Sixtinische Kapelle, das Haus der hl. Martha und die verschiedenen Räume, in denen liturgische Feiern des Konklaves stattfinden). *Universi dominici gregis* schlägt eine moderne Note an, wenn verfügt wird, daß „zwei vertrauenswürdige Techniker" beauftragt werden sollen, den Wahlort nach Abhörgeräten abzusuchen. Den wahlberechtigten Kardinälen selbst wird streng untersagt, Tonband- oder Videoaufnahmen vom Wahlverfahren zu machen.[60]

Früheren Konklaven war es erlaubt gewesen, bei der Papstwahl eines von drei Verfahren anzuwenden: 1. die Akklamation *„quasi ex inspiratione"* (bei der ein Kardinal oder eine Gruppe von Kardinälen verkündeten, Gott habe bereits einen aus ihrer Mitte gewählt, dem dann die übrigen Mitglieder des Konklaves durch Akklamation zustimmten); 2. die Delegation (bei der das gesamte Konklave die Wahl einem Gremium übertrug, mit dessen Mitgliedern alle einverstanden waren); 3. die geheime Wahl (*„per scrutinium"*), die praktisch ausnahmslos zum üblichen Verfahren geworden war. In *Universi dominici gregis* schafft Johannes Paul II. die Verfahren der Akklamation und der Delegation ab. Die Akklamation sei nicht mehr geeignet, „die Überlegungen eines Wahlkollegiums zu interpretieren, das zahlenmäßig so erweitert und von seiner Herkunft her so verschieden ist". Die zweite Methode, die Wahl durch Delegation, läßt er – typisch für Karol Wojtyła, den Philosophen des sittlichen Handelns – fallen, „weil sie von Natur aus eine gewisse Umgehung der Verantwortung der Wähler beinhaltet, die (...) nicht aufgefordert wären, ihr eigenes Votum persönlich zum Ausdruck zu bringen". Zukünftige Päpste sollen daher durch geheime Abstimmung gewählt werden. Diese biete „die größten Garantien für Klarheit, Geradlinigkeit, Einfachheit, Durchschaubarkeit und vor allem für eine effektive und konstruktive Teilnahme aller (...) Kardinäle, die gerufen sind, die Wahlversammlung des Nachfolgers Petri zu bilden".[61] Johannes Paul behält die von Paul VI. eingeführte Beschränkung des Wahlrechts auf diejenigen Kardinäle bei, die beim Tod des Papstes noch nicht 80 Jahre alt sind, gestattet allerdings den über 80 Jahre alten Kardinälen, an den Versammlungen des Kardinalskollegiums vor dem Konklave teilzunehmen.

Einem altbewährten Brauch folgend legt *Universi dominici gregis* fest, daß zur gültigen Wahl eines neuen Papstes zwei Drittel der Stimmen aller anwesenden Wähler erforderlich sind. Falls die Zahl der anwesenden Kardinäle nicht genau durch drei geteilt werden kann, ist eine Stimme mehr erforderlich.[62] Wenn jedoch nach 34 Wahlgängen im Verlauf von 13 Tagen das Konklave keinen mit einer Zweidrittelmehrheit wählt, sieht die apostolische Konstitution eine gültige Wahl mit absoluter Mehrheit vor, falls eine absolute Mehrheit der Wahlkardinäle diesem Verfahren zustimmt. Zu diesem Zeitpunkt dürfen die Kardinäle auch die Zahl der Kandidaten auf die beiden beschränken, „die beim unmittelbar vorhergehenden Wahlgang den größten Stimmenanteil erhalten haben".[63]

Das war eine Neuerung, und es gab Kritiker. Ein amerikanischer Kommentator meinte, dieses neue Verfahren biete einer knappen Mehrheit, die für ihren Kandidaten keine Zweidrittelmehrheit erreichen könne, einen Anreiz, sich einem Kompromiß zu verschließen und an ihrem Kandidaten so lange festzuhalten, bis die Bestimmung der Mehrheitswahl wirksam werde.[64] Das könnte tatsächlich der Fall sein, wenn ein Konklave ein Akt wäre, bei dem es einfach um das Ausüben politischer Macht geht. Aber Johannes Paul, der einmal sagte, er sei „fest davon überzeugt, daß der Heilige Geist das Konklave leitet", glaubt nicht, daß man den Vorgang einer Papstwahl mit demokratischer Politik vergleichen kann.[65] Was das neue Verfahren angeht, das nach Aussage des Papstes bewußt im Hinblick auf den besonderen religiösen Charakter des Konklaves eingeführt wurde, so kann man sich kaum vorstellen, daß eine knappe Mehrheit der wahlberechtigten Kardinäle unnachgiebig an ihrer Position festhalten könnte – 13 Tage hindurch, in 34 Wahlgängen und nach den besonderen Tagen des Gebets, der Beratung und der „Ermahnungen" (durch angesehene Mitglieder des Kardinalskollegiums), wie Johannes Paul sie nach dem 13., dem 20. und dem 27. ergebnislosen Wahlgang vorschreibt. Seit 1831 dauerte kein Konklave länger als vier Tage. Angesichts der Erwartungen der Kirche und der Welt ist es kaum vorstellbar, daß ein Konklave sich über nahezu 14 Tage hinziehen könnte – selbst in den angenehmeren Unterkünften des Hauses der hl. Martha. In Wirklichkeit verhindern die neuen Vorschriften Johannes Pauls, daß eine unnachgiebige Minderheit, bestehend aus einem Drittel plus einer Stimme, die Wahl eines Kandidaten blockieren kann, der von der überwältigenden Mehrheit offenkundig gewünscht wird.

Universi dominici gregis enthält auch einige persönliche Noten. Johannes Paul will sicherstellen, daß Päpste mit derjenigen Würde sterben dürfen, die jedem menschlichen Wesen zukommt.[66] Es wird streng verboten, den Papst „auf dem Totenbett oder nach seinem Ableben zu fotografieren noch mit irgendeinem Instrument seine Worte für eine spätere Wiedergabe aufzunehmen". Falls es notwendig ist, den verstorbenen Papst „zu Dokumentationszwecken" zu fotografieren, braucht man dazu die Erlaubnis des Kardinal-Camerlengo, „der jedoch Aufnahmen des Papstes nicht zulassen wird, wenn dieser nicht mit den Pontifikalgewändern bekleidet ist".[67]

Außerdem versuchte Johannes Paul sicherzustellen, daß sein langjähriger Sekretär, Stanisław Dziwisz, nicht das gleiche Los erleiden würde wie der Sekretär Pauls VI., Pasquale Macchi, den man binnen 24 Stunden nach dem Tod dieses Papstes unsanft aus dem Vatikan hinauswarf, so daß er in einem römischen Gästehaus Unterkunft suchen mußte. In *Universi dominici gregis* wird festgelegt, „daß das Personal, das sich gewöhnlich in den Privatgemächern [des Papstes] aufhält, bis nach der Bestattung des Papstes dort bleiben kann".[68] Das war eine kleine, aber aufschlußreiche Geste der Wertschätzung und ein weiterer Bruch mit einem vatikanischen Brauch.

Dasselbe gilt für einen in den Kommentaren zu *Universi dominici gregis* weitgehend übersehenen Paragraphen, der bestimmt, daß die Anordnungen Johannes Pauls hinsichtlich der Vorbereitung und des Ablaufs der Papstwahl auch dann in vollem Umfang zu beachten sind, „wenn die Vakanz des Apostolischen Stuhls durch den Amtsverzicht des Papstes (...) erfolgen sollte".[69] Seit 1294 hatte kein Papst sein Amt aufgegeben, aber das schloß diese Möglichkeit in der Zukunft nicht aus – zum Beispiel im Falle extremer Gebrechlichkeit. Da das Petrusamt kein persönliches Privileg, sondern ein Dienst ist, glaubte Johannes Paul offenbar, bei der Ausarbeitung der Nachfolgeregelung die Möglichkeit eines päpstlichen Amtsverzichts berücksichtigen zu müssen.

Universi dominici gregis wurde auch kritisiert, weil das Wahlgremium für die Papstwahl wie bisher das Kardinalskollegium blieb. Seit dem II. Vatikanum kursierten Vorschläge, die Päpste sollten von einer Bischofssynode oder von den Vorsitzenden der nationalen Bischofskonferenzen gewählt werden. Johannes Paul war dagegen. Nach seiner Auffassung verbindet das Kardinalskollegium die beiden Aspekte des Petrusamtes „in einer wunderbaren Synthese": Der Papst ist der Bischof von Rom, und die Kardinäle gehören aufgrund ihrer Titularbistümer in Rom und Umgebung formell dem römischen Klerus an. Der Papst ist aber auch der Hirte der Universalkirche, und die Zusammensetzung des Kardinalskollegiums – 120 Wähler aus allen Kontinenten – entspricht der Universalität der Kirche. Eine „tausendjährige Praxis" bestätigt dieses einzigartige Gremium, dem die Wahl des Papstes übertragen ist.[70]

Politik durch Personalentscheidungen

Die Ernennung von Bischöfen für wichtige Bistümer beweist, daß durch Personalentscheidungen – nicht nur im weltlichen, sondern auch im kirchlichen Bereich – häufig Politik gemacht wird. Diese Maxime der Unternehmensführung wurde bestätigt durch entscheidende Ernennungen, die Johannes Paul um die Mitte der 90er Jahre für zwei der wichtigsten Ortskirchen des Weltkatholizismus vornahm. Am 13. April 1995 wurde der 50jährige Christoph Schönborn OP, Weihbischof von Wien und einst Chefredakteur des *Katechismus der katholischen Kirche*, zum Koadjutor des Erzbischofs der österreichischen Hauptstadt ernannt, dem er am 14. September 1995 als Erzbischof nachfolgte.[71] Am 8. April 1997 wurde der 60jährige Francis George OMI, der erst seit elf Monaten Erzbischof von Portland (Oregon) war, zum neuen Erzbischof von Chicago ernannt. Erzbischof George wurde der Nachfolger von Kardinal Joseph Bernardin, dessen Zeugnis vor seinem Tod im Herbst des vorausgehenden Jahres für Millionen Amerikaner ein bewegendes Erlebnis gewesen war.

Nach ihrer äußeren Erscheinung und Herkunft waren diese beiden Männer sehr verschieden. Schönborn entstammte einer der vornehmsten Familien Europas; George kam aus der amerikanischen Mittelschicht. Schönborn, ein hochgewachsener Mann, trat mit aristokratischer Ungezwungenheit auf; George, eine eher schmächtige Gestalt, hatte eine spinale Kinderlähmung hinter sich, mußte daher eine Beinstütze tragen und hinkte. Doch abgesehen vom Äußeren gab es zwischen ihnen große Ähnlichkeiten, die Johannes Pauls Vorstellung von einem Bischof des 21. Jahrhunderts illustrierten. Beide Männer verfügten über eine beträchtliche Erfahrung als akademische Lehrer. Beide waren ernstzunehmende, mit der zeitgenössischen Philosophie und Theologie vertraute Intellektuelle und besaßen hervorragende Kenntnisse in der Lehre der Kirche; diese war, wie Erzbischof George bei seiner ersten Pressekonferenz in Chicago erklärte, weder „liberal" noch „konservativ", sondern wahr. Beide engagierten sich für das Modell des Bischofs als eines Missionars, hatten keine Probleme im Umgang mit den Medien und genossen den offenen Meinungsaustausch einer Diskussion. Beide waren Männer, bei denen Freunde und Besucher die Gelassenheit spürten, die aus intensivem Beten erwächst, doch ihre Gesellschaft war angenehm, weil sie sowohl aufmerksam zuhörten als auch gute Gesprächspartner waren, und sie waren eifrige Priester ohne jeden Klerikalismus.

Johannes Pauls dritte größere Neuorganisation des höheren Kurienpersonals machte den zentralen Verwaltungsapparat der Kirche noch internationaler und brachte Männer mit umfassender pastoraler Erfahrung und offenkundigen intellektuellen Interessen in Führungspositionen. Am 15. Juni 1996 wurde Dario Castrillón Hoyos von Kolumbien zum Präfekten der Kongregation für den Klerus ernannt. Mit 42 Jahren zum Bischof geweiht, war er von 1983 bis 1987 Generalsekretär des Lateinamerikanischen Bischofsrates (CELAM) und 17 Jahre lang Diözesanbischof gewesen. Eine Woche später, am 21. Juni, ernannte Johannes Paul den Chilenen Jorgé Arturo Medina Estévez, Bischof von Valparaiso, zum Präfekten der Kongregation für den Gottesdienst. Im August 1996 wurde der Gastgeber des Weltjugendtages 1993, Erzbischof J. Francis Stafford von Denver, als Präsident des Päpstlichen Rates für die Laien nach Rom gerufen (Staffords Nachfolger in Denver wurde der erste US-Erzbischof indianischer Herkunft, Charles J. Chaput, ein Kapuziner).

Die Neuorganisation ging 1997 weiter mit der Ernennung eines Mexikaners, Bischof Javier Lozano Barragán von Zacatecas, zum Präsidenten des Päpstlichen Rates für die Pastoral im Krankendienst und wurde in der ersten Jahreshälfte 1998 abgeschlossen. Kardinal Roger Etchegaray wurde hauptamtlich Präsident des Komitees für das Große Jubeljahr 2000; zum Kardinalbischof befördert, erhielt er das Titularbistum des Kardinals Agostino Casaroli, der am 8. Juni 1998 im Alter von 83 Jahren gestorben war. Etchegarays Nachfolger als Präsident des Päpstlichen Rates für Gerechtigkeit und Frieden, Erzbischof François Xavier Nguyen Van Thuan, trug ein aus Holz und Draht hergestelltes Brustkreuz, ein Andenken an die 13 Jahre, die er in einem vietnamesischen Gefängnis verbracht hatte. Im Juni 1998 akzeptierte Johannes Paul den Amtsverzicht eines seiner engsten Mitarbeiter, Kardinal Bernardin Gantins aus Benin, der über 14 Jahre Präfekt der Kongregation für die Bischöfe gewesen war; der vornehme Afrikaner blieb Dekan des Kardinalskollegiums. Gantins Nachfolger war ein brasilianischer Dominikaner, Kardinal Lucas Moreira Neves, der in den 80er Jahren als Sekretär (d. h. stellvertretender Präfekt) der Kongregation für die Bischöfe fungiert hatte, bevor er 1987 als Erzbischof von São Salvador da Bahia und Primas von Brasilien in sein Geburtsland zurückgekehrt war. Die zentrale Leitung der Kirche wurde weiter internationalisiert durch die Ernennung von Bischof Stephen Fumio Hamao von Yokohama zum Präsidenten des Päpstlichen Rates der Seelsorge für die Migranten und Menschen unterwegs und des portugiesischen Kurienbeamten José Saraiva Martins zum stellvertretenden Präfekten der Kongregation für die Selig- und Heiligsprechungsprozesse.

Gleichzeitig mit dieser Neuordnung der Kurie gestaltete Johannes Paul auch die päpstliche Hausverwaltung um, so daß sie den Anforderungen des bevorstehenden Jubeljahrs genügen konnte. Er brach mit der jahrhundertelangen Orientierung an Präzedenzfällen, als er einen Amerikaner, Msgr. James Harvey, zum Präfekten des Päpstlichen Hauses ernannte. Harvey, in Milwaukee geboren, war vorher im Staatssekretariat Chef der englischen Sektion und dann Assessor für allgemeine Angelegenheiten (d. h. Stellvertreter des *Sostituto*, der praktisch päpstlicher Stabschef ist). Um die Arbeit der Präfektur, die für alle Papstaudienzen – öffentliche und private – zuständig ist, enger mit der Arbeit der päpstlichen Privatgemächer zu verbinden, ernannte Johannes Paul Msgr. Stanisław Dziwisz, seinen Privatsekretär, zum Stellvertretenden Präfekten des Päpstlichen Hauses. Sowohl Msgr. Harvey als auch Msgr. Dziwisz wurden zu Bischöfen ernannt, ebenso ein weiterer langjähriger Mitarbeiter, Msgr. Piero Marini, der Zeremonienmeister für die liturgischen Feiern des Papstes. Am 19. März 1998 weihte Johannes Paul alle drei Männer im Petersdom zu Bischöfen. In einer der ergreifendsten Zeremonien seines Pontifikats dankte er ihnen für ihre jahrelange Unterstützung. Ein besonderes Wort des Dankes galt seinem Sekretär Dziwisz, den er 35 Jahre zuvor zum Priester geweiht hatte, denn dieser habe während seines ganzen Pontifikats „Plagen und Freuden, Hoffnungen und Ängste" mit ihm geteilt.[72] Diese beispiellosen Anordnungen, die bei den traditionellen Bürokraten der Kurie Mißfallen erregten, weckten den koboldhaften Sinn für Humor, den Johannes Paul und sein Sekretär gemeinsam haben. An dem Tag, als die Veränderungen öffentlich bekanntgegeben wurden, rief Dziwisz, der seit über 30 Jahren dem Papst am nächsten stand, Harvey an, der nun in der vatikanischen Organisationsstruktur sein Vorgesetzter war: „Ich wollte Ihnen nur sagen, daß ich im Entgegennehmen von Befehlen sehr gut bin." Einige Tage später gingen Johannes Paul und Harvey gemeinsam zu einer Audienz, als Johannes Paul, der von dem Murren der Kurie über einen amerikanischen Präfekten des Päpstlichen Hauses wußte, nachdenklich auf italienisch murmelte: „*Il Prefetto ... Americano ... impossibile!*" [Der Präfekt ... ein Amerikaner ... unmöglich!] ... „*Un Aggiunto ... Polacco ... peggio ancora!*" [Ein Stellvertretender Präfekt ... aus Polen ... noch schlimmer!]

Drei Wochen nach der Bekanntgabe dieser Veränderungen bei der päpstlichen Hausverwaltung hielt Johannes Paul sein siebtes Konsistorium ab, um neue Mitglieder in das Kardinalskollegium aufzunehmen. 20 Männer empfingen das Kardinalsbirett; zwei weitere ernannte der Papst *in pectore* [im Herzen], d.h. ohne ihre Namen öffentlich bekanntzugeben. Zu den neuen Kardinälen zählten die Erzbischöfe Schönborn von Wien und George von Chicago; die neuen Chefs von Kurienbehörden Dario Castrillon Hoyos, Jorgé Medina Estévez und J. Francis Stafford; sowie die Erzbischöfe von Palermo, Genua, Mexico City, Toronto, Lyon, Daressalam, Madrid und Belo Horizonte in Brasilien. Ein im Ruhestand lebender polnischer Missionsbischof in Sambia, Adam Kozłowiecki SJ, erhielt das Kardinalsbirett im Alter von 86 Jahren, ferner fünf hochbetagte Würdenträger der Kurie und der Bischof von Kaohsiung, der erste Kardinal in Taiwan.[73]

EIN SOMMER DER APOSTOLISCHEN SCHREIBEN

Am 25. Mai 1998, eine Woche nach seinem 78. Geburtstag, wurde Johannes Paul II. zum am längsten amtierenden Papst des 20. Jahrhunderts und übertraf damit Pius XII., der 19 Jahre und 7 Monate amtiert hatte. Die wichtigen Lehrdokumente von Pius XII. waren alle vor dem elften Jahrestag seiner Wahl erschienen; in den letzten Jahren seines Pontifikates war er fast zu einem Einsiedler geworden. Johannes Pauls 20. Jahr auf dem Stuhl Petri war gekennzeichnet durch einen Wirbel von Lehrdokumenten und ein Tempo der Aktivität, das – obschon durch seine körperlichen Probleme etwas verlangsamt – Männer, die 30 Jahre jünger waren, weiterhin erschöpfte.

Boris Jelzin, der Präsident der GUS, kam am 10. Februar zu einem 50minütigen Gespräch mit dem Papst in den Vatikan; dabei lud er, wie schon Michail Gorbatschow, ihn ein, Rußland zu besuchen. Aber ohne eine Einladung seitens der russisch-orthodoxen Kirche und angesichts der ökumenischen Verpflichtungen des Papstes war eine solche Reise nicht möglich. Jelzin und seine Familie waren von Johannes Paul begeistert. Der russische Präsident erörterte mit ihm sowohl die innere Lage Rußlands als auch Fragen der europäischen Sicherheit. Der Papst hingegen betonte, wie wichtig es sei, das Große Jubeljahr 2000 in Übereinstimmung mit beiden „Lungen" der Kirche, dem Osten und dem Westen, zu feiern.[74]

Johannes Paul bemühte sich erneut um deutschsprachige Katholiken, als er im Juni 1998 nach Österreich reiste; es war sein 83. Pastoralbesuch außerhalb Italiens. In einer Ansprache vor der österreichischen Bundesregierung, den

Abgeordneten und dem diplomatischen Korps in der Wiener Hofburg erklärte er, Österreich sei „vom Grenzland zum Brückenland" geworden, das enge Verbindungen zu den neuen Demokratien Ostmitteleuropas habe. Deshalb sollte man vielleicht weniger von einer „Osterweiterung" als vielmehr von einer „Europäisierung des gesamten Kontinents" sprechen. Johannes Paul betonte auch, Europa müsse sich mit den Wurzeln des Antisemitismus auseinandersetzen, die noch nicht alle ausgerissen seien. In seiner Predigt im Salzburger Dom am 19. Juni sprach er die zerstrittene österreichische Kirche leidenschaftlich an: „Das Herz des Hirten aus Rom schlägt für euch alle! Verlaßt die Herde des Guten Hirten nicht! Tretet nicht aus (...)! Der Papst zählt auf euch! (...) Er traut eurer Jugend zu, dem alten Europa wieder ein christliches Gesicht zu geben." Pater Tadeusz Styczeń, der ehemalige Student und Nachfolger Karol Wojtyłas in Lublin, meinte, der Papst sei ihm „noch nie so durchsichtig" erschienen wie während seines Österreichbesuchs 1998. Er lebte jetzt sichtlich den Weg des Kreuzes. Was immer das Zentrum seines geistlichen Lebens gewesen, früher aber von seiner großen Vitalität verdeckt worden war, lag nun offen.[75] Vier Monate nach dem Papstbesuch, im Oktober 1998, forderte eine nationale Versammlung von Delegierten österreichischer Katholiken in Salzburg die Weihe verheirateter Männer zu Priestern und von Frauen zu Diakonen, die Zulassung von wiederverheirateten Geschiedenen zur Kommunion, individuelle Gewissensentscheidungen in Fragen der Empfängnisverhütung und beschleunigte Verfahren für Männer, die auf ihr Priesteramt verzichten wollten, um zu heiraten.[76] Die Neuevangelisierung Europas, die dem Papst so wichtig war, spielte in den Salzburger Resolutionen keine herausragende Rolle.

Unmittelbar vor dem Österreichbesuch des Papstes waren die Bewohner des Vatikans erschüttert und Johannes Paul erlitt einen persönlichen Verlust, als Oberst Alois Estermann, soeben zum Befehlshaber der Schweizergarde ernannt, zusammen mit seiner Ehefrau in seiner Wohnung im Vatikan von einem unzufriedenen Gardisten ermordet wurde. Estermann war am 13. Mai 1981 ins Papamobil gesprungen, um den getroffenen Johannes Paul vor weiteren Kugeln zu schützen, und seither hegte der Papst für ihn eine besondere Zuneigung. Der Mörder, Cedric Tornay, der nach der Erschießung Estermanns und seiner Frau Selbstmord beging, hatte laut Aussage des päpstlichen Sprechers Navarro-Valls in einem „Augenblick geistiger Verwirrung" gehandelt. Die journalistische Gerüchteküche braute alle möglichen schauerlichen Spekulationen über diesen Mord/Selbstmord zusammen, aber Monate später konnte Navarros Analyse durch keinen Nachweis irgendeines anderen Motivs erschüttert werden.[77]

Die Kampagne der Kirche für Johannes Pauls „Kultur des Lebens" konnte am 25. Juni 1998 einen Erfolg verzeichnen, als die portugiesischen Wähler die Voraussagen der Meinungsumfragen widerlegten und ein Gesetz ablehnten, das die Abtreibung auf Verlangen bis zur 10. Schwangerschaftswoche erlaubt hätte.[78] Sieben Wochen später, am 17. August, wurde Norma McCorvey in die katholische Kirche aufgenommen. Als Klägerin „Jane Roe" bei der Entscheidung des Obersten Bundesgerichts der USA in der Sache *Roe v. Wade* von 1973 war sie in ihrem Heimatland über zwei Jahrzehnte lang das herausragende Symbol für die Freigabe der Abtreibung gewesen.

1991 (im Erscheinungsjahr von *Redemptoris missio* und *Centesimus annus*) und 1995 (im Erscheinungsjahr von *Evangelium vitae* und *Ut unum sint*) sagten manche Katholiken im Scherz, sie seien Mitglieder im „Klub für die Enzyklika des Monats". Im Juli 1998 witzelten diese Kreise über den „Klub für das apostolische Schreiben der Woche", als Johannes Paul innerhalb von 24 Tagen drei wichtige Schreiben veröffentlichte: zur Integrität der theologischen Lehre, zum besonderen Charakter des Sonntags und zur Rolle der nationalen Bischofskonferenzen.

Das apostolische Schreiben *Ad tuendam fidem* [Zum Schutz des Glaubens] wurde am 30. Juni 1998 veröffentlicht, um, wie Johannes Paul in der einleitenden Bemerkung schrieb, eine „Lücke" im kanonischen Recht zu schließen. Seit 1989 mußten Lehrer der katholischen Theologie ein Treuebekenntnis (*Professio fidei*) ablegen, durch das sie sich verpflichteten, das als wahr zu lehren, was die katholische Kirche als wahr lehrte. Der neue Codex des Kirchenrechts von 1983 hatte jedoch nicht genau festgelegt, welche Maßnahmen gegen diejenigen zu ergreifen waren, die gegen das verstießen, was sie aufgrund ihres Eides lehren sollten. Mit *Ad tuendam fidem* schloß Johannes Paul diese Lücke, indem er in die einschlägigen Canones drei Ergänzungen einfügte. Es war ein Stück rechtlicher Haushaltsführung, das in erster Linie für Kirchenrechtler interessant ist.

Von weit größerem Interesse war jedoch ein *Lehrmäßiger Kommentar zur Schlußformel der Professio fidei*, den die Glaubenskongregation gleichzeitig mit *Ad tuendam fidem* veröffentlichte. Dieser Kommentar erörterte drei Ebenen maßgebender Lehre: 1. Wahrheiten, die als von Gott geoffenbart gelten (z. B. die Wahrheiten des Glaubensbekenntnisses); 2. Wahrheiten, die mit der Offenbarung verbunden sind aufgrund „logischer Notwendigkeit" (z. B. die Verurteilung der Euthanasie in *Evangelium vitae*) oder aufgrund „geschichtlicher Notwendigkeit" (z. B. die Rechtmäßigkeit der Papstwahl); 3. Wahrheiten, die vom „authentischen ordentlichen Lehramt" des Papstes und der Bischöfe vorgelegt werden, selbst wenn sie nicht offiziell als solche definiert worden sind. Dieses aus drei Kategorien bestehende Schema war nicht neu, aber der Kommentar gab auch Beispiele für jede Ebene des maßgebenden Lehrens. Ein Beispiel für eine Wahrheit der zweiten Ebene (d. h. eine aufgrund geschichtlicher Notwendigkeit mit der Offenbarung verbundene Wahrheit) war die Erklärung Leos XIII. von 1896 über die Ungültigkeit der anglikanischen Weihen. Das löste sofort eine ökumenische Kontroverse mit den Anglikanern und eine theologische Kontroverse innerhalb des Katholizismus aus. Noch Monate danach blieb unklar, ob die im Kommentar zitierten Beispiele ebenso sorgfältig durchdacht waren wie die Definition der drei Ebenen des maßgebenden Lehrens im Kommentar.[79] Die beiden Dokumente wurden ohne Pressekonferenz veröffentlicht; weder die Bischöfe noch ihre dogmatischen Berater erhielten irgendeine Vorabinformation. Was als Bemühen um die Integrität der theologischen Lehre an katholischen Universitäten hätte präsentiert werden sollen, erschien daher in den Presseberichten als ein weiteres Scharmützel in einem innerkirchlichen Machtpoker.

Dies domini [Der Tag des Herrn] wurde am 31. Mai, dem Pfingstsonntag, unterzeichnet und am 6. Juli 1998 veröffentlicht. Dieses apostolische Schreiben „über die Heiligung des Sonntags" war weit mehr als eine mahnende Warnung an Katholiken, die beim Besuch der Sonntagsmesse nachlässig waren.[80] In Wirklichkeit war *Dies domini* eine Ergänzung zu *Laborem exercens*. In dieser Enzyklika von 1981 hatte Johannes Paul das „Evangelium der Arbeit" untersucht. In dem apostolischen Schreiben von 1998 erörterte er die Heiligung der Zeit: Der „Tag des Herrn" soll als ein Tag des Gottesdienstes, der Muße, der Ruhe und der Erholung begangen werden.

Der Sonntag, schreibt Johannes Paul, ist das „wöchentliche Ostern". Deshalb erinnert dieser Tag an die Schöpfung der Welt, nimmt die Vollendung der Weltgeschichte im Reich Gottes vorweg und weist uns auf „die tragende Achse der Geschichte" hin, die Auferstehung Christi.[81] Die moderne Praxis des „Wochenendes" erfüllt das Bedürfnis des Menschen nach Ruhe. Aber nur ein Tag, der als „Tag des Herrn" begangen wird, befriedigt voll das dem Menschen ebenfalls angeborene Bedürfnis, „zu feiern".[82]

Der weite Horizont, den der „Tag des Herrn" bietet, ermöglicht es den Menschen, in einem ganz menschlichen Sinne zu ruhen und zu feiern, denn er spiegelt den „siebten Tag der Schöpfung" wider, an dem es Gott nicht mehr um neue Schöpfungsakte ging, sondern an dem er sich „an der Schönheit des Vollbrachten" freute. Die wichtigste Schöpfung ist der Mensch, „die Krone der Schöpfung", mit dem Gott sich auf ein „Liebesbündnis" einläßt. Der „Tag des Herrn" läßt „die bräutliche Dynamik der Beziehung ahnen (...), die Gott zu dem nach seinem Bild geschaffenen Geschöpf herstellen will".[83] Indem uns der „Tag des Herrn" an unsere Anfänge und an unser Ziel erinnert, und indem er dieses Ziel auf die Befreiung bezieht, die der auferstandene Christus für uns gewonnen hat, lehrt er uns Woche für Woche, daß wir größer sind, als wir es uns vorstellen können.

In diesem Zusammenhang gesehen ist die Verpflichtung zum sonntäglichen Gottesdienst kein willkürliches, von der Kirche auferlegtes Gesetz, sondern „ein bedeutsames Element der christlichen Identität", schreibt Johannes Paul.[84] Denn der Sonntag ist nicht nur der erste Tag, sondern auch der „achte Tag", der Tag nach dem Sabbat, der Tag, der erwartungsvoll vorwärts blickt auf den Tag ohne Ende, das ewige Leben in Gemeinschaft mit Gott.[85] Darum drückt der Sonntag aus, wer wir im tiefsten Sinn unseres geschaffenen und erlösten Menschseins sind. Das „Gesetz" des Besuchs der Sonntagsmesse ist der juristische Ausdruck eines dem menschlichen Herzen eingeprägten Gesetzes.

Das dritte im Juli 1998 veröffentlichte apostolische Schreiben, *Apostolos suos* [Seine Apostel], sollte die Entwicklung der nationalen Bischofskonferenzen – einer nach dem II. Vatikanum eingeführten Neuerung im Leben der Kirche – lenken. Wieder stellten die Schlagzeilen dieses Schreiben in einen politischen Zusammenhang: „Papst sichert die Macht Roms über seine Bischöfe", schrieb die *New York Times*.[86] Wieder wurden die tieferen Probleme bagatellisiert oder ignoriert.

Die Frage, wo nationale Bischofskonferenzen und die dazugehörigen Bürokratien sich in die Theologie der Kirche einfügen, war nicht leicht zu beantworten. Das Kollegium der Bischöfe kann seine Lehrvollmacht nicht an ein untergeordnetes Gremium von Bischöfen delegieren. Andererseits hatte das II. Vatikanum auf die Bildung nationaler Konferenzen gedrängt, damit die Bischöfe eines Landes oder einer Region einander in ihrer pastoralen Arbeit unterstützen könnten. Die Frage war, welche Lehrvollmacht diese nationalen Bischofskonferenzen besaßen, zusätzlich zu ihrer Rolle als pastorale Hilfen für einzelne Bischöfe.

Apostolos suos lehrt, daß nationale Bischofskonferenzen nicht stellvertretend für die individuelle Autorität von Ortsbischöfen handeln können und daß sie ihre Autorität als Körperschaften nur dann bindend ausüben können, wenn das, was sie lehren, vom Bischof von Rom bestätigt wird. Dieses apostolische Schreiben war kein Versuch, Bischofskonferenzen „im Zaum zu halten", wie vielfach berichtet wurde. Es sprach vielmehr eine fundamentale theologische Wahrheit des II. Vatikanums aus: daß das Kollegium der Bischöfe seine Autorität unter der Aufsicht seines Oberhauptes, des Papstes, ausübt. Wenn die Kirche, wie das Konzil lehrte, eine *communio* [Gemeinschaft] ist, kann die Beziehung der nationalen Bischofskonferenzen zum Bischof von Rom nicht so verstanden werden, daß die Konferenzen „gewinnen", wenn das Papsttum „verliert". Wenn das Papsttum verliert, verlieren auch die Konferenzen – zumindest nach der Auffassung des II. Vatikanums von der Beziehung zwischen den Bischöfen und dem Bischof von Rom: Gerade die Beziehung des Kollegiums zu seinem Oberhaupt stärkt das Kollegium in seiner Autorität. Eine sorgfältige Lektüre von *Apostolos suos* ergibt: Die nationalen Bischofskonferenzen sollten sich gegen eine enge Zusammenarbeit mit Rom keineswegs wehren, sondern sich aktiv darum bemühen, daß ihre maßgeblichsten Erklärungen vom Heiligen Stuhl gebilligt und bestätigt werden. Auf diese Weise haben – so die Theologie des II. Vatikanums – diese Erklärungen teil an der Lehrvollmacht, die dem Papst und dem Kollegium der Bischöfe übertragen ist.[87]

DER ERSTAUNLICHE HEILIGE GEIST

In seiner *Dogmatischen Konstitution über die Kirche* hatte das II. Vatikanische Konzil gelehrt, charismatische Gaben – „besondere Gnadengaben", die der Heilige Geist einzelnen oder Gruppen verleiht – seien eine Quelle der Heiligkeit in der Kirche.[88] Die gewaltige Ausbreitung von Erneuerungsbewegungen im ganzen Weltkatholizismus seit dem II. Vatikanum schien dem Papst diese Lehre zu bestätigen und den empirischen Beweis dafür zu liefern, daß das Konzil vom Heiligen Geist inspiriert worden war, um die Kirche auf ein missionarisch aktives drittes Jahrtausend vorzubereiten.[89]

Wie in vergangenen Jahrhunderten hatte das explosive Wachstum von Bewegungen, die von charismatischen Individuen inspiriert waren, zu Spannungen mit der institutionellen Kirche geführt. Gemeinden und Diözesen versuchten, für Erneuerungsgruppen, die sich manchmal nur schwer in die etablierten Muster der Kirchenverwaltung einfügten, einen Platz zu finden. Als Erzbischof von Krakau war Karol Wojtyła bereit gewesen, diese Spannung auszuhalten, und das Fördern von Erneuerungsbewegungen war auch eines der Leitmotive seines Pontifikats. Der Papst lud Mitglieder dieser Bewegungen aus der ganzen Welt zur Pfingstvigil nach Rom ein, um mit ihnen einen neuen Augenblick der „kirchlichen Reife" zu feiern, versammelt um Petrus, das Symbol der Einheit der Kirche. Am 30. Mai 1998 kamen 500 000 Menschen, so daß sie über den

Petersplatz hinausquollen, hinein in die Via della Conciliazione und das Gewirr von Straßen in der Nähe des Vatikans – die größte Feier des charismatischen Elements der Kirche, die Rom jemals sah.[90]

Zeugnisse wurden abgelegt von Chiara Lubich, der Gründerin der Fokolar-Bewegung, die ihre Aufgabe darin sieht, die Einheit der Menschheit zu fördern; von Kiko Argüello, dem Führer des Neokatechumenischen Weges, der sich der Evangelisierung von Menschen, die keiner Kirche angehören, und der Neuevangelisierung von Menschen, die ihren Glauben kaum kennen, widmet; von Jean Vanier, dem Gründer der Arche-Gemeinschaft, die mit geistig Behinderten arbeitet und lebt; und von Msgr. Luigi Giussani, dem Gründer von Comunione e Liberazione, einer Erneuerungsbewegung mit Sitz in Italien, die sich über die ganze Welt ausgebreitet hat.[91] In seiner Rede sprach Johannes Paul mit geradezu biblischen Worten über das Treffen: „Was sich vor 2000 Jahren in Jerusalem ereignete, wiederholt sich gewissermaßen heute abend auf diesem Platz (...). Der Heilige Geist ist hier mit uns! Er ist die Seele dieses wunderbaren Ereignisses kirchlicher Gemeinschaft."

Es sei normal, daß es während der letzten 30 Jahre Spannungen zwischen den Bewegungen und der institutionellen Kirche gegeben habe. „Eine unerwartete Neuerung" ziehe manchmal Spannungen nach sich; sie führe bei manchen Bewegungen zu „Überheblichkeit und Anmaßung", bei Amtsträgern der Kirche zu „Vorurteilen und Vorbehalten". All das, meinte der Papst, sollte als eine „Probezeit" verstanden werden, in der die Wahrheit der anscheinend vom Geist inspirierten Gnadengaben durch die Lehrautoritäten der Kirche geprüft werde: die Bischöfe in Gemeinschaft mit dem Bischof von Rom. Jetzt beginne „ein neuer Abschnitt", in dem die Erneuerungsbewegungen „reife Früchte der Gemeinschaft und des Engagements" für die Kirche tragen würden und in dem die institutionelle Kirche erneuert werde durch das pulsierende christliche Leben von Bewegungen, die nicht aus den üblichen Strukturen der Kirche hervorgegangen seien. Für die Kirche sei „sowohl das institutionelle als auch das charismatische Element" wesentlich, und wenn das charismatische Element dem pastoralen Urteil der Bischöfe unterworfen werde, müsse die institutionelle Kirche stets bedenken: „Der Heilige Geist versetzt uns immer in Erstaunen, wenn er irgendwo eingreift. Er verursacht Ereignisse, deren Neuheit Staunen hervorruft; er verändert die Menschen und die Geschichte radikal."[92]

Wie diese neuen kirchlichen Bewegungen und Gemeinschaften im einzelnen schließlich in das rechtliche und institutionelle Gefüge der Kirche eingebaut werden würden, war eine Frage für das 21. Jahrhundert. Nichts dergleichen war je zuvor geschehen: Diese von Laien geführten Bewegungen – einige von ihnen umfaßten Männer und Frauen, die die ewigen Gelübde der Armut und Keuschheit abgelegt hatten und trotzdem einen Beruf in der Welt ausübten – waren weder traditionelle Orden noch fromme Gemeinschaften, wie man sie in jeder katholischen Pfarrgemeinde findet. Während der ganzen Kirchengeschichte waren es eher die Päpste als die Ortsbischöfe gewesen, die charismatisch inspirierte Erneuerungsbewegungen gefördert hatten.[93] Dieses Muster wurde von Johannes Paul II. übernommen. Die Konsequenzen für die Kirche im dritten Jahrtausend werden gewiß tiefgreifend und wahrscheinlich überraschend sein.

Noch einmal: Fürchtet euch nicht!

Der 20. Jahrestag der Wahl Karol Wojtyłas zum Papst, der 16. Oktober 1998, fiel in die Mitte einer außergewöhnlichen Woche. Am Sonntag davor, dem 11. Oktober, sprach Johannes Paul vor einer riesigen Gemeinde von Römern und Pilgern aus Polen, Deutschland, Frankreich, den Niederlanden, Spanien, den USA und anderswoher die selige Edith Stein – mit ihrem Karmeliterinnennamen St. Teresa Benedicta vom Kreuz – heilig. Einer der konzelebrierenden Priester, ein Mitglied der melkitischen Ostkirche, war der Vater von Teresa Benedicta McCarty, eines kleinen Mädchens, das durch die Fürbitte von Edith Stein auf wundersame Weise die Einnahme einer tödlichen Überdosis Arznei überlebt hatte.

Indem Johannes Paul „diese herausragende Tochter Israels und treue Tochter der Kirche"[94] der ganzen Welt als eine Heilige präsentierte, erhob er eine Frau zum Vorbild, die er vor Tischgästen als eine „Synthese" des 20. Jahrhunderts und dessen schwieriger Suche nach einem echten Humanismus bezeichnete.[95] Edith Stein, sagte Johannes Paul in seiner Predigt,

> ist zu der Erkenntnis gelangt, daß die Liebe Christi und die Freiheit des Menschen ineinandergreifen, denn auch *Liebe und Wahrheit gehören innerlich zusammen.* Die Suche nach Wahrheit und deren Vermittlung in Liebe waren für sie kein Gegensatz. Im Gegenteil: Sie hat verstanden, daß beide einander brauchen. (...) Schwester Teresa Benedicta vom Kreuz sagt uns allen: *Akzeptiert nichts als Wahrheit, was ohne Liebe ist! Aber akzeptiert auch nichts als Liebe, was ohne Wahrheit ist!* Eines ohne das andere wird zur Lüge, die zerstört.

Diese Tochter Israels und des Katholizismus war 1942 in den Gaskammern von Auschwitz-Birkenau gestorben, nachdem sie die Möglichkeit einer Rettung abgelehnt hatte mit dem Argument: „Warum soll ich eine Ausnahme erfahren? Ist dies nicht gerade Gerechtigkeit, daß ich keinen Vorteil aus meiner Taufe ziehen kann? Wenn ich nicht das Los meiner Schwestern und Brüder teilen darf, ist mein Leben wie zerstört." Der Papst sagte:

> Wenn wir fortan Jahr für Jahr das Gedächtnis der neuen Heiligen feiern, müssen wir uns auch an die *Shoah* erinnern, an den grausamen Plan, ein Volk zu vernichten – ein Plan, dem Millionen jüdischer Schwestern und Brüder zum Opfer fielen. Der Herr lasse über sie sein Angesicht leuchten und schenke ihnen seinen Frieden (vgl. 4. Mose 6,25 f.).[96]

Dadurch schien der Papst anzudeuten: Mit der Heiligsprechung Edith Steins, der hl. Teresa Benedicta vom Kreuz, war das Gedenken an alle jüdischen Märtyrer der *Shoah* zu einem Bestandteil des liturgischen Jahresrhythmus des katholischen Lebens geworden.[97]

Am darauffolgenden Sonntag, 18. Oktober, beging Johannes Paul mit einer weiteren Messe auf dem Petersplatz den 20. Jahrestag seiner Wahl zum Papst und den 40. Jahrestag seiner Weihe zum Bischof. Die Feier wurde von der Diözese Rom ausgerichtet. Rund 40 Kardinäle, 100 Bischöfe und 800 Priester, viele aus römischen Pfarrgemeinden, konzelebrierten mit dem Papst die Messe. In einem prächtigen grün- und goldfarbenen Meßgewand, einem Geschenk der römischen Kirchen, predigte Johannes Paul vor über 100 000 Zuhörern über den Evangeliumstext dieses Sonntags: „Wird der Menschensohn, wenn er kommt, auf der Erde noch Glauben vorfinden?" (Lukas 18,8)

Diese Frage, sagte der Papst, fordere seit nahezu 2000 Jahren jeden Bischof von Rom heraus. Sie sei unlösbar verbunden mit der Frage, die Christus nach der Auferstehung an Petrus richtete: „Liebst du mich?" (Johannes 21,17) Dasselbe habe Christus am Nachmittag des 16. Oktober 1978 den Erzbischof von Krakau gefragt. Die Frage an jenem Tag habe gelautet: „Nimmst du deine kanonische Wahl zum Papst an?" Aber in dieser juristischen Formel stecke die Frage Christi aus dem Evangelium: „Liebst du mich?" – eine Frage, die zugleich faszinierend und erschreckend sei, denn Christus zu lieben bedeute, seinen Weg des Kreuzes zu gehen:

> Nach zwanzig Dienstjahren auf dem Stuhl Petri kann ich nicht umhin, mir heute einige Fragen zu stellen: Bist du all dem nachgekommen? Bist du ein fleißiger und wachsamer Lehrer des Glaubens in der Kirche gewesen? Hast du den Menschen von heute das große Werk des II. Vatikanischen Konzils nahezubringen gesucht? Warst du bestrebt, den Erwartungen der Gläubigen in der Kirche gerecht zu werden und auch jenem Hunger nach Wahrheit, der außerhalb der Kirche in der Welt zu spüren ist?[98]

Daß der Papst sich nach 20 Jahren diese Fragen stellte, war ein ergreifendes Zeugnis für seine Demut und sein andauerndes Verantwortungsbewußtsein. Als Kinder aus einer römischen Pfarrgemeinde ihm nach der Messe Geschenke überreichten und er eines nach dem anderen umarmte, wurden die Emotionen des Augenblicks übermächtig: Die Kinder weinten, der Papst vergoß Tränen, und ebenso Tausende auf dem Petersplatz. Der athletische, kraftvolle Johannes Paul II. des Jahres 1978 gehörte der Geschichte an. Diejenigen, die ihn jetzt beobachteten, sahen etwas, das noch mehr überzeugte: Ein Mensch, der sich so offenkundig im Dienst für seinen Herrn verzehrte, fragte immer noch: „Habe ich genug geliebt?"

Einige Tage später sagte Johannes Paul, als Antwort auf die Glückwünsche eines Tischgastes, mit einem Ausdruck des Erstaunens: „20 Jahre Papst ..., 40 Jahre Bischof ..."[99]

Prophet des 21. Jahrhunderts

Die Heiligsprechung Edith Steins und eine an Emotionen reiche Feier des 20jährigen Pontifikats rahmten eine Woche ein, in der auch Johannes Pauls 13. Enzyklika, *Fides et ratio* [Glaube und Vernunft], veröffentlicht wurde; sie wurde am 15. Oktober 1998 bei einer Pressekonferenz vorgestellt. Die Wahl des Zeitpunkts hätte nicht passender sein können.

Es war die erste größere Erklärung eines Papstes zum Verhältnis von Glaube und Vernunft seit fast 120 Jahren. Das I. Vatikanische Konzil hatte 1869/70 verkündet, daß Gott mit der menschlichen Vernunft erkannt werden könne, und die Enzyklika *Aeterni patris* Leos XIII. von 1879 hatte die Philosophie und Theologie des Thomas von Aquin zum Modell einer Synthese von Glauben und Vernunft erklärt. Aber seit dem späten 19. Jahrhundert hatte sich viel geändert – vor allem war die Zuversicht der Philosophie, die Wahrheit der Wirklichkeit erkennen zu können, drastisch geschwunden.

Was der Papst die „falsche Bescheidenheit" der Philosophie nennt, hatte sie davon abgehalten, die großen Fragen zu stellen: Warum gibt es etwas und nicht nichts? Was ist gut und was ist böse? Was ist Glück und was Illusion? Was wird nach diesem Leben sein?[100] Diese „falsche Bescheidenheit" hatte nicht nur die wahre Berufung der Philosophie, nämlich der Wahrheit zu dienen, herabgewürdigt, sondern auch die Tür für eine Kultur geöffnet, die von verschiedenen Formen menschlicher Hybris beherrscht wird: von einer Instrumentalisierung anderer menschlicher Wesen, von einem falschen Glauben an die Technik, vom Triumph des Willens zur Macht. Die tödlichen Auswirkungen dieser Formen falschen Stolzes entstellen das 20. Jahrhundert.[101] Es ist höchste Zeit, meint Johannes Paul, daß die Philosophie jenes Gefühl für Scheu und Erstaunen zurückgewinnt, das sie zur transzendenten Wahrheit führt. Die Alternative wäre ein weiteres Jahrhundert der Tränen.

Eine auf die transzendente Wahrheit ausgerichtete Philosophie ist auch für die Religion entscheidend, schreibt Johannes Paul. Die griechische Philosophie der Antike trug dazu bei, die Religion vom Aberglauben zu reinigen. Die Versuchung, dem Aberglauben anheimzufallen, ist jedoch immer vorhanden; sie tritt manchmal in Gestalt des Anspruchs auf, der Glaube sei einer Analyse durch die Vernunft nicht unterworfen. In der heutigen Kultur hat das zu der Behauptung geführt, Glaube sei ausschließlich eine Sache der Empfindung und Erfahrung.[102] Unter Berufung auf Augustinus lehnt Johannes Paul einen solchen „reinen Glauben" [Fideismus] rundweg ab: „Glauben ist nichts anderes als zustimmend denken (...). Jeder, der glaubt, denkt; wenn er glaubt, denkt er, und wenn er denkt, glaubt er (...). Wenn der Glaube nicht gedacht wird, ist er nichts."[103] An der Schwelle zum 21. Jahrhundert, das wahrscheinlich stark vom Wiederaufleben des religiösen Glaubens beeinflußt sein wird, spielt diese Aufforderung zu einem vernünftigen Glauben tatsächlich eine große Rolle. Wenn Glaube und Vernunft nicht zusammenwirken, wird ein Wiederaufleben der religiösen Überzeugung keine sichere Grundlage für die menschliche Würde liefern. Denn diese Würde, so Johannes Paul, gründet letzten Endes in der Fähigkeit des Menschen, die Wahrheit zu erkennen, ihr zu folgen und nach ihr zu leben.

Jenen „postmodernen" Theoretikern, die der Religion nur deshalb einen Platz am Tisch des geistigen Lebens zugestehen wollen, weil die religiöse Wahrheit eine mögliche Wahrheit neben anderen ist, sagt Johannes Paul: „Nein, danke." Wenn das Denken nicht offen für das ist, was *Fides et ratio* „die letzte Wahrheit über das Dasein"[104] nennt, wird es sich zwangsläufig in sich selbst zurückziehen und im Gefängnis des Solipsismus eingeschlossen bleiben. Die Vermählung der antiken griechischen Philosophie mit der christlichen Theologie in den ersten Jahrhunderten des ersten Jahrtausends lehrte uns eine bessere Weisheit: Die Menschen vermögen zu erkennen, was wahr, was schön und was gut ist, auch wenn sie es nie vollständig zu erkennen vermögen. Die Wiederentdeckung dieser Zuversicht, erklärt Johannes Paul, ist für die Neugründung eines wahren Humanismus im dritten Jahrtausend unerläßlich. Der Weg zu einem weiseren, edleren und humaneren 21. Jahrhundert führt über die Begegnung von Athen und Jerusalem in den ersten Jahrhunderten.

Für die tragische Trennung von Vernunft und Glaube, von Naturwissenschaften und Religion, von Philosophie und Theologie sind nach Auffassung des Papstes nicht nur die Philosophen, sondern auch die Theologen verantwortlich. Wenn Theologen die Vernunft herabsetzen und Philosophen die Möglichkeit der Offenbarung bestreiten, werden beide geschwächt, verarmt die Menschheit und wird die Entwicklung eines wahren Humanismus vereitelt. „Glaube und Vernunft", schreibt Johannes Paul, „sind wie zwei Flügel, mit denen sich der menschliche Geist zur Betrachtung der Wahrheit erhebt".[105] Wir können sicher sein, erklärt er in *Fides et ratio,* daß wir mit beiden Flügeln in das vor uns liegende Jahrtausend fliegen müssen. Das Streben nach Wahrheit ist uns angeboren. Und die Größe des Menschen, so schließt Johannes Paul, besteht darin, daß er sich entscheiden kann,

> sich dadurch in die Wahrheit einzufügen, daß er im Schatten der Weisheit seine Wohnung errichtet und in ihr wohnen bleibt. Erst in diesem Wahrheitshorizont wird er begreifen, wie sich seine Freiheit im Vollsinn entfaltet und daß er zur Liebe und zur Erkenntnis Gottes berufen ist. Darin liegt seine höchste Selbstverwirklichung.[106]

20 Jahre, nachdem er sein Pontifikat mit dem Fanfarenruf „Fürchtet euch nicht!" begonnen hatte, verkündete Johannes Paul II. in *Fides et ratio* weiterhin ein Evangelium des Mutes. „Fürchtet euch nicht vor der Vernunft!" erklärt die Enzyklika. Fürchtet euch nicht vor der Wahrheit! Denn die Wahrheit wird Illusionen vertreiben und die Menschheit im tiefsten Sinne des Wortes befreien. Der Papst der Freiheit, der Papst eines neuen Humanismus, war seiner Vision 20 Jahre lang treu geblieben. Er hatte die Erwartungen von Zweiflern und Gegnern gleichermaßen widerlegt und die katholische Kirche zum obersten institutionellen Verteidiger der Menschenrechte und der menschlichen Vernunft gemacht. Dadurch hatte er dazu beigetragen, eine menschlichere Zukunft zu ermöglichen, und war zum Propheten des 21. Jahrhunderts geworden.

EPILOG

Das dritte Jahrtausend

"Die Sonne aufgehen sehen"

Am Abend des 13. November 1994 versammelten sich in einem kleinen Salon der päpstlichen Gemächer Johannes Paul II. und fünf Gäste, um über das Geheimnis der Erwähltheit nachzudenken.

Der Anlaß war die Erstaufführung eines Dramas für eine Person, das Danuta Michałowska, eines der ersten Mitglieder des Rhapsodischen Theaters, geschrieben und gespielt hatte. Die Tatsache, daß der hl. Augustinus, ein Liebhaber von Vergils *Äneis*, Mitleid für die Frau geäußert hatte, die Äneas auf Befehl Jupiters verließ, hatte Frau Michałowska tief beeindruckt. Aber was war aus der Frau geworden, die Augustinus selbst verließ, aus der Konkubine, mit der er jahrelang zusammenlebte, die ihm den Sohn Adeodatus gebar und die in seinen *Bekenntnissen* kein einziges Mal erwähnt wird? Aus dem phantasievollen Versuch, sich in die Lage dieser Frau-ohne-Namen zu versetzen, die in das Geheimnis von Gottes Plan mit Augustinus verwickelt war und ihren Platz in diesem Plan zu begreifen suchte, entstand Danuta Michałowskas Drama *Ich ohne Namen*.

Vor der Aufführung hatte Frau Michałowska die römische Basilika San Paolo fuori le mura besucht. Sie hörte, daß etwas im Gange war, dachte, es könnte der Beginn einer Messe sein, und befand sich plötzlich an der Peripherie eines Trauergottesdienstes mit einem Sarg, einem Priester und vielleicht 20 Menschen. Hinter der kleinen Gemeinde sitzend, dachte Danuta Michałowska an das Begräbnis ihrer Frau-ohne-Namen – für die sie inzwischen den (ursprünglichen) Namen der Geliebten des Äneas, Elissa, verwendete – und stellte sich vor, es könnte diesem Begräbnis ähnlich gewesen sein: ein Tod, von dem die Geschichte nichts berichtet, eine kleine Gruppe von Trauernden, eine etwas armselige Zeremonie. Danuta erinnerte sich an die Tränen, die sie beim Schreiben ihres Dramas vergossen hatte, und begann für die Frau-ohne-Namen – für ihre „Elissa" – zu beten. Da hörte sie, wie der Priester im Trauergottesdienst sagte: „Lasset uns beten für Elissa ..."

Der 13. November 1994 war der 1640. Geburtstag des Augustinus. Nachdem Frau Michałowska für den Papst und seine Gäste *Ich ohne Namen* gespielt hatte, lud Johannes Paul die Autorin und Schauspielerin samt dem kleinen Publikum zum Abendessen ein. Das Drama seiner alten Freundin hatte ihn bewegt. Er habe, so erinnerte er sich, ein ähnliches Gefühl gehabt, daß Gott ihn auserwählt habe, daß der Finger Gottes auf sein Leben zeige. Das war nicht unbedingt jene Art von Erwähltheit, die man sich aussuchen würde. Neben ihren Gaben hatte diese Erwähltheit etwas Ehrfurchtgebietendes, ja Schreckliches an sich. Dazu gehörten unbekannte Wege, seltsame Umstände, das Unerwartete und das Tragische. Wie Augustinus und die Frau-ohne-Namen hatte er begriffen, daß er im Grunde nicht der Herr seines Lebens war.

Was ihm – und den Menschen, die sein Leben beeinflußt und geformt hatten – passiert war, hatte einen Grund. Genau wie bei Augustinus und dem „Ich ohne Namen".[1]

IN ZAHLEN

Zahlen können niemals die Wahrheit über das Innenleben eines Menschen enthüllen. Aber Zahlen können den Wirkungsbereich seiner Aktivität illustrieren. Die Zahlen, um die es beim Pontifikat Johannes Pauls II. geht, sind atemberaubend.

Am 16. Oktober 1998, dem 20. Jahrestag seiner Wahl zum Papst, hatten in fast 2000 Jahren nur zehn seiner Vorgänger länger amtiert als Karol Wojtyła. In zwei Jahrzehnten hatte er 84 Auslandsreisen und 134 Pastoralbesuche innerhalb Italiens unternommen; dabei hatte er über eine Million Kilometer – 2,8mal die Entfernung zwischen der Erde und dem Mond – zurückgelegt. Während 720 Reisetagen außerhalb Roms hatte er 3 078 Reden und Predigten gehalten und dabei – unmittelbar oder über die Medien – zu Hunderten von Millionen Männern, Frauen und Kindern gesprochen. Kein Mensch in der Weltgeschichte hatte sich jemals an so viele Menschen in so verschiedenen kulturellen Umfeldern gewandt. In Rom selbst hatte er über 700 Pastoralbesuche gemacht und dabei Gefängnisse, Universitäten, religiöse Einrichtungen, Klöster, Priesterseminare, Pflegeheime, Krankenhäuser und 274 der 325 Pfarreien der Diözese besucht.

Bis zum 20. Jahrestag seines Pontifikats hatte er im Rahmen seines Lehramts 13 Enzykliken, neun apostolische Konstitutionen, 36 apostolische Schreiben, 15 weitere offizielle Briefe an besondere Personen oder Gruppen (darunter seine wegweisenden Briefe an die Frauen und die Kinder), neun nachsynodale apostolische Schreiben sowie 600 *Ad-limina*-Ansprachen und Tausende von Ansprachen für öffentliche Audienzen verfaßt. Die *Insegnamenti di Giovanni Paolo II*, die gedruckten Aufzeichnungen seines Lehramts, nehmen in den Regalen der Bibliotheken drei laufende Meter ein. Johannes Paul war auch verantwortlich für zwei neue Codizes des kanonischen Rechts und für den *Katechismus der katholischen Kirche*, das erste Dokument seiner Art seit mehr als 400 Jahren. In 144 Zeremonien hatte er an den universalen Ruf zur Heiligkeit erinnert, 798

Männer und Frauen seliggesprochen und 280 neue Heilige in den Kanon aufgenommen.

Im Lauf von zwei Jahrzehnten führte er den Vorsitz und beteiligte sich aktiv bei fünf ordentlichen Bischofssynoden, einer außerordentlichen Synode und sechs Sondersynoden. Außerdem besprach er sich regelmäßig und ausführlich mit den Bischöfen der Welt bei ihren alle fünf Jahre stattfindenden *Ad-limina-*Besuchen in Rom.

Von Oktober 1978 bis Oktober 1998 hielt er 877 Generalaudienzen ab, an denen 13 833 000 Menschen teilnahmen; zusätzlich empfing er jedes Jahr weitere 150-180 000 Besucher in besonderen Gruppenaudienzen. Nimmt man pro Tag durchschnittlich fünf Privataudienzen an, dann übersteigt die Summe dieser intimeren persönlichen Begegnungen ohne weiteres 15 000 – und darin sind seine täglichen Gespräche mit Gästen beim Mittag- und Abendessen, in den päpstlichen Gemächern oder bei seinen Auslandsreisen, noch nicht enthalten.

In sieben Konsistorien hatte er 159 neue Kardinäle ernannt. Nach 20 Jahren seines Pontifikats waren 101 der 115 im Konklave wahlberechtigten Mitglieder des Kardinalskollegiums von ihm ausgewählt. Während des gleichen Zeitraums ernannte er auch etwa 2 650 von insgesamt rund 4 200 Bischöfen der katholischen Kirche.

Während der ersten 20 Jahre seines Pontifikats nahm der Heilige Stuhl mit 64 Ländern diplomatische Beziehungen auf Botschafterebene auf und stellte mit sechs weiteren solche Beziehungen wieder her, so daß die Zahl der Länder, zu denen der Heilige Stuhl volle diplomatische Beziehungen unterhielt, sich auf insgesamt 168 erhöhte.

Johannes Paul II. hatte das institutionelle Gesicht der Kirche umgestaltet, indem er 1988 die römische Kurie neu organisierte und indem er für neue Bedürfnisse neue Organe schuf, zum Beispiel 1984 die Stiftung Johannes Paul II. für die Sahelzone, 1992 die Populorum-Progressio-Stiftung für Lateinamerika und 1994 zwei Päpstliche Akademien, für das Leben und für die Sozialwissenschaften. Der Papst gab auch den Anstoß für die Errichtung des Johannes-Paul-II.-Instituts für Untersuchungen über Ehe und Familie an der Päpstlichen Lateran-Universität. 1998 hatte dieses Institut Zweigstellen in Washington (D. C.), Mexico City und Valencia. Der Einfluß dieser anspruchsvollen akademischen Zentren für die katholische Moraltheologie war am 20. Jahrestag seines Pontifikats bereits zu spüren, und vieles deutet darauf hin, daß dieser Einfluß sich im 21. Jahrhundert auf die Dogmatik, die Philosophie und verwandte Gebiete ausdehnen wird.[2]

Diese Zahlen und Fakten erzählen die Geschichte einer bemerkenswerten persönlichen Energie. Sie enthalten, so darf man wohl behaupten, die noch eindrucksvollere Geschichte einer Leistung, die das Leben der katholischen Kirche – und die zahllosen kleinen Welten, die von der katholischen Kirche beeinflußt werden – bis weit ins dritte christliche Jahrtausend prägen wird.

DIE WIRKUNG

Es ist schwierig, ein Pontifikat zu beurteilen, bevor es abgeschlossen ist. In diesem Fall ist die Aufgabe etwas weniger beängstigend, denn das Pontifikat Johannes Pauls II. besteht aus einer Reihe von Variationen über das eine große Thema, das er bei seinem Amtsantritt und in seiner ersten Enzyklika, *Redemptor hominis* (1979), verkündete: den christlichen Humanismus als Antwort der Kirche auf die Krise der Weltzivilisation am Ende des 20. Jahrhunderts. Als Johannes Paul sich anschickte, die Kirche in das Große Jubeljahr 2000 zu führen, waren acht historische Leistungen seines Pontifikats zu erkennen:

1. Johannes Paul gestaltete das päpstliche Amt für das 21. Jahrhundert und das dritte Jahrtausend radikal um, indem er das Petrusamt auf seine neutestamentlichen Wurzeln zurückführte. Die Welt und die Kirche halten den Papst nicht mehr für den Geschäftsführer der römisch-katholischen Kirche; sie erleben ihn als Hirten, Missionar und Zeugen. Johannes Paul II. brach mit dem modernen Papstmodell, das er erbte, nicht nur dadurch, daß er der erste slawische Papst in der Geschichte und der erste nichtitalienische seit Jahrhunderten war, sondern dadurch, daß er einen päpstlichen Primat verwirklichte, wie ihn das Neue Testament konzipiert: Petrus als der erste Missionar der Kirche, der erste Zeuge der Kirche für die im Leben, im Tod und in der Auferstehung Jesu Christi offenbarten Wahrheiten. Man kann sich kaum vorstellen, daß ein Pontifikat des 21. Jahrhunderts zu jenem Papstmodell der bürokratischen Geschäftsführung zurückkehren könnte, das unter Pius XII. seinen Höhepunkt erreichte. Hier haben wir vielleicht das eindrucksvollste Beispiel für die Radikalität Johannes Pauls II.: Dieser Mann voll kühner Innovationen versteht unter Veränderung die Rückkehr zu den Wurzeln der Kirche, die nach seiner Überzeugung den Willen Christi für seine Kirche enthalten.

2. Diese einschneidende Erneuerung des Papstamtes kam nicht zustande durch einen persönlichen Erlaß oder aufgrund einer einzigartigen Persönlichkeit, sondern durch einen Papst, der bescheiden das Vermächtnis des II. Vatikanischen Konzils übernahm. Wer das Pontifikat Johannes Pauls II. „von innen" begreift, erkennt, daß Johannes Paul versucht, das Vermächtnis des II. Vatikanums als eines großen geistlichen Ereignisses zu sichern – des Konzils, auf dem die katholische Kirche, vom Heiligen Geist geleitet, sich mit der Moderne auseinandersetzte, indem sie ein theologisch erweitertes Bewußtsein für ihre einzigartige Mission in der Welt entwickelte.

Kein anderer Text des Konzils wird in den Lehraussagen Johannes Pauls so häufig zitiert wie die Abschnitte 22 und 24 von *Gaudium et spes*, der *Pastoralkonstitution über die Kirche in der Welt von heute* (1965). Die Verpflichtung des Papstes gegenüber dem II. Vatikanum, seine tiefe Überzeugung, daß das Konzil nicht politisch oder ideologisch, sondern religiös zu verstehen sei, und seine Auffassung vom Angebot des Konzils an die Welt sind in diesen beiden Abschnitten zusammengefaßt. In *Gaudium et spes* 22 lehrten die Konzilsväter, daß Jesus Christus das Antlitz Gottes und den wahren Sinn der menschlichen Existenz enthüllt; in *Gaudium et spes* 24 verkündete das Konzil, daß der Sinn des Lebens in der Hingabe, nicht in der Durchsetzung des Ich liegt. Das in das menschliche Herz eingeschriebene Gesetz des Gebens ist ein Ausdruck der sich hingebenden Liebe, die das innere Leben Gottes – des Vaters, des Sohnes und des Heiligen Geistes – ausmacht. Wer nach dem Gesetz des Gebens lebt, tritt schon jetzt in die Gemeinschaft mit Gott ein, für welche die Menschheit von Anfang an geschaffen ist. Hier, so sagte *Gaudium et spes* der modernen Welt, ist eine Bestimmung, die größer ist, als ihr euch vorstellen könnt. Und sie ist eure Bestimmung, weil ihr größer seid, als ihr denkt.[3]

Nach Johannes Pauls Auffassung vom II. Vatikanum sind alle anderen Initiativen des Konzils – seine Analyse des christlichen Glaubens an einen persönlichen Gott, seine Definition der Kirche als einer *communio* der Gläubigen, seine Erneuerung des Gottesdienstes, sein Dialog mit den Naturwissenschaften, mit der Demokratie und mit der sexuellen Revolution, sein Eintreten für die Religionsfreiheit als das höchste Menschenrecht – eine Weiterentwicklung dieser beiden großen Themen: Christus, der Erlöser der Welt, offenbart die erstaunliche Wahrheit über die *conditio humana* und unsere letzte Bestimmung; und die sich selbst hingebende Liebe ist der Weg, auf dem die menschliche Freiheit ihre Erfüllung im Gedeihen der Menschen findet. Bei der Umsetzung des II. Vatikanums in Krakau und in einem 20jährigen Pontifikat, das von der Überzeugung inspiriert war, daß das Konzil nach Gottes Absicht die gesamte Kirche auf einen Frühling der Evangelisierung im 21. Jahrhundert vorbereiten sollte, hat sich Karol Wojtyła dafür eingesetzt, das Vermächtnis des II. Vatikanums als des Konzils der Freiheit zu sichern. Denn er ist überzeugt, daß an der Schwelle zu einem neuen Jahrhundert und einem neuen Jahrtausend die Freiheit die große Hoffnung und das große Problem der Menschheit ist. Die im Evangelium begründete Antwort auf das Problem der Freiheit, so glaubt er, findet der Mensch im Dienen. Die Kirche kann der modernen Welt einen großen Dienst tun: sie daran erinnern, daß die Freiheit der Wahrheit zugeordnet ist und daß sie ihre Erfüllung in der Güte findet. Das meinte Christus, als er sagte, das Erkennen der Wahrheit werde die Menschen frei machen (vgl. Johannes 8,32). Das sollte die Kirche der spätmodernen Welt anbieten als den Weg, auf dem sie ihre große Hoffnung verwirklichen kann. Das strebte das II. Vatikanum an – davon war und davon ist der Papst überzeugt.

3. Diese Überzeugung inspirierte die politischen Leistungen Johannes Pauls. Seine entscheidende Rolle beim Zusammenbruch des europäischen Kommunismus darf nicht als die Leistung eines gewandten Politikers verstanden werden. Sie läßt sich nur „von innen" begreifen als die Leistung eines mutigen Hirten, der entschlossen war, den Machthabern die Wahrheit zu sagen, und der fest daran glaubte, daß die Wahrheit, wenn sie deutlich und überzeugend genug gesagt wird, die wirksamste Waffe gegen eine totalitäre Diktatur ist. Indem Johannes Paul die Revolution des Gewissens auslöste, welche die gewaltlose Revolution von 1989 gegen den Marxismus-Leninismus ermöglichte, trug er dazu bei, die politische Freiheit seiner slawischen Brüder hinter dem Eisernen Vorhang wiederherzustellen. Gleichzeitig stellte er allgemein akzeptierte Auffassungen von den bewegenden Kräften der Geschichte in Frage. Zusammen mit anderen wies er nach, daß die Geschichte von der Kultur angetrieben wird und daß das Herz der Kultur nun einmal der Kult oder die Religion ist. Indem Johannes Paul II. Hunderttausende christlicher Bekenner zu einem Zeugnis gegen die kommunistische Diktatur inspirierte, demonstrierte er in der Praxis, daß der christliche Glaube die Befreiung der Menschen herbeiführen kann.

4. Den „Vorrang der Kultur" wandte der Papst auch mit großer Wirkung auf das Streben nach Freiheit in Ostasien und Lateinamerika an, und mit dem „Vorrang der Kultur" forderte er nach dem Zusammenbruch des Kommunismus die alten und neuen Demokratien heraus. Wenn die Kultur der Motor der Geschichte ist, dann müssen sich eine freie Wirtschaft und ein demokratisches Staatswesen auf eine kraftvolle Kultur der öffentlichen Moral gründen, die stark genug ist, die gewaltigen, von der Freiheit entfesselten menschlichen Energien zu bändigen und zu lenken. In den Enzykliken *Centesimus annus, Veritatis splendor* und *Evangelium vitae* trat Johannes Paul der Freiheit der Gleichgültigkeit entgegen, um die Freiheit zum Guten zu verkünden. Dadurch gestaltete er die Soziallehre der Kirche um und erkundete das Terrain des öffentlichen Lebens im 21. Jahrhundert, in dem die Naturwissenschaften und die Technik dafür sorgen werden, daß Fragen nach der Begründung des menschlichen Lebens und nach der Zugehörigkeit zur menschlichen Gemeinschaft die soziale und politische Tagesordnung der Welt beherrschen. Freiheit ist stets ein zerbrechliches Gut. Ihre sicherste Grundlage – Johannes Paul hat immer wieder darauf hingewiesen – ist, daß die Würde eines jeden Menschen anerkannt wird, weil er Rechte besitzt, die ihm Gott verliehen hat.

Der christliche Humanismus des II. Vatikanums inspirierte auch die beispiellosen und historischen Initiativen Johannes Pauls beim Streben nach der Einheit der Christen, bei der Suche nach einem neuen Verhältnis zwischen der katholischen Kirche und dem heutigen Judentum, und beim Dialog mit anderen Weltreligionen.

5. Mit dem Pontifikat von Johannes Paul II. schloß sich die katholische Kirche, und zwar auf Dauer, der ökumenischen Bewegung an. Dabei gab sie dem Streben nach der Einheit der Christen eine neue Form. Während manche Veteranen der ökumenischen Bewegung des 20. Jahrhunderts das Streben nach einer in einem gemeinsamen Glauben verwurzelten Einheit aufgaben, beharrte der Papst darauf, daß die einzige erstrebenswerte Einheit die Einheit in der Wahrheit sei, die Christus seiner Kirche hinterließ. Gleichzeitig verlieh Johannes Paul der ökumenischen Bewegung eine neue öffentliche Stoßkraft, indem er darauf hinwies, daß das Eintreten des Christentums für die Einheit des Menschengeschlechts gefährdet sei, wenn die Kirche es nicht fertigbringe, die Einheit voll zu verwirklichen, die Christus seinen Jüngern anvertraute. Aufgrund des II. Vatikanums argumentierte Johannes Paul, die *communio* (Gemeinschaft) der Kirche sei nie gänzlich zerbrochen und alle Christen seien in einer wahren, wenn auch unvollkommenen Gemeinschaft miteinander und mit der katholischen Kirche verbunden – unabhängig davon, ob sie das nun anerkennen oder praktisch ablehnen. Der ökumenische Auftrag bestehe darin, diese unvergängliche Einheit und Gemeinschaft vollständiger auszudrücken. Protestantische und orthodoxe Christen müßten gemeinsam mit ihren katholischen Brüdern und Schwestern darüber nachdenken, wie das geschehen könne und was es für das Petrusamt bedeute, daß es der Einheit der Kirche dienen solle.

6. Für seine spektakulären Initiativen hinsichtlich der Beziehungen zwischen Katholiken und Juden wurde Johannes Paul II. vielfach gelobt, aber vermutlich wurde deren volle Tragweite nicht allgemein erkannt. Im 21. Jahrhundert stehen Katholiken und Juden vor einem neuen theologischen Gespräch, so weitreichend und tiefgründig, wie es sich über 1900 Jahre lang niemand vorstellen

konnte. Wenn die Zukunft der Freiheit davon abhängt, daß die Würde der von Gott geschaffenen menschlichen Person anerkannt wird, dann müssen die Zeugen für diese Wahrheit – die Glaubensgemeinschaften, die Abraham ihren Vater im Glauben nennen und die die Zehn Gebote als ihren fundamentalen Moralkodex betrachten – sich untereinander eingehend darüber verständigen, was es heißt, ein auserwähltes Volk zu sein, das ein Licht für die anderen Völker sein soll. Wenn irgendwann im dritten Jahrtausend gläubige Juden und Christen anfangen, wieder miteinander über Erwählung, den Gottesbund und ihre gemeinsame messianische Hoffnung zu sprechen, wird man wahrscheinlich erkennen, daß Johannes Paul II. die Grundlagen für die Wiederaufnahme dieses Dialogs geschaffen hat – als Antwort auf die Aussagen des II. Vatikanischen Konzils in *Nostra aetate*.

7. Der Weltgebetstag für den Frieden 1986 in Assisi demonstrierte am deutlichsten Johannes Pauls Überzeugung, daß jede Wahrheit mit der einen Wahrheit, nämlich Gott, verwandt ist. Diese Überzeugung bestärkte ihn auch in seinen Initiativen gegenüber dem Islam, der in der Tradition Abrahams einen besonderen Platz einnimmt, in seinem Dialog mit religiösen Führern wie dem Dalai Lama und in seinem Verhalten gegenüber anderen großen Weltreligionen. Die religiösen Überzeugungen anderer Menschen zu achten, ohne die eigenen zu kompromittieren, erscheint vielen weltlichen Zeitgenossen als unmöglich. Wenn das aber nicht möglich ist, steuert die Welt des 21. Jahrhunderts, die von wiederauflebenden religiösen Kräften geprägt sein wird, auf einen schweren Konflikt zu. Eine offenkundige Vorschau auf diesen Konflikt gab es während des ganzen Pontifikats von Johannes Paul II. – auf dem Balkan, im Sudan, im Nahen Osten, auf dem indischen Subkontinent und in Südostasien. Indem Johannes Paul an der Religionsfreiheit als Quelle und Garantie aller Menschenrechte festhielt, zeigte er eine Alternative zu religiös bedingter Gewalt und staatlich erzwungenem Säkularismus in Situationen, wo Menschen aufgrund ihrer tiefsten Überzeugungen einander bekämpfen, anstatt miteinander zu sprechen.

8. Die historische Leistung Johannes Pauls II. muß schließlich an ihrer Wirkung auf das Leben von Hunderten von Millionen – jedes für sich und „von innen" betrachtet – gemessen werden. Seit 20 Jahren inspiriert der Papst Männer und Frauen, Junge und Alte, konsequent zu befolgen, was er bei seinem Amtsantritt verkündete: „Fürchtet euch nicht!" Am Ende des achten Jahrzehnts eines Jahrhunderts der Angst, am 22. Oktober 1978, neigten zweifellos manche dazu, das als substanzlose Schwärmerei abzutun. Sie irrten sich. Jener Aufruf, ohne Angst zu leben, jenseits der Angst zu leben, den Karol Wojtyła selbst so offenkundig befolgt, veränderte das Leben unzähliger Menschen. Dadurch veränderte Johannes Paul den Lauf der Geschichte.

Nimmt man diese acht Leistungen zusammen – die Erneuerung des Papstamtes, die volle Umsetzung des II. Vatikanums, den Zusammenbruch des Kommunismus, die Klärung der moralischen Herausforderungen, mit denen die freie Gesellschaft konfrontiert ist, die Aufnahme der ökumenischen Bewegung ins Zentrum der katholischen Kirche, den neuen Dialog mit dem Judentum, die Neudefinition des interreligiösen Dialogs und die persönliche Inspiration, die das Leben zahlloser Menschen verändert hat –, dann leuchtet die These ein, daß das Pontifikat Johannes Pauls II. das bedeutendste seit der Reformation des 16. Jahrhunderts ist. Wenn die Zeit unmittelbar nach der Reformation und das Konzil von Trient die Beziehung der Kirche zur entstehenden modernen Welt bestimmten, darf man wohl behaupten, daß das II. Vatikanum – maßgeblich interpretiert durch Johannes Paul II.– die Beziehung der Kirche zur sogenannten „Postmoderne" bestimmt.

Niemand weiß, wie spätere Generationen das II. Vatikanum beurteilen werden. Werden sie es als eine Wiederholung des V. Laterankonzils (1512-1517) betrachten, eines Reformkonzils, das an seiner Aufgabe scheiterte, oder werden sie es mit Trient (1545-1563) vergleichen, einem Reformkonzil, das den Katholizismus und die Welt über vier Jahrhunderte formte? In den Texten des II. Vatikanums finden sich große und bleibende Werte. Ob künftige Jahrhunderte dieses Konzil als eine große Leistung oder als enttäuschenden Mißerfolg in Erinnerung behalten, wird davon abhängen, wie diese Texte im wirklichen Leben der Kirche umgesetzt werden.[4]

Da der Erfindergeist und die Bosheit des Menschen zweifellos Gefahren für die Menschenwürde erzeugen, kann man nur hoffen, daß infolge der heroischen Anstrengung Johannes Pauls, das Vermächtnis des Konzils zu sichern, künftige Historiker das II. Vatikanum eher mit Trient als mit dem V. Lateranum vergleichen werden. Die falsche Freiheit der Gleichgültigkeit und Überheblichkeit, die für den Westen am Anfang des 21. Jahrhunderts vielfach bezeichnend ist, wird sich möglicherweise gegen die von Johannes Paul verkündete Freiheit zum Guten durchsetzen. Die Gläubigen sind davon überzeugt, daß die Kirche trotzdem überleben wird. Doch das Streben nach Freiheit, das der Papst 1995 vor der UNO als „eine der starken Antriebskräfte in der Geschichte des Menschen" bezeichnete, wird aufs schwerste gefährdet sein.[5]

KRITISCHE BEURTEILUNGEN

1998, am 20. Jahrestag seines Amtsantritts, blieb trotz einer Fülle von Zeichen der Zuneigung und Wertschätzung offen, ob die katholische Kirche selbst die Bedeutung von Johannes Pauls Pontifikat erfaßt hatte.

Manche argumentierten, die Neigung des Papstes, „die Kirche wie ein Seminar zu leiten" (so ein Veteran der Kurie), sei daran schuld, daß die Bürokratie der römischen Kurie und viele Ortsbischöfe der Welt auf die Initiativen Johannes Pauls so träge reagierten. Andere beschuldigten den Papst, dessen Amt eigentlich der Einheit der Kirche dienen sollte, er rufe tatsächlich große Uneinigkeit im Katholizismus hervor. Zweifellos war Johannes Paul für viele katholische Intellektuelle zu einer Gestalt geworden, die sie verachteten. Schon lange vor seinem 20jährigen Jubiläum war der Mann, der 1978 als der große „fortschrittliche" Hoffnungsträger gegolten hatte, zunehmend zur Zielscheibe intellektueller Abneigung geworden, auch wenn diese Abneigung durch den Respekt vor seinen offensichtlichen Leistungen als Verteidiger der Menschenrechte gelegentlich gemildert wurde. Hinter diesen kritischen Einschätzungen durch Intellektuelle und Engagierte stand die Tatsache, daß der Weltkatholizismus sich noch kaum auseinandergesetzt hatte mit Johannes Pauls Vision einer missionarisch auftretenden und kulturformenden Kirche von Jüngern, die den universalen Ruf zur Heiligkeit im Zeugnis vor der Welt lebten und in dieser Mission unterstützt wurden von geweihten Priestern, die ihren Beruf als Dienst, nicht als Herrschaft verstanden.

Die konventionelle Kritik

Kräftig unterstützt durch die internationalen Medien und tief beeinflußt durch die politische Deutung des II. Vatikanums als eines Machtkampfes zwischen guten „Liberalen" und bösen „Konservativen", ist die konventionelle Kritik an Johannes Paul II. – nicht nur außerhalb, sondern auch innerhalb der Kirche – sattsam bekannt. Nach dieser Version ist Johannes Paul autoritär, er zentralisiert die Macht im Vatikan und verhindert die Befolgung des im II. Vatikanum erhobenen Rufes, in der Kirche erneut die kollegiale Verantwortung zu entdecken. Häufig wird dieser angeblich autoritäre Führungsstil aus der polnischen Herkunft des Papstes erklärt. Die konventionelle Kritik schildert Johannes Paul II. auch als geistigen Unterdrücker, als Frauenfeind, der für die Anliegen heutiger Frauen kein Verständnis aufbringe, und praktisch als Manichäer, dessen „starre" Sexualmoral die Sexualethik der Kirche in den Augen ihrer Gläubigen, besonders der Ehepaare, lächerlich mache.

Letzten Endes wird die Geschichte, und der Herr der Geschichte, darüber urteilen, ob dieses Bild von Johannes Paul II. Zutreffendes enthält. Das Urteil der Geschichte wird gewisse Tatsachen berücksichtigen müssen, die ernsthafte Zweifel an dieser vertrauten Kritik wecken.

Daß Johannes Paul II. sich als Mann des II. Vatikanischen Konzils versteht, ist unstrittig und aktenkundig. Daß er für das Gespräch mit den Bischöfen der Kirche mehr Zeit aufgewandt hat als irgendein anderer Papst der Neuzeit (und vielleicht in der Geschichte überhaupt), ist gleichfalls nachweisbar. Ebenso die Tatsache, daß er in die Bischofssynode eine ungeheure persönliche Energie investiert hat. Zweifellos kann das synodale Verfahren weiterentwickelt und verbessert werden, genau wie die Verfahren für die Auswahl von Bischöfen und deren *Ad-limina*-Besuche in Rom alle fünf Jahre. Doch der Vorwurf, Johannes Paul II. habe den Kontakt zu den Bischöfen der Welt verloren, ist völlig unglaubwürdig. Ob die Bischöfe über die Anliegen und die Zustände ihrer Ortskirchen vollständig und genau berichten, mögen sie selbst beurteilen. Außenstehende können lediglich vermerken, daß der Papst sich seinen Brüdern im Bischofsamt in beispielloser Weise zur Verfügung stellt und daß er das deshalb tut, weil er darin einen zentralen Teil seines Auftrags sieht.

Eine subtilere Variante der konventionellen Kritik behauptet, das Pontifikat Johannes Pauls II. habe die Kirche so sehr mit dem Papstamt identifiziert, daß infolgedessen der Elan der Bischöfe, Priester und Laien der Welt geschwächt worden sei. In einer hierarchischen Organisation wie der katholischen Kirche – und im Zeitalter der Massenmedien – erhöht ein charismatischer Papst zweifellos für praktisch jeden anderen Amtsträger der Kirche die Meßlatte der Erwartungen. Aber hier geht es um eine tiefere, theologische Frage, die von der Zeitgeschichte an die Kirche gestellt wird.

Nach katholischem Verständnis ist das Petrusamt, wie Hans Urs von Balthasar gesagt hat, der „äußere Bezugspunkt" für die innere Einheit der Kirche. Diese innere Einheit ist nicht ethnisch, sprachlich oder politisch-philosophisch wie die Einheit eines Nationalstaats. Die Einheit der Kirche beruht auf der Feier der Eucharistie und auf der Teilnahme der Kirche-in-der-Welt an der Gemeinschaft der Heiligen, die bereits bei Gott in der Herrlichkeit sind. Da die katholische Kirche immer offensichtlicher zu einer Weltkirche wird und folglich die von ihr verkündete Wahrheit in sehr vielfältigen Kulturen verkörpert, kann man argumentieren, die Kirche brauche einen sichtbaren, maßgeblichen äußeren Bezugspunkt für ihre Einheit noch dringender als in den ersten beiden Jahrtausenden.[6] Wie wichtig dieser „äußere Bezugspunkt" für die Lebensfähigkeit der Kirche und ihre Einheit-in-der-Vielfalt ist, hat Johannes Paul II. weltweit demonstriert – von Seoul bis Rio de Janeiro, von Kinshasa bis Krakau, und von New York bis Anchorage (Alaska).

Dem Vorwurf der geistigen Unterdrückung steht die Tatsache entgegen, daß das Pontifikat Johannes Pauls im Bereich der Theologie und Philosophie sehr kreativ ist, von *Redemptor hominis* und der „Theologie des Leibes" über *Dives in misericordia* und *Veritatis splendor* bis zu *Tertio millennio adveniente* und *Fides et ratio*. Schon eine kursorische Lektüre der Texte Johannes Pauls enthüllt, daß er gegenüber modernen und zeitgenössischen intellektuellen Methoden und Erkenntnissen weit offener ist als frühere Päpste. Daß der Papst ein aktiver Intellektueller ist, der gewissen Moden der nachkonziliaren katholischen Theologie und Philosophie kritisch gegenübersteht, macht zweifellos viele katholische Intellektuelle unglücklich. Aber auch hier wird die Geschichte ihr Urteil sprechen.

Das 20. Jahrhundert ist im großen und ganzen für Intellektuelle ein sehr schlechtes Jahrhundert gewesen, besonders für Intellektuelle, die sich von der Verlockung der Macht fesseln ließen. Ein Beispiel für diesen Sachverhalt sind zwei ungeheuer einflußreiche Philosophen, Heidegger und Sartre, die der Anziehungskraft von Hitlers Deutschland beziehungsweise Stalins Sowjetunion erlagen. Wie die Zukunft die kritischen Äußerungen Johannes Pauls über den Flirt der nachkonziliaren Theologie mit dem Marxismus und seinen Protest gegen die traurigen öffentlichen Auswirkungen einer im Solipsismus befangenen Philosophie beurteilen wird, wissen wir nicht. Im Augenblick müssen Menschen, die keine Akademiker von Beruf sind, sich fragen, warum jemand als geistig beschränkt gelten soll, weil er den Marxismus für hoffnungslos falsch hält oder weil er glaubt, daß Menschen die Wahrheit der Wirklichkeit, wenn auch unvollkommen, zu erkennen vermögen. Was die direkte, persönliche Unterdrückung betrifft, so sind während dieses Pontifikats in Wirklichkeit sehr wenige katholische Theologen bestraft worden (in 20 Jahren wurde gegen sechs ein offizielles Verfahren eingeleitet), und diejenigen, die bestraft worden sind, wurden weit nachsichtiger behandelt als in der Vergangenheit.[7] Das gleiche gilt für widerspenstige Bischöfe. 35 Jahre nach dem II. Vatikanum haben die intellektuellen Kritiker Johannes Pauls – in einigen Fällen seine erklärten Feinde – die meisten theologischen Fakultäten des Westens immer noch fest in der Hand. Wenn das Unterdrückung sein soll, ist es eine ziemlich wirkungslose.

Die Generation von Theologen, die während des II. Vatikanischen Konzils und unmittelbar danach so einflußreich war, mag befürchten, ihre geistige Vorherrschaft werde durch die Lehren Johannes Pauls II. bedroht. Falls das zutrifft, sollte man einen paradoxen Sachverhalt beachten. Die Befürchtung, die Kontrolle über die geistige Tagesordnung der Kirche zu verlieren, bringt diese Theologen in die gleiche Position wie jene vielgeschmähten intellektuellen Hüter des rechten katholischen Glaubens in den 40er und 50er Jahren, deren Einfluß auf die Kirche vor dem II. Vatikanum die Theologen der 60er und 70er Jahre so lebhaft beklagten.

Der Vorwurf, Johannes Paul II. sei ein Frauenfeind oder – milder ausgedrückt – gegenüber den Sorgen der Frauen gleichgültig, wird von Frauen, die Karol Wojtyła seit Jahrzehnten kennen, kategorisch bestritten; viele von ihnen finden diese Unterstellung „völlig verrückt", wie eine Akademikerin es formulierte.[8] Gegen diesen Vorwurf spricht auch, daß der Papst in *Familiaris consortio*, *Mulieris dignitatem*, *Christifideles laici* und in seinem *Brief an die Frauen* von 1995 den heutigen Status der Frauen ausführlich erörterte und daß der Heilige Stuhl bei der Weltfrauenkonferenz in Peking für jene Frauen eintrat, die von den Feministinnen nicht beachtet wurden.

Seit fast zwei Jahrzehnten entwickelt Johannes Paul II. einen besonderen christlichen Feminismus. Dieser Feminismus, so behauptet er, ist in der Bibel und in der Theologie der „Marianischen Kirche" weit sicherer verankert als in der sexuellen Revolution der 60er Jahre. Daß der Papst darauf beharrt, Männer und Frauen seien „von Anfang an" verschieden geschaffen und doch gleich, ist natürlich eine starke Herausforderung für jene Feministinnen, die das „Geschlecht" als ein kulturelles Konstrukt ohne echte Bedeutung ansehen. Hier liegt ein weiterer paradoxer Sachverhalt vor: Johannes Paul II. nimmt das Weibliche an den Frauen weit ernster als manche Richtungen des heutigen Feminismus.

Eine Frau zu sein, ist nach Ansicht des Papstes weder ein biologischer Zufall noch ein kulturelles Konstrukt. Es ist ein Symbol für eine tiefe Wahrheit über die *conditio humana* und über die Absicht des Schöpfers für die Welt. Johannes Pauls theologischer Gedanke, daß die „Marianische Kirche" des Glaubens – die Kirche der Nachfolge – der Petruskirche der Ämter vorausgehe und sie ermögliche, gibt gleichzeitig dem (wie er sagt) „weiblichen Genius" im Leben der Nachfolge einen theologischen Vorrang. Praktisch keiner dieser Aspekte von Johannes Pauls Reaktion auf die zeitgenössische Frauenbewegung ist von seinen Kritikerinnen und Kritikern ernsthaft erwogen worden. Wenn der Katholizismus die Lehre des Papstes von der einzigartigen Berufung der Frauen in angemessener Weise aufnimmt, wird es im 21. Jahrhundert zu einer höchst interessanten, die Kirche verändernden Debatte kommen.

Der Vorwurf des Manichäismus beziehungsweise der Abwertung der menschlichen Sexualität wird durch Johannes Pauls innovative Theologie des Leibes entkräftet, in der er behauptet, unsere Sexualität sei großartiger, als die sexuelle Revolution sich das vorstelle. Johannes Pauls Beschreibung der sexuellen Liebe als eines Symbols für das Innenleben Gottes hat kaum begonnen, die Theologie, die Predigt und den Religionsunterricht der Kirche zu formen.

Wenn das geschieht, ergibt sich daraus zwangsläufig eine dramatische Entwicklung des Denkens über praktisch jedes wichtige Thema des Glaubensbekenntnisses. Im Augenblick liegt die Beweislast jedoch bei denjenigen, die behaupten, Johannes Pauls Auslegung der kirchlichen Sexualethik würdige die sexuelle Liebe herab. Eine sorgfältige Lektüre der „Theologie des Leibes" und ihrer Analyse des „hochzeitlichen" Charakters der Beziehung Gottes zur Welt weist auf das Gegenteil hin.

Die konventionelle Kritik an Johannes Paul II. verfälscht seine Gedanken deshalb so häufig, weil sie die Beziehung zwischen Tradition und Innovation, Stabilität und Dynamik in der Kirche nicht begreift. Die stabilen Elemente im Katholizismus, die gelegentlich zu stagnieren scheinen, spiegeln entweder die innere Dynamik der Kirche wider oder geben der Entfaltung neuer, dynamischer Elemente im christlichen Leben einen Impuls. Der Kanon der Bibel ist für immer festgelegt, aber die Heilige Schrift ist kein toter Bericht über die Vergangenheit. Sie macht es möglich, daß das Wort Gottes von jeder Generation neu aufgenommen werden kann. Die Sakramente sind nicht lediglich traditionelle Rituale, die man wiederholt, weil frühere Generationen von Christen sie vollzogen. Die Sakramente ermöglichen es heutigen Christen, die großen Geheimnisse des Glaubens – Leben, Tod und Auferstehung Jesu Christi – neu zu erleben. Die Autorität in der Kirche dient nicht dem Zweck, die Kreativität zu behindern, sondern sie soll sicherstellen, daß Christen sich nicht mit Mittelmäßigem begnügen. Die Autorität soll dem einzelnen Christen helfen, sich dem einen höchsten Kriterium des Glaubens – dem lebendigen Christus – verantwortlich zu fühlen. Die Lehre ist kein zusätzliches Gepäck, das den Christen auf seiner Reise belastet. Sie ist das Mittel, das die Reise überhaupt erst ermöglicht.[9]

Wer Johannes Pauls Engagement für die Bewahrung der reinen Lehre und der Tradition der Kirche verstehen will, muß das spezifisch christliche Verständnis von „Tradition" begreifen. Tradition (das Wort bedeutet nach seiner lateinischen Wurzel „Weitergabe") beginnt nicht mit einer menschlichen Erfindung, sondern mitten im Leben Gottes, der Heiligen Dreifaltigkeit. Diese „Weitergabe" – die radikale Selbsthingabe, die auf geheimnisvolle Weise den Geber und den Beschenkten erhöht – verkörperte sich im Leben Jesu Christi und lebt durch die Gabe des Geistes Christi in der Kirche weiter.[10] Nach diesem Verständnis muß Tradition, der lebendige Glaube der Toten, stets unterschieden werden vom Traditionalismus, dem toten Glauben der Lebenden.[11] Daß das Papstamt Johannes Pauls in der Tradition wurzelt, ist gewiß. Die Behauptung, es sei ein Papstamt des Traditionalismus, wird durch das vorliegende Beweismaterial widerlegt.

Die restaurative Kritik

Es gibt noch eine andere Kritik am Pontifikat Johannes Pauls II., die eine sorgfältige Prüfung verdient, obwohl sie von der Öffentlichkeit selten beachtet wird. Ihre Vertreter erhofften von Johannes Paul eine „Katholische Restauration", welche die Kirche zum Stil und zu den Gewißheiten des Pontifikats von Pius XII. zurückführen sollte. Diese Kritik darf nicht verwechselt werden mit jener radikalen Ablehnung, für die Erzbischof Marcel Lefebvre und andere unnachgiebige Gegner des II. Vatikanums stehen. Die restaurativen Kritiker bejahen das Konzil, behaupten aber, seine Durchführung sei dadurch behindert worden, daß es nicht gelungen sei, in der Kirche wieder theologische, organisatorische und pastorale Disziplin durchzusetzen. Das, so lautet ihr Vorwurf, gefährde die Errungenschaften des Konzils und gebe die Kirche weiterhin den zerstörerischen Einflüssen der Spätmoderne preis. Sie scheuen sich zwar, es öffentlich zu sagen, aber nicht wenige Vertreter der katholischen Restauration glauben, Johannes Paul II. habe den Zusammenbruch der katholischen Disziplin, der in den Jahren nach dem Konzil begann, nicht aufgehalten.

Aufgrund dieser Kritik – und wenn man ihn an der „dreifachen Sendung" Christi mißt, die Karol Wojtyła in *Quellen der Erneuerung* benutzte, um die Lehren des II. Vatikanums zu klassifizieren – erhält Johannes Paul gute Noten für „Priester" und „Prophet", jedoch eine schlechte, ja ungenügende Note für „König". Die auf Restauration bedachten Kritiker werfen ihm vor, in seinem Pontifikat sei keine größere Ordensgemeinschaft reformiert worden. Die Qualität des Gottesdienstes habe sich weiterhin verschlechtert. Der Papst habe es versäumt, eine ausreichende Zahl von Bischöfen zu ernennen, die fähig seien, die Lehre zu verteidigen und Disziplin durchzusetzen. Die Bischofskonferenzen und die gewaltige Expansion der Bürokratien der Ortskirchen hätten die religiöse Autorität untergraben und sie durch bürokratische Macht ersetzt – genau das habe nach dem Zweiten Weltkrieg entscheidend zum Niedergang der Hauptströmungen des westeuropäischen und nordamerikanischen Protestantismus beigetragen. Mit einem Wort, der an ein „Seminar" erinnernde Führungsstil Karol Wojtyłas sei für das päpstliche Amt völlig ungeeignet, so gut er auch in Krakau funktioniert haben mochte.

Es ist wahr, daß Wojtyła als Leiter großer Organisationen nie der Typ gewesen ist, der seine Widersacher mit Bedacht und ohne Gewissensbisse aus dem Weg räumt. Es ist auch wahr, daß Wojtyła als Erzbischof von Krakau und als Bischof von Rom sein Amt nicht „königlich" ausgeübt hat. Und es ist außerdem wahr, daß dafür ein Preis gezahlt werden muß. Aber vielleicht ist es nicht derjenige Preis, den die auf Restauration bedachten Kritiker meinen.

Ganz gewiß leitet Johannes Paul II. die römische Kurie nicht bis ins letzte Detail. Er wurde gewählt als ein Außenseiter in der Welt der zentralen Bürokratie der Kirche. Er hat sein päpstliches Amt geführt als ein Außenseiter in dieser Welt, die wußte, „wie wir es hier machen". Und er wird sterben als ein Außenseiter gegenüber dem Papstmodell, das viele Veteranen der Kurie favorisieren. Diese bewußte Entscheidung, als Außenseiter zu regieren, wird vielen als ein großes Geschenk für die Kirche und die Welt erscheinen. Indem der Papst der Führung seines Verwaltungsapparates relativ wenig Aufmerksamkeit widmet (zumindest gemessen an der Praxis seines Vorgängers Paul VI.), verschafft er sich Zeit und Raum für ein missionarisches Papstamt von großer geistiger Kreativität und öffentlicher Wirkung. Der Preis, der für diese Leistung gezahlt werden muß, besteht darin, daß Johannes Paul einen zentralen Verwaltungsapparat hinterlassen wird, in dem nur eine Minderheit des Kurienpersonals die dynamische Botschaft seines Pontifikats und seine maßgebliche Auslegung des II. Vatikanums verinnerlicht hat. Daß zu dieser Minderheit einige Schlüsselfiguren der Kurie gehören, ist ebenfalls wahr. Trotzdem bleibt die Tatsache, daß Johannes Paul II. keine merkliche, anhaltende Energie investiert hat, um sicherzustellen, daß seine Vision von einer missionarisch auftretenden, kulturformenden Kirche der Nachfolge auf den verschiedenen Ebenen der kurialen Bürokratie begriffen und geteilt wird.

Auf der anderen Seite müssen – oder sollten – die restaurativen Kritiker zugeben, daß kein Mensch alles tun kann und daß die Entscheidung Johannes Pauls, sein Papsttum ganz anders auszuüben, kein Symptom persönlicher Schwäche war, sondern bewußt und ernsthaft getroffen wurde. Die restaurative Kritik muß sich, genau wie die konventionelle Kritik, auch mit gewissen Tatsachen auseinandersetzen, die durch sein Pontifikat geschaffen worden sind. Dazu gehören vor allem die großen Bezugspunkte, die Johannes Paul II. für den Katholizismus des 21. Jahrhunderts gesetzt hat.

Redemptor hominis verpflichtet die Kirche, konsequent einen christlichen Humanismus für das dritte Jahrtausend zu entwickeln. *Redemptoris missio* macht deutlich, daß die Kirche der Zukunft, wenn sie ihren missionarischen Auftrag in der Welt erfüllt, eine Kirche sein wird, die ein Angebot macht, es aber niemandem aufzwingt. Der *Katechismus der katholischen Kirche* führt den Inhalt dieses Angebots im Detail auf. *Veritatis splendor* schafft den Rahmen für die authentische Entwicklung der katholischen Moraltheologie und ihre Anwendung auf das Streben der Menschen nach Freiheit. *Centesimus annus* (erweitert durch *Veritatis splendor* und *Evangelium vitae*) bietet ein Modell der freien, gerechten und blühenden Gesellschaft, das weit sorgfältiger durchdacht ist als viele andere Gesellschaftsmodelle. *Ut unum sint* macht das Engagement des II. Vatikanums für die Ökumene unumkehrbar. *Christifideles laici* und die Theologie des Priesteramts in *Pastores dabo vobis* machen es weit wahrscheinlicher, daß die Kirche der Zukunft die doppelte Gefahr eines Klerikalismus der Laien und eines Laizismus des Klerus in den Griff bekommen wird. *Mulieris dignitatem* und der *Brief an die Frauen* stecken den Kurs ab für das Verhältnis der Kirche zur Frauenbewegung des 21. Jahrhunderts. Johannes Pauls Theologie des Leibes bietet die erste überzeugende Antwort eines Papstes auf die sexuelle Revolution. Diese Bezugspunkte werden noch lange nach dem Pontifikat Johannes Pauls II. weiterbestehen. Man kann ihnen nicht ausweichen. Sie gehören nun zur lebendigen Tradition des Katholizismus.

Die restaurativen Kritiker behaupten, die Bischofsernennungen Johannes Pauls seien im allgemeinen nicht überzeugend. Zweifellos sind bei der Ernennung von Bischöfen Fehler vorgekommen, wie in jedem Pontifikat. Aber in dieser Hinsicht sind jedem Papst durch das verfügbare Personal Grenzen gesetzt. Ein Gesamturteil über diesen entscheidenden Aspekt des Pontifikats muß die kühnen, unkonventionellen Bischofsernennungen berücksichtigen, die es unter einem bürokratischer denkenden und „majestätischeren" Papst wohl kaum gegeben hätte: Carlo Maria Martini in Mailand, Jean-Marie Lustiger in Paris, John O'Connor in New York, Giacomo Biffi in Bologna, Francis George in Chicago, Józef Życiński in Lublin, Norberto Rivera Carrera in Mexico City und Miloslav Vlk in Prag sind nur acht bekanntere Beispiele. Solche Ernennungen – dies sollte auch gesagt werden – wären nach dem „demokratischeren" Modell der Bischofswahl, das die konventionellen Kritiker Johannes Pauls favorisieren, praktisch unmöglich gewesen.

Karol Wojtyłas persönliche Erfahrungen mit der polnischen Bischofskonferenz haben ihn vielleicht zu einer etwas romantischen Auffassung von den Bischofskonferenzen geführt – in diesem Fall ist die konventionelle Kritik am Polentum des Papstes (die in diesem Punkt von den restaurativen Kritikern geteilt wird) teilweise berechtigt. Doch selbst hier sprechen die Fakten gegen die angeblich „autoritären" und „zentralisierenden" Tendenzen, welche die konventionelle Kritik beklagt und welche die Vertreter der Restauration begrüßen würden. Johannes Paul II. hat sich in die Arbeit der nationalen Bischofskonferenzen selten eingemischt – und dann nur, wenn eine Konferenz sich als unfähig erwies, eine Situation allein zu regeln. Dabei hat der Papst deutlich gemacht, daß er nicht als oberster Manager eines Betriebs handelt, der eigensinnige und erfolglose Filialleiter zur Ordnung ruft, sondern daß er die traditionelle päpstliche *sollicitudo omnium ecclesiarum* [die Fürsorge für alle Kirchen] ausübt.

In ähnlicher Weise bewegt der Einsatz Johannes Pauls für die Bischofssynode – ein authentisches Symbol des II. Vatikanischen Konzils – ihn dazu, ein (wie manche meinen) nicht befriedigendes synodales Verfahren zu dulden und Tausende von Stunden seiner eigenen Zeit zu investieren, um sich in der Synode Einsprüche anzuhören, die sich nicht durchweg durch hohe Qualität auszeichnen. Die Kritiker müssen zugeben, daß der Papst diese Schwächen selbst erkennt und – wie er einmal sagte – davon überzeugt ist, daß „was während der Synode unter den Bischöfen geschieht, wichtiger sein kann" als die unmittelbaren konkreten Ergebnisse.[12] Das soll nicht heißen, daß das Verfahren nicht verbessert werden könnte; es ist jedoch deutlich, daß der Papst eine bewußte Strategie verfolgt und sich nicht resignierend mit dem Status quo abfindet.[13]

Was den Vorwurf betrifft, Johannes Paul habe es versäumt, eine größere Ordensgemeinschaft zu reformieren (gemeint ist das nach Auffassung restaurativer Kritiker leider gescheiterte Eingreifen des Papstes in den Jesuitenorden 1981-1983), so kann auch dies als Bestandteil einer bewußten Strategie verstanden werden. Man kann die Weisheit dieser Strategie bezweifeln, aber Johannes Paul zieht es vor, in Ordensgemeinschaften das zu hegen, was gesund ist und wächst, selbst wenn es bis zur Blüte noch Jahrzehnte oder Jahrhunderte dauert, anstatt die Kirche durch massives Eingreifen in die inneren Angelegenheiten religiöser Gemeinschaften noch mehr zu spalten. Im Laufe der Zeit wird sich auch der persönliche Einfluß des Papstes auf bestehende Orden auswirken, ebenso seine energische Förderung neuer Bewegungen, Gemeinschaften und Orden, in denen er den gleichen Geist (und den Heiligen Geist) wirken sieht, der in der Vergangenheit Ordensgemeinschaften hervorbrachte.

Eine Reform der Liturgie hat Johannes Paul II. nicht als vordringlich angesehen, da – wie er selbst berichtet – seine eigenen Erfahrungen mit der nachkonziliaren liturgischen Erneuerung sowohl in Polen als auch in Rom sehr positiv gewesen sind.[14] Man darf überdies vermuten, daß die relative Vernachlässigung dieser Frage auch damit zusammenhängt, daß die Bischöfe der Kirche sie dem Papst nicht als ein Hauptanliegen aufgedrängt haben.[15] Daß in den letzten Jahren zahlreiche Bewegungen entstanden sind, die eine „Reform der Liturgiereform" anstreben, weist jedoch darauf hin, daß dies vielleicht eine Frage für das nächste Pontifikat sein wird.

Ein wichtiger theologischer Gesichtspunkt

Johannes Pauls Führungsstil wurde von einem engen Mitarbeiter so beschrieben:

> Er hat sehr großen Respekt vor Personen. Er ist geduldig, wartet in manchen Situationen, bis der Augenblick kommt, wo niemand sich verletzt fühlt. Manche verwechseln seinen Respekt vor Personen mit Schwäche. Das ist ein Irrtum. Er respektiert außerdem Kompetenz. Er überträgt einer Behörde, einer Kongregation oder einem einzelnen Verantwortung und läßt sie dann arbeiten. Das bedeutet nicht, daß er schwach ist. Er vertraut seinen Mitarbeitern und macht sich nicht ständig Sorgen. Er scheut sich nicht, eine Entscheidung zu treffen, erzwingt jedoch keine Entscheidung, wenn die Situation noch nicht reif dafür ist.[16]

Dieses Vertrauen zu seinen Mitarbeitern kann, wie wir gesehen haben, dazu führen, daß die Pläne des Papstes gelegentlich mißlingen. Trotzdem geben sogar seine Kritiker zu: Wenn ein „guter Manager" jemand ist, der Prioritäten setzt und seine Ziele alles in allem erreicht, so ist Johannes Paul II. ein guter Manager.[17]

In einem Brief an einen polnischen Priester grübelte Johannes Paul darüber nach, daß nicht wenige polnische Geistliche die Soziallehre in *Centesimus annus* mißbilligten, und schloß mit einem päpstlichen Achselzucken: „Aber was können wir da tun?"[18] Was kann ein Papst tun, wenn er sich auf den Dialog festgelegt hat, wenn er lieber Vorschläge macht, als anderen seinen Willen aufzuzwingen? Er kann natürlich das tun, was Johannes Paul tut: immer wieder Vorschläge machen, immer wieder argumentieren, das „Seminar" so lange fortsetzen, bis – wie Kardinal József Tomko sagte – die Situation „reif wird". Karol Wojtyła hat sein Leben lang an diesem Führungsstil festgehalten. Wer ihn beurteilt, sollte erkennen, daß er auf einer tiefen theologischen Überzeugung beruht.

Der italienische Philosoph Rocco Buttiglione formulierte diese Überzeugung einmal folgendermaßen:

> Das Ideal Johannes Pauls ist der Märtyrer, der Zeuge, ein mit der Wahrheit übereinstimmendes Leben. So versteht er seinen Dienst als Papst. In seinem Gedicht „Stanisław" schrieb er: „Das Wort bekehrte [die Menschen] nicht, Blut wird [sie] bekehren." Es ist ihm stets lieber, selbst verletzt zu werden, als andere zu verletzen. [Andererseits] kann keine Verletzung ihn dazu bringen, als wahr zu akzeptieren, was er für falsch hält. (...) Der Mittelpunkt des Ganzen ist die Idee der Person: Die Rechte der Wahrheit und die Rechte der Person müssen miteinander versöhnt werden. Diese Rechte können in Gegensatz zueinander geraten: Eine Person kann sich dafür entscheiden, gegen die Wahrheit zu kämpfen. Was können wir dann tun? Können wir die Wahrheit mit Gewalt durchsetzen? Der Weg Jesu Christi war, für die Wahrheit Zeugnis abzulegen – nicht durch das Blut der Missetäter oder der Sünder, sondern durch sein eigenes.[19]

Das ist die Grundlage von Johannes Pauls Führungsstil durch Bezeugen und Überzeugen.

Schwieriges und Unmögliches

Außer der konventionellen und der restaurativen Kritik gibt es Dinge, in denen die Geschichte nicht bereit ist, nachzugeben, nicht einmal gegenüber einem Mann, der so unentwegt Vorschläge macht wie Papst Johannes Paul II.

Das starke Engagement des Papstes für die ökumenische Bewegung hat konkret ziemlich bescheidene Erfolge gebracht. Die Bereitschaft führender Vertreter des Ökumenischen Rates der Kirchen, das klassische ökumenische Streben nach Einheit-durch-Einigung-über-die-Lehre aufzugeben, und der dahinter stehende allgemeinere Trend bei protestantischen Mitgliedern des ÖRK haben Fortschritte bei der Überwindung der Kirchenspaltung des 16. Jahrhunderts im Westen erschwert. Das gleiche gilt für die internen Meinungsverschiedenheiten der anglikanischen Glaubensgemeinschaft darüber, wie – oder sogar: ob überhaupt – die anglikanischen Kirchen apostolisch konstituiert sind; das war der springende Punkt bei der Entscheidung der Anglikaner für die Frauenordination. Die Schwierigkeiten beim Abschluß der gemeinsamen Erklärung der römisch-katholischen und der lutherischen Kirchen zur Rechtfertigungslehre zeigen, daß selbst ein noch so differenziertes theologisches Gespräch auf große Hindernisse stößt, wenn es um das angesammelte Erbe einer fast 500jährigen Spaltung geht.

Nur wenige orthodoxe Kirchenführer haben auf die große Hoffnung Johannes Pauls, das Schisma des zweiten Jahrtausends zwischen Rom und dem christlichen Osten vor dem Beginn des dritten Jahrtausends zu überwinden, großzügig oder einfallsreich reagiert. Hier hat Johannes Pauls prophetisches Gefühl der Dringlichkeit die historischen Möglichkeiten wahrscheinlich überschätzt. Alte Ressentiments der Orthodoxen wegen der „Unierten", ihr Mißtrauen gegen Veränderungen, ihre historischen Bindungen an die Staatsgewalt und ihre Schwierigkeiten, mit ihrem Verhalten unter dem Kommunismus fertigzuwerden, haben zusammengewirkt, um den katholisch-orthodoxen Dialog in den 90er Jahren viel komplizierter zu machen. Das hat die kirchliche Wiedervereinigung „um den Altar der Konzelebration" (wie der Papst einmal sagte) auf eine, wie es scheint, ferne Zukunft verschoben. Man darf das wohl als die größte Enttäuschung in Johannes Pauls Pontifikat bezeichnen. Aber vielleicht hat der Papst auch das Fundament für eine Versöhnung gelegt, die er nicht mehr erleben wird.

Gleichzeitig sollte man würdigen, daß die christologischen Streitigkeiten, die den römischen Katholizismus seit dem 5. Jahrhundert von den kleinen orthodoxen Kirchen des Orients trennten, im Pontifikat Johannes Pauls alle – offen oder stillschweigend – beigelegt worden sind. Von beträchtlicher Bedeutung für die Zukunft ist, daß Johannes Pauls energisches Eintreten für das Recht auf Leben und sein kraftvolles öffentliches Zeugnis für die christliche Wahrheit dazu beigetragen haben, den Dialog der katholischen Kirche mit den evangelikalen Protestanten – dem rasch wachsenden Sektor des Weltprotestantismus in Lateinamerika, Osteuropa, Afrika und Asien – zu stärken. Ein Veteran der katholischen ökumenischen Bewegung bezeichnete den Besuch des Präsidenten der World Baptist Fellowship, Dr. Nilson Fanini, beim Papst 1996 als Beweis für eine „unglaubliche" Veränderung an dieser Front.[20] Die Initiative unabhängiger amerikanischer Theologen, „Evangelicals and Catholics Together", erarbeitete eine gemeinsame Erklärung, in der sie sich zu einer Erneuerung der öffentlichen Moral verpflichten, sowie eine gemeinsame Glaubenserklärung zur Bedeutung der Erlösung. Beides wäre ohne das ökumenische Zeugnis Johannes Pauls II. kaum denkbar gewesen.[21]

Johannes Pauls Hoffnungen auf einen künftigen interreligiösen Dialog sind ebenfalls auf beträchtliche historische Hindernisse gestoßen.

Die Neugestaltung der katholischen Beziehungen zum Judentum durch den Papst ist eine unbestreitbare Leistung. Sein Besuch der Synagoge von Rom 1986 und der Grundvertrag zwischen dem Heiligen Stuhl und dem Staat Israel 1992 sind historische Meilensteine in den katholisch-jüdischen Beziehungen. Infolge dieser Fortschritte, die auf den Grundlagen des II. Vatikanums aufbauen, sind Katholiken und Juden nun darauf vorbereitet, das um 70 n. Chr. abgebrochene theologische Gespräch wieder zu eröffnen. Die Frage bleibt, ob unter praktizierenden, religiös engagierten Juden genügend Interesse an einem solchen Gespräch vorhanden ist. Der anläßlich der Heiligsprechung Edith Steins im Oktober 1998 erneut ausgebrochene Streit weist darauf hin, daß eine positive Antwort auf diese Frage nicht als selbstverständlich betrachtet werden kann.

Das Treffen des Papstes mit muslimischen Jugendlichen 1985 in Casablanca war ein Großereignis in dreizehn Jahrhunderten katholisch-islamischer Beziehungen. Johannes Paul schlug bei dieser Gelegenheit vor, Katholiken und Muslime könnten in gewissen moralischen Fragen gemeinsame Sache machen. Ein echter Fortschritt beim internationalen Dialog zwischen Katholiken und Muslimen stößt jedoch auf ein Hindernis von gewaltigen Ausmaßen, wenn es um die Frage der Religionsfreiheit geht, die für Johannes Paul II. immer die entscheidende Frage bei den Beziehungen der Kirche zur staatlichen Macht gewesen ist. Zu Beginn des dritten Jahrtausends gibt es auf der Erde zwei Milliarden Christen und eine Milliarde Muslime, wobei der Katholizismus und der Islam jeweils rund eine Milliarde Anhänger beanspruchen. Neben dem evangelikalen Protestantismus sind der Katholizismus und der Islam die am stärksten missionarisch auftretenden, kulturformenden Glaubensgemeinschaften der Welt. Ob der Dialog, den Johannes Paul zu fördern versucht, dem Islam helfen kann, eine auf dem Koran basierende Theorie der Religionsfreiheit zu entwickeln, ist eine große Frage mit ungeheuren Folgen für das 21. Jahrhundert. Vorläufig werden Versuche, einen solchen Dialog anzustreben, durch islamische Christenverfolgungen in Afrika, im Nahen Osten, in Südwestasien und Südostasien stark behindert.

Bei seinen Anstrengungen, einen Dialog mit dem Regime der Volksrepublik China zu eröffnen, stieß Johannes Paul auf zahlreiche Schwierigkeiten. Sowohl öffentliche Bitten als auch private Initiativen wurden jahrelang ignoriert oder zurückgewiesen. Nach Aussage des philippinischen Erzbischofs Oscar Cruz gewinnen religiöse Führer in Asien dadurch Anhänger, daß sie Zeugen sind, und das Zeugnis des Papstes in und für Asien hat der Kirche neue Chancen eröffnet in einem Gebiet, in dem die christliche Mission bisher kaum erfolgreich war.[22] Vielleicht ist das ein Grund dafür, daß die Führer der VR China sich so lange sträubten, mit Johannes Paul II. zu verhandeln; sie wissen, daß eine lebendige Kirche und eine totalitäre Politik nicht unbegrenzt koexistieren können. Was auch immer ihre Motive sein mögen – daß sie die Bitte des Papstes um einen neuen Dialog seit 15 Jahren ablehnen, muß als eine der schweren Enttäuschungen dieses Pontifikats gelten.

Was die alten und neuen Demokratien angeht, so bleibt offen, wie ernsthaft Johannes Pauls Vision einer freien, moralischen und blühenden Gesellschaft in Europa oder auf dem amerikanischen Kontinent aufgenommen worden ist. Insofern ist es schwierig, nachzuweisen, daß der Papst auf die postkommunistische Welt einen ebenso meßbaren Eindruck gemacht hat wie auf die Welt, mit der er im Oktober 1978 konfrontiert war. Doch das geistige Gerüst einer katholischen Einstellung zum sozialen, wirtschaftlichen und politischen Leben freier Gesellschaften ist errichtet. Während die kulturellen Widersprüche der Spätmoderne, besonders unter dem Einfluß der revolutionären Entwicklung der Biotechnologie, zunehmen, liegt ein Vorschlag vor, wie die Freiheit zum Guten im öffentlichen Leben verwirklicht werden kann – wenn die Mitglieder der katholischen Kirche und ihre religiösen Führer ihn verinnerlichen und zuversichtlich danach handeln.

Dem Pontifikat ist es gelungen, die diplomatische Position der Kirche auf der ganzen Welt zu stärken. Die Einstellung des Heiligen Stuhles zu internationalen Institutionen und seine Beschäftigung mit internationalen Fragen und Krisen nach dem Zusammenbruch des Kommunismus hat sich nicht in gleicher Weise positiv entwickelt. Eine Kirche, die gegen die Korruption nationaler Regierungen energisch protestierte, neigt dazu, gegenüber der Korruption und Unfähigkeit der UNO und ihrer Zweigorganisationen eine nachsichtige Haltung einzunehmen – außer wenn das System der UNO sich an einem Angriff auf Menschenrechte beteiligt, wie es bei der Kairoer Weltbevölkerungskonferenz geschah. Die Menschenrechtsrhetorik des Papstes und des Heiligen Stuhls stützt weiterhin das von der UNO sanktionierte Muster, praktisch jedes erstrebenswerte Gut als „Menschenrecht" zu bezeichnen – eine Praxis, die es nach Auffassung mancher katholischer Denker erschwert, sich mit den zentralen, für die Menschenwürde wesentlichen Rechten zu befassen. Unter Johannes Paul sind die moralischen Kriterien nicht geklärt worden, die beim legitimen Einsatz bewaffneter Gewalt zur Verteidigung jener Grundrechte gelten sollen. Der Papst und der Heilige Stuhl haben auch nicht dazu beigetragen, eine moralisch und politisch vertretbare Einstellung zum „humanitären Eingreifen" zu entwickeln, obwohl sie ein solches Eingreifen unter gewissen Umständen für dringend notwendig erklären. Durch das „nach-konstantinische" Pontifikat Johannes Pauls II. ist eine Grundlage für die Entwicklung des katholischen Denkens über die internationale Politik des 21. Jahrhunderts gelegt worden, aber andere werden auf diesem Fundament ein stabiles Bauwerk der moralischen und politischen Analyse errichten müssen.

DER NACHFOLGER

Seit 1994 nahmen die Spekulationen über den Nachfolger Johannes Pauls II. zu. Solche Spekulationen sind ganz normal; freilich sagen sie gewöhnlich mehr über den aus, der sie anstellt, als über die Zukunft. In der Apostolischen Konstitution *Universi dominici gregis* (1996) legte der Papst selbst den formalen Rahmen für die Wahl seines Nachfolgers fest. Außer diesem Rahmen, und ohne sich auf fruchtlose Mutmaßungen über einzelne Kandidaten einzulassen, waren gewisse Realitäten in bezug auf den nächsten Papst am 20. Jahrestag des Pontifikats Johannes Pauls II. ziemlich klar, während es immer wahrscheinlicher wurde, daß der Papst die Kirche durch das Große Jubeljahr 2000 führen und damit die Aufgabe erfüllen würde, die ihm nach seiner Überzeugung 1978 übertragen wurde.

Daß Johannes Paul die Form des bürokratisch-geschäftsführenden Papstamtes zerbrach, wird sich gewiß auf die Überlegungen des Konklaves auswirken, das seinen Nachfolger wählen wird. Die Welt und die Kirche haben Erwartungen an einen Papst, die 1978 offenkundig noch nicht vorhanden waren. Die Welt erwartet einen Papst, der Zeugnis ablegt, keinen Bürokraten und keine unvorstellbar ferne, ätherische Gestalt. Die katholische Kirche hat eine neue und starke Präsenz in der Welt, weil Johannes Paul II. das Gewissen der Menschen auf eine Weise bewegt hat, wie politische Führer es nicht können. Diese Fähigkeit, an das Gewissen zu appellieren, ist päpstliche Führung auf der Weltbühne des 21. Jahrhunderts. Auch die Kirche hat neue Erwartungen an einen Papst. Johannes Paul hat dem Primat eine entschieden missionarische Richtung gegeben und zugleich den eisernen Käfig der Bürokratie vermieden. Die Eigenschaften, die notwendig sind, um sein Amt der „Präsenz" für die Kirche auf der ganzen Welt weiterzuführen, wird man berücksichtigen müssen, wenn man über seinen Nachfolger nachdenkt. Zusammengenommen deuten diese beiden Erwartungen darauf hin, daß man nicht zu der vor Wojtyła herrschenden „Normalität" zurückkehren wird, wie es die Italiener und die Kurie erhoffen.[23]

In *Universi dominici gregis* äußerte Johannes Paul unmißverständlich seine Überzeugung, daß ein päpstliches Konklave nicht nach dem Modell politischer Wahlen in Demokratien verstanden werden darf. Theologisch bedeutet dies, daß der Heilige Geist die wichtigste Rolle in einem Konklave spielt. Gleichzeitig wirkt der Heilige Geist durch menschliche Werkzeuge, die wahlberechtigten Kardinäle, die nach bestem Wissen und Gewissen beurteilen müssen, ob die historischen Umstände und die *papabili* – die als Kandidaten für das Petrusamt in Frage kommenden Männer – zueinander passen. Diese Wähler müssen erkennen, wie spektakulär Johannes Paul II. das Papstamt umgestaltet und welche neuen Erwartungen er geweckt hat. Viele werden sich der Tatsache bewußt sein, daß Johannes Paul das Papstamt deshalb neu zu beleben vermochte, weil er vorher ein missionarisch erfolgreicher Ortsbischof war. Manche werden wahrscheinlich zu der Schlußfolgerung gelangen, daß – sofern ein Mann überhaupt auf das Petrusamt vorbereitet werden kann – diese Form der Vorbereitung sich erneut als solide erwiesen hat.

Bei der Beurteilung der Kandidaten werden die Kardinäle auch berücksichtigen müssen, mit welchen großen Herausforderungen der nächste Papst konfrontiert sein wird. In einer Welt wiederauflebender Religiosität muß das katholische Eintreten für Religionsfreiheit und das katholische Engagement für die Formung einer Kultur dadurch, daß man etwas anbietet statt aufzwingt, tatkräftig gefördert werden – im Dialog mit den Orthodoxen, den Protestanten, dem Judentum, dem Islam und anderen Weltreligionen. Klonen, Stammzellenforschung und andere Entwicklungen in der Biotechnologie werden in naher Zukunft moralische Fragen aufwerfen, die sich früher niemand vorstellen konnte. Was in den frühen 90er Jahren als der gesicherte Triumph der Demokratie erschien, sieht heute viel zerbrechlicher aus. In einer Welt, in der zweifellos neue Formen des Autoritarismus auftauchen werden, gilt es, im öffentlichen Leben die Werte des christlichen Humanismus zu praktizieren. In der Kirche müssen die fruchtbaren und vielfältigen Lehraussagen Johannes Pauls II. durchdacht werden, und die Förderung dieses Prozesses wird eine große Aufgabe für das nächste Pontifikat sein.

Diese Gegebenheiten und die Tatsache, daß das Wahlkollegium im nächsten Konklave den niedrigsten Anteil an italienischen Wählern seit langem haben wird, machen es wahrscheinlich, daß bei der Wahl des nächsten Bischofs von Rom die Nationalität keine bedeutsame Rolle spielen wird.[24] Bei den Erwartungen, welche die Kirche und die Welt heute an den Papst haben, ist seine Nationalität weder ein großes Plus noch eine lähmende Belastung. Sie ist fast irrelevant – und genau so sollte es sein. Auch das ist eine historische Leistung des Pontifikats Johannes Pauls II., das die Kirche auf ein neues Jahrtausend vorbereitet.

Der Langstrecken-Jünger

Mit zunehmendem Alter wurde der rhetorische Stil Johannes Pauls II. einfacher und klarer, das Destillat von Jahrzehnten des Betens und Nachdenkens. Doch einige Dinge an Johannes Paul blieben unverändert, während er körperlich hinfälliger wurde. Die jüngsten Begegnungen des Papstes mit Schmerzen und Leiden vertieften, wie Freunde und Besucher fanden, seine Überzeugung, daß Gott sein Leben leitet, daß in dem großen kosmischen Drama der Schöpfung und Erlösung jeder einen Platz hat und daß die verschiedenen Melodien der Welt einen göttlichen Komponisten haben – sogar diejenigen Melodien, die von mißtönenden Flöten gespielt werden. Er blieb ein Mensch mit einem intensiven Gespür für den *kairos;* er glaubt, daß alles seine Zeit hat, daß die Zeit Ideen und Projekte testet und daß man diesen Prozeß nicht künstlich beschleunigen sollte. Er verlangte nicht von jeder geistigen und pastoralen Initiative, die er ergriffen hatte, meßbare Ergebnisse. In manchen Fällen begnügte er sich mit dem Bewußtsein, daß er im Leben der Kirche gewisse Ideen gepflanzt hatte, die erst viele Jahre nach seinem Tod blühen würden. Johannes Paul schrieb einmal: „Das Wichtigste ist der ‚Wendepunkt'. Wenn ein Zug an einer Weiche ankommt, entscheiden wenige Zentimeter über seine zukünftige Richtung."[25] Doch bei jenen seltenen Gelegenheiten, bei denen Karol Wojtyła nicht nach vorn, sondern zurückblickte, konnte er die Wahrheit eines Satzes bestätigt finden, den sein alter Freund und Philosophie-Kollege Józef Tischner einmal über ihn gesagt hatte: Er sei ein Mensch, aus dessen Ideen Institutionen würden.[26]

Sich der Vollendung seines achten Lebensjahrzehnts nähernd, blieb er in seinem Herzen ein Karmeliter. Die tiefste Bedeutung des Gebets, schrieb er einmal, könne man nur begreifen, indem man lange über einen Abschnitt im Römerbrief des Apostels Paulus nachdenke:

> Denn die ganze Schöpfung wartet sehnsüchtig auf das Offenbarwerden der Söhne Gottes. Die Schöpfung ist der Vergänglichkeit unterworfen, nicht aus eigenem Willen, sondern durch den, der sie unterworfen hat; aber zugleich gab er ihr Hoffnung: Auch die Schöpfung soll von der Sklaverei und Verlorenheit befreit werden zur Freiheit und Herrlichkeit der Kinder Gottes. Denn wir wissen, daß die gesamte Schöpfung bis zum heutigen Tag seufzt und in Geburtswehen liegt. Aber auch wir, obwohl wir als Erstlingsgabe den Geist haben, seufzen in unserem Herzen und warten darauf, daß wir mit der Erlösung unseres Leibes als Söhne offenbar werden. Denn in dieser Hoffnung sind wir gerettet worden (Römer 8,19-24).

Er betete als ein von Freude erfüllter Mensch und als ein Zeuge für die Hoffnung, der an *„den Wert des Daseins, den Wert der Schöpfung und der Hoffnung auf ein künftiges Leben"*[27] glaubte und das vor der Welt bezeugen wollte. Er war völlig davon überzeugt, daß das Böse „weder grundlegend noch endgültig [ist]"; er hatte aber auch erfahren, daß die Freude, die ein Christ über die grundlegende Überwindung des Bösen durch Christus empfindet, sein Wissen um die fortdauernde Existenz des Bösen in der Welt und in jedem Menschen schärft.[28] Das Leben, und die tägliche Pflicht des Papstes, das Leiden der Welt im Gebet vor den Herrn zu bringen, hatte seine karmelitische Einsicht vertieft, daß alle Wege zur Wahrheit schließlich nach Golgota, zum Kreuz führen. Und Golgota war – und bleibt – ein Ort der Einsamkeit.

Wie viele Christen seines Alters erlebte Johannes Paul, als er die 70 überschritten hatte, etwas von der Einsamkeit, die Danuta Michałowska in ihrem Drama *Ich ohne Namen* behandelt hatte. Während er das einzigartige, erlösende Preisgegebensein Christi am Kreuz tiefer erfuhr, machte ihn die Hoffnung, die er aus dem darauf folgenden Ostersieg schöpfte, zu einer noch überzeugenderen öffentlichen Gestalt. Eine ganz andersartige Einsamkeit – die Einsamkeit des autonomen, selbstbewußten Ich – suchte die Welt im ausgehenden 20. Jahrhundert heim. Die Freiheit, verstanden als Selbstbestimmung, hatte letzten Endes die Summe des menschlichen Glücks nicht vermehrt. In Wirklichkeit hatte die Selbstbestimmung Millionen Menschen noch einsamer gemacht, die mit ihren Rechten (aber sonst kaum etwas) allein waren. Als der Philosoph Alasdair MacIntyre dieses frostige kulturelle Klima analysierte, gelangte er zu der Schlußfolgerung, die Welt warte nicht auf Godot, „sondern auf einen zweiten – zweifellos ganz anderen – hl. Benedikt".[29] Das ist eine ziemlich gute Beschreibung dessen, was Karol Wojtyła an der Schwelle zum neuen Jahrtausend geworden war: ein Mann, der lebenslang aus der Einsamkeit der Moderne heraus Gemeinschaften formte – von der „kleinen Familie" (*Rodzinka*) und dem „Milieu" (*Środowisko*) bis zu den größten Massen in der Menschheitsgeschichte – und dessen Erfahrungen durch die Geheimnisse der Erwählung globale Reichweite erhalten hatten.

Das Gegenmittel gegen die Verzweiflung inmitten der diversen Verrücktheiten der Spätmoderne war, das verkündete der Papst seit langem, das Erlebnis einer Gemeinschaft der sich hingebenden Liebe, in der wir die Bestimmung erfahren, die uns jenseits der Einsamkeit erwartet: das Leben in der Gemeinschaft mit Gott dem Vater, dem Sohn und dem Heiligen Geist. So hatte es der hl. Benedikt gehalten, indem er in der dunklen Zeit des frühen Mittelalters Mönchsgemeinschaften gründete. So hielt es Karol Wojtyła während seines ganzen, unverkennbar vom 20. Jahrhundert geprägten Lebens.

Falls die Kirche der Zukunft Johannes Paul II. als „Johannes Paul den Großen" bezeichnen sollte, wird folgendes der Grund sein: In gefährlichen Zeiten, wenn unterschiedliche Barbareien die Kultur bedrohten, wurde immer wieder eine heroische Gestalt aus der Kirche gerufen, um der Gefahr entgegenzutreten und eine Alternative vorzuschlagen. Im Fall von Papst Leo dem Großen (440-461) waren die Barbaren Attila und seine Hunnen, im Fall Gregors des Großen (590-604) die Langobarden. Im Fall Johannes Pauls II. ist die kulturbedrohende Barbarei ein Komplex von Ideen, zu deren Konsequenzen eine barbarische Politik gehört: Varianten eines entstellten Humanismus, die im Namen der Menschheit und ihrer Bestimmung neue Tyranneien hervorbringen und das Leiden der Menschen verschlimmern.

Der *conditio humana* ist, so scheint es, eine Sehnsucht nach dem Absoluten angeboren. Wenn Barbaren Fragmente der Wahrheit verabsolutieren, bekommt das Leiden der Welt einen dämonischen Aspekt.[30] Das geschah in Auschwitz und im Archipel Gulag. Das geschieht dort, wo der Nutzen zum einzigen Kriterium für menschliches Leben wird. Gegen die neuen Barbareien, die von verabsolutierten Fragmenten der Wahrheit in der Welt entfesselt werden, verkündete Karol Wojtyła in seinem ganzen, mehr als 50jährigen Priesteramt eine konsequente Botschaft, einen zutiefst christlichen Humanismus: Ihr seid größer, als ihr es euch vorstellt, und größer, als die Spätmoderne euch einreden will. Indem Johannes Paul nicht nur behauptete, sondern demonstrierte, daß der Glaube die Welt verändern kann, trug er dazu bei, der Geschichte, die banal, schal und infolgedessen brutal geworden war, eine geistige Dimension zurückzugeben.

Im Laufe der über 80 Jahre seiner persönlichen Pilgerreise zu dem „Ort, wo er wirklich sein möchte" (so formulierte es seine ehemalige Studentin Halina Bortnowska einmal schlicht) glich Karol Wojtyła allmählich Thomas Morus, wie ihn G. K. Chesterton beschreibt: „Er besaß vor allem historische Größe: Er verkörperte gleichzeitig ein Urbild, einen Wendepunkt und eine letzte Bestimmung. Wenn es diesen besonderen Menschen zu diesem besonderen Zeitpunkt nicht gegeben hätte, wäre die gesamte Geschichte anders verlaufen."[31] Und die historischen Qualitäten Johannes Pauls II. haben, wie die von Thomas Morus, keinen allgemein humanistischen, sondern einen spezifisch religiösen Ursprung. Mit einem Wort, es sind christliche Qualitäten.

Der jugoslawische Dissident Milovan Djilas sagte einmal, am meisten habe ihn bei Johannes Paul II. beeindruckt, daß er völlig frei von Furcht sei. Diese Furchtlosigkeit ist nicht die eines Stoikers; sie entspringt auch nicht Karol Wojtyłas „Autonomie" in dem Sinne, daß er von anderen unabhängig ist. Es ist eine unverkennbar christliche Furchtlosigkeit. Im christlichen Glauben wird die Furcht nicht eliminiert, sondern verwandelt durch eine tiefe persönliche Begegnung mit Christus und seinem Kreuz – dem Ort, wo der Sohn alle menschliche Furcht dem Vater opferte und dadurch uns alle von Furcht befreite.[32] Alle Päpste sind in gewissem Sinne Menschen des Geheimnisses. Das hängt letzten Endes nicht mit dem Geheimnisvollen des Amtes und seiner Geschichte zusammen, sondern mit dem Geheimnis, dem die Päpste dienen. Die Begegnung mit diesem Geheimnis – mit der in Leben, Tod und Auferstehung Jesu Christi offenbarten Wahrheit – ist die Quelle von Karol Wojtyłas Zeugnis für die Hoffnung. Diese Hoffnung kann der katholischen Kirche des 21. Jahrhunderts die Kraft geben, das Evangelium der Liebe Gottes zur Menschheit zu verkünden und zu praktizieren – in einer Zeit, die nach Johannes Pauls Überzeugung zu einem Frühling des menschlichen Geistes werden kann.

Im Spätsommer 1997 wohnten Piotr und Teresa Malecki, alte Mitglieder von Karol Wojtyłas *Środowisko*, als Gäste des Papstes in der päpstlichen Sommerresidenz Castel Gandolfo. Ihr Schlafzimmer lag direkt unter dem seinen, und jeden Morgen vor Tagesanbruch merkten sie an dem Geräusch seines Stockes, daß er aufgestanden war und umherging. Eines Morgens fragte der Papst beim Frühstück, ob dieses Geräusch sie nicht störe. Nein, antworteten sie, sie würden ohnehin zur Messe aufstehen. „Aber *Wujek*", fragten sie, „warum stehen Sie zu so früher Stunde auf?"

Karol Wojtyła, der 264. Bischof von Rom, erwiderte: „Weil ich gern die Sonne aufgehen sehe."[33]

Nachtrag

Eine Kirche für das neue Jahrtausend

Das Große Jubeljahr 2000

22.-26. Januar 1999	Johannes Paul II. besucht zum Abschluß der Sonderversammlung der Bischofskonferenz für Amerika Mexico City und St. Louis.
2. Mai 1999	Seligsprechung von Padre Pio.
5.-17. Juni 1999	Johannes Pauls siebter Pastoralbesuch in Polen.
29. Juni 1999	Päpstlicher *Brief über die Pilgerfahrt zu den Stätten, die mit der Heilsgeschichte verbunden sind*.
1. Oktober 1999	Bei der Eröffnung der zweiten Sonderversammlung der Bischofssynode für Europa erklärt Johannes Paul die hl. Katharina von Siena, die hl. Brigitta von Schweden und die hl. Teresa Benedicta vom Kreuz (Edith Stein) zu Schutzpatroninnen Europas.
5.-9. November 1999	Johannes Paul in Indien und Georgien.
24./25. Dezember 1999	In der Mitternachtsmesse am Heiligen Abend öffnet Johannes Paul die Heilige Pforte des Petersdoms und eröffnet feierlich das Große Jubeljahr 2000.
18. Januar 2000	Ökumenische Öffnung der Heiligen Pforte der Basilika San Paolo fuori le mura.
23. Februar 2000	„Geistige Pilgerreise" nach Ur, der Heimat Abrahams.
26. Februar 2000	Jubiläumspilgerreise zum Berg Sinai.
12. März 2000	Johannes Paul feiert im Petersdom den „Tag der Vergebung".
21.-26. März 2000	Jubiläumspilgerreise ins Heilige Land.
30. April 2000	Heiligsprechung von Faustina Kowalska.
7. Mai 2000	Gedenken an die Märtyrer des 20. Jahrhunderts vor dem römischen Kolosseum.
13. Mai 2000	Seligsprechung der Kinder, die in Fátima die Marienerscheinungen erlebten.

18. Juni 2000	Eröffnung des 47. Eucharistischen Weltkongresses in Rom.
14.-20. August 2000	Weltjugendtag in Rom.
3. September 2000	Johannes Paul II. spricht Papst Pius IX. und Papst Johannes XXIII. selig.
5. September 2000	Die Kongregation für die Glaubenslehre gibt die Erklärung *Dominus Iesus* heraus.
1. Oktober 2000	Heiligsprechung von 120 chinesischen Märtyrern, Katherine Drexel und Josephine Bakhita.
6.-8. Oktober 2000	1400 Bischöfe machen eine Jubiläumspilgerreise nach Rom.
15. Oktober 2000	Hunderttausende feiern auf dem Petersplatz bei Regen und Sturm das „Jubiläum der Familien".
31. Oktober 2000	Johannes Paul ernennt den hl. Thomas Morus zum „Schutzpatron der Politiker und Staatsmänner".
6. Januar 2001	Feierlicher Abschluß des Großen Jubeljahrs 2000.

In einer kalten römischen Winternacht Ende 1999 schien Johannes Paul II. den Höhepunkt seines außergewöhnlich dramatischen Lebens erreicht zu haben.

Seit über zwei Jahrzehnten hatte er sein Papstamt in der Überzeugung ausgeübt, daß er von Gott dazu berufen sei, die Kirche über die Schwelle ihres dritten Jahrtausends zu führen. Während dieses Zeitabschnitts war die Geschichte mehr als einmal dicht davor, eine andere Richtung einzuschlagen: Johannes Paul II. war das Ziel mehrerer Mordversuche gewesen; er hatte zahlreiche Krankenhausaufenthalte überstanden; er hatte Jahr für Jahr die tägliche Mühe eines Sechzehnstundentages auf sich genommen. In der zweiten Hälfte der 90er Jahre schien es manchmal, als würde der über 75jährige Johannes Paul unter der ständigen Last der traditionellen päpstlichen „Sorge für alle Kirchen" physisch zusammenbrechen.

Doch da stand er, kurz vor Mitternacht am Heiligen Abend 1999, vor der Heiligen Pforte des Petersdoms, um das große Jubeljahr 2000 zu eröffnen. Es war bezeichnend für Johannes Pauls Verständnis des Jubeljahrs, daß er, von der Tradition abweichend, die Pforte nicht symbolisch zertrümmerte, indem er mit einem Hammer aus Gold und Elfenbein auf einen gelockerten Ziegelstein klopfte. Statt dessen ging er langsam auf die Heilige Pforte zu und berührte sie sanft mit beiden Händen. Die großen bronzenen Türflügel taten sich ohne Gewalt auf – ein passendes Symbol, wie der Papst meinte, für die Gnade Gottes, die die Kirche und die Welt durch das Große Jubeljahr 2000 von neuem erleben sollten.

Johannes Paul kniete mehrere Minuten lang im Gebet an der geöffneten Heiligen Pforte. Als er den Kopf beugte und sich auf seinen Bischofsstab stützte, dachte mehr als einer der Zuschauer, der Papst rezitiere vielleicht den Lobgesang Simeons, in dem der greise Prophet, nachdem er das Christkind erblickt hat, betet: „Nun läßt du, Herr, deinen Knecht, wie du gesagt hast, in Frieden scheiden" (Lukas 2,29). Doch in den folgenden Monaten wurde im Fortschreiten des Jubeljahrs deutlich, daß dies kein Abschied war. Das Jubeljahr bot dem Papst vielmehr eine einzigartige Bühne, von der aus er – oft geradezu dramatisch – die großen Themen seines Pontifikats noch einmal wiederholte: die leidenschaftliche Liebe Gottes zu der von ihm geschaffenen Welt; Gottes Gegenwart in der Geschichte durch das jüdische Volk, die Kirche und das Streben des Menschen nach Wahrheit; die Einheit unter den Christen; die Versöhnung zwischen Christen und Juden; die unveräußerliche Würde jedes Menschenlebens; die Aufforderung der jungen Generation zu sittlichem Heroismus; das Praktizieren der Freiheit zum Guten in einer freien und moralischen Gesellschaft.

Während des ganzen Jubeljahres, in dem Millionen von Männern und Frauen eine Vertiefung ihres geistlichen Lebens erfuhren, verkörperte Johannes Paul weiterhin ein Papstamt, das nicht bürokratisch und geschäftsführend, sondern vor allem missionarisch und pastoral war. Der Erfolg des Jubeljahres als einer sich über das ganze Jahr hinziehenden Feier der geistlichen Erneuerung stärkte somit die Auffassung derjenigen, die behaupteten, mit Johannes Paul II. hätten die katholische Kirche und das Papsttum ein historisches Tor durchschritten: ein Tor, dessen Türflügel so konstruiert sind, daß sie keine Rückkehr zulassen. In dieser wie in vielen anderen Beziehungen ging es im Großen Jubeljahr 2000 um die Zukunft, nicht um die Vergangenheit.

Auf den Spuren von Patriarchen, Propheten und Aposteln

Wenn das Jubeljahr, wie Johannes Paul II. häufig behauptete, der „Schlüssel" zu seinem Pontifikat war, dann war der Schlüssel zum Jubeljahr die Pilgerreise des Papstes ins Heilige Land im März 2000.

Seit den ersten Tages seines Pontifikats hatte Johannes Paul sich danach gesehnt, dorthin zu reisen. Jedesmal, wenn seine Diplomaten ihm die scheinbar unüberwindlichen Schwierigkeiten erklärten, fragte er: *„Quando mi permetterete di andare?"* [„Wann werdet ihr mich gehen lassen?"] In seinem apostolischen Schreiben zum Großen Jubeljahr, *Tertio millennio adveniente* (1994), hatte Johannes Paul eine noch anspruchsvollere Pilgerreise zu den großen Stätten der biblischen Geschichte geplant: Ur, die Heimat Abrahams, des Vaters der Gläubigen; Sinai, die Stätte des Gottesbundes mit Israel und des Geschenkes der Zehn Gebote; Betlehem, Nazaret und Jerusalem im Heiligen Land selbst; und Damaskus, der Ort der Bekehrung des hl. Paulus und des Beginns der Heidenmission. Fünf Jahre später äußerten Diplomaten des Heiligen Stuhls insgeheim Zweifel daran, daß irgendein Teil dieses Traumes verwirklicht werden könne.

Schließlich hatte Johannes Paul genug davon und kündigte einfach an, er werde gehen. Am 29. Juni 1999 veröffentlichte er einen *Brief über die Pilgerfahrt zu den Stätten, die mit der Heilsgeschichte verbunden sind.* Darin wiederholte er seine Absicht, nach Ur, zum Sinai, nach Betlehem, Nazaret, Jerusalem und Damaskus zu reisen, fügte nun aber auch noch Athen in die Reiseroute ein. Die Predigt des hl. Paulus über den „unbekannten Gott" auf dem Areopag in Athen (Apostelgeschichte 17,16-34) war eine passende Metapher für die Begegnung der Kirche mit der modernen Welt. Deshalb war Athen der geeignete Ort, um die Reihe der biblischen Reisen des Papstes im Jubeljahr abzuschließen.

Der *Brief über die Pilgerfahrt* gehört zu den poetischsten Dokumenten von Johannes Pauls Pontifikat. Der Papst schrieb: Obwohl es keinen Ort gebe, an dem Gott nicht gefunden werden könne, gebe es einige Orte, wo die Begegnung mit dem Göttlichen intensiver erlebt werden könne. An diesen Orten wollte Johannes Paul während des Jubeljahres beten, um ein Bedürfnis seines eigenen Herzens zu stillen und um die Welt an Gottes Wege mit seiner Schöpfung zu erinnern:

> Wenn wir uns im Geist des Gebets in dem Raum, der vom Wirken Gottes besonders geprägt ist, von einem Ort zum anderen und von einer Stadt zur anderen bewegen, hilft uns das nicht nur, unser Leben als Weg zu erfahren. Es vermittelt uns auch plastisch die Vorstellung von einem Gott, der uns vorausgegangen ist und vor uns hergeht. Er hat sich selbst auf den Straßen der Menschen auf den Weg gemacht. Er ist ein Gott, der uns nicht von oben betrachtet, sondern unser Weggefährte geworden ist.

Die Kirche, so schloß Johannes Paul, „kann ihre Wurzeln nicht vergessen". Deshalb glaubte er, die Orte aufsuchen zu müssen, „die Gott erwählt hat, um sein Zelt unter uns aufzuschlagen".[1] Das Große Jubeljahr sollte die Kirche als eine missionarische Bewegung in der Geschichte wiederbeleben; deshalb mußte der Papst an den Orten beten, wo diese Bewegung anfing.

Abraham in Rom

In seinem *Brief über die Pilgerfahrt* hatte der Papst betont, er wolle „eine rein religiöse Pilgerreise" unternehmen, und hinzugefügt, es würde ihn traurig stimmen, „wenn jemand diesem meinem Plan andere Bedeutungen zuschreiben würde". Die eventuelle Traurigkeit Johannes Pauls war für Saddam Hussein, den Präsidenten des Irak, belanglos; er hinderte den Papst schließlich daran, „Ur in Chaldäa", die Heimat Abrahams, als ersten Ort seiner Jubiläumsreise aufzusuchen.

Seit man darüber verhandelte, betrachtete Saddam Hussein den voraussichtlichen Besuch des Papstes in Ur als ein Ereignis, das er für seine eigenen politischen Zwecke zu nutzen gedachte. Monatelang erklärte Navarro-Valls, der Sprecher des Papstes, Reportern geduldig, der Papst besuche nicht Saddam Hussein, sondern Abraham. Doch als man endlich zur Sache kam, rückte Saddam nicht von seiner Forderung ab, der Papst solle das UN-Verbot direkter Flüge in den Irak offen mißachten, anstatt sich um dessen Außerkraftsetzung zu bemühen. Da kam Johannes Paul, der sich den UN-Sanktionen gegen den Irak lange widersetzt hatte, aber keine Schachfigur in Saddams politischem Spiel sein wollte, widerstrebend zu der Überzeugung, daß das Regime des Irak die von ihm gewünschte Pilgerreise unmöglich gemacht hatte. Am 10. Dezember

1999 gab Navarro-Valls eine Presseerklärung heraus: Behörden des Irak hätten dem Vatikan mitgeteilt, die „ungewöhnlichen Bedingungen" des internationalen Embargos und der Flugverbotszonen im Irak ließen „die angemessene Organisation eines Besuchs des Heiligen Vaters" nicht zu. Den offenkundigen Versuch des Irak, die Geschichte zu propagandistischen Zwecken zu benutzen, kommentierte Navarro nicht.[2]

Johannes Paul wollte aber nicht auf die Idee verzichten, seine Reise im Jubeljahr mit einer Ehrung Abrahams zu beginnen, des großen Patriarchen, der nach dem römischen Meßkanon „unser Vater im Glauben" ist. Er entschied sich einfach dafür, Ur nach Rom zu verlegen. Am 16. Februar 2000 kündigte der Papst an, er werde eine „geistige Pilgerfahrt" in die Heimat Abrahams machen. Eine Woche später war der Audienzsaal Paul VI. der Schauplatz dieses einzigartigen Ereignisses.

Die Bühne des Saals war geschmückt mit Eichen, die an die biblische Geschichte von den Eichen in Mamre erinnern sollten, wo Abraham sein Zelt aufgeschlagen und Gott ein Opfer dargebracht hatte. Neben einem primitiven, unbehauenen Stein – er stand für die Opferung Isaaks und die vielen Altäre, die Abraham während seiner Wanderungen errichtet hatte – befand sich der optische Mittelpunkt des Arrangements: eine Kopie von Andrej Rubljows berühmter Ikone, die den Besuch der drei Engel bei Abraham darstellt. Johannes Paul, auf einem kleinen Thron sitzend, Tausende von Pilgern in dem Audienzsaal und weitere Tausende auf dem Petersplatz sahen auf einem Bildschirm die Ruinen des alten Ur, die Wüsten, durch die Abraham gezogen war, sowie die Felder und Flüsse Kanaans, des Landes der Verheißung. Nach Lesungen aus dem *1. Buch Mose*, dem *Hebräerbrief*, dem *Römerbrief* und dem *Johannesevangelium* bat man in einer Reihe von Gebeten, Gott möge die Menschheit von den „Götzen unserer Zeit" befreien und zwischen Juden, Christen und Muslimen „Frieden und Harmonie" schaffen.

Johannes Paul predigte über das radikale Annehmen von Gottes Willen, das Abraham zum Stammvater eines großen Volkes gemacht habe. Von der Lebensgeschichte Abrahams habe „die Heilsgeschichte ihren Ausgang genommen"; diese Lebensgeschichte fordere uns heraus, unsere Vorstellung von Gottes Verheißungen zu erweitern. Denn „das Land, zu dem sich der von Gottes Stimme geleitete Mensch aufmacht, gehört nicht ausschließlich zur Geographie dieser Welt". Abraham, der Archetyp des Gläubigen, der „Gottes Einladung annimmt", bricht tatsächlich „in ein Gelobtes Land auf, das nicht dem Diesseits angehört". Auf dem Opferstein, der an die Anbetung des einen wahren Gottes seit Abraham erinnerte, wurde am Ende der Zeremonie Weihrauch entzündet.[3]

Sinai: Das Gesetz, das befreit

Am folgenden Tag, dem 24. Februar 2000, flog Johannes Paul II. nach Kairo, dem ersten Aufenthalt auf seiner Reise zum Berg Sinai. Am Flughafen wurde er vom ägyptischen Staatspräsidenten Hosni Mubarak, vom Patriarchen der koptischen katholischen Kirche Stephanos II. Gattas, von Bischöfen der Koptisch-

Orthodoxen und vom Groß-Scheich Mohammed Sayed Tantawi begrüßt. Johannes Pauls Grußworte an Mubarak kamen von Herzen: „Ihnen, Herr Präsident, danke ich, daß Sie es mir ermöglicht haben, hierher zu kommen und mich dorthin zu begeben, wo Gott dem Mose seinen Namen offenbarte und sein Gesetz übergab als Zeichen seiner großen Barmherzigkeit und Güte gegenüber seinen Geschöpfen." Die befreiende Qualität des göttlichen Gesetzes war ein Thema, auf das der Papst immer wieder zurückkam, auch als er sein Engagement für die Harmonie zwischen den Religionen unterstrich. In diesem Zusammenhang erklärte er auf dem Flughafen nachdrücklich: „Im Namen der Religion (...) Gewalt und Konflikte zu schüren ist ein schrecklicher Widerspruch und eine große Sünde gegen Gott."[4]

Der erste Tag des Papstes in Ägypten war mit ökumenischen und interreligiösen Aktivitäten ausgefüllt. Abends besuchte Johannes Paul den Patriarchen der koptisch-orthodoxen Kirche, Papst Schenuda III., in seiner Residenz. Nachdem der bärtige Schenuda begeistert von ökumenischer Zusammenarbeit gesprochen hatte, erwiderte Johannes Paul, alle, die aus Rom nach Ägypten kämen, würden sich dort wie zu Hause fühlen, denn die ägyptische Kirche sei vom hl. Markus, dem Begleiter des Petrus, gegründet worden. Dann besuchte der Papst Scheich Tantawi, die höchste geistliche Autorität für fast eine Milliarde sunnitischer Muslime, in der al-Azhar-Universität, einem der größten Zentren islamischer Gelehrsamkeit auf der Welt. Zahlreiche religiöse Führer und Gelehrte des Islam drängten sich um Johannes Paul, um ihn zu begrüßen.[5]

Am nächsten Tag feierte Johannes Paul im Sportpalast von Kairo eine Messe mit 15 000 ägyptischen Katholiken. Vor einer Gemeinde, die aus den lokalen Gemeinschaften der armenischen, chaldäischen, koptischen, griechischen, lateinischen, maronitischen, melkitischen und syrischen Christen bestand, bezeichnete der Papst die Zehn Gebote als einen Sittenkodex für Männer und Frauen, die aus der Sklaverei befreit worden waren und nicht in die Gewohnheiten von Sklaven zurückfallen wollten. 3000 Jahre nachdem Mose die Gesetzestafeln empfing, seien diese Gebote ein Ruf zum wahren Leben, „das von den Götzen befreit und alles Dasein unendlich schön und unendlich wertvoll macht". In spontanen Äußerungen am Ende der Messe grüßte der Papst die verfolgten Christen im Sudan, von denen einige nach Kairo gekommen waren, um mit ihm die Eucharistie zu feiern.[6]

Am Samstagvormittag, 26. Februar, flog Johannes Paul mit dem Hubschrauber zum Katharinenkloster auf dem Sinai. Er wurde von der griechisch-orthodoxen Mönchsgemeinde und ihrem Vorsteher, Erzbischof Damianos, freundlich begrüßt, aber die Orthodoxen weigerten sich, an dem Wortgottesdienst teilzunehmen, den der Papst vor den Klostermauern feierte. Erzbischof Damianos erklärte, ein gemeinsames Gebet sei erst dann angemessen, wenn die beiden Kirchen volle Gemeinschaft miteinander hätten – eine Auffassung, der Johannes Paul offenkundig nicht zustimmte. In seiner Predigt vor den Klostermauern sagte er:

> Die Begegnung zwischen Gott und Mose auf diesem Berg birgt im Herzen unserer Religion das Geheimnis befreienden Gehorsams. (...) Die Zehn Gebote sind keineswegs willkürlich auferlegte Pflichten eines tyrannischen Herrn. Sie waren auf Stein geschrieben; aber bereits vorher waren sie als immer währendes und überall gültiges universales Sittengesetz in das menschliche Herz eingeschrieben.

„Der auch heute noch vom Sinai wehende Wind" erinnere uns daran, daß „die Zehn Gebote das Gesetz der Freiheit [sind]; nicht die Freiheit, blind unseren Leidenschaften zu folgen, sondern *jene Freiheit, das zu lieben und zu wählen, was in jeder Situation gut und richtig ist*, auch dann, wenn es uns Mühe und Kraft kostet". Und dieses Sittengesetz sei eng verknüpft mit der Selbstverwirklichung des Menschen, denn „durch seine Selbstoffenbarung auf dem Berg und die Übergabe seiner Gebote offenbart Gott dem Menschen den Menschen. *Der Sinai ist Mittelpunkt der Wahrheit vom Menschen und seiner Bestimmung.*"[7]

Als Johannes Paul II. zu der Stelle des Berges kam, wo nach der Überlieferung Gott aus dem brennenden Dornbusch zu Mose sprach, kniete er nieder und versank im Gebet.

Gehen, wo Jesus ging

Die Entschlossenheit Johannes Pauls, die Welt im Jubeljahr nachdrücklich auf die fundamentalen Tatsachen ihrer Erlösung hinzuweisen, wurde auf seiner Pilgerfahrt ins Heilige Land bestätigt. In einem von dramatischen Ereignissen erfüllten Pontifikat war dies wohl das dramatischste: ein ungeheuer starkes Zeugnis des Glaubens, um so ergreifender, weil hier ein Greis die Wahrheiten bezeugte, denen er sein Leben geweiht hatte; ein historischer Augenblick, der die qualvolle Beziehung zwischen dem Christentum und seinem Ursprung, dem Judentum, unwiderruflich veränderte; eine Lektion in reifer Staatskunst für die sich streitenden Völker dieser Region. Unmittelbar vor der Ankunft des Papstes im Heiligen Land äußerten lokale religiöse Führer tiefe Befürchtungen, der Besuch könnte zu einem Mißerfolg werden. Eine Woche später stand fest, daß die Pilgerfahrt in geistlicher und menschlicher Hinsicht ein totaler Triumph gewesen war für den Mann, der nicht hatte zugeben wollen, daß eine päpstliche Pilgerfahrt zu den Stätten, über die Jesus gegangen war, unmöglich sei.

Am Montagnachmittag, 20. März, flog Johannes Paul zunächst nach Amman, der Hauptstadt Jordaniens, wo er von dem jungen König Abdullah II. mit allen Ehren begrüßt wurde. Bald nach seiner Ankunft besuchte der Papst die Gedenkstätte für Mose auf dem Berg Nebo, etwa 24 Kilometer westlich von Amman, und blickte über das Jordantal auf das Land, das er im Geist schon so oft besucht hatte. Am nächsten Tag empfingen bei einer Messe auf einem Sportgelände etwa 2000 junge Menschen die Erstkommunion. In seiner Predigt betonte Johannes Paul den Zusammenhang zwischen dem Christentum und den großen biblischen Gestalten Mose und Elija in einer Liturgie zu Ehren Johannes des Täufers, der für die Christen die Schlüsselfigur zwischen dem Alten und dem Neuen Testament ist.[8] Nachdem er an einer der überlieferten Stätten von Jesu Taufe, Wadi al-Kharrar, einen Gebetsgottesdienst gehalten hatte, kehrte Johannes Paul nach Amman zurück, um von dort zum Ben-Gurion-Flughafen in Tel Aviv zu fliegen.

35 Jahre lang, seit dem II. Vatikanischen Konzil, hatte die katholische Kirche ein neues Verhältnis zum lebendigen Judentum angestrebt. Dieses Streben hatte einen lebhaften und fruchtbaren jüdisch-katholischen Dialog hervorge-

bracht. Doch Meinungsumfragen in Israel vor dem Papstbesuch ergaben, daß nur eine Minderheit der Israelis von diesen Entwicklungen wußte. 56 Prozent der Israelis hatten laut einer Umfrage keine Ahnung davon, daß die katholische Kirche auf der ganzen Welt den Antisemitismus verurteilte und bekämpfte. Was Dokumente, Dialoge und Konferenzpapiere in über drei Jahrzehnten nicht vermittelt hatten, wurde in der Begrüßungszeremonie auf dem Flughafen unmißverständlich klar. Der Papst hob die Hand, um die israelische Flagge zu grüßen; der Papst hörte aufmerksam zu, als eine Militärkapelle die israelische Nationalhymne spielte; der Papst wurde in einem souveränen jüdischen Staat als Ehrengast vom Staatspräsidenten und vom Ministerpräsidenten begrüßt; der Papst schritt eine Ehrenformation der israelischen Streitkräfte ab – das waren Zeichen, die vermittelten, was Worte manchmal nicht vermitteln können. Im Verhältnis zwischen der katholischen Kirche und dem jüdischen Volk hatte sich etwas Fundamentales verändert.

Den zweiten Tag seiner Reise ins Heilige Land verbrachte Johannes Paul in Betlehem, das nun der Palästinensischen Autonomiebehörde unterstand. Während des ganzen Tages machten die palästinensischen Behörden ziemlich plumpe Versuche, den Besuch als Anerkennung eines „palästinensischen Staates" durch den Papst darzustellen (ein Wort, das der Papst bewußt nie verwendete) und anzudeuten, der Ruf des Papstes nach Gerechtigkeit für die Bewohner des Flüchtlingslagers Dehaishe fordere für alle im ersten arabisch-israelischen Krieg von 1948 Vertriebenen ein „Recht auf Rückkehr" (ein Begriff, den Johannes Paul gleichfalls bewußt vermied). Diese propagandistischen Bemühungen glichen dem seltsamen Bemühen des Vorsitzenden Jasir Arafat, der am Abend zuvor erklärt hatte, der hl. Petrus sei ein Palästinenser. Als der Papst bei seiner Ankunft in Betlehem eine Schale mit palästinensischer Erde küßte, erregte das erhebliches Aufsehen. War das vielleicht ein raffinierter Zug des Vatikans auf dem nahöstlichen Schachbrett? Der päpstliche Sprecher Navarro-Valls brachte die Dinge wieder ins rechte Gleis, indem er schlicht und präzise erklärte: „Es wäre höchst merkwürdig gewesen, wenn der Papst an dem Ort, wo Christus geboren ist, die Erde nicht geküßt hätte."

Das war natürlich die primäre Botschaft dieses Tages, wieder durch päpstliche Zeichensprache vermittelt: Johannes Paul II. betete in der Geburtskirche, nur wenige Zentimeter von der überlieferten Geburtsstätte Jesu entfernt. In seiner Predigt bei der Messe in Betlehem sprach er von der Freude für ein Land, das allzuoft der Freude beraubt werde: „Die von dem Engel [den Hirten in Betlehem] verkündete Freude ist keine Angelegenheit der Vergangenheit. Sie ist Freude von heute – dem ewigen Heute von Gottes Heil, das alle Zeiten umfaßt: Vergangenheit, Gegenwart und Zukunft." Wer diese Freude erfahre, berühre das ewige Geheimnis der *conditio humana*:

> Am Anbruch des neuen Jahrtausends sind wir alle aufgerufen, deutlicher zu erkennen, daß die Zeit einen Sinn hat, weil hier die Ewigkeit in die Geschichte eingetreten ist und für immer bei uns bleibt. (...) Weil in Betlehem jeder Tag Weihnachten ist, ist in den Herzen der Christen jeder Tag Weihnachten.[9]

Donnerstag, der 23. März, ein Tag feierlicher Dramatik und aufwühlender Gefühle, begann mit einer privaten Messe für den Papst und seine engsten Mitarbeiter im Coenaculum, dem „Abendmahlssaal" auf dem Zionsberg, wo nach der Überlieferung Jesus mit seinen Jüngern das Abendmahl feierte und wo an Pfingsten die Kirche entstand. Nach einem Treffen mit dem Oberrabbiner der Aschkenasim und dem der Sephardim suchte Johannes Paul den israelischen Staatspräsidenten Ezer Weizman in dessen Amtssitz zu einem Gespräch auf. Von dort wurde der Papst zur Holocaust-Gedenkstätte Yad Vashem gefahren.

Diesem dramatischen Augenblick waren Wochen der Spekulation und der Unruhe vorausgegangen: „Wie weit wird der Papst gehen?" Erklärungen, dies sei kein Nullsummenspiel, in dem der Gewinn der einen Seite genau dem Verlust der anderen entspreche, halfen in der emotional und politisch aufgeladenen Atmosphäre wenig. Es waren sogar Befürchtungen laut geworden, der ganze Israelbesuch des Papstes werde in Yad Vashem scheitern. Die Äußerungen Johannes Pauls während einer einfachen Zeremonie von ehrfurchtgebietender Feierlichkeit machten dieses Geschwätz zunichte.

Navarro-Valls hatte den Papst einmal gefragt, ob er jemals weine; Johannes Paul hatte geantwortet: „Nicht äußerlich." Niemand bezweifelte, daß der Papst innerlich weinte, als er langsam zur ewigen Flamme in der „Halle der Erinnerung" von Yad Vashem ging und den Kopf in stillem Gebet senkte. Niemand konnte bezweifeln, daß der Papst vor seinem inneren Auge die Jugendfreunde aus Wadowice sah, die in den Vernichtungslagern umgekommen waren. Niemand, der wußte, wie die Erfahrung der deutschen Besatzungszeit Karol Wojtyłas Entschlossenheit geformt hatte, für die Menschenwürde einzutreten, konnte bezweifeln, daß der Papst in diesem Augenblick wieder deutsche Soldatenstiefel durch Krakau marschieren hörte.

Der Bischof von Rom, in dessen Gesicht sich eine gemeinsame geschichtliche Erfahrung abzeichnete, beugte sich im Gebet vor der ewigen Flamme in Yad Vashem – noch ein Zeichen, das sich dem Bewußtsein von Juden und Christen unauslöschlich einprägte. Hier war ein weiterer Hinweis darauf, daß die Dinge nie wieder sein würden wie vorher.

Johannes Paul begann seine kurze Ansprache mit Psalm 31, in dem es heißt: „Ich bin geworden wie ein zerbrochenes Gefäß. (...) Ich aber, Herr, ich vertraue dir" (Vers 13-15). Dann sagte er genau das, was gesagt werden mußte:

> An dieser Stätte der Erinnerungen empfinden Verstand, Herz und Seele ein ganz starkes Bedürfnis nach Stille. Stille zum Erinnern. Stille, in der wir versuchen, etwas Besinnung in die Erinnerungen zu bringen, die uns überfluten. Stille, weil es keine Worte gibt, die stark genug wären, um die grauenhafte Tragödie der *Shoah* zu beklagen.

Nachdem er alle darauf hingewiesen hatte, daß die Erinnerung einem bestimmten Ziel diene, nämlich „zu gewährleisten, daß das Böse nie mehr die Oberhand gewinnen wird, so wie es damals für Millionen unschuldiger Opfer des Nazismus der Fall war", vollzog Johannes Paul, der wußte, daß allzu viele Christen in jenem Netz des Bösen verstrickt gewesen waren, einen Akt der Buße, der von Herzen kam:

> Als Bischof von Rom und Nachfolger des Apostels Petrus versichere ich dem jüdischen Volk, daß die katholische Kirche – motiviert durch das biblische Gesetz der Wahrheit und der Liebe und nicht durch politische Überlegungen – tiefste Trauer empfindet über den Haß, die Verfolgungen und alle antisemitischen Akte, die jemals irgendwo von Christen gegen Juden verübt wurden.[10]

Ministerpräsident Ehud Barak antwortete mit einer bewegenden Erklärung, in der die Auseinandersetzungen über die jeweilige Verantwortung für die *Shoah* weder ignoriert noch weitergeführt wurden. Wie der Papst begriff Barak: Dieser Augenblick war so feierlich, daß für nichts anderes Raum blieb als für die Erinnerung und eine gegenseitige Verpflichtung zu einer besseren Zukunft.

Die Last der Geschichte wurde fast unerträglich, als der Papst langsam durch die Halle der Erinnerung ging, um sieben Überlebende des Holocaust zu begrüßen. Das war ein weiteres Zeichen: Johannes Paul empfing nicht die Überlebenden, sondern ehrte ihre Erfahrungen und Erinnerungen, indem er mühsam auf sie zuging. Diese Geste des Respekts blieb nicht unbemerkt. Einige Tage später rief ein israelischer Intellektueller und Soldat einen amerikanischen Freund an, der während des Papstbesuchs in Jerusalem gewesen war, und sagte: „Ich mußte dir einfach sagen, daß meine Frau und ich während des Papstbesuches in Yad Vashem die ganze Zeit weinten. Der Papst verkörperte Weisheit, Menschlichkeit und Integrität. Nichts fehlte. Mehr brauchte nicht gesagt zu werden."

Im weiteren Verlauf des Tages, als ein interreligiöses Treffen von drei Glaubensgemeinschaften stattfand, verlor sich dieser feierliche Ton. Der Großmufti von Jerusalem weigerte sich, daran teilzunehmen; Arafat, der Vorsitzende der Palästinensischen Autonomiebehörde, schickte als Sprecher der Muslime einen islamischen Richter, Scheich Taysir Tamimi. Meir Lau, der Oberrabbiner der Aschkenasim, rief einen Tumult hervor, als er behauptete, Johannes Paul habe Jerusalem als „vereinigte, ewige Hauptstadt" Israels anerkannt (der Papst hatte nichts dergleichen gesagt); Muslime unter den Zuhörern reagierten mit Pfiffen und Buhrufen. Dann begrüßte Scheich Tamimi den Papst als „Gast des palästinensischen Volkes auf dem Boden Palästinas, in der heiligen Stadt Jerusalem, der ewigen Hauptstadt Palästinas" und behauptete, es könne erst dann Frieden in der Region geben, wenn ganz „Palästina" unter „Präsident Jasir Arafat" vereinigt sei. Das Treffen artete in Feindseligkeiten aus; unter den Mißklängen verbarg der Papst das Gesicht in den Händen. Nachdem der Gesprächsleiter, Rabbi Alon Goshen-Gottstein, die Ordnung einigermaßen wiederhergestellt hatte, sagte Johannes Paul kurz und prägnant, die Religion richte sich „gegen jedwede Form von Ausgrenzung und Diskriminierung, von Haß und Rivalität, von Gewalt und Konflikt". Kurz nachdem der Papst geendet hatte, stand Scheich Tamimi abrupt auf und ging. Ein vatikanischer Amtsträger sagte später, der Scheich habe sich vor seinem Weggang zu Johannes Paul hinübergebeugt und erklärt, er habe für diesen Tag „noch eine andere Verabredung". So mancher Beobachter fragte sich, welche Verabredung für den Scheich wohl wichtiger war als das Treffen mit dem Papst.

Die Messe Johannes Pauls am folgenden Tag auf dem Berg der Seligpreisungen, an der 100 000 junge Menschen aus der ganzen Welt teilnahmen, war die größte Menschenansammlung in der Geschichte des Staates Israel. Israelische Sicherheitsbeamte hatten, da sie ein Attentat befürchteten, den Papst gebeten, eine kugelsichere Weste zu tragen; Johannes Paul hatte das – wie immer – abgelehnt. Wie gewöhnlich, wenn er mit jungen Leuten zusammen ist, war er großartig in Form und forderte sie in seiner eigenen Bergpredigt mit fester Stimme auf, „freudige Zeugen und überzeugte Apostel", die Evangelisten des 21. Jahrhunderts, zu sein. Nach der Messe betete der Papst in Tabgha, dem

Ort, an dem Jesus Brote und Fische vermehrt hatte. Dann besuchte er das Haus des Petrus in Kapernaum, das einige Jahre zuvor ausgegraben worden war. Wer Johannes Paul beobachtete, bemerkte ein Staunen auf seinem Gesicht: Der 263. Nachfolger des Petrus betete im Haus des Petrus.

Am 25. März feierte Johannes Paul in Nazaret das Fest Mariä Verkündigung, an der Stelle, wo nach der Überlieferung der Engel Gabriel Maria erschien. Als der Papst die Basilika betrat, wurde er von der jubelnden örtlichen Gemeinde fast erdrückt. Sein Sekretär, der stets gelassene und für alle Eventualitäten gerüstete Bischof Stanisław Dziwisz, verteilte wohlüberlegt Rosenkränze und wehrte dadurch Hände ab, die Johannes Paul von links und rechts zu berühren suchten. Trotz der Schönheit der Liturgie fühlte sich Johannes Paul offenbar in der Verkündigungsgrotte am meisten zu Hause. Hier wiederholte er zweifellos das marianische *Fiat voluntas tua*, „Mir geschehe, wie du gesagt hast" (Lukas 1,38), das seit der dunklen Nacht der Besetzung Polens seine eigene Frömmigkeit kennzeichnete. Noch am gleichen Tag war der Papst, wieder im Gebet versunken, in Jerusalem, diesmal in der Kirche aller Nationen im Garten Getsemani. Anschließend suchte er den griechisch-orthodoxen Patriarchen Diodoros I. in seiner Residenz auf. Das hätte erneut eine peinliche ökumenische Begebenheit werden können, wenn Johannes Paul sie nicht verwandelt hätte: Er umarmte und küßte den kränklichen Patriarchen, der sitzen blieb. Der Patriarch war nicht bereit, mit dem Bischof von Rom zu beten; da schlug Johannes Paul spontan vor, alle Anwesenden sollten das Vaterunser sprechen, jeder in seiner eigenen Sprache. So vermittelte er, was er seit 21 Jahren predigte – daß er darauf brennt, mit den Orthodoxen zu beten in einer Kirche, die nicht mehr unter dem Schisma von 1054 leidet.

Am Sonntag, den 26. März, dem letzten Tag seiner Pilgerfahrt ins Heilige Land, ging Johannes Paul mit 86 langsamen Schritten zur Klagemauer, dem heiligsten Ort des Judentums und letzten Überrest des Herodianischen Tempels, in dem Jesus gebetet hatte. Er stand einen Augenblick schweigend da und steckte dann sein eigenes schriftliches Gebet in eine Fuge der Mauer, wie Millionen frommer Juden es seit Jahrhunderten taten. Das war ein weiterer zeichenhafter Augenblick, der eine andere Zukunft für die katholisch-jüdischen Beziehungen ankündigte. In seinem schriftlichen Gebet bat der Papst Gott um Vergebung für die Vergehen von Christen gegen Juden. Johannes Paul hatte bei zahlreichen früheren Anlässen dasselbe gesagt. Aber nun wurde es *hier* gesagt, an diesem einzigartigen Ort, von einem Menschen, dessen Ehrfurcht vor diesem Ort an seinem ganzen Verhalten abzulesen war.

Aus der Sicht des Papstes war die Messe in der Grabeskirche, die er nach seinem Gebet an der Klagemauer feierte, der Höhepunkt der ganzen Pilgerfahrt. Hier, so hatte er 1999 in seinem *Brief über die Pilgerfahrt* geschrieben, „will ich mich ins Gebet versenken und dabei die ganze Kirche im Herzen tragen". Johannes Paul begnügte sich jedoch nicht mit einer einzigen Versenkung ins Gebet während der Messe am Grab Christi. Zu einem späteren Zeitpunkt dieses Tages bat er um die Erlaubnis, noch einmal allein in die Kirche gehen zu dürfen.

Als die Sicherheitskräfte sich von dem Schrecken erholt hatten, verbrachte der Papst eine weitere halbe Stunde als Pilger, stieg die steile Steintreppe zur elften und zwölften Station des Kreuzwegs empor und betete vor der Kreuzigungsgruppe. Das war noch ein Zeichen: Johannes Paul lebte nach der Wahrheit, der er sein ganzes Pontifikat geweiht hatte – der Verkündigung, daß Jesus Christus die Antwort auf die Frage ist, die jedes Menschenleben darstellt.

Das war tatsächlich das Leitmotiv dieser ganzen überwältigenden Woche gewesen. Johannes Paul II. war ins Heilige Land gekommen, um zu sagen: „Schaut auf Jesus Christus!" Die Ehrlichkeit seines Glaubens und die offenkundige menschliche Unaufdringlichkeit und Achtung vor anderen, die aus diesem Glauben erwuchsen, erhoben den Gang des Papstes zu den Orten, wo Jesus gegangen war, in den Bereich des Mythos.[11]

DIE UNIVERSALE BERUFUNG ZUR HEILIGKEIT

Die manchmal kaleidoskopisch erscheinende Reihe von Ereignissen während des Großen Jubeljahrs 2000 in Rom ließ schließlich ein Muster erkennen: Es war eine Reihe von Variationen zum Thema der universalen Berufung zur Heiligkeit.

Während seines ganzen Pontifikats hatte Johannes Paul betont, jeder Christ sei durch die Taufe zu einem heiligen Leben berufen. Die „Universalität" in diesem Sinne wurde im Großen Jubeljahr dadurch anerkannt, daß es in Rom spezielle Jubiläumstage für verschiedene Berufsgruppen gab. Es gab Jubiläumsfeiern für geweihte Männer und Frauen, Krankenschwestern und Krankenpfleger, Künstler, ständige Diakone, die römische Kurie, Handwerker, Priester, Naturwissenschaftler, Gast- und Saisonarbeiter, Journalisten, Häftlinge, junge Menschen, Professoren und Intellektuelle, ältere Menschen, Bischöfe, Familien, Sportler, Parlamentarier und Regierungsangestellte, die Welt der Landwirtschaft, das Militär und die Polizei, die Laien, die Behinderten und die Welt der Unterhaltung.[12] Diese besonderen Jubiläumstage wurden gelegentlich im Zusammenhang mit größeren internationalen Treffen veranstaltet: das Jubiläum der Familien im Oktober am zweiten Tag des dritten weltweiten Treffens des Heiligen Vaters mit den Familien, das Jubiläum für junge Menschen während des Weltjugendtages im August. Im Juni fand, ebenfalls in Rom, der 47. Eucharistische Weltkongreß statt, um die Kirche auf der ganzen Welt daran zu erinnern, daß christliche Heiligkeit daraus erwächst, daß die Kirche ständig am Tisch des Herrn gestärkt wird.

Die „universale Berufung zur Heiligkeit" erhielt auch Auftrieb durch vier Ereignisse, die besonders wichtige Themen von Johannes Pauls Pontifikat verkörperten und dem Großen Jubeljahr 2000 einige seiner denkwürdigsten Augenblicke lieferten.

Erinnerung und Vergebung

Ein umstrittener Aspekt von Johannes Pauls Plan für das Jubeljahr 2000 war seine Entscheidung, die Kirche solle ihr Gewissen läutern, „eingedenk all jener Vorkommnisse im Laufe der Geschichte", wo Menschen der Kirche „sich vom Geist Christi und seines Evangeliums (...) entfernt haben". Die Kirche müsse, so erklärte der Papst, ihre Kinder dazu anhalten, „sich durch Reue von Irrungen, Treulosigkeiten, Inkonsequenzen und Verspätungen zu reinigen". Ein solches Eingeständnis des Versagens sei „ein Akt der Aufrichtigkeit und des Mutes", der den Glauben stärken und dazu beitragen werde, die Kirche auf einen Frühling der Evangelisierung im 21. Jahrhundert vorzubereiten.[13]

Wie die Pilgerfahrt des Papstes ins Heilige Land bewies der dramatische „Tag der Vergebung", der am ersten Fastensonntag, dem 12. März 2000, im Petersdom gefeiert wurde, daß Zeichen weit mehr vermitteln können als wissenschaftliche historische Untersuchungen. Die Messe begann damit, daß der Papst, angetan mit einem Meßgewand in der feierlichen Fastenfarbe Violett, vor der *Pietà* Michelangelos betete. Er sagte, hier umarme die Kirche, wie Maria, ihren gekreuzigten Herrn und bitte den Vater um Vergebung und Verzeihung. Man sang die Allerheiligenlitanei, während die Bußprozession langsam durch das Kirchenschiff zum päpstlichen Hochaltar über dem Petrusgrab schritt. Dort war ein etwa zwei Meter hohes Kruzifix des 15. Jahrhunderts aus der römischen Kirche San Marcello aufgestellt, davor sieben Kerzen. In seiner Predigt sagte Johannes Paul, die ganze Kirche sei „vor Christus, der aus Liebe die Schuld unserer bösen Taten auf sich genommen hat" zu einer „gründlichen Gewissenserforschung" eingeladen: „Wir vergeben und bitten um Vergebung!" Diese Gewissenserforschung, fuhr der Papst fort, umfasse nicht nur die ferne Vergangenheit, sondern auch die Gegenwart. Die Christen müßten sich fragen, was ihre Verantwortung sei „gegenüber Atheismus, religiöser Gleichgültigkeit, Säkularismus, ethischem Relativismus, Verletzungen des Rechtes auf Leben, Teilnahmslosigkeit angesichts der Armut in vielen Ländern".[14] Die Welt sei für ihren Abfall vom Glauben nicht allein verantwortlich; Versäumnisse der Christen hätten zu einer Moderne beigetragen, die Gott vergessen zu haben scheine.

Nach der Predigt wurden während der Fürbitten Sünden bekannt und Gebete um Vergebung gesprochen. Kardinal Bernardin Gantin, der Dekan des Kardinalskollegiums, legte ein allgemeines Bekenntnis der christlichen Schuld in der Vergangenheit ab und entzündete eine der sieben Kerzen beim Kruzifix aus San Marcello (das seit Jahrhunderten in Rom während heiliger Jahre besonders verehrt wurde); der Papst bat Gott um Vergebung für diese Sünden, und die gesamte Gemeinde sang dreimal *Kyrie eleison* [„Herr, erbarme dich!"]. Das gleiche Muster wurde befolgt, als Kardinal Joseph Ratzinger Gott um Verzeihung bat für die Zeiten, in denen Christen „in ihrem Einsatz zum Schutz der Wahrheit mitunter auf Methoden zurückgegriffen haben, die dem Evangelium nicht entsprechen". Kardinal Roger Etchegaray bekannte die Sünden der Kirchenmänner, die zur Spaltung der Kirche beigetragen hatten; und Kardinal Edward Cassidy bat Gott um Vergebung für die Sünden von Christen gegen das jüdische Volk. Erzbischof Stephen Fumio Hamao bekannte die Sünden von Christen „gegen die Liebe, den Frieden, die Rechte der Völker und die Achtung vor [anderen] Kulturen und Religionen", Kardinal Francis Arinze erinnerte an die Sünden von Christen gegen die Würde der Frau und die Einheit des Menschengeschlechts. Erzbischof François Xavier Nguyên Van Thuân (ein ehemaliger politischer Häftling in Vietnam) schloß das Sündenbekenntnis ab, indem er Gott um Verzeihung für Sünden bat, die Christen gegen Grundrechte der Person begangen hatten, darunter die Mißachtung der Würde derjenigen, die Johannes Paul in seinem Gebet „die Kleinen" nannte. Dann schritt der Papst langsam auf das Kruzifix zu und umarmte es als Zeichen der Buße und der Bitte um Gottes Vergebung.[15]

In einer Welt, in der propagandabewußte Politiker bis zum Überdruß um „Entschuldigung" bitten, fanden es manche Menschen schwierig, den religiösen Kern von Johannes Pauls „Tag der Vergebung" zu verstehen. Ein Leitartikel der *New York Times* gipfelte in der verwirrenden Behauptung, die „Entschuldigung des Papstes" – so bezeichnete er den Tag – sei nicht weit genug gegangen; Johannes Paul habe nicht begriffen, daß seine „Entschuldigung für die Diskriminierung von Frauen sich schwer vereinbaren lasse mit seinem Widerstand gegen Abtreibung und Geburtenkontrolle und gegen die Priesterweihe von Frauen". Die bloße Vorstellung, daß die *New York Times* den Papst theologisch aufklären müsse, erschien seltsam. Aber die tiefere Verwirrung bestand darin, daß der „Tag der Vergebung" gleichgesetzt wurde mit Tony Blairs „Bitte um Entschuldigung" für den Kolonialismus und der Bill Clintons für die Sklaverei. Seit Johannes Paul 1994 eine Gewissensreinigung anläßlich des Jubeljahrs vorgeschlagen hatte, versuchte er zu erklären, daß die Kirche *Gott* um Vergebung bitte für die Sünden der Vergangenheit und für die Versäumnisse der Söhne und Töchter der Kirche. Das war kein Nachgeben gegenüber Interessengruppen, sondern ein feierlicher Akt der Buße, der sich an den Herrn der Kirche wandte. Es war keine „Bitte um Entschuldigung", sondern etwas viel Ernsthafteres: ein *Bekenntnis*, ein feierliches Eingeständnis von Sünden und eine Bitte um Gottes Vergebung. Daher stärkte es das Zeugnis und die Autorität der Kirche.[16]

Ein Jahrhundert des Martyriums

Bischof Michel Hrynchyshyn, der Präsident der Kommission für neue Märtyrer im Zentralkomitee für das Große Jubiläum 2000, schätzt, daß von den Christen, die in den ersten beiden Jahrtausenden der Kirchengeschichte ihr Leben für ihren Glauben gaben, zwei Drittel im 20. Jahrhundert starben: etwa 27 Millionen zeitgenössische Märtyrer. Doch die überwältigende Mehrheit der Katholiken auf der Welt war sich nicht bewußt, daß sie im bislang größten Jahrhundert des Martyriums gelebt hatte. Um das zu korrigieren, hatte Johannes Paul II. ein neues „Martyrologium", ein Verzeichnis der Märtyrer, in Auftrag gegeben, damit diese Blutzeugen nicht in Vergessenheit gerieten.[17] Er war auch entschlossen, die neuen Märtyrer während des Jubeljahres 2000 öffentlich anzuerkennen.

Es war angemessen, daß die „Gedenkfeier für die Märtyrer des 20. Jahrhunderts" am Nachmittag des 7. Mai vor dem römischen Kolosseum als ökumenischer Gottesdienst gefeiert wurde. Der Papst begann mit einem einleitenden Gebet in lateinischer Sprache; der orthodoxe Metropolit Gennadios, der den Patriarchen von Konstantinopel, Bartholomaios I., vertrat, sprach ein Gebet in griechischer Sprache; Dr. Ishmael Noko vom Lutherischen Weltbund betete auf englisch. Dann wurde ein Wortgottesdienst gefeiert, an den sich eine Predigt des Papstes anschloß. Während es leicht zu regnen begann, wurde aus den Schriften moderner Zeugen vorgelesen. Darunter waren Tichon, Patriarch von Moskau, ein Opfer des Kommunismus (gestorben 1925); ein anglikanischer Bischof, der 1942 in Papua-Neuguinea als Märtyrer starb; ein baptistischer Arzt aus Kanada, der sein Leben gegeben hatte, als er Opfer einer Meningitis-Epidemie in Nigeria behandelte; ein Seminarist aus Burundi, der 1997 bei einem Massaker tödlich verwundet wurde und folgendes Zeugnis hinterließ: „Mit unserem eigenen Blut schreibend, beten wir für die Menschen, die uns töten, und bitten sie um Verzeihung." Insgesamt wurde an 12 692 Menschen verschiedener Gruppen erinnert: Opfer in der Sowjetunion; Opfer des Kommunismus in anderen Ländern Europas; Opfer des Nationalsozialismus; Opfer anderer Verfolgungen. Nach jeder Lesung wurde vor dem erhobenen Evangeliar eine Kerze entzündet. Es wurde bereits dunkel, als die dreistündige Zeremonie zu Ende ging und Johannes Paul betete, Gott möge aller gedenken, die für ihren Glauben ihr Leben gegeben hatten, „und, in [seiner] unendlichen Gnade, auch ihrer Verfolger".[18]

Die größte Pilgerfahrt der europäischen Geschichte

Frühere internationale Feiern des Weltjugendtages hatten diese Innovation zu einem der Kennzeichen von Johannes Pauls Pontifikat gemacht. Der Weltjugendtag 2000, der vom 14. bis 20. August stattfand, übertraf sogar die Erwartungen des Papstes. Es war die größte Pilgerfahrt in der Geschichte Europas, als über zwei Millionen junge Menschen für eine Woche nach Rom kamen.[19]

Im Verlauf von 15 Jahren hatten diese Weltjugendtage komplexe Bedeutungen angenommen, die mit dem stereotypen Schlagwort der Medien – „katholisches Woodstock" – nur ungenügend erfaßt wurden. Sie waren gewiß eine Chance zu einer intensiven religiösen Unterweisung junger Katholiken mit und durch ihresgleichen. Die Weltjugendtage bauten auch ein globales Netz junger Katholiken auf; im Zeitalter des Internet konnten junge Menschen, die sich in Santiago de Compostela, Tschenstochau, Denver, Manila oder Paris getroffen hatten, viel leichter miteinander in Verbindung bleiben als Pilger früherer Generationen. Die Weltjugendtage waren auch Gelegenheiten geworden, die Führung der Kirche zu evangelisieren: Bischöfe, die eine Evangelisierung der jungen Menschen in der modernen Welt für unmöglich gehalten hatten, wurden von den Jugendlichen, mit denen sie zu diesen Ereignissen reisten, zu dieser Möglichkeit bekehrt. Was den Weltjugendtag 2000 anging, so war es am Ende eines Jahrhunderts der Gewalt gewiß bedeutsam, daß Hunderttausende junger Menschen durch Europa marschierten – nicht als Krieger, sondern als christliche Pilger.

Der Weltjugendtag 2000 trug auch dazu bei, Rom erneut zu evangelisieren, eine Stadt, die ihren Katholizismus manchmal nicht allzu ernst nimmt. Der Anblick von Tausenden junger Menschen aus der ganzen Welt, die geduldig warteten, bis sie als Pilger durch die heiligen Pforten der großen Basiliken gehen konnten; die Schlangen junger Menschen, die in einer riesigen „Kirche" unter freiem Himmel – im Circus Maximus – die Beichte ablegen wollten; die Abschlußmesse auf dem Universitätsgelände der Vorstadt Tor Vergata, wo glühende Hitze und räumlich beschränkte Verhältnisse weder die Begeisterung noch die Intensität der Gebete dämpften – diese unbewußten Zeugnisablegungen rührten sogar die römischen Taxifahrer; einer von ihnen sagte erstaunt, vor Fußballspielen oder Rock-Konzerten würden sich die Massen ganz anders verhalten. Die linksorientierte italienische Tageszeitung *La Repubblica* schrieb: „In Tor Vergata fiel die Mauer zwischen Agnostikern und Katholiken."[20]

Johannes Paul erfüllte seine Rolle als Gastgeber: 15 junge Menschen wohnten in der päpstlichen Sommerresidenz Castel Gandolfo, und eines Tages lud er sie zum Mittagessen ein. Es gab Nudeln mit Tomatensoße, Schweinebraten und Zucchini, und während des Essens wurden Scherze und Geschichten auf englisch, französisch, italienisch, polnisch und portugiesisch ausgetauscht. Roger Gudino, ein kanadischer Student, überreichte dem Papst ein Trikot der „Maple Leafs" aus Toronto; das weckte in Johannes Paul Erinnerungen an die Zeit, als er in Polen Eishockey spielte.[21] Doch drei Tage später wurden diejenigen, die immer noch meinten, der Weltjugendtag sei eine andere Form von Persönlichkeitskult, darauf hingewiesen, daß Johannes Paul II. die Jugendlichen auch deshalb so magnetisch anzog, weil er bereit war, sie herauszufordern.

In seiner Predigt bei der Abschlußmesse des Weltjugendtages 2000 sprach Johannes Paul über die Frage Jesu an seine engsten Jünger, nachdem viele andere ihn verlassen hatten: „Wollt ihr auch weggehen?", und über die Antwort des Petrus: „Herr, wohin sollen wir gehen? Du hast Worte des ewigen Lebens" (Johannes 6,67f.). Der Papst erklärte nachdrücklich: „Wollt ihr auch weggehen?' Diese Frage Jesu durchzieht die Jahrhunderte bis in unsere Zeit. Sie berührt uns persönlich und fordert zur Entscheidung heraus." Diese Entscheidung sei unter allen anderen die wichtigste, die junge Menschen treffen müßten, denn „Christus allein kann die tiefsten Sehnsüchte des menschlichen Herzens stillen". Warum? Wegen der überwältigenden, bedingungslosen und persönlichen Liebe Christi:

> Ja, liebe Freunde, Christus hat uns gern, und er liebt uns immer! *Er liebt uns auch dann, wenn wir ihn enttäuschen,* wenn wir nicht dem entsprechen, was er von uns erwartet. Er umarmt uns immer in seiner Barmherzigkeit. Müssen wir diesem Gott nicht dankbar sein, daß er uns erlöst hat (…)? Diesem Gott (…), der sich auf unsere Seite gestellt hat und dort geblieben ist bis zum Ende?

Das waren keine bequemen frommen Sprüche. In einer Gebetsvigil bei Kerzenlicht am vorhergehenden Abend hatte der Papst direkt gefragt: „Liebe Jugendliche! Ist es schwer, im Jahr 2000 zu glauben? *In der Tat: Es ist schwer. Das darf man nicht verschweigen.*" Aber Christus, der die ganze *conditio humana* – einschließlich Angst und Zweifel – verwandelt habe, warte auf sie:

> Es ist Jesus, den ihr sucht, wenn ihr vom Glück träumt. Er ist es, der auf euch wartet, wenn euch nichts anderes zufriedenstellt. Er ist die Schönheit, die euch an-

zieht. Er ist es, der euch provoziert mit jenem Durst nach Erfüllung, der euch keine Anpassung an den Kompromiß erlaubt. Er ist es, der euch dazu drängt, die Masken eines falschen Lebens abzulegen. Er ist es, der in euren Herzen die echten Entscheidungen liest – die Entscheidungen, die andere zu ersticken versuchen. Jesus ist es, der in euch etwas entfacht: die Sehnsucht, aus eurem Leben etwas Großes zu machen; den Willen, einem Ideal zu folgen, die Weigerung, euch von der Mittelmäßigkeit zerreiben zu lassen (...).

„Wenn ihr seid, was ihr sein sollt", sagte Johannes Paul am Ende den zwei Millionen junger Katholiken, „dann werdet ihr Feuer auf der ganzen Erde entzünden."[22]

Heilige für unsere Zeit

Johannes Pauls langgehegte Überzeugung, daß Gott in geradezu verschwenderischer Weise Heilige erschafft, hatte ihn veranlaßt, mehr Männer und Frauen selig- und heiligzusprechen als irgendein Papst vor ihm. Das Große Jubeljahr 2000 trieb die Zahl der von Johannes Paul seliggesprochenen Männer und Frauen auf fast 1000, die Zahl seiner Heiligsprechungen auf über 400.

Die ersten Seligsprechungen des Jubeljahrs, im März, ehrten 44 Märtyrer aus Brasilien, den Philippinen, Polen, Thailand und Vietnam. Am 9. April wurden drei Schwestern, die religiöse Gemeinschaften gegründet hatten, und zwei Priester seliggesprochen; einer der Priester, Franz Xaver Seelos, war ein Redemptorist aus Bayern, der als Geistlicher in den USA wirkte, wo er 1867 in New Orleans starb, als er sich um Opfer einer Gelbfieberepidemie kümmerte.

Am 30. April, dem Sonntag nach Ostern, sprach Johannes Paul Schwester Maria Faustina Kowalska (1905-1938) heilig, die polnische Mystikerin der göttlichen Barmherzigkeit, deren Kloster nur ein paar hundert Meter von der chemischen Fabrik entfernt war, wo der junge Karol Wojtyła während des Zweiten Weltkrieges Eimer mit Kalk geschleppt hatte. Die von der hl. Faustina verkündete Botschaft von Gottes unendlicher Barmherzigkeit schien Johannes Paul besonders wichtig für eine Welt, die ein Jahrhundert vom Menschen verursachter Scheußlichkeiten hinter sich hatte:

> Es ist nicht leicht, mit einer tiefen Liebe zu lieben, die in der wahrhaftigen Gabe der eigenen Person besteht. Diese Liebe erlernt man allein in der Schule Gottes, durch das Geheimnis seiner Liebe. Indem wir unseren Blick zu ihm hinwenden und uns auf sein Vaterherz hin ausrichten, werden wir befähigt, mit anderen Augen auf die Brüder zu schauen, in einer Haltung der Selbstlosigkeit und Anteilnahme, der Großherzigkeit und Vergebung. *All dies ist Barmherzigkeit!* (...)
>
> Von dieser Liebe muß sich die Menschheit heute inspirieren lassen, wenn sie fertigwerden will mit der Sinnkrise, mit den Herausforderungen durch die verschiedensten Bedürfnisse, besonders mit dem Anspruch, die Würde einer jeden menschlichen Person zu wahren. Deshalb ist die Botschaft von der Barmherzigkeit Gottes implizit auch *eine Botschaft vom Wert eines jeden Menschen*.[23]

Am 13. Mai sprach Johannes Paul in Fátima (Portugal) Francisco und Jacinta Marto selig, zwei der Kinder, die im Jahr 1917 Erscheinungen der Jungfrau Maria erlebt hatten. Gleichzeitig entschloß er sich, das sogenannte „dritte Geheimnis von Fátima" zu enthüllen, das seit Jahrzehnten manche Katholiken zu apokalyptischen Spekulationen veranlaßte. Das „Geheimnis" war praktisch die Vision einer ungeheuren Zahl von Martyrien im 20. Jahrhundert, darunter die Erschießung eines „weiß gekleideten Bischofs". Daß Johannes Paul das Attentat vom 13. Mai 1981 mit dieser Vision in Verbindung brachte, versteht sich wohl von selbst. Mit der Enthüllung des sogenannten „Geheimnisses" verfolgte er jedoch teilweise die Absicht, apokalyptische Spekulationen während des Jahres 2000 zu dämpfen. In einem theologischen Kommentar zu den Erscheinungen von Fátima betonte Kardinal Ratzinger, die Vision sei „kein im Voraus aufgenommener Film des Künftigen, an dem nichts mehr geändert werden könnte". Sie sei vielmehr ein Ruf zur Umkehr, „um die Freiheit auf den Plan zu rufen und sie ins Positive zu wenden". Durchaus angemessen für das 20. Jahrhundert weise die Erscheinung von Fátima darauf hin, daß die Freiheit der Erlösung bedürfe.[24]

27 Mexikaner, darunter 25 Märtyrer aus den 20er Jahren, wurden am 21. Mai seliggesprochen. Die umstrittenste Seligsprechung des Jubeljahrs fand am 3. September statt, als Johannes Paul Papst Pius IX. (1846-1878) zusammen mit Papst Johannes XXIII. (1958-1963) und drei weiteren „Dienern Gottes" seligsprach. Einige Anhänger von Johannes XXIII. ärgerten sich über diesen vermeintlichen Versuch, den Papst des II. Vatikanums mit dem des I. Vatikanums zu „verknüpfen". Doch Johannes XXIII. selbst hatte einmal geschrieben, er hoffe, Pius IX. heiligsprechen zu können, den er für einen Mann von heroischer Heiligkeit und pastoralem Mut hielt, unabhängig davon, wie er über die Einstellung von Pius IX. zur turbulenten italienischen Politik um die Mitte des 19. Jahrhunderts dachte.[25] Johannes Paul II. griff dieses Thema in seiner Predigt zur Seligsprechung auf und erklärte:

> *Die Heiligkeit lebt in der Geschichte*, und kein Heiliger ist den Beschränkungen und Einflüssen unserer Menschlichkeit entzogen. Mit der Seligsprechung eines ihrer Söhne möchte die Kirche *nicht dessen besondere historische Entscheidungen rühmen*, sondern ihn wegen seiner Tugenden zur Nachahmung und Verehrung herausstellen, zum Lobe der göttlichen Gnade, die in ihm erstrahlt.[26]

Die letzten Heiligsprechungen des großen Jubeljahrs 2000 fanden am 1. Oktober statt, als Johannes Paul zwei Ordensgründerinnen heiligsprach, darunter Katherine Drexel, eine reiche Erbin aus Philadelphia, deren Ordensgemeinschaft sich der Erziehung von Indianern und Afro-Amerikanern in den USA widmete; ferner 120 chinesische Märtyrer, die in einem Zeitraum von über 300 Jahren starben; und Josephine Bakhita, eine ehemalige sudanesische Sklavin.[27]

SICH SELBST TREU BLEIBEN

Am 18. Mai 2000 beging Johannes Paul II. seinen 80. Geburtstag, indem er die größte konzelebrierte Messe in der Geschichte feierte. 6 000 Priester vereinigten sich mit 74 Kardinälen und Patriarchen, 250 Bischöfen und dem Papst auf dem Petersplatz und hörten, wie Johannes Paul sagte, das Amtspriestertum, das aus „vielen verletzlichen Menschen" bestehe, sei „ein Geschenk, das den Beschenkten immer wieder in Erstaunen versetzt". Die Aufgabe des Priesters bestehe darin, „die uns anvertraute Herde Gottes zu weiden, nicht durch Zwang, (...) nicht als Beherrscher, sondern durch ein vorbildliches Zeugnis".[28]

Während des ganzen Jahres war der Papst entschlossen, sich selbst treu zu bleiben, trotz der Beschränkungen durch Krankheit und Alter und trotz der kritischen Bemerkungen, die weiterhin von seiten traditioneller Vertreter der Kurie kamen. Am 9. Januar taufte er in der Sixtinischen Kapelle fröhlich 18 Kinder, von denen einige laut schrieen. Drei Tage vorher, am Erscheinungsfest, hatte er im Petersdom 12 neue Bischöfe geweiht. Im gleichen Monat lud Johannes Paul den polnischen Filmregisseur Andrzej Wajda und die Mitwirkenden in *Pan Tadeusz* (Wajda hatte dieses Epos der polnischen Romantik soeben verfilmt) zu einer Messe und zu einer Vorführung ihres Films im Vatikan ein. Der Papst, der als Jugendlicher einst selbst in *Pan Tadeusz* mitgespielt hatte, mußte an manchen Stellen des Films weinen und rezitierte Abschnitte aus dem 600 Seiten umfassenden Epos, als er anschließend die Schauspieler empfing.[29] Im März bat Johannes Paul den im Exil lebenden vietnamesischen Erzbischof François Xavier Nguyên Van Thuân, vor dem Papst und den hohen Würdenträgern der römischen Kurie während ihrer jährlichen Fastenexerzitien zu predigen. Der Erzbischof stellte das Thema „Zeugen für die Hoffnung" in den Mittelpunkt seiner Meditationen und machte einen tiefen Eindruck, als er darüber nachdachte, was er während seiner 14 Jahre im Gefängnis über Treue, Vergebung, Moral und Glauben gelernt hatte. Gegen Ende der Fastenzeit schrieb Johannes Paul persönlich die Meditationen, die während der traditionellen Kreuzwegprozession am Karfreitag im Kolosseum vorgelesen wurden.[30]

Johannes Paul erklärte sich damit einverstanden, seinen unerbittlichen Terminkalender ein wenig einzuschränken, und versuchte, den Dienstag jeder Woche für die Erholung zu reservieren: etwa einen freien Tag in den Bergen, wenn das Wetter es zuließ. Vom 10. bis 22. Juli machte er wieder einmal im Val d'Aosta zwölf Tage Sommerferien. Das Wetter war nicht immer freundlich, aber das zweigeschossige Landhaus, in dem der Papst wohnte, besaß ein großes Panoramafenster, von dem aus er seine geliebten Berge wenigstens anschauen konnte, wenn er auf seinen täglichen Spaziergang verzichten mußte. Als der Himmel sich gegen Ende des Urlaubs aufhellte, drängten einige Mitglieder seines Stabes den Papst, ein paar Tage länger zu bleiben; doch er bestand darauf, nach Rom zurückzukehren, um sich auf den Weltjugendtag 2000 vorzubereiten. Einige Wochen vor diesem Urlaub hatte Johannes Paul im Vorraum des Audienzsaals Paul VI. 200 Arme und Bedürftige zum Mittagessen eingeladen; die Speisen wurden von Studenten der römischen Priesterseminare aufgetragen. Er meinte, dieses gemeinsame Essen, einige Tage vor dem Beginn des Eucharistischen Weltkongresses in Rom, stelle eine wichtige Vorbereitung auf dieses geistliche Ereignis, „das Herz des Jubiläumsjahres", dar.[31]

Im Juni begnadigte die italienische Regierung Mehmet Ali Agca, der bei seinem Attentat 1981 den Papst schwer verwundet hatte; er wurde in die Türkei gebracht, um dort die restlichen Jahre seiner Gefängnisstrafe für einen Mord im Jahr 1979 zu verbüßen. Im Mai hatte Johannes Paul an den italienischen Staatspräsidenten Carlo Azeglio Ciampi geschrieben. Es war, wie der päpstliche Sprecher Navarro-Valls sagte, keine ausdrückliche Bitte um Begnadigung (darüber hatte – nach Auffassung des Heiligen Stuhls – allein Italien zu entscheiden), sondern vielmehr eine „Erklärung, was der Papst meinen würde, wenn Italien sich zu einer Geste der Gnade entschloß". Obwohl die diplomatischen Formen gewahrt werden mußten, hielten einige das für eine Unterscheidung, die keinen wesentlichen Unterschied mache; außerdem ignoriere sie das Problem des öffentlichen Charakters der Tat Agcas, die nicht einfach ein Vergehen gegen Johannes Paul II. persönlich, sondern auch gegen die Gesellschaft war. Daß der Papst Agca schon längst vergeben hatte, war eine Sache; daraus ergab sich nicht unbedingt, daß diese persönliche Geste des Verzeihens ohne weiteres in einen öffentlichen Staatsakt umgesetzt werden konnte. Immerhin bezeichnete Agca den Vatikan als den „größten Verbrecher" und behauptete, die Kirche habe ihm eine riesige Geldsumme und einen Kardinalshut angeboten, wenn er zum Katholizismus übertrete. All das bestätigte die Auffassung, daß, falls je die volle Wahrheit über das Attentat vom Mai 1981 ans Licht kommen sollte, das nicht durch eine Aussage Agcas geschehen würde.[32]

DIE EINHEIT DER KIRCHE UND DIE WÜRDE DES MENSCHEN

Der Beginn des Großen Jubeljahres 2000 unterstrich die Entschlossenheit des Papstes, die Dringlichkeit des Strebens nach der Einheit der Christen zu betonen. In einem Bruch mit der jahrhundertealten Tradition lud Johannes Paul den anglikanischen Erzbischof von Canterbury und einen Vertreter des orthodoxen Ökumenischen Patriarchats von Konstantinopel ein, am 18. Januar, dem ersten Tag der jährlichen Weltgebetswoche für die Einheit der Christen, mit ihm zusammen die Heilige Pforte von San Paolo fuori le mura zu öffnen. Der ökumenische Gottesdienst in der großen Basilika umfaßte Lesungen aus den Werken des russisch-orthodoxen Theologen Georgij Florowskij und des deutschen lutherischen Theologen und Märtyrers Dietrich Bonhoeffer. Über 20 Vertreter verschiedener christlicher Gemeinschaften schlossen sich Johannes Paul an und gaben sich gegenseitig den Friedenskuß, während der Chor *Ubi caritas* sang: „Wo die Liebe wohnt und Güte, da ist unser Gott." Dann sprach die ökumenische Gemeinde miteinander das Apostolische Glaubensbekenntnis auf griechisch, lateinisch und deutsch (in der Sprache Luthers), bevor sie das Vaterunser sang und den Segen des Papstes empfing.[33]

Es war einfacher, eindrucksvolle symbolische Akte dieser Art zu arrangieren, als echte theologische Fortschritte zu erzielen, die das Schisma von 1054 zwischen dem östlichen und dem westlichen Christentum und die auf das 16. Jahrhundert zurückgehenden Spaltungen innerhalb der Kirche des Westens überwanden. Nach einer siebenjährigen Verzögerung traf sich die Gemeinsame Internationale Kommission für den theologischen Dialog zwischen der katholischen und der orthodoxen Kirche vom 9. bis 19. Juli in Emmitsburg (Maryland) zu ihrer achten Plenarsitzung. Doch trotz zehntägiger Beratungen und Diskussionen konnte man sich nicht auf eine gemeinsame Erklärung einigen. Vertreter der Orthodoxen behaupteten nach wie vor, das „Problem" der mit Rom vereinigten Kirchen des östlichen Ritus – der sogenannten „Unierten" in der Ukraine und anderswo – müsse „gelöst" werden, bevor der Dialog zu seiner eigentlichen theologischen Tagesordnung zurückkehren könne. Aber die Orthodoxen selbst vertraten in diesen Fragen keine gemeinsame Position, und ein katholischer Teilnehmer meinte, die Orthodoxen hätten in Emmitsburg einander ebensosehr beschimpft, wie sie die Katholiken beschimpften. Die Griechisch-Orthodoxen argumentierten: Da in der bisher kommunistischen Welt nunmehr Religionsfreiheit herrsche, sollten die „Unierten" sich entweder der Orthodoxie oder dem Katholizismus des lateinischen Ritus anschließen. Diese aggressive Haltung verhieß nichts Gutes für den Wunsch des Papstes, seine Pilgerfahrt im Jubeljahr mit einem Besuch Athens abzuschließen.[34]

Die andauernden Spannungen mit den Orthodoxen beeinflußten auch den lange vereitelten Wunsch des Papstes, eine Pilgerfahrt nach Rußland zu machen. Der russische Präsident Wladimir Putin führte im Juni mit Johannes Paul im Vatikan ein freundliches Gespräch, lud ihn aber nicht – wie Gorbatschow und Jelzin – nach Rußland ein. Patriarch Aleksej II. von Moskau behauptete seinerseits weiterhin, solange die „Verfolgung" der Orthodoxen durch die ukrainisch-katholische Kirche und die „Proselytenmacherei" der Katholiken in Rußland nicht aufhörten, wäre ein päpstlicher Besuch „lediglich eine protokollarische Geste".[35] Beide Beschwerden erschienen vielen katholischen und orthodoxen Christen in der Ukraine und in Rußland übertrieben, da die ökumenische Zusammenarbeit an der Basis während der 90er Jahre beträchtliche Fortschritte gemacht hatte. Im Oktober 2000 wurde angekündigt, Johannes Paul werde im Juni 2001 in die Ukraine reisen; es blieb abzuwarten, wie sich das auf eine eventuelle Reise des Papstes nach Rußland auswirken würde.

Der umstrittenste Augenblick des Jubeljahres beim ökumenischen und interreligiösen Dialog kam im September, als die Glaubenskongregation die Erklärung *Dominus Iesus* [Der Herr Jesus] über die einzigartige Rolle Christi und den besonderen Platz der Kirche im Heilsplan Gottes veröffentlichte. Diese Erklärung wurde weithin als eine Aufhebung, ja Verwerfung jahrzehntelanger Fortschritte beim ökumenischen und interreligiösen Dialog dargestellt. Aber viele Menschen, die das Dokument (eine Entgegnung auf theologische Spekulationen, vor allem in Asien, die Kernbegriffe des christlichen Glaubens zu leugnen schienen) lasen, stellten fest, daß es ein überzeugendes, ja demütiges Bekenntnis des katholischen Glaubens war: daß es nur einen einzigen Gott und somit nur eine einzige „Heilsordnung" gibt; daß, wenn Jesus Herr, wahrer Gott und wahrer Mensch ist, er der Herr aller Menschen ist; daß Gott, der will, daß alle Menschen gerettet werden, die zum Heil notwendige Gnade keinem versagt; daß alle, die gerettet werden, durch Gottes Handeln in Christus gerettet werden, ob sie nun von Jesus Christus gehört haben oder nicht; daß die Kirche einen ständigen missionarischen Auftrag hat, Christus zu verkündigen. Genau das hatte Johannes Paul II. 1990 in seiner Enzyklika *Redemptoris missio* [Die Sendung des Erlösers] erklärt. Ebenso wiederholten die Aussagen des Dokuments zur Ökumene die Lehre des II. Vatikanums, bis hin zu den Formulierungen des Konzils, daß die eine Kirche Jesu Christi in der katholischen Kirche „subsistiere" und daß Elemente der Heiligung auch in religiösen Gemeinschaften vorhanden seien, die keine Gemeinschaft mit dem Bischof von Rom haben. Irreführende Berichte und reißerische Schlagzeilen („Wir sind die Nummer eins", über einem Foto Johannes Pauls mit erhobenen Armen; „Vatikan bezeichnet den Katholizismus als einzigen Weg zum Heil") lösten eine wochenlange Kontroverse aus. Doch diese Kontroverse war ein hilfreicher Hinweis darauf, daß die ökumenische Bewegung und der interreligiöse Dialog mehr sind als Pflichtübungen in politischer Korrektheit. Hier geht es um ewige Wahrheiten, und der Dialog, in Liebe und Respekt geführt, sollte diese Tatsache widerspiegeln. Darauf suchte *Dominus Iesus* die Kirche und die Welt hinzuweisen – wenn auch gelegentlich etwas offener, als die heutigen Anstandsregeln es normalerweise gestatten. Daß prominente evangelikale Protestanten in *Dominus Iesus* eine erfrischende Bestätigung des christlichen Glaubens sahen, war ein interessanter kleiner Hinweis auf künftige ökumenische Entwicklungen.[36]

Für Johannes Paul II. sind das Streben nach der Einheit der Christen und die gemeinsame Suche nach Wahrheiten, die zu der einen Wahrheit – nämlich Gott – führen, unerläßliche Elemente beim Streben nach einer humaneren Welt. Während des ganzen Jubeljahres setzte der Papst seine Kampagne für die weltweite Abschaffung der Todesstrafe fort – in den USA ohne erkennbaren Erfolg. Er drängte auch auf einen Schuldenerlaß gegenüber der dritten Welt, verbunden mit wirtschaftlichen und politischen Reformen in den Entwicklungsländern. Im August ernannte er Michel Camdessus, den vor kurzem pensionierten Chef des Internationalen Währungsfonds [IMF], zum Mitglied des Päpstlichen Rates für Gerechtigkeit und Frieden.[37] Noch im gleichen Monat sprach Johannes Paul vor dem 18. Internationalen Kongreß für Organverpflanzung. In einer sorgfältig ausgewogenen Rede begrüßte er das neue genetische Wissen, das die Revolution in der Biotechnik vorantreibe. Er verkündete aber auch, die Herstellung oder Verwendung von Klonen oder menschlichen Embryonen zu Forschungszwecken – etwa zur Gewinnung von „Stammzellen", aus denen neue Organe oder Gewebe entwickelt werden könnten – verstoße gegen die Integrität und Heiligkeit des Lebens. Die Wissenschaft selbst habe neuerdings herausgefunden, daß Stammzellen Erwachsenen entnommen werden könnten; die Herstellung von Forschungsembryonen zur Vernichtung sei nicht nur unmoralisch, sondern auch unnötig. „Grundlegendes Kriterium" jeder wahrhaft humanen Medizin müsse *„die Verteidigung und Förderung des ganzheitlichen Wohls der menschlichen Person* sein, im Einklang mit jener einzigartigen Würde, die uns aufgrund unserer menschlichen Natur eigen ist". Diese Würde werde uns nicht zugeschrieben von denen, die das Recht beanspruchen, zu bestimmen, welches Leben nützlich und welches entbehrlich ist; sie sei uns angeboren. Zum Schluß sagte der Papst: „Voll Zuversicht bestärke ich die Verantwortlichen für Gesellschaft, Politik, Erziehungs- und Bildungswesen, sich auch weiterhin für die Förderung einer wahren, von Hochherzigkeit und Solidarität gekennzeichneten Kultur einzusetzen."[38] Eine solche Zuversicht fanden Beobachter der amerikanischen Debatte über embryonale Stammzellenforschung, die sich fast ausschließlich am Nützlichkeitsprinzip orientierte, erfrischend, selbst wenn sie sie nicht teilen konnten.

Der Wächter

In einer Predigt des Jahres 593 nahm Papst Gregor der Große einen bekannten Bibeltext („Menschensohn, ich habe dich zum Wächter bestellt über das Haus Israel" [Ezechiel 3,17]) und entwarf ein Porträt des Propheten Ezechiel, das auf Johannes Paul II. zu passen schien, den 80jährigen Papst, der die Kirche und die Welt durch das Große Jubeljahr 2000 führte:

> Man beachte, daß ein vom Herrn zur Verkündigung Gesandter als Wächter bezeichnet wird. (...) Ein Wächter steht immer auf einer Anhöhe, damit er schon von weitem sieht, was kommen wird. Und wer zum Wächter des Volkes bestellt ist, muß sein ganzes Leben lang auf einer Höhe stehen, damit er [dem Volk] durch seine Voraussicht zu nützen vermag.[39]

Oder durch seine Einsicht. Seit dem Beginn seines Pontifikats glaubte Johannes Paul II., die Wende zu einem neuen Jahrtausend der christlichen Geschichte sei kein Zufall des Kalenders, sondern eine Chance der göttlichen Vorsehung. Daß während des Großen Jubeljahres 2000 rund 27 Millionen Pilger nach Rom strömten, war ein Kriterium dafür, daß die Einsicht des Papstes zutraf. Seine Voraussicht war zu erkennen an den zahllosen örtlichen Jubelfeiern, die in der ganzen katholischen Kirche und im ökumenischen Rahmen stattfanden. Manche führende Katholiken sahen in dem Jubeljahr ein weiteres Beispiel für die Neigung Johannes Pauls, die Kirche „ständig in Bewegung" zu halten, wie es ein Kardinal einmal ausdrückte. Für viele Katholiken, die in einer unruhigen Welt lebten, bot das Jubeljahr eine Gelegenheit, über das Verhältnis zwischen der Geschäftigkeit der Moderne und der transzendenten Bedeutung und Bestimmung des Lebens nachzudenken. Deshalb reagierten auf der ganzen Welt Katholiken jeder Altersstufe und jeder gesellschaftlichen Stellung begeistert auf die Einladung des Papstes, ein besonderes Jahr der Versöhnung und der Gnade zu erleben.

Vierzehn Tage nach dem Neujahrstag 2000 erinnerte sich niemand mehr an den Computervirus Y2K, der monatelang Warnungen vor dem Jüngsten Tag hervorgerufen hatte. Und nur noch wenige meinten, die vielgepriesene „Millenniumskuppel" in London sei ein passendes Symbol für den Eintritt der Menschheit in eine hellere Zukunft. Johannes Paul II. – der Wächter, der seinen Posten trotz Krankheit und Alter nicht verließ – wurde am 24. Dezember 1999 zum universalen Bezugspunkt für das Jahr 2000 und blieb es während des ganzen Jubeljahres. Durch seinen Glauben, sein Zeugnis und seinen Mut hatte er die Welt veranlaßt, über die Möglichkeit nachzudenken, daß sie der Erlösung bedürfe – und über die weitere, erstaunliche Möglichkeit, daß dieses Bedürfnis im Leben, im Sterben und in der Auferstehung Jesu Christi erfüllt sei.

Darum ging es im Großen Jubeljahr 2000 – Johannes Paul hatte es schon immer gesagt.

Anmerkungen

Vorwort zur deutschen Ausgabe

1 Johannes Paul II., *Redemptoris missio*, Nr. 39.
2 Vgl. *Zeugen für Christus. Das deutsche Martyrologium des 20. Jahrhunderts.* Herausgegeben von Helmut Moll im Auftrag der Deutschen Bischofskonferenz. 3., durchges. Auflage (Paderborn 2001).

Prolog

1 Conor Cruise O'Brien, *On the Eve of the Millennium. The Future of Democracy Through an Age of Unreason* (New York 1994), 11f. Die summarische Einschätzung O'Briens ist schonungslos: „Ehrlich gesagt, ich verabscheue Johannes Paul II." (16).
2 Tad Szulc, *Papst Johannes Paul II.* (Stuttgart 1996), 367ff.
3 Carl Bernstein/Marco Politi, *Seine Heiligkeit* (München 1997), 606.
4 David Willey, *God's Politician. Pope John Paul II, the Catholic Church, and the New World Order* (New York 1992), XIII.
5 *The Independent*, 3.8.1993: „The Pope must make his church more catholic".
6 Vgl. Johannes Paul II., *Die Schwelle der Hoffnung überschreiten* (Hamburg 1994), sowie *Geschenk und Geheimnis. Zum 50. Jahr meiner Priesterweihe* (Graz 1997).
7 „Introduction" zu: *Our God's Brother*. In: Karol Wojtyła, *The Collected Plays and Writings on Theater*, übersetzt und mit einer Einleitung von Bolesław Taborski (Berkeley 1987), 159.
8 Gespräch des Autors mit Papst Johannes Paul II., 7.3.1996.
9 Zur dramatischen Struktur des moralischen Lebens und zur zentralen Stellung Christi im menschlichen Drama vgl. Kenneth L. Schmitz, *At the Center of the Human Drama: The Philosophical Anthropology of Karol Wojtyła/Pope John Paul II* (Washington 1993), 86, 146.
10 Johannes Paul II., „Ansprache vor den Vereinten Nationen zum 50jährigen Bestehen der Weltorganisation", 5.10.1995, Abschnitt 17. [Übersetzt unter Verwendung der deutschen Fassung in: *OR* dt., 13.10.1995, 4.]
11 Gespräch des Autors mit Johannes Paul II., 20.3.1997.
12 Dieses Bild stammt von Hans Urs von Balthasar, „Pfingsten: Gott steht offen". In: *Du krönst das Jahr mit deiner Huld* (Einsiedeln 1982), 120.
13 Johannes Paul II., „Ansprache vor den Vereinten Nationen zum 50jährigen Bestehen der Weltorganisation", 5.10.1995, Abschnitt 16 [Hervorhebung im Original]. [Übersetzt unter Verwendung der deutschen Fassung in *OR* dt., 13.10.1995, 4.] Johannes Paul II. hebt ständig Sätze und Worte in seinen Texten hervor, indem er sie im Manuskript unterstreicht. Diese Hervorhebungen werden in der gedruckten Fassung seiner Texte kursiv gesetzt. Das mag den Sprachfluß etwas holprig erscheinen lassen, wird jedoch hier übernommen, weil es für die Atmosphäre und den Rhythmus der Prosa des Papstes wesentlich ist.
14 New York 1992.
15 Zitiert bei John Jay Hughes, *Pontiffs. Popes Who Shaped History* (Huntington, Ind., 1994), 11.

Kapitel 1
Ein Sohn der Freiheit

1. Isaac Deutscher, *Der bewaffnete Prophet* (Stuttgart 1962), 436.
2. Die Hauptlinien dieser kurzen Darstellung der Schlacht an der Weichsel folgen Richard M. Watt, *Bitter Glory: Poland and Its Fate 1918-1939* (New York 1979), 142-149.
3. Vgl. Dokument 59, „Politischer Bericht des Zentralkomitees der RKP (B) auf der IX. Allrussischen Konferenz der kommunistischen Partei". In: Richard Pipes (Hrsg.), *The Unknown Lenin: From the Secret Archive* (New Haven 1996), 95-115.
4. Norman Davies, *God's Playground. A History of Poland*, Bd. 1 (New York 1982), 486.
5. Ebd., 79.
6. Ebd., 151.
7. Ebd., 160.
8. Ebd., 199f.
9. Ebd., 63.
10. Rocco Buttiglione, *Karol Wojtyła. The Thought of the Man who Became Pope John Paul II* (Grand Rapids 1997), 1.
11. Vgl. ders., *Karol Wojtyła*, Kap. 1. Hier finden sich wichtige Ausführungen über eine „von der Weichsel her betrachtete" Geschichte.
12. Siehe Radek Sikorski, *Full Circle. A Homecoming to Free Poland* (New York 1997), 21.
13. Zu den „fremdartigen Barbaren" vgl. Davies, Bd. I, 386.
14. Ebd., 456.
15. Interview des Autors mit Wojciech Giertych OP, 10.6.1997.
16. Davies, Bd. *1*, 511. Während Polen im Todeskampf lag, machten sich die von ihrer kulturellen Überlegenheit durchdrungenen Geistesgrößen der Aufklärung über Polen lustig. Voltaire behauptete, ein Pole sei ein reizender Mensch, zwei Polen ein Gezänk, doch drei Polen: „Ah, das ist die polnische Frage." [Ebd.]
17. Zitiert in: *The Spectator*, 25.1.1997, 30.
18. Siehe Norman Davies, *Im Herzen Europas. Geschichte Polens* (München 2000).
19. Zu diesen und anderen Problemen in den ersten Tagen der Zweiten Polnischen Republik vgl. Watt, *Bitter Glory*, 79ff.
20. Tadeusz Karolak, *John Paul II. The Pope from Poland* (Warschau 1979), 10.
21. Ebd., 22. Wawro verkörperte den Typus Künstler, der eher aus der volkstümlichen Kultur schöpft, statt sich davon abzusetzen, und in dieser Eigenschaft mag er Karol Wojtyłas spätere Auffassung über das Verhältnis von Volksfrömmigkeit und Hochkultur beeinflußt haben. [Interviews des Autors mit Marek Skwarnicki, 4.6.1997, und mit Pater Kazimierz Suder, 14.7.1997.]
22. Siehe Davies, *Im Herzen Europas*, 108, 110. In der Zwischenkriegszeit stellten die Ukrainer 15, die Juden 9, die Weißrussen 5 und die Deutschen 2 Prozent der Bevölkerung.
23. Interview des Autors mit Jerzy Kluger, 15.3.1997; Gespräch des Autors mit Papst Johannes Paul II., 20.3.1997.
24. Johannes Paul II., *Die Schwelle der Hoffnung überschreiten* (Hamburg 1994), 124.
25. Interview des Autors mit Jerzy Kluger am 15.3.1997.
26. Ebd., sowie Interview des Autors mit Kazimierz Suder, 14.7.1997.
27. Interview des Autors mit Jerzy Kluger, 15.3.1997.
28. Kardinal Karol Wojtyła erinnerte an Rafał Kalinowski in einer 1963 gehaltenen Rede, „Zwei Rebellen", die in der Krakauer Wochenzeitung *Tygodnik Powszechny* 33 (1963) abgedruckt wurde.
29. Gespräch des Autors mit Papst Johannes Paul II., 22.1.1997; vgl. auch A. Kijkowski/ J.J. Szczepański, in Zusammenarbeit mit K. Zanussi, *From a Far Country. The Story of Karol Wojtyła of Poland* (Santa Monica 1981).
30. Der Verlust der Kirchenbücher im Zweiten Weltkrieg und ungenaue Erinnerungen haben gewisse unlösbare Widersprüche hervorgerufen. Militärlisten zufolge, die ein deutscher Autor durchforstet hat, war Karol Wojtyła dem 56. Infanterieregiment – einem polnischen Truppenverband mit österreichischen Offizieren – in Wadowice zugeteilt worden, nachdem er 1900 in die österreichisch-ungarische Armee eingezogen worden war. Nach einem Dienstjahr dort wurde er nach Lemberg (heute L'viv in der Ukraine) abgeordnet. 1904 wurde er wieder nach Wadowice versetzt, wo er dann Emilia Kaczorowska heiratete. Dieser rekonstruierten Zeitabfolge widerspricht jedoch die Erzählung von Wojtyłas Stiefschwester Stefania, der zufolge die Ehe ge-

Anmerkungen zu Kapitel 1

31 schlossen wurde, als der junge Soldat in Krakau die Aufgaben eines Quartiermeisters zu erfüllen hatte. Stefania glaubt auch, daß Karol und Emilia Wojtyła einige Zeit in Krakau lebten, bevor sie nach Wadowice zogen. [Vgl. Adam Boniecki MIC, *Kalendarium*, „Familie", übersetzt von Irena und Thaddeus Mirecki u.a., Manuskript im Besitz des Autors.]
31 Diese Einzelheiten stammen aus Boniecki, *Kalendarium*, „Familie".
32 Ebd.
33 Interview des Autors mit Kazimierz Suder, 14.7.1997.
34 Papst Johannes Paul II. wurde einmal gefragt, ob sein Vater ihm den zweiten Namen „Józef" zu Ehren Piłsudskis, des Gründungsheros der neuen unabhängigen Republik Polen, gegeben habe. Da lachte der Sekretär des Papstes, Msgr. Stanisław Dziwisz, und sagte: „Franz Josef" (Kaiser der Habsburgermonarchie von 1848 bis 1916. Genaugenommen war Franz Josef von 1848 bis 1916 Kaiser von Österreich und von 1867 – als er sein Reich in eine Doppelmonarchie teilte – bis 1916 König von Ungarn). [Gespräch des Autors mit Papst Johannes Paul II., 22.1.1997.]
35 Auf einem Fragebogen, der von Karol Wojtyła an der Jagiellonischen Universität ausgefüllt wurde, heißt es, der Vater sei „um 1927" aus dem aktiven Dienst ausgeschieden, und die vorhandenen Ranglisten führen ihn auf der Liste der verabschiedeten Offiziere, wie aus der Ausgabe des Offiziersjahrbuchs von 1928 hervorgeht. [Boniecki, *Kalendarium*, „Familie".]
36 Interview des Autors mit Jerzy Kluger, 15.3.1997.
37 Boniecki, *Kalendarium*, „Schuljahre".
38 Im Kirchenbuch ist als Todesursache Herzmuskel- und Nierenentzündung eingetragen. [Ebd.]
39 Tad Szulc behauptet in seinem Buch *Papst Johannes Paul II.* (Stuttgart 1996) einfach, des Papstes „Marienverehrung hatte viel mit dem Verlust der Mutter zu tun" [S. 32]. Daß Emilias Tod der Beginn einer angeblich schwierigen Beziehung zu Frauen ist, gehört zu den Leitmotiven in Bernstein/Politi, *Seine Heiligkeit* (München 1996). Johannes Paul II. scheint ein anderes Verständnis seiner Marienverehrung zu haben, denn er sagte, diese sei vor der Begegnung mit den Schriften des hl. Louis von Montfort tief, aber eher traditionell gewesen. Vgl. *Geschenk und Geheimnis*, 36f.
40 Johannes Paul II., *Geschenk und Geheimnis*, 29. Ein 1939 verfaßtes Gedicht, das zu Wojtyłas Jugendschriften zu rechnen ist, nämlich „Über diesem deinem weißen Grabe", dreht sich um den Verlust Emilias. Es ist (in der Übersetzung von Jerzy Peterkiewicz) enthalten in: *The Place Within: The Poetry of Pope John Paul II* (New York 1994), IX.
41 Johannes Paul II. äußerte dem französischen Schriftsteller André Frossard gegenüber: „Mein Vater war bewundernswert, und fast alle meine Kindheits- und Jugenderinnerungen sind mit ihm verbunden." [André Frossard: *„Fürchtet euch nicht!" André Frossard im Gespräch mit Johannes Paul II.* (München 1984).]
42 Boniecki, *Kalendarium*, „Familie".
43 Interview des Autors mit Jerzy Kluger, 15.3.1997.
44 1904 sprachen 74 Prozent der Offiziere Tschechisch, 34 Prozent Ungarisch, 19 Prozent Polnisch und 15 Prozent Serbokroatisch, und natürlich sprachen sie alle die Lingua franca der Armee: Deutsch. Die Armee erkannte offiziell zehn Sprachen an; Offiziere und Unteroffiziere hatten die Sprache zu verwenden, die von 20 oder mehr Prozent der jeweiligen Einheit gesprochen wurde. Siehe Istvan Deak, *Beyond Nationalism. A Social and Political History of the Habsburg Officer Corps 1848-1918* (New York 1990), 99ff.
45 Karol Wojtyła der Ältere war auch ein tapferer Mann; schon früh im Ersten Weltkrieg erhielt er das Eiserne Kreuz.
46 Interview des Autors mit Jerzy Kluger, 15.3.1997.
47 Ebd.
48 Ebd.
49 Gian Franco Svidercoschi, *Brief an einen jüdischen Freund* (Graz 1993), 20.
50 Johannes Paul II., *Geschenk und Geheimnis*, 30.
51 Johannes Paul II., *Die Schwelle der Hoffnung überschreiten*, 170.
52 Ebd., 131 [Hervorhebung im Original].
53 Gespräch des Autors mit Johannes Paul II., 10.9.1996.
54 Johannes Paul II., *Geschenk und Geheimnis*, 30 [Hervorhebung im Original].
55 Die Geschichte erzählt Bogusław Banas in Mieczysław Maliński, *Johannes Paul II. Sein Leben von einem Freund erzählt* (Freiburg 1979), 360f.
56 Boniecki, *Kalendarium*, „Schuljahre", zitiert diese von Pfarrer Figlewicz kurz nach der Wahl Johannes Pauls II. in der Krakauer Katholischen Wochenzeitung *Tygodnik Powszechny* veröffentlichte Erinnerung.

[57] Johannes Paul II., *Geschenk und Geheimnis*, 35.
[58] Interview des Autors mit Pfarrer Kazimierz Suder, 14.7.1997.
[59] Frossard, „*Fürchtet euch nicht!*", und Jonathan Kwitny, *Man of the Century. The Life and Times of Pope John Paul II* (New York 1997), 38.
[60] Boniecki, *Kalendarium*, „Schuljahre".
[61] Kwitny, *Man of the Century*, 39.
[62] Diese Episode wurde unzählige Male berichtet, am glaubwürdigsten vom Betroffenen selbst in *Geschenk und Geheimnis*, 14.
[63] Ebd., 6. Einige von Karol Wojtyłas Jugendgedichten wurden 1999 unter dem Titel *Renesansowy psalterz* [Renaissance Psalter] in Krakau veröffentlicht.
[64] Interview des Autors mit Anna Karoń-Ostrowka, 8.4.1997.
[65] Henryk Sienkiewicz, *Die Sturmflut*.
[66] Czesław Miłosz, *The History of Polish Literature* (Berkeley ²1983), 232.
[67] Ebd., 221f.
[68] Vgl. ebd., 226.
[69] George Huntston Williams, *The Mind of John Paul II: Origins of His Thought and Action* (New York 1981), 58.
[70] Vgl. Miłosz, *History*, 226.
[71] Interview des Autors mit Marek Skwarnicki, 4.6.1997.
[72] Interview des Autors mit Danuta Michałowska, 22.4.1997.
[73] Miłosz, *History*, 241.
[74] Ebd., 240.
[75] Ebd., 271.
[76] Ebd., 273.
[77] Ebd., 273f.
[78] Interview des Autors mit Marek Skwarnicki, 4.6.1997.
[79] Vgl. *Geschenk und Geheimnis*, 15; die Geschichte des Rezitationswettbewerbs wurde dem Autor von Halina Kwiatkowska am 8.11.1998 mitgeteilt.
[80] Miłosz, *History*, 235.
[81] Kwitny, *Man of the Century*, 46; Boniecki, *Kalendarium*, „Schuljahre".
[82] Miłosz, *History*, 245.
[83] Ebd.
[84] Interview des Autors mit Danuta Michałowska, 22.4.1997.
[85] Ebd.
[86] Ebd.
[87] Vgl. Buttiglione, *Karol Wojtyła*, 21.
[88] Ebd.
[89] Ebd., 22.
[90] Interview des Autors mit Danuta Michałowska, 22.4.1997. Vgl. auch Bolesław Taborski, „Einleitung" zu Wojtyła, *The Collected Plays*, 6.
[91] Kwitny, *Man of the Century*, 45.
[92] Jonathan Kwitny ist einfach im Irrtum, wenn er sagt, der ältere Karol Wojtyła habe sich für die aufkeimende Theaterlaufbahn seines Sohnes nicht interessiert. [*Man of the Century*, 43.] Als man ihn fragte, ob sein Vater seine Vorstellungen besucht habe, schien Johannes Paul II. überrascht und antwortete, sein Vater habe seiner Schauspielerei nie etwas in den Weg gelegt, „er kam natürlich". [Gespräch des Autors mit Papst Johannes Paul II., 11.12.1996.]
[93] Svidercoschi, *Brief*, 34; Kwitny, *Man of the Century*, 46f.; O'Brien, *The Hidden Pope*, 124.
[94] Svidercoschi, *Brief*, 37ff.
[95] Boniecki, *Kalendarium*, „Schuljahre".
[96] Ebd.
[97] Interview des Autors mit Maria Kotlarczyk Ćwikla, 12.7.1997.
[98] Williams, *The Mind of John Paul II*, 31. Als Papst bezeichnete Karol Wojtyła Włodkowic oft als Vorläufer der modernen Theorie der Menschenrechte; vgl. etwa seine „Rede vor der 50. Generalversammlung der Vereinten Nationen", 6.
[99] Karol Wojtyła, „The Problem of the Constitution of Culture Through Human Praxis". In: *Person and Community: Selected Essays* (New York 1993), 264.
[100] Papst Johannes Paul II., *Curriculum Philosophicum*, unveröffentlichtes autobiographisches Manuskript im Besitz des Autors.

[101] Johannes Paul II., *Geschenk und Geheimnis*, 16; ders., *Curriculum Philosophicum*.
[102] Ebd. Papst Johannes Paul II. schrieb darüber fünfzig Jahre später:
„Das Wort lebt, bevor es auf der Bühne gesprochen wird, in der Geschichte des Menschen als fundamentale Dimension seiner spirituellen Erfahrung. Es verweist letzten Endes auf das *unergründliche Geheimnis Gottes selbst.* Als ich durch die literarischen und linguistischen Studien das Wort neu entdeckte, mußte ich unweigerlich dem Geheimnis des Wortes näherkommen – jenes Wortes, auf das wir uns jeden Tag im *Angelusgebet* beziehen: „Und das Wort ist Fleisch geworden und hat unter uns gewohnt" (Johannes 1,14). Später erkannte ich, daß das Studium der polnischen Philologie in mir den Boden für einen anderen Interessen- und Studienbereich bereitet und meinen Geist für die Philosophie und Theologie empfänglich gemacht hatte." [Johannes Paul II., *Geschenk und Geheimnis*, 16 (Hervorhebung im Original).]
[103] Svidercoschi, *Brief*, 47f.
[104] Die Einzelheiten über Karol Wojtyłas erstes Studienjahr stammen aus Boniecki, *Kalendarium*, „Universität", wo auch berichtet wird, Kardinal Wojtyła habe Jahre später, als Anna Nawrocka an Krebs erkrankte, dafür gesorgt, daß sie Medikamente aus den Vereinigten Staaten erhielt, die in Polen nicht zu bekommen waren.
[105] Vgl. Adam Bujak/Michał Rożek, *Wojtyła* (Warschau 1997), 25.
[106] Interview des Autors mit Jerzy Kluger, 15.3.1997.
[107] Ebd.
[108] Zur schauspielerischen Begabung des jungen Karol Wojtyła siehe O'Brien, *The Hidden Pope*, 81.
[109] Johannes Paul II., *Geschenk und Geheimnis*, 30.
[110] *Radiation of Fatherhood.* In: Wojtyła, *The Collected Plays*, 355, 341.

Kapitel 2
Aus dem Untergrund

[1] Papst Johannes Paul II., „Botschaft zum 50. Jahrestag des Endes des Zweiten Weltkriegs in Europa". Nach *OR* dt., 19.5.1995, 7.
[2] Vgl. Watt, *Bitter Glory*, 461.
[3] Zitiert in Szulc, *Pope John Paul II.*, 41. [In der deutschen Übersetzung nicht enthalten.]
[4] Vgl. Norman Davies, *God's Playground: A History of Poland*, Bd. 2 (New York 1982), 426; künftig Davies, *Bd. 2*.
[5] Watt, *Bitter Glory*, 456.
[6] Davies, *Bd. 2*, 427.
[7] Ebd., 222.
[8] Watt, *Bitter Glory*, 456.
[9] Vgl. ebd., 386, 458.
[10] John Keegan (Hrsg.), *The Times Atlas of the Second World War* (New York 1989), 38.
[11] Zitiert in James Oram, *The People's Pope: The Story of Karol Wojtyła of Poland* (San Francisco 1979), 43.
[12] Die Chronologie der Ereignisse wurde hier übernommen aus: Gerhard Weinberg, *Eine Welt in Waffen. Die globale Geschichte des Zweiten Weltkriegs* (Stuttgart 1995).
[13] Zu Polens Kriegsplan und der Überlegenheit der gegnerischen Kräfte siehe Watt, *Bitter Glory*, 415-418.
[14] Adam Zamoyski, *The Polish Way: A Thousand-Year History of the Poles and Their Culture* (New York 1994), 357. Der Ablenkungsangriff wird beschrieben von Watt, *Bitter Glory*, 430.
[15] Zamoyski, *The Polish Way*, 359.
[16] Vgl. John Keegan, *Six Armies in Normandy* (New York 1982), 262-292.
[17] Weinberg, *Eine Welt in Waffen*, 67f. Weinberg behauptet, der polnische Geheimdienst habe britischen und französischen Dechiffrierexperten bereits im Juli 1939 Kopien der Enigma zukommen lassen, was die Untätigkeit der Engländer und Franzosen zwei Monate später noch kleinmütiger erscheinen läßt.
[18] Papst Johannes Paul II., 24. Jasna-Góra-Andachtskreis, bei der Generalaudienz am 8.8.1990.
[19] Watt, *Bitter Glory*, 435.
[20] In vielen polnischen Kirchen befinden sich heute Denkmäler, die an das Massaker erinnern. Die heilige Jungfrau hält den Kopf eines polnischen Offiziers in ihren Armen, in dessen Hinterkopf das Einschußloch einer Kugel zu sehen ist.

21 Die Einzelheiten des Endspiels stammen aus Watt, *Bitter Glory*, 438f. Für einen Bericht aus erster Hand über die Ereignisse des September 1939 siehe auch Jan Nowak, *Courier from Warsaw* (Detroit 1982).
22 Zamoyski, *The Polish Way*, 360.
23 Zitiert in: Davies, Bd. *1*, 369.
24 Zitiert in: James Michener, *Poland* (New York 1983), 451.
25 Davies, Bd. *2*, 441.
26 Gespräch des Autors mit Danuta Michałowska am 22.4.1997. Frau Michałowska half unter Lebensgefahr, Bücher über die polnische Geschichte und Literatur zu verstecken, die aus einer Bibliothek in Krakaus Altstadt herausgeschmuggelt wurden.
27 Denkschrift des Kardinals Franciszek Macharski für den Autor, 17.6.1997. Die Heiligsprechungsprozesse für Pater Dańkowski, Januszewski, Mazurek und Kowalski werden betrieben.
  Auch die sowjetischen Besatzer im östlichen Polen fügten der Märtyrergeschichte des polnischen Klerus ein weiteres Kapitel hinzu. Sie deportierten die Priester dieser Gegend in Lager oder richteten sie hin. In *Geschenk und Geheimnis* erinnert Johannes Paul II. an den Fall des Pfarrers Tadeusz Fedorowicz aus dem Erzbistum Lwów, der „aus eigenem Entschluß zu seinem Erzbischof ging, um ihn zu bitten, eine in den Osten deportierte Gruppe Polen begleiten zu dürfen. Erzbischof Twardowicz gab ihm die Erlaubnis, und so konnte Pfarrer Fedorowicz seine priesterliche Aufgabe unter seinen über die Sowjetunion, vor allem in Kasachstan, verstreuten Landsleuten erfüllen." (38).
28 Siehe Sikorski, *Full Circle*, 100, 107, 120.
29 Johannes Paul II., *Geschenk und Geheimnis*, 26.
30 Zbigniew Jerzy Blazynski, *Der Papst aus Polen* (Reinbek 1979), 20.
31 Wanda Półtawska, *And I Am Afraid of My Dreams* (London 1987), 112.
32 Siehe Andrzej Micewski, *Cardinal Wyszyński: A Biography* (San Francisco 1984).
33 Alan Furst, *The Polish Officer* (New York 1995), beschwört großartig die Atmosphäre der Besatzungszeit herauf, und dieser Erzählung verdanke ich die Vorstellung, daß eine ganze Nation gezwungen war, wie Verbrecher zu denken.
34 Über die Flucht aus Krakau vgl. Svidercoschi, *Brief*, 53-57.
35 Ebd., 63f.
36 Boniecki, *Kalendarium*, „Besatzungsjahre".
37 Karolak, *John Paul II*, 45-50. Durch internationale Proteste sahen sich die Nazis gezwungen, im folgenden Jahr einen Teil des Lehrkörpers der Jagiellonia freizulassen. Einige von ihnen starben kurz nach ihrer Rückkehr aus Sachsenhausen.
38 Oram, *The People's Pope*, 50.
39 Boniecki, *Kalendarium*, „Besatzungsjahre".
40 Zitiert ebd.
41 Maliński, *Johannes Paul II.*, 39 und 62. Maliński besuchte damals eine Ingenieurschule, die während der Besatzung weiter unterrichten durfte, damit die Polen immerhin solche Grundkenntnisse erwarben, die dem Dritten Reich von Nutzen sein konnten.
42 Interview des Autors mit Maria Kotlarczyk Ćwikla, 12.7.1997.
43 Boniecki, *Kalendarium*, „Besatzungsjahre".
44 Ebd.
45 Ebd.
46 Johannes Paul II., *Geschenk und Geheimnis*, 10.
47 Zitiert in Oram, *The People's Pope*, 52-56.
48 Boniecki, *Kalendarium*, „Besatzungsjahre".
49 Johannes Paul II., *Geschenk und Geheimnis*, 27f.; ders., *Die Schwelle der Hoffnung überschreiten*, 238.
50 Johannes Paul II., *Geschenk und Geheimnis*, 29.
51 Johannes Paul II., *Die Schwelle der Hoffnung überschreiten*, 238.
52 Johannes Paul II., *Geschenk und Geheimnis*, 21f.
53 „*Tworzywo*" [„Werkstoff"], aus *Kamieniołom* [„Steinbruch"], in: Karol Wojtyła, *Der Gedanke ist eine seltsame Weite* (Freiburg 1979), 29.
54 Ebd.
55 Johannes Paul II., *Geschenk und Geheimnis*, 9.
56 *Pamięci towarzysza* [„Zum Andenken an einen Arbeitskameraden"], aus *Kamieniołom*, in: Karol Wojtyła, *Der Gedanke ist eine seltsame Weite*, 41.

57 Siehe Janusz Kawecki, „Alpinista Duchowy". In: *Źrodto*, 9.3.1997, 8f.
58 Interview des Autors mit Michal Szafarski SDB, 9.4.1997.
59 Interview des Autors mit Mieczysław Maliński, 12.4.1997.
60 Eine Untersuchung der wichtigsten geistigen Einflüsse auf Tyranowski bietet Williams, *The Mind of John Paul II*, 77-81.
61 Vgl. Buttiglione, *Karol Wojtyła*, 28f.
62 Mieczysław Maliński schildert seine erste Begegnung mit Jan Tyranowski und der einzigartigen persönlichen Fähigkeit des Schneiders, abweisende Jugendliche zu begeistern, in: *Johannes Paul II.*, 17-30.
63 Interview des Autors mit Michal Szafarski, 9.4.1997.
64 Vgl. Maliński, *Johannes Paul II.*, 39ff.
65 Karol Wojtyła, „Apostoł", *Tygodnik Powszechny* 35 (1949). Diese Ehrung Jan Tyranowskis war der zweite von Karol Wojtyła veröffentlichte Essay.
66 Gespräch des Autors mit Papst Johannes Paul II., 10.9.1996.
67 Johannes Paul II., *Die Schwelle der Hoffnung überschreiten*, 169.
68 Vgl. Papst Johannes Paul II., „Master in the Faith: Apostolic Letter for the Fourth Centenary of the Death of St. John of the Cross", herausgegeben am 14.12.1990.
69 Boniecki, *Kalendarium*, „Besatzungsjahre".
70 Taborski, „Introduction". In: Wojtyła, *The Collected Plays*, 4; Boniecki, *Kalendarium*, „Besatzungsjahre".
71 Vgl. Taborski, „Introduction to *Hiob*". In: Wojtyła, *The Collected Plays*, 19-24.
72 Taborski, „Introduction to *Jeremiah*". In: Wojtyła, *The Collected Plays*, 81
73 Ebd., 91. Taborskis Einleitungen zu seinen Übersetzungen des *Hiob* und *Jeremia* sind für das Verständnis von Methode und Absichten Wojtyłas in diesen frühen Werken unerläßlich, bewegen sie sich doch auf der Grenzlinie zwischen Jugendschriften und reiferen literarischen Werken.
74 Taborski, „Introduction". In: Wojtyła, *The Collected Plays*, 4.
75 Ebd., 5.
76 Ebd., 4; Oram, *The People's Pope*, 61.
77 Boniecki, *Kalendarium*, „Besatzungsjahre".
78 Interview des Autors mit Maria Kotlarczyk Ćwikla, 12.7.1997.
Mitte Dezember zog noch ein Flüchtling aus Wadowice in die Wohnung in der Tyniecka-Straße 10: Mieczysław Kotlarczyks damals 16jährige Schwester Maria. Die Familie fürchtete, daß sie eine Verschickung zur Zwangsarbeit nicht überleben würde. Daher schmuggelte sie Maria in der Nacht über die Skawa und brachte sie mit dem Zug nach Krakau. Maria wohnte bis August 1942 bei Karol Wojtyła und den Kotlarczyks. Karol Wojtyłas Tante, die Besitzerin des Hauses, befürchtete Vergeltungsakte der Gestapo, falls diese die nicht gemeldete Maria bei ihr finden würde, und bat sie, ein anderes Quartier zu beziehen. Mieczysław Kotlarczyk gelang es, sie nach Krościenko zu bringen. Dort konnte sie sich die nötigen Ausweispapiere beschaffen, was einem Flüchtling aus dem Reich in Krakau unmöglich war. Karol Wojtyła war anderer Meinung als seine Tante und sagte zu Maria, wenn es nach ihm ginge, könne sie bleiben. Fünfzig Jahre später erinnerte sich Maria Kotlarczyk Ćwikla, daß sie „ohne Angst" in der „Katakombenwohnung" lebten. Es sei eher wie im Theater gewesen, pausenlos Proben und Rezitationen. Ihr Bruder, der den Lehrer in sich nicht verleugnen konnte, gab ihr sogar eine Lektüreliste zum Durcharbeiten, damit sie das Jahr nicht verschwendete.
79 Zitiert in Taborski, „Introduction". In: Wojtyła, *The Collected Plays*, 6.
80 Gespräch des Autors mit Johannes Paul II., 30.9.1997.
81 Vgl. Kwitny, *Man of the Century*, 56.
82 Interview des Autors mit Danuta Michałowska, 22.4.1997.
83 Vgl. Kwitny, *Man of the Century*, 71f., zu Einzelheiten des Bruchs, die sich auf Danuta Michałowskas Erinnerungen stützen.
84 Boniecki, *Kalendarium*, „Besatzungsjahre". Danuta Michałowska, Halina Królikiewicz und Krystyna Dębowska sollten alle das Theaterspiel zu ihrem Beruf machen.
85 Boniecki, *Kalendarium*, „Besatzungsjahre".
86 Nach der Darstellung von Danuta Michałowska; vgl. Kwitny, *Man of the Century*, 72.
87 Zu den Aufführungen vgl. Taborski, „Introduction". In: Wojtyła, *The Collected Plays*, 7ff.
88 So Mieczysław Kotlarczyk in Boniecki, *Kalendarium*, „Besatzungsjahre".
89 Interviews des Autors mit Danuta Michałowska, 22.4.1997, und Halina Kwiatkowska, 8.11.1998.
90 Ebd.
91 21 Jahre später schilderte Kwiatkowski den Eindruck, den dieses Ereignis hinterließ: Da Wojtyła sich weigerte, der Gewalt des Megaphons zu weichen, „schloß Mickiewicz sich nicht dem Krieg

des Gebrülls an. Als die Krakeelerin ihre Verherrlichung der deutschen Schandtaten beendet hatte, verkündete Mickiewicz die Versöhnung Soplicas mit dem Schlüsselbewahrer. Ich beobachtete die Gesichter der anwesenden Gäste. Ein Gedanke schien uns alle zu beseelen: Wir spürten, daß wir die Kinder dieser Nation waren, einer Nation, die im Laufe der Jahrhunderte immer wieder verraten worden war und sich dennoch dem Terror nicht beugte." [Boniecki, *Kalendarium*, „Theologiestudium".]

[92] Das Rhapsodische Theater arbeitete auch nach dem Krieg weiter, bis es schließlich 1953 auf der Höhe des Stalinismus in Polen geschlossen wurde. 1957 öffnete es erneut seine Pforten, wurde aber 1967 abermals von den Kommunisten verboten. Das 50. Gründungsjahr des Rhapsodischen Theaters wurde mit der Veröffentlichung einer wundervollen Sammlung von Erinnerungen und historischen Essays gefeiert, die durch herrliche, wenn auch grobkörnige alte Photographien ergänzt wurde: „*... trzeb dać świadectwo": 50-lecie powstania Teatru Rapsodycznego w Krakowie* wurde von Danuta Michałowska herausgegeben, der ich für das mir überlassene Exemplar sehr dankbar bin.

[93] Vgl. Garry Wills, „All the Pope's Men", *The New Yorker*, 2.12.1996, 107-113, wie auch die Zitate von Rabbi Arthur Hertzberg in: Paul Elie, „John Paul II's Jewish Dilemma", *New York Times Magazine*, 26.4.1998, 38.

[94] Die Untergrundgruppen waren „Warszawianka", zu deren Mitgliedern Männer zählten, die vor dem Krieg im Verwaltungsapparat der Zweiten Polnischen Republik gearbeitet hatten; „Grunwald", eine andere in Warschau ansässige Organisation, die sich eher aus Arbeitern zusammensetzte; und „Nowa Polska", eine Vereinigung, die sich in und um Krakau unter der Führung Jerzy Brauns, eines katholischen Philosophen und Schriftstellers, gebildet hatte.

[95] Aufklärung über die UNIA wurde dem Autor durch ein Memorandum Juliusz Brauns (Mitglied des polnischen Parlaments und Neffe des UNIA-Vorsitzenden Jerzy Braun) zuteil. Die Übersetzung besorgte Professor Kazimierz Braun. Juliusz Braun stellte mir freundlicherweise mehrere Dokumente zur Verfügung, aus denen die ideologische Position der UNIA und ihre Vorschläge für ein Nachkriegspolen hervorgehen. Daneben sandte Herr Braun mir den Wiederabdruck eines auf Französisch geschriebenen Artikels von Konstanty Regamey, einem anderen Kopf der UNIA, zu. Daraus wird deutlich, daß zu den „unbekannten Aspekten des polnischen Widerstands" auch das verbreitete Interesse des Untergrunds gehörte, eine neue politische Philosophie für das Nachkriegspolen zu formulieren. Mit anderen Worten: Der polnische Widerstand richtete sich nicht allein „gegen" die Besatzung, sondern bemühte sich um die Grundlagen „für" ein neues Polen.

[96] Boniecki, *Kalendarium*, „Besatzungsjahre".
[97] Szulc, *Papst Johannes Paul II.*, 80.
[98] Zitiert ebd.
[99] Interview des Autors mit Bischof Stanisław Ryłko, 10.12.1996.
[100] Johannes Paul II., *Geschenk und Geheimnis*, 42.
[101] Ebd., 30.
[102] Ebd., 13.
[103] Gespräch des Autors mit Johannes Paul II., 16.12.1998.
[104] Danuta Michałowska, zitiert bei: Kwitny, *Man of the Century*, 78.
[105] Interview des Autors mit Halina Kwiatkowska, 8.11.1998.
[106] Ebd.
[107] Vgl. Kwitny, *Man of the Century*, 78.
[108] Frossard und Johannes Paul II., *„Fürchtet euch nicht!"*
[109] Johannes Paul II., *Curriculum Philosophicum*.
[110] Johannes Paul II., *Geschenk und Geheimnis*, 50.
[111] Vgl. Maliński, *Johannes Paul II.*, 75-81.
[112] Svidercoschi, *Brief*, 93.
[113] Boniecki, *Kalendarium*, „Theologische Studien".
[114] Das Brustkreuz, das an einer Kette um den Hals getragen wird, gehört in der katholischen Kirche zusammen mit Bischofsring und -stab zu den Insignien der Bischofswürde. Jahrzehnte später wurde dieses besondere Brustkreuz einer Welt vertraut, die sowohl die Vorstellungskraft des Pontifex als auch die des adeligen Bischofs überstieg.
[115] Interview des Autors mit Pfarrer Kazimierz Suder, 14.7.1997.
[116] Interview des Autors mit Stanisław Rodziński, 9.6.1997.
[117] Interview des Autors mit Kardinal Franciszek Macharski, 10.4.1997.
[118] Puzyna war der letzte Kardinal, der während eines Konklaves die Wahl von Kardinal Mariano Rampolla 1904 auf Geheiß des Kaisers Franz Josef durch ein kaiserliches Veto verhinderte. In

der Folge dieses Anachronismus wurden die Regeln des Konklaves verändert und das kaiserliche Vetorecht abgeschafft.
119 *Der ungebrochene Fürst* ist ein Drama von Juliusz Słowacki, die Bearbeitung eines Schauspiels von Calderon aus dem 17. Jahrhundert, das die Geschichte des Martyriums des Prinzen Ferdinand erzählt. Dieser opferte lieber sein Leben, als es durch die Übergabe einer christlichen Stadt an die Muslime zu retten. [Interview des Autors mit Bischof Stanisław Smoleński, 9.4.1997; Gespräch des Autors mit Papst Johannes Paul II., 10.9.1996; Interview des Autors mit Henryk Woźniakowski, 6.11.1998.]
120 B. Stasiewski „Hlond, Augustyn". In: *New Catholic Encyclopedia* 7, 41.
121 Interview des Autors mit Schwester Emilia Ehrlich OSU, 21.3.1997.
122 Interview des Autors mit Pater Kazimierz Suder, 14.7.1997.
123 Interview des Autors mit Bischof Stanisław Smoleński, 9.4.1997; Buttiglione, *Karol Wojtyła*, 30f.
124 Interview des Autors mit Bischof Stanisław Smoleński, 9.4.1997.
125 Boniecki, *Kalendarium*, „Theologiestudium".
126 Ebd.
127 Maliński, *Johannes Paul II.*, 87.
128 Gespräch des Autors mit Johannes Paul II., 10.9.1996.
129 Johannes Paul II., *Geschenk und Geheimnis*, 13.
130 Maliński, *Johannes Paul II.*, 97.
131 Siehe Davies, Bd. 2, 471.
132 Ebd., 489.
133 Ebd., 491.
134 Ebd., 545.
135 Zu Gomułka vgl. ebd., 547f.
136 Davies, *Im Herzen Europas*, 3.
137 Interview des Autors mit Schwester Emilia Ehrlich, 21.3.1997.
138 Dieser Vorfall ereignete sich, nachdem das Seminar wieder in seinen alten Mauern in der Nähe des Doms auf dem Wawel eröffnet worden war. Vgl. Boniecki, *Kalendarium*, „Theologiestudium".
139 Ebd.
140 Gespräch des Autors mit Johannes Paul II., 10.9.1996.
141 Die „Litanei unseres Herrn Jesus, Priester und Opfer" ist ungekürzt abgedruckt in: Johannes Paul II., *Geschenk und Geheimnis*, 108-117.
142 Vgl. ebd., 28.
143 Interview des Autors mit Pfarrer Kazimierz Suder, 14.7.1997.
144 Boniecki, *Kalendarium*, „Theologiestudium".
145 Das damals wie heute von Dominikanern geleitete Athenäum wurde später in „Päpstliche Universität des hl. Thomas von Aquin" umbenannt, und jedermann kannte es unter dem Namen „Angelicum", im Unterschied zu der von Jesuiten geführten Gregoriana (kurz „Greg").
146 Das Subdiakonat wurde 1972 von Papst Paul VI. abgeschafft. 1946 galt das Subdiakonat noch als erste der „höheren Weihen" der Kirche.
147 Wojtyłas Kommilitonen, darunter Kazimierz Suder, wurden am Palmsonntag 1947 zu Priestern geweiht. [Johannes Paul II., *Geschenk und Geheimnis*, 49.]
148 Fünfzig Jahre später erinnerte sich Papst Johannes Paul II. an die Auswirkung dieses Augenblicks auf seinen späteren Priesterdienst: Das hilflose Auf-dem-Boden-Liegen bekundete die „vollständige Verfügbarkeit [des Kandidaten] zur Annahme des Amtes, das ihm anvertraut wird", seine Bereitschaft, der „Boden" zu sein, auf dem andere im Glauben wandeln können. Der „tiefste Sinn jeder priesterlichen Spiritualität" war eben diese Verpflichtung, sich ganz im Dienst am Nächsten zu verströmen. [Johannes Paul II., *Geschenk und Geheimnis*, 51f.]
149 Das Ritual der Priesterweihe hat sich seit 1946 erheblich geändert, und es ist nicht leicht, Bücher aus jener Zeit zu finden, die die Zeremonie beschreiben. Ich bin daher Pater Vincent McMurray dankbar dafür, daß er mir ein Büchlein geliehen hat, in dem das Ritual sowohl in lateinischer als auch in englischer Sprache enthalten ist. Er hatte es seiner Mutter anläßlich seiner eigenen Weihe 1949 geschenkt. [*The Ordination of a Priest* (Paterson, N. J., 1948).]
150 Johannes Paul II., *Geschenk und Geheimnis*, 54.
151 Boniecki, *Kalendarium*, „Theologiestudium".
152 Ebd. Kurz nach seiner Weihe soll Karol Wojtyła es abgelehnt haben, ein verwaistes jüdisches Kind zu taufen, das bei christlichen Adoptiveltern lebte. Zur Erklärung sagte er, es bestehe noch immer die Hoffnung, daß sich jüdische Verwandte des Kindes finden könnten, und diese würden den kleinen Jungen in der jüdischen Tradition erziehen wollen. [Vgl. Yaffa Eliach, *Hasidic Tales of the Holo-*

caust (New York 1988)]. Papst Johannes Paul II. sagte dazu, das sei „eine Legende", setzte allerdings hinzu: „Ich erinnere mich nicht, das getan zu haben." Der Papst deutete damit nicht an, daß eine solche Entscheidung nicht zu ihm gepaßt hätte. Im Gegenteil. „Aber ich erinnere mich nicht an einen solchen Vorfall", schloß er. [Gespräch des Autors mit Johannes Paul II., 16.12.1998.]

[153] Johannes Paul II., *Geschenk und Geheimnis*, 57.
[154] Interview des Autors mit Erzbischof Jorge M. Mejía, 13.11.1996.
[155] Johannes Paul II., *Geschenk und Geheimnis*, 58.
[156] Cardijn war ein Kritiker der Arbeiterpriester-Bewegung und sagte zu einem Kommilitonen Wojtyłas im Belgischen Kolleg: „Ein Arbeiter will nicht, daß ein Priester Arbeiter wird, er soll vielmehr vor allem ein Priester für die Arbeiter sein. Auch kann ein Arbeiterpriester niemals ein *richtiger* Arbeiter sein, denn er kann jeden Augenblick damit aufhören." [Brief an den Autor von Kanonikus Gustaaf Joos, 11.7.1998.]
[157] Brief an den Autor von Kanonikus Gustaaf Joos, 8.2.1998.
[158] Johannes Paul II., *Geschenk und Geheimnis*, 59.
[159] Boniecki, *Kalendarium*, „Theologiestudium".
[160] Gespräch des Autors mit Papst Johannes Paul II., 13.12.1997. Während dieses Gesprächs erwähnte der Heilige Vater nicht die Legende, Padre Pio habe während einer Beichte seine [Wojtyłas] Wahl zum Papst vorhergesagt. Daß der Heilige Vater stets die Kürze, Klarheit und Einfachheit Padre Pios als Beichtvater betonte, spricht gegen die Legende, die, falls sie überhaupt wahr ist, Johannes Paul mit Recht als eine Privatsache betrachtet hätte.
[161] Subiaco und Paris: Boniecki, *Kalendarium*, „Theologiestudium."
[162] Johannes Paul II., *Geschenk und Geheimnis*, 62
[163] Ebd.
[164] Ebd., 62f.
[165] Ebd., 64.
[166] Ebd., 60.
[167] Interview des Autors mit Michal Szafarski SDB, 9.4.1997.
[168] Interview des Autors mit Erzbischof Jorge Mejía, 13.11.1996. Mejía studierte zur gleichen Zeit wie Wojtyła am Angelicum. Er warnt mit Recht davor, die Situation durch die Brille der Erwartungen zu deuten, die wir heute an ein Promotionsstudium in Theologie stellen. Nach diesen Maßstäben zu urteilen, war das Angelicum keine „aufregende" geistige Umgebung. Einige Professoren waren sicherlich ausgezeichnet, andere eher langweilig. Aber indem das Angelicum seinen Studenten eine solide Kenntnis der Tradition vermittelte, wappnete es sie gegen intellektuelle Moden, auch wenn es dafür die intellektuellen Funken vermissen ließ, die an anderen, eher innovativen Fakultäten der damaligen Zeit reichlicher sprühten.
Ein anderer Student, der damals auch im Belgischen Kolleg wohnte, meinte Jahrzehnte später, die römischen Theologiestudenten hätten sehr wohl gewußt, „daß die forschungsfreudige Theologie mehr in Paris und Löwen beheimatet war." [Brief an den Autor von Kanonikus Gustaaf Joos, 11.7.1998.]
[169] Vgl. Buttiglione, *Karol Wojtyła*, 44-53, zu einer Analyse der Dissertation Wojtyłas und ihres Verhältnisses zum Denken Garrigou-Lagranges, dessen Schwächen und Stärken Buttiglione freimütig anerkennt.
[170] Karol Wojtyła, *Der Glaube bei Johannes vom Kreuz. Dissertation an der theologischen Fakultät der Päpstlichen Universität Angelicum in Rom*, 1998.
[171] Vgl. Buttiglione, *Karol Wojtyła*, 46f.
[172] Ebd., 51.
[173] Vgl. Buttiglione, *Karol Wojtyła*, 53.
[174] Boniecki, *Kalendarium*, „Theologiestudium". Einer der Gutachter an der Jagiellonischen Universität, Pater Władysław Wicher, zeigte sich zwar von der Arbeit beeindruckt, beklagte jedoch, daß Wojtyła seinen eigenen Argumenten zu viel Raum gegeben und die Texte des hl. Johannes zu wenig analysiert habe: Er sei „zu sehr Dialektiker, und zu wenig Philologe". Ähnliches hatte Garrigou moniert, auch wenn die Stoßrichtung seiner Kritik eine andere war. Das beweist wiederum, daß Wojtyła die Begrifflichkeit seines traditionalistischen thomistischen Mentors nicht einfach sklavisch nachplapperte.
[175] Sein Kamerad, Stanisław Starowieyski, verbrachte sein Leben als Missionar in Brasilien, wo er in den 80er Jahren starb.
[176] Gespräch des Autors mit Johannes Paul II., 16.1.1997.
[177] Interview des Autors mit Bischof Stanisław Smoleński, 9.4.1997.

Kapitel 3
„Sagt Wujek zu mir"

1. Interview des Autors mit Danuta Rybicka, 19.4.1997.
2. Vgl. John Colville, *The Fringes of Power. Downing Street Diaries, Volume Two: 1941 – April 1955* (London 1987), 322.
3. Davies, *Im Herzen Europas*, 4, 73f.; Zamoyski, *The Polish Way*, 370f.
4. Zamoyski, *The Polish Way*, 370.
5. Blazynski, *Der Papst aus Polen*, 78.
6. Vgl. Johannes Paul II., *Geschenk und Geheimnis*, 60f., 75.
7. Interview des Autors mit Kardinal Franciszek Macharski, 10.4.1997.
8. Boniecki, *Kalendarium*; Kwitny, *Man of the Century*, 109
9. Johannes Paul II., *Geschenk und Geheimnis*, 67.
10. Ebd., 67.
11. Szulc, *Papst Johannes Paul II.*, 126.
12. Johannes Paul II., *Geschenk und Geheimnis*, 68.
13. Vgl. Maliński, *Johannes Paul II.*, 109.
14. Vgl. ebd., 110.
15. Boniecki, *Kalendarium*, „1948".
16. Karolak, *John Paul II*, 62.
17. Ebd., 86. Vgl. auch Johannes Paul II., *Geschenk und Geheimnis*, 68, wo der Autor seine eigene Rolle in diesem kleinen ländlichen Drama bezeichnenderweise verschweigt.
18. Boniecki, *Kalendarium*, „Theologiestudium".
19. Taborski, „Introduction to *Our God's Brother*". In: Wojtyła, *The Collected Plays*, 150.
20. Bernstein/Politi, *Seine Heiligkeit*, 94.
21. Johannes Paul II., *Geschenk und Geheimnis*, 68.
22. Die großen Figuren des Tannenberg-Denkmals wurden 1976 wieder aufgestellt.
23. Grażyna Sikorska, „Poland". In: Janice Broun (Hrsg.), *Conscience and Captivity. Religion in Eastern Europe* (Washington, D. C., 1988), 178f.
24. Interview des Autors mit Piotr Malecki, 9.4.1997.
25. Vgl. Johannes Paul II., *Geschenk und Geheimnis*, 68f.
26. Vgl. ebd., 68.
27. Ich bin Frau Danuta Rybicka zu Dank verpflichtet, weil sie mir eine Kopie eines dieser Texte hat zukommen lassen: *Rozważnia o Istocie Człowieka*, eine Vortragsreihe Wojtyłas über das Wesen der menschlichen Person vom November 1951.
28. Boniecki, *Kalendarium*, „1949".
29. Interview des Autors mit Jacek Woźniakowski, 11.4.1997.
30. Interview des Autors mit Krzysztof Zanussi, 25.3.1996.
31. Interview des Autors mit Maria Swieżawska, 7.4.1997.
32. Interview des Autors mit Jacek Woźniakowski, 11.4.1997.
33. Vgl. Boniecki, *Kalendarium*, „1949", „1950", „1951"; Interviews des Autors mit Danuta Rybicka, Piotr Malecki und Teresa Malecka, 9.4.1997.
34. Michałowska, „... trzeba dać świadectwo": *50-lecie powstania Teatru Rapsodycznego*, Foto Nr. 18.
35. Boniecki, *Kalendarium*, „1954".
36. Johannes Paul II., *Die Schwelle der Hoffnung überschreiten*, 151.
37. Brief an den Autor von Danuta Ciesielska, 15.4.1997.
38. Interviews des Autors mit Danuta Rybicka und Teresa Malecka, 19.4.1997.
39. Interview des Autors mit Danuta Rybicka, 19.4.1997.
40. Interview des Autors mit Danuta und Stanisław Rybicki, 19.4.1997.
41. Interview des Autors mit Stanisław Rybicki, 19.4.1997.
42. Das Nachrichtenblatt der Florianskirche gab bekannt, daß die jungen Leute von sich aus um eine Vortragsreihe baten und daß die Gemeindepriester zugestimmt hatten. Wäre die Initiative von den Priestern ausgegangen, hätte man mit einem staatlichen Verbot rechnen müssen. [Ebd.]
43. Interview des Autors mit Teresa Malecka, 9.4.1997.
44. Interview des Autors mit Bischof Stanisław Ryłko, 11.12.1996.
45. Und so kam es auch: 20 Jahre später erhielt Rybicki eine Assistentenstelle am Krakauer Polytechnicum, nachdem er in der Zwischenzeit privat weiterstudiert hatte. [Interview des Autors mit Stanisław Rybicki, 19.4.1997.]

46 Interview des Autors mit Teresa Malecka, 9.4.1997.
47 Interview des Autors mit Jerzy Janik, 17.7.1996.
48 Interviews des Autors mit Piotr und Teresa Malecki, 9.4.1997. Als man ihm Dr. Maleckis Selbstcharakterisierung kolportierte, sagte Papst Johannes Paul II. lachend „So *terrible* war er nun auch wieder nicht." [Gespräch des Autors mit Papst Johannes Paul II., 30. 9.1997.]
49 Teresa Heydel Życzkowska zeigte diesen Briefwechsel dem Autor am 9.11.1998.
50 Ebd. [Hervorhebung im Original].
51 Interview des Autors mit Teresa Malecka, 9.4.1997.
52 Interview des Autors mit Halina Bortnowska, 7.4.1997.
53 Davies, *Im Herzen Europas*, 74.
54 Interviews des Autors mit Teresa Heydel Życzkowska, 19.4.1997, und Jerzy Janik, 17.7.1996.
55 Interview des Autors mit Jacek Woźniakowski, 11.4.1997.
56 Interview des Autors mit Piotr Malecki, 9.4.1997.
57 Boniecki, *Kalendarium*, „1955".
58 Interview des Autors mit Gabriel Turowski, 10.6.1997. Einzelheiten des Kajakausflugs stammen aus Dr. Turowskis Erinnerungen „Wieli Wujek na Kajakach" („Großer Onkel im Kajak"), die er gemeinsam mit seiner Frau, Prof. Bożena Turowska, schrieb und mir freundlicherweise bei unserem Interview gab.
59 Danuta Ciesielska, die Witwe Jerzy Ciesielskis, ließ mich freundlicherweise die Originalkopie des Beitrags lesen, den ihr Mann und der damalige Pater Wojtyła für die Ausgabe Mai-Juni 1957 der Zeitschrift *Homo Dei* schrieben.
60 Interview des Autors mit Teresa Malecka, 9.4.1997.
61 Interviews des Autors mit Stanisław Rybicki, 9.4.1997 und 5.6.1997.
62 Interview des Autors mit Stanisław Rybicki, 5.6.1997.
63 Ebd.
64 Interview des Autors mit Danuta Ciesielska, 9.4.1997.
65 Interview des Autors mit Piotr Malecki, 9.4.1997.
66 Interview des Autors mit Danuta Rybicka, 5.6.1997.
67 Interview des Autors mit Stefan Sawicki, 15.4.1997.
68 Vgl. Hans Urs von Balthasar, „On Vicarious Representation". In: *Explorations in Theology IV* (San Francisco 1995), 421.
69 Interview des Autors mit Karol Tarnowski, 12.4.1997.
70 Ebd.
71 Ebd.
72 Ebd.; Interview des Autors mit Karol Tarnowski, 5.11.1998.
73 Ebd.
74 Interview des Autors mit Danuta Rybicka, 5.6.1997.
75 Zur thomistischen Auffassung des Bußsakraments siehe Servais Pinckaers OP, *The Sources of Christian Ethics* (Washington, D. C., 1995), 233.
76 Interview des Autors mit Stanisław Rybicki, 5.6.1997.
77 Interview des Autors mit Danuta Ciesielska, 9.4.1997.
78 Siehe Boniecki, *Kalendarium*, „1954".
79 Ebd.
80 Interview des Autors mit Teresa Malecka, 9.4.1997.
81 Interview des Autors mit Jerzy Turowicz, 19.7.1996.
82 Ebd.
83 Ebd.
84 Alle Zitate aus Wojtyłas Artikel zur *Mission de France* stammen aus der französischen Übersetzung des polnischen Originals, abgedruckt in: Karol Wojtyła, *En Esprit et En Vérité* (Paris 1980).
85 Vgl. „De l'origine des normes morales", „La loi naturelle" und „Le problème de la vérité et de la miséricorde". In: Wojtyła, *En Esprit et En Vérité*, 111ff., 123ff., 129f.
86 Interview des Autors mit Jerzy Turowicz, 19.7.1996.
87 Ebd.
88 Ebd.
89 Interview des Autors mit Erzbischof Marian Jaworski, 10.7.1996.
90 Vgl. Stanisław Barańczak, „Playing and Praying", *The New Republic*, 4.12.1987, 48; Interview des Autors mit Anna Karoń-Ostrowska, 8.4.1997.
91 Gespräch des Autors mit Johannes Paul II., 22.1.1997.

[92] Interview des Autors mit Stanisław Rodziński, 9.6.1997.
[93] Vgl. Taborski, „Introduction to *Our God's Brother*". In: Wojtyła, *Collected Plays*, 147f.
[94] Vgl. ebd., 150-155.
[95] Professor Stanisław Rodziński meint, für Chmielowski sei das weniger eine Frage der Abkehr von der Kunst gewesen als vielmehr der Hinwendung zum Dienst an Gott und den Menschen gerade *durch* die Kunst. [Interview des Autors mit Stanisław Rodziński, 9.6.1997.]
[96] Gespräch des Autors mit Johannes Paul II., 22.1.1997.
[97] Wojtyła, *Our God's Brother*, 263, in: *Collected Plays*.
[98] Ebd., 266.
[99] Interview des Autors mit Marek Skwarnicki, 19.4.1997. Skwarnicki, ein bekannter Dichter und langjähriger Autor von *Tygodnik Powszechny*, war von Papst Johannes Paul II. mit der Aufsicht über die Uraufführung von *Unseres Gottes Bruder* betraut worden; natürlich weigerte er sich, den letzten Satz zu streichen.
[100] Siehe *Jesaja* 58, 6. Diesen Text zitierte Papst Johannes Paul II. anläßlich der Heiligsprechung von Albert Chmielowski am 12. November 1989 in seiner Predigt .
[101] Siehe z. B. Mark Lawson, „The Pope's Other Self", *The Tablet*, 14.12.1996, 1643; Jonathan Luxmoore und Jolanta Babiuch, „Did Karol Wojtyła See and Rescue the Good in Marxism?", *National Catholic Register*, 26.1- 1.2.1997, 7. Beide Artikel wurden durch Krzysztof Zanussis Filmversion von *Unseres Gottes Bruder* angeregt, die während des Besuches von Johannes Paul II. in Krakau am 8.6.1997 uraufgeführt wurde.
[102] Nachdem Wojtyła es vollendet und den Redakteuren von *Tygodnik Powszechny* Abschnitte daraus vorgelesen hatte, verlief die weitere Geschichte des Stückes *Unseres Gottes Bruder* recht kompliziert. [Gespräch des Autors mit Papst Johannes Paul II., 22.1.1997.] Die nächsten 30 Jahre war das Stück praktisch verschollen, ganz sicher war es unbekannt. Kurz nach der Wahl Karol Wojtyłas zum Papst brachte Juliusz Kydryński seine Kopie des Manuskripts, die in recht schlechtem Zustand war, zu Jerzy Turowicz, der sie seinem Kollegen Marek Skwarnicki zur Beurteilung gab. Skwarnicki hatte nicht den geringsten Zweifel: Das Stück sollte (unabhängig davon, ob es nun wirklich vollendet war oder nicht) sofort veröffentlicht werden, denn die „Problematik", mit der es sich auseinandersetzte, war brandaktuell. Nach einigen schwierigen Überredungsversuchen (der Papst meinte, das Werk sei nicht wirklich vollendet, und das Schicksal seines Stücks war ihm begreiflicherweise nicht gleichgültig) gab Johannes Paul II. schließlich die Erlaubnis, das ganze Stück in der Weihnachtsausgabe 1979 von *Tygodnik Powszechny* abzudrucken. Unter Skwarnickis persönlicher Aufsicht wurde es im Krakauer Słowacki-Theater 1980 aufgeführt. [Interview des Autors mit Marek Skwarnicki, 19.4.1997.]

Krzysztof Zanussis Film *Unseres Gottes Bruder* verdeutlicht, wie schwierig es ist, Wojtyłas Dramen außerhalb des Rahmens des „inneren Theaters", für das sie geschrieben wurden, „darzustellen". Der innere Dialog, der nach Meinung Wojtyłas und seines Mentors Kotlarczyk die Beziehung zwischen Schauspieler und Publikum fördern sollte, eignet sich nicht ohne weiteres für das Medium Film oder für ein Theater, dessen Publikum mit dieser schwierigen Form des dramatischen Erlebnisses nicht vertraut ist.
[103] Johannes Paul II., *Geschenk und Geheimnis*, 41f.
[104] Ebd., 42.
[105] Eine wörtliche Übersetzung des Titels, die auf eine der zentralen Szenen des Stücks hinweisen würde, wäre: *Vor dem Laden des Goldschmieds*.
[106] Vgl. Buttiglione, *Karol Wojtyła*, 257.
[107] Karol Wojtyła, *Der Laden des Goldschmieds. Szenische Meditationen über Liebe und Ehe* (Freiburg 1979).
[108] Vgl. Buttiglione, *Karol Wojtyła*, 265.
[109] Interview des Autors mit Stanisław und Danuta Rybicki, 17.7.1997.
[110] Gespräch des Autors mit Johannes Paul II., 30.9.1997.
[111] Ebd.
[112] Interview des Autors mit Stanisław Rybicki, 5.6.1997.
[113] Wojtyłas Vorstellung von der dramatischen Struktur der Realität und Gottes Verhältnis zur Welt hat gewisse Ähnlichkeiten mit der Theologie des Schweizer Denkers Hans Urs von Balthasar, obgleich sie nicht aus ihr abgeleitet ist. Wojtyłas „dramatische" Intuition speiste sich im wesentlichen aus seiner Erfahrung auf der Bühne und als Dramatiker; Balthasar verdankte sie seiner ausgedehnten Lektüre der europäischen Dramentradition. Eine kurze Darstellung von Balthasars Konzeption der Schöpfung und Erlösung als „Theo-Drama" findet sich bei Angelo Scola, *Hans Urs von Balthasar: A Theological Style* (Grand Rapids 1995), 65ff.

114 Interview des Autors mit Stefan Sawicki, 15.4.1997.
115 Wojtyłas literarische Kollegen glauben, daß die deutschen und italienischen Übersetzungen seines Werks am ehesten Struktur und Bedeutung des polnischen Originals treffen, die bei der im Handel erhältlichen englischen Übersetzung manchmal verlorengegangen sind. [Interviews des Autors mit Halina Bortnowska, 7.4.1997, und mit Marek Swarnicki, 19.4. sowie 4.6.1997.]
116 Interview des Autors mit Anna Karoń-Ostrowska, 8.4.1997.
117 Karol Wojtyła, *Der Gedanke ist eine seltsame Weite* (Freiburg 1979), 20f.
118 Ebd., 48.
119 Interviews des Autors mit Halina Bortnowska, 9.4.1997, und mit Jacek Woźniakowski, 11.4.1997.
120 Interview des Autors mit Marek Skwarnicki, 19.4.1997.
121 Buttiglione, *Karol Wojtyła*, 242.
122 Ebd.
123 Karol Wojtyła, *Der Gedanke ist eine seltsame Weite*, 11.
124 Interview des Autors mit Bischof Stanisław Ryłko, 10.12.1996.
125 Interview des Autors mit Mieczysław Maliński, 12.4.1997.
126 Ebd.
127 Ebd.
128 Interview des Autors mit Jacek Woźniakowski, 11.4.1997.
129 Pfarrer Kurowskis Verhaftung hing möglicherweise mit der Tatsache zusammen, daß er in der Diözesankanzlei arbeitete, in der die Geheimpolizei Beweismaterial für die Schuld der Sowjets am Massaker bei Katyn vermutete, das Erzbischof Sapieha während des Krieges übergeben worden war. [Interview des Autors mit Pater Małysiak, 18.4.1997.]
130 Zitiert bei Jan Nowak, „The Church in Poland", *Problems of Communism* 31 (Jan.-Feb. 1982), 7.
131 Vgl. Broun, *Conscience and Captivity*, 333f. Der Band enthält Auszüge aus diesem historischen Kommuniqué.
132 Gespräch des Autors mit Papst Johannes Paul II., 22.1.1997.
133 Ebd.

Kapitel 4
Die Dinge sehen, wie sie sind

1 Boniecki, *Kalendarium*, „1955".
2 Gespräch des Autors mit Johannes Paul II., 10. 9.1996.
3 Ebd., Interview des Autors mit Pater Stanisław Małysiak, 18.4.1997.
4 Gespräch des Autors mit Johannes Paul II., 10.9.1996.
5 Ebd.
6 Interview des Autors mit Pater Stanisław Małysiak, 18.4.1997.
7 Die Folgen dieser Schlußfolgerung analysiert Edward T. Oakes SJ, „The Achievement of Alasdair MacIntyre", *First Things* 65 (August/September 1996), 22-26.
8 Vgl. Robert F. Harvanek SJ, „The Philosophical Foundations of the Thought of John Paul II". In: John M. McDermott SJ (Hrsg.), *The Thought of Pope John Paul II* (Rom 1993), 2.
9 Michael Novak, „John Paul II: Christian Philosopher", *America* 177:12 (25.10.1997), 12.
10 Ebd.
11 Ebd.
12 Das Beispiel stammt aus ebd.
13 Vgl. Schmitz, *At the Center of the Human Drama*, 32.
14 Siehe dazu Alasdair MacIntyre, *Der Verlust der Tugend. Zur moralischen Krise der Gegenwart* (Frankfurt a. M. 1987).
15 Vgl. Schmitz, *At the Center of the Human Drama*, 33.
16 Gespräch des Autors mit Papst Johannes Paul II., 11.12.1996.
17 Maliński, *Papst Johannes Paul II.*, 124.
18 Johannes Paul II., *Curriculum Philosophicum*, 3.
19 Vgl. Buttiglione, *Karol Wojtyła*, 54ff.
20 Siehe John H. Nota SJ, „Phenomenological Experience in Karol Wojtyła". In: John M. McDermott SJ (Hrsg.), *The Thought of Pope John Paul II* (Rom 1993), 198.
21 Vgl. Buttiglione, *Karol Wojtyła*, 57.

22 Johannes Paul II., *Curriculum Philosophicum*, 4.
23 Interviews des Autors mit Karol Tarnowski, 12.4.1997, und mit Andrzej Szostek MIC, 14.4.1997.
24 Vgl. Buttiglione, *Karol Wojtyła*, 58f.
25 Die Habilitationsschrift und spätere Schriften Wojtyłas zu Scheler finden sich in: Karol Wojtyła, *Zagadnienie podmiotu moralności* (Lublin 1991). Die Habilitationsschrift über Scheler wurde ins Deutsche und Spanische übersetzt (siehe Schmitz, *At the Center of the Human Drama*, 154, Anm. 44 für bibliographische Angaben) sowie ins Italienische (siehe Buttiglione, *Karol Wojtyła*, 54, Anm. 17 für bibliographische Angaben).
26 Vgl. Buttiglione, *Karol Wojtyła*, 58f.
27 Interview des Autors mit Pater Józef Tischner, 23.4.1997. Siehe auch Rocco Buttiglione, „Toward an Adequate Anthropology", *Ethos*, Sonderausgabe Nr. 2 (1996), 237-246.
28 Interview des Autors mit Pater Józef Tischner, 23.4.1997.
29 Ebd.
30 Siehe Boniecki, *Kalendarium*, „1953", „1954".
31 Siehe John M. Grondelski, „Social Ethics in the Young Karol Wojtyła: A Study-in-Progress", *Faith and Reason 22* (1996), 32f.
  Bischof Stanisław Ryłko, den ich nach dem eigentlichen Verfasser des Materials fragte, und der anschließend die Frage Papst Johannes Paul II. vorlegte, bestätigte, daß das Vorlesungsmaterial im wesentlichen von Piwowarczyk stammte. Ich erhielt die Antwort, daß Wojtyła „ihn [Piwowarczyks Text] ausgearbeitet [hatte], aber das Material nicht von ihm [d.h. Wojtyła] war." Jonathan Kwitny [vgl. *Man of the Century*, 135-142] irrt also, wenn er behauptet, *Katholische Sozialethik* sei eine wichtige, bislang unbekannte Schrift Wojtyłas. *Katholische Sozialethik* ist kein Buch, sondern eine Reihe von Vorlesungsnotizen, die auf einem zweibändigen Werk basieren, und Wojtyła war nicht der Hauptautor dieser Notizen, wie er selbst freimütig einräumt.
32 Oram, *The People's Pope*, 82.
33 Interview des Autors mit Schwester Zofia Zdybicka OSU, 14.4.1997.
34 Siehe Buttiglione, *Karol Wojtyła*, 38.
35 Interview des Autors mit Stefan Swieżawski, 7.4.1997.
36 Oram, *The People's Pope*, 82.
37 Stefan Swieżawski, „Introduction: Karol Wojtyła at the Catholic University of Lublin". In: Wojtyła, *Person and Community*, ix.
38 Interview des Autors mit Stefan Swieżawski, 7.4.1997.
39 Ebd.
40 Swieżawski, „Introduction". In: Wojtyła, *Person and Community*, xii.
41 Interview des Autors mit Tadeusz Styczeń SDS, 14.4.1997.
42 Swieżawski, „Introduction". In: Wojtyła, *Person and Community*, xiii.
43 Siehe Buttiglione, *Karol Wojtyła*, 58-62.
44 Interview des Autors mit Kardinal Joseph Ratzinger, 12.9.1996.
45 Diese vier Punkte stützen sich auf Swieżawski, „Introduction". In: Wojtyła, *Person and Community*, xiif.
46 Interview des Autors mit Schwester Zofia Zdybicka OSU, 14.4.1997.
47 Johannes Paul II., *Curriculum Philosophicum*; Interview des Autors mit Schwester Zofia Zdybicka OSU, 14.4.1997.
48 Interview des Autors mit Tadeusz Styczeń SDS, 14.4.1997.
49 Interview des Autors mit Schwester Zofia Zdybicka OSU, 14.4.1997.
50 Interview des Autors mit Stefan Sawicki, 15.4.1997.
51 Interview des Autors mit Schwester Zofia Zdybicka OSU, 14.4.1997.
52 Ebd.
53 Interview des Autors mit Halina Bortnowska, 7.4.1997.
54 Interview des Autors mit Schwester Zofia Zdybicka OSU, 14.4.1997.
55 Ebd.
56 Diese Position nimmt Wojtyłas spätere Begegnung mit dem Werk der Philosophen des Dialogs, z. B. Martin Buber und Emmanuel Levinas, vorweg. Vgl. Johannes Paul II., *Die Schwelle der Hoffnung überschreiten*, 64.
57 Interview des Autors mit Halina Bortnowska, 7.4.1997. Welche zentrale Stellung die Freiheit in Wojtyłas „monographischen" Vorlesungen einnimmt, zeigt Schmitz, *At the Center of the Human Drama*, 55.
58 Vgl. Schmitz, *At the Center of the Human Drama*, 42.
59 Ebd., 49 [Hervorhebung des Autors].
60 Vgl. ebd., 50ff.

⁶¹ Die endgültige Textfassung der „monographischen" Vorlesungen lautet: Karol Wojtyła, *Wykłady lubelskie* (Lublin 1986). Eine Analyse und ein Kommentar finden sich bei Schmitz, *At the Center of the Human Drama*, 30-57, sowie bei Jarosław Kupczak OP, *The Human Person as Efficient Cause in the Christian Anthropology of Karol Wojtyła*, unveröffentlichte theologische Dissertation (Washington, D. C., 1996), 2. Kapitel.

⁶² Interview des Autors mit Halina Bortnowska, 7.4 1997. Als man ihn darauf hinwies, daß andere dieses Verhalten als Zeichen von Desinteresse und mangelndem Respekt deuten könnten, meinte Wojtyła verwundert: „Tatsächlich?" und erklärte, daß er sich auf diese Weise besser konzentrieren könne. Die Fähigkeit, zwei Dinge gleichzeitig und doch gut zu erledigen, wurde von Wojtyłas Studenten und Kollegen in den 60er und 70er Jahren häufig beobachtet.

⁶³ Als ihm diese Darstellung seiner Untersuchungsmethode einmal vorgelegt wurde, meinte Papst Johannes Paul II., es sei eine brauchbare Charakterisierung seiner philosophischen Denkweise. [Gespräch des Autors mit Johannes Paul II., 11.12.1996.]

⁶⁴ Interview des Autors mit Jerzy Gałkowski, 14.4.1997.

⁶⁵ Ebd.

⁶⁶ Interview des Autors mit Schwester Zofia Zdybicka OSU, 14.4.1997.

⁶⁷ Interview des Autors mit Jerzy Gałkowski, 14.4.1997.
Um seine Forschungen über Sexualmoral auszuweiten, wollte Wojtyła die Universität Löwen in Belgien sowie Frankreich und die Schweiz besuchen. Der Präsident der KUL gab seine Zustimmung, und Anfang 1958 gab auch das Ministerium für das höhere Bildungswesen grünes Licht für die Reise. Aber die Regierung verweigerte Wojtyła ein Ausreisevisum, deshalb fand die Reise nicht statt. [Boniecki, *Kalendarium*, „1957".]

⁶⁸ Interview des Autors mit Jerzy Gałkowski, 14.4.1997.

⁶⁹ Johannes Paul II., *Curriculum Philosophicum*; Henri de Lubac, „Love and Responsibility". In: *Theology in History* (San Francisco 1996), 581ff.

⁷⁰ Vorwort des Verfassers zur ersten polnischen Auflage (1960). In: Karol Wojtyła, *Liebe und Verantwortung. Eine ethische Studie* (Freiburg 1979), 10.

⁷¹ Ebd.

⁷² Vgl. Buttiglione, *Karol Wojtyła*, 91.

⁷³ Siehe ebd., 90f.

⁷⁴ Ebd., 95.

⁷⁵ Ebd.

⁷⁶ Ebd., 99.

⁷⁷ Ebd., 105.

⁷⁸ Zu diesem Punkt vgl. John M. McDermott SJ, „The Theology of John Paul II: Response". In: McDermott (Hrsg.), *The Thought of Pope John Paul II*, 60.

⁷⁹ *Liebe und Verantwortung* wurde zuerst auf polnisch im Universitätsverlag der KUL veröffentlicht. Eine französische Übersetzung erschien 1965; 1968 folgte eine italienische und 1969 eine spanische. Siehe Buttiglione, *Karol Wojtyła*, 83, Anm. 1, für bibliographische Hinweise.

⁸⁰ Johannes Paul II., *Curriculum Philosophicum*.

⁸¹ Wojtyła zog den lateinischen Ausdruck *communio personarum* jedem polnischen Äquivalent vor, da er am besten wiedergibt, was ihn an der Liebe und dem Gesetz des Gebens so faszinierte: daß wir uns nur dann als Menschen entwickeln können, wenn wir uns einem anderen hingeben, denn allein dadurch finden wir paradoxerweise zu uns selbst.

⁸² Wojtyła, *Liebe und Verantwortung*, 13 und 9.

Kapitel 5
Ein neues Pfingsten

¹ Interviews des Autors mit Stanisław und Danuta Rybicki, 5.6.1997; mit Gabriel Turowski, 10.6.1997, und mit Bischof Stanisław Ryłko, 29.9.1997; Boniecki, *Kalendarium*, „1958".
In einer großen Erzdiözese wie Krakau ist es Brauch, daß der Erzbischof einen oder mehrere Weihbischöfe an seiner Seite hat. Nach dem katholischen Verständnis des Episkopats wird ein Bischof als mit seiner Diözese „verheiratet" betrachtet. Daher kann es immer nur einen Bischof

in einem Bistum geben. Da nun aber jeder Bischof der Bischof eines Ortes sein muß, wird den Weihbischöfen ein „Titularbistum" zugewiesen, eine Diözese, die schon längst im Dunkel der Geschichte verschwunden ist (z. B. in Nordafrika, wo Ombi liegt). Die Verleihung eines Titularbistums soll deutlich machen, daß das Bischofsamt kein Ehrenamt ist und daß der Bischof vor allem die Aufgabe hat, dem Kirchenvolk zu dienen.

2 Boniecki, *Kalendarium*, „1957".
3 Ebd., „1958".
4 Ebd.; Interviews des Autors mit Stanisław und Danuta Rybicki, 19.4. und 5.6.1997; Blazynski, *Der Papst aus Polen*, 90.
Das Weiheritual eines Bischofs hat sich seit dem II. Vatikanischen Konzil erheblich geändert. Ich habe die Übersetzung verwendet, die den Teilnehmern an dieser vor dem II. Vatikanum erfolgten Weihe ausgehändigt wurde, um etwas von der Atmosphäre des damaligen Rituals einzufangen.
5 Boniecki, *Kalendarium*, „1958".
6 Ein „Dekanat" bestand aus mehreren Gemeinden und war ein Verwaltungsbezirk des Erzbistums.
7 Boniecki, *Kalendarium*, „1959".
8 Ebd., „1958".
9 Ebd.
10 Ebd., „1960".
11 Ebd.
12 Ebd., „1965".
13 Ebd., „1962".
14 Ebd.; Interview des Autors mit Teresa Życzkowska, 19.4.1997.
15 Boniecki, *Kalendarium*, „1962".
16 Gespräch des Autors mit Papst Johannes Paul II., 13.12.1997.
17 Boniecki, *Kalendarium*, „1962".
18 Das gegenreformatorische Konzil von Trient versammelte sich zu drei unterbrochenen Sitzungen; die erste begann 1545, die letzte endete 1563.
19 Der hl. Basilius, einer der Kirchenväter, der einen enormen Einfluß auf die frühen Konzile hatte, beklagte sich gleichwohl über die „entsetzliche Unordnung und Verwirrung" der konziliaren Auseinandersetzungen und bedauerte das „unaufhörliche Geschwätz", das auf den Konzilsversammlungen über die Kirche hereinbreche. [Vgl. Joseph Kardinal Ratzinger, *Theologische Prinzipienlehre. Bausteine zur Fundamentaltheologie* (München 1982), 385.]
20 Antonio Fappani/Franco Molinari, *Giovanni Battista Montini Giovane. Documenti inediti a testimonianze* (Turin 1979), 171.
21 Es gibt noch eine andere Auslegung des Konzils, die weiterhin Anhänger hat. Nach dieser Ansicht wurde das Konzil grundlegend falsch verstanden. Der Heilige Geist bewahrte die Kirche vor fundamentalen Irrtümern. Aber einige selbstbewußt konservative Katholiken meinen, das Konzil habe in seinem Eifer, mit der Welt von heute in Kontakt zu kommen, die Glaubenswahrheiten gegen ihre heutigen Kritiker zu wenig artikuliert. Doch Papst Paul VI. und mit Nachdruck Papst Johannes Paul II. haben betont, das Konzil sei ein vom Heiligen Geist geleitetes Ereignis zur Erneuerung der Kirche gewesen, auch wenn ihr Handeln und ihre Lehren vermuten lassen, daß nach ihrem Dafürhalten noch geklärt werden mußte, welches die Schlüssel zu einer authentischen Deutung des II. Vatikanums sind.
22 Karol Wojtyła, *Quellen der Erneuerung. Studie zur Verwirklichung des 2. Vatikanischen Konzils* (Freiburg 1981), 14.
23 Johannes Paul II., *Die Schwelle der Hoffnung überschreiten*, 184.
24 Ebd., 186.
25 Wojtyła, *Quellen der Erneuerung*, 15.
26 Boniecki, *Kalendarium*, „1962"; Wojtyła, *Quellen der Erneuerung*, 19.
27 Gespräch des Autors mit Papst Johannes Paul II., 20.3.1997.
28 „Der Neger". In: Karol Wojtyła, *Der Gedanke ist eine große Weite*, 85.
29 Svidercoschi, *Brief*, 101-104.
30 „Die Wüste von Judäa". In: Ebd., 114. Wojtyłas Brief an Krakaus Priester über seine Reise ins Heilige Land findet sich in Boniecki, *Kalendarium*, „1963".
31 „Boden". In: Wojtyła, *Der Gedanke ist eine große Weite*, 85f.
32 Vgl. Boniecki, *Kalendarium*, „1965".
33 Vgl. Maliński, *Johannes Paul II.*, 210-216.
34 Gespräch des Autors mit Kardinal Joseph Ratzinger, 12.9.1996.

³⁵ Johannes Paul II., *Die Schwelle der Hoffnung überschreiten*, 185.
³⁶ *Acta et Documenta Concilio Oecumenico Vatican II Apparando. Series I (Antepraeparatoria), Volumen II: Consilia et Vota Episcoporum ac Praelatorum – Pars II: Europa*, 741-748.
³⁷ Vgl. dazu Robert McAfee Brown, *Observer in Rome. A Protestant Report on the Vatican Council* (Garden City, N. Y., 1964), 131-136.
³⁸ Vgl. *Acta Synodalia Sacrosancti Concilii Oecumenici Vaticani II, I-3*, 294. [Im folgenden: *Acta Synodalia* ...]
³⁹ *Acta Synodalia I-2*, 315.
⁴⁰ *Acta Synodalia I-4*, 598f.
⁴¹ *Acta Synodalia II-3*, 154-157.
⁴² *Acta Synodalia II-4*, 340ff.
⁴³ *Acta Synodalia III-2*, 178f.; siehe auch Avery Dulles SJ, „Mary at the Dawn of the New Millennium, *America* 173:3 (31.1.1998), 9.
⁴⁴ Boniecki, *Kalendarium*, „1964".
⁴⁵ *Acta Synodalia III-4*, 69f, 788f.
⁴⁶ Wojtyła verband diese beiden Schlußfolgerungen in einer anschließenden schriftlichen Intervention:
„Für die Existenz und Arbeit der Kirche in der heutigen Welt ist es von größter Bedeutung, daß das Recht jedes einzelnen, seine Religion auszuüben, strikt beachtet wird, und daß dank eben dieses Rechts katholische Eltern ihre Kinder in der christlichen Wahrheit erziehen können. Zudem gründet dieses bürgerliche Recht nicht nur im Prinzip der Toleranz, sondern auch im natürlichen Recht eines jeden, mit der Wahrheit bekannt zu werden, ein Recht, das wir neben das Recht der Kirche stellen müssen, die Wahrheit weiterzugeben." [Vgl. *Acta Synodalia III-2*, 530ff.]
In derselben schriftlichen Intervention schlug er vor, die Erörterung der Religionsfreiheit als eines bürgerlichen Rechts aus dem *Dekret über den Ökumenismus* herauszunehmen und in das beabsichtigte Dokument über die Kirche und die heutige Welt hineinzunehmen. Diese Lösung fand keine Zustimmung, da der „Anhang" über die Religionsfreiheit ganz aus dem *Dekret über den Ökumenismus* gestrichen und mit seinem bürgerrechtlichen Aspekt in einer eigenen Konzilserklärung behandelt wurde – ein Schritt, den Wojtyła dann unterstützte.
⁴⁷ Vgl. *Acta Synodalia IV-2*, 11ff. Unter „Liberalismus" ist hier die kontinentaleuropäische Ideologie zu verstehen, zu deren Programm historisch auch der antiklerikale Widerstand gegen alle kirchlichen Privilegien unter dem Ancien régime gehörte. In diesem kulturgeschichtlichen Kontext konnte die „Religionsfreiheit", da sie mit dem Programm des extremen Antiklerikalismus gleichgesetzt wurde, leicht für ein verfassungsmäßiges Deckmäntelchen gehalten werden, das in Wirklichkeit ein tiefes antichristliches Vorurteil verbarg.
⁴⁸ Vgl. *Acta Synodalia IV-2*, 292f.
⁴⁹ *Dignitatis humanae*, 2.
⁵⁰ Ebd., 2f.
⁵¹ Ebd., 10f.
⁵² Ebd., 15.
⁵³ Ebd.
⁵⁴ *Gaudium et spes*, 1.
⁵⁵ Henri Fesquet, *The Drama of Vatican II* (New York 1967), 395.
⁵⁶ *Acta Synodalia III-5*, 298ff.
⁵⁷ Vgl. ebd., 680-683, sowie *Acta Synodalia III-7*, 380ff.
⁵⁸ *Schema XIII* war der einzige in einer modernen Sprache (Französisch) entworfene Konzilstext. Der französische Text sowie italienische, englische, deutsche und spanische Übersetzungen wurden den Konzilsvätern gemeinsam mit dem offiziellen, in Latein geschriebenen Text ausgehändigt. Der Text gab den Lateingelehrten des Vatikans ein paar harte Nüsse zu knacken, mußten sie doch lateinische Ausdrücke finden, um alles mögliche zu beschreiben – von der atomaren Abschreckung bis zu Autofahrern, die Verkehrsampeln überfahren.
Zu Wojtyłas Beteiligung an der Vorbereitung von *Gaudium et spes* vgl. J. Grootaers, *Actes et Acteurs à Vatican II* (Leuven 1998), 105-129.
⁵⁹ Alle vier wurden zu Kardinälen ernannt: Garrone und Daniélou von Paul VI., de Lubac und Congar von Johannes Paul II. Wojtyła empfand besondere Dankbarkeit gegenüber Garrone; vgl. Johannes Paul II., *Die Schwelle der Hoffnung überschreiten*, 186.
⁶⁰ Henri de Lubac, *At the Service of the Church* (San Francisco 1993), 171.
⁶¹ Johannes Paul II., *Die Schwelle der Hoffnung überschreiten*, 186. Henri de Lubacs Erinnerungen an die Kontroversen der 40er und 50er Jahre finden sich in: *At the Service of the Church*.

62 Aus dem unveröffentlichten Tagebuch von Kardinal Yves Congar OP, *Journal du Concile*, in *Ut Unum Sint, Bulletin de liaison de la Province de France*, 575, November 1994, 180f. Ich bedanke mich bei Maciej Zięba, Provinzial der polnischen Provinz der Dominikaner, dafür, daß er mir diesen Text zur Verfügung stellte.

63 Der Neologismus „Pastoralkonstitution" wurde für *Gaudium et spes* geprägt, um einerseits jene zufriedenzustellen, die den Ausdruck „Konstitution" solchen Konzilserklärungen vorbehalten wollten, die sich zur Lehre äußerten, und andererseits denen entgegenzukommen, die sich für *Gaudium et spes* eben die Art von Gewicht erhofften, das einer Lehrerklärung zukommt – wie es ja auch den Wünschen ihrer ursprünglichen Befürworter entsprach. Daß der Titel des endgültigen Textes, „Pastoralkonstitution über die Kirche in der Welt von heute", eine Anmerkung bekam, in der erklärt wird, was eine „Pastoralkonstitution" ist und wie die beiden Teile des Dokuments (eine theologische Betrachtung über „Die Kirche und die Berufung des Menschen" und eine praktische Diskussion einiger brennender Probleme) miteinander verbunden sind, läßt die Spannungen ahnen, die *Gaudium et spes* auslöste.

64 Dazu, daß auch die Welt es nötig hatte, ihre Fenster zu öffnen, vgl. Peter L. Berger, „For a World with Windows". In: P. L. Berger und R. J. Neuhaus (Hrsgg.), *Against the World for the World* (New York 1976), und Richard John Neuhaus, *The Catholic Moment* (San Francisco 1987).

65 Vgl. *Acta Synodalia IV-2*, 660-663.
In der vierten Sitzungsperiode legte Erzbischof Wojtyła auch schriftliche Interventionen zu *Gaudium et spes* vor. Eine schlug verschiedene Textänderungen vor. Die andere, vielleicht seine lyrischste Intervention auf dem Konzil, griff Themen auf, die er in *Liebe und Verantwortung* dargelegt hatte. Er betonte vor allem die Notwendigkeit, mit Eheleuten über eheliche Keuschheit und die moralisch richtige Methode zur Geburtenregelung zu sprechen. Die Ehe sei „die Schule der Liebe und der Nächstenliebe", heißt es da, „und die Kirche muß nicht nur durch ihre Lehre deutlich machen, was Liebe und Nächstenliebe ist". [Vgl. *Acta Synodalia IV-3*, 242f.]

66 Boniecki, *Kalendarium*, „1964".
67 Ebd., „1962".
68 Ebd., „1963".
69 Ebd., „1964".
70 Ebd., „1965".
71 Wojtyła, „A propos du Concile". In: Wojtyła, *En Esprit et En Verité*, 219ff.
72 Karol Wojtyła, „Le Concil et le Travail des Théologiens." In: Wojtyła, *En Esprit et En Verité*, 227-230. Dieser Text ist die Mitschrift der von Karol Wojtyła am 12.2.1965 über Radio Vatikan gesendeten Rede.
73 Karol Wojtyła, „Le concile vu de l'intérieur". In: Wojtyła, *En Esprit et En Verité*, 231-240.
74 Gespräch des Autors mit Papst Johannes Paul II., 20.3.1997.
75 Johannes Paul II., *Curriculum philosophicum*, 7.
76 Ebd.
77 Interview des Autors mit Tadeusz Styczeń SDS, 14.4.1997.
78 Zitiert in: de Lubac, *At the Service of the Church*, 171f.
79 Interview des Autors mit Tadeusz Styczeń SDS, 14.4.1997.
80 Interview des Autors mit Anna Karoń-Ostrowska, 8.4.1997.
81 Unter einer „endgültigen Ausgabe" verstehe ich eine, die unter enger Mitarbeit des Autors erstellt wurde, was in diesem Fall unmöglich war. Es scheint daher wahrscheinlich, daß die dritte polnische Auflage und die darauf basierenden Übersetzungen die „endgültige" Fassung von *Osoba y czyn* sein werden. [Vgl. Karol Wojtyła, *Osoba y czyn: oraz inne studia antropologiczne*, hrsg. von Tadeusz Styczeń, Wojciech Chudy, Jerzy W. Gałkowski, Adam Roziński und Andrzej Szostek (Lublin 1994).] Diese Ausgabe enthält eine Einführung von Rocco Buttiglione.
82 Um ein wichtiges Beispiel zu nennen: In *Osoba y czyn* kommt sehr häufig der lateinische, von Wojtyła nicht übersetzte Ausdruck *suppositum* vor. Dieser zentrale thomistische Begriff bezeichnet die menschliche Person als Subjekt des Seins und des Handelns. Die Neuübersetzung von Dr. Tymieniecka verwendet niemals *suppositum* und gibt den lateinischen Ausdruck an verschiedenen Stellen mit jeweils anderen englischen Begriffen wieder. Vgl. Kupczak, *The Human Person as an Efficient Cause in the Christian Anthropology of Karol Wojtyła*, 122, Anm. 9.
83 Gespräch des Autors mit Papst Johannes Paul II., 30.9.1997.
Dr. Tymienieckas Erklärung und Kommentar zum Zustandekommen der Veröffentlichung von *The Acting Person* bei Reidel ist nachzulesen in *Phenomenology Information Bulletin 3* (Oktober 1979), 3-52. Ich habe die Probleme der englischen Ausgabe von *The Acting Person* erörtert in In-

terviews mit Tadeusz Styczeń SDS (14.4.1997), Andrzej Szostek MIC (14.4.1997) und Andrzej Połtawski (23.4.1997). Vgl. dazu auch die Diskussion in Schmitz, *At the Center of the Human Drama*, 59f., Anm. 6.
84 Wojtyła, *Person und Tat* (Freiburg 1981), 330.
85 Vgl. Schmitz, *At the Center of the Human Drama*, 86.
86 Interview des Autors mit Karol Tarnowski, 12.4.1997.
87 Buttiglione, „Toward an Adequate Anthropology", 243.
88 Vgl. Boniecki, *Kalendarium*, „1965"; Interview des Autors mit Kardinal Franz König, 11.12.1997.
89 Interviews des Autors mit Piotr und Teresa Malecki sowie Danuta Ciesielski, 9.4.1997.
90 Boniecki, *Kalendarium*, „1965".
91 Ebd.
92 Ebd.

Kapitel 6
Nachfolger des hl. Stanislaus

1 Zu Karol Wojtyłas Einführung als Erzbischof von Krakau siehe Maliński, *Johannes Paul II.*, 167-172; sowie Peter Hebblethwaite/Ludwig Kauffman, *John Paul II. A Pictorial Biography* (New York 1979), 62.
2 Boniecki, *Kalendarium*, „1963".
3 Diese Darstellung von Wojtyłas Ernennung zum Erzbischof von Krakau ist dem Gespräch des Autors mit Pater Andrzej Bardecki vom 11.7.1996 entnommen und wurde ergänzt durch das Material von Boniecki, *Kalendarium*, „1962" und „1963". Die Geschichte, was Kardinal Wyszyński zu dem „Dichter" meinte, wurde mir von Pater John Hotchkin erzählt, der sie wiederum von Bischof Ernest Primeau gehört hatte, bei dem Wyszyński zu Gast war, als er dies sagte.
4 Brief an den Autor von Bischof Alfred Abramowicz, 6.1.1998. Abramowicz war von 1960 bis 1993 geschäftsführender Leiter der Katholischen Liga für die religiöse Unterstützung Polens. Er erinnerte sich, daß der polnischen Kirche in den 60er und 70er Jahren selbst das Allernötigste fehlte, unter anderem Schreibmaschinen- und Kohlepapier. Das letzte war besonders wichtig, weil das Regime in der Regel keine Erlaubnis für die Vervielfältigung kirchlicher Dokumente gab.
5 Vgl. „Lettre pastorale". In: Wojtyła, *En Esprit et En Verité*, 215-218.
6 Gespräch des Autors mit Bischof Stanisław Smoleński, 9.4.1997.
7 Interview des Autors und Gang durch die erzbischöfliche Residenz mit Kardinal Franciszek Macharski, 10.4.1997.
8 Ebd.
9 Interview des Autors mit Franciszek Macharski, 10.4.1997.
10 Aufzeichnung vom 4.11.1997 von Kardinal Franciszek Macharski, angefertigt auf Bitten des Autors.
11 Boniecki, *Kalendarium*, „1977".
12 Gespräch des Autors mit Papst Johannes Paul II., 22.1.1997.
13 Interview des Autors mit Pfarrer Władysław Gasidło, 11.6.1997.
14 Boniecki, *Kalendarium*, „1971".
15 Bei der Gedächtnismesse für Pfarrer Kurzeja in Miestrzejowice am 13. September hielt Kardinal Wojtyła eine bewegende Predigt:
„Als Menschen fühlen wir, daß er nicht einfach fortgegangen ist, daß er nicht einfach begraben wurde. Wir fühlen (...), daß er (...) als ein Eckstein in das Gebäude dieser Kirche eingegangen ist, in das Haus dieser Gemeinschaft, der lebendigen Kirche in Miestrzejowice: als ein Eckstein. Und das ist das Herrlichste, was man über ihn sagen kann.
Ich kenne sein Geheimnis, ich kann sogar seine Worte auswendig hersagen; (...) er sprach sie 1970 zu mir (...). Er wußte, worum er bat. Er wußte, daß er dafür einen hohen Preis bezahlen würde (...), er fügte sogar im Scherz hinzu: ‚Wenn ich für diese Sache leiden, ja selbst wenn ich ins Gefängnis gehen müßte, es wird nur gut sein für mich ...' Ich erinnere mich an seine Worte, und ich werde sie bis ans Ende meines Lebens nicht vergessen. Denn diese im Scherz gesagten Worte wiesen auf die Größe seines Opfers hin." [Boniecki, *Kalendarium*, „1976".]

ANMERKUNGEN ZU KAPITEL 6 957

16 Interview des Autors mit Pfarrer Władysław Gasidło, 11.6.1997.
17 Notiz für den Autor, verfaßt von Kardinal Franciszek Macharski, 4.11.1997.
18 Interview des Autors mit Henryk Woźniakowski, 10.4.1997.
19 Boniecki, *Kalendarium*, „1971".
20 Ebd., „1972".
21 Ebd., „1974".
22 Ebd., „1975".
23 Ebd., „1977".
24 Ebd., „1978".
25 Zu einer Erörterung der öffentlichen und politischen Bedeutung der Fronleichnamsprozession aus kulturanthropologischer Sicht vgl. Jan Kubik, *The Power of Symbols Against the Symbols of Power. The Rise of Solidarity and the Fall of State Socialism in Poland* (University Park, Pa., 1994), 89ff.
26 Interviews des Autors mit Bischof Stanisław Smoleński, 9.4.1997, und Pater Stanisław Małysiak, 18.4.1997.
27 Brief an den Autor von Kardinal Franciszek Macharski, 20.4.1998.
28 Am 8. Dezember 1981 schuf Papst Johannes Paul II. die Päpstliche Theologische Akademie in Krakau. Sie hat drei Fakultäten: Theologie, Philosophie und Kirchengeschichte. [Nähere Informationen über die Theologische Fakultät die Päpstliche Theologische Fakultät und die Päpstliche Theologische Akademie stammen aus einer für den Autor verfaßten Notiz des Rektorats der Päpstlichen Theologischen Akademie vom 8.4.1998, geschrieben auf Bitte von Kardinal Franciszek Macharski.]
29 Vgl. Johannes Paul II., *Geschenk und Geheimnis*, 94ff.
30 Vgl. Blazynski, *Der Papst aus Polen*, 197.
31 Interview des Autors mit Bischof Stanisław Ryłko, 11.12.1996.
32 Zitiert in Grażina Sikorska, *Light and Life. Renewal in Poland* (Grand Rapids 1989), 116f.
33 Interview des Autors mit Pater Stanisław Małysiak, 18.4.1997.
34 Interview des Autors mit Bischof Stanisław Smoleński, 9.4.1997.
35 Vgl. Sikorska, *Light and Life*, 62f.
36 Vgl. Nowak, „The Church in Poland", 11.
37 Interview des Autors mit Bischof Stanisław Smoleński, 9.4.1997.
38 Siehe Władysław Gasidło, *Duszpasterska troska Kardynała Karola Wojtyły o rodzinę* (Krakau 1996), für eine detaillierte historische Darstellung der Familienseelsorge in der Erzdiözese Krakau von einem früheren Leiter der Abteilung für pastorale Familienfürsorge. Die obige Darlegung stützt sich auf ein Interview des Autors mit Pfarrer Gasidło, 11.6.1997.
39 Interview des Autors mit Bischof Stanisław Ryłko, 11.12.1996.
40 Interview des Autors mit Stanisław Rodziński, 11.4.1997.
41 Ebd.
42 Ebd.
43 Interview des Autors mit Bogdan Cywiński, 14.11.1998; vgl. auch Jacek Kuroń, *Wiara i wina. Do i od komunizmu* (Warschau 1990).
44 Vgl. Rodney Stark, *The Rise of Christianity* (New York 1997), 161.
45 Informationen über die karitativen Werke der Erzdiözese Krakau unter der Leitung von Kardinal Karol Wojtyła erhielt der Autor durch eine Notiz von Kardinal Franciszek Macharski, 4.11.1997.
46 Interview des Autors mit Kardinal Edmund Szoka, 4.9.1996.
47 Interview des Autors mit Henryk Woźniakowski, 10.4.1997.
48 Ebd.
49 Karol Wojtyła, *Zeichen des Widerspruchs* (Freiburg 1979), 150f.
50 Vgl. Oram, *The People's Pope*, 120.
51 Interview des Autors mit Teresa Malecka, 9.4.1997.
52 Interview des Autors mit Jan Nowak, 13.5.1998.
53 Als Kardinal William Baum aus Washington, D. C., im Mai 1978 Krakau besuchte, sagte Kardinal Wojtyła zu seinen Gästen, sie könnten am nächsten Morgen lange schlafen: bis halb acht. James Gillen, der Sekretär des Kardinals, murmelte: „Das soll *lang* sein?" Darauf Kardinal Wojtyła: „Wer kann denn länger als halb acht schlafen?" [Interview des Autors mit Kardinal William Baum und Msgr. James Gillen, 5.11.1996.]
54 Interview des Autors mit Bischof Stanisław Ryłko, 11.12.1996. Bischof Ryłko erfuhr dies von Msgr. Stanisław Dziwisz, dem persönlichen Sekretär Johannes Pauls II., der Kardinal Wojtyła als dessen Sekretär bei allen Visitationen begleitet hatte.

⁵⁵ Gespräch des Autors mit Papst Johannes Paul II., 30.9.1997; Notiz für den Autor von Kardinal Franciszek Macharski, 17.6.1997. Bischof Pietraszko starb 1988 im Alter von 77 Jahren.

⁵⁶ Die katholische Kirche ist weltweit in „Kirchenprovinzen" organisiert, d. h. Gruppen von Diözesen, die einer Erzdiözese unterstellt sind. Die Kirchenprovinz Krakau umfaßte unter Wojtyłas Episkopat die Suffragandiözesen Kielce, Tarnów, Tschenstochau und Kattowitz. Als Zentrum der Kirchenprovinz wird die Erzdiözese als „erzbischöflicher Stuhl" bezeichnet, daher wird die Krakauer Zentralverwaltung bzw. Kurie auch „Erzbischöfliche Kurie" genannt.

Wojtyła organisierte seine erzbischöfliche Kurie nach Arbeitsbereichen. Die Abteilung für den Klerus kümmerte sich um die persönlichen Angelegenheiten der Priester, während die Abteilung für Bildung den Religionsunterricht in der Erzdiözese beaufsichtigte und die Pastoralabteilung für die Seelsorgeeinrichtungen (wie die Studentenseelsorge und die für Ärzte und Krankenschwestern) zuständig war. Die Abteilung für Pastorale Familienfürsorge und das Pastoralamt für karitative Einrichtungen wurden von Kardinal Wojtyła geschaffen. Die Päpstliche Theologische Fakultät galt ebenfalls als eine „Abteilung" der erzbischöflichen Kurie. Das erzbischöfliche Amt für kirchenrechtliche Fragen wurde von einem der beiden Kanzler geleitet. Nach heutigen Maßstäben war das eine sehr schlanke Organisation; die einzelnen Abteilungen hatten etwa fünf Priester und Laien als Mitarbeiter.

Die Frage der Finanzen war immer prekär. Das Vermögen der Kirche bestand in Grundbesitz und Gebäuden. Da aber die Kommunisten die Gebäude besetzten, warfen diese keine Miete ab. Gleichzeitig mußte die Erzdiözese ihre Immobilien instandhalten und die Reparaturen bezahlen – sogar solche, die sie nicht in Auftrag gegeben hatte. Die gesamte Pastoralarbeit mußte daher vor allem durch Spenden der Pfarrkinder finanziert werden. Am ersten Sonntag jedes Monats wurde eine Kollekte für das Priesterseminar und die Theologische Fakultät durchgeführt. Die erzbischöfliche Kurie wurde durch eine an jedem dritten Sonntag aller ungeraden Monate veranstaltete Kollekte finanziert. Andere Kollekten kamen Missionen und der Instandhaltung von Gebäuden zugute, ein Fonds, zu dem die Priester der Erzdiözese 20 Prozent aller Spenden, die sie zu Weihnachten erhielten, beisteuerten. In den Kirchen standen spezielle Sammelbüchsen für das Heim lediger Mütter.

Nach dem mitunter seltsamen „Rechtsverständnis" der Kommunisten mußte die Kirche, die in der Volksrepublik Polen keine juristische Person war (und daher theoretisch kein Eigentum besitzen konnte), trotzdem für die Immobilien in ihrem Besitz wie auch für ihr sonstiges Einkommen Steuern bezahlen, und zwar 40 Prozent Steuern pro Kalenderjahr für nicht verausgabte Einnahmen. Da die Erzdiözese und ihre Pfarreien keine Rechtspersonen waren, konnten sie keine Bankkonten eröffnen. Deshalb lief alles über Bargeldverkehr. Während Wojtyłas Episkopat wurde kein einziges Programm aus finanziellen Gründen gestrichen. Der Kardinal selbst spendete sein ganzes Einkommen – Vorlesungsgelder, Einnahmen aus seinen Veröffentlichungen, Meßgelder oder andere Spenden seiner Gläubigen oder ausländischer Besucher –, um seine pastoralen Initiativen, vor allem das Priesterseminar und die Theologische Fakultät, das Institut für Familienforschung und das Heim für ledige Mütter zu finanzieren.
[Interview des Autors mit Pater Stanisław Małysiak, 18.4.1997, und Notizen für den Autor von Msgr. Bronisław Fidelus, 31.3.1998 und 20.5.1998.]

⁵⁷ Interviews des Autors mit Pater Andrzej Bardecki, 11.7.1996, mit Bischof Stanisław Smolenski, 9.4.1997, und mit Pater Stanisław Małysiak, 18.4.1997.

⁵⁸ Interview des Autors mit Pater Andrzej Bardecki, 11.7.1996.

⁵⁹ Interview des Autors mit Pater Józef Tischner, 23.4.1997.

⁶⁰ Interview des Autors mit Pater Stanisław Małysiak, 18.4.1997.

Ähnlich verhielt sich der Kardinal, wenn es um die offizielle Erlaubnis für Veröffentlichungen ging. Im Gefolge des Konzils wollte der Verlag Znak unbedingt die Bücher einiger führender Konzilstheologen in polnischer Übersetzung herausbringen. Damals gab es die Regel, daß ein Buch, welches im Original mit einem *Nihil obstat* und einem *Imprimatur* (also mit der offiziellen Druckerlaubnis seitens der Kirche) versehen war, auch in der Übersetzung ein *Nihil obstat* und ein *Imprimatur* erhalten solle. Kardinal Wojtyła hatte nicht die geringsten Bedenken, ein *Imprimatur* für die von Znak veröffentlichten Übersetzungen von Karl Rahner und Edward Schillebeeckx zu erteilen. Aber es gab ein Problem. Von Erzbischof Baziak hatte er einen erzbischöflichen Gutachter (*censor librorum*) übernommen, der aufgrund seines Alters eine andere theologische Auffassung vertrat. Der ältere Priester, der für die Erteilung des *Nihil obstat* zuständig war (es sollte dem bischöflichen *Imprimatur* vorausgehen), fing an, Schwierigkeiten zu machen. So beklagte er in einem Fall, Rahner „bringe alles durcheinander". Der Kardinal war (wie sich ein Mitarbeiter erinnert) „kein Mann, der ältere Leute vor den Kopf stieß", und wollte den Zensor nicht entlassen. Er fand einen anderen Weg.

Er rief den Mann zu sich und sagte, er habe gehört, es gäbe Probleme. Er fragte den Priester, ob er irgend etwas entdeckt habe, das der Moral oder dem Glauben widerspreche. Der ältere Priester verneinte dies, fand aber, Rahner drücke sich so seltsam aus. Der Kardinal erwiderte: „Gut, aber sollten wir die Entscheidung darüber nicht den Lesern überlassen?" Damit sei er einverstanden, antwortete der Alte, aber ihm *gefalle* nicht, was Rahner sage. Wenn das so sei, meinte der Kardinal, könne man doch das *Nihil obstat* mit dem Zusatz versehen, daß der *censor librorum* die dargelegten Ansichten nicht gutheiße, diese aber weder gegen den Glauben noch die Moral verstießen. Damit war der alte Mann schließlich einverstanden. Wojtyła hatte den Fall gelöst und dabei die persönliche Würde seines älteren Untergebenen gewahrt. [Interview des Autors mit Jacek Woźniakowski, 11.4.1997.]

61 Vgl. Blazynski, *Der Papst aus Polen*, 118.
62 Vgl. ebd., 198f.
63 Vgl. Davies, *Bd. 1*, 19.
Ostervigil 1966 ist ein Gedichtzyklus von Karol Wojtyła anläßlich der Tausendjahrfeier der Christianisierung Polens. Vgl. *Der Gedanke ist eine seltsame Weite*, 125-147.
64 Interview des Autors mit Kardinal Franciszek Macharski, 10.4.1997.
65 Interview des Autors mit Pater Stanisław Małysiak, 18.4.1997.
66 Interview des Autors mit Bischof Stanisław Smoleński, 9.4.1997.
Auskünfte über die Struktur und das Verfahren der Krakauer Synode erhielt der Autor durch eine Notiz von Bischof Tadeusz Pieronek, 8.4.1997.
67 Unter der Rubrik „Die Teilnahme des Gottesvolkes an der prophetischen Mission Christi" finden sich die Erklärungen der Synode zur Evangelisierung, zur Familie als Hauskirche, zur Katechese, zum Theologiestudium, zu religiösen Gemeinschaften und zu missionarischer Tätigkeit. Die Sakramente und die Heiligung der Zeit wurden in sieben Dokumenten unter der Rubrik „Die Teilnahme des Gottesvolkes an der priesterlichen Würde Christi" behandelt. Die Rubrik „Die Teilnahme des Gottesvolkes am königlichen Pastoralamt Christi" schließlich enthielt Dokumente über die Familie, Kinder, Jugend, karitative Tätigkeiten, soziale Erneuerung, die heutige Kultur, den Aufbau der Erzdiözese und Maria im Leben des Erzbistums. Die Synode gab auch Erklärungen zu besonderen Aufgaben oder Diensten in der Erzdiözese heraus: zum Ökumenismus, zum höheren Priesterseminar, zur geistlichen Betreuung der Kranken, zum Umweltschutz und zum Kampf gegen den Alkoholismus.

Indem die Synode für ihre Überlegungen das Schema des „dreifachen Amtes" übernahm, folgte sie Kardinal Wojtyłas Leitfaden *Quellen der Erneuerung*, in dem Wojtyła die drei „Ämter" Christi als Deutungsschlüssel für die ganze Lehre des II. Vatikanischen Konzils verwandte. *Gaudium et spes* 24 hatte erklärt, daß „der Mensch (...) sich nur durch die aufrichtige Schenkung seiner selbst vollkommen finden kann"; allein durch die Teilnahme an den drei „Ämtern" Christi, so Wojtyła, befolgt der Christ das der menschlichen Natur innewohnende Gesetz des Gebens auf eine spezifisch christliche Weise. In der Ausübung des priesterlichen Amtes schenken sich Männer und Frauen in der Andacht Gott; daher ist die aktive Teilnahme an der kirchlichen Liturgie wichtig. Das prophetische Amt üben Christen aus, indem sie sich aus freien Stücken der Wahrheit öffnen; Gehorsam gegenüber dem Wort Gottes und der Lehrautorität der Kirche ist daher ein Bekenntnis zur eigenen Verantwortung gegenüber dem Geschenk der Wahrheit. Und am königlichen Amt Christi haben reife Christen teil, indem sie sich zunehmend in Selbstbeherrschung üben: „Jeder Christ, der in Nachahmung Christi über die Sünde herrscht und so die Herrschaft der menschlichen Person über sich selbst – eine Art Königtum – verwirklicht, hat damit auch am Königsamt Christi teil und wirkt am Aufbau seines Reiches mit." Das, eine weitere Variation zum Thema christlicher Humanismus, war die Anwort der Kirche auf den Atheismus und dessen Forderung nach moralischer „Selbstbestimmung".

68 Auch an der Provinzialsynode für das Erzbistum Krakau und seine Suffragandiözesen von Kielce, Tarnów, Kattowitz und Tschenstochau, die er offiziell nach zwei Jahren der Beratung und der Vorbereitung 1975 einberief, nahm der Kardinal nicht bis zum Ende teil. Das Schlußdokument der Provinzialsynode nahm er auf seiner zweiten Polenreise am 22. Juni 1983 als Papst entgegen. [Vgl. *Pierwszy Synod Prowincji Krakowskiej* (Krakau 1994).]
69 Der „Mehrheitsbericht" und eine wohlwollende Darstellung seiner Perspektive finden sich bei Robert Blair Kaiser, *The Politics of Sex and Religion* (Kansas City 1985). Zu einer anderen Deutung der Auseinandersetzungen und der Mehrheits/Minderheitsberichte vgl. Janet E. Smith,

„Humanae Vitae". *A Generation Later* (Washington, D. C., 1991), sowie Janet E. Smith, „Humanae Vitae at Twenty. New Insights into an Old Debate". In: Janet E. Smith (Hrsg.), *Why* Humanae Vitae *Was Right. A Reader* (San Francisco 1993).

[70] Heinrich Denzinger, *Enchiridion symbolorum definitionum et declarationum de rebus fidei et morum* (Freiburg [37]1991), 1350f.

[71] Gespräch des Autors mit Johannes Paul II., 16.12.1998. Der versteckte Hinweis von Tad Szulc (vgl. *Papst Johannes Paul II.*, 211f.), Wojtyła sei der entscheidenden Sitzung der päpstlichen Kommission im Juni 1966 bewußt ferngeblieben, ist sachlich unbegründet.

[72] „Les fondements de la doctrine de l'église concernant les principes de la vie conjugale". In: *Analecta Cracoviensia I* (1969), 194-230.

[73] Vgl. Szulc, *Papst Johannes Paul II.*, 212.

[74] *Humanae vitae*, 7-10.

[75] Laut Carl Bernstein/Marco Politi, *Seine Heiligkeit*, 136, wurde „die Sexualphilosophie von Wojtyła und seiner Herde polnischer Katholiken zur Regel für die universale Kirche". Das zeugt von einer mangelhaften Kenntnis der Argumentation der Krakauer Denkschrift und von *Humanae vitae* wie auch der Prozesse, aus denen solche Dokumente hervorgehen.

[76] Henry Kissinger, *Memoiren* (München 1979), 48.

[77] Johannes Paul II., *Curriculum philosophicum*, 10.
1963 ordnete der Erzbischof aufgrund laut gewordener Zweifel an, die Überreste des hl. Stanislaus zu untersuchen und die Todesumstände zu klären. Die von Spezialisten durchgeführte forensische Untersuchung bestätigte die Überlieferung, daß der Bischof durch einen Schlag auf den Kopf getötet wurde.

[78] Interview des Autors mit Andrzej Połtawki, 23.4.1997.

[79] James Michener, *Pilgrimage* (Emmaus, Pa., 1990), 74.

[80] Der Protestbrief findet sich in Boniecki, *Kalendarium*, „1967".

[81] Boniechi, *Kalendarium*, „1974".

[82] Interview des Autors mit Jerzy Turowicz, 19.7.1996.

[83] Ebd.

[84] Ebd.

[85] Interview des Autors mit Marek Swarnicki, 19.4.1997.

[86] Interview des Autors mit Jacek Woźniakowski, 11.4.1997.

[87] Ebd.

[88] Interview des Autors mit Pater Andrzej Bardecki, 11.7.1996.

[89] Die beiden beschlossen, gemeinsam ein Buch über diese Debatte zu schreiben. Wojtyła verfaßte seinen Aufsatz und wurde dann zum Papst gewählt, Pater Styczeń hingegen schrieb seinen Aufsatz nicht zu Ende. Wojtyłas Beitrag wurde schließlich 1982 als kleines Buch veröffentlicht: *Człowiek w polu odpowiedzialności* [Der Mensch auf dem Felde der moralischen Verantwortung] (Rom/Lublin 1991).

[90] Karol Wojtyła, „The Person: Subject and Community". In: Wojtyła; *Person and Community*, 220. Die Anmerkungen zu diesem Aufsatz enthalten eine vollständige Liste aller auf der Konferenz der KUL gehaltenen Vorträge sowie eine (ungewöhnlich) scharfe Attacke des Autors gegen einige Kritiker, von denen einer – so der Autor – einfach „den grundlegenden Gedanken in *Person und Tat* fehlinterpretiert hat" [Anm. 5].

[91] Interview des Autors mit Jerzy Gałkowski, 14.4.1997.

[92] Interview des Autors mit Tadeusz Styczeń SDS, 14.4.1997.

[93] Die genaue Anzahl der Protestanten läßt sich leider nicht feststellen, da die polnische Regierung keine Statistik über Religionsgemeinschaften führte. Vgl. *Polska* (Warschau 1974), 367.

[94] Interview des Autors mit Pater Andrzej Bardecki, 11.7.1996.

[95] Interview des Autors mit Wojciech Giertych OP, 18.4.1996.

[96] Interview des Autors mit Jerzy Janik, 17.7.1996.

[97] Interview des Autors mit Teresa Malecka, 9.4.1997.

[98] Interview des Autors mit Teresa Życzkowska, 19.4.1997. Der obige Brief wurde mir von Teresa Heydel Życzkowska am 9.11.1998 überlassen.

[99] Interview des Autors mit Jerzy Janik, 17.7.1996.

[100] Interview des Autors mit Stanisław Rybicki, 17.7.1997.

[101] Vgl. Blazynski, *Der Papst aus Polen*, 96.

[102] Interview des Autors mit Jacek Woźniakowski, 11.4.1997.

[103] Karol Wojtyła, „A Remembrance of Jerzy Ciesielski". In: Karol Wojtyła, *I Miei Amici* (Rom 1979), 45-53. Der Prozeß der Seligsprechung von Jerzy Ciesielski als einem vorbildlichen christlichen

Ehemann und Vater ist heute vor der Kongregation für die Selig- und Heiligsprechungsprozesse in Rom anhängig. Im September 1998 wurde Ciesielskis Urne in die St. Annenkirche in Krakau überführt.

[104] Vgl. Taborski, „Introduction to *Radiation of Fatherhood*". In: Wojtyła, *Collected Plays*, 323.
[105] Wojtyła, *Radiation of Fatherhood*. In: Ebd. 355.
[106] Ebd., 341.
[107] Karol Wojtyła, *Der Gedanke ist eine seltsame Weite*, 166.
[108] Ebd., 176.
[109] Boniecki, *Kalendarium*, „1964".
[110] Ebd.
[111] Interview des Autors mit Kardinal Agostino Casaroli, 14.2.1997.
[112] Interview des Autors mit Kardinal Franz König, 11.12.1997.
[113] Wojtyła trug auch als Kardinal weiterhin eine einfache schwarze Soutane und zog seine festlichere Kleidung nur bei feierlichen Anlässen an. Nach der Zeremonie in der Sixtinischen Kapelle sagte er zu seinem Sekretär, er sei wirklich nicht darüber beunruhigt, daß er einen Kleidungsfauxpas begangen habe. „Ich habe mir alle anderen Kardinäle angesehen, und zwei andere hatten auch schwarze Socken an." [Vgl. George Blazynski, *Der Papst aus Polen* (Reinbek 1980), 91.]
[114] Boniecki, *Kalendarium*, „1967".
[115] Ebd.
[116] Während seiner elf Jahre als Kardinal arbeitete Wojtyła für die Kongregation für die Orientalischen Kirchen (1968-1973), die Kongregation für den Klerus (1968-1978), die Kongregation für den Gottesdienst und die Sakramentenordnung (1972-1978) und die Kongregation für das Katholische Bildungswesen (1974-1978); außerdem fungierte er als Berater des Päpstlichen Rates für die Laien.
[117] Boniecki, *Kalendarium*, „1967".
[118] Boniecki, *Kalendarium*, „1969".
[119] Michael O'Carroll, *Poland and John Paul II*, (Dublin 1979), 65f.
[120] Zitiert in Jonathan Luxmoore/Jolanta Babiuch, „John Paul II and the ‚Praxis of the Cross'", *National Catholic Register*, 13.-19.7.1997, 6.
[121] Die Synode von 1974 war die erste bedeutsame Auseinandersetzung innerhalb der Weltführung der Kirche über die Theologie der Befreiung, die in Lateinamerika entwickelt wurde. Interessanterweise waren es die Lateinamerikaner, Vertreter eines Kontinents, in dem die Kirche seit langem mit politischer Macht konservativer Art identifiziert wurde, die jetzt für eine Evangelisierung argumentierten, die mit den Befreiungsbewegungen der Linken verbunden war; der ideologische Schwerpunkt hatte sich verlagert, aber die Verstrickung des Auftrags der Kirche mit politischer Macht dauerte an. Die Behauptung, Wojtyła und andere seien mit diesem Vorgehen nicht einverstanden gewesen, weil ihr Konzept der Evangelisierung außerordentlich weltfremd sei, deutet auf Unkenntnis der Art des kulturellen Widerstands hin, in den Wojtyła in Polen verwickelt war: eine Form des Aktivismus, die die Unterdrücker sehr ernst nahmen, die aber die Integrität und den einzigartigen Auftrag der Kirche bewahrte. [Zu einer Betrachtung der Synode von 1974, die mit den Verfechtern der Befreiungstheologie sympathisiert, vgl. Peter Hebblethwaite, *Paul VI: The First Modern Pope* (New York 1993), 626f.]
[122] Boniecki, *Kalendarium*, „1977".
[123] Zu diesen Begegnungen und Wojtyłas Wahl in den Rat der Synode vgl. ebd.
[124] Interview des Autors mit Erzbischof John Foley, 12.12.1996.
[125] Ebd.
[126] Ebd.
[127] Boniecki, *Kalendarium*, „1974"; Notiz an den Autor von Dominik Duka OP, 21.3.1998.
[128] Boniecki, *Kalendarium*, „1973".
[129] Wojtyła, *Zeichen des Widerspruchs* (Zürich 1979), 14.
[130] Ebd., 164f.
[131] Interview des Autors mit Stanisław Rodziński, 11.4.1977.
[132] Brief an den Autor von Thomas Crooks vom 17.1.1998. – Wojtyłas Besuch in Harvard hat sicherlich seine Bekanntheit unter westlichen Intellektuellen vergrößert, er stellte aber kaum seine Einführung in die Intellektuellenszene der Welt dar, wie Carl Bernstein und Marco Politi in *Seine Heiligkeit* andeuten.

133 Interview des Autors mit Zbigniew Brzeziński, 7.2.1997.
134 Interview des Autors mit Erzbischof John Foley, 12.12.1996.
135 Interview des Autors mit Marek Skwarnicki, 4.6.1997.
136 Diese Bemerkungen werden auf der Kommentarseite des *Wall Street Journal* vom 9. November 1978 zitiert und Wojtyłas „letzter Rede in den USA im September 1976 [zugeschrieben], wie in der *New York City News* (einer Streikzeitung) zitiert".
137 Gespräch des Autors mit Papst Johannes Paul II., 10.9.1996.
138 Davies, *Volume II*, 553.
139 Zitiert in Blazynski, *Pope John Paul II*, 120 [in der deutschen Ausgabe wird die Synode von 1977 erwähnt (S. 138) und der *OR*-Artikel (S. 163), jedoch beide Male ohne dieses Zitat (Anm. d. Übers.]; das Zitat stammt aus einem Artikel Wojtyłas in der Vatikanzeitung *L'Osservatore Romano* vom Februar 1976 (in der deutschen Wochenausgabe des *OR* ist er nicht abgedruckt; Anm. d. Übers.).
140 Diese Beispiele sind entnommen aus Sikorski, *Full Circle*, 39-41, 44, 145.
141 Vgl. Havel, „The Power of the Powerless". In: Havel et al., *The Power of the Powerless: Citizens Against the State in Central-Eastern Europe* (Armonk, N.Y., 1985), 23-96.
142 Zitiert in de Lubac, *At the Service of the Church*, 172.
143 Ebd.
144 Interview des Autors mit Kardinal Agostino Casaroli, 14.2.1997.
145 Ebd.; Interview des Autors mit Andrzej Micewski, 14.11.1998.
146 Interview des Autors mit Kardinal Agostino Casaroli, 14.2.1997.
147 Interview des Autors mit Kardinal Luigi Poggi, 19.9.1997.
148 Wie es auch geschah. Interview des Autors mit Kardinal Miloslav Vlk, 5.12.1997.
149 Für weitere Einzelheiten über die Ostpolitik, ihren historischen Hintergrund und die Situation in der Tschechoslowakei vgl. mein Buch *The Final Revolution*, 59-76, 85-90, 96-102, 159-190.
150 Wyszyński z. B. machte sich laut dem offiziellen Biographen des Primas wegen der „Leichtgläubigkeit" Casarolis bei dessen ersten Zusammentreffen mit Polens kommunistischen Führern Sorgen. Vgl. Micewski, *Cardinal Wyszyński*, 278.
151 Diesen vielsagenden Vergleich verdanke ich Rocco Buttiglione; Interview vom 21. Januar 1997.
152 Interview des Autors mit Kardinal Agostino Casaroli, 14.2.1997.
153 Ebd.
154 Diesen Hinweis verdanke ich Jacek Woźniakowski, der ihn mir bei unserem Interview vom 11. April 1997 gab. Woźniakowski, ein angesehener Intellektueller, der häufig der entgegengesetzten Meinung war wie Wyszyński, war dennoch darin mit dem Primas einig, daß sich zu viele polnische Intellektuelle während der kommunistischen Übernahme der Universitäten Ende der 40er Jahre durch ihre Duldung der Aufzwingung der Ideologie des Regimes und der nachfolgenden Korruption des Universitätslebens „schrecklich verhalten" hätten.
155 Kardinal Franciszek Macharski, Wojtyłas Nachfolger als Erzbischof von Krakau, bemerkte einmal, sein alter Freund und Vorgänger, ein bemerkenswert fotogener Mann, sei erst nach seiner Wahl zum Papst so geworden, als er sich bei großen öffentlichen Ereignissen nicht mehr bewußt im Hintergrund hielt. Die Beobachtung des Kardinals wurde durch eine Untersuchung der Fotos in der Franciszkańska-Straße 3 bestätigt, wo Wojtyła auf Bildern, auf denen auch der Primas zu sehen ist, tatsächlich sehr unfotogen aussieht.
156 Interview des Autors mit Kardinal Agostino Casaroli, 14.2.1997.
157 Ebd.
158 Vgl. Blazynski, *Der Papst aus Polen*, 113.
159 Diese Einschätzung wurde von Kardinal Casaroli geteilt, als ich sie ihm gegenüber in unserem Interview vom 14. Februar 1997 äußerte. Wojtyłas Freund, Dr. Stanisław Rybicki, der Mitte der 70er Jahre bei der öffentlichen Wasserversorgung arbeitete, erinnert sich daran, daß ein Dozent für politische Erziehung einmal zu ihm sagte: „Wir müssen zwar gegen Wyszyński kämpfen, aber wir haben keine Angst vor ihm. Wir haben jedoch Angst vor Wojtyła; wer wird schon mit ihm fertig?" Rybickis Frau Danuta hatte 1976 ein ähnliches Erlebnis: Ein Dozent vom Warschauer Institut für Marxismus-Leninismus kam in die Schule in Krakau, in der Frau Rybicka unterrichtete, um über den „Kampf gegen die Kirche und die Religion" zu sprechen. Er machte ein erstaunliches Geständnis, an das sie sich noch mehr als zwei Jahrzehnte später erinnerte: „Manchmal müssen wir zugeben, daß wir in Sechsjahresplänen denken und die Kirche in Jahrtausenden, (...) aber [in diesem Fall] möchten wir, daß Wyszyński möglichst lange lebt, weil wir nicht wissen, wie wir mit Wojtyła fertig werden sollen." [Interview des Autors mit Stanisław und Danuta Rybicki, 5.6.1997.]

160 Michniks Buch von 1977, *Die Kirche und die polnische Linke. Von der Konfrontation zum Dialog* (München 1980), das zuerst nur in Paris erscheinen konnte, war ein Bruch mit der Tradition des linkslastigen intellektuellen Antiklerikalismus in Polen.
161 Interview des Autors mit Kardinal Agostino Casaroli, 14.2.1997.
162 Während der Fronleichnamsprozession von 1978 z. B. richtete Wojtyła im Beisein des Vatikanunterhändlers Luigi Poggi seine schärfste Entgegnung an das Regime wegen der Frage der öffentlichen Präsenz der Kirche in der Gesellschaft. Vgl. Boniecki, *Kalendarium*, „1978".
163 Interview des Autors mit Kardinal Agostino Casaroli, 14.2.1997.
164 Gespräch des Autors mit Papst Johannes Paul II., 11.12.1996; Interview des Autors mit Bischof Stanisław Ryłko, 18.1.1997.
165 Für den Ausdruck „verwirrende Unwirklichkeit" vgl. Davies, *Volume II*, 625; der Ausdruck „praktischer Materialismus" wurde von Halina Bortnowska in ihrem Interview mit dem Autor am 7. April 1997 benutzt.
166 Zitiert in Oram, *The People's Pope*, 113.
167 Interviews des Autors mit Halina Bortnowska, 7.4.1997; mit Pater Stanisław Małysiak, 18.4.1997, und mit Bischof Stanisław Smoleński, 9.4.1997.
168 Interview des Autors mit Bischof Stanisław Ryłko, 12.12.1996.
169 Interview des Autors mit Pater Józef Tischner, 23.4.1997.

Kapitel 7
Ein Papst aus einem fernen Land: Die Wahl Johannes Pauls II.

1 Interview des Autors mit Stefan und Maria Swieżawski, 7.4.1997. „The Personal Structure of Self-Determination" [Die personale Struktur der Selbstbestimmung], der Vortrag, den Wojtyła auf dem Internationalen Thomistischen Kongreß hielt, steht in seinem Buch *Person and Community*, 187-195.
2 Das „Heilige Offizium", beauftragt mit der Wahrung der Reinheit der Lehre, hatte lange Zeit unter den Abteilungen der römischen Kurie an oberster Stelle gestanden. Im revidierten Organigramm Pauls VI. war es nun ebenfalls dem Staatssekretariat untergeordnet. Paul VI. war natürlich ein Produkt des Staatssekretariats (in dem er 30 Jahre lang gearbeitet hatte), und seine Reform der Kurie rationalisierte deren Funktionen gemäß einem moderneren Managementstil. Es war aber durchaus interessant, daß die Kurie jetzt von einer Betriebsbürokratie statt einer theologischen Behörde geleitet wurde.
Die Revision des Heiligen Offiziums erstreckte sich über die Namensgebung hinaus auch auf die Frage der Funktion. Wie Paul VI. es in seinem Dokument über die Kurienreform ausdrückte: „Da Nächstenliebe Furcht vertreibt, scheint es jetzt angebrachter, den Glauben durch ein Amt zur Förderung der Lehre zu bewahren. Obwohl dieses weiterhin Irrtümer korrigieren und jene im Irrtum sanft zu einwandfreier moralischer Haltung rufen wird, soll der Schwerpunkt nun auf der Predigt des Evangeliums liegen."
3 Zur Ansicht Pauls VI. von Lefebvre als seinem schwersten Kreuz vgl. Hebblethwaite, *Paul VI*, 670-674; der Bericht beruht auf den Gesprächen des Papstes mit Jean Guitton.
4 Boniecki, *Kalendarium*, „1964".
5 Vgl. den Kommentar von Kardinal John Wright in National Catholic News Service, *Nights of Sorrow, Days of Joy* (Washington 1978), 36.
6 Interview des Autors mit Kardinal Franz König, 11.12.1997.
Die Ansicht, Paul VI. sei der „erste moderne Papst" gewesen, trifft hinsichtlich Montinis Intellektualität sicher nicht zu. Er war zwar der erste Papst, der sich ernsthaft mit moderner Philosophie und Theologie beschäftigte. Doch sein Intellekt war ausgesprochen klassisch orientiert, wie seine ständigen Verweise auf Augustinus zeigen. [Vgl. Hebblethwaite, *Paul VI*, 697.]
7 Interview des Autors mit Kardinal Agostino Casaroli, 14.2.1997.
8 Interview des Autors mit Kardinal William Baum, 5.11.1996.
Als einer seiner Sekretäre, Pater John Magee, zum alternden Papst, der sich über die Einsamkeit beklagte, weil praktisch all seine Freunde vor ihm gestorben seien, sagte, er könne sich auf eine Vereinigung mit ihnen im Himmel freuen, wurde Paul VI. plötzlich ernst und sagte: *„Caro,*

wir dürfen nie das Erbarmen Gottes ausnutzen, wir müssen dafür beten. Es ist nicht sicher, daß ich ins Paradies eingehen werde. Ich muß Gott um Vergebung und Erbarmen bitten. Herr, gedenke meiner, wenn du in dein Reich kommst." [Hebblethwaite, in *Paul VI*, 695; der Vorfall ist einem Bericht Magees entnommen.]

9 Henri de Lubac dachte an Paul VI., als er das Grab Hadrians VI. besuchte, des Holländers, der der letzte nichtitalienische Papst vor Karol Wojtyła war; die Inschrift auf dem Grab lautet in der Übersetzung des französischen Jesuiten: „Ach, was für einen Unterschied es doch macht, wenn ein Mann von großer Tugend zur falschen Zeit lebt!" [Vgl. de Lubac, *At the Service of the Church*, 159.]

10 Vgl. „The Crisis of Pope Paul VI", *Catholic World Report*, Juli 1998, 58-60. In diesem Interview äußert Pater Walter Abbott SJ, der unter Paul VI. in der Kurie arbeitete, daß der Papst 1973 wegen der Meinungsverschiedenheiten in der Kirche einem emotionalen Zusammenbruch nahe war.

11 Vgl. Hans Urs von Balthasar, *Nochmals – Reinhold Schneider* (Freiburg 1991), 260. (Der Ausdruck bezieht sich hier auf Papst Gregor den Großen, der *nicht* von der Geschichte aufgezehrt wurde. Anm. d. Übers.)

12 Interview des Autors mit Kardinal Franz König, 11.12.1997. In der Nacht vor seiner Wahl 1963 hatte Montini gegenüber König geäußert, er würde die Wahl nicht annehmen, weil er in „völliger Dunkelheit" sei und nicht wisse, was er als Papst machen solle.

13 Vgl. die Gedenkrede von Kardinal Agostino Casaroli für Paul VI. zu dessen 100. Geburtstag, *L'Osservatore Romano*, 24./25.11.1997, 6, 8, sowie „Predigt von Kardinalstaatssekretär Angelo Sodano zum hundersten Jahrestag der Geburt Pauls VI.", *OR* dt., 28.11.1997, 8f.

14 Vgl. die Gedenkrede von Kardinal Agostino Casaroli für Paul VI. zu dessen 100. Geburtstag, *L'Osservatore Romano*, 24./25.11.1997, 6, 8.

15 Diese Fähigkeit, sich mit Überzeugung und Leidenschaft mit der Moderne zu befassen, wurde am 18. März 1977 sehr deutlich, als Wojtyła in Mailand einen philosophischen Vortrag über „Das Problem der Bildung der Kultur durch die menschliche Praxis" hielt. Der Begriff „Praxis" stand natürlich im Mittelpunkt der marxistischen Theorie; und Wojtyła verstand das Handeln des Menschen ebenfalls als den „direktesten Weg zum Verständnis des *humanum* in seiner größten Vollkommenheit, Fülle und Authentizität". Aber jede Theorie des menschlichen Handelns, die „die Änderung der Welt für den einzigen Zweck" menschlicher Bemühungen hielt, war gefährlich, weil sie den Menschen zu „einem Epiphänomen, einem Produkt" reduzierte. Der Marxismus machte daher genau das mit dem Menschen, was Marx dem Kapitalismus vorwarf: die Person zu einer Ware zu reduzieren. Die Antwort darauf, meinte Wojtyła, bestehe darin, die im menschlichen Handeln implizierte Transzendenz wiederzugewinnen, so daß durch die Kulturen, die unser Handeln erschafft, die Menschen „menschlicher werden und nicht bloß mehr Mittel erlangen". Vgl. Wojtyła, *Person and Community*, 263-275.

16 Zitiert in de Lubac, *At the Service of the Church*, 172.

17 Vgl. *Nights of Sorrow, Days of Joy*, 36.

18 Die Einzelheiten sind *Nights of Sorrow, Days of Joy* entnommen.

19 Der Text des Briefes findet sich in Boniecki, *Kalendarium*, „1978". Pater Szostek, der seinen Doktortitel erhielt, erzählte mir, daß Wojtyła als einziger der drei Professoren, an die er seine Dissertation über die Möglichkeit universeller moralischer Normen geschickt hatte, das ganze Werk gelesen hatte. [Interview des Autors mit Andrzej Szostek MIC, 14.4.1997.]

20 Boniecki, *Kalendarium*, „1978".

21 Interviews des Autors mit William Baum, 5.11.1996; Kardinal Joseph Ratzinger, 12.9.1996; Kardinal Francis Arinze, 9.11.1996; Kardinal Franz König, 11.12.1997, und Kardinal Bernardin Gantin, 13.12.1997.

22 Joseph Ratzinger, „Zur Ortsbestimmung von Kirche und Theologie heute". In: Ratzinger, *Theologische Prinzipienlehre. Bausteine zur Fundamentaltheologie* (München 1982), 387.

23 Ebd., 395.

24 Interview des Autors mit Kardinal Joseph Ratzinger, 12.9.1996.

25 Zur „Narrheit des Wahren" vgl. Ratzinger, *Theologische Prinzipienlehre*, 411. Zu Wojtyła und „Wahrheit" als Mittelpunkt des Evangeliums vgl. das Interview des Autors mit Tadeusz Styczeń SDS, 14.4.1997.

26 Interview des Autors mit Kardinal Franz König, 11.12.1997.

27 Die geographische Verteilung der Teilnehmer am Konklave war folgende: Europa 56 (davon 27 Italiener), Lateinamerika 19, Asien und Ozeanien 13, Afrika 12, Nordamerika 11. Die jüngsten

ANMERKUNGEN ZU KAPITEL 7 — 965

Wähler waren der Erzbischof von Manila Kardinal Jaime Sin, der am 31. Oktober 51 werden würde; Kardinal Antonio Ribeiro von Lissabon, der im Mai 50 geworden war, sowie die Kardinäle Joseph Ratzinger von München-Freising und William Baum von Washington, die beide 51 Jahre alt waren. Die ältesten Wähler waren Kardinal František Tomášek von Prag (79) und Kardinal Joseph Trin-Nhue-Khuê von Hanoi (78). Drei Kardinäle konnten wegen Krankheit nicht am Konklave teilnehmen: Bolesław Filipiak aus Polen, Valerian Gracias aus Indien und John Wright aus den USA.

28 Interview des Autors mit Bischof Stanisław Ryłko, 21.2.1997.
29 Kardinal Luciani war dank eines Besuchs in Brasilien (1976) in Lateinamerika besser bekannt als in Nordamerika oder sogar in Teilen Westeuropas. Sein Gastgeber in Brasilien, Kardinal Aloisio Lorscheider OFM, könnte eine bedeutende Rolle dabei gespielt haben, Stimmen aus Lateinamerika für die Kandidatur Lucianis zu gewinnen. Ein Beobachter spekuliert auch, daß Kardinal Confalonieri trotz seiner Abwesenheit vom Konklave während des Interregnums als Vorsitzender der täglichen Versammlungen des Kardinalskollegiums Einfluß auf die Unterstützung für Luciani ausgeübt haben könnte. [Vgl. Hebblethwaite, *The Year of Three Popes* (Cleveland 1979).]
30 „Ich verkünde euch eine große Freude: Wir haben einen Papst – den angesehensten und ehrwürdigsten Herrn Albino Luciani, Kardinal der heiligen römischen Kirche, der den Namen Johannes Paul I. angenommen hat."
31 Albino Luciani, *Ihr ergebener Albino Luciani. Briefe an Persönlichkeiten* (München, 7. Aufl. 1991).
32 Vgl. *Nights of Sorrow, Days of Joy*, 83; zitiert ebd., 87.
33 Zitiert ebd., 92, 95.
34 Für Einzelheiten der Krankheit Johannes Pauls I. und eine überzeugende Widerlegung der Behauptung, er sei von Verschwörern ermordet worden (die angeblich Freimaurer, die Mafia, der KGB, die CIA, seine Vatikankollegen oder Kombinationen davon waren), vgl. John Cornwell, *Wie ein Dieb in der Nacht. Der Tod von Johannes Paul I.* (München, 2. Aufl. 1991).
35 In einem Interview im italienischen Fernsehsender RAI vom 27. September 1998 bestätigte Bischof John Magee, der 1978 einer der Sekretäre Johannes Pauls I. war, daß eine Schwester des Haushalts den Papst tot auffand. Kardinal Jean Villot, der es für unziemlich hielt, daß ein toter Papst von einer Nonne gefunden wird, erzählte der Presse, Magee sei derjenige gewesen, der entdeckt habe, daß der Papst gestorben sei. Villot war auch die Quelle für die unbegründete Geschichte, der Papst sei während der Lektüre der *Nachfolge Christi*, eines Klassikers katholischer Frömmigkeit, gestorben. Verschwörungstheoretiker haben aus diesen Ungenauigkeiten eine große Geschichte gemacht. Die Wahrheit ist, daß Villot auf eine, gemessen an der üblichen Kurienroutine, beispiellose Krise reagierte. Seine Veränderung der Tatsachen sollte kein lasterhaftes oder illegales Verhalten vertuschen – es gab keines –, sondern ein Bild schützen, das er und viele andere Kurienbeamte für wesentlich für das päpstliche Amt hielten.
36 Interviews des Autors mit Gabriel und Bożena Turowski, 10.6.1997, sowie mit Stanisław und Danuta Rybicki, 19.4. und 5.6.1997.
37 Boniecki, *Kalendarium*, „1978".
38 Ebd.; Interview des Autors mit Pater Stanisław Małysiak, 18.4.1997.
39 Interview des Autors mit Jerzy Janik, 17.7.1996.
40 Zu Graham in Krakau vgl. Martin, William, *A Prophet with Honor* (New York 1991), 490. Zu Wojtyła in Warschau auf dem Weg nach Rom vgl. das Interview des Autors mit Schwester Zofia Zdybicka, 14.4.1997.
41 Luigi Accattoli irrt sich, wenn er behauptet, Johannes Paul II. schreibe weiterhin Gedichte. 1995 danach gefragt, ob er gelegentlich noch Gedichte schreibe, sagte der Papst zu seinem Pressesprecher Joaquín Navarro-Valls: „Nein, das ist ein abgeschlossenes Kapitel in meinem Leben." In mehreren Gesprächen mit dem Autor bestätigte Johannes Paul II., daß „Stanisław" sein letztes Gedicht war. [Vgl. Luigi Accattoli, *Johannes Paul II. Die Biografie* (Graz 2000), 162.]
42 Gespräch des Autors mit Johannes Paul II., 20.3.1997.
43 „Stanisław". In: Wojtyła, *Poezje i dramaty*, 103-106.
Johannes Paul II. widmete dieses Gedicht seinem Nachfolger, Kardinal Franciszek Macharski, als er ihn am 29. Dezember 1978 zum Erzbischof von Krakau ernannte, und gab ihm das Autograph. [Gespräch des Autors mit Johannes Paul II., 23.10.1998.]
44 Interview des Autors mit Bischof Stanisław Ryłko, 20.3.1997.
45 Das erste Konklave von 1978 dagegen wurde am letztmöglichen Termin eröffnet.
46 Interviews des Autors mit Marek Skwarnicki, 19.4. und 4.6.1997.
47 Boniecki, *Kalendarium*, „1978".

⁴⁸ Interview des Autors mit Marek Skwarnicki, 19.4.1997.
⁴⁹ Johannes Paul II., *Geschenk und Geheimnis* (Graz 1997), 64.
⁵⁰ Interview des Autors mit Kardinal Joseph Ratzinger, 12.9.1996.
⁵¹ Interview des Autors mit Kardinal William Baum, 5.11.1996.
⁵² Interview des Autors mit Kardinal Joseph Ratzinger, 12.9.1996.
⁵³ Interview des Autors mit Kardinal Franz König, 11.12.1997.
⁵⁴ Interview des Autors mit Kardinal Agostino Casaroli, 14.2.1997.
⁵⁵ Interview des Autors mit Kardinal Franz König, 11.12.1997.
⁵⁶ Interview des Autors mit Pater Stanisław Małysiak, 18.4.1997. Laut Pater Małysiak erwähnte Johannes Paul II. diesen Kommentar gegenüber einer Gruppe Polen, mit denen er kurz nach dem zweiten Konklave zu Mittag aß.
In seiner Predigt bei einer Messe zum Abschluß der Restaurierung von Michelangelos Fresken in der Sixtinischen Kapelle am 8. April 1994 erinnerte sich der Papst daran, daß Kardinal Wyszyński in dieser Kapelle während des zweiten Konklaves zu ihm gesagt habe: „Wenn sie dich wählen, lehne bitte nicht ab." [Vgl. *OR* dt., 29.4.1994, 14f.] Die beiden Versionen sind natürlich nicht inkompatibel; der Primas könnte beides gesagt haben.
⁵⁷ Zitiert in Hebblethwaite, *The Year of Three Popes*, 156.
⁵⁸ Jerzy Turowicz, „Habemus Papam". In: Bolesław Wierzbianski, *The Shepherd for All People* (New York 1993). Das Zitat stammt aus dem ersten Bericht von Jerzy Turowicz für *Tygodnik Powszechny* über das Konklave.
⁵⁹ Interview des Autors mit Kardinal Franz König, 11.12.1997.
⁶⁰ Villots Predigt „für die Wahl des Papstes" wurde am 14. Oktober 1978 gehalten, kurz bevor die Kardinäle im Konklave eingeschlossen wurden. [Vgl. *OR* engl., 19.10.1978, 1, sowie *OR* dt., 20.10.1978, 5.]
⁶¹ Johannes Paul II. erinnerte sich in der Predigt bei der Messe zur Feier seines 20jährigen Pontifikats an die Worte, mit denen er die Wahl akzeptierte. Vgl. *OR* dt., 23.10.1998, 1.
⁶² Vgl. Tad Szulc, *Papst Johannes Paul II. Die Biografie* (Stuttgart 1996), 238.
⁶³ Der Originaltext steht in *Insegnamenti di Giovanni Paolo II, 1978.* Hier wurde zitiert nach *OR* dt., 20.10.1978, 4. Die Einzelheiten der Verkündung der Wahl Wojtyłas sind den Interviews des Autors mit Kardinal Franz König, 11.12.1997; Schwester Emilia Ehrlich, 21.2.1997; Msgr. Edward Buelt, 14.1.1997; und Jerzy Turowicz, 19.7.1996, entnommen. Vgl. auch Turowicz, „Habemus Papam", 3f.
⁶⁴ Interview des Autors mit Pater Stanisław Małysiak, 18.4.1997.
⁶⁵ Interview des Autors mit Stanisław und Danuta Rybicki, 5.6.1997.
⁶⁶ Interview des Autors mit Teresa Życzkowska, 19.4.1997.
⁶⁷ Interview des Autors mit Jerzy Gałkowski, 14.4.1997. Fünf Tage nach der Wahl äußerte die „liberale" kommunistische Zeitschrift *Polityka* die Meinung, der neue Papst komme aus einem Land, „das ein sozialistisches System (...) auf der Grundlage der Zusammenarbeit zwischen Katholiken und Marxisten aufbaut", und sah die Wahl als „besonderes Beispiel für eine schöpferische und fruchtbare Koexistenz zwischen Nichtgläubigen und Katholiken" an. [Zitiert in Karolak, *John Paul II*, 146.]
⁶⁸ Interview des Autors mit Maria Swieżawska, 7.4.1997.
⁶⁹ Vgl. Oram, *The People's Pope*, 182.
⁷⁰ Karolak, *John Paul II*, 133f.
⁷¹ Interview des Autors mit Pater Kazimierz Suder, 14.7.1997. Der Eintrag Pater Zachers lautet: „Am 16.10.1978 zum Pontifex Maximus gewählt und nahm den Namen Johannes Paul II. an."
⁷² Interview des Autors mit Kardinal Miloslav Vlk, 5.12.1997.
⁷³ Interview des Autors mit Kardinal Francis Arinze, 9.11.1996.
⁷⁴ André Frossard und Johannes Paul II., *„Fürchtet euch nicht!"* (München 1982), 6f.

Kapitel 8
„Fürchtet euch nicht!": Ein Papst für die Welt

¹ Die Einzelheiten der Inthronisation sind *Nights of Sorrow, Days of Joy* entnommen. Das Original der Antrittspredigt steht in *Insegnamenti di Giovanni Paolo II, 1978.* Hier wurde zitiert nach *OR*

dt., 27.10.1978, 1-3. „Öffnet die Tore für Christus" ist eine weitere Erinnerung an den hl. Louis de Montfort, Karol Wojtyłas Mentor in Marienfrömmigkeit, dessen Werk er zuerst während des Zweiten Weltkriegs bei der Nachtschicht im Chemiewerk von Solvay las; vgl. Benedetta Parasogli, *Montfort: A Prophet for Our Time* (Rom 1991).

[2] Diese Analyse stammt von Hans Urs von Balthasar; vgl. „Rom – Der Dienst: Das Amt". In: *Nochmals – Reinhold Schneider*, 218-234; die Zitate wurden diesem Text entnommen.

[3] Zitiert in Patrick Granfield, *The Limitations of the Papacy: Authority and Autonomy in the Church* (New York 1987), 62f.

[4] Zur Unterscheidung zwischen „autoritär" und „autoritativ" vgl. Neuhaus, *The Catholic Moment*, 126-130.

[5] Interview des Autors mit Kardinal William Baum, 5.11.1996.

[6] Interview des Autors mit Kardinal Agostino Casaroli, 14.2.1997.

[7] Interview des Autors mit Jerzy Janik, 17.7.1996.

[8] Interview des Autors mit Joaquín Navarro-Valls, 18.12.1997.

[9] Gespräch des Autors mit Johannes Paul II., 20.3.1997.

[10] Zitiert in Hebblethwaite, *The Year of Three Popes*, 195.

[11] Jacques Martin, *Heraldry in the Vatican* (Gerrards Cross, Buckinghamshire, 1987), 258. Johannes Paul II. war damit einverstanden, das blaue Feld auf seinem Wappen aufzuhellen und die Farbe des Kreuzes von Schwarz zu Gold zu ändern.

[12] Zitiert in Andrew M. Greeley, *Der weiße Rauch. Die Hintergründe der Papstwahlen 1978* (Graz 1979), 235.

[13] Am Ende dieser Wanderpressekonferenz wurde dem Papst der ehemalige Mitarbeiter des *Osservatore Romano* Lamberto de Camillis vorgestellt, der aufgrund von Diabetes blind war. De Camillis sagte zum Papst: „Eure Heiligkeit, ich biete Ihnen meine Blindheit an, damit Sie die Bedürfnisse der Menschen sehen können." Darauf umarmte ihn Johannes Paul. [*OR* engl., 2.11.1978, 4, 8.]

[14] Interview des Autors mit Joaquín Navarro-Valls, 18.12.1997.

[15] Jeden Sonntag, wenn der Papst in Rom ist, ist der an den Rollstuhl gefesselte Deskur mittags Tischgast von Johannes Paul, der seinen alten Freund immer an dessen Namenstag am 30. November besucht und mit ihm zu Mittag ißt. [Interview des Autors mit Bischof Stanisław Ryłko, 18.1.1997.]

[16] Johannes Paul II., „In der Nachfolge des Konzils", *OR* dt., 20.10.1978, 2f. Sie ist eine der letzten zur Veröffentlichung bestimmten Reden Johannes Pauls, bei der er in dem traditionellen päpstlichen „wir" spricht. Offenbar erging aus den päpstlichen Gemächern die Anordnung, diese Praxis zu beenden – eine weitere Unabhängigkeitserklärung durch den neuen Papst.

[17] Johannes Paul II., „Die Kirche spricht in allen Sprachen", *OR* dt., 27.10.1978, 4f.

[18] Johannes Paul II., „Bereit zum Dienst für alle Völker", *OR* dt., 27.10.1978, 8; ders., „Nutzen Sie die Informationsfreiheit!", *OR* dt., 27.10.1978, 9.

[19] Das Glückwunschtelegramm von Parteichef Edward Gierek, Staatspräsident Henryk Jabłoński und Premierminister Piotr Jaroszewicz ist ein klassisches Beispiel für den rhetorischen Stil des späten Kommunismus:
Zum ersten Mal seit Jahrhunderten sitzt ein Sohn der polnischen Nation – die ihrem sozialistischen Mutterland in der Einheit und Zusammenarbeit all seiner Bürger Größe und Prosperität bringt – auf dem päpstlichen Thron, (...) [der Sohn] einer Nation, die auf der ganzen Welt für ihre besondere Liebe [zum] Frieden und für ihre wärmste Zuneigung zur Kooperation und Freundschaft aller Völker bekannt ist, (...) einer Nation, die allgemein anerkannte Beiträge zur menschlichen Kultur geleistet hat. (...) Wir drücken unsere Überzeugung aus, daß mit großen Dingen durch die weitere Entwicklung der Beziehung zwischen der Volksrepublik Polen und der apostolischen Hauptstadt gedient werden wird. [Zitiert in Szulc, *Pope John Paul II*, 287. In der deutschen Ausgabe *Papst Johannes Paul II.* wird das Telegramm nicht zitiert, sondern nur dem Inhalt nach wiedergegeben.]

[20] Zitiert in Bernstein/Politi, *Seine Heiligkeit Johannes Paul II. Macht und Menschlichkeit des Papstes* (München 1998), 219.

[21] Zur Verweigerung von Pässen vgl. Christopher Bobinski, „Polish prospects", *The Tablet* 232:7217 (4.11.1978), 1060. Von der Aufforderung zur Schnüffelei erzählte mir ein enger Freund Wojtyłas.

[22] Interview des Autors mit Erzbischof Jan Schotte CICM, 10.5.1991.

[23] Interview des Autors mit Msgr. Andrzej Bardecki, 11.7.1996.

24 Zitiert in Michael Ledeen, *Freedom Betrayed* (Washington, D. C., 1996), 35.
25 Eine Statue dieser bemerkenswerten Szene steht nun im Hof der Katholischen Universität Lublin, wo Wyszyński Bischof war und Wojtyła lehrte. – Johannes Paul II., „Wahrt Christus, seinem Kreuz und der Kirche die Treue!", *OR* dt., 3.11.1978, 1, 5.
26 Ebd. – *OR* dt., 3.11.1978, 6.
27 Boniecki, *Kalendarium*, „Family".
28 Interview des Autors mit Schwester Emilia Ehrlich OSU, 21.2.1997. – Die Aufgabe der Genehmigung von Übersetzungen der Gedichte und Dramen des neuen Papstes wurde schließlich einer Kommission unter der Ägide der Libreria Editrice Vaticana, des Verlags des Heiligen Stuhls, übertragen.
29 Johannes Paul II., „Die Kirche betet, sie will beten", *OR* dt., 3.11.1978, 12.
30 Vgl. „Johannes Paul II. ehrte die Schutzheiligen Italiens", *OR* dt., 10.11.1978, 6f.
31 St. Johannes im Lateran (S. Giovanni in Laterano) ist die Kathedralkirche der Diözese Rom und eine der vier Patriarchalbasiliken. Die anderen sind der Petersdom, Sta. Maria Maggiore und S. Paolo fuori le mura. Der Petersdom gehört sozusagen der gesamten Kirche und dem Papst als ihrem universellen Hirten; die Laterankirche ist die Kathedrale des Papstes in seiner besonderen Eigenschaft als Bischof von Rom. Der Lateranpalast neben der Basilika beherbergt die Büros des Vikariats von Rom, des Verwaltungszentrums der Diözese, das von einem Kardinalvikar geleitet wird, den der Papst als seinen Delegierten ernennt, damit er sich um die Tagesgeschäfte der Diözese kümmert.
32 Johannes Paul II., „Ich bitte euch, mich anzunehmen!", *OR* dt., 17.11.1978, 1, 6f.
33 Johannes Paul II., „Sagt allen, daß ich auf euch zähle!", *OR* dt., 8.12.1978, 6-8.
34 Boniecki, *Kalendarium*, „Theological Studies".
35 In seiner Predigt zitierte der Papst den gesamten Text von Sermon 340 des hl. Augustinus: „Wenn mich auch der Auftrag erschreckt, für euch bestellt zu sein, so tröstet es mich doch, bei euch zu sein. Denn für euch bin ich Bischof, mit euch bin ich Christ. Jener Name bezeichnet das Amt, dieser die Gnade; jener bezeichnet die Gefährdung, dieser das Heil." Der Text der Predigt des Papstes in deutscher Übersetzung steht in *OR* dt., 19.1.1979, 8.
36 Zitiert in Bernstein/Politi, *Seine Heiligkeit*, 222.
37 Interview des Autors mit Kardinal Pio Laghi, 5.11.1996. Kardinal Laghi, damals Erzbischof, war seinerzeit Apostolischer Nuntius in Argentinien. – Argentinien und Chile hatten kurz nach der Wahl Johannes Pauls II. um eine Vermittlung des Heiligen Stuhls gebeten. Meinungsverschiedenheiten über den genauen Wortlaut des offiziellen Briefes, den die beiden Regierungen deshalb an den Heiligen Stuhl senden wollten, führten jedoch zu einer Krise. Mitte Dezember mobilisierten beide Länder ihre Streitkräfte. [Interview des Autors mit Kardinal Angelo Sodano, 13.12.1996; der damalige Erzbischof Sodano war zur Zeit des Falklandkriegs Nuntius in Chile.]
38 Interview des Autors mit Kardinal Angelo Sodano, 13.12.1996.
39 Johannes Paul II., „Und Gott ist Mensch geworden", *OR* dt., 5.1.1979, 1, 7.
40 „An Unscheduled ‚Angelus' with the Pope", *OR* engl., 1.1.1979, 12. – Der Angelus ist ein Gebet, das aus drei Bibeltexten über die Menschwerdung Christi, drei „Gegrüßet seist du, Maria" und einem Schlußgebet besteht. Nach altem Brauch betet der Papst ihn von einem Fenster seiner Gemächer aus, das auf den Petersplatz hinausgeht, am Sonntagmittag mit Pilgern.
41 Die Predigt des Papstes bei der Trauung steht in *OR* dt., 2.3.1979, 5.
42 Johannes Paul II., „Dem Frieden verpflichtet", *OR* dt., 13.4.1979, 8.
43 „Rosenkranzgebet mit dem Papst", *OR* dt., 9.3.1979, 3.
44 Interview des Autors mit Kardinal Franciszek Macharski, 10.4.1997.
45 Zur „Geographie" des Gebetes vgl. Johannes Paul II., *Die Schwelle der Hoffnung überschreiten* (Hamburg 1994), 51.
46 Interview des Autors mit Erzbischof Emery Kabongo, 20.9.1998. Erzbischof Kabongo war vor seiner Bischofsweihe von Februar 1982 bis Januar 1988 Sekretär des Papstes.
47 Interview des Autors mit Bischof Stanisław Ryłko, 25.11.1997.
48 Interview des Autors mit Erzbischof Emery Kabongo, 20.9.1998.
49 Interview des Autors mit Erzbischof Jean-Louis Tauran, 14.3.1997.
50 Die Information über die Kurzfassung der Nachrichten stammt von Msgr. James Harvey, damals Assessor im Staatssekretariat und später Präfekt des päpstlichen Haushalts. Von der Bemerkung über „Campo dei Fiori" erzählte mir Joaquín Navarro-Valls in einem Interview am 18. Dezember 1997.
51 Interview des Autors mit Joaquín Navarro-Valls, 18.12.1997.

52 Interview des Autors mit Jerzy Janik, 17.7.1996.
Johannes Paul II. machte in Castel Gandolfo noch etwas, das seinen persönlichen Stempel trägt. In der Kapelle der päpstlichen Villa hatte Pius XI. (der vorher apostolischer Visitator und Nuntius in Warschau gewesen war) die Seitenwände mit Malereien versehen lassen. Auf der einen Wand wurden Prior Kordecki und die Verteidigung von Tschenstochau gegen die Schweden 1655 dargestellt, auf der anderen der Kampf um Warschau von 1920, das „Wunder an der Weichsel". Dieses Bild zeigt einen anderen heroischen Priester, Pater Ignacy Jan Skorupka, und Karten der Truppenbewegungen bei Piłsudskis heroischem Sieg. Die Wände waren während des Pontifikats von Paul VI. zugehängt gewesen. Johannes Paul II. ließ die Abdeckungen von den Malereien entfernen, „die in gewissem Sinn den Weg für einen polnischen Papst vorbereitet hatten". [Memorandum von Bischof Stanisław Ryłko an den Autor, 15.9.1998.]
53 Pinckaers, *The Sources of Christian Ethics*, 258.
54 Gespräch des Autors mit Papst Johannes Paul II., 16.1.1997.
55 „Official Soviet Reaction to the New Pope", RL 251/78 (Untersuchung von Radio Liberty).
56 Interview des Autors mit Jerzy Turowicz, 19.7.1996.
57 Zu Andropow und Solschenizyn vgl. David Remnick, *Resurrection: The Struggle for a New Russia* (New York 1997).
58 Zu den vorherigen Absätzen vgl. Felix Corley, „Soviet Reaction to the Election of Pope John Paul II", *Religion, State and Society* 22:1 (1994), 41. Andropows offensichtliche Annahme, daß etwas hätte unternommen werden können, um Wojtyłas Wahl zu verhindern, deutet darauf hin, daß die Sorge Pauls VI. um die Sicherheit des Konklaves, die manche damals als übertrieben abtaten, nicht ganz grundlos gewesen sein könnte. Zu diesem Punkt vgl. auch Vladimir Bukovsky, *Jugement à Moscou: Un dissident dans les archives du Kremlin* (Paris 1995), 213f.
59 Für eine detaillierte Untersuchung dieser Verfolgung, wohl die schärfste im 20. Jahrhundert, vgl. Bohdan R. Bociurkiw, *The Ukrainian Greek Catholic Church and the Soviet State (1939-1950)* (Edmonton 1996).
60 Szulc, *Papst Johannes Paul II.*, 241. Vilnius (Wilna) in Litauen (polnisch „Wilno") war der Geburtsort von Józef Piłsudski; Adam Mickiewicz und Czesław Miłosz haben dort die Universität besucht.
61 Zitiert in Corley, „Soviet Reaction to the Election of Pope John Paul II", 46.
62 Vgl. Michael Bourdeaux, *The Gospel's Triumph over Communism* (Minneapolis 1991), 134-148. Kopien der „Chronik der katholischen Kirche in Litauen", eines detaillierten Berichts über Verfolgung und Widerstand, wurden heimlich in einem einfachen Umschlag nach Brooklyn, New York, gebracht, wo sie von der Lithuanian Catholic Religious Aid, einer Freiwilligenorganisation, übersetzt und verteilt wurden.
63 Interview des Autors mit Erzbischof Norberto Rivera Carrera, 21.11.1997.
64 „Mexican Priests, Nuns, Defy Ban on Wearing Church Garb in Public", *Seattle Times*, 28.1.1979.
65 Interview des Autors mit Marcial Maciel LC, 19.2.1998.
66 Ein Überblick über die Gemeinsamkeiten der verschiedenen Befreiungstheologien zur Zeit der CELAM-Rede Johannes Pauls II. aus der Sicht eines Sympathisanten mit der Idee der Befreiungstheologie ist in Phillip Berryman, „Latin American Liberation Theologies", *Theological Studies* 34:3 (September 1973), zu finden.
67 Gustavo Gutiérrez, zitiert in Richard John Neuhaus, „Liberation Theology and the Captivities of Jesus", *Worldview*, Juni 1973, 48.
68 Ebd.
69 Johannes Paul II., „Eine ‚Stunde der Gnade' für Lateinamerika", *OR* dt., 2.2.1979, 1, 8-11.
70 Ebd., 8.
71 Ebd.
72 Ebd., 9.
73 Die Analyse des „anthropologischen Irrtums" im Marxismus in Johannes Pauls Puebla-Rede ähnelt derjenigen seines Kollegen beim Entwurf von *Gaudium et spes* Henri de Lubac; vgl. Henri de Lubac, *Die Tragödie des Humanismus ohne Gott* (Salzburg 1950); die erste französische Ausgabe dieses Werks wurde 1944 veröffentlicht.
74 Johannes Paul II., „Eine ‚Stunde der Gnade' für Lateinamerika", *OR* dt., 2.2.1979, 9.
75 Ebd., 10.
76 Johannes Paul II., „Es ist nicht gerecht und nicht menschlich!", *OR* dt., 16.2.1979, 7.
77 Daher irrten sich die Redakteure der *New York Times*, als sie die „enttäuschende Rede" des Papstes in Puebla kritisierten, weil er den lateinamerikanischen Bischöfen gesagt habe, „sie müßten sich auf die Kanzel und den Altar beschränken", ebenso wie die Redakteure des *Manchester*

Guardian, die Johannes Paul beschuldigten, er fördere „das alte Argument, die Kirche müsse weltliche Diskussionen vermeiden und sich auf die Seele des Menschen konzentrieren". [*New York Times*, 30.1.1979; *Manchester Guardian Weekly*, 4.2.1979.] – Diese Verwirrung bestand jahrzehntelang. 1997 z. B. schrieb Jonathan Luxmoore von einem Papst, der in Lateinamerika „anscheinend zu Resignation statt zu Widerstand geraten hat". [Jonathan Luxmoore, „Pope John Paul II's Liberation Theology", *The Tablet*, 11.10.1997, 1281.]

78 Es gab eine Ausnahme von der umfassenden Berichterstattung über die mexikanische Pastoralreise des Papstes: Von den sowjetischen Nachrichtensprechern wurde der Besuch praktisch ignoriert, genauso wie Johannes Pauls Kritik der Befreiungstheologie. Daß die sowjetische Presse solch ein bedeutendes internationales Ereignis überging, war gewöhnlich ein Anzeichen dafür, daß dem Kreml etwas mißfallen hatte; peinliche oder ideologisch kompromittierende Nachrichten wurden am besten als keine Nachrichten betrachtet. Daß sowjetische Nachrichtensprecher nicht über die Mexikoreise des Papstes berichteten, bedeutet nicht, daß ihre Herren sie nicht ernst nahmen, sondern wahrscheinlich genau das Gegenteil. [Vgl. Paul Henze, „Postcript 1985". In: *The Plot to Kill the Pope* (New York 1985), 203.]
79 Marek Swarnicki, „Return from Mexico". In: Wierzbianski, *The Shepherd for All People*, 85.
80 Gespräch des Autors mit Papst Johannes Paul II., 16.1.1997.
81 Ebd.; das offizielle Datum der Enzyklika war der 4. März 1979, der erste Fastensonntag des Jahres.
82 Johannes Paul II., *Die Schwelle der Hoffnung überschreiten*, 76f. [Hervorhebung im Original].
83 *Redemptor hominis*, Nr. 1.
84 Ebd., Nr. 9.
85 Ebd., Nr. 10.
86 Ebd., Nr. 9.
87 Ebd., Nr. 12.
88 Ebd., Nr. 15f.
89 Ebd., Nr. 17.
90 Ebd., Nr. 18f.

Kapitel 9
„Wie viele Divisionen hat der Papst?": Gegen ein Reich der Lügen

1 Davies, *Volume I*, 20f.
2 Johannes Paul II., „Christus bleibe uns ein offenes Buch", *OR* dt., 8.6.1979, 1, 5 [Zeilensetzung des Autors].
3 Timothy Garton Ash, *The Polish Revolution: Solidarity* (Sevenoaks 1985), 29.
4 Zu Polen als kommunistischer Staat, nicht kommunistisches Land vgl. ebd. Es war der Schriftsteller Julian Stryjkowski, der die Pilgerreise des Papstes als „zweite Taufe Polens" bezeichnete; vgl. Kubik, *The Power of Symbols Against the Symbols of Power*, 138f.
5 Interview des Autors mit Stefan Swieżawski, 7.4.1997.
6 John Courtney Murray SJ, „The Issue of Church and State at Vatican Council II", *Theological Studies* 27:4 (Dezember 1966).
7 Interview des Autors mit Zbigniew Brzeziński, 7.2.1997.
  Das Verständnis des inhärent kriminellen Charakters kommunistischer Regimes fehlt in einem Standardwerk über die Ostpolitik Pauls VI., Hansjakob Stehles Buch *Die Ostpolitik des Vatikans 1917-1979* (Bergisch-Gladbach 1983). Stehles Buch enthält eine Fülle interessanter Einzelheiten. Durch diese Lücke über die Natur kommunistischer Staaten sind Stehles Urteile jedoch unbrauchbar – wenn das Buch auch einen Blick auf das Denken über die kommunistische Welt ermöglicht, das während des Pontifikats Pauls VI. im Staatssekretariat des Vatikans vorherrschte (wo Stehle hochrangige Informanten hatte).
8 Zitiert in Bogdan Szajkowski, *Next to God ... Poland: Politics and Religion in Contemporary Poland* (New York 1983), 63.
9 Zitate aus Jan Hartmann (Hrsg.), *Kardinal Tomášek: Zeugnisse über einen behutsamen Bischof und einen tapferen Kardinal* (Leipzig 1994) und aus dem Brief Johannes Pauls II. an den Kardinal, „Märtyrer der kirchlichen Freiheit", *OR* dt., 13.7.1979, 5.

Tomášek, aus Mähren gebürtig, war 1949 heimlich zum Bischof geweiht worden; Pius XII. verfolgte die Politik, daß jeder tschechoslowakische Bischof insgeheim einen Nachfolger weihen sollte, für den Fall, daß der Bischof verhaftet würde. Tomášek wurde 1951 verhaftet und verbrachte drei Jahre in einem Arbeitslager; danach durfte er als Pfarrgeistlicher eines Dorfs in Moravska Huzova tätig sein. In dieser Zeit war er der einzige tschechoslowakische Bischof, dem es erlaubt war, am II. Vatikanischen Konzil teilzunehmen, wo er Karol Wojtyła begegnete. Als der Prager Kardinal Josef Beran 1965 zustimmte, als Teil eines Annäherungsversuchs des Vatikans an die tschechoslowakische Regierung ins Exil nach Rom zu gehen, wurde Tomášek zum Apostolischen Administrator für Prag ernannt, wo er 1978 schließlich den Titel „Erzbischof" annehmen durfte. 1976 wurde er von Paul VI. *in pectore*, im geheimen, zum Kardinal ernannt und 1977 öffentlich in sein Amt eingesetzt, als die Behörden ihm erlaubten, nach Rom zu reisen. [Nachruf, *The Independent*, 5.8.1992.]

[10] Interview des Autors mit Pavel Bratinka, 23.10.1991. Für eine detailliertere Analyse der dramatischen Veränderung der Situation in der Tschechoslowakei unter dem Einfluß Johannes Pauls II. vgl. die Studie des Autors *The Final Revolution*, Kap. 6.

[11] Johannes Paul II., „1000 Jahre Christentum in der Ukraine", *OR* dt., 13.7.1979, 4.

[12] Andrej Gromyko, *Erinnerungen* (Düsseldorf 1989), 299-301.

[13] Gespräch des Autors mit Papst Johannes Paul II., 13.12.1997. Während des Gesprächs erzählte ich dem Papst einen alten Witz: Daß man Gromyko nie lächeln sehe, liege daran, daß Stalin ihm gesagt habe, lächeln sei konterrevolutionär, und Gromyko warte immer noch darauf, daß der Befehl, die Stirn zu runzeln, widerrufen würde. Die Reaktion darauf war ein kräftiges Grunzen des Papstes. Die Bemerkung, das Gromyko-Interview sei „mühsam" gewesen, stammt aus Wilton Wynn, *Keepers of the Keys* (New York 1988).

[14] Eigentlich war Casaroli „Pro-Staatssekretär", bis er am 30. Juni zum Kardinal ernannt wurde und den uneingeschränkten Amtstitel annahm. Der Sostituto ist das funktionelle Äquivalent des Stabschefs eines Präsidenten und hat eine Stelle mit weitreichendem Einfluß inne. Für Profile von Silvestrini, Martínez Somalo und Bačkis vgl. *OR* dt., 11.5.1979, 3, 5.

[15] Zur Rolle der Menschenrechtsbestimmungen der Schlußakte beim Zusammenbruch des europäischen Kommunismus vgl. die Studie des Autors *The Final Revolution*, 26-30.

[16] Interviews des Autors mit Zbigniew Brzeziński, 7.2.1997, und Joaquín Navarro-Valls, 20.1.1997.

[17] Interview des Autors mit Joaquín Navarro-Valls, 20.1.1997.

[18] Szajkowski, *Next to God ... Poland*, 61-63.

[19] Die Zitate stammen aus Janusz Rolicki, *Edward Gierek: Przewana dekada* (Warschau 1990), zitiert in Bernstein/Politi, *Seine Heiligkeit*, 225f. Szulc schreibt in *Papst Johannes Paul II.*, 254, daß Gierek sich erinnerte, gesagt zu haben, der Papst solle „würdig" empfangen werden.

[20] Diese Prahlerei täuschte niemanden. Die Untergrundzeitung *Robotnik* schrieb in ihrem Leitartikel der Ausgabe vom 1. April 1979: „Die Behörden der Volksrepublik Polen hatten vor dem Besuch und diesem Datum Angst. Sie hatten vor dem Datum Angst, weil der Kult des hl. Stanislaus, des standhaften Bischofs, der von König Bolesław dem Kühnen ermordet wurde, mit einem gefährlichen Wort gleichgesetzt wird: *Opposition* (...)." [Zitiert in Kubik, *The Power of Symbols Against the Symbols of Power*, 134.]

[21] Ewa Czarnecka, „John Paul II Visit to Poland". In: Wierzbianski (Hrsg.), *The Shepherd for All People*, 10.

[22] Ebd., 10f.

[23] Lateinisch *rutilans agmen*.

[24] Vgl. Johannes Paul II., „Kraft und Stärke für Polens Kirche", *OR* dt., 25.5.1979, 1, 9.

[25] Johannes Paul II., „An den Gräbern der Gefallenen", *OR* dt., 1.6.1979, 6.

[26] Zitiert in Kubik, *The Power of Symbols Against the Symbols of Power*, 134f. – In der Zwischenzeit machte Moskau durch eines seiner zuverlässigsten Sprachrohre, das tschechoslowakische Wochenblatt der kommunistischen Partei, *Tribuna*, seine Ansichten bekannt. Wer war dieser Stanislaus, den der Papst unbedingt ehren wollte? Mit einer Ironie, die von vielen ihrer Leser vielleicht nicht bemerkt wurde, beschrieb *Tribuna* ihn als einen Mann, der während seines ganzen Lebens gefordert habe, die Welt solle „allein vom Papst und der Kirche beherrscht werden, wie dies schon im Mittelalter von Papst Gregor VII. verlangt worden war". [Zitiert in Bernstein/Politi, *Seine Heiligkeit*, 258.]

[27] Vgl. Kubik, *The Power of Symbols Against the Symbols of Power*, 137f.

[28] Zitiert ebd., 138.

[29] Ebd.

30 Garton Ash, *The Polish Revolution: Solidarity*, 28.
31 „Communique of the Polish Episcopate", *OR* engl., 21.5.1979, 2.
32 Johannes Paul II., „'Schlußstein' der polnischen Kirche", *OR* dt., 8.6.1979, 2.
33 Johannes Paul II., „Das Recht, Kirche zu sein", *OR* dt., 8.6.1979, 4.
34 Johannes Paul II., „Nehmt dieses Gebet von mir an!", *OR* dt., 8.6.1979, 5.
35 Johannes Paul II., „Pilgern – lebendiger Katechismus unterwegs", *OR* dt., 15.6.1979, 10.
36 Johannes Paul II., „Die geistige Einheit des christlichen Europa", *OR* dt., 8.6.1979, 6.
37 Ebd.
38 Francis X. Murphy/Michael Greene/Norman Schaifer, *Poland Greets the Pope* (South Hackensack, N. J., 1979), 20.
39 Johannes Paul II., „Das kulturelle Erbe polnischer Vergangenheit", *OR* dt., 15.6.1979, 6.
40 Murphy et al., *Poland Greets the Pope*, 20.
Radek Sikorski befand sich als Jugendlicher unter der Volksmenge in Gnesen:

> Wir standen jubelnd auf dem Platz vor dem erzbischöflichen Palast (...) und warteten darauf, daß der Papst herauskam. Ein Zusammentreffen mit Jugendlichen war vorgesehen; Schülerbands spielten Gitarre und sangen Lieder. Plötzlich traten zwei Männer auf den Balkon: der Papst in Weiß und im Kardinalspurpur Primas Wyszyński. (...) Der Papst hatte ein fröhliches Gesicht, und man konnte merken, daß er sehr gerne zu uns und unserem Gitarrespiel heruntergekommen wäre. Wyszyński war von der alten Schule und sah ernst aus. Er streckte eine Hand in Höhe seines Seidengürtels aus und machte eine Armbewegung zur Seite wie ein römischer Imperator. Der ungebärdige Teenagerhaufen wurde sofort still, wie durch die Berührung mit einem Zauberstab. Ich kann mich nicht daran erinnern, was Wyszyński sagte, aber der Eindruck stählerner Autorität, der von dieser asketischen Gestalt ausging, ist mir bis heute gegenwärtig. [Sikorski, *Full Circle*, 66.]

41 Johannes Paul II., „Reden wie mit der Mutter", *OR* dt., 15.6.1979, 2f.
42 David A. Andelman, „Pope Says Mass, Leads Folk Songs and Draws Cheers at Polish Shrine", *New York Times*, 5.6.1979, 1.
43 Johannes Paul II., „Den Angelus täglich beten", *OR* dt., 15.6.1979, 10.
44 Johannes Paul II., „Stärke deine Brüder! Diene ihrer Einheit!", *OR* dt., 15.6.1979, 1, 4-6.
45 Der Leitartikel der *New York Times* dieses Tages lag völlig falsch, als die Redakteure schrieben: „So sehr der Besuch Papst Johannes Pauls II. in Polen die römisch-katholische Kirche Polens stärken und inspirieren wird, bedroht er doch nicht die politische Ordnung des Landes oder Osteuropas." [„The Polish Pope in Poland", *New York Times*, 5.6.1979.] – Die Rede vor der polnischen Bischofskonferenz ist ebenfalls eine eindeutige Widerlegung der von Bernstein und Politi vorgebrachten Behauptung, Johannes Paul II. habe nach Beschwerden der Regierung über seine Erklärungen in Warschau und Gnesen seine Äußerungen bewußt gemildert. Franciszek Macharski, der der Verbindungsmann zwischen der Regierung und dem päpstlichen Gefolge gewesen sein soll, hat keinerlei Erinnerungen an eine solche Demarche. [Brief von Kardinal Franciszek Macharski an den Autor vom 8.6.1998.] Die Autoren irren sich ebenfalls in ihrem Argument, daß sich nach Warschau und Gnesen seine Reden „von nun an nicht mehr mit politischen, sondern mit religiösen Fragen beschäftigten". Johannes Pauls Verkündigung des Evangeliums und seine Entschlossenheit, die öffentlichen Konsequenzen der Wahrheiten über den Menschen, die im Evangelium enthalten sind, darzustellen, waren während der gesamten Pastoralreise von 1979 gleichbleibend. [Vgl. Bernstein/Politi, *Seine Heiligkeit*, 263.]
46 Hella Pick, „Party for the People but People for the Pope", *Manchester Guardian Weekly*, 17.6.1979.
47 Johannes Paul II., „Herr und nicht Sklave der Arbeit", *OR* dt., 22.6.1979, 4f.
48 Murphy et al., *Poland Greets the Pope*, 31.
49 Johannes Paul II., „In diesem Land bin ich geboren", *OR* dt., 22.6.1979, 6.
50 Bolesław Wierzbianski, „Cracow and Vicinity". In: Wierzbianski (Hrsg.), *The Shepherd for All People*, 35f.
51 Murphy et al., *Poland Greets the Pope*, 33.
52 Neal Ascherson, „The Pope's New Europe", *The Spectator*, 16.6.1979, 7.
53 Murphy et al., *Poland Greets the Pope*, 35.
54 Johannes Paul II., „Die Frucht vieljährigen Pilgerns", *OR* dt., 22.6.1979, 7.
55 Bolesław Wierzbianski, „A Native Son Comes Home". In: Wierzbianski (Hrsg.), *The Shepherd for All People*, 38f.; Johannes Paul II., „Von der Geburt bis zum Abitur", *OR* dt., 22.6.1979, 12.
56 Johannes Paul II., „Glaube und Liebe werden Haß besiegen", *OR* dt., 22.6.1979, 10f.

57 Johannes Paul II., „Menschenrechte christlich fundiert", *OR* dt., 22.6.1979, 6f.
58 Bolesław Wierzbianski, „A Native Son Comes Home", 44.
59 Murphy et al., *Poland Greets the Pope*, 50.
60 Bolesław Wierzbianski, „A Native Son Comes Home", 48-50; Interview des Autors mit Jerzy Janik, 17.7.1996. Professor Janik ist sicher, daß Johannes Paul spürte, daß sich inmitten der ungezügelten jugendlichen Begeisterung ein Aufruhr zusammenbraute, und auf der Stelle beschloß, „etwas anderes zu machen – was tiefer ging".
61 Henryk Mikołaj Górecki erregte 1993 internationale Aufmerksamkeit, als seine Dritte Symphonie, die *Symphonie der Klagelieder* für Sopran und Orchester, an die Spitze der Charts für klassische und Popmusik aufstieg. Ihre polnische Premiere 1976 hatte ihn zu einem nationalen Musikhelden gemacht. 1933 in der Nähe von Kattowitz geboren, wurde Górecki, ein tiefgläubiger Katholik, schließlich Rektor der Musikhochschule dieser schlesischen Stadt. Die Annahme von Wojtyłas Auftrag und die Aufführung des „Beatus Vir" in Krakau führten zu endlosen Schikanen seitens der Behörden. Er wurde offiziell zur Unperson und trat schließlich von seinem Posten als Rektor zurück. [Vgl. Adrian Thomas, *Górecki* (Oxford 1997), xiii, 94-100, und Jane Perlez, „Henryk Górecki", *New York Times Magazine*, 27.2.1994.] Der Bericht über Góreckis Komposition und ihre Aufführung ist dem Interview des Autors vom 13. Juli 1998 mit Piotr und Teresa Malecki entnommen, alten Freunden, bei denen Górecki während des Papstbesuchs in Krakau 1979 wohnte.
62 Johannes Paul II., „Verliert niemals die Freiheit des Geistes", *OR* dt., 22.6.1979, 1-3.
63 Johannes Paul II., „Neue Richtung eingeschlagen", *OR* dt., 29.6.1979, 11.
64 Vgl. Murphy et al., *Poland Greets the Pope*, 59f.; Johannes Paul II., *Pilgrim to Poland*, 277-280.
65 Szajkowski, *Next to God ... Poland*, 72.
66 Garton Ash, *The Polish Revolution: Solidarity*, 28.
67 Adam Michnik, „A Lesson in Dignity". In: Michnik, *Letters from Prison and Other Essays* (Berkeley 1987), 160.
68 Interview des Autors mit Maciej Zięba OP, 10.9.1991. Nach Mitwirkung in der Solidaritätsbewegung Anfang der 80er Jahre gab Zięba die wissenschaftliche Laufbahn auf, trat in den Dominikaner-Orden ein und wurde zum Priester geweiht. Nachdem er zu einem prominenten Kolumnisten in der polnischen weltlichen und katholischen Presse und zu einem Freund und Berater Papst Johannes Pauls II. geworden war, wurde er im Januar 1998 zum Provinzoberen der polnischen Dominikaner gewählt.
69 Interview des Autors mit Pater Józef Tischner, 15.6.1991.
70 Zitiert in Sławomir Majman, „Road to Damascus", *Warsaw Voice*, 9.6.1991, 6.
71 Zitiert in Garton Ash, *The Polish Revolution: Solidarity*, 29.
72 Interview des Autors mit Schwester Emilia Ehrlich OSU, 21.3.1997. Ihr wurde diese Geschichte von einer Nonne erzählt, die die Gespräche der Bergleute mitgehört hatte.
73 Interview des Autors mit Tadeusz Mazowiecki, 7.4.1997.
74 Adam Michnik war ein weiterer Zeuge dieses Phänomens der persönlichen Verbindung inmitten von Massenaudienzen; vgl. „A Lesson in Dignity", 167.
75 Ebd., 160.
76 Ebd.
77 Zitiert ebd., 161.
78 Sikorski, *Full Circle*, 66f.
79 Vgl. Michnik, „A Lesson in Dignity", 161f.
80 Peter Osnos/Michael Getler, „Poland Indicates Irritation About Pope's Comments", *Washington Post*, 7.6.1979.
81 Vgl. Michnik, „A Lesson in Dignity", 162. Andere Warschauer-Pakt-Staaten versuchten zu ignorieren, was geschah, und verhängten praktisch eine Nachrichtensperre in ihren Medien. Doch die Nachrichten und die Botschaft des Papstes gelangten durch westliche Rundfunksender wie BBC, Voice of America, Deutsche Welle und Radio Free Europe zu den Leuten. Während des Papstbesuchs setzte die Sowjetunion die Störung des US-finanzierten Senders Radio Liberty fort. [Vgl. Michael Dobbs, „Pope's Words Pierce East's Blackout", *Washington Post*, 7.6.1979, A34.]
82 Vgl. Michnik, „A Lesson in Dignity", 162f.
83 Ebd., 164.
84 Wie der Papst es Studenten und Lehrkräften der Katholischen Universität Lublin gegenüber ausdrückte, als er am 6. Juni mit ihnen in Tschenstochau zusammentraf: „Jeder Mensch, der

seine Ideologie ehrlich und aus eigener Überzeugung wählt, verdient Respekt." Das wahre Problem sei, daß der Kommunismus durch die Behinderung des Trachtens nach Wahrheit eine Gesellschaft hervorgebracht habe, in der Konformität das gesellschaftliche Leben ersticke. [Zitiert in Szajkowski, *Next to God ... Poland,* 69.]

85 Ascherson, „The Pope's New Europe", 7.
86 Vgl. Garton Ash, *The Polish Revolution: Solidarity,* 30.
87 Tad Szulcs Kommentar, „Rückblickend läßt sich feststellen, daß der Besuch Johannes Pauls II. vom Juni 1979 die allgemeine Stimmungslage in Polen beeinflußte, die Situation aber nicht grundlegend veränderte", ist, um es milde auszudrücken, nicht überzeugend. [Szulc, *Papst Johannes Paul II.,* 264.] Gerade im Rückblick wird der bestimmende Einfluß des Papstes auf die Bildung der Solidaritätsbewegung unmißverständlich deutlich. Szulcs Urteil wird von praktisch niemandem geteilt, der in der Solidaritätsbewegung mitgearbeitet hat. Es mag von Polens kommunistischen Herrschern geteilt worden sein – einer von ihnen, Mieczysław Rakowski, war eine der Hauptinformationsquellen von Szulc.

Andrzej Wajdas Film *Der Mann aus Eisen* über den Danziger Werftstreik, der 1981 in Cannes den Großen Preis des Filmfestivals gewann, fängt mit filmischen Mitteln die Änderungen ein, die der Papst hervorgerufen hatte. Ein alkoholsüchtiger Journalist, der für eine staatlich kontrollierte Zeitung schreibt, wird während des Höhepunkts des Streiks im August 1980 nach Danzig geschickt, um einen der Streikführer, den „Mann aus Eisen", zu verleumden. Aber die alten kommunistischen Taktiken aus Lüge und Gewalt (die Wajda mittels Rückblenden aus Archivmaterial über den mißlungenen Streik von 1970 in das Drama einflicht) funktionieren nicht mehr; nicht nur wegen der Unfähigkeit des Regimes, sondern auch weil der „Mann aus Eisen" seine eigene Würde erkannt hat und nicht mehr eingeschüchtert werden kann.

88 Vgl. Norman Davies, *Im Herzen Europas. Geschichte Polens* (München 2000), 57.
89 Zitiert in Garton Ash, *The Polish Revolution: Solidarity,* 280.
90 Interview des Autors mit Pater Mieczysław Maliński, 15.6.1991.
91 Zitiert in Garton Ash, *The Polish Revolution: Solidarity,* 280.
92 Zitiert in Garton Ash, *Ein Jahrhundert wird abgewählt. Aus den Zentren Europas 1980-1990* (München 1990), 459f.
93 Zitiert in Garton Ash, *The Polish Revolution: Solidarity,* 282.

Kapitel 10
Die Wege der Freiheit: Persönliche und öffentliche Wahrheiten

1 Interview des Autors mit Kardinal Jan Schotte CICM, 14.3.1997.
2 Interview des Autors mit Rocco Buttiglione, 27.2.1997.
3 „Noch ein Gedanke, ein Wort: Geht mit der Kirche zu den Menschen!", *OR* dt., 4.5.1979, 8.
4 „Schreiben Seiner Heiligkeit Johannes Pauls II. zum Gründonnerstag 1979 an alle Bischöfe der Kirche/an alle Priester der Kirche", *OR* dt., 13.4.1979, I-IV.
5 Ebd., IV.
6 Johannes Paul II., „Euer Herz sei ohne Angst!", *OR* dt., 6.7.1979, 9f.
7 Johannes Paul II., „Die Berufung bleibt Geschenk Gottes", *OR* dt., 6.7.1979, 8.
8 Ignatius Gong Pin-Mei, 1985 bedingt entlassen, aber ohne Erlaubnis, öffentlich als Bischof zu fungieren, kam 1988 (im Alter von 87 Jahren) in die USA, um dort seinen Ruhestand zu verbringen. Zwei Monate vor seinem 90. Geburtstag wurde sein Name publik gemacht, und am 28. Juni 1991 wurde er formell als Kardinal eingesetzt.
9 Vgl. „Römische Basisgemeinde beim Papst", *OR* dt., 10.8.1979, 4.
10 Interview des Autors mit Msgr. Vincenzo Paglia, 25.3.1997. Msgr. Paglia ist seit Beginn des Pontifikats von Johannes Paul II. Kaplan der Gemeinschaft Sant'Egidio. Als diese für die kleine Kirche zu groß wurde, wurden die liturgischen Aktivitäten, einschließlich einer allabendlichen Feier der Vesper, in die Basilika von Santa Maria in Trastevere verlegt, wo Msgr. Paglia Rektor ist.
11 Vgl. *OR* engl., 20.8.1979, 3; *OR* engl., 17.9.1979, 5.
12 Interview des Autors mit Jerzy Janik, 17.7.1996. Unter anderem sprachen sie über die Fortsetzung der Seminarreihe mit Physikern und anderen Naturwissenschaftlern, die Janik seit 25 Jah-

ren für Karol Wojtyła organisierte. Diese Seminare wurden in Castel Gandolfo im Sommer 1980, 1982, 1984, 1986, 1988, 1990, 1993, 1995 und 1997 weitergeführt.

[13] Vgl. *Our Sunday Visitor*, 3.6.1979.

[14] Zitiert in Ludwig Kaufmann (Hrsg.), *Johannes Paul II. Papst für das Jahr 2000* (Freiburg 1979), 89.

[15] Interview des Autors mit Kardinal Pio Laghi, 5.11.1996.

[16] Zitiert in de Lubac, *At the Service of the Church*, 172.

[17] Johannes Paul II., *The Theology of the Body* (Boston 1997). (Für deutsche Übersetzungen der 130 Generalaudienz-Ansprachen siehe die entsprechenden Ausgaben des deutschsprachigen *Osservatore Romano*.)

[18] Der erste Zyklus der Ansprachen zur „Theologie des Leibes" erschien in Buchform auf deutsch unter dem Titel *Mann und Frau schuf er. Grundfragen menschlicher Sexualität* (München 1981).

[19] Diese Reihe wurde vom 9. Februar 1983 bis 23. Mai 1984 für ein Jahr unterbrochen, als die Kirche ein besonderes Heiliges Jahr der Erlösung beging und der Papst seine Ansprachen bei den Generalaudienzen diesem Thema widmete.

[20] Gespräch des Autors mit Papst Johannes Paul II., 20.3.1997.

[21] Ebd.

[22] Johannes Paul II., *Mann und Frau schuf er*, 9.

[23] Gespräch des Autors mit Papst Johannes Paul II., 20.3.1997.

[24] Johannes Paul II., *Mann und Frau schuf er*, 34.

[25] Ebd., 39. Zu diesem Punkt vgl. auch Mary Rousseau, „John Paul II's Teaching on Women". In: Ralph McInerny (Hrsg.), *The Catholic Woman* (San Francisco 1991), 12f.

[26] Johannes Paul II., *Blessed Are the Pure of Heart* (Boston 1983), 19.

[27] Ebd., 131.

[28] Ebd., 142-149.

[29] Ebd., 150.

[30] Ebd., 185.

[31] Ebd., 191.

[32] Ebd., 194f.

[33] Ebd., 229.

[34] Ebd., 241-246.

[35] Johannes Paul kritisiert in diesem Zusammenhang die Pornographie. „Privatheit" sei wesentlich, wenn die sexuelle Selbsthingabe echte gegenseitige Selbstschenkung sein solle. Pornographie verletze das „Recht auf Privatheit", das in die moralische Struktur der menschlichen Sexualität eingebaut sei, indem sie das, was höchst persönlich und subjektiv ist, zu einem öffentlichen Eigentum mache, einem „Objekt". (Ebd., 276-289.)

[36] Ebd., 292.

[37] Johannes Paul II., *The Theology of Marriage and Celibacy* (Boston 1986), 17-38.

[38] Ebd., 83-89.

[39] Ebd., 96-111; 171-177.

[40] Ebd., 301-307.

[41] Ebd., 191-197.

[42] Ebd., 215-224.

[43] Ebd., 276-282. Das beantwortet natürlich nicht die Frage, worin eine sakramentale und damit unauflösliche Ehe besteht. Es deutet aber auf den Ernst dessen hin, was auf dem Spiel steht.

[44] Ebd., 363-368.

[45] Johannes Paul II., *Reflections on Humanae Vitae* (Boston 1984), 13-18.

[46] Ebd., 35-40.

[47] Ebd., 41-47.

[48] Ebd., 61-67.

[49] Ebd., 93.

[50] Diese kurze Zusammenfassung wird dem Reichtum von Johannes Pauls Reflexionen oder ihrem ausführlichen Bezug auf antike, mittelalterliche, moderne und zeitgenössische Quellen kaum gerecht. Um nur zwei Beispiele zu geben: Die Anmerkung zur zweiten Ansprache in *Mann und Frau schuf er* (Anm. 3) diskutiert die verschiedenen Positionen, die zu Gottes Selbstdefinition in Exodus 3,14 von Augustinus, Anselm, Thomas von Aquin, Bonaventura und Meister Eckhardt –

letztere in der Interpretation des großen modernen Thomisten Etienne Gilson – eingenommen werden. Die Anmerkung zur dritten Ansprache (Anm. 4) enthält eine ausführliche Diskussion der verschiedenen Ansichten über „Mythen", wie sie von Rudolf Otto, Carl Gustav Jung, Mircea Eliade, Paul Tillich, Heinrich Schlier und Paul Ricoeur vertreten werden, unter besonderer Berücksichtigung von Ricoeurs Analyse des „Adam-Mythos" in der Genesis.

51 Interview des Autors mit Bischof Angelo Scola, 26.2.1997.
52 *Predigten und Ansprachen von Papst Johannes Paul II. bei seiner Pilgerfahrt durch Irland und die USA, 29. Sept. bis 8. Okt. 1979, Verlautbarungen des Apostolischen Stuhls* 13, 4f., 15-21.
53 Ebd., 5-14.
54 Ebd., 38-42; vgl. Leo G. Walsh, „On the Edge of Europe". In: Wierzbianski (Hrsg.), *The Shepherd for All People*, 102.
55 Walsh, „On the Edge of Europe", 110.
56 Zitiert in *Time*, 15.10.1979, 16.
57 Johannes Paul II., „Von der Weltkarte müssen die Zonen von Hunger, Elend und Krankheit verschwinden", *OR* dt., 5.10.1979, 1, 6f., 10.
58 Ebd.
59 Ebd.
60 Ebd.
61 Ebd., 7, 10.
62 Ebd., 7.
63 Ebd., 10.
64 Ebd.
65 Ebd.
66 Ebd.
67 Zitiert in *Time*, 15.10.1979, 24.
68 Johannes Paul II., *The Pope Speaks to the American Church* (San Francisco 1992), 35, 31.Vgl. auch ders., „Seid Herolde der Hoffnung", *OR* dt., 19.10.1979, 6, und *Verlautbarungen des Apostolischen Stuhls* 13, 92-97.
69 *The Pope Speaks to the American Church*, 38f.
70 „In Erinnerung an die Unabhängigkeitserklärung". In: *Verlautbarungen des Apostolischen Stuhls* 13, 98-102.
71 „Die drei Dimensionen des Priestertums". In: Ebd., 115-121.
72 Johannes Paul II., „Die Früchte der Arbeit mit anderen teilen". In: Ebd., 111-115.
73 Zitiert in *Time*, 15.10.1979, 22.
74 Zitiert ebd., 23.
75 „Diener einer Gemeinschaft des Dienstes". In: *Verlautbarungen des Apostolischen Stuhls* 13, 122-33.
76 Vgl. James M. Rentschler, „Hooking Up the Vatican Hot Line", *International Herald Tribune*, 30.10.1998, 9
77 „The Pope in America", *Time*, 15.10.1979, 28.
78 Interview des Autors mit Zbigniew Brzeziński, 7.2.1997.
79 Zur Leadership Conference of Women Religious vgl. Ann Carey, *Sisters in Crisis* (Huntingdon, Ind., 1997).
80 „Unschätzbarer Beitrag zum Leben der Kirche". In: *Verlautbarungen des Apostolischen Stuhls* 13, 156-160.
Ich war bei dem Zusammentreffen des Papstes mit amerikanischen Nonnen in der Basilika anwesend, und mir sind zwei Dinge aufgefallen: erstens, wie Johannes Paul die emotionale Spannung in der Basilika mit seiner Ansprache abbaute (nicht alle Nonnen waren einer Meinung mit Schwester Teresa Kane), und zweitens, daß viele der Nonnen, die während der Rede des Papstes in schweigendem Protest dagestanden hatten, während seines Auszugs aus der Basilika auf den Kniebänken standen, um Fotos von ihm zu machen. Er war ja schließlich der Papst! – Die Behauptung des ehemaligen Redakteurs des *National Catholic Reporter*, Thomas Fox, Johannes Paul hasse Schwester Teresa Kane, der er „nie vergeben habe", ist eine journalistische Spekulation, die auf einem Mißverständnis des Charakters des Papstes beruht. Er, der dem Mann vergab, der ihn zu ermorden versuchte, und der die polnisch-deutsche Versöhnungserklärung von 1965 mitinitiierte, ist nicht nachtragend. [Vgl. Kwitny, *Man of the Century*, 340.]
81 Johannes Paul II., „In Geduld auf die Stunde Gottes warten", *OR* dt., 26.10.1979, 10.
82 „Das menschliche Leben ist heilig". In: *Verlautbarungen des Apostolischen Stuhls* 13, 161-165.
83 „The Pope in America", *Time*, 15.10.1979, 28.

84 Johannes Paul II., „Ihr müßt den Bischof von Rom unterstützen!", *OR* dt., 16.11.1979, 1f., 6f.
85 Johannes Paul II., „Forschung und Wissenschaft müssen frei sein!", *OR* dt., 30.11.1979, 4.
86 Johannes Paul II., „100 Jahre Enzyklika ‚Aeterni Patris'", *OR* dt., 18.1.1980, 5.
87 Ebd.
88 Vgl. Hans Küng, *Konzil und Wiedervereinigung* (Freiburg, 7. Aufl. 1964); vgl. auch Hans Küng, *Rechtfertigung: Die Lehre Karl Barths und eine katholische Besinnung* (Einsiedeln, 4. erw. Aufl. 1964).
89 Für eine Kritik der Lehre Küngs über die Unfehlbarkeit aus dem Kreis der progressiven katholischen Theologie vgl. Peter Chirico, *Infallibility: The Crossroads of Doctrine* (Kansas City 1977).
90 Interview des Autors mit Erzbischof Jorge Mejía, 13.11.1996.
91 Die offizielle Dokumentation des Vatikans zum Fall Küng steht in *OR* dt., 4.1.1980, 4f.; die Stellungnahme des Vorsitzenden der deutschen Bischofskonferenz, Kardinal Josef Höffner, ist ebenfalls dort abgedruckt.
92 Zum 65. Geburtstag von Hans Küng 1993 wurde zu seiner Ehre eine Festschrift mit Aufsätzen veröffentlicht. Die Herausgeber beendeten ihr Vorwort mit einem Aufruf zur „Rehabilitation" Küngs als katholischer Theologe. Vgl. Karl-Josef Kuschel/Hermann Häring (Hrsgg.), *Hans Küng. Neue Horizonte des Glaubens und Denkens. Ein Arbeitsbuch* (München 1993), vor allem das Vorwort „Was dieses Buch will". Der Band enthält auch eine nützliche Dokumentation der Antworten des Theologen auf die Erklärung der Kongregation für die Glaubenslehre.
93 Die Gründung des Ignatius hieß ursprünglich Collegium Romanum. Nachdem sie 1572 von Papst Gregor XIII. mit einem Neubau und großzügigen Stiftungen bedacht worden war, wurde sie in Gregorianische Universität (Gregoriana) umbenannt. „Die Greg", wie sie allgemein genannt wird, war die Alma mater von 16 Päpsten und einer großen Zahl von Kardinälen, Bischöfen und Priestern. Seit dem II. Vatikanischen Konzil haben auch Nonnen und Laien dort akademische Grade erworben. Bis 1979 wurden 19 ihrer Ehemaligen zu Heiligen erklärt, 24 wurden seliggesprochen und viele waren als Märtyrer gestorben. Vor dem II. Vatikanum noch eine Bastion des theologischen Konservatismus (mehrere Lehrkräfte waren unter den prominenten Gegnern der Pläne Johannes XXIII. für das Konzil), ist „die Greg", wie die Gesellschaft Jesu, die sie leitet, in der nachkonziliaren Zeit für theologische Abenteuerlust bekanntgeworden. [Zur heutigen Situation vgl. den Bericht „United Colors of Vatikan" von Markus Grill im Magazin der *Frankfurter Rundschau* vom 30. März 2002, 3. Anm. d. Übers.]
94 Johannes Paul II., „Universität für alle Völker", *OR* dt., 25.1.1980, 6f.
95 Interview des Autors mit Kardinal Edward Cassidy, 7.12.1996. – Der Ökumenische Patriarch von Konstantinopel ist *Primus inter pares* unter den Führern der sich selbst verwaltenden orthodoxen Kirchen. Seine Situation ist politisch und theologisch sehr von der des Papstes verschieden. Die türkische Regierung, die verlangt, daß er ein im Land geborener türkischer Staatsbürger ist, erhebt auch Anspruch auf Mitwirkung bei der Wahl des Patriarchen – in die sie sich manchmal eingemischt hat –, nicht durch ein Veto gegen eine Wahl, sondern indem sie vor der Wahl ihre Unzufriedenheit mit bestimmten potentiellen Kandidaten bekanntmacht. Was die kirchliche Rolle des Patriarchen betrifft, diktieren die Traditionen der Orthodoxie, daß er nur mit Zustimmung seines Synods und zumindest dem stillschweigenden Einverständnis der Leiter der anderen orthodoxen Kirchen handeln kann. Der Handlungsspielraum des Ökumenischen Patriarchen ist daher wegen der besonderen politischen Situation des Patriarchats von Konstantinopel und der Traditionen der Autorität innerhalb der Orthodoxie viel begrenzter als der eines Papstes. – Für einen Überblick über die komplizierte Welt der Orthodoxie vgl. Ronald G. Robertson CSP, *The Eastern Christian Churches: A Brief Survey* (Rom, 6. Aufl. 1999).
96 Johannes Paul II., „Gemeinsamkeiten im Leben der Kirchen", *OR* dt., 7.12.1979, 4.
97 Johannes Paul II., *Turkey: Ecumenical Pilgrimage* (Boston 1980), 27.
98 Johannes Paul II., „Sehnsucht nach voller Einheit", *OR* dt., 7.12.1979, 5.
99 Johannes Paul II., „Auf dem Weg zur vollen Einheit", *OR* dt., 7.12.1979, 1f.
100 Johannes Paul II., *Turkey: Ecumenical Pilgrimage*, 62.
101 Johannes Paul II., „Im Zeichen der Apostolizität und Einheit", *OR* dt., 7.12.1979, 16.
102 Das Dokument wird erwähnt in Szulc, *Papst Johannes Paul II.*, 266.
103 Einzelheiten hierzu ebd., 264-266.
104 Zitiert ebd., 311.

Kapitel 11
Petrus unter uns: Der universelle Hirte als apostolischer Zeuge

1 Jerzy Turowicz, „John Paul II in West Germany". In: Wierzbianski (Hrsg.), *The Shepherd for All People*, 240-259. – Tadeusz Nowakowski, „The Holy Father in Germany". In: Ebd., 260-268.
2 Vgl. *Lumen gentium* [Dogmatische Konstitution über die Kirche], Nr. 18-27.
3 Interviews des Autors mit Kardinal Jan Schotte CICM, 14.3.1997, und Kardinal Jozef Tomko, 14.11.1996.
4 Interview des Autors mit Kardinal Jan Schotte CICM, 14.3.1997.
5 Ebd.
6 Vgl. Bohdan R. Bociurkiw, „The Ukrainian Catholic Church in Gorbachev's USSR", *Problems of Communism* 39, November-Dezember 1990, 6f. Der Brief des Papstes an Kardinal Slipyj wurde in *OR* dt., 13.7.1979, 4 abgedruckt.
7 Wie die Orthodoxie erlaubte das kanonische Recht der ukrainischen Kirche die Ordination verheirateter Männer zu Priestern, aber nicht zu Bischöfen. Es gab Sorgen in der Kurie wegen der Übertragung einer Praxis, die in ihrem Ursprungsland eine lange Tradition hatte, aber im Ausland Schwierigkeiten verursachen könnte, in die Diaspora – und damit in die USA und nach Australien. Die Ukrainer hielten sie für einen wesentlichen Teil ihres Erbes und wiesen Versuche zurück, ihre historische Praxis zu beschränken, nur weil sie ins Exil gezwungen worden waren.
8 Johannes Paul II., „Stärkung des Glaubens in einer Zeit der Krise", *OR* dt., 27.6.1980, 4f.
9 Vgl. *OR* dt., 28.8.1980, 8-10.
10 Vgl. „Ihr seid nicht allein", *OR* dt., 5.12.1980, 1.
11 Vgl. *OR* engl., 1.12.1980, 17.
12 Broun, *Conscience and Captivity*, 133-136.
13 Johannes Paul II., „...zu lehren, was er geboten hat", *OR* dt., 13.6.1980, 12f.
14 Eine Variante davon wird zitiert in Broun, *Conscience and Captivity*, 145.
15 Interview des Autors mit Kardinal Francis Arinze, 9.11.1996.
16 Christopher Sliwinski, „Prologue to the Holy Father's Visit". In: Wierzbianski (Hrsg.), *The Shepherd for All People*, 158.
17 Zitiert in Greeley, *Der weiße Rauch*, 212. [Bei Greeley stammt dieses Zitat jedoch nicht von Erzbischof Malula, sondern dieser legt den Ausspruch Kardinal Lorscheider in den Mund, der das zu Jordan Bonfante gesagt haben soll. Anm. d. Übers.]
18 *Predigten und Ansprachen von Papst Johannes Paul II. bei seiner apostolischen Reise nach Afrika, 2. bis 10. Mai 1980. Verlautbarungen des Apostolischen Stuhls* 18, 8-10. – Christopher Sliwinski, „John Paul II in Africa". In: Wierzbianski (Hrsg.), *The Shepherd for All People*, 166.
19 Sliwinski, „John Paul II in Africa", 168f.; *Verlautbarungen des Apostolischen Stuhls* 18, 18-23.
20 Sliwinski, „John Paul II in Africa", 169-171.
21 Ebd., 171f.
22 Ebd., 173.
23 Ebd., 174. Für den Text der Predigt siehe *Verlautbarungen des Apostolischen Stuhls* 18, 64-69.
24 Sliwinski, „John Paul II in Africa", 174.
25 Ebd., 174-176. Für den Text der Predigt siehe *Verlautbarungen des Apostolischen Stuhls* 18, 80-84.
26 Sliwinski, „John Paul II in Africa", 179. Für den Text der Predigt siehe *Verlautbarungen des Apostolischen Stuhls* 18, 97-101.
27 Sliwinski, „John Paul II in Africa", 182.
28 Zitiert in Michael Walsh, *John Paul II: A Biography* (London 1995), 80. Siehe auch „Begegnung des Papstes mit dem Erzbischof von Canterbury", *OR* dt., 16.5.1980, 9.
29 Christopher Sliwinski, „John Paul II in Africa", 183.
30 Interview des Autors mit Kardinal William Baum, 5.11.1996.
31 Christopher Sliwinski, „John Paul II in Africa", 183.
32 *Predigten und Ansprachen von Papst Johannes Paul II. bei seiner Pilgerfahrt nach Frankreich, 30. Mai bis 2. Juni 1980. Verlautbarungen des Apostolischen Stuhls* 21, 5f.
33 Ebd., 9.
34 Ebd., 68.
35 Ebd., 60. Johannes Paul schloß: „Verzeiht mir diese Frage. Ich habe sie nur gestellt, wie der Priester sie bei der Taufe stellt. Ich habe sie gestellt aus Sorge um die Kirche, deren erster Priester

und Diener ich bin, und aus Liebe zum Menschen, dessen endgültige Größe gegeben ist in Gott, dem Vater, dem Sohn und dem Heiligen Geist."

36 Das UNESCO-Gebäude steht in Paris am „Champ de Mars", dem Marsfeld, und der „Areopag" ist der „Areshügel" des alten Athen. [Anm. d. Übers.]
37 Die Zitate stammen aus: *Verlautbarungen des Apostolischen Stuhls* 21, 95-111.
38 Zitiert in Kwitny, *Man of the Century*, 361-2.
39 Ein „Nuntius" ist der Botschafter des Heiligen Stuhls in einem Land, zu dem volle diplomatische Beziehungen bestehen. Ohne diplomatische Beziehungen (wie es damals bei den USA der Fall war) ist der Repräsentant des Heiligen Stuhls, der mehr bei der Hierarchie des Landes als bei der Regierung akkreditiert ist, ein „apostolischer Gesandter".
40 Interview des Autors mit Kardinal Pio Laghi, 5.11.1996.
41 Bei der Pilgerreise gab es eine regelrechte Memorandenschlacht: Eine Gruppe brasilianischer Industrieller hatte vor dem Papstbesuch ein Memorandum an den Vatikan geschickt, in dem sie dafür plädierte, den Kardinal von São Paulo, Paolo Evaristo Arns, einen Franziskaner, der mit der Befreiungstheologie sympathisierte, von seiner riesigen Erzdiözese zu versetzen, um den Konflikt zwischen der Regierung und den Bischöfen beizulegen. Als der Papst nach São Paulo kam, wartete dort ein weiteres Memorandum auf ihn: eine Petition mit 400 000 Unterschriften, die in den Pfarreien zugunsten von Kardinal Arns gesammelt worden waren.
42 Gespräch des Autors mit Papst Johannes Paul II., 23.10.1998.
43 Johannes Paul II. hinterließ der brasilianischen Bischofskonferenz den Text einer Rede über die „Basisgemeinden", die er aus Zeitgründen nicht halten konnte. Der Tenor der Ansprache war, darauf zu dringen, daß diese neuen Formen örtlicher Kirchengemeinschaft, die sich oft in den *favelas* bildeten, sich immer als *Kirchen*-Gemeinschaften betrachteten, die mit dem sakramentalen System der Kirche und ihrer hierarchischen Führung verbunden waren. Auch das wurde von einigen Leuten als „konservativ" abgetan, obwohl man sich fragen muß, wie das Drängen eines Papstes, lokale Gemeinden sollten mit der Kirche verbunden bleiben und mit der Kirche denken, als Tadel angesehen werden kann. Wenn das Amt des Petrus in der Förderung der Einheit besteht, ist dies sicher das mindeste, was ein Papst tun sollte. [Vgl. Walsh, *John Paul II*, 84f.]

Die Einzelheiten der ersten Pastoralreise nach Brasilien sind entnommen aus Maciej Feldhuzen, „John Paul II in Brazil". In: Wierzbianski (Hrsg.), *The Shepherd for All People*, 212-235. Die Zitate aus den Reden stammen aus *Predigten und Ansprachen von Papst Johannes Paul II. bei seiner apostolischen Reise nach Brasilien, 30. Juni bis 11. Juli 1980. Verlautbarungen des Apostolischen Stuhls* 22.

44 Interviews des Autors mit Erzbischof Paul Cordes, 27.3.1997, Kardinal Joseph Ratzinger, 20.9.1997, und Erzbischof Christoph Schönborn OP, 11.12.1997. Zum deutschen Einfluß auf das II. Vatikanum vgl. Ralph M. Wiltgen SVD, *The Rhine Flows into the Tiber: The Hidden Council* (New York 1967).
45 *Predigten und Ansprachen von Papst Johannes Paul II. bei seinem Pastoralbesuch in Deutschland sowie Begrüßungsworte und Reden, die an den Heiligen Vater gerichtet wurden. 15. bis 19. November 1980. Verlautbarungen des Apostolischen Stuhls* 25, 12-15.
46 Ebd., 16-22.
47 Ebd., 26-34.
48 Ebd., 120-128.
49 Turowicz, „John Paul II in West Germany". In: Wierzbianski (Hrsg.), *The Shepherd for All People*, 259.
50 Die Aufgabe wurde dadurch vergrößert, daß die UdSSR im Dezember 1979 mit einer brutalen Invasion und Besetzung Afghanistans begonnen hatte.
51 Vgl. Kardinal Jan Schotte CICM, „The Synod of Bishops: History, Work, and Recent Synod Experience", eine Präsentation vor dem Seminar für englischsprachige Bischöfe in Missionsländern, Rom, 16.9.-5.10.1996; der Autor erhielt eine Kopie von Kardinal Schotte.
52 Synod of Bishops, *Justice in the World*, „Introduction". – Die katholische Soziallehre lehrt seit langem, daß die soziale Aktion für die Kirche ein Imperativ, keine Option ist. Die Schwierigkeit bei diesem speziellen Synodendokument war zweifach: Es schien zu besagen, daß die „Befreiung von jeder Unterdrückungssituation" durch „Handeln im Auftrag der Gerechtigkeit" erreicht werden könnte, während diese völlige Befreiung der ständigen Lehre der Kirche zufolge nur im Reich Gottes erfolgen wird; die Erklärung schien ferner zu meinen, daß jene, die nicht „handeln im Auftrag der Gerechtigkeit", entweder aus beruflichen Gründen (wie Nonnen ei-

nes kontemplativen Ordens im Kloster) oder weil sie unterdrückt werden (wie die verfolgten Untergrundkirchen), die Wirklichkeit der Kirche nicht voll leben.

53 Interview des Autors mit Kardinal Jozef Tomko, 14.11.1996.

54 Neben den Plenarsitzungen, bei denen die Mitglieder der Synode – die von ihren nationalen Konferenzen gewählten Bischöfe, Kurienbeamte, Leiter religiöser Männerorden sowie Bischöfe und Priester, die vom Papst zu Mitgliedern ernannt werden – vor der gesamten Versammlung Reden halten (oder im Synodenjargon „Interventionen machen"), teilt sich die Synode in nach Sprachen unterteilte Studiengruppen (sogenannte *circuli minores*) auf, an denen der Papst nicht teilnimmt.

55 In einer „Intervention", die bei den Medien große Aufmerksamkeit erregte, zitierte der Erzbischof von San Francisco John Quinn Forschungsergebnisse, die auf weitverbreitete Opposition gegen die Lehren von *Humanae vitae* über die moralisch akzeptablen Mittel der Familienplanung hinwiesen, und argumentierte: „Wenn man die Einstellung all dieser Leute nicht als Verstocktheit, Ignoranz oder bösen Willen abtun will, muß diese weitverbreitete Opposition Anlaß zu ernster Sorge geben." Daß die Situation Anlaß zu ernster Sorge war, traf sicher zu. Doch Erzbischof Quinns Beitrag untersuchte nicht die Frage, ob die kirchliche Ethik der ehelichen Keuschheit den Katholiken in den USA durch Bischöfe, Priester und Theologen in angemessener Weise nahegebracht worden war. Die Intervention hob hervor, daß zu viele Leute nicht erkannten, daß die Kirche die moralische *Verpflichtung* zur Familienplanung lehrte; wenn aber bei diesem entscheidenden Punkt die Unkenntnis so weit verbreitet war, konnte es dann nicht die ähnliche Unkenntnis der Gründe für die Lehre von *Humanae vitae* über die künstliche Empfängnisverhütung geben? Die Intervention schien auch die Bedrohung durch eine „Bevölkerungsexplosion" und die drastischeren Analysen gewisser Bevölkerungskontrolltheoretiker unbesehen zu akzeptieren, während sie die Infragestellung dieser Analysen durch verantwortungsbewußte Demographen nicht zur Kenntnis nahm.

Aber der Kern von Quinns Vorschlag war der Ruf nach einem theologischen Dialog zwischen dem Lehramt der Kirche und abweichenden Moraltheologen, um einen „neuen Kontext" für die kirchliche Ethik der ehelichen Keuschheit zu schaffen. Dies schien einen gleichen Status für die autoritative Lehre und die Abweichung von ihr anzunehmen, obwohl auch das nicht ganz klar war: Der erste Schritt der vorgeschlagenen Diskussion sollte eine „Zuhörphase sein, an der sowohl die Theologen, die die Lehre der Kirche unterstützen, als auch jene, die es nicht tun, beteiligt" wären. Wie die Beteiligung der letzteren (deren Ansichten ohnehin kaum unbekannt waren) zu einer der Grundregeln passen sollte, die Erzbischof Quinn für den Dialog vorschlug – „Anerkennung, daß die Lehre über die Empfängnisverhütung eine ernsthafte und authentische Lehre des kirchlichen Lehramts ist" –, wurde nicht geklärt. Es sei denn, die Offenheit gegenüber der „Entwicklung und Erweiterung" dieser Lehre, die eine weitere Grundregel Quinns darstellte, schloß Offenheit gegenüber einer grundlegenden Änderung beim moralischen Urteil über die Empfängnisverhütung ein, wonach die Dissidenten offen riefen. Diese zweite Grundregel untergrub die erste, eine weitere Ungereimtheit des Vorschlags. [Vgl. *Origins* 10:17 (9.10.1980), 263-267.]

Die Intervention Quinns wurde weithin als Ruf nach einer Revision der Morallehre von *Humanae vitae* interpretiert. In einer späteren Intervention bestritt der Erzbischof, daß dies seine Absicht gewesen war.

56 Ein Biograph schreibt zu Johannes Pauls Predigt zum Abschluß der Synode, daß sie „beißende Bemerkungen" über einige Vorschläge, die Bischöfe während der Synode gemacht hatten, enthalte. [Vgl. Walsh, *John Paul II*, 87.] Der Text der Predigt stützt diese Behauptung nicht. Johannes Paul sprach tatsächlich die Schwierigkeiten von Ehepaaren an, die nach der in *Humanae vitae* enthaltenen Ethik der ehelichen Keuschheit leben, aber er unterschied zwischen dem Hineinwachsen in die Keuschheit (das bei dem hohen Standard des Evangeliums immer schwierig sei) und einer „Gradualität des Gesetzes", bei der der moralische Anspruch mit zunehmender Reife des Paares immer weiter erhöht wird. Johannes Paul meinte, eine „Gradualität des Gesetzes" erniedrige Männer und Frauen, weil sie suggeriere, es gebe „wirkliche Abstufungen und verschiedene Weisen der Vorschrift im göttlichen Gesetz (...), je nach Menschen und Situation verschieden", was die Idee der Gleichheit der Menschen aufhebe. [Vgl. *Origins* 10:21 (6.10.1980), 325-329, sowie *OR* dt., 31.10.1980, 1, 4f.]

57 Gespräch des Autors mit Papst Johannes Paul II., 20.3.1997.

58 Johannes Paul II., *Familiaris consortio* [Über die Aufgaben der christlichen Familie in der Welt von heute], Nr. 6.

[59] Ebd., Nr. 11.
[60] Ebd., Nr. 21.
[61] Ebd., Nr. 22.
[62] Ebd., Nr. 23.
[63] Ebd., Nr. 25.
[64] Ebd., Nr. 32.
[65] Ebd., Nr. 36, Nr. 40.
[66] Ebd., Nr. 46. Die Charta der Familienrechte wurde 1983 herausgegeben.
[67] Ebd., Nr. 83f.
[68] Interview des Autors mit Kardinal Joseph Ratzinger, 12.9.1996. Kardinal Ratzingers Eindruck, daß *Redemptor hominis* zu Anfang nicht als erste einer Reihe von drei Enzykliken geplant war, wurde von Papst Johannes Paul II. in einem Gespräch mit dem Autor am 16. Januar 1997 bestätigt.
[69] Vgl. *Diary of Blessed Sister M. Faustina Kowalska* (Stockbridge, Mass., 1996).
[70] Gespräch des Autors mit Papst Johannes Paul II., 16.1.1997. Zu den theologischen Implikationen von Schwester Faustinas Leben und Arbeit vgl. Raymond Gawronski SJ, „'My Name Is Sacrifice': The Mission of Blessed Faustina", *Communio* 24 (Winter 1997), 815-842. Schwester Faustina Kowalska wurde von Papst Johannes Paul II. am 18. April 1993 seliggesprochen.
[71] Wojtyła, „Betrachtungen über die Vaterschaft". In: Wojtyła, *Der Gedanke ist eine seltsame Weite. Betrachtungen, Gedichte* (Freiburg 1979), 110.
[72] Johannes Paul II., *Dives in misericordia* [Über das göttliche Erbarmen], Nr. 4 [Hervorhebung im Original].
[73] Ebd.
[74] Ebd., Nr. 8.
[75] Vgl. „Editor's Introduction to *Dives in Misericordia*". In: Miller, *Encyclicals*, 100.
[76] Johannes Paul II., *Dives in misericordia*, Nr. 5.
[77] Ebd., Nr. 6.
[78] Ebd., Nr. 12 [Hervorhebung im Original].
[79] Vgl. „Editor's Introduction to *Dives in Misericordia*". In: Miller, *Encyclicals*, 102.
[80] Vgl. Jean-Marie Lustiger, *Gotteswahl. Jüdische Herkunft, Übertritt zum Katholizismus, Zukunft von Kirche und Gesellschaft. Jean-Marie Lustiger im Gespräch mit Jean-Louis Missika und Dominique Wolton* (Augsburg 2002).
[81] Lustiger könnte bei dieser Analyse vom verstorbenen Kardinal Pierre Veuillot beeinflußt worden sein, der Anfang 1968 den jungen Priester an sein Totenbett rief und zu ihm sagte: „Rein, rein, rein. Alles muß rein sein (...). Wir müssen eine echte geistige Revolution machen. Der Papst erkennt es, wenige Leute haben es erkannt; aber das ist das, was die Kirche braucht." [Vgl. ebd., 213.]
[82] Interview des Autors mit Kardinal Jean-Marie Lustiger, 24.10.1996.
[83] Nachdem im Mai 1978 ein französischer Verlag eines der Bücher Wojtyłas abgelehnt hatte, wurden in der *Communio*-Ausgabe vom September 1978 einige Seiten mit Auszügen und einer biographischen Präsentation des Kardinals von Agnes Kalinowski, Jerzy Kalinowskis Tochter und Patenkind Wojtyłas, veröffentlicht. Die Präsentation war „die genaueste und umfassendste Biographie, die die französische Presse im Oktober 1978 hatte", als Wojtyła gewählt wurde. [Memorandum an den Autor von Jean Duchesne, Sonderberater Kardinal Lustigers, vom 27. Mai 1998.]
[84] Henri de Lubac SJ hatte diese Sicht der Situation in Frankreich und teilte sie über die Jahre hinweg unzweifelhaft mit Wojtyła. [Memorandum an den Autor von Jean Duchesne vom 11. Mai 1998.]
[85] Grammont hatte 1948 die alte normannische Abtei Le Bec-Hellouin wiedereröffnet und durch die Verbindung von klassischer Liturgie mit Ökumenismus und einem großen Interesse am jüdisch-christlichen Dialog zu einem blühenden spirituellen und kulturellen Zentrum gemacht – eine einzigartige Kombination von Merkmalen, die ihm den Ruf eines Meisters des spirituellen Lebens und eine Position jenseits der zerstörerischen Links/Rechts-Spaltung in der französischen Kirche einbrachte. [Memorandum an den Autor von Jean Duchesne vom 22. Mai 1998.]
[86] Interview des Autors mit Kardinal Jean-Marie Lustiger, 24.10.1996; Memoranden an den Autor von Jean Duchesne vom 11., 22. und 27. Mai 1998. Zu Lustigers erstem Zusammentreffen mit dem Pariser Klerus vgl. Kwitny, *Man of the Century*, 382.
[87] Die Bevölkerung Asiens betrug 1997 ungefähr 3,6 Milliarden. Der christliche Anteil lag 1998 bei etwa 286 Millionen. [*International Bulletin of Missionary Research* 22:1 (Januar 1998), 27.]

[88] T. Nowakowski, „Destination Far East". In: Wierzbianski (Hrsg.), *The Shepherd for All People*, 269.
[89] Marek Skwarnicki, „John Paul II in the Far East". In: Wierzbianski (Hrsg.), *The Shepherd for All People*, 285f. – *Predigten und Ansprachen von Papst Johannes Paul II. bei seiner apostolischen Reise nach Asien. 16. bis 27. Februar 1981. Verlautbarungen des Apostolischen Stuhls* 29, 9f.
[90] Zitiert in Nowakowski, „Destination Far East", 269.
[91] Felix B. Bautista, *Cardinal Sin and the Miracle of Asia* (Manila 1987), 89.
[92] Memorandum an den Autor von Kardinal Jaime L. Sin, 9.12.1997.
[93] Bautista, *Cardinal Sin and the Miracle of Asia*, 91f.; Skwarnicki, „John Paul II in the Far East", 288.
[94] *Verlautbarungen des Apostolischen Stuhls* 29, 27-31.
[95] Marek Skwarnicki, „Light in the Orient". In: Wierzbianski (Hrsg.), *The Shepherd for All People*, 282f. – *Verlautbarungen des Apostolischen Stuhls* 29, 31-36.
[96] *Verlautbarungen des Apostolischen Stuhls* 29, 53-59.
[97] Nowakowski, „Destination Far East", 273.
[98] *Verlautbarungen des Apostolischen Stuhls* 29, 109-115.
[99] Skwarnicki, „John Paul II in the Far East", 289.
[100] Ebd.
[101] *Verlautbarungen des Apostolischen Stuhls* 29, 157-162.
[102] Unter jenen, die mit Lorenzo Ruiz den Märtyrertod starben, war ein polnischer Jesuit aus Krakau, Pater Wojciech Maczynski. [Nowakowski, „Destination Far East", 278.]
[103] Marek Skwarnicki, „In Nagasaki and Anchorage". In: Wierzbianski (Hrsg.), *The Shepherd for All People*, 296.
[104] „The Pope in Alaska", *Anchorage Daily News*, 27.2.1981, B2.
[105] Ebd., B3.
[106] Nowakowski, „Destination Far East", 279.

Kapitel 12
Im Auge des Taifuns:
Monate der Gewalt und Meinungsverschiedenheiten

[1] Vgl. „Ukrainisch-katholische Kirche betont Selbständigkeit", *OR* dt., 12.12.1980, 3.
Die Resolution, die die Synode von Lemberg von 1946 für null und nichtig erklärte, wurde von den Diaspora-Bischöfen in Gegenwart von Kardinal Władysław Rubin angenommen, Präfekt der Kongregation für die Orientalischen Kirchen und ein alter Freund von Johannes Paul II. Die Ukrainer und die Russen nahmen an, dies bedeute, daß der Papst die Einzelheiten der Resolution kannte und ihre Annahme unterstützte. Als die Ukrainer die Resolution „inoffiziell" veröffentlichten, wurde das orthodoxe Patriarchat von Moskau wütend und schickte sofort seinen ökumenischen Verbindungsmann, Metropolit Juvenaly, nach Rom. Nachdem es Juvenaly nicht gelungen war, den Papst dazu zu bringen, die Resolution für nichtgültig zu erklären, schrieb Patriarch Pimen am 22. Dezember an Johannes Paul; er verlangte eine Ablehnung der „von den ukrainisch-katholischen Bischöfen eingeschlagenen Richtung" durch den Papst und drohte mit dem Abbruch der ökumenischen Beziehungen, falls der Papst das nicht tue. In seiner Antwort, einem privaten Schreiben vom 24. Januar 1981, verteidigte Johannes Paul das Recht der griechisch-katholischen Christen auf Religionsfreiheit und wies darauf hin, daß die Resolution angenommen worden sei, ohne daß er die Gelegenheit gehabt hätte, sie genau zu studieren. Das Patriarchat von Moskau veröffentlichte daraufhin die Korrespondenz zwischen Pimen und Johannes Paul (vermutlich, um den Papst in Verlegenheit zu bringen, der weder Pimens Brief an ihn noch seinen an Pimen Kardinal Slipyj gezeigt hatte, dem exilierten Führer der ukrainischen Katholiken); die griechisch-katholischen Christen im ukrainischen Untergrund waren erbost, und in der ukrainischen Diaspora breitete sich Unzufriedenheit aus. Dieser Vorfall beschädigte das Ansehen des Papstes bei den ukrainischen Katholiken, die den ökumenischen Imperativ gegenüber der russischen Orthodoxie nicht verstehen konnten (den sie nicht mit Johannes Pauls ökumenischer Verpflichtung identifizierten, sondern mit den am stärksten auf Anpassung ausgerichteten Elementen der früheren Ostpolitik des Vatikans), und die sowjetische Führung wurde in ihrer Furcht bestärkt, Johannes Paul stelle eine große Bedrohung dar, nicht nur für

den Warschauer Pakt, sondern auch für das innere Sowjetreich.
2. Interview des Autors mit Bohdan R. Bociurkiw, 10.8.1996. Vgl. auch Bociurkiw, „The Ukrainian Catholic Church in the USSR Under Gorbachev", 7.
3. Szajkowski, *Next to God ... Poland*, 87-90; die Dichtung wird in Garton Ash, *The Polish Revolution: Solidarity*, 331, zitiert.
4. Tina Rosenberg, „It Sired a Free Market and It's Paying a Price", *International Herald Tribune*, 18.3.1997, 11.
5. Szajkowski, *Next to God ... Poland*, 90f.
6. Gespräch des Autors mit Papst Johannes Paul II., 23.10.1998.
7. Während der Generalaudienz am 20. August 1980 sprach der Papst die Polen in ihrer gemeinsamen Sprache an:

> Und nun, liebe Landsleute, möchte ich angesichts der Neuigkeiten aus Polen vor euch Anwesenden zwei Gebete lesen oder besser rezitieren, die die polnische Kirche benutzt: das erste zum Fest Mariens, der Königin von Polen, am 3. Mai, und das zweite zum Fest Unserer Lieben Frau von Tschenstochau am 26. August. Zuerst das zum 3. Mai:
> „O Gott, der Du der polnischen Nation in der heiligsten Jungfrau Maria eine wunderbare Hilfe und einen Schild gegeben hast, gib, daß durch die Fürsprache unserer Mutter und Königin die Kirche sich immer der Freiheit und das Land des Friedens und der Sicherheit erfreuen mögen."
> Und nun das zweite, das vom 26. August:
> „Hilf, o Herr, den Menschen, die Du durch Deinen Leib und Dein Blut stärkst, und erlöse sie durch die Fürsprache unserer heiligsten Mutter von allem Bösen und jeder Gefahr, und umgib mit Deinem Schutz all ihre guten Werke."
> Diese Gebete sagen selbst, wie sehr wir hier in Rom mit unseren Landsleuten und insbesondere der Kirche verbunden sind, deren Probleme uns sehr am Herzen liegen und für die wir die Hilfe des Herrn suchen. [*OR* engl., 25.8.1980, 1.]

8. Szajkowski, *Next to God ... Poland*, 91f. Siehe auch *OR* dt., 29.8.1980, 1.
9. Szajkowski, *Next to God ... Poland*, 92f.
10. Nach Meinung von Jan Nowak, dem ehemaligen Leiter des polnischen Dienstes von Radio Free Europe, half Kardinal Wojtyła den Boden für Solidarność vorzubereiten, indem er die polnische Kirche von einer Kirche, die die Rechte der Gläubigen verteidigt, in eine Kirche verwandelte, die die Rechte aller verteidigt, einschließlich dissidenter Marxisten und Leuten der Linken. [Interview des Autors mit Jan Nowak, 13.5.1998.]
11. Szajkowski, *Next to God ... Poland*, 93.
12. Ebd., 95-7.
13. *OR* engl., 1.9.1980, 8. Siehe auch „Papst-Telegramm an polnische Bischöfe", *OR* dt., 5.9.1980, 3.
14. Szajkowski, *Next to God ... Poland*, 97.
15. Der Text des Kommuniqués ist in „Gebete für eine glückliche Lösung", *OR* dt., 5.9.1980, 3, enthalten. Die Bischöfe stellten das „Recht auf Zusammenschluß" in den Rahmen der grundlegenden Menschenrechte, die Johannes Paul II. im vorangegangenen Oktober vor den Vereinten Nationen verteidigt hatte. So folgte die polnische Bischofskonferenz der Führung des Papstes – und der Arbeiter –, indem sie den Danziger Streik in einen breiten moralischen und humanistischen Kontext stellte, anstatt ihn als einen Wirtschaftskampf zu betrachten.
16. Vgl. Garton Ash, *The Polish Revolution: Solidarity*, 68.
17. Ebd., 74.
18. Wie Timothy Garton Ash später schrieb: „Es erinnerte alles schwach an einen Witz, der Ende der 70er Jahre umlief: ‚Was ist der Unterschied zwischen Gierek und Gomułka?' ‚Keiner, nur Gierek weiß es noch nicht.'" [Ebd., 71f.]
19. Die Solidarność war eigentlich ein nationaler Bund lokaler Gewerkschaften. Vgl. ebd., 75.
20. Ebd., 78.
21. Ebd., 79f.
22. Interview des Autors mit Tadeusz Mazowiecki, 7.4.1997.
23. Szajkowski, *Next to God ... Poland*, 102-4.
24. Ebd., 105f.
25. Ebd., 106; Garton Ash, *The Polish Revolution: Solidarity*, 81f.; Kwitny, *Man of the Century*, 376.
26. Szajkowski, *Next to God ... Poland*, 107; Garton Ash, *The Polish Revolution: Solidarity*, 84f.
27. Interview des Autors mit Jan Nowak, 13.5.1998. Laut Nowak wußte Kukliński alles, was Jaruzelski über die sowjetischen Pläne wußte, „und mehr". Der polnische Oberst lieferte den USA den

gesamten Operationsplan; der wurde dann mit dem General der Roten Armee und durch Satellitenaufklärung überprüft, doch eine Wolkendecke über Ostmitteleuropa erschwerte die fotografische Bestätigung von Truppenbewegungen.

[28] Interview des Autors mit Zbigniew Brzeziński, 7.2.1997; Brief an den Autor von Zbigniew Brzeziński, 14.5.1998.

[29] Interview des Autors mit Jan Nowak, 13.5.1998.

[30] Interview des Autors mit Zbigniew Brzeziński, 7.2.1997.

[31] Ebd.

[32] Ebd.; Interview des Autors mit Richard V. Allen, 26.11.1996.

[33] Jan Nowak ist davon überzeugt, daß die beiden Hauptpersonen bei der „Rettung Polens vor der Sowjetinvasion" Ryszard Kukliński und Zbigniew Brzeziński waren. [Interview des Autors mit Jan Nowak, 13.5.1998.] Oberst Kuklińskis Erinnerungen sind enthalten in Ryszard Kukliński, „The Suppression of Solidarity", *Kultura*, April 1987.

[34] Mit Genehmigung von Kardinal Angelo Sodano, dem Staatssekretär des Heiligen Stuhls, wurde mir der Text dieses Briefes, den ich persönlich prüfte, von Erzbischof Jean-Louis Tauran, dem Sekretär des Heiligen Stuhls für die Beziehungen mit den Staaten, während eines Interviews im Büro des Erzbischofs am 12. Dezember 1997 vorgelesen und übersetzt.

[35] Interview des Autors mit Kardinal Jozef Tomko, 14.11.1996.

[36] Lech Wałęsa, *Ein Weg der Hoffnung. Eine Autobiographie* (Wien 1987), 226.

[37] Zitiert ebd., 225 [Hervorhebung im Original].

[38] Johannes Paul II., „Mass for the Polish Delegation", *OR* engl., 9.2.1981, 23. Vgl. auch „Papstmesse mit Lech Wałęsa", *OR* dt., 30.1.1981, 3.

[39] Wałęsa, *Ein Weg der Hoffnung*, 227. Johannes Pauls formelle Ansprache an die Solidarność-Delegation ist auf S. 225 f. abgedruckt.

[40] Vgl. Szajkowski, *Next to God ... Poland*, 116.

[41] Interview des Autors mit Jan Nowak, 13.5.1998. – Nach konventioneller sowjetischer Betrachtung war Wojciech Jaruzelski der klassische Klassenfeind: Sohn eines Landadligen, in katholischen Schulen erzogen. Daß ein Mann solcher Herkunft als einziger unter den Offizieren seiner Generation während der Säuberungen der stalinistischen und nachstalinistischen Ära ungeschoren durch die Ränge des polnischen Militärs aufsteigen konnte und von jeder Machtverschiebung und jedem Personalwechsel profitierte, deutet auf ein außergewöhnliches Maß an Vertrauen zu ihm, was Breschnew einmal mit dem einfachen Satz ausdrückte: „Er ist unser." [Ebd.]

[42] Mehrere Autoren haben die Ansicht vertreten, Johannes Paul II. habe sich am 28. März 1981 mit dem sowjetischen Botschafter in Italien getroffen, um die Krise abzuwehren; ein Autor führt den Beginn einer Geheimverhandlung mit Leonid Breschnew auf dieses angebliche Treffen zurück. Ein solches Treffen hat jedoch nicht stattgefunden.

Vgl. Bernstein/Politi, *Seine Heiligkeit*, 331, und Kwitny, *Man of the Century*, 386f. Während unseres Gesprächs am 16. Dezember 1998 fragte ich den Papst nach dem angeblichen Treffen vom 28. März 1981. Er erwiderte, er könne sich nicht an so etwas erinnern. Der Sekretär des Papstes, Bischof Stanisław Dziwisz, holte das detaillierte Tagebuch von Johannes Pauls Besprechungen, das er seit 20 Jahren führte; in ihm werden alle Besprechungen und die diskutierten Punkte aufgezeichnet. Dziwsz schaute alle Eintragungen für März 1981 durch und sagte: „Eine solche Besprechung gab es nicht." Kwitny zitiert Akten des ostdeutschen Staatssicherheitsdienstes als Quelle. Die Tatsache, daß eine solche Besprechung nie stattfand, weist auf die Unzuverlässigkeit vieler solcher Quellen und die Anfälligkeit von Forschern für falsche Informationen hin.

[43] Johannes Paul II., „Die Probleme ‚aus eigenen Kräften lösen'", *OR* dt., 3.4.1981, 3.

[44] Szajkowski, *Next to God ... Poland*, 121f.

[45] Ebd., 122f.

[46] Ebd., 123.

[47] Zbigniew Brzeziński und Jan Nowak glauben, daß „Sojus 81" ein Bluff war, der den Druck auf die polnische Führung aufrechterhalten sollte, aber keine Vorbereitung auf eine Invasion, wie es das Manöver vom Dezember 1980 sicher gewesen ist. Interviews des Autors mit Brzeziński, 7.2.1997, und mit Nowak, 13.5.1998.

[48] Zitiert in Szajkowski, *Next to God ... Poland*, 124.

[49] Das Treffen in Brest wird detailliert in Bernstein/Politi, *Seine Heiligkeit*, 333-339, beschrieben. Der Bericht basiert auf Interviews mit Jaruzelski und Kania, auf Jaruzelskis Memoiren und auf Protokollen des sowjetischen Politbüros vom 9. April 1981. Die Einzelheiten der Darstellung

sind faszinierend, aber die Analyse scheint Jaruzelskis alte und selbstrechtfertigende Behauptung zu akzeptieren, das Kriegsrecht sei die einzige Alternative zur sowjetischen Invasion gewesen – für die es laut Brzeziński und Nowak damals, später in dem Jahr oder in danach freigegebenen Dokumenten keinen glaubwürdigen Beweis gibt.

50 Johannes Paul II., „Papst Johannes, ‚ein Mann, von Gott gesandt'", *OR* dt., 8.5.1981, 6.
51 Vgl. Frossard und Johannes Paul II., *„Fürchtet euch nicht!"*, 297. Frossards Bericht über den Attentatsversuch und seine Nachwirkungen ist besonders wertvoll, weil er auf ausführlichen Interviews unter anderem mit dem Sekretär des Papstes, Stanisław Dziwisz, und Dr. Francesco Crucitti, dem führenden Chirurgen, beruht. [Ebd., 291-334.]
52 Einer von ihnen war Kardinal Bernardin Gantin, Präsident des Päpstlichen Rates für Gerechtigkeit und Frieden. Der afrikanische Kardinal gab jedem Mitglied der Kongregation für die Bischöfe, als er ihr Präfekt wurde, ein Foto dieses Bildes der Kreuzabnahme Christi zur Erinnerung an das Leid, das für die Kirche zu ertragen jeder vorbereitet sein sollte. Interview des Autors mit Kardinal Bernardin Gantin, 13.12.1997.
53 Interviews des Autors mit Teresa Heydel Życzkowska, 19.4.1997, und Schwester Emilia Ehrlich OSU, 21.3.1997.
54 Frossard und Johannes Paul II., *„Fürchtet euch nicht!"*, 332.
55 Johannes Paul hatte zu Beginn seines Pontifikats klargemacht, daß er, sollte er krank werden, wie jeder andere ins Krankenhaus gebracht werden sollte, und zwar in die Gemelli-Klinik – eine weitere Neuerung im päpstlichen Stil (Paul VI. hatte eine Prostataoperation in einem besonders dafür eingerichteten Operationsraum in den päpstlichen Gemächern). Die Gemelli-Klinik wußte also, daß sie vom Papst ausgewählt worden war. Daß die Suite ständig für ihn bereitstand, war eine Vorsichtsmaßnahme, die zeigt, daß das jetzige Geschehen nicht unerwartet kam.
56 Frossard und Johannes Paul II., *„Fürchtet euch nicht!"*, 300.
57 Ebd., 312.
58 Ebd., 312f.
59 Ebd., 295.
60 Ebd., 332f.
61 Ebd., 297.
62 *OR* dt., 22.5.1981, 1. Der lateinische Satz am Ende von Johannes Pauls kurzer Botschaft war eine Wiederholung des Mottos seines Wappens: „Ganz Dein [bin ich]." Daß Jesus Christus „Priester und Opfer" war, war das Thema einer Litanei, die im Krakauer Seminar in Wojtyłas Studentenzeit häufig gebetet wurde.
63 Frossard und Johannes Paul II., *„Fürchtet euch nicht!"*, 309.
64 Vgl. „Ärztebulletins: der Papst ist außer Lebensgefahr", *OR* dt., 29.5.1981, 4.
65 Interview des Autors mit Gabriel und Bożena Turowski, 10.6.1997.
66 Frossard und Johannes Paul II., *„Fürchtet euch nicht!"*, 305f.
67 Ebd., 325.
68 Ebd., 330.
69 Gespräch des Autors mit Papst Johannes Paul II., 23.10.1998; Interview des Autors mit Jan Nowak, 19.8.1998.
70 Frossard und Johannes Paul II., *„Fürchtet euch nicht!"*, 304.
71 Ebd., 305.
72 Ebd., 329; Interview des Autors mit Gabriel Turowski, 10.6.1997.
73 Vgl. „Ärztebulletin Nr. 19 vom 24. Juni", *OR* dt., 3.7.1981, 3; Interview des Autors mit Daniella Carozza, 26.5.1998.
74 Interview des Autors mit Jan Nowak, 19.8.1998.
75 Ebd.
76 Vgl. Szajkowski, *Next to God ... Poland*, 132.
77 Frossard und Johannes Paul II., *„Fürchtet euch nicht!"*, 317, 330.
78 Das Fest ist auch als Fest der Einweihung der Basilika Santa Maria Maggiore bekannt, die auf Roms Esquilin-Hügel an der Stelle errichtet ist, wo Maria am 5. August 353 einen wundersamen Schneefall herbeigeführt haben soll.
79 Szajkowski, *Next to God ... Poland*, 135.
80 Ebd.
81 Józef Tischner, „Polish Work Is Sick". In: Tischner, *The Spirit of Solidarity* (San Francisco 1984), 96-100.

⁸² Johannes Paul II., *Laborem exercens* [Über die menschliche Arbeit], Nr. 4.
⁸³ Ebd., Nr. 25.
⁸⁴ Ebd., Nr. 6.
⁸⁵ Ebd., Nr. 9 [Hervorhebungen im Original].
⁸⁶ Ebd., Nr. 12 [Hervorhebung im Original].
⁸⁷ Ebd., Nr. 13f.
⁸⁸ Ebd., Nr. 15.
⁸⁹ Ebd.
⁹⁰ Ebd., Nr. 19.
⁹¹ Ebd., Nr. 20.
⁹² Ebd., Nr. 25.
⁹³ Ebd., Nr. 26.
⁹⁴ Ebd., Nr. 27 [Hervorhebung im Original].
⁹⁵ Zu diesem Punkt vgl. „Editor's Introduction to *Laborem Exercens*". In: Miller, *Encyclicals*, 152.
⁹⁶ Miłosz, *History*, 274.
⁹⁷ *Laborem exercens*, Nr. 1.
⁹⁸ Einzelheiten des Prozesses und die Zitate von Richter Santiapichi stammen aus Paul B. Henze, *The Plot to Kill the Pope* (New York 1983).
⁹⁹ Ein Beispiel von vielen ist die Kolumne Joseph Krafts in der *Washington Post* vom 19. Mai 1981, worin er schreibt, daß „die Ursache dieses terroristischen Anschlags gegen den Papst eine aufrührerische islamische Gesellschaft ist, voller unangenehmer Überraschungen". [Zitiert ebd., 6.]
¹⁰⁰ Frau Geyers Kolumne stand im *Washington Star* vom 15. Mai 1981; zitiert ebd., 5.
¹⁰¹ Zitiert in Henze, *The Plot to Kill the Pope*, 158f., 172f.
¹⁰² Varianten sahen im GRU (dem sowjetischen militärischen Geheimdienst) den Hauptakteur, der unter Andropows Aufsicht operierte, und im Staatssicherheitsdienst der DDR einen möglichen Vermittler zwischen den Sowjets und den Bulgaren. Auf jeden Fall war die Verschwörung äußerst aufgesplittert und supergeheim. Höchstwahrscheinlich kannten nur wenige Beteiligte alle Einzelheiten dieser sehr komplexen Operation.
¹⁰³ Vgl. Henze, *The Plot to Kill the Pope*, 170-172.
¹⁰⁴ Vgl. „Genesungswünsche für den Papst", *OR* dt., 22.5.1981, 10.
¹⁰⁵ Henze, *The Plot to Kill the Pope*, 15-17.
¹⁰⁶ Der Prozeß gegen die angeblichen bulgarischen Verschwörer, der am 29. März 1986 in Rom endete, verwirrte die Angelegenheit viel mehr, als sie zu klären, und mag selbst von einer sowjetischen Desinformationskampagne beeinflußt worden sein. Der Prozeß „widerlegte" sicher nicht die „bulgarische Verbindung" zu Agca, wie Presseberichte damals meinten. [Vgl. Paul Henze, „The Plot to Kill the Pope: A Balance Sheet in the Wake of the Rome Trial", Memorandum für die RAND Corporation, Juni 1986.]
¹⁰⁷ Zu den Änderungen bei der Ausbildung der Jesuiten vgl. Joseph M. Becker SJ, *The Re-Formed Jesuits: A History of Changes in Jesuit Formation During the Decade 1965-1975*, 2 Bde. (San Francisco 1992, 1997).
¹⁰⁸ Einige Jahre später stellte sich heraus, daß die höchsten Stellen der Gesellschaft Jesu auch deshalb nichts gegen Drinan unternahmen, weil sie von dessen Vorgesetzten in den USA nie wahrheitsgemäß über die Situation informiert worden waren. Vgl. James Hitchcock, „The Strange Political Career of Father Drinan", *Catholic World Report*, Juli 1996, 38-45.

Als Pater Drinan sich 1970 zum ersten Mal um einen Kongreßsitz bewarb, erläuterte er, daß er zwar die Lehre der Kirche akzeptiere, Abtreibung sei eine in sich böse Handlung, die *Erklärung über die Religionsfreiheit* des II. Vatikanischen Konzils es ihm jedoch verbiete, anderen seine religiösen Ansichten aufzuzwingen. Das war bestenfalls unaufrichtig, da die Morallehre der Kirche zur Abtreibung auf einer naturgesetzlichen Moralanalyse beruhte, die jedem zugänglich war, der bereit war, sich damit zu befassen. Pater Drinans Andeutung, er stimme jenen zu, die Pro-Life-Anhänger unter den Katholiken der Förderung einer sektiererischen Position beschuldigten, und sein Vorschlag, die katholischen Religionsführer sollten sich von der juristischen und politischen Debatte über die Abtreibungsgesetze zurückziehen, stehen einem Mann schlecht an, der sich auf genau der gleichen naturgesetzlichen moralischen Grundlage, auf die die Kirche ihre Gegnerschaft zur Abtreibung gründete, als Verteidiger der Menschenrechte hinstellte. [Vgl. Robert F. Drinan SJ, „The State of the Abortion Question", *Commonweal*, 17.4.1970, 108 f.]

109 Die Beispiele sind zahlreich und verschieden, so die von praktisch der gesamten Fakultät der Jesuiten-Hochschule für Theologie in Berkeley (einer päpstlichen Fakultät, die vom Heiligen Stuhl konzessioniert ist) unterzeichnete und in *Commonweal* (1.4.1977, 204 ff.) publizierte öffentliche Abweichung von der Erklärung der Kongregation für die Glaubenslehre zur Frage der Zulassung der Frauen zum Priesteramt oder der Aufsatz von Timothy Healy, „The Pope and American Catholic Universities", *America*, 8.12.1979, 362 ff.
110 Interview des Autors mit Vincent O'Keefe SJ, 16.9.1997. Pater O'Keefe sagte, der Vortrag Johannes Pauls I. sei von Pater Paolo Dezza SJ vorbereitet worden, der der Beichtvater Pauls VI. gewesen war und in dem folgenden Drama eine prominente Rolle spielen sollte.
111 Ebd.
112 Ebd.
113 Vor der Zusammenkunft hatten Arrupes Generalassistenten erfahren, daß der Heilige Stuhl alle Nuntiaturen und apostolischen Gesandtschaften aufgefordert hatte, über die Lage der Gesellschaft in ihrem Land zu berichten, doch die Angelegenheit kam in der Diskussion vom 17. Januar nicht zur Sprache.
114 Interview des Autors mit Vincent O'Keefe SJ, 16.9.1997.
115 Ebd.
116 Bernstein/Politi schreiben, O'Keefes Brief „kündigte eine Generalkongregation zur Wahl von Arrupes Nachfolger an". [*Seine Heiligkeit*, 504.] O'Keefe meinte, sein Brief lege nur die aktuelle Situation und die Notwendigkeit einer Generalkongregation dar, wie er es dem Papst erklärt habe; der ehemalige Generalvikar verneinte, daß er versucht habe, „eine Generalkongregation einzuberufen", und erklärte: „Ich müßte verrückter sein, als ich bin, um so etwas zu tun." [Interview des Autors mit Vincent O'Keefe SJ, 16.9.1997.]
117 Interview des Autors mit Vincent O'Keefe SJ, 16.9.1997.
118 Interview des Autors mit Giuseppe Pittau SJ, 17.12.1997. Pater Pittau sagte, dies sei genau das gewesen, was Johannes Paul ihm und Pater Dezza bei einer Besprechung kurz nach der Intervention gesagt habe.
119 Ebd.
120 Ebd.
121 Zitiert in Bernstein/Politi, *Seine Heiligkeit*, 378.
122 Johannes Pauls Zusammentreffen mit Geremek, Tadeusz Mazowiecki, Jerzy Turowicz und anderen wird ebd., 377, auf der Grundlage der Erinnerungen Geremeks an diese Besprechung beschrieben.
123 Interview des Autors mit Tadeusz Mazowiecki, 7.4.1997.
124 Johannes Paul II., „Der Glaube an die Auferstehung und das christliche Eheverständnis", *OR* dt., 20.11.1981, 2.
125 Brief an den Autor von Msgr. Piero Marini, 17.2.1997.
126 Vgl. Bernstein/Politi, *Seine Heiligkeit*, 394.
127 Vgl. Szajkowski, *Next to God ... Poland*, 140f.
128 Ebd., 155f.
129 Ebd., 156, 155.
130 Johannes Paul II., „Es ist nicht unmöglich, auf den Weg der Erneuerung zurückzukehren", *OR* dt., 8.1.1982, 12.
131 Vgl. Garton Ash, *The Polish Revolution: Solidarity*, 267f.
132 Zitiert in Bernstein/Politi, *Seine Heiligkeit*, 412f.
133 *OR* engl., 4.1.1982, 3. Vgl. auch *OR* dt., 8.1.1982, 6.
134 Johannes Paul II., „Christus in der Welt ‚das Bürgerrecht gewähren!'", *OR* dt., 1.1.1982, 3.
135 Johannes Paul II., „Der Herr schenke dir Frieden!", *OR* dt., 8.1.1982, 3.
136 Interview des Autors mit Zbigniew Brzeziński, 7.2.1997.
137 Johannes Paul II., „Die Kräfte des Guten sind stärker!", *OR* dt., 5.2.1982, 1, 4f., 9, vor allem Abschnitt 7.
138 Kardinal Hume, der nicht wußte, ob andere vorher vorgeschlagen hatten, Großbritannien und Argentinien zu besuchen, oder ob der Papst bereits über die Möglichkeit nachdachte, schrieb mir: „Ich dachte ganz spontan daran, als ich mit anderen mit dem Papst darüber diskutierte, ob er [unter den politischen Umständen] nach England kommen sollte." [Brief von Kardinal Basil Hume OSB an den Autor, 9.6.1998.]
139 Das Zitat stammt aus: Johannes Paul II., „Predigt bei der Messe in der Kathedrale von Westminster". In: *DAS 1982*, 483-489.

¹⁴⁰ Memorandum an den Autor von Kardinal Alfonso López Trujillo, 24.11.1997.

Kapitel 13
Die Befreiung der Befreiungsbewegungen

1. Interview des Autors mit Erzbischof Andrea Cordero Lanza di Montezemolo, 28.11.1997.
2. Interview des Autors mit Kardinal Miguel Obando Bravo SDB, 24.11.1997.
3. Siehe beispielsweise Tad Szulc, *Papst Johannes Paul II. Die Biographie* (Stuttgart 1996).
4. Siehe beispielsweise Carl Bernstein/Marco Politi, *Seine Heiligkeit: Johannes Paul II. und die Geheimdiplomatie des Vatikans* (München 1997).
5. Siehe beispielsweise Kwitny, *Man of the Century*.
6. Johannes Paul II., „Ansprache bei der Gebetsstunde in Fatima". In: *DAS 1982*, 383-386. Ders., „Predigt bei der feierlichen Messe in Fatima". In: Ebd., 396-404.
7. Interview des Autors mit Richard V. Allen, 26.11.1996.
8. Ebd.; Interview des Autors mit Jan Nowak, 13.5.1998. Reagan hatte Anweisung gegeben, den Papst über die Quellen des amerikanischen Geheimdienstes und ihre Ergebnisse zu informieren. [Ebd.]
9. Gespräch des Autors mit Papst Johannes Paul II., 10.9.1996.
10. Die Verschwörungstheorie wird am nachdrücklichsten von Carl Bernstein und Marco Politi in *Seine Heiligkeit* vertreten.
11. Siehe ebd., 320-323, 383-393. Bernstein und Politi schreiben, der Leiter des CIA, William Casey, und der amerikanische Sonderbotschafter Vernon Walters hätten Johannes Paul II. im „Verlauf von sechs Jahren (...) etwa fünfzehnmal zu vertraulichen Gesprächen" getroffen – also durchschnittlich 2,5 Mal im Jahr. Insgesamt 15 bis 20 Stunden Gespräche in sechs Jahren kann man wohl kaum als Verschwörung oder Geheimbündnis bezeichnen.
12. Ebd., 425-434. Richard V. Allen bezeichnet diese Behauptung im Hinblick auf die Stationierung atomarer Mittelstreckenraketen schlicht als „bullshit" [Bockmist]. [Interview des Autors mit Richard V. Allen, 26.11.1996.]
13. Die Theorie Bernsteins von einer „Heiligen Allianz" wurde zuerst in *Time* veröffentlicht. Einige Zeit danach, 1992, beantwortete Johannes Paul auf einem Flug nach Afrika die diesbezügliche Frage eines Reporters. Er sagte, die „Heilige Allianz" sei „eine nachträgliche Deduktion". Dann zog der Philosoph Johannes Paul die logische Schlußfolgerung: „Man kann nicht eine Ursache aus den Folgen erklären. Alle kennen die Positionen Präsident Reagans, eines großen weltpolitischen Führers. Meine Haltung war die eines Hirten, des Bischofs von Rom, eines Verantwortlichen für das Evangelium, das gewiß die Prinzipien der moralischen, sozialen und menschenrechtlichen Ordnung beinhaltet. (...) Die Haltung des Heiligen Stuhls, auch wenn es sich um mein Vaterland handelte, war von einem moralischen Prinzip bestimmt. [Vgl. *OR* dt., 28.2.1992, 1-3.]
14. Zu Ratzingers frühen Lebens- und Berufsphasen siehe sein über 300 Buchseiten langes Interview mit dem deutschen Journalisten Peter Seewald: Joseph Kardinal Ratzinger, *Salz der Erde. Christentum und katholische Kirche an der Jahrtausendwende. Ein Gespräch mit Peter Seewald* (Stuttgart, 4. Aufl. 1996), 43-86, und seine Autobiographie, Joseph Kardinal Ratzinger, *Aus meinem Leben. Erinnerungen (1927-1977)* (Stuttgart 1998).
15. Es ist interessant, wie Ratzinger selbst begründet, warum er Wojtyła sympathisch fand: „Mich hat zunächst verbunden seine unkomplizierte menschliche Direktheit und Offenheit und die Herzlichkeit auch, die von ihm ausgegangen ist. Da war der Humor, dann die Frömmigkeit, die man spürte, die nichts Aufgesetztes, nichts Äußeres hat. Man spürte, das ist ein Mann Gottes. Das ist ein Mensch, der keine Pose hat, der wirklich ein Mann Gottes und obendrein ein ganz origineller Mensch ist, einer, der eine lange Denk- und Lebensgeschichte hinter sich hat. Das spürt man einem Menschen an: Der hat gelitten, der hat sich zu diesem Beruf auch durch-

gerungen. Er hat das ganze Drama der deutschen Besetzung Polens und der russischen Besetzung und des kommunistischen Regimes durchstanden; er hat sich seinen eigenen Denkweg gebildet; er hat sich mit deutscher Philosophie befaßt; er ist tief in die ganze Denkgeschichte Europas eingetreten. Und er kannte auch in der Theologiegeschichte Schwerpunkte, die weit von den üblichen Pfaden abführen. Dieser geistige Reichtum, die Freude auch am Gespräch und am Austausch, das alles waren Dinge, die ihn mir sofort sympathisch werden ließen." [Ratzinger, *Salz der Erde*, 90f.]

16 Interview des Autors mit Kardinal Joseph Ratzinger, 12.9.1996. Ratzinger befürchtete, daß er als Präfekt seine eigene theologische Arbeit aufgeben müsse und keine privaten Werke mehr veröffentlichen könne, was ihm sehr wichtig war. Johannes Paul sagte jedoch, das sei kein Hindernis, das hätten andere auch schon getan. Damit stand Ratzingers Ernennung zum Präfekten der Glaubenskongregation nichts mehr im Wege. [Ratzinger, *Salz der Erde*, 91.]

17 Siehe Ratzinger, *Salz der Erde*.

18 Interviews des Autors mit Kardinal Joseph Ratzinger, 12.9.1996 und 18.12.1997.

19 Interview des Autors mit Kardinal Joseph Ratzinger, 12.9.1996; siehe auch Ratzinger, *Salz der Erde*, 114f.

20 Interview des Autors mit Erzbischof Zenon Grocholewski, 13.1.1997.

21 Ebd.

22 Ebd.

23 Die Zitate stammen aus *Sacrae disciplinae leges*. In: *Codex des kanonischen Rechtes: Lateinisch-deutsche Ausgabe mit Sachverzeichnis* (Kevelaer, 5. Aufl. 2001), XI-XXIII.

24 Wie das von manchen seiner französischen Mitbrüder im Jesuitenorden aufgenommen wurde, war ein Beweis für die in der Gesellschaft Jesu herrschenden Spannungen und die persönliche Unfreundlichkeit, zu der sie führen konnten. Als de Lubacs Ernennung zum Kardinal angekündigt wurde, erklärten viele seiner Pariser Brüder, das gehe sie nichts an, und verweigerten ihm ihre Hilfe. De Lubac mußte seine jungen Freunde von der französischen *Communio* bitten, ihm bei der Vorbereitung für seine Investitur zu helfen; sie kauften ihm dann seine neuen Gewänder für das Konsistorium. Bei seiner Rückkehr gaben seine jesuitischen Brüder einen Empfang für Kardinal de Lubac, bei dem nur alkoholfreie Getränke gereicht wurden. [Interview des Autors mit Jean Duchesne, 20.8.1997.]

25 Siehe André Frossard, *Die Leidenschaft des Maximilian Kolbe. Eine Biographie* (Stuttgart 1988), 14.

26 Siehe Johannes Paul II., „Predigt bei der feierlichen Messe zur Heiligsprechung von P. Maximilian Kolbe auf dem Petersplatz". In: *DAS 1982*, 1364-1368.

27 Zu der Kontroverse um Kolbes Kanonisierung als Märtyrer siehe Kenneth L. Woodward, *Die Helfer Gottes. Wie die katholische Kirche ihre Heiligen macht* (München 1991), 177-181.

28 Hans Urs von Balthasar, „Einleitung" zu „Therese von Lisieux". In: *Schwestern im Geist. Therese von Lisieux und Elisabeth von Dijon* (Einsiedeln 1970), 18-20.

29 Zu diesem Punkt siehe Woodward, *Die Helfer Gottes*, 93f.

30 Woodward faßt die Veränderungen in *Die Helfer Gottes*, 109-115, zusammen.

31 Siehe ebd., 115.

32 Siehe Joan Estruch, *L'Opus Dei i les seves paradoxs. Un estudi sociologic* (Barcelona 1993); englische Ausgabe: *Saints and Schemers. Opus Dei and its Paradoxes* (New York 1995). Estruch, eine wissenschaftliche Kritikerin des Opus Dei, die dessen Schlüsselrolle beim Übergang Spaniens zur Demokratie anerkennt, legt außerdem dar, daß dieser Übergang Auswirkungen hatte, mit denen das Opus Dei nicht gerechnet hatte, zum Beispiel die starke Abnahme der Zahl praktizierender Katholiken im schnell modern werdenden Spanien.

33 Siehe *Presbyterorum ordinis* [Dekret zum Amt und Leben der Priester], Nr. 10.

34 Msgr. del Portillo wurde am 6. Januar 1991 von Johannes Paul zum Bischof geweiht. Eine von Mitgliedern des Opus Dei verfaßte Studie über die Bestrebungen der Bewegung, einen besonderen kanonischen Status in der Kirche zu erlangen, ist: Amadeo de Fuenmayor/Valentín Gómez-Iglesias/José Luis Illanes, *Die Prälatur Opus Dei. Zur Rechtsgeschichte eines Charismas; Darstellung, Dokumente, Statuten* (Essen 1994).

35 Dieser Punkt wurde beim Interview des Autors mit dem Prälaten des Opus Dei, Bischof Javier Echevarría Rodríguez, am 14. November 1997 herausgestellt. 1994 wurde Bischof Echevarría Nachfolger von Bischof del Portillo.

36 Eine weitere Kontroverse brach Anfang 1992 aus, als die Kongregation für die Selig- und Heiligsprechungsprozesse die Arbeit an der Seligsprechung von Msgr. Escrivá abschloß. Die Kritiker behaupteten, daß die *positio* für den Fall schlecht vorbereitet worden sei und daß das Ver-

fahren auf Druck des Opus Dei hin abgekürzt worden sei. Johannes Paul war offensichtlich anderer Ansicht – er sprach Escrivá am 17. Mai 1992 auf dem Petersplatz selig. An der Zeremonie nahmen über 250 000 Menschen teil. [Siehe Woodward, *Die Helfer Gottes*, 483-488, sowie *OR* dt., 22.5.1992, 8.]

37 Interview des Autors mit Kardinal Pio Laghi, 16.1.1997; Kardinal Laghi gab ein Gespräch wieder, das er in den frühen 80er Jahren mit Papst Johannes Paul II. geführt hatte.

Als Laghi 1981 als Apostolischer Gesandter nach Washington kam, diskutierte er oft mit Präsident Ronald Reagan über Mittelamerika. Einmal fragte ihn der Präsident: „Was ist diese verdammte Befreiungstheologie eigentlich?" Laghi, der wußte, daß Reagan am Vorabend bei einer italienisch-amerikanischen Veranstaltung gewesen war, antwortete: „Die Spaghetti sind gut, aber die Soße ist vergiftet!" Die „Spaghetti" waren die Arbeit der Kirche mit den Armen; die „Soße" war die „marxistische Analyse", die zu revolutionärer Gewalt im Namen des Evangeliums führte und – wie Kardinal Laghi es einmal formulierte – „dem gekreuzigten Herrn ein Gewehr in die Hand drückte".

38 Siehe Teresa Whitfield, *Paying the Price. Ignacio Ellacuría and the Murdered Jesuits of El Salvador* (Philadelphia 1994), 102-109. Wie groß der Einfluß der Jesuiten auf Erzbischof Romero tatsächlich war, ist fast zwei Jahrzehnte nach dessen Tod und zehn Jahre nach dem brutalen Mord an Pater Ellacuría und fünf anderen Jesuiten durch die salvadorianische Armee im Jahre 1989 immer noch umstritten. Teresa Whitfields Buch steht sowohl dem Erzbischof als auch Pater Ellacuría wohlwollend gegenüber, präsentiert aber zahlreiche Beweise dafür, daß Ellacuría, Sobrino und ihre Kollegen Romeros Ansichten und Handlungen stark beeinflußten. Pater Ellacurías theologische und politische Ansichten werden ebd., Kapitel 7, dargelegt. Piers Paul Read lobte das Buch bei seiner Rezension im *Times Literary Supplement* [24.3.1995] als „wissenschaftliches Werk, (...) dem es gelingt, bei einem Thema, das noch immer heftige Leidenschaften hervorruft, objektiv zu bleiben". Trotz der Sympathien der Autorin seien „die in *Paying the Price* präsentierten Informationen mehr als ausreichend, um die Frage zu rechtfertigen, ob Romero, Ellacuría und andere in El Salvador ermordete Priester katholische Märtyrer oder nur Opfer eines grausamen Bürgerkriegs waren".

Der Postulator im Verfahren von Romeros Seligsprechung, Msgr. Vincenzo Paglia, ist anderer Ansicht. Erzbischof Romero sei zwar „nicht ohne Makel" gewesen, doch er selbst und andere, die an der Sache gearbeitet hätten, stimmten „völlig darin überein", daß Romero als Märtyrer gestorben und nicht nur aus politischen Gründen getötet worden sei. Msgr. Paglia betont außerdem, daß Pater Sobrino seine Beziehung zu Romero nach dem Mord an dem Erzbischof „ausgenutzt" habe, um Druck auf Erzbischof Obando in Nicaragua auszuüben. [Interview des Autors mit Msgr. Vincenzo Paglia, 9.12.1998. Siehe auch die der Kongregation für die Selig- und Heiligsprechungsprozesse zu der Frage, ob Romero ein Märtyrer war, vorgelegte „Informatio", Kongregationsprotokoll Nr. 1913.]

39 Siehe *OR* engl., 28.3.1980, 3.
40 Brief von Botschafter Deane R. Hinton an den Autor, 25.1.1998.
41 1997 faßte Obando seine Argumente gegen das Regime so zusammen:
Wir wollten eine Revolution, die gut für das Volk von Nicaragua sein würde, doch wir konnten sehen, daß die Revolution einen anderen Weg einschlug. Statt die Interessen des Volks von Nicaragua zu fördern, wurden die Fortschritte rückgängig gemacht, (...) als sie [die Sandinisten] die Menschenrechte unseres Volks weiter verletzten. Es wurden viele Unschuldige verhaftet, die katholische Rundfunkanstalt wurde für ein Jahr geschlossen, Predigten – manchmal sogar die Texte der Heiligen Schrift – wurden zensiert. An einem einzigen Tag wurden zehn Priester aus Managua abgeholt. Außerdem besetzten die Sandinisten unser Verlagshaus in Managua durch das Militär. [Interview des Autors mit Kardinal Miguel Obando Bravo SDB, 24.11.1997.]

Nach der Amtsenthebung Anastasio Somozas im Juli 1979 hatte die Beziehung zwischen Erzbischof Obando und den Sandinisten sich schnell verschlechtert. Am Ende des Monats hatte der Erzbischof einen Hirtenbrief herausgegeben, in dem er das neue Regime dazu aufforderte, die Meinungsfreiheit wiederherzustellen, und dagegen protestierte, daß das nicaraguanische Volk gezwungen werde, „seine primäre Achtung vor dem Leben und den menschlichen Werten zu vergessen". Zwei Jahre später warf Erzbischof Obando, nachdem er in Rom mit Johannes Paul zusammengetroffen war, dem Regime öffentlich vor, es werde marxistisch; daraufhin strich das nicaraguanische Staatsfernsehen „prompt die Ausstrahlung der Sonntagsmesse des Erzbischofs". Nur wenig später schloß das Regime die unabhängige Zeitung *La Prensa* für zwei Tage, „weil sie nicht die Wahrheit" über die Beziehungen zwischen der Kirche und der sandinistischen Regierung geschrieben habe. [Zitate aus Robert Kagan, *A Twilight Struggle. American Power in Nicaragua, 1977-1990* (New York 1995), 117, 183.]

Angesichts dieses feindseligen Verhaltens gegenüber der Kirche ist es fast unbegreiflich, daß nordamerikanische Katholiken das sandinistische Regime unterstützten. Die Katholische Konferenz der Vereinigten Staaten von Amerika, das für die Politik zuständige Organ der katholischen Bischöfe der USA, war stets sehr beschwichtigend, wenn sie vor dem Kongreß etwas zu Nicaragua sagen sollte. Aber das war noch gar nichts gegen die Unterstützung, die das nicaraguanische Regime durch amerikanische katholische Intellektuelle und politische Aktivisten erhielt. Leser von *America*, der wöchentlich erscheinenden Publikation der Jesuiten, stießen auf Lob der sandinistischen Nachbarschafts-„Verteidigungskomitees" (die durch ein feinmaschiges Spionagesystem und die Kontrolle über die Lebensmittelkarten ideologischen und politischen Druck ausübten) und erfuhren, die Sandinistische Front sei eine „flexible" politische Organisation, der es um eine „humanistische Ethik" gehe. Ernesto Cardenals Behauptung, daß es „keine Trennung zwischen dem Christentum und dem Kommunismus geben" müsse, wurde ohne Kommentar abgedruckt. *America* hatte sogar Platz für das Argument, das sandinistische Nicaragua werde sich am Ende „zu einem viel demokratischeren System [entwickeln], als wir es in den Vereinigten Staaten haben". [Siehe James Brockman SJ, „Nicaragua in January", *America*, 24.2.1979, 138; Chris Gjording SJ, „Nicaragua's Unfinished Revolution", *America*, 6.10.1979, 168; Tennent C. Wright SJ, „Ernesto Cardenal and the Humane Revolution in Nicaragua", *America*, 15.12.1979, 388; Arthur McGovern, „Nicaragua's Revolution: A Progress Report", *America*, 21.12.1981, 378.]

Bei der Beurteilung von Johannes Pauls Eingreifen in die Leitung der Gesellschaft Jesu im Oktober 1981 sollte man bedenken, daß bei der oft unkritischen Lobhudelei für ein marxistisches Regime Jesuiten sich besonders hervortaten.

42 Interview des Autors mit Erzbischof Andrea Cordero Lanza di Montezemolo, 28.11.1997.
43 Interview des Autors mit Kardinal Miguel Obando Bravo SDB, 24.11.1997.
44 Interview des Autors mit Erzbischof Andrea Cordero Lanza di Montezemolo, 28.11.1997.
45 Interview des Autors mit Roberto Tucci SJ, 25.9.1997.
46 Interview des Autors mit Erzbischof Andrea Cordero Lanza di Montezemolo, 28.11.1997. – Das Foto von der Begegnung am Flughafen ging um die ganze Welt und wurde weitgehend als Rüge des Papstes für Cardenal interpretiert. Die nicaraguanischen Zeitungen brachten es unter der Zensur der Sandinisten erst zwei Wochen nach dem Papstbesuch. Dann fragte eine Lokalzeitung Ernesto Cardenal, was der Papst denn zu ihm gesagt habe. Der Kulturminister spielte auf die Szene aus dem Neuen Testament an, bei der die Lykaonier Paulus und Barnabas ein Opfer bringen wollen, nachdem Paulus auf wundersame Weise einen Krüppel geheilt hat, und erklärte dem Reporter, Johannes Paul habe gesagt: „Knien Sie nicht vor mir nieder. Auch ich bin nur ein Mensch, von gleicher Art wie Sie!" [Apostelgeschichte 14,15] Diejenigen, die dabei waren, wußten es besser.
47 Ebd.
48 Siehe Humberto Belli, *Nicaragua. Christians Under Fire* (San José, Costa Rica, 1984).
49 Siehe ebd.
50 Zu den Anhängern der Sandinisten vor dem Altar gehörten auch die Mütter von 17 sandinistischen Soldaten, die von den gegen das Regime kämpfenden „Contras" getötet worden waren. Die Sandinisten entschuldigten die geplante Agitation des Mobs während der Predigt des Papstes damit, daß die Menge zu Recht darüber empört gewesen sei, daß der Papst die „Contras" nicht verurteilt habe.
51 Interview des Autors mit Roberto Tucci SJ, 25.9.1997.
52 Interview des Autors mit Kardinal Miguel Obando Bravo SDB, 24.11.1997.
53 Interview des Autors mit Kardinal Joseph Ratzinger, 18.1.1997.
54 Jonathan Kwitny greift in *Man of the Century* eine Vermutung auf, die vor ihm schon andere geäußert hatten: daß es eine zweite Instruktion zur Befreiungstheologie gegeben habe, weil Johannes Paul mit der *Instruktion über einige Aspekte der „Theologie der Befreiung"* unzufrieden gewesen sei. Kardinal Ratzinger bestritt das in Interviews am 18. Januar und 20. September 1997 vehement; er wies auf die Kontinuität zwischen den beiden Instruktionen und der Lehre des Papstes von Puebla 1979 und Peru im Februar 1985 hin. Der Kardinal sagte, der Papst habe während des ganzen Prozesses nie zum Ausdruck gebracht, daß die erste Instruktion nicht so „funktioniert" habe, wie er gehofft hatte.

Kwitnys Behauptung, Kardinal Roger Etchegaray habe auf Anweisung des Papstes den grundlegenden Entwurf einer zweiten, „korrektiven" Instruktion angefertigt, überzeugt nicht. Bei der Entwicklung von Dokumenten dieser Art fordert das Organ, das letztendlich für die Abfassung verantwortlich ist, Entwürfe von verschiedenen Stellen an und bekommt solche Entwürfe auch unaufgefordert zugeschickt.

Kwitny behauptet außerdem, die Theorie, daß wirtschaftliche Faktoren in der Geschichte vorherrschen, sei „der Kern der marxistischen Analyse", und Johannes Paul könne die Verwendung dieser „marxistischen Analyse" in der Befreiungstheologie nicht völlig abgelehnt haben, da er diese Sicht der Geschichte 1953 in seiner *Katholischen Sozialethik* selbst übernommen habe. Wie ich bereits dargelegt habe, spiegelt dieser Text jedoch kaum die späteren Ansichten Johannes Pauls wider. Außerdem mißversteht Kwitny sowohl den Marxismus als auch Johannes Paul. Der „Kern der marxistischen Analyse" umfaßt weit mehr als nur die These von der Wirtschaft als geschichtsprägender Kraft; zu ihm gehört beispielsweise auch der Klassenkampf als Hauptkraft geschichtlicher Veränderungen – eine Auffassung, die Karol Wojtyła stets ablehnte und als Christ auch gar nicht akzeptieren konnte. Johannes Pauls Ansprache vor der UNESCO im Jahre 1980, in der er so nachdrücklich betonte, daß die stärkste Kraft in der menschlichen Welt die Kultur sei, war eine überzeugende Kritik an der Theorie, die die Wirtschaft als Hauptkraft der Geschichte sieht. [Siehe *Man of the Century*, 514-518 und die entsprechenden Endnoten.]

55 *Instruktion über einige Aspekte der „Theologie der Befreiung". Verlautbarungen des Apostolischen Stuhls* 57; Nr. X, 5.
56 Ebd., Nr. IV, 14f.
57 Ebd., Nr. VIII, 9.
58 Ebd., Nr. VIII, 4, 9.
59 Ebd., Nr. VIII, 7.
60 Ebd., Nr. IX, 10 [Hervorhebung im Original].
61 Ebd., Nr. IX, 12.
62 Ebd., Nr. X, 11f.
63 Ebd., Nr. X, 16.
64 Ebd., Nr. XI, 17.
65 *Instruktion über die christliche Freiheit und die Befreiung. Verlautbarungen des Apostolischen Stuhls* 70; Nr. 3.
66 Ebd., Nr. 5.
67 Ebd., Nr. 14, 44.
68 Ebd., Nr. 38.
69 Ebd., Nr. 89.
70 Ebd., Nr. 68.
71 Ebd., Nr. 95.
72 Interview des Autors mit Janusz Onyszkiewicz, 10.6.1991.
73 Siehe Michael Kaufman, *Mad Dreams, Saving Graces – Poland. A Nation in Conspiracy* (New York 1989), 5.
74 Seit 1989 trägt der „Platz der Verteidigung der Pariser Kommune" wieder seinen vorkommunistischen Namen: „Woodrow-Wilson-Platz".
75 Siehe Kaufman, *Mad Dreams, Saving Graces*, 139ff.
76 Seine Anliegen faßte der junge Priester in seiner am häufigsten zitierten Predigt zusammen: „Wir wollen die Wahrheit, wie ein Licht, auf einen Kerzenleuchter stecken, wir wollen das Leben in der Wahrheit leuchten lassen, damit unser Gewissen nicht verfault. (...) Wir wollen unsere Ideale nicht für ein Linsengericht verkaufen. Wir wollen unsere Ideale nicht verkaufen, indem wir unsere Brüder verkaufen. Wie schnell die Zeit kommen wird, da wir unser tägliches Brot wieder in Solidarität und Liebe miteinander teilen, hängt von unserer Sorge um unsere unschuldig inhaftierten Brüder ab, von unserem Leben in der Wahrheit. Dann, wenn wir so viel Kraft brauchen werden, um unsere Freiheit wiederzugewinnen und zu bewahren, wollen wir Gott darum bitten, daß er uns mit der Kraft seines Geistes erfüllt, um in unseren Herzen den Geist der wahren Solidarität zu wecken." [Zitiert in: Grażyna Sikorska, *A Martyr for the Truth. Jerzy Popiełuszko* (Grand Rapids 1985), 59.]
77 Antonin Lewek, „New Sanctuary of Poles. The Grave of Martyr-Father Jerzy Popiełuszko" (Warschau 1986), Broschüre aus der Stanislaus-Kostka-Kirche in Warschau; Pater Lewek war ein Freund und Kollege von Pater Popiełuszko.
78 Kaufman, *Mad Dreams, Saving Graces*, 141.
79 Siehe ebd., 138.
80 Siehe Johannes Paul II., „Predigt bei der hl. Messe zur 600-Jahr-Feier der Muttergottes von Jasna Góra". In: *DAS 1982*, 1239-1242. Johannes Paul feierte die Messe am Datum des Jahrestages,

dem 26. August, in der Kapelle in Castel Gandolfo, unter dem Bild der Muttergottes von Jasna Góra, das die polnischen Bischöfe Pius XI. geschenkt hatten.
81 Interview des Autors mit Roberto Tucci SJ, 25.9.1997.
1982 hatte der Apparat des Regimes für die innere Sicherheit einen „Vermerk betreffend die Gefahren, mit denen zu rechnen ist, falls der Papst im August 1982 nach Polen kommt" verfaßt, in dem von „rund 350 Gruppen und Organisationen junger Leute mit terroristischen Tendenzen" und dem verbreiteten illegalen „Besitz von Waffen, Munition und Sprengstoff" die Rede war – alles Bestandteil der ständigen Verleumdungskampagne gegen die Solidarność. Die Behauptungen, daß der CIA Provokationen geplant habe, sollten entsprechend verstanden werden. [Siehe Lech Wałęsa, *Ein Weg der Hoffnung. Autobiographie* (Wien 1987), 385.]
82 Siehe Timothy Garton Ash, *Ein Jahrhundert wird abgewählt. Aus den Zentren Mitteleuropas 1980-1990* (München 1990), 46-48, und Johannes Paul II., „Predigt bei der Messe in der St.-Johannes-Kathedrale in Warschau". In: *DAS 1983*, 432-436.
83 Zitiert in Garton Ash, *Ein Jahrhundert wird abgewählt*, 45.
84 Siehe ebd., 43-45.
85 Zitiert ebd., 43-45, 47f. Garton Ash weist zu Recht darauf hin, daß Johannes Paul das Wort *odnowa* [Erneuerung] aus dem verkalkten Wörterbuch des Kommunismus „unermüdlich" wiederholte und in einen wahrhaft moralischen Kontext stellte. Siehe auch: Johannes Paul II., „Ansprache an die Jugend auf Jasna Góra". In: *DAS 1983*, 466-471.
86 Interview des Autors mit Kardinal Jean-Marie Lustiger, 24.10.1996.
87 Interview des Autors mit Joaquín Navarro-Valls, 20.3.1997. Siehe auch Johannes Paul II., „Ansprache bei der Begegnung mit Vertretern des polnischen Staates im Schloß Belvedere in Warschau". In: *DAS 1983*, 437-441.
88 Garton Ash, *Ein Jahrhundert wird abgewählt*, 50. Siehe auch Johannes Paul II., „Predigt bei der Messe im Warschauer Stadion ‚Dziesieciolecia'". In: *DAS 1983*, 448-455.
89 Siehe Garton Ash, *Ein Jahrhundert wird abgewählt*, 55f.
90 Zitiert ebd., 56.
91 Ebd.
92 Johannes Paul II., „Gebet beim Appell von Jasna Góra in Tschenstochau". In: *DAS 1983*, 494-499.
93 Für eine detailliertere Analyse von *Die Herausforderung des Friedens* und den Auswirkungen, die die Konsultation im Vatikan darauf hatte, siehe George Weigel, *Tranquillitas Ordinis: The Present Failure and Future Promise of American Catholic Thought on War and Peace* (New York 1987), 257-285. Die Informationen über die Konsultation im Vatikan stammen aus meinem Interview mit Erzbischof Jan Schotte CICM, 10.5.1991.
94 Brief von Kardinal John J. O'Connor an den Autor, 17.10.1997.
95 Das Treffen mit Arafat, das bei den Juden auf der ganzen Welt eine große Debatte auslöste, hatte im vorhergehenden Herbst (15. September 1982) stattgefunden.
96 Die Einzelheiten zur Entstehung des IWM und zum ersten Seminar in Castel Gandolfo stammen aus dem Interview des Autors mit Pater Józef Tischner, 23.4.1997.
97 Ebd.
98 Zum Päpstlichen Rat für die Kultur siehe das Schreiben von Johannes Paul an Kardinal Casaroli vom 20. Mai 1982, in dem er dem Staatssekretär „den Vorsitz der Organisation" dieses Rates überträgt. [Johannes Paul II., „Schreiben an Kardinalstaatssekretär Agostino Casaroli zur Gründung des Päpstlichen Rates für die Kultur". In: *DAS 1982*, 1104-1110.]
99 Interview des Autors mit Vincent O'Keefe SJ, 16.9.1997.
100 Johannes Paul II., „Ansprache an die Assistenten der Generalkurie und die Provinziäle aller Provinzen der Gesellschaft Jesu". In: *DAS 1982*, 924-939.
101 Siehe beispielsweise Walsh, *John Paul II*, 104. Pater Vincent O'Keefe bestätigte, das sei eine verbreitete Reaktion auf die Ansprache gewesen, die natürlich auch im Vatikan bekannt geworden sei und „Probleme verursacht" habe, als es darum ging, die endgültige Zustimmung zur 33. Generalkongregation zu erlangen. „Doch wir sind damit fertig geworden!" [Interview des Autors mit Vincent O'Keefe SJ, 16.9.1997.]
102 Johannes Paul II., „Homilie beim Gottesdienst zum Beginn der 33. Generalkongregation der Gesellschaft Jesu". In: *DAS 1983*, 1061-1068.
103 Interview des Autors mit Giuseppe Pittau SJ, 17.12.1997. Am 11. Juli 1998 ernannte der Papst Pater Pittau zum Titular-Erzbischof von Castro di Sardegna und zum Sekretär (zweithöchster Rang) der Kongregation für das Katholische Bildungswesen. Davor war Pittau Rektor der Päpstlichen Universität Gregoriana gewesen.

[104] Interview des Autors mit Roberto Tucci SJ, 25.9.1997.
[105] Ebd.
[106] Die Gesamtzahl der Mitglieder betrug 1996 22 227, gegenüber 34 687 im Jahre 1960. [Siehe „Public Square", *First Things* 75 (August/September 1997), 85.]
[107] Siehe Johannes Paul II., *Tertio millennio adveniente*, Nr. 10.
[108] Siehe Johannes Paul II., *Redemptor hominis*, Nr. 1.
[109] Pilgern, die alle vier Basiliken besuchen, für die Vorhaben des Papstes beten, ihre Sünden beichten, die entsprechende Buße tun und die Heilige Kommunion empfangen, wird der Jubiläumsablaß gewährt: ein vollkommener Ablaß von den andauernden Wirkungen der Sünde, die nach der katholischen Lehre die Läuterung im Purgatorium erfordern, um den verstorbenen Christen zur Gemeinschaft mit Gott und den Heiligen im Himmel fähig zu machen. [Siehe *Katechismus der Katholischen Kirche*, 1471-1479.]
[110] Johannes Paul II., „Predigt bei der feierlichen Messe zur Eröffnung des Heiligen Jahres der Erlösung". In: *DAS 1983*, 849-853.
[111] Eva-Maria Jung-Inglessis, *Das Heilige Jahr in Rom. Geschichte und Gegenwart* (Vatikanstadt 1997), 295f.
[112] Johannes Paul II., „Schreiben anläßlich des 500. Geburtstags Martin Luthers an den Präsidenten des Sekretariats für die Einheit der Christen, Kardinal Jan Willebrands". In: *DAS 1983*, 1164-1166. Siehe außerdem die Ansprache von Kardinal Willebrands in Leipzig: „Luther – ‚gegenwärtig in der Ökumene'. Ansprache von Kardinal Johannes Willebrands in der Thomas-Kirche in Leipzig am 11. November", *OR* dt., 9.12.1983, 14. – Zur gleichen Zeit schloß die vom Sekretariat für die Einheit der Christen und vom Lutherischen Weltbund ernannte Gemischte römisch-katholische theologische Kommission zehn Jahre Arbeit unter der Ko-Präsidentschaft von Bischof Hans Martensen (Kopenhagen) und Professor George Lindbeck (Yale Divinity School) ab. Die Kommission veröffentlichte eine gemeinsame Erklärung, „Martin Luther – Zeuge Jesu Christi", in der festgehalten wurde, daß beide Gemeinschaften „eine Abschwächung der überholten, polemisch gefärbten Bilder von Luther" erreicht hätten und Luther „gemeinsam als Zeuge des Evangeliums, Lehrer im Glauben und Verkünder spiritueller Erneuerung geehrt" werden könne.
[113] Johannes Paul II., „Ansprache beim Besuch der evangelisch-lutherischen Christus-Kirche in Rom". In: *DAS 1983*, 1249-1251.
[114] Ebd. – Siehe auch Jung-Inglessis, *Das Heilige Jahr in Rom*, 297-299.
[115] Johannes Paul II., „Ansprache bei der Heilig-Jahr-Feier der Kinder". In: *DAS 1984*, 887-889.
[116] Siehe *OR* dt., 27.1.1984, 3.
[117] *Reconciliatio et paenitentia*, unterzeichnet am 2. Dezember 1984, war das erste dieser von einer Synode inspirierten Dokumente, das ausdrücklich als „nachsynodales apostolisches Mahnschreiben" bezeichnet wurde. In seiner Einleitung betonte Johannes Paul II., daß das Dokument auch „ein Werk der Synode selbst" sei. „Der Inhalt dieser Seiten stammt nämlich von ihr (...), aus dem *Arbeitstext*, aus den Stellungnahmen in der *Synodenaula* und bei den *Arbeitsgruppen* und vor allem aus den 63 *Schlußvorlagen*." [*Reconciliatio et paenitentia*. Verlautbarungen des Apostolischen Stuhls 60; Nr. 4 (Hervorhebungen im Original).] Der Papst verwob das bei der Synode entstandene Material jedoch in einem deutlich persönlichen Rahmen.
[118] Ebd., Nr. 7.
[119] Ebd., Nr. 8.
[120] Siehe ebd., Nr. 13, 15.
[121] Siehe ebd., Nr. 16.
[122] Siehe ebd., Nr. 17.
[123] Ebd., Nr. 33, 29.
[124] Ebd., Nr. 33.
[125] Interview des Autors mit Msgr. Andrzej Bardecki, 11.7.1996. Am Morgen nach Johannes Pauls Besuch im Rebibbia-Gefängnis frühstückte Msgr. Bardecki mit ihm und fragte ihn, ob Agca die Beichte abgelegt habe. Johannes Paul antwortete: „Nein, so war es nicht!", und erzählte die Geschichte von Agcas Fátima-Besessenheit. Bardecki veröffentlichte später in *Tygodnik Powszechny* einen Bericht über sein Frühstücksgespräch mit Johannes Paul; der Papst las ihn und hatte keine Einwände.
[126] Johannes Paul II., *Salvifici doloris*. Verlautbarungen des Apostolischen Stuhls 53; Nr. 2f. [Hervorhebung im Original].
[127] Ebd., Nr. 7 [Hervorhebung im Original].

[128] Ebd., Nr. 12f.
[129] Ebd., Nr. 18.
[130] Ebd., Nr. 14 [Hervorhebung im Original].
[131] Ebd., Nr. 14f.
[132] Siehe ebd., Nr. 26 [Hervorhebung im Original].
[133] Ebd., Nr. 28f. [Hervorhebung im Original].
[134] Siehe *OR* dt., 20.1.1984, 3.
[135] Johannes Paul II., „Neujahrsansprache an das beim Hl. Stuhl akkreditierte Diplomatische Korps". In: *DAS 1984*, 889-899.
[136] Siehe Walsh, *John Paul II*, 132, sowie *OR* dt., 27.1.1984, 3.
[137] Siehe *OR* dt., 24.2.1984, 3.
[138] Siehe *OR* dt., 23.3.1984, 3.
[139] Johannes Paul II., „Apostolisches Schreiben vom 20. April an die Bischöfe der katholischen Kirche, die Priester, Ordensleute, und alle Gläubigen über die Stadt Jerusalem, heiliges Erbe aller Glaubenden, ersehnter Kreuzpunkt der Friedens für alle Völker des Nahen Ostens". In: *DAS 1984*, 1173-1177.
[140] Johannes Paul II., „Glückwunschtelegramm an Lech Wałęsa zur Verleihung des Friedensnobelpreises". In: *DAS 1983*, 1108f.
[141] Die Kongregation für die Bischöfe schlägt dem Papst Kandidaten für alle Bischofssitze auf der Welt vor, mit Ausnahme derjenigen in Missionsgebieten (die von der Kongregation für die Glaubensverbreitung nominiert werden) oder in katholischen Kirchen des östlichen Ritus (die ihre eigenen Verfahren für die Auswahl von Bischöfen haben).
[142] Die Versammlung des Weltkirchenrats in Nairobi hatte 1975 auf eine Petition von zwei russisch-orthodoxen Aktivisten, Pater Gleb Jakunin und Pater Lew Regelson, die den Weltkirchenrat um Unterstützung für Religionsfreiheit in der UdSSR baten, nicht reagiert. Als Jakunin daraufhin zu fünf Jahren Haft und fünf Jahren Verbannung verurteilt wurde, war der Weltkirchenrat nicht bereit, sich für ihn einzusetzen. [Siehe Ernest W. Lefever, *Nairobi to Vancouver. The World Council of Churches and the World, 1975-1987* (Washington 1987), 64-67.]
[143] Siehe „Resolution on Afghanistan". In: David Gill (Hrsg.), *Gathered for Life. Office Report, VI Assembly of the World Council of Churches* (Grand Rapids 1983), 161f.
[144] Siehe Ernest W. Lefever, *Nairobi to Vancouver*, 33-45.
[145] Siehe ebd., 21f.
Die Geschichte der Politik des Weltkirchenrats, auf Originalquellen beruhend, findet man ebd. und in einem Vorgängerband des gleichen Autors, *Weltkirchenrat und Dritte Welt. Ökumene im Spannungsfeld zwischen Theologie und Politik* (Stuttgart 1981).
[146] Johannes Paul II., „Ansprache beim Besuch des Ökumenischen Rates der Kirchen in Genf". In: *DAS 1984*, 429-437.
[147] Interview des Autors mit Roberto Tucci SJ, 25.9.1997.
[148] Lewek, „New Sanctuary of Poles".
[149] Zitiert in Garton Ash, *The Polish Revolution. Solidarity*, 351.

Kapitel 14
Das Konzil neu erfahren

[1] Siehe „Rome". In: *Encyclopedia Judaica*, Bd. 14 (Jerusalem 1972). Zu Castel Gandolfo als Versteck für Juden siehe Emilio Bonomelli, *I Papi in Campagna* (Rom 1953), und Saverio Petrillo, *I Papi a Castelgandolfo* (Rom 1995). Die wichtigste dokumentarische Quelle zum Heiligen Stuhl und zu Pius XII. im Zweiten Weltkrieg ist Pierre Blet/Angelo Martini/Robert Graham/Burkhart Schneider (Hrsgg.), *Actes et Documents du Saint-Siège relatifs à la seconde guerre mondiale*, 11 Bände (Vatikanstadt 1965-1981). Einer der Herausgeber faßt die in dieser Sammlung von Archivmaterialien untersuchten Dokumente zusammen: Pierre Blet, *Papst Pius XII. und der Zweite Weltkrieg. Aus den Akten des Vatikans* (Paderborn 2000).
[2] Die Ansprachen von Professor Saban, Oberrabbiner Toaff und Papst Johannes Paul II. in der Synagoge von Rom findet man in: John Paul II, *Spiritual Pilgrimage: Texts on Jews and Judaism*,

Hrsgg. Eugene J. Fisher und Leon Klenicki (New York 1995), 60-73, die des Papstes auf deutsch auch in *DAS 1986*, 1242-1248, und Auszüge aus den beiden anderen in *OR* dt., 25.4.1986, 6. Die Hintergrundinformationen über den Besuch beruhen auf den Interviews des Autors mit Schwester Lucy Thorson NDS, 15.1.1997, und Bischof Pierre Duprey MAfr., 15.1.1997.

3 Interview des Autors mit Paula Butturini, 18.2.1997.
4 „Homily During the Liturgy of the Word – Cuzco (Peru)". In: *Insegnamenti di Giovanni Paolo II, 1985*. Siehe auch Johannes Paul II., „Ansprache an die Campesinos in Cuzco". In: *DAS 1985*, 430-437. Die Einzelheiten zum Schauplatz stammen aus dem Interview des Autors mit Paula Butturini vom 18.2.1997 und aus *Il Mondo di Giovanni Paolo II: Tutti i viaggi internazionale del Papa, 1978-1996* (Mailand 1996).
5 Zu diesen Punkten siehe Joseph Kardinal Ratzinger, *Zur Lage des Glaubens. Ein Gespräch mit Vittorio Messori* (München 1985), 25-29, 35-40. Zu den Worten von Paul VI. über den „Rauch Satans" siehe *OR* engl., 13.7.1972, 6.
6 Siehe Neuhaus, *The Catholic Moment*, 112f.
7 Siehe Berger/Neuhaus (Hrsgg.), *Against the World for the World*.
8 Siehe Brigitte Berger/Peter L. Berger, „Our Conservatism and Theirs", *Commentary* 82:4 (Oktober 1986), 63.
9 Siehe Peter L. Berger, *Auf den Spuren der Engel. Die moderne Gesellschaft und die Wiederentdeckung der Transzendenz* (Frankfurt am Main 1970).
10 Interview des Autors mit Joaquín Navarro-Valls, 18.12.1997.
11 Interview des Autors mit Joaquín Navarro-Valls, 23.10.1998.
12 Johannes Paul II., „Ansprache an die Leiter des Amerikanischen Jüdischen Komitees". In: *DAS 1985*, 1106-1109; 1107.
13 Vgl. Johannes Paul II., „Ansprache an die Teilnehmer des Symposions zum 20. Jahrestag der Konzilserklärung ‚Nostra Aetate'". In: Ebd., 1283-1285; 1285.
14 Vatikanische Kommission für die religiösen Beziehungen zum Judentum im Sekretariat für die Einheit der Christen, *Hinweise für eine richtige Darstellung von Juden und Judentum in der Predigt und in der Katechese der katholischen Kirche*. In: Ebd., 1885-1899; 1892, 1898.
15 Johannes Paul II., „Ansprache an die Teilnehmer der Jahresversammlung der Internationalen Kommission für die Beziehungen zwischen der katholischen Kirche und dem Judentum". In: Ebd., 1592-1595; 1593f.
16 Gespräch des Autors mit Papst Johannes Paul II., 30.9.1997.
17 Ebd.
18 „History of the World Youth Day". In: *Pilgrim Guide Book, JMJ Paris 1997*, 12.
19 Johannes Paul II., *An die Jugendlichen in der Welt. Verlautbarungen des Apostolischen Stuhls* 63, Nr. 6, 9f. [Hervorhebung im Original].
20 Johannes Paul II., „Ansprache an die Beauftragten der Ökumene-Kommissionen der Bischofskonferenzen". In: *DAS 1985*, 1289-1293; 1292f., 1290.
21 Siehe Karl Rahner/Heinrich Fries, *Einigung der Kirchen – reale Möglichkeit* (Freiburg 1983). Karl Rahners eigene Beschreibung dieses Vorschlags findet man in „Zur Einheit der Kirche der Zukunft"; in: Paul Imhof/Hubert Biallowons (Hrsgg.), *Glaube in winterlicher Zeit. Gespräche mit Karl Rahner aus den letzten Lebensjahren* (Düsseldorf 1986), 206-213.
22 Johannes Paul II., „Predigt beim Gottesdienst für die Römische Kurie und die Angestellten des Vatikans in St. Peter". In: *DAS 1985*, 1429-1441; Nr. 10.
23 Siehe ebd., Nr. 2.
24 Siehe ebd.
25 Ebd., Nr. 7.
26 Siehe ebd., Nr. 6.
27 Ebd., Nr. 7.
28 Ebd., Nr. 9.
29 Die „Notifikation" der Glaubenskongregation zu Boff findet man in: *DAS 1985*, 1847-1854. Siehe auch Joseph Kardinal Ratzinger, *Salz der Erde. Christentum und katholische Kirche an der Jahrtausendwende. Ein Gespräch mit Peter Seewald* (Stuttgart 1996), 99-101.
30 Interview des Autors mit Kardinal Edward Cassidy, 7.12.1996; die Bemerkung des niederländischen Ministerpräsidenten wird in Walsh, *John Paul II*, 147, zitiert.
31 Brief von Frans A. M. Alting von Geusau an den Autor, 5.1.1997.
32 Siehe Kwitny, *Man of the Century*, 533.
33 Siehe Walsh, *John Paul II*, 157, Anm. 16.

34 Ebd.; siehe auch Walsh, *John Paul II*, 147.
35 Brief von Kardinal Edward Cassidy an den Autor, 28.10.1997.
Das neue Seminar wurde von Bischof Johannes Gerardus ter Schure SDB gegründet, dessen Ernennung ein weiterer Grund für den Unmut der niederländischen Dissidenten war; die in London herausgegebene katholische Zeitschrift *The Tablet* bezeichnete seine Ernennung als „erniedrigende Geste". [Siehe Kwitny, *Man of the Century*, 532.]
36 Siehe Walsh, *John Paul II*, 148.
37 Siehe *Insegnamenti di Giovanni Paolo II, 1985*, sowie Johannes Paul II., „Ansprache an die Repräsentanten der Europäischen Gemeinschaft"; in: *DAS 1985*, 727-736.
38 Interview des Autors mit Kardinal Jozef Tomko, 14.11.1996.
39 Am 15. August sprach Johannes Paul in Kinshasa (Zaire) Anwarite Nengapeta selig, eine 25jährige zairische Nonne, die 1964 während des Simba-Aufstands ermordet worden war. Schwester Anwarite hatte zu Oberst Olombe, dem Anführer der Rebellen, der sie sexuell mißbrauchen wollte und ihre Hinrichtung befahl, nachdem sie sich gewehrt hatte, gesagt: „Ich vergebe Ihnen, denn Sie wissen nicht, was Sie tun!" Der Mörder von Anwarite Nengapeta nahm an der Seligsprechung teil.
40 Siehe „Historic Meeting in Morocco", *OR* engl., 9.9.1985, 12.
41 Die Zitate stammen aus „Ansprache bei der Begegnung mit der muslimischen Jugend im Sportstadion in Casablanca (Marokko)". Vgl. *DAS 1985*, 958-967.
42 Interview des Autors mit Kardinal Jozef Tomko, 19.1.1997.
43 Gespräch des Autors mit Papst Johannes Paul II., 13.12.1997.
44 Die Bischöfe der USA, die stark unter dem Einfluß von Befürwortern einer strengen Rüstungskontrolle standen, hatten in *The Challenge of Peace* [Die Herausforderung des Friedens] schwere Bedenken gegen SDI zum Ausdruck gebracht. Das hatte einen durchaus ironischen Aspekt, denn mit der Ankündigung von SDI wollte die Regierung Reagan nicht zuletzt die Medien von *The Challenge of Peace* ablenken. Jedenfalls sprach die Bischofskonferenz der Vereinigten Staaten von Amerika nicht für den Heiligen Stuhl, als sie ihre Bedenken gegenüber SDI äußerte. Gromyko schildert diese Begegnung aus seiner Sicht in seinen *Erinnerungen* (Düsseldorf 1989), 301-303.
45 Johannes Paul II., „Brief an den gesamten Klerus der Tschechoslowakei anläßlich der Feierlichkeiten zum 1100. Todestag des hl. Method". In: *DAS 1985*, 1131-1139; Nr. 2a.
46 Ebd., Nr. 3a.
47 Ebd., Nr. 3b, 3c, 4.
Johannes Paul schrieb außerdem: „Dieses Wissen um die Verantwortung verlangt von den Priestern und Ordensmännern selbstverständlich, daß sie die Einheit in Lehre und Disziplin mit der Kirche hochschätzen, die Christus gewollt und gestiftet hat, also mit dem Nachfolger Petri und den mit ihm verbundenen Bischöfen." [Ebd., 3c.] Das war eine Reaktion auf diejenigen Teile der Untergrundkirche in der Tschechoslowakei, die bereits mit der nicht autorisierten Ordination von Bischöfen und der Priesterweihe verheirateter Männer begonnen hatten.
48 *Slavorum apostoli* ist nicht an einen einzelnen Bischof oder eine Gruppe von Bischöfen adressiert, sondern an die ganze Kirche – ein weiterer Hinweis darauf, daß Johannes Paul daran gelegen war, das slawische Christentum nach der in Jalta beschlossenen künstlichen Teilung Europas, die zu einer nicht minder künstlichen Teilung des christlichen Bewußtseins geführt hatte, wieder mit dem christlichen Westen zu verbinden. [Siehe „Editor's Introduction to *Slavorum Apostoli*". In: Miller, *Encyclicals*, 215f.]
49 Johannes Paul II., *Slavorum apostoli. Verlautbarungen des Apostolischen Stuhls* 65, Nr. 20.
50 Ebd., Nr. 14.
51 Ebd., Nr. 22.
52 Ebd., Nr. 21, 19, 11, 10, 19, 18.
53 Siehe Broun, *Conscience and Captivity*, 94.
54 Wie vom Heiligen Stuhl erhofft. Die Instruktion von 1982 war in den Medien weitgehend als gegen den Klerus in Lateinamerika gerichtet interpretiert worden. Die Ziele in Ostmitteleuropa wurden eher ignoriert, doch gerade dort hatte die Instruktion die stärksten unmittelbaren Auswirkungen.
55 Interview des Autors mit Pater Václav Malý, 25.10.1991.
Die Feier in Velehrad war auch Anlaß für einen sarkastischen tschechischen Witz. Nach der Massenversammlung gab es den üblichen Streit um die Teilnehmerzahl – das Büro des Kardinals sprach von 150 000, die Regierung von 50 000. Daraufhin sagte der kirchliche Widerstand:

„Beide Seiten haben recht! Wir zählen unsere und sie ihre." [Interview des Autors mit Bischof František Lobkowicz OPraem., 21.10.1991.]
56 Interview des Autors mit Kardinal Joseph Ratzinger, 18.1.1997.
57 Zitiert in Neuhaus, *The Catholic Moment*, 110.
Kardinal Danneels war der Berichterstatter der Synode; er war für die Erstellung des Schlußdokuments aus den allgemeinen Diskussionen und aus den Diskussionen in den kleineren „Sprachzirkeln" verantwortlich. Dabei unterstützte ihn der „Sondersekretär" der Synode, Professor Walter Kasper, ein bekannter deutscher Theologe, der 1989 zum Bischof von Rottenburg-Stuttgart ernannt wurde. Die drei delegierten Präsidenten der außerordentlichen Bischofssynode waren John Krol (Philadelphia), Joseph Malula (Kinshasa) und Johannes Willebrands (Utrecht).
58 Ebd.
59 „Schlußdokument der 2. außerordentlichen Bischofssynode". In: *DAS 1985*, 1863-1882.
60 Johannes Paul II., „Ansprache beim ökumenischen Gottesdienst mit den Teilnehmern der außerordentlichen Bischofssynode". In: Ebd., 1680-1682; 1681.
61 „Schlußdokument der 2. außerordentlichen Bischofssynode", 1877.
62 Siehe zum Beispiel die Intervention von Bischof James Malone, „The Value of Collegiality", *Origins* 15:26 (12.12.1985), 430f.
63 Neuhaus, *The Catholic Moment*, 121.
64 Zitiert ebd., 123.
65 Was sich daraus schließen läßt, daß Etchegaray, der damalige Vorsitzende der französischen Bischofskonferenz, François Marty 1981 nicht als Erzbischof von Paris nachfolgte.
66 Memorandum von Kardinal Roger Etchegaray an den Autor, 12.4.1997.
67 Interview des Autors mit Kardinal Roger Etchegaray, 19.3.1997.
68 Die Einzelheiten zur Revolution auf den Philippinen und die Verlautbarungen von Kardinal Sin und der philippinischen Bischofskonferenz sind entnommen: Henry Wooster, „Faith at the Ramparts: The Philippine Catholic Church and the 1986 Revolution". In: Douglas Johnston/Cynthia Sampson (Hrsgg.), *Religion, the Missing Dimension of Statecraft* (New York 1994), 153-176. Daß Henrietta T. de Villa mit ihrer ganzen Familie zur EDSA zog, erfuhr der Autor bei einem Interview mit ihr, 25.3.1997.
69 Memorandum von Kardinal Jaime L. Sin an den Autor, 9.12.1997.
70 Ebd.
71 Ebd.
72 Zitiert in Wooster, „Faith at the Ramparts", 162.
73 Zitiert ebd., 170.
74 Interview des Autors mit Erzbischof Jorge M. Mejía, 20.1.1997. Zur Zeit der Assisi-Initiative war der damalige Bischof Mejía Sekretär (zweithöchster Rang) der Päpstlichen Kommission „Justitia et Pax".
75 Ebd.
76 Ebd.
77 Siehe *The Pope Speaks to India* (Bandra-Bombay 1986), 17, 19, und Johannes Paul II., „Ansprache bei der Kranzniederlegung am Raj-Ghat-Grabmal Mahatma Gandhis in Neu-Delhi". In: *DAS 1986*, 319-321.
78 Interview des Autors mit Paula Butturini, 18.2.1997.
79 Gespräch des Autors mit Papst Johannes Paul II., 30.9.1997.
80 Jorge M. Mejía, „Zusammensein, um zu beten", *OR* dt., 10.10.1986, 5.
81 Interview des Autors mit Erzbischof Jorge Mejía, 20.1.1997.
82 Ebd.
83 Ebd.
84 Johannes Paul II., „Ansprache an leitende Persönlichkeiten jüdischer Organisationen". In: Rolf Rendtorff/Hans Hermann Henrix (Hrsgg.), *Die Kirchen und das Judentum. Dokumente von 1945-1985* (Paderborn 1987), 63-66; 64.
85 Johannes Paul II., „Ansprache an eine Gruppe der ‚Anti-Defamation League of B'nai B'rith'". In: Ebd., 80-82; 81.
86 Johannes Paul II., „Ansprache an die Teilnehmer des Symposions zum 20. Jahrestag der Konzilserklärung ‚Nostra aetate'". In: *DAS 1985*, 1283-1285.
87 Johannes Paul II., „Ansprache an die Teilnehmer des II. Internationalen Theologischen Gesprächs zwischen Christen und Juden". In: *DAS 1986*, 1690-1692.

Anmerkungen zu Kapitel 14

88 Siehe Fritz A. Rothschild (Hrsg.), *Christentum aus jüdischer Sicht. Fünf jüdische Denker des 20. Jahrhunderts über das Christentum und sein Verhältnis zum Judentum* (Berlin 1998).

89 Siehe David Novak, *Jewish-Christian Dialogue. A Jewish Justification* (New York 1989).

90 Wie Karol Wojtyła die Dreifaltigkeit verstand, bevor er Papst wurde, zeigt sich in seinem letzten Schauspiel, dem metaphysischen Gedicht „Die Strahlung der Vaterschaft", in dem er Gott nach Ansicht von Józef Tischner „nicht [als] Absolute Einsamkeit, sondern [als] Absolute Interaktion" darstellt. Der Schweizer Theologe Hans Urs von Balthasar formulierte einmal eine ähnliche Vorstellung etwas anders in einer Predigt für den Dreifaltigkeitssonntag. An Weihnachten, am Karfreitag und an Ostern, an Himmelfahrt und bei der Feier des Kommens des Heiligen Geistes zu den ersten Aposteln an Pfingsten würden die Christen „Gott mit uns" feiern. Doch wie, fragt Balthasar, „konnte Gott mit uns sein, wenn das Wörtchen ‚mit' nicht immer schon zu seinem eigenen Wesen und Leben gehörte?" Die Lehre von der Dreifaltigkeit sei Ausdruck des durch die Erfahrungen der Christen in der Geschichte entstandenen christlichen Glaubens, daß Gott eine absolute Reziprozität von sich selbst gebenden Personen ist, bei der die Lebendigkeit durch das Sich-selbst-Geben gesteigert und Egoismus absolut ausgeschlossen wird. [Hans Urs von Balthasar, „Dreifaltigkeit: Gott ist Mit-Sein". In: *Du krönst das Jahr mit deiner Huld* (Einsiedeln 1982), 125-129.]

91 Johannes Paul II., *Dominum et vivificantem. Verlautbarungen des Apostolischen Stuhls* 71, Nr. 33 [Hervorhebung im Original].

92 Siehe ebd., Nr. 35, 36, 38.

93 Siehe ebd., Nr. 42-44.

94 Siehe ebd., Nr. 46f.

95 Siehe ebd., Nr. 57.

96 Siehe ebd., Nr. 62, 67 [Hervorhebung im Original].

97 „Ansprache an die Delegation des ökumenischen Patriarchen von Konstantinopel". In: *DAS 1986*, 1499-1501.

98 „Observations on the Final Report of ARCIC", *OR* engl., 10.5.1982, 10f.

99 Siehe den „Brief von Kardinal Willebrands an die Ko-Präsidenten von ARCIC II". In: *DAS 1986*, 1946-1950.

100 Siehe ebd.

101 „Exchange of Letters on the Ordination of Women to the Priesthood". In: Secretariat for Promoting Christian Unity *Information Service* #61 (1986/III), 106.

102 Ebd., 107.

103 Siehe ebd., 109-111.

104 Die neuesten Untersuchungen zum England der Reformationszeit deuten darauf hin, daß der Bruch mit dem Katholizismus, der im 16. Jahrhundert stattfand, viel tiefer ging, als die Vertreter der *via media* glaubten. Siehe Eamon Duffys maßgebendes *The Stripping of the Altars. Traditional Religion in England c.1400–c.1580* (New Haven 1992).

105 Am 6. August 1988 schrieb Erzbischof Runcie einen Brief an Johannes Paul, in dem er von den Diskussionen bei der kurz zuvor zu Ende gegangenen Lambeth-Konferenz berichtete; es war der erste derartige Bericht der Geschichte. Dieser Brief bestätigte, wie die Lambeth-Konferenz selbst, was schon der Briefwechsel von 1986 deutlich gemacht hatte: daß zwischen Anglikanern und Katholiken jetzt fundamentale Unterschiede im Hinblick auf das Verständnis vom Wesen der Kirche und von ihrem Verhältnis zu einer maßgeblichen und apostolischen Tradition lagen. In seiner auf den 8. Dezember datierten Antwort wies Johannes Paul darauf hin, daß der Dialog über die Fragen, um die es bei der „gegenseitigen Anerkennung des Priestertums unserer Gemeinschaften" gehe, den er und Runcie sich von ARCIC II erhofft hatten, offenbar durch „die Weihe von Frauen zu Priesterinnen in einigen Provinzen der anglikanischen Gemeinschaft, zusammen mit der Anerkennung des Rechts einzelner Provinzen, Frauen zu Bischöfinnen zu weihen" zunichte gemacht worden sei. Dadurch bestehe die Gefahr, daß ein Prozeß der „schweren Aushöhlung" des „Grads der Gemeinschaft" zwischen dem Anglikanismus und dem Katholizismus in Gang komme.

Erzbischof Runcie hatte den Papst in seinem Brief daran erinnert, daß weder er selbst, als Erzbischof von Canterbury, noch die Lambeth-Konferenz als Organ „juristische Vollmacht über die anglikanische Gemeinschaft" hätten. Alle Provinzen der anglikanischen Gemeinschaft hätten „die kirchenrechtliche Vollmacht, die Sendung der Kirche so umzusetzen, wie sie es in ihren eigenen Kulturen für richtig halten". Dieses freimütige Eingeständnis berührte den entscheidenden Punkt der ganzen Frage, denn es bedeutete ja praktisch die Verneinung – wenn auch nicht in der Theorie, so doch von der Wirkung her – einer apostolischen und maßgeblichen Tradition, die die Umsetzung der Sendung der Kirche in allen Zeitaltern und Kulturen bestimmen konnte und mußte. [Siehe „Exchange of Letters Between Pope John Paul II and the Archbishop of Canterbury, After the Lambeth Conference, 1988". In: Pontifical Council for Promoting Christian Unity *Information Service* #70 (1989/II), 59f.]

Am 2. Oktober 1989 unterzeichneten Erzbischof Runcie und Johannes Paul II. anläßlich eines Besuchs des Erzbischofs beim Heiligen Stuhl eine „Gemeinsame Erklärung". Darin bestätigten sie, daß durch die Zulassung von Frauen zum Priesteramt „wichtige (...) Unterschiede" zwischen dem Anglikanismus und dem Katholizismus im Hinblick auf das Wesen der Kirche zutage getreten seien. Diejenigen, die sich für „die sichtbare Einheit" engagierten, dürften „diese Unterschiede nicht (...) verkleinern", andererseits aber auch nicht „in ihrer Hoffnung oder im Einsatz für die Einheit" nachlassen. Sie selbst sähen „keine Lösung" für die Beseitigung der neuen Hindernisse, die den beiden Kirchen bei ihren Bemühungen um die Wiedervereinigung in den Weg gelegt worden seien. [Siehe „Gemeinsame Erklärung zum Abschluß der Begegnung mit dem Primas der Anglikanischen Gemeinschaft, Erzbischof Robert Runcie". In: *DAS 1989*, 1513-1515.]

Als Johannes Paul 1987 ankündigte, daß er am 22. November 85 Märtyrer aus England, Schottland und Wales seligsprechen werde, gaben Kardinal Basil Hume und Erzbischof Runcie Erklärungen heraus, in denen sie die Anglikaner wie die Katholiken dazu aufriefen, diesen Augenblick als Gelegenheit zu betrachten, das „heroische christliche Zeugnis" der katholischen Märtyrer zu feiern und „zusammen die Intoleranz des Zeitalters, das den christlichen Glauben mißachtete, zu beklagen". [Siehe Kardinal George Basil Hume OSB, „The Significance of the Beatification of Eighty-five Martyrs", und „Statements by Cardinal Hume and Archbishop Runcie on the Beatification", *OR* engl., 16.11.1987, 8.]

[106] Siehe Johannes Paul II., „Weihnachtsansprache an die Kardinäle und die Römische Kurie". In: *DAS 1986*, 1725-1733; 1732.

[107] Interview des Autors mit Msgr. Vincenzo Paglia, 7.12.1997.

[108] Siehe „Cardinal's Intervention with UNO Secretary General", *OR* engl., 24.2.1986, 8; „Expression of Solidarity", *OR* engl., 1.4.1986.

[109] „Leiden und Hoffnungen der Kirche in Nicaragua. Brief der Bischöfe Nicaraguas an die Bischofskonferenzen der ganzen Welt vom 7. Juli", *OR* dt., 1.8.1986, 7.

Der jüngste Angriff gegen den Papst, in einem Leitartikel der offiziellen Tageszeitung *El Nuevo Diario*, war wirklich bösartig:

Zwischen Reagan, der gestern unter dem Beifall von Millionen seiner Söldner gesagt hat, auf der Freiheitsstatue habe sich ein Lächeln abgezeichnet, und diesem Papst, der nur den toten Yankees Gebete widmet und die Opfer des Imperialismus mit Anklagen und Drohungen überhäuft, besteht der böswilligste Zusammenhalt und die ernsteste Gefahr für die Völker seit den Jahren, in denen sich im Namen des Kreuzes und des Kaiserreiches Barbarei und Völkermord ereigneten. [Zitiert ebd.]

[110] Johannes Paul II., „Botschaft an die Bischöfe und Gläubigen von Nicaragua anläßlich des Eucharistischen Kongresses in Managua (17.-23. November 1986)". In: *DAS 1986*, 1708-1711; 1710f. [Hervorhebung im Original].

[111] Der Glaubenskongregation zufolge vertrat Curran öffentlich vom Lehramt der Kirche abweichende Positionen zu Scheidung und Wiederverheiratung, Abtreibung, Euthanasie, Masturbation, künstlicher Empfängnisverhütung, vorehelichem Geschlechtsverkehr und homosexuellen Handlungen. Curran stellte nicht in Abrede, daß er die Lehre der Kirche zur Sexualmoral bestreite, sondern führte nur an, daß diese Lehre nicht unfehlbar definiert worden und daher nicht unwiderruflich normativ sei. [Siehe „Schreiben der Kongregation für die Glaubenslehre an Prof. Curran von der kath. Universität in Washington". In: *DAS 1986*, 1922-1925; 1923, 1924f.]

Für einen Überblick über Currans theologische Methode und Ansichten siehe seine folgenden Bücher: *Christian Morality Today. The Renewal of Moral Theology* (Notre Dame 1966); *A New Look at Christian Morality. Christian Morality Today II* (Notre Dame, 1968); *New Perspectives in Moral Theology* (Notre Dame 1976); *Toward an American Catholic Moral Theology* (Notre Dame 1987). Curran selbst berichtet in seinem *Faithful Dissent* (Kansas City 1986) über seine Auseinandersetzung mit der Glaubenskongregation.

[112] Für einen Überblick über den ganzen Fall Curran, einschließlich einer genauen Untersuchung der Gerichtsverhandlung, siehe Larry Witham, *Curran vs. Catholic University. A Study of Authority and Freedom in Conflict* (Riverdale, Md., 1991).

[113] Siehe *Lumen gentium*, Nr. 25.

¹¹⁴ Johannes Paul II., „Ansprache in der Kirche der Versöhnung in Taizé". In: *DAS 1986*, 691-694; 692.
¹¹⁵ Johannes Paul II., „Grußwort an die Gemeinschaft von Taizé". In: Ebd., 694f.
¹¹⁶ Siehe *Il Mondo di Giovanni Paolo II*, 112-115.
¹¹⁷ Siehe *Insegnamenti di Giovanni Paolo II, 1986*, sowie Johannes Paul II., „Predigt bei der hl. Messe in Adelaide". In: *DAS 1986*, 995-1001; 1001.

Kapitel 15
Vorwärts zu den Grundlagen

1 Zu Pater Popiełuszkos Worten, daß die Hoffnung sich nicht ermorden lasse, siehe Kaufman, *Mad Dreams, Saving Graces*, 141. Die Einzelheiten zum Widerstandsprogramm der Kolbe-Kirche stammen aus dem Interview des Autors mit Pater Kazimierz Jancarz, 16.6.1991. Michnik wird in Kaufman, *Mad Dreams, Saving Graces*, 129, zum Kommunismus nach dem Kriegsrecht zitiert. Die Bemerkungen von Pater Malinski stammen aus dem Interview des Autors mit ihm vom 15.6.1991.
2 Roberto Suro, „Pope, on Latin Trip, Attacks Pinochet Regime", *New York Times*, 1.4.1987, A1, A10.
3 Interview des Autors mit Msgr. Christian Precht, 25.4.1998.
4 Die Einzelheiten über die Planung und Strategie des Pastoralbesuchs stammen aus diesem Interview.
5 Siehe Walsh, *John Paul II*, 177.
6 Interview des Autors mit Kardinal Angelo Sodano, 13.12.1996.
7 Interview des Autors mit Msgr. Christian Precht, 25.4.1998.
8 „Ansprache an die Jugendlichen in Santiago de Chile". In: *DAS 1987*, 386-392; 386.
9 Teresa de los Andes wurde am 21. März 1993 heiliggesprochen.
10 Interview des Autors mit Msgr. Christian Precht, 25.4.1998.
11 Interview des Autors mit Roberto Tucci SJ, 25.9.1997. Pater Tucci, der immer alles sorgfältig plante, sagte, er habe aus den Krawallen im O'Higgins-Park etwas gelernt: stets Zitronen dabeizuhaben, denn eine aufgeschnittene Zitrone, die man sich in einem Taschentuch vor das Gesicht halte, nehme Tränengas die Wirkung.
12 Interview des Autors mit Msgr. Christian Precht, 25.4.1998.
13 Interviews des Autors mit Roberto Tucci SJ, 25.9.1997, und Msgr. Christian Precht, 25.4.1998. Tucci und Precht behaupten nicht, daß General Pinochet direkt in die Sache verwickelt war oder daß die Idee eines „erlaubten" Krawalls bei der Papstmesse von ihm stammte. Außerdem bleibt unklar, wer „diese Leute" genau waren. Sie gehörten aber mit Sicherheit nicht zu denen, die am Nationalen Übereinkommen beteiligt waren.
14 Interview des Autors mit Kardinal Angelo Sodano, 13.12.1996. Siehe außerdem „Alocución a Grupo de Dirigentes Políticos". In: *El Amor Es Mas Fuerte: Mensajes de Juan Pablo II al Pueblo de Chile* (einem kleinen Buch mit Pilgerreisetexten, das der Autor von Kardinal Sodano erhielt).
15 Den Text der „Ansprache an eine Gruppe Politiker in Santiago de Chile" findet man in: *DAS 1987*, 422-424; 422f.
16 Interview des Autors mit Msgr. Christian Precht, 25.4.1998.
17 Ebd.
18 Ebd. Ein Bischof, der sich für die Menschenrechte eingesetzt hatte, war bei einem Autounfall ums Leben gekommen, und es bestand der Verdacht, daß sein Tod kein Unfall war. Die Bischofskonferenz protestierte bei der Regierung. [Interview des Autors mit Mario Paredes, 1.12.1998.]
19 Brief von Rabbiner Leon Klenicki, Direktor der Abteilung für interreligiöse Angelegenheiten der Liga gegen die Diffamierung des Judentums von B'nai B'rith, an Thomas C. Fox, Herausgeber des *National Catholic Reporter*, vom 30.9.1996; Kopie von Rabbiner Klenicki an den Autor. Jahre nach seiner Nuntiatur, als er Kardinal-Präfekt der Kongregation für das Katholische Bildungswesen war, wurde Laghi vorgeworfen, er habe sich beim argentinischen Militärregime angebiedert. Als Beweis dafür wurde u. a. angeführt, daß er hin und wieder mit dem Stabschef

der argentinischen Marine, einem Mitglied der herrschenden Junta, Tennis gespielt hatte. Rabbiner Klenicki, der in Buenos Aires beim Timerman-Fall und den Fällen vieler anderer politischer Gefangener mit Erzbischof Laghi zusammengearbeitet hatte, schrieb in seinem Brief zu diesem merkwürdigen Vorwurf: „Ich mußte viele Tassen Kaffee mit dem Innenminister trinken, doch dadurch war es mir möglich, Gefangene zu besuchen und (...) für manche der in den Konzentrationslagern inhaftierten Menschen die Entlassung zu erreichen."

20 Johannes Paul II., „Ansprache an die politische Führungsschicht in Buenos Aires (Argentinien)". In: *DAS 1987*, 484-488; 485.

21 Johannes Paul II., „Predigt in Bahía Blanca (Argentinien)". Vgl. ebd., 491-497; 494.

22 Johannes Paul II., „Ansprache in Viedma (Argentinien)". In: Ebd., 497-504; 499f.

23 Johannes Paul II., „Ansprache in Mendoza (Argentinien)". In: Ebd., 504-512; 509.

24 Johannes Paul II., „Ansprache in San Miguel de Tucuman (Argentinien)". In: Ebd., 512-518; 517; der Papst zitierte *Gaudium et spes*, Nr. 75.

25 Johannes Paul II., „Predigt bei der Messe im Unabhängigkeitspark von Rosario (Argentinien)". In: Ebd., 577-584; 583.

26 Johannes Paul II., „Ansprache bei der Begegnung mit der Jugend in Buenos Aires (Argentinien)". In: Ebd., 564-571; 570.

27 Johannes Paul II., „Predigt bei der Feier des Welttages der Jugend in Buenos Aires (Argentinien)". In: Ebd., 584-591; 586.

28 Johannes Paul II., „Ansprache an die argentinischen Bischöfe in Buenos Aires (Argentinien)". In: Ebd., 591-598; 594.

29 Edith Stein schrieb später: „Es war dies meine erste Begegnung mit dem Kreuz und der göttlichen Kraft, die es seinen Trägern mitteilt. Ich sah zum erstenmal die aus dem Erlöserleiden geborene Kirche in ihrem Siege über den Stachel des Todes handgreiflich vor mir. Es war der Augenblick, in dem mein Unglaube zusammenbrach und Christus aufstrahlte, Christus im Geheimnis des Kreuzes."

30 Die biographischen Einzelheiten zum Leben von Edith Stein wurden entnommen: Waltraud Herbstrith, *Das wahre Gesicht Edith Steins* (Bergen-Enkheim, 2. Aufl. 1971). Siehe auch Edith Stein, *Aus dem Leben einer jüdischen Familie* (Freiburg 1965), *Selbstbildnis in Briefen 1916-1934* (Freiburg 1976) und *Selbstbildnis in Briefen 1934-1942* (Freiburg 1977).

31 Gespräch des Autors mit Papst Johannes Paul II., 12.12.1997.

32 Siehe Woodward, *Die Helfer Gottes*, 166-176.

33 Siehe ebd., 156-158, 175f.

34 Johannes Paul II., „Homilie bei der Seligsprechung von Edith Stein im Stadion Köln-Müngersdorf". In: *DAS 1987*, 618-625.

35 Siehe Woodward, *Die Helfer Gottes*, 269f.

36 Siehe James Tunstead Burtchaell CSC, *Rachel Weeping* (San Francisco 1984), 141ff. Der Ausdruck „lebensunwertes Leben" wurde von zwei bekannten deutschen Akademikern, dem Juristen Karl Binding und dem Psychiater Alfred Hoche, in einem Buch mit dem Titel *Die Freigabe der Vernichtung lebensunwerten Lebens: Ihr Maß und ihre Form*, das 1920 erschien, geprägt. Im folgenden Jahrzehnt übernahmen die Nationalsozialisten ihn aus dieser angesehenen Quelle.

37 Am 10. März 1987 hatte die Kongregation für die Glaubenslehre eine „Instruktion über die Achtung vor dem beginnenden menschlichen Leben und die Würde der Fortpflanzung" [siehe *Verlautbarungen des Apostolischen Stuhls* 74] veröffentlicht, die unter ihrem lateinischen Titel *Donum vitae* [Das Geschenk des Lebens] bekannt wurde. Die Kongregation versuchte darin, die moralischen und ethischen Probleme zu klären, die der Einsatz moderner Technologie bei der menschlichen Fortpflanzung mit sich bringt. Ihre am stärksten umstrittene Schlußfolgerung war die, daß die homologe künstliche Befruchtung (In-vitro-Befruchtung zwischen Eheleuten) die moralische Integrität der Fortpflanzung verletze, weil die Fortpflanzung dann „nicht als Frucht des ehelichen Aktes, also des spezifischen Geschehens der Vereinigung der Eheleute" angestrebt werde. Daß die Kongregation auch die heterologe künstliche Befruchtung (bei der die Keimzellen „wenigstens von einem Spender herrühren, der von den in der Ehe verbundenen Gatten verschieden ist") und die „Ersatzmutterschaft" ablehnte, stieß auf größere Zustimmung. Die Kongregation lehrte außerdem, daß durch In-vitro-Befruchtung erlangte sogenannte „überzählige" menschliche Embryonen auf keinen Fall für nichttherapeutische Zwecke verwendet werden dürften, denn das Kind habe „ein Recht darauf, vom ersten Augenblick seiner Empfängnis an als Person geachtet zu werden". Außerdem sei es „unmoralisch, menschliche Embryonen zum Zweck der Verwertung als frei verfügbares ‚biologisches Material' herzustellen".

Kritiker bemängelten, daß *Donum vitae* die Notlage kinderloser Ehepaare, deren Ehe durch die Fortschritte der medizinischen Technologie fruchtbar gemacht werden könnte (was nach der langjährigen Lehre der Kirche einer der Zwecke der Ehe war), nicht genügend berücksichtigt habe. Die Glaubenskongregation erkannte in ihrer Instruktion das mit der Unfruchtbarkeit verbundene Leid zwar an, bestritt aber, daß Paare ein „Recht" auf ein Kind hätten, da dieses „Recht" der Würde und Natur des Kindes widerspräche: „Das Kind ist nicht etwas Geschuldetes und kann nicht als Eigentumsobjekt aufgefaßt werden: Es ist vielmehr ein Geschenk, ‚das vorzüglichste' und das am freiesten gegebene der Ehe; es ist lebendiges Zeugnis der gegenseitigen Hingabe seiner Eltern." Deswegen gehe es hier um das „Recht" des Kindes, „die Frucht des spezifischen Aktes der ehelichen Hingabe seiner Eltern zu sein".

38 *Predigten und Ansprachen von Papst Johannes Paul II. bei seinem zweiten Pastoralbesuch in Deutschland sowie Begrüßungsworte und Reden, die an den Heiligen Vater gerichtet wurden. Verlautbarungen des Apostolischen Stuhls* 77, 128-135. – Für Johannes Pauls Ansprache an die westdeutschen Bischöfe siehe *Origins* 17:3 (4.6.1987), 45-47.

39 Johannes Paul II., „Apostolisches Schreiben zur Sechshundertjahrfeier der ‚Taufe' Litauens". In: *DAS 1987*, 1497-1507.

40 Lech Wałęsa, *The Struggle and the Triumph* (New York 1991), 115.

41 Johannes Paul II., „Ansprache an die staatlichen Repräsentanten der Volksrepublik Polen im Königsschloß in Warschau". In: *DAS 1987*, 754-758.

42 Johannes Paul II., „Predigt zur Eröffnung des Eucharistischen Kongresses bei der heiligen Messe in der Allerheiligen-Kirche in Warschau". In: Ebd., 758-763.

43 *OR* engl., 13.7.1987, 4.

44 Johannes Paul II., „Ansprache bei einem Wortgottesdienst an die Angehörigen der Katholischen Universität Lublin". In: *DAS 1987*, 772-779 [Hervorhebung im Original].

45 Johannes Paul II., „Predigt bei der Priesterweihe in Lublin". In: Ebd., 779-784.

46 Johannes Paul II., „Predigt bei der hl. Messe zur Seligsprechung Karolina Kózkas in Tarnów". In: Ebd., 785-793.

47 Johannes Paul II., „Begegnung mit den Krakauern auf den Blonie-Auen". In: Ebd., 798-803. – Ders., „Predigt bei der heiligen Messe in der Kathedrale auf dem Krakauer Wawel-Hügel". In: Ebd., 803-806.

48 Johannes Paul II., „Ansprache an die Menschen auf und an der See in Gdingen". In: Ebd., 823-831.

49 Der Papstbesuch am Denkmal war ein weiterer Beweis für die Ungeschicktheit des Regimes. Die normalen Einwohner von Danzig durften nicht in die Nähe des Denkmals kommen; verdrossene Parteimitglieder, die die Rolle des Publikums spielen mußten, standen schweigend da, als der Papst, Kardinal Casaroli und andere zum Denkmal schritten, dort still beteten und wieder gingen. Eine Bemerkung von Johannes Paul zeigte, daß er genau wußte, was vor sich ging: „Die göttliche Vorsehung hätte es nicht besser fügen können. An diesem Ort ist Schweigen ein Schrei." [Siehe Wałęsa, *The Struggle and the Triumph*, 119.]

50 Johannes Paul II., „Predigt bei der hl. Messe für die Werktätigen in Gdańsk (Danzig)". Vgl. *DAS 1987*, 844-852. [Übersetzt nach *OR* engl., 3.8.1987, 2f.]

51 Johannes Paul II., „Ansprache an die Polnische Bischofskonferenz". In: Ebd., 891-896.

52 „General Jaruzelski's Remarks upon Pope's Departure", *Origins* 17:6 (25.6.1987), 90.

53 Ebd.

54 Ebd.

55 Johannes Paul hatte über diese Möglichkeit mit den polnischen Bischöfen gesprochen, die größtenteils davon begeistert waren. Der Papst hatte jedoch zur Vorsicht gemahnt, da es bei einer Vereinbarung mit einem Regime, das die historische Bürde der Volksrepublik Polen trage, ein „Glaubwürdigkeitsproblem" gebe. Offenbar ahnte Johannes Paul, daß das Ende des polnischen Kommunismus näher war, als viele dachten. Vielleicht wollte er auch eine offizielle Beziehung zwischen dem Heiligen Stuhl und dem kommunistischen polnischen Staat vermeiden, weil es unabhängigen Kräften wie der Solidarność dadurch noch mehr erschwert worden wäre, ihre rechtmäßige Position in der Gesellschaft zu erlangen. [Siehe Johannes Paul II., „Ansprache an die Polnische Bischofskonferenz". In: *DAS 1987*, 891-896.]

56 Waldheim war UNO-Generalsekretär geworden, nachdem die Sowjetunion den von den Vereinigten Staaten unterstützten Kandidaten, Max Jacobsen, einen finnischen Sozialisten jüdischer Abstammung, abgelehnt hatte. Siehe Daniel Patrick Moynihan, *Einspruch! Der UNO-Botschafter gegen die Weltpolitik der Anpassung* (Berlin 1980), 102.

57 Das Internationale jüdische Komitee für interreligiöse Konsultationen [International Jewish Committee for Interreligious Consultations, IJCIC] setzt sich aus dem Jüdischen Weltkongreß, dem Synagogue Council of America, dem American Jewish Committee, B'nai B'rith International und dem Jewish Council in Israel for Interreligious Consultations zusammen.

58 Siehe, zum Beispiel, Sergio I. Minerbi, *The Vatican and Zionism* (New York 1990).

59 Johannes Paul II., „Ansprache bei der Begegnung mit dem amerikanischen Präsidenten". [Ins Deutsche übersetzt nach: John Paul II, *The Pope Speaks to the American Church*, 142-145 (Hervorhebung im Original). Vgl. auch *DAS 1987*, 921-924.]

60 Johannes Paul II., „Schreiben an den Direktor der Vatikanischen Sternwarte, Hochw. P. George V. Coyne, S.J." In: *DAS 1988*, 1149-1157.

61 Die Synode über die Laien war ursprünglich für 1986 geplant, wurde aber auf 1987 verschoben, als Johannes Paul sich entschloß, die außerordentliche Synode zum 20. Jahrestag des II. Vatikanischen Konzils einzuberufen.

62 Damals wurde die Frage gestellt, warum keine Laien – Männer und Frauen – Mitglieder der Synode waren, die doch über ihre Berufung und Sendung in der Kirche sprach. Die Antwort lautet, daß die Synode eine *Bischofs*synode ist. Die Einbeziehung von Laienmitgliedern hätte die Integrität der Synode als Institution verletzt. Diese Auffassung von der *Bischofs*synode steht allerdings in einem gewissen Widerspruch zu der Tatsache, daß Priester zu Vollmitgliedern der Synode ernannt wurden.

63 Johannes Paul II., *Christifideles laici. Verlautbarungen des Apostolischen Stuhls* 87, Nr. 3. [Hervorhebung im Original].

64 Ebd., Nr. 1-7.

65 Ebd., Nr. 17 [Hervorhebung im Original]. Zur universalen Berufung zur Heiligkeit siehe ebd., Nr. 16.

66 Ebd., Nr. 15 [Hervorhebung im Original].

67 Siehe ebd., Nr. 23f.

68 Ebd., Nr. 26 [Hervorhebung im Original].

69 Ebd., Nr. 27.

70 Vgl. ebd., Nr. 34.

71 Siehe ebd., Nr. 36-44.

72 Siehe *OR* engl., 21./28.12.1987, 7f., *OR* dt., 11.12.1987, 1, 3, sowie Johannes Paul II., „Predigt während der hl. Messe im Beisein des Ökumenischen Patriarchen Dimitrios I." In: *DAS 1987*, 1743-1747.

73 Secretariat for Promoting Christian Unity *Information Service* #66 (1988/I), 21f.

74 „Gemeinsame Erklärung von Papst Johannes Paul II. und dem Patriarchen Dimitrios I." In: *DAS 1987*, 2230-2232.

75 Daher war die sogenannte unterschlagene Enzyklika von Pius XI., *Humani generis unitas*, eine Verteidigung der Einheit des Menschengeschlechts angesichts von Rassismus und Antisemitismus, keine „Enzyklika" im eigentlichen Sinn; sie war lediglich ein Entwurf, der nie in eine zusammenhängende Gesamtfassung gebracht worden war und schon gar nicht durch die Zustimmung und Unterschrift des Papstes definitive Form erhalten hatte. Die Bezeichnung „unterschlagene Enzyklika" ist der Trick eines Verlegers oder die Schöpfung eines Polemikers, keine ernstzunehmende Einschätzung. [Siehe Georges Passelecq/Bernard Suchecky, *Die unterschlagene Enzyklika. Der Vatikan und die Judenverfolgung* (München 1997).]

76 Interview des Autors mit Erzbischof Jorge M. Mejía, 20.1.1997.

77 Siehe Roberto Suro, „The Writing of an Encyclical". In: Kenneth A. Myers (Hrsg.), *Aspiring to Freedom* (Grand Rapids 1988), 164-166.

78 Siehe ebd., 167.

79 Johannes Paul II., *Sollicitudo rei socialis. Verlautbarungen des Apostolischen Stuhls* 82, Nr. 15 [Hervorhebung im Original].

80 Ebd.

81 Ebd.

82 Ebd., Nr. 16.

83 Ebd., Nr. 44 [Hervorhebung im Original].

84 Ebd., Nr. 21f. [Hervorhebung im Original].

85 Zitiert in Richard Neuhaus, „*Sollicitudo* Behind the Headlines". In: *Aspiring to Freedom*, 135. Neuhaus räumte ein, daß es in der Enzyklika Material gebe, das Rosenthals Schlagzeile rechtfertige (besonders für Zeitungen, die sich geradezu besessen mit der Rivalität zwischen den Super-

mächten befassen), meinte jedoch, eine bessere Schlagzeile wäre gewesen: „Papst sagt, daß Freiheit und Menschenrechte für die globale Entwicklung unabdingbar sind."

[86] William F. Buckley Jr., „What Is the Pope Saying?" In: *National Review,* 18.3.1988, 17f.

[87] „Papal Gull", *The New Republic,* 14.3.1988, 5-7.

[88] Die Zustimmung zu *Sollicitudo rei socialis* aus dem progressiven Lager wurde zum Teil gesammelt in: Gregory Baum/Robert Ellsberg (Hrsgg.), *The Logic of Solidarity. Commentaries on Pope John Paul II's Encyclical "On Social Concern"* (Maryknoll, N. Y., 1989); siehe auch Gregory Baum, „The Anti-Cold War Encyclical", *The Ecumenist* 26 (1988), 65-74.

Für ausgewogenere Reaktionen auf *Sollicitudo rei socialis* siehe Michael Novak, „The Development of Nations", und Neuhaus, „*Sollicitudo* Behind the Headlines". In: *Aspiring to Freedom.* Im gleichen Sammelband stellt Peter Berger („Empirical Testings") interessante Fragen zu der Aussage der Enzyklika, daß Demokratie eine Voraussetzung für wirtschaftliche Entwicklung sei.

[89] *Sollicitudo rei socialis,* Nr. 20.

[90] Interview des Autors mit Joaquín Navarro-Valls, 18.2.1998.

[91] Siehe Alejandro Bermudez, „Paraguay's Bishops Strive to Aid Imperiled Democracy", *National Catholic Register,* 20. – 26.9.1998, 1.

[92] Zitiert in Walsh, *John Paul II,* 182.

[93] Interview des Autors mit Kardinal Joseph Ratzinger, 20.9.1997.

[94] Gespräch des Autors mit Papst Johannes Paul II., 16.1.1997.

[95] Die Dokumentation findet man als „Bekanntmachung des Hl. Stuhls vom 16.6.1988" in: *DAS 1988,* 1829-1833.

[96] „Telegramm und Klarstellung zur Bischofsweihe durch Msgr. Lefebvre vom 29. Juni". In: Ebd., 1850.

[97] Das Dekret der Kongregation für die Bischöfe steht ebd., 1815f.

[98] Siehe Johannes Paul II., *Ecclesia Dei.* In: Ebd., 1195-1198.

[99] Interview des Autors mit Kardinal Joseph Ratzinger, 20.9.1997.

[100] Johannes Paul II., *Apostolische Konstitution über die Römische Kurie.* In: *Codex des kanonischen Rechtes* (Kevelaer, 5., neu gestaltete und verbesserte Auflage 2001), 771-833.

[101] Interviews des Autors mit Erzbischof Zenon Grocholewski, 13.1.1997, und Kardinal Edward Cassidy, 14.1.1997.

Am 25. März 1993 wurde der Apparat der Kurie noch ein wenig gestrafft (und zwar auf eine Weise, die Johannes Pauls Auffassung vom Funktionieren der modernen Welt widerspiegelte): Der Päpstliche Rat für den Dialog mit den Nichtglaubenden wurde dem Päpstlichen Rat für die Kultur eingegliedert, der von da an aus zwei Sektionen bestand: „Glaube und Kultur" und „Dialog mit den Kulturen".

[102] Interview des Autors mit Erzbischof Zenon Grocholewski, 13.1.1997.

[103] Kardinal Joseph Ratzinger, „Homily at the Funeral Liturgy of Hans Urs von Balthasar". In: David L. Schindler (Hrsg.), *Hans Urs von Balthasar: His Life and Work* (San Francisco 1991). Siehe auch „Ein wahrer Lehrer der Kirche. Hans Urs von Balthasar in Luzern beigesetzt", *OR* dt., 15.7.1988, 4.

In seiner Predigt beschrieb Ratzinger Balthasars Widerstreben gegen eine Ernennung zum Kardinal und die Gründe des Papstes für seine Entscheidung, ihn doch zu ernennen:

> Von Balthasar zögerte, sich für die Ehre zu öffnen, die ihm durch die Ernennung zum Kardinal zuteil werden sollte. Das lag nicht an einem koketten Bestreben, den Großen zu spielen, sondern an dem ignatianischen Geist, der sein Leben kennzeichnete. Daß er am Vorabend dieser Ehrung in die Ewigkeit abberufen wurde, ist gewissermaßen ein Hinweis darauf, daß er damit recht hatte. Ihm war vergönnt, ganz er selbst zu bleiben. Doch das, was der Papst durch diese Auszeichnung ausdrücken wollte, bleibt gültig: Nicht mehr nur Einzelpersonen, sondern die Kirche selbst sagt uns, in ihrer offiziellen Verantwortung, daß [Balthasar] mit dem, was er über den Glauben lehrt, recht hat, daß er den Weg zu den Quellen lebendigen Wassers weist – ein Zeuge für das Wort, das uns Christus lehrt und das uns lehrt, wie wir leben sollen. [Siehe ebd., 294f.]

Für eine Einführung in die Theologie Balthasars siehe Edward T. Oakes, *Pattern of Redemption. The Theology of Hans Urs von Balthasar* (New York 1994).

[104] Siehe *Viaggi e visite di Giovanni Paolo II al 18° anno di pontificato e 50° anno di sacerdozio. Dati riassuntivi e statistici* (Rom 1996).

[105] Siehe *Santi e Beati Durante il Pontificato di Giovanni Paolo II dal 1978 al 1996* [statistische Zusammenfassung der Heilig- und Seligsprechungen der Kongregation für die Selig- und Heiligsprechungsprozesse].

106 Zu diesem Besuch gehört die Feier der Messe an den Gräbern der Apostel Petrus und Paulus in den Krypten des Petersdoms und von St. Paul vor den Mauern. Für diese Liturgien hat die Kongregation für die Bischöfe besondere Texte zusammengestellt. [Siehe *Liturgy During the "Ad Limina" Visits* (Vatikanstadt 1988).]

107 Interview des Autors mit Kardinal John J. O'Connor, 8.11.1996.

108 Interview des Autors mit Kardinal Francis Arinze, 9.11.1996.

109 Seit 1995 hält Johannes Paul die Vorträge bei den Gruppentreffen nicht mehr selbst, sondern sie werden den Bischöfen nach der Gruppenmesse in der Privatkapelle in individuell adressierten Umschlägen ausgehändigt.

110 Interview des Autors mit Kardinal Francis Arinze, 9.11.1996.

111 Ebd.

112 Theologie und Praxis der Ad-limina-Besuche werden in dem *Direktorium für den „Ad-Limina"-Besuch* dargelegt, das die Kongregation für die Bischöfe 1988 veröffentlichte [siehe OR dt., 15.7.1988, 4]. Zur Vorbereitung eines solchen Besuchs vor Ort gehört die Erstellung eines ausführlichen (oft mehrere hundert Seiten langen) Berichts über praktisch alle Aspekte des Lebens in einer bestimmten Diözese. Dieser Bericht wird dem Vatikan vor der Ankunft des Bischofs zugeschickt.

113 Solowjow hatte eine spezifische Vorstellung vom Versagen des Christentums in der Moderne: „(...) in früheren Zeiten war das Christentum den einen verständlich, den anderen unverständlich; unserer Zeit aber ist es erstmals gelungen, es widerwärtig und tödlich langweilig zu machen." [Zitiert bei Hans Urs von Balthasar, *Herrlichkeit: Eine theologische Ästhetik*, Bd. 2: *Fächer der Stile* (Einsiedeln 1962), 714.]

114 Berdjajew (1874-1948) war ein konvertierter Skeptiker mit Sympathien für den Marxismus, der ab 1924 in Paris lebte. Bulgakow (1871-1944) war ein „Revertit", ein ehemaliger Kandidat für das orthodoxe Priestertum, der zunächst marxistischer Aktivist wurde und dann zum Christentum zurückkehrte; er wurde aus der Sowjetunion ausgewiesen, war von 1925 bis zu seinem Tod Dekan des Orthodoxen Theologischen Instituts in Paris und ein Pionier der Ökumene.

115 Florowskij (1893-1979) lehrte in Paris patristische und dogmatische Theologie, bevor er Dekan des Russisch-Orthodoxen St.-Wladimir-Seminars in New York und eine führende Persönlichkeit der ökumenischen Bewegung wurde.

116 Interviews des Autors mit Irina Alberti, 13. und 16.4.1998.

117 Ebd.

118 Sacharow wurde 1921 geboren. Sein Urgroßvater war ein russisch-orthodoxer Priester, und seine Mutter war fromm. Daher wurde er als Kind getauft, war aber kein praktizierender Christ. Er hatte großen Anteil an der Entwicklung der sowjetischen Wasserstoffbombe (1953); danach verschrieb er sich jedoch der Rüstungskontrolle und begann, sich für die Kosmologie zu interessieren. Nachdem 1968 sein kritischer Aufsatz „Gedanken über den Fortschritt, die friedliche Koexistenz und geistige Freiheit" im Westen veröffentlicht worden war, wurde seine Unbedenklichkeitsbescheinigung zurückgezogen. Sein großer Beitrag zur sowjetischen Wissenschaft und die offensichtliche Aufrichtigkeit seiner Auflehnung verschafften ihm für eine Weile noch einen gewissen Schutz. 1969 starb seine erste Frau, mit der er seit 1943 glücklich verheiratet war, an Krebs. Im folgenden Jahr lernte er die Kinderärztin Jelena Bonner kennen, die sich schon lange für die Menschenrechte einsetzte. 1972 heirateten sie. 1975 erhielt Sacharow für seine Aktivitäten zum Schutz der Menschenrechte den Friedensnobelpreis und wurde von den sowjetischen Medien sofort heftig angegriffen. 1980 wurde er schließlich nach Gorki verbannt. Jelena Bonner mußte ihm 1984 in die Verbannung folgen.

119 Interviews des Autors mit Irina Alberti, 13. und 16.4.1998.

120 Siehe Edward Kline, „Foreword". In: Andrej Sacharow, *Moscow and Beyond: 1986-1989* (New York 1992), x.

121 Interviews des Autors mit Irina Alberti, 13. und 16.4.1998. Aus dieser Quelle stammen auch die Informationen über Sacharows Meinung von Gorbatschow.

122 Interviews des Autors mit Irina Alberti, 13. und 16.4.1998.

123 Johannes Paul II., „Predigt zum Abschluß der Weltgebetswoche um die Einheit der Christen in St. Paul vor den Mauern". In: *DAS 1988*, 941-945; 944.

124 Interviews des Autors mit Irina Alberti, 13. und 16.4.1998.

125 Johannes Paul II., *Magnum baptismi donum*, „Botschaft an die ukrainischen Katholiken zur Tausendjahrfeier der Taufe der Rus' von Kiew". In: *DAS 1988*, 987-994.

[126] „Cardinal Casaroli at the Celebrations for the Millennium of the Baptism of Rus' of Kiev", *OR* engl., 25.7.1988, 3, sowie „Christentum ist immer aktuell. Kardinalstaatssekretär Casaroli zur Tausendjahrfeier der Kiewer Rus' in Moskau", *OR* dt., 17.6.1988, 1.

[127] Die Einzelheiten zur Reise der Vatikan-Delegation nach Moskau stammen aus dem Interview des Autors mit Joaquín Navarro-Valls, 18.2.1998.

[128] Mit Genehmigung von Kardinal Angelo Sodano, dem Staatssekretär des Heiligen Stuhls, las Erzbischof Jean-Louis Tauran, der Sekretär der Sektion für die Beziehungen zu den Staaten, mir das italienische Original dieses Briefs, den ich mir persönlich angesehen habe, während eines Interviews in seinem Büro am 12.12.1997 vor und übersetzte es mir.
Am Ende des vorletzten Absatzes wird das Wort *animo* benutzt, so daß diese Stelle auch „Anklang in Ihrer Seele" oder „Anklang in Ihrem Sinn" bedeuten kann.

[129] Mit Genehmigung von Kardinal Angelo Sodano, dem Staatssekretär des Heiligen Stuhls, las Erzbischof Jean-Louis Tauran, der Sekretär des Heiligen Stuhls für die Beziehungen zu den Staaten, mir am 19.12.1998 bei einem Interview in seinem Büro eine englische Übersetzung der vom Staatssekretariat angefertigten italienischen Übersetzung des russischen Originalbriefs vor, den ich mir persönlich angesehen habe.

[130] Bogdan Bociurkiw, „The Ukrainian Catholic Church in Gorbachev's USSR", 9.

[131] „John Paul II at 'Moleben' in Honor of the Mother of God in the Millennium of the Baptism of Rus' of Kiev", *OR* engl., 8./15.8.1988, 4.

[132] Johannes Paul II., „Predigt bei der göttlichen Liturgie im ukrainisch-byzantinischen Ritus". In: *DAS 1988*, 1202-1206.

[133] Das heißt, vom 7.6.1987 bis zum 15.8.1988.

[134] Johannes Paul II., „Weihnachtsansprache an die Kardinäle und alle Mitarbeiter der Römischen Kurie". In: *DAS 1987*, 1767-1776.

[135] Siehe Hans Urs von Balthasar, *Neue Klarstellungen* (Einsiedeln 1979).

[136] Johannes Paul II., *Redemptoris mater. Verlautbarungen des Apostolischen Stuhls* 75, Nr. 24.

[137] Ebd., Nr. 30 [Hervorhebung im Original].

[138] Ebd., Nr. 45; der Papst zitiert hier Johannes 19,27.
Redemptoris mater machte klar, daß Johannes Paul hoffte, das Marianische Jahr 1987-1988 werde zur Förderung der Einheit zwischen Rom, der Orthodoxie und den alten christlichen Kirchen des Ostens beitragen. Um diesem Ziel näher zu kommen, war eines der auffälligsten Merkmale des Marianischen Jahres die Zelebration einer Reihe von Liturgien im östlichen Ritus in Rom und Umgebung durch den Papst. Außerdem wurden „Bräuche des östlichen Ritus" in die päpstliche Zelebration der Liturgie im lateinischen Ritus aufgenommen. [Siehe *Liturgie dell'Oriente Cristiano a Roma nell'Anno Mariano 1987-1988. Testi e Studi* (Vatikanstadt 1990).]

[139] Johannes Paul II., *Redemptoris mater*, Nr. 46 [Hervorhebung im Original].

[140] Ebd.

[141] Johannes Paul II., *Mulieris dignitatem. Verlautbarungen des Apostolischen Stuhls* 86, Nr. 1 [Hervorhebung im Original].

[142] Ebd., Nr. 3-5 [Hervorhebung im Original].

[143] Ebd., Nr. 9-11.

[144] Ebd., Nr. 14.

[145] Ebd., Nr. 15f. [Hervorhebung im Original].

[146] Ebd., Nr. 18f. [Hervorhebung im Original].

[147] Ebd., Nr. 24 [Hervorhebung im Original], sowie Gespräch des Autors mit Papst Johannes Paul II., 23.10.1998.

[148] Johannes Paul II., *Mulieris dignitatem*, Nr. 24.

[149] Ebd., Nr. 29f. [Hervorhebung im Original].

Kapitel 16
Nach dem Reich der Lügen

[1] Johannes Paul II., „Ansprache an das Europäische Parlament in Straßburg". In: *DAS 1988*, 873-878.

2 Siehe Garton Ash, *Ein Jahrhundert wird abgewählt. Aus den Zentren Mitteleuropas 1980-1990* (München 1990), 350-356.
3 Dieser kurze Abriß wurde Garton Ash, *Ein Jahrhundert wird abgewählt*, 356-367, entnommen, wo die Verhandlungen am runden Tisch und der anschließende Wahlkampf ausführlich beschrieben werden.
4 Zitiert in Broun, *Conscience and Captivity*, 97. Die vollständige dritte Petition Navrátils findet man ebd., 319f. Für eine Charakterisierung Augustin Navrátils und die Geschichte seiner früheren Petitionen siehe Garton Ash, *Ein Jahrhundert wird abgewählt*, 227-232.
5 Interview des Autors mit Kardinal Edward Cassidy, 14.1.1997.
6 Ebd.
7 Ebd.
8 Das Kommuniqué, in dem die gemischte Vollversammlung zusammengefaßt wird, und die Ansprache Johannes Pauls bei der Schlußsitzung findet man in Pontifical Council for Promoting Christian Unity *Information Service* #70 (1989/II), 56-58, die Ansprache des Papstes auch in *DAS 1989*, 762-765.
9 Eine Ursache für diese Spannungen war die jüngste Geschichte der Erzdiözese Seattle, wo die Person von Erzbischof Raymond G. Hunthausen zu Kontroversen geführt hatte; der Erzbischof wurde von vielen geliebt, von anderen jedoch scharf kritisiert. Nachdem der Erzbischof von Washington, James Hickey, bei einer apostolischen Visitation im Jahre 1984 festgestellt hatte, daß es in Seattle gravierende Mängel bei der pastoralen Praxis gab, für die letztendlich Erzbischof Hunthausen verantwortlich war, wurde ein Auxiliarbischof, Donald Wuerl, ernannt und mit besonderen Befugnissen für bestimmte Bereiche des pastoralen Lebens ausgestattet. Dem Stab der Erzdiözese behagte das gar nicht, viele Priester behandelten Bischof Wuerl schlecht, und nach einigen Monaten wurde allen Betroffenen klar, daß es so nicht weitergehen konnte. Schließlich wurde eine aus drei Mitgliedern – Kardinal Joseph Bernardin (Chicago), Kardinal John O'Connor (New York) und Erzbischof John Quinn (San Francisco) – bestehende Kommission eingesetzt, die vermitteln sollte. Ihre Arbeit führte dazu, daß Donald Wuerl 1988 Bischof von Pittsburgh wurde; Erzbischof Hunthausen akzeptierte die Ernennung eines Koadjutors, des Erzbischofs Thomas Murphy, und trat an seinem 70. Geburtstag vorzeitig in den Ruhestand. Sein Nachfolger wurde Erzbischof Murphy (1991). In der Presse wurde größtenteils die Ansicht vertreten, daß das Eingreifen des Heiligen Stuhls in Seattle etwas mit Erzbischof Hunthausens engagiertem Einsatz gegen Atomwaffen zu tun habe. Tatsächlich hatte es damit aber überhaupt nichts zu tun, sondern erfolgte aufgrund der liturgischen, katechetischen und pastoralen Praxis in der Erzdiözese.
10 „Archbishop May Describes U.S. Cultural Context", *Origins* 18:41 (23.3.1989), 679f.
11 Kardinal Joseph Ratzinger, „The Bishop as Teacher of the Faith", ebd., 681f.
12 Johannes Paul II., „Ansprache an die Metropolitan-Erzbischöfe der Vereinigten Staaten". In: *DAS 1989*, 808-810.
13 „Archbishop May Describes U.S. Cultural Context", *Origins* 18:41 (23.3.1989), 680.
14 Der gesamte Meinungsaustausch zwischen den amerikanischen Bischöfen und ihren Kollegen von der römischen Kurie, der um zehn Vorträge herum aufgebaut war (jeweils einen von einem Mitglied der Kurie und einen von einem amerikanischen Bischof) und bei dem praktisch alle Aspekte des kirchlichen Lebens in den USA angesprochen wurden, steht in *Origins* 18:41 (23.3.1989) und 18:42 (30.3.1989). Die zuletzt aufgeführte Ausgabe enthält auch die von Kardinal Joseph Bernardin (zusammen mit Kardinal Gantin, einem der beiden Moderatoren des Treffens) angefertigte „Synthese" des Treffens und die Worte von Erzbischof May bei einer Telefonkonferenz für die Presse nach seiner Rückkehr in die USA. In seiner Eröffnungsrede bei dieser Konferenz antwortete Erzbischof May nicht auf Kardinal Ratzingers Kritik an der kulturellen Analyse, die er selbst zu Beginn des Sondertreffens präsentiert hatte, sondern wiederholte praktisch das, was er fünf Tage vorher in Rom gesagt hatte.
15 Beides war eine Folge der Dogmatischen Konstitution über die göttliche Offenbarung, *Dei verbum*, des II. Vatikanischen Konzils.
16 Siehe Johannes Paul II., „Ansprache an die Mitglieder der Päpstlichen Bibelkommission". In: *DAS 1989*, 870f.
17 Siehe Johannes Paul II., „Ansprache an die Vollversammlung der Päpstlichen Bibelkommission". In: *DAS 1991*, 991-994. Siehe außerdem: Joseph Ratzinger, „Schriftauslegung im Widerstreit: Zur Frage nach Grundlagen und Weg der Exegese heute". In: Joseph Ratzinger (Hrsg.), *Schriftauslegung im Widerstreit* (Freiburg im Breisgau 1989), 15-44.

Für eine eingehendere Analyse der Verwendung der Bibel in Predigt und Lehre Johannes Pauls II. siehe Terence Prendergast SJ, „'A Vision of Wholeness': A Reflection on the Use of Scripture in a Cross-Section of Papal Writings". In: John M. McDermott SJ (Hrsg.), *The Thought of Pope John Paul II*, 69-91. Prendergasts Schlußfolgerung ist durchaus zutreffend: „Johannes Paul geht es nicht darum, den Konsens der Wissenschaftler im Hinblick darauf, wie [die] Bibel in unserer Zeit auszulegen ist, wiederzugeben."

1995 wies Johannes Paul die Päpstliche Bibelkommission noch deutlicher als 1989 und 1991 auf den kirchlichen Auftrag der Bibelwissenschaft hin.

[18] Johannes Paul II., „Predigt bei der Seligsprechung von Victoire Rasoamanarivo in Antananarivo (Madagaskar)". In: *DAS 1989*, 281-285. Siehe außerdem: *Il Mondo di Giovanni Paolo II*, 138, und *Beati Duranti il Pontificato di Giovanni Paolo II dal 1978 al 1996*.

[19] Johannes Paul II., „Predigt bei dem Gottesdienst in Kitwe (Sambia)". In: *DAS 1989*, 311-314. – Ders., „Ansprache bei der Ökumenischen Begegnung in Lusaka (Sambia)". In: Ebd., 324-326. – Siehe außerdem: *Il Mondo di Giovanni Paolo II*, 138, und Walsh, *John Paul II*, 208.

[20] Johannes Paul II., „Predigt bei der Messe zum Fest Christi Himmelfahrt in Lilongwe (Malawi)". In: *DAS 1989*, 350-354. – Zur Botschaft des Papstes in Malawi und Sambia siehe auch Walsh, *John Paul II*, 207f.

[21] Johannes Paul II., „Predigt bei der Messe in Tromsø (Norwegen)". In: *DAS 1989*, 382-386.

[22] Johannes Paul II., „Begegnung mit den Bischöfen der Dänisch-Lutherischen Kirche in Roskilde (Dänemark)". In: Ebd., 424-427. – Interview des Autors mit Roberto Tucci SJ, 14.12.1998.

[23] Johannes Paul II., „Predigt beim ökumenischen Gebetstreffen für die Einheit der Christen". In: *DAS 1991*, 1281-1284. Siehe auch Pontifical Council for Promoting Christian Unity *Information Service* #80 (1992/II), 17-25, und *OR* dt., 18.10.1991, 8.

[24] Brief von Kardinal Edward Cassidy an den Autor, 28.12.1998.

[25] Johannes Paul II., „Predigt bei der Eucharistiefeier in Santiago de Compostela". In: *DAS 1989*, 519-523.

[26] Ebd.

[27] Johannes Paul II., „Predigt bei der Messe in Covadonga". In: Ebd., 525-529. – Siehe auch *Insegnamenti di Giovanni Paolo II, 1989*.

[28] Johannes Paul II., „Ansprache bei der Generalaudienz am 23. August". In: *DAS 1989*, 163-166.

[29] Johannes Paul II., „Gemeinsame Erklärung zum Abschluß der Begegnung mit dem Primas der Anglikanischen Gemeinschaft, Erzbischof Robert Runcie, vom 2. Oktober". In: Ebd., 1513-1515.

[30] Siehe Woodward, *Helfer Gottes*, 163.

[31] Johannes Paul II., „Ansprache bei der ‚Statio Orbis' in Seoul (Korea)". In: *DAS 1989*, 589-593.

[32] Johannes Paul II., „Friedensbotschaft vor dem Angelus in Seoul (Korea)". In: Ebd., 593f.

[33] Mit Genehmigung von Kardinal Angelo Sodano, dem Staatssekretär des Heiligen Stuhls, las mir Erzbischof Jean-Louis Tauran, der Sekretär der Sektion für die Beziehungen zu den Staaten, bei einem Interview in seinem Büro am 19. Dezember 1998 das Original dieses Briefs vor, das ich persönlich in Augenschein nahm.

[34] Johannes Paul II., „Predigt bei der Eucharistiefeier in Dili (Ost-Timor)". In: *DAS 1989*, 626-630.

[35] Johannes Paul II., „Ansprache beim Staatsempfang in Jakarta (Indonesien)". In: Ebd., 601-603. – Bischof Belo von Osttimor war 1996 einer der Gewinner des Friedensnobelpreises.

[36] Johannes Paul II., „Ansprache bei dem Treffen mit den indonesischen Bischöfen in Jakarta (Indonesien)". In: Ebd., 635-641. – Ders., „Church and State Relations", *Origins* 19:22 (2.11.1989), 363-365.

[37] *Il Mondo di Giovanni Paolo II*, 147.

[38] Johannes Paul II., „Botschaft an die Polnische Bischofskonferenz zum 50. Jahrestag des Ausbruchs des Zweiten Weltkrieges am 1. September 1939". In: *DAS 1989*, 1026-1030; 1028.

[39] Ebd., 1030.

[40] Johannes Paul II., „Apostolisches Schreiben zum 50. Jahrestag des Beginns des Zweiten Weltkrieges". In: Ebd., 1031-1039; 1035. Die Analyse des Papstes stimmt hier mit derjenigen überein, die Alexander Solschenizyn in dem Vortrag am 10. Mai 1983 anläßlich der Verleihung des Templeton Prize vertrat; siehe „Men Have Forgotten God", nachgedruckt in *National Requiem*, 22.7.1983, 872-876.

Als der durch und durch orthodoxe Solschenizyn 1978 von der Wahl Kardinal Wojtyłas zum Papst erfuhr, soll er die Arme hochgerissen und gejubelt haben: „Ein Wunder! Das ist das erste positive Ereignis seit dem Ersten Weltkrieg, und es wird das Gesicht der Welt verändern!" Irina Alberti zufolge war Solschenizyn Wojtyła nie begegnet, doch er wußte instinktiv, was dessen Wahl bedeutete: Der Widerstand gegen den Kommunismus würde von jetzt an in der Religion

und der Kultur verwurzelt sein, und das waren die stärksten Kräfte auf der Welt. [Interview des Autors mit Irina Alberti, 13.4.1998.]
41 Johannes Paul II., „Apostolisches Schreiben zum 50. Jahrestag des Beginns des Zweiten Weltkrieges", 1035.
42 Ebd., 1032.
43 Ebd., 1037f.
44 Ebd., 1039.
45 Siehe Serge Schmemann, „East Germany Opens Frontier to the West for Migration or Travel; Thousands Cross", *New York Times*, 10.11.1989, A1, A14, sowie *Chronik des 20. Jahrhunderts* (Augsburg 1996), 1314-1324.
46 Johannes Paul II., „Predigt bei der Heiligsprechung von Agnes von Böhmen und Albert Chmielowski". In: *DAS 1989*, 1155-1158; 1157f.
47 Beim Abendessen am Tag der Heiligsprechung waren zwei Krakauer Laien und Intellektuelle, der Dichter Marek Skwarnicki und der Maler Stanisław Rodziński, Gäste des Papstes. [Interview des Autors mit Marek Skwarnicki, 9.7.1998.]
48 Johannes Paul II., „Predigt bei der Heiligsprechung von Agnes von Böhmen und Albert Chmielowski", 1156f.
49 Interview des Autors mit Bischof František Lobkowicz, 21.10.1991.
50 Henri de Lubac, *Über Gott hinaus: Tragödie des atheistischen Humanismus* (Einsiedeln 1984), 18.
51 Ebd., 17f.
52 Ebd., 18-20.
53 Ebd., 12.
54 Gespräch des Autors mit Pater Michael Maslowski, 22.4.1996; Interviews des Autors mit Daniela Simpson, 18.3.1997, und Joaquín Navarro-Valls, 18.2.1998.
55 Interview des Autors mit Daniela Simpson, 18.3.1997.
56 Interviews des Autors mit Irina Alberti, 13. und 16.4.1998, und Joaquín Navarro-Valls, 18.2.1998.
57 Interviews des Autors mit Irina Alberti, 13. und 16.4.1998; Gespräch des Autors mit Papst Johannes Paul II., 13.12.1997.
58 Gespräch des Autors mit Papst Johannes Paul II., 13.12.1997; Gespräch des Autors mit Joaquín Navarro-Valls, 18.2.1998.
59 Siehe Michail Gorbatschow, *Erinnerungen* (Berlin 1995), 768f.
60 Interview des Autors mit Joaquín Navarro-Valls, 17.12.1998.
61 Interview des Autors mit Daniela Simpson, 18.3.1997.
62 Papst Johannes Paul II., „Ansprache an Präsident Michail Gorbatschow". In: *DAS 1989*, 1196-1199, sowie *OR* dt., 8.12.1989, 1.
63 „Eine neue Zeit des Friedens. Adresse von Staats- und Parteichef Michail Gorbatschow an Papst Johannes Paul II.", *OR* dt., 8.12.1989, 7.
64 Interviews des Autors mit Daniela Simpson, 18.3.1997; Victor Simpson, 17.2.1997; und Irina Alberti, 13. und 16.4.1998.
65 Interviews des Autors mit Irina Alberti, 13. und 16.4.1998.
66 Interview des Autors mit Joaquín Navarro-Valls, 18.2.1998.
67 Siehe Carl Bernstein/Marco Politi, *Seine Heiligkeit: Johannes Paul II. und die Geheimdiplomatie des Vatikans* (München 1997), 566-572.
68 Interview des Autors mit Erzbischof Jean-Louis Tauran, 18.3.1997.
69 Kardinal Tomášeks Botschaft wurde von Pater Otto Mádr entworfen, der einmal wegen „Spionage" zum Tode verurteilt worden war und in der Periode des schlimmsten tschechoslowakischen Stalinismus 15 Jahre im Gefängnis und in Arbeitslagern zugebracht hatte. Während seiner Zeit im Gefängnis feierte er die Messe, sooft er zehn Tropfen Wein aus Rosinen herausquetschen konnte; die Kommunion wurde durch den Gefängnisbarbier verteilt, der den Gefangenen bei seiner wöchentlichen Runde Bröckchen von eucharistischem Brot brachte und dabei als einzig verfügbares Ziborium ein Stück Zigarettenpapier benutzte. Pater Mádr wiederholte Kardinal Tomášeks Botschaft an die am 24. November auf dem Wenzelsplatz versammelte Menschenmenge bei einem Interview mit dem Autor am 25. Oktober 1991 aus dem Gedächtnis und schickte ihm am 13. Dezember 1991 den Text der Ansprache.

Pater Václav Malý lehnte es ab, in die neue demokratische Regierung einzutreten, und wurde Pfarrer in Prag. Am 3. Dezember 1996 ernannte Johannes Paul II. ihn zum Titularbischof von Marcelliana und zum Weihbischof von Prag.

70 Interview des Autors mit Václav Benda, 22.10.1991.
71 Zitiert in William H. Luers, „Czechoslovakia: Road to Revolution", *Foreign Affairs* 69:2 (Frühjahr 1990), 98.
72 Die einzige Ausnahme von der Gewaltlosigkeit war Rumänien, wo der gewaltsame Versuch des Ceaușescu-Regimes, den (durch den Versuch der Sicherheitspolizei Securitate, am 16. Dezember in Timișoara [Temeswar] einen alten Menschenrechtskämpfer, den Baptistenpfarrer László Tökes, zu verhaften, ausgelösten) Widerstand einzudämmen, mit dem blutigen Sturz des Regimes am 22. Dezember und der Hinrichtung Ceaușescus und seiner Frau am 25. Dezember endete.
73 Siehe Bogdan Bociurkiw, „The Ukrainian Catholic Church in Gorbachev's USSR", 12f.; Interview des Autors mit Bogdan Bociurkiw, 10.8.1996.
74 „Communiqué: Archbishop Colasuonno's Journey in Romania", *OR* engl., 15.1.1990, 5.
75 Siehe Bogdan Bociurkiw, „The Ukrainian Catholic Church in Gorbachev's USSR", 15; Interview des Autors mit Bogdan Bociurkiw, 10.10.1996. Siehe auch „Religiöse Überzeugungen frei zum Ausdruck bringen", *OR* dt., 26.1.1990, 6, und „Jüngste Beziehungen zum Patriarchat Moskau im Hinblick auf die Legalisierung der katholischen Kirche des ukrainischen Ritus", *OR* dt., 23.3.1990, 6.
76 „Bischofsernennung in der Slowakei", *OR* dt., 16.2.1990, 2.
77 „Er trug die Dornenkrone für Ungarn. Papstbotschaft zur Rehabilitierung von Kardinal Mindszenty", *OR* dt., 16.2.1990, 1.
78 Johannes Paul II., „Ansprache an das Diplomatische Korps". In: *DAS 1990*, 779-787; 780f.
79 Ebd., 781.
80 Johannes Paul II., „Eine Revolution ohne Gewalt. Geistlicher Besuch in Jasna Góra". In: Ebd., 38.
81 Johannes Paul II., „Gib Kraft deinem Volk. Geistlicher Besuch in Jasna Góra". In: Ebd., 61.
82 Johannes Paul II., „Die Last gemeinsam tragen. Geistlicher Besuch in Jasna Góra". In: Ebd., 222.
83 Johannes Paul II., „Ansprache an die Priester, Ordensleute und engagierten Laien im Dom von Prag". In: Ebd., 384-391; 385-387.
84 „Havel: Sharing in a Miracle", *OR* engl., 30.4.1990, 4.
85 „Die Konferenz über Sicherheit und Zusammenarbeit in Europa. Vorlesung des Kardinalstaatssekretärs Agostino Casaroli bei der Verleihung der Ehrendoktorwürde der juristischen Fakultät der Universität Parma", *OR* dt., 13.4.1990, 12f.
86 „Warum der ‚reale Sozialismus' gescheitert ist. Vorlesung des Kardinalstaatssekretärs Agostino Casaroli bei der Verleihung der Ehrendoktorwürde aller Fakultäten der Päpstlichen Theologischen Akademie Krakau", *OR* dt., 27.7.1990, 10f.
87 Ebd., 10.
88 Die Teilnehmer waren die Professoren Kenneth J. Arrow von der Stanford University (der 1972 den Nobelpreis für Wirtschaftswissenschaften erhalten hatte), Anthony Atkinson von der London School of Economics and Political Science, Parta Dasgupta (Stanford), Jacques Dreze (Université Catholique de Louvain), Peter Hammond (Stanford), Hendrik Houthakker (Harvard), Robert Lucas (University of Chicago), Edmond Malinvaud (Lehrstuhl für Wirtschaftsanalyse am Collège de France), Ignazio Musu (Università degli Studi di Venezia), Jeffrey Sachs und Amartya Sen (Harvard), Horst Siebert (Institut für Weltwirtschaft in Kiel), Witold Trzeciakowski (polnische Regierung), Hirofumi Uzawa (Emeritus, Universität Tokio) und Stefano Zamagni (Università degli Studi di Bologna). [Memorandum des Päpstlichen Rats für Gerechtigkeit und Frieden an den Autor, 13.11.1997.]
89 Brief von Robert E. Lucas Jr. an den Autor, 9.4.1997.
90 Interview des Autors mit Erzbischof Jorge Mejía, 20.1.1997.
91 Interview des Autors mit Rocco Buttiglione, 21.1.1997.
92 Johannes Paul II., *Centesimus annus. Verlautbarungen des Apostolischen Stuhls* 101, Nr. 5.
93 Ebd., Nr. 6-9.
94 Ebd., Nr. 12 f.
95 Ebd., Nr. 13 f.
96 Ebd., Nr. 23.
97 „Der Mensch wird am umfassendsten dann erfaßt, wenn er im Kontext seiner Kultur gesehen wird, das heißt wie er sich durch die Sprache, die eigene Geschichte und durch die Grundhaltungen in den entscheidenden Ereignissen des Lebens, in der Geburt, in der Liebe, im Tod, darstellt. Im Mittelpunkt jeder Kultur steht die Haltung, die der Mensch dem größten Geheimnis

gegenüber einnimmt: dem Geheimnis Gottes. Die Kulturen der einzelnen Nationen sind im Grunde nur verschiedene Weisen, sich der Frage nach dem Sinn der eigenen Existenz zu stellen; wird diese Frage ausgeklammert, entarten die Kultur und die Moral der Völker." [Ebd., Nr. 24.]

98 Ebd.
99 Ebd., Nr. 43.
100 Siehe Maciej Zięba OP, *Kościoł wobec Demokratycznego Kapitalizmu w Świetle Encyklik „Centesimus Annus"*, unveröffentlichte Dissertation (Krakau 1997), und ders., *Papieze i kapitalizm: od Rerum Novarum po* Centesimus Annus (Krakau 1998).
101 Johannes Paul II., *Centesimus annus*, Nr. 31 [Hervorhebung im Original].
102 Ebd., Nr. 32 [Hervorhebung im Original].
103 Interview des Autors mit Rocco Buttiglione, 21.1.1997.
104 Ebd.
105 Johannes Paul II., *Centesimus annus*, Nr. 42.
106 Der Dekan der Sozialwissenschaftlichen Fakultät der Päpstlichen Universität Gregoriana in Rom, Sergio Bernal Restrepo SJ, brachte bei einem vom Päpstlichen Rat für Gerechtigkeit und Frieden finanzierten Seminar zum hundertsten Jahrestag von *Rerum novarum* am 14. Mai 1991 genau dieses Argument mit exakt diesen Begriffen vor.
107 Johannes Paul II., *Centesimus annus*, Nr. 13.
108 Ebd., Nr. 32 [Hervorhebung im Original].
109 Siehe ebd. [Hervorhebung im Original].
110 Ebd., Nr. 48.
111 Ebd., Nr. 58.
112 Siehe ebd.
113 Ebd., Nr. 52.
114 Für eine ausführlichere Diskussion dieser Punkte siehe Richard John Neuhaus, *Doing Well and Doing Good: The Challenge to the Christian Capitalist* (New York 1992), besonders Kapitel 8, „The Potential of the Poor".
115 Johannes Paul II., *Centesimus annus*, Nr. 46.
116 Interview des Autors mit Erzbischof Jean-Louis Tauran, 14.3.1997.
117 Johannes Paul II., „Aufruf zum Gebet für die Golfregion". In: *DAS 1990*, 158.
118 Interview des Autors mit Erzbischof Jean-Louis Tauran, 14.3.1997.
119 Johannes Paul II., „Weihnachtsbotschaft vor dem Segen *Urbi et Orbi*". In: *DAS 1990*, 1264-1266 [Zeilensetzung des Autors].
120 Interview des Autors mit Erzbischof Jean-Louis Tauran, 14.3.1997.
121 Johannes Paul II., „Botschaft an die Außenminister der Europäischen Gemeinschaft". In: *DAS 1991*, 848f.
122 Johannes Paul II., „Botschaft an den UN-Generalsekretär Pérez de Cuéllar". In: Ebd., 855.
123 Interview des Autors mit Erzbischof Jean-Louis Tauran, 18.3.1997.
124 Johannes Paul II., „Telegramme an die Präsidenten Bush und Hussein". Vgl. *DAS 1991*, 870f.
125 Interview des Autors mit Erzbischof Jean-Louis Tauran, 18.3.1997.
126 Ebd. Erzbischof Tauran war anwesend, als der Papst mit dem amerikanischen Präsidenten telefonierte. Die offizielle Antwort von Präsident Bush auf die Botschaft Johannes Pauls vom 15. Januar wurde dem Vatikan am 16. Januar vom amerikanischen Botschafter Melady überbracht. [Siehe Thomas Patrick Melady, *The Ambassador's Story: The United States and the Vatican in World Affairs* (Huntington, Ind., 1994), 95.]
127 „Konkrete Schritte für den Frieden. Versammlung der Bischöfe der am Golfkrieg beteiligten Länder", *OR* dt., 1.3.1991, 1.
128 Johannes Pauls Eröffnungsansprache bei diesem Treffen, seine Schlußansprache und das Kommuniqué konzentrierten sich auf den Nahen Osten nach dem Krieg. Siehe *John Paul II for Peace in the Middle East*, 113-129, außerdem Johannes Paul II., „Ansprache an die Patriarchen und Bischöfe der in den Golfkrieg verwickelten Länder zum Beginn ihrer Beratungen im Vatikan" (*DAS 1991*, 944-947), ders., „Trennende Wand der Feindschaft niederreißen. Zum Abschluß der Konferenz der Patriarchen und Bischöfe der Golfregion" (ebd., 58-61), sowie „Kommuniqué zum Abschluß der Beratungen der Patriarchen und Bischöfe des Nahen und Mittleren Ostens" (ebd., 1530-1532).
129 Zur Geschichte dieser Bemühungen siehe David-Maria A. Jaeger OFM, *The Roman Pontiffs in Defence of Christian Rights in the Holy Land: From* Causa Nobis *to* Redemptionis Anno *(1921-1984)*, unveröffentlichte Dissertation (Rom 1989).

[130] Der letzte Punkt stammt aus dem Interview des Autors mit Erzbischof Jean-Louis Tauran, 14.3.1997.
[131] Siehe James A. Baker, *Drei Jahre, die die Welt veränderten: Erinnerungen* (Berlin 1996).
Zwischen der Regierung Bush und dem Heiligen Stuhl war es bereits einmal zu großen Spannungen gekommen. Unmittelbar vor seinem Besuch der Mitternachtsmesse des Papstes am Abend des 24. Dezember 1989 war Botschafter Melady angewiesen worden, dem Heiligen Stuhl mitzuteilen, daß die USA nicht wünschten, daß der panamaische Diktator Manuel Noriega in der Vatikanischen Nuntiatur in der Hauptstadt des Landes, in die er sich vier Tage nach der am 20. Dezember erfolgten Militärintervention der Amerikaner um 21.17 Uhr römischer Zeit (15.17 Uhr in Panama) geflüchtet hatte, Asyl erhalte. Noriega blieb trotzdem bis zum 3. Januar 1990 in der Nuntiatur; dann stellte er sich nach tagelangen Verhandlungen den US-Truppen. [Siehe Melady, *The Ambassador's Story*, 19-23.]
[132] Siehe Melady, *The Ambassador's Story*, 114f.
[133] Interview des Autors mit Erzbischof Jean-Louis Tauran, 14.3.1997.
[134] Zitiert in Melady, *The Ambassador's Story*, 119. Siehe auch „Golfkrieg hinterläßt Abgrund", *OR* dt., 8.3.1991, 4. Die katholische Minderheit im Irak gehörte zu denjenigen im Nahen Osten, die relativ wenig Druck ausgesetzt waren. Christen waren Mitglieder von Saddam Husseins Baath-Partei und seiner Regierung. In Saddams Terrorstaat wäre ein öffentlicher Protest gegen die Regierung natürlich ein fast selbstmörderisches Unterfangen gewesen. Indem Patriarch Bidawid jedoch die Besetzung Kuwaits verteidigte, stellte er sich gegen den Standpunkt des Heiligen Stuhls, daß diese eindeutig gegen das internationale Recht und die Charta der Vereinten Nationen verstoße.
[135] Interview des Autors mit Erzbischof Jean-Louis Tauran, 14.3.1997.
[136] John P. Langan SJ, „The Just War Theory After the Gulf War", *Theological Studies* 53:1 (März 1992), 95-112. Der Leitartikel aus *Civiltà Cattolica*, „Modern War and the Christian Conscience", wurde in David E. DeCosse (Hrsg.), *But Was It Just? Reflections on the Morality of the Persian Gulf War* (New York 1992) abgedruckt.
[137] James Turner Johnson, „Just Cause Revisited". In: Elliott Abrams (Hrsg.), *Close Calls: Intervention, Terrorism, Missile Defense, and "Just War" Today* (Washington, D. C., 1998), 27.
[138] Zitiert in Melady, *The Ambassador's Story*, 114.
[139] Siehe Efraim Karsh/Inari Rautsi, *Saddam Hussein: A Political Biography* (New York 1991).
[140] Eine exaktere Analyse durch das Staatssekretariat hätte auch bedeutet, sich mit den Vorurteilen gegenüber der arabisch-islamischen Welt zu befassen, die die politischen Kreise in Italien beherrschen und von dort aus in den Vatikan eindringen. Diese Ansichten kamen im *Osservatore Romano* während der Krise besonders stark zum Ausdruck.
[141] Unmittelbar vor diesem Treffen, an dem er hätte teilnehmen sollen, ertrank Pater Joseph Zvěřina, ein Überlebender der tschechoslowakischen Arbeitslager, der in den 80er Jahren einer der wichtigsten Berater von Kardinal Tomášek geworden war, beim Baden in der Nähe von Rom.
[142] Johannes Paul II., „Ansprache bei der Überreichung des Beglaubigungsschreibens des neuen Botschafters der Bundesrepublik Deutschland beim Heiligen Stuhl". In: *DAS 1990*, 1121-1123. Die Zeremonie bot Johannes Paul die Gelegenheit, wieder einmal über die Bedeutung des Zweiten Weltkriegs und der Shoah zu reflektieren:
> Es war eigentlich der Zweite Weltkrieg, der am 3. Oktober zu Ende ging und der vielen bewußt werden ließ, was Schicksal und Schuld in allen Völkern und bei allen Menschen bedeutet. Wir denken an die Millionen von Menschen, die zum größten Teil völlig unschuldig in diesem Krieg umgekommen sind: Soldaten, Zivilisten, Frauen, alte Menschen und Kinder, Menschen verschiedener Nationalitäten und Religionen.
> In diesem Zusammenhang ist auch die Tragödie der Juden zu nennen. Die schwere Hypothek des Mordes am jüdischen Volk muß für alle Christen ein bleibender Bußruf sein: damit wir jede Form des Antisemitismus überwinden und daraus eine neue Beziehung zu unserem Brudervolk aus dem alten Bund gewinnen. (...) Schuld sollte nicht niederdrücken und selbstquälerischen Gedanken Raum geben, sondern muß immer Ausgangspunkt einer Erneuerung sein. [Ebd., 1122.]

[143] Interview des Autors mit Kardinal Alfonso López Trujillo, 22.9.1991.
[144] Interviews des Autors mit Irina Alberti, 13. und 16.4.1998.
[145] Die Vorstellung bei der Pressekonferenz erfolgte durch Erzbischof Pio Laghi, den ehemaligen Nuntius in den Vereinigten Staaten. Laghi war im vorhergehenden April als Nachfolger von

Kardinal William Baum, dem früheren Erzbischof von Washington, D. C., zum Pro-Präfekten der Kongregation für das Katholische Bildungswesen ernannt worden.

146 Interview des Autors mit Kardinal William Baum, 5.11.1996.
147 Johannes Paul II., „*Ex Corde Ecclesiae*. Apostolische Konstitution über die Katholischen Universitäten vom 15. August, veröffentlicht am 25. September". In: *DAS 1990*, 1017-1039, Nr. 4.
148 Ebd., Nr. 28.
149 Ebd., Art. 1, §1.
150 Ebd., Art. 4, §3.
151 Siehe „Amt und Glaube. Betrachtung zur Ablegung des Glaubensbekenntnisses und des Treueides", *OR* dt., 10.3.1989, 1.
152 Interview des Autors mit Msgr. Walter Edyvean, 16.1.1997.
153 Siehe Philip Gleason, *Contending with Modernity: Catholic Higher Education in the Twentieth Century* (New York 1996), und Charles R. Morris, *American Catholic: The Saints and Sinners Who Built America's Most Powerful Church* (New York 1997). Eine umfangreichere Untersuchung darüber, wie ursprünglich religiöse Einrichtungen der höheren Bildung ihre religiöse Identität verlieren, ist James T. Burtchaell CSC, *The Dying of the Light: The Disengagement of Colleges and Universities from the Christian Churches* (Grand Rapids 1998).
154 Bis zum März 1992 sollten dem Heiligen Stuhl örtliche Verordnungen zur Anwendung der allgemeinen Normen von *Ex corde ecclesiae* vorgelegt werden; nur einem einzigen Land gelang es, diesen Termin einzuhalten. Ende 1997, sieben Jahre nach der Veröffentlichung des Dokuments, hatten 12 der 48 Länder mit katholischen Einrichtungen der höheren Bildung örtliche Normen entwickelt, die vom Heiligen Stuhl gebilligt worden waren. In den Vereinigten Staaten bat der mit der Entwicklung der örtlichen Normen beauftragte Bischofsausschuß immer wieder um Verlängerung; die schließlich von der Bischofskonferenz der Vereinigten Staaten bei ihrer Versammlung im November 1996 beschlossenen Normen wurden vom Heiligen Stuhl nicht akzeptiert und zur Überarbeitung an die amerikanischen Bischöfe zurückgeschickt.
155 Zum Verhältnis zwischen den Ortsbischöfen und den katholischen Hochschuleinrichtungen und Universitäten siehe Kardinal Francis George OMI, „Universities That Are Truly Catholic and Truly Academic", *Origins* 28:18 (15.10.1998).

Kapitel 17
„Bis zu den Enden der Erde"

1 Johannes Paul II., „Ansprache bei der akademischen Feierstunde der Päpstlichen Akademie der Wissenschaften zum Gedenken an den 100. Geburtstag Albert Einsteins". In: *Wort und Weisung im Jahr 1979*, 260-267; 263.
2 Johannes Paul II., „Lessons of the Galileo Case", *Origins* 22:22 (12.11.1992), 369-374. Siehe auch Kardinal Paul Poupard, „Galileo: Report on Papal Commission Findings, ebd., 374f.; ders., „Galileo, Science and Faith", *Church & Cultures* (Bulletin des Päpstlichen Rats für die Kultur), Nr. 18 (1992), 3f.; Johannes Paul II., „Ansprache an die Päpstliche Akademie der Wissenschaften". In: *DAS 1992*, 937-943.
3 Daß es keine öffentliche Abrechnung mit denjenigen Wissenschaftlern, Kommentatoren und Politikern gab, die den Charakter des Kommunismus offenkundig völlig mißdeutet hatten, machte die Lage noch komplizierter. Im Gegensatz zu den Menschen, die in den 30er Jahren mit dem Faschismus sympathisiert hatten, wurde von den Anti-Anti-Kommunisten der 60er, 70er und 80er Jahre nie verlangt, sich für ihre moralische und politische Blindheit zu rechtfertigen. Viele dieser Männer und Frauen gehörten zu denen, die sich besonders stark der Vorstellung von Freiheit als radikaler individueller Autonomie verschrieben hatten. Daß der Verrat der Intellektuellen in der zweiten Hälfte des kalten Krieges nicht aufgearbeitet wurde, stärkte daher die Vorstellung, daß Freiheit zumindest indirekt Autonomie bedeute.
4 Siehe Zbigniew Brzeziński, *Macht und Moral. Neue Werte für die Weltpolitik* (Hamburg 1994), 83-104.
5 Das Dekret ist vor allem unter seinem lateinischen Titel, *Ad gentes* [Zu den Völkern], bekannt.
6 Siehe Johannes Paul II., *Redemptoris missio. Verlautbarungen des Apostolischen Stuhls* 100, Nr. 62 [Hervorhebung im Original].

Anmerkungen zu Kapitel 17

7 Interview des Autors mit Kardinal Jozef Tomko, 14.11.1996.
8 *International Bulletin of Missionary Research* 22:1 (Januar 1998), 27.
9 Für einen Überblick über diese Debatte und eine nützliche Bibliographie siehe Paul Griffiths, „One Jesus, Many Christs?", *Pro Ecclesia* 7:2 (Frühjahr 1998), 151-171.
10 Der offizielle nachkonziliare Name der Kongregation wird in Rom fast durchweg ignoriert – dort wird sie immer noch von allen „die Propaganda" genannt, nach ihrem alten lateinischen Titel, *Propaganda Fide*, Kongregation für die Verbreitung des Glaubens.
11 Siehe Paul Mojzes/Leonard Swidler (Hrsgg.), *Christian Mission and Interreligious Dialogue* (Lewiston 1992), das neben Tomkos „provozierender" Ansprache auch seine Antwort an seine Kritiker enthält.
12 Interview des Autors mit Kardinal Jozef Tomko, 19.1.1997.
13 Johannes Paul II., *Redemptoris missio*, Nr. 62 [Hervorhebung im Original].
14 „Aber was mich noch mehr zur Betonung der Dringlichkeit der missionarischen Verkündigung bewegt, ist die Tatsache, daß diese vorrangig den Dienst ausmacht, den die Kirche jedem Menschen und der ganzen Menschheit von heute erweisen kann." [Ebd., Nr. 2.]
15 Ebd., Nr. 2 [Hervorhebung im Original].
16 Ebd., Nr. 1.
17 Ebd., Nr. 5.
18 Ebd., Nr. 6.
19 Ebd.
20 Ebd., Nr. 10.
21 Zu diesem ganz entscheidenden Punkt siehe *Redemptoris missio*, Nr. 11: „*Die Mission ist eine Frage des Glaubens*, sie ist ein unbestechlicher Gradmesser unseres Glaubens an Christus und seine Liebe zu uns." [Hervorhebung im Original.] Bei der Evangelisierung geht es wirklich um das Heil: das Heil der Mitglieder der Kirche ebenso wie das derjenigen, vor denen sie predigen.
22 Zu diesen sechs Punkten siehe Richard John Neuhaus, „Reviving the Missionary Mandate", *First Things* 16 (Oktober 1991), 61-64.
23 Johannes Paul II., *Redemptoris missio*, Nr. 34 und 37.
24 Siehe ebd., Nr. 37.
25 Ebd.
26 Ebd., Nr. 39 [Hervorhebung im Original].
27 Ebd., Nr. 42-45.
28 Ebd., Nr. 45. Der Hinweis des Papstes auf das Märtyrertum war kein rhetorischer Schnörkel; 1996 beispielsweise wurden 46 Katholiken bei ihrer Missionsarbeit getötet: drei Bischöfe, 18 Priester, acht Ordensmänner, 13 Ordensfrauen und vier Laien. Sie starben in Algerien, Ghana, Zaire, Ruanda, Burundi, Tansania, Puerto Rico, Kolumbien, Bosnien, Kambodscha und Indien den Märtyrertod.
29 Siehe ebd., Nr. 50 und 55-57.
30 Siehe ebd., Nr. 52-54.
31 Ebd., Nr. 58.
32 Obwohl *Redemptoris missio* das Datum 7. Dezember 1990 trägt, wurde die Enzyklika erst am 22. Januar 1991 veröffentlicht, als Kardinal Jozef Tomko sie bei einer Pressekonferenz vorstellte; siehe *OR* engl., 28.1.1991, 1 und 21. Daß die Vorstellung sechs Tage nach dem Beginn des Golfkriegs und massiver anti-sowjetischer Demonstrationen in Litauen erfolgte, führte ebenfalls zu einer problematischen Rezeption durch die Medien der Welt.

Eine Ausnahme von der allgemeinen Vernachlässigung, die *Redemptoris missio* im Westen erfuhr, war die positive Aufnahme der Enzyklika in vielen evangelikalen Kreisen des Protestantismus. Das *International Bulletin of Missionary Research* schrieb in einem Leitartikel, die Enzyklika sei ein „erfrischend positives Dokument, das Zuversicht, Optimismus und Ermutigung atmet; ohne irgend jemanden zu verurteilen, weist sie doch auf die Fallgruben hin, denen es auszuweichen gilt. (...) Sie verdient es, von allen Christen, denen es um den Missionsauftrag der Kirche geht, genau gelesen zu werden." [*International Bulletin of Missionary Research* 15:2 (April 1991), 1.]
33 Johannes Paul II., *Redemptoris missio*, Nr. 86.
34 Richard John Neuhaus, „Christian Mission and the Third Millenium", *First Things* 13 (Mai 1991), 8.
35 Zum gegenkulturellen Charakter von *Redemptoris missio* siehe Neuhaus, ebd. und „Reviving the Missionary Mandate".

36 Die Situation in Weißrußland wurde noch dadurch kompliziert, daß die Diözesen dieser neuen Sowjetrepublik Gebiete umfaßten, die einst zum zaristischen Rußland und/oder in der Zwischenkriegszeit zu Polen gehört hatten.

37 Die neue Erzdiözese Minsk-Mohilew umfaßte etwa 350 000 Katholiken des lateinischen Ritus, die in ungefähr 70 Pfarreien mit 30 Priestern lebten. Die neue Diözese Pinsk hatte etwa 100 000 Katholiken in 32 Pfarreien und 20 Priester, die neue Diözese Grodno (die auf einem Gebiet eingerichtet wurde, das zwischen den beiden Weltkriegen zur Erzdiözese Wilna [Vilnius] in Polen gehört hatte) etwa 900 000 Katholiken in über 120 Pfarreien. [Siehe OR dt., 26.04.1991, 3.]

38 Can. 371 §2.

39 Im Moskauer Gebiet lebten neben einer unbekannten Anzahl von Katholiken polnischer, litauischer und russischer Abstammung auch katholische Diplomaten und Studenten. In Leningrad gab es etwa 10 000 Katholiken, vor allem polnischer Abstammung, und katholische Wolgadeutsche hatten begonnen, aus den Steppen Zentralasiens, in die sie deportiert worden waren, ins europäische Rußland zurückzukehren. In Sibirien hatte es seit Mitte der 30er Jahre so gut wie keine katholischen Priester mehr gegeben, doch in der Hauptstadt Nowosibirsk und den Städten Prokopjewsk, Irkutsk, Tomsk und Omsk war das katholische Leben wieder erwacht. In Kasachstan lebten über 600 000 Katholiken deutscher, polnischer und ukrainischer Abstammung, die in der Stalinzeit dorthin deportiert worden oder Nachkommen von Deportierten waren. [Die außerordentlich verwickelte Geschichte der katholischen Kirche in der damaligen UdSSR wurde in OR engl., 22.4.1991, 1 und 6f., zusammengefaßt.]

40 Die alte Empfindlichkeit des Moskauer Patriarchats wurde dadurch noch gesteigert, daß die russisch-orthodoxe Führung in den letzten Jahrzehnten des sowjetischen Kommunismus keine heldenhafte Rolle gespielt hatte – in deutlichem Gegensatz zur katholischen Führung in Litauen, der Ukraine, Polen, der Tschechoslowakei und anderswo. Eine weitere Komplikation war die seit dem Zweiten Weltkrieg enge Verbindung zwischen dem Patriarchat und der sowjetischen Regierung, der es bei internationalen ökumenischen Treffen häufig als Sprachrohr gedient hatte. Russisch-orthodoxe Priester und Laien, die der Korruption durch die Kommunisten widerstanden hatten, setzten die Ökumene oft mit kommunistischen Manipulationen der Kirche gleich, und die direkt an der ökumenischen Aktivität in der Welt beteiligte orthodoxe Führung hatte ihre Unabhängigkeit von den Politikern, den Staatssicherheitsdiensten und den neuen „Mafias" von Exkommunisten, die die wirtschaftliche Umstrukturierung der UdSSR ausnutzten, noch nicht überzeugend bewiesen.

41 Interviews des Autors mit Kardinal Edward Cassidy, 14.1.1997, und John Long SJ, 5.5.1997.

42 Der 45jährige Tadeusz Kondrusiewicz, der frühere Apostolische Administrator von Minsk, wurde zum Apostolischen Administrator des europäischen Teils von Rußland mit Sitz in Moskau ernannt und erhielt den Titel Erzbischof. Pater Joseph Werth SJ, der 38jährige Sohn deutscher Eltern, die nach Kasachstan deportiert worden waren, wurde zum Apostolischen Administrator von Nowosibirsk ernannt. Der 41jährige Pater Jan Lenga MIC, in der Ukraine geborener Sohn polnischer Eltern, wurde zum Apostolischen Administrator von Karaganda in Kasachstan ernannt. [Siehe OR dt., 26.4.1991, 3.]

43 Interview des Autors mit John Long SJ, 5.5.1997.

44 Die Absage des Patriarchats im Hinblick auf die Teilnahme an der Sonderversammlung der Bischofssynode für Europa von 1991 findet man in the Pontifical Council for Promoting Christian Unity *Information Service* #81 (1992/III-IV), 84-86, die Erwiderung des Heiligen Stuhls in OR dt., 25.10.1991, 3. Das Patriarchat führte explizit die Errichtung der Apostolischen Administraturen als einen der Gründe für seine Absage an. Der Heilige Stuhl antwortete, er habe sich in „den vergangenen sechs Monaten" sehr bemüht, dem Patriarchat die Situation zu erklären. Das war mindestens einen Monat zu spät.

Am 31. Mai 1991 schrieb Johannes Paul einen Brief an alle katholischen Bischöfe Europas, in dem er erläuterte, was in den vergangenen Monaten getan worden war, um das katholische Leben in Mittel- und Osteuropa zu regeln, und zur Abkehr von alten Feindseligkeiten aufrief: „Die Brüder, die einst den gleichen Leiden und denselben Prüfungen ausgesetzt waren, sollten sich heute einander nicht entgegenstellen, sondern gemeinsam in die Zukunft blicken, die sich mit aussichtsreichen Zeichen der Hoffnung öffnet." [Johannes Paul II., „Brief an die Bischöfe des europäischen Kontinents". In: *DAS 1991*, 1174-1179.]

45 Interview des Autors mit Henryk Woźniakowski, 5.6.1997.

46 Interview des Autors mit Kardinal Franciszek Macharski, 12.6.1991.

47 Paweł Śpiewak, „Taking Sides", in einer Reihe von Beiträgen zum Thema „Klerikalismus: Mythos oder Realität?", die vor dem Pastoralbesuch in *Warsaw Voice* erschien (2.6.1991, 7).
48 Interview des Autors mit Zbigniew Brzeziński, 7.2.1997.
49 „Press Release from the Polish Episcopate", *OR* engl., 18.3.1991, 12.
50 Diese Anomalie wurde 1996 endlich beseitigt, als – durch „einen noch nie dagewesenen Akt der Großzügigkeit von seiten des Papstes", wie ein führender ukrainischer Historiker es ausdrückte – die griechisch-katholische Diözese Przemyśl zur Erzdiözese Przemyśl-Warschau erhoben, der Jurisdiktion des Primas entzogen und dem griechisch-katholischen Großerzbischof von Lemberg unterstellt wurde. [Interview des Autors mit Bogdan Bociurkiw, 10.8.1996.]
51 Interview des Autors mit Jerzy Janik, 17.7.1996.
52 Siehe beispielsweise Bernstein/Politi, *Seine Heiligkeit. Johannes Paul II. und die Geheimdiplomatie des Vatikans* (München 1997), 583-590.
53 Siehe ebd.
54 Interview des Autors mit Kardinal Jan Schotte, 14.3.1997.
55 Martin Kettle, „John Paul's Grand Design for Europe", *The Guardian*, 27.4.1990, 14.
56 Johannes Paul II., „Ansprache an die Mitglieder der Tagung zur Vorbereitung der Sonderversammlung der Bischofssynode für Europa". In: *DAS 1990*, 931-938.
57 Interview des Autors mit Kardinal Miloslav Vlk, 5.12.1997. Eine Ausnahme war nach Vlks Ansicht der Kölner Kardinal Joachim Meisner, der vorher Bischof des geteilten Berlin gewesen war. Meisners Wahl zum Erzbischof von Köln im Dezember 1988, die Johannes Paul schließlich unter Androhung von Zwangsmaßnahmen durchsetzte, hatte zu großen Kontroversen geführt. Angesichts des positiven Urteils von Vlk über Meisner läßt sich jedoch mutmaßen, daß Johannes Paul die Ereignisse von 1989 kommen sah und auf dem renommiertesten deutschen Bischofsstuhl gerade einen solchen Kardinal wollte.
58 Interview des Autors mit Kardinal Jean-Marie Lustiger, 24.10.1996.
59 Interview des Autors mit Kardinal Jozef Tomko, 19.1.1997.
60 Interviews des Autors mit Kardinal Bernard Law, 9.11.1996; Kardinal Jozef Tomko, 19.1.1997; und Kardinal Jean-Marie Lustiger, 24.10.1996.
61 Interview des Autors mit Kardinal Miloslav Vlk, 5.12.1997.
62 Siehe *OR* dt., 20.12.1991, 11-14.
63 Sodano war der Staatssekretär. Laghi war Präfekt der Kongregation für das katholische Bildungswesen; Sánchez, ein Filipino, Präfekt der Kongregation für den Klerus; Cassidy Präsident des Päpstlichen Rates zur Förderung der Einheit der Christen; Noë ehemaliger päpstlicher Zeremonienmeister; und Angelini Präsident des Päpstlichen Rates für die Pastoral im Krankendienst.
64 Kardinal Posadas wurde am 24. Mai 1993 unter bis heute ungeklärten Umständen ermordet.
65 Johannes Paul II., *Spiritual Pilgrimage*, 154.
66 Vgl. *Insegnamenti di Giovanni Paolo II, 1991*, sowie Johannes Paul II., „Predigt bei der Eucharistiefeier am Fest Mariä Himmelfahrt in Tschenstochau", in: *DAS 1991*, 593-599.
67 *OR* dt., 30.8.1991, 1
68 *OR* dt., 1.11.1991, 9:

> Papst Johannes Paul II. hat dem neuen Ökumenischen Patriarchen von Konstantinopel, Bartholomaios I., seine Freude über dessen Wahl zum Ausdruck gebracht. In einem Glückwunschtelegramm vom 28. Oktober unterstreicht der Papst die „Bande brüderlicher Liebe, die uns schon vereinen und zweifellos unsere Zusammenarbeit im Blick auf die Wiederherstellung der vollen Einheit zwischen unseren Kirchen erleichtern werden". Er hoffe, so der Papst, daß „der mit Ihrem geliebten Vorgänger Dimitrios I. anläßlich meines unvergeßlichen Besuches im Phanar angekündigte theologische Dialog weitergeführt werde". Abschließend wünscht der Papst dem neugewählten Ehrenoberhaupt der orthodoxen Kirchen Gottes „Licht und Kraft" für die neue Aufgabe und versichert ihn seines Gebetes und seiner „ganzen brüderlichen Liebe".

69 Interview des Autors mit Ronald G. Roberson CSP, 31.3.1997.
Zu einem Überblick über die Schwierigkeiten, die Bartholomaios sowohl mit der türkischen Regierung als auch mit seinen orthodoxen Glaubensbrüdern hatte, vgl. Ronald G. Roberson CSP, *The Eastern Christian Churches: A Brief Survey* (Rom, 6. Aufl. 1995), 43-46.
70 Interview des Autors mit Erzbischof Jean-Louis Tauran, 18.3.1997.
71 Ebd.
72 Zu der vollen Liste der Bedingungen vgl. *OR* dt., 10.1.1992, 4.

73 Zitiert in *The Tablet*, 18.1.1992, 79.
74 Interview des Autors mit Erzbischof Tauran, 18.3.1997.
75 Interview des Autors mit Msgr. Vincenzo Paglia, 7.12.1997.
76 Zu allen Details vgl. *OR* dt., 3.4.1992, 7 f. Johannes Paul nannte die Gründe für die Veränderungen in einem apostolischen Schreiben an die Kirche Polens; der Text findet sich ebd., 7.
77 Die Verkündung erfolgte in Form eines päpstlichen Schreibens an Kardinal Fiorenzo Angelini, den Präsidenten des Päpstlichen Rates für die Pastoral im Krankendienst; vgl. *OR* dt., 22.5.1992, 4.
78 Interview des Autors mit Erzbischof Norberto Rivera Carrera, 21.11.1997.
79 Am Gründonnerstag 1979 schrieb Johannes Paul II. zwei Briefe, einen an alle Bischöfe der Kirche und einen zweiten an alle Priester der Kirche. Am Gründonnerstag 1980 gab es keinen Brief an die Priester, sondern ein apostolisches Schreiben an die Bischöfe, *Dominicae cenae*, „Zum Mysterium und zur Feier der Eucharistie", mit offensichtlichen Konsequenzen für die Priester. Am Gründonnerstag 1981 schrieb der Papst wieder einen Brief an die Bischöfe, zur Feier des 1600. Jahrestags des Ersten Konzils von Konstantinopel und zum 1550. Jahrestag des Konzils von Ephesus; abermals erhielten die Priester keinen Brief. Ab 1982 schrieb der Papst jedes Jahr einen „Brief an alle Priester der Kirche".
80 Vgl. Johannes Paul II., *Letters to My Brother Priests*.
81 Vgl. Philip Jenkins, *Pedophiles and Priests. Anatomy of a Contemporary Crisis* (New York 1996).
82 Vgl. „Editor's Introduction to *Pastores Dabo Vobis*". In: Miller, *Exhortations*, 466-468.
83 *Pastores dabo vobis*, Nr. 12.
84 Ebd.
85 Ebd., Nr. 21.
86 Ebd., Nr. 23. [Hervorhebung im Original].
Ein zweites Bild aus dem Neuen Testament, in dem Paulus Christus als den Bräutigam der Kirche bezeichnet (vgl. Epheser 5,21-23), definiert diese priesterliche Form der Heiligkeit genauer: Das Priesteramt ist ein Amt der Liebe, in dem der Priester „berufen ist, die Liebe des Bräutigams Christus zu seiner Braut, der Kirche, wiederzubeleben". So muß der Priester (der als Mensch an der menschlichen Dynamik teilhat, die Johannes Paul in seiner „Theologie des Leibes" untersuchte) eine besondere Art von Liebe üben:

> Sein Leben soll auch von diesem Wesensmerkmal erleuchtet (...) werden, das von ihm verlangt, Zeuge der Liebe Christi als des Bräutigams seiner Kirche und somit fähig zu sein, das Volk zu lieben mit neuem, großem und reinem Herzen, mit echtem Abstand zu sich selbst, mit voller, ständiger und treuer Hingabe und zugleich mit einer Art göttlicher „Eifersucht" (vgl. 2. Kor. 11,2), mit einer Zartheit, die sich sogar Nuancen der mütterlichen Liebe zu eigen macht und „Geburtswehen" erleidet, bis „Christus in den Gläubigen Gestalt annimmt" (vgl. Galater 4,19). *Pastores dabo vobis,* Nr. 22.

87 Ebd., Nr. 36 [Hervorhebung im Original].
88 Vgl. Johannes Paul II., *„Ad-limina*-Ansprache vor den Bischöfen von Michigan und Ohio", *OR* engl., 27.5.1998, 5 f.
89 Vgl. Johannes Paul II., *Pastores dabo vobis*, Nr. 35; Nr. 34.
90 Ebd., Nr. 39.
91 Ebd., Nr. 41 [Hervorhebung im Original].
92 Vgl. ebd., Nr. 51.
93 Ebd., Nr. 53; Interview des Autors mit Erzbischof Christoph Schönborn OP, 11.12 1997.
94 Vgl. Johannes Paul II., *Pastores dabo vobis*, Nr. 60.
95 *Pastores dabo vobis* berücksichtigt auch die neuen demographischen Daten der Priesterseminare, in die Männer in höherem Alter eintreten, oft, nachdem sie bereits berufliche Erfahrungen gesammelt haben, ebenso oft aber auch, ohne die Lehre und die Praxis der Kirche im Detail zu verstehen. Daher schlägt der Papst, einer Empfehlung der Synode folgend, eine ein- oder zweijährige „propädeutische Phase" vor, die geistige Ausbildung und karitativen Dienst mit einer allgemeinen Einführung in das Denken und die Kultur des Katholizismus verbindet [ebd., Nr. 62]. Im Gefolge von *Pastores dabo vobis* wurden auf der ganzen Welt diverse „propädeutische" Programme gestartet, die nun ein Grundbestandteil der Priesterausbildung sind.
Daß das apostolische Schreiben eine strenge akademische Ausbildung betont, hat bei einigen verantwortlichen lateinamerikanischen Bischöfen Fragen ausgelöst – angesichts eines regionalen Umfeldes, in dem evangelikale protestantische Predigerseminare mit einer kurzen Ausbildungszeit oft tüchtige Seelsorger hervorbringen. Die Bischöfe sind besorgt, daß die durch *Pa-*

stores dabo vobis unterstützte akademische Strenge das Risiko heraufbeschwört, in einem solchen kulturellen Umfeld das Priesterseminar und das Priesteramt weniger anziehend zu machen. Das ist ein Problem, das man im Weltkatholizismus sicher noch bis weit ins 21. Jahrhundert hinein erörtern wird.

Pastores dabo vobis schließt mit der ersten breiten Diskussion der andauernden Ausbildung katholischer Priester in der Geschichte der päpstlichen Lehre. Kontinuierliche Ausbildungsprogramme, die sich auf theologische Auffrischung und pastorale Fähigkeiten konzentrierten, waren nach dem II. Vatikanum zu einem normalen Kennzeichen katholischen Lebens geworden. Johannes Paul, der davon überzeugt ist, daß die Ausbildung des Priesters eine andauernde, mit der Ordination nicht abgeschlossene Aufgabe ist, denkt über dieses Phänomen aufgrund 2. Timotheus 1,6 nach, wo Paulus Timotheus ermahnt: „Darum rufe ich dir ins Gedächtnis: Entfache die Gnade Gottes wieder, die dir durch die Auflegung meiner Hände zuteil geworden ist." Das ist nach Meinung des Papstes der tiefste Grund für die andauernde Ausbildung des Priesters: „all den außerordentlichen Reichtum der Gnade und Verantwortung freizusetzen", der in der durch die Ordination verliehenen Gabe enthalten ist. Johannes Paul erörtert auch die kontinuierliche Ausbildung als eine akademische Fortbildung und als eine Frage der Gerechtigkeit für die Gläubigen, die einen Anspruch darauf haben, das Wort effektiv gepredigt zu bekommen. Aber bezeichnenderweise verankert er eine Diskussion, die sich gewöhnlich auf „Professionalisierung" konzentriert, in einem missionarischen Kontext. Die andauernde Ausbildung des Klerus soll jeden Priester befähigen, *„das Bewußtsein der ganzen und staunenswürdigen Wahrheit seines Seins im Glauben zu bewahren und zu entfalten*: er ist Diener Christi" und Hüter des Mysteriums Gottes. Das ist nach Auffassung des Papstes die Grundlage, auf welcher der Priester auch sein Gefühl des Verbundenseins mit den Gläubigen und sein Engagement für die rettende Mission der Kirche entwickeln kann [ebd., Nr. 70-75].

[96] Interview des Autors mit Kardinal William W. Baum, 5.11.1996.
[97] Brief von Erzbischof Edwin F. O'Brien an den Autor, 10.6.1997.
[98] Ebd.
[99] Das Pressebulletin der Gemelli-Klinik beschrieb den Vorgang mit medizinischen Fachausdrücken: „Papst Johannes Paul II. [wurde] am Morgen des 15. Juli einem chirurgischen Eingriff mit Darmresektion unterzogen wegen eines ausgedehnten tubulovillösen Adenoms des Sigmas mit geringen lokalen Zellveränderungen, zurückzuführen auf eine Dysplasie geringen Ausmaßes. Die Operation war ein radikaler und therapeutischer Eingriff, denn die Veränderungen waren gutartiger Natur. Außerdem wurde die Gallenblase wegen zahlreich vorhandenen Gallensteinen entfernt." [*OR* dt., 17.7.1992, 1.]
[100] Johannes Paul II., „Ansprache bei der Eröffnung der 4. Vollversammlung der lateinamerikanischen Bischöfe in Santo Domingo". In: *DAS 1992*, 478-498.
[101] Die Sonderversammlung der Bischöfe für Amerika tagte dann im November/Dezember 1997. Sie wurde mit dem nachsynodalen Apostolischen Schreiben *Ecclesia in America* abgeschlossen, das Johannes Paul II. am 22. Januar 1999 in Mexico City unterzeichnete. [vgl. *OR* dt., 29.1.1999, 1]. Zu einer Darstellung der Synode vgl. Richard John Neuhaus, *Appointment in Rome. The Church in America Awakening* (New York 1999).
[102] „Katechismus vorgestellt", *OR* dt., 11.12.1992, 1. Vgl. auch die Präsentation des Werkes in einer Pressekonferenz am 9. Dezember durch Kardinal Joseph Ratzinger [ebd., 11]. Die Präsentation des *Katechismus* wurde außerdem am 8. Dezember, dem Fest der Unbefleckten Empfängnis, in einem päpstlichen Hochamt in Santa Maria Maggiore gefeiert [*OR* dt., 11.12.1992, 1]; in seiner Predigt vor der Mariensäule auf dem Spanischen Platz verglich der Papst dieses Ereignis mit dem feierlichen Abschluß des II. Vatikanums 27 Jahre zuvor [*OR* dt., 18.12.1992, 3].
[103] Interview des Autors mit Erzbischof Schönborn OP, 11.12.1997.
[104] Ebd. Schönborn wurde im September 1991 zum Bischof ordiniert. Seit September 1995 ist er Erzbischof von Wien.
[105] Johannes Paul II., *Fidei depositum*, Nr. 4.
[106] *Katechismus der katholischen Kirche*, Nr. 173-175.
[107] Interview des Autors mit Erzbischof Schönborn OP, 11.12.1997. Vgl. auch Joseph Kardinal Ratzinger, *Gospel, Catechesis, Catechism. Sidelights on the „Catechism of the Catholic Church"*, San Francisco 1997, mit einer Antwort an deutsche Kritiker des *Katechismus*, sowie Ratzinger/Schönborn, *Introduction to the „Catechism of the Catholic Church"*, San Francisco 1994.
[108] Ein maßgeblicher lateinischer Text des *Katechismus* erschien 1997. Die Übersetzung des *Katechismus* für Länder, in denen die Kirche in Armut lebte, wurde zum Anlaß, kollegiale Näch-

stenliebe zu üben. So finanzierte Kardinal John O'Connor von New York die Übersetzung ins Russische und unterstützte damit die von Erzbischof Tadeusz Kondrusiewicz eingesetzte Kommission [„Presentation of Catechism of the Catholic Church in Russian", *Vatican Information Service*, 28.1.1997: *VIS* 970128 (780)].

[109] Vgl. John Bolton, „Somalia and the Problems of Doing Good. A Perspective for the State Department", sowie Alberto Coll, „Somalia and the Problem of Doing Good. A Perspective from the Defense Department", in: Abrams (Hrsg.), *Close Calls*, 145-160 und 161-182.

[110] Johannes Paul II., „Ansprache an die internationale Ernährungskonferenz, veranstaltet von der Organisation der Vereinten Nationen für Ernährung und Landwirtschaft sowie der Weltgesundheitsorganisation". In: *DAS 1992*, 1005-1009.

[111] Zu einer Erörterung der moralischen und politischen Probleme, die durch die Diskussion über ein „humanitäres Eingreifen" aufgeworfen werden, vgl. John Langan SJ, „Humanitarian Intervention. From Concept to Reality", Andrew Natsios, „Complex Humanitarian Emergencies and Moral Choice", und Drew Christiansen SJ/Gerard F. Powers, „The Duty to Intervene. Ethics and the Variety of Humanitarian Interventions", in: Abrams (Hrsg.), *Close Calls*, 119-124, 124-144 und 183-208.

[112] *OR* dt., 5.2.1993, 10 f.; *OR* dt., 12.3.1993, 10 f.

[113] Vgl. *Origins*, 14.9.1989, 250.

[114] Vgl. ebd., 249 f.

[115] Zu weiterem Material über das Abkommen von 1987 und den Streit von 1989 vgl. ebd.

[116] Diese Einzelheiten stammen aus Władysław T. Bartoszewski, *The Convent at Auschwitz* (New York 1991).

[117] Johannes Paul II., „Brief an die Karmeliterinnen in Auschwitz, übermittelt durch Bischof Tadeusz Rakoczy von Bielsko-Zywiec". In: *DAS 1993*, 831f.

[118] Bartoszewski, *The Convent at Auschwitz*, 137.

[119] Interview des Autors mit Msgr. Vincenzo Paglia, 7.12.1997.

[120] Einer der Helden der lebendigen katholischen Widerstandsbewegung in Litauen, die sich in den 70er Jahren entwickelt hatte, der heimlich ordinierte Jesuit Sigitas Tamkevičius, war 1991 zum Weihbischof ernannt worden. 1996 wurde er Erzbischof von Kaunas.

[121] Johannes Paul II., „Ansprache bei der Begegnung mit der Welt der Kultur in Riga am 9. September", *OR* dt., 1.10.1993, 8 f.

[122] Zur Geschichte der Union von Brest vgl. Borys A. Gudziak, *Crisis and Reform. The Kyivan Metropolitanate, the Patriarchate of Constantinople, and the Genesis of the Union of Brest* (Cambridge, Mass., 1998).

Die Geschichte der „Unierten Kirchen" ist außerordentlich komplex, und die beteiligten Emotionen wurden durch diverse nationalistische Gefühle verstärkt. Die historische Einstellung der Orthodoxen zu den „Unierten" beruhte auf der Überzeugung, letztere seien unstatthafte und anstößige Brückenköpfe der römischen Mission, die in traditionell orthodoxe Länder hineinragten. Diese Einstellung lebte selbst dann noch weiter, als das II. Vatikanum und die ökumenischen Initiativen Pauls VI. und des Ökumenischen Patriarchen Athenagoras deutlich gemacht hatten, daß der römische Katholizismus die Orthodoxen als „Schwesterkirchen" anerkannte, deren geistliches Amt und Sakramente gültig waren. Die Tatsache einer starken „unierten" Kirche in der Ukraine (und in Rumänien) war zudem ein lebendiger, unerwünschter Tadel für diejenigen orthodoxen Kirchen, die unter dem Kommunismus eine nicht gerade heldenhafte Rolle gespielt und die Versuche kommunistischer Regierungen, die unierten Katholiken zu vernichten, stillschweigend hingenommen hatten. Die Orthodoxen bestanden darauf, daß das „Problem der Unierten" angepackt und gelöst werden müsse, bevor der theologische Dialog zwischen Rom und den Orthodoxen weitergeführt werde.

[123] Das Balamand-Dokument warnte auch davor, Martyrien und Leiden der jüngsten Vergangenheit als Waffe gegen Mitchristen zu verwenden, forderte sowohl die Orthodoxen als auch die Unierten dringend auf, beim karitativen Dienst an der Gesellschaft praktisch zusammenzuarbeiten, und riet davon ab, zur Gewalt zu greifen und vor Gericht zu gehen, um laufende Beschwerden (wie Besitz bzw. Rückerstattung von Grundstücken, die man während der kommunistischen Zeit verloren hatte) zu regeln; solche Fragen sollten durch Gespräche gelöst werden. Die Ökumene sollte Bestandteil der Ausbildung in den Priesterseminaren sein; Angriffe in den Massenmedien sollten unbedingt unterbleiben; alle, die um des christlichen Glaubens willen verfolgt worden waren, sollten von allen geehrt werden.

ANMERKUNGEN ZU KAPITEL 17   1021

[124] Zitiert in: *Information Service* (hrsg. vom Päpstlichen Rat zur Förderung der christlichen Einheit) 84 (1993), 145. Siehe auch: Johannes Paul II., „Ansprache an die Delegation des Ökumenischen Patriarchats von Konstantinopel bei der Sonderaudienz". In: *DAS 1993*, 992-994.

[125] Zitiert in: *Information Service* (hrsg. vom Päpstlichen Rat zur Förderung der christlichen Einheit) 85 (1994), 38 f.

[126] Zur Aufnahme des Balamand-Dokumentes durch die Orthodoxen und die katholischen Ostkirchen vgl. den Anhang I bei: Roberson, *The Eastern Christian Churches*, 5. Auflage, auf dem meine Analyse basiert.

Acht Monate später, im April 1994, schickte Kardinal Lubachivsky einen Hirtenbrief, *Zur Einheit der Christen*, an alle Mitglieder der ukrainischen griechisch-katholischen Kirche auf der ganzen Welt. Darin betonte das Oberhaupt der ukrainischen Katholiken, daß er – und der Katholizismus – die Sakramente und die Priesterweihe der Orthodoxen anerkenne, und erklärte, daß das Balamand-Dokument trotz seiner „Schwächen" von den griechischen Katholiken der Ukraine voll umgesetzt werden sollte. Lubachivskys Brief war ein mutiger Versuch, eine gewaltige Kluft zu überbrücken; er erinnerte an die Auffassung Johannes Pauls II., daß der Katholizismus alle Anstrengungen darauf richten sollte, seinen Dialog mit der Orthodoxie zu verstärken, ohne eine sofortige Gegenleistung zu erwarten [ebd.].

[127] Interview des Autors mit Kardinal Edward Cassidy, 5.9.1996.

[128] Interview des Autors mit Kardinal Francis Arinze, 9.11.1996.

[129] Ebd.

[130] *OR* dt., 5.3.1993, 13 [Hervorhebung im Original].

[131] Die Regierung zensierte sogar einen Hinweis auf Josephine Bakhita, eine 1992 seliggesprochene sudanesische Christin, in der Broschüre, die für die Messe des Papstes abgefaßt worden war. Wie andere sudanesische Christinnen der 90er Jahre war die selige Josephine entführt und in die Sklaverei verkauft worden.

[132] Er gab Johannes Paul auch Gelegenheit, öffentlich seines Freundes Jerzy Ciesielski (der 1970 bei Khartum ertrunken war) zu gedenken, eines „wahrhaft gläubigen Menschen", der „Frömmigkeit zum Ziel seines Lebens als Gatte, Vater und Universitätslehrer" gemacht hatte [Predigt des Papstes bei der Messe in Khartum, *OR* dt., 5.3.1993, 13].

[133] Turabi, ein an der Sorbonne ausgebildeter Rechtsanwalt und ehemaliger Dekan der Juristischen Fakultät an der Universität Khartum, traf den Papst kurz nach einer Generalaudienz im Herbst 1993. Während des gleichen Besuches in Rom sprach er auch mit dem Mitarbeiterstab des Päpstlichen Rates für den Interreligiösen Dialog und mit Kardinal Arinze. Diese Gespräche wurden kritisiert, aber Arinze meint, seine Behörde sei verpflichtet, die Führer anderer Religionsgemeinschaften zu empfangen. Das Gespräch mit Arinze und die kurze Begrüßung durch den Papst nach der Audienz wurden erbeten vom sudanesischen Botschafter beim Heiligen Stuhl (der in Paris lebte). Bei ihrem Gespräch in Rom erklärte Kardinal Arinze, wenn Turabi einen „Dialog mit dem Vatikan" wünsche, müsse dieser Dialog fundiert sein, d. h. „Moslems und Christen [müssen] im Sudan miteinander reden. Dann wären Gespräche von Moslems mit uns im Vatikan eine Hilfe. Aber ohne das erste funktioniert das zweite nicht." Arinze erinnerte sich, daß Turabi „nicht begeistert" war, und einige Reporter warfen dem sanften Arinze vor, er habe „wie General Schwarzkopf" gesprochen. Der Nigerianer erwiderte: „Aber in diesem Fall waren einige deutliche Worte angebracht." Hinsichtlich der dreiminütigen Begegnung Johannes Pauls mit Turabi nach der Generalaudienz darf man vermuten, daß der Papst Dinge über die Religionsfreiheit sagte, die Turabi nicht unbedingt hören wollte. Später sagte Turabi, er habe Johannes Paul eine „Front gegen den Materialismus" vorgeschlagen, und der Papst habe diesen Gedanken positiv aufgenommen. Es ist wenig wahrscheinlich, daß eine solche „Front" in drei Minuten gründlich erörtert werden konnte [Interview des Autors mit Kardinal Francis Arinze, 9.11.1996].

[134] Johannes Paul II., „Predigt in Agrigent", *OR* dt., 4.6.1993, 1 [Hervorhebungen im Original].

[135] [Diese spontanen Bemerkungen wurden aus dem Englischen rückübersetzt. Da sie im vorbereiteten Predigtmanuskript nicht enthalten waren, sind sie im *Osservatore Romano* nicht abgedruckt; Anm. d. Übers.]

[136] Vgl. *OR* dt., 28.5.1993, 7 f.

[137] „Telegramm an den Erzbischof von Florenz", *OR* dt., 4.6.1993, 1.

Kapitel 18
Die Schwelle der Hoffnung

1. Hintergrundinformationen über den Weltjugendtag von Denver und die Eröffnungszeremonie: Interview des Autors mit Erzbischof J. Francis Stafford, 17.2.1997; Brief von Dennis M. Garcia an den Autor, 25.9.1997; Vermerk von James Farnan, Dez. 1996; Virginia Culver, „Papal Mass At Park a Bad Precedent?", *Denver Post*, 21.11.1992; Gary Massaro/Bill Scanlon, „Sierra Club Contests Papal Mass", *Rocky Mountain News*, 27.1.1993; Catholic News Service (Hrsg.), *John Paul II Speaks to Youth at World Youth Day* (San Francisco 1993).
2. Die Ansprachen finden sich in: *John Paul II Speaks to Youth at World Youth Day*, 112-115. Zu dem improvisierten Dialog Johannes Pauls mit der Menge am Internationalen Flughafen Stapleton vgl. ebd., 78. Vgl. auch: *DAS 1993*, 526-536.
3. Zum Kreuzweg beim Weltjugendtag 1993 vgl. *John Paul II Speaks to Youth at World Youth Day*, 83-89, 116 f.
4. Interview des Autors mit Erzbischof Stafford, 17.2.1997.
5. Zu der Vigil im Cherry Creek Park vgl. *John Paul II Speaks to Youth at World Youth Day*, 90-101, 120-124. Vgl. auch *DAS 1993*, 542-551.
6. Zum vollen Wortlaut der Predigt vgl. *John Paul II Speaks to Youth at World Youth Day*, 124f., sowie *DAS 1993*, 557-562.
7. Vgl. *John Paul II Speaks to Youth at World Youth Day*, 127.
8. Vermerk von Erzbischof J. Francis Stafford und Msgr. Edward L. Buelt, 10.2.1997.
9. Brief von Dennis M. Garcia an den Autor, 25.9.1997.
10. Ebd.
11. Interview des Autors mit David Michaud, dem ehemaligen Polizeichef von Denver, 8.1.1999.
12. Interview des Autors mit Erzbischof Stafford, 17.2.1997.
13. Ebd.
14. E. J. Dionne jr., „A Church Misrepresented", *Washington Post*, 17.8.1993, A 21.
15. Peter Steinfels, „Beliefs", *New York Times*, 21.8.1993, A7.
16. Interview des Autors mit Erzbischof Stafford, 17.2.1997.
17. Interview des Autors mit Kardinal John J. O'Connor, 8.11.1996.
18. Johannes Pauls Ansprache vor der römischen Kurie: *OR* dt., 7.1.1994, 11.
19. Die Enzyklika *Veritatis splendor* trägt das Datum des 6. August 1993, des Festes der Verklärung Jesu. Sie wurde durch Kardinal Ratzinger am 5. Oktober in einer Pressekonferenz der Öffentlichkeit vorgestellt. Der zitierte Untertitel lautet in der lateinischen Originalfassung: *De fundamentis doctrinae moralis ecclesiae*.
20. Wenige Sätze in seinem *Dekret zur Priesterausbildung (Optatam totius)* forderten „besondere Aufmerksamkeit (...) für die Entwicklung der Moraltheologie"; dazu sollten die Vertiefung der biblischen Wurzeln dieser Disziplin und das Anheben der Würde der Laienberufung in der Welt gehören (vgl. *Optatam totius*, Nr. 16).
21. Zur Situation der vorkonziliaren katholischen Moraltheologie vgl. Pinckaers, *The Sources of Christian Ethics*, 254-279. Pinckaers unterscheidet grundsätzlich zwischen einer „Freiheit der Belanglosigkeit" und einer „Freiheit zum Guten", ebd., 327-378.
22. Vgl. Johannes Paul II., *Veritatis splendor*, Nr. 96.
23. Vgl. ebd., Nr. 97.
24. Vgl. dazu Pinckaers, *The Sources of Christian Ethics*, 278 f.
25. Meine Analyse des Inhalts von *Veritatis splendor* stützt sich auf die von Richard John Neuhaus in: *First Things* 39 (1994), 14-16.
26. Johannes Paul II., *Veritatis splendor*, Nr. 5.
27. Interview des Autors mit Kardinal Ratzinger, 20.9.1997. Dieser Vorwurf findet sich unter anderem bei Morris, *American Catholic*, 333.
28. Vgl. etwa Richard K. Ostling, „A Refinement of Evil", *Time*, 4.10.1993, 71.
29. Vivian Hewitt, „Encyclical Seen as Declaration of War on Liberals", *Catholic Herald*, 6.8.1993, 1.
30. Ann Knowles, „Leaked Draft ‚Completely Revised'", *The Universe*, 15.8.1993, 6.
31. Interview des Autors mit Tadeusz Styczeń SDS, 14.4.1997.
    Veritatis splendor rief eine kleine Bibliothek von Kommentaren hervor; folgende Sammelbände sind erwähnenswert: Joseph A. Selling/Jan Jans (Hrsgg.), *The Splendor of Accuracy. An Examination of the Assertions Made by „Veritatis Splendor"* (Grand Rapids 1995); Michael E. Allsopp/John

J. O'Keefe, „Veritatis Splendor". *American Responses* (Kansas City 1995); John Wilkins (Hrsg.), *Understanding „Veritatis Splendor"* (London 1994); sowie Dietmar Mieth (Hrsg.), *Moraltheologie im Abseits? Antwort auf die Enzyklika „Veritatis Splendor"* (Freiburg 1994). Der Osservatore Romano brachte im Winter und Frühjahr 1993/1994 eine lange Reihe von Kommentaren zu der Enzyklika; man findet sie in der deutschen Wochenausgabe des *OR* während dieses Zeitraums. Einige wichtige Kommentare erschienen in der Zeitschrift *The Thomist*: z. B. Martin Rhonheimer „Intrinsically Evil Acts and the Moral Viewpoint. Clarifying a Central Teaching of *Veritatis Splendor*" (*The Thomist* 58, 1994, 1-39); Alasdair MacIntyre, „How Can We Learn What *Veritatis Splendor* Has To Teach?" (*The Thomist* 58, 1994, 171-195); sowie Servais Pinckaers, „The Use of Scripture and the Renewal of Moral Theology. The Catechism and *Veritatis Splendor*" (*The Thomist*, 59, 1995, 1-19). Richard A. McCormick SJ kommentiert die erste Welle von Kommentaren und liefert eine nützliche internationale Bibliographie in: „Some Early Reactions to *Veritatis Splendor*". In: *Theological Studies* 55 (1994), 491-506. Zu einer weiteren umfangreichen Bibliographie der Kommentare zu *Veritatis splendor* vgl. Miller, *Encyclicals*, 667-671.

32 Vgl. dazu den Beitrag von Josef Fuchs in: Wilkins (Hrsg.), *Understanding „Veritatis Splendor"*, 21-26. Die Hauptthemen der Kritik deutscher Theologen an der Enzyklika finden sich bei Mieth, *Moraltheologie im Abseits?*

33 Zitiert bei McCormick, „Some Early Reactions ...", 486.

34 Zitiert ebd.

35 Zitiert ebd., 491.

36 Das galt insbesondere für die Entgegnung eines der einflußreichsten Moraltheologen des nachkonziliaren Katholizismus, Bernhard Häring; vgl. seinen Beitrag in: Wilkins (Hrsg.), *Understanding „Veritatis Splendor"*, 9-13. Richard McCormick meinte ebenfalls, der „eigentliche Streitpunkt" sei die Ekklesiologie, vor allem „der Versuch, jede abweichende Meinung zu unterdrücken" (McCormick, „Some Early Reactions ...", 505).

37 Gilbert Meilaender, „Grace, Justification Through Faith, and Sin". In: Reinhard Hütter/Theodore Dieter (Hrsgg.), *Ecumenical Ventures in Ethics. Protestants Engage Pope John Paul II's Moral Encyclicals* (Grand Rapids 1998), 83.

38 Hadley Arkes, „The Splendor of Truth: A Symposium". In: *First Things* 39 (1994), 25 f.

39 Dieses Problem wurde, fast 400 Jahre vor *Veritatis splendor*, scharfsinnig dargestellt von Odysseus in Shakespeares *Troilus und Cressida* (I. Akt, 3. Szene, 109 ff.):

> Tilg' Abstufung, verstimme diese Saite
> Und höre dann den Mißklang! (...)
> Kraft hieße Recht – nein, Recht und Unrecht, deren
> Endlosen Streit Gerechtigkeit vermittelt,
> Verlören, wie Gerechtigkeit, den Namen.
> Dann löste sich alles auf nur in Gewalt,
> Gewalt in Willkür, Willkür in Begier;
> Und die Begier, ein allgemeiner Wolf,
> Zwiefältig stark durch Willkür und Gewalt,
> Muß dann die Welt als Beute an sich reißen
> Und sich zuletzt verschlingen.
> (Schlegel-Tiecksche Übersetzung).

40 Zur nominalistischen Korruption der Freiheitsidee vgl. Pinckaers, *The Sources of Christian Ethics*, 327-351.

41 Diese Überzeugung wurde vier Jahre später in detaillierte seelsorgerliche Richtlinien übersetzt, als der Päpstliche Rat für die Familie am 12. Februar 1997 sein *Vademekum für Beichtväter in einigen Fragen der Ehemoral* veröffentlichte. Diese Anregungen für Priester, wie sie Beichtkinder zu der Einsicht führen sollen, daß die Wahrheit der kirchlichen Morallehre den Rahmen bildet, wenn Entscheidungen zu treffen sind, z. B. darüber, welche Methoden der Familienplanung angemessen sind, gingen auf eine Initiative Johannes Pauls II. zurück. Sie wiederholen die Lehre von *Familiaris consortio*, Nr. 34: „Es ist Bestandteil der Pädagogik der Kirche, daß Ehemänner und Ehefrauen zunächst klar anerkennen, daß die Lehre von *Humanae vitae* die Norm für die Ausübung ihrer Sexualität angibt, und daß sie sich bemühen, die Bedingungen herzustellen, die zur Einhaltung dieser Norm notwendig sind." In dieser Vorstellung vom moralischen Leben und seiner Beziehung zum Sakrament der Buße ist der Beichtvater ein spiritueller und moralischer Führer, kein Inquisitor [vgl. *Vademekum für Beichtväter*, Nr. 1-11].

42 Der *Brief an die Familien* war eine weitere Innovation in der päpstlichen Lehrtätigkeit: eine persönliche Betrachtung, aus einem bestimmten Anlaß (in diesem Fall das „Internationale Jahr der Familie" 1994) an ein bestimmtes Publikum gerichtet, die jedoch nicht als apostolische Konstitution, Enzyklika oder apostolisches Schreiben bezeichnet wurde.
43 Interview des Autors mit Bischof Ryłko, 12.11.1996.
44 Johannes Paul II., „Ansprache an das diplomatische Korps", *OR* dt., 28.1.1994, 7-9.
45 Die folgende Darstellung beruht auf Interviews des Autors mit zwei der wichtigsten Unterhändler, David-Maria A. Jaeger OFM (Interviews vom 10./11.5.1997) und Shlomo Gur (Interview vom 17.6.1997), sowie mit drei weiteren Amtsträgern des Heiligen Stuhles: Erzbischof Andrea Cordero Lanza di Montezemolo (Interview vom 28.11.1997), Erzbischof Claudio Celli (Interviews vom 20.1. und 24. 9.1997) und Msgr. Luigi Gatti (Interview vom 25.11.1997). Als der Grundvertrag ausgehandelt wurde, war Erzbischof Montezemolo apostolischer Vertreter in Jerusalem und Palästina, der damalige Msgr. Celli Staatssekretär in der Sektion für die Beziehungen zu den Staaten (d. h. „Stellvertretender Außenminister" des Heiligen Stuhls) und Msgr. Gatti der erfahrene *Minutante*, der im Staatssekretariat für den Nahen Osten zuständig war.
Zusätzliche historische Details stammen aus Jaeger, *The Roman Pontiffs in Defence of Christian Rights in the Holy Land*. Vgl. ferner George E. Irani, *The Papacy and the Middle East. The Role of the Holy See in the Arab-Israeli Conflict, 1962-1984* (Notre Dame 1986); Andrej Kreutz, *Vatican Policy on the Palestinian-Israeli Conflict. The Struggle for the Holy Land* (New York 1990); sowie Minerbi, *The Vatican and Zionism*.
Robert L. Wilken, *The Land Called Holy. Palestine in Christian History and Thought* (New Haven, Conn., 1992), eine glänzend geschriebene historische und theologische Betrachtung über das Christentum und das Land Jesu vom 1. bis zum 7. Jahrhundert n. Chr., ist unerläßlich, wenn man entscheidende Aspekte zeitgenössischer Debatten begreifen will.
46 Vgl. Johannes Paul II., *Die Schwelle der Hoffnung überschreiten*, 128.
47 Johannes Paul II., „Ansprache in Otranto", *OR* dt., 17.10.1980, 1, 11 f.
48 Interview des Autors mit Msgr. Gatti, 25.11.1997.
49 Johannes Paul II., „Ansprache in Otranto", *OR* dt., 17.10.1980, 12.
50 Vgl. O'Brien, *The Hidden Pope*, 284 ff.
51 Vgl. „Joint Press Communiqué of September 1, 1987". In: John Paul II, *Spiritual Pilgrimage*, 103.
52 Für begrenzte technische Zwecke (z. B. Teilnahme an der „International Telecommunications Union") ist der Vatikanstaat ein Völkerrechtssubjekt. Aber in praktisch allen anderen Fällen ist es der Heilige Stuhl, der sich an internationalen Organisationen beteiligt.
53 Montezemolo erfuhr von dem geheimen Kanal und den dadurch erzielten Vereinbarungen in einem Brief des Kardinals Sodano, in dem es hieß: „Pater Jaeger wird es Ihnen erklären." Der adlige Erzbischof blieb (nach Jaeger, in dessen Anwesenheit der Apostolische Vertreter den Brief öffnete) völlig ruhig und begriff sofort, daß es notwendig war, die Dinge auf diese Weise zu regeln. Jaeger hatte ihn vor einer unmöglichen Situation bewahrt, denn der Erzbischof war nicht befugt, ein Mitglied seiner Delegation zu autorisieren, sich auf ein solches Unternehmen einzulassen, ohne vorherige Genehmigung durch die üblichen Kanäle des Vatikans – und dadurch wäre ein Prozeß gefährdet worden, der zu Ergebnissen führte.
54 Sabbah, ein 1933 in Nazaret geborener palästinensischer Araber, wurde von Johannes Paul II. 1987 ernannt. Er war in der Neuzeit der erste Einheimische, der in Jerusalem das Amt des katholischen Patriarchen des lateinischen Ritus bekleidete.
55 Diese Formulierungen waren Gegenstand langwieriger Verhandlungen. Der Hl. Stuhl vertrat die Position, das allgemeine Recht auf Religionsfreiheit „aufrechtzuerhalten", indem man – unter anderem – Israel aufforderte, es zu „beachten".
56 Am 28. Juni 1994 wurde Erzbischof Montezemolo zum ersten päpstlichen Nuntius in Israel ernannt. Am 29. September 1994 überreichte Botschafter Shmuel Hadas dem Papst sein Beglaubigungsschreiben als erster Botschafter des Staates Israel beim Hl. Stuhl.
57 Zwei Jahre später, bei der Sonderversammlung der Bischofssynode für den Libanon 1996, intervenierte der Lateinische Patriarch Michel Sabbah und erklärte: „[Der Nahe Osten] braucht auf seiner Suche nach Stabilität die Ressourcen aller seiner Menschen und Religionen, des Christentums und des Islams." Das Judentum ließ er ostentativ weg. Dann bezeichnete der Patriarch „das jüdische Faktum" als eine „neue Realität (...) im Heiligen Land" und deutete an, für die Anwesenheit Syriens im Libanon sei Israel verantwortlich. [Zitiert in „One Small Step Backward", *National Catholic Register*, 4.2.1996.] Vgl. ferner Michel Sabbah, „The Church of Jerusalem. Living with Conflict, Working for Peace", *Commonweal*, 14.1.1996, 14-17.

⁵⁸ Pater Jaeger faßt die rechtlichen Konsequenzen des Grundvertrags knapp zusammen in: „The Fundamental Agreement Between the Holy See and the State of Israel. A New Legal Régime of Church-State Relations", *Catholic University Law Review* 47 (1998), 427-440.

⁵⁹ Arafats Bemerkung wurde zitiert in der *New York Times* vom 25.12.1995 und abgedruckt in einer Vierteljahrsschrift des Israelischen Außenministeriums, *Christians in Israel* (Ausgabe vom Winter 1995/96). „Offizielle Beziehungen" (so der Fachbegriff der Diplomaten) zwischen dem Heiligen Stuhl und der PLO wurden durch eine gemeinsame Erklärung vom 25.10.1994 aufgenommen.

⁶⁰ Vgl. „Jerusalem. Considerations of the Secretariat of State", *Origins* 26, 3.10.1996, 250-253. Dieser Text enthält auch einen nützlichen historischen Überblick über die Einstellung des Heiligen Stuhls zu Jerusalem seit 1947/48.

⁶¹ Vgl. Melady, *The Ambassador's Story*, 124-136, wo der Botschafter der Regierung Bush beim Heiligen Stuhl seine Gespräche über diese Frage schildert.

⁶² Der ernste Teil des Streits um die Restauration betraf Fragen zu den Auswirkungen des Reinigungsmittels auf einige der späten Korrekturen Michelangelos an der Decke. Der weniger ernsthafte Teil betraf Klagen von Akademikern und Kritikern, deren langatmige Spekulationen zu Übertragungen aus den dunklen Tiefen von Michelangelos Phantasie an die Decke null und nichtig gemacht wurden durch die Enthüllung, daß vermeintlich kunstvolle Schatten in Wirklichkeit die Produkte von Wachs, römischer Luftverschmutzung und Verdauungstrakten von Vögeln waren. Zu technischen und wissenschaftlichen Beiträgen zur Restaurierung und ihren Techniken vgl. *La Capella Sistina. I Primi Restauri – La Scoperta del Colore* (Istituto Geografico de Agostino 1986), *La Capella Sistina. La Volta Restaurata – Il Trionfo del Colore* (Istituto Geografico de Agostino 1992) und *La Capella Sistina. Il Giudizio Restaurato* (Istituto Geografico de Agostino 1997). Zu der Geschichte der Drapierungen und ihrer Entfernung während der Restauration vgl. Meg Nottingham Walsh, „Out of the Darkness. Michelangelo's ‚Last Judgment'", *National Geographic* 185 (Mai 1994), 102-123.

⁶³ Diese Zitate stammen aus Johannes Paul II., „Predigt bei der Messe anläßlich der Vollendung der Restaurierung der Sixtinischen Kapelle", *OR* dt., 29.4.1994, 14 f. [Hervorhebung im Original].

⁶⁴ John Tagliabue, „Cleaned ‚Last Judgment' Unveiled", *New York Times*, 9.4.1994, 13.

⁶⁵ Der Leitartikel vom 24. Januar 1993 wurde abgedruckt in: *OR* dt., 29.1.1993, 1.

⁶⁶ Interview des Autors mit Erzbischof Tauran, 18.3.1997.

⁶⁷ Angesehene Demographen glauben, so etwas wie „Überbevölkerung" gebe es nicht, und diese sei noch nie wissenschaftlich definiert worden. Diese Wissenschaftler behaupten, das, was wir gewöhnlich für Symptome der „Überbevölkerung" halten – Krankheit, Hungersnot in Ballungsgebieten, hohe Säuglingssterblichkeit – sei genauer betrachtet auf Armut und materielle Entbehrung zurückzuführen. Vgl. dazu Amartya Sen, „Population. Delusion and Reality", sowie Nicholas Eberstadt, „The Premises of Population Policy. A Reexamination", in: Michael Cromartie (Hrsg.), *The Nine Lives of Population Control* (Grand Rapids 1995).

Drei Jahre nach der Kairoer Konferenz rechneten die eigenen demographischen Voraussagen der UNO mit einem Nullwachstum der Weltbevölkerung um das Jahr 2040 und danach mit einer Entvölkerung. [Vgl. Nicholas Eberstadt, „World Population Implosion?", *The Public Interest* 129 (1997), 3-22.]

⁶⁸ Vgl. etwa Peter Singer, *Rethinking Life & Death. The Collapse of Our Traditional Ethics* (New York 1995).

⁶⁹ Johannes Paul II., „Schreiben an die Staatsoberhäupter", *OR* dt., 29.4.1994, 8 [Hervorhebung im Original].

⁷⁰ Gespräch des Autors mit Papst Johannes Paul II., 13.12.1997.

⁷¹ Dieses Muster einer Verdrehung – offener gesprochen, einer Lüge – war schon für frühere Beziehungen zwischen UNFPA-Vertretern und Amtsträgern des Heiligen Stuhls bezeichnend. [Interview des Autors mit Msgr. Peter Elliott, 22.9.1997.]

⁷² In seinem Memorandum für Frau Sadik betonte Johannes Paul, was die Kirche „verantwortliche Elternschaft" nenne, sei keine Frage von „unbegrenzter Zeugung"; die Kirche ignoriere auch nicht, was es heiße, Kinder großzuziehen. Es gehe vielmehr um „die Ermächtigung der Ehegatten, unter Berücksichtigung gesellschaftlicher und demographischer Gegebenheiten wie auch ihrer eigenen Situation und rechtmäßigen Wünsche im Licht objektiver moralischer Kriterien von ihrer unveräußerlichen Freiheit weise und verantwortungsbewußt Gebrauch zu machen". Das Memorandum des Papstes für Frau Sadik ist abgedruckt in: *DAS 1994*, 514-520 (Jo-

hannes Paul II., „Brief an die Generalsekretärin der diesjährigen Internationalen Konferenz für Bevölkerungs- und Entwicklungsfragen und Exekutivdirektorin des Bevölkerungsfonds der Vereinten Nationen").
Zu Frau Sadiks Rekonstruktion dieses Treffens vgl. Bernstein/Politi, *Seine Heiligkeit*, 619-625. Die Darstellung dieser beiden Autoren deutet stark darauf hin, daß keiner der beiden den Entwurf für das Kairoer Schlußdokument gründlich gelesen hatte. Frau Sadiks Erinnerungen an das Treffen mögen auch dadurch beeinflußt worden sein, daß ihr Programm in Kairo unter anderem durch Johannes Paul II. vereitelt wurde.

73 Freigegebenes Memorandum an den US-Botschafter beim Heiligen Stuhl, 21.3.1994.
74 Vgl. Dennis Proust, „Hostile U. N. Prep Session", *Catholic New York*, 21.4.1994. Meine Darstellung von Prep-Com III beruht auch auf Interviews mit zwei Mitgliedern der Delegation des Heiligen Stuhls, Msgr. Diarmuid Martin und Frau Gail Quinn, kurz nach der Kairoer Konferenz.
75 Die obigen Zitate stammen aus dem „Entwurf für das Schlußdokument der Konferenz", den Prep-Com III als Arbeitspapier für den Schlußbericht der Kairoer Konferenz erstellte.
Die Hauptströmung der Presse interessierte sich offenbar nicht für die Einschüchterungstaktik von Prep-Com III. Eine Art Untergrundjournalismus berichtete jedoch ausführlich darüber: billig hergestellte Zeitungen und Magazine der „Lebensschützer". Versuche, das Orwellsche *Newspeak* des Entwurfs für Kairo zu klären, wurden von einem bekannten amerikanischen Wochenmagazin als „jesuitische Verwirrungstaktik" abgetan – ein kleines, aber aufschlußreiches Beispiel für den Antikatholizismus, der allzuoft die Berichterstattung über die Kairoer Konferenz und den zu ihr führenden Prozeß färbte. Vgl. Emily MacFarquhar, „Population Wars", *U. S. News and World Report*, 12.9.1994, 55.
76 Vgl. Accattoli, *Johannes Paul. Die Biografie* (Graz 2000), 276.
77 Gespräch des Autors mit Papst Johannes Paul II., 22.1.1997.
78 Johannes Paul II., „Angelus am Dreifaltigkeitssonntag", *OR* dt., 3.6.1994, 1.
79 Den ganzen Sommer hindurch rang Johannes Paul weiter mit dem Sinn seiner neuen körperlichen Probleme. Während seines Sommerurlaubs in den Bergen des Aostatals spürte das sein Freund und früherer Student, Pater Tadeusz Styczeń. Eines Tages sagte Styczeń, die Bestimmung des kanonischen Rechts, daß Bischöfe im Alter von 75 Jahren ihren Rücktritt einreichen müßten, gefalle ihm nicht; ein Bischof sei ein Vater, und die Vaterschaft könne nur durch den Tod aufgehoben werden. Dieser Kommentar löste bei Johannes Paul die Bemerkung aus, Gott könne den Auftrag eines Bischofs durch den Tod oder durch Altersschwäche aufheben. Während des einwöchigen Urlaubs meinte Styczeń, sein Mentor erlebe noch einmal die Meditation über das Leiden Christi im Garten Getsemani, die er – als Kardinal Karol Wojtyła – 1976 vor Papst Paul VI. und der Kurie gehalten hatte. Damals hatte er vermutet, das schlimmste Leiden Christi während der Passion habe sich im Reich des Geistes abgespielt: in dem durch das körperliche Leiden intensivierten Ringen darum, alles dem Willen des Vaters zu überlassen. Als der Urlaub zu Ende war, hatte Johannes Paul, so meint Styczeń, diese besonders dunkle Nacht überstanden, war mit seiner neuen Situation klargekommen und in seinem Entschluß bestärkt worden, seine Mission weiterzuführen. [Interview des Autors mit Tadeusz Styczeń SDS, 23.10.1998.]
80 Die Erklärung der Bischöfe ist abgedruckt in: *Origins* 24 (21.7.1994), 170 f.
Der religiöse Widerstand gegen die Kairoer Politik der Regierung Clinton kam keineswegs nur von katholischer Seite. Am 22. April faxten elf Führer des evangelikalen Protestantismus ein Protestschreiben an das Weiße Haus. Sie bezeichneten ein Telegramm des State Department, das diplomatische Vertreter der USA im Ausland anwies, fremde Regierungen zu veranlassen, den Zugang zur Abtreibung in UNFPA-Programmen auszudehnen, als „beispiellosen Mißbrauch unseres diplomatischen Korps zu politischen Zwecken". Die evangelikalen Führer fragten den Präsidenten, wie er den dritten Teil seines Wahlversprechens, die Abtreibung „sicher, legal und selten" zu machen, mit der Kairo-Politik seiner Regierung vereinbaren könne, die darauf abziele, genau das Gegenteil zu fördern.
81 „Erklärung des Präsidiums und des leitenden Rates der Päpstlichen Akademie für das Leben in ihrer ersten Versammlung am 16. Juni". Nach: *OR* dt., 1.7.1994, 2.
82 *OR* engl., 22.6.1994, 7.
83 *OR* dt., 17.6.1994, 3.
84 *OR* dt., 24.6.1994, 3.
85 *OR* dt., 1.7.1994, 1 f.
86 Ebd., 3.

ANMERKUNGEN ZU KAPITEL 18 — 1027

87 *OR* dt., 8.7.1994, 3.
88 *OR* dt., 15.7.1994, 3.
89 *OR* dt., 22.7.1994, 3.
90 *OR* dt., 29.7.1994, 3.
91 *OR* dt., 12.8.1994, 7.
92 *OR* dt., 26.8.1994, 4.
93 *OR* dt., 26.8.1994, 2.
94 *OR* dt., 2.9.1994, 1.
95 Interview des Autors mit Navarro-Valls, 18.12.1997.
96 „Remarks Prepared for Delivery by Vice President Al Gore, National Press Club, Washington, D. C., Thursday, August 25, 1994", 8.
97 Zitiert bei Christine Gorman, „Clash of Wills in Cairo", *Time*, 12.9.1994, 56.
98 Interview des Autors mit Navarro-Valls, 18.12.1997.
99 Boyce Rosenberger, „Explosive Abortion Issues Refueled at Forum", *Washington Post,* 6.9.1994, 1 und 13.
100 Internationale Konferenzen wie die Kairoer Bevölkerungskonferenz verfahren nach dem Prinzip des Konsenses. Alle Teilnehmer müssen einem Dokument en bloc zustimmen (oder wenigstens erklären, daß sie formal nicht dagegen sind), bevor es von der Konferenz insgesamt angenommen werden kann. Teilnehmer, die ein Schlußdokument nicht blockieren wollen, indem sie „ihre Zustimmung versagen" (so der diplomatische Sprachgebrauch), können dem Schlußdokument „Vorbehalte" hinzufügen. Diese Strategie wandte der Heilige Stuhl in Kairo an, nachdem er seine Hauptziele bei der Konferenz erreicht hatte. So sagte der Chef der Delegation des Heiligen Stuhls, als die Konferenz am 13. September endete: „Herr Präsident, hiermit möchte sich der Heilige Stuhl gewissermaßen der allgemeinen Zustimmung anschließen, wenn auch nur zum Teil." [„Wortmeldung des Ständigen Beobachters des Hl. Stuhls bei den Vereinten Nationen in New York und Chef der Delegation des Hl. Stuhls bei der Konferenz in Kairo, Erzbischof Renato Martini". In: *DAS 1994*, 1290-1292.] Dann fügte der Heilige Stuhl dem Kairoer Schlußbericht eine „Zusatznote" mit Vorbehalten an. [„Vorbehalte des Hl. Stuhls – Billigung verschiedener Punkte des Schlußdokuments – Position zum Aktionsprogramm der Konferenz in Kairo". In: Ebd., 1292f.]
101 Barbara Crossette, „Vatican Holds Up Abortion Debate at Talks in Cairo", *New York Times*, 8.9.1994, A8.
102 Der letzte schwierige Punkt während der neuntägigen Konferenz betraf die „Ungefährlichkeit" von Abtreibungen. Für den Heiligen Stuhl war das eine entscheidende Frage, denn für ihn ist keine Abtreibung „ungefährlich", da sie zum Tod eines unschuldigen menschlichen Wesens führt. Die umstrittene Formulierung im Entwurf zum Schlußbericht lautete: „In Verhältnissen, in denen Abtreibung legal ist, sollte Abtreibung ungefährlich sein." Das konnte der Heilige Stuhl nicht akzeptieren, denn hier ging es um ein moralisches Prinzip. Für Delegierte des Heiligen Stuhls lief diese Formulierung auf das gleiche hinaus, als würde man sagen: In Verhältnissen, in denen die Beschneidung von Mädchen legal ist, sollte sie mit Novocain durchgeführt werden. Nach einem ziemlichen Hin und Her einigte man sich schließlich auf die Formulierung: „In Verhältnissen, in denen Abtreibung nicht gegen das Gesetz verstößt, sollte sie ungefährlich sein." Oberflächlich betrachtet war das eine geringfügige Veränderung, aber aus der Sicht des Heiligen Stuhls bot die neue Formulierung die Aussicht auf eine Gesetzesreform und räumte nicht ein, die bestehenden permissiven Abtreibungsgesetze seien moralisch in Ordnung.
103 Die USA und andere kritisierten den Heiligen Stuhl, weil er während der Konferenz mit islamischen Regimen verhandelte. Vor der Kairoer Konferenz warnte z. B. der Sprecher des State Department, Mike McCurry, den Heiligen Stuhl öffentlich davor, mit dem Iran zu sprechen. Eine Woche später war in Kairo zu beobachten, daß US-Delegierte offen Kompromißformulierungen über Abtreibung und „sexuelle Rechte" mit iranischen Delegierten aushandelten.
104 Die letzte offizielle Erklärung des Heiligen Stuhls in Kairo nannte diejenigen Teile des Schlußberichts, denen er zustimmte, und diejenigen Teile, gegen die er immer noch Einwände hatte. Erzbischof Renato Martino, der Chef der vatikanischen Delegation, stellte fest: „(...) viele – Gläubige ebenso wie Nichtgläubige in allen Ländern der Welt – stimmen mit den von uns zum Ausdruck gebrachten Ansichten überein." Der Schlußbericht spreche sich gegen jede „Form von Zwang in der Bevölkerungspolitik" aus, erkenne die Familie als „die grundlegende Einheit der Gesellschaft" an und betone „die Förderung der Frau und die Verbesserung ihrer Stellung

durch Bildung und bessere gesundheitliche Betreuung". Dann beklagte der Erzbischof, daß der Schlußbericht „die Abtreibung als eine Dimension der Bevölkerungspolitik, ja sogar als eine Dimension grundlegender Gesundheitsbetreuung" anerkenne, obwohl betont werde, „daß Abtreibung nicht als ein Mittel zur Familienplanung gefördert werden sollte und die Nationen aufgefordert werden, Alternativen [zur] Abtreibung zu finden". Martino sagte weiter, die Präambel des Schlußberichts gebe zu verstehen, „daß das Dokument keine Aussage bezüglich eines neuen international anerkannten Abtreibungsrechts enthält". Der volle Wortlaut von Martinos Erklärung ist abgedruckt in: *DAS 1994*, 1290-1292.

[105] Vgl. „Accanto a Pietro una preghiera incessante", *L'Osservatore Romano*, 11.5.1994, 4.
[106] Ebd.
[107] Der Schweizer Theologe Hans Urs von Balthasar verglich einmal die Ungeniertheit, mit der man in den ersten christlichen Jahrhunderten von dieser „ehelichen" Beziehung sprach, mit den Problemen, die heutige Männer und Frauen damit haben. Vgl. Balthasar, „Kirche – Braut Christi". In: Medard Kehl/Werner Löser (Hrsgg.), *In der Fülle des Glaubens. Hans Urs von Balthasar-Lesebuch* (Basel 1980), 229-232.
[108] Vgl. *Erklärung zur Frage der Zulassung der Frauen zum Priesteramt* der Kongregation für die Glaubenslehre (Bonn 1976), 5.
[109] Zu ausführlichen bibliographischen Angaben über die Debatte in den USA und Westeuropa vgl. Benedict M. Ashley OP, *Justice in the Church. Gender and Participation* (Washington, D. C., 1996).
[110] Die Einzelheiten der Entwicklung von *Ordinatio sacerdotalis* und die Bemerkungen Johannes Pauls stammen aus einem Interview des Autors mit Kardinal Ratzinger, 18.1.1997. Laut Kardinal Ratzinger kamen die nationalen Bischofskonferenzen, die bei der Konsultation durch die Kongregation vertreten waren, aus England und Wales, den USA, Deutschland, Frankreich, Italien, Österreich und Spanien sowie aus den slawischen Ländern, Afrika und Asien.
[111] Apostolisches Schreiben von Papst Johannes Paul II. über die nur Männern vorbehaltene Priesterweihe, *Ordinatio sacerdotalis*, Nr. 2, in *OR* dt., 10.6.1994, 2.
[112] Ebd., Nr. 3.
[113] Ebd.
[114] Ebd., Nr. 4.
[115] „Zur Vorstellung des Apostolischen Schreibens", *OR* dt., 10.6.1994, 3.
[116] Diese Reaktionen auf *Ordinatio sacerdotalis* werden berichtet in „Nuances and Defiance Follow Papal Letter", *The Tablet*, 11.6.1994, 749 f.
[117] Vgl. *OR* dt., 24.11.1995, 4.
[118] Interview des Autors mit Kardinal Ratzinger, 18.1.1997.
[119] „Antwort auf den Zweifel bezüglich der im Apostolischen Schreiben *Ordinatio sacerdotalis* vorgelegten Lehre", *OR* dt., 24.11.1995, 4.
[120] Zum offiziellen Kommentar der Glaubenskongregation, „Zur Antwort der Glaubenskongregation über die im Apostolischen Schreiben *Ordinatio sacerdotalis* vorgelegte Lehre", vgl. *OR* dt., 24.11.1995, 4.
[121] Zitiert bei Andrew Brown, „Pope Accused of Abusing Power", *The Independent*, 2.12.1995, 8. Der Artikel Lashs erschien zuerst in *The Tablet*.
[122] Celestine Bohlen, „Catholics Defying an Infallible Church", *New York Times*, 26.11.1995, E3.
[123] Peter Steinfels, „Vatican Says the Ban on Women as Priests is ‚Infallible' Doctrine", *New York Times*, 19.11.1995, 13.
[124] Zitiert bei Tom Roberts, „Dulles Urges Bishops to Enforce Papal ‚No'", *National Catholic Reporter*, 26.7.1996, 6. Zum vollen Wortlaut des Vortrags von Dulles vgl. *Origins* 26 (29.8.1996), 177-180.
[125] „Tradition and the Ordination of Women", *Origins* 26 (27.6.1996), 90-94. Die Endfassung der Erklärung der CTSA findet sich in: *Origins* 27 (19.6.1997), 75-79.
[126] Zum Verhältnis der Tugend der Gerechtigkeit zur Debatte über Frauenrollen in der Kirche vgl. Ashley, *Justice in the Church*.
[127] Dieser Eindruck der Öffentlichkeit wurde natürlich nicht nur von der Presse, sondern auch von Theologen geformt. Selbst ein Mitglied der Internationalen Theologenkommission, eines Beratungsgremiums der Glaubenskongregation, verkannte das Wesen der Lehre des Papstes: „In seinem Apostolischen Schreiben *Ordinatio sacerdotalis* vom 13. Mai 1994 erklärte Johannes Paul II., er habe keine Vollmacht, die Tradition der Kirche zu ändern, nur Männer zu Priestern zu weihen." [Hermann Josef Pottmeyer, „The Pope and Women", *The Tablet*, 2.11.1996, 1435.] Das machte die Frage zu einem Problem des persönlichen Selbstbewußtseins des Papstes. In Wirklichkeit hatte Johannes Paul in *Ordinatio sacerdotalis* etwas ganz anderes geschrieben. Er hatte,

mit einer klärenden Hervorhebung, wiederholt: „Ich erkläre (...), daß *die Kirche keinerlei Vollmacht hat,* Frauen die Priesterweihe zu spenden." [*Ordinatio sacerdotalis*, Nr. 4] Mit anderen Worten, es gab in der Kirche grundlegende Elemente, die weder Päpste noch irgend jemand sonst einfach ändern konnten. Hier ging es um das Wesen der Kirche, nicht um ein päpstliches Machtwort.

[128] Interview des Autors mit Msgr. Paglia, 7.12.1997.
[129] Diese Texte sind abgedruckt in *OR* dt., 16.9.1994, 9 und 24, sowie *DAS 1994*, 152-155 („Ansprache bei der Generalaudienz am 7. September").
[130] Vittorio Messori erzählt die Entstehungsgeschichte von *Die Schwelle der Hoffnung überschreiten* in der Einleitung zu diesem Buch, der diese Einzelheiten entnommen sind. [Das Zitat findet sich auf S. 13 f. der deutschen Ausgabe.]
[131] Johannes Paul II., *Die Schwelle der Hoffnung überschreiten*, 247.
[132] Zu diesem Thema vgl. Kardinal Ratzinger, „God in John Paul II's *Crossing the Threshold of Hope*", *Communio* 22 (1995), 107-112.
[133] Bis 1998 war *Die Schwelle der Hoffnung überschreiten* in 40 Sprachen erschienen, und es waren mehrere Millionen Exemplare verkauft worden: 1.200.000 in den USA, 957.000 in Italien, 300.000 in Spanien, 250.000 in Frankreich, 200.000 in Deutschland und 145.000 in Großbritannien. Die erste Autorentantieme aus dem Buch verwendete Johannes Paul für den Wiederaufbau zerstörter Kirchen im ehemaligen Jugoslawien. [Die Verkaufszahlen entnahm ich einer Notiz von Emanuela Canali, 25.11.1998; die Auskunft über die Tantieme stammt aus einem Interview mit Navarro-Valls, 16.12.1998.]
[134] Vgl. Roberson, *The Eastern Christian Churches. A Brief Survey*, 5. Aufl., 15-19, sowie „Gemeinsame christologische Erklärung der Katholischen Kirche und der Assyrischen Kirche des Ostens", in: *DAS 1994*, 1305-1307.
[135] Interview des Autors mit Ronald G. Roberson CSP, 3.3.1997.
[136] Ebd.
[137] Johannes Paul II., *Brief des Papstes an die Kinder im Jahr der Familie*, *OR* dt., 23.12.1994, 9 f. Dieser Brief hat keine Paragraphenzählung.

Kapitel 19
Eine einzige Welt

[1] Vgl. „Die Kirche auf dem Weg ins Jahr 2000. Ansprache Johannes Pauls vor dem außerordentlichen Konsistorium der Kardinäle", *OR* dt., 24.6.1994, 7 f. [Hervorhebungen im Original]. Für den Hintergrund des Konsistoriums stütze ich mich auf Luigi Accatolli, *When a Pope Asks Forgiveness: The Mea Culpas of John Paul II* (Boston 1998), 55-67.
[2] Johannes Paul II., „Angelus zum Dreifaltigkeitssonntag", *OR* dt., 3.6.1994, 1.
[3] Johannes Paul II., *Redemptor hominis*, Nr. 1.
[4] Johannes Paul II., *Tertio millennio adveniente*, Nr. 23.
[5] Vgl. ebd., Nr. 3.
[6] Vgl. ebd., Nr. 4.
[7] Ebd., Nr. 6 [Hervorhebung im Original].
[8] Ebd., Nr. 8.
[9] Ebd., Nr. 10-12 [Hervorhebung im Original].
[10] Ebd., Nr. 23.
[11] Ebd.
[12] Ebd., Nr. 25.
[13] Ebd., Nr. 24 [Hervorhebung im Original].
[14] Ebd., Nr. 33 [Hervorhebung im Original].
[15] Ebd.
[16] Vgl. ebd., Nr. 34.
[17] Ebd., Nr. 35 [Hervorhebung im Original]; Zitat aus *Dignitatis humanae*, Nr. 1 [übersetzt von K. N.].
[18] Ebd., Nr. 36.

[19] Ebd., Nr. 37 [Hervorhebung im Original].
[20] Ebd., Nr. 40, 42, 44, 46, 49 f., 52.
[21] Ebd., Nr. 55.
[22] Nach: Ebd. [Hervorhebung im Original].
[23] Interview des Autors mit Pater Richard John Neuhaus, 1.3.1997.
[24] Vgl. Thomas J. Reese, *Im Inneren des Vatikan. Politik und Organisation der katholischen Kirche*. Aus dem Amerikanischen von Yvonne Badal (Frankfurt a. M. 1998), 317.
[25] Eine knappe Zusammenfassung der Affäre Calvi-IOR findet sich ebd., 285 f.
[26] Interview des Autors mit Kardinal Szoka, 4.9.1996.
[27] Vgl. Reese, *Im Inneren des Vatikan*, 289.
[28] Interview des Autors mit Kardinal Szoka, 4.9.1996.
[29] APSA – so die übliche Abkürzung für diese Einrichtung – ist für die Kapitalanlagen (einschließlich der Pensionskasse), den verpachteten Grundbesitz und die Lohnliste des Hl. Stuhls zuständig.
[30] Interview des Autors mit Kardinal Szoka, 4.9.1996. Zur Dokumentation des Treffens der Vorsitzenden der nationalen Bischofskonferenzen vgl. *OR* dt., 19.4.1991, 1.
[31] „Consolidated Financial Statements of the Holy See: Year 1995" (Rom 1996).
[32] Ein Beispiel: Der Hl. Stuhl zahlte Ende der 70er Jahre jährlich eine Subvention von 7 Milliarden Lire, um das Defizit der italienischen Zeitung *Avvenire* zu decken, die ein Sprachrohr des Staatssekretariats war. Diese Subvention war im Etat des Hl. Stuhls enthalten, und das war einer der Gründe, warum der Etat nicht veröffentlicht werden konnte. Der Papst fragte schlicht: „Warum machen wir das?" Die Zahlungen wurden eingestellt, *Avvenire* wird nun nicht mehr vom Hl. Stuhl subventioniert, und die Konzernbilanz des Vatikans kann veröffentlicht werden [Interview des Autors mit Navarro-Valls, 18.12.1997].
[33] Interview des Autors mit Kardinal Szoka, 4.9.1996.
[34] Trotz verschiedener Verschwörungstheorien handelte es sich bei diesen päpstlichen Spenden zur Unterstützung von Solidarność nie um Gelder der US-Regierung, die durch das IOR gewaschen wurden. Die amerikanische Unterstützung während des Ausnahmezustandes und danach erfolgte offen [Interview des Autors mit Jan Nowak, 19.8.1998].
[35] Raymond De Souza, „At 77, Pope Still Connects with Youth", *National Catholic Register*, 31.8.-6.9.1997, 1 und 10.
[36] Interview des Autors mit Henrietta T. De Villa, 25.3.1997.
[37] Ebd.
[38] Zu Ramzi Yousef: Dale Russakoff, „Deliberations Begin in Jet Bomb Plot Case", *Washington Post*, 30.8.1996, A3; John Mintz, „Men in Papal Bomb Plot Termed Close to Bin Laden", *Washington Post*, 22.8.1998.
[39] Johannes Paul II., „Predigt zur Seligsprechung von Peter To Rot", *OR* dt., 3.2.1995, 7 f.
[40] Vermerk von Msgr. Peter J. Elliott für den Autor, 18.9.1998.
[41] Vgl. Paul Gardiner SJ, „Love Was Soul of Mary MacKillop's Virtues", *OR* engl., 25.1.1995, 1 und 12.
[42] Johannes Paul II., „Predigt zur Seligsprechung von Mary MacKillop", *OR* dt., 3.2.1995, 8 f.
[43] „Botschaft von Johannes Paul II. an die chinesischen Katholiken, übertragen von ‚Radio Veritas' am 14. Januar", *OR* dt., 27.1.1995, 1-3.
[44] Vgl. Joseph Krahl SJ, „China". In: *New Catholic Encyclopedia*, Bd. 3, 598 f.
[45] Interview des Autors mit Erzbischof Oscar V. Cruz, 22.11.1997.
[46] Ebd.
[47] Interview des Autors mit Kardinal Etchegaray, 19.3.1997.
[48] Interviews des Autors mit Erzbischof Celli, 20.1.1997, und Kardinal Tomko, 14.11.1996.
[49] Jonathan Mirsky, „Pope to Paper over Rift by Meeting Chinese Catholics", *The Times*, 10.1.1995, 11.
[50] Johannes Paul II., „*Ad-Limina*-Ansprache an die Bischöfe von Taiwan", *OR* dt., 1.9.1995, 8.
[51] Johannes Paul II., „Botschaft an die Kirche in China", *OR* dt., 3.1.1997, 11.
[52] „The Pope Asks for Freedom for the Church in China", *Vatican Information Service* 980514 (410), 14.5.1998.
[53] „Archbishop Tauran on Holy See's International Relations", *Vatican Information Service* 980515 (890), 15.5.1998.
[54] Vgl. Kardinal Ratzinger, „Das Problem der Bedrohungen des menschlichen Lebens", *OR* dt., 19.4.1991, 9-11.

55 Vgl. *OR* dt., 12.4.1991, 1.
56 Im Vatikan hatte man intern die Möglichkeit erörtert, eine Bischofssynode über den Schutz des Lebens abzuhalten, die mit einer synodalen Erklärung und einem nachsynodalen apostolischen Schreiben enden sollte. Manche argumentierten, ein solcher Prozeß würde einem päpstlichen Dokument über den Schutz des Lebens mehr Glaubwürdigkeit verleihen. Dieses Argument überzeugte diejenigen nicht, die meinten, Johannes Paul sei bereits die angesehenste Persönlichkeit der Welt und die Beschlüsse einer Synode (die ohnehin kaum überraschend sein würden) könnten seinen Worten keine zusätzliche Autorität verleihen [Interview des Autors mit Kardinal Jan Schotte, 14.3.1997].
57 Vgl. Johannes Paul II., *Evangelium vitae*, Nr. 5.
58 Ebd., Nr. 20 und Nr. 18.
59 Zum Verhältnis von *Evangelium vitae* zur päpstlichen Demokratieschelte im 19. Jahrhundert vgl. Russell Hittingers Beitrag „The Gospel of Life: A Symposium", *First Things* 56 (Okt. 1995), 33-35.
60 Vgl. Johannes Paul II., *Evangelium vitae*, Nr. 57, 62, 65.
61 Vgl. etwa „Why the Encyclical Was Delayed", *The Tablet*, 1.4.1995, 432.
62 Interview des Autors mit Kardinal Ratzinger, 20.9.1997.
63 *Katechismus der katholischen Kirche*, Nr. 2267. Zur Erörterung der traditionellen moralischen Begründungen für die Todesstrafe im *Katechismus* vgl. die beiden vorausgehenden Paragraphen.
64 Johannes Paul II., *Evangelium vitae*, Nr. 56.
65 Zu dieser und anderen umstrittenen Fragen in *Evangelium vitae* vgl. Kevin W. Wildes SJ/Alan C. Mitchell (Hrsgg.), *Choosing Life. A Dialogue on* Evangelium Vitae (Washington, D.C., 1997).
66 Vgl. Johannes Paul II., *Evangelium vitae*, Nr. 73 [Hervorhebung im Original].
67 Vgl. ebd.
68 Die moralische Begründung für die Einstellung des Papstes zur Verantwortung eines Abgeordneten unter unbefriedigenden Umständen erörtert der Beitrag von Robert P. George in: „The Gospel of Life: A Symposium", 37 f.
69 Zitiert in „Bishops Praise Pope's ‚Hymn to Life'", *The Tablet*, 8.4.1995, 467.
70 Zitiert ebd.
71 Vgl. etwa Richard A. McCormick SJ, „The Gospel of Life", *America* 172 (29.4.1995), 10-17.
72 Sie sprach sicherlich die Sorgen der über 10.000 niederländischen Männer und Frauen an, die im Jahr 1998 „Pässe" gegen Sterbehilfe bei sich trugen, in denen stand: „Ich bitte höflich, mir keine medizinische Behandlung vorzuenthalten mit der Begründung, die zukünftige Qualität meines Lebens werde vermindert sein, denn ich glaube, daß dies etwas ist, was Menschen nicht beurteilen können. Ich bitte höflich, mich unter keinen Umständen einer das Leben beendenden Behandlung zu unterziehen, denn ich bin davon überzeugt, daß Menschen nicht das Recht haben, ein Leben zu beenden." [Steven A. Ertelt, „Dutch Carry Cards That Say: Don't Kill Me, Doctor", *Pro-Life Infonet Digest*, 20.10.1998.]
73 Gespräch des Autors mit Johannes Paul II., 20.3.1997.
74 Die Enzyklika konnte auch als Kritik an der eigenen diplomatischen Praxis des Hl. Stuhls verstanden werden, obwohl sie gewiß nicht so gemeint war. Ein amerikanischer Kommentator, Russell Hittinger, wies darauf hin, daß der Hl. Stuhl eine von der UNO befürwortete „Konvention über die Rechte des Kindes" unterstützt habe, in der die Sprache der Menschenrechte gelegentlich mit der gleichen destruktiven Wirkung mißbraucht werde wie von Politikern und Juristen, die Abtreibung und Euthanasie als Rechte verteidigten. (...) Ein Kritiker sagte, die Konvention habe es als eine Verletzung der Menschenrechte bezeichnet, wenn Eltern ein achtjähriges Kind einfach anwiesen, den Fernsehapparat auszuschalten und ins Bett zu gehen. Doch der Hl. Stuhl habe eine Konvention unterstützt, deren schwammige Verwendung des Begriffs „Rechte" verknüpft sei mit dem in *Evangelium vitae* erwähnten „Gerede über Rechte" und mit den Problemen, die der Hl. Stuhl in Kairo so tatkräftig bekämpft habe. Hittinger hoffte, die Politik des Vatikans werde am Ende mit der Enzyklika gleichziehen. Vgl. Hittingers Aufsatz in: „The Gospel of Life: A Symposium", 35.
75 Johannes Paul II., *Evangelium vitae*, Nr. 65.
76 „The Only Rock of Our Age", *The Independent*, 12.1.1995, 15.
77 Der Bibeltext ist Johannes 17,21. Johannes Paul II. war seit Jahren tief beeindruckt, wie angemessen die letzten Worte Johannes' XXIII. waren. Am 8. Oktober 1983 zitierte er, was Johannes XXIII. auf dem Totenbett gesagt hatte: „Ich biete mein Leben dar für die Kirche, für die Weiterführung des Ökumenischen Konzils, für den Frieden der Welt, für die Einheit der

Christen. (...) Meine Erdentage gehen zu Ende; aber Christus lebt, und die Kirche führt ihre Aufgabe weiter; die Seelen, die Seelen: *ut unum sint, ut unum sint ...*' Das waren seine letzten auf dieser Erde gesprochenen Worte." [Johannes Paul II., „Ansprache beim feierlichen Gedenkakt für die Päpste Pius XII. und Johannes XXIII. in der Synodenaula", in: *DAS 1983*, 1111-1113.]

78 Trotz gegenteiliger Spekulationen und Berichte war *Ut unum sint* kein Entwurf der Kurie, dem Johannes Paul II. nur einige persönliche Gedanken beifügte [Interview des Autors mit Kardinal Cassidy, 5.9.1996].

79 Johannes Paul II., *Ut unum sint*, Nr. 56 f.

80 Ebd., Nr. 61. Hier zitierte Johannes Paul aus seinem drei Wochen zuvor veröffentlichten Apostolischen Schreiben *Orientale lumen* [Licht aus dem Osten] und pries – in Erinnerung an den 100. Jahrestag des Apostolischen Schreibens *Orientalium dignitas* von Leo XIII. – die Überlieferung des östlichen Christentums als ein gemeinsames Erbe der Gesamtkirche, mit dem die Christen des Westens vertrauter werden müßten. Der Papst schrieb: „Mit jedem Tag regt sich in mir eindringlicher der Wunsch, die Geschichte der Kirchen neu zu überprüfen, um schließlich eine Geschichte unserer Einheit zu schreiben und so zurückzugehen in die Zeit, in der sich nach dem Tod und der Auferstehung des Herrn Jesus das Evangelium in den verschiedensten Kulturen verbreitete und ein äußerst fruchtbarer Austausch begann, von dem die Liturgien der Kirchen noch heute zeugen" [*Orientale lumen*, Nr. 18, *OR* dt., 5.5.1995, 12].

81 Johannes Paul II., *Ut unum sint*, Nr. 88.

82 Ebd., Nr. 95.

83 Ebd., Nr. 96.

84 Vgl. ebd., Nr. 54, 57.

85 Richard John Neuhaus, „That They May Be One", *First Things* 56 (Okt.1995), 74.

86 Zitiert bei Edward Idris Cassidy, „'That They May All Be One': The Imperatives and Prospects of Christian Unity", *First Things* 69 (Jan. 1997), 36. Zum vollen Wortlaut der Rede Raisers vgl. *Centro Pro Unione Semi-Annual Bulletin* # 48 (Herbst 1995).

87 Dr. Raiser sagte 1997 ferner, der Vorschlag des Papstes, gemeinsam darüber nachzudenken, wie das Primas-Amt der Einheit zum Nutzen aller Christen ausgeübt werden könne, „geht an der eigentlichen Frage vorbei. Es geht nicht nur um die verschiedenen Methoden, wie man sein Amt ausüben kann, sondern um das Grundprinzip, das hinter dem päpstlichen Primat steht. Das ist für mich immer noch sehr schwer zu begreifen." [Gabriel Meyer, „World Council of Churches Chief Counts on Roman Participation", *National Catholic Register*, 5.-11.1.1997, 5.]

88 „Predigt von Johannes Paul II. am 29. Juni", *OR* dt., 7.7.1995, 1 und 7 [Hervorhebung im Original].

89 „Homilie des Ökumenischen Patriarchen Bartholomaios am 29. Juni", *OR* dt., 7.7.1995, 8. Die „Gemeinsame Erklärung" findet sich ebd., 1.

90 Die Meditationen des Ökumenischen Patriarchen Bartholomaios finden sich in: Päpstlicher Rat zur Förderung der Einheit der Christen, *Information Service* # 86 (1994), 112-124, die von Schwester Minke ebd. # 89 (1995), 73-82.

91 „Ansprache von Johannes Paul II. bei seiner Ankunft in Prag am 20. Mai", *OR* dt., 2.6.1995, 6. – „Ansprache von Johannes Paul II. an die in Svaty Kopecek (Tschechische Republik) versammelten Jugendlichen", *OR* dt., 2.6.1995, 7f. [Hervorhebung im Original]. – Zum Briefwechsel der tschechischen Protestantenführer mit Kardinal Cassidy und dem Papst vgl. Päpstlicher Rat zur Förderung der Einheit der Christen, *Information Service* # 89 (1995), 64-69.

92 „Pope Pays Tribute to Calvinists", *The Independent*, 3.7.1995, 9.

93 *OR* dt., 16.5.1997, 6.

94 „Grußworte von Johannes Paul II. bei der Begegnung mit dem Erzbischof von Canterbury und Primas der anglikanischen Gemeinschaft, Dr. George Leonard Carey, am 5. Dezember", *OR* dt., 13.12.1996, 4.

95 Johannes Paul II., „Die Frau: Erzieherin zum Frieden", *OR* dt., 6.1.1995, 3.

96 „Brief von Papst Johannes Paul II. an die Frauen", *OR* dt., 14.7.1995, 7 f.

97 Die Ansprachen wurden abgedruckt in *OR* dt., 23.6.-8.9.1995. „Gewalt und Ungerechtigkeit der Frau gegenüber sind untragbar!", *OR* dt. 23.6.1995, 1; „Selbständigkeit und Würde der Frau", *OR* dt., 30.6.1995, 1; „Dankbarkeit und Wertschätzung der Kirche für die Frauen", *OR* dt., 14.7.1995, 1; „Berufung der Frau zur Hüterin des Lebens", *OR* dt., 21.7.1995, 1; „Maria Vorbild

für jede Frau und Mutter", *OR* dt., 28.7.1995, 1; „Die Bedeutung der Frau als Erzieherin", *OR* dt., 11.8.1995, 2; „Eine Weltkultur braucht den ‚Genius' der Frau", ebd., 1; „Frauen als Engel des Trostes", *OR* dt., 25.8.1995, 3; „Die Frau im Bereich von Wirtschaft und Arbeit", ebd., 1; „Engagierter Beitrag der Frauen zu werteorientierter Politik", *OR* dt., 1.9.1995, 1; „Frauenförderung in Kirche und Welt", *OR* dt., 8.9.1995, 1.

[98] *OR* dt., 14.4.1995, 9-19.
[99] Johannes Paul II., „Brief an die Generalsekretärin der IV. Weltkonferenz der Vereinten Nationen über die Frauen", *OR* dt., 23.6.1995, 8 f. [Hervorhebung im Original].
[100] Vgl. „Worldwatch", *Catholic World Report*, Aug./Sept. 1995, 7.
[101] Johannes Paul, „Brief an die Frauen", *OR* dt., 14.7.1995, 7 f.
[102] Annabel Miller, „The Holy See in the Public Square", *The Tablet*, 23.9.1995, 1192.
[103] Mary Ann Glendon, „What Happened at Beijing", *First Things* (Jan. 1996), 30.
[104] Interview des Autors mit Navarro-Valls, 18.12.1997.
[105] Glendon, „What Happened at Beijing", 30.
[106] Vgl. ebd. Der vollständige Wortlaut der Eröffnungsrede von Professor Glendon ist abgedruckt in *OR* dt., 15.9.1995, 7f.
[107] Interview des Autors mit Msgr. Peter Elliott, 22.9.1997.
[108] Die Regierung Clinton war entschlossen, in Peking einen offenen Konflikt mit dem Hl. Stuhl zu vermeiden, wie er vor und während der Kairoer Konferenz von 1994 ausgetragen worden war. Die neue Strategie der USA, diskret über andere Delegationen zu arbeiten, um ihr Programm eines Rechts auf Abtreibung zu fördern, mag beeinflußt worden sein durch eine Reihe von Telegrammen, die die US-Botschaft beim Hl. Stuhl im Juni 1995 an das State Department in Washington schickte. Diese schilderten die „Gewandtheit und Hartnäckigkeit" vatikanischer Diplomaten in Kairo und die „virtuose Öffentlichkeitsarbeit" von Navarro-Valls. In einem Telegramm heißt es, der Vatikan habe „die Medien schlau benutzt, um seine Ansichten [über die bevorstehende Pekinger Konferenz] zu propagieren"; wahrscheinlich werde der Heilige Stuhl in Peking eine ebenso aggressive Rolle spielen wie in Kairo. Vgl. Telegramme 166/95, 167/95, 172/95, 187/95 und 200/95 der vatikanischen Botschaft an den Außenminister der USA.
[109] Aktennotiz von Mary Ann Glendon für den Autor, 20.10.1998.
[110] Zu einer detaillierteren Analyse der Vorschläge der EU-Koalition vgl. Glendon, „What Happened at Beijing".
[111] Interview des Autors mit Mary Ann Glendon, 6.9.1998.
[112] Die Presseerklärung hatte folgenden Wortlaut: „Nach fünf Verhandlungstagen der vierten Weltkonferenz über Frauen hat die Delegation des Hl. Stuhls ihre Besorgnis darüber geäußert, daß eine Minderheitskoalition die Bemühungen, das vorläufige Dokument und Aktionsprogramm von Peking in Übereinstimmung mit der Allgemeinen Erklärung der Menschenrechte der UNO und anderen grundlegenden Menschenrechtsdokumenten zu bringen, nachdrücklich blockiert. In dieser Gruppe, die einen Konsens verhindert, nimmt die Europäische Union eine herausragende Stellung ein.

Unter Hinweis darauf, daß die Konferenzteilnehmer nicht befugt sind, die Säulen der Menschenrechtstradition zu untergraben, führte der Sprecher Dr. Joaquín Navarro-Valls fünf Punkte an, in denen die Positionen dieser Delegationen grundlegenden Dokumenten und Prinzipien der Menschenrechte widersprechen. (...)

Die Delegation des Hl. Stuhls wies auf diese überraschenden Positionen hin und äußerte ihre Bestürzung über die Standpunkte dieser Unterhändler – angesichts der Tatsache, daß die meisten ihrer eigenen Landesverfassungen die oben zitierten Bestimmungen der internationalen Menschenrechtsdokumente enthalten. Gewiß sollten die Bestimmungen der Allgemeinen Erklärung der Menschenrechte nicht so salopp beiseite geschoben werden." [Nach einer Kopie, die Prof. Glendon dem Autor zur Verfügung stellte].
[113] Interviews des Autors mit Navarro-Valls, 13.12.1997, und Glendon, 6.9.1998.
[114] Mary Ann Glendon, „Abschließende Erklärung bei der IV. Weltkonferenz über Frauen", *OR* dt., 6.10.1995, 4. Vgl. dazu Carl J. Marucci (Hg.), Serving the Human Family. The Holy See at the Major United Nations Conferences (New York 1997), 415-548.
[115] Mary Ann Glendon meinte, es gebe einige interessante ungelöste Fragen zu der Art und Weise, wie die Konferenz sich inszeniert habe: „Was für Abmachungen trafen die reichen Nationen mit ihren Klientelstaaten? (...) Warum waren die Konferenzdokumente von Anfang an so einseitig? Wer bezahlte die Tausende von Lobbyistinnen, deren Hauptinteresse nicht den Bedürfnissen und Rechten der Frauen, sondern der Geburtenkontrolle galt?" [Glendon, „What Hap-

pened at Beijing", 35.] Daß die Medien sich nach der Konferenz für solche Fragen kaum interessierten, war aufschlußreich.

[116] Vgl. Robert D. Kaplan, *The Ends of the Earth. From Togo to Turkmenistan, from Iran to Cambodia, a Journey to the Frontiers of Anarchy* (New York 1997), und Paul Johnson, „Wanted: A New Imperialism", *National Review*, 14.12.1992.

[117] Interview des Autors mit Kardinal Arinze, 9.11.1996.

[118] Johannes Paul II., *Ecclesia in Africa*, Nr. 62, *OR* dt., 29.9.1995.

[119] Ebd., Nr. 64. Hier zitiert der Papst direkt aus den Propositionen 35-37 der Synode für Afrika.

[120] Interview des Autors mit Kardinal Arinze, 14.12.1996.

[121] „Two Rwandan Priests Receive Death Penalty", *National Catholic Register*, 26.4.-2.5.1998.

[122] „Predigt Johannes Pauls bei der Seligsprechung von Pater Cyprian Tansi", *OR* dt., 10.4.1998, 12.

[123] James Rupert, „Nigerians Throng to Papal Mass", *Washington Post*, 23.3.1998, A14.

[124] Interview des Autors mit Navarro-Valls, 6.3.1996.

[125] Interview des Autors mit Kardinal Miguel Obando Bravo SDB, 24.11.1997.

[126] „Holy Father's Inflight Press Interview", *OR* engl., 14.2.1996, 7; Interview des Autors mit Msgr. Paglia, 25.3.1997.

[127] „Johannes Paul II. vor den Vereinten Nationen zum 50jährigen Bestehen der Weltorganisation", *OR* dt., 13.10.1995, 1 f. und 4, Nr. 2 f. [Da die Qualität dieser Übersetzung zu wünschen übrigläßt, wurde für die Zitate aus dieser Rede auch die englische Originalfassung herangezogen: John Paul II, „Address to the Fiftieth General Assembly of the United Nations Organization" (Hervorhebung im Original)].

[128] Ebd., Nr. 7-9 [Hervorhebung im Original].

[129] Ebd., Nr. 10 und 12.

[130] Ebd., Nr. 16 [Hervorhebung im Original].

[131] Ebd., Nr. 17.

[132] Ebd., Nr. 18 [Hervorhebung im Original].

[133] „Ansprache Johannes Pauls II. während der Vesper in der Herz-Jesu-Kathedrale von Newark am 4. Oktober", *OR* dt., 20.10.1995, 7.

[134] „Predigt von Johannes Paul II. bei der Eucharistiefeier im Giants-Stadion in Newark am 5. Oktober", ebd., 10.

[135] „Predigt von Johannes Paul II. bei der Eucharistiefeier in Brooklyn am 6. Oktober", ebd., 10-12.

[136] Robert D. McFadden, „125 000 Join Pope at Mass in Central Park ‚Basilica'", *New York Times*, 8.10.1995.

[137] „Holy Father Celebrates Mass in New York", ebd. 1 und 7. Vgl. auch „Heilige Messe im Central Park in New York. Predigt des Papstes am 7. Oktober", *OR* dt., 27.10.1995, 8f.

[138] Diese Formulierung stammt von dem großem liberalen Historiker Englands, Lord Acton. Sie wurde häufig zitiert von dem amerikanischen Jesuiten John Courtney Murray, der beim II. Vatikanischen Konzil neben Karol Wojtyła einer der geistigen Väter der *Erklärung zur Religionsfreiheit* war [„The Pope in Baltimore: Mass at Camden Yards", *New York Times*, 8.10.1995, 11 und 13, sowie „Heilige Messe in Baltimore. Predigt des Papstes am 8. Oktober", in: *OR* dt., 27.10.1995, 10f.].

[139] Übersetzt nach: „The Pope in Baltimore: Visit to the Cathedral", *New York Times*, 8.10.1995, 13. Vgl. auch „Pastoralbesuch von Johannes Paul II. in den Vereinigten Staaten – Besuch der Kathedrale von Baltimore. Grußwort des Papstes am 8. Oktober". In: *OR* dt., 3.11.1995, 9 [Hervorhebung im Original].

[140] Paul Gigot, „Pope Offers Cure for Those O. J. Blues", *Wall Street Journal*, 6.10.1995.

[141] „The Moral Structure of Freedom", *Wall Street Journal*, 6.10.1995 [Hervorhebung im Original].

[142] „We Must Not Be Afraid of Man", *Baltimore Sun*, 10.10.1995. Zu einer Übersicht über die Darstellung der päpstlichen Pastoralreise in die USA von 1995 in den Medien vgl. James Martin, „The Pope and the Media", *America*, 28.10.1995, 24f.

[143] „TWA Papal Charter Gets Seal of Approval", *USA Today*, 10.10.1995, 8B.

[144] Die Texte finden sich in: *OR* dt., 20.10.1995, 27.10.1995 und 10.11.1995.

[145] Vgl. „Internationales Symposion zum 30. Jahrestag des Konzilsdekrets *Presbyterorum ordinis*. Schlußbotschaft", *OR* dt., 17.11.1995, 7-9.

[146] „Apostolisches Schreiben zur Vierhundertjahrfeier der Union von Brest", *OR* dt., 15.12.1995, 9-11.

[147] „Messe zum Abschluß der Sonderversammlung der Bischofssynode für den Libanon", *OR* dt., 5.1.1996, 24.

[148] Vgl. „Schlußbotschaft der Sonderversammlung der Bischofssynode für den Libanon", ebd., 20-23.
[149] Vgl. „Jahresinhaltsverzeichnis 1995" unter „Internationale Angelegenheiten", *OR* dt., 10.1.1996, 18.
[150] Vgl. „Jean Paul II souffrirait de la maladie de Parkinson", *Le Monde*, 10.9.1996, 3.
[151] Interview des Autors mit Navarro-Valls, 20.3.1997.
[152] Ebd.; Interview des Autors mit Anna Karoń-Ostrowska, 8.4.1997.
[153] Diese Zurückhaltung war nicht nur für die Kurie, sondern für die Europäer generell typisch; während der tödlichen Krankheit des französischen Präsidenten Mitterrand wurde eine ähnliche Zurückhaltung gewahrt. Aber eine universale Institution wie die Kirche kann nicht ausschließlich nach lokalen Maßstäben geführt werden, besonders wenn bereits ein Präzedenzfall der Transparenz-durch-Konsultation geschaffen worden ist.
[154] Interview des Autors mit Kardinal O'Connor, 8.11.1996.
[155] Zum vorsynodalen Prozeß vgl. „Editor's Introduction to *Vita Consecrata*". In: Miller, *Exhortations*, 617.
[156] Johannes Paul II., *Vita consecrata*, Nr. 3.
[157] Vgl. ebd., Nr. 19.
[158] Vgl. ebd., Nr. 14.
[159] Ebd., Nr. 104 [Hervorhebung im Original]. [Übersetzt von K. N.]
[160] Vgl. ebd., Nr. 23.
[161] Vgl. ebd., Nr. 34.
[162] Vgl. ebd., Nr. 91.
[163] Ebd., Nr. 87.
[164] Vgl. ebd., Nr. 88.
[165] Vgl. ebd., Nr. 87.
[166] Interview des Autors mit John Farren OP, 29.9. und 17.11.1997.
[167] „Editor's Introduction to *Vita Consecrata*". In: Miller, *Exhortations*, 625 f.
[168] Zu einer Untersuchung über das Wachstum von Ordensgemeinschaften, die eine zeitlose Auffassung des geweihten Lebens vertreten, und zu einer Widerlegung des Klischees, diese Gemeinschaften würden dem II. Vatikanum widersprechen, vgl. Albert DiIanni SM, „A View of Religious Vocations", *America* 178 (28.2.1998), 8-12.
[169] Vgl. *OR* dt., 18.10.1996, 1.
[170] „Vatikan Nummer zwei" war Castel Gandolfo.
[171] Die Zitate stammen aus Josip Stilinovic, „The Witness of Suffering", *Catholic World Report*, Juni 1998, 30 f.
[172] „Predigt von Papst Johannes Paul II. am 50. Jahrestag seiner Priesterweihe", *OR* dt., 15.11.1996, 6.
[173] Johannes Paul II., „Angelus am 10.11.1996", *OR* dt., 15.11.1996, 1.
[174] Johannes Paul II., *Geschenk und Geheimnis*, 94-96.

Kapitel 20
Ein vernünftiger Glaube

[1] „Pastoralreise des Papstes nach Kuba – Ankunft auf dem Flughafen von Havanna", *OR* dt., 30.1.1998, 2. Zu den angeblichen Parallelen zwischen Johannes Paul und Castro vgl. Tad Szulc, „When the Pope Visits Castro", *Parade*, 14.12.1997, 6-9.
[2] Am 10. Juli 1993 veröffentlichten die Bischöfe der Oberrheinischen Kirchenprovinz – Bischof Karl Lehmann von Mainz, Erzbischof Oskar Saier von Freiburg und Bischof Walter Kasper von Rottenburg-Stuttgart – einen gemeinsamen Hirtenbrief sowie „Grundsätze für eine seelsorgliche Begleitung von Menschen aus zerbrochenen Ehen und von wiederverheirateten Geschiedenen", die die Diskussion über diese Frage voranbringen sollten. Die Bischöfe forderten die Katholiken auf, im Kampf um erfolgreiche Ehen mit lebenslänglicher Treue die Vorhut zu bilden und dem Trend entgegenwirken, der Scheidung und Wiederverheiratung als etwas Normales ansah. Die Kirche, so erklärten sie, habe nicht das Recht, die Lehre Jesu hinsichtlich der

Unauflöslichkeit der Ehe zu ignorieren; diese wurzle nicht in willkürlichen Gesetzlichkeiten, sondern in der ursprünglichen Schöpfungsordnung; außerdem leiste das Eintreten für die Unauflöslichkeit der Ehe den Menschen einen unentbehrlichen Dienst. Andererseits könne die Kirche, die Christi Amt der Gnade und der Erlösung weiterführe, das Scheitern vieler Ehen auch nicht einfach übersehen.

Die Bischöfe bestätigten die allzu oft ignorierte oder mißverstandene klassische katholische Lehre und bestanden darauf, daß wiederverheiratete Geschiedene „Glieder der Kirche sind und bleiben", die „besondere Zuwendung" verdienen und das Gefühl bekommen müssen, daß sie von der Gemeinde akzeptiert werden, die ihre schwierige Lage versteht. Da wiederverheiratete geschiedene Katholiken jedoch wieder aktiv am Leben ihrer Gemeinden teilnahmen, erhob sich zwangsläufig die Frage: Konnte zu dieser Teilnahme auch der Empfang der Kommunion in der Messe gehören? Die Bischöfe bekräftigten die kirchliche Lehre, daß „wiederverheiratete Geschiedene nicht zum eucharistischen Mahl zugelassen werden können, da sie sich in einer Lebenslage befinden, die dem Wesen der christlichen Ehe objektiv widerspricht". Jeder, der anders handelt, „tut das entgegen dem Gebot der Kirche".

Nach Meinung der Bischöfe sollte jedoch unterschieden werden zwischen der „Zulassung" der wiederverheirateten Geschiedenen zur Kommunion (die ein der kirchlichen Lehre widersprechender öffentlicher Akt ist) und dem „Hinzutreten" wiederverheirateter Geschiedener zum Tisch des Herrn, nachdem ein intensives seelsorgliches Gespräch mit einem Priester sie zu der Gewissensüberzeugung geführt hat, daß dies richtig ist. Diese Überzeugung müsse von der Kirche und der Gemeinde respektiert werden. Die Bischöfe meinten, diese Unterscheidung (die nach ihrem Dafürhalten die Integrität der katholische Lehre garantierte und auf eine äußerst schwierige seelsorgliche Situation gewissenhaft einging) könne in drei besonderen Fällen besonders angemessen sein: Wenn eine wiederverheirate Person von ihrem Ehepartner verlassen wurde; wenn eine frühere Ehe mangels Beweisen nicht nach dem Kirchenrecht annulliert werden kann, obwohl die wiederverheiratete Person in ihrem Gewissen davon überzeugt ist, daß keine sakramentale Ehe eingegangen wurde; und wenn der Verzicht auf eine zweite, standesamtliche Ehe ein schweres Unrecht für andere – etwa die Kinder dieser Ehe – bedeuten würde. [Vgl. Herder Korrespondenz 47 (1993), 460ff.]

Ende Dezember 1993 erhielten die drei Bischöfe ein Schreiben der Glaubenskongregation, in dem sie darauf hingewiesen wurden, daß sie in ihrem Brief und ihren seelsorglichen „Grundsätzen" die Lehre der Kirche „nicht voll durchgehalten" hätten. Im Februar 1994 trafen sich die drei Bischöfe mit Vertretern der Glaubenskongregation in Rom zu einem ausführlichen und offenen Gespräch; dabei konnten, wie sie berichteten, verschiedene Mißverständnisse ausgeräumt werden, die auf verzerrten Berichten der Medien sowie unautorisierten veröffentlichten Übersetzungen ihrer „Grundsätze" beruhten. Über die Frage des Kommunionempfangs konnte jedoch „keine volle Einigung" erzielt werden. Nach einem weiteren Gespräch mit den Deutschen im Juni 1994 veröffentlichte die Glaubenskongregation ein Schreiben an alle Bischöfe der Welt, in dem erneut festgestellt wurde, daß die wiederverheirateten Geschiedenen „keine Kommunion empfangen können", solange sie sich in einer Situation befinden, „die dem Gesetz Gottes objektiv widerspricht". Das theologische Belastende dieser Frage – so die Glaubenskongregation – sei das eheliche Wesen der Kirche: Die Lebensverhältnisse von wiederverheirateten Geschiedenen seien „in objektivem Widerspruch zu jenem Bund der Liebe zwischen Christus und der Kirche, den die Eucharistie sichtbar und gegenwärtig macht". Würde man die wiederverheirateten Geschiedenen zur Kommunion zulassen, würde man zugeben, daß Ehen aufgelöst werden können; das scheine darauf hinzuweisen, daß auch die Liebe Christi zur Kirche aufgelöst werden könne. Die Unauflöslichkeit jener ehelichen Liebe sei jedoch die Glaubenswahrheit, die in der Eucharistie durch den Empfang der Kommunion gefeiert werde. Das Schreiben der Glaubenskongregation räumte ein, daß die deutschen Bischöfe keine „allgemeine Zulassung der wiederverheirateten Geschiedenen zur heiligen Kommunion" vorgeschlagen hatten, und verwies dann darauf, daß das kanonische Recht neue Möglichkeiten biete, die Ungültigkeit einer früheren Ehe nachzuweisen. Die Schlußfolgerung der Glaubenskongregation ließ jedoch nicht zu, was die deutschen Bischöfe vorschlugen: daß wiederverheiratete Geschiedene „in bestimmten Fällen zum Tisch des Herrn hinzutreten könnten, sofern sie sich in ihrem Gewissensurteil dazu ermächtigt hielten" und daß ein Priester diese „Gewissensentscheidung, zur Eucharistie hinzuzutreten, zu respektieren [hätte], ohne daß dies eine Zulassung von amtlicher Seite einschlöße". Das war nach Auffassung der Glaubenskongregation unmöglich, weil der Empfang der Kommunion, wie eine Ehe, eine öffentliche Realität sei. [Vgl. Herder Korrespondenz 48 (1994), 565-568.]

In einem Brief an ihre Priester vom 14. Oktober 1994 schrieben die drei Bischöfe, in Fragen der kirchlichen Lehre gebe es zwischen ihnen und der Glaubenskongregation keinerlei Dissens; sie hätten auch nicht die Absicht gehabt, ein neues kirchliches Recht einzuführen. Sie räumten ferner ein, daß sie mit ihrem Hirtenschreiben nicht „beanspruchen konnten oder wollten, in allem bereits eine allseits befriedigende Lösung gefunden zu haben". Von der Glaubenskongregation sei ihnen versichert worden, daß deren Schreiben „nicht speziell auf unsere Position allein gerichtet sei", sondern allgemein auf eine in der Gesamtkirche weit verbreitete Diskussion antworte. Die Glaubenskongregation hatte jedoch die Unterscheidung der Deutschen zwischen „Zulassung" und dem durch eine Gewissensentscheidung ermöglichten „Hinzutreten" zum Tisch des Herrn klar verworfen. Und die Bischöfe gaben das praktisch zu, wenn sie schrieben, daß „einige Aussagen in unserem Hirtenschreiben und in den ‚Grundsätzen' universalkirchlich nicht akzeptiert sind und daher nicht verbindliche Norm seelsorglichen Handelns sein können". Am Schluß versprachen sie, den Dialog weiterzuführen und sich „um konsensfähige, theologisch und pastoral verantwortbare Antworten [zu] bemühen". [Vgl. Herder Korrespondenz 48 (1994), 568-571.]

In Deutschland gab es schroffe Reaktionen auf das Schreiben der Glaubenskongregation: Priester handelten der Anweisung zuwider, und man sammelte Unterschriften für Petitionen, in denen dem Papst vorgeworfen wurde, er sei ein Hirte, der seine verirrten Schafe „gnadenlos in den Abgrund" treibe. Auch das Zentralkomitee der deutschen Katholiken, die führende Laienorganisation des Landes, übte Kritik. Der Tübinger Professor Norbert Greinacher (der früher die „Kriegserklärung" des Papstes an liberale Theologen verurteilt hatte) behauptete, für die Kirche beginne nun die „Götterdämmerung" ihrer geistlichen Autorität. Obwohl die drei deutschen Bischöfe nicht so weit gingen, war es für andere nicht schwierig, den Fall so darzustellen, als stehe bei dieser Meinungsverschiedenheit doktrinäre Strenge gegen pastorales Einfühlungsvermögen. Die verständlichen Emotionen verbanden sich hier, wie in anderen Fällen, mit dem Image des „Autoritären", das viele deutsche Theologen dem Papst und Kardinal Ratzinger mit Erfolg angehängt hatten.

Aber vielleicht war das eine Situation, für die es auf rechtlicher Ebene keine neue Lösung gab. Ratzinger deutete dies in einem Interview 1996 an. Auch wenn die Grundsätze unveränderlich blieben, könnten in Zukunft vielleicht erfahrene Seelsorger „vor Ort" außergerichtlich feststellen, daß die erste Ehe nichtig gewesen sei [Ratzinger, *Salz der Erde*, 221]. Auch Kardinal Christoph Schönborn von Wien meinte, das sei ein Bereich des kirchlichen Lebens, in dem eine „letzte Klärung" auf rechtlicher Ebene einfach unmöglich sei [Interview des Verfassers mit Erzbischof Schönborn, 11.12.1997]. Konnte die Nichtigkeit einer Ehe statt einer Rechtsfrage eine pastorale Frage werden, ohne die Wahrheit über die Ehe zu gefährden? In einer Welt, die gemeinhin glaubt, es gebe für jedes Problem eine juristische Lösung, war dies ein weiteres Zeichen, dem widersprochen wird. Da diese spezifisch moderne Annahme bereits tief in das katholische Bewußtsein eingedrungen war, war es auch unwahrscheinlich, daß sie von wiederverheirateten geschiedenen Katholiken abgelehnt wurde, die sich in ihrer Kirche als Mitglieder zweiter Klasse behandelt fühlten. Aber bis zu diesem Punkt hatte der Vorschlag der deutschen Bischöfe die Diskussion geführt, die zweifellos bis weit ins 21. Jahrhundert eine der schwierigsten in der katholischen Welt bleiben wird.

[3] Johannes Paul II., „Predigt bei der Eucharistiefeier in Paderborn am 22. Juni", *OR* dt., 28.6.1996, 15 f.

[4] Johannes Paul II., „Ansprache vor der deutschen Bischofskonferenz", ebd., 9-11.

[5] Johannes Paul II., „Predigt in Berlin", ebd., 7-9. Die Predigt des Papstes enthielt auch eine Verteidigung von Pius XII: „Auf der Basis seiner klaren Grundsätze sprach und agierte Bernhard Lichtenberg eigenständig und unerschrocken. Dennoch war er von Glück und Freude fast überwältigt, als ihm sein Bischof Konrad von Preysing beim letzten Besuch im Gefängnis Ende September 1943 eine Botschaft meines Vorgängers Pius XII. überbrachte, in der ihm dessen innigstes Mitgefühl und väterliche Anerkennung bezeugt wurde. Wer sich nicht auf billige Polemik beschränkt, weiß sehr wohl, was Pius XII. über das Nazi-Regime dachte und wieviel er unternommen hat, um unzähligen Menschen, die von jenem Regime verfolgt wurden, zu helfen." [Ebd., 7 f.]

[6] Johannes Paul II., „Angelus am 23. Juni in Berlin", ebd., 8.

[7] Interview des Autors mit Rocco Buttiglione, 25.2.1997.

[8] „Messe auf dem Flughafen von Reims, Predigt von Johannes Paul II. am 22. September", *OR* dt., 4.10.1996, 10.

9 Diese Beiträge wurden am 19.10.1997 offiziell anerkannt, als Johannes Paul die hl. Theresia von Lisieux zum „doctor ecclesiae" [Lehrer der Kirche] erhob – das höchste Lob des Katholizismus für theologische Leistungen. Als der Papst das nach der Abschlußmesse am 24. August ankündigte, gab es stürmischen Beifall, und viele schwenkten die französische Trikolore.
10 Die Texte Johannes Pauls zum Weltjugendtag 1997 finden sich in: OR dt., 29.8.1997 [Zitat: S. 12] und 9.9.1997.
11 Interview des Autors mit Erzbischof Tauran, 14.11.1997.
12 Während seiner Präsidentschaft hatte Wałęsa nicht nur die polnische Innenpolitik aufgewühlt, sondern auch ein Angebot von ehemaligen KGB-Mitgliedern erwogen, Kernwaffen an Polen zu verkaufen. Man machte ihm klar, daß der Papst einen solchen Handel sehr schlecht finden würde. Der Plan wurde schließlich aus vielen Gründen aufgegeben. [Vgl. Sikorski, *Full Circle*, 214-216; Interview des Autors mit Johannes Paul II., 16.12.1998.]
13 Einer der besten polnischen Kenner der Gedanken Johannes Pauls, der Dominikaner Maciej Zięba, machte vor der Ankunft des Papstes drei Monate lang wöchentlich ein Interview im polnischen Staatsfernsehen. Dabei begrub er das Bild von den „zwei Wojtyłas" (dem aufgeklärten Sozialprogressiven und dem dogmatischen Reaktionär) endgültig, indem er nachwies, daß die Lehre Johannes Pauls aus einem Guß war. Die Interviews, in Buchform gebracht und bei Znak unter dem Titel *Niezwykły Pontyfikat* [Ein außergewöhnliches Pontifikat] veröffentlicht, verkauften sich als Buch im ganzen Land gut.
14 Interview des Autors mit Henryk Woźniakowski, 5.6.1997.
15 Wenn nichts anderes vermerkt ist, sind Zitate aus Ansprachen des Papstes im Juni 1997 Texten entnommen, die KAI zur Verfügung stellte.
16 Die Texte von Johannes Pauls Pastoralbesuch in Polen 1997 finden sich in: OR dt., 6.6.1997, 13.6.1997, 20.6.1997, 27.6.1997 und 4.7.1997.
17 In den Jahren nach dem Zusammenbruch des Kommunismus war der polnische Katholizismus nicht so stark dahingeschmolzen, wie es viele westliche Beobachter voraussagten. Eine Umfrage im Jahr 1993 ergab, daß 83 Prozent der Bevölkerung ihren katholischen Glauben „regelmäßig" (52 Prozent) oder „gelegentlich" (31 Prozent) praktizierten. Weitere 11 Prozent sagten, sie praktizierten „selten". Bei den 18- und 19jährigen praktizierten 54 Prozent „regelmäßig" und weitere 28 Prozent „gelegentlich". Bei den Akademikern war der Anteil der „regelmäßig" Praktizierenden 2 Prozentpunkte höher als bei den weniger gebildeten Arbeitern. Unmittelbar nach der Revolution von 1989 ging zwar die Zahl der Bewerber für das Priesteramt etwas zurück, aber die polnischen Priesterseminare blieben – nach westlichen Maßstäben – bemerkenswert voll. Von 1988 bis 1992 wurden jedes Jahr etwa 1100 junge Männer geweiht, von denen viele als Missionare nach Lateinamerika oder Afrika geschickt wurden. 1992 traten mehr Priesteramtskandidaten in die Seminare ein als 1991; damit begann eine Trendwende, denn seit dem Maximum im Jahr 1987 war die Zahl der Eintretenden zurückgegangen. Auch die Ordensgemeinschaften Polens waren in den 90er Jahren stark. Zu weiteren Angaben vgl. George Weigel, „Poland, The Church in". In: *New Catholic Encyclopedia*, Bd.19.
18 Das hatte auch eine öffentliche Auswirkung: Im September 1997 führte die kulturelle Strategie Johannes Pauls, in Verbindung mit einer ungewöhnlichen Inkompetenz der Postkommunisten beim Umgang mit einer Reihe katastrophaler Überschwemmungen im Juli, zu einer Parlamentswahl, die im Sejm wieder eine (umgebildete) Solidarność-Koalition an die Macht brachte.
19 „Gebet für und mit Italien – ein Blick in die Geschichte. Konzelebration mit den italienischen Bischöfen am Grab des hl. Petrus am 15. März", OR dt., 1.4.1994, 9 f.
20 OR dt., 10.10.1997, 6.
21 Interviews des Autors mit Rocco Buttiglione, 25. und 27.2.1997.
22 Interview des Autors mit Leonardo Mondadori, 16.1.1997.
23 Interview des Autors mit Massimo D'Alema, 10.12.1997.
24 Diese Druckerpressse, die es der kubanischen Kirche ermöglicht hätte, religiöse Bücher und Material für den Religionsunterricht zu drucken, war gekauft worden von dem Northeast Center for Hispanic Catholic Activities in New York, das von den katholischen Bischöfen der nordöstlichen USA unterstützt wurde. Unter der geschickten Leitung seines Direktors, Mario Paredes, spielte das Center eine stille, aber entscheidende Rolle bei der Ermöglichung der Beziehungen zwischen dem Castro-Regime und dem Heiligen Stuhl.
25 Interview des Autors mit Mario Paredes, 27.6.1997; Lorenzo Albacete, „The Poet and the Revolutionary", *The New Yorker*, 26.1.1998.

26 Interview des Autors mit Navarro-Valls, 18.12.1997.
27 Johannes Paul II., „Predigt bei der Eucharistiefeier in Santa Clara am 22. Januar", *OR* dt., 20.2.1998, 9 f. [Hervorhebung im Original]. Nach diesem Gottesdienst speisten vier Amerikaner in einem Restaurant an der Bucht, von der aus Hemingways „alter Mann" aufs Meer hinausgefahren war. Da sprach sie ein Gitarre spielender Greis an. In gebrochenem Englisch erklärte er, er wolle ihnen sagen, wie tief ihn die Worte des Papstes über die Familie bewegt hätten; seit 40 Jahren versuche er, seine eigene unter dem Druck eines atheistischen, totalitären Regimes zusammenzuhalten.
28 Johannes Paul II., „Predigt bei der Eucharistiefeier in Camagüey am 23. Januar", *OR* dt., 13.2.1998, 7.
29 „Begegnung mit der Kulturwelt in der Universität von Havanna". Ansprache von Johannes Paul II. am 23. Januar, *OR* dt., 6.3.1998, 10.
30 Johannes Paul II., „Predigt bei der Eucharistiefeier in Santiago de Cuba am 24. Januar", *OR* dt., 20.2.1998, 10 f.
31 Johannes Paul II., „Predigt bei der Eucharistiefeier auf der Plaza José Martí in Havanna am 25. Januar", *OR* dt., 27.2.1998, 11.
32 Die Ansprache Johannes Pauls vor den kubanischen Bischöfen findet sich in: *OR* engl., 24.6.1998, 5.
33 Zu der allmählichen Entwicklung einer Zivilgesellschaft in Kuba vgl. Carl Gershman, „Thanks to the Pope, Civil Society Stirs in Cuba", *Wall Street Journal*, 18.9.1998, A11.
34 Vgl. dazu Richard John Neuhaus, „The Cuban Revolutions", *First Things* 83 (Mai 1998), 23-28.
35 *The Catholic Review* (Baltimore), 25.6.1997.
36 „Pope Welcomes Bishops of Vietnam on Ad Limina", *Vatican Information Service* 961216 (490), 14.12.1996.
37 Interview des Autors mit Erzbischof Celli, 15.10.1998.
38 „In Brief", *National Catholic Register*, 28.9.-4.10.1997, 1, wo der von der Kongregation für die Evangelisierung der Völker veröffentlichte Nachrichtendienst „Fides" zitiert wird.
39 *National Catholic Register*, 23.-29.8.1998, 1.
40 „Der Papst in Sarajewo. Ankunft auf dem Flughafen. Ansprache von Johannes Paul II. am 12. April", *OR* dt., 25.4.1997, 7.
41 Ebd., 8.
42 „Eucharistiefeier im Koševo-Stadion in Sarajevo. Predigt Johannes Pauls II. am 13. April", ebd., 9 f.
43 John Mintz, „Men in Papal Bomb Plot Termed Close to Bin-Laden", *Washington Post*, 22.8.1998.
44 „Begegnung mit den Jugendlichen in der Basilika U. Lb. Frau vom Libanon in Harissa. Ansprache von Johannes Paul II. am 10. Mai", *OR* dt., 23.5.1997, 9 f.
45 „Eucharistiefeier in Beirut. Predigt von Johannes Paul II. am 11. Mai", ebd., 8.
46 Gespräch des Autors mit Johannes Paul II., 30.9.1997.
47 Ebd. Anderthalb Jahre nach Mutter Teresas Tod war der Papst damit einverstanden, daß man auf die übliche Wartezeit von fünf Jahren verzichtete, bevor von der Erzdiözese Kalkutta der formale Prozeß zur Erlangung ihrer Seligsprechung eröffnet werden konnte.
48 Anfang Juli 1997 versuchte Patriarch Aleksej den Gedanken eines Treffens mit Johannes Paul wiederzubeleben. In einem Brief nach Rom äußerte er die Hoffnung, daß ein solches Treffen immer noch vereinbart werden könne. Er schlug weder einen Ort noch einen Zeitpunkt vor, aber der Sprecher des Hl. Stuhls, Navarro-Valls, meinte, die Tatsache, daß der Brief die Hoffnung auf ein Treffen in unbestimmter Zukunft äußerte, habe einige Zuversicht erweckt. Im darauffolgenden Jahr, in seiner Osterbotschaft 1998, beklagte sich Aleksej weiterhin über „Proselytenmacherei" und „aggressiven Triumphalismus" und meinte: „Wenn keine ernsthaften und eindeutigen Fortschritte zur Lösung dieser Probleme gemacht werden, kann der Mehrheit der Orthodoxen einem Treffen mit dem Papst nicht zustimmen." 1997 war die russisch-orthodoxe Kirche der Hauptbefürworter eines Gesetzes „Über die Freiheit des Gewissens und der religiösen Vereinigung", das die missionarische Tätigkeit religiöser Gemeinschaften einschränkte, die in Rußland bis vor kurzem noch unbekannt waren. Das Hauptziel dieser Gesetzgebung, der sich die katholische Kirche in Rußland vergeblich widersetzte, waren evangelikale Protestanten.
49 Die Einzelheiten der Pläne für das gescheiterte Treffen in Wien und dessen Nachwirkungen sind entnommen dem Interview des Autors mit Kardinal Cassidy, 19.9.1997. Vgl. ferner Secretariat for Ecumenical and Interreligious Affairs (Hrsg.), *Newsletter on the Eastern Churches and Ecu-*

menism 21 (5.6.1997), 1; Arthur DuNunzio, „Far from Unity", *Catholic World Report* (Aug./Sept. 1997), 34 f.; „World Watch", *Catholic World Report* (Juni 1998), 12 f.; sowie „World Watch", *Catholic World Report* (Aug./Sept. 1998), 6.

50 Bartholomaios I., „Dialogue, from an Orthodox Perspective", *Origins* 27:20 (30.10.1997), 333, 335-337.

51 Interview des Autors mit Ronald G. Roberson CSP, 31.10.1997. Der Ökumenische Patriarch Bartholomaios behauptete später, seine Bemerkungen über eine „ontologisch verschiedene" Weise, in der Katholizismus und Orthodoxie existierten, seien mißverstanden worden. Er habe eher von unterschiedlichen Lebensweisen gesprochen als von wesensmäßigen Unterschieden [Interview des Autors mit Ronald G. Roberson, 1.3.1999].

52 „The Church in the World", *The Tablet*, 14.2.1998, 223.

53 Johannes Paul II., in: *DAS* 1987, 896-898.

54 Vgl. Daniel T. Wackerman, „The Pope's Maestro", *America* 171:17 (26.11.1994), 5-8, 26.

55 Johannes Paul II., „The Roots of Anti-Judaism", *Origins* 27:22 (13.11.1997), 365, 367.

56 „Joint Press Communiqué: Meeting in Rome and Castel Gandolfo". In: Johannes Paul II., *Spiritual Pilgrimage*, 103.

57 Der Text von *Wir erinnern* findet sich in: *DAS* 1998, 1231-1239. Reaktionen auf das Dokument: Celestine Bohlen, „Vatican Repents Failure to Save Jews From Nazis", *New York Times*, 17.3.1998, A1, A11; William Drozdiak, „Vatican Apologizes to Jews", *Washington Post*, 17.3.1998, A1, A15; Paul Elie, „John Paul's Jewish Dilemma", *New York Times Magazine*, 26.4.1998, 34-39.

58 Die Informationen über die *Gemeinsame Erklärung* und die *Antwort* beruhen auf Interviews des Autors mit Kardinal Cassidy, 10.10.1998 und 7.6.1999, und Kardinal Ratzinger, 16.12.1998. Vgl. ferner Richard John Neuhaus, „Setback in Rome", *First Things* 86 (Okt. 1998), 80-82. Eine Kopie des Briefes von Kardinal Cassidy an Dr. Noko vom 30.7.1998 wurde dem Autor von Kardinal Cassidy zur Verfügung gestellt. Der Text der *Gemeinsamen Erklärung* findet sich in: *Herder Korrespondenz* 51 (1997), 191-200, der Text der *Antwort* in: *OR* dt., 10.7.1998, 7 f.

59 Johannes Paul II., *Universi dominici gregis*, [abgedruckt in: *OR* dt., 1.3.1996, 9-16], Prolog.

60 Ebd., Nr. 44, 55, 61.

61 Ebd., Prolog.

62 Ebd., Nr. 62.

63 Ebd., Nr. 74 f.

64 Vgl. Reese, *Im Inneren des Vatikan*, 122.

65 Gespräch des Autors mit Johannes Paul II., 23.10.1998.

66 Ein Arzt fotografierte Papst Pius XII. während seines Todeskampfes und ging mit den Bildern bei der Boulevardpresse hausieren. Die päpstlichen Leichenbestatter pfuschten außerdem bei seiner Einbalsamierung; infolgedessen konnte man während der Zeremonien vor dem Begräbnis hören, wie der sich zersetzende Leichnam des Papstes im Sarg aufplatzte.

67 *Universi dominici gregis*, Nr. 30.

68 Ebd., Nr. 17.

69 Ebd., Nr. 77.

70 Ebd., Prolog.

71 Schönborns Vorgänger, Kardinal Hans Hermann Groër OSB, verzichtete auf sein Amt, weil ihm vorgeworfen wurde, er habe sich vor Jahrzehnten als Leiter einer Schule des Benediktinerordens an jungen Männern vergangen. Diese Vorwürfe hatten eine bereits schlimm zerstrittene österreichische Hierarchie weiter gespalten und das kirchliche Leben in Österreich noch mehr geschwächt. Im Februar 1999 gaben Schönborn und drei weitere österreichische Bischöfe öffentlich bekannt, sie seien zu der „moralischen Gewißheit" gekommen, daß die Vorwürfe gegen Groër wahr seien. Schönborn entschuldigte sich öffentlich „für alles, wodurch mein Amtsvorgänger und andere kirchliche Würdenträger Menschen, die ihnen anvertraut waren, Schaden zugefügt haben". Er versprach, die Erzdiözese Wien sei bereit, „allen, denen auf diese Weise Unrecht zugefügt wurde, Hilfe anzubieten", einschließlich finanzieller Unterstützung für therapeutische Behandlung. Vgl. „World Watch", *Catholic World Report*, Juni 1998, 10 f.

72 Dziwisz wählte als Bischofsdevise *Sursum corda* [Erhebt eure Herzen], jene Worte aus der Messe, die der polnische Schriftsteller Henryk Sienkiewicz als Motto für seine große Romantrilogie verwendete.

73 Kurz nach dem Konsistorium starben zwei der neuen Kardinäle: Alberto Bovone, der Präfekt der Kongregation für die Heiligsprechungen, und Jean Balland, der Erzbischof von Lyon.

74 Interview des Autors mit Irina Alberti, 16.4.1998; *Vatican Information Service* 980212 (10.2.1998).

75 Interview des Autors mit Tadeusz Styczeń, 23.10.1998. Die Texte von Johannes Pauls Ansprachen während seiner Österreichreise finden sich in: *OR* dt., 26.6.1998, 7-9.
76 „Austrian Catholics Vote for Sweeping Reforms to Church", *The Tablet*, 31.10.1998.
77 Vgl. *Catholic World Report*, Juni 1998, 6 f.
78 „Portugal's Voters Reject Attempt to Liberalize Abortion Law", *National Catholic Register*, 12.-18.7.1998, 15 f.
79 Interview des Autors mit Kardinal Cassidy, 10.10.1998. Den Text von *Ad tuendam fidem*, abgedruckt in *OR* dt., 17.7.1998, 6, findet man auch in *Herder Korrespondenz* 52 (1998), 426-428. Den Text des *Kommentars* findet man in *OR* dt., 17.7.1998, 7 f.
80 Die *New York Times* überschrieb ihren Bericht „Attend Mass on Sundays, Pope Reminds the Wayward" [*New York Times*, 8.7.1998, A5]. Leser der *Washington Post* erfuhren: „Catholics Told to Improve Mass Attendance: Pope Says Weekend Leisure Pursuits Must Leave Time for Obligatory Worship" [*Washington Post*, 8.7.1998, A20].
81 Johannes Paul II. *Dies domini*, Nr. 1 und Nr. 2.
82 Ebd., Nr. 4.
83 Ebd., Nr. 11.
84 Ebd., Nr. 30.
85 Ebd., Nr. 26: „Der Umstand, daß der Sabbat der siebte Tag der Woche ist, [führt] dazu, den Tag des Herrn im Lichte einer ergänzenden Symbolik zu betrachten, an welcher den Kirchenvätern sehr gelegen war: Der Sonntag ist nicht nur der erste Tag, er ist auch der ‚achte Tag', das heißt er nimmt im Vergleich zur Abfolge der sieben Tage eine einzigartige und transzendente Stellung ein, die nicht nur den Beginn der Zeit, sondern auch ihr Ende in der ‚zukünftigen Ewigkeit' beschwört. Der hl. Basilius erklärt, der Sonntag sei wirklich der einzige Tag, der auf die jetzige Zeit folgen werde, der Tag ohne Ende, der weder Abend noch Morgen kennt, die unvergängliche Ewigkeit, die nicht altern kann; der Sonntag ist die unaufhörliche Vorankündigung des Lebens ohne Ende, die die Hoffnung der Christen immer wieder belebt und sie auf ihrem Weg ermutigt."
86 „Pope Tightens Grip by Rome On Its Bishops", *New York Times*, 24.7.1998.
87 Vgl. dazu „Episcopal Conferences. Theological Bases", ungedruckter Vortrag von Kardinal Francis George OMI, 8.9.1998.
88 Vgl. *Lumen gentium*, Nr. 12.
89 Die diversen Formen der charismatischen Erneuerung des Katholizismus traten nach dem II. Vatikanum besonders zahlreich auf. Eine ihrer Manifestationen, die „El Shaddai"-Bewegung auf den Philippinen, brachte bei ihren Erweckungstreffen an jedem Samstag des Jahres regelmäßig 800000 bis eine Million Menschen zusammen. Zu den Erneuerungsbewegungen mit globaler Ausdehnung und bedeutender Mitgliederzahl gehörten Ende der 90er Jahre die Fokolar-Bewegung, der Neokatechumenische Weg, Comunione e Liberazione sowie das mit den Legionären Christi verbundene „Regnum Christi", eine neue Priestergemeinschaft. Opus Dei, das als „Personalprälatur" in die hierarchische Struktur der Kirche eingefügt wurde, „betätigt sich als Erneuerungsbewegung, ist aber strukturell nicht ganz dasselbe".[Interviews des Autors mit Erzbischof Paul Cordes, 22.3.1997, und Kardinal Francis F. Stafford, 18.12.1998. Vgl. auch Paul J. Cordes, *In the Midst of Our World. Forces of Spiritual Renewal* (San Francisco 1988).]
90 Der Feier auf dem Petersplatz ging ein viertägiger internationaler Kongreß der „Erneuerungsbewegungen und neuen kirchlichen Gemeinschaften" (so der offizielle Begriff) voraus.
91 Die Zeugnisse finden sich in: *Il Papa e i Movimenti* (Mailand 1998), 17-39. Die Spiritualität von Chiara Lubich ist, wie die von Johannes Paul II., zutiefst karmelitisch; sie betont die Hingabe Jesu am Kreuz als Vorbild und Rechtfertigung für die Hingabe des eigenen Lebens für den Plan der göttlichen Vorsehung. Der verlassene Gekreuzigte, sagte Chiara Lubich einmal, „vermählte sich mit dem Atheismus und der Gottverlassenheit", dem Zustand des modernen Menschen [Interview des Autors mit Chiara Lubich, 25.2.1997]. Vgl. auch Chiara Lubich, *Unity and Jesus Forsaken* (New York 1985). Johannes Paul II. unterstützte persönlich die Klausel in den Fokolar-Statuten, daß an der Spitze der Bewegung immer eine Frau stehen soll. [Vgl. *Chiara Lubich: A Life for Unity – An Interview with Franca Zambonini* (New York 1992), 142 f.]
92 „Begegnung mit den kirchlichen Bewegungen auf dem Petersplatz. Ansprache von Johannes Paul II. am 30. Mai", *OR* dt., 12.6.1998, 8 f.
93 Vgl. Paul J. Cordes, *Born of the Spirit. Renewal Movements in the Life of the Church* (South Bend 1994), 64-66.
94 „Predigt Johannes Pauls II. bei der Heiligsprechung von Edith Stein auf dem Petersplatz am 11. Oktober", *OR* dt., 16.10.1998, 1.

⁹⁵ Gespräch des Autors mit Johannes Paul II., 23.10.1998.
⁹⁶ *OR* dt., 16.10.1998, 4.
⁹⁷ Die Anti-Defamation League of B'nai B'rith [ADL] übte an der Heiligsprechung von Edith Stein scharfe Kritik, indem sie erklärte, diese sei Teil eines Versuchs, den Holocaust zu „christianisieren" und von der nach Auffassung der ADL beträchtlichen Verantwortung der Christen für den NS-Genozid an den europäischen Juden abzulenken. Der Rabbiner David Novak von der University of Toronto meinte zu dieser Erklärung der ADL: „Sie behauptet praktisch, die katholische Kirche habe Edith Stein ermordet und versuche nun, ihre Schuld zu vertuschen, indem sie die Ermordete heiligspreche. Eine solche Behauptung ist widerlich." Vgl. Abraham H. Foxman/Rabbi Leon Klenicki, „The Canonization of Edith Stein. An Unnecessary Problem", eine von der ADL herausgegebene Erklärung; der Kommentar von Rabbi Novak wird zitiert in: *First Things* 90 (Okt. 1999), 71.
⁹⁸ „Zwanzig Jahre Pontifikat von Johannes Paul II. Predigt (...) bei der Eucharistiefeier am 18. Oktober", *OR* dt., 23.10.1998, 1 und 5.
⁹⁹ Gespräch des Autors mit Johannes Paul II., 23.10.1998.
¹⁰⁰ Johannes Paul II., *Fides et ratio*, Nr. 1.
¹⁰¹ Vgl. ebd., Nr. 45-48.
¹⁰² Vgl. ebd., Nr. 48.
¹⁰³ Ebd., Nr. 79.
¹⁰⁴ Ebd., Nr. 4.
¹⁰⁵ Ebd., Prolog.
¹⁰⁶ Ebd., Nr. 107.

Epilog
Das dritte Jahrtausend

¹ Interviews des Autors mit Anna Karoń-Ostrowska, 8.4.1997, und Danuta Michałowska, 22.4.1997. Das Drama *Ich ohne Namen* wurde später in einem Londoner Theater inszeniert und in Polen als Band 87 der „Więz-Bücherei" veröffentlicht.
² Die Zahlen über die ersten 20 Jahre von Johannes Pauls Pontifikat sind dem *Vatican Information Service* entnommen: „The 20 Years of John Paul II: 11th Longest Papacy in History", *VIS* 981013 [1500], „Some Statistical Data on the Pontificate of John Paul II", *VIS* 981013 [1930], und „14 Million Attend General Audiences in 20 Years of Papacy", *VIS* 981013 [60].
³ In der Enzyklika *Fides et ratio* (1998) schrieb Johannes Paul, *Gaudium et spes* Nr. 22 habe während seines ganzen Pontifikats zu den „festen Bezugspunkten" seines Lehrens gehört [*Fides et ratio*, Nr. 60].
⁴ Vgl. dazu Ratzinger, *Theologische Prinzipienlehre* (München 1982), 395.
⁵ Johannes Paul II., „Ansprache vor den Vereinten Nationen zum 50jährigen Bestehen der Weltorganisation", Nr. 2; *OR* dt., 13.10.1995, 1.
⁶ Balthasar, *In der Fülle des Glaubens*, 211.
⁷ Einer, der exkommuniziert wurde, Tissa Balasuriya OMI aus Sri Lanka, fand schnell wieder zur Kirche zurück.
⁸ Interview des Autors mit Teresa Malecka, 9.11.1998.
⁹ Vgl. dazu Balthasar, *In der Fülle des Glaubens*, 132.
¹⁰ Zu dem Gedanken, daß die „Tradition" in der Dreifaltigkeit beginnt, vgl. Hans Urs von Balthasar, *Theodramatik*, Bd. 4: *Das Endspiel* (Einsiedeln 1980), 111-115.
¹¹ Der Kirchenhistoriker Jaroslav Pelikan behauptet, die Herkunft dieser berühmten Unterscheidung sei nicht zu ermitteln; vgl. Pelikan, *The Melody of Theology: A Philosophical Dictionary* (Cambridge, Mass., 1988), 252 ff.
¹² Gespräch des Autors mit Johannes Paul II., 13.12.1997.
¹³ Zu einer kritischen, aber positiven Auffassung von der Bischofssynode vgl. Neuhaus, *Appointment in Rome*.
¹⁴ Gespräch des Autors mit Johannes Paul II., 23.10.1998.
¹⁵ Restaurative Kritiker müssen auch zugeben, daß Johannes Paul in Wirklichkeit theologische und praktische Schlüsselthemen der Liturgie angesprochen hat: in dem Apostolischen Schrei-

ben *Dominicae cenae* von 1980, in dem Apostolischen Schreiben *Dies domini* von 1998 und in mehreren *Ad-limina*-Ansprachen an verschiedene Gruppen von Bischöfen; vgl. etwa die *Ad-limina*-Ansprache an die Bischöfe der Provence am 8.3.1997 (*OR* dt., 21.3.1997, 8) und die *Ad-limina*-Ansprache vom Oktober 1998 an die Bischöfe der nordwestlichen USA (*OR* engl., 14.10.1998, 3 und 10).

16 Interview des Autors mit Kardinal Jozef Tomko, 14.11.1996.
17 Reese, *Im Inneren des Vatikan*, 269-274.
18 Brief von Johannes Paul II. an Maciej Zięba OP, 21.6.1994.
19 Interview des Autors mit Rocco Buttiglione, 21.1.1997.
20 Interview des Autors mit Bischof Pierre Duprey, 15.1.1997.
21 Vgl. „Evangelicals and Catholics Together: The Christian Mission in the Third Millennium", *First Things* 43 (Mai 1994), 15-22, sowie „The Gift of Salvation", *First Things* 79 (Jan. 1998), 20-23. Die Schwierigkeiten, solche Initiativen in das lateinamerikanische Umfeld zu „übertragen", werden analysiert bei Neuhaus, *Appointment in Rome*, 117-149.
22 Interview des Autors mit Erzbischof Oscar Cruz, 22.11.1997.
23 Ein Beispiel für diese Hoffnung war eine Gedenkrede, die Kardinal Agostino Casaroli am 22. November 1997 bei einer Feier anläßlich des 100. Geburtstags von Paul VI. in Rom hielt. In dieser weitschweifigen Lobrede auf den verstorbenen Papst, der Johannes Paul II., die römische Kurie und Tausende von geladenen Gästen zuhörten, gab der ehemalige Staatssekretär deutlich zu verstehen, die beiden vergangenen Jahrzehnte seien zwar eine interessante und anregende Periode gewesen, sie sollten jedoch quasi als ein Interregnum aufgefaßt werden; danach werde es an der Zeit sein, zu jenem Modell des Papsttums zurückzukehren, das Paul VI. hinterlassen habe – der Mann, der auf das Papstamt in idealer Weise vorbereitet gewesen sei. Das war in mehr als einer Hinsicht eine außergewöhnliche Aussage. Wenn man sie genau las und mit den Leistungen der letzten 19 Jahre verglich, ergab sich daraus, daß dieser äußerst gebildete Spitzenbeamte der Kurie noch nicht einmal begonnen hatte, sich mit der gewaltigen Veränderung auseinanderzusetzen, die Johannes Paul II. (dem er 12 Jahre lang gedient hatte) im Papstamt bewirkt hatte. Vgl. „Il Discorso del Cardinale Agostino Casaroli", *L'Osservatore Romano*, 24./25.11.1997, 6 und 8.
24 Am 8. Oktober 1998 stellten italienische Kardinäle weniger als 20 Prozent des Wahlkollegiums, das den Nachfolger Johannes Pauls II. wählen wird. Dagegen bestand das teilweise von Johannes XXIII. ernannte Wahlkollegium zu 36 Prozent aus Italienern; und in seinem ersten Konsistorium, im Dezember 1958, erhöhte Johannes XXIII. sogar den Anteil der italienischen und der Kurienkardinäle im Kollegium.
25 Brief Johannes Pauls II. an den Autor, 2.1.1995.
26 Interview des Autors mit Pater Jozef Tischner, 23.4.1997.
27 Johannes Paul II., *Die Schwelle der Hoffnung überschreiten*, 50 [Hervorhebung im Original].
28 Vgl. ebd., 48, 50.
29 Alasdair MacIntyre, *After Virtue: A Study in Moral Theory* (Notre Dame 1981).
30 Vgl. Balthasar, *Theodramatik, Bd. 4: Das Endspiel*, 172.
31 Interview des Autors mit Halina Bortnowska, 7.4.1997. Chestertons Urteil über Thomas Morus wird zitiert bei James Monti, *The King's Good Servant but God's First* (San Francisco 1997), 15.
32 Vgl. dazu Balthasar, *In der Fülle des Glaubens*, 157.
33 Interview des Autors mit Piotr und Teresa Malecki, 13.7.1998; Gespräch des Autors mit Johannes Paul II., 16.12.1998.

Nachtrag
Eine Kirche für das neue Jahrtausend

1 Vgl. *Brief von Johannes Paul II. über die Pilgerfahrt zu den Stätten, die mit der Heilsgeschichte verbunden sind*, Nr. 2, 5, 10 und 11. In: *OR* dt., 9.7.1999, 7-9.
2 Einen Tag später gab Erzbischof Tauran, der „Außenminister" des Vatikans, bekannt, der Besuch sei nicht „abgesagt", sondern „auf unbestimmte Zeit verschoben" worden. Dieser diplomatische Versuch, die Möglichkeit einer künftigen Reise des Papstes in den Irak offen zu hal-

ten, war genaugenommen korrekt, da die irakische Regierung nie eine offizielle Einladung ausgesprochen hatte. Trotzdem blieb die Tatsache, daß die Verantwortung für die „Verschiebung auf unbestimmte Zeit" bei dem Regime in Bagdad lag.

Drei Monate nach dieser „Verschiebung" berichtete *Avvenire* (eine italienische Zeitung mit engen Verbindungen zum Staatssekretariat des Heiligen Stuhles): Verantwortlich für das Scheitern einer Vereinbarung über einen Besuch des Papstes in Ur sei die Regierung in Bagdad, die durch ihre Haltung den „religiösen Charakter" der päpstlichen Pilgerfahrt „gefährdet" habe. Zwei Tage darauf reagierte die offenbar gereizte Regierung des Irak; ihr Botschafter beim Heiligen Stuhl schrieb an *Avvenire* einen scharfen Brief, in dem er behauptete, schuld an dem Scheitern des Besuches seien die Verletzungen der Souveränität des Irak durch Großbritannien und die USA [*ZENIT News Service*, 3.3.2000; 6.3.2000.]

3   „Feier zum Gedenken an Abraham, den ‚Vater der Gläubigen'. Homilie von Johannes Paul II. am 23. Februar", *OR* dt., 3.3.2000, 2.

4   Zitiert nach: *Verlautbarungen des Apostolischen Stuhls 145: Jubiläumspilgerreise zu den Heiligen Stätten 2000* (Bonn 2000), 9 f.

5   Vgl. *OR* dt., 3.3.2000, 12. Das Treffen in al-Azhar und die Freundlichkeit von Scheich Tantawi schienen einen fruchtbareren Dialog zwischen Katholiken und Muslimen anzukündigen. Doch acht Monate danach warb der Scheich für die Idee eines heiligen Krieges gegen „die Tyrannei der Israelis". Vgl. *Middle East Media Research Institute Bulletin* Nr. 137, 14.10.2000.

6   Vgl. „Predigt bei der Eucharistiefeier im Sportpalast von Kairo am 25. Februar", *OR* dt., 3.3.2000, 7 f.

7   „Ehrwürdige Stätte der Offenbarung Gottes und seiner Geschichte. Ansprache von Johannes Paul II. am 26. Februar", *OR* dt., 3.3.2000, 9.

8   Vgl. *OR* dt., 24.3.2000, 1 und 8 f.

9   „Die Botschaft von Betlehem – Gottes Abbild im Menschen zum Leuchten bringen. Predigt von Johannes Paul II. am 22. März", *OR* dt., 31.3.2000, 7 f.

10 „Ansprache von Johannes Paul II. am 23. März in der Gedenkstätte Yad Vashem". Nach: *OR* dt., 31.3.2000, 1 f.

11 Die oben zitierten Ansprachen des Papstes im Heiligen Land finden sich in: *OR* dt., 7.4.2000, 10-12, sowie 14.4.2000, 9; ferner in: *Verlautbarungen des Apostolischen Stuhls 145: Jubiläumspilgerreise zu den Heiligen Stätten 2000* (Bonn 2000), 27-34. Zu einer ausführlicheren Darstellung dieser Woche vgl. meinen Beitrag „Holy Land Pilgrimage: A Diary", *First Things* 104 (Juni/Juli 2000), 27-34.

12 Es gab noch weitere inoffizielle „Jubiläen" für *i dispensatori di benzina* (Tankwarte) und für Pizzabäcker.

13 Johannes Paul II., *Tertio millennio adveniente*, Nr. 33.

14 „Predigt von Johannes Paul II. in St. Peter am 12.März", *OR* dt., 24.3.2000, 7; „Inständiges Gebet und besinnliche Stille", *OR* dt., 17.3.2000, 6.

15 Vgl. *ZENIT News Service*, 12.3.2000.

16 Vgl. „The Pope's Apology", *New York Times*, 14.3.2000. Diese Zeitung hat es bis heute nicht für angebracht gehalten, ihre Leser oder irgendeine andere Instanz um Verzeihung zu bitten für ihre falschen Berichte über das Stalin-Regime der 30er Jahre oder ihre schwärmerische Darstellung der Revolution Fidel Castros in den 50er Jahren. Vgl. auch Robert A. Sirico, „The Pope`s Nostra Culpa", *Wall Street Journal*, 15.3.2000.

17 Vgl. Robert Royal, *The Catholic Martyrs in the Twentieth Century: A Comprehensive World History* (New York 2000).

18 Vgl. *ZENIT News Service*, 5.5.2000; *Catholic World Report*, Juni 2000, 30 f.; ferner *OR* dt., 12.5.2000, 1 und 6.

19 Zum Weltjugendtag in Rom kamen 90000 junge Franzosen; sie waren damit die zweitgrößte nationale Gruppe – ein überraschendes Ergebnis des Weltjugendtages 1997 in Paris, das möglicherweise eine neue religiöse Situation in Frankreich ankündigt. Zu einer Dokumentation der Weltjugendtage 1986 bis 1997 vgl. *OR* dt., 11.8.2000, 9-16; zum Weltjugendtag 2000 in Rom vgl. *OR* dt., 25.8.2000, 1 und 7-18.

20 Vgl. *ZENIT News Service*, 22.8.2000.

21 Marina Jiménez, „The game's first star: Pope John Paul II", *National Post*, 18.8.2000, A3.

22 Zur Ansprache von Johannes Paul II. am 19. August bei der Gebetsvigil vgl. *OR* dt., 25.8.2000, 12 f.; zur Predigt von Johannes Paul II. am 20. August bei der Abschlußmesse auf dem Universitätsgelände von Tor Vergata vgl. ebd., 13 f.

[23] *OR* dt., 12.5.2000, 7. Das Wunder, das die Heiligsprechung von Schwester Faustina ermöglichte, betraf Pater Ronald Pytel, einen Priester in Baltimore. Er wurde von einer nicht operierbaren und tödlichen Herzkrankheit geheilt, nachdem Gemeindeglieder bei der sel. Faustina Fürbitte für ihn eingelegt hatten und nachdem er eine Reliquie der polnischen Nonne verehrt hatte. Vgl. *The Catholic Review*, 23.12.1999, 4.

[24] Zum Text des „Geheimnisses" von Fátima, einem Gespräch zwischen Schwester Maria Lucia, der noch lebenden Visionärin, und Erzbischof Tarcisio Bertone von der Glaubenskongregation über die Deutung des „dritten Geheimnisses" sowie Kardinal Ratzingers Kommentar zum Geheimnis von Fátima vgl. *OR* dt., 30.6.2000, 13-18.

[25] In einem Brief an einen italienischen Bischof schrieb Johannes XXIII.: „Ich denke immer an Pius IX., heiligen und glorreichen Angedenkens, und während ich ihm in seiner Hingabe nacheifere, möchte ich gerne würdig sein, seine Heiligsprechung zu feiern." Zitiert in: *ZENIT News Service*, 31.8.2000.

[26] „Die neuen Seligen – bewährte Vermittler geistlicher Impulse. Predigt von Johannes Paul II. am 3. September auf dem Petersplatz", *OR* dt., 8.9.2000, 6. Zu den von Johannes Paul erwähnten „Beschränkungen und Einflüssen" gehörte der höchst medienwirksame Streit vor der Seligsprechung, in dem es um das Verhältnis von Pius IX. zu Edgardo Mortara ging. 1858 ließ ein des Lesens und Schreibens unkundiges christliches Dienstmädchen Edgardo, den Sohn jüdischer Eltern, heimlich taufen, als sie dachte, der Säugling befinde sich in Todesgefahr. Nach dem damals im Kirchenstaat geltenden Recht mußte dieses Kind daraufhin katholisch erzogen werden. Pius IX. adoptierte den Jungen. Edgardo, der später in ein Priesterseminar eintrat und zum Priester geweiht wurde, sprach bis zu seinem Tod 1940 von seinem Pflegevater, dem Papst, nur mit Liebe und Hochachtung. Der Fall Mortara verschärfte eine Frage, die Johannes Paul II. mit seinem Aufruf zu einer „Läuterung des Gewissens" auf die Tagesordnung der Kirche gesetzt hatte: Wie sollen wir die Handlungen von Männern und Frauen beurteilen, die – nach ihrer eigenen Einsicht – in guter Absicht und nach den Geboten ihres Gewissens handelten, wenn diese Handlungen – nach unserer vermeintlich besseren Einsicht – grausam oder unnötig sind oder dem Geist des Evangeliums widersprechen?

Gegner der Seligsprechung von Pius IX. propagieren allenthalben die Auffassung, das Pontifikat dieses Papstes sei katastrophal gewesen und schlage jedem Aspekt der modernen Welt ins Gesicht. Dieser Auffassung widerspricht der große anglikanische Kirchenhistoriker Owen Chadwick; vgl. *A History of the Popes 1830-1914* (Oxford 1998), wo sich eine ausgewogene Darstellung von Pius IX. findet. Chadwick behauptet unter anderem, dieser in der damaligen katholischen Welt äußerst populäre Papst habe in Wirklichkeit dazu beigetragen, das moderne Bild des Papstes zu schaffen, nach dem dieser kein europäischer Duodezfürst, sondern eine charismatische religiöse und moralische Leitfigur ist.

[27] Vgl. dazu „Lebensweg der Heiligen – geprägt von täglicher Aufopferung. Ansprache von Johannes Paul II. am 2. Oktober", *OR* dt., 13.10.2000, 8. Die Regierung der Volksrepublik China, nach wie vor nervös im Hinblick auf die Auswirkungen der Religion in China, prangerte die Heiliggesprochenen als „Agenten des westlichen Imperialismus" an. Vgl. *Washington Post*, 27.9.2000, A16.

[28] „Jubiläumsfeier der Priester und 80. Geburtstag des Papstes. Predigt von Johannes Paul II. am 18. Mai", *OR* dt., 26.5.2000,7.

[29] Jonathan Luxmoore, „Pope Weeps as He Watches Polish Film", *The Universe*, 30.1.2000.

[30] Vgl. *OR* dt., 12.5.2000, 13-18.

[31] Vgl. „Begegnung des Papstes mit den Armen und Bedürftigen in der Aula Paolo VI am 15. Juni", *OR* dt., 23.6.2000, 3.

[32] Sarah Delaney, „Italy Pardons Pope's Assailant", *Washington Post*, 14.6.2000, 1: „Pope's Role in Agca's Release Confirmed", *National Catholic Register*, 30.7.- 5.8.2000; *ZENIT News Service*, 10.8.2000.

[33] Vgl. „Gemeinsamer Gottesdienst mit Protestanten und Orthodoxen. Öffnung der Hl. Pforte in St. Paul vor den Mauern", *OR* dt., 21.1.2000, 1.

[34] Die griechisch-orthodoxe Kirche war während des Jubiläumsjahres auch in eine Auseinandersetzung mit der griechischen Regierung verwickelt, die vorschlug, die Konfessionszugehörigkeit nicht mehr in den Personalausweis einzutragen. In dieser Frage vertraten die Orthodoxen eine andere Auffassung als die übrigen christlichen Gemeinschaften in Griechenland. Zum Treffen in Emmitsburg vgl. *SEIA Newsletter* 58, 20.7.2000, 1 f.

35 *ZENIT News Service*, 8.8.2000.
36 Zum vollen Wortlaut von *Dominus Iesus* vgl. *OR* dt., 8.9.2000, 7-12.
37 *National Catholic Register*, 13.-19.8.2000.
38 Der vollständige Text der Rede des Papstes ist abgedruckt in: *OR* dt., 15.9.2000, 7 f.
39 Gregor der Große, *Homilien zu Ezechiel*, Nr. 11. Übersetzt nach dem lateinischen Original in: *Patrologia Latina* 76, 907.

Bibliographie

I. WERKE VON KAROL WOJTYŁA/ PAPST JOHANNES PAUL II.

Werke von Karol Wojtyła

The Acting Person (Dordrecht 1979).
The Collected Plays and Writings on Theater, mit Einleitungen von Bolesław Taborski (Berkeley 1987).
Człowiek w polu odpowiedzialności (Rom/Lublin 1991).
En Esprit et En Vérité (Paris 1980).
Faith According to St. John of the Cross (San Francisco 1981).
I miei amici (Rom 1979).
Love and Responsibility (San Francisco 1993).
Miłość i odpowiedzialność, Tadeusz Styczeń, Jerzy W. Gałkowski, Adam Rodziński und Andrzej Szostek (Hrsgg.), (Lublin 1986).
Osoba y czyn: oraz inne studia antropologiczne, Tadeusz Styczeń, Wojciech Chudy, Jerzy W. Gałkowski, Adam Rodziński und Andrzej Szostek (Hrsgg.), (Lublin 1994).
Person and Community: Selected Essays (New York 1993).
The Place Within: The Poetry of Pope John Paul II (New York 1994).
Poesie: L'opera poetica completa (Rom 1994).
Poezje i dramaty (Krakau 1998).
Rozważnia o istocie człowieka [vervielfältigte Texte der Vorlesungen zum Wesen der menschlichen Person vom November 1951, dem Autor von Danuta Rybicka zur Verfügung gestellt].
Sign of Contradiction (New York 1979).
Sources of Renewal: The Implementation of Vatican II (San Francisco 1980).
The Way to Christ: Spiritual Exercises (New York 1994).
The Word Made Flesh: The Meaning of the Christmas Season (New York 1994).
Wykłady lubelskie, Tadeusz Styczeń, Jerzy W. Gałkowski, Adam Rodziński und Andrzej Szostek (Hrsgg.), (Lublin 1986).
Zagadnienie podmiotu moralności, Tadeusz Styczeń, Jerzy W. Gałkowski, Adam Rodziński und Andrzej Szostek (Hrsgg.), (Lublin 1991).

Werke von Papst Johannes Paul II.

Ad Limina Addresses: The Addresses of His Holiness Pope John Paul II to the Bishops of the United States During Their Ad Limina *Visits, March 5 - December 9, 1988* (Washington, D. C., 1989).

Assisi: World Day of Prayer for Peace (Vatikanstadt, Päpstliche Kommission „Justitia et Pax," 1987).
Blessed Are the Pure of Heart (Boston 1983).
Crossing the Threshold of Hope (New York 1994).
Curriculum Philosophicum [unveröffentlichte autobiographische Denkschrift, die dem Autor zur Verfügung gestellt wurde].
The Encyclicals of John Paul II, mit Einleitungen hrsgg. von J. Michael Miller CSB (Huntington, Ind., 1996).
The Far East Journey of Peace and Brotherhood (Boston 1981).
France: Message of Peace, Trust, Love and Faith (Boston 1980).
Germany: Pilgrimage of Unity and Peace (Boston 1981).
Gift and Mystery: On the Fiftieth Anniversary of My Priestly Ordination (New York 1996).
Giornata Mondiale di Preghiera per la Pace nei Balcani: La pace e possibile! (Vatikanstadt, Tipografia Vaticana, 23. Januar 1994).
God, Father and Creator: A Catechesis on the Creed, Bd. 1 (Boston 1996).
The Holy See at the Service of Peace: Pope John Paul II Addresses to the Diplomatic Corps (1978-1988) (Vatikanstadt, Päpstlicher Rat für Gerechtigkeit und Frieden, 1988).
Insegnamenti di Giovanni Paolo II, 18 Bde. (Vatikanstadt).
Jesus, Son and Savior: A Catechesis on the Creed, Bd. 2 (Boston 1996).
John Paul II at the Gregorian University and the Biblical Institute (Rom 1980).
John Paul II for Peace in the Middle East (Vatikanstadt 1991).
John Paul II Speaks to Youth at World Youth Day (San Francisco/Washington, D. C., 1993).
Letters to My Brother Priests: Holy Thursday (1979-1994), James P. Socias (Hrsg.), (Princeton/Chicago 1994).
Original Unity of Man and Woman (Boston 1981).
Papal Allocutions to the Roman Rota, 1939-1994, William H. Woestman OMI (Hrsg.), (Ottawa 1994).
Pilgrim to Poland (Boston 1979).
The Pope Speaks to the American Church: John Paul II's Homilies, Speeches, and Letters to Catholics in the United States. (San Francisco 1992).
The Pope Speaks to India (Bandra-Bombay 1986).
The Post-Synodal Apostolic Exhortations of John Paul II, mit Einleitungen hrsgg. von J. Michael Miller CSB (Huntington, Ind., 1998).
Prayers and Devotions, Peter Canisius Johannes Van Lierde (Hrsg.), (New York 1994).
Le Mie Preghiere (Rom 1995).
Priesthood in the Third Millennium: Addresses of Pope John Paul II, 1993 (Princeton/Chicago 1994).
Puebla: A Pilgrimage of Faith (Boston 1979).
Reflections on Humanae Vitae (Boston 1984).
The Social Teaching of John Paul II: The True Dimensions of Development Today, Texts of John Paul II (August 1979-February 1982) (Vatikanstadt 1982).
The Spirit, Giver of Life and Love: A Catechesis on the Creed, Bd. 3 (Boston 1996).
Spiritual Pilgrimage: Texts on Jews and Judaism 1979-1995, Eugene J. Fisher und Leon Klenicki (Hrsgg.), (New York 1995).
The Theology of the Body (Boston 1997).
The Theology of Marriage and Celibacy (Boston 1986).
Turkey: Ecumenical Pilgrimage (Boston 1980).

Im Text zitierte päpstliche Dokumente

Enzykliken

Redemptor hominis. 1979.
Dives in misericordia. 1980.
Laborem exercens. 1981.
Slavorum apostoli. 1985.
Dominum et vivificantem. 1986.
Redemptoris mater. 1987.
Sollicitudo rei socialis. 1987.
Redemptoris missio. 1990.
Centesimus annus. 1991.
Veritatis splendor. 1993.
Evangelium vitae. 1995.
Ut unum sint. 1995.
Fides et ratio. 1998.

Nachsynodale apostolische Schreiben

Catechesi tradendae. 1979.
Familiaris consortio. 1981.
Reconciliatio et paenitentia. 1984.
Christifideles laici. 1988.
Pastores dabo vobis. 1992.
Ecclesia in Africa. 1995.
Vita consecrata. 1996.

Apostolische Konstitutionen

Sapientia christiana. 1979.
Sacrae disciplinae leges. 1983.
Divinus perfectionis magister. 1983.
Pastor bonus. 1988.
Ex corde ecclesiae. 1990.
Fidei depositum. 1992.
Universi dominici gregis. 1996.

Apostolische Schreiben

Dominicae cenae. 1980.
Egregiae virtutis. 1980.
Redemptionis anno. 1984.

An die Jugendlichen in der Welt. 1985.
Euntes in mundum. 1988.
Ecclesia dei. 1988.
Mulieris dignitatem. 1988.
Zum 50. Jahrestag des Beginns des Zweiten Weltkrieges. 1989.
Ordinatio sacerdotalis. 1994.
Tertio millennio adveniente. 1994.
Orientale lumen. 1995.
Zur 400-Jahrfeier der Union von Brest. 1995.
Ad tuendam fidem. 1998.
Dies domini. 1998.
Apostolos suos. 1998.

Briefe und Botschaften

Zum 600. Todestag der hl. Katharina von Siena. 1980.
An Leonid Breschnew. 1980.
Zum 500. Geburtstag Martin Luthers. 1983.
Salvifici doloris. 1984.
An Michail Gorbatschow. 1988.
An George Bush und Saddam Hussein. 1991.
Brief an die Familien. 1994.
Brief an die Kinder. 1994.
Brief an die Frauen. 1995.

II. Studien über Karol Wojtyła/ Papst Johannes Paul II.

Accatoli, Luigi: *Quando Il Papa Chiede Perdono: Tutti i Mea Culpa di Giovanni Paolo II* (Mailand 1997). Englische Ausgabe: *When a Pope Asks Forgiveness: The Mea Culpa's of John Paul II* (Boston 1998).
– *Karol Wojtyła: L'uomo di fine millennio* (Mailand 1998).
Baum, Gregory und Robert Ellsberg (Hrsgg.): *The Logic of Solidarity: Commentaries on Pope John Paul II's Encyclical „On Social Concern"* (Maryknoll, N. Y., 1989).
Beigel, Gerard: *Faith and Social Justice in the Teaching of Pope John Paul II* (New York 1997).
Bernstein, Carl und Marco Politi: *His Holiness: John Paul II and the Hidden History of Our Time* (New York 1996).
Biffi, Franco: *The „Social Gospel" of Pope John Paul II: A Guide to the Encyclicals on Human Work and the Authentic Development of Peoples* (Rom 1989).
Blazynski, George: *Pope John Paul II: A Man from Kraków* (London 1979).
Boniecki, Adam, MIC: *Kalendarium życia Karola Wojtyły* (Krakau 1979). Englische Übersetzung von Irena und Thaddeus Mirecki et al.

Bujak, Adam und Michał Rożek: *Wojtyła* (Breslau 1997).
Buttiglione, Rocco: *Karol Wojtyła: The Thought of the Man Who Became Pope John Paul II* (Grand Rapids 1997).
Cielecki, Jarosław: *Wikary z Niegowici: Ksiądz Karol Wojtyła* (Tschenstochau 1996).
Coyne, George V., SJ, Robert John Russell und William R. Stoeger SJ (Hrsgg.): *John Paul II on Science and Religion: Reflections on the New View from Rome* (Rom 1990).
Craig, Mary: *Man from a Far Country: A Portrait of Pope John Paul II* (London 1979).
Dulles, Avery, SJ: *The Splendor of Faith: The Theological Vision of Pope John Paul II* (New York 1999).
Filipiak, Maria und Andrzej Szostek MIC (Hrsgg.): *Obecność: Karol Wojtyła w Katolickim Uniwersytecie Lubelskim* (Lublin 1989).
Frossard, André: *Portrait of John Paul II* (San Francisco 1990).
Frossard, André und Papst Johannes Paul II.: *Be Not Afraid!* (New York 1984).
Gasidło, Władysław: *Duszpasterska troska Kardynała Karola Wojtyły o rodzin* (Krakau 1996).
Hebblethwaite, Peter und Ludwig Kauffman: *John Paul II: A Pictorial Biography* (New York 1979).
Henze, Paul B.: *The Plot to Kill the Pope* (New York 1983; überarbeitete Paperbackausgabe mit neuem Nachtrag 1985).
Hitchcock, James: *The Pope and the Jesuits: John Paul II and the New Order in the Society of Jesus* (New York 1984).
Hütter, Reinhard und Theodor Dieter (Hrsgg.): *Ecumenical Ventures in Ethics: Protestants Engage Pope John Paul II's Moral Encyclicals* (Grand Rapids 1998).
Janik, Jerzy (Hrsg.): *Nauka Religia Dzieje: Co to znaczy realnie być ...? VII Seminarium w Castel Gandolfo, 8 - 10 sierpnia 1995* (Krakau 1996).
Karolak, Tadeusz: *John Paul II: The Pope from Poland* (Warschau 1979).
Kijowski, A. und J. J. Szczepański, in Zusammenarbeit mit Krzysztof Zanussi: *From a Far Country: The Story of Karol Wojtyła of Poland* (Santa Monica, Calif., 1981).
Kupczak, Jarosław, OP: *The Human Person as an Efficient Cause in the Christian Anthropology of Karol Wojtyła*, unveröffentlichte Dissertation (Washington, D. C., 1996).
Kwitny, Jonathan: *Man of the Century: The Life and Times of Pope John Paul II* (New York 1997).
Leuzzi, Lorenzo (Hrsg.): *Etica e Poetica in Karol Wojtyła* (Turin 1997).
Maliński, Mieczysław: *Pope John Paul II: The Life of Karol Wojtyła* (New York 1979).
– *Przewodnik po życiu Karola Wojtyły* (Krakau 1997).
Mary: God's Yes to Man, John Paul's Encyclical Redemptoris Mater, Einleitung von Joseph Kardinal Ratzinger, Kommentar von Hans Urs von Balthasar (San Francisco 1988).
McDermott, John M., SJ (Hrsg.): *The Thought of Pope John Paul II* (Rom 1993).
Michener, James: *Pilgrimage* (Emmaus, Pa., 1990).
Il mondo di Giovanni Paolo II: tutti i viaggi internazionale del Papa, 1978-1996 (Mailand 1996).
Moody, John: *Pope John Paul II* (New York 1997).
Murphy, Francis X., CSSR und Norman Shaifer: *John Paul II: A Son from Poland* (South Hackensack, N. J., 1978).
Myers, Kenneth A. (Hrsg.): *Aspiring to Freedom: Commentaries on* Sollicitudo Rei Socialis (Grand Rapids 1988).
O'Brien, Darcy: *The Hidden Pope: The Personal Journey of John Paul II and Jerzy Kluger* (New York 1998).
O'Carroll, Michael: *Poland and John Paul II* (Dublin 1979).

Oram, James: *The People's Pope: The Story of Karol Wojtyła of Poland* (San Francisco 1979).
Parker, Michael: *Priest of the World's Destiny: John Paul II* (Milford, Ohio, 1995).
Piedra, Alberto M.: *A View of Pope John Paul II's Trip to Cuba: His Messages, Addresses, and Homilies* (Washington, D. C., 1998).
Pontifical Council for the Laity: *Il Papa e i Movimenti* (Mailand 1998).
Schall, James V., SJ: *The Church, the State and Society in the Thought of John Paul II* (Chicago 1982).
Schmitz, Kenneth L.: *At the Center of the Human Drama: The Philosophical Anthropology of Karol Wojtyła/Pope John Paul II* (Washington, D. C., 1993).
Sterling, Claire: *The Time of the Assassins: Anatomy of an Investigation* (New York 1983).
Svidercoschi, Gian Franco: *Letter to a Jewish Friend* (New York 1994).
Szulc, Tad: *Pope John Paul II: The Biography* (New York 1995).
Tamaro, Susanna: *„Caro Papa": Lettere del Popolo di Dio* (Mailand 1998).
Valente, Leonardo, Krzysztof Zanussi und Giorgio Cajati: *Giovanni Paolo II: Il Profeta del Terzo Millennio* (Rom 1997).
Viaggi e visite di Giovanni Paolo II al 18° anno di pontificato e 50° anno di sacerdozio: dati riassuntivi e statistici (Rom 1996).
Walsh, Michael: *John Paul II: A Biography* (London 1995).
Wierzbianski, Bolesław (Hrsg.): *The Shepherd for All People* (New York 1993).
Wildes, Kevin, SJ und Alan C. Mitchell (Hrsgg.): *Choosing Life: A Dialogue on* Evangelium Vitae (Washington, D. C., 1997).
Willey, David: *God's Politician: Pope John Paul II, the Catholic Church, and the New World Order* (New York 1992).
Williams, George Huntston: *The Mind of John Paul II: Origins of His Thought and Action* (New York 1981).
– *The Contours of Church and State in the Thought of John Paul II* (Waco, Texas, 1983).
Zięba, Maciej, OP: *Niezwykły Pontyfikat* (Krakau 1997).

III. Weitere kirchliche Dokumente

Zweites Vatikanisches Konzil

Lumen gentium [Dogmatische Konstitution über die Kirche]. 1964.
Nostra aetate [Erklärung über das Verhältnis der Kirche zu den nichtchristlichen Religionen]. 1965.
Dignitatis humanae [Erklärung über die Religionsfreiheit]. 1965.
Gaudium et spes [Pastoralkonstitution über die Kirche in der Welt von heute]. 1965.

Dokumente von Synoden und Kongregationen

Gerechtigkeit in der Welt. Bischofssynode, 1971.
Inter insigniores. Kongregation für die Glaubenslehre, 1975.

Instruktion über einige Aspekte der „Theologie der Befreiung". Kongregation für die Glaubenslehre, 1984.
Hinweise für eine richtige Darstellung von Juden und Judentum in der Predigt und in der Katechese der katholischen Kirche. Kommission für die religiösen Beziehungen zum Judentum, 1985.
Instruktion über die christliche Freiheit und die Befreiung. Kongregation für die Glaubenslehre, 1986.
Donum vitae. Kongregation für die Glaubenslehre, 1987.
Vademekum für Beichtväter in einigen Fragen der Ehemoral. Päpstlicher Rat für die Familie, 1997.
Wir erinnern: Eine Reflexion über die Shoah. Kommission für die religiösen Beziehungen zum Judentum, 1998.

IV. Das Papsttum: Allgemeiner Hintergrund

Bunson, Matthew: *The Pope Encyclopedia: An A to Z of the Holy See* (New York 1995).
Chirico, Peter: *Infallibility: The Crossroads of Doctrine* (Kansas City 1977).
Duffy, Eamon: *Saints and Sinners: A History of the Popes* (New Haven 1997).
Granfield, Patrick: *The Limitations of the Papacy: Authority and Autonomy in the Church* (New York 1987).
Hughes, John Jay: *Pontiffs: Popes Who Shaped History* (Huntington, Ind., 1994).
Jedin, Hubert (Hrsg.): *History of the Church*. 10 Bde. (New York 1986-1989).
Jung-Inglessis, E. M.: *The Holy Year in Rome: Past and Present* (Vatikanstadt 1997).
Kelly, J. N. D.: *The Oxford Dictionary of Popes* (New York 1986).
Martin, Jacques: *Heraldry in the Vatican* (Gerrards Cross, Buckinghamshire, 1987).
McBrien, Richard P.: *Lives of the Popes: The Pontiffs from St. Peter to John Paul II* (San Francisco 1997).
Miller, J. Michael, CSB: *The Shepherd and the Rock: Origins, Development, and Mission of the Papacy* (Huntington, Ind., 1995).

V. Die katholische Kirche und das Papsttum im zwanzigsten Jahrhundert

Abeln, Reinhard und Adelbert Ludwig Balling: *Martyr of Brotherly Love: Father Engelmar Unzeitig and the Priests' Barracks at Dachau* (New York 1992).
Alberigo, Giuseppe und Joseph A. Komonchak (Hrsgg.): *History of Vatican II, Volume I: Announcing and Preparing Vatican Council II, Toward a New Era in Catholicism* (Maryknoll, N. Y., 1995).

Brown, Robert McAfee: *Observer in Rome: A Protestant Report on the Vatican Council* (Garden City, N. Y., 1964).
Cornwell, John: *A Thief in the Night: The Mysterious Death of John Paul I* (New York 1989).
Fappani, Antonio und Franco Molinari: *Giovanni Battista Montini Giovane: Documenti inediti a testimonianze* (Turin 1979).
Fesquet, Henri: *The Drama of Vatican II* (New York 1967).
Frossard, André: *„Forget Not Love": The Passion of Maximilian Kolbe* (San Francisco 1991).
Gałązka, Grzegorz: *Cardinali del terzo millennio* (Vatikanstadt 1996).
Graham, Robert A., SJ: *The Vatican and Communism During World War II: What Really Happened?* (San Francisco 1996).
Granfield, Patrick: *The Papacy in Transition* (New York 1980).
Greeley, Andrew M.: *The Making of the Popes 1978: The Politics of Intrigue in the Vatican* (Kansas City 1979).
Hebblethwaite, Peter: *The Year of Three Popes* (New York 1978).
– *Pope John XXIII: Shepherd of the Modern World* (Garden City, N. Y., 1985).
– *In the Vatican* (Oxford 1986).
– *Paul VI: The First Modern Pope* (New York 1993).
– *The Next Pope: An Enquiry* (London 1995).
Herbstrith, Waltraud: *Edith Stein: A Biography* (San Francisco 1985).
Irani, George E.: *The Papacy and the Middle East: The Role of the Holy See in the Arab-Israeli Conflict, 1962-1984* (Notre Dame 1986).
Jaeger, David-Maria A., OFM: *The Roman Pontiffs in Defense of Christian Rights in the Holy Land: From Causa Nobis to Redemptionis Anno (1921-1984)*, unveröffentlichte Dissertation (Rom 1989).
Kaiser, Robert Blair: *The Politics of Sex and Religion* (Kansas City 1985).
Küng, Hans: *Konzil und Wiedervereinigung* (Freiburg im Breisgau, 3., überarb. Auflage 1961). Englische Übersetzung: *The Council: Reform and Reunion* (Garden City, N. Y., 1965).
Liturgie dell'Oriente Cristiano a Roma nell'Anno Mariano 1987-1988: Testi e Studi (Vatikanstadt 1990).
Luciani, Albino: *Illustrissimi: Letters from Pope John Paul I* (Boston 1978).
McDowell, Bart: *Inside the Vatican* (Washington, D. C., 1991).
McGarry, Cecil, SJ (Hrsg.): *What Happened at the Africa Synod?* (Nairobi, Kenia, 1995).
Melady, Thomas Patrick: *The Ambassador's Story: The United States and the Vatican in World Affairs* (Huntington, Ind., 1994).
Minerbi, Sergio I.: *The Vatican and Zionism* (New York 1990).
Nichols, Peter: *The Pope's Divisions: The Roman Catholic Church Today* (New York 1982).
Nights of Sorrow, Days of Joy (Washington, D. C., 1978).
Reese, Thomas J., SJ: *Inside the Vatican* (Cambridge, 1996).
Rhodes, Anthony: *The Vatican in the Age of the Dictators 1922-1945* (New York 1973).
Roberson, Ronald G., CSP: *The Eastern Christian Churches: A Brief Survey* (Rom, 6. Aufl. 1999).
Santini, Alceste: *Agostino Casaroli: Uomo del dialogo* (Mailand 1993).
Stehle, Hansjakob: *Eastern Politics of the Vatican 1917-1979* (Athens, Ohio, 1981).
Stein, Edith: *Life in a Jewish Family 1891-1916. An Autobiography* (Washington, D. C., 1986).
– *Essays on Woman* (Washington, D. C., 1987).
– *Self-Portrait in Letters 1916-1942* (Washington, D. C., 1993).

Whitfield, Teresa: *Paying the Price: Ignacio Ellacuría and the Murdered Jesuits of El Salvador* (Philadelphia 1994).
Wiltgen, Ralph M., SVD: *The Rhine Flows into the Tiber: The Hidden Council* (New York 1967).
Wynn, Wilton: *Keepers of the Keys* (New York 1988).
Zizola, Giancarlo: *I papi del XX secolo* (Rom 1995).
– *Il successore* (Rom-Bari 1997).

VI. FRAGEN DES ZEITGENÖSSISCHEN KATHOLIZISMUS

Balthasar, Hans Urs von: *The Office of Peter and the Structure of the Church* (San Francisco 1986).
– *Dare We Hope „That All Men Be Saved"? – With a Short Discourse on Hell* (San Francisco 1988).
– *In the Fullness of Faith: On the Centrality of the Distinctively Catholic* (San Francisco 1988).
– *You Crown the Year with Your Goodness* (San Francisco 1989).
– *Theo-Drama: Theological Dramatic Theory – Volume IV: The Action* (San Francisco 1994).
– *Tragedy Under Grace: Reinhold Schneider on the Experience of the West* (San Francisco 1997).
Bartoszewski, Władysław T.: *The Convent at Auschwitz* (New York 1991).
Bautista, Felix B.: *Cardinal Sin and the Miracle of Asia* (Manila 1987).
Becker, Joseph M., SJ: *The Re-Formed Jesuits: A History of Changes in Jesuit Formation During the Decade 1965-1975*, 2 Bde. (San Francisco 1992, 1997).
Belli, Humberto: *Nicaragua: Christians Under Fire* (San José, Costa Rica, 1984).
Berger, Peter L. und Richard John Neuhaus (Hrsgg.): *Against the World for the World: The Hartford Appeal and the Future of American Religion* (New York 1976).
Carey, Ann: *Sisters in Crisis* (Huntington, Ind., 1997).
Cromartie, Michael (Hrsg.): *The Nine Lives of Population Control* (Washington, D. C., 1995).
Curran, Charles: *Christian Morality Today: The Renewal of Moral Theology* (Notre Dame 1966).
– *A New Look at Christian Morality: Christian Morality Today II* (Notre Dame 1968).
– *New Perspectives in Moral Theology* (Notre Dame 1976).
– *Faithful Dissent* (Kansas City 1986).
– *Toward an American Catholic Moral Theology* (Notre Dame 1987).
DeCosse, David (Hrsg.): *But Was It Just? Reflections on the Morality of the Persian Gulf War* (New York 1992).
De Fuenmayor, Amadeo, Valentin Gómez-Iglesias und Jose Luis Illanes: *The Canonical Path of Opus Dei: The History and Defense of a Charism* (Princeton/Chicago 1994).
De Lubac, Henri, SJ: *At the Service of the Church* (San Francisco 1993).
– *The Drama of Atheistic Humanism* (San Francisco 1995).
– *Theology in History* (San Francisco 1996).
Duffy, Eamon: *The Stripping of the Altars: Traditional Religion in England c.1400-c.1580* (New Haven und London 1992).

Fries, Heinrich und Karl Rahner, SJ: *Unity of the Churches: An Actual Possibility* (Philadelphia und New York 1985).
Gleason, Philip: *Contending with Modernity: Catholic Higher Education in the Twentieth Century* (New York 1996).
Hick, John und Paul Knitter (Hrsgg.): *The Myth of Christian Uniqueness: Towards a Pluralistic Theology of Religions* (Maryknoll, N. Y., 1987).
Imhof, Paul und Hubert Biallowons (Hrsgg.): *Faith in a Wintry Season: Interviews with Karl Rahner* (New York 1991).
Johnston, Douglas und Cynthia Sampson (Hrsgg.): *Religion, the Missing Dimension of Statecraft* (New York 1994).
Joaquin, Nick: *The Book of Sin: From Golden Salakot to Red Hat* (Manila 1992).
Lefever, Ernest W.: *Amsterdam to Nairobi: The World Council of Churches and the Third World* (Washington, D. C., 1979).
– *Nairobi to Vancouver: The World Council of Churches and the World, 1975-1987* (Washington, D. C., 1987).
Little, Joyce: *The Church and the Culture War: Secular Anarchy or Sacred Order* (San Francisco 1995).
Lubich, Chiara: *Unity and Jesus Forsaken* (New York 1985).
– *A Life for Unity: An Interview by Franca Zambonini* (London 1992).
Lustiger, Jean-Marie: *Choosing God – Chosen by God* (San Francisco 1991).
McInerny, Ralph (Hrsg.): *The Catholic Woman* (San Francisco 1991).
Morris, Charles R.: *American Catholic: The Saints and Sinners Who Built America's Most Powerful Church* (New York 1997).
Neuhaus, Richard John: *The Catholic Moment: The Paradox of the Church in the Postmodern World* (San Francisco 1987; überarbeitete Paperbackausgabe 1990).
– *Doing Well and Doing Good: The Challenge to the Christian Capitalist* (New York 1992).
– *Appointment in Rome: The Church in America Awakening* (New York 1999).
Novak, David: *Jewish-Christian Dialogue: A Jewish Justification* (New York 1989).
Novak, Michael: *Freedom with Justice: Catholic Social Thought and Liberal Institutions* (San Francisco 1984).
– *Will It Liberate? Questions About Liberation Theology* (New York 1986).
– *The Catholic Ethic and the Spirit of Capitalism* (New York 1993).
Oakes, Edward T., SJ: *Pattern of Redemption: The Theology of Hans Urs von Balthasar* (New York 1994).
O'Brien, Conor Cruise: *On the Eve of the Millennium: The Future of Democracy Through an Age of Unreason* (New York 1994).
Ogden, Schubert: *Is There Only One True Religion or Are There Many?* (Dallas 1992).
Oliver, Robert W.: *The Vocation of the Laity to Evangelization: An Ecclesiological Inquiry into the Synod on the Laity (1987), Christifideles Laici (1989), and Documents of the NCCB (1987-1996)* (Rom 1997).
Pasotti, Ezekiel: *The Neocatechumenal Way According to Paul VI and John Paul II* (Middleborough, U. K., 1996).
Pinckaers, Servais, OP: *The Sources of Christian Ethics* (Washington, D. C., 1995).
Ratzinger, Joseph: *Principles of Catholic Theology: Building Stones for a Fundamental Theology* (San Francisco 1987).
– *Church, Ecumenism, and Politics: New Essays in Ecclesiology* (New York 1988).
– *A Turning Point for Europe? The Church in the Modern World – Assessment and Forecast* (San Francisco 1994).

– *Milestones: Memoirs 1927-1977* (San Francisco 1998).
Ratzinger, Joseph und Vittorio Messori: *The Ratzinger Report: An Exclusive Interview on the State of the Church* (San Francisco 1995).
Ratzinger, Joseph und Peter Seewald: *Salt of the Earth: The Church at the End of the Millennium* (San Francisco 1997).
Riccardi, Andrea: *Sant'Egidio: Rome et le Monde* (Paris 1996).
Rothschild, Fritz A. (Hrsg.): *Jewish Perspectives on Christianity* (New York 1990).
Scola, Angelo: *Hans Urs von Balthasar: A Theological Style* (Grand Rapids 1995).
Skwarnicki, Marek: *Podróże po Kościela* (Paris, 2. Aufl. 1990).
Smith, Janet E.: „Humanae Vitae": *A Generation Later* (Washington, D. C., 1991).
Stark, Rodney: *The Rise of Christianity* (New York 1997).
Weigel, George: *Tranquillitas Ordinis: The Present Failure and Future Promise of American Catholic Thought on War and Peace* (New York 1987).
– *Soul of the World: Notes on the Future of Public Catholicism* (Grand Rapids 1996).
Weigel, George und Robert Royal (Hrsgg.): *Building the Free Society: Democracy, Capitalism, and Catholic Social Thought* (Grand Rapids 1993).
Witham, Larry: *Curran vs. Catholic University: A Study of Authority and Freedom in Conflict* (Riverdale, Md., 1991).
Woodward, Kenneth L.: *Making Saints: How the Catholic Church Determines Who Becomes a Saint, Who Doesn't, and Why* (New York 1996).

VII. Die katholische Kirche in Ostmitteleuropa/Die Revolution von 1989

Baran, Zbigniew und William Brand: *Cracow: Dialogue of Traditions* (Krakau 1991).
Bardecki, Andrzej: *Zawsze jest inaczej* (Krakau 1995).
Bilinski, Piotr: *Zywoty sławnych biskupow krakowskich* (Krakau 1998).
Bociurkiw, Bohdan R.: *The Ukrainian Greek Catholic Church and the Soviet State 1939-1950* (Edmonton 1996).
Bourdeaux, Michael: *The Gospel's Triumph over Communism* (Minneapolis 1991).
Bourdeaux, Michael (Hrsg.): *The Politics of Religion in Russia and the New States of Eurasia* (New York 1995).
Braun, Kazimierz: *A History of Polish Theater, 1939-1989: Spheres of Captivity and Freedom* (Westport, Conn., 1996).
Broun, Janice (Hrsg.): *Conscience and Captivity: Religion in Eastern Europe* (Washington, D. C., 1988).
Bujak, Adam: *Cracow from the Air* (Krakau, o. D.).
– *Mystical Cracow* (Krakau 1996).
Bukovsky, Vladimir: *Jugement à Moscou: Un dissident dans les archives du Kremlin* (Paris 1995).
Chronicle of the Catholic Church in Lithuania (mehrere Ausgaben 1979-1988).
Courtois, Stéphane, et al.: *Le Livre Noir du Communisme: Crimes, Terreur, Répression* (Paris 1997).

Davies, Norman: *God's Playground: A History of Poland*, 2 Bde. (New York 1982).
– *Heart of Europe: A Short History of Poland* (Oxford 1984).
Deak, Istvan: *Beyond Nationalism: A Social and Political History of the Habsburg Officer Corps 1848-1918* (New York 1990).
Garton Ash, Timothy: *The Polish Revolution: Solidarity* (Sevenoaks, U. K., 1985).
– *The Uses of Adversity: Essays on the Fate of Central Europe* (New York 1990).
– *We the People: The Revolution of '89 Witnessed in Warsaw, Budapest, Berlin and Prague* (Cambridge, England, 1990).
Gorbachev, Mikhail: *Memoirs* (New York 1995).
Gromyko, Andrei: *Memoirs* (London 1989).
Groch, Juraj: *Riport o Nežnej Revolúcii/Report of the Soft Revolution* (Preßburg 1990).
Gudziak, Borys A.: *Crisis and Reform: The Kyivan Metropolitanate, the Patriarchate of Constantinople, and the Genesis of the Union of Brest* (Cambridge, Mass., 1998).
Hartmann, Jan, Bohumil Svoboda und Václav Vaško: *Kardinal Tomášek: Zeugnisse über einen behutsamen Bischhof und einen tapferen Kardinal* (Leipzig 1994).
Havel, Václav: *Disturbing the Peace: A Conversation with Karel Hvizdala* (New York 1991).
– *Open Letters: Selected Writings, 1965-1990* (New York 1991).
– *Summer Meditations* (New York 1992).
Havel, Václav, et al.: *The Power of the Powerless: Citizens Against the State in Central-Eastern Europe* (Armonk, N. Y., 1985).
Kaufman, Michael: *Mad Dreams, Saving Graces – Poland: A Nation in Conspiracy* (New York 1989).
Kostrzewa, Robert (Hrsg.): *Between East and West: Writings from Kultura* (New York 1990).
Kowalska, Faustina: *Diary of Blessed Sister M. Faustina Kowalska* (Stockbridge, Mass., 1996).
Krčmery, Silvester: *In Prisons and Labour Camps* (Preßburg 1995).
Kubik, Jan: *The Power of Symbols Against the Symbols of Power: The Rise of Solidarity and the Fall of State Socialism in Poland* (University Park, Pa., 1994).
Lewek, Antonin: „New Sanctuary of Poles: The Grave of Martyr-Father Jerzy Popiełuszko" (Warschau 1986).
Luxmoore, Jonathan und Jolanta Babiuch: *The Vatican and the Red Flag: The Struggle for the Soul of Eastern Europe* (London 1999).
Markowski, Stanisław: *The Cathedral at Wawel* (Krakau 1993).
Micewski, Andrzej: *Cardinal Wyszyński: A Biography* (San Francisco 1984).
Michałowska, Danuta (Hrsg.): „... trzeb da wiadectwo": *50-lecie powstania Teatru Rapsodycznego w Krakowie* (Krakau 1991).
Michnik, Adam: *Letters from Prison and Other Essays* (Berkeley 1987).
– *The Church and the Left* (Chicago 1993).
Miklośko, Frantisek: *You Can't Destroy Them: Catholic Church in Slovakia, 1943-89* (unveröffentlichtes Manuskript 1992).
Miłosz, Czesław: *The History of Polish Literature* (Berkeley, 2. Aufl. 1983).
Mindszenty, Joseph: *Memoirs* (New York 1974).
Murphy, Francis X., CSSR, Michael Greene und Norman Schaifer: *Poland Greets the Pope* (South Hackensack, N. J., 1979).
Nagorski, Andrew: *The Birth of Freedom: Shaping Lives and Societies in the New Eastern Europe* (New York 1993).
Pelikan, Jaroslav: *Confessor Between East and West: A Portrait of Ukrainian Cardinal Josyf Slipyj* (Grand Rapids 1990).
Pierwszy Synod Prowincji Krakowskiej (Krakau 1994).

Pipes, Richard: *Russia Under the Bolshevik Regime* (New York 1993).
– (Hrsg.): *The Unknown Lenin: From the Secret Archive* (New Haven, Conn., 1996).
Połtawska, Wanda: *And I Am Afraid of My Dreams* (London 1987).
Remnick, David: *Lenin's Tomb: The Last Days of the Soviet Empire* (New York 1993).
Rolicki, Janusz: *Edward Gierek: Przewana dekada* (Warschau 1990).
Sakharov, Andrei: *Moscow and Beyond: 1986-1989* (New York 1992).
Sikorska, Grażyna: *A Martyr for the Truth: Jerzy Popiełuszko* (Grand Rapids 1985).
– *Light and Life: Renewal in Poland* (Grand Rapids 1989).
Sikorski, Radek: *Full Circle: A Homecoming to Free Poland* (New York 1997).
Il Sinodo Pastorale dell'Archidiocesi di Cracovia 1972-1979 (Vatikanstadt 1985).
Szajkowski, Bogdan: *Next to God ... Poland: Politics and Religion in Contemporary Poland* (New York 1983).
Tischner, Józef: *The Spirit of Solidarity* (San Francisco 1984).
Under One Heaven: Poles and Jews (Sonderausgabe von *Więz* 1998).
Volkogonov, Dmitri: *Autopsy for an Empire: The Seven Leaders Who Built the Soviet Regime* (New York 1988).
Wałęsa, Lech: *A Way of Hope: An Autobiography* (New York 1987).
– *The Struggle and the Triumph* (New York 1991).
Watt, Richard M.: *Bitter Glory: Poland and its Fate 1918-1939* (New York 1979).
Webster, Alexander, F. C.: *The Price of Prophecy: Orthodox Churches on Peace, Freedom, and Security* (Grand Rapids 1995).
Weigel, George: *The Final Revolution: The Resistance Church and the Collapse of Communism* (New York 1992).
Wyszyński, Stefan: *All You Who Labor: Work and the Sanctification of Daily Life* (Manchester, N. H., 1995).
Zamoyski, Adam: *The Polish Way: A Thousand-Year History of the Poles and Their Culture* (New York 1994).

VIII. Deutschsprachige Literatur

Accatoli, Luigi: *Johannes Paul II. Die Biografie* (Graz 2000).
Ash, Timothy Garton: *Ein Jahrhundert wird abgewählt. Aus den Zentren Mitteleuropas 1980-1990* (München 1990).
Baker, James A.: *Drei Jahre, die die Welt veränderten: Erinnerungen* (Berlin 1996).
Balthasar, Hans Urs von: *Herrlichkeit: Eine theologische Ästhetik*, Bd. 2: *Fächer der Stile* (Einsiedeln 1962).
– *Neue Klarstellungen* (Einsiedeln 1979).
– *Theodramatik*, Bd. 4: *Das Endspiel* (Einsiedeln 1980).
– *Du krönst das Jahr mit deiner Huld* (Einsiedeln 1982).
– *Schwestern im Geist. Therese von Lisieux und Elisabeth von Dijon* (Einsiedeln 1970).
– *In der Fülle des Glaubens* (Basel 1980).
– *Nochmals – Reinhold Schneider* (Freiburg 1991).
Berger, Peter L.: *Auf den Spuren der Engel. Die moderne Gesellschaft und die Wiederentdeckung der Transzendenz* (Frankfurt am Main 1970).

Bernstein, Carl / Politi, Marco: *Seine Heiligkeit Johannes Paul II. Macht und Menschlichkeit des Papstes* (München 1998).
– *Seine Heiligkeit Johannes Paul II. und die Geheimdiplomatie des Vatikans* (München 1997).
Blazynski, George: *Der Papst aus Polen* (Reinbek 1980).
Blet, Pierre: *Papst Pius XII. und der Zweite Weltkrieg. Aus den Akten des Vatikans* (Paderborn 2000).
Brzeziński, Zbigniew: *Macht und Moral. Neue Werte für die Weltpolitik* (Hamburg 1994).
Codex des kanonischen Rechtes: Lateinisch-deutsche Ausgabe mit Sachverzeichnis (Kevelaer, 5. Aufl. 2001).
Cornwell, John: *Wie ein Dieb in der Nacht. Der Tod von Johannes Paul I.* (München, 2. Aufl. 1991).
Davies, Norman: *Im Herzen Europas. Geschichte Polens* (München 2000).
De Lubac, Henri: *Die Tragödie des Humanismus ohne Gott* (Salzburg 1950).
– *Über Gott hinaus: Tragödie des atheistischen Humanismus* (Einsiedeln 1984).
Deutscher, Isaak: *Der bewaffnete Prophet* (Stuttgart 1962).
Frossard, André: *Die Leidenschaft des Maximilian Kolbe. Eine Biographie* (Stuttgart 1988).
Frossard, André, und Johannes Paul II.: *„Fürchtet euch nicht!"* (München 1982).
Fuenmayor, Amadeo de / Gómez-Iglesias, Valentín / Illanes, José Luis: *Die Prälatur Opus Dei. Zur Rechtsgeschichte eines Charismas; Darstellung, Dokumente, Statuten* (Essen 1994).
Gorbatschow, Michail: *Erinnerungen* (Berlin 1995).
Greeley, Andrew M.: *Der weiße Rauch. Die Hintergründe der Papstwahlen 1978* (Graz 1979).
Gromyko, Andrej: *Erinnerungen* (Düsseldorf 1989).
Hartmann, Jan (Hrsg.): *Kardinal Tomášek: Zeugnisse über einen behutsamen Bischof und einen tapferen Kardinal* (Leipzig 1994).
Herbstrith, Waltraud: *Das wahre Gesicht Edith Steins* (Bergen-Enkheim, 2. Aufl. 1971).
Imhof, Paul / Biallowons, Hubert (Hrsgg.): *Glaube in winterlicher Zeit. Gespräche mit Karl Rahner aus den letzten Lebensjahren* (Düsseldorf 1986).
Johannes Paul II.: *Apostolisches Schreiben zur Vierhundertjahrfeier der Union von Brest.* 1995.
– *Botschaft an die Kirche in China.* 1997.
– *Botschaft von Johannes Paul II. an die chinesischen Katholiken.* 1995.
– *Brief an die Familie.*
– *Brief an die Frauen.*
– *Brief an die Kinder.*
– *Die Schwelle der Hoffnung überschreiten* (Hamburg 1994).
– *Dives in misericordia* [Über das göttliche Erbarmen].
– *Familiaris consortio* [Über die Aufgaben der christlichen Familie in der Welt von heute].
– *Geschenk und Geheimnis. Zum 50. Jahr meiner Priesterweihe* (Graz 1997).
– *Laborem exercens* [Über die menschliche Arbeit].
– *Mann und Frau schuf er. Grundfragen menschlicher Sexualität* (München 1981).
Jung-Inglessis, Eva-Maria: *Das Heilige Jahr in Rom. Geschichte und Gegenwart* (Vatikanstadt 1997).
Katechismus der Katholischen Kirche.
Kaufmann, Ludwig (Hrsg.): *Johannes Paul II. Papst für das Jahr 2000* (Freiburg 1979).
Kehl, Medard / Löser, Werner (Hrsgg.): *In der Fülle des Glaubens. Hans Urs von Balthasar-Lesebuch* (Basel 1980).
Kissinger, Henry: *Memoiren* (München 1979).
Küng, Hans: *Konzil und Wiedervereinigung* (Freiburg, 7. Aufl. 1964).

- *Rechtfertigung: Die Lehre Karl Barths und eine katholische Besinnung* (Einsiedeln, 4. erw. Aufl. 1964).
Kuschel, Karl-Josef / Häring, Hermann (Hrsgg.): *Hans Küng. Neue Horizonte des Glaubens und Denkens. Ein Arbeitsbuch* (München 1993).
Lefever, Ernest W.: *Weltkirchenrat und Dritte Welt. Ökumene im Spannungsfeld zwischen Theologie und Politik* (Stuttgart 1981).
Luciani, Albino: *Ihr ergebener Albino Luciani. Briefe an Persönlichkeiten* (München, 7. Aufl. 1991).
Lustiger, Jean-Marie: *Gotteswahl. Jüdische Herkunft, Übertritt zum Katholizismus, Zukunft von Kirche und Gesellschaft. Jean-Marie Lustiger im Gespräch mit Jean-Louis Missika und Dominique Wolton* (Augsburg 2002).
MacIntyre, Alasdair: *Der Verlust der Tugend. Zur moralischen Krise der Gegenwart* (Frankfurt a. M. 1987).
Maliński, Mieczysław: *Johannes Paul II. Sein Leben von einem Freund erzählt* (Freiburg 1979).
Michnik, Adam: *Die Kirche und die polnische Linke. Von der Konfrontation zum Dialog* (München 1980).
Mieth, Dietmar (Hrsg.): *Moraltheologie im Abseits? Antwort auf die Enzyklika „Veritatis Splendor"* (Freiburg 1994).
Moynihan, Daniel Patrick: *Einspruch! Der UNO-Botschafter gegen die Weltpolitik der Anpassung* (Berlin 1980).
Passelecq, Georges / Suchecky, Bernard: *Die unterschlagene Enzyklika. Der Vatikan und die Judenverfolgung* (München 1997).
Predigten und Ansprachen von Papst Johannes Paul II. bei seinem Pastoralbesuch in Deutschland sowie Begrüßungsworte und Reden, die an den Heiligen Vater gerichtet wurden. 15. bis 19. November 1980. Verlautbarungen des Apostolischen Stuhls 25.
Predigten und Ansprachen von Papst Johannes Paul II. bei seiner apostolischen Reise nach Afrika, 2. bis 10. Mai 1980. Verlautbarungen des Apostolischen Stuhls 18.
Predigten und Ansprachen von Papst Johannes Paul II. bei seiner apostolischen Reise nach Asien. 16. bis 27. Februar 1981. Verlautbarungen des Apostolischen Stuhls 29.
Predigten und Ansprachen von Papst Johannes Paul II. bei seiner apostolischen Reise nach Brasilien, 30. Juni bis 11. Juli 1980. Verlautbarungen des Apostolischen Stuhls 22.
Predigten und Ansprachen von Papst Johannes Paul II. bei seiner Pilgerfahrt durch Irland und die USA, 29. Sept. bis 8. Okt. 1979. Verlautbarungen des Apostolischen Stuhls 13.
Predigten und Ansprachen von Papst Johannes Paul II. bei seiner Pilgerfahrt nach Frankreich, 30. Mai bis 2. Juni 1980. Verlautbarungen des Apostolischen Stuhls 21.
Rahner, Karl / Fries, Heinrich: *Einigung der Kirchen – reale Möglichkeit* (Freiburg 1983).
Ratzinger, Joseph Kardinal: *Aus meinem Leben. Erinnerungen (1927-1977)* (Stuttgart 1998).
- *Salz der Erde. Christentum und Katholische Kirche an der Jahrhundertwende; ein Gespräch mit Peter Seewald* (Stuttgart 1996).
- (Hrsg.): *Schriftauslegung im Widerstreit* (Freiburg im Breisgau 1989).
- *Theologische Prinzipienlehre. Bausteine zur Fundamentaltheologie* (München 1982).
- *Zur Lage des Glaubens. Ein Gespräch mit Vittorio Messori* (München 1985).
Reese, Thomas J.: *Im Inneren des Vatikan. Politik und Organisation der katholischen Kirche.*
Rendtorff, Rolf / Henrix, Hans Hermann (Hrsgg.): *Die Kirchen und das Judentum. Dokumente von 1945-1985* (Paderborn 1987).
Rothschild, Fritz A. (Hrsg.): *Christentum aus jüdischer Sicht. Fünf jüdische Denker des 20. Jahrhunderts über das Christentum und sein Verhältnis zum Judentum* (Berlin 1998).
Sienkiewicz, Henryk: *Die Sturmflut.*

Stehle, Hansjakob: *Die Ostpolitik des Vatikans 1917-1979* (Bergisch-Gladbach 1983).
Stein, Edith: *Aus dem Leben einer jüdischen Familie* (Freiburg 1965).
– *Selbstbildnis in Briefen 1916-1934* (Freiburg 1976).
– *Selbstbildnis in Briefen 1934-1942* (Freiburg 1977).
Svidercoschi, Gian Franco: *Brief an einen jüdischen Freund. Karol Wojtyła und Jerzy Kluger* (Graz 1993).
Szulc, Tad: *Papst Johannes Paul II.* (Stuttgart 1996).
Wałęsa, Lech: *Ein Weg der Hoffnung. Eine Autobiographie* (Wien 1987).
Weinberg, Gerhard: *Eine Welt in Waffen. Die globale Geschichte des Zweiten Weltkriegs* (Stuttgart 1995).
Wojtyła, Karol: *Der Gedanke ist eine seltsame Weite* (Freiburg 1979).
– *Der Glaube bei Johannes vom Kreuz. Dissertation an der theologischen Fakultät der Päpstlichen Universität Angelicum in Rom*, 1998.
– *Der Laden des Goldschmieds. Szenische Meditationen über Liebe und Ehe* (Freiburg 1979).
– *Liebe und Verantwortung. Eine ethische Studie* (Freiburg 1979).
– *Person und Tat* (Freiburg 1981).
– *Quellen der Erneuerung. Studie zur Verwirklichung des 2. Vatikanischen Konzils* (Freiburg 1981).
– *Zeichen des Widerspruchs* (Zürich 1979).
Woodward, Kenneth L.: *Die Helfer Gottes. Wie die katholische Kirche ihre Heiligen macht* (München 1991).
Zeugen für Christus. Das deutsche Martyrologium des 20. Jahrhunderts. Herausgegeben von Helmut Moll im Auftrag der Deutschen Bischofskonferenz (Paderborn, 3. Aufl. 2001).

Danksagung

Für den Bericht, die Analyse und die Urteile in diesem Buch bin ich allein verantwortlich. Es ist mir jedoch ein Bedürfnis, der Dankbarkeit Ausdruck zu geben, die ich denjenigen schulde, deren Mitarbeit, Hilfe und Rat dieses Werk erst möglich gemacht haben.

In Rom: Hier gebühren die ersten Dankesworte Seiner Heiligkeit Papst Johannes Paul II. Als wir uns trafen, um darüber zu sprechen, wie wir bei diesem Projekt vorgehen wollten, sagte ich, daß ich in den folgenden Jahren oft versuchen müssen würde, seine Privatsphäre zu verletzen. Das verstand er. Bei zehn Interviews und über 20 Stunden Gesprächen bei den Mahlzeiten in den päpstlichen Gemächern und in Castel Gandolfo öffnete er mir seine Gedanken, seine Erinnerungen und sein Herz, damit ich sein Leben, seine Denkweise und seine Arbeit besser verstehen konnte. Der Heilige Vater bat mich nicht ein einziges Mal, irgendein Thema auszusparen, und er schlug auch nie vor, daß ein Punkt auf eine bestimmte Weise behandelt werden sollte. Er war von Anfang an der Ansicht, daß die Verantwortung für dieses Buch allein bei mir liegt.

Bischof Stanisław Dziwisz, Johannes Pauls Sekretär, war stets hilfsbereit, wenn etwas organisiert werden mußte, im Vatikan wie anderswo. Ohne seine Hilfe und Unterstützung wäre meine Arbeit völlig unmöglich gewesen.

Dr. Joaquín Navarro-Valls, der Leiter des Pressesaals des Heiligen Stuhls, wird hoffentlich eines Tages selbst eine Papstbiographie schreiben. Einstweilen möchte ich ihm für sein Verständnis, seine Begeisterung und seinen guten Rat danken, die für mich unentbehrlich waren.

Großen Dank schulde ich auch meinem Freund, Bischof James M. Harvey, dem Präfekten des päpstlichen Haushalts, für seinen Rat und seine Gesellschaft.

Während der Vorbereitungen für das Buch wohnte ich in Rom im Päpstlichen Nordamerika-College, und eine bessere Unterbringung kann ich mir nicht vorstellen. Ich danke dem Rektor, Msgr. Timothy M. Dolan, den Fakultätsmitgliedern und den Studenten von ganzem Herzen für die freundliche Aufnahme, ihre Freundschaft, ihr Interesse und ihre Unterstützung. Ein besonderes Wort des Dankes gebührt Michael Woods und den Studenten des Jahrgangs 1996/97 aus dem Erzbistum Washington, die mir bei Bedarf bei meinen Forschungen halfen. An alle vom NAC: *ad multos annos*.

Den folgenden Mitgliedern des Heiligen Stuhls möchte ich für ihre Mitarbeit bei Interviews und/oder der Beschaffung von Material sowie für ihre hilfreichen Vorschläge danken: Kardinal Francis Arinze; Kardinal William Baum; dem verstorbenen Kardinal Alberto Bovone; Msgr. Timothy Broglio; Erzbischof Agostino Cacciavillan; dem verstorbenen Kardinal Agostino Casaroli; Kardinal Edward Cassidy; Erzbischof Claudio Celli; Erzbischof Andrea Cordero Lanza di Montezemolo; Erzbischof Paul Cordes; Bischof Pierre Duprey M.Afr.; Msgr. Robert J. Dempsey; Msgr. Walter Edyvean; Kardinal Roger Etchegaray; Pater Brian Farrell LC; Pater John Farren OP; Erzbischof John Foley; Pater Reginald Foster OCD; Kardinal Bernardin Gantin; Erzbischof Luigi Gatti; Erzbischof Zenon Grocholewski; Kardinal Pio Laghi; Kardinal Alfonso López Trujillo; Kardinal Jorge Medina Estévez; Bischof Piero Marini; Bischof Diarmuid Martin; Erzbischof Jorge Mejía; Erzbischof Giuseppe Pittau SJ; Kardinal Luigi Poggi; Msgr. Joseph Punderson; Msgr. John Radano; Kardinal Joseph Ratzinger; Erzbischof Giovanni Battista Re; Bischof Stanisław Ryłko; Kardinal Jan Schotte CICM; Kardinal Angelo Sodano; Kardinal J. Francis Stafford; Kardinal Edmund Szoka; Erzbischof Jean-Louis Tauran; Msgr. Daniel Thomas; Kardinal Jozef Tomko und Pater Roberto Tucci SJ.

Außerdem geht mein Dank an: Frau Irina Alberti; Botschafterin Corinne Claiborne Boggs; Pater Alvaro Corcuera Martínez del Río LC und die Fakultätsmitglieder und Studenten des Päpstlichen Athenäums „Regina Apostolorum"; James Crowley; Botschafterin Henrietta T. De Villa; Pater Frederick Dolan; Bischof Javier Echevarría Rodríguez; Schwester Emilia Ehrlich OSU; Botschafter Raymond Flynn; Stanisław Grygiel; Jerzy Kluger; Chiara Lubich; Pater Marcial Maciel LC; Marta und Filippo Manzi; Krzysztof Mięsożerny und seine Kollegen; Pater John Navone SJ; Bruder Robert Oliver BH; Msgr. Vincenzo Paglia; Lisa Palmieri-Billig; Bischof Angelo Scola; Schwester Lucy Thorson NDS und Pater Thomas Williams LC. Rocco Buttiglione war, wie immer, eine nie versiegende Quelle von Erkenntnissen. Ministerpräsident Massimo D'Alema und dem früheren Regierungschef Francesco Cossiga möchte ich dafür danken, daß sie mit mir über die Auswirkungen von Johannes Paul II. auf das öffentliche Leben in Italien gesprochen haben. Wie schon in der Vergangenheit war Leonardo Mondadori sowohl mein Verleger als auch mein Freund.

Auch den gegenwärtigen und früheren Mitgliedern des römischen Pressekorps möchte ich danken: Celestine Bohlen, Richard Boudreaux, Greg Burke, Paula Butturini, Candice Hughes, Joan Lewis, Victor und Daniela Simpson, Alessandra Stanley, John Tagliabue, John Thavis und Cindy Wooden. Pater Paul Mankowski SJ und zwei Studenten des Päpstlichen Nordamerika-College, Daniel Gallagher und Roger Landry, halfen mir bei den Übersetzungen der lateinischen Texte, John Vargas bei den spanischen.

In Polen: Pater Maciej Zięba OP; Pater Jarosław Kupczak OP und Pater Jarosław Głodek OP waren bei der Organisation meiner Forschungsperioden in Polen unverzichtbar; herzlich danken möchte ich auch Pater Mirosław Pilśniak OP und der Dominikanergemeinschaft in Krakau sowie Pater Jacek Buda OP und der Dominikanergemeinschaft in der Warschauer Altstadt für ihre Gastfreundschaft.

Den folgenden Männern und Frauen aus Karol Wojtyłas *Środowisko* schulde ich besonderen Dank für ihre Unterstützung und ihr Vertrauen: Danuta Ciesielska, Teresa Malecka, Piotr Malecki, Danuta Rybicka, Stanisław Rybicki, Karol Tarnowski, Bożena Turowska, Gabriel Turowski und Teresa Życzkowska. Wertvolle Informationen über Karol Wojtyłas 40 Jahre in Krakau verdanke ich auch Msgr. Andrzej Bardecki; Msgr. Władysław Gasidło; Pater Wojciech Giertych OP; Jerzy Janik; Erzbischof Marian Jaworski; Halina Kwiatkowska; Kardinal Franciszek Macharski; Pater Mieczysław Maliński; Msgr. Stanisław Małysiak; Marek Michałewski; Danuta Michałowska; Andrzej Połtawski; Stanisław Rodziński Bischof Stanisław Smoleński; Maria Swieżawska; Pater Michal Szafarski SDB; Pater Józef Tischner; dem verstorbenen Jerzy Turowicz; Henryk Woźniakowski und Jacek Woźniakowski. Marek Skwarnicki gab mir wertvolle Ratschläge bei der Übersetzung von Karol Wojtyłas Gedichten und der Erforschung seiner dichterischen Phantasie. Anna Orla-Bukowska und Paweł Malecki halfen mir bei anderen Übersetzungen.

Jerzy Gałkowski; Cezary Ritter; Stefan Sawicki; Pater Tadeusz Styczeń SDS; Stefan Swieżawski; Pater Andrzej Szostek MIC und Schwester Zofia Zdybicka OSU bin ich dafür dankbar, daß sie mich an der Katholischen Universität Lublin einführten und dort mit mir über Karol Wojtyłas Werk diskutierten.

Schließlich möchte ich Halina Bortnowska; Maria Kotlarczyk Ćwikła; Piotr Dardziński; Bohdan Cywiński; Anna Karoń-Ostrowska; Piotr Kimla; Tadeusz Mazowiecki; Wojciech Ostrowski; Bischof Tadeusz Pieronek; Radek Sikorski; Msgr. Kazimierz Suder; Bruder Viktor Tokarski OFM; Adam Zamoyski; Krzysztof Zanussi und Erzbischof Józef Życiński für ihre Hilfe danken.

In den USA: Meine Agentin, Loretta Barrett, war mir während des ganzen Projekts eine große Stütze. Diane Reverand war, assistiert von Carolyn Fireside, eine hervorragende Lektorin; auch die Leser sollten ihnen dankbar sein! Susan Llewellyn und Eleanor Mikucki danke ich für die weitere herstellerische Betreuung des Werkes. Ann Derstine und Ever Horan, die mir das ganze Projekt hindurch assistierten, waren immer gut gelaunt, organisierten eine ungeheure Masse von Material, übersetzten aus dem Deutschen, Französischen und Italienischen, erledigten Telefonanrufe, Faxe und E-Mails über sechs Zeitzonen und sorgten während meiner häufigen Abwesenheit für Ordnung in meinem Büro. Auch Patrick Prisco und Kristina Fox leisteten mir nützliche Hilfe bei meinen Forschungen. Schließlich möchte ich auch meinen Kollegen am Ethics and Public Policy Center und besonders meinem Nachfolger als Präsident dieser Institution, Elliott Abrams, danken.

Pater Richard John Neuhaus half mir dabei, das Projekt von Anfang bis Ende zu durchdenken. Er las das Manuskript und lieferte mir viele wertvolle Hinweise.

Außerdem schulde ich Dank: Richard V. Allen; Robert Andrews; Susan Bailey; Msgr. Thomas Benestad; Zbigniew Brzeziński; Anna Carozza; Daniela Carozza; Pater Romanus Cessario OP; Thomas Crooks; Pater Joseph Augustine DiNoia OP; Pater Avery Dulles SJ; Fritz Ermarth; Mary Ann Glendon; Paul Henze; Kardinal James Hickey; Pater David-Maria Jaeger OFM; Kardinal William Keeler; M. Jean Kitchel; Pater Joseph A. Komonchak; Kardinal Bernard Law; Joyce Little; Pater John F. Long SJ; Francis X. Maier; Pater Michael Maslowsky; Bruder Charles McBride CSC; Pater Vincent McMurry SSJ; Pater Seraphim Michalenko MIC; Pater J. Michael Miller CSB; Irina und Thaddeus Mirecki; Victor Nakas; Pater Jay Scott Newman; Louis J. Nigro jr.; Michael Novak; Jan Nowak; Kardinal John O'Connor; Pater Vincent O'Keefe SJ; Ethan Reedy; Mario Paredes; Magdalena Potocka; Rodger Potocki; dem Vorstand des Institute on Religion and Public Life; Pater Ronald G. Roberson CSP; Pater Robert Sirico; Mary Catherine Sommers; John H. Weigel und Herman Wouk.

Anderswo: Den folgenden Personen gebührt mein Dank: dem verstorbenen Bohdan Bociurkiw; Rémi Brague; Yigal Carmon; Erzbischof Oscar Cruz; Jean Duchesne und seiner netten Familie; Bischof Dominik Duka OP; Msgr. Peter Elliott; Pater Borys Gudziak; Shlomo Gur; Gustaaf Joos; Erzbischof Emery Kabongo; Kardinal Franz König; Kardinal Jean-Marie Lustiger; Jean-Luc Marion; Krzysztof Michalski; Kardinal Lucas Moreira Neves OP; Kardinal Miguel Obando Bravo SDB; Erzbischof Karil Otčenašek; Pater Hugo Pitel O.Praem.; Msgr. Christian Precht; Kardinal Norberto Rivera Carrera; Ernesto Rivas-Gallont; Kardinal Christoph Schönborn OP; Kardinal Jaime Sin; Anthony Sivers; Lawrence Uzzell und seinen Kollegen vom Keston News Service; Kardinal Miloslav Vlk und den Priestern und Gemeindegliedern der St. Jane Frances de Chantal Church in Bethesda, Maryland, für verschiedene Arten der Hilfe und Unterstützung.

Mein tiefempfundener Dank geht an meine Frau Joan und an unsere Kinder Gwyneth, Monica und Stephen, für ihre Liebe und für ihre Geduld, Ausdauer und Unterstützung bei diesem Projekt. Das Buch ist ihnen gewidmet.

Schließlich möchte ich noch den folgenden Lesern, Freunden und Kollegen für ihre Hilfe bei der Verbesserung von Namen, Daten und Zitaten für die Paperback-Ausgabe danken: Thomas Bourke; Rev. James T. Burtchaell CSC; Jan Hauska; Bartek Kachniarz; Rev. Paul Klavins; Jerzy Kluger; Rev. George W. Kosicki CSB; Rev. Roger Landry; Rev. Michael McGarry CSP; Joaquín Navarro-Valls; Patrick Miller; Rev. John Sullivan OCD; Rev. Maciej Zięba OP.

G. W.

2. Oktober 2000

Fest der Schutzengel

Register

ABC (Madrider Tageszeitung) 511, 821
Abtreibung 101, 147, 205, 217, 358, 369, 432, 444, 540, 566, 675, 701, 721, 725, 753-758, 760f., 763f., 796f., 799f., 808, 811, 821, 849, 881, 927
Ad gentes 664-667
Ad tuendam fidem 833, 882
Adalbert, hl. 1, 317, 322, 325, 334, 686, 806
Adamec, Ladislav 635
Administraturen, Apostolische 659, 671-673, 681, 706
Adveniat 397, 853
Afghanistan 423f., 441, 498, 595, 612
AFL-CIO (US-Gewerkschaftsbund) 423
Afrika 53, 227, 249, 345, 378, 388f., 391, 416, 446, 508, 520, 619, 621, 660, 664f., 709f., 732f., 764, 779, 789, 813-815, 826, 857, 906f.
Agca, Muzeyyen 554
Agca, Mehmet Ali 340, 377, 413-415, 430f., 434, 440-443, 454, 456, 458, 494f., 515, 550, 554, 587, 682, 693, 766, 932f.
Agnes, hl. von Böhmen 609, 626-628, 634f., 640
Agrigent 711
Ägypten 163, 388, 784, 918
Alamino, Jaime Ortega y 777, 851
Alaska 407, 411f., 498, 899
Albanien 535, 660, 704f.
Albert, Bruder 118f., 164, 195
Alberti, Irina Ilovaiskaya 595-597
Aleksej II. (Patriarch von Moskau) 672f., 684, 709, 832, 865-867, 934
Alfonsín, Raul 560
Algerien 732
Alia, Ramiz 705
Allen, Richard 459
Allende, Salvador 555
Alueke, Augustin Fataki 390
Amantissima providentia 386
Ambrosius (Bischof von Mailand) 347
Amerika (s. auch USA) 236, 368, 547, 771
Amersfoort 518, 563
Amichia, Joseph 732
Analecta Husserliana 182
Andropow, Jurij 3, 291-293, 428f., 442, 496f., 553
Angelico, Fra 491

Angelicum (Päpstliche Universität des hl. Thomas von Aquin) 82, 86, 88, 90, 131, 135, 139, 141, 372, 513, 536
Angelini, Fiorenzo 682
Angola 449, 528, 732
Annuario Pontificio 380
Antijudaismus 832, 869-871
Antikatholizismus 780
Antiklerikalismus 687, 849
Antisemitismus 27, 32, 41, 49f., 504f., 513, 562, 564, 566, 574, 626, 702, 704, 741, 747, 869-871, 881, 921
Apostolicae curae 542
Apostolos suos 833, 883f.
Aquin, hl. Thomas von s. Thomas von Aquin, hl.
Aquino, Benigno 529-531
Aquino, Corazon 530-532
Arafat, Jasir 487, 738, 749, 921, 923
Archenkirche 198f.
Argentinien 260, 271, 285, 394, 414f., 453f., 496, 546, 550, 554f., 559-561
Argüello, Kiko 885
Arinze, Francis 269, 388, 497, 519, 534, 537, 710, 813f., 927
Aristide, Jean-Bertrand 655
Aristoteles 74, 127, 131, 134, 143, 250, 298, 351, 756
Arkes, Hadley 729
Arrupe, Pedro 444-448, 488-490, 655
Aserbaidschan 375, 432, 734, 743, 777, 805, 836, 919
Ash, Timothy Garton 482
Asien 249, 378, 405, 407, 410, 456, 491, 498, 514, 529f., 594, 609, 621-623, 665, 667, 764, 780, 789f., 792, 795, 826, 833, 906f., 934
Assisi (Italien) XIV, 87, 284, 386, 502, 534-537, 545, 548f., 589, 719, 766, 896
Assisi, hl. Franziskus von s. Franz von Assisi
Assoziierte (vgl. Oblaten) 468
Atheismus 99, 152, 175, 232, 251, 270, 302, 579, 615, 629, 643f., 689, 705, 870, 926
Athenagoras 186, 249
Äthiopien 388, 528, 777
Athos 707f.
Attentat 4, 430, 437, 442f., 458, 494, 496, 587, 693, 760, 766, 923, 931-933
Augustinus, hl. 127, 143, 146, 235, 284, 302, 347, 653, 696, 727, 888, 890f.

Auschwitz 26, 48, 55, 66, 73, 81, 195, 199, 231, 234, 307, 316, 328-330, 405, 465, 504, 560, 564f., 568, 639, 660, 678, 683, 702-704, 834, 886, 912
Australien 232f., 249, 361, 385, 409, 498, 502, 549, 672, 769, 776, 789, 791
Aylwin, Patricio 559
Azoren 682

Bačkis, Audrys 312
Baggio, Sebastiano 298
Baker, James A. 652
Balamand (Libanon) 660, 706-709
Balamand-Dokument 707-709
Balladyna 39
Ballestrero, Anastasio 344
Balthasar, Hans Urs von 591, 604, 899
Banas, Bogusław 34
Banas, Maria 34
Banco Ambrosiano 787
Bangladesh 409, 502, 549
Barbados 811, 841
Bardecki, Andrzej 192-194, 211, 217, 223, 237
Barni, Julian Luis 456f.
Barre, Raymond 392
Barth, Karl 372
Bartholomaios I., Patriarch von Konstantinopel 659, 681, 684, 707-709, 779, 805, 865-868, 928
Bartholomäusnacht 21
Bartoszewski, Władysław 704
Baum, William 251, 264, 276
Baziak, Eugeniusz 129f., 141, 153-156, 158, 192, 211
Beauraing (Marienwallfahrtsort) 518
Bednarski, Feliks 141
Beer, Ginka 41
Befreiungstheologie 120, 203, 295-297, 463, 469-471, 476f., 487, 493, 502, 532f.
Begin, Menachem 738
Beichte, s. auch Einzelbeichte 34, 55, 67, 78, 87, 97, 103, 111f., 142, 202, 249, 367, 375, 493f., 597, 784, 929
Beilin, Yosi 744f., 748
Belarus s. Weißrußland
Belgien 3, 47, 86f., 97, 173, 234, 464, 484, 518, 541, 615, 777, 837
Belize 475
Bellarmin, hl. Robert 12, 661
Belo, Carlos Filipe Ximenes 395, 880
Bemporad, Jack 871
Benda, Václav 635
Benedikt, hl. 426, 444, 911f.
Benedikt XIV. 300
Benelli, Giovanni 246, 257, 262f., 283, 787
Bengsch, Alfred 234
Benin 246, 593, 710, 764, 879
Bentham, Jeremy 143
Berdjajew, Nikolaj 594

Bergpredigt 349, 352f., 722, 923
Berliner Mauer 297, 347, 512, 627, 766, 924, 929
Bernardin, Joseph 456, 464, 484, 497, 878f., 926
Bernhard von Clairvaux, hl. 258
Bertelsen, Ole 620
Besançon, Alain 339
Besatzung, deutsche Polens (s. auch Okkupation) 2, 8, 24, 48, 53, 56, 61, 63, 67f., 72, 77, 98, 137, 139, 197, 199, 424, 922
Bevilacqua, Anthony 682
Bevölkerungskonferenz 713, 764f., 772, 782, 808
Bhutto, Benazir 763
Biayenda, Emile 390
Bibelkommission 618
Bibelwissenschaft 618
Bidawid, Raphael 653
Bierut, Bolesław 80, 326
Biffi, Giacomo 781, 903
Biotechnologie 908, 910, 935
Birkenau 234, 328f., 702, 886
Bischofskonferenzen 173, 231, 234, 294, 319, 324, 344, 382, 386, 396, 413, 419-421, 470, 472, 484f., 516, 526f., 529-531, 541, 546, 572, 575, 583, 587, 617, 651, 655, 657, 681, 686, 694, 714, 721, 760, 768, 788, 814, 822, 836, 847, 851, 867, 871, 877, 882-884, 902, 904, 914
Bischofssynoden 154, 189f., 231f., 249, 253, 269, 280, 344, 378, 381, 383f., 398-400, 456, 492, 502, 506, 519, 524f., 529, 550, 573, 578, 659, 673, 677, 682, 688f., 694, 710, 732, 777, 779f., 786, 813, 823, 825, 832f., 838, 877, 892, 898, 904
Blachnicki, Franciszek 203f.
Blair, Tony 927
Blamuth, Chaim 30
Böckenförde, Ernst-Wolfgang 486
Boff, Leonardo 477, 501, 517
Bogomolow, Oleg 292
Bogotá 512
Böhmen 523, 609, 626-628, 635, 640, 806
Bolesław der Keusche 22
Bolesław der Kühne 46f., 67
Bolivien 551, 586, 655
Bolschewismus (s. auch Kommunismus) 20
Bonaventura, hl. 460, 727
Bonhoeffer, Dietrich 836, 933
Boniecki, Adam 387
Bonifatius, hl. 836
Bonner, Jelena 595-597
Borromeo, Carlo 12, 233, 236, 365
Bortnowska, Halina 222, 338, 912
Bosco, hl. Johannes 61
Bosnien-Herzegowina 686, 732-734, 766, 773f., 777, 779, 817, 823, 861f.

Bouyer, Louis 839
Bovone, Alberto 497
Brasilien 378, 394-396, 409, 416, 498, 546, 591, 655, 879f., 930
Bratislava (Preßburg) 615, 634, 638f.
Brecht, Bertolt 660
Breschnew, Leonid 293, 314f., 337, 413, 422-425, 427f., 442, 449, 496, 553, 632f.
Breschnew-Doktrin 293, 553, 633
Brief an die Familien 732
Brief an die Kinder 778
Bromberg s. Bydgoszcz
Bruder unseres Gottes 8, 864
Brundtland, Gro Harlem 758
Brzeziński, Zbigniew 236, 292, 361, 368, 416, 664
Buber, Martin 538
Buckley, William F. Jr. 585
Budjonny, Semjon 19
Bujak, Zbigniew 421
Bulgakow, Sergej 594
Bulgarien 415, 440
Bürgerforum 634
Burkina Faso 391
Burundi 234, 389, 528, 651, 732f., 817, 823, 928
Bush, George 610, 650-653, 750
Buße 65, 318, 456, 458, 492-494, 521, 548, 720, 922, 927
Bußpraxis 493
Buttiglione, Rocco 185, 642, 838, 848, 905
Buzzonetti, Renato 692
Bydgoszcz (Bromberg) 55, 413, 427, 486, 499, 613

Callo, Marcel 578
Calvez, Jean-Yves 446
Calvi, Roberto 787
Camara, Helder 396
Camp David 736
Campesino 506f.
Camus, Albert 123
Cano, Melchior 17
Caprio, Giuseppe 344
Cardenal, Ernesto 471-473, 475
Cardenal, Fernando 444, 471-473, 475
Cardijn, Joseph 86
Carey, George 806, 832
Carstens, Karl 380
Carter, Jimmy 292, 361, 367f., 416, 423, 496
Carter, Rosalynn 361
Casablanca 4, 501, 520f., 907
Casaroli, Agostino 238-242, 244, 251, 277, 304, 308, 312-314, 332, 341, 344, 383, 432, 434, 446-449, 457, 473, 482, 484, 486, 512, 519, 551, 574, 586f., 591, 595, 598-602, 640f., 653, 693, 746, 787, 825, 879
Casey, Bob 799

Cassidy, Edward 518, 591, 672, 682, 709, 801, 806, 865-867, 871-873, 926
Cassino, Monte 24, 52, 87, 317, 386
Castel Gandolfo XIV, 32, 246, 253, 289, 345, 378, 414, 436, 443, 447, 455, 486f., 504, 550, 574, 576, 596, 655, 693, 719, 774, 813, 913, 929
Castelbajac, Jean-Charles de 841
Castillo Lara, Rosalio José 788
Castrillon Hoyos, Dario 598
Castro, Fidel 5, 470, 833f., 850-859
Castro, Raul 855f.
Catechesi tradendae 378, 401
Cé, Marco 344
CELAM (Rat der lateinamerikanischen Bischofskonferenzen) 294f., 297f., 300, 454, 694, 878
Celli, Claudio 744f., 747f., 793, 809, 823, 860f.
Centesimus annus 610, 636, 642-648, 663f., 668-670, 674, 705, 797, 881, 895, 903, 905
Céspedes, Carlos Manuel de 856
Chamberlain, Neville 51
Chaput, Charles J. 878
Charles, Maxim 839
Chauvinismus 50, 282
Chenu, Marie-Dominique 86
Chesterton, G. K. 257, 912
Chile 271, 285, 454, 496, 498, 519, 550, 554-560, 591, 653, 777, 789, 878
China 410, 423, 528, 535, 623f., 754, 789, 792-795, 810, 907
Chirac, Jacques 392, 839
Chmielowski, Albert (Bruder Albert) 118f., 155, 164, 193, 411, 482, 609, 626-628, 864
Christentum XVIII, 22, 36, 87, 113, 207, 301, 311, 326, 360, 369, 375, 392, 404, 441, 461, 495, 509, 514, 527, 538f., 564, 567, 598, 607, 611f., 623, 630, 665f., 677, 704, 733, 752, 783, 814, 826, 838, 870, 872, 920, 933
Christifideles laici 550, 578-580, 689, 825, 900, 903
Christodoulos, Metropolit von Dimitrias 707
Christoradnow, Jurij 636
Chrysostomus, Johannes 347
Chudy, Wojciech 140
Churchill, Winston 585
Ciesielska, Danuta 113, 227f.
Ciesielski, Jerzy 105, 107-109, 122, 155, 205, 221, 227f.
Civiltà Cattolica 652f.
Clemens XIV. 448
Clinton, Bill 716, 719, 750, 753f., 760f., 764, 818, 927
CNN 857
Coggan, Donald 543
Colasuonno, Francesco 637f., 670, 672
Collegium Relatorum 467
Communio 406, 461, 517, 525, 541f., 695

Communio (Vierteljahrsschrift) 406, 461
Comte, Auguste 629
Comunione e Liberazione 342, 345, 885
Concilium 461
Confalonieri, Carlo 253, 264, 266, 272
Congar, Yves 86, 115, 174, 777
Conrad, Joseph 58, 562
Conrad-Martius, Hedwig 562
Cooke, Terence 485
Cortéz, Hernán 297
Cossiga, Francesco 651
Costa Rica 475
Cottier, Georges 728
Covadonga 621
Coyne, George 577
Cromwell, Oliver 21, 359
Crooks, Thomas 235
Crucitti, Francesco 430-432, 436, 693
Cruz, Oscar 907
Cuéllar, Javier Pérez de 546, 650
Cuilapan 299f.
Cunningham, Lawrence 729
Cuomo, Mario 799
Curran-Affäre 32, 372, 374, 442, 448, 547f., 703
Curran, Charles 502, 547f., 729
Cywiński, Bogdan 207
Czartoryski, Stanisław 180
Czerny, Pavel 806

Dąbrowski, Bronisław 380, 419
Dachau 2, 54f., 95, 837
Dalai Lama 896
Daly, Cahal 683
Dänemark 329, 619
Daniélou, Jean 86, 174
Dańkowski, Piotr 55
Danneels, Godfried 464, 524
Dante Alighieri 68
Danzig s. Gdańsk
Danziger Abkommen 420-422, 568
D'Aubuisson, Robert 475
Davies, Norman 21, 338
De Lubac, Henri 86, 115, 149, 174, 181, 235, 238, 253, 348, 461, 464f., 591, 628f.
De Martino, Jane 361
D'Escoto, Miguel 471
De Villa, Henrietta 790
De Vries, Minke 805
Dębowska, Irena 67
Dębowska, Krystyna 67
Dekret über die Ökumene 170
Dekret über die Priesterausbildung 730
Demokratie XVII, 13f., 135, 145, 236, 408, 468, 475, 477, 554-557, 559f., 585, 587, 611, 647f., 655, 663f., 668, 674f., 679, 686, 701, 726, 797, 806, 819, 821, 843, 845f., 855, 894, 910
Deng, Xiaoping s. Xiaoping, Deng
Den Haag 518

Denver 514, 713-722, 819-821, 839, 841, 878, 928
Der Laden des Goldschmieds (Drama Wojtyłas) 92, 120-122, 146
Descartes, René 180
Deskur, Andrzej 246, 262f., 279, 497, 520
Deskur, Joseph 262
Deutsche Demokratische Republik, Ostdeutschland (DDR) 292, 422, 622, 625, 627f., 837
Deutschland XIII, XVIII, 19f., 41, 50f., 54, 57, 59, 79f., 159, 186-188, 198, 232, 285, 380, 415, 437, 461, 504, 561f., 566, 627, 655, 756, 769, 777, 832, 835f., 838, 850, 886, 899
Dezza, Paolo 443, 448, 488f., 683
Dherse, Jean-Loup 578
Diana (Prinzessin von Wales) 863
Die Schwelle der Hoffnung überschreiten 527, 774f., 776, 849
Diego, Caridad 853, 855f.
Dignitatis humanae 171f., 216f., 219f., 250f., 349f., 355f., 400, 547
Dimitrios I. 340, 374-376, 492, 551, 580-582, 659, 684
Dionne, E.J. Jr. 721
Dives in misericordia 378, 403-405, 416, 539, 899
Divinus perfectionis magister 455, 466-468
Djilas, Milovan 912
Dogmatische Konstitution über die heilige Liturgie 180
Dogmatische Konstitution über die Kirche 168, 255, 276, 823
Doktorandenkolloquium (Wojtyłas) 143f., 156, 223
Doktorarbeit/Dissertation (Wojtyłas) 88-91
Dominicae cenae 378
Dominikanische Republik 694
Dominikus, hl. 444
Dominum et vivificantem 403, 502, 539f.
Döpfner, Julius 176, 217, 234
Dreifaltigkeit 60, 169, 185, 347, 357, 403, 539, 785, 901
Drinan, Robert 444
Dschibuti 389
Dserschinski, Felix 19
Duarte, José Napoleon 470, 475
Dubček, Alexander 269
Dulles, Avery 771
Dunajewski, Albin 76, 118, 195
Dylan, Bob 848
Dziwisz, Stanisław 30, 226, 256f., 261f., 288-290, 341, 407, 418, 430, 432f., 446, 511, 596, 877, 879, 924

Ebeling, Gerhard 486
Ecclesiam suam 301
Ecuador 506
EDSA (Epifanio de los Santos-Avenue) 531-533
Egeria (Pilgerin des 5. Jh.) 696

Egregiae virtutis 413, 426
Ehe 4, 20, 29f., 102, 105f., 112, 116, 120-122, 146, 148f., 205, 217, 228, 286, 349f., 352-357, 361, 366, 389, 397, 400-402, 607, 754, 756, 758f., 762, 767, 810f., 814, 820, 836, 892
Ehrlich, Emilia 262, 266f., 283, 430
Einheitsrat s. auch Päpstlicher Rat zur Förderung der Einheit der Christen 615f.
Einstein, Albert 371
Einzelbeichte 493f.
El Salvador 396, 413, 416, 441f., 470f., 475, 555, 591, 815, 879
Elfenbeinküste 391, 449, 520, 732, 789
Elisabeth II. (Königin von England) 454
Elisabeth von der Dreifaltigkeit 696
Elisabeth von Ungarn 449
Ellacuría, Ignacio 470
Empfängnisverhütung 146, 149, 216f., 219, 250, 402, 760, 821, 881
England (s. auch Großbritannien) 19, 44, 81-83, 198, 232, 454, 503, 593, 677, 769, 795
Enrile, Juan Ponce 531-533
Erkenntnis 61, 63, 89, 106, 112, 131, 134, 143, 162f., 195, 247, 357, 393, 404, 406, 494, 645, 662, 678, 781, 886, 889
Erlösung 37, 60, 122, 139, 175, 229, 298, 301, 324, 353-355, 402, 439, 455, 458, 477, 490f., 495f., 498, 538-540, 544, 607, 669, 734, 751-753, 830, 863, 907, 910f., 920, 931, 936
Escrivá de Balaguer, Josemaría 468
Estermann, Alois 881
Estíu, Pedro Meurice 856
Estland 613, 660, 705
Esztergom (Ungarn) 638, 684
Etchegaray, Roger 344, 456, 497, 528f., 534, 536, 583, 598, 757, 793, 823, 850, 860, 879, 926
Ethik 3, 127, 130f., 133f., 138, 141-143, 147, 188, 220, 224, 353, 357, 396, 546, 662, 724, 729, 762f., 811
Etsou-Nzabi-Bamungwabi, Frédéric 683
Euntes in mundum 551, 598
Europa XIII, 19-22, 24f., 32, 36, 42, 44, 79f., 87, 89, 137, 170, 173, 195, 198, 210, 244, 260, 293, 296, 307, 313, 317, 319, 322f., 326, 339, 345, 360, 375, 398f., 413, 417, 424-426, 459f., 469, 482, 491, 503, 514, 518, 522f., 532, 562, 566f., 594, 601, 610-612, 621f., 625-627, 631f., 639, 641, 643, 659, 673, 677-682, 686f., 694, 699, 702f., 732f., 836-838, 846, 848, 850, 862, 869, 878, 881, 908, 914, 928
Euthanasie 540, 566, 756, 796f., 799f., 821, 849, 882
Evangelii nuntiandi 232, 401
Evangelisierung 160, 166, 169f., 190, 232, 286, 297f., 401, 407f., 459, 468, 515, 519, 523, 548, 579, 619, 622f., 626, 661, 665-668, 674, 677-679, 687, 700f., 712, 783, 785, 805, 837, 839, 849, 874, 885, 894, 926, 928

Evangelium vitae 797-800, 803, 881, 895
Ex corde ecclesiae 610, 656-658
Exilregierung 53, 79

Familiaris consortio 378, 401f., 449, 900
Familie 14, 27, 29-31, 34, 39, 43f., 49, 57, 60, 66f., 69, 71, 75, 77, 87, 92, 100-104, 106, 108f., 113, 117, 140, 147, 158, 188, 203f., 206, 208, 216, 224f., 228, 236, 283, 288-290, 295, 298, 302, 308, 330, 343, 345f., 349, 356, 368, 378, 386, 389, 398-402, 405, 410, 413f., 416, 421, 427, 429, 438, 449, 471f., 475, 480, 493, 504, 526, 532, 540, 546, 560-562, 565, 595, 636, 646, 655, 680, 683f., 721, 733f., 740, 756-761, 764f., 778, 783, 789, 794f., 800, 809-811, 816, 819, 822, 834, 843, 850, 852, 854, 856, 858, 864, 878, 880, 892, 911, 915, 925
Familienforschung 189, 205, 217
Familienfürsorge 205
Familienleben 63, 101, 205, 286, 398, 400-402, 429, 439, 689, 692, 763, 810
Familienplanung 107, 149, 217-219, 356, 713, 753f., 755, 758, 762, 764, 800
Familienseelsorge 205, 382, 688, 838
Fanini, Nilson 906
FAO (Ernährungs- und Landwirtschaftsorganisation der UNO) 699f., 731
Fátima (Portugal) 249, 455, 458, 682, 914, 930, 931
Felici, Pericle 257, 266f., 272, 328
Feminismus 368, 439, 562, 564, 605, 755, 762f., 767f., 772f., 808, 900
Feuerbach, Ludwig 629
Fidei depositum XV, 465f., 694f., 697f., 882
Fides et ratio 42, 833, 887-889, 899
Fidschi 502, 549
Figlewicz, Kazimierz 34, 47f., 55, 71f., 75, 85, 570
Figueiredo, João Batista 395
Finnland 198, 619f.
Fisher, John 454
Fitzpatrick, Ruth 769
Florek, Józefa 74
Florenskij, Pawel 594
Florowskij, Georgij 594, 933
Flynn, Raymond 750
FMLN (Farabundo Marti, Nationale Befreiungsfront 470f.
Foley, John 497
Fossanuova, Abtei von (Italien) 246-248
Franco, Francisco 468, 622
Frank, Hans 2, 53-55, 75-77, 114, 199
Frank, Simon 53, 76f., 594
Frankreich 3, 20, 47, 51f., 86f., 97, 100, 114-116, 159, 170, 198, 232, 250, 378, 391-393, 405-407, 416, 432, 437, 484, 502f., 528, 548, 578, 651, 657, 698, 777, 832, 838f., 860f., 886
Französische Revolution 9, 160, 491, 610

Franz von Assisi 271, 284, 443
Frauen s. Feminismus
Frauenordination 542-544, 767f., 771f., 906
Frieden 5, 21, 52, 64, 80, 84, 155, 173, 181, 239, 249, 280, 284, 296, 298, 305, 309, 311, 317, 321, 341, 343f., 358, 360, 362-365, 367, 388, 392, 399, 411, 414, 419, 425, 435, 452-454, 471, 483-485, 499, 502f., 505, 521, 529, 534, 536f., 548, 560, 563, 565, 568, 576, 579, 581f., 600f., 640, 642, 649, 651, 668f., 685, 702, 712, 717, 732, 736, 757f., 773, 778f., 806-808, 823, 828, 830, 834, 836, 850, 857, 860-863, 879, 886, 896, 915, 918, 923, 926, 935
Friedensnobelpreis 365, 456, 496
Fries, Heinrich 516
Frings, Joseph 255, 461, 564
Fritzsch, Karl 465
Fronleichnamsprozession 190, 197, 199-201, 566
Frossard, André 256, 270, 434
Fundamentalismus 10, 334
Fürstenberg, Maximilian de 86, 263

Gadamer, Hans-Georg 486
Gajowniczek, Franz 329, 465
Galen, Clemens-August Graf von 566f.
Galileo Galilei XIV, 340, 349, 371, 659-662, 698, 760
Gałkowska, Maria Braun 224
Gałkowski, Jerzy 145, 213f., 230, 268
Ganaka, Gabriel 598
Gandhi, Indira 423
Gandhi, Mohandas 458, 535
Gantin, Bernardin 246, 456, 497, 589, 710, 879, 926
Garcia, Dennis 720
Garrigou-Lagrange, Reginald 88-90, 133
Garrone, Gabriel-Marie 174
Gatti, Luigi 738, 744f.
Gaudium et spes 173-176, 178f., 181, 186, 214, 234, 255, 296, 309, 325, 400, 526, 528, 569, 588, 696, 823, 893f.
Gaulle, Charles de 243
Gdańsk (Danzig) 50, 79, 194, 304, 338, 399, 414, 417-420, 422, 436f., 450, 568, 571
Gdynia (Gdingen) 571
Gebhardt (Geschichtslehrer) 41
Geburtenkontrolle 101, 149, 216, 349, 356, 358, 369, 754, 758, 765, 812, 927
Geburtenregelung 149f., 217-219
Gefängnis XVIII, 55, 125f., 134, 170, 199, 212, 377, 395, 440, 456, 482, 494, 553, 567, 614, 635, 638, 809, 860, 879, 888, 932
Gegenreformation 4, 11, 443, 469, 503, 508
Gemeindearbeit 94
Gemelli-Klinik 262f., 413f., 430-432, 434, 692f., 732, 759f., 780, 828
Generalabsolution 493f., 863
Generalaudienz 285, 346f., 349, 357, 414, 418f., 429, 449, 451, 596, 622, 761f., 774, 859

Generalgouvernement (Polen) 53f., 58
Generalkongregation 444-448, 455, 487-490
Generalobere 488f., 554
Genmanipulation 756
George, Francis 878, 880, 903
Georgien 914
Gericht, Jüngstes 116, 125, 237, 410, 414, 421f., 440, 539, 548, 712, 751f., 875
Gesetz des Gebens 142, 148f., 176, 185, 228, 260, 354, 495, 535, 827, 863, 893f.
Gewerkschaften 399, 413, 417, 420, 423, 439, 482, 643, 858
Gewissen XVIII, 3, 15, 123, 235, 325, 356, 363f., 507, 515, 611, 614, 635, 639, 641, 667, 669, 674, 678, 717, 752, 769, 780-782, 817, 859, 894
Gewissensfreiheit 600, 602, 612, 632, 636, 747, 817
Geyer, Georgie Anne 441
Ghana 390f., 449
Ghetto 71, 137, 503, 639, 703
Ghislieri, Antonio 12
Gielgud, John 267
Gierek, Edward 223, 239, 242, 244, 281, 306, 314f., 320, 337f., 417, 420, 435, 844
Gigot, Paul 821
Gilboa, Moshe 741f.
Gilson, Etienne 145
Giudici, Piervincenzo 474
Giussani, Luigi 885
Glasnost 629
Glaubenskongregation 462, 476, 497, 542, 547, 616, 657, 768, 770-772, 798, 835, 882, 934
Glaubenslehre 89, 249f., 287, 340, 372f., 383, 455f., 460, 476, 497, 501, 517, 541, 547, 590f., 615, 767, 769, 873, 915
Glemp, Józef 413, 435f., 450, 464, 479f., 500, 564, 686, 701, 703
Glendon, Mary Ann 809-812
Gniezno (Gnesen) 95, 316f., 321f., 336, 435, 686, 846
Godin, Abbé 115
Golfkrieg 528, 610, 649-655, 739, 743, 749
Gomułka, Władysław 80, 126, 137, 154, 239, 315, 452
Gorbatschow, Michail XVIII, 5, 377, 551, 553, 597-602, 609, 612f., 629-634, 636, 641, 655, 670, 684, 880, 934
Gore, Al 719, 753, 763
Górecki, Henryk 332, 364
Grabski, Władysław 103
Graça Guedes Sales Henriques, Maria da 578
Graham, Billy 123, 259
Grammont, Dom Paul 407
Gregor I. (der Große) 258, 912, 936
Gregor VII. 859
Gregor XI. 284
Gregor XVI. 300
Gregoriana, Universität 340, 374

Greinacher, Norbert 728
Griechenland (s. Orthodoxie)
Grillmeier, Alois 777
Groblicki, Juliusz 211, 244, 282
Grodno 636, 671
Groër, Hans Hermann 591
Gromyko, Andrej 293, 304, 311f., 399, 501, 522, 553, 573, 594, 600, 612
Großbritannien (s. auch England) 52, 414f., 453f., 484, 497, 651, 728
Grósz, Károly 613
Grundvertrag (zwischen dem Hl. Stuhl und Israel) 713, 734, 738, 741, 743-751, 907
Grzybowski, Wacław 52
Guatemala 470, 475, 498, 815
Guevara, Che 854
Guinea-Bissau 528
Gulag, Archipel 9, 348, 777, 912
Gulbinowicz, Henryk 519
Gur, Shlomo 744-747
Gutiérrez, Gustavo 476
Gutiu, Gheorghe 708

Haiti 475, 528, 655
Halifax, Edward Wood 541
Hamao, Stephen Fumio 879, 926
Hamer, Jérôme 497
Hartford, Aufruf von 233, 509f.
Harvey, James 879
Hasang, Paul Chŏng 498
Hassan (König von Marokko) 520
Havel, Václav 237, 523, 615, 634f., 640f.
Hays, Joe 366f.
Hedwig, poln. Königin (Jadwiga) s. Jadwiga
Hegel, Georg Wilhelm Friedrich 309
Heidegger, Martin 235, 287, 899
Heilige XVI, 12, 16, 28, 38, 62, 95, 129, 151f., 162f., 166, 168, 179, 192, 194, 239f., 244, 249, 255, 275f., 280, 285, 290f., 294, 306, 308, 313, 318, 322f., 330, 335, 341, 373, 384, 403, 446, 465-469, 473, 475, 484, 491, 496, 516, 524, 526, 528, 539f., 546, 573, 589, 609, 615, 617, 620f., 624, 628, 632, 636, 638, 640, 650f., 653f., 659, 661, 671, 683-685, 687, 695, 700, 734-737, 739-744, 746-748, 750, 754f., 764, 770, 783f., 786, 791, 794f., 798, 802, 810, 812, 815, 829f., 832f., 836, 848, 851f., 860, 864-866, 872f., 876, 884-886, 892, 900f., 908f., 914-916, 920f., 924-926, 930f., 933
Heiliges Jahr (s. auch Jubeljahr) 491
Heiliges Römisches Reich s. Reich, Heiliges Römisches
Heiligkeit 17, 63f., 113, 124, 164, 169, 193, 202, 209, 228, 255, 275, 354, 361, 367, 374, 392, 409, 411f., 460, 465-467, 469, 480, 522, 526, 577-580, 604, 640, 666, 689f., 757, 763, 768, 781, 791, 831, 839f., 863f., 884, 891, 898, 925, 931, 935

Heiligsprechung 164, 311, 455, 465, 467, 498, 592, 620, 622, 626-628, 640, 806, 814f., 844f., 864, 886f., 907, 914f., 930f.
Heiligsprechungsprozesse 394, 465, 564, 879
Heim, Bruno 106, 277, 288, 468
Heinrich IV. (deutscher König und Kaiser) 859
Helsinki 313, 398, 424f., 601, 620, 632, 640f.
Henriquez, Raúl Silva 555
Hertzberg, Arthur 871
Herzl, Theodor 737
Herzog, Roman 837
Heschel, Abraham Joshua 538
Heydel, Teresa s. Życzkowska, Teresa Heydel
Heydel, Zdzisław 107, 152f., 155, 228, 429
Hickey, James 591
Hildebrand, Dietrich von 132
Hiob (Drama von Wojtyła) 46, 65
Hitler, Adolf 9, 23, 50, 52f., 70, 74, 95, 107, 139, 504, 566, 573, 837, 899
Hitler-Stalin-Pakt 51
Hlond, Augustyn 49, 52, 76
Hochschuleinrichtung 656-658
Höffner, Joseph 564, 787
Holland (s. auch Niederlande) 198, 378, 384, 563
Holocaust 9, 48, 504, 564, 569, 574, 683, 737f., 834, 865, 868-872, 922f.
Honduras 475
Honecker, Erich 422, 627
Hongkong 249, 409, 591, 795f.
Hoomkamp, Kathryn Hawa 809
Hoxha, Enver 705
Hoyos, Dario Castrillon 878, 880
Humanae vitae 216f., 219, 250f., 349f., 355f., 400, 547
Humani generis 88, 729
Humanismus XIV, XVI, 8f., 99, 113, 138, 145, 149, 151, 154, 166f., 173, 176-178, 180, 188, 206, 218, 220, 235f., 245, 253, 255, 267, 270, 294f., 297f., 300f., 325, 348, 353f., 356, 364f., 370, 390, 403f., 415, 437, 439f., 462, 477, 487, 493, 520, 548, 577, 611f., 629f., 632, 634, 644, 647, 656, 662, 687, 723, 725, 755, 773, 775, 783, 827, 846, 863, 886, 888f., 893, 895, 903, 910, 912
humanitäres Eingreifen 654, 660, 699f., 782, 908
Humanwissenschaft 455, 486
Hume, Basil 127, 143, 264f., 453, 677
Hurley, Francis T. 411
Hus, Jan 806
Husák, Gustav 522f., 628, 635
Hussein, Saddam 610, 649f., 652-654, 917
Husserl, Edmund 132, 561, 563
Huxley, Aldous 13
Hyde, Henry 799

Ignatius IV. Hazim (Patriarch von Antiochia) 492

Il Rapporto 524f.
Illia, Frano 705
Indien 249, 409, 423, 444, 472, 492, 502, 519, 535f., 655, 668, 776, 914
Indonesien 409, 528, 624f., 777, 823
Ingarden, Roman 132, 141, 182, 221
Inkulturation 523, 668, 814
Innozenz XI. 20, 639
Inter insigniores 250, 542f., 767f., 772
IOR (Istituto per le Opere di Religione) 787f.
Ipekçi, Abdi 414
IPPF (International Planned Parenthood Federation) 754, 758, 765
Irak 649f., 653
Iran 337, 415, 654, 776, 862
Irenäus von Lyon, hl. 235
Irland 340, 358, 360, 416, 769
Islam, Moslem 5, 377, 408, 441, 520, 651, 665, 710f., 738, 764, 780, 804, 811, 821, 896, 907, 909, 919, 923
Israel XIV, 355, 505, 537, 560, 564, 574, 619, 713, 724, 734-751, 871, 907, 916, 921, 923, 936
Italien 25, 252, 256, 271, 284, 343-345, 386, 416, 449, 503, 506, 712, 848f., 880, 891
Iwene Tansi, Michael 814
IWM (Institut für die Wissenschaften vom Menschen) 486f.
Izetbegović, Alija 773

Jabłoński, Henryk 281, 319f., 334, 480
Jadot, Jean 394
Jadwiga (Hedwig), Königin von Polen 20, 43, 47, 158, 190, 196, 259, 562, 844f.
Jaeger, David-Maria 739-741, 743-746, 750
Jagiełło, Anna 47, 192
Jagiełło, Władysław 20, 47, 98, 196
Jagiellonen-Universität (Krakau) 2, 21, 26, 281, 429, 486, 552, 570, 656, 661, 845
Jalta 79f., 173, 244, 293, 313, 317, 322, 326, 399, 425, 459, 482, 518, 566, 594, 625, 640f., 643
Jancarz, Kazimierz 552
Janik, Jania 259
Janik, Jerzy 100, 105, 107, 221, 225f., 259, 277, 289, 345f., 499
Jankowski, Henryk 418
Januszewski, Paweł 55
Japan 407-411, 448, 488, 777
Jaruzelski, Wojciech 414, 422, 427f., 449, 455, 460, 478-480, 482f., 550-553, 568, 572f., 613f.
Jasna Góra (Tschenstochau) 36, 95, 323f., 326, 334, 419, 427f., 480f., 639
Jaworski, Marian 98, 130, 182, 259
Jeanne d'Arc 696
Jefferson, Thomas 369, 585
Jelzin, Boris 880, 934
Jeremia (Drama von Wojtyła) 46, 65

Jesuit(en) 86, 373, 414, 443-449, 454f., 469, 487-490, 652
Jesus Christus XVf., XVIIIf., 10, 12, 28f., 33, 35, 37, 44, 60, 64, 82-84, 103, 111, 155, 157, 160f., 168f., 173, 175, 177, 191, 199f., 207, 214, 229f., 235, 248, 265-267, 272, 274, 276f., 282, 284, 293, 295, 298, 303, 305-307, 323f., 328, 330, 333, 342f., 349f., 352-355, 359, 361f., 367f., 373, 381, 388, 390, 393, 396f., 402-404, 410, 430, 443f., 446, 448, 455, 464, 476, 480f., 487-493, 495, 505, 507, 510, 522, 525, 531, 539, 542, 544, 554, 560f., 563, 567, 569, 577-579, 581, 589, 603, 605-607, 622, 628, 631, 639, 650, 666f., 669, 688, 690f., 700, 709, 717f., 720, 731, 734, 752, 760, 766f., 770, 777, 781, 783-786, 795, 801, 803-805, 808, 818, 820f., 826-830, 838, 856, 861, 870, 883, 886f., 893, 901f., 905, 911, 913, 920f., 924, 926, 929, 934-936
Jiménez Malla, Ceferino 862
Johannes Paul I. (Albino Luciani) 246, 257f., 260-262, 264-267, 282, 344, 350
Johannes XXIII. (Angelo Roncalli) 108, 151, 165, 173, 238f., 429, 463, 504f., 508, 517, 549, 583, 801, 915, 931
Johannes (Evangelium des) 38, 84, 87, 135, 262, 569, 918
Johannes der Täufer 284, 820, 920
Johannes vom Kreuz 64, 81, 89, 135
Jordanien 735f., 920
Jospin, Lionel 839
Jubeljahr (2000), s. auch Heiliges Jahr 1, 19, 26, 28, 30f., 33-35, 43, 47, 54f., 58, 61, 78, 81, 85, 88, 98, 105, 107f., 113, 118, 127, 132, 143, 149, 157, 165f., 171, 193, 197, 202, 206, 208, 213f., 219, 221, 225-227, 234, 243, 285, 293, 301, 317, 319f., 345f., 353, 373, 380, 382, 395, 405, 407, 415, 418, 445f., 461, 475, 480, 491f., 495-497, 514, 517, 520, 539, 545, 550, 554, 559, 567, 595, 597, 603-605, 615, 620, 631, 635, 639, 661, 676, 688, 693, 696f., 706, 708, 714, 719, 732, 734, 738, 747, 752f., 756, 760, 764, 774, 778-786, 788f., 792, 802, 805, 807f., 816, 820, 828f., 831, 842, 848, 851f., 859, 863f., 869, 874, 879f., 885-887, 891-893, 897, 909, 914-918, 920, 925-934, 936
Jude(n), Judentum 4f., 13f., 26f., 32, 41-43, 49, 56, 70f., 77, 80, 249, 275, 379, 392, 404f., 407f., 501-505, 512f., 537-539, 563-565, 574, 602, 683, 702-704, 735-738, 740, 747, 750f., 780, 783, 821, 830, 832, 837f., 868-871, 895f., 907, 909, 916, 918, 920, 922, 924
Jugend 6, 8, 15, 32f., 44, 59, 70, 86, 107, 128, 193, 202f., 252, 257, 318, 360, 514f., 520, 639, 714, 719f., 721, 881
Jugendseelsorge 203, 386, 714, 720
Jugoslawien (s. auch Serbien) 189, 685
Jüngstes Gericht s. Gericht, Jüngstes

Juvenaly, Metropolit 385

Kabongo, Emery 288
Kaczmarek, Czesław 418
Kaczmarek, Lech 125, 418f.
Kaczorowska, Emilia 18, 29-31
Kaczorowska, Maria Scholz 30
Kaczorowski, Feliks 30
Kádár, János 613
Kairo 713, 753f., 756-764, 811f., 918f.
kairos 419, 531, 677, 679, 682, 738, 782, 859, 868, 910
Kajsiewicz, Pater 82
Kalinowski, Jerzy 138, 140, 193, 223, 406
Kalinowski, Rafał 27, 140, 164, 193, 482
Kalwaria Zetrzydowska (Wallfahrtort) 28f., 33, 39, 50, 196, 208, 230, 316, 319, 328
Kamerun 520, 591, 813
Kamiński, Stanisław 139, 223
Kanada 189, 198, 232, 456, 498f., 575, 766, 777, 811, 841, 858, 928
Kane, Teresa 368
Kania, Stanisław 420-424, 427f., 435, 449
Kanonisierung 403, 466
Kant, Immanuel 127, 132, 134, 143
Kapitalismus 120, 364, 585, 645f., 706
Kapitelvikar 3, 151, 158f., 165, 194, 197, 220, 222
Kap Verde 528
Karadžić, Radovan 773
Kardinalskollegium 230, 233, 246, 248, 254, 258, 264, 266, 272, 278, 280, 283, 294, 340, 370f., 694, 779f., 782, 786, 830, 877, 880
Karekin I. Sarkissian (Katholikos aller Armenier) 492, 805
Karl Gustav, König von Schweden 523, 620, 635
Karmeliterin(nen) 389, 392, 660, 702-704
Karón-Ostrowska, Anna 181
Kasachstan 636, 670-672
Kasper, Walter 235
Kasprowicz, Jan 67
Katar 743
Katechismus der katholischen Kirche XV, 62, 99, 269, 383, 527, 562, 660, 694-698, 727, 776, 798, 861, 878, 891, 903
Katharina von Siena 271, 284, 386, 696, 914
Katholische Aktion 98, 701
Katholizismus XIII, 3, 12, 22, 26, 36, 59, 64, 70f., 77, 79, 94f., 104, 115, 129, 132, 146, 160-162, 170, 178, 197, 201, 214, 221, 224, 230, 249f., 252, 254f., 261, 269f., 294-296, 316f., 343-345, 359, 369f., 372, 375f., 378, 380, 382f., 391-393, 397, 405-407, 410f., 416, 443, 453, 469, 478, 480, 485, 496, 508-511, 516, 527f., 536, 541, 562-564, 580, 582, 589, 591, 604, 607, 644, 660, 665, 669f., 672, 681, 686f., 698, 701f., 708, 721, 735f., 746, 748, 750f., 755, 775, 781, 791, 793f., 800-802, 806f., 809, 815, 823, 828, 835, 837, 839f., 842, 844, 846-848, 850, 857f., 867-869, 872, 882, 886, 897, 900f., 903, 906f., 929, 933-935
Katyn, Massaker von 52, 423
Kaufman, Michael 479
Keeler, William 821, 867
Kenia 390, 520, 593, 813, 841
Keuschheit 116, 146f., 149f., 218f., 356f., 366, 368, 548, 578, 755, 766, 826f., 885
KGB 3, 52, 243, 270f., 291f., 377, 428, 442, 496
Khan Shah, Wali 790
Khartum 227, 660, 710f.
Khomeini, Ayatollah Ruhollah 337
Kierkegaard, Sören 562
Kiew 551, 598, 602, 633, 637
KIK (Klub der Katholischen Intelligentsia) 242
King, Martin Luther 458
Kinga, sel. (Gemahlin Bolesław des Keuschen) 22
Kirche von heute s. *Gandium et spes*
Kirche, Anglikanische 249, 544, 807, 882
Kirche, Assyrische 713, 776
Kirche, Salvadorianische 470
Kirkland, Lane 423
Kirkpatrick, Jeane J. 485
Kissinger, Henry 220
Kiszczak, Czesław 480, 614
Klara, hl. von Assisi 766
Klerikalismus 444, 570, 579f., 692, 701, 829, 846, 878, 903
Klerus 54f., 61, 78, 95f., 108, 114, 125, 145, 166f., 169, 213f., 230, 292, 345, 407, 465, 479f., 496, 507f., 522f., 546, 575, 577, 579f., 605, 674, 681, 688, 877f., 903
Kliszko, Zenon 192-194
Kluger, Jerzy 26, 31f., 41f., 44, 162f., 283, 317, 328, 683, 737-739
Knox, James 384
Kobak, Ola 93
Koch, Edward 361
Kochanowski, Jan 21
Kohl, Helmut 59, 66, 686, 838
Kolbe, Maximilian 48, 81, 195, 199, 231, 307, 328f., 411, 455, 465f., 552
Koliqi, Mikel 777
Kollegialität 178f., 213, 250, 278, 280, 381f., 384, 400f., 453
Kolodziej, Marian 568
Kolonialismus 321, 394, 453, 624, 665, 694, 711, 813, 860, 927
Kolumbien 249, 297, 312, 454, 464, 498, 512, 878
Kolvenbach, Peter-Hans 489, 554
Kommunikationsmittel 3, 263, 497
Kommunismus XVIII, 2f., 8, 16, 20, 24, 81, 85, 90, 94f., 97f., 100f., 104, 109f., 114-116, 119, 125f., 129f., 133, 135-140, 146, 154, 157, 159, 170f., 190, 193f., 197-199, 201-203, 206-208,

215, 223, 230, 232, 234-243, 245, 253, 261, 264, 268f., 271, 281f., 292-294, 304-306, 310f., 313-316, 321, 326, 335-339, 341, 347f., 363f., 375-377, 394, 398, 414f., 417, 420f., 435f., 439, 441, 449f., 452, 458-460, 479, 482, 498, 552-554, 566f., 571f., 585, 587, 594f., 612, 614, 629f., 633f., 640, 644f., 647, 663f., 668, 674-676, 679-682, 684, 693, 700f., 705-709, 728, 754, 777, 780, 792f., 795, 806, 829, 834f., 842, 844-846, 848-850, 857, 859-861, 894-896, 906, 908, 928, 934
Kondrusiewicz, Tadeusz 636
Kongo 390, 593, 732
Kongregation für das katholische Bildungswesen 461, 656, 688
Kongregation für die Bischöfe 287, 298, 383, 456, 497, 589, 710, 879
Kongregation für die Glaubenslehre s. auch Glaubenskongregation
König, Franz 230, 234, 251f., 256, 261, 264-266, 486, 591
Konklave, Papstwahl 182, 246, 248, 252, 254, 256-259, 263-266, 280, 282, 287, 346, 350, 371, 388, 433, 520, 777, 832, 874-877, 882, 892, 909f.
Konkordat 496, 742
Konsistorium 340, 344f., 455, 464, 501, 519, 551, 590f., 659, 682f., 713, 761, 777, 780-782, 786, 796, 832, 851, 874, 880
Konstantinopel 37, 347, 374f., 395, 433, 523, 540, 580, 681, 684, 706, 708f., 865, 867, 928, 933
Konzil von Chalkedon 777
Konzil von Ephesus 433, 450, 778
Konzil von Konstanz 42, 178
Konzil, Laterankonzil 897
Konzil von Nicäa, Zweites 752
Konzil von Trient 17, 209, 508, 695f., 874, 897
Konzil, Erstes Vatikanisches, I. Vatikanum 165, 300, 372, 508, 771, 931
Konzil, Zweites Vatikanisches, II. Vatikanum XIII, XVI, 3-5, 16, 29, 86, 115, 122, 124, 136, 145f., 149, 151f., 158-162, 164-173, 175-180, 186, 188f., 191, 194, 197, 204, 206, 209, 212-216, 220, 224, 228, 230f., 234, 237-239, 248, 250, 252, 254f., 263, 265, 276, 278, 280, 284, 287, 290f., 295-297, 299f., 302, 308f., 324f., 330, 342, 344f., 364f., 371f., 374, 381-383, 392, 396f., 399, 402, 406, 409, 416, 420, 429, 433, 444, 448, 450, 454, 458f., 461, 463f., 467-469, 478, 488, 490, 493, 496, 502, 505-509, 511-513, 517, 519, 523-527, 541, 545, 548, 576-579, 581f., 588-590, 618, 656-658, 664, 668f., 680, 683, 686, 688f., 691f., 694-696, 698, 700, 703, 705, 720, 722f., 730, 737f., 743, 770f., 777, 781, 784-786, 789f., 798, 800-803, 823, 826, 836f., 846f., 868, 874f., 877, 883f., 887, 893-900, 902-904, 907, 920, 931, 934f.

Kopernikus 21, 42, 432, 660f.
KOR (Komitee zur Verteidigung der Arbeiter) 206f., 242, 337
Kordecki, Augustyn 36, 326
Korec, Ján Chryzostom 637f., 682
Kościelniak, Zdzisław 636
Kościuszko, Tadeusz 24, 85, 236, 305
Kostka, hl. Stanislaus 42, 61f., 71, 85f.
Kotlarczyk, Mieczysław 18, 39-41, 46, 56-58, 65-68, 70f., 73, 81, 85, 118, 167, 221
Kotlarczyk, Zofia 71, 200
Kowalska, Faustina 164, 195, 403, 914, 930
Kowalski, Jósef 55
Kozal, Michał 55
Kózka, Karolina 570
Kozłowiecki, Adam 880
Kozłowski, Karol 86
KPP (Kommunistische Partei Polens) 80
Krakau XVI, 1-3, 12, 18, 22, 26, 28-31, 34f., 37, 41f., 46f., 53-58, 60f., 66, 69-72, 75-77, 79, 81f., 84-86, 88, 90, 93f., 96, 98-101, 113f., 118-120, 125, 127-129, 140-144, 151-153, 157-159, 163-165, 169, 171, 174f., 177, 187, 189-199, 201, 203-211, 213-215, 217, 219-221, 223-225, 227, 230, 233-235, 237-239, 241-245, 252, 254f., 259-263, 265, 268f., 271, 277, 282, 286f., 289, 292, 294, 305, 310, 314-319, 321f., 326f., 330, 333f., 336, 338, 344f., 349f., 360, 364, 379, 383, 390, 398, 403, 419, 430, 481f., 486, 567, 570, 613, 638, 641f., 674, 683, 732, 844, 884, 887, 894, 899, 902, 922
Krąpiec, Mieczysław Albert 138, 140, 223f.
Krasiński, Zygmunt 39, 221
Krenz, Egon 627
Kreuzeswissenschaft 563
Krieg
1. Weltkrieg 2, 19, 25f., 42, 52, 76, 132, 561f., 566, 735; 2. Weltkrieg XVIII, 2, 23, 26, 34, 46, 48-58, 63, 67, 72, 74, 76-81, 86-89, 94f., 98, 114f., 117f., 131, 136f., 146, 162, 187, 199, 211, 239f., 262, 265, 282, 294, 317, 320, 326, 329, 339, 382, 397, 405f., 408, 411, 424, 441, 452, 568, 573, 610, 625f., 628, 632f., 636, 640f., 655, 670, 700, 704, 735, 836, 838, 860, 868f., 871, 902, 930; Kalter Krieg XVII, 5, 137, 237, 240, 270, 311, 362f., 365, 377, 484, 571, 601, 611f., 619, 621, 627, 644, 647, 649, 663f., 677f., 700f., 709, 711f., 730, 733f., 754, 848; Falklandkrieg 415, 453, 554, 559; Vietnamkrieg 715; Angola Bürgerkrieg 732; Sudan Bürgerkrieg 710f.; Spanischer Bürgerkrieg 237, 622, 852; israelisch-arabischer Krieg 290, 735f., 921; Jugoslawien-Krieg 685f., 861; Religionskriege 21, 360, 669, 806
Kriegsrecht, -zustand (in Polen) 414, 423, 427f., 449, 451f., 454f., 458, 460, 478-480, 486, 496, 551f., 789
Kroatien 685f., 766, 773

Krol, John 233, 292, 787, 789
Królikiewicz, Halina 38-40, 42, 66-68, 122
Królikiewicz, Jan 38
KSZE-Folgekonferenz (2.) 378f.
Kuba 238, 470, 528, 777, 832-835, 849-859
Kung (Kardinal) 682
Küng, Hans 235, 340, 372-374, 547, 771, 799f.
Kudliński, Tadeusz 73f.
Kukliński, Ryszard 442
Kurczaba, Philemon 602
Kurdziałek, Marian 139
Kurie XIV, 12, 98, 161, 164, 173, 190, 205, 208f., 212, 231f., 234f., 249, 252, 259, 261, 263, 268, 278f., 287, 312f., 341, 347, 371, 384, 386, 391, 394, 429, 457, 464, 469, 484, 487, 489f., 497, 512, 516, 519, 526, 535, 545, 551, 580, 582-586, 590f., 603f., 615-617, 630, 651, 693f., 710, 721, 772, 780f., 787, 792, 813, 825, 865, 879f., 892, 897, 902f., 909, 925, 932
Kuroń, Jacek 207
Kurowski, Tadeusz 98, 125
Kurzeja, Jósef 199, 202, 332
Kusak, Kazimierz 75, 78
Kuwait 649-654
Kwiatkowska, Halina Królikiewicz s. Krolikiewicz, Halina
Kwiatkowska, Monika Katarzyna 85
Kwiatkowski, Tadeuz 65f., 85
Kydryńska, Maria 71
Kydryński, Juliusz, 43, 57-59, 65-67
Krill, (Metropolit) 672f.
Kyrik, hl. 413, 426, 522, 836

Laborem exercens 414, 437-439, 644, 648, 882
Łabuś, Franciszek 58, 60
Laghi, Pio 394, 560, 682, 746
Laie(n) 3, 38, 54, 61, 77f., 87, 95, 101f., 108, 114, 116, 125, 145, 151, 154, 166, 168-170, 177, 205, 214f., 219, 223, 233f., 242, 248-261, 345, 409, 468, 480, 488, 497, 508f., 511, 526, 531, 550, 560, 570, 573, 575, 577-580, 590, 604f., 639, 660, 674, 681, 691, 700f., 705, 788f., 792, 794, 825, 828, 844, 846, 878, 885, 898, 903, 925
Laienapostolat 167, 169f., 345
Laienberufung 64, 228, 468, 578f.
Laienschaft 116, 166f.
Laientheologie 173
Larraín, Juan Francisco Fresno 519, 555f., 558f.
Larraona, Arcadio 164
Lash, Nicholas 729, 771
Lateinamerika 250, 295f., 298, 300, 377, 454, 468f., 476, 506, 508, 514, 554, 584-586, 621, 657, 665, 694, 764, 789, 892, 895, 906
Laterankonkordat 496
Lau, Meir 871, 923
Law, Bernard Francis 519, 526, 546, 851
LCWR (Leadership Conference of Women Religious) 368

Lebensberufung 514
Lefebvre, Marcel 170, 215, 250, 406, 461, 525, 551, 587-589, 655, 902
Lehmann, Karl XIX, 836
Leisner, Karl 837
Lejeune, Jérôme 429, 496, 841
Lékai, László 387
Lenin, Wladimir Iljitsch 9, 19f., 119f., 136, 198, 292, 338, 417f., 473, 552, 568, 585, 627, 793
Leo III. 69, 249, 429, 643, 662, 706, 836
Lesoto 622
Lettland 377, 436, 598, 613, 660, 705, 789
Lévinas, Emmanuel 486f.
Levine, Gilbert 869
Levy, David 741
Lewaj, Jadwiga 43
Lewek, Antonin 500
Lewis, C. S. 226
Libanon 528, 653, 660, 738f., 776f., 780, 823, 832, 862f.
Liberia 528
Liberto, Giuseppe 830
Lichtenberg, Bernhard 837f.
Liebe und Verantwortung 127, 135, 143, 145-150, 159, 180, 217f., 222, 347, 349
Liguori, hl. Alfonso di 727
Lincoln, Abraham 369, 576, 585, 821
Lipski, Andrzej 192
Litauen 37, 79f., 292f., 377, 436, 508, 567, 593, 613, 626, 631, 633, 660, 705, 789, 846
Lizhi, Feng 655
Locke, John 585
López Portillo, José 294f.
López Trujillo, Alfonso 454, 464, 655, 757
Lorayes, Araceli 533
Lourdusamy, Simon 519
Loyola, hl. Ignatius von 373, 443
Lozano Barragán, Javier 878
Lubachivsky, Myroslav Ivan 385, 519, 598, 602, 676, 709
Lubich, Chiara 885
Lublin 3, 79, 95, 140-142, 224, 349, 417, 567, 569, 613, 656, 728, 903
Lublin, Katholische Universität 8, 99, 112, 123, 127, 135-137, 141, 145, 189, 203, 220, 223f., 247f., 254, 349, 362, 406, 569, 656, 728, 881
Lucas, Robert 591, 642, 879
Lukas (Evangelium des) 7, 33, 85, 199, 276, 310, 322, 381, 404, 408, 593, 603, 690, 805, 823, 829, 887, 915, 924
Luli, Anton 829
Lumen gentium 255, 280, 548, 696, 700, 770, 798, 801, 807, 823
Lustiger, Jean-Marie 378, 394, 405-407, 464, 482, 680, 839f., 903
Luther, Martin 379, 397, 456, 458, 491f., 695, 933
Luxemburg 518, 650
LWB (Lutherischer Weltbund) 873

Macharski, Franciszek 271, 286, 317, 330, 344, 419, 482, 674, 702f.
Maciel, Marcial 295
MacIntyre, Alasdair 911
MacKillop, Mary 791
Madagaskar 619, 777
Mafia 655, 660, 711f.
Magee, John 288, 432
Magnum baptismi donum 551, 598
Mahony, Roger 683
Majdanek 569
Malawi 619
Malaysia 841
Malecka, Teresa Mięsowicz 106, 109, 113
Malecki, Piotr 101, 105, 332, 913
Mali 449, 593
Maliński, Mieczysław 57, 63, 75, 79, 85, 125, 133
Malone, James 527
Malta 541, 841
Maltese, Mario 285
Maltese, Vittoria Janni 285
Malula, Joseph 388
Malý, Václav 634
Małysiak, Albin 211
Małysiak, Stanisław 259, 268
Managua 456f., 471-475, 546, 585, 815, 853
Manila 233, 408f., 514, 529-531, 534, 578, 779, 790, 792, 794, 800, 928
Mankowski (Arbeiter) 59
Mantino, Jacob 503
Mao Tse-tung 585, 629, 792
Marcinkus, Paul 332, 787
Marcos, Ferdinand 408f., 502, 529-532
Marcos, Imelda 408f.
Margalit, Eitan 745f.
Margarete II. (Königin von Dänemark) 619
Maria, Mutter Gottes, Jungfrau Maria 6, 29, 84, 168, 315, 336, 431, 458, 480, 494, 589, 687, 827, 930
Marienfrömmigkeit 59f., 688
Marienverehrung 31, 59f., 95, 245, 267
Marini, Piero 879
Maritain, Jacques 138, 145
Markus (Evangelium des) 350, 354, 700, 848, 919
Marokko 520, 743
Martha, hl. 827, 875f.
Martí, José 470, 833, 853f., 856
Martin, Diarmuid 758
Martin, Jacques 277
Martínez Somalo, Eduardo 312, 383, 434, 456f., 519, 586, 591
Martini, Carlo Maria 340, 374, 651, 769, 903
Marty, François 405, 407
Martyniak, Jan 675
Märtyrer XIX, 2, 37, 71, 76, 81, 171, 249, 260, 310, 319, 330, 359, 410f., 454f., 465f., 491, 498, 566, 578, 617, 622, 668, 680, 687, 704f., 727, 775, 778, 785, 791, 805f., 823, 829, 834, 836f., 843, 860, 862f., 886, 905, 914f., 927f., 930f.
Marx, Karl 9, 250, 473, 476, 585, 629
Marxismus 99, 120, 137-139, 154, 232, 237, 241, 294, 298, 364, 386, 406, 461, 476-478, 572, 585, 594, 643f., 663, 678, 706, 710, 794, 848, 860, 894, 899
Mater et magistra 437
Matlary, Janne Haaland 809
Matthäus (Evangelium des) 161, 272f., 298, 333, 349f., 352, 437, 525, 611, 621, 696, 725, 826, 836
Matulaitis, Jurgis 567
Mauritius 625
May, John 617f.
Mayer, Rupert 566f.
Mazowiecki, Tadeusz 281, 336, 419, 421, 609, 614
Mazurek, Alfons Maria 55
McBrien, Richard 771
McCarrick, Theodore 789, 819
McCarty, Teresa Benedicta 886
McCorvey, Norma 881
Medien 4, 7, 9, 177, 257, 269, 278, 291, 315f., 318, 337, 353, 358, 360, 365, 368-370, 372f., 399, 409, 421, 441, 511f., 517, 559, 575, 579, 587, 598f., 667, 675f., 693, 703, 710, 721f., 728, 750, 759, 774, 804, 812, 819, 821, 825, 842f., 851, 853, 866, 873, 878, 891, 898, 928
Medina Estévez, Jorgé Arturo 878, 880
Meilaender, Gilbert 729
Mejía, Jorge 536f., 583, 642
Melady, Thomas P. 651f., 750
Meliton (Erzbischof von Chalcedon) 374, 395, 492
Menschenrechte XIV, XVIII, 4f., 190, 200, 207, 271, 284, 286, 292, 294, 302, 311, 313, 317, 330, 341, 358, 363, 365, 369f., 385, 398f., 409, 470f., 477, 483-485, 519, 521, 533, 546, 554-558, 560, 568, 572f., 576, 579f., 584, 595, 611, 623-625, 635, 641, 667, 669, 675f., 678, 711, 738, 755f., 796f., 808f., 811f., 816f., 839, 861, 864, 889, 896, 908
Mentorella 271, 283
Mercier, Desiré 541
Messianismus 50, 856
Messina, Antonia 578
Messori, Vittorio 524, 774f.
Method, hl. 413, 426, 497, 522
Metz, Johann Baptist 486f.
Mexiko 271, 294f., 319, 327, 365, 498, 622, 659, 687, 777, 795
Michałowska, Danuta 65-68, 890, 911
Michalski, Krzysztof 486
Michelangelo 32, 631, 713, 751-753, 926
Michener, James 221
Michnik, Adam 243, 335-337, 339, 552

Mickiewicz, Adam 1, 27, 37-39, 42, 54, 58, 67, 128, 268, 274, 283, 323
Mieszko I. (Prinz von Polen) 22
Milošević, Slobodan 773
Miłosz, Czesław 38
Mindszenty, József 240f., 387, 638, 684
Minsk-Mohilew 671, 777
Mission XIV, 114-116, 137, 250f., 281, 285, 321, 340, 392, 396, 513, 523, 528f., 570, 572, 578-580, 582, 637, 650, 652, 664-669, 733, 773, 785, 823, 836, 863, 893, 898, 907
Mittelamerika 455, 460, 469-471, 475, 483, 528, 766, 815
Mitterrand, François 686
Modernität 7, 11, 714
Moi, Daniel arap 390
Molla, Gianna Beretta 759
Molla, Gianna Emanuela 759
Moltke, Helmuth Graf von 836
Mondale, Walter 367
Mongella, Gertrude 808
Monterisi, Francesco 774
Montevideo 554-556
Montezemolo, Andrea Cordero Lanza di 456f., 471-474, 739-742, 745-747
Montfort, hl. Louis Grignon de 59, 156, 277
Montini, Giovanni Battista 160, 173, 252f.
Moraltheologie XIII, 82, 148, 218, 357, 484, 547f., 722f., 725-727, 729-731, 892, 903
Moreira Neves, Lucas 591, 879
Moro, Aldo 251
Morosini, Pierina 578
Morstinowa, Zofia 100
Morus, Thomas 454, 696, 912, 915
Mosambik 528, 591, 593
Moscati, Giuseppe 578
Mose(s) 548, 784, 886, 918-920
Moskau 44, 51, 79f., 290, 314, 321, 326, 334, 385, 422f., 427, 442, 451, 582, 585, 597-603, 609, 633, 636-639, 671f., 684, 709, 857, 865-867, 928, 934
Moslembruderschaft 711
Motowska, Danuta 93
Moynihan, Daniel Patrick 364
Mulieris dignitatem 551, 604f., 607f., 772, 809, 900, 903
Muslime 13, 391, 408, 494, 501, 520f., 539, 602, 619, 710f., 734-736, 738, 863, 907, 918f., 923
Mutterschaft 168, 343, 355, 604, 606f., 758, 809f.
Myanmar 528
Mystik 6, 46, 61f., 64f., 81, 88-90

Nächstenliebe 119, 182, 207f., 329, 365, 370, 465, 481, 535f., 591, 607, 667f., 791, 814
NAMFREL (Nationale Bürgerbewegung für freie Wahlen) 530
Namibia 528, 811

Nationalsozialismus 2, 8, 23, 44, 50, 53f., 57-59, 61, 65f., 69f., 76-78, 94, 98, 137, 139, 320, 329, 348, 382, 441, 471, 566, 583, 626, 634, 678, 739, 796, 836f., 870, 872, 928
Navarro-Valls, Joaquín 277, 501, 511f., 584, 586f., 599, 630, 632, 693, 763, 774f., 810, 812, 825, 847, 851f., 853, 881, 917f., 921f., 933
Navrátil, Augustin 614f.
Nawrocka, Anna 44
Neu-Evangelisierung 286, 407, 686f., 692, 694, 698, 701, 709, 712, 721, 835f., 838f., 848, 881, 885
Neuguinea (s. auch Papua-Neuguinea) 233, 498, 789f., 928
Neuseeland 233, 498, 502, 549, 593
Newman, John Henry 545, 579, 696
Newton, Isaac 576
Nguyen Kim Dien, Philippe 860
Nguyen Van Thuan, François Xavier 860, 879
Nicaragua 416, 444, 455-457, 469-473, 475, 478, 498, 546, 739, 766, 815
Nichtchrist(en), Nichtglaubende 10, 249, 394f., 488, 497, 534, 539, 590, 668
Niederlande 87, 182, 250, 382f., 484, 501, 517f., 563, 591, 593, 692, 837, 886
Nietzsche, Friedrich 629
Nigeria 269, 388, 437, 497, 519, 593, 710, 732, 809, 814f., 928
Nikolaos, Metropolit des Banats 708
Noë, Virgilio 534
Noko, Ismael 873, 928
Nominalismus 731
Nordirland (s. auch Großbritannien) 269, 359f.
Nordkorea 623, 789, 823
Norwegen 52, 619, 764
Norwid, Cyprian Kamil 32, 37-39, 67, 73, 238, 326, 439
Nostra aetate 248, 256, 502, 512f., 537f., 655, 738f., 896
Novoe vremya 291
Nowa Huta 151, 157, 188-190, 193, 198f., 208, 233, 254, 316, 332, 496, 552, 568, 613
Nowak, Jan 434
Nowy Targ 289, 316, 330
Numerarier 468

Oase 203f., 234
Oasebewegung 190, 208
Obando Bravo, Miguel 456f., 471f., 475, 519, 546
Oblaten (s. auch Assoziierte) 468
O'Brien, Edwin F. 691
Obtułowicz, Czesław 98
O'Connor, John J. 456, 485, 519, 546, 721, 761, 789, 796, 825, 850, 903
Octogesima adveniens 249
O'Keefe, Vincent 445-448, 488, 490

Okkupation s. auch Besatzung, deutsche Polens 48, 55, 79, 95, 114, 119, 129, 138, 166, 188
Ökumene 170, 501, 516, 580, 597, 615f., 619, 673, 684, 781, 801f., 807, 867, 872f., 903, 934
Ökumenismus 174, 224, 374, 384f., 397, 488, 516f., 526, 590, 616, 800, 805
Olaf V. (König von Norwegen) 619
Olga (Prinzessin der Kiewer Rus') 597
Oman 743
Onaiyekan, John 815
Opletal, Jan 634
Opus Dei 455, 468f., 511
Ordensritter 23, 54
Ordinatio sacerdotalis 713, 766-773, 807
Ortega y Alamino, Jaime 471-474, 546, 777, 815, 851, 853, 858
Ortega, Daniel 471-474, 546, 777, 815, 851, 853, 858
Orthodoxie 23, 375f., 385, 406, 444, 476, 526, 538f., 541, 582, 597, 633, 661, 670-673, 684f., 707-709, 729, 793, 801f., 805, 823, 867f., 934
Osservatore Romano 347, 353, 378, 387, 536, 637, 652, 711, 753, 766
Ostaszewski, Tadeusz 67
Ostdeutschland s. Deutsche Demokratische Republik
Österreich 30, 47, 198, 256f., 398, 415, 562, 591, 627, 865, 880f.
Osterwa, Juliusz 43, 65-67, 78
Ostpolitik 238-241, 244, 251, 265, 293f., 308-310, 313, 385, 387, 586, 638, 640f.
Osttimor 528, 624, 823
Ottaviani, Alfredo 464
Ozanam, Frédéric 840

Pacelli, Eugenio s. auch Pius XII. 257, 583
Pacem in terris 108, 311, 524
Paderewski, Ignacy Jan 98
Paglia, Vincenzo 545, 705, 773, 815
Pajetta, Giancarlo 282
Pakistan 407, 757
Palästina 748
Palazzini, Pietro 394
Pan Tadeusz 1, 37f., 67f., 323, 932
Panama 475, 841
Papagheorghiu, Spyridon 681
Papalardo 587
Papstamt 163, 258, 275-278, 290f., 293, 300, 346, 349, 394, 829, 893, 896, 898, 901f., 909, 915f.
Papstbesuche 239, 283, 295, 314-316, 319, 369, 374, 379, 387f., 408, 453-456, 472, 474, 559, 568f., 572, 587, 712, 850, 852f., 856-859, 881, 921
Papstkritiker 693
Papstwahl s. Konklave
Päpstliche Akademie der Wissenschaften 58, 371, 373, 377, 486, 552, 661f.

Päpstliche Universitäten 54, 88, 115, 137, 141, 250, 296, 307, 368, 468, 489, 570, 610, 656-658, 722, 729, 786, 814, 846, 882, 891
Päpstlicher Rat für den Interreligiösen Dialog 710
Päpstlicher Rat zur Förderung der Einheit der Christen s. auch Einheitsrat
Papua-Neuguinea (s. auch Neuguinea) 928
Paraguay 498, 551, 586f.
Parsch, Pius 100
Pascal, Blaise 285
Paskai, László 591, 598, 638
Pastor bonus 464, 551, 590f.
Pastoralbesuch 304, 378f., 392, 397f., 455f., 478, 480, 501, 517, 550f., 555f., 561, 566-568, 573, 586, 610, 613, 639, 641, 655, 659f., 674, 676, 711, 713, 774, 832, 834, 880, 914
Pastoralkonstitution über die Kirche in der Welt von heute (Gandium et spes) 165, 173, 180f., 255, 406, 462, 478, 893
Pastoralreisen 249, 456, 471, 475, 498f., 502, 506, 548f., 557, 573-575, 584, 593, 609, 619f., 623, 660, 682, 701, 705, 709-711, 739, 779, 789, 816, 818, 821f., 835, 859
Pastores dabo vobis 610, 689f., 692, 698, 772, 825, 903
Patriarch 249, 257, 340, 374-376, 416, 492, 523, 540, 580-582, 610, 633, 651, 653, 672f., 684f., 707-709, 735, 740, 746, 805, 862, 865-868, 916, 918f., 924, 928, 931
Patriarchat 385, 564, 633, 636f., 671-673, 708, 832, 866f.
Patrick, hl. 358f., 364, 819, 836
Paul III. 503
Paul IV. 503
Paul VI. (Giovanni Battista Montini) 151, 188f., 230f., 238f., 246, 249, 252, 254, 257, 266, 301, 308, 315, 342, 344, 349, 383, 446, 461, 492, 508, 543, 584, 590, 592, 596, 600, 622, 638, 641, 710, 767, 787, 803, 829, 869, 875f., 902, 918, 932
Paulus, hl. 10, 116, 322, 330, 343f., 373f., 379, 389, 395, 426, 492, 502, 540, 589, 604, 607, 731, 767, 783f., 836, 867f., 911, 916f.
Pavan, Pietro 519, 583
Pavle 685, 773
„Pax" 98, 114, 125, 173, 311, 395, 456, 484, 497, 502, 519, 528, 534, 536, 545, 583, 598
Pazner, Avi 741
PCA (Patriotic Catholic Association) 792-794
Peres, Shimon 513, 744f., 748
Perestroika 553, 629, 632
Pérez de Cuéllar, Javier 546, 650
Pergame, Jean de 868
Person und Tat 11, 41, 44, 68, 75, 104, 120, 143, 152, 165, 180-185, 188f., 223, 260, 274, 278, 283, 300, 337, 344, 386, 414, 443, 500, 644, 649, 929, 933

Personalismus 134, 143, 147-149, 168, 171, 185, 219f., 245, 357, 642f., 645, 648
Personalprälatur 455, 468f.
Peru 506, 551, 586, 622, 777
Petersdom 86, 163, 167, 246, 254, 260, 286, 300, 430, 450, 454, 491, 507, 549, 554, 580, 620, 681, 687, 805, 823f., 829, 861, 879, 914, 926, 932
Petrus, hl. XIV, 15, 17, 159, 163f., 176, 178, 188, 191, 198, 254, 262, 265, 268, 272f., 276f., 279, 282, 289, 291, 297, 306, 310, 324, 328, 344, 374, 376, 378, 380-382, 388f., 395, 415, 443, 492, 527, 540, 580, 589, 592, 604, 623, 636, 639, 682, 697, 707, 766, 803, 805, 823, 826f., 829, 847, 867f., 874, 876, 880, 884, 887, 893, 919, 921f., 924, 929
Pfad, Leuchtender 507
Pforte, Heilige 191, 491, 629, 784, 914f., 933
Phänomenologie XIII, 132-135, 140f., 182, 561f.
Philadelphia 190, 235f., 292, 366, 385, 497, 682, 787, 789, 931
Philippinen 4, 249, 407-409, 446, 498, 502, 519, 529-534, 554, 557, 578, 655, 698, 719, 766, 789f., 792f., 907, 930
Philosophie XIV, 23, 50, 69, 73f., 82, 88, 90, 105, 108, 110, 123, 131-135, 137-141, 143, 145, 180f., 183, 185, 196, 202, 235, 254, 287, 351, 358, 370, 372f., 397, 405, 462, 486, 565-577, 642f., 647, 662, 678, 690, 775, 878, 887f., 892, 899, 910
Piasten 21, 191
Pieronek, Tadeusz 211f., 214
Pietraszko, Jan 99, 211
Pignedoli, Sergio 394
Pilgerreise 163, 232, 290f., 299, 306, 315, 318f., 322, 328, 333-336, 338, 340, 342, 359, 361, 367, 369, 374, 377f., 380, 384, 387f., 390f., 395, 397f., 407-411, 415, 419, 433, 453f., 520, 705, 912, 914, 916f.
Piłsudski, Józef 19f., 27, 30, 41, 49, 305, 418
Pimen 598, 600
Pinckaers, Servais 727
Pin-Mei, Ignatius Gong 345, 373, 682
Pinochet, Augusto 519, 554-559
Pinsk (Weißrußland) 671
Pio, Padre 87, 159, 394, 560, 682, 914
Piovanelli, Silvano 712
Pironio, Eduardo 260, 497
Pittau, Giuseppe 443, 448, 488f.
Pius V. 12
Pius IX. 503, 915, 931
Pius X. 737
Pius XI. 69, 76, 300, 437, 491, 583, 639, 795
Pius XII. (Eugenio Pacelli) 151, 154, 216, 300, 504, 579, 583, 792, 871, 880, 893
Piwowarczyk, Jan 72, 75, 77, 114, 136
Platon 127, 143

Plebańczyk, Danuta 101
PLO 749, 779
Plunkett, hl. Oliver 359
Pluralismus 13, 26, 462, 479, 489, 669, 683, 799, 859
Poggi, Luigi 314
Polen (auf dieses Stichwort wird im Register verzichtet)
Pol Pot 585
Poletti, Ugo 253, 655
Politbüro, sowjetisches 3, 126, 193, 420, 427f., 435, 442, 627
Połtawska, Wanda 55, 159, 182, 838
Połtawski, Andrzej 182
Poma, Antonio 344
Pontius Pilatus 362, 717, 724
Popiełuszko, Jerzy 456, 479, 499f., 552
Populorum progressio 249, 582-584, 644
Portillo, Alvaro del 469
Portugal 198, 249, 458, 578, 682, 930
Posadas Ocampo, Juan Jésus 683
Postmodernismus 697, 888
Potemkin, Vladimir 52
Potocka, Gräfin 100
Potocki, Andrzej 98, 182
Poupard, Paul 395, 519, 661
Prager Frühling 269, 293, 634, 638, 640f., 681, 806
Precht, Christian 556-559
Preßburg s. Bratislava
Priesteramt 3, 5, 8, 11f., 15, 17, 31, 33, 55, 71f., 75f., 83, 85, 95, 97, 102, 109, 116, 120, 125, 127, 154, 163, 190f., 202, 211, 220, 235, 245, 250, 252, 258, 262, 269, 271, 273, 275-278, 284, 286, 310, 314, 342, 345f., 348, 367, 370, 373, 381f., 399, 420, 424, 429, 433f., 444, 454, 457, 464, 498, 508, 512, 517, 526, 541-544, 547, 551, 591, 593, 604, 614, 624, 633, 638, 653, 686-692, 708f., 720, 725, 743, 750, 753, 767f., 772, 777, 787, 800, 802f., 825, 827, 829, 831, 864, 877, 881, 893, 897, 902f., 909, 912
Priesterschaft 77, 84, 117, 123, 201, 231, 250, 342, 384, 396, 435, 512, 522, 544, 578f.
Priestertum 33, 342f., 361, 366, 404, 489, 544f., 570, 688-690, 692, 767, 772, 808, 821, 830
Priesterweihe 81f., 240, 263, 269, 342, 460, 542-544, 713, 766-768, 770, 772, 780, 828, 831, 927
Privateigentum 339, 438, 643
Pro, Miguel 61, 223, 304, 370, 429, 497, 519, 602, 622, 651, 804
Prochownik, Leonard 27, 31, 41
Protestantismus 359, 509, 545, 665, 801, 803, 902, 907
Przemyśl (Polen) 594, 614, 674-676
Puebla 271, 294, 297, 299f., 470, 476, 694
Puerto Rico 498
Pulaski, Kazimierz 236

Puljić, Vinko 777, 861
Puzyna, Jan 76, 195

Quadragesimo anno 437
Quarracino, Antonio 682
Quinn, Gail 764
Quito 506

Rabin, Yitzhak 743
Radio Catolica 546
Radio Free Europe 380
Radio Maria 847
Radio Veritas Asia 779
Radziszewski, Idzi 136
Rahner, Karl 115, 235, 487, 516
Raiser, Konrad 804
Ramos, Fidel 531f.
Rasoamanarivo, Victoire 619
Ratti, Achille 19, 22
Ratzinger, Joseph 246, 255, 264, 280, 455, 460-463, 476, 478, 484, 497, 502, 517, 524f., 547, 588f., 591, 616-618, 695, 728, 746, 767f., 770f., 796, 798, 835, 873f., 926, 931
Reagan, Ronald 424, 455, 459f., 485, 575, 652, 754
Rechtfertigung 24, 74, 111, 145, 372, 476, 505, 542, 544, 798, 800, 802-804, 872f.
Rechtfertigungslehre 833, 872f., 906
Reconciliatio et paenitentia 456, 493f.
Redemptionis anno 437, 496
Redemptor hominis 271, 301, 303, 329, 374, 403, 405, 466, 539, 604, 674, 782, 786, 893, 899, 903
Redemptoris mater 166, 372, 405, 513, 550, 552, 604f., 607, 643
Redemptoris missio 659, 664-670, 775, 881, 903, 934
Reformation 4, 249, 342, 397, 492, 507, 509, 541, 545, 729, 780, 802f., 872, 897
Reformbewegung 98, 100, 427, 597, 687
Reich, Heiliges Römisches 22f., 36f., 439, 477, 743
Reinach, Adolf 561
Relativismus 74, 178, 510f., 647, 725, 729f., 784, 796, 837, 926
Religionsfreiheit 3, 16, 98, 151f., 170-173, 178-180, 188, 197, 199, 201, 231, 237, 243, 250f., 271, 280f., 284, 286, 291f., 294, 298, 302, 304, 310-314, 325, 341, 364f., 378, 385, 388, 398f., 406, 409, 435, 470, 499, 519, 521-524, 572, 588, 597, 599, 602, 614f., 625, 631f., 635, 637, 643, 669f., 678, 683, 687, 707, 709, 711, 735, 738, 747, 784, 794, 817, 856f., 863, 894, 896, 907, 909, 934
Rerum novarum 120
Rhodesien 498
Ribbentrop, Joachim von 51
Ricci, Matteo 793

Ricœur, Paul 235
Riga 464, 705
Ríos Montt, Efrain 475
Ritterorden 20, 98
Rivera Carrera, Norberto 470f., 903
Rivera Damas, Arturo 470
Roach, John 484
Robespierre, Maximilien de 418
Rodriguéz, Andrés 587
Rodzinka 92, 103-105, 122, 130, 911
Rodziński, Stanisław 115, 122, 235, 364
Rolón (Erzbischof) 587
Romantik 1, 24, 36-40, 65, 68, 148, 221, 835, 932
Romero, Oscar Arnulfo 416, 470, 475, 815
Roncalli, Angelo s. Johannes XXIII.
Roosevelt, Franklin D. 496
Rosa von Lima 696
Rosen, David 871
Rosenkranz 2, 33, 46, 55, 62-64, 72, 85, 88, 97, 196, 208f., 286, 361, 403, 431, 532, 722, 759, 819f.
Rosenthal, A. M. 585
Rosenzweig, Franz 538
Rosmini, Antonio 257
Rostworowski, Piotr 194
Rote Armee 3, 18f., 22f., 25-27, 29f., 32, 47, 50-52, 55f., 74, 79f., 86, 94, 418, 422, 450, 531, 586, 692, 857f.
Rote Brigaden 237, 251
Rousseau, Jean Bernard 619
Rousseau, Jean Jacques 53
Rozwadowski, Józef 98
Różycki, Ignacy 81, 131, 403
Ruanda 528, 651, 733, 766, 782, 814, 817, 823
Rubin, Władysław 344, 394
Ruini, Camillo 655, 683, 848
Ruiz, Lorenzo 408f., 411, 529, 578, 792
Rumänien 52, 637f., 641, 681f., 708, 833, 868
Runcie, Robert 390, 453f., 502, 542-544, 622
Rußland (s. auch Sowjetunion, UdSSR) 19, 23f., 375, 535, 594f., 597, 603, 670-673, 681, 705f., 880, 934
Rüstungskontrollverhandlung 362
Rutilans agmen 317
Rybicka, Danuta Skrabianka 110-112, 122
Rybicki, Stanisław 104f., 107, 110, 112, 122, 152, 154f., 221, 227f., 268, 364
Rychterówna, Kazimiera 38
Rydzyk, Tadeusz 847
Ryłko, Stanisław 256f., 732

Saban, Giacomo 504
Sabbah, Michel 746
Sacerdotalis coelibatus 250
Sacharow, Andrej 551, 595-597
Sacrae disciplinae leges 455, 464
Sacsayhuamán 506f.

Sadik, Nafis 757, 808
Sáenz Lacalle, Fernando 815
Safieh, Afif E. 749
Sahelzone 496, 892
Sai, Fred 758, 764
Saint-Exupéry, Antoine de 235
Sakramentenordnung 591
Saldarini, Giovanni 683
Salomonen 498
Salvifici doloris 456, 495
Samariter (der barmherzige) 495
Sambia 619, 880
Samorè, Antonio 271, 285
Sánchez, José 682
Sandinisten 471, 473-475, 478, 498, 546, 815
Sandino, César Augusto 473
Santa Maria sopra Minerva 284
Santiago de Compostela 514, 609, 620-622, 714, 928
Santiapichi, Severino 440
Santos, Alexandre José Maria dos 531, 591
Santos, Lucia dos 591, 682
Saó Tomé 449
Sapieha, Adam Stefan 35, 44, 47f., 74-78, 81-84, 87, 96f., 99, 102, 114, 118, 129f., 153, 158, 195-197, 211f., 233, 241, 286, 288, 404, 433
Sapientia christiana 656f.
Saraiva Martins, José 879
Sarajevo 713, 773f., 777, 784, 789, 832, 834, 861-863
Sarkander, Jan 805f.
Sarkissian, Karekin 492, 805
Sartre, Jean-Paul 899
Sawicki, Stefan 123, 142
SB (polnischer Sicherheitsdienst) 237, 243, 281, 335, 427, 451
Scalfero, Oscar Luigi 869
Schamir, Yitzhak 739, 741
Schauspielerei (s. auch Rhapsodisches Theater, Theaterleidenschaft) 39, 71
Scheler, Max XIII, 127, 131-135, 140f., 143, 180, 403
Schindler, Oskar 47
Schisma 248, 383, 587, 589, 706, 803, 906, 924, 933
Schmidt, Helmut 380, 423
Scholz, Maria 30
Schönborn, Christoph 695, 697f., 878, 880
Schotte, Jan 341, 383f., 395, 484, 519, 677, 777
Schottland 777
Schutz, Roger 548, 655
Schwarze Madonna 27, 36, 44, 286, 288, 305, 314, 316f., 319, 323f., 389, 418, 431, 683
Schweden 36, 47, 326, 619f., 914
Schweiz 250, 398, 415, 498f., 562f., 595, 727, 777
Scola, Angelo 357
Scubilion, Bruder 619

Sejm 24, 192, 496f., 614, 622, 842, 846
Séko, Mobutu Sésé 388
Seligsprechung 403, 408-410, 465-467, 529, 557, 561, 564, 791, 838, 845, 914, 931
Seoul 498, 623, 899
Serbien (s. auch Jugoslawien, Orthodoxie) 685f., 734, 773
Sexualethik 127, 146, 148f., 350, 353, 376, 397, 400, 402, 547, 762, 898, 901
Sexualität 3, 14, 146-150, 205, 216, 218f., 349, 351-355, 357, 402, 515, 714, 753f., 756, 758, 762-764, 767, 773, 810, 900
Sexualmoral 143, 146-148, 220, 356, 547f., 578, 721, 728, 755, 758, 898
Seychellen 502, 549
Shakespeare, William 39
Shan Kuo-hsi, Paul 796
Shehan, Lawrence 821
Shoah 574, 702-704, 832, 868-872, 886, 922f.
Sienkiewicz, Henryk 36, 68, 93, 265, 434
Sierra Leone 823
Siłkowski, Zbigniew 155
Silva Henriquez, Raúl 555
Silvestrini, Achille 312f., 434, 457, 586, 591, 746, 866
Silvia (Königin von Schweden) 620
Simms, George 359
Simonis, Adrianus 519
Sin, Jaime 408f., 530-533, 792
Singapur 502, 549
Siri, Giuseppe 263
Sixtinische Kappelle 257, 263, 266, 631, 752, 875
Skandinavien 609, 619f.
Skarga, Piotr 65, 195
Skawińska, Teresa 93
Skrabianka, Danuta (Rybicka, Dannta) 93, 103f.
Skutari (Albanien) 705
Skwarnicki, Marek 260f., 263, 300
Sladkevičius, Vincentas 590
Slavorum apostoli 501, 523, 583
Slipyj, Iosyf 271, 293, 304, 311, 384f., 499
Słowacki, Juliusz 37-40, 46, 54, 56, 58, 67f.
Slowenien 659, 685f.
Smoleński, Stanisław 214
Sobieski, Jan (König von Polen) 20, 84, 192, 305
Sobrino, Jon 470
Sodano, Angelo 557f., 591, 636, 651, 653, 672, 682, 693, 745f., 757, 810, 858
Solidarność 478-480, 482f., 496, 532, 552f., 568, 570f., 609, 613f., 675f.
Sollicitudo rei socialis 551, 582-587, 590
Solowjow, Wladimir 594
Solschenizyn, Aleksandr XVII, 291, 339, 595
Solvay (Fabrik) 46, 58-60, 72, 87, 112, 131, 156, 187f.

Somalia 699f., 732, 754
Sowjetunion, UdSSR 3, 19, 50, 52f., 66, 79f., 94, 126, 237-239, 242, 251, 271, 281, 292-294, 304, 311-314, 340f., 348, 364, 376f., 385, 398f., 414-417, 419, 422-425, 427f., 436, 441-443, 451f., 459f., 482, 485, 497f., 501, 522, 553, 567, 594-602, 609, 612f., 626, 629-633, 636, 638-641, 655, 659, 663, 670-673, 679, 682-684, 705, 789, 850, 899, 928
Soziallehre, katholische XIII, 48, 69, 95, 120, 128, 136, 249, 298, 345, 396, 409, 429, 437-439, 444, 477f., 568, 571, 580, 582, 584, 642-645, 648, 674, 701, 706, 840, 895, 905
Spanien 285, 432, 468, 609, 620, 622, 657, 777, 886
Spiritus domini 727, 833, 882
Spyridon Papagheorghiu von Venedig 257, 344, 681
Środowisko 92, 102f., 105-110, 112f., 120, 122, 124, 145, 152, 154, 157, 187, 205, 211, 225f., 228, 238, 246, 259, 281, 332, 345, 429, 911, 913
Stafford, J. Francis 717, 719f., 878, 880
Stalin, Josef 52, 80f., 94f., 107, 292, 305, 640
Stanislaus, hl. 42, 47, 61f., 67, 71, 76, 85f., 94, 129, 159, 176, 188-190, 194f., 197, 213, 221, 260, 262, 277, 279, 282, 306f., 310, 314f., 317, 319f., 322, 325-327, 331-334, 500, 552
Stanislaus-Kostka-Kirche 479, 500, 552
Stark, Rodney 207, 846
Starowieyski, Stanisław 82, 85, 87
Stefan Batory (König von Polen) 192
Stein, Auguste 561
Stein, Edith 132, 550, 561-567, 833, 886f., 907, 914
Stein, Rosa 564
Stein, Siegfried 561
Steinberg, Elan 871
Steinfels, Peter 721
Sterzinsky, Georg XIX, 683
Stettin s. Szczecin
Stomma, Stanisław 193f.
Strahlenkranz der Vaterschaft 46, 189, 228f., 301, 342, 402-405
Straßburg 85, 609-611
Streik, Werftstreik in Polen 338, 413, 417f., 427f.
Stroessner, Alfredo 586f.
Styczeń, Tadeusz 180-182, 223f., 234
Sudan 227, 389, 449, 528, 593, 710f., 732, 823, 896, 919
Suder, Kazimierz 34f.
Südafrika (s. auch Afrika) 811, 813
Südkorea 409, 498, 623, 655
Suenens, Leo-Joseph 173
Suhard, Emmanuel 86, 115
Suharto, Mohammed 624
Sunday Times 6

Sünde 37, 78, 84, 109, 111, 113, 122f., 125, 226, 284, 301, 322, 343, 352, 404, 476f., 493-495, 539f., 548, 585, 606, 723, 781, 784, 803, 806, 870f., 873, 919, 926f.
Supernumerarier 468
Suslov, Mikhail 377
Świątek, Kazimierz 777
Świerc, Jan 61
Swieżawska, Maria 100, 140, 247f., 262, 268
Swieżawski, Stefan 100, 135, 137-141, 145, 174, 247f., 262, 268, 309
Synoden von Krakau (1972-1979) 231f., 400f.
Synode von 1980 400-402, 441
Synode von 1985 522, 527, 578, 698, 782
Szajkowski, Bogdan 334
Szczecin (Stettin) 570
Szczpak, Wanda 93
Szkocka, Irena 75
Szoka, Edmund 591, 786-788
Szostek, Andrzej 254, 728

Taegŏn, Andrew Kim 498
Taiwan 624, 655, 794-796, 880
Taizé (Frankreich) 224, 548f., 655
Tannenberg 19f.
Tansania 808
TASS (Nachrichtenagentur) 377, 428
Tauran, Jean-Louis 650f., 653, 685f., 744-746, 754, 757, 795, 810, 841, 851
Tausendjahrfeier 162, 186, 189, 239, 551, 572, 597f., 602, 631
Taylor, Charles 486
Teoctist (Patriarch der Römisch-Orthodoxen Kirche) 868
Teresa Benedicta vom Kreuz, hl. 89, 561-563, 565f., 833, 886, 914
Teresa de los Andes 557
Teresa, Mutter von Kalkutta 365, 535f., 546, 591, 705, 766, 832, 863f.
Terrorismus XVII, 302, 386, 440, 540, 711
Tertio millennio adveniente 779, 782f., 785, 899, 916
The Independent 5, 800
Thailand 409, 930
Theater, Rhapsodisches 1, 46, 65-70, 85, 101, 167, 189, 221, 230, 890
Theaterleidenschaft 38f., 43, 65, 72, 552
Theologie XIII, XV, 5, 47f., 64, 81, 88f., 91, 96, 112, 134, 136, 154, 161, 168, 178, 196, 205, 235, 250, 259, 275, 289, 298, 300f., 332, 340, 347, 349f., 352-358, 372-374, 397, 404f., 415f., 429, 444, 449, 456, 462f., 465, 476f., 484, 487, 490, 502, 517, 547, 576f., 580, 588, 590, 605, 627, 662, 681, 690-692, 729f., 740, 752, 766, 772, 826, 831, 840, 845, 878, 882-884, 887f., 899-901, 903
Theologie des Leibes 169, 199f., 340, 349f., 352-358, 368, 415, 429, 449, 463, 570, 580, 605, 752, 767, 772, 899-901, 903, 911

Theresia von Avila 696
Theresia von Lisieux 392, 696, 703, 840
Thomas (Apostel) 247, 535
Thomas von Aquin, hl. 21, 74, 82, 88f., 100, 105, 112, 127, 131, 134, 143, 145, 235, 246f., 250, 298, 372, 374, 462, 562, 569, 723, 887
Timerman, Jacobo 560
Tirana 705
Tischner, Józef 245, 335, 338, 436, 483, 486f., 910
Tito, Josip Broz 685
Toaff, Elio 504, 869
Todea, Alexandru 682
Todsünde 494
Togo 520, 732
Tokarz, Franciszek 141
Tomášek, František 497, 522f., 609, 615, 635
Tomko, Jozef 383, 400, 426, 519, 521, 665, 680, 793, 905
Tornay, Cedric 881
Torpigliani, Bruno 531f.
To Rot, Peter 366, 466, 790
Trias, Miguel 764
Trinh văn-Căn, Joseph-Marie 344
Trinidad und Tobago 506
Trochta, Stefan 190, 234
Trotzki, Leo 19
Tschebrikow, Viktor 377
Tschechoslowakei 50, 108, 190, 198, 234, 239f., 244, 268f., 304, 310f., 330, 400, 422f., 497, 501, 508, 522-524, 595, 609f., 614f., 627f., 634f., 637-641, 677, 682, 811, 846, 850
Tscheka (sowjetische Geheimpolizei) 19
Tschenstochau, Częstochowa (s. auch Jasna Góra) 36, 44, 51, 128, 154, 233, 239, 259, 274, 282, 305, 314, 316f., 319, 322-324, 326, 336, 389, 418f., 481, 514, 567, 625, 659, 683, 703, 714, 844, 928
Tschernenko, Konstantin 377, 553
Tucci, Roberto 473-475, 480, 489, 499, 558f., 774, 822
Tudjman, Franjo 773
Tumi, Christian Wiyghan 591
Tunesien 415, 743
Turabi, Hassan 711
Türkei 377, 414, 932
Turowicz, Jerzy 77, 113-117, 221f., 261, 265, 267, 291, 310, 398
Turowski, Gabriel 108, 152f., 205, 226, 259, 432, 434, 844
Tygodnik Powszechny 77, 87, 92, 113-117, 123, 126, 136, 152, 157f., 162, 170, 178f., 192-194, 206, 212, 221-223, 228, 236, 241f., 260f., 310, 390, 398, 675
Tymieniecka, Anna-Teresa 182
Tyranowski, Jan 46, 61-64, 71f., 85, 88f., 97, 116
Tzadua, Paulos 519

Ubi primum 300
UdSSR 239, 293, 312, 416, 423, 425, 441, 596, 600f., 613, 630, 632f., 636, 639, 673, 684
Uganda 249, 710, 777
ugandische Märtyrer 710
Ukraine 19, 79f., 271, 292, 311, 377f., 384f., 416, 499, 508, 519, 597f., 602f., 609, 631, 633, 636f., 670, 673, 676, 681, 707-709, 789, 823, 846, 850, 865f., 868, 934
UNESCO 378, 392-394, 415, 506
Unfehlbarkeit 16, 372, 541, 728, 770f., 798
UNFPA (United Nations Fund for Population Activities) 754, 757, 765
Ungarn 30, 198, 330, 378, 387, 591, 598, 613, 622, 627, 638, 684
Union von Brest 384, 428, 637, 780, 823
Universi dominici gregis 832, 874-877, 909
UNO, Vereinte Nationen XIV, 4, 10, 249, 291, 358, 365, 411, 485, 514, 546, 573, 601, 649, 654, 699, 700, 735f., 743, 755f., 758, 764, 779, 810, 816, 818f., 822, 824, 897, 908
UNO-Vollversammlung XIV, 4, 10, 340f., 358, 361, 365, 371, 386, 573, 616, 659, 672, 736, 758, 764, 810, 819
Urban VIII. 467
Uruguay 551, 586
USA, Vereinigte Staaten von Amerika 12, 25, 38, 170, 172, 182, 189, 232f., 235f., 250, 274, 287, 290, 310, 312, 340, 362, 365, 367, 370, 377, 394, 413, 416, 420-423, 425, 442, 456, 460, 483, 550, 573-575, 590f., 600, 613, 617, 641, 647, 649, 651, 653, 657f., 679, 684f., 692, 698, 711, 714, 716, 720f., 733, 735-737, 743, 758, 809, 811, 818-820
Usowicz, Aleksander 135
Ustinow, Dimitri 428f.
Ut unum sint 779, 801-805, 807, 867f., 881, 903
Utrecht 383, 518

Vachon, Louis-Albert 519
Vaivods, Julijanus 464, 598
Valentine, Jerry 718
Vanier, Jean 885
Varela, Félix 850, 855
Vasylyk, Pavlo 602
Vatikan 6, 12, 32, 77, 79, 177f., 186, 230, 234, 238-240, 244, 252-254, 263, 266, 277, 282-286, 290, 292, 294, 304, 308, 311f., 314, 340f., 347, 367f., 371, 376f., 380, 383-385, 387, 391, 395, 400, 413, 415f., 419, 423, 425-427, 430, 436, 440-443, 446, 448, 451, 453, 455, 457, 460, 473f., 484, 488, 491f., 504, 511f., 519f., 531, 534f., 545, 550f., 574, 591, 596, 599, 601-603, 609f., 624, 629-634, 636-638, 642, 650, 652-655, 657, 671, 677, 685, 689, 693f., 697, 703, 713, 715, 728, 737, 739, 741-744, 748-751, 757f., 760f., 763f., 766, 771, 774, 779, 786-789, 795, 806, 812, 825, 828, 830, 832, 841,

848, 854, 860f., 863, 868f., 871, 877, 880f., 885, 898, 918, 921, 932-935
Vatikanfinanzen 371
Vaughan, Norman 412
Velehrad 497, 501, 522-524, 639, 677
Ver, Fabian 63, 243, 292, 410, 414, 416, 427, 441f., 458, 530, 642, 692, 807
Vereinigte Staaten von Amerika s. USA
Vereinte Nationen s. UNO
Veritatis splendor 713, 722-731, 797, 800, 895, 899, 903
Vetulani, Adam 156f., 230
via media 545
Vianney, Jean-Marie 87, 688, 696
Vidal, Ricardo 519
Vietnam 655, 777, 832, 860f.
Vikström, John 620
Villa, Henrietta de 488, 531
Villot, Jean 249, 253, 258, 263, 265, 277, 312
Vita consecrata 780, 825-828
Vlk, Miloslav 269, 680f., 777, 806, 903
Volk, Hermann 329
Volksfrömmigkeit 14, 26, 208, 222, 245, 261, 298, 861
Volkskirche 296, 470f., 474, 533

Wadowice 18f., 25-27, 29-32, 34, 38f., 41-44, 48f., 53, 56, 60, 66, 71f., 78, 83, 85, 107f., 155, 162, 263, 268f., 305, 316, 328, 504, 683, 738, 775, 922
Wais, Kazimierz 73f., 131
Waldera, Romuald 128f.
Waldheim, Kurt 361, 550, 573f., 870
Walentynowicz, Anna 417
Wales 593, 769, 863f.
Wałęsa, Lech 456, 480, 483, 496, 500, 552, 568, 613f., 655
Warschau 1, 19, 26, 37, 52f., 56, 70, 74f., 95, 104, 106, 118, 126, 140, 152, 211, 224, 239, 241, 248, 259, 268, 292, 305, 314-316, 319, 321, 323, 325-327, 413, 419-422, 433-435, 450, 479f., 482, 486, 500, 567, 569, 572, 598, 613, 627, 639, 674, 676, 686, 868
Waschbüsch, Rita 769
Wawro 26
Wehrmacht 1, 44, 50f., 56, 320, 504, 573
Weichsel 1, 18f., 42, 74, 418, 437, 500, 571
Weiss, Avraham 702-704
Weißrußland (Belarus) 292, 312, 377, 636, 670f., 777
Weizsäcker, Carl Friedrich von 486
Wellington, Arthur Wellesley, Herzog von 233, 734, 822
Weltbevölkerungskonferenz 754, 764, 908
Weltfrauenkonferenz 779, 807, 900
Weltjugendtag 514, 520, 560f., 590, 609, 620-622, 659, 683, 713-716, 718-722, 779, 790, 792, 794, 821, 832, 836, 839-841, 844, 878, 915, 925, 928f., 932

Weltkatechismus 527
Weltkirchenrat 175, 249, 456, 498f., 672
Werftstreik 426
Werkström, Bertil 620
Westdeutschland 243, 378-380, 394, 397f., 416, 432
Whitehead, Alfred North 10
Wiadrowska, Felicja 283
Wiadrowska, Maria 85, 283
Wiberg, Berthild 620
Wicher, Władysław 135
Wieliczka (Polen) 22, 96
Wien 20, 26, 230, 234, 251, 256, 261, 486, 591, 598, 639, 685, 739, 865-867, 878, 880
Willebrands, Johannes 374, 383, 385, 456, 492, 502, 542-544, 598, 602, 637, 703
William von Ockham 23
Winowska, Maria 595
Wirth, Timothy 754, 757f., 760
Wirtschaftsgemeinschaft, Europäische 610
Wiśniowiecki, Michał Korybut 84
Wissenschaft 6, 11, 105, 305, 363, 372f., 392, 416, 612, 619, 660-662, 678, 845, 935
Witelo (Philosoph) 21
Wladimir (Fürst der Kiewer Rus') 597
Włodkowic, Paweł 42, 178
Wojtowicz, Marian 155
Wojtyła, Anna Przeczek (Großmutter) 29
Wojtyła, Edmund (Bruder) 18, 30f., 34f.
Wojtyła, Emilia Kaczorowska (Mutter) 18, 29-31, 33, 42, 85, 262, 266f.
Wojtyła, Karol (Vater) 29-31, 42, 262
Wojtyła, Maciej (Großvater) 29
Wojtyła, Maria Zalewska (Stiefgroßmutter) 29
Wojtyła, Stefania (Tante) 29
Woo, Roe Tae 365f., 515, 623
Woodward, Kenneth 800
Woźniakowski, Henryk 843
Woźniakowski, Jacek 85, 115
Wu Cheng-chung, John Baptist 591, 796
Wyka, Kazimierz 110f.
Wyspiański, Stanisław 58, 67, 196
Wyszyński, Stefan 55, 94f., 115, 125f., 129, 152f., 165, 186, 192, 194, 197, 213, 222, 230f., 239-243, 260, 262, 264-266, 270, 272, 282, 306, 314, 317, 319-321, 324f., 334, 339, 382, 413, 418f., 421f., 427f., 433-435, 442, 454, 480f., 686, 782, 843, 846

Xiaoping, Deng 456, 623f.
Ximenes Belo, Carlos Filipe 624

Yousef, Ramzi Ahmed 790

Zacher, Edward 27, 35, 39, 268f., 328
Zachuta, Jerzy 46, 74
Zagreb 685, 773f.
Zaire 288, 388-391, 520, 593, 683, 732

Zak, Franciszek 30
Zakrzówek (Steinbruch) 46, 58-60, 71, 87, 112, 187
Zalewska, Maria 29
Zamoyski, Jan 21
Zanussi, Krzysztof 28
Zaspa (Stadtteil Danzigs) 568, 571
Zdybicka, Zofia 145
Zebrzydowski, Jan 28, 158
Zebrzydowski, Mikolaj 28, 158
Zedillo, Ernesto 823
Zehn Gebote 538, 548, 674, 676, 696, 722, 724, 896, 916, 919f.
Zen Ze-kiun, Joseph 796
Zeno, Bruder 411
Zentralafrika (s. auch Afrika) 520, 663
Żeromski, Stefan 66
Zia Ul-Haq, Mohammed 408
Zięba, Maciej 335
Zissis, Theodoros 708
Zivilgesellschaft 70, 215, 553, 556, 559f., 584, 600, 669, 674, 701, 726, 843, 846, 855, 857f.
Znak 92, 115f., 121f., 151f., 189f., 206, 221-223, 228, 235, 242, 843
Zölibat 14, 62, 121, 228, 250, 342, 350, 354f., 688, 767, 808
Żukrowski, Wojciech 110
Zur, Giorgio 586
Zuroff, Efraim 871
Życiński, Józef 842, 903
Życzkowska, Teresa Heydel (auch Heydel, Terese) 106f., 225f., 268, 429-431